略号	書名	出版社	刊行年月
外16	現代外国人名録2016	日外アソシエーツ	2016.1
海文新	海外文学新進作家事典	日外アソシエーツ	2016.6
化 学	化学史事典	化学同人	2017.3
覚 思	覚えておきたい人と思想100人 世界の思想家ガイドブック	清水書院	2014.9
覚思ス	覚えておきたい人と思想100人 スマート版 世界の思想家ガイドブック	清水書院	2016.8
学叢思	学術辞典叢書 第5巻 思想家人名辞典	学術出版会	2010.9
学叢歴	学術辞典叢書 第10巻 歴史辞典	学術出版会	2010.11
科 史	科学史人物事典	中央公論新社	2013.2
韓現文	韓国近現代文学事典	明石書店	2012.8
韓朝新	韓国・朝鮮を知る事典 新版	平凡社	2014.3
韓 俳	新版 movieweek 韓国俳優事典	ソフトバンククリエイティブ	2008.1
韓歴用	韓国歴史用語辞典	明石書店	2011.9
教思増	教育思想事典［増補改訂版］	勁草書房	2017.9
教小3	新版 教育小事典 第3版	学陽書房	2011.4
教 人	教育人名資料事典 第1～2巻 教育人名辞典	日本図書センター	2009.3
教 聖	全面改訂版 教会の聖人たち 上・下巻	サンパウロ	2016.10～2017.11
近 中	近代中国人名辞典 修訂版	霞山会	2018.3
ク音3	クラシック音楽作品名辞典 第3版	三省堂	2009.6
ク 俳	クィンラン版 世界映画俳優大事典	講談社	2002.12
グラデ	グラフィック・デザイン＆デザイナー事典	晃洋書房	2005.5
芸13	世界芸術家辞典 改訂増補版	エフ・エム・ジー	2013.10
現アジ	現代アジア事典	文眞堂	2009.7
現アテ	現代アーティスト事典	美術出版社	2012.10
現音キ	現代音楽キーワード事典	春秋社	2011.9
現科大	現代科学史大百科事典	朝倉書店	2014.5
現 社	現代社会学事典	弘文堂	2012.12
現社福	現代社会福祉辞典	有斐閣	2003.11
現 宗	現代宗教事典	弘文堂	2005.1
現 精	現代精神医学事典	弘文堂	2011.10
現精縮	縮刷版 現代精神医学事典	弘文堂	2016.1
現世文	現代世界文学人名事典	日外アソシエーツ	2019.1
皇 国	ヨーロッパの皇帝・国王200人	新人物往来社	2013.1
広辞7	広辞苑 第7版	岩波書店	2018.1
国 政	国際政治事典	弘文堂	2005.12
最世ス	最新 世界スポーツ人名事典	日外アソシエーツ	2014.1
三新生	三省堂 新生物小事典	三省堂	2012.5
三新物	三省堂 新物理小事典	三省堂	2009.6
失 声	失われた声を求めて	DU BOOKS	2014.10
社小増	社会学小辞典 新版増補版	有斐閣	2005.5
社心小	社会心理学小辞典 増補版	有斐閣	2002.9

（後見返しに続く）

外国人物レファレンス事典

20世紀
III（2011-2019）

2
欧文名［L-Z］

日外アソシエーツ

BIOGRAPHY INDEX

55,000 Foreign Historical Figures After 1901,
Appearing in 166 Volumes of
151 Biographical Dictionaries and Encyclopedias

published in 2011-2019

2
L-Z

Compiled by
Nichigai Associates, Inc.

©2019 by Nichigai Associates, Inc.

Printed in Japan

本書はディジタルデータでご利用いただくことができます。詳細はお問い合わせください。

●編集スタッフ●
小川 修司／成田 さくら子／木村 月子／青木 竜馬

凡　例

1．本書の内容

(1) 本書は、国内の代表的な人物事典、百科事典、歴史事典に掲載されている20世紀に活躍した外国人（西洋人・東洋人）の総索引である。欧文または漢字で表記された見出しとしての人名のほか、その人物の出身地・国籍、肩書・職業、業績など人物の特定に最低限必要なプロフィールを補記し、その人物がどの事典にどのように表記され、生没年はどう記されているかを明らかにしたものである。

(2) 分冊の構成は以下の通り。

　　1　欧文名（A-K）
　　2　欧文名（L-Z）
　　3　漢字名
　　4　索　引

2．収録範囲と人数

(1) 前版編集後の2011〜2019年に刊行された事典、および1993年以降に刊行され前版・前々版では収録対象にならなかった事典、併せて151種166冊に掲載されている、20世紀に活躍した外国人を収録した。収録対象は原則として1830年以降に生まれ、且つ1905年以降に没した人物とした。収録対象事典の詳細は別表「収録事典一覧」に示した。

(2) 原則として実在の人物を収録し、小説の登場人物など架空の人物は除いた。

(3) 「欧文名」の収録人数は50,577人、事典項目数はのべ91,709項目である。

3．記載事項

本書の各項目は次の要素から成る。

　(1) 人名見出し

(2) 人物説明
　　(3) 掲載事典

(1) 人名見出し（欧文名）

　1) 原則として同一人物は各事典での表記に関わらず一項目にまとめた。まとめるに際しては欧文名を見出しとし、多くの事典に掲載されている一般的な綴りを採用した。

　2) 欧文綴りの採用にあたっては、地域・国を同じくする同名の人物が各事典の翻字法の微妙な差異によって離ればなれとなることのないよう、適宜統一をはかった。

(2) 人物説明

　1) プロフィール

　　　人物の地域・国名、身分・肩書・職業・業績などを簡潔に記載した。

(3) 掲載事典

　1) その人物が掲載されている事典を ⇒ の後に略号で示した。（略号は別表「収録事典一覧」を参照）

　2) 各事典における人名見出しおよび生没年を（　）に入れて示した。見出しは各事典における日本語表記(カナ・漢字・読み)を示したが、アルファベット表記を見出しに採用している事典は、アルファベット表記およびそのカナ表記を示した。見出し形は原則として「姓，名」に統一した。

　3) 生没年に複数の説がある場合は、／（スラッシュ）で区切って示した。

　4) 事典に生没年の記載がなく、在位年のみが記載されている場合は、（在位）と表示した。

4．排　列

(1) 人名見出しの姓の ABC 順、名の ABC 順に排列した。

(2) 冒頭の al-、as-、at-、el- 等の冠詞、Sir、Dame、Lord、Dr. 等の称号は排列上無視し、斜体で示した。またアクサンテギュなどのアクセント記

号も無視した。
　(3) Mc は Mac とみなして排列した。
　(4) 排列順位が同一の人物は、おおむね生年順とした。

5．収録事典一覧

　(1) 本書で索引対象にした事典の一覧を次ページ（および見返し）に掲げた。
　(2) 略号は、本書において掲載事典名の表示に使用したものである。
　(3) 掲載は、略号の読みの五十音順とした。

収録事典一覧

略号	書　名	出版社	刊行年月
アア歴	アジアにおけるアメリカの歴史事典	雄松堂書店	2011.3
アガサ	アガサ・クリスティ大事典	柊風舎	2010.11
ア太戦	アジア・太平洋戦争辞典	吉川弘文館	2015.11
ア　図	アメリカの児童図書館・学校図書館	日外アソシエーツ	2015.5
アニメ	アニメーションの事典	朝倉書店	2012.7
アメ経	アメリカ経済経営史事典	創風社	2008.12
アメ州	アメリカ州別文化事典	名著普及会	2004.9
アメ新	アメリカを知る事典 新版	平凡社	2012.4
遺産	オールタイム・ベスト映画遺産 外国映画男優・女優100	キネマ旬報社	2014.11
イス世	イスラーム世界事典	明石書店	2002.3
異ニ辞	異名・ニックネーム辞典	三省堂	2017.5
ＥＵ	EU情報事典	大修館書店	2009.9
岩 イ	岩波イスラーム辞典	岩波書店	2002.2
岩 韓	岩波小辞典　現代韓国・朝鮮	岩波書店	2002.5
岩 キ	岩波 キリスト教辞典	岩波書店	2002.6
岩 経	岩波 現代経済学事典	岩波書店	2004.9
岩 社	岩波 社会思想事典	岩波書店	2008.3
岩 女	岩波 女性学事典	岩波書店	2002.6
岩 生	岩波 生物学辞典 第5版	岩波書店	2013.2
岩世人	岩波世界人名大辞典 2分冊	岩波書店	2013.12
映 監	501映画監督	講談社	2009.4
エ デ	エッセンシャル・ディクショナリー 音楽用語・作曲家	ヤマハミュージックメディア	2016.11
絵本	絵本の事典	朝倉書店	2011.11
旺漢3	旺文社漢字典 第三版	旺文社	2014.10
旺生5	旺文社 生物事典 五訂版	旺文社	2011.12
王妃	ヨーロッパの王妃・プリンセス200人	新人物往来社	2013.3
オク科	オックスフォード科学辞典	朝倉書店	2009.6
オク気	オックスフォード気象辞典	朝倉書店	2005.11
オク教	オックスフォードキリスト教辞典	教文館	2017.1
オク言	オックスフォード言語学辞典	朝倉書店	2009.2
オク生	オックスフォード生物学辞典	朝倉書店	2014.6
オク地	オックスフォード地球科学辞典	朝倉書店	2004.5
オク仏	オックスフォード仏教辞典	朝倉書店	2016.2
オペラ	オペラ事典	東京堂出版	2013.9
外12	現代外国人名録2012	日外アソシエーツ	2012.1

略号	書名	出版社	刊行年月
外 16	現代外国人名録 2016	日外アソシエーツ	2016.1
海文新	海外文学新進作家事典	日外アソシエーツ	2016.6
化 学	化学史事典	化学同人	2017.3
覚 思	覚えておきたい人と思想 100 人 世界の思想家ガイドブック	清水書院	2014.9
覚思ス	覚えておきたい人と思想 100 人 スマート版 世界の思想家ガイドブック	清水書院	2016.8
学叢思	学術辞典叢書 第 5 巻 思想家人名辞典	学術出版会	2010.9
学叢歴	学術辞典叢書 第 10 巻 歴史辞典	学術出版会	2010.11
科 史	科学史人物事典	中央公論新社	2013.2
韓現文	韓国近現代文学事典	明石書店	2012.8
韓朝新	韓国・朝鮮を知る事典 新版	平凡社	2014.3
韓 俳	新版 movieweek 韓国俳優事典	ソフトバンククリエイティブ	2008.1
韓歴用	韓国歴史用語辞典	明石書店	2011.9
教思増	教育思想事典 [増補改訂版]	勁草書房	2017.9
教小 3	新版 教育小事典 第 3 版	学陽書房	2011.4
教 人	教育人名資料事典 第 1～2 巻 教育人名辞典	日本図書センター	2009.3
教 聖	全面改訂版 教会の聖人たち 上・下巻	サンパウロ	2016.10～2017.11
近 中	近代中国人名辞典 修訂版	霞山会	2018.3
ク音 3	クラシック音楽作品名辞典 第 3 版	三省堂	2009.6
ク 俳	クィンラン版 世界映画俳優大事典	講談社	2002.12
グラデ	グラフィック・デザイン＆デザイナー事典	晃洋書房	2005.5
芸 13	世界芸術家辞典 改訂増補版	エフ・エム・ジー	2013.10
現アジ	現代アジア事典	文眞堂	2009.7
現アテ	現代アーティスト事典	美術出版社	2012.10
現音キ	現代音楽キーワード事典	春秋社	2011.9
現科大	現代科学史大百科事典	朝倉書店	2014.5
現 社	現代社会学事典	弘文堂	2012.12
現社福	現代社会福祉辞典	有斐閣	2003.11
現 宗	現代宗教事典	弘文堂	2005.1
現 精	現代精神医学事典	弘文堂	2011.10
現精縮	縮刷版 現代精神医学事典	弘文堂	2016.1
現世文	現代世界文学人名事典	日外アソシエーツ	2019.1
皇 国	ヨーロッパの皇帝・国王 200 人	新人物往来社	2013.1
広辞 7	広辞苑 第 7 版	岩波書店	2018.1
国 政	国際政治事典	弘文堂	2005.12
最世ス	最新 世界スポーツ人名事典	日外アソシエーツ	2014.1
三新生	三省堂 新生物小事典	三省堂	2012.5
三新物	三省堂 新物理小事典	三省堂	2009.6
失 声	失われた声を求めて	DU BOOKS	2014.10
社小増	社会学小辞典 新版増補版	有斐閣	2005.5

略号	書　名	出版社	刊行年月
社心小	社会心理学小辞典 増補版	有斐閣	2002.9
19仏	カリカチュアでよむ19世紀末フランス人物事典	白水社	2013.6
シュル	シュルレアリスム辞典	創元社	2016.4
書道増	書道辞典 増補版	二玄社	2010.12
辞歴	辞書びきえほん 歴史上の人物	ひかりのくに	2011.3
新オペ	新オペラ鑑賞事典	有楽出版社	2012.10
新音小	新編 音楽小辞典	音楽之友社	2004.2
新音中	新編 音楽中辞典	音楽之友社	2002.3
新カト	新カトリック大事典 1～4，別巻	研究社	1996.6～2010.9
新佛3	新・佛教辞典 第三版	誠信書房	2006.5
人文地	人文地理学辞典 普及版	朝倉書店	2012.7
数辞	数学辞典 普及版	朝倉書店	2011.4
数小増	数学小辞典 第2版増補	共立出版	2017.5
スター	501映画スター	講談社	2009.4
図哲	図解哲学人物＆用語事典	日本文芸社	2015.9
スパイ	スパイ大事典	論創社	2017.5
図翻	図説 翻訳文学総合事典 2～4巻 原作者と作品(1)～(3)	大空社	2009.11
世暗	世界暗殺者事典	原書房	2003.2
精医歴	精神医学歴史事典	みすず書房	2016.7
政経改	国際政治経済辞典 改訂版	東京書籍	2003.5
西文	西洋文学事典	筑摩書房	2012.4
精分岩	精神分析事典	岩崎学術出版社	2002.3
精分弘	新版 精神分析事典	弘文堂	2002.3
世演	世界演劇辞典	東京堂出版	2015.11
世界子	世界子ども学大事典	原書房	2016.12
世建	世界の建築家図鑑	原書房	2012.10
世史改	世界史用語集 改訂版	山川出版社	2018.12
世指導	事典 世界の指導者たち―冷戦後の政治リーダー3000人	日外アソシエーツ	2018.5
世人新	新版 世界史のための人名辞典	山川出版社	2010.6
世人装	新装版 世界史のための人名辞典	山川出版社	2014.4
世数	世界数学者事典	日本評論社	2015.9
世帝	世界帝王事典	新紀元社	2015.11
世発	世界の発明発見歴史百科	原書房	2015.9
戦ア大	戦後 アメリカ大統領事典	大空社	2009.2
戦思	戦略思想家事典	芙蓉書房出版	2003.10
タイ	タイ事典	めこん	2009.9
台湾3	台湾史小事典 第3版	中国書店	2016.11
中史	96人の人物で知る中国の歴史	原書房	2017.3
中書文	中国書道文化辞典	柳原出版	2009.6

略号	書　名	出版社	刊行年月
中人小	中国人名小辞典	ブックショップマイタウン	2017.7
中日3	中日辞典 第3版	小学館	2016.11
中文史	中国文化史大事典	大修館書店	2013.5
朝韓4	朝鮮韓国近現代史事典 第4版	日本評論社	2015.2
哲中	哲学中辞典	知泉書館	2016.11
天文辞	天文学辞典	日本評論社	2012.7
天文大	天文学大事典	地人書館	2007.6
南ア新	南アジアを知る事典 新版	平凡社	2012.5
日エ	日本エスペラント運動人名事典	ひつじ書房	2013.10
ニュー	ニュージーランド百科事典	春風社	2007.7
ネーム	クリエーターのための人名ネーミング辞典	学研教育出版	2014.12
ノベ3	ノーベル賞受賞者業績事典 新訂第3版	日外アソシエーツ	2013.1
博物館	博物館学事典	雄山閣	2011.8
ピ曲改	ピアノ作曲家作品事典 改訂版	ヤマハミュージックメディア	2011.6
ビト改	ビートルズ事典 改訂・増補新版	ヤマハミュージックメディア	2010.10
比文増	比較文学辞典 増訂版	東京堂出版	2013.12
姫全	お姫さま大全	講談社	2011.3
標音2	新訂 標準音楽辞典 第2版	音楽之友社	2008.3
物理	人物でよむ物理法則の事典	朝倉書店	2015.11
フ文小	フランス文学小事典	朝日出版社	2007.3
フラ食	フランス 食の事典 普及版	白水社	2007.10
ベシ経	ベーシック経営学辞典	中央経済社	2004.8
ヘミ	ヘミングウェイ大事典	勉誠出版	2012.7
ポプ人	ポプラディアプラス人物事典 1～5	ポプラ社	2017.1
マルX	マルコムX事典	雄松堂出版	2008.8
魅惑	魅惑のハイCテノール大辞典	文芸社	2009.9
メジャ	メジャー・リーグ人名事典 改訂新版	言視舎	2013.8
メル1	メルロ＝ポンティ哲学者事典 第1巻	白水社	2017.7
メル2	メルロ＝ポンティ哲学者事典 第2巻	白水社	2017.6
メル3	メルロ＝ポンティ哲学者事典 第3巻	白水社	2017.3
メル別	メルロ＝ポンティ哲学者事典 別巻	白水社	2017.12
もう山	もういちど読む山川世界史用語事典	山川出版社	2015.4
薬学	薬学史事典	薬事日報社	2016.3
有経5	有斐閣 経済辞典 第5版	有斐閣	2013.12
ユ著人	ユダヤ著名人名鑑 私家版	Elulu Publishers	2000.6
来日	江戸時代 来日外国人人名辞典	東京堂出版	2011.9
ラテ新	ラテンアメリカを知る事典 新版	平凡社	2013.3
ロック	ロック・エンサイクロペディア 1950s－1970s	みすず書房	2009.11

【 L 】

Laabs, Chester Peter
アメリカの大リーグ選手(外野)。
⇒メジャ (ラーブス, チェット　1912.4.30–1983.1.26)

Laar, Mart
エストニアの政治家, 歴史学者。エストニア首相。
⇒外12 (ラール, マルト　1960.4.22–)
　外16 (ラール, マルト　1960.4.22–)
　世指導 (ラール, マルト　1960.4.22–)

Laau Khamhoom
タイの小説家。
⇒岩世人 (ラーオ・カムホーム　1930.12.25–)
　タイ (ラーオ・カムホーム　1930–)

Labadie, J.-Émile
フランスの官吏。
⇒19仏 (ラバディ, J.=エミール　1851.11.2–?)

Laban, Rudolf von
ハンガリー生まれの舞踊理論家。モダン・ダンスの創始者の一人。
⇒岩世人 (ラバン　1879.12.15–1958.7.1)

Laband, Paul
ドイツの法学者。概念法学の確立に功績があった。
⇒岩世人 (ラーバント　1838.5.24–1918.3.23)

Labarca Hubertson, Amanda
チリの教育学者, 女性解放論者。
⇒ラテ新 (ラバルカ　1886–1974)

Labastida, Francisco
メキシコの政治家。メキシコ内相。
⇒世指導 (ラバスティダ, フランシスコ)

Labat, René
フランスのアッシリア学者。
⇒岩世人 (ラバト　1904.6.5–1974.4.3)

Labauche, Léon
フランスのカトリック神学者。
⇒新カト (ラボーシュ　1871.12.24–1955.12.31)

Labbé, Léon
フランスの医師, 政治家。
⇒19仏 (ラベ, レオン　1830.9.29–1916.3.21)

Labelle-Rojoux, Arnaud
フランスの芸術家。
⇒シュル (ラベル=ロジュ, アルノー　1950–)

Labeouf, Shia
アメリカの俳優。
⇒外12 (ラブーフ, シャイア　1986–)
　外16 (ラブーフ, シャイア　1986–)

Labèque, Loys
フランスの詩人。
⇒新カト (ラベク　1869–1941)

Laberthonnière, Lucien
フランスの哲学者, 神学者。近代主義の指導者の一人。主著『宗教哲学試論』(1903)など。
⇒岩世人 (ラベルトニエール　1860.10.5–1932.10.6)
　オク教 (ラベルトニエール　1860–1932)
　新カト (ラベルトニエール　1860.10.5–1932.10.6)
　メル3 (ラベルトニエール, リュシアン　1860–1932)

Labine, Clement Walter
アメリカの大リーグ選手(投手)。
⇒メジャ (ラバイン, クレム　1926.8.6–2007.3.2)

Labinsky, Andrej Markovich
ロシアのテノール歌手。
⇒魅惑 (Labinsky, Andrej Markovich　1871–1941)

Labisse, Félix
フランスの画家。
⇒芸13 (ラビス, フェリックス　1903–1972)

LaBlanc, Tom
アメリカの詩人。
⇒現世文 (ラブランク, トム　1946–)

Labò, Flaviano
イタリアのテノール歌手。
⇒失声 (ラボー, フラヴィアーノ　1927–1991)
　魅惑 (Labo, Flaviano　1927–1991)

Laborde, Yurisel
キューバの柔道選手。
⇒最世ス (ラボルデ, ユリセル　1979.8.18–)

Labordère, Arthur
フランスの軍人, 政治家。
⇒19仏 (ラボルデール, アルチュール　1835.10.12–?)

Laborit, Emmanuelle
フランスの女優。
⇒外12 (ラボリ, エマニュエル　1971–)

Laborit, Henri Marie Léon
フランスの外科医。人工冬眠法を創始。
⇒現精 (ラボリ　1914–1985)
　現精縮 (ラボリ　1914–1985)

L

Labourdette, Michel
フランスのカトリック神学者,ドミニコ会員。
⇒新カト (ラブルデット　1908.6.26–1990)

Labov, William
アメリカの社会言語学者。
⇒岩世人 (ラボフ　1927.12.4–)
　オク言 (ラボフ,ウィリアム　1927–)

Labriola, Arturo
イタリアの社会主義者,経済学者。
⇒岩世人 (ラブリオーラ　1873.1.22–1959.6.23)
　学叢思 (ラブリオラ,アルトゥーロ)

Labriolle, Pierre de
フランスの歴史家,教父学者,ラテン語学者。
⇒新カト (ラブリオル　1874.6.18–1940.12.28)

Labrousse, Camille Ernest
フランスの経済史家,社会史家。
⇒岩世人 (ラブルース　1895.3.16–1988)

Labuda, Ben
ドイツ生まれの工芸家,版画家。
⇒芸13 (ラブダ,ベン　1938–)

Labuze, Justin
フランスの政治家。
⇒19仏 (ラビューズ,ジュスタン　1847.1.26–1914.2.15)

Lacaba, Jose F.
フィリピンのピリピノ語（フィリピノ語）,英語の詩人。
⇒外12 (ラカバ,ホセ・F.　1945–)
　現世文 (ラカバ,ホセ・F.　1945–)

Lacalle, Luis Alberto
ウルグアイの政治家。ウルグアイ大統領(1990～95)。
⇒世指導 (ラカジェ,ルイス　1941.7.13–)

Lacan, Jacques
フランスの精神分析学者。構造主義の四大巨匠の一人。
⇒岩女 (ラカン,ジャック　1901.4.13–1981.9.9)
　岩世人 (ラカン　1901.4.13–1981.9.9)
　現社 (ラカン　1901–1981)
　現精 (ラカン　1901–1981)
　現精縮 (ラカン　1901–1981)
　広辞7 (ラカン　1901–1981)
　社小増 (ラカン　1901–1981)
　新カト (ラカン　1901.4.13–1981.9.9)
　図哲 (ラカン,ジャック　1901–1981)
　精医歴 (ラカン,ジャック＝マリー＝エミール　1901–1981)
　精分岩 (ラカン,ジャック-マリー　1901–1981)
　精分弘 (ラカン,ジャック・マリー　1901–1981)
　世人新 (ラカン　1901–1981)
　世人装 (ラカン　1901–1981)
　哲中 (ラカン　1901–1981)
　ネーム (ラカン　1901–1981)
　メル3 (ラカン,ジャック　1901–1981)
　メル別 (ラカン,ジャック＝マリ・エミール　1901–1981)

La-Capra, Dominick
アメリカの哲学者。
⇒ユ著人 (La-Capra,Dominick　ラ＝カプラ,ドミニク　1939–)

Lacarra, Lucia
スペインのダンサー。
⇒外12 (ラカッラ,ルシア)
　外16 (ラカッラ,ルシア)

La Cava, Gregory
アメリカの映画監督。
⇒映監 (ラ・カーヴァ,グレゴリー　1892.3.10–1952)

Lacerda, Benedicto
ブラジルのフルート奏者,作曲家,バンド・リーダー。
⇒岩世人 (ラセルダ　1903.3.14–1958.2.16)

Lacerda, Carlos Frederico Werneck de
ブラジルの政治家。
⇒岩世人 (ラセルダ　1914.4.30–1977.5.21)

Lacey, Richard Westgarth
イギリスの微生物学者。
⇒外12 (レーシー,リチャード　1940.10.11–)
　外16 (レーシー,リチャード　1940.10.11–)

Lacey, Thomas Alexander
イギリス国教会の神学者。
⇒オク教 (レーシー　1853–1931)

Lach, Robert
オーストリアの音楽学者,作曲家。
⇒標音2 (ラッハ,ローベルト　1874.1.29–1958.9.11)

Lachaise, Gaston
アメリカの彫刻家,画家。主作品は『浮んでいる女』(1927)。
⇒岩世人 (ラシェーズ　1882.3.19–1935.10.18)
　芸13 (ラッシェーズ,ガストン　1882–1935)

LaChance, George Joseph（Candy）
アメリカの大リーグ選手（一塁）。
⇒メジャ (ラチャンス,キャンディ　1870.2.14–1932.8.18)

LaChapelle, David
アメリカの写真家。
⇒外12 (ラシャベル,デービッド　1969–)
　外16 (ラシャベル,デービッド　1969–)

Lachelier, Jules
フランスの観念論哲学者。主著『帰納法の基礎』(1871)。
⇒岩世人 (ラシュリエ 1832.5.27-1918.1.16)
学叢思 (ラシュリエ, ジュール 1832-1918)
新カト (ラシュリエ 1832.5.27-1918.1.16)
メル2 (ラシュリエ, ジュール 1832-1918)

Lachenmann, Helmut Friedrich
ドイツの作曲家。
⇒岩世人 (ラッヘンマン 1935.11.27-)
外12 (ラッヘンマン, ヘルムート 1935-)
外16 (ラッヘンマン, ヘルムート 1935-)
ク音3 (ラッヘンマン 1935-)

Lachièze-rey, Pierre-Albert
フランスの哲学史家。リヨン大学文学部哲学史教授。
⇒メル3 (ラシェーズ=レー, ピエール=アルベール 1885-1957)

Lachmann, Robert
ドイツの比較音楽学者。
⇒標音2 (ラッハマン, ローベルト 1892.11.28-1939.5.8)
ユ著人 (Lachmann,Robert ラッハマン, ローベルト 1892-1939)

Lācis, Villis
ラトビア (ソ連) の作家。
⇒現世文 (ラーツィス, ヴィリス 1904.5.12-1966.2.6)

Laciura, Anthony
テノール歌手。
⇒魅惑 (Laciura,Anthony ?-)

Lack, David Lambert
イギリスの鳥類学者。ガラパゴス諸島などで鳥類の種分化を研究。
⇒岩生 (ラック 1910-1973)
岩世人 (ラック 1910.7.16-1973.3.12)

Läckberg, Camilla
スウェーデンの作家。
⇒外16 (レックバリ, カミラ 1974-)
海文新 (レックバリ, カミラ 1974.8.30-)
現世文 (レックバリ, カミラ 1974.8.30-)

Lackey, John
アメリカの大リーグ選手 (投手)。
⇒外12 (ラッキー, ジョン 1978.10.23-)
外16 (ラッキー, ジョン 1978.10.23-)
最世ス (ラッキー, ジョン 1978.10.23-)
メジャ (ラッキー, ジョン 1978.10.23-)

Lackey, Mercedes R.
アメリカのSF作家。
⇒外12 (ラッキー, マーセデス 1950-)
外16 (ラッキー, マーセデス 1950-)
現世文 (ラッキー, マーセデス 1950-)

Lacombe, Olivier
フランスの哲学者。
⇒メル3 (ラコンブ, オリヴィエ 1904-2001)

Lacombe, Paul
フランスの歴史家。"La guerre et l'honneur" (1900)。
⇒岩世人 (ラコンブ 1834.1.6-1919.7.17)

Lacome, Paul
フランスの作曲家。
⇒標音2 (ラコム, ポール 1838.3.4-1920.12.12)

LaCoss, Michael James
アメリカの大リーグ選手 (投手)。
⇒メジャ (ラコス, マイク 1956.5.30-)

Lacoste, Pierre
フランス対外治安総局 (DGSE) の長官。
⇒スパイ (ラコスト, ピエール 1924-)

Lacoue-Labarthe, Philippe
フランスの哲学者。
⇒メル別 (ラクー=ラバルト, フィリップ 1940-2007)

La Cour, Paul
デンマークの詩人。『ある日記の断片』(1948) は, 芸術的信条を書きとめ好評だった。
⇒岩世人 (ラ・クーア 1902.11.9-1956.9.20)
現世文 (ラ・クール, ポール 1902.11.9-1956.9.20)

Lacourt, Camille
フランスの水泳選手 (背泳ぎ)。
⇒最世ス (ラクール, カミーユ 1985.4.22-)

Lacretelle, Jacques de
フランスの小説家。『ジャン・エルムランの不安な生活』(1920) を書き, 的確で節度ある心理描写にすぐれた才能を示した。
⇒岩世人 (ラクルテル 1888.7.14-1985.1.2)
現世文 (ラクルテル, ジャック・ド 1888.7.14-1985.1.5)
西文 (ラクルテル, ジャック・ド 1888-1985)
ネーム (ラクルテル 1888-1985)

Lacroix, Christian
フランスの婦人服デザイナー。
⇒岩世人 (ラクロワ 1951.5.16-)
外12 (ラクロワ, クリスチャン 1951.5.16-)
外16 (ラクロワ, クリスチャン 1951.5.16-)

Lacroix, François Antoine
フランスの地質鉱物学者, 火山学者。国際測地学地球物理学連合 (U.G.G.I.), 火山学協会を創立。"Minéralogie de Madagascar", (3巻)。
⇒岩世人 (ラクロワ 1863.2.4-1948.3.16)

Lacroix, Sigismond
フランスのジャーナリスト, 政治家。

⇒19仏（ラクロワ, シジスモン　1845.5.26–1909. 12.4）

Lacy, George Carleton
アメリカの宣教師。
⇒アア歴（Lacy,George Carleton　レイシー, ジョージ・カールトン　1888.12.28–1951.12.11）

Lacy, Leondaus（Lee）
アメリカの大リーグ選手（外野, 二塁）。
⇒メジャ（レイシー, リー　1948.4.10–）

Lacy, Steve
アメリカのジャズ・ソプラノ・サックス奏者。1963年に渡欧しフリー・ジャズの問題作『森と動物園』を生んだ。
⇒標音2（レーシー, スティーヴ　1934.7.23–）

Lacy, William Henry
アメリカの宣教師。
⇒アア歴（Lacy,William Henry　レイシー, ウイリアム・ヘンリー　1858.1.8–1925.9.3）

Lada, Josef
チェコスロバキアの画家, 童話作家。挿絵の代表作はハシェクの『兵士シュベイクの冒険』。
⇒絵本（ラダ, ヨゼフ　1887–1957）

Ladd, Alan
アメリカの映画俳優。主作品『シェーン』（1953）。
⇒ク俳（ラッド, アラン　1913–1964）
スター（ラッド, アラン　1913.9.3–1964）

Ladd, Diane
アメリカ生まれの女優。
⇒外16（ラッド, ダイアン　1932.11.29–）

Ladd, Edwin Fremont
アメリカの農芸化学者。
⇒アメ州（Ladd,Edwin Fremont　ラッド, エドウィン・フレモント　1859–1925）

Ladd, George Trumbull
アメリカの哲学者, 心理学者。主著『記述的および説明的心理学』（1894）。
⇒アア歴（Ladd,George Trumbull　ラッド, ジョージ・トランブル　1842.1.19–1921.8.8）
岩世人（ラッド　1842.1.19–1921.8.8）
学叢思（ラッド, ジョージ・トランブル　1842–1921）
教人（ラッド　1842–1921）
メル3（ラッド, ジョージ・トランブル　1842–1921）

Ladd-Franklin, Christine
アメリカの女性心理学者, 論理学者。"Colour and colour theories"（1928）。
⇒岩世人（ラッド＝フランクリン　1847.12.1–1930.3.5）

Ladefoged, Peter
イギリス生まれのアメリカの言語学者, 音声学者。
⇒岩世人（ラディフォギッド　1925.9.17–2006.1.24）

Ladejinsky, Wolf I.
アメリカの農業経済専門家。終戦後GHQ天然資源局長顧問（農業担当）として来日, 農地改革の実施に大きな影響を与えた。アジア各国の土地改革なども手がけた。
⇒アア歴（Ladejinsky,Wolf (Issac)　ラディンスキー, ウルフ・アイザック　1901.3.15–1975.7.3）
ユ著人（Ladejinsky,Wolf I.　ラデジンスキー, ヴォルフ・I　1899–1975）

Ladenburg, Albert
ドイツの化学者。キール, ブレスラウの各大学教授。"Handworterbuch der Chemie"（13巻）。
⇒岩世人（ラーデンブルク　1842.7.2–1911.8.15）
化学（ラーデンブルク　1842–1911）

Laderoute, Joseph
カナダのテノール歌手。
⇒魅惑（Laderoute,Joseph　1913–）

Ladygin, Fedor Ivanovich
ソビエト軍の情報機関（GRU）の局長。在職1992〜97。
⇒スパイ（ラドゥイギン, フョードル・イワノヴィチ　1937–）

Laemmle, Carl
ドイツ生まれのアメリカの映画事業家。ユニヴァーサル社を創立。代表作品'Showboat'（1929）。
⇒岩世人（レムリ　1867.1.17–1939.9.24）

Laermans, Eugène
ベルギーの画家。農民および細民の生活に取材した絵を, 重苦しい形と強い色とで描いた。
⇒岩世人（ラールマンス　1864.10.21–1940.2.22）

La Farge, Christopher Grant
アメリカの建築家。
⇒アメ州（La Farge,Christopher Grant　ラファージ, クリストファー・グラント　1862–1938）

La Farge, John
アメリカの画家。ニューヨークの昇天聖堂の壁画を制作。
⇒アア歴（La Farge,John　ラ・ファージュ, ジョン　1835.3.31–1910.11.14）
アメ州（La Farge,John　ラファージ, ジョン　1835–1910）

LaFarge, John Bancel
アメリカのイエズス会司祭。
⇒新カト（ラファージ　1880.2.13–1963.11.24）

La Farge, Oliver Hazard Perry
アメリカの小説家。

⇒アメ州 (La Farge,Oliver Hazard Perry　ラ
　　ファージ, オリバー・ハザード・ペリー　1901–
　　1963)
　岩世人 (ラ・ファージ　1901.12.19–1963.8.2)

La Farge, Paul
アメリカの作家。
⇒海文新 (ラファージ, ポール　1970–)
　現世文 (ラファージ, ポール　1970–)

Lafargue, Paul
フランスの社会主義運動家。マルクスの女婿。フランス労働党の創立に参加。
⇒岩世人 (ラファルグ　1842.1.15–1911.11.25)
　学叢思 (ラファルグ, ポール　1842–1911)
　広辞7 (ラファルグ　1842–1911)
　哲中 (ラファルグ　1842–1911)
　ネーム (ラファルグ　1842–1911)

LaFaro, Scott
アメリカのジャズ・ベース奏者。1959年ビル・エバンス・トリオに参加,エバンスとのまれにみる名コンビで一世を風靡した。
⇒標音2 (ラファーロ, スコット　1936.4.3–1961.7.6)

Lafenestre, Georges
フランスの作家。
⇒19仏 (ラフネートル, ジョルジュ　1837.5.5–1919.5.31)

Lafer, Celso
ブラジルの政治家,法哲学者。ブラジル外相,開発相。
⇒外12 (ラフェル, セウソ　1941.8.7–)
　外16 (ラフェル, セウソ　1941.8.7–)
　世指導 (ラフェル, セウソ　1941.8.7–)

Laferrière, Dany
ハイチ生まれのカナダの作家。
⇒外16 (ラフェリエール, ダニー　1953–)
　現世文 (ラフェリエール, ダニー　1953.4.13–)
　広辞7 (ラフェリエール　1953–)

LaFevers, R.L.
アメリカの作家。
⇒海文新 (ラフィーバース,R.L.)

Laffer, Arthur
アメリカの経済学者。
⇒アメ経 (ラッファー, アーサー　1940.8.14–)
　岩世人 (ラッファー　1940.8.14?–)

Lafferty, Mur
アメリカのSF作家。
⇒現世文 (ラファティ, ムア　1973–)

Lafferty, Raphael Aloysius
アメリカのSF作家,幻想味の強い作品を多数残している。
⇒現世文 (ラファティ, ラファエル・アロイシャス　1914.11.4–2002.3.18)

Laffitte, Leon
フランスのテノール歌手。
⇒失声 (ラフィット, レオン　1875–1938)
　魅惑 (Lafitte,Léon　1875–1938)

Lafforgue, Laurent
フランスの数学者。
⇒外12 (ラフォルグ, ローラン　1966.11.6–)
　外16 (ラフォルグ, ローラン　1966.11.6–)
　世数 (ラフォルグ, ローラン　1966–)

LaFleur, Suzanne
アメリカの作家。
⇒海文新 (ラフルーア, スザンヌ　1983–)

Lafley, Alan G.
アメリカの実業家。
⇒外12 (ラフリー, アラン　1947.6.13–)
　外16 (ラフリー, アラン　1947.6.13–)

La Follette, Robert Marion
アメリカの政治家。革新党の結成に参画。
⇒アメ経 (ラ・フォレット, ロバート　1855.6.14–1925.6.18)
　アメ州 (La Follette,Robert Marrion,Jr.　ラフォレット, ロバート・マリオン, ジュニア　1855–1925)
　アメ新 (ラ・フォレット　1855–1925)
　岩世人 (ラ・フォレット　1855.6.14–1925.6.18)

La Follette, Robert Marion
アメリカの政治家。R.M.ラ・フォレットの長男。
⇒アメ経 (ラ・フォレット, ロバート,2世　1895.2.6–1953.2.24)
　岩世人 (ラ・フォレット　1895.2.6–1953.2.24)

Lafon, André
フランスの詩人。
⇒新カト (ラフォン　1883.4.17–1915.5.5)

Lafont, Bernadette
フランス生まれの女優。
⇒ク俳 (ラフォン, ベルナデット　1938–)

Lafont, Jean
フランスのジャーナリスト,政治家。
⇒19仏 (ラフォン, ジャン　1835.4.2–1908.6.7)

Lafontaine, Henri Marie
ベルギーの法律家,政治家。パリ平和会議,国際連盟総会にベルギー代表団の一員として出席。
⇒岩世人 (ラ・フォンテーヌ　1854.4.22–1943.5.14)
　ノベ3 (ラフォンテーヌ,H.M.　1854.4.22–1943.5.14)

Lafontaine, Oskar
ドイツの政治家。ドイツ財務相,ドイツ社会民主党(SPD)党首。
⇒岩世人 (ラフォンテーヌ　1943.9.16–)
　外16 (ラフォンテーヌ, オスカー　1943.9.16–)
　世指導 (ラフォンテーヌ, オスカー　1943.9.16–)

L

Laforet, Carmen
スペインの女性小説家。『空白』,『新しい女』(1955) などの作品がある。
⇒現世文 (ラフォレー, カルメン 1921.9.6–2004.2.28)
新カト (ラフォレット 1921.9.6–2004.2.28)

Laforet, Marc
フランスのピアノ奏者。
⇒外12 (ラフォレ, マルク 1966.8–)
外16 (ラフォレ, マルク 1966.8–)

Lafrance, Jean-Pierre
カナダ生まれの画家。
⇒芸13 (ラフランス, ジェーン・ピエール 1943–)

La Fresnaye, Roger de
フランスの画家。明るい色彩でロマン的な水彩画, 素描, 版画などを制作。
⇒岩世人 (ラ・フレネ 1885.7.11–1925.11.27)
芸13 (フレネエ, ロージェ・ド・ラ 1885–1925)
芸13 (ラ・フレネー 1885–1925)

Lafuente Ferrari, Enrique
スペインの美術史家, 美術批評家。「スペイン芸術」編集主幹, 国有美術財管理長等を歴任。
⇒岩世人 (ラフエンテ・フェラーリ 1898.2.23–1985.9.25)

Lagache, Daniel
フランスの心理学者。ソルボンヌ大学心理学教授。
⇒精分弘 (ラガーシュ, ダニエル 1903–1972)
メル3 (ラガーシュ, ダニエル 1903–1972)

Lagarde, Christine
フランスの政治家, 弁護士。
⇒外12 (ラガルド, クリスティーヌ 1956.1.1–)
外16 (ラガルド, クリスティーヌ 1956.1.1–)
世指導 (ラガルド, クリスティーヌ 1956.1.1–)

Lagares, Raffaele
アルゼンチンのテノール歌手。
⇒魅惑 (Lagares,Raffaele (Rafael) 1917–1999)

Lagasse, Emeril John
アメリカのシェフ。
⇒外12 (ラガッセ, エメリル 1959.10.15–)
外16 (ラガッセ, エメリル 1959.10.15–)

Lagat, Bernard
アメリカの陸上選手 (中・長距離)。
⇒最世ス (ラガト, バーナード 1974.12.12–)

Lage, Carlos
キューバの政治家。
⇒外12 (ラヘ, カルロス 1951.10.15–)
外16 (ラヘ, カルロス 1951.10.15–)
世指導 (ラヘ, カルロス 1951.10.15–)

Lagercrantz, Rose
スウェーデンの児童文学作家。
⇒外16 (ラーゲルクランツ, ローセ 1947–)
現世文 (ラーゲルクランツ, ローセ 1947–)

Lagerfeld, Karl-Otto
ドイツの服飾デザイナー, 写真家。
⇒岩世人 (ラガーフェルド 1933.9.10–)
外12 (ラガーフェルド, カール 1938.9.10–)
外16 (ラガーフェルド, カール 1933.9.10–)

Lagerkvist, Pär Fabian
スウェーデンの小説家, 詩人, 劇作家。『アハスベルの死』(1960) など宗教的問題を扱った作品が多い。1951年ノーベル文学賞受賞。
⇒岩キ (ラーゲルクヴィスト 1891–1974)
岩世人 (ラーゲルクヴィスト 1891.5.23–1974.7.11)
現世文 (ラーゲルクヴィスト, ペール 1891.5.23–1974.7.11)
広辞7 (ラーゲルクヴィスト 1891–1974)
新カト (ラーゲルクヴィスト 1891.5.23–1974.7.11)
ネーム (ラーゲルクヴィスト 1891–1974)
ノベ3 (ラーゲルクヴィスト,P.F. 1891.5.23–1974.7.11)

Lagerlöf, Selma Ottiliana Lovisa
スウェーデンの女性小説家。1909年女性としては最初のノーベル文学賞受賞。
⇒岩キ (ラーゲルレーヴ 1858–1940)
岩世人 (ラーゲルレーヴ (ラーゲレーヴ) 1858.11.20–1940.3.16)
学叢思 (ラゲルレフ, セルマ 1858–?)
現世文 (ラーゲルレーヴ, セルマ 1858.11.20–1940.3.16)
広辞7 (ラーゲルレーヴ 1858–1940)
新カト (ラーゲルレーヴ 1858.11.20–1940.3.16)
西文 (ラーゲルレーヴ, セルマ 1858–1940)
ネーム (ラーゲルレーブ 1858–1940)
ノベ3 (ラーゲルレーブ,S.O.L. 1858.11.20–1940.3.16)
ポプ人 (ラーゲルレーブ, セルマ 1858–1940)

Laghdhaf, Moulaye Ould Mohamed
モーリタニアの政治家。モーリタニア首相。
⇒外12 (ラグダフ, ムライ・ウルド・モハメド 1957–)
外16 (ラグダフ, ムライ・ウルド・モハメド 1957–)
世指導 (ラグダフ, ムライ・ウルド・モハメド 1957–)

Laglenne, Jean-Francis
フランスの画家, 装飾家。1924年新ヒューマニスト第1回展に参加。『日傘をもつ女』などを多く描いた。
⇒芸13 (ラグラン, ジャン・フランシス 1899–1968)

Lago, Scott
アメリカのスノーボード選手。
⇒最世ス (ラゴ, スコット 1987.11.12–)

La Gorce, Pierre de
フランスの歴史家。"Napoléon III"(1933)。
⇒岩世人(ラ・ゴルス 1846.6.29-1934.1.2)

Lagos, Ricardo
チリの政治家、経済学者。チリ大統領(2000～06)。
⇒外12(ラゴス,リカルド 1938.3.2-)
　世指導(ラゴス,リカルド 1938.3.2-)

Lagoya, Alexandre
エジプト、のちフランスのギター奏者。
⇒標音2(ラゴヤ,アレクサンドル 1929.6.21-1999.8.21)

Lagrange, Albert Marie Joseph
フランスのドミニコ会士、カトリック聖書学者。
⇒岩世人(ラグランジュ 1855.3.7-1938.3.10)
　オク教(ラグランジュ 1855-1938)
　新カト(ラグランジュ 1855.3.7-1938.3.10)

Lagrange, Léo
フランスの政治家。
⇒岩世人(ラグランジュ 1900.11.28-1940.6.9)

La Guardia, Fiorello Henry
アメリカの政治家、弁護士。ニューヨーク市長(1934～45)として市政の腐敗と戦い、名市長といわれた。
⇒アメ州(La Guardia,Fiorello Henry　ラガーディア、フィオレロ・ヘンリー 1882-1947)
　アメ新(ラ・ガーディア 1882-1947)
　岩世人(ラ・ガーディア 1882.12.11-1947.9.20)

Laguiller, Arlette
フランスの政治家。労働者の戦い党首。
⇒岩世人(ラギエ 1940.3.18-)
　世指導(ラギエ,アルレット 1940.3.18-)

Laguionie, Jean-François
フランス生まれのアニメーション作家。
⇒アニメ(ラギオニ,ジャン=フランソワ 1939-)

La Guma, Alex
南アフリカの小説家。アジア・アフリカ作家会議副議長をつとめ、1969年ロータス賞を受賞。
⇒岩世人(ラ・グーマ 1925.2.20-1985.10.11)
　現世文(ラ・グーマ,アレックス 1925.2.20-1985.10.11)

LaHaye, Tim F.
アメリカの作家、教育家。
⇒現世文(ラヘイ,ティム 1926.4.27-2016.7.25)

Lahire, Bernard
フランスの社会学者。
⇒岩世人(ライール 1963-)

Lahiri, Jhumpa
アメリカの作家。
⇒岩世人(ラヒリ 1967.7.11-)
　外12(ラヒリ,ジュンパ 1967-)
　外16(ラヒリ,ジュンパ 1967-)
　現世文(ラヒリ,ジュンパ 1967-)

Laho, Marc
ベルギーのテノール歌手。
⇒魅惑(Laho,Marc ?-)

Laholm, Eyvind
アメリカのテノール歌手。
⇒魅惑(Laholm,Eyvind 1894-1958)

Lahoud, Emile
レバノンの政治家、軍人。レバノン大統領(1998～2007)。
⇒外12(ラフード,エミール 1936.1.12-)
　世指導(ラフード,エミール 1936.1.12-)

Lahousen, Erwin von
オーストリアの陸軍軍人。第2次世界大戦中にドイツの破壊工作活動を指揮し、またアドルフ・ヒトラー暗殺計画において鍵となる役割を演じた。
⇒スパイ(ラホウゼン,エルヴィン・フォン 1897-1955)

La Hoz, Tomás de
スペイン生まれのドミニコ会員、来日宣教師。
⇒新カト(ラ・オス 1876.12.21-1949.1.6)

Lahpai Seng Raw
ミャンマー(ビルマ)の人権活動家。
⇒外16(ラーパイ・センロー)
　世指導(ラーパイ・センロー)

Lahtela, Janne
フィンランドのスキー選手(フリースタイル)。
⇒外12(ラハテラ,ヤンネ 1974.2.28-)
　外16(ラハテラ,ヤンネ 1974.2.28-)
　最世ス(ラハテラ,ヤンネ 1974.2.28-)

Lahti, Christine
アメリカ生まれの女優。
⇒ク俳(ラーティ,クリスティーン 1950-)

Lāhūtī, Abū al Qāsim
イランの革命家、詩人。1921年タブリーズ反乱指導を経て、ソ連に亡命。
⇒岩イ(ラーフーティー 1887-1957)
　岩世人(ラーフーティー 1887-1957.3.16)

Lai, Francis
フランス生まれの映画音楽作曲家。
⇒岩世人(レイ 1932.4.26-)
　新音中(レー,フランシス 1932.4.26-)
　標音2(レー,フランシス 1932.4.23-)

Lai, Jimmy
香港の実業家。
⇒外12(ライ,ジミー 1948-)
　外16(ライ,ジミー 1948-)

Lai, Leon
中国生まれの俳優。
⇒外12（ライ，レオン　1966.12.11–）
　外16（ライ，レオン　1966.12.11–）
　中日3（黎明　ライ，レオン　1966–）

Lai, Stan
台湾現代演劇の第一人者である演出家，映画監督。
⇒岩世人（頼声川　らいせいせん　1954.10.25–）

Laiat Phibunsongkhram
タイの政治家。
⇒岩世人（ライアト・ピブーンソンクラーム　1903.10.25–1984.5.3）

Laib, Wolfgang
ドイツの彫刻家，造形作家。
⇒外16（ライプ，ヴォルフガング　1950.3.25–）
　現アテ（Laib,Wolfgang　ライプ，ヴォルフガング　1950–）

Lai Hoi-wing
香港の騎手。
⇒外12（ライホイウィン　1983.10.29–）

Lai Man-wai
香港の映画製作者。
⇒岩世人（黎民偉　れいみんい　1893.9.25（光緒19.8.16）–1953.10.26）

Laine, Denny
イギリスのミュージシャン。
⇒ビト改（LAINE,DENNY　レイン，デニー）
　ロック（Laine,Denny　レイン，デニー　1944.10.29–）

Laine, Frankie
アメリカのジャズ歌手。1947年『ザッツ・マイ・デザイア』が大ヒット。
⇒ク俳（レイン，フランキー（ヴェッキオ，フランシス・ロー）　1913–）
　標音2（レイン，フランキー　1913.3.30–）
　ロック（Laine,Frankie　レイン，フランキー　1913.3.30–）

Laine, Pascal
フランスの作家。
⇒現世文（レネ，パスカル　1942–）

Laing, Ronald David
イギリスの精神医学者，精神分析者。反精神医学運動の理論家。主著『ひき裂かれた自己』(1960) など。
⇒岩世人（レイン　1927.10.7–1989.8.23）
　現社（レイン　1927–1989）
　現精（レイン　1927–1989）
　現精縮（レイン　1927–1989）
　広辞7（レイン　1927–1989）
　社小増（レイン　1927–1989）
　精医歴（レイン，ロナルド・D　1927–1989）
　精分岩（レイン，ロナルド・デヴィッド　1927–1989）

Laird, Elizabeth
イギリスの英語教師，作家，ヴァイオリン奏者。
⇒外16（レアード，エリザベス）
　現世文（レアード，エリザベス）

Laird, John
イギリスの哲学者。アバディーン大学道徳哲学教授。主著『自我の諸問題』(1917)，『精神の観念』(24)。
⇒岩世人（レアード　1887.5.17–1946.8.5）
　メル3（レアード，ジョン　1887–1946）

Laisant, Charles-Ange
フランスの数学者，政治家。
⇒19仏（レザン，シャルル＝アンジュ　1841.11.1–1920.5.5）

Lai Teck
マラヤ共産党の書記長。在職1939～47。
⇒岩世人（ライ・テック　1900–1947）

Laiter, Alexandre
フランスのテノール歌手。
⇒魅惑（Laiter,Alexandre　?–）

Lajčák, Miroslav
スロバキアの政治家，外交官。スロバキア副首相，外相。
⇒世指導（ライチャーク，ミロスラフ　1963.3.20–）

Lajoie, Napoleon
アメリカの大リーグ選手（二塁，一塁）。
⇒ネーム（ラジョイ　1874–1959）
　メジャ（ラジョイ，ナップ　1874.9.5–1959.2.7）

Lājpat Rāi, Lālā
インド民族解放運動の指導者。
⇒岩世人（ラージパト・ラーイ　1865.1.28–1928.11.17）
　学叢思（ライ，ラーラ・ラージェット）
　南ア新（ラージパット・ラーイ　1865–1928）

Lajtha László
ハンガリーの作曲家，民族音楽学者，指揮者。ハンガリー音楽の旋律や形式を民族性をぬきにした単なる素材として重んじた。
⇒ク音3（ライタ　1892–1963）
　新音中（ライタ，ラースロー　1892.6.30–1963.2.16）
　標音2（ライタ，ラースロー　1892.6.30–1963.2.16）

Lakatos, Imre
ハンガリー生まれのイギリスの科学哲学者。彼の主催した国際討論会 (1965) は科学哲学の新しい波を生みだした。
⇒岩世人（ラカトシュ　1922.11.9–1974.2.2）
　広辞7（ラカトシュ　1922–1974）
　ユ著人（Lakatos,Imre　ラカトス，イムレ　1922–1974）

Lakatos, László
ハンガリーの作家, ジャーナリスト。
⇒ユ著人（Lakatos,László　ラカートス, ラズロ　1882–1944）

Lakatos, Roby
ハンガリー, のちベルギーのヴァイオリン奏者。
⇒外12（ラカトシュ, ロビー　1965–）
　外16（ラカトシュ, ロビー　1965–）

Lake, Anthony
アメリカの外交官, 政治学者。アメリカ大統領補佐官, ユニセフ事務局長, ジョージタウン大学国際関係学部教授。
⇒世指導（レーク, アンソニー　1939.4.2–）

Lake, Arthur
アメリカの喜劇男優。
⇒ク俳（レイク, アーサー（シルヴァーレイク,A）　1905–1987）

Lake, Charles D.II
アメリカの実業家, 弁護士。
⇒外12（レーク, チャールズ　1962.1.8–）
　外16（レーク, チャールズ　1962.1.8–）

Lake, Edward Erving
アメリカの大リーグ選手（遊撃）。
⇒メジャ（レイク, エディー　1916.3.18–1995.6.7）

Lake, Greg
イギリスのミュージシャン。プログレッシブ・ロックグループ, エマーソン・レーク・アンド・パーマーを結成。
⇒外12（レーク, グレッグ　1947.11.10–）
　外16（レーク, グレッグ　1947.11.10–）

Lake, Kirsopp
イギリスのプロテスタント神学者。"Religion yesterday and tomorrow"（1925）。
⇒岩世人（レイク　1872.4.7–1946.11.10）

Lake, Oliver
アメリカのジャズ・アルト, サックス奏者。
⇒標音2（レーク, オリヴァー　1944/1942/1949.9.14–）

Lake, Simon
アメリカの造船機械技師。1897年潜水艦『アルゴノート号』を建造し, アメリカ初の公海での潜航に成功。
⇒岩世人（レイク　1866.9.4–1945.6.25）

Lake, Veronica
アメリカの女優。
⇒ク俳（レイク, ヴェロニカ（オクルマン, コンスタンス）　1919–1973）
　スター（レイク, ヴェロニカ　1919.11.14–1973）

Lakes, Gary
アメリカのテノール歌手。
⇒失声（レイクス, ゲーリー　1950–）
　魅惑（Lakes,Gary 1950–）

Lakhous, Amara
アルジェリア生まれのイタリアの作家。
⇒海文新（ラクース, アマーラ　1970–）
　現世文（ラクース, アマーラ　1970–）

Lakner, Franz
オーストリアのカトリック神学者, イエズス会員。
⇒新カト（ラクナー　1900.4.27–1974.6.7）

Lakner, László
ハンガリーの画家。
⇒芸13（ラクナー, ラスロー　1936–）

Lakoff, George
アメリカの言語学者。かつては生成意味論, 最近では比喩など言語と認知に関する研究を展開している。著書『認知意味論』など。
⇒メル別（レイコフ, ジョージ　1941–）

Laksono, Agung
インドネシアの政治家, 閣僚。
⇒岩世人（ラクソノ, アグン　1949.3.23–）
　世指導（アグン・ラクソノ　1949.3.23–）

Lakva Sim
モンゴルのプロボクサー。
⇒外12（ラクバ・シン　1972.3.10–）

Lalande, André
フランスの合理主義哲学者。進化論に反対。
⇒岩世人（ラランド　1867.7.19–1963.11.15）
　新カト（ラランド　1867.7.19–1963.11.16）
　メル3（ラランド, アンドレ　1867–1963）

Lalas, Steven J.
アテネのアメリカ大使館職員。
⇒スパイ（ララス, スティーヴン・J）

Laliberté, Guy
カナダのサーカス興行師, 実業家。
⇒外12（ラリベルテ, ギー　1959.9.2–）
　外16（ラリベルテ, ギー　1959.9.2–）

Lalić, Mihailo
ユーゴスラビアの小説家。
⇒現世文（ラリッチ, ミハイロ　1914.10.7–1992.12.30）

Lalique, René
フランスの工芸家。金, 銀, エマイユ, 宝石などの材料を使って装飾品や工芸品を制作。
⇒芸13（ラリック, ルネ　1860–1945）
　ネーム（ラリック　1860–1945）

Lalo, Charles
フランスの美学者。芸術の社会学的考察に力を注いだ。

⇒岩世人（ラロ　1877.2.24–1953.4.1）
メル3（ラロ，シャルル　1877–1953）

Lalovic, Peter
セルビアのドキュメンタリー作家。
⇒外12（ラロビッチ，ペテル）

Lam, Dante
香港の映画監督。
⇒外16（ラム，ダンテ　1964–）

Lam, Karena
カナダの女優。
⇒外12（ラム，カリーナ　1978.8.17–）

Lam, Sandy
香港の女性歌手。
⇒外12（ラム，サンディ　1966.4.26–）
　外16（ラム，サンディ　1966.4.26–）

Lam, Vincent
カナダの作家，医師。
⇒海文新（ラム，ヴィンセント　1974–）
　現世文（ラム，ビンセント　1974–）

Lam, Wilfredo
キューバの画家。熱帯的な風景をテーマとした作品が多い。
⇒岩世人（ラム　1902.12.8–1982.9.11）
　芸13（ラム，ウィフレド　1902–1982）

Lam, Willy Wo-Lap
香港のジャーナリスト。
⇒外12（ラム，ウィリー・ウォー・ラップ　1952.8–）
　外16（ラム，ウィリー・ウォー・ラップ　1952.8–）

Lama, Gaetano
イタリアのナポリターナ，ポピュラー作曲家。
⇒標音2（ラーマ，ガエターノ　1886.2.26–1950.3.27）

La Malfa, Ugo
イタリアの政治家。反ファシスト活動に従事。行動党の創立に参加（1942），その代表的指導者としてレジスタンスに参加。
⇒岩世人（ラ・マルファ　1903.5.16–1979.3.26）

Lamandé, André
フランスの作家。
⇒新カト（ラマンデ　1886–1933）

Lamarque, Libertad
アルゼンチンのタンゴ歌手，女優。
⇒標音2（ラマルケ，リベルタ　1909.11.24–）

Lamarr, Hedy
オーストリア生まれの女優。
⇒ク俳（ラマー，ヘディ（キースラー，ヘドヴィッヒ）　1913–2000）
　スター（ラマー，ヘディ　1913.11.9–2000）

Lamarre, Daniel
カナダの実業家。シルク・ドゥ・ソレイユ社長・CEO。
⇒外12（ラマー，ダニエル）
　外16（ラマー，ダニエル）

Lamas, Fernand
アルゼンチン生まれの俳優。
⇒ク俳（ラマス，フェルナンド　1915–1982）

Lamaze, Eric
カナダの馬術選手（障害飛越）。
⇒外12（ラメーズ，エリク　1968.4.17–）
　最世ス（ラメーズ，エリク　1968.4.17–）

Lamb, Charlotte
イギリスのロマンス作家。
⇒現世文（ラム，シャーロット　1937.12.22–2000.10.8）

Lamb, Hubert Horace
イギリスの気候学者。
⇒オク地（ラム，ハバート・ホーレス　1913–1997）

Lamb, John J.
アメリカの作家。
⇒海文新（ラム，ジョン・J.）
　現世文（ラム，ジョン・J.）

Lamb, Willis Eugene, Jr.
アメリカの物理学者。水素原子の準位についてのラム・シフトを発見。1955年ノーベル物理学賞受賞。
⇒岩世人（ラム　1913.7.12–2008.5.15）
　化学（ラム　1913–2008）
　三新物（ラム　1913–）
　ノベ3（ラム,W.E.,Jr.　1913.7.12–2008.5.15）
　物理（ラム，ウィリス　1913–2008）

Lamba, Jacqueline
フランスの芸術家，アンドレ・ブルトンの妻。
⇒シュル（ランバ，ジャクリーヌ　1910–1993）

Lambe, Lisa
アイルランドの歌手，女優。
⇒外12（ラム，リサ）

Lambeaux, Joseph
ベルギーの彫刻家。
⇒岩世人（ランボー　1852.1.14–1908.6.5）
　芸13（ラムボー，ジェフ　1852–1908）

Lambert, Adam
アメリカの歌手。
⇒外12（ランバート，アダム　1982–）
　外16（ランバート，アダム　1982–）

Lambert, Christopher
フランスの俳優。
⇒外12（ランバート，クリストファー　1957.3.29–）

外16（ランバート，クリストファー　1957.3.29–）
ク俳（ランベール，クリストファー（ランベール，クリストフ）1957–）
スター（ランバート，クリストファー　1957.3.29–）

Lambert, Constant
イギリスの作曲家，指揮者，音楽評論家。バレエ曲を中心に作曲。
⇒岩世人（ランバート　1905.8.23–1951.8.21）
ク音3（ランバート　1905–1951）
新音中（ランバート，コンスタント　1905.8.23–1951.8.21）
標音2（ランバート，コンスタント　1905.8.23–1951.8.21）

Lambert, David Alden（Dave）
アメリカのジャズ歌手。
⇒標音2（ランバート，ヘンドリックス・アンド・ロス　1917–1966）

Lambert, Jérôme
スイス，フランスの実業家。リシュモンCEO。
⇒外16（ランベール，ジェローム　1969–）

Lambert, Margaret Bergman
アメリカの走り高跳び選手。
⇒外12（ランバート，マーガレット・バークマン　1914–）
外16（ランバート，マーガレット・バークマン　1914–）

Lambert, Mercedes
アメリカの作家。
⇒現世文（ランバート，メルセデス　1948–2003）

Lambert, P.J.
フランスの作家。
⇒海文新（ランベール，P.J.）

Lamberti, Giorgio
イタリアのテノール歌手。
⇒失声（ランベルティ，ジョルジョ・カッセラート　1938–）

Lambiel, Stéphane
スイスのフィギュアスケート選手。
⇒異二辞（ランビエール［ステファン・～］　1985–）
外12（ランビエール，ステファン　1985.4.2–）
外16（ランビエール，ステファン　1985.4.2–）
最世ス（ランビエール，ステファン　1985.4.2–）

Lambie-Nairn, Martin
テレビおよび印刷関係のグラフィック・デザイナー。
⇒グラデ（Lambie-Nairn,Martin　ランビー＝ネァン，マーティン　1945–）

Lambo, Thomas Adeoye
ナイジェリアの精神医学者。
⇒岩世人（ランボ　1923.3.23–2004.5.13）

Lamboye, Hubert de
オランダのテノール歌手。
⇒魅惑（Delamboye,Hubert.　1945–）
魅惑（Lamboye,Hubert de　1945–）

Lambrache, George
ルーマニアのテノール歌手。
⇒魅惑（Lambrache,George　1937–）

Lambrakis, Grigoris
ギリシアの医師，政治家。
⇒岩世人（ランブラキス　1912.4.3–1963.5.27）

Lambrecht, Patricia J.
アメリカの作家。アメリカの作家パトリシア・J.ランプレヒトとトレイシー・ランプレヒト母娘による共同筆名。
⇒海文新（トレイシー，P.J.）
現世文（トレイシー，P.J.）

Lambrecht, Traci
アメリカの作家。アメリカの作家パトリシア・J.ランプレヒトとトレイシー・ランプレヒト母娘による共同筆名。
⇒海文新（トレイシー，P.J.）
現世文（トレイシー，P.J.）

Lambsdorff, Otto Graf
ドイツの政治家。ドイツ自由民主党（FDP）党首，西ドイツ経済相。
⇒岩世人（ラムスドルフ　1926.12.20–2009.12.5）
世指導（ラムスドルフ，オットー・グラーフ　1926.12.20–2009.12.5）

Lambton, Ann Katharine Swynford
イギリスの女性イラン学者。在テヘランのイギリス大使館に勤務，精力的に農村調査を実施した。
⇒岩世人（ラムトン　1912.2.8–2008.7.19）

Lambuth, Walter Russell
アメリカの医療宣教師。来日して伝道に従事。関西学院を創立し，初代院長に就任。
⇒アア歴（Lambuth,Walter Russell　ランバス，ウォルター・ラッセル　1854.11.10–1921.9.26）
岩世人（ランバス　1854.11.10–1921.9.26）

Lam Cheng Yuet-ngor
香港の政治家。香港特別行政区行政長官。
⇒外16（林鄭月娥　リンテイゲツガ　1957.5.13–）
世指導（林鄭月娥　りんてい・げつが　1957.5.13–）

Lam Chi-fung
香港の銀行家，教育家。
⇒岩世人（林子豊　りんしほう　1892–1971.4.17）

Lamia
フランスのインテリジェンス・オフィサー。
⇒スパイ（ラミア）

L

Lamm, Robert
アメリカのロック・ミュージシャン。
⇒外12（ラム，ロバート）

Lammasch, Heinrich
オーストリアの政治家，法律家。帝政オーストリアの最後の首相。"Der Völkerbund"（1919）。
⇒岩世人（ランマッシュ　1853.5.21–1920.1.6）

Lammert, Norbert
ドイツの政治家。
⇒外12（ラマート，ノルベルト　1948.11.16–）
　外16（ラマート，ノルベルト　1948.11.16–）
　世指導（ラマート，ノルベルト　1948.11.16–）

Lamming, George
西インド諸島出身の小説家。作品に西インド最初の本格小説と評判の高い『わが皮膚の砦の中で』（1953）など。
⇒現世文（ラミング，ジョージ　1927.6.8–）

Lamond, Frederic
イギリスのピアノ演奏家，作曲家。ビューロー，リストの弟子。
⇒岩世人（ラモンド　1868.1.28–1948.2.21）

Lamont, Forrest
アメリカのテノール歌手。
⇒魅惑（Lamont,Forrest　1881–1937）

Lamont, Gene William
アメリカの大リーグ選手（捕手）。
⇒メジャ（ラモント，ジーン　1946.12.25–）

Lamont, Thomas William
アメリカの銀行家。モーガン商会改組後の重役会会長。
⇒アメ経（ラモント，トマス　1870.9.30–1948.2.2）
　岩世人（ラモント　1870.9.30–1948.2.2）

Lamotte, Étienne
ベルギーの仏教学者。『解深密経』，『成業論』，『摂大乗論』などの主要経論をフランス語訳。
⇒オク仏（ラモット，エティエンヌ　1903–1983）
　新カト（ラモット　1903.11.21–1983.5.5）

Lamour, Dorothy
アメリカの映画女優。
⇒ク俳（ラムーア，ドロシー（スレイトン，メアリー・D）　1914–1996）
　スター（ラムーア，ドロシー　1914.12.10–1996）

Lamp, Dennis Patrick
アメリカの大リーグ選手（投手）。
⇒メジャ（ランプ，デニス　1952.9.23–）

Lampard, Frank
イギリスのサッカー選手（ニューヨーク・シティ・MF）。
⇒外12（ランパード，フランク　1978.6.20–）

　外16（ランパード，フランク　1978.6.20–）
　最世ス（ランパード，フランク　1978.6.20–）

Lampel, Peter Martin
ドイツの劇作家，小説家。
⇒岩世人（ランペル　1894.5.15–1965.2.22）

Lamperiére, Anna M.J.
パリ師範学校長。
⇒学叢思（ランペリエール，アンナ　1854–?）

Lampertico, Fedele
イタリアの経済学者。
⇒学叢思（ランペルティコ，フェデレ　1833–1906）

Lamphere, Robert J.
FBIの防諜監督官。
⇒スパイ（ランファイア，ロバート・J　1918–2002）

Lampi, Mauro
フランスのテノール歌手。
⇒魅惑（Lampi,Mauro　?–）

Lamprecht, Karl Gotthard
ドイツの歴史家。主著『ドイツ中世の経済生活』（3巻，1886）など。
⇒岩世人（ランプレヒト　1856.2.25–1915.5.10）
　学叢思（ランプレヒト，カール　1856–1915）
　教人（ランプレヒト　1856–1915）
　ネーム（ランプレヒト　1856–1915）

Lampson, Butler W.
アメリカのコンピューター工学者。
⇒岩世人（ランプソン　1943.12.23–）

Lampson, Sir Miles Wedderburn
イギリスの外交官。駐日大使館書記官（1908～11）。日中間の調停につとめ，上海停戦交渉に尽力した。
⇒岩世人（ランプソン　1880.8.24–1964.9.18）

Lampton, David M.
アメリカの政治学者。
⇒外16（ランプトン，デービッド）

Lamrani, Mohammed Karim
モロッコの政治家，経済学者。モロッコ首相。
⇒世指導（ラムラニ，モハメド・カリム　1919.5.1–）

Lamson-Scribner, Frank
アメリカの植物学者。
⇒アア歴（Lamson-Scribner,Frank　ラムスン＝スクリブナー，フランク　1851.4.19–1938.2.22）

Lamszus, Wilhelm
ドイツの教育家。種々の小説の著者およびイェンゼンの論争者。
⇒教人（ラムスツス　1881–）

Lamy, Pascal
フランスの官僚，実業家。世界貿易機関（WTO）

事務局長,EU欧州委員会委員(通商担当)。
⇒外12(ラミー,パスカル　1947.4.8-)
外16(ラミー,パスカル　1947.4.8-)
世指導(ラミー,パスカル　1947.4.8-)

Lamy, Pierre
フランスのテノール歌手。
⇒魅惑(Lamy,Pierre　?-)

Lamy Chappuis, Jason
フランスのスキー選手(複合)。
⇒外12(ラミー・シャプイ,ジェーソン　1986.9.9-)
外16(ラミー・シャプイ,ジェーソン　1986.9.9-)
最世ス(ラミー・シャプイ,ジェーソン　1986.9.9-)

Lamzdorf, Vladimir Nikolaevich
帝政ロシアの政治家,伯爵。
⇒岩世人(ラムズドルフ　1844.12.25-1907.3.6)

Lan, Anne
フランス生まれの女性画家。
⇒芸13(ラン,アン　1943-)

Lanagan, Margo
オーストラリア生まれの作家。
⇒現世文(ラナガン,マーゴ　1960-)

Lancaster, Burt
アメリカの映画俳優。アカデミー主演男優賞受賞作『エルマー・ガントリー』(1960)のほか、『ダラスの熱い日』(73)など、数々の名作・異色作を生む。
⇒遺産(ランカスター,バート　1913.11.2-1994.10.20)
ク俳(ランカスター,バート(ランカスター,バートン)　1913-1994)
スター(ランカスター,バート　1913.11.2-1994)

Lancaster, Kelvin John
オーストラリアの経済学者。消費者理論で知れる。
⇒有経5(ランカスター　1924-1999)

Lance, Albert
オーストラリアのテノール歌手。
⇒失声(ランス,アルベール　1925-2013)
魅惑(Lance,Albert　1925-)

Lance, Major
アメリカ・イリノイ州生まれの歌手。
⇒ロック(Lance,Major　ランス,メイジャー　1941.4.4-)

Lancelot, Jacques
フランスのクラリネット奏者。
⇒標音2(ランスロ,ジャック　1920-2009.2.7)

Lanchester, Frederick William
イギリスの技術者,発明家。航空学に大きく貢献。

⇒岩世人(ランチェスター　1868.10.23-1946.3.8)

Lanchester, John
イギリスの作家。
⇒外12(ランチェスター,ジョン　1962-)
現世文(ランチェスター,ジョン　1962-)

Lanciotti, Lionello
イタリアの中国学者。文学、宗教、法制史、考古学等の分野に論著が多い。
⇒岩世人(ランチョッティ　1925.3.12-)

Lánczy, Leó
ハンガリーの経済学者,銀行家,歴史家Gyula Lánczyの弟。
⇒ユ著人(Lánczy,Leó　ランツィ,レオー　1852-1921)

Land, Edwin Herbert
アメリカの発明家。ポラロイド・ランド・カメラを発明。
⇒岩世人(ランド　1909.5.7-1991.3.1)
広辞7(ランド　1909-1991)
スパイ(ランド,エドウィン・H　1909-1991)

Land, Emory Scott
アメリカの海軍軍人。海運委員長,戦時海運局長。
⇒アメ経(ランド,エモリー　1879.1.9-1971.11.27)

Landaeta, Juan
ベネズエラのプロボクサー。
⇒最世ス(ランダエタ,ファン　1978.10.7-)

Landau, Alfred
ガリチア・ブローディ生まれのイディッシュ言語学者,民族学者。
⇒ユ著人(Landau,Alfred　ランダウ,アルフレート　1850-1935)

Landau, Edmund
ドイツの数学者。ゲッティンゲン大学教授。〈ピカールの定理〉の研究に業績を残した。
⇒岩世人(ランダウ　1877.2.14-1938.2.19)
世数(ランダウ,エドムント・ゲオルグ・ヘルマン　1877-1938)
ユ著人(Landau,Edmund Georg Hermann　ランダウ,エドムント・ゲオルグ・ヘルマン　1877-1938)

Landau, Jon
アメリカの映画プロデューサー。
⇒外12(ランドー,ジョン　1960-)
外16(ランドー,ジョン　1960-)

Landau, Lev Davidovich
ソ連の理論物理学者。物性理論などを研究。1962年ノーベル物理学賞受賞。
⇒岩世人(ランダウ　1908.1.9/22-1968.4.1)
化学(ランダウ　1908-1968)
科史(ランダウ　1908-1968)
広辞7(ランダウ　1908-1968)

三新物（ランダウ　1908-1968）
ネーム（ランダウ　1908-1968）
ノベ3（ランダウ,L.D.　1908.1.22-1968.4.1）
物理（ランダウ,レフ・ダヴィドヴィッチ　1908-1968）
ユ著人（Landau,Lev Davidovich　ランダウ,レフ・ダヴィドヴッチ　1908-1968）

Landau, Martin
アメリカ生まれの俳優。
⇒外12（ランドー,マーティン　1925.6.30-）
　外16（ランドー,マーティン　1925.6.30-）
　スター（ランドー,マーティン　1931.6.20-）

Landau, Saul Raphael
ポーランド・クラクフ生まれの労働者シオニストの指導者。ヘルツルの支援者の一人。
⇒ユ著人（Landau,Saul Raphael　ランダウ,サウル・ラファエル　1870-1943）

Landau, Sigalit
イスラエルの現代美術家。
⇒外16（ランダウ,シガリット　1969-）

Landauer, Gustav
ドイツの政治家。社会主義者,無政府主義者。
⇒岩世人（ランダウアー　1870.4.7-1919.5.2）
　ユ著人（Landauer,Gustave　ランダウアー,グスタフ　1870-1919）

Landay, William
アメリカの作家。
⇒外12（ランデイ,ウィリアム）
　外16（ランデイ,ウィリアム）
　海文新（ランデイ,ウィリアム）
　現世文（ランデイ,ウィリアム）

Landberg, Carlo
スウェーデンの東洋学者,アラビア語学者,外交官。伯爵。"Glossaire Dathinois"（2巻）。
⇒岩世人（ランドベリ　1848.3.24-1924.7.20）

Landé, Alfred
ドイツの物理学者。多重線に関する「ランデの間隔規則」およびスペクトル線のゼーマン効果における「ランデのg公式」は彼の名に因むもの。
⇒岩世人（ランデ　1888.12.13-1976.10.30）

Landers, Ann
アメリカの女性ジャーナリスト。
⇒アメ新（ランダーズ　1918-2002）

Landes, David Saul
アメリカ・ニューヨーク生まれの経済学者。ハーバード大学教授。
⇒有経5（ランデス　1924-2013）

Landgraf, Artur Michael
ドイツのカトリック文献学者,教理史学者。
⇒新カト（ラントグラーフ　1895.2.27-1958.9.8）

Landgrebe, Ludwig
ドイツの哲学者。現象学を中心に広い分野の研究にたずさわり,現象学の発展に寄与。
⇒岩世人（ラントグレーベ　1902.3.9-1991.8.14）
　メル別（ラントグレーベ,ルートヴィヒ　1902-1991）

Landi, Bruno
イタリアのテノール歌手。
⇒失声（Landi,Bruno　1900-1968）
　魅惑（Landi,Bruno　1900-1968）

Landi, Tonny
デンマークのテノール歌手。
⇒魅惑（Landi,Tonny　1937-）

Landis, Carney
アメリカの心理学者。Psychology誌の副主筆（1935）。
⇒教人（ランディス　1897-）

Landis, Carol
アメリカの映画女優。
⇒ク俳（ランディス,キャロル（リドスティ,フランシス）　1919-1948）

Landis, Geoffrey
アメリカの作家。
⇒外12（ランディス,ジェフリー　1955-）
　外16（ランディス,ジェフリー　1955-）
　現世文（ランディス,ジェフリー　1955-）

Landis, James Henry
アメリカの大リーグ選手（外野）。
⇒メジャ（ランディス,ジム　1934.3.9-）

Landis, John
アメリカ生まれの映画監督。
⇒岩世人（ランディス　1950.8.3-）
　映監（ランディス,ジョン　1950.8.3-）

Landis, Kenesaw Mountain
アメリカの連邦裁判所判事,大リーグ初代コミッショナー。
⇒岩世人（ランディス　1866.11.20-1944.11.25）
　メジャ（ランディス,ケネソー・マウンテン　1866.11.20-1944.11.25）

Landis, Paul Henry
アメリカの農村社会学者。
⇒社小増（ランディス　1901-）

Landmann, Bimba
イタリアの絵本作家。
⇒外12（ランドマン,ビンバ　1968-）
　外16（ランドマン,ビンバ　1968-）

Landolfi, Tommaso
イタリアの小説家。ゴーゴリなどの翻訳も多い。
⇒岩世人（ランドルフィ　1908.8.9-1979.7.8）
　現世文（ランドルフィ,トンマーゾ　1908-1979）

広辞7（ランドルフィ 1908–1979）

Landolt, Hans
ドイツの化学者。ボン、アーヘン、ベルリンの各大学教授。"Physikalisch・chemische Tabellen"（1883）。
⇒岩世人（ランドルト 1831.12.5–1910.3.15）
化学（ランドルト 1831–1910）

Landon, Alfred Mossman
アメリカの政治家。カンザス州知事。
⇒アメ州（Landon, Alfred Mossman ランドン、アルフレッド・モスマン 1887–）

Landon, Kenneth Perry
アメリカのタイ研究者。
⇒アア歴（Landon, Kenneth Perry and Landon, Margaret (Dorothea Mortenson) ランドン、ケネス・ペリーとランドン、マーガレット・ドロシア・モーテンスン 1903.3.27–1993.8.26）

Landon, Margaret
アメリカの作家。
⇒アア歴（Landon, Kenneth Perry and Landon, Margaret (Dorothea Mortenson) ランドン、ケネス・ペリーとランドン、マーガレット・ドロシア・モーテンスン 1903.7.7–1993.12.4）

Landon, Robbins
アメリカの音楽学者。1949年ガイリンガーとともにハイドン協会を設立。
⇒新音中（ランドン, H.C. ロビンズ 1926.3.6–）
標音2（ランドン、ロビンズ 1926.3.6–）

Landor, Arnold Henry Savage
イギリスの画家、旅行家。ロシアからカルカッタに至り（1902）、アフリカ（06）、南アメリカを横断した（10〜12）。
⇒岩世人（ランダー 1867.6.2–1924.12.26）

Landor, Walter
ミュンヘン生まれの工業デザイナー、グラフィック・デザイナー。
⇒グラデ（Landor, Walter ランドール、ヴァルター 1913–1995）

Landormy, Paul
フランスの音楽評論家。
⇒標音2（ランドルミー、ポール 1869.1.3–1943.11.17）

Landowska, Wanda
ポーランドのチェンバロ奏者。古典音楽学校を創設。
⇒岩世人（ランドフスカ 1879.7.5–1959.8.16）
新音中（ランドフスカ、ヴァンダ 1879.7.5–1959.8.16）
ネーム（ランドフスカ 1879–1959）
標音2（ランドフスカ、ヴァンダ 1879.7.5–1959.8.16）
ユ著人（Landowska, Wanda ランドフスカ、ワンダ 1879–1959）

Landowski, Marcel
フランス（ポーランド系）の作曲家。
⇒ク音3（ランドウスキ 1915–1999）

Landreaux, Kenneth Francis
アメリカの大リーグ選手（外野）。
⇒メジャ（ランドロー、ケン 1954.12.22–）

Landrieu, Mary L.
アメリカの政治家。
⇒外12（ランドリュー、マリー 1955.11.23–）

Landry, Charles François
スイス（フランス系）の作家。農民および手工業者の自然或いは苦悩との闘いを描いた小説を書いた。
⇒岩世人（ランドリ 1909.3.19–1973.2.23）

Landry, Tom
アメリカのフットボールのコーチ。
⇒岩世人（ランドリー 1924.9.11–2000.2.12）

Landsberg, Grigorii Samuilovich
ソ連の物理学者。ラーマンとは独立に光の「ラーマン効果」を発見し、スターリン賞（1941）、レーニン勲章を受けた。
⇒岩世人（ランズベルグ 1890.1.10/22–1957.2.2）
ユ著人（Landsberg, Grigorii Samuilovich ランドスベルク、グリゴリー・サムイロヴィッチ 1890–1957）

Landsberg, Otto
ドイツの政治家。
⇒ユ著人（Landsberg, Otto ランツベルク、オットー 1868–1957）

Landsberger, Benno
ドイツ生まれのアメリカのアッシリア学者。
⇒岩世人（ランズベルガー 1890.4.21–1968.4.26）

Landsbergis, Vytautas
リトアニアの政治家。
⇒岩世人（ランズベルギス 1932.10.18–）
外12（ランズベルギス、ヴィタウタス 1932.10.18–）
外16（ランズベルギス、ヴィタウタス 1932.10.18–）
世指導（ランズベルギス、ヴィタウタス 1932.10.18–）

Landsteiner, Karl
オーストリアの病理学者。
⇒岩生（ラントシュタイナー 1868–1943）
岩世人（ラントシュタイナー 1868.6.14–1943.6.26）
旺生5（ラントシュタイナー 1868–1943）
化学（ラントシュタイナー 1868–1943）
広辞7（ラントシュタイナー 1868–1943）
三新生（ラントシュタイナー 1868–1943）
ノベ3（ラントシュタイナー, K. 1868.6.14–1943.6.26）
ユ著人（Landsteiner, Karl ラントシュタイナー、

カルル 1868-1943)

Landy, Derek
アイルランドの作家,脚本家。
⇒海文新（ランディ, デレク 1974.10.23-）
⇒現世文（ランディ, デレク 1974.10.23-）

Lane, Abbe
アメリカの女優,歌手。
⇒ク俳（レイン, アビー 1932-）

Lane, Allan
アメリカの男優,フットボール選手。
⇒ク俳（レイン, アラン・"ロッキー"（アルバーシャート, ハロルド） 1904-1973）

Lane, *Sir* Allen
イギリスの出版業者。
⇒グラデ（Lane,Sir Allen レーン, アレン卿 1903-1970）

Lane, Andrew
イギリスの児童文学作家。
⇒現世文（レーン, アンドルー 1963.4.17-）

Lane, Burton
アメリカの作曲家。代表作は『フィニアンの虹』(1947)。
⇒標音2（レーン, バートン 1912.2.2-1997.1.5）

Lane, Dennis
アメリカの食肉加工労働者合同組合会長。
⇒アメ経（レーン, デニス 1881-1942.8.10）

Lane, Diane
アメリカ生まれの女優。
⇒遺産（レイン, ダイアン 1965.1.22-）
⇒外12（レーン, ダイアン 1965.1.22-）
⇒外16（レーン, ダイアン 1965.1.22-）
⇒ク俳（レイン, ダイアン 1965-）

Lane, Nathan
アメリカの俳優。
⇒外12（レーン, ネーサン 1956.2.3-）
⇒外16（レーン, ネーサン 1956.2.3-）

Lane, Nick
イギリスの生化学者。
⇒異二辞（レーン［ニック・～］ 1967-）

Lane, Ortha May
アメリカの宣教師。
⇒アア歴（Lane,Ortha May レイン, オーサ・メイ 1894.4.18-1983.11.29）

Lane, Robert Edwards
アメリカの政治社会学者。
⇒社小増（レーン 1917-）

Lane, Ronnie
イギリスのベース奏者,歌手,作曲家。
⇒ロック（Lane,Ronnie レイン, ロニー）

Lane, Rose Wilder
アメリカの児童文学作家。
⇒現世文（レーン, ローズ・ワイルダー 1886-1968）

Lane-Poole, Stanley
イギリスの歴史家,考古学者。大伯父レーンのアラビア語大辞彙を継承完成した(1893)。
⇒岩世人（レーン＝プール 1854.12.18-1931.12.29）

Lanessan, Jean Marie Antoine de
フランスの医師。フランス領インドシナ総督(1891〜94)。
⇒19仏（ラネサン, ジャン＝マリ・ド 1843.7.13-1919.11.7）

Lang, Albert
ドイツのカトリック神学者。
⇒岩世人（ラング 1890.10.5-1973.7.23）
⇒新カト（ラング 1890.10.5-1973.7.23）

Lang, Andrew
スコットランドの古典学者, 著述家, 人類学者。
⇒岩世人（ラング 1844.3.31-1912.7.20）
⇒現世文（ラング, アンドルー 1844.3.31-1912.7.20）
⇒新カト（ラング 1844.3.31-1912.7.20）

Lang, Arnold
スイスの動物学者。チューリヒ大学教授。"Lehrbuch der vergleichenden Anatomie der wirbellosen Tiere"。
⇒岩生（ラング 1855-1916）
⇒岩世人（ラング 1855.6.18-1914.11.30）

Lang, Cosmo Gordon
イギリス国教会のカンタベリ大主教。
⇒オク教（ラング 1864-1945）

Lang, Franz Josef
ドイツのチェス収集家。
⇒岩世人（ラング 1938.2.26-）

Lang, Frieder
ドイツのテノール歌手。
⇒魅惑（Lang,Frieder 1950-）

Lang, Fritz
オーストリアの映画監督。『死滅の谷』(1921),『M』(31)などを制作。
⇒岩世人（ラング 1890.12.5-1976.8.2）
映監（ラング, フリッツ 1890.12.5-1976）
広辞7（ラング 1890-1976）
ユ著人（Lang,Fritz ラング, フリッツ 1890-1976）

Lang, Gladys Engel
ドイツ生まれのアメリカの社会心理学者。
⇒社小増（ラング夫妻）

Lang, Hermann
ドイツ生まれの労働者。アメリカの最高機密, ノルデン爆撃照準器の開発計画を祖国に知らせた。
⇒スパイ（ラング, ヘルマン　1902-?）

Lang, Jack
フランスの政治家。ナンシー大学教授。フランス下院議員, 文化相。
⇒岩世人（ラング　1939.9.2-）
　外12（ラング, ジャック　1939.9.2-）
　外16（ラング, ジャック　1939.9.2-）
　世指導（ラング, ジャック　1939.9.2-）

Lang, Kurt
アメリカの社会心理学者。
⇒社小増（ラング夫妻　1924-）

Lang, Larry H.P.
香港を中心に活動する経済学者。
⇒岩世人（郎咸平　ろうかんへい　1956.6.21-）
　中日3（郎咸平　ろうかんへい、ランシエンピン　1956-）

Lang, Paul Henry
アメリカ（ハンガリー系）の音楽学者。1945年から「ミュージカル・クォータリー」誌の編集主幹。
⇒新音中（ラング, ポール・ヘンリー　1901.8.28-1991.9.21）
　標音2（ラング, ポール・ヘンリー　1901.8.28-1991.9.21）

Lang, Robert J.
アメリカの折り紙作家。
⇒外16（ラング, ロバート・J.　1961-）

Lang, Serge
アメリカの数学者。
⇒世数（ラング, サージュ　1927-2005）

Langacker, Ronald Wayne
アメリカの言語学者。
⇒岩世人（ラネカー　1942.12.27-）

Langat, Nancy Jebet
ケニアの陸上選手（中距離）。
⇒外12（ランガット, ナンシー・ジェベット　1981.8.22-）
　外16（ランガット, ナンシー・ジェベット　1981.8.22-）
　最世ス（ランガット, ナンシー・ジェベット　1981.8.22-）

Langbehn, Julius
ドイツの著述家。"Rembrandt als Erzieher"（1890）。
⇒岩世人（ラングベーン　1851.3.26-1907.4.30）
　教人（ラングベーン　1851-1907）
　新カト（ラングベーン　1851.3.26-1907.4.30）

Langdon, Harry
アメリカの喜劇俳優。
⇒ク俳（ラングドン, ハリー　1884-1944）

Langdon, Stephan Herbert
アメリカ生まれのイギリスの古代学者。古代メソポタミアの歴史や言語を研究し, 主著に "A Sumerian grammar and chrestomathy"（1911）がある。
⇒岩世人（ラングドン　1876.5.8-1937.5.19）
　新カト（ラングダン　1876.5.8-1937.5.19）

Langdon, William Russell
アメリカの外交官。
⇒アア歴（Langdon,William Russell　ラングドン, ウイリアム・ラッセル　1891.7.31-1963.7.18）

Lange, Andre
ドイツのボブスレー選手。
⇒外12（ランゲ, アンドレ　1973.6.28-）
　外16（ランゲ, アンドレ　1973.6.28-）
　最世ス（ランゲ, アンドレ　1973.6.28-）

Lange, Christian Louis
ノルウェーの国際平和運動家。1921年ノーベル平和賞受賞。
⇒岩世人（ランゲ　1869.9.17-1938.12.11）
　ノベ3（ランゲ,C.L.　1869.9.17-1938.12.11）

Lange, David
ニュージーランドの政治家。
⇒岩世人（ロンギ　1942.8.4-2005.8.13）
　政経改（ロンギ　1942-）
　ニュー（ロンギ, デーヴィッド　1942-2005）

Lange, Dorothea
アメリカの写真家。夫のポール・S・テイラーと共著の『出アメリカ記』などで知られるドキュメンタリスト。
⇒アメ新（ラング　1895-1965）
　岩世人（ラング　1895.5.26-1965.10.11）
　芸13（ラング, ドロシア　1895-1974）

Lange, Halvard Manthey
ノルウェーの歴史家, 政治家。ノルウェー労働党の執行委員（1933～39,45～）。
⇒岩世人（ランゲ　1902.9.16-1970.5.19）

Lange, Helene
ドイツの婦人運動指導者。〈全ドイツ婦人同盟〉の総裁。
⇒岩世人（ランゲ　1848.4.9-1930.5.13）
　教人（ランゲ　1848-1930）

Lange, Hope
アメリカ生まれの女優。
⇒ク俳（ラング, ホウプ（ロス,H）　1931-）

Lange, Jessica
アメリカ生まれの女優。
⇒外12（ラング, ジェシカ　1949.4.20-）
　外16（ラング, ジェシカ　1949.4.20-）
　ク俳（ラング, ジェシカ　1949-）

スター（ラング, ジェシカ　1949.4.20–）

Lange, Johannes
ドイツの精神病学者。クレペリンの『精神医学教程』(1927) への協力によって知られている。
⇒岩世人（ランゲ　1891.5.25–1938.8.11）
　現精（ランゲ　1891–1938）
　現精縮（ランゲ　1891–1938）

Lange, Konrad von
ドイツの美学者。
⇒岩世人（ランゲ　1855.3.15–1921.7.30）
　学叢思（ランゲ, コンラート　1855–?）

Lange, Oscar Richard
ポーランドの経済学者。論文『社会主義の経済理論』により一躍その名を高めた。
⇒岩経（ランゲ　1904–1965）
　岩世人（ランゲ　1904.7.27–1965.10.2）
　有経5（ランゲ　1904–1965）

Lange, William Alexander
アメリカの大リーグ選手（外野）。
⇒メジャ（ランジ, ビル　1871.6.6–1950.7.23）

Langella, Frank
アメリカ生まれの俳優。
⇒外12（ランジェラ, フランク　1938.1.1–）
　外16（ランジェラ, フランク　1940.1.1–）
　ク俳（ランジェラ, フランク　1940–）

Langenbeck, Curt
ドイツの作家。
⇒岩世人（ランゲンベック　1906.6.20–1953.8.6）

Langendonck, Prosper van
ベルギー（フランドル）の抒情詩人。「Van Nu en Straks」誌を創刊 (1893)。
⇒岩世人（ファン・ランゲンドンク　1862.3.15–1920.11.7）

Langer, Bernhard
ドイツのプロゴルファー。
⇒外12（ランガー, ベルンハルト　1957.8.27–）
　外16（ランガー, ベルンハルト　1957.8.27–）
　最世ス（ランガー, ベルンハルト　1957.8.27–）

Langer, Robert Samuel
アメリカの生体医工学者。
⇒外16（ランガー, ロバート・サミュエル　1948.8.29–）

Langer, Susanne Knauth
アメリカの女性哲学者。独自のシンボル理論を展開、芸術記号論の発展を促した。
⇒岩世人（ランガー　1895.12.20–1985.7.17）

Langer, William
アメリカの政治家。
⇒アメ州（Langer,William　ランガー, ウイリアム　1886–）

Langeveld, Martinus Jan
オランダの教育者, 臨床家。「子どもの人間学」の創始者。
⇒教思増（ランゲフェルト　1905–1989）

Langevin, Paul
フランスの物理学者。物質の磁性について多くの研究を行った。
⇒岩世人（ランジュヴァン　1872.1.23–1946.12.19）
　化学（ランジュヴァン　1872–1946）
　教人（ランジュヴァン　1872–1946）
　広辞7（ランジュヴァン　1872–1946）
　三新物（ランジュバン　1872–1946）
　物（ランジュヴァン, ポール　1872–1946）

Langewiesche, Dieter
ドイツの歴史家。
⇒岩世人（ランゲヴィーシェ　1943.1.11–）

Langford, Frances
アメリカの歌手, 女優。
⇒ク俳（ラングフォード, フランシス（ニューバーン, F)　1914–）

Langfus, Anna
フランスの女性小説家。
⇒ユ著人（Langfus,Anna　ラングフュス, アンナ　1920–1966）

Langgaard, Rued（Immanuel）
デンマークの作曲家。
⇒新音中（ランゴー, ルーズ　1893.7.28–1952.7.10）

Langgässer, Elisabeth
ドイツの女性詩人, 小説家。主著, 詩集『小羊の回帰線』(1924) など。
⇒岩キ（ランゲッサー　1899–1950）
　岩世人（ランゲッサー　1899.2.23–1950.7.25）
　現世文（ランゲッサー, エリーザベト　1899.2.23–1950.7.25）
　新カト（ランゲッサー　1899.2.23–1950.7.25）
　ネーム（ランゲッサー　1899–1950）

Langlands, Robert Phelan
アメリカの数学者。
⇒世数（ラングランズ, ロバート・フェラン　1936–）

Langley, John Newport
イギリスの生理学者。植物性神経系に関する近代的学説を最初にたてた一人で, これを自律神経系と称した。
⇒岩世人（ラングリー　1852.11.10–1925.11.5）

Langley, Samuel Pierpont
アメリカの天文学者, 物理学者。スミソニアン・インスティテューション研究所長。
⇒岩世人（ラングリー　1834.8.22–1906.2.27）
　天文大（ラングリー　1834–1906）

Langlois, Charles Victor
フランスの歴史家。国立古文書館長。12～14世

紀の制度や文明史を研究。
⇒岩世人（ラングロワ　1863.5.26-1929.6.25）
Langlois, Henri
カナダ・サン・ジャン生まれのフランシスコ会司祭，日本宣教師。
⇒新カト（ラングロア　1901.7.22-1968.4.22）
Langlois, Pierre-G
フランスの画家。
⇒芸13（ラングロア，ピエール・G　1940-）
Langlois, Richard Normand
アメリカの経済学者。コネティカット大学経済学教授。
⇒外12（ラングロワ，リチャード）
　外16（ラングロワ，リチャード）
Langmuir, Irving
アメリカの物理化学者。界面化学の研究でノーベル化学賞受賞（1932）。
⇒岩世人（ラングミュア　1881.1.31-1957.8.16）
　化学（ラングミュア　1881-1957）
　広辞7（ラングミュア　1881-1957）
　三新物（ラングミュア　1881-1957）
　ノベ3（ラングミュア,I.　1881.1.31-1957.8.16）
Langridge, Philip
イギリスのテノール歌手。
⇒失声（ラングリッジ，フィリップ　1939-2010）
　魅惑（Langridge,Philip　1939-）
Langrish, Katherine
イギリスの作家。
⇒海文新（ラングリッシュ，キャサリン）
　現世文（ラングリッシュ，キャサリン）
Langs, Robert
アメリカ出身の精神分析家。
⇒精分岩（ラングス，ロバート　1928-）
Langston, Mark Edward
アメリカの大リーグ選手（投手）。
⇒メジャ（ラングストン，マーク　1960.8.20-）
Langton, Jane
アメリカの女性作家。
⇒現世文（ラングトン，ジェーン　1922.12.30-）
Lanham, Charles T.
アメリカの軍人。第22歩兵部隊の指揮官。陸軍大佐。
⇒ヘミ（ラナム，チャールズ・トルーマン　1902-1978）
Laniel, Joseph
フランスの政治家。自由共和派の指導者として活躍，1953年首相に就任。
⇒岩世人（ラニエル　1889.10.12-1975.4.8）

Lanier, Harold Clifton
アメリカの大リーグ選手（二塁，遊撃，三塁）。
⇒メジャ（ラニアー，ハル　1942.7.4-）
Lanier, Hubert Max
アメリカの大リーグ選手（投手）。
⇒メジャ（ラニアー，マックス　1915.8.18-2007.1.30）
Lanier, Jaron
アメリカのコンピューター科学者。
⇒外12（ラニアー，ジャロン）
　外16（ラニアー，ジャロン）
Lanigan, John
オーストラリアのテノール歌手。
⇒魅惑（Lanigan,John　1921-1996）
La Niña de los Peines
スペインのフラメンコ歌手。
⇒岩世人（ラ・ニーニャ・デ・ロス・ペイネス　1890.2.10-1969.11.26）
Lankester, *Sir* Edwin Ray
イギリスの動物学者。大英博物館の博物学部長を務めた。
⇒岩生（ランケスター　1847-1929）
　岩世人（ランケスター　1847.5.15-1929.8.15）
　科史（ランケスター　1847-1929）
Lankford, Raymond Lewis
アメリカの大リーグ選手（外野）。
⇒メジャ（ランクフォード，レイ　1967.6.5-）
Lankov, Andrei
ロシア生まれの朝鮮史研究者。韓国国民大学准教授。
⇒外12（ランコフ，アンドレ　1963.7-）
　外16（ランコフ，アンドレ　1963.7-）
Lankston, John
テノール歌手。
⇒魅惑（Lankston,John　?-）
Lanning, Henry
アメリカの聖公会宣教医。大阪聖バルナバ病院を創立。
⇒岩世人（ランニング（ラニング）　1843.7.16-1917.1.1）
Lanot, Marra PL.
フィリピンの詩人，エッセイスト。
⇒現世文（ラノット，マーラ・PL.　1944-）
Lanoux, Armand
フランスの小説家。民衆の日常生活，労働者の苦しみを写実的に描く。
⇒岩世人（ラヌー　1913.10.24-1983.3.23）
　現世文（ラヌー，アルマン　1913.10.24-1983.3.23）

Lanoye, Tom
ベルギーの詩人, 作家, 劇作家。
⇒岩世人（ラノワ　1958.8.27–）

Lansbury, Angela
イギリス生まれの女優。
⇒アガサ（ランズベリー, アンジェラ　1925–）
ク俳（ランズベリー, アンジェラ　1925–）
スター（ランズベリー, アンジェラ　1925.10.16–）

Lansbury, George
イギリスの政治家。労働党の指導者。
⇒岩世人（ランズベリー　1859.2.22–1940.5.7）

Lansdale, Edward Geary
アメリカの政府役人。
⇒アア歴（Lansdale,Edward G (eary)　ランズデイル, エドワード・キアリー　1908.2.6–1987.2.24）
スパイ（ランズデール, エドワード　1908–1987）

Lansdale, Joe R.
アメリカの作家。
⇒外12（ランズデール, ジョー　1951–）
外16（ランズデール, ジョー　1951–）
現世文（ランズデール, ジョー　1951.10.28–）

Lansdowne, Henry Charles Keith Petty-Fitzmaurice, 5th Marquess of
イギリスの政治家。1902〜05年バルフォア内閣外相などを務めた。
⇒岩世人（ランズダウン　1845.1.14–1927.6.3）

Lansford, Carney Ray
アメリカの大リーグ選手（三塁）。
⇒メジャ（ランスフォード, カーニー　1957.2.7–）

Lansing, Michael Thomas
アメリカの大リーグ選手（二塁）。
⇒メジャ（ランシング, マイク　1968.4.3–）

Lansing, Robert
アメリカの政治家, 国際法学者。
⇒岩世人（ランシング　1864.10.17–1928.10.30）
学叢歴（ランシング, ロバート　1864–1928）
世人新（ランシング　1864–1928）
世人装（ランシング　1864–1928）
ネーム（ランシング　1864–1928）
ボブ人（ランシング, ロバート　1864–1928）

Lanson, Gustave
フランスの評論家, 文学史家。主著『近代フランス文学書誌提要』（4巻, 1909〜21）など。
⇒岩世人（ランソン　1857.8.5–1934.12.15）

Lanssiers, Hubert
ベルギー・ブリュッセル生まれのカトリック神父, 人権活動家。ペルー政府赦免特別委員会委員長。
⇒世指導（ランシエール, フーベルト　1929–2006）

3.23）

Lanston, Tolbert
アメリカの発明家。
⇒岩世人（ランストン　1844.2.3–1913.2.18）

Lanternari, Vittorio
イタリアの宗教史学者。
⇒現宗（ランテルナーリ　1918–）

Lanti, Eŭgeno
フランスのエスペランティスト, 社会主義者。Sennaciismoの創始者。
⇒日エ（ランティ　1879.7.19–1947.1.17）

Lantos, István
ハンガリーのピアノ奏者。
⇒外12（ラントシュ, イシュトバーン　1949–）

Lantrotov, Vladislav
ロシアのバレエダンサー。
⇒外16（ラントラートフ, ウラディスラフ）

Lantz, Walter
アメリカ生まれのアニメーション作家。
⇒アニメ（ランツ, ウォルター　1900–1994）

Lanvin, Jeanne
フランスの服飾デザイナー。
⇒岩世人（ランヴァン　1867.1.1–1946.7.6）
広辞7（ランヴァン　1867–1946）

Lanyon, Peter
イギリスの画家。
⇒芸13（ラニヨン, ピーター　1918–1964）

Lanza, Mario
アメリカ（イタリア系）のテノール歌手。1951年の映画『歌劇王カルーソー』で人気を博す。
⇒ク俳（ランツァ, マリオ（ココッツァ, アルフレッド）　1921–1959）
失声（ランツァ, マリオ　1921–1959）
標音2（ランザ, マーリオ　1921.1.31–1959.10.7）
魅惑（Lanza,Mario　1921–1959）

Lanza del Vasto, Giuseppe Giovanni
シチリア出身の思想家, 作家。
⇒新カト（ランザ・デル・ヴァスト　1901.9.29–1981.1.5）

Lanzmann, Claude
フランスの作家, 映画監督。
⇒ネーム（ランズマン　1925–）
ユ著人（Lanzmann,Claude　ランズマン, クロード　1925–）

Laparra, Raoul
フランスの作曲家, 音楽評論家。
⇒ク歌3（ラパラ　1876–1943）
標音2（ラパラ, ラウル　1876.5.13–1943.4.4）

Lapcharoensap, Rattawut
アメリカの作家。
⇒外16（ラープチャルーンサップ,ラッタウット 1979–）
海文新（ラープチャルーンサップ,ラッタウット 1979–）
現世文（ラープチャルーンサップ,ラッタウット 1979–）

Lapelletrie, René
フランスのテノール歌手。ボルドー音楽院教授。
⇒失声（ラペルトゥリ,ルネ 1884–1956）
魅惑（Lapelletrie,René 1884–1956）

Lapesa Melgar, Rafael
スペインの言語学者,文学者。
⇒岩世人（ラペーサ 1908.2.8–2001.2.1）

Lapidus, Jens
スウェーデンの作家,弁護士。
⇒海文新（ラピドゥス,イェンス 1974.3.24–）

Lapie, Paul
フランスの社会学者,教育学者。トゥールーズ大学区総長（1911）,初等教育局長（24〜25）を経てパリ大学区総長（25）。
⇒教人（ラピー 1869–1927）

La Piere, Richard Tracy
アメリカの社会学者。
⇒社小増（ラピーア 1899–1986）

Lapierre, Dominique
フランスの作家。
⇒現世文（ラピエール,ドミニク 1931.7.30–）

Lapine, James
アメリカの演出家,戯曲家。
⇒岩世人（ラピン 1949.1.10–）

Lapique, Louis
フランスの生理学者。筋肉神経生理にすぐれた研究がある。
⇒岩世人（ラピック 1866.8.1–1952.12.7）

LaPlante, Alice
アメリカの作家,ジャーナリスト。
⇒海文新（ラプラント,アリス 1958–）
現世文（ラプラント,アリス 1958–）

Laplante, Bruno
カナダのバリトン歌手。
⇒新音中（ラプラント,ブルーノ 1938.8.1–）

La Plante, Laura
アメリカの女優。
⇒ク俳（ラ・プラント,ローラ 1904–1996）

Lapli, John
ソロモン諸島の政治家,司祭。ソロモン諸島総督（1999〜2004）。

⇒外16（ラプリ,ジョン）
世指導（ラプリ,ジョン 1955.6–）

Lapointe, Claude
フランスのイラストレーター。美術学校で教えながら,絵本を出版し『フランスのイラストレーター事典』をまとめる。
⇒絵本（ラポアント,クロード 1938–）

Laporte, André
ベルギーの作曲家。
⇒ク音3（ラボルト 1931–）

LaPorte, Frank Breyfogle
アメリカの大リーグ選手（二塁,三塁）。
⇒メジャ（ラポート,フランク 1880.2.6–1939.9.25）

Laporte, Jean
フランスの哲学者。ジャンセニスムの研究で著名。
⇒メル3（ラボルト,ジャン 1886–1948）

Laporte, Otto
ドイツ生まれのアメリカの物理学者。
⇒岩世人（ラボルテ 1902.7.23–1971.3.28）

La Porte, William Ralph
アメリカの体育学者。サウス・カリフォルニア大学体育学教授兼体育主任（1913〜）。
⇒岩世人（ラ・ポート 1889.4.1–1955.1.14）

Lapp, George Jay
アメリカの宣教師。
⇒アア歴（Lapp,George Jay ラップ,ジョージ・ジェイ 1879.5.16–1951.1.25）

Lapp, Mahlon Cassius
アメリカの宣教師。
⇒アア歴（Lapp,Mahlon Cassius ラップ,キャシアス・マーロン 1872.2.4–1923.5.30）

Lappalainen, Kimmo
フィンランドのテノール歌手。
⇒魅惑（Lappalainen,Kimmo 1944–）

Lappas, Ulysses
ギリシアのテノール歌手。
⇒失声（ラッパス,ウリッセ 1888–1971）
魅惑（Lappas,Ulysses 1881–1971）

Lappin, Roderick
オーストラリアの実業家。
⇒外16（ラピン,ロードリック）

Laprade, Pierre
フランスの画家,版画家。室内風景,静物,裸体画を描いた。
⇒芸13（ラブラード,ピエル 1875–1931）

Lapsley, Michael
ニュージーランドの司祭。反アパルトヘイト運

動家。
⇒外16（ラブスレー, マイケル　1949–）

Lapworth, Arther
イギリスの有機化学者。
⇒化学（ラップワース　1872–1941）

Lapworth, Chales
イギリスの地質学者。
⇒オク地（ラップワース, チャールズ　1842–1920）

Lara, Agustín
メキシコの作曲家。
⇒岩世人（ララ　1897.10.30–1970.11.6）
　ク音3（ララ　1898–1970）
　標音2（ララ, アグスティン　1900.10.30–1970.11.6）

Laraki, Azeddine
モロッコの政治家。モロッコ首相。
⇒世指導（ララキ, アズディン　1929–2010.2.1）

Larbalestier, Justine
オーストラリアの作家。
⇒外12（ラーバレスティア, ジャスティーン）
　外16（ラーバレスティア, ジャスティーン）
　海文新（ラーバレスティア, ジャスティーン　1967.9.23–）
　現世文（ラーバレスティア, ジャスティーン　1967.9.23–）

Larbaud, Valery Nicolas
フランスの作家。小説『フェルミナ・マルケス』（1911）,『子供心』(18) などを発表。
⇒岩世人（ラルボー　1881.8.29–1957.2.2）
　現世文（ラルボー, ヴァレリー　1881.8.29–1957.2.2）
　広辞7（ラルボー　1881–1957）
　フ文小（ラルボー, ヴァレリー　1881–1957）

Larbolette, Franz Xaver
ドイツのイエズス会司祭, 宣教師。
⇒新カト（ラルボレット　1875.5.2–1938.9.15）

Lárco Hoyle, Rafael
ペルーの考古学者。
⇒岩世人（ラルコ・オイレ　1901.5.18–1966.10.23）

Lardé, Christian
フランスのフルート奏者。
⇒標音2（ラルデ, クリスティアン　1930.2.3–）

Lardera, Berto
フランスの彫刻家。鉄板の構成による抽象的, ダイナミックな彫刻を発表。
⇒岩世人（ラルデラ　1911.12.18–1989.12）

Lardner, Ring
アメリカのジャーナリスト, 小説家。スポーツ選手を主人公とする滑稽な短篇を書いた。
⇒岩世人（ラードナー　1885.3.6–1933.9.25）
　現世文（ラードナー, リング　1885.3.6–1933.9.25）
　広辞7（ラードナー　1885–1933）

Laredo, Ruth
アメリカのピアノ奏者。
⇒異二辞（ラレード［ルース・～］　1937–2005）

Larenz, Karl
ドイツの民法学者, 法哲学者。
⇒岩世人（ラーレンツ　1903.4.23–1993.1.24）

Largo Caballero, Francisco
スペインの政治家。スペインの内乱中の1936年9月内閣を組織。
⇒岩世人（ラルゴ・カバリェーロ　1869.8.15–1946.3.23）

Larijani, Ali
イランの政治家。
⇒外12（ラリジャニ, アリ　1958–）
　外16（ラリジャニ, アリ　1958–）
　世指導（ラリジャニ, アリ　1958–）

Larin, Jurij Mikhail Alexandorovich
ロシアの政治経済政策立案者, 自治体のリーダー。
⇒ユ著人（Larin,Jurij Mikhail Alexandorovich　ラリン, ユーリー・ミハイル・アレキサンドロヴィッチ　1882–1932）

Larin, Sergej
ラトビアのテノール歌手。
⇒失声（ラリン, セルゲイ　1956–2008）
　失声（ラリン, セルゲイ　1956–2008）
　魅惑（Larin,Sergej　1957–）

Larin-Kyösti
フィンランドの叙景詩人。代表作『荒野の姿』（2巻,1915～17）。
⇒岩世人（ラリン＝キュオスティ　1873.6.5–1948.12.2）

Larionov, Michael Fedorovich
ソ連の画家, 舞台美術家。パリのロシア・バレエ団のために新しい舞台美術を展開。
⇒岩世人（ラリオーノフ　1881.5.22/6.3–1964.5.10）
　芸13（ラリオノフ, ミハイル・フェドローヴィッチ　1881–1964）

Larios, Oscar
メキシコのプロボクサー。
⇒外12（ラリオス, オスカー　1976.11.1–）
　最世ス（ラリオス, オスカー　1976.11.1–）

Larkham, Stephen
オーストラリアのラグビー選手。
⇒最世ス（ラーカム, スティーブン　1974.5.29–）

Larkin, Barry
アメリカの大リーグ選手（内野手）。

⇒メジャ（ラーキン，バリー　1964.4.28–）

Larkin, Emma
アメリカのジャーナリスト。
⇒外12（ラーキン，エマ　1970–）

Larkin, Henry E.
アメリカの大リーグ選手（一塁，外野）。
⇒メジャ（ラーキン，ヘンリー　1860.1.12–1942.1.31）

Larkin, James
アイルランドの労働運動指導者。コノリーの理論とラーキンの行動がアイルランドの労働運動を育てたといわれる。
⇒岩世人（ラーキン　1874.2.4–1947.1.30）
　学叢思（ラーキン，ジェームズ　?–1947）

Larkin, Philip Arthur
イギリスの詩人。『さほど欺かれぬ者』(1955)などに含まれた知的で静かな詩によって，1950～60年代の新詩運動の中心となった。
⇒岩世人（ラーキン　1922.8.9–1985.12.2）
　現世文（ラーキン，フィリップ　1922.8.9–1985.12.2）
　新カト（ラーキン　1922.8.9–1985.12.2）

Larminat, René de
フランスの軍人。陸相(1947)，最高軍事会議委員（50～53）を歴任。
⇒岩世人（ラルミナ　1895.11.29–1962.7.1）

Larmor, *Sir* Joseph
イギリスの物理学者。
⇒岩世人（ラーモア　1857.7.11–1942.5.19）
　三新物（ラーモア　1857–1942）
　物理（ラーモア，サー・ジョセフ　1857–1942）

Larmore, Jennifer
アメリカのメゾ・ソプラノ歌手。
⇒外12（ラーモア，ジェニファー　1958–）

LaRocca, Greg
アメリカのプロ野球選手（内野），大リーグ選手。
⇒外12（ラロッカ，グレッグ　1972.11.10–）

LaRoche, Adam
アメリカの大リーグ選手（ナショナルズ・内野手）。
⇒最世ス（ラローシュ，アダム　1979.11.6–）
　メジャ（ラローシュ，アダム　1979.11.6–）

LaRoche, David Eugene
アメリカの大リーグ選手（投手）。
⇒メジャ（ラローシュ，デイヴ　1948.5.14–）

La Rocque, François Casimir de
フランスの軍人。1931年右翼団体「火の十字架」団長，36年フランス社会党(PSF)を創設。
⇒岩世人（ラロック　1885.10.6–1946.4.28）

La Rocque, Rod
アメリカの俳優，不動産業者，ラジオのプロデューサー。
⇒ク俳（ラ・ロック，ロッド（ラ・ロック・ド・ラ・ルール，ロドリック）　1896–1969）

Laroui, Abdallah
モロッコの政治思想史家，政治哲学者。
⇒岩イ（ラルイー　1933–）

Larribeau, Adrien-Joseph
フランス・ラ・ロミュー生まれのパリ外国宣教会会員。ソウル代牧。
⇒新カト（ラリボー　1883.2.4–1974.8.12）

Larrieu, Jean-Francois
フランスの画家。
⇒芸13（ラリュー，ジャン・フランソワ　1960–）

Larrieu, Maxence
フランスのフルート奏者。
⇒標音2（ラリュー，マクサーンス　1935.10.27–）

Larrocha, Alicia de
スペインのピアノ奏者。
⇒新音中（ラローチャ，アリシア・デ　1923.5.23–）
　標音2（ラローチャ，アリシア・デ　1923.5.23–2009.9.25）

L'Arronge, Adolf
ドイツの劇作家，劇場経営者。"Doktor Klaus"(1878)。
⇒岩世人（ラロンジュ　1838.3.8–1908.12.25）

Larsen, Don James
アメリカの大リーグ選手（投手）。
⇒岩世人（ラーセン　1929.8.7–）
　外12（ラーセン，ドン　1929.8.7–）
　メジャ（ラーセン，ドン　1929.8.7–）

Larsen, Eirik Veraas
ノルウェーのカヌー選手。
⇒外12（ラルセン，エリク・ベラス　1976.3.26–）
　外16（ラルセン，エイリク・ベラス　1976.3.26–）
　最世ス（ラルセン，エイリク・ベラス　1976.3.26–）

Larsen, Jens Peter
デンマークの音楽学者。
⇒標音2（ラルセン，イェンス・ペーテル　1902.6.14–1988.8.22）

Larsen, Keith
アメリカの男優，テニス・プレイヤー，監督。
⇒ク俳（ラーセン，キース（バート，K・L）　1925–）

Larsen, Leo
オランダのテノール歌手。
⇒魅惑（Larsen,Leo　?–?）

L

Larsen, Nella
アメリカの小説家, 看護師。
⇒岩世人（ラーセン　1891.4.13–1964.3.30）
　現世文（ラーセン, ネラ　1891.4.13–1964.3.30）

Larsen, Reif
アメリカの作家。
⇒海文新（ラーセン, ライフ　1980–）
　現世文（ラーセン, ライフ　1980–）

Larsen, Thøger
デンマークの詩人。
⇒岩世人（ラーセン　1875.4.5–1928.5.29）

Larson, B.V.
アメリカの作家。
⇒海文新（ラーソン, B.V.）

Larson, M.A.
アメリカの作家, 脚本家。
⇒海文新（ラーソン, M.A.）

Larsson, Asa
スウェーデンの作家。
⇒海文新（ラーソン, オーサ　1966.6.28–）
　現世文（ラーソン, オーサ　1966.6.28–）

Larsson, Carl Olof
スウェーデンの画家。主として水彩で日常生活の情景を描いた。
⇒岩世人（ラーション　1853.5.28–1919.1.22）
　芸13（ラルソン, カール　1853–1919）

Larsson, Hans
スウェーデンの哲学者。ルンド大学教授。
⇒岩世人（ラーション　1862.2.18–1944.2.16）

Larsson, Henrik
スウェーデンのサッカー選手。
⇒外12（ラーション, ヘンリク　1971.9.20–）
　外16（ラーション, ヘンリク　1971.9.20–）
　最世ス（ラーション, ヘンリク　1971.9.20–）

Larsson, Lars-Erik
スウェーデンの作曲家。1934年の国際現代音楽祭に作品が入賞し, 国際的に注目される。
⇒ク音3（ラールソン（ラーション）　1908–1986）
　新音中（ラーション, ラーシュ＝エーリク　1908.5.15–1986.12.26）
　標音2（ラールソン, ラールス＝エーリク　1908.5.15–1986.12.27）

Larsson, Stieg
スウェーデンの作家, 編集者。
⇒現世文（ラーソン, スティーグ　1954–2004.11）

Lartigue, Dany
フランス生まれの画家。
⇒芸13（ラルティーグ, ダニー　1921–）

Lartigue, Jacques-Henri
フランスの写真家。
⇒岩世人（ラルティーグ　1894.7.13–1986.9.13）
　広辞7（ラルティーグ　1894–1986）

Larue, Carl（Downey）
アメリカの植物学者。
⇒アア歴（Larue,Carl（Downey）　ラルー, カール・ダウニー　1888.4.22–1955.8.19）

La Rue, Jan
アメリカの音楽学者。
⇒標音2（ラルー, ヤン　1918.7.31–）

Laruelle, François
フランスの哲学者。
⇒メル別（ラリュエル, フランソワ　1937–）

Larus, Eliane
フランス生まれの工芸作家。
⇒芸13（ラリュス, エリアンヌ　1944–）

LaRussa, Tony
アメリカの大リーグ監督。
⇒外12（ラルーサ, トニー　1944.10.4–）
　外16（ラルーサ, トニー　1944.10.4–）
　最世ス（ラルーサ, トニー　1944.10.4–）
　メジャ（ラルーサ, トニー　1944.10.4–）

Lary, Frank Strong
アメリカの大リーグ選手（投手）。
⇒メジャ（レイリー, フランク　1930.4.10–）

Lary, Lynford Hobart
アメリカの大リーグ選手（遊撃, 三塁）。
⇒メジャ（レイリー, リン　1906.1.28–1973.1.9）

Lasalle, Denise
アメリカ・ミシシッピ州グリーンウッド生まれのプロデューサー, ソングライター, 歌手。
⇒ロック（Lasalle,Denise　ラサール, デニーズ）

La Scola, Vincenzo
イタリアのテノール歌手。
⇒オペラ（ラ・スコーラ, ヴィンチェンツォ　1958–2011）
　失声（ラ・スコーラ, ヴィンチェンツォ　1958–2011）
　魅惑（La Scola,Vincenzo　1958–）

Lasdun, James
イギリス生まれの作家, 脚本家, 詩人。
⇒現世文（ラスダン, ジェームズ）

Lashley, Karl Spencer
アメリカの心理学者。脳の量作用説を発表。主著『脳機序と知能』(1929)。
⇒岩世人（ラシュリー　1890.6.7–1958.8.7）
　広辞7（ラシュレー　1890–1958）

Lashmanova, Elena
ロシアの競歩選手。
⇒外16（ラシュマノワ，エレーナ　1992.4.9–）
最世ス（ラシュマノワ，エレーナ　1992.4.9–）

Lashner, William
アメリカの作家，弁護士。
⇒海文新（ラシュナー，ウィリアム）
現世文（ラシュナー，ウィリアム）

Lask, Emil
ドイツの哲学者。西南ドイツ学派（バーデン学派）の新カント主義を代表。
⇒岩世人（ラスク　1875.9.25–1915.5.26）
学叢思（ラスク，エミル　1875–1915）
新カ人（ラスク　1875.9.25–1915.5.26）
メル3（ラスク，エミール　1875–1915）
ユ著人（Lask,Emil　ラスク，エミール　1875–1915）

Laska, Joseph
オーストリアの作曲家，指揮者。
⇒新音中（ラスカ，ヨーゼフ　1886.2.13–1964.11.14）

Lasker, Emanuel
ドイツ（ユダヤ系）の文筆家，チェスの選手。
⇒岩世人（ラスカー　1868.12.24–1941.1.11）

Lasker-Schüler, Else
ドイツの女性詩人。ベルリンの表現主義グループの一人。詩集『ヘブライのバラード』（1913）がある。
⇒岩世人（ラスカー＝シューラー　1869.2.11–1945.1.22）
ユ著人（Lasker-Schüller,Else　ラスカー＝シューラー，エルゼ　1869–1945）

Laski, Harold Joseph
イギリスの政治学者。イギリス労働党のイデオローグとしても有名。主著『政治学大綱』（1925）。
⇒岩世人（ラスキ　1893.6.30–1950.3.24）
学叢思（ラスキ，ハロールド　1893–）
教人（ラスキ　1893–1950）
現社（ラスキ　1893–1950）
広辞7（ラスキ　1893–1950）
社小増（ラスキ　1893–1950）
新カ卜（ラスキ　1893.6.30–1950.3.24）
世人新（ラスキ　1893–1950）
世人装（ラスキ　1893–1950）
哲中（ラスキ　1893–1950）
ユ著人（Laski,Harold Joseph　ラスキ，ハロルド・ジョセフ　1892–1950）

Laskine, Lily
フランスのハープ奏者。第2次世界大戦前から女性ハープ奏者として，世界最高といわれていた。
⇒新音中（ラスキーヌ，リリー　1893.8.31–1988.1.4）
標音2（ラスキーヌ，リリ　1893.8.31–1988.1.4）

Lasky, Kathryn
アメリカの作家。
⇒外12（ラスキー，キャスリン）
外16（ラスキー，キャスリン）
現世文（ラスキー，キャスリン）

Lasorda, Tom
アメリカの大リーグ監督。
⇒外12（ラソーダ，トミー　1927.9.22–）
外16（ラソーダ，トミー　1927.9.22–）
メジャ（ラソーダ，トミー　1927.9.22–）

Laspeyres, Étienne
ドイツの統計学者，経済学者。
⇒有経5（ラスパイレス　1834–1913）

La Spina, Rosario
オーストラリアのテノール歌手。
⇒魅惑（La Spina,Rosario　?–）

Lassalle, Hugo M.Enomiya
日本の宗教家。上智大学教授。
⇒岩キ（ラサール,H.　1898–1990）

Lassalle, Robert
フランスのテノール歌手。
⇒魅惑（Lassalle,Robert　?–）

Lassen, Christian Riese
アメリカの画家。
⇒芸13（ラッセン，クリスティアン・リーゼ　1956–）

Lasser, Louise
アメリカ生まれの女優。
⇒ユ著人（Lasser,Louis　ラサ，ルイーズ　1939/1941–）

Lasseter, John
アメリカ生まれのアニメーション作家。
⇒外12（ラセター，ジョン　1957.1.12–）
外16（ラセター，ジョン　1957.1.12–）

Lassila, Lydia
オーストラリアのスキー選手（フリースタイル）。
⇒外12（ラシラ，リディア　1982.1.17–）
外16（ラシラ，リディア　1982.1.17–）
最世ス（ラシラ，リディア　1982.1.17–）

Lassiter, Rhiannon
イギリスの作家。
⇒海文新（ラシター，リアノン　1977–）

Lasso, Gloria
スペイン生まれの女性歌手。1949年，初のレコード『マラゲーニア』で成功。
⇒標音2（ラソ，グロリア　1928–）

Lasson, Adolf
ドイツ（ユダヤ系）の哲学者。"Zeitliches und

Zeitloses" (1890)。
⇒岩世人（ラッソン　1832.3.12–1917.12.19）
学叢思（ラッソン, アドルフ　1832–1918）

Lasson, Georg
ドイツのプロテスタント神学者。ヘーゲルの傾倒し、その全集 "Hegels sämtlicher Werke" (18巻) を編集。
⇒岩世人（ラッソン　1862.7.13–1932.12.2）

Lasswell, Harold Dwight
アメリカの政治学者。国務省顧問, アメリカ政治学会会長などを歴任。主著『世界戦争における宣伝技術』(1927)。
⇒教人（ラスウェル　1902–）
現社（ラスウェル　1902–1978）
広辞7（ラスウェル　1902–1978）
社小増（ラスウェル　1902–1978）
政経改（ラズウェル　1902–1978）

Lasswitz, Kurd
ドイツの哲学者。新カント主義者。"Auf zwei Planeten" (1897)。
⇒岩世人（ラスヴィッツ　1848.4.20–1910.10.17）

Last, James
ドイツのバンド・リーダー, 作曲家, 編曲家。1966年『恋のゲーム』で世界的ヒット。
⇒標音2（ラースト, ジェームズ　1929.4.17–）

Laswell, Bill
アメリカのベース奏者, 作曲家, プロデューサー。
⇒外12（ラズウェル, ビル　1955.2.12–）
外16（ラズウェル, ビル　1955.2.12–）

László, Csele
ハンガリーのテノール歌手。
⇒魅惑（László,Csele　?–?）

Laszlo, Ervin
ハンガリーの哲学者, 未来学者, ピアノ奏者。
⇒外12（ラズロー, アーヴィン　1932–）
外16（ラズロー, アーヴィン　1932–）

László, Nagypál
ハンガリーのテノール歌手。
⇒魅惑（László,Nagypál　1915–1982）

László, Tőkés
ルーマニアの政治家, 牧師, 人権活動家。
⇒外16（ラースロー, テケシュ）
世指導（ラースロー, テケシュ）

László de Lombos, Philip Alexius
ハンガリーの画家。1899年と1900年パリのサロンで金賞を獲得。肖像画家として知られる。
⇒岩世人（ラースロー　1869.4.30–1937.11.22）

Lat
マレーシアの漫画家。
⇒岩世人（ラット　1951.3.5–）

Latané, B.
アメリカの社会心理学者。
⇒社心小（ラタネ　1937–）

Latasi, Kamuta
ツバルの政治家。ツバル首相・外相・経済企画相。
⇒世指導（ラタシ, カムタ　1936.9.4–）

Lateiner, Joseph
イディッシュ語劇作家。
⇒ユ著人（Lateiner,Joseph　ラタイネル, ヨゼフ　1853–1935）

Laterza, Martino
テノール歌手。
⇒魅惑（Laterza,Martino　?–）

Latham, Walter Arlington
アメリカの大リーグ選手（三塁）。
⇒メジャ（レイザム, アーリー　1860.3.15–1952.11.29）

Lathen, Emma
アメリカの作家。
⇒現世文（レースン, エマ）

Lathrop, Dorothy
アメリカの児童文学作家, 挿絵画家。
⇒絵本（ラスロップ, ドロシー・P.　1891–1980）

Lathrop, Julia（Clifford）
アメリカの社会事業家。
⇒アメ経（レイスロップ, ジュリア　1858.6.29–1932.4.15）

Latif, Adrees
パキスタンのフォトジャーナリスト。
⇒外12（ラティーフ, アドリース　1973–）
外16（ラティーフ, アドリース　1973.7.21–）

Latimer, Graham Stanley
ニュージーランドの政治家。ンガブヒ指導者。
⇒ニュー（ラティマー, グレアム　1926–）

Latortue, Gérard
ハイチの政治家。ハイチ首相。
⇒外12（ラトルチュ, ジェラール　1934–）
外16（ラトルチュ, ジェラール　1934–）
世指導（ラトルチュ, ジェラール　1934–）

Latouche, Gaston
フランスの画家。
⇒芸13（ラトゥーシュ, ガストン　1854–1913）

Latouche, Serge
フランスの経済哲学者, 思想家。
⇒外12（ラトゥーシュ, セルジュ　1940–）
外16（ラトゥーシュ, セルジュ　1940–）

Latour, Bruno
フランスの人類学者。
⇒外12 (ラトゥール,ブルーノ 1947-)

La Tour du Pin, Patrice de
フランスの詩人。1931年,『9月の子供たち』でデビュー。『歓喜の追求』(1933)を始めいくつかの詩集を書いた。
⇒岩世人 (ラ・トゥール・デュ・パン 1911.3.16-1975.10.29)
現世文 (ラ・トゥール・デュ・パン,パトリース・ド 1911.9.16-1975.10.29)
新カト (ラ・トゥール・デュ・パン 1911.3.16-1975.10.28)

La Tour Du Pin, René-Charles-Humbert, comte de
フランスのカトリック社会主義の指導者の一人。
⇒新カト (ラ・トゥール・デュ・パン 1834.4.1-1924.12.4)

Latourette, Kenneth Scott
アメリカの東洋学者,歴史家,バプテスト教会宣教師。中国史およびキリスト教布教史を専攻。
⇒岩世人 (ラトゥレット 1884.8.9-1968.12.26)

Lattanzi, Chloe
アメリカのシンガー・ソングライター。
⇒外12 (ラタンジー,クロエ 1986.1.17-)

Lattes, Cesar
ブラジルの物理学者。
⇒現科大 (ラッテスとレイテ=ロペス 1924-2005)

Lattimore, Owen
アメリカのアジア研究家。彼の研究は中国の辺境問題に重点がおかれ,『満州における蒙古民族』(1934)などはその代表的著作。
⇒アア歴 (Lattimore,Owen ラティモア,オウエン 1900.1.29-1989.5.31)
アメ新 (ラティモア 1900-1989)
岩世人 (ラティモア 1900.7.29-1989.5.31)
広辞7 (ラティモア 1900-1989)

Lattre de Tassigny, Jean Joseph Marie de
フランスの陸軍軍人,大将。死後元帥。第2次世界大戦のドイツ降伏文書に署名したフランス側代表。
⇒岩世人 (ラトル・ド・タシニー 1889.2.2-1952.1.11)

Lattuada, Felice
イタリアの作曲家,教育者。
⇒オペラ (ラットゥアーダ,フェリーチェ 1882-1962)

Latynina, Larissa Semyonovna
ロシアの体操選手。
⇒岩世人 (ラトゥイニナ 1934.12.27-)

Latz, T.D.
アメリカ中央情報局 (CIA) 職員。U-2偵察機の元パイロット。
⇒スパイ (ラッツ,T・D[p])

Latzky-Bertholdi, Jacob Ze'ev Wolf (Wilhelm)
ウクライナ・キエフ生まれのジャーナリスト,社会主義の指導者。
⇒ユ著人 (Latzky-Bertholdi,Jacob Ze'ev Wolf (Wilhelm) ラッキー=ベルトルディ,ヤコブ・ゼーブ・ブルフ 1881-1941)

Lau, Andrew
香港の映画監督,カメラマン。
⇒岩世人 (ラウ 1960.4.4-)
外12 (ラウ,アンドルー 1960.4.4-)
外16 (ラウ,アンドルー 1960.4.4-)
中日3 (刘伟强 ラウ,アンドリュー 1960-)

Lau, Andy
香港の俳優,歌手。
⇒遺産 (ラウ,アンディ 劉德華 1961.9.27-)
岩世人 (ラウ 1961.9.27-)
外12 (ラウ,アンディ 1961.9.27-)
外16 (ラウ,アンディ 1961.9.27-)

Lau, Andy Sean
香港の俳優。
⇒外12 (ラウチンワン 1964.2.16-)
外16 (ラウチンワン 1964.2.16-)

Lau, Carina
中国生まれの女優。
⇒外12 (ラウ,カリーナ 1964.12.8-)
外16 (ラウ,カリーナ 1964.12.8-)

Lau, Emily
香港の政治家,ジャーナリスト。
⇒外12 (ラウ,エミリー 1952-)
外16 (ラウ,エミリー 1952-)
世指導 (ラウ,エミリー 1952-)

Laubach, Franck Charles
アメリカの会衆派牧師,フィリピン宣教師,識字運動家。
⇒アア歴 (Laubach,Frank C (harles) ローバック,フランク・チャールズ 1884.9.2-1970.6.19)

Laubenthal, Horst
ドイツのテノール歌手。
⇒魅惑 (Laubenthal,Horst R. 1939-)

Laubenthal, Rudolf
ドイツのテノール歌手。
⇒魅惑 (Laubenthal,Rudolf 1886-1971)

Lauda, Niki
オーストリアのカーレーサー。
⇒岩世人 (ラウダ 1949.2.22-)

外12（ラウダ,ニキ　1949.2.22–）
外16（ラウダ,ニキ　1949.2.22–）

Lauder, Estée
アメリカの実業家。
⇒岩世人（ローダー　1906.7.1–2004.4.24）

Laudrup, Michael
デンマークのサッカー指導者,サッカー選手。
⇒外12（ラウドルップ,ミカエル　1964.6.15–）
外16（ラウドルップ,ミカエル　1964.6.15–）
最世ス（ラウドルップ,ミカエル　1964.6.15–）

Laue, Max Theodor Felix von
ドイツの物理学者。結晶物理学の基礎を築き,1914年ノーベル物理学賞受賞。
⇒岩世人（ラウエ　1879.10.9–1960.4.24）
オク科（マックス・テオドール・フェリックス・フォン）　1879–1960）
化学（ラウエ　1879–1960）
学叢思（ラウエ,マクス・フォン　1879–?）
三新物（ラウエ　1879–1960）
ノベ3（ラウエ,M.T.F.　1879.10.9–1960.4.23）
物理（ラウエ,マックス・テオドール・フェリックス・フォン　1879–1960）

Laufer, Berthold
ドイツ生まれのアメリカの東洋学者。
⇒アア歴（Laufer,Berthold　ローファー,バーソルド　1874.10.11–1934.9.13）
岩世人（ラウファー（ローファー）　1874.10.11–1934.9.13）
広辞7（ラウファー　1874–1934）
中文史（ラウファー　1874–1934）
ネーム（ラウファー　1874–1934）

Laufkötter, Karl
ドイツのテノール歌手。
⇒魅惑（Laufkötter,Karl　1901–?）

Läuger, Max
ドイツの画家,建築家,陶工。カルルスルーエの工芸学校および工業大学で指導。
⇒岩世人（ロイガー　1864.9.30–1952.12.12）

Laughlin, James Laurence
アメリカ生まれの経済思想学者。
⇒岩世人（ラフリン　1850.4.2–1933.11.28）

Laughlin, Robert B.
アメリカの物理学者。1998年ノーベル物理学賞。
⇒岩世人（ラフリン　1950.11.1–）
外12（ラフリン,ロバート　1950.11.1–）
外16（ラフリン,ロバート　1950.11.1–）
ノベ3（ラフリン,R.B.　1950.11.1–）
物理（ラフリン,ロバート・ベッツ　1950–）

Laughton, Charles
イギリスの俳優。『ヘンリー8世の私生活』（1933）その他に出演。
⇒アガサ（ロートン,チャールズ　1899–1962）
岩世人（ロートン　1899.7.1–1962.12.15）
ク俳（ロートン,チャールズ　1899–1962）
スター（ロートン,チャールズ　1899.7.1–1962）

Laumer, Keith
アメリカのSF作家。
⇒現世文（ローマー,キース　1925.6.9–1993.1.22）

Launay, Adrien
フランスの宣教史家。パリ外国宣教会員。
⇒新カト（ロネー　1853.10.21–1927.4.21）

Launhardt, Wilhelm
ドイツの数学者,経済学者。ハノーファー工科大学で道路,鉄道,橋梁建設の講義を担当したが,むしろ経済理論の研究で多大の業績を残した。
⇒有経5（ラウンハルト　1832–1918）

Lauper, Cyndi
アメリカの女性ロック歌手。
⇒外12（ローパー,シンディ　1953.6.20–）
外16（ローパー,シンディ　1953.6.20–）

Laur, Ernst
スイスの農業経済学者。農業経営,農業計理の研究を行い,スイス農民の経済的地位の向上に貢献した。
⇒岩世人（ラウル　1871.3.27–1964.5.30）

Laurel, José Paciano
フィリピンの政治家。日本軍占領下でフィリピン大統領を勤めた（1943～45）。マグサイサイ大統領擁立に努力し,同大統領就任後,54年の対日賠償交渉団首席全権。
⇒ア太戦（ラウレル　1891–1959）
岩世人（ラウレル　1891.3.9–1959.11.6）

Laurel, Stan
アメリカの喜劇俳優。極楽シリーズが有名。
⇒ク俳（ローレル,スタン（ジェファースン,アーサー・S）　1890–1965）
スター（ローレル,スタンとハーディ,オリヴァー　1890.6.16–1965）

Lauren, Ralph
アメリカの服飾デザイナー。
⇒岩世人（ローレン　1939.10.14–）
外12（ローレン,ラルフ　1939.10.14–）
外16（ローレン,ラルフ　1939.10.14–）
ポプ人（ローレン,ラルフ　1939–）

Laurence, Margaret
カナダの小説家。
⇒現世文（ローレンス,マーガレット　1926.7.18–1987.1.5）

Laurencin, Marie
フランスの女性画家。エコール・ド・パリの一人。淡い紅色,青,緑を主色とし,感傷的な乙女を好んで描いた。
⇒岩世人（ローランサン　1883.10.31–1956.6.8）
芸13（ローランサン,マリー　1883–1956）
広辞7（ローランサン　1883–1956）

世人新（ローランサン　1885-1956）
世人装（ローランサン　1885-1956）
ネーム（ローランサン　1885-1956）
ポプ人（ローランサン, マリー　1885-1956）

Laurens, Camille
フランスの文学者, 作家。
⇒現世文（ロランス, カミーユ　1957.11.6-）

Laurens, Henri
フランスの彫刻家。ピカソ, ブラックたちと交わり, キュビスムの彫刻を発展させた。
⇒岩世人（ローランス　1885.2.18-1954.5.5）
　芸13（ローランス, アンリ　1885-1954）
　広辞7（ローランス　1885-1954）

Laurens, Jean Paul
フランスの歴史画家。主作品はパリのパンテオンの壁画『聖ジュヌビエーブの死』。
⇒岩世人（ローランス　1838.3.30-1921.3.23）
　芸13（ローランス, ジャン=ポール　1838-1921）

Laurent, Éric
フランスの国際政治ジャーナリスト, 作家。
⇒外12（ローラン, エリック　1947-）
　現世文（ローラン, エリック　1947-）

Laurent, Jacques
フランスの作家。
⇒岩世人（ローラン　1919.1.5-2000.12.29）
　現世文（ローラン, ジャック　1919.1.5-2000.12.29）

Laurent, Marcien
カナダ・ケベック生まれのキリスト教学校修士会（ラ・サール会）修道士。
⇒新カト（ローラン　1897.7.27-1987.1.19）

Laurent, Paul Matthieu Hermann
フランスの解析学者。
⇒数辞（ローラン, ポール・マシュー・エルマン　1841-1908）

Laurentin, René
フランスのカトリック神学者, 著作家。
⇒新カト（ローランタン　1917.10.19-2017.9.10）

Laurents, Arthur
アメリカ（ユダヤ系）の劇作家, 小説家。
⇒現世文（ローレンツ, アーサー　1917.7.14-2011.5.5）

Laures, Johannes
ドイツの中世経済史学者, 日本キリシタン史研究家。長く上智大教授をつとめた。
⇒岩世人（ラウレス　1891.11.21-1959.8.3）
　新カト（ラウレス　1891.11.21-1959.8.3）

Lauridsen, Morten（Johannes）
アメリカの作曲家, 教育者。
⇒エデ（ローリゼン（ラウリッドソン）, モートン

（ジョハネス）　1943.2.27-）

Laurie, Hugh
イギリスの俳優。
⇒外12（ローリー, ヒュー　1959.6.11-）
　外16（ローリー, ヒュー　1959.6.11-）

Laurie, Piper
アメリカ生まれの女優。
⇒ク俳（ローリー, パイパー（ジェイコブズ, ロゼッタ）　1932-）
　スター（ローリー, パイパー　1932.1.22-）

Laurie, Victoria
アメリカの霊能力カウンセラー, 作家。
⇒海文新（ローリー, ヴィクトリア）
　現世文（ローリー, ヴィクトリア）

Laurier, *Sir* Wilfrid
カナダの政治家。
⇒岩世人（ロリエ　1841.11.20-1919.2.17）

Lauri-Volpi, Giacomo
イタリアのテノール歌手。
⇒オペラ（ラウリ=ヴォルピ, ジャコモ　1893-1978）
　失声（ラウリ=ヴォルピ, ジャコモ　1892-1979）
　魅惑（Lauri-Volpi,Giacomo　1892-1979）

Laursen, Ole
フィリピン生まれのデンマークのキックボクサー。
⇒異二辞（ローセン, オーレ　1977-）

Lautenberg, Frank R.
アメリカの政治家。
⇒外12（ローテンバーグ, フランク　1924.1.23-）

Lautensach, Hermann Friedrich Christian
ドイツの地理学者。ポルトガルおよび朝鮮の地誌を研究し「地理的形態変化」の概念を創り出した。
⇒岩世人（ラウテンザッハ　1886.9.20-1971.5.20）

Lauterbur, Paul C.
アメリカの化学者。
⇒広辞7（ラウターバー　1929-2007）
　ノべ3（ラウターバー, P.C.　1929.5.6-2007.3.27）

Lauterpacht, Hersch
イギリスの国際法学者。
⇒岩世人（ラウターパクト　1897-1960）

Lauterstein, Andrew
オーストラリアの水泳選手（バタフライ・自由形）。
⇒最世ス（ローターステイン, アンドリュー　1987.5.22-）

Lauth, Charles
フランスの化学者。

⇒**19仏**（ロート, シャルル　1836.9.27–1913.12.2）

Lauth, Reinhard
ドイツの哲学者。
⇒**岩世人**（ラウト　1919.8.11–2007.8.23）

Lautman, Albert
フランスの哲学者, 科学哲学者。
⇒**メル3**（ロトマン, アルベール　1908–1944（銃殺））

Lauvergeon, Anne Alice Marie
フランスの実業家。
⇒**異二辞**（ロヴェルジョン[アンヌ・～]　1959–）
　外12（ローヴェルジョン, アンヌ　1959.8.2–）
　外16（ローヴェルジョン, アンヌ　1959.8.2–）

Lauwers, Jan
ベルギーのパフォーミング・アーティスト。
⇒**外12**（ロワース, ヤン）

Lauwerys, Joseph A.
イギリスの教育学者。比較教育学の権威の一人。
⇒**教人**（ロアリーズ　1902–）

Lava, Jesus Baltazar
フィリピンの共産党活動家。
⇒**岩世人**（ラバ　1914.5.15–2003.1.21）

Lavagetto, Harry Arthur（Cookie）
アメリカの大リーグ選手（三塁, 二塁）。
⇒**メジャ**（ラヴァジェット, クッキー　1912.12.1–1990.8.10）

Laval, Carl Gustaf Patrik de
スウェーデンの技術者, 発明家。衝動タービン（1888）などを発明。
⇒**岩世人**（ラヴァル　1845.5.9–1913.2.2）

Laval, Pierre
フランスの政治家。ペタン政権の副首相など務めた。
⇒**岩世人**（ラヴァル　1883.6.28–1945.10.15）

La Vallée Poussin, Charles Jean de
ベルギーの数学者, 物理学者。
⇒**数辞**（ド・ラ・バレ・プッサン, シャール・ジャン・ギュスターブ・ニコラス　1866–1962）
　数小増（ド・ラ・バレ・プーサン　1866–1962）
　世людей（ラ・ヴァレー-プッサン, シャルル-ジャン・ギュスタヴ・ニコラ・ド　1866–1962）

LaValliere, Michael Eugene
アメリカの大リーグ選手（捕手）。
⇒**メジャ**（ラヴァリエール, マイク　1960.8.18–）

Lavan, John Leonard（Doc）
アメリカの大リーグ選手（遊撃）。
⇒**メジャ**（レイヴァン, ドク　1890.10.28–1952.5.29）

Lavant, Christine
オーストリアの女性詩人。
⇒**岩世人**（ラヴァント　1915.7.4–1973.6.7）

Lavant, Denis
フランスの俳優。
⇒**外16**（ラヴァン, ドニ　1961.6.17–）

La Varende, Jean Balthasar Marie Mallard de
フランスの作家。ノルマンディーを背景にした多数の歴史小説で知られる。
⇒**岩世人**（ラ・ヴァランド　1887.5.24–1959.6.8）
　新カト（ラ・ヴァランド　1887.5.24–1959.6.8）

Lavaudant, Georges
フランスの演出家, 俳優。
⇒**外12**（ラヴォーダン, ジョルジュ　1947.2.18–）
　外16（ラヴォーダン, ジョルジュ　1947.2.18–）

Lavedan, Henri Léon Emile
フランスの劇作家, 小説家。"Le chemin du salut"（7巻,1920〜25）。
⇒**岩世人**（ラヴダン　1859.4.9–1940.9.12）

Lavelle, Gary Robert
アメリカの大リーグ選手（投手）。
⇒**メジャ**（ラヴェル, ゲイリー　1949.1.3–）

Lavelle, Louis
フランスの唯心論哲学者。主著『感覚的世界の弁証法』（1922）ほか。
⇒**岩世人**（ラヴェル　1883.7.15–1951.9.1）
　新カト（ラヴェル　1883.7.15–1951.9.1）
　メル3（ラヴェル, ルイ　1883–1951）

Lavender, Justin
イギリスのテノール歌手。
⇒**魅惑**（Lavender,Justin　1951–）

Laver, Rodney George
オーストラリアの男子テニスプレイヤー。
⇒**異二辞**（レーバー[ロッド・～]　1938–）
　岩世人（レイヴァー　1938.8.9–）
　ネーム（レーバー, ロッド　1938–）
　ポプ人（レーバー, ロッド　1938–）

Laveran, Charles Louis Alphonse
フランスの軍医, 寄生虫学者。1907年ノーベル生理医学賞を受賞。
⇒**岩世人**（ラヴラン　1845.6.18–1922.5.18）
　ネーム（ラヴラン　1845–1922）
　ノペ3（ラブラン, C.L.A.　1845.6.18–1922.5.18）

Laverón, Elena
スペイン生まれの画家。
⇒**芸13**（ラベロン, エレナ　1938–）

Lavery, *Sir* John
イギリスの画家。主作品は『リュクサンブールの庭園』。

⇒岩世人（レイヴァリー　1856.3.20-1941.1.10）

Lavi, Daliah (Dahlia)
イスラエル生まれの女優。
⇒ク俳（ラヴィ, ダリア（レヴェンブッフ,D）1940–）
ユ著人 (Lavi,Daliah (Dahlia)　ラヴィ, ダリア　1940–)

Lavier, Bertrand
フランスの現代美術家。
⇒芸13（ラヴィエ, ベルトランド　1949–）

Lavignac, Alexandre Jean Albert
フランスの音楽理論家, 教育家。主著『音楽教育の理論と実践』(6巻,1882) など。
⇒岩世人（ラヴィニャック　1846.1.21-1916.5.28）
新音中（ラヴィニャック, アルベール　1846.1.21-1916.5.28）
標音2（ラヴィニャック, アルベール　1846.1.21-1916.5.28）

Lavigne, Avril
カナダ出身のシンガー・ソングライター。
⇒外12（ラヴィーン, アヴリル　1984.9.27–）
外16（ラヴィーン, アヴリル　1984.9.27–）

Lavillenie, Renaud
フランスの棒高跳び選手。
⇒外16（ラビユニ, ルノー　1986.9.18–）
最世ス（ラビユニ, ルノー　1986.9.18–）

Lavin, Mary
アイルランドの小説家。
⇒現世文（ラビン, メアリ　1912.6.12-1996.3.25）

Lavin, Richard
アメリカのカウンセラー, ヒプノセラピスト。
⇒外12（ラビン, リチャード　1955.5.5–）

Lavirgen, Pedro
スペインのテノール歌手。
⇒失声（ラヴィルヘン, ペドロ　1930–）
魅惑 (Lavirgen,Pedro　1930–)

Laviscount, Reverend Samuel
アメリカ・ロックスベリーの聖マルコ会衆教会牧師。
⇒マルX (LAVISCOUNT,REVEREND SAMUEL　サミュエル・ラヴィスカウント牧師)

Lavisse, Ernest
フランスの歴史家, 教育家。『4世紀から現代までの一般史』(12巻,1893～1901) などを執筆。
⇒岩世人（ラヴィス　1842.12.17-1922.8.18）

Lavon (Lubianiker), Pinchas
イスラエルの労働指導者, 国防相, ラボン事件の当事者。
⇒ユ著人 (Lavon,Pinhas　ラヴォン, ピンハス　1904-1976)

Lavrentiev, Mikhail Alekseevich
ソ連の数学者。1950～53年ソ連科学アカデミー精密機械・計数技術研究所所長。
⇒世数（ラヴレンチェフ, ミハイル・アレクセイエヴィッチ　1900-1980）

L

Lavrenyov, Boris Andreevich
ソ連の小説家, 劇作家。『風』(1924),『41番目の男』(26)。
⇒岩世人（ラヴレニョーフ　1891.7.5/17-1959.1.7）
現世文（ラヴレニョーフ, ボリス　1891.7.17-1959.1.7）

Lavric, Klemen
スロベニアのサッカー選手(FW)。
⇒外12（ラフリッチ, クレメン　1981.6.12–）

Lavrov, Sergei Viktorovich
ロシアの外交官, 政治家。ロシア外相。
⇒岩世人（ラヴローフ　1950.3.21–）
外12（ラブロフ, セルゲイ　1950.3.21–）
外16（ラヴロフ, セルゲイ　1950.3.21–）
世指導（ラヴロフ, セルゲイ　1950.3.21–）

Lavrovsky, Leonid
ソ連の舞踊家。キーロフ・バレエなどのディレクターを務めた。
⇒岩世人（ラヴロフスキー　1905.6.5/18-1967.11.27）

Lavry, Marc
イスラエルの指揮者, 作曲家。
⇒ユ著人 (Lavry,Marc　ラヴリー, マルク　1903-1967)

Law, Alex
香港の映画監督, 映画プロデューサー。
⇒外12（ロー, アレックス　1953.8.19–）
外16（ロー, アレックス　1953.8.19–）

Law, Andrew Bonar
イギリスの政治家。1922年保守党内閣を組織。植民地出身の最初のイギリス首相。
⇒岩世人（ロー　1858.9.16-1923.10.30）

Law, Clara
中国生まれ, オーストラリアの映画監督。
⇒映監（ロー, クララ　1957.5.29–）

Law, Denis
イギリスのサッカー選手。
⇒異二辞（ロー［デニス・～］　1940–）

Law, Ingrid
アメリカの児童文学作家。
⇒海文新（ロウ, イングリッド　1970–）
現世文（ロウ, イングリッド　1970–）

Law, James
スコットランド生まれのアメリカの獣医。エディンバラ獣医学校解剖学教授。

⇒岩世人（ロー　1838.2.13–1921.5.10）

Law, Janice
アメリカの推理作家。
⇒現世文（ロー, ジャニス　1941.6.10–）

L

Law, John Philip
アメリカ生まれの俳優。
⇒ク俳（ロー, ジョン・フィリップ　1937–）

Law, Jude
イギリスの俳優、映画監督。
⇒外12（ロウ, ジュード　1972.12.29–）
　外16（ロウ, ジュード　1972.12.29–）
　ク俳（ロー, ジュード　1972–）

Law, Ty
アメリカのプロフットボール選手（CB）。
⇒外16（ロー, タイ　1974.2.10–）
　最世ス（ロー, タイ　1974.2.10–）

Law, Vance Aaron
アメリカの大リーグ選手（三塁, 二塁, 遊撃）。
⇒メジャ（ロー, ヴァンス　1956.10.1–）

Law, Vernon Sanders
アメリカの大リーグ選手（投手）。
⇒メジャ（ロー, ヴァーン　1930.3.12–）

Lawford, Peter
イギリス生まれの俳優。
⇒ク俳（ローフォード, ピーター（アイレン, P）
　1923–1984）

Lawler, Ray
オーストラリアの劇作家。
⇒現世文（ローラー, レイ　1921.5.23–）

Lawney, Josephine C.
アメリカの医療宣教師。
⇒アア歴（Lawney,Josephine C.　ローニー, ジョゼフィン・C.　1881.4.29–1962.2.27）

Lawrence, David Herbert
イギリスの小説家, 詩人。『息子と恋人』（1913）、『チャタレー夫人の恋人』（28）などの長篇小説で知られる。
⇒岩キ（ローレンス　1885–1930）
　岩世人（ローレンス　1885.9.11–1930.3.2）
　現世文（ローレンス, D.H.　1885.9.11–1930.3.2）
　広辞7（ローレンス　1885–1930）
　新カト（ローレンス　1885.9.11–1930.3.2）
　西文（ロレンス, デヴィッド　1885–1930）
　世人新（ローレンス〈ハーバート〉　1885–1930）
　世人装（ローレンス〈ハーバート〉　1885–1930）
　ネーム（ローレンス　1885–1930）
　比文増（ロレンス（D・H）　1885（明治18）–1930（昭和5））
　ヘミ（ローレンス, D・H　1885–1930）
　ポブ人（ロレンス, デビッド・ハーバート　1885–1930）

　ラテ新（ロレンス　1885–1930）

Lawrence, Ernest Orlando
アメリカの物理学者。原子核の研究や人工放射性同位元素の製造を行なった。1939年ノーベル物理学賞受賞。
⇒アメ州（Lawrence,Ernest Orlando　ローレンス, アーネスト・オーランド　1901–1958）
　岩世人（ローレンス　1901.8.8–1958.8.27）
　現科大（ブラケットとローレンス　1901–1958）
　三新物（ローレンス　1901–1958）
　ノベ3（ローレンス, E.O.　1901.8.8–1958.8.27）
　物理（ローレンス, アーネスト　1901–1958）

Lawrence, Fred Tulus
アメリカの教育者。
⇒アア歴（Lawrence,Fred T（ulus）　ローレンス, フレッド・タラス　1877.2.17–1940.1.18）

Lawrence, Gertrude
アメリカの女優。映画『スター！』（1968）は、彼女の多彩な生涯を描いた作品。
⇒ク俳（ローレンス, ガートルード（ローレンス＝クラーサン, G）　1898–1952）
　標音2（ローレンス, ガートルード　1898.7.4–1952.9.6）

Lawrence, Jacob
アメリカのイラストレーター。
⇒岩世人（ローレンス　1917.9.7–2000.6.9）

Lawrence, Jennifer
アメリカ生まれの女優。
⇒遺産（ローレンス, ジェニファー　1990.8.15–）
　外16（ローレンス, ジェニファー　1990.8.15–）

Lawrence, John
イギリスの英語学者。1906年来日し、東京帝国大学の教師となる。
⇒岩世人（ローレンス　1850.12.20–1916.3.12）

Lawrence, John Hundale
アメリカの医師。原子核物理学者E.O.ローレンスの弟。アイソトープの医学利用の開拓者。
⇒岩世人（ローレンス　1904.1.7–1991.9.7）

Lawrence, Marc
アメリカの映画監督, 脚本家。
⇒外12（ローレンス, マーク　1959–）
　外16（ローレンス, マーク　1959–）

Lawrence, Martin
アメリカの俳優。
⇒ク俳（ローレンス, マーティン　1965–）

Lawrence, Paul Roger
アメリカの組織行動学者。
⇒有経5（ローレンス　1922–2011）

Lawrence, Steve
アメリカ・ニューヨーク生まれの歌手。
⇒標音2（ローレンス, スティーヴ　1935.7.8–）

ロック（Lawrence,Steve ロレンス, スティーヴ 1935.7.8–）

Lawrence, Thomas Edward
イギリスの考古学者, 軍人, 作家。「アラビアのロレンス」の名で知られる。
⇒異二辞（ロレンス［トーマス・エドワード・～］ 1888–1935）
岩イ（アラビアのロレンス 1888–1935）
岩世人（ローレンス 1888.8.16–1935.5.19）
広辞7（ローレンス 1888–1935）
スパイ（ロレンス, トーマス・E 1888–1935）
世人新（ローレンス〈トマス〉 1888–1935）
世人装（ローレンス〈トマス〉 1888–1935）
戦思（ロレンス 1888–1935）
ポプ人（ロレンス, トーマス・エドワード 1888–1935）

Lawrie, Paul
イギリスのプロゴルファー。
⇒外16（ローリー, ポール 1969.1.1–）
最世ス（ローリー, ポール 1969.1.1–）

Laws, Carolyn J.
アメリカの作家。ヘイリー・リンドはジュリエット・ブラックウェルとキャロライン・J. ローズの姉妹による共同筆名。
⇒海文新（リンド, ヘイリー）
現世文（リンド, ヘイリー）

Laws, Hubert
アメリカのジャズ・フルート, ピッコロ奏者。
⇒標音2（ローズ, ヒューバート 1939.11.10–）

Laws, Robert
スコットランドの長老派宣教師。
⇒オク教（ローズ 1851–1934）

Lawson
アメリカの作家。アンシア・ローソンは, 妻アンシアと夫ローソンの夫婦ユニットの作家名。
⇒海文新（ローソン, アンシア）

Lawson, Andrew Cowper
アメリカの地質学者, 鉱物学者, 地形学者。カリフォルニア大学教授。
⇒岩世人（ローソン 1861.7.25–1952.6.21）

Lawson, Frederick H.
イギリスの法学者。
⇒岩世人（ローソン 1897.7.14–1983.5.15）

Lawson, Henry Archibald
オーストラリアの短篇小説家, 詩人。
⇒現世文（ローソン, ヘンリー 1867.6.17–1922.9.22）

Lawson, James
ユナイテッド・アフリカン・ナショナリスト運動（UANM）のニューヨークの広報担当者。
⇒マルX（LAWSON,JAMES ローソン, ジェイムズ）

Lawson, John Howard
アメリカの劇作家。代表作『行進聖歌』(1925) は1920年代表現主義の典型。
⇒現世文（ローソン, ジョン 1894.9.25–1977.8.11）

Lawson, M.A.
アメリカの作家。
⇒海文新（ロースン,M.A.）
現世文（ロースン,M.A.）

Lawson, Sarah
イギリスの女優。
⇒ク俳（ローソン, セアラ 1928–）

Lawton, Henry Ware
アメリカの陸軍士官。
⇒アア歴（Lawton,Henry W (are) ロートン, ヘンリー・ウェア 1843.3.17–1889.12.19）

Lawton, John Hartley
イギリスの生態学者。
⇒外12（ロートン, ジョン 1943.9.24–）

Lawton, Matthew
アメリカの大リーグ選手（外野）。
⇒メジャ（ロートン, マット 1971.11.30–）

Lawton, Wesley Willingham
アメリカの宣教師。
⇒アア歴（Lawton,Wesley Willingham ロートン, ウェズリー・ウィリンガム 1869.10.31–1943.3.3）

Law-Yone, U
ビルマ（ミャンマー）のジャーナリスト。
⇒岩世人（ローヨウン 1911.2.5–1980.6.27）

Lax, Peter David
アメリカの数学者。
⇒外12（ラックス, ピーター 1926.5.1–）
外16（ラックス, ピーター 1926.5.1–）
世数（ラックス, ピーター・デイヴィッド 1926–）

Laxness, Halldór Kiljan
アイスランドの小説家。代表作『独立の民』(1935)。52年スターリン賞受賞。55年ノーベル賞受賞。
⇒岩世人（ラハスネス 1902.4.23–1998.2.8）
現世文（ラクスネス, ハルドゥル 1902.4.23–1998.2.8）
広辞7（ラックスネス 1902–1998）
ノベ3（ラクスネス,H.K. 1902.4.23–1998.2.8）

Lay, Wilhelm August
ドイツの教育学者, 実験教育学の創始者。
⇒岩世人（ライ 1862.7.30–1926.5.9）
教人（ライ 1862–1926）

Laye, Camara
ギニアの小説家。作品に『黒い子供』(1953)『王の視線』(54) など。

L

⇒現世文（ライェ, カマラ 1928.1.1-1980.2.4）

Laymon, Richard
アメリカの作家。
⇒現世文（レイモン, リチャード 1947.1.14-2001.2.14）

Lay Phyu
ミャンマー（ビルマ）の代表的な男性ロック歌手。
⇒岩世人（レーピュー 1965.5.19-）

Layton, Edwin T.
アメリカの軍人。海軍少将。第二次大戦中, アメリカ太平洋艦隊の情報部門を率いた。
⇒スパイ（レイトン, エドウィン・T 1903-1984）

Layton, Irving
カナダの詩人。
⇒現世文（レイトン, アービング・ピーター 1912.3.12-2006.1.4）

Lazar, Hans-Jürgen
ドイツのテノール歌手。
⇒魅惑（Lazar,Hans-Jürgen ?-）

Lazard, Gilbert
フランスの言語学者, 東洋学者。
⇒岩世人（ラザール 1920.2.4-）

Lazarenko, Pavlo I.
ウクライナの政治家。ウクライナ首相。
⇒世指導（ラザレンコ, パーベル 1953.1.23-）

Lazarev, Alexander
ロシアの指揮者。
⇒外12（ラザレフ, アレクサンドル 1945.7.5-）
　外16（ラザレフ, アレクサンドル 1945.7.5-）

Lazarev, Viktor Nikitich
ソ連の美術史家。主著"Storia della pittura bizantina"（1967）はすぐれたビザンツ絵画史概説として知られる。
⇒岩世人（ラーザレフ 1897.8.22/9.3-1976.2.1）

Lázaro, Francisco
スペインのテノール歌手。
⇒失声（ラザロ, フランシスコ 1932-）
　魅惑（Lazaro,Francisco 1932-）

Lázaro, Hipolito
スペインのテノール歌手。
⇒オペラ（ラサロ, イポリト 1889-1974）
　失声（ラザーロ, ヒッポリート 1887-1974）
　魅惑（Lazaro,Hipólito 1887-1974）

Lazaroni, Sebastião Barroso
ブラジルのサッカー監督（カタールSC）。
⇒外12（ラザロニ, セバスチャン 1950.9.25-）
　外16（ラザロニ, セバスチャン 1950.9.25-）

Lazarsfeld, Paul Felix
アメリカの社会心理学者。アメリカにおけるマス・コミュニケーション研究の権威の一人。「コミュニケーションの2段階の流れ」は有名。
⇒岩世人（ラザースフェルド 1901.2.13-1976.8.30）
　現社（ラザーズフェルド 1901-1976）
　社小増（ラザースフェルド 1901-1976）

Lazarus, Richard
アメリカの心理学者, 医師。
⇒岩世人（ラザラス 1922.3.3-2002.11.24）

Lazarus, Shelly
アメリカの実業家。
⇒外12（ラザラス, シェリー 1947.9.1-）
　外16（ラザラス, シェリー 1947.9.1-）

Lazenby, George
オーストラリア生まれの俳優。
⇒ク俳（レイゼンビー, ジョージ 1939-）

Lazic, Dejan
クロアチアのピアノ奏者, 作曲家。
⇒外12（ラツィック, デヤン 1977-）
　外16（ラツィック, デヤン 1977-）

Lazo, Pedro
キューバの野球選手（投手）。
⇒外12（ラソ, ペドロ 1973.4.15-）
　最世ス（ラソ, ペドロ 1973.4.15-）

Lazo, Sergei Georgievich
ロシアの革命家。国内戦時代にはザバイカル戦線の指揮官として活動。
⇒岩世人（ラゾー 1894.2.23/3.7-1920.5）

Lazzaretti, Bruno
イタリアのテノール歌手。
⇒魅惑（Lazzaretti,Bruno 1957-）

Lazzari, Agostino
イタリアのテノール歌手。
⇒失声（ラッザーリ, アゴスティーノ 1919-1981）
　魅惑（Lazzari,Agostino 1919-1981）

Lazzeri, Anthony Michael
アメリカの大リーグ選手（二塁, 三塁）。
⇒メジャ（ラゼリ, トニー 1903.12.6-1946.8.6）

Le, Nam
オーストラリアの作家。
⇒海文新（リー, ナム）
　現世文（リー, ナム 1978-）

Lea, Homer
アメリカの軍事専門家, 冒険家。孫文の軍事顧問として清朝打倒のために活動。
⇒アア歴（Lea,Homer リー, ホーマー 1876.11.17-1912.11.1）
　岩世人（リー 1876.11.17-1912.11.1）

Leach, Bernard Howell
イギリスの陶芸家。日本で製陶を学びイギリスに帰り、窯を築く。著書に『陶工の本』として有名な "A Potter's Book" など。
⇒岩世人（リーチ　1887.1.5–1979.5.6）
　芸13（リーチ, バーナード　1887–1979）
　広辞7（リーチ　1887–1979）
　ポプ人（リーチ, バーナード　1887–1979）

Leach, Edmund Ronald
イギリスの人類学者。北ビルマ・カチン族, ボルネオ, セイロンなどで調査を行なう。
⇒岩世人（リーチ　1910.11.7–1989.1.6）
　現社（リーチ　1910–1989）
　社小増（リーチ　1910–1989）
　新カト（リーチ　1910.11.7–1989.1.6）

Leach, Frederick
アメリカの大リーグ選手（外野）。
⇒メジャ（リーチ, フレディー　1897.11.23–1981.12.10）

Leach, Thomas William
アメリカの大リーグ選手（外野, 三塁）。
⇒メジャ（リーチ, トミー　1877.11.4–1969.9.29）

Leadbeater, Charles
イギリスのジャーナリスト。
⇒外12（レッドビーター, チャールズ）

Leadbelly
アメリカ・ルイジアナ州生まれの歌手。
⇒岩世人（レッド・ベリー　1888.1.23–1949.12.6）
　新音中（レッドベリー　1885.1.21–1949.12.6）
　標音2（レッドベリー　1885.1.21–1949.12.6）
　ロック（Leadbelly　レッドベリー　1885–）

Leadbetter, David
アメリカのプロゴルファー（ティーチングプロ）。
⇒外12（レッドベター, デービッド　1952–）
　外16（レッドベター, デービッド　1952–）

Leaf, Munro
アメリカの絵本作家。
⇒現世文（リーフ, マンロー　1905–1976）

Leaf, Walter
イギリスの古典学者。
⇒岩世人（リーフ　1852.11.28–1927.3.8）

League, Brandon
アメリカの大リーグ選手（マリナーズ・投手）。
⇒外12（リーグ, ブランドン　1983.3.16–）

Leahy, Marie-Claire
アメリカの教育者。
⇒新カト（レーヒー　1874.4.12–1959.11.18）

Leahy, Patrick
アメリカの政治家。
⇒外12（レーヒー, パトリック　1940.3.31–）

Leahy, Terry
イギリスの実業家。
⇒外12（リーヒー, テリー　1956–）
　外16（リーヒー, テリー　1956–）

Leahy, William Daniel
アメリカの軍人, 外交官。第二次大戦中は元帥。戦後はトルーマン大統領の反共世界政策の推進に大きな影響を与えた。
⇒岩世人（リーヒー　1875.5.6–1959.7.20）

Leakey, Louis Seymour Bazett
ケニア生まれのイギリスの古生物学者, 人類学者。アフリカで古人類の化石を発見。
⇒岩生（リーキー　1903–1972）
　岩世人（リーキー　1903.8.7–1972.10.1）
　広辞7（リーキー　1903–1972）
　三新生（リーキー　1903–1972）
　ポプ人（リーキー, ルイス・シーモア・バゼット　1903–1972）

Leaks, Sylvester
アメリカ・ニューヨークの黒人知識人, 小説家, 編集者。
⇒マルX（LEAKS,SYLVESTER　リークス, シルヴェスター）

Lean, David
イギリスの映画監督。おもな作品『逢びき』(1946),『戦場にかける橋』(57),『アラビアのロレンス』(62) など。
⇒岩世人（リーン　1908.3.25–1991.4.16）
　映監（リーン, デヴィッド　1908.3.25–1991）
　広辞7（リーン　1908–1991）

Lean, Sarah
イギリスの作家。
⇒海文新（リーン, サラ）

Leandro
ブラジルのサッカー選手（グレミオ・FW）。
⇒外12（レアンドロ　1980.8.13–）

Leandro
ブラジルのサッカー選手（アルサード・FW）。
⇒外12（レアンドロ　1985.2.12–）

Leao, Emerson
ブラジルのサッカー指導者, サッカー選手。
⇒外12（レオン, エメルソン　1949.7.11–）
　外16（レオン, エメルソン　1949.7.11–）

Leaper, Steven
アメリカの翻訳家。
⇒外12（リーパー, スティーブン）
　外16（リーパー, スティーブン　1947–）

Lear, Evelyn
アメリカのソプラノ歌手。
⇒新音中（リアー, イーヴリン　1926.1.8–）

lear

標音2（リアー、イーヴリン　1926.1.8-）

Lear, Norman
アメリカのプロデューサー、演出家。
⇒ユ著人（Lear,Norman　レーア、ノーマン　1922-）

Learned, Dwight Whitney
アメリカのアメリカン・ボード派宣教師。同志社で経済学を教授。
⇒岩世人（ラーネッド　1848.10.12-1943.3.19）
　学叢思（ラーネッド　1848-?）

Léaud, Jean-Pierre
フランス生まれの俳優。
⇒遺産（レオー、ジャン＝ピエール　1944.5.5-）
　外16（レオ、ジャン・ピエール　1944.5.5-）
　スター（レオ、ジャン＝ピエール　1944.5.28-）

Léautaud, Paul
フランスの劇評家、随筆家。主著『モーリス・ボアサールの劇場』(1926～43)。
⇒岩世人（レオトー　1872.1.18-1956.2.22）

Leavell, Balm
アメリカ・シカゴの黒人新聞「ニュー・クルセダー」の出版人。
⇒マルX（LEAVELL,BALM　リーヴェル、バーム　?-1968）

Leavis, Frank Raymond
イギリスの文学批評家。「ケンブリッジ学派」の中心人物。主著『英詩における新しい意味』(1932、新版50)、『D.H.ロレンスの小説』(55)。
⇒岩世人（リーヴィス　1895.7.14-1978.4.14）
　新カト（リーヴィス　1895.7.14-1978.4.14）

Leavitt, Craig
アメリカの実業家。
⇒外16（リービット、クレイグ　1960-）

Leavitt, David
アメリカの小説家。
⇒現世文（レービット、デービッド　1961-）

Leavitt, Henrietta Swan
アメリカの女性天文学者。1912年にケフェウス型変光星の〈周期・光度関係〉を発見。
⇒三新物（リービット　1868-1921）
　天文辞（リービット　1868-1921）
　天文大（リービット　1868-1921）
　物理（リービット、ヘンリエッタ・スワン　1868-1921）

Leavitt, Mike
アメリカの政治家。アメリカ環境保護局（EPA）長官、ユタ州知事。
⇒外12（レビット、マイク　1951.2.11-）
　外16（レビット、マイク　1951.2.11-）
　世指導（レビット、マイク　1951.2.11-）

Le Bachelet, Xavier-Marie
フランスのカトリック神学者。
⇒新カト（ル・バシュレ　1855.1.14-1925.9.23）

Lebadang
フランスの画家。
⇒芸13（ルバダン　1921-）

Lebas, Renée
フランスのシャンソン歌手、女優。
⇒標音2（ルバ、ルネ　1917.4.23-）

Lebasque, Henri
フランスの画家。主作品『ニンフの水浴』『パラソル』。
⇒芸13（ルバスク、アンリ　1865-1937）

Lebbe, Frédéric-Vincent
ベルギーのカトリック宣教師。
⇒岩世人（レップ　1877.8.19-1940.6.24）
　オク教（レップ　1877-1940）
　新カト（レップ　1877.8.19-1940.6.24）

Lebbon, Tim
イギリスの作家。
⇒現世文（レボン、ティム　1969-）

Lebed', Aleksandr Ivanovich
ロシアの政治家、クラスノヤルスク地方知事、ロシア安全保障会議書記。
⇒岩世人（レベジ　1950.4.20-2002.4.28）
　世指導（レベジ、アレクサンドル　1950.4.20-2002.4.28）

Lebedev, Alexsander
ロシアの銀行家。
⇒外12（レベジェフ、アレクサンドル　1960.12.16-）
　外16（レベジェフ、アレクサンドル　1960.12.16-）

Lebedev, Evgeny Alekseevich
ソ連、ロシアの俳優。
⇒岩世人（レーベジェフ　1917.1.2/15-1997.6.9）

Lebedev, Pëtr Nikolaevich
ロシアの物理学者。輻射圧（光圧）の実測に成功した(1910)。
⇒岩世人（レーベジェフ（レベデフ）　1866.2.24/3.8-1912.3.1）
　三新物（レベデフ　1866-1912）

Lebedev, Vladimir Vasilievich
ソ連の画家、線画家。作品は『ばかなこねずみ』(1925)など。ソ連の絵本作成分野での先駆者。
⇒絵本（レベジェフ、ウラジーミル　1891-1967）

Lebedeva, Tatyana
ロシアの三段跳び選手、走り幅跳び選手。
⇒外12（レベデワ、タチアナ　1976.7.21-）
　外16（レベデワ、タチアナ　1976.7.21-）
　最世ス（レベデワ、タチアナ　1976.7.21-）

Lebedev-Kumach, Vasilii Ivanovich
ソ連の詩人。ソヴェート歌謡の作歌者で、その業績によりスターリン賞を受賞(1941)。
⇒現世文(レーベジェフ・クマーチ, ワシーリー・イワノヴィチ 1898.8.8–1949.2.20)

Lebel, Iberia
フランス生まれの画家。
⇒芸13(ルベル, イベリア 1956–)

Le Bel, Joseph Achille
フランスの化学者。光学異性体の原因として不斉炭素の説を発表(1874)。
⇒岩世人(ル・ベル 1847.1.21–1930.8.4)
化学(ル・ベル 1847–1930)

Lebesgue, Henri Léon
フランスの数学者。積分論に貢献。
⇒岩世人(ルベーグ 1875.6.28–1941.7.26)
数辞(ルベーグ, アンリ・レオン 1875–1941)
数小増(ルベーグ 1875–1941)
世数(ルベーグ, アンリ 1875–1941)

Leblanc, Ambroise
カナダ・サン・ジャック生まれのフランシスコ会司祭。初代浦和教区長。
⇒新カト(ルブラン 1884.4.30–1959.2.13)

Leblanc, Maurice
フランスの探偵小説家。主著『アルセーヌ・ルパン対シャーロック・ホームズ』(1908),『強盗紳士アルセーヌ・ルパン』(14)。
⇒岩世人(ルブラン 1864.12.11–1941.11.6)
現世文(ルブラン, モーリス 1864.12.11–1941.11.6)
広辞7(ルブラン 1864–1941)
ネーム(ルブラン 1864–1941)
フ文小(ルブラン, モーリス 1864–1941)
ポプ人(ルブラン, モーリス 1864–1941)

Le Blanc, Max Julius Louis
ポーランドの化学者。
⇒化学(ル・ブラン 1865–1943)

Leblond, Charles Philippe
カナダの解剖学者。オートラジオグラフィーによる組織学で業績がある。
⇒岩世人(ルブロン 1919.2.5–2007.4.10)

Leboeuf, Frank
フランスのサッカー選手。
⇒外12(ルブフ, フランク 1968.1.22–)

Le Bon, Gustave
フランスの思想家, 社会心理学者。群衆心理の研究に従事。
⇒岩世人(ル・ボン 1841.5.7–1931.12.15)
教人(ル・ボン 1841–1931)
現社(ル・ボン 1841–1931)
社小増(ル・ボン 1841–1931)
メル別(ル・ボン, ギュスターヴ 1841–1931)

Lebon, Joseph-Martin
ベルギーの教父学者, 東方教会学者。
⇒新カト(ルボン 1879.12.18–1957.6.12)

Le Bon, Simon
イギリスのロック歌手。
⇒外16(ル・ボン, サイモン 1958.10.27–)

Lebovici, Serge
フランス(ユダヤ系)の精神科医。
⇒現精(レボヴィシ 1915–2000)
現精縮(レボヴィシ 1915–2000)
精分岩(レボヴィシ, セルジュ 1915–2000)

Le Bras, Gabriel
フランスの法社会学者。
⇒社小増(ル・ブラ 1891–1970)
新カト(ル・ブラ 1891.7.23–1970.2.18)

Le Breton, Auguste
フランスのハードボイルド作家。
⇒現世文(ル・ブルトン, オーギュスト 1913.2.18–1999.5.31)

Lebreton, Jules
フランスの神学者, 教会史家。
⇒新カト(ルブルトン 1873.3.20–1956.7.6)

LeBrocq, Mark
イギリスのテノール歌手。
⇒魅惑(LeBrocq, Mark ?–)

Lebrun, Albert
フランスの政治家。大統領となったがフランス敗戦に伴うペタン元帥の憲法改正で退陣。
⇒岩世人(ルブラン 1871.8.29–1950.3.6)

Le Brun, Annie
フランスの詩人, 思想家。
⇒現世文(ル・ブラン, アニー 1942–)

Lebrun, Celine
フランスの柔道選手。
⇒外12(ルブラン, セリーヌ 1976.8.25–)
最世ス(ルブラン, セリーヌ 1976.8.25–)

Lebrun, François
フランスの歴史家。
⇒岩世人(ルブラン 1923.11.19–)

Lecanuet, Jean Adrien François
フランスの政治家。フランス上院議員, ルーアン市長。
⇒岩世人(ルカニュエ 1920.3.4–1993.2.22)

Le Cardonnel, Louis
フランスの詩人。象徴主義の影響をうけ, 創造主および人間に対する愛を歌った。
⇒新カト(ル・カルドネル 1862.2.25–1936.5.28)

L

Le Carré, John
イギリスのスパイ小説家。
⇒岩世人（ル・カレ　1931.10.19–）
　外12（ル・カレ, ジョン　1931.10.19–）
　外16（ル・カレ, ジョン　1931.10.19–）
　現世文（ル・カレ, ジョン　1931.10.19–）
　広辞7（ル・カレ　1931–）
　スパイ（ル・カレ, ジョン　1931–）

Le Chatelier, Henry Louis
フランスの化学者。熱力学的平衡移動に関する、ル・シャトリエの法則を発見（1848）。
⇒岩世人（ル・シャトリエ　1850.10.8–1936.9.17）
　化学（ル・シャトリエ　1850–1936）
　広辞7（ル・シャトリエ　1850–1936）
　ネーム（ル・シャトリエ　1850–1936）

Lecher, Ernst
オーストリアの実験物理学者。電磁波の波長より狭い間隔で2本の導線を平行させた「レッハー線」を考案。
⇒岩世人（レッヒャー　1856.6.1–1926.7.19）

Lechín Oquendo, Juan
ボリビアの労働運動の指導者。
⇒ラテ新（レチン　1914–2001）

Lechler, Shane
アメリカのプロフットボール選手（テキサンズ・P）。
⇒最世ス（レクラー, シェーン　1976.8.7–）

Lechner, Joseph
ドイツのカトリック典礼学者。
⇒新カト（レヒナー　1893.1.29/30–1954.1.31）

Lechner Ödön
ハンガリーの建築家。
⇒岩世人（レヒネル　1845.8.27–1914.6.10）

Lechoń, Jan
ポーランドの詩人。代表作『深紅色の詩』。
⇒現世文（レホン, ヤン　1899.6.13–1956.6.8）

Lechter, Melchior
ドイツの画家。ケルン工芸博物館のパレンベルク広間の祭壇画、ガラス絵および壁面装飾（1899〜1902）。
⇒岩世人（レヒター　1865.10.2–1937.10.8）

Lechthaler, Ernst
オーストリアのテノール歌手。
⇒魅惑（Lechthaler, Ernst　?–）

Leck, Bart van der
オランダの画家、デザイナー。
⇒グラデ（Leck, Bart van der　レック, バルト・ファン・デル　1876–1958）

Leckie, Ann
アメリカの作家。
⇒海文新（レッキー, アン　1966–）
　現世文（レッキー, アン　1966–）

Leclaire, Serge
フランスの精神分析家。
⇒精分弘（ルクレール, セルジュ　1924–1994）

Leclerc, Jacques Philippe
フランスの将軍。第2次世界大戦中、フランス軍を指揮してパリ解放を成し遂げた。
⇒岩世人（ルクレール　1902.11.22–1947.11.28）

Leclercq, Henri
フランスのベネディクト会士、教会史家。
⇒オク教（ルクレール　1869–1945）
　新カト（ルクレール　1869.12.4–1945.3.23）

Leclercq, Jacques
ベルギーの倫理神学者。
⇒新カト（ルクレール　1891.6.3–1971.7.16）

Leclercq, Patrick
フランスの政治家、外交官。モナコ国務相。
⇒外12（ルクレール, パトリック　1938.8.2–）
　外16（ルクレール, パトリック　1938.8.2–）
　世指導（ルクレール, パトリック　1938.8.2–）

Le Clézio, Jean Marie Gustave
フランスの作家。
⇒岩世人（ル・クレジオ　1940.4.13–）
　絵本（ル・クレジオ, ジャン＝マリ　1940–）
　外12（ル・クレジオ, J.M.G.　1940.4.13–）
　外16（ル・クレジオ, J.M.G.　1940.4.13–）
　現世文（ル・クレジオ, J.M.G.　1940.4.13–）
　広辞7（ル・クレジオ　1940–）
　ネーム（ル・クレジオ　1940–）
　ノベ3（ル・クレジオ, J.M.G.　1940.4.13–）
　フ文小（ル・クレジオ, ジャン＝マリー・ギュスターヴ　1940–）

Le Clos, Chad
南アフリカの水泳選手（バタフライ）。
⇒外16（ルクロス, チャド　1992.4.12–）
　最世ス（ルクロス, チャド　1992.4.12–）

Lecocq, Charles
フランスの作曲家。
⇒岩世人（ルコック　1832.6.3–1918.10.24）
　ク音3（ルコック　1832–1918）
　19仏（ルコック, シャルル　1832.6.3–1918.10.24）
　新音中（ルコック, シャルル　1832.6.3–1918.10.24）
　標音2（ルコック, シャルル　1832.6.3–1918.10.24）

LeCompte, Elizabeth
アメリカの演出家。
⇒岩世人（ルコント　1944.4.28–）

Lecomte, Dosithée-Adolphe
フランス・ムレー生まれのパリ外国宣教会会員、

日本宣教師。
⇒新カト（ルコント　1849.2.11-1911.6.13）

Leconte, Ounie
フランスの映画監督。
⇒外12（ルコント, ウニー　1966-）
　外16（ルコント, ウニー　1966-）

Leconte, Patrice
フランス・パリ生まれの映画監督。
⇒映監（ルコント, パトリス　1947.11.12-）
　外12（ルコント, パトリス　1947.11.12-）
　外16（ルコント, パトリス　1947.11.12-）

Le Coq, Albert von
ドイツの東洋学者。主著『高昌』(1913)，『中央アジア仏教的古代末期』(22〜28)。
⇒岩世人（ル・コック　1860.9.8-1930.4.21）
　広辞7（ル・コック　1860-1930）
　新佛3（ル-コック　1860-1930）
　中文史（ル・コック　1860-1930）

Le Corbusier
スイスの建築家，都市設計家。主作品はロンシャンの聖堂(1955)，上野西洋美術館(56)など。
⇒岩キ（ル・コルビュジエ　1887-1965）
　岩世人（ル・コルビュジエ　1887.10.6-1965.8.27）
　絵本（ル・コルビュジエ　1887-1965）
　広辞7（ル・コルビュジエ　1887-1965）
　新カト（ル・コルビュジエ　1887.10.6-1965.8.27）
　世建（ル・コルビュジエ　1887-1965）
　世人新（ル=コルビュジエ　1887-1965）
　世人装（ル=コルビュジエ　1887-1965）
　ポプ人（ル・コルビュジエ　1887-1965）

Lecourt, Robert
フランスの政治家。戦後国民議会議員に選ばれ(1946)，のち数度大臣となる(48〜)。
⇒岩世人（ルクール　1908.9.19-2004.8.9）

Le Coutre, Walter
ドイツの経済学者。一般経営経済学を発展させて，経営および企業に関する有機的，機能的学説を立てた。
⇒岩世人（ル・クトル　1885.11.21-1965.9.24）

Lecuona, Ernesto
キューバのポピュラー作曲家，ピアノ奏者。主作品『マラゲーニャ』，『シボネー』，『アンダルシア』。
⇒エデ（レクオーナ, エルネスト　1896.8.7-1963.11.29）
　ク音3（レクオーナ　1896-1963）
　広辞7（レクオーナ　1896-1963）
　新音中（レクオーナ, エルネスト　1895/1896.8.7-1963.11.29）
　標音2（レクオーナ, エルネスト　1896.8.7-1963.11.29）

Lécuyer, Joseph
フランスのカトリック神学者。
⇒新カト（レキュイエ　1912.8.14-1983.7.27）

Ledan, Fanch
フランスの画家。
⇒芸13（レダン, ファンシュ　1949-）

Le Dantec, Félix Alexandre
フランスの生物学者。ブラジルに黄熱病研究所を設立。
⇒岩世人（ル・ダンテック　1869.1.16-1917.6.6）
　メル3（ル・ダンテック, フェリックス　1869-1917）

Ledda, Gavino
イタリアの作家。
⇒現世文（レッダ, ガヴィーノ　1938.12.30-）

Ledebour, Georg
ドイツの政治家。ナチス政権の確立と共にスイスに亡命。
⇒岩世人（レーデブール　1850.3.7-1947.3.31）

Ledecky, Katie
アメリカの水泳選手(自由形)。
⇒外16（レデッキー, ケイティ　1997.3.17-）
　最世ス（レデッキー, ケイティ　1997.3.17-）

Leder, Mimi
アメリカの映画監督。
⇒外12（レダー, ミミ　1952-）

Lederberg, Joshua
アメリカの遺伝学者。1958年ノーベル生理学医学賞。
⇒岩生（レーダーバーグ　1925-2008）
　岩世人（レーダーバーグ　1925.5.23-2008.2.2）
　三新生（レーダーバーグ　1925-2008）
　ノベ3（レーダーバーク, J.　1925.5.23-2008.2.2）
　ユ著人（Lederberg, Joshua　レーダーバーグ, ジョシュア　1925-）

Lederer, Emil
ドイツの経済学者。社会主義の立場から資本主義を批判した。主著『理論経済学概要』(1931)。
⇒岩世人（レーデラー　1882.7.22-1939.5.29）
　社小増（レーデラー　1882-1939）
　有経5（レーデラー　1882-1939）

Lederer, Hugo
ドイツの彫刻家。
⇒岩世人（レーデラー　1871.11.16-1940.8.1）
　芸13（レデラー, フーゴー　1871-1940）

Lederle, Mathew Rainer
ドイツ，インドのイエズス会司祭。
⇒新カト（レーデルレ　1926.3.13-1986.6.8）

Lederman, Leon M.
アメリカの物理学者。1988年ノーベル物理学賞。
⇒異二辞（レーダーマン[レオン・〜]　1922-）
　岩世人（レーダーマン　1922.7.15-）
　外16（レーダーマン, レオン　1922.7.15-）
　ノベ3（レーダーマン, L.M.　1922.7.15-）

Ledger, Heath
オーストラリア生まれの俳優。
⇒遺産（レジャー, ヒース　1979.4.4–2008.1.22）
ク俳（レジャー, ヒース（レジャー, ヒースクリフ）1979–）

Ledi, Sayadaw
ビルマの僧侶。
⇒岩世人（レーディー　1846.12–1923.6.27）

Lednicky, Victor
アメリカの鉱山技師。
⇒アア歴（Lednicky,Victor　レドニッキー, ヴィクター　1888.10.25–1970.2.9）

Ledóchowska, Maria Teresa
オーストリア出身の「聖ペトロス・クラーヴ・アフリカ宣教会」の創立者。
⇒新カト（レドホーフスカ　1863.4.29–1922.7.6）

Ledóchowska, Urszula
オーストリア出身の聖人, 修道会創設者。祝日5月29日。M.T.レドホーフスカの妹, レドホーフスキの姉。
⇒新カト（レドホーフスカ　1865.4.17–1939.5.29）

Ledóchowski, Włodzimierz (Wlodimir)
オーストリア出身のポーランド系イエズス会士。第26代イエズス会総長。在職1915～42。
⇒新カト（レドホーフスキ　1866.10.7–1942.12.13）

Le Douarin, Nicole
フランスの発生生物学者。
⇒岩生（ル＝ドワラン　1930–）
岩世人（ル・ドアラン　1930.8.20–）

Ledovskaya, Nataliya
ロシアのバレリーナ。
⇒外12（レドフスカヤ, ナタリヤ）
外16（レドフスカヤ, ナタリヤ）

Le Drian, Jean-Yves
フランスの政治家。フランス外相。
⇒世指導（ルドリアン, ジャン・イブ　1947.6.30–）

Le Duan
ベトナム共産党の指導者。
⇒岩世人（レー・ズアン　1907.4.7–1986.7.10）
政経改（レ・ズアン　1908–1986）

Le Duc Anh
ベトナムの政治家, 軍人。ベトナム大統領（国家主席）(1992～97), ベトナム国防相, ベトナム共産党政治局員。
⇒岩世人（レー・ドゥク・アイン　1920.12.1–）
外12（レ・ドク・アイン　1920.12.1–）
外16（レ・ドク・アイン　1920.12.1–）
世指導（レ・ドク・アイン　1920.12.1–）

Le Duc Tho
ベトナム社会主義共和国の政治家。
⇒岩世人（レー・ドゥク・ト　1911.10.14–1990.10.13）
ノベ3（レ・ドク・ト　1911.10.10–1990.10.13）

Lee, Alan
イギリスの児童文学者。
⇒外16（リー, アラン　1947–）

Lee, Albert
イギリス生まれのギター奏者。
⇒ロック（Lee,Albert　リー, アルバート）

Lee, Alvin
イギリスのバンド・リーダー, リード・ギター奏者。
⇒ピト改（LEE,ALVIN　リー, アルヴィン）

Lee, Amos
アメリカ・ペンシルバニア州生まれのシンガー・ソングライター。
⇒外12（リー, エイモス）
外16（リー, エイモス　1977–）

Lee, Amy
アメリカのロック歌手。
⇒外12（リー, エイミー）
外16（リー, エイミー）

Lee, Andrew D.
友人のクリストファー・ボイスと共に, 人工衛星に関する秘密情報をソ連に売り渡したアメリカ人。
⇒スパイ（リー, アンドリュー・D　1952–）

Lee, Angelica
マレーシア出身の女優, 歌手。
⇒外12（リー, アンジェリカ　1976.1.23–）
外16（リー, アンジェリカ　1976.1.23–）

Lee, Anna
イギリス生まれの女優。
⇒ク俳（リー, アナ（ウィニフリス, ジョウアナ）1913–）

Lee, Argernon
アメリカの社会主義者, 新聞記者。
⇒学叢思（リー, アルジャーノン　1873–?）

Lee, Barbara
アメリカの政治家。
⇒外16（リー, バーバラ　1946.7.16–）
世指導（リー, バーバラ　1946.7.16–）

Lee, Belinda
イギリスの女優。
⇒ク俳（リー, ベリンダ　1935–1961）

Lee, Brenda
アメリカのポップ歌手。
⇒標音2（リー, ブレンダ　1944.12.11–）
ロック（Lee,Brenda　リー, ブレンダ　1944.12.

Lee, Bruce
香港の映画俳優。サンフランシスコ生まれ。漢字名李小龍, 本名は李振藩。1971年『ドラゴン危機一発』(唐山大兄)に主演。73年にはアメリカ映画『燃えよドラゴン』に主演し, 東洋人としてはじめて世界的映画ヒーローとなる。
⇒遺産 (リー, ブルース 1940.11.27-1973.7.20)
岩世人 (リー 1940.11.27-1973.7.20)
ク俳 (リー, ブルース (リー・チェン=ファン) 1940-1973)
広辞7 (リー 1940-1973)
スター (リー, ブルース 1940.11.27-1973)
中日3 (李小龙 リー, ブルース 1940-1973)

Lee, Carlos
パナマの大リーグ選手(外野)。
⇒最世ス (リー, カルロス 1976.6.20-)
メジャ (リー, カルロス 1976.6.20-)

Lee, Chang-rae
アメリカの作家。
⇒外12 (リー, チャンレー 1963-)
海文新 (リー, チャンネ 1965.7.29-)
現世文 (リー, チャンレー 1965.7.29-)

Lee, Christopher
イギリス生まれの俳優。
⇒外12 (リー, クリストファー 1922.5.27-)
ク俳 (リー, クリストファー 1922-)
スター (リー, クリストファー 1922.5.27-)

Lee, Cliff
アメリカの大リーグ選手(フィリーズ・投手)。
⇒外12 (リー, クリフ 1978.8.30-)
外16 (リー, クリフ 1978.8.30-)
最世ス (リー, クリフ 1978.8.30-)
メジャ (リー, クリフ 1978.8.30-)

Lee, Curtis
アメリカ・アリゾナ州ユーマ生まれの歌手。
⇒ロック (Lee,Curtis リー, カーティス 1941.10.28-)

Lee, Danny
ニュージーランドのプロゴルファー。
⇒外12 (リー, ダニー 1990.7.24-)
外16 (リー, ダニー 1990.7.24-)
最世ス (リー, ダニー 1990.7.24-)

Lee, David
アメリカのバスケットボール選手(ウォリアーズ)。
⇒最世ス (リー, デービッド 1983.4.29-)

Lee, David Morris
アメリカの物理学者。1996年ノーベル物理学賞。
⇒岩世人 (リー 1931.1.20-)
外12 (リー, デービッド 1931.1.20-)
外16 (リー, デービッド 1931.1.20-)

ノベ3 (リー,D.M. 1931.1.20-)

Lee, Dennis (Beynon)
カナダの詩人。
⇒現世文 (リー, デニス 1939.8.31-)

Lee, Derrek Leon
アメリカの大リーグ選手(内野手)。
⇒外12 (リー, デレク 1975.9.6-)
外16 (リー, デレク 1975.9.6-)
最世ス (リー, デレク 1975.9.6-)
メジャ (リー, デレク 1975.9.6-)

Lee, Dick
シンガポールの音楽家, 服飾デザイナー, 演出家。
⇒岩世人 (リー 1956.8.24-)
外12 (リー, ディック 1956.8.24-)
外16 (リー, ディック 1956.8.24-)

Lee, Dickey
アメリカ・メンフィス生まれのシンガー・ソングライター, プロデューサー。
⇒ロック (Lee,Dickey リー, ディッキー 1943.9.21-)

Lee, Don
アメリカ(韓国系)の作家。
⇒海文新 (リー, ドン)
現世文 (リー, ドン)

Lee, Duncan
アメリカ戦略諜報局(OSS)士官。
⇒スパイ (リー, ダンカン 1913-1988)

Lee, Edward
アメリカの作家。
⇒現世文 (リー, エドワード 1957.5.25-)

Lee, Edwin
アメリカの政治家。サンフランシスコ市長。
⇒世指導 (リー, エドウィン 1952.5.5-2017.12.12)

Lee, Edwin Ferdinand
アメリカの宣教師。
⇒アア歴 (Lee,Edwin F(erdinand) リー, エドウィン・フェルディナンド 1884.7.10-1948.9.14)

Lee, Geddy
カナダのミュージシャン。
⇒外12 (リー, ゲディー 1953.7.29-)

Lee, Gypsy Rose
アメリカの女優。ミュージカル『ジプシー』(1959)はその半生を描いたもの。
⇒ク俳 (リー, ジプシー・ロウズ(ホヴィック,R・ルイーズ) 1913-1970)

Lee, Hye Yeong
韓国の女優。
⇒韓俳 (イ・ヘヨン 1962.11.25-)

L

Lee, Hyun
韓国のテノール歌手。
⇒魅惑（Lee,Hyun（李炫） ?–）

Lee, Ivy Ledbetter
アメリカの広報アドバイザー。「広報の父」として広く知られる。
⇒アメ経（リー、アイビー 1877.7.16–1934.11.9）

Lee, Jack
韓国のジャズ・ギター奏者，音楽プロデューサー。
⇒外12（リー、ジャック 1966–）
　外16（リー、ジャック 1966.9.2–）

Lee, Jason Scott
アメリカ生まれの俳優。
⇒ク俳（リー、ジェイスン・スコット 1966–）

Lee, Jennifer
アメリカのアニメーション監督、脚本家。
⇒外16（リー、ジェニファー 1971–）

Lee, Jeong-Won
韓国のテノール歌手。
⇒魅惑（Lee,Jeong-Won ?–）

Lee, John Alfred
ニュージーランドの政治家、作家。
⇒ニュー（リー、ジョン 1891–1982）

Lee, Joseph
香港生まれの作家。
⇒海文新（リー、ジョセフ）
　現世文（リー、ジョセフ）

Lee, Laura
アメリカのソウル歌手。
⇒ロック（Lee,Laura リー、ローラ）

Lee, Laurie
イギリスの詩人。自伝『ロージーとのりんご酒』（1959）がある。
⇒現世文（リー、ローリー 1914.6.26–1997.5.14）

Lee, Leon
アメリカのプロ野球監督、プロ野球選手。
⇒外12（リー、レオン 1952.12.4–）
　外16（リー、レオン 1952.12.4–）

Lee, Leonard
アメリカ・ニューオーリンズ生まれの歌手。
⇒ロック（Shirley and Lee シャーリー＆リー 1935–）

Lee, Leo Ou-fan
アメリカの現代中国文学研究者。
⇒岩世人（リー 1942.10.10–）

Lee, Lillian
香港の作家。
⇒岩世人（李碧華　りへきか）

Lee, Manfred B.
アメリカの推理小説家。エラリー・クイーンはFrederic Danney（1905～82）との共同筆名。
⇒アメ新（クイーン、エラリー 1905–1971）
　岩世人（クイーン 1905–1971）
　現世文（クイーン、エラリー 1905–1971）
　広辞7（クイーン 1905–1971）
　ポプ人（クイーン、エラリー 1905–1971）

Lee, Martin
香港の政治家、弁護士。香港立法議会議員、香港民主党主席。
⇒岩世人（李柱銘　りちゅうめい 1938.6.8–）
　外12（李柱銘　リチュウメイ 1938–）
　外16（李柱銘　リチュウメイ 1938.6.8–）
　世指導（李柱銘　り・ちゅうめい 1938.6.8–）

Lee, (Nelle) Harper
アメリカの女性小説家。
⇒岩世人（リー 1926.4.28–）
　現世文（リー、ハーパー 1926.4.28–2016.2.19）

Lee, Patrick
アメリカの作家。
⇒海文新（リー、パトリック 1976–）

Lee, Peggy
アメリカのジャズ歌手。
⇒アメ州（Lee,Peggy リー、ペギー 1922–）
　新音中（リー、ペギー 1920.5.26–2002.1.21）
　標音2（リー、ペギー 1920.5.26–2002.1.21）
　ロック（Lee,Peggy リー、ペギー 1920.5.6–）

Lee, Peter H.
中国生まれの物理学者。
⇒スパイ（リー、ピーター・H 1939–）

Lee, Ricardo
フィリピン生まれの映画脚本家。
⇒外16（リー、ロバート 1948–）

Lee, Sam
イギリスのミュージシャン。
⇒外16（リー、サム）

Lee, Sam
香港の俳優。
⇒外12（リー、サム 1975.9.27–）
　外16（リー、サム 1975.9.27–）

Lee, Sandra Rose Te Hakamatua
ニュージーランドの政治家。
⇒ニュー（リー、サンドラ 1952–）

Lee, *Sir* Sidney
イギリスの英文学者、伝記作家。

⇒岩世人（リー　1859.12.5–1926.3.3）
Lee, Simon Kyung
韓国のテノール歌手。
⇒魅惑（Lee,Simon Kyung　?–）
Lee, Spike
アメリカ生まれの映画監督、映画脚本家、男優、映画製作者。
⇒岩世人（リー　1957.3.20–）
　映監（リー、スパイク　1957.3.20–）
　外12（リー、スパイク　1957.3.20–）
　外16（リー、スパイク　1957.3.20–）
　広辞7（リー　1957–）
　マルX（LEE,SPIKE　リー、スパイク　1957–）
Lee, Stan
アメリカの漫画原作者。
⇒岩世人（スタン・リー　1922.12.18–）
　外12（リー、スタン　1922–）
　外16（リー、スタン　1922.12.28–）
Lee, Tanith
イギリスの作家。
⇒外12（リー、タニス　1947.9.19–）
　現世文（リー、タニス　1947.9.19–2015.5.24）
Lee, Thornton Starr
アメリカの大リーグ選手（投手）。
⇒メジャ（リー、ソーントン　1906.9.13–1997.6.9）
Lee, Travis
アメリカの大リーグ選手（内野手）。
⇒メジャ（リー、トラヴィス　1975.5.26–）
Lee, Tsung-Dao
アメリカの物理学者。
⇒岩世人（李政道　りせいどう　1926.11.25–）
　外12（リー、ツォンダオ　1926.11.25–）
　外16（リー、ツォンダオ　1926.11.25–）
　現科大（李政道,呉健雄,楊振寧　1926–）
　広辞7（り・せいどう　李政道　1926–）
　三新物（リーツォンダオ　1926–）
　中日3（李政道　りせいどう、リーチョンタオ　1926–）
　ノベ3（李政道　リー、ツォンダオ　1926.11.25–）
　物理（リー、ツン・ダオ　1926–）
Lee, Varnon
イギリスの女性小説家、旅行家。怪談の代表作"A Phantom Lover"（1886）。
⇒岩世人（リー　1856.10.14–1935.2.13）
Lee, Will
アメリカのジャズ・ベース奏者。
⇒外16（リー、ウィル　1950.8.9–）
Lee, William Crutcher
アメリカの大リーグ選手（投手）。
⇒メジャ（リー、ビル　1909.10.21–1977.6.15）

Lee, William Francis
アメリカの大リーグ選手（投手）。
⇒メジャ（リー、ビル　1946.12.28–）
Lee, William Granville
アメリカの鉄道乗務員友愛会議長。
⇒アメ経（リー、ウィリアム　1859.11.29–1929.11.2）
Lee, Yonghoon
韓国のテノール歌手。
⇒失声（リー、ヨンフン　?）
Lee, Yuan Tseh
台湾生まれのアメリカの化学者。1986年ノーベル化学賞。
⇒岩世人（リー　1936.11.19–）
　外12（李遠哲　リエンテツ　1936.11.29–）
　外16（李遠哲　リエンテツ　1936.11.29–）
　化学（李遠哲　りえんてつ　1936–）
　中日3（李远哲　りえんてつ、リーユアンチョー　1936–）
　ノベ3（李遠哲　リ,ユアンツェ　1936.11.19–）
Lee Ah-Hyun
韓国の女優。
⇒韓俳（イ・アヒョン　1972.4.13–）
Lee Beum-Soo
韓国の男優。
⇒韓俳（イ・ボムス　1970.1.3–）
Lee Bo-mee
韓国のプロゴルファー。
⇒外12（イボミ　1988.8.21–）
Lee Bom-son
韓国の作家。
⇒岩世人（李範宣　イボムソン　1920.12.30–1981.3.13）
　韓現文（李範宣　イ・ボムソン　1920.12.30–1982）
　現世文（イ・ボムソン　李範宣　1920.12.30–1981.3.13）
Lee Bong-ju
韓国のマラソン選手。
⇒外12（イボンジュ　李鳳柱　1970.10.11–）
Lee Bo-young
韓国の女優。
⇒韓俳（イ・ボヨン　1979.1.12–）
Lee Bul
韓国の美術家。
⇒岩韓（イ・ブル　1964–）
　現アテ（Lee Bul　イ・ブル　1964–）
Lee Bum-ho
韓国のプロ野球選手（ソフトバンク・内野手）。
⇒外12（イボムホ　李机浩　1981.11.25–）

Lee Byung-hoon
韓国のテレビプロデューサー・ディレクター。
⇒外12（イビョンフン）
　外16（イビョンフン　1944.10.14–）

Lee Byung-hun
韓国のタレント。
⇒異二辞（イ・ビョンホン　李炳憲　1970–）
　外12（イビョンホン　1970.7.12–）
　外16（イビョンホン　1970.7.12–）
　韓俳（イ・ビョンホン　1970.7.12–）

Lee Byung-Joon
韓国の男優。
⇒韓俳（イ・ビョンジュン　1964.1.27–）

Lee Byung-kee
韓国の外交官。韓国大統領秘書室長, 駐日韓国大使。
⇒外16（イビョンギ　李丙琪　1947.6.12–）
　世指導（イ・ビョンギ　1947.6.12–）

Lee Byung-kyu
韓国のプロ野球選手（韓国LG・外野手）。
⇒外12（イビョンギュ　李炳圭　1974.10.25–）

Leech, Geoffrey
イギリスの言語学者。著作に『現代意味論』『語用論』など。
⇒岩世人（リーチ　1936.1.16–）

Leech, John Sylvanus
アメリカの印刷業者, 政府役人。
⇒アア歴（Leech, John S (ylvanus)　リーチ, ジョン・シルヴァナス　1868.7.2–1948.1.29）

Leech, Richard
アメリカのテノール歌手。
⇒失声（リーチ, リチャード　1957–）
　魅惑（Leech, Richard　1956–）

Lee Cham
韓国の宗教者, 俳優。
⇒外12（イチャム　李参）
　外16（イチャム　李参）
　韓俳（イ・チャム　1954.4.3–）

Lee Chang-dong
韓国の映画監督, 作家。
⇒岩世人（李滄東　イチャンドン　1954.4.1–）
　外12（イチャンドン　1954.4.1–）
　外16（イチャンドン　1954.4.1–）
　現世文（イ・チャンドン　李滄東　1954.4.1–）

Lee Chang-ho
韓国の棋士（囲碁）。
⇒岩世人（李昌鎬　イチャンホ　1975.7.29–）
　外12（イチャンホ　李昌鎬　1975.7.29–）
　外16（イチャンホ　李昌鎬　1975.7.29–）

Lee Chang-Hoon
韓国の男優。
⇒韓俳（イ・チャンフン　1966.9.8–）

Lee Chang-min
韓国の歌手。
⇒外12（イチャンミン　1986.5.1–）

Lee Chang-yul
韓国の実業家。
⇒外12（イチャンヨル　李昌烈　1949–）
　外16（イチャンヨル　李昌烈　1949–）

Lee Chi-ching
香港の漫画家。
⇒外12（李志清　リシセイ　1963–）

Lee Chong-jun
韓国の小説家。
⇒岩世人（李清俊　イチョンジュン　1939.8.9–2008.7.31）
　韓現文（李清俊　イ・チョンジュン　1939.8.9–2008）
　現世文（イ・チョンジュン　李清俊　1939.8.9–2008.7.31）

Lee Chong-wei
マレーシアのバドミントン選手。
⇒最世ス（リーチョンウェイ　1982.10.21–）

Lee Chong-yeong
韓国の経済学者, エスペランティスト。
⇒日エ（イ・チョンヨン　1932.2.13–2008.7.4）

Lee Chul-hwan
韓国の作家, 童話作家。
⇒海文新（イチョルファン）
　現世文（イ・チョルファン）

Lee Chung-Ah
韓国の女優。
⇒韓俳（イ・チョンア　1984.10.25–）

Lee Chung-ryoul
韓国の映画監督, テレビ演出家。
⇒外12（イチュンニョル　1966–）

Lee Chung-yong
韓国のサッカー選手（ボルトン・MF）。
⇒最世ス（イチョンヨン　1988.7.2–）

Lee Chun-Hee
韓国の男優。
⇒韓俳（イ・チョニ　1979.2.19–）

Lee Chun-soo
韓国のサッカー選手（大宮アルディージャ・FW）。
⇒外12（イチョンス　李天秀　1981.7.9–）
　最世ス（イチョンス　1981.7.9–）

Lee Dae-ho
韓国のプロ野球選手(内野手)。
⇒外16（イデホ　李大浩　1982.6.21-）
　最世ス（イデホ　1982.6.21-）

Lee Dae-Yeon
韓国の男優。
⇒韓俳（イ・デヨン　1964.11.13-）

Lee Da-hae
韓国の女優。
⇒韓俳（イ・ダヘ　1984.4.19-）

Lee Da-hee
韓国の女優，モデル。
⇒韓俳（イ・ダヒ　1985.3.15-）

Lee Do-Kyeong
韓国の男優，演出家。
⇒韓俳（イ・ドギョン　1953.6.1-）

Lee Dong-gun
韓国の俳優。
⇒外12（イドンゴン　1980.7.26-）
　外16（イドンゴン　1980.7.26-）
　韓俳（イ・ドンゴン　1980.7.26-）

Lee Dong-Kyu
韓国の男優。
⇒韓俳（イ・ドンギュ　1978.8.14-）

Lee Dong Wook
韓国の男優。
⇒韓俳（イ・ドンウク　1981.11.6-）

Leeds, Andrea
アメリカの女優。
⇒ク俳（リーズ，アンドリア（リーズ，アントワネット）　1913-1984）

Lee Eol
韓国の男優。
⇒韓俳（イ・オル　1964.4.5-）

Lee Eon
韓国の男優。
⇒韓俳（イオン　1981.2.5-）

Lee Eon-hie
韓国の映画監督。
⇒外12（イオンヒ　1976-）

Lee Eun
韓国の推理作家。
⇒海文新（李垠　イウン）
　現世文（イ・ウン　李垠）

Lee Eun
韓国の女優，モデル。
⇒韓俳（イ・ウン　1982.2.20-）

Lee Eun-ju
韓国の女優。
⇒韓俳（イ・ウンジュ　1980.11.16-2005.2.22）

Lee Eun-Ju
韓国の女優。
⇒韓俳（イ・ウンジュ&イ・ウンシル　1982.5.25-）

Lee Eun-Kyung
韓国の映画俳優，タレント。
⇒韓俳（イ・ウンギョン　1966.2.3-）

Lee Eun-Sil
韓国の女優。
⇒韓俳（イ・ウンジュ&イ・ウンシル　1982.5.25-）

Lee Geung-young
韓国の男優，監督。
⇒韓俳（イ・ギョンヨン　1960.12.12-）

Lee Gi-kwang
韓国の歌手。
⇒外12（イギグァン　1990.3.30-）

Lee Gi-lyoong
韓国の作家，脚本家。
⇒現世文（イ・ギリュン　李吉隆）

Lee Hae-chan
韓国の政治家。韓国首相。韓国社会発展研究所長。
⇒岩韓（イ・ヘチャン　李海瓚　1952-）
　外12（イヘチャン　李海瓚　1952.7.10-）
　外16（イヘチャン　李海瓚　1952.7.10-）
　世指導（イ・ヘチャン　1952.7.10-）

Lee Hae-jin
韓国の実業家。
⇒外16（イヘジン　李海珍　1970-）

Lee Han
韓国の男優。
⇒韓俳（イ・ハン　1981-）

Lee Ha-na
韓国の女優。
⇒外12（イハナ　1982-）
　韓俳（イ・ハナ　1982.9.23-）

Lee Han-Wi
韓国の男優。
⇒韓俳（イ・ハヌィ　1961.6.17-）

Lee Hee-beom
韓国の官僚。産業資源相。
⇒外12（イヒボム　李熙範　1949.3.23-）
　外16（イヒボム　李熙範　1949.3.23-）
　世指導（イ・ヒボム　1949.3.23-）

Lee Hee-Do
韓国のタレント。
⇒韓俳（イ・ヒド　1955.10.1-）

Lee Hee-ho
韓国の女性運動家。金大中元韓国大統領夫人。

⇒外12（イヒホ　李姫鎬　1922.9.21-）
外16（イヒホ　李姫鎬　1922.9.21-）

Lee Hoi-chang
韓国の政治家, 法律家。ハンナラ党総裁, 韓国首相, 韓国最高裁判事。
⇒岩韓（イ・フェチャン　李会昌　1935-）
岩世人（李会昌　イフェチャン　1935.6.2-）
外12（イフェチャン　李会昌　1935.6.2-）
外16（イフェチャン　李会昌　1935.6.2-）
韓朝新（イ・フェチャン　李会昌　1935-）
世指導（イ・フェチャン　1935.6.2-）

Lee Ho-Jae
韓国の男優。
⇒韓俳（イ・ホジェ　1941.5.2-）

Lee Ho-jae
韓国の映画監督。
⇒外12（イホジェ　1973-）

Lee Hong-gi
韓国のミュージシャン。
⇒外12（イホンギ　1990.3.2-）

Lee Hong-koo
韓国の政治家, 政治学者。駐英大使, 韓国首相, 新韓国党代表委員。
⇒外12（イホング　李洪九　1934.5.9-）
外16（イホング　李洪九　1934.5.9-）
世指導（イ・ホング　1934.5.9-）

Lee Hoon
韓国の男優。
⇒韓俳（イ・フン　1973.5.6-）

Lee Ho-suk
韓国のスピードスケート選手（ショートトラック）。
⇒外12（イホソク　李昊錫　1986.6.25-）
外16（イホソク　李昊錫　1986.6.25-）
最世ス（イホソク　1986.6.25-）

Lee Hsien Loong
シンガポールの政治家。第3代首相（2004～）。
⇒岩世人（リー・シェンロン　1952.2.10-）
外12（リーシェンロン　1952.2.10-）
外16（リーシェンロン　1952.2.10-）
現アジ（リー・シェンロン　1952.2.10-）
世指導（リー・シェンロン　1952.2.10-）

Lee Hun-jai
韓国の政治家。韓国副首相・財政経済相。
⇒外12（イホンジェ　李憲宰　1944.4.17-）
外16（イホンジェ　李憲宰　1944.4.17-）
世指導（イ・ホンジェ　1944.4.17-）

Lee Hwi-Hyang
韓国のタレント。
⇒韓俳（イ・フィヒャン　1960.10.1-）

Lee Hwi-jae
韓国の男優。
⇒韓俳（イ・フィジェ　1972.12.29-）

Lee Hye-Eun
韓国の女優。
⇒韓俳（イ・ヘウン　1973.5.23-）

Lee Hyeok-Jae
韓国の男優。
⇒韓俳（イ・ヒョクジェ　1973.7.5-）

Lee Hye-Sook
韓国の映画俳優, タレント。
⇒韓俳（イ・ヘスク　1962.9.4-）

Lee Hye-Yeong
韓国の女優, 歌手。
⇒韓俳（イ・ヘヨン　1971.12.22-）

Lee Hyo-Jung
韓国の男優。
⇒韓俳（イ・ヒョジョン　1961.1.7-）

Lee Hyo-jung
韓国のバドミントン選手。
⇒外12（イヒョジュン　李孝貞　1981.1.13-）
最世ス（イヒョジュン　1981.1.13-）

Lee HyoLee
韓国の女優, 歌手。
⇒韓俳（イ・ヒョリ　1979.5.10-）

Lee Hyoung-sik
韓国の歴史学者。
⇒外12（イヒョンシク　李炯植　1973.7-）
外16（イヒョンシク　李炯植　1973.7-）

Lee Hyung-Chol
韓国の男優。
⇒韓俳（イ・ヒョンチョル　1971.2.19-）

Lee Hyun-jin
韓国の社会学者。
⇒外12（イヒャンジン）

Lee Hyun-ju
韓国の外交官。
⇒外12（イヒョンジュ　李賢主　1956-）
外16（イヒョンジュ　李賢主　1956-）

Lee Hyun-seung
韓国の映画監督。
⇒外16（イヒョンスン　1960.8.18-）

Lee Hyun-Woo
韓国の男優, 歌手。
⇒韓俳（イ・ヒョヌ　1966.3.6-）

Lee In-hye
韓国の女優。

⇒韓俳（イ・イネ　1981.2.21–）

Lee In-je
韓国の労働部長官, 弁護士, 国会議員。民自党政策委員会第3政策調整室長。
⇒岩韓（イ・インジェ　李仁済　1948–）
　韓朝新（イ・インジェ　李仁済　1948–）
　世指導（イ・インジェ　1948.12.11–）

Lee In-Sung
韓国の男優。
⇒韓俳（イ・インソン　1996.7.28–）

Lee Jae-eun
韓国の女優, 歌手。
⇒韓俳（イ・ジェウン　1980.2.8–）

Lee Jae-eung
韓国の男優。
⇒韓俳（イ・ジェウン　1991.5.13–）

Lee Jae-gyu
韓国の映画監督, 演出家。
⇒外16（イジェギュ　1970.10.7–）

Lee Jae-han
韓国の映画監督。
⇒外12（イジェハン　1971–）
　外16（イジェハン　1971–）

Lee Jae-Hwan
韓国の男優。
⇒韓俳（イ・ジェファン　1976.12.26–）

Lee Jae-jin
韓国のミュージシャン。
⇒外12（イジェジン　1991.12.17–）

Lee Jae-joung
韓国の政治家, 宗教家。韓国統一相。
⇒外12（イジェジョン　李在禎　1944.3.1–）
　世指導（イ・ジェジョン　1944.3.1–）

Lee Jae-ryong
韓国のタレント。.
⇒韓俳（イ・ジェリョン　1964.9.24–）

Lee Jae-yong
韓国の実業家。
⇒外12（イジェヨン　李在鎔）
　外16（イジェヨン　李在鎔　1968–）

Lee Jae-Yong
韓国の男優。
⇒韓俳（イ・ジェヨン　1963.3.21–）

Lee Jeong-beom
韓国の映画監督。
⇒外12（イジョンボム　1971.9.21–）
　外16（イジョンボム　1971.9.21–）

Lee Ji-a
韓国の女優。
⇒外12（イジア　1982.2.2–）
　韓俳（イ・ジア　1981.2.2–）

Lee Ji-hee
韓国のプロゴルファー。
⇒外12（イチヒ　李知姫　1979.2.12–）

Lee Ji-hoon
韓国の男優, 歌手。
⇒韓俳（イ・ジフン　1979.3.27–）

Lee Ji-hyeon
韓国の女優。
⇒外12（イジヒョン　1978.9.30–）
　韓俳（イ・ジヒョン　1978.9.30–）

Lee Jin-Wook
韓国の男優。
⇒韓俳（イ・ジヌク　1981.9.16–）

Lee Jong-beom
韓国の野球選手。
⇒異二辞（イ・ジョンボム　李鍾範　1970–）
　外12（イジョンボム　李鍾範　1970.8.15–）
　最世ス（イジョンボム　1970.8.15–）

Lee Jong-Hyuk
韓国の男優。
⇒韓俳（イ・ジョンヒョク　1974.7.31–）

Lee Jong-seok
韓国を代表する北朝鮮研究者。韓国統一相。
⇒岩韓（イ・ジョンソク　李鍾奭　1958–）
　外12（イジョンソク　李鍾奭　1958.5.11–）
　外16（イジョンソク　李鍾奭　1958.5.11–）
　世指導（イ・ジョンソク　1958.5.11–）

Lee Jong-Soo
韓国の男優。
⇒韓俳（イ・ジョンス　1976.10.21–）

Lee Jong-suk
韓国の俳優。
⇒外16（イジョンソク　1989.9.14–）

Lee Jong-Won
韓国の男優。
⇒韓俳（イ・ジョンウォン　1969.9.25–）

Lee Jong-wook
韓国の医師。世界保健機関（WHO）事務局長。
⇒世指導（イ・ジョンウク　1945.4.12–2006.5.22）

Lee Joo-Hyun
韓国の男優。
⇒韓俳（イ・ジュヒョン　1976.4.5–）

Lee Joon
韓国の男優。
⇒韓俳（イ・ジュン　1984.6.14–）

Lee Joong-Moon
韓国の男優。

L

Lee Joon-gyu
韓国の外交官。駐日韓国大使。
⇒世指導（イ・ジュンギュ　1954.5.27-）
⇒韓俳（イ・ジュンムン　1983.10.27-）

Lee Joung-binn
韓国の外交官。韓国外交通商相（外相）。
⇒世指導（イ・ジョンビン　1937.12.16-）

Lee Jun
韓国の軍人。韓国国防相。
⇒世指導（イ・ジュン　1940.6.30-）

Lee Jung-gil
韓国のタレント。
⇒韓俳（イ・ジョンギル　1944.10.1-）

Lee Jung-hyang
韓国の映画監督，脚本家。
⇒外12（イジョンヒャン　1964-）
　外16（イジョンヒャン　1964-）

Lee Jung-hyun
韓国の女優，歌手。
⇒外12（イジョンヒョン　1980.2.7-）
　韓俳（イ・ジョンヒョン　1980.2.7-）

Lee Jung-jae
韓国の俳優。
⇒外12（イジョンジェ　1973.3.15-）
　外16（イジョンジェ　1973.3.15-）
　韓俳（イ・ジョンジェ　1973.3.15-）

Lee Jung-jin
韓国の男優。
⇒韓俳（イ・ジョンジン　1978.5.25-）

Lee Jung-myung
韓国の作家。
⇒海文新（イジョンミョン）
　現世文（イ・ジョンミョン）

Lee Jung-soo
韓国のサッカー選手（アルサッド・DF）。
⇒外12（イジョンス　李正秀　1980.1.8-）
　外16（イジョンス　李正秀　1980.1.8-）
　最世ス（イジョンス　1980.1.8-）

Lee Jung-su
韓国のスピードスケート選手（ショートトラック）。
⇒外12（イジョンス　李政洙　1989.11.30-）
　外16（イジョンス　李政洙　1989.11.30-）
　最世ス（イジョンス　1989.11.30-）

Lee Jun-hyuk
韓国の俳優。
⇒外12（イジュンヒョク　1984.3.13-）

Lee Jun-ik
韓国の映画監督。
⇒外12（イジュンイク　1959-）
　外16（イジュニク　1959.9.21-）

Lee Jun-ki
韓国の俳優。
⇒外12（イジュンギ　1982.4.17-）
　外16（イジュンギ　1982.4.17-）
　韓俳（イ・ジュンギ　1982.4.17-）

Lee Kang-beak
韓国の作家。
⇒外12（イガンベク　李康白　1947-）
　外16（イカンペク　李康白　1947-）
　現世文（イ・カンベク　李康白　1947-）

Lee Kang-ryol
韓国の劇作家，演劇評論家。
⇒外12（イカンヨル　李康列　1952-）
　外16（イカンヨル　李康列　1952-）
　現世文（イ・カンヨル　李康列　1952-）

Lee Kang-seok
韓国のスピードスケート選手。
⇒外12（イガンソク　李康奭　1985.2.28-）
　外16（イガンソク　李康奭　1985.2.28-）
　最世ス（イガンソク　1985.2.28-）

Lee Kan-Hee
韓国の女優。
⇒韓俳（イ・カニ　1968.6.6-）

Lee Keun-ho
韓国のサッカー選手（全北現代モータース・FW）。
⇒外12（イグノ　李根鎬　1985.4.11-）
　外16（イグノ　李根鎬　1985.4.11-）
　最世ス（イグノ　1985.4.11-）

Lee Ki-taek
韓国の政治家。民主党総裁，共同代表委員。
⇒世指導（イ・キテク　1937.7.25-）

Lee Ki-woo
韓国の俳優。
⇒外12（イギウ　1981.10.23-）
　韓俳（イ・ギウ　1981.10.23-）

Lee Ki-Yeol
韓国の男優。
⇒韓俳（イ・ギヨル　1955.9.3-）

Lee Ki-Young
韓国の男優。
⇒韓俳（イ・ギヨン　1963.8.26-）

Lee Kuan Yew
シンガポールの客家（ハッカ）系華人政治家。初代首相（在任1959～90）。
⇒岩世人（リー・クアンユー　1923.9.16-）
　外12（リークアンユー　1923.9.16-）
　現アジ（リー・クアンユー　1923.9.16-）
　広辞7（リー・クワンユー　李光耀　1923-2015）
　国政（リー・クアンユー　1923-）

Lee Kun-hee
韓国の実業家。
政経改 (リー・クアンユー 1923–)
世史改 (リー＝クアンユー 1923–2015)
世指導 (リー・クアンユー 1923.9.16–2015.3.23)
世人新 (リー＝クアンユー (中国名：李光耀) 1923–)
世人装 (リー＝クアンユー (中国名：李光耀) 1923–)
中日3 (李光耀 リー・クアンユー 1923–2015)
ネーム (リー・クアン・ユー 1923–)
ポプ人 (リー・クアンユー 1923–2015)

Lee Kun-hee
韓国の実業家。
⇒外12 (イゴンヒ 李健熙 1942.1.9–)
⇒外16 (イゴンヒ 李健熙 1942.1.9–)

Lee Kye-In
韓国の男優。
⇒韓俳 (イ・ゲイン 1952.5.16–)

Lee Kyou-hyuk
韓国のスピードスケート選手。
⇒外12 (イギュヒョク 李奎赫 1978.3.16–)
⇒外16 (イギュヒョク 李奎赫 1978.3.16–)
最世ス (イギュヒョク 1978.3.16–)

Lee Kyu-han
韓国の男優。
⇒韓俳 (イ・ギュハン 1980.8.4–)

Lee Kyun
韓国の男優，歌手。
⇒韓俳 (イ・キョン 1982.2.20–)

Lee Kyung-Jin
韓国の女優。
⇒韓俳 (イ・ギョンジン 1956.10.2–)

Lee Kyung-shick
韓国の副総理，大韓ガス公社社長，21世紀経営者クラブ会長。
⇒世指導 (イ・キョンシク 1933.6.28–)

Lee Kyung-Won
韓国の男優。
⇒韓俳 (イ・ギョンウォン 1964.11.3–)

Lee Mi-ja
韓国の歌手。
⇒岩韓 (イ・ミジャ 李美子 1941–)
岩世人 (李美子 イミジャ 1941.7.26–)
⇒外12 (イミジャ 李美子 1941.10.30–)

Leeming, Bernard
アメリカのカトリック神学者。
⇒新カト (リーミング 1893.3.15–1971.5.27)

Lee Min-ho
韓国の俳優。
⇒外12 (イミンホ 1987.6.22–)
⇒外16 (イミンホ 1987.6.22–)

Lee Min-jung
韓国の女優。
⇒外16 (イミンジョン 1982.2.16–)
韓俳 (イ・ミンジョン 1983.2.16–)

Lee Min Ki
韓国の男優。
⇒韓俳 (イ・ミンギ 1985.1.16–)

Lee Min-woo
韓国の男優，歌手。
⇒韓俳 (イ・ミヌ 1979.7.28–)

Lee Mi-yeon
韓国のタレント。
⇒外12 (イミヨン 1971.9.23–)
韓俳 (イ・ミヨン 1971.9.23–)

Lee Mi-Young
韓国のタレント。
⇒韓俳 (イ・ミヨン 1961.3.16–)

Lee Moon-Sik
韓国の男優。
⇒韓俳 (イ・ムンシク 1967.11.13–)

Lee Mun-ku
韓国の小説家。
⇒岩韓 (イ・ムング 李文求 1941–)
岩世人 (李文求 イムング 1941.4.12–2003.2.25)
韓現文 (李文求 イ・ムング 1941–2003)

Lee Mun-yol
韓国の小説家。
⇒岩韓 (イ・ムニョル 李文烈 1948–)
韓現文 (李文烈 イ・ムニョル 1948.5.18–)
韓朝新 (イ・ムニョル 李文烈 1948–)
現世文 (イ・ムニョル 李文烈 1948.5.18–)

Lee Myung-bak
韓国の政治家，実業家。第17代大統領 (2008～13)。ソウル市長，現代建設会社社長などを歴任。
⇒岩世人 (李明博 イミョンバク 1941.12.19–)
外12 (イミョンバク 李明博 1941.12.19–)
外16 (イミョンバク 李明博 1941.12.19–)
韓朝新 (イ・ミョンバク 李明博 1941–)
現アジ (イ・ミョンバク 李明博 1941.12.19–)
広辞7 (イ・ミョンバク 李明博 1941–)
世指導 (イ・ミョンバク 1941.12.19–)
世人新 (李明博 りめいはく (イミョンバク) 1941–)
世人装 (李明博 りめいはく (イミョンバク) 1941–)

Lee Nak-yon
韓国の政治家。韓国首相，全羅南道知事。
⇒外12 (イナギョン 李洛淵 1952.12.20–)
⇒外16 (イナギョン 李洛淵 1952.12.20–)
世指導 (イ・ナギョン 1952.12.20–)

Lee Na-young
韓国の女優。
⇒外12（イ ナヨン 1979.2.22-）
外16（イ ナヨン 1979.2.22-）
韓俳（イ・ナヨン 1979.2.22-）

Leenhardt, Maurice
フランスのプロテスタント宣教師,民族学者。
⇒メル3（レーナルト,モーリス 1878-1954）

Leenstra, Marrit
オランダのスピードスケート選手。
⇒外16（レーンストラ,マリット 1989.9.10-）

Lee O-young
韓国の文学評論家。
⇒外12（イ オリョン 李御寧 1934.1.15-）

Lee Phillip
韓国の男優。
⇒韓俳（イ・フィリップ 1981.5.26-）

Lees, Gladys L.
アメリカの図書館員。ワシントン州タコマ公共図書館に勤務し,同地区の学校図書館組織を20年にわたって統括,全米にその名を知られる。
⇒ア図（リーズ,グラディス 1902-1986）

Lees, Martin
イギリス生まれの国連平和大学名誉学長。
⇒外12（リーズ,マーティン 1941-）
外16（リーズ,マーティン 1941-）

Lee San Choon
マレーシアの政治家,実業家。
⇒岩世人（リー・サンチュン 1935.3.24-）

Lee Sang-deuk
韓国の政治家。韓国国会副議長,韓日議員連盟会長。
⇒外12（イ サンドク 李相得 1935.11.29-）
外16（イ サンドク 李相得 1935.11.29-）
世指導（イ・サンドク 1935.11.29-）

Lee Sang-hee
韓国の軍人。韓国国防相。
⇒外12（イ サンヒ 李相喜 1945.8.12-）
外16（イ サンヒ 李相喜 1945.8.12-）
世指導（イ・サンヒ 1945.8.12-）

Lee Sang-hwa
韓国のスピードスケート選手。
⇒外12（イ サンファ 李相花 1989.2.25-）
外16（イ サンファ 李相花 1989.2.25-）
最世ス（イ サンファ 1989.2.25-）

Lee Sang-woo
韓国の男優。
⇒韓俳（イ・サンウ 1980.2.13-）

Lee Se-Chang
韓国の男優。
⇒韓俳（イ・セチャン 1970.2.17-）

Lee Se-dol
韓国の棋士（囲碁）。
⇒岩世人（李世乭 イ セドル 1983.3.2-）
外12（イ セドル 李世乭）

Lee Se-eun
韓国の女優。
⇒外12（イ セウン 1980.8.31-）
韓俳（イ・セウン 1980.8.31-）

Lee Seo-jin
韓国の俳優。
⇒外12（イ ソジン 1973.1.30-）
外16（イ ソジン 1971.1.30-）
韓俳（イ・ソジン 1973.1.30-）

Lee Seon Ho
韓国の男優。
⇒韓俳（イ・ソノ 1981.12.14-）

Lee Seung-chul
韓国の歌手。
⇒外12（イ スンチョル 1966.12.5-）
外16（イ スンチョル 1966.12.5-）

Lee Seung-gi
韓国の俳優,歌手。
⇒異二辞（イ・スンギ 李升基 1987-）
外12（イ スンギ 1987.1.13-）
外16（イ スンギ 1987.1.13-）
韓俳（イ・スンギ 1987.1.13-）

Lee Seung-hoon
韓国のスピードスケート選手。
⇒外12（イ スンフン 李承勳 1988.3.6-）
外16（イ スンフン 李承勳 1988.3.6-）
最世ス（イ スンフン 1988.3.6-）

Lee Seung-hoon
韓国の歌手。
⇒外16（イ スンフン 1992.1.11-）

Lee Seung-u
韓国の作家。
⇒外12（イ スンウ 李承雨 1959-）
外16（イ スンウ 李承雨 1959-）
現世文（イ・スンウ 李承雨 1959-）

Lee Seung-yeon
韓国の女優。
⇒韓俳（イ・スンヨン 1968.8.18-）

Lee Seung-yun
韓国の政治家。韓国副首相・経済企画院長官。
⇒外12（イ スンユン 李承潤 1931.11.7-）
外16（イ スンユン 李承潤 1931.11.7-）

Lee Seung-yuop
韓国のプロ野球選手。
⇒異二辞（イ・スンヨプ 李承燁 1976–）
岩韓（イ・スンヨプ 李承燁 1976–）
外12（イスンヨプ 李承燁 1976.8.18–）
外16（イスンヨプ 李承燁 1976.8.18–）
最世ス（イスンヨプ 1976.8.18–）

Lee Se-young
韓国の女優。
⇒韓俳（イ・セヨン 1992.12.20–）

Lee Shau Kee
リー・カシンとともに香港を代表する華人企業家で、ヘンダーソンランド・グループ（恒基地産集団）会長。
⇒岩世人（李兆基 りちょうき 1928.2.20–）
外16（李兆基 リチョウキ）
現アジ（李兆基 1928–）

Lee Soo-kyung
韓国の女優。
⇒韓俳（イ・スギョン 1982.3.13–）

Lee Soo-man
韓国の実業家。
⇒外16（イスマン 李秀満）

Lee Soon-jae
韓国のタレント，国会議員。
⇒韓俳（イ・スンジェ 1935.10.10–）

Lee Soo-sung
韓国の政治家，法学者。韓国首相，ソウル大学総長。
⇒世指導（イ・スソン 1939.3.10–）

Lee So-yeon
韓国の女優。
⇒韓俳（イ・ソヨン 1982.4.16–）

Lee Su-hoon
韓国の外交官。駐日韓国大使。
⇒世指導（イ・スフン 1954.12.13–）

Lee Su-kwang
韓国の作家。
⇒現世文（イ・スグァン 1954–）

Lee Sung-Gang
韓国のアニメーション映画監督。
⇒アニメ（李成彊 イ・ソンガン 1962–）

Lee Sung-jae
韓国の俳優。
⇒外12（イソンジェ 1970.8.23–）
外16（イソンジェ 1970.8.23–）
韓俳（イ・ソンジェ 1970.8.23–）

Lee Sung Jin
韓国の男優，歌手。
⇒韓俳（イ・ソンジン 1977.2.5–）

Lee Sung-jin
韓国のアーチェリー選手。
⇒外16（イソンジン 李成震 1985.3.7–）
最世ス（イソンジン 1985.3.7–）

Lee Sun-hee
韓国の歌手。ソウル市議会議員。
⇒岩世人（李仙姫 イソニ 1964.11.11–）

Lee Sun-kyun
韓国の男優。
⇒韓俳（イ・ソンギュン 1975.3.2–）

Lee Sun-shine
韓国の詩人，随筆家，テレビ放送人。
⇒外12（イスンシン 李承信）
外16（イスンシン 李承信）
現世文（イ・スンシン 李承信）

Lee Tae-Gon
韓国の男優。
⇒韓俳（イ・テゴン 1977.11.27–）

Lee Tae-hyun
韓国の格闘家，韓国相撲力士。
⇒外12（イテヒョン 李太鉉 1975.1.17–）

Lee Tae-Ran
韓国の女優。
⇒韓俳（イ・テラン 1975.3.25–）

Lee Tae-sung
韓国の俳優。
⇒外12（イテソン 1985.4.21–）
外16（イテソン 1985.4.21–）
韓俳（イテソン 1985.4.21–）

Leete, Alfred
イギリスの挿絵画家，ポスター・デザイナー。
⇒グラデ（Leete,Alfred リート，アルフレッド 1882–1933）

Leeteuk
韓国の歌手。
⇒外12（イトゥク 1983.7.1–）

Lee Ui-jeong
韓国の女優。
⇒韓俳（イ・ウィジョン 1975.12.8–）

Leeuw, Ton de
オランダの作曲家。
⇒ク音3（レーウ 1926–1996）
新音中（レーウ，トン・デ 1926.11.16–1996.5.31）

Leever, Samuel
アメリカの大リーグ選手（投手）。
⇒メジャ（リーヴァー，サム 1871.12.23–1953.5.19）

Lee Wan
韓国の男優。

⇒韓俳（イワン　1984.1.3-）

Lee Wan-koo
韓国の政治家。韓国首相。
⇒外16（イワング　李完九　1950.6.2-）
　世指導（イ・ワング　1950.6.2-）

Lee Wen Ho
アメリカ（台湾系）の核兵器エンジニア。
⇒スパイ（李文和　1939-）

Lee Won-Jae
韓国の男優。
⇒韓俳（イ・ウォンジェ）

Lee Won-Jong
韓国の男優。
⇒韓俳（イ・ウォンジョン　1966.12.12-）

Lee Won-soon
韓国の歴史学者。
⇒外12（イウオンスン　李元淳　1926-）
　外16（イウオンスン　李元淳　1926-）

Lee Yeong-ran
韓国の女優。慶熙大学演劇映画科准教授。
⇒韓俳（イ・ヨンナン　1954.9.2-）

Lee Yeon-hee
韓国の女優。
⇒韓俳（イ・ヨニ　1988.1.9-）

Lee Yong-dae
韓国のバドミントン選手。
⇒外12（イヨンデ　李龍大　1988.9.11-）
　外16（イヨンデ　李龍大　1988.9.11-）
　最世ス（イヨンデ　1988.9.11-）

Lee Yong-hoon
韓国の経済学者。
⇒外12（イヨンフン　李栄薫）
　外16（イヨンフン　李栄薫　1951-）

Lee Yoo-Jin
韓国の女優。
⇒韓俳（イ・ユジン　1977.1.8-）

Lee Yoon-ji
韓国の女優。
⇒韓俳（イ・ユンジ　1984.3.15-）

Lee Yoon-ki
韓国の映画監督。
⇒外12（イユンギ　1965-）
　外16（イユンギ　1965-）

Lee Yoon-woo
韓国の実業家。
⇒外12（イユンウ　李潤雨）
　外16（イユンウ　李潤雨　1946.4.26-）

Lee Yoo-ri
韓国の女優。
⇒韓俳（イ・ユリ　1982.1.28-）

Lee Young-ae
韓国の女優。
⇒外12（イヨンエ　1971.1.31-）
　外16（イヨンエ　1971.1.31-）
　韓俳（イ・ヨンエ　1971.1.31-）

Lee Young-ah
韓国の女優。
⇒韓俳（イ・ヨンア　1984.10.23-）

Lee Young-do
韓国の作家。
⇒外12（イヨンド　1972-）
　外16（イヨンド　1972-）
　海文新（イヨンド　1972-）
　現世文（イ・ヨンド　1972-）

Lee Young-hee
韓国の政治家。
⇒外12（イヨンヒ　李永熙）
　外16（イヨンヒ　李永熙）

Lee Young-hee
韓国の作家。
⇒現世文（イ・ヨンヒ　李寧熙　1931.12.16-）

Lee Young-kyoung
韓国の絵本作家。
⇒外12（イヨンギョン　1966-）

Lee Young-Yoo
韓国の女優。
⇒韓俳（イ・ヨンユ　1998.7.10-）

Lee Yo-won
韓国の女優。
⇒外12（イヨウォン　1980.4.9-）
　外16（イヨウォン　1980.4.9-）
　韓俳（イ・ヨウォン　1980.4.9-）

Lee Yung-duk
韓国の教育学者, 政治家。韓国首相, 明知大学総長, 韓国赤十字副総裁兼南北赤十字会談首席代表, ユネスコソウル協会会長。
⇒世指導（イ・ヨンドク　1926.3.6-）

Le Fauconnier, Henri
フランスの画家。主作品『ジューブの肖像』(1909),『豊饒』(11)。
⇒岩世人（ル・フォーコニエ　1881.7-1946.1)
　芸13（ル・フォーコニエ, アンリ　1881-1946）

Lefébure, Jules Joseph
フランスの画家。
⇒岩世人（ルフェーヴル　1834.3.14-1911.2.24）
　芸13（ルフェブール, ジュール・ジョセフ　1836-1912）

Lefebvre, Georges
フランスの歴史家。主著『89年』(1939),『フランス革命の研究』(54)。

⇒岩世人（ルフェーヴル　1874.8.6-1959.8.28）
現社（ルフェーブル,G.　1874-1959）
広辞7（ルフェーヴル　1874-1959）
ネーム（ルフェーブル　1874-1959）

Lefèbvre, Henri
フランスの哲学者。主著『カール・マルクスの思想』(1947)，『弁証法的唯物論』(59)。
⇒岩世人（ルフェーヴル　1905.6.16-1991.6.28）
現社（ルフェーブル,H.　1901-1991）
社小増（ルフェーヴル　1901-1991）
哲中（ルフェーヴル　1901-1991）
メル3（ルフェーブル，アンリ　1901-1991）

Lefebvre, James Kenneth
アメリカの大リーグ選手（二塁，三塁），監督。
⇒外12（ラフィーバー，ジム　1943.1.7-）
メジャ（ラフィーヴァー，ジム　1942.1.7-）

Lefebvre, Louis
フランスの作家，詩人。
⇒新カト（ルフェーヴル　1871-1947）

Lefebvre, Marcel
フランスのローマ・カトリック教会内で"伝統主義"に立つ集団の指導者。
⇒オク教（ルフェーヴル　1905-1991）
新カト（ルフェーヴル　1905.11.29-1991.3.25）

Lefebvre, Pierre
テノール歌手。
⇒魅惑（Lefebvre,Pierre　?-）

Lefert, Clement
フランスの水泳選手（自由形・バタフライ）。
⇒外16（ルフェール，クレメント　1987.9.26-）
最世ス（ルフェール，クレメント　1987.9.26-）

LeFevre, Alice Louise
アメリカの図書館員。教育者として学校図書館員の養成に尽力，国際的な児童図書館活動にも参加して知られる。
⇒ア図（ルフェーヴル，アリス・ルイーズ　1898-1963）

Lefèvre, Brigitte
フランスのダンサー，振付家，演出家。
⇒外12（ルフェーヴル，ブリジット　1944-）
外16（ルフェーヴル，ブリジット　1944-）

Lefèvre, Raymond
フランスのポピュラー・オーケストラの指揮者，作曲家，編曲家。
⇒新音中（ルフェーヴル，レーモン　1929.11.20-）
標音2（ルフェーヴル，レモン　1929.11.20-2008.6.17）

Lefèvre, Théodore Joseph Alberic Marie
ベルギーの政治家。ヨーロッパ・キリスト教民主主義者連盟議長として活躍。

⇒岩世人（ルフェーヴル　1914.1.17-1973.9.18）

Lefferts, Craig Lindsay
アメリカの大リーグ選手（投手）。
⇒メジャ（レファーツ，クレイヴ　1957.9.29-）

Lefkowitz, Robert Joseph
アメリカの医学者，生化学者。
⇒岩世人（レフコウィッツ　1943.4.15-）
外16（レフコウィッツ，ロバート　1943.4.15-）
化学（レフコウィッツ　1943-）
ノベ3（レフコウィッツ,R.　1943.4.15-）

Leflar, Robert B.
アメリカの医事法学者。アーカンソー大学ロースクール教授。
⇒外12（レフラー，ロバート　1951-）

Lefler, Heinrich
オーストリア・ウィーンのユーゲント・シュティールの画家，版画家，美術工芸家。
⇒絵本（レフラー，ハインリッヒ　1863-1919）

LeFlore, Ronald
アメリカの大リーグ選手（外野）。
⇒メジャ（ルフロア，ロン　1948.6.16-）

Lefort, Claude
フランスの哲学者。
⇒岩世人（ルフォール　1924-2010.10.3）
メル別（ルフォール，クロード　1924-2010）

Le Fort, Gertrud von
ドイツの女性詩人，小説家。『ベロニカの聖帛』(1928～46)，『ドイツ讃歌』(32)などの作品がある。
⇒岩キ（ル・フォール　1876-1971）
岩世人（ル・フォール　1876.10.11-1971.11.1）
新カト（ル・フォール　1876.10.11-1971.11.1）
ネーム（ル・フォール　1876-1971）

Lefort, Louis-Théophile
ベルギーの東洋学者。
⇒新カト（ルフォール　1879.8.1-1959.9.30）

Lefschetz, Solomon
ロシア生まれのアメリカの数学者。代数幾何学を位相幾何学的に取扱う方法を創始した。
⇒岩世人（レフシェッツ　1884.9.3-1972.10.5）
数辞（レフシェッツ，ソロモン　1884-1972）
世数（レフシェッツ，ソロモン　1884-1972）

Lefty Frizzell
アメリカ・テキサス州生まれの歌手。
⇒標音2（フリゼル，レフティ　1928.3.31-1975.7.19）

Le Gallienne, Eva
アメリカの女優，演出家。1926年シビック・レパートリー劇場を創立。
⇒岩世人（ル・ガリエンヌ　1899.1.11-1991.6.3）

Legat, Nicolai
ロシアのダンサー, バレエ・マスター, 振付家, 教師。
⇒岩世人（レガート 1869.12.15/27–1937.1.24）
標音2（レガート, ニコライ 1869.12.27–1937.1.24）

Legay, Henri
フランスのテノール歌手, シャンソン歌手。
⇒失声（ルゲイ, アンリ 1920–1992）
魅惑（Legay,Henri 1928–1992）

Legay, Marcel
フランスのシャンソニエ。
⇒19仏（ルゲ, マルセル 1851.11.8–1915.3.16）

Legend, John
アメリカ・オハイオ州出身の歌手, ピアノ奏者。
⇒外12（レジェンド, ジョン 1978.12.28–）
外16（レジェンド, ジョン 1978.12.28–）

Legendre, Sidney Jennings
アメリカの実業家, 探検家。
⇒アア歴（Legendre,Sidney J (ennings) ルジャンドル, シドニー・ジェニングズ 1903.11.1–1948.3.8）

Léger, Fernand
フランスの画家。主作品『室内の女たち』(1922),『閑暇』(48〜49)。
⇒岩世人（レジェ 1881.2.4–1955.8.17）
芸13（レジェ, フェルナン 1881–1955）
広辞7（レジェ 1881–1955）
ポブ人（レジェ, フェルナン 1881–1955）

Léger, Paul-Emile
カナダ・バリーフィールド生まれのサン・スルピス司祭会司祭, 枢機卿。
⇒新カト（レジェ 1904.4.26–1991.11.13）

Leggate, Robin
イギリスのテノール歌手。
⇒魅惑（Leggate,Robin 1946–）

Legge, Alexander
アメリカの実業家。インターナショナル・ハーベスター社社長。連邦農場委員会議長。
⇒アメ経（レッグ, アレクサンダー 1866.7.13–1933.12.3）

Leggett, Anthony J.
イギリス出身の物理学者。2003年ノーベル物理学賞を受賞。
⇒岩世人（レゲット 1938.3.26–）
外12（レゲット, アンソニー・ジェームズ 1938–）
外16（レゲット, アンソニー・ジェームズ 1938.3.26–）
ノベ3（レゲット,A.J. 1938.3.26–）

Leghari, Farooq Ahmed Khan
パキスタンの政治家。パキスタン大統領（1993〜97）。
⇒世指導（レガリ, ファルーク 1940.5.29–2010.10.19）

Legien, Karl
ドイツの労働組合指導者。ドイツ労働総同盟委員長（1919）, 社会民主党所属下院議員。
⇒岩世人（レギーン 1861.12.1–1920.12.26）

Legkov, Alexander
ロシアのスキー選手（距離）。
⇒外16（レグコフ, アレクサンドル 1983.5.7–）

Le Goff, Jacques
フランスの歴史学者。
⇒岩世人（ル・ゴフ 1924.1.1–2014.4.1）
現社（ル・ゴフ 1924–）
社小増（ル・ゴフ 1924–）
メル別（ル・ゴフ, ジャック 1924–2014）

Le Goffic, Charles
フランスの詩人, 小説家, 批評家。代表作は, 詩集『ブルターニュの恋』(1889)。
⇒19仏（ル・ゴフィック, シャルル 1863.7.14–1932.2.11）

Legorreta, Ricardo
メキシコの建築家。
⇒外12（レゴレッタ, リカルド 1931.5.7–）

Legrand, Edy
フランスの絵本作家。
⇒絵本（ルグラン, エディ 1892–1970）

Legrand, Louis
フランスの画家。
⇒19仏（ルグラン, ルイ 1863.9.23–1951.7.8）

Legrand, Michel-Jean
フランス・パリ生まれの映画音楽作曲家。
⇒岩世人（ルグラン 1932.2.24–）
外12（ルグラン, ミシェル 1932.2.24–）
外16（ルグラン, ミシェル 1932.2.24–）
新音中（ルグラン, ミシェル 1932.2.24–）
標音2（ルグラン, ミシェル 1932.2.24–）

Legris, Manuel
フランスのダンサー。
⇒外12（ルグリ, マニュエル 1964.10.19–）
外16（ルグリ, マニュエル 1964.10.19–）

Legros, Alphonse
フランスの画家, 銅版画家。
⇒岩世人（ルグロ 1837.5.8–1911.12.8）

Le Gros Clark, Sir Wilfrid E.
イギリスの解剖学者, 人類学者。リモノピテクスなどの第三紀霊長類化石を発見。
⇒岩世人（ル・グロ・クラーク 1895–1971.6.28）

Le Guay, Marie-Claire
フランスのピアノ奏者。
⇒外12（ル・ゲ, マリ・クレール　1974-）
　外16（ル・ゲ, マリ・クレール　1974-）

Le Guen, Paul
フランスのサッカー指導者, サッカー選手。
⇒外12（ルグエン, ポール　1964.3.1-）
　外16（ルグエン, ポール　1964.3.1-）
　最世ス（ルグエン, ポール　1964.3.1-）

Leguía y Salcedo, Augusto Bernardino
ペルーの政治家。蔵相（1903〜08），大統領（08〜12,19〜30）。
⇒岩世人（レギア　1863.2.19-1932.2.7）
　ラテ新（レギア　1863-1932）

Le Guillou, Marie-Joseph
フランスのカトリック神学者。
⇒新カト（ル・ギユー　1920.12.25-1990.1.25）

Le Guin, Ursula Kroeber
アメリカの作家。
⇒岩世人（ル・グィン　1929.10.21-）
　外12（ル・グウィン, アーシュラ　1929-）
　外16（ル・グウィン, アーシュラ　1929.10.21-）
　現世文（ル・グウィン, アーシュラ　1929.10.21-2018.1.22）
　広辞7（ル・グウィン　1929-）
　ネーム（ル・グウィン, アーシュラ・K　1929-）

Lehane, Dennis
アメリカの作家。
⇒外12（レヘイン, デニス）
　外16（ルヘイン, デニス）
　現世文（ルヘイン, デニス）

Lehár, Franz
オーストリアの作曲家。
⇒岩世人（レハール　1870.4.30-1948.10.24）
　エデ（レハール, フランツ　1870.4.30-1948.10.24）
　ク音3（レハール　1870-1948）
　新オペ（レハール, フランツ　1870-1948）
　新音小（レハール, フランツ　1870-1948）
　新音中（レハール, フランツ　1870.4.30-1948.10.24）
　ネーム（レハール　1870-1948）
　標音2（レハール, フランツ　1870.4.30-1948.10.24）

Lehman, Eduard
デンマークの宗教史家。
⇒岩世人（レーマン　1862.8.19-1930.3.23）

Lehman, Ernest
アメリカの脚本家, 映画監督。『ウエストサイド物語』『サウンド・オブ・ミュージック』などの脚本を手がけた。
⇒現世文（レーマン, アーネスト　1915.12.8-2005.7.2）

Lehman, Frederick Kris
アメリカの人類学者。
⇒アア歴（Lehman,Frederick K (ris)　レーマン, フレデリック・クリス　1924.2.5-）

Lehman, Herbert henry
アメリカの銀行家, 政治家。国連救済復興機関（UNRRA）事務局長。
⇒ユ著人（Lehman,Herbert Henry　レーマン, ハーバート・ヘンリー　1878-1963）

Lehman, Jens
ドイツのサッカー選手。
⇒外12（レーマン, イエンス　1969.11.10-）
　最世ス（レーマン, イエンス　1969.11.10-）

Lehmann, Alfred Georg Ludwig
デンマークの心理学者。コペンハーゲン大学教授。
⇒岩世人（レーマン　1858.12.29-1921.9.26）
　学叢思（レーマン, アルフレート　1858-?）

Lehmann, Arthur-Heinz
ドイツの作家。ユーモラスな馬の小説で知れる。
⇒岩世人（レーマン　1909.12.17-1956.8.28）

Lehmann, Ernst August
ドイツの航空技術者。ツェッペリン飛行船の南米定期航路の司令（1928〜36）。
⇒岩世人（レーマン　1886.5.12-1937.5.7）

Lehmann, Fritz
ドイツの指揮者。
⇒標音2（レーマン, フリッツ　1904.5.17-1956.3.30）

Lehmann, Fritz Erich
スイスの動物学者。
⇒岩生（レーマン　1902-1970）

Lehmann, Hans-Peter
ドイツのオペラ演出家。
⇒外12（レーマン, ハンス・ペーター）
　外16（レーマン, ハンス・ペーター）

Lehmann, Heinz Edgar
カナダの精神科医。精神薬理学のパイオニア。
⇒精医歴（レーマン, ハインツ・エドガー　1911-1999）

Lehmann, Hubert
東ドイツのテノール歌手。
⇒魅惑（Lehmann,Hubert　?-）

Lehmann, Inge
デンマークの地震学者。
⇒岩世人（レーマン　1888.5.13-1993.2.21）
　オク地（レーマン, インゲ　1888-1993）

Lehmann, Karl
ドイツ・ロストック生まれの原史考古学者。
⇒ユ著人（Lehmann,Karl　レーマン, カール　1894–1960）

Lehmann, Lilli
ドイツのソプラノ歌手。
⇒岩世人（レーマン　1848.11.24–1929.5.17）
オペラ（レーマン, リリー　1848–1929）
新音中（レーマン, リリ　1848.11.24–1929.5.17）
標音2（レーマン, リリ　1848.11.24–1929.5.17）

Lehmann, Lotte
ドイツ生まれのアメリカのソプラノ歌手。20世紀前半最高のソプラノ歌手の一人。
⇒岩世人（レーマン　1888.2.27–1976.8.26）
オペラ（レーマン, ロッテ　1888–1976）
新音中（レーマン, ロッテ　1888.2.28–1976.8.26）
標音2（レーマン, ロッテ　1888.2.27–1976.8.26）
ユ著人（Lehmann,Lotte　レーマン, ロッテ　1888–1976）

Lehmann, Otto
ドイツの結晶学者, 物理学者。
⇒化学（レーマン,O.　1855–1922）

Lehmann, Rosamond Nina
イギリスの女性小説家。代表作『こだまする茂み』(1953)。
⇒岩世人（レーマン　1901.2.3–1990.3.12）
現世文（レーマン, ロザモンド　1901.2.3–1990.3.13）

Lehmann, Rudolf
ドイツの数学者, 技術者。
⇒岩世人（レーマン　1842.10.15–1914.2.4）
来日（レーマン, ルドルフ　1842–1914）

Lehmann, Rudolf
ドイツの教育学者。1906年ボーゼンのアカデミーの哲学およびドイツ文学の教授。
⇒教人（レーマン　1855–1927）

Lehmann, Wilhelm
ドイツの詩人, 小説家。小説『偶像破壊者』(1917), 詩集『沈黙の答』(31)など。
⇒岩世人（レーマン　1882.5.4–1968.11.17）
新カト（レーマン　1882.5.4–1968.11.17）

Lehmann, Winfred Philipp
アメリカの言語学者。
⇒岩世人（レーマン　1916.6.23–2007.8.1）

Lehmann-Haupt, Carl Friedrich
ドイツの歴史家。古代アルメニアおよびカルディア史とカルディア文化を研究した。
⇒岩世人（レーマン＝ハウプト　1861.3.11–1938.7.24）

Lehmbruck, Wilhelm
ドイツの彫刻家。主作品は『うつぶせる男』(1915～16)。
⇒岩世人（レームブルック　1881.1.4–1919.3.25）
芸13（レームブルック, ヴィルヘルム　1881–1919）
広辞7（レーンブルック　1881–1919）
ネーム（レーンブルック　1881–1919）

Lehmkuhl, August
ドイツの社会倫理神学者, イエズス会士。
⇒新カト（レームクール　1834.9.23–1918.6.23）

Lehn, Jean-Merie
フランスの化学者。1987年ノーベル化学賞。
⇒岩世人（レーン　1939.9.30–）
化学（レーン　1939–）
ノベ3（レーン,J.　1939.9.30–）

Lehninger, Albert Lester
アメリカの生化学者。
⇒岩生（レーニンジャー　1917–1986）

Le Hoang
ベトナムの映画監督。
⇒外12（レ・ホアン）

Le Hong Phong
インドシナの政治家。インドシナ共産党指導委員会委員長。
⇒岩世人（レー・ホン・フォン　1902–1942.9.6）

Lehotsky, Michal
スロバキアのテノール歌手。
⇒魅惑（Lehotsky,Michal　?–）

Le Houelleur, Kaidin Monique
フランスの彫刻家, 現代美術家。
⇒外12（ル・ウエラー, カイディン・モニク　1937–）
外16（ル・ウエラー, カイディン・モニク　1937–）

Lehrer, Jim
アメリカの作家, ジャーナリスト。
⇒外12（レーラー, ジム　1934.5.19–）
外16（レーラー, ジム　1934.5.19–）
現世文（レーラー, ジム　1934.5.19–）

Lehtinen, Jere
フィンランドのアイスホッケー選手（FW）。
⇒外16（レティネン, イェレ　1973.6.24–）
最世ス（レティネン, イェレ　1973.6.24–）

Lehtipuu, Topi
フィンランドのテノール歌手。
⇒魅惑（Lehtipuu,Topi　?–）

Lehto, J.J.
フィンランドのレーシングドライバー, F1ドライバー。
⇒最世ス（レート,J.J.　1966.1.31–）

Lehtolainen, Leena
フィンランドの作家。

⇒海文新（レヘトライネン, レーナ 1964.3.11-）
現世文（レヘトライネン, レーナ 1964.3.11-）

Leib, Günther
東ドイツのバリトン歌手。
⇒魅惑（Leib,Günther ?-）

Leibenstein, Harvey
ウクライナ生まれの経済思想家。
⇒岩経（ライベンシュタイン 1922-1992）
有経5（ライベンスタイン 1922-1994）

Leiber, Fritz, Jr.
アメリカの作家。代表作ファファード&マウザー・シリーズ。
⇒現世文（ライバー, フリッツ 1910.12.25-1992.9.5)

Leiber, Henry Edward
アメリカの大リーグ選手（外野）。
⇒メジャ（ライバー, ハンク 1911.1.17-1993.11.8）

Leiber, Jerry
アメリカの作詞家, 作曲家, プロデューサー。
⇒新音中（リーバー・アンド・ストーラー 1933-）
標音2（リーバー・アンド・ストーラー 1933.4.25-）
ロック（Jerry Leiber and Mike Stoller ジェリー・リーバー&マイク・ストーラー 1933.4-）

Leibholz, Gerhard
ドイツの法学者。
⇒岩世人（ライブホルツ 1901.11.15-1982.2.19）

Leibl, Daniel
ポーランド・デビカ生まれのイディッシュ語作家, ヘブライ語の言語学者, 詩人, 編集者。
⇒ユ著人（Leibl,Daniel レイブル, ダーニエル 1891-1967）

Leibold, Harry Loran（Nemo）
アメリカの大リーグ選手（外野）。
⇒メジャ（リーボルド, ニーモ 1892.2.17-1977.2.4）

Leibovitz, Annie
アメリカの写真家。
⇒外12（リーボビッツ, アーニー 1949.10.2-）
外16（リーボビッツ, アーニー 1949.10.2-）

Leibowitz, René
ポーランド生まれのフランスの作曲家, 理論家, 指揮者。主作品『宇宙のうわさ』(1950) など。
⇒岩世人（レボヴィッツ 1913.2.17-1972.8.28）
ク音3（レボヴィツ（レイボヴィッツ） 1913-1972）
新音中（レーボヴィッツ, ルネ 1913.2.17-1972.8.30）
ネーム（レイボーヴィッツ 1913-1972）
標音2（レボヴィッツ, ルネ 1913.2.17-1972.8.29）
ユ著人（Leibowitz,René レボヴィッツ, ルネ 1913-1972）

Leibrandt, Charles Louis
アメリカの大リーグ選手（投手）。
⇒メジャ（リーブラント, チャーリー 1956.10.4-）

Leichtentritt, Hugo
ドイツの音楽学者。ショパンの研究家。"Analyse der Chopinschen Klavierwerke"2巻。
⇒岩世人（ライヒテントリット 1874.1.1-1951.11.13）
新音中（ライヒテントリット, フーゴー 1874.1.1-1951.11.13）
標音2（ライヒテントリット, フーゴ 1874.1.1-1951.11.13）
ユ著人（Leichtentritt,Hugo ライヒテントリット, フーゴー 1874-1951）

Leiferkus, Sergei
ロシアのバリトン歌手。
⇒外12（レイフェルクス, セルゲイ 1946.4.4-）
外16（レイフェルクス, セルゲイ 1946.4.4-）

Leifield, Albert Peter（Lefty）
アメリカの大リーグ選手（投手）。
⇒メジャ（リーフィールド, レフティ 1883.9.5-1970.10.10）

Leifs, Jón
アイスランドの作曲家。
⇒岩世人（レイフス 1899.5.1-1968.7.30）

Leigh, Janet
アメリカ生まれの女優。
⇒ク俳（リー, ジャネット（モリスン, ジャネット） 1927-）
スター（リー, ジャネット 1927.7.6-2004）

Leigh, Jennifer Jason
アメリカ生まれの女優, 映画製作者。
⇒外12（リー, ジェニファー・ジェーソン 1962.2.5-）
外16（リー, ジェニファー・ジェーソン 1962.2.5-）
ク俳（リー, ジェニファー・ジェイスン（モロウ, ジェニファー・リー） 1962-）
スター（リー, ジェニファー・ジェイソン 1962.2.5-）

Leigh, Mike
イギリスの劇作家, 映画監督。
⇒映監（リー, マイク 1943.2.20-）
外12（リー, マイク 1943.2.20-）
外16（リー, マイク 1943.2.20-）

Leigh, Roberta
イギリスのロマンス作家。
⇒外12（レイ, ロバータ）
現世文（レイ, ロバータ 1926.12.22-2014.12.19）

Leigh, Vivien
イギリスの女優。映画『風と共に去りぬ』(1939),『欲望という名の電車』(50)でアカデミー賞を受賞。

⇒遺産（リー, ヴィヴィアン　1913.11.5–1967.7.8）
岩世人（リー　1913.11.5–1967.7.8）
ク俳（リー, ヴィヴィアン（ハートリー, ヴィヴィアン）　1913–1967）
広辞7（リー　1913–1967）
スター（リー, ヴィヴィアン　1913.11.5–1967）
ネーム（リー, ヴィヴィアン　1913–1967）

Leighton, Alexander Hamilton
アメリカの社会人類学者。
⇒社小増（レイトン　1908–）

Leighton, Margaret
イギリスの女優。1962年トニー賞受賞。
⇒ク俳（レイトン, マーガレット　1922–1976）

Leijonhufvud, Axel
ストックホルム生まれの経済思想家。
⇒岩経（レイヨンフーヴッド　1933–）
岩世人（レイヨンフーヴッド　1933–）
有経5（レイヨンフーヴド　1933–）

Leimena, Johannes
インドネシアの政治家。インドネシア第一副首相。
⇒岩世人（レイメナ, ヨハネス　1905.3.6–1977.3.29）

Leinfellner, Werner
オーストリアの哲学者。
⇒岩世人（ラインフェルナー　1921.1.17–2010.4.6）

Leino, Eino
フィンランドの抒情詩人。フィンランド抒情詩の近代化を推進。
⇒岩世人（レイノ　1878.7.6–1926.1.10）

Leinsdorf, Erich
オーストリアの指揮者。1962年ミュンシュの後任としてボストン交響楽団の常任指揮者となる。
⇒新音中（ラインスドルフ, エーリヒ　1912.2.4–1993.9.11）
標音2（ラインスドルフ, エーリヒ　1912.2.4–1993.9.11）
ユ著人（Leinsdorf, Erich　ラインスドルフ, エーリッヒ　1912–1993）

Leip, Hans
ドイツの詩人, 小説家, 劇作家, 画家。主著, 詩集『港のオルガン』(1948), 小説『ほら貝』(40)。
⇒岩世人（ライプ　1893.9.22–1983.6.6）
現世文（ライプ, ハンス　1893.9.22–1983.6.6）

Leipart, Theodor
ドイツの組合運動指導者。バーデンの労働相 (1919～20), ドイツ労働総同盟委員長 (20) を歴任。
⇒岩世人（ライパルト　1867.5.17–1947.5.23）

Leipold, Gerd
ドイツの環境保護運動家。
⇒外12（ライポルト, ゲルト　1951.1.1–）

外16（ライポルト, ゲルト　1951.1.1–）

Leiris, Michel
フランスの詩人, エッセイスト, 民俗学者。
⇒岩世人（レリス　1901.4.20–1990.9.30）
現世文（レリス, ミシェル　1901.4.20–1990.9.30）
広辞7（レリス　1901–1990）
フ文小（レリス, ミシェル　1901–1990）

Leisegang, Hans
ドイツの哲学者。ベルリン自由大学教授 (1948)。
⇒岩世人（ライゼガング　1890.3.13–1951.4.5）
新カト（ライゼガング　1890.3.13–1951.4.5）

Leister, Karl
ドイツのクラリネット奏者。
⇒外12（ライスター, カール　1937.6.15–）
外16（ライスター, カール　1937.6.15–）
新音中（ライスター, カール　1937.6.15–）
標音2（ライスター, カルル　1937.6.15–）

Leistikow, Walter
ドイツの画家。ベルリンのセセッション（分離）派の共同創始者。
⇒岩世人（ライスティコー　1865.10.25–1908.7.24）

Leitch, Maurice
北アイルランド生まれの小説家。
⇒現世文（リーチ, モーリス　1933.7.5–）

Leite, Serafim
ポルトガル出身のイエズス会員, 歴史家。
⇒新カト（レイテ　1890.4.6–1969.12.27）

Leite Lopes, Jose
ブラジルの物理学者。
⇒現科文（ラッテスとレイテ＝ロペス　1918–2006）

Leiter, Alois Terry
アメリカの大リーグ選手（投手）。
⇒メジャ（ライター, アル　1965.10.23–）

Leith-Ross, *Sir* Frederick William
イギリスの財政家。エジプト国立銀行総裁 (1946～51), 同行顧問となる (51～)。
⇒岩世人（リース＝ロス　1887.2.4–1968.8.22）

Leitich Smith, Greg
アメリカの作家。
⇒海文新（ライティック・スミス, グレッグ）

Leitner, Friedrich
ドイツの経済学者。"Wirtschaftslehre der Unternehmung" (1930)。
⇒岩世人（ライトナー　1874.1.26–1945.7.3）

Leitner, Patric-Fritz
ドイツのリュージュ選手。
⇒外12（ライトナー, パトリック　1977.2.23–）
外16（ライトナー, パトリック　1977.2.23–）

最世ス（ライトナー, パトリック　1977.2.23-）
Leitz, Ernst
ドイツの光学機械製造業者。エルンスト・ライツ会社を設立し（1869），諸種の光学機械を製作したほか，ライカ写真機を作った。
⇒岩世人（ライツ　1843.4.26-1920.7.10）
Leivick, Halper
ロシア生まれのイディッシュ語の詩人。
⇒ユ著人（Leivick,Halper　ライヴィク（レイヴィック），ハルパー　1888-1962）
Le Jalu, Marie-Francine
フランスの映像作家。
⇒外12（ル・ジャリュ, マリー・フランシーヌ）
Lejeune, Michel
フランスの言語学者。
⇒岩世人（ルジュンヌ　1907.1.30-2000.1.28）
Lejeune, Philippe
フランスの自伝研究者。
⇒岩世人（ルジュンヌ　1938-）
Lekhanya, Justin
レソトの政治家。レソト軍事評議会議長。
⇒世指導（レハンヤ, ジャスティン　1946-）
Le Kha Phieu
ベトナムの政治家, 軍人。ベトナム共産党書記長, ベトナム人民軍政治総局長・上将。
⇒岩世人（レー・カー・フィエウ　1931.12.27-）
　外12（レ・カ・フュー　1931.12.27-）
　外16（レ・カ・フュー　1931.12.27-）
　世指導（レ・カ・フュー　1931.12.27-）
Lekota, Mosiuoa
南アフリカの政治家。
⇒外12（レコタ, モシワ　1948.8.13-）
　外16（レコタ, モシワ　1948.8.13-）
　世指導（レコタ, モシワ　1948.8.13-）
Lekov, Konstantin
テノール歌手。
⇒魅惑（Lekov,Konstantin　?-）
Leland, George Adams
アメリカの医学者。1878年日本に招聘され, 体操伝習所の教師となる。
⇒アア歴（Leland,George Adams　ルランド, ジョージ・アダムズ　1850.9.7-1924.3.17）
　岩世人（リーランド　1850.9.7-1924.3.17）
　広辞7（リーランド　1850-1924）
Leland, Henry Martyn
アメリカの実業家。
⇒アメ州（Leland,Henry Martyn　リーランド, ヘンリー・マーティン　1843-1932）
Leleux, François
フランスのオーボエ奏者。

⇒外12（ルルー, フランソワ　1971.1.30-）
　外16（ルルー, フランソワ　1971.1.30-）
Le Lidec, Gildas
フランスの外交官。
⇒外12（ル・リデック, ジルダ　1947.4.14-）
　世指導（ルリデック, ジルダ　1947.4.14-）
Leliwa, Tedeusz
ウクライナのテノール歌手。
⇒魅惑（Leliwa,Tedeusz　1867-1929）
Leloir, Luis Federico
アルゼンチンの生化学者。ウリジン二燐酸グルコースの発見と構造決定, グリコーゲン生合成機構の解明などで1970年ノーベル化学賞受賞。
⇒異二辞（ルロワール［ルイ・～］　1906-1987）
　岩生（レロアール　1906-1987）
　岩世人（ルロワール（レロワール）　1906.9.6-1987.12.3）
　化学（ルロワール　1906-1987）
　ノベ3（ルロアール,L.F.　1906.9.6-1987.12.2）
Lelouch, Claude
フランス・パリ生まれの映画監督。
⇒映監（ルルーシュ, クロード　1937.10.30-）
　外12（ルルーシュ, クロード　1937.10.30-）
　外16（ルルーシュ, クロード　1937.10.30-）
　ユ著人（Lelouch,Claude　ルルーシュ, クロード　1937-）
Le Luong Minh
ベトナムの外交官。
⇒外16（レ・ルオン・ミン　1952.9.1-）
　世指導（レ・ルオン・ミン　1952.9.1-）
Le Luu
ベトナムの作家, ジャーナリスト。
⇒現世文（レ・リュー　1942-）
Lelyveld, Joseph Salem
アメリカのジャーナリスト。
⇒外12（レリベルド, ジョゼフ　1937.4.5-）
　外16（レリベルド, ジョゼフ　1937.4.5-）
Lem, Stanisław
ポーランドの小説家。
⇒岩世人（レム　1921.9.12-2006.3.27）
　現世文（レム, スタニスワフ　1921.9.12-2006.3.27）
　広辞7（レム　1921-2006）
　ネーム（レム, スタニスワフ　1921-2006）
　ユ著人（Lem,Stanisław　レム, スタニスラウ　1921-）
Le Mair, Henriette Willebeek
オランダの絵本作家。
⇒絵本（ル・メール, ヘンリエッタ・ウィルビーク　1889-1966）
Lemaire, Christophe
フランスの服飾デザイナー。

⇒外12（ルメール, クリストフ　1965–）
　外16（ルメール, クリストフ　1965–）

Lemaire, Christophe
フランスの騎手。
⇒外12（ルメール, クリストフ　1979.5.20–）
　外16（ルメール, クリストフ　1979.5.20–）
　最世ス（ルメール, クリストフ　1979.5.20–）

Lemaître, François Élie Jules
フランスの評論家, 劇作家。
⇒岩世人（ルメートル　1853.4.27–1914.8.5）
　広辞7（ルメートル　1853–1914）
　19仏（ルメートル, ジュール　1853.4.27–1914.8.5）
　西文（ルメートル, ジュール　1853–1914）
　ネーム（ルメートル　1853–1914）

Lemaitre, Georges Edouard
ベルギーの天文学者。宇宙は絶えず膨張を続けているという「膨張宇宙論」を発表（1927）。
⇒オク科（ルメートル（ジョルジュ・エドゥアール）　1894–1966）
　世発（ルメートル, ジョルジュ　1894–1966）
　天文辞（ルメートル　1894–1966）
　天文大（ルメトール　1894–1966）

Lemaitre, Pierre
フランスの作家。
⇒外16（ルメートル, ピエール　1951–）
　海文新（ルメートル, ピエール　1951.4.19–）
　現世文（ルメートル, ピエール　1951.4.19–）

Leman, Gérard Mathieu Joseph Georges
ベルギーの軍人。第一次大戦勃発時には中将でリエージュ防衛に当り, ドイツ軍の攻撃に抵抗。
⇒岩世人（ルマン　1851.1.8–1920.10.17）

Le Maréchal, Jean-Marie-Louis
明治期に来日したフランス人神父。
⇒新カト（ルマレシャル　1842.6.12–1912.3.28）

Lemarque, Francis
フランスの作詞家, 作曲家, シャンソン歌手。作品『兵隊が戦争に行く時』はイヴ・モンタンの歌で紹介され, 親しまれている。
⇒標音2（ルマルク, フランシス　1917.11.25–2002.4.20）

Lemass, Seán Francis
アイルランドの政治家。
⇒岩世人（レマス　1899.7.15–1971.5.11）

Lemaster, Denver Clayton
アメリカの大リーグ選手（投手）。
⇒メジャ（レマスター, デニー　1939.2.25–）

LeMaster, Johnnie Lee
アメリカの大リーグ選手（遊撃）。
⇒メジャ（ルマスター, ジョニー　1954.6.19–）

Le May, Curtis Emerson
アメリカの軍人。1945年日本本土への原爆投下を指揮。
⇒ア太戦（ルメイ　1906–1990）

Lemelin, Roger
カナダの小説家。作品に『だらだら坂の下で』（1944）などがある。
⇒現世文（ルムラン, ロジェ　1919.4.7–1992.3.16）

Lemerle, Paul
フランスのビザンティン学者。フィリッピ（マケドニア）発掘調査ほかの美術史研究から歴史研究にすすむ。
⇒岩世人（ルメルル　1903.4.22–1989.7.17）

Lemerre, Alphonse
フランスの出版人。『Classiques francais』など, 紙質の美しい高雅な小型本を刊行。
⇒19仏（ルメール, アルフォンス　1838.4.9–1912.10.15）

Lemerre, Roger
フランスのサッカー監督。
⇒外12（ルメール, ロジェ　1941.6.18–）

Lemert, Edwin McCarthy
アメリカの社会病理学者。社会的反作用論の立場から社会統制研究の基礎理論を提唱。主著『社会病理学』（1951）。
⇒社小増（レマート　1912–）

Lemeshev, Sergei
ロシアのテノール歌手。
⇒失声（レメシェフ, セルゲイ　1902–1977）
　魅惑（Lemeshev,Sergei　1902–1977）

Lemierre, Jean
フランスの銀行家。BNPパリバ会長, 欧州復興開発銀行（EBRD）総裁。
⇒外12（ルミエール, ジャン　1950.6.6–）
　外16（ルミエール, ジャン　1950.6.6–）

Lemieux, Marie-Joseph
カナダのドミニコ会司祭。仙台司教区初代司教。
⇒新カト（ルミュー　1902.5.10–1994.3.4）

Lemieux, Mario
カナダのアイスホッケー選手。
⇒岩世人（ルミュー　1965.10.5–）

Lemieux, Raymond Urgel
カナダの有機化学者。
⇒岩世人（ルミュ　1920.6.16–2000.7.22）

Lemire, Jules August
フランスのカトリック政治家, 社会活動の先駆者。
⇒新カト（ルミール　1853.4.23–1928.3.7）

Lemke, Mark Alan
アメリカの大リーグ選手(二塁)。
⇒メジャ(レムキー, マーク 1965.8.13-)

Lemke, William
アメリカの政治家。
⇒アメ州(Lemke,William レムケ, ウィリアム 1878-1950)

Lemmens, Leonhard
ドイツのカトリック宣教史家。
⇒新カト(レンメンス 1864.11.19-1929.2.10)

Lemmer, Ernst
ドイツの政治家。ソヴェート地区およびベルリンのキリスト教民主主義連盟の共同創立者でその副委員長を務めた。
⇒岩世人(レンマー 1898.4.28-1970.8.18)

Lemmo, Antonio
テノール歌手。
⇒魅惑(Lemmo,Antonio ?-)

Lemmon, Jack
アメリカ生まれの男優。
⇒遺産(レモン, ジャック 1925.2.8-2001.6.27)
ク俳(レモン, ジャック 1925-2001)
スター(レモン, ジャック 1925.2.8-2001)

Le Moal, Jean
フランスの画家。
⇒芸13(ル・モアル, ジャン 1909-1978)

Lemoine, Clément-Joseph
フランスのカトリック司祭。パリ外国宣教会所属。
⇒岩世人(ルモワーヌ 1869.8.29-1941.8.10)
新カト(ルモアーヌ 1869.8.29-1941.8.10)

Lemoine, Émile Michel Hyacinthe
フランスの数学者。
⇒世数(ルモワーヌ, エミール 1840-1912)

Lemoine, George
フランスのイラストレーター。
⇒絵本(ルモアーヌ, ジョルジュ 1935-)

Lemoine, Sébastian
テノール歌手。
⇒魅惑(Lemoine,Sébastian ?-)

Lemoine, Serge
フランスの美術史家。
⇒外12(ルモワンヌ, セルジュ 1943-)
外16(ルモワンヌ, セルジュ 1943-)

Lemon, Chester Earl
アメリカの大リーグ選手(外野)。
⇒メジャ(レモン, チェット 1955.2.12-)

Lemon, James Robert
アメリカの大リーグ選手(外野)。
⇒メジャ(レモン, ジム 1928.3.23-2006.5.14)

Lemon, Robert Granville
アメリカの大リーグ選手(投手, 三塁)。
⇒メジャ(レモン, ボブ 1920.9.22-2000.1.11)

LeMond, Greg
アメリカの自転車選手。
⇒外12(レモン, グレッグ 1961.6.26-)

Lemonnier, Antoine Louis Camille
ベルギーの小説家。主著『雄』(1881),『風車のなかの風』(1901)など。
⇒岩世人(ルモニエ 1844.3.24-1913.6.13)

Lemonnier, Léon
フランスの小説家, 評論家。ポピュリスムを提唱。
⇒岩世人(ルモニエ 1890.11.7-1953)

Lemper, Ute
ドイツの歌手。
⇒外12(レンパー, ウテ 1963.7.4-)
外16(レンパー, ウテ 1963.7.4-)

Lenard, Philipp Eduard Anton
ドイツの物理学者。1903年レナルトの原子模型を提唱。1905年ノーベル物理学賞受賞。
⇒岩世人(レーナルト 1862.6.7-1947.5.20)
科史(レーナルト 1862-1947)
三新物(レーナルト 1862-1947)
ノベ3(レーナルト,P.E.A. 1862.6.7-1947.5.20)
物理(レーナルト, フィリップ 1862-1947)

Lenardi, Manuel
フランスの画家。
⇒異二辞(レオナルディー[マニュエル・~] 1961-)

Lendl, Ivan
チェコスロバキアのテニス選手。
⇒異二辞(レンドル[イワン・~] 1960-)
外16(レンドル, イワン 1960.3.7-)
ネーム(レンドル 1960-)

Lenel, Otto
ドイツの法学者。キール, マルブルク, シュトラースブルク, ついでフライブルクの各大学教授。
⇒岩世人(レーネル 1849.12.13-1935.2.7)

Lengeling, Emil Joseph
ドイツのカトリック典礼学者。
⇒新カト(レンゲリング 1916.5.26-1986.6.18)

Lenghi-Cellini, Giuseppe
テノール歌手。
⇒魅惑(Lenghi-Cellini,Giuseppe ?-)

L

Lenglen, Suzanne
フランスのテニス選手。
⇒岩世人（ランラン　1899.5.24–1938.7.4）

Lengyel Menyhért
ハンガリーの劇作家。
⇒ユ著人（Lengyel,Menyhért　レンジェル，メニヘールト　1880–1974）

Leni, Paul
ドイツの映画監督。
⇒映監（レニ，パウル　1885.7.8–1929）

Lenica, Jan
ポーランド生まれのアニメーション作家、グラフィック・デザイナー。
⇒アニメ（レニッツァ，ヤン　1928–2001）
　グラデ（Lenica,Jan　レニッツァ，ヤン　1928–）

Lenin, Vladimir Iliich
ロシアの革命家。ロシア内外で革命運動を組織。
⇒岩経（レーニン　1870–1924）
　岩世人（レーニン　1870.4.10/22–1924.1.21）
　覚思（レーニン　1870.4.22–1924.1.21）
　覚思ス（レーニン　1870.4.22–1924.1.21）
　学叢思（レーニン，ニコライ　1870–1924）
　教人（レーニン　1870–1924）
　現社（レーニン　1870–1924）
　広辞7（レーニン　1870–1924）
　国政（レーニン　1870–1924）
　社小増（レーニン　1870–1924）
　辞歴（レーニン　1870–1924）
　新カト（レーニン　1870.4.22–1924.1.21）
　世史改（レーニン　1870–1924）
　世史改（レーニン　1870–1924）
　世人新（レーニン　1870–1924）
　世人装（レーニン　1870–1924）
　哲中（レーニン　1870–1924）
　ポブ人（レーニン，ウラジミール・イリイッチ　1870–1924）
　もう山（レーニン　1870–1924）
　有経5（レーニン　1870–1924）

Lenk, Hans
ドイツの哲学者、応用倫理学者、ボート競技選手。
⇒岩世人（レンク　1935.3.23–）
　外12（レンク，ハンス　1935.3.23–）
　外16（レンク，ハンス　1935.3.23–）

Lennard-Jones, *Sir* John Edward
イギリスの化学者、物理学者。ノース・スタフォード州のユニヴァシティ・カレッジ学長（1953～）。
⇒岩世人（レナード＝ジョーンズ　1894.10.27–1954.11.1）

Lennerz, Heinrich
ドイツのカトリック神学者、イエズス会員。
⇒新カト（レンネルツ　1880.6.24–1961.8.1）

Lennon, John
イギリス人のロック歌手。「ザ・ビートルズ」の一員。1980年12月ニューヨークの自宅付近で射殺された。
⇒岩世人（レノン　1940.10.9–1980.12.8）
　エデ（レノン，ジョン（ウィンストン・オノ）　1940.10.9–1980.12.8）
　辞歴（ジョン・レノン　1940–1980）
　新音中（レノン，ジョン　1940.10.9–1980.12.8）
　ネーム（レノン，ジョン　1940–1980）
　標音2（レノン，ジョン　1940.10.9–1980.12.8）
　ポブ人（レノン，ジョン　1940–1980）
　ロック（Lennon,John　レノン，ジョン）

Lennon, Julian
イギリス生まれのシンガー・ソングライター。
⇒外12（レノン，ジュリアン　1963.4.8–）

Lennon, Sean
アメリカのロック・ミュージシャン。
⇒外12（レノン，ショーン　1975.10.9–）
　外16（レノン，ショーン　1975.10.9–）

Lennox, Annie
イギリスの女性歌手。
⇒外12（レノックス，アニー　1954.12.25–）
　外16（レノックス，アニー　1954.12.25–）

Lennox, William Gordon
アメリカの神経科医。
⇒現精（レンノックス　1884–1960）
　現精縮（レンノックス　1884–1960）

Leno, Jay
アメリカの喜劇俳優。
⇒外12（レノ，ジェイ　1950.4.28–）
　外16（レノ，ジェイ　1950.4.28–）

Lenoir, Frédéric
フランスの作家、宗教ジャーナリスト、哲学者。
⇒外16（ルノワール，フレデリック　1962–）

Lenormand, Henri René
フランスの劇作家。代表作『時は夢なり』（1919）、『男と亡霊』（34）。
⇒岩世人（ルノルマン　1882.5.3–1951.2.16）
　ネーム（ルノルマン　1882–1951）

Lenôtre, Gaston
フランスの菓子職人、ケータリング業者。
⇒岩世人（ルノートル　1920.5.28–2009.1.8）

Lenoty, René
フランスのテノール歌手。
⇒魅惑（Lenoty,René　?–）

Lens, José
ベルギーのテノール歌手。
⇒魅惑（Lens,José　?–）

Lenski, Gerhard Emmanuel, Jr.
アメリカの社会学者。
⇒社小増（レンスキ　1924-）

Lenski, Lois Lenore
アメリカの女性絵本作家, 劇作家, 詩人, 挿絵画家。
⇒絵本（レンスキー, ロイス　1893-1974）

Lenski, Willy
アメリカ生まれの画家。
⇒芸13（レンスキー, ウィリー　1953-）

Lenskii, Aleksandr Pavlovich
ロシアの俳優。帝政時代のマールイ劇場の中心俳優として活躍。
⇒岩世人（レンスキー　1847.10.1-1908.10.13）

Lentulov, Aristarkh Vasilevich
ロシアの画家。
⇒岩世人（レントゥーロフ　1882.1.4/16-1943.4.15）

Lentz, Daniel
アメリカの作曲家。
⇒現音キ（レンツ, ダニエル　1942-）

Lenya, Lotte
アメリカの声楽家。映画『007ロシアより愛をこめて』に出演し, 話題を集めた。
⇒オペラ（レンヤ, ロッテ　1898-1981）

Lenz, Desiderius
ドイツのベネディクト会修道士, 彫刻家, 画家, 建築家。
⇒新カト（レンツ　1832.3.12-1928.1.28）

Lenz, Friedrich
ドイツのテノール歌手。
⇒魅惑（Lenz,Friedrich　1926-）

Lenz, Hermann
ドイツの詩人, 小説家。主著『詩集』(1936)『ロシアの虹』(59)。
⇒岩世人（レンツ　1913.2.26-1998.5.12）
　現世文（レンツ, ヘルマン　1913.2.26-1998.5.12）

Lenz, Kay
アメリカ生まれの女優。
⇒ク俳（レンツ, ケイ　1953-）

Lenz, Max
ドイツの歴史家。特に諸国民, 諸国家, 諸宗教の発達を歴史的に考究した。"Napoleon"(1905)。
⇒岩世人（レンツ　1850.6.13-1932.4.6）

Lenz, Oskar
ドイツの探検家。
⇒岩世人（レンツ　1848.4.13-1925.3.2）

Lenz, Siegfried
ドイツの作家, 劇作家。
⇒岩世人（レンツ　1926.3.17-）
　現世文（レンツ, ジークフリート　1926.3.17-2014.10.7）
　広辞7（レンツ　1926-2014）

Lenz, Widukind
ドイツの遺伝学者。
⇒岩世人（レンツ　1919.2.4-1995.2.25）

Leo, Friedrich
ドイツの言語学者。特にプラウトゥスを研究。
⇒岩世人（レオ　1851.7.10-1914.1.15）

Leo, Max
ドイツの写真工業技術者。
⇒日エ（レオ　?-?）

Leo, Melissa
アメリカの女優。
⇒外16（レオ, メリッサ　1960.9.14-）

Leon, Donna M.
アメリカのミステリ作家。
⇒現世文（レオン, ドナ　1942.9-）

León, Jorge de
スペインのテノール歌手。
⇒失声（レオン, ホルヘ・デ　?）

Leon, Xavier
フランスの哲学者。ソルボンヌ大学教授。主著"La philosophie de Fichte" (1902)。
⇒岩世人（レオン　1868.5.21-1935.10.21）

Leonard, Benny
アメリカのボクシング・チャンピオン。
⇒ユ著人（Leonard,Benny　レオナルド, ベニー　1894-1947）

Leonard, Charles Alexander
アメリカの宣教師。
⇒アア歴（Leonard,Charles Alexander　レオナード, チャールズ・アレグザンダー　1882.6.26-1973.4.20）

Leonard, Dennis Patrick
アメリカの大リーグ選手(投手)。
⇒メジャ（レナード, デニス　1951.5.18-）

Leonard, Elmore
アメリカのミステリ作家。
⇒外12（レナード, エルモア　1925.10.11-）
　現世文（レナード, エルモア　1925.10.11-2013.8.20）

Leonard, Emil John (Dutch)
アメリカの大リーグ選手(投手)。
⇒メジャ（レナード, ダッチ　1909.3.25-1983.4.17）

Leonard, Hubert Benjamin

（Dutch）
アメリカの大リーグ選手（投手）。
⇒メジャ（レナード, ダッチ　1892.4.16–1952.7.11）

Leonard, Jeffrey
アメリカの大リーグ選手（外野）。
⇒メジャ（レナード, ジェフ　1955.9.22–）

Leonard, Justin
アメリカのプロゴルファー。
⇒最世ス（レナード, ジャスティン　1972.6.15–）

Leonard, Peter
アメリカの作家。
⇒海文新（レナード, ピーター）

Leonard, Sugar Ray
アメリカのプロボクサー。
⇒岩世人（レナード　1956.5.17–）
ネーム（レナード　1956–）

Leonard, Walter Fenner（Buck）
アメリカの大リーグ選手（一塁）。
⇒メジャ（レナード, バック　1907.9.8–1997.11.27）

Leonardo
ブラジルのサッカー選手。
⇒外16（レオナルド　1969.9.5–）
最世ス（レオナルド　1969.9.5–）

Leonardo
ブラジルのサッカー選手（DF）。
⇒外12（レオナルド　1982.7.22–）

Leoncavallo, Ruggiero
イタリアの作曲家。オペラ『パリアッチ』(1892)、『ザザ』(1900) などの作品を残した。
⇒岩世人（レオンカヴァッロ　1857.4.23–1919.8.9）
エデ（レオンカヴァッロ, ルッジェーロ　1857.4.23–1919.8.9）
オペラ（レオンカヴァッロ, ルッジェーロ　1857–1919）
ク音3（レオンカヴァッロ　1857–1919）
新オペ（レオンカヴァッロ, ルッジェーロ　1857–1919）
新音小（レオンカヴァッロ, ルッジェーロ　1857–1919）
新音中（レオンカヴァッロ, ルッジェーロ　1857.3.8–1919.8.9）
ネーム（レオンカヴァロ　1858–1919）
標音2（レオンカヴァッロ, ルッジェーロ　1857.3.8–1919.8.9）

Léon-Dufour, Xavier
フランスのカトリック新約聖書学者、司祭、イエズス会員。
⇒新カト（レオン・デュフール　1912.3.7–2007.11.13）

Leone, Sergio
イタリアの映画監督。『荒野の用心棒』(1964) でマカロニ・ウエスタンブームのきっかけをつくった。
⇒岩世人（レオーネ　1929.1.3–1989.4.30）
映監（レオーネ, セルジオ　1929.1.3–1989）
ネーム（レオーネ, セルジオ　1929–1989）

Leong, James
香港の映画監督。
⇒外16（ロン, ジェームズ　1971–）

Leong, Stephen
マレーシアの歴史研究家。マラヤ大学史学部準教授。
⇒外12（リョング, ステファン　1938–）
外16（リョング, ステファン　1938–）

Leonhard, Karl
ドイツの精神医学者。
⇒現精（レオンハルト　1904–1988）
現精縮（レオンハルト　1904–1988）

Leonhard, Rudolf
ドイツの作家、詩人。抒情詩、小説、戯曲のほか、政治評論も書いた。
⇒岩世人（レオンハルト　1889.10.27–1953.12.19）
ユ著人（Leonhard,Rudolf　レオンハルト, ルドルフ　1889–1953）

Leonhardt, Fritz
ドイツの橋梁技術者。
⇒岩世人（レオンハルト　1909.7.12–1999.12.30）

Leonhardt, Gustav
オランダのチェンバロ奏者、オルガン奏者、指揮者。
⇒外12（レオンハルト, グスタフ　1928.5.30–）
新音中（レーオンハルト, フスタフ　1928.5.30–）
標音2（レーオンハルト, グスタフ　1928.5.30–）

Leonhart, Jay
アメリカのジャズ・ベース奏者。
⇒外12（レオンハート, ジェイ　1940.12.6–）

Leonidov, Ivan Iliich
ロシアの建築家、都市計画家。
⇒岩世人（レオニードフ　1902.1.27/2.9–1959.11.6）

Leonilson
ブラジル生まれの芸術家。
⇒現アテ（Leonilson　レオニウソン　1957–1993）

Leonov, Leonid Maksimovich
ソ連の小説家。『穴熊』(1924)、『大洋への道』(36)、『ロシアの森』(53) などの作品がある。
⇒岩世人（レオーノフ　1899.5.19/31–1994.8.8）
現世文（レオーノフ, レオニード　1899.5.31–1994.8.8）
広辞7（レオーノフ　1899–1994）
西文（レオーノフ, レオニード　1899–1994）
ネーム（レオーノフ　1899–1994）

Leonova, Alena
ロシアのフィギュアスケート選手。
⇒最世ス（レオノワ, アリョーナ 1990.11.23–）

Leonowens, Anna Harriet
タイのイギリス人宮廷英語教師。モンクット王が1862年にシンガポールからバンコクへ招聘。
⇒岩世人（レオノーウェンズ（レノウェンズ）1831.11.26–1915.1.19）
タイ（レオノーウェンス, アンナ 1834–1915）

Leonskaja, Elisabeth
ロシア, のちオーストリアのピアノ奏者。
⇒新音中（レオンスカヤ, エリーザベト 1945.11.23–）

Leontev, Aleksei Nikolaevich
ソ連の心理学者。
⇒岩世人（レオーンチエフ 1903.2.5/18–1979.1.21）

Leontief, Wassily W.
アメリカの計量経済学者。産業連関（投入産出）分析の創始者として知られる。1973年ノーベル経済学賞受賞。
⇒岩経（レオンチェフ 1906–1999）
岩世人（レオンチェフ 1905.8.5–1999.2.5）
広辞7（レオンチェフ 1906–1999）
ネーム（レオンチェフ 1906–1999）
ノベ3（レオンチェフ,W.W. 1906.8.5–1999.2.5）
有経5（レオンチェフ 1906–1999）

Leontiev, Lev Abramovich
ソ連の経済学者。社会主義経済および資本主義経済についての原論的な著述が多い。
⇒岩世人（レオーンチエフ 1901.4.27/5.10–1974.6.30）

Leopold
イタリアの聖人, カプチン・フランシスコ修道会会員。祝日7月30日。
⇒新カト（レオポルド〔カステルヌオーヴォの〕1866.5.12–1942.7.30）

Leopold, Estella
アメリカの花粉学者, 環境保全活動家。
⇒外12（レオポルド, エステラ 1927.1.8–）
外16（レオポルド, エステラ 1927.1.8–）

Leopold II
ベルギーの国王。在位1865～1909。
⇒岩世人（レオポルド2世 1835.4.9–1909.12.17）
世史改（レオポルド2世 1835–1909）
世人新（レオポルド2世 1835–1909）
世人装（レオポルド2世 1835–1909）
ポプ1（レオポルド2世 1835–1909）

Leopold III
ベルギーの国王。在位1934～51。
⇒岩世人（レオポルド3世 1901.11.3–1983.9.25）
皇国（レオポルド3世）

Léotard, Francois
フランスの政治家。文化相, 国防相, フランス民主連合（UDF）議長。
⇒世指導（レオタール, フランソワ 1942.3.26–）

Leowald, Georg
ドイツの工芸家。
⇒芸13（レオワルト, ゲオルク 1908–1977）

Leoz, Alfonso
テノール歌手。
⇒魅惑（Leoz,Alfonso ?–）

Lepage, Emmanuel
フランスの漫画家。
⇒外16（ルパージュ, エマニュエル 1966.9.29–）

Lepage, Robert
カナダの演出家, 脚本家, 俳優。
⇒映監（ルパージュ, ロベール 1957.12.12–）
外12（ルパージュ, ロベール 1957.12.12–）
外16（ルパージュ, ロベール 1957.12.12–）

Leparoux, Julien
フランスの騎手。
⇒外12（ルパルー, ジュリアン 1983.7.15–）

Lepelletier, Edmond
フランスの作家, 政治家。
⇒19仏（ルペルティエ, エドモン 1846.6.26–1913.7.22）

Le Pen, Jean-Marie
フランスの政治家。フランス国民戦線（FN）名誉党首。
⇒岩世人（ル・ペン 1928.6.20–）
外12（ルペン, ジャン・マリ 1928.6.20–）
外16（ルペン, ジャン・マリ 1928.6.20–）
世指導（ルペン, ジャン・マリ 1928.6.20–）

Le Pen, Marine
フランスの政治家。
⇒外12（ルペン, マリーヌ 1968.8.5–）
外16（ルペン, マリーヌ 1968.8.5–）
世指導（ルペン, マリーヌ 1968.8.5–）

Lepenies, Wolf
ドイツの社会学者。
⇒岩世人（レペニース 1941.1.11–）

Lepeshinskaia, Olga Borisovna
ソ連の女性医学者。医学アカデミー実験生物学研究所細胞学部長。
⇒岩世人（レペシンスカヤ 1871.8.6/18–1963.10.2）

Lepeshinski, P.N.
ソ連の政治家, 教育家, 統計家。
⇒学叢思（レペシンスキー 1868–?）

Le Petit, Alfred
フランスのイラストレーター。
⇒**19仏**（ル・プティ, アルフレッド　1841.6.8–1909.11.15）

Lepicard, Louise
フランス領インドシナ生まれの日系人作家。
⇒**外12**（ルピカール, ルイズ　1928.3–）
　外16（ルピカール, ルイズ　1928.3–）
　現世文（ルピカール, ルイズ　1928.3–）

Le Pichon, Xavier
フランスの地球物理学者。
⇒**岩世人**（ル・ピション　1937.6.18–）
　オク地（ルピション, シャビエ　1937–）
　外12（ルピション, グサヴィエ　1937.6.18–）

Lepin, Marius
フランスのカトリック神学者。
⇒**新カト**（ルパン　1870.3.28–1952.8.11）

Lepman, Jella
ドイツの児童文学作家。国際児童図書評議会, ミュンヘン国際児童図書館創設者。
⇒**現世文**（レップマン, イェラ　1891–1970）

Leppard, Raymond
イギリス, のちアメリカの指揮者, チェンバロ奏者。
⇒**新音中**（レパード, レイモンド　1927.8.11–）
　標音2（レッパード, レイモンド　1927.8.11–）

Leppich, Johannes
ドイツのカトリック司祭, 説教者。
⇒**岩世人**（レッピヒ　1915.4.16–1992.12.7）

Leprestre, Julien
フランスのテノール歌手。
⇒**魅惑**（Leprestre,Julien　1864–1909）

Leprin, Frédéric
テノール歌手。
⇒**魅惑**（Leprin,Frédéric　?–）

Lepschy, Giulio
イタリアの言語学者。
⇒**岩世人**（レプスキー　1935.1.14–）

Le Quement, Patrick
イギリスのカーデザイナー。
⇒**外12**（ル・ケマン, パトリック　1945–）
　外16（ル・ケマン, パトリック　1945–）

Le Queux, William Tufnell
イギリスの作家。テンポの速いエキゾチックなスリラーとロマンスを得意とする。
⇒**スパイ**（ル・キュー, ウィリアム・タフネル　1864–1927）

Leray, Jean
フランスの数学者。層係数のコホモロジーの導入等により近代的位相幾何学の発展に貢献した。
⇒**岩世人**（ルレー　1906.11.7–1998.11.10）
　世数（ルレイ, ジャン　1906–1998）

Lercaro, Giacomo
イタリアの枢機卿。
⇒**新カト**（レルカーロ　1891.10.28–1976.10.18）

Lerch, Eugen
ドイツのロマン語学者。ケルン（1946）, マインツ（46）の各大学教授。
⇒**岩世人**（レルヒ　1888.12.25–1952.11.16）

Lercher, Ludwig
オーストリアのカトリック神学者。
⇒**新カト**（レルハー　1864.7.30–1937.8.5）

Le Riche, Nicolas
フランスのダンサー。
⇒**外12**（ル・リッシュ, ニコラ　1972.1.29–）
　外16（ル・リッシュ, ニコラ　1972.1.29–）

Lermina, Jules
フランスの作家。
⇒**19仏**（レルミナ, ジュール　1839.3.27–1915.6.23）

Lerner, Abba
イギリス生まれのアメリカの経済学者。ケインズの「一般理論」の祖述家としても知られ, その「機能財政論」はケインズ理論を財政学的にやや体系化したもの。
⇒**岩経**（ラーナー　1903–1982）
　有経5（ラーナー　1903–1982）

Lerner, Alan Jay
アメリカの作詞家, ミュージカル脚本家。作曲家フレデリック・ローウィとコンビで手がけた『恋の手ほどき』は,1958年度アカデミー賞の主題歌, 編曲などの部門を受賞。
⇒**標音2**（ラーナー, アラン・ジェイ　1918.8.31–1986.6.14）

Lerner, Ben
アメリカの作家, 詩人。
⇒**現世文**（ラーナー, ベン　1979–）

Lerner, Daniel
アメリカの社会心理学者。国際コミュニケーションと世論, 権力の社会学の分野で業績を残す, 主著に『伝統的社会の消滅』（1958）。
⇒**社小増**（ラーナー　1917–1980）

Lernet-Holenia, Alexander
オーストリアの詩人, 小説家, 劇作家。
⇒**岩世人**（レルネト＝ホレーニア　1897.10.21–1976.7.3）
　現世文（レルネット・ホレーニア, アレクサンダー　1897.10.21–1976.7.3）

Leroi-Gourhan, André
フランスの人類学（民族学・先史学）者。民族学研究者養成センターおよび先史学発掘調査学院

の設立者。
⇒岩世人（ルロワ＝グーラン　1911.8.25–1986.2.19）
現社（ルロワ＝グーラン　1911–1986）

Leroux, Charles
フランスの軍人。日本陸軍軍楽隊教師。
⇒岩世人（ルルー　1851.9.12–1926.7.4）

Leroux, Gaston
フランスの小説家，ジャーナリスト。代表作『黄色い部屋の秘密』(1908)，『オペラ座の怪人』(10)。
⇒岩世人（ルルー　1868.5.6–1927.4.15）
現世文（ルルー，ガストン　1868.5.6–1927.7.15）

Le Roux, Maurice
フランスの指揮者，作曲家。作品にバレエ音楽『星の王子さま』，映画音楽に『赤い風船』など。
⇒新音中（ル・ルー，モーリス　1923.2.6–1992.10.19）
標音2（ル・ルー，モリス　1923.2.6–1992.10.19）

Leroux, Xavier
フランスの作曲家。1885年にカンタータ『エンディミオン』でローマ大賞を受賞。
⇒標音2（ルルー，グザヴィエ　1863.10.11–1919.2.2）

Le Roy, Alain
フランスの外交官。
⇒外12（ルロワ，アラン　1953.2.5–）
外16（ルロワ，アラン　1953.2.5–）
世指導（ルロワ，アラン　1953.2.5–）

Le Roy, Alexandre-Louis-Victor-Aimé
フランス出身の聖霊修道会員，同総会長。アフリカ宣教で活躍した。
⇒新カト（ル・ロア　1854.1.19–1938.4.21）

Le Roy, Édouard
フランスの哲学者。主著『ドグマと批判』(1906)，『第一哲学試論』(56～58)。
⇒岩世人（ル・ロワ　1870.6.8–1954.11.11）
新カト（ル・ロア　1870.6.18–1954.11.9）
メル3（ル・ロワ，エドゥアール　1870–1954）

Le Roy, Georges
フランスの哲学者。ディジョン大学文学部教授。
⇒メル3（ル・ロワ，ジョルジュ　1904–1968）

Leroy, Gilles
フランスの小説家。
⇒現世人（ルロワ，ジル　1958.12.18–）

Le Roy, James A.
アメリカのフィリピン問題研究家。著作に『フィリピンの都市と農村における生活』(1905)がある。
⇒アア歴（Leroy,James A (lfred)　ルロイ，ジェイムズ・アルフレッド　1875.12.9–1909）

岩世人（ル・ロイ　1875.12.9–1909.2.26）

Leroy, J.T.
アメリカの作家。
⇒海文新（リロイ,J.T.）
現世文（リロイ,J.T.）

Leroy, Lalou Bize-
フランスの実業家。ルロワ社社長。
⇒外12（ルロワ，ラルー・ビーズ　1933–）

Le Roy, Marvyn
アメリカ生まれの映画監督。
⇒映監（ルロイ，マーヴィン　1900.10.15–1987）
ユ著人（Le Roy,Mervyn　ルロイ，マーヴィン　1900–1987）

Leroy-Beaulieu, Henri Jean Baptiste Anatole
フランスの歴史家。パリの政治学校教授。フランスの親露政策に寄与した。
⇒岩世人（ルロワ＝ボーリュー　1842.2.12–1912.6.15）

Leroy-Beaulieu, Pierre Paul
フランスの経済学者。「Economiste français」誌を創刊。自由放任主義思想の代表者。
⇒岩世人（ルロワ＝ボーリュー　1843.12.9–1916.12.9）
学叢思（ルロア・ポーリュー，ピエール・パウル　1848–?）

Le Roy Ladurie, Emmanuel
フランスの歴史家。
⇒岩世人（ル・ロワ・ラデュリ　1929.7.19–）
外12（ル・ロワ・ラデュリ，エマニュエル　1929.7.19–）
外16（ル・ロワ・ラデュリ，エマニュエル　1929.7.19–）
社小増（ル・ロワ・ラデュリ　1929–）

Lerrigo, Peter Hugh James
アメリカの医療宣教師。
⇒アア歴（Lerrigo,P (eter) H (ugh) J (ames)　レリゴ，ピーター・ヒュー・ジェイムズ　1875.10.6–1958.3.24）

Lerroux y García, Alejandro
スペインの政治家。急進党総裁として数回首相となった。
⇒岩世人（レルー　1864.3.4–1949.6.27）

Lersch, Heinrich
ドイツの詩人。本職はボイラ工。詩集『鉄のなかの人間』(1925) など。
⇒岩世人（レルシュ　1889.9.12–1936.6.18）

Lersch, Philipp
ドイツの心理学者，哲学者。主著『人の構造』(1952) は，ドイツ語圏で広く読まれている心理学の概論書。
⇒岩世人（レルシュ　1898.4.4–1972.3.15）

教人（レルシュ　1898–）
Le Sage, Éric
フランスのピアノ奏者。
⇒外12（ル・サージュ, エリック　1964–）
⇒外16（ル・サージュ, エリック　1964–）

Leschetizky, Theodor
ポーランドのピアノ奏者, 音楽教師, 作曲家。
⇒岩世人（レシェティツキー　1830.6.22–1915.11.14）
　新音中（レシェティツキー, テーオドール　1830.6.22–1915.11.14）
　標音2（レシェティツキ, テーオドーア　1830.6.22–1915.11.14）

Lescroart, Etienne
テノール歌手。
⇒魅惑（Lescroart,Etienne　?–）

Le Senne, René
フランスの唯心論哲学者。主著『義務』(1930)、『神の発見』(55)。
⇒岩世人（ル・センヌ　1882.7.8–1954.9.1）
　新カト（ル・センヌ　1882.7.8–1954.10.1）
　メル3（ル・センヌ, ルネ　1882–1954）

Le Sidaner, Henri
フランスの画家。
⇒芸13（ル・シダネル, アンリ　1882–1939）

Lesieur, Pierre
フランス生まれの画家。
⇒芸13（ルシュール, ピエール　1922–）

Leskanic, Curtis John
アメリカの大リーグ選手（投手）。
⇒メジャ（レスカニック, カーティス　1968.4.2–）

Leskien, August
ドイツの言語学者。スラブ語派とバルト語派の研究に業績を残した。主著『古代ブルガリア語文法』(1909)。
⇒岩世人（レスキーン　1840.7.8–1916.9.20）

Lesky, Albin
オーストリアの古典学者。
⇒岩世人（レスキー　1896.7.7–1981.2.28）

Leslie, Edward
アメリカのプロレスラー。
⇒異二辞（レスリー, エド　1957–）

Leslie, Lisa
アメリカのバスケットボール選手。
⇒外12（レスリー, リサ　1972.7.7–）
　最世ス（レスリー, リサ　1972.7.7–）

Leśmian, Bolesław
ポーランドの詩人。代表作『草野』(1920)。
⇒岩世人（レシミャン　1877.1.22–1937.11.5）

ユ著人（Lesmian,Boleslaw　レシミャン, ボレスワウ　1877/1878–1937）

Lesnar, Brock
アメリカのプロレスラー。
⇒外12（レスナー, ブロック　1977.7.12–）
　外16（レスナー, ブロック　1977.7.12–）

Leśniewski, Stanisław
ポーランドの論理学者。
⇒岩世人（レシニェフスキ　1886.3.30–1939.5.13）

Lesort, Paul-André
フランスのカトリック作家。
⇒新カト（ルゾール　1915–1997）

Lessa, Espólio Luis Carlos Barbosa
ブラジルの作家。
⇒現世文（レッサ, バルボザ　1929–2002）

Lessa, Origenes
ブラジル生まれの作家。
⇒現世文（レッサ, オリジェネス　1903.7.12–1986.7.13）

Lessenthien, Kurt G.
アメリカの水兵。
⇒スパイ（レッセンティーン, カート・G　1966–）

Lessing, Doris
ローデシア, イギリスの小説家, 短編作家。
⇒岩世人（レッシング　1919.10.22–2013.11.17）
　外12（レッシング, ドリス　1919.10.22–）
　現世文（レッシング, ドリス　1919.10.22–2013.11.17）
　ノベ3（レッシング,D.M.　1919.10.22–）

Lessing, Theodor
ドイツの哲学者。ショーペンハウアーの影響をうけ, 生の哲学の代表者。
⇒岩世人（レッシング　1872.2.8–1933.8.31）
　ユ著人（Lessing,Theodor　レッシング, テオドール　1872–1933）

Lester, Adrian
イギリスの俳優。
⇒外12（レスター, エイドリアン　1968.8.14–）
　外16（レスター, エイドリアン　1968.8.14–）

Lester, Alison
オーストラリアの児童文学者。
⇒外16（レスター, アリスン　1952–）
　現世文（レスター, アリスン　1952.11.17–）

Lester, Jon
アメリカの大リーグ選手（カブス・投手）。
⇒外12（レスター, ジョン　1984.1.7–）
　外16（レスター, ジョン　1984.1.7–）
　最世ス（レスター, ジョン　1984.1.7–）
　メジャ（レスター, ジョン　1984.1.7–）

Lester, Julius
アメリカの児童文学者, フォーク音楽家, 公民権運動活動家。
⇒外12（レスター, ジュリアス　1939-）
　外16（レスター, ジュリアス　1939-）
　現世文（レスター, ジュリアス　1939.1.27-2018.1.18）

Lester, Ketty
アメリカ・アーカンソー州ホープ生まれの歌手。
⇒ロック（Lester,Ketty　レスター, ケティ）

Lester, Mark
イギリス生まれの俳優。
⇒ク俳（レスター, マーク　1958-）

Lester, Richard
アメリカ生まれの映画監督。
⇒外12（レスター, リチャード　1932.1.19-）
　外16（レスター, リチャード　1932.1.19-）
　ピト改（LESTER,RICHARD　レスター, リチャード）
　ユ著人（Lester,Richard　レスター, リチャード　1932-）

Lester, Richard K.
アメリカの原子力工学者。
⇒外12（レスター, リチャード　1954-）

Lesur, Daniel Jean Yves
フランスの作曲家。
⇒ク音3（ルシュール　1908-2002）

Letalle, Abel
フランスの詩人。
⇒19仏（ルタル, アベル　1870-?）

Le-Tan, Olympia
フランスのバッグデザイナー。
⇒外16（ル・タン, オランピア）

Le Tellier, Adrian
ベルギー出身のイエズス会司祭。インド国籍を取得。「黙想神父」として知られた。
⇒新カト（ル・テリエ　1878.9.12-1961.7.12）

Letellier, Alfred
フランスのジャーナリスト, 政治家。
⇒19仏（ルテリエ, アルフレッド　1841.3.16-1910.7.7）

Letellier, Pierre
フランス生まれの画家。
⇒芸13（ルトリエ, ピエール　1928-）

Leterme, Yves
ベルギーの政治家。ベルギー首相。
⇒外12（ルテルム, イヴ　1960.10.6-）
　外16（ルテルム, イヴ　1960.10.6-）
　世指導（ルテルム, イヴ　1960.10.6-）

Leterrier, Louis
フランスの映画監督。
⇒外12（レテリエ, ルイ　1973-）
　外16（レテリエ, ルイ　1973-）

Letestu, Agnès
フランスのバレリーナ。
⇒外12（ルテステュ, アニエス）
　外16（ルテステュ, アニエス）

Lethaby, William Richard
イギリスの建築家, 著述家, 教育者。ロンドンの中央美術工芸学校初代校長。
⇒岩世人（レサビー　1857.1.18-1931.7.17）

Lê-Thanh-Khôi
ベトナムの歴史家, 社会科学者。1959年パリ大学法律経済学部助手。主著『ベトナムの歴史と文化』。
⇒岩世人（レー・タイン・コイ　1923.3.5-）

Lethem, Jonathan
アメリカの作家。
⇒外12（レセム, ジョナサン　1964-）
　現世文（レセム, ジョナサン　1964-）

Letizia Ortiz Rocasolano
スペインのジャーナリスト, 皇太子フェリペの妃。
⇒王妃（レティシア・オルティス　1972-）

Leto, Jared
アメリカの男優。
⇒ク俳（リト, ジャレド　1971-）

Letsie III
レソト国王。在位1990～95,96～。
⇒外12（レツィエ3世　1963.7.17-）
　外16（レツィエ3世　1963.7.17-）
　世指導（レツィエ3世　1963.7.17-）

Letta, Enrico
イタリアの政治家。イタリア首相。
⇒外16（レッタ, エンリコ　1966.8.20-）
　世指導（レッタ, エンリコ　1966.8.20-）
　ネーム（レッタ, エンリコ　1966-）

Letterman, David
アメリカのトークショー司会者。
⇒岩世人（レターマン　1947.4.12-）
　外12（レターマン, デービッド　1947.4.12-）
　外16（レターマン, デービッド　1947.4.12-）

Letts, Billie
アメリカの作家。
⇒現世文（レッツ, ビリー　1938.5.30-2014.8.2）

Let Ya, Bo
ビルマ（ミャンマー）の軍人, 政治家。
⇒岩世人（レッヤー　1911-1978）

Letzel, Jan
チェコの建築家。
⇒岩世人（レツル（レッツェル） 1880.4.9–1925.12.26）

Leu, Evelyne
スイスのスキー選手（フリースタイル）。
⇒外12（ルー, エベリネ 1976.7.7–）
外16（ルー, エベリネ 1976.7.7–）
最世ス（ルー, エベリネ 1976.7.7–）

Leu, Olaf
ドイツのアート・ディレクター, デザイナー。
⇒グラデ（Leu,Olaf ロイ, オラフ 1936–）

Leube, Wilhelm Olivier
ドイツの医者。ヴュルツブルク大学教授。内科学の権威で胃腸疾患および食餌療法で知られた。
⇒岩世人（ロイベ 1842.9.14–1922.5.16）

Leuenberger, Moritz
スイスの政治家。スイス大統領（2001,06）。
⇒外12（ロイエンベルガー, モリツ 1946.9.21–）
外16（ロイエンベルガー, モリツ 1946.9.21–）
世指導（ロイエンベルガー, モリツ 1946.9.21–）

Leumann, Ernst
スイスの東洋学者, 言語学者。サンスクリット原典から諸経を翻訳,『梵英辞典』を編纂。
⇒岩世人（ロイマン 1859.4.11–1931.4.24）
新佛3（ロイマン 1859–1931）

Leung, Amy S.P.
香港生まれのアジア開発銀行（ADB）水委員会委員長。
⇒外12（リャン, エイミー）
外16（リャン, エイミー）

Leung, Anthony
香港特別行政区財政長官。
⇒世指導（梁錦松 りょう・きんしょう 1952.1.29–）

Leung, Gigi
香港の女優, 歌手。
⇒外12（リョン, ジジ 1976.3.25–）
外16（リョン, ジジ 1976.3.25–）

Leung, Ka Fai Tony
香港の俳優。中国名は梁家輝。
⇒外12（レオンカーファイ 1958.2.1–）
外16（レオンカーファイ 1958.2.1–）

Leung, Katrina M.
アメリカの二重スパイ。
⇒スパイ（ルン, カトリーナ）

Leung, Tony
香港生まれの男優。
⇒遺産（レオン, トニー 梁朝偉 1962.6.27–）

岩世人（レオン 1962.6.27–）
外12（レオン, トニー 1962.6.27–）
外16（レオン, トニー 1962.6.27–）
中日3（梁朝偉 レオン, トニー 1962–）

Leung Chun-ying
香港の政治家。
⇒外16（梁振英 リョウシンエイ 1954.8.12–）
世指導（梁振英 りょう・しんえい 1954.8.12–）
中日3（梁振英 1954–）

Leupin, Herbert
スイスの挿絵画家, 商業デザイナー。グリム童話の挿絵などで知られる。
⇒グラデ（Leupin,Herbert ロイピン, ヘルベルト 1916–）

Leuschner, Wilhelm
ドイツ労働組合連合副議長, ドイツ抵抗運動のメンバー。
⇒岩世人（ロイシュナー 1890.6.15–1944.9.29）

Leuthard, Doris
スイスの政治家。スイス大統領。
⇒外12（ロイトハルト, ドリス 1963.4.10–）
外16（ロイトハルト, ドリス 1963.4.10–）
世指導（ロイトハルト, ドリス 1963.4.10–）

Lev, Ray
ロシア生まれのアメリカのピアノ奏者。
⇒標音2（レフ, レイ 1912.5.8–1968.5.20）

Levanda, Lev Osipovich
ロシアの作家。
⇒ユ著人（Levanda,Lev Osipovich レヴァンダ, レフ・オーシポヴィチ 1835–1988）

Lê Văn Trung
ベトナムの宗教家。新興宗教カオダイ（高台）教の開祖。
⇒岩世人（レー・ヴァン・チュン 1875.10.10–1934.11.19）

Levaux, Léopold
ベルギーの作家。
⇒新カト（ルヴォー 1892.2.9–1956.5.20）

Levay, Sylvester
ハンガリーの作曲家。
⇒外12（リーヴァイ, シルヴェスター）
外16（リーヴァイ, シルヴェスター 1945–）

Levchenko, Stanislav Aleksandorovich
元KGB職員。アメリカに亡命。
⇒スパイ（レフチェンコ, スタニスラフ・アレクサンドロヴィチ 1941–）

Leveaux, Amaury
フランスの水泳選手（自由形）。
⇒外16（ルボー, アモリ 1985.12.2–）
最世ス（ルボー, アモリ 1985.12.2–）

Leveaux, David
イギリスの演出家。
⇒外12（ルボー, デービッド　1957.12.13-）
　外16（ルボー, デービッド　1957.12.13-）
　世演（ルヴォー, デェビット　1957.12.13-）

Levene, Phoebus Aaron Theodor
ロシア生まれのアメリカの生化学者。
⇒岩生（レヴィーン　1869-1940）
　岩世人（レヴィーン　1869.2.25-1940.9.6）
　ユ著人（Leveben,Phoebus Aaron Theodor　レヴィーン, フェビュース・アーロン・セオドア　1869-1940）

Levenson, Bill
アメリカの音楽プロデューサー。
⇒外12（レビンソン, ビル）

Levenson, William B.
アメリカの放送教育指導者。クリーヴランド市教育委員会WBOE放送局の開設以来, 放送教育の普及に尽力。
⇒教人（レベンソン　?-）

Leverhulme, William Hesketh Lever, 1st Viscount
イギリスの実業家, 慈善家。
⇒岩世人（リーヴァヒューム　1851.9.19-1925.5.7）

Levertin, Oscar Ivar
スウェーデンの詩人, 評論家。1906年からストックホルム大学教授。代表作『伝説と歌』(91)。
⇒岩世人（レヴァティーン　1862.7.17-1906.9.22）

Levertov, Denise
イギリス生まれの詩人。作品に『二重のイメージ』(1946),『陸路をとって島々へ』(58) など。
⇒岩世人（レヴァトフ　1923.10.24-1997.12.20）
　現世文（レバトフ, ドニース　1923.10.24-1997.12.20）

Levet, Thomas
フランスのプロゴルファー。
⇒外12（レベ, トーマス　1968.9.5-）
　外16（レベ, トーマス　1968.9.5-）
　最新ス（レベ, トーマス　1968.9.5-）

Levi, Aaron
アメリカの起業家。
⇒外16（レビ, アーロン）

Levi, Beppo
イタリアの数学者。
⇒世数（レヴィ, ベッポ　1875-1961）

Levi, Carlo
イタリアの小説家。代表作『キリストはエボリにとどまりぬ』(1945)。
⇒岩世人（レーヴィ　1902.11.29-1975.1.4）
　現世文（レーヴィ, カルロ　1902.11.29-1975.1.4）

広辞7（レーヴィ　1902-1975）
ユ著人（Levi,Carlo　レヴィ, カルロ　1902-1975）

Levi, Isaac
トルコ・マニサ生まれの音楽ジャーナリスト, 歌手, 作曲家。
⇒ユ著人（Levi,Isaac　レヴィ, イサーク　1919-1977）

Levi, Paul
ドイツの共産党指導者。
⇒岩世人（レーヴィ　1883.3.11-1930.2.9）

Levi, Peter
イギリスの詩人, 古典学者。
⇒現世文（レビ, ピーター　1931.5.16-2000.2.1）

Levi, Primo
イタリアの小説家。『これが人間であるならば』(1947),『休戦』(63) などの作品がある。
⇒岩世人（レーヴィ　1919.7.31-1987.4.11）
　現世文（レーヴィ, プリーモ　1919.7.31-1987.4.11）
　広辞7（レーヴィ　1919-1987）
　ユ著人（Levi,Primo　レヴィ, プリモ　1919-1987）

Lévi, Sylvain
フランスの東洋学者, インド学者。仏教文化研究に貢献。
⇒岩世人（レヴィ　1863.3.28-1935.10.30）
　新佛3（レヴィ　1863-1935）
　ユ著人（Lévi,Sylvan　レヴィ, シルバン　1863-1935）

Levi-Cività, Tullio
イタリアの数学者。絶対微分学を創始し, 1900年『絶対微分学の方法とその応用』を発表。
⇒岩世人（レヴィ=チーヴィタ　1873.3.29-1942）
　数辞（レビ=チビタ, チュリオ　1873-1941）
　世数（レヴィ-チヴィタ, チュリオ　1873-1941）
　ユ著人（Levi-Civita,Tullio　レヴィ=チヴィタ, テュリオ　1873-1941）

Levi della Vida, Giorgio
イタリアのヘブライ・イスラム・アラビア学者。
⇒岩世人（レーヴィ・デッラ・ヴィーダ　1886.8.22-1967.11.25）
　新カト（レビ・デラ・ヴィダ　1886.8.22-1967.11.25）

Levi-Montalcini, Rita
イタリア生まれのアメリカの生物学者。
⇒岩生（レヴィ-モンタルチーニ　1909-2012）
　岩世人（レヴィ=モンタルチーニ　1909.4.22-2012.12.30）
　外12（レヴィ・モンタルチーニ, リタ　1909.4.22-）
　現科大（レーヴィ=モンタルチーニ, リータ　1909-2012）
　広辞7（レヴィ・モンタルチーニ　1909-2012）
　ノベ3（レビモンタルチーニ,R.　1909.4.22-）

ユ著人（Levi-Montalcini,Lita　レヴィ＝モンタルチーニ,リタ　1909–）

Levin, Carl
アメリカの政治家,弁護士。デトロイト市議会議長,民主党上院議員。
⇒外12（レビン,カール　1934.6.28–）
　外16（レビン,カール　1934.6.28–）
　世指導（レビン,カール　1934.6.28–）

Levin, Gerald Manuel
アメリカの実業家。
⇒外12（レビン,ジェラルド　1939.5.6–）
　外16（レビン,ジェラルド　1939.5.6–）

Levin, Harry（Tuchman）
アメリカ（ユダヤ系）の大学教授・批評家。
⇒比文増（レヴィン（ハリー）　1912（大正1）–1994（平成6））

Levin, Ira
アメリカの作家。『ローズマリーの赤ちゃん』（1967）。
⇒現世文（レビン,アイラ　1929.8.27–2007.11.12）

Levin, Meyer
アメリカの小説家。代表作は『昔の群』（1937）など。
⇒現世文（レビン,メイヤー　1905–1981）

Levin, Robert（David）
アメリカのフォルテピアノ奏者,音楽学者。
⇒新音中（レヴィン,ロバート　1947.10.13–）

Levin, Simon Asher
アメリカの生態学者。
⇒岩生（レヴィン　1941–）
　外12（レビン,サイモン・アッシャー　1941.4.22–）
　外16（レビン,サイモン・アッシャー　1941.4.22–）

Levin, Tony
アメリカのベース奏者。
⇒外12（レビン,トニー　1946.6.6–）
　外16（レビン,トニー　1946.6.6–）

Levinas, Emmanuel
フランスのユダヤ人哲学者。
⇒岩キ（レヴィナス　1906–1995）
　岩世人（レヴィナス　1906.1.12–1995.12.25）
　教思増（レヴィナス　1906–1995）
　現社（レヴィナス　1906–1995）
　広辞7（レヴィナス　1906–1995）
　新カト（レヴィナス　1906.1.12–1995.12.25）
　哲中（レヴィナス　1906–1995）
　ネーム（レヴィナス　1905–1995）
　メル別（レヴィナス,エマニュエル　1906–1995）
　ユ著人（Levinas,Emmanuel　レヴィナス,エマニュエル　1905–1995）

Levine, Adam
アメリカのミュージシャン。
⇒外12（レビーン,アダム）
　外16（レビーン,アダム）

Levine, Gail Carson
アメリカの作家。
⇒現世文（レビン,ゲイル・カーソン　1947–）

Levine, James
アメリカの指揮者。
⇒オペラ（レヴァイン,ジェームズ　1943–）
　外12（レバイン,ジェームズ　1943.6.23–）
　外16（レバイン,ジェームズ　1943.6.23–）
　新音中（レヴァイン,ジェイムズ　1943.6.23–）
　標音2（レヴァイン,ジェームズ　1943.6.23–）
　ユ著人（Levine,James　レヴァイン,ジェームズ　1943–）

Levine, Lous
アメリカの社会学者。
⇒学叢思（レヴィン,ロウス　1883–）

Levine, Philip
アメリカの詩人。
⇒岩世人（レヴィーン　1928.1.10–）

Levine, Raphael David
イスラエルの物理化学者。
⇒岩世人（レヴァイン　1938.3.29–）

Levine, Sherrie
アメリカの美術家。
⇒岩世人（レヴィーン　1947.4.17–）
　現アテ（Levine,Sherrie　レヴィーン,シェリー　1947–）

Levinsky, Ilya
アゼルバイジャンのテノール歌手。
⇒魅惑（Levinsky,Ilya　1965–）

Levinson, Arthur D.
アメリカの実業家。
⇒外12（レビンソン,アーサー）
　外16（レビンソン,アーサー　1950.3.31–）

Levinson, Barry
アメリカ生まれの映画監督,映画脚本家。
⇒映監（レヴィンソン,バリー　1942.4.6–）
　外12（レビンソン,バリー　1942.4.6–）
　外16（レビンソン,バリー　1942.4.6–）
　ユ著人（Levinson,Barry　レヴィンソン,バリー　1942–）

Levinson, Richard
アメリカの作家,脚本家,テレビ映画プロデューサー。
⇒現世文（レビンソン,リチャード　1934.8.7–1987）

Levinson, Robert S.
アメリカの作家。

⇒海文新（レヴィンスン, ロバート・S.）
現世文（レビンソン, ロバート）
Levinson, Shimon
イスラエル首相官邸保安主任。
⇒スパイ（レヴィンソン, シモン　1933–）
Levison, Wilhelm
ドイツ（ユダヤ系）の歴史家。
⇒岩世人（レヴィゾーン　1876.5.27–1947.1.17）
Lévi-Strauss, Claude
フランスの社会人類学者。構造言語学の方法を人類学に導入、いわゆる構造主義を確立。
⇒異二辞（レヴィ＝ストロース［クロード・〜］1908–2009）
　岩イ（レヴィ＝ストロース　1908–）
　岩世人（レヴィ＝ストロース　1908.11.28–2009.10.30）
　覚思（レヴィ・ストロース　1908.11.28–2009.10.30）
　覚思ス（レヴィ・ストロース　1908.11.28–2009.10.30）
　現社（レヴィ＝ストロース　1908–2009）
　広辞7（レヴィ・ストロース　1908–2009）
　社小増（レヴィ＝ストロース　1908–）
　新カ1（レヴィ・ストロース　1908.11.28–2009.10.30）
　図哲（レヴィ＝ストロース, クロード　1908–2009）
　世史改（レヴィ＝ストロース　1908–2009）
　世人新（レヴィ-ストロース　1908–2009）
　世人装（レヴィ-ストロース　1908–2009）
　哲中（レヴィ＝ストロース　1908–2009）
　ネーム（レヴィ＝ストロース　1908–2009）
　ポプ人（レビ＝ストロース, クロード　1908–2009）
　メル3（レヴィ＝ストロース, クロード　1908–2009）
　メル別（レヴィ＝ストロース, クロード　1908–2009）
　ユ著人（Lévi-Strauss,Claud　レヴィー＝ストロース, クロード　1908–）
　ラテ新（レビ・ストロース　1908–2009）
Levit, Michael
アメリカの化学者。
⇒外16（レビット, マイケル　1947.5.9–）
Levithan, David
アメリカの作家、編集者。
⇒現世文（レビサン, デービッド　1972–）
Levitt, Helen
アメリカの写真家。
⇒世界子（レーヴィット, ヘレン　1913–2009）
Levitt, Michael
イスラエルの化学者。
⇒化学（レヴィット　1947–）
Levitt, Theodore
アメリカの経営学者。
⇒岩世人（レヴィット　1925.3.1–2006.6.28）

Levitzki, Mischa
ロシア生まれのポーランドのピアノ演奏家。世界各地を演奏旅行し、卓越した技巧をもって知られた。
⇒岩世人（レヴィツキ　1898.5.25–1941.1.2）
Levrero, Mario
ウルグアイの作家。
⇒現世文（レブレーロ, マリオ　1940.1.23–2004.8.30）
Levy, Alain M.
フランスの実業家。
⇒外12（レヴィ, アラン　1946.12.19–）
　外16（レヴィ, アラン　1946.12.19–）
Lévy, Bernard Henri
フランスの哲学者。
⇒外12（レヴィ, ベルナール・アンリ　1948.11.5–）
　外16（レヴィ, ベルナール・アンリ　1948.11.5–）
　メル別（レヴィ, ベルナール＝アンリ　1948–）
Levy, Dani
ドイツの映画監督。
⇒外12（レヴィ, ダニー　1957–）
Levy, David
イスラエルの政治家。イスラエル外相、ゲシェル党首。
⇒世指導（レビ, ダビド　1937.12.21–）
Levy, Elizabeth
アメリカの女性作家、劇作家、著述家。
⇒現世文（レビ, エリザベス）
Levy, Enoch Bruce
ニュージーランドの牧草学者。
⇒ニュー（レヴィー, エノック　1892–1986）
Levy, Ernst
ドイツのローマ法学者。
⇒岩世人（レヴィ　1881.12.23–1968.9.14）
Levy, Eunice
アメリカのR&B歌手。
⇒ロック（Gene and Eunice　ジーン&ユーニス）
Levy, Jack S.
アメリカの政治学者。
⇒国政（レヴィ, ジャック　1948–）
Levy, Joaquim
ブラジルの政治家、エコノミスト。
⇒外16（レビ, ジョアキン　1961–）
　世指導（レビ, ジョアキン　1961–）
Lévy, Justine
フランスの哲学者、作家。
⇒外12（レヴィ, ジュスティーヌ　1974–）
　外16（レヴィ, ジュスティーヌ　1974–）

海文新(レヴィ, ジュスティーヌ　1974-)
現世文(レヴィ, ジュスティーヌ　1974-)

Lévy, Lazare
フランスのピアノ奏者,作曲家。別名ラザール-レヴィ(Lazare-Lévy)。1920年パリ音楽院教授となる。
⇒標音2(レヴィ, ラザール　1882.1.18-1964.9.20)
ユ著人(Lévy,Lazare　レヴィ, ラザール　1882-1964)

Lévy, Lorraine
フランスの映画監督, 舞台演出家, 脚本家。
⇒外16(レヴィ, ロレーヌ　1959-)

Levy, Marc
フランスの作家, 建築家。
⇒外12(レヴィ, マルク　1961.10.16-)
外16(レヴィ, マルク　1961.10.16-)
海文新(レヴィ, マルク　1961.10.16-)
現世文(レヴィ, マルク　1961.10.16-)

Levy, Marion Joseph, Jr.
アメリカの社会学者。社会体系の分析図式として「構造的・機能的要件分析」を唱える。
⇒社小増(レヴィ　1918-)

Lévy, Maurice
フランスの数学者, 技術者。材料が弾性限界をこえて変形した時の, 塑性学における一つの基礎方程式をたてた。
⇒岩世人(レヴィ　1838.2.28-1910.9.30)

Lévy, Paul Pierre
フランスの数学者。「レヴィ過程」を研究し, また近代確率論に貢献した。
⇒岩世人(レヴィ　1886.9.15-1971.12.15)
世数(レヴィ, ポール・ピエール　1886-1971)

Levy, Peter
アメリカの実業家。
⇒外12(レビ, ピーター)
外16(レビ, ピーター)

Lévy, Pierre
チュニジア出身の哲学者。
⇒メル別(レヴィ, ピエール　1956-)

Levy, Steven
アメリカのITジャーナリスト。
⇒外12(レビ, スティーブン　1951-)
外16(レビ, スティーブン　1951-)

Lévy-Bruhl, Henri
フランス(ユダヤ系)の法史学者, 法社会学者。
⇒岩世人(レヴィ=ブリュール　1884.12.18-1964.5.2)

Lévy-Bruhl, Lucien
フランスの哲学者, 人類学者。主著『未開人の思考』(1910)。

⇒岩世人(レヴィ=ブリュール　1857.4.10-1939.3.13)
教人(レヴィ・ブリュール　1857-1939)
現社(レヴィ=ブリュール　1857-1939)
広辞7(レヴィ=ブリュール　1857-1939)
社小増(レヴィ=ブリュール　1857-1939)
新カト(レヴィ・ブリュール　1857.4.10-1939.3.13)
哲中(レヴィ=ブリュール　1857-1939)
ネーム(レヴィ=ブリュール　1857-1939)
メル3(レヴィ=ブリュル, リュシアン　1857-1939)
ユ著人(Lévy-Bruhl,Lucien　レヴィ=ブリュール, ルシアン　1857-1939)

Lew, Jacob
アメリカの政治家。財務長官, 大統領首席補佐官。
⇒外12(ルー, ジェイコブ　1955.8.29-)
外16(ルー, ジェイコブ　1955.8.29-)
世指導(ルー, ジェイコブ　1955.8.29-)

Lew, Sherman
アメリカの教育コンサルタント。
⇒外12(リュー, シャーマン)

Lewandowski, Robert
ポーランドのサッカー選手(バイエルン・FW)。
⇒外16(レヴァンドフスキ, ロベルト　1988.8.21-)
最世ス(レヴァンドフスキ, ロベルト　1988.8.21-)

Leward, Theodor
ドイツ・オリンピック組織委員長。
⇒ユ著人(Leward,Theodor　レヴァルト, セオドアー　?-?)

Lewczuk, Margrit
アメリカ生まれの画家。
⇒芸13(ルーズック, マーグリット　1952-)

Lewenthal, Raymond
アメリカのピアノ奏者。
⇒ユ著人(Lewenthal,Raymond　レヴェンタール, レイモンド　1926-1988)

Lewin, Kurt
ドイツ出身でアメリカに移住した心理学者。主著『心理学における法則と実験』(1929)など。
⇒岩世人(レヴィン　1890.9.9-1947.2.12)
教人(レヴィン　1890-1947)
現社(レヴィン　1890-1947)
広辞7(レヴィン　1890-1947)
社小増(レヴィン　1890-1947)
社心小(レヴィン　1890-1947)
メル3(レヴィン, クルト　1890-1947)
ユ著人(Lewin,Kurt　レヴィン, クルト　1890-1947)

Lewin, Mark
アメリカのプロレスラー。
⇒異二辞(ルーイン[マーク・~]　1937-)

Lewin, Michael Z.
アメリカのミステリ作家。
⇒外16 (リューイン, マイケル 1942–)
　現世文 (リューイン, マイケル 1942–)

Lewin, Walter
オランダ生まれの宇宙物理学者。
⇒外16 (ルーウィン, ウォルター 1936–)

Lewis, Alun
イギリスの詩人。詩集『侵入者の夜明け』(1942)や短篇集がある。
⇒現世文 (ルイス, アラン 1915.7.1–1944.3.5)

Lewis, Aubrey
イギリスの精神科医。
⇒現精 (ルイス 1900–1975)
　現精縮 (ルイス 1900–1975)
　精医歴 (ルイス, オーブリー 1900–1975)

Lewis, Barbara
アメリカの女性歌手。
⇒ロック (Lewis,Barbara ルイス, バーバラ 1944.2.9–)

Lewis, Bernard
イギリスのイスラム学者。中世から近現代にいたる中東の歴史を幅広く研究。
⇒岩世人 (ルイス 1916.5.31–)
　外12 (ルイス, バーナード 1916.5.31–)
　外16 (ルイス, バーナード 1916.5.31–)

Lewis, Bobby
アメリカ・インディアナ州インディアナポリス生まれの歌手。
⇒ロック (Lewis,Bobby ルイス, ボビー 1933.2.17–)

Lewis, Carl
アメリカの陸上選手(短距離)、走り幅跳び選手。
⇒岩世人 (ルイス 1961.7.1–)
　外12 (ルイス, カール 1961.7.1–)
　外16 (ルイス, カール 1961.7.1–)
　広辞7 (ルイス 1961–)
　ネーム (ルイス, カール 1961–)
　ボブ人 (ルイス, カール 1961–)

Lewis, Charles
アメリカの医療宣教師。
⇒アア歴 (Lewis,Charles ルイス, チャールズ 1865.11.3–1932.7.4)

Lewis, Clarence Irving
アメリカの論理学者。記号論理学で、「厳密内包」の概念を提出した。共著『記号論理学』(1932)。
⇒岩世人 (ルイス 1883.4.12–1964.2.3)
　哲中 (ルイス 1883–1964)

Lewis, Claude
アメリカのコラムニスト。
⇒マルX (LEWIS,CLAUDE ルイス, クロード)

Lewis, Clive Staples
イギリスの学者, 作家。『愛の寓意』(1936)が出世作。
⇒岩キ (ルイス 1898–1963)
　岩世人 (ルイス 1898.11.29–1963.11.22)
　オク教 (ルイス 1898–1963)
　現世文 (ルイス,C.S. 1898.11.29–1963.11.22)
　広辞7 (ルイス 1898–1963)
　新カト (ルイス 1898.11.29–1963.11.22)
　ボブ人 (ルイス, クライブ・ステーブルズ 1898–1963)

Lewis, Colby
アメリカの大リーグ選手(レンジャーズ・投手)。
⇒外12 (ルイス, コルビー 1979.8.2–)
　外16 (ルイス, コルビー 1979.8.2–)

Lewis, Daniel Day
イギリス生まれの俳優。
⇒遺産 (デイ=ルイス, ダニエル 1957.4.29–)
　外12 (デイ・ルイス, ダニエル 1957.4.29–)
　外16 (デイ・ルイス, ダニエル 1957.4.29–)
　ク俳 (デイ=リュイス, ダニエル 1957–)
　スター (デイ=ルイス, ダニエル 1957.4.29–)

Lewis, Darren Joel
アメリカの大リーグ選手(外野)。
⇒メジャ (ルイス, ダーレン 1967.8.28–)

Lewis, David
イギリスの画家。
⇒芸13 (ルイス, デビット ?–)

Lewis, David Kellogg
アメリカの哲学者。
⇒岩世人 (ルイス 1941.9.28–2001.10.14)
　メル別 (ルイス, デイヴィッド・ケロッグ 1941–2001)

Lewis, Dominic Bevan Wyndham
イギリスの著述家。「デーリー・エクスプレス」紙(1919〜23)、「デーリー・メール」紙(23〜)の編集に携った。
⇒岩世人 (ウィンダム=ルイス 1891.3.9–1969.11.30)

Lewis, Ed
アメリカのプロレスラー。
⇒岩世人 (ルイス 1890.6.30–1966.8.8)

Lewis, Edward B.
アメリカの遺伝学者。1995年ノーベル生理学医学賞。
⇒岩生 (ルイス 1918–2004)
　岩世人 (ルイス 1918.5.20–2004.7.21)
　ノベ3 (ルイス,E.B. 1918.5.20–2004.7.21)

Lewis, Edward Morgan (Ted)
アメリカの大リーグ選手(投手)。
⇒メジャ (ルイス, テッド 1872.12.25–1936.5.23)

L

Lewis, Eric
アメリカのジャズ・ピアノ奏者。
⇒外12（ルイス, エリック　1973.5.12-）
　外16（ルイス, エリック　1973.5.12-）

Lewis, Fiona
イギリス生まれの女優。
⇒ク俳（リュイス, フィオナ　1946-）

Lewis, Gary
アメリカの歌手。
⇒ロック（Gary Lewis and the Playboys　ゲアリ・ルイス&ザ・プレイボーイズ　1946-）

Lewis, George
アメリカのジャズ・クラリネット奏者。
⇒アメ州（Lewis,George　ルイス, ジョージ　1900-1968）
　新音中（ルイス, ジョージ　1900.7.13-1968.12.31）
　標音2（ルイス, ジョージ　1900.7.13-1968.12.31）

Lewis, George Edward (Duffy)
アメリカの大リーグ選手（外野）。
⇒メジャ（ルイス, ダフィー　1888.4.18-1979.6.17）

Lewis, Gilbert Newton
アメリカの物理化学者。原子の電子配置模型(1902), 溶液の活動度 (08) などの業績がある。
⇒岩世人（ルイス　1875.10.23-1946.3.23）
　化学（ルイス,G.N.　1875-1946）
　広辞7（ルイス　1875-1946）

Lewis, Gill
イギリスの作家。
⇒海文新（ルイス, ジル）

Lewis, Harry Sinclair
アメリカの小説家。1930年アメリカ人として初めてノーベル文学賞を受賞。
⇒アメ州（Lewis,Sinclair　ルイス, シンクレア　1885-1951）
　アメ新（ルイス　1885-1951）
　岩世人（ルイス　1885.2.7-1951.1.10）
　現世文（ルイス, シンクレア　1885.2.7-1951.1.10）
　広辞7（ルイス　1885-1951）
　新カト（ルイス　1885.2.7-1951.1.10）
　西文（ルイス, シンクレア　1885-1951）
　ノベ3（ルイス,H.S.　1885.2.7-1951.1.10）

Lewis, Huey
アメリカのミュージシャン, 歌手。「ルイス・ヒューイ&ザ・ニューズ」のヴォーカル。アルバム『スポーツ』(1983) は, 驚異的なヒットを記録。
⇒外12（ルイス, ヒューイ　1951.7.5-）

Lewis, Janet
アメリカの女性詩人, 小説家。
⇒現世文（ルイス, ジャネット　1899.8.17-1998.12.

1)

Lewis, Jerry
アメリカ生まれの男優, 映画監督。
⇒映監（ルイス, ジェリー　1926.3.16-）
　外12（ルイス, ジェリー　1926.3.16-）
　外16（ルイス, ジェリー　1926.3.16-）
　ク俳（リュイス, ジェリー（レヴィッチ, ジョウゼフ）1926-）
　スター（ルイス, ジェリー　1926.3.16-）
　ユ著人（Lewis,Jerry　ルイス, ジェリー　1926-）

Lewis, Jerry Lee
アメリカ・ルイジアナ州生まれの歌手。
⇒新音中（ルイス, ジェリー・リー　1935.9.29-）
　標音2（ルイス, ジェリー・リー　1935.9.29-）
　ロック（Lewis,Jerry Lee　ルイス, ジェリー・リー）

Lewis, John
アメリカのジャズ演奏家。モダン・ジャズ・カルテットのミュージカル・ディレクターとして活躍。
⇒エデ（ルイス, ジョン　1920.5.3-2001.3.29）
　新音中（ルイス, ジョン　1920.5.3-2001.3.29）
　標音2（ルイス, ジョン　1920.5.3-2001.3.29）

Lewis, John
アメリカの政治家。
⇒外16（ルイス, ジョン　1940.2.21-）
　世指導（ルイス, ジョン　1940.2.21-）
　マルX（LEWIS,JOHN　ルイス, ジョン　1940-）

Lewis, John
イギリスのテノール歌手。
⇒魅惑（Lewis,John　?-?）

Lewis, John Kelly (Buddy)
アメリカの大リーグ選手（三塁, 外野）。
⇒メジャ（ルイス, バディ　1916.8.10-2011.2.18）

Lewis, John Llewellyn
アメリカの労働運動指導者。1936年産業別組織会議CIOを組織し, 初代議長となった。
⇒アメ経（ルイス, ジョン　1880.2.12-1969.6.11）
　アメ新（ルイス　1880-1969）
　岩世人（ルイス　1880.2.12-1969.6.11）
　広辞7（ルイス　1880-1969）

Lewis, John Wilson
アメリカの中国研究者。
⇒岩世人（ルイス　1930-）

Lewis, Juliette
アメリカ生まれの女優。
⇒外12（ルイス, ジュリエット　1973.6.21-）
　ク俳（リュイス, ジュリエット　1973-）

Lewis, Keith
ニュージーランドのテノール歌手。
⇒魅惑（Lewis,Keith　1950-）

Lewis, Ken
イギリス・バーミンガム生まれのソングライター。
⇒ロック（Carter and Lewis　カーター&ルイス　1942–）

Lewis, Kenneth D.
アメリカの銀行家。
⇒外12（ルイス, ケネス　1947.4.9–）
　外16（ルイス, ケネス　1947.4.9–）

Lewis, Kim
カナダ生まれの絵本作家。
⇒外12（ルイス, キム　1951–）

Lewis, Lange
アメリカの作家。
⇒現世文（ルイス, ラング　1915–2003）

Lewis, Leona
イギリスの歌手。
⇒外12（ルイス, レオナ　1985.4.3–）
　外16（ルイス, レオナ　1985.4.3–）

Lewis, Melvin Sokoloff（Mel）
アメリカのジャズ・ドラマー。
⇒標音2（ルイス, メル　1929.5.10–1990.2.2）

Lewis, Michael M.
アメリカの作家。
⇒外12（ルイス, マイケル　1960.10.15–）
　外16（ルイス, マイケル　1960.10.15–）

Lewis, Norman
イギリスの旅行記作家, 小説家。
⇒現世文（ルイス, ノーマン　1908.6.28–2003.7.22）

Lewis, Oscar
アメリカの文化人類学者。メキシコの農民や都市生活者の調査に従事。
⇒岩世人（ルイス　1914.12.25–1970.12.16）
　現社（ルイス　1914–1970）
　社小増（ルイス　1914–1970）
　ラテ新（ルイス　1914–1970）

Lewis, Paul
イギリスのピアノ奏者。
⇒外12（ルイス, ポール）
　外16（ルイス, ポール）

Lewis, Percy Wyndham
イギリスの画家, 小説家, 批評家。主著『ター』（1918），『時間と西欧人』（27），『人間の時代』（28～55）。
⇒岩世人（ルイス　1882.11.18–1957.3.7）
　新カト（ルイス　1882.11.18–1957.3.7）
　ヘミ（ルイス, ウィンダム　1884–1957）

Lewis, Ramsey
アメリカのジャズ・ピアノ奏者。

⇒ロック（Lewis,Ramsey　ルイス, ラムゼー　1935.5.27–）

Lewis, Ray
アメリカのプロフットボール選手（LB）。
⇒外16（ルイス, レイ　1975.5.15–）
　最世ス（ルイス, レイ　1975.5.15–）

Lewis, Richard
イギリスのテノール歌手。
⇒失声（ルイス, リチャード　1914–1990）
　魅惑（Lewis,Richard　1914–1990）

Lewis, R(ichard) W(arrington) B(aldwin)
アメリカの文学者, 文芸評論家。
⇒岩世人（ルイス　1917.11.1–2002.6.13）

Lewis, Ronald
ウェールズ出身の男優。
⇒ク俳（リュイス, ロナルド　1928–1982）

Lewis, Simon
イギリスの作家。
⇒海文新（ルイス, サイモン　1971–）
　現世文（ルイス, サイモン　1971–）

Lewis, Smiley
アメリカ・ルイジアナ州ユニオン生まれのR&B歌手, ギター奏者。
⇒ロック（Lewis,Smiley　ルイス, スマイリー　1920.7.5–1966）

Lewis, Stacy
アメリカのプロゴルファー。
⇒外12（ルイス, ステーシー　1985.2.16–）
　外16（ルイス, ステーシー　1985.2.16–）
　最世ス（ルイス, ステーシー　1985.2.16–）

Lewis, Stan
アメリカ・ルイジアナ州シュリーブポート生まれのプロデューサー, レコード企業家。
⇒ロック（Lewis,Stan　ルイス, スタン）

Lewis, Ted
イギリスのボクサー。
⇒ユ著人（Lewis,Ted　ルイス, テッド　1893–1970）

Lewis, *Sir* Thomas
イギリスの心臓専門医。心電図による心臓病診断の開祖。
⇒岩世人（ルイス　1881.12.26–1945.3.17）

Lewis, Vaughan
セントルシアの政治家。セントルシア首相。
⇒世指導（ルイス, ボーン　1940–）

Lewis, Warren Kendall
アメリカの化学工学者。マサチューセッツ理工科大学名誉教授。蒸溜, 熱伝導に関する多くの研究報告がある。

⇒岩世人（ルイス　1882.8.21-1975.5.9）

Lewis, William
アメリカのテノール歌手。
⇒失声（ルイス, ウィリアム　1931-）
　魅惑（Lewis, William　1935-）

Lewis, Sir William Arthur
イギリスの経済学者。「労働の無制限供給下の経済発展の理論」で知られる。1979年ノーベル経済学賞受賞。
⇒岩経（ルイス　1915-1991）
　岩世人（ルイス　1915.1.23-1991.6.15）
　ノベ3（ルイス, W.A.　1915.1.23-1991.6.15）
　有経5（ルイス　1915-1991）

Le Witt, Sol
アメリカの彫刻家。
⇒岩世人（ルウィット　1928.9.9-2007.4.8）
　芸13（ルウィット, ソル　1928-）

Lewycka, Marina
イギリスの作家。
⇒外12（レヴィツカ, マリーナ　1946-）
　外16（レヴィツカ, マリーナ　1946-）
　海文新（レヴィツカ, マリーナ）
　現世文（レヴィツカ, マリーナ　1946-）

Lexer, Erich
ドイツの外科学者。整形外科学の権威。
⇒岩世人（レクサー　1867.5.22-1937.12.4）

Lexis, Wilhelm
ドイツの経済学者, 統計学者。
⇒岩世人（レクシス　1837.7.17-1914.8.25）

Ley, Felix
アメリカ・ウィスコンシン州出身のカプチン・フランシスコ修道会司祭。琉球教区長, 司教。
⇒新カト（レイ　1909.3.5-1972.1.24）

Ley, Robert
ナチス・ドイツの政治家。ナチスに入党し, 新たにドイツ労働戦線を組織して労働組合の解散を強行（1933）。
⇒岩世人（ライ　1890.2.15-1945.10.25）

Ley, Steven Victor
イギリスの有機化学者。
⇒岩世人（レイ　1945.12.10-）

Leyden, Ernst Viktor von
ドイツの神経学者。「ライデン氏麻痺」と呼ばれる一種の半身麻痺, 進行性筋萎縮症等に名を残している。
⇒岩世人（ライデン　1832.4.20-1910.10.5）

Leye, Jean-Marie
バヌアツの政治家。バヌアツ大統領（1994～99）。
⇒世指導（レイエ, ジャン・マリー　1933.5.5-2014.12.9）

Leyen, Friedrich von der
ドイツのゲルマン学者, 民俗学者。"Die Welt der Märchen"（1953）。
⇒岩世人（ライエン　1873.8.19-1966.6.6）

Leyendecker, Joseph Christian
アメリカの挿絵画家, 広告美術家。
⇒グラデ（Leyendecker, Joseph Christian　ライエンデッカー, ヨーゼフ・クリスチャン　1874-1951）

Leygues, Georges
フランスの政治家。
⇒岩世人（レイグ　1856.10.29-1933.9.2）

Leyland, James Richard
アメリカの大リーグ, マーリンズなどの監督。
⇒外12（リーランド, ジム　1944.12.15-）
　外16（リーランド, ジム　1944.12.15-）
　最世ス（リーランド, ジム　1944.12.15-）
　メジャ（リーランド, ジム　1944.12.15-）

Leyton, John
イギリス生まれの俳優。
⇒ク俳（レイトン, ジョン　1939-）
　ロック（Leyton, John　レイトン, ジョン　1939.2.17-）

Leyva, Danell
アメリカの体操選手。
⇒外16（レイバ, ダネル　1991.10.30-）
　最世ス（レイバ, ダネル　1991.10.30-）

Lezak, Jason
アメリカの水泳選手（自由形）。
⇒最世ス（レザック, ジェイソン　1975.11.12-）

Lezama Lima, José
キューバの詩人, 小説家。詩集『ナルシスの死』（1937）,『譲渡者』(62),『楽園』(66) など。
⇒現世文（レサーマ・リマ, ホセ　1912.12.19-1976.8.9）
　広辞7（レサマ・リマ　1910-1976）
　ラテ新（レサマ・リマ　1912-1976）

Lezcano, Sixto Joaquin
アメリカの大リーグ選手（外野）。
⇒メジャ（レスカノ, シクスト　1953.11.28-）

Lezhneva, Julia
ロシアのソプラノ歌手。
⇒外16（レージネヴァ, ユリア）

Lhande, Pierre
フランスの作家, 司祭。
⇒新カト（ランド　1877.7.9-1957.4.17）

L'Herbier, Marcel
フランス・パリ生まれの映画監督, 映画脚本家, 評論家。

⇒岩世人（レルビエ　1888.4.23–1979.11.26）

L'Hermitte, Léon Augustin
フランスの画家，版画家。
⇒芸13（レルミット，レオン　1844–1925）

Lhote, André
フランスの画家，美術批評家。モンパルナスに研究所を開設し，若い画家の指導にもあたった。
⇒岩世人（ロート　1885.7.5–1962.1.24）
　芸13（ロート，アンドレ　1885–1962）

Li, Ching Chun
アメリカ（中国系）の統計学者，遺伝学者。
⇒岩世人（李景均　りけいきん　1912.10.27–2003.10.20）

Li, Choh Hao
アメリカ（中国系）の生化学者。脳下垂体ホルモンの研究で知られる。
⇒岩世人（李卓皓　りたくこう　1913.4.21–1987.11.28）

Li, Jet
シンガポールの俳優，映画プロデューサー。
⇒岩世人（リー　1963.4.26–）
　外12（リー，ジェット　1963.4.26–）
　外16（リー，ジェット　1963.4.26–）
　スター（リー，ジェット（リー・リンチェイ）　1963.4.26–）

Li, Kang Sheng
台湾の俳優。
⇒外12（リーカンション　1968–）
　外16（リーカンション　1968–）

Li, Loletta
中国生まれの女優。
⇒外12（リー，ロレッタ　1966.1.8–）

Li, Michelle
中国生まれの女優。
⇒外12（リー，ミシェル　1970.6.20–）
　外16（リー，ミシェル　1970.6.20–）

Li, Teresa
中国生まれの女優。
⇒岩世人（李麗華　りれいか　1924.7.17/1925.8.17–）

Li, Tian Lu
台湾生まれの俳優。
⇒岩世人（李天祿　りてんろく　1910.12.2（宣統2.11.1）–1998.8.14）

Li, Zuli
フランスの画家。
⇒外12（リー，ツーリ　1962–）

Liadov, Anatolii Konstantinovich
ロシアの作曲家。主作品に交響詩『バーバ・ヤーガ』『魔の湖』など。

⇒岩世人（リャードフ　1855.4.29–1914.8.16）
　ク音3（リャードフ　1855–1914）
　新音小（リャードフ，アナトリー　1855–1914）
　新音中（リャードフ，アナトリー　1855.5.11–1914.8.28）
　ピ曲改（リャードフ，アナトール・コンスタンティノヴィッチ　1855–1914）
　標音2（リャドフ，アナトル・コンスタンティノヴィチ　1855.5.11–1914.8.28）

Liang, Dave
中国のミュージシャン，音楽プロデューサー。
⇒外12（リアン，デーブ　1979.1–）
　外16（リアン，デーブ　1979.1–）

Liang, Diane Wei
中国の作家。
⇒海文新（リャン，ダイアン・ウェイ　1966–）
　現世文（リャン，ダイアン・ウェイ　1966–）

Liao, Jimmy
台湾の絵本作家，イラストレーター。
⇒岩世人（ジミー　1958.11.15–）
　外16（リャオ，ジミー）

Liapunov, Sergei Mikhailovich
ロシアの作曲家，ピアノ奏者。ピアニストとして各地を巡演，ロシア民謡の採集と研究に従事。
⇒岩世人（リャプノーフ　1859.11.18/30–1924.11.8）
　ク音3（リャプノーフ　1859–1924）
　標音2（リャプノフ，セルゲイ・ミハイロヴィチ　1859.11.30–1924.11.8）

Liaqat Ali Khan, Nawabzadah
インド，パキスタンの政治家。パキスタンの初代首相（1947〜51）。
⇒岩イ（リヤーカト・アリー・ハーン　1895–1951）
　岩世人（リヤーカト・アリー・ハーン　1895.10.1–1951.10.16）
　南ア新（リヤーカット・アリー・ハーン　1895–1951）

Libby, Lewis
アメリカの弁護士。アメリカ副大統領首席補佐官。
⇒外12（リビー，ルイス　1950.8.22–）
　世指導（リビー，ルイス　1950.8.22–）

Libby, Willard Frank
アメリカの化学者。炭素同位体による絶対年代測定を研究。ノーベル化学賞受賞（1960）。
⇒岩世人（リビー　1908.12.17–1980.9.8）
　オク地（リビィ，ウィラード・フランク　1908–1980）
　化学（リビー　1908–1980）
　広辞7（リビー　1908–1980）
　ノベ3（リビー，W.F.　1908.12.17–1980.9.8）

Libedinskii, Yurii Nikolaevich
ソ連の小説家。代表作『1週間』（1922）。
⇒現世文（リベジンスキー，ユーリー・ニコラエヴィ

チ　1898.12.10–1959.11.24）
ネーム（リベジンスキー　1898–1959）

Libera, Adalberto
イタリアの建築家,都市計画家。
⇒岩世人（リベラ　1903.7.16–1963.3.17）

Libera, Alain de
フランスの哲学者。
⇒メル別（ド・リベラ,アラン　1948–）

Liberace
アメリカのエンターテイナー。
⇒標音2（リベラーチェ　1919.5.16–1987.2.4）

Liberatore, Alessandro
イタリアのテノール歌手。
⇒魅惑（Liberatore,Alessandro　?–）

Liberman, Alexander
ロシア・キエフ生まれのコンデ・ナスト出版社の雑誌部門のアート・ディレクター。
⇒グラデ（Liberman,Alexander　リバーマン,アレクサンドル　1912–1999）

Liberman, Evsej Grigorievich
ソ連の経済学者。「リーベルマン方式」で,利潤論争の火付け役となった。
⇒有経5（リーベルマン　1897–1981）

Libeskind, Daniel
ポーランドの建築家。
⇒外12（リベスキンド,ダニエル　1946–）
　外16（リベスキンド,ダニエル　1946–）

Libin, Phil
アメリカの起業家。
⇒外16（リービン,フィル　1972–）

Licalzi, Lorenzo
イタリアの作家。
⇒海文新（リカルツィ,ロレンツォ　1956–）
　現世文（リカルツィ,ロレンツォ　1956–）

Liccioni, Georges
フランスのテノール歌手。
⇒失声（リッチオーニ,ジョルジュ　1932–2013）
　魅惑（Liccioni,Georges　1932–）

Liceaga, Eduardo
メキシコの公衆衛生学者。
⇒岩世人（リセアガ　1839.10.13–1920.1.13）

Licha, Robert
テノール歌手。
⇒魅惑（Licha,Robert　1921–）

Lichine, David
ロシア,アメリカのダンサー,振付家,教師。
⇒ユ著人（Lichine (Lichtenstein),David　ライティン,ダヴィド　1910–1972）

Lichnérowicz, André
フランスの数学者,力学者。
⇒世数（リシネロヴィッツ,アンドレ・レオン・ジャン・モーリス　1915–1998）

Lichnowsky, Karl Max Fürst von
ドイツの外交官。
⇒岩世人（リヒノフスキー　1860.3.8–1928.2.27）

Lichtegg, Max
スイスのテノール歌手。
⇒魅惑（Lichtegg,Max　1910–?）

Lichtenberger, André
フランスの作家。少年読物『私の可愛いトロット』(1988)は広く愛読された。
⇒岩世人（リシュタンベルジェ　1870.11.29–1940.3.23）

Lichtenstein, Roy
アメリカの画家。ポップ・アートの代表者。
⇒岩世人（リキテンスタイン　1923.10.27–1997.9.29）
　芸13（リキテンスタイン,ロイ　1923–1997）
　ネーム（リキテンスタイン　1923–1997）
　ボブ人（リキテンスタイン,ロイ　1923–1997）

Lichtenstein, Warren
アメリカの投資家。
⇒外12（リヒテンシュタイン,ウォレン　1965.7.2–）
　外16（リヒテンシュタイン,ウォレン　1965.7.2–）

Lichtheim, George
ドイツ生まれの文筆家。
⇒現社（リヒトハイム　1912–1973）

Lichtwark, Alfred
ドイツの美術史家,芸術教育運動の指導者。1886年新設のハンブルク美術館長に聘せられ,終生その職にあった。主著『芸術作品の観察における練習』(1897)。
⇒教人（リヒトヴァルク　1852–1914）

Licitra, Salvatore
イタリアのテノール歌手。
⇒オペラ（リチートラ,サルヴァトーレ　1968–2011）
　失声（リチートラ,サルヴァトーレ　1968–2011）
　魅惑（Licitra,Salvatore　1968–）

Licklider, Joseph Carl Robnett
アメリカの心理学者,コンピューター工学者,行政官。
⇒岩世人（リックライダー　1915.3.11–1990.6.26）

Licko, Zuzana
スロバキア出身の書体デザイナー。
⇒グラデ（Licko,Zuzana　リッコ,ズザナ　1961–）

Li Cong-jun
中国の新華通訊社社長・党組書記。

⇒外12（李従軍　リジュウグン　1949.10–）
Licsko, Frank
ハンガリー生まれの画家。
⇒芸13（リスコ, フランク　1946–）
Li Cunxin
中国のバレエダンサー。オーストラリア・バレエ団プリンシパル。
⇒外12（リーツンシン　1961–）
　外16（リーツンシン　1961–）
Lidbeck, Petter
スウェーデンの児童文学作家。
⇒外12（リードベック, ペッテル　1964–）
　外16（リードベック, ペッテル　1964–）
　海文新（リードベック, ペッテル　1964–）
　現世文（リードベック, ペッテル　1964–）
Liddell Hart, Basil Henry
イギリスの軍事評論家。その著 "The defence of Britain"（1939）は, 第二次大戦に際しイギリスの戦略決定に影響を与えた。
⇒岩世人（リデル・ハート　1895.10.31–1970.1.29）
　国政（リデル・ハート, ベイジル　1895–1970）
　戦思（リデル・ハート　1895–1970）
Lidge, Bradley Thomas
アメリカの大リーグ選手（投手）。
⇒メジャ（リッジ, ブラッド　1976.12.23–）
Lidin, Vladimir Germanovich
ソ連の小説家。代表作は『探究者』（1930）。
⇒現世文（リージン, ウラジーミル・ゲルマノヴィチ　1894.2.15–1979.9.27）
Lidle, Cory
アメリカの大リーグ選手（投手）。
⇒最世ス（ライドル, コリー　1972.3.22–2006.10.11）
Lidman, Sara Adela
スウェーデンの女性小説家。主著『シェールの谷』（1953）。
⇒岩世人（リードマン　1923.12.30–2004.6.17）
　現世文（リードマン, サーラ　1923.12.30–2004.6.17）
Lidman, Sven
スウェーデンの詩人, 作家。
⇒岩世人（リードマン　1882.6.30–1960.2.14）
Lidsky, Mikhail
ロシアのピアノ奏者。
⇒外12（リツキー, ミハイル　1968–）
　外16（リツキー, ミハイル　1968–）
Lidstrom, Nicklas
スウェーデンのアイスホッケー選手（DF）。
⇒外16（リドストロム, ニクラス　1970.4.28–）
　最世ス（リドストロム, ニクラス　1970.4.28–）

Lidz, Theodore
アメリカの精神分析家。
⇒精分岩（リッツ, セオドア　1910–）
Lie, Jonas Lauritz Idemil
ノルウェーの小説家。『3本マストの未来号』（1872）などの海洋小説がある。
⇒岩世人（リー　1833.11.6–1908.7.5）
Lie, Trygve Halvdan
ノルウェーの政治家。初代国連事務総長を務めた。
⇒岩世人（リー　1896.7.16–1968.12.30）
Lieban, Julius
オーストリアのテノール歌手。1882〜1912年ベルリンの宮廷オペラに出演。妻はソプラノのヘレーネ・リーバン。
⇒魅惑 (Lieban, Julius　1857–1940)
Lieben, Robert von
オーストリアの物理学者。彼の名を冠した増幅真空管を発展させた（1906〜10）。
⇒岩世人（リーベン　1878.9.5–1913.2.20）
Liebenberg de Zsittin, Adolf Ritter von
オーストリアの農学者。
⇒岩世人（リーベンベルク　1851.9.5–1922.5.6）
Lieber, Jon
アメリカの大リーグ選手（投手）。
⇒メジャ（リーバー, ジョン　1970.4.2–）
Lieber, Tom
アメリカ生まれの画家。
⇒芸13（リーバー, トム　1949–）
Lieberman, Avigdor
イスラエルの政治家。イスラエル副首相, 外相, イスラエル我が家党首。
⇒外12（リーベルマン, アヴィグドール　1958.6.5–）
　外16（リーベルマン, アヴィグドール　1958.6.5–）
　世指導（リーベルマン, アヴィグドール　1958.6.5–）
Lieberman, Joseph I.
アメリカの政治家。上院議員（民主党）。
⇒外12（リーバーマン, ジョゼフ　1942.2.24–）
　外16（リーバーマン, ジョゼフ　1942.2.24–）
　世指導（リーバーマン, ジョゼフ　1942.2.24–）
Liebermann, Karl Theodor
ドイツの化学者。アリザリンを初めて合成し, その工業化に成功。
⇒岩世人（リーバーマン　1842.2.23–1914.12.28）
　化学（リーバーマン　1842–1914）
Liebermann, Max
ドイツの画家, 銅版画家。主作品は『鵞鳥の毛をむしる女達』（1872）。

⇒岩世人（リーバーマン　1847.7.20–1935.2.8）
芸13（リーベルマン，マックス　1847–1935）
ユ著人（Liebermann,Max　リーベルマン（リーバーマン），マックス　1847–1935）

Liebermann, Rolf
スイスの作曲家。
⇒ク音3（リーバーマン　1910–1999）
新音中（リーバーマン，ロルフ　1910.9.14–1999.1.2）
標音2（リーバーマン，ロルフ　1910.9.14–1999.1.2）

Liebert, Arthur
ドイツの哲学者。ベオグラード大学教授。"Die Kritik des Idealismus"（1946）。
⇒岩世人（リーベルト　1878.11.10–1946.11.5）
メル2（リーベルト，アルトゥール　1878–1946）

Lieberthal, Kenneth
アメリカの国際政治学者。
⇒外12（リバソール，ケネス）
外16（リバソール，ケネス）

Lieberthal, Michael Scott
アメリカの大リーグ選手（捕手）。
⇒メジャ（リーバーサル，マイク　1972.1.18–）

Liebing, Werner
テノール歌手。
⇒魅惑（Liebing,Werner　1917–?）

Liebknecht, Karl
ドイツの左派社会主義運動の指導者。W.リープクネヒトの子。
⇒岩世人（リープクネヒト　1871.8.13–1919.1.15）
学叢思（リープクネヒト，カール・アウグスト・フェルディナント　1871–1919）
広辞7（リープクネヒト　1871–1919）
世史改（カール＝リープクネヒト　1871–1919）
世人新（リープクネヒト〈子：カール〉　1871–1919）
世人装（リープクネヒト〈子：カール〉　1871–1919）
ネーム（リープクネヒト　1871–1919）
ポプ人（リープクネヒト，カール　1871–1919）

Liebl, Karl
ドイツのテノール歌手。
⇒失声（リーブル，カール　1915–2007）
魅惑（Liebl,Karl　1915–）

Liebmann, Otto
ドイツの新カント学派に属する哲学者。主著『カントとその亜流たち』（1865），『思想と事実』（82〜1907）。
⇒岩世人（リープマン　1840.2.25–1912.1.14）
学叢思（リープマン，オットー　1849–1912）
ユ著人（Liebmann,Otto　リープマン，オットー　1840–1912）

Liebrucks, Bruno
西ドイツの哲学者。言語哲学とギリシア哲学における弁証法とを論究する。
⇒岩世人（リーブルックス　1911.10.12–1986.1.15）

Liedholm, Nils
スウェーデンのプロサッカー選手，監督。
⇒岩世人（リードホルム　1922.10.8–2007.11.5）

Liefmann, Robert
ドイツの経済学者。主著『企業合同論』（1905），『経済学原論』（24）。
⇒岩世人（リーフマン　1874.2.4–1941.3.21）
学叢思（リーフマン，ロベルト　1874–?）

Liégé, Pierre-André
フランスの神学者，ドミニコ会員。
⇒新カト（リエジェ　1921.6.22–1979.2.9）

Lie Kim Hok
インドネシア（中国系）の作家，翻訳家，ジャーナリスト。
⇒岩世人（リー・キムホック　1853.11.1–1912.5.6）

Liénart, Achille
フランスの枢機卿。
⇒新カト（リエナール　1884.2.7–1973.2.15）

Lien Chen-ling
台湾の柔道選手。
⇒外12（連珍羚　レンチンレイ　1988.1.31–）
最世ス（連珍羚　レンチンレイ　1988.1.31–）

Lienhard, Friedrich
ドイツの抒情詩人，劇作家，小説家。雑誌『鐘楼守』（1920〜25）を編集発行。新ロマン主義的郷土文学運動を促進。
⇒岩世人（リーンハルト　1865.10.4–1929.4.30）

Lietz, Hermann
ドイツの教育者，田園家塾の創立者。
⇒教人（リーツ　1868–1919）

Lietzmann, Hans
ドイツのプロテスタント神学者，教会史家。
⇒新カト（リーツマン　1875.3.2–1942.6.25）

Lietzow, Godehard
ドイツ生まれの画家。
⇒芸13（リートゾウ，ゴデハード　1937–）

Lieurance, Thurlow Weed
アメリカの作曲家，アメリカ・インディアン音楽の研究家。多くの歌曲の中で『ミンネトンカの湖畔』がもっとも有名。
⇒ク音3（リューランス（ルーランス）　1878–1963）
標音2（リューランス，サーロー・ウィード　1878.3.21–1963.10.9）

Lifar, Serge
ロシア生まれのフランスの舞踊家。主著『振付

師宣言』(1935)，『ロシアバレエ史』(39)，『舞踊に関する瞑想』(52)。
⇒岩世人（リファール 1905.4.2/15-1986.12.15）
ネーム（リファール 1905-1986）
標音2（リファール，セルジュ 1905.4.2-1986.12.15）

Lifeson, Alex
カナダのミュージシャン。
⇒外12（ライフソン，アレックス 1953.8.27-）

Lifschitz, Konstantin
ロシアのピアノ奏者。
⇒外12（リフシッツ，コンスタンチン 1976-）
外16（リフシッツ，コンスタンチン 1976-）

Lifshits, Evgeniy Mihaylovich
ソ連の物性理論物理学者。ソビエト科学アカデミー物理学研究所教授。
⇒岩世人（リフシッツ 1915.2.8/21-1985.10.29）
物理（リフシッツ，エフゲニー・ミハイロヴィッチ 1915-1985）

Ligachyov, Egor Kuz'mich
ロシアの政治家。
⇒岩世人（リガチョフ 1920.11.29-）

Ligeti, György
ハンガリー生まれのオーストリアの作曲家。
⇒岩世人（リゲティ 1923.5.28-2006.6.12）
エデ（リゲティ，シェルジュ（シャーンドル）1923.5.28-2006.6.12）
オペラ（リゲティ，ジェルジ 1923-2006）
ク音3（リゲティ 1923-2006）
現音キ（リゲティ，ジェルジ 1923-2006）
新音小（リゲティ，ジェルジュ 1923-）
新音中（リゲティ，ジェルジ 1923.5.28-）
ピ曲改（リゲティ，ジョルジュ 1923-2006）
標音2（リゲティ，ジェルジ 1923.5.28-2006.6.12）

Ligety, Ted
アメリカのスキー選手（アルペン）。
⇒外12（リゲティ，テッド 1984.8.31-）
外16（リゲティ，テッド 1984.8.31-）
最世ス（リゲティ，テッド 1984.8.31-）

Liggins, Jimmy
アメリカ・オクラホマ州生まれのギター奏者。
⇒ロック（Jimmy and Joe Liggins ジミー&ジョウ・リギンズ）

Liggins, Joe
アメリカ・オクラホマ州生まれのピアノ奏者。
⇒ロック（Jimmy and Joe Liggins ジミー&ジョウ・リギンズ 1916.7.9-）

Light, Sol Felty
アメリカの昆虫学者。
⇒アア歴（Light,S(ol) F(elty) ライト，ソル・フェルティ 1886.3.5-1947.6.21）

Lightfoot, Gordon
カナダ生まれのシンガー・ソングライター。
⇒標音2（ライトフット，ゴードン 1938.11.17-）
ロック（Lightfoot,Gordon ライトフット，ゴードン）

Lighthizer, Robert
アメリカの法律家、弁護士。アメリカ通商代表部（USTR）代表。
⇒世指導（ライトハイザー，ロバート 1947.10.11-）

Ligneul, François-Alfred-Désiré
フランス人カトリック司祭。1878年来日，女学校設立に助力。
⇒岩キ（リギョール 1847-1922）
岩世人（リギョール（リニュール） 1847.9.21/1-1922.7.25）
新カト（リニュール 1847.9.21-1922.7.25）

Ligron, Inés
フランスの実業家。ミス・ユニバース・ジャパン・ナショナル・ディレクター。
⇒外12（リグロン，イネス）
外16（リグロン，イネス）

Li Guo
シンガポールの小説家。
⇒現世文（李過 り・か 1929.8.22-）

Li Han-hsiang
香港の映画監督。中国東北（満州）遼寧省錦州に生まれる。歴史ドラマの権威であり，『梁山伯と祝英台』でアジア映画祭監督賞を受けた。
⇒岩世人（李翰祥 りかんしょう 1926.4.18-1996.12.17）

Lijphart, Arend d'Angremond
オランダ生まれのアメリカの政治学者。
⇒岩世人（レイプハルト 1936.8.17-）

Li Ka-Shing
華人を代表する香港の企業家で，チュンコン・グループの総帥。
⇒岩世人（李嘉誠 りかせい 1928.6.13-）
外12（李嘉誠 リカセイ 1928.6.13-）
外16（李嘉誠 リカセイ 1928.6.13-）
現アジ（李嘉誠 1928-）
中日3（李嘉誠 りかせい、リーチアチオン 1928-）

Liker, Jeffrey K.
アメリカの経済学者。
⇒外12（ライカー，ジェフリー）
外16（ライカー，ジェフリー）

Likert, Rensis
アメリカの社会心理学者。リッカート法を創出。主著『経営の新形態』(1961)，『人間組織』(68)。
⇒社小増（リッカート 1903-1981）
社心小（リカート 1903-1981）
有経5（リッカート 1903-1981）

Likhachev, Dmitrii Sergeevich
ロシアの文芸学者。中世ロシア文学の権威。
⇒岩世人（リハチョーフ　1906.11.15/28-1999.9.30）

Lilburn, Douglas Gordon
ニュージーランドの作曲家。
⇒ニュー（リルバーン, ダグラス　1915-2001）

Liley, Albert William
ニュージーランドの産科医。
⇒ニュー（ライリー, アルバート　1929-1983）

Lilić, Zoran
ユーゴスラビアの政治家。ユーゴスラビア連邦大統領（1993〜97）。
⇒世指導（リリッチ, ゾラン　1953.8.27-）

Lilien, Ephraim Moses
オーストリアの挿絵画家, 版画家。
⇒ユ著人（Lilien,Ephraim Moses　リーリエン, エフライム・モーゼス　1894-1925）

Lilienblum, Moshe Leib
ヘブライ語作家, ホベベイ・チオン運動の指導者。
⇒ユ著人（Lilienblum,Moses Leib　リリエンブルム, モーゼス・リープ　1843-1910）

Liliencron, Friedrich Detlev von
ドイツの詩人, 小説家, 劇作家。特に印象主義の代表的詩人として有名。
⇒岩世人（リーリエンクローン　1844.6.3-1909.7.22）
学叢思（リリエンクローン, フライヘル・フォン　1844-?）
西文（リリエンクローン, デトレフ・フォン　1844-1909）

Lilienthal, David Eli
アメリカの公共事業行政官。1941年TVA長官。主著『TVA―民主主義は進展する』（1944）。
⇒岩世人（リリエンソール　1899.7.8-1981.1.14）

Lilin, Nicolai
ロシアの作家。
⇒海文新（リリン, ニコライ　1980.2.12-）
現世内（リリン, ニコライ　1980.2.12-）

Liliuokalani, Lydia Kamekeha
独立ハワイの最後の女王。1891年女王となり,93年王座を追われ,95年王位復帰を計画して失敗。
⇒アメ州（Liliuokalani　リリウオカラニ　1838-1917）
岩世人（リリウオカラニ　1838.9.2-1917.11.11）
ク音3（リリウオカラニ　1838-1917）
世史改（リリウオカラニ　1838-1917）
世人新（リリウオカラニ　1838-1917）
世人装（リリウオカラニ　1838-1917）
標音2（リリウオカラーニ, リディア・カメケハ　1838.9.2-1917.11.11）
ポプ人（リリウオカラニ　1838-1917）

Lilje, Johannes
ドイツのプロテスタント神学者。世界ルター連盟会長（1952〜）。
⇒岩世人（リルイェ　1899.8.20-1977.1.6）

Liljefors, Bruno
スウェーデンの画家。主として動物画を描いた。
⇒岩世人（リリエフォシ　1860.5.14-1939.12.18）
芸13（リリエフォルス, ブルーノ　1860-1939）

Liljequist, Per Efraim
スウェーデンの哲学者。個性的観念論とカント哲学との結合を試みた。
⇒岩世人（リリエクヴィスト　1865.9.24-1941.8.20）

Lill, John
イギリスのピアノ奏者。
⇒標音2（リル, ジョン　1944.3.17-）

Lillard, Damian
アメリカのバスケットボール選手（トレイルブレイザーズ）。
⇒最世ス（リラード, ダミアン　1990.7.15-）

Lillard, Matthew
アメリカの男優。
⇒ク俳（リラード, マシュー　1970-）

Lilley, Peter
イギリスの政治家。社会保障相。
⇒世指導（リリー, ピーター　1943.8.23-）

Lillie, Beatrice
イギリス（カナダ系）の女優。
⇒標音2（リリー, ビアトリス　1894.5.29-1989.1.20）

Lillie, Frank Rattray
アメリカの動物学者。ウッズ・ホール臨海実験所所長。ウシのふたごの研究は有名。
⇒岩生（リリー　1870-1947）
岩世人（リリー　1870.6.27-1947.11.5）

Lillie, Ralph Stayner
アメリカの動物学者。シカゴ大学名誉教授。刺激, 成長, 細胞分裂に関する生理学的研究がある。
⇒岩世人（リリー　1875.8.8-1952.3.19）

Lillo, Baldomero
チリの小説家。
⇒現世文（リリョ, バルドメロ　1867-1923）

Lilly, Theodore Roosevelt
アメリカの大リーグ選手（投手）。
⇒メジャ（リリー, テッド　1976.1.4-）

Lim, Alfredo
フィリピンの政治家。フィリピン自治相, マニラ市長。
⇒世指導（リム, アルフレド　1929.12.21-）

Lim, Catherine
シンガポールの女性の英語小説家。
⇒現世文 (リム, キャサリン 1942-)

Lim, H.J.
韓国のピアノ奏者。
⇒外16 (リム, H.J.)

Lim, Kim
シンガポールの版画家。
⇒芸13 (リム, キム 1936-)

Lim, Phillip
アメリカの服飾デザイナー。
⇒外16 (リム, フィリップ 1973-)

Lim, Shirley (Geok-Lin)
マレーシアの女性詩人, 小説家。
⇒岩世人 (リム 1944-)

Lima, Adriana Francesca
ブラジルのファッションモデル。
⇒外12 (リマ, アドリアーナ 1981.6.12-)
外16 (リマ, アドリアーナ 1981.6.12-)

Lima, Jose Desiderio Rodriguez
ドミニカ共和国の大リーグ選手(投手), メレンゲ歌手。
⇒メジャ (リマ, ホセ 1972.9.30-2010.5.23)

Lima, Kevin
アメリカのアニメーション監督, アニメーター。
⇒外12 (リマ, ケビン 1961-)

Lima, Luis
アルゼンチンのテノール歌手。
⇒失声 (リマ, ルイス 1948-)
魅惑 (Lima, Luis 1948-)

Lima, Paula
ブラジルの歌手。
⇒外12 (リマ, パウラ)
外16 (リマ, パウラ 1970-)

Limantour, José Yves
メキシコの政治家。
⇒ラテ新 (リマントゥール 1854-1935)

Limardo Gascón, Rubén
ベネズエラのフェンシング選手(エペ)。
⇒外16 (リマルド・ガスコン, ルーベン 1985.8.3-)
最世ス (リマルド・ガスコン, ルーベン 1985.8.3-)

Limarilli, Gastone
イタリアのテノール歌手。
⇒失声 (リマリッリ, ガストーネ 1927-1998)
魅惑 (Limarilli, Gastone 1927-1998)

Limbaugh, Rush
アメリカのテレビ・ラジオのパーソナリティー。
⇒外12 (リンボウ, ラッシュ 1951-)
外16 (リンボウ, ラッシュ 1951-)

Lim Chang-sun
韓国の映画監督。
⇒外12 (イムチャンサン 1969-)

Lim Chang-yong
韓国のプロ野球選手(韓国三星・投手), 大リーグ選手。
⇒外12 (イムチャンヨン 林昌勇 1976.6.4-)
外16 (イムチャンヨン 林昌勇 1976.6.4-)
最世ス (イムチャンヨン 1976.6.4-)

Lim Chong Eu, Tun Dato' Seri *Dr.*
マレーシア(ペナン)の政治家。
⇒岩世人 (リム・チョンユー 1919.5.28-2010.11.24)

Lim Chul-woo
韓国の小説家。
⇒岩韓 (イム・チョルウ 林哲佑 1954-)
韓現文 (林哲佑 イム・チョルウ 1954.10.15-)
現世文 (イム・チョルウ 林哲佑 1954.10.15-)

Lim Dong-hyek
韓国のピアノ奏者。
⇒外12 (イムドンヒョク 1984-)
外16 (イムドンヒョク 1984-)

Lim Dong Min
韓国のピアノ奏者。
⇒外12 (イムドンミン 1980-)
外16 (イムドンミン 1980-)

Lim Dong-won
韓国の軍人, 外交官, 官僚。
⇒岩韓 (イム・ドンウォン 林東源 1934-)
岩世人 (林東源 イムドンウォン 1934.7.25-)
外12 (イムドンウォン 林東源 1934.7.25-)
世指導 (イム・ドンウォン 1934.7.25-)

Lim Eun-kyung
韓国の女優。
⇒外12 (イムウンギョン 1983.7.7-)
韓俳 (イム・ウンギョン 1984.1.15-)

Lim Hyung-joo
韓国のテノール歌手。
⇒外12 (イムヒョンジュ 1986.5.7-)
外16 (イムヒョンジュ 1986.5.7-)

Lim Ju-hwan
韓国の俳優。
⇒外12 (イムジュファン 1982.5.18-)
外16 (イムジュファン 1982.5.18-)
韓俳 (イム・ジュファン 1982.5.18-)

Lim Kit Siang
マレーシアの政治家。華人系野党民主行動党

(DAP)議長。
⇒岩世人(リム・キッシアン 1941.2.20–)
世指導(リム・キットシアン 1941.2.20–)

Limonov, Eduard Veniaminovich
ロシアの作家,政治運動家。
⇒岩世人(リモーノフ 1943.2.22–)

Lim Phaik Gan, Datuk
マレーシアの外交官。
⇒岩世人(リム 1918.6.29–2013.5.7)

Limpt, Adriaan van
オランダのテノール歌手。
⇒魅惑(Limpt,Adriaan van 1935–1997)

Lim Seu-long
韓国の歌手,俳優。
⇒外12(イムスロン 1987.5.11–)
外16(イムスロン 1987.5.11–)

Lim Seung-Dae
韓国の男優。
⇒韓俳(イム・スンデ 1971.2.8–)

Lim Soo-jung
韓国の女優。
⇒外12(イムスジョン 1980.7.11–)
外16(イムスジョン 1980.7.11–)
韓俳(イム・スジョン 1980.7.11–)

Lim Su-jeong
韓国のテコンドー選手。
⇒外12(イムスジョン 林秀貞 1986.8.20–)
最世ス(イムスジョン 1986.8.20–)

Lim Won-Hee
韓国の男優。
⇒韓俳(イム・ウォニ 1970.10.11–)

Lim Ye-Jin
韓国の女優。
⇒韓俳(イム・イェジン 1960.1.24–)

Lin, Brigitte
台湾生まれの女優。
⇒岩世人(リン 1954.11.3–)

Lin, Cho-Liang
中国,のちアメリカのヴァイオリン奏者。
⇒岩世人(リン 1960.1.29–)
外12(リン,チョー・リャン 1960.1.29–)
外16(リン,チョー・リャン 1960.1.29–)

Lin, Francie
アメリカの作家。
⇒海文新(リン,フランシー)
現世文(リン,フランシー)

Lin, Jeremy
アメリカのバスケットボール選手(ウォリアーズ)。

⇒外12(リン,ジェレミー 1988.8.23–)
最世ス(リン,ジェレミー 1988.8.23–)

Lin, Joseph
アメリカのヴァイオリン奏者。
⇒外12(リン,ジョセフ 1978–)
外16(リン,ジョセフ 1978–)

Lin, Justin
台湾の映画監督。
⇒外12(リン,ジャスティン 1973–)
外16(リン,ジャスティン 1973–)

Lin, Maya
アメリカ・オハイオ州生まれの彫刻家,建築家。
⇒岩世人(リン 1959.10.5–)

Lin, Tao
アメリカの作家。
⇒外16(リン,タオ 1983–)
海文新(タオ,リン)
現世文(リン,タオ 1983–)

Lin, Tom
台湾の映画監督。
⇒外12(リン,トム 1976.2.8–)
外16(リン,トム 1976.2.8–)

Linares, Jorge
ベネズエラのプロボクサー。
⇒外16(リナレス,ホルヘ 1985.8.22–)
最世ス(リナレス,ホルヘ 1985.8.22–)

Lincecum, Tim
アメリカの大リーグ選手(ジャイアンツ・投手)。
⇒外12(リンスカム,ティム 1984.6.15–)
外16(リンスカム,ティム 1984.6.15–)
最世ス(リンスカム,ティム 1984.6.15–)
メジャ(リンスカム,ティム 1984.6.15–)

Lin Chi-ling
台湾の女優,モデル。
⇒外12(リンチーリン 1974.11.29–)
外16(リンチーリン 1974.11.29–)

Lincicome, Brittany
アメリカのプロゴルファー。
⇒外12(リンシカム,ブリタニー 1985.9.19–)
外16(リンシコム,ブリタニー 1985.9.19–)
最世ス(リンシコム,ブリタニー 1985.9.19–)

Lincke, Paul
ドイツの作曲家。ベルリン風のダンス曲,軽歌劇を作曲。
⇒ク音3(リンケ 1866–1946)
標準2(リンケ,パウル 1866.11.7–1946.9.3)

Lincoln
ブラジルのサッカー選手(FW)。
⇒外12(リンコン 1983.6.14–)

Lincoln, Blanche
アメリカの政治家。
⇒外12（リンカーン，ブランチ　1960.9.30-）

Lincoln, C.Eric
アメリカ・デューク大学のアフリカン・アメリカン宗教の神学者，小説家，牧師，黒人問題評論家。
⇒マルX（LINCOLN,C.ERIC　リンカーン，C・エリック　1924-2000）

Lincoln, Christpher
テノール歌手。
⇒魅惑（Lincoln,Christpher　?-）

Lincoln, Edward J.
アメリカの経済学者。
⇒外12（リンカーン，エドワード　1949-）
　外16（リンカーン，エドワード　1949-）

Lind, Adam Alan
アメリカの大リーグ選手（外野,DH）。
⇒メジャ（リンド，アダム　1983.7.17-）

Lind, Bjoern
スウェーデンのスキー選手（距離）。
⇒外12（リンド，ビョルン　1978.3.22-）
　外16（リンド，ビョルン　1978.3.22-）
　最世ス（リンド，ビョルン　1978.3.22-）

Lind, Bob
アメリカ・ボルティモア生まれのシンガー・ソングライター。
⇒ロック（Lind,Bob　リンド，ボブ　1942-）

Lind, Jose
アメリカの大リーグ選手（二塁）。
⇒メジャ（リンド，ホセ　1964.5.1-）

Lind, Samuel Colville
アメリカの化学者。ラジウム測定用の検電器を発明。「Journal of Physical Chemistry」誌を編集。
⇒岩世人（リンド　1879.6.15-1965.2.12）

Lind, Tomas
スウェーデンのテノール歌手。
⇒魅惑（Lind,Tomas　?-）

Lindahl, Erik Robert
スウェーデンの経済学者。著書に『課税の公正』(1919)，『貨幣および資本理論の研究』などがあり，北欧学派の代表者の1人。
⇒岩経（リンダール　1891-1960）
　岩世人（リンダール　1891.11.21-1960.1.6）
　有経5（リンダール　1891-1960）

Lindahl, Tomas
スウェーデンの化学者。
⇒外16（リンダール，トマス　1938.1.28-）
　化学（リンダール　1938-）

Lindau, Paul
ドイツのジャーナリスト，作家。
⇒ユ著人（Lindau,Paul　リンダウ，パウル　1839-1919）

Lindau, Rudolph
ドイツの外交官，文筆家。
⇒来日（リンダウ，ルドルフ　1830-1910）

Lindauer, Gottfried
ニュージーランドの画家。
⇒ニュー（リンダウァー，ゴットフリート　1839-1926）

Lindberg, Arthur E.
アメリカ海軍士官。
⇒スパイ（リンドバーグ，アーサー・E）

Lindberg, Christian
スウェーデンのトロンボーン奏者。
⇒外12（リンドベルイ，クリスティアン　1958-）
　外16（リンドベルイ，クリスティアン　1958-）

Lindberg, Magnus
フィンランドの作曲家。
⇒岩世人（リンドベリ　1958.6.27-）
　ク音3（リンドベルイ　1958-）

Lindberg, Stig
スウェーデンのイラストレーター，プロダクト・デザイナー。
⇒岩世人（リンドベリ　1916.8.17-1982.4.7）

Lindbergh, Anne Morrow
アメリカの女性作家。飛行家C.リンドバーグ夫人。『聞け！ 風が』(1938) などがある。
⇒岩世人（リンドバーグ　1906.6.22-2001.2.7）
　現世文（リンドバーグ，アン・モロー　1906.6.22-2001.2.7）

Lindbergh, Charles Augustus
アメリカの飛行家。1927年5月20～21日愛機『スピリット・オブ・セントルイス号』に乗り，ニューヨーク～パリ間の大西洋無着陸単独飛行に初めて成功。
⇒アメ州（Lindbergh,Charles Augustus　リンドバーグ，チャールズ・オーガスタス　1902-1974）
　アメ新（リンドバーグ　1902-1974）
　岩世人（リンドバーグ　1902.2.4-1974.8.26）
　広辞7（リンドバーグ　1902-1974）
　辞歴（リンドバーグ　1902-1974）
　世人新（リンドバーグ　1902-1974）
　世人装（リンドバーグ　1902-1974）
　ネーム（リンドバーグ　1902-1974）
　ボブ人（リンドバーグ，チャールズ　1902-1974）

Lindblad, Bertil
スウェーデンの天文学者。ストックホルム天文台台長。銀河系が自転していることを明らかにした。
⇒天文辞（リンドブラッド　1895-1965）

L

Lindblad, Paul Aaron
アメリカの大リーグ選手(投手)。
⇒メジャ(リンドブラッド, ポール 1941.8.9–2006.1.1)

Linde, Carl von
ドイツの工学者。1895年空気の液化に成功。
⇒岩世人(リンデ 1842.6.11–1934.11.16)
化学(リンデ 1842–1934)

Linde, Ernst
ドイツの教育家。人格の尊重および母国語における本源的感情の権利を強調した。
⇒岩世人(リンデ 1864.5.20–1943.12.21)
教人(リンデ 1846–1943)

Linde, Hans-Martin
ドイツのフルート奏者, リコーダー奏者, 作曲家。
⇒標音2(リンデ, ハンス=マルティン 1930.5.24–)

Linde, Otto zur
ドイツの作家。文芸誌「Charon」を創刊。"A. Holz uud der Charon"。
⇒岩世人(リンデ 1873.4.26–1938.2.16)

Lindegren, Erik
スウェーデンの詩人。カール・ベンベルクとともに, スウェーデンの代表的詩人。
⇒岩世人(リンデグレーン 1910.8.5–1968.5.31)
現世文(リンデグレン, エーリック 1910.8.5–1968.5.31)

Lindelöf, Ernst Leonard
フィンランドの数学者。ヘルシンキ大名誉教授。著作『解析学教程』。
⇒数辞(リンデーレーフ, エルンスト・レオナルド 1870–1946)
世数(リンデレーフ, エルンスト・レオナール 1870–1946)

Lindemann, Carl Louis Ferdinand von
ドイツの数学者。円周率πの超越性を証明。
⇒岩世人(リンデマン 1852.4.12–1939.3.6)
数辞(リンデマン, カール・ルイス・フェルディナンド・フォン 1852–1939)
数小増(リンデマン 1852–1939)
世数(リンデマン, カール・ルイス・フェルディナンド・フォン 1852–1939)

Lindemann, Gesa
ドイツの社会学者, フェミニズム哲学者, 応用倫理学者。
⇒岩世人(リンデマン 1956.4.30–)

Linden, Jakob
ドイツのカトリック神学者。
⇒新カト(リンデン 1853.5.10–1915.11.4)

Linden, Todd
アメリカのプロ野球選手(外野手), 大リーグ選手。
⇒外12(リンデン, トッド 1980.6.30–)

Lindenstrauss, Elon
イスラエルの数学者。
⇒世数(リンデンシュトラウス, エロン 1970–)

Linder, Isaak Maksovich
ロシアのチェス史研究者。
⇒岩世人(リンダー(リンデル) 1920.11.20–)

Linder, Max
フランスの喜劇映画俳優, 監督。短篇喜劇『マックス・シリーズ』を大ヒットさせた。
⇒岩世人(ランデー 1883.12.16–1925.10.31)
ネーム(ランデ, マックス 1883–1925)
ユ芸人(Linder,Max ランデール, マクス 1883–1925)

Lindfors, Viveca
スウェーデン生まれの映画女優。
⇒ク俳(リンドフォース, ヴィヴェカ(トーステンスデッター, エルサ・V) 1920–1995)

Lindgren, Astrid
スウェーデンの女性児童文学作家。
⇒岩世人(リンドグレーン 1907.11.14–2002.1.28)
絵本(リンドグレーン, アストリッド 1907–2002)
現世文(リンドグレーン, アストリッド 1907.11.14–2002.1.28)
広辞7(リンドグレーン 1907–2002)
ネーム(リンドグレン 1907–2002)
ポプ人(リンドグレーン, アストリッド 1907–2002)

Lindgren, Barbro
スウェーデンの児童文学者。
⇒現世文(リンドグレーン, バルブロ 1937–)

Lindgren, Torgny
スウェーデンの小説家。
⇒岩世人(リンドグレーン 1938.6.16–)

Lindgren, Waldemar
スウェーデン生まれのアメリカの地質学者。「Economic Geology」誌を創刊。
⇒岩世人(リンドグレン 1860.2.14–1939.11.3)
オク地(リンドグレン, ヴァルデマール 1860–1936)

Lindh, Anna
スウェーデンの政治家。スウェーデン外相。
⇒世指導(リンド, アンナ 1957.6.19–2003.9.11)

Lindi, Aroldo
スウェーデンのテノール歌手。
⇒失声(リンディ, アロルド 1888–1944)
魅惑(Lindi,Aroldo 1888–1944)

Lindley, *Sir* Francis
イギリスの外交官。駐日特命全権大使として来日し(1931～34), 満州事変を中心とする日英関係の調整に努めた。

⇒岩世人（リンドリー　1872.6.12-1950.8.17）
Lindner, Theodor
ドイツの歴史家。"Geschichte des deutschen Volkes"2巻（1894）。
⇒学叢思（リンドネル，テオドル　1843-?）
Lindo, Isaac Anne
オランダの土木技師。
⇒岩世人（リンド　1848-1941）
Lindon, Vincent
フランスの俳優。
⇒外16（ランドン，ヴァンサン　1959.7.15-）
Lindqvist, John Ajvide
スウェーデンの作家。
⇒海文新（リンドクヴィスト，ヨン・アイヴィデ　1968.12.2-）
現世文（リンドクヴィスト，ヨン・アイヴィデ　1968.12.2-）
Lindroos, Peter
フィンランドのテノール歌手。
⇒失声（リンドロス，ペーター　1944-2003）
魅惑（Lindroos,Peter　1944-2003）
Lindros, Eric
カナダのアイスホッケー選手（FW）。
⇒最世ス（リンドロス，エリック　1973.2.28-）
Lindsay, Alexander Dunlop, Baron L.of Birker
イギリスの社会哲学者。
⇒岩世人（リンジー　1879.5.14-1952.3.18）
Lindsay, Jeff
アメリカのミステリ作家。
⇒外16（リンジー，ジェフ）
現世文（リンジー，ジェフ）
Lindsay, John V.
アメリカの政治家。ニューヨーク市長。
⇒アメ州（Lindsay,John Vliet　リンゼイ，ジョン・ブリエット　1921-）
Lindsay, Margaret
アメリカの女優。
⇒ク俳（リンジー，マーガレット（キース,M）1910-1981）
Lindsay, Nicholas Vachel
アメリカの詩人。著作に『ウィリアム・ブース大将天国に入る』（1913）。
⇒アメ州（Lindsay,Vachel　リンゼイ，ベイチェル　1879-1931）
岩世人（リンジー　1879.11.10-1931.12.5）
Lindsay, Norman Alfred William
オーストラリアの画家，著作家。
⇒岩世人（リンジー　1879.2.22-1969.11.21）
絵本（リンジー，ノーマン　1879-1969）

Lindsay, Paul
アメリカのミステリ作家。
⇒外12（リンゼイ，ポール）
現世文（リンゼイ，ポール　1943-2011.9.1）
Lindsay, Wallace Martin
イギリスのラテン語学者。ラテン詩学の研究 "Glossaria Latina"（1930）。
⇒岩世人（リンジー　1858.2.12-1937.2.21）
Lindsey, Benjamin Barr
アメリカの裁判官。カリフォルニア州最高裁判所判事。青少年保護法の制定に尽した。
⇒教人（リンジ　1869-1943）
Lindsey, David L.
アメリカのミステリ作家。
⇒現世文（リンジー，デービッド　1944.11.6-）
Lindsey, Lawrence B.
アメリカのエコノミスト。
⇒外12（リンゼイ，ローレンス　1954.7.18-）
　外16（リンゼイ，ローレンス　1954.7.18-）
Lindskog, Pär
スウェーデンのテノール歌手。
⇒魅惑（Lindskog,Pär　1935-）
Lindstrom, Frederick Charles
アメリカの大リーグ選手（三塁，外野）。
⇒メジャ（リンドストロム，フレディー　1905.11.21-1981.10.4）
Lindworsky, Johannes
ドイツの心理学者。プラーハ大学教授。高等精神作用，意志作用を研究。
⇒教人（リンドヴォルスキー　1875-1939）
新カト（リントヴォルスキー　1875.1.21-1939.9.9）
Linebarger, Paul Myron Anthony
アメリカの政治学者。
⇒アア歴（Linebarger,Paul M (yron) A (nthony)　ラインバーガー，ポール・マイロン・アンソニー　1913.7.11-1966.8.6）
Linebarger, Paul Myron Wentworth
アメリカの弁護士，作家。
⇒アア歴（Linebarger,Paul M (yron) W (entworth)　ラインバーガー，ポール・マイロン・ウェントワース　1871.6.15-1939.2.20）
Linebrink, Scott Cameron
アメリカの大リーグ選手（投手）。
⇒メジャ（ラインブリンク，スコット　1976.8.4-）
Linehan, Patrick J.
アメリカの外交官。
⇒外16（リネハン，パトリック）

Lineker, Gary
イギリスのサッカー選手。
⇒異二辞（リネカー［ゲーリー・〜］ 1960–）
外12（リネカー, ゲーリー 1960.11.30–）
外16（リネカー, ゲーリー 1960.11.30–）
ネーム（リネカー 1960–）

Lin En-yu
台湾のプロ野球選手（台湾兄弟・投手）。
⇒外12（林恩宇 リンオンユ 1981.3.25–）

Linetzki, Jizchak Joel
ウクライナ・ポドリア生まれのイディッシュ作家。
⇒ユ著人（Linetzki,Jizchak Joel リネッキー, イツアク・ヨエル 1839–1915）

Linevich, Nikolai Petrovich
ロシアの将軍。奉天の大会戦後クロパートキンの跡をつぎ満州軍総司令官となった。
⇒岩世人（リネーヴィチ 1838.12.24–1908.4.10）

Linfield, Mark
イギリスの映画監督。
⇒外12（リンフィールド, マーク 1968–）

Ling, Sergei Stepanovich
ベラルーシの政治家。ベラルーシ首相。
⇒世指導（リンク, セルゲイ 1937.5.7–）

Lingat, Robert
フランスの法学者。
⇒タイ（ランガー 1892–1972）

Linger, Andreas
オーストリアのリュージュ選手。
⇒外12（リンガー, アンドレアス 1981.5.31–）
外16（リンガー, アンドレアス 1981.5.31–）
最世ス（リンガー, アンドレアス 1981.5.31–）

Linger, Wolfgang
オーストリアのリュージュ選手。
⇒外12（リンガー, ウォルフガング 1982.11.4–）
外16（リンガー, ウォルフガング 1982.11.4–）
最世ス（リンガー, ウォルフガング 1982.11.4–）

Lingis, Alphonso
アメリカの哲学者。ペンシルベニア州立大学名誉教授。
⇒外12（リンギス, アルフォンソ 1933–）

Lingle, Linda
アメリカの政治家。
⇒外12（リングル, リンダ 1953.6.4–）
外16（リングル, リンダ 1953.6.4–）
世指導（リングル, リンダ 1953.6.4–）

Linhart, Sepp
オーストリアの社会学者。主に日本の老人教育やレクリエーション施設について研究。
⇒外12（リンハルト, セップ 1944.5–）

Lini, Walter Hadye
バヌアツの政治家。バヌアツ首相。
⇒世指導（リニ, ウォルター 1942–1999.2.21）

Link, Kelly
アメリカの作家。
⇒外12（リンク, ケリー 1969–）
外16（リンク, ケリー 1969–）
海文新（リンク, ケリー 1969–）
現世文（リンク, ケリー 1969–）

Link, William
アメリカの作家, 脚本家。
⇒現世文（リンク, ウィリアム 1933.12.15–）

Linke, Franz
ドイツの気象学者。フランクフルト（マイン河畔）の大学教授。
⇒岩世人（リンケ 1878.1.4–1944.3.23）

Linklater, Andrew
オーストラリア出身の国際政治学者。
⇒政経改（リンクレイター 1949–）

Linklater, Eric
イギリス（スコットランド）の作家。主著"Juan in America"（1931）。
⇒岩世人（リンクレイター（リンクラター） 1899.3.8–1974.11.7）
現世文（リンクレーター, エリック 1899.3.8–1974.11.7）

Linklater, Richard
アメリカの映画監督。
⇒映監（リンクレイター, リチャード 1960.7.30–）
外16（リンクレーター, リチャード 1960–）

Linlithgow, John Adrian Louis Hope, 7th Earl of Hopetoun and 1st Marquis of
イギリスの政治家。オーストラリア連邦の初代総督。
⇒岩世人（リンリスゴー 1860.9.25–1908.2.29）

Linlithgow, Victor Alexander John Hope, 8th Earl of Hopetoun and 2nd Marquis of
イギリスの軍人, 政治家。インド副王兼インド総督として（1936～43）、インド諸州の自治を実現した。J.リンリスゴーの子。
⇒岩世人（リンリスゴー 1887.9.24–1952.1.5）

Lin Mun-lee
台湾の芸術教育専門家。台北教育大学教授。
⇒外12（林曼麗 リンマンレイ 1954.8.8–）
外16（林曼麗 リンマンレイ 1954.8.8–）

Linn, Hugh H.
アメリカの医療宣教師。

⇒アア歴（Linn,Hugh H. リン，ヒュー・H. 1878.9.28–1948.9.15）

Linn, Robert
アメリカの作曲家，教育者。
⇒エデ（リン，ロバート　1925.8.11–1999.10.28）

Linna, Väinö Valtteri
フィンランドの小説家。1963年北欧文学賞受賞，65年タンペレ大学名誉教授。主著『無名戦士』(1954)。
⇒岩世人（リンナ　1920.12.20–1992.4.21）
　現世文（リンナ，ヴァイニョ　1920.12.20–1992.4.21）

Linnankoski, Johannes
フィンランドの小説家。新ロマン主義の代表的国民作家。主著『真紅の花の歌』(1905)。
⇒岩世人（リンナンコスキ　1869.10.18–1913.8.10）

Linney, Laura
アメリカの女優。
⇒外12（リニー，ローラ　1964.2.5–）
　ク俳（リニー，ローラ　1964–）

Linnik, Yurii Vladimirovich
ソ連の数学者。
⇒世数（リニーク，ユーリ・ヴラディミロヴィッチ　1915–1972）

Lins, Gustavo
ブラジル生まれのファッションデザイナー。
⇒外12（リンス，グスタボ）
　外16（リンス，グスタボ）

Lins, Heinz-Maria
テノール歌手。
⇒魅惑（Lins,Heinz-Maria　?–）

Lins, Ivan
ブラジルのシンガー・ソングライター。
⇒外12（リンス，イヴァン　1945–）
　外16（リンス，イヴァン　1945–）

Linscott, Gillian
イギリスのミステリ作家，ジャーナリスト。
⇒現世文（リンスコット，ギリアン）

Linter, John
アメリカの経済学者。ハーバード大学経済学部教授，ハーバード・ビジネス・スクールの正教授。
⇒有経5（リントナー　1916–1984）

Linton, Ralph
アメリカの社会人類学者。「人間の科学」を主唱，これが『パーソナリティの文化的背景』(1945)のなかでさらに展開された。
⇒岩世人（リントン　1893.2.27–1953.12.24）
　教人（リントン　1893–）
　社小増（リントン　1893–1953）
　新カト（リントン　1893.2.27–1953.12.24）

メル3（リントン，ラルフ　1895–1953）

Lintzel, Martin
ドイツの歴史家。
⇒岩世人（リンツェル　1901.2.28–1955.7.15）

Lin Yu-chun
台湾の歌手。
⇒外12（リンユーチュン　1986–）
　外16（リンユーチュン　1986.3.9–）

Linz, Juan José
スペイン，アメリカの社会学者。
⇒岩世人（リンス　1926.12.24–2013.10.1）

Linzy, Frank Alfred
アメリカの大リーグ選手（投手）。
⇒メジャ（リンジー，フランク　1940.9.15–）

Lion, Alfred
ドイツ生まれのプロデューサー。ブルーノート・レコードの創始者。モダン・ジャズ史に残る幾多の名作を生み出す。
⇒岩世人（ライオン　1909.4.21–1987.2.2）

Lionel
フランス生まれの画家。
⇒芸13（リオネル　1949–）

Lionni, Leo
オランダのイラストレーター。
⇒絵本（レオニ（レオーニ），レオ　1910–1999）
　絵本（レオーニ，レオ　1910–1999）
　グラデ（Lionni,Leo　リオーニ，レオ　1910–1999）
　ポプ人（レオーニ，レオ　1910–1999）

Lions, Jaques-Louis
フランスの数学者。
⇒世数（リオン，ジャック-ルイ　1928–2001）

Lions, Pierre Louis
フランスの数学者。
⇒世数（リオン，ピエール-ルイ　1956–）

Liotta, Ray
アメリカ生まれの俳優。
⇒外12（リオッタ，レイ　1955.12.18–）
　ク俳（リオッタ，レイ　1955–）

Lipatti, Dinu
ルーマニアのピアノ奏者。
⇒新音中（リパッティ，ディヌ　1917.3.19–1950.12.2）
　標音2（リパッティ，ディヌ　1917.3.19–1950.12.2）

Lipchitz, Jacques
フランス，アメリカで活躍したロシアの彫刻家。主作品は『人形のような形』(1926〜30)，『母音の歌』(31)。
⇒岩世人（リプシッツ　1891.8.22/30–1973.5.26）

芸13（リプシッツ, ジャック 1891–1973）
広辞7（リプシッツ 1891–1973）
ユ著人（Lipchitz,Jacques リプシッツ, ジャック 1891–1973）

Lipietz, Alain
フランスの経済学者。レギュラシオン理論の代表的理論家。
⇒有経5（リピエッツ 1947–）

Lipka, Robert S.
アメリカ陸軍の情報分析官。
⇒スパイ（リプカ, ロバート・S 1946–2013）

Lipman, Laura
アメリカの作家。
⇒外12（リップマン, ローラ）
 外16（リップマン, ローラ）
 現世文（リップマン, ローラ）

Lipmann, Fritz Albert
アメリカの生化学者。補酵素Aの発見により, 1953年ノーベル生理・医学賞受賞。
⇒岩生（リップマン 1899–1986）
 岩世人（リップマン 1899.6.12–1986.7.24）
 旺生5（リップマン 1899–1986）
 広辞7（リップマン 1899–1986）
 三新生（リップマン 1899–1986）
 ノベ3（リップマン,F.A. 1899.6.12–1986.7.24）
 ユ著人（Lipmann,Fritz Albert リップマン, フリッツ・アルバート 1899–1986）

Lipmann, Otto
ドイツの心理学者。職業相談の専門家。
⇒ユ著人（Lipmann,Otto リップマン, オットー 1880–1933）

Lipnitskaya, Yulia
ロシアのフィギュアスケート選手。
⇒外16（リプニツカヤ, ユリア 1998.6.5–）

Lipp, Wolfgang
オーストリアのリンツ生まれの社会学者。ヴュルツブルク大学教授。スティグマがカリスマに変容するモデルを提示。専門分野は社会学理論, 文化社会学, 社会生態学。
⇒現宗（リップ 1941–）

Lippert, Herbert
オーストリアのオペレッタ歌手。
⇒失声（リッペルト, ヘルベルト 1963–）
 魅惑（Lippert,Herbert 1963–）

Lippert, Mark
アメリカの政治家。駐韓国米国大使。
⇒外16（リッパート, マーク）

Lippert, Peter
ドイツのイエズス会士, 神学者, 説教家。雑誌『時の声』を編集。
⇒岩世人（リッペルト 1879.8.23–1936.12.18）

 新カト（リッペルト 1879.8.23–1936.12.18）

Lippi, Marcello
イタリアのサッカー監督。
⇒外12（リッピ, マルチェロ 1948.4.11–）
 外16（リッピ, マルチェロ 1948.4.11–）
 最世ス（リッピ, マルチェロ 1948.4.11–）

Lippitt, Ronald Otis
アメリカの社会心理学者。ミシガン大学教授。
⇒社小増（リピット 1914–1986）

Lippmann, Gabriel
フランスの物理学者。パリ大学実験物理学教授。
⇒岩世人（リップマン 1845.8.16–1921.7.13）
 広辞7（リップマン 1845–1921）
 ネーム（リップマン 1845–1921）
 ノベ3（リップマン,G. 1845.8.16–1921.7.13）
 ユ著人（Lipmann,Gabriel リップマン, ガブリエル 1845–1921）

Lippmann, Walter
アメリカのジャーナリスト, 評論家。1931年から36年間続けた「ニューヨーク・ヘラルド・トリビューン」紙のコラム『今日と明日』で全世界的な名声を得た。
⇒アメ新（リップマン 1889–1974）
 岩世人（リップマン 1889.9.23–1974.12.14）
 教人（リップマン 1889–）
 現社（リップマン 1889–1974）
 広辞7（リップマン 1889–1974）
 社小増（リップマン 1889–1974）
 政経改（リップマン 1889–1974）
 世人新（リップマン 1889–1974）
 世人装（リップマン 1889–1974）
 ユ著人（Lippmann,Walter リップマン, ワルター 1889–1974）

Lipponen, Paavo Tapio
フィンランドの政治家。フィンランド首相。
⇒外12（リッポネン, パーボ 1941.4.23–）
 外16（リッポネン, パーボ 1941.4.23–）
 世指導（リッポネン, パーボ 1941.4.23–）

Lipps, Gottlob Friedrich
ドイツの心理学者, 哲学者。W.ヴントの弟子。"Das Problem der Willensfreiheit"（1912）。
⇒岩世人（リップス 1865.8.6–1931.3.9）

Lipps, Hans
ドイツの哲学者。
⇒岩世人（リップス 1889.11.22–1941.9.10）

Lipps, Theodor
ドイツの心理学者, 哲学者。主著『精神生活の根本問題』（1883）,『哲学と実在』（1907）。
⇒岩世人（リップス 1851.7.28–1914.10.17）
 学叢思（リップス, テオドル 1851–1914）
 広辞7（リップス 1851–1914）
 社小増（リップス 1851–1914）
 新カト（リップス 1851.7.28–1914.10.17）

標音2（リップス,テーオドーア　1851.7.28–1914.10.17)

Lips
カナダのミュージシャン。
⇒外12（リップス)

Lipscomb, William Nunn
アメリカの化学者。1976年ノーベル化学賞。
⇒岩世人（リプスコム　1919.12.9–2011.4.14)
　化学（リプスコム　1919–2011)
　ノベ3（リプスコム,W.N.　1919.12.9–2011.4.14)

Lipset, Seymour M(artin)
アメリカの政治学者,社会学者。
⇒岩世人（リプセット　1922.3.18–2006.12.31)
　現社（リプセット　1922–2006)
　社小増（リプセット　1922–)

Lipsey, Richard George
カナダ生まれの経済思想家。
⇒有経5（リプシー　1928–)

Lipsky, John
アメリカのエコノミスト。
⇒外12（リプスキー,ジョン)
　外16（リプスキー,ジョン　1947–)

Lipson, Ephram
イギリスの経済史家。「Economic History Review」誌の創刊,編集者(1921〜34)。
⇒岩世人（リプソン　1888.9.1–1960.4.22)
　有経5（リプソン　1888–1960)

Lipton, Sir Thomas Johnstone
イギリスの商人。セイロンで紅茶,コーヒーおよびココアの栽培園を経営。また国際的なヨット操縦者。
⇒岩世人（リプトン　1850.5.10–1931.10.2)

Li-Pu
中国生まれの版画家。
⇒芸13（リープ　1953–)

Lipushchek, Yanez
スロベニアのテノール歌手。
⇒魅惑（Lipushchek,Yanez　1914–)

Li Ru-lin
シンガポールの小説家,詩人。
⇒現世文（李汝琳　り・じょりん　1914.7.5–1991.3.17)

Lisa
スウェーデンの歌手。
⇒外12（リーサ)

Lisi, Nicola
イタリアの小説家。主著『水』(1928),『土の顔』(60)など。
⇒現世文（リージ,ニコラ　1893.4.11–1975.11.24)

Lisi, Virna
イタリア生まれの女優。
⇒ク俳（リージ,ヴィルナ（ピエラリージ,V)　1936–)
　スター（リージ,ヴィルナ　1937.9.8–)

Lisicki, Sabine
ドイツのテニス選手。
⇒最世ス（リシキ,ザビーネ　1989.9.22–)

Lisiecki, Jan
カナダのピアノ奏者。
⇒外16（リシエツキ,ヤン　1995.3.23–)

Liskov, Barbara
アメリカの計算機科学者。
⇒物理（リスコフ,バーバラ　1939–)

Lispector, Clarice
ブラジルの女性作家。ソ連出身。詩的で内省的な小説で有名。
⇒岩世人（リスペクトール　1920.12.10–1977.12.9)
　現世文（リスペクトール,クラリッセ　1925.12.10–1977.12.9)
　ネーム（リスペクトール　1925–1977)
　ラテ新（リスペクトール　1925–1977)

Liss, David
アメリカの作家。
⇒現世文（リス,デービッド　1966–)

Lissa, Zofia
ポーランドの音楽美学者。マルクス主義理論に基づき,音楽美学の諸問題の解明にあたった。
⇒標音2（リッサ,ゾフィア　1908.9.19–1980.3.26)

Lissitzky, El
ロシアの画家,デザイナー,建築家。主作品は『コンストラクション99』(1924〜25)。
⇒岩世人（リシツキー　1890.11.11/23–1941.12.30)
　グラデ（Lissitzky,Lazar El　リシッキー,ラサール・エル　1890–1941)
　ユ著人（Lissitzky,El (Eliezer or Lazar)　リシツキー,エル　1890–1941)

Lissmann, Hans
ドイツのテノール歌手。
⇒魅惑（Lissmann,Hans　1885–1964)

Lissner, Stéphane Michael
フランスのオペラ演出家。
⇒外16（リスナー,ステファン　1953.1.23–)

Lissouba, Pascal
コンゴ共和国の遺伝学者,政治家。コンゴ共和国大統領(1992〜97)。
⇒世指導（リスバ,パスカル　1931.11.15–)

Listach, Patrick Alan
アメリカの大リーグ選手（遊撃,二塁,外野)。
⇒メジャ（リスタッチ,パット　1967.9.12–)

L

Liszt, Franz von
ドイツの刑法学者。国際刑事学協会の創立に関与。
⇒岩世人（リスト　1851.3.2–1919.6.21）
　広辞7（リスト　1851–1919）

Litaize, Gaston
フランスのオルガン奏者, 作曲家。
⇒新音中（リテーズ, ガストン　1909.8.11–1991.8.5）
　標音2（リテーズ, ガストン　1909.8.11–1991.8.5）

Litaker, Donald
アメリカのテノール歌手。
⇒魅惑（Litaker,Donald　?–）

Litan, Robert E.
アメリカのエコノミスト。ブルッキングス研究所シニア・フェロー, カウフマン財団副理事長。
⇒外12（ライタン, ロバート　1950–）
　外16（ライタン, ロバート　1950–）

Lith, Franciscus van
オランダのイエズス会員, インドネシア宣教師。
⇒新カト（リト　1863.5.15–1926.1.9）

Litt, Theodor
ドイツの哲学者, 教育学者。主著『個人と社会』(1919),『思考と存在』(48)。
⇒岩世人（リット　1880.12.27–1962.7.16）
　教思増（リット　1880–1962）
　教人（リット　1880–）
　現社（リット　1880–1962）
　社小増（リット　1880–1962）
　新カト（リット　1880.12.27–1962.7.16）
　メル3（リット, テオドール　1880–1962）

Littbarski, Pierre
ドイツのサッカー監督, サッカー選手。
⇒異二辞（リトバルスキー [ピエール・～]　1960–）
　外12（リトバルスキー, ピエール　1960.4.16–）
　外16（リトバルスキー, ピエール　1960.4.16–）
　ネーム（リトバルスキー　1960–）

Littell, Jonathan
アメリカの作家。
⇒外12（リテル, ジョナサン　1967–）
　外16（リテル, ジョナサン　1967–）
　海文新（リテル, ジョナサン　1967.10.10–）
　現世文（リテル, ジョナサン　1967.10.10–）

Littell, Robert
アメリカの作家。
⇒外12（リテル, ロバート　1935–）
　外16（リテル, ロバート　1935–）
　現世文（リテル, ロバート　1935–）

Little, Archibald John
イギリスの実業家。中国に赴き四川の鉱山開発会社を設立。

⇒岩世人（リトル　1838.4.18–1908.11.5）

Little, Clarence Cook
アメリカの生物学者。癌に対する感受性の遺伝および生殖質の一時的変異に関する研究がある。
⇒岩世人（リトル　1888.10.6–1971.12.22）

Little, Eddie
アメリカの作家。
⇒現世文（リトル, エディ　?–2003.5.20）

Little, Frank
アメリカのテノール歌手。
⇒魅惑（Little,Frank　1936–2006）

Little, Hilda
マルコムXの姉。
⇒マルX（LITTLE,HILDA　リトル, ヒルダ　1922–）

Little, Ian Malcolm David
イギリスの経済学者。厚生経済学に多大の貢献をした。
⇒有経5（リトル　1918–2012）

Little, James
ニュージーランドの育種家。
⇒ニュー（リトル, ジェイムズ　1834–1921）

Little, Jean
カナダの女性作家。
⇒現世文（リトル, ジーン　1932.1.2–）

Little, J.Earl, Jr.
マルコムXの異母兄。
⇒マルX（LITTLE,J.EARL,JR.　リトル, J・アール, ジュニア　1917–1941）

Little, J.Earl, Sr.
マルコムXの父。
⇒マルX（LITTLE,J.EARL,SR.　リトル, J・アール, シニア　1890–1931）

Little, Lester Knox
アメリカの政府役人。
⇒アア歴（Little,L(ester) K(nox)　リトル, レスター・ノックス　1892.3.20–1981.10.27）

Little, Louise Norton
マルコムXの母。
⇒マルX（LITTLE,LOUISE NORTON (Louisa Little)　リトル, ルイーズ・ノートン（リトル, ルイザ）　1900–1991）

Little, Margaret Isabel
イギリスの女性精神分析家, 精神科医。
⇒精分岩（リトル, マーガレット・I　1901–1994）

Little, Philbert
マルコムXの兄。
⇒マルX（LITTLE,PHILBERT (Philbert X、Abdul Aziz Omar)　リトル, フィルバート

(フィルバートX, アブデュル・アジズ・オマー) 1923-1994)

Little, Reginald
マルコムXの弟。
⇒マルX（LITTLE,REGINALD リトル,レジナルド 1927-）

Little, Robert
マルコムXの異父弟。
⇒マルX（LITTLE,ROBERT リトル,ロバート 1933-1999）

Little, Wesley
マルコムXの弟。
⇒マルX（LITTLE,WESLEY リトル,ウェズリー 1928-）

Little, Wilfred
マルコムの兄。
⇒マルX（LITTLE,WILFRED リトル,ウイルフレッド 1920-1998）

Littlefield, Little Willie
アメリカ・テキサス州ヒューストン生まれのミュージシャン。
⇒ロック（Littlefield,Little Willie リトルフィールド,リトル・ウィリー 1931.9.16-）

Littlefield, Sophie
アメリカの作家。
⇒海文新（リトルフィールド, ソフィー）
現世文（リトルフィールド, ソフィー）

Little Richard
アメリカのロック・ミュージシャン。
⇒異二辞（リトル・リチャード 1932-）
岩世人（リトル・リチャード 1932.12.5-）
新音中（リトル・リチャード 1932.12.5-）
ビト改（RICHARD,LITTLE リチャード,リトル）
標音2（リトル・リチャード 1932.12.5-）
ロック（Little Richard リトル・リチャード）

Littleton, Analias Charles
アメリカの会計学者。アメリカ会計学における動態論の完成者。
⇒岩経（リトルトン 1886-1974）
岩世人（リトルトン 1886.12.4-1974.1.13）

Little Walter
アメリカ・ルイジアナ州アレクサンドリア生まれのブルース・ハーモニカ奏者。
⇒ロック（Little Walter リトル・ウォルター 1930.5.1-1968.2.15）

Littlewood, John Edensor
イギリスの数学者。解析学, 解析的整数論を発展させた。
⇒岩世人（リトルウッド 1885.6.9-1977.9.6）
数辞（リトルウッド, ジョン・イーデンサー 1885-1977）
数小増（リトルウッド 1885-1977）

世数（リトルウッド, ジョン・イデンサー 1885-1977）

Littmann, Enno
ドイツの東洋学者。ボン（1917）, テュービンゲン（21）の各大学教授。
⇒岩世人（リットマン 1875.9.16-1958.5.4）

Littmann, Max
ドイツの建築家。ミュンヘン大学教授。劇場建築家。主作品『国立劇場（シュトゥットガルト）』。
⇒岩世人（リットマン 1862.1.3-1931.9.20）

Litvak, Anatole
ロシア生まれの映画監督。ドイツ, アメリカなどで活躍。代表作には『私は殺される』などがある。
⇒映監（リトヴァク, アナトール 1902.5.10-1974）
ユ著人（Litvak,Anatole リトパーク, アナトール 1902-1974）

Litvinenko, Marina
変死したロシア情報将校の妻。
⇒外16（リトヴィネンコ, マリーナ）

Litvinov, Maksim Maksimovich
ソ連の外交官。1927年ジュネーブの軍縮会議準備委員会で首席代表として世界の軍備全廃を提案。
⇒岩世人（リトヴィーノフ 1876.7.5/17-1951.12.31）
学叢思（リトヴィノフ 1876-?）
広辞7（リトヴィノフ 1876-1951）
世人新（リトヴィノフ 1876-1951）
世人装（リトヴィノフ 1876-1951）
ネーム（リトヴィノフ 1876-1951）

Litvyak, Lydia
ソ連の女性戦闘機操縦者。
⇒異二辞（リトヴァク［リディア・～] 1921-1943）

Litwak, Eugene
アメリカの社会学者。
⇒社小増（リトウォク 1925-）

Litwhiler, Daniel Webster
アメリカの大リーグ選手（外野）。
⇒メジャ（リットワイラー, ダニー 1916.8.31-2011.9.23）

Li Tzar-kai, Richard
香港の経営者。
⇒外12（リー, リチャード 1966-）
外16（リー, リチャード 1966-）

Liu, Ken
中国生まれのアメリカのSF作家。
⇒海文新（リュウ, ケン 1976-）
現世文（リュウ, ケン 1976-）

Liu, Lucy
アメリカの女優。
⇒外12（リュー, ルーシー　1968.12.2–）
　外16（リュー, ルーシー　1968.12.2–）

Liu, Ta Chung
中国の経済学者。
⇒岩世人（劉大中　りゅうだいちゅう　1914–1975.8.14）

Liú Huān
中国の歌手。
⇒岩世人（リュウ・ホワン　1963.8.26–）

Liukin, Nastia
アメリカの体操選手。
⇒外12（リューキン, ナスティア　1989.10.30–）
　最世ス（リューキン, ナスティア　1989.10.30–）

Liukin, Valeri
ソ連出身の体操選手。
⇒外12（リューキン, ワレリー　1966.12.17–）

Liu Miseki
中国生まれの写真家。
⇒芸13（リウ・ミセキ　りうみせき　1946–）

Liu Pei-qi
中国の俳優。
⇒外12（リウペイチー　1958.3.16–）
　外16（リウペイチー　1958.3.16–）

Liu Ye
中国の俳優。
⇒外12（リウイエ　1978.3.23–）
　外16（リウイエ　1978.3.23–）

Liu Yichang
香港の作家。
⇒岩世人（劉以鬯　りゅういちょう　1918.12.7–）
　広辞7（りゅう・いちょう　劉以鬯　1918–）

Liu Yi-fei
中国の女優。
⇒外12（リウイーフェイ　1987.8.25–）

Liuzzi, Vitantonio
イタリアのレーシングドライバー, F1ドライバー。
⇒外12（リウッツィ, ヴィタントニオ　1981–）
　外16（リウッツィ, ヴィタントニオ　1981.8.6–）
　最世ス（リウッツィ, ヴィタントニオ　1981.8.6–）

Lively, Blake
アメリカの女優。
⇒外12（ライブリー, ブレイク　1987.8.25–）
　外16（ライブリー, ブレイク　1987.8.25–）

Lively, Penelope（Margaret）
イギリスの女性小説家, 児童文学作家。
⇒岩世人（ライヴリー　1933.3.17–）

　現世文（ライブリー, ペネロピ　1933.3.17–）

Liveris, Andrew N.
オーストラリアの実業家。
⇒外12（リバリス, アンドルー　1954.5.5–）
　外16（リバリス, アンドルー　1954.5.5–）

Livermore, Ann
アメリカの実業家。
⇒外12（リバモア, アン　1958.8.23–）
　外16（リバモア, アン　1958.8.23–）

Livermore, Jesse Lauriston
アメリカの投機家。
⇒異二辞（リバモア［ジェシー・〜］　1877–1940）

Liverpool, Nicholas Joseph Orville
ドミニカ国の政治家。ドミニカ国大統領（2003〜12）。
⇒外12（リバプール, ニコラス　1934.9.9–）
　外16（リバプール, ニコラス　1934.9.9–）
　世指導（リバプール, ニコラス　1934.9.9–2015.6.1）

Livings, Henry
イギリスの劇作家, 俳優。
⇒現世文（リビングズ, ヘンリー　1929.9.20–1998）

Livingston, Burton Edward
アメリカの植物生理学者。植物における拡散, 滲透圧について研究した。
⇒岩世人（リヴィングストン　1875.2.9–1948）

Livingston, Cindy
アメリカの実業家。
⇒外16（リビングストン, シンディ）

Livingston, Jay
アメリカのポピュラー作曲家。
⇒標音2（リヴィングストン, ジェイ　1915.3.28–2001.10.17）

Livingston, Robert
アメリカの記者, 俳優。
⇒ク俳（リヴィングストン, ロバート（ランドール, R）　1904–1988）

Livingstone, Dandy
ジャマイカ生まれのイギリスのミュージシャン, プロデューサー。
⇒ロック（Livingstone,Dandy　リヴィングストーン, ダンディ）

Livingstone, Ken
イギリスの政治家。ロンドン市長。
⇒外12（リビングストン, ケン　1945.6.17–）
　外16（リビングストン, ケン　1945.6.17–）
　世指導（リビングストン, ケン　1945.6.17–）

Livinhac, Léon
フランス・ビュザン生まれの白衣宣教会第2代

総会長。
⇒新カト（リヴィニャク 1846.7.13-1922.11.11)

Livio, Mario
アメリカの宇宙物理学者。
⇒外12（リヴィオ,マリオ）
　外16（リヴィオ,マリオ）

Livne, Lea
イスラエル生まれの女性画家。
⇒ユ著人（Livne,Lea　リウネ,レア　1935-）

Livni, Tzipi
イスラエルの女性政治家,弁護士。イスラエル副首相,外相,カディマ党首。
⇒外12（リヴニ,ツィピ　1958.7.5-）
　外16（リヴニ,ツィピ　1958.7.5-）
　世指導（リヴニ,ツィピ　1958.7.5-）

Livora, František
チェコスロバキアのテノール歌手。
⇒魅惑（Livora,František　1936-）

Livshits, Aleksandr
ロシアの政治家,経済学者。ロシア副首相。
⇒外12（リフシツ,アレクサンドル　1946.9.6-）
　外16（リフシツ,アレクサンドル　1946.9.6-）
　世指導（リフシツ,アレクサンドル　1946.9.6-2013.4.25）

Li Xue-wen
シンガポールの小説家。
⇒現世文（李学文　り・がくぶん　1938.7.21-）

Lizzy
韓国の歌手。
⇒外12（リジ　1992.7.31-）

Ljungberg, Fredrik
スウェーデンのサッカー選手（清水エスパルス・MF）。
⇒外12（ユングベリ,フレドリク　1977.4.16-）
　最世ス（ユングベリ,フレドリク　1977.4.16-）

Llamazares, Julio
スペインの詩人,作家。
⇒外12（リャマサーレス,フリオ　1955-）
　外16（リャマサーレス,フリオ　1955-）
　現世文（リャマサーレス,フリオ　1955-）

Llaneras, Joan
スペインの自転車選手。
⇒外12（リャネラス,ホアン　1969.5.17-）
　最世ス（リャネラス,ホアン　1969.5.17-）

Llewellyn, Karl Nickerson
アメリカの法理学者。規範懐疑主義の立場から,裁判官の行動分析に基づくリアリズム法学の展開に指導的役割を果たした。
⇒岩世人（ルウェリン　1893.5.22-1962.2.13）

Llewellyn, Richard
イギリスの作家。小説『わが谷は緑なりき』(1939)など。
⇒岩世人（ルウェリン　1906.12.8-1983.11.30）
　現世文（ルウェリン,リチャード　1907-1983.11.30）

Llobet, Miguel
スペインのギター奏者,作曲家,編曲家。
⇒ク音3（リョベート　1878-1938）
　新音中（リョベート・ソレス,ミゲル　1878.10.18-1938.2.22）
　標音2（リョベート,ミゲル　1878.10.18-1938.2.22）

Llodra, Michael
フランスのテニス選手。
⇒最世ス（ロドラ,ミカエル　1980.5.18-）

Lloveras, Juan
スペインのテノール歌手。
⇒失声（ロヴェラス,フアン　1934-）
　魅惑（Lloveras,Juan　1934-）

Lloyd, Arthur
イギリスのSPG宣教師。立教大学総長。東京帝国大学,慶応義塾,立教大学他で英語英文学を教授。
⇒岩世人（ロイド　1852.4.10-1911.10.27）

Lloyd, Charles
アメリカのジャズ・サックス,フルート奏者。
⇒外12（ロイド,チャールズ　1938.3.15-）
　外16（ロイド,チャールズ　1938.3.15-）

Lloyd, Christopher
アメリカ生まれの俳優。
⇒外16（ロイド,クリストファー　1938.10.22-）

Lloyd, Christopher
イギリスのジャーナリスト。
⇒外16（ロイド,クリストファー　1968-）

Lloyd, David
イギリスのテノール歌手。
⇒失声（ロイド,デヴィッド　1912-1969）
　魅惑（Lloyd,David　1912-1969）

Lloyd, David
アメリカのテノール歌手。
⇒魅惑（Lloyd,David　1920-）

Lloyd, Edward
イギリスのテノール歌手。
⇒魅惑（Lloyd,Edward　1845-1927）

Lloyd, Emily
イギリス生まれの女優。
⇒ク俳（ロイド,エミリー（ロイド・パック,E)　1970-）

Lloyd, Frank
アメリカの映画監督。
⇒映監（ロイド, フランク 1886.2.2-1960）

Lloyd, Sir Geoffrey Ernest Richard
イギリスの古代科学史研究家, 比較思想研究者。
⇒岩世人（ロイド 1933.1.25-）

Lloyd, George Ambrose, 1st Baron of Dolobran
イギリスの政治家。保守党所属下院議員として活躍。のち植民相などを務めた。
⇒岩世人（ロイド 1879.9.19-1941.2.4）

Lloyd, Graeme John
オーストラリアの大リーグ選手（投手）。
⇒メジャ（ロイド, グラム 1967.4.9-）

Lloyd, Harold
アメリカの喜劇映画俳優。トレードマークのロイドめがねとカンカン帽でコメディーに活躍。
⇒アメ新（ロイド 1893-1971）
　岩世人（ロイド 1894.4.20-1971.3.8）
　ク俳（ロイド, ハロルド 1893-1971）
　広辞7（ロイド 1893-1971）
　スター（ロイド, ハロルド 1893.4.20-1971）
　ネーム（ロイド, ハロルド 1893-1971）

Lloyd, John Henry
アメリカのニグロリーグの選手（遊撃, 一塁）。
⇒メジャ（ロイド, ポップ 1884.4.25-1964.3.19）

Lloyd, Robert
イギリスのバス歌手。
⇒標音2（ロイド, ロバート 1940.3.2-）

Lloyd, Saci
イギリスの作家。
⇒現世文（ロイド, サチ 1967-）

Lloyd George, David, 1st Earl of Dufor
イギリスの政治家。第1次世界大戦中に組閣し, イギリスを勝利へ導いた。
⇒岩世人（ロイド・ジョージ 1863.1.17-1945.3.26）
　学叢思（ジョージ, ロイド 1863-?）
　広辞7（ロイド・ジョージ 1863-1945）
　世史改（ロイド＝ジョージ 1863-1945）
　世史改（ロイド＝ジョージ 1863-1945）
　世人新（ロイド＝ジョージ 1863-1945）
　世人装（ロイド＝ジョージ 1863-1945）
　ネーム（ロイド・ジョージ 1863-1945）
　ポブ人（ロイド・ジョージ, デイビッド 1863-1945）

Lloyd-Jones, Buster
イギリスの動物文学作家, 獣医。
⇒現世文（ロイド・ジョーンズ, バスター 1914-1980）

Lloyd Webber, Andrew
イギリス生まれの作曲家。作品『ジーザス・クライスト・スーパースター』『エヴィータ』『キャッツ』など。
⇒岩世人（ウェバー 1948.3.22-）
　エデ（ロイド・ウェバー, アンドルー 1948.3.22-）
　外12（ロイド・ウェバー, アンドルー 1948.3.22-）
　外16（ロイド・ウェバー, アンドルー 1948.3.22-）
　ク音3（ロイド・ウェッバー 1948-）
　新音中（ロイド・ウェッバー, アンドルー 1948.3.22-）
　ネーム（ウェッバー 1948-）
　標音2（ロイド・ウェバー, アンドルー 1948.3.22-）

Loach, Jim
イギリスの映画監督。
⇒外16（ローチ, ジム 1969-）

Loach, Ken
イギリス生まれの映画監督。
⇒岩世人（ローチ 1936.6.17-）
　映監（ローチ, ケン 1936.6.17-）
　外12（ローチ, ケン 1936.6.17-）
　外16（ローチ, ケン 1936.6.17-）

Loaiza, Esteban
メキシコの大リーグ選手（投手）。
⇒メジャ（ロアイサ, エステバン 1971.12.31-）

Lobato, Arcadio
スペインのイラストレーター。
⇒絵本（ロバート, アルカディオ 1955-）

Lobe, Mira
オーストリアの児童文学者。
⇒現世文（ローベ, ミラ 1913-1995）

Löbe, Paul
ドイツの政治家。下院議長（1920〜32）。第二次大戦後, 連邦議会議員となる（49〜53）。
⇒岩世人（レーベ 1875.12.14-1967.8.3）

Lobel, Arnold
アメリカのイラストレーター。
⇒岩世人（ローベル 1933.5.22-1987.12.4）
　絵本（ローベル, アーノルド 1933-1987）
　ボブ人（ローベル, アーノルド 1933-1987）

Lobel Anita
ポーランド生まれのアメリカの女性絵本作家, 挿絵画家。
⇒外16（ローベル, アニタ 1934-）

Lobenstine, Edwin Carlyle
アメリカの宣教師。
⇒アア歴（Lobenstine,Edwin C(arlyle) ロベンスタイン, エドウィン・カーライル 1872.1.18-1958.7）

Lobert, John Bernard（Hans）
アメリカの大リーグ選手（三塁，遊撃）。
⇒メジャ（ロバート，ハンス　1881.10.18–1968.9.14）

Lobingier, Charles Sumner
アメリカの弁護士，判事。
⇒アア歴（Lobingier,Charles Sumner　ロビンギア，チャールズ・サムナー　1866.4.30–1956.4.28）

Lobo
アメリカ・フロリダ州生まれの歌手。
⇒ロック（Lobo　ローボウ　1943–）

Lobo, Bartasal
スペインの彫刻家。
⇒芸13（ロボ，バルタザール　1910–1979）

Lobo, Porfirio
ホンジュラスの政治家。ホンジュラス大統領（2010～14）。
⇒外12（ロボ，ポルフィリオ　1947.12.22–）
　外16（ロボ，ポルフィリオ　1947.12.22–）
　世指導（ロボ，ポルフィリオ　1947.12.22–）

Lobo, Ricardo
ブラジルのサッカー選手（栃木SC・FW）。
⇒外12（ロボ，リカルド　1984.5.20–）

Lobov, Oleg
ロシアの政治家。ロシア副首相。
⇒世指導（ロボフ，オレグ　1937.9.7–）

Lobsang Sangay
チベット人の政治家，国際法学者。チベット亡命政府首相。
⇒外12（ロブサン・センゲ　1968–）
　外16（センゲ，ロブサン　1968–）
　世指導（センゲ，ロブサン　1968–）
　中日3（楽桑・桑盖　ロブサン・センゲ，ロブサン・サンガイ　1968–）

Lobstein, Paul
フランスの神学者。
⇒新カト（ロープシュタイン　1850.7.28–1922.4.13）

Loch, Felix
ドイツのリュージュ選手。
⇒外12（ロッホ，フェリックス　1989.7.24–）
　外16（ロッホ，フェリックス　1989.7.24–）
　最世ス（ロッホ，フェリックス　1989.7.24–）

Lo Cheyin, Neco
香港のアニメーション作家。
⇒アニメ（盧子英　ロ・チェイン，ニコ　1960–）

Lochner, Rudolf
ドイツの教育学者。フィッシャーの記述的教育学の主張を更に発展し体系化して，純粋教育科学としての記述的教育学を樹立。

⇒教人（ロホナー　1895–）

Lochte, Ryan
アメリカの水泳選手（背泳ぎ・個人メドレー）。
⇒外12（ロクテ，ライアン　1984.8.3–）
　外16（ロクテ，ライアン　1984.8.3–）
　最世ス（ロクテ，ライアン　1984.8.3–）

Lock, Andy
イギリスの実業家。
⇒外16（ロック，アンディ　1954–）

Lock, Don Wilson
アメリカの大リーグ選手（外野）。
⇒メジャ（ロック，ドン　1936.7.27–）

Locke, Alain L.
アメリカの批評家。
⇒岩世人（ロック　1885.9.13–1954.6.9）

Locke, Attica
アメリカの作家。
⇒海文新（ロック，アッティカ）
　現世文（ロック，アッティカ）

Locke, Gary
アメリカの政治家，法律家。
⇒外12（ロック，ゲーリー　1950.1.21–）
　外16（ロック，ゲーリー　1950.1.21–）
　世指導（ロック，ゲーリー　1950.1.21–）

Locke, Robert D.
アメリカの石油採掘業者。
⇒アア歴（Locke,Robert D.　ロック，ロバート・D.　1850–1943.2）

Locke, Sondra
アメリカ生まれの女優。
⇒ク俳（ロック，ソンドラ　1945–）

Locker, Berl
ガリチア生まれの労働シオニスト指導者。
⇒ユ著人（Locker,Berl　ロカー，ベル　1887–1972）

Locker, Robert Awtry
アメリカの大リーグ選手（投手）。
⇒メジャ（ロッカー，ボブ　1938.3.15–）

Lockhart, Elizabeth Humphrey
アメリカの図書館員。カリフォルニア州の小規模な児童図書館でのサービス活動の充実に独力で取り組む。
⇒ア図（ロックハート，エリザベス　1907–1978）

Lockhart, Frank P.
アメリカの外交官。
⇒アア歴（Lockhart,Frank P.　ロックハート，フランク・P.　1881.4.8–1949.8.25）

L

Lockhart, Sir Robert Bruce
イギリスの外交官。
⇒スパイ（ロックハート, サー・ロバート・ブルース 1887–1970）

Lockman, Carroll Walter（Whitey）
アメリカの大リーグ選手（一塁, 外野）。
⇒メジャ（ロックマン, ホワイティ 1926.7.25–2009.3.17）

Lockroy, Édouard
フランスのジャーナリスト, 政治家。
⇒19仏（ロックロワ, エドゥアール 1838.7.18–1913.11.22）

Lockwood, David
イギリスの産業社会学者。
⇒社小増（ロックウッド 1929–）

Lockwood, Lewis
アメリカの音楽学者。
⇒外12（ロックウッド, ルイス 1930.12.16–）
　外16（ロックウッド, ルイス 1930.12.16–）

Lockwood, Margaret
パキスタン生まれの女優。
⇒ク俳（ロックウッド, マーガレット 1911–1990）

Lockyer, Sir Joseph Norman
イギリスの天文学者。ヘリウムを発見。科学雑誌 "Nature" の創刊者。
⇒岩世人（ロッキアー 1836.5.17–1920.8.16）

Lodato, Victor
アメリカの作家, 脚本家, 詩人。
⇒海文新（ロダート, ヴィクター）
　現世文（ロダート, ビクター）

Lodeiro, Nicolás
ウルグアイのサッカー選手（ボタフォゴ・MF）。
⇒外12（ロデイロ, ニコラス 1989.3.21–）
　外16（ロデイロ, ニコラス 1989.3.21–）
　最世ス（ロデイロ, ニコラス 1989.3.21–）

Lodge, Bernard
イギリスのデザイナー。
⇒グラデ（Lodge,Bernard ロッジ, バーナード 1933–）

Lodge, David（John）
イギリスの小説家, 批評家。
⇒岩キ（ロッジ 1935–）
　岩世人（ロッジ 1935.1.28–）
　外12（ロッジ, デービッド 1935.1.28–）
　外16（ロッジ, デービッド 1935.1.28–）
　現世文（ロッジ, デービッド 1935.1.28–）
　新カト（ロッジ 1935.1.28–）

Lodge, Henry Cabot
アメリカの政治家。上院における共和党の指導者として世界政策を唱導。
⇒岩世人（ロッジ 1850.5.12–1924.11.9）

Lodge, Henry Cabot, Jr.
アメリカの政治家, 外交官。駐南ベトナム大使時代「ベトコン自然消滅論」を唱えるなど, タカ派的言動が目立った。
⇒アア歴（Lodge,Henry Cabot,Jr. ロッジ, ヘンリー・カボット, ジュニア 1902.7.5–1985.2.27）

Lodge, Sir Oliver Joseph
イギリスの物理学者。相対性理論や原子構造の理論を擁護。
⇒岩世人（ロッジ 1851.6.12–1940.8.22）
　オク科（ロッジ（サー・オリヴァー・ジョセフ）1851–1940）
　学叢思（ロッジ, サア・オリヴァー・ジョセフ 1851–?）
　科史（ロッジ 1851–1940）

Lodoli, Marco
イタリアの作家, 詩人。
⇒外16（ロドリ, マルコ 1956–）
　現世文（ロドリ, マルコ 1956–）

Lodoydamba, Chadraabalïn
モンゴルの小説家。作品に『清らなるタミルの流れ』(1967)などがある。
⇒現世文（ロドイダムバ, チャドラーバリイン 1916.8.20–1969.1.11）

LoDuca, Paul
アメリカの大リーグ選手（捕手）。
⇒外12（ロデューカ, ポール 1972.4.12–）
　メジャ（ロデュカ, ポール 1972.4.12–）

Lodwick, Todd
アメリカのスキー選手（複合）。
⇒最世ス（ロドウィック, トッド 1976.11.21–）

Lody, Carl Hans
ドイツ海軍の予備役士官。第1次世界大戦中にイギリスでスパイ活動を行なった。
⇒スパイ（ロディー, カール・ハンス）

Loeak, Christopher
マーシャル諸島の政治家。マーシャル諸島大統領（2012～16）。
⇒外16（ロヤック, クリストファー 1952.11.11–）
　世指導（ロヤック, クリストファー 1952.11.11–）

Loeb, Edwin Meyer
アメリカの人類学者。カリフォルニア・インディアン, アパッチ・インディアンを調査した。
⇒アア歴（Loeb,Edwin Meyer ローブ, エドウィン・メイヤー 1894.3.15–1966.8.16）
　岩世人（ローブ 1894.3.15–1966.8.16）

Loeb, Jacques
ドイツ生まれのアメリカの実験生物学者。
⇒岩生（ロイブ 1859–1924）
　岩世人（レーブ（ローブ）1859.4.7–1924.2.11）

旺生5（ロイブ　1859–1924）
広辞7（ロイブ　1859–1924）
三新生（ロイブ　1859–1924）
ユ著人（Loeb,Jacques　ロエブ，ジャック　1859–1924）

Loeb, James
アメリカの銀行家，学者。
⇒岩世人（ローブ　1867.8.6–1933.5.27）

Loeb, Leo
アメリカの病理学者。1898年細胞の試験管内人工培養に初めて成功，また癌と性ホルモンとの関係を証明した。
⇒岩世人（ローブ　1869.9.21–1959.12.28）
ユ著人（Loeb,Leo　ロエブ，レオ　1869–1959）

Loeb, Lisa
アメリカの女性シンガー・ソングライター。
⇒外12（ローブ，リサ　1968–）
　外16（ローブ，リサ　1968–）

Loeb, Sebastian
フランスのラリードライバー。
⇒外12（ローブ，セバスチャン　1974.2.26–）
　外16（ローブ，セバスチャン　1974.2.26–）
　最世ス（ローブ，セバスチャン　1974.2.26–）

Loeffler, Charles Martin Tornow
アルザス生まれのアメリカの作曲家，ヴァイオリン演奏家。
⇒岩世人（レフラー　1861.1.30–1935.5.19）
　ク音3（レフラー　1861–1935）
　新音中（レフラー，チャールズ・マーティン　1861.1.30–1935.5.19）
　標音2（レフラー，チャールズ・マーティン　1861.1.30–1935.5.19）

Løgstrup, Knud Ejler Christian
デンマークのルター派哲学者，神学者。
⇒岩世人（レーイストロブ　1905.9.2–1981.11.20）

Loehr, Max
ドイツ・ザクセン州生まれのアメリカの中国美術史学者。中国の殷代青銅器の編年を『安陽期の青銅器様式』（1953）に発表。
⇒岩世人（ラー　1903.12.4–1988.9.16）

Loening, Grover Cleveland
アメリカの飛行機製造業者。グローヴァー・ローニング飛行会社社長（1928〜38）。
⇒岩世人（ローニング　1888.9.12–1976.2.29）

Lønning, Inge
ノルウェーのルター派神学者，政治家。ノルウェー議会副議長。
⇒岩世人（レニング　1938.2.20–2013.3.24）
　世指導（レニング，インゲ　1938.2.20–2013.3.24）

Loerke, Oskar
ドイツの詩人。詩集『牧神の音楽』（1916），『世界の森』（36）など。

⇒岩世人（レルケ　1884.3.13–1941.2.24）

Loesch, Uwe
ドイツのグラフィック・デザイナー，ポスター作家。
⇒グラデ（Loesch,Uwe　レーシュ，ウーヴェ　1943–）

Loesser, Frank
アメリカのソング・ライター。1950年のミュージカル『野郎どもと女たち』は彼の代表作。
⇒エデ（レッサー，フランク（ヘンリー）　1910.6.29–1969.7.28）
　標音2（レッサー，フランク　1910.6.29–1969.7.26）
　ユ著人（Loesser,Frank　レッサー，フランク　1910–1968）

Loew, Marcus
アメリカの映画企業家・製作者。24年メトロ‐ゴールドウィン‐メーヤーの社長。
⇒アメ経（ロウ，マーカス　1870.5.7–1927.9.5）

Loew, Oscar
ドイツの生理化学者。東京帝国大学農科大学で化学を教授。
⇒岩世人（レーヴ　1844.4.2–1941.1.26）

Loewald, Hans W.
ドイツ生まれのアメリカの精神分析医。
⇒精分岩（レーワルド，ハンス・W　1906–1993）

Loewe, Frederick
ウィーン生まれのアメリカの作曲家。ミュージカル『マイ・フェア・レディ』で著名。
⇒エデ（ロウ，フレデリック　1901.6.10–1988.2.14）
　新音中（ロー，フレデリック　1901.6.10–1988.2.14）
　標音2（ロー，フレデリク　1901.6.10–1988.2.14）
　ユ著人（Loewe,Frederick　ロー，フレデリック　1904–1988）

Loewenstein, Rudolph Maurice
ポーランド生まれの精神分析学者。
⇒ユ著人（Loewenstein,Rudolph Maurice　レーヴェンシュタイン，ルドルフ・モーリス　1898–）

Loewi, Otto
ドイツ生まれのアメリカの薬学者。ニューヨーク大学教授。
⇒岩生（レーウィ　1873–1961）
　岩世人（ローウィ（レーヴィ）　1873.6.3–1961.12.25）
　ノベ3（ローイ,O.　1873.6.3–1961.12.25）
　ユ著人（Loewi,Otto　レーヴィ，オットー　1873–1961）

Loewy, Raymond
フランスの工芸家。
⇒異二辞（ローウィ［レイモンド・〜］　1893–1986）
　岩世人（ローウィ　1893.11.5–1986.7.14）
　グラデ（Loewy,Raymond　ローウィ，レイモンド　1893–1986）

芸13（ローウィ,レイモンド 1893-1962）

Löffler, Friedrich August Johannes
ドイツの細菌学者。1884年ジフテリアの病原菌を発見,体外毒素の存在を確かめた。
⇒岩世人（レフラー 1852.6.24-1915.4.9）

Löffler, Hans
テノール歌手。
⇒魅惑（Löffler,Hans ?-?）

Löffler, Rainer
ドイツの作家。
⇒海文新（レフラー,ライナー 1961-）
現世文（レフラー,ライナー 1961-）

Lofgren, Nils
アメリカ・シカゴ生まれのギター奏者。
⇒ロック（Lofgren,Nils ロフグレン,ニルズ 1952-）

Lo forese, Angelo
イタリアのテノール歌手。
⇒失声（ロフォレーゼ,アンジェロ 1920-）
魅惑（Lo Forese,Angelo 1920-?）

Löfstedt, Einar Harald
スウェーデンのラテン語学者。
⇒岩世人（レーヴステット 1880.6.15-1955.6.10）

Lofting, Hugh John
イギリスの鉄道技師,児童文学者。『ドリトル先生』シリーズが有名。
⇒岩世人（ロフティング 1886.1.14-1947.9.26）
現世文（ロフティング,ヒュー・ジョン 1886.1.14-1947.9.26）
ポブ人（ロフティング,ヒュー 1886-1947）

Lofton, Kenneth
アメリカの大リーグ選手（外野）。
⇒メジャ（ロフトン,ケニー 1967.5.31-）

Loftus, Elizabeth Fishman
アメリカの心理学者。
⇒岩世人（ロフタス 1944.10.16-）
外12（ロフタス,エリザベス）
外16（ロフタス,エリザベス）

Loftus, Peter
アメリカ生まれの画家。
⇒芸13（ロフタス,ピーター 1948-）

Loftus, Thomas Joseph
アメリカの大リーグ選手（外野）。
⇒メジャ（ロフタス,トム 1856.11.15-1910.4.15）

Löfven, Stefan
スウェーデンの政治家。スウェーデン首相,スウェーデン社会民主労働党（SAP）党首。
⇒外16（ロベーン,ステファン 1957.7.21-）
世指導（ロベーン,ステファン 1957.7.21-）

Logan, John
アメリカの大リーグ選手（遊撃）。
⇒メジャ（ローガン,ジョニー 1927.3.23-）

Logan, Joshua
アメリカの演出家,劇作家,映画監督。ミュージカル『南太平洋』（1949）などを脚色,演出。
⇒岩世人（ローガン 1908.10.5-1988.7.12）

Logasa, Hannah
アメリカの図書館員。初期の学校図書館活動の普及で知られ,多くの図書館学校で教えるとともに,若者に向けた教養書も執筆する。
⇒ア図（ロガサ,ハナ 1879-1967）

Loggins, Kenny
アメリカの歌手。
⇒ロック（Loggins and Messina ロギンズ&メシーナ 1948.1.7-）

Lo Giudice, Franco
イタリアのテノール歌手。
⇒失声（ロ・ジュディーチェ,フランコ 1893-1990）
魅惑（Lo Giudice,Franco 1893-1990）

Lo Giudice, Silvio Costa
イタリアのテノール歌手。
⇒魅惑（Lo Giudice,Silvio Costa 1895-1982）

Logsdon, John M.
アメリカの政治学者。ジョージ・ワシントン大学名誉教授,同大学宇宙政策研究所所長。
⇒外12（ログスドン,ジョン）
外16（ログスドン,ジョン）

Logue, Christopher
イギリスの詩人,劇作家,俳優,ジャーナリスト。
⇒現世文（ローグ,クリストファー 1926.11.23-2011.12.2）

Lohan, Lindsay
アメリカ・ニューヨーク州生まれの女優。
⇒外12（ローハン,リンゼイ 1986.7.2-）
外16（ローハン,リンジー 1986.7.2-）

Loher, Dea
ドイツの劇作家。
⇒外16（ローアー,デーア 1964-）
現世文（ローアー,デーア 1964-）

Lohfink, Gerhard
ドイツのカトリック新約学者。
⇒新カト（ローフィンク 1934.8.29-）

Lohfink, Norbert
ドイツのカトリック旧約学者。
⇒新カト（ローフィンク 1928.7.28-）

Lohmeyer, Ernst
ドイツのプロテスタント神学者。

⇒岩世人（ローマイアー　1890.7.8-1946.9.19）

Löhnholm
ドイツの法学者。日本政府に招かれ大蔵省の財政経済新報を編集。東大名誉教師。
⇒岩世人（レーンホルム　1854-?）

Löhr, Albert
ドイツの経営学者, 倫理学者。
⇒岩世人（レール　1955-）

Löhrer, Guido
ドイツの哲学者。
⇒岩世人（レーラー　1960.5.5-）

Lohrke, Jack Wayne
アメリカの大リーグ選手（三塁）。
⇒メジャ（ローク, ジャック　1924.2.25-2009.4.29）

Lohse, Kyle Matthew
アメリカの大リーグ選手（投手）。
⇒メジャ（ローシュ, カイル　1978.10.4-）

Lo Hsing Han
ビルマ（ミャンマー）の麻薬王。
⇒岩世人（ローシンハン　1935-2013.7.6）

Loirand, Maurice
フランス生まれの画家。
⇒芸13（ロワラン, モーリス　1922-）

Lois, George
アメリカの広告のアート・ディレクター。
⇒グラデ（Lois,George　ロイス, ジョージ　1931-）

Lois, Vittorio
イタリアのテノール歌手。
⇒失声（ロイス, ヴィットリオ　1888-1962）
魅惑（Lois,Vittorio　1888-1962）

Loiseau, Bernard
フランスの料理人。
⇒岩世人（ロワゾー　1951.1.13-2003.2.24）

Loisy, Alfred Firmin
フランスの神学者, 聖書学者。近代主義に立脚した論者を発表したため破門。
⇒岩キ（ロワジー　1857-1940）
岩世人（ロワジー　1857.2.28-1940.6.1）
学叢思（ロアジー, アルフレド・フィルマン　1858-?）
新カト（ロアジ　1857.2.28-1940.6.1）

Loitzl, Wolfgang
オーストリアのスキー選手（ジャンプ）。
⇒外12（ロイツル, ウォルフガング　1980.1.13-）
外16（ロイツル, ウォルフガング　1980.1.13-）
最世ス（ロイツル, ウォルフガング　1980.1.13-）

Lo-Johansson, Ivar
スウェーデンの小説家。自然主義的な手法で, 日傭人のような下層社会の生活を描いた。

⇒岩世人（ルー=ユーハンソン　1901.2.23-1990.4.11）
現世文（ルー・ユーハンソン, イーヴァル　1901.2.23-1990.4.11）

Loke Yew
マラヤのクアラルンプール草創期の実業家, 華僑社会指導者。
⇒近中（陸祐　りくゆう　1846-1917.2.24）

Lolich, Michael Stephen
アメリカの大リーグ選手（投手）。
⇒メジャ（ロリッチ, ミッキー　1940.9.12-）

Lo Liyong, Taban
ウガンダの詩人, 小説家。
⇒現世文（ロ・リヨング, タバン　1938-）

Lollar, John Sherman
アメリカの大リーグ選手（捕手）。
⇒メジャ（ローラー, シャーム　1924.8.23-1977.9.24）

Lollobrigida, Gina
イタリア生まれの女優。
⇒岩世人（ロロブリジーダ　1927.7.4-）
ク俳（ロロブリジーダ, ジーナ（ロロブリジーダ, ルイジーナ）1927-）
スター（ロロブリジーダ, ジーナ　1927.7.4-）

Lom, Herbert
チェコスロバキア生まれの俳優。
⇒ク俳（ロム, ハーバート（シュルダーパチェル,H.）1917-）
ユ著人（Lom,Herbert　ロム, ハーバート　1917-）

Lomachenko, Vasyl
ウクライナのプロボクサー。
⇒外12（ロマチェンコ, ワシル　1988.2.17-）
外16（ロマチェンコ, ワシル　1988.2.17-）
最世ス（ロマチェンコ, ワシル　1988.2.17-）

Lomax, Alan
アメリカの民謡研究家, 民族音楽学者。父はJohn。
⇒アメ州（Lomax,Allan　ロマックス, アラン　1915-）
新音中（ローマックス, アラン　1915.1.15-）
ロック（Lomax,Alan　ローマックス, アラン）

Lomax, Jackie
イギリス生まれの歌手。
⇒ビト改（LOMAX,JACKIE　ロマックス, ジャッキー）
ロック（Lomax,Jackie　ローマックス, ジャッキー　1944.5.10-）

Lomax, Louis
アメリカ（アフリカ系）の作家, テレビジャーナリスト。
⇒マルX（LOMAX,LOUIS　ロマックス, ルイス　1922-1970）

Lombard, Alain
フランスの指揮者。
⇒標音2（ロンバール, アラン　1940.10.4-）

Lombard, Carol
アメリカの女優。
⇒ク俳（ロンバード, キャロル（ピーターズ, ジェイン, のちに法的に改名）　1908-1942）
　スター（ロンバード, キャロル　1908.10.6-1942）

Lombardi, Ernesto Natali
アメリカの大リーグ選手（捕手）。
⇒メジャ（ロンバルディ, アーニー　1908.4.6-1977.9.26）

Lombardi, Riccardo
イタリア・ナポリ生まれのイエズス会司祭, よりよき世界運動の創始者。
⇒新カト（ロンバルディ　1908.3.28-1979.12.14）

Lombardi, Vince
アメリカのアメリカン・フットボール監督。
⇒岩世人（ロンバルディ　1913.6.11-1970.9.3）

Lombardo, Guy
カナダ生まれのバンドリーダー。
⇒標音2（ロンバード, ガイ　1902.6.19-1977.11.5）

Lombardo, Luca
フランスのテノール歌手。
⇒魅惑（Lombardo,Luca（Bernard）　?-）

Lombardo-Radice, Giuseppe
イタリア新教育運動の代表的指導者。1923年, 初等教育局長に任命された。しかしファシズムに批判的であったため1カ年にして辞任。
⇒教人（ロンバルド・ラディチェ　1879-1938）

Lombardo Toledano, Vicente
メキシコの社会主義者, 労働運動家。
⇒ラテ新（ロンバルド・トレダノ　1894-1968）

Lomborg, Bjørn
デンマークの統計学者。
⇒外12（ロンボルグ, ビョルン　1965-）
　外16（ロンボルグ, ビョルン　1965-）
　メル別（ロンボルグ, ビョルン　1965-）

Lombroso, Cesare
イタリアの精神病学者, 法医学者。
⇒岩世人（ロンブローゾ　1836/1835.11.18/6-1909.10.19）
　学叢思（ロンブローゾ, チェザーレ　1836-1909）
　現精（ロンブローゾ　1835-1909）
　現精縮（ロンブローゾ　1835-1909）
　広辞7（ロンブローゾ　1836-1909）
　社小増（ロンブローソ　1836-1909）
　精医歴（ロンブローゾ, エゼッキア＝マルコ（「チェーザレ」）　1835-1909）
　ネーム（ロンブローゾ　1835-1909）
　メル3（ロンブローゾ, チェザーレ　1836/1835-1909）
　ユ著人（Lombroso,Cesare　ロンブローゾ, チェザーレ　1836-1909）

Lomenech, Daniel
イギリス海軍士官。
⇒スパイ（ロメネク, ダニエル　1921-1996）

Lo Monaco, Jerome
アメリカのテノール歌手。
⇒魅惑（Lo Monaco,Jerome　1926-2002）

Lomong, Lopez
アメリカの陸上選手（中距離）。
⇒外12（ロモング, ロペス　1985.1.1-）

Lomonosov, Alexander
テノール歌手。
⇒魅惑（Lomonosov,Alexander　?-）

Lomu, Jonah
ニュージーランドのラグビー選手（WTB）。
⇒外12（ロムー, ジョナ　1975.5.12-）
　最世ス（ロムー, ジョナ　1975.5.12-）

Lomuto, Francisco
アルゼンチンの作曲家, 指揮者, ピアノ奏者。
⇒標音2（ロムート, フランシスコ　1893.11.24-1950.12.23）

Lonborg, James Reynold
アメリカの大リーグ選手（投手）。
⇒メジャ（ロンボーグ, ジム　1942.4.16-）

London, Fritz Wolfgang
ドイツ生まれのアメリカの理論物理学者。極低温現象を研究し, 超電導現象に対し「ロンドンの方程式」と呼ばれる現象論的な方程式を提出した。
⇒岩世人（ロンドン　1900.3.7-1954.3.30）
　三新物（ロンドン　1900-1954）

London, George
カナダ, のちアメリカのバス・バリトン歌手。
⇒標音2（ロンドン, ジョージ　1920.5.30-1985.3.24）
　ユ著人（London,George　ロンドン, ジョージ　1921-）

London, Jack
アメリカの小説家。長篇『荒野の呼び声』（1903）を著す。
⇒アメ州（London,Jack　ロンドン, ジャック　1876-1916）
　岩世人（ロンドン　1876.1.12-1916.11.22）
　学叢思（ロンドン, ジャック　1876-1916）
　現世文（ロンドン, ジャック　1876.2.12-1916.10.22）
　広辞7（ロンドン　1876-1916）
　図翻（ロンドン　1876.1.12-1916.11.12）
　西文（ロンドン, ジャック　1876-1916）
　ポプ人（ロンドン, ジャック　1876-1916）

London, Julie
アメリカの映画女優。
⇒ク俳（ロンドン, ジュリー（ベック,J） 1926–2000）
標音2（ロンドン, ジュリー 1926.9.26–）

Londres, Albert
フランスのジャーナリスト。
⇒岩世人（ロンドル 1884.11.1–1932.5.16）

Lone, John
香港生まれのアメリカの俳優。
⇒外12（ローン, ジョン 1952.10.13–）

Lonergan, Bernard Joseph Francis
カナダ出身のイエズス会の司祭、哲学者、神学者。
⇒新カト（ロナガン 1904.12.17–1984.11.26）

Lonetree, Clayton J.
アメリカ海兵隊員。KGBに機密情報を漏らしたとしてスパイ容疑で初めて有罪になった。
⇒スパイ（ローンツリー, クレイトン・J 1961–）

Long, Audrey
アメリカの女優。
⇒ク俳（ロング, オードリー 1923–）

Long, Frank Belknap
アメリカの作家。パルプ・マガジン出身の作家。怪奇小説家としてデビューしたが、後にSF作家に転向した。
⇒現世文（ロング, フランク・ベルナップ 1903.4.27–1994.1.5）

Long, Herman C.
アメリカの大リーグ選手（遊撃）。
⇒メジャ（ロング, ハーマン 1866.4.13–1909.9.17）

Long, Huey Pierce
アメリカの政治家。ルイジアナ州知事（1928～31）となり、大規模な公共土木事業を興し、州政で人気を得た。
⇒アメ州（Long,Huey Pierce ロング, ヒューイ・ピアス 1893–1935）
アメ新（ロング 1893–1935）
岩世人（ロング 1893.8.30–1935.9.10）

Long, Leo
ケンブリッジ・スパイ網のメンバー。
⇒スパイ（ロング, レオ）

Long, Marguerite
フランスの女性ピアノ奏者。
⇒新音中（ロン, マルグリット 1874.11.13–1966.2.13）
標音2（ロン, マルグリット 1874.11.13–1966.2.13）

Long, Nia
アメリカの女優。
⇒ク俳（ロング, ニア 1970–）

Long, Richard
イギリスの彫刻家。
⇒岩世人（ロング 1945.6.2–）
外12（ロング, リチャード 1945.6.2–）
外16（ロング, リチャード 1945.6.2–）
芸13（ロング, リチャード 1945–）
ネーム（ロング, リチャード 1945–）

Long, Richard Dale
アメリカの大リーグ選手（一塁）。
⇒メジャ（ロング, デイル 1926.2.6–1991.1.27）

Long, Shelley
アメリカ生まれの女優。
⇒ク俳（ロング, シェリー 1949–）

Long, Shorty
アメリカのミュージシャン。
⇒ロック（Long,Shorty ロング, ショーティ 1940–1969.6.29）

Long, Walter Hume, 1st Viscount
イギリスの政治家。
⇒岩世人（ロング 1854.7.13–1924.9.26）

Longford, Francis Aungier (Frank) Pakenham, 1st Baron P.and 7th Earl of
イギリスの政治家。
⇒岩世人（ロングフォード 1905.12.5–2001.8.3）

Longford, Joseph Henry
イギリスの外交官。駐日イギリス領事。
⇒岩世人（ロングフォード 1849.6.25–1925.5.12）

Long-Hasselmans, Germain
フランスの神学者。
⇒新カト（ロン・アセルマン 1889.11.21–1933.2.21）

Longhi, Roberto
イタリアの美術評論家。『パラゴーネ』誌を創刊。
⇒岩世人（ロンギ 1890.12.28–1970.6.3）

Longley, Michael
北アイルランドの詩人。
⇒岩世人（ロングリー 1939.7.27–）
現世文（ロングリー, マイケル 1939.7.27–）

Longo, Alessandro
イタリアのピアノ奏者、作曲家。ポタニアナ・アカデミア、考古学・文学・芸術協会の会員としても知られた。
⇒新音中（ロンゴ, アレッサンドロ 1864.12.30–1945.11.3）
標音2（ロンゴ, アレッサンドロ 1864.12.30–1945.11.3）

Longo, Bartolo
イタリア生まれの司祭。ポンペイのマドンナ・

デル・ロザリオ巡礼所の創設者, ポンペイの聖なるロザリオのドミニコ修道女会創設者。
⇒教聖（福者バルトロ・ロンゴ司祭 1841.2.21–1926.10.5）
新カト（ロンゴ 1841.2.11–1926.10.5）

Longo, Luigi
イタリアの政治家。1921年イタリア共産党創設に参加。64年党書記長を経て72年党議長。
⇒岩世人（ロンゴ 1900.3.15–1980.10.4）

Longo, Robert
アメリカ生まれの画家。
⇒岩世人（ロンゴ 1953.1.7–）
芸13（ロンゴ, ロバート 1953–）

Longobardi, Luigi
イタリアのテノール歌手。
⇒魅惑（Longobardi,Luigi ?–?）

Longoria, Evan Michael
アメリカの大リーグ選手（三塁）。
⇒外12（ロンゴリア, エバン 1985.10.7–）
外16（ロンゴリア, エバン 1985.10.7–）
最世ス（ロンゴリア, エバン 1985.10.7–）
メジャ（ロンゴリア, エヴァン 1985.10.7–）

Longpré, Ephrem
アメリカ出身のカトリック神学者。
⇒新カト（ロンプレ 1890.8.24–1965.10.19）

Longuet-Higgins, Hugh Christopher
イギリスの理論化学者。
⇒岩世人（ロンゲット＝ヒギンズ 1923.4.11–2004.3.27）

Longworth, Alice Lee Roosevelt
第26代アメリカ大統領セオドア・ルーズベルトの娘。
⇒アメ州（Longworth,Alice Lee Roosevelt ロングワース, アリス・リー・ルーズベルト 1884–1980）

Lon Nol
カンボジアの軍人, 大統領。軍を背景に右派の重鎮となった。1970年3月クーデターを起し, 同10月共和制移行を宣言。72年3月大統領の地位についた。
⇒岩世人（ロン・ノル 1913.11.13–1985.11.17）
現アジ（ロン・ノル 1913.11.11–1985.11.17）
世人新（ロン＝ノル 1913–1985）
世人装（ロン＝ノル 1913–1985）

Lon Non
カンボジアの政治家。
⇒岩世人（ロン・ノン 1930–1975）

Löns, Hermann
ドイツの詩人, 小説家。主著, 農民年代記『人狼』（1910）。
⇒岩世人（レンス 1866.8.29–1914.9.26）

Lonsdale, Baldwin
バヌアツの政治家。バヌアツ大統領（2014～17）。
⇒世指導（ロンズデール, ボールドウィン 1948.8.5–2017.6.17）

Lonsdale, Gordon Arnold
ソ連のイリーガル。
⇒スパイ（ロンズデール, ゴードン・アーノルド 1922–1970）

Lonsdale, *Dame* Kathleen Yardley
イギリス（アイルランド系）の結晶学者, 物理学者, 化学者。
⇒物理（ロンズデール, デイム・キャスリーン 1903–1971）

Loo, Tessa de
オランダの作家。
⇒外12（ロー, テッサ・デ 1946–）
現世文（ロー, テッサ・デ 1946–）

Lööf, Fredrik
スウェーデンのヨット選手（スター級）。
⇒外16（ローフ, フレドリク 1969.12.13–）
最世ス（ローフ, フレドリク 1969.12.13–）

Loofs, Friedrich
ドイツのプロテスタント神学者。リッチェル学派に属する。
⇒岩キ（ローフス 1858–1928）
岩世人（ローフス 1858.6.19–1928.1.13）
新カト（ローフス 1858.6.19–1928.1.13）

Loomis, Alfred Lee
アメリカの医学者。ニューヨークのルーミス研究所長（1926～）。
⇒科史（ルーミス 1887–1975）

Loomis, Charles Price
アメリカの農村社会学者。J.ビーグルとの共著『農村社会体系』（1950）がある。
⇒社小増（ルーミス 1905–）

Loomis, Henry
アメリカの長老派教会宣教師。昆虫の収集家でルーミス・シジミを発見。
⇒岩世人（ルーミス 1839.3.4–1920.8.27）

Looper, Braden LaVern
アメリカの大リーグ選手（投手）。
⇒メジャ（ルーパー, ブレイデン 1974.10.28–）

Loor, Isidor de
フランドル地方フラセネ生まれの御受難修道会の修道士。
⇒新カト（ロール 1881.4.18–1916.10.6）

Loos, Adolf
オーストリアの建築家。主作品はハウス・シュタイナ（1910, ウィーン）。

⇒岩世人（ロース　1870.12.10–1933.8.23）

Loos, Anita
アメリカの脚本家, 小説家。
⇒現世文（ルース, アニタ　1893.4.26–1981.8.18）

Looss, Arthur
ドイツの動物学者。ロイカルトと共同で寄生動物学を創め, エジプトの寄生虫, 特に鉤虫を研究。
⇒岩世人（ロース　1861.3.16–1923.5.4）

Looy, Jacobus van
オランダの小説家, 画家。画家としてはアムステルダム画派に属した。
⇒岩世人（ファン・ローイ　1855.9.13–1930.2.24）

Lopardo, Frank
アメリカのテノール歌手。
⇒魅惑（Lopardo,Frank　1957–）

Lopat, Edmund Walter
アメリカの大リーグ選手（投手）。
⇒メジャ（ロパット, エド　1918.6.21–1992.6.15）

Lopata, Stanley Edward
アメリカの大リーグ選手（捕手）。
⇒メジャ（ロパタ, スタン　1925.9.12–）

Lopatkina, Uliana
ロシア, ウクライナのダンサー。
⇒外12（ロパートキナ, ウリヤーナ　1973.10.23–）
　外16（ロパートキナ, ウリヤーナ　1973.10.23–）

Lopatnikoff, Nikolai
ロシア生まれのアメリカの作曲家, ピアノ奏者。
⇒ク音3（ロパトニコフ　1903–1976）
　新音中（ロパトニコフ, ニコライ　1903.3.16–1976.10.7）
　標音2（ロパトニコフ, ニコライ　1903.3.16–1976.10.7）

Lopera, Juan José
コロンビアのテノール歌手。
⇒魅惑（Lopera,Juan José　?–）

Lopes, David Earl
アメリカの大リーグ選手（二塁, 外野）。
⇒メジャ（ロープス, デイヴィー　1945.5.3–）

Lopes, Henri
コンゴ民主共和国の小説家, 政治家。
⇒現世文（ロペス, アンリ　1937.9.12–）

Lopes-Curval, Julie
フランスの作家, 脚本家, 映画監督。
⇒外12（ロペス・キュルヴァル, ジュリー　1972.9.24–）
　外16（ロペス・キュルヴァル, ジュリー　1972.9.24–）

Lopez, Alfonso Ramon
アメリカの大リーグ選手（捕手）。
⇒メジャ（ロペス, アル　1908.8.20–2005.10.30）

Lopez, Cesar
キューバのジャズ・サックス奏者。
⇒外12（ロペス, セサル　1968–）
　外16（ロペス, セサル　1968–）

Lopez, Felipe
プエルト・リコの大リーグ選手（遊撃, 二塁）。
⇒メジャ（ロペス, フェリペ　1980.5.12–）

Lopez, George C.
アメリカのコメディアン, 俳優。
⇒外12（ロペス, ジョージ　1961.4.23–）

Lopez, Hector Headley
アメリカの大リーグ選手（外野, 三塁, 二塁）。
⇒メジャ（ロペス, エクトル　1929.7.8–）

Lopez, Javier
アメリカの大リーグ選手（捕手）。
⇒メジャ（ロペス, ハビー　1970.11.5–）

Lopez, Jennifer
アメリカの女優, 歌手。
⇒異二辞（ロペス, ジェニファー　1969–）
　外12（ロペス, ジェニファー　1970.7.24–）
　外16（ロペス, ジェニファー　1970.7.24–）
　ク俳（ロペス, ジェニファー　1970–）

López, José
ベネズエラのプロ野球選手（DeNA・内野）, 大リーグ選手。
⇒外12（ロペス, ホセ　1983.11.24–）
　外16（ロペス, ホセ　1983.11.24–）
　最世ス（ロペス, ホセ　1983.11.24–）
　メジャ（ロペス, ホセ　1983.11.24–）

Lopez, Nancy
アメリカのゴルファー。
⇒岩世人（ロペス　1957.1.6–）

López, Rigoberto
ニカラグアのジャーナリスト。1956年ニカラグア大統領アナスタシオ・ソモサを暗殺した。
⇒世暗（ロペス, リゴベルト　1930–1956）

Lopez, Steve
アメリカのコラムニスト。
⇒外12（ロペス, スティーブ）

Lopez, Steven
アメリカのテコンドー選手。
⇒外12（ロペス, スティーブン　1978.11.9–）
　最世ス（ロペス, スティーブン　1978.11.9–）

Lopez, Trini
アメリカ・テキサス州生まれの歌手。

⇒標音2（ロペス,トリニ 1937.5.15–）
ロック（Lopez,Trini レーベズ,トリニ 1937.5.15–）

López-Chavarri y Marco, Eduardo
スペインの作曲家, 音楽学者。
⇒標音2（ロペス=チャバリ・イ・マルコ,エドゥアルド 1871.1.29–1970.10.28）

López-Cobos, Jesús
スペインの指揮者。
⇒外12（ロペス・コボス,ヘスス 1940.2.25–）
外16（ロペス・コボス,ヘスス 1940.2.25–）
新音中（ロペス=コボス,ヘスス 1940.2.25–）

López de Maturana, Margarita María
スペイン出身の宣教修道女会創立者。
⇒教聖（福者マルガリタ・マリア・ロペス・デ・マトゥラナ修道女 1884–1934.7.23）
新カト（ロペス・デ・マトゥラーナ 1884.7.25–1934.7.23）

López Gámes, Gerard
スペインのテノール歌手。
⇒魅惑（López Gámes,Gerard 1976–）

López Narváez, Concha
スペインの児童文学作家。
⇒現世文（ロペス・ナルバエス,コンチャ 1939–）

Lopez Nunez, Mijain
キューバのレスリング選手（グレコローマン）。
⇒外12（ロペス,ミハイン 1982.8.20–）
外16（ヌネス,ミハイン・ロペス 1982.8.20–）
最世ス（ロペス・ヌネス,ミハイン 1982.8.20–）

López Obrador, Andrés Manuel
メキシコの政治家。メキシコ市長,メキシコ民主革命党（PRD）総裁。
⇒岩世人（ロペス・オブラドール 1953.11.13–）
世指導（ロペス・オブラドル,アンドレス・マヌエル 1953.11.13–）

López Rodó, Laureano
スペインの法学者, 政治家。
⇒岩世人（ロペス・ロド 1920.11.18–2000.3.11）

Lopez-Yanez, Jorge
メキシコのテノール歌手。
⇒魅惑（Lopez-Yanez,Jorge ?–）

Loraux, Nicole
フランスの古典学者。
⇒岩世人（ロロー 1943.4.26–2003.4.6）

Lorber, Stephen
アメリカ生まれの画家。
⇒芸13（ローバー,ステファン 1943–）

Lorca, Daniel
アメリカのミュージシャン。

⇒外12（ロルカ,ダニエル）

Lord, Cynthia
アメリカの作家。
⇒海文新（ロード,シンシア）

Lord, Jack
アメリカの男優, 美術家。
⇒ク俳（ロード,ジャック（ライアン,ジョン） 1920–1998）

Lord, Peter
イギリス生まれのアニメーション作家。
⇒アニメ（ロード,ピーター 1953–）

Lordan, Jerry
イギリス・ロンドンのパディントン生まれの歌手, 作詞作曲家。
⇒ロック（Lordan,Jerry ローダン,ジェリー 1933–）

Lorde, Audre Geraldine
アメリカの詩人。
⇒岩世人（ロード 1934.2.18–1992.11.17）
現世文（ロード,オードリー 1934.2.18–1992.11.17）

Mr.Lordi
フィンランドのミュージシャン。
⇒外12（Mr.ローディ ミスターローディ）
外16（Mr.ローディ ミスターローディ）

Loren, Halie
アメリカのシンガー・ソングライター。
⇒外12（ロレン,ヘイリー）
外16（ロレン,ヘイリー）

Loren, Sophia
イタリアの女優。
⇒遺産（ローレン,ソフィア 1934.9.20–）
岩世人（ローレン 1934.9.20–）
外12（ローレン,ソフィア 1934.9.20–）
外16（ローレン,ソフィア 1934.9.20–）
ク俳（ローレン,ソフィア（シコローネ,ソフィア）1934–）
スター（ローレン,ソフィア 1934.9.20–）
ネーム（ローレン,ソフィア 1934–）

Lorengar, Pilar
スペインのソプラノ歌手。
⇒新音中（ローレンガー,ピラール 1928.1.16–1996.6.2）
標音2（ローレンガー,ピラール 1928.1.16–1996.6.2）

Lorentz, Brian Zichi
イギリスの画家。
⇒芸13（ローレンツ,ブライアン・ジーチ 1952–）

Lorentz, Hendrik Antoon
オランダの物理学者。物質の性質を説明するために電子論を展開。1902年ノーベル物理学賞

受賞。
⇒岩世人（ローレンツ　1853.7.18–1928.2.4）
　学叢思（ローレンツ, ヘンドリック・アントーン
　　1853–?）
　科史（ローレンツ　1853–1928）
　広辞7（ローレンツ　1853–1928）
　三新物（ローレンツ　1853–1928）
　ネーメ（ローレンツ　1853–1928）
　ノベ3（ローレンツ, H.A.　1853.7.18–1928.2.4）
　物理（ローレンツ, ヘンドリック・アントーン
　　1853–1928）

Lorenz, Adolf
オーストリアの整形外科医。股関節脱臼を無血的に復位させることに成功。
⇒岩世人（ローレンツ　1854.4.21–1946.2.12）

Lorenz, Alfred Ottokar
ドイツの指揮者, 音楽学者。コーブルク・ゴータで楽長を務めた。
⇒標音2（ローレンツ, アルフレート　1868.7.11–1939.11.20）

Lorenz, Eberhard Francesco
ドイツのテノール歌手。
⇒魅惑（Lorenz, Eberhard Francesco　?–）

Lorenz, Konrad
オーストリアの動物心理学者。ガン, カモなどの行動習性を研究し, 本能的行動を解明。1973年度ノーベル生理・医学賞を受賞。
⇒岩生（ローレンツ　1903–1989）
　岩世人（ローレンツ　1903.11.7–1989.2.27）
　旺사5（ローレンツ　1903–1989）
　オク科（ローレンツ（コンラート・ツァハリアス）1903–1989）
　オク生（ローレンツ, コンラート・ツァハリアス　1903–1989）
　科史（ローレンツ　1903–1989）
　現社（ローレンツ　1903–1989）
　広辞7（ローレンツ　1903–1989）
　三新生（ローレンツ　1903–1989）
　社小増（ローレンツ　1913–1989）
　社心小（ローレンツ　1903–1989）
　ノベ3（ローレンツ, K.　1903.11.7–1989.2.27）
　ポブ人（ローレンツ, コンラート　1903–1989）

Lorenz, Kuno
ドイツの哲学者, 論理学者, 言語哲学者。
⇒岩世人（ローレンツ　1932.9.17–）

Lorenz, Max
ドイツのテノール歌手。
⇒失声（ローレンツ, マックス　1901–1975）
　魅惑（Lorenz, Max　1901–1975）

Lorenz, Max Otto
アメリカの統計学者。
⇒有経5（ローレンツ　1876–1959）

Lorenz, Richard
ドイツの物理学者。

⇒化学（ローレンツ　1863–1929）

Lorenz, Robert
アメリカの映画監督, 映画プロデューサー。
⇒外16（ロレンツ, ロバート）

Lorenzen, Paul
ドイツの数学者, 哲学者。学問の基礎理論としての論理学を数学にもとづいて展開。
⇒岩世人（ロレンツェン　1915.3.24–1994.10.1）
　新カト（ロレンツェン　1915.3.24–1994.10.1）

Lorenzi, Ermanno
イタリアのテノール歌手。
⇒魅惑（Lorenzi, Ermanno　1933–）

Lorenzo, Jorge
スペインのオートバイライダー。
⇒最世ス（ロレンソ, ホルヘ　1987.5.4–）

Loretta, Mark David
アメリカの大リーグ選手（二塁, 遊撃）。
⇒メジャ（ロレッタ, マーク　1971.8.14–）

Loretz, Oswald
ドイツの旧約学者, ウガリット学者。
⇒新カト（ローレッツ　1928.1.14–2014.4.8）

Loria, Achille
イタリアの経済学者, 社会学者。経済が社会発展の唯一の決定的力であるとする経済史観の立場を代表した。
⇒岩世人（ローリア　1857.3.2–1943.11.6）
　学叢思（ロリア, アキルレ　1857–?）

Lorimer, David Lockhart Robertson
イギリスの軍人, 言語学者。インダス河上流のフンザ地方の言語調査に従事, イラン語, アーリアン語の歴史的研究に寄与した。
⇒岩世人（ロリマー　1876.12.24–1962.2.26）

Lorimer, Elizabeth Hilda Lockhart
イギリスの古典学者。
⇒岩世人（ロリマー　1873.5.30–1954.3.1）

Loriod, Yvonne
フランスのピアノ奏者。
⇒新音中（ロリオ, イヴォンヌ　1924.1.20–）
　標音2（ロリオ, イヴォンヌ　1924.1.20–2010.5.17）

Lorius, Claude
フランスの氷河学者。フランス科学研究センター名誉主任研究員。
⇒外12（ロリウス, クロード　1932.2.25–）
　外16（ロリウス, クロード　1932.2.25–）

Lorjou, Bernard
フランスの画家。
⇒芸13（ロルジウ, ベルナール　1908–1977）

L

Loro Piana, Pier Luigi
イタリアの実業家。
⇒外16（ロロ・ピアーナ, ピエール・ルイジ 1951–）

Lorre, Peter
ハンガリー生まれの映画俳優。主作品『M』(1932)。
⇒ク俳（ローレ, ピーター（レーヴェンシュタイン, ラズロ） 1904–1964）
スター（ローレ, ピーター 1904.6.26–1964）
ユ著人（Lorre,Peter ローレ, ピーター 1904–1964）

Lorsch, Jay W.
アメリカの経営学者。
⇒有経5（ローシュ 1932–）

Lortz, Joseph
ドイツのカトリック教会史家。カトリック側の宗教改革研究とプロテスタント側の研究との学問的調和を求めた。
⇒岩世人（ロルツ 1887.12.13–1975.2.21）
新カト（ロルツ 1887.12.13–1975.2.21）

Losa, Alfonso
テノール歌手。
⇒魅惑（Losa,Alfonso ?–）

Lösch, August
ドイツの経済学者。キールの世界経済研究所の研究員として貿易論, 人口論, 経済立地論の分野で業績を残した。
⇒岩世人（レッシュ 1906.10.15–1945.5.30）

Löscher, Peter
オーストリアの実業家。
⇒外12（レッシャー, ペーター 1957.9.17–）
外16（レッシャー, ペーター 1957.9.17–）

Losev, Aleksei Fyodorovich
ロシアの哲学者。
⇒岩世人（ローセフ 1893.9.10/22–1988.5.24）

Losey, Joseph
アメリカ出身のイギリスの映画監督。作品に『コンクリート・ジャングル』(1960), 『暗殺者のメロディ』(72) など。
⇒映監（ロージー, ジョゼフ 1909.1.14–1984）

Losin Wadan
台湾の医師, 政治家。
⇒岩世人（ロシン・ワタン 1899.8.16（光緒25.7.11）–1954.4.17）
台湾3（楽信瓦旦 1899–1954）

Losskii, Nikolai Onufrievich
ロシアの亡命哲学者。
⇒岩世人（ロースキー 1870.11.24/12.6–1965.1.24）
新カト（ローキー 1879.12.6–1965.1.24）
メル3（ロースキー, ニコライ・オヌフリエヴィチ 1870–1965）

Losskij, Vladimir Nikolaevič
ロシア正教会の信徒神学者。
⇒岩キ（ロスキー 1903–1958）
岩世人（ロスキー 1903.5.25/6.7–1958.2.7）
オク教（ロスキー 1903–1958）
新カト（ロスキー 1903.5.26–1958.2.7）

Losyukov, Aleksandr
ロシアの外交官。
⇒外12（ロシュコフ, アレクサンドル 1943.11.15–）
世指導（ロシュコフ, アレクサンドル 1943.11.15–）

Loth, Wilfried
ドイツの歴史学者。
⇒岩世人（ロート 1948.8.29–）

Lothar, Ernst
オーストリアの作家, 劇場支配人。
⇒岩世人（ロータル 1890.10.25–1974.10.30）

Loti, Pierre
フランスの小説家。代表作『アジヤデ』(1879), 『イスパハンをさして』(1904) など。
⇒岩世人（ロティ 1850.1.14–1923.6.10）
現世文（ロティ, ピエール 1850.1.14–1923.6.10）
広辞7（ロチ 1850–1923）
19仏（ロティ, ピエール 1850.1.14–1923.6.10）
図翻（ロチ 1850.1.14–1923.6.10）
西文（ロチ, ピエール 1850–1923）
比文増（ロティ（ピエール） 1850（嘉永3）–1923（大正12））
フ文小（ロチ, ピエール 1850–1923）

Lotka, Alfred James
オーストリア生まれのアメリカの数理生物学者。
⇒岩生（ロトカ 1880–1949）
岩世人（ロトカ 1880.3.2–1949.12.5）

Lotman, Yurii Mikhailovich
ロシア（ソ連）の文芸学者。
⇒岩世人（ロートマン 1922.2.28–1993.10.28）
広辞7（ロトマン 1922–1993）

Loton, Brian Thorley
オーストラリアの実業家。
⇒外12（ロートン, ブライアン 1929.5.17–）
外16（ロートン, ブライアン 1929.5.17–）

Lotrič, Janes
スロベニアのテノール歌手。
⇒魅惑（Lotrič,Janes ?–）

Lott, Felicity
イギリスのソプラノ歌手。
⇒外12（ロット, フェリシティ 1947.5.8–）
外16（ロット, フェリシティ 1947.5.8–）

Lott, Pixie
イギリスの歌手。
⇒外16（ロット, ピクシー 1991.10.4–）

Lott, Tim
イギリスの作家。
⇒現世文（ロット,ティム　1956.1.23-）

Lott, Trent
アメリカの政治家。
⇒外12（ロット,トレント　1941.10.9-）
　外16（ロット,トレント　1941.10.9-）
　世指導（ロット,トレント　1941.10.9-）

Lotterer, Andre
ドイツのレーシングドライバー。
⇒外12（ロッテラー,アンドレ　1981.11.19-）
　外16（ロッテラー,アンドレ　1981.11.19-）
　最世ス（ロッテラー,アンドレ　1981.11.19-）

Lottin, Odon
ベルギーの倫理神学者,神学史家,ベネディクト会士。
⇒新カト（ロタン　1880.7.2-1965.3.10）

Lotz, Johannes Baptist
ドイツの新スコラ哲学者。
⇒新カト（ロッツ　1903.8.2-1992.6.3）

Lotz, Sarah
南アフリカ在住の作家,脚本家。
⇒海文新（ロッツ,サラ）

Lotz, Wolfgang
イスラエルのインテリジェンス・オフィサー。
⇒スパイ（ロッツ,ウォルフガング　1921-1993）

Lötzow-Holm, Finn
ノルウェーの探検家,軍人。
⇒ネーム（リュツォー＝ホルム　1890-1950）

Loubet, Émile François
フランスの政治家。1892年首相,99～1906年大統領。
⇒岩世人（ルベ　1838.12.31-1929.12.21）

Loubier, Jean-Marc
フランスの実業家。
⇒外12（ルビエ,ジャンマルク）

Louchard, Antonin
フランスの絵本作家。
⇒絵本（ルーシャール,アントナン　1954-）

Loucheur, Louis
フランスの政治家,実業家。国際鋼鉄カルテル結成の首唱者。
⇒岩世人（ルシュール　1872.8.12-1931.11.22）

Loudermilk, John D.
アメリカ・ノースカロライナ州ダラム生まれのソングライター。
⇒ロック（Loudermilk,John D.　ラウダミルク,ジョン・D　1934.3.31-）

Loudières, Monique
フランスのダンサー。
⇒外12（ルディエール,モニク　1956.4.15-）
　外16（ルディエール,モニク　1956.4.15-）

Loudon Wainwright III
アメリカのシンガー・ソングライター。
⇒ロック（Wainwright,Loudon,III　ウェインライト三世,ラウドン　1946.9.5-）

Louhi, Kristina
フィンランドのイラストレーター。
⇒絵本（ロウヒ,クリスティーナ　1950-）
　外16（ロウヒ,クリスティーナ　1950-）

Louhimies, Aku
フィンランドの映画監督。
⇒外16（ロウヒミエス,アク　1968.7.3-）

Louis, Édouard
フランスの作家。
⇒海文新（ルイ,エドゥアール　1992.10.30-）
　現世文（ルイ,エドゥアール　1992.10.30-）

Louis, Joe
アメリカの拳闘選手。「褐色の爆弾」と称された世界ヘヴィー級チャンピオン。
⇒アメ州（Louis,Joe　ルイス,ジョー　1914-1981）
　アメ新（ルイス　1914-1981）
　岩世人（ルイス　1914.5.13-1981.4.12）
　マルX（LOUIS,JOE（Barrow,Joe Louis）ルイス,ジョー（バロウ,ジョー・ルイス）　1914-1981）

Louis, Morris
アメリカの画家。抽象表現主義を次の段階へ推し進めた作家。
⇒岩世人（ルイス　1912.11.28-1962.9.7）
　芸13（ルイス,モーリス　1912-1962）
　ユ著人（Louis,Morris　ルイス,モーリス　1912-1962）

Louis III
バイエルンのヴィッテルスバッハ家の統治者。在位1913～18。
⇒皇国（ルートヴィヒ3世　（在位）1913-1918）

Louise, Anita
アメリカ生まれの女優。
⇒ク俳（ルイーズ,アニタ（フレモールト,A・L）　1915-1970）

Louise, Tina
アメリカ生まれの女優。
⇒ク俳（ルイーズ,ティナ（ブラッカー,T・L）　1934-）

Lou Lim Ioc
マカオの商人,教育者。
⇒岩世人（盧廉若　ろれんじゃく　1899.3.15-1978.10.4）

Lourenço, João
アンゴラの政治家。アンゴラ大統領（2017～）。
⇒世指導（ロウレンソ，ジョアン　1954.3.5–）

Lourié, Arthur Vinsent
ロシア，のちアメリカの作曲家。
⇒ク音3（ルーリエ　1892–1966）
　標音2（ルリエ，アルトゥール・ヴァンサン　1892.5.14–1966.10.12）

Loussier, Jacques
フランスのジャズ・ピアノ奏者。バロック・ジャズを流行させた。
⇒標音2（ルシエ，ジャック　1934.10.26–）

Loutil, Edmond
フランスのジャーナリスト，司祭。
⇒新カト（ルティユ　1863.11.17–1959.4.16）

Lou Ye
中国の映画監督。
⇒外12（婁燁　ロウイエ　1965.3.15–）
　外16（婁燁　ロウイエ　1965.3.15–）

Louÿs, Pierre
フランスの詩人，小説家。主著『ビリチスの歌』（1894）。
⇒岩世人（ルイ　1870.12.10–1925.6.6）
　現世文（ルイス，ピエール　1870.12.10–1925.6.4）
　広辞7（ルイス，ピエール　1870–1925）
　西文（ルイス，ピエール　1870–1925）
　標音2（ルイス，ピエール　1870.12.10–1925.6.4）
　フ文小（ルイス，ピエール　1870–1925）

Lovász, László
ハンガリーの数学者。
⇒外12（ロヴァース，ラースロー　1948.3.9–）
　外16（ロヴァース，ラースロー　1948.3.9–）

Love, Augustus Edward Hough
イギリスの応用数学者。半無限弾性体の表面に別の層がある場合に伝播する横波（ラヴ波）を発見。
⇒岩世人（ラヴ　1863.4.17–1940.6.5）
　オク地（ラブ，オーガスタス・エドワード・ヒュー　1853–1940）

Love, Bessie
アメリカの映画スター。
⇒ク俳（ラヴ，ベッシー（ホートン，ジャニータ）　1898–1986）

Love, Courtney
アメリカ・サンフランシスコ生まれの歌手，女優。
⇒外12（ラブ，コートニー　1965.7.9–）
　外16（ラブ，コートニー　1964.7.9–）

Love, Darlene
アメリカの歌手，女優。
⇒ロック（Love,Darlene　ラヴ，ダーリーン

1938–）

Love, Harry Houser
アメリカの農学者。
⇒アア歴（Love,Harry H (ouser)　ラヴ，ハリー・ハウザー　1880.3.19–1966.4.20）

Love, Kevin
アメリカのバスケットボール選手（キャバリアーズ）。
⇒外12（ラブ，ケビン　1988.9.7–）
　外16（ラブ，ケビン　1988.9.7–）
　最世ス（ラブ，ケビン　1988.9.7–）

Love, Mike
アメリカのロック歌手。
⇒外12（ラブ，マイク　1941.3.15–）
　外16（ラブ，マイク　1941.3.15–）

Lovecraft, Howard Philips
アメリカの怪奇小説作家。
⇒現世文（ラブクラフト,H.P.　1890.8.20–1937.3.15）
　広辞7（ラヴクラフト　1890–1937）
　ネーム（ラヴクラフト　1890–1937）

Lovegrove, Ross
イギリスのインダストリアルデザイナー。
⇒外12（ラブグローブ，ロス　1958–）
　外16（ラブグローブ，ロス　1958–）

Lovejoy, Arthur Oncken
アメリカの哲学者。主著『二元論への反乱』（1930）など。
⇒アメ新（ラブジョイ　1873–1962）
　岩世人（ラヴジョイ　1873.10.10–1962.12.30）
　メル3（ラヴジョイ，アーサー・オンケン　1873–1962）

Lovejoy, Thomas
アメリカの生物学者。
⇒外12（ラブジョイ，トーマス　1941.8.22–）
　外16（ラブジョイ，トーマス　1941.8.22–）

Lovelace, Earl
トリニダード・トバコの小説家，ジャーナリスト。
⇒外16（ラヴレイス，アール　1935–）
　現世文（ラヴレイス，アール　1935–）

Lovell, Sir Alfred Charles Bernard
イギリスの天文学者。戦後の電波天文学の中心人物でヒューマニズムの立場から無人探測器による観測を主張。
⇒岩世人（ラヴェル　1913.8.31–2012.8.6）
　外16（ラベル，バーナード　1913.8.31–）
　天文大（ラベル　1913–）

Lovelock, James（Ephraim）
イギリスの科学者。
⇒外12（ラブロック，ジェームズ　1919.7.26–）

外16 (ラブロック, ジェームズ 1919.7.26-)
Lovesey, Peter
イギリスの推理小説家。
⇒外12 (ラブゼイ, ピーター 1936-)
　現世文 (ラブゼイ, ピーター 1936-)
Lovett, Charlie
アメリカの作家。
⇒海文新 (ラヴェット, チャーリー 1962-)
Lövin, Isabella
スウェーデンの政治家, ジャーナリスト。
⇒外12 (ロヴィーン, イサベラ 1963-)
　外16 (ロヴィーン, イサベラ 1963-)
　世指導 (ロヴィーン, イサベラ 1963-)
Loving, Walter Howard
アメリカの陸軍軍楽隊長。
⇒アア歴 (Loving,Walter H(oward) ラヴィング, ウォルター・ハワード 1872.12.17-1945.2)
Lovins, Amory B.
アメリカ生まれのイギリスの環境問題研究者。
⇒岩世人 (ラヴィンズ 1947.11.13-)
　外12 (ロビンス, エモリー 1947-)
　外16 (ロビンス, エモリー 1947.11.13-)
Low, *Sir* David Alexander Cecil
ニュージーランド生まれのイギリスの漫画家。新聞に政治漫画や諷刺画を描いた。
⇒岩世人 (ロウ 1891.4.7-1963.9.19)
　芸13 (ロー, デヴィッド 1891-1963)
　ニュー (ロウ, デイヴィッド 1891-1963)
Löw, Joachim
ドイツのサッカー指導者, サッカー選手。
⇒外12 (レーヴ, ヨアヒム 1960.2.3-)
　外16 (レーヴ, ヨアヒム 1960.2.3-)
　最世人 (レーヴ, ヨアヒム 1960.2.3-)
Low, Juliet Gordon
アメリカのガール・スカウト創設者。
⇒アメ州 (Low,Juliette ロウ, ジュリエット 1860-1927)
Low, Peter
イギリス生まれの彫刻家。
⇒芸13 (ロー, ピーター 1938-)
Lowachee, Karin
カナダのSF作家。
⇒海文新 (ロワチー, カリン)
　現世文 (ロワチー, カリン)
Lowder, Julia Maria
イギリスの伝道師。横須賀の軍人, 船員などに伝道。
⇒来日 (ジョン・フレデリック・ジュリア・マリア (ラウダー夫人) 1840-1919)

Lowdermilk, Walter
アメリカの灌漑技術者, 土壌研究者。
⇒アア歴 (Lowdermilk,Walter ロウダーミルク, ウォルター・クレイ 1888.7.1-1974.5.6)
Lowe, Adam
イギリス生まれの画家。
⇒芸13 (ロウ, アダム 1959-)
Lowe, Derek Christopher
アメリカの大リーグ選手(投手)。
⇒外12 (ロウ, デレク 1973.6.1-)
　外16 (ロウ, デレク 1973.6.1-)
　最世ス (ロウ, デレク 1973.6.1-)
　メジャ (ロウ, デレク 1973.6.1-)
Lowe, Edmund
アメリカの俳優。
⇒ク俳 (ロウ, エドマンド 1890-1971)
Lowe, Jim
アメリカ・ミズーリ州スプリングフィールド生まれのシンガー・ソングライター, DJ。
⇒ロック (Lowe,Jim ロウ, ジム 1927.5.7-)
Lowe, Nicholas
イギリス生まれの医学者。カリフォルニア大学ロサンゼルス校教授。
⇒外12 (ロウ, ニコラス)
Lowe, Nick
イギリス生まれのミュージシャン。
⇒外12 (ロウ, ニック 1949.3.24-)
　外16 (ロウ, ニック 1949.3.24-)
Lowe, Rob
アメリカ生まれの俳優。
⇒外16 (ロウ, ロブ 1964.3.17-)
　ク俳 (ロウ, ロブ 1964-)
Lowe, Robert Lincoln
アメリカの大リーグ選手(二塁, 外野, 三塁)。
⇒メジャ (ロウ, ボビー 1865.7.10-1951.12.8)
Lowe, Thaddeus S.C.
アメリカの気球愛好者。南北戦争中, 北軍の航空スパイとして活動した。
⇒スパイ (ロー, タデウス・S・C 1832-1913)
Lo Wei
香港の映画監督。中国山東省に生まれる。ブルース・リーを引き抜き, 大スターに仕立てた。作品の『ドラゴン怒りの鉄拳』には署長役で出演。
⇒岩世人 (ロー・ウェイ 1918.12.12-1996.1.20)
Lowell, Abbott Lawrence
アメリカの政治学者, 教育家。ハーバード大学総長として諸改革を実施。
⇒岩世人 (ローウェル 1856.12.13-1943.1.6)

Lowell, Amy Lawrence
アメリカの女性詩人。イマジズムのアメリカにおける推進者として活躍。
⇒アメ州（Lowell,Amy ローウェル，エミー 1875–1925）
現世文（ローウェル，エイミー 1874.2.9–1925.5.12）
新カト（ローウェル 1874.2.9–1925.5.12）

Lowell, Heather
アメリカの作家。
⇒海文新（ローウェル，ヘザー）
現世文（ローウェル，ヘザー）

Lowell, Mike
プエルト・リコの大リーグ選手（三塁）。
⇒外12（ローウェル，マイク 1974.2.24–）
最新ス（ローウェル，マイク 1974.2.24–）
メジャ（ロウル，マイク 1974.2.24–）

Lowell, Nathan
アメリカの作家。
⇒海文新（ローウェル，ネイサン 1952–）

Lowell, Percival
アメリカの天文学者。ローエル天文台の創始者。
⇒アア歴（Lowell,Percival ロウエル，パーシヴァル 1855.3.13–1916.11.13）
岩世人（ローウェル 1855.3.13–1916.11.12）
科史（ローエル 1855–1916）
天文辞（ローウェル 1855–1916）
天文大（ローウェル 1855–1916）

Lowell, Robert
アメリカの詩人。詩集『ウィアリー卿の城』(1946)でピュリツァー賞を獲得，大戦後のアメリカ詩壇の中心的存在となる。
⇒アメ新（ローエル 1917–1977）
岩世人（ローウェル 1917.3.1–1977.9.12）
現世文（ローウェル，ロバート 1917.3.1–1977.9.12）
新カト（ローウェル 1917.3.1–1977.9.12）

Lowell, Virginia
アメリカの作家。
⇒海文新（ローウェル，ヴァージニア）

Löwenheim, Leopold
ドイツの数学者，論理学者。
⇒世数（レーヴェンハイム，レオポルト 1878–1957）

Lowenstein, John Lee
アメリカの大リーグ選手（外野）。
⇒メジャ（ロウエンスタイン，ジョン 1947.1.27–）

Löwenstein-Wertheim-Rosenberg, Karl Heinrich zu
ドイツのカトリック信徒運動の指導者。
⇒新カト（レーヴェンシュタイン 1834.5.21–1921.11.8）

Lowenthal, Jerome
アメリカのピアノ奏者。
⇒標音2（ローエンタール，ジェローム 1932.2.11–）

Lowenthal, Leo
ドイツ生まれのアメリカの社会学者。
⇒社小増（ローウェンタール 1900–1993）

Lowery, Robert
アメリカの男優。
⇒ク俳（ラワリー，ロバート（ハンケ,R・L） 1914–1971）

Lowi, Theodore J.
アメリカの政治学者。
⇒岩世人（ローウィ 1931.7.9–）
現社（ローウィ 1931–）

Lowie, Robert Harry
オーストリア生まれのアメリカの文化人類学者。インディアン諸族を調査。アメリカ民俗学会などの会長を歴任。
⇒アメ新（ローウィ 1883–1957）
岩世人（ローウィ 1883.6.12–1957.9.21）
教人（ローイ 1883–）
社小増（ローウィ 1883–1957）
メル別（ローウィ，ロバート・ハインリッヒ（通称ハリー） 1883–1957）

Lowinsky, Edward
ドイツ生まれのアメリカの音楽学者。
⇒標音2（ロヴィンスキー，エドワード 1908.1.12–1985.10.11）

Löwith, Karl
ドイツの哲学者。主著『ヘーゲルからニーチェへ』(1941)，『知識，信仰，懐疑』(53)。
⇒岩世人（レーヴィット 1897.1.9–1973.5.24）
教人（レーヴィット 1897–）
現社（レーヴィット 1897–1973）
広辞7（レーヴィット 1897–1973）
社小増（レーヴィット 1897–1973）
新カト（レーヴィット 1897.1.9–1973.5.24）
哲中（レーヴィット 1897–1973）
メル3（レーヴィット，カール 1897–1973）
メル別（レーヴィット，カール 1897–1973）
ユ著人（Löwith,Karl レーヴィッツ，カール 1897–1973）

Lowitz, Leza
アメリカの詩人，作家，翻訳家。
⇒外12（ロウイッツ，リザ 1962–）
外16（ロウイッツ，リザ 1962–）
現世文（ロウイッツ，リザ 1962–）

Lown, Omar Joseph（Turk）
アメリカの大リーグ選手（投手）。
⇒メジャ（ラウン，ターク 1924.5.30–）

Lowrey, Harry Lee（Peanuts）
アメリカの大リーグ選手（外野，三塁）。

⇒メジャ（ロウリー、ピーナッツ　1917.8.27–1986.
7.2）

Lowry, Clarence Malcolm Boden
イギリスの小説家。代表作は難解な自伝的小説『活火山の下』(1947)。
⇒岩世人（ラウリー　1909.7.28–1957.6.27）
現世文（ラウリー、マルカム　1909.7.28–1957.6.27）

Lowry, Gentry Edward
アメリカの宣教師。
⇒アア歴（Lowry,Gentry E（dward）　ラウリー、ジェントリー・エドワード　1884.6.3–1942.5.4）

Lowry, Hiram Harrison
アメリカの宣教師。
⇒アア歴（Lowry,Hiram Harrison　ライリー、ハイラム・ハリスン　1843.5.29–1924.1.13）

Lowry, Lawrence Stephen
イギリスの画家。
⇒芸13（ロウリー,L・S　1887–1976）

Lowry, Lois
アメリカの女性作家。
⇒外12（ローリー、ロイス　1937–）
外16（ローリー、ロイス　1937–）
現世文（ローリー、ロイス　1937–）

Lowry, Thomas Martin
イギリスの化学者。光学的活性現象の研究を行う。主著『光学的旋光能』(1935)。
⇒化学（ラウリ　1874–1936）

Low Thia-khiang
シンガポールの政治家。シンガポール労働者党（WP）書記長。
⇒外12（ラウティアキアン）
外16（ラウティアキアン）
世指導（ラウ・ティアキアン）

Löwy, Emmanuel
オーストリアの考古学者。ギリシアの原始的および古典的彫刻を研究。
⇒岩世人（レーヴィ　1857.9.1–1938.2.11）

Loy, Myrna
アメリカの女優。
⇒ク俳（ロイ、マーナ（ウィリアムズ,M）　1905–1993）
スター（ロイ、マーナ　1905.8.2–1993）

Loyrette, Henri
フランスの学芸員。
⇒外12（ロワレット、アンリ　1952–）
外16（ロワレット、アンリ　1952–）

Lozano, Conrad
アメリカのミュージシャン。
⇒外12（ロサーノ、コンラッド）

Lozerand, Emmanuel
フランスの日本文学研究家。
⇒外12（ロズラン、エマニュエル　1960–）
外16（ロズラン、エマニュエル　1960–）

Lozovskii, Solomon Abramovich
ソ連の政治家。ユダヤ人。プロフィンテルン（赤色国際労働組合）の創立に努力、ソ連邦情報局総裁（1946）。
⇒岩世人（ロゾフスキー　1878.3.16/28–1952.8.12）
学叢思（ロゾフスキー　1888–）

Lozowick, Louis
アメリカの画家。
⇒ユ著人（Lozowick,Louis　ロゾヴィック、ルイス　1892–1973）

Lu, Marie
アメリカの作家。
⇒海文新（ルー、マリー　1984–）

Luan Ju-jie
カナダのフェンシング選手。
⇒外12（欒菊傑　ランキクケツ　1958.7.14–）

Lubac, Henri de
フランスの神学者。イエズス会士。第2バチカン公会議以後の教会改革運動のなかで大きな影響力をもった。1958年道徳政治学アカデミー会員。
⇒岩キ（リュバック　1896–1991）
岩世人（リュバック　1896.2.20–1991.9.4）
オク教（リュバック　1896–1991）
新カト（リュバック　1896.2.20–1991.9.4）

Lubalin, Herb
アメリカのグラフィック・デザイナー、タイポグラファー。
⇒グラデ（Lubalin,Herb　ルバリン、ハーブ　1918–1981）

Lubański, Włodzimierz Leonard
ポーランドのサッカー選手。
⇒岩世人（ルバンスキ　1947.2.28–）

Lübbe, Hermann
ドイツの哲学者、政治哲学者。
⇒岩世人（リュッベ　1926.12.31–）

Lubbers, Rudolphus Frans Marie
オランダの政治家。オランダ首相、国連難民高等弁務官。
⇒岩世人（ルベルス　1939.5.7–）
外12（ルベルス、ルドルフス・フランス・マリー　1939.5.7–）
世指導（ルベルス、ルドルフス・フランス・マリー　1939.5.7–2018.2.14）

Lubbock, *Sir* John, 1st Baron Avebury
イギリスの銀行家、著述家。『先史時代』(1865)

で,初めて旧石器と新石器とを区別。
⇒岩世人(ラボック 1834.4.30–1913.5.28)
学叢思(ラボック,サー・ジョン 1834–1913)
Lubbock, Percy
イギリスの批評家,伝記作家。
⇒岩世人(ラボック 1879.6.4–1965.8.2)
Lubchenco, Jane
アメリカの海洋生態学者。
⇒外12(ルブチェンコ,ジェーン 1947.12.4–)
外16(ルブチェンコ,ジェーン 1947.12.4–)
Lubetkin, Berthold
イギリスの建築家。
⇒岩世人(リューベトキン 1901.12.14–1990.10.23)
Lubetkin, Mario
ウルグアイのジャーナリスト。
⇒外12(ルベトキン,マリオ)
Lubich, Chiara
イタリアのフォコラーレ運動の創始者。
⇒オク教(ルービック 1920–2008)
Lubienska de Lenval, Hélène
イタリア生まれの教育者。幼児の宗教教育について研究した。
⇒新カト(ルビエンスカ・ド・ランヴァル 1895.8.16–1972.8.23)
Lubin, David
ポーランド生まれのアメリカの農業事業家。46カ国参加の下にローマに「国際農事協会」を設立(1910〜43)。
⇒岩世人(ルービン 1849.6.10–1919.1.1)
Lubis, Mochtar
インドネシアの作家,ジャーナリスト。1949年日刊紙インドネシア・ラヤを発刊。56年スカルノ独裁を批判し逮捕され,66年釈放。68年同紙を復刊。
⇒岩世人(ルビス,モフタル 1922.3.7–2004.7.2)
Lubis, Zulkifli
インドネシアの軍人。
⇒岩世人(ルビス,ズルキフリ 1923.12.26–1993.6?)
Lubitsch, Ernst
ドイツ,アメリカの映画監督。主作品『パッション』(1919),『結婚哲学』(24)など。
⇒岩世人(ルビッチ(ルビッチュ) 1892.1.29–1947.11.30)
映監(ルビッチ,エルンスト 1892.1.28–1947)
広辞人(ルビッチ 1892–1947)
ユ著人(Lubitsch,Ernst ルビッチ,エルンスト 1892–1947)
Lübke, Heinrich
西ドイツの政治家。1959年7月1日西ドイツ第2

代大統領に就任し,64年6月再選。農業問題に取組み,「緑化計画」の創始者である。
⇒岩世人(リュプケ 1894.10.14–1972.4.6)
Lublinski, Samuel
ドイツの批評家,劇作家。
⇒学叢思(ルブリンスキー,サムエル 1868–1911)
Luc, Ho
フランス生まれの画家。
⇒芸13(リュック,ホー 1960–)
Lucarelli, Carlo
イタリアの推理小説家。
⇒外12(ルカレッリ,カルロ 1960–)
現世文(ルカレッリ,カルロ 1960–)
Lucas
ブラジルのサッカー選手(FC東京・FW)。
⇒外12(ルーカス 1979.1.3–)
Lucas, Charles Frederick (Red)
アメリカの大リーグ選手(投手)。
⇒メジャ(ルーカス,レッド 1902.4.28–1986.7.9)
Lucas, Edward Verrall
イギリスの随筆家。C.ラムの研究家として知られ,『ラム伝』(1905)などを書いた。
⇒岩世人(ルーカス 1868.6.12–1938.6.26)
Lucas, Frank Lawrence
イギリスの文学者。『セネカとエリザベス朝悲劇』(1922),『良識を求めて』(58)など著書多数。
⇒岩世人(ルーカス 1894.12.28–1967.6.1)
Lucas, George
アメリカ生まれの映画監督,映画製作者。
⇒岩世人(ルーカス 1944.5.14–)
映監(ルーカス,ジョージ 1944.5.14–)
外12(ルーカス,ジョージ 1944.5.14–)
外16(ルーカス,ジョージ 1944.5.14–)
ボブ人(ルーカス,ジョージ 1944–)
Lucas, Henry Lee
アメリカの殺人犯。
⇒ネーム(ルーカス,ヘンリー・リー 1936–2001)
Lucas, Robert Emerson
アメリカの経済学者。1995年ノーベル経済学賞。
⇒岩経(ルーカス 1937–)
岩世人(ルーカス 1937.9.15–)
外12(ルーカス,ロバート 1937.9.15–)
外16(ルーカス,ロバート 1937.9.15–)
ノペ3(ルーカス,R.E. 1937.9.15–)
有経5(ルーカス 1937–)
Lucas, Sarah
イギリスの彫刻家,インスタレーション作家,写真家。
⇒岩世人(ルーカス 1962.10.23–)

Lucchesini, Andrea
イタリアのピアノ奏者。
⇒外12 (ルケシーニ,アンドレア 1965-)
　外16 (ルケシーニ,アンドレア 1965-)

Luccioni, José
イタリアのテノール歌手。
⇒失声 (ルッチオーニ,ジョゼ 1903-1978)
　魅惑 (Luccioni,José 1903-1978)

Luce, Clare Boothe
アメリカの女流劇作家。『女たち』(1936) などの戯曲がある。1943~47年共和党下院議員。
⇒岩世人 (ルース 1903.3.10-1987.10.9)

Luce, Gordon Hannington
イギリスのミャンマー(ビルマ)諸民族言語・歴史学者。
⇒岩世人 (ルース 1889.1.20-1979.5.3)

Luce, Henry Robinson
アメリカのジャーナリスト,出版業者。1923年「タイム」,30年「フォーチュン」,36年「ライフ」(72廃刊) を創刊した。
⇒岩世人 (ルース 1898.4.3-1967.2.28)

Luce, Henry Winters
アメリカの宣教師。
⇒アア歴 (Luce,Henry Winters ルース,ヘンリー・ウィンターズ 1868.9.24-1941.12.8)

Luce, Maximilien
フランスの画家。
⇒19仏 (リュス,マクシミリアン 1858.3.13-1941.2.6)

Luceno, James
アメリカの作家。
⇒外12 (ルシーノ,ジェームズ)
　外16 (ルシーノ,ジェームズ)
　現世文 (ルシーノ,ジェームズ)

Lucescu, Mircea
ルーマニアのサッカー監督(シャフタール),サッカー選手。
⇒外16 (ルチェスク,ミルチェア 1945.7.29-)

Luchaire, Achille
フランスの歴史家。主著『第1次カペー王朝期におけるフランス王制史』(1883)。
⇒岩世人 (リュシェール 1846.10.24-1908.11.14)

Lucheni, Luigi
イタリアの無政府主義者。オーストリア=ハンガリー帝国のエリザベート皇后を刺殺した。
⇒世暗 (ルヒェニ,ルイギ 1873-1910)

Luchetti, Veriano
イタリアのテノール歌手。
⇒失声 (ルケッティ,ヴェリアーノ 1939-2012)
　魅惑 (Luchetti,Veriano 1939-)

Luchinskii, Petr Kirillovich
モルドバの政治家。モルドバ大統領(1997~2001)。
⇒世指導 (ルチンスキー,ピョートル 1940.1.27-)

Lu Chu-an
中国の映画監督,脚本家。
⇒外12 (ルーチュアン 1970-)
　外16 (ルーチュアン 1970-)

Lucini, Gian Pietro
イタリアの詩人。代表作『理想的象徴表現の書物』(1894),『栄光のとき』(1913)。
⇒岩世人 (ルチーニ 1867.9.30-1914.7.31)

Lucio
ブラジルのサッカー選手。
⇒外12 (ルシオ 1978.5.8-)
　外16 (ルシオ 1978.5.8-)
　最世ス (ルシオ 1978.5.8-)

Luck, Andrew
アメリカのプロフットボール選手(コルツ・QB)。
⇒最世ス (ラック,アンドリュー 1989.9.12-)

Lucke, Bernd
ドイツの経済学者,政治家。
⇒外16 (ルッケ,ベルント 1962.8.19-)
　世指導 (ルッケ,ベルント 1962.8.19-)

Lucken, Micael
フランスの日本美術研究家。
⇒外12 (リュケン,ミカエル 1969-)
　外16 (リュケン,ミカエル 1969-)

Lückert, Wilhelm
ドイツのテノール歌手。
⇒魅惑 (Lückert,Wilhelm 1906-1966)

Luckhard, Hans
ドイツの建築家。主作品はベルリンのテルショー・ハウス,アレクサンドル広場(1929)。
⇒岩世人 (ルックハルト 1890.6.16-1954.10.12)

Luckmann, Thomas
オーストリアの宗教社会学者。著作『見えない宗教』は欧米の宗教社会学界に強い衝撃を与えた。
⇒岩世人 (ルックマン 1927.10.14-)
　現社 (ルックマン 1927-)
　現宗 (ルックマン 1927-)
　社小増 (ルックマン 1927-)
　新カト (ルックマン 1927.10.14-2016.5.10)

Lucman, Rashid
フィリピン,ミンダナオ島のムスリム政治指導者。
⇒岩世人 (ルクマン 1924-1984)

Ludedorff, Erich Friedrich Wilhelm
ドイツの軍人。1916年参謀次長としてヒンデンブルク参謀長とともに「軍事独裁」を行った。
⇒岩世人（ルーデンドルフ　1865.4.9-1937.12.20）
広辞7（ルーデンドルフ　1865-1937）
世人新（ルーデンドルフ　1865-1937）
世人裝（ルーデンドルフ　1865-1937）
戦思（ルーデンドルフ　1865-1937）
ネーム（ルーデンドルフ　1865-1937）

Lüders, Heinrich
ドイツの東洋学者、インド学者。主著『古代インドにおける賭博』(1907)。
⇒岩世人（リューダース　1869.6.25-1943.5.7）
新佛3（リューダース　1869-1943）

Lüders, Marie-Elisabeth
ドイツの政治家、女性運動家。
⇒岩世人（リューダース　1878.6.25-1966.3.23）

Luderus, Frederick William
アメリカの大リーグ選手（一塁）。
⇒メジャ（ルデラス、フレッド　1885.9.12-1961.1.5）

Ludlum, Robert
アメリカのミステリ作家。
⇒現世文（ラドラム、ロバート　1927.5.25-2001.3.12）

Ludu Uhla
ミャンマー（ビルマ）の小説家。『檻の中の小鳥』Taung Hte ga kye hngetでユネスコ文学賞を受賞。
⇒現世文（ルドゥ・ウー・フラ　1910.2.10-1982.8）

Ludwick, Ryan Andrew
アメリカの大リーグ選手（外野）。
⇒メジャ（ラドウィック、ライアン　1978.7.13-）

Ludwig, Christa
ドイツのメゾ・ソプラノ歌手。
⇒オペラ（ルードヴィッヒ、クリスタ　1928-）
新音中（ルートヴィヒ、クリスタ　1928.3.16-）
標音2（ルートヴィヒ、クリスタ　1928.3.16-）

Ludwig, Emil
ドイツの小説家、劇作家。伝記作家として有名。主著『ナポレオン』(1906)、『ベートーベン』(45)。
⇒岩世人（ルートヴィヒ　1881.1.25-1948.9.17）
ユ著人（Ludwig,Emil　ルードヴィヒ、エミール　1881-1948）

Ludwig, Friedrich
ドイツの音楽学者。特に中世音楽を研究。
⇒新カト（ルートヴィヒ　1872.5.8-1930.10.3）

Ludwig, Kurt Frederick
1940年から41年にかけてアメリカで活動したドイツのスパイ網「ジョーK」の指揮官。
⇒スパイ（ルートヴィヒ、クルト・フレデリック　1903-?）

Ludwig, Walther
ドイツのテノール歌手。
⇒失声（ルードヴィッヒ、ヴァルター　1902-1981）
魅惑（Ludwig,Walther　1902-1981）

Lueders, Pierre Fritz
カナダのボブスレー選手。
⇒外12（ルーダーズ、ピエール・フリッツ　1970.9.26-）
外16（ルーダーズ、ピエール・フリッツ　1970.9.26-）
最世ス（ルーダーズ、ピエール・フリッツ　1970.9.26-）

Lueger, Karl
オーストリアの政治家。ウィーン市長となり(1897)、進歩的政策を実施してこれを大都市たらしめた。
⇒岩世人（ルエーガー　1844.10.24-1910.3.10）
新カト（ルエーガー　1844.10.24-1910.3.10）

Luening, Otto
アメリカの指揮者、フルート奏者、作曲家。
⇒エデ（ルーニング、オットー（クラレンス）　1900.6.15-1996.9.2）
現音キ（ルーニング、オットー　1900-1996）
新音中（ルーニング、オットー　1900.6.15-1996.9.2）
標音2（ルーニング、オットー　1900.6.15-1996.9.2）

Luganskii, Nikolai
ロシアのピアノ奏者。
⇒外12（ルガンスキー、ニコライ　1972.4.26-）
外16（ルガンスキー、ニコライ　1972.4.26-）

Lugar, Richard
アメリカの政治家。上院議員（共和党）・上院外交委員長。
⇒外12（ルーガー、リチャード　1932.4.4-）
外16（ルーガー、リチャード　1932.4.4-）
世指導（ルーガー、リチャード　1932.4.4-）

Lugard, Frederick John Dealtry Lugrard, 1st Baron
イギリスの植民地行政官。
⇒岩世人（ルガード　1858.1.22-1945.4.11）

Luginin, Vladimir Fedorovich
ロシアの化学者。
⇒化学（ルギニーン　1834-1911）

Lugli, Giuseppe
イタリアの古代ローマ地誌学者。遺構の建設年代を壁体構築法から推定する方法を確立。
⇒岩世人（ルッリ　1890.7.18-1967.12.5）

Lugné-Poë, Aurélien
フランスの俳優、演出家。1893年制作座を設立、

回想録『客寄せ道化』(1930~46)がある。
⇒岩世人 (リュニェ=ポー　1869.12.27–1940.6.19)
世演 (リュニェ・ポー, オーレリアン　1869.12.27–1940.6.19)

Lugo, Fernando
パラグアイの政治家, カトリック司教。パラグアイ大統領 (2008~12)。
⇒岩世人 (ルゴ　1951.5.30–)
外12 (ルゴ, フェルナンド　1951.5.30–)
外16 (ルゴ, フェルナンド　1951.5.30–)
世指導 (ルゴ, フェルナンド　1951.5.30–)

Lugo, Giuseppe
イタリアのテノール歌手。
⇒失声 (ルーゴ, ジュゼッペ　1899–1980)
魅惑 (Lugo,Giuseppe　1898–1980)

Lugo, Julio Cesar
ドミニカ共和国の大リーグ選手(遊撃)。
⇒メジャ (ルゴ, フリオ　1975.11.16–)

Lugo, Tanis
テノール歌手。
⇒魅惑 (Lugo,Tanis　?–?)

Lugones, Leopoldo
アルゼンチンの詩人。代表詩集は『黄金の山々』(1897), 『昔の歌』(1927)。
⇒岩世人 (ルゴネス　1874.6.13–1938.2.18)

Lugosi, Bela
アメリカの映画俳優。主演作品『ドラキュラ』(1931)。
⇒ク俳 (ルゴシ, ベラ／ブラスコ,B　1882–1956)
スター (ルゴシ, ベラ　1882.10.20–1956)
ネーム (ルゴシ, ベラ　1882–1956)

Lugovskoy, Vladimir
ソ連の詩人。
⇒現世文 (ルゴフスコイ, ウラジーミル　1901.7.1–1957.6.5)

Luhan, Mabel Dodge
アメリカのサロン主催者。
⇒岩世人 (ルーハン　1879.2.26–1962.8.13)

Luhmann, Niklas
ドイツの社会学者。
⇒岩社 (ルーマン　1927–1998)
岩世人 (ルーマン　1927.12.8–1998.11.6)
現社 (ルーマン　1927–1998)
現宗 (ルーマン　1927–1998)
広辞7 (ルーマン　1927–1998)
社小増 (ルーマン　1927–1998)
新カト (ルーマン　1927.12.8–1998.11.6)
哲中 (ルーマン　1927–1998)
メル別 (ルーマン, ニクラス　1927–1998)

Luhmer, Nikolaus
ドイツ出身のイエズス会司祭, 教育学者。

⇒新カト (ルーメル　1916.9.28–2011.3.1)
ネーム (ルーメル, クラウス　1916–2011)

Luhnow, Jeff
アメリカの大リーグ, アストロズGM。
⇒外16 (ルノー, ジェフ　1966–)

Lu Hong
中国生まれの現代美術家。
⇒芸13 (ル・ホン　1959–)

Luhrmann, Baz
オーストラリアの映画監督, オペラ演出家。
⇒映監 (ラーマン, バズ　1962.9.17–)
外12 (ラーマン, バズ　1962.9.17–)
外16 (ラーマン, バズ　1962.9.17–)

Luigini, Alexandre-Clement-Léon-Joseph
フランスの指揮者, 作曲家。
⇒ク音3 (ルイジーニ　1850–1906)
標音2 (リュイジニ, アレクサンドル　1850.3.9–1906.7.29)

Luís, Agustina Bessa
ポルトガルの女性小説家。『女予言者』(1953)は二つの文学賞を獲得。
⇒現世文 (ルイース, アグスティーナ・ベッサ　1922.10.15–)

Luisada, Jean-Marc
フランスのピアノ奏者。
⇒外12 (ルイサダ, ジャン・マルク　1958.6.3–)
外16 (ルイサダ, ジャン・マルク　1958.6.3–)

Luis Enrique
スペインのサッカー選手。
⇒外16 (ルイス・エンリケ　1970.5.8–)

Luis Fabiano
ブラジルのサッカー選手(サンパウロ・FW)。
⇒外12 (ルイス・ファビアーノ　1980.11.8–)
外16 (ルイス・ファビアーノ　1980.11.8–)
最新ス (ルイス・ファビアーノ　1980.11.8–)

Luís Filipe
ポルトガル王国の国王。在位1908。
⇒世帝 (ルイス・フェリペ　1887–1908)

Luis Hernández,（Alejandrina) Mireya
キューバの女子バレーボール選手。
⇒岩世人 (ルイス　1967.8.25–)

Luisi, Fabio
イタリアの指揮者。
⇒外12 (ルイジ, ファビオ　1959–)
外16 (ルイジ, ファビオ　1959–)

Luisotti, Nicola
イタリアの指揮者, ピアノ奏者。

⇒外12（ルイゾッティ, ニコラ　1961–）
　外16（ルイゾッティ, ニコラ　1961–）

Luiz Adriano
ブラジルのサッカー選手（ACミラン・FW）。
⇒外12（ルイス・アドリアーノ　1987.4.12–）
　外16（ルイス・アドリアーノ　1987.4.12–）

Luizao
ブラジルのサッカー選手（FW）。
⇒外12（ルイゾン　1975.11.14–）

Lukacs, John
アメリカの歴史学者。
⇒外12（ルカーチ, ジョン　1924–）
　外16（ルカーチ, ジョン　1924–）

Lukács György
ハンガリーの哲学者, 文芸理論家。主著『小説の理論』(1920), 『歴史と階級意識』(23)。
⇒岩世人（ルカーチ　1885.4.13–1971.6.4）
　現社（ルカーチ　1885–1971）
　広辞7（ルカーチ　1885–1971）
　社小増（ルカーチ　1885–1971）
　新カト（ルカーチ　1885.4.13–1971.6.4）
　世人新（ルカーチ　1885–1971）
　世人装（ルカーチ　1885–1971）
　哲中（ルカーチ　1885–1971）
　ネーム（ルカーチ　1885–1971）
　メル3（ルカーチ, ゲオルグ　1884–1971）
　ユ著人（Lukács,George（György）　ルカーチ, ゲオルグ（ジェルジ）　1885–1971）

Lukaku, Romelu
ベルギーのサッカー選手（エヴァートン・FW）。
⇒最世ス（ルカク, ロメル　1993.5.13–）

Lukas, Darrell Wayne
アメリカの競馬調教師。
⇒岩世人（ルーカス　1935.9.2–）

Lukas, Eduard
ドイツの経済学者。ミュンヘン大学教授（1938）。
⇒岩世人（ルーカス　1890.4.19–1953.9.14）

Lukas, Paul
アメリカの俳優。
⇒ク俳（ルーカス, ポール（ルカクス, パル）　1887–1971）
　ユ著人（Lukas,Paul　ルーカス, ポール　1894–1971）

Lukashenko, Aleksandr Grigor'evich
ベラルーシの政治家。初代ベラルーシ大統領（1994〜）。
⇒岩世人（ルカシェンコ　1954.8.30–）
　外12（ルカシェンコ, アレクサンドル　1954.8.30–）
　外16（ルカシェンコ, アレクサンドル　1954.8.30–）
　世指導（ルカシェンコ, アレクサンドル　1954.8.30–）
　ネーム（ルカシェンコ　1954–）

Lukasiewicz, Jan
ポーランドの哲学者, 論理学者。主著『確率算出法の論理的基礎』(1913)。
⇒岩世人（ウカシェヴィチ　1878.12.21–1956.2.13）
　新カト（ウカシェーヴィチ　1878.12.21–1956.2.13）
　世数（ウカシェヴィッツ, ヤン　1878–1956）
　哲中（ウカシェーヴィッチ　1878–1956）

Lukban, Vicente Rellis
フィリピンの革命軍司令官, 政治家。
⇒岩世人（ルクバン　1860.2.11–1916.11.16）

Lukes, Steven Michael
イギリスの社会学者。
⇒社小増（ルークス　1941–）

Lukin, Vladimir
ロシアの政治家。下院議員, 下院副議長, 駐米ロシア大使。
⇒岩世人（ルキーン　1937.7.13–）
　外12（ルキン, ウラジーミル　1937.7.13–）
　外16（ルキン, ウラジーミル　1937.7.13–）
　世指導（ルキン, ウラジーミル　1937.7.13–）

Lukman, Rilwanu
ナイジェリアの政治家。石油輸出国機構（OPEC）事務局長, ナイジェリア外相。
⇒世指導（ルクマン, リルワヌ　1938.2–）

Lukman 'ulhakim, Mohammad
インドネシアの共産党指導者。1950年党第1副書記長, 63年国会副議長。
⇒岩世人（ルクマン　1920.2.26–1965）

Lukonin, Mikhail Kuzimich
ソ連の詩人。叙事詩『労働日』(1948)でスターリン賞を受賞。
⇒現世文（ルコーニン, ミハイル　1918.10.29–1976.8.4）

Lukšić, Igor
モンテネグロの政治家。モンテネグロ首相。
⇒外12（ルクシッチ, イゴル　1976.6.14–）
　外16（ルクシッチ, イゴル　1976.6.14–）
　世指導（ルクシッチ, イゴル　1976.6.14–）

Lukther, Steve
アメリカのロック・ギター奏者。
⇒外12（ルカサー, スティーブ　1957.10.21–）
　外16（ルカサー, スティーブ　1957.10.21–）

Lukyanov, Anatoly Ivanovich
ソ連の政治家。
⇒岩世人（ルキヤーノフ　1930.5.7–）

Lula da Silva, Luiz Inácio
ブラジルの政治家。ブラジル大統領（2003〜

10), ブラジル労働党 (PT) 名誉総裁。
⇒外12 (ルラ・ダ・シルバ, ルイス・イナシオ 1945.10.27-)
外16 (ルラ・ダ・シルバ, ルイス・イナシオ 1945.10.27-)
世指導 (ルラ・ダ・シルバ, ルイス・イナシオ 1945.10.27-)
ラテ新 (ルーラ 1945-)

Lulu
スコットランド生まれの女優。
⇒ロック (Lulu ルール 1948.11.3-)

Lum, Michael Ken-Wai
アメリカの大リーグ選手 (外野, 一塁)。
⇒メジャ (ラム, マイク 1945.10.27-)

Luman, Bob
アメリカ・テキサス州ナコドーチス生まれの歌手。
⇒ロック (Luman,Bob ルーマン, ボブ 1938.4.15-)

Lumet, Jenny
アメリカの脚本家。
⇒外12 (ルメット, ジェニー 1967-)

Lumet, Sidney
アメリカ生まれの映画監督。
⇒映監 (ルメット, シドニー 1924.6.25-)
ユ著人 (Lumet,Sidney ルメット, シドニー 1924-)

Lumière, Auguste
フランスの映画発明者。生理学, 医学方面に多くの仕事を残している。
⇒世人新 (リュミエール兄弟 1862-1954)
世人装 (リュミエール兄弟 1862-1954)
ポプ人 (リュミエール兄弟 1862-1954)

Lumière, Louis Jean
フランスの映画機械シネマトグラフの発明者。
⇒岩世人 (リュミエール 1864.10.5-1948.6.6)
広辞7 (リュミエール 1864-1948)
世人新 (リュミエール兄弟 1864-1948)
世人装 (リュミエール兄弟 1864-1948)
ネーム (リュミエール 1864-1948)
ポプ人 (リュミエール兄弟 1864-1948)

Lumley, Brian
イギリスの怪奇小説作家。
⇒外16 (ラムレイ, ブライアン 1937-)
現世文 (ラムレイ, ブライアン 1937.12.2-)

Lumley, Harry G.
アメリカの大リーグ選手 (外野)。
⇒メジャ (ラムリー, ハリー 1880.9.29-1938.5.22)

Lumley, Henry de
フランスの考古学者。フランス南部の旧石器時代の諸遺跡の発掘調査によって知られる。
⇒岩世人 (リュムレー 1934.8.14-)

Lumley, Joanna
インド生まれの女優。
⇒ク俳 (ラムリー, ジョウアナ 1946-)

Lummer, Otto Richard
ドイツの物理学者。温度輻射および測光を研究、また「ルンマー・ゲールケ干渉分光器」を考案した。
⇒岩世人 (ルンマー 1860.7.17-1925.7.5)

Lumpe, Jerry Dean
アメリカの大リーグ選手 (二塁, 三塁, 遊撃)。
⇒メジャ (ランピー, ジェリー 1933.6.2-)

Lumumba, Patrice Emery
ザイールの政治家, 民族運動指導者。1958年コンゴ民族運動MNCを結成。60年初代首相。主著『祖国は明日ほほえむ』(61)。
⇒岩世人 (ルムンバ 1925.7.2-1961.1.17)
広辞7 (ルムンバ 1925-1961)
政経改 (ルムンバ 1925-1961)
世史改 (ルムンバ 1925-1961)
世人新 (ルムンバ 1925-1961)
世人装 (ルムンバ 1925-1961)
ポブ人 (ルムンバ, パトリス 1925-1961)
マルX (LUMUMBA,PATRICE ルムンバ, パトリス 1925-1961)

Luna, Diego
メキシコ生まれの俳優。
⇒外12 (ルナ, ディエゴ 1979-)
外16 (ルナ, ディエゴ 1979.12.29-)

Luna, Pablo
スペインの指揮者, 作曲家。作品には,150曲以上の劇音楽がある。
⇒標音2 (ルーナ, パブロ 1880.5.21-1942.1.28)

Lunacharskii, Anatolii Vasilievich
ソ連の評論家。主著『芸術についての対話』(1905),『文学的シルエット』(23)。
⇒岩世人 (ルナチャルスキー 1875.11.11/23-1933.12.26)
学叢思 (ルナチャルスキー)
教人 (ルナチャルスキー 1875-1933)
広辞7 (ルナチャルスキー 1875-1933)
ネーム (ルナチャールスキー 1875-1933)

Lunceford, Jimmie
アメリカのジャズ・バンド・リーダー。
⇒新音中 (ランスフォード, ジミー 1902.6.6-1947.7.12)
標音2 (ランスフォード, ジミー 1902.6.6-1947.7.12)

Lund, John
アメリカ生まれの俳優。
⇒ク俳 (ランド, ジョン 1911-1992)

Lund, Kristin
ノルウェーの軍人。

⇒外16（ルンド, クリスティン）

Lundberg, Erik Filip
ストックホルム生まれの経済思想家。
⇒有経5（ルントベリ　1907–1987）

Lundberg, George, Andrew
アメリカの社会学者。ペニントン大学教授。
⇒岩世人（ランドバーグ　1895.10.3–1966.4.14）
　社小増（ランドバーグ　1895–1966）

Lunde, Ken
アメリカのコンピューター技術者。
⇒外16（ランディ, ケン　1965.8–）

Lunde, Maja
ノルウェーの作家。
⇒現世文（ルンデ, マヤ　1975–）

Lundegardh, Henrik Gunnar
スウェーデンの植物生理学者, 生態学者。
⇒岩生（ルンデゴールド　1888–1969）
　岩世人（ルンデゴールド　1888.10.23–1969.11.16）

Lundgren, Dolph
スウェーデン生まれの俳優。
⇒異二辞（ラングレン［ドルフ・～］　1957–）
　外12（ラングレン, ドルフ　1959.11.3–）
　外16（ラングレン, ドルフ　1957.11.3–）
　ク俳（ランドグレン, ドルフ（ラントグレン, ハンス）　1959–）

Lundigan, William
アメリカの男優。
⇒ク俳（ランディガン, ウィリアム　1914–1975）

Lundkvist, Artur
スウェーデンの抒情詩人, 評論家。
⇒岩世人（ルンドクヴィスト　1906.3.3–1991.12.11）
　現世文（ルンドクヴィスト, アートゥル　1906.3.3–1991.12.11）

Lunel, Ferdinand
フランスのイラストレーター。
⇒19仏（リュネル, フェルディナン　1857–1938）

Lunetta, Stanley
アメリカの作曲家。
⇒現音キ（ルネッタ, スタンリー　1937–）

Lunge, Georg
ドイツの化学者。チューリヒの国立工業大学教授。クロル石灰の製造, 硝酸製造等に業績がある。
⇒岩世人（ルンゲ　1839.9.15–1923.1.3）
　化学（ルンゲ, G.　1839–1923）

Lungu, Edgar
ザンビアの政治家。ザンビア大統領（2015～）。
⇒外16（ルング, エドガー　1956.11.11–）

世指導（ルング, エドガー　1956.11.11–）

Lüning, Jens
ドイツの考古学者。
⇒岩世人（リューニング　1938.2.11–）

Lunkina, Svetlana
ロシアのバレリーナ。
⇒外12（ルンキナ, スヴェトラーナ　1979.7.29–）
　外16（ルンキナ, スヴェトラーナ　1979.7.29–）

Lunn, Arnold
イギリスのカトリック著述家。早くからスキー家として知られスキー関係の諸機関の役員を務め, また山岳やスキーに関する著書もある。
⇒岩世人（ラン　1888.4.18–1974.6.2）
　新カト（ラン　1888.4.18–1974.6.3）

Lunny, Donal
アイルランドのプロデューサー, 作曲家, ブズーキ奏者。
⇒新音中（ラニー, ドーナル　1947.3.10–）

Lunt, Alfred
アメリカの俳優, 演出家。J.ジロドーの『アンフィトリオン38』(1938) など多くに出演。
⇒アメ州（Lunt,Alfred　ラント, アルフレッド　1893–）
　岩世人（ラント　1892.8.12–1977.8.3）

Lunts, Lev Natánovich
ロシア（ソ連）の作家, 劇作家, 評論家。
⇒岩世人（ルンツ　1901.4.19/5.2–1924.5.9）

Lu Olo
東ティモールの政治家, 独立運動家。東ティモール大統領（2017～）。
⇒外12（ル・オロ）
　外16（ル・オロ　1954.9.7–）
　世指導（ル・オロ　1954.9.7–）

Luongo, Aldo
アルゼンチンの画家。
⇒芸13（ルオンゴ, アルド　1941–）

Luongo, Roberto
カナダのアイスホッケー選手（パンサーズ・GK）。
⇒外12（ルオンゴ, ロベルト　1979.4.4–）
　外16（ルオンゴ, ロベルト　1979.4.4–）
　最近ス（ルオンゴ, ロベルト　1979.4.4–）

Lupino, Ida
イギリス生まれの女優。
⇒映監（ルピノ, アイダ　1918.2.4–1995）
　ク俳（ルピノ, アイダ　1914–1995）
　スター（ルピノ, アイダ　1918.2.4–1995）

LuPone, Patti
アメリカの女優, 歌手。
⇒岩世人（ルポーン　1949.4.21–）

Lupton, Ellen
ニューヨークのキュレーター、グラフィック・デザイナー、教育者。
⇒グラデ（Lupton,Ellen　ラプトン，エレン　1963–）

Lupton, Rosamund
イギリスの作家。
⇒外16（ラプトン，ロザムンド）
海文新（ラプトン，ロザムンド）
現世文（ラプトン，ロザムンド）

Lupu, Marian
モルドバの政治家。モルドバ国会議長。
⇒外12（ルプ，マリアン　1966.6.20–）
外16（ルプ，マリアン　1966.6.20–）
世指導（ルプ，マリアン　1966.6.20–）

Lupu, Radu
ルーマニアのピアノ奏者。
⇒外12（ルプー，ラドゥ　1945.11.30–）
外16（ルプー，ラドゥ　1945.11.30–）
新音中（ルプー，ラドゥ　1945.11.30–）
標音2（ルプー，ラドゥ　1945.11.30–）

Luqman, Anas M.
アメリカの伝道師、ベトナム戦争の退役軍人。軍隊組織フルート・オブ・イスラム（FOI）のメンバー。
⇒マルX（LUQMAN,ANAS M.(BROTHER)　ラックマン（ブラザー），アナス・M）

Luque, Adolfo Domingo De Guzman
アメリカの大リーグ選手（投手）。
⇒メジャ（ルケ，ドルフ　1890.8.4–1957.7.3）

Luque, Manuel
スペインのカリカチュア画家。
⇒19仏（ルーケ，マヌエル　1854–1919）

Luque, Virginia
アルゼンチンの女優、歌手。
⇒標音2（ルケ，ビルヒニア　1930?–）

Lurçat, Jean
フランスの画家。主作品は『自由』（1943）。
⇒芸13（リュルサ，ジャン　1892–1966）
ネーム（リュルサ　1892–1966）

Luria, Alexander Romanovich
ソ連の心理学者。主著『人間の葛藤の本質』（英訳,1932）。
⇒岩世人（ルリヤ　1902.7.3/16–1977.8.14）
現精（ルリヤ　1902–1977）
現精縮（ルリヤ　1902–1977）

Luria, Salvador Edward
アメリカの分子生物学者。1943年に細菌の突然変異,45年にファージの変異を発見。69年ノーベル生理・医学賞受賞。

⇒岩生（ルリア　1912–1991）
岩世人（ルリア　1912.8.13–1991.2.6）
広辞7（ルリア　1912–1991）
ノベ3（ルリア,S.E.　1912.8.13–1991.2.6）

Lurie, Alison
アメリカの女性作家。
⇒現世文（ルーリー，アリソン　1926.9.3–）

Lurie, Morris
オーストラリアの作家。コミカルでコメディー風の作品が特色。作品に『ラパポート』『おれのおやじ』など。
⇒現世文（ルーリー，モリス　1938.10.30–2014.10.8）

Lurz, Thomas
ドイツの水泳選手（オープン・ウオーター）。
⇒最世ス（ルルツ，トーマス　1979.11.28–）

Luscombe, David Edward
イギリスの歴史学者。
⇒外12（ラスカム，デービッド　1938.7.22–）
外16（ラスカム，デービッド　1938.7.22–）

Lush, Jay Laurence
アメリカの家畜育種学者。
⇒岩世人（ラッシュ　1896.1.3–1982.5.22）

Lusk, Graham
アメリカの生理学者。コーネル医科大学教授。栄養学の権威として知られた。
⇒岩世人（ラスク　1866.2.15–1932.7.18）

Lussmann, Adolf
ドイツのテノール歌手。
⇒魅惑（Lussmann,Adolf　1882–?）

Lussu, Emilio
イタリアの社会主義運動家。1964年バッソらとプロレタリア統一社会党（PSIUP）を結成。
⇒岩世人（ルッス　1890.12.4–1975.3.5）

Lust, Benedict
アメリカの代替医療家。
⇒岩世人（ルスト　1872.2.3–1945.9.5）

Lustig, Alvin
アメリカのグラフィック・デザイナー、インテリア・デザイナー、教育者。
⇒グラデ（Lustig,Alvin　ラスティグ，アルヴィン　1915–1955）

Lustig, Arnost
アメリカ（ユダヤ系）の作家。
⇒現世文（ルスティク，アルノシュト　1926.12.21–2011.2.26）
ユ著人（Lustig,Arnost　ルスティグ，アルノスト　1926–）

Lustig, Rudolf
オーストリアのテノール歌手。

⇒魅惑（Lustig,Rudolf 1902–1988）

Lustiger, Jean-Marie
フランスの枢機卿、パリ大司教。
⇒新カト（リュスティジェ 1926.9.17–2007.8.5）

Lute, Jane Holl
アメリカの陸軍軍人。国連事務次長補（平和維持活動担当）。
⇒外12（ルート、ジェーン・ホール）
外16（ルート、ジェーン・ホール）

Luter, Claude
フランスのジャズ・クラリネット奏者。
⇒標音2（リュテル、クロード 1923.7.23–）

Lutfi, Ahmad
マレーシア、シンガポールの文筆家。
⇒岩世人（ルトフィ、アフマド 1911.7.11–1969.10.20）

Luṭfī al-Sayyid
エジプトの思想家。
⇒岩イ（ルトフィー・サイイド 1872–1963）
岩世人（ルトフィー・サイイド 1872.1.15–1963.3.5）

Luṭfī Būshnāq
アラブの歌手、ウード奏者、作曲家。
⇒岩世人（ロトフィ・ブシュナク 1952.1.18–）

Lütge, Friedrich
ドイツの経済史家。中世の農業経済、土地制度の研究で著名。主著『イェナ書店史』（1929）。
⇒岩世人（リュトゲ 1901.10.21–1968.8.25）

Luther, Hans
ドイツの政治家。ミュンヘン大学政治学教授。"Von Deutschlands eigener Kraft"（1928）。
⇒岩世人（ルター 1879.3.10–1962.5.11）

Luthuli, Chief Albert John
南アフリカ共和国の黒人解放運動指導者。ノーベル平和賞を受賞（1960）。
⇒岩世人（ルトゥーリ 1898頃–1967.7.21）
ノベ3（ルツリ,A.J. 1898–1967.7.21）

Lüthy, Urs
スイスの画家。
⇒芸13（リュティ、ウルス 1947–）

Luti, Claudio
イタリアの実業家。
⇒外12（ルティ、クラウディオ 1946–）
外16（ルティ、クラウディオ 1946–）

Lutinier, Hélène Cécile
フランスのル・マイエ・ド・モンターニュ生れの日本におけるヌヴェール愛徳修道会創立者。
⇒新カト（リュティニエ 1871.1.29–1964.12.8）

Lutnick, Howard
アメリカの実業家。
⇒外12（ラトニック、ハワード）
外16（ラトニック、ハワード）

Lutosławski, Wincenty
ポーランドのカトリック哲学者。"The knowledge of reality"（1930）。
⇒岩世人（ルトスワフスキ 1863.6.6–1954.12.28）
新カト（ルトスワフスキ 1863.6.6–1954.12.28）

Lutosławski, Witold
ポーランドの作曲家。古典的な形成力と現代的技法を共生させる多くの作品によって、ポーランド楽派の第一人者として高く評価される。
⇒岩世人（ルトスワフスキ 1913.1.25–1994.2.7）
エデ（ルトスワフスキ、ヴィトルト 1913.1.25–1994.2.7）
ク音3（ルトスワフスキ 1913–1994）
現音キ（ルトスワフスキ、ヴィトルド 1913–）
新音小（ルトスワフスキ、ヴィトルト 1913–1994）
新音中（ルトスワフスキ、ヴィトルト 1913.1.25–1994.2.9）
ビ曲改（ルトスワフスキ、ヴィトルト 1913–1994）
標音2（ルトスワフスキ、ヴィトルト 1913.1.25–1994.2.9）

Luttwak, Edward Nicolae
アメリカの国際政治学者、歴史家、経済学者。
⇒外12（ルトワク、エドワード 1942.11.4–）
外16（ルトワク、エドワード 1942.11.4–）

Lüttwitz, Walther Freiherr von
ドイツの軍人。第1軍団司令官。
⇒岩世人（リュトヴィッツ 1859.2.2–1942.9.20）

Lutyens, Sir Edwin Landseer
イギリスの建築家、都市計画家。
⇒岩世人（ラッチェンズ 1869.3.29–1944.1.1）

Lutyens, Elisabeth
イギリスの作曲家。
⇒標音2（ラティエンズ、エリザベス 1906.7.6–1983.4.14）

Lutz, Bertha
ブラジルのフェミニスト。
⇒ラテ新（ルッツ 1894–1976）

Lutz, Friedrich August
フランスの経済学者。オーストリア学派の流れを汲み、景気循環論、利子論、企業の投資理論の分野で貢献。
⇒有経5（ルッツ 1901–1975）

Lutz, Joe
アメリカ出身の野球選手。
⇒異二辞（ルーツ［ジョー・～］ 1925–2008）

Lutz, John
アメリカのミステリ作家。
⇒現世文（ラッツ,ジョン　1939–）

Lutz, Lisa
アメリカの脚本家,作家。
⇒海文新（ラッツ,リサ）
　現世文（ラッツ,リサ）

Lutz, Robert A.
アメリカの実業家。
⇒外12（ラッツ,ロバート　1932.2.12–）
　外16（ラッツ,ロバート　1932.2.12–）

Lutz-Bachmann, Matthias
ドイツの哲学者,政治哲学者,宗教哲学者。
⇒岩世人（ルッツ＝バッハマン　1952.1.10–）

Lutze, Gerd
ドイツのテノール歌手。
⇒魅惑（Lutze,Gerd　1917–）

Lützeler, Heinrich
ドイツの美術史家,美学者。年間誌『美学および一般芸術学』を編集。主著『芸術認識の諸形式』(1924)。
⇒岩世人（リュッツェラー　1902.1.27–1988.6.13）

Lutziuk, Viktor
テノール歌手。
⇒魅惑（Lutziuk,Viktor　?–）

Lu'u Hũ'u Phu'ó'c
ベトナムの音楽家。
⇒岩世人（ルウ・フウ・フオック　1921.9.12–1989.6.8）

Luu Trong Lu
ベトナムの詩人。
⇒岩世人（ルウ・チョン・ルー　1912.6.19–1991.8.10）

Luvin, Charlie
アメリカのカントリー歌手。
⇒標音2（ルーヴィン・ブラザーズ　1927.7.7–）

Luvin, Ira
アメリカのカントリー歌手。
⇒標音2（ルーヴィン・ブラザーズ　1924.4.21–1965.6.28）

Luxemburg, Rosa
ドイツの婦人革命家。1817年K.リープクネヒトと,ドイツ共産党の前身「スパルタクス団」を設立。
⇒岩経（ルクセンブルグ　1870–1919）
　岩女（ルクセンブルグ,ローザ　1870.3.5–1919.1.15）
　岩世人（ルクセンブルグ　1870.3.5–1919.1.15）
　学叢思（ルクセンブルグ,ローザ　1865–1919.1）
　現社（ルクセンブルク　1871–1919）
　広辞7（ルクセンブルク　1870–1919）
　国政（ルクセンブルグ,ローザ　1870–1919）
　社小増（ルクセンブルク　1870–1919）
　世史改（ルクセンブルク,ローザ＝　1871–1919）
　世人新（ルクセンブルク（ローザ＝ルクセンブルク）　1870–1919）
　世人装（ルクセンブルク（ローザ＝ルクセンブルク）　1870–1919）
　ポプ人（ルクセンブルク,ローザ　1870–1919）
　有経5（ルクセンブルク　1870–1919）
　ユ著人（Luxemburg,Rosa　ルクセンブルク,ローザ　1870–1919）

Luxemburgo, Wanderley
ブラジルのサッカー監督,サッカー選手。
⇒外12（ルシェンブルゴ,バンデルレイ　1952.5.10–）

Lu Xue-chang
中国の映画監督。
⇒外12（ルーシュエチャン　1964–）

Lu Yen-hsun
台湾のテニス選手。
⇒外12（盧彦勲　ロゲンクン　1983.8.14–）

Luz, Jucelino Nobrega da
ブラジルの予言者。
⇒外12（ルース,ジュセリーノ・ノーブレガ・ダ　1960.3–）

Luzbetak, Louis J.
アメリカ出身の神言修道会員,人類学者。
⇒新カト（ルズベタク　1918.9.19–2005.3.22）

Luzhkov, Yurii Mikhailovich
ロシアの政治家。
⇒岩世人（ルシコーフ　1936.9.21–2014.4.24）
　外12（ルシコフ,ユーリー　1936.9.21–）
　外16（ルシコフ,ユーリー　1936.9.21–）
　世指導（ルシコフ,ユーリー　1936.9.21–）

Luzi, Mario
イタリアの詩人,評論家,翻訳家。主著『小舟』(1935),『地獄とリンボ』(49)。
⇒現世文（ルーツィ,マリオ　1914.10.20–2005.2.28）

Luzin, Nikolai Nikolaevich
ソ連の数学者。
⇒数辞（ルジン,ニコライ・ニコラエビッチ　1883–1950）
　世я（ルージン,ニコライ・ニコラエヴィッチ　1883–1950）

Luzinski, Gregory Michael
アメリカの大リーグ選手（外野,DH）。
⇒メジャ（ルジンスキー,グレッグ　1950.11.22–）

Luzzati, Emanuele
イタリアの舞台装置家。
⇒絵本（ルッツァーティ,エマヌエーレ　1921–2007）

Luzzatti, Luigi
イタリアの政治家, 経済学者。首相 (1910～11)。経済学, 社会学に関する著書がある。
⇒岩世人 (ルッツァッティ　1841.3.11–1927.3.29)
学叢思 (ルザッティ, ルイジ　1841–?)
ユ著人 (Luzzatti,Luigi　ルツァッティ, ルイジ　1841–1927)

Lvov, Georgii Evgenievich
ロシアの政治家。公爵。パリのロシア大使館を中心に組織された非公式な〈政治会議〉の代表者。
⇒岩世人 (リヴォフ　1861.10.21/11.2–1925.3.6)

Lwoff, André
フランスの微生物学者。微生物の遺伝学的研究を行い, 1965年のノーベル生理・医学賞受賞。
⇒岩生 (ルウォフ　1902–1994)
岩世人 (ルウォフ　1902.5.8–1994.9.30)
ノベ3 (ルウォフ, A.　1902.5.8–1994.9.30)
ユ著人 (Lwoff,André Michel　ルウォフ, アンドレ・ミシェル　1902–1994)

Lyall, Gavin
イギリスの冒険小説家。
⇒現世文 (ライアル, ギャビン　1932.5.9–2003.1.18)

Lyapunov, Aleksandr Mikhailovich
ロシアの数学者, 力学者。
⇒岩世人 (リャプノフ　1857.5.25/6.6–1918.11.3)

Lyashchenko, Pëtr Ivanovich
ソ連の経済学者。科学アカデミー通信会員。農業問題, ソ連経済史の専門家。
⇒岩世人 (リャーシチェンコ　1875.10.9/21–1955.7.24)

Lyautey, Louis Hubert Gonzalve
フランスの陸軍元帥, 植民地行政官。
⇒岩イ (リョーテ　1854–1934)

Lydekker, Richard
イギリスの地質学者, 古脊椎動物学者。大英博物館の哺乳類, 両棲類, 爬虫類および鳥類の化石目録を作成。
⇒岩世人 (ライデッカー　1849.7.25–1915.4.16)

Lydon, Jimmy
アメリカの俳優, プロデューサー, 演出家。
⇒ク俳 (ライドン, ジェイムズ・"ジミー"　1923–)

Lydon, John
イギリスのボーカリスト。
⇒外12 (ライドン, ジョン　1956.1.31–)

Lydon, Michael
アメリカの編集者。
⇒外12 (ライドン, マイケル)

Lydon, Nicholas B.
アメリカの生化学者。
⇒外16 (ライドン, ニコラス　1957.2.27–)

Lye, Len
ニュージーランド生まれのアニメーション作家, 美術家。
⇒アニメ (ライ, レン　1901–1980)
岩世人 (ライ　1901.7.5–1980.5.15)

Lyga, Barry
アメリカの作家。
⇒海文新 (ライガ, バリー　1971–)

Lyle, Albert Walter (Sparky)
アメリカの大リーグ選手 (投手)。
⇒メジャ (ライル, スパーキー　1944.7.22–)

Lyle, Graham
スコットランド出身のソングライター。
⇒ロック (Gallagher and Lyle　ギャラガー&ライル)

Lyman, Benjamin Smith
アメリカの地質学者。『日本油田之地質及地形図』(1877) を作成。
⇒アア歴 (Lyman,Benjamin Smith　ライマン, ベンジャミン・スミス　1835.12.11–1920.8.30)
アメ新 (ライマン　1835–1920)
岩世人 (ライマン　1835.12.11–1920.8.30)
広辞7 (ライマン　1835–1920)

Lyman, Richard Sherman
アメリカの医師。
⇒アア歴 (Lyman,Richard Sherman　ライマン, リチャード・シャーマン　1891.1.29–1959.6.13)

Lyman, Theodore
アメリカの物理学者。分光学を研究し, 水素のスペクトルの紫外部にライマン系列を発見 (1906)。
⇒岩世人 (ライマン　1874.11.23–1954.10.11)
三新物 (ライマン　1874–1954)
物理 (ライマン, セオドーア　1874–1954)

Lymon, Frankie
アメリカ・ワシントン・ハイツ生まれのミュージシャン。
⇒ロック (Lymon,Frankie　ライモン, フランキー　1942.9.30–1968.2)

Lympany, Moura
イギリスのピアノ奏者。
⇒新音中 (リンパニー, モーラ　1916.8.18–)
標音2 (リンパニー, モラ　1916.8.18–2005.3.28)

Lynch, David
アメリカ生まれの映画監督。
⇒岩世人 (リンチ　1946.1.20–)
映監 (リンチ, デヴィッド　1946.1.20–)
外12 (リンチ, デービッド　1946.1.20–)

外16 (リンチ, デービッド 1946.1.20–)

Lynch, Denis
アメリカの宣教師。
⇒アア歴 (Lynch,Denis リンチ, デニス 1859.2–1934.11.13)

Lynch, Frank
アメリカの社会学者。
⇒アア歴 (Lynch,Frank [Francis Xavier] リンチ, フランク [フランシス・ゼイヴィアー] 1921.4.2–1978.9.28)

Lynch, Gerald Thomas
アメリカの大リーグ選手 (外野)。
⇒メジャ (リンチ, ジェリー 1930.7.17–2012.4.1)

Lynch, John H.
アメリカの大リーグ選手 (投手)。
⇒メジャ (リンチ, ジャック 1857.2.5–1923.4.20)

Lynch, John Mary
アイルランドの政治家。アイルランド首相。
⇒岩世人 (リンチ 1917.8.15–1999.10.20)

Lynch, Kelly
アメリカ生まれの女優。
⇒ク俳 (リンチ, ケリー 1959–)

Lynch, Loretta
アメリカの法律家。米国司法長官。
⇒外16 (リンチ, ロレッタ 1959.5.21–)
世指導 (リンチ, ロレッタ 1959.5.21–)

Lynch, Ross
アメリカの俳優。
⇒外16 (リンチ, ロス 1995.12.29–)

Lynch, Scott
アメリカの作家。
⇒海文新 (リンチ, スコット 1978.4.2–)
現世文 (リンチ, スコット 1978.4.2–)

Lynd, Helen
アメリカの社会学者。
⇒現社 (リンド夫妻 1896–1982)
社小増 (リンド夫妻 1896–1982)

Lynd, Robert
イギリスの随筆家, ジャーナリスト。主著『アイルランドそぞろ歩き』(1912)。
⇒岩世人 (リンド 1879.4.20–1949.10.6)

Lynd, Robert Staughton
アメリカの社会学者。『ミドルタウン』(1929),『変貌のミドルタウン』(37)は, 都市社会を全体的に分析している。
⇒岩世人 (リンド 1892.9.26–1970.11.1)
教人 (リンド 1892–)
現社 (リンド夫妻 1892–1970)
社小増 (リンド夫妻 1892–1970)

Lynds, Gayle
アメリカの作家。
⇒海文新 (リンズ, ゲイル)
現世文 (リンズ, ゲイル)

Lyne, Adrian
イギリス生まれの映画監督。
⇒映監 (ライン, エイドリアン 1941.3.4–)
外12 (ライン, エイドリアン 1941.3.4–)

Lynen, Feodor
ドイツの生化学者。脂肪酸分解の機構を解明, ポリイソプレン化合物の生合成の過程を明らかにした。K.ブロッホと1964年ノーベル生理・医学賞受賞。
⇒岩生 (リネン 1911–1979)
岩世人 (リネン 1911.4.6–1979.8.6)
ノペ3 (リネン,F. 1911.4.6–1979.8.8)

Lynley, Carol
アメリカ生まれの女優。
⇒ク俳 (リンリー, キャロル (ジョウンズ, キャロリン) 1942–)

Lynn, Ann
イギリスの女優。
⇒ク俳 (リン, アン 1934–)

Lynn, Barbara
アメリカ・テキサス州ボーモント生まれの歌手, ソングライター, ギター奏者。
⇒ロック (Lynn,Barbara リン, バーバラ 1942.1.16–)

Lynn, Conrad
アメリカの弁護士。
⇒マルX (LYNN,CONRAD リン, コンラッド 1908–1995)

Lynn, Diana
アメリカの女優。
⇒ク俳 (リン, ダイアナ (レーア, ドロレス) 1924–1971)

Lynn, Frederic Michael
アメリカの大リーグ選手 (外野)。
⇒メジャ (リン, フレッド 1952.2.3–)

Lynn, Janet Salomon
アメリカのフィギュアスケート選手。
⇒異二辞 (リン, ジャネット 1953–)

Lynn, Jeffrey
アメリカの男優。
⇒ク俳 (リン, ジェフリー (リンド, ラグナー・ゴドフリー, のちに法的に改名) 1909–1995)

Lynn, Loretta
アメリカのカントリー歌手。
⇒アメ州 (Lynn,Loretta リン, ロレッタ 1935–)
標音2 (リン, ロレッタ 1935.4.14–)

ロック（Lynn,Loretta　リン，ロレッタ　1940.3.14–）

Lynn, Matt
イギリスの作家，ジャーナリスト。
⇒海文新（リン，マット）
　現世文（リン，マット）

Lynne, Jeff
イギリス生まれの歌手，ギター奏者，プロデューサー。
⇒ロック（Lynne,Jeff　リン，ジェフ　1947.12.12–）

Lyon, Ben
アメリカの男優。
⇒ク俳（ライオン，ベン　1901–1979）

Lyon, Brandon James
アメリカの大リーグ選手（投手）。
⇒メジャ（ライオン，ブランドン　1979.8.10–）

Lyon, David
カナダの社会学者。
⇒外12（ライアン，デービッド）
　外16（ライアン，デービッド　1948–）

Lyon, David Willard
アメリカの団体理事。
⇒アア歴（Lyon,David Willard　ライオン，デヴィッド・ウィラード　1870.5.13–1949.3.16）

Lyon, Paul
アメリカのテノール歌手。
⇒魅惑（Lyon,Paul　?–）

Lyonnet, Stanislas
フランスのカトリック聖書学者。
⇒新カト（リヨネ　1902.8.23–1986.6.8）

Lyons, Dennis Patrick Aloysius
アメリカの大リーグ選手（三塁）。
⇒メジャ（ライオンズ，デニー　1866.3.12–1929.1.2）

Lyons, John
イギリスの言語学者。
⇒岩世人（ライアンズ　1932.5.23–）
　オク言（ライオンズ，ジョン　1932–）

Lyons, Theodore Amar
アメリカの大リーグ選手（投手）。
⇒メジャ（ライオンズ，テッド　1900.12.18–1986.7.25）

Lyot, Bernard Ferdinand
フランスの天文学者。コロナグラフの発明者。
⇒岩世人（リョー　1897.2.27–1952.4.2）
　天文辞（リオ　1897–1952）
　天文大（リオ　1897–1952）

Lyotard, Jean François
フランスの哲学者。
⇒岩世人（リオタール　1924.8.10–1998.4.21）
　現社（リオタール　1924–1998）
　広哲7（リオタール　1924–1998）
　図哲（リオタール，ジャン＝フランソワ　1924–1998）
　哲中（リオタール　1924–1998）
　メル別（リオタール，ジャン＝フランソワ　1924–1998）

Lysacek, Evan
アメリカのフィギュアスケート選手。
⇒異二辞（ライサチェック［エヴァン・〜］　1985–）
　外12（ライサチェク，エバン　1985.6.4–）
　外16（ライサチェク，エバン　1985.6.4–）
　最世ス（ライサチェク，エバン　1985.6.4–）

Lysenko, Tatyana
ロシアのハンマー投げ選手。
⇒外16（ルイセンコ，タチアナ　1983.10.9–）
　最世ス（ルイセンコ，タチアナ　1983.10.9–）

Lysenko, Trofim Denisovich
ソ連の生物学者，農学者。農業アカデミー総裁（1939）。「ルイセンコ説」を樹立し，「遺伝子説」と対立。
⇒岩生（ルイセンコ　1898–1976）
　岩世人（ルイセンコ　1898.9.17/29–1976.11.20）
　旺生5（ルイセンコ　1898–1976）
　教人（ルイセンコ　1898–）
　広哲7（ルイセンコ　1898–1976）
　三新生（ルイセンコ　1898–1976）
　世人新（ルイセンコ　1898–1976）
　世人装（ルイセンコ　1898–1976）
　ネーム（ルイセンコ　1898–1976）

Lytle, Andrew Nelson
アメリカの小説家，歴史学者，雑誌編集者。
⇒現世文（ライトル，アンドルー・ネルソン　1902.12.26–1995.12.12）

Lytton, Victor Alexander George Robert, 2nd Earl of
イギリスの政治家。「リットン報告書」を提出した人物。
⇒岩世人（リットン　1876.8.9–1947.10.25）
　広哲7（リットン　1876–1947）
　世人新（リットン　1876–1947）
　世人装（リットン　1876–1947）
　ポプ人（リットン，ビクター・アレグザンダー　1876–1947）

Lyubimov, Alexei
ロシアのピアノ奏者，チェンバロ奏者，フォルテピアノ奏者。
⇒外12（リュビーモフ，アレクセイ　1944.9.16–）
　外16（リュビーモフ，アレクセイ　1944.9.16–）

Lyubimov, Yurii Petrovich
ソ連の俳優，演出家。『世界を震撼させた10日間』（1965）を全体演劇的手法をもって演出，世界的に有名になった。
⇒岩世人（リュビーモフ　1917.9.17/30–）

外12（リュビーモフ，ユーリー　1917.9.30–）
世演（リュビーモフ，ユーリ　1917.9.30–2014.10.5）

【 M 】

Ma, Jack
中国の起業家。
⇒外12（馬雲　バウン　1964.9.10–）
　外16（マー，ジャック　1964.9.10–）
　中日3（马云　1964–）

Ma, Jingle
香港の映画監督，撮影監督。
⇒外12（マー，ジングル　1957–）
　外16（マ，ジングル　1957–）

Ma, Yoyo
アメリカ（中国系）の音楽家，チェロ奏者。
⇒岩世人（マ　1955.10.7–）
　外12（マ，ヨーヨー　1955.10.7–）
　外16（マ，ヨーヨー　1955.10.7–）
　新音中（マ，ヨーヨー　1955.10.7–）
　中日3（马友友　マ，ヨーヨー　1955–）

Maag, Peter
スイスの指揮者。
⇒新音中（マーク，ペーター　1919.5.10–2001.4.16）
　標音2（マーク，ペーター　1919.5.10–2001.4.16）

Mā'al-'Aynayn al-Qalqāmī
19世紀後半，フランスの侵入に抵抗した西サハラの指導者。
⇒岩イ（マーウルアイナイン　1831–1910）

Maalouf, Amin
フランスのジャーナリスト，作家。
⇒外12（マアルーフ，アミン　1949.2.25–）
　外16（マアルーフ，アミン　1949.2.25–）
　現世文（マアルーフ，アミン　1949.2.25–）

Maamau, Taneti
キリバスの政治家。キリバス大統領（2016〜）。
⇒世指導（マーマウ，タネス　1960.9.16–）

Maar, Dora
フランスの写真家，ピカソの恋人。
⇒シュル（マール，ドラ　1907–1997）

Maas, Otto
ドイツの宣教学者，フランシスコ会員。
⇒新カト（マース　1884.10.24–1945）

Maas, Peter
アメリカの作家。
⇒現世文（マース，ピーター　1929–2001.8.23）

Maass, Joachim
ドイツの小説家。アメリカに亡命，大学でドイツ文学を講義。代表作『グッフェ事件』（1952）。
⇒現世文（マース，ヨアヒム　1901.9.11–1972.10.15）

Maathai, Wangari
ケニアの環境保護論者。
⇒岩世人（マータイ　1940.4.1–2011.9.25）
　世指導（マータイ，ワンガリ　1940.4.1–2011.9.25）
　ノベ3（マータイ，W.　1940.4.1–2011.9.25）
　ポプ人（マータイ，ワンガリ　1940–2011）

Maathai, Wanjira
ケニアの社会活動家。
⇒外12（マータイ，ワンジラ　1971–）
　外16（マータイ，ワンジラ　1971–）

Maayani, Ami
イスラエルの指揮者，作曲家。
⇒ユ著人（Maayani,Ami　マアヤーニ，アミ　1936–）

Maazel, Lorin
アメリカの指揮者，ヴァイオリン奏者，作曲家。
⇒外12（マゼール，ロリン　1930.3.6–）
　新音中（マゼール，ロリン　1930.3.6–）
　ネーム（マゼール　1930–）
　標音2（マゼル，ロリン　1930.3.6–）

Mabon, Willie
アメリカ・メンフィス生まれの歌手，ピアノ奏者。
⇒ロック（Mabon,Willie　メイボン，ウィリー　1925.10.24–）

Mabry, John Steven
アメリカの大リーグ選手（外野，一塁）。
⇒メジャ（メイブリー，ジョン　1970.10.17–）

Ma Bunlakun
タイの実業家。
⇒岩世人（マー・ブーンラクン　1897.5.4–1964.1.13）

McAdoo, William Gibbs
アメリカの政治家。財務長官（1913〜18）。上院議員（33〜39）。
⇒アメ経（マッカドゥー，ウィリアム　1863.10.31–1941.2.1）
　岩世人（マッカドゥー　1863.10.31–1941.2.1）

Macal, Zdeněk
チェコ，のちアメリカの指揮者。
⇒外12（マカール，ズデニェク　1936.1.8–）
　外16（マカール，ズデニェク　1936.1.8–）

McAleer, James Robert
アメリカの大リーグ選手（外野）。

⇒メジャ（マカリアー, ジミー　1864.7.10–1931.4.29）

McAleese, Mary
アイルランドの政治家。アイルランド大統領（1997～2011）。
⇒岩世人（マカリース　1951.6.27–）
　外12（マカリース, メアリー　1951.6.27–）
　外16（マカリース, メアリー　1951.6.27–）
　世指導（マカリース, メアリー　1951.6.27–）

MacAlister, Katie
アメリカの作家。
⇒海文新（マカリスター, ケイティ）

Macalister, Robert Alexander Stewart
アイルランドの考古学者。エルサレムの東側城壁の発掘で有名。
⇒岩世人（マカリスター　1870.7.8–1950.4.26）

McAllister, Maggi
イギリスの作家。
⇒海文新（マカリスター, マージ）
　現世文（マカリスター, マージ）

MacAllister, Scott
アメリカのテノール歌手。
⇒魅惑（MacAllister,Scott　?–）

McAlmon, Robert
アメリカの詩人, 作家。
⇒現世文（マコールモン, ロバート　1896.3.9–1956.2.2）

McAloon, Paddy
イギリスのミュージシャン。
⇒外12（マクアルーン, パディ　1957.6.7–）

McAlpine, Rachel
ニュージーランドの女性詩人, 小説家。
⇒ニュー（マカルパイン, レイチェル　1940–）

McAlpine, Wlliam
スコットランドのテノール歌手。
⇒失声（マカルパイン, ウィリアム　1922–2004）
　魅惑（McAlpine,William　1922–2004）

Macapagal, Diosdado
フィリピンの政治家。
⇒岩世人（マカパガル　1910.9.28–1997.4.21）

Macapagal-Arroyo, Gloria
フィリピンの政治家。フィリピン大統領（2001～10）。
⇒岩世人（アロヨ　1947.4.5–）
　外12（アロヨ, グロリア・マカパガル　1947.4.5–）
　外16（アロヨ, グロリア・マカパガル　1947.4.5–）
　現アジ（アロヨ, グロリア・マカパガル　1947.4.5–）
　広辞7（アロヨ　1947–）

政経改（アロヨ　1947–）
世指導（アロヨ, グロリア・マカパガル　1947.4.5–）
世人新（アロヨ　1947–）
世人装（アロヨ　1947–）
ボブ人（アロヨ, グロリア　1947–）

MacArthur, Arthur
アメリカの軍人, フィリピン軍政長官。フィリピンの独立を援助。スペイン法の改正などに尽力。1906年陸軍中将。
⇒アア歴（MacArthur,Arthur　マッカーサー, アーサー　1845.6.2–1912.9.5）

MacArthur, Douglas
アメリカの軍人。日本占領の最高権力者として多くの占領政策を施行。
⇒アア歴（MacArthur,Douglas　マッカーサー, ダグラス　1880.1.26–1964.5）
　ア太戦（マッカーサー　1880–1964）
　アメ州（MacArthur,Douglas　マッカーサー, ダグラス　1880–1964）
　アメ新（マッカーサー　1880–1964）
　異二辞（マッカーサー［ダグラス・～］　1880–1964）
　岩韓（マッカーサー　1880–1964）
　岩世人（マッカーサー　1880.1.26–1964.4.5）
　韓朝新（MacArthur,Douglas　マッカーサー　1880–1964）
　広辞7（マッカーサー　1880–1964）
　国政（マッカーサー　1880–1964）
　辞歴（マッカーサー　1880–1964）
　政経改（マッカーサー　1880–1964）
　世史改（マッカーサー　1880–1964）
　世人新（マッカーサー　1880–1964）
　世人装（マッカーサー　1880–1964）
　朝韓4（マッカーサー,D.　1880–1964）
　ボブ人（マッカーサー, ダグラス　1880–1964）

MacArthur, James
アメリカ生まれの俳優。
⇒ク俳（マッカーサー, ジェイムズ　1937–）

MacArthur, Robert Helmer
アメリカの生態学者。鳥類の捕食場所の差異を個体群生態学と群集生態学の両面から研究した。
⇒岩生（マッカーサー　1930–1972）
　岩世人（マッカーサー　1930.4.7–1972.11.1）

Macartney, *Sir* George
イギリスの外交官。イギリス総領事（1911～18）として, 中国との友好関係を樹立し, インドとカーシュガル地方との貿易を促進。
⇒岩世人（マッカートニー　1867.1.19–1945.5.19）

Macartney, Wilfred F.R.
イギリス陸軍の情報士官。ソ連のスパイ網を指揮した。
⇒スパイ（マカートニー, ウィルフレッド・F・R　1899–1970）

Macaulay, David
アメリカのイラストレーター。

⇒外12（マコーレイ,デービッド 1946–）
外16（マコーレイ,デービッド 1946–）

Macaulay, *Dame* (Emelie) Rose
イギリスの女性小説家。
⇒岩世人（マコーリー 1881.8.1–1958.10.30）
ネーム（マコーリー 1881–1958）

McAuley, Paul J.
イギリスのSF作家。
⇒現世文（マコーリー,ポール 1955–）

McAuliffe, Richard John
アメリカの大リーグ選手（二塁,遊撃）。
⇒メジャ（マコーリフ,ディック 1939.11.29–）

McAvoy, James
イギリスの俳優。
⇒外12（マカボイ,ジェームズ 1979.4.21–）
外16（マカボイ,ジェームズ 1979.4.21–）

M'ba, Leon
ガボンの政治家。1960年の独立で大統領となる（60～64,64～67）。
⇒岩世人（ムバ 1902.2.9–1967.11.27）

McBain, Ed
アメリカのミステリ作家。
⇒現世文（マクベイン,エド 1926.10.15–2005.7.6）

McBain, James William
カナダの物理化学者。スタンフォード大学教授。
⇒化（マックベイン 1882–1953）

Macbeth, Allan
スコットランドのオルガン奏者,指揮者。日本では『三色すみれ』で知られる。
⇒標音2（マクベス,アラン 1856.3.13–1910.8.25）

Macbeth, Danielle
アメリカの哲学者。
⇒メル別（マクベス,ダニエル 1952–）

MacBeth, George (Mann)
イギリスの詩人,小説家。
⇒現世文（マクベス,ジョージ・マン 1932.1.19–1992.2.16）

M'Bow, Amadou-Mahtar
セネガルの教育行政家。
⇒岩世人（ムボウ 1921.3.20–）

McBride, Arnold Ray (Bake)
アメリカの大リーグ選手（外野）。
⇒メジャ（マクブライド,ベイク 1949.2.3–）

McBride, Christian
アメリカのジャズ・ベース奏者。
⇒外16（マクブライド,クリスチャン）

MacBride, Ernest William
イギリスの動物学者。発生学その他の研究がある。
⇒岩生（マクブライド 1866–1940）
岩世人（マクブライド 1866.12.12–1940.11.17）

McBride, George Florian
アメリカの大リーグ選手（遊撃）。
⇒メジャ（マクブライド,ジョージ 1880.11.20–1973.7.2）

McBride, Kenneth Faye
アメリカの大リーグ選手（投手）。
⇒メジャ（マクブライド,ケン 1935.8.12–）

McBride, Robert
アメリカの作曲家。
⇒標音2（マクブライド,ロバート 1911.2.20–）

MacBride, Sean
アイルランドの平和運動家。1946年アイルランド共和党の創立に当る。ノーベル平和賞（1974）,レーニン国際平和賞（77）を受賞。
⇒岩世人（マクブライド 1904.1.26–1988.1.15）
ネーム（マックブライド 1904–1988）
ノベ3（マクブライト,S. 1904.1.26–1988.1.15）

McBride, Willie John
イギリスのラグビー選手。
⇒岩世人（マクブライド 1940.6.6–）

MacBryde, Robert
イギリスの画家。
⇒芸13（マックブライド,ロバート 1913–1982）

McBurney, Charles
アメリカの外科医。中垂炎手術の際の腹壁切開の方法として,筋肉をなるべく切断しない方法（マクバーニ氏切開術）を考案した。
⇒岩世人（マクバーニー 1845.2.17–1913.11.7）

McBurney, Simon
イギリスの演出家,俳優。
⇒外12（マクバーニー,サイモン 1957–）
外16（マクバーニー,サイモン 1957–）

McCaffrey, Anne (Inez)
アイルランドの女性SF小説家。
⇒外12（マキャフリー,アン 1926.4.1–）
現世文（マキャフリー,アン 1926.4.1–2011.11.21）

McCahon, Colin
ニュージーランドの画家。
⇒岩世人（マッカホン 1919.8.1–1987.5.27）
ニュー（マッカホン,コリン 1919–1987）

McCaig, Donald
アメリカの作家。
⇒外12（マッケイグ,ドナルド 1940–）

現世文（マッケイグ,ドナルド 1940–）
MacCaig, Norman（Alexander）
イギリスの詩人。
⇒現世文（マッケイグ,ノーマン・アレグザンダー 1910.11.14–1996.1.23）
McCain, Charles
アメリカの作家。
⇒海文新（マケイン,チャールズ 1955–）
McCain, Cindy
アメリカの実業家。
⇒外12（マケイン,シンディ 1954–）
McCain, John Sidney, III
アメリカの政治家,軍人。アメリカ上院議員（共和党）。
⇒外12（マケイン,ジョン（3世） 1936.8.29–）
外16（マケイン,ジョン（3世） 1936.8.29–）
世指導（マケイン,ジョン3世 1936.8.29–）
McCall, Caroline
アイルランド生まれの作家。
⇒海文新（ハンター,イーヴィー）
McCall, William Anderson
アメリカの教育心理学者。児童の平均労力を中心として他の児童の学力を表わす方法として,T・スコアという新しい測定用語を考案。
⇒教人（マコール 1891–）
McCallion, Hazel
カナダの政治家。
⇒外12（マキャリオン,ヘーゼル）
外16（マキャリオン,ヘーゼル 1921.2.13–）
世指導（マキャリオン,ヘーゼル 1921.2.13–）
McCallister, Lon
アメリカの男優。
⇒ク俳（マカリスター,ロン（マカリスター,ハーバート・アロンゾ） 1923–）
McCallum, David
スコットランド生まれの俳優。
⇒外16（マッカラム,デービッド 1933.9.19–）
ク俳（マカラム,デイヴィッド 1933–）
McCammon, Robert R.
アメリカのミステリ作家。
⇒現世文（マキャモン,ロバート 1952–）
McCann, A.L.
オーストラリアの作家,批評家。
⇒海文新（マカン,A.L. 1966–）
現世文（マッキャン,A.L. 1966–）
McCann, Brian
アメリカの大リーグ選手（ヤンキース・捕手）。
⇒外12（マッキャン,ブライアン 1984.2.20–）
外16（マッキャン,ブライアン 1984.2.20–）

最世ス（マッキャン,ブライアン 1984.2.20–）
メジヤ（マッキャン,ブライアン 1984.2.20–）
McCann, Colum
アイルランド生まれの作家。
⇒外16（マッキャン,コラム 1965–）
現世文（マッキャン,コラム 1965–）
McCann, Renetta
アメリカの実業家。
⇒外12（マッキャン,レネッタ 1956.12.8–）
外16（マッキャン,レネッタ 1956.12.8–）
McCarey, Leo
アメリカの映画監督。『明日は来らず』（1937）,『善人サム』（48）などにほのぼのとした人間的温情を描いた。
⇒映監（マッケリー,レオ 1898.10.3–1969）
Maccari, Mino
イタリアの画家。
⇒芸13（マッカーリ,ミーノ 1898–1967）
McCarran, Patrick Anthony
アメリカの法律家,政治家。上院司法委員会や外国経済協力合同委員会などの議長を勤めた「マカラン法」の起草者。
⇒アメ州（McCarran,Patric Anthony マッカラン,パトリック・アンソニー 1876–1954）
岩世人（マッカラン 1876.8.8–1954.9.28）
ネーム（マッカラン 1876–1954）
McCarron, Christopher John
アメリカの競馬騎手。
⇒岩世人（マッキャロン 1955.3.27–）
McCarry, Charles
アメリカの作家。
⇒外16（マッキャリー,チャールズ 1930.6.14–）
現世文（マッキャリー,チャールズ 1930.6.14–）
McCarten, Anthony
ニュージーランドの劇作家。
⇒現世文（マクカーテン,アンソニー 1961–）
McCarthy, Andrew
アメリカ生まれの俳優。
⇒ク俳（マカーシー,アンドリュー 1962–）
McCarthy, Cormac
アメリカの小説家。
⇒外12（マッカーシー,コーマック 1933–）
外16（マッカーシー,コーマック 1933.7.20–）
現世文（マッカーシー,コーマック 1933.7.20–）
広辞7（マッカーシー 1933–）
McCarthy, Eugene Joseph
アメリカの政治家。
⇒アメ州（McCarthy,Eugene Joseph マッカシー,ユージン・ジョセフ 1916–）
岩世人（マッカーシー 1916.3.29–2005.12.10）

McCarthy, John
イギリスのテノール歌手, 指揮者, 作曲家。
⇒魅惑（McCarthy, John 1919–）

McCarthy, John
アメリカの数学者, 技術者。
⇒岩世人（マッカーシー 1927.9.4–2011.10.24）

McCarthy, John Arthur
アメリカの大リーグ選手（外野）。
⇒メジャ（マッカーシー, ジャック 1869.3.26–1931.9.11）

McCarthy, John Philip
オーストラリアの外交官。
⇒外12（マッカーシー, ジョン 1942.11.29–）
　外16（マッカーシー, ジョン 1942.11.29–）

McCarthy, Joseph Raymond
アメリカの政治家。反共主義の立場から国内の進歩派に激しい「赤狩り」攻撃を加えた（1950）。
⇒アメ州（McCarthy, Joseph Raymond マッカーシー, ジョセフ・レイモンド 1908–1957）
　岩世人（マッカーシー 1908.11.14–1957.5.2）
　新カト（マッカーシー 1908.11.14–1957.5.2）
　世史改（マッカーシー 1908–1957）
　世人新（マカーシー（マッカーシー） 1908–1957）
　世人装（マッカーシー（マッカーシー） 1908–1957）
　ポプ人（マッカーシー, ジョゼフ 1908–1957）

McCarthy, Joseph Vincent
アメリカの大リーグ, ヤンキースなどの監督。
⇒メジャ（マッカーシー, ジョー 1887.4.21–1978.1.13）

McCarthy, Kevin
アメリカ生まれの俳優。
⇒ク俳（マカーシー, ケヴィン 1914–）

McCarthy, Mary Therese
アメリカの女性小説家。『グループ』(1963) の大胆な性描写で話題を呼ぶ。
⇒岩世人（マッカーシー 1912.6.21–1989.10.25）
　現世文（マッカーシー, メアリー 1912.6.21–1989.10.25）
　新カト（マッカーシ 1912.6.21–1989.10.25）

McCarthy, Paul
アメリカ生まれの芸術家。
⇒岩世人（マッカーシー 1945.8.4–）
　現アテ（McCarthy, Paul マッカーシー, ポール 1945–）
　シュル（マッカーシー, ポール 1945–）

McCarthy, Thomas Francis Michael
アメリカの大リーグ選手（外野）。
⇒メジャ（マッカーシー, トミー 1863.7.24–1922.8.5）

McCarthy, Tom
アメリカの俳優, 映画監督, 脚本家。

⇒外12（マッカーシー, トム 1966–）

McCarthy, Tom
イギリスの作家。
⇒海文新（マッカーシー, トム 1969–）
　現世文（マッカーシー, トム 1969–）

McCartney, Paul
イギリスのロック・ミュージシャン。
⇒岩世人（マッカートニー 1942.6.18–）
　エデ（マッカートニー,（ジェイムズ）ポール 1942.6.18–）
　外12（マッカートニー, ポール 1942.6.18–）
　外16（マッカートニー, ポール 1942.6.18–）
　新音中（マッカートニー, ポール 1942.6.18–）
　ネーム（マッカートニー, ポール 1942–）
　標音2（マッカートニー, ポール 1942.6.18–）
　ロック（McCartney, Paul マカートニー, ポール）

McCartney, Stella
イギリスの服飾デザイナー。
⇒外12（マッカートニー, ステラ 1971.9.13–）
　外16（マッカートニー, ステラ 1971.9.13–）

McCarver, James Timothy
アメリカの大リーグ選手（捕手）。
⇒メジャ（マッカーヴァー, ティム 1941.10.16–）

McCaskey, Hiram Dwyer
アメリカの鉱山技師。
⇒アア歴（McCaskey, H(iram) D(wyer) マッカスキー, ハイラム・ドワイヤー 1871.4.10–1936.4.26）

McCaskey, Virginia Halas
アメリカのNFL, シカゴ・ベアーズのオーナー。
⇒外12（マカスキー, バージニア 1923–）
　外16（マカスキー, バージニア 1923–）

McCaskill, Kirk Edward
アメリカの大リーグ選手（投手）。
⇒メジャ（マッカスキル, カーク 1961.4.9–）

McCatty, Steven Earl
アメリカの大リーグ選手（投手）。
⇒メジャ（マッカティ, スティーヴ 1954.3.20–）

McCaughrean, Geraldine
イギリスの女性児童文学者。
⇒外16（マッコーリーン, ジェラルディン 1951–）
　現世文（マッコーリーン, ジェラルディン 1951–）

McCauley, Barry
アメリカのテノール歌手。
⇒失声（マッコーリー, バリー 1950–2001）
　魅惑（McCauley, Barry 1950–2001）

McCauley, Clay
アメリカのユニテリアン教会の牧師。来日して (1889) 31年間日本でユニテリアンの宣伝に努めた。

⇒アア歴（MaCcauley,Clay　マッコーリー, クレイ　1843.5.8–1925.11.15）
　岩世人（マコーリー　1843.5.8–1925.11.15）

McCaw, Richie
ニュージーランドのラグビー選手。
⇒外12（マコウ, リッチー　1980.12.31–）
　外16（マコウ, リッチー　1980.12.31–）
　最世ス（マコウ, リッチー　1980.12.31–）

McCay, Windsor
アメリカ生まれのアニメーション作家, 漫画家。
⇒アニメ（マッケイ, ウィンザー　1869–1934）
　岩世人（マッケイ　1867/1871.9.26–1934.7.26）

Macchio, Ralph
アメリカ生まれの俳優。
⇒ク俳（マッキオ, ラルフ　1961–）

McClain, Scott Michael
アメリカのプロ野球選手。
⇒外12（マクレーン, スコット　1972.5.19–）

McCleen, Grace
イギリスの作家。
⇒海文新（マクリーン, グレース　1981–）
　現世文（マクリーン, グレース　1981–）

McClellan, John Little
アメリカの政治家。
⇒アメ州（McClellan,John Little　マクレラン, ジョン・リトル　1896–1977）

McClelland, David Clarence
アメリカの心理学者。
⇒岩世人（マクレランド　1917.5.20–1998.3.27）
　社小増（マクレランド　1917–）

McClendon, Jesse Francis
アメリカの生理化学者。原形質の物理化学的研究その他に業績がある。
⇒岩世人（マクレンドン　1880.12.21–1976.11.22）

McClintock, Barbara
アメリカの遺伝学者, 生物学者。
⇒岩生（マクリントック　1902–1992）
　オク生（マクリントック, バーバラ　1902–1992）
　広辞7（マクリントック　1902–1992）
　ノベ3（マクリントック,B.　1902.6.16–1992.9.2）

McClorey, Josh
アイルランドのミュージシャン。
⇒外16（マクローリー, ジョシュ）

McCloskey, James Paul
アメリカの聖職者。
⇒アア歴（McCloskey,James P（aul）　マクロスキー, ジェイムズ・ポール　1870.12–1945.4.9）

McCloskey, John Robert
アメリカの絵本作家。

⇒岩世人（マクロスキー　1914.9.15–2003.6.30）
　絵本（マックロスキー, ロバート　1914–2003）

McCloy, Charles Harold
アメリカの体育学者。「マクロイの級別指数」を創案し, 運動能力測定の標準化を企てた。
⇒岩世人（マクロイ　1886.3.30–1959.9.18）

McCloy, Helen
アメリカのミステリ作家。
⇒現世文（マクロイ, ヘレン　1904.6.6–1994.12.1）

McCloy, John Jay
アメリカの弁護士, 外交官。
⇒岩世人（マクロイ　1895.3.31–1989.3.11）

McClung, Clarence Erwin
アメリカの細胞学者。
⇒岩生（マクラング　1870–1946）
　旺生5（マクラング　1870–1946）

McClure, Doug
アメリカ生まれの俳優。
⇒ク俳（マクルア, ダグ　1934–1995）

McClure, Floyd Alonzo
アメリカの植物学者。
⇒アア歴（McClure,Floyd A（lonzo）　マクルーア, フロイド・アロンゾ　1897.8.14–1970.4.15）

McClure, James（Howe）
イギリスの推理小説家。
⇒現世文（マクルーア, ジェームズ）

McClure, Robert Craig
アメリカの大リーグ選手（投手）。
⇒メジャ（マックルア, ボブ　1952.4.29–）

MacColl, Ewan
イギリスのフォーク歌手, 作曲家, 作家。
⇒新音中（マッコール, イーワン　1915.1.25–1989.10.22）

Mccollum, Allan
アメリカ生まれの画家, 彫刻家。
⇒岩世人（マッカラム　1944.8.4–）
　芸13（マッコーラム, アラン　1944–）

McCollum, Elmer Verner
アメリカの生化学者, 栄養化学者。
⇒岩世人（マッカラム　1879.3.3–1967.11.15）

McCollum, John
アメリカのテノール歌手。
⇒魅惑（McCollum,John　1922–）

MacCollum, John William
アメリカの宣教師。
⇒アア歴（McCollum,J（ohn）W（illiam）　マッカラム, ジョン・ウイリアム　1864.6.5–1910.1.23）

McCombe, Leonard
イギリスの写真家。
⇒芸13（マッコーム, レオナード　1924–1993）

McCombs, Elizabeth Reid
ニュージーランドの政治家。
⇒ニュー（マッコームズ, エリザベス　1873–1935）

McConaughy, David
アメリカの団体理事。
⇒アア歴（McConaughy,David　マコノギー, デイヴィッド　1860.12.21–1946.8.19）

McConaughy, Walter Patrick, Jr.
アメリカの外交官。
⇒アア歴（McConaughy,Walter Patrick,Jr　マコノギー, ウォルター・パトリック　1908.9.11–）

McCone, John A.
アメリカの建築技師, 実業家。カリフォルニア造船会社社長, 米国AEC委員長, 米国中央情報局長官。
⇒スパイ（マコーン, ジョン・A　1902–1991）

McConnaughey, Matthew
アメリカ生まれの俳優。
⇒外12（マコノヒー, マシュー　1969.11.4–）
　外16（マコナヘイ, マシュー　1969.11.4–）
　ク俳（マコナヘイ, マシュー　1969–）

McConnell, George Neely
アメリカの大リーグ選手（投手）。
⇒メジャ（マッコネル, ジョージ　1877.9.16–1964.5.10）

McConnell, Harden M.
アメリカの物理化学者。
⇒岩世人（マッコーネル　1927.7.18–）

McConnell, Jack Wilson, Baron
スコットランドの政治家。
⇒岩世人（マッコーネル　1960.6.30–）
　世指導（マコーネル, ジャック　1960.6.30–）

McConnell, John
イギリスのグラフィック・デザイナー, アート・ディレクター。
⇒グラデ（McConnell,John　マッコーネル, ジョン　1939–）

McConnell, Mike
アメリカの海軍軍人, 政治家。国家情報長官。
⇒外12（マコネル, マイク　1943.7.26–）
　外16（マコネル, マイク　1943.7.26–）
　世指導（マコネル, マイク　1943.7.26–）

McConnell, Mitch
アメリカの政治家, 弁護士。
⇒外12（マコネル, ミッチ　1942.2.20–）
　外16（マコネル, ミッチ　1942.2.20–）
　世指導（マコネル, ミッチ　1942.2.20–）

McCormack, Catherine
イギリス（スコットランド系）の女優。
⇒ク俳（マコーマック, キャサリン　1972–）

McCormack, Gavan Patrick
イギリスの歴史学者。
⇒外16（マコーマック, ガバン　1937–）

MacCormack, John
アイルランド生まれのテナー歌手。アイルランド, アメリカ民謡を得意とした。
⇒失声（マコーマック, ジョン　1884–1945）
　新音中（マコーマック, ジョン　1884.1.14–1945.9.16）
　標音2（マコーマック, ジョン　1884.6.14–1945.9.16）
　魅惑（McCormack,John　1884–1945）

McCormick, Christopher
アメリカの実業家。
⇒外16（マコーミック, クリストファー　1955–）

McCormick, Frank Andrew
アメリカの大リーグ選手（一塁）。
⇒メジャ（マッコーミック, フランク　1911.6.9–1982.11.21）

McCormick, Frederick
アメリカのジャーナリスト。
⇒アア歴（McCormick,Frederick　マコーミック, フレデリック　1870–1951.8.8）

McCormick, James
アメリカの大リーグ選手（投手）。
⇒メジャ（マッコーミック, ジム　1856.11.3–1918.3.10）

McCormick, J.Scott
アメリカの教育者。
⇒アア歴（McCormick,J.Scott　マコーミック, J・スコット　1894.1.13–1941.12.25）

McCormick, Michael Francis
アメリカの大リーグ選手（投手）。
⇒メジャ（マッコーミック, マイク　1938.9.29–）

McCormick, Robert Rutherford
アメリカのジャーナリスト。
⇒アメ経（マコーミック, ロバート　1880.7.30–1955.4.1）
　アメ州（McCormick,Robert Rutherford　マコーミック, ロバート・ラザフォード　1880–1955）
　岩世人（マコーミック　1880.7.30–1955.4.1）
　ネーム（マコーミック　1880–1955）

McCosky, William Barney
アメリカの大リーグ選手（外野）。
⇒メジャ（マッコスキー, バーニー　1917.4.11–1996.9.6）

McCourt, Frank
アメリカの作家。
⇒現世文（マコート，フランク　1930–2009.7.19）

McCovey, Willie
アメリカの大リーグ選手（一塁，外野）。
⇒メジャ（マッコヴィー，ウィリー　1938.1.10–）

McCoy, Charlie
アメリカ・ウェスト・ヴァージニア州オークヒル生まれのハーモニカ奏者。
⇒ロック（McCoy,Charlie　マコイ，チャーリー　1941.3.28–）

Mccoy, Frank Ross
アメリカの軍人。フィリピン総督補佐官（1921～25），関東大震災後のアメリカ日本救済使節団長（23）等を歴任。
⇒アア歴（McCoy,Frank R.(oss)　マッコイ，フランク・ロス　1874.10.29–1954.6.4）
　岩世人（マッコイ　1874.10.29–1954.6.4）

McCoy, Horace
アメリカの小説家。
⇒現世文（マッコイ，ホレス　1897.4.14–1955.12.15）

McCoy, Judi
アメリカの作家。
⇒海文新（マコーイ，ジュディ　1949–2012.2.18）
　現世文（マコーイ，ジュディ　1949–2012.2.18）

McCoy, Katherine
アメリカのデザイナー，教育者。
⇒グラデ（McCoy,Katherine and Michael　キャサリンとマイケル・マッコイ夫妻　1945–）

McCoy, Michael
アメリカのデザイナー，教育者。
⇒グラデ（McCoy,Katherine and Michael　キャサリンとマイケル・マッコイ夫妻　1944–）

McCoy, Seth
アメリカのテノール歌手。
⇒魅惑（McCoy,Seth　1928–1997）

McCoy, Van
アメリカ・ワシントンDC生まれのプロデューサー，ソングライター。
⇒ロック（McCoy,Van　マコイ，ヴァン）

McCracken, Elizabeth
アメリカの作家。
⇒現世文（マクラッケン，エリザベス　1967–）

McCracken, James
アメリカのテノール歌手。
⇒失声（マックラッケン，ジェイムズ　1926–1988）
　標音2（マクラッケン，ジェームズ　1926.12.16–1988.4.30）
　魅惑（McCracken,James　1926–1988）

McCracklin, Jimmy
アメリカ・セントルイス生まれのR&B歌手，ピアノ奏者。
⇒ロック（McCracklin,Jimmy　マクラクリン，ジミー　1931–）

McCraw, Tommy Lee
アメリカの大リーグ選手（一塁，外野）。
⇒メジャ（マックロー，トム　1940.11.21–）

McCray, James
アメリカのテノール歌手。
⇒魅惑（McCray,James　1939–）

McCrea, Joel
アメリカ生まれの男優。
⇒ク俳（マクリー，ジョエル　1905–1990）
　スター（マクリー，ジョエル　1905.11.5–1990）

McCrory, Bob
アメリカのプロ野球選手（ロッテ・投手），大リーグ選手。
⇒外12（マクローリー，ボブ　1982.5.3–）

McCrumb, Sharyn
アメリカのミステリ作家。
⇒現世文（マクラム，シャーリン）

McCullers, Carson
アメリカの女性小説家。『結婚式の参列者』（1946）は劇化（51）され，映画にもなった。
⇒アメ州（McCullers,Carson　マッカラーズ，カーソン　1917–1967）
　岩世人（マッカラーズ　1917.2.19–1967.9.29）
　現世文（マッカラーズ，カーソン　1917.2.19–1967.9.29）
　新カト（マッカラーズ　1917.2.19–1967.9.29）

McCulloch, Ernest Armstrong
カナダの血液学者。カナダの生物物理学者ティル（J.E.Till 1931～）と共に，骨髄中に存在する造血幹細胞の存在を定量的に示した。
⇒広辞7（マコラック　1926–2011）
　世発（マコラック，アーネスト・アームストロング　1926–2011）

McCullough, Clyde Edward
アメリカの大リーグ選手（捕手）。
⇒メジャ（マッカロック，クライド　1917.3.4–1982.9.18）

McCullough, Colleen
オーストラリアの小説家。
⇒現世文（マッカラ，コリーン　1937.6.1–2015.1.29）

McCullough, Helen Craig
アメリカの日本文学研究家。
⇒岩世人（マッカラー　1918–1998）

McCullough, Henry
北アイルランドのギター奏者。ウィングスのメ

⇒ビト改（McCULLOGH, HENRY　マッカロウ, ヘンリー）

McCullough, Kay
カナダ生まれの女性画家。
⇒芸13（マックロウ, ケイ　1926–）

McCumber, Porter James
アメリカの弁護士, 政治家。上院議員。
⇒アメ経（マッカンバー, ポーター　1858.2.3–1933.5.18）

McCune, George McAfee
アメリカの教育者。
⇒アア歴（McCune, George (McAfee)　マッキューン, ジョージ・マカフィー　1908.6.16–1948.11.5）

McCune, George Shannon
アメリカの宣教師。朝鮮名・尹山温。
⇒韓朝新（マッキューン　1873–1941）

McCune, Shannon Boyd-Bailey
アメリカの地理学者。
⇒アア歴（McCune, Shannon (Boyd-Bailey)　マッキューン, シャノン・ボイド・ベイリー　1913.4.6–）

Mccurdy, Robert
アメリカ生まれの画家, 彫刻家。
⇒芸13（マッカデイ, ロバート　1952–）

McCutchen, Andrew
アメリカの大リーグ選手（パイレーツ・外野手）。
⇒最世ス（マッカッチェン, アンドルー　1986.10.10–）
　メジャ（マッカッチェン, アンドルー　1986.10.10–）

McDaniel, Hattie
アメリカの映画女優。
⇒スター（マクダニエル, ハティ　1895.6.10–1952）

McDaniel, Lyndall Dale
アメリカの大リーグ選手（投手）。
⇒メジャ（マクダニエル, リンディ　1935.12.13–）

McDaniels, Darryl "D.M.C."
アメリカのラッパー。
⇒岩世人（ランDMC　1964–）

McDaniels, Gene
アメリカ・カンザスシティ生まれのゴスペル歌手。
⇒ロック（McDaniels, Gene　マクダニエルズ, ジーン　1935.2.12–）

McDaniels, Josh
アメリカのプロフットボールコーチ（ラムズ）。
⇒外12（マクダニエルズ, ジョシュ　1976.4.22–）
　最世ス（マクダニエルズ, ジョシュ　1976.4.22–）

McDermid, Val
イギリスのミステリ作家。
⇒外12（マクダーミド, バル）
　外16（マクダーミド, バル）
　現世文（マクダーミド, バル）

McDermott, Andy
イギリスの作家。
⇒海文新（マクダーモット, アンディ　1974.7.2–）

McDermott, Dylan
アメリカ生まれの俳優。
⇒ク俳（マクダーモット, ディラン（マクダーモット, マーク）1961–）

McDermott, Gerald
アメリカのイラストレーター。
⇒絵本（マクダーモット, ジェラルド　1941–）

McDevitt, Jack
アメリカのSF作家。
⇒外12（マクデビット, ジャック　1935–）
　現世文（マクデビット, ジャック　1935–）

MacDiarmid, Alan Graham
アメリカの高分子化学者。2000年ノーベル化学賞。
⇒岩世人（マクダーミッド　1927.4.14–2007.2.7）
　化学（マクダイアミッド　1927–2007）
　ニュー（マックダイアミッド, アラン　1927–2007）
　ノベ3（マクダイアミッド, A.G.　1927.4.14–2007.2.7）

MacDiarmid, Hugh
スコットランド生まれの詩人。コミュニストでスコットランド国民党の創始者の一人。
⇒岩世人（マクダーミッド　1892.8.11–1978.9.9）
　現世文（マクディアミッド, ヒュー　1892.8.11–1978.9.9）

Macdonald, A. Caroline
カナダの教育家。日本YWCA初代幹事, 親隣館創立者, 津田英学塾英語教授。
⇒岩キ（マクドナルド　1874–1931）

MacDonald, Alexander
アメリカの出版者。編集者。
⇒アア歴（MacDonald, Alexander　マクドナルド, アレグザンダー　1908–）

McDonald, Arthur B.
カナダの物理学者。
⇒外16（マクドナルド, アーサー　1943.8.29–）

Macdonald, *Sir* Claude Maxwell
イギリスの外交官。駐日イギリス大使。
⇒岩世人（マクドナルド　1852.6.12–1915.9.10）
　広辞7（マクドナルド　1852–1915）

McDonald, Country Joe
アメリカのシンガー・ソングライター。
⇒ロック（McDonald,Joe　マクドナルド, ジョウ　1942.1.1–）
　ロック（Country Joe and the Fish　カントリー・ジョウ&ザ・フィッシュ　1942.1.1–）

McDonald, Craig
アメリカの作家, ジャーナリスト, 編集者。
⇒海文新（マクドナルド, クレイグ）

Macdonald, Davidson
カナダのメソジスト派教会医療宣教師。静岡賤機舎他で英語を教授, 静岡病院顧問。
⇒岩世人（マクドナルド　1836–1905）

Macdonald, Gordon Andrew
アメリカの火山学者。
⇒岩世人（マクドナルド　1911–1978.6）

McDonald, Gregory
アメリカのミステリ作家。
⇒現世文（マクドナルド, グレゴリー　1937.2–2008.9.7）

McDonald, Harl
アメリカの作曲家, ピアノ奏者。
⇒標音2（マクドナルド, ハール　1899.7.27–1955.3.30）

McDonald, Ian
イギリスのSFファンタジー作家。
⇒外16（マクドナルド, イアン　1960–）
　現世文（マクドナルド, イアン　1960–）

MacDonald, James Ramsay
イギリスの政治家。
⇒岩世人（マクドナルド　1866.10.12–1937.11.9）
　学叢思（マクドナルド, ジェームズ・ラムゼー　1866–?）
　広辞7（マクドナルド　1866–1937）
　世史改（マクドナルド　1866–1937）
　世人新（マクドナルド　1866–1937）
　世人装（マクドナルド　1866–1937）
　ポプ人（マクドナルド, ラムジー　1866–1937）
　もう山（マクドナルド　1866–1937）

MacDonald, Jeanette
アメリカの映画女優。
⇒ク俳（マクドナルド, ジャネット　1901–1965）
　スター（マクドナルド, ジャネット　1903.6.18–1965）

MacDonald, John D.
アメリカの娯楽小説作家。作品『夜の終わり』『濃紺のさよなら』など。
⇒現世文（マクドナルド, ジョン・D.　1916–1986.12.28）

MacDonald, Kelly
スコットランド出身の女優。
⇒ク俳（マクドナルド, ケリー　1979–）

Macdonald, Kenneth
イギリスのテノール歌手。
⇒魅惑（Macdonald,Kenneth（McDonald）　1928–1970）

Macdonald, Kevin
イギリスの映画監督。
⇒外12（マクドナルド, ケビン　1967–）
　外16（マクドナルド, ケビン　1967–）

Macdonald, Malcom
イギリスの植民地相, ジェームズ・ラムジーの息子。
⇒岩世人（マクドナルド　1901.8.17–1981.1.11）

MacDonald, Philip
アメリカの推理作家。主著に『鑢』がある。
⇒現世文（マクドナルド, フィリップ　1899–1981）

McDonald, Richard
アメリカの実業家。
⇒広辞7（マクドナルド　1909–1998）

McDonald, Robert A.
アメリカの実業家。
⇒外12（マクドナルド, ロバート　1953.6.20–）
　外16（マクドナルド, ロバート　1953.6.20–）

MacDonald, Ross
アメリカの推理作家。作品『暗いトンネル』『動く標的』など。本名はケネス・ミラー。
⇒現世文（マクドナルド, ロス　1915.12.13–1983.7.11）
　広辞7（マクドナルド　1915–1983）

McDonald, William
アメリカのテノール歌手。
⇒魅惑（McDonald,William　?–）

McDonald, William J.
アメリカの銀行家。
⇒天文大（マクドナルド　1844–1926）

McDonard, Edward
カナダ・トロント生まれのグラフィック・デザイナー。
⇒グラデ（McDonard,Edward　マクドナルド, エドワード　1960–）

Macdonell, Arthur Anthony
イギリスのサンスクリット学者。1899～1927年オックスフォード大学教授。
⇒岩世人（マクドネル　1854.5.11–1930.12.28）
　新佛3（マクドネル　1854–1930）

McDonnell, James Smith
アメリカの企業経営者。1967年ダグラス社を買収して米最大の航空機メーカー, マクドネル・ダグラス社を創立。
⇒岩世人（マクドネル　1899.4.9–1980.8.22）

McDonnell, Mary
アメリカ生まれの女優。
⇒ク俳 (マクドネル, メアリー 1952–)

McDonough, Denis R.
アメリカ大統領首席補佐官。
⇒外16 (マクドノー, デニス 1969.12.2–)

McDonough, William Joseph
アメリカの銀行家。
⇒外12 (マクドナー, ウィリアム 1934.4.21–)
外16 (マクドナー, ウィリアム 1934.4.21–)

McDonough, Yona Zeldis
イスラエル生まれの児童文学作家。
⇒海文新 (マクドノー, ヨナ・ゼルディス)
現世文 (マクドノー, ヨナ・ゼルディス)

Mcdormand, Frances
アメリカの女優。
⇒遺産 (マクドーマンド, フランシス 1957.6.23–)
外12 (マクドーマンド, フランシス 1957.6.23–)
外16 (マクドーマンド, フランシス 1957.6.23–)

McDougald, Gilbert James
アメリカの大リーグ選手 (二塁, 三塁, 遊撃)。
⇒メジャ (マクドゥーガルド, ギル 1928.5.19–2010.11.28)

McDougall, Barbara Jean
カナダの経済アナリスト, 政治家。カナダ外相。
⇒世指導 (マクドゥーガル, バーバラ・ジーン 1937.11.12–)

McDougall, Christopher
アメリカのジャーナリスト, 作家。
⇒外12 (マクドゥーガル, クリストファー 1962–)
外16 (マクドゥーガル, クリストファー 1962–)

MacDougall, Jamie
イギリスのテノール歌手。
⇒魅惑 (MacDougall, Jamie ?–)

McDougall, Joyce
ニュージーランド生まれのフランスの精神分析家。
⇒精分岩 (マクドゥーガル, ジョイス 1920–)

McDougall, William
イギリス, アメリカの心理学者。社会心理学の創始者の一人。
⇒岩世人 (マクドゥーガル 1871.6.22–1938.11.28)
学叢思 (マクドゥガル, ウィリアム 1871–?)
教人 (マクドゥガル 1871–1938)
社小増 (マクドゥーガル 1871–1938)

McDowall, Roddy
イギリス生まれの俳優。
⇒ク俳 (マクドウォール, ロディ (マクドウォール, アンドルー・ロデリック) 1928–1998)
スター (マクドウォール, ロディ 1928.9.17–1998)

MacDowell, Andie
アメリカ生まれの女優。
⇒外12 (マクダウエル, アンディ 1958.4.21–)
ク俳 (マクダウエル, アンディ (マクダウエル, ロザリー・アンダースン) 1958–)

MacDowell, Douglas Maurice
イギリスの歴史家。
⇒岩世人 (マクダウエル 1931.3.8–2010.1.6)

MacDowell, Edward Alexander
アメリカの作曲家。代表作『ピアノ協奏曲2番』。
⇒岩世人 (マクダウエル 1860.12.18–1908.1.23)
エデ (マクダウェル, エドワード (アレグザンダー) 1860.12.18–1908.1.23)
ク音3 (マクダウェル 1860–1908)
新音小 (マクダウェル, エドワード 1860–1908)
新音中 (マクダウェル, エドワード 1860.12.18–1908.1.23)
ピ曲改 (マクダウェル, エドワード・アレクサンダー 1860–1908)
標准2 (マクダウエル, エドワード (・アレグザンダー) 1860.12.18–1908.1.23)

McDowell, Jack
アメリカの大リーグ選手 (投手)。
⇒メジャ (マクダウェル, ジャック 1966.1.16–)

McDowell, John Henry
イギリスの思想家。
⇒メル別 (マクダウェル, ジョン・ヘンリー 1942–)

McDowell, Malcolm
イギリス生まれの俳優。
⇒ク俳 (マクダウェル, マルカム (テイラー, M) 1943–)
スター (マクダウェル, マルコム 1943.6.13–)

McDowell, Roger Alan
アメリカの大リーグ選手 (投手)。
⇒メジャ (マクダウェル, ロジャー 1960.12.21–)

McDowell, Samuel Edward Thomas
アメリカの大リーグ選手 (投手)。
⇒メジャ (マクダウェル, サム 1942.9.21–)

Macé, François
フランスの日本学者。フランス国立東洋言語文化研究院 (INALCO) 日本学部名誉教授。
⇒外16 (マセ, フランソワ 1947–)

Mace, Georgina
イギリスの生物学者。
⇒外12 (メイス, ジョージナ 1953.12.8–)

Macedo, Antonio de
ポルトガルの画家。
⇒芸13 (マセド, アントニオ・デ 1955–)

Macedonski, Alexandru
ルーマニアの詩人。『初めの言葉』(1872),『神聖な花』(1917)など。
⇒岩世人 (マチェドンスキ　1854.3.2/14–1920.11.24)

Maček, Vladimir
クロアチア,ユーゴスラビアの政治家,弁護士。クロアチア農民党の党首(1928)。
⇒岩世人 (マチェク　1879.7.8/20–1964.5.15)

McElderry, Margaret K.
アメリカの出版社員,教員,児童文学の研究者。母と子の読書における「おとぎ話」の効用について研究,児童文学の継承についての論考も刊行する。
⇒ア図 (マクエルダリー,マーガレット　1912–2011)

McElhone, Natascha
イギリスの女優。
⇒ク俳 (マケルホウン,ナターシャ(テイラー,N)　1971–)

McElroy, Charles Dwayne
アメリカの大リーグ選手(投手)。
⇒メジャ (マケルロイ,チャック　1967.10.1–)

McElroy, Paul
アメリカの作家,編集者。
⇒現世文 (マッケルロイ,ポール　1955–)

Macelwane, James Bernhard
アメリカの地震学者。主として遠地地震の走時表を検討した。
⇒岩世人 (マケルウェイン　1883.9.28–1956.2.15)

McElwee, Ross
アメリカの映画監督。
⇒映監 (マッケルウィー,ロス　1947.7.21–)

McEnroe, John
アメリカのテニス選手。
⇒異二辞 (マッケンロー[ジョン・〜]　1959–)
　岩世人 (マッケンロー　1959.2.16–)
　外12 (マッケンロー,ジョン　1959.2.16–)
　外16 (マッケンロー,ジョン　1959.2.16–)
　ネーム (マッケンロー　1959–)

McEwan, Ian
イギリスの小説家。
⇒岩世人 (マキューアン　1948.6.21–)
　外12 (マキューアン,イアン　1948.6.21–)
　外16 (マキューアン,イアン　1948.6.21–)
　現世文 (マキューアン,イアン　1948.6.21–)
　広辞7 (マキューアン　1948–)

McEwen, George Francis
アメリカの海洋学者。カリフォルニア大学教授(1928〜52)。
⇒岩世人 (マッキューエン　1882.6.16–1972.3.1)

McEwen, Scott
アメリカの作家,弁護士。
⇒海文新 (マキューエン,スコット　1961–)
　現世文 (マキューエン,スコット　1961–)

McFadden, Daniel Little
アメリカの経済学者。2000年ノーベル経済学賞。
⇒岩経 (マクファデン　1937–)
　外12 (マクファデン,ダニエル　1937.7.29–)
　外16 (マクファデン,ダニエル　1937.7.29–)
　ノベ3 (マクファデン,D.L.　1937.7.29–)
　有経5 (マクファデン　1937–)

McFadyen, Cody
アメリカの作家。
⇒外12 (マクファディン,コーディ　1968–)
　外16 (マクファディン,コーディ　1968–)
　海文新 (マクファディン,コーディ　1968–)
　現世文 (マクファディン,コーディ　1968–)

Macfarland, Charles Stedman
アメリカのプロテスタント牧師。主著"Peace through・religion"(1945)。
⇒岩世人 (マクファーランド　1866.12.12–1956.10.26)

MacFarland, George Bradley
アメリカの宣教師。タイ語を英語同様に駆使する環境と素質を生かし,理想的な対訳辞典を完成。
⇒アア歴 (McFarland,George B(radley)　マクファーランド,ジョージ・ブラッドリー　1866.12.1–1942.5.3)

McFarland, Horace Neill
アメリカの宗教学者。
⇒現宗 (マックファーランド　1923–)

Macfarlane, Allison
アメリカのジョージ・ワシントン大学国際科学技術センター長。
⇒外16 (マクファーレン,アリソン　1964–)

McFarlane, Fiona
オーストラリアの作家。
⇒海文新 (マクファーレン,フィオナ　1978–)
　現世文 (マクファーレン,フィオナ　1978–)

Macfarlane, Michael Andrew
アメリカの大リーグ選手(捕手)。
⇒メジャ (マクファーレン,マイク　1964.4.12–)

Macfarlane, Seth
アメリカの映画監督,テレビプロデューサー,アニメーター,声優,俳優。
⇒外16 (マクファーレン,セス　1973–)

MacFarquhar, Roderick Lemonde
イギリス出身の中国研究者。
⇒岩世人 (マクファーカー　1930.12.2–)

外16（マクファーカー, ロデリック　1930–）
MacFayden, Daniel Knowles
アメリカの大リーグ選手（投手）。
⇒メジャ（マクフェイデン, ダニー　1905.6.10–1972.8.26）
McFerrin, Bobby
アメリカの歌手。
⇒外16（マクファーリン, ボビー　1950.3.11–）
McG
アメリカの映画監督。
⇒外12（マックG　1968.8.9–）
McGahern, John
アイルランドの小説家。
⇒現世文（マクガハン, ジョン　1934–2006.3.30）
McGann, Dennis Lawrence
アメリカの大リーグ選手（一塁, 二塁）。
⇒メジャ（マギャン, ダン　1871.7.15–1910.12.13）
McGann, Oisín
アイルランドの作家。
⇒海文新（マッギャン, オシーン　1973–）
　現世文（マッギャン, オシーン　1973–）
McGavin, Darren
アメリカ生まれの俳優。
⇒ク俳（マギャヴィン, ダレン　1922–）
McGavran, Donald Anderson
アメリカの宣教師。
⇒アア歴（McGavran,Donald（Anderson）マックギャヴラン, ドナルド・アンダースン　1897.12.15–）
McGee, Gerry
アメリカのギター奏者。
⇒外12（マギー, ジェリー　1937–）
　外16（マギー, ジェリー　1937–）
MacGee, William John
アメリカの地質学者, 人類学者。
⇒岩世人（マギー　1853.4.17–1912.9.4）
McGee, Willie Dean
アメリカの大リーグ選手（外野）。
⇒メジャ（マギー, ウィリー　1958.11.2–）
McGerr, Patricia（Pat）
アメリカの作家。
⇒現世文（マガー, パット　1917–1985）
McGhee, Brownie
アメリカのジャズ奏者。
⇒ロック（Brownie McGhee and Sonny Terry　ブラウニー・マギー&サニー・テリー　1914–）
McGiffert, Arthur Cushman
アメリカのプロテスタント神学者。ユニオン神学校教会史教授（1893〜1926）, その間同校校長（17〜26）。
⇒岩世人（マギファート　1861.3.4–1933.2.25）
MacGill, David Armitage
スコットランド生まれのエスペランティスト, 教員。
⇒日エ（マックギル　1915–1996.12.7）
Mac Gill, Vivian Jerauld
アメリカの哲学者。ニューヨーク市立大学ハンター校教授。
⇒メル3（マクギル, ヴィヴィアン・ジェラルド　1897–1977）
McGillis, Kelly
アメリカ生まれの女優。
⇒ク俳（マギリス, ケリー　1957–）
McGilloway, Brian
北アイルランド生まれの作家。
⇒海文新（マギロウェイ, ブライアン　1974–）
　現世文（マギロウェイ, ブライアン　1974–）
McGinley, Paul
アイルランドのプロゴルファー。
⇒最世ス（マッギンリー, ポール　1966.12.16–）
McGinley, Ryan
アメリカ生まれの写真家。
⇒現アテ（McGinley,Ryan　マッギンリー, ライアン　1977–）
McGinn, Colin
イギリスの哲学者。
⇒メル別（マッギン, コリン　1950–）
McGinn, Richard A.
アメリカの実業家。
⇒外16（マッギン, リチャード　1947–）
McGinnis, George Washington（Jumbo）
アメリカの大リーグ選手（投手）。
⇒メジャ（マギニス, ジャンボ　1854.2.22–1934.5.18）
McGinnity, Joseph Jerome
アメリカの大リーグ選手（投手）。
⇒メジャ（マギニティ, ジョー　1871.3.20–1929.11.14）
McGivern, William Peter
アメリカの犯罪小説家。
⇒現世文（マッギバーン, ウィリアム・ピーター　1922–1982）
McGlynn, Pat
スコットランド生まれの歌手。
⇒外12（マッグリン, パット　1958.3.31–）

McGonigal, Kelly
アメリカの心理学者。
⇒外16（マクゴニガル, ケリー　1977–）

McGoohan, Patrick
アメリカ生まれの俳優。
⇒ク俳（マグーハン, パトリック　1928–）

McGough, Roger
イギリスの詩人。
⇒現世文（マゴフ, ロジャー　1937.11.9–）

McGovern, Elizabeth
アメリカ生まれの女優。
⇒ク俳（マガヴァーン, エリザベス　1961–）

McGovern, George Stanley
アメリカの政治家。上院議員（民主党）。
⇒アメ州（McGovern,George　マクガバン, ジョージ　1922–）
　岩世人（マクガヴァン　1922.7.19–2012.10.21）
　外12（マクガバン, ジョージ　1922.7.19–）

McGovern, William Montgomery
アメリカの政治学者。
⇒アア歴（McGovern,William Montgomery　マックガヴァーン, ウイリアム・モンゴメリー　1897.9.28–1964.12.12）

McGowan, Anthony
イギリスの作家。
⇒海文新（マゴーワン, アンソニー　1965–）

McGowan, Shane
アイルランドのミュージシャン。
⇒外16（マガウアン, シェイン　1957–）

McGowan, William Aloysius
アメリカの大リーグ、ア・リーグ審判。
⇒メジャ（マゴーワン, ビル　1896.1.18–1954.12.9）

McGown, Jill
イギリスの作家。
⇒外12（マゴーン, ジル　1947.8–）
　現世文（マゴーン, ジル　1947.8–）

McGrady, Tracy
アメリカのバスケットボール選手。
⇒外12（マグレディ, トレーシー　1979.5.24–）
　外16（マグレディ, トレーシー　1979.5.24–）
　最世人（マグレディ, トレーシー　1979.5.24–）

McGrath, Alister E.
イギリスの神学者。
⇒外12（マグラス, アリスター　1953–）
　外16（マグラス, アリスター　1953–）
　新カト（マクグラス　1953.1.23–）

McGrath, John（Peter）
イギリスの劇作家、演出家。
⇒現世文（マグラス, ジョン　1935–2002）

McGrath, Judy
アメリカの実業家。
⇒外12（マクグラス, ジュディ　1952–）
　外16（マクグラス, ジュディ　1952.7.2–）

McGrath, Patrick
イギリスの小説家。
⇒外12（マグラス, パトリック　1950–）
　現世文（マグラス, パトリック　1950–）

McGrath, William
アメリカのテノール歌手。
⇒魅惑（McGrath,William　1928–）

MacGraw, Ali
アメリカ生まれの女優。
⇒ク俳（マッグロー, アリ（マッグロー, アリス）　1938–）

MacGraw, Charles
アメリカの男優。
⇒ク俳（マグロー, チャールズ　1914–1980）

McGraw, Frank Edwin（Tug）
アメリカの大リーグ選手（投手）。
⇒メジャ（マグロー, タグ　1944.8.30–2004.1.5）

McGraw, Harold Whittlesey III
アメリカの実業家。
⇒外12（マグロウ, ハロルド（3世）　1948.8.30–）
　外16（マグロウ, ハロルド（3世）　1948.8.30–）

McGraw, John Joseph
アメリカの職業野球の選手、監督。
⇒異二辞（マグロー［ジョン・～］　1873–1934）
　岩世人（マグロー　1873.4.7–1934.2.25）
　メジャ（マグロー, ジョン　1873.4.7–1934.2.25）

McGraw, Tim
アメリカのカントリー歌手、俳優。
⇒外12（マグロー, ティム　1967.5.1–）
　外16（マグロー, ティム　1967.5.1–）

McGregor, Douglas Murray
アメリカの経営学者。
⇒有経5（マグレガー　1906–1964）

McGregor, Ewan
スコットランド生まれの俳優。
⇒外12（マクレガー, ユアン　1971.3.31–）
　外16（マクレガー, ユアン　1971.3.31–）
　ク俳（マグレガー, ユアン　1971–）
　スター（マクレガー, ユアン　1971.3.31–）

MacGregor, Neil
イギリスの大英博物館館長。
⇒外12（マグレガー, ニール　1946.6.16–）
　外16（マグレガー, ニール　1946.6.16–）

McGregor, Richard
オーストラリアのジャーナリスト。
⇒外16（マグレガー, リチャード）

McGregor, Richard Crittenden
アメリカの鳥類学者。
⇒アア歴（McGregor,Richard Crittenden　マックグレガー, リチャード・クリッテンデン　1871.2.24–1936.12.30）

McGregor, Scott Houston
アメリカの大リーグ選手（投手）。
⇒メジャ（マグレガー, スコット　1954.1.18–）

McGriff, Fred
アメリカの大リーグ選手（外野手）。
⇒メジャ（マグリフ, フレッド　1963.10.31–）

McGriff, Jimmy
アメリカのジャズ・オルガン奏者。
⇒ロック（McGriff,Jimmy　マグリフ, ジミー　1936.4.3–）

McGuane, Thomas
アメリカの小説家。
⇒現世文（マッゲイン, トマス　1939–）

McGuckian, Medbh
アイルランドの女性詩人。
⇒岩世人（マガキアン　1950.8.12–）

McGuinn, Roger
アメリカ・シカゴ生まれのミュージシャン。
⇒ロック（McGuinn,Roger　マグィン, ロジャー　1942.7.13–）

McGuinness, Frank
アイルランドの劇作家。
⇒外16（マクギネス, フランク　1953.7.29–）
　現世文（マクギネス, フランク　1953.7.29–）

McGuinness, Martin
イギリスの政治家。北アイルランド自治政府副首相。
⇒岩世人（マギネス　1950.5.23–）
　外12（マクギネス, マーティン　1950.5.23–）
　外16（マクギネス, マーティン　1950.5.23–）
　世指導（マクギネス, マーティン　1950.5.23–2017.3.21）

McGuinness, Tom
イギリスのギター奏者。
⇒ロック（McGuinness Flint　マグィネス・フリント　1941.12.2–）

McGuire, Alice Rebecca Brooks
アメリカの学校図書館員。コンサルタント, 講師, 執筆家としても活躍。シカゴ大学では「児童図書センター」の運営を引き受ける。アメリカ図書館協会の活動にも貢献。
⇒ア図（マグワイア, アリス　1902–1975）

McGuire, Barry
アメリカ・オクラホマ州生まれの歌手。
⇒ロック（McGuire,Barry　マグワイア, バリー　1937.10.15–）

McGuire, Christine
アメリカの歌手。
⇒標音2（マクガイアー・シスターズ, ザ　1929–）

McGuire,（Deacon）James Thomas
アメリカの大リーグ選手（捕手）。
⇒メジャ（マクガイア, ディーコン　1863.11.18–1936.10.31）

McGuire, Dorothy
アメリカの映画女優。
⇒ク俳（マグワイア, ドロシー　1916–2001）

McGuire, Dorothy
アメリカの歌手。
⇒標音2（マクガイアー・シスターズ, ザ　1930–）

McGuire, Ian
イギリスの作家。
⇒現世文（マグワイア, イアン　1964–）

McGuire, Jamie
アメリカの作家。
⇒海文新（マクガイア, ジェイミー　1978.11.6–）

McGuire, Peter J.
アメリカ（アイルランド系）の労働運動家。「アメリカ労働総同盟（A.F.L.）」を創設して改良主義的労働組合運動に携った。
⇒岩世人（マグワイア　1852.7.2–1906.2.18）

McGuire, Phyllis
アメリカの歌手。
⇒標音2（マクガイアー・シスターズ, ザ　1931–）

McGuire, Seanan
アメリカのSF作家。
⇒現世文（マグワイア, ショーニン）

McGuire, William J.
アメリカの社会心理学者。
⇒社心小（マクガイア　1925–）

Mcgwire, Mark
アメリカ大リーグの選手（一塁）。
⇒外12（マグワイア, マーク　1963.10.1–）
　外16（マグワイア, マーク　1963.10.1–）
　メジャ（マグワイア, マーク　1963.10.1–）

Mach, Ernst
オーストリアの物理学者, 哲学者。1895年ウィーン大学科学哲学教授。
⇒岩世人（マッハ　1838.2.18–1916.2.19）
　学叢思（マッハ, エルンスト　1838–1916）
　広辞7（マッハ　1838–1916）

三新物（マッハ　1838–1916）
辞歴（マッハ　1838–1916）
新カト（マッハ　1838.2.18–1916.2.19）
数辞（マッハ,エルンスト　1838–1916）
哲中（マッハ　1838–1916）
物理（マッハ,エルンスト　1838–1916）
メル2（マッハ,エルンスト　1838–1916）

Macha, Ken
アメリカの大リーグ監督。
⇒外12（モッカ, ケン　1950.9.29–）

Machado, Ana María
ブラジルの作家。
⇒絵本（マシャド, アナ・マリア　1941–）
現世文（マシャド, アナ・マリア　1941–）

Machado, Aquiles
ベネズエラのテノール歌手。
⇒魅惑（Machado,Aquiles　1971–）

Machado, Aquiles
ベネズエラのテノール歌手。
⇒失声（マッチャード, アキレス　1973–）

Machado, Bernardino Luís
ポルトガルの政治家。首相（1914,21），大統領（15～17,25～26）を歴任。
⇒岩世人（マシャード　1851.3.28–1944.4.29）

Machado, Joan
ポルトガルのグラフィック・デザイナー。
⇒グラデ（Machado,Joan　マシャド, ジョアン　1942–）

Machado de Assis, Joaquim Maria
ブラジルの作家, 詩人。詩集『さなぎ』, 小説『ブラス・クーバスの死後の回想』などを発表。
⇒岩世人（マシャード・デ・アシス　1839.6.21–1908.9.29）
ラテ新（マシャード・デ・アシス　1839–1908）

Machado y Morales, Gerardo
キューバの政治家, 軍人。第5代大統領（1924～33）。独裁的で民衆の叛乱により亡命。
⇒岩世人（マチャード　1871.9.28–1939.3.29）

Machado y Ruiz, Antonio
スペインの詩人。カスティーリャ地方の風景を愛し, 単純で素朴な詩風を樹立し, 今世紀のスペイン詩人の第1人者と目された。
⇒岩世人（マチャード・イ・ルイス　1875.7.26–1939.2.22）
現世文（マチャード, アントニオ　1875.7.26–1939.2.22）
広辞7（マチャード　1875–1939）
新カト（マチャード・イ・ルイス　1875.7.26–1939.2.22）
ネーム（マチャード　1875–1939）

Machado y Ruiz, Manuel
スペインの詩人。A.マチャド・イ・ルイスの兄で近代派の一人。作品は『魂』（1900）など。
⇒岩世人（マチャード・イ・ルイス　1874.8.29–1947.1.19）
現世文（マチャード, マヌエル　1874.8.29–1947.1.19）

McHale, Kevin
アメリカのバスケットボール監督。
⇒外16（マクヘイル, ケビン　1957.12.19–）

Machar, Josef Svatopluk
チェコスロバキアの詩人, 評論家。主著『諸世紀の良心』（1899～1926）。
⇒岩世人（マハル　1864.2.29–1942.3.17）

Machavariani, Aleksei Davidovich
ジョージアの作曲家。
⇒ク音3（マチャヴァリアーニ　1913–1995）

Macheda, Federico
イタリアのサッカー選手（マンチェスター・ユナイテッド・FW）。
⇒外12（マケダ, フェデリコ　1991.8.22–）

Machel, Samora Moises
モザンビークの政治家。1975年独立に伴い初代大統領に就任（～86）。
⇒岩世人（マシェル　1933.10–1986.10.19）

Machen, John Gresham
アメリカの長老派神学者。1920～30年代の根本主義との論争での旗頭。主著『パウロの信仰の起源』（1921）。
⇒岩世人（メイチェン　1881.7.28–1937.1.1）

Macherey, Pierre
フランスのマルクス主義系哲学者, 文学理論家。
⇒メル別（マシュレ, ピエール　1938–）

Ma Chih-hsiang
台湾の映画監督, 脚本家, 俳優。
⇒外16（マージーシアン　1978.3.1–）

Machito
アメリカのジャズ・バンド・リーダー, 歌手。
⇒岩世人（マチート　1912.2.16–1984.4.15）
標符2（マチート　1909.2.16/12.4–1984.4.23）

Machlup, Fritz
オーストリア生まれの経済思想家。
⇒岩経（マハループ　1902–1983）
岩世人（マハループ　1902.12.15–1983.1.30）
社小増（マハループ　1902–1983）
有経5（マハループ　1902–1983）

Machonin, Pavel
チェコの社会学者。
⇒社小増（マホニン　1927–）

McHugh, James Marshall
アメリカ海兵隊将校。

⇒アア歴（McHugh,James Marshall　マック
ヒュー, ジェイムズ・マーシャル　1899.12.27–
1966.11.7)

McHugh, Jimmy
アメリカのソング・ライター。作詞家ドロ
シー・フィールズとのコンビで有名。
⇒新音中（マッキュー, ジミー　1894.7.10–1969.5.
23)
標音2（マキュー, ジミー　1894.7.10–1969.5.23)

McHugh, John
イギリスのテノール歌手。
⇒魅惑（McHugh,John　1914–2004)

Macias, Enrico
フランスのシャンソン歌手。1964年、『恋心』の
作曲でヒットをつくり、以降、現代のシャンソン
の代表的存在となった。
⇒標音2（マシアス, エンリコ　1938.12.11–）
ユ著人（Macias,Enrico　マシアス, エンリコ
1938–)

Macias, Reinaldo
キューバのテノール歌手。
⇒魅惑（Macias,Reinaldo　?–)

Macía y Llusa, Francisco
スペインの軍人。カタロニア地方独立運動家。
アルフォンソ十三世退位に際し（1931）、カタロ
ニア共和国を宣言、仮大統領に選出され議会を
開いた（32）。
⇒岩世人（マシア　1859.9.21–1933.12.25)

MacIlraith, William
イギリス生まれの画家。
⇒芸13（マッカイレイス, ウイリアム　1961–)

Mcilroy, Rory
イギリスのプロゴルファー。
⇒外12（マキロイ, ロリー　1989.5.4–）
外16（マキロイ, ロリー　1989.5.4–）
最世ス（マキロイ, ロリー　1989.5.4–)

McIlvanney, William（Angus）
イギリス・スコットランドの小説家, 詩人。
⇒現世文（マッキルバニー, ウィリアム　1936.11.
25–2015.12.5)

McIndoe, Archibald Hector
ニュージーランドの形成外科医。
⇒ニュー（マッカンドー, アーチボルド　1900–
1960)

McInerney, Jay
アメリカの小説家。
⇒現世文（マキナニー, ジェイ　1955–)

MacInerney, Karen
アメリカの作家。
⇒外16（マキナニー, カレン）
海文新（マキナニー, カレン）

McInerny, Ralph
アメリカのミステリ作家, 哲学者。
⇒現世文（マキナニー, ラルフ　1929.2.24–2010.1.
29)

MacInnes, Helen
アメリカの女性スパイ小説家。
⇒現世文（マッキネス, ヘレン　1907.10.7–1985.9.
30)

McInnis, John Phalen（Stuffy）
アメリカの大リーグ選手（一塁）。
⇒メジャ（マッキニス, スタッフィー　1890.9.19–
1960.2.16)

McIntosh, D.J.
カナダの作家。
⇒海文新（マッキントッシュ,D.J.)
現世文（マッキントッシュ,D.J.)

McIntosh, William Carmichael
スコットランドの水産学者。
⇒岩世人（マッキントッシュ　1838.10.10–1931.4.
1)

Macintyre, Alasdair
アメリカの哲学者, 倫理学者。
⇒岩世人（マッキンタイアー　1929.1.12–）
新カト（マッキンタイア　1929.1.12–)

Macintyre, Ben
イギリスのノンフィクション作家, コラムニ
スト。
⇒外12（マッキンタイアー, ベン　1963–）
外16（マッキンタイアー, ベン　1963–)

McIntyre, Donald
ニュージーランドのバス・バリトン歌手。
⇒オペラ（マッキンタイア, ドナルド　1934–)

McIntyre, Keith
イギリス生まれの画家。
⇒芸13（マッキンタイヤー, ケイス　1959–)

McIntyre, Matthew W.
アメリカの大リーグ選手（外野）。
⇒メジャ（マッキンタイア, マッティ　1880.6.12–
1920.4.2)

McIntyre, Patience
アメリカの歌手。
⇒ロック（Patience and Prudence　ペイシャンス
&ブルーデンス）

McIntyre, Prudence
アメリカの歌手。
⇒ロック（Patience and Prudence　ペイシャンス
&ブルーデンス）

McIntyre, Vonda N.
アメリカのSF作家。

⇒現世文（マッキンタイア, ボンダ 1948–）

Maciunas, George
リトアニア生まれのアメリカの美術家。
⇒岩世人（マチューナス 1931.11.8–1978.5.9）

MacIver, Robert Morrison
スコットランド生まれのアメリカの社会学者、政治学者。アメリカ社会学のなかで最もすぐれた理論社会学者の一人。著書『コミュニティ』（1917）。
⇒岩世人（マッキーヴァー 1882.4.17–1970.6.15）
学叢思（マクアイヴァ、アール・エム 1882–）
教人（マキーヴァー 1882–）
現社（マッキーヴァー 1882–1970）
現社福（マッキーヴァー 1882–1970）
社小増（マッキーヴァー 1882–1970）

McIvor, Ashleigh
カナダのスキー選手（フリースタイル）。
⇒外12（マカイバー、アシュリー 1983.9.15–）
外16（マカイバー、アシュリー 1983.9.15–）
最世ス（マカイバー、アシュリー 1983.9.15–）

McJenkin, Virginia
アメリカの図書館員。1937年から1969年までジョージア州の学校図書館システムの統括責任者を務める。学校図書館におけるメディア教育の先駆者の一人。
⇒ア図（マクジェンキン、ヴァージニア 1905–1981）

McJilton, Charles E.
セカンドハーベストジャパン（2HJ）理事長。
⇒外12（マクジルトン、チャールズ・E. 1963–）

Mack, Connie
アメリカの大リーグ選手、監督。
⇒岩世人（マック 1862.12.22–1956.2.8）
メジャ（マック, コニー 1862.12.22–1956.2.8）

Mack, Heinz
ドイツの現代美術家。
⇒岩世人（マック 1931.3.8–）
芸13（マック、ヘインツ 1931–）

Mack, Helen
アメリカの女優、ラジオのディレクター、プロデューサー、作家。
⇒ク俳（マック、ヘレン（マクドゥーガル,H） 1913–1986）

Mack, John J.
アメリカの実業家。
⇒外12（マック、ジョン 1944.11.17–）
外16（マック、ジョン 1944.11.17–）

Mack, Lonnie
アメリカ・インディアナ州ハリズバーグ生まれの歌手、ギター奏者。
⇒ロック（Mack,Lonnie マック、ロニー 1941–）

Mack, Marlene
アメリカ・ヴァージニア州生まれのミュージシャン。
⇒ロック（Peaches and Herb ピーチズ&ハーブ 1945–）

Mack, T.
アメリカの作家。
⇒海文新（マック,T.）
現世文（マック,T.）

Mackay, Claire
カナダの女性作家、著述家。
⇒現世文（マッケイ、クレア 1930–）

MacKay, Claude
アメリカの小説家、詩人。
⇒岩世人（マッケイ 1889.9.15–1948.5.22）

Mackay, Ernest John Henry
イギリスの考古学者。イラクのキシュ（1922～24）、インドのモヘンジョ・ダロ（27～31）などを発掘し、インダス文化の究明に寄与。
⇒岩世人（マッケイ 1880.7.5–1943.10.2）

Mckay, Hilary
イギリスの児童文学者。
⇒現世文（マッカイ、ヒラリー 1959.6.12–）

Mackay, Iain
イギリスのバレエダンサー。
⇒外16（マッケイ、イアン）

Mackay, John
スコットランド生まれのアメリカのプロテスタント神学者。季刊誌 "Theology To・day" の主筆。
⇒岩世人（マッカイ 1889.5.17–1983.6.9）

Mackay, Peter
カナダの政治家、法律家。カナダ国防相、外相、法相。
⇒外12（マッケイ、ピーター 1965.9.27–）
外16（マッケイ、ピーター 1965.9.27–）
世指導（マッケイ、ピーター 1965.9.27–）

Mackay, Shena
スコットランドの女性作家。
⇒現世文（マッケイ、シーナ 1944–）

Macke, August
ドイツの画家。R.ドローネーとの交遊を通じオルフィスムをとり入れ、透明な彩色による抒情的な画面を作った。
⇒岩世人（マッケ 1887.1.3–1914.9.26）
芸13（マッケ、アウグスト 1887–1914）

McKean, Edwin John
アメリカの大リーグ選手（遊撃）。
⇒メジャ（マッキーン、エド 1864.6.6–1919.8.16）

Mckean, James William
アメリカの医療宣教師。
⇒アア歴 (Mckean, James W (illiam) マッキーン, ジェイムズ・ウイリアム 1860.3.10–1949.2.9)

McKechnie, William Boyd
アメリカの大リーグ選手 (三塁,二塁)。
⇒メジャ (マッケクニー,ビル 1886.8.7–1965.10.29)

McKee, David John
イギリスの絵本作家,挿絵画家,劇作家。
⇒絵本 (マッキー,デビッド 1935–)
  外12 (マッキー,デービッド 1935–)
  外16 (マッキー,デービッド 1935–)

McKee, Gerrald
アメリカのテノール歌手。
⇒魅惑 (McKee, Gerrald ?–)

McKeever, Brian
カナダのスキー選手 (ノルディック)。
⇒外16 (マッキーバー,ブライアン 1979.1.18–)

McKeever, Ed
イギリスのカヌー選手。
⇒外16 (マッキーバー,エド 1983.8.27–)
  最世ス (マッキーバー,エド 1983.8.27–)

McKellar, Kenneth
イギリスのテノール歌手。
⇒魅惑 (McKellar, Kenneth 1927–?)

McKellar, Kenneth Douglas
アメリカの政治家。
⇒アメ州 (McKellar, Kenneth Douglas マッケラー,ケネス・ダグラス 1869–1957)

McKellen, Ian
イギリスの男優。
⇒外12 (マッケラン,イアン 1939.5.25–)
  外16 (マッケラン,イアン 1939.5.25–)
  ク俳 (マケレン,サー・イアン 1935–)

Mackendrick, Alexander
イギリス,アメリカの映画監督。
⇒映監 (マッケンドリック,アレクサンダー 1912.9.8–1993)

Mckenna, Juliet E.
イギリスの作家。
⇒海文新 (マッケナ,ジュリエット 1965–)
  現世文 (マッケナ,ジュリエット 1965–)

McKenna, Malcolm Carnegie
アメリカの古生物学者。
⇒岩世人 (マケナ 1930.7.21–2008.3.3)

McKenna, Reginald
イギリスの政治家。アスキス内閣に海相(1908～11),内相(11～15),蔵相(15～16)を歴任。

⇒岩世人 (マケナ 1863.7.6–1943.9.6)

McKenna, Virginia
イギリス生まれの女優。
⇒ク俳 (マケンナ,ヴァージニア 1931–)

Mackennal, *Sir* E.Bertram
イギリスの彫刻家。
⇒芸13 (マッケンノール,ベルトラム 1863–1931)

Mackensen, August von
ドイツの軍人。
⇒岩世人 (マッケンゼン 1845.12.6–1945.11.8)
  学叢歴 (マッケンゼン)

Mackenzie, *Sir* Alexander
スコットランドの作曲家。
⇒新音中 (マッケンジー,アレグザンダー・キャンベル 1847.8.22–1935.4.28)
  標音2 (マッケンジー,アレグザンダー 1847.8.22–1935.4.28)

McKenzie, Alistair
スコットランドのゴルフコース設計家。
⇒岩世人 (マッケンジー 1870.8.30–1934.1.6)

Mackenzie, *Sir* Compton
イギリスの小説家。『シニスター・ストリート』(1913～14)により,名声を確立。
⇒岩世人 (マッケンジー 1882.1.17–1972.11.30)
  スパイ (マッケンジー,サー・コンプトン 1883–1973)

McKenzie, Dan Peter
イギリスの地球物理学者。1960年代後半におけるプレート・テクトニクス樹立に最大の貢献をなした一群の地球科学者の筆頭格。
⇒岩世人 (マッケンジー 1942.2.21–)
  外12 (マッケンジー,ダン・ピーター 1942.2.21–)

McKenzie, D.R.
カナダのメソジスト教会宣教師。1887年来日して金沢の第四高等学校に奉職。のち福井,金沢,東京で伝道。
⇒岩世人 (マッケンジー 1861.2.16–1935.4.1)
  日エ (マッケンジー 1861.2.16–1935.4.1)

Mckenzie, Fredrick Arthur
カナダの新聞記者,著述家。
⇒韓朝新 (マッケンジー 1869–1931)

MacKenzie, I.A.
アメリカの作曲家。
⇒現音キ (マッケンジー, I.A. 1894–1969)

McKenzie, John Lawrence
アメリカのカトリック旧約神学者。
⇒新カト (マッケンジー 1910.10.9–1991.3.2)

Mackenzie, John Stuart
スコットランドの哲学者。ケアドの徒として観

念論の立場にたった。
⇒岩世人（マッケンジー　1860.2.29–1935）

McKenzie, Kevin
アメリカのダンサー，振付家，バレエ監督。
⇒外12（マッケンジー，ケビン　1954.4.29–）
　外16（マッケンジー，ケビン　1954.4.29–）

Mackenzie, Linda
オーストラリアの水泳選手（自由形）。
⇒最世ス（マッケンジー，リンダ　1983.12.14–）

McKenzie, Lionel Wilfred
アメリカ生まれの経済思想家。
⇒岩経（マッケンジー　1919–）
　有経5（マッケンジー　1919–2010）

MacKenzie, Robert Tait
アメリカの体育学者。人体測定学・解剖学をもとに人体美を影像に描写する芸術家でもあった。
⇒岩世人（マッケンジー　1867.5.26–1938.4.28）

MacKenzie, Roderick Andrew Francis
カナダのカトリック旧約聖書学者，イエズス会司祭。
⇒新カト（マッケンジー　1911.11.15–1994.4.30）

MacKenzie, Roderick Dempster
アメリカの芸術家。
⇒アア歴（MacKenzie,Roderick D（empster）マッケンジー，ロデリック・デンプスター　1865.4.30–1941.1.17）

McKenzie, Roderick Duncan
アメリカの都市社会学者。シカゴ学派。
⇒現社（マッケンジー　1885–1940）
　社小増（マッケンジー　1885–1940）

McKenzie, Scott
アメリカ・フロリダ州生まれの歌手。
⇒ロック（Mckenzie,Scott　マケンジー，スコット　1944.10.1–）

Mackenzie, Thomas Noble
ニュージーランドの政治家。ニュージーランドの首相（1912）。
⇒ニュー（マッケンジー，トマス　1853–1930）

McKeon, John Aloysius
アメリカの大リーグ，レッズなどの監督。
⇒外12（マッキオン，ジャック　1930.11.23–）
　メジャ（マッキーン，ジャック　1930.11.23–）

McKeown, Thomas
イギリスの疫学者，社会医学者。
⇒岩世人（マッキューン　1912.11.2–1988.6.13）

Mackerras, Charles
オーストラリアの指揮者。
⇒新音中（マッケラス，チャールズ　1925.11.17–

標音2（マッケラス，チャールズ　1925.11.17–2010.7.14）

McKerrow, Amanda
アメリカのバレリーナ。
⇒外12（マッケロー，アマンダ　1963–）

Mackesy, Serena
イギリスの作家，ジャーナリスト。
⇒海文新（マーウッド，アレックス）
　現世文（マッケシー，セリーナ）

Mackey, George Whitelaw
アメリカの数学者。
⇒世数（マッキー，ジョージ・ホワイトロー　1916–2006）

Mackey, James Raleigh（Biz）
アメリカのニグロリーグの選手（捕手）。
⇒メジャ（マッキー，ビズ　1897.7.27–1965.9.22）

Mackie, Neil
スコットランドのテノール歌手。
⇒魅惑（Mackie,Neil　1946–）

Mackiernan, Douglas Seymour
アメリカ中央情報局（CIA）職員。
⇒スパイ（マッキエルナン，ダグラス・S.　?–1950.4.29）

McKillip, Patricia A.
アメリカのファンタジー作家。
⇒外12（マキリップ，パトリシア・アン　1948–）
　外16（マキリップ，パトリシア・アン　1948–）
　現世文（マキリップ，パトリシア・アン　1948–）

MacKillop, Mary
オーストラリアの聖女。
⇒新カト（メアリ・マッキロップ　1842.1.15–1909.8.8）

McKillop, Michael James
アメリカのメリノール宣教会司祭，日本宣教師。
⇒新カト（マッキロップ　1910.12.11–2001.3.1）

McKillop, Tom
イギリスの実業家。
⇒外12（マキロップ，トム　1943.3.19–）
　外16（マキロップ，トム　1943.3.19–）

McKim, Charles Follen
アメリカの建築家。ローマのアメリカン・アカデミーの創立者。
⇒岩世人（マッキム　1847.8.24–1909.9.14）

McKim, John
アメリカの日本聖公会宣教師。立教大学理事長。
⇒アア歴（McKim,John　マッキム，ジョン　1852.7.17–1936.4.4）
　岩世人（マッキム　1852.7.17–1936.4.4）

Mackinder, *Sir* Halford John
イギリスの地理学者。主著 "Democratic Ideals and Reality" (1919)。
⇒岩世人（マッキンダー 1861.2.15–1947.3.6）
国政（マッキンダー，ハルフォード 1861–1947）
人文地（マッキンダー 1861–1947）

McKinlay, Deborah
イギリスの作家，コラムニスト。
⇒海文新（マッキンリー，デボラ）

McKinlay, Jenn
アメリカの作家。
⇒海文新（マッキンリー，ジェン）
現世文（マッキンリー，ジェン）

Mckinley, Robin
アメリカのファンタジー作家。
⇒外12（マッキンリイ，ロビン）
現世文（マッキンリイ，ロビン）

McKinnell, Henry A.
アメリカの実業家。
⇒外12（マッキンネル，ヘンリー）
外16（マッキンネル，ヘンリーJr. 1943.2.23–）

MacKinnon, Catharine
アメリカの法学者，フェミニスト。
⇒岩女（マッキノン，キャサリン 1946–）
岩世人（マッキノン 1946.10.7–）
外12（マッキノン，キャサリン 1946–）
外16（マッキノン，キャサリン 1946.10.7–）

McKinnon, Don
ニュージーランドの政治家。ニュージーランド外相。
⇒世指導（マッキノン，ドン 1939–）

MacKinnon, Roderick
アメリカの生物物理学者，分子生物学者。2003年ノーベル化学賞を受賞。
⇒外12（マッキノン，ロデリック 1956–）
外16（マッキノン，ロデリック 1956.2.19–）
化学（マキノン 1956–）
ノベ3（マッキノン，R. 1956.2.19–）

McKinstry, Nancy
アメリカの実業家。
⇒外12（マッキンストリー，ナンシー 1959–）
外16（マッキンストリー，ナンシー 1959.1.4–）

Mckintire, Lani
アメリカのハワイアン歌手，バンドリーダー。
⇒標音2（マッキンタイア，ラニ 1901–1952.6）

Mackintosh, Cameron（Anthony）
イギリスの興行主。
⇒外12（マッキントッシュ，キャメロン 1946.10.17–）
外16（マッキントッシュ，キャメロン 1946.10.17–）

Mackintosh, Charles Rennie
スコットランドの建築家，デザイナー，水彩画家。1904年ハネマン・ケッピー建築会社の共同経営者。
⇒岩世人（マッキントッシュ 1868.6.7–1928.12.10）
グラデ（Mackintosh,Charles Rennie マッキントッシュ，チャールズ・レニー 1868–1928）

Mackintosh, Elizabeth
イギリスの小説家，劇作家。
⇒岩世人（マッキントッシュ 1896.7.25–1952.2.13）

Mackintosh, Hugh Ross
スコットランドの自由教会派神学者，牧師。主著『イエス・キリストのペルソナ論』(1912)。
⇒オク教（マッキントッシュ 1870–1936）

Mackintosh, Steven
イギリスの男優。
⇒ク俳（マッキントッシュ，スティーヴン 1967–）

McKinty, Adrian
イギリスの作家。
⇒現世文（マッキンティ，エイドリアン 1968–）

McKissick, Floyd B.
アメリカの黒人運動家。1963年人種平等会議全国委員長に就任。
⇒マルX（McKISSICK,FLOYD B. マッキシック，フロイド・B 1922–）

Mackler, Carolyn
アメリカの作家。
⇒海文新（マックラー，キャロリン 1973.7.13–）

Mackmurdo, Arthur Heygate
イギリスの素描家，建築家。芸術家のための組織である〈センチュリー・ギルド〉を創立。
⇒グラデ（Mackmurdo,Arthur Heygate マックマード，アーサー・ヘイゲイト 1851–1942）

McKnight, Claude
アメリカの歌手。
⇒外12（マックナイト，クロード）

Mcknight, Sammy "The Pimp"
マルコムXの友人。
⇒マルX（McKNIGHT,SAMMY"THE PIMP" マックナイト，サミー・"ザ・ピンプ（ポン引き）"）

Mcknight, Thomas
アメリカ生まれの画家。
⇒芸13（マックナイト，トーマス 1941–）

Mckuen, Rod
アメリカの詩人，作曲家，歌手。1968年グラミー賞最優秀語学レコード賞受賞。映画音楽も手が

け『アレイ・アレイ・オックスン・フリー』は代表作。
⇒現世文（マキューン，ロッド　1933.4.29–2015.1.29）

Mckusick, Victor A.
アメリカの遺伝医学者，医師。
⇒外12（マキューズィック，ビクター　1921.10.21–）

MacLachlan, Kyle
アメリカ生まれの俳優。
⇒ク俳（マクラクラン，カイル　1959–）

MacLachlan, Patricia
アメリカの女性作家。
⇒現世文（マクラクラン，パトリシア　1938.3.3–）

McLachlin, Beverley
カナダの裁判官，弁護士。
⇒外12（マクラクラン，ビバリー　1943.9.7–）
外16（マクラクラン，ビバリー　1943.9.7–）

McLaglen, Victor
アメリカの俳優。
⇒ク俳（マクラグレン，ヴィクター　1883–1959）

McLain, Dennis Dale
アメリカの大リーグ選手（投手）。
⇒メジャ（マクレイン，デニー　1944.3.29–）

McLain, Paula
アメリカの作家，詩人。
⇒海文新（マクレイン，ポーラ　1965–）
現世文（マクレーン，ポーラ　1965–）

MacLaine, Shirley
アメリカの映画女優。
⇒遺産（マクレーン，シャーリー　1934.4.24–）
外12（マクレーン，シャーリー　1934.4.24–）
外16（マクレーン，シャーリー　1934.4.24–）
ク俳（マクレーン，シャーリー（ビーティ，S・マクリーン）　1934–）
スター（マクレーン，シャーリー　1934.4.24–）

MacLane, Saunders
アメリカの数学者。
⇒数辞（マックレーン，サンダース　1909–）
世数（マックレーン，ソーンダース　1909–2005）

McLaren, Ann Laura
イギリスの発生学者，発生遺伝学者。
⇒岩生（マクラーレン　1927–2007）

McLaren, John
イギリスの作家，音楽イベント企画家。
⇒外12（マクラーレン，ジョン　1951–）

McLaren, Norman
カナダのアニメーション作家。フィルムに直接絵を描いた「線と色の即興詩」（1954）など特殊な実験的なアニメーションで注目された。
⇒アニメ（マクラレン，ノーマン　1914–1987）
岩世人（マクラレン　1914.4.11–1987.1.27）

McLarren, Steve
イギリスのサッカー監督（ニューカッスル）。
⇒外12（マクラーレン，スティーブ　1961.5.3–）
外16（マクラーレン，スティーブ　1961.5.3–）
最世人（マクラーレン，スティーブ　1961.5.3–）

Mclaughlin, Audrey
カナダの政治家。カナダ新民主党党首。
⇒世指導（マクラクリン，オードリー　1936.11.7–）

Mclaughlin, John
イギリス生まれのギター奏者。
⇒外12（マクラフリン，ジョン　1942.1.4–）
外16（マクラフリン，ジョン　1942.1.4–）
ロック（McLaughlin,John　マクロクリン，ジョン　1942–）

Maclaurin, Richard Cockburn
スコットランド生まれの法学者。マサチューセッツ工科大学（MIT）学長。
⇒ニュー（マックローリン，リチャード　1870–1920）

MacLaverty, Bernard
北アイルランドの小説家，短編小説作家。
⇒岩世人（マクラヴァティ　1942.9.14–）

McLaverty, Michael
北アイルランドの小説家。
⇒現世文（マクラバティ，マイケル　1907–1992）

Maclay, Arthur Collins
アメリカの弁護士。
⇒アア歴（Maclay,Arthur Collins　マクレイ，アーサー・コリンズ　1853.8.14–1930.11.12）

Maclean, Alistair
スイスの小説家。
⇒岩世人（マクレイン　1922.4.21–1987.2.2）
現世文（マクリーン，アリステア　1922.4.21–1987.2.2）

Maclean, Anna
アメリカのミステリ作家，歴史小説家。
⇒外16（マクリーン，アンナ）
現世文（マクリーン，アンナ）

Mclean, Bruce
イギリス生まれの画家。
⇒芸13（マックレーン，ブルース　1944–）

McLean, Don
アメリカのシンガー・ソングライター。
⇒ロック（McLean,Don　マクリーン，ドン　1945.10.2–）

Maclean, Donald（Duart）
イギリスの売国奴。ケンブリッジ・スパイ網のメンバー。

⇒スパイ（マクリーン, ドナルド・デュアート 1913–1983）

McLean, Franklin Chambers
アメリカの医師, 編集者。
⇒アア歴（McLean,Franklin C（hambers） マクリーン, フランクリン・チェインバーズ 1888.2.29–1968.9.10）

McLean, John Lenwood（Jackie）
アメリカのジャズ・サックス奏者。
⇒標音2（マクレーン, ジャッキー 1932.5.17–）

MacLean, Katherine
アメリカの作家。
⇒現世文（マクリーン, キャサリン 1925.1.22–）

MacLean, Norman
イギリスのプロテスタント神学者, 東洋学者。主著"The Old Testament in Greek"。
⇒岩世人（マクリーン 1865.10.2–1947.8.20）

Maclean, Norman
アメリカの小説家, 英文学者。
⇒現世文（マクリーン, ノーマン 1902–1990）

McLean, Roderick
イギリスの詩人。ヴィクトリア女王の命を狙った7名の暗殺者のうち7番目の人物。
⇒世暗（マックリーン, ロデリック ?–1921）

McLean, Walter
アメリカの海軍将校。
⇒アア歴（McLean,Walter マクリーン, ウォルター 1855.7.30–1930.3.20）

MacLehose, Crawford Murray, Baron M. of Beoch
イギリスの外交官, 植民地行政官。
⇒岩世人（マクルホーズ 1917.10.16–2000.5.27）

MacLeish, Archibald
アメリカの詩人。『征服者』（1932）『詩集1917～1952』（53）"J.B."（58）を発表し, ピュリッツァー賞受賞。
⇒岩世人（マクリーシュ 1892.5.7–1982.4.20）
　現世文（マクリーシュ, アーチボルド 1892.5.7–1982.4.20）
　新カト（マクリーシュ 1892.5.7–1982.4.20）
　ネーム（マクリーシュ 1892–1982）
　ヘミ（マクリーシュ, アーチボルド 1892–1982）

McLeish, Henry
スコットランドの政治家。スコットランド自治政府首相, スコットランド労働党党首。
⇒世指導（マクリーシュ, ヘンリー 1948.6.15–）

McLeish, Henry Baird
スコットランドの政治家。
⇒岩世人（マクリーシュ 1948.6.15–）

McLellan, Sarah
オーストラリアのミュージシャン。
⇒外12（マクレラン, サラ）

McLemore, Mark Tremell
アメリカの大リーグ選手（二塁, 外野）。
⇒メジャ（マクレモア, マーク 1964.10.4–）

Maclennan, Francis
アメリカのテノール歌手。1907～13年ベルリン国立オペラに所属し, 同オペラで外国人としてはじめてトリスタンを演じた。
⇒魅惑（Maclennan,Francis 1879–1935）

MacLennan, Hugh
カナダ（イギリス系）の小説家。『二つの孤独』（1945）によって一躍イギリス系カナダ人の代表的作家と目される。『カナダの七つの川』（61）はすぐれた歴史紀行。
⇒現世文（マクレナン, ヒュー 1907.3.20–1990.11.7）

MacLennan, John Cunningham
カナダの物理学者。低温における分光学の研究から他の物性の研究に入り, 超伝導に関して多くの業績がある。
⇒岩世人（マクレナン 1867.10.14–1935.10.9）

MacLennan, Rosannagh
カナダのトランポリン選手。
⇒外16（マクレナン, ロザンナ 1988.8.28–）
　最世ス（マクレナン, ロザンナ 1988.8.28–）

MacLeod, Alistair
カナダの作家。
⇒現世文（マクラウド, アリステア 1936.7.20–2014.4.20）

MacLeod, Carla
カナダのアイスホッケー指導者, アイスホッケー選手。
⇒外16（マクラウド, カーラ 1982.6.16–）
　最世ス（マクラウド, カーラ 1982–）

MacLeod, Charlotte
アメリカの作家。
⇒現世文（マクラウド, シャーロット 1922–2005.1.14）

MacLeod, George Fielden
スコットランドのアイオナ会の設立者。
⇒オク教（マクラウド 1895–1991）

MacLeod, Ian R.
イギリスの作家。
⇒外12（マクラウド, イアン 1956.8.6–）
　外16（マクラウド, イアン 1956.8.6–）
　現世文（マクラウド, イアン 1956.8.6–）

Macleod, John James Rickard
イギリスの生理学者。インシュリンを発見し,

糖尿病と炭水化物代謝の研究で名高い。
⇒岩生（マクラウド　1876–1935）
　岩世人（マクラウド　1876.9.6–1935.3.16）
　ネーム（マクラウド　1876–1935）
　ノベ3（マクラウド, J.J.R.　1876.9.6–1935.3.16）

MacLeod, Ken
イギリスの作家。
⇒外12（マクラウド, ケン　1954–）
　海文新（マクラウド, ケン　1954.8.2–）
　現世文（マクラウド, ケン　1954.8.2–）

McLeod, Norman Z.
アメリカの映画監督。アメリカ小市民の虚無的楽天性を無意識のうちに描き出すのを得意とする。
⇒映監（マクロード, ノーマン・Z　1898.9.20–1964）

McLish, Calvin Coolidge Julius Caesar Tuskahoma
アメリカの大リーグ選手（投手）。
⇒メジャ（マクリッシュ, カル　1925.12.1–2010.8.26）

McLouth, Nathan Richard
アメリカの大リーグ選手（外野）。
⇒メジャ（マクラウス, ネイト　1981.10.28–）

McLuhan, Herbert Marshall
カナダの社会学者, 教育家。情報科学の専門家で, 主著『人間拡張の原理――メディアの理解』(1964)。
⇒岩世人（マクルーハン　1911.7.21–1980.12.31）
　現社（マクルーハン　1911–1980）
　広辞7（マクルーハン　1911–1980）
　社小増（マクルーハン　1911–1980）
　世人新（マクルーハン　1911–1980）
　世人装（マクルーハン　1911–1980）
　ネーム（マクルーハン　1911–1980）

MacMahon, *Sir* Arthur Henry
イギリスの軍人, 政治家。エジプト高等弁務官として, シャリフ・フサインと秘密協定を結ぶ。
⇒岩世人（マクマホン　1862.11.28–1949.12.29）
　世人新（マクマホン　1862–1949）
　世人装（マクマホン　1862–1949）

McMahon, Donald John
アメリカの大リーグ選手（投手）。
⇒メジャ（マクマホン, ドン　1930.1.4–1987.7.22）

McMahon, John Joseph（Sadie）
アメリカの大リーグ選手（投手）。
⇒メジャ（マクマホン, セイディー　1867.9.19–1954.2.20）

MacMahon, Kathleen
アイルランドの作家。
⇒海文新（マクマホン, キャスリーン　1970–）
　現世文（マクマホン, キャスリーン　1970–）

McMahon, Thomas
アイルランド共和国軍（IRA）のテロリスト。1979年ルイス・マウントバッテン卿を暗殺した。
⇒世暗（マクマホン, トーマス　1948–）

McMahon, Thomas F.
アメリカ合同織物工組合（UTW）会長。
⇒アメ経（マクマホン, トマス　1870.5.2–1944.4.22）

McMahon, Vince
アメリカのプロレスプロモーター。
⇒岩世人（マクマホン　1945.8.24–）
　外12（マクマホン, ビンス　1945.8.24–）
　外16（マクマホン, ビンス　1945.8.24–）

McManus, James
アメリカの小説家, 詩人。
⇒外12（マクマナス, ジェームズ）

McManus, Martin Joseph
アメリカの大リーグ選手（二塁, 三塁）。
⇒メジャ（マクマナス, マーティ　1900.3.14–1966.2.18）

Mac Master, John
カナダのテノール歌手。
⇒魅惑（Mac Master, John　?–）

McMaster, John Bach
アメリカの教育家, 歴史家。1883年『アメリカ合衆国史』の初巻を発行。1920年ペンシルバニア大学名誉教授。
⇒岩世人（マクマスター　1852.6.29–1932.5.24）

McMeekan, Campbell Percy
ニュージーランドの農学者, 畜産学者。
⇒ニュー（マックミーカン, キャンベル　1908–1972）

McMenemy, Sarah
アメリカのイラストレーター, 絵本作家。
⇒外12（マクメナミー, サラ）

MacMichael, *Sir* Harold Alfred
イギリスの植民地官吏。
⇒岩世人（マクマイケル　1882–1969）

McMillan, David Gervan
ニュージーランドの医師, 政治家。
⇒ニュー（マックミラン, デーヴィッド　1904–1951）

McMillan, Edwin
アメリカの物理学者, 化学者。
⇒岩世人（マクミラン　1907.9.18–1991.9.7）
　化学（マクミラン　1907–1991）
　三新物（マクミラン　1907–1991）
　ネーム（マクミラン　1907–1991）
　ノベ3（マクミラン, E.M.　1907.9.18–1991.9.7）
　物理（マクミラン, エドウィン　1907–1991）

MacMillan, James
イギリスの作曲家。
⇒ク音3（マクミラン　1959–）

MacMillan, Kenneth
イギリスの舞踊家, 振付師。『夢遊病』(1953) などをおもにロイヤル・バレエ団のためにつくった。
⇒岩世人（マクミラン　1929.12.11–1992.10.29）

MacMillan, Margaret
イギリスの教育家。1899年イギリスで初めて学童健康診断を実施。
⇒岩世人（マクミラン　1860.7.20–1931.3.27）

Macmillan, Maurice Harold
イギリスの政治家。1957年首相, 英米関係の強化などに努力。63年以降マクミラン出版社会長。
⇒岩世人（マクミラン　1894.2.10–1986.12.29）
広辞7（マクミラン　1894–1986）
世人新（マクミラン　1894–1986）
世人装（マクミラン　1894–1986）
ポプ人（マクミラン, ハロルド　1894–1986）

McMillan, Nate
アメリカのバスケットボール監督。
⇒最世ス（マクミラン, ネート　1964.8.3–）

McMillan, Roy David
アメリカの大リーグ選手（遊撃）。
⇒メジャ（マクミラン, ロイ　1929.7.17–1997.11.2）

McMillan, Terry
アメリカの小説家。
⇒現世文（マクミラン, テリー　1952–）

McMullen, Curtis T.
アメリカの数学者。
⇒世数（マクマレン, カーティス　1958–）

McMullen, Kenneth Lee
アメリカの大リーグ選手（三塁）。
⇒メジャ（マクマレン, ケン　1942.6.1–）

MacMurray, Fred
アメリカの俳優。
⇒ク俳（マクマリー, フレッド　1907–1991）
スター（マクマレイ, フレッド　1908.8.30–1991）

MacMurray, John van Antwerp
アメリカの外交官。中国駐在公使, トルコ駐在大使等を歴任した。
⇒アア歴（MacMurray,John V (an) A (ntwerp) マクマレイ, ジョン・ヴァン・アントワープ　1881.10.6–1960.9.25）

McMurray, Rick
イギリスのミュージシャン。
⇒外12（マクマーレイ, リック）
外16（マクマーレイ, リック）

McMurry, Charles Alexander
アメリカの教育学者。北イリノイ州立師範学校実習学校長, ジョージ・ピーボディ教育大学教授。
⇒岩世人（マクマリー兄弟　1857–1929）
教人（マクマリ　1857–1929）

McMurry, Frank Morton
アメリカの教育学者。全国ヘルバルト協会を創設（1892）。
⇒岩世人（マクマリー兄弟　1862–1936）
教人（マクマリ　1862–1936）

McMurtry, Larry
アメリカの小説家。
⇒岩世人（マクマートリー　1936.6.3–）
現世文（マクマートリー, ラリー　1936–）

McNab, Andy
イギリスの作家, 軍人。
⇒外12（マクナブ, アンディ）

McNabb, Donovan
アメリカのプロフットボール選手（QB）。
⇒外12（マクナブ, ドノバン　1976.11.25–）
外16（マクナブ, ドノバン　1976.11.25–）
最世ス（マクナブ, ドノバン　1976.11.25–）

McNair, Donald Eric
アメリカの大リーグ選手（遊撃, 二塁, 三塁）。
⇒メジャ（マクネア, エリック　1909.4.12–1949.3.11）

MacNair, Harley Farnsworth
アメリカの東洋学者。太平洋戦争で, 対日作戦の要務についた。
⇒アア歴（MacNair,Harley F (arnsworth)　マクネアー, ハーリー・ファーンズワース　1891.7.22–1942.4.24）

McNair, Steve
アメリカのプロフットボール選手（QB）。
⇒最世ス（マクネア, スティーブ　1973.2.14–2009.7.4）

McNair, Sylvia
アメリカのソプラノ歌手。
⇒外12（マクネアー, シルビア　1956–）
外16（マクネアー, シルビア　1956–）

MacNair, Theodore Monroe
アメリカの長老派教会宣教師, 讃美歌作詞者。明治学院他で論理学他を教授。
⇒岩世人（マクネア　1858.2.24–1915.11.21）

McNally, David Arthur
アメリカの大リーグ選手（投手）。
⇒メジャ（マクナリー, デイヴ　1942.10.31–2002.12.1）

M

McNally, Stephen
アメリカの男優。
⇒ク俳（マクナリー, スティーヴン（マクナリー, ホレス）　1911–1994）

McNally, Terrence
アメリカの劇作家。
⇒現世文（マクナリー, テレンス　1939.11.3–）

McNamara, Francis Xavier
アメリカの実業家。ダイナースクラブの共同創業者。
⇒世発（マクナマラ, フランシス（フランク）・ザヴィアー　1917–1957）

McNamara, John Francis
アメリカの大リーグ、レッドソックスなどの監督。
⇒メジャ（マクナマラ, ジョン　1932.6.4–）

McNamara, Robert Strange
アメリカの政治家, 実業家。世界銀行（IBRD）総裁、アメリカ国防長官, フォード社長。
⇒岩世人（マクナマラ　1916.6.9–2009.7.6）
　広辞7（マクナマラ　1916–2009）
　国政（マクナマラ, ロバート　1916–）

McNamee, Graham
カナダの作家。
⇒外12（マクナミー, グラム　1968–）
　海文新（マクナミー, グラム　1968–）
　現世文（マクナミー, グラム　1968–）

McNary, Charles Linza
アメリカの政治家。上院議員。
⇒アメ経（マクナリー, チャールズ　1874.6.12–1944.2.25）
　アメ州（McNary,Charles Linza　マクネアリー, チャールズ・リンザ　1874–1944）

McNaught, Judith
アメリカのロマンス作家。
⇒外12（マクノート, ジュディス）

MacNeal, Susan Elia
アメリカの作家。
⇒海文新（マクニール, スーザン・イーリア）
　現世文（マクニール, スーザン・イーリア）

McNealy, Scott Glenn
アメリカの実業家。
⇒外12（マクネリー, スコット　1954.11.13–）
　外16（マクネリー, スコット　1954.11.13–）

MacNee, Patrick
イギリス生まれの俳優。
⇒ク俳（マクニー, パトリック　1922–）

McNeely, Big Jay
アメリカのテナー・サックス奏者。
⇒ロック（McNeely,Big Jay　マクニーリー, ビッグ・ジェイ　1928.4.29–）

MacNeice, Louis
イギリスの詩人。『全詩集』(1949)のほかに『現代詩論』(38)などの評論。
⇒岩世人（マクニース　1907.9.12–1963.9.3）
　現世文（マクニース, ルイス　1907.9.12–1963.9.3）
　ネーム（マクニース　1907–1963）

MacNeil, Cornell
アメリカのバリトン歌手。
⇒オペラ（マクニール, コーネル　1922–2011）
　標音2（マクニール, コーネル　1922.9.24–）

McNeil, George E.
アメリカ労働同盟の父。
⇒学叢思（マックネール, ジョージ・イー　1836–1906）

McNeil, Hector
イギリスの政治家, ジャーナリスト。労働党下院議員(1941～)。
⇒岩世人（マクニール　1907.3.10–1955.10.11）

MacNeil, Walter
アメリカのテノール歌手。
⇒魅惑（MacNeil,Walter　?–）

MacNeill, Eóin
アイルランドの民族主義者。D.ハイドのゲール協会設立に参加、ゲール文化復興運動で活躍。
⇒岩世人（マクニール　1867.5.15–1945.10.15）

MacNeish, Richard Stockton
アメリカの考古学者。
⇒岩世人（マクニーシュ　1918.4.29–2001.1.16）

McNerney, Jim
アメリカの実業家。
⇒外12（マクナニー, ジェームズ　1949.8.22–）
　外16（マックナニー, ジム　1949.8.22–）

Macnez, Umberto
イタリアのテノール歌手。
⇒魅惑（Macnez,Umberto　1883–1947）

McNichol, Kristy
アメリカ生まれの女優。
⇒ク俳（マクニコル, クリスティ（マクニコル, クリスティナ）　1962–）

McNish, Allan
イギリスのF1ドライバー。
⇒最世ス（マクニッシュ, アラン　1969.12.29–）

McNish, Cliff
イギリスの児童文学作家。
⇒海文新（マクニッシュ, クリフ　1962.8.24–）
　現世文（マクニッシュ, クリフ　1962.8.24–）

McNutt, Paul Vories
アメリカの弁護士, 植民地行政官。
⇒アア歴（McNutt,Paul V (ories)　マクナット, ポール・ヴォリーズ　1891.7.19–1955.3.24）
アメ州（McNutt,Paul Vocies　マクナット, ポール・ボシーズ　1891–1955）

MacOrlan, Pierre
フランスの小説家。犯罪小説『濃霧の波止場』(1927),『女騎士エルザ』(22)などを書いた。
⇒岩世人（マッコルラン　1883.2.26–1970.6.27）
現世文（マッコルラン, ピエール　1883.2.26–1970.6.27）
ネーム（マッコルラン　1882–1970）

MacPhail, Leland Stanford, Jr.
アメリカの大リーグ, ア・リーグの会長。
⇒メジャ（マクフェイル, リー　1917.10.25–2012.11.8）

MacPhail, Leland Stanford, Sr.
アメリカの大リーグ, レッズ, ヤンキースなどのGM。
⇒メジャ（マクフェイル, ラリー　1888.2.3–1975.10.1）

McPhatter, Clyde
アメリカ・ノースカロライナ州生まれの歌手。
⇒ロック（McPhatter,Clyde　マクファター, クライド　1933.11.15–）

McPhee, Colin Carhart
アメリカの作曲家, 音楽民俗学者。
⇒アア歴（McPhee,Colin (Carhart)　マクフィー, コリン・カーハート　1900.3.15–1964.1.7）

McPhee, John Alexander（Bid）
アメリカの大リーグ選手（二塁）。
⇒メジャ（マクフィー, ビド　1859.11.1–1943.1.3）

McPherson, Aimée Semple
カナダのペンテコステ派の福音伝道者, 治療者。
⇒アメ州（McPherson,Aimee Semple　マクファーソン, エイミー・センプル　1890–1944）
岩世人（マクファーソン　1890.10.9–1944.9.27）
オク教（マクファーソン　1890–1944）

Macpherson, Crawford Brough
カナダの政治学者。
⇒岩世人（マクファーソン　1911.11.18–1987.7.22）

McPherson, James Alan
アメリカ（アフリカ系）の短篇小説家。
⇒岩世人（マクファーソン　1943.9.16–）

McPherson, Tim
アメリカ・ミシシッピ州ホーリー・スプリングス生まれの歌手。
⇒ロック（Mel and Tim　メル&ティム）

McQuail, Denis
イギリスの社会学者。アムステルダム大学教授。
⇒社小増（マクウェール　1935–）

McQueen, Fred
アメリカの俳優。
⇒外12（マッキーン, フレッド）

McQueen, Steve
アメリカの俳優。1956年『傷だらけの栄光』でデビュー。個性の強いアクション・スターとして『大脱走』『パピヨン』などに出演した。
⇒遺産（マックィーン, スティーヴ　1930.3.24–1980.11.7）
ク俳（マクウィーン, スティーヴ（マクウィーン, テレンス・S）　1930–1980）
広辞7（マッキーン　1930–1980）
スター（マッキーン, スティーヴ　1930.3.24–1980）
ネーム（マッキーン, スティーブン　1930–1980）

McQueen, Steve
イギリスの映画監督。
⇒外16（マッキーン, スティーブ　1969–）
現アテ（McQueen,Steve　マッキーン, スティーヴ　1969–）

McQuillan, George Watt
アメリカの大リーグ選手（投手）。
⇒メジャ（マッキーラン, ジョージ　1885.5.1–1940.3.30）

McQuillan, Hugh A.
アメリカの大リーグ選手（投手）。
⇒メジャ（マッキーラン, ヒュー　1895.9.15–1947.8.26）

McQuinn, George Hartley
アメリカの大リーグ選手（一塁）。
⇒メジャ（マッキン, ジョージ　1910.5.29–1978.12.24）

McRae, Brian Wesley
アメリカの大リーグ選手（外野）。
⇒メジャ（マクレー, ブライアン　1967.8.27–）

McRae, Carmen
アメリカ・ニューヨーク生まれの歌手。
⇒新音中（マクレー, カーメン　1920.4.8–1994.11.10）
標音2（マクレー, カーメン　1920.4.8–1994.11.10）

McRae, Colin
イギリスのラリードライバー。
⇒最世ス（マクレー, コリン　1968.8.5–2007.9.15）

MacRae, Gordon
アメリカの歌手, 男優。
⇒ク俳（マクレイ, ゴードン　1921–1986）

McRae, Hal
アメリカの大リーグ監督。
⇒メジャ（マクレー, ハル　1945.7.10–）

McRae, Steven
オーストラリアのバレエダンサー。
⇒外12（マクレイ、スティーブン　1985.12.19–）
　外16（マクレイ、スティーブン　1985.12.19–）

McReynolds, Walter Kevin
アメリカの大リーグ選手（外野）。
⇒メジャ（マクレノルズ、ケヴィン　1959.10.16–）

Macri, Mauricio
アルゼンチンの政治家、実業家。アルゼンチン大統領（2015～）。
⇒外16（マクリ、マウリシオ　1959.2.8–）
　世指導（マクリ、マウリシオ　1959.2.8–）

Macron, Emmanuel
フランスの政治家。フランス大統領（2017～）。
⇒世指導（マクロン、エマニュエル　1977.12.21–）

McShane, Daniel Leo
アメリカの宣教師。
⇒アア歴（McShane,Daniel L(eo)　マクシェイン、ダニエル・レオ　1888.9.13–1927.6.4）

McShane, Ian
イギリス生まれの俳優。
⇒ク俳（マクシェイン、イアン　1942–）

McTaggart, John M.Ellis
イギリスの哲学者。
⇒岩世人（マクタガート　1866.9.3–1925.1.18）
　メル3（マクタガート、ジョン・エリス　1866–1925）

McTeer, Janet
イギリスの女優。
⇒外12（マクティア、ジャネット　1961.5.8–）
　外16（マクティア、ジャネット　1961.5.8–）

McTell, Ralph
イギリス生まれのシンガー・ソングライター。
⇒ロック（McTell,Ralph　マクテル、ラルフ）

MacVeagh, Charles
アメリカの外交官、法律家。駐日特命全権公使（1925～29）。
⇒アア歴（MacVeagh,Charles　マクヴェーグ、チャールズ　1860.6.6–1931.12.4）
　岩世人（マクヴェイ　1860.6.6–1931.12.4）

MacWherter, Rod
アメリカのテノール歌手。
⇒魅惑（MacWherter,Rod　1936–）

Macy, William H.
アメリカの俳優。
⇒外12（メイシー、ウィリアム　1950.3.13–）
　外16（メイシー、ウィリアム　1950.3.13–）

Madanī, 'Abbāsī
アルジェリアのイスラム運動家。
⇒岩イ（マダニー　1931–）
　岩世人（マダニー、アッバースィー　1931–）
　世指導（マダニ、アッバシ）

Madariaga, Salvador de
スペインの評論家、外交官。フランコ政権に反対し、自由主義の立場からスペイン語、フランス語、英語で著述する。主著『スペイン』（1930）。
⇒岩世人（マダリアガ　1886.7.23–1978.12.14）

Madasi, Antonio
テノール歌手。
⇒魅惑（Madasi,Antonio　?–?）

Madau Diaz, Antonello
イタリアのオペラ演出家。
⇒外12（マダウ・ディアツ、アントネッロ）
　外16（マダウ・ディアツ、アントネッロ）

Maddaloni, Giuseppe
イタリアの柔道選手。
⇒最世ス（マッダロニ、ジュゼッペ　1976.7.10–）

Madden, John
イギリスの映画監督、演出家、シェイクスピア研究家。
⇒外12（マッデン、ジョン　1949.4.8–）
　外16（マッデン、ジョン　1949.4.8–）

Madden, Mickey
アメリカのミュージシャン。
⇒外12（マデン、ミッキー）
　外16（マデン、ミッキー）

Maddin, Guy
カナダの映画監督、脚本家。
⇒映監（マディン、ガイ　1956.2.28–）

Maddison, Fred
イギリスの労働者議員。
⇒学叢思（マッディソン、フレッド　1856–?）

Maddon, Joe
アメリカの大リーグ監督（カブス）。
⇒外12（マドン、ジョー　1954.2.8–）
　外16（マドン、ジョー　1954.2.8–）
　最世ス（マドン、ジョー　1954.2.8–）
　メジャ（マッドン、ジョー　1954.2.8–）

Maddox, Brenda
アメリカ生まれの作家、ジャーナリスト。
⇒外12（マドックス、ブレンダ）

Maddox, Elliott
アメリカの大リーグ選手（外野、三塁）。
⇒メジャ（マドックス、エリオット　1947.12.21–）

Maddox, Garry Lee
アメリカの大リーグ選手（外野）。
⇒メジャ（マドックス、ギャリー　1949.9.1–）

Maddux, Gregory Alan
アメリカの大リーグ選手(投手)。
⇒異二辞(マダックス[グレッグ・～] 1966–)
岩世人(マダックス 1966.4.14–)
外12(マダックス,グレグ 1966.4.14–)
外16(マダックス,グレグ 1966.4.14–)
最世ス(マダックス,グレッグ 1966.4.14–)
メジャ(マダックス,グレッグ 1966.4.14–)

Madeleine, Jacques
フランスの作家,編集者。
⇒19仏(マドレーヌ,ジャック 1859–1941)

Madeleine de Pazzi
フランス出身の幼きイエズス修道会日本管区第4代管区長。
⇒新カト(マドレーヌ・ド・パジ 1872.2.4–1951.6.8)

Madelin, Alain
フランスの政治家。
⇒岩世人(マドラン 1946.3.26–)
世指導(マドラン,アラン 1946.3.26–)

Madelin, Louis
フランスの歴史家。1905～10年パリ大学教授。主著『統領政府と第一帝政の歴史』(37～54)。
⇒岩世人(マドラン 1871.5.8–1956.8.18)

Madelung, Erwin
ドイツの物理学者。
⇒物理(マーデルング,エルヴィン 1881–1972)

Maderna, Bruno
イタリア,のちドイツの指揮者,作曲家。代表作品に,1972年イタリア賞を得た電子音楽『Ages』,1974年ボンのベートーヴェン賞を得た『Aura』など。
⇒岩世人(マデルナ 1920.4.21–1973.11.13)
ク音3(マデルナ 1920–1973)
現音キ(マデルナ,ブルーノ 1920–1974)
新音中(マデルナ,ブルーノ 1920.4.21–1973.11.13)
標音2(マデルナ,ブルーノ 1920.4.21–1973.11.13)

Madero, Francisco Indalecio
メキシコの革命指導者。メキシコ大統領(1911～13)。
⇒岩世人(マデーロ 1873.10.30–1913.2.22)
広辞7(マデロ 1873–1913)
世史改(マデロ 1873–1913)
世人新(マデロ 1873–1913)
世人装(マデーロ 1873–1913)
ポプ人(マデロ,フランシスコ 1873–1913)
ラテ新(マデロ 1873–1913)

Madetoja, Leevi Antti
フィンランドの作曲家。ヘルシンキ音楽学校教授(1926～)。国家の作曲者。
⇒岩世人(マデトヤ 1887.2.17–1947.10.6)

ク音3(マデトヤ 1887–1947)
新音中(マデトヤ,レーヴィ 1887.2.17–1947.10.6)

Madigan, Amy
アメリカ生まれの女優。
⇒ク俳(マディガン,エイミー 1950–)

Madikizela-Mandela, Winnie
南アフリカの黒人運動指導者,政治家。
⇒外12(マディキゼラ・マンデラ,ウィニー 1934.9.26–)
外16(マディキゼラ・マンデラ,ウィニー 1934.9.26–)

Madison, Guy
アメリカの男優。
⇒ク俳(マディスン,ガイ〈モウズリー,ロバート〉 1922–1996)

Madison, Tianna
アメリカの陸上選手(短距離),走り幅跳び選手。
⇒外16(マディソン,ティアナ 1985.8.30–)
最世ス(マディソン,ティアナ 1985.8.30–)

Madkūr, Ibrāhīm
エジプトのイスラム哲学研究者。
⇒岩イ(マドクール 1902–1995)

Mádl Ferenc
ハンガリーの政治家,法学者。ハンガリー大統領(2000～05)。
⇒世指導(マードル,フェレンツ 1931.1.29–2011.5.29)

Madlock, Bill
アメリカの大リーグ選手(三塁,二塁)。
⇒メジャ(マドロック,ビル 1951.1.2–)

Madoff, Bernard
アメリカの実業家。
⇒外12(マドフ,バーナード 1938–)

Madonia, Giuseppe
イタリアの画家。
⇒芸13(マドニア,ギュセフ 1958–)

Madonna
アメリカの歌手,女優。
⇒異二辞(マドンナ 1958–)
岩世人(マドンナ 1958.8.16–)
外12(マドンナ 1958.8.16–)
外16(マドンナ 1958.8.16–)
ク俳(マドンナ〈チッコーネ,M.〉 1958–)
新音中(マドンナ 1958.8.16–)
標音2(マドンナ 1958.8.16–)

Madore, Nancy
アメリカの作家。
⇒海文新(マドア,ナンシー)

Madrid, Vincenç Esteve
テノール歌手。
⇒魅惑（Madrid,Vincenç Esteve ?–?）

Madsen, Eugene L.
アメリカ海軍下士官。
⇒スパイ（マドセン、ユージーン・L）

Madsen, Svend Åge
デンマークの小説家、劇作家。
⇒岩世人（マセン 1939.11.2–）

Madsen, Thorvald Johannes Marius
デンマークの細菌学者、公衆衛生学者。
⇒岩世人（マセン(慣マドセン) 1870.2.18–1957.4.14）

Madsen, Virginia
アメリカ生まれの女優。
⇒ク俳（マドセン、ヴァージニア 1963–）

Maduro, Nicolás
ベネズエラの政治家。ベネズエラ大統領（2013～）。
⇒外16（マドゥロ、ニコラス 1962.11.23–）
　世指導（マドゥロ、ニコラス 1962.11.23–）

Maduro, Ricardo
ホンジュラスの政治家、実業家。ホンジュラス大統領（2002～06）。
⇒外12（マドゥロ、リカルド 1946.4.20–）
　世指導（マドゥロ、リカルド 1946.4.20–）

Maeda, John
アメリカのグラフィック・デザイナー、教育者。
⇒グラデ（Maeda,John　マエダ、ジョン 1967–）

Mael, Ron
アメリカのミュージシャン。
⇒外12（メイル、ロン 1948.8.12–）
　外16（メイル、ロン 1948.8.12–）

Mael, Russell
アメリカのミュージシャン。
⇒外12（メイル、ラッセル 1953.10.5–）
　外16（メイル、ラッセル 1953.10.5–）

Maeng Sang-Hun
韓国のタレント。1983年、MBCテレビタレント第15期生としてデビュー。代表作に『もう誰も愛さない』『都市人』『嫉妬』『若き日の肖像』等がある。
⇒韓俳（メン・サンフン 1960.10.29–）

Maet, Marc
ベルギーの画家。
⇒芸13（マート、マーク 1955–）

Maeterlinck, Maurice Polydore Marie Bernard
ベルギーの劇作家、詩人、思想家。
⇒岩世人（メーテルランク(メーテルリンク) 1862.8.29–1949.5.6）
　オペラ（メーテルランク、モーリス 1862–1949）
　学叢思（メーテルリンク、モーリス 1862–?）
　現世文（メーテルリンク、モーリス 1862.8.29–1949.5.6）
　広辞7（メーテルリンク 1862–1949）
　19仏（メーテルランク、モーリス 1862.8.29–1949.5.6）
　辞歴（メーテルリンク 1862–1949）
　図翻（メーテルリンク 1862.8.29–1949.5.6）
　西文（メーテルリンク、モーリス 1862–1949）
　世演（メーテルリンク 1862.8.29–1949.5.6）
　人新（メーテルリンク 1862–1949）
　世人装（メーテルリンク 1862–1949）
　ノベ3（メーテルリンク,M. 1862.8.29–1949.5.6）
　比文増（メーテルリンク(モーリス) 1862(文久2)–1949(昭和24)）
　標音2（メーテルランク、モリス 1862.8.29–1949.5.6）
　フ文小（メーテルリンク、モーリス 1862–1949）
　ポブ人（メーテルリンク、モーリス 1862–1949）

Maewan
タイの翻訳家。
⇒岩世人（メーワン 1875.8.25–1942.5.19）

Maeztu y Whitney, Ramiro de
スペインの評論家。「98年の世代」作家の一人。『スペイン精神擁護』（1934）などが有名。
⇒新カト（マエストゥ 1875.5.4–1936.10.29）

Maffei, Paolo
イタリアの天文学者。
⇒天文大（マフェイ 1926–）

Maffesoli, Michel
フランスの社会学者。
⇒岩世人（マフェゾリ 1944.11.14–）
　外16（マフェゾリ、ミシェル 1944.11.14–）
　メル別（マフェゾリ、ミッシェル 1944–）

Maffezzoni, Gilberto
テノール歌手。
⇒魅惑（Maffezzoni,Gilberto ?–）

Maffi, Pietro
ピサの大司教、枢機卿。
⇒新カト（マッフィ 1858.10.12–1931.3.17）

Mafi, Tahereh
アメリカの作家。
⇒海文新（マフィ、タヘラ 1988–）

Magadan, David Joseph
アメリカの大リーグ選手（三塁、一塁）。
⇒メジャ（マガダン、デイヴ 1962.9.30–）

Magallanes, Cristóbal
メキシコの司祭、神学校の創立者、殉教者。

⇒教聖（聖クリストバル・マガヤネス司祭と同志殉教者 1869.7.30–1927.5.25）

Magaloff, Nikita
スイスのピアノ奏者。ショパン奏者として知られる。
⇒新音中（マガロフ, ニキタ 1912.2.8–1992.12.26）
標音2（マガロフ, ニキタ 1912.2.8–1992.12.26）

Magariaf, Mohammad Yusuf al-
リビアの政治家。
⇒外16（マガリエフ, ムハンマド・ユスフ 1940–）
世指導（マガリエフ, ムハンマド・ユスフ 1940–）

Magath, Felix
ドイツのサッカー指導者, サッカー選手。
⇒外12（マガト, フェリックス 1953.7.26–）
外16（マガト, フェリックス 1953.7.26–）
最世ス（マガト, フェリックス 1953.7.26–）

Magee, Leo Christopher
アメリカの大リーグ選手（外野, 二塁）。
⇒メジャ（マギー, リー 1889.6.4–1966.3.14）

Magee, Patrick
アイルランド共和国軍（IRA）のテロリスト。イギリス首相マーガレット・サッチャーの暗殺をはかった。
⇒世暗（マギー, パトリック 1951–）

Magee, Sherwood Robert
アメリカの大リーグ選手（外野, 一塁）。
⇒メジャ（マギー, シェリー 1884.8.6–1929.3.13）

Magen, David
イスラエルのインテリジェンス・オフィサー。エジプトの二重スパイ。
⇒スパイ（マーゲン, ダヴィド）

Mager, Alois
ドイツの哲学者, 心理学者。ベネディクト会会員。
⇒新カト（マーガー 1883.8.21–1946.12.26）

Maggi, Julius
スイスの食品工業家。即席スープその他を考案。マッギ・コンツェルンを設立。
⇒岩世人（マギー 1846.10.9–1912.10.19）

Maggi, Maurren Higa
ブラジルの走り幅跳び選手。
⇒外12（マギ, マウレンイガ 1976.6.25–）
外16（マギ, マウレン・イガ 1976.6.25–）
最世ス（マギ, マウレン・イガ 1976.6.25–）

Maggie Q
アメリカ生まれの女優, モデル。
⇒外12（マギーQ 1979.5.22–）
外16（マギー・Q 1979.5.22–）

Magimel, Benoit
フランスの俳優。
⇒外12（マジメル, ブノワ 1974–）
外16（マジメル, ブノワ 1974–）

Maginot, André
フランスの政治家, マジノ線の提案者。国防相（1929.11.～31.1.）在任時代, フランス北東, ドイツとの国境に有名なマジノ要塞の建設を決めた。
⇒岩世人（マジノ 1877.2.17–1932.1.6）

Maglie, Salvatore Anthony
アメリカの大リーグ選手（投手）。
⇒メジャ（マグリー, サル 1917.4.26–1992.12.28）

Magnabosco, Dario
テノール歌手。
⇒魅惑（Magnabosco, Dario ?–）

Magnan, Valentin
フランスの精神医学者。主著 "Leçons cliniques sur les maladies mentales"（1887）。
⇒岩世人（マニャン 1835.3.16–1916）
現精（マニャン 1835–1916）
現精縮（マニャン 1835–1916）
精医歴（マニャン, ジャック＝ジョセフ・ヴァランタン 1835–1916）

Magnani, Anna
イタリアの女優。ロッセリーニ監督の映画『無防備都市』（1945）で, ドイツ兵に射殺される女性を演じ, 新しい時代の映画演技のあり方を示した。
⇒遺産（マニャーニ, アンナ 1908.3.7–1973.9.26）
ク俳（マニャーニ, アンナ 1907–1973）
スター（マニャーニ, アンナ 1908.3.7–1973）
ネーム（マニャーニ, アンナ 1908–1973）

Magnard, Albéric
フランスの作曲家。
⇒ク音3（マニャール 1865–1914）

Magnason, Andri
アイスランドの作家。
⇒外12（マグナソン, アンドリ 1973–）
外16（マグナソン, アンドリ 1973–）
海文新（マグナソン, アンドリ・S. 1973–）
現世文（マグナソン, アンドリ 1973–）

Magné, Frédéric
フランスの自転車日本代表ナショナル・ディレクター。
⇒最世ス（マニエ, フレデリック 1969.2.5–）

Magne, Henri
フランスのラリードライバー。
⇒最世ス（マーニュ, アンリ 1953.5.9–2006.6.5）

Magnéli, Arne
スウェーデンの無機化学者。

⇒岩世人（マグネリ　1914–1996）

Magnes, Judah Leib（Leon）
アメリカ，パレスチナのラビ，ヘブライ大学総長。
⇒ユ著人（Magnes,Yehudah Leon　マグネス，イェフダー・レオン　1877–1948）

Magnier, John
イギリス（アイルランド）の競走馬生産者。
⇒岩世人（マグニア（マグナー）　1948.2.10–）

Magnier, Thierry
フランスの編集者。
⇒絵本（マニエ，ティエリー）

Magnus, Rudolf
ドイツの生理学者，薬理学者。
⇒ユ著人（Magnus,Rudolf　マグヌス，ルドルフ　1873–1927）

Magnussen, James
オーストラリアの水泳選手（自由形）。
⇒最世ス（マグヌッセン，ジェームズ　1991.4.11–）

Magnussen, Lars
スウェーデンのテノール歌手。
⇒魅惑（Magnussen,Lars　1955–）

Magona, Sindiwe
南アフリカの作家。
⇒岩世人（マゴナ　1943.8.23–）
絵本（マゴナ，シンディウェ　1943–）
現世文（マゴナ，シンディウェ　1943–）

Magorian, Michelle
イギリスのパントマイム女優。
⇒現世文（マゴリアン，ミシェル　1947–）

Magoun, Horace Winchell
アメリカの神経解剖学者。
⇒現精（マグーン　1907–1991）
現精縮（マグーン　1907–1991）

Magrane, Joseph David
アメリカの大リーグ選手（投手）。
⇒メジャ（マグレイン，ジョー　1964.7.2–）

Magrao
ブラジルのサッカー選手（MF）。
⇒外12（マグロン　1978.12.20–）

Magris, Claudio
イタリアの作家。
⇒岩世人（マグリス　1939.4.10–）
現世文（マグリス，クラウディオ　1939.4.10–）

Magritte, René
ベルギーの画家。詩人P.エリュアールらと親交を結び，新鮮な詩的イメージを創造した。主作品『眼』（1935頃）。
⇒岩世人（マグリット　1898.11.21–1967.8.15）

芸13（マグリット，ルネ　1898–1967）
広辞7（マグリット　1898–1967）
シュル（マグリット，ルネ　1898–1967）
ポプ人（マグリット，ルネ　1898–1967）

Magruder, John
アメリカの陸軍士官。
⇒アア歴（Magruder,John　マグルーダー，ジョン　1887.6.6–1958.4.29）

Magsarzhav, Khatanbaatar
モンゴルの軍人，政治家。ウリアスタイの白衛軍を掃滅，西部においても人民革命の勝利を導いた。
⇒岩世人（マグサルジャブ　1878–1927.9.3）

Magsaysay, Ramon
フィリピンの政治家。1953年国民党の大統領候補に指名され，キリノを破り当選。
⇒岩世人（マグサイサイ　1907.8.31–1957.3.17）
現アジ（マグサイサイ　1907.8.31–1957.3.17）
広辞7（マグサイサイ　1907–1957）
ネーム（マグサイサイ　1907–1957）

Magueijo, Joao
ポルトガル生まれの理論物理学者。ロンドン大学インペリアル・カレッジ教授。
⇒外16（マゲイジョ，ジョアオ　1967–）

Magufuli, John Pombe Joseph
タンザニアの政治家。タンザニア大統領（2015～）。
⇒世指導（マグフリ，ジョン・ポンベ・ジョセフ　1959.10.29–）

Maguire, Mairead
イギリス（北アイルランド）の平和運動家。
⇒岩世人（マグワイア　1944.1.27–）

Maguire, Sharon
イギリスの映画監督。
⇒外12（マグワイア，シャロン）

Maguire, Tobey
アメリカの俳優。
⇒外12（マグワイア，トビー　1975.6.27–）
外16（マグワイア，トビー　1975.6.27–）
ク俳（マグワイア，トビー（マグワイア，トビアス）1975–）

Magunuski, Bogdan
ポーランドの画家。
⇒芸13（マグヌスキー，ボグダム　1952–）

Magyar Zoltán
ハンガリーの男子体操競技選手。
⇒岩世人（マジャール　1953.12.13–）

Mahadavi Kani, Mohammadreza
イラン専門家会議議長，闘う聖職者協会創設者。イスラム教シーア派指導者。
⇒世指導（マハダビキャニ，モハマドレザ　1931.8.

5–2014.10.21)

Mahaffey, Arthur
アメリカの大リーグ選手（投手）。
⇒メジャ（マハフィー, アート　1938.6.4–）

Mahaffy, *Sir* John Pentland
アイルランドの古典学者。ギリシア文学, 古代ギリシアの社会生活, 特に後期古代のすぐれた研究がある。
⇒岩世人（マハフィ　1839.2.26–1919.4.30）

Mahaim, Ernest A.J.
ベルギーの公法・社会科学の教授。
⇒学叢思（マハイム, エルネスト　1865–?）

Mahajan, Pramodo
インドの政治家。インド情報技術相・議会担当相。
⇒世指導（マハジャン, プラモド　?–2006.5.3）

Mahal, Taj
アメリカの歌手, ギター奏者。
⇒ロック（Mahal,Taj　マハール, タージ　1942.5.17–）

Mahalanobis, Prasanta Chandra
インドの統計学者。1949年から政府の統計顧問, 国民所得委員長などを歴任し, インドの5カ年計画の立案に重要な役割を果たした。
⇒岩世人（マハラノビス　1893.6.29–1972.6.28）
　南ア新（マハラノビス　1893–1972）
　有経5（マハラノビス　1893–1971）

Mahama, John Dramani
ガーナの政治家。ガーナ大統領（2012〜17）。
⇒外16（マハマ, ジョン・ドラマニ　1958.11.29–）
　世指導（マハマ, ジョン・ドラマニ　1958.11.29–）

Mahan, Alfred Thayer
アメリカの海軍軍人, 歴史家。1886年海軍大学校学長。主著『ネルソン伝』(97) など。
⇒アメ経（マハン, アルフレッド　1840.9.27–1914.12.1）
　アメ新（マハン　1840–1914）
　岩世人（マハン　1840.9.27–1914.12.1）
　広辞7（マハン　1840–1914）
　国政（マハン, アルフレッド・セイヤー　1840–1914）
　戦思（マハン　1840–1914）

Mahapatra, Jayanta
インドの英語詩人, 翻訳家。
⇒現世文（マハパトラ, ジャヤンタ　1928.10.28–）

Mahar, Mary Helen
アメリカの図書館員。アメリカ図書館協会の学校図書館員部会の活動に尽力。『学校図書館計画の基準』の作成者としても知られる。
⇒ア図（マハー, メアリー・ヘレン　1913–1998）

Maharaja, Sutan Datuk
インドネシアの近代主義者。
⇒岩世人（マハラジャ　1862.11.27–1921.6.28）

Maharis, George
アメリカ・ニューヨーク生まれの俳優。
⇒ク俳（マハリス, ジョージ（マハリアス,G）1928–）

Mahāśbeta Debī
インド・ベンガルの女性作家。
⇒外12（モハッシェタ・デビ　1926.1.14–）
　外16（モハッシェタ・デビ　1926.1.14–）
　現世文（モハッシェタ・デビ　1926.1.14–2016.7.28）

Maha Sila Viravong
ラオスの作家, 歴史家。
⇒現世文（マハー・シーラ・ヴィラヴォン　1905.8.1–1987.2.18）

Mahasi Sayadaw
ビルマ（ミャンマー）の仏僧, 瞑想指導者。
⇒岩世人（マハーシー　1904.7.29–1982.8.14）

Maha Swe
ビルマの小説家。本名U Mya Than。『僕らの母ちゃん』(1935) は, ビルマの民族主義を鼓舞した作品として有名。
⇒岩世人（マハースェー　1900.8.2–1953.8.5）
　現世文（マハースェー　1910.8.2–1953.8.5）

Mahathir Mohamad
マレーシアの政治家。マレーシア首相, 統一マレー国民組織（UMNO）総裁。
⇒イス世（マハティール・モハマド　1925–）
　岩イ（マハティール・モハマッド　1925–）
　岩世人（マハティール　1925.7.10/12.20–）
　外12（マハティール・モハマド　1925.12.20–）
　外16（マハティール・モハマド　1925.12.20–）
　現アジ（マハティール・ビン・モハメド　1925.7.10–）
　広辞7（マハティール　1925–）
　国政（マハティール・モハマド　1925–）
　政経改（マハティール　1925–）
　世史改（マハティール　1925–）
　世指導（マハティール・モハマド　1925.12.20–）
　世人新（マハーティール　1925–）
　世人装（マハーティール　1925–）
　ネーム（マハティール　1925–）
　ポプ人（マハティール・モハマド　1925–）

Mahay, Ronald Matthew
アメリカの大リーグ選手（投手）。
⇒メジャ（メイヘイ, ロン　1971.6.28–）

Mahbubani, Kishore
シンガポールのリー・クアンユー公共政策大学院長。
⇒外12（マブバニ, キショール　1948–）
　外16（マブバニ, キショール　1948–）

al-Mahdī, 'Abd al-Raḥmān
スーダンの政治家,宗教家。ムハンマド・アフマドの末子。
⇒岩イ（マフディー,アブドゥッラフマーン 1885–1959）
岩世人（マフディー,アブドゥッラフマーン 1885–1959.3.24）

Mahdi, Sadiq Al
スーダンの政治家。スーダン首相。
⇒岩イ（マフディー,サーディク 1936–）
岩世人（マフディー,サーディク 1936–）

Mahdī Shams al-Dīn, Muḥammad
レバノンのシーア派法学者。
⇒岩イ（マフディー,シャムスッディーン 1936–2001）

Mahendra, Bir Bikram Shah Deva
ネパールの国王。在位1955〜72。62年新憲法を公布し,部落代表制を採用。
⇒岩世人（マヘンドラ 1920–1972.1.31）
広辞7（マヘンドラ 1920–1972）
南ア新（マヘンドラ 1920–1972）

Maher, Ahmad
エジプトの政治家,外交官。エジプト外相。
⇒世指導（マーヘル,アハマド 1935.9.14–2010.9.27）

Maher, Bill
アメリカの喜劇俳優,テレビ司会者。
⇒岩世人（メイハー（マー）1956.1.20–）

Maher, Kevin
アメリカの外交官。
⇒外12（メア,ケビン 1954–）
外16（メア,ケビン 1954–）

Maheshwari, Panchanan
インドの植物形態学者。
⇒岩生（マヘシュワリ 1904–1966）

Maḥfūẓ, Najīb
エジプトの小説家。『バイナ・ル・カスライン』などの「3部作」によって,戦後アラブ文壇の第一人者の地位を確保した。
⇒イス世（ナギーブ・マフフーズ 1911–）
岩イ（ナギーブ・マフフーズ 1911/1912–）
岩世人（ナギーブ・マフフーズ 1911.12.11–2006.8.30）
現世文（マフフーズ,ナギーブ 1911.12.11–2006.8.30）
広辞7（ナギーブ・マフフーズ 1911–2006）
ネーム（マフフーズ 1911–2006）
ノベ3（マフフーズ,N. 1911.12.11–2006.8.30）

Mahidon-Adunlayadet
タイの親王。
⇒岩世人（マヒドン 1892.1.1–1929.9.24）
タイ（ソンクラーナカリン（親王）1892–1944）

Mahindra, Anand G.
インドの実業家。
⇒外16（マヒンドラ,アナンド 1955.5.1–）

Māhir, 'Alī
エジプトの法律家,政治家。
⇒岩世人（マーヒル,アリー 1882.11.29–1960.8.24）

Mahlab, Ibrahim
エジプトの政治家。エジプト首相。
⇒外16（マハラブ,イブラヒム 1949–）
世指導（マハラブ,イブラヒム 1949–）

Mahler, Alma
オーストリアの音楽家。
⇒岩世人（マーラー＝ヴェルフェル 1879.8.31–1964.12.11）
ク音3（マーラー 1879–1964）

Mahler, Gustav
オーストリアの作曲家,指揮者。交響曲『大地の歌』（1908）,歌曲『嘆きの歌』（1880）など。
⇒岩世人（マーラー 1860.5.7–1911.5.18）
エデ（マーラー,グスタフ 1860.7.7–1911.5.18）
オペラ（マーラー,グスタフ 1860–1911）
学叢思（マーレル,グスタフ 1860–?）
ク音3（マーラー 1860–1911）
広辞7（マーラー 1860–1911）
新音小（マーラー,グスタフ 1860–1911）
新音中（マーラー,グスタフ 1860.5.7–1911.5.18）
新カト（マーラー 1860.7.7–1911.5.18）
世人新（マーラー 1860–1911）
世人装（マーラー 1860–1911）
標ןע2（マーラー,グスタフ 1860.5.7–1911.5.18）
ポブ人（マーラー,グスタフ 1860–1911）
ユ著人（Mahler,Gustav マーラー,グスタフ 1860–1911）

Mahler, Margaret S.
ハンガリー生まれのオーストリアの内科医,精神科医。
⇒現精（マーラー 1897–1985）
現精縮（マーラー 1897–1985）
精分岩（マーラー,マーガレット・S 1897–1985）

Mahler, Richard Keith
アメリカの大リーグ選手（投手）。
⇒メジャ（メイラー,リック 1953.8.5–2005.3.2）

Mahler, Yuval
イスラエル生まれの画家。
⇒芸13（マラー,コバル 1951–）

Mahlmeister, Susanne
ドイツ生まれの造形作家。
⇒芸13（マールマイスター,スザンナ 1952–）

Mahmoud Ahmed
エチオピアの歌手。

⇒岩世人（マハムド・アハメド 1941.5.8–）

Mahmud, Abdul Taib
マレーシア（サラワク）の政治家。
⇒岩世人（マフムード, タイプ 1936.5.21–）

Maḥmūd, Muḥammad
エジプトの政治家。自由立憲党党首。
⇒岩世人（マフムード 1877–1941.2.1）

Maḥmūd ʻAbbās
パレスチナの政治家。
⇒岩イ（マフムード・アッバース 1937–）

Mahmudi, Baghdadi Ali
リビアの政治家, 医師。リビア全人民委員会書記（首相）。
⇒外12（マハムーディ, バグダディ・アリ 1950–）
⇒外16（マハムーディ, バグダディ・アリ 1950–）
⇒世指導（マハムーディ, バグダディ・アリ 1950–）

Maḥmūd Muḥītī
新疆ウイグル人の軍人。
⇒岩世人（マフムード・ムヒーティ ?–1944）

Mahmud Şevket Paşa
オスマン帝国末期の軍人, 政治家。
⇒岩イ（マフムト・シェヴケト・パシャ 1856–1913）
⇒岩世人（マフムト・シェヴケト・パシャ 1856–1913.6.11）

Mahon, Derek
北アイルランドの詩人。
⇒岩世人（マホン 1941.11.23–）
⇒現世文（マハン, デレク 1941.11.23–）

Mahone, Austin
アメリカの歌手。
⇒外16（マホーン, オースティン 1996.4.4–）

Mahoney, Jock
アメリカの男優。
⇒ク俳（マホニー, ジョック（オマホニー, ジェイクィーズ） 1919–1989）

Mahr, Kurt
ドイツのSF作家。
⇒現世文（マール, クルト 1936–1993.6.27）

Mahre, Philip
アメリカのアルペンスキー選手。
⇒岩世人（メイヤー 1957.5.10–）

Mahuad, Jamil
エクアドルの政治家。エクアドル大統領（1998～2000）。
⇒世指導（マワ, ジャミル 1949.7.29–）

Ma Hua-teng
中国の企業家。

⇒外16（馬化騰 バカトウ）
中日3（马化腾 ばかとう、マーホアトン 1971–）

Mahy, Margaret
ニュージーランドの児童作家。
⇒岩世人（マーヒー 1936.3.21–2012.7.23）
絵本（マーヒー, マーガレット 1936–）
外12（マーヒー, マーガレット 1936.3.21–）
現世文（マーヒー, マーガレット 1936.3.21–2012.7.23）
ニュー（マーヒー, マーガレット 1936–）

Mai Chí Thọ
ベトナムの政治家, 共産党指導者。
⇒岩世人（マイ・チー・ト 1922.7.15–2007.5.28）

Maicon
ブラジルのサッカー選手（ローマ・DF）。
⇒外12（マイコン 1981.7.26–）
外16（マイコン 1981.7.26–）
最世ス（マイコン 1981.7.26–）

Maier, Heinrich
ドイツの哲学者。情緒的思考に注目,「現実の哲学」を主張。主著『心的に精神的な現実』（1930）。
⇒岩世人（マイアー 1867.2.5–1933.11.28）

Maier, Hermann
オーストリアのスキー選手（アルペン）。
⇒岩世人（マイアー 1972.12.7–）
外12（マイヤー, ヘルマン 1972.12.7–）
外16（マイヤー, ヘルマン 1972.12.7–）
最世ス（マイヤー, ヘルマン 1972.12.7–）

Maier, Karl
ドイツの歯科技工士, エスペランティスト。
⇒日エ（マイヤー, カール 1901–2000.7.25）

Maier, Tomas
ドイツ生まれのデザイナー。
⇒外12（マイヤー, トーマス 1957–）
外16（マイヤー, トーマス 1957–）

Mai Kieu Lien
ベトナムの実業家。
⇒外16（マイ・キエウ・リエン 1953.9.1–）

Maikl, Georg
オーストリアのテノール歌手。モーツァルトを中心としたリリックな役柄をレパートリーとした。
⇒魅惑（Maikl,Georg 1872–1951）

Mailer, Norman (Kingsley)
アメリカ（ユダヤ系）の小説家。代表作に戦争小説『裸者と死者』（1948）, 病めるアメリカ社会の悪夢を描く『アメリカの夢』（65）など。
⇒アメ州（Mailer,Norman メイラー, ノーマン 1923–）
アメ新（メーラー 1923–2007）
岩世人（メイラー 1923.1.31–2007.11.10）

現世文（メイラー,ノーマン 1923.1.31–2007.11.10)
広辞7（メイラー 1923–2007)
西文（メイラー,ノーマン 1923–2007)
世人新（メイラー（メーラー） 1923–2007)
世人装（メイラー（メーラー） 1923–2007)
ボブ人（メイラー,ノーマン 1923–2007)
ユ著人（Mailer,Norman メイラー,ノーマン 1923–)

Maillart, Ella Kini
スイスの旅行家。
⇒岩世人（マイヤール 1903.2.20–1997.3.27)

Maillart, Robert
スイスの建築技師。茸型円柱構造の創案者。主作品はタバナサ橋(1905)など。
⇒岩世人（マイヤール 1872.2.6–1940.4.5)

Maillet, Antonine
カナダの女性作家。
⇒現世文（マイエ,アントニーヌ 1929.5.10–)

Maillol, Aristide
フランスの彫刻家。主作品『欲望』(1905～07)『イル・ド・フランス』(25)。
⇒岩世人（マイヨール 1861.12.8–1944.9.27)
芸13（マイヨール,アリスティード 1861–1944)
広辞7（マイヨール 1861–1944)
ネーム（マイヨール 1861–1944)
ボブ人（マイヨール,アリスティード 1861–1944)

Maillot, Jean-Christophe
フランスの振付師。
⇒外12（マイヨー,ジャン・クリストフ 1960–)
外16（マイヨー,ジャン・クリストフ 1960–)

Maillu, David
ケニアの大衆小説家,出版者,画家。
⇒現世文（マイルー,デービッド 1939–)

Maiman, Theodore Harold
アメリカの物理学者。レーザーの発明者。
⇒世発（メイマン,セオドア・ハロルド・"テッド" 1927–2007)

Mai Mwangdoem
タイの小説家。
⇒岩世人（マイ・ムアンドゥーム 1905.6.16–1942.3.4)
タイ（マイ・ムアンドゥーム 1905–1942)

Mainard, Dominique
フランスの作家。
⇒外12（メナール,ドミニク 1967–)
外16（メナール,ドミニク 1967–)
現世文（メナール,ドミニク 1967–)

Mainardi, Enrico
イタリアのチェロ奏者,作曲家。独奏者,室内楽奏者として活躍。
⇒標音2（マイナルディ,エンリーコ 1897.5.19–1976.4.10)

Mainassara, Ibrahim Barre
ニジェールの軍人,政治家。ニジェール大統領(1996～99)。
⇒世指導（メナサーラ,イブラハム・バレ 1949–1999.4.9)

Maindron, Ernest
フランスの美術家,文筆家。
⇒19仏（マンドロン,エルネスト 1838.12.9–1908)

Maines, Natalie
アメリカのカントリー歌手。
⇒外12（メインズ,ナタリー 1974.10.14–)

Maini, Giovanni
イタリアのテノール歌手。
⇒魅惑（Maini,Giovanni ?–)

Mainzer, Klaus
ドイツの哲学者。ミュンヘン工科大学教授,カールフォンリンデアカデミー所長。
⇒外12（マインツァー,クラウス 1947–)
外16（マインツァー,クラウス 1947–)

Maiorescu, Titu
ルーマニアの文学者,政治家。文学団体「青年」を主宰。首相(1912～14)となり,三国同盟への友交政策を支持。
⇒岩世人（マヨレスク 1840.2.15–1917.6.18)

Mairead
アイルランドのヴァイオリン奏者。
⇒外12（マレード）

Mais, Roger
ジャマイカの作家。
⇒現世文（メイズ,ロジャー 1905.8.11–1955.1.20)

Maisel, Frederick Charles（Fritz）
アメリカの大リーグ選手（三塁,二塁）。
⇒メジャ（マイゼル,フリッツ 1889.12.23–1967.4.22)

Maisky, Mischa
ロシア,のちイスラエルのチェロ奏者。
⇒外12（マイスキー,ミッシャ 1948.1.10–)
外16（マイスキー,ミッシャ 1948.1.10–)
新音中（マイスキー,ミッシャ 1948.1.10–)
ユ著人（Maisky,Mischa マイスキー,ミッシャ 1948–)

Maison, Rene
ベルギーのテノール歌手。
⇒失声（メゾン,ルネ 1895–1962)
魅惑（Maison,René 1895–1962)

Maisonneuve, Jean
フランスの哲学者。主著『社会心理』『感情』など。

⇒社小増(メゾンヌーヴ 1918–)

Maistre, Xavier de
フランスのハープ奏者。
⇒外12(メストレ, グザヴィエ・ドゥ 1973–)
　外16(メストレ, グザヴィエ・ドゥ 1973–)

Maitatsine
ナイジェリアのカノで暴動を起した宗教運動家。
⇒岩イ(マイタチネ ?–1980)

Maite
メキシコのタレント。
⇒外12(マイテ 1983.3.3–)

Maitland, Frederic William
イギリスの法史学者,歴史家。
⇒岩世人(メイトランド 1850.5.28–1906.12.19)
　新カ人(メイトランド 1850.5.28–1906.12.19)

Maître, Claude Eugène
フランスの日本学者。ハノイのフランス遠東学院の院長(1908～20)。
⇒岩世人(メートル 1876.5.4–1925.8.3)

Maitreya, Sananda
アメリカのミュージシャン。
⇒外12(マイトルーヤ, サナンダ 1962.3.15–)
　外16(マイトルーヤ, サナンダ 1962.3.15–)

Maiuri, Amedeo
イタリアの考古学者。イタリア古典文化協会総裁。ポンペイ,ヘルクラネウム調査の指導者。
⇒岩世人(マイウーリ 1886.1.7–1963.4.7)

Maizani, Azucena
アルゼンチンのタンゴ歌手。
⇒標音2(マイサニ, アスセナ 1902.11.17–1970.1.15)

Majali, Abdul Salam
ヨルダンの政治家。ヨルダン首相。
⇒世指導(マジャリ, アブドル・サラム 1925–)

Majd, Kam
アメリカのパイロット,作家。
⇒海文新(マージ, カム)

Majdič, Petra
スロベニアのスキー選手(クロスカントリー)。
⇒最世ス(マジッチ, ペトラ 1979.12.22–)

Majeski, Henry
アメリカの大リーグ選手(三塁)。
⇒メジャ(マジェスキー, ハンク 1916.12.13–1991.8.9)

Majewski, Tomasz
ポーランドの砲丸投げ選手。
⇒外12(マエフスキ, トマシュ 1981.8.30–)
　外16(マエフスキ, トマシュ 1981.8.30–)
　最世ス(マエフスキ, トマシュ 1981.8.30–)

Majid, Ali Hassan al-
イラクの政治家。イラク国防相。
⇒異二辞(アル＝マジード[アリー・ハサン・～] 1941–2010)
　世指導(アル・マジド, アリ・ハッサン 1941.11.30–2010.1.25)

Majidi, Majid
イラン生まれの映画監督。
⇒外12(マジディ, マジッド 1959–)
　外16(マジディ, マジッド 1959–)

Majko, Pandeli
アルバニアの政治家。アルバニア首相。
⇒外12(マイコ, パンデリ 1967.11.15–)
　外16(マイコ, パンデリ 1967.11.15–)
　世指導(マイコ, パンデリ 1967.11.15–)

Majkut, Erich
オーストリアのテノール歌手。
⇒魅惑(Majkut, Erich 1907–)

Majo, Willy Maks de
オーストリア・ウィーン生まれのグラフィック・デザイナー。
⇒グラデ(Majo, Willy Maks de マーヨ, ヴィリィ・マクス・デ 1917–1993)

Majoli, Alex
イタリアの写真家。
⇒外16(マヨーリ, アレックス 1971–)

Major, John
イギリスの政治家。イギリス首相(1990～97)。
⇒岩世人(メイジャー 1943.3.29–)
　外12(メージャー, ジョン 1943.3.29–)
　外16(メージャー, ジョン 1943.3.29–)
　広辞7(メジャー 1943–)
　世指導(メージャー, ジョン 1943.3.29–)
　世人新(メイジャー(メージャー) 1943–)
　世人装(メイジャー(メージャー) 1943–)
　ボブ人(メージャー, ジョン 1943–)

Majorana, Ettore
イタリアの理論物理学者。
⇒物理(マヨナラ, エットーレ 1906–?)

Major-Fleming, Malvina
ニュージーランドのオペラ歌手。
⇒ニュー(メイジャー＝フレミング, マルヴィーナ 1943–)

Major József
ハンガリー生まれのエスペランティスト。大本本部海外宣伝課に着任し,"Oomoto Internacia"の編集に従事。
⇒日エ(マヨール 1904.2.2–1993.8.5)

Majors, Lee
アメリカ生まれの俳優。
⇒ク俳(メイジャーズ, リー(イヤリー,L) 1941–)

M

Majul, Cesar Adib
フィリピン・ムスリムの知識人。
⇒岩世人（マフール　1923.10.21–2003.10.11）

Majumdār, R.C.
インドの歴史家。東南アジアのヒンドゥー支配時代研究で多くの論文がある。
⇒南ア新（マジュムダール　1888–1980）

Mak, Juno
香港の映画監督, 脚本家, 映画プロデューサー, ミュージシャン。
⇒外16（マック, ジュノ　1984.3.18–）

Makaay, Roy
オランダのサッカー選手。
⇒外12（マカーイ, ロイ　1975.3.9–）
　最世ス（マカーイ, ロイ　1975.3.9–）

Makainai, Mailani
アメリカの歌手。
⇒外12（マカイナイ, マイラニ）
　外16（マカイナイ, マイラニ）

Makal, Mahmut
トルコの農民作家。
⇒岩イ（マフムト・マカル　1933–）
　岩世人（マカル　1930/1933–）
　現世文（マカル, マフムト　1930–2018.8.10）
　広辞7（マカル　1933–）

Makánin, Vladímir Semyonovich
ロシア（ソ連）の作家。
⇒岩世人（マカーニン　1937.3.13–）

Makarau, Ihar
ベラルーシの柔道選手。
⇒外16（マカラウ, イハル　1979.7.20–）
　最世ス（マカラウ, イハル　1979.7.20–）

Makarenko, Anton Semyonovich
ソ連の教育家, 文学者。ソ連教育学の確立に集団主義の面から寄与。主著『教育叙事詩』(1933～35)。
⇒岩世人（マカーレンコ　1888.3.1/13–1939.4.1）
　教思増（マカレンコ　1888–1939）
　教小3（マカレンコ　1888–1939）
　教人（マカレンコ　1888–1939）
　広辞7（マカレンコ　1888–1939）
　ネーム（マカーレンコ　1888–1939）

Makarios III
キプロスのギリシャ正教の大主教, 政治家。1960年8月独立とともに初代大統領に選出された。
⇒岩世人（マカリオス3世　1913.8.13–1977.8.3）
　広辞7（マカリオス(3世)　1913–1977）
　政経改（マカリオス3世　1913–1977）
　ネーム（マカリオス　1913–1977）

Makarov, Sergei Mikhailovich
ソ連のアイスホッケー選手。
⇒岩世人（マカーロフ　1958.6.19–）

Makarova, Natalia Romanovna
ロシアのバレリーナ。
⇒外12（マカロワ, ナタリア　1940.11.21–）
　外16（マカロワ, ナタリア　1940.11.21–）

Makau, Patrick
ケニアのマラソン選手。
⇒外12（マカウ, パトリック　1985.3.2–）
　外16（マカウ, パトリック　1985.3.2–）
　最世ス（マカウ, パトリック　1985.3.2–）

Makeba, Miriam Zenzi
南ア連邦出身のアフリカン・ロック歌手。
⇒岩世人（マケバ　1932.3.4–2008.11.10）

Mäkelä, Hannu
フィンランドの作家。
⇒外12（マケラ, ハンヌ　1943–）
　現世文（マケラ, ハンヌ　1943–）

Makela, P.Scott
アメリカのグラフィック・デザイナー, タイポグラファー, 教育者。
⇒グラデ（Makela,P.Scott　マケラ,P.スコット　1960–1999）

Makela-Nummela, Satu
フィンランドの射撃選手（クレー射撃）。
⇒外12（マケラヌメラ, サトゥ　1970.10.26–）
　最世ス（マケラヌメラ, サトゥ　1970.10.26–）

Makelele, Claude
フランスのサッカー選手。
⇒外12（マケレレ, クロード　1973.2.18–）
　外16（マケレレ, クロード　1973.2.18–）
　最世ス（マケレレ, クロード　1973.2.18–）

Makhalina, Yulia Victorovna
ロシアのバレリーナ。
⇒外12（マハリナ, ユリヤ　1968.6.23–）
　外16（マハリナ, ユリヤ　1968.6.23–）

Makharaze, Avtandil
ジョージアの俳優。
⇒外12（マハラゼ, アフタンディル　1943–）

Makhloufi, Taoufik
アルジェリアの陸上選手（中距離）。
⇒外16（マフロフィ, タウフィク　1988.4.29–）
　最世ス（マフロフィ, タウフィク　1988.4.29–）

Makhmalbaf, Hana
イランの映画監督。
⇒外12（マフマルバフ, ハナ　1988.9.3–）

Makhmalbaf, Mohsen
イラン生まれの映画監督, 小説家。
⇒映監（マフマルバフ, モフセン　1957.5.29–）

外12（マフマルバフ, モフセン　1957-）
外16（マフマルバフ, モフセン　1957.5.29-）

Makhmalbaf, Samira
イランの映画監督。
⇒外12（マフマルバフ, サミラ　1980.2.15-）
　外16（マフマルバフ, サミラ　1980.2.15-）

Makhmud, Amir
インドネシアの軍人, 政治家。
⇒岩世人（マフムド, アミル　1923.2.21-1995.4.21）

Makhno, Nestor Ivanovich
ロシアの無政府主義者。
⇒岩世人（マフノー　1888.10.26/11.7-1934.7.6）
　学叢思（マフノ, ネストル）

Makhov, Beylal
ロシアのレスリング選手（フリースタイル）。
⇒最世ス（マコフ, ベイラル　1987.9.20-）

Makine, Andrei
フランスの作家。
⇒岩世人（マキーヌ　1957.9.10-）
　外12（マキーヌ, アンドレイ　1957-）
　外16（マキーヌ, アンドレイ　1957.9.10-）
　現世文（マキーヌ, アンドレイ　1957.9.10-）

Makk, Americo
ハンガリーの現代美術家。
⇒芸13（マック, アメリコ　?-）

Makkai, Rebecca
アメリカの作家。
⇒現世文（マカーイ, レベッカ　1978-）

Makki, Ahamad bin Abd al-Nabi al
オマーンの政治家。
⇒外12（マッキ, アハマド・ビン・アブドルナビ・アル）
　世指導（マッキ, アハマド・ビン・アブドルナビ・アル）

Makovskii, Vladimir Egorovich
ロシアの画家。風俗画家。
⇒岩世人（マコーフスキー　1846.1.26/2.7-1920.2.12）
　芸13（マコフスキー, ウラディミール・エゴロヴィッチ　1846-1920）

Makowsky, Lucas
カナダのスピードスケート選手。
⇒外12（マコウスキー, ルーカス　1987.5.30-）
　外16（マコウスキー, ルーカス　1987.5.30-）
　最世ス（マコウスキー, ルーカス　1987.5.30-）

Maksim
クロアチアのピアノ奏者。
⇒異二辞（マキシム　1975-）
　外12（マキシム　1975.5.3-）
　外16（マキシム　1975.5.3-）

Maksimov, Nikolai Aleksandrovich
ソ連の植物生理学者。糸状菌の呼吸, 植物の凍死と耐寒性, 耐乾燥性, 水分代謝と植物生産, 光周性, 春化処理などについて研究。
⇒岩生（マクシモフ　1880-1952）
　岩世人（マクシーモフ　1880.3.9/21-1952.5.9）

Maksimov, Vladimir Emel'yanovich
ロシアの作家。亡命者の雑誌「コンチネント」編集長。
⇒岩世人（マクシーモフ　1930.11.27-1995.3.25）
　現世文（マクシーモフ, ウラジーミル　1932.12.9-1995.3.26）
　新カト（マクシーモフ　1930.11.27-1995.3.26）

Maksimović, Desanka
セルビア（ユーゴスラビア）の女性詩人, 児童文学者。
⇒岩世人（マクシモヴィチ　1898.5.16-1993.2.11）

Maksutov, Dmitrii Dmitrievich
ソ連の天文学者。多数の光学機械の設計者。スターリン賞受賞（1941,46）。
⇒岩世人（マクスートフ　1896.4.11/23-1964.8.12）
　天文（マクストフ　1896-1964）

Maktoum, Ahmed Al-
アラブ首長国連邦の射撃選手（クレー射撃）。
⇒外12（マクトゥーム, アハメド　1963.12.31-）
　最世ス（マクトゥーム, アハメド　1963.12.31-）

Maktoum bin Rashid al-Maktoum
アラブ首長国連邦の政治家。アラブ首長国連邦（UAE）副大統領・首相, ドバイ首長。
⇒世指導（マクトム・ビン・ラシド・アル・マクトム　1943-2006.1.4）

Ma Kwang-soo
韓国の詩人, 作家。
⇒現世文（マ・クァンス　馬光洙　1951.4.4-2017.9.5）

Malabou, Catherine
フランスの哲学者。
⇒外12（マラブー, カトリーヌ　1959-）
　外16（マラブー, カトリーヌ　1959-）
　メル別（マラブー, カトリーヌ　1959-）

Malabrera, André
フランスのテノール歌手。
⇒魅惑（Malabrera,André（Mallabrera）　1934-）

Malagnini, Mario
イタリアのテノール歌手。
⇒失声（マラニーニ, マリオ　1958-）
　魅惑（Malagnini,Mario　1959-）

Malai Chuphinit
タイの作家。
⇒岩世人（マーライ・チューピニット　1906.4.25-1963.8.20）

Malajovich, Gustavo
アルゼンチンの作家。
⇒海文新（マラホビッチ，グスタボ　1963–）

Malakar, Sanjaya
アメリカの歌手。
⇒外12（マラカー，サンジャヤ　1989.9.10–）

Mala Khamchan
タイの作家。
⇒タイ（マーラー・カムチャン　1952–）

Malakhov, Vladimir
ロシアのダンサー。
⇒外12（マラーホフ，ウラジーミル　1968.1.7–）
　外16（マラーホフ，ウラジーミル　1968.1.7–）

Malaki, Sal
フィリピンのテノール歌手。
⇒魅惑（Malaki,Sal　?–）

Malak Nāsif
近代エジプトのフェミニスト作家。
⇒岩イ（マラク・ナースィフ　1886–1918）

Malamat, Abraham
イスラエルのユダヤ民族史・聖書時代史学者。
⇒新カト（マラマット　1922.1.26–2010.1.21）

Malamood, Herman
アメリカのテノール歌手。
⇒失声（マラムード，ヘルマン　1932–1989）
　魅惑（Malamood,Herman　1932–1989）

Malamud, Bernard
アメリカ（ユダヤ系）の小説家。ユダヤ系文学をアメリカ文学の主流にまで高めることに貢献した。
⇒岩世人（マラマッド　1914.4.26–1986.3.18）
　現世文（マラマッド，バーナード　1914.4.26–1986.3.18）
　広辞7（マラマッド　1914–1986）
　新カト（マラマッド　1914.4.26–1986.3.18）
　ユ著人（Malamud,Bernard　マラマッド，バーナード　1914–1986）

Malan, Daniel François
南アフリカ連邦の政治家。
⇒岩世人（マラン　1874.5.22–1959.2.7）

Malando
オランダの楽団指揮者。コンチネンタル＝タンゴの楽団を結成し，名声を博した。『オレ＝グァッパ』などの作品がある。
⇒標音2（マランド　1908–1980.11.23）

Malani, Nalini
インドの現代美術家。
⇒外16（マラニ，ナリニ　1946.2.19–）

Malaparte, Curzio
イタリアの小説家，記録作家。1924年『国家の征服』創刊。主著『クーデターの技術』(31)，『カプット』(45)。
⇒岩世人（マラパルテ　1898.6.9–1957.7.19）
　現世文（マラパルテ，クルツィオ　1898.6.9–1957.7.19）
　広辞7（マラパルテ　1898–1957）

Malatesta, Enrico
イタリアの無政府主義者。1914年6月「赤色週間」に北イタリアのゼネストを指導。
⇒岩世人（マラテスタ　1853.12.14–1932.7.22）

Malats, Joaquín
スペインの作曲家，ピアノ奏者。
⇒ク音3（マラツ　1872–1912）

Mālavīya, Paṇḍit Madan Mōhan
インドの政治家，教育家。ベナレス・ヒンドゥー大学を設立して総長となる(1919～)。
⇒岩世人（マーラヴィーヤ　1861.12.25–1946.11.12）

Malcolm, George Arthur
アメリカの植民地行政官，判事。
⇒アア歴（Malcolm,George Arthur　マルカム，ジョージ・アーサー　1881.11.5–1961.5.16）

Malcolm, Norman（Adrian）
アメリカの哲学者。
⇒岩世人（マルカム　1911.6.11–1990.8.4）

Malcolm X
アメリカの黒人指導者。宗教組織「モスリム・モスク」，政治組織「アフリカ系アメリカ人統一機構」を結成，ハーレムで演説中撃たれて死亡。
⇒アメ州（Malcolm X　マルコムX　1925–1965）
　アメ新（マルコムエックス　マルコムX　1925–1965）
　イス世（マルコム・エックス　1925–1965）
　岩イ（マルコム・X　1925–1965）
　岩世人（マルコム・エックス　1925.5.19–1965.2.21）
　広辞7（マルコム・エックス　1925–1965）
　マルX（EL-SHABAZZ,EL-HAJI MALIK（Little,Malcolm、Shabazz,Malcolm）シャボズ，エル・ハジ・マリク・エル（リトル，マルコム、シャボズ，マルコム）　1925–1965）

Malcom, George
イギリスのハープシコード奏者，指揮者。1961年王室音楽アカデミー名誉会員となり，70年にはローマ法王パウロ4世から「聖グレゴリオ騎士勲章」を授けられた。
⇒標音2（マルコム，ジョージ　1917.2.28–）

Małcużyński, Witold
ポーランド生まれのピアノ奏者。
⇒標音2（マウツジニスキ，ヴィトルト　1914.8.10–1977.7.17）

Malczewski, Jacek
ポーランドの画家。

⇒岩世人（マルチェフスキ　1854.7.15–1929.10.8）

Maldacena, Juan
アルゼンチン生まれのアメリカで活躍する指導的理論物理学者。
⇒物理（マルダセナ, ホアン　1968–）

Malden, Karl
アメリカ生まれの俳優。
⇒ク俳（モルデン, カール（セクロヴィッチ, K・ムラデン）　1913–）
　スター（マルデン, カール　1912.3.22–）

Maldiney, Henri
フランスの哲学者, 美学者。
⇒岩世人（マルディネ　1912.8.4–）
　メル別（マルディネ, アンリ　1912–2013）

Maldini, Paolo
イタリアのサッカー選手。
⇒異二辞（マルディーニ［パオロ・〜］　1968–）
　外12（マルディーニ, パオロ　1968.6.26–）
　最世ス（マルディーニ, パオロ　1968.6.26–）

Maldonado, Candido
アメリカの大リーグ選手（外野）。
⇒メジャ（マルドナド, キャンディ　1960.9.5–）

Mâle, Émile
フランスの美術史家。1925年ローマ・アカデミー校長, 27年アカデミー会員。
⇒岩世人（マール　1862.6.2–1954.10.6）
　広辞7（マール　1862–1954）
　新カト（マール　1862.6.2–1954.10.6）

Malek, Redha
アルジェリアの政治家, 外交官。アルジェリア首相。
⇒世指導（マレク, レドハ　1931.12.21–2017.7.29）

Malenkov, Georgi Maksimilianovich
ソ連の政治家。スターリン後継者の有力候補として注目されたがのちに左遷された。
⇒岩世人（マレンコーフ　1901.12.26/1902.1.8–1988.1.14）
　広辞7（マレンコフ　1902–1988）
　政経改（マレンコフ　1901–1988）
　世人新（マレンコフ　1902–1988）
　世人装（マレンコフ　1902–1988）
　ネーム（マレンコフ　1902–1988）
　ポプ人（マレンコフ, ゲオルギー　1902–1988）

Malerba, Luigi
イタリアの小説家。「63年グループ」の一人。主著『蛇』(1966)。
⇒現世文（マレルバ, ルイージ　1927.11.11–2008.5.8）

Malet, Léo
フランスのミステリ作家。
⇒シュル（マレ, レオ　1909–1996）

Maletzke, Gerhard
ドイツのマス・コミュニケーション研究者。
⇒社小増（マレッケ　1922–）

Malevich, Kazimir Severinovich
ソ連の画家。1913年幾何学的抽象絵画運動シュプレマティズムを提唱。
⇒岩世人（マレーヴィチ　1878.2.11/23–1935.5.15）
　絵本（マレーヴィチ, カジミール　1878–1935）
　芸13（マレーヴィチ, カシミル　1878–1935）
　広辞7（マレーヴィチ　1878–1935）
　ネーム（マレーヴィチ　1878–1935）
　ポプ人（マレービチ, カジミール　1878–1935）

Malevsky-Malevich, Nikolai Andreevich
ロシアの外交官。
⇒岩世人（マレーフスキー＝マレーヴィチ　1855–?）

Malfraye, Charles
フランスの彫刻家。
⇒芸13（マルフレー, シャルル　1887–1940）

Malgoni, Walter
イタリアのポピュラー作曲家。
⇒標音2（マルゴーニ, ヴァルテル　1924.1.18–）

Malgrange, Bernard
フランスの数学者。近代的偏微分方程式の開拓者。
⇒岩世人（マルグランジュ　1928.6.6–）

Malick, Terrence
アメリカ生まれの映画監督。
⇒映監（マリック, テレンス　1943.11.30–）
　外12（マリック, テレンス　1943.11.30–）
　外16（マリック, テレンス　1943.11.30–）

Malietoa Tanumafili II
サモアの政治家。サモア大首長（元首）。
⇒世指導（マリエトア・タヌマフィリ2世　1913.1.4–2007.5.12）

Malig, Emma
チリ生まれの画家。
⇒芸13（マリグ, エマ　1960–）

Ma Lik
香港の政治家。香港民主建港協進連盟主席, 中国全国人民代表大会（全人代）代表。
⇒世指導（馬力　ば・りき　1952–2007.8.8）

Malik, Adam
インドネシアの政治家。
⇒ア太戦（アダム＝マリク　1917–1984）
　岩世人（マリク, アダム　1917.7.22–1984.9.5）

Malik, Yakov Aleksandrovich
ソ連の外交官。外務次官, 国連首席代表を経て, 1953〜60年駐英大使を務める。
⇒ア太戦（マリク　1906–1980）

岩韓（マリク　1906–1980）
岩世人（マーリク　1906.11.23/12.6–1980.2.11）
世人新（マリク　1906–1980）
世人装（マリク　1906–1980）

Malik, Zayn
イギリスの歌手。
⇒外16（マリク, ゼイン　1993.1.12–）

Maliki, Nouri
イラクの政治家。イラク首相, アッダワ党代表。
⇒外12（マリキ, ヌーリ　1950.7.1–）
　外16（マリキ, ヌーリ　1950.7.1–）
　世指導（マリキ, ヌーリ　1950.7.1–）

Malina, Judith
アメリカの舞台演出家, 女優。
⇒岩世人（マリナ　1926.6.4–）

Maling, Arthur
アメリカの探偵作家。
⇒現世文（メイリング, アーサー　1923.6.11–）

Malinin, Eugeny
ロシアのピアノ奏者。
⇒標音2（マリーニン, エヴゲニー　1930.11.8–）

Malinovskiy, Roman Vatslavovich
帝政ロシアの秘密工作員。
⇒スパイ（マリノフスキー, ローマン　1876–1918）

Malinowski, Bronislaw Kasper
ポーランド生まれのイギリスの人類学者。1927年ロンドン大学人類学教授。主著『未開社会における犯罪と慣習』(26)。
⇒岩世人（マリノフスキー　1884.4.7–1942.5.16）
　教人（マリノフスキ　1884–1942）
　現社（マリノフスキー　1884–1942）
　現宗（マリノウスキー　1884–1942）
　広辞7（マリノフスキー　1884–1942）
　社小増（マリノフスキ　1884–1942）
　新カト（マリノフスキー　1884.4.7–1942.5.16）
　世人新（マリノフスキー　1884–1942）
　世人装（マリノフスキー　1884–1942）
　ネーム（マリノフスキー　1884–1942）
　有経5（マリノフスキー　1884–1942）

Malins, Philip
イギリスの軍人。
⇒外12（メイリンズ, フィリップ）
　外16（メイリンズ, フィリップ）

Malinvaud, Edmond
フランス生まれの経済思想家。
⇒岩経（マランヴォー　1923–）
　岩世人（マランヴォー　1923.4.25–）
　有経5（マランヴォー　1923–）

Malipiero, Gian Francesco
イタリアの作曲家。1939年ベネチアのマルチェロ音楽学校学長。『オルフェウス物語』(18～25)。
⇒岩世人（マリピエーロ　1882.3.18–1973.8.1）
　オペラ（マリピエーロ, ジャン・フランチェスコ　1882–1973）
　ク音3（マリピエーロ　1882–1973）
　新音小（マリピエーロ, ジャン・フランチェスコ　1882–1973）
　新音中（マリピエーロ, ジャン・フランチェスコ　1882.3.18–1973.8.1）
　標音2（マリピエーロ, ジャン・フランチェスコ　1882.3.18–1973.8.1）

Malipiero, Giovanni
イタリアのテノール歌手。
⇒失声（マリピエロ, ジョヴァンニ　1906–1970）
　魅惑（Malipiero,Giovanni　1906–1970）

Malipiero, Riccardo
イタリアの作曲家。ジャン・フランチェスコ・マリピエーロの甥。
⇒新音中（マリピエーロ, リッカルド　1914.7.24–）
　標音2（マリピエーロ, リッカルド　1914.7.24–2003.11.27）

Malisse, Xavier
ベルギーのテニス選手。
⇒異二辞（マリス [グザビエ・～]　1980–）

Malitsev, Anatolii Ivanovich
ソ連の数学者。
⇒世名（マルツェフ, アナトリー・イワノヴィッチ　1909–1967）

Malkiel, Burton G.
アメリカの経済学者。
⇒外12（マルキール, バートン　1932–）
　外16（マルキール, バートン　1932–）

Malkin, Evgeni
ロシアのアイスホッケー選手（ペンギンズ・FW）。
⇒最世ス（マルキン, エフゲニー　1986.7.31–）

Malkmus, Stephen
アメリカのミュージシャン。
⇒外12（マルクマス, スティーブン　1958.12.17–）

Malkom Khān
イランの革新論者。イランの駐イギリス大使に就任(1872～89)。
⇒岩イ（マルコム・ハーン　1833–1908）
　岩世人（マルコム・ハーン　1833頃–1908）

Malkovich, John
アメリカ生まれの男優。
⇒外12（マルコビッチ, ジョン　1953.12.9–）
　外16（マルコビッチ, ジョン　1953.12.9–）
　ク俳（マルコヴィッチ, ジョン　1953–）
　スター（マルコヴィッチ, ジョン　1953.12.9–）

Malladra, Alessandro
イタリアの火山学者。国際火山学協会(A.I.V.)

幹事長(1919～)として,"Bulletin Volcanologique"を編集。
⇒岩世人（マラドラ（マッラードラ） 1868.4.10–1944.7.10)

Malle, Louis
フランスの映画監督。作品は『死刑台のエレベーター』『好奇心』など。
⇒岩世人（マル 1932.10.30–1995.11.23)
映監（マル,ルイ 1932.10.30–1995）
広辞7（マル 1932–1995）
ネーム（マル,ルイ 1932–1995）

Mallea, Eduardo
アルゼンチンの小説家。主著『絶望したイギリス女性のための短篇集』(1926)、『あるアルゼンチンの情熱の物語』(37)など。
⇒現世文（マジェア,エドゥアルド 1903.8.14–1982.11.12)

Mallet, Serge
フランスの政治理論家。統一社会党の理論的一側面を代表した。
⇒社小増（マレ 1927–1973）

Mallet-Joris, Françoise
ベルギーの作家。
⇒現世文（マレ・ジョリス,フランソワーズ 1930.7.6–2016.8.13)

Mallet-Stevens, Robert
フランスの建築家。
⇒岩世人（マレ＝ステヴァン 1886.3.24–1945.2.8)

Malley, Gemma
イギリスの作家。
⇒海文新（マリー,ジェマ）

Malliavin, Paul
フランスの数学者。
⇒岩世人（マリアヴァン 1925.9.10–2010.6.3)
世数（マリアヴァン,ポール 1925–2010）

Malliet, G.M.
イギリス生まれの作家。
⇒海文新（マリエット,G.M. 1951–)
現世文（マリエット,G.M. 1951–)

Malloch Brown, Mark
イギリスの実業家。国連副事務総長、国連開発計画(UNDP)総裁、アフリカ・アジア・国連担当相。
⇒外12（マロック・ブラウン,マーク 1953–)
外16（マロック・ブラウン,マーク 1953.9.16–)
世指導（マロック・ブラウン,マーク 1953.9.16–)

Mallon, Meg
アメリカのプロゴルファー。
⇒外16（マローン,メグ 1963.4.14–)
最世ス（マローン,メグ 1963.4.14–)

Mallon, Seamus Frederick
北アイルランドの政治家。
⇒岩世人（マロン 1936.8.17–)

Mallory, George
イギリスの登山家。
⇒岩世人（マロリー 1886.6.18–1924.6?)
辞歴（マロリー 1886–1924）
ボブ人（マロリー,ジョージ 1886–1924)

Mallory, Walter Hampton
アメリカの地理学者。中国飢饉国際救助委員、国際関係会議議長。
⇒アア歴（Mallory,Walter H (ampton) マロリー,ウォルター・ハンプトン 1892.7.27–1980.6.17)

Mallowan, Sir Max Edgar Lucien
イギリスの考古学者。イラクの大英考古学院院長(1947～53)としてニムルッドの発掘に従事。
⇒岩世人（マロワン 1904.5.6–1978.8.19)

Malloy, Ryan
アメリカのミュージシャン。
⇒外12（マロイ,ライアン）

Mally, Ernst
オーストリアの哲学者,論理学者。マイノングの弟子。
⇒岩世人（マリ 1879.10.11–1944.3.8)

Malm, William Paul
アメリカの音楽理論家。ミシガン大学教授。専門は音楽理論と日本の民族音楽学。
⇒標音2（マルム,ウィリアム・ポール 1928.3.6–)

Malmberg, Bertil
スウェーデンの音声学者,言語学者。
⇒岩世人（マルンベリ 1913.4.22–1994.10.8)

Malmsteen, Yngwie
スウェーデン生まれのロック・ギター奏者。
⇒外12（マルムスティーン,イングヴェイ 1963.6.30–)
外16（マルムスティーン,イングヴェイ 1963.6.30–)

Malofeev, Anatolii
ベラルーシの政治家。ベラルーシ下院議長。
⇒世指導（マロフェーエフ,アナトリー 1933.5.14–)

Malone, David
カナダの外交官。国連大学学長、国連事務次長。
⇒外16（マローン,デービッド 1954–)
世指導（マローン,デービッド 1954–)

Malone, Dorothy
アメリカ生まれの女優。
⇒ク俳（マローン,ドロシー（マロニー,D) 1925–)

Malone, John C.
アメリカの実業家。
⇒外12（マローン, ジョン　1941.3.7–）
　外16（マローン, ジョン　1941.3.7–）

Malone, Karl
アメリカのバスケットボール選手。
⇒異二辞（マローン［カール・～］　1963–）
　外12（マローン, カール　1963.7.24–）

Malone, Marianne
アメリカの作家。
⇒海文新（マローン, マリアン）

Malone, Perce Leigh（Pat）
アメリカの大リーグ選手（投手）。
⇒メジャ（マローン, パット　1902.9.25–1943.5.13）

Maloney, James Williams
アメリカの大リーグ選手（投手）。
⇒メジャ（マローニー, ジム　1940.6.2–）

Maloney, Michael A.
アメリカ中央情報局（CIA）職員。
⇒スパイ（マローニー, マイク　?–1965.10.12）

Maloney, William Alphonse
アメリカの大リーグ選手（外野, 捕手）。
⇒メジャ（マローニー, ビリー　1878.6.5–1960.9.2）

Malot, Hector Henri
フランスの小説家, 評論家。主著『家なき子』（1878）。
⇒岩世人（マロ　1830.5.20–1907.7.17）
　広辞7（マロ　1830–1907）
　19仏（マロ, エクトル　1830.5.20–1907.7.17）
　西文（マロ, エクトル　1830–1907）
　ポプ人（マロ, エクトル　1830–1907）

Malotte, Albert Hay
アメリカの作曲家, 作詞家, 劇場オルガン奏者。
⇒標音2（マロット, アルバート・ヘイ　1895.5.19–1964.11.16）

Malouf, David
オーストラリアの詩人, 小説家。
⇒外12（マルーフ, デービッド　1934.3.20–）
　外16（マルーフ, デービッド　1934.3.20–）
　現世文（マルーフ, デービッド　1934.3.20–）

Malov, Sergei Efimovich
ソ連の東洋学者。『ウイグル＝ロシア語辞典』（1939）を編纂。
⇒岩世人（マローフ　1880.1.4/16–1957.9.6）

Maloy, John
アメリカのテノール歌手。
⇒魅惑（Maloy, John　?–）

Malraux, André
フランスの小説家, 政治家。中国革命運動の体験を『征服者』（1928）,『王道』（30）に描いた。『人間の条件』でゴルクール賞受賞（33）。
⇒岩世人（マルロー　1901.11.3–1976.11.23）
　現世文（マルロー, アンドレ　1901.11.3–1976.11.23）
　広辞7（マルロー　1901–1976）
　西文（マルロー, アンドレ　1901–1976）
　世史改（マルロー　1901–1976）
　世人新（マルロー　1901–1976）
　世人装（マルロー　1901–1976）
　フ文小（マルロー, アンドレ　1901–1976）
　ポプ人（マルロー, アンドレ　1901–1976）

Malraux, Madeleine
フランスのピアノ奏者。
⇒外12（マルロー, マドレーヌ　1914.4.7–）

Maltz, Albert
アメリカの劇作家, 小説家。
⇒岩世人（モルツ　1908.10.8–1985.4.26）
　現世文（モルツ, アルバート　1908.10.8–1967.4.26）

Malval, Robert
ハイチの政治家。ハイチ首相。
⇒世指導（マルバル, ロベール　1943–）

Malvar, Miguel
フィリピン革命の軍事的指導者。
⇒岩世人（マルバール　1865.9.27–1911.10.13）

Malvy, Louis Jean
フランスの政治家。急進社会党に属し, ブリアン内閣の内相, 財政委員長。
⇒岩世人（マルヴィ　1875.12.1–1949.6.9）

Maly, Theodor
ソ連のインテリジェンス・オフィサー。
⇒スパイ（マリー, テオドール　1894–1938）

Malyshko, Dmitry
ロシアのバイアスロン選手。
⇒外16（マリシュコ, ドミトリー　1987.3.19–）

Malysz, Adam
ポーランドのスキー選手（ジャンプ）。
⇒岩世人（マリシュ（マウィシュ）　1977.12.3–）
　外12（マリシュ, アダム　1977.12.3–）
　外16（マリシュ, アダム　1977.12.3–）
　最世ス（マリシュ, アダム　1977.12.3–）

Malzberg, Barry N.
アメリカのSF作家, アンソロジスト。
⇒現世文（マルツバーグ, バリー　1939.7.24–）

Malzone, Frank James
アメリカの大リーグ選手（三塁）。
⇒メジャ（マルゾーン, フランク　1930.2.28–）

Ma Ma Lay, Gyanegyaw
ビルマ（ミャンマー）の作家。
⇒岩世人（ママレー　1917.4.13–1982.4.6）

Mamaloni, Solomon
ソロモン諸島の政治家。ソロモン諸島首相。
⇒世指導（ママロニ, ソロモン　?–2000.1.11）

Mamangakis, Nicos
ギリシアの作曲家。
⇒ク音3（ママンガキス　1929–）

Mamet, David
アメリカ（ユダヤ系）の劇作家。
⇒岩世人（マメット　1947.11.30–）
現世文（マメット, デービッド　1947.11.30–）
ユ著人（Mamet, David　マメット, デヴィッド　1947–）

Mamin-Sibiriak, Dmitrii Narkisovich
ロシアの小説家。『プリワーロフの巨富』(1883)、『ウラル物語』(88～9) は代表作。
⇒岩世人（マーミン＝シビリャーク　1852.10.25–1912.11.2）

Mamléev, Ýurii Vitálievich
ロシアの作家。
⇒岩世人（マムレーエフ　1931.12.11–）

Mammadli, Elnur
アゼルバイジャンの柔道選手。
⇒外12（ママドリ, エルヌル　1988.6.29–）
外16（ママドリ, エルヌル　1988.6.29–）
最世ス（ママドリ, エルヌル　1988.6.29–）

Mammeri, Mouloud
アルジェリアの作家。アルジェ大学教授, 人文科学研究所長。
⇒現世文（マムリ, ムールード　1917.12.28–1989.2.27）

Mamontov, Savva Ivanovich
鉄道と工業で財を成したモスクワの富豪。
⇒岩世人（マーモントフ　1841.10.3/15–1918.4.6）

Mamoulian, Rouben
ロシア生まれのアメリカの演出家。1923年アメリカに渡り、『ポーギイ』(1927) など演出。
⇒映監（マムーリアン, ルーベン　1897.10.8–1987）

Mamun, Margarita
ロシアの新体操選手。
⇒最世ス（マムーン, マルガリータ　1995.11.1–）

Manake, Sangharatna Hoten
インドの僧侶。
⇒外12（マナケ, サンガラトナ・法天）

Manalang-Gloria, Angela
フィリピンの女性詩人。
⇒岩世人（マナラン＝グロリア　1907.8.2–1995.8.19）

Manalo, Felix Ysagun
フィリピンの宗教家。
⇒岩世人（マナロ　1886.5.10–1963.4.12）

Manassero, Matteo
イタリアのプロゴルファー。
⇒外12（マナセロ, マテオ　1993.4.19–）
外16（マナセロ, マテオ　1993.4.19–）
最世ス（マナセロ, マテオ　1993.4.19–）

Manat Canyong
タイの小説家。
⇒現世文（マナット・チャンヨン　1907.6.10–1965.11.7）
タイ（マナット・チャンヨン　1907–1965）

Manaudou, Florent
フランスの水泳選手（自由形・バタフライ）。
⇒外16（マナドゥ, フローラン　1990.11.12–）
最世ス（マナドゥ, フローラン　1990.11.12–）

Manaudou, Laure
フランスの水泳選手。
⇒外12（マナドゥ, ロール　1986.10.9–）
外16（マナドゥ, ロール　1986.10.9–）
最世ス（マナドゥ, ロール　1986.10.9–）

Manazza, Bruno
スイスのテノール歌手。
⇒魅惑（Manazza, Bruno　1912–1969）

Mancel, J.-A.
フランスのジャーナリスト。
⇒19仏（マンセル, J.=A.　1831–?）

Mančevski, Milčo
マケドニア生まれの映画監督。
⇒岩世人（マンチェフスキ　1959.10.18–）
外12（マンチェフスキー, ミルチョ　1959–）

Mancham, James
セーシェルの政治家, 法律家。セーシェル初代大統領 (1976～77)。
⇒外12（マンチャム, ジェームズ　1939.8.11–）
外16（マンチャム, ジェームズ　1939.8.11–）

Manche, Matthieu
フランスのアーティスト。
⇒外12（マンシュ, マチュー　1969–）
外16（マンシュ, マチュー　1969–）

Mänchen-Helfen, Otto
オーストリア生まれの古代史研究者, 考古学者, 中国学者。
⇒岩世人（メンヒェン＝ヘルフェン　1894.7.26–1969.1.21）

Manchester, William Marsden
ニュージーランドの形成外科医。
⇒ニュー（マンチェスター, ウイリアム　1903–2001）

Manchette, Jean-Patrick
フランスのミステリ作家。
⇒現世文（マンシェット, ジャン・パトリック　1942–1995）

Mancini, Henry
アメリカの映画音楽作曲家。1961年『ティファニーで朝食を』,62年『酒とバラの日々』でアカデミー賞受賞。
⇒岩世人（マンシーニ　1924.4.16–1994.6.14）
エデ（マンシーニ, ヘンリー　1924.4.16–1994.6.14）
新音中（マンシーニ, ヘンリー　1924.4.16–1994.6.14）
標音2（マンシーニ, ヘンリー　1924.4.16–1994.6.14）

Mancini, Roberto
イタリアのサッカー監督,サッカー選手。
⇒外12（マンチーニ, ロベルト　1964.11.27–）
外16（マンチーニ, ロベルト　1964.11.27–）
最世ス（マンチーニ, ロベルト　1964.11.27–）

Mancusi, Mari
アメリカの作家。
⇒海文新（マンクーシ, マリ）

Mancuso, August Rodney
アメリカの大リーグ選手（捕手）。
⇒メジャ（マンキューソ, ガス　1905.12.5–1984.10.26）

Mancuso, Julia
アメリカのスキー選手（アルペン）。
⇒外12（マンクーゾ, ジュリア　1984.3.9–）
外16（マンクーゾ, ジュリア　1984.3.9–）
最世ス（マンクーゾ, ジュリア　1984.3.9–）

Mandel, Arnold
フランスの作家, ジャーナリスト。
⇒ユ著人（Mandel,Arnold　マンデル, アルノルト　1913–1987）

Mandel, Emily St.John
カナダの作家。
⇒海文新（マンデル, エミリー・セントジョン　1979–）
現世文（マンデル, エミリー・セントジョン　1979–）

Mandel, Ernest
20世紀の代表的マルクス経済学者の1人。
⇒岩世人（マンデル　1923.4.4–1995.7.20）

Mandel, Georges
フランス（ユダヤ系）の政治家。独立派の総裁となり（1932）, 諸内閣の逓相を歴任（34〜）。
⇒岩世人（マンデル　1885.6.5–1944.7.7）

Mandel, Harvey
アメリカ・デトロイト生まれのギター奏者。
⇒ロック（Mandel,Harvey　マンデル, ハーヴィ　1945.3.11–）

Mandela, Nelson Rolihlahla
南アフリカの政治家,黒人解放運動指導者。南アフリカ共和国大統領（1994〜99）, アフリカ民族会議（ANC）議長。
⇒異二辞（マンデラ［ネルソン・〜］　1918–2013）
岩世人（マンデラ　1918.7.18–2013.12.5）
外12（マンデラ, ネルソン　1918.7.18–）
広辞7（マンデラ　1918–2013）
国政（マンデラ　1918–）
辞歴（マンデラ, ネルソン　1918–）
政経改（マンデラ　1918–）
世史改（マンデラ　1918–2013）
世指導（マンデラ, ネルソン　1918.7.18–2013.12.5）
世人新（マンデラ　1918–2013）
世人装（マンデラ　1918–2013）
ネーム（マンデラ, ネルソン　1918–2013）
ノベ3（マンデラ,N.R.　1918.7.18–）
ポプ人（マンデラ, ネルソン　1918–2013）
もう山（マンデラ　1918–2013）

Mandelbaum, David Goodman
アメリカの人類学者。平原インディアン等の研究のほか, 南インド諸族のカスト制, 性格, 物質分化の調査を行った。
⇒アア歴（Mandelbaum,David G(oodman)　マンデルバウム, デイヴィッド・グッドマン　1911.8.22–1987.4.19）
岩世人（マンデルバウム　1911.8.22–1987.4.19）

Mandelbrojt, Szolem
フランスの数学者。
⇒世数（マンデルブロー, シューレム　1899–1983）

Mandelbrot, Benoit
ポーランド, アメリカの数学者。
⇒数辞（マンデルブロー, ベノアB.　1924–）
世数（マンデルブロー, ブノワ　1924–2010）
物理（マンデルブロ, ベノワ　1924–2010）
ポプ人（マンデルブロー, ブノワ　1924–2010）

Mandelli, Mariuccia
イタリアの服飾デザイナー。
⇒外12（マンデリ, マリウッチャ　1933–）

Mandello, Julius George
ハンガリーの経済学者。
⇒学叢思（マンデロ, ユリウス・ゲオルゲ　1868–?）

Mandel'shtam, Nadezhda
ロシアの作家。
⇒岩世人（マンデリシターム　1899.10.30–1980.12.29）

Mandel'shtam, Osip Emil'evich
ソ連の詩人。アクメイズムの中心的詩人の一人となるが、スターリン時代に逮捕され、獄死。詩集『石』『エジプトの切手』など。
⇒岩世人（マンデリシターム　1891.1.3/15–1938.12.27）
現世文（マンデリシューターム, オシップ　1891.1.15–1938.12.27）
広辞7（マンデリシターム　1891–1938）
ユ著人（Mandel'shtam,Osip Emil'evich　マンデリシューターム, オシップ・エミレイヴィッチ　1891–1938）

Mandelson, Peter Benjamin
イギリスの政治家。
⇒岩世人（マンデルソン　1953.10.21–）
外12（マンデルソン, ピーター・ベンジャミン　1953.10.21–）
外16（マンデルソン, ピーター・ベンジャミン　1953.10.21–）
世指導（マンデルソン, ピーター・ベンジャミン　1953.10.21–）

Mandia, Kevin
アメリカの実業家。
⇒外16（マンディア, ケビン）

Mandić, Milica
セルビアのテコンドー選手。
⇒外16（マンディッチ, ミリカ　1991.12.6–）
最世ス（マンディッチ, ミリカ　1991.12.6–）

Mandoki, Leslie
ハンガリー生まれのミュージシャン。
⇒外12（マンドキ, レスリー　1953.1.7–）

Mandonnet, Pierre
フランスの中世思想史家, ドミニコ会士。
⇒新カト（マンドネ　1858.2.26–1936.1.4）

Mandrou, Robert
フランスの歴史家。
⇒岩世人（マンドルー　1921.1.31–1984.3.25）

Mándy Iván
ハンガリーの作家。
⇒岩世人（マーンディ　1918.12.23–1995.10.6）

Manea, Marius
ルーマニアのテノール歌手。
⇒魅惑（Manea,Marius　?–）

Mané-Katz
ロシア出身のフランスの画家。
⇒ユ著人（Mané-Katz　マネ＝カッツ　1894–1962）

Manen, Hans van
オランダのダンサー, 振付家, バレエ演出家。
⇒岩世人（マーネン　1932.7.11–）

Manén, Joan de
スペインのヴァイオリン奏者, 作曲家。

⇒ク音3（マネン　1883–1971）
標音2（マネン, フアン　1883.3.14–1971.6.26）

Maneza, Maiya
カザフスタンの重量挙げ選手。
⇒外16（マネザ, マイヤ　1985.11.1–）
最世ス（マネザ, マイヤ　1985.11.1–）

Manfred, Frederick
アメリカの作家。
⇒岩世人（マンフレッド　1912.1.6–1994.9.7）

Manfred, Rob
アメリカの法律家, 大リーグ第10代コミッショナー。
⇒外16（マンフレッド, ロブ　1958.9.28–）

Manfredi, Valerio
イタリアの作家, 古代地誌学者。ボッコーニ大学教授。
⇒外12（マンフレディ, ヴァレリオ・マッシモ　1943–）
外16（マンフレディ, ヴァレリオ・マッシモ　1943.3.8–）
現世文（マンフレディ, ヴァレリオ・マッシモ　1943.3.8–）

Manganelli, Giorgio
イタリアの小説家, 評論家。「63年グループ」に参加。ネオアバングワルディア（新前衛派）の代表的作家。主著『ヒラロトラジエディア』(1964)。
⇒岩世人（マンガネッリ　1922.11.15–1990.5.28）
現世文（マンガネッリ, ジョルジョ　1922.11.15–1990.5.28）

Mangano, Silvana
イタリアの女優。モデルなどを経て, 肉体女優として売り出し,『シーラ山の狼』などに出演。
⇒ク俳（マンガーノ, シルヴァーナ　1930–1989）
ネーム（マンガーノ, シルヴァーナ　1930–1989）

Manganotti, Gianfranco
イタリアのテノール歌手。
⇒魅惑（Manganotti,Gianfranco　?–）

Mangenot, Joseph-Eugène
フランスの聖書学者, 神学者, 司祭。
⇒新カト（マンジュノ　1856.8.20–1922.3.19）

Manger, Itzik
イディッシュの詩人, 小説家。
⇒岩世人（マンゲル　1901.5.30–1969.2.21）
ユ著人（Manger,Itzik　マンゲル, イツィク　1901–1969）

Mangeshkar, Lata
インドの歌手, 女優。
⇒岩世人（マンゲーシュカル　1929.9.28–）
南ア新（マンゲーシュカル　1929–）

Mangin, Charles Marie Emmanuel
フランスの軍人。ライン軍司令官(1919)。最高軍事参議官(21)。
⇒岩世人（マンジャン　1866.7.6–1925.5.12）

Mangkon Samsen
タイの法律家、実業家。
⇒岩世人（マンコーン・サームセーン　1888.7.3–1947.1.6）

Mangkuwijoyo
インドネシア、ジャワの小反乱の指導者。
⇒岩世人（マンクウィジョヨ）

Mango, Robert
アメリカの画家。
⇒芸13（マンゴ、ロバート　1951–）

Mangold, Otto
ドイツの動物学者。シュペーマン学派に属する実験発生学者として多くの業績がある。
⇒岩生（マンゴルト　1891–1962）
岩世人（マンゴールト　1891.11.6–1962.7.2）

Mangold, Robert
アメリカの画家。
⇒岩世人（マンゴールド　1937.10.12–）
芸13（マンゴールド、ロバート　1937–）

Manguel, Alberto
アルゼンチン生まれのカナダの作家、批評家。
⇒外16（マングェル、アルベルト　1948.3.13–）
現世文（マングェル、アルベルト　1948.3.13–）

Manguin, Henri Charles
フランスの画家。主作品『傘をもつ女』(1906)。
⇒芸13（マンギュアン、アンリ・シャルル　1874–1950）

Mangunkusumo, Cipto
インドネシアの民族主義者。
⇒岩世人（マングンクスモ、チプト　1886–1943.3.8）

Mangunwijaya, Yusuf Bilyarta
インドネシアの小説家、評論家、建築家、カトリック司祭。
⇒岩世人（マングンウィジャヤ、ユスフ・ビルヤルタ　1929.5.6–1999.2.10）

Manhire, Bill
ニュージーランドの詩人、短編小説作家。
⇒ニュー（マンハイヤー、ビル　1946–）

Mania, Dietrich
ドイツの考古学者、地質学者、古生物学者。
⇒岩世人（マーニア　1938.1.31–）

Maniche
ポルトガルのサッカー選手。
⇒外12（マニシェ　1977.11.11–）
最世ス（マニシェ　1977.11.11–）

Manigat, Mirlande H.
ハイチの政治学者、政治家。
⇒外12（マニガ、ミランド　1940.11.3–）
外16（マニガ、ミランド　1940.11.3–）

Manigk, Alfred
ドイツの法学者。民法および商法の研究で知られる。
⇒岩世人（マニーク　1873.9.10–1942.8.31）

Mani-Leib
イディッシュ語詩人。
⇒ユ著（Mani-Leib　マニ＝レイブ　1883–1953）

Manilow, Barry
アメリカ・ニューヨーク生まれの歌手。
⇒外12（マニロウ、バリー　1946.6.17–）
外16（マニロウ、バリー　1946.6.17–）
標音2（マニロー、バリー　1946.6.17–）

Maniu, Iuliu
ルーマニアの政治家。首相を務めた(1928〜30, 31〜32)。
⇒岩世人（マニウ　1873.1.8–1953.2.5）

Manizer, Matvei Genrihovitch
ロシアの彫刻家。
⇒芸13（マニーゼル、マトヴェイ・ゲンリホーヴィッチ　1891–1960）

Mankell, Henning
スウェーデンの作家、舞台演出家。
⇒外12（マンケル、ヘニング　1948.2.3–）
現世文（マンケル、ヘニング　1948.2.3–2015.10.5）

Mankiev, Nazyr
ロシアのレスリング選手(グレコローマン)。
⇒外12（マンキエフ、ナズリュ　1985.1.27–）
最世ス（マンキエフ、ナズリュ　1985.1.27–）

Mankiewicz, Joseph Leo
アメリカ生まれの映画監督、映画製作者、映画脚本家。
⇒映監（マンキーウィッツ、ジョゼフ・L　1909.2.11–1993）

Mankiw, N.Gregory
アメリカの経済学者。
⇒岩経（マンキュー　1958–）
外12（マンキュー、N.グレゴリー　1958–）
外16（マンキュー、N.グレゴリー　1958–）

Manley, Effa
アメリカの野球チームのオーナー。
⇒メジャ（マンリー、エッファ　1897.3.27–1981.4.16）

Manley, John
カナダの政治家。カナダ副首相、財務相。
⇒外16（マンリー、ジョン　1950.1.5–）

世指導（マンリー, ジョン　1950.1.5-）

Manley, Michael Norman
ジャマイカの政治家。首相となり, 外国独占にたいする反対, キューバとの友好関係を樹立。
⇒岩世人（マンリー　1924.12.10-1997.3.6）

Manly, Charles Matthews
アメリカの機械技術者。5気筒星型50馬力の内燃機関を製作（1898）。
⇒岩世人（マンリー　1876.4.24-1927.10.16）

Manly, Steven L.
アメリカの物理学者。ロチェスター大学教授。
⇒外12（マンリー, スティーブン）
　外16（マンリー, スティーブン）

Mann, Aimee
アメリカのシンガー・ソングライター。
⇒外12（マン, エイミー　1960-）
　外16（マン, エイミー　1960-）

Mann, Anthony
アメリカの映画監督。
⇒映監（マン, アンソニー　1906.6.30-1967）

Mann, Antony
オーストラリアの作家。
⇒海文新（マン, アントニー）
　現世文（マン, アントニー）

Mann, Barry
アメリカのシンガー・ソングライター。
⇒ロック（Mann,Barry　マン, バリー　1939.2.9-）

Mann, Carl
アメリカ・テネシー州ジャクソン生まれの歌手, ピアノ奏者。
⇒ロック（Mann,Carl　マン, カール　1941-）

Mann, Daniel
アメリカの映画監督。
⇒ユ著人（Mann,Daniel　マン, ダニエル　1912-1991）

Mann, Delbert
アメリカの映画監督。
⇒ユ著人（Mann,Delbert　マン, デルバート　1920-）

Mann, Erika
ドイツの作家。
⇒岩世人（マン　1905.11.9-1969.8.27）

Mann, Heinrich
ドイツの小説家, 評論家。T.マンの兄。
⇒岩世人（マン　1871.3.27-1950.3.12）
　学叢思（マン, ハインリヒ　1871-?）
　現世文（マン, ハインリッヒ　1871.3.27-1950.3.12）
　広辞7（マン　1871-1950）

Mann, Herbie
アメリカ・ニューヨーク生まれのフルート奏者。
⇒標音2（マン, ハービー　1930.4.16-2003.7.1）

Mann, Jessica
イギリスのミステリ作家, ジャーナリスト。
⇒現世文（マン, ジェシカ　1937-2018.7.10）

Mann, Josef
ウクライナのテノール歌手。
⇒魅惑（Mann,Josef　1879-1921）

Mann, Klaus
ドイツの小説家。T.マンの長男。1933年アムステルダムに亡命, 雑誌『集合』発行。『悲愴交響曲』(35)。
⇒岩世人（マン　1906.11.13-1949.5.22）
　現世文（マン, クラウス　1906.11.13-1949.5.22）

Mann, Leslie
アメリカの大リーグ選手（外野）。
⇒メジャ（マン, レス　1892.11.18-1962.1.14）

Mann, Manfred
イギリスのミュージシャン。
⇒ロック（Mann,Manfred　マン, マンフレッド　1940.10.21-）

Mann, Mendel
ポーランド生まれのイディッシュ語の小説家, 画家。
⇒ユ著人（Mann,Mendel　マン, メンデル　1916-）

Mann, Michael
イギリスの歴史社会学者。
⇒外12（マン, マイケル　1942-）
　社小増（マン　1942-）

Mann, Michael
アメリカ生まれの映画監督。
⇒映監（マン, マイケル　1943.2.5-）
　外12（マン, マイケル　1943.2.5-）
　外16（マン, マイケル　1943.2.5-）

Mann, Michael E.
アメリカの気象学者。
⇒外16（マン, マイケル・E.）

Mann, Sally
アメリカの写真家。
⇒世界子（マン, サリー　1951-）

Mann, Thomas
イギリスの労働組合指導者。通称トム・マン。1896年国際船舶・港湾・河川労働組合連盟を創設, 第1代委員長。著書『ある社会主義者の宗教観』。
⇒岩世人（マン　1856.4.15-1941.3.13）
　学叢思（マン, トム　1856-?）

Mann, Thomas
ドイツの小説家,評論家。H.マンの弟。
⇒アメ州(Mann,Thomas　マン,トーマス　1875–1955)
　岩キ(マン　1875–1955)
　岩世人(マン　1875.6.6–1955.8.12)
　学叢思(マン,トーマス　1875–?)
　現世文(マン,トーマス　1875.6.6–1955.8.12)
　広辞7(マン　1875–1955)
　新カト(マン　1875.6.6–1955.8.12)
　図翻(マン,トーマス　1875.6.6–1955.8.12)
　西文(マン,トーマス　1875–1955)
　世史改(マン,トーマス＝　1875–1955)
　世史改(トーマス＝マン　1875–1955)
　世人新(マン〈トマス：ドイツ〉　1875–1955)
　世人装(マン〈トマス：ドイツ〉　1875–1955)
　ノベ3(マン,T.　1875.6.6–1955.8.12)
　比文増(マン(トーマス)　1875(明治8)–1955(昭和30))
　標音2(マン,トーマス　1875.6.6–1955.8.12)
　ポプ人(マン,トーマス　1875–1955)

Manna, Paolo
ミャンマーで活躍したミラノ外国宣教会の宣教師,宣教後援司祭団の創立者。
⇒新カト(マンナ　1872.1.16–1952.9.15)

Manne, Sheldon (Shelly)
アメリカのジャズ・ドラム奏者。『マイ・フェア・レーディ』はジャズのアルバムとして空前のベスト・セラーとなった。
⇒標音2(マン,シェリー　1920.6.11–1984.9.26)

Mannerheim, Carl Gustaf Emil, Baron
フィンランドの軍人,政治家。1942年元帥号授与,44〜46年共和国大統領。
⇒異二辞(マンネルヘイム[カール・グスタフ・〜]　1867–1951)
　岩世人(マンネルヘイム　1867.6.4–1951.1.27)
　ネーム(マンネルヘイム　1867–1951)

Mannheim, Karl
ハンガリー生まれのドイツの社会学者。主著『イデオロギーとユートピア』(1929)で一躍「知識社会学」の建設者として脚光を浴びた。
⇒岩世人(マンハイム　1893.3.27–1947.1.9)
　教人(マンハイム　1893–1947)
　現社(マンハイム　1893–1947)
　広辞7(マンハイム　1893–1947)
　社小増(マンハイム　1893–1947)
　新カト(マンハイム　1893.3.27–1947.1.9)
　世人新(マンハイム　1893–1947)
　世人装(マンハイム　1893–1947)
　哲中(マンハイム　1893–1947)
　ネーム(マンハイム　1893–1947)
　ユ著人(Mannheim,Karl　マンハイム,カール　1893–1947)

Mannheim, Victor Mayer Amédée
フランスの数学者,力学者。

⇒数小増(マンハイム　1831–1906)

Manninen, Hannu
フィンランドのスキー選手(複合)。
⇒外12(マンニネン,ハンヌ　1978.4.17–)
　外16(マンニネン,ハンヌ　1978.4.17–)
　最世ス(マンニネン,ハンヌ　1978.4.17–)

Manninen, Otto
フィンランドの詩人。詩集『詩句』(1905〜10)などの新ロマン主義の作品がある。
⇒岩世人(マンニネン　1872.8.13–1950.4.6)

Manning, Eli
アメリカのプロフットボール選手(ジャイアンツ・QB)。
⇒外12(マニング,イーライ　1981.1.3–)
　外16(マニング,イーライ　1981.1.3–)
　最世ス(マニング,イーライ　1981.1.3–)

Manning, John
テノール歌手。
⇒魅惑(Manning,John　?–?)

Manning, Olivia
イギリスの女性作家。
⇒岩世人(マニング　1908.3.2–1980.7.23)
　現世文(マニング,オリビア　1908.3.2–1980.7.23)

Manning, Patrick
トリニダード・トバゴの政治家。トリニダード・トバゴ首相,トリニダード・トバゴ人民国家運動(PNM)党首。
⇒外12(マニング,パトリック　1946.8.17–)
　外16(マニング,パトリック　1946.8.17–)
　世指導(マニング,パトリック　1946.8.17–2016.7.2)

Manning, Peyton
アメリカのプロフットボール選手(QB)。
⇒外12(マニング,ペイトン　1976.3.24–)
　外16(マニング,ペイトン　1976.3.24–)
　最世ス(マニング,ペイトン　1976.3.24–)

Manning, Richard
テノール歌手。
⇒魅惑(Manning,Richard　1914–1954)

Manning, Richard Eugene
アメリカの大リーグ選手(外野)。
⇒メジャ(マニング,リック　1954.9.2–)

Manning-Sanders, Ruth
ウェールズ生まれの児童文学作家。
⇒現世文(マニング・サンダーズ,ルース　1886.8.21–1988.10.12)

Mannino, Franco
イタリアのピアノ奏者,指揮者,作曲家。
⇒標音2(マンニーノ,フランコ　1924.4.25–)

Mannix, Max
オーストラリア生まれの映画監督, 脚本家。
⇒外12 (マニックス, マックス 1964–)

Manno, Vincenzo
イタリアのテノール歌手。
⇒魅惑 (Manno,Vincenzo ?–)

Mannock, John
アメリカの作家。
⇒海文新 (マノック, ジョン)

Mannoni, Maud
フランスの精神分析家。
⇒精分弘 (マノーニ, モード 1923–1998)

Mannoni, Octave
フランスの精神分析家。
⇒精分弘 (マノーニ, オクターヴ 1899–1989)

Manny Pacquiao
フィリピンのプロボクサー。
⇒異二辞 (パッキャオ [マニー・~] 1978–)
  岩世人 (パッキャウ 1978–)
  外12 (パッキャオ, マニー 1978.12.17–)
  外16 (パッキャオ, マニー 1978.12.17–)
  最世ス (パッキャオ, マニー 1978.12.17–)

Manolescu, Nicolae
ルーマニアの文芸批評家, 文学史家, 時評家。
⇒岩世人 (マノレスク 1939.11.27–)

Manolo Caracol
スペインのフラメンコ歌手 (カンタオール)。
⇒岩世人 (マノロ・カラコル 1909.7.9–1973.2.24)

Manopakonnitithada
タイの政治家。
⇒岩世人 (マノーパコーンニティターダー 1884.7.15–1948.10.1)
  タイ (マノーパコーンニティターダー, プラヤー 1884–1948)

Manoukian, Claude
フランスの画家。
⇒芸13 (マヌキアン, クロード 1936–)

Manouvrier, Léonce Pierre
フランスの医学者, 人類学者。1887年パリの人類学院教授。
⇒岩世人 (マヌヴリエ 1850.6.20–1927.6.18)

Mansbridge, Albert
イギリスの社会教育家。労働者高等教育促進協会をつくり, 1905年労働者教育協会WEAに発展。主著『大学学級』(13)。
⇒岩世人 (マンスブリッジ 1876.1.10–1952.8.22)

Mansell, Nigel
イギリスのF1ドライバー。
⇒異二辞 (マンセル [ナイジェル・~] 1953–)

  岩世人 (マンセル 1953.8.8–)

Mansell, William Albert
アメリカの宣教師。
⇒アア歴 (Mansell,William Albert マンセル, ウイリアム・アルバート 1864.3.30–1913.3.4)

Manser, Gallus Maria
スイスの新トマス主義哲学者, ドミニコ会員。
⇒新カト (マンザー 1866.7.25–1950.2.20)

Mansfield, Alan James
オーストラリアの法律家。東京裁判オーストラリア代表検事。クイーンズランド州最高裁長官, 政府総督, クイーンズランド大学理事長を歴任。
⇒ア太戦 (マンスフィールド 1902–1980)

Mansfield, Jayne
アメリカ生まれの女優。
⇒ク俳 (マンスフィールド, ジェイン (パーマー, ヴェラ・ジェイン) 1932–1967)
  スター (マンスフィールド, ジェーン 1933.4.19–1967)

Mansfield, Katherine
ニュージーランドの女性小説家。チェーホフの影響を受けたスケッチ風の短編で知られる。主著『日記』『手紙』など。
⇒岩世人 (マンスフィールド 1888.10.14–1923.1.9)
  現世文 (マンスフィールド, キャサリン 1888.11.14–1923.1.9)
  広辞7 (マンスフィールド 1888–1923)
  新カト (マンスフィールド 1888.10.14–1923.1.9)
  ニュー (マンスフィールド, キャサリン 1888–1923)
  ネーム (マンスフィールド 1888–1923)

Mansfield, Michael Joseph
アメリカの政治家, 外交官。
⇒アア歴 (Mansfield,Michael Joseph ("Mike") マンスフィールド, マイケル・ジョゼフ [マイク] 1903.3.16–2001.10.5)
  アメ州 (Mansfield,Mike マンスフィールド, マイク 1903–)
  岩世人 (マンスフィールド 1903.3.16–2001.10.5)

Mansfield, Peter
イギリスの物理学者。
⇒外12 (マンスフィールド, ピーター 1933.10.9–)
  外16 (マンスフィールド, ピーター 1933.10.9–)
  ノベ3 (マンスフィールド, P. 1933.10.9–)

Manship, Paul
アメリカの彫刻家。1948年以降アメリカン・アカデミー会長。主要作品『プロメテウスの噴水』(34)。
⇒アメ州 (Manship,Paul マンシップ, ポール 1885–1966)

Mansiz, Ilhan
トルコのサッカー選手。

⇒外12（マンスズ, イルハン　1975.8.10–）
外16（マンスズ, イルハン　1975.8.10–）

Manson, Marilyn
アメリカ・オハイオ州生まれの歌手。
⇒外12（マンソン, マリリン　1969.1.5–）
外16（マンソン, マリリン　1969.1.5–）

Manson, Sir Patrick
イギリスの寄生虫学者。熱帯医学の父と呼ばれ, 1879年力がヒトに象皮病を伝播することを発見。
⇒岩世人（マンソン　1844.10.3–1922.4.9）

Manson, Shirley
イギリスのロック歌手, ギター奏者。
⇒外12（マンソン, シャーリー　1966.8.26–）
外16（マンソン, シャーリー　1966.8.26–）

Manson, Thomas Walter
イギリスの新約学者。『イエスの教え』（1937）など, 福音書による研究が多い。
⇒岩世人（マンソン　1893.7.22–1958.5.1）

Manson, William
イギリスのプロテスタント神学者。エディンバラのニュー・カレッジ新約学教授（1925〜）。
⇒岩世人（マンソン　1882.4.14–1958.4.4）

Mansour, Adly
エジプトの政治家, 法律家。エジプト暫定大統領。
⇒外16（マンスール, アドリー　1945.12.23–）
世指導（マンスール, アドリー　1945.12.23–）

Mansour, Akhtar Mohammad
タリバン最高指導者。
⇒世指導（マンスール, アフタル・ムハンマド　?–2016.5.21）

al-Mansour, Haifaa
サウジアラビアの映画監督。
⇒外16（アル・マンスール, ハイファ　1974.8.10–）

Mansour, Kordbacheh
イラン出身の洋画家。
⇒芸13（コルドバッチェ・マンスール　1964–）

Manstein, Erich von
ドイツの軍人。ドイツ陸軍元帥。
⇒ネーム（マンシュタイン　1887–1973）

Mansur, Kyai Haji Mas
インドネシアのイスラム組織ムハマディヤの指導者。
⇒ア太戦（マンスール　1896–1946）
岩世人（マンスール　1896.6.25–1946.4.25）

Mansurov, Farid
アゼルバイジャンのレスリング選手（グレコローマン）。
⇒最世ス（マンスロフ, ファリド　1982.5.10–）

Mansvelt, Constant George van
オランダの海軍軍医。1866年7月来日。精得館を改組, 長崎医学校とした。
⇒岩世人（マンスフェルト　1832–1912）
来日（マンスフェルト　1832–1912）

Mantel, Hilary
イギリスの女性小説家。
⇒外12（マンテル, ヒラリー　1952.7.6–）
外16（マンテル, ヒラリー　1952.7.6–）
現世文（マンテル, ヒラリー　1952.7.6–）

Mantle, Mickey
アメリカの大リーグ選手（外野, 一塁）。
⇒アメ州（Mantle,Mickey　マントル, ミッキー　1931–）
岩世人（マントル　1931.10.20–1995.8.13）
メジャ（マントル, ミッキー　1931.10.20–1995.8.13）

Manto, Jeffrey Paul
アメリカの大リーグ選手（三塁）。
⇒外12（マント, ジェフ　1964.8.23–）

Mantō, Sa'ādat Hasan
パキスタンのウルドゥー語作家。社会の底辺に住む人々を主人公にした多くの好短篇を発表。
⇒岩イ（サアーダット・ハサン・マントー　1912–1955）
岩世人（マントー　1912.5.11–1955.1.18）
現世文（マントー, サアーダット・ハサン　1912.5.11–1955.1.18）
南ア新（マントー　1912–1955）

Mantoux, Charles
フランスの医者。ツベルクリンを皮内に注射する方法（マントゥー・テスト）を案出。
⇒岩世人（マントゥ　1877.5.14–1947）

Mantoux, Paul Joseph
フランスの歴史家。1927年ジュネーブに国際学術研究所創設, 55年『四巨頭会議議事録』公刊。
⇒岩世人（マントゥ　1877.4.14–1956.12.13）
有経5（マントゥー　1877–1956）

Mantovani, Annunzio Paolo
イタリア生まれのイギリスのポピュラー音楽指揮者。1951年ポピュラー・オーケストラを組織。ムード・ミュージックを創始。
⇒岩世人（マントヴァーニ　1905.11.15–1980.3.29）
新音中（マントヴァーニ　1905.11.15–1980.3.30）
標準2（マントヴァーニ, アヌンツィオ　1905.11.15–1980.3.30）

Manuel, Charles Fuqua
アメリカの大リーグ選手（外野）。
⇒異二辞（マニエル[チャーリー・〜]　1944–）
外12（マニエル, チャーリー　1944.1.4–）
外16（マニエル, チャーリー　1944.1.4–）
最世ス（マニエル, チャーリー　1944.1.4–）
ネーム（マニエル　1944–）

メジャ（マニュエル, チャーリー 1944.1.4–）
Manuel, Jerry
アメリカの大リーグ選手（二塁）, 監督。
⇒メジャ（マヌエル, ジェリー 1953.12.23–）
Manuel II
ポルトガル王。在位1908〜10。カルルシュ1世の2男。
⇒岩世人（マヌエル2世 1889.11.15–1932.7.2）
　皇国（マヌエル2世 ?–1932）
　世帝（マヌエル2世 1889–1932）
Manurita, Giovanni
イタリアのテノール歌手。
⇒失声（マヌリタ, ジョヴァンニ 1895–1984）
　魅惑（Manuritta, Giovanni（Manurita） 1895–1984）
Manus Boonjumnong
タイのボクサー。
⇒外12（マヌト・ブンチュムノン 1980.6.23–）
　最世ス（マヌト・ブンチュムノン 1980.6.23–）
Manush, Henry Emmett
アメリカの大リーグ選手（外野）。
⇒メジャ（マヌーシュ, ヘイニー 1901.7.20–1971.5.12）
Manville, Lesley
イギリスの女優。
⇒外12（マンビル, レスリー 1956.3.12–）
Manwaring, Kirt Dean
アメリカの大リーグ選手（捕手）。
⇒メジャ（マンウェアリング, カート 1965.7.15–）
Manwaring, Michael
アメリカのグラフィック・デザイナー。
⇒グラデ（Manwaring, Michael　マンウォリング, マイケル 1942–）
Manzaneda, José
スペイン?のテノール歌手。
⇒魅惑（Manzaneda, José ?–）
Manzarek, Ray
アメリカのミュージシャン。
⇒外12（マンザレク, レイ 1935.2.12–）
Manzini, Gianna
イタリアの女性小説家。国際的な雑誌「プローザ」の編集長（1945〜46）。主著『愛の季節』（28）。
⇒現世文（マンツィーニ, ジャンナ 1896.3.24–1974.8.31）
Manzù, Giacomo
イタリア生まれの彫刻家。
⇒岩世人（マンズー 1908.12.22–1991.1.17）
　広辞7（マンズー 1908–1991）
　新カト（マンズー 1908.12.22–1991.1.17）

Maoate, Terepai
クック諸島の政治家。クック諸島首相。
⇒世指導（マオアテ, テレパイ 1934.9.1–2012.7.9）
Mao Yin, Angela
台湾生まれの女優。
⇒外12（マオ, アンジェラ 1950.9.20–）
Mapfumo, Thomas
ジンバブエのシンガー・ソングライター, ギター奏者。
⇒岩世人（マプフーモ 1945.7.2–）
Mapplethorpe, Robert
アメリカの写真家。黒人の裸体, 花などを厳密な構図で撮影した作品を発表。
⇒岩世人（メイプルソープ 1946.11.4–1989.3.9）
　現アテ（Mapplethorpe, Robert　メイプルソープ, ロバート 1946–1989）
　ネーム（メイプルソープ 1946–1989）
Mara, Adele
アメリカのダンサー, 歌手, 女優。
⇒ク俳（マラ, アデル（デルガド, アデライダ） 1923–）
Mara, Kamisese Kapaiwai Tuimacilai
フィジーの政治家。フィジー大統領（1994〜2000）, フィジー首相。
⇒世指導（マラ, カミセセ 1920.5.13–2004.4.18）
Mara, Rooney
アメリカの女優。
⇒外16（マーラ, ルーニー 1985.4.17–）
Marable, Manning
アメリカの歴史家。
⇒岩世人（マラブル 1950.5.13–2011.4.1）
Maradona, Diego
アルゼンチンのサッカー選手。
⇒異二辞（マラドーナ［ディエゴ・〜］ 1960–）
　岩世人（マラドーナ 1960.10.30–）
　外12（マラドーナ, ディエゴ 1960.10.30–）
　外16（マラドーナ, ディエゴ 1960.10.30–）
　広辞7（マラドーナ 1960–）
　最世ス（マラドーナ, ディエゴ 1960.10.30–）
　ネーム（マラドーナ 1960–）
　ポプ人（マラドーナ, ディエゴ 1960–）
　ラテ新（マラドーナ 1960–）
Marāgheyī, Zeyn al-'Ābedīn
イランの作家。
⇒岩世人（マラーゲイー, ゼイノル・アーベディーン 1839–1910）
al-Marāghī, Muḥammad Muṣṭafā
エジプトの法学者。アズハル総長（1928〜29, 35〜45）。
⇒岩イ（マラーギー 1881–1945）

Maragliano, Luisa
イタリアのソプラノ歌手。1965年パルマ市よりヴェルディ金賞を受賞。
⇒オペラ（マラリャーノ, ルイーザ　1931–）

Maraini, Dacia
イタリアの女性小説家, 詩人。
⇒岩世人（マライーニ　1936.11.13–）
　外12（マライーニ, ダーチャ　1936.11.13–）
　外16（マライーニ, ダーチャ　1936.11.13–）
　現世文（マライーニ, ダーチャ　1936.11.13–）

Maraini, Fosco
イタリアの日本研究家。日本文化人類学専攻。
⇒岩世人（マライーニ　1912.11.15–2004.6.8）
　広辞7（マライーニ　1912–2004）

Marais, Jean
フランス生まれの俳優。
⇒ク俳（マレ, ジャン（ヴィレン＝マレ,J）　1913–1998）

Márai Sándor
ハンガリーの小説家。主著『かもめ』(1941)。
⇒岩世人（マーライ　1900.4.11–1989.2.21）

Mařák, Otakar
チェコのテノール歌手。
⇒失声（マラク, オタカール　1872–1939）
　魅惑（Mařák,Otakar（Ottokar）　1872–1939）

Maramotti, Luigi
イタリアの実業家。
⇒外12（マラモッティ, ルイジ　1957–）
　外16（マラモッティ, ルイジ　1957–）

Maran, George
アメリカのテノール歌手。
⇒魅惑（Maran,George　1926–）

Maran, René
フランスの海外県マルティニーク（西インド諸島東部）出身の作家。
⇒岩世人（マラン　1887.11.5–1960.5.9）
　図翻（マラン　1887.11.5–1960.5.9）

Marani, Diego
イタリアの作家。
⇒外12（マラーニ, ディエゴ　1959–）
　外16（マラーニ, ディエゴ　1959–）
　海文新（マラーニ, ディエゴ　1959–）
　現世文（マラーニ, ディエゴ　1959–）

Marant, Isabel
フランスの服飾デザイナー。
⇒外16（マラン, イザベル　1967–）

Maranville, Walter James Vincent (Rabbit)
アメリカの大リーグ選手（遊撃, 二塁）。
⇒メジャ（マランヴィル, ラビット　1891.11.11–1954.1.5）

Maraun, Heinz
ドイツのテノール歌手。
⇒魅惑（Maraun,Heinz　?–）

Marbe, Karl
ドイツの心理学者。識態のあることを指摘し, また裁判, 保護, 事故防止および統計などの応用的研究にも貢献した。
⇒岩世人（マルベ　1869.8.31–1953.1.2）

Marber, Patrick
イギリスの劇作家, 演出家。
⇒外12（マーバー, パトリック　1964.9.19–）
　現世文（マーバー, パトリック　1964.9.19–）

Marberry, Fredrick (Firpo)
アメリカの大リーグ選手（投手）。
⇒メジャ（マーベリー, ファーポ　1898.11.30–1976.6.30）

Marbut, Curtis Fletcher
アメリカの地質学者。アメリカにおける土壌の分類, 分布を研究し, 土壌調査とコロイド化学を結合して, 同国の近代土壌学建設に寄与した。
⇒岩世人（マーバット　1863.7.19–1935.8.25）

Marc, Franz
ドイツの画家。主作品『青馬の塔』『森のなかの鹿』。
⇒岩世人（マルク　1880.2.8–1916.3.4）
　芸13（マルク, フランツ　1880–1916）

Marcacci, Francesco
イタリアのテノール歌手。
⇒魅惑（Marcacci,Francesco　?–）

Marcaillou, Agnès
フランス出身の国連地雷対策サービス部（UNMAS）部長。
⇒外16（マカイユ, アニエス）

Marcato, Aurelio
イタリアのテノール歌手。
⇒魅惑（Marcato,Aurelio　1902–?）

Marceau, Alma
アメリカの作家。
⇒海文新（マルソー, アルマ）

Marceau, Félicien
ベルギーのフランス語で書く小説家, 劇作家。『クリージー』(1969)で, ゴンクール賞受賞,『卵』(55),『おいしいスープ』(58)で名声を高めた。
⇒外12（マルソー, フェリシヤン　1913.9.16–）
　現世文（マルソー, フェリシヤン　1913.9.16–2012.3.7）

Marceau, Marcel
フランスのパントマイム俳優。
⇒岩世人（マルソー　1923.3.22–2007.9.22）
　ポプ人（マルソー, マルセル　1923–2007）
　ユ著人（Marceau,Marcel　マルソー, マルセル　1923–）

Marceau, Sophie
フランス生まれの女優。
⇒外12（マルソー, ソフィー　1966.11.17–）
　外16（マルソー, ソフィー　1966.11.17–）
　ク俳（マルソー, ソフィー（モープ,S）　1966–）
　スター（マルソー, ソフィー　1966.11.17–）
　ネーム（マルソー, ソフィー　1966–）

Marcegaglia, Emma
イタリアの実業家。
⇒外12（マルチェガリア, エマ　1965–）
　外16（マルチェガリア, エンマ　1965–）

Marcel, Gabriel
フランスの哲学者, 劇作家。『形而上学的日記』で, キリスト教的実存主義の代表者とされる。主著『存在と所有』(1935)。
⇒岩キ（マルセル　1889–1973）
　岩世人（マルセル　1889.12.7–1973.10.8）
　教人（マルセル　1889–）
　広辞7（マルセル　1889–1973）
　社小増（マルセル　1889–1973）
　新カト（マルセル　1889.12.7–1973.10.8）
　哲中（マルセル　1889–1973）
　ネーム（マルセル　1889–1973）
　標音2（マルセル, ガブリエル　1889.12.7–1973.10.8）
　メル3（マルセル, ガブリエル　1889–1973）

Marcelin, Emile
フランスのテノール歌手。
⇒失声（マルスラン, エミール　1885–1947）
　魅惑（Marcelin,Émile　1885–1947）

Marcelinho
ブラジルのサッカー選手（サント・アンドレ・MF）。
⇒外12（マルセリーニョ　1971.2.1–）

Marcellino, Bartolomeo Paolo
イタリア・トリノ生まれの日本における聖パウロ修道会の創設者。
⇒新カト（マルチェリーノ　1902.11.24–1978.4.16）

Marcelo
ブラジルのサッカー選手（レアル・マドリード・DF）。
⇒最世ス（マルセロ　1988.5.12–）

Marceno, Antonio
テノール歌手。
⇒魅惑（Marceno,Antonio　?–）

Marcestel
フランス・パリ生まれの洋画家。
⇒外12（マークエステル　1943.2.26–）
　外16（マークエステル　1943.2.26–）
　芸13（マークエステル　1943–）

March, Aleida
革命家チェ・ゲバラの2度目の妻。
⇒外12（マルチ, アレイダ　1936–）

March, Fredric
アメリカの俳優。1951年『セールスマンの死』でヴェネチア映画祭男優賞を受賞。
⇒岩世人（マーチ　1897.8.31–1975.4.14）
　ク俳（マーチ, フレドリック（ビケル, アーネスト・フレデリック）　1897–1975）
　スター（マーチ, フレドリック　1897.8.30–1975）

March, James Gardner
アメリカの社会学者, 政治学者。
⇒現社（マーチ　1928–）
　ベシ経（マーチ　1928–）

Marchais, Georges
フランスの政治家。フランス共産党書記長。
⇒岩世人（マルシェ　1920.6.7–1997.11.17）

Marchal, André
フランスのオルガン奏者。1945～63年にはサン・ユスターシュ教会のオルガン奏者を務めた。生来盲目。
⇒新音中（マルシャル, アンドレ　1894.2.6–1980.8.27）
　標音2（マルシャル, アンドレ　1894.2.6–1980.8.27）

Marchal, Olivier
フランスの映画監督, 俳優。
⇒外12（マルシャル, オリヴィエ　1958–）
　外16（マルシャル, オリヴィエ　1958–）

Marchand, André
フランスの画家。
⇒芸13（マルシャン, アンドレ　1907–1976）

Marchand, Jean-Baptiste
フランスの軍人。1900年中国の義和団事件に際し遠征し, 04年退役。第1次世界大戦で復帰し, ベルダンの戦いに参加。
⇒岩世人（マルシャン　1863.11.22–1934.1.13）

Marchand, Pierre
フランスの編集者。1972年に老舗で有名なガリマール社に児童書部門を設立。
⇒絵本（マルシャン, ピエール　1939–2002）

Marchesi, Gualtiero
イタリアの料理人, レストラン経営者。
⇒岩世人（マルケージ　1930.3.19–）

Marchetti, Federico
イタリアの起業家。
⇒外16（マルケッティ, フェデリコ　1969–）

Marchetti, Victor L.
アメリカ中央情報局（CIA）元職員。議論の的になった「The CIA and the Cult of Intelligence」(1973)をジョン・D・マークスと共に執筆した。
⇒スパイ（マルチェッティ, ヴィクター・L　1929–）

Marchetto, Ennio
イタリアのパフォーマー。
⇒外12（マルケット, エンニオ　1960–）
　外16（マルケット, エンニオ　1960–）

Marchiandi, Angelo
イタリアのテノール歌手。
⇒魅惑（Marchiandi, Angelo　1927–）

Marchionne, Sergio
イタリアの実業家。
⇒外12（マルキオンネ, セルジオ　1952–）
　外16（マルキオンネ, セルジオ　1952–）

Marchuk, Yevhen
ウクライナの政治家。ウクライナ首相。
⇒世指導（マルチュク, エフヘン　1941.1.28–）

Marciano, John Bemelmans
アメリカの絵本作家。
⇒外16（マルシアーノ, ジョン・ベーメルマンス　1970–）
　現世文（マルシアーノ, ジョン・ベーメルマンス　1970–）

Marciano, Rocky
アメリカのプロボクサー。ボクシング世界ヘビー級チャンピオン（1952〜56）。
⇒アメ州（Marciano, Rocky　マルシアーノ, ロッキー　1923–1969）
　岩世人（マルシアノ　1923.9.1–1969.8.31）

Marcks, Erich
ドイツの歴史家。O.ビスマルクの研究は有名。主著『イギリス女王エリザベス』(1897)。
⇒岩世人（マルクス　1861.11.17–1938.11.22）

Marcks, Gerhard
ドイツの彫刻家。
⇒岩世人（マルクス　1889.2.18–1981.11.13）
　芸13（マルクス, ゲルハルト　1889–1958）

Marclay, Christian
アメリカ生まれの芸術家。
⇒現アテ（Marclay, Christian　マークレー, クリスチャン　1955–）

Marco, Patrizio di
イタリアの実業家。
⇒外12（マルコ, パトリツィオ・ディ　1962.6.5–）
　外16（マルコ, パトリツィオ・ディ　1962.6.5–）

Marco Kartodikromo
インドネシアの民族主義運動指導者, ジャーナリスト, 小説家, 詩人。

⇒岩世人（マルコ　1890–1935.3.18）

Marcolini, Pierre
ベルギーのショコラティエ。
⇒外16（マルコリーニ, ピエール　1964.7.12–）

Marcon, Andrea
イタリアの指揮者, オルガン奏者, チェンバロ奏者, 音楽学者。
⇒外12（マルコン, アンドレア　1963–）
　外16（マルコン, アンドレア　1963–）

Marconi, Francesco
イタリアのテノール歌手。
⇒失声（マルコーニ, フランチェスコ　1853–1916）
　魅惑（Marconi, Francesco　1853–1916）

Marconi, Guglielmo
イタリアの電気技師。1902年鉱石検波器, 07年円板放電器を発明。09年ノーベル物理学賞受賞。
⇒岩世人（マルコーニ　1874.4.25–1937.7.20）
　学叢思（マルコーニ, グリエルモ　1875–?）
　広辞7（マルコーニ　1874–1937）
　世史改（マルコーニ　1874–1937）
　世人新（マルコーニ　1874–1937）
　世人装（マルコーニ　1874–1937）
　ネーム（マルコーニ　1874–1937）
　ノベ3（マルコーニ, G.　1874.4.25–1937.7.20）
　物理（マルコーニ, グリエルモ　1874–1937）
　ボブ人（マルコーニ, グリエルモ　1874–1937）

Marconi, Rosselina Archinto
イタリアの出版者, 編集者。
⇒絵本（マルコーニ, ロゼッリーナ・アルキント　1935–）

Marcos, Ferdinando
フィリピンの政治家。第6代フィリピン大統領（1965〜86）。
⇒岩世人（マルコス　1917.9.11–1989.9.28）
　現アジ（マルコス・フェルディナンド　1917–1989）
　広辞7（マルコス　1917–1989）
　世暗（マルコス, フェルディナンド　1917–1989）
　政経改（マルコス　1917–1989）
　世史改（マルコス　1917–1989）
　世人新（マルコス　1917–1989）
　世人装（マルコス　1917–1989）
　ボブ人（マルコス, フェルディナンド　1917–1989）
　もう山（マルコス　1917–1989）

Marcos, Imelda Romualdez
フィリピンのマルコス元大統領夫人。
⇒岩世人（マルコス　1929.7.2–）
　外12（マルコス, イメルダ　1929.7.2–）
　外16（マルコス, イメルダ　1929.7.2–）
　世指導（マルコス, イメルダ　1929.7.2–）

Marcus, David Daniel
アメリカの軍人。イスラエル軍の顧問。

⇒ユ著人（Marcus,David Daniel　マーカス, デーヴィッド・ダニエル　1902–1948）

Marcus, Rudolph Arthur
アメリカの物理化学者。1992年ノーベル化学賞。
⇒岩世人（マーカス　1923.7.21–）
外12（マーカス, ルドルフ　1923.7.21–）
外16（マーカス, ルドルフ　1923.7.21–）
化学（マーカス　1923–）
ノベ3（マーカス,R.A.　1923.7.21–）
ユ著人（Marcus,Rudolph Arthur　マーカス, ルドルフ・アーサー　1923–）

Marcus, Ruth Barcan
アメリカの哲学者, 論理学者。
⇒岩世人（マーカス　1921.8.2–2012.2.19）

Marcuse, Herbert
ドイツ生まれのアメリカの哲学者。1965年カリフォルニア大学教授。ベルリン自由大学名誉教授。主著『ユートピアの終焉』(67)。
⇒アメ新（マルクーゼ　1898–1979）
岩経（マルクーゼ　1898–1979）
岩世人（マルクーゼ　1898.7.19–1979.7.29）
現社（マルクーゼ　1898–1979）
広辞7（マルクーゼ　1898–1979）
社小増（マルクーゼ　1898–1979）
新カト（マルクーゼ　1898.7.19–1979.7.29）
精分岩（マルクーゼ, ヘルベルト　1898–1979）
世人新（マルクーゼ　1898–1979）
世人装（マルクーゼ　1898–1979）
哲中（マルクーゼ　1898–1979）
メル別（マルクーゼ, ヘルベルト　1898–1979）
有経5（マルクーゼ　1898–1979）
ユ著人（Marcuse,Herbert　マルクーゼ, ハーバート　1898–1979）

Marcuse, Ludwig
ドイツの評論家。1933年フランスに亡命。45年ロサンゼルス大学哲学教授。
⇒ユ著人（Marcuse,Ludwig　マルクーゼ, ルードヴィッヒ　1894–1971）

Marczali, Henrik
ハンガリーの歴史家。
⇒ユ著人（Marczali,Henrik　マルツァリ, ヘンリック　1856–1940）

Marden, Brice
アメリカの画家。
⇒岩世人（マーデン　1938.10.15–）

Mardersteig, Giovanni
ドイツ・ワイマール生まれのタイポグラフィーの研究者, 印刷業者, 活字と本のデザイナー。
⇒グラデ（Mardersteig,Giovanni (Hans)　マルダーシュタイク, ジョヴァンニ（ハンス）　1892–1977）

Mardin, Arif
トルコ生まれのジャズ作編曲者。
⇒岩世人（マーディン　1932.3.15–2006.6.25）

ロック（Mardin,Arif　マーディン, アリフ　1932.3.15–）

Mare, Rolf de
スウェーデンの芸術パトロン, 興行師。
⇒岩世人（マレ　1888.5.9–1964.4.28）

Maréchal, Adolphe
ベルギーのテノール歌手。
⇒魅惑（Maréchal,Adolphe　1867–1935）

Maréchal, Joseph
ベルギーのカトリック哲学者。新スコラ学の代表的哲学者。主著『神秘家の心理学についての研究』(1924〜33)。
⇒岩キ（マレシャル　1878–1944）
岩世人（マレシャル　1878.7.1–1944.12.11）
新カト（マレシャル　1878.7.1–1944.12.11）

Maréchal, Maurice
フランスのチェロ演奏家。1942〜63年パリ国立音楽院教授。
⇒岩世人（マレシャル　1892.10.3–1964.4.19）
標音2（マレシャル, モリス　1892.10.3–1964.4.19）

Marechera, Dambudzo
ジンバブウェの小説家, 詩人。
⇒現世文（マレチェラ, ダンブゾー　1955–1987.8.18）

Marega, Mario
イタリア・ゴリツィア生まれのサレジオ会司祭, キリシタン研究家。
⇒岩世人（マレーガ　1902.9.30–1978.1.30）
新カト（マレガ　1902.9.30–1978.1.30）

Marek, Dan
テノール歌手。
⇒魅惑（Marek,Dan　?–）

Marella, Paolo
イタリアの聖職者。カトリック教区連盟を結成して, その運営を指導した。
⇒岩世人（マレッラ　1895.1.25–1984.10.15）
新カト（マレラ　1895.1.25–1984.10.15）

Marenches, Alexandre de
フランスの対外情報機関SDECEの長官。在職1970〜81。
⇒スパイ（マランシェ, アレクサンドル・ド　1921–1995）

Marepe
ブラジル生まれの芸術家。
⇒現アテ（Marepe　マレッペ　1970–）

Maresca, Benito
ブラジルのテノール歌手。
⇒魅惑（Maresca,Benito　1940–）

Maresca, Ernie
アメリカの歌手, ソングライター。
⇒ロック（Maresca,Ernie　マレスカ, アーニー　1939.4.21–）

Marett, Robert Ranulph
イギリスの哲学者, 人類学者。1928年よりエクセター・カレッジ学長。
⇒岩世人（マレット　1866.6.13–1943.2.18）
　新カト（マレット　1866.6.13–1943.2.18）

Margaret Rose Armstrong-Jones
イギリス王ジョージ6世の次女, エリザベス2世の妹。
⇒王妃（マーガレット・ローズ　1930–2002）

Margaret Victoria Charlotte Augusta Norah of Connaught
スウェーデン王グスタフ6世アドルフの一番目の妃。イギリス王子コノート公アーサー（ヴィクトリア女王の三男）の娘。
⇒王妃（マーガレット　1882–1920）

Margarian, Andranik
アルメニアの政治家。アルメニア首相。
⇒世指導（マルガリャン, アンドラニク　1951.6.12–2007.3.25）

Marga T
インドネシアの小説家。
⇒岩世人（マルガ・T　1943.1.27–）

Margbelashvili, Giorgi
ジョージアの政治家。ジョージア大統領（2013～18）。
⇒外16（マルグベラシビリ, ギオルギ　1969.9.4–）
　世指導（マルグベラシビリ, ギオルギ　1969.9.4–）

Margherita Teresa Giovanna di Savoia
イタリア王国の初代王妃。文化施設を設置, 厚生事業の発展に尽力。
⇒王妃（マルゲリータ　1851–1926）

Margiela, Martin
ベルギーの服飾デザイナー。
⇒岩世人（マルジェラ　1957.4.9–）
　外12（マルジェラ, マルタン）

Margiore, Eric
アメリカのテノール歌手。
⇒魅惑（Margiore,Eric　?–）

Margison, Richard
カナダのテノール歌手。
⇒魅惑（Margison,Richard　1954–）

Marglin, Stephen A.
アメリカ・ラディカル派政治経済学の中心的理論家。
⇒有経5（マーグリン）

Margolin, Janet
アメリカ生まれの女優。
⇒ク俳（マーゴリン, ジャネット　1943–1993）

Margoliouth, David Samuel
イギリスのオリエント学者。
⇒岩世人（マーゴリウス　1858.10.17–1940.3.22）

Margolis, Max Leopold
ロシア・ウィルナ生まれのアメリカのセム語学者。
⇒岩世人（マルゴーリス　1866.10.15–1932.4.2）
　ユ著人（Margolis,Max Leopold　マルゴリス, マックス・レオポルド　1886–1932）

Margolis, Sue
イギリスの作家。
⇒現世文（マーゴリス, スー　1955.1.5–2017.11.1）

Margrethe II
デンマーク女王。在位1972～。
⇒岩世人（マルグレーテ2世　1940.4.16–）
　外12（マルグレーテ2世　1940.4.16–）
　外16（マルグレーテ2世　1940.4.16–）
　皇国（マルグレーテ2世）

Margueray, Michel
フランスの画家。
⇒芸13（マルグレイ, ミッシェル　1938–）

Margueritte, Paul
フランスの小説家。弟と普仏戦争中のフランス社会を主題に『ある時代』(1898～1904)を合作。
⇒岩世人（マルグリット兄弟　1860.2.20–1918.12.29）

Margueritte, Victor
フランスの小説家。兄と普仏戦争中のフランス社会を主題に『ある時代』(1898～1904)を合作。
⇒岩世人（マルグリット兄弟　1866.12.1–1942.3.23）

Marguerre, Karl
スイス生まれのドイツの工学者。力学および弾性学を研究し, 特に板殻の安定の問題を取扱った。
⇒岩世人（マルゲール　1906.5.28–1979）

Marguery, Jean-Nicolas
フランスの料理人。
⇒フラ食（マルグリ, ジャン・ニコラ　1834–1910）

Margules, Max
オーストリアの気象学者。大気振動の研究, 熱帯低気圧のエネルギー源の研究で有名。
⇒岩世人（マルグレス　1856.4.23–1920.10.4）

Margulies, Julianna
アメリカの女優。
⇒外12（マルグリース, ジュリアナ）
　外16（マルグリース, ジュリアナ　1966.6.8–）

Margulis, Grigorii Aleksandrovich
ソ連の数学者。
⇒数辞（マルグリス, グレゴリー・アレクサンドロ
ヴィッチ 1946-）
世数（マルグリス, グレゴリー・アレクサンドロ
ヴィッチ 1946-）

Margulis, Lynn Alexander
アメリカの生物学者。
⇒旺生5（マーグリス 1938-）

Mari, Iela
イタリアのイラストレーター。
⇒絵本（マーリ, イエラ 1931-）

María Cristina
スペイン王アルフォンソ12世の妃。息子アルフォンソ13世の摂政となった（1886～1902）。
⇒岩世人（マリア・クリスティーナ 1856.7.21-1929.2.6）

Maria degli Apostoli
ドイツ・ミュレンドンク城生まれの女子サルヴァトール修道会創立者、初代会長。
⇒新カト（マリア〔使徒たちの〕 1833.2.19-1907.12.25）

María de Jesús Sacramentado Venegas de la Torre
メキシコ・ハリスコ州サポトラネホ生まれの聖人、イエスの聖心修道女会創立者。祝日7月30日。
⇒新カト（マリア・デ・ヘスス・サクラメンタド・ベネガス・デ・ラ・トッレ 1868.9.8-1959.7.30）

Maria Faustyna Kowalska
ポーランドの聖人。祝日10月5日。
⇒教聖（聖ファウスティナ修道女 1905.8.25-1938.10.5）
新カト（マリア・ファウスティナ・コヴァルスカ 1905.8.25-1938.10.5）

Maria Fyodorovna
アレクサンドル3世の妃。デンマーク王クリスチャン9世の娘。
⇒王妃（マリア・フョードロヴナ 1847-1928）

María Inés Teresa Arias
「御聖体の宣教クララ修道会」の創立者。
⇒教聖（福者御聖体のマリア・イネス・テレサ修道女 1904.7.7-1981.7.22）

Maria Jose
イタリアの王妃。
⇒王妃（マリーア・ジョゼ 1906-2001）

María Josefa del Corazón de Jesús
スペインの聖人、愛徳イエスのしもべ修道会創立者。祝日3月20日。
⇒新カト（マリア・ホセハ〔イエスの聖心の〕 1842.9.7-1912.3.20）

María Maravillas de Jesús Pidal y Chico de Guzmán
スペイン・マドリード生まれの聖人, 聖テレサ会創立者。祝日12月11日。
⇒新カト（マリア・マラビリャス・デ・ヘスス 1891.11.4-1974.12.11）

Mariani, Scott
イギリスの作家。
⇒海文新（マリアーニ, スコット 1968-）
現世文（マリアーニ, スコット 1968-）

Mariano, Luis
スペイン生まれのフランスのオペレッタ歌手。
⇒失声（マリアーノ, ルイス 1914-1970）
標音2（マリアーノ, ルイス 1920.8.12-）

Marías, Javier
スペインの作家, 翻訳家, コラムニスト。
⇒現世文（マリアス, ハビエル 1951.9.20-）

Marías, Julián
スペインの哲学者, 随筆家。
⇒岩世人（マリアス 1914.6.17-2005.12.15）

Maria Sophia Amalia
イタリアの王妃。
⇒王妃（マリーア・ソフィア 1841-1925）

Mariátegui, José Carlos
ペルーの革命家, 思想家。1928年ペルー社会党の名称で共産主義政党を創建した。
⇒岩世人（マリアテギ 1894.6.14-1930.4.16）
国政（マリアテギ, ホセ・カルロス 1894-1930）
ラテ新（マリアテギ 1894-1930）

Mariátegui, Suso
スペインのテノール歌手。
⇒魅惑（Mariátegui,Suso 1947-）

Maric
クロアチアのサッカー選手。
⇒外12（マリッチ 1973.1.28-）

Marić, Mileva
セルビア出身の女性。アインシュタインの妻。
⇒科史（マリッチ 1875-1948）

Marichal, Juan Antonio
アメリカの大リーグ選手（投手）。
⇒メジャ（マリシャル, フアン 1937.10.20-）

Marie
ルーマニアの王妃。
⇒王妃（マリー 1875-1938）

Marie, André
フランスの政治家。1948年首相, シューマン内閣の副首相。
⇒岩世人（マリー 1897.12.3-1974.6.2）

Marie, Gabriel
フランスのピアノ奏者, 指揮者。
⇒ク音3 (マリー　1852–1928)
　ピ曲改 (マリー, ガブリエル　1852–1928)
　標音2 (マリ, ガブリエル　1852.1.8–1928.8.29)

Marie, Pierre
フランスの神経科医。先端巨大症の原因が, 脳下垂体の腫瘍と機能障害であることを詳述。1893年小脳性運動失調(マリー病)を記載。
⇒岩世人 (マリー　1853.9.9–1940.4.13)

Marie Adelaide
ルクセンブルク大公。在位1912～1919。
⇒皇国 (マリー・アデライド)

Marie de Jésus Hostie
フランス・セルヴレット生まれの日本における女子跣足カルメル修道会の創立者, 初代修道院長。
⇒新カト (マリー・ド・ジェズ・オスティ　1894.11.2–1963.8.6)

Marie de St.Ernest
フランス・ランス生まれの煉獄援助修道会員。1935年来日。
⇒新カト (マリー・ド・サン・エルネスト　1895.5.11–1947.3.8)

Marie du Rosaire
カナダ生まれのクリスト・ロア宣教修道女会修道女。聖ヨゼフ・ホームを設立。
⇒新カト (マリー・デュ・ロゼール　?–1998.2.2)

Marien, Marcel
ベルギーの作家, 編集者, コラージュやオブジェの考案者, 映画監督, 写真家, 年代記作者。
⇒シュル (マリエン, マルセル　1920–1993)

Marie Valerie Mathilde Amalie von Osterreich
フランツ・ヨーゼフ1世と皇后エリーザベトの娘。フランツ・ザルヴァトール(オーストリア＝トスカーナ大公)の妃。
⇒王妃 (マリー・ヴァレリー　1868–1924)

Marikova, Anna
ウズベキスタンのピアノ奏者。
⇒外12 (マリコヴァ, アンナ　1965–)
　外16 (マリコヴァ, アンナ　1965–)

Marin, Carlos
スペインのバリトン歌手。
⇒外12 (マリン, カルロス　1968.10.13–)
　外16 (マリン, カルロス　1968.10.13–)

Marin, Eugène Gaspard
ベルギーの民族誌研究家。
⇒日エ (マラン　1883.10.8–1969.9.27)

Marin, Gladys
チリの政治家。チリ共産党首。
⇒世指導 (マリン, グラディス　?–2005.3.6)

Marin, Ion
ルーマニアの指揮者。
⇒外12 (マリン, イオン　1955–)
　外16 (マリン, イオン　1955–)

Marin, Jean-Marie
フランスの宣教師。
⇒新カト (マラン　1842.9.7–1921.5.21)
　来日 (マラン, ジャン・マリ　1842–1921)

Marin, John
アメリカの画家。1936年回顧展, 50年ベネチア・ビエンナーレ展に出品。
⇒芸13 (マリン, ジョン　1870–1953)

Marin, José Maria
ブラジルのサッカー選手, 政治家。
⇒外16 (マリン, ジョゼ・マリア　1932–)

Marin, Louis
フランスの政治家。
⇒岩世人 (マラン　1871.2.7–1960.5.22)

Marin, Louis
フランスの哲学者。
⇒メル別 (マラン, ルイ　1931–1992)

Marin, Maguy
フランスのダンサー, 振付家, 舞踊団監督。
⇒外12 (マラン, マギー　1951–)
　外16 (マラン, マギー　1951.6.2–)

Marin, Richard Cheech
アメリカ生まれの俳優。
⇒スター (チーチ・アンド・チョン　1946.7.13–)

Marina, Mayer
ベルギー生まれの版画家。
⇒芸13 (マリーナ, メイヤー　1954–)

Marinátos, Spyridón
ギリシアの考古学者。テラ島の発掘で世界的に有名となった。
⇒岩世人 (マリナトス　1901.11.4–1974.10.1)

Marinetti, Filippo Tommaso
イタリアの詩人。未来派の創始者。主著『未来派人マファルカ』(1910)。
⇒岩世人 (マリネッティ　1876.12.22–1944.12.2)
　絵本 (マリネッティ, フィリッポ・T.　1876–1944)
　グラデ (Marinetti,Filippo Tommaso　マリネッティ, フィリッポ・トンマーゾ　1876–1944)
　広辞7 (マリネッティ　1876–1944)
　ネーム (マリネッティ　1876–1944)
　ラテ新 (マリネッティ　1876–1944)

Marín González, Manuel
スペインの政治家。欧州連合(EU)欧州委員会委員長代行。

⇒世指導（マリン・ゴンザレス, マヌエル　1949.10.21–2017.12.4）

Marini, Franco
イタリアのテノール歌手。
⇒魅惑（Marini,Franco　?–）

Marini, Luigi
イタリアのテノール歌手。
⇒失声（マリーニ, ルイージ　1885–1942）
魅惑（Marini,Luigi　1885–1942）

Marini, Marino
イタリアの彫刻家。主作品『イーゴル・ストラビンスキー像』(1950)。
⇒岩世人（マリーニ　1901.2.27–1980.8.6）
芸13（マリーニ, マリノ　1901–1980）
広辞7（マリーニ　1901–1980）
ポプ人（マリーニ, マリノ　1901–1980）

Marinin, Maxim
ロシアのフィギュアスケート選手（ペア）。
⇒外12（マリニン, マキシム　1977.3.23–）
最世ス（マリニン, マキシム　1977.3.23–）

Marinina, Aleksandra
ロシアの推理作家。
⇒現世文（マリーニナ, アレクサンドラ　1957–）

Marinković, Ranko
ユーゴスラビア（クロアチア）の小説家, 劇作家。
⇒現世文（マリンコヴィチ, ランコ　1913.2.22–2001.1.28）

Marino, Dan
アメリカのプロフットボール選手。
⇒岩世人（マリーノ　1961.9.15–）

Marinoff, Lou
アメリカの哲学者。
⇒外12（マリノフ, ルー　1951–）
外16（マリノフ, ルー　1951–）

Marinov, Peter
テノール歌手。
⇒魅惑（Marinov,Peter　?–）

Marins, José Mojica
ブラジルの映画監督。
⇒映監（マリンズ, ジョゼ・モジカ　1929.3.13–）

Marín-Sola, Francesco
スペインのカトリック神学者, ドミニコ会員。
⇒新カト（マリン・ソラ　1873.11.22–1932.6.1）

Marion, Isaac
アメリカの作家。
⇒海文新（マリオン, アイザック　1981–）
現世文（マリオン, アイザック　1981–）

Marion, Jean-Luc
フランスのカトリック哲学者。
⇒岩世人（マリオン　1946.7.3–）
外12（マリオン, ジャン・リュック　1946.7.3–）
外16（マリオン, ジャン・リュック　1946.7.3–）
メル別（マリオン, ジャン＝リュック　1946–）

Marion, Martin Whiteford
アメリカの大リーグ選手（遊撃）。
⇒メジャ（マリオン, マーティ　1917.12.1–2011.3.15）

Marion, Shawn
アメリカのバスケットボール選手。
⇒異二辞（マリオン［ショーン・～］　1978–）
外12（マリオン, ショーン　1978.5.7–）
最世ス（マリオン, ショーン　1978.5.7–）

Maris, Matthijs
オランダの画家。風景画家マーリス3兄弟の次兄。
⇒岩世人（マリス　1839.8.17–1917.8.22）

Maris, Roger
アメリカの大リーグ選手（外野）。
⇒アメ州（Maris,Roger　マリス, ロジャー　1934–）
メジャ（マリス, ロジャー　1934.9.10–1985.12.14）

Maris, Willem
オランダの画家。風景画家マーリス3兄弟の末弟。
⇒岩世人（マリス　1844.2.18–1910.10.10）

Mariscal, Javier
スペインのデザイナー。
⇒グラデ（Mariscal,Javier　マリスカル, ハビエル　1950–）

Marischka, Hubert
オーストリアの俳優, テノール歌手。
⇒魅惑（Marischka,Hubert　1882–1959）

Maritain, Jacques
フランスの哲学者。1945～48年バチカン駐在のフランス大使, 48～60年プリンストン大学哲学教授。主著『ベルグソン哲学』(13)。
⇒岩キ（マリタン,J.　1882–1973）
岩世人（マリタン　1882.11.18–1973.4.28）
オク教（マリタン　1882–1973）
教人（マリタン　1882–）
広辞7（マリタン　1882–1973）
新カト（マリタン　1882.11.18–1973.4.28）
メル3（マリタン, ジャック　1882–1973）

Maritain, Raïsa Oumançoff
ロシア・ロストフ生まれのユダヤ人作家。
⇒岩キ（マリタン,R.　1883–1960）
岩世人（マリタン　1883.8.31/9.12–1960.11.4）
新カト（マリタン　1883.9.12–1960.11.4）

Mariza
ポルトガルの歌手。
⇒外12（マリーザ）

Marjisse, Serge
フランスの小説家,画家。
⇒芸13（マルジス,サージ　1934–）

Mark, Herman Francis
アメリカの高分子化学者。気体の電子線回折による分子構造の研究を創始した。
⇒岩世人（マルク　1895.5.3–1992.4.6）
化学（マーク　1895–1992）

Mark, Jan
イギリスの児童文学作家。
⇒現世文（マーク,ジャン　1943.6.22–）

Markakis, Nick
アメリカの大リーグ選手（ブレーブス・外野手）。
⇒外12（マーカーキス,ニック　1983.11.17–）
外16（マーケイキス,ニック　1983.11.17–）
最世ス（マーケイキス,ニック　1983.11.17–）
メジャ（マーケイキス,ニック　1983.11.17–）

Markandaya, Kamala
インドの女性英語小説家。
⇒現世文（マーカンダヤ,カマーラ　1924–2004）

Markarian, Benjamin Egishevich
ソ連の天文学者。
⇒天文大（マルカリアン　1913–1985）

Markel, Lester
アメリカのジャーナリスト。「ニューヨーク・タイムズ」日曜版編集長。
⇒岩世人（マーケル　1894.1.9–1977.10.23）

Markelius, Sven
スウェーデンの建築家。
⇒岩世人（マルケリウス　1889.10.25–1972.2.24）

Markelov, Yuri
ロシアのテノール歌手。
⇒魅惑（Markelov,Yuri　?–）

Marker, Chris
フランス生まれの映画監督。
⇒映画（マルケル,クリス　1921.7.29–）

Marker, Steve
アメリカのミュージシャン。
⇒外12（マーカー,スティーブ　1959.3.16–）
外16（マーカー,スティーブ　1959.3.16–）

Markevitch, Igor
ロシア生まれのイタリアの指揮者,作曲家。モンテカルロ国立歌劇場管弦楽団などの指揮者を歴任した。
⇒ク音3（マルケヴィチ　1912–1983）
新音中（マルケヴィチ,イーゴリ　1912.7.27–1983.3.7）
ネーム（マルケヴィチ　1912–1983）
標гла2（マルケヴィチ,イーゴリ　1912.7.27–1983.3.7）

Markievicz, Constance (Georgine), Countess
アイルランドの民族独立主義者。
⇒岩世人（マルキェヴィッチ　1868.2.4–1927.7.15）

Markish, Perets Davidovich
ソ連（ユダヤ系）の詩人,作家,劇作家。
⇒現世文（マルキシュ,ベレツ　1895–1952.8.12）
ユ著人（Markish,Perets Davidovich　マルキシュ,ベレツ・ダヴィドヴィチ　1895–1952）

Märkl, Jun
ドイツの指揮者。
⇒外12（メルクル,ジュン　1959.2.11–）
外16（メルクル,ジュン　1959.2.11–）

Markley, Richard
アメリカのテノール歌手。
⇒魅惑（Markley,Richard　1960–2005）

Marklund, Liza
スウェーデンの作家。
⇒現世文（マークルンド,リサ　1962.9.9–）

Markov, Andrei Andreevich
ソ連の数学者。確率論における中心極限定理,大数法則の研究,いわゆる「マルコフの鎖」「マルコフ過程」の理論的研究に多くの業績を残した。
⇒岩世人（マルコフ　1856.6.2/14–1922.7.20）
広世7（マルコフ　1856–1922）
数辞（マルコフ,アンドレイ・アンドレヴィッチ　1856–1922）
数小増（マルコフ（父）　1856–1922）
世数（マルコフ,アンドレイ・アンドレイエヴィッチ（父）　1856–1922）
ネーム（マルコフ　1856–1922）

Markov, Andrei Andreevich
ソ連の数学者。数理論理学の研究者。自由群論を研究。
⇒数小増（マルコフ（子）　1903–1979）
世数（マルコフ,アンドレイ・アンドレイエヴィッチ（子）　1903–1979）

Markov, George
イギリスに亡命したブルガリア共産党総書記トドール・ジフコフの元側近。KGBが開発した「アンブレラ銃」の最初の犠牲者。
⇒スパイ（マルコフ,ゲオルギー　1929–1978）

Markov, Georgii Makeevich
ソ連（ロシア）の作家。ソ連共産党中央委員,ソ連最高会議代議員。
⇒現世文（マルコフ,ゲオルギー　1911.4.19–1991.9.26）

Markov, Ilya
ロシアの競歩選手。
⇒最世ス（マルコフ, イリア 1972.6.19–）

Markova, Alicia
イギリスの女性舞踊家。
⇒岩世人（マルコワ 1910.12.1–2004.12.2）
ユ著人（Markova, Alicia マルコーヴァ, アリシア 1910–）

Marković, Duško
モンテネグロの政治家。モンテネグロ首相。
⇒世指導（マルコヴィッチ, ドゥシュコ 1958.7.6–）

Markovic, Goran
セルビアの映画監督。
⇒映監（マルコヴィッチ, ゴラン 1946.7.24–）

Marković, Mirjana
セルビアの政治家。ユーゴスラビア左翼連合党首、ベオグラード大学教授。
⇒世指導（マルコヴィッチ, ミリアナ）

Markowitz, Harry
アメリカの経済学者、ノーベル経済学賞受賞者。
⇒岩経（マルコヴィッツ 1927–）
岩世人（マーコウィッツ 1927.8.24–）
外12（マーコビッツ, ハリー 1927.8.24–）
外16（マーコビッツ, ハリー 1927.8.24–）
ノべ3（マーコビッツ, H.M. 1927.8.24–）
有経5（マーコヴィッツ 1927–）
ユ著人（Markowitz, Harry M. マルコヴィッツ, ハリー・M 1927–）

Marks, Charles
マルコムX暗殺裁判の裁判長。
⇒マルX（MARKS, CHARLES マークス, チャールズ）

Marks, David
アメリカのロック・ギター奏者。
⇒外16（マークス, デービッド 1948.8.22–）

Marks, Isaac M.
南アフリカ生まれの精神科医。
⇒現精（マークス 1935–）
現精縮（マークス 1935–）

Marks, John D.
アメリカ国務省元職員。議論の的になった「The CIA and the Cult of Intelligence」(1973)をヴィクター・L・マルチェッティと共に執筆した。
⇒スパイ（マークス, ジョン・D）

Marks, Paul Alan
アメリカの遺伝学者。
⇒外16（マークス, ポール 1926.8.16–）

Mark Twain
アメリカの小説家。代表作『ハックルベリー・フィンの冒険』(1884)など。
⇒アア歴（Twain, Mark トウェイン, マーク 1835.11.30–1910.4.21）
アメ州（Twain, Mark トウェイン, マーク 1835–1910）
アメ新（マーク・トウェーン 1835–1910）
岩キ（トウエイン 1835–1910）
岩世人 1835.11.30–1910.4.21）
広辞7（マーク・トウェーン 1835–1910）
新カト（マーク・トウェイン 1835.11.30–1910.4.21）
図翻（トウェイン, マーク 1835.11.30–1910.4.21）
西文（マーク・トウェーン 1835–1910）
世界子（トウェイン, マーク 1835–1910）
世人新（マーク＝トウエイン 1835–1910）
世人装（マーク＝トウエイン 1835–1910）
ヘミ（トウェイン, マーク 1835–1910）
ボブ人（トウェイン, マーク 1835–1910）

Markus, Hazel
アメリカの社会心理学者。
⇒社心小（マーカス 1949–）

Markwart, Josef
ドイツの東洋学者。ライデン大学助教授、ベルリン大学教授を歴任。主著『古代トルコ碑文年代記』(1898)。
⇒岩世人（マルクヴァルト 1864.12.9–1930.2.4）

Markwort, Peter
ドイツのテノール歌手。
⇒魅惑（Markwort, Peter 1897–1982）

Marlé, René
フランスのカトリック神学者、イエズス会員。
⇒新カト（マルレ 1919.10.19–1994.2.14）

Marley, Bob
ジャマイカ出身の歌手。
⇒岩世人（マーリー 1945.2.6–1981.5.11）
広辞7（マーリー 1945–1981）
新音中（マーリー, ボブ 1945.2.6–1981.5.11）
ネーム（マーリー, ボブ 1945–1981）
標音2（マーリー, ボブ 1945.2.5–1981.5.11）
ボブ人（マーリー, ボブ 1945–1981）

Marlow, Anthony
アメリカのテノール歌手。
⇒魅惑（Marlow, Anthony (Marlowe) 1909–1962）

Marlowe, Hugh
アメリカの男優。
⇒ク俳（マーロウ, ヒュー (ヒブル, H) 1911–1982）

Marlowe, Stephen
アメリカの推理作家、SF作家。
⇒現世文（マーロウ, スティーブン 1928–2008.2.22）

Marmand, Joseph Ferdinand
フランスの宣教師。

⇒新カト（マルマン　1849.3.26–1912.8.23）

Marmion, Columba
アイルランド・ダブリン生まれの霊的著作家。マレズーの大修道院長。
⇒オク教（マルミオン（福）　1858–1923）
　新カト（マルミオン　1858.4.1–1923.1.30）

Marmol, Carlos Agustin
ドミニカ共和国の大リーグ選手（投手）。
⇒メジャ（マルモル, カルロス　1982.10.14–）

Marmonier, Pierre-Charles-Henri
フランスの宣教師。
⇒新カト（マルモニエ　1878.8.29–1933.4.16）

Marmorini, Luca
イタリア生まれのF1エンジニア。
⇒異二辞（マルモリーニ［ルカ・〜］　1961–）

Marmottan, Pierre
フランスの政治家。
⇒19仏（マルモッタン, ピエール　1832.8.30–1914.1.6）

Marnas, Francisque
フランスのパリ外国宣教会宣教師、キリシタン研究家。著書に『日本キリスト教復活史』。
⇒岩世人（マルナス　1859.3.11–1932.10.13）
　新カト（マルナス　1859.3.11–1932.10.13）

al-Marnīsī, Fāṭima
モロッコのフェミニスト社会学者、作家。
⇒岩世人（メルニースィー, ファーティマ　1940–）

Marny, Jean
フランスのテノール歌手。
⇒失声（マルニー, ジャン　1885–?）
　魅惑（Marny, Jean　1885–?）

Maron, Margaret
アメリカのミステリ作家。
⇒外16（マロン, マーガレット）
　現世文（マロン, マーガレット）

Maroney, McKayla
アメリカの体操選手。
⇒外16（マロニー, マッケイラ　1995.12.9–）
　最世ス（マロニー, マッケイラ　1995.12.9–）

Marotta, Giuseppe
イタリアの小説家。代表作はナポリの人情、風物を描いた短編集『ナポリの黄金』。
⇒現世文（マロッタ, ジュゼッペ　1902.4.5–1963.10.10）

Marouzeau, Jules
フランスの言語学者、ラテン語学者。
⇒岩世人（マルーゾー　1878.3.20–1964.9.27）

Marović, Svetozor
セルビア・モンテネグロの政治家。セルビア・モンテネグロ大統領（2003〜06）。
⇒外12（マロヴィッチ, スヴェトザル　1955.3.21–）
　外16（マロヴィッチ, スヴェトザル　1955.3.21–）
　世指導（マロヴィッチ, スヴェトザル　1955.3.21–）

Marquand, John Phillips
アメリカの小説家。『故ジョージ・アップリー』(1937)で、ピュリッツァー賞受賞、『ビー・エフの娘』(46) などを書いた。
⇒アメ州（Marquand, John Phillips　マーカンド, ジョン・フィリップス　1893–1960）
　現世文（マーカンド, ジョン・フィリップ　1893.11.10–1960.7.16）
　スパイ（マーカンド, ジョン・P　1893–1960）

Marquard, Odo
ドイツの哲学者。
⇒岩世人（マルクヴァルト　1928.2.26–）

Marquard, Richard William (Rube)
アメリカの大リーグ選手（投手）。
⇒メジャ（マークォード, ルーブ　1886.10.9–1980.6.1）

Marquardt, Frederick Sylvester
アメリカのジャーナリスト、編集者。
⇒アア歴（Marquardt, Frederick S (ylvester)　マーカード, フレデリック・シルヴェスター　1905.12.10–）

Marquardt, Walter William
アメリカの教育者、国家公務員、企業幹部。
⇒アア歴（Marquardt, Walter William　マーカード, ウォルター・ウイリアム　1878.9.8–1962.6.18）

Marquat, William Frederick
アメリカの陸軍軍人。GHQ経済科学局長。1952年帰国後陸軍省勤務、55年退役。
⇒アア歴（Marquat, William F (rederic)　マーカット, ウイリアム・フレデリック　1894.3.17–1960.5.29）
　ア太戦（マーカット　1894–1960）
　岩世人（マーカット　1894.3.17–1959.5.30）

Marques, Zaccaria
ブラジルのテノール歌手。1972年度ブラジル音楽協会ベスト・テノール賞、翌73年にはブラジルのヴェルディ音楽協会賞を受賞。
⇒魅惑（Marques, Zaccaria　1937–）

Marquet, Albert
フランスの画家。1905年にH.マチスらとフォービズム運動に参加。
⇒異二辞（マルケ［アルベール・〜］　1875–1947）
　岩世人（マルケ　1875.3.27–1947.6.13）
　芸13（マルケ, アルベール　1875–1947）
　広辞7（マルケ　1875–1947）

Marquet, Christophe
フランスの美術史家。
⇒外16（マルケ, クリストフ　1965–）

Márquez, Juan Manuel
メキシコのプロボクサー。
⇒最世ス（マルケス, ファン・マヌエル　1973.8.23–）

Márquez, Marc
スペインのオートバイライダー。
⇒外12（マルケス, マルク　1993.2.17–）
外16（マルケス, マルク　1993.2.17–）
最世ス（マルケス, マルク　1993.2.17–）

Marquez, Rafael
メキシコのサッカー選手。
⇒外12（マルケス, ラファエル　1979.2.13–）
外16（マルケス, ラファエル　1979.2.13–）
最世ス（マルケス, ラファエル　1979.2.13–）

Marquez, Roberta
ブラジル生まれのバレリーナ。ロイヤル・バレエ団プリンシパル。
⇒外16（マルケス, ロベルタ）

Marquinhos
ブラジルのサッカー選手（アトレチコ・ミネイロ・FW）。
⇒外12（マルキーニョス　1976.3.23–）

Marquis, Don
アメリカの小説家。『アーチーとメヒタベル』(1927) 以下作品多数。
⇒岩世人（マークィス　1878.7.29–1937.12.29）

Marquis, Frederick James, 1st Earl of Woolton
イギリスの政治家, 実業家。
⇒岩世人（マークィス　1883.8.23–1964.12.14）

Marquis, Jason Scott
アメリカの大リーグ選手（投手）。
⇒メジャ（マーキー, ジェイソン　1978.8.21–）

Marr, Carl von
ドイツの画家。
⇒芸13（マルル, カルル・フォン　1858–1936）

Marr, David Courtnay
イギリスの神経科学者。
⇒岩世人（マー　1945.1.19–1980.11.17）

Marr, Melissa
アメリカの作家。
⇒海文新（マール, メリッサ）

Marr, Nikolai Iakovlevich
ソ連の言語学者, 考古学者。
⇒岩世人（マル　1864.12.25/1865.1.6–1934.12.20）

Marriner, Neville
イギリスの指揮者。
⇒外12（マリナー, ネビル　1924.4.15–）
外16（マリナー, ネビル　1924.4.15–）
新音中（マリナー, ネヴィル　1924.4.15–）
標音2（マリナー, ネヴィル　1924.4.15–）

Marriott, John Willard
アメリカのホテル・外食産業経営者。
⇒アメ経（マリオット, ジョン　1900.9.7–）
岩世人（マリオット　1900.9.17–1985.8.13）

Marriott, John Willard, Jr.
アメリカの実業家。
⇒外12（マリオット, ジョン・ウィラード (Jr.)　1932.3.25–）
外16（マリオット, J.W.Jr.　1932.3.25–）

Marriott, Mckim
アメリカの人類学者。
⇒アア歴（Marriott,Mckim　マリオット, マッキム　1924.2.1–）

Marrou, Henri Irénée
フランスの古代史家, 教父学者。筆名アンリ・ダヴァンソン (Henri Davenson)。
⇒岩世人（マルー　1904.11.12–1977.4.11）
新カト（マルー　1904.11.12–1977.4.12）

Mars
ベルギーのイラストレーター。
⇒19仏（マルス　1849.5.26–1912.3.28）

Marsalis, Branford
アメリカ・ルイジアナ州生まれのサックス奏者。
⇒標音2（マルサリス, ブランフォード　1960.8.26–）

Marsalis, Ellis
アメリカのジャズ・ピアノ奏者。
⇒外12（マルサリス, エリス　1934.11.14–）
外16（マルサリス, エリス　1934.11.14–）

Marsalis, Wynton
アメリカのトランペット奏者。
⇒岩世人（マルサリス　1961.10.18–）
外12（マルサリス, ウィントン　1961.10.18–）
外16（マルサリス, ウィントン　1961.10.18–）
新音中（マーサリス, ウィントン　1961.10.18–）
標音2（マルサリス, ウィントン　1961.10.18–）

Marschak, Jacob
アメリカの経済学者。
⇒有経5（マーシャック　1898–1977）

Marschall von Bieberstein, Adolf, Freiherr
ドイツの政治家, 外交官。駐コンスタンティノープル大使としてドイツの近東政策を促進, 駐ロンドン大使に転じ, 英独両国の諒解に努めた。
⇒岩世人（マルシャル・フォン・ビーベルシュタイン　1842.10.12–1912.9.24）

Marschner, Kurt
オーストリアのテノール歌手。
⇒魅惑（Marschner, Kurt　1913–1984）

Marsden, Carolyn
アメリカの作家。
⇒海文新（マースデン, キャロリン）

Marsden, Ernest
イギリスの物理学者。
⇒科史（マースデン　1889–1970）

Marsé, Juan
スペインの作家。
⇒現世文（マルセー, フアン　1933.1.8–）

Marsh, David
イギリスのジャーナリスト, コンサルタント。
⇒外12（マーシュ, デービッド　1952–）
　外16（マーシュ, デービッド　1952–）

Marsh, Joan
アメリカの女優。
⇒ク俳（マーシュ, ジョウン（ロシャー, ナンシー・アン）　1913–2000）

Marsh, Katherine
アメリカの作家。
⇒海文新（マーシュ, キャサリン　1974–）
　現世文（マーシュ, キャサリン　1974–）

Marsh, Mae
アメリカの映画女優。
⇒ク俳（マーシュ, メイ（マーシュ, メアリー）　1895–1968）

Marsh, Marian
アメリカの女優。
⇒ク俳（マーシュ, マリアン（クロース, ヴァイオレット）　1913–）

Marsh, Natasha
イギリスのソプラノ歌手。
⇒外12（マーシュ, ナターシャ　1975–）

Marsh, *Dame* Ngaio（Edith）
イギリスの探偵小説家。
⇒岩世人（マーシュ　1895.4.23–1982.2.18）
　現世文（マーシュ, ナイオ　1895.4.23–1982.2.18）
　ニュー（マーシュ, ンガイオ　1895–1982）

Marsh, Reginald
アメリカの画家。バロック的様式で都会の市民生活を描いた。
⇒芸13（マーシ, レジナルド　1898–1954）

Marshak, Samuil Yakovlevich
ソ連の詩人。代表作『お話, 歌, 謎々』,『森は生きている』（原題『12カ月』）（1943）は海外にまで知られる。
⇒岩世人（マルシャーク　1887.10.22/11.3–1964.7.4）
　絵本（マルシャーク, サムイル　1887–1964）
　現世文（マルシャーク, サムイル　1887.11.3–1964.7.4）
　ネーム（マルシャーク　1887–1964）
　ポプ人（マルシャーク, サムイル　1887–1964）
　ユ事人（Marshak,Samuil Yakovlevich　マルシャク, シュムイル・ヤコブレヴィッチ　1887–1964）

Marshall, Alan
オーストラリアの小説家。
⇒現世文（マーシャル, アラン　1902.5.2–1984.1.21）

Marshall, Alfred
イギリスの経済学者。1885年ケンブリッジ大学経済学教授。主著『経済学原理』（90）。
⇒岩経（マーシャル　1842–1924）
　岩世人（マーシャル　1842.7.26–1924.7.13）
　学叢思（マーシャル, アルフレッド　1842–1926）
　現社（マーシャル　1842–1924）
　広辞7（マーシャル　1842–1924）
　新カト（マーシャル　1842.7.26–1924.7.13）
　有経5（マーシャル　1842–1924）

Marshall, Barry
オーストラリアの胃腸病学者。
⇒岩生（マーシャル　1951–）
　外12（マーシャル, バリー　1951.9.30–）
　外16（マーシャル, バリー　1951.9.30–）
　ノベ3（マーシャル, B.J.　1951.9.30–）

Marshall, Bruce
イギリスの小説家。
⇒新カト（マーシャル　1899.6.24–1987.6.18）

Marshall, Charles
アメリカのテノール歌手。
⇒魅惑（Marshall,Charles　1886–1951）

Marshall, Colin Marsh
イギリスの実業家。
⇒外12（マーシャル, コリン　1933.11.16–）

Marshall, David Saul
シンガポールの政治家, 外交官, 弁護士。シンガポール労働戦線党首, 駐スイス・シンガポール大使。
⇒岩世人（マーシャル　1908.3.12–1995.12.12）

Marshall, Dennis
コスタリカのサッカー選手。
⇒最世ス（マルシャル, デニス　1985.8.9–2011.6.23）

Marshall, E.G.
アメリカ生まれの俳優。
⇒ク俳（マーシャル,E・G（マーシャル, エヴァリット）　1910–1998）

Marshall, Frank
アメリカの映画プロデューサー, 映画監督。

⇒外12 (マーシャル, フランク 1946.9.13–)
外16 (マーシャル, フランク 1946.9.13–)

Marshall, Garry
アメリカ・ニューヨーク生まれの映画監督。
⇒外12 (マーシャル, ゲーリー 1934.11.13–)
外16 (マーシャル, ゲーリー 1934.11.13–)

Marshall, George Catlett
アメリカの軍人, 政治家。マーシャル・プランの提唱者。1953年ノーベル平和賞受賞。
⇒ア太戦 (マーシャル 1880–1959)
アメ州 (Marshall,George Catlett マーシャル, ジョージ・カートレット 1880–1959)
アメ新 (マーシャル 1880–1959)
EU (マーシャル, ジョージ 1880–1959)
岩世人 (マーシャル 1880.12.31–1959.10.16)
広辞7 (マーシャル 1880–1959)
世史改 (マーシャル 1880–1959)
世人新 (マーシャル 1880–1959)
世人装 (マーシャル 1880–1959)
ネーム (マーシャル 1880–1959)
ノベ3 (マーシャル,G.C. 1880.12.31–1959.10.16)
ポプ人 (マーシャル, ジョージ 1880–1959)

Marshall, Harry Ignatius
アメリカの宣教師, 民俗学者。
⇒アア歴 (Marshall,Harry I(gnatius) マーシャル, ハリー・イグネイシアス 1878.1.24–1952.3.19)

Marshall, Sir John Hubert
イギリスの考古学者。モヘンジョ・ダロの大発掘やハラッパの調査を行った。
⇒岩世人 (マーシャル 1876.3.19–1958.8.17)
南ア新 (マーシャル 1876–1958)

Marshall, Louis
アメリカの法律家, ユダヤ人社会の指導者。
⇒ユ著人 (Marshall,Louis マーシャル, ルイス 1865–1929)

Marshall, Megan
アメリカの作家。
⇒外16 (マーシャル, メーガン 1954–)
現世文 (マーシャル, メーガン 1954–)

Marshall, Michael
イギリスの作家, 脚本家。
⇒外12 (マーシャル, マイケル 1965–)
現世文 (マーシャル, マイケル 1965–)

Marshall, Michael Allen
アメリカの大リーグ選手 (外野, 一塁)。
⇒メジャ (マーシャル, マイク 1960.1.12–)

Marshall, Michael Grant
アメリカの大リーグ選手 (投手)。
⇒メジャ (マーシャル, マイク 1943.1.15–)

Marshall, Paule
アメリカの黒人女性作家。
⇒岩世人 (マーシャル 1929.4.9–)
現世文 (マーシャル, ポール 1929.4.9–)

Marshall, Penny
アメリカ・ニューヨーク生まれの映画監督, 女優, 映画製作者。
⇒外12 (マーシャル, ペニー 1943.10.15–)
外16 (マーシャル, ペニー 1943.10.15–)

Marshall, Raymond Gifford
アメリカのジャーナリスト。
⇒アア歴 (Marshall,Ray(mond) Gifford マーシャル, レイモンド・ギフォード 1881.2.18–1946.2.22)

Marshall, Rob
アメリカの振付師, 舞台演出家, 映画監督。
⇒外12 (マーシャル, ロブ 1960.10.17–)
外16 (マーシャル, ロブ 1960.10.17–)

Marshall, Ruth Ann
アメリカの実業家。
⇒外12 (マーシャル, ルース・アン)
外16 (マーシャル, ルース・アン)

Marshall, Thomas Humphrey
イギリスの社会学者, 社会政策論研究者。ユネスコ社会科学部長, 国際社会学会会長。
⇒現社福 (マーシャル 1893–1981)
社小増 (マーシャル 1893–1981)

Marshall, Thomas Riley
アメリカの法律家, 政治家。1912年副大統領に選ばれ, 16年再選。アメリカ史上最も人気のあった副大統領といわれる。
⇒アメ州 (Marshall,Thomas Riley マーシャル, トーマス・ライリー 1854–1925)

Marshall, Thurgood
アメリカ史上初の黒人最高裁判事。黒人の地位向上にめざましい貢献をした。
⇒アメ新 (マーシャル 1908–1993)
岩世人 (マーシャル 1908.7.2–1993.1.24)
マルX (MARSHALL,THURGOOD マーシャル, サーグッド 1908–1993)

Marshall, Willard Warren
アメリカの大リーグ選手 (外野)。
⇒メジャ (マーシャル, ウィラード 1921.2.8–2000.11.5)

Marsicano, Trevor
アメリカのスピードスケート選手。
⇒外12 (マルシカノ, トレバー 1989.4.5–)
外16 (マルシカノ, トレバー 1989.4.5–)
最近ス (マルシカノ, トレバー 1989.4.5–)

Marsick, Armand
ベルギーの指揮者, 作曲家。1927～39年リエー

ジュ・ポピュラー・コンサート協会を組織・運営した。
⇒標音2（マルシック、アルマン　1877.9.20–1959.5.10）

Marsick, Martin Pierre Joseph
ベルギーのヴァイオリン奏者、作曲家、教育家。多くの作品があり、"La grammaire du violon"などの教育用作品も知られている。
⇒標音2（マルシック、マルタン＝ピエール＝ジョゼフ　1848.3.9–1924.10.21）

Marsinah
インドネシア、スハルト開発独裁体制による労働運動弾圧の犠牲者。
⇒岩世人（マルシナ　1969–1993）

Marsman, Jan Hendrick
アメリカの採鉱業管理職。
⇒アア歴（Marsman,Jan Hendrick　マーズマン、ジャン・ヘンドリック　1892.7.29–1956.5.5）

Marsoulan, Henry
フランスの政治家。
⇒19仏（マルスーラン、アンリ　1839.3.30–1909.9.21）

Marston, Joshua
アメリカの映画監督、脚本家。
⇒外12（マーストン、ジョシュア）

Marsy, Berthe de
フランスの運動家。
⇒19仏（マルシ、ベルト・ド　生没年不詳）

Marta
ブラジルのサッカー選手（ティーレソーFF・FW）。
⇒外12（マルタ　1986.2.19–）
　外16（マルタ　1986.2.19–）
　最世ス（マルタ　1986.2.19–）

Marte, Damaso
ドミニカ共和国の大リーグ選手（投手）。
⇒メジャ（マルテ、ダマソ　1975.2.14–）

Martel, Frédéric C.
フランスの社会学者、作家、ジャーナリスト。
⇒外12（マルテル、フレデリック　1967–）
　外16（マルテル、フレデリック　1967–）

Martel, Lucrecia
アルゼンチンの女性映画監督、脚本家。
⇒映監（マルテル、ルクレシア　1966.12.14–）

Martel, Yann
スペイン生まれの作家。
⇒外12（マーテル、ヤン　1963–）
　外16（マーテル、ヤン　1963–）
　現世文（マーテル、ヤン　1963–）

Martell, Arthur Earl
アメリカの化学者。
⇒岩世人（マーテル　1916.10.18–2003.10.15）

Martelly, Michel
ハイチの政治家、歌手。ハイチ大統領（2011〜16）。
⇒外12（マーテリー、ミシェル　1961.2.12–）
　外16（マーテリー、ミシェル　1961.2.12–）
　世指導（マルテリー、ミシェル　1961.2.12–）

Marten, Heinz
ドイツのテノール歌手。特にバッハ演奏家として評価が高い。1938年にはベルリン市音楽賞を得ている。
⇒魅惑（Marten,Heinz　1908–1991）

Martenot, Maurice
フランスの音楽教育家、楽器発明家。マルトノ芸術学校創設、初代学長。1922年電子鍵盤楽器を発明。
⇒ネーム（マルトノ　1898–1980）
　標音2（マルトノ、モリス　1898.10.14–1980.10.10）

Martens, Wilfried
ベルギーの政治家。ベルギー首相。
⇒岩世人（マルテンス　1936.4.19–2013.10.9）

Märtha, Princess
ノルウェー王女。
⇒外12（マルタ王女　1971–）
　外16（マルタ王女　1971–）

Marti, Bernabe
スペインのテノール歌手。
⇒失声（マルティ、ベルナベ　1928–）
　魅惑（Marti,Bernabé　1934–）

Marti, Kurt
スイスの著作家、改革派教会の神学者。
⇒新カト（マルティ　1921.1.31–2017.2.11）

Martikan, Michal
スロバキアのカヌー選手（カナディアン）。
⇒外12（マルティカン、ミハル　1979.5.18–）
　外16（マルティカン、ミハル　1979.5.18–）
　最世ス（マルティカン、ミハル　1979.5.18–）

Martimort, Aimé-Georges
フランスの典礼学者。
⇒新カト（マルティモール　1911.8.31–2000.1.20）

Martin, Agnes
アメリカの画家。
⇒岩世人（マーティン　1912.3.22–2004.12.16）

Martin, Albert Lee
アメリカの大リーグ選手（外野）。
⇒メジャ（マーティン、アル　1967.11.24–）

Martin, Alfred Manuel（Billy）
アメリカの大リーグ選手（二塁, 遊撃）。
⇒メジャ（マーティン, ビリー 1928.5.16–1989.12.25）

Martin, Alfred von
ドイツの社会学者, 歴史家。研究領域は広くブルクハルト研究や現代文化論など多彩。
⇒社小増（マルティン 1882–1979）

Martin, Allie
アメリカの図書館員。
⇒ア図（マーティン, アリー 1914–1976）

Martin, Ann M.
アメリカの作家。
⇒現世文（マーティン, アン 1955.8.12–）

Martin, Arther John Porter
イギリスの生化学者。1952年ノーベル化学賞。
⇒岩世人（マーティン 1910.3.1–2002.7.28）
　化学（マーティン 1910–2002）
　ノベ3（マーチン, A.J.P. 1910.3.1–2002.7.28）

Martin, Bradley K.
アメリカのジャーナリスト。
⇒外12（マーティン, ブラッドレー 1942–）

Martin, Caswell
バハマ出身のプロレスラー。
⇒異二辞（マーチン, カズウェル 1932–）

Martin, Chris
イギリスのミュージシャン。
⇒外12（マーティン, クリス 1977.3.2–）
　外16（マーティン, クリス 1977.3.2–）

Martin, David
アメリカのミステリ作家。
⇒現世文（マーティン, デービッド 1946.3.13–）

Martin, David Alfred
イギリスの社会学者。
⇒社小増（マーティン 1929–）

Martin, Dean
アメリカ生まれの男優。
⇒アメ州（Martin, Dean マーチン, ディーン 1917–）
　ク俳（マーティン, ディーン（クロチェッティ, ディノ） 1917–1995）
　スター（マーティン, ディーン 1917.6.7–1995）
　標音2（マーティン, ディーン 1917.6.7–）
　ロック（Martin, Dean マーティン, ディーン 1917.6.7–）

Martin, Douglas A.
アメリカの作家。
⇒海文新（マーティン, ダグラス・A. 1973–）
　現世文（マーティン, ダグラス 1973–）

Martin, Eric
アメリカのロック歌手。
⇒外12（マーティン, エリック 1960.10.10–）
　外16（マーティン, エリック 1960.10.10–）

Martín, Esteban
スペインの作家, 編集者。
⇒海文新（マルティン, エステバン 1956–）
　現世文（マルティン, エステバン 1956–）

Martin, Frank
スイスの作曲家。主作品『ハープ, チェンバロ, ピアノの協奏交響曲』（1946）。
⇒岩世人（マルタン 1890.9.15–1974.11.21）
　エデ（マルタン, フランク 1890.9.15–1974.11.21）
　ク音3（マルタン 1890–1974）
　新音小（マルタン, フランク 1890–1974）
　ピ曲改（マルタン, フランク 1890–1974）
　標音2（マルタン, フランク 1890.9.15–1974.11.21）

Martin, George
イギリスのプロデューサー。
⇒異二辞（マーティン, ジョージ 1926–2016）
　岩世人（マーティン 1926.1.3–）
　外12（マーティン, ジョージ 1926.1.3–）
　外16（マーティン, ジョージ 1926.1.3–）
　ビト改（MARTIN, GEORGE マーティン, ジョージ）
　ロック（Martin, George マーティン, ジョージ 1926.1.3–）

Martin, George R.R.
アメリカの作家。
⇒外12（マーティン, ジョージ 1948.9.20–）
　外16（マーティン, ジョージ 1948.9.20–）
　現世文（マーティン, ジョージ 1948.9.20–）

Martin, Glenn Luther
アメリカの飛行機設計家, 製造業者, 飛行家。1918～19年マーティン爆撃機を設計。
⇒岩世人（マーティン 1886.1.17–1955.12.5）

Martin, Gottfried
ドイツの哲学者, 科学哲学者。
⇒岩世人（マルティン 1901.6.19–1972.10.20）

Martin, Graham Anderson
アメリカの外交官。
⇒アア歴（Martin, Graham Anderson マーティン, ゲレアム・アンダーソン 1912.9.12–1990.3.15）

Martin, Herve
フランスの実業家。
⇒外12（マルタン, エルベ 1958–）
　外16（マルタン, エルベ 1958–）

Martin, Jacques
テノール歌手。
⇒魅惑（Martin, Jacques ?–）

Martin, Jean-Marie
フランスのパリ外国宣教会会員、日本宣教師。ラゲの『仏和会話大辞典』の再編集と出版に取り組む。
⇒新カト（マルタン　1886.6.8–1975.1.18）

Martin, Jerry Lindsey
アメリカの大リーグ選手（外野）。
⇒メジャ（マーティン, ジェリー　1949.5.11–）

Martin, John Leonard Roosevelt（Pepper）
アメリカの大リーグ選手（外野、三塁）。
⇒メジャ（マーティン, ペッパー　1904.2.29–1965.3.5）

Martin, Kevin
カナダのカーリング選手。
⇒外12（マーティン, ケビン　1966.7.31–）
　外16（マーティン, ケビン　1966.7.31–）
　最世ス（マーティン, ケビン　1966.7.31–）

Martin, Kirsty
オーストラリアのバレリーナ。
⇒外12（マーティン, キルスティ）

Martin, M.A.
フランス生まれの写真家。
⇒芸13（マルタン, M・A　1952–）

Martin, Mary
アメリカの歌手、ミュージカル女優。『南太平洋』(1949)、『サウンド・オブ・ミュージック』(59)などに主演。
⇒ク俳（マーティン, メアリー　1913–1990）
　標音2（マーティン, メアリー　1913.12.1–1990.11.3）

Martin, Michael
オーストラリアのテノール歌手。
⇒魅惑（Martin, Michael　?–）

Martin, Michel
テノール歌手。
⇒魅惑（Martin, Michel　?–）

Martin, Paul
カナダの政治家。カナダ首相、カナダ自由党党首。
⇒外12（マーティン, ポール　1938.8.28–）
　外16（マーティン, ポール　1938.8.28–）
　世指導（マーティン, ポール　1938.8.28–）

Martin, Raymond
フランスの彫刻家。
⇒芸13（マルタン, レイモン　1910–1976）

Martin, Rhona
イギリスのカーリング選手。
⇒外12（マーティン, ローナ　1966.10.12–）
　最世ス（マーティン, ローナ　1966.10.12–）

Martin, Riccardo
アメリカのテノール歌手。引退後はパリで「オペラ・ニュース」の特派員を務めた。
⇒魅惑（Martin, Riccardo　1874–1952）

Martin, Ricky
プエルト・リコ出身の歌手。
⇒外12（マーティン, リッキー　1971.12.24–）
　外16（マーティン, リッキー　1971.12.24–）

Martin, Robert C.
アメリカのソフトウェアコンサルタント。オブジェクト・メンター創設者。
⇒外16（マーチン, ロバート・C.）

Martin, Rudolf
スイスの人類学者。チューリヒ大学教授、ミュンヘン大学人類学主任教授を歴任。主著『人類学教科書』(1914)。
⇒岩生（マルティン　1864–1925）
　岩世人（マルティン　1864.7.1–1925.7.11）

Martin, Russell
カナダの大リーグ選手（ブルージェイズ・捕手）。
⇒外12（マーティン, ラッセル　1983.2.15–）
　外16（マーティン, ラッセル　1983.2.15–）
　最世ス（マーティン, ラッセル　1983.2.15–）
　メジャ（マーティン, ラッセル　1983.2.15–）

Martin, Samuel Elmo
アメリカの言語学者。エール大学教授。
⇒日エ（マーティン　1924.1.24–2009.11.28）

Martin, Steve
アメリカのコメディアン、俳優。
⇒遺産（マーチン, スティーヴ　1945.8.14–）
　外12（マーティン, スティーブ　1945.8.14–）
　外16（マーティン, スティーブ　1945.8.14–）
　ク俳（マーティン, スティーヴ　1945–）
　スター（マーティン, スティーヴ　1945.8.14–）

Martin, Tony
アメリカ・カリフォルニア州生まれの俳優、歌手。
⇒ク俳（マーティン, トニー（マリス, アルヴィン）1912–）
　標音2（マーティン, トニー　1912.12.22–）

Martin, Tony
ドイツの自転車選手（ロードレース）。
⇒最世ス（マルティン, トニー　1985.4.23–）

Martin, Victor
フランスの教会法学者、歴史家。
⇒新カト（マルタン　1886.5.23–1945.9.7）

Martin, Warren Homer
アメリカの統一自動車・航空機・農業機械労働組合（統一自動車労働組合）(UAW)会長。

⇒アメ経（マーティン，ウォーレン　1902.8.16–1968.1.22）

Martin, William F.
アメリカのエネルギー省原子力諮問委員会国際委員長，ワシントン・ポリシー・アンド・アナリシス（WPA）会長。
⇒外16（マーティン，ウィリアム　1951–）

Martin, William H.
NSAの暗号官。1960年，バーノン・F・ミッチェルと共にソ連へ亡命した。
⇒スパイ（マーチン，ウィリアム・H　1931–1987）

Martinak, Eduard
オーストリアの心理学者，教育学者。また学校改革家としても有名。1884年以来レオーベンおよびグラーツにおいて約20年間にわたってギムナジウムの教師および校長を勤める。
⇒教人（マルティナック　1859–1943）

Martinand, Gerald
フランス生まれの彫刻家。
⇒芸13（マルチナン，ジェラルド　1937–）

Martín-Baró, Ignacio
スペインのイエズス会士，心理学者。
⇒岩世人（マルティン＝バロ　1942.11.7–1989.11.16）

Martindale, Don Albert
アメリカの社会学者。
⇒社小増（マーティンデール　1915–）

Martín Descalzo, José Luis
スペインの小説家，ジャーナリスト，カトリック司祭。
⇒新カト（マルティン・デスカルソ　1930.8.27–1991.6.11）

Martin du Gard, Roger
フランスの小説家。『チボー家の人々』（1922～40）を発表。1937年ノーベル文学賞受賞。
⇒岩世人（マルタン・デュ・ガール　1881.3.23–1958.8.22）
現世文（マルタン・デュ・ガール，ロジェ　1881.3.23–1958.8.22）
広辞7（マルタン・デュ・ガール　1881–1958）
西文（マルタン・デュ・ガール，ロジェ　1881–1958）
世人新（マルタン＝デュ＝ガール　1881–1958）
世人装（マルタン＝デュ＝ガール　1881–1958）
ネーム（マルタン・デュ・ガール　1881–1958）
ノベ3（マルタン・デュ・ガール，R.　1881.3.23–1958.8.22）
フ文小（マルタン・デュ・ガール，ロジェ　1881–1958）
ポプ人（マルタン・デュ・ガール，ロジェ　1881–1958）

Martinelli, Elsa
イタリア生まれの女優。
⇒ク俳（マルティネッリ，エルサ（ティア，E

1932–）

Martinelli, Giovanni
イタリアのテノール歌手。特にオペラ歌手として知られる。
⇒岩世人（マルティネッリ　1885.10.22–1969.2.2）
オペラ（マルティネッリ，ジョヴァンニ　1885–1969）
失声（マルティネッリ，ジョヴァンニ　1885–1969）
魅惑（Martinelli,Giovanni　1885–1969）

Martinelli, Ricardo
パナマの政治家，実業家。パナマ大統領（2009～14）。
⇒外12（マルティネリ，リカルド　1952.3.11–）
外16（マルティネリ，リカルド　1952.3.11–）
世指導（マルティネリ，リカルド　1952.3.11–）

Martinet, André
フランスの言語学者。
⇒岩世人（マルティネ　1908.4.12–1999.7.16）
オク言（マルティネ，アンドレ　1908–1999）
広辞7（マルティネ　1908–1999）

Martinetti, Piero
イタリアの哲学者。
⇒岩世人（マルティネッティ　1872.8.21–1943.3.23）

Martinez
ブラジルのサッカー選手（セレッソ大阪・MF）。
⇒外12（マルチネス　1980.4.21–）

Martinez, Carmelo
アメリカの大リーグ選手（外野，一塁）。
⇒メジャ（マルティネス，カルメロ　1960.7.28–）

Martinez, Claude
フランスの実業家。
⇒外16（マルティネズ，クロード　1954–）

Martinez, David
アメリカの大リーグ選手（外野）。
⇒メジャ（マルティネス，デイヴ　1964.9.26–）

Martinez, Domingo Emilio
アメリカの大リーグ選手（一塁）。
⇒異二辞（マルティネス，ドミンゴ　1965–）

Martinez, Edgar
アメリカの大リーグ選手（三塁，DH）。
⇒メジャ（マルティネス，エドガー　1963.1.2–）

Martinez, Fele
スペインの俳優。
⇒外12（マルチネス，フェレ　1975–）

Martinez, Felix Anthony（Tippy）
アメリカの大リーグ選手（投手）。
⇒メジャ（マルティネス，ティッピー　1950.5.31–）

Martínez, Guillermo
アルゼンチンの作家。
⇒外12（マルティネス, ギジェルモ　1962-）
　外16（マルティネス, ギジェルモ　1962-）
　現世文（マルティネス, ギジェルモ　1962-）

Martinez, Iker
スペインのヨット選手。
⇒外16（マルティネス, イケル　1977.6.16-）
　最世ス（マルティネス, イケル　1977.6.16-）

Martinez, John Albert（Buck）
アメリカの大リーグ選手（捕手）。
⇒メジャ（マルティネス, バック　1948.11.7-）

Martínez, Josè Carlos
フランスのバレエダンサー, 振付師。
⇒外12（マルティネス, ジョゼ　1969-）
　外16（マルティネス, ジョゼ　1969-）

Martinez, Jose Dennis
アメリカの大リーグ選手（投手）。
⇒外12（マルティネス, デニス　1955.5.14-）
　メジャ（マルティネス, デニス　1955.5.14-）

Martinez, Loppo
フランス生まれのアーティスト。
⇒芸13（マルチネス, ロッポ　1952-）
　芸13（マルチネス, ロポ　1952-）

Martinez, Pedro Jaime
ドミニカ共和国の大リーグ選手（投手）。
⇒外12（マルティネス, ペドロ　1971.10.25-）
　外16（マルティネス, ペドロ　1971.10.25-）
　最世ス（マルティネス, ペドロ　1971.10.25-）
　メジャ（マルティネス, ペドロ　1971.10.25-）

Martinez, Ramon Jaime
ドミニカ共和国の大リーグ選手（投手）。
⇒メジャ（マルティネス, ラモン　1968.3.22-）

Martinez, Sergio
メキシコ生まれのアート・ディレクター, イラストレーター。
⇒外12（マルティネス, セルジオ）

Martinez, Sergio
アルゼンチンのプロボクサー。
⇒最世ス（マルチネス, セルヒオ　1975.2.21-）

Martinez, Tino
アメリカの大リーグ選手（内野手）。
⇒外16（マルティネス, ティノ　1967.12.7-）
　メジャ（マルティネス, ティノ　1967.12.7-）

Martínez, Tomás Eloy
アルゼンチンの作家。
⇒現世文（マルティネス, トマス・エロイ　1934-2010.1.31）

Martinez, Victor Jesus
ベネズエラの大リーグ選手（捕手, 一塁）。
⇒メジャ（マルティネス, ビクトル　1978.12.23-）

Martinez, Vincent
テノール歌手。
⇒魅惑（Martinez,Vincent　?-）

Martinez-Patti, Gino
イタリア（スペイン系）のテノール歌手。R.シュトラウスの『サロメ』イタリア語初演で作曲者自身指揮によりヘロデ王を歌った。
⇒魅惑（Martinez-Patti,Gino　1866-1925）

Martínez Sierra, Gregorio
スペインの劇作家。代表作『子守歌』(1911)。『恋は魔術師』(15)はバレエ化されて有名。
⇒岩世人（マルティネス・シエラ　1881.5.6-1947.10.1）
　学叢思（シエラ, グレゴリオ・マルティネス　1881-）

Martín Gaite, Carmen
スペインの女性作家, 批評家。
⇒現世文（マルティン・ガイテ, カルメン　1925.12.8-2000.7.22）

Martini, Arturo
イタリアの彫刻家, 画家。作風は古代ローマ, イタリア14世紀, バロックの様式, あるいは, 抽象形態を次々に同化して変化した。
⇒岩世人（マルティーニ　1889.8.11-1947.3.22）

Martini, Carlo Maria
イタリアのカトリック聖書学者。新約聖書本文の批評学が専門。枢機卿。
⇒新カト（マルティーニ　1927.2.15-2012.8.31）

Martini, Christiane
ドイツの作家。
⇒海文新（マルティーニ, クリスティアーネ　1967-）
　現世文（マルティーニ, クリスティアーネ　1967-）

Martini, Nino
イタリアのテノール歌手。1933年コロンビア放送協会からコロンビア賞を受けた。
⇒失声（マルティーニ, ニーノ　1905-1976）
　魅惑（Martini,Nino　1905-1976）

Martini, Steve
アメリカのミステリ作家。
⇒外16（マルティニ, スティーブ　1946-）
　現世文（マルティニ, スティーブ　1946-）

Martin-Landelle, Émile
フランスの政治家。
⇒19仏（マルタン=ランデル, エミール　1834.9.15-?）

Martino, Al
アメリカ・フィラデルフィア生まれの歌手。

⇒ロック（Martino,Al マーティノ,アル 1927.10.7–）

Martino, Donald（James）
アメリカの作曲家。
⇒エデ（マルティーノ,ドナルド（ジェイムズ）1931.5.16–2005.12.8）

Martino, Gerardo
アルゼンチンのサッカー監督（バルセロナ）。
⇒最世ス（マルティーノ,ヘラルド 1962.11.20–）

Martino, Vito
テノール歌手。
⇒魅惑（Martino,Vito ?–）

Martinon, Jean
フランスの指揮者。作曲家としても知られバルトーク賞をえた。
⇒ク音3（マルティノン 1910–1976）
　新音中（マルティノン,ジャン 1910.1.10–1976.3.1）
　標音2（マルティノン,ジャン 1910.1.10–1976.3.1）

Martins, Maria
ブラジルの芸術家。
⇒シュル（マルティンス,マリア 1894–1973）

Martins, Peter
デンマークのダンサー、振付家、バレエ監督。
⇒岩世人（マーティンス 1946.10.27–）
　外12（マーティンス,ピーター 1946.10.27–）
　外16（マーティンス,ピーター 1946.10.27–）

Martín Santos, Luis
スペインの小説家。
⇒岩世人（マルティン・サントス 1924.11.11–1964.2.21）
　現世文（マルティン・サントス,ルイス 1924.11.11–1964.2.21）

Martinson, Harry Edmund
スウェーデンの小説家。プロレタリア文学作家として最初のスウェーデン・アカデミー会員。自伝『いらくさの花群』(1935) など。
⇒岩世人（マッティンソン 1904.5.6–1978.2.11）
　現世文（マルティンソン,ハリー 1904.5.6–1978.2.11）
　ノベ3（マーティンソン,H. 1904.5.6–1978.2.11）

Martinson, Moa
スウェーデンの作家。H.マルティンソンの妻。
⇒岩世人（マッティンソン 1890.11.2–1964.8.5）

Martinů, Bohuslav
チェコスロバキアの作曲家。主作品『ヴァイオリン協奏曲』(1943)
⇒岩世人（マルティヌー 1890.12.8–1959.8.28）
　エデ（マルティヌー,ボフスラフ 1890.12.8–1959.8.28）
　オペラ（マルティヌー,ボフスラフ 1890–1959）

　ク音3（マルティヌー 1890–1959）
　新音小（マルティヌー,ボフスラフ 1890–1959）
　新音中（マルティヌー,ボフスラフ 1890.12.8–1959.8.28）
　ピ曲改（マルティヌー,ボスラフ 1890–1959）
　標音2（マルティヌー,ボフスラフ 1890.12.8–1959.8.28）

Martinucci, Nicola
イタリアのテノール歌手。
⇒失声（マルティヌッチ,ニコラ 1941–）
　魅惑（Martinucci,Nicola 1941–）

Marti Petit, Antoni
アンドラの政治家。アンドラ首相。
⇒外12（マルティ・プティ,アントニ）
　外16（マルティ・プティ,アントニ 1963.11.10–）
　世指導（マルティ・プティ,アントニ 1963.11.10–）

Martirosian, Varuzhan
テノール歌手。
⇒魅惑（Martirosian,Varuzhan ?–）

Martone, Mario
イタリアの演出家、映画監督。
⇒外12（マルトーネ,マリオ）
　外16（マルトーネ,マリオ 1959.11.20–）

Marton Eva
ハンガリーのソプラノ歌手。
⇒標音2（マルトン,エヴァ 1943.6.18–）

Martonne, Emmanuel de
フランスの地理学者。地理学研究所を創設したフランス地理学界の指導者。
⇒岩世人（マルトンヌ 1873.4.1–1955.7.25）

Martov, L.
ロシアの政治家。1903年以後メンシェビキの指導者。20年亡命、ベルリンで『社会主義通報』発行。
⇒岩世人（マールトフ 1873.11.12/24–1923.4.4）
　世人新（マルトフ 1873–1923）
　世人装（マルトフ 1873–1923）
　ユ著人（Martov,Julius マルトフ,ユリウス 1873–1923）

Martucci, Giuseppe
イタリアの作曲家、ピアノ奏者、指揮者。1902年ナポリ音楽院院長。
⇒オペラ（マルトゥッチ,ジュゼッペ 1856–1909）
　ク音3（マルトゥッチ 1856–1909）
　新音中（マルトゥッチ,ジュゼッペ 1856.1.6–1909.6.1）
　標音2（マルトゥッチ,ジュゼッペ 1856.1.6–1909.6.1）

Marty, André
フランスの政治家。共産党員となり (1924)、党中央委員 (25〜52)、党機関紙「ユマニテ」編集長 (34〜35) を歴任。

⇒岩世人（マルティ　1886.11.6–1956.11.22）

Marty, Anton Maurus
スイスの哲学者,言語学者。主著『言語起源論』
(1875)。
⇒岩世人（マルティ　1847.10.18–1914.10.1）
　メル3（マルティ,アントン　1847–1914）

Marty, Éric
フランスの文学者。
⇒外12（マルティ,エリック　1955–）

Marty, Irene
スイスのドキュメンタリー映画監督。
⇒外12（マーティー,アイリーヌ　1958.9.27–）

Marty, Martin（Emil）
アメリカの宗教史家,宗教学者。
⇒岩世人（マーティ　1928.2.5–）

Martyn, John
イギリスのシンガー・ソングライター。
⇒ロック（Martyn,John　マーティン,ジョン）

Martynov, Leonid Nikolaevich
ソ連の詩人。1940年代なかばに『第七感』,『大
地』などの代表作を発表。
⇒現世文（マルトゥイノフ,レオニード　1905.5.22–
1980.6.21）

Martynov, Sergei
ベラルーシの射撃選手(ライフル)。
⇒外16（マルティノフ,セルゲイ　1968.5.18–）
　最世ス（マルティノフ,セルゲイ　1968.5.18–）

Marucchi, Orazio
イタリアの考古学者。
⇒オク教（マルッキ　1852–1931）
　新カト（マルッキ　1852.11.10–1931.1.21）

Marurai, Jim
クック諸島の政治家。クック諸島首相。
⇒外12（マルライ,ジム　1947–）
　外16（マルライ,ジム　1947–）
　世指導（マルライ,ジム　1947–）

Marusin, Yuri
ロシアのテノール歌手。
⇒失声（マルーシン,ユーリ　?）
　魅惑（Marusin,Yuri（Marusyn,Yurij）　1949–）

Marval, *Madame* Jacqueline
フランスの画家。
⇒芸13（マルヴァル,ジャクリーヌ　1866–1932）

Marvel, Carl Shipp
アメリカの化学者。
⇒岩世人（マーヴェル　1894.9.11–1988.1.4）

Marvin, George
アメリカのジャーナリスト,編集者。

⇒アア歴（Marvin,George　マーヴィン,ジョージ
1873.7.31–1955.12.21）

Marvin, Lee
アメリカの俳優。
⇒遺産（マーヴィン,リー　1924.2.19–1987.8.29）
　ク俳（マーヴィン,リー　1924–1987）
　スター（マーヴィン,リー　1924.2.19–1987）

Marx, Chico
アメリカの喜劇映画俳優。
⇒岩世人（マルクス兄弟　1887–1961）
　ク俳（マルクス・ブラザーズ　1886–1961）
　広辞7（マルクス・きょうだい　マルクス兄弟
1887–1961）
　スター（マルクス・ブラザーズ　1887–1961）
　ユ著人（Marx Brothers　マルクス・ブラザーズ
1887–1961）

Marx, Groucho
アメリカの喜劇映画俳優。
⇒遺産（マルクス,グルーチョ　1890.10.2–1977.8.
19）
　岩世人（マルクス兄弟　1890–1977）
　ク俳（マルクス・ブラザーズ　1890–1977）
　広辞7（マルクス・きょうだい　マルクス兄弟
1890–1977）
　スター（マルクス・ブラザーズ　1890.10.2–1977）
　ネーム（マルクス,グルーチョ　1890–1977）
　ユ著人（Marx Brothers　マルクス・ブラザーズ
1890–1977）

Marx, Gummo
アメリカの喜劇映画俳優。
⇒岩世人（マルクス兄弟　1892–1977）
　広辞7（マルクス・きょうだい　マルクス兄弟
1892–1977）
　ユ著人（Marx Brothers　マルクス・ブラザーズ
1897–1977）

Marx, Harpo
アメリカの喜劇映画俳優。
⇒遺産（マルクス,ハーポ　1888.11.23–1964.9.28）
　岩世人（マルクス兄弟　1888–1964）
　ク俳（マルクス・ブラザーズ　1888–1964）
　広辞7（マルクス・きょうだい　マルクス兄弟
1888–1964）
　スター（マルクス・ブラザーズ　1888–1964）
　ネーム（マルクス,ハーポ　1888–1964）
　ユ著人（Marx Brothers　マルクス・ブラザーズ
1888–1964）

Marx, Jakob
ドイツのカトリック教会史学者,司祭。
⇒新カト（マルクス　1855.3.7–1924.3.19）

Marx, Joseph
オーストリアの作曲家。ヴィーン音楽院院長
(1922)。
⇒岩世人（マルクス　1882.5.11–1964.9.3）
　ク音3（マルクス　1882–1964）
　新音中（マルクス,ヨーゼフ　1882.5.11–1964.9.
3）

標音2（マルクス, ヨーゼフ　1882.5.11–1964.9.3）
Marx, Roger
フランスの美術批評家, 行政官。
⇒岩世人（マルクス　1859.8.28–1913.12.13）
Marx, Werner
ドイツ（ユダヤ系）の哲学者。
⇒岩世人（マルクス　1910.9.19–1994.11.21）
Marx, Wilhelm
ドイツの政治家。中央党党首（1921〜28）, 首相（23〜24,26〜28）。
⇒岩世人（マルクス　1863.1.15–1946.8.5）
Marx, Wolfgang
ドイツの哲学者。
⇒岩世人（マルクス　1940.4.15–2011.8.19）
Marx, Zeppo
アメリカの喜劇映画俳優。
⇒岩世人（マルクス兄弟　1901–1979）
　ク俳（マルクス・ブラザーズ　1901–1979）
　広辞7（マルクス・きょうだい　マルクス兄弟　1901–1979）
　スター（マルクス・ブラザーズ　1901–1979）
　ユ著人（Marx Brothers　マルクス・ブラザーズ　1901–1979）
Mary af Denmark
デンマーク皇太子フレデリクの妃。
⇒王妃（メアリー　1972–）
Maryam Jamīla
パキスタン在住のジャーナリスト。
⇒岩イ（マルヤム・ジャミーラ　1934–）
Mary of Teck
イギリスの王妃。
⇒王妃（メアリー　1867–1953）
Marzi, Christoph
ドイツの作家。
⇒海文新（マーツィ, クリストフ　1970–）
　現世文（マーツィ, クリストフ　1970.5.7–）
Marzouki, Moncef
チュニジアの政治家, 人権活動家。チュニジア大統領（2011〜14）。
⇒外16（マルズーキ, モンセフ　1945.7.7–）
　世指導（マルズーキ, モンセフ　1945.7.7–）
Marzuki, Ismail
インドネシアの作曲家。
⇒岩世人（マルズキ, イスマイル　1914.5.11–1958.5.25）
Mas, Benjamin
スペイン生まれの洋画家。
⇒芸13（マス, ベンジャミ　1966–）

Más, Javier
スペインのテノール歌手。
⇒魅惑（Más,Javier　?–）
Masa
台湾のミュージシャン。
⇒外16（マサ　1977–）
Masai, Linet
ケニアの陸上選手（長距離）。
⇒最世ス（マサイ, リネット　1989.12.5–）
Masali, Luca
イタリアの作家。
⇒海文新（マサーリ, ルカ　1963.3.14–）
Maṣālī al-Ḥājj
アルジェリア民族運動の指導者。
⇒岩イ（メサーリー・ハージュ　1898–1974）
　岩世人（メサーリー・ハージュ　1898–1974）
Ma Sandâ
ミャンマー（ビルマ）の女性小説家。
⇒現世文（マ・サンダー　1947.9.3–）
Masannek, Joachim
ドイツの作家。
⇒海文新（マザネック, ヨアヒム　1960–）
Masaryk, Jan Garrigue
チェコスロバキアの政治家。1925年以来, 駐英公使として活躍。45年7月外相。
⇒岩世人（マサリク　1886.9.14–1948.3.10）
　広辞7（マサリク　1886–1948）
Masaryk, Tomáš Garrigue
チェコスロバキアの哲学者, 政治家。チェコスロバキア初代大統領（1918〜35）。
⇒岩世人（マサリク　1850.3.7–1937.9.14）
　学叢思（マサリック, トーマス・ガリーグ　1850–?）
　広辞7（マサリク　1850–1937）
　新カト（マサリク　1850.3.7–1937.9.14）
　世人新（マサリク　1850–1937）
　世人装（マサリク　1850–1937）
　ネーム（マサリク　1850–1937）
Mascagni, Pietro
イタリアのオペラ作曲家。1929年ミラノのスカラ座指揮者。
⇒岩世人（マスカーニ　1863.12.7–1945.8.2）
　エデ（マスカーニ, ピエトロ　1863.12.7–1945.8.2）
　オペラ（マスカーニ, ピエートロ　1863–1945）
　ク音3（マスカーニ　1863–1945）
　広辞7（マスカーニ　1863–1945）
　新オペ（マスカーニ, ピエトロ　1863–1945）
　新音小（マスカーニ, ピエートロ　1863–1945）
　新音中（マスカーニ, ピエートロ　1863.12.7–1945.8.2）
　ネーム（マスカーニ　1863–1945）
　標音2（マスカーニ, ピエトロ　1863.12.7–1945.8.2）

Mascart, Eleuthère Elie Nicolas
フランスの物理学者。分光学, 気象電気, 地球磁気の研究に優れた業績があり, また象限電位計を完成した (1880)。
⇒岩世人 (マスカール 1837.2.20–1908.8.26)

Mascherano, Javier
アルゼンチンのサッカー選手 (バルセロナ・MF)。
⇒外12 (マスケラーノ, ハビエル 1984.6.8–)
外16 (マスケラーノ, ハビエル 1984.6.8–)
最新ス (マスケラーノ, ハビエル 1984.6.8–)

Maschke, Heinrich
アメリカの数学者。
⇒数 (マシュケ, ヘンリッヒ 1853–1908)

Maschler, Tom
イギリスの編集者, 出版人。
⇒外12 (マシュラー, トム 1933–)

Mas-Colell, Andrew
アメリカの経済学者。
⇒有経5 (マスコーレル 1944–)

Masefield, John Edward
イギリスの詩人。桂冠詩人 (1930〜67)。
⇒岩世人 (メイスフィールド 1878.6.1–1967.5.12)

Masekela, Hugh
南アフリカのトランペット・コルネット奏者, 作曲家。
⇒岩世人 (マセケラ 1939.4.4–)

Masello, Robert
アメリカの作家, ジャーナリスト。
⇒外16 (マセロ, ロバート)

Masereel, Frans
ベルギーの画家。
⇒岩世人 (マーセレール 1889.7.30–1972.1.3)
芸13 (マゼレール, フランス 1889–1958)

Mashaal, Khaled
パレスチナの政治家。
⇒外12 (メシャール, ハレド 1956.5.28–)
外16 (マシャル, ハーレド 1956.5.28–)
世指導 (マシャル, ハーレド 1956.5.28–)

Mashaei, Esfandiar Rahim
イランの政治家。イラン第1副大統領。
⇒外16 (マシャイ, エスファンディヤル・ラヒム)
世指導 (マシャイ, エスファンディヤル・ラヒム)

Mashhur, Mustafa
エジプトのイスラム原理主義指導者。ムスリム同胞団団長。
⇒世指導 (マシュフール, ムスタファ ?–2002.11.14)

Mashkov, Iliya Ivanovich
ソ連の画家。十月革命 (1917) 後は「革命ロシア芸術家協会」に参加し, 静物画家として活動した。
⇒岩世人 (マシコーフ 1881.7.17/29–1944.3.20)

Masi, Philip Samuel
アメリカの大リーグ選手 (捕手)。
⇒メジャ (メイシー, フィル 1916.1.6–1990.3.29)

Masina, Giulietta
イタリアの女優。『道』『崖』などの映画に出演し, 個性的な演技で有名。
⇒遺産 (マシーナ, ジュリエッタ 1921.2.22–1994.3.23)
スター (マシーナ, ジュリエッタ 1921.2.22–1994)
ネーム (マシーナ, ジュリエッタ 1921–1994)

Masini, Angelo
イタリアのテノール歌手。
⇒オペラ (マジーニ, アンジェロ 1844–1926)

Masini, Galliano
イタリアのテノール歌手。
⇒失声 (マジーニ, ガッリアーノ 1896–1986)
魅惑 (Masini, Galliano 1902–1986)

Masini-Sperti, Cesare
イタリアのテノール歌手。
⇒魅惑 (Masini-Sperti, Cesare 1904–1976)

Masire, Quett Ketumile Joni
ボツワナの政治家。ボツワナ大統領 (1980〜98), ボツワナ民主党 (BDP) 党首。
⇒世指導 (マシーレ, クェット・ケトゥミレ・ジョニ 1925.7.23–2017.6.22)

Maskaev, Oleg
アメリカのプロボクサー。
⇒外16 (マスカエフ, オレグ 1969.3.2–)
最新ス (マスカエフ, オレグ 1969.3.2–)

Maskelyne, John Nevil
イギリスの手品師。
⇒岩世人 (マスキリン 1839.12.22–1917.5.18)

Maskhadov, Aslan
ロシアの軍人, 政治家。チェチェン共和国大統領 (1997〜2003)。
⇒岩世人 (マスハドフ 1951.9.21–2005.3.8)
世指導 (マスハドフ, アスラン 1951.9.21–2005.3.8)

Maskin, Eric
アメリカの経済学者, ノーベル経済学賞受賞者。
⇒外12 (マスキン, エリック 1950.12.12–)
外16 (マスキン, エリック 1950.12.12–)
ノベ3 (マスキン, E.S. 1950.12.12–)
有経5 (マスキン 1950–)

Maslennikov, Aleksei
ソ連のテノール歌手。
⇒魅惑（Maslennikov,Aleksei 1929-）

Maslow, Abraham Harold
アメリカの心理学者。人間性の心理学といわれる独自の人格理論を展開した。
⇒岩世人（マズロー 1908.4.1-1970.6.8）
　現社福（マズロー 1908-1970）
　広辞7（マズロー 1908-1970）
　社小増（マズロー 1908-1970）
　社心小（マズロー 1908-1970）
　新カト（マズロー 1908.4.1-1970.6.8）
　ポプ人（マズロー、エイブラハム 1908-1970）
　有経5（マズロー 1908-1970）

Maslyukov, Yurii
ロシアの政治家。ロシア下院議員、ロシア第1副首相。
⇒世指導（マスリュコフ、ユーリー 1937.9.30-2010.4.1）

Masodi, Omara Khan
アフガニスタンのカブール博物館館長。
⇒外12（マスディ、オマラ・ハーン）
　外16（マスディ、オマラ・ハーン）

Masoji, Vinayak
インドの画家。
⇒新カト（マソジ 1897.1.24-1977）

Masol, Vitalii Andreevich
ウクライナの政治家。ウクライナ首相。
⇒世指導（マソル、ヴィタリー 1928.11.14-）

Mason, Alfred Edward Woodley
イギリスの小説家、劇作家。推理小説『矢の家』(1924)は古典的名作。
⇒現世文（メーソン、アルフレッド 1865.5.7-1948.11.22）

Mason, Andrew
アメリカの起業家。
⇒外12（メーソン、アンドルー 1981-）
　外16（メーソン、アンドルー 1981-）

Mason, Barbara
アメリカ・フィラデルフィア生まれの歌手。
⇒ロック（Mason,Barbara メイソン、バーバラ 1947.8.9-）

Mason, Bobbie Ann
アメリカの女性小説家。
⇒岩世人（メイソン 1940-）
　現世文（メーソン、ボビー・アン 1940-）

Mason, Bruce
ニュージーランドの劇作家、俳優、批評家、小説家。
⇒岩世人（メイソン 1921.9.28-1982.12.31）
　ニュー（メイソン、ブルース 1921-1982）

Mason, Daniel Gregory
アメリカの作曲家、音楽教師。ドイツ・ロマン派の伝統を継いで室内楽曲、交響曲、序曲などを作曲した。
⇒新音中（メイソン、ダニエル・グレゴリー 1873.11.20-1953.12.4）
　標音2（メーソン、ダニエル・グレゴリー 1873.11.20-1953.12.4）

Mason, Dave
イギリスのロック・ミュージシャン。
⇒ビト改（MASON,DAVE メイスン、デイヴ）
　ロック（Mason,Dave メイソン、デイヴ 1946.5.10-）

Mason, Edward Sagendorph
アメリカ生まれの経済思想家。
⇒有経5（メイソン 1899-1992）

Mason, Isaac
イギリスの公誼教会宣教師。中国に赴き(1892)多くの中国イスラム教研究書を著した。
⇒岩世人（メイソン 1870-1939.3.28）

Mason, James
イギリスの俳優。代表作は『邪魔者は殺せ』『パンドラ』『砂漠の鬼将軍』。
⇒ク俳（メイスン、ジェイムズ 1909-1984）
　スター（メイソン、ジェームズ 1909.5.15-1984）

Mason, Jamie
アメリカの作家。
⇒海文新（メイスン、ジェイミー）

Mason, Jane
アメリカの女性。ヘミングウェイ作品のモデル。
⇒ヘミ（メイソン、ジェイン 1900-1981）

Mason, John Henry
イギリスの印刷業者、タイポグラファー、教育者。
⇒グラデ（Mason,John Henry メイソン、ジョン・ヘンリー 1875-1951）

Mason, Marsha
アメリカ生まれの女優。
⇒ク俳（メイスン、マーシャ 1940-）

Mason, Monica
南アフリカ、イギリスのダンサー、バレエ監督。
⇒外12（メーソン、モニカ 1941.9.6-）
　外16（メーソン、モニカ 1941.9.6-）

Mason, Nick
イギリスのドラム奏者。
⇒外12（メーソン、ニック 1945.1.27-）
　外16（メーソン、ニック 1945.1.27-）

Mason, Otis Tufton
アメリカの人類学者。国立博物館附属スミスソニアン研究所でアメリカ・インディアンの歴史を専攻。

⇒岩世人（メイソン　1838.4.10–1908.11.5）

Mason, Richard
イギリスの作家。
⇒現世文（メーソン, リチャード　1978–）

Mason, Zachary
アメリカの作家。
⇒海文新（メイスン, ザッカリー　1974–）
　現世文（メーソン, ザカリー　1974–）

Mason-MacFarlane, *Sir* Noel
イギリス軍の情報士官。
⇒スパイ（メイソン=マクファーレン, サー・ノエル　1889–1953）

Masopust, Josef
チェコスロバキアのサッカー選手。
⇒岩世人（マソプスト　1931.2.9–）

Masoum, Fuad
イラクの政治家。イラク大統領（2014〜18）。
⇒外16（マスーム, フアド　1938–）
　世指導（マスーム, フアド　1938–）

Maspero, Gaston Camille Charles
フランスの考古学者。サッカラのピラミッドの調査、ピラミッド・テキストの発見で知られる。
⇒岩世人（マスペロ　1846.6.24–1916.6.30）
　ネーム（マスペロ　1846–1916）

Maspero, Henri
フランスの中国学者。中国古代史や宗教史の研究、ベトナム史の研究を行なった。主著『古代中国』（1927）。
⇒岩世人（マスペロ　1883.12.15–1945.3.17）
　中文史（マスペロ　1883–1945）

Masri, Taher Nashat al
ヨルダンの政治家、外交官。ヨルダン首相。
⇒世指導（マスリ, タヘル・ナシャト　1942.3.5–）

Massa, Felipe
ブラジルのF1ドライバー。
⇒外12（マッサ, フェリペ　1981.4.25–）
　外16（マッサ, フェリペ　1981.4.25–）
　最世人（マッサ, フェリペ　1981.4.25–）

Massa, Fulvio
テノール歌手。
⇒魅惑（Massa,Fulvio　?–）

Massani, Pompeo
イタリアの画家。
⇒芸13（マッサニ, ポムペオ　1850–1920）

Massee, May
アメリカの編集者。
⇒ア図（マシー, メイ　1881–1966）

Massenet, Jules Émile Frédéric
フランスの作曲家。1863年カンタータ『ダビード・リツィオ』でローマ大賞を受ける。
⇒岩世人（マスネ　1842.5.12–1912.8.13）
　エデ（マスネ, ジュール（エミール・フレデリック）　1842.5.12–1912.8.3）
　オペラ（マスネ, ジュール　1842–1912）
　ク辞3（マスネ　1842–1912）
　広辞7（マスネー　1842–1912）
　19仏（マスネ, ジュール　1842.5.12–1912.8.13）
　新オペ（マスネ, ジュール　1842–1912）
　新音小（マスネ, ジュール　1842–1912）
　新音中（マスネ, ジュール　1842.5.12–1912.8.13）
　標音2（マスネ, ジュール＝エミル＝フレデリク　1842.5.12–1912.8.13）
　ポプ人（マスネー, ジュール　1842–1912）

Masset, Christian
フランスの外交官。駐日フランス大使。
⇒世指導（マセ, クリスチャン　1957.1.23–）

Massey, Doreen
イギリスの地理学者。
⇒国政（マッシー, ドリーン）

Massey, Harrie Stewart Wilson
イギリスの物理学者。ロンドン大学物理学教授（1950〜）。
⇒岩世人（マッセイ　1908.5.16–1983.11.27）

Massey, John
アメリカのアート・ディレクター、デザイナー、画家、版画家。
⇒グラデ（Massey,John　マッセィ, ジョン　1931–）

Massey, Raymond
カナダの男優。
⇒ク俳（マッシー, レイモンド　1896–1983）

Massey, Sujata
イギリスの作家。
⇒現世文（マッシー, スジャータ）

Massey, William
ニュージーランドの政治家。
⇒ニュー（マッセイ, ウイリアム　1856–1925）

Massie, Elizabeth
アメリカの作家。
⇒現世文（マシー, エリザベス）

Massigli, René
フランスの外交官。ロンドン駐在大使（1944）。
⇒岩世人（マシグリ　1888.3.22–1988.2.3）

Massignon, Louis
フランスの近東学者。特にイスラムの神秘説を研究した。
⇒岩イ（マスィニヨン　1883–1962）
　岩世人（マシニヨン　1883.7.25–1962.10.31）

新カト（マシニン　1883.7.25–1962.10.31）

Massin, Robert
フランスのアート・ディレクター、タイポグラファー、小説家。
⇒グラデ（Massin,Robert　マッサン、ロベール　1925–）

Massine, Léonide
ロシア生まれの舞踊家。映画『赤い靴』、『ホフマン物語』（1951）などの振付けを担当、出演。66年モンテカルロ・バレエ団を創設。
⇒岩世人（マシーン　1895.7.27/8.8–1979.3.15）
　標音2（マシン、レオニド　1895.8.8–1979.3.15）

Massis, Henri
フランスの評論家。1920～36年『ルビュ・ユニベルセル』の編集長、主事（34～44）。主著『西洋とその運命』(56) など。
⇒新カト（マシス　1886.3.21–1970.4.1）

Massoglia, Chris
アメリカの俳優。
⇒外12（Massoglia, Chris　マッソグリア、クリス　1992.3.29–）

Masson, André
フランスの画家。シュールレアリスム・グループの主要人物と目された。
⇒岩世人（マッソン　1896.1.4–1987.10.27）
　芸13（マッソン、アンドレ　1896–1965）
　広辞7（マッソン　1896–1987）
　シュル（マッソン、アンドレ　1896–1987）

Masson, Frédéric
フランスの歴史家。主著『ナポレオンと女性たち』(1894)、『セントヘレナ島のナポレオン』(1912)。
⇒岩世人（マッソン　1847.3.8–1923.2.19）

Masson, Marcel
フランスの画家。
⇒芸13（マソン、マルセル　1911–）

Masson, Mikhail Evgenievich
ソ連の考古学者、東洋史学者。多くの中央アジア諸共和国の考古学遺蹟調査に参加。
⇒岩世人（マッソン　1897.11.21/12.3–1986.10.2）

Masson-Oursel, Paul
フランスの哲学者、東洋学者。比較哲学を提唱。主著『比較哲学』(1923)、『インド哲学史稿』(23)。
⇒岩世人（マッソン＝ウルセル　1882.9.5–1956.3.19）

Massu, Jacques Émile
フランスの陸軍軍人。
⇒岩世人（マシュ　1908.5.5–2002.10.26）

Massue, Nicholas
カナダのテノール歌手。

⇒魅惑（Massue,Nicholas　1903–1974）

Master, Authur M.
アメリカの心臓病学者。
⇒ユ著人（Master,Authur M.　マスター、アーサー・M　1895–1973）

Master, Irfan
イギリスの作家。
⇒海文新（マスター、アーファン　1977–）

Masterman, Becky
アメリカの作家。
⇒海文新（マスターマン、ベッキー）

Masterman, J.C.
イギリスの作家。
⇒スパイ（マスターマン、サー・ジョン・セシル　1891–1977）

Masters, Edgar Lee
アメリカの詩人。1915年『スプーン・リバー詞華集』を発表。
⇒アメ州（Masters,Edgar Lee　マスターズ、エドガー・リー　1869–1950）
　岩世人（マスターズ　1869.8.23–1950.3.5）
　現世文（マスターズ、エドガー・リー　1869.8.23–1950.3.5）

Masters, Priscilla
イギリスの作家。
⇒外12（マスターズ、プリシラ）

Masterson, James Francis
アメリカの精神科医、精神分析医。
⇒現精（マスターソン　1926–）
　現精縮（マスターソン　1926–）
　精分岩（マスターソン、ジェームス・F　1926–）

Masterson, Mary Stuart
アメリカ生まれの女優。
⇒ク俳（マスタースン、メアリー・ステュアート　1966–）

Masterson, Walter Edward
アメリカの大リーグ選手（投手）。
⇒メジャ（マスターソン、ウォルト　1920.6.22–2008.4.5）

Masterson, William Francis
アメリカの聖職者。
⇒アア歴（Masterson,William Francis　マスターソン、ウイリアム・フランシス　1910.12.17–）

Masterton, Graham
イギリスの作家。
⇒現世文（マスタートン、グレアム　1946–）

Mastino, Giovanni Ovidio
イタリアのテノール歌手。
⇒魅惑（Mastino,Giovanni Ovidio　?–）

Mastrango, Horacio
テノール歌手。
⇒魅惑（Mastrango, Horacio ?–?）

Mastrantonio, Mary Elizabeth
アメリカ生まれの女優。
⇒ク俳（マストラントニオ, メアリー・エリザベス 1958–）

Mastrocola, Paola
イタリアの作家。
⇒海文新（マストローコラ, パオラ 1956–）
現世文（マストローコラ, パオラ 1956–）

Mastroianni, Marcello
イタリアの映画俳優。『甘い生活』『最後の晩餐』などに出演。
⇒遺産（マストロヤンニ, マルチェロ 1924.9.28–1996.12.19）
岩世人（マストロヤンニ 1924.9.28–1996.12.19）
ク俳（マストロヤンニ, マルチェロ 1923–1996）
広辞7（マストロヤンニ 1924–1996）
スター（マストロヤンニ, マルチェロ 1924.9.28–1996）
ネーム（マストロヤンニ 1924–1996）

Masucci, Lello
イタリアの画家。
⇒芸13（マスーシ, レッロ 1948–）

Masʿūd, Aḥmad Shāh
アフガニスタン戦争におけるアフガン・ゲリラ（ムジャーヒディーン）の英雄的な野戦司令官、ゲリラ連合イスラム政権の初代国防相。
⇒岩イ（マスウード 1956–2001）
岩世人（マスウード, アフマド・シャー 1956.9.2–2001.9.9）
世指導（マスード, アハマド・シャー 1953–2001.9.10）

Masʿūd Ṣabrī
新疆ウイグル人の民族指導者、医師。
⇒岩世人（マスウード・サブリー 1886?–1952）

Masur, Kurt
ドイツの指揮者。
⇒外12（マズア, クルト 1927.7.18–）
外16（マズア, クルト 1927.7.18–）
新音中（マズーア, クルト 1927.7.18–）
標音2（マズーア, クルト 1927.7.18–）
ユ著人（Masur, Kurt マズア, クルト 1927–）

Masure, Eugène
フランスの神学者。
⇒新カト（マズュール 1882.8.10–1958.8.24）

Masurovsky, Gregory
アメリカ生まれの版画家。
⇒芸13（マスロフスキー, グレゴリー 1929–）

Mata, Juan
スペインのサッカー選手（マンチェスター・ユナイテッド・MF）。
⇒外16（マタ, フアン 1988.4.28–）

Matačić, Lovro von
ユーゴスラビアの指揮者。NHK交響楽団名誉指揮者。
⇒新音中（マタチッチ, ロヴロ・フォン 1899.2.14–1985.1.4）
標音2（マタチッチ, ロヴロ・フォン 1899.2.14–1985.1.4）

Mata Hari
国籍不明のダンサー。第1次大戦当時ドイツのスパイの嫌疑でフランス政府に逮捕、銃殺された。
⇒岩世人（マタ・ハリ 1876.8.7–1917.10.15）
スパイ（マタ・ハリ [p] 1876–1917）
ネーム（マタ・ハリ 1876–1917）

Mataja, Victor
オーストリアの経済学者。
⇒学叢思（マタヤ, フィクトル 1857–?）

Matalam, Udtog
フィリピンのムスリム政治家。
⇒岩世人（マタラム 1900頃–?）

Matamoros, Miguel
キューバの作詞家、作曲家、歌手、ギター奏者。
⇒標音2（マタモロス, ミゲル 1894.5.8–1971.4.15）

Matar, Hisham
イギリス（リビア系）の作家。
⇒海文新（マタール, ヒシャーム 1970–）
現世文（マタール, ヒシャーム 1970–）

Mataskelekele, Kalkot
バヌアツの政治家。バヌアツ大統領（2004～09）。
⇒外12（マタスケレケレ, カルコット 1949–）
外16（マタスケレケレ, カルコット 1949–）
世指導（マタスケレケレ, カルコット 1949–）

Mate, Rudolph
アメリカの映画監督。
⇒ユ著人（Mate, Rudolph マテ, ルドルフ 1898–1964）

Mateer, Calvin Wilson
アメリカの長老教会宣教師。中国に渡り（1863）、芝罘大学を創立。
⇒アア歴（Mateer, Calvin Wilson マティアー, カルヴィン・ウィルスン 1836.1.9–1908.9.28）
岩世人（マティーア 1836.1.9–1908.9.28）

Mateparae, Jeremiah
マオリ族出身のニュージーランドの将軍。
⇒ネーム（マテパラエ 1954–）

Materazzi, Marco
イタリアのサッカー選手。
⇒外12（マテラッツィ, マルコ　1973.8.19–）
最世ス（マテラッツィ, マルコ　1973.8.19–）

Mateša, Zlatko
クロアチアの政治家。クロアチア首相。
⇒世指導（マテシャ, ズラトコ　1949.6.7–）

Matevski, Mateja
マケドニア（ユーゴスラビア）の詩人。
⇒現世文（マテフスキー, マテヤ　1929.3.13–2018.6.6）

Matheny, Michael Scott
アメリカの大リーグ選手（捕手）。
⇒外12（マシーニー, マイク　1970.9.22–）
　外16（マシーニー, マイク　1970.9.22–）
　最世ス（マシーニー, マイク　1970.9.22–）
　メジャ（マシーニー, マイク　1970.9.22–）

Mather, Anne
イギリスのロマンス作家。
⇒外12（メーサー, アン）

Mather, John C.
アメリカの物理学者。2006年ノーベル物理学賞を受賞。
⇒岩世人（マザー　1946.8.7–）
　外12（マザー, ジョン　1946.8.7–）
　外16（マザー, ジョン　1946.8.7–）
　ノベ3（マザー, J.C.　1946.8.7–）

Mather, Kenneth
イギリスの遺伝学者。
⇒岩生（メーザー　1911–1990）

Mathers, Peter
オーストラリアの小説家。
⇒現世文（メーザーズ, ピーター　1931–）

Mathesius, Vilém
チェコスロバキアの言語学者, 英文学者。プラハ言語学会初代会長。
⇒岩世人（マテジウス　1882.8.3–1945.4.12）

Matheson, Richard
アメリカのSF作家, ホラー作家。
⇒外12（マシスン, リチャード・バートン　1926–）
　現世文（マシスン, リチャード　1926.2.20–2013.6.23）

Matheson-Bruce, Graeme
イギリスのテノール歌手。
⇒魅惑（Matheson-Bruce, Graeme　1945–）

Mathew, Arnold Harris
イギリスの復古カトリック教会主教。
⇒オク教（マシュー　1853–1919）
　新カト（マシュー　1853–1919）

Mathews, Adrian
イギリスの作家。
⇒現世文（マシューズ, エイドリアン　1957–）

Mathews, Carole
アメリカの女優, 歌手。
⇒ク俳（マシューズ, キャロル（フランシス, ジーン）1920–）

Mathews, Edwin Lee
アメリカの大リーグ選手（三塁）。
⇒メジャ（マシューズ, エディー　1931.10.13–2001.2.18）

Mathews, Harry
アメリカの作家。
⇒外16（マシューズ, ハリー　1930.2.14–）
　現世文（マシューズ, ハリー　1930.2.14–2017.1.25）

Mathews, Jessica Tuchman
アメリカの平和活動家。カーネギー国際平和財団理事長。
⇒外12（マシューズ, ジェシカ　1946–）
　外16（マシューズ, ジェシカ　1946–）

Mathews, Kerwin
アメリカ生まれの俳優。
⇒ク俳（マシューズ, カーウィン　1926–）

Mathews, Robert Jay
アメリカのネオナチグループのリーダー。ラジオ・トークショーのホスト, アラン・バーグを暗殺した。
⇒世暗（マシューズ, ロバート・ジェイ　1953–1984）

Mathews, Shailer
アメリカの教育家, 神学者。社会福音運動の指導者の一人。1908年シカゴ大学神学部長。アメリカの神学教育の再編成に貢献。
⇒岩世人（マシューズ　1863.5.26–1941.10.23）

Mathewson, Christopher
アメリカの大リーグ選手（投手）。
⇒岩世人（マシューソン　1880.8.12–1925.10.7）
　メジャ（マシューソン, クリスティ　1880.8.12–1925.10.7）

Mathey, Shawn
アメリカのテノール歌手。
⇒魅惑（Mathey, Shawn　?–）

Mathias, Bob
アメリカの男子陸上選手。
⇒岩世人（マサイアス　1930.11.17–2006.9.2）

Mathiesen, Egon
デンマークの絵本作家。
⇒絵本（マティーセン, エーゴン　1907–1976）

Mathiesen, Thomas
ノルウェーの社会学者。
⇒メル別（マシーセン, トマス　1933–）

Mathieu, Georges-A.
フランス生まれの画家。
⇒外12（マチュー, ジョルジュ　1921.1.27–）
　芸13（マチュー, ジョージス・A　1921–）

Mathieu, Mireille
フランス生まれの歌手。
⇒標音2（マチュー, ミレイユ　1946.7.22–）

Mathiews, Franklin K.
アメリカの図書館員。ボーイ・スカウト協会の図書館長で「児童図書週間」の発案者・推進者として知られる。
⇒ア図（マシューズ, フランクリン　1872–1950）

Mathiez, Albert
フランスの歴史家。1908年「ロベスピエール研究学会」を組織し、『革命年報』発行。
⇒岩世人（マティエ　1874.1.10–1932.2.26）

Mathilde Marie Christine Ghislaine d'Udekem d'Acoz
ベルギー皇太子フィリップの妃。史上初めてのベルギー生まれの王太子妃。
⇒王妃（マティルド　1973–）

Mathis, Edith
スイスのソプラノ歌手。
⇒オペラ（マティス, エディット　1938–）
　新音中（マティス, エディット　1938.2.11–）
　標音2（マティス, エディット　1938.2.11–）

Mathis, Johnny
アメリカ・サンフランシスコ生まれのポップ歌手。
⇒標音2（マティス, ジョニー　1935.9.30–）
　ロック（Mathis,Johnny　マシス, ジョニー　1935.9.30–）

Mathis, Samantha
アメリカ生まれの女優。
⇒ク俳（マシス, サマンサ　1970–）

Mathisen, Oscar
ノルウェーの男子スピードスケート選手。
⇒岩世人（マチーセン　1888.10.4–1954.4.10）

Matisse, Henri-Émile-Benoît
フランスの画家。主作品は『大きな赤い室内』（1948）。
⇒異二辞（マティス［アンリ・～］　1869–1954）
　岩キ（マティス　1869–1954）
　岩世人（マティス　1869.12.31–1954.11.3）
　絵本（マティス, アンリ　1869–1954）
　絵本（マティス, アンリ　1869–1954）
　学叢思（マチス, アンリー　1869–?）
　芸13（マティス, アンリ　1869–1954）
　広辞7（マチス　1869–1954）
　世史改（マティス　1869–1954）
　世人新（マティス　1869–1954）
　世人装（マティス　1869–1954）
　ネーム（マティス, アンリ　1869–1954）
　ポプ人（マティス, アンリ　1869–1954）

Matisyahu
アメリカのレゲエ歌手。
⇒外12（マティスヤフ　1979–）
　外16（マティスヤフ　1979–）

Matiyasevich, Yurii Vladimirovich
ソ連の数学者。
⇒世数（マチャセーヴィッチ, ユーリ・ヴラディミロヴィッチ　1947–）

Matlack, Jonathan Trumpbour
アメリカの大リーグ選手（投手）。
⇒メジャ（マトラック, ジョン　1950.1.19–）

Matlock, Glen
イギリスのロック・ベース奏者。
⇒外12（マトロック, グレン　1956.8.27–）

Mato
クロアチアのサッカー選手（スーウォン・DF）。
⇒外12（マト　1979.6.3–）

Matom, Victor
南アフリカのフォトジャーナリスト。
⇒外12（マトム, ビクター　1959–）
　外16（マトム, ビクター　1959–）

Matos-Rodríguez
ウルグアイの作曲家、ピアノ奏者。
⇒標音2（マトス＝ロドリゲス　1900–1948.4.25）

Matray, Desider
ハンガリーのテノール歌手。デュッセルドルフ・オペラを経て、1903年ブレスラウ・オペラの第1テノール。
⇒魅惑（Matray,Desider　1872–?）

Matray, Ferenc
ハンガリーのテノール歌手。
⇒魅惑（Matray,Ferenc　1922–?）

Matschoss, Conrad
ドイツの工学者、技術史家。
⇒岩世人（マチョス　1871.6.9–1942.4.20）

Matseichuk, Oleg
ウクライナのフェンシング指導者。
⇒外12（マツェイチュク, オレグ　1972.3.8–）
　外16（マツェイチュク, オレグ　1972.3.8–）
　最世ス（マツェイチュク, オレグ　1972.3.8–）

Matson, Peter
アメリカの宣教師。

⇒アア歴（Matson,Peter マトスン, ピーター 1868.3.27–1934.5.30）

Matsuev, Denis
ロシアのピアノ奏者。
⇒外12（マツーエフ, デニス 1975–）
外16（マツーエフ, デニス 1975–）

Matsuura Mueller Kumiko
ブラジルの国連難民高等弁務官事務所（UNHCR）財務官。
⇒外16（松浦ミューラー久美子 マツウラミューラークミコ）

Matt, Andreas
オーストリアのスキー選手（フリースタイル）。
⇒最世ス（マット, アンドレアス 1982.10.19–）

Matt, Mario
オーストリアのスキー選手（アルペン）。
⇒外16（マット, マリオ 1979.4.9–）

Matta, Roberto Sebastián Antonio Echaurren
チリの画家。
⇒岩世人（マッタ 1911.11.11–2002.11.23）
芸13（マッタ, エチャウレン 1912–1981）
芸13（マッタ, ロベルト・セバスティアン・エコーレン 1911–）
ラテ新（マッタ 1912–2002）

Matta-Clark, Gordon
アメリカの美術家。
⇒岩世人（マッタ＝クラーク 1943.6.22–1978.8.27）

Mattarella, Sergio
イタリアの政治家。イタリア大統領（2015～）。
⇒外16（マッタレッラ, セルジョ 1941.7.23–）
世指導（マッタレッラ, セルジョ 1941.7.23–）

Matte-Blanco, Ignacio
チリ出身の精神分析家。
⇒精分岩（マテ-ブランコ, イグナシオ 1908–1995）

Mattei, Guglielmo
イタリアのテノール歌手。
⇒魅惑（Mattei,Guglielmo ?–）

Matteotti, Giacomo
イタリアの政治家。1924年イタリア社会党書記長。議会でファシスト党を公然と非難し, 殺害された。
⇒岩世人（マッテオッティ 1885.5.22–1924.6.10）

Matter, Herbert
スイスのデザイナー, ポスター作家, 写真家。
⇒グラデ（Matter,Herbert マター, ヘルベルト 1907–1984）

Mattera, Gino
イタリアのテノール歌手。
⇒魅惑（Mattera,Gino ?–?）

Matteuzzi, William
イタリアのテノール歌手。
⇒オペラ（マッテウッツィ, ウィリアム 1957–）
外12（マッテウッツィ, ウィリアム 1957–）
外16（マッテウッツィ, ウィリアム 1957–）
失声（マッテウッツィ, ウィリアム 1957–）
魅惑（Matteuzzi,William 1959–）

Matthau, Walter
アメリカ・ニューヨーク生まれの男優。
⇒ク俳（マッソー, ウォルター（マッソウ,W) 1920–2000）
ユ著人（Matthau,Walter マッソー, ウォルター 1920–）

Matthäus, Lother
ドイツのサッカー選手。
⇒異二辞（マテウス［ローター・～］ 1961–）
外12（マテウス, ローター 1961.3.21–）
外16（マテウス, ローター 1961.3.21–）
最世ス（マテウス, ローター 1961.3.21–）
ネーム（マテウス 1961–）

Matthew, Catriona
イギリスのプロゴルファー。
⇒外12（マシュー, カトリオナ 1969.8.25–）
外16（マシュー, カトリオナ 1969.8.25–）
最世ス（マシュー, カトリオナ 1969.8.25–）

Matthews, Colin
イギリスの作曲家。
⇒ク音3（マシューズ 1946–）

Matthews, Dave
アメリカのロック歌手, ギター奏者。
⇒外12（マシューズ, デーブ 1967.1.9–）

Matthews, David
アメリカのジャズ・キーボード奏者, 作曲家, 編曲家。
⇒外12（マシューズ, デービッド 1942.4.3–）
外16（マシューズ, デービッド 1942.4.3–）

Matthews, Gary Nathaniel, Jr.
アメリカの大リーグ選手（外野）。
⇒メジャ（マシューズ, ゲイリー, ジュニア 1974.8.25–）

Matthews, Gary Nathaniel, Sr.
アメリカの大リーグ選手（外野）。
⇒メジャ（マシューズ, ゲイリー, シニア 1950.7.5–）

Matthews, Ian
イギリス生まれのボーカリスト, 作曲家。
⇒ロック（Matthews,Ian マシューズ, イーアン）

Matthews, James
南アフリカのカラード詩人, 小説家。
⇒現世文（マシューズ, ジェームズ 1929–）

Matthews, L.S.
イギリスの作家。
⇒海文新（マシューズ,L.S. 1964.8.29–）

Matthews, Stanley
イギリスのサッカー選手。
⇒異二辞（マシューズ［スタンリー・～］ 1915–2000）
岩世人（マシューズ 1915.2.1–2000.2.23）

Matthias, Adolf
ドイツのギムナジウムの教師。レムゴ, デュッセルドルフのギムナジウム校長, コブレンツ州学務委員（1898）, プロシア教育省代表委員（1900）を歴任。
⇒教人（マティアス 1847–1917）

Matthies, Holger
ドイツのポスター作家, デザイナー, 写真家。
⇒グラデ（Matthies,Holger マティエス, ホルガー 1940–）

Matthiessen, Francis Otto
アメリカの批評家。主著『T.S.エリオットの業績』など。
⇒アメ新（マシーセン 1902–1950）
岩世人（マシーセン 1902.2.19–1950.4.1）

Matthiessen, Peter
アメリカの小説家。
⇒岩世人（マシーセン 1927.5.22–2014.4.5）
現世文（マシーセン, ピーター 1927.5.22–2014.4.5）

Mattila, Karita
フィンランドのソプラノ歌手。
⇒外12（マッティラ, カリタ 1960–）
外16（マッティラ, カリタ 1960–）

Mattingly, Donald Arthur
アメリカの大リーグ選手（一塁）。
⇒外12（マッティングリー, ドン 1961.4.20–）
外16（マッティングリー, ドン 1961.4.20–）
メジャ（マッティングリー, ドン 1961.4.20–）

Mattingly, Harold
イギリスの古銭学者。大英博物館ローマ貨幣部長。初期ローマの貨幣鋳造年代を研究した。
⇒岩世人（マティングリ 1884.12.24–1964.1.26）

Mattis, James
アメリカの軍人。国防長官。
⇒異二辞（マティス［ジェームズ・～］ 1950–）
世指導（マティス, ジェームズ 1950.9.8–）

Matto de Turner, Clorinda
ペルーの女性小説家。代表作『巣のない鳥たち』。
⇒岩世人（マット・デ・トゥルネル 1852.11.11–1909.10.25）

Mattrick, Don
カナダ生まれの実業家。ジンガCEO。
⇒外16（マトリック, ドン 1964–）

Mattscherodt, Katrin
ドイツのスピードスケート選手。
⇒外12（マットシェロト, カトリン 1981.10.26–）
外16（マットシェロト, カトリン 1981.10.26–）
最世ス（マットシェロト, カトリン 1981.10.26–）

Matturro, Claire Hamner
アメリカの作家。
⇒海文新（マトゥーロ, クレア）
現世文（マトゥーロ, クレア）

Matulka, Jan
アメリカの画家。
⇒ユ著人（Matulka,Jan マトゥルカ, ヤン 1890–1972）

Maturana, Humberto
チリ生まれの生物学者。
⇒現社（マトゥラーナ 1928–）

Mature, Victor
アメリカの俳優。1940年代後半より『サムソンとデリラ』『犯罪都市』などに出演。
⇒ク俳（マチュア, ヴィクター 1913–1999）
スター（マチュア, ヴィクター 1913.1.29–1999）

Matute, Ana María
スペインの女性小説家。R.ゴイコエチェアの夫人。ナダル賞（1959）, セルバンテス国民賞（59）などを受賞。『小劇場』（54）など。
⇒岩世人（マトゥーテ 1925.7.26–2014.6.25）
現世文（マトゥーテ, アナ・マリア 1925.7.26–2014.6.25）

Matutes, Abel
スペインの政治家。スペイン外相。
⇒世指導（マテューテス, アベル 1941.10.31–）

Matvienko, Denis
ウクライナ生まれのバレエダンサー。キエフ・バレエ団芸術監督。
⇒外12（マトヴィエンコ, デニス 1979–）
外16（マトヴィエンコ, デニス 1979–）

Matvienko, Valentina
ロシアの女性政治家。ロシア副首相, サンクトペテルブルク市長, ロシア上院議長。
⇒岩世人（マトヴィエンコ 1949.4.7–）
外12（マトヴィエンコ, ワレンチナ 1949.4.7–）
外16（マトヴィエンコ, ワレンチナ 1949.4.7–）
世指導（マトヴィエンコ, ワレンチナ 1949.4.7–）

Matz, John
アメリカのテノール歌手。
⇒魅惑（Matz,John ?–）

Matza, David
アメリカの社会学者。
⇒岩世人（マッツァ　1930.5.1-）
　社小増（マッツァ　1930-）

Matzenauer, Margarete
ハンガリーのオペラ歌手（メゾソプラノ）。
⇒ユ著人（Matzenauer,Margarete　マツェナウアー，マルガレーテ　1881-1963）

Mau, Bruce
カナダのグラフィック・デザイナー。
⇒グラデ（Mau,Bruce　モー，ブルース　1959-）

Mauch, Gene William
アメリカの大リーグ選手（二塁，遊撃）。
⇒メジャ（モーク，ジーン　1925.11.18-2005.8.8）

Maucher, Helmut Oswald
ドイツの実業家。
⇒外16（マウハー，ヘルムート　1927.12.9-）

Mauchly, John
アメリカの電子工学技術者。アーサイナス・カレッジ大学教授。
⇒岩世人（モークリー　1907.8.30-1980.1.8）

Mauclair, Camille
フランスの文芸評論家，詩人，随筆家。S.マラルメに深く傾倒し，評論集『精神の貴族たち』(1920)。
⇒岩世人（モークレール　1872.11.29-1945.4.23）

Maud of Wales
ノルウェー王ホーコン7世の妃。イギリス国王エドワード7世の娘。
⇒王妃（モード　1869-1938）

Maudslay, *Sir* **Alfred Percival**
イギリスの考古学者。
⇒岩世人（モーズリー　1850.3.18-1931.1.22）

Maudsley, Henry
イギリスの心理学者，精神医学者。主著"Physiology and pathology of mind"(1867)。
⇒岩世人（モーズリー　1835.2.5-1918.1.23）
　現精（モーズレー　1835-1918）
　現精縮（モーズレー　1835-1918）
　精医歴（モーズレー，ヘンリー　1835-1918）

Maudūdī, Abu'l-A'lā
パキスタンのイスラム原理主義団体（ジャマーアテ＝イスラーミー）の創始者・指導者。
⇒イス世（マウドゥーディー　1903-1979）
　岩イ（マウドゥーディー　1903-1979）
　岩世人（マウドゥーディー　1903.9.25-1979.9.22）
　新カト（マウドゥディー　1903.9.25-1979.9.22）

Mauer, Joe
アメリカの大リーグ選手（ツインズ・捕手）。

⇒外12（マウアー，ジョー　1983.4.19-）
　外16（マウアー，ジョー　1983.4.19-）
　最新ス（マウアー，ジョー　1983.4.19-）
　メジャ（マウアー，ジョー　1983.4.19-）

Maugham, William Somerset
イギリスの小説家，劇作家。代表作は自伝的小説『人間の絆』(1915)。
⇒岩世人（モーム　1874.1.25-1965.12.15）
　現世文（モーム，サマセット　1874.1.25-1965.12.16）
　広辞7（モーム　1874-1965）
　新カト（モーム　1874.1.25-1965.12.16）
　スパイ（モーム，W・サマセット　1874-1965）
　西文（モーム，サマセット　1874-1965）
　世人新（モーム　1874-1965）
　世人装（モーム　1874-1965）
　比文増（モーム（ウィリアム・サマセット）　1874（明治7）-1965（昭和40））
　ポプ人（モーム，ウィリアム・サマセット　1874-1965）

Maujan, Adolphe
フランスの政治家，作家。
⇒19仏（モージャン，アドルフ　1853.6.3-1914.4.23）

Maul, Albert Joseph
アメリカの大リーグ選手（投手，外野）。
⇒メジャ（モール，アル　1865.10.9-1958.5.3）

Maulnier, Thierry
フランスの評論家，劇作家。独裁社会と個人の対立を描いた戯曲『夜の家』(1953) など。
⇒現世文（モーニエ，チェリー　1909.10.1-1988.1.9）

Maulpoix, Jean-Michel
フランスの詩人。
⇒現世文（モルポワ，ジャン・ミシェル　1952.11-）

Maunder, Edward Walter
イギリスの天文学者。
⇒天文辞（モーンダー　1851-1928）
　天文大（マウンダー　1851-1928）

Maung, Cynthia
ミャンマー（ビルマ）の医師。
⇒外12（マウン，シンシア）
　外16（マウン，シンシア）

Maung Aye
ミャンマー（ビルマ）の軍人。ミャンマー国家平和発展評議会（SPDC）副議長，ミャンマー陸軍司令官。
⇒外12（マウン・エイ　1937.12.25-）
　外16（マウン・エイ　1937.12.25-）
　世指導（マウン・エイ　1937.12.25-）

Maung Gyi, *Sir* **J.A.**
英領期ビルマの政治家。
⇒岩世人（マウンジー　1871.12.12-?）

Maung Htin
ミャンマー（ビルマ）の小説家。
⇒岩世人（マウンティン 1909–2006)
現世文（マァウン・ティン 1909–)

Maung Maung
ミャンマー（ビルマ）の政治家。ミャンマー大統領 (1998), 社会主義計画党議長。
⇒岩世人（マウンマウン 1924.1.11–1994.7.2)

Maung Min Nyo
ミャンマー（ビルマ）の民主化運動家。
⇒外16（マウン・ミン・ニョウ 1948–)

Maunick, Jean-Paul
イギリスのミュージシャン, 音楽プロデューサー。
⇒外12（モーニック, ジャン・ポール 1957.2.19–)
外16（モーニック, ジャン・ポール 1957.2.19–)

Maunier, René Louis Edouard
フランスの社会学者。北アフリカ社会の民族学的研究を基礎として植民社会学を建設した。
⇒社小増（モーニエ 1887–)

Mauny, Fabienne
フランスの実業家。
⇒外16（マウニー, ファビエヌ 1963–)

Maunz, Theodor
ドイツの法学者。
⇒岩世人（マウンツ 1901.9.1–1993.9.10)

Maupin, Armistead
アメリカのジャーナリスト, 小説家。
⇒現世文（モーピン, アーミステッド）

Maura, Carmen
スペイン生まれの女優。
⇒スター（マウラ, カルメン 1945.9.15–)

Maurane, Camille
フランスのバリトン歌手。
⇒新音中（モラーヌ, カミーユ 1911.11.29–)

Maura y Montaner, Antonio
スペインの政治家。1903年から5回首相。23年軍事独裁権の樹立を非難して引退。
⇒岩世人（マウラ 1853.5.2–1925.12.13)

Maurensig, Paolo
イタリアの小説家。
⇒岩世人（マウレンシグ 1943–)

Maurer, Peter
スイスの外交官。
⇒外16（マウラー, ペーター 1956.11.20–)
世指導（マウラー, ペーター 1956.11.20–)

Maurer, Serge
スイスのテノール歌手。
⇒魅惑（Maurer,Serge 1934–)

Maurer, Ueli
スイスの政治家。スイス大統領。
⇒外16（マウラー, ウエリ 1950.12.1–)
世指導（マウラー, ウエリ 1950.12.1–)

Mauresmo, Amélie
フランスのテニス選手。
⇒外12（モレスモ, アメリ 1979.7.5–)
外16（モレスモ, アメリ 1979.7.5–)
最世ス（モレスモ, アメリ 1979.7.5–)

Maurette, Jean-Luc
テノール歌手。
⇒魅惑（Maurette,Jean-Luc ?–)

Mauriac, Claude
フランスの評論家, 小説家, 劇作家。小説『女はみんな妖婦である』(1957),『晩餐会』(59) などを発表。ほかに評論集『現代の反文学』(58) など。
⇒岩世人（モーリアック 1914.4.25–1996.3.22)
現世文（モーリヤック, クロード 1914.4.25–1996.3.22)
新カト（モーリアック 1914.4.25–1996.3.22)

Mauriac, François Charles
フランスの作家。故郷ランド地方のブルジョア家庭に題材をとり, 人間の罪を鋭く描き出す作風で,『愛の砂漠』(1925) などの重厚な傑作を生んだ。52年ノーベル文学賞受賞。
⇒岩キ（モーリアック 1885–1970)
岩世人（モーリアック 1885.10.11–1970.9.1)
現世文（モーリヤック, フランソワ 1885.10.11–1970.9.1)
広辞7（モーリャック 1885–1970)
新カト（モーリアック 1885.10.11–1970.9.1)
西文（モーリヤック, フランソワ 1885–1970)
ネーム（モーリヤック 1885–1970)
ノベ3（モーリヤック,F.C. 1885.10.11–1970.9.1)
フ文小（モーリヤック, フランソワ 1885–1970)

Mauriat, Paul
フランスの楽団指揮者, 作曲・編曲者。『恋は水色』のヒットで世界的に知られる。
⇒異二辞（モーリア, ポール 1925–2006)
岩世人（モーリア 1925.3.4–2006.11.3)
新音中（モーリア, ポール 1925.3.4–)
標音2（モリア, ポール 1925.3.4–2006.11.3)

Maurin, Christelle
フランスの作家。
⇒海文新（モーラン, クリステル）

Mauro, Ermanno
カナダのテノール歌手。
⇒失声（マウロ, エルマンノ 1939–)
魅惑（Mauro,Ermanno 1939–)

Maurois, André
フランスの作家。「小説化された伝記」という独自の様式を開拓し『マルセル・プルーストを求めて』(1949),『バイロン伝』(30) などの傑作を書いた。
- ⇒岩世人 (モーロワ　1885.7.26–1967.10.9)
- 現代文 (モーロワ, アンドレ　1885.7.26–1967.10.9)
- 広辞7 (モーロワ　1885–1967)
- 西文 (モーロワ, アンドレ　1885–1967)
- ネーム (モーロワ　1885–1967)
- ユ著人 (Maurois,André　モーロワ, アンドレ　1885–1967)

Mauroy, Pierre
フランスの政治家。フランス首相。
- ⇒岩世人 (モーロワ　1928.7.5–2013.6.7)
- 世指導 (モーロワ, ピエール　1928.7.5–2013.6.7)

Maurras, Charles
フランスの作家, 政治家。
- ⇒岩世人 (モーラス　1868.4.20–1952.11.16)
- 新カト (モーラス　1868.4.20–1952.11.15/16)

Maus, Ingeborg
ドイツの政治哲学者, 政治学者。
- ⇒岩世人 (マウス　1937.10.12–)

Maus, Peter
西ドイツのテノール歌手。
- ⇒魅惑 (Maus,Peter　1948–)

Mausbach, Joseph
ドイツのカトリック神学者。ワイマール国民議会で活躍。主著『聖アウグスチヌスの倫理』(1909)。
- ⇒岩世人 (マウスバッハ　1861.2.7–1931.1.31)
- 新カト (マウスバハ　1861.2.7–1931.1.31)

Mauss, Marcel
フランスの社会学者, 社会人類学者。
- ⇒岩世人 (モース　1872.5.10–1950.2.10)
- 現社 (モース　1872–1950)
- 広辞7 (モース　1872–1950)
- 社小増 (モース　1872–1950)
- 新カト (モース　1872.5.10–1950.2.1)
- 哲中 (モース　1872–1950)
- メル3 (モース, マルセル　1872–1950)
- 有経5 (モース　1872–1950)

Mauthner, Fritz
オーストリアの言語哲学者。主著『言語批判』(1901〜02)。
- ⇒岩世人 (マウトナー　1849.11.22–1923.6.29)
- ユ著人 (Mauthner,Fritz　マウトナー, フリッツ　1849–1923)

Mauz, Friedrich
ドイツの精神医学者。
- ⇒現精 (マウツ　1900–1979)
- 現精縮 (マウツ　1900–1979)

Mavrina, Tatjjana Alekseevna
ロシアのイラストレーター。
- ⇒絵本 (マーヴリナ, タチヤーナ　1900–1996)

Mawae, Kevin
アメリカのプロフットボール選手。
- ⇒外16 (マワイ, ケビン　1971.1.23–)
- 最世ス (マワイ, ケビン　1971.1.23–)

Max, Adolphe
ベルギーの政治家。ブリュッセル市長 (1909〜14)。代議士 (19), 国務相, 自由党幹部を歴任。
- ⇒岩世人 (マックス　1869.12.30–1939.11.6)

Max, Gabriel Cornelius von
オーストリアの画家。
- ⇒芸13 (マックス, ガブリエル　1840–1915)

Max, Peter
アメリカのイラストレーター。
- ⇒芸13 (マックス, ピーター　1937–)

Maxim, Sir Hiram Stevens
アメリカ生まれのイギリスで活躍した兵器発明家。1881年レジョン・ドヌール受賞。83年マクシム機関銃などを発明。84年マクシム兵器会社設立。
- ⇒岩世人 (マクシム　1840.2.5–1916.11.24)
- 世発 (マキシム, ハイラム・スティーヴンズ　1840–1916)

Maxima Zorreguieta Cerruti
オランダの皇太子ウィレム・アレクサンダーの妃。
- ⇒王妃 (マクシマ・ソレギエタ　1971–)

Maximilian, Alexander Friedrich Wilhelm, Prinz Max von Baden
ドイツの政治家。1907〜18年バーデン議会議長。18年10月3日ドイツ帝国最後の宰相。
- ⇒岩世人 (マックス・フォン・バーデン　1867.7.10–1929.11.6)

Maximova, Ekaterina
ソ連のダンサー。
- ⇒岩世人 (マクシーモヴァ　1939.2.1–2009.4.28)

Maxton, James
イギリス (スコットランド) の政治家。スコットランドで独立労働党のグラスゴー連盟を組織し, 同党議長 (1926〜31,34〜39)。
- ⇒岩世人 (マクストン　1885.6.22–1946.7.23)

Maxvill, Charles Dallan
アメリカの大リーグ選手 (遊撃, 二塁)。
- ⇒メジャ (マックスヴィル, ダル　1939.2.18–)

Maxwell, Charles Richard
アメリカの大リーグ選手 (外野)。
- ⇒メジャ (マックスウェル, チャーリー　1927.4.8–)

Maxwell, Lois
カナダ生まれの女優。
⇒ク俳（マクスウェル, ロイス（フッカー,L）
　1927-）

Maxwell, Marilyn
アメリカの女優、歌手、ストリッパー。
⇒ク俳（マクスウェル, マリリン（マックスウェル,
　マーヴェル・M）1921–1972）

Maxwell, Robert
アメリカ・ニューヨーク生まれのジャズ系のハープ奏者。
⇒標音2（マクスウェル, ロバート　1921.4.19-）

Maxwell, Robert
チェコの出版・印刷業者。
⇒ユ著人（Maxwell,Robert　マクスエル, ロバート
　1923–1991）

Maxwell, William
アメリカの小説家。
⇒現世文（マクスウェル, ウィリアム　1908.8.16–
　2000.7.31）

Maxwell, *Sir* William George
イギリスの植民地官吏。
⇒岩世人（マックスウェル　1871–1959.8.22）

MAY
韓国の歌手。
⇒外12（MAY　メイ　1982.5.6-）

May, Allan Nunn
イギリスの物理学者。
⇒スパイ（メイ, アラン・ナン　1911–2003）

May, Brian
イギリスのロック・ギター奏者。
⇒外12（メイ, ブライアン　1947.7.19-）
　外16（メイ, ブライアン　1947.7.19-）

May, Carlos
アメリカの大リーグ選手（外野、一塁）。
⇒メジャ（メイ, カルロス　1948.5.17-）

May, David La France
アメリカの大リーグ選手（外野）。
⇒メジャ（メイ, デイヴ　1943.12.23-）

May, Ernst
ドイツの建築家、都市設計家。1927年建築誌「ノイエ・フランクフルト」を創刊、編集。30～34年ソ連都市計画を担当。
⇒岩世人（メイ　1886.7.27–1970.9.11）

May, *Sir* Francis Henry
イギリスの外交官。
⇒岩世人（メイ　1860.3.14–1922.2.6）

May, Lee Andrew
アメリカの大リーグ選手（一塁,DH）。
⇒メジャ（メイ, リー　1943.3.23-）

May, Milton Scott
アメリカの大リーグ選手（捕手）。
⇒メジャ（メイ, ミルト　1950.8.1-）

May, Paul
イギリスの作家。
⇒海文新（メイ, ポール　1953-）
　現世文（メイ, ポール　1953-）

May, *Sir* Robert McCredie
オーストラリア、アメリカの理論生態学者。
⇒外12（メイ, ロバート　1936.8.1-）
　外16（メイ, ロバート　1936.8.1-）

May, Rollo（Reece）
アメリカの精神分析学者。
⇒新カト（メイ　1909.4.21–1994.10.22）

May, Rudolph
アメリカの大リーグ選手（投手）。
⇒メジャ（メイ, ルディ　1944.7.18-）

May, Theresa
イギリスの女性政治家。イギリス首相、保守党党首。
⇒異二辞（メイ［テリーザ・～］　1956-）
　世指導（メイ, テリーザ　1956.10.1-）
　ポプ人（メイ, テリーザ　1956-）

MAYA
イギリスの歌手。
⇒外12（MAYA　マヤ）

Mayakovskii, Vladimir Vladimirovich
ソ連の詩人。ロシア未来派を創設。『ズボンをはいた雲』（1915）、『風呂』（30）など。
⇒岩世人（マヤコフスキー　1893.7.7/19–1930.4.14）
　現世文（マヤコフスキー, ウラジーミル　1893.7.19–1930.4.14）
　広辞7（マヤコフスキー　1893–1930）
　西文（マヤコフスキー　1893–1930）
　ネーム（マヤコフスキー　1893–1930）

Mayall, John
イギリスのブルースブルース歌手、ギター、ピアノ、ハーモニカ奏者。
⇒標音2（メイオール, ジョン　1933.11.29-）
　ロック（Mayall,John　メイオール, ジョン　1933.11.29-）

Mayaux, Philippe
フランスの芸術家。
⇒シュル（マヨー, フィリップ　1961-）

Mayawati
インドの政治家。ウッタルプラデシュ州首相，インド大衆社会党 (BSP) 党首。
⇒外12（マヤワティ　1956.1.15–）
　外16（マヤワティ　1956.1.15–）
　世指導（マヤワティ　1956.1.15–）

Maybach, Wilhelm
ドイツの技術者，発明家。ダイムラーとともに初期の自動車の開発に携わった。
⇒世発（マイバッハ，ヴィルヘルム　1846–1929）

Maybaum, Ignaz
オーストリア生まれの改革派のラビ。
⇒ユ著人（Maybaum,Ignaz　マイバウム，イグナーツ　1897–1976）

Maybelle, Big
アメリカの歌手。
⇒ロック（Big Maybelle　ビッグ・メイベル　1926–）

Mayberry, John Claiborn
アメリカの大リーグ選手（一塁）。
⇒メジャ（メイベリー，ジョン　1949.2.18–）

Maycock, Dianne
カナダの作家。
⇒海文新（メイコック，ダイアン）

Maye, Arthur Lee
アメリカの大リーグ選手（外野）。
⇒メジャ（メイ，リー　1934.12.11–2002.7.17）

Mayenburg, Marius von
ドイツの劇作家。
⇒外12（マイエンブルク，マリウス・フォン　1972–）

Mayer, Adolf
ドイツ生まれのオランダの植物病理学者。
⇒岩世人（マイアー　1843.8.9–1942.12.25）

Mayer, Albert
アメリカの建築家。
⇒アア歴（Mayer,Albert　メイヤー，アルバート　1897.12.29–1981.10.14）

Mayer, Bob
アメリカの作家，軍人。
⇒外12（メイヤー，ボブ　1959–）
　現世文（メイヤー，ボブ　1959–）

Mayer, Carl
オーストリア生まれの映画脚本家。
⇒岩世人（マイアー　1894.11.20–1944.7.1）

Mayer, Daniel
フランスの政治家。
⇒岩世人（マイエール　1909.4.29–1996.12.29）

Mayer, Frederic
アメリカのテノール歌手。
⇒魅惑（Mayer,Frederic　1931–）

Mayer, Gustav
ドイツの社会主義者，ジャーナリスト。主著『エンゲルス伝』。
⇒ユ著人（Mayer,Gustav　マイヤー，グスタフ　1871–1948）

Mayer, Hans
ドイツの文芸学者，批評家。教条主義を嫌うマルクス主義的人文主義の体現者として，近代文学の伝統と現代文学の革新・発展状況を包括的に関連づける。
⇒岩世人（マイアー　1907.3.19–2001.5.19）

Mayer, Helene
ドイツのフェンシング選手。
⇒ユ著人（Mayer,Helene　メイヤー，ヘレン　?–?）

Mayer, Hermanna
ドイツの聖心会宣教師。聖心女子大学を創立。
⇒新カト（マイアー　1877.7.30–1955.12.30）

Mayer, John
アメリカ・コネチカット州生まれの歌手。
⇒外12（メイヤー，ジョン　1977–）
　外16（メイヤー，ジョン　1977–）

Mayer, Joseph Edward
アメリカの物理学者。シカゴ大学教授，同原子核研究所教授（1945～）。
⇒岩世人（メイヤー　1904.2.5–1983.10.15）

Mayer, Leo Ary
ガリチア・スタニスラフ生まれのオリエント学者。
⇒ユ著人（Mayer,Leo Ary　メイヤー，レオ・アリー　1895–1959）

Mayer, Louis Burt
アメリカの映画制作者。「MGM」を設立。
⇒アメ経（メイヤー，ルイス　1885.7.4–1957.10.29）
　岩世人（メイヤー　1885/1884.7.4–1957.10.29）
　ユ著人（Mayer,Louis Bart　メイヤー，ルイス・バート　1885–1957）

Mayer, Marissa Ann
アメリカの実業家。
⇒異二辞（メイヤー［マリッサ・～］　1975–）
　外16（メイヤー，マリッサ　1975.5.30–）

Mayer, Matthias
オーストリアのスキー選手（アルペン）。
⇒外16（マイヤー，マティアス　1990.6.9–）

Mayer, Mercer
アメリカの児童文学者。
⇒絵本（メイヤー，マーサー　1943–）

Mayer, Otto
ドイツ行政法の父と呼ばれる公法学者。主著『ドイツ行政法』(1895〜96)。
⇒岩世人（マイアー　1846.3.29–1924.8.8）
広辞7（マイヤー　1846–1924）

Mayer, René
フランスの政治家。1951年首相。鉄道,交通界の権威で,エール・フランスの創設にも貢献。
⇒岩世人（マイエール　1895.5.4–1972.12.13）

Mayer, Rupert
ドイツのナチズムに抵抗したイエズス会会員。
⇒新カト（マイアー　1876.1.23–1945.11.1）

Mayer, Sabine
ドイツのクラリネット奏者。
⇒外12（マイヤー,ザビーネ　1959–）
外16（マイヤー,ザビーネ　1959–）

Mayer, Theodor
ドイツの経済史家。ベルリン大学名誉教授。ドイツ中世の経済史,法制史を専攻。
⇒岩世人（マイアー　1883.8.24–1972.11.26）

Mayer-Gänsbacher, Hugo
テノール歌手。
⇒魅惑（Mayer-Gänsbacher, Hugo　?–?）

Mayer-Gross, Wilhelm
ドイツ,イギリスで活躍したハイデルベルク学派の精神医学者。
⇒現精（マイアー-グロース　1889–1961）
現精縮（マイアー-グロース　1889–1961）
精医歴（マイヤー=グロス,ヴィルヘルム　1889–1961）

Mayet, Paul
ドイツの御雇教師。東京医学校でドイツ語を教授。大蔵省・農商務省の顧問を歴任,保険制度を設立。
⇒岩世人（マイエト　1846.5.11–1920.1.9/20）
広辞7（マイエット　1846–1920）

Mayfield, Curtis
アメリカのシカゴで活躍した歌手,ギター奏者,ソングライター,プロデューサー。
⇒岩世人（メイフィールド　1942.6.3–1999.12.26）
新音中（メイフィールド,カーティス　1942.6.3–1999.12.26）
ロック（Mayfield, Curtis　メイフィールド,カーティス　1942–）

Mayfield, Julian
アメリカの俳優,劇作家,演出家,小説家。
⇒マルX（MAYFIELD, JULIAN　メイフィールド,ジュリアン　1925–1984）

Mayfield, Percy
アメリカ・ルイジアナ州ミンデン生まれの歌手。
⇒ロック（Mayfield, Percy　メイフィールド,パーシー）

Mayhew, James
イギリスの絵本作家,イラストレーター。
⇒外16（メイヒュー,ジェームズ　1964–）
現世文（メイヒュー,ジェームズ　1964–）

Mayle, Peter
イギリスの作家。
⇒外12（メイル,ピーター　1939–）
現世文（メイル,ピーター　1939.6.14–2018.1.18）

Maynard, Joyce
アメリカの作家。
⇒外16（メイナード,ジョイス　1953–）
現世文（メイナード,ジョイス　1953–）

Maynard, Ken
アメリカの男優。
⇒ク俳（メイナード,ケン　1895–1973）

Maynard Smith, John
イギリスの生物学者。
⇒岩生（メイナード-スミス　1920–2004）
岩世人（メイナード・スミス　1920.1.6–2004.4.19）
メル別（メイナード=スミス,ジョン　1920–2004）

Mayne, Brent Danem
アメリカの大リーグ選手(捕手)。
⇒メジャ（メイン,ブレント　1968.4.19–）

Mayne, William
イギリスの児童文学作家。
⇒岩世人（メイン　1928.3.16–2010.3.24）
現世文（メイン,ウィリアム　1928.3.16–2010.3.24）

Mayneord, William Valentine
イギリスの医学物理学者。アイソトープの人体内分布を記録する装置,アイソトープ・スキャナーの発明者。
⇒岩世人（メイノード　1902.2.14–1988.8.10）

Mayntz, Renate
ドイツの社会学者,行政学者。
⇒岩世人（マインツ　1929.4.28–）
社小増（マインツ　1929–）

Mayo, Charles Horace
アメリカの医者。兄W. Jamesと共同でメーヨー・クリニックを設立。甲状腺腫と神経外科の専門家。
⇒アメ州（Mayo, Charles Horace　メイヨー,チャールズ・ホレイス　1865–1939）

Mayo, George Elton
オーストラリア生まれの主にアメリカで活躍した産業心理学者。主著『産業文明における人間問題』(1933),『アメリカ文明と労働』(45)。
⇒岩世人（メイヨー　1880.12.26–1949.9.7）

現社（メイヨー 1880–1949）
社小増（メーヨー 1880–1949）
ペシ経（メイヨー 1880–1949）
有経5（メイヨー 1880–1949）

Mayo, Katherine
アメリカのジャーナリスト。
⇒アア歴（Mayo,Katherine　メイヨウ, キャサリン　1867.1.24–1940.10.9）

Mayo, Virginia
アメリカ生まれの女優。
⇒ク俳（メイヨ, ヴァージニア（ジョウンズ,V）1920–）

Mayo, William James
アメリカの医者。弟C.Horaceと共同でメーヨー・クリニックを設立。胃の外科手術の専門医。
⇒アメ州（Mayo,William James　メイヨー, ウイリアム・ジェームズ 1861–1939）
　岩世人（メイヨー 1861.6.29–1939.7.28）

Mayor, Federico
スペインの生物学者, 識字運動家。国連教育科学文化機関（UNESCO）事務局長。
⇒世指導（マヨール, フェデリコ 1934.1.27–）

Mayor, Michel G.E.
スイスの宇宙物理学者。
⇒外16（マイヨール, ミシェル 1942.1.12–）

Mayorova, Albina
ロシアのマラソン選手。
⇒外16（マヨロワ, アルビナ 1977.5.16–）

May Oung, U
英領期ビルマの法律家。
⇒岩世人（メイオウン 1880–1926）

Mayr, Ernst
ドイツ生まれのアメリカの動物分類学者, 進化生物学者。
⇒岩生（マイア 1904–2005）
　岩世人（マイアー 1904.7.5–2005.2.3）
　三新生（マイヤー 1904–2005）

Mayr, Georg von
ドイツの統計学者, 経済学者。ドイツで成立した社会統計学の確立者。
⇒岩世人（マイアー 1841.2.12–1925.9.6）
　学叢思（マイエル, ゲオルク・フォン 1841–?）

Mayr, Heinrich
ドイツの森林学者。東京農林学校で森林植物学を教授。
⇒岩生（マイア 1856–1911）
　岩世人（マイル（マイアー） 1856.10.29–1911.1.24）

Mayrand, Placide-Augustino
フランスの宣教師。

⇒新カト（メイラン 1866.9.5–1949.11.2）

Mayröcker, Friederike
オーストリアの女性詩人, 作家。
⇒岩世人（マイレッカー 1924.12.20–）

Mays, Carl William
アメリカの大リーグ選手（投手）。
⇒メジャ（メイズ, カール 1891.11.12–1971.4.4）

Mays, Willie Howard
アメリカの大リーグ選手（外野）。
⇒アメ州（Mays,Willie メイズ, ウイリー 1931–）
　岩世人（メイズ 1931.5.6–）
　外12（メイズ, ウィリー 1931.5.6–）
　メジャ（メイズ, ウィリー 1931.5.6–）

Mayskiy, Ivan Miyhaylovich
ソ連の外交官。ソ連駐英大使。
⇒岩世人（マイスキー 1884.1.7/19–1975.9.3）

Maysles, Albert
アメリカ生まれの映画監督, 撮影監督。
⇒映監（メイズルス, アルバート＆デヴィッド 1926.11.26–）

Maysles, David
アメリカのドキュメンタリー作家。
⇒映監（メイズルス, アルバート＆デヴィッド 1931.1.10–1987）

Maytag, Frederick Lewis
アメリカの実業家。メイタッグ社設立者。
⇒アメ経（メイタッグ, フレデリック 1857.7.14–1937.3.26）

May-Treanor, Misty
アメリカのビーチバレーボール選手, バレーボール選手。
⇒外12（メイ・トレーナー, ミスティ 1977.7.30–）
　外16（メイ・トレーナー, ミスティ 1977.7.30–）
　最世ス（メイ・トレーナー, ミスティ 1977.7.30–）

Mayweather, Floyd Joy, Jr.
アメリカのプロボクサー。
⇒外12（メイウェザー, フロイド 1977.2.24–）
　外16（メイウェザー, フロイド 1977.2.24–）
　最世ス（メイウェザー, フロイド 1977.2.24–）
　ネーム（メイウェザー, フロイド 1977–）

Mazar, Benjamin
イスラエルの考古学者, 歴史学者。
⇒新カト（マザール 1906.6.28–1995.9.9）
　ユ著people（Mazar（Maisler）,Benjamin マザル, ビンヤミン 1906–）

Mazaroff, Todor
ブルガリアのテノール歌手。
⇒失声（マザロフ, トドール 1907–1975）
　魅惑（Mazaroff,Todor（Mazarov）（Masaroff）

1907–1975）

Maze, *Sir* Frederick
イギリスの外交官。
⇒岩世人（メイズ　1871.7.2–1959.3.25）

Maze, Tina
スロベニアのスキー選手（アルペン）。
⇒外12（マゼ, ティナ　1983.5.2–）
　外16（マゼ, ティナ　1983.5.2–）
　最世ス（マゼ, ティナ　1983.5.2–）

Mazeroski, William Stanley
アメリカの大リーグ選手（二塁）。
⇒メジャ（マゼロスキー, ビル　1936.9.5–）

Mazinho
ブラジルのサッカー選手。
⇒外12（マジーニョ　1965.12.26–）

al-Māzinī, Ibrāhīm 'Abd al-Qādir
エジプトの文芸評論家、ジャーナリスト。
⇒岩世人（マーズィニー　1890–1949）

Mazisi, Kunene
南アフリカの詩人。
⇒岩世人（マジシ　1930.5.12–2006.8.11）

Mazon, Paul
フランスの古典学者。
⇒岩世人（マゾン　1874–1955）

Mazower, Mark
イギリスの歴史学者。
⇒外16（マゾワー, マーク　1958–）

Mazowiecki, Tadeusz
ポーランドの政治家。ポーランド首相、ポーランド自由同盟党首。
⇒岩世人（マゾヴィエツキ　1927.4.18–2013.10.28）
　政経改（マゾビエツキ　1926–）
　世指導（マゾヴィエツキ, タデウシ　1927.4.18–2013.10.28）

Mazrui, Ali A.
ケニアの政治学者。国際政治学会（IPSA・各国政治学会の国際機関）の副会長。
⇒岩世人（マズルイ　1933.2.24–）

Mazur, Stanislaw
ポーランドの数学者。
⇒数辞（マズール, スタニスロウ　1905–1981）
　世数（マズール, スタニスワフ　1905–1981）

Mazursky, Paul
アメリカ・ニューヨーク生まれの映画監督、映画脚本家。
⇒映監（マザースキー, ポール　1930.4.25–）
　ユ著人（Mazursky, Paul　マザースキー, ポール　1930–）

Mazzantini, Margaret
アイルランド生まれの作家。
⇒現世文（マッツァンティーニ, マルガレート　1961–）

Mazzarino, Santo
イタリアの古代史研究者。
⇒岩世人（マッツァリーノ　1916–1987）

Mazzetti, Lorenza
イタリアの映画監督、作家。
⇒現世文（マッツェッティ, ロレンツァ）

Mazzilli, Lee Louis
アメリカの大リーグ選手（外野、一塁）。
⇒メジャ（マジリ, リー　1955.3.25–）

Mazzolla
ブラジルのサッカー選手（浦和レッズ・FW）。
⇒外12（マゾーラ　1989.5.8–）

Mazzucco, Melania G.
イタリアの作家。
⇒海文新（マッツッコ, メラニア・G.　1966.10.6–）
　現世文（マッツッコ, メラニア・G.　1966.10.6–）

Mbango, Francoise
カメルーンの三段跳び選手。
⇒外12（ムバンゴ, フランソワーズ　1976.4.14–）
　最世ス（ムバンゴ, フランソワーズ　1976.4.14–）

Mbazaa, Fouad
チュニジアの政治家。チュニジア暫定大統領。
⇒外12（ムバッザア, フアード）
　外16（ムバッザア, フアード）
　世指導（ムバッザア, フアード）

Mbeki, Thabo, Mvuyelwa
南アフリカの政治家。南アフリカ共和国の大統領（1999～2008），アフリカ民族会議（ANC）議長。
⇒岩世人（ムベキ　1942.6.18–）
　外12（ムベキ, ターボ　1942.6.18–）
　外16（ムベキ, ターボ　1942.6.18–）
　世指導（ムベキ, ターボ　1942.6.18–）
　世人新（ムベキ　1942–）
　世人装（ムベキ　1942–）

MC Mong
韓国の男優、歌手。
⇒韓俳（MCモン　1979.9.4–）

Mda, Zakes
南アフリカの劇作家、画家、小説家。
⇒岩世人（ムダ　1948–）

Meacham, George Marsden
カナダのメソジスト派教会宣教師。1876年来日、沼津中学校に奉職する。のち上京し下谷メソジスト教会の創立に参加。英文雑誌"Chrisanthemum"を編集。

⇒岩世人（ミーチャム 1833–1919.2.20）

Mead, Edwin Doak
アメリカの著述家。
⇒学叢思（ミード, エドウィン・ドゥク 1849–?）

Mead, George Herbert
アメリカの社会学者、哲学者、心理学者。主著『現在の哲学』(1932)。
⇒岩世人（ミード 1863.2.27–1931.4.26）
  現社（ミード, G.H. 1863–1931）
  広辞7（ミード 1863–1931）
  社小増（ミード 1863–1931）
  社心小（ミード 1863–1931）
  新カト（ミード 1863.2.27–1931.4.26）
  哲中（ミード 1863–1931）
  メル3（ミード, ジョージ・ハーバート 1863–1931）

Mead, Margaret
アメリカの女性人類学者。1960年アメリカ人類学会長、69～71年フォーダム大学人類学教授など歴任。主著『男性と女性』(49)。
⇒アメ新（ミード 1901–1978）
  岩女（ミード, マーガレット 1901.12.16–1978.11.15）
  岩世人（ミード 1901.12.16–1978.11.15）
  教人（ミード 1901–）
  現科大（ミード, マーガレット 1901–1978）
  現社（ミード, M. 1901–1978）
  現精（ミード 1901–1978）
  現精縮（ミード 1901–1978）
  社小増（ミード 1901–1978）
  精分岩（ミード, マーガレット 1901–1978）
  世界子（ミード, マーガレット 1901–1978）
  メル3（ミード, マーガレット 1901–1978）

Mead, Richelle
アメリカの作家。
⇒海文新（ミード, リシェル 1976–）
  現世文（ミード, リシェル 1976–）

Mead, Syd
アメリカのコンセプチュアルデザイナー。
⇒外12（ミード, シド 1933.7–）
  外16（ミード, シド 1933.7–）

Meade, Glenn
アイルランドの作家。
⇒現世文（ミード, グレン）

Meade, James Edward
イギリスの経済学者。第二次大戦中は政府に関係し、のちロンドン大学教授となる。
⇒岩経（ミード 1907–1995）
  岩世人（ミード 1907.6.23–1995.12.22）
  ノベ3（ミード, J.E. 1907.6.23–1995.12.22）
  有経5（ミード 1907–1995）

Meade, José Antonio
メキシコの政治家。外相、社会発展相、財務公債相などを歴任。
⇒世指導（ミード, ホセ・アントニオ 1969.2.27–）

Meader, George
アメリカのテノール歌手。
⇒魅惑（Meader, George 1888–?）

Meadows, Dennis L.
アメリカの経営学者。
⇒外12（メドウズ, デニス 1942–）
  外16（メドウズ, デニス 1942.6.7–）
  現社（メドウズ 1941–2001）

Meadows, Donella H.
アメリカの環境科学者。
⇒現社（メドウズ 1942–）

Meadows, Henry Lee
アメリカの大リーグ選手（投手）。
⇒メジャ（メドウズ, リー 1894.7.12–1963.1.29）

Meadows, Shane
イギリスの映画監督。
⇒外12（メドウズ, シェーン）

Meads, Colin（Earl）
ニュージーランドのラグビー選手。
⇒岩世人（ミーズ 1936.6.3–）

Meagher, Mary
アメリカの女子水泳選手。
⇒岩世人（マーハー 1964.10.27–）

Meaker, Marijane
アメリカの作家。
⇒現世文（ミーカー, マリジェーン 1927.5.27–）

Means, Gardinar Colt
アメリカ生まれの経済思想家。
⇒アメ経（ミーンズ, ガーディナー 1896.6.8–1988.2.15）
  岩経（ミーンズ 1896–1988）
  岩世人（ミーンズ 1896.6.8–1988.2.15）
  有経5（ミーンズ 1896–1988）

Meany, George
アメリカの労働組合指導者。1952年AFL会長、55年12月AFL・CIOの会長。
⇒アメ経（ミーニー, ジョージ 1894.8.16–1980.1.10）
  岩世人（ミーニー 1894.8.16–1980.1.10）

Meares, Anna
オーストラリアの自転車選手。
⇒外12（ミアーズ, アナ 1983.9.21–）
  外16（ミアーズ, アナ 1983.9.21–）
  最新ス（ミアーズ, アナ 1983.9.21–）

Mearsheimer, John J.
アメリカの政治学者。
⇒国政（ミアシャイマー, ジョン 1947–）

Meaux, Huey
アメリカ・ルイジアナ州キャプラン生まれのプロデューサー。
⇒ロック（Meaux,Huey　モウ，ヒューイ　1929.3.10–）

Meav
アイルランドの歌手。
⇒外12（メイヴ）

Meazza, Giuseppe
イタリアのプロサッカー選手。
⇒岩世人（メアッツァ　1910.8.23–1979.8.21）

Mechai Viravaidya
タイの社会運動家，政治家。
⇒外12（ミチャイ・ヴィラヴァイディア　1941.1–）
　外16（ミチャイ・ヴィラヴァイディア　1941.1.17–）
　世指導（ミチャイ・ヴィラヴァイディア　1941.1.17–）

Mechelin, Leo
フィンランドの法律学者，政治家。
⇒岩世人（メケリン　1839.11.24–1914.1.26）

Mechnikov, Iliya Iliich
ロシアの生物学者。1883年，細胞の食菌作用を発見。
⇒岩生（メチニコフ　1845–1916）
　岩世人（メーチニコフ　1845.5.15–1916.7.16）
　旺生5（メチニコフ　1845–1916）
　学叢思（メチュニコフ，ルリヤ　1845–1917）
　広辞7（メチニコフ　1845–1916）
　ネーム（メチニコフ　1845–1916）
　ノベ3（メチニコフ,E.　1845.5.15–1916.7.16）
　ユ著人（Métschnikoff,Élie　メチニコフ，エリー　1845–1916）

Mečiar, Vladimir
スロバキアの政治家。スロバキア首相。
⇒岩世人（メチアル　1942.7.26–）
　世指導（メチアル，ウラジミル　1942.7.26–）

Meckel, Klemens Wilhelm Jakob
ドイツの軍人。1885年陸軍大学校教官として来日。
⇒岩世人（メッケル　1842.3.28–1906.7.5）
　広辞7（メッケル　1842–1906）
　ネーム（メッケル　1842–1906）

Meckseper, Friedrich
ドイツ生まれの版画家。
⇒芸13（メクセペル，フレドリッチ　1936–）

Medawar, Peter Brian
イギリスの生物学者。1960年後天的免疫学の寛容（耐性）の発見に対し，バーネットとともにノーベル生理・医学賞を受けた。
⇒外12（メダワー　1915–1987）
　岩世人（メダワー　1915.2.28–1987.10.2）
　オク科（メダワー（サー・ピーター・ブライアン）　1915–1987）
　オク生（メダワー，ピーター・ブライアン，卿　1915–1987）
　広辞7（メダワー　1915–1987）
　ノベ3（メダワー,P.B.　1915.2.28–1987.10.2）

Medel, Joe
メキシコのプロボクサー。
⇒異二辞（メデル，ジョー　1938–2001）

Medeski, John
アメリカのジャズ・キーボード奏者。
⇒外12（メデスキ，ジョン）
　外16（メデスキ，ジョン）

Medgyessy, Péter
ハンガリーの政治家。ハンガリー首相。
⇒外12（メッジェシ，ペーテル　1942.10.19–）
　外16（メッジェシ，ペーテル　1942.10.19–）
　世指導（メッジェシ，ペーテル　1942.10.19–）

Mediate, Rocco
アメリカのプロゴルファー。
⇒外12（ミーディエート，ロッコ　1962.12.17–）
　外16（ミーディエート，ロッコ　1962.12.17–）
　最世ス（ミーディエート，ロッコ　1962.12.17–）

Medich, George Francis（Doc）
アメリカの大リーグ選手（投手）。
⇒メジャ（メディッチ，ドク　1948.12.9–）

Medicus, Fritz
ドイツの哲学者。新カント派に近く，フィヒテの著作集を出版した。
⇒岩世人（メディクス　1876.4.23–1956.1.12）

Medina, Danilo
ドミニカ共和国の政治家。ドミニカ共和国大統領（2012～）。
⇒外16（メディナ，ダニロ　1951.11.10–）
　世指導（メディナ，ダニロ　1951.11.10–）

Medina, Fernando Abal
アルゼンチンのマルクス・ペロン主義者。1970年アルゼンチンの元大統領ペドロ・エウヘニオ・アランブルを暗殺した。
⇒世暗（メディナ，フェルナンド・アバル　1947–1970）

Mednyánszky Mária
ハンガリーの女子卓球選手。
⇒岩世人（メドニアンスキー　1901.4.7–1978.12.22）

Medtner, Nikolai
ロシア（ドイツ系）の作曲家，ピアノ奏者。
⇒岩世人（メトネル　1879.12.24/1880.1.5–1951.11.13）
　ク音3（メトネル　1880–1951）
　ピ由改（メトネル，ニコライ・カルロヴィッチ　1880–1951）
　標音2（メットネル，ニコライ・カルロヴィッチ

1880.1.5–1951.11.13)

Meduna, Ladislas-Joseph von
ハンガリーの精神医学者。
⇒現精（メデュナ 1896–1964）
　現精縮（メデュナ 1896–1964）

Medved, Aleksandr Vasilevich
ソ連の男子レスリング選手。
⇒岩世人（メドヴェージ 1937.9.16–）

Medvedev, Dmitry Anatolevich
ロシアの政治家,実業家。ロシア大統領（2008～12）。
⇒岩世人（メドヴェージェフ 1965.9.14–）
　外12（メドヴェージェフ 1965.9.14–）
　外16（メドヴェージェフ,ドミトリー 1965.9.14–）
　広辞7（メドヴェージェフ 1965–）
　世史改（メドヴェージェフ 1965–）
　世指導（メドヴェージェフ,ドミトリー 1965.9.14–）
　世人新（メドヴェージェフ 1965–）
　世人装（メドヴェージェフ 1965–）
　ポプ人（メドベージェフ,ドミトリー 1965–）

Medvedev, Roi Aleksandrovich
ソ連の歴史家,評論家。
⇒岩世人（メドヴェージェフ 1925.11.14–）
　外12（メドヴェージェフ,ロイ 1925.11.14–）
　外16（メドヴェージェフ,ロイ 1925.11.14–）
　広辞7（メドヴェージェフ 1925–）

Medvedev, Zhores Aleksandrovich
ソ連の生物学者。
⇒外12（メドヴェージェフ,ジョレス 1925.11.14–）
　外16（メドヴェージェフ,ジョレス 1925.11.14–）

Medvedeva, Svetlana
メドヴェージェフ・ロシア大統領夫人。
⇒外12（メドヴェージェワ,スヴェトラーナ）
　外16（メドヴェージェワ,スヴェトラーナ 1965–）

Medvedtseva, Olga
ロシアのバイアスロン選手。
⇒外12（メドヴェドツェワ,オリガ 1975.7.7–）
　外16（メドヴェドツェワ,オリガ 1975.7.7–）
　最世ス（メドヴェドツェワ,オリガ 1975.7.7–）

Medvei, Cornelius
イギリスの作家。
⇒海文新（メドヴェイ,コーネリアス 1977–）
　現世文（メドベイ,コーネリアス 1977–）

Medwick, Joseph Michael
アメリカの大リーグ選手（外野）。
⇒メジャ（メドウィック,ジョー 1911.11.24–1975.3.21）

Mee, Anthony
イギリスのテノール歌手。

⇒魅惑（Mee,Anthony ?–）

Meech, Annette
イギリスのガラス工芸家。
⇒芸13（ミーチ,アネッテ ?–）

Meehan, Tony
イギリスのミュージシャン,プロデューサー。
⇒ロック（Jet Harris and Tony Meehan ジェット・ハリス＆トーニー・ミーハン）

Meek, Joe
イギリス・グロスター生まれの技師,レコードプロデューサー,ソングライター。
⇒ロック（Meek,Joe ミーク,ジョウ ?–1967.2.3）

Meek, Ronald L.
イギリスのマルクス主義経済学者。新左翼の理論的指導者の1人。
⇒有経5（ミーク 1917–1978）

Meeker, Ralph
アメリカの俳優。
⇒ク俳（ミーカー,ラルフ（ラスゲバー,R） 1920–1988）

Meekin, George Jouett
アメリカの大リーグ選手（投手）。
⇒メジャ（ミーキン,ジューエット 1867.2.21–1944.12.14）

Meens, Hein
オランダのテノール歌手。
⇒魅惑（Meens,Hein 1952–）

Meerwein, Hans
ドイツの有機化学者。
⇒岩世人（メーアヴァイン 1879.5.20–1965.10.24）

Meftakhetdinova, Zemfira
アゼルバイジャンの射撃選手（クレー射撃）。
⇒最世ス（メフタヘジノワ,ゼムフィラ 1963.5.28–）

Megawati Soekarnoputri
インドネシアの政治家。インドネシア大統領（2001～04）。
⇒岩イ（メガワティ 1947–）
　岩世人（メガワティ・スカルノプトリ 1947.1.23–）
　外12（メガワティ・スカルノプトリ 1947.1.23–）
　外16（メガワティ・スカルノプトリ 1947.1.23–）
　広辞7（メガワティ 1947–）
　国政（メガワティ・スカルノプトゥリ 1947–）
　政経改（メガワティ 1947–）
　世指導（メガワティ・スカルノプトリ 1947.1.23–）
　世人新（メガワティ 1947–）
　世人装（メガワティ 1947–）

Meged, Aharon
イスラエルの作家,編集者。

⇒現世文（メゲド, アハロン　1920–2016.3.23）
ユ著人（Meged,Aharon　メゲド, アハロン　1920–）

Meggendorfer, Lothar
ミュンヘンの画家。
⇒絵本（メッゲンドルファー, ローター　1847–1925）
⇒絵本（メッゲンドルファー, ローター　1847–1925）

Meggers, Betty Jane
アメリカの考古学者。
⇒岩世人（メガーズ　1921.12.5–2012.7.2）

Mehl, Erwin
オーストリアの体育学者。ドイツ体育連盟の能力検査規準を作り（1921）、また同連盟諸法規の改正に当った。
⇒岩世人（メール　1890.3.28–1984.12.28）

Mehldau, Brad
アメリカのジャズ・ピアノ奏者。
⇒外12（メルドー, ブラッド　1970.8.23–）
⇒外16（メルドー, ブラッド　1970.8.23–）

Mehlis, Georg
ドイツの歴史哲学者。雑誌「ロゴス」（1910～33）編集者。
⇒岩世人（メーリス　1878.3.8–1942.9.13）

Meḥmet V, Reshat
オスマン・トルコ帝国の第35代スルタン。在位1909～18。アブドゥル・メジット1世の第3子。
⇒岩世人（メフメト5世　1844.11.3–1918.7.3/2）
世帝（メフメト5世　1844–1918）

Meḥmet VI, Vāhidu'd-Din Efendi
オスマン・トルコ帝国の第36代スルタン。在位1918～22。アブドゥル・メジット1世の第4子。
⇒岩世人（メフメト6世　1861.2.2–1926.5.16）
世帝（メフメト6世　1861–1926）

Meḥmet Akif
トルコの詩人。トルコ国歌の歌詞をつくる。
⇒岩イ（メフメト・アーキフ　1873–1936）
岩世人（メフメト・アーキフ・エルソイ　1873–1936.12.27）
広辞7（メフメト・アーキフ　1873–1936）

Mehran, Marsha
イランの作家。
⇒海文新（メヘラーン, マーシャ　1977.11.11–2014.4.30）
現世文（メヘラーン, マーシャ　1977.11.11–2014.4.30）

Mehring, Franz
ドイツの文芸評論家、歴史家。
⇒岩世人（メーリング　1846.2.27–1919.1.28）
学叢思（メーリング, フランツ　1846–?）
広辞7（メーリング　1846–1919）

Mehring, Walter
ドイツの詩人、劇作家。仮借ない政治的諷刺詩を書き、第3帝国時代は、反ファシストとして亡命生活を送った。
⇒現世文（メーリング, ワルター　1896.4.29–1981.10.3）

Mehrotra, Sanjay
インド生まれの起業家。サンディスク社長・CEO・共同創業者。
⇒外16（メロートラ, サンジェイ　1958.6.27–）

Mehta, Gita
インドの女性小説家、エッセイスト。
⇒現世文（メータ, ギータ　1943–）

Mehta, Ved
インドの自伝作家、エッセイスト、小説家。
⇒現世文（メイター, ベド　1934.3.21–）

Mehta, Zubin
インドの指揮者。
⇒岩世人（メータ（メヘター）　1936.4.29–）
オペラ（メータ, ズビン　1936–）
外12（メータ, ズビン　1936.4.29–）
外16（メータ, ズビン　1936.4.29–）
新音中（メータ, ズービン　1936.4.29–）
標音2（メータ, ズービン　1936.4.29–）

Mei, Eva
イタリアのソプラノ歌手。
⇒外12（メイ, エヴァ　1967–）
外16（メイ, エヴァ　1967–）

Meidani, Rexhep
アルバニアの政治家、物理学者。アルバニア大統領（1997～2002）。
⇒外12（メイダニ, レジェブ　1944.8.17–）
外16（メイダニ, レジェブ　1944.8.17–）
世指導（メイダニ, レジェブ　1944.8.17–）

Meidner, Ludwig
ドイツの画家。
⇒岩世人（マイトナー　1884.4.18–1966.5.14）

Meiendorf, Ivan Feofilovich
ロシア出身の正教会聖職者。
⇒岩世人（メイエンドルフ　1926.2.2–1992.7.22）

Meier, August
アメリカのリベラル派の白人歴史家、公民権運動活動家。
⇒マルX（MEIER,AUGUST　マイヤー, オーガスト　1923–2003）

Meier, Georg Friedrich
東ドイツの言語学者。構造主義的意味論の研究を行う。
⇒岩世人（マイアー　1919.11.20–1992.11.18）

Meier, John
ドイツのゲルマン学者,民俗学者。フライブルクに「ドイツ民謡文庫」を設立し(1914),民謡の研究に貢献した。
⇒岩世人(マイアー 1864.6.14-1953.5.3)

Meier, Richard
アメリカの建築家。
⇒外12(マイヤー,リチャード 1934.10.12-)
外16(マイヤー,リチャード 1934.10.12-)

Meier, Sid
アメリカのゲームデザイナー。
⇒異二辞(マイヤー,シド 1954-)

Meier, Waltraud
ドイツのメゾ・ソプラノ歌手。
⇒外12(マイアー,ヴァルトラウト 1956-)
外16(マイヤー,ヴァルトラウト 1956-)
新音中(マイヤー,ヴァルトラウト 1956.1.9-)

Meier-Graefe, Julius
ドイツの美術史家,美術評論家。印象派、後期印象派、特にセザンヌらの研究。主著『印象主義』(1927)。
⇒岩世人(マイアー=グレーフェ 1867.6.10-1935.6.5)

Meierkholid, Vsevolod Emilievich
ソ連の俳優,演出家。
⇒岩世人(メイエルホリド 1874.1.28/2.9-1940.2.2)
広辞7(メイエルホリド 1874-1940)
世演(メイエルホリド,フセヴォロド・エミリエヴィチ 1874.2.9-1940.2.2)
ネーム(メイエルホリド 1874-1940)
ユ著人(Meierkhol'd,Vsevolod Emil'evich メイエルホリド,ヴセーヴォロド・エミレィヴィチ 1874-1940)

Meighan, Tom
イギリスの歌手。
⇒外12(ミーガン,トム)

Meijers, Eduard Maurits
オランダの法学者。
⇒岩世人(メイエルス 1880.1.10-1954.6.25)

Meiklejohn, Alexander
アメリカの教育家。アマスト・カレッジの校長(1912~24)。26年から33年までウィスコンシン大学で実験学校を指導した。
⇒教人(ミクルジョン 1872-)

Meili, Max
スイスのテノール歌手。
⇒魅惑(Meili,Max 1899-1970)

Meillassoux, Claude
フランスの経済人類学者。
⇒現社(メイヤスー 1925-2005)

Meillassoux, Quentin
フランスの哲学者。
⇒メル別(メイヤスー,クァンタン〔カンタン〕 1967-)

Meillet, Antoine
フランスの言語学者。
⇒岩世人(メイエ 1866.11.11-1936.9.21)
オク言(メイエ,アントワーヌ 1866-1936)
広辞7(メイエ 1866-1936)

Meilutyte, Ruta
リトアニアの水泳選手(平泳ぎ)。
⇒外16(ミルティテ,ルタ 1997.3.19-)
最世ス(ミルティテ,ルタ 1997.3.19-)

Meine, Henry William
アメリカの大リーグ選手(投手)。
⇒メジャ(マイニー,ハイニー 1896.5.1-1968.3.18)

Meinecke, Friedrich
ドイツの歴史学者。『ドイツの悲劇』(1946)を発表,48年以降ベルリン自由大学総長。
⇒岩世人(マイネッケ 1862.10.20-1954.2.6)

Meinertz, Max
ドイツのカトリックの新約聖書学者。
⇒新カト(マイネルツ 1880.12.19-1965.12.18)

Meinhof, Carl
ドイツの言語学者。バントゥー諸語の比較言語学的研究を確立し,アフリカ諸語研究の基礎を築く。
⇒岩世人(マインホーフ 1857.7.23-1944.2.10)

Meinong, Alexius, Ritter von Handschuchsheim
オーストリアの哲学者,心理学者。対象論の創始者。主著『仮定について』(1902)。
⇒岩世人(マイノング 1853.7.17-1920.11.27)
学叢思(マイノング,アレクシウス 1853-?)
教人(マイノング 1853-1920)
新カト(マイノング 1853.7.17-1920.11.27)
メル3(マイノング,アレクシウス 1853-1920)

Meinrad, Josef
テノール歌手。
⇒魅惑(Meinrad,Josef ?-)

Meireles, Cildo
ブラジルの美術家。
⇒岩世人(メイレレス 1948-)

Meirelles, Fernando
ブラジルの映画監督。
⇒映監(メイレレス,フェルナンド 1955.11.9-)
外12(メイレレス,フェルナンド 1955.9.11-)
外16(メイレレス,フェルナンド 1955.9.11-)

M

Meir (Myreson), Golda
イスラエルの政治家。イスラエル首相。
⇒岩世人（メイール　1898.5.3–1978.12.8）
　国政（メイア, ゴルダ　1898–1978）
　世人新（メイア　1898–1978）
　世人装（メイア　1898–1978）
　ユ著人（Meir,Golda　メイヤー, ゴルダ　1898–1978）

Meisel, Edmund
オーストリア生まれの映画音楽作曲家。
⇒ク音3（マイゼル　1894–1930）

Meisenbach, Georg
ドイツの印刷業者。網版印刷法を発明（1881）。
⇒岩世人（マイゼンバッハ　1841.5.27–1912.9.24/25）

Meiss, Millard
アメリカの美術史学者。国際美術史学会会長。イタリアの中世後期とルネッサンスの美術を研究。
⇒岩世人（ミース　1904.3.25–1975.6.12）

Meissenburg, Egbert
ドイツのチェスプレーヤー、チェス史研究者。
⇒岩世人（マイセンブルク　1937.6.26–）

Meissner, Alexander
オーストリアの無線技術者。3極管発振器を発明（1913）、また再生検波方式とヘテロダイン受信の発明者。
⇒岩世人（マイスナー　1883.9.14–1958.1.3）

Meissner, Bruno
ドイツのアッシリア学者。バビロンの発掘に参加。
⇒岩世人（マイスナー　1868.4.25–1947.3.13）

Meissner, Friedrich
ドイツの画家。
⇒芸13（マイスナー, フレンドリッチ　1926–）

Meissner, Kimmie
アメリカのフィギュアスケート選手。
⇒外12（マイズナー, キミー　1989.10.4–）
　最世ス（マイズナー, キミー　1989.10.4–）

Meissner, Walther
ドイツの物理学者。マイスナー効果を発見（1933）。
⇒岩世人（マイスナー　1882.12.16–1974.11.16）

Meissnitzer, Alexandra
オーストリアのスキー選手（アルペン）。
⇒最世ス（マイスニッツァー, アレクサンドラ　1973.6.18–）

Meister, Ernst
ドイツの詩人。
⇒岩世人（マイスター　1911.9.3–1979.6.15）
　新カト（マイスター　1911.9.3–1979.6.15）

Meister, Richard
オーストリアの教育学者。オーストリア科学アカデミー会長（1951～）。
⇒岩世人（マイスター　1881.2.5–1964.6.11）

Meistermann, Barnabas
ドイツ出身の宣教師、考古学者。
⇒新カト（マイスターマン　1850.3.27–1923.9.29）

Meitner, Lise
オーストリアの物理学者。
⇒岩世人（マイトナー（メイトネル）　1878.11.7–1968.10.27）
　オク科（マイトナー（リーゼ）　1878–1968）
　現科大（マイトナー, リーゼ　1878–1968）
　三新物（マイトナー　1878–1968）
　物理（マイトナー, リーゼ　1878–1968）
　ユ著人（Meitner,Lise　マイトナー, リーゼ　1878–1968）

Meitus, Yuly Sergeevich
ウクライナの作曲家。
⇒ク音3（メイトゥス　1903–1997）
　標ប2（メイトゥス, ユーリー・セルゲーエヴィチ　1903.1.15/28–）

Mejía, Rafael Hipólito
ドミニカ共和国の政治家。ドミニカ共和国大統領（2000～04）。
⇒外12（メヒア, ラファエル・イポリト　1941.2.22–）
　外16（メヒア, ラファエル・イポリト　1941.2.22–）
　世指導（メヒア, ラファエル・イポリト　1941.2.22–）

Mejoueva, Irina
ロシアのピアノ奏者。
⇒外12（メジューエワ, イリーナ　1975–）
　外16（メジューエワ, イリーナ　1975–）

Mekas, Jonas
リトアニア生まれの映像作家、詩人。
⇒映監（メカス, ジョナス　1922.12.24–）
　外16（メカス, ジョナス　1922.12.24–）

Mekhontcev, Egor
ロシアのボクサー。
⇒外16（メホンツェフ, イーゴリ　1984.11.14–）
　最世ス（メホンツェフ, イーゴリ　1984.11.14–）

Mekonnen, Hailu
エチオピアのマラソン選手。
⇒外12（メコネン, ハイル　1980.4.4–）
　最世ス（メコネン, ハイル　1980.4.4–）

Meksi, Aleksander
アルバニアの政治家。アルバニア首相。
⇒世指導（メクシ, アレクサンデル　1939–）

Melachrino, George
イギリスのポピュラー楽団指揮者。第二次世界大戦後、弦楽器を中心にした美しいスタイルでムード音楽の先駆をなした。
⇒標音2（メラクリーノ、ジョージ　1909.5.1–1965.6.18）

Melamed, Leo
アメリカの金融業者。
⇒外12（メラメド、レオ　1932–）
　外16（メラメド、レオ　1932–）
　ユ著人（Melamed,Leon　メラメッド、レオン　1932–）

Melan, Joseph
オーストリアの土木技術者。
⇒岩世人（メラン　1853.11.18–1941.2.6）

Melandri, Antonio
イタリアのテノール歌手。
⇒失声（メランドリ、アントニオ　1891–1969）
　魅惑（Melandri,Antonio　1891–1970）

Melandri, Marco
イタリアのオートバイライダー。
⇒最世ス（メランドリ、マルコ　1982.8.7–）

Melani, Leonardo
テノール歌手。
⇒魅惑（Melani,Leonardo　?–）

Melanie
アメリカの女性シンガー・ソングライター。
⇒ロック（Melanie　メラニー　1947.2.3–）

Melanie B
イギリスの歌手。
⇒外12（メラニーB　1975.5.29–）
　外16（メラニーB　1975.5.29–）

Melanie C
イギリスの歌手。
⇒外12（メラニーC　1974.1.12–）
　外16（メラニーC　1974.1.12–）

Melartin, Erkki Gustaf
フィンランドの作曲家。
⇒岩世人（メラルティン　1875.2.7–1937.2.14）
　ク音3（メラルティン　1875–1937）

Melba, *Dame* Nellie
オーストラリアのソプラノ歌手。
⇒岩世人（メルバ　1861.5.19–1931.2.23）
　オペラ（メルバ、ネリー　1861–1931）
　新音中（メルバ、ネリー　1861.5.19–1931.2.23）
　標音2（メルバ、ネリー　1861.5.19–1931.2.23）

Melby, John Fremont
アメリカの外交官。
⇒アア歴（Melby,John F（remont）　メルビー、ジョン・フレモント　1913.7.1–1992.12.23）

Melcher, Frederic Gershom
アメリカの出版人。『週刊出版人』の編集長として児童図書の普及に尽力、児童図書・児童絵本の「作家・作品賞」を創始し、「児童図書週間」の発足にも関わる。
⇒ア図（メルチャー、フレデリック　1879–1963）

Melcher, Terry
アメリカ・ニューヨーク生まれの歌手、プロデューサー。
⇒ロック（Melcher,Terry　メルチャー、テリー　1942.2.8–）

Melchert, Helmut
ドイツのテノール歌手。
⇒魅惑（Melchert,Helmut　1910–?）

Melchior, Lauritz
デンマーク生まれのアメリカのテノール歌手。20世紀前半の最大のヘルデン（英雄役の）テノールといわれた。
⇒オペラ（メルキオール、ラウリッツ　1890–1973）
　失声（メルヒオール、ラウリッツ　1890–1973）
　新音中（メルキオー、ラウリツ　1890.3.20–1973.3.18）
　標音2（メルキオル、ラウリッツ　1890.3.20–1973.3.18）
　魅惑（Melchior,Lauritz　1890–1973）

Meldrum, Christina
アメリカの作家。
⇒海文新（メルドラム、クリスティーナ）
　現世文（メルドラム、クリスティーナ）

Mele, Sabath Anthony (Sam)
アメリカの大リーグ選手（外野）。
⇒メジャ（ミーリー、サム　1922.1.21–）

Melekh, Igor Yakovlevich
ソ連のインテリジェンス・オフィサー。
⇒スパイ（メレフ、イーゴリ・ヤコヴレヴィチ）

Meles Zenawi
エチオピアの政治家。エチオピア首相。
⇒外12（メレス・ゼナウィ　1955.5.9–）
　世指導（メレス・ゼナウィ　1955.5.8–2012.8.20）

Meli, Francesco
イタリアのテノール歌手。
⇒失声（メリ、フランチェスコ　1980–）
　魅惑（Meli,Francesco　1980–）

Melichar, Alois
オーストリアの指揮者、作曲家。
⇒ク音3（メリハル（メリヤル）　1896–1976）

Méliès, Georges
フランスの映画監督。映画の開拓者。
⇒異二辞（メリエス［ジョルジュ・～］　1861–1938）
　岩キ（メリエス　1861–1938）
　岩世人（メリエス　1861.12.8–1938.1.21）

映監（メリエス，ジョルジュ　1861.12.8–1938）
広辞7（メリエス　1861–1938）
ネーム（メリエス　1861–1938）

Melillo, Oscar Donald（Ski）
アメリカの大リーグ選手（二塁）。
⇒メジャ（メリーロ，スキー　1899.8.4–1963.11.14）

Méline, Félix Jules
フランスの政治家。1890～1902年農業問題専門家として保護貿易主義立法に指導的役割を演じた。1883～85年農相，96～98年首相兼農相。
⇒岩世人（メリーヌ　1838.5.20–1925.12.21）

Melissano, Lorenzo
イタリアのテノール歌手。
⇒魅惑（Melissano,Lorenzo　?–）

Melissa P.
イタリアの作家。
⇒現世文（メリッサ・P　1985.12.3–）

Melko, Paul
アメリカの作家。
⇒海文新（メルコ，ポール　1968–）
現世文（メルコ，ポール　1968–）

Mell, Max
オーストリアの劇作家，小説家。『使徒劇』（1922）が最も有名。
⇒岩世人（メル　1882.11.10–1971.12.12）
新カト（メル　1882.11.10–1971.12.12）

Mella, Julio Antonio
キューバの革命家。モラレス独裁制の弾圧を受けて，メキシコに亡命。海外で独裁制反対の闘争を積極的に行なった。
⇒岩世人（メリャ　1905.3.25–1929.1.10）

Mellbin, Franz-Michael
デンマークの外交官。
⇒外12（メルビン，フランツミカエル・スキョル　1958.11.11–）

Melle, Thomas
ドイツの劇作家，作家，翻訳家。
⇒現世文（メレ，トーマス　1975–）

Mellencamp, John Cougar
アメリカのロック歌手。
⇒外12（メレンキャンプ，ジョン　1951.10.9–）
外16（メレンキャンプ，ジョン　1951.10.7–）

Mello, Craig
アメリカの遺伝学者。
⇒外12（メロー，クレイグ　1960.10.18–）
外16（メロー，クレイグ　1960.10.18–）
三新生（メロー　1960–）
ノベ3（メロー，C.C.　1960.10.18–）

Mello, Roger
ブラジルの作家，イラストレーター，劇作家。
⇒外16（メロ，ホジェル　1965–）
現世文（メロ，ホジェル　1965–）

Mellon, Andrew William
アメリカの財政家。
⇒アメ経（メロン，アンドリュー　1855.3.24–1937.8.26）
アメ州（Mellon,Andrew Willam　メロン，アンドリュー・ウイリアム　1855–1937）
岩世人（メロン　1855.3.24–1937.8.26）

Mellon, Paul
アメリカの美術収集家，慈善家。
⇒岩世人（メロン　1907.6.11–1999.2.1）

Mellouli, Oussama
チュニジアの水泳選手（自由形・オープン・ウオーター）。
⇒外12（メルーリ，ウサマ　1984.2.16–）
外16（メルーリ，ウサマ　1984.2.16–）
最世ス（メルーリ，ウサマ　1984.2.16–）

Melnichenko, Ganna
ウクライナの七種競技選手。
⇒最世ス（メルニチェンコ，ハンナ　1983.4.24–）

Melnikov, Alexander
ロシアのピアノ奏者。
⇒外16（メルニコフ，アレクサンドル　1973–）

Melnikov, Konstantin Stepanovich
ソ連の建築家。「パリ装飾美術博覧会のソヴェート館」（1925）は，新しい空間構成によるソ連独自の近代建築を示すものとして高く評価された。
⇒岩世人（メーリニコフ　1890.7.22/8.3–1974.11.28）
世建（メーリニコフ，コンスタンティン　1890–1974）

Melo, Patrícia
ブラジルの作家，劇作家，脚本家。
⇒現世文（メロ，パトリーシア　1962–）

Melocchi, Arturo
イタリアのテノール歌手。
⇒失声（メロッキ，アルトゥーロ　1879–1960）

Meloto, Antonio
フィリピンの社会活動家。
⇒外12（メロト，アントニオ　1950–）
外16（メロト，アントニオ　1950–）

Melotte, Philbert Jacques
イギリスの天文学者。
⇒天文大（メロット　1880–1961）

Melton, James
アメリカのテノール歌手。
⇒魅惑（Melton,James　1904–1961）

Melton, William Edwin
アメリカの大リーグ選手(三塁,外野)。
⇒メジャ（メルトン,ビル　1945.7.7-）

Meltzer, Allan H.
アメリカ生まれの経済思想家。
⇒外12（メルツァー,アラン　1928-）
　外16（メルツァー,アラン　1928-）
　有経5（メルツァー　1928-）

Meltzer, Brad
アメリカの作家。
⇒外12（メルツァー,ブラッド　1970-）
　外16（メルツァー,ブラッド　1970-）
　現世文（メルツァー,ブラッド　1970-）

Meltzer, Donald
アメリカ出身のクライン派の精神分析医。
⇒精分岩（メルツァー,ドナルド　1922-）

Melua, Katie
グルジア出身の歌手。
⇒外12（メルア,ケイティ　1984-）
　外16（メルア,ケイティ　1984-）

Melucci, Alberto
イタリアの社会学者,詩人。
⇒岩世人（メルッチ　1943.11.27-2001.9.12）
　現社（メルッチ　1943-2001）

Melville, Eliza Ellen
ニュージーランドの政治家,弁護士。
⇒ニュー（メルヴィル,イライザ（エレン）　1882-1946）

Melville, Jean-Pierre
フランスの映画監督。
⇒岩世人（メルヴィル　1917.10.20-1973.8.2）
　映監（メルヴィル,ジャン＝ピエール　1917.10.20-1973）

Melvin, Bob
アメリカの大リーグ監督(アスレチックス),大リーグ選手(捕手)。
⇒外12（メルビン,ボブ　1961.10.28-）
　外16（メルビン,ボブ　1961.10.28-）
　最世ス（メルビン,ボブ　1961.10.28-）
　メジャ（メルヴィン,ボブ　1961.10.28-）

Memmi, Albert
チュニジアの小説家,評論家。
⇒岩世人（メンミ　1920.12.15-）
　外12（メンミ,アルベール　1920.12.15-）
　外16（メンミ,アルベール　1920.12.15-）
　現世文（メンミ,アルベール　1920.12.15-）
　ユ著人（Memmi,Albert　メンミ,アルベール　1920-）

Mena Marqués, Manuela B.
スペインの美術史家。

⇒外16（メナ・マルケス,マヌエラ）

Ménard, Marie-Auguste-Émile-René
フランスの画家。古典風の風景や肖像画を描いた。主作品『羊の群』(1901)。
⇒芸13（メナール,ルネ・エミール　1862-1930）

Ménard, Robert
アルジェリアのジャーナリスト。
⇒外12（メナール,ロベール　1953-）
　外16（メナール,ロベール　1953-）

Menasce, Jean de
アレクサンドリア(ユダヤ系)生まれのフランス,スイスで活躍した宣教学者,ドミニコ会員。
⇒新カト（ムナス　1902.12.24-1973.11.24）

Menchú Tum, Rigoberta
グアテマラの先住民運動家。ノーベル平和賞受賞。
⇒岩世人（メンチュ　1959.1.9-）
　外12（メンチュ,リゴベルタ　1959.1.9-）
　外16（メンチュ,リゴベルタ　1959.1.9-）
　広辞7（メンチュ　1959-）
　世指導（メンチュ,リゴベルタ　1959.1.9-）
　ネーム（メンチュ　1959-）
　ノベ3（メンチュウ,R.　1959.1.9-）
　ラテ新（メンチュ　1959-）

Mencken, Henry Louis
アメリカの批評家,ジャーナリスト。
⇒アメ州（Mencken,Henry Louis　メンケン,ヘンリー・ルイス　1880-1956）
　アメ新（メンケン　1880-1956）
　岩世人（メンケン　1880.9.12-1956.1.29）
　新カト（メンケン　1880.9.12-1956.1.29）

Mende, Erich
西ドイツの政治家。1963年エアハルト内閣の副首相兼全ドイツ問題相。
⇒岩世人（メンデ　1916.10.28-1998.5.6）

Mendel, Arthur
アメリカの音楽学者。
⇒標音2（メンデル,アーサー　1905.6.6-1979.10.14）

Mendel, Lafayette Benedict
アメリカの栄養学者,生化学者。1913年ビタミンAを発見。消化,蛋白代謝の化学反応,成長の生理などに業績を残した。
⇒岩世人（メンデル　1872.2.5-1935.12.9）
　ユ著人（Mendel,Lafayette Benedict　メンデル,ラファイエット・ベネディクト　1872-1935）

Mendel, Nate
アメリカのミュージシャン。
⇒外12（メンデル,ネイト　1968.12.2-）
　外16（メンデル,ネイト　1968.12.2-）

Mendeleev, Dmitrii Ivanovich
ロシアの化学者, 周期律の発見者。
⇒岩世人（メンデレーエフ　1834.2.8–1907.2.2)
オク科（メンデレエフ（ドミートリ, イヴァノ
ヴィッチ）1834–1907)
化学（メンデレーエフ　1834–1907)
学叢思（メンデレーフ, ドミトリ・イヴァノー
ヴィッチ　1834–1907)
科史（メンデレーエフ　1834–1907)
現科大（メンデレーエフ, ドミトリー・イワノ
ヴィッチ　1834–1907)
広辞7（メンデレーエフ　1834–1907)
三新物（メンデレーエフ　1834–1907)
世発（メンデレーエフ, ディミトリ　1834–1907)
ネーム（メンデレーエフ　1834–1907)
物理（メンデレーエフ, ドミートリー・イヴァ
ヴィチ　1834–1907)
ポプ人（メンデレーエフ, ドミトリー　1834–1907)

Mendele Mokher Sforim
ユダヤ人のイディシュおよびヘブライ文学作家。現代ヘブライ文学の基礎を築いた作家の一人。主著『ほしい指輪』(1865), 『びっこのフィシュケ』(69)。
⇒岩世人（メンデレ・モイヘル＝スフォリム　1835.12.21–1917.12.8)
ユ著人（Mendele Mokher (Mocher) Sefarim (Sforim)　メンデレ・モヘール・スフォリム　1836–1917)

Mendelsohn, Erich
アメリカで活躍したユダヤ系の建築家。ドイツ表現主義建築の代表作といわれるアインシュタイン塔(1920)などを設計。
⇒岩世人（メンデルゾーン　1887.3.21–1953.9.15)
ユ著人（Mendelsohn, Erich　メンデルゾーン, エーリヒ　1887–1953)

Mendelson, Ralph Waldo
アメリカの医師。
⇒アア歴（Mendelson, Ralph Waldo　メンデルソン, ラルフ・ウォルド　1888.12.22–1968.4.5)

Mendelssohn, Arnold
ドイツの作曲家。形式的に美しい合唱曲を作り, また歌劇の作もある。作曲家J.L.F.メンデルスゾーンの従弟。
⇒岩世人（メンデルスゾーン　1855.12.26–1933.2.19)

Mendenhall, Thomas Corwin
アメリカの物理学者。富士山頂での重力測定などを行った。
⇒アア歴（Mendenhall, Thomas Corwin　メンデンホール, トマス・コーウィン　1841.10.4–1924.3.22)
アメ新（メンデンホール　1841–1924)
岩世人（メンデンホール　1841.10.4–1924.3.22)
広辞7（メンデンホール　1841–1924)

Menderes, Adnan
トルコの政治家。1950年から10年間にわたり首相の座を独占し, 60年のクーデターで逮捕。
⇒岩イ（メンデレス　1899–1961)
岩世人（メンデレス　1899–1961.9.17)

Mendès, Catulle
フランスの詩人, 劇作家。雑誌『ファンテジスト』(1860)創刊。詩集『フィロメラ』(64)など。
⇒岩世人（マンデス　1841.5.20–1909.2.7)
19仏（マンデス, カチュール　1841.5.22–1909.2.7)

Mendes, Chico
ブラジルのゴム樹液採取者。
⇒ラテ新（シコ・メンデス　1944–1988)

Mendes, Sam（uel Alexander）
イギリスの演出家。
⇒外12（メンデス, サム　1965.8.1–)
外16（メンデス, サム　1965.8.1–)

Mendes, Sergio
ブラジル生まれのジャズ・ピアノ奏者, 歌手。
⇒岩世人（メンデス　1941.2.11–)
外12（メンデス, セルジオ　1941.2.11–)
外16（メンデス, セルジオ　1941.2.11–)
標目2（メンデス, セルジオ　1941.2.11–)

Mendès-France, Pierre Isaac Isidore
フランスの政治家。1946～58年下院議員, 54年6月首相兼外相, ジュネーブ協定に調印。
⇒岩世人（マンデス＝フランス　1907.1.11–1982.10.18)
世人新（マンデス・フランス　1907–1982)
世人装（マンデス・フランス　1907–1982)
ユ著人（Mendes France, Pierre　マンデス・フランス, ピエール　1907–1987)

Mendez, Antonio J.
CIAの偽装エキスパート。1980年イランでアメリカ人が人質になった際, 救出劇で活躍した。
⇒スパイ（メンデス, アントニオ・J)

Mendez, Jose de la Caridad
キューバ出身のニグロリーグの選手（投手)。
⇒メジャ（メンデス, ホセ　1885.1.2–1928.11.6)

Mendieta, Ana
アメリカの美術家。
⇒岩世人（メンディエタ　1948.11.18–1985.9.8)

Mendieta y Montefur, Carlos
キューバの政治家。キューバ大統領(1934～35)。
⇒岩世人（メンディエタ　1873.11.4–1960.9.29)

Mendoza, Benjamin
ボリビア出身の美術家。ローマ教皇パウロ6世の暗殺をはかった。
⇒世暗（メンドーサ, ベンハミン　1935–)

Mendoza, Eduardo
スペインの作家。
⇒外16（メンドサ, エドゥアルド　1943–)
　現世文（メンドサ, エドゥアルド　1943–)

Mendoza Guazon, Maria Paz
フィリピンの医師。
⇒岩世人（メンドーサ・グアソン　1884.5.10–1967.3.10)

Mendoza y Gotianquin, Pelagia
フィリピンの彫刻家, 企業家。
⇒岩世人（メンドーサ　1867.6.9–1939.3.12/13)

Mendras, Henri
フランスの社会学者。
⇒岩世人（マンドラ　1927.5.1–2003.11.5)

Ménégoz, Eugène
フランスのプロテスタント神学者。サバティエと共に象徴信仰主義の代表者。
⇒岩世人（メネゴー　1838.9.25–1921.10.29)
　新カト（メネゴ　1838.9.25–1920.10.29)

Menegoz, Margaret
フランスの映画プロデューサー。
⇒外12（メネゴーズ, マルガレート　1941–)

Menelik II
エチオピアの皇帝。在位1889〜1913。近代国家としてのエチオピアの基礎を築いた。
⇒世人新（メネリク2世　1844–1913)
　世人装（メネリク2世　1844–1913)

Menem, Carlos
アルゼンチンの政治家。アルゼンチン大統領(1989〜99)。
⇒岩世人（メネム　1930.7.2–)
　外12（メネム, カルロス・サウル　1935.7.2–)
　外16（メネム, カルロス・サウル　1930.7.2–)
　政経改（メネム　1935–)
　世指導（メネム, カルロス・サウル　1930.7.2–)
　ラテ新（メネム　1930–)

Menendez, Osleidys
キューバのやり投げ選手。
⇒外12（メネンデス, オスレイディス　1979.11.14–)
　最世ス（メネンデス, オスレイディス　1979.11.14–)

Menéndez Pidal, Ramón
スペインの言語学者, 文学史家。
⇒岩世人（メネンデス・ピダル　1869.3.13–1968.11.14)

Menéndez y Pelayo, Marcelino
スペインの文学史家, 評論家。代表作『スペイン異端者史』(1880〜82)。
⇒岩世人（メネンデス・イ・ペラーヨ　1856.11.3–1912.5.19)
　新カト（メネンデス・イ・ペラーヨ　1856.11.3–1912.5.19)

Menescaldi, Piero
イタリアのテノール歌手。
⇒魅惑（Menescaldi,Piero　1893–1973)

Meneses, Antonio
ブラジルのチェロ奏者。
⇒外12（メネセス, アントニオ　1957–)
　外16（メネセス, アントニオ　1957–)

Menezes, Mano
ブラジルのサッカー指導者, サッカー選手。
⇒外12（メネゼス, マノ　1961.6.11–)
　外16（メネゼス, マノ　1961.6.11–)
　最世ス（メネゼス, マノ　1961.6.11–)

Menezes, Sarah
ブラジルの柔道選手。
⇒外16（メネセス, サラ　1990.3.26–)
　最世ス（メネゼス, サラ　1990.3.26–)

Menezes, Thaisa
ブラジルのバレーボール選手。
⇒最世ス（メネゼス, タイーザ　1987.5.15–)

Mengarelli, Raniero
イタリアの考古学者。
⇒岩世人（メンガレッリ　1865–1944)

Mengelberg, Willem
オランダの指揮者。
⇒岩世人（メンゲルベルク（メンヘルベルフ）1871.3.28–1951.3.22)
　新音中（メンゲルベルク, ヴィレム　1871.3.28–1951.3.22)
　ネーム（メンゲルベルク　1871–1951)
　標音2（メンゲルベルク, ウィレム　1871.3.28–1951.3.22)

Mengele, Josef
ドイツの医師。
⇒異二辞（メンゲレ［ヨーゼフ・〜］　1911–1979)

Menger, Anton
オーストリアの法学者。法曹社会主義の代表者。主著 "Neue Staatslehre" (1903)。
⇒岩世人（メンガー　1841.9.12–1906.2.6)
　学叢思（メンガー, アントン　1841–1906)
　広辞7（メンガー　1841–1906)
　新カト（メンガー　1841.9.12–1906.2.6)

Menger, Karl
オーストリアの数学者。
⇒世数（メンガー, カール　1902–1985)

Menger, Karl von
オーストリアの経済学者。オーストリア学派の祖であり, 限界効用理論の確立者の一人として著名。
⇒岩経（メンガー　1840–1921)
　岩世人（メンガー　1840.2.28–1921.2.26)

学叢思（メンガー，カール　1840–1921）
広辞7（メンガー　1840–1921）
有経5（メンガー　1840–1921）

Menghin, Oswald
オーストリアの考古学者，歴史家。文化史的民族学に立脚し，石器時代の世界史に体系を与えた。
⇒岩世人（メンギーン　1888.4.19–1973.11.29）

Mengistu Haile Mariam
エチオピアの政治家，軍人。エチオピア大統領（1977～91）。
⇒岩世人（メンギスツ　1937.5.21–）
政経改（メンギスツ　1937–）
世指導（メンギスツ・ハイレ・マリアム　1937.5.26–）

Menguy, Frédérique
フランス生まれの画家。
⇒芸13（マンギー，フレデリック　1927–）

Meng Yi
シンガポールの小説家，文芸批評家。
⇒現世文（孟毅　もう・き　1937.7–）

Menichelli, Pina
イタリア生まれの女優。
⇒岩世人（メニケリ　1890.1.10–1984.8.29）

Menipo, Carlo
イタリアのテノール歌手。
⇒魅惑（Menipo, Carlo　1933–1997）

Menjou, Adolphe
アメリカの俳優。
⇒ク俳（マンジュー，アドルフ　1890–1963）

Menke, Christoph
ドイツの哲学者，政治哲学者。
⇒岩世人（メンケ　1958.11.22–）

Menke, Denis John
アメリカの大リーグ選手（遊撃，三塁，二塁）。
⇒メジャ（メンキー，デニス　1940.7.21–）

Menken, Alan
アメリカの作曲家。
⇒外12（メンケン，アラン　1949.7.26–）
外16（メンケン，アラン　1949.7.26–）

Menkes, Suzy
イギリスのファッション・ジャーナリスト。
⇒外12（メンケス，スージー）

Menkov, Aleksandr
ロシアの走り幅跳び選手。
⇒最世ス（メンコフ，アレクサンドル　1990.12.7–）

Menn, Joseph
アメリカのジャーナリスト。
⇒外12（メン，ジョセフ）

外16（メン，ジョセフ）

Menni, Benedetto
イタリア・ミラノ生まれのヨハネ病院修道会司祭，イエスの聖心病院修道女会の創立者，聖人。祝日4月24日。
⇒新カト（ベネデット・メンニ　1841.3.11–1914.4.24）

Mennin, Peter
アメリカの作曲家。
⇒エデ（メニン，ピーター　1923.5.17–1983.6.17）

Menninger, Charles Frederick
アメリカの精神科医。
⇒精医歴（メニンガー，チャールズ・フレデリック　1862–1953）

Menninger, Karl Augustus
アメリカの精神病学者。カンサス医科大学教授，トペカ精神分析研究所長。
⇒アメ州（Menninger, Karl Augusta　メニンガー，カール・オーガスタ　1893–）
岩世人　1893.7.22–1990.7.18）
教人（メニンジャー　1893–）
現精（メニンガー　1893–1990）
現精縮（メニンガー　1893–1990）
社小増（メニンガー　1893–1990）
精医歴（メニンガー，カール・オーガスタス　1893–1990）
精分岩（メニンガー，カール・A　1893–1990）

Menninger, William Claire
アメリカの精神科医。
⇒精医歴（メニンガー，ウィリアム・クレア　1899–1966）

Menninghaus, Winfried
ドイツの評論家。
⇒外12（メニングハウス，ヴィンフリート　1952–）
外16（メニングハウス，ヴィンフリート　1952–）

Menocal, Mario García
キューバの政治家。キューバ大統領（1913～21）。在任中はアメリカ資本を導入して砂糖経済の振興をはかり，経済的繁栄期を現出させた。
⇒岩世人（メノカル　1866.12.17–1941.9.7）

Menon, Vengalil Krishnan Krishna
インドの政治家。1953～62年インド国連代表団団長。ネルーの非同盟外交の立役者の一人として国連で活躍した。
⇒岩世人（クリシュナ・メノン（メーノーン）　1897.5.3–1974.10.7）
南ア新（メーノーン　1896–1974）

Menotti, Cesar Luiz
アルゼンチンのサッカー監督。
⇒外12（メノッティ，セザール・ルイス　1938–）

Menotti, Gian Carlo
イタリア生まれのアメリカの作曲家。

⇒岩世人（メノッティ　1911.7.7-2007.2.1）
　エデ（メノッティ, ジャン・カルロ　1911.7.7-2007.2.1）
　オペラ（メノッティ, ジャン・カルロ　1911-2007）
　ク音3（メノッティ　1911-2007）
　広辞7（メノッティ　1911-2007）
　新オペ（メノッティ, ジャン・カルロ　1911-2007）
　新音小（メノッティ, ジャン・カルロ　1911-）
　新音中（メノッティ, ジャン・カルロ　1911.7.7-）
　標音2（メノッティ, ジャン・カルロ　1911.7.7-2007.2.1）

Mensah, Emmanuel Tettey
ガーナのサックス奏者, バンド・リーダー, 作曲家。
⇒岩世人（メンサー　1919.5.31-1996.7.19）

Mensching, Gustav
ドイツのルター派の宗教学者。
⇒新カト（メンシング　1901.5.6-1978.9.30）

Men'shikov, Oleg
ロシア生まれの男優。
⇒外12（メンシコフ, オレグ　1960.11.8-）
　外16（メンシコフ, オレグ　1960.11.8-）

Menshutkin, Nikolai Aleksandrovich
ロシアの化学者, 化学史家。
⇒化学（メンシュートキン　1842-1907）

Mentchelijakov, N.
ソ連の政治家。
⇒学叢思（メンチェリヤコフ）

Mentor, Blasco
スペイン生まれの画家。
⇒芸13（メントール, ブラスコ　1919-）

Menuhin, Yehudi
アメリカのヴァイオリン奏者, 指揮者。
⇒岩世人（メニューイン　1916.4.22-1999.3.12）
　新音中（メニューイン, イェフーディ　1916.4.22-1999.3.12）
　ネーム（メニューイン　1916-1999）
　標音2（メニューイン, ユーディ　1916.4.22-1999.3.12）
　ユ著人（Menuhin,Yehudi　メニューイン, イェフディ（ユーディ）　1916-1999）

Menzel, Idina
アメリカの女優, 歌手。
⇒外16（メンゼル, イディナ　1971-）

Menzel, Jiří
チェコ生まれの映画監督。
⇒映監（メンツェル, イジー　1938.2.23-）
　外12（メンツェル, イジー　1938.2.23-）
　外16（メンツェル, イジー　1938.2.23-）

Menzel, Peter
ドイツのテノール歌手。
⇒魅惑（Menzel,Peter　?-）

Menzer, Paul
ドイツの哲学者。新カント主義者。ディルタイと協力してベルリン・アカデミー版カント全集の出版に従事（1900〜）。
⇒岩世人（メンツァー　1873.3.3-1960.5.21）

Menzhinskii, Vyacheslav Rudolfovid
ソ連の政治家。1926年, ゲーペーウー（国家政治保安部）長官, 30年代の「大粛清」を担当。
⇒学叢思（メンジンスキー　1874-?）
　スパイ（メンジンスキー, ヴァチェスラフ・ルドルフォヴィチ　1874-1934）

Menzies, Gavin
イギリスの作家, 海軍軍人。
⇒外12（メンジーズ, ギャビン　1937-）

Menzies, *Sir* Robert Gordon
オーストラリアの政治家。1949年12月自由＝地方党政権の首相となって以来, 66年1月辞するまでに連続7回総選挙を勝ち抜き政権を担当した。
⇒岩世人（メンジーズ　1894.12.20-1978.5.15）

Menzies, *Sir* Stewart G.
イギリス秘密情報部（MI6）長官。在職1939〜52。
⇒スパイ（ミンギス, サー・スチュワート・G　1890-1968）

Menzies, William Cameron
アメリカの映画監督。
⇒映監（メンジース, ウィリアム・キャメロン　1896.7.29-1957）

Menzinsky, Modest
ウクライナのテノール歌手。
⇒魅惑（Menzinsky,Modest　1875-1935）

Mer, Francis
フランスの政治家, 実業家。フランス財務相, アルセロール共同会長。
⇒外12（メール, フランシス　1939.5.25-）
　外16（メール, フランシス　1939.5.25-）
　世指導（メール, フランシス　1939.5.25-）

Mérat, Albert
フランス高踏派の詩人。
⇒19仏（メラ, アルベール　1840.3.23-1909.1.16）

Méray, Hugues Charles Robert
フランスの数学者。
⇒岩世人（メレー　1835.11.12-1911.2.2）
　世数（メレー, シャルル　1835-1911）

Mercader, Jamie Ramón
スペイン生まれのソ連のスパイ。1940年レオン・トロツキーを暗殺した。

⇒世暗（メルカデル, ハミエ・ラモン　1914–1978）

Mercalli, Giusepe
イタリアの火山学者，地震学者。諸火山の活動様式を分類して「ハワイ式」「ストロンボリ式」「ブルカノ式」と呼ぶことを提唱した。また地震学方面では，「メルカリ震度階」を作った。
⇒岩世人（メルカリ　1850.5.20–1914.3.19）

Mercati, Giovanni
イタリアの古文書学者，ヴァティカン図書館長，枢機卿。
⇒新カト（メルカーティ　1866.12.17–1957.8.22）

Merced, Orlando Luis
プエルト・リコの大リーグ選手（外野）。
⇒メジャ（メルセド, オルランド　1966.11.2–）

Mercer, David
イギリスの劇作家。
⇒現世文（マーサー, デービッド　1928.6.27–1980.8.8）

Mercer, Johnny
アメリカのジャズ歌手，歌曲作家。
⇒新音中（マーサー, ジョニー　1909.11.18–1976.6.25）
　標音2（マーサー, ジョニー　1909.11.18–1976.6.25）

Mercer, Tony
イギリス生まれのアイスショー演出家。
⇒外12（マーサー, トニー　1959–）

Mercié, Marius Jean Antonin
フランスの彫刻家。23歳でローマ賞を得てローマに赴き，彼の代表作の一『ダヴィド』を制作，ついで『グロリア・ヴィクティス』（1875）を作り，近代彫刻界の佳作とされた。
⇒岩世人（メルシエ　1845.10.30–1916.12.13）

Mercier, Désiré Félicien François Joseph
ベルギーのローマ・カトリック哲学者，枢機卿。現代科学の成果を積極的に取入れつつトミズムの現代化に尽力。主著『現代心理学の起源』（1897），『哲学要説』（2巻,1905共著）。
⇒岩世人（メルシエ　1851.11.21–1926.1.23）
　オク教（メルシエ　1851–1926）
　教人（メルシエ　1851–1926）
　新カト（メルシエ　1851.11.21–1926.1.23）

Mercker, Karl Ernst
ドイツのテノール歌手。
⇒魅惑（Mercker,Karl Ernst　1933–）

Mercker, Kent Franklin
アメリカの大リーグ選手（投手）。
⇒メジャ（マーカー, ケント　1968.2.1–）

Merckx, Eddy
ベルギー出身の自転車プロ・ロードレース選手。

⇒岩世人（メルクス　1945.6.17–）

Mercouri, Melina
ギリシャの文化・科学相，映画女優。『日曜はダメよ』（1960）でカンヌ国際映画祭女優演技賞を受賞。
⇒岩世人（メルクーリ　1920.10.18–1994.3.6）
　ク俳（メルクーリ, メリナ（メルクーリ, アンナ・アマリア）　1923–1994）
　ネーム（メルクーリ　1923–1994）

Mercuriali, Angelo
イタリアのテノール歌手。
⇒失声（メルクリアーリ, アンジェロ　1909–1999）
　魅惑（Mercuriali,Angelo　1911–）

Mercury, Freddie
イギリスのポップ・スター。
⇒ネーム（マーキュリー, フレディ　1946–1991）

Mercy, Dominique
フランスのバレエダンサー。
⇒外12（メルシー, ドミニク　1950–）
　外16（メルシー, ドミニク　1950–）

Mère Brazier, La
フランスの女性料理人。
⇒フラ食（メール・ブラジエ　1895–1977）

Meredith, Burgess
アメリカ生まれの俳優。
⇒ク俳（メレディス, バージェス（メレディス, オリヴァー・B）　1907–1997）
　スター（メレディス, バージェス　1907.11.16–1997）

Meredith, James
アメリカの公民権運動活動家。
⇒マルX（MEREDITH,JAMES HOWARD　メレディス, ジェイムズ・ハワード　1933–）

Meredith, William Morris
アメリカの詩人。
⇒岩世人（メレディス　1919.1.9–2007.5.30）
　現世文（メレディス, ウィリアム　1919.1.9–2007.5.30）

Merello, Tita
アルゼンチンの女優，タンゴ歌手。
⇒標音2（メレージョ, ティタ　1904.10.11–）

Merello, Tom
アメリカのロック・ギター奏者。
⇒外12（モレロ, トム　1964–）
　外16（モレロ, トム　1964.5.30–）

Merezhkovskii, Dmitrii Sergeevich
ロシアの詩人，小説家，評論家。19世紀末のロシアに象徴主義運動を提唱。
⇒岩世人（メレシコフスキー　1865.8.2/14–1941.12.9）
　学叢思（メレジュコフスキー, ドミトリ　1865–?）

広辞7（メレシコフスキー　1865-1941）
西文（メレジコーフスキー，ドミートリイ　1866-1941）
ネーム（メレジコーフスキー　1865-1941）

Merhart von Bernegg, Gero
ドイツの考古学者。シベリアの青銅器文化を研究し，初めてシベリア考古学に組織を与えた。
⇒岩世人（メールハルト　1886.10.17-1959.3.4）

Meri, Lennart
エストニアの政治家。独立回復後初の大統領（1992〜2001）。
⇒世指導（メリ，レナルト　1929.3.29-2006.3.14）

Meri, Veijo Väinö Valvo
フィンランドの作家。
⇒岩世人（メリ　1928.12.31-）
現世文（メリ，ヴェヨ　1928.12.31-2015.6.21）

Merighi, Giorgio
イタリアのテノール歌手。
⇒失声（メリーギ，ジョルジョ　1939-）
魅惑（Merighi, Giorgio　1939-）

Merikanto, Aarre
フィンランドの作曲家。
⇒岩世人（メリカント　1893.6.29-1958.9.29）

Merikanto, Oskar
フィンランドの作曲家。
⇒岩世人（メリカント　1868.8.5-1924.2.17）

Meriläinen, Usko
フィンランドの作曲家，ピアノ奏者，オーケストラ指揮者。
⇒ク音3（メリライネン　1930-2004）

Meringer, Rudolf
ドイツの言語学者。言語研究と事物研究との結合を志し，"Wörter und Sachen"誌を創刊。
⇒岩世人（メーリンガー　1859.3.9-1931.2.11）

Merino, Beatriz
ペルーの政治家。ペルー首相。
⇒世指導（メリノ，ベアトリス　1949-）

Merk, Markus
ドイツのサッカー審判員。
⇒外12（メルク，マルクス　1962.3.15-）

Merkel, Angela
ドイツの政治家。ドイツ首相，ドイツ・キリスト教民主同盟（CDU）党首。
⇒異二辞（メルケル［アンゲラ・〜］　1954-）
岩世人（メルケル　1954.7.17-）
外12（メルケル，アンゲラ　1954.7.17-）
外16（メルケル，アンゲラ　1954.7.17-）
広辞7（メルケル　1954-）
世指導（メルケル，アンゲラ　1954.7.17-）
世人新（メルケル　1954-）
世人装（メルケル　1954-）
ネーム（メルケル　1954-）
ポプ人（メルケル，アンゲラ　1954-）

Merkelbach, Benedikt
ベルギーのカトリック倫理神学者，ドミニコ会員。
⇒新カト（メルケルバハ　1871.1.6-1942.7.25）

Merkès, Marcel
フランスのオペレッタ歌手。
⇒失声（メルケス，マルセル　1920-2007）

Merkle, Frederick Charles
アメリカの大リーグ選手（一塁）。
⇒メジャ（マークル，フレッド　1888.12.20-1956.3.2）

Merkle, Sebastian
ドイツのカトリック教会史家。
⇒新カト（メルクレ　1862.8.28-1945.4.24）

Merkulov, Vsevolod Nikolayevich
ソ連の政治家。国家保安人民委員（国家保安相）（1941.2〜7, 43.4〜46.3）。
⇒スパイ（メルクロフ，ヴセヴォロド・ニコライエヴィチ　1895-1953）

Merkulova, Iuliia
ロシアのバレーボール選手。
⇒最世ス（メルクロワ，ユリア　1984.2.17-）

Merkus, Eduard
オーストリアのバロック・ヴァイオリン奏者，指揮者。
⇒標音2（メルクス，エードゥアルト　1928.9.1-）

Merle, Robert
フランスの作家。『ズィドコートの週末』（1949）で，ゴンクール賞受賞。
⇒岩世人（メルル　1908.8.29-2004.3.27）
現世文（メルル，ロベール　1908.8.29-2004.3.27）

Merleau-Ponty, Jacques
フランスの哲学者。
⇒メル別（メルロ＝ポンティ，ジャック　1916-2002）

Merleau-Ponty, Maurice
フランスの哲学者。後期のフッサールの現象学を発展させて，主観と世界や他人との関係についての考察を展開した。主著『行動の構造』（1942），『知覚の現象学』（45）。
⇒岩世人（メルロ＝ポンティ　1908.3.14-1961.5.3）
教思増（メルロ＝ポンティ　1908-1961）
現社（メルロ＝ポンティ　1908-1961）
広辞7（メルロ・ポンティ　1908-1961）
社小増（メルロ＝ポンティ　1908-1961）
新カト（メルロ・ポンティ　1908.3.14-1961.5.3）
図哲（メルロ＝ポンティ，モーリス　1908-1961）
世人新（メルロ＝ポンティ　1908-1961）
世人装（メルロ＝ポンティ　1908-1961）

哲中（メルロ＝ポンティ 1908–1961）
ネーム（メルロー＝ポンティ 1908–1961）
メル別（メルロ＝ポンティ, モーリス 1908–1961）

Merleni, Irini
ウクライナのレスリング選手。
⇒外12（メルレニ, イリーニ 1982.2.8–）
　外16（メルレニ, イリーニ 1982.2.8–）
　最世ス（メルレニ, イリーニ 1982.2.8–）

Merli, Francesco
イタリアのテノール歌手。
⇒オペラ（メルリ, フランチェスコ 1887–1976）
　失声（メルリ, フランチェスコ 1887–1976）
　魅惑（Merli,Francesco 1887–1976）

Merlo, Enrique Haroldo Gorrian
アルゼンチン人民革命軍（ERP）幹部。1980年ニカラグアの元独裁者アナスタシオ・ソモサを暗殺した。
⇒世暗（メルロ, エンリケ・アロルド・ゴリアン 1942–）

Merman, Ethel
アメリカの女優。『アニーよ銃をとれ』（1946）,『ジプシー』(59)などのミュージカルに主演。
⇒ク俳（マーマン, エセル（ジマーマン,E）1908–1984）
　標音2（マーマン, エセル 1908.1.16–1984.2.15）
　ユ著人（Merman,Ethel マーマン, エセル 1909–1984）

Mernissi, Fatima
モロッコのフェミニスト, 社会学者。
⇒岩女（メルニーシー, ファティマ 1940–）

Merolla, Robleto
イタリアのテノール歌手。
⇒魅惑（Merolla,Robleto ?–）

Merrell, George Robert
アメリカの外交官。
⇒アア歴（Merrell,George R（obert） メリル, ジョージ・ロバート 1898.7.13–1962）

Merret, Faustine
フランスのヨット選手。
⇒最世ス（メレ, フォスティーヌ 1978.3.13–）

Merriam, Alan Parkhurst
アメリカの民族音楽学者。
⇒標音2（メリアム, アラン・パークハースト 1923.11.1–1980.3.14）

Merriam, Charles Edward
アメリカの政治学者。
⇒アメ新（メリアム 1874–1953）
　岩世人（メリアム 1874.11.15–1953.1.8）
　広辞7（メリアム 1874–1953）
　社小増（メリアム 1874–1953）
　ネーム（メリアム 1874–1953）

Merriam, Eve
アメリカの女性作家, 詩人, 劇作家, 著述家。
⇒現世文（メリアム, イブ 1916.7.19–1992.4.11）

Merrick, David
アメリカの製作者, 劇場支配人。
⇒岩世人（メリック 1911.11.27–2000.4.25）

Merrick, George
アメリカの実業家。
⇒アメ州（Merrick,George メリック, ジョージ）

Merrick, Zack
アメリカのミュージシャン。
⇒外12（メリック, ザック）

Merrifield, R.B.
アメリカの生化学者。1984年ノーベル化学賞。
⇒化学（メリフィールド 1921–2006）
　ノベ3（メリフィールド,R.B. 1921.7.15–2006.5.14）

Merrill, Bob
アメリカの作曲家, 作詞家。
⇒標音2（メリル, ボブ 1921.5.17–1998.2.17）

Merrill, Charles E.
アメリカの実業家, 証券会社創設者。
⇒ポブ人（メリル, チャールズ 1885–1956）

Merrill, Elmer Drew
アメリカの植物学者。
⇒アア歴（Merrill,Elmer D（rew） メリル, エルマー・ドルー 1876.10.15–1956.2.25）
　岩生（メリル 1876–1956）
　岩世人（メリル 1876.10.15–1956.2.25）

Merrill, Francis Ellsworth
アメリカの社会学者。
⇒社小増（メリル 1904–1969）

Merrill, Gary
アメリカの俳優。
⇒ク俳（メリル, ゲーリー 1914–1990）

Merrill, George Perkins
アメリカの地質学者。隕石, 造岩に関する研究がある。
⇒岩世人（メリル 1854.5.31–1929.8.15）

Merrill, Helen
アメリカの女性ジャズ歌手。「ニューヨークのため息」と言われる。
⇒外12（メリル, ヘレン 1929.6.21–）
　外16（メリル, ヘレン 1929.6.21–）
　標音2（メリル, ヘレン 1930.6.21–）

Merrill, Henry Ferdinand
アメリカの国家公務員。
⇒アア歴（Merrill,Henry F（erdinand） メリル, ヘンリー・ファーディナンド 1853.6.15–1935.

7.10)

Merrill, James
アメリカの詩人,小説家。作品に『第一詩集』(1951),『五千年の平和の国』(59),小説『後宮』など。
⇒岩世人(メリル 1926.3.3–1995.2.6)
現世文(メリル,ジェームズ 1926.3.3–1995.2.6)

Merrill, Jean A.
アメリカの図書館員。カンザス公共図書館の児童部門をほぼ独力で創りあげる。各種委員も務める。
⇒ア図(メリル,ジーン 1906–1985)

Merrill, Paul Willard
アメリカの天文学者。
⇒天文大(メリル 1887–1961)

Merrill, Robert
アメリカのバリトン歌手。"Once more with Feeling"(1965)と題する回想録を著している。
⇒新音中(メリル,ロバート 1917.6.4–)
標音2(メリル,ロバート 1917.6.4–)
ユ著人(Merrill,Robert メリル,ロバート 1919–)

Merrill, Selah
アメリカの聖職者,考古学者。パレスチナに赴き,アメリカのパレスチナ探検を指導した(1874～77)。エルサレム在任中エルサレムの第二城壁を確認。
⇒岩世人(メリル 1837.5.2–1909.1.22)

Merrill, Stuart
フランスの詩人。作品『音階』『秋の小詩編』『四季』など。
⇒19仏(メリル,スチュアート 1863.8.1–1915.12.1)

Merriman, John Xavier
南アフリカの政治家。首相兼蔵相(1908～10)となり,南アフリカ連邦の成立に尽力,連邦成立後ボータ内閣を支持した。
⇒岩世人(メリマン 1841.3.15–1926.8.2)

Merriman, Shawne
アメリカのプロフットボール選手。
⇒最世ス(メリマン,ショーン 1984.5.25–)

Merrit, Wesley
アメリカの陸軍将校。
⇒アア歴(Merrit,Wesley メリット,ウェズリー 1836.6.16–1910.12.3)

Merritt, Aries
アメリカの陸上選手(障害)。
⇒外16(メリット,アリエス 1985.7.24–)
最世ス(メリット,アリエス 1985.7.24–)

Merritt, Chris
アメリカのテノール歌手。
⇒失声(メリット,クリス 1952–)
魅惑(Merritt,Chris 1952–)

Merritt, LaShawn
アメリカの陸上選手(短距離)。
⇒外12(メリット,ラショーン 1986.6.27–)
外16(メリット,ラショーン 1986.6.27–)
最世ス(メリット,ラショーン 1986.6.27–)

Merry del Val, Raffael
イギリス生まれのカトリック教会政治家,枢機卿。
⇒オク教(メリ・デル・ヴァル 1865–1930)
新カト(メリ・デル・ヴァル 1865.10.10–1930.2.26)

Mersch, Émile
ベルギーの神学者。
⇒オク教(メルシュ 1890–1940)
新カト(メルシュ 1890.7.30–1940.5.23)

Mersch, Yves
ルクセンブルクの銀行家。
⇒外12(メルシュ,イヴ 1949.10.1–)
外16(メルシュ,イヴ 1949.10.1–)

Mérsé
モンゴル,特に内モンゴルで活動した政治家,革命家,教育者。
⇒岩世人(メルセ 1894–?)

Mersmann, Hans
ドイツの音楽学者。主著『応用音楽美学』(1926),『西洋音楽史』(55)。
⇒岩世人(メルスマン 1891.10.6–1971.6.24)
新音中(メルスマン,ハンス 1891.10.6–1971.6.24)
標音2(メルスマン,ハンス 1891.10.6–1971.6.24)

Mertense, Franz Carl Josef
ドイツの数学者。
⇒世数(メルテンス,フランツ 1840–1920)

Mertes, Samuel Blair
アメリカの大リーグ選手(外野,二塁)。
⇒メジャ(マーティーズ,サム 1872.8.6–1945.3.12)

Merton, Robert C.
アメリカの経済学者。1997年ノーベル経済学賞。
⇒岩経(マートン 1944–)
岩世人(マートン 1944.7.31–)
外12(マートン,ロバート 1944.7.31–)
外16(マートン,ロバート 1944.7.31–)
ノベ3(マートン,R.C. 1944.7.31–)
有経5(マートン 1944–)

Merton, Robert King
アメリカの社会学者。
⇒岩世人(マートン 1910.7.5–2003.2.23)

現社（マートン　1910–2003）
現社福（マートン　1910–2003）
現宗（マートン　1910–2003）
社小増（マートン　1910–）
社心小（マートン　1910–）
新カト（マートン　1910.7.5–2003.2.23）
メル別（マートン，ロバート・キング　1910–2003）

Merton, Thomas
アメリカの詩人，司祭，社会評論家。
⇒岩キ（マートン　1915–1968）
　オク教（マートン　1915–1968）
　新カト（マートン　1915.1.31–1968.12.10）

Merwin, William Stanley
アメリカの詩人。
⇒岩世人（マーウィン　1927.9.30–）
　外12（マーウィン，ウィリアム・スタンレー　1927.9.30–）
　外16（マーウィン，ウィリアム・スタンレー　1927.9.30–）
　現世文（マーウィン，ウィリアム・スタンレー　1927.9.30–）

Merz, Alfred
オーストリアの海洋学者。第一次大戦に際し，近海の潮汐を調査し，「エクマン・メルツ流速計」を作った。
⇒岩世人（メルツ　1880.1.24–1925.8.16）

Merz, Hans-Rudolf
スイスの政治家。スイス大統領。
⇒外12（メルツ，ハンス・ルドルフ　1942.11.10–）
　外16（メルツ，ハンス・ルドルフ　1942.11.10–）
　世指導（メルツ，ハンス・ルドルフ　1942.11.10–）

Merz, Johannes von
ドイツのルター教会牧師。G.H.フォン・メルツの息子。
⇒新カト（メルツ　1857–1929）

Merz, Klaus
スイスの作家，詩人。
⇒現世文（メルツ，クラウス　1945–）

Merz, Mario
イタリアの彫刻家。
⇒芸13（メルツ，マリオ　1925–）

Merzouki, Mourad
フランスのダンサー，振付師。
⇒外12（メルズキ，ムラッド　1973–）
　外16（メルズキ，ムラッド　1973–）

Mesa, Carlos
ボリビアの政治家，歴史学者。ボリビア大統領（2003～05）。
⇒外12（メサ，カルロス　1953.8.12–）
　世指導（メサ，カルロス　1953.8.12–）

Mesa, Jose
ドミニカ共和国の大リーグ選手（投手）。
⇒メジャ（メサ，ホセ　1966.5.22–）

Meschler, Moritz
スイスの霊性神学著作家，イエズス会会員。
⇒新カト（メシュラー　1830.9.16–1912.12.2）

Meschonnic, Henri
フランスの言語学者，批評家，詩人。
⇒岩世人（メショニック　1932.9.18–2009.4.8）

Mesdag, Hendrik Willem
オランダの画家。
⇒岩世人（メスダハ　1831.2.23–1915.7.10）
　芸13（メスデー，ヘンドリック・ウィレム　1831–1915）

Mesghali, Farshid
フランスのイラストレーター。
⇒アニメ（メスガリ，ファルシド　1943–）
　絵本（メスガーリ，ファルシード　1943–）

Meshchaninov, Ivan Ivanovich
ソ連の理論言語学者，考古学者。カフカス諸語，古シベリア諸語の専門家として知られる。
⇒岩世人（メシチャニーノフ　1883.11.24/12.6–1967.1.16）

Mesic, Stipe
クロアチアの政治家。クロアチア大統領（2000～10）。
⇒岩世人（メシッチ　1934.12.24–）
　外12（メシッチ，スティエパン　1934.12.24–）
　外16（メシッチ，スティエパン　1934.12.24–）
　世指導（メシッチ，スティエパン　1934.12.24–）

Mesler, Steve
アメリカのボブスレー選手。
⇒外12（メスラー，スティーブ　1978.8.27–）
　外16（メスラー，スティーブ　1978.8.27–）
　最新ス（メスラー，スティーブ　1978.8.27–）

Mesmaecker, Louis
テノール歌手。
⇒魅惑（Mesmaecker,Louis　?–?）

Messaadia, Mohamed Cherif
アルジェリアの政治家。アルジェリア国民評議会議長。
⇒世指導（メサーディア，モハメド・シェリフ　?–2002.6.1）

Messager, André Charles Prosper
フランスの指揮者，作曲家。1908年からパリ音楽院管弦楽団の音楽監督，指揮者を歴任。
⇒岩世人（メサジェ　1853.12.30–1929.2.24）
　ク音3（メサジェ　1853–1929）
　新音中（メサジェ，アンドレ　1853.12.30–1929.2.24）
　標音2（メサジェ，アンドレ　1853.12.30–1929.2.24）

Messager, Annette
フランスの美術家。
⇒外12（メサジェ, アネット　1943.11.30–）
外16（メサジェ, アネット　1943.11.30–）
現アテ（Messager,Annette　メサジェ, アネット　1943–）

Messel, Alfred
ドイツの建築家。主作品はベルリンのウェルトハイム百貨店（1896〜1904）。
⇒岩世人（メッセル　1853.7.22–1909.3.24）

Messer, August Wilhelm
ドイツの哲学者, 教育学者, 心理学者。主著"Empfindung und Denken"（1908）。
⇒岩世人（メッサー　1867.2.11–1937.7.11）
教人（メッサー　1867–1937）

Messerschmitt, Wilhelm
ドイツの航空機設計者。
⇒岩世人（メッサーシュミット　1898.6.26–1978.9.15）
広辞7（メッサーシュミット　1898–1978）

Messersmith, John Alexander （Andy）
アメリカの大リーグ選手（投手）。
⇒メジャ（メッサースミス, アンディ　1945.8.6–）

Messi, Lione
アルゼンチンのサッカー選手（バルセロナ・FW）。
⇒外12（メッシ, リオネル　1987.6.24–）
外16（メッシ, リオネル　1987.6.24–）
最生ス（メッシ, リオネル　1987.6.24–）
ネーム（メッシ, リオネル　1987–）
ラテ新（メッシ　1987–）

Messiaen, Olivier Eugène Prosper Charles
フランスの作曲家。主作品はオルガン曲『昇天』, 『トゥランガリラ交響曲』（1948）, 『異国の鳥たち』（56）など。
⇒岩キ（メシアン　1908–1992）
岩世人（メシアン　1908.12.10–1992.4.28）
エデ（メシアン, オリヴィエ（ウジェーヌ・プロスペール・シャルル）　1908.12.10–1992.4.28）
オペラ（メシアン, オリヴィエ　1908–1992）
ク音3（メシアン　1908–1992）
広辞7（メシアン　1908–1992）
新音小（メシアン, オリヴィエ　1908–1992）
新音中（メシアン, オリヴィエ　1908.12.10–1992.4.28）
新カト（メシアン　1908.12.10–1992.4.28）
ピ曲改（メシアン, オリヴィエ　1908–1992）
標音2（メシアン, オリヴィエ　1908.12.10–1992.4.28）
ポプ人（メシアン, オリビエ　1908–1992）

Messier, Jean-Marie
フランスの実業家。
⇒外12（メシエ, ジャン・マリー　1956.12.13–）
外16（メシエ, ジャン・マリー　1956.12.13–）

Messier, Mark
カナダのアイスホッケー選手（FW）。
⇒外12（メシエ, マーク　1961.1.18–）

Messina, Jim
アメリカのミュージシャン。
⇒ロック（Loggins and Messina　ロギンズ&メシーナ　1947.12.5–）

Messmer, Otto
アメリカ生まれのアニメーション作家, 漫画家, イラストレイター。
⇒アニメ（メスマー, オットー　1892–1983）

Messmer, Pierre
フランスの政治家, 外交官。フランス首相。
⇒岩世人（メスメル　1916.3.20–2007.8.29）

Messner, Johannes
オーストリア・チロル生まれのカトリック思想家。社会倫理学の体系の樹立を通じて世界的な影響を及ぼした。
⇒新カト（メスナー　1891.2.16–1984.2.12）

Messner, Kate
アメリカの作家。
⇒海文新（メスナー, ケイト）
現世文（メスナー, ケイト）

Messner, Reinhold
オーストリアの登山家。
⇒岩世人（メスナー　1944.9.17–）
外12（メスナー, ラインホルト　1944.9.17–）
外16（メスナー, ラインホルト　1944.9.17–）
広辞7（メスナー　1944–）

Messud, Claire
アメリカの小説家。
⇒海文新（メスード, クレア　1966.10.8–）
現世文（メスード, クレア　1966.10.8–）

Mestel, Jacob
東ガリチア生まれのイディッシュ語詩人, 俳優, 劇演出家。
⇒ユ著人（Mestel,Jacob　メステル, ヤコブ　1884–1958）

Mestrallet, Gérard
フランスの実業家。
⇒外12（メストラレ, ジェラール　1949.4.1–）
外16（メストラレ, ジェラール　1949.4.1–）

Meštrović, Ivan
ユーゴスラビアの彫刻家。主作品は『トーマス・ビーチャム卿像』（1915）。
⇒岩世人（メシュトロヴィチ　1883.8.15–1962.1.16）
芸13（メシュトロヴィッチ, イヴァン　1883–

1962)

Mészáros Márta
ハンガリー生まれの映画監督。
⇒映監（メーサーロッシュ, マールタ　1931.9.19–）

Mészöly Miklós
ハンガリーの作家。
⇒岩世人（メーセイ　1921.1.19–2001.7.22）
　現世文（メーセイ, ミクローシュ　1921.1.19–2001.7.22）

Meta, Ilir
アルバニアの政治家。アルバニア首相（1999～2002）, 大統領（17～）。
⇒外12（メタ, イリル　1969.3.24–）
　外16（メタ, イリル　1969.3.24–）
　世指導（メタ, イリル　1969.3.24–）

Metaxas, Ioannis
ギリシャの軍人, 政治家。1935年に立憲君主制が復活し, 36年4月首相に就任, 独裁政治を行った。
⇒岩世人（メタクサス　1871.4.12–1941.1.29）

Metcalf, Joel Hastings
アメリカの牧師, アマチュア天文家。
⇒天文大（メトカーフ　1866–1925）

Metcalfe, Robert Melancton
アメリカの電気工学者。
⇒岩世人（メトカーフ　1946.4.7–）

Metheny, Eleanor
アメリカの体育学者。
⇒岩世人（メセニー　1908.6.20–1984）

Metheny, Pat
アメリカ・モンタナ州生まれのジャズ・フュージョン系ギター奏者。
⇒岩世人（メセニー　1954.8.12–）
　外12（メセニー, パット　1954.8.12–）
　外16（メセニー, パット　1954.8.12–）
　標音2（メセニー, パット　1954.8.12–）

Methuen, *Sir* Algernon Methuen Marshall
イギリスの出版業者。キップリング, ワイルド, メーテルランク, マスフィールド等の著作を出版した。
⇒岩世人（メスエン　1856.2.23–1924.9.20）

Metkovich, George Michael (Catfish)
アメリカの大リーグ選手（外野, 一塁）。
⇒メジャ（メトコヴィッチ, キャットフィッシュ　1920.10.8–1995.5.27）

Métraux, Alfred
スイス生まれのアメリカの民族学者。南米インディアンに関する権威。
⇒岩世人（メトロー　1902.11.5–1963.4.12）

Metsu, Bruno
フランスのサッカー監督。
⇒外12（メッス, ブルーノ　1954.1.28–）
　最世ス（メッス, ブルーノ　1954.1.28–2013.10.15）

Kronprinsesse **Mette-Marit**
ノルウェー皇太子ホーコン・マグヌスの妃。
⇒王妃（メッテ＝マリット　1973–）

Metz, Johann Baptist
ドイツのカトリック神学者。
⇒新カト（メッツ　1928.8.5–）

Metz, Melinda
アメリカの作家。
⇒海文新（メッツ, メリンダ）
　現世文（メッツ, メリンダ）

Metzelder, Christoph
ドイツのサッカー選手。
⇒外12（メッツェルダー, クリストフ　1980.11.5–）
　外16（メッツェルダー, クリストフ　1980.11.5–）
　最世ス（メッツェルダー, クリストフ　1980.11.5–）

Metzger, Bruce Manning
アメリカの長老派教会牧師, 新約聖書神学者。
⇒岩世人（メッツガー　1914.2.9–2007.2.13）
　新カト（メッツガー　1914.2.9–2007.2.13）

Metzger, Clarence Edward（Butch）
アメリカの大リーグ選手（投手）。
⇒メジャ（メッツガー, ブッチ　1952.5.23–）

Metzger, Hélène
フランスの科学史家, 哲学者。人類学者レヴィ＝ブリュールの姪。
⇒化学（メッツジェ　1889–1944）

Metzger, Max Josef
ドイツのカトリック神学者。
⇒新カト（メッツガー　1887.2.3–1944.4.17）

Metzger, Ottilie
ドイツ・フランクフルト生まれのコントラアルト歌手。
⇒ユ著人（Metzger,Ottilie　メッツガー, オッチーレ　1878–1943）

Metzger, Phillippe Léopold
アメリカの実業家。
⇒外16（メッツガー, フィリップ・レオポルド　1954–）

Metzger, Radley
アメリカの映画監督。
⇒映監（メッツガー, ラドリー　1929.1.21–）

Metzger, Roger Henry
アメリカの大リーグ選手（遊撃）。
⇒メジャ（メッツガー, ロジャー　1947.10.10–）

Metzger, Wolfgang
ドイツの心理学者。主著『視覚の法則』(1935)を通してわが国の実験心理学に大きな影響を与えている。
⇒岩世人（メッツガー　1899.7.22-1979.12.20）

Metzinger, Jean
フランスの画家。
⇒岩世人（メッツァンジェ　1883.6.24-1956.11.1）
芸13（メッサンジェー, ジャン　1883-1952）

Metzkes, Harald
ドイツ生まれの画家, 彫刻家。
⇒芸13（メッケス, ハロルド　1929-）

Metzler, Lloyd Appleton
アメリカの経済学者。
⇒有経5（メッラー　1913-1980）

Metzler, William Henry
アメリカの数学者。シラキューズ大学教授。
⇒世数（メッツラー, ウィリアム・ヘンリー　1863-1943）

Metzmacher, Ingo
ドイツの指揮者。
⇒外12（メッツマッハー, インゴ　1957-）
外16（メッツマッハー, インゴ　1957-）

Meulens, Hensley Filemon Acasio
アメリカの大リーグ選手（外野）。
⇒外16（ミューレン, ヘンスリー　1967.6.23-）

Meuli, Daniela
スイスのスノーボード選手（パラレル大回転）。
⇒外12（ムリ, ダニエラ　1981.11.6-）
最世ス（ムリ, ダニエラ　1981.11.6-）

Meumann, Ernst
ドイツの心理学者, 教育学者。W.ライとともに実験教育学の創始者とされる。
⇒岩世人（モイマン　1862.8.29-1915.4.26）
学叢教（モイマン, エルンスト　1862-1915）
教人（モイマン　1862-1915）

Meunier, Constantin Emile
ベルギーの彫刻家, 画家。絵も彫刻も炭鉱風景やそこに働く労働者を主題としたものが多い。
⇒岩世人（ムーニエ　1831.4.12-1905.4.4）
学叢思（ムーニエー, コンスタンタン　1831-1905）
芸13（ムーニエ, コンスタンタン　1831-1905）
広辞7（ムーニエ　1831-1905）

Meusel, Emil Frederick (Irish)
アメリカの大リーグ選手（外野）。
⇒メジャ（ミューゼル, アイリッシュ　1893.6.9-1963.3.1）

Meusel, Robert William
アメリカの大リーグ選手（外野）。

⇒メジャ（ミューゼル, ボブ　1896.7.19-1977.11.28）

Mexes, Philippe
フランスのサッカー選手（ACミラン・DF）。
⇒外12（メクセス, フィリップ　1982.3.30-）

Meyer, Adolf
アメリカの精神病学者。精神衛生は彼の造語で, 精神衛生全米委員会の創設に尽力。
⇒岩世人（マイアー　1866.9.13-1950.3.17）
現精（マイアー　1866-1950）
現精縮（マイアー　1866-1950）
精医歴（マイヤー, アドルフ　1866-1950）
精分岩（マイヤー, アドルフ　1886-1950）

Meyer, Adolf
ドイツの建築家。
⇒岩世人（マイアー　1881-1929）

Meyer, Albrecht
ドイツのオーボエ奏者。
⇒外12（マイヤー, アルブレヒト　1960-）
外16（マイヤー, アルブレヒト　1960-）

Meyer, Armin Henry
アメリカの外交官。
⇒アア歴（Meyer,Armin Henry　マイヤー, アーミン・ヘンリー　1914.1.19-2006.8.13）

Meyer, Arthur
フランスの出版人。
⇒岩世人（メイエル　1844-1924）
19仏（メイエル, アルチュール　1844.6.16-1924.2.2）

Meyer, Bernard Francis
アメリカの宣教師。
⇒アア歴（Meyer,Bernard F(rancis)　マイヤー, バーナード・フランシス　1891.2.16-1975.5.8）

Meyer, Cameron
オーストラリアの自転車選手。
⇒外12（マイヤー, キャメロン　1988.1.11-）
外16（マイヤー, キャメロン　1988.1.11-）
最世ス（マイヤー, キャメロン　1988.1.11-）

Meyer, Christian
オーストリアのシェーンベルク研究家。
⇒外12（マイヤー, クリスチャン）

Meyer, Clarence Earle
アメリカの実業家。
⇒アア歴（Meyer,Clarence Earle　マイヤー, クラレンス・アール　1891.8.14-1965.3.15）

Meyer, Clemens
ドイツの作家。
⇒外16（マイヤー, クレメンス　1977-）
海文新（マイヤー, クレメンス　1977.8.20-）
現世文（マイヤー, クレメンス　1977.8.20-）

Meyer, Daniel Thomas
アメリカの大リーグ選手(一塁,外野,三塁)。
⇒メジャ(マイヤー,ダン 1952.8.3-)

Meyer, Deon
南アフリカの作家。
⇒海文新(マイヤー,デオン 1958.7.4-)
現世文(マイヤー,デオン 1958.7.4-)

Meyer, Dominique
ウィーン国立歌劇場総裁。
⇒外16(マイヤー,ドミニク)

Meyer, Eduard
ドイツの歴史家。
⇒岩世人(マイアー 1855.1.25-1930.8.31)
新カト(マイアー 1855.1.25-1930.8.31)

Meyer, Ernst Hermann
ドイツの音楽学者,ピアノ演奏家。
⇒岩世人(マイアー 1905.12.8-1988.10.8)

Meyer, Eugene, Jr.
アメリカのユージン・マイヤー商会設立者,連邦準備局総裁,復興金融公社(RFC)取締役会議長,世界銀行総裁。
⇒アメ経(マイヤー,ユージン,2世 1875.10.31-1959.7.17)

Meyer, Frank Nicholas
アメリカの植物探検家。
⇒アア歴(Meyer,Frank N(icholas) マイヤー,フランク・ニコラス 1875.11.29-1918.6.1)

Meyer, Hannes
スイス生まれのドイツの建築家。主作品はベルナウの労働組合学校校舎(1927)。
⇒岩世人(マイアー 1889.11.18-1954.7.19)

Meyer, Hans
ドイツの地理学者,探検家。南北アフリカ(1882~86),東アフリカ(88,1911),南米(03)等に探検。
⇒岩世人(マイアー 1858.3.22-1929.7.5)

Meyer, Hans
ドイツの哲学者,教育学者。ヴュルツブルク大学教授(1922)。
⇒岩世人(マイアー 1884.12.18-1966.4.30)

Meyer, Hans Bernhard
オーストリアのカトリック典礼学者。
⇒新カト(マイアー 1924.12.23-2002.2.26)

Meyer, Kai
ドイツの作家。
⇒現世文(マイヤー,カイ 1969-)

Meyer, Leo
イギリスのエスペランチスト。五高の英語教師。
⇒日エ(マイヤー,レオ 1901.6.27-?)

Meyer, Leonard Bunce
アメリカの音楽学者。著書『音楽における情動と意味』『音楽・芸術・思想』など。
⇒標音2(マイアー,レナード・バンス 1918.1.12-)

Meyer, Marissa
アメリカの作家。
⇒海文新(メイヤー,マリッサ 1984.2.19-)

Meyer, Nicholas
アメリカの作家,脚本家。
⇒現世文(メイヤー,ニコラス 1947-)

Meyer, Paul
フランスのクラリネット奏者,指揮者。
⇒外12(メイエ,ポール 1965-)
外16(メイエ,ポール 1965-)

Meyer, Paul-André
フランスの数学者。
⇒世数(メイエ,ポール-アンドレ 1934-2003)

Meyer, Russ
アメリカ生まれの映画監督。
⇒映監(メイヤー,ラス 1922.3.21-2004)

Meyer, Russell Charles
アメリカの大リーグ選手(投手)。
⇒メジャ(メイヤー,ラス 1923.10.25-1997.11.16)

Meyer, Sabine
ドイツのクラリネット奏者。
⇒新音中(マイヤー,ザビーネ 1960-)

Meyer, Stephenie
アメリカの作家。
⇒外12(メイヤー,ステファニー 1973-)
外16(メイヤー,ステファニー 1973.12.24-)
海文新(メイヤー,ステファニー 1973.12.24-)
現世文(メイヤー,ステファニー 1973.12.24-)

Meyer, Theodor
ロシアのプロテスタント教会指導者。
⇒新カト(マイアー 1865-1934)

Meyer, Wayne E.
アメリカの海軍軍人。
⇒異二辞(マイヤー[ウェイン・E・~] 1926-2009)

Meyer-Abich, Klaus Michael
ドイツの哲学者,自然哲学者,物理学者。
⇒岩世人(マイアー＝アービッヒ 1936.4.8-)

Meyer-Förster, Wilhelm
ドイツの小説家,劇作家。『アルト・ハイデルベルク』(1901)が有名。
⇒岩世人(マイアー＝フェルスター 1862.6.12-1934.3.17)

ネーム（マイヤー＝フェルスター　1862-1930）

Meyerhof, Otto Fritz
ドイツの生化学者。1922年筋肉内の酸素消費と乳酸代謝の研究で，ノーベル生理・医学賞受賞。主著『生命現象の化学力学』(24)。
⇒岩生（マイエルホーフ　1884-1951）
　岩世人（マイアーホーフ　1884.4.12-1951.10.6）
　旺生5（マイヤーホフ　1884-1951）
　広辞7（マイヤーホーフ　1884-1951）
　三新生（マイヤーホフ　1884-1951）
　ネーム（マイヤーホフ　1884-1951）
　ノベ3（マイヤーホーフ,O.F.　1884.4.12-1951.10.6）
　ユ著人（Meyerhof,Otto　マイヤーホフ, オットー　1884-1951）

Meyer-Lübke, Wilhelm
スイスの言語学者。主著に『ロマンス諸言語の文法』(1890〜1902)。
⇒岩世人（マイアー＝リュプケ　1861.1.30-1936.10.4）

Meyerowitz, Elliot Martin
アメリカの植物発生遺伝学者。
⇒岩生（マイエロヴィッツ　1951-）

Meyerowitz, Joel
アメリカの写真家。
⇒外12（マイヤーウィッツ, ジョール　1938-）
　外16（マイヤーウィッツ, ジョール　1938.3.6-）

Meyers, Anne Akiko
アメリカのヴァイオリン奏者。
⇒外12（マイヤーズ, アン・アキコ　1970.5-）
　外16（マイヤーズ, アン・アキコ　1970.5-）

Meyers, Krystal
アメリカの歌手。
⇒外12（マイヤーズ, クリスタル　1988-）

Meyers, Nancy
アメリカの映画監督, 脚本家, 映画プロデューサー。
⇒外12（マイヤーズ, ナンシー　1949-）
　外16（マイヤーズ, ナンシー　1949-）

Meyers, Randy
アメリカの作家。
⇒海文新（マイヤーズ, ランディ）

Meyerson, Émile
ポーランド生まれのフランスの哲学者。主著『同一性と現実』(1908),『科学における説明』(21)。
⇒岩世人（メイエルソン　1859.2.12-1933.12.2）
　メル3（メイエルソン, エミール　1859-1933）

Meyer-Welfing, Hugo
ドイツのテノール歌手。
⇒魅惑（Meyer-Welfing,Hugo　1905-1969）

Meynaud, Jean
スイスに生まれ, フランス, スイス, カナダなどで活躍する政治学者, 社会学者。
⇒社小増（メイノー　1914-）

Meynell, Alice Christiana Gertrude
イギリスの女性詩人, 随筆家。『人生の色調』(1896) などにまとめられた多くの評論, 随筆のほかに『前奏曲』(75) をはじめ6冊の詩集を発表。
⇒岩世人（メネル　1847.9.22-1922.11.27）

Meynell, Francis
イギリスの文学者, 装幀家。W.メネルの子。
⇒岩世人（メネル　1891.5.12-1975.7.9）
　グラデ（Meynell,Sir Francis　メイネル, フランシス卿　1891-1975）

Meynell, Wilfrid
イギリスのジャーナリスト。
⇒岩世人（メネル　1852.11.17-1948.10.20）
　新カト（メネル　1852.11.17-1948.10.20）

Meyrink, Gustav
オーストリアの小説家。主著『ゴーレム』(1915),『ワルプルギスの夜』(17)。
⇒岩世人（マイリンク　1868.1.19-1932.12.4）
　現世文（マイリンク, グスタフ　1868.1.19-1932.12.4）

Meyrowitz, Joshua
アメリカのマス・メディア研究者。
⇒現社（メイロウィッツ）

Mezey István
ブダペスト日本協会副会長。
⇒日エ（メゼイ　1895-?）

Mezie, Suzette
フランス生まれの画家。
⇒芸13（メジィー, スゼッティ　1928-）

Mezrich, Ben
アメリカの作家。
⇒現世文（メズリック, ベン　1969-）

Mezzrow, Mezz
アメリカのジャズ・クラリネット, サックス奏者。
⇒標音2（メズロー, メズ　1899.11.9-1972.8.5）
　ユ著人（Mezzrow,Milton　メッツロウ, ミルトン　1899-1972）

Mhlophe, Gcina
南アフリカ共和国の活動家, 著述家。ダーバン近郊のハマースデールに生まれる。
⇒岩世人（ムショーペ　1958.10.24-）
　絵本（ムショーペ, チナ　1958-）

M.I.A.
イギリスのミュージシャン。

⇒外12（M.I.A.　エムアイエイ　1977.7.17–）
外16（M.I.A.　エムアイエイ　1977.7.17–）

Miankova, Aksana
ベラルーシのハンマー投げ選手。
⇒外12（ミアンコワ，アクサナ　1982.3.28–）
外16（ミアンコワ，アクサナ　1982.3.28–）
最世ス（ミアンコワ，アクサナ　1982.3.28–）

Miao Pu
中国の女優。
⇒外12（ミャオプゥ）

Miao Xiu
シンガポールの華文文学を代表する小説家，文芸評論家。
⇒現世文（苗秀　びょう・しゅう　1920–1980.9.10）

Mice
インドネシアの漫画家，イラストレーター，グラフィック・デザイナー。
⇒岩世人（ベニー＆ミチュ　1970.7.23–）

Miceli, Daniel
アメリカの大リーグ選手（投手）。
⇒メジャ（ミセリ，ダン　1970.9.9–）

Micha
フランスの画家。
⇒芸13（ミッシャ　1939–）

Michael
ルーマニア国王。在位1927〜1930,1940〜1947（復位）。
⇒岩世人（ミハイ1世　1921.10.25–）
外12（ミハエル1世　1921.10.25–）
外16（ミハエル1世　1921.10.25–）
皇国（ミハイ1世）

Michael
ブラジルのサッカー選手（アルビレックス新潟・MF）。
⇒外12（ミシェウ　1982.1.21–）

Michael, Alun
イギリス（ウェールズ）の政治家。産業・地域担当相，ウェールズ主席相。
⇒岩世人（マイケル　1943.8.22–）
世指導（マイケル，アラン　1943.8.22–）

Michael, George
イギリスの歌手。
⇒外12（マイケル，ジョージ　1963.6.25–）
外16（マイケル，ジョージ　1963.6.25–）

Michael, Gertrude
アメリカの女優。
⇒ク俳（マイクル，ガートルード（マイクル，リリアン・G）　1911–1964）

Michael, Ib
デンマークの作家。
⇒現世文（ミカエル，イブ　1945–）

Michael, Sami
イスラエルの作家。
⇒岩世人（ミハエル　1926–）

Michael, William Henry
アメリカの領事。
⇒アア歴（Michael,William Henry　マイケル，ウィリアム・ヘンリー　1845.7.14–1916.5.17）

Michaelis, Adolf
ドイツの考古学者。南ヨーロッパの古典考古学を専攻し，また古代史研究に遺物と文献とを併用すべきことを説いた。
⇒岩世人（ミヒャエーリス　1835.7.23–1910.8.12）

Michaelis, Georg
ドイツの政治家。東京帝国大学で法律学を講じる（1885〜89）。帰国後，国務長官（1909），食糧庁長官（17）第一次世界大戦中，帝国首相となるが三ヶ月半で辞職。
⇒岩世人（ミヒャエーリス　1857.9.8–1936.7.24）

Michaelis, Leonor
ドイツ生まれの医学者，生化学者。ベルリン市立病院研究室主任（1906〜22），名古屋大学教授（22〜26），ロックフェラー医学研究所研究員（29〜40）等をつとめる。
⇒岩生（ミカエリス　1875–1949）
岩世人（ミヒャエーリス　1875.1.16–1949.10.9）
化学（ミヒャエーリス　1875–1949）
ユ著人（Michaelis,Leonor　ミハエリス，レオノール　1875–1945）

Michaelis, Wilhelm
スイス（ドイツ系）のプロテスタント神学者。その独訳『新約聖書』は平明な文と詳註とにより広く読まれている。
⇒岩世人（ミヒャエーリス　1896.1.26–1965.2.19）

Michaelis-Stangeland, Karin
デンマークの女性作家。『危険な年齢』（1910）は特に有名。
⇒岩世人（ミカエーリス　1872.3.20–1950.1.11）

Michaels, Anne
カナダの女性詩人，小説家。
⇒外16（マイケルズ，アン　1958–）
現世文（マイケルズ，アン　1958–）

Michaels, Casmir Eugene
アメリカの大リーグ選手（二塁，遊撃）。
⇒メジャ（マイケルズ，キャス　1926.3.4–1982.11.12）

Michaels, Jason Drew
アメリカの大リーグ選手（外野）。
⇒メジャ（マイケルズ，ジェイソン　1976.5.4–）

Michaels, J.C.
アメリカの作家。
⇒海文新（マイケルズ,J.C.）

現世文（マイケルズ,J.C.）

Michaels, Leonard
アメリカの作家, 脚本家。
⇒現世文（マイケルズ, レオナルド 1933.1.2–2003.5.10)
 ユ著人（Michaels,Leonard マイケルズ, レナード 1933–)

Michailov, Zvetan
ブルガリアのテノール歌手。
⇒失声（ミハイロフ, ズヴェタン ?）
 魅惑（Michailov,Zwetan ?–)

Michai Wirawaithaya
タイの社会活動家。
⇒岩世人（ミーチャイ・ウィーラワイタヤ 1941.1.17–)

Michanek, Christina
デンマークのバレリーナ。
⇒外12（ミシャネック, クリスティーナ 1984.12.18–)
 外16（ミシャネック, クリスティーナ 1984.12.18–)

Michaud, Gilbert
フランス生まれの画家。
⇒芸13（ミショー, ジルベール 1948–)

Michaux, Elder Lightfoot Solomon
アメリカの牧師, 社会活動家, ラジオやテレビのパーソナリティ。
⇒マルX（MICHAUX,ELDER LIGHTFOOT SOLOMON ミショー, エルダー・ライトフット・ソロモン 1885–1968)

Michaux, Henri
ベルギー生まれのフランスの詩人。主著『試錬, 悪魔ばらい』(1945)。
⇒岩世人（ミショー 1899.5.24–1984.10.18)
 現世文（ミショー, アンリ 1899.5.24–1984.10.18)
 広辞7（ミショー 1899–1984)
 フ文小（ミショー, アンリ 1899–1984)

Michaux, Lewis H.
アメリカのブラック・ナショナリスト。ハーレムの「ナショナル・メモリアル・アフリカン・ブックストア」の店主。
⇒マルX（MICHAUX,LEWIS H. ミショー, ルイス・H)

Micheau, Janine
フランスのソプラノ歌手。
⇒標音2（ミショー, ジャニーヌ 1914.1.6–1976.10.18)

Micheaux, Oscar
アメリカ生まれの映画監督。
⇒映監（ミショー, オスカー 1884.1.2–1951)

Michel, André
フランスの美術史家。主著『美術の歴史』(1929)。
⇒岩世人（ミシェル 1853.11.7–1925.10.12)

Michel, Charles
ベルギーの政治家。ベルギー首相, 改革運動 (MR) 党首。
⇒外16（ミシェル, シャルル 1975.12.21–)
 世指導（ミシェル, シャルル 1975.12.21–)

Michel, Clémence Louise
フランスの女性革命家。「モンマルトルの赤い処女」と慕われ, 『回想録』(1886) がある。
⇒岩世人（ミシェル 1830.5.29–1905.1.10)
 学叢思（ミシェル, ルイズ 1839–1905)

Michel, Gilles
フランスの実業家。
⇒外12（ミシェル, ジル 1956–)
 外16（ミシェル, ジル 1956–)

Michel, Hartmut
ドイツの生化学者。1988年ノーベル化学賞。
⇒岩生（ミヒェル 1948–)
 化学（ミヒェル 1948–)
 ノベ3（ミヒェル,H. 1948.7.18–)

Michel, Henri
フランスのサッカー指導者, サッカー選手。
⇒外12（ミシェル, アンリ 1947.10.20–)
 外16（ミシェル, アンリ 1947.10.20–)
 最世ス（ミシェル, アンリ 1947.10.20–)

Michel, James Alix
セーシェルの政治家。セーシェル大統領 (2004～16)。
⇒外12（ミシェル, ジェームス・アリックス 1944.8.16–)
 外16（ミシェル, ジェームス・アリックス 1944.8.16–)
 世指導（ミシェル, ジェームス・アリックス 1944.8.16–)

Michel, Smark
ハイチの政治家, 実業家。ハイチ首相。
⇒世指導（ミシェル, スマーク 1937.3.29–2012.9.1)

Michel, Virgil
アメリカにおける典礼運動の創始者, ベネディクト会員。
⇒新カト（マイクル 1890.6.26–1938.11.26)

Michel de Gallard
フランス生まれの画家。
⇒芸13（ミッシェル・デ・ガラール 1921–)

Micheletti, Gastone
フランスのテノール歌手。
⇒失声（ミケレッティ, ガストン 1894–1859)

魅惑（Micheletti,Gaston 1892–1959）

Micheletti, Roberto
ホンジュラスの政治家。ホンジュラス暫定大統領。
⇒外12（ミチェレッティ, ロベルト）
　外16（ミチェレッティ, ロベルト）
　世指導（ミチェレッティ, ロベルト　1948.8.13–）

Michelin, François
フランスの実業家。ミシュラン・グループの3代目。
⇒外12（ミシュラン, フランソワ　1926.7.15–）

Michelin, Henri
フランスの政治家。
⇒19仏（ミシュラン, アンリ　1847.5.3–1912.10.7）

Michel-Lévy, Auguste
フランスの地質学者, 鉱物学者。フランスにおける顕微鏡岩石学の開拓者。
⇒岩世人（ミシェル=レヴィ　1844.8.7–1911.9.27）

Michels, Rinus
オランダのサッカー監督。
⇒岩世人（ミケルス　1928.2.9–2005.3.3）

Michels, Robert
ドイツの社会学者。政治社会学の分野の開拓者の一人。代表作『政党社会学』(1911)。
⇒岩世人（ミヘルス　1876.1.9–1936.5.3）
　広辞7（ミヘルス　1876–1936）
　社小増（ミヘルス　1876–1936）

Michelsen, Christian
ノルウェーの政治家。1905年3月首相, ノルウェー王国建設。
⇒岩世人（ミケルセン　1857.3.15–1925.6.29）

Michelson, Albert Abraham
ポーランド生まれのアメリカの物理学者。
⇒岩世人（マイケルソン　1852.12.19–1931.5.9）
　学叢思（マイケルソン, アルバート・エブラハム　1852–?）
　科史（マイケルソン　1852–1931）
　現科大（マイケルソン, アルバート・エイブラハム　1852–1931）
　三新物（マイケルソン　1852–1931）
　天文辞（マイケルソン　1852–1931）
　天文大（マイケルソン　1852–1931）
　ノベ3（マイケルソン, A.A.　1852.12.19–1931.5.9）
　物理（マイケルソン, アルバート・エイブラハム　1852–1931）
　ユ著人（Michelson,Albert Abraham　マイケルソン, アルバート・アブラハム　1851–1931）

Michelson, Alice
KGBの密使を務めた東ドイツ人。
⇒スパイ（ミヘルゾン, アリツェ）

Michelstädter, Carlo
イタリアの詩人, 評論家。主著『信念と修辞』(1913)。
⇒ユ著人（Michelstaedter,Carlo　ミケルシュテーテル, カルロ　1887–1910）

Michener, James Albert
アメリカの小説家, 評論家。
⇒アメ州（Michener,James　ミッチナー, ジェームズ　1907–）
　アメ新（ミッチナー　1907–1997）
　岩世人（ミッチナー　1907.2.3–1997.10.16）
　現世文（ミッチェナー, ジェームズ　1907.2.3–1997.10.16）
　広辞7（ミッチェナー　1907–1997）

Michieletto, Damiano
イタリアのオペラ演出家。
⇒外16（ミキエレット, ダミアーノ）

Michine, Alexei
ロシアのレスリング選手（グレコローマン）。
⇒外16（ミチン, アレクセイ　1979.2.8–）
　最世ス（ミチン, アレクセイ　1979.2.8–）

Michotte, Albert Edouard
ベルギーの心理学者。因果関係の知覚に関する実験現象学的研究は著名。主著『因果の知覚』(1946)。
⇒岩世人（ミショット　1881.10.13–1965.6.2）
　新カト（ミショット　1881.10.13–1965.6.2）

Michurin, Ivan Vladimirovich
ソ連の園芸家, 育種学者。ミチューリン農法の創出者。
⇒岩生（ミチューリン　1855–1935）
　岩世人（ミチューリン　1855.10.15/27–1935.6.7）
　旺生5（ミチューリン　1855–1935）
　広辞7（ミチューリン　1855–1935）
　三新生（ミチューリン　1855–1935）
　ネーム（ミチューリン　1855–1935）

Miciński, Tadeusz
ポーランドの作家, 評論家。
⇒岩世人（ミチンスキ　1873.11.9–1918）

Mickelson, Phil
アメリカのプロゴルファー。
⇒外12（ミケルソン, フィル　1970.6.16–）
　外16（ミケルソン, フィル　1970.6.16–）
　最世ス（ミケルソン, フィル　1970.6.16–）

Middelhoff, Thomas
ドイツの実業家, 出版人。
⇒外12（ミッデルホフ, トーマス　1953.5.11–）
　外16（ミッデルホフ, トーマス　1953.5.11–）

Middendorf, Helmut
ドイツ生まれの画家。
⇒芸13（ミッデンドルフ, ヘルムト　1953–）

Middleton, Hubert Stanley
イギリスのオルガン奏者,作曲家。
⇒標音2(ミドルトン,ヒューバート・スタンリー 1890.5.11–1959.8.21)

Middleton, Robert Hunter
スコットランド生まれの書体デザイナー。
⇒グラデ(Middleton,Robert Hunter ミドルトン,ロバート・ハンター 1898–1985)

Middleton, Stanley
イギリスの小説家。
⇒現世文(ミドルトン,スタンリー 1919.8.1–2009.7.25)

Midgley, Mary Beatrice
イギリスの道徳哲学者。
⇒メル別(ミッジリー,メアリー・ベアトリス 1919–)

Midgley, Thomas, Jr.
アメリカの工業化学者。アンチノック剤として,4エチル鉛を発見(1922),また冷凍液としてフルオレンを使用することを発見した。
⇒岩世人(ミジリー 1889.5.18–1944.11.2)
化学(ミジリー 1889–1944)

Midgley, Walter
イギリスのテノール歌手。
⇒魅惑(Midgley,Walter 1914–1980)

Midler, Bette
アメリカの喜劇俳優,歌手。
⇒外12(ミドラー,ベット 1945.12.1–)
外16(ミドラー,ベット 1945.12.1–)
ク俳(ミドラー,ベット 1945–)
標音2(ミドラー,ベット 1945.12.1–)
ユ著人(Midler,Bette ミドラー,ベッテ 1945–)

Midon, Raul
アメリカ,ニュー・メキシコ州生まれの歌手。
⇒外12(ミドン,ラウル 1966.3.14–)
外16(ミドン,ラウル 1966.3.14–)

Miebach, David
ドイツ出身のフランシスコ会司祭。日本に帰化。
⇒新カト(ミーバハ 1881.4.24–1962.4.23)

Miegel, Agnes
ドイツの女性詩人。ドイツ最大のバラード詩人。『暗闇の中へ歩む』(1934)など。
⇒岩世人(ミーゲル 1879.3.9–1964.10.26)

Mielants, Eric
ベルギー生まれの社会学者。
⇒外12(ミラン,エリック 1973–)
外16(ミラン,エリック 1973–)

Miele, Markus
ドイツの実業家。
⇒外12(ミーレ,マルクス 1968–)
外16(ミーレ,マルクス 1968–)

Mielke, Erich
東ドイツの秘密警察シュタージ(MfS)長官。在職1957~89。
⇒スパイ(ミールケ,エーリッヒ 1907–2000)

Mielziner, Jo
アメリカの舞台装置家。代表作『ウィンターセット』(1935),『ハムレット』(36)。
⇒岩世人(ミルジーナー 1901.3.19–1976.3.15)

Mientkiewicz, Douglas Andrew
アメリカの大リーグ選手(一塁)。
⇒メジャ(ミントケイビッチ,ダグ 1974.6.19–)

Mierau, Terence
テノール歌手。
⇒魅惑(Mierau,Terence ?–)

Mieses, Mathias
ガリチア生まれのイディッシュ語の研究者。
⇒ユ著人(Mieses,Mathias ミーゼス,マサイアス 1885–1945)

Mies van der Rohe, Ludwig
ドイツの建築家。1929年バルセロナ万国博覧会のドイツ館の設計で国際的評価を得た。
⇒岩世人(ミース・ヴァン・デル・ローエ 1886.3.27–1969.8.17)
広辞7(ミース・ファン・デル・ローエ 1886–1969)
世建(ミース・ファン・デル・ローエ,ルートヴィヒ 1886–1969)
ポプ人(ミース・ファン・デル・ローエ,ルートウィヒ 1886–1969)

Miéville, Anne-Marie
スイス生まれの映画監督。
⇒外12(ミエヴィル,アンヌ・マリー 1945.11.11–)

Mieville, China
イギリスの作家,評論家,イラストレーター。
⇒外12(ミエヴィル,チャイナ 1972–)
外16(ミエヴィル,チャイナ 1972–)
現世文(ミエヴィル,チャイナ 1972–)

Mif, Pavel Aleksandrovich
ソ連の革命家,コミンテルンの活動家。1925~27年モスクワ「孫逸仙共産主義大学」副学長。著書『英雄的闘争の15年』。
⇒岩世人(ミフ 1901.8.3/16–1939/1938.9.10)

Mifsud-Bonnici, Carmelo
マルタの政治家。マルタ首相。
⇒世指導(ミフスッド・ボンニチ,カルメロ 1933.7.17–)

Migiro, Asha-rose
タンザニアの政治家。
⇒外12(ミギロ,アシャローズ 1956.7.7–)

外16（ミギロ, アシャ・ローズ　1956.7.7–）
世指導（ミギロ, アシャ・ローズ　1956.7.7–）

Migjeni
アルバニアの詩人。詩集『自由の詩』(1936) は発禁になった。
⇒岩世人（ミジェニ　1911.10.13/26–1938.8.26）
現世文（ミギエニ　1911.10.13–1938.8.25）

Migliorini, Bruno
イタリアの言語学者。
⇒岩世人（ミリオリーニ　1896.11.19–1975.6.18）

Migno, Jean-Francois
フランス生まれの画家。
⇒芸13（ミニョ, ジャン・フランコ　1955–）

Mignone, Francisco
ブラジルの作曲家, 指揮者。
⇒ク音3（ミニョーネ　1897–1986）
標音2（ミニョーネ, フランシスコ　1897.9.3–1986.2.20）

Mignot, Eudoxe-Irénée
フランスの大司教。
⇒新カト（ミニョ　1842.9.20–1918.3.18）

Migot, Georges
フランスの作曲家。
⇒岩世人（ミゴー　1891.2.27–1976.1.5）
ク音3（ミゴ　1891–1976）
新音中（ミゴ, ジョルジュ　1891.2.27–1976.1.5）

Miguel, Luis
プエルト・リコ生まれの歌手。
⇒外12（ミゲル, ルイス　1970.4.19–）
外16（ミゲル, ルイス　1970.4.19–）

Mihaileanu, Radu
フランスの映画監督。
⇒外12（ミヘイレアニュ, ラデュ　1958–）
外16（ミヘイレアニュ, ラデュ　1958–）

Mihăilescu, Pedra
ルーマニア出身のドイツの数学者。
⇒世数（ミハイレスク, ペドラ　1955–）

Mihailov, Luben
ブルガリアのテノール歌手。
⇒魅惑（Mihailov,Luben　?–）

Mihailova, Nadezhda
ブルガリアの政治家。ブルガリア外相。
⇒世指導（ミハイロヴァ, ナデジュダ　1962.8.9–）

Mihailovic, Dragoslav
セルビア生まれの作家。
⇒現世文（ミハイロヴィッチ, ドラゴスラヴ　1930.11.17–）

Mihajlovic, Sinisa
セルビア・モンテネグロのサッカー選手。
⇒外12（ミハイロヴィッチ, シニシャ　1969.2.20–）
外16（ミハイロヴィッチ, シニシャ　1969.2.20–）

Mihalovich, Ödön
ハンガリーの作曲家。
⇒新音中（ミハロヴィチ, エデン　1842.9.13–1929.4.22）

Mihalovici, Marcel
ルーマニア生まれのフランスの作曲家。作品に『ポリシネルの生涯』(1922) など。
⇒ク音3（ミハロヴィチ　1898–1985）
新音中（ミハロヴィチ, マルセル　1898.10.22–1985.8.12）
標音2（ミハロヴィチ, マルセル　1898.10.22–1985.8.12）

Mijares, Cristian
メキシコのプロボクサー。
⇒最世ス（ミハレス, クリスチャン　1981.10.2–）

Mijatovic, Predrag
セルビア・モンテネグロのサッカー選手。
⇒外12（ミヤトヴィッチ, プレドラグ　1969.1.19–）

Mika
レバノン生まれのシンガー・ソングライター, プロデューサー。
⇒外12（ミーカ　1983–）
外16（ミーカ　1983.8.18–）

Mika
韓国の歌手。
⇒外12（ミカ　1990.6.28–）

Mikan, George (Lawrence, Jr.)
アメリカのバスケットボール選手。
⇒岩世人（マイカン　1924.6.18–2005.6.1）

Mikati, Najib
レバノンの政治家, 実業家。レバノン首相。
⇒外16（ミカティ, ナジブ　1955.11.24–）
世指導（ミカティ, ナジブ　1955.11.24–）

Mikhailov, Boris
ウクライナの写真家。
⇒外12（ミハイロフ, ボリス　1938–）
外16（ミハイロフ, ボリス　1938–）

Mikhailovich, Draja
ユーゴスラビアの軍人。ナチス・ドイツ軍のユーゴ侵入と同時にセルビアで抗独義勇軍「チェトニック」を組織したが, 後ナチスに接近。
⇒岩世人（ミハイロヴィチ　1893.4.27/5.9–1946.7.17）

Mikhalkov, Nikita Sergeevich
ロシアの映画監督。
⇒岩世人（ミハルコフ　1945.10.21–）

外12（ミハルコフ, ニキータ　1945.10.21–）
外16（ミハルコフ, ニキータ　1945.10.21–）

Mikhalkov, Sergei Vladimirovich
ソ連の詩人, 劇作家。児童文学で活躍。『うぬぼれ兎』(1951)が代表作。
⇒岩世人（ミハルコーフ　1913.2.28/3.13–2009.8.27）
　絵本（ミハルコフ, セルゲイ　1913–2009）
　現世文（ミハルコフ, セルゲイ　1913.3.13–2009.8.27）

Mikhalkov-Konchalovskii, Andrei Sergeevich
ロシアの映画監督。
⇒外12（ミハルコフ・コンチャロフスキー, アンドレイ　1937.8.20–）
　外16（ミハルコフ・コンチャロフスキー, アンドレイ　1937.8.20–）

Mikhaylin, Alexandre
ロシアの柔道選手。
⇒外16（ミハイリン, アレクサンドル　1979.8.18–）
　最世ス（ミハイリン, アレクサンドル　1979.8.18–）

Mikhaylov, Maxim
ロシアのバレーボール選手。
⇒最世ス（ミハイロフ, マキシム　1988.3.19–）

Mikhaylov, Vladlen Mikhaylovich
ソビエト軍の情報機関（GRU）の局長。在職1987〜91。
⇒スパイ（ミハイロフ, ヴラドレン・ミハイロヴィチ　1925–）

Mikhelis, Panayotis A.
ギリシアの美学者, 建築家。創作論など一般美学の研究をも残した。
⇒岩世人（ミヘリス　1903–1969.11.11）

Mikhoels, Solomon
ソ連のイディッシュ語俳優。
⇒ユ著人（Mikhoels,Sholem (Shlomo)　ミホエルス, ショーレム (シュロモー)　1890–1948）

Mikkelsen, Mads
デンマークの俳優。
⇒外16（ミケルセン, マッツ　1965.11.22–）

Miklas, Wilhelm
オーストリアの政治家。文部次官（1919〜20）, 国会議長（1923）, 大統領（28〜38）を歴任したが, ナチス・ドイツとの合併法案に反対して辞任した。
⇒岩世人（ミクラス　1872.10.15–1956.3.20）

Miklos, Albert
テノール歌手。
⇒魅惑（Miklos,Albert　?–）

Mikloš, Ivan
スロバキアの政治家。スロバキア副首相, 財務相。
⇒外12（ミクロシュ, イワン　1960.6.2–）
　外16（ミクロシュ, イワン　1960.6.2–）
　世指導（ミクロシュ, イワン　1960.6.2–）

Mikolajczyk, Stanislaw
ポーランドの政治家。1945年連合政権の副首相。47年アメリカへ亡命, 国際農民組織総裁。
⇒岩世人（ミコワイチク　1901.6.28–1966.12.13）

Mikorey, Karl
ドイツのテノール歌手。
⇒魅惑（Mikorey,Karl　1903–?）

Mikoyan, Anastas Ivanovich
ソ連の政治家。1955年2月〜64年7月第1副首相, 64年7月〜65年12月最高会議幹部会議長。
⇒岩世人（ミコヤーン　1895.11.13/25–1978.10.21）
　学叢思（ミコヤン　1895–）
　広世7（ミコヤン　1895–1978）
　世人新（ミコヤン　1895–1978）
　世人装（ミコヤン　1895–1978）
　ネーム（ミコヤン　1895–1978）

Mikser, Sven
エストニアの政治家。エストニア外相。
⇒世指導（ミクセル, スヴェン　1973.11.8–）

Miksis, Edward Thomas
アメリカの大リーグ選手（二塁, 外野）。
⇒メジャ（ミクシス, エディー　1926.9.11–2005.4.8）

Mikszáth Kálmán
ハンガリーの小説家。『スロバキアの親類たち』(1881)が代表作。
⇒岩世人（ミクサート　1847.1.16–1910.5.28）
　ネーム（ミクサート　1847–1910）

Mikulicz-Radecki, Jan
ポーランドの外科医。
⇒岩世人（ミクリチ＝ラデツキ　1850.5.16–1905.6.14）

Mikulinsky, Semyon Romanovich
ソ連の科学史家。
⇒岩世人（ミクリンスキー　1919.4.2–1991.7.3）

Mikulski, Barbara Ann
アメリカの政治家。
⇒外12（ミカルスキ, バーバラ　1936.7.20–）

Miky, Fuji Roy
カナダのカーリング指導者。
⇒外16（ミキ, フジ・ロイ　1941.9.20–）

Milan, Courtney
アメリカの作家。
⇒海文新（ミラン, コートニー）

Milan, Jesse Clyde
アメリカの大リーグ選手(外野)。
⇒メジャ(ミラン、クライド　1887.3.25–1953.3.3)

Milanes, Haydee
キューバの歌手。
⇒外12(ミラネース、アイデー　1980–)

Milanés, Pablo
キューバの作詞家、作曲家。
⇒標音2(ミラネス、パブロ　1943–)

Milankovitch, Milutin
ユーゴスラビアの応用数学者、理論気候学者。
⇒オク気(ミランコビッチ、ミルティン　1879.5.28–1958.12.12)
　オク地(ミランコビッチ、ミルチン　1879–1958)
　世発(ミランコヴィッチ、ミルティン　1879–1958)

Milanov, Zinka
クロアチア生まれのオペラ歌手(ソプラノ)。
⇒オペラ(ミラノフ、ヅィンカ　1906–1989)
　標音2(ミラノフ、ジンカ　1906.5.17–1989.5.30)

Milanović, Zoran
クロアチアの政治家。クロアチア首相。
⇒外16(ミラノヴィッチ、ゾラン　1966.10.30–)
　世指導(ミラノヴィッチ、ゾラン　1966.10.30–)

Milbauer, Josepf
フランスの詩人。
⇒ユ著人(Milbauer,Josepf　ミルボーエル、ジョゼ　1898–1968)

Milbrath, Lester Walter
アメリカの政治学者。
⇒社小増(ミルブレス　1925–)

Milburn, Amos
アメリカの歌手、ピアノ奏者。
⇒ロック(Milburn,Amos　ミルバーン、エイモス　1927.4.1–)

Milch, Erhard
ドイツ空軍の航空戦備総監、空軍元帥。
⇒岩世人(ミルヒ　1892.3.30–1972.1.25)

Miler, David
アメリカのテノール歌手。
⇒外12(ミラー、デービッド　1973.4.14–)
　外16(ミラー、デービッド　1973.4.14–)

Miler, Zdenek
チェコスロバキアのイラストレーター。
⇒絵本(ミレル、ズデニェック　1921–)
　外12(ミレル、ズデネック　1921–)

Miles, Buddy
アメリカ・ネブラスカ州生まれの歌手。
⇒ロック(Miles,Buddy　マイルズ、バディ　1946.9.5–)

Miles, Michelle
アメリカの作家。
⇒海文新(マイルズ、ミシェル)

Miles, Milton Edward "Mary"
アメリカ海軍士官。
⇒アア歴(Miles,Milton E(dward) "Mary"　マイルズ、ミルトン・エドワード・「メアリー」　1900.4.6–1961.3.25)

Miles, Sarah
イギリス生まれの女優。
⇒ク俳(マイルズ、セアラ　1941–)

Miles, Vera
アメリカ生まれの女優。
⇒ク俳(マイルズ、ヴェラ(ラルストン,V)　1929–)

Milestone, Lewis
ロシア生まれのアメリカの映画監督。『西部戦線異状なし』(1930)で、アカデミー監督賞受賞。『犯罪都市』(31)、『雨』(32)など。
⇒映監(マイルストン、ルイス　1895.9.30–1980)

Milev, Geo
ブルガリアの詩人。代表作は詩集『炎』(1925)。
⇒現世文(ミレフ、ゲオ　1895.1.15–1925)

Milewski, Tadeusz
ポーランドの言語学者。
⇒岩世人(ミレウスキ(ミレフスキ)　1906.5.17–1966.3.5)

Milgram, Stanley
アメリカの心理学者。
⇒岩世人(ミルグラム　1933.8.15–1984.12.20)
　社小小(ミルグラム　1933–1984)

Milgrim, Richard
アメリカ生まれの陶芸家。
⇒芸13(利茶土ミルグリム　りちゃーどみるぐりむ　1955–)

Milhaud, Darius
フランスの作曲家。「六人組」を結成。主作品『プロバンス組曲』(1937)。
⇒岩世人(ミヨー　1892.9.4–1974.6.22)
　エデ(ミヨー、ダリウス　1892.9.4–1974.6.22)
　オペラ(ミヨー、ダリウス　1892–1974)
　ク音3(ミヨー　1892–1974)
　広辞7(ミヨー　1892–1974)
　新音小(ミヨー、ダリウス　1892–1974)
　新音中(ミヨー、ダリユス　1892.9.4–1974.6.22)
　世人新(ミヨー　1892–1974)
　世人装(ミヨー　1892–1974)
　ヒ曲改(ミヨー、ダリウス　1892–1974)
　標音2(ミヨー、ダリウス　1892.9.4–1974.6.22)
　ユ著人(Milhaud,Darius　ミヨー、ダリウス　1892–1974)

Milhaud, Gaston
フランスの哲学者。主著"Leçons sur les origines de la science grecque"(1893)。
⇒岩世人（ミヨー　1858–1918）
　メル3（ミヨー, ガストン　1858–1918）

Milhofer, Mark
テノール歌手。
⇒魅惑（Milhofer, Mark　?–）

Miliband, David
イギリスの政治家。
⇒岩世人（ミリバンド, デービッド　1965.7.15–）
　外12（ミリバンド, デービッド　1965.7.15–）
　外16（ミリバンド, デービッド　1965.7.15–）
　世指導（ミリバンド, デービッド　1965.7.15–）

Miliband, Ed
イギリスの政治家。
⇒岩世人（ミリバンド　1969.12.24–）
　外12（ミリバンド, エド　1969.12.24–）
　外16（ミリバンド, エド　1969.12.24–）
　世指導（ミリバンド, エド　1969.12.24–）

Miliband, Ralph
イギリスの政治学者。リーズ大学教授, ヨーク大学客員教授。
⇒現社（ミリバンド　1924–1994）
　社小増（ミリバンド　1924–1994）

Milius, John
アメリカ生まれの映画監督, 映画脚本家。
⇒外12（ミリアス, ジョン　1944.4.11–）
　外16（ミリアス, ジョン　1944.4.11–）

Milko CroCop
クロアチアの格闘家。
⇒外12（ミルコ・クロコップ　1974.9.10–）
　外16（ミルコ・クロコップ　1974.9.10–）

Mill, Hugh Robert
イギリスの地理学者, 気象学者。1901～19年イギリス降雨協会を主宰, 27～31年王立地理学会名誉事務局長。主著『自然の領域』(91)。
⇒岩世人（ミル　1861.5.28–1950.4.5）

Milla, Roger
カメルーンのサッカー選手。
⇒異二辞（ミラ [ロジェ・～]　1952–）
　岩世人（ミラ　1952.5.20–）
　外12（ミラ, ロジェ　1952.5.20–）
　外16（ミラ, ロジェ　1952.5.20–）

Millan, Felix Bernardo
アメリカの大リーグ選手（二塁）。
⇒メジャ（ミヤーン, フェリックス　1943.8.21–）

Millan, Jean-Francois
フランス生まれの画家。
⇒芸13（ミラン, ジャン・フランコ　1939–）

Milland, Ray
イギリス生まれの男優。
⇒ク俳（ミランド, レイ（トラスコット＝ジョーンズ, レジナルド）　1905–1986）
　スター（ミランド, レイ　1905.1.3–1986）

Millar, Sir Fergus Graham Burtholme
イギリスのローマ史家。
⇒岩世人（ミラー　1935.7.5–）

Millar, Kevin Charles
アメリカの大リーグ選手（一塁, 外野）。
⇒メジャ（ミラー, ケヴィン　1971.9.24–）

Millar, Margaret
アメリカの女性作家。
⇒現世文（ミラー, マーガレット　1915–1994.3.26）

Millard, Glenda
オーストラリアの作家。
⇒海文新（ミラー, グレンダ）

Millard, Thomas Franklin Fairfax
アメリカの中国問題評論家。北京で『ミラード・レヴュー（密勒評論）』を創刊。
⇒アア歴（Millard, Thomas F（ranklin Fairfax）ミラード, トマス・フランクリン・フェアファックス　1868.7.8–1942.9.8）

Millaud, Édouard
フランスの政治家。
⇒19仏（ミヨー, エドゥアール　1834.9.7–1912.5.16）

Millay, Edna St. Vincent
アメリカの女性詩人, 劇作家。『2度目の4月』(1921), 『竪琴を作る者』(23, ピュリッツァー賞受賞) で抒情詩人としての地位を確立。また『王女と小姓との結婚』(18) などの戯曲を書いた。
⇒岩世人（ミレイ　1892.2.22–1950.10.19）
　現世文（ミレー, エドナ・セント・ビンセント　1892.2.22–1950.10.19）

Mille, Richard
フランスの実業家。
⇒外16（ミル, リシャール　1951–）

Miller, A.D.
イギリスの作家, 編集者。
⇒海文新（ミラー, A.D.　1974–）
　現世文（ミラー, A.D.　1974–）

Miller, Aleksei Borisovich
ロシアの企業家。ガスプロム社長。
⇒外12（ミレル, アレクセイ　1962.1.31–）
　外16（ミレル, アレクセイ　1962.1.31–）

Miller, Alex
イギリスのサッカー監督。
⇒外12（ミラー, アレックス　1949.7.4–）

Miller, Andrew
イギリスの作家。
⇒現世文（ミラー, アンドルー）

Miller, Ann
アメリカ生まれの女優。
⇒ク俳（ミラー, アン（コリア, ジョニー・ルシール）1919–）

Miller, Arnold Ray
アメリカの統一鉱山労働組合（UMW）会長。
⇒アメ経（ミラー, アーノルド　1923.4.25–）

Miller, Arthur
アメリカの劇作家。
⇒アメ州（Miller,Arthur　ミラー, アーサー　1915–）
アメ新（ミラー　1915–2005）
岩世人（ミラー　1915.10.17–2005.2.10）
現世文（ミラー, アーサー　1915.10.17–2005.2.10）
広辞7（ミラー　1915–2005）
新カト（ミラー　1915.10.17–2005.2.10）
世演（ミラー, アーサー　1915.10.17–2005.2.10）
世人新（ミラー〈アーサー〉　1915–2005）
世人装（ミラー〈アーサー〉　1915–2005）
ボブ人（ミラー, アーサー　1915–2005）
ユ著人（Miller,Arthur　ミラー, アーサー　1915–）

Miller, Arthur I.
イギリスの科学史家。
⇒外12（ミラー, アーサー・I.）
外16（ミラー, アーサー・I.）

Miller, Bennett
アメリカの映画監督。
⇒外12（ミラー, ベネット　1966–）
外16（ミラー, ベネット　1966–）

Miller, Bertha Mahony
アメリカの雑誌編集者。
⇒ア図（ミラー, バーサ・マオニー　1882–1969）

Miller, Bode
アメリカのスキー選手（アルペン）。
⇒外12（ミラー, ボード　1977.10.12–）
外16（ミラー, ボディ　1977.10.12–）
最世ス（ミラー, ボディ　1977.10.12–）

Miller, Bruce
オーストラリアの外交官。
⇒外16（ミラー, ブルース）
世指導（ミラー, ブルース　1961–）

Miller, Claude
フランス・パリ生まれの映画監督。
⇒外12（ミレール, クロード　1942.4.20–）

Miller, Cristopher
アメリカの作家。
⇒海文新（ミラー, クリストファー）

Miller, Delbert Charles
アメリカの社会学者。
⇒社小増（ミラー　1913–）

Miller, Derek
アメリカのロック・ギター奏者。
⇒外12（ミラー, デレク）

Miller, Edgar Raymond
アメリカの医療宣教師。
⇒アア歴（Miller,Edgar R(aymond) and Miller, Elizabeth (Jane)(Bucke)　ミラー, エドガー・レイモンドとミラー, エリザベス・ジェイン・バック　1899.4.19–）

Miller, Edmund John（Bing）
アメリカの大リーグ選手（外野）。
⇒メジャ（ミラー, ビング　1894.8.30–1966.5.7）

Miller, Edward Robert
アメリカの大リーグ選手（遊撃）。
⇒メジャ（ミラー, エディー　1916.11.26–1997.7.31）

Miller, Elizabeth Jane Bucke
アメリカの医療宣教師。
⇒アア歴（Miller,Edgar R(aymond) and Miller, Elizabeth (Jane)(Bucke)　ミラー, エドガー・レイモンドとミラー, エリザベス・ジェイン・バック　1901.4.21–）

Miller, Ezra
アメリカの俳優。
⇒外16（ミラー, エズラ　1992.9.30–）

Miller, Frankie
イギリス・グラスゴー生まれのシンガー・ソングライター。
⇒ロック（Miller,Frankie　ミラー, フランキー）

Miller, George
オーストラリア生まれの映画監督。
⇒岩世人（ミラー　1945.3.3–）
映監（ミラー, ジョージ　1945.3.3–）
外12（ミラー, ジョージ　1945.3.3–）
外16（ミラー, ジョージ　1945.3.3–）

Miller, George Armitage
アメリカの心理学者。聴覚、言語、コミュニケーションの研究で知られる。
⇒岩世人（ミラー　1920.2.3–2012.7.22）

Miller, George Bures
カナダ生まれの芸術家。
⇒現アテ（Cardiff,Janet & Miller,George Bures　カーディフ, ジャネット&ミラー, ジョージ・ビュレス　1960–）

Miller, George Frederick（Doggie）
アメリカの大リーグ選手（捕手、外野、三塁）。

⇒メジャ（ミラー，ドギー　1864.8.15–1909.4.6）

Miller, Glenn
アメリカのジャズ楽団指揮者，トロンボーン奏者。1937年楽団を結成し，全米最高の人気を博した。代表作『ムーンライト・セレナーデ』『茶色の小ビン』。
⇒アメ州（Miller,Glenn　ミラー，グレン　1904–1944）
　アメ新（ミラー　1904–1944）
　岩世人（ミラー　1904.3.1–1944.12.15?）
　広辞7（ミラー　1904–1944）
　新音中（ミラー，グレン　1904.3.1–1944.12.15?）
　標音2（ミラー，グレン　1904.3.1–1944.12.15?）

Miller, Harry Willis
アメリカの医療宣教師。
⇒アア歴（Miller,Harry Willis　ミラー，ハリー・ウイリス　1879.7.1–1977.1.1）

Miller, Henry
アメリカの小説家。『北回帰線』(1934)，『セクサス』(43) など。
⇒アメ新（ミラー　1891–1980）
　岩世人（ミラー　1891.12.26–1980.6.7）
　現世文（ミラー，ヘンリー　1891.12.26–1980.6.7）
　広辞7（ミラー　1891–1980）
　新カト（ミラー　1891.12.26–1980.6.7）
　西文（ミラー，ヘンリ　1891–1980）
　世人新（ミラー〈ヘンリ〉　1891–1980）
　世人装（ミラー〈ヘンリ〉　1891–1980）
　ポプ人（ミラー，ヘンリー　1891–1980）

Miller, Henry B.
アメリカの領事。
⇒アア歴（Miller,Henry B.　ミラー，ヘンリー・B.　1854.4.11–1921.11.28）

Miller, J.Abbott
アメリカのグラフィック，展示デザイナー，教育者，著述家。
⇒グラデ（Miller,J.Abbott　ミラー，J・アボット　1963–）

Miller, Joaquin
アメリカの詩人。1870年イギリスに渡り，『シエラ山脈の歌』(1871) などで好評を得，「オレゴン州のバイロン」といわれた。
⇒アメ州（Miller,Joaquin　ミラー，ホアキン　1839?–1913）

Miller, Jody
アメリカ・アリゾナ州フィーニックス生まれの歌手。
⇒ロック（Miller,Jody　ミラー，ジョーディ　1941.11.29–）

Miller, John Barney (Dots)
アメリカの大リーグ選手（一塁，二塁）。
⇒メジャ（ミラー，ドッツ　1886.9.9–1923.9.5）

Miller, Jonathan
イギリスの演出家。
⇒外12（ミラー，ジョナサン　1934.7.21–）
　外16（ミラー，ジョナサン　1934.7.21–）

Miller, Jonny Lee
イギリスの男優。
⇒ク俳（ミラー，ジョニー・リー　1972–）

Miller, Judith
アメリカのジャーナリスト。
⇒外12（ミラー，ジュディス）

Miller, Kathy
アメリカ生まれの画家。
⇒芸13（ミラー，ケスィー　1935–）

Miller, Kevin
オーストラリアのテノール歌手。
⇒魅惑（Miller,Kevin　1929–）

Miller, Kirsten
アメリカの作家。
⇒海文新（ミラー，キルステン）

Miller, Leszek
ポーランドの政治家。ポーランド首相，ポーランド民主左翼連合（SLD）代表。
⇒世指導（ミレル，レシェク　1946.7.3–）

Miller, Madeline
アメリカの作家。
⇒海文新（ミラー，マデリン　1978–）
　現世文（ミラー，マデリン　1978–）

Miller, Marcus
アメリカのジャズ・ベース奏者。
⇒外12（ミラー，マーカス　1959.6.14–）
　外16（ミラー，マーカス　1959.6.14–）

Miller, Marilyn
アメリカのミュージカル女優。
⇒標音2（ミラー，マリリン　1898.9.1–1936.4.7）

Miller, Marvin Julian
アメリカ大リーグ選手協会理事。
⇒岩世人（ミラー　1917.4.14–2012.11.27）

Miller, Merton Howard
アメリカの経済学者。1990年ノーベル経済学賞。
⇒岩経（ミラー　1923–2000）
　岩世人（ミラー　1923.5.16–2000.6.3）
　ノベ3（ミラー，M.H.　1923.5.16–2000.6.3）
　有経5（ミラー　1923–2000）

Miller, Mike
アメリカのバスケットボール選手（グリズリーズ）。
⇒最世ス（ミラー，マイク　1980.2.19–）

Miller, Mitch
アメリカの指揮者。
⇒標音2（ミラー, ミッチ　1911.7.4–2010.7.31）

Miller, Neal Elgar
アメリカの心理学者。主著『フラストレーションと攻撃』（1939）。
⇒岩世人（ミラー　1909.8.3–2002.3.23）
　社心小（ミラー　1909–）

Miller, Ned
アメリカ・ユタ州レインズ生まれのシンガー・ソングライター。
⇒ロック（Miller,Ned　ミラー, ネッド　1925.4.12–）

Miller, Oskar von
ドイツの電気工学者。諸方に水力発電所を建設。
⇒岩世人（ミラー　1855.5.7–1934.4.9）
　博物館（ミラー, オスカー・フォン　1852–1934）

Miller, Penelope Ann
アメリカ生まれの女優。
⇒ク俳（ミラー, ピネロピ・アン（ミラー,P・アンドリア）1964–）

Miller, Rebecca
アメリカの映画監督, 脚本家, 女優。父は劇作家アーサー・ミラー。
⇒外12（ミラー, レベッカ　1962–）
　海文新（ミラー, レベッカ　1962.9.15–）
　現世文（ミラー, レベッカ　1962.9.15–）

Miller, Reggie
アメリカのバスケットボール選手。
⇒外12（ミラー, レジー　1965.8.24–）

Miller, Richard Alan
アメリカの大リーグ選手（外野）。
⇒メジャ（ミラー, リック　1948.4.19–）

Miller, Richard W.
スパイ行為で有罪となった初のFBI捜査官。
⇒スパイ（ミラー, リチャード・W　1937–）

Miller, Robert Lane
アメリカの大リーグ選手（投手）。
⇒メジャ（ミラー, ボブ　1939.2.18–1993.8.6）

Miller, Roger
アメリカ・テキサス州生まれの歌手。
⇒ロック（Miller,Roger　ミラー, ロジャー　1936.1.2–）

Miller, Ross M.
アメリカのビジネスコンサルタント。
⇒外12（ミラー, ロス）

Miller, Roy Andrew
アメリカの日本語学者。日本語の起源をアルタイ語などとの関係から検討している。

⇒岩世人（ミラー　1924.9.5–）

Miller, Sienna
アメリカの女優。
⇒外12（ミラー, シエナ　1981.12.28–）
　外16（ミラー, シエナ　1981.12.28–）

Miller, Steve
アメリカ・ウィスコンシン州生まれの歌手。
⇒ビト改（MILLER,STEVE　ミラー, スティーヴ）
　ロック（The Steve Miller Band　スティーヴ・ミラー・バンド　1943.11.5–）

Miller, Stuart Leonard
アメリカの大リーグ選手（投手）。
⇒メジャ（ミラー, スチュ　1927.12.26–）

Miller, Trever Douglas
アメリカの大リーグ選手（投手）。
⇒メジャ（ミラー, トレヴァー　1973.5.29–）

Miller, Von
アメリカのプロフットボール選手（ブロンコス・OLB）。
⇒最世ス（ミラー, ボン　1989.3.26–）

Miller, Warren Hastings
アメリカの作家。
⇒アア歴（Miller,Warren Hastings　ミラー, ウォーレン・ヘイスティング　1876.8.21–1960.7.14）

Miller, Wentworth
アメリカの俳優。
⇒外12（ミラー, ウェントワース　1972.6.2–）
　外16（ミラー, ウェントワース　1972.6.2–）

Miller, William Hughes
アメリカの物理化学者。
⇒岩世人（ミラー　1941.3.16–）

Miller, Zell
アメリカの政治家。
⇒外12（ミラー, ゼル　1932.2.24–）

Millerand, Alexandre
フランスの政治家, 法律家。社会党党首。
⇒岩世人（ミルラン　1859.2.10–1943.4.6）
　学叢思（ミルラン, アレキサンドル　1859–?）

Milles, Carl
スウェーデンの彫刻家。1902年ステン・ストゥレ記念碑コンクールに入選。
⇒岩世人（ミレス　1875.6.23–1955.9.19）
　芸13（ミレス, カール　1875–1955）

Millett, Katherine Murray（Kate）
アメリカの女性解放運動家, 作家, 彫刻家。『性の政治学』（1970）は, アメリカの女性解放運動に理論的支柱を与えた。
⇒岩女（ミレット, ケイト　1934.9.14–）
　岩世人（ミレット　1934.9.14–）

Millgramm, Wolfgang
ドイツのテノール歌手。
⇒魅惑（Millgramm, Wolfgang　1954–）

Millhauser, Steven
アメリカの小説家。
⇒岩世人（ミルハウザー　1943.8.3–）
　外12（ミルハウザー, スティーブン　1943–）
　外16（ミルハウザー, スティーブン　1943–）
　現世文（ミルハウザー, スティーブン　1943–）

Millie Small
ジャマイカ生まれの歌手。
⇒ロック（Millie　ミリー）

Milliez, Jacques
フランスの作家, 医師。
⇒海文新（ミリエズ, ジャック）
　現世文（ミリエズ, ジャック）

Milligan, George
スコットランドの神学者, 聖書学者。パピルスを主資料とする新約聖書語彙の研究に従った。
⇒岩世人（ミリガン　1860–1934.11.25）

Millikan, Robert Andrews
アメリカの物理学者。1906年電子の電荷の測定に成功, プランク定数の値を求めた（1916）。
⇒岩世人（ミリカン　1868.3.22–1953.12.19）
　オク科（ミリカン（ロバート・アンドリューズ）　1868–1953）
　化学（ミリカン　1868–1953）
　三新物（ミリカン　1868–1953）
　ネーム（ミリカン　1868–1953）
　ノベ3（ミリカン, R.A.　1868.3.22–1953.12.19）
　物理（ミリカン, ロバート・アンドリュース　1868–1953）

Millon, Charles
フランスの政治家。フランス国防相, 右翼党首。
⇒世指導（ミヨン, シャルル　1945.11.12–）

Millon, René
アメリカの人類学者, 考古学者。
⇒岩世人（ミヨン　1921–）

Mills, Benard Yarnton
オーストラリアの電波天文学者。
⇒天文大（ミルス　1920–）

Mills, Charles Wright
アメリカの社会学者。『ホワイトカラー』（1951）を出版, 『パワー・エリート』（56）でアメリカ支配階級を分析。
⇒岩世人（ミルズ　1916.8.28–1962.3.20）
　現社（ミルズ　1916–1962）
　広辞7（ミルズ　1916–1962）
　社小増（ミルズ　1916–1962）

Mills, Crispian
イギリスのミュージシャン。

⇒外12（ミルズ, クリスピアン　1973.1.18–）
　外16（ミルズ, クリスピアン　1973.1.18–）

Mills, Donald
アメリカの歌手。
⇒標音2（ミルス・ブラザーズ　1915–）

Mills, Frederick Cecil
アメリカの経済学者, 統計学者。経済現象の統計的, 実証的研究に従った。
⇒岩世人（ミルズ　1892.5.24–1964.2.9）

Mills, Harry
アメリカの歌手。
⇒標音2（ミルス・ブラザーズ　1913–1982）

Mills, Hayley
イギリス生まれの女優。
⇒ク俳（ミルズ, ヘイリー　1946–）

Mills, Herbert
アメリカの歌手。
⇒標音2（ミルス・ブラザーズ　1912–）

Mills, James
ニュージーランドの実業家, 政治家。
⇒ニュー（ミルズ, ジェイムズ　1847–1936）

Mills, Jeff
アメリカのミュージシャン, DJ。
⇒外12（ミルズ, ジェフ　1963–）
　外16（ミルズ, ジェフ　1963–）

Mills, John
アメリカの歌手。
⇒標音2（ミルス・ブラザーズ　1889–1935）

Mills, *Sir* John
イギリス生まれの俳優。
⇒ク俳（ミルズ, サー・ジョン（ミルズ, リュイス・"ジョニー"）　1908–）

Mills, John Atta
ガーナの政治家。ガーナ大統領（2009〜12）。
⇒外12（ミルズ, ジョン・アッタ　1944.7.21–）
　世指導（ミルズ, ジョン・アッタ　1944.7.21–2012.7.24）

Mills, Juliet
イギリス生まれの女優。
⇒ク俳（ミルズ, ジュリエット　1941–）

Mills, Magnus
イギリスの作家。
⇒現世文（ミルズ, マグナス　1954–）

Mills, Mark
イギリスの作家。
⇒海文新（ミルズ, マーク　1963.8.6–）
　現世文（ミルズ, マーク　1963.8.6–）

Mills, Mike
アメリカのロック・ベース奏者。
⇒外12（ミルズ, マイク　1958.12.17-）
　外16（ミルズ, マイク　1958.12.17-）

Mills, Mike
アメリカの映画監督, CMディレクター, グラフィックデザイナー。
⇒外12（ミルズ, マイク　1966-）
　外16（ミルズ, マイク　1966-）

Mills, Ogden Livingston
アメリカの政治家, 法律家。財務長官。
⇒アメ経（ミルズ, オグデン　1884.8.23-1937.10.11）

Mills, Russell
イギリスの挿絵画家, マルチメディア・アーティスト。
⇒グラデ（Mills,Russell　ミルズ, ラッセル　1952-）

Mills, Wilbur Daigh
アメリカの政治家。アメリカ下院歳入委員会委員長。
⇒アメ州（Mills,Wilbur Daigh　ミルズ, ウイルバー・ダイ　1909-）

Millspaugh, Arthur Chester
アメリカの財政専門家。イランのレザー・シャー・パフレヴィー政権の財政顧問。
⇒岩イ（ミルズポー　1883-1955）

Millwood, Kevin
アメリカの大リーグ選手（投手）。
⇒外12（ミルウッド, ケビン　1974.12.24-）
　外16（ミルウッド, ケビン　1974.12.24-）
　最世ス（ミルウッド, ケビン　1974.12.24-）
　メジャ（ミルウッド, ケヴィン　1974.12.24-）

Mil Mascaras
メキシコのプロレスラー。
⇒異二辞（ミル・マスカラス　1942-）
　岩世人（ミル・マスカラス　1942/1938.7.15-）
　外12（ミル・マスカラス　1942.7.15-）
　外16（ミル・マスカラス　1942.7.15-）

Milne, Alan Alexander
イギリスの随筆家, 詩人, 劇作家。「パンチ」誌の記者となり, 軽妙なエッセイを執筆。戯曲『ビム氏のお通り』(1919), 童話『クマのプーさん』(26)その他, 探偵小説, 自伝などがある。
⇒岩世人（ミルン　1882.1.18-1956.1.31）
　現世文（ミルン,A.A.　1882.1.18-1956.1.31）
　広辞7（ミルン　1882-1956）
　ポプ人（ミルン, アラン・アレクサンダー　1882-1956）

Milne, Edward Arthur
イギリスの天文学者。オックスフォード大学数学教授(1928〜)。
⇒岩世人（ミルン　1896.2.14-1950.9.21）
　天文大（ミルン　1896-1950）

Milne, John
イギリスの地震学者, 鉱山技師。1876年来日, 日本地震学会を創立。主著『地震学』(98)。
⇒岩世人（ミルン　1850.12.30-1913.7.31）
　オク地（ミルン, ジョーン　1850-1913）
　学叢思（ミルン, ジョン　1850-1913）
　広辞7（ミルン　1850-1913）
　ポプ人（ミルン, ジョン　1850-1913）

Milner, Alfred, 1st Viscount
ドイツ生まれのイギリスの政治家。
⇒岩世人（ミルナー　1854.3.23-1925.5.13）

Milner, Brenda Atkinson Langford
イギリス生まれのカナダの神経科学者。
⇒岩世人（ミルナー　1918.7.15-）

Milner, Howard
イギリスのテノール歌手。
⇒魅惑（Milner,Howard　?-）

Milner, John David
アメリカの大リーグ選手（一塁, 外野）。
⇒メジャ（ミルナー, ジョン　1949.12.28-2000.1.4）

Milnes, Sherrill
アメリカのバリトン歌手。
⇒オペラ（ミルンズ, シェリル　1935-）
　新音中（ミルンズ, シェリル　1935.1.10-）
　標世2（ミルンズ, シェリル　1935.1.10-）

Milnor, John Willard
アメリカの数学者。
⇒岩世人（ミルナー　1931.2.20-）
　外16（ミルナー, ジョン・ウィラード　1931.2.20-）
　数辞（ミルナー, ジョン・ウィラード　1931-）
　世数（ミルナー, ジョン・ウィラード　1931-）

Milon, Imdadul Haque
バングラデシュの作家。
⇒外12（ミロン, イムダドゥル・ホク　1955-）
　現世文（ミロン, イムダドゥル・ホク　1955-）

Milona, Costa
ギリシアのテノール歌手。
⇒魅惑（Milona,Costa　1897-1949）

Miloš
モンテネグロ生まれのギター奏者。
⇒外16（ミロシュ　1983-）

Milosevic, Slobodan
ユーゴスラビア, セルビアの政治家。ユーゴスラビア連邦共和国の大統領（1997〜2000）。
⇒岩世人（ミロシェヴィチ　1941.8.20-2006.3.11）
　政経改（ミロシェビッチ　1941-）
　世史改（ミロシェヴィッチ　1941-2006）
　世指導（ミロシェヴィッチ, スロボダン　1941.8.

20-2006.3.11)
世人新（ミロシェヴィッチ　1941-2006）
世人装（ミロシェヴィッチ　1941-2006）
ネーム（ミロシェヴィッチ　1941-2006）
ポプ人（ミロシェビッチ, スロボダン　1941-2006）

Miłosz, Czesław
ポーランドの詩人, 随筆家。代表作に抒情詩集『まひるの明かり』(1955) などがある。80年ノーベル文学賞受賞。
⇒岩世人（ミウォシュ　1911.6.30-2004.8.14）
現世文（ミウォシュ, チェスワフ　1911.6.30-2004.8.14）
広辞7（ミウォシュ　1911-2004）
ネーム（ミウォシュ　1911-2004）
ノベ3（ミウォシュ,C.　1911.6.30-2004.8.14）

Milosz, Oscar Venceslas de Lubicz
リトアニア生まれのフランスの詩人。内容的には形而上学的観想, カトリック思想, ベーメの神秘説および近代自然学によって規定されている。
⇒岩世人（ミロシュ　1877.5.28-1939.3.2）

Miloszewski, Zygmunt
ポーランドの作家, 編集者。
⇒現世文（ミウォシェフスキ, ジグムント　1976-）

Milsom, Stroud Francis Charles
イギリスの法学者。
⇒岩世人（ミルソム　1923.5.2-）

Milstein, César
アルゼンチン生まれのイギリスの免疫学者。
⇒岩生人（ミルステイン　1927-2002）
世発（ミルスタイン, セーサル　1927-2002）
ノベ3（ミルスタイン,C.　1927.10.8-2002.3.24）
ユ著人（Milstein,César　ミルスタイン, セザール　1927-）

Milstein, Nathan
ロシアのヴァイオリン奏者。フィラデルフィア交響楽団と共演し大成功を収めた。
⇒新音中（ミルスタイン, ネイサン　1904.12.31-1992.12.21）
標音2（ミルスタイン, ネーサン　1904.12.31-1992.12.21）
ユ著人（Milstein,Nathan　ミルスタイン, ネイサン　1904-1992）

Milton, Eric Robert
アメリカの大リーグ選手（投手）。
⇒メジャ（ミルトン, エリック　1975.8.4-）

Milton, Giles
イギリスの作家, ジャーナリスト。
⇒現世文（ミルトン, ジャイルズ　1966-）

Milton, Little
アメリカの音楽家。
⇒ロック（Little Milton　リトル・ミルトン　1934.9.17-）

Milton, Roy
アメリカ・オクラホマ州ウィンウッド生まれのドラム奏者, 歌手。
⇒ロック（Milton,Roy　ミルトン, ロイ）

Miltschinoff, Alexander
ブルガリアのテノール歌手。ウィーン音楽大学教授。
⇒失声（ミルトスキノフ, アレクサンダー　1907-?）
魅惑（Miltschinoff,Alexander　?-?）

Milutinovic, Bora
ユーゴスラビアのサッカー監督。
⇒外12（ミルティノビッチ, ボラ　1944.9.7-）
外16（ミルティノヴィッチ, ボラ　1944.9.7-）
最世区（ミルティノビッチ, ボラ　1944.9.7-）

Milutinović, Milan
セルビア・モンテネグロの政治家。セルビア共和国大統領（1997~2002）。
⇒外12（ミルティノビッチ, ミラン　1942.12.19-）
外16（ミルティノヴィッチ, ミラン　1942.12.19-）
世指導（ミルティノヴィッチ, ミラン　1942.12.19-）

Milva
イタリア生まれの歌手。
⇒外12（ミルバ　1939.7.1-）
新音中（ミルヴァ　1939.7.17-）
標音2（ミルヴァ　1939.7.17-）

Milyukov, Pavel Nikolaevich
ロシアの歴史家, 政治家。1905年立憲君主党（カデット）創設, 17年臨時政府外相。
⇒岩世人（ミリュコーフ　1859.1.15/27-1943.3.31）
広辞7（ミリュコーフ　1859-1943）
ネーム（ミリュコーフ　1859-1943）

Milyutin, Vladimir Pavlovich
ソ連の経済学者。十月革命後は農業人民委員, 最高経済会議議長代理, その他の要職についた。
⇒岩世人（ミリューチン　1884.10.24/11.5-1937.10.30）

Mimieux, Yvette
アメリカ生まれの女優。
⇒ク俳（ミミュー, イヴェット　1939-）

Mimms, Garnet
アメリカ・ウェスト・ヴァージニア州アッシュランド生まれの歌手。
⇒ロック（Garnet Mimms (and the Enchanters) ガーネット・ミムズ（&ジ・エンチャンターズ）　1937.11.26-）

Mimouni, Rachid
アルジェリアの作家。
⇒現世文（ミムニ, ラシード　1945.11.20-1995.2.12）

Mina
イタリア生まれの歌手。

⇒標音2（ミーナ　1940.3.25–）

Mina, Denise
イギリスの作家, 法学者。
⇒現世文（ミーナ, デニーズ　1966–）

Mináč, Vladimír
チェコスロバキア, スロバキアの小説家。主著『死は山を歩く』(1948)。
⇒現世文（ミナーチ, ヴラジミール　1922.8.10–1996.10.25）

Mīnah, Ḥannā
シリアの作家。
⇒岩世人（ミーナ, ハンナー　1924–）

Minaj, Nicki
アメリカの歌手。
⇒外16（ミナージュ, ニッキー　1982.12.8–）

Minakir, Pavel Aleksandrovich
ロシアの経済学者。
⇒外12（ミナキル, パーヴェル　1947.12.2–）
　外16（ミナキル, パーヴェル　1947.12.2–）

Minassiam, Annie
フランスの画家。
⇒芸13（ミナシアム, アン　1947–）

Minaux, André
フランスの画家。
⇒芸13（ミノー, アンドレ　1923–1992）

Minc, Alain Jacques Richard
フランスの経済学者, ジャーナリスト。
⇒岩世人（マンク　1949.4.15–）

Minc, Hilary
ポーランドの政治家。ポーランドの工業相（1945～47）, 副首相（47～）。
⇒岩世人（ミンツ　1905.8.24–1974.11.26）

Minchella, Damon
イギリスのロック・ベース奏者。
⇒外12（ミンケラ, デーモン　1969.6.1–）

Mincher, Donald Ray
アメリカの大リーグ選手（一塁）。
⇒メジャ（ミンチャー, ドン　1938.6.24–2012.3.4）

Minchine, Abraham
ウクライナ・キエフ生まれの画家。
⇒ユ著人（Minchine, Abraham　ミンチン, アブラハム　1908–1931）

Min Chul
韓国の歌手。
⇒外12（ミンチョル　1980.2.5–）

Mindorashvili, Revazi
ジョージアのレスリング選手（フリースタイル）。
⇒外12（ミンドラシヴィリ, レバス　1976.7.1–）
　最世ス（ミンドラシヴィリ, レバス　1976.7.1–）

Mindszenty, József
ハンガリーの宗教家。枢機卿。
⇒岩世人（ミンツェンティ　1892.3.29–1975.5.6）
　新カト（ミンツェンティ　1892.3.29–1975.5.6）

Mineo, Sal
アメリカの俳優。
⇒ク俳（ミネオ, サル（ミネオ, サルヴァドール）　1939–1976）
　スター（ミネオ, サル　1939.1.10–）

Miner, Earl
アメリカの日本文学研究家。
⇒岩世人（マイナー　1927.2.21–2004.4.17）

Miner, Sarah Luella
アメリカの宣教師。
⇒アア歴（Miner, (Sarah) Luella　マイナー, サラ・ルエラ　1861.10.30–1935.12.2）

Mineta, Norman Yoshio
アメリカの政治家。運輸長官, 商務長官, 下院議員（民主党）。
⇒外12（ミネタ, ノーマン　1931.11.12–）
　世指導（ミネタ, ノーマン　1931.11.12–）

Ming
台湾のミュージシャン。
⇒外16（ミン　1973–）

Ming, William
アメリカ・シカゴの公民権弁護士, 教師。
⇒マルX（MING, WILLIAM　ミン, ウイリアム　?–1972）

Mingarelli, Hubert
フランスの作家。
⇒外12（マンガレリ, ユベール　1956–）
　外16（マンガレリ, ユベール　1956–）
　海文新（マンガレリ, ユベール　1956–）
　現世文（マンガレリ, ユベール　1956–）

Minger, Rudolf
スイスの政治家。
⇒岩世人（ミンガー　1881.11.13–1955.8.23）

Minges, Parthenius
ドイツのカトリック神学者, フランシスコ会士。
⇒新カト（ミンゲス　1861.1.15–1926.4.12）

Minghella, Anthony
イギリスの劇作家, テレビ・ラジオドラマの台本作家, 映画の脚本家, 映画監督。
⇒映監（ミンゲラ, アンソニー　1954.1.6–2008）

Minghetti, Angelo
イタリアのテノール歌手。

⇒魅惑（Minghetti,Angelo　1889–1957）
Mingus, Charles
アメリカのジャズ・ベース奏者,作曲家。
⇒アメ新（ミンガス　1922–1979）
岩世人（ミンガス　1922.4.22–1979.1.5）
エデ（ミンガス,チャールズ　1922.4.22–1979.1.8）
新音中（ミンガス,チャールズ　1922.4.22–1979.1.5）
標音2（ミンガス,チャールズ　1922.4.22–1979.1.5）

Minguzzi, Andrea
イタリアのレスリング選手（グレコローマン）。
⇒外12（ミングッツィ,アンドレア　1982.2.1–）
最世ス（ミングッツィ,アンドレア　1982.2.1–）

Minguzzi, Luciano
イタリア生まれの彫刻家。
⇒芸13（ミングッツィ,ルチアーノ　1911–）

Minh Hanh
ベトナムの服飾デザイナー。
⇒外16（ミン・ハン　1961.1.19–）

Minho
韓国の歌手。
⇒外12（ミンホ　1989.2.1–）

Minho
韓国の歌手。
⇒外12（ミンホ　1991.12.9–）

Minich, Peter
オーストリアのオペレッタ歌手。
⇒失声（ミニッヒ,ペーター　1927–2013）
魅惑（Minich,Peter（Minnich）　1927–）

Minier, Bernard
フランスの作家。
⇒現世文（ミニエ,ベルナール　1960–）

MINJI
韓国のモデル,女優,歌手。
⇒外12（MINJI　ミンジ　1984.5.14–）

Minkoff, Rebecca
アメリカの服飾デザイナー。
⇒外16（ミンコフ,レベッカ）

Minkoff, Rob
アメリカの映画監督。
⇒外12（ミンコフ,ロブ　1962–）
外16（ミンコフ,ロブ　1962–）

Min Ko Naing
ビルマ（ミャンマー）の学生運動指導者,民主化活動家。
⇒岩世人（ミンコーナイン　1962.10.18–）
世指導（ミンコーナイン　1962.10.18–）

Minkov, Svetoslav Konstantinov
ブルガリアの作家。
⇒現世文（ミンコフ,スヴェトスラフ　1902.2.12–1966.11.22）

Minkowski, Eugène
フランスの精神医学者。フランスの代表的な精神医学雑誌『精神医学の発達』を発刊して多くの研究者を育てた。
⇒岩世人（ミンコフスキー　1885.4.17–1972.11.17）
現社（ミンコフスキー　1885–1972）
現精（ミンコフスキー　1885–1972）
現精縮（ミンコフスキー　1885–1972）
精医歴（ミンコフスキー,ウジェーヌ　1885–1972）
メル別（ミンコフスキー,ウジェーヌ　1885–1972）

Minkowski, Hermann
ロシア,ドイツの数学者。整数論の研究者。
⇒岩世人（ミンコフスキー　1864.6.22–1909.1.12）
広辞7（ミンコフスキー　1864–1909）
三新物（ミンコフスキー　1864–1909）
数辞（ミンコフスキー,ヘルマン　1864–1909）
数小増（ミンコフスキー　1864–1909）
世数（ミンコフスキー,ヘルマン　1864–1909）
天文辞（ミンコフスキー　1864–1909）
ネーム（ミンコフスキー　1864–1909）
物理（ミンコフスキー,ヘルマン　1864–1909）
有経5（ミンコフスキー　1864–1909）
ユ著人（Minkowski,Hermann　ミンコウスキー,ヘルマン　1864–1909）

Minkowski, Marc
フランスの指揮者,ファゴット奏者。
⇒外12（ミンコフスキ,マルク　1962–）
外16（ミンコフスキ,マルク　1962–）

Minkowski, Oskar
リトアニアの医師。1889年J.メーリングとの協同実験で糖尿病を実験的につくることに成功,のちのインシュリン発見の端緒を開いた。
⇒ユ著人（Minkowski,Oskar　ミンコウスキー,オスカル　1858–1931）

Minkowski, Rudolph Leo
アメリカの天体物理学者。
⇒天文大（ミンコフスキー　1895–1976）

Min Kyu-dong
韓国の映画監督。
⇒外12（ミンギュドン　1970–）

Minne, Georges
ベルギーの彫刻家。青年派様式の指導的彫刻家。
⇒岩世人（ミンヌ　1866.8.30–1941.2.18）
芸13（ミン,ジョルジュ　1866–1941）
広辞7（ミンヌ　1866–1941）

Minnelli, Liza
アメリカの歌手,映画女優。

⇒外12（ミネリ, ライザ　1946.3.12–）
外16（ミネリ, ライザ　1946.3.12–）
ク俳（ミネリ, ライザ　1946–）
スター（ミネリ, ライザ　1946.3.12–）
標音2（ミネリ, ライザ　1946.3.12–）

Minnelli, Vincente
アメリカ生まれの映画監督, 舞台演出家。
⇒岩世人（ミネリ　1903.2.28–1986.7.25）
映監（ミネリ, ヴィンセント　1903.2.28–1986）

Minner, Ruth Ann
アメリカの政治家。
⇒外12（ミナー, ルース・アン　1935.1.17–）

Minnick, Mary E.
アメリカの実業家。
⇒外12（ミニック, メアリー　1959.11.27–）
外16（ミニック, メアリー　1959.11.27–）

Minnikhanov, Rustam
タタールスタンの政治家。タタールスタン共和国大統領（2010～）。
⇒世指導（ミンニハノフ, ルスタム　1957.3.1–）

Minning, Michel
スイスの人道支援活動家。
⇒外12（ミニグ, ミシェル　1952–）
外16（ミニグ, ミシェル　1952–）

Minnis, Hubert
バハマの政治家, 医師。バハマ首相, 自由国民運動党（FNM）党首。
⇒世指導（ミニス, ヒューバート　1954.4.17–）

Minns, *Sir* Ellis Hovell
イギリスの考古学者。ロシア考古学を研究。
⇒岩世人（ミンズ　1874.7.16–1953.6.13）

Minogue, Kylie
オーストラリア生まれの歌手。
⇒外12（ミノーグ, カイリー　1968.5.28–）
外16（ミノーグ, カイリー　1968.5.28–）

Minor, Halsey
アメリカの起業家。
⇒外12（マイナー, ハルシー）
外16（マイナー, ハルシー）

Minorsky, Vladimir
ロシア生まれのイギリスの東洋学者。パリの東洋語学校講師（1923～34）としてペルシア文学, トルコその他の東方諸国史を講じた。
⇒岩世人（ミノルスキー　1877.1.24/2.5–1966.3.25）

Minoso, Saturnino Orestes Armas (Minnie)
アメリカの大リーグ選手（外野）。
⇒メジャ（ミニョソ, ミニー　1925.11.29–）

Minot, Charles Sedgwick
アメリカの解剖学者, 動物学者。発生学に関する研究がり, また回転式ミクロトームを製作した（1886）。
⇒岩世人（マイノット　1852.12.23–1914.11.14）

Minot, George
アメリカの医者。
⇒岩生（マイノット　1885–1950）
岩世人（マイノット　1885.12.2–1950.2.25）
ノベ3（マイノット, G.R.　1885.12.2–1950.2.25）

Minot, Susan
アメリカの女性小説家。
⇒外12（マイノット, スーザン　1956–）
現世文（マイノット, スーザン　1956–）

Minskii
ロシアの詩人, 小説家。1905年反政府運動に加わって逮捕されたのち, パリに亡命し, 戯曲3部作『鉄の幻影』（09）, 『小さな誘惑』（10）, 『カオス』（12）を書いた。
⇒岩世人（ミンスキー　1855.1.15/27–1937.7.2）
ユ著人（Minskii, Nikolai Maksimovich　ミンスキー, ニコライ・マクシモヴィチ　1855–1937）

Minsky, Hyman Philip
アメリカ生まれの経済思想家。
⇒岩経（ミンスキー　1919–1996）

Minsky, Marvin
アメリカの数学者, 物理学者, コンピュータ科学者。
⇒岩世人（ミンスキー　1927.8.9–）

Minter, J.
アメリカの作家。
⇒海文新（ミンター, ジェイ）

Min Thu Wun
ビルマの詩人, 国語学者。本名U Wun。自然や田園生活を平易な言葉でうたいあげた作品が多い。代表作『流蘇欖の詩』『マウンクェーボウ』。
⇒岩世人（ミントゥーウン　1909.2.10–2004.8.15）

Mintkenbaugh, James A.
アメリカ陸軍軍曹。
⇒スパイ（ミントケンボー, ジェイムズ・A）

Minto, *Sir* Gilbert John Elliot-Murray-Kynynmound, 4th Earl of
イギリスの植民地行政官。1898～1904年カナダ総督, 05～10年インド総督。
⇒岩世人（ミント　1845.7.9–1914.3.1）
南ア新（ミント　1845–1914）

Minton, Gregory Brian
アメリカの大リーグ選手（投手）。
⇒メジャ（ミントン, グレッグ　1951.7.29–）

Minton, Yvonne
オーストラリアのメゾ・ソプラノ歌手。
⇒新音中（ミントン, イヴォンヌ 1938.12.4–）
標音2（ミントン, イヴォンヌ 1938.12.4–）

Mintz, Charles B.
アメリカの映画プロデューサー。
⇒アニメ（ミンツ, チャールズ 1889–1939）

Mintz, Shlomo
イスラエルのヴァイオリン奏者。
⇒外12（ミンツ, シュロモ 1957.10.30–）
外16（ミンツ, シュロモ 1957.10.30–）
新音中（ミンツ, シュロモ 1957.10.30–）
ユ著人（Mintz,Shlomo ミンツ, シュロモ 1957–）

Mintz, Sidney
アメリカの人類学者。
⇒岩世人（ミンツ 1922.11.16–）

Mintzberg, Henry
カナダの経営学者。
⇒岩世人（ミンツバーグ 1939.9.2–）

Minwoo
韓国の歌手。
⇒外12（ミヌ 1980.7.28–）
外16（ミヌ 1980.7.28–）

Min Woo
韓国の歌手。
⇒外12（ミンウ 1990.9.6–）

MINZY
韓国の歌手。
⇒外12（MINZY ミンジ 1994.1.18–）

Miou-Miou
フランス生まれの女優。
⇒外12（ミュウ・ミュウ 1950.2.22–）
外16（ミュウ・ミュウ 1950.2.22–）

Mi pham rgya mtsho
チベット仏教ニンマ派の学僧。
⇒岩世人（ミパム・ギャンツォ 1846–1912）

Mir
韓国の歌手。
⇒外12（ミル 1991.3.10–）

Mira, Francisco D.
アメリカ空軍下士官。
⇒スパイ（ミラ, フランシスコ・D）

Mirabal, Carlos
アメリカのプロ野球選手。
⇒外12（ミラバル, カルロス 1973.4.24–）

Miralles, Frances
スペインの作家。
⇒外12（ミラージェス, フランセスク）

外16（ミラージェス, フランセスク）
海文新（ミラージェス, フランセスク 1968.8.27–）
現publicity文（ミラージェス, フランセスク 1968.8.27–）

Miranda, Carmen
アメリカの女優。
⇒岩世人（ミランダ 1909.2.9–1955.8.5）
ク俳（ミランダ, カルメン（M・ダ・クーニャ, マリア・ド・カルモ） 1904–1955）
新音中（ミランダ, カルメン 1909.2.9–1955.8.5）
スター（ミランダ, カルメン 1909.2.9–1955）
標音2（ミランダ, カルメン 1909.2.9–1955.8.5）

Miranda, Lin-Manuel
アメリカのミュージカル作曲家。
⇒外12（ミランダ, リン・マニュエル）
外16（ミランダ, リン・マニュエル）

Mirassou, Pedro
アルゼンチンのテノール歌手。
⇒魅惑（Mirassou,Pedro 1896–1963）

Mira W
インドネシアの小説家。
⇒岩世人（ミラ・W 1950.9.13–）

Mirbeau, Octave Henri Marie
フランスの小説家, 劇作家, ジャーナリスト。劇評, 美術批評, 政治論を新聞, 雑誌に寄稿, 反響を呼んだ。
⇒岩世人（ミルボー 1848.2.16–1917.2.16）
広辞7（ミルボー 1848–1917）

Mirbt, Karl Theodor
ドイツのプロテスタント神学者。主著"Quellen zur Geschichte des Papsttums und des römischen Katholizismus"（1895）。
⇒岩世人（ミルブト 1860.7.21–1929.9.27）

Mireille
フランスのシャンソン歌手。
⇒標音2（ミレイユ 1906–1996.12.29）

***al*-Mīrghanī, 'Alī**
スーダンの宗教的・政治的指導者。
⇒岩イ（ミールガニー, アリー 1878–1968）
岩世人（ミールガニー, アリー 1878–1968）

Mirikitani, Jimmy
アメリカの画家。
⇒外12（ミリキタニ, ジミー 1920.6.15–）

Mirimanov, Dmitrii
ロシア生まれ, ジュネーブの大学教授。
⇒世数（ミリマノフ, ディミトリー 1861–1945）

Miripolsky, Andre
フランス生まれのアーティスト。
⇒芸13（ミリポルスキー, アンドレ 1951–）

Mirnyi, Max
ベラルーシのテニス選手。
⇒外16（ミルヌイ, マックス　1977.7.6–）
最世ス（ミルヌイ, マックス　1977.7.6–）

Miró, Gabriel
スペインの小説家。代表作『墓地のさくらんぼ』（1911）。
⇒岩世人（ミロ　1879.7.28–1930.5.27）

Miró, Joan
スペインの画家。主作品『農場』（1921～22）、『オランダの室内』（28）。
⇒異二辞（ミロ［ジョアン・～］　1893–1983）
岩世人（ミロ　1893.4.20–1983.12.25）
絵本（ミロ, ジョアン（ホアン）　1893–1983）
芸13（ミロ, ジョアン　1893–1983）
広辞7（ミロ　1893–1983）
シュル（ミロ, ジョアン　1893–1983）
ポプ人（ミロ, ジョアン　1893–1983）

Miro, Mohamad Mustafa
シリアの政治家。シリア首相。
⇒世指導（ミロ, モハマド・ムスタファ　1941–）

Miro, Ruben
パナマの弁護士。1955年パナマ大統領ホセ・アントニオ（"チチ"）・レモンを暗殺した。
⇒世暗（ミロ, ルーベン　1911–1970）

Mironov, Evgenii
ロシアの俳優。
⇒外12（ミロノフ, エフゲニー　1966.11.26–）
外16（ミロノフ, エフゲニー　1966.11.26–）

Mironov, Maxim
ロシアのテノール歌手。
⇒魅惑（Mironov,Maxim　1981–）

Mironov, Sergei Mikhailovich
ロシアの政治家。
⇒岩世人（ミローノフ　1953.2.14–）
外12（ミロノフ, セルゲイ　1953.2.14–）
外16（ミロノフ, セルゲイ　1953.2.14–）
世指導（ミロノフ, セルゲイ　1953.2.14–）

Mirren, Helen
イギリスの女優。
⇒外12（ミレン, ヘレン　1945.7.26–）
外16（ミレン, ヘレン　1945.7.26–）
ク俳（ミレン, ヘレン（ミロノフ, イリエナ）　1945–）
スター（ミレン, ヘレン　1945.7.26–）

Mirrlees, James Alexander
イギリスの経済学者。1996年ノーベル経済学賞。
⇒岩経（マーリーズ　1936–）
外12（マーリーズ, ジェームズ　1936.7.5–）
外16（マーリーズ, ジェームズ　1936.7.5–）
ネーム（マーリーズ　1936–）
ノベ3（マーリーズ,J.A.　1936.7.5–）
有経5（マーリーズ　1936–）

Mirskii, Dmitri Sviatopolk
ソ連の歴史家。著書に『プーシキン』、『ロシア文学史』等がある。
⇒岩世人（ミルスキー　1890.8.22/9.9–1939.6.6?）

Mirsky, Alfred Ezra
アメリカの生化学者。
⇒岩生（マースキー　1900–1974）

Miryo
韓国の歌手。
⇒外12（ミリョ　1981.11.2–）

Mirza, Sania
インドのテニス選手。
⇒外12（ミルザ, サニア　1986.11.15–）
外16（ミルザ, サニア　1986.11.15–）
最世ス（ミルザ, サニア　1986.11.15–）

Mirzakhani, Maryam
イランの数学者。
⇒外16（ミルザハニ, マリアム　1977–）
世数（ミルザハニ, マリアム　1977–）

Mirzakhanian, Emil
イタリアの服飾デザイナー。
⇒外12（ミルザッカニアン, エミール　1960–）
外16（ミルザッカニアン, エミール　1960–）

Mīrzā Yaḥyā Nūrī Sobḥ-e Azal
バーブ教の指導者。
⇒岩イ（ミールザー・ヤフヤー　1830頃–1912）

Mirziyoyev, Shavkat
ウズベキスタンの政治家。ウズベキスタン大統領（2016～）。
⇒世指導（ミルジヨエフ, シャフカト　1957.7.24–）

Misak, Cheryl
カナダの哲学者。
⇒メル別（ミサック, シェリル　1961–）

Misbach, Haji Mohammad
インドネシアの共産主義指導者。
⇒岩世人（ミスバフ　1876–1926.5.24）

Misch, Georg
ドイツの哲学者。ディルタイの弟子で生の哲学を説いた。
⇒岩世人（ミッシュ　1878.4.5–1965.6.10）

Mischel, Walter
アメリカの心理学者。
⇒岩世人（ミッシェル　1930.2.22–）

Mischler, Ernst
オーストリアの経済学者。
⇒学叢思（ミシュレル, エルンスト　1857–1912）

Misciano, Alvinio
イタリアのテノール歌手。
- ⇒失声（ミシアーノ, アルヴィニオ 1915–1997）
- 失声（ミシアーノ, アルヴィニオ ?–1997）
- 魅惑（Misciano,Alvinio 1915–1997）

Mises, Ludwig Edler von
アメリカの経済学者。新オーストリア学派の先駆者。主著『貨幣および流通手段の理論』(1912)。
- ⇒岩経（ミーゼス 1881–1973）
- 岩世人（ミーゼス 1881.9.29–1973.10.10）
- 新カト（ミーゼス 1881.9.29–1973.10.10）
- 有経5（ミーゼス 1881–1973）

Mises, Richard von
オーストリアの数学者。ハーバード大学教授(1939～)。
- ⇒岩世人（ミーゼス 1883.4.19–1953.7.14）
- 世数（フォン・ミーゼス, リチャード 1883–1953）

Mishan, Ezra Joshua
イングランド生まれの経済思想家。
- ⇒岩経（ミシャン 1917–）
- 岩世人（ミシャン 1917–）

Mishenkin, Arkady
ロシアのテノール歌手。
- ⇒魅惑（Mishenkin,Arkady (Mishenkine,Arkadij) 1961–）

Mishutin, Anatoli
ロシアのテノール歌手。
- ⇒魅惑（Mishutin,Anatoli ?–）

Miskell, Austin
アメリカのテノール歌手。
- ⇒魅惑（Miskell,Austin ?–）

Miskotte, Kornelis Heiko
オランダ改革派の神学者。
- ⇒岩世人（ミスコッテ 1894.9.23–1976.8.31）

Misono, Thelesia
ドイツ, のち日本の修道女。聖心愛子会創立者。
- ⇒新カト（みそのテレジア 聖園テレジア 1890.12.3–1965.9.14）

al-Miṣrī, ‘Azīz ‘Alī
エジプトの軍人, 政治家。反英民族主義派将校の象徴とみなされた。
- ⇒岩イ（アズィーズ・ミスリー 1879–1965）
- 岩世人（ミスリー, アズィーズ・アリー 1879–1965.6.15）

Missoni, Angera
イタリアの服飾デザイナー。
- ⇒外12（ミッソーニ, アンジェラ 1958–）
- 外16（ミッソーニ, アンジェラ 1958–）

Missoni, Ottavio
イタリアの服飾デザイナー, ニットデザイナー。
- ⇒外12（ミッソーニ, オッタヴィオ 1921–）

Missoni, Vittorio
イタリアの実業家。
- ⇒外12（ミッソーニ, ヴィットリオ 1954–）

Miss Read
イギリスの作家, 脚本家。
- ⇒現世文（ミス・リード 1913.4.17–2012.4.7）

Mistinguett
フランスのシャンソン歌手, 踊り子。
- ⇒異二辞（ミスタンゲット 1873–1956）
- 岩世人（ミスタンゲット 1873.4.5–1956.1.5）
- 新音中（ミスタンゲット 1873.12.17–1956.1.5）
- 標音2（ミスタンゲット 1873.12.17–1956.1.6）

Mistler, Alfonse
フランス, のち日本に帰化したマリア会修道士。
- ⇒日エ（ミスレル 1873.2.5–1953.3.17）

Mistral, Frédéric
フランスの詩人。「フェリブリージュ」結成。『ミレイユ』(1859),『カレンダル』(67) など。1904年ノーベル文学賞受賞。
- ⇒岩世人（ミストラル 1830.9.8–1914.3.25）
- 現世文（ミストラル, フレデリック 1830.9.8–1914.3.25）
- 広辞7（ミストラル 1830–1914）
- 西文（ミストラル, フレデリック 1830–1914）
- ネーム（ミストラル 1830–1914）
- ノベ3（ミストラル,F. 1830.9.8–1914.3.25）

Mistral, Gabriela
チリの女性詩人。詩集『荒廃』(1922),『愛情』(24)。45年ノーベル文学賞受賞。
- ⇒岩キ（ミストラル 1889–1957）
- 岩世人（ミストラル 1889.4.6–1957.1.10）
- 現世文（ミストラル, ガブリエラ 1889.4.7–1957.1.10）
- 広辞7（ミストラル 1889–1957）
- 新カト（ミストラル 1889.4.6–1957.1.10）
- ノベ3（ミストラル,G. 1889.4.7–1957.1.10）
- ラテ新（ミストラル 1889–1957）

Mistry, Cyrus Pallonji
アイルランドの実業家。
- ⇒外16（ミストリー, サイラス 1968.7.4–）

Mistry, R.L.
インドのアニメーション作家, 教育者。
- ⇒アニメ（ミストリ,R.L. 生没年不詳）

Mistry, Rohinton
カナダの小説家。
- ⇒現世文（ミストリー, ロヒントン 1952.1.3–）

Misuari, Nurhadi
フィリピンにおけるムスリムの政治指導者。モ

ロ民族解放戦線(MNLF)議長。
⇒岩イ（ミスアリ　1941–）
　岩世人（ミスアリ　1942–）
　世指導（ミスアリ, ヌルハディ　1941.3.3–）

Mit Chaibancha
タイの映画俳優。
⇒岩世人（ミットとペッチャラー　1934.1.28–1970.10.8）
　タイ（ミット・チャイバンチャー　1934–1970）

Mitcham, Matthew
オーストラリアの飛び込み選手。
⇒外12（ミッチャム, マシュー　1988.3.2–）
　外16（ミッチャム, マシュー　1988.3.2–）
　最世ス（ミッチャム, マシュー　1988.3.2–）

Mitchard, Jacquelyn
アメリカの作家。
⇒海文新（ミチャード, ジャクリーン）

Mitchell, Adrian
イギリスの詩人, 小説家, 劇作家。
⇒現世文（ミッチェル, エイドリアン　1932.10.24–2008.12.20）

Mitchell, Alex
イギリスの作家, 考古学者。
⇒海文新（ミッチェル, アレックス）
　現世文（ミッチェル, アレックス　1974–）

Mitchell, Bernon F.
NSAの暗号担当官。
⇒スパイ（ミッチェル, バーノン・F　1929–2001）

Mitchell, Billy
アメリカのジャズ・サックス奏者。
⇒アメ州（Mitchell, Billy　ミッチェル, ビリー　1879–1936）

Mitchell, Cameron
アメリカ生まれの俳優。
⇒ク俳（ミッチェル, キャメロン（ミゼル, C）1918–1994）

Mitchell, Charles Edwin
アメリカの銀行家。ナショナル・シティ・バンク頭取。
⇒アメ経（ミッチェル, チャールズ　1877.10.6–1955.12.14）

Mitchell, Charles Julian
イギリスの小説家, 劇作家。
⇒現世文（ミッチェル, ジュリアン　1935.5.1–）

Mitchell, Clarence Elmer
アメリカの大リーグ選手（投手）。
⇒メジャ（ミッチェル, クラレンス　1891.2.22–1963.11.6）

Mitchell, David Stephen
イギリスの作家。

⇒外12（ミッチェル, デービッド　1969.1–）
　外16（ミッチェル, デービッド　1969.1.12–）
　海文新（ミッチェル, デイヴィッド　1969.1.12–）
　現世文（ミッチェル, デービッド　1969.1.12–）

Mitchell, Elmer Dayton
アメリカの体育学者。大学における校内競技, レクリエーションの理論と方法とを研究し, レクリエーションを推進した。
⇒岩世人（ミッチェル　1889.9.6–1983.6.15）

Mitchell, Frederick Francis
アメリカの大リーグ選手（投手, 捕手）。
⇒メジャ（ミッチェル, フレッド　1878.6.5–1970.10.13）

Mitchell, George
アメリカの政治家, 法律家。民主党上院院内総務。
⇒外12（ミッチェル, ジョージ　1933.8.20–）
　外16（ミッチェル, ジョージ　1933.8.20–）
　世指導（ミッチェル, ジョージ　1933.8.20–）

Mitchell, Gladys
イギリスの作家。
⇒現世文（ミッチェル, グラディス　1901–1983）

Mitchell, Guy
アメリカ・ミシガン州生まれの歌手。
⇒ロック（Mitchell, Guy　ミッチェル, ガイ　1927.2.27–）

Mitchell, James Fitzallen
セントビンセント・グレナディーンの政治家。セントビンセント・グレナディーン首相, 蔵相。
⇒世指導（ミッチェル, ジェームズ　1931.5.15–）

Mitchell, Joan
アメリカの画家。
⇒岩世人（ミッチェル　1925.2.12–1992.10.30）

Mitchell, John
アメリカの労働運動家。坑夫の出身。無煙炭炭坑スト（1900）を指導した。全国市民連盟（NCF）に参加して労資協調と改良主義を唱えた。
⇒アメ経（ミッチェル, ジョン　1870.2.4–1919.9.9）

Mitchell, John Cameron
アメリカの映画監督, 俳優, 脚本家, プロデューサー。
⇒外12（ミッチェル, ジョン・キャメロン　1963.4.21–）
　外16（ミッチェル, ジョン・キャメロン　1963.4.21–）

Mitchell, Joni
カナダのシンガー・ソングライター。
⇒岩世人（ミッチェル　1943.11.7–）
　新音中（ミッチェル, ジョニ　1943.11.7–）
　標音2（ミッチェル, ジョニ　1943.11.7–）

ロック（Mitchell,Joni　ミッチェル, ジョン　1943.11.7-）

Mitchell, Juliet
イギリスの精神分析医, フェミニスト。
⇒岩女（ミッチェル, ジュリエット　1940.10.4-）
社小増（ミッチェル　1940-）

Mitchell, Keith Clarudius
グレナダの政治家。グレナダ首相。
⇒外12（ミッチェル, キース　1946.11.12-）
外16（ミッチェル, キース　1946.11.12-）
世指導（ミッチェル, キース　1946.11.12-）

Mitchell, Kevin Darnell
アメリカの大リーグ選手（外野, 三塁）。
⇒メジャ（ミッチェル, ケヴィン　1962.1.13-）

Mitchell, Loren Dale
アメリカの大リーグ選手（外野）。
⇒メジャ（ミッチェル, デイル　1921.8.23-1987.1.5）

Mitchell, Margaret
アメリカの女性小説家。『風とともに去りぬ』(1936)でピュリッツァー賞受賞。
⇒アメ州（Mitchel,Margaret　ミッチェル, マーガレット　1900-1949）
岩世人（ミッチェル　1900-1949.8.16）
現世文（ミッチェル, マーガレット　1900.11.8-1949.8.16）
広辞7（ミッチェル, マーガレット　1900-1949）
西文（ミッチェル, マーガレット　1900-1949）
世人新（ミッチェル　1900-1949）
世人装（ミッチェル　1900-1949）
ポプ人（ミッチェル, マーガレット　1900-1949）

Mitchell, Michael Francis
アメリカの大リーグ選手（外野）。
⇒メジャ（ミッチェル, マイク　1879.12.12-1961.7.16）

Mitchell, Peter Dennis
イギリスの生化学者。生体膜でのエネルギー変換の研究により1978年ノーベル化学賞を受賞。
⇒岩世人（ミッチェル　1920.9.29-1992.4.10）
化学（ミッチェル　1920-1992）
三新生（ミッチェル　1920-1992）
ノベ3（ミッチェル,P.D.　1920.9.20-1992.4.10）

Mitchell, Sarah
アメリカの学校教師。アフロ・アメリカン統一機構会員。
⇒マルX（MITCHELL,SARAH　ミチェル, サラ）

Mitchell, Stephen A.
アメリカの精神分析家。
⇒精分岩（ミッチェル, スティーブン・A　1946-2000）

Mitchell, Wesley Clair
アメリカの経済学者。全米経済調査会理事長(1920～45)。主著『景気循環論』(13)。
⇒岩経（ミッチェル　1874-1948）
岩世人（ミッチェル　1874.8.5-1948.10.29）
有経5（ミッチェル　1874-1948）

Mitchell, William
アメリカの軍人。1918年史上最大の米仏連合航空隊を指揮。
⇒戦思（ミッチェル　1879-1936）

Mitchell, William
アメリカの大リーグ選手（投手）。
⇒メジャ（ミッチェル, ウィリー　1889.12.1-1973.11.23）

Mitchell, William Ormond
カナダの作家。
⇒現世文（ミッチェル,W.O.　1914.3.13-1998.2.25）

Mitchell, Willie
アメリカ・ミシシッピー州生まれのソングライター, プロデューサー。
⇒ロック（Mitchell,Willie　ミッチェル, ウィリー）

Mitchinson, John
イギリスのテノール歌手。
⇒魅惑（Mitchinson,John　1932-）

Mitchison, Naomi
イギリスの女性作家, 劇作家, 著述家。
⇒現世文（ミチソン, ナオミ　1897.11.1-1999.1.11）

Mitchum, Robert
アメリカの俳優。
⇒異二辞（ミッチャム, ロバート　1917-1997）
ク俳（ミッチャム, ロバート　1917-1997）
スター（ミッチャム, ロバート　1917.8.6-1997）

Mitford, Algernon Bertram Freeman-M., 1st Baron Redesdale
イギリスの外交官, 著作家。駐日公使館付書記官。
⇒岩世人（ミトフォード　1837.2.24-1916.8.17）

Mitford, Jessica（Lucy）
イギリスの作家。
⇒現世文（ミットフォード, ジェシカ　1917.9.11-1996.7.22）

Mitford, Nancy（Freeman）
イギリスの作家。
⇒岩世人（ミトフォード　1904.11.28-1973.6.30）
現世文（ミットフォード, ナンシー　1904.11.28-1973.6.30）

Mitgutsch, Ali
ドイツのイラストレーター, 絵本作家, グラフィックデザイナー。
⇒絵本（ミットグッチ, アリ　1935-）

Mitgutsch, Anna
オーストリアの作家。
⇒現世文（ミットグッチュ, アンナ　1948–）

Mitjana（y Gordón）, Rafael
スペインの音楽史家, 外交官。
⇒標音2（ミトハーナ・イ・ゴルドン, ラファエル　1869.12.6–1921.8.15）

Mitkova, Tatyana
ロシアのテレビキャスター。
⇒外12（ミトコワ, タチヤナ）
　外16（ミトコワ, タチヤナ）

Mitnic, Kevin
アメリカのコンサルタント。
⇒外12（ミトニック, ケビン）
　外16（ミトニック, ケビン）

Mitrany, David
英米を中心に活躍したルーマニア人政治学・経済学者。
⇒政経改（ミトラニー　1888–1975）

Mitrokhin, Vasili Nikitich
KGB本部の文書管理官。
⇒スパイ（ミトロヒン, ワシリー・ニキティチ　1922–2004）

Mitropoulos, Dmitri
ギリシャ, のちアメリカの指揮者, 作曲家。
⇒岩世人（ミトロプーロス　1896.2.18/3.1–1960.11.2）
　新音中（ミトロプーロス, ディミートリ　1896.2.2–1960.11.2）
　標音2（ミトロプロス, ディミトリ　1896.2.2–1960.11.2）

Mitscherlich, Alexander
現代ドイツを代表する精神分析学者。
⇒現精（ミッチャーリッヒ　1908–1982）
　現精縮（ミッチャーリッヒ　1908–1982）
　精分岩（ミッチャーリッヒ, アレキサンダー　1908–1982）

Mitsotakis, Konstantinos
ギリシャの政治家。ギリシャ首相。
⇒世指導（ミツォタキス, コンスタンティノス　1918.10.18–2017.5.29）

Mittag-Leffler, Magnus Gustav
スウェーデンの数学者。男爵。
⇒岩世人（ミッタ＝レッフレル　1846.3.16–1927.7.7）
　数辞（ミッタハ＝レフラー, マグヌス・ゲスタ　1846–1927）
　世数（ミッタク-レフラー, マグヌス・ゲスタ　1846–1927）

Mittal, Lakshmi N.
インドの実業家（鉄鋼王）。アルセロール・ミッタル会長・CEO。
⇒外12（ミッタル, ラクシュミ　1950.6.15–）
　外16（ミッタル, ラクシュミ　1950.6.15–）

Mittasch, Alwin
ドイツの化学者。アンモニアおよびベンジンの接触合成を研究して著しい成果を収めた。
⇒化学（ミッタシュ　1870–1953）

Mitteis, Heinrich
ドイツの法制史家。比較法史の研究で知られ, 主著『封建法と国家権力』(1933)。
⇒岩世人（ミッタイス　1889.11.26–1952.7.23）

Mitteis, Ludwig
ドイツの法律学者。古代エジプト, ギリシア, 東洋の法制史を探究し, ローマ法以外の諸民族法の意味に関する新学説をたてた。
⇒岩世人（ミッタイス　1859.3.17–1921.12.26）

Mittelholzer, Edgar Austin
ガイアナの小説家。
⇒現世文（ミッテルホルツァー, エドガー　1909.12.16–1965.5.6）

Mittelstraß, Jürgen
ドイツの哲学者。
⇒岩世人（ミッテルシュトラース　1936.10.11–）

Mittenzwei, Werner
ドイツの文学研究者。
⇒岩世人（ミッテンツヴァイ　1927.8.7–）

Mitterauer, Michael
オーストリアの家族史研究者, 歴史人類学者。
⇒現社（ミッテラウアー　1937–）

Mittermeier, Russell
アメリカの霊長類学者, 熱帯雨林生物保護活動家。
⇒外12（ミッターマイヤー, ラッセル）
　外16（ミッターマイヤー, ラッセル）

Mitterrand, Danielle
フランスの人権活動家, 大統領夫人。
⇒岩世人（ミッテラン　1924.10.29–2011.11.22）

Mitterrand, François Maurice Marie
フランスの政治家。フランス大統領(1981〜95), フランス社会党第1書記。
⇒EU（ミッテラン, フランソワ　1916–1996）
　岩世人（ミッテラン　1916.10.26–1996.1.8）
　広辞7（ミッテラン　1916–1996）
　政経改（ミッテラン　1916–1996）
　世史改（ミッテラン　1916–1996）
　世人新（ミッテラン　1916–1996）
　世人装（ミッテラン　1916–1996）
　ネーム（ミッテラン　1916–1996）
　ポプ人（ミッテラン, フランソワ　1916–1996）
　もう山（ミッテラン　1916–1996）

Miturich, Maj Petrovich
ロシアのイラストレーター。
⇒絵本（ミトゥーリチ, マイ　1925–2008）
外12（ミトゥーリチ, マイ　1925–）

Mitzna, Amram
イスラエルの政治家, 軍人。イスラエル労働党党首, ハイファ市長。
⇒世指導（ミツナ, アムラム　1945.2.2–）

Miura, Tini
ドイツ生まれの製本装幀家。
⇒芸13（ミウラ, ティニ　1940–）

Mix, Tom
アメリカの俳優。
⇒ク俳（ミックス, トム　1880–1940）

Mizan Zainal Abidin
マレーシア国王（第13代）。在位2006～11。
⇒外12（ミザン・ザイナル・アビディン　1962.1.22–）
外16（ミザン・ザイナル・アビディン　1962.1.22–）

Mize, John Robert
アメリカの大リーグ選手（一塁）。
⇒メジャ（マイズ, ジョニー　1913.1.7–1993.6.2）

Mizell, Jason "Jam Master Jay"
アメリカのDJ。
⇒岩世人（ランDMC　1965–2002）

Mizrahi, Isaac
アメリカの服飾デザイナー。
⇒外12（ミズラヒ, アイザック　1961.10.14–）
外16（ミズラヒ, アイザック　1961.10.14–）

Mkapa, Benjamin William
タンザニアの政治家。タンザニア大統領（1995～2005）。
⇒世指導（ムカパ, ベンジャミン・ウィリアム　1938.11.12–）

Mladenov, Petâr Tošev
ブルガリアの政治家。ブルガリア大統領（1990）。
⇒岩世人（ムラデノフ　1936.8.22–2000.6.1）

Mladić, Ratko
ボスニア・ヘルツェゴビナの軍人。
⇒外12（ムラディッチ, ラトコ　1942.3.12–）
外16（ムラディッチ, ラトコ　1942.3.12–）
世指導（ムラディッチ, ラトコ　1942.3.12–）

Mladovsky, Jan
チェコスロバキア生まれの画家, 彫刻家。
⇒芸13（ムラドフスキー, ジャン　1946–）

Mlambo-Ngcuka, Phumzile
南アフリカの政治家。南アフリカ副大統領。
⇒外12（ムランボヌクカ, プムジレ　1955.11.3–）
外16（ムランボヌクカ, プムジレ　1955.11.3–）
世指導（ムランボヌクカ, プムジレ　1955.11.3–）

Mlodozeniec, Jan
ポーランドの挿絵画家, ポスター作家。
⇒グラデ（Mlodozeniec,Jan　ムウォドゼニェツ, ヤン　1929–）

Mlynowski, Sarah
カナダの作家。
⇒海文新（ムリノフスキ, サラ）

Mňačko, Ladislav
チェコスロバキアのスロバキア語作家。共産党指導部の荒廃と腐敗を描き出した『権力の味』は, 各国語に翻訳された。
⇒現世文（ムニャチコ, ラディスラウ　1919.1.29–1994.2.24）

Mnangagwa, Emmerson
ジンバブエの政治家。ジンバブエ大統領（2017～）, ジンバブエ・アフリカ民族同盟愛国戦線（ZANU-PF）議長。
⇒世指導（ムナンガグワ, エマーソン　1942.9.15–）

Mnouchkine, Ariane
フランス生まれの舞台演出家, 映画監督。
⇒岩世人（ムヌーシュキン　1939.3.3–）
外12（ムヌーシュキン, アリアーヌ　1939.3.3–）
外16（ムヌーシュキン, アリアーヌ　1939.3.3–）

Mnuchin, Steven
アメリカの政治家, 銀行家。財務長官。
⇒世指導（ムニューシン, スティーブン　1962.12.21–）

Mo, Timothy
中国（イギリス系）の小説家。
⇒岩世人（モー　1950.12.30?–）
現世文（モー, ティモシー　1950.12.30–）

Moan, Magnus
ノルウェーのスキー選手（複合）。
⇒外16（モアン, マグヌス　1983.8.26–）

Moberg, Carl Arthur Vilhelm
スウェーデンの小説家。郷土スモーランドの農民生活を, 内面描写から描いた作品が多い。主著『クニュート・トーリング』（1935～39）。
⇒岩世人（ムーベリ　1898.8.20–1973.8.8）
現世文（モーベリ, ヴィルヘルム　1898.8.20–1973.8.8）

Mobutu, Sese Seko
ザイール共和国の政治家。1965年11月クーターでカサブブを追放し, 大統領に就任するとともに中将に昇進。66年10月首相兼任。
⇒岩世人（モブツ　1930.10.14–1997.9.7）
国政（モブツ　1930–1997）
政経改（モブツ　1930–1997）

世指導（モブツ・セセ・セコ　1930.10.14–1997.9.7）
世人新（モブツ　1930–1970）
世人装（モブツ　1930–1970）

Moby
アメリカ生まれのエレクトロニカ系アーティスト。
⇒外12（モービー　1965.9.11–）
外16（モービー　1965.9.11–）

Moch, Jules Salvador
フランス（ユダヤ系）の政治家。社会党右派に属し反共派として知られる。国民議会議員、国連軍縮委員会代表。
⇒岩世人（モック　1893.3.15–1985.7.31）

Mochizuki, Ken
アメリカの作家、ジャーナリスト、役者。
⇒外16（モチヅキ、ケン）

Mochizuki, Mike Masato
アメリカの政治学者。
⇒外12（モチヅキ、マイク・マサト　1950–）
外16（モチヅキ、マイク・マサト　1950–）

Mochul'skiy, Konstantin Vasil'evich
ソ連の文芸批評家。
⇒岩世人（モチュリスキー　1892.1.28/2.9–1948.3.21）

Mock, Alois
オーストリアの政治家。オーストリア外相、オーストリア国民党名誉党首。
⇒世指導（モック、アロイス　1934.6.10–2017.6.1）

Mocky, Jean-Pierre
フランス生まれの映画監督、男優。
⇒映監（モッキー、ジャン＝ピエール　1929.7.6–）

Mocquereau, André
フランスの音楽学者。『グレゴリオ聖歌の音楽的数』（2巻,1908～27）などの著作がある。
⇒新カト（モクロー　1849.6.6–1930.1.18）
標音2（モクロー、アンドレ　1849.6.6–1930.1.18）

Modano, Mike
アメリカのアイスホッケー選手（FW）。
⇒最世ス（モダノ、マイク　1970.6.7–）

Modarres, Seyyed Ḥasan
イランの宗教家。
⇒岩イ（モダッレス　1870–1936）
岩世人（モダッレス　1870–1937.12.1）

Modell, Arnold H.
ボストン在住の精神分析家。
⇒精分岩（モデル、アーノルド・H　1924–）

Modelski, George
アメリカに帰化したポーランド人政治学者。
⇒国政（モデルスキー、ジョージ）
政経改（モデルスキー　1926–）

Modersohn-Becker, Paula
ドイツの女性画家。
⇒岩世人（モーダーゾーン＝ベッカー　1876.2.8–1907.11.20）
芸13（モーダーゾーン・ベッカー、パウラ　1876–1907）

Modi, Narendra
インドの政治家。インド首相。
⇒外16（モディ、ナレンドラ　1950.9.17–）
広辞7（モーディー　1950–）
世指導（モディ、ナレンドラ　1950.9.17–）

Modiano, Patrick
フランスの小説家。
⇒岩世人（モディアノ　1945.7.30–）
外12（モディアノ、パトリック　1945.7.30–）
外16（モディアノ、パトリック　1945.7.30–）
現代文（モディアノ、パトリック　1945.7.30–）
広辞7（モディアノ　1945–）

Modigliani, Amedeo
イタリア生まれでパリで活躍した画家。簡潔で強い形態の独自な作風を確立。卵型の顔で首の長い人物像を得意とした。主作品は『横臥する裸婦』（1917）、『ジャンヌ・エビュテルヌ像』（19）。
⇒岩世人（モディリアーニ　1884.7.12–1920.1.25）
芸13（モディリアーニ、アメデオ　1884–1920）
広辞7（モディリアーニ　1884–1920）
ネーム（モディリアーニ　1884–1920）
ポプ人（モディリアーニ、アメデオ　1884–1920）
ユ著人（Modigliani,Amedeo　モディリアーニ、アメデオ　1884–1920）

Modigliani, Franco
アメリカの経済学者。1985年ノーベル経済学賞。
⇒岩経（モディリアーニ　1918–）
岩世人（モディリアーニ　1918.6.18–2003.9.25）
ノベ3（モディリアーニ,F.　1918.6.18–2003.9.25）
有経5（モディリアーニ　1918–2003）
ユ著人（Modigliani,Franco　モディリアーニ、フランコ　1918–）

Modin, Yuri Ivanovich
ソ連のインテリジェンス・オフィサー。ケンブリッジ・スパイ網のハンドラーを務めた。
⇒スパイ（モジン、ユーリ・イワノヴィチ　1922–）

Modine, Matthew
アメリカ生まれの俳優。
⇒外16（モディーン、マシュー　1959.3.22–）
ク俳（モディーン、マシュー　1959–）

Modjeski, Ralph
ポーランド生まれのアメリカの土木技術者。アメリカにおける橋梁の設計・建設の権威で金門橋（1937）の建設委員。
⇒岩世人（モジェスキー　1861.1.27–1940.6.26）

Mödl, Martha
ドイツのオペラ歌手(ソプラノ)。
⇒オペラ (メードル, マルタ 1912–2001)
　新音中 (メードル, マルタ 1912.3.22–)
　標音2 (メードル, マルタ 1912.3.22–)

Modorov, Fyodor Alexandrovich
ロシアの画家。
⇒芸13 (モドロフ, フョードル・アレクサンドロヴィッチ 1890–1959)

Modrić, Luka
クロアチアのサッカー選手(レアル・マドリード・MF)。
⇒外12 (モドリッチ, ルカ 1985.9.9–)
　外16 (モドリッチ, ルカ 1985.9.9–)
　最世ス (モドリッチ, ルカ 1985.9.9–)

Modrich, Paul Lawrence
アメリカの生物学者。
⇒外16 (モドリッチ, ポール 1946–)
　化学 (モドリッチ 1946–)

Modrow, Hans
ドイツの政治家。東ドイツ首相。
⇒岩世人 (モドロー 1928.1.27–)
　世指導 (モドロウ, ハンス 1928.1.27–)

Modugno, Domenico
イタリアのカンツォーネ歌手, 作詞・作曲家。サン=レモ音楽祭の最多優勝記録をもつ。
⇒岩世人 (モドゥーニョ 1928.1.9–1994.8.6)
　標音2 (モドゥニョ, ドメーニコ 1928.1.9–1994.8.6)

Moe, John Herbert Neal
ドイツ国防軍防諜部(Abwehr)から破壊工作員として, イギリスに送られたノルウェー人。自ら地元警察に出頭したうえで, 二重スパイにさせられた。コードネームはマット。
⇒スパイ (マットとジェフ)

Moebius
フランスの漫画家, イラストレーター。
⇒外12 (メビウス 1938–)

Moehler, Brian Merritt
アメリカの大リーグ選手(投手)。
⇒メジャ (モーラー, ブライアン 1971.12.31–)

Moeljana, *Dr.*Slamet
インドネシアの歴史学者。
⇒岩世人 (ムルヨノ, スラムット 1921–1986)

Moeller, Charles
ベルギー・ブリュッセル生まれのカトリック司祭。ルーヴァン大学神学教授。
⇒新カト (メラー 1912.1.18–1986.4.3)

Moeller van den Bruck, Arthur
ドイツの美術史家, 政治評論家。
⇒岩世人 (メラー・ファン・デン・ブルック 1876.4.23–1925.5.30)

Moennig, Katherine
アメリカの女優。
⇒外12 (メーニッヒ, キャサリン 1977.12.29–)

Moerdiono
インドネシアの政治家。インドネシア国家官房長官。
⇒世指導 (ムルディヨノ 1934.8.19–2011.10.7)

Mørk, Christian
デンマークの作家。
⇒海文新 (モルク, クリスチャン 1966.1.5–)

Mørk, Truls
ノルウェーのチェロ奏者。
⇒外12 (モルク, トルルス 1961.4.25–)
　外16 (モルク, トルルス 1961.4.25–)

Moerner, William Esco
アメリカの物理化学者。
⇒岩世人 (マーナー 1953.6.24–)
　外16 (モーナー, ウィリアム 1953.6.24–)
　化学 (モーナー 1953–)

Moeschinger, Albert
スイスの作曲家。200曲以上におよぶ作品の多くは, レーガーの半音階主義とドビュッシーの音響の世界から影響を受けている。
⇒新音中 (メッシンガー, アルベルト 1897.1.10–1985.9.25)
　標音2 (メッシンガー, アルベルト 1897.1.10–1985.9.25)

Mofaz, Shaul
イスラエルの政治家, 軍人。イスラエル副首相, 国防相, カディマ党首。
⇒外12 (モファズ, シャウル 1948–)
　外16 (モファズ, シャウル 1948.11.4–)
　世指導 (モファズ, シャウル 1948.11.4–)

Moffat, Alexander
イギリス生まれの画家。
⇒芸13 (モファト, アレキサンダー 1943–)

Moffatt, James
スコットランドの聖書学者。教会史や聖書解釈における業績とともに, 聖書の個人訳によって知られる。主著『教会の最初の5世紀』(1938)。
⇒オク教 (モファット 1870–1944)

Moffatt, Tracey
オーストラリアの映画監督, 写真家。
⇒岩世人 (モファット 1960.11.12–)

Moffett, Samuel Austin
アメリカの宣教師。
⇒アア歴 (Moffett,Samuel Austin モフェット, サミュエル・オースティン 1864.1.25–1939.10.24)

Moffitt, Randall James
アメリカの大リーグ選手(投手)。
⇒メジャ（モフィット, ランディ　1948.10.13–）

Moffo, Anna
アメリカ生まれの女優。
⇒新音中（モッフォ, アンナ　1932.6.27–）
　標音2（モッフォ, アンナ　1932.6.27–）

Mogae, Festus Gontebanye
ボツワナの政治家。ボツワナ大統領（1998～2008）。
⇒外12（モハエ, フェスタス　1939.8.21–）
　世指導（モハエ, フェスタス　1939.8.21–）
　ネーム（モハエ, ファスタス　1939–）

Mogarrebi, Ahmed
イラン政府の高官。
⇒スパイ（モガッレビ, アーメド　1920–1977）

Mogensen, Børge Vestergaard
デンマークの家具デザイナー。
⇒岩世人（モーエンセン　1914.4.13–1972.10.5）

Moggach, Deborah
イギリスの女性小説家。
⇒外16（モガー, デボラ　1948–）
　現世文（モガー, デボラ　1948.6.28–）

Moggach, Lottie
イギリスの作家, ジャーナリスト。
⇒海文新（モガー, ロッティ）

Mogherini, Federica
イタリアの政治家。イタリア外相, 欧州連合（EU）外交安全保障上級代表（外相）。
⇒世指導（モゲリーニ, フェデリカ　1973.6.16–）

Mogilevskii, Aleksandr
ロシアのヴァイオリン奏者。日本に高度のヴァイオリン音楽を植えつけた功労者。
⇒岩世人（モギレフスキー　1885.1.15/27–1953.3.7）
　新音中（モギレフスキー, アレクサンドル　1885.1.20/1.27–1953.3.7）
　標音2（モギレフスキー, アレクサンドル　1885.1.27–1953.3.7）
　ユ著人（Mogilevskii,Aleksandr Yakovlevich モギレウスキー, アレクサンドル・ヤコブレヴィッチ　1885–1953）

Mogren, Håkan
スウェーデンの実業家。
⇒外12（モグレン, ホーカン）

Mogridge, George Anthony
アメリカの大リーグ選手(投手)。
⇒メジャ（モグリッジ, ジョージ　1889.2.18–1962.3.4）

Mohajerani, Ataollah
イランの政治家。イラン・イスラム指導相。
⇒世指導（モハジェラニ, アタオラ　1954–）

Mohamed, Ali Mahdi
ソマリアの政治家。ソマリア暫定大統領（1991～97）。
⇒世指導（モハメド, アリ・マハディ）

Mohamed 'Abdulle Hassan
サーリヒー教団のハリーファ, 英領ソマリランドの反英植民地運動の指導者。
⇒岩イ（モハメド・アブドゥッレ・ハサン　1856頃–1920）

Mohamedi, Nasreen
インドの女性画家, 写真家。
⇒岩世人（モハンマディー　1937–1990）

Mohammad, Goenawan
インドネシアのジャーナリスト, 詩人。
⇒岩世人（モハマッド, グナワン　1941.7.29–）

Mohammad, Qazvīnī
イラン出身の東洋学者。
⇒岩世人（モハンマド, カズヴィーニー　1877.3.30–1949.5.27）

Mohammad 'Alī Shāh
イランのガージャール朝第6代国王。在位1907～09。
⇒岩イ（モハンマド・アリー・シャー　1872–1925）

Mohammad bin Naif
サウジアラビアの政治家。サウジアラビア副皇太子, 第2副首相。
⇒外16（ムハンマド・ビン・ナエフ　1959.8.30–）
　世指導（ムハンマド・ビン・ナエフ　1959.8.30–）

Mohamud, Hassan Sheikh
ソマリアの政治家。ソマリア大統領（2012～17）。
⇒外16（モハムド, ハッサン・シェイク　1955.11.29–）
　世指導（モハムド, ハッサン・シェイク　1955.11.29–）

Mohan, Ram
インド・アニメーションの先駆者。
⇒アニメ（モハン, ラム　1931–）

Mohaupt, Richard
ドイツの作曲家。1939年ニューヨークへ移住。『町笛吹きの音楽』(39)などを作曲。
⇒新音中（モーハウプト, リヒャルト　1904.9.14–1957.7.3）
　標音2（モハウプト, リヒャルト　1904.9.14–1957.7.3）

Moher, Frank
カナダの劇作家, 演出家。
⇒外12（モハー, フランク　1955–）

外16 (モハー, フランク 1955-)
現世文 (モハー, フランク 1955-)

Mohlberg, Leo Cunibert
ドイツの典礼学者。
⇒新カト (モールベルク 1878.4.17-1963.5.21)

Mohlitz, Philippe
フランス生まれの画家。
⇒芸13 (モーリッツ, フィリップ 1941-)

Mohmod, Abdul Latif
マレーシア森林研究所所長。
⇒外12 (モハマド, アブドゥル・ラティフ)
外16 (モハマド, アブドゥル・ラティフ)

Mohn, Henrik
ノルウェーの気象学者。理論気象学者として知られ、数学者グルベリとの共著"Etudes sur les mouvements de l'atmosphère" 2巻 (1876～80) がある。
⇒岩世人 (モーン 1835.5.15-1916.9.12)

Moholy-Nagy, László
ハンガリー生まれのアメリカの画家、写真家、美術教育家。
⇒岩世人 (モホリ=ナジ 1895.7.20-1946.11.24)
グラデ (Moholy-Nagy, Laszlo モホリ=ナギ, ラースロ 1895-1946)
芸13 (モホリ・ナギ, ラースロー 1895-1946)
広辞7 (モホリ・ナジ 1895-1946)
ユ著人 (Moholy-Nagy, László モホリ=ナギ, ラツロ (モホイ=ナジ, ラヅロ) 1895-1946)

Mohombi
コンゴ民主共和国生まれの歌手。
⇒外12 (モホンビ 1986-)
外16 (モホンビ 1986-)

Mohorovičić, Andrija
ユーゴスラビアの気象学者、地震学者。
⇒岩世人 (モホロヴィチッチ 1857.1.23-1936.12.18)

Mohr, Arno
ポーランド生まれの版画家。
⇒芸13 (モール, アルノ 1910-)

Mohr, Christian Otto
ドイツの応用力学者。梁の曲げに関する〈モールの定理〉で知られている。
⇒岩世人 (モール 1835.10.8-1918.10.3)

Moi, Daniel Arap
ケニアの政治家。ケニア大統領 (1978～2002)。
⇒岩世人 (モイ 1924.9.2-)
外12 (モイ, ダニエル・アラップ 1924.2.2-)
世指導 (モイ, ダニエル・アラップ 1924.2.2-)

Moʻīn, Moḥammad
イランの言語学者、文学者。

⇒岩世人 (モイーン 1914.7.12-1971.7.4)

Moir, Scott
カナダのフィギュアスケート選手 (アイスダンス)。
⇒外12 (モイヤー, スコット 1987.9.2-)
外16 (モイヤー, スコット 1987.9.2-)
最世ス (モイヤー, スコット 1987.9.2-)

Moïse, Jovenel
ハイチの政治家、実業家。ハイチ大統領 (2017～)。
⇒世指導 (モイーズ, ジョブネル 1968.6.26-)

Moiseev, Andrey
ロシアの近代五種選手。
⇒外12 (モイセエフ, アンドレイ 1979.6.3-)
最世ス (モイセエフ, アンドレイ 1979.6.3-)

Moisevich, Benno
ロシア生まれのピアノ奏者。1937年イギリスに帰化。
⇒標ピ2 (モイセイヴィチ, ベンノ 1890.2.22-1963.4.9)

Moïsi, Dominique
フランスの国際政治学者、コラムニスト。
⇒外12 (モイジ, ドミニク 1946.10.21-)
外16 (モイジ, ドミニク 1946.10.21-)

Moisiu, Alfred
アルバニアの政治家。アルバニア大統領 (2002～07)。
⇒外12 (モイシウ, アルフレド 1929.12.1-)
世指導 (モイシウ, アルフレド 1929.12.1-)

Moissan, Ferdinand Frédéric Henri
フランスの化学者、高温化学のパイオニア。ノーベル化学賞受賞。
⇒岩世人 (モワッサン 1852.9.28-1907.2.20)
化学 (モワッサン 1852-1907)
学叢思 (モアッサン, アンリ 1852-1907)
科史 (モアッサン 1852-1907)
広辞7 (モアッサン 1852-1907)
ネーム (モアッサン 1852-1907)
ノベ3 (モアッサン, H. 1852.9.28-1907.2.20)
ユ著人 (Moissan, Ferdinand Frédéric Henri モアッサン, フェルディナン・フレデリック・アンリ 1851-1907)

Mojaddidi, Sibghatulla
アフガニスタンの政治家。アフガニスタン暫定評議会議長、アフガニスタン民族解放戦線代表。
⇒世指導 (ムジャディディ, シブガトラ 1925-)

Mojica, José
メキシコのテノール歌手。
⇒失声 (モイカ, ホセ 1896-1974)
魅惑 (Mojica, José 1896-1974)

Mok, Karen
香港の女優、歌手。
⇒外12（モク,カレン　1970.6.2–）
　外16（モク,カレン　1970.6.2–）

Mok, Oknha Santhor
カンボジアの文筆家。
⇒岩世人（モック,オクニャー・ソントー　1834頃–1908）

Mok, Warren
アメリカのテノール歌手。
⇒魅惑（Mok,Warren　?–）

Mokhehle, Ntsu
レソトの政治家。レソト首相、レソト民主主義会議（LCD）党首、バソト会議党（BCP）党首。
⇒世指導（モヘレ,ヌツ　1918.12.26–1999.1.6）

Mokrousov, Boris Andreyevich
ロシアの作曲家。
⇒標音2（モクロウソフ,ボリス・アンドレーエヴィチ　1909.2.27–1968.3.27）

Mol, Gretchen
アメリカの女優。
⇒ク俳（モル,グレッチェン　1973–）

Mola, Emilio
スペインの軍人。フランコの幕僚として内乱の初期北部軍を指揮。
⇒岩世人（モラ　1887.7.9–1937.6.3）

Molasky, Michael
アメリカの日本研究者、ジャズ・ピアノ奏者。
⇒外12（モラスキー,マイケル　1956–）

Molay, Frédérique
フランスの作家。
⇒海文新（モレイ,フレデリック　1968–）
　現世文（モレイ,フレデリック　1968–）

Moldenhauer, Hans
ドイツ生まれのアメリカの音楽学者、ピアノ奏者。
⇒標音2（モルデンハウアー,ハンス　1906.12.13–1987.10.19）

Moldogaziev, Rysbek
キルギスの外交官。
⇒外16（モロドガジエフ,リスベク　1969.4–）

Moldoveanu, Alin George
ルーマニアの射撃選手（ライフル）。
⇒外16（モルドベアヌ,アリンゲオルゲ　1983.5.3–）
　最世ス（モルドベアヌ,アリンゲオルゲ　1983.5.3–）

Moldoveanu, Vasile
ルーマニアのテノール歌手。
⇒失声（モルドヴェアヌ,ヴァジーレ　1935–）
　魅惑（Moldoveanu,Vasile　1935–）

Mole, Robert L.
アメリカの聖職者。
⇒アア歴（Mole,Robert L.　モウル,ロバート・L.　1923.8.10–）

Moleda, Krzysztof
ポーランドのテノール歌手。
⇒魅惑（Moleda,Krzysztof　1955–）

Moles, Abraham
フランスの美学者、社会心理学者。サイバネティックスや情報理論の立場から芸術を研究。
⇒岩世人（モール　1920.8.19–1992.5.22）

Molese, Michele
アメリカのテノール歌手。
⇒失声（モレーゼ,ミケーレ　1936–1989）
　魅惑（Molese,Michele　1928–1989）

Moley, Raymond
アメリカの法学者、ジャーナリスト。
⇒岩世人（モーリー　1886.9.27–1975.2.18）

Molfetta, Carlo
イタリアのテコンドー選手。
⇒外16（モルフェッタ,カルロ　1984.2.15–）
　最世ス（モルフェッタ,カルロ　1984.2.15–）

Molien, Theodor
バルトの数学者。トムスク大学教授。
⇒世数（モーリン,テオドール　1861–1941）

Molina, Alfred
イギリス生まれの俳優。
⇒外16（モリナ,アルフレッド　1953.5.24–）

Molina, Antonio J.
フィリピンの音楽家。
⇒岩世人（モリーナ　1894.12.26–1980.1.29）

Molina, Benjamin Jose
プエルト・リコの大リーグ選手（捕手）。
⇒メジャ（モリナ,ベンジー　1974.7.20–）

Molina, Mario
アメリカの化学者。1995年ノーベル化学賞。
⇒岩世人（モリーナ　1943.3.19–）
　外12（モリナ,マリオ　1943.3.19–）
　外16（モリナ,マリオ　1943.3.19–）
　化学（モリーナ　1943–）
　ネーム（モリーナ,マリオ　1943–）
　ノベ3（モリナ,M.　1943.3.19–）

Molina, Rocío
スペインのフラメンコダンサー。
⇒外16（モリーナ,ロシオ　1984–）

Molina, Yadier
プエルト・リコの大リーグ選手（カージナルス・

捕手)。
⇒外16(モリーナ,ヤディエル 1982.7.13-)
最世ス(モリーナ,ヤディエル 1982.7.13-)
メジャ(モリナ,ヤディエル 1982.7.13-)

Molinari, Anna
イタリアの服飾デザイナー。
⇒外12(モリナーリ,アンナ)

Molinari, Marco Paolo
イタリアの料理人。
⇒外12(モリナーリ,マルコ・パオーロ 1966-)
外16(モリナーリ,マルコ・パオーロ 1966.1.4-)

Molinari Pradelli, Francesco
イタリアの指揮者。
⇒新音中(モリナーリ・ブラデッリ,フランチェスコ 1911.7.4-1996.8.7)
標音2(モリナーリ・ブラデッリ,フランチェスコ 1911.7.4-1996.8.7)

Moline, Karen
アメリカの作家。
⇒現世文(モリーン,カレン)

Molisch, Hans
ドイツの植物学者。ドイツ大学教授,同大植物生理学研究所長(1894)。
⇒岩生(モーリッシュ 1856-1937)
岩世人(モーリッシュ 1856.12.6-1937.12.8)

Molitor, Paul Leo
アメリカの大リーグ選手(三塁,二塁,DH),監督。
⇒外16(モリター,ポール 1956.8.22-)
メジャ(モリター,ポール 1956.8.22-)

Moll, Carl
オーストリアの画家,版画家。
⇒岩世人(モル 1861.4.23-1945.4.13)

Moll, Kurt
ドイツのバス歌手。
⇒オペラ(モル,クルト 1938-)
新音中(モル,クルト 1938.4.11-)
標音2(モル,クルト 1938.4.11-)

Molla, Jean
モロッコ生まれの作家。
⇒海文新(モラ,ジャン 1958-)
現世文(モラ,ジャン 1958-)

Möllemann, Jürgen
ドイツの政治家。ドイツ経済相,副首相。
⇒世指導(メレマン,ユルゲン 1945.7.15-2003.6.5)

Mollenhauer, Klaus
ドイツの教育学者。
⇒岩世人(モレンハウアー 1928.10.31-1998.3.18)
教思増(モレンハウアー 1928-1998)

Mollenkopf, Steve
アメリカのエンジニア,実業家。
⇒外16(モレンコフ,スティーブ)

Möller, Alfred
ドイツの森林学者。有機的,合自然的な森林の取扱い「継続林思想」を主唱して林業界に革新の機運を起した。
⇒岩世人(メラー 1860.8.12-1922.11.4)

Möller, Eberhard Wolfgang
ドイツの劇作家,作家。
⇒岩世人(メラー 1906.1.6-1972.1.1)

Mollet, Guy
フランスの政治家。1956~57年首相となり,ローマ条約に調印し,ヨーロッパ共同市場創設の土台を築いた。
⇒岩世人(モレ 1905.12.31-1975.10.3)

Mollien, Jean
テノール歌手。
⇒魅惑(Mollien,Jean ?-?)

Mollison, Amy
イギリスの女流飛行家。J.A.モリソンの妻。イギリスからオーストラリアへの最初の女子単独飛行を行った(1930)。
⇒岩世人(モリソン 1903.7.1-1941.1.5)

Mollison, James Allan
イギリスの飛行家。北大西洋横断単独初飛行(1932),イギリスから南アメリカの初飛行(33)を行った。
⇒岩世人(モリソン 1905.4.19-1959.10.30)

Molloy, James Lyman
アイルランドの作曲家。
⇒標音2(モロイ,ジェームズ・ライマン 1837.8.19-1909.2.4)

Molmenti, Daniele
イタリアのカヌー選手。
⇒外16(モルメンティ,ダニエレ 1984.8.1-)
最世ス(モルメンティ,ダニエレ 1984.8.1-)

Molnár, András
ハンガリーのテノール歌手。
⇒魅惑(Molnár,András 1955-)

Molnar, Josef
オーストリアのハープ奏者,バリトン歌手。
⇒標音2(モルナール,ヨーゼフ 1929.9.7-)

Molnár Ferenc
ハンガリーの劇作家,小説家。代表的な戯曲として『リリオム』(1909),『近衛兵』(10)。
⇒岩世人(モルナール 1878.1.12-1952.4.1)
学叢思(モルナール,フェレンツ 1878-?)
広辞7(モルナール 1878-1952)
ネーム(モルナール 1878-1952)

ボブ人（モルナール・フェレンツ 1878–1952）
ユ著人（Molnár,Ferenc モルナール,フェレンツ 1878–1952）
ユ著人（Ferenc,Molnár フレンク,モルナール 1878–1952）

Molo, Walter Reichsritter von
ドイツの作家,詩人。
⇒岩世人（モーロ 1880.6.14–1958.10.27）

Moloney, Paddy
アイルランドの音楽家。
⇒外12（モローニ,パディ 1938.8.1–）
⇒外16（モローニ,パディ 1938.8.1–）

Molotov, Vyacheslav Mikhailovich
ソ連の政治家。ブハーリン一派の打倒で名をあげ,1930年ソ連人民委員会議議長（首相）。
⇒ア太戦（モロトフ 1890–1986）
岩世人（モーロトフ 1890.2.25/3.9–1986.11.8）
学叢思（モロトフ 1890–）
広辞7（モロトフ 1890–1986）
世人新（モロトフ 1890–1986）
世人装（モロトフ 1890–1986）
ネーム（モロトフ 1890–1986）
ボブ人（モロトフ,ビャチェスラフ 1890–1986）

Moltke, Helmut Graf von
ドイツの政治家,ナチス抵抗運動指導者。ドイツ国防軍最高司令部防諜部法務顧問。
⇒岩世人（モルトケ 1907.3.11–1945.1.23）

Moltke, Helmuth Johannes Ludwig von
プロシア,ドイツの軍人。叔父のモルトケ（大モルトケ）に対して小モルトケと呼ばれる。
⇒岩世人（モルトケ 1848.5.25–1916.6.18）
広辞7（モルトケ（小） 1848–1916）

Moltmann, Jürgen
ドイツのプロテスタント神学者。
⇒岩キ（モルトマン 1926–）
岩世人（モルトマン 1926.4.8–）
オク教（モルトマン 1926–）
広辞7（モルトマン 1926–）
新カト（モルトマン 1926.4.8–）

Momaday, Navarre Scott
アメリカの小説家,詩人,画家。
⇒岩世人（ママデイ 1934.2.27–）
現世文（ママデイ,N.スコット 1934.2.27–）

Mombert, Alfred
ドイツの詩人。表現主義の先駆者。宇宙的幻想を讃歌風にうたいあげる詩を書いた。主著,詩集『天上の酒客』（1909）。
⇒岩世人（モンベルト 1872.2.6–1942.4.8）

Momigliano, Arnold
イタリア出身の西洋古代史家。
⇒岩世人（モミリアーノ 1908.9.5–1987.9.1）

Momirov, Ivan
ブルガリアのテノール歌手。
⇒魅惑（Momirov,Ivan 1974–）

Mommsen, Wilhelm
ドイツの歴史家。
⇒岩世人（モムゼン 1892.1.25–1966.5.1）

Mompou, Federico
スペインの作曲家。「歌と踊」のシリーズほか代表作はほとんどピアノ曲。
⇒岩世人（モンポウ 1893.4.16–1987.6.30）
ク음3（モンポウ 1893–1987）
新音小（モンポウ,フェデリーコ 1893–1987）
新音中（モンポウ,フェデリーコ 1893.4.16–1987.6.30）
ピ曲改（モンポウ,フェデリコ 1893–1987）
標音2（モンポウ,フェデリコ 1893.4.16–1987.6.30）

Monahan, John J.
アメリカの宣教師。
⇒アア歴（Monahan,John J. モナハン,ジョン・J. 1875.8.12–1926.5.8）

Monakow, Constantin von
スイスの神経科医,神経解剖学者。
⇒現精（モナコフ 1853–1930）
現精縮（モナコフ 1853–1930）

Mona Ludao
台湾の霧社事件の指導者,タイヤル族・馬赫坡社の頭目。
⇒岩世人（モーナ・ルダオ 1882（光緒8）–1930）
台湾3（莫那道 1882–1930）

Monbouquette, William Charles
アメリカの大リーグ選手（投手）。
⇒メジャ（モンブーケット,ビル 1936.8.11–）

Monchanin, Jules
フランスの神秘家,哲学者。
⇒新カト（モンシャナン 1895.4.10–1957.10.10）

Moncourtois, Dominique
フランスの化粧品開発者,メイクアップアーティスト。
⇒外12（モンクルトワ,ドミニク）

Mond, Alfred Moritz, Baron Melchett
イギリスの実業家,政治家。
⇒ユ著人（Mond,Alfred Moritz,Sir モンド,アルフレッド・モーリッツ 1868–1930）

Mond, Ludwig
ドイツ生まれのイギリスの化学者。デーヴィ・ファラデー研究室を設けるなどイギリス化学工業の発達に貢献。
⇒岩世人（モンド 1839.3.7–1909.12.11）
化学（モンド 1839–1909）

ユ著人（Mond, Ludwig　モンド, ルードヴィヒ　1839–1909）

Mondale, Walter Frederick
アメリカの政治家。アメリカ副大統領, 駐日アメリカ大使。
⇒アメ州（Mondale, Walter Frederick　モンデール, ウォルター・フレデリック　1928–）
岩世人（モンデール　1928.1.5–）
外12（モンデール, ウォルター　1928.1.5–）
外16（モンデール, ウォルター　1928.1.5–）
世指導（モンデール, ウォルター　1928.1.5–）

Mondavi, Margrit
アメリカの実業家。
⇒外12（モンダビ, マーグリット　1925–）

Mondavi, R. Michael
アメリカの実業家。
⇒外12（モンダビ, マイケル）

Monday, Robert James（Rick）
アメリカの大リーグ選手（外野）。
⇒メジャ（マンディ, リック　1945.11.20–）

Mondel, Frank Wheeler
アメリカの政治家。
⇒アメ州（Mondel, Frank Wheeler　モンデル, フランク・ホイーラー　1860–1939）

Mondesi, Raul Ramon
ドミニカ共和国の大リーグ選手（外野手）。
⇒メジャ（モンデシー, ラウル　1971.3.12–）

Mondolfo, Rodolfo
イタリアの哲学者。
⇒岩世人（モンドルフォ　1877.8.20–1976.7.15）

Mondriaan, Pieter Cornelis
オランダの画家。
⇒岩世人（モンドリアン　1872.3.7–1944.2.1）
芸13（モンドリアン, ピエト　1872–1944）
広辞7（モンドリアン　1872–1944）
新カト（モンドリアン　1872.3.7–1944.2.1）
ネーム（モンドリアン　1872–1944）
ポプ人（モンドリアン, ピート　1872–1944）

Monénembo, Tierno
ギニア生まれの作家。
⇒外16（モネネムボ, チエルノ　1947–）
現世文（モネネムボ, チエルノ　1947–）

Monet, Claude
フランスの画家。水と光と明るい緑の世界を純粋で透明な色と色との響きあいのうちに表現した。
⇒異二辞（モネ［クロード・～］　1840–1926）
岩世人（モネ　1840.11.14–1926.12.5）
学叢思（モネー, クロード　1840–1927）
芸13（モネ, クロード　1840–1926）
広辞7（モネ　1840–1926）
辞歴（モネ　1840–1926）
世名改（モネ　1840–1926）
世人新（モネ　1840–1926）
世人装（モネ　1840–1926）
ポプ人（モネ, クロード　1840–1926）

Moneta, Ernesto Teodoro
イタリアのジャーナリスト, 平和運動家。リソルジメント運動でガリバルディ主義者として活動。
⇒ノベ3（モネタ, E.T.　1833.9.20–1918.2.10）

Monette, Paul
アメリカの小説家。
⇒現世文（モネット, ポール　1945.10.16–1995.2.10）

Money, Donald Wayne
アメリカの大リーグ選手（三塁, 二塁, 遊撃）。
⇒メジャ（マネー, ドン　1947.6.7–）

Money, Zoot
イギリス生まれのオルガン奏者。
⇒ロック（Money, George 'Zoot'　マニー, ジョージ・"ズート"）

Monfort, Charles K.
アメリカの大リーグ, ロッキーズのオーナー。
⇒外12（モンフォート, チャールズ　1959.10.30–）
外16（モンフォート, チャールズ　1959.10.30–）

Mongait, Aleksandr Lvovich
ソ連の考古学者。専門はスラヴ・ルーシ考古学, 蒙古以前のロシア史。
⇒岩世人（モンガイト　1915.4.23/5.6–1974.2.15）

Monge Medrano, Carlos
ペルーの高地医学者。
⇒岩世人（モンヘ　1884.12.13–1970.2.15）

Monginsidi, Robert Wolter
インドネシア, マカッサルの独立運動指導者。
⇒岩世人（モンギンシディ, ロベルト・ウォルテル　1925.2.14–1949.9.5）

The Mongolian Stomper
カナダ出身のプロレスラー。
⇒異二辞（モンゴリアン・ストンパー　1936–2016）

Monguzzi, Bruno
スイスのグラフィック・デザイナー, 展示デザイナー。
⇒グラデ（Monguzzi, Bruno　モングッチ, ブルーノ　1941–）

Monheit, Jane
アメリカのジャズ歌手。
⇒外12（モンハイト, ジェーン　1977.11.3–）
外16（モンハイト, ジェーン　1977.11.3–）

Moniz, António Caetano de Abreu Freire Egas
ポルトガルの神経学者, 政治家。

⇒岩世人（モニス　1874.11.29–1955.12.13）
現精（モニス　1874–1955）
現精縮（モニス　1874–1955）
ノベ3（モーニス,A.E.　1874.11.29–1955.12.13）

Monk, Thelonious
アメリカのジャズ・ピアノ奏者,作曲家。
⇒岩世人（モンク　1917.10.10–1982.2.17）
エデ（モンク,セロニアス　1918.10.10–1982.2.17）
広辞7（モンク　1917–1982）
新音中（モンク,セロニアス　1917.10.10–1982.2.17）
標音2（モンク,セロニアス　1917.10.10–1982.2.17）

Monnet, Jean
フランスの経済学者。戦後はいわゆるモネ・プランを提案してフランス経済の復興に努力し,1950年シューマン・プランの作成に決定的な役割を果した。
⇒EU（モネ,ジャン　1888–1979）
岩世人（モネ　1888.11.9–1979.3.16）

Monnot, Marguerite
フランスの作曲家。
⇒標音2（モノ,マルグリート　1903.5.28–1961.10.12）

Monod, Gabriel Jacques Jean
フランスの歴史家。熱烈なドレフュス派で,右翼のC.モラスの激しい攻撃を受けた。主著『メロビング王朝史料の批判的研究』（1872〜85）。
⇒岩世人（モノー　1844.3.7–1912.4.10）

Monod, Jacques Lucien
フランスの生化学者。微生物の酵素合成の遺伝的制御を研究,微生物学者A.ルウォフ,同僚F.ジャコブとともに1965年のノーベル生理・医学賞受賞。
⇒岩生（モノー　1910–1976）
岩世人（モノー　1910.2.9–1976.5.31）
旺生5（モノー　1910–1976）
化学（モノー　1910–1976）
現科大（ジャコブとモノー　1910–1976）
広辞7（モノー　1910–1976）
三新生（モノー　1910–1976）
ノベ3（モノー,J.　1910.2.9–1976.5.31）

Monod, Wilfred
フランスのプロテスタント神学者。フランス内外の教会合同運動に尽力。
⇒岩世人（モノー　1867.11.24–1943.5.2）

Monory, Jacques
フランス生まれの画家。
⇒外12（モノリ,ジャック　1924.6.25–）
外16（モノリ,ジャック　1924.6.25–）
芸13（モノリー,ジャクキース　1934–）

Monory, René
フランスの政治家。フランス上院議長。

⇒世指導（モノリ,ルネ　1923.6.6–2009.4.11）

Monro, David Binning
イギリスの古典学者。主著,"Grammar of the Homeric dialect"（1891）。
⇒岩世人（モンロー　1836.11.16–1905.8.22）

Monro, Harold Edward
イギリスの詩人。雑誌『詩評論』（1912）や書店「詩書肆」（13）の創設者として重要。
⇒岩世人（モンロー　1879.3.14–1932.3.16）

Monroe, Bill
アメリカのカントリー歌手。
⇒アメ州（Monroe,Bill　モンロー,ビル　1911–）
異二辞（モンロー,ビル　1911–1996）
岩世人（モンロー　1911.9.13–1996.9.9）
新音中（モンロー,ビル　1911.9.13–1996.9.6）
標音2（モンロー,ビル　1911.9.13–1996.9.6）

Monroe, Graig Keystone
アメリカの大リーグ選手（外野）。
⇒メジャ（モンロー,クレイグ　1977.2.27–）

Monroe, Marilyn
アメリカの映画女優。ハリウッド最後のグラマー・スターと称され,主作品『ナイアガラ』（1952）,『ショウほど素敵な商売はない』（54）。
⇒アメ州（Monroe,Marilyn　モンロー,マリリン　1926–1962）
アメ新（モンロー　1926–1962）
遺産（モンロー,マリリン　1926.6.1–1962.8.4）
異二辞（モンロー,マリリン　1926–1962）
岩世人（モンロー　1926.6.1–1962.8.5）
ク俳（モンロウ,マリリン（ベイカー,ノーマ・ジーン）　1926–1962）
広辞7（モンロー　1926–1962）
辞歴（マリリン・モンロー　1926–1962）
スター（モンロー,マリリン　1926.6.1–1962）
世人新（モンロー〈マリリン〉　1926–1962）
世人装（モンロー〈マリリン〉　1926–1962）
ネーム（モンロー,マリリン　1926–1962）
ポプ人（モンロー,マリリン　1926–1962）

Monroe, Paul
アメリカの教育学者,教育史学者。『教育百科事典』（5巻,1910〜13）を編纂したほか,『教育史教科書』（05）などの著書がある。
⇒岩世人（モンロー　1869.6.7–1947）
教人（モンロー　1869–1948）

Monsaingeon, Bruno
フランスの映像作家,ヴァイオリン奏者。
⇒外12（モンサンジョン,ブルーノ　1943–）

Monsivais, Carlos
20世紀ラテンアメリカで最も知られたジャーナリスト,映画・文芸評論家の一人。
⇒ラテ新（モンシバイス　1938–2010）

Monster
台湾のミュージシャン。

⇒外16（モンスター　1976–）

Montagné, Prosper
フランスの調理士，料理研究家。主著『ラルース美食事典』（共）。
⇒岩世人（モンタニエ　1865.11.14–1948.4.22）
フラ食（モンタニエ，プロスペル　1865–1948）

Montagnier, Luc
フランスのウイルス学者。
⇒岩生（モンタニエ　1932–）
外12（モンタニエ，リュック　1932.8.18–）
外16（モンタニエ，リュック　1932.8.18–）
ノベ3（モンタニエ，L.A.　1932.8.18–）

Montagny, Franck
フランスのレーシングドライバー，F1ドライバー。
⇒外12（モンタニー，フランク　1978.1.5–）
外16（モンタニー，フランク　1978.1.5–）
最世ス（モンタニー，フランク　1978.1.5–）

Montagu, Ashley
イギリスの人類学者。
⇒岩世人（モンタギュー　1905.6.28–1999.11.26）
ユ著人（Montagu,Montague Francis Ashley　モンタギュー，モンタギュー・フランシス・アシュリー　1905–1999）

Montagu, Edwin Samuel
イギリスの政治家。インド責任政府樹立のための報告を作製し，インド法として実現させた（1919）。
⇒岩世人（モンタギュー　1879.2.6–1924.11.15）
ユ著人（Montagu,Edwin Samuel　モンタギュー，エドウィン・サムエル　1879–1924）

Montagu, Ewen Edward Samuel
イギリスの判事，作家，インテリジェンス・オフィサー。
⇒スパイ（モンタギュー，ユーエン・エドワード・サミュエル　1901–1985）

Montagu, Samuel, Baron Swaythling
イギリス（ユダヤ系）の金融業者，博愛家。ユダヤ教徒で社会事業に尽した。
⇒岩世人（モンタギュー　1832.12.21–1911.1.12）

Montague, Charles Edward
アングロ・アイリッシュの小説家，エッセイスト，ジャーナリスト。
⇒岩世人（モンタギュー　1867.1.1–1928.5.28）

Montague, Lisa
イギリスの実業家。
⇒外16（モンタギュー，リサ　1963–）

Montague, Richard
アメリカの論理学者。内包述語論理に基づく文法理論（モンタギュー文法）を構築。

⇒岩世人（モンタギュー　1930.9.20–1971.3.7）
広辞7（モンタギュー　1930–1971）
ネーム（モンタギュー　1930–1971）

Montague, William Pepperell
アメリカの哲学者。主著，"The ways of knowing"（1920）。
⇒岩世人（モンタギュー　1873.11.24–1953.8.1）

Montalbán, Francisco Javier
スペイン出身のイエズス会員，上海の神学校教師，宣教史学者。
⇒新カト（モンタルバン　1895.10.12–1945.12.30）

Montalban, Ricardo
メキシコ生まれの俳優。
⇒ク俳（モンタルバン，リカルド　1920–）
スター（モンタルバン，リカルド　1920.11.25–）

Montale, Eugenio
イタリアの詩人。総合誌「モンド」を創刊（1945），詩集に『サートゥラ』（71）『死刑宣告』（66）などがある。ノーベル文学賞受賞（75）。
⇒岩世人（モンターレ　1896.10.12–1981.9.12）
現世文（モンターレ，エウジェーニオ　1896.10.12–1981.9.12）
広辞7（モンターレ　1896–1981）
新カト（モンターレ　1896.10.12–1981.9.12）
ネーム（モンターレ　1896–1981）
ノベ3（モンターレ,E.　1896.10.12–1981.9.12）

Montalván, Luis Carlos
アメリカの作家。
⇒現世文（モンタルバン，ルイス・カルロス　1973.4.13–2016.12.2）

Montana, Claude
フランスの服飾デザイナー。
⇒外12（モンタナ，クロード　1946–）
外16（モンタナ，クロード　1946–）

Montana, Joe
アメリカのプロフットボール選手。
⇒岩世人（モンタナ　1956.6.11–）

Montanari, Primo
イタリアのテノール歌手。
⇒魅惑（Montanari,Primo　1895–1972）

Montanari, Richard
アメリカの作家。
⇒海文新（モンタナリ，リチャード）
現世文（モンタナリ，リチャード）

Montand, Yves
イタリア生まれのフランスのシャンソン歌手，映画俳優。E.ピアフの弟子で，数度ディスク大賞を受賞。
⇒岩世人（モンタン　1921.10.13–1991.11.9）
ク俳（モンタン，イヴ（レヴィ，イヴォ）　1921–1991）
広辞7（モンタン　1921–1991）

新音中（モンタン, イーヴ　1921.10.13-1991.11.9）
スター（モンタン, イヴ　1921.10.13-1991）
ネーム（モンタン, イヴ　1921-1991）
標音2（モンタン, イーヴ　1921.10.13-1991.11.9）
ユ著人（Montand,Yves　モンタン, イブ　1921-1991）

Montané, Carlos
アメリカのテノール歌手。
⇒魅惑（Montané,Carlos　1941-）

Montanelli, Indro
20世紀イタリアを代表するジャーナリスト, 作家。
⇒岩世人（モンタネッリ　1909.4.22-2001.7.22）

Montanez, Guillermo（Willie）
アメリカの大リーグ選手（一塁, 外野）。
⇒メジャ（モンタニェス, ウィリー　1948.4.1-）

Montano, Aldo
イタリアのフェンシング選手。
⇒外16（モンタノ, アルド　1978.11.18-）
　最世ス（モンタノ, アルド　1978.11.18-）

Montaẓerī, Ḥoseyn ʻAlī
イランのシーア派法学者。
⇒岩イ（モンタゼリー　1922-）

Montazeri, Mehrzad
イランのテノール歌手。
⇒魅惑（Montazeri,Mehrzad　?-）

Montcheuil, Yves de
フランスの神学者。
⇒新カト（モンシューユ　1900.1.30-1944.8.10/11）

Monte, Marisa
ブラジルの歌手, 作曲家。
⇒岩世人（モンチ　1967.7.1-）
　外12（モンチ, マリーザ　1967-）
　外16（モンチ, マリーザ　1967-）

Montefior, Claude
イギリスの神学者, ユダヤ人社会の指導者。
⇒ユ著人（Montefiore,Claud Joseph Goldsmid　モンテフィオール, クロード・ヨセフ・ゴールドスミット　1858-1938）

Montefusco, John Joseph
アメリカの大リーグ選手（投手）。
⇒メジャ（モンテフスコ, ジョン　1950.5.25-）

Monteil, Edgar
フランスのジャーナリスト, 政治家。
⇒19仏（モンテイユ, エドガール　1845.1.26-1921.7.17）

Monteiro, Antonio Manuel Mascarenhas
カボベルデの政治家, 法律家。カボベルデ大統領（1991～2001）。
⇒世指導（モンテイロ, アントニオ　1944.2.16-2016.9.16）

Monteiro, João César
ポルトガルの映画監督, 脚本家, 俳優。
⇒映監（モンテイロ, ジョアン・セザール　1934.2.2-2003）

Montel, Paul Antoine Aristide
フランスの数学者。
⇒世数（モンテル, ポール・アントワーヌ・アリスティド　1876-1975）

Monteleone, Thomas F.
アメリカの作家。
⇒現世文（モンテルオーニ, トーマス　1946-）

Montelius, Gustav Oscar Augustin
スウェーデンの考古学者。考古学の型式学的研究法の確立者。
⇒広辞7（モンテリウス　1843-1921）
　ネーム（モンテリウス　1843-1921）

Montella, Vincenzo
イタリアのサッカー選手。
⇒外12（モンテラ, ヴィンツェンツォ　1974.6.18-）
　外16（モンテラ, ヴィンツェンツォ　1974.6.18-）

Montemezzi, Italo
イタリアの作曲家。
⇒オペラ（モンテメッツィ, イタロ　1875-1952）
　ク音3（モンテメッツィ　1875-1952）
　標音2（モンテメッジ, イータロ　1875.8.4-1952.5.15）

Montenard, Frédéric
フランスの画家。
⇒19仏（モントゥナール, フレデリック　1849.5.21-1926.2.11）

Montenegro, Daniel
アメリカのテノール歌手。
⇒魅惑（Montenegro,Daniel　?-）

Monterroso, Augusto
グアテマラの作家。
⇒現世文（モンテロッソ, アウグスト　1921.12.21-2003.2.8）

Montes, Ana Belen
アメリカ国防情報局（DIA）分析官, キューバのスパイ。
⇒スパイ（モンテス, アナ・ベレン　1957-）

Montesinos, Vicky
メキシコの版画家。
⇒芸13（モンテシノ, ビッキ　1944-）

Montessori, Maria
イタリアの女医,教育家。
- ⇒岩世人（モンテッソリ　1870.8.31–1952.5.6）
  - 学叢思（モンテッソリ,マリア　1870–?）
  - 教思増（モンテッソーリ　1870–1952）
  - 教小3（モンテッソーリ　1870–1952）
  - 教人（モンテッソーリ　1870–1952）
  - 現社福（モンテッソーリ　1870–1952）
  - 広辞7（モンテッソーリ　1870–1952）
  - 新カト（モンテッソーリ　1870.8.31–1952.5.6）
  - 世化子（モンテッソーリ,マリア　1870–1952）
  - ネーム（モンテッソーリ　1870–1952）
  - ポプ人（モンテッソーリ,マリア　1870–1952）

Montessus de Ballore, Fernand de
フランスの地震学者。主著,"Géographie séismologique"(1906)。
- ⇒岩世人（モンテシュ・ド・バロール　1851.4.27–1923.1.29）

Montet, Pierre
フランスのエジプト学者。ビュブロスのフェニキア式墳墓,最古のアルファベット碑文を発掘。
- ⇒岩世人（モンテ　1885.6.27–1966.6.18）

Monteux, Pierre
フランス生まれのアメリカの指揮者。ボストン,パリ,サンフランシスコ交響楽団の指揮者を歴任。
- ⇒新音中（モントゥー,ピエール　1875.4.4–1964.7.1）
  - 標音2（モントゥー,ピエール　1875.4.4–1964.7.1）
  - ユ著人（Monteux,Pierre　モントゥ,ピエール　1875–1964）

Montez, Chris
アメリカ・ロサンゼルス生まれの歌手。
- ⇒ロック（Montez,Chris　モンテズ,クリス　1943.1.17–）

Montez, Maria
スペインの映画女優。
- ⇒ク俳（モンテス,マリア（サイラス,M）　1918–1951）
  - スター（モンテス,マリア　1912.6.6–1951）

Montezemolo, Luca Cordero di
イタリアの実業家。
- ⇒外12（モンテゼモーロ,ルカ・コルデロ・ディ　1947.8–）
  - 外16（モンテゼモーロ,ルカ・コルデロ・ディ　1947.8.31–）

Montez Melancia, Carlos
ポルトガルの外交官。
- ⇒岩世人（モンテス　1927.8.21–）

Montferrand, Bernard de
フランスの外交官。
- ⇒外12（モンフェラン,ベルナール・ド　1945.8.6–）
  - 世指導（モンフェラン,ベルナール・ド　1945.8.6–）

Montgomerie, Colin
イギリスのプロゴルファー。
- ⇒外12（モンゴメリー,コリン　1963.6.23–）
  - 外16（モンゴメリー,コリン　1963.6.23–）
  - 最世ス（モンゴメリー,コリン　1963.6.23–）

Montgomery, Bernard Law, 1st Viscount M. of Alamein
イギリスの軍人。1944年北フランス上陸作戦には,イギリス軍総司令官として活躍,元帥となる。48年西ヨーロッパ連合最高司令官会議の議長。
- ⇒岩世人（モンゴメリー　1887.11.17–1976.3.24）
  - ネーム（モントゴメリ　1887–1976）

Montgomery, Bob
アメリカ・テキサス州ランパサス生まれの歌手,ソングライター,音楽プロデューサー。
- ⇒ロック（Montgomery,Bob　モンゴメリ,ボブ　1936–）

Montgomery, Douglas
アメリカの男優。
- ⇒ク俳（モントゴメリー,ダグラス（モントゴメリー,ロバート・D）　1907–1966）

Montgomery, George
アメリカの俳優,監督。
- ⇒ク俳（モントゴメリー,ジョージ（レッツ,G・M）　1916–2000）

Montgomery, Jeff
アメリカの大リーグ選手(投手)。
- ⇒メジャ（モンゴメリー,ジェフ　1962.1.7–）

Montgomery, Jim
アメリカの男子水泳選手。
- ⇒岩世人（モンゴメリー　1955.1.24–）

Montgomery, Jon
カナダのスケルトン選手。
- ⇒外12（モンゴメリー,ジョン　1979.5.6–）
  - 外16（モンゴメリー,ジョン　1979.5.6–）
  - 最世ス（モンゴメリー,ジョン　1979.5.6–）

Montgomery, Lucy Maude
カナダの女性児童文学作家。作品,『赤毛のアン』(1908)。
- ⇒岩世人（モンゴメリー　1874.11.30–1942.4.24）
  - 現世文（モンゴメリー,ルーシー・モード　1874.11.30–1942.4.24）
  - 広辞7（モンゴメリ　1874–1942）
  - 辞歴（モンゴメリ　1874–1942）
  - ポプ人（モンゴメリ,ルーシー・モード　1874–1942）

Montgomery, Percy
南アフリカのラグビー選手。
- ⇒最世ス（モンゴメリー,パーシー　1974.3.15–）

Montgomery, Raymond Braislin
アメリカの海洋学者。ウッズ・ホール海洋研究所員。
⇒岩世人（モンゴメリー　1910.5.5–1988.8.15）

Montgomery, Robert
アメリカの映画監督,俳優。監督作品に一人称映画『湖中の女』（1947）などがある。
⇒ク俳（モントゴメリー, ロバート（モントゴメリー, ヘンリー）　1904–1981）
　スター（モンゴメリー, ロバート　1904.5.21–1981）

Montgomery, Sy
ドイツ生まれの作家。
⇒外16（モンゴメリー, サイ）
　現世文（モンゴメリー, サイ　1958.2.7–）

Montgomery, Thomas Harrison
アメリカの細胞学者。
⇒岩生（モンゴメリー　1873–1912）

Montgomery, Tim
アメリカの陸上選手（短距離）。
⇒外12（モンゴメリー, ティム　1975.1.28–）

Montgomery, Wes
アメリカのジャズ・ギター奏者。
⇒岩世人（モンゴメリー　1923.3.13–1968.6.15）
　新音中（モンゴメリー, ウェス　1925.3.6–1968.6.15）
　標音2（モンゴメリー, ウェス　1925.3.6–1968.6.15）

Montherlant, Henry Marie Joseph Millon de
フランスの小説家,劇作家。徹底した女性蔑視思想に貫かれた小説『若き娘たち』（1936）,『女性への憐憫』（36）,『善の悪魔』（37）,『癩を病む女たち』（39）の4部作を書き、大きな反響を呼んだ。
⇒岩世人（モンテルラン　1895.4.20–1972.9.21）
　現世文（モンテルラン, アンリ・ド　1896.4.21–1972.9.21）
　広辞7（モンテルラン　1895–1972）
　新カト（モンテルラン　1896.4.21–1972.9.21）
　西文（モンテルラン, アンリ・ド　1896–1972）
　ネーム（モンテルラン　1896–1972）
　フ文小（モンテルラン, アンリ・ド　1895–1972）

Monti, Mario
イタリアの政治家,経済学者。イタリア首相,ボッコーニ大学学長。
⇒外12（モンティ, マリオ　1943.3.19–）
　外16（モンティ, マリオ　1943.3.19–）
　世指導（モンティ, マリオ　1943.3.19–）
　ボブ人（モンティ, マリオ　1943–）

Monti, Nicola
イタリアのテノール歌手。
⇒失声（モンティ, ニコラ　1920–1993）
　魅惑（Monti,Nicola　1920–1993）

Monti, Vittorio
イタリアのヴァイオリン奏者,作曲家。ヴァイオリン曲の『チャールダーシュ』などが知られる。
⇒ク音3（モンティ　1868–1922）
　標音2（モンティ, ヴィットーリオ　1868.1.6–1922.6.20）

Montiel, Fernando
メキシコのプロボクサー。
⇒外12（モンティエル, フェルナンド　1979.3.1–）
　外16（モンティエル, フェルナンド　1979.3.1–）
　最世ス（モンティエル, フェルナンド　1979.3.1–）

Montoya, Carlos
スペインのギター奏者。
⇒標音2（モントーヤ, カルロス　1903.12.13–1993.3.3）

Montoya, Juan Pabro
コロンビアのF1ドライバー。
⇒外12（モントーヤ, ファン　1975.9.20–）
　外16（モントーヤ, ファン　1975.9.20–）
　最世ス（モントーヤ, ファン　1975.9.20–）

Montoya, Maria Laura
コロンビアの聖人。祝日10月21日。汚れなきマリアとシエナの聖カタリナ宣教修道女会創立者。
⇒新カト（マリア・ラウラ・モントーヤ　1874.5.26–1949.10.21）

Montoya, Ramón
スペインのフラメンコ・ギター奏者。
⇒標音2（モントーヤ, ラモン　1880.11.2–1949.7.20）

Montral, Andre
テノール歌手。
⇒魅惑（Montral,Andre　?–）

Montri Sriyong
タイの詩人。
⇒外12（モントリ・シヨン）
　現世文（モントリ・シヨン）

Montsalvatge, Xavier
スペインの作曲家。
⇒ク3（モンサルバーチェ　1912–2002）
　新音中（モンサルバーチェ, シャビエ　1912.3.11–）
　標音2（モンサルバーチェ, シャビエ　1912.3.11–）

Montseny, Federica
スペインの政治家。
⇒岩世人（モンセニ　1905.2.12–1994.1.14）

Montsho, Amantle
ボツワナの陸上選手（短距離）。
⇒最世ス（モンショー, アマントル　1983.7.4–）

Montt, Jorge
チリの政治家,海軍軍人。バルマセダに対する

反乱(1891)を指導。
⇒岩世人(モント 1846.4.22–1922.10.8)

Montt Montt, Pedro
チリの政治家。
⇒岩世人(モント 1846–1910.8.16)

Montvidas, Edgaras
リトアニアのテノール歌手。
⇒魅惑(Montvidas,Edgaras 1975–)

Monvel, Louis Maurice Boutet de
フランスの挿絵画家。
⇒絵本(モンヴェル、モーリス・ブーテ・ド 1850–1913)

Monvert, Charles Henri
フランス生まれの画家。
⇒芸13(モンベール、チャールズ・ヘンリー 1948–)

Moo, Sol Ceh
メキシコの作家。
⇒現世文(モオ、ソル・ケー 1968–)

Moody, David
イギリスの作家。
⇒海文新(ムーディ、デイヴィッド 1970–)
現世文(ムーディ、デービッド 1970–)

Moody, Helen N. Wills
アメリカのテニス選手。
⇒異二辞(ウィルス[ヘレン・〜] 1905–1998)

Moodysson, Lukas
スウェーデンの脚本家、映画監督。
⇒映監(ムーディソン、ルーカス 1969.10.17–)
外16(ムーディソン、ルーカス 1969–)

Moon, Elizabeth
アメリカの作家。
⇒外12(ムーン、エリザベス 1945–)
外16(ムーン、エリザベス 1945–)
現世文(ムーン、エリザベス 1945–)

Moon, Keith
イギリスのミュージシャン、ドラム奏者、俳優。
⇒ビト改(MOON,KEITH ムーン、キース)

Moon, Lottie Digges
アメリカの宣教師。
⇒アア歴(Monn,(Charlotte) Lottie Digges ムーン、シャーロット・ロッティ・ディグズ 1840.12.12–1912.12.24)

Moon, Pat
イギリスの児童文学者。
⇒外16(ムーン、パット)
現世文(ムーン、パット)

Moon, Wallace Wade
アメリカの大リーグ選手(外野、一塁)。

⇒メジャ(ムーン、ウォーリー 1930.4.3–)

Moon Byung-ran
韓国の詩人。
⇒現世文(ムン・ビョンラン 文炳蘭 1935.3.28–2015.9.25)

Moon Chae-won
韓国の女優。
⇒外16(ムンチェウォン 1986.11.13–)

Moon Chung-in
韓国の政治学者。
⇒外12(ムンジョンイン 文正仁 1951–)
外16(ムンジョンイン 文正仁 1951–)

Moon Dae-sung
韓国のテコンドー選手。
⇒外16(ムンデソン 文大成 1976.9.3–)

Mooney, Chris
アメリカの作家。
⇒海文新(ムーニー、クリス)
現世文(ムーニー、クリス)

Mooney, Edward
アメリカ・メリーランド州生まれの枢機卿。第3代駐日教皇使節。
⇒新カト(ムーニ 1882.5.9–1958.10.25)

Mooney, Edward, Jr.
アメリカの作家。
⇒海文新(ムーニー、エドワード(Jr.))
現世文(ムーニー、エドワード(Jr.))

Mooney, Harold Alfred
アメリカの植物生態学者。
⇒外12(ムーニー、ハロルド 1932.6.1–)
外16(ムーニー、ハロルド 1932.6.1–)

Mooney, Thomas Joseph Zechariah
アメリカの労働運動指導者。サンフランシスコにおける爆弾事件(1916)の主謀者として死刑を宣告されたが、のち釈放された(39)。
⇒岩世人(ムーニー 1882.12.8–1942.3.6)

Moon Geun-young
韓国の女優。
⇒異二辞(ムン・グニョン 文瑾瑩 1987–)
外12(ムングニョン 1987.5.6–)
外16(ムングニョン 1987.5.6–)
韓俳(ムン・グニョン 1987.5.6–)

Moon Hee-sang
韓国の政治家。韓国国会議長、韓日議員連盟会長。
⇒外12(ムンヒサン 文喜相 1945.3.3–)
外16(ムンヒサン 文喜相 1945.3.3–)
世指導(ムン・ヒサン 1945.3.3–)

Moon Jae-in
韓国の政治家、弁護士。第19代大統領(2017〜)。

⇒外16（ムンジェイン　文在寅　1953.1.24–）
広辞7（ムン・ジェイン　文在寅　1953–）
世指導（ムン・ジェイン　1953.1.24–）

Moon Jeong-Hee
韓国の女優。
⇒韓俳（ムン・ジョンヒ　1976.1.12–）

Moon Ji-Yoon
韓国の男優。
⇒韓俳（ムン・ジユン　1984.2.18–）

Moon kook-hyun
韓国の政治家,実業家,環境保護活動家。創造韓国党代表。
⇒外12（ムングクヒョン　文国現　1949.1.12–）
外16（ムングクヒョン　文国現　1949.1.12–）
世指導（ムン・グクヒョン　1949.1.12–）

Moon So-ri
韓国の女優。
⇒外12（ムンソリ　1974.7.2–）
外16（ムンソリ　1974.7.2–）
韓俳（ムン・ソリ　1974.7.2–）

Moon Sung-geun
韓国の演劇・映画俳優。1985年デビュー。代表作に演劇『チルスとマンス』,映画『ベルリンリポート』『競馬場へ行く道』等がある。
⇒外12（ムンソンゲン　1953.5.28–）
韓俳（ムン・ソンゲン　1953.5.28–）

Moon Sung-hyun
韓国の政治家。韓国民主労働党代表。
⇒外12（ムンソンヒョン　文成賢　1952.2.8–）
外16（ムンソンヒョン　文成賢　1952.2.8–）
世指導（ムン・ソンヒョン　1952.2.8–）

Moon Sun-myung
韓国・平安北道生まれの宗教家。釜山で布教のかたわら特異な聖書釈義書『原理講論』を生み出し,1954年ソウルで新興宗教「世界キリスト教統一神霊協会」を開設。
⇒岩韓（ムン・ソンミョン　文鮮明　1920–）
岩世人（文鮮明　ムンソンミョン　1920.2.25–2012.9.3）
外12（ムンソンミョン　文鮮明　1920.1.6–）
韓朝新（ムン・ソンミョン　文鮮明　1920–2012）
新カト（ムン・ソンミョン　文鮮明　1920.2.25–2010.9.3）

Moon Tong-hwan
韓国の長老派教会牧師,国会議員。
⇒新カト（ムン・トンファン　文東煥　1921.5.5–）

Moor, Margriet de
オランダの作家,声楽家。
⇒現世文（モーア,マルグリート・デ　1941–）

Moor, Sam
アメリカのソウル歌手。
⇒外12（ムーア,サム）

Moorad, Jeff
アメリカのスポーツ代理人。
⇒外12（モーラッド,ジェフ）

Moorcock, Michael
イギリスのSF作家,編集者。
⇒岩世人（ムーアコック　1939.12.18–）
外12（ムアコック,マイケル　1939.12.18–）
外16（ムアコック,マイケル　1939.12.18–）
現世文（ムアコック,マイケル　1939.12.18–）

Moore, Alonzo Earl
アメリカの大リーグ選手(投手)。
⇒メジャ（ムーア,アール　1877.7.29–1961.11.28）

Moore, Angelo
アメリカのミュージシャン。
⇒外12（ムーア,アンジェロ）

Moore, Anne Carroll
アメリカの児童図書館員,児童文学者。
⇒ア図（ムーア,アン・キャロル　1871–1961）

Moore, Ann S.
アメリカの実業家,出版人。
⇒外12（ムーア,アン　1950–）
外16（ムーア,アン　1950.5.29–）

Moore, Anthony
イギリスのミュージシャン。
⇒外12（ムーア,アンソニー　1948–）

Moore, Archie
アメリカのプロボクサー。
⇒岩世人（ムーア　1913/1916.12.13–1998.12.9）

Moore, Barrington, Jr.
アメリカの政治社会学者。
⇒社小増（ムーア　1913–）

Moore, Brian
アイルランドの小説家。
⇒岩世人（ムーア　1921.8.25–1999.1.10）
現世文（ムーア,ブライアン　1921.8.25–1999.1.10）

Moore, Carlos
キューバの愛国者。ブラック・ナショナリスト。
⇒マルX（MOORE,CARLOS　ムア,カーロス）

Moore, Charles William
アメリカの大リーグ選手(捕手,外野)。
⇒メジャ（ムーア,チャーリー　1953.6.21–）

Moore, Clayton
アメリカの男優。
⇒ク俳（ムーア,クレイトン（ムーア,ジャック・C）1908–1999）

Moore, Cleo
アメリカの女優。

⇒ク俳（ムーア, クレオ　1928-1973）

Moore, Clifford Herschel
アメリカの古典学者, 教育家。
⇒教人（ムア　1866-1931）

Moore, Colleen
アメリカ生まれの女優。
⇒ク俳（ムーア, コリーン（モリスン, キャスリーン）1900-1988）

Moore, Daniel McFarlan
アメリカの電気技術者。無線電送写真受信用のガス放電管の発明（1924）がある。
⇒岩世人（ムーア　1869.2.27-1936.6.15）

Moore, Demi
アメリカの女優。
⇒外12（ムーア, デミ　1962.11.11-）
　外16（ムーア, デミ　1962.11.11-）
　ク俳（ムーア, デミ　ジーン, デミトリア）　1962-）

Moore, Donnie Ray
アメリカの大リーグ選手（投手）。
⇒メジャ（ムーア, ドニー　1954.2.13-1989.7.18）

Moore, Douglas
アメリカの作曲家。
⇒エデ（ムーア, ダグラス（ステュアート）　1893.8.10-1969.7.25）

Moore, Dudley
イギリス生まれの俳優。
⇒ク俳（ムーア, ダドリー　1935-）

Moore, Edwin G., II
アメリカ中央情報局（CIA）元職員。
⇒スパイ（ムーア, エドウィン・G,2世）

Moore, Eliakim Hastings
アメリカの数学者。
⇒岩世人（ムーア　1862.1.26-1932.12.30）
　数辞（ムーア, エリアキム・ヘイスティングス　1862-1932）
　数小増（ムーア　1862-1932）
　世数（ムーア, エリアキム・ハスティングス　1862-1932）

Moore, Eugene, Jr.
アメリカの大リーグ選手（外野）。
⇒メジャ（ムーア, ジーン　1909.8.26-1978.3.12）

Moore, Frederick
アメリカのジャーナリスト。
⇒アア歴（Moore,Frederick　ムーア, フレデリック　1877.11.17-1956）

Moore, Gary
イギリスのギター奏者。
⇒異二辞（ムーア, ゲイリー　1952-2011）

Moore, George Augustus
アイルランドの文学者。
⇒岩世人（ムーア　1852.2.24-1933.1.21）
　広辞7（ムーア　1852-1933）

Moore, George Edward
イギリスの哲学者。1903年『倫理学原理』『観念論の論駁』を発表。
⇒岩世人（ムーア　1873.11.4-1958.10.24）
　広辞7（ムーア　1873-1958）
　新カト（ムア　1873.11.4-1958.10.24）
　哲中（ムーア　1873-1958）
　メル3（ムーア, ジョージ・エドワード　1873-1958）

Moore, George Thomas
アメリカの植物学者。下等植物による水道の汚染の防止方法を発見した。
⇒岩世人（ムーア　1871.2.23-1956.11.27）

Moore, Gerald
イギリスのピアノ奏者。D.フィッシャー＝ディスカウ,E.シュワルツコプの伴奏ピアニストとして世界的に有名。室内楽奏者としても知られる。著書『伴奏者の発言』。
⇒新音中（ムーア, ジェラルド　1899.7.30-1987.3.13）
　標音2（ムーア, ジェラルド　1899.7.30-1987.3.13）

Moore, Gordon E.
アメリカの実業家。
⇒外12（ムーア, ゴードン　1929.1.3-）
　外16（ムーア, ゴードン　1929.1.3-）

Moore, Grace
アメリカのオペラ歌手。
⇒ク俳（ムーア, グレイス（ムーア, メアリー・G）1898-1947）

Moore, Henry
イギリスの彫刻家。第2次世界大戦後世界各地の国際展で多くの賞を獲得し名声を得た。主作品は『北風』(1928),『聖母子』(43～44),『もたれる人物像』(57～58)。
⇒岩世人（ムーア　1898.7.30-1986.8.31）
　芸13（ムーア, ヘンリー　1898-1986）
　広辞7（ムーア　1898-1986）
　ボブ人（ムーア, ヘンリー　1898-1986）

Moore, Henry Ludwell
アメリカの経済学者。主著 "Economic cycles"（1914）。
⇒岩世人（ムーア　1869.11.21-1958.4.28）

Moore, Jairus Polk
アメリカの改革派教会宣教師。1883年来日。東北学院教授, 宮城女学校校長。
⇒岩世人（ムーア　1847.11.27-1935.2.7）

Moore, Joseph Gregg (Jo-Jo)
アメリカの大リーグ選手（外野）。
⇒メジャ（ムーア, ジョ・ジョ　1908.12.25–2001.4.1）

Moore, Julianne
イギリスの女優。
⇒外12（ムーア, ジュリアン　1961.12.3–）
　外16（ムーア, ジュリアン　1960.12.3–）
　ク俳（ムーア, ジュリアン（スミス, ジュリー・アン）1960–）

Moore, Kieron
アイルランド生まれの俳優。
⇒ク俳（ムーア, キエロン（オハラハン, K）1925–）

Moore, Lillian
アメリカの児童文学者。
⇒現世文（ムーア, リリアン　1909–2004）

Moore, Lorrie
アメリカの女性小説家。
⇒現世文（ムーア, ローリー　1957–）

Moore, Mandy
アメリカの歌手, 女優。
⇒外12（ムーア, マンディ　1984.4.10–）

Moore, Marianne (Craig)
アメリカの女性詩人。
⇒アメ州（Moore, Marianne　ムーア, マリアンヌ　1887–1972）
　岩世人（ムーア　1887.11.15–1972.2.5）
　現世文（ムーア, マリアン　1887.11.15–1972.2.5）
　広辞7（ムア　1887–1972）
　新カト（ムア　1887.11.15–1972.2.5）

Moore, Mary Tyler
アメリカ生まれの女優。
⇒ク俳（ムーア, メアリー・タイラー　1936–）

Moore, Merrill
アメリカ・アイオワ州アルゴナ生まれのピアノ奏者。
⇒ロック（Moore, Merrill　ムア, メリル　1923–）

Moore, Michael
アメリカ生まれの映画監督。
⇒映監（ムーア, マイケル　1954.4.23–）
　外12（ムーア, マイケル　1954.4.23–）
　外16（ムーア, マイケル　1954.4.23–）
　ネーム（ムーア, マイケル　1954–）

Moore, Michael Kenneth
ニュージーランドの政治家。世界貿易機関（WTO）事務局長, ニュージーランド首相。
⇒外12（ムーア, マイケル　1949.1.28–）
　外16（ムーア, マイケル　1949.1.28–）
　世指導（ムーア, マイケル　1949.1.28–）

Moore, Michael R.
アメリカ海兵隊員。
⇒スパイ（ムーア, マイケル・R）

Moore, Michael Wayne
アメリカの大リーグ選手（投手）。
⇒メジャ（ムーア, マイク　1959.11.26–）

Moore, Ray Arvil
アメリカの歴史学者。アマースト大学教授, アジア研究所所長, 同志社大学客員教授。
⇒外16（ムーア, レイ・A.　1933–）

Moore, Raymond Cecil
アメリカの地質学者, 古生物学者。
⇒岩世人（ムーア　1892.2.20–1974.4.16）

Moore, Rich
アメリカのアニメーション監督。
⇒外16（ムーア, リッチ　1963–）

Moore, Robert L.
アメリカ生まれの彫刻家。
⇒芸13（ムーアー, ロバート・L　1936–）

Moore, Robert Lee
アメリカの一般位相数学者。
⇒数辞（ムーア, ロバート・リー　1882–1974）

Moore, Robin
アメリカの作家。
⇒現世文（ムーア, ロビン　1925–2008.2.21）

Moore, Roger
イギリス生まれの俳優。
⇒外12（ムーア, ロジャー　1927.10.14–）
　外16（ムーア, ロジャー　1927.10.14–）
　ク俳（ムーア, ロジャー　1927–）
　スター（ムーア, ロジャー　1926.10.14–）

Moore, Rudy Ray
アメリカのコメディアン, 歌手。
⇒異二辞（ムーア, ルディ・レイ　1937–2008）

Moore, Ryan
イギリスの騎手。
⇒外12（ムーア, ライアン　1983.9.18–）
　外16（ムーア, ライアン　1983.9.18–）
　最世ス（ムーア, ライアン　1983.9.18–）

Moore, Sam
アメリカ・フロリダ州マイアミ生まれの歌手。
⇒ロック（Sam and Dave　サム＆デイヴ　1935.10.12–）

Moore, Sara Jane (Sally)
アメリカの女性公認会計士。アメリカ大統領ジェラルド・フォードの暗殺をはかった。
⇒世暗（ムーア, セーラ・ジェーン（"サリー"）1930–）

Moore, Scotty
アメリカ・テネシー州ギャズデン生まれのギター奏者。
⇒ロック（Moore,Scotty ムア, スコティ 1931.12–）

Moore, Sean
イギリスのロック・ドラム奏者。
⇒外12（ムーア, ショーン 1970.7.30–）
外16（ムーア, ショーン 1970.7.30–）

Moore, Stanford
アメリカの化学者。スタインと共にRNAを加水分解する酵素リボヌクレアーゼのアミノ酸配列を初めて決定し,1972年ノーベル化学賞を受賞。
⇒岩生（ムーア 1913–1982）
岩世人（ムーア 1913.9.4–1982.8.23）
化学（ムーア 1913–1982）
ノベ3（ムーア,S. 1913.9.4–1982.8.23）

Moore, Terry
アメリカ生まれの女優。
⇒ク俳（ムーア, テリー（コウフォード, ヘレン）1929–）

Moore, Terry Bluford
アメリカの大リーグ選手（外野）。
⇒メジャ（ムーア, テリー 1912.5.27–1995.3.29）

Moore, Thomas Sturge
イギリスの詩人, 評論家。主著, 詩："The vinedresser"（1899）。
⇒岩世人（ムーア 1870.3.4–1944.7.18）

Moore, Thurston
アメリカのミュージシャン。
⇒外12（ムーア, サーストン 1958–）
外16（ムーア, サーストン 1958–）

Moore, Wilbert Ellis
アメリカの社会学者。著書に『産業関係と社会秩序』（1946）,『社会変動』（63）などがある。
⇒岩世人（ムーア 1914.10.26–1987.12.29）
社小増（ムーア 1914–）

Moore, William Wilcy
アメリカの大リーグ選手（投手）。
⇒メジャ（ムーア, ウィルシー 1897.5.20–1963.3.29）

Moorehead, Agnes
アメリカの女優。
⇒スター（ムーアヘッド, アグネス 1900.12.6–1974）

Moorhouse, Frank
オーストラリアの短編小説家。
⇒現世文（ムアハウス, フランク 1938–）

Moortgat, Anton
ドイツのオリエント考古学者。ベルリン自由大学教授（1948）。特に遺物の民族性の考察と宗教芸術に造詣が深い。
⇒岩世人（モールトガト 1897.9.21–1977.10.9）

Moppès, Catherine van
フランス生まれの作家。
⇒外12（モペス, カトリーヌ・ヴァン 1946–）

Mora, Melvin
ベネズエラの大リーグ選手（三塁, 外野）, ボクサー, サッカー選手。
⇒メジャ（モラ, メルビン 1972.2.2–）

Moradizadeh, Hossein
イランのアニメーション映画監督。
⇒アニメ（モラディザデフ, ホセイン 1970–）

Moraes, Marcus Vinícius Cruz de
ブラジルの詩人, 作詞家, 劇作家。
⇒現世文（モライス, ヴィニシウス・デ 1913.10.19–1980.7.9）

Moraes, Wenceslau de
ポルトガルの作家。
⇒図翻（モラエス 1879.7.19–1934.2.8）

Moraes, Wenceslau de Sousa
ポルトガルの海軍士官, 外交官。
⇒岩世人（モラエス 1854.5.30–1929.7.1）
広辞7（モラエス 1854–1929）
ネーム（モラエス 1854–1929）

Morais, Richard C.
ポルトガル生まれのアメリカの作家。
⇒海文新（モレイス, リチャード・C. 1960–）
現世文（モレイス, リチャード・C. 1960–）

Morales, Erik
メキシコのプロボクサー。
⇒外16（モラレス, エリック 1976.9.1–）
最新ス（モラレス, エリック 1976.9.1–）

Morales, Evo
ボリビアの政治家。ボリビア大統領（2006〜）。
⇒岩世人（モラレス 1959.10.26–）
外12（モラレス, エボ 1959.10.26–）
外16（モラレス, エボ 1959.10.26–）
世指導（モラレス, エボ 1959.10.26–）
ネーム（モラレス 1959–）
ラテ新（エボ・モラレス 1959–）

Morales, Genoveva Torres
スペインの聖人, 修道女会創立者。祝日1月5日。
⇒新カト（ヘノベバ・トレス・モラレス 1870.1.3–1956.1.5）

Morales, Jimmy
グアテマラの政治家, コメディアン。グアテマラ大統領（2016〜）。
⇒外16（モラレス, ジミー 1969–）
世指導（モラレス, ジミー 1969.3.18–）

Morales, Julio Ruben（Jerry）
　アメリカの大リーグ選手（外野）。
　⇒メジャ（モラレス, ジェリー　1949.2.18–）

Morales, Kendry
　アメリカの大リーグ選手（エンゼルス・内野手）。
　⇒外12（モラレス, ケンドリー　1983.6.20–）
　　外16（モラレス, ケンドリス　1983.6.20–）

Morales Bermúdez Cerruti, Francisco
　ペルーの政治家。
　⇒岩世人（モラレス・ベルムデス　1921.10.4–）

Moran, Caitlin
　イギリスの作家, ジャーナリスト。
　⇒現世文（モラン, キャトリン　1975.4.5–）

Moran, Nancy Ann
　アメリカの進化生物学者。
　⇒岩生（モラン　1954–）

Moran, Patrick Joseph
　アメリカの大リーグ選手（捕手）。
　⇒メジャ（モラン, パット　1876.2.7–1924.3.7）

Moran, Robert（Leonard）
　アメリカの作曲家。
　⇒現音キ（モラン, ロバート　1937–）
　　新音中（モラン, ロバート　1937.1.8–）

Morand, Paul
　フランスの作家。1913年から44年まで世界各地で外交官生活をするかたわら,『夜開く』(22),『恋のヨーロッパ』(25) などを発表。
　⇒岩世人（モラン　1888.3.13–1976.7.23）
　　現世文（モーラン, ポール　1888.3.13–1976.7.23）
　　広辞7（モラン　1888–1976）
　　ネーム（モーラン　1888–1976）
　　フ文小（モラン, ポール　1888–1976）

Morandi, Gianni
　イタリア生まれの歌手。
　⇒標音2（モランディ, ジャンニ　1945.12.11–）

Morandi, Giorgio
　イタリアの画家, 銅版画家。静かな風景や静物を描き, 瞑想的な作風を確立した。
　⇒岩世人（モランディ　1890.7.20–1964.6.18）
　　芸13（モランディ, ジョルジオ　1890–1964）
　　広辞7（モランディ　1890–1964）

Morandini, Michael Robert
　アメリカの大リーグ選手（二塁）。
　⇒メジャ（モランディーニ, ミッキー　1966.4.22–）

Morant, Sir Robert Laurie
　イギリスの教育官僚。
　⇒岩世人（モラント　1863.4.7–1920.3.13）

Morante, Elsa
　イタリアの女性作家。主著『欺瞞と魔法』(1948)。
　⇒岩世人（モランテ　1912.8.18–1985.11.25）
　　現世文（モランテ, エルサ　1912.8.18–1985.11.25）
　　広辞7（モランテ　1912–1985）
　　新カト（モランテ　1912.8.18–1985.11.25）

Moranville, Sharelle Byars
　アメリカの作家。
　⇒海文新（モランヴィル, シャレル・バイアーズ）

Moraru, Titus
　ルーマニアのテノール歌手。
　⇒失声（モラル, ティトゥス　?）
　　魅惑（Moraru,Titus　?–）

Morauta, Mekere
　パプアニューギニアの政治家。パプアニューギニア首相・財務相, パプアニューギニア人民民主運動党党首。
　⇒外12（モラウタ, メケレ　1946.6.12–）
　　外16（モラウタ, メケレ　1946.6.12–）
　　世指導（モラウタ, メケレ　1946.6.12–）

Moravčík, Jozef
　スロバキアの政治家。スロバキア首相。
　⇒世指導（モラフチク, ヨゼフ　1945.5.19–）

Moravec, František
　チェコを代表するインテリジェンス・オフィサー。
　⇒スパイ（モラヴェク, フランティセク　1895–1966）

Moravia, Alberto
　イタリアの小説家, 評論家。最初の長篇『無関心な人々』(1929) を自費出版して大成功を収め, 作家として独立。伝統的な物語小説を擁護し, 疎外をテーマに, 反資本主義の文学運動を展開している。
　⇒岩世人（モラーヴィア　1907.11.28–1990.9.26）
　　現世文（モラヴィア, アルベルト　1907.11.28–1990.9.26）
　　広辞7（モラヴィア　1907–1990）
　　新カト（モラヴィア　1907.11.28–1990.9.26）
　　西文（モラヴィア, アルベルト　1907–1990）
　　ネーム（モラヴィア　1907–1990）
　　ユ著人（Moravia,Alberto　モラヴィア, アルベルト　1907–1990）

Morawiecki, Mateusz
　ポーランドの政治家。ポーランド首相・開発相。
　⇒世指導（モラウィエツキ, マテウシュ　1968.6.20–）

Moraz, Patrick
　スイス生まれの作曲家, キーボード奏者。
　⇒外12（モラーツ, パトリック）
　　外16（モラーツ, パトリック）

Morbiderri, Gianni
イタリアのF1ドライバー。
⇒最世ス（モルビデリ, ジャンニ 1968.1.13-）

Mordechai, Yitzhak
イスラエルの政治家, 軍人。イスラエル国防相, 副首相, 運輸相。
⇒世指導（モルデハイ, イツハク 1944-）

Mordell, Louis Joel
イギリスの数学者。
⇒数辞（モーデル, ルイス・ジョエル 1888-1972）
世数（モーデル, ルイス・ジョエル 1892-1972）

Morden, William James
アメリカの探検家。
⇒アア歴（Morden,William J(ames) モーデン, ウイリアム・ジェイムズ 1886.1.3-1958.1.23）

Mordstein, Karl L.
ドイツ生まれの画家。
⇒芸13（モルトシュタイン, カール・L 1937-）

Moré, Benny
キューバの歌手, ソングライター, バンド・リーダー。
⇒岩世人（モレー 1919.8.24-1963.2.19）

More, Paul Elmer
アメリカの批評家, 古典学者。
⇒教人（モーア 1864-1937）

Moréas, Jean
フランスの詩人。1891年C.モーラスとともに古典主義への回帰を目指した「ローマ派」を結成。
⇒岩世人（モレアス 1856.4.15-1910.4.30）
広辞7（モレアス 1856-1910）
19仏（モレアス, ジャン 1856.4.15-1910.4.30）
ネーム（モレアス 1856-1910）
フ文小（モレアス, ジャン 1856-1910）

Moreau, Hervé
フランスのバレエダンサー。
⇒外12（モロー, エルヴェ）
外16（モロー, エルヴェ 1977-）

Moreau, Jeanne
フランスの女優, 映画監督。
⇒遺産（モロー, ジャンヌ 1928.1.23-）
岩世人（モロー 1928.1.23-）
外12（モロー, ジャンヌ 1928.1.23-）
外16（モロー, ジャンヌ 1928.1.23-）
ク俳（モロー, ジャンヌ 1928-）
広辞7（モロー 1928-2017）
スター（モロー, ジャンヌ 1928.1.23-）
ネーム（モロー, ジャンヌ 1928-）

Moreau de Justo, Alicia
アルゼンチンの女性解放運動の先駆者。
⇒ラテ新（モロウ 1885-1986）

Moreau-Vauthier, Charles
フランスの画家, 彫刻家。絵画技法に関する著作を残した。
⇒芸13（モロー・ヴォーティエ, シャルル 1857-1924）

Morehouse, Lyda
アメリカの作家。
⇒海文新（モアハウス, ライダ 1967.11.18-）
現世文（モアハウス, ライダ 1967.11.18-）

Moreira, João
ブラジルの騎手。
⇒外16（モレイラ, ジョアン 1983.9.26-）

Morel, Alex
アメリカの作家。
⇒海文新（モレル, アレックス）

Morel, Eric
プエルト・リコのプロボクサー。
⇒異二辞（モレル［エリック・～］ 1975-）

Moreland, Bobby Keith
アメリカの大リーグ選手（外野, 三塁, 捕手）。
⇒メジャ（モアランド, キース 1954.5.2-）

Moreland, William Harrison
イギリスのイスラム教インド史研究家。『インド史概説』(1936) は良書として知られる。
⇒岩世人（モアランド 1868.7.13-1938.9.28）

Morell, Barry
アメリカのテノール歌手。
⇒失声（モレル, バリー 1927-2003）
魅惑（Morell,Barry 1927-2003）

Morellet, François
フランス生まれの画家。
⇒芸13（モルレ, フランコ 1926-）

Morelli, Paulo
ブラジルの映画監督。
⇒外12（モレッリ, パウロ 1956-）

Moreń, Peter
スウェーデンのミュージシャン。
⇒外12（モーレン, ピーター）
外16（モーレン, ピーター）

Moreno, Anselmo
パナマのプロボクサー。
⇒最世ス（モレノ, アンセルモ 1985.6.28-）

Moreno, Antonio
スペイン生まれの俳優。
⇒ク俳（モレノ, アントニオ（モンテアグド,A）1886-1967）

Moreno, Jacob Levy
ルーマニア生まれのアメリカの精神病理学者,

社会心理学者。数理社会学派ないしソシオメトリー一派の中心者。
⇒岩世人（モレーノ 1889.5.18–1974.5.14）
現社（モレノ 1889–1974）
現精（モレノ 1889–1974）
現精縮（モレノ 1889–1974）
社小増（モレノ 1892–1974）
精分岩（モレノ, ジェイコブ・L 1889–1974）
メル3（モレーノ, ヤコブ・レヴィ 1892–1974〔1889–1974〕）

Moreno, Lenín
エクアドルの政治家。エクアドル大統領（2017〜）。
⇒世指導（モレノ, レニン 1953.3.19–）

Moreno, Omar Renan
アメリカの大リーグ選手（外野）。
⇒メジャ（モレノ, オマル 1952.10.24–）

Moreno, Rita
プエルト・リコ生まれの女優。
⇒ク俳（モレノ, リタ（アルヴェリオ, ロシータ） 1931–）

Moreno-Ocampo, Luis
アルゼンチンの検察官。
⇒外12（モレノオカンポ, ルイス 1953–）
外16（モレノオカンポ, ルイス 1953–）

Moreno Pino, Kenny
コロンビアのバレーボール選手。
⇒外12（モレーノ・ピーノ, ケニー 1979.1.6–）
最世ス（モレーノ・ピーノ, ケニー 1979.1.6–）

Moreno Torróba, Federico
スペインのギター奏者、作曲家。
⇒新音中（モレーノ・トローバ, フェデリーコ 1891.3.3–1982.9.12）

Moreno y Díaz, Ezequiel
スペイン・アルファロ生まれのアウグスチノ会司祭, 宣教師, 司教, 聖人。祝日8月19日。
⇒新カト（モレノ・イ・ディアス 1848.4.9–1906.8.19）

Morera, Giacinto
イタリアの数学者、力学者。
⇒数辞（モレラ, ジャチント 1856–1909）
世数（モレラ, ジアチント 1856–1907）

Mores, Mariano
アルゼンチンのタンゴ作曲家, ピアノ奏者。
⇒標音2（モレス, マリアノ 1922.2.18–）

Moret, Costante
ブラジルのテノール歌手。
⇒魅惑（Moret,Costante 1931–）

Moretti, Amedeo
イタリアのテノール歌手。
⇒魅惑（Moretti,Amedeo ?–）

Moretti, Fabrizio
アメリカのミュージシャン。
⇒外12（モレッティ, ファブリジオ 1980.6.2–）

Moretti, Nanni
イタリア生まれの男優, 映画監督。
⇒映監（モレッティ, ナンニ 1953.8.19–）
外12（モレッティ, ナンニ 1953.8.19–）
外16（モレッティ, ナンニ 1953.8.19–）

Moretz, Chloë Grace
アメリカ生まれの女優。
⇒遺産（モレッツ, クロエ・グレース 1997.2.10–）
外12（モレッツ, クロエ・グレース 1997–）
外16（モレッツ, クロエ・グレース 1997–）

Morgan, Alex
アメリカのサッカー選手（FW）。
⇒外16（モーガン, アレックス 1989.7.2–）
最世ス（モーガン, アレックス 1989.7.2–）

Morgan, Barbara
アメリカの宇宙飛行士, 小学校教師。
⇒外12（モーガン, バーバラ）

Morgan, Charles Langbridge
イギリスの小説家, 劇評家。代表作に『泉』（1932）や『河の線』（49）など。
⇒岩世人（モーガン 1894.1.22–1958.2.6）
現世文（モーガン, チャールズ 1894.1.22–1958.2.6）

Morgan, Claude
フランスの小説家, ジャーナリスト。主著『人間のしるし』（1944）。
⇒西文（モルガン, クロード 1898–1966）

Morgan, Conway Lloyd
イギリスの動物学者, 比較心理学者。
⇒岩生（モーガン 1852–1936）
岩世人（モーガン 1852.2.6–1936.3.6）
メル3（モーガン, ロイド 1852–1936）

Morgan, Dennis
アメリカ（アイルランド系）の男優, テナー歌手。
⇒ク俳（モーガン, デニス（モーナー, スタンリー） 1909–1994）

Morgan, Derrick
ジャマイカ生まれの歌手。
⇒ロック（Morgan,Derrick モーガン, デリック）

Morgan, Edwin（George）
スコットランドの詩人, 翻訳家。
⇒岩世人（モーガン 1920.4.27–2010.8.17）
現世文（モーガン, エドウィン 1920.4.27–2010.8.17）

Morgan, George Campbell
イギリスのプロテスタント神学者。主著 "A first century message to 20th century Chrstians" (1902)。
⇒岩世人（モーガン 1863.12.9–1945.5.16）

Morgan, Helen
アメリカのポピュラー歌手。
⇒標音2（モーガン, ヘレン 1900.8.2–1941.10.8）

Morgan, Herbert Rollo
アメリカの天文学者。
⇒天文大（モーガン 1875–1957）

Morgan, Hywel Rhodri
ウェールズの政治家。
⇒岩世人（モーガン 1939.9.29–）
世指導（モーガン, ロドリー 1939.9.29–2017.5.17）

Morgan, Jacques Jean Marie de
フランスの考古学者, オリエント先史考古学の先駆者。
⇒岩世人（モルガン 1857.6.3–1924.6.14）

Morgan, Joe
アメリカの大リーグ選手（二塁）。
⇒メジャ（モーガン, ジョー 1943.9.19–）

Morgan, John Pierpont
アメリカの大金融資本家。1895年J.P.モーガン商会を創設。
⇒アメ経（モルガン, ジョン・P 1837.4.17–1913.3.13）
アメ州（Morgan,John Pierpont モーガン, ジョン・ピアポント 1837–1913）
アメ新（モルガン 1837–1913）
岩世人（モーガン 1837.4.17–1913.3.31）
広辞7（モルガン 1837–1913）
世人新（モルガン（モーガン） 1837–1913）
世人装（モルガン（モーガン） 1837–1913）
ポプ人（モルガン, ジョン・ピアポント 1837–1913）

Morgan, John Pierpont, II
アメリカのモーガン財閥の3代目。篤志家で, 慈善事業への寄付を惜しまなかった。
⇒アメ経（モルガン, ジョン・P.2世 1867.9.7–1943.3.13）

Morgan, Michael Thomas
アメリカの大リーグ選手（投手）。
⇒メジャ（モーガン, マイク 1959.10.8–）

Morgan, Michèle
フランス生まれの女優。
⇒ク俳（モルガン, ミッシェル（ルーセル, シモーヌ） 1920–）

Morgan, Nicola
イギリスの作家。
⇒海文新（モーガン, ニコラ 1961–）

Morgan, Peter
イギリスの脚本家, 劇作家。
⇒外12（モーガン, ピーター 1963–）
外16（モーガン, ピーター 1963–）
現世文（モーガン, ピーター 1963–）

Morgan, Richard K.
イギリスの作家。
⇒外16（モーガン, リチャード 1965–）
海文新（モーガン, リチャード 1965.9.24–）
現世文（モーガン, リチャード 1965.9.24–）

Morgan, Speer
アメリカの作家。
⇒現世文（モーガン, スピア 1946.1.25–）

Morgan, Thomas Hunt
アメリカの生物学者。1933年に染色体の遺伝機構の発見に対し, ノーベル生理・医学賞受賞。
⇒アメ州（Morgan,Thomas Hunt モーガン, トーマス・ハント 1866–1945）
岩生（モーガン 1866–1945）
岩世人（モーガン 1866.9.25–1945.12.4）
旺生5（モーガン 1866–1945）
オク科（モーガン（トーマス・ハント） 1866–1945）
オク生（モーガン, トーマス・ハント 1866–1945）
現科大（モーガン, トマス・ハント 1866–1945）
広辞7（モルガン 1866–1945）
三新生（モーガン 1866–1945）
ネーム（モルガン 1866–1945）
ノベ3（モーガン,T.H. 1866.9.25–1945.12.4）

Morgan, Tommy
アメリカのハーモニカ奏者。
⇒外12（モーガン, トミー 1932–）

Morgan, William G.
アメリカの体育指導者。バレーボールの考案者。
⇒岩世人（モーガン 1870.1.23–1942.12.27）

Morgan, William Jason
アメリカの地球物理学者。
⇒岩世人（モーガン 1935.10.10–）

Morgan, William Wilson
アメリカの天文学者。
⇒天文辞（モルガン 1906–1994）
天文大（モーガン 1906–1944）

Morgenstern, Christian
ドイツの詩人。
⇒岩世人（モルゲンシュテルン 1871.5.6–1914.3.31）

Morgenstern, Erin
アメリカの作家。
⇒海文新（モーゲンスターン, エリン 1978.7.8–）

Morgenstern, Oskar
ドイツ生まれのアメリカの経済学者。ノイマン

と共同でゲームの理論を開発したことで知られる。
⇒岩経（モルゲンシュテルン　1902–1977）
　岩世人（モルゲンシュテルン　1902.1.24–1977.7.26）
　世数（モルゲンシュテルン, オスカー　1902–1977）
　有経5（モルゲンシュテルン　1902–1977）

Morgenstern, Soma
オーストリア（ユダヤ系）の小説家, ジャーナリスト。
⇒ユ著人（Morgenstern,Soma　モルゲンシュテルン, ゾーマ　1890–1976）

Morgenstern, Susie
アメリカ生まれのフランスの作家。
⇒外12（モルゲンステルヌ, スージー　1945–）
　外16（モルゲンステルヌ, スージー　1945–）
　現世文（モルゲンステルヌ, スージー　1945–）

Morgenstern, Thomas
オーストリアのスキー選手（ジャンプ）。
⇒岩世人（モルゲンシュテルン　1986.10.30–）
　外12（モルゲンシュテルン, トーマス　1986.10.30–）
　外16（モルゲンシュテルン, トーマス　1986.10.30–）
　最世ス（モルゲンシュテルン, トーマス　1986.10.30–）

Morgenstierne, Georg Valentin von Munthe af
ノルウェーのインド・イラン語学者。
⇒岩世人（モルゲンスチャールネ　1892.1.3–1978.3.3）

Morgenthau, Hans Joachim
ドイツ生まれのアメリカの国際政治学者。国際政治を「権力政治」の場としてとらえる立場から徹底した現実主義の政策を説き, アメリカのベトナム介入を痛烈に批判した。主著『国際政治学』(1948)。
⇒岩世人（モーゲンソー　1904.2.17–1980.7.19）
　広辞7（モーゲンソー　1904–1980）
　国政（モーゲンソー, ハンス　1904–1980）
　政経改（モーゲンソー　1904–1980）
　世人新（モーゲンソー　1904–1980）
　世人装（モーゲンソー　1904–1980）
　ユ著人（Morgenthou,Hans Joachim　モーゲンソー, ハンス・ヨアヒム　1904–1980）

Morgenthau, Henry, Jr.
アメリカの政治家。1944年ドイツの徹底的な非軍事化と非工業化を目指すモーゲンソー計画を立案した。
⇒ア太戦（モーゲンソー　1891–1967）
　アメ経（モーゲンソー, ヘンリー,2世　1891.5.11–1967.2.6）
　岩世人（モーゲンソー　1891.5.11–1967.2.6）

Morgin, Nicola
イギリス人横浜居留地消防隊主任。
⇒来日（モルギン, ニコラ　1847–1911）

Morgner, Michael
ドイツ生まれの版画家。
⇒芸13（モルクナー, ミッシェル　1942–）

Morgny, Bengt-Ola
スウェーデンのテノール歌手。
⇒魅惑（Morgny,Bengt-Ola　?–）

Morgulov, Igor V.
ロシアの外交官。
⇒外16（モルグロフ, イーゴリ　1961.5.4–）

Mori, Angelo
イタリアのテノール歌手。
⇒失声（モーリ, アンジェロ　1934–）
　魅惑（Mori,Angelo　1934–）

Mori, Emmanuel
ミクロネシアの政治家, 銀行家。ミクロネシア連邦大統領(2007～15)。
⇒外12（モリ, エマニュエル　1948.12.25–）
　外16（モリ, エマニュエル　1948.12.25–）
　世指導（モリ, エマニュエル　1948.12.25–）

Mori, Kyoko
日本生まれのアメリカの作家。
⇒現世文（モリ, キョウコ　1957–）

Moriarty, George Joseph
アメリカの大リーグ選手（三塁, 一塁）。
⇒メジャ（モリアーティ, ジョージ　1885.7.7–1964.4.8）

Moriarty, Liane
オーストラリアの作家。
⇒現世文（モリアーティ, リアーン　1966–）

Moriarty, Michael
アメリカ生まれの俳優。
⇒ク俳（モリアーティ, マイクル　1941–）

Móricz Zsigmond
ハンガリーの小説家。『死にいたるまで善人である』(1922)が代表作。
⇒岩世人（モーリツ　1879.6.29–1942.9.5）
　新カト（モーリツ　1879.6.29–1942.9.4）

Morientes, Fernando
スペインのサッカー選手。
⇒外12（モリエンテス, フェルナンド　1976.4.5–）

Morillo, Juan
ドミニカ共和国のプロ野球選手（楽天・投手）, 大リーグ選手。
⇒外12（モリーヨ, フアン　1983.11.5–）

Morimoto, Risa
アメリカのドキュメンタリー映画監督。
⇒外12（モリモト, リサ）

Morin, Claude
フランス生まれの彫刻家。
⇒芸13（モーラン，クロード　1946–）

Morin, Edgar
フランスの社会学者。主な著書に『映画』(1959)『オルレアンのうわさ』(69) など。
⇒岩世人（モラン　1921.7.8–）
　外12（モラン，エドガール　1921.7.8–）
　外16（モラン，エドガール　1921.7.8–）
　現社（モラン　1921–）
　広辞7（モラン　1921–）
　社小増（モラン　1921–）
　ネーム（モラン，エドガール　1921–）
　メル別（モラン，エドガール　1921–）

Morin, Léopold Germain
ベルギーのカトリック神学者。主著，"Origines du chant grégorien" (1890)。
⇒岩世人（モラン　1861.11.6–1946.2.12）

Morini, Erica
オーストリア生まれのヴァイオリン奏者。
⇒標音2（モリーニ，エリカ　1904.1.5–1995.11.1）
　ユ著人（Morini,Erica　モリーニ，エリカ　1904–1995）

Morínigo, Higinio
パラグアイの政治家。大統領となり（1940〜48），憲法を停止し，軍部独裁政治を行った。
⇒岩世人（モリニゴ　1897.1.11–1983.1.27）

Morino, Giuseppe
イタリアのテノール歌手。
⇒失声（モリーノ，ジュゼッペ　?）
　魅惑（Morino,Giuseppe　1959–）

Morison, Samuel Eliot
アメリカの歴史家。アメリカ歴史協会会長(1950)。
⇒岩世人（モリソン　1887.7.9–1976.5.15）

Morison, Samuel Loring
アメリカ海軍の情報分析官。
⇒スパイ（モリソン，サミュエル・ローリング　1944–）

Morison, Stanley
イギリスのタイポグラファー，学者。
⇒岩世人（モリソン　1889.5.6–1967.10.11）
　グラデ（Morison,Stanley Arthur　モリソン，スタンリー・アーサー　1889–1967）

Morisseau-Leroy, Félix
ハイチ出身の詩人，小説家。
⇒広辞7（モリソー・ルロワ　1912–1998）

Morissette, Alanis
カナダ生まれの歌手。
⇒外12（モリセット，アラニス　1974.6.1–）
　外16（モリセット，アラニス　1974.6.1–）

Morisson, Louis
ベルギーのテノール歌手。
⇒魅惑（Morisson,Louis　1888–1934）

Moriyama, Raymond
カナダの建築家。
⇒外12（モリヤマ，レイモンド　1929.10.11–）
　外16（モリヤマ，レイモンド　1929.10.11–）

Morjane, Kamel
チュニジアの外交官，政治家。
⇒外12（モジャーン，カマル　1948.5.9–）
　外16（モジャーン，カマル　1948.5.9–）
　世指導（モジャーン，カマル　1948.5.9–）

Morka, Boguslaw
ポーランドのテノール歌手。
⇒魅惑（Morka,Boguslaw　?–）

Morley, Edward Williams
アメリカの化学者。
⇒岩世人（モーリー　1838.1.29–1923.2.24）
　化学（モーリー　1838–1923）
　三新物（モーリー　1838–1923）

Morley, Frank
イギリスの数学者。
⇒世数（モーリー，フランク　1860–1937）

Morley, Isla
南アフリカ出身の作家。
⇒海文新（モーリー，アイラ）
　現明文（モーリー，アイラ）

Morley, James William
アメリカの政治学者。コロンビア大学教授。
⇒岩世人（モーリー　1921.7.12–）

Morley, John Morley, Viscount
イギリスの伝記作家，政治家。『グラッドストン伝』(3巻,1903) が主著。
⇒岩世人（モーリー　1838.12.24–1923.9.23）

Morley, Robert
イギリスの俳優。
⇒ク俳（モーリー，ロバート　1908–1992）

Morley, Sylvanus Griswold
アメリカの考古学者。古代マヤ文明の古都遺跡の発掘にあたった。
⇒岩世人（モーリー　1883.6.7–1948.9.2）
　ラテ新（モーリー　1883–1948）

Morlotti, Ennio
イタリアの画家。
⇒芸13（モルロッティ，エンニオ　1910–1979）

Mormeck, Jean-Marc
フランスのプロボクサー。
⇒最世ス（モルメク，ジャン・マルク　1972.6.3–）

Morneau, Justin
カナダの大リーグ選手(内野)。
⇒外12 (モーノウ, ジャスティン 1981.5.15–)
　外16 (モルノー, ジャスティン 1981.5.15–)
　最世ス (モルノー, ジャスティン 1981.5.15–)
　メジャ (モルノー, ジャスティン 1981.5.15–)

Moro, Aldo
イタリアの法学者, 政治家。1963年11月4党連立による中道左派の内閣を組閣し, 以後64年第2次, 66年第3次と4年半にわたり組閣, 西欧の「左旋回の立役者」として注目された。
⇒岩世人 (モーロ 1916.9.23–1978.5.9)
　新カト (モロ 1916.9.23–1978.5.9)

Moro, Enzo
イタリアのテノール歌手。
⇒魅惑 (Moro,Enzo ?–?)

Moroni, Francesco
テノール歌手。
⇒魅惑 (Moroni,Francesco ?–?)

Morozov, Nikolai
フィギュアスケート指導者。
⇒外12 (モロゾフ, ニコライ 1975.12.17–)
　外16 (モロゾフ, ニコライ 1975.12.17–)
　最世ス (モロゾフ, ニコライ 1975.12.17–)

Morozov, Nikolai Aleksandrovich
ロシアの革命家, 科学者。1878年ナロードニキの秘密結社「土地と自由」に, のち「人民の意志」党に加入。
⇒岩世人 (モロゾフ 1854.6.25/7.7–1946.6.30)

Morozov, Savva Timofeevich
帝政ロシアの実業家, 社会運動家。
⇒岩世人 (モロゾフ 1862–1905.5.13)

Morpurgo, Michael
イギリスの児童文学作家。
⇒外12 (モーパーゴ, マイケル 1943–)
　外16 (モーパーゴ, マイケル 1943.10.5–)
　現世文 (モーパーゴ, マイケル 1943.10.5–)

Morral, Matteo
スペインの無政府主義者。1906年スペイン国王アルフォンソ13世の暗殺をはかった。
⇒世暗 (モラル, マテオ 1880–1906)

Morrell, David
アメリカのミステリ作家。
⇒外12 (マレル, デービッド 1943–)
　現世文 (マレル, デービッド 1943–)

Morricone, Ennio
イタリア・ローマ生まれの映画音楽作曲家。
⇒岩世人 (モリコーネ 1928.11.10–)
　外12 (モリコーネ, エンニオ 1928.11.10–)
　外16 (モリコーネ, エンニオ 1928.11.10–)
　新音中 (モリコーネ, エンニオ 1928.11.10–)
　標音2 (モッリコーネ, エンニオ 1928.11.10–)

Morrill, John Francis
アメリカの大リーグ選手(一塁, 三塁)。
⇒メジャ (モーリル, ジョン 1855.2.19–1932.4.2)

Morrill, John Stephen
イギリスの歴史家。
⇒岩世人 (モリル 1946.6.12–)

Morris, Bob
アメリカの作家。
⇒海文新 (モリス, ボブ)

Morris, Charles John
イギリスの教育者。
⇒岩世人 (モリス 1895.8.27–1980.12.13)

Morris, Charles William
アメリカの哲学者。従来の論理実証主義に意味論的接近法を導入, 科学的経験論を唱えた。主著『精神についての6理論』(1932),『論理実証主義, 実用主義, 科学的経験主義』(37)。
⇒岩世人 (モリス 1901.5.23–1979.1.15)
　社小増 (モリス 1901–1979)
　新カト (モリス 1901.5.23–1979.1.15)
　哲中 (モリス 1901–1978)

Morris, Chester
アメリカの男優。
⇒ク俳 (モリス, チェスター (モリス, ジョン・C) 1901–1970)

Morris, Dick
アメリカの選挙戦略家, 政治コンサルタント, コラムニスト, 実業家。
⇒外12 (モリス, ディック 1947–)

Morris, Doug
アメリカの実業家。
⇒外16 (モリス, ダグ 1938.11.23–)
　ロック (Morris,Doug モリス, ダグ)

Morris, Edward
アメリカの大リーグ選手(投手)。
⇒メジャ (モーリス, エド 1862.9.29–1937.4.12)

Morris, Errol
アメリカ・ニューヨーク生まれの映画監督。
⇒映監 (モリス, エロール 1948.2.5–)
　外12 (モリス, エロール 1948.2.5–)
　外16 (モリス, エロール 1948.2.5–)

Morris, Harold Paul
アメリカの生化学者。「モリスのヘパトーマ」と呼ばれる最小偏倚肝癌を作った。
⇒岩世人 (モリス 1900.5.8–1982.7.14)

Morris, Ian
アメリカの歴史学者。

⇒外16（モリス, イアン　1960–）

Morris, Ivan
イギリス生まれの日本文学研究家。三島由紀夫の『金閣寺』など現代小説の翻訳のほか『枕草子』『好色一代女』を訳した。
⇒岩世人（モリス　1925.11.29–1976.7.19）

Morris, Jackie
イギリスのイラストレーター, 絵本作家。
⇒外16（モリス, ジャッキー）

Morris, James
アメリカの実業家。IWCリソース会長・CEO, 国連世界食糧計画（WFP）事務局長。
⇒外12（モリス, ジェームズ　1943.4.18–）
　外16（モリス, ジェームズ　1943.4.18–）
　世指導（モリス, ジェームズ　1943.4.18–）

Morris, James Henry
アメリカの実業家。
⇒アア歴（Morris,James Henry　モリス, ジェイムズ・ヘンリー　1871.6.26–1942.2.16）

Morris, John Scott
アメリカの大リーグ選手（投手）。
⇒メジャ（モーリス, ジャック　1955.5.16–）

Morris, Kathryn
アメリカの女優。
⇒外12（モリス, キャスリン　1969.1.28–）

Morris, Mark
アメリカのダンサー, 振付家, 舞踊団監督。
⇒岩世人（モリス　1956.8.29–）
　外12（モリス, マーク　1956.8.29–）
　外16（モリス, マーク　1956.8.29–）

Morris, Matt
アメリカの大リーグ選手（投手）。
⇒メジャ（モーリス, マット　1974.8.9–）

Morris, Nathan
アメリカの歌手。
⇒外12（モリス, ネーサン）

Morris, Robert
アメリカ生まれの彫刻家。
⇒岩世人（モリス　1931.2.9–）
　芸13（モリス, ロバート　1931–）

Morris, Robin
アメリカ生まれの画家。
⇒芸13（モリス, ロビン　1953–）

Morris, Roland Sleter
アメリカの外交官。第6代駐日アメリカ大使。
⇒アア歴（Morris,Roland Sletor　モリス, ローランド・スリター　1874.3.11–1945.11.23）
　岩世人（モリス　1874.3.11–1945.11.23）

Morris, Talwin
イギリス・ウインチェスター生まれのアート・ディレクター。
⇒グラデ（Morris,Talwin　モリス, タルウィン　1865–1911）

Morris, Thomas
フランスのテノール歌手。
⇒魅惑（Morris,Thomas　1971–）

Morris, Wanya
アメリカの歌手。
⇒外12（モリス, ウォンヤ）

Morris, Wayne
アメリカの男優。
⇒ク俳（モリス, ウェイン（モリス, バート・デ・ウェイン）　1914–1959）

Morris, William Harold
アメリカの大リーグ選手（一塁）。
⇒メジャ（モーリス, ハル　1965.4.9–）

Morris, Wright
アメリカの小説家。
⇒岩世人（モリス　1910.1.6–1998.4.25）
　現世文（モリス, ライト　1910.1.6–1998.4.25）

Morrison, Adam
アメリカのバスケットボール選手。
⇒外12（モリソン, アダム　1984.7.14–）
　最世ス（モリソン, アダム　1984.7.14–）

Morrison, Boyd
アメリカの作家, 俳優。
⇒海文新（モリソン, ボイド　1967–）

Morrison, Denny
カナダのスピードスケート選手。
⇒外12（モリソン, デニー　1985.9.8–）
　外16（モリソン, デニー　1985.9.8–）
　最世ス（モリソン, デニー　1985.9.8–）

Morrison, George Ernest
オーストラリア生まれのイギリスのジャーナリスト, 医者。
⇒岩世人（モリソン　1862.2.4–1920.5.30）
　広辞7（モリソン　1862–1920）

Morrison, Henry Clinton
アメリカの教育学者。ヘルバルト派の方法的単元を改良して「モリソン単元法」を提唱。
⇒岩世人（モリソン　1871.10.7–1945.5.19）

Morrison, James
イギリスのシンガー・ソングライター。
⇒外12（モリソン, ジェームズ　1984.8.13–）
　外16（モリソン, ジェームズ　1984.8.13–）

Morrison, James Forrest
アメリカの大リーグ選手（三塁, 二塁）。

Morrison, John Dewey
アメリカの大リーグ選手(投手)。
⇒メジャ (モリソン, ジョニー　1895.10.22–1966.3.20)

Morrison, Toni
アメリカの作家, 編集者。1993年ノーベル文学賞。
⇒アメ新 (モリスン　1931–)
　岩世人 (モリソン　1931.2.18–)
　外12 (モリソン, トニ　1931.2.18–)
　外16 (モリソン, トニ　1931.2.18–)
　現辞文 (モリソン, トニ　1931.2.18–)
　広辞7 (モリソン　1931–)
　新カト (モリソン　1931.2.18–)
　ノベ3 (モリソン, T.　1931.2.18–)

Morrison, Van
アイルランド生まれの歌手。
⇒岩世人 (モリソン　1945.8.31–)
　新音中 (モリソン, ヴァン　1945.8.31–)
　標音2 (モリソン, ヴァン　1945.8.31–)
　ロック (Morrison,Van　モリソン, ヴァン　1945.8.31–)

Morrison of Lambeth, Herbert Stanley Morrison, Baron
イギリスの政治家。1951年外相, 51〜55年労働党副党首。ロンドン地区党組織拡充に貢献。
⇒岩世人 (モリソン　1888.1.3–1965.3.6)

Morrissey
イギリス生まれの歌手, 作曲家。
⇒外12 (モリッシー　1959.5.22–)
　外16 (モリッシー　1959.5.22–)

Morrisson, Louis
ベルギーのテノール歌手。
⇒失声 (モリソン, ルイ　1888–1934)
　失声 (モッリッソン, ルイ　1888–1934)

Morris Suzuki, Tessa I.J.
オーストラリアの日本研究家。
⇒外12 (モーリス・スズキ, テッサ　1951–)
　外16 (モーリス・スズキ, テッサ　1951.10.29–)

Morros, Boris
アメリカ・ハリウッドの映画制作者。最初ソ連のためにスパイ行為をし, その後FBIの二重スパイとなった。
⇒スパイ (モロス, ボリス　1891–1963)

Morrow, Bill
アメリカの実業家。
⇒外12 (モロー, ビル　1959.7.2–)
　外16 (モロー, ビル　1959.7.2–)

Morrow, Dwight Whitney
アメリカの弁護士, 銀行家, 外交官。1930年ロンドン軍縮会議代表。
⇒アメ経 (モロー, ドワイト　1873.1.11–1931.10.5)
　アメ州 (Morrow,Dwight Whitney　モロー, ドワイト・ホイットニー　1873–1931)

Morrow, Gerry
フランスの海外県マルティニーク(西インド諸島東部)出身のプロレスラー。
⇒異二辞 (モロー, ジェリー　1949–)

Morrow, Vic
アメリカ生まれの俳優。
⇒ク俳 (モロウ, ヴィック　1932–1982)

Mörsch, Emil
ドイツの土木技術者。
⇒岩世人 (メルシュ　1872.4.30–1950.12.29)

Morse, Edward Sylvester
アメリカの動物学者。大森貝塚の発見者。
⇒アア歴 (Morse,Edward S (ylvester)　モース, エドワード・シルヴェスター　1838.6.18–1925.12.20)
　アメ新 (モース　1838–1925)
　岩生 (モース　1838–1925)
　岩世人 (モース(モールス)　1838.6.18–1925.12.20)
　旺生5 (モース　1838–1925)
　広辞7 (モース　1838–1925)
　辞歴 (モース　1838–1925)
　博物館 (モース, エドワード・シルヴェスター　1838–1925)
　ポプ人 (モース, エドワード　1838–1925)

Morse, Harold Calvin Marston
アメリカの数学者。
⇒岩世人 (モース　1892.3.24–1977.6.22)
　世数 (モース, ハロルド・カルヴィン・マーストン　1892–1977)

Morse, Hosea Ballou
中国官吏として活躍したアメリカ人。中国関税局で働き1909年引退。
⇒アア歴 (Morse,Hosea Ballou　モース, ホセア・バロウ　1855.7.18–1934.2.13)
　岩世人 (モース(モールス)　1855.7.18–1934)

Morse, James Rolland
アメリカの実業家。
⇒アア歴 (Morse,James R (olland)　モース, ジェイムズ・ローランド　1848–1921.12.23)

Morse, Robert
アメリカ生まれの俳優。
⇒ク俳 (モース, ロバート　1931–)

Morse, Ronald A.
アメリカの日本史研究家。ウッドロー・ウィルソン国際学術センター東アジア部門主任。
⇒外12 (モース, ロナルド　1938–)
　外16 (モース, ロナルド　1938–)

Morse, Wayne Lyman
アメリカの政治家。共和党からその後民主党に入り, 1956, 62年と続いて上院の議席を獲得した。
⇒アメ州（Morse,Wayne Lyman　モース, ウエイン・ライマン　1900–1974）

Morse, William Reginald
アメリカの医師。
⇒アア歴（Morse,William Reginald　モース, ウイリアム・レジナルド　1874.8.30–1939.11.11）

Morselli, Enrico
イタリアの精神医学者。
⇒精医歴（モルセリ, エンリコ　1852–1929）

Morselli, Guido
イタリアの小説家。
⇒岩世人（モルセッリ　1912.8.15–1973.7.31）

Morsi, Muhammad
エジプトの政治家。エジプト大統領（2012～13）。
⇒外16（モルシ, ムハンマド　1951.8.8–）
　世指導（モルシ, ムハンマド　1951.8.8–）

Mortara, Edgar
イタリアの修道士。
⇒ユ著人（Mortara,Edgar　モルタラ, エドガル（エドガー・モルトラ）　1851–1940）

Mortari, Virgilio
イタリアの作曲家。カセラとの共著『近代管弦楽法』(1947)がある。
⇒ク音3（モルターリ　1902–1993）
　新音中（モルターリ, ヴィルジーリオ　1902.12.6–1993.9.5）
　標音2（モルターリ, ヴィルジリオ　1902.12.6–1993.9.5）

Mortati, Tommaso
アメリカ陸軍空挺隊員。
⇒スパイ（モルタティ, トマソ）

Mortensen, Dale T.
アメリカの経済学者。
⇒外12（モーテンセン, デール　1939–）
　ノベ3（モーテンセン,D.T.　1939.2.2–）
　有経5（モーテンセン　1939–）

Mortensen, Viggo
アメリカ生まれの俳優。
⇒遺産（モーテンセン, ヴィゴ　1958.10.20–）
　外12（モーテンセン, ヴィゴ　1958.10.20–）
　外16（モーテンセン, ビゴ　1958.10.20–）
　ク俳（モーテンセン, ヴィゴウ　1958–）

Mortier, Alfred
フランスの作家。
⇒19仏（モルティエ, アルフレッド　1865.6.9–1937）

Mortier, Gérard
ベルギーのオペラ監督。
⇒外12（モルティエ, ジェラール　1943.11.25–）

Mortimer, Emily
イギリスの女優。
⇒外12（モーティマー, エミリー　1971.12.1–）
　外16（モーティマー, エミリー　1971.12.1–）
　ク俳（モーティマー, エミリー　1972–）

Mortimer, John
イギリスの劇作家, 作家, 弁護士。
⇒岩世人（モーティマー　1923.4.21–2009.1.16）
　現世文（モーティマー, ジョン　1923.4.21–2009.1.16）

Mortimer, Penelope (Ruth)
イギリスの女性小説家。
⇒岩世人（モーティマー　1918.9.19–1999.10.19）
　現世文（モーティマー, ペネロピー　1918.9.19–1999.10.19）

Mortlock, Stirling
オーストラリアのラグビー選手。
⇒最世ス（モートロック, スターリング　1977.5.20–）

Morton, Carl Wendle
アメリカの大リーグ選手（投手）。
⇒メジャ（モートン, カール　1944.1.18–1983.4.12）

Morton, Frederic
オーストリア生まれ, アメリカの作家。
⇒エデ（モートン, フェルディナンド "ジェリー・ロール"　1890.10.20–1941.7.10）

Morton, George 'Shadow'
アメリカ・ヴァージニア州リッチモンド生まれのレコード・プロデューサー, ソングライター。
⇒ロック（Morton,George 'Shadow'　モートン, ジョージ・"シャドウ"　1942–）

Morton, Guy, Sr.
アメリカの大リーグ選手（投手）。
⇒メジャ（モートン, ガイ　1893.6.1–1934.10.18）

Morton, Jelly Roll
アメリカのジャズ・ピアノ奏者, 作曲家, 歌手。ジャズ史上初期の巨匠とされる。主作品は『キング・ポーター・ストンプ』,『ワイルド・マン・ブルース』。
⇒岩世人（モートン　1890/1885.10.20–1941.7.10）
　新音中（モートン, ジェリー・ロール　1890.10.20–1941.7.10）
　標音2（モートン, ジェリー・ロール　1890.10.20–1941.7.10）

Morton, Kate
オーストラリアの作家。
⇒外16（モートン, ケイト　1976–）
　海文新（モートン, ケイト　1976–）

現世文（モートン，ケイト 1976–）

Morton, Samantha
イギリスの女優。
⇒外12（モートン，サマンサ 1977.5.13–）
外16（モートン，サマンサ 1977.5.13–）
ク俳（モートン，サマンサ 1977–）

Moruzzi, Giuseppe
イタリアの神経生理学者。
⇒現精（モルッツィ 1910–1986）
現精縮（モルッツィ 1910–1986）

Morvaj, Robert
テノール歌手。
⇒魅惑（Morvaj,Robert（Morvai） ?–）

Morvan, Benoit
北海道，北斗市にある厳律シトー会の灯台の聖母トラピスト大修道院の初代大修道院長。フランス生まれ。
⇒新カト（モルヴァン 1893.5.21–1949.2.1）

Moryn, Walter Joseph
アメリカの大リーグ選手（外野）。
⇒メジャ（モーリン，ウォルト 1926.4.12–1996.7.21）

Morzez, Philip N.
アメリカの作家。
⇒海文新（モーゼズ，フィリップ・N. 1969–）
現世文（モーゼズ，フィリップ・N. 1969–）

Moṣaddeq, Moḥammad
イランの政治家。
⇒イス世（モサッデク 1880–1967）
岩イ（モサッデク 1880–1967）
岩世人（モサッデク，モハンマド 1881頃–1967.3.5）
広辞7（モサデク 1881頃–1967）
世史改（モサデク 1882–1967）
世人新（モサデク 1880–1967）
世人装（モサデク 1880–1967）
ポプ人（モサデク，モハンマド 1880–1967）

Mosbacher, Robert
アメリカの政治家，実業家。商務長官。
⇒世指導（モスバカー，ロバート 1927.3.11–2010.1.24）

Mosby, Håkon
ノルウェーの海洋学者。ベルゲン大学海洋物理学教授，同大学地球物理研究所長。
⇒岩世人（モスビュ 1903.7.10–1989.10.18）

Mosby, John
アメリカ南北戦争時の南軍正規騎兵大隊長。
⇒異二辞（モスビー［ジョン・～］ 1833–1916）

Mosca, Gaetano
イタリアの政治学者。
⇒岩世人（モスカ 1858.4.1–1941.11.8）
広辞7（モスカ 1858–1941）
社小増（モスカ 1858–1941）

Mościcki, Ignacy
ポーランドの学者，政治家。
⇒岩世人（モシチツキ 1867.12.1–1946.10.2）

Moscoso, Mireya Elisa
パナマの政治家。パナマ大統領（1999～2004）。
⇒岩世人（モスコソ 1946.7.1–）
世指導（モスコソ，ミレヤ・エリサ 1946.7.1–）

Moscovici, Serge
ルーマニア出身のフランスの社会心理学者。
⇒社心小（モスコヴィッシ 1925–）
メル別（モスコヴィッシ，セルジュ 1925–2014）

Moseby, Lloyd Anthony
アメリカの大リーグ選手（外野）。
⇒メジャ（モズビー，ロイド 1959.11.5–）

Moseley, Earl Victor
アメリカの大リーグ選手（投手）。
⇒メジャ（モズリー，アール 1887.9.7–1963.7.1）

Moseley, Henry Gwyn-Jeffreys
イギリスの物理学者。X線の研究で「モーズリーの法則」を発見(1913)，元素分析に画期的な方法を提供した。
⇒岩世人（モーズリー 1887.11.23–1915.8.10）
化学（モーズリー 1887–1915）
三新物（モーズリー 1887–1915）

Moser, Edda
ドイツのソプラノ歌手。
⇒オペラ（モーザー，エッダ 1938–）
標音2（モーザー，エッダ 1941.10.27–）

Moser, Edvard Ingjald
ノルウェーの脳科学者。
⇒外16（モーセル，エドバルト 1962.4.27–）

Moser, Hans Joachim
ドイツの音楽学者。ベルリン国立音楽院院長（1949～）。
⇒岩世人（モーザー 1889.5.25–1967.8.14）
新音中（モーザー，ハンス・ヨーアヒム 1889.5.25–1967.8.14）
標音2（モーザー，ハンス・ヨアヒム 1889.5.25–1967.8.14）

Moser, Hugo
西ドイツのゲルマン語学者。ドイツ語研究所（マンハイム）代表。南ドイツのシュヴァーベンの方言や民俗・説話や歌謡の研究で知られる。
⇒岩世人（モーザー 1909.6.19–1989.3.22）

Moser, Jürgen Kurt
ドイツの数学者。
⇒岩世人（モーザー 1928.7.4–1999.12.17）

Moser, Karl
スイスの建築家。代表作アントニウス聖堂 (1926)。
⇒岩世人（モーザー　1860.8.10–1936.2.28）

Moser, Koloman
オーストリアの画家。
⇒岩世人（モーザー　1868.3.30–1918.10.18）
グラデ（Moser,Koloman　モーザー, コロマン　1868–1918）
ネーム（モーザー　1868–1918）

Moser, May-Britt
ノルウェーの脳科学者。
⇒外16（モーセル, マイブリット　1963.1.4–）

Moser, Thomas
アメリカのテノール歌手。
⇒失声（モーザー, トーマス　1945–）
魅惑（Moser,Thomas　1945–）

Moser-Pröll, Annemarie
オーストリアのスキー選手。
⇒岩世人（モーザー＝プレル　1953.3.27–）

Moses, Anna Mary Robertson
アメリカの女性画家。
⇒アメ州（Moses,Grandma　モーゼズ, グランマ　1860–1961）
芸13（モーゼス, グランマ　1860–1929）

Moses, Bernard
アメリカの教育者, 植民地行政官。
⇒アア歴（Moses,Bernard　モウゼズ, バーナード　1846.8.27–1930.3.4）

Moses, Edwin
アメリカの陸上選手。
⇒岩世人（モーゼス　1955.8.31–）
外12（モーゼス, エドウィン　1955.8.31–）

Moses, Wallace
アメリカの大リーグ選手 (外野)。
⇒メジャ（モーゼス, ウォーリー　1910.10.8–1990.10.10）

Mosessohn, David Nehemiah
アメリカの法律家, 編集者。メナヘムの子。
⇒ユ著人（Mosessohn,David Nehemiah　モーゼゾーン, デイヴィッド・ネヘミア　1883–1930）

Mosessohn, Menahem
ロシア・クリミア生まれのユダヤ教の聖職者。
⇒ユ著人（Mosessohn,Menahem　モーゼスゾーン, メナヘム　1853–1926）

Mosessohn, Moses Dayyan
アメリカの法律家, 編集者。メナヘムの弟。
⇒ユ著人（Mosessohn,Moses Dayyan　モーゼゾーン, モーゼス・ダヤン　1884–1940）

Mosher, Arthur Theodore
アメリカの農業学者。
⇒アア歴（Mosher,Arthur T (heodore)　モシャー, アーサー・シオドア　1910.10.4–）

Mosher, Gouverneur Frank
アメリカの宣教師。
⇒アア歴（Mosher,Gouverneur Frank　モシャー, フランク・グヴァヌア　1871.10.28–1941.7.19）

Moshfegh, Ottessa
アメリカの作家。
⇒現世文（モシュフェグ, オテッサ　1981.5.20–）

Moshoeshoe II
レソト国王。在位1966〜96。
⇒世指導（モショエショエ2世　1938.5.2–1996.1.15）

Mosisili, Pakalitha
レソトの政治家。レソト首相, レソト民主主義会議 (LCD) 党首。
⇒外12（モシシリ, パカリタ　1945.3.14–）
外16（モシシリ, パカリタ　1945.3.14–）
世指導（モシシリ, パカリタ　1945.3.14–）

Mosley, *Sir* Oswald Ernald
イギリスの政治家。1932年イギリス・ファシスト連合を設立したが, 運動は大きな勢力とはならなかった。著書『わが生涯』(68) など。
⇒岩世人（モズリー　1896.11.16–1980.12.3）

Mosley, Shane
アメリカのプロボクサー。
⇒外12（モズリー, シェーン　1971.9.8–）
外16（モズリー, シェーン　1971.9.8–）
最新ス（モズリー, シェーン　1971.9.8–）

Mosley, Walter
アメリカのミステリ作家, 小説家, SF作家, 児童文学者。
⇒現世文（モズリー, ウォルター　1952–）

Mosolov, Aleksandr Vasil'yevich
ロシアの作曲家。
⇒岩世人（モソーロフ　1900.7.29/8.11–1973.7.12）
ク音3（モソロフ　1900–1973）
新音中（モソロフ, アレクサンドル　1900.8.11–1973.7.12）
標音2（モソロフ, アレクサンドル・ヴァシリエヴィチ　1900.7.29–1973.7.11）

Moss, Carrie Anne
カナダの女優。
⇒ク俳（モス, キャリー＝アン　1969–）

Moss, Claude Russell
アメリカの教育者, 民俗学者。
⇒アア歴（Moss,Claude R (ussell)　モス, クロード・ラッセル　1875.9.29–1958.12.21）

M

Moss, Helen
イギリスの作家。
⇒海文新（モス,ヘレン　1964-）

Moss, Kate
イギリスのファッションモデル。
⇒外12（モス,ケイト　1974.1.16-）
　外16（モス,ケイト　1974.1.16-）

Moss, Randy
アメリカのプロフットボール選手,バスケットボール選手。
⇒外12（モス,ランディ　1977.2.13-）
　外16（モス,ランディ　1977.2.13-）
　最世ス（モス,ランディ　1977.2.13-）

Moss, Stirling
イギリスのレーシング・ドライバー。
⇒異二辞（モス[スターリング・~]　1929-）
　岩世人（モス　1929.9.17-）

Moss, Tara
カナダ生まれの作家,モデル。
⇒海文新（モス,タラ）
　現世文（モス,タラ）

Mössbauer, Rudolf Ludwig
ドイツの物理学者。1961年ノーベル物理学賞。
⇒岩世人（メスバウアー　1929.1.31-2011.9.14）
　外12（メスバウアー,ルドルフ　1929.1.31-）
　三新物（メスバウアー　1929-）
　ノベ3（メスバウアー,R.L.　1929.1.31-）
　物理（メスバウアー,ルドルフ・ルートヴィヒ　1929-2011）

Mosse, Albert
ドイツの公法学者。1886年5月内閣および内務省法律顧問として来日,明治憲法の制定に貢献。
⇒岩世人（モッセ　1846.10.1-1925.5.30）
　広辞7（モッセ　1846-1925）
　ポプ人（モッセ,アルバート　1846-1925）
　ユ著人（Mosse,Albert　モッセ,アルベルト　1846-1925）

Mosse, George Lachmann
ドイツ出身の亡命ユダヤ人歴史家。
⇒現社（モッセ　1918-1999）

Mosse, Hans Lachmann
ドイツのモッセ出版社主。
⇒ユ著人（Mosse,Hans Lachmann　モッセ,ハンス・ラッハマン　1885-1944）

Mosse, Kate
イギリスの作家。
⇒外12（モス,ケイト）
　外16（モス,ケイト）
　現世文（モス,ケイト）

Mossi, Donald Louis
アメリカの大リーグ選手（投手）。
⇒メジャ（モッシ,ドン　1929.1.11-）

Most, Johann Joseph
ドイツのアナーキスト。
⇒学叢思（モスト,ヨハン・ヨゼフ　1846-1906）

Most, Mickie
イギリス生まれのプロデューサー。
⇒ロック（Most,Mickie　モースト,ミッキー　1938-）

Mostaert, Antoine
ベルギーの神父,モンゴル学者。
⇒新カト（モステール　1881.8.10-1971）

Mostel, Zero
アメリカの俳優。
⇒ク俳（モステル,ゼロ（モステル,サミュエル）1915-1977）
　ユ著人（Mostel,Zero　モステル,ゼロ　1915-）

Mostil, John Anthony
アメリカの大リーグ選手（外野）。
⇒メジャ（モスティル,ジョニー　1896.6.1-1970.12.10）

Mostovoi, Alexander
ロシアのサッカー選手。
⇒異二辞（モストヴォイ[アレクサンドル・~]　1968-）

Moszkowski, Moritz
ドイツのピアノ奏者,ピアノ教師,作曲家。
⇒岩世人（モシュコフスキ　1854.8.23-1925.3.4）
　ク曲3（モシュコフスキ　1854-1925）
　新音小（モシュコフスキ,モーリツ　1854-1925）
　新音中（モシュコフスキ,モーリツ　1854.8.23-1925.3.4）
　ネーム（モシュコフスキ　1854-1925）
　ピ曲改（モシュコフスキー,モーリツ　1854-1925）
　標音2（モシュコフスキ,モーリッツ　1854.8.23-1925.3.4）
　ユ著人（Moszkowski,Moritz　モシュコフスキー,モーリッツ　1854-1925）

Mota, Guillermo
ドミニカ共和国の大リーグ選手（投手）。
⇒メジャ（モタ,ギエルモ　1973.7.25-）

Mota, Manuel Rafael
アメリカの大リーグ選手（外野）。
⇒メジャ（モタ,マニー　1938.2.18-）

Mota, Rosa Maria Correia dos Santos
ポルトガルの女子マラソン選手。
⇒外12（モタ,ロザ　1958.6.29-）
　外16（モタ,ロザ　1958.6.29-）

Mo Tae-bum
韓国のスピードスケート選手。
⇒外12（モテボン　牟太釩　1989.2.15-）

Moṭahharī, Mortaẓā
イランの十二イマーム派の宗教指導者, 学者。
⇒岩イ（モタッハリー　1920–1979）

Moten, Bennie
アメリカのジャズ・バンド・リーダー, ピアノ奏者。
⇒標音2（モーテン, ベニー　1894.11.13–1935.4.2）

Motherwell, Robert
アメリカの画家。
⇒岩世人（マザウェル　1915.1.24–1991.7.16）
　芸13（マザウェル, ロバート　1915–1991）

Moti, Kaiko
インド生まれの画家。
⇒芸13（モティ, カイコ　1921–）

Motinggo Boesje
現代インドネシアを代表する大衆作家。
⇒岩世人（ブーシェ, モティンゴ　1937.11.21–1999.6.18）
　現世文（モティンゴ・ブーシェ　1937.11.21–）

Motion, Andrew
イギリスの詩人, 批評家。
⇒岩世人（モーション　1952.10.26–）
　外12（モーション, アンドルー　1952.10.26–）
　外16（モーション, アンドルー　1952.10.26–）
　現世文（モーション, アンドルー　1952.10.26–）

Motlanthe, Kgalema
南アフリカの政治家。南アフリカ共和国大統領（2008〜09）。
⇒外12（モトランテ, ハレマ　1949.7.19–）
　外16（モトランテ, ハレマ　1949.7.19–）
　世指導（モトランテ, ハレマ　1949.7.19–）

Mott, John Raleigh
アメリカのキリスト教伝道者, 慈善運動家。
⇒岩世人（モット　1865.5.25–1955.1.31）
　オク教（モット　1865–1955）
　新カト（モット　1865.5.25–1955.1.31）
　ノベ3（モット, J.R.　1865.5.25–1955.1.31）

Mott, Nevill Francis
イギリスの物理学者。国際物理学連盟の会長となり（1951〜）, また優れた教科書の著者としても知られている。
⇒岩世人（モット　1905.9.30–1996.8.8）
　広辞7（モット　1905–1996）
　三新物（モット　1905–1996）
　ノベ3（モット, N.F.　1905.9.30–1996.8.8）
　物理（モット, サー・ネヴィル・フランシス　1905–1996）

Motta, Giuseppe
スイスの法律家, 政治家。5度大統領となる

（1915,20,27,32,37）。
⇒岩世人（モッタ　1871.12.29–1940.1.23）

Mottaki, Manouchehr
イランの外交官, 政治家。
⇒外12（モッタキ, マヌチェフル　1953–）
　外16（モッタキ, マヌチェフル　1953–）
　世指導（モッタキ, マヌチェフル　1953.5.12–）

Motte, Jason Louis
アメリカの大リーグ選手（投手）。
⇒メジャ（モット, ジェイソン　1982.6.22–）

Mottelson, Ben Roy
デンマークの物理学者。1975年ノーベル物理学賞。
⇒岩世人（モッテルソン　1926.7.9–）
　ノベ3（モッテルソン, B.　1926.7.9–）
　ユ著he（Mottelson,Ben Roy　モッテルソン, ベン・ロイ　1926–）

Mottl, Felix
オーストリアの指揮者。
⇒岩世人（モットル　1856.8.24–1911.7.2）
　新音中（モットル, フェーリクス　1856.8.24–1911.7.2）
　標音2（モットル, フェーリクス　1856.8.24–1911.7.2）

Mouglalis, Anna
フランスの女優, モデル。
⇒外12（ムグラリス, アナ　1978–）

Moulder-Brown, John
イギリス生まれの俳優。
⇒ク俳（モールダー＝ブラウン, ジョン　1951–）

Moule, Arthur Christopher
イギリスの牧師, 中国学者。主著, "Christians in China before the year"（1550,1930）。
⇒岩世人（マウル　1873.5.18–1957.6.5）

Moule, Handley Carr Glyn
イギリス国教会のダラム教区主教。
⇒オク教（モウル　1841–1920）

Moulin, Jean
フランスの政治家。
⇒岩世人（ムーラン　1899.6.20–1943.7.8）

Moulonguet, Thierry
フランスの実業家。
⇒外12（ムロンゲ, ティエリー　1951.2.27–）
　外16（ムロンゲ, ティエリー　1951.2.27–）

Mouloudji
フランス生まれの俳優。
⇒標音2（ムージ, マルセル　1922.9.16–1994.6.14）

Moulson, John
アメリカのテノール歌手。
⇒魅惑（Moulson,John　1928–）

Moulton, Harold Glenn
アメリカ生まれの経済思想家。
⇒岩世人（モールトン　1883.11.7–1965.12.14）

Moulton, James Hope
イギリスのゾロアスター教学者。
⇒岩世人（モールトン　1863.10.11–1917.4.7）
　オク教（モウルトン　1863–1917）

Moulton, Richard Green
イギリス生まれのアメリカの文学者。主著，"Shakespeare as a dramatic artist"（1885）。
⇒比文増（モールトン（リチャード・グリーン）　1849（嘉永2）–1924（大正13））

Mounet-Sully
フランスの俳優。1872年『アンドロマク』のオレスト役で認められ，以後，恵まれた容姿深い解釈力で人気を博した。
⇒岩世人（ムネ＝シュリ　1841.2.27–1916.3.1）

Mounier, Emmanuel
フランスの人格主義哲学者。1924年グルノーブルでJ.シュバリエに師事，1927年パリに出，C.ペギー研究の会を発展させて32年雑誌『エスプリ』を創刊。主著『人格主義共同体主義革命』（35），『性格論』（48），『人格主義』（49）。
⇒岩キ（ムーニェ　1905–1950）
　岩世人（ムーニエ　1905.5.1–1950.3.23）
　新カト（ムーニエ　1905.4.1–1950.3.22）
　メル3（ムーニエ，エマニュエル　1905–1950）

Mounin, Georges
フランスの言語学者。フランス構造言語学界の主要な学究の1人。著書に『ソシュール』（1968）など。
⇒岩世人（ムーナン　1910.6.20–1993.10.1）

Mountain, Ross
ニュージーランドのDARA事務局長，国連レバノン担当人道調整官。
⇒外12（マウンテン，ロス）
　外16（マウンテン，ロス　1944.11.13–）
　世指導（マウンテン，ロス　1944.11.13–）

Mountbatten of Burma, Louis Francis Albert Victor Nicholas Mountbatten, Earl
イギリスの海軍軍人，植民地行政官。
⇒ア太戦（マウントバッテン　1900–1979）
　岩世人（マウントバッテン　1900.6.25–1979.8.27）
　南ア新（マウントバッテン　1900–1979）

Mourad, Joumana
イギリス生まれの画家。
⇒芸13（ムーラッド，ジョマナ　1954–）

Mourgue, Raoul
フランスの精神科医。
⇒メル3（ムールグ，ラウル　1886–1950）

Mourinho, Jose
ポルトガルのサッカー監督。
⇒外12（モウリーニョ，ジョゼ　1963.1.26–）
　外16（モウリーニョ，ジョゼ　1963.1.26–）
　最世ス（モウリーニョ，ジョゼ　1963.1.26–）
　ネーム（モウリーニョ，ジョゼ　1963–）

Mourlevat, Jean-Claude
フランスの作家。
⇒海文新（ムルヴァ，ジャン＝クロード　1952–）
　現世文（ムルヴァ，ジャン・クロード　1952–）

Mourning, Alonzo
アメリカのバスケットボール選手。
⇒外12（モーニング，アロンゾ　1970.2.8–）
　最世ス（モーニング，アロンゾ　1970.2.8–）

Mouroux, Jean
フランスのカトリック神学者。
⇒新カト（ムルー　1901.3.16–1973.10.13/14）

Mousavi, Mirhossein
イランの政治家。イラン首相。
⇒外12（ムサビ，ミルホセイン　1942.3–）
　外16（ムサビ，ミルホセイン　1941.9.29–）
　世指導（ムサビ，ミルホセイン　1941.9.29–）

Mouskouri, Nana
ギリシャ生まれの歌手。
⇒新音中（ムスクーリ，ナナ　1934.10.13–）
　標準2（ムスクーリ，ナナ　1936.10.10–）

Mousnier, Roland
フランスの歴史家。17世紀フランス史研究の権威。
⇒岩世人（ムーニエ　1907.9.7–1993.2.8）

Moussa, Amr Mahmoud
エジプトの政治家，外交官。エジプト外相，アラブ連盟事務局長。
⇒外12（ムーサ，アムル・マハムード　1936.10.3–）
　外16（ムーサ，アムル・マハムード　1936.10.3–）
　世指導（ムーサ，アムル・マハムード　1936.10.3–）

Mousset, Jean-Germain
フランスのパリ外国宣教会員。第2代大邱代牧。
⇒新カト（ムセ　1876.9.19–1957.6.8）

Moussoulbes, David
ロシアのレスリング選手（フリースタイル）。
⇒外12（ムスルベス，ダビド　1972.5.28–）
　最世ス（ムスルベス，ダビド　1972.5.28–）

Moustaki, Georges
ギリシア人の作詞・作曲家，歌手。

⇒標音2（ムスタキ, ジョルジュ　1934.5.3–）

Moustapha, Imad
シリアの外交官, 情報技術学者。
⇒外16（ムスタファ, イマド）

Moutawakel, Nawal El
モロッコの陸上選手（障害）。
⇒外12（ムータワキル, ナワル・エル　1962.4.15–）
　外16（ムータワキル, ナワル・エル　1962.4.15–）

Mouzat, Virginie
フランスのファッションジャーナリスト, 作家。
⇒外16（ムザ, ヴィルジニー　1966–）

Mowat, Farley
カナダの児童文学者。
⇒現世文（モワット, ファーリー　1921.5.12–2014.5.6）

Mowinckel, Sigmund（Olaf Plytt）
ノルウェーのプロテスタント旧約聖書学者。ルター派牧師。
⇒オク教（モーヴィンケル　1884–1965）
　新カト（モーヴィンケル　1884.8.4–1965.6.4）

Mowlem, Marjorie
イギリスの政治家。
⇒岩世人（モーラム　1949.9.18–2005.8.19）
　世指導（モーラム, マージャリ　1949.9.18–2005.8.19）

Mowll, Joshua
イギリスの作家。
⇒海文新（モウル, ジョシュア）

Mowrer, Ernest Russell
アメリカの社会学者。
⇒社小増（モウラー　1895–）

Mowrer, Orval Hobart
アメリカの心理学者。新行動主義の学習理論をパーソナリティ, 臨床, 社会, 行動などの領域に適用した。
⇒岩世人（マウラー　1907.1.23–1982.6.20）

Mowrey, Harry Harlan（Mike）
アメリカの大リーグ選手（三塁）。
⇒メジャ（マウリー, マイク　1884.4.20–1947.3.20）

Moya, Carlos
スペインのテニス選手。
⇒外12（モヤ, カルロス　1976.8.27–）

Moyer, Jamie
アメリカの大リーグ選手（投手）。
⇒外12（モイヤー, ジェイミー　1962.11.18–）
　外16（モイヤー, ジェイミー　1962.11.18–）
　最世ス（モイヤー, ジェイミー　1962.11.18–）
　メジャ（モイヤー, ジェイミー　1962.11.18–）

Moyer, Samuel Tyson
アメリカの宣教師。
⇒アア歴（Moyer,Samuel T（yson）　モイヤー, サミュエル・タイスン　1893.4.10–1972）

Moyes, David
イギリスのサッカー監督（マンチェスター・ユナイテッド）。
⇒最世ス（モイーズ, デービッド　1963.4.25–）

Moyes, Jojo
イギリスの作家, ジャーナリスト。
⇒海文新（モイーズ, ジョジョ　1969–）

Moyes, Patricia
イギリスのミステリ作家。
⇒現世文（モイーズ, パトリシア　1923.1.19–2000.8.2）

Moyle, Julian
テノール歌手。
⇒魅惑（Moyle,Julian　?–?）

Moynahan, Molly
アメリカの作家。
⇒外12（モイナハン, モリー）

Moynihan, Brian
アメリカの銀行家, 法律家。
⇒外16（モイニハン, ブライアン　1959.10.9–）

Moyse, Heather
カナダのボブスレー選手。
⇒外12（モイズ, ヘザー　1978.7.23–）
　外16（モイズ, ヘザー　1978.7.23–）
　最世ス（モイズ, ヘザー　1978.7.23–）

Moÿse, Marcel Joseph
フランスのフルート奏者。パリ音楽院交響楽団の首席奏者。
⇒岩世人（モイーズ　1889.5.17–1984.11.1）
　新音中（モイーズ, マルセル　1889.5.17–1984.11.1）
　標音2（モイーズ, マルセル　1889.5.17–1984.11.1）

Moyzes, Alexander
チェコスロバキアの作曲家, 音楽教育家。
⇒ク音3（モイゼス　1906–1984）

Mozaffar al-Dīn Shāh
イランのガージャール朝第5代国王。在位1896～1907。
⇒岩イ（モザッファロッディーン・シャー　1853–1907）
　岩世人（モザッファロッディーン・シャー　1853.3.25–1907.1.4）

Mozhaev, Boris Andreevich
ソ連の小説家。『フョードル・クジキンの生活から』(1966)は50年代の農村生活を描きつつ,

ロシア社会の矛盾を摘発して注目された。
⇒岩世人（モジューヒン　1889.9.26/10.8-1939.1.18)
現世文（モジャーエフ，ボリス　1923.6.1-1996.3.2)

Mozzoni, Anna Maria
イタリアの女性解放論者。
⇒岩世人（モッツォーニ　1837.5.5-1920.6.14)

Mphahlele, Es'kia
南アフリカのソト族出身の小説家，評論家。
⇒現世文（ムファレレ，エスキア　1919.12.17-2008.10.27)

Mravinskii, Evgenii Aleksandrovich
ソ連の指揮者。レニングラード・フィルハーモニー管弦楽団の常任指揮者。
⇒岩世人（ムラヴィンスキー　1903.5.22/6.4-1988.1.19)
広辞7（ムラヴィンスキー　1903-1988)
新音中（ムラヴィンスキー，エヴゲニー　1903.6.4-1988.1.19)
標音2（ムラヴィンスキー，エヴゲニー　1903.6.4-1988.1.19)

Mraz, Jason
アメリカ・ヴァージニア州生まれの歌手。
⇒外16（ムラーズ，ジェイソン　1977-)

Mrożek, Sławomir
ポーランドの劇作家，小説家。
⇒岩世人（ムロージェク　1930.6.29-2013.8.15)
外12（ムロジェク，スワヴォミル　1930.6.26-)
現世文（ムロジェク，スワヴォミル　1930.6.26-2013.8.15)
ネーム（ムロージェク　1930-2013)

Mrštík, Vilém
チェコの作家。
⇒岩世人（ムルシュチーク　1863.5.14-1912.3.2)

Mseveni, Yoweri Kaguta
ウガンダの政治家。
⇒岩世人（ムセヴェニ　1944頃-)

Mswati III
スワジランド国王。在位1986〜。
⇒外12（ムスワティ3世　1968.4.19-)
外16（ムスワティ3世　1968.4.19-)
世指導（ムスワティ3世　1968.4.19-)

Mtshali, Oswald Mbuyiseni
南アフリカの詩人。
⇒現世文（ムチャーリ，オズワルド　1940-)

Muallem, Walid
シリアの政治家。シリア副首相，外務・移民相。
⇒世指導（ムアレム，ワリード　1941-)

Mubārak, Muḥammad Ḥusnī
エジプトの軍人，政治家。エジプト・アラブ共和国大統領(1981〜2011)。
⇒異二辞（ムバラク[ムハンマド・ホスニー・〜]　1928-)
岩イ（ムバーラク　1928-)
岩世人（ムバーラク　1928.5.4-)
外12（ムバラク，ムハンマド・ホスニ　1928.5.4-)
外16（ムバラク，ムハンマド・ホスニ　1928.5.4-)
広辞7（ムバラク　1928-)
世史改（ムバラク　1928-)
世指導（ムバラク，ムハンマド・ホスニ　1928.5.4-)
世人新（ムバラク　1928-)
世人装（ムバラク　1928-)
ポブ人（ムバラク，ホスニ　1928-)

Muccino, Gabriele
イタリアの映画監督。
⇒外12（ムッチーノ，ガブリエレ　1967-)
外16（ムッチーノ，ガブリエレ　1967.5.20-)

Muccio, John Joseph
アメリカの外交官。
⇒アア歴（Muccio,John J(oseph)　ムチオ，ジョン・ジョゼフ　1900-1989.5.19)

Muccioli, Marcello
イタリアの日本研究家。ナポリ東洋学校の日本語・日本文学教授。
⇒岩世人（ムッチョーリ　1898.2.1-1976.8.8)

Mucha, Alfons
チェコスロバキアの画家，挿絵画家，舞台美術家。
⇒グラデ（Mucha,Alphonse　ミュシャ，アルフォンス　1860-1939)
芸13（ミュシャ，アルフォンス　1860-1939)
広辞7（ミュシャ　1860-1939)
辞歴（ミュシャ　1860-1939)
世人新（ミュシャ　1860-1939)
世人装（ミュシャ　1860-1939)
ネーム（ミュシャ　1860-1939)
ポブ人（ミュシャ，アルフォンス　1860-1939)

Mucha, Willy
フランスの画家。
⇒芸13（ムーシャ，ウィリー　1906-)

Muchamore, Robert
イギリスの作家。
⇒外16（マカモア，ロバート　1972-)
海文新（マカモア，ロバート　1972.12.26-)
現世文（マカモア，ロバート　1972.12.26-)

Muchembled, Robert
フランスの歴史家。
⇒岩世人（ミュシャンブレッド　1944.3.4-)

Muck, Carl
ドイツの指揮者。
⇒岩世人（ムック　1859.10.22-1940.3.3)
新音中（ムック，カール　1859.10.22-1940.3.3)
標音2（ムック，カルル　1859.10.22-1940.3.3)

Muckermann, Friedrich
ドイツのジャーナリスト、イエズス会会員。
⇒新カト (ムッカーマン　1883.8.17–1946.4.2)

Muckermann, Hermann
ドイツの生理学者、優生学者。"Das kommende Geschlech"誌 (1921〜)、"Eugenik"誌 (30〜) の刊行者。
⇒岩世人 (ムッカーマン　1877.8.30–1962.10.27)

Mudge, James
アメリカの宣教師。
⇒アア歴 (Mudge,James　マッジ、ジェイムズ　1844.4.5–1918.5.7)

Mueck, Ron
オーストラリア生まれの彫刻家。
⇒現アテ (Mueck,Ron　ミュエック、ロン　1958–)
ポプ人 (ミュエック、ロン　1958–)

Mueller, Bill
アメリカの大リーグ選手 (内野手)。
⇒メジャ (ミラー、ビル　1971.3.17–)

Mueller, Donald Frederick
アメリカの大リーグ選手 (外野)。
⇒メジャ (ミューラー、ドン　1927.4.14–2011.12.28)

Mueller, Gustav
アメリカ空軍一等空士。
⇒スパイ (ミューラー、ガスタヴ)

Mueller, Joerg
スイスのイラストレーター、絵本作家、グラフィックデザイナー。
⇒絵本 (ミュラー、イエルク　1942–)

Mueller, Robert Swan, III
アメリカの法律家。アメリカ連邦捜査局 (FBI) 長官。
⇒外16 (モラー、ロバート　1944.8.7–)
スパイ (ミュラー、ロバート・S,3世　1944–)

Mueller-Stahl, Armin
ドイツ生まれの俳優。
⇒スター (ミューラー＝スタール、アーミン　1930.12.17–)

Muffat, Camille
フランスの水泳選手 (自由形)。
⇒最世ス (ムファ、カミーユ　1989.10.28–)

Mufti, Uxi
パキスタンの民俗文化保存専門家。
⇒外12 (ムフティ、アクシ)

Mugabe, Robert Gabriel
ジンバブエの政治家。ジンバブエ大統領 (1987〜2017)、ジンバブエ・アフリカ民族同盟愛国戦線 (ZANU-PF) 議長。

⇒岩世人 (ムガベ　1924.2.21–)
外12 (ムガベ、ロバート　1924.2.21–)
外16 (ムガベ、ロバート　1924.2.21–)
政経改 (ムガベ　1924–)
世指導 (ムガベ、ロバート　1924.2.21–)
世人新 (ムガベ　1924–)
世人装 (ムガベ　1924–)

Mugabure, Pierre-Xavier
フランス人宣教師。
⇒新カト (ミュガビュール　1850.9.1–1910.5.27)

Muggeridge, Malcolm
イギリスの新聞記者、編集者。
⇒スパイ (マッグリッジ、マルコム　1903–1990)

Mugica, Carlos
アルゼンチンのカトリック司祭。
⇒岩世人 (ムヒーカ　1930.10.7–1974.5.11)

Mugnone, Leopoldo
イタリアの指揮者、作曲家。
⇒オペラ (ムニョーネ、レオポルド　1858–1941)

Muguet, Georges
フランスの彫刻家。
⇒芸13 (ムゲェ、ジョージ　1903–)

Muhammad, Abd al-Zahra
イラクの政治家。イラク統治評議会議長。
⇒世指導 (ムハンマド、アブドルザフラ　?–2004.5.17)

Muhammad, Akbar
州立ニューヨーク大学ビンガムトン校の歴史教授。
⇒マルX (MUHAMMAD,AKBAR　ムハマド、アクバー)

Muhammad, Clara
イライジャ・ムハマドの妻。
⇒マルX (MUHAMMAD,CLARA　ムハマド、クララ　1899–1972)

Muhammad, Elijah, Jr.
イライジャ・ムハマドの子。
⇒マルX (MUHAMMAD,ELIJAH,JR.　ムハマド、イライジャ、ジュニア　1931–)

Muhammad, Emmanuel
イライジャ・ムハマドの子。
⇒マルX (MUHAMMAD,EMMANUEL　ムハマド、イマニュエル　1921–)

Muhammad, Ethel
イライジャ・ムハマドの娘。
⇒マルX (MUHAMMAD,ETHEL　ムハマド、エセル　1922–)

Muhammad, Herbert
イライジャ・ムハマドの子。
⇒マルX (MUHAMMAD,HERBERT　ムハマド、

ハーバート 1929–)

Muhammad, Lottie
イライジャ・ムハマドの次女。
⇒マルX（MUHAMMAD,LOTTIE ムハマド, ロッティ 1925–）

Muhammad, Sultan
アメリカ・ハーレムのテンプル・ナンバー・セヴンの伝道師。
⇒マルX（MUHAMMAD,SULTAN ムハマド, スルタン）

Muhammad, Wallace
イライジャ・ムハマドの子。
⇒マルX（MUHAMMAD,WALLACE（Muhammad,Warith Deen, Mohammed, Warith Deen) ムハマド, ウォレス（ムハマド, ウォリス・ディーン、モハムド, ウォリス・ディーン） 1933–）

Muhammad IV, Sultan
マレー半島東岸のクランタン王国の王。在位1899〜1920。
⇒岩世人（ムハンマド4世 ?–1920.12.23）

Muhammad V
モロッコ国王。在位1927〜61。フランスからの完全独立をはかり上からの民族運動を指導。
⇒岩イ（ムハンマド5世 1909–1961）
岩世人（ムハンマド5世 1909.8.10–1961.2.26）

Muhammad VI
モロッコ国王。在位1999〜。
⇒岩世人（ムハンマド6世 1963.8.21–）
外12（モハメド6世 1963.8.21–）
外16（モハメド6世 1963.8.21–）
世指導（モハメド6世 1963.8.21–）

Muhammad ʻAbd al-Wahhāb
アラブの歌手，作曲家，ウード奏者，俳優。
⇒岩イ（ムハンマド・アブドゥルワッハーブ 1910頃–1991）
岩世人（ムハンマド・アブドゥルワッハーブ 1910頃–1991.5.2）

Muhammad ʻAbduh
エジプトの思想家。
⇒イス世（ムハンマド・アブドゥ 1849?–1905）
岩イ（アブドゥ 1849–1905）
岩世人（アブドゥフ，ムハンマド 1849–1905）
広辞7（アブドゥフ 1849–1905）
新カト（ムハンマド・アブドゥフ 1849–1905.7.11）
世史改（ムハンマド＝アブドゥフ 1849–1905）
世人新（ムハンマド＝アブドゥフ 1849–1905）
世人装（ムハンマド＝アブドゥフ 1849–1905）
哲中（ムハンマド・アブドゥフ 1849–1905）
ポプ人（ムハンマド・アブドゥフ 1849–1905）

Muhammad ʻAlī, Mawlānā
パキスタンのイスラム学者。

⇒岩世人（ムハンマド・アリー 1874–1951.10.13）

Muhammad ʻAlī Shāh
イランのカージャール朝第6代のシャー。在位1907〜09。
⇒岩世人（モハンマド・アリー・シャー 1872.6.21–1925.4.5）

Muhammad Badīʻ
エジプトのイスラム原理主義指導者。ムスリム同胞団第8代団長および国際同胞団機構の最高指導者（2010〜）。
⇒岩世人（ムハンマド・バディーウ 1943.8.7–）

Muhammad Badr Ḥamīd al-Dīn
イエメンのムタワッキル王国最後の王。
⇒岩イ（ムハンマド・バドルッ・ハミードゥッディーン 1926?–1996）
岩世人（ムハンマド・バドルッ・ハミードゥッディーン 1929–1996.8.6）

Muhammad bin Rashid al-Maktoum
アラブ首長国連邦の政治家。アラブ首長国連邦（UAE）副大統領，首相，国防相，ドバイ首長，ゴドルフィン・レーシング総帥。
⇒外12（ムハンマド・ビン・ラシド・アル・マクトム 1948–）
外16（ムハンマド・ビン・ラシド・アル・マクトム 1948–）
世指導（ムハンマド・ビン・ラシド・アル・マクトム 1948–）

Muhammad bin Salman
サウジアラビアの政治家。サウジアラビア皇太子，副首相，国防相。
⇒世指導（ムハンマド・ビン・サルマン 1985.8.31–）

Muhammad Imīn Bughra
新疆ウイグル人の民族指導者。
⇒岩世人（ムハンマド・イミン・ブグラ 1901–1965）

Muhammad Rashīd Riḍā
シリア生まれのイスラム改革思想家。
⇒イス世（ラシード・リダー 1865–1935）
岩イ（リダー 1865–1935）
岩世人（リダー，ラシード 1865.9.23–1935.8.22）
広辞7（リダー 1865–1935）
世人新（ラシード＝リダー 1865–1935）
世人装（ラシード＝リダー 1865–1935）

Mühl, Rogger
フランス生まれの版画家。
⇒芸13（ミュール, ロジャー 1929–）

Mühlemann, Lukas
スイスの実業家。
⇒外16（ミューレマン, ルーカス 1950–）

Mühlen, Heribert
ドイツのカトリック神学者。

⇒新カト (ミューレン　1927.4.27-2006.5.25)

Muhlstein, Anka
フランスの伝記作家。
⇒外16 (ミュルシュタイン, アンカ　1935–)
　現世文 (ミュルシュタイン, アンカ　1935–)

Mühsam, Erich
ドイツの劇作家, 詩人。
⇒岩世人 (ミューザーム　1878.4.6-1934.7.10)

Muhtar Paşa, Gazi Ahmed
オスマン帝国末期の軍人, 政治家。
⇒岩イ (ムフタル・パシャ　1839-1919)

Muilenburg, James
アメリカの旧約学者。
⇒新カト (マイレンバーグ　1896.6.1-1974.5.10)

Muir, Edwin
イギリスの詩人, 小説家, 批評家。『迷路』(1949) が代表作。
⇒岩世人 (ミューア　1887.5.15-1959.1.3)
　現世文 (ミュア, エドウィン　1887.5.15-1959.1.3)

Muir, John
アメリカの博物学者。『カリフォルニアの山々』(1894) などを書いた。
⇒アメ州 (Muir,John　ミュア, ジョン　1838-1914)
　岩世人 (ミューア　1838.4.21-1914.12.24)

Muir, Ramsay
イギリスの政治家, 政治学者, 歴史家。主著"Short history of the British Commonwealth" 2巻 (1920~22) は, 植民地をも含む大英帝国の総合的歴史。
⇒岩世人 (ミューア　1872.9.30-1941.5.4)

Muirhead, John Henry
スコットランドの哲学者。主著『倫理学原論』(1892~1934) をめぐる「哲学館事件」は, 当時の日本教育界に波瀾をおこした。
⇒岩世人 (ミューアヘッド　1855.4.28-1940.5.24)
　メル3 (ミュアヘッド, ジョン・ヘンリー　1855-1940)

Mujawar, Ali Mohammed
イエメンの政治家。イエメン首相。
⇒外12 (ムジャワル, アリ・ムハンマド　1953–)
　外16 (ムジャワル, アリ・ムハンマド　1953–)
　世指導 (ムジャワル, アリ・ムハンマド　1953–)

Mujica, José
ウルグアイの政治家。ウルグアイ大統領 (2010~15)。
⇒異二辞 (ムヒカ [ホセ・~]　1935–)
　外12 (ムヒカ, ホセ　1935.5.20–)
　外16 (ムヒカ, ホセ　1935.5.20–)
　世指導 (ムヒカ, ホセ　1935.5.20–)

Mujica Láinez, Manuel
アルゼンチンの小説家, 美術評論家。
⇒現世文 (ムヒカ・ライネス, マヌエル　1910.9.11-1984.4.21)
　ラテ新 (ムヒカ・ライネス　1910-1984)

Mukařovský, Jan
チェコの美学者, 文芸理論家。おもな作品は『チェコ詩論』(1948), 「プラーグ言語学サークル」の創立メンバーの1人。
⇒岩世人 (ムカジョフスキー　1891.11.11-1975.2.8)

Mukasey, Michael
アメリカの法律家。米国司法長官。
⇒世指導 (ミュケーシー, マイケル　1941.7.28–)

Mukeria, Shalva
ジョージアのテノール歌手。
⇒魅惑 (Mukeria,Shalva　?–)

Mukerjee, Pranab
インドの政治家。インド大統領 (2012~17)。
⇒外16 (ムカジー, プラナブ　1935.12.11–)
　世指導 (ムカジー, プラナブ　1935.12.11–)

Mukesh
インドの歌手。
⇒岩世人 (ムケーシュ　1923.7.22-1976.8.27)

Mukhamedov, Irek
ロシアのダンサー。
⇒外12 (ムハメドフ, イレク　1960.2.8–)
　外16 (ムハメドフ, イレク　1960.2.8–)

Mukherjee, Bharati
アメリカ (インド系) の女性小説家。
⇒現世文 (ムーカジ, バーラティ　1940–)

Mukherjee, Meera
インドの彫刻家。
⇒岩世人 (ムケルジー　1923.5.12-1998.1.27)

Mukherjee, Radhakamal
インドの社会学者。
⇒社小増 (ムケルジー　1889-1968)

Mukherjee, Siddhartha
アメリカの腫瘍内科医, がん研究者。
⇒外16 (ムカジー, シッダールタ　1970–)

Mukhina, Vera Ignatievna
ソ連の女性彫刻家。『労働者とコルホーズの農婦』(1937), 『チャイコフスキイ』の像などの作品がある。
⇒芸53 (ムーヒナ, ヴェーラ・イグナーチェヴナ　1889-1953)

Mukhopādhyāya, Śyāma Prasād
インドの政治家, 弁護士。
⇒岩世人 (ムコパッダーエ (ムケルジー, ムカジー)

1901.6.6–1953.6.23）

al-Mukhtār, ʻUmar
リビア、とくにキレナイカ地方における反イタリア植民地闘争の軍事的指導者。
⇒岩イ（ムフタール，ウマル　1858–1931）

Mukk, Jozsef
ハンガリーのテノール歌手。
⇒魅惑（Mukk,Jozsef　?–）

Muktibodh, Gajanan Madhav
インドのヒンディー語詩人。現代ヒンディー文学史における記念碑的作品『タール・サプタック』(1943)を書いた7人中の一人。
⇒現世文（ムクティボード，ガジャーナン・マーダヴ　1917.11.3–1964.6.4）

Mulally, Alan
アメリカの実業家。
⇒外16（ムラーリー，アラン　1945.8.4–）

Mulatu Teshome
エチオピアの政治家，外交官。エチオピア大統領(2013〜18)。
⇒外16（ムラトゥ・テショメ　1957.1.29–）
　世指導（ムラトゥ・テショメ　1957.1.29–）

Mulaudzi, Mbulaeni
南アフリカの陸上選手(中距離)。
⇒最世ス（ムラウジ，ムブイレニ　1980.9.8–）

Mulcahy, Anne Marie
アメリカの実業家。
⇒外12（マルケイヒー，アン　1952.10.21–）
　外12（マルケイヒー，アン　1952.10.21–）

Muldaur, Maria
アメリカ・ニューヨーク生まれの歌手。
⇒ロック（Muldaur,Maria　マルダワー，マリア）

Mulder, Mark Alan
アメリカの大リーグ選手(投手)。
⇒外12（マルダー，マーク　1977.8.5–）
　メジャ（モルダー，マーク　1977.8.5–）

Mulder, Michel
オランダのスピードスケート選手。
⇒外16（ムルダー，ミヘル　1986.2.27–）

Mulder, Teun
オランダの自転車選手(トラックレース)。
⇒最世ス（ムルダー，テーン　1981.6.18–）

Muldoon, Paul
北アイルランドの詩人。
⇒岩世人（マルドゥーン　1951.6.20–）
　現世文（マルドゥーン，ポール　1951.6.20–）

Muldoon, Robert David
ニュージーランドの政治家。ニュージーランド首相(1975〜84)。1946年にロンドンの公認会計士協会からイギリス本国以外の居住者としては初のレバーフューム賞を受賞。
⇒ニュー（マルドゥーン，ロバート　1921–1992）

Muldoon, William
アメリカのプロレスラー。
⇒岩世人（マルドゥーン　1852.5.25–1933.6.3）

Mulgan, John Alan Edward
ニュージーランドの小説家。
⇒ニュー（マルガン，ジョン　1911–1945）

Mulgray, Helen
イギリスの作家。
⇒海文新（マルグレイ，ヘレン）
　現世文（マルグレイ，ヘレン）

Mulholland, Terry
アメリカの大リーグ選手(投手)。
⇒メジャ（マルホランド，テリー　1963.3.9–）

Muliaina, Mils
ニュージーランドのラグビー選手(NTTドコモ・レッドハリケーンズ・FB)。
⇒最世ス（ムリアイナ，ミルズ　1980.7.31–）

Mulisch, Harry
オランダの作家。
⇒岩世人（ムリシュ　1927.7.29–2010.10.30）
　現世文（ムリシュ，ハリー　1927.7.29–2010.10.30）

Mulki, Hani
ヨルダンの政治家。ヨルダン首相・国防相。
⇒世指導（ムルキ，ハニ　1951.10.15–）

Mullā Mūsā Sayramī
東トルキスタンの作家，歴史家。
⇒岩イ（ムッラー・ムーサー　1836?–1917?）

Mullan, Peter
イギリスの俳優，映画監督。
⇒外12（ミュラン，ピーター　1954–）

Mullane, Anthony John
アメリカの大リーグ選手(投手)。
⇒メジャ（マレイン，トニー　1859.1.30–1944.4.25）

Mullane, Brendan
イギリスの服飾デザイナー。
⇒外16（ミューラン，ブレンダン　1975–）

Mullen, Larry
イギリスのロック・ドラム奏者。
⇒外12（ミューレン，ラリー　1961.10.31–）
　外16（ミューレン，ラリー　1961.10.31–）

Mullen, Michael
アメリカの軍人。米国統合参謀本部議長，海軍大将。
⇒外12（マレン，マイク　1946.10.4–）

外16（マレン, マイケル　1946.10.4–）

Muller, Armin
アメリカの画家。
⇒芸13（ミューラー, アミン　1932–）

Müller, Edmund Josef
ドイツの音楽教育家。ケルン国民合唱団の設立者。雑誌『音楽』『教会音楽』などにより, 教育と国民の教養生活に大きく貢献。
⇒教人（ミュラー　1874–1944）

Muller, Franck
スイスの時計職人。
⇒異二辞（ミュラー, フランク　1958–）

Müller, Franz Regis
ルクセンブルクのイエズス会司祭, 宣教師。上智大学教授。
⇒新カト（ミュラー　1899.6.17–1947.9.13）

Müller, Friedrich
ドイツの牧師, 神学者。
⇒新カト（ミュラー　1884.10.28–1969.2.1）

Müller, Friedrich von
ドイツの医者。物質代謝, 栄養, 物理学的診断法に関する業績が著しい。
⇒岩世人（ミュラー　1858.9.17–1941.11.18）

Müller, Friedrich Wilhelm Karl
ドイツの東洋学者。
⇒岩世人（ミュラー　1863.1.21–1930.4.18）

Müller, Georg Elias
ドイツの心理学者。業績は現代の実験心理学の基盤となる。主著『精神物理学の基礎』(1878)。
⇒岩世人（ミュラー　1850.7.20–1934.12.23）
　学叢思（ミューラー, ゲオルク・エリアス　1850–?）
　教人（ミュラー　1850–1934）

Müller, Gerd
ドイツのサッカー選手。
⇒異二辞（ミュラー［ゲルト・～］　1945–）
　岩世人（ミュラー　1945.11.3–）
　外12（ミュラー, ゲルト　1945.11.3–）
　ネーム（ミュラー, ゲルト　1945–）

Muller, Gerda
オランダの絵本作家。
⇒外16（ミューラー, ゲルダ　1926–）

Müller, Günther
ドイツの文学史家。
⇒新カト（ミュラー　1890.12.15–1957.7.9）

Müller, Heiner
ドイツの劇作家。
⇒岩世人（ミュラー　1929.1.9–1995.12.30）
　現世文（ミュラー, ハイナー　1929.1.9–1995.12.30）
　広辞7（ミュラー　1929–1995）
　世演（ミュラー, ハイナー　1929.1.9–1995.12.30）

Müller, Hermann
ドイツの政治家。社会民主党の地方機関紙〈ゲルリッツ民報〉の主筆(1899)。
⇒岩世人（ミュラー　1876.5.18–1931.3.20）

Muller, Hermann Joseph
アメリカの生物学者, 遺伝学者。1926年X線で人工的に遺伝子を変えることに成功, 46年にノーベル生理・医学賞を受賞。
⇒岩生（マラー　1890–1967）
　岩世人（マラー　1890.12.21–1967.4.5）
　旺生5（マラー　1890–1967）
　広辞7（マラー　1890–1967）
　三新生（マラー　1890–1967）
　ノベ3（マラー, H.J.　1890.12.21–1967.4.5）
　ユ著人（Muller, Hermann Joseph　マラー, ジョセフ・ヘルマン　1890–1967）

Müller, Herta
ルーマニア生まれのドイツの作家。ノーベル文学賞受賞。
⇒岩世人（ミュラー　1953.8.17–）
　外12（ミュラー, ヘルタ　1953.8.17–）
　外16（ミュラー, ヘルタ　1953.8.17–）
　現世文（ミュラー, ヘルタ　1953.8.17–）
　広辞7（ミュラー　1953–）
　新カト（ミュラー　1953.8.17–）
　ノベ3（ミュラー, H.　1953.8.17–）

Müller, Johannes
ドイツのイエズス会司祭, ドイツ文学者。上智大学教授。
⇒新カト（ミュラー　1892.9.17–1956.9.26）

Müller, Karl
ドイツの宣教学者。
⇒新カト（ミュラー　1918.1.25–2001.2.28）

Müller, Karl Alex
スイスの物理学者。1987年ノーベル物理学賞。
⇒岩世人（ミュラー　1927.4.20–）
　広辞7（ミュラー　1927–）
　ノベ3（ミューラー, K.A.　1927.4.20–）

Müller, Karl von
ドイツのプロテスタント神学者, 教会史家。特に近世教会史の研究に貢献。主著『教会史』(1892〜1919)。
⇒学叢思（ミューラー, カール　1852–?）

Muller, Marcia
アメリカのミステリ作家。
⇒現世文（マラー, マーシャ　1944–）

Muller, Marco
イタリアの映画プロデューサー, 映画祭ディレクター, 映画評論家。
⇒外12（ミュレール, マルコ　1953–）

Müller, Markus
ドイツのテノール歌手。
⇒魅惑（Müller,Markus　?–）

Müller, Matthias
ドイツの実業家。
⇒外16（ミュラー, マティアス　1953.6.9–）

Müller, Max
ドイツの哲学者。
⇒岩世人（ミュラー　1906.9.6–1994.10.18）
　新カト（ミュラー　1906.9.6–1994.10.18）

Muller, Mélanie
フランスの作家。
⇒海文新（ムレール, メラニー）

Müller, Otto
ドイツの画家, 版画家。
⇒岩世人（ミュラー　1874.10.16–1930.9.24）
　芸13（ミュラー, オットー　1874–1930）

Müller, Paul Hermann
スイスの化学者。1939年DDTの合成に成功。48年ノーベル生理・医学賞受賞。
⇒岩生（ミュラー　1899–1965）
　岩世人（ミュラー　1899.1.12–1965.10.13）
　化学（ミュラー,P.H.　1899–1965）
　広辞7（ミュラー　1899–1965）
　ノベ3（ミュラー,P.H.　1899.1.12–1965.10.12）

Müller, Richard
ドイツの革命家。主著『ドイツ帝国から共和国へ』。
⇒岩世人（ミュラー　1880.12.9–1943.5.11）

Müller, Rolf
ドイツ・ドルトムント生まれのグラフィック・デザイナー。
⇒グラデ（Müller,Rolf　ミューラー, ロルフ　1940–）

Müller, Rufus
イギリスのテノール歌手。
⇒魅惑（Müller,Rufus　?–）

Müller, Thomas
ドイツのサッカー選手（バイエルン・FW）。
⇒外12（ミュラー, トーマス　1989.9.13–）
　外16（ミュラー, トーマス　1989.9.13–）
　最世ス（ミュラー, トーマス　1989.9.13–）

Müller, Werner
ドイツの作曲家。
⇒新音中（ミュラー, ヴェルナー　1920.8.2–1998.12.28）
　標音2（ミュラー, ヴェルナー　1920.8.2–1998.12.28）

Müller, Werner
ドイツの政治家。
⇒外16（ミュラー, ウェルナー　1946.6.1–）
　世指導（ミュラー, ウェルナー　1946.6.1–）

Müller, Willy
テノール歌手。
⇒魅惑（Müller,Willy　1927–）

Müller-Armack, Alfred
ドイツ生まれの経済思想家。
⇒新カト（ミュラー・アルマック　1901.6.28–1978.3.16）

Müller-Beck, Hansjürgen
ドイツの考古学者。
⇒岩世人（ミュラー＝ベック　1927.8.13–）

Müller-Brockmann, Josef
スイスのグラフィック・デザイナー, タイポグラファー, 教育者。
⇒グラデ（Müller-Brockmann,Josef　ミューラー＝ブロックマン, ヨーゼフ　1914–1996）

Müller-Freienfels, Richard
ドイツの心理学者, 哲学者。主著『個体の哲学』『日常の心理』など。
⇒岩世人（ミュラー＝フライエンフェルス　1882.8.7–1949.12.12）
　教人（ミュラー・フライエンフェルス　1882–1949）

Müller-Karpe, Hermann
西ドイツの考古学者。ヨーロッパ考古学界を動員して "Prähistorische Bronzefunde" を編集刊行。
⇒岩世人（ミュラー＝カルペ　1925.2.1–）

Müller-Lorenz, Wolfgang
ドイツのテノール歌手。
⇒魅惑（Müller-Lorenz,Wolfgang　1946–）

Müller-Lyer, Franz
ドイツの社会学者, 心理学者。幾何学的錯視にかんする「ミュラー・リアーの図形」を発表（1889）。
⇒岩世人（ミュラー＝リアー　1857.2.5–1916.10.29）
　社小増（ミュラー＝リアー　1857–1916）
　ネーム（ミュラー＝リアー　1857–1916）

Müller-Schott, Daniel
ドイツのチェロ奏者。
⇒外12（ミュラー・ショット, ダニエル　1976–）
　外16（ミュラー・ショット, ダニエル　1976–）

Mullican, Moon
アメリカ・テキサス州コリガン生まれのピアノ奏者。
⇒ロック（Mullican,Moon　マリカン, ムーン　1909–）

Mulligan, Andy
イギリスの作家。
⇒海文新（ムリガン, アンディ）

現世文（マリガン，アンディ）

Mulligan, Carey
イギリスの女優。
⇒外12（マリガン，キャリー　1985.5.8–）
　外16（マリガン，キャリー　1985.5.8–）

Mulligan, Gerry
アメリカのジャズ・バリトン・サックス奏者，ピアノ奏者，編曲者。1952年四重奏団を結成し，爆発的な人気を得た。
⇒新音中（マリガン，ジェリー　1927.4.16–1996.1.20）
　標音2（マリガン，ジェリー　1927.4.6–1996.1.20）

Mulligan, Robert
アメリカ・ニューヨーク生まれの映画監督。
⇒映監（マリガン，ロバート　1925.8.23–）

Mulliken, Robert Sanderson
アメリカの物理化学者。分子軌道法の発展に貢献，1966年ノーベル化学賞受賞。
⇒岩世人（マリケン　1896.6.7–1986.10.31）
　化学（マリケン　1896–1986）
　広辞7（マリケン　1896–1986）
　ノベ3（マリケン，R.S.　1896.6.7–1986.10.31）

Mullin, Chris
アメリカのバスケットボール選手。
⇒外12（マリン，クリス　1963.7.30–）

Mullin, George Joseph
アメリカの大リーグ選手（投手）。
⇒メジャ（マリン，ジョージ　1880.7.4–1944.1.7）

Mullin, Patrick Joseph
アメリカの大リーグ選手（外野）。
⇒メジャ（マリン，パット　1917.1.11–1999.8.14）

Mullings, Frank
イギリスのテノール歌手。
⇒魅惑（Mullings,Frank　1881–1953）

Mulliniks, Steven Rance
アメリカの大リーグ選手（三塁，遊撃）。
⇒メジャ（マリニクス，ランス　1956.1.15–）

Mullins, Debra
アメリカの作家。
⇒海文新（マリンズ，デブラ）

Mullins, Edgar Young
アメリカの南部バプテスト派神学者，教育者。
⇒岩キ（マリンズ　1860–1928）
　岩世人（マリンズ　1860.1.5–1928.11.23）

Mullis, Kary B.
アメリカの化学者。1993年ノーベル化学賞。
⇒岩生（マリス　1944–）
　旺生5（マリス　1944–）
　外12（マリス，カリー　1944.12.28–）

外16（マリス，カリー　1944.12.28–）
化学（マリス　1944–）
科史（マリス　1944–）
世発（マリス，キャリー・バンクス　1944–）
ノベ3（マリス，K.B.　1944.12.28–）

Mullova, Victoria
ロシア，のちアメリカのヴァイオリン奏者。
⇒外12（ムローヴァ，ヴィクトリア　1959.11.27–）
　外16（ムローヴァ，ヴィクトリア　1959.11.27–）
　新音中（ムローヴァ，ヴィクトリア　1959.11.27–）

Mulroney, Dermott
アメリカ生まれの俳優。
⇒ク俳（マルロニー，ダーモット　1963–）

Mulroney, Martin Brian
カナダの政治家。カナダ首相（1984～93）。進歩保守党党首。
⇒外12（マルルーニー，マーティン・ブライアン　1939.3.20–）
　外16（マルルーニー，マーティン・ブライアン　1939.3.20–）
　政経改（マルルーニー　1939–）
　世指導（マルルーニー，マーティン・ブライアン　1939.3.20–）

Muluzi, Bakili
マラウイの政治家。マラウイ大統領（1994～2004）。
⇒岩世人（ムルジ　1943.3.17–）
　外12（ムルジ，バキリ　1943.3.17–）
　外16（ムルジ，バキリ　1943.3.17–）
　世指導（ムルジ，バキリ　1943.3.17–）

Mulva, Jim
アメリカの実業家。
⇒外12（ムルバ，ジム　1946–）
　外16（ムルバ，ジム　1946.6.19–）

Mulvey, Joseph H.
アメリカの大リーグ選手（三塁）。
⇒メジャ（マルヴィー，ジョー　1858.10.27–1928.8.21）

Mumford, David Bryant
アメリカの数学者。主要な業績は，アーベル多様体および代数曲線のモジュライ空間の研究に関することである。フィールズ賞受賞（1974）。
⇒岩世人（マンフォード　1937.6.11–）
　外12（マンフォード，デービッド・ブライアント　1937.6.11–）
　外16（マンフォード，デービッド・ブライアント　1937.6.11–）
　数辞（マンフォード，ディヴィッド・ブライアント　1937–）
　世数（マンフォード，デイヴィッド・ブライアント　1937–）

Mumford, Lewis
アメリカの建築評論家。『歴史の都市・明日の都市』（1961）などで都市計画における人間生活の復権を主張。

⇒岩世人（マンフォード　1895.10.19–1990.1.26）
　現社（マンフォード　1895–1990）
　広辞7（マンフォード　1895–1990）
　社小増（マンフォード　1895–1990）
　新カト（マンフォード　1895.10.19–1990.1.26）
　ネーム（マンフォード　1895–1990）

Mumma, Gordon
アメリカの作曲家，電子音楽奏者，ホルン奏者。ニューヨークに「ソニック・アーツ・ユニオン」を結成し，ライヴ・エレクトロニック・ミュージックを演奏。
⇒現音キ（ムンマ，ゴードン　1935–）
　新音中（ムンマ，ゴードン　1935.3.30–）
　標音2（ムンマ，ゴードン　1935.3.30–）

Mummery, Joseph Browning
オーストラリアのテノール歌手。
⇒魅惑（Mummery,Joseph Browning　1888–1974）

Mumphrey, Jerry Wayne
アメリカの大リーグ選手（外野）。
⇒メジャ（マンフリー，ジェリー　1952.9.9–）

Mun, Adrien Albert Marie, Comte de
フランスの政治家。1871年「労働者カトリック・クラブ」をつくり，81年より雑誌「カトリック協会」発行。
⇒岩世人（ド・マン　1841.2.28–1914.10.6）
　新カト（マン　1841.2.28–1914.10.6）

Munafro, Frank
テノール歌手。
⇒魅惑（Munafro,Frank　?–）

Munari, Bruno
イタリアのデザイナー，装丁家，児童文学者。
⇒岩世人（ムナーリ　1907.10.24–1998.9.30）
　絵本（ムナーリ，ブルーノ　1907–1998）
　グラデ（Munari,Bruno　ムナーリ，ブルーノ　1907–1998）
　広辞7（ムナーリ　1907–1998）

Munavvarqori Abdurashidxanoğli
トルキスタンの啓蒙思想家，ジャーナリスト。
⇒岩イ（ムナッヴァル・カリ　1878–1931）

Muncey, Cameron
オーストラリアのミュージシャン。
⇒外12（マンシー，キャメロン）

Münch, Charles
フランスの指揮者。1938〜46年パリ音楽院管弦楽団の指揮者。49〜62年ボストン交響楽団の常任指揮者。
⇒岩世人（ミュンシュ　1891.9.26–1968.11.6）
　新音中（ミュンシュ，シャルル　1891.9.26–1968.11.6）
　標音2（ミュンシュ，シャルル　1891.9.26–1968.11.6）

Munch, Edvard
ノルウェーの画家，版画家。
⇒岩世人（ムンク　1863.12.12–1944.1.23）
　芸13（ムンク，エドヴァルド　1863–1944）
　現精（ムンク　1863–1944）
　現精縮（ムンク　1863–1944）
　広辞7（ムンク　1863–1944）
　辞歴（ムンク　1863–1944）
　世人新（ムンク　1863–1944）
　世人装（ムンク　1863–1944）
　ポプ（ムンク，エドバルド　1863–1944）

Munch, Peter
デンマークの政治家，歴史家。
⇒岩世人（モンク　1870.7.25–1948.1.21）

Münch, Richard
ドイツの社会学者。
⇒岩世人（ミュンヒ　1945.5.13–）

Münch, Wilhelm
ドイツの教育学者。主著『教職の精神』(1903)，『未来の教育学』(04)。
⇒教人（ミュンヒ　1843–1912）

Münchhausen, Börries, Freiherr von
ドイツの詩人。ドイツのバラード文学を再興。作品『バラードおよび騎士の歌』(1908)。
⇒岩世人（ミュンヒハウゼン　1874.3.20–1945.3.16）

Münchinger, Karl W.
ドイツの指揮者。1945年シュツットガルト室内管弦楽団を組織，指揮してバロック音楽の演奏で名声を得る。
⇒岩世人（ミュンヒンガー　1915.5.29–1990.3.13）
　新音中（ミュンヒンガー，カール　1915.5.29–1990.3.12）
　標音2（ミュンヒンガー，カルル　1915.5.29–1990.3.12）

Müncker, Theodor
ドイツのカトリック倫理神学者。
⇒新カト（ミュンカー　1887.3.3–1960.10.27）

Mundell, Robert Alexander
カナダ，アメリカの経済学者。1999年ノーベル経済学賞。
⇒岩経（マンデル　1932–）
　岩世人（マンデル　1932.10.24–）
　外12（マンデル，ロバート　1932.10.24–）
　外16（マンデル，ロバート　1932.10.24–）
　ノベ3（マンデル,R.A.　1932.10.24–）
　有経5（マンデル　1932–）

Mungan, Murathan
トルコの詩人，劇作家，作家。
⇒現世文（ムンガン，ムラトハン　1955.4.21–）

Munger, George David (Red)
アメリカの大リーグ選手(投手)。
⇒メジャ(マンガー, レッド　1918.10.4–1996.7.23)

Munger, Henry Weston
アメリカの宣教師。
⇒アア歴 (Munger,Henry Weston　マンガー, ヘンリー・ウェストン　1876.11.30–1962.10.19)

Mungiu, Cristian
ルーマニアの映画監督、脚本家。
⇒外12(ムンジウ, クリスティアン　1968–)
　外16(ムンジウ, クリスティアン　1968–)

Mungo, Van Lingle
アメリカの大リーグ選手(投手)。
⇒メジャ(マンゴ, ヴァン・リングル　1911.6.8–1985.2.12)

Mungoshi, Charles
ジンバブエを代表する作家。
⇒現世文(ムンゴシ, チャールズ　1947–)

Muni, Paul
アメリカの俳優。ユダヤ人劇団の一員として舞台にたち(1918～26)、英語によるデビューは『われらアメリカ人』(26)。代表作E.ライスの『顧問弁護士』の主演。
⇒ク俳(ムニ, ポール(ヴァイゼンフロイント,M)　1895–1967)

Munier, Alain
テノール歌手。
⇒魅惑(Munier,Alain　?–)

Munīf, 'Abd al-Raḥmān
サウジアラビア生まれの作家。
⇒岩世人(ムニーフ, アブドゥッラフマーン　1933–2004.1.24)

Munīr Bashīr
アラブのウード奏者、作曲家。
⇒岩世人(ムニール・バシール　1930–1997.9.28)

Münir Nurettin Selçuk
トルコ現代歌謡の父。
⇒岩世人(ミュニル・ヌレッティン・セルチュク　1901頃–1981.4.27)

Muniz, Frankie
アメリカの俳優。
⇒外12(ミュニズ, フランキー　1985.12.5–)

Muniz, Vik
ブラジル生まれのアーティスト。
⇒芸13(ムニス, ヴィック　1961–)

Munk, Andrzej
ポーランドの映画監督。記録映画から出発し、作風は劇映画においてもドキュメンタリーなタッチをもつリアリズムであった。
⇒映監(ムンク, アンジェイ　1921.10.16–1961)

Munk, Kaj
デンマークの劇作家。ドイツ軍のデンマーク進駐に際して『ニルス・エッベセン』(1942)を書いて抗議。そのためナチスの一団に襲われて虐殺された。ほかに名作『言葉』(25)など。
⇒岩キ(ムンク　1898–1944)
　岩世人(ムンク　1898.1.13–1944.1.4)
　現世文(ムンク, カイ　1898.1.13–1944.1.4)
　新カト(ムンク　1898.1.13–1944.1.4)

Munk, Walter Heinrich
オーストリア生まれのアメリカの海洋学者。波の予報や吹送流の重要性等近代理論海洋物理学に貢献した。
⇒岩世人(ムンク　1917.10.19–)

Munkacsi, Martin
ルーマニア生まれのアメリカのカメラマン。
⇒芸13(ムンカッチ, マーティン)

Muñoz, Alexander
ベネズエラのプロボクサー。
⇒外12(ムニョス, アレクサンデル　1979.2.8–)
　外16(ムニョス, アレクサンデル　1979.2.8–)
　最世ス(ムニョス, アレクサンデル　1979.2.8–)

Muñoz, Daniel
アルゼンチンのテノール歌手。
⇒魅惑(Muñoz,Daniel　1952–)

Muñoz, Gema Martín
スペインの社会学者。カサ・アラベ会長。
⇒外16(ムニョス, ヘマ・マルティン)

Muñoz, Rafael
スペインの水泳選手(バタフライ)。
⇒最世ス(ムニョス, ラファエル　1988.3.3–)

Muñoz Marin, Luis
アメリカ(プエルト・リコ)の政治家、ジャーナリスト。最初のプエルト・リコ知事(1949～)。
⇒岩世人(ムニョス・マリン　1898.2.18–1980.4.30)

Munro, Alice
カナダの女性短編小説家。
⇒外12(マンロー, アリス　1931.7.10–)
　外16(マンロー, アリス　1931.7.10–)
　現世文(マンロー, アリス　1931.7.10–)
　広辞7(マンロー　1931–)

Munro, Caroline
イギリス生まれの女優。
⇒ク俳(マンロー, キャロライン　1948–)

Munro, Janet
イギリスの女優。
⇒ク俳(マンロー, ジャネット　1934–1972)

Munro, Leslie Knox
ニュージーランドの外交官。
⇒ニュー（マンロー, レスリー　1901–1974）

Munroe, Henry Smith
アメリカの地質学者。開成学校で地質学, 鉱物学を教授。
⇒アア歴（Munroe,Henry S (mith)　マンロウ, ヘンリー・スミス　1850.3.25–1933.5.4）

Munrow, David
イギリスのリコーダー奏者, 各種古楽木管楽器奏者。著書に『中世・ルネッサンスの楽器』（1976）。
⇒新音中（マンロー, デイヴィド　1942.8.12–1976.5.15）
　標音2（マンロー, デーヴィド　1942.8.12–1976.5.15）

Munsey, Frank Andrew
アメリカの出版業者, 新聞社主。「マンジーズ・マガジン」など創刊。
⇒岩世人（マンシー　1854.8.21–1925.12.22）

Munson, Amelia Howard
アメリカの図書館員。ニューヨーク公共図書館の若者部門の責任者としての活動は全米で注目の的となる。
⇒ア図（マンソン, アメリア　1893–1972）

Munson, Thurman Lee
アメリカの大リーグ選手（捕手）。
⇒メジャ（マンソン, サーマン　1947.6.7–1979.8.2）

Münsterberg, Hugo
ドイツ生まれのアメリカの心理学者, 哲学者。応用心理学の創始者の一人。主著『実験心理学寄与』（1889～92）。
⇒岩世人（ミュンスターバーグ　1863.7.1–1916.12.16）
　学叢思（ミュンステルベルヒ, フーゴー　1863–1916）
　社小増（ミュンスターベルク　1863–1916）
　ネーム（ミュンスターベルク　1863–1916）

Muntagirov, Vadim
ロシア生まれのバレエダンサー。ロイヤル・バレエ団プリンシパル。
⇒外16（ムンタギロフ, ワジム　1990–）

Muntasar, Omar Mustafa al
リビアの政治家。リビア首相。
⇒世指導（ムンタサル, オマル・ムスタファ・アル　?–2001.1.23）

Munteanu, Petre
ルーマニアのテノール歌手。
⇒失声（ムンテアヌ, ペトレ　1916–1988）
　魅惑（Munteanu,Petre　1916–）

Müntefering, Franz
ドイツの政治家。ドイツ副首相, 労働社会相, ドイツ社会民主党（SPD）党首。
⇒外12（ミュンテフェリング, フランツ　1940.1.16–）
　外16（ミュンテフェリング, フランツ　1940.1.16–）
　世指導（ミュンテフェリング, フランツ　1940.1.16–）

Munthe, Gerhart Peter Frantz Vilhelm
ノルウェーの画家。
⇒芸13（ムンテ, ゲルハルト　1849–1929）

Münzenberg, Willi
ドイツの共産党指導者, 出版経営者。
⇒岩世人（ミュンツェンベルク　1889.8.14–1940?）

Münzner, Rolf
ドイツ生まれの画家。
⇒芸13（ミュンツナー, ロルフ　1942–）

Muqrin bin Abdul Aziz al-Saud
サウジアラビアの政治家。サウジアラビア皇太子, 副首相。
⇒外16（ムクリン・ビン・アブドルアジズ・アル・サウド　1945.9.15–）
　世指導（ムクリン・ビン・アブドルアジズ　1945.9.15–）

Murad, Ebrahim
フィリピンのムスリム政治指導者。モロ・イスラム解放戦線（MILF）中央委員会議長。
⇒岩世人（ムラッド　1950–）
　世指導（ムラド, エブラヒム　1950–）

Murad, Ferid
アメリカの薬理学者。1998年ノーベル生理学医学賞。
⇒外12（ムラド, フェリド　1936.9.14–）
　外16（ムラド, フェリド　1936.9.14–）
　ノベ3（ムラド,F.　1936.9.14–）

Muradeli, Vano Iliich
ソ連の作曲家。『キーロフの思い出に捧げる交響曲』（1938）, 歌劇『偉大な友情』（47）などの作品がある。
⇒岩世人（ムラデーリ　1908.3.24/4.6–1970.8.14）
　ク音3（ムラデーリ　1908–1970）
　新音中（ムラデーリ, ヴァーノ　1908.4.6–1970.8.14）
　標音2（ムラデリ, ヴァノ・イリイチ　1908.4.6–1970.8.14）

Muradov, Shirvani
ロシアのレスリング選手（フリースタイル）。
⇒外12（ムラドフ, シルヴァニ　1985.6.20–）
　最世ス（ムラドフ, シルヴァニ　1985.6.20–）

Murail, Tristan
フランスの作曲家, オンド・マルトノ奏者。
⇒ク音3（ミュライユ　1947–）

Muraro, Mario
テノール歌手。
⇒魅惑（Muraro,Mario ?–）

Muratore, Lucien
フランスのテノール歌手。
⇒失声（ムラトール,リュシアン 1876–1954）
　魅惑（Muratore,Lucien 1878–1954）

Muratova, Kira
モルドヴァ生まれの映画監督。
⇒映監（ムラートワ,キラ 1934.11.5–）

Muratovic, Hasan
ボスニア・ヘルツェゴビナの政治家。ボスニア・ヘルツェゴビナ暫定中央政府首相。
⇒世指導（ムラトビッチ,ハサン 1940–）

Murcer, Bobby Ray
アメリカの大リーグ選手（外野）。
⇒メジャ（マーサー,ボビー 1946.5.20–2008.7.12）

Murdani, Benny
インドネシアの軍人,政治家。
⇒岩世人（ムルダニ,ベニ 1932.10.2–2004.8.29）

Murdoch, Dick
アメリカのプロレスラー。
⇒異二辞（マードック,ディック 1946–1996）

Murdoch, Elizabeth
イギリスの実業家。
⇒外12（マードック,エリザベス 1968.8.22–）
　外16（マードック,エリザベス 1968.8.22–）

Murdoch, *Dame* **Iris（Jean）**
イギリスの女性小説家,哲学者。
⇒岩世人（マードック 1919.7.15–1999.2.8）
　現世文（マードック,アイリス 1919.7.15–1999.2.8）
　広辞7（マードック 1919–1999）
　新カト（マードック 1919.7.15–1999.2.8）

Murdoch, James
イギリスの日本研究家。1889年来日。
⇒岩世人（マードック 1856.9.27–1921.10.3）
　広辞7（マードック 1856–1921）
　新カト（マードック 1856.9.27–1921.10.30）

Murdoch, James
アメリカの実業家。
⇒外12（マードック,ジェームズ 1972.12.13–）
　外16（マードック,ジェームズ 1972.12.13–）

Murdoch, Keith Rupert
オーストラリア生まれのメディア事業家。
⇒異二辞（マードック［キース・ルパード・〜］ 1931–）
　岩世人（マードック 1931.3.11–）
　外12（マードック,ルパート 1931.3.11–）

　外16（マードック,ルパート 1931.3.11–）
　広辞7（マードック 1931–）
　ポプ人（マードック,ルパート 1931–）

Murdoch, Lachlan
アメリカの実業家。
⇒外12（マードック,ラクラン 1971.9.8–）
　外16（マードック,ラクラン 1971.9.8–）

Murdock, George Peter
アメリカの文化人類学者。
⇒岩世人（マードック 1897.5.11–1985.3.29）
　現社（マードック 1897–1985）
　社小増（マードック 1897–1985）

Müren, Zeki
トルコの歌手,作曲家,俳優。
⇒岩世人（ミュレン 1931.12.6–1996.9.24）

Murer, Eugène
フランスの画家。
⇒19仏（ミュレール,ウジェーヌ 1846.5.20–1906.4.22）

Murer, Fabiana
ブラジルの棒高跳び選手。
⇒最近ス（ムレル,ファビアナ 1981.3.16–）

Murer, Fredi M.
スイス生まれの映画監督。
⇒外12（ムーラー,フレディ 1940–）

Murgatroyd, Andrew
イギリスのテノール歌手。
⇒魅惑（Murgatroyd,Andrew ?–）

Murgu, Corneliu
ルーマニアのテノール歌手。
⇒失声（ムルグ,コルネリウ 1948–）
　魅惑（Murgu,Corneliu 1948–）

Murkowski, Frank
アメリカの政治家,銀行家。
⇒外12（マカウスキ,フランク 1933.3.28–）

Murnau, Friedrich Wilhelm
ドイツの映画監督。F.ラングと並び無声映画時代を代表した。『サンライズ』(1927)が傑作として名高い。
⇒岩世人（ムルナウ 1888.12.28–1931.3.31）
　映監（ムルナウ,F・W 1888.12.28–1931）
　広辞7（ムルナウ 1888–1931）
　ユ著人（Murnau,Friedrich Wilhelm ムールナウ,フリードリッヒ・ウィルヘルム 1889–1931）

Muro, Paco
スペインの実業家。オットー・ウォルター会長。
⇒外12（ムーロ,パコ）

Murolo, Roberto
イタリアのナポリターナ歌手,作曲家。

⇒標音2（ムローロ, ロベルト　1912.1.23–）

Murphy, Audie
アメリカの俳優。
⇒ク俳（マーフィ, オーディ　1924–1971）

Murphy, Bill
アメリカのプロ野球選手（ロッテ・投手）。
⇒外12（マーフィー, ビル　1981.5.9–）

Murphy, Bobby
アメリカの起業家。
⇒外16（マーフィー, ボビー）

Murphy, Cillian
アイルランドの俳優。
⇒外12（マーフィー, キリアン　1976–）
　外16（マーフィー, キリアン　1976.5.25–）

Murphy, Dale Bryan
アメリカの大リーグ選手（外野, 一塁, 捕手）。
⇒メジャ（マーフィー, デイル　1956.3.12–）

Murphy, Daniel Francis
アメリカの大リーグ選手（二塁, 外野）。
⇒メジャ（マーフィー, ダニー　1876.8.11–1955.11.22）

Murphy, Dwayne Keith
アメリカの大リーグ選手（外野）。
⇒メジャ（マーフィー, デュウェイン　1955.3.18–）

Murphy, Eddie
アメリカ・ニューヨーク生まれの男優。
⇒外12（マーフィ, エディ　1961.4.3–）
　外16（マーフィ, エディ　1961.4.3–）
　ク俳（マーフィ, エディ　1961–）
　スター（マーフィ, エディ　1961.4.3–）

Murphy, Frank
アメリカの法律家, 政治家。1936年ミシガン州知事。40年最高裁判所判事となり, 公民権の擁護に尽力。
⇒アア歴（Murphy,Frank　マーフィー, フランク　1890.4.13–1949.7.19）

Murphy, Gardner
アメリカの心理学者。ニューヨークのシティ・カレッジ教授（1940〜）。
⇒岩世人（マーフィ　1895.7.8–1979.3.19）
　社小増（マーフィ　1895–1979）

Murphy, Geoff
ニュージーランドの映画監督。
⇒映監（マーフィ, ジョフ　1946.6.13–）

Murphy, George
アメリカの俳優, ダンサー。
⇒ク俳（マーフィ, ジョージ　1902–1992）

Murphy, Gerald
フィッツジェラルド「夜はやさし」のモデル。
⇒ヘミ（マーフィー夫妻, セーラとジェラルド　1888–1964）

Murphy, Gillian
アメリカのバレリーナ。
⇒外12（マーフィー, ジリアン　1979.4.11–）
　外16（マーフィー, ジリアン　1979.4.11–）

Murphy, Graeme
オーストラリアのダンサー, 振付家, カンパニー監督。
⇒外12（マーフィー, グレアム　1950.11.2–）
　外16（マーフィー, グレアム　1950.11.2–）

Murphy, John Benjamin
アメリカの外科医。1892年マーフィーボタンを発明。1911年アメリカ医師会会長。
⇒岩世人（マーフィ　1857.12.21–1916.8.11）

Murphy, John Joseph
アメリカの大リーグ選手（投手）。
⇒メジャ（マーフィー, ジョニー　1908.7.14–1970.1.14）

Murphy, Lambert
アメリカのテノール歌手。
⇒魅惑（Murphy,Lambert　1885–1954）

Murphy, Mary
アメリカの女優。
⇒ク俳（マーフィ, メアリー　1931–）

Murphy, Michael R.
アメリカ戦略ミサイル潜水艦の乗員。
⇒スパイ（マーフィー, マイケル・R）

Murphy, Pat
アメリカのSF作家。
⇒現世文（マーフィ, パット）

Murphy, Richard
アイルランドの詩人。
⇒現世文（マーフィー, リチャード　1927.8.6–2018.1.30）

Murphy, Robert Albert
アメリカの大リーグ選手（投手）。
⇒メジャ（マーフィー, ロブ　1960.5.26–）

Murphy, Robert Daniel
アメリカの外交官。国務省ドイツ・オーストリア課長, 講和後の初代駐日大使などを歴任。
⇒岩世人（マーフィ　1894.10.28–1978.1.9）

Murphy, Roland Edmund
アメリカのカトリック旧約聖書学者, カルメル会司祭。
⇒新カト（マーフィ　1917.7.19–2002.7.20）

Murphy, Sara
フィッツジェラルド「夜はやさし」のモデル。
⇒ヘミ（マーフィー夫妻, セーラとジェラルド 1883–1975）

Murphy, Scott
アメリカのミュージシャン。
⇒外16（マーフィー, スコット）

Murphy, Ulysses Grant
アメリカのメソジスト教会宣教師。
⇒岩世人（マーフィ（モルフィ） 1869.8.26–1967.5.1）

Murphy, Warren
アメリカの作家。
⇒現世文（マーフィ, ウォーレン 1933.9.13–2015.9.4）

Murphy, William Parry
アメリカの医師。「悪性貧血の肝臓食療法」で, 1934年ノーベル生理・医学賞受賞。
⇒岩世人（マーフィ 1892.2.6–1987.10.9）
ノベ3（マーフィー, W.P. 1892.2.6–1987.10.9）

Murra, John Victor
ウクライナ・オデッサ生まれの人類学者。
⇒岩世人（ムラ 1916.8.24–2006.10.16）

Murray, Andy
イギリスのテニス選手。
⇒外12（マリー, アンディ 1987.5.15–）
外16（マリー, アンディ 1987.5.15–）
最世人（マリー, アンディ 1987.5.15–）

Murray, Anne
カナダ生まれの歌手。
⇒ロック（Murray, Anne マレイ, アン 1945.6.20–）

Murray, Barbara
イギリスの女優。
⇒ク俳（マリー, バーバラ 1929–）

Murray, Bill
アメリカ生まれの俳優。
⇒外12（マレー, ビル 1950.9.21–）
外16（マレー, ビル 1950.9.21–）
ク俳（マリー, ビル（ドイル＝マリー, ウィリアム）1950–）
スター（マーレイ, ビル 1950.9.21–）

Murray, Dale Albert
アメリカの大リーグ選手（投手）。
⇒メジャ（マレー, デイル 1950.2.2–）

Murray, David
アメリカの教育家。日本の教育行政に貢献。著書に『学監考案・日本教育法』など。
⇒アア歴（Murray, David マレイ, デイヴィッド 1830.10.15–1905.3.6）
アメ新（マレー 1830–1905）
岩世人（マリー（慣モルレー） 1830.10.15–1905.3.6）
教小3（モルレー 1830–1905）
教人（マリ 1830–1905）
広辞7（マレー 1830–1905）
博物館（モルレー, デビッド 1830–1905）
ポブ人（マレー, デビッド 1830–1905）

Murray, David
イギリス・グラスゴー出身の法律家, 考古学者, 古美術家。
⇒博物館（マレー, デイヴィッド 1842–1928）

Murray, Don
アメリカ生まれの俳優。
⇒ク俳（マリー, ドン 1929–）

Murray, Eddie Clarence
アメリカの大リーグ選手（一塁, DH）。
⇒メジャ（マレー, エディー 1956.2.24–）

Murray, Elizabeth
アメリカ生まれの女性現代美術作家。
⇒岩世人（マリー 1940.9.6–2007.8.12）

Murray, Eric
ニュージーランドのボート選手。
⇒外16（マレー, エリック 1982.5.6–）
最世ス（マレー, エリック 1982.5.6–）

Murray, George Gilbert Aimé
オーストラリア出身のイギリスの古典学者。
⇒岩世人（マリー 1866.1.2–1957.5.20）

Murray, Harold James Ruthven
イギリスのチェス史・盤上遊戯史研究者。
⇒岩世人（マリー 1868.6.24–1955.5.16）

Murray, Henry Alexander
パーソナリティ研究で著名なアメリカの心理学者で, TATの創案者。
⇒岩世人（マリー 1892.5.13–1988.6.23）
教人（マリ 1892–）
現精（マレー 1893–1988）
現精縮（マレー 1893–1988）
社小増（マレー 1893–1988）

Murray, *Sir* James A(ugustus) H(enry)
イギリスの辞書編集者, 言語学者。
⇒岩世人（マリー 1837.2.7–1915.7.26）
19仏（マレ, アンリ 1837.3.4–1917.1.5）

Murray, *Sir* John
イギリスの海洋学者, 動物学者。『チャレンジャー号』の探検に参加（1872～76）。深海の軟泥, 赤粘土の研究で有名。
⇒岩世人（マリー 1841.3.3–1914.3.16）
オク地（マレー, ジョーン 1841–1914）

Murray, John Courtney
アメリカの神学者, イエズス会司祭。
⇒岩世人（マリー　1904.9.12–1967.8.16）
　新カト（マレー　1904.9.12–1967.8.16）

Murray, John Joseph（Red）
アメリカの大リーグ選手（外野）。
⇒メジャ（マレー, レッド　1884.3.4–1958.12.4）

Murray, Joseph Edward
アメリカの外科学者。1990年ノーベル生理学医学賞。
⇒岩生（マレー　1919–2012）
　外12（マレー, ジョセフ・エドワード　1919.4.1–）
　ノベ3（マレー, J.E.　1919.4.1–2012.11.26）

Murray, Les.Allen
オーストラリアの詩人。
⇒現世文（マリー, レス　1938.10.17–）

Murray, Patty
アメリカの政治家。
⇒外12（マレー, パティー　1950.10.11–）

Murray, Philip
アメリカの労働運動指導者。1920～42年炭鉱労働組合UMW副会長。49年ICFTU（国際自由労連）副会長。
⇒アメ経（マリー, フィリップ　1886.5.25–1952.11.9）
　岩世人（マリー　1886.5.25–1952.11.9）

Murray, Stephen
イギリス生まれの俳優。
⇒ク俳（マリー, スティーヴン　1912–1983）

Murray, Sunny
アメリカのジャズ・ドラマー。
⇒標音2（マリー, サニー　1937.9.21–）

Murray, William Henry
アメリカの政治家。
⇒アメ州（Murray,William Henry　マレー, ウイリアム・ヘンリー　1869–1956）

Murray-Smith, Joannna
オーストラリアの作家, 劇作家。
⇒現世文（マレー・スミス, ジョアンナ　1962–）

Murrell, John
カナダの劇作家, 翻訳家。
⇒現世文（マレル, ジョン　1945–）

Murri, Romolo
イタリアのカトリック司祭, 政治家, ジャーナリスト, イタリア・カトリック社会民主主義運動の初期のリーダー。
⇒新カト（ムリ　1870.8.27–1944.3.12）

Murrill, Herbert
イギリスの作曲家。
⇒標音2（マリル, ハーバート　1909.5.11–1952.7.25）

Murrow, Edward R.
アメリカの放送ジャーナリスト。
⇒アメ州（Murrow,Edward Roscoe　マロー, エドワード・ロスコー　1908–1965）
　岩世人（マロー　1908.4.25–1965.4.27）
　広辞7（マロー　1908–1965）

Murry, John Middleton
イギリスの批評家。『ドストエフスキー論』(1916) が出世作。
⇒岩世人（マリー　1889.8.6–1957.3.12）

Mursī, Muḥammad
エジプトのイスラム運動家, 政治家。第5代共和国大統領 (2012～)。
⇒岩世人（ムルスィー, ムハンマド　1951.8.20–）

Murtagh, Johnny
アイルランドの調教師, 騎手。
⇒外16（ムルタ, ジョニー　1970.5.14–）

Murtaugh, Daniel Edward
アメリカの大リーグ選手（二塁, 遊撃）。
⇒メジャ（マートウ, ダニー　1917.10.8–1976.12.2）

Murthy, Narayana
インドの実業家。
⇒外12（ムールティー, ナラヤナ　1946.8.20–）
　外16（ムールティー, ナラヤナ　1946.8.20–）

Murton, Matt
アメリカのプロ野球選手（阪神・外野）, 大リーグ選手。
⇒外12（マートン, マット　1981.10.3–）
　外16（マートン, マット　1981.10.3–）

Mus, Paul
フランスのインド学者。
⇒岩世人（ミュス　1902–1969.8.9）

Musa, Said
ベリーズの政治家。ベリーズ首相。
⇒外12（ムサ, サイド　1944.3.19–）
　世指導（ムサ, サイド　1944.3.19–）

Musa Hitam, Tun
マレーシアの政治家。
⇒岩世人（ムサ・ヒタム　1934.4.18–）

Muschg, Adolf
スイスの小説家。ドイツ文学とイギリス文学を学び, イロニーに満ちた伝統的な文体で, 長短の小説を書いた。デビュー作『ウサギの夏に』(1965)。
⇒岩世人（ムシュク　1934.5.13–）
　外16（ムシュク, アドルフ　1934.5.13–）
　現世文（ムシュク, アドルフ　1934.5.13–）

Museveni, Yoweri Kaguta
ウガンダの政治家。ウガンダ大統領(1986～)。
⇒外12（ムセベニ，ヨウェリ・カグタ　1944.8.15-）
　外16（ムセベニ，ヨウェリ・カグタ　1944.8.15-）
　世指導（ムセベニ，ヨウェリ・カグタ　1944.8.15-）
　ネーム（ムセベニ　1944-）

Musgrave, Richard Abel
ドイツ生まれのアメリカの財政学者。
⇒岩経（マスグレイヴ　1910-）
　岩世人（マスグレイヴ　1910.12.14-2007.1.15）
　有経5（マスグレイヴ　1910-2007）

Musgrove, Ronnie
アメリカの政治家。
⇒外12（マスグローブ，ロニー　1956.7.29-）

Musharraf, Pervez
パキスタンの政治家，軍人。パキスタン大統領(2001～08)，パキスタン陸軍参謀長。
⇒岩イ（ムシャッラフ　1943-）
　岩世人（ムシャッラフ　1943.8.11-）
　外12（ムシャラフ，ペルベズ　1943.8.11-）
　外16（ムシャラフ，ペルベズ　1943.8.11-）
　広辞7（ムシャラフ　1943-）
　政経改（ムシャラフ　1943-）
　世指導（ムシャラフ，ペルベズ　1943.8.11-）
　南ア新（ムシャラフ　1943-）

Musial, Stanley Frank
アメリカの大リーグ選手（外野，一塁）。
⇒岩世人（ミュージアル　1920.11.21-2013.1.19）
　メジャ（ミュージアル，スタン　1920.11.21-2013.1.19）

Musidora
フランスの女優。
⇒岩世人（ミュジドラ　1884.2.23-1957.12.7）

Musierowicz, Małgorzata
ポーランドの作家。
⇒外16（ムシェロヴィチ，マウゴジャタ　1945-）
　現世文（ムシェロヴィチ，マウゴジャタ　1945-）

Musil, Alois
チェコのカトリック神学者，アラビア学者，地理学者。
⇒岩世人（ムージル　1868.6.30-1944.4.12）

Musil, Robert Edler von
オーストリアの小説家。軍人コースから転進，大学で工学，のちに論理学，実験心理学を学びながら小説『士官候補テルレスの惑い』(1906)を発表，短篇集『和合』(11)，戯曲『夢想家たち』(21)など。
⇒岩世人（ムージル　1880.11.6-1942.4.15）
　現世文（ムージル，ロベルト　1880.11.6-1942.4.15）
　広辞7（ムージル　1880-1942）

Musk, Elon
アメリカの起業家。
⇒外12（マスク，イーロン　1971-）
　外16（マスク，イーロン　1971.6.28-）

Musker, John
アメリカのアニメーション監督。
⇒外12（マスカー，ジョン　1953-）

Muskie, Edmund Sixtus
アメリカの政治家。1959年上院議員。68年民主党の副大統領候補に選ばれ，70年成立した大気汚染防止法は「マスキー法」と呼ばれる。
⇒アメ州（Muskie,Edmund Sixtus　マスキー，エドマンド・シクスタス　1914-）
　岩世人（マスキー　1914.3.28-1996.3.26）

Muso
インドネシア共産党指導者。党の対オランダ妥協を批判し，新共産党を確立，議長となる。
⇒岩世人（ムソ　1897-1948.10.31）

Mussina, Michael Cole
アメリカの大リーグ選手（投手）。
⇒メジャ（ムッシーナ，マイク　1968.12.8-）

Mussina, Mike
アメリカの大リーグ選手（投手）。
⇒外12（ムシーナ，マイク　1968.12.8-）

Mussino, Attilio
イタリアの挿絵画家。
⇒絵本（ムッシーノ，アッティリオ　1878-1954）

Mußner, Franz
ドイツのカトリック新約聖書学者，教区司祭。
⇒新カト（ムスナー　1916.1.31-2016.3.3）

Musso, Guillaume
フランスの作家。
⇒海文新（ミュッソ，ギヨーム　1974.6.6-）
　現世文（ミュッソ，ギヨーム　1974.6.6-）

Mussolini, Benito
イタリアの政治家，ファシズム運動の指導者。国家ファシスト党を結成(1921)，その首領（ドゥーチェ）となり，一党独裁体制を確立。ナチスへ接近し，参戦したが戦況は思わしくなく失脚，銃殺された。
⇒ア太戦（ムッソリーニ　1883-1945）
　異二辞（ムッソリーニ［ベニート・～］　1883-1945）
　岩世人（ムッソリーニ　1883.7.29-1945.4.28）
　学叢思（ムッソリーニ，ベニート　1883-）
　広辞7（ムッソリーニ　1883-1945）
　国政（ムッソリーニ，ベニート　1883-1945）
　政経改（ムッソリーニ　1883-1945）
　世史改（ムッソリーニ　1883-1945）
　世人新（ムッソリーニ　1883-1945）
　世人装（ムッソリーニ　1883-1945）
　ポプ人（ムッソリーニ，ベニート　1883-1945）

もう山（ムッソリーニ　1883–1945）

Mustafa, Abu Ali
パレスチナの政治家。パレスチナ解放人民戦線（PFLP）議長。
⇒世指導（ムスタファ, アブ・アリ　?–2001.8.27）

Mustafa, Isa
コソボの政治家。コソボ首相。
⇒外16（ムスタファ, イサ　1951.5.15–）
世指導（ムスタファ, イサ　1951.5.15–）

Muṣṭafā Kāmil Pasha
エジプトの民族主義者。〈旗〉紙を創刊（1900）。
⇒岩イ（ムスタファー・カーミル　1874–1908）
岩世人（ムスタファー・カーミル　1874.8.14–1908.2.10）
世史改（ムスタファ＝カーミル　1874–1908）
世人新（ムスタファ＝カーミル　1874–1908）
世人装（ムスタファ＝カーミル　1874–1908）
ボブ人（ムスタファー・カーミル　1874–1908）

Muṣṭafā Maḥmūd
エジプトの大衆的イスラム思想家、慈善事業家。
⇒岩イ（ムスタファー・マフムード　1921–）

Mustafa Subhi
トルコの共産主義者。
⇒岩イ（ムスタファ・スブヒ　1883–1921）

Mustafina, Aliya
ロシアの体操選手。
⇒外16（ムスタフィナ, アリーヤ　1994.9.30–）
最世ス（ムスタフィナ, アリーヤ　1994.9.30–）

Mustaine, Dave
アメリカのロック歌手。
⇒外12（ムステイン, デイブ　1961.9.13–）
外16（ムステイン, デイブ　1961.9.13–）

Mustapha bin Datu Harun, Tun Datu
マレーシアの政治家。マレーシア・サバ州首席大臣、統一サバ州国民党議長。
⇒岩イ（ムスタファ・ハルン　1918–1995）
岩世人（ムスタファ・ハルン　1918.7–1996.1.2）

Mustonen, Olli
フィンランドのピアノ奏者。
⇒外12（ムストネン, オリ　1967.6.7–）
外16（ムストネン, オリ　1967.6.7–）

Mutai, Geoffrey
ケニアのマラソン選手。
⇒外12（ムタイ, ジョフリー　1981.10.7–）
外16（ムタイ, ジョフリー　1981.10.7–）
最世ス（ムタイ, ジョフリー　1981.10.7–）

Mutalibov, Ayaz N.
アゼルバイジャンの政治家。アゼルバイジャン大統領（1992）。
⇒世指導（ムタリボフ, アヤズ　1938.5.12–）

Mutel, Gustave-Charles Marie
フランスのパリ外国宣教会員。ソウル代牧区の初代代牧。
⇒新カト（ミュテル　1854.3.8–1933.1.23）
朝韓4（ミューテル, G.C.M.　1854–1934）

Mutesa II Edward Frederic
ウガンダ国王。1963年10月共和国への移行により国内4国王交代の大統領がとられ初代大統領に就任。66年3月廃位、追放されて、イギリスに亡命。
⇒岩世人（ムテサ2世　1924.11.19–1969.11.21）

Muth, Carl
ドイツのカトリック雑誌編集者、文芸作家。1903年、月刊カトリック文化誌「ホーホラント」を創刊。
⇒新カト（ムート　1867.1.31–1944.11.15）

Muth, Jon J.
アメリカの絵本作家、イラストレーター。
⇒外16（ミュース, ジョン・J.）

Mutharika, Arthur Peter
マラウイの政治家。マラウイ大統領（2014～）。
⇒外16（ムタリカ, アーサー・ピーター　1940.7.18–）
世指導（ムタリカ, アーサー・ピーター　1940.7.18–）

Mutharika, Bingu
マラウイの政治家。マラウイ大統領（2004～12）。
⇒外12（ムタリカ, ビング　1934.2.24–）
世指導（ムタリカ, ビング　1934.2.24–2012.4.5）

Muther, Richard
ドイツの美術史家。主著, "Geschichte der Malerei im 19.Jahrhundert"（3巻,1893～94）。
⇒岩世人（ムーター　1860.2.25–1909.6.28）

Muthesius, Hermann
ドイツの建築家。国会議事堂等の建築技師。
⇒岩世人（ムテージウス　1861.4.20–1927.10.26）

Muthesius, Karl
ドイツの教育家。主著 "Goethe, ein Kinderfreund"（1903）。
⇒教人（ムテージウス　1859–1929）

Muṭī', 'Abd al-Karīm
モロッコのイスラム政治運動の草分け的指導者。
⇒岩イ（ムティーウ　1936–）

Muti, Ornella
イタリア・ローマ生まれの女優。
⇒ク俳（ムッティ, オルネラ（リヴェリ, フランチェスカ）　1955–）

Muti, Riccardo
イタリアの指揮者。
⇒異二辞（ムーティ［リッカルド・～］ 1941–）
岩世人（ムーティ 1941.7.28–）
オペラ（ムーティ, リッカルド 1941–）
外12（ムーティ, リッカルド 1941.7.28–）
外16（ムーティ, リッカルド 1941.7.28–）
新音中（ムーティ, リッカルド 1941.7.28–）
標音2（ムーティ, リッカルド 1941.7.28–）

Mutilan, Mahid Mir'at
フィリピンのウラマー, 政治家。ムスリム・ミンダナオ自治地域（ARMM）副長官。
⇒岩世人（ムティラン 1943–2007）
世指導（ムティラン, マヒド・ミラアト 1943.8.12–2007.12.6）

Mutis, Alvaro
コロンビアの詩人, 小説家。
⇒現世文（ムティス, アルバロ 1923.8.25–2013.9.22）

Mutola, Maria
モザンビークの陸上選手（中距離）。
⇒最世ス（ムトラ, マリア 1972.10.27–）

Mutrie, James J.
アメリカの大リーグ監督。
⇒メジャ（マトリー, ジム 1851.6.13–1938.1.24）

Mutter, Anne-Sophie
ドイツのヴァイオリン奏者。
⇒外12（ムター, アンネ・ゾフィー 1963.6.29–）
外16（ムター, アンネ・ゾフィー 1963.6.29–）
新音中（ムター, アンネ=ゾフィー 1963.6.29–）

Mutu, Adrian
ルーマニアのサッカー選手。
⇒外12（ムトゥ, アドリアン 1979.1.8–）
外16（ムトゥ, アドリアン 1979.1.8–）
最世ス（ムトゥ, アドリアン 1979.1.8–）

Muwardi
インドネシアの独立運動活動家。
⇒岩世人（ムワルディ 1907.1.30–1948.9.13）

al-Muwayliḥī, Muḥammad
エジプトの文筆家。
⇒岩世人（ムワイリヒー 1858頃–1930.2.28）

Muzadi, Hasyim
インドネシアの宗教家。
⇒岩世人（ムザディ, ハシム 1944.8.8–）
世指導（ムザディ, ハシム 1944–）

Muzaffar, Chandra
マレーシアの知識人, 人権活動家。
⇒岩世人（ムザファー, チャンドラ 1947.3.10–）

Muzakkar, Kahar
インドネシア, 南スラウェシにおけるダルル・イスラム運動の指導者。
⇒岩イ（カハル・ムザカル 1921–1965）
岩世人（ムザッカル, カハル 1921.3.24–1965.2.2）

Mužek, Tomislav
クロアチアのテノール歌手。
⇒魅惑（Mužek,Tomislav 1976–）

Muzio, Claudia
イタリアのソプラノ歌手。
⇒オペラ（ムッツィオ, クラウディア 1889–1936）

Muzio, Giovanni
イタリアの建築家, 都市計画家。
⇒岩世人（ムツィオ 1893.2.12–1982.5.21）

Muzorewa, Abel Tendekayi
ジンバブエの政治家, 牧師。ジンバブエ首相, 統一アフリカ民族評議会（UANC）議長。
⇒岩世人（ムゾレワ 1925.4.14–2010.4.8）
世人新（ムゾレワ 1925–2010）
世人装（ムゾレワ 1925–2010）

Mvula, Laura
イギリスのシンガー・ソングライター。
⇒外16（マブーラ, ローラ 1987–）

Mwanawasa, Levy Patrick
ザンビアの政治家, 弁護士。ザンビア大統領（2002～08）。
⇒世指導（ムワナワサ, レビ 1948.9.3–2008.8.19）

Mwangi, Meja
ケニアの小説家。作品『リバーロードを下りて』『猟犬に食わせる死肉』など。
⇒現世文（ムワンギ, メジャ 1948–）
ネーム（ムワンギ 1948–）

Mwinyi, Ali Hassan
タンザニアの政治家。タンザニア大統領（1985～95）。
⇒岩世人（ムウィニ 1925.5.8–）
世指導（ムウィニ, アリ・ハッサン 1925.5.8–）

Mya, Bo
ビルマ（ミャンマー）のカレン民族指導者。
⇒岩世人（ミャ 1927.1.20–2006.12.23）
世指導（ボー・ミャ 1927.1.20–2006.12.24）

Mya, Thakin
英領期ビルマの弁護士, 政治家。
⇒ア太戦（ミャ, タキン＝ 1897–1947）
岩世人（ミャ 1897.10.7–1947.7.19）

Myagmar, Dembeegiin
モンゴルの小説家, 劇作家, 詩人。
⇒現世文（ミャグマル, デムベーギーン 1933–）

Myaskovskii, Nikolai Yakovlevich
ソ連の作曲家, 教育家。

⇒岩世人（ミャスコフスキー　1881.4.8/20–1950.8.8）
ク音3（ミャスコフスキー　1881–1950）
新音中（ミャスコフスキー, ニコライ　1881.4.20–1950.8.8）
標音2（ミャスコフスキー, ニコライ・ヤコヴレヴィチ　1881.4.20–1950.8.8）

Myasoedov, Grigory Grigorievich
ロシアの画家。1870年代移動派を形成。
⇒芸13（ミヤソエードフ, グリゴリ・グリゴリエヴィチ　1835–1911）

Mya Than Tint
ミャンマー（ビルマ）の小説家。
⇒岩世人（ミャタンティン　1929.5.23–1998.2.18）
現世文（ミャ・タン・ティン　1929.8.29–1998.2.19）

Myatt, Glenn Calvin
アメリカの大リーグ選手（捕手）。
⇒メジャ（マイヤット, グレン　1897.7.9–1969.8.9）

Myer, Charles Solomon（Buddy）
アメリカの大リーグ選手（二塁, 遊撃, 三塁）。
⇒メジャ（マイヤー, バディ　1904.3.16–1974.10.31）

Myers, Brett Allen
アメリカの大リーグ選手（投手）。
⇒メジャ（マイヤーズ, ブレット　1980.8.17–）

Myers, Charles Samuel
イギリスの心理学者。ケンブリッジ大学実験心理学教授。
⇒岩世人（マイアーズ　1873.3.13–1946.10.12）
教人（マイアーズ　1873–1946）

Myers, Gregory Richard
アメリカの大リーグ選手（捕手）。
⇒メジャ（マイヤーズ, グレッグ　1966.4.14–）

Myers, Henry Harrison（Hy）
アメリカの大リーグ選手（外野）。
⇒メジャ（マイヤーズ, ハイ　1889.4.27–1965.5.1）

Myers, Isabel Briggs
アメリカの作家。
⇒現世文（マイヤーズ, イザベル　1897–1980）

Myers, Michael
テノール歌手。
⇒魅惑（Myers, Michael　?–）

Myers, Michael Stanley
アメリカの大リーグ選手（投手）。
⇒メジャ（マイヤーズ, マイク　1969.6.26–）

Myers, Mike
カナダ生まれの俳優。
⇒外12（マイヤーズ, マイク　1963.5.25–）
外16（マイヤーズ, マイク　1963.5.25–）
ク俳（マイヤーズ, マイク　1963–）
スター（マイヤーズ, マイク　1963.5.25–）

Myers, Norman
アメリカの生態学者, 環境開発コンサルタント。
⇒外12（マイヤーズ, ノーマン　1934.8.24–）
外16（マイヤーズ, ノーマン　1934.8.24–）

Myers, Randall Kirk
アメリカの大リーグ選手（投手）。
⇒メジャ（マイヤーズ, ランディ　1962.9.19–）

Myers, Richard B.
アメリカの軍人。
⇒外12（マイヤーズ, リチャード　1942.3.1–）
外16（マイヤーズ, リチャード　1942.3.1–）

Myers, Walter Dean
アメリカの児童文学者, 小説家, ノンフィクション作家。
⇒現世文（マイヤーズ, ウォルター・ディーン　1937.8.12–2014.7.1）

Myerson, Roger
アメリカの経済学者, 数学者。ノーベル経済学賞受賞。
⇒外12（マイヤーソン, ロジャー　1951.3.29–）
外16（マイヤーソン, ロジャー　1951.3.29–）
ネーム（マイヤーソン　1951–）
ノベ3（マイヤーソン, R.B.　1951.3.29–）
有経5（マイヤーソン　1951–）

Myint, Hla
ミャンマー（ビルマ）の経済学者。
⇒岩世人（ミント　1920.3.20–1989.1.9）
有経5（ミント　1920–）

Myint Maung, U
ビルマ（ミャンマー）の音楽家。
⇒岩世人（ミンマウン　1937.6.3–2001.9.5）

Mykle, Agnar
ノルウェーの小説家。
⇒岩世人（ミュクレ　1915.8.8–1994.1.14）

My Linh
ベトナムの歌手。
⇒外12（ミー・リン　1975–）

Myllys, Jussi
フィンランドのテノール歌手。
⇒魅惑（Myllys, Jussi　1978–）

Myrdal, Alva
スウェーデンの女性政治家。核ナショナリズムの危険を説いたり, 人口問題に洞察力のある発言をするなどその時代ごとの重要問題に取り組み発言している。
⇒岩世人（ミュルダール（ミューダール）　1902.1.31–1986.2.1）
ネーム（ミュルダール　1902–1986）

ノベ3（ミュルダール,A. 1902.1.31–1986.2.1）

Myrdal, Jan
スウェーデンの批評家,小説家。評論『中国農村からの報告』『アルバニアの挑戦』など。
⇒岩世人（ミュルダール（ミューダール） 1927.7.19–）
　外12（ミュルダール,ヤーン 1927.7.19–）
　外16（ミュルダール,ヤーン 1927.7.19–）
　現世文（ミュルダール,ヤーン 1927.7.19–）

Myrdal, Karl Gunnar
スウェーデンの経済学者,社会学者。1945～47年商相,47～57年国連ヨーロッパ経済委員会委員長として活躍。74年ノーベル経済学賞受賞。主著『貧困からの挑戦』(68)。
⇒岩経（ミュルダール 1898–1987）
　岩世人（ミュルダール（ミューダール） 1898.12.6–1987.5.17）
　広辞7（ミュルダール 1898–1987）
　社小増（ミュルダール 1898–1987）
　政経改（ミュルダール 1898–1987）
　ノベ3（ミュルダール,K.G. 1898.12.6–1987.5.17）
　有経5（ミュルダール 1898–1987）

Myrivilis, Stratis
ギリシャの散文作家。『墓での生活』、『黄金の眼をした女教師』(1932)、『人魚となった聖母』(55)を戦争3部作と呼ぶ。現代ギリシャ散文文学の第一人者。
⇒岩世人（ミリヴィリス 1892.6–1969.7.19）
　現世文（ミリヴィリス,ストラティス 1892.6.30–1969.7.19）

Myrlak, Kazimierz
テノール歌手。
⇒魅惑（Myrlak,Kazimierz ?–）

Myszuga, Aleksander
ポーランドのテノール歌手。1920年ストックホルムの音楽学校を創設した。
⇒魅惑（Myszuga,Aleksander 1853–1922）

Mytaras, Dimitris
ギリシャ生まれの画家。
⇒芸13（ミタラス,デミトリス 1934–）

Myung Kye-Nam
韓国の男優。
⇒韓俳（ミョン・ゲナム 1952.7.26–）

Myung Se-Bin
韓国の女優。
⇒韓俳（ミョン・セビン 1976.4.10–）

【 N 】

Na, Sebastian
韓国のテノール歌手。
⇒魅惑（Na,Sebastian ?–）

Naaiphii
タイの詩人,評論家。
⇒岩世人（ナーイ・ピー 1918.9.15–1987.11.28）
　タイ（ナーイ・ピー 1918–1987）

Naam, Ramez
エジプト生まれのアメリカの作家,科学技術者。
⇒現世文（ナム,ラメズ）

Nabarro, David Nunes
イギリスの病理学者。1903年アフリカの睡眠病の,原因及び媒介としてのツェツェ蝿を発見。
⇒岩世人（ナバーロ 1874.2.27–1958.9.30）

Nabawīya Mūsa
エジプトのフェミニスト,教育者。
⇒岩イ（ナバウィーヤ・ムーサー 1890–1951）
　岩世人（ナバウィーヤ・ムーサー 1886–1951.4.30）

Nabert, Jean
フランスの哲学者。
⇒岩世人（ナベール 1881.6.27–1960.10.14）
　メル3（ナベール,ジャン 1881–1960）
　メル別（ナベール,ジャン 1881–1960）

al-Nabhānī, Taqī al-Dīn
パレスチナの革命思想家。イスラム解放党の創立者。
⇒岩イ（ナブハーニー 1909/1910–1977）
　岩世人（ナブハーニー,ターキーユッディーン 1909/1910–1977）

Nabi, Heiki
エストニアのレスリング選手（グレコローマン）。
⇒最世ス（ナビ,ヘイキ 1985.6.6–）

Nabi, Youcef
フランスの実業家。
⇒外12（ナビ,ユセフ 1968–）
　外16（ナビ,ユセフ 1968–）

Nabiullina, Elvira Sakhipzadovna
ロシアの経済学者。
⇒外16（ナビウリナ,エリヴィラ 1963.10.29–）

Nabokov, Nicolas（Nicolai）
ロシア,アメリカの作曲家。

⇒新音中（ナボコフ, ニコラス　1903.4.17–1978.4.6）
標音2（ナボコフ, ニコラス　1903.4.17–1978.4.6）

Nabokov, Vladimir Vladimirovich
アメリカの小説家, 詩人, 評論家, 昆虫学者。小説『ロリータ』(1955)で有名になる。
⇒アメ新（ナボコフ　1899–1977）
異二辞（ナボコフ［ウラジミール・～］　1899–1977）
岩世人（ナボコフ　1899.4.10/22–1977.7.2）
現世文（ナボコフ, ウラジミル　1899.4.23–1977.7.2）
広世7（ナボコフ　1899–1977）
ネーム（ナボコフ　1899–1977）

Nabonne, Ludger
フランスの外交官, 政治家。
⇒19仏（ナボンヌ, リュジェ　1853.8.25–1914）

Nabuco de Araújo, Joaquim Aurélio Barreto
ブラジルの政治家, 外交官, 著作家。1888年の奴隷制廃止法成立に貢献。
⇒岩世人（ナブーコ　1849.8.19–1910.1.17）
ラテ新（ナブコ　1849–1910）

Naceri, Samy
フランスの俳優。
⇒外12（ナセリ, サミー）

Nachtwey, James A.
アメリカの写真家。
⇒外12（ナクトウェイ, ジェームズ　1948–）
外16（ナクトウェイ, ジェームズ　1948–）

Näcke, Paul
ドイツの精神科医。
⇒精医歴（ネッケ, パウル　1864–1934）

Nacoski, Blagoj
マケドニアのテノール歌手。
⇒魅惑（Nacoski,Blagoj　1979–）

Nadai, Arpad Ludwig
ハンガリー生まれのアメリカの塑性学者。ウェスティングハウス研究所に勤め(1929～), 材料の塑性変形に関する優れた実験的, 理論的研究がある。
⇒岩世人（ナダイ　1883.4.3–1963.7.18）

Nadal, Rafael
スペインのテニス選手。
⇒外12（ナダル, ラファエル　1986.6.3–）
外16（ナダル, ラファエル　1986.6.3–）
最新ス（ナダル, ラファエル　1986.6.3–）
ネーム（ナダル, ラファエル　1986–）

Nádas Péter
ハンガリーの作家。
⇒岩世人（ナーダシュ　1942.10.14–）
現世文（ナーダシュ, ペーテル　1942.10.14–）

Nadel, Arno
ドイツの詩人, 礼拝式の音楽学者。
⇒ユ著人（Nadel,Arno　ナーデル, アルノー　1878–1943）

Nadel, Barbara
イギリスの作家。
⇒外12（ナデル, バーバラ）
海文新（ナデル, バーバラ）
現世文（ナデル, バーバラ）

Nadel, Siegfried Frederick
イギリスの人類学者。アフリカを詳しく調査し, その方法は心理学的傾向が強い。
⇒岩世人（ネイデル　1903.4.24–1956.1.14）
社小増（ネーデル　1903–1956）

Nadella, Satya
アメリカの実業家。
⇒外16（ナデラ, サトヤ　1967–）

Nader, George
アメリカ生まれの俳優。
⇒ク俳（ネイダー, ジョージ　1921–）

Nader, Ralph
アメリカの弁護士, 消費者運動家。
⇒アメ経（ネーダー, ラルフ　1934.2.27–）
アメ新（ネーダー　1934–）
岩世人（ネイダー　1934.2.27–）
外12（ネーダー, ラルフ　1934.2.27–）
外16（ネーダー, ラルフ　1934.2.27–）
世指導（ネーダー, ラルフ　1934.2.27–）

Nader, Richard
アメリカ・ペンシルベニア州メイソンタウン生まれのプロモーター。
⇒ロック（Nader,Richard　ネイダー, リチャード　1940–）

Naderi, Amir
イランの映画監督, 脚本家。
⇒外16（ナデリ, アミール　1946.8.15–）

Nāderpūr, Nāder
イランの詩人。
⇒岩世人（ナーデルプール　1929–2000）

Nādir Shāh
アフガニスタンのバーラクザーイ朝第7代の王。在位1929～33。
⇒岩世人（ナーディル・シャー　1883.4.9–1933.11.8）

Nadler, Joseph
オーストリアの文学史家。主著『ドイツ諸種族と風土との文学史』(1912～28)。
⇒岩世人（ナードラー　1884.5.23–1963.1.14）

Nadolny, Sten
ドイツの作家。

⇒外16（ナドルニー，シュテン 1942-）
現世文（ナドルニー，シュテン 1942-）

Nadolo, Nemani
フィジーのラグビー選手（クルセイダーズ・CTB）。
⇒外16（ナドロ，ネマニ 1988.1.31-）
最世ス（ナドロ，ネマニ 1988.1.31-）

Nadolovitch, Jean
ルーマニアのテノール歌手。ベルリンに声楽生理学研究所を設立。
⇒魅惑（Nadolovitch,Jean 1875-1966）

Nady, Xavier Clifford
アメリカの大リーグ選手（外野）。
⇒メジャ（ネイディ，ゼイヴィア 1978.11.14-）

Naeem, Abdul Basit
パキスタン人ムスリムのジャーナリスト，企業家，伝道師。
⇒マルX（NAEEM,ABDUL BASIT ナイーム，アブデュル・バシット）

Naess, Arne
ノルウェーの哲学者。ディープ-エコロジーを提唱。著『エコロジー・コミュニティー・ライフスタイル』など。
⇒メル別（ネス，アルネ 1912-2009）

Nagano, Kent
アメリカの指揮者。
⇒外12（ナガノ，ケント 1951.11.22-）
外16（ナガノ，ケント 1951.11.22-）
新音中（ナガノ，ケント 1951.11.22-）

Nāgar, Amritlāl
インド，ヒンディー語の小説家。著書に『水滴と海』（1956），『生を与えるものと奪うもの』（66）など。
⇒現世文（ナーガル，アムリットラール 1916.8.17-1990.2.23）

Nagata, Linda
アメリカのSF作家。
⇒現世文（ナガタ，リンダ 1960-）

Nagel, Anne
アメリカの女優。
⇒ク俳（ネイゲル，アン（ドラン，アン） 1912-1966）

Nagel, Conrad
アメリカの男優。
⇒ク俳（ネイゲル，コンラッド 1896-1970）

Nagel, Ernest
チェコスロバキア生まれのアメリカの哲学者。自然主義的論理経験（実証）主義運動に属し，科学哲学に貢献。
⇒岩世人（ナーゲル 1901.11.16-1985.9.20）
メル3（ネーゲル，アーネスト 1901-1985）

Nagel, Thomas
アメリカの哲学者。
⇒岩世人（ネイゲル 1937.7.4-）
外12（ネーゲル，トマス 1937-）
外16（ネーゲル，トマス 1937.7.4-）
メル別（ネーゲル，トマス 1937-）

Naghiu, Octavian
ルーマニアのテノール歌手。
⇒失声（ナギウ，オクタヴィアン ?-）
魅惑（Naghiu,Octavian ?-）

Nagibin, Yurii Markovich
ソ連の小説家。作品集に『休日の前に』（1960）などがある。
⇒岩世人（ナギービン 1920.4.3-1994.6.17）
現世文（ナギービン，ユーリー 1920.4.3-1994.6.17）

Nagl-Docekal, Herta
オーストリアの哲学者，フェミニズム哲学者。
⇒岩世人（ナーグル＝ドチェカル 1944.5.29-）

Nagore, Antonio
アメリカのテノール歌手。
⇒魅惑（Nagore,Antonio ?-）

Nagy, Charles Harrison
アメリカの大リーグ選手（投手）。
⇒メジャ（ナギー，チャールズ 1967.5.5-）

Nagy, Eva
ルーマニア生まれの画家。
⇒芸13（ナジー，エバ 1921-）

Nagy, János B.
ハンガリーのテノール歌手。
⇒失声（ナジ，ヤーノシュ 1940-2007）
魅惑（Nagy,János B. 1940-）

Nagy, Robert
アメリカのテノール歌手。
⇒魅惑（Nagy,Robert 1929-）

Nagy, Robert
テノール歌手。
⇒魅惑（Nagy,Robert 1957-）

Nagy Imre
ハンガリーの政治家。1928〜44年にモスクワへ亡命。解放後帰国し，53年に首相。56年ハンガリー動乱で失脚。
⇒岩世人（ナジ 1896.6.7-1958.6.16）
広辞7（ナジ 1896-1958）
政経改（ナジ 1896-1958）
世名改（ナジ＝イムレ 1896-1958）
ポプ人（ナジ・イムレ 1896-1958）

Nagy Laszlo
ハンガリーの詩人。第2次大戦後の新しい世代に属する。作品に『太陽の許婚』など。

⇒現世文（ナジ, ラースロー　1925.7.17–1978.1.30）

Nah, Vu Ngoc
南ベトナム大統領の顧問となった北ベトナムのスパイ。
⇒スパイ（ナー, ビュー・ゴク　1928–2002）

Nahal, Chaman
インドの英語小説家, 英文学者。
⇒現世文（ナーハル, チャマン　1927.8.2–2013.11.29）

Naharin, Ohad
イスラエルのダンサー, 振付家, 音楽家, 舞踊団監督。
⇒外12（ナハリン, オハッド　1952–）

Nahas Pasha, Mustafa Al-
エジプトの政治家。1927年よりワフド党党首。44年アラブ諸国の会合を主宰し, アラブ連合の基礎をつくる。
⇒岩イ（ナッハース　1879–1965）
　岩世人（ナッハース, ムスタファー　1879.6.15–1965.8.23）

Naheed, Kishwar
パキスタンの詩人。
⇒現世文（ナーヒード, キシュワル　1940–）

Nahles, Andrea
ドイツの政治家。ドイツ労働・社会相, ドイツ社会民主党（SPD）連邦議会院内総務。
⇒世指導（ナーレス, アンドレア　1970.6.20–）

Na Hong-jin
韓国の映画監督。
⇒外12（ナホンジン　1974–）

Naida, Sergei
テノール歌手。
⇒魅惑（Naida,Sergei　?–）

Naidoo, Beverley
南アフリカ生まれのイギリスの児童文学作家。
⇒外12（ナイドゥー, ビバリー　1943.5.21–）
　外16（ナイドゥー, ビバリー　1943.5.21–）
　現世文（ナイドゥー, ビバリー　1943.5.21–）

Naidu, Sarojini
インドの女性詩人, 社会運動家, 政治家。1925年インド国民会議議長。
⇒岩世人（ナイドゥ　1879.2.13–1949.3.2）
　学叢思（ナイズ, サロディニ　1879–?）
　南ア新（ナーイドゥ　1879–1949）

Nailatikau, Ratu Epeli
フィジーの政治家。フィジー大統領（2009～15）。
⇒外12（ナイラティカウ, ラツ・エベリ　1941.7.5–）
　外16（ナイラティカウ, ラツ・エベリ　1941.7.5–）
　世指導（ナイラティカウ, ラツ・エベリ　1941.7.5–）

Naim, Yael
フランスのミュージシャン。
⇒外12（ナイム, ヤエル　1978–）

Nā'īnī, Moḥammad Ḥoseyn
イラクのシーア派法学者。シーア派政治論の立場からイランの立憲制を理論的に擁護した。
⇒岩イ（ナーイーニー　1860–1936）

Naipaul, Shiva（dhar）（Srinivasa）
トリニダード島出身の小説家。
⇒現世文（ナイポール, シヴァ　1945–1985）

Naipaul, Vidiadhar Surajprasad
トリニダード生まれのイギリス（インド系）の作家。
⇒岩イ（ナイポール　1932–）
　岩世人（ナイポール　1932.8.17–）
　外12（ナイポール, ビディアダール・スーラジプラサド　1932.8.17–）
　外16（ナイポール, ビディアダール・スーラジプラサド　1932.8.17–）
　現世文（ナイポール, ビディアダール・スーラジプラサド　1932.8.17–2018.8.11）
　広辞7（ナイポール　1932–）
　南ア新（ナイポール　1932–）
　ネーム（ナイポール　1932–）
　ノベ3（ナイポール,V.S.　1932.8.17–）

Nair, C.N.Sreekantan
インドの劇作家, 社会活動家, ジャーナリスト。
⇒現世文（ナーヤル,C.N.シュリーカンタン　1928–1976）

Nair, Mira
インド生まれの映画監督。
⇒岩世人（ナーイル　1957.10.15–）
　映監（ナイル, ミーラー　1957.10.15–）
　外12（ナイール, ミラ　1957–）
　外16（ナイール, ミラ　1957.10.15–）
　南ア新（ナーイル　1957–）

Nair, Ramesh
インド生まれのバッグデザイナー。モワナ・アーティスティックデザイナー。
⇒外16（ナイール, ラメッシュ）

Naismith, James
カナダ生まれのアメリカの体育家。バスケットボールの考案者。
⇒岩世人（ネイスミス　1861.11.6–1939.11.28）

Najarro, Antonio
スペインの振付師, フラメンコダンサー。
⇒外12（ナハーロ, アントニオ　1975–）
　外16（ナハーロ, アントニオ　1975–）

Najīb, Muḥammad
エジプトの軍人, 政治家。ナセルらとクーデターを起し,1953年共和国樹立後の初代大統領。

ナセルと対立後,失脚。
⇒岩イ（ナギーブ 1901–1984）
　岩世人（ナギーブ,ムハンマド 1901.2.20–1984.8.28）
　広辞7（ナギブ 1901–1984）
　世史改（ナギブ 1901–1984）
　ポブ人（ナギブ,ムハンマド 1901–1984）

Najib Abdul Razak, Mohamad
マレーシアの政治家。マレーシア首相,財務相,統一マレー国民組織（UMNO）総裁。
⇒岩世人（ナジブ 1953.7.23–）
　外7（ナジブ・アブドル・ラザク,モハマド 1953.7.23–）
　外16（ナジブ・アブドル・ラザク,モハマド 1953.7.23–）
　世指導（ナジブ・ラザク,モハマド 1953.7.23–）

Najibullah
アフガニスタンの政治家。アフガニスタン大統領。
⇒岩イ（ナジブッラー 1947–1996）
　岩世人（ナジーブッラー 1947.8.6–1996.9.28）
　政経大（ナジブラ 1947–1996）

Nakache, Olivier
フランスの映画監督。
⇒外16（ナカシュ,オリヴィエ 1973–）

Nakamura, Kuniwo
パラオの政治家。パラオ大統領（1993～2001）。
⇒世指導（ナカムラ,クニオ 1943.11.24–）

Nakamura, Michael Yoshihide
日本,オーストラリアの大リーグ選手（投手）。
⇒外12（マイケル中村 1976.9.6–）
　メジャ（マイケル中村 1976.9.6–）

Nakariakov, Sergei
ロシアのトランペット奏者。
⇒外12（ナカリャコフ,セルゲイ 1977–）
　外16（ナカリャコフ,セルゲイ 1977–）
　ユ著人（Nakariakov,Sergei　ナカリャコフ,セルゲイ 1977–）

Nakayama, Toshio
ミクロネシアの政治家。ミクロネシア連邦大統領（1979～87）。
⇒岩世人（ナカヤマ 1931.11.23–2007.3.29）

Nakhon Sawan
ラーマ5世と異母妹スクマーン妃の子。タイの初代海相,国防相,内務相。
⇒タイ（ナコーンサワン〔親王〕 1881–1944）

Na Kyung-min
韓国の男優。
⇒韓俳（ナ・ギョンミン 1980.11.22–）

Nalbandian, David
アルゼンチンのテニス選手。
⇒最世ス（ナルバンディアン,ダビド 1982.1.1–）

Nalder, Reggie
オーストリア生まれの俳優。
⇒スター（ナルダー,レジー 1907.9.4–1991）

Nałkowska, Zofia
20世紀ポーランドを代表する女性作家。代表作は『境め』（1935）。36年と53年に国家文学賞を受賞。
⇒岩世人（ナウコフスカ 1884.11.10–1954.12.17）

Namaliu, Rabbie Langanai
パプアニューギニアの政治家。パプアニューギニア首相。
⇒世指導（ナマリュー,ラビー 1947.4.3–）

Namatjira, Albert
オーストラリアの画家。
⇒岩世人（ナマジラ 1902.7.28–1959.8.8）

Namboodiripad, Elamkulam Mana Sankaram
インド・ケーララ州生まれの共産主義者。
⇒岩世人（ナムブーディリッパード 1909.6.13–1998.3.19）
　南ア新（ナンブーディリパード 1909–1998）

Nam Cao
ベトナムの小説家。作品に『チー＝フェオ』『窮乏』『近傍の人』『夜半』など。
⇒岩世人（ナム・カオ 1915.10.29–1951.11）
　現世文（ナム・カオ 1915.10.29–1951.11.30）

Namdag Donrobīn
モンゴルの作家。作品に歌劇『闘争』など。
⇒現世文（ナムダク,ドンロビーン 1911.10.20–1984.3.11）

Nam Duck-woo
韓国の経済学者,政治家。号は智岩。韓国首相,貿易協会名誉会長,韓国太平洋協力委員会会長。西江大学教授,財務部長官,副総理兼経済企画院長官,大統領経済担当特別補佐官などを歴任。著書に『価格論』『通貨量の決定要因と金融政策』などがある。
⇒外12（ナムドクウ　南悳祐 1924.10.10–）

Namgung Min
韓国の男優。
⇒韓俳（ナムグン・ミン 1978.3.12–）

Namias, Jerome
アメリカの気象学者。気団分析,総観気象学,大気大循環,長期予報,大気・海洋相互作用などの研究業績で知られる。
⇒岩世人（ナマイアス〔慣ナミアス〕 1910.3.19–1997.2.10）

Namier, *Sir* Lewis Bernstein
イギリスの歴史家。主著に『アメリカ革命期のイギリス』（1930）。52年ナイトに。
⇒岩世人（ネイミア 1888.6.27–1960.8.19）
　ユ著人（Namier,Lewis Bernstein,Sir　ナミエー

ル, レヴァイス・ベルンスタイン　1888-1960)

Nam Ji-hyun
韓国の歌手。
⇒外12（ナムジヒョン　1990.1.9-)

Namjim, Tumuriin
モンゴルの政治家, 経済学者。モンゴル国務大臣, 滋賀県立大学人間文化学部地域文化学科教授, モンゴル日本経済委員会委員長。
⇒外12（ナムジム, トゥムリン　1936-)

Nam Jung-hyun
韓国の作家。代表的抵抗作家の一人と呼ばれる。1965年発表の『糞地』が文学作品としては初めて反共法に問われ, いわゆる「地裁判」となった。代表作は『おまえは何なのだ』(61) など。
⇒現世文（ナム・ジョンヒョン　南廷賢　1933.12.13-)

Namnangsürüng
モンゴルの政治家。モンゴル首相(1912〜19)。
⇒岩世人（ナムナンスレン　1878-1919)

Na Moon-hee
韓国の女優。
⇒韓俳（ナ・ムニ　1941.11.30-)

Namora, Fernando
ポルトガルの小説家。主著『暗夜の火事』(1943)。
⇒岩世人（ナモーラ　1919.4.15-1989.1.31)
　現世文（ナモーラ, フェルナンド　1919.4.15-1989.1.31)

Nam Sang-mi
韓国の女優。
⇒韓俳（ナム・サンミ　1984.5.3-)

Nam Tae-hyun
韓国の歌手。
⇒外16（ナムテヒョン　1994.5.10-)

Namuncurá, Ceferino
アルゼンチン生まれの福者。
⇒岩世人（ナムンクラ　1886.8.26-1905.5.11)

Nam Yong
韓国の実業家。
⇒外12（ナムヨン）
　外16（ナムヨン）

Nana
韓国の歌手。
⇒外12（ナナ　1991.9.14-)

Nancarrow, Conlon de
アメリカ, のちメキシコの作曲家。
⇒岩世人（ナンカロウ　1912.10.27-1997.8.10)
　ク音3（ナンカロウ　1912-1997)

Nancy, Jean-Luc
フランスの哲学者。ハイデッガーとデリダの影響下に現代思想の中心問題に取り組む。著書に『無為の共同体』など。
⇒外12（ナンシー, ジャン・リュック　1940-)
　外16（ナンシー, ジャン・リュック　1940-)
　現社（ナンシー　1940-)
　メル別（ナンシー, ジャン=リュック　1940-)

Nandy, Ashis
インドの社会・文明評論家。
⇒外12（ナンディ, アシシュ　1937-)

Nani
ポルトガルのサッカー選手（フェネルバフチェ・MF）。
⇒外12（ナニ　1986.11.17-)
　外16（ナニ　1986.11.17-)
　最世ス（ナニ　1986.11.17-)

Nano, Fatos Thanas
アルバニアの政治家, 経済学者。アルバニア首相。
⇒岩世人（ナノ　1952.9.16-)
　外16（ナノ, ファトス　1952.9.16-)
　世指導（ナノ, ファトス　1952.9.16-)

Nansen, Fridtjof
ノルウェーの北極地方探検家, 科学者, 政治家。1895年北緯86度13分に到達。
⇒岩世人（ナンセン　1861.10.10-1930.5.13)
　広辞7（ナンセン　1861-1930)
　ネーム（ナンセン　1861-1930)
　ノベ3（ナンセン, F.　1861.10.10-1930.5.13)
　ポブ人（ナンセン, フリチョフ　1861-1930)

Nansen, Lowis
テノール歌手。
⇒魅惑（Nansen, Lowis　?-?)

Naoura, Salah
ドイツの作家, 翻訳家。
⇒海文新（ナオウラ, ザラー　1964.11.2-)
　現世文（ナオウラ, ザラー　1964.11.2-)

Naowarat Phongphaibuun
タイの詩人。
⇒岩世人（ナオワラット・ポンパイブーン　1940.3.26-)
　タイ（ナオワラット・ポンパイブーン　1940-)

Napier, Bill
イギリスの作家, 天文学者。
⇒外12（ネイピア, ビル　1940-)
　海文新（ネイピア, ビル）
　現世文（ネイピア, ビル　1940-)

Napier, John Russel
イギリスの霊長類学者, 人類学者。
⇒岩世人（ネイピア　1917-1987.8.29)

Napoléon, Charles
フランスの歴史作家。
⇒外12 (ナポレオン, シャルル　1950.10.15-)
外16 (ナポレオン, シャルル　1950.10.15-)

Napoli, Donna Jo
アメリカの作家,言語学者。
⇒外12 (ナポリ, ドナ・ジョー)
外16 (ナポリ, ドナ・ジョー)
現世文 (ナポリ, ドナ・ジョー)

Napoli, Michael Anthony
アメリカの大リーグ選手(捕手)。
⇒メジャ (ナポリ, マイク　1981.10.31-)

Napolitano, Giorgio
イタリアの政治家。イタリア大統領(2006~15)。
⇒外12 (ナポリターノ, ジョルジョ　1925.6.29-)
外16 (ナポリターノ, ジョルジョ　1925.6.29-)
世指導 (ナポリターノ, ジョルジョ　1925.6.29-)

Nápravník, Eduard
チェコの指揮者,作曲家。
⇒ク音3 (ナープラヴニーク　1839-1916)

Naquet, Alfled Joseph
フランスの化学者。共和派の政治家。
⇒19仏 (ナケ, アルフレッド　1834.10.6-1916.11.10)
ユ著人 (Naquet,Alfled Joseph　ナケ, アルフレッド・ジョゼフ　1834-1916)

Narantsatsralt, Janlav
モンゴルの政治家。モンゴル首相。
⇒世指導 (ナランツァツラルト, ジャンラブ　1957.6.10-2007.11.12)

Narathippraphanphong
タイの親王,官僚,文人。
⇒岩世人 (ナラーティップラバンポン　1861.11.20-1931.10.11)

Narayan, Jaya Prakash
インドの政治家,社会運動家。ガンジーの愛弟子より,ネールに次ぐ全インド的人気を得た。
⇒岩世人 (ナーラーヤン　1902.10.11-1979.10.8)
南ア新 (ナーラーヤン　1902-1979)

Narayan, Rasipuram Krishnaswami
インドの英語作家。
⇒岩世人 (ナラーヤン　1906.10.10-2001.5.13)
現世文 (ナーラーヤン,R.K.　1906.10.10-2001.5.13)
広辞7 (ナーラーヤン　1906-2001)

Nārāyana Guru, Sri
近代インドの宗教・社会改革者。
⇒南ア新 (ナーラーヤナ・グル　1854-1928)

Narayanan, Kocheril Raman
インドの政治家。インド大統領(1997~2002)。
⇒世指導 (ナラヤナン, コチェリル・ラーマン　1920.10.27-2005.11.9)

Narayen, Shantanu
アメリカの実業家。
⇒外16 (ナラヤン, シャンタヌ　1963.5-)

Nárbikova, Valériya Spartákovna
ロシアの女性作家。
⇒岩世人 (ナールビコヴァ　1958.2.24-)
外16 (ナールビコワ, ワレーリヤ　1958.2.24-)
現世文 (ナールビコワ, ワレーリヤ　1958.2.24-)

Narbut, Georgii Ivanovich
ロシアの画家。
⇒絵本 (ナールブト, ゲオルギー　1886-1920)

Narcejac, Thomas
フランスの推理作家。P.ボワロー(1906~89)とボワロー=ナルスジャックの共同筆名で作品『牝狼』『女魔術師』『呪い』などを発表。
⇒現世文 (ボワロー・ナルスジャック　1908-1998)

Nardelli, Robert L.
アメリカの実業家。
⇒外12 (ナルデリ, ロバート　1948.5.17-)
外16 (ナルデリ, ロバート　1948.5.17-)

Naren-hua
中国の女優。
⇒外12 (ナーレンホア　1962.12.1-)
外16 (ナーレンホア　1962.12.1-)

Nares, *Sir* George Strong
イギリスの海軍軍人,探検家。1875年南極圏及び北極海を探検。
⇒岩世人 (ネアズ　1831.5.22-1915.1.15)

Naret, Jean-Luc
フランスの編集者。
⇒外12 (ナレ, ジャンリュック　1961-)
外16 (ナレ, ジャンリュック　1961-)

Närimanov, Näriman Näjäfoghlu
アゼルバイジャン共産党の指導者。
⇒岩イ (ナリマノフ　1870-1925)
岩世人 (ナリマノフ　1870.4.2/14-1925.3.19)

Naritsaranuwattiwong
タイの親王,官僚。
⇒異二辞 (ナリッサラーヌワッティウォン　1863-1947)
岩世人 (ナリット　1863.4.28-1947.3.10)

Narkiss, Uzi
イスラエルの軍人。陸軍少将。
⇒ユ著人 (Narkiss,Uzi　ナルキス, ウジ　1925-1997)

Narleski, Raymond Edmond
アメリカの大リーグ選手(投手)。
⇒メジャ (ナーレスキー, レイ 1928.11.25–2012.3.29)

Narsha
韓国の歌手。
⇒外12 (ナルシャ 1981.12.28–)

Naru
韓国の歌手。
⇒外12 (ナル 1988.10.7–)

Narutowicz, Gabrjel
ポーランドの技術者, 政治家。公共事業相, 外相 (1920), 大統領 (22)。
⇒岩世人 (ナルトヴィチ 1865.3.17–1922.12.16)

Naryshkin, Sergei
ロシアの政治家。ロシア対外情報庁長官。
⇒外12 (ナルイシキン, セルゲイ 1954.10.27–)
外16 (ナルイシキン, セルゲイ 1954.10.27–)
世指導 (ナルイシキン, セルゲイ 1954.10.27–)

Nasar, Sylvia
ドイツ生まれのアメリカの作家, ジャーナリスト。
⇒外12 (ナサー, シルヴィア 1947–)
外16 (ナサー, シルヴィア 1947–)
現世文 (ナサー, シルヴィア 1947–)

Nascimento, Milton
ブラジルのピアノ奏者, シンガー・ソングライター。
⇒異二辞 (ナシメント, ミルトン 1942–)
岩世人 (ナシメント 1942.10.26–)
外12 (ナシメント, ミルトン 1942.10.26–)
外16 (ナシメント, ミルトン 1942.10.26–)
新音中 (ナシメント, ミルトン 1942.10.26–)
標音2 (ナシメント, ミルトン 1942.10.26–)

Naseer Shamma
アラブのウード奏者, 作曲家。
⇒岩世人 (ナシール・シャンマ 1963–)

Nash, Clarence
アメリカの声優。
⇒異二辞 (ナッシュ [クラレンス・〜] 1904–1985)

Nash, Graham
イギリスのロック・ミュージシャン。
⇒外12 (ナッシュ, グラハム 1942.2.2–)
外16 (ナッシュ, グラハム 1942.2.2–)
新音中 (クロスビー, スティルズ, ナッシュ・アンド・ヤング 1942–)
標音2 (クロズビー, スティルズ, ナッシュ・アンド・ヤング 1942–)
ロック (Nash,Graham ナッシュ, グレアム 1942.2.2–)

Nash, Heddle
イギリスのテノール歌手。
⇒失声 (ナッシュ, ヘドル 1894–1961)
魅惑 (Nash,Heddle 1894–1961)

Nash, Jay Bryan
アメリカの体育学者。運動場やレクリエーションの組織ならびに管理を国家の責任とし, 生活における体育の必要を認識させた。
⇒岩世人 (ナッシュ 1886.10.4–1965.9.20)

Nash, John Forbes, Jr.
アメリカの数学者。1994年ノーベル経済学賞。
⇒岩経 (ナッシュ 1928–)
岩世人 (ナッシュ 1928.6.13–)
外12 (ナッシュ, ジョン (Jr.) 1928.6.13–)
広辞7 (ナッシュ 1928–2015)
世数 (ナッシュ, ジョン・フォーブス 1928–2015)
ノベ3 (ナッシュ,J.F. 1928.6.13–)
ポブ人 (ナッシュ, ジョン 1928–2015)

Nash, Johnny
アメリカ・テキサス州生まれの歌手。
⇒ロック (Nash,Johnny ナッシュ, ジョニー 1940.8.19–)

Nash, Manning
アメリカの人類学者。
⇒アア歴 (Nash,Manning ナッシュ, マニング 1924.5.4–)

Nash, Ogden
アメリカの詩人, ジャーナリスト。「ニューヨーカー」誌を編集し, ハリウッドのライターなどをやった。詩集『苦境』(1931), 『家族再会』(51), 『個人食堂』(53) など。
⇒現世文 (ナッシュ, オグデン 1902.8.19–1971.5.19)

Nash, Paul
イギリスの画家。風景画などを描き, 後年はシュールレアリスムに近づく。代表作『巨石の風景』(1937)。
⇒岩世人 (ナッシュ 1889.5.11–1946.7.11)
グラデ (Nash,Paul ナッシュ, ポール 1889–1946)
芸13 (ナッシュ, ポール 1889–1946)
広辞7 (ナッシュ 1889–1946)

Nash, Sophia
スイス生まれのロマンス作家。
⇒外12 (ナッシュ, ソフィア)

Nash, Steve
カナダのバスケットボール選手 (レイカーズ)。
⇒最世ス (ナッシュ, スティーブ 1974.2.7–)

Nash, Walter
ニュージーランドの政治家。1950年労働党党首となり57年首相に就任。
⇒ニュー (ナッシュ, ウォルター 1882–1968)

Nash, William Mitchell
アメリカの大リーグ選手 (三塁)。

⇒メジヤ（ナッシュ, ビリー　1865.6.24–1929.11.15）

Nasheed, Mohamed
モルディブの政治家。モルディブ大統領（2008～12）。
⇒外12（ナシード, モハメド　1967.5.17–）
　外16（ナシード, モハメド　1967.5.17–）
　世指導（ナシード, モハメド　1967.5.17–）

Nāṣir, Jamāl'Abd al-
エジプトの軍人, 政治家。1952年クーデターを指導。56年以降大統領として, スエズ運河国有化などの民族主義政策実施。
⇒イス世（ナーセル　1918–1970）
　岩イ（ナセル　1918–1970）
　岩世人（ナセル（アブドゥルナースィル）　1918.1.15–1970.9.28）
　広辞7（ナセル　1918–1970）
　国政（ナーセル, ガマル・アブデル　1918–1970）
　政経改（ナセル　1918–1970）
　世史改（ナセル　1918–1970）
　世人新（ナセル　1918–1970）
　世人装（ナセル　1918–1970）
　ポプ人（ナセル, ガマル・アブドゥール　1918–1970）
　マルX（NASSER, GAMEL ABDEL　ナセル, ガメル・アブデュル　1918–1970）
　もう山（ナセル　1918–1970）

Nasrallah, Hassan
レバノンの政治家, 宗教指導者。
⇒外12（ナスララ, ハッサン　1960.8.31–）
　外16（ナスララ, ハッサン　1960.8.31–）
　世指導（ナスララ, ハッサン　1960.8.31–）

Nasri, Samir
フランスのサッカー選手（マンチェスター・シティ・MF）。
⇒外12（ナスリ, サミル　1987.6.26–）
　外16（ナスリ, サミル　1987.6.26–）
　最世ス（ナスリ, サミル　1987.6.26–）

Nasser, Jacques A.
オーストラリアの実業家。
⇒外12（ナッサー, ジャック　1947.12.12–）
　外16（ナッサー, ジャック　1947.12.12–）

Nasser Muhammad al-Ahmad al-Sabah
クウェートの政治家。クウェート首相。
⇒外12（ナセル・ムハンマド・アハマド・アル・アハマド・アル・サバハ　1940–）
　外16（ナセル・ムハンマド・アハマド・サバハ　1940–）
　世指導（ナセル・ムハンマド・アハマド・サバハ　1940–）

Nassiri, Ne'matollah
イランの軍人。1950年近衛司令官。53年モサデクの追放と逮捕に功績。
⇒スパイ（ナシリ, ネマトラ　1911–1979）

Nastanovich, Bob
アメリカのミュージシャン。
⇒外12（ナスタノビッチ, ボブ　1956.12.6–）

Năstase, Adrian
ルーマニアの政治家, 法学者。ルーマニア首相, ルーマニア社会民主党党首。
⇒外12（ナスタセ, アドリアン　1950.6.22–）
　外16（ナスタセ, アドリアン　1950.6.22–）
　世指導（ナスタセ, アドリアン　1950.6.22–）

Nastase, Gabriel
ルーマニアのテノール歌手。
⇒魅惑（Nastase, Gabriel　?–）

Nastra, Pawel
ポーランドの柔道選手。
⇒外12（ナストラ, パベル　1970.6.26–）

Nasution, Abdul Haris
スカルノ時代のインドネシア共和国軍の実力者。
⇒岩世人（ナスティオン, アブドゥル・ハリス　1918.12.3–2000.9.5）

Nat, Yves
フランスのピアノ奏者, 作曲家。作品にピアノのための6曲のプレリュード, 歌曲などがある。
⇒新音中（ナット, イーヴ　1890.12.29–1956.8.31）
　標音2（ナット, イーヴ　1890.12.29–1956.8.31）

Natali, Valiano
テノール歌手。
⇒魅惑（Natali, Valiano　?–?）

Natali, Vincenzo
カナダの映画監督, 脚本家。
⇒外12（ナタリ, ビンチェンゾ　1969–）

Natanson, Mark Andreevich
ロシアの革命家。ナロードニキ運動の創始者の一人。10月革命でボリシェヴィキと統一戦線をはる。
⇒ユ著人（Natanson, Mark Andreevich　ナタンソン, マルク・アンドレーヴィッチ　1850–1919）

Natapei, Edward
バヌアツの政治家。バヌアツ首相。
⇒世指導（ナタペイ, エドワード　1954.7.17–2015.7.28）

Nateq-nouri, Ali Akbar
イランの政治家。イラン国会議長。
⇒世指導（ナテクヌーリ, アリ・アクバル　1943–）

Nathan, Andrew James
アメリカの政治学者。
⇒岩世人（ネイサン　1943.4.3–）
　外16（ネイサン, アンドルー　1943.4.3–）

Nathan, Joe
アメリカの大リーグ選手（投手）。

⇒外12（ネーサン, ジョー　1974.11.22–）
　メジャ（ネイサン, ジョー　1974.11.22–）

Nathan, *Sir* Matthew
イギリスの外交官。
⇒岩世人（ネイサン　1862.1.3–1939.4.18）

Nathan, Robert Gruntal
アメリカの小説家, 詩人。『サー・ヘンリー』（1955）など多くの小説のほかに『夕べの音楽』（35）などの戯曲がある。
⇒現世文（ネーサン, ロバート　1894.1.2–1985.5.25）

Nathan, S.R.
シンガポールの政治家。シンガポール大統領（1999〜2011）。
⇒外12（ナーザン,S.R.　1924.7.3–）
　外16（ナーザン,S.R.　1924.7.3–）
　世指導（ナーザン,S.R.　1924.7.3–2016.8.22）

Nathans, Daniel
アメリカの微生物学者。1978年ノーベル生理学医学賞。
⇒岩生（ネイサンズ　1928–1999）
　岩世人（ネイサンズ　1928.10.30–1999.11.16）
　ノベ3（ネイサンズ,D.　1928.10.30–1999.11.16）
　ユ著人（Nathans,Daniel　ネイサンズ, ダニエル　1928–1999）

Nathorst, Alfred Gabriel
スウェーデンの探検家, 古植物学者。1899年フランソワ・ジョセフ・フヨルド, キング・オスカー・フヨルドを発見。
⇒岩世人（ナトホルスト（ナートホスト）　1850.11.7–1921.1.20）

Nathorst, Charles E.
アメリカの陸軍将校。
⇒アア歴（Nathorst,Charles E.　ナソースト, チャールズ・E.　1862.6.20–1945）

Nation, Carry（Amelia Moore）
アメリカの戦闘的な禁酒運動家。
⇒アメ州（Nation,Carry Amelia　ネイション, キャリー・アメリア　1846–1911）

Natividad, Irene
アメリカのフェミニズム運動家。
⇒外12（ナティビダッド, アイリーン）
　外16（ナティビダッド, アイリーン）

Natoli, Dominic
オーストラリアのテノール歌手。
⇒魅惑（Natoli,Dominic　?–）

Natorp, Paul Gerhard
ドイツの哲学者, 社会教育学者。新カント派のマールブルク学派の代表者の一人。
⇒岩世人（ナトルプ　1854.1.24–1924.8.17）
　学叢思（ナトルプ, パウル　1854–1924）
　教小3（ナトルプ　1854–1924）
　教人（ナトルプ　1854–1924）
　広辞7（ナトルプ　1854–1924）
　新カト（ナトルプ　1854.1.24–1924.8.17）
　哲中（ナトルプ　1854–1924）
　ネーム（ナトルプ　1854–1924）
　メル2（ナトルプ, パウル　1854–1924）

Natsagdorji Dashidorjīn
モンゴルの代表的作家。近代モンゴル文学の父といわれる。作品に戯曲『わけのある3人』など。
⇒岩世人（ナツァグドルジ　1906–1937.7.13）
　現世文（ナツァグドルジ, ダシドルジーン　1906.11.17–1937.7.13）

Natsir, Liliyana
インドネシアのバドミントン選手。
⇒異二辞（ナトシール［リリヤナ・～］　1985–）
　最新ス（ナトシール, リリヤナ　1985.9.9–）

Natsir, Mohammad
インドネシアの政治家, イスラム運動家。1950–51年首相。58年スマトラの反乱政府に参加。
⇒岩イ（ナシール　1908–1992）
　岩世人（ナシール, モハマッド　1908.7.17–1993.2.6）

Natta, Giulio
イタリアの化学者。プロピレンなどの重合による高分子を合成, その結晶構造が立体規則性をもつことを発見。1963年ノーベル化学賞を受賞。
⇒岩世人（ナッタ　1903.2.26–1979.5.2）
　化学（ナッタ　1903–1979）
　広辞7（ナッタ　1903–1979）
　ノベ3（ナッタ,G.　1903.2.26–1979.5.2）

Nattiez, Jean-Jacques
フランス生まれのカナダの音楽学者。
⇒新音中（ナティエ, ジャン＝ジャック　1945.12.30–）

Nau, Abbé François
フランスの東洋学者, 数学者。シリア語に精通し, ラッバン・ソーマの研究（1889）, バル・ヘブライウスの天文書の校訂, 翻訳（95）, 古代シリアの科学史, 他多数の論考を発表。
⇒新カト（ノー　1864.5.13–1931.9.2）

Nau, Henry R.
アメリカの政治学者。ジョージ・ワシントン大学教授。
⇒外16（ナウ, ヘンリー）

Naudé, Christiaan Frederick Beyers
南アフリカのエキュメニカル運動の指導者, オランダ改革派教会牧師。
⇒岩キ（ノーデ　1915–）

Naudet, Paul
フランスの司祭, ジャーナリスト, 説教師。キリスト教的民主主義の第2世代に属する。

⇒新カト（ノデ　1859.6.27–1929.10.15）

Nauman, Bruce
アメリカの現代美術家。
⇒岩世人（ナウマン　1941.12.6–）
　外12（ノーマン, ブルース　1941.12.6–）
　外16（ノーマン, ブルース　1941.12.6–）
　芸13（ナウマン, ブルース　1941–）

Naumann, Alexander
ドイツの化学者。
⇒化学（ナウマン　1837–1922）

Naumann, Edmund
ドイツの地質学者。
⇒岩世人（ナウマン　1854.9.11–1927.2.1）
　広辞7（ナウマン　1854–1927）
　ネーム（ナウマン　1850–1927）
　ポプ人（ナウマン, エドムント　1854–1927）

Naumann, Einar
スウェーデンの湖沼学者。ルント大学教授。アネボダ湖沼研究所の創設者。
⇒岩世人（ナウマン　1891.8.13–1934.9）

Naumann, Hans
ドイツの文学史家, 民俗学者。ドイツおよび北欧の文献学を講じ, 言語史, 文学史と民俗学との結合を試みた。
⇒岩世人（ナウマン　1886.5.13–1951.9.25）

Naumann, Joseph Friedrich
ドイツの政治家, ルター派の神学者。1918年の革命後, ドイツ民主党党首。
⇒岩世人（ナウマン　1860.3.25–1919.8.24）
　学叢思（ナウマン, フリードリヒ　1860–?）
　新カト（ナウマン　1860.3.25–1919.8.24）

Naumann, Klaus Dieter
ドイツの軍人。
⇒外12（ナウマン, クラウス　1939.5.25–）
　外16（ナウマン, クラウス　1939.5.25–）

Naumov, Lev
ソ連, ロシアのピアノ奏者。
⇒異二辞（ナウモフ[レフ・〜]　1925–2005）

Naunyn, Bernhard
ドイツの医者。胆嚢および膵臓, 並に糖尿病の代謝に関する業績が著名。
⇒岩世人（ナウニン　1839.9.2–1925.7.26）

Naur, Peter
デンマークのコンピューター科学者。
⇒岩世人（ナウア　1928.10.25–）

Nava, Gregory
アメリカの映画監督, 脚本家。
⇒外12（ナバ, グレゴリー　1947–）

Nava, Michael
アメリカの作家。
⇒現世文（ナーバ, マイケル）

Naval, Franz
オーストリアのテノール歌手。
⇒魅惑（Naval,Franz　1865–1939）

Navalnyi, Aleksei
ロシアの反政権ブロガー, 政治活動家。ロシア進歩党党首。
⇒外16（ナワルニー, アレクセイ　1976.6.4–）
　世指導（ナワリヌイ, アレクセイ　1976.6.4–）

Navarra, André
フランスのチェロ奏者。1934年ウィーンのチェロ国際コンクールに優勝。
⇒新音中（ナヴァラ, アンドレ　1911.10.13–1988.7.31）
　標音2（ナヴァラ, アンドレ　1911.10.13–1988.7.31）

Navarre, Yves
フランスの作家。
⇒現世文（ナヴァル, イヴ　1940.9.24–1994.1.24）

Navarro, Jaime
アメリカの大リーグ選手（投手）。
⇒メジャ（ナバロ, ハイメ　1967.3.27–）

Navarro, Jose
アメリカのプロボクサー。
⇒外12（ナバーロ, ホセ　1981.6.7–）

Navarro, Peter
アメリカの経済学者。
⇒外16（ナバロ, ピーター）

Navarro, Theodore（Fats）
アメリカのジャズ・トランペット奏者。
⇒標音2（ナヴァロ, ファッツ　1923.9.24–1950.7.7）

Nave, Eric
オーストラリアおよびイギリス海軍で活躍した暗号官。
⇒スパイ（ネイヴ, エリック　1899–1993）

Naville, Henri Edouard
スイスのエジプト学者。ハトシェプスト皇后の神殿やデル・エル・バフリ神殿などの発掘に従事。
⇒岩世人（ナヴィル　1844.6.14–1926.10.17）

Naville, Pierre
フランスの著述家, 政治活動家。
⇒社小増（ナヴィル　1904–1993）

Navim, Hamid
イランのアニメーション作家。
⇒アニメ（ナヴィム, ハミド　1943–）

Navka, Tatiana
ロシアのフィギュアスケート選手（アイスダンス）。
⇒外12（ナフカ, タチアナ 1975.4.13–）
最世ス（ナフカ, タチアナ 1975.4.13–）

Navon, Yitzhak
イスラエルの政治家。イスラエル大統領（1978〜83）。
⇒ユ著人（Navon,Yitzhak ナヴォン, イッツハク 1912–）

Navratilova, Martina
アメリカのテニス選手。
⇒岩世人（ナヴラチロワ 1956.10.18–）
外12（ナブラチロワ, マルチナ 1956.10.18–）
外16（ナブラチロワ, マルチナ 1956.10.18–）
広辞7（ナヴラチロワ 1956–）
ポプ人（ナブラチロワ, マルチナ 1956–）

Nawaf al-Ahmad al-Jabir al-Sabah
クウェート皇太子。
⇒外12（ナワフ・アル・アハマド・アル・ジャビル・アル・サバハ 1938–）
外16（ナワフ・アル・アハマド・アル・ジャビル・アル・サバハ 1938–）
世指導（ナワフ・アル・アハマド・アル・ジャビル・アル・サバハ 1938–）

Nawaschin, Sergius G.
ロシアの植物学者, 細胞学者。菌類の生活史, 高等植物の受精機構など研究, 1898年ユリで重複受精を発見。
⇒岩生（ナヴァシン 1857–1930）

Nawaz Sharif, Mian
パキスタンの政治家, 企業家。パキスタン首相。
⇒岩イ（ナワーズ・シャリーフ 1949–）
岩世人（ナワーズ・シャリーフ 1949.12.25–）
南ア新（ナワーズ・シャリーフ 1949–）

Naw Seng
ビルマ（ミャンマー）のカチン民族指導者。
⇒岩世人（ノーセン 1922–1972）

Nayef bin Abdul-Aziz
サウジアラビアの政治家。内相（1975〜2012）, 皇太子兼第一副首相（11〜12）。
⇒岩世人（ナーイフ・ビン・アブドゥルアズィーズ 1933–2012.6.26）
外12（ナエフ・ビン・アブドルアジズ 1934–）
世指導（ナエフ・ビン・アブドルアジズ ?–2012.6.16）

Naylor, Craig
アメリカの実業家。日本板硝子社長・CEO。
⇒外12（ネイラー, クレイグ 1948.11.24–）

Naylor, Gloria
アメリカ（アフリカ系）の女性小説家。
⇒岩世人（ネイラー 1950.1.25–）
現世文（ネイラー, グロリア 1950.1.25–2016.9.28）

Naylor, Phyllis Reynolds
アメリカの児童文学者。
⇒外16（ネイラー, フィリス・レイノルズ 1933–）
現世文（ネイラー, フィリス・レイノルズ 1933.1.4–）

Na Young-Hee
韓国の女優。
⇒韓俳（ナ・ヨンヒ 1960.9.20–）

Nazarbaev, Nursultan Abishevich
カザフスタンの政治家。カザフスタン大統領（1990〜2019）。
⇒岩世人（ナザルバエフ 1940.7.6–）
外12（ナザルバエフ, ヌルスルタン 1940.7.6–）
外16（ナザルバエフ, ヌルスルタン 1940.7.6–）
広辞7（ナザルバエフ 1940–）
世指導（ナザルバエフ, ヌルスルタン 1940.7.6–）
ネーム（ナザルバエフ 1940–）

Nazareth, Peter
ウガンダの小説家, 批評家, 劇作家。
⇒現世文（ナザレス, ピーター 1940–）

Nazarian, Armen
ブルガリアのレスリング選手（グレコローマン）。
⇒最世ス（ナザリャン, アルメン 1974.3.9–）

Nazer, Hisham
サウジアラビアの政治家, 外交官。サウジアラビア石油相。
⇒世指導（ナーゼル, ヒシャム 1932.8.31–2015.11.14）

Nazeri, Shahram
イランの歌手。
⇒外12（ナーゼリー, シャハラーム 1949–）

Nazif, Ahmad Muhammad
エジプトの政治家。エジプト首相。
⇒外12（ナジフ, アハマド・ムハンマド 1952.7.8–）
外16（ナジフ, アハマド・ムハンマド 1952.7.8–）
世指導（ナジフ, アハマド・ムハンマド 1952.7.8–）

Nazim Hikmet Ran
トルコの詩人, 劇作家。トルコ共産党に入党し, 革命運動に参加。自由詩の旗頭として詩集『ジョコンダとシ・ヤ・ウ』（1929）などを発表。50年国際平和賞を受賞。
⇒岩イ（ナーズム・ヒクメト・ラン 1902–1963）
岩世人（ヒクメト 1902.1.20/15–1963.6.3）
現世文（ヒクメット, ナーズム 1902.1.20–1963.6.2）
広辞7（ナーズム・ヒクメト 1902–1963）

Nazimova, Alla
ロシアの女優。1906年以降アメリカで活動。
⇒岩世人（ナジモヴァ 1879.5.22/6.4–1945.7.13）

Nazimuddin, al-Hajj Khwaja
パキスタンの政治家。ムスリム連盟を指導し，パキスタンの独立を推進。1951～53年首相。
⇒岩イ（ナジムッディーン 1894–1964）
　岩世人（ナジムッディーン 1894.7.19–1964.10.22）

Naẓīr Aḥmad, Maulānā
インドのウルドゥー語作家。
⇒岩世人（ナズィール・アフマド 1836.12.6–1912.4.28）

Nazor, Vladimir
ユーゴスラビアの詩人，小説家。戦後ユーゴスラビア連邦内のクロアチア人民共和国の元首。作品『クロアチアの王たち』(1912) など。
⇒岩世人（ナゾル 1876.5.18/30–1949.6.19）

Ndebele, Njabulo Simakahle
南アフリカの黒人小説家。
⇒岩世人（ンデベレ 1948.7.4–）
　現世文（ンデベレ，ンジャブロ 1948.7.4–）

Ndereba, Catherine
ケニアのマラソン選手。
⇒外12（ヌデレバ，キャサリン 1972.7.21–）
　外16（ヌデレバ，キャサリン 1972.7.21–）
　最世ス（ヌデレバ，キャサリン 1972.7.21–）

Ndesandjo, Mark Obama
アメリカ大統領バラク・オバマの異母弟。
⇒外16（デサンジョ，マーク・オバマ）

Ndiaye, Iba
セネガルの画家。
⇒岩世人（ンジャイ 1928–2008.10）

Ndiaye, Marie
フランスの作家。
⇒外12（ンディアイ，マリー 1967–）
　外16（ンディアイ，マリー 1967–）
　現世文（ンディアイ，マリー 1967–）

Ndimira, Pascal-Firmin
ブルンジの政治家。ブルンジ首相。
⇒世指導（ヌディミラ，パスカル・フィルマン 1956.4.9–）

N'Dour, Youssou
セネガルの歌手，ソングライター。
⇒岩世人（ユッスー・ンドゥール 1959.10.1–）
　外12（ユッスー・ンドゥール 1959–）
　外16（ユッスー・ンドゥール 1959.10.1–）
　新音中（ンドゥール，ユッスー 1959.10.1–）

Neagle, Dennis Edward
アメリカの大リーグ選手（投手）。
⇒メジャ（ネイグル，デニー 1968.9.13–）

Neagu, Paul
ルーマニア生まれの彫刻家。

⇒芸13（ニアグ，ポール 1938–）

Neal, Charles Lenard
アメリカの大リーグ選手（二塁，遊撃，三塁）。
⇒メジャ（ニール，チャーリー 1931.1.30–1996.11.18）

Neal, Patricia
アメリカ生まれの女優。
⇒ク俳（ニール，パトリシア（ニール，パッツィ）1926–）

Neal, Tom
アメリカの男優。
⇒ク俳（ニール，トム 1914–1972）

Neale, Alfred Earle（Greasy）
アメリカの大リーグ選手（外野）。
⇒メジャ（ニール，グリーシー 1891.11.5–1973.11.2）

Nealon, James Joseph
アメリカの大リーグ選手（一塁）。
⇒メジャ（ニーロン，ジム 1884.12.15–1910.4.2）

Nearing, Scott
アメリカの経済学者。進歩的思想家で，『アメリカ帝国』(1921) は好評を博した。
⇒岩世人（ニアリング 1883.8.6–1983.8.24）

Neate, Kenneth（Ken）
オーストラリアのテノール歌手。
⇒失声（ネアーテ，ケン 1914–1997）
　魅惑（Neate,Ken (Kenneth) 1914–1997）

Neate, Patrick
イギリスの作家。
⇒外12（ニート，パトリック）
　外16（ニート，パトリック）
　海文新（ニート，パトリック 1970.10.24–）
　現世文（ニート，パトリック 1970.10.24–）

Nebelung, Pekka
フィンランドのテノール歌手。
⇒魅惑（Nebelung,Pekka 1979–）

Nebiolo, Primo
イタリアの実業家，スポーツ協会役員。
⇒岩世人（ネビオロ 1923.7.14–1999.11.7）

Nebreda, Alfonso Maria
スペイン・バルク地方出身の宣教学者，司牧神学者，イエズス会司祭。
⇒新カト（ネブレダ 1926.5.11–2004.10.8）

Nečas, Petr
チェコの政治家。チェコ首相。
⇒外12（ネチャス，ペトル 1964.11.19–）
　外16（ネチャス，ペトル 1964.11.19–）
　世指導（ネチャス，ペトル 1964.11.19–）

Nechkina, Militsa Vasilievna
ソ連の女性歴史家。デカブリスト研究の権威。
⇒岩世人（ネーチキナ　1901.2.12/25–1985.5.16）

Necke, Hermann
ドイツの作曲家。『郵便馬車』が知られる。
⇒ク音3（ネッケ　1850–1912）
標音2（ネッケ, ヘルマン　1850.11.8–1912.2.15）

Nektarios, Kephalas
ギリシアの正教会の主教, 聖人。
⇒オク教（ネクタリオス（エイナの）（聖）　1846–1920）

Nedbal, Oskar
チェコスロバキアの指揮者, ヴァイオリン奏者, 作曲家。
⇒ク音3（ネドバル　1874–1930）
新音中（ネドバル, オスカル　1874.3.26–1930.12.24）
標音2（ネドバル, オスカル　1874.3.26–1930.12.24）

Nédoncelle, Maurice
フランスの哲学者。キリスト教的人格主義の代表者。主著『愛と人格の哲学に向って』（1957）。
⇒岩世人（ネドンセル　1905.10.30–1976.11.27）
新カト（ネドンセル　1905.10.30–1976.11.27）

Nedreaas, Torborg
ノルウェーの小説家。
⇒岩世人（ネードレオース　1906.11.13–1987.6.30）

Nedved, Pavel
チェコのサッカー選手。
⇒異二辞（ネドベド［パベル・～］　1972–）
外12（ネドヴェド, パヴェル　1972.8.30–）
外16（ネドヴェド, パヴェル　1972.8.30–）
最世ス（ネドヴェド, パヴェル　1972.8.30–）

Needham, Joseph
イギリスの生化学者, 科学史家。主著『中国の科学と文明』。
⇒岩生（ニーダム　1900–1995）
岩世人（ニーダム　1900.12.9–1995.3.24）
現社（ニーダム, J.　1900–1995）
広辞7（ニーダム　1900–1995）
世人新（ニーダム　1900–1995）
世人装（ニーダム　1900–1995）
ネーム（ニーダム　1900–1995）

Needham, Rodney
イギリスの社会人類学者。
⇒岩世人（ニーダム　1923.5.15–2006.12.4）
現社（ニーダム, R.　1923–2006）

Neel, Alice
アメリカの画家。
⇒岩世人（ニール　1900.1.28–1984.10.13）

Neel, Boyd
イギリスの指揮者。1971年からオンタリオ州ミサソーガ交響楽団の首席指揮者。
⇒新音中（ニール, ボイド　1905.7.19–1981.9.30）
標音2（ニール, ボイド　1905.7.19–1981.9.30）

Neel, Janet
イギリスの作家。
⇒現世文（ニール, ジャネット　1940–）

Neel, Louis Eugene
フランスの物理学者。1970年ノーベル物理学賞。
⇒岩世人（ネール　1904.11.22–2000.11.17）
オク地（ネール, ルイ・ユージーヌ・フェリス　1904–）
三新物（ネール　1904–2000）
ノベ3（ネール, L.　1904.11.22–2000.11.17）
物理（ネール, ルイ　1904–2000）

Neely, Richard
アメリカのミステリ作家。
⇒外12（ニーリィ, リチャード）
現世文（ニーリィ, リチャード　1920–1999）

Neeman, Yaakov
イスラエルの政治家。イスラエル法相。
⇒世指導（ニーマン, ヤコブ　1939–2017.1.1）

Neeson, Liam
北アイルランド生まれの俳優。
⇒遺産（ニーソン, リーアム　1952.6.7–）
外12（ニーソン, リーアム　1952.6.7–）
外16（ニーソン, リーアム　1952.6.7–）
ク俳（ニースン, リーアム　1952–）
スター（ニーソン, リーアム　1952.6.7–）

Nef, Frederic
フランスの哲学者。
⇒メル別（ネフ, フレデリック　1947–）

Nef, John U.
アメリカのイギリス経済史学者。
⇒岩世人（ネフ　1899.7.13–1988.12.25）

Nef, John Ulric
アメリカ（スイス系）の化学者。
⇒化学（ネフ　1862–1915）

Neff, Henry H.
アメリカの作家。
⇒海文新（ネフ, ヘンリー・H.）

Negaso Gidada
エチオピアの政治家。エチオピア大統領（1995～2001）。
⇒世指導（ネガソ・ギダダ　1944.9.8–）

Negi, Mahendra
インドのアナリスト。
⇒外12（ネギ, マヘンドラ　1960.3.9–）

Negodaylo, Alexey
ロシアのボブスレー選手。
⇒外16 (ネゴダイロ, アレクセイ　1989.5.28-)

Negrete, Jorge
メキシコの歌手。40本あまりの映画にも出演，メキシコ俳優協会を設立。
⇒スター (ネグレーテ, ホルヘ　1911.11.30-1953)
標音2 (ネグレーテ, ホルヘ　1911.12.4-1953.12.5)

Negri, Ada
イタリアの女性作家。小説『朝の星』(1921) が代表作。
⇒岩世人 (ネグリ　1870.2.3-1945.1.11)
広辞7 (ネーグリ　1870-1945)

Negri, Antònio
イタリアのマルクス主義哲学者。
⇒岩世人 (ネグリ　1933.8.1-)
外12 (ネグリ, アントニオ　1933-)
外16 (ネグリ, アントニオ　1933.8.1-)
現社 (ネグリ　1933-)
図哲 (ネグリ, アントニオ　1933-)
メル別 (ネグリ, アントニオ　1933-)

Negri, Giovanni Battista De
イタリアのテノール歌手。
⇒失声 (デ・ネグリ, ジョヴァンニ・バッティスタ　1850-1924)

Negri, Pola
ポーランド生まれの映画女優。
⇒岩世人 (ネグリ　1897.1.3-1987.8.1)
ク俳 (ネグリ, ポウラ (チャルペック, アポロニア)　1894-1987)
スター (ネグリ, ポーラ　1894.12.31-1987)
ユ著人 (Negri,Pola　ネグリ, ポーラ　1894-1987)

Negrin, Juan
スペインの政治家，生理学者，社会党領袖。共和政府の首相兼蔵相 (1937～39)。
⇒岩世人 (ネグリン　1892.2.3-1956.11.12)

Negroponte, John
アメリカの政治家，外交官。国務副長官，国家情報長官，国連大使。
⇒外12 (ネグロポンテ, ジョン　1939.7.21-)
外16 (ネグロポンテ, ジョン　1939.7.21-)
世指導 (ネグロポンテ, ジョン　1939.7.21-)

Negroponte, Nicholas P.
アメリカのメディア研究者，コンピュータ科学者。マサチューセッツ工科大学 (MIT) メディア・ラボの創設者，初代所長。
⇒外16 (ネグロポンテ, ニコラス　1943-)

Neher, André
現代フランスの代表的ユダヤ教思想家。
⇒岩世人 (ネエル　1914-1988)

Neher, Erwin
ドイツの細胞生理学者。1991年ノーベル生理学医学賞。
⇒岩生 (ネーハー　1944-)
外12 (ネーアー, エルウィン　1944.3.20-)
外16 (ネーハー, エルウィン　1944.3.20-)
ノベ3 (ネーアー, E.　1944.3.20-)

Nehf, Arthur Neukom
アメリカの大リーグ選手 (投手)。
⇒メジャ (ネーフ, アート　1892.7.31-1960.12.18)

Nēhrū, Pandit Jawāharlāl
インドの政治家。1947年初代首相 (外相を兼務) となり，以後17年間にわたり首相をつとめ国の基礎を固めた。インディラ・ガンジー首相は娘。
⇒岩イ (ネルー　1889-1964)
岩世人 (ネルー　1889.11.14-1964.5.27)
現アジ (ネルー, パンディト・ジャワハルラール　1889-1964)
広辞7 (ネルー　1889-1964)
政経改 (ネルー　1889-1964)
世史改 (ネルー　1889-1964)
世史改 (ネルー　1889-1964)
世人新 (ネルー (ネール)　1889-1964)
世人装 (ネルー (ネール)　1889-1964)
南ア新 (ネルー　1889-1964)
ポプ人 (ネルー, ジャワハルラール　1889-1964)
もう山 (ネルー　1889-1964)

Nehru, Pandit Mōtīlāl
インドの政治家。スワラジ党を結成し (1922)，国民会議派の長老として活躍。
⇒岩世人 (ネルー　1861.5.6-1931.2.6)

Neidich, Charles
アメリカのクラリネット奏者。
⇒外12 (ナイディック, チャールズ　1954-)
外16 (ナイディック, チャールズ　1954-)

Neidlinger, Gustav
ドイツのバス・バリトン歌手。
⇒新音中 (ナイトリンガー, グスタフ　1910.3.21-1991.12.26)
標音2 (ナイトリンガー, グスタフ　1910.3.21-1991.12.26)

Neil, Fred
アメリカのシンガー・ソングライター。
⇒ロック (Neil,Fred　ニール, フレッド　1937-)

Neill, Alexander Sutherland
イギリスの教育家。児童の要求を尊重する自由主義教育を主張。
⇒岩世人 (ニール　1883.10.17-1973.9.23)
教思増 (ニイル　1883-1973)
教人 (ニール　1883-)
世界子 (ニール, A・S　1883-1973)

Neill, Sam
北アイルランド生まれのニュージーランドの

俳優。
⇒外12（ニール，サム　1947.9.14–）
　外16（ニール，サム　1947.9.14–）
　ク俳（ニール，サム（ニール，ナイジェル）　1947–）

Neill, Stuart
アメリカのテノール歌手。
⇒失声（ニール，スチュアート　1965–）
　魅惑（Neill,Stuart　1965–）

Neill, William
アメリカのテノール歌手。
⇒魅惑（Neill,William　?–）

Neilson, Nellie
アメリカの歴史家。
⇒岩世人（ニールソン　1873.4.5–1947.5.26）

Neiman, Leroy
アメリカ生まれの画家。
⇒芸13（ニーマン，リロイ　1927–）

Neimi, Salwa Al
シリア生まれのフランス語作家，詩人，ジャーナリスト。
⇒外12（ネイミ，サルワ・アル　1946–）
　外16（ネイミ，サルワ・アル　1946–）
　現世文（ネイミ，サルワ・アル　1946–）

Neisser, Albert Ludwig Siegmund
ドイツの皮膚科学者，細菌学者。1906年ワッセルマンとともにワッセルマン血清反応を創案。
⇒岩世人（ナイサー　1855.1.22–1916.7.30）

Neisser, Ulric
アメリカの心理学者。
⇒岩世人（ナイサー　1928.12.8–2012.2.17）

Neizvestny, Ernst Iosipovich
ロシアの彫刻家。
⇒ユ著人（Neizvestnyi,Ernst Iosifovich　ネイズベストヌイ，エルンスト・ヨシフォヴィッチ　1925–）

Nekrasor, Viktor Platonovich
ソ連の作家，ジャーナリスト。
⇒ユ著人（Nekrasor,Viktor Platonovich　ネクラゾール，ビクトル・プラトノヴィッチ　1911–1987）

Nekrasov, Andrei
ロシアの映画監督。
⇒外12（ネクラーソフ，アンドレイ　1958–）

Nekrasov, Viktor Platonovich
ソ連の作家。ソルジェニーツィン，サハロフ支持の立場を明確にして1974年党から除名され，国外へ去る。
⇒岩世人（ネクラーソフ　1911.6.4/17–1987.9.3）
　現世文（ネクラーソフ，ヴィクトル　1911.6.17–1987.9.3）

広辞7（ネクラーソフ　1911–1987）

Nelböck, Johann
オーストリアの哲学者モリッツ・シュリックの暗殺者。
⇒世暗（ネルベック，ヨハン　1903–?）

Nelepp, Georgy
ウクライナのテノール歌手。
⇒失声（ネレップ，ゲオルギー　1904–1957）
　魅惑（Nelepp,Georgy　1904–1957）

Nelhybel, Vaclav
チェコ生まれのアメリカの作曲家。作品にはシンフォニック・バンド用が多い。
⇒エデ（ネリベル，ヴァーツラフ　1919.9.24–1996.3.22）
　標音2（ネリベル，ヴァーツラフ　1919.9.24–）

Nell-Breuning, Oswald von
ドイツのカトリック社会学者，倫理神学者，イエズス会司祭。
⇒岩世人（ネル＝ブロイニング　1890.3.8–1991.8.21）
　新カト（ネル・ブロイニング　1890.3.8–1991.8.21）

Nelligan, Kate
カナダ生まれの女優。
⇒ク俳（ネリガン，ケイト（ネリガン，パトリシア）　1951–）

Nelly's
ギリシアの女性写真家。
⇒岩世人（ネリス　1899.11.23–1998.8.17）

Nelsinho
ブラジルのサッカー監督（ヴィッセル神戸）。
⇒外12（ネルシーニョ　1950.7.22–）
　外16（ネルシーニョ　1950.7.22–）
　ネーム（ネルシーニョ　1950–）

Nelson, Adam
アメリカの砲丸投げ選手。
⇒最近ス（ネルソン，アダム　1975.7.7–）

Nelson, Barry
アメリカの男優。
⇒ク俳（ネルスン，バリー（ニールセン，ロバート）　1920–）

Nelson, Ben
アメリカの政治家。
⇒外12（ネルソン，ベン　1941.5.17–）

Nelson, Bill
アメリカの政治家，宇宙飛行士。
⇒外12（ネルソン，ビル　1942.9.29–）

Nelson, Byron
アメリカのプロゴルファー。
⇒岩世人（ネルソン　1912.2.4–2000.9.26）

Nelson, Daniel
アメリカの宣教師。
⇒アア歴 (Nelson,Daniel ネルスン, ダニエル 1853.4.10–1926.2.8)

Nelson, Donald Marr
アメリカの官僚。
⇒岩世人 (ネルソン 1888.11.17–1959.9.29)

Nelson, Earl
アメリカのミュージシャン。
⇒ロック (Bob and Earl ボブ&アール)

Nelson, Gene
アメリカの俳優、ダンサー、監督。
⇒ク俳 (ネルスン, ジーン (バーグ,G) 1920–1996)

Nelson, George
アメリカの工業デザイナー。単純な構造による一連の家具を制作。
⇒岩世人 (ネルソン 1908.5.29–1986.3.5)
芸13 (ネルソン, ジョージ 1906–1975)

Nelson, Gunnar
アメリカのロック歌手。
⇒外12 (ネルソン, ガナー)
外16 (ネルソン, ガナー)

Nelson, Jameer
アメリカのバスケットボール選手(マジック)。
⇒最世ス (ネルソン, ジャミーア 1982.2.9–)

Nelson, Jandy
アメリカの作家。
⇒現世文 (ネルソン, ジャンディ 1965–)

Nelson, Jeffrey Allan
アメリカの大リーグ選手(投手)。
⇒メジャ (ネルソン, ジェフ 1966.11.17–)

Nelson, Jesy
イギリスの歌手。
⇒外16 (ネルソン, ジェシー 1991.6.14–)

Nelson, Ken
アメリカ・ミネソタ州生まれのアナウンサー、A&Rマン。
⇒ロック (Nelson,Ken ネルソン, ケン 1951–)

Nelson, Larry
アメリカのプロゴルファー。
⇒外12 (ネルソン, ラリー 1947.9.10–)

Nelson, Lars
スウェーデンのスキー選手(距離)。
⇒外16 (ネルソン, ラース 1985.8.19–)

Nelson, Leonard
ドイツの批判哲学者、新フリース学派創始者。主著『倫理学原理講義』(1917~32) など。

⇒岩世人 (ネルソン 1882.7.11–1927.10.29)

Nelson, Lowry
アメリカの社会学者。
⇒社小増 (ネルソン 1893–)

Nelson, Matthew
アメリカのロック歌手。
⇒外12 (ネルソン, マシュー)
外16 (ネルソン, マシュー)

Nelson, Richard Newman
アメリカの石油地質学者。
⇒アア歴 (Nelson,Richard N (ewman) ネルスン, リチャード・ニューマン 1897.8.27–1964.8.3)

Nelson, Richard R.
アメリカの経済学者。
⇒岩世人 (ネルソン 1930–)
有経5 (ネルソン 1930–)

Nelson, Ricky
アメリカの歌手、俳優、テレビ・プロデューサー。
⇒ロック (Nelson,Rick ネルソン, リック 1940.5.8–)

Nelson, Sandy
アメリカ・カリフォルニア州生まれのドラム奏者、歌手。
⇒ロック (Nelson,Sandy ネルソン, サンディ 1938.12.1–)

Nelson, Willie
アメリカ・テキサス州生まれのシンガー・ソングライター。
⇒アメ州 (Nelson,Willie ネルソン, ウイリー 1933–)
岩世人 (ネルソン 1933.4.30–)
外16 (ネルソン, ウィリー 1933.4.30–)
新音中 (ネルソン, ウィリー 1933.4.30–)
標音2 (ネルソン, ウィリー 1933.4.30–)
ロック (Nelson,Willie ネルソン, ウィリー 1933.4.30–)

Nelsons, Andris
ラトビアの指揮者。
⇒外12 (ネルソンス, アンドリス 1978–)
外16 (ネルソンス, アンドリス 1978–)

Nemarq, Alain
フランスの実業家。
⇒外12 (ネマルク, アラン 1953–)
外16 (ネマルク, アラン 1953–)

Nemchinov, Vasilii Sergeevich
ソ連の経済学者。ソ連数理経済学派の創始者の1人。死後1965年レーニン賞受賞。
⇒岩世人 (ネムチーノフ 1894.1.2/14–1964.11.5)
有経5 (ネムチノフ 1894–1964)

Němec, Jan
チェコ生まれの映画監督。

⇒映監（ネメッツ, ヤン 1936.7.12–）

Nemerov, Howard
アメリカの詩人。文学雑誌「フュリオーゾ」を編集。詩集『イメージと規則』(1947)，『廃墟への案内』(50) がある。
⇒岩世人（ネメロフ 1920.2.29–1991.7.5）
　現世文（ネメロフ, ハワード 1920.3.1–1991.7.5）

Nemésio, Vitorino（Mendes Pinheiro da Silva）
ポルトガルの詩人, 作家。
⇒岩世人（ネメジオ 1901.12.19–1978.2.20）

Nemes Nagy Ágnes
ハンガリーの女性詩人。
⇒岩世人（ネメシュ 1922.1.3–1991.8.23）

Németh, Miklós
ハンガリーの政治家。ハンガリー首相。
⇒岩世人（ネーメト 1948.1.14–）
　外16（ネーメト, ミクローシュ 1948.1.24–）
　世指導（ネーメト, ミクローシュ 1948.1.24–）

Németh, Sandor
ハンガリーのテノール歌手。
⇒魅惑（Németh, Sandor ?–）

Németh Gyula
ハンガリーの言語学者, 東洋学者。主著『ハンガリー建国民族の成立』(1930)。
⇒岩世人（ネーメト 1890.11.2–1976.12.14）

Németh László
ハンガリーの小説家, 劇作家。史劇『ガリレイ』(1953) などが代表作。
⇒岩世人（ネーメト 1901.4.18–1975.3.3）
　現世文（ネーメト, ラースロー 1901.4.18–1975.3.3）

Nemirovich-Danchenko, Vladimir Ivanovich
ソ連の劇作家, 劇評家, 演出家。
⇒岩世人（ネミローヴィチ＝ダンチェンコ 1858.12.11/23–1943.4.25）
　世演（ネミローヴィチ＝ダンチェンコ, ウラジミール 1858.12.23–1943.4.25）

Nemirovski, Irène
フランスの小説家。
⇒現世文（ネミロフスキー, イレーヌ 1903.2.11–1942.8.17）

Nemtsov, Boris Efimovich
ロシアの政治家。
⇒岩世人（ネムツォーフ 1959.10.9–）
　外12（ネムツォフ, ボリス 1959.10.9–）
　世指導（ネムツォフ, ボリス 1959.10.9–2015.2.27）

Nen, Robert Allen
アメリカの大リーグ選手 (投手)。

⇒メジャ（ネン, ロブ 1969.11.28–）

Nengapeta, Anuarite
ベルギー領コンゴ・ワンバ生まれの修道女, 処女殉教者。
⇒新カト（ネンガペタ 1939.12.29–1964.12.1）

Nenni, Pietro
イタリアの政治家。1966年社会党首に就任。68〜69年外相。52年スターリン平和賞受賞。
⇒岩世人（ネンニ 1891.2.9–1980.1.1）
　広辞7（ネンニ 1891–1980）

Nepal, Madhav
ネパールの政治家。ネパール首相, ネパール統一共産党 (UML) 党首。
⇒外12（ネパール, マダブ 1953.3.6–）
　外16（ネパール, マダブ 1953.3.6–）
　世指導（ネパール, マダブ 1953.3.6–）

Nepia, George
ニュージーランドのラグビー選手。
⇒岩世人（ネイピア (ネピア) 1905.4.25–1986.8.27）
　ニュー（ネピア, ジョージ 1905–1986）

Nepomuceno, Albert
ブラジルの作曲家。
⇒標音2（ネポムセノ, アルベルト 1864.7.6–1920.10.16）

Neptune, Yvon
ハイチ首相。
⇒世指導（ネプチュヌ, イボン）

Nerius, Steffi
ドイツのやり投げ選手。
⇒外12（ネリウス, シュテフィ 1972.7.1–）
　最世ス（ネリウス, シュテフィ 1972.7.1–）

Nernst, Walther Hermann
ドイツの物理化学者。ネルンストの熱定理を発見 (1906)。20年ノーベル化学賞を受賞。
⇒岩世人（ネルンスト 1864.6.25–1941.11.18）
　化学（ネルンスト 1864–1941）
　広辞7（ネルンスト 1864–1941）
　三新物（ネルンスト 1864–1941）
　ネーム（ネルンスト 1864–1941）
　ノベ3（ネルンスト, W.H. 1864.6.25–1941.11.18）
　物理（ネルンスト, ヴァルター 1864–1941）

Nero, Franco
イタリア生まれの俳優。
⇒外12（ネロ, フランコ 1941.11.23–）
　ク伊（ネロ, フランコ (スパルタネーロ, F) 1941–）

Nero, Peter
アメリカのピアノ奏者, 指揮者。
⇒標音2（ネロ, ピーター 1934.5.22–）

Neruda, Franz Xaver
モラヴァ（現チェコスロバキア）生まれのチェロ奏者，作曲家。
⇒ク音3（ネルダ　1843–1915）
　標音2（ネルダ，フランツ・クサーヴァー　1843.12.3–1915.3.20）

Neruda, Pablo
チリの詩人。1950年に叙事詩『大いなる歌』を発表。53年レーニン世界平和賞，71年度ノーベル文学賞受賞。
⇒岩世人（ネルーダ　1904.7.12–1973.9.23）
　現世文（ネルーダ，パブロ　1904.7.12–1973.9.23）
　広辞7（ネルーダ　1904–1973）
　ノベ3（ネルーダ,P.　1904.7.12–1973.9.23）
　ラテ新（ネルーダ　1904–1973）

Neruda, Wilma
モラヴィア生まれのヴァイオリン奏者。
⇒標音2（ネルダ，ヴィルマ　1839.3.21–1911.4.15）

Nervi, Pier Luigi
イタリアの建築家，エンジニア。代表作はフィレンツェのスタジアム（1930～32），トリノの展示場（48～50），ローマのオリンピックの競技場（56）など。
⇒岩世人（ネルヴィ　1891.6.21–1979.1.9）
　広辞7（ネルヴィ　1891–1979）
　世建（ネルヴィ，ピエール・ルイージ　1891–1979）

Nervo, Amado Ruiz de
メキシコの詩人。作品は『詩集』（1902），『静穏』（14）など。
⇒岩キ（ネルボ　1870–1919）
　新カト（ネルボ　1870.8.27–1919.5.24）

Nesbit, Edith
イギリスの女性児童文学者。主作に『魔法の城』（1907）など。
⇒岩世人（ネズビット　1858.8.15–1924.5.4）
　現世文（ネズビット，イーディス　1858.8.15–1924.5.4）

Nesbitt, Christine
カナダのスピードスケート選手。
⇒外12（ネスビット，クリスティン　1985.5.17–）
　外16（ネスビット，クリスティン　1985.5.17–）
　最世ス（ネスビット，クリスティン　1985.5.17–）

Nesbitt, Elizabeth
アメリカの図書館員。ピッツバーグのカーネギー図書館学校で児童図書館員の養成に尽くす。児童文学の評論家としても知られる。
⇒ア図（ネズビット，エリザベス　1897–1977）

Nesbitt, Frank A.
アメリカ空軍及び海兵隊所属の通信士官。
⇒スパイ（ネスビット，フランク・A）

Nesbø, Jo
ノルウェーの作家。

⇒海文新（ネスボ，ジョー　1960.3.29–）
　現世文（ネスボ，ジョー　1960.3.29–）

Nescio
オランダの小説家。
⇒岩世人（ネシオ　1882.6.22–1961.7.25）

Neshat, Shirin
アメリカの映像作家。
⇒外12（ネシャット，シリン　1957–）
　外16（ネシャット，シリン　1957–）
　現アテ（Neshat,Shirin　ネシャット，シリン　1957–）

Nesin, Aziz
トルコの作家。トルコ・ユーモア小説の第一人者。その作品が当局の忌諱に触れ数回逮捕・投獄さる。
⇒岩世人（アズィズ・ネスィン　1916.1.2–1995.7.5）
　現世文（ネシン，アジズ　1915–1995.7.6）

Nesmelov, Viktor Ivanovich
ロシアの宗教哲学者。
⇒岩世人（ネスメーロフ　1863.1.1/13–1937.6）

Nesmeyanov, Aleksandr Nikolaevich
ソ連の有機化学者。1942年スターリン化学賞を受賞。51年モスクワ大学総長，51年ソ連科学アカデミー総裁などの要職についた。
⇒岩世人（ネスメヤーノフ　1899.8.28/9.9–1980.1.17）

Nesmith, Michael
アメリカの歌手，作曲家。
⇒ロック（Nesmith,Michael　ネスミス，マイケル）

Ness, Patrick
アメリカの作家。
⇒外16（ネス，パトリック　1971–）
　海文新（ネス，パトリック　1971–）
　現世文（ネス，パトリック　1971–）

Nesser, Håkan
スウェーデンの作家。
⇒現世文（ネッセル，ホーカン　1950.2.21–）

Nessi, Giuseppe
イタリアのテノール歌手。
⇒魅惑（Nessi,Giuseppe　1887–1961）

Nesta, Alessandro
イタリアのサッカー選手。
⇒外16（ネスタ，アレッサンドロ　1976.3.19–）
　最世ス（ネスタ，アレッサンドロ　1976.3.19–）
　ネーム（ネスタ　1976–）

Nesterenko, Evgeny
ロシアのバス歌手。
⇒オペラ（ネステレンコ，エヴゲーニイ　1938–）
　標音2（ネステレンコ，エヴゲニー　1938.1.8–）

Nesterov, Pyote
ロシアの戦闘機操縦者。
⇒ネーム（ネステロフ　1887–1914）

Nestle, Eberhard
ドイツのプロテスタント神学者，新約聖書文献学者。ギリシア語新約聖書を刊行（1888～），ラテン語聖書およびルターのドイツ語訳聖書をも編集。
⇒岩世人（ネストレ　1851.5.1–1913.3.9）
　オク教（ネストレ　1851–1913）
　新カト（ネストレ　1851.5.1–1913.3.9）

Nestle, Wilhelm
ドイツの古典語学者，哲学史家。主著"Griechische Studien"（1948）。
⇒岩世人（ネストレ　1865.4.16–1959.4.18）

Nestor, Daniel
カナダのテニス選手。
⇒外12（ネスター，ダニエル　1972.9.4–）
　外16（ネスター，ダニエル　1972.9.4–）
　最世ス（ネスター，ダニエル　1972.9.4–）

Nestsiarenka, Yuliya
ベラルーシの陸上選手（短距離）。
⇒最世ス（ネステレンカ，ユリヤ　1979.6.15–）

Netanyahu, Benjamin
イスラエルの政治家，外交官。イスラエル首相。
⇒岩世人（ネタニヤフ　1949.10.21–）
　外12（ネタニヤフ，ベンヤミン　1949.10.21–）
　外16（ネタニヤフ，ベンヤミン　1949.10.21–）
　国政（ネタニヤフ，ベンヤミン　1949–）
　世指導（ネタニヤフ，ベンヤミン　1949.10.21–）
　世人新（ネタニヤフ　1949–）
　世人装（ネタニヤフ　1949–）
　ユ著人（Netanyahu,Binyamin　ネタニヤフ，ビンヤミン　1949–）

Netke-Löwe, Margarete
ドイツのソプラノ歌手。1924年来日，東京芸術大学ほかでドイツ歌曲を教えた。
⇒新音中（ネトケ＝レーヴェ，マルガレーテ　1884.6.27–1971.4.30）
　標音2（ネトケ＝レーヴェ，マルガレーテ　1884.6.27–1971.4.30）

Neto, Antonio Agostinho
アンゴラの詩人，解放運動の指導者。1975年11月アンゴラ人民共和国の樹立を宣言し，初代大統領に就任（～79）。
⇒岩世人（ネト　1922.9.17–1979.9.10）

Neto, Ernesto
ブラジルの現代美術家。
⇒外12（ネト，エルネスト　1964–）
　外16（ネト，エルネスト　1964–）
　現アテ（Neto,Ernesto　ネト，エルネスト　1964–）

Neto, Simões Lopes
ブラジルの作家。
⇒現世文（ネット，シモエンス・ロペス　1865–1916）

Netrebko, Anna
オーストリアのソプラノ歌手。
⇒外12（ネトレプコ，アンナ　1971–）
　外16（ネトレプコ，アンナ　1971–）

Nettl, Bruno
アメリカ（チェコ系）の音楽学者。
⇒標音2（ネットル，ブルーノ　1930.3.14–）
　ユ著人（Nettl,Bruno　ネトル，ブルーノ　1930–）

Nettl, Paul
アメリカ（チェコ系）の音楽学者。
⇒標音2（ネットル，ポール　1889.1.10–1972.1.8）

Nettlau, Max
オーストリア生まれの歴史家。無政府主義思想史を研究，膨大な文献をあつめた。
⇒学叢思（ネトラウ，マックス）

Nettles, Graig
アメリカの大リーグ選手（三塁）。
⇒メジャ（ネトルズ，グレイグ　1944.8.20–）

Nettleton, Lois
アメリカ生まれの女優。
⇒ク俳（ネトルトン，ロイス　1931–）

Netto, Curt Adolph
ドイツの鉱山冶金技師。東京大学理学部で鉱山学を教授。
⇒岩世人（ネットー　1847.8.21–1909.2.7）

Netto, Eugen
ドイツの数学者。
⇒世数（ネットー，エウゲン・オットー・エルヴィン　1848–1919）

Netzer, Günter
ドイツのサッカー選手。
⇒異二辞（ネッツァー［ギュンター・～］　1944–）

Neuber, Heinz
ドイツの工学者。材料に切り欠きのある場合に，内部に生ずる応力分布に関する著作で知られている。
⇒岩世人（ノイバー　1906.11.22–1989.11.18）

Neuburg, Hans
チェコスロバキア生まれのスイスのグラフィック・デザイナー，展示およびインダストリアル・デザイナー。
⇒グラデ（Neuburg,Hans　ノイブルク，ハンス　1904–1983）

Neuburger, Jean-Frederic
フランスのピアノ奏者。
⇒外12（ヌーブルジェ，ジャン・フレデリック

1986–)
外16（ヌーブルジェ, ジャン・フレデリック 1986–）

Neuendorff, Edmund
ドイツの体育家, 体育史家, 体育学者。ヤーンから伝わる伝統的ドイツ体操と自然体操との統合を企てた。
⇒**岩世人**（ノイエンドルフ　1875.4.23–1961.8.30）

Neuer, Manuel
ドイツのサッカー選手（バイエルン・GK）。
⇒**外16**（ノイアー, マヌエル　1986.3.27–）
　最世ス（ノイアー, マヌエル　1986.3.27–）
　ネーム（ノイアー　1986–）

Neufeld, Mace
アメリカの映画プロデューサー。
⇒**外16**（ニューフェルド, メース　1928.7.13–）

Neugebauer, Gerald
アメリカの天文学者。
⇒**天文大**（ノイゲバウアー）

Neugebauer, Helmuth
ドイツのテノール歌手。
⇒**魅惑**（Neugebauer,Helmuth　1891–1966）

Neugröschel, Mendel
ガリチア生まれのイディッシュ語詩人。
⇒**ユ著人**（Neugröschel,Mendel　ノイグレッシェル, メンデル　1903–1965）

Neuhaus, Nele
ドイツの作家。
⇒**海文新**（ノイハウス, ネレ　1967–）
　現世文（ノイハウス, ネレ　1967–）

Neuhaus, Richard John
アメリカのカトリック司祭, 著作家。ニューヨーク教区司祭。
⇒**新カト**（ニューハウス　1936.5.14–2009.1.8）

Neukirch, Harald
東ドイツのテノール歌手。
⇒**魅惑**（Neukirch,Harald　1928–）

Neumann, Alfred
ドイツの作家。政治的, 歴史的あるいは心理的テーマを扱った小説を書いた。
⇒**岩世人**（ノイマン　1895.10.15–1952.10.3）

Neumann, Carl Gottfried
ドイツの数学者, 理論物理学者。ポテンシャル論, 幾何光学に業績がある。
⇒**岩世人**（ノイマン　1832.5.7–1925.3.27）
　数辞（ノイマン, カール・ゴットフリート　1832–1925）
　数小増（ノイマン　1832–1925）
　世小（ノイマン, カール・ゴットフリート　1832–1925）

Neumann, Erich
ドイツ生まれのユダヤ人心理学者, 美術評論家。
⇒**ユ著人**（Neumann,Erich　ノイマン, エーリッヒ　1905–1960）

Neumann, Franz Leopold
ドイツの政治学者。1933年ナチスにより市民権を剝奪されイギリスに亡命。主著『ビヒモス―ナチズムの構造と実際』(42) など。
⇒**岩世人**（ノイマン　1900.5.23–1954.9.2）
　社小増（ノイマン　1900–1954）
　スパイ（ノイマン, フランツ　1900–1954）

Neumann, Gerhard
ドイツの文芸学者。
⇒**岩世人**（ノイマン　1934.6.22–）

Neumann, Günter
東ドイツのテノール歌手。
⇒**魅惑**（Neumann,Günter　1938–）

Neumann, Hans-Dietrich
ドイツの化学者, エスペランティスト。
⇒**日エ**（ノイマン　1930.3.2–1969.2.5）

Neumann, Johann (Janos) Ludwig von
ハンガリー生まれのアメリカの数学者。1944年量子力学の数学的基礎づけを行なった。大型計算機の作製にも指導的役割を果す。
⇒**異二辞**（フォン・ノイマン［ジョン・〜］　1903–1957）
　岩経（ノイマン　1903–1957）
　岩世人（フォン・ノイマン　1903.12.28–1957.2.8）
　現科大（ノイマン, ジョン（ヨハン）・フォン　1903–1957）
　現社（フォン・ノイマン　1903–1957）
　広辞7（フォン・ノイマン　1903–1957）
　三新物（ノイマン　1903–1957）
　社小増（フォン・ノイマン　1903–1957）
　数辞（フォン・ノイマン, ジョン　1903–1957）
　数小増（フォン・ノイマン　1903–1957）
　世数（フォン・ノイマン, ジョン　1903–1957）
　世発（ノイマン, ジョン・フォン　1903–1957）
　ネーム（ノイマン　1903–1957）
　物理（フォン・ノイマン, ジョン　1903–1957）
　ポプ人（ノイマン, ジョン・フォン　1903–1957）
　メル3（フォン・ノイマン, ジョン　1903–1957）
　有経5（ノイマン　1903–1957）
　ユ著人（Neumann,Johann Ludwig von　ノイマン, ヨハン・ルードヴィヒ・フォン　1903–1957）

Neumann, Karl Eugen
オーストリアの仏教学者, パーリ語学者。パーリ語から多くの聖典を独訳。
⇒**新佛3**（ノイマン）

Neumann, Robert
オーストリアの小説家。主著『他人の筆を借りて』(1927) など。
⇒**岩世人**（ノイマン　1897.5.22–1975.1.3）

Neumann, Sigmund
アメリカに帰化したドイツの政治学者。主著に『大衆国家と独裁—恒久の革命』(1942) など。
⇒岩世人 (ノイマン　1904.5.1–1962.10.22)
　社小増 (ノイマン　1904–1962)

Neumann, Teresa
ドイツの神秘思想家。
⇒岩世人 (ノイマン　1898.4.9–1962.9.18)
　オク教 (ノイマン　1898–1962)
　新カト (ノイマン　1898.4.9–1962.9.18)

Neumann, Václav
チェコの指揮者。
⇒新音中 (ノイマン, ヴァーツラフ　1920.10.29–1995.9.2)
　標音2 (ノイマン, ヴァーツラフ　1920.10.29–1995.9.2)

Neumann, Wolfgang
ドイツのテノール歌手。
⇒魅惑 (Neumann, Wolfgang　1945–)

Neumannova, Katerina
チェコのスキー選手 (距離)。
⇒外12 (ノイマノバ, カテリナ　1973.2.15–)
　最世ス (ノイマノバ, カテリナ　1973.2.15–)

Neumark, David
ユダヤ教改革派の哲学者。
⇒ユ著人 (Neumark, David　ノイマルク, ダヴィド　1866–1924)

Neumeier, Ed
アメリカの脚本家, 映画監督。
⇒外12 (ニューマイヤー, エド)

Neumeier, John
アメリカのダンサー, 振付家, バレエ監督。
⇒岩世人 (ノイマイヤー　1942.2.24–)
　外12 (ノイマイヤー, ジョン　1942.2–)
　外16 (ノイマイヤー, ジョン　1942.2.24–)

Neuner, Magdalena
ドイツのバイアスロン選手。
⇒外12 (ノイナー, マグダレナ　1987.2.9–)
　外16 (ノイナー, マグダレナ　1987.2.9–)
　最世ス (ノイナー, マグダレナ　1987.2.9–)

Neunheuser, Burkhard
オーストリアのカトリック神学者, ベネディクト会士。
⇒新カト (ノインホイザー　1903.12.12–2003.11.29)

Neurath, Konstantin, Freiherr von
ナチス・ドイツの政治家。
⇒岩世人 (ノイラート　1873.2.2–1956.8.15)

Neurath, Marie
ドイツ生まれのイラストレーター。
⇒絵本 (ノイラート, マリー　1898–1986)

Neurath, Otto
オーストリアの哲学者, 社会学者。主著『古代経済史』(1909),『社会学の基礎』(44) など。
⇒岩世人 (ノイラート　1882.12.10–1945.12.22)
　広世7 (ノイラート　1882–1945)
　社小増 (ノイラート　1882–1945)
　新カト (ノイラート　1882.12.10–1945.12.22)

Neureiter, Norman P.
アメリカの実業家。
⇒外12 (ニューライタ, ノーマン)
　外16 (ニューライタ, ノーマン)

Neuß, Wilhelm
ドイツのカトリック教会史家, 美術史家。
⇒新カト (ノイス　1880.7.24–1965.12.31)

Neustupný, Jiří Václav
オーストラリアの言語学者。モナシュ大学日本語学科長。
⇒外16 (ネウストプニー, イジー・ヴァーツラフ　1933–)

Neutra, Richard Josef
オーストリア出身のアメリカの建築家。1946年パームスプリングスの砂漠に傑作カウフマン邸を建設。
⇒岩世人 (ノイトラ　1892.4.8–1970.4.16)

Neuville, Oliver
ドイツのサッカー選手。
⇒最世ス (ノイヴィル, オリヴァー　1973.5.1–)

Nevanlinna, Rolf Herman
フィンランドの数学者。有理型関数の値分布理論を作り上げた。
⇒岩世人 (ネヴァンリンナ　1895.10.22–1980.5.28)
　数辞 (ネバンリンナ, ロルフ　1895–1980)
　世数 (ネヴァンリンナ, ロルフ・ヘルマン　1895–1980)

Nevelson, Louise
ロシア生まれのアメリカの女性彫刻家。1950年代中ごろから木製の家具の断片や木片など「発見されたオブジェ」を合成するアッサンブラージュを制作。
⇒アメ新 (ネベルソン　1900–1988)
　岩世人 (ネヴェルソン　1899.9.23–1988.4.17)
　芸13 (ニーヴェルスン, ルイス　1900–1988)

Neveu, Ginette
フランスのヴァイオリン奏者。
⇒新音中 (ヌヴー, ジネット　1919.8.11–1949.10.28)
　標音2 (ヌヴー, ジネット　1919.8.11–1949.10.28)

Neveux, Georges
フランスの劇作家。戯曲『ジュリエット, あるいは夢の鍵』(1930) などのほか, シェークスピアの翻訳や映画の脚本などがある。

⇒現世文（ヌヴー，ジョルジュ　1900.8.25–1983.8.26）

Neville, Aaron
アメリカのミュージシャン。
⇒外12（ネビル，アーロン　1941.1.24–）
　ロック（Neville,Aaron　ネヴィル，アーロン　1941–）

Neville, Art
アメリカのミュージシャン。
⇒外12（ネビル，アート　1937.12.17–）
　ロック（Neville,Art　ネヴィル，アート　1937.12.17–）

Neville, Charles
アメリカのミュージシャン。
⇒外12（ネビル，チャールズ　1938.12.28–）

Neville, Cyril
アメリカのミュージシャン。
⇒外12（ネビル，シリル）

Neville, Edwin Lowe
アメリカの外交官。
⇒アア歴（Neville,Edwin Lowe　ネヴィル，エドウィン・ロウ　1884.11.16–1944.4.7）

Neville, Gary
イギリスのサッカー選手。
⇒外12（ネビル，ゲーリー　1975.2.18–）

Neville, Stuart
イギリスの作家。
⇒海文新（ネヴィル，スチュアート）

Nevin, Arthur
アメリカの作曲家，教育家，指揮者。
⇒標音2（ネヴィン，アーサー　1871.4.27–1943.7.10）

Nevin, Phillip Joseph
アメリカの大リーグ選手（三塁，捕手）。
⇒メジャ（ネヴィン，フィル　1971.1.19–）

Nevins, Francis M., Jr.
アメリカの作家。
⇒現世文（ネビンズ，フランシス・M.（Jr.）　1943–）

Nevskii, Nikolai Aleksandrovich
ロシアの日本学者，西夏（中国西域）学者。
⇒岩世人（ネフスキー　1892.2.18/3.1–1937.11.24）
　広辞7（ネフスキー　1892–1937）

New, Il-han
韓国の実業家。
⇒岩世人（柳一韓　ユイルハン　1895（高宗32）.1.15–1971.3.11）

Newbery, Chantelle
オーストラリアの飛び込み選手。
⇒最世ス（ニューベリー，シャンテル　1977.5.6–）

Newbery, Linda
イギリスの児童文学作家。
⇒現世文（ニューベリー，リンダ　1952–）

Newbould, Frank
イギリスのポスター作家，挿絵画家。
⇒グラデ（Newbould,Frank　ニューボールド，フランク　1887–1951）

Newbury, Mickey
アメリカ・テキサス州ヒューストン生まれのカントリー・ロックのシンガー・ソングライター。
⇒ロック（Newbury,Mickey　ニューベリー，ミッキー　1940.5.19–）

Newby, Percy Howard
イギリスの小説家。作品『革命とバラ』(1957)，『蛮地の光』(62) など。
⇒岩世人（ニュービー　1918.6.25–1997.9.6）
　現世文（ニュービー，P.H.　1918.6.25–1997.9.6）

Newcomb, Simon
カナダ出身のアメリカの天文学者。著書『通俗天文学』。
⇒岩世人（ニューカム　1835.3.12–1909.7.11）

Newcomb, Theodore Mead
アメリカの心理学者。主著は『対人知覚の過程』(1961)。
⇒岩世人（ニューカム　1903.7.24–1984.12.28）
　社小増（ニューカム　1903–1984）
　社心小（ニューカム　1903–1984）

Newcombe, Donald
アメリカの大リーグ選手（投手）。
⇒メジャ（ニューカム，ドン　1926.6.14–）

Newcombe, John Davīd
オーストラリアの男子テニス選手。
⇒岩世人（ニューカム　1944.5.23–）

Newdigate, Bernard
イギリスの印刷業者，タイポグラフィック・デザイナー。
⇒グラデ（Newdigate,Bernard　ニューディゲイト，バーナード　1869–1944）

Newell, Lee
イギリスのミュージシャン。
⇒外12（ニューウェル，リー）

Newell, Mike
イギリス生まれの映画監督。
⇒外12（ニューウェル，マイク　1942.3.28–）
　外16（ニューウェル，マイク　1942.3.28–）

Newell, Norman Dennis
アメリカの古生物学者。
⇒岩世人（ニューエル　1909.1.27–2005.4.18）

Newfeld, Frank
カナダのイラストレーター、デザイナー、出版社のアート・ディレクター。
⇒絵本（ニューフェルド、フランク　1928–）

Newhall, Beaumont
アメリカの写真史家。
⇒岩世人（ニューホール　1908.6.22–1993.2.26）

Newham, Annabel
イギリスのガラス工芸家。
⇒芸13（ニューハム、アナベル　?–）

Newhouse, Samuel Irving
アメリカの新聞、テレビ経営者。
⇒岩世人（ニューハウス　1895.5.24–1979.8.29）

Newhouser, Harold
アメリカの大リーグ選手（投手）。
⇒メジャ（ニューハウザー、ハル　1921.5.20–1998.11.10）

Ne Win, U
ビルマ（ミャンマー）の軍人、政治家、首相（1958〜60）、大統領（1974〜81）。
⇒ア太戦（ネーウィン　1911–2002）
　岩世人（ネーウイン　1911/1910–2002.12.5）
　現アジ（ネ・ウィン　1911.5.14–）
　広辞7（ネー・ウィン　1911–2002）
　政経改（ネ・ウィン　1911–）
　世史改（ネ＝ウィン　1911–2002）
　世人新（ネ＝ウィン　1911–2002）
　世人装（ネ＝ウィン　1911–2002）
　ネーム（ネ・ウィン　1911–2002）
　ポプ人（ネ・ウィン　1911–2002）

Newlands, Francis Griffith
アメリカの政治家。
⇒アメ州（Newlands,Francis Griffith　ニューランズ、フランシス・グリフィス　1848–1917）

Newley, Anthony
イギリス生まれの俳優、脚本家、作曲家、歌手。
⇒ク俳（ニューリー、アンソニー　1931–1999）
　標音2（ニューリー、アントニー　1931.9.24–1999.4.14）
　ユ著人（Newley,Anthony　ニューリー、アンソニー　1931–）
　ロック（Newley,Anthony　ニューリー、アンソニー）

Newman, Alfred
アメリカの映画音楽作曲家。アカデミー賞を9回受賞。
⇒岩世人（ニューマン　1900.3.17–1970.2.17）
　エデ（ニューマン、アルフレッド　1900.3.17–1970.2.17）
　新音中（ニューマン、アルフレッド　1900.3.17–1970.2.17）
　標音2（ニューマン、アルフレッド　1900.3.17–1970.2.17）
　ユ著人（Newman,Alfred　ニューマン、アルフレッド　1901–1970）

Newman, Barnett
アメリカの画家、彫刻家。精神的なものを秘めた抽象空間を創出した。
⇒岩世人（ニューマン　1905.1.29–1970.7.4）
　芸13（ニューマン、バーネット　1905–1970）
　広辞7（ニューマン　1905–1970）
　ユ著人（Newman,Bernett　ニューマン、バーネット　1903–1970）

Newman, Barry
アメリカ生まれの俳優。
⇒ク俳（ニューマン、バリー　1940–）

Newman, Ernest
イギリスの音楽評論家。諸新聞の音楽批評欄を担当（1905〜）。
⇒岩世人（ニューマン　1868.11.30–1959.7.7）
　新音中（ニューマン、アーネスト　1868.11.30–1959.7.7）
　標音2（ニューマン、アーネスト　1868.11.30–1959.7.7）

Newman, Kim
イギリスの作家。
⇒外12（ニューマン、キム　1959–）
　現世文（ニューマン、キム　1959–）

Newman, Martin
イギリスのプレゼンテーションコーチ。
⇒外16（ニューマン、マーティン　1963.10.17–）

Newman, Maxwell Herman Alexander
イギリスの数学者。
⇒岩世人（ニューマン　1897.2.7–1984.2.22）

Newman, Nanette
イギリスの作家、女優。
⇒ク俳（ニューマン、ナネット　1932–）

Newman, Paul
アメリカ生まれの男優、映画監督、映画製作者。
⇒遺産（ニューマン、ポール　1926.1.26–2008.9.26）
　岩世人（ニューマン　1925.1.26–2008.9.26）
　ク俳（ニューマン、ポール　1925–）
　広辞7（ニューマン　1925–2008）
　スター（ニューマン、ポール　1925.1.26–2008）
　ネーム（ニューマン、ポール　1925–2008）
　ユ著人（Newman,Paul　ニューマン、ポール　1926–）

Newman, Randy
アメリカのロック・ミュージシャン。
⇒外12（ニューマン、ランディ　1943–）
　外16（ニューマン、ランディ　1943–）
　ユ著人（Newman,Randi　ニューマン、ランディ　1943–）
　ロック（Newman,Randy　ニューマン、ランディ　1943.11.28–）

Newman, Thomas A.
アメリカの宣教師。
⇒**アア歴**（Newman,Thomas A. ニューマン,トマス・A. 1903.11.3-1978.3.9）

Newsom, Louis Norman（Bobo）
アメリカの大リーグ選手（投手）。
⇒メジャ（ニューサム,ボボ 1907.8.11-1962.12.7）

Newsome, Lamar Ashby（Skeeter）
アメリカの大リーグ選手（遊撃,二塁）。
⇒メジャ（ニューサム,スキーター 1910.10.18-1989.8.31）

Newstetter, Wilber I.
アメリカのインターグループワークの理論家。
⇒現社福（ニューステッター 1896-1972）

Newton, Cam
アメリカのプロフットボール選手（パンサーズ・QB）。
⇒最世ス（ニュートン,キャム 1989.5.11-）

Newton, Huey P.
アメリカの黒人運動指導者。スローガンは「人種差別主義から解放された民主的な社会主義社会の建設」。
⇒**マルX**（NEWTON,HUEY P. ニュートン,ヒューイ・P 1942-1989）

Newton, John Caldwell Calhoun
アメリカのメソジスト監督教会（南部）宣教師。1888年来日。関西学院院長を勤める（1916~20）。
⇒**アア歴**（Newton,John Caldwell Calhoun ニュートン,ジョン・コードウェル・カルフーン 1848.5.25-1931.11.10）

Newton, Robert
イギリスの俳優。
⇒ク俳（ニュートン,ロバート 1905-1956）

Newton, Thandie
ザンビア生まれの女優。
⇒ク俳（ニュートン,サンディ（ニュートン,サンディウィ）1970-）

Newton, Wayne
アメリカの歌手,エンターテイナー。
⇒異二辞（ニュートン[ウェイン・~] 1942-）

Newton-John, Olivia
イギリス生まれの歌手。
⇒**外12**（ニュートン・ジョン,オリビア 1948.9.26-）
⇒**外16**（ニュートン・ジョン,オリビア 1948.9.26-）
⇒ロック（Newton-John,Olivia ニュートン=ジョン,オリヴィア）

Nexø, Martin Andersen
デンマークの小説家。作品に『勝利者ペレ』

（1906~10）『赤いモルテン』（45）。
⇒岩世人（アナセン・ネクセー 1869.6.26-1954.6.1）
現世文（アナセン・ネクセー,マーチン 1869.6.26-1954.6.1）
広辞7（アンデルセン・ネクセー 1869-1954）
ネーム（アナスン・ネクセ 1869-1954）

Ney, Elly
ドイツのピアノ奏者。
⇒標音2（ナイ,エリー 1882.9.27-1968.3.31）

Neykova, Rumyana
ブルガリアのボート選手。
⇒**外12**（ネイコバ,ルムヤナ 1973.4.6-）
最世ス（ネイコバ,ルムヤナ 1973.4.6-）

Neyman, Jerzy
ルーマニア生まれのアメリカの推計学者。カリフォルニア大学統計研究所所長。
⇒岩世人（ネイマン 1894.4.16-1981.8.5）
数辞（ネイマン,ジャージ 1894-1981）
世数（ネイマン,イェジ（イェルジー） 1894-1981）
有経5（ネイマン 1894-1981）

Neymar
ブラジルのサッカー選手（バルセロナ・FW）。
⇒**外12**（ネイマール 1992.2.5-）
外16（ネイマール 1992.2.5-）
最世ス（ネイマール 1992.2.5-）
ネーム（ネイマール 1992-）

Ne-Yo
アメリカ出身のR&Bシンガー・ソングライター,プロデューサー。
⇒**外12**（ニーヨ 1979-）
外16（ニーヨ 1979-）

Nézet-Séguin, Yannick
カナダの指揮者。
⇒**外12**（ネゼ・セガン,ヤニク 1975-）
外16（ネゼ・セガン,ヤニク 1975-）

Nezval, Vítězslav
チェコの詩人。詩集『エジソン』（1928），翻訳詩劇『マノン・レスコー』（40）などがある。
⇒岩世人（ネズヴァル 1900.5.26-1958.4.6）
現世文（ネズヴァル,ヴィーチェスラフ 1900.5.26-1958.4.6）

Ng, Frances
香港の俳優。
⇒**外12**（ン,フランシス 1961.12.21-）
外16（ン,フランシス 1961.12.21-）

Ng, Sandra
香港の女優,歌手。
⇒**外12**（ン,サンドラ 1965.8.12-）
外16（ン,サンドラ 1965.8.12-）

Ngata, Apirana Turupa
ニュージーランドの政治家、マオリ指導者。下院議員。
⇒ニュー（ンガタ、アピラナ　1874-1950）

Ngcobo, Lauretta
南アフリカの女性小説家。
⇒現世文（ゴッボ、ロレッタ　1931.9.13-2015.11.3）

Ngin Somchine
ラオスの詩人、小説家。『ラオス語辞典』『フランス語・ラオス語辞典』を編纂。作品『魔法の小立像』『ナーン＝パワディー』など。
⇒現世文（ギン・ソムチーン　1892-1980）

Ngiraked
パラオ島酋長の子。
⇒日エ（エラケツ、アテム　1911-?）

Ngô Bào Châu
ベトナム、フランスの数学者。
⇒世数（ゴ・バオ・チャウ　1972-）

Ngo Dinh Diem
ベトナム共和国の政治家。1955年5月のクーターにより独裁権力を握り、10月初代大統領となった。
⇒岩世人（ゴー・ディン・ジエム　1901.1.3-1963.11.2）
　現アジ（ゴ・ディン・ジエム　1901.1.3-1963.11.1）
　広辞7（ゴー・ディン・ジェム　1901-1963）
　政経改（ゴ・ジン・ジェム　1901-1963）
　世史改（ゴ＝ディン＝ジエム　1901-1963）
　世史改（ゴ＝ディン＝ジエム　1901-1963）
　世人新（ゴ＝ディン＝ジエム　1901-1963）
　世人装（ゴ＝ディン＝ジエム　1901-1963）
　ポプ人（ゴ・ディン・ジェム　1901-1963）

Ngo Dinh Nhu
ベトナムの政治家。兄のゴ・ジン・ジェムの独裁を助けた。
⇒岩世人（ゴー・ディン・ニュー　1910.10.7-1963.11.2）

Ngo Manh Lan
ベトナム・アニメーションの先駆者。
⇒アニメ（ンォ・マイン・ラン　1934-）

Ngo Quang Hai
ベトナムの映画監督、俳優。
⇒外12（ゴー・クアン・ハーイ　1967-）

Ngo Tat To
ベトナムの8月革命前の小説家、評論家。
⇒岩世人（ゴ・タット・トー　1894-1954）

Nguema, Francisco Masias
赤道ギニアの政治家。初代赤道ギニア大統領（1968～79）。
⇒岩世人（ンゲマ　1924.1.1-1979.9.29）

Nguema, Teodoro Obiang
赤道ギニアの政治家、軍人。1979年クーデターで恐怖政治を行った叔父を打倒して軍事政権を樹立。赤道ギニア大統領・最高軍事評議会議長・国防相。
⇒岩世人（ンゲマ　1942.6.5-）
　外12（ヌゲマ、テオドロ・オビアン　1942.6.5-）
　外16（ヌゲマ、テオドロ・オビアン　1942.6.5-）
　世指導（ヌゲマ、テオドロ・オビアン　1942.6.5-）

Ngũgĩ Wa Thiong'o
ケニアの作家。
⇒岩世人（グギ　1938.1.5-）
　現世文（グギ・ワ・ジオンゴ　1938.1.5-）

Ngurah Rai, Kolonel I Gusti
インドネシア、バリ島の独立闘争の英雄。
⇒岩世人（グラ・ライ　1917.1.30-1946.11.20）

Nguyen, Marcel
ドイツの体操選手。
⇒外16（ニューエン、マゼル　1987.9.8-）
　最новス（ニューエン、マゼル　1987.9.8-）

Nguyen An Ninh
ベトナムのジャーナリスト、ルソーの『社会契約論』の翻訳者。
⇒岩世人（グエン・アン・ニン　1900.9.6-1943.8.14）

Nguyen Cao Ky
ベトナムの軍人、政治家。南ベトナム副大統領。
⇒岩世人（グエン・カオ・キー　1930.9.8-2011.7.23）
　世人新（グエン＝カオ＝キ　1930-2011）
　世人装（グエン＝カオ＝キ　1930-2011）

Nguyễn Cát Tuờng
ベトナムの画家。
⇒岩世人（グエン・カット・トゥオン　1912-1946.12.17）

Nguyen Chi Thanh
北ベトナムの軍人、政治家。インドシナ戦争中は1950年人民軍総政治局長。63年ベトナム祖国戦線中央委員会幹部会員。
⇒岩世人（グエン・チー・タイン　1914.1.1-1967.7.6）

Nguyen Cong Hoan
ベトナムの作家。
⇒岩世人（グエン・コン・ホアン　1903.3.6-1977.6.6）

Nguyên Đinh Thi
ベトナムの作家。
⇒岩世人（グエン・ディン・ティ　1924.12.20-2003.4.18）
　現世文（グエン・ディン・ティ　1924-2003.4.18）

Nguyễn Đỗ Cung
ベトナムの画家。

⇒岩世人（グエン・ド・クン 1912–1977）

Nguyen Dong Chi
ベトナムの文学者,歴史家,作家。
⇒岩世人（グエン・ドン・チー 1915.1.6–1984.7.20）

Nguyen Duc
ベトナムで結合双生児として生まれ,分離手術に成功した弟。
⇒岩世人（グエン・ドゥック 1981.2.25–）
　外12（グエン・ドク 1981.2.25–）
　外16（グエン・ドク 1981.2.25–）

Nguyen Duy Trinh
ベトナム社会主義共和国の政治家。1960年北ベトナム副首相,64年外相兼任。30年インドシナ共産党入党。67年発表した「和平宣言」は,68年の北爆全面停止への糸口となったことで知られる。76年ベトナム統一で副首相兼外相,82年引退。
⇒世人新（グエン＝ズイ＝チン 1910–1985）
　世人裝（グエン＝ズイ＝チン 1910–1985）

Nguyễn Gia Trí
ベトナムの画家。
⇒岩世人（グエン・ザー・チー 1908–1993.6.20）

Nguyễn Hồng Sến
ベトナムの映画監督。
⇒岩世人（グエン・ホン・セン 1933.1.11–1995.1.21）

Nguyen Huu Tho
ベトナムの政治家。南ベトナム解放民族戦線議長。
⇒岩世人（グエン・フウ・ト 1910.7.10–1996.12.24）
　世人新（グエン＝フー＝ト 1910–1996）
　世人裝（グエン＝フー＝ト 1910–1996）
　ネーム（グエン・フー・ト 1910–1996）

Nguyễn Hữu Tiến
ベトナムの社会運動家,同国の国旗の作成者。
⇒岩世人（グエン・フウ・ティエン 1901.3.3–1941.8.26）

Nguyễn Huy Thiệp
ベトナムの作家。
⇒岩世人（グエン・フイ・ティエップ 1950.7.26–）

Nguyen-Khac-Hieu
ベトナムの詩人,文学者。
⇒岩世人（タン・ダー 1889.5.19–1939.6.7）

Nguyen Khai
ベトナムの作家。
⇒岩世人（グエン・カーイ 1930.12.3–2008.1.15）

Nguyen Khang
ベトナムの政治家。南ベトナム大統領（1964～65）。
⇒岩世人（グエン・カイン（グエン・カーン）

1927.11.8–2013.1.11）

Nguyen Lan Phuong
ベトナムの女優。
⇒外16（グエン・ラン・フン）

Nguyen Manh Cam
ベトナムの政治家,外交官。ベトナム副首相,ベトナム共産党政治局員。
⇒世指導（グエン・マイン・カム 1929.9.15–）

Nguyễn Minh Châu
ベトナムの作家。
⇒岩世人（グエン・ミン・チャウ 1930.10.20–1989.1.23）

Nguyen Minh Triet
ベトナム共産党最高指導者の一人。ベトナム国家主席（大統領）（2006～11）。
⇒外12（グエン・ミン・チェット 1942.10.8–）
　外16（グエン・ミン・チェット 1942.10.8–）
　現アジ（グエン・ミン・チェット 1942.10.8–）
　世指導（グエン・ミン・チェット 1942.10.8–）

Nguyen Ngoc
ベトナムの作家,批評家。
⇒岩世人（グエン・ゴック 1932.9.5–）

Nguyen Nhật Ánh
ベトナムの作家。
⇒現世文（グエン・ニャット・アイン 1955–）

Nguyễn Phan Long
ベトナムのジャーナリスト,政治家。
⇒岩世人（グエン・ファン・ロン 1889–1960）

Nguyen Phu Trong
ベトナムの政治家。ベトナム国家主席（大統領）（2018～）。
⇒外12（グエン・フー・チョン 1944.4.14–）
　外16（グエン・フー・チョン 1944.4.14–）
　世指導（グエン・フー・チョン 1944.4.14–）

Nguyễn Tài Cẩn
ベトナムの学者。
⇒岩世人（グエン・タイ・カン 1926.5.2–2011.2.25）

Nguyen Tai Hoc
ベトナム国民党の領袖で,イェンバイ蜂起の指導者。
⇒岩世人（グエン・タイ・ホック 1902.12.1–1930.6.17）

Nguyen Tan Dung
ベトナム共産党最高指導者の一人。ベトナム首相（2006～）。
⇒外12（グエン・タン・ズン 1949.11.17–）
　外16（グエン・タン・ズン 1949.11.17–）
　世指導（グエン・タン・ズン 1949.11.17–）

Nguyen Thi Binh
ベトナムの政治家。ベトナム国家副主席(副大統領)。
⇒岩世人(グエン・ティ・ビン 1927.5.26–)
世指導(グエン・チ・ビン 1927–)

Nguyen Thi Cuc
ベトナムの税理士。
⇒外12(グエン・ティ・クック)
外16(グエン・ティ・クック)

Nguyen Thi Dinh
南ベトナムの政治家。共産主義者の夫とともに反仏活動に参加。1965年南ベトナム人民解放軍副司令官。
⇒岩世人(グエン・ティ・ディン 1920.3.15–1992.8.26)

Nguyén Thiên Dao
ベトナムの作曲家。
⇒ク音3(グエン・チェン・ダオ 1940–)

Nguyen Thi Minh Khai
ベトナムの独立運動家。
⇒岩世人(グエン・ティ・ミン・カイ 1910–1941.8.26)

Nguyen Van Bong
ベトナムの作家。
⇒現代文(グエン・バン・ボン 1921–)

Nguyễn Văn Cừ
ベトナムの革命家。
⇒岩世人(グエン・ヴァン・クー 1912.7.9–1941.8.28)

Nguyen Van Huyen
北ベトナムの歴史文学者,教育者,政治家。1945年8月革命後,高等教育局総局長,60年国家科学委員会委員。
⇒岩世人(グエン・ヴァン・フエン 1908.11.16–1975.10.19)

Nguyen Van Linh
ベトナム共産党の指導者。
⇒岩世人(グエン・ヴァン・リン 1915.7.1–1998.4.27)
世人新(グエン=バン=リン 1914–1998)
世人装(グエン=バン=リン 1914–1998)

Nguyen Van Thieu
ベトナムの政治家。ベトナム共和国(南ベトナム)大統領(1967〜75)。
⇒岩世人(グエン・ヴァン・ティエウ(グエン・ヴァン・チュー) 1923.4.5–2001.9.29)

Nguyen Van Vinh
ベトナムの文学者。『東洋雑誌』の主筆として活躍するかたわら,『金雲翹』の仏訳を発表,多数のフランスの小説などをベトナム語に訳し,ベトナム庶民の啓蒙に努めた。
⇒岩世人(グエン・ヴァン・ヴィン 1882.6.15–1936.5.1)

Nguyen Xaun Phuc
ベトナムの政治家。
⇒外12(グエン・スアン・フック 1954.7.20–)
世指導(グエン・スアン・フック 1954.7.20–)

Nguyễn Xuân Oánh
ベトナムの経済人。
⇒岩世人(グエン・スアン・オアイン 1921–2003.8.29)

Nhamajo, Manuel Serifo
ギニアビサウの政治家。ギニアビサウ暫定大統領。
⇒外16(ヌハマジョ,マヌエル・セリフォ 1958.3.25–)
世指導(ヌハマジョ,マヌエル・セリフォ 1958.3.25–)

Nhat Hanh
ベトナムの僧侶。
⇒外12(ニャット・ハイン)

Nhât-Linh
ベトナムの作家。本名 Nguyên Toung Tam。文学を通じて民衆の教化啓蒙に努めた。代表作『断絶』(1935),『白い蝶』(42)。
⇒岩世人(ニャット・リン 1906.7.25–1963.7.7)
現代文(ニャット・リン 一霊 1905–1963.7.7)

Nhek Bunchhay
カンボジアの政治家,軍人。
⇒岩世人(ニュク・ブンチャイ 1958.2.7–)

Nhiek Tioulong
カンボジアの政治家。
⇒岩世人(ニエク・チューロン 1908.8.23–1996.6.9)

Nhok Them
カンボジアの小説家,文学者。
⇒岩世人(ニョック・タエム 1903.6.22–1974)

Niane, Djibril Tamsir
ギニア出身の歴史家,劇作家。
⇒岩世人(ニアネ 1932.1.9–)

Niarchos, Stavros (Spyros)
ギリシアの企業家,馬主,美術品収集家。
⇒岩世人(ニアルコス 1909.7.3–1996.4.16)

Niblett, Robin
イギリスの王立国際問題研究所長。
⇒外12(ニブレット,ロビン 1961–)
外16(ニブレット,ロビン 1962–)

Niblo, Fred
アメリカの映画監督。主作品『ベン・ハー』(1925)。
⇒映監(ニブロ,フレッド 1874.1.6–1948)

Nichanian, Veronique
フランスの服飾デザイナー。
⇒外12（ニシャニアン, ヴェロニク）
　外16（ニシャニアン, ヴェロニク）

Nichol, James W.
カナダの脚本家, 小説家。
⇒外12（ニコル, ジェームズ　1940–）

Nicholas, Grant
イギリスのミュージシャン。
⇒外12（ニコラス, グラント）

Nicholls, David
イギリスの作家, 脚本家。
⇒海文新（ニコルズ, デイヴィッド　1966.11.30–）
　現世文（ニコルズ, デービッド　1966.11.30–）

Nicholls, Sally
イギリスの作家。
⇒海文新（ニコルズ, サリー　1983.6.22–）
　現世文（ニコルズ, サリー　1983.6.22–）

Nichols, Charles Augustus（Kid）
アメリカの大リーグ選手（投手）。
⇒メジャ（ニコルズ, キッド　1869.9.14–1953.4.11）

Nichols, Chester Raymond, Jr.
アメリカの大リーグ選手（投手）。
⇒メジャ（ニコルズ, チェット　1931.2.22–1995.3.27）

Nichols, Florence
アメリカの教育宣教師。
⇒アア歴（Nichols,Florence　ニコルズ, フローレンス　1865.10.27–1958.2.4）

Nichols, Mike
ドイツ生まれのアメリカの映画監督。
⇒映監（ニコルズ, マイク　1931.11.6–）
　外12（ニコルズ, マイク　1931.11.6–）
　ユ著人（Nichols,Mike　ニコルス, マイク　1931–）

Nichols, Peter Richard
イギリスの劇作家。
⇒現世文（ニコルズ, ピーター　1927.7.31–）

Nichols, Red
アメリカのコルネット奏者。白人のディキシーランド・ジャズ演奏者。楽団「五つの銅貨」を結成して活動。
⇒標音2（ニコルズ, レッド　1905.5.8–1965.6.28）

Nichols, Robert Malise Bowyer
イギリスの詩人, 劇作家。東京大学で英文学を講じた（1921～24）。
⇒岩世人（ニコルズ　1893.9.6–1944.12.17）
　現世文（ニコルズ, ロバート　1893.9.6–1944.12.17）

Nicholsen, Margaret E.
アメリカ・エバンストン市の高等学校図書館の監督官。学校図書館のメディア・センターとしての機能を充実させるために貢献する。
⇒ア図（ニコルセン, マーガレット　1904–1999）

Nicholson, Alexander John
オーストラリアの動物生態学者, 昆虫学者。
⇒岩生（ニコルソン　1895–1969）
　岩世人（ニコルソン　1895.3.25–1969.10.28）

Nicholson, Arthur D.
アメリカ陸軍士官。
⇒スパイ（ニコルソン, アーサー・D　1947–1985）

Nicholson, Ben
イギリスの画家。「ユニット・ワン」などのグループに参加。イギリスの抽象絵画の指導的存在。
⇒岩世人（ニコルソン　1894.4.10–1982.2.6）
　芸13（ニコルソン, ベン　1894–1982）
　広辞7（ニコルソン　1894–1982）
　ネーム（ニコルソン　1894–1982）

Nicholson, Geoff
イギリスの作家。
⇒外12（ニコルソン, ジェフ　1953–）
　外16（ニコルソン, ジェフ　1953–）
　現世文（ニコルソン, ジェフ　1953.3.4–）

Nicholson, Harold J.
アメリカ中央情報局（CIA）のインテリジェンス・オフィサー。1997年3月, ロシアのためにスパイ行為をしていたと自白した。
⇒スパイ（ニコルソン, ハロルド・J　1950–）

Nicholson, Jack
アメリカ生まれの俳優。
⇒遺産（ニコルソン, ジャック　1937.4.22–）
　岩世人（ニコルソン　1937.4.22–）
　外12（ニコルソン, ジャック　1937.4.22–）
　外16（ニコルソン, ジャック　1937.4.22–）
　ク俳（ニコルソン, ジャック　1937–）
　スター（ニコルソン, ジャック　1937.4.22–）

Nicholson, Jim
アメリカの政治家, 軍人。
⇒外12（ニコルソン, ジム　1938–）
　世指導（ニコルソン, ジム　1938–）

Nicholson, Joseph Shield
イギリスの経済学者。
⇒岩世人（ニコルソン　1850.11.9–1927.5.12）
　学叢思（ニコルソン, ジョセフ・シールド　1850–?）

Nicholson, Meredith
アメリカの小説家, 牧師。
⇒アメ州（Nicholson,Meredith　ニコルソン, メレディス　1866–1947）

Nicholson, Michael
イギリスの作家、ジャーナリスト、写真家。
⇒現世文（ニコルソン, マイケル　1937.1.9–2016.12.11）

Nicholson, Norman
イギリスの詩人、劇作家。代表作はハイネマン賞受賞の『五つの河』(1944)。
⇒現世文（ニコルソン, ノーマン　1914.1.8–1987.5.30）

Nicholson, Reynold Alleyne
イギリスの東洋学者。アラビア・ペルシア学の第一人者であり、その詩や哲学、特に〈神秘思想〉の研究に専念。ルーミーの原文刊行、英訳をなした。
⇒岩世人（ニコルソン　1868.8.18–1945.8.27）

Nicholson, Seth Barnes
アメリカの天文学者。木星の第9、第10、第11番目の衛星の発見者。
⇒天文大（ニコルソン　1891–1963）

Nicholson, William Beck
アメリカの大リーグ選手（外野）。
⇒メジャ（ニコルソン, ビル　1914.12.11–1996.3.8）

Nicholson, *Sir* William Newzam Prior
イギリスの画家。
⇒グラデ（Beggarstaff Brothers,The　ベガスタッフ兄弟　1872–1949）
　グラデ（Nicholson,Sir William　ニコルソン, ウィリアム卿　1872–1949）

Nick
アメリカの歌手。
⇒外12（ニック　1980.1.28–）
　外16（ニック　1980.1.28–）

Nickhun
韓国の歌手。
⇒外12（ニックン　1988.6.24–）

Nicklaus, Jack
アメリカのプロゴルファー。
⇒アメ州（Nicklaus,Jack William　ニクラウス, ジャック・ウイリアム　1940–）
　異二辞（ニクラス, ジャック　1940–）
　岩世人（ニクラウス（ニクラス）　1940.1.21–）
　外12（ニクラウス, ジャック　1940.1.21–）
　外16（ニクラウス, ジャック　1940.1.21–）
　広辞7（ニクラウス　1940–）
　ネーム（ニクラウス, ジャック　1940–）
　ボブ人（ニクラウス, ジャック　1940–）

Nicklisch, Heinrich
ドイツの経営経済学の創始者。主著 "Wirtschaftliche Betriebslehre" (1922) など。
⇒岩世人（ニックリシュ　1876.7.19–1946.4.28）
　有経5（ニックリッシュ　1876–1946）

Nicks, Stevie
アメリカのシンガー・ソングライター。
⇒外12（ニックス, スティービー　1948.5.26–）
　外16（ニックス, スティービー　1948.5.26–）

Nico
ドイツ生まれのモデル、歌手、女優。
⇒ロック（Nico　ニーコウ　1938.10.16–）

Nicol, Alex
アメリカの男優、監督。
⇒ク俳（ニコル, アレックス　1919–2001）

Nicol, Jimmy
イギリスのドラム奏者。"ザ・スプートニクス" メンバー。
⇒ビト改（NICOL,JIMMY　ニコル, ジミー）

Nicolai, Carsten
旧東ドイツ生まれの芸術家、ミュージシャン。
⇒現アテ（Nicolai,Carsten　ニコライ, カールステン　1965–）

Nicolai, Walter
ドイツ軍の情報機関、参謀本部情報部長（IIIb部部長）。在職1913～21。
⇒スパイ（ニコライ, ヴァルター　1873–1947）

Nicolas, Adolfo
スペインのカトリック神父。
⇒外12（ニコラス, アドルフォ　1936.4.29–）
　外16（ニコラス, アドルフォ　1936.4.29–）

Nicole
韓国の歌手。
⇒外12（ニコル　1991.10.7–）
　外16（ニコル　1991.10.7–）

Nicolelis, Miguel
ブラジル生まれの神経科学者。デューク大学アン・W・ディーン神経科学教授。
⇒外12（ニコレリス, ミゲル）
　外16（ニコレリス, ミゲル）

Nicolet, Auréle
スイスのフルート奏者。
⇒岩世人（ニコレ　1926.1.22–）
　外16（ニコレ, オーレル　1926.1.22–）
　新音中（ニコレ, オーレル　1926.1.22–）
　標音2（ニコレ, オレル　1926.1.22–）

Nicoletti, Mauro
イタリアのテノール歌手。
⇒魅惑（Nicoletti,Mauro　1961–）

Nicoll, Andrew
イギリスの作家。
⇒海文新（ニコル, アンドリュー　1962.1.4–）

Nicoll, John Ramsay Allardyce
イギリスの演劇史家。

⇒岩世人（ニコル　1894.6.28-1976.4.17）
Nicoll, *Sir* William Robertson
スコットランドのプロテスタント牧師，著作家。"Expositor"誌 (1884)，"British Weekly"誌 (86〜) を編集し，自由教会に反響を与えた。
⇒岩世人（ニコル　1851.10.10-1923.5.4）
Nicolle, Charles Jules Henri
フランスの細菌学者。
⇒岩生（ニコル　1866-1936）
　岩世人（ニコル　1866.9.21-1936.2.28）
　広辞7（ニコル　1866-1936）
　ノベ3（ニコル,C.　1866.9.21-1936.2.28）
Nicollin, Louis
フランスの実業家。
⇒外12（ニコリン, ルイ）
　外16（ニコリン, ルイ）
Nicolov, Oghnyan
ブルガリアのテノール歌手。
⇒魅惑（Nicolov,Oghnyan　?-）
Nicolson, *Sir* Harold George
イギリスの批評家。外交官，ジャーナリスト，下院議員としても活動。主著『テニソン』(1923)。
⇒岩世人（ニコルソン　1886.11.21-1968.5.1）
　国政（ニコルソン, ハロルド　1886-1968）
Nida, Eugene Albert
アメリカの言語学者，翻訳理論学者。聖書翻訳を通じ，形態論，統語論，意味論，翻訳論を含む言語の実際的研究に貢献。
⇒岩世人（ナイダ　1914.11.11-2011.8.25）
Nida-Rümelin, Julian
ドイツの哲学者，政治家。
⇒岩世人（ニダ＝リューメリン　1954.11.28-）
Nidhi Eoseewong
タイの歴史学者，社会評論家，社会運動家。
⇒岩世人（ニティ・イオシーウォン　1940.5.23-）
　外16（ニティ・イーオシーウォン　1940.5.23-）
Niebuhr, Helmut Richard
アメリカのプロテスタント神学者。R.ニーバーの弟。アメリカ・キリスト教を対象とする宗教社会学的研究にすぐれた業績をあげた。
⇒岩キ（ニーバー,H.R.　1894-1962）
　岩世人（ニーバー　1894.9.3-1962.7.5）
　オク教（ニーバー　1894-1962）
　新カト（ニーバー　1894.9.3-1962.7.5）
Niebuhr, Reinhold
アメリカのプロテスタント神学者，文明批評家。新正統派の先駆者。主著『道徳的人間と非道徳的社会』(1932)，『信仰と歴史』(49) など。
⇒アメ州（Niebuhr,Reinhold　ニーバー, ラインホールド　1892-1971）
　アメ新（ニーバー　1892-1971）
　岩キ（ニーバー,R.　1892-1971）
　岩世人（ニーバー　1892.6.21-1971.6.1）
　オク教（ニーバー　1892-1971）
　現宗（ニーバー　1892-1971）
　広辞7（ニーバー　1892-1971）
　新カト（ニーバー　1892.6.21-1971.6.1）
　政経改（ニーバー　1892-1971）
　哲中（ニーバー　1892-1971）
Niedermayer, Scott
カナダのアイスホッケー選手。
⇒最世ス（ニーダーマイヤー, スコット　1973.8.31-）
Nieh, Hua-ling
アメリカ（中国系）の作家。
⇒岩世人（聶華苓　じょうかれい　1925.1.11-）
　現世文（聶華苓　じょう・かれい　1925.1.11-）
Niehaus Quesada, Bernd H.
コスタリカの外交官。コスタリカ外相。
⇒世指導（ニーハウス・ケサダ, ベルン　1941-）
Niekrasov, N.W.
ソ連の全露中央消費同盟会長。
⇒学農思（ネクラーソフ）
Niekro, Joseph Franklin
アメリカの大リーグ選手（投手）。
⇒メジャ（ニークロ, ジョー　1944.11.7-2006.10.27）
Niekro, Philip Henry
アメリカの大リーグ選手（投手）。
⇒メジャ（ニークロ, フィル　1939.4.1-）
Nielsen, Asta
デンマーク生まれの女優。
⇒岩世人（ニールセン　1881.9.11-1972.5.24）
Nielsen, Carl August
デンクークの作曲家。作品は，交響曲，オペラ，協奏曲，合唱曲など多数。
⇒岩世人（ニールセン　1865.6.9-1931.10.3）
　エデ（ニールセン, カール（アウグスト）　1865.6.9-1931.10.3）
　ク音3（ニールセン（ネルセン）　1865-1931）
　新音小（ニールセン, カール　1865-1931）
　新音中（ニルセン, カール　1865.6.9-1931.10.3）
　ネーム（ニールセン　1865-1931）
　ビ曲改（ニールセン, カルル・アウグスト　1865-1931）
　標音2（ネルソン, カルル　1865.6.9-1931.10.3）
Nielsen, Helen
アメリカのミステリ作家。
⇒現世文（ニールセン, ヘレン　1918-2002.6.22）
Nielsen, Jakob
デンマークのコンピューター技術者。
⇒外12（ニールセン, ヤコブ）

Nielsen, Jakob
デンマークの数学者。
⇒世数（ニールセン, ヤコブ　1890–1959）

Nielsen, Jennifer A.
アメリカの作家。
⇒海文新（ニールセン, ジェニファー・A.）
　現世文（ニールセン, ジェニファー・A.）

Nielsen, Kai
デンマークの彫刻家。
⇒芸13（ニールセン, カイ　1882–1925）

Nielsen, Kay
デンマークの挿絵画家。幻想味あふれる画風によって一世を風靡し、イギリス挿絵黄金期の巨匠のひとりとなった。
⇒絵本（ニールセン, カイ　1886–1957）

Nielsen, Leslie
カナダ生まれの俳優。
⇒ク俳（ニールセン, レスリー　1922–）

Nielsen, Rick
アメリカのロック・ギター奏者。
⇒外12（ニールセン, リック　1946.12.22–）
　外16（ニールセン, リック　1946.12.22–）

Nieman, Robert Charles
アメリカの大リーグ選手（外野）。
⇒メジャ（ニーマン, ボブ　1927.1.26–1985.3.10）

Niemann, Gunda
ドイツのスピードスケート選手。
⇒外12（ニーマン, グンダ　1966.9.7–）

Niemann-Stirnemann, Gunda
ドイツの女子スピードスケート選手。
⇒岩世人（ニーマン＝シュティルネマン　1966.9.7–）

Niemeyer, Oscar
ブラジルの近代建築の指導的人物。
⇒岩世人（ニーマイアー　1907.12.15–2012.12.5）
　外12（ニーマイヤー, オスカー　1907.12.15–）
　広辞7（ニーマイヤー　1907–2012）
　世建（ニーマイヤー, オスカー　1907–）
　ラテ新（ニーマイヤー　1907–2012）

Niemi, Mikael
スウェーデンの作家。
⇒外12（ニエミ, ミカエル　1959–）
　現世文（ニエミ, ミカエル　1959–）

Nieminen, Kai Tapani
フィンランドの詩人、日本文学翻訳家。
⇒岩世人（ニエミネン　1950.5.11–）
　外16（ニエミネン, カイ　1950.5.11–）
　現世文（ニエミネン, カイ　1950.5.11–）

Niemöller, Martin
ドイツのルター派神学者。
⇒岩世人（ニーメラー　1892.1.14–1984.3.6）
　オク教（ニーメラー　1892–1984）
　広辞7（ニーメラー　1892–1984）
　新カト（ニーメラー　1892.1.14–1984.3.6）
　ネーム（ニーメラー　1892–1984）

Niepanhui
中国の作家。
⇒外12（涅槃灰　ネハンカイ）
　外16（涅槃灰　ネハンカイ）
　現世文（涅槃灰　ねはんかい）

Nieto, Claudio
スペイン・フエンテス・デ・ナバ生まれのドミニコ会員、日本宣教師。
⇒新カト（ニエト　1886.10.3–1978.4.9）

Nieuwendyk, Joe
カナダのアイスホッケー選手。
⇒最世ス（ニューエンダイク, ジョー　1966.9.10–）

Nieuwenhuys, Rob
オランダの植民地文学者。
⇒岩世人（ニューウェンハイス　1908.6.30–1999.11.8）

Nieuwkoop, Pieter Dirk
オランダの発生生物学者。
⇒岩生（ニューコープ　1917–1996）

Nieuwland, Julius Arthur
アメリカの化学者。アセチレン誘導体を合成。
⇒岩世人（ニューランド　1878.2.14–1936.6.11）
　新カト（ニューランド　1878.2.14–1936.6.11）

Niffenegger, Audrey
アメリカの作家。
⇒海文新（ニッフェネガー, オードリー　1963–）
　現世文（ニッフェネガー, オードリー　1963–）

Nifontov, Ivan
ロシアの柔道選手。
⇒最世ス（ニフォントフ, イワン　1987.6.5–）

Niger, Samuel
ロシア生まれのイディッシュ文芸評論家。
⇒ユ著人（Niger,Samuel　ニガー, サムエル　1883–1955）

Nigg, Serge
フランスの作曲家。『ジェローム・ボシュ交響曲』（1960）などがある。
⇒ク音3（ニグ　1924–）
　新音中（ニグ, セルジュ　1924.6.6–）
　標準2（ニグ, セルジュ　1924.6.6–）

Niggli, Paul
スイスの鉱物学者。X線を利用した空間群の組織的演繹法を考案し、鉱物学に新方式を導入。

主著『鉱物学教則本』(1924～26)。
⇒岩世人 (ニグリ　1888.6.26–1953.1.13)
　オク地 (ニグリ,ポール　1888–1953)

Nigh, Jane
アメリカの女優。
⇒ク俳 (ナイ,ジェイン(ナイ,ボニー)　1925–1993)

Night, Damon
アメリカの作家,編集者。
⇒現世文 (ナイト,デーモン　1922–2002.4.15)

Nighy, Bill
イギリスの俳優。
⇒外12 (ナイ,ビル　1949.12.12–)
　外16 (ナイ,ビル　1949.12.12–)

Nigkan, Tan Sri Datuk Amar Stephen Kalong
マレーシア (サラワク) の政治家。
⇒岩世人 (ニンカン,ステファン・カロン　1920.8.20–1997.3.31)

Nignon, Édouard
フランスの料理人,レストラン経営者。
⇒岩世人 (ニニョン　1865–1934)
　フラ食 (ニニョン,エドワール　1865–1935)

Nigro, Alfredo
テノール歌手。
⇒魅惑 (Nigro,Alfredo　?–)

Niimura, J.M.Ken
スペインの漫画家,イラストレーター。
⇒外16 (ニイムラ,J.M.ケン　1981–)

Niinistö, Sauli
フィンランドの政治家。フィンランド大統領 (2012～)。
⇒外16 (ニーニスト,サウリ　1948.8.24–)
　世指導 (ニーニスト,サウリ　1948.8.24–)

Nijhoff, Martinus
オランダの詩人,文学者。詩集『遍歴者』(1916) でデビューし,初期表現主義の先駆者になる。
⇒岩世人 (ネイホフ　1894.4.20–1953.1.26)

Nijinska, Bronislava Fomichina
ロシア (ポーランド系) の女性舞踊家,振付師。
⇒岩世人 (ニジンスカ　1891.1.8–1972.2.22)
　ネーム (ニジンスカ　1891–1972)

Nijinsky, Vaslav
ロシアの舞踊家,振付師。自身の振付で『牧神の午後』,『春の祭典』などを演じ,不滅の名声を得る。
⇒岩世人 (ニジンスキー　1890/1889.2.28/3.12/1889.12.17/1890.2.15–1950.4.8)
　広辞7 (ニジンスキー　1890–1950)
　新音中 (ニジンスキー,ヴァツラフ　1889.12.17–1950.4.8)
　ネーム (ニジンスキー　1890–1950)
　標音2 (ニジンスキー,ヴァスラフ　1888.3.12–1950.4.8)
　ポプ人 (ニジンスキー,バツラフ　1890–1950)

Nik Aziz Nik Mat
マレーシアのイスラム指導者,政治家。
⇒岩世人 (ニック・アジズ　1931.1.10–)

Nikifor
ポーランドの画家。
⇒岩世人 (ニキフォル　1895.5.21–1968.10.10)

Nikisch Arthur
ハンガリー生まれのドイツの指揮者。ベルリンフィル,ロンドン交響楽団などを指揮。
⇒岩世人 (ニキッシュ　1855.10.12–1922.1.23)
　オペラ (ニキシュ,アルトゥール　1855–1922)
　新音中 (ニキシュ,アルトゥル　1855.10.12–1922.1.23)
　ネーム (ニキシュ　1855–1922)
　標音2 (ニキシュ,アルトゥル　1855.10.12–1922.1.23)

Nikitas, Derek
アメリカの作家。
⇒海文新 (ニキータス,デレク)
　現世文 (ニキータス,デレク)

Nikitin, Alexandr K.
ロシア海軍士官。
⇒スパイ (ニキーチン,アレクサンドル・K　1952–)

Nikitin, Evgeny
ロシアのテノール歌手。
⇒外16 (ニキティン,エフゲニー　1973–)

Nikitin, Gleb
ロシアの指揮者,ヴァイオリン奏者。
⇒外12 (ニキティン,グレブ　1964.7.15–)
　外16 (ニキティン,グレブ　1964.7.15–)

Nikitin, Nikolay Nikolaevich
ソ連の作家。
⇒現世文 (ニキーチン,ニコライ・ニコラエヴィチ　1895.8.8–1963.3.26)

Nikitin, Yuri
ウクライナのトランポリン選手。
⇒外16 (ニキチン,ユーリー　1978.7.15–)
　最技ス (ニキチン,ユーリー　1978.7.15–)

Nikki
カナダのジャズ歌手。
⇒外16 (ニッキー　1994.2.8–)

Nikodym, Otto Martin
アメリカの数学者。
⇒数辞 (ニコディム,オットン・マルティン　1887–1974)
　世数 (ニコディム,オットー・マーティン　1887–1974)

Nikola I Petrović Njegoš
モンテネグロ王。在位1910〜18。第1次大戦後セルビアに合併され、追放。
⇒岩世人（ニコラ1世　1841.10.7–1921.3.1）
　皇国（ニコラ1世　(在位) 1910–1918）

Nikolaev, Leonid Vasilevich
ソ連・レニングラードの政治指導者セルゲイ・M.キーロフの暗殺者。
⇒世暗（ニコラエフ, レオニード・ワシレヴィチ 1904–1934）

Nikolaev, Mikhail Efimovich
ソ連の政治家。ヤクート・サハ共和国大統領（1991〜2002）。
⇒世指導（ニコラエフ, ミハイル　1937.11.13–）

Nikolaeva, Galina Evgen'evna
ロシアの女性小説家。『戦いはやまず』(1957)が代表作。
⇒現世文（ニコラーエワ, ガリーナ・エヴゲニエヴナ 1911.2.18–1963.10.18）

Nikolai
ロシア正教会大主教, 日本ハリストス正教会創立者。1861年来日。
⇒岩キ（ニコライ　1836–1912）
　岩世人（ニコライ　1836.8.1/14–1912.2.3/16）
　広辞7（ニコライ　1836–1912）
　新カト（ニコライ　1836.8.13–1912.2.16）
　来日（ニコライ　1836–1912）

Nikolai II Aleksandrovich
帝制ロシア最後の皇帝。在位1894〜1917。
⇒岩世人（ニコライ2世　1868.5.6/18–1918.7.17）
　学業歴（ニコライ2世　1868–1918）
　皇国（ニコライ2世　?–1918.7.16）
　広辞7（ニコライ二世　1868–1918）
　世史改（ニコライ2世　1868–1918）
　世史改（ニコライ2世　1868–1918）
　世人新（ニコライ2世　1868–1918）
　世人装（ニコライ2世　1868–1918）
　世帝（ニコライ2世　1868–1918）
　朝韓4（ニコライ2世　1868–1918）
　ネーム（ニコライ2世　1868–1918）
　フラ食（ニコライ〔ニコラ〕　1868–1918）
　ボブ人（ニコライ2世　1868–1918）
　もう山（ニコライ2世　1868–1918 (在位1894–1917)）

Nikolais, Alwin
アメリカのダンサー, 振付家, 作曲家, デザイナー, 教師, 演出家。
⇒岩世人（ニコライ　1910.11.26–1993.5.8）

Nikolajeva, Maria
スウェーデンの児童文学研究者。ケンブリッジ大学教授。
⇒外12（ニコラエヴァ, マリア）
　外16（ニコラエヴァ, マリア）

Nikolayeva, Tatyana
ロシアのピアノ奏者。
⇒岩世人（ニコラーエヴァ　1924.5.4–1993.11.13）
　新音中（ニコラーエヴァ, タティヤーナ　1924.5.4–1993.11.22）

Nikolić, Tomislav
セルビアの政治家。セルビア大統領（2012〜17）。
⇒外16（ニコリッチ, トミスラヴ　1952.2.15–）
　世指導（ニコリッチ, トミスラヴ　1952.2.15–）

Nikoloff, Nicola
ブルガリアのテノール歌手。
⇒魅惑（Nikoloff,Nicola (Nikolov,Nikola)　1925–）

Nikolov, Bojidar
ブルガリアのテノール歌手。
⇒魅惑（Nikolov,Bojidar　1959–）

Nikolov, Nikola
ブルガリアのテノール歌手。
⇒失声（ニコロフ, ニコラ　1925–）

Nikolov, Vladimir
ブルガリアのバレーボール選手。
⇒外16（ニコロフ, ウラジミール　1977.10.3–）
　最世ス（ニコロフ, ウラジミール　1977.10.3–）

Nikom Rayawa
タイの作家。
⇒現世文（ニコム・ラーヤワー　1944–）
　タイ（ニコム・ラーイヤワー　1944–）

Nikonov, Vyacheslav Alekseevich
ロシアの政治家, 政治評論家。
⇒岩世人（ニーコノフ　1956.6.5–）
　外16（ニコノフ, ビャチェスラフ　1956.6.5–）
　世指導（ニコノフ, ビャチェスラフ　1956.6.5–）

Nikpai, Rohullah
アフガニスタンのテコンドー選手。
⇒外12（ニクパイ, ロウラ　1987.6.15–）
　外16（ニクパイ, ロウラ　1987.6.15–）
　最世ス（ニクパイ, ロウラ　1987.6.15–）

Nikulin, Lev Veniaminovich
ソ連の小説家。長編『時間・空間・運動』(1933)が代表作。
⇒現世文（ニクーリン, レフ・ヴェニアミノヴィチ 1891.5.20–1967.3.9）

Nikulina, Anna
ロシアのバレリーナ。
⇒外16（ニクリーナ, アンナ）

Nīlakanta Śāstri, K.A.
インドの歴史学者。マドラス大学教授, ユネスコ伝統文化研究所所長。
⇒岩世人（シャーストリー　1892.8.12–1975.6.15）

南ア新（ニーラカンタ・シャーストリー　1892-1975）

Nilekani, Nandan
インドの実業家。インフォシス・テクノロジーズ創業者、インド固有識別番号庁（UIDAI）総裁。
- ⇒外12（ニレカニ、ナンダン　1955.6.2-）
- 　外16（ニレカニ、ナンダン　1955.6.2-）
- 　世指導（ニレカニ、ナンダン　1955.6.2-）

Niles, Daniel（Thambyrajah）
スリランカの世界教会運動の指導者、福音伝道者。
- ⇒岩キ（ナイルズ,D.T.　1908-1970）
- 　新カト（ナイルズ　1908.5.4-1970.7.17）

Niles, D.Preman
スリランカの改革教会信徒神学者。
- ⇒岩キ（ナイルズ,D.P.　?-）

Nilin, Pavel F.
ソ連の作家。
- ⇒現世文（ニーリン、パーヴェル・フィリッポヴィチ　1908.1.16-1981.10.2）

Nillson, Harry
アメリカ・ニューヨーク生まれの歌手。
- ⇒ピト改（NILSON,HARRY　ニルソン、ハリー）
- 　ロック（Nilsson,Harry　ニルソン、ハリー　1941.6.15-）

Nilsen, Dennis
イギリスの殺人犯。
- ⇒ネーム（ニルセン、デニス　1945-）

Nilsen, Vladimir
ソ連出身の映画カメラマン、映画理論家。
- ⇒アニメ（ニルセン、ウラジミール　生没年不詳）

Nilsson, Birgit
スウェーデンのソプラノ歌手。
- ⇒岩世人（ニルソン　1918.5.17-2005.12.25）
- 　オペラ（ニルソン、ビルギット　1918-2005）
- 　新音中（ニルソン、ビルギット　1918.5.17-）
- 　標音2（ニルソン、ビルギット　1918.5.17-）

Nilsson, Bo
スウェーデンの作曲家。
- ⇒エデ（ニルソン、ボー　1937.5.1-）
- 　ク音3（ニルソン　1937-）
- 　新音中（ニルソン、ブー　1937.5.1-）
- 　標音2（ニルソン、ボー　1937.5.1-）

Nilsson, David Wayne
アメリカの大リーグ選手（捕手、外野、一塁）。
- ⇒メジャ（ニルソン、デイヴ　1969.12.14-）

Nilsson, Henrik
スウェーデンのカヌー選手。
- ⇒外16（ニルソン、ヘンリク　1976.2.15-）
- 　最世ス（ニルソン、ヘンリク　1976.2.15-）

Nilsson, Hjalmar
スウェーデンの農作物育種家。
- ⇒岩世人（ニルソン　1856.1.29-1925.4.15）

Nilsson, Lennart
スウェーデンの写真家。
- ⇒外12（ニルソン、レナート　1922-）
- 　外16（ニルソン、レナート　1922.8.24-）

Nilsson, Pia
スウェーデンのプロゴルファー（ティーチングプロ）。
- ⇒外12（ニールソン、ピア　1958-）
- 　外16（ニールソン、ピア　1958-）

Nilsson, Ulf
スウェーデンの児童文学者。
- ⇒外12（ニルソン、ウルフ　1948-）
- 　外16（ニルソン、ウルフ　1948-）
- 　現世文（ニルソン、ウルフ　1948-）

Nilsson Piraten, Fritiof
スウェーデンの作家。
- ⇒岩世人（ニルソン・ピラーテン　1895.12.4-1972.1.31）

Nīmā Yūshīj, 'Alī Esfandiyārī
イランの詩人。
- ⇒岩イ（ニーマー・ユーシージュ　1897-1960）
- 　岩世人（ニーマー・ユーシージュ　1896/1897.11.12-1960.1）

Nimier, Marie
フランスの作家、女優。
- ⇒現世文（ニミエ、マリー　1957-）

Nimier, Roger
フランスの作家。
- ⇒現世文（ニミエ、ロジェ　1925.10.31-1962.9.28）

Nimit Phumithawon
タイの作家。
- ⇒タイ（ニミット・プーミターウォーン　1935-1981）

Nimitz, Chester William
アメリカの海軍軍人。第2次世界大戦における太平洋南西部を除く太平洋における最高指揮官。
- ⇒ア太戦（ニミッツ　1885-1966）
- 　アメ州（Nimitz,Chester William　ニミッツ、チェスター・ウイリアム　1885-1966）
- 　岩世人（ニミッツ　1885.2.24-1966.2.20）
- 　広辞7（ニミッツ　1885-1966）
- 　ネーム（ニミッツ　1885-1966）

Nimke, Stefan
ドイツの自転車選手。
- ⇒最世ス（ニムケ、シュテファン　1978.3.1-）

Nimmo, Jenny
イギリスの女性作家。

⇒現世文（ニモ，ジェニー　1944–）

Nimoy, Leonard
アメリカ生まれの俳優。
⇒外12（ニモイ，レナード　1931.3.26–）

Nims, John Frederick
アメリカの詩人。「ポエトリー」誌を編集。詩集『鉄のパストラル』（1947），『ケンタッキーの泉』（50）など。
⇒現世文（ニムズ，ジョン・フレデリック　1913.11.20–1999.1.13）

Nimsgern, Siegmund
ドイツのバス・バリトン歌手。
⇒新音中（ニムスゲルン，ジークムント　1940.1.14–）
　標音2（ニムスゲルン，ジークムント　1940.1.14–）

Nimuendajú, Curt
ドイツ生まれのブラジルの民族学者。
⇒ラテ新（ニムエンダジュ　1883–1945）

Nin, Anaïs
アメリカの女性作家。超現実主義的な文体で『ガラスの鐘の下で』（1944）などを発表。
⇒岩世人（ニン　1903.2.21–1977.1.14）
　現世文（ニン，アナイス　1903–1977）

Nin, Joaquín
キューバの作曲家，ピアノ奏者。古い鍵盤音楽の復興に努めた。
⇒岩世人（ニン・イ・カステリャーノ　1879.9.29–1949.10.24）
　ク音3（ニン　1879–1949）
　新音中（ニン，ホアキン　1879.9.29–1949.10.24）
　標音2（ニン，ホアキン　1879.9.29–1949.10.24）

Ninčić, Momčilo
ユーゴスラビアの政治家。
⇒岩世人（ニンチッチ　1876.6.22/7.4–1949.12.23）

Nin-Culmell, Joaquín
キューバ，のちアメリカの作曲家。
⇒ク音3（ニン＝クルメル　1908–2004）

Ning, Hasjim
インドネシアの企業家。
⇒岩世人（ニン，ハシム　1916.8.22–1995.12.26）

Ning Cai
中国の俳優，映画監督，脚本家。
⇒外12（ニンツァイ　1963–）

Nink, Kaspar
ドイツの哲学者。実在論的認識論の立場に立つ。主著に『存在と認識』（1938），『哲学的神学』（48）など。
⇒新カト（ニンク　1885.1.31–1975.11.17）

Nino, Bernardino de
イタリア・プラトラ生まれのフランシスコ会宣教師，民族誌学者。
⇒新カト（ニーノ　1868–1923）

Nio Yu Lan
インドネシアの華人系作家，ジャーナリスト。
⇒岩世人（ニオ・ユーラン　1904.12.29–1973.2.13）

Niphan
タイの作家。
⇒タイ（ニッパーン　1950–）

Nipkow, Paul Gottlieb
ロシア生まれのドイツのテレビジョンの開拓者。最初の渦巻型円板式テレビジョンを作った（1883）。
⇒岩世人（ニプコー　1860.8.22–1940.8.24）

Nipperdey, Thomas
ドイツの歴史家。
⇒岩世人（ニッパーダイ　1927.10.27–1992.6.14）

Niquet, Hervé
フランスの指揮者，作曲家。
⇒外12（ニケ，エルヴェ　1957–）
　外16（ニケ，エルヴェ　1957–）

Nirālā, Sūryakānt Tripāṭhī
インド，ヒンディー語の詩人。ロマンチシズム文学運動の代表的詩人。
⇒現世文（ニラーラー　1896.2.29–1961.10.15）

Nirenberg, Louis Merses
アメリカの数学者。
⇒世数（ニーレンバーグ，ルイス　1925–）

Nirenberg, Marshall Warren
アメリカの生化学者，遺伝学者。ノーベル生理・医学賞受賞。
⇒岩生（ニーレンバーグ　1927–2010）
　岩世人（ニーレンバーグ　1927.4.10–2010.1.15）
　旺生5（ニーレンバーグ　1927–2010）
　広辞7（ニーレンバーグ　1927–2010）
　三新生（ニーレンバーグ　1927–2010）
　ネーム（ニーレンバーグ　1927–2010）
　ノベ3（ニーレンバーグ，M.W.　1927.4.10–2010.1.15）
　ユ著人（Nirenberg,Marshall Warren　ニーレンバーグ，マーシャル・ヴォーレン　1927–）

Nirje, Bengt
スウェーデン知的障害児童・青少年・青年連盟事務局長兼オンブズマン。在職1961～70。ノーマライゼーションの理念の導入に大きく貢献した。
⇒現社福（ニーリエ　1924–）

Niroslaw, Jenik
チェコスロバキアのテノール歌手。
⇒魅惑（Niroslaw,Jenik　1884–1944）

Nisbet, Robert Alexander
アメリカの社会学者。社会学および社会思想に

関する著作活動を広く行う。学界ではユニークな存在。
⇒岩世人（ニスベット　1913.9.13–1996.9.9）
　社小増（ニスベット　1913–）

Nisbett, Richard Eugene
アメリカの社会心理学者。
⇒社心小（ニズベット　1941–）

Nish, Ian Hill
イギリスの歴史学者。
⇒外12（ニッシュ　1926.6.3–）
　外16（ニッシュ，イアン・ヒル　1926–）
　外16（ニッシュ，イアン・ヒル　1926.6.3–）

Nishani, Bujar
アルバニアの政治家。アルバニア大統領（2012～17）。
⇒外16（ニシャニ，ブヤール　1966.9.29–）
　世指導（ニシャニ，ブヤール　1966.9.29–）

Niskanen, Iivo
フィンランドのスキー選手（距離）。
⇒外16（ニスカネン，イーヴォ　1992.1.12–）

Niskanen, Jyrki
フィンランドのテノール歌手。
⇒魅惑（Niskanen, Jyrki　?–）

Nissl, Franz
ドイツの精神病学者。脳細胞の病理学的変化に関する研究を行った。
⇒精医歴（ニッスル，フランツ　1860–1919）

Nister, Ernest
19世紀に活躍したドイツ生まれのイラストレーター。ドイツのメッゲンドルファーと並び、「ポップアップの父」と呼ばれ、しかけ絵本の黄金期を築いた。
⇒絵本（ニスター，アーネスト　1842–1909）

Nitkowski, Christopher John
アメリカの大リーグ選手（投手）。
⇒外12（ニコースキー，クリストファー　1973.3.9–）

Nitsche, Horst
オーストリアのテノール歌手。
⇒魅惑（Nitsche, Horst　1939–2007）

Nitti, Francesco Saverio
イタリアの経済学者，政治家。1919～20年に首相を勤める。
⇒岩世人（ニッティ　1868.7.19–1953.2.20）

Nitze, Max
ドイツの泌尿器科医。1877年に照明装置を備えた膀胱鏡を考案。
⇒岩世人（ニッツェ　1848.9.18–1906.2.23）

Nitze, Paul Henry
アメリカの大統領補佐，著述家。

⇒岩世人（ニッツ　1907.1.15–2004.10.19）

Nitzsche, Jack
アメリカの作曲家，編曲者，キーボード奏者。
⇒ビト改（NITZCHE, JACK　ニッチェ，ジャック）
　ロック（Nitzsche, Jack　ニッチェ，ジャック　1937–）

Niu Chen-zer
台湾の映画監督，俳優。
⇒外12（ニウチェンザー　1966–）
　外16（ニウチェンザー　1966–）

Nivelle, Robert Georges
フランスの軍人。北アフリカ軍総司令官（1919），最高軍事参議会員（20～21）。
⇒岩世人（ニヴェル　1856.10.15–1924.3.22）

Niven, David
アメリカの俳優。1958年『旅路』でアカデミー主演男優賞受賞。
⇒ク俳（ニヴン，デイヴィッド（ニヴン，ジェイムズ・D）　1909–1983）
　スター（ニーヴン，デヴィッド　1910.3.1–1983）

Niven, Larry（Lawrence Van Cott Niven）
アメリカのSF作家。
⇒現世文（ニーブン，ラリー　1938.4.30–）
　ネーム（ニーヴン，ラリー　1938–）

Nivola, Alessandro
アメリカ（イタリア系）の男優。
⇒ク俳（ニヴォラ，アレッサンドロ　1973–）

Nivola, Claire A.
アメリカのイラストレーター，絵本作家。
⇒外16（ニヴォラ，クレア　1947–）

Nix, Don
アメリカの作曲家，ボーカリスト，プロデューサー。
⇒ロック（Nix, Don　ニックス，ドン　1941.9.27–）

Nix, Garth
オーストラリアの作家。
⇒外12（ニクス，ガース　1963–）
　外16（ニクス，ガース　1963–）
　海文新（ニクス，ガース　1963–）
　現世文（ニクス，ガース　1963–）

Nix, Lucile
アメリカの図書館員。第二次世界大戦後のジョージア州の公共図書館＝学校図書館システムを同僚のサラ・ジョーンズとともに完成させる。
⇒ア図（ニックス，ルシール　1903–1968）

Nixon, Christopher Trotman
アメリカの大リーグ選手（外野）。
⇒メジャ（ニクソン，トロット　1974.4.11–）

Nixon, Cynthia
アメリカの女優。
⇒外12（ニクソン，シンシア　1966.4.9–）
　外16（ニクソン，シンシア　1966.4.9–）

Nixon, Otis, Junior
アメリカの大リーグ選手（外野）。
⇒メジャ（ニクソン，オーティス　1959.1.9–）

Nixon, Richard Milhous
アメリカの政治家。第37代大統領（1968～74）。「ニクソン・ドクトリン」を打出し，ベトナム停戦を実現。またアメリカ大統領として初の訪中，訪ソを行う。
⇒アメ経（ニクソン，リチャード　1913.1.9–1994.4.22）
　アメ州（Nixon,Richard Milhous　ニクソン，リチャード・ミルハウス　1913–）
　アメ新（ニクソン　1913–1994）
　岩世人（ニクソン　1913.1.9–1994.4.22）
　広辞7（ニクソン　1913–1994）
　政経改（ニクソン　1913–1994）
　世史改（ニクソン　1913–1994）
　世人新（ニクソン　1913–1994）
　世人装（ニクソン　1913–1994）
　戦ア大（ニクソン，リチャード・M．　1913.1.9–1994.4.22）
　ポプ人（ニクソン，リチャード　1913–1994）
　マルX（NIXON,RICHARD MILHOUS　ニクソン，リチャード・ミルハウス　1913–1994）
　もう山（ニクソン　1913–1994）

Niyazov, Saparmurad A.
トルクメニスタンの政治家。トルクメニスタン大統領（1990～2006）。
⇒岩世人（ニヤゾフ　1940.2.19–2006.12.21）
　世指導（ニヤゾフ，サパルムラト　1940.2.19–2006.12.21）

Nizan, Paul
フランスの小説家。サルトルの親友。1927年共産党に入党し，左翼系作家として活躍。作品『トロイの木馬』（35）など。
⇒岩世人（ニザン　1905.2.7–1940.5.23）
　現世文（ニザン，ポール　1905.2.7–1940.5.23）
　メル別（ニザン，ポール　1905–1940）

Nizhegorodov, Denis
ロシアの競歩選手。
⇒最世ス（ニジェゴロドフ，デニス　1980.7.26–）

Njoroge, Nahashon Isaac Njenga
ケニアの政治活動家，機械工。ケニアの経済関係閣僚トマス・ムボヤを暗殺した。
⇒世暗（ヌジョロゲ，ナハション・イサーク・ヌジェンガ　1937–1969）

Njoto
インドネシア共産党指導者。東ジャワ生まれ。1959年第1回農民大会を指導，64年国務相。9・30事件後殺害された。
⇒岩世人（ニョト　1925.1.17–1965.11）

Nkomo, Joshua Mqabuko Nyongolo
ジンバブエの政治家。
⇒岩世人（ンコモ　1917.6.19–1999.7.1）
　世指導（ヌコモ，ジョシュア　1917.6.19–1999.7.1）

Nkosi, Lewis
南アフリカの評論家，小説家。
⇒現世文（ンコーシ，ルイス　1936–）

Nkrumah, Francis Nwia Kofia (Kwame)
ガーナの政治家。初代首相。ベトナム平和解決を打診するためハノイに向かう途中，軍部クーデターにより政権を追われる。
⇒異二辞（エンクルマ［クワメ・～］　1909–1972）
　岩世人（ンクルマ　1909.9.21–1972.4.27）
　広辞7（エンクルマ　1909–1972）
　国政（ンクルマ，クワメ　1909–1972）
　政経改（エンクルマ　1909–1972）
　世史改（エンクルマ（ンクルマ）　1909–1972）
　世人新（エンクルマ　1909–1972）
　世人装（エンクルマ　1909–1972）
　ネーム（エンクルマ　1909–1972）
　ポプ人（エンクルマ，クワメ　1909–1972）
　マルX（NKRUMAH,KWAME　エンクルマ，クワーミ　1909–1972）
　もう山（エンクルマ　1909–1972）

Nkurunziza, Pierre
ブルンジの政治家，軍人。ブルンジ大統領（2005～）。
⇒岩世人（ンクルンジザ　1963.12.18–）
　外12（ヌクルンジザ，ピエール　1963.12.18–）
　外16（ヌクルンジザ，ピエール　1963.12.18–）
　世指導（ヌクルンジザ，ピエール　1963.12.18–）

No, Michel
フランスの画家。
⇒芸13（ノー，ミッシェル　1939–）

Noa
イスラエルの歌手，ソングライター。
⇒岩世人（ノア　1969.6.23–）
　外16（ノア　1969.6.23–）

Noah, Joakim
フランスのバスケットボール選手（ブルズ）。
⇒最世ス（ノア，ジョアキム　1985.2.25–）

Noailles, Anna Elisabeth, Comtesse Mathieu de
フランスの女性詩人，小説家。ノアイユ伯と結婚。主著『永遠の力』（1920）。
⇒岩世人（ノアイユ　1876.11.15–1933.4.30）
　現世文（ノアイユ，アンナ・ド　1876.11.15–1933.4.30）

Nobbe, Friedrich
オーストリアの農学者。世界最初の作物種子検査所を創立し（1869），水耕法，種子の生理学を

研究。
⇒岩世人（ノッベ　1830.6.20–1922.9.15）

Nobel, Nehemiah Anton
ドイツの正統派ユダヤ教の指導的ラビ。
⇒ユ著人（Nobel,Nehemiah Anton　ノーベル, ネヘミーア・アントン　1871–1922）

Nobile, Alfredo
テノール歌手。
⇒魅惑（Nobile,Alfredo　?–）

Nobile, Umberto
イタリアの軍人、航空技術者。北極探検家。
⇒岩世人（ノービレ　1885.1.21–1978.7.29）
広辞7（ノビレ　1885–1978）

Noble, Adrian（Keith）
イギリスの舞台監督。
⇒外12（ノーブル, エイドリアン　1950.7.19–）
外16（ノーブル, エイドリアン　1950.7.19–）

Noble, Edward John
アメリカの実業家。ライフ・セイバーズ取締役会会長。
⇒アメ経（ノーブル, エドワード　1882.8.8–1958.12.28）

Noble, Harold Joyce
アメリカの歴史学者、国家公務員。
⇒アア歴（Noble,Harold Joyce　ノーブル, ハロルド・ジョイス　1903.1.10–1953.12.22）

Noble, William Alexander
アメリカの医療宣教師。
⇒アア歴（Noble,William Alexander　ノーブル, ウイリアム・アレグザンダー・メイ　1895.11.27–1978.8.4）

Noble, William Arthur
アメリカの宣教師。
⇒アア歴（Noble,William Arthur　ノーブル, ウイリアム・アーサー　1866.9.13–1945.1.6）

Nobles, Cliff
アメリカ・アラバマ州モビール生まれの歌手。
⇒ロック（Cliff Nobles&Co.　クリフ・ノーブルズ＆カンパニー　1944–）

Noboa, Gustavo
エクアドルの政治家。エクアドル大統領（2000～03）。
⇒世指導（ノボア, グスタボ　1937.8.21–）

Nochlin, Linda
アメリカの美術史家。
⇒岩世人（ノックリン　1931.1.30–）

Nociar, Juraj
チェコのテノール歌手。
⇒魅惑（Nociar,Juraj　?–）

Nock, Arthur Darby
イギリス出身のギリシア・ローマ古代史家。
⇒岩世人（ノック　1902.2.21–1963.1.11）

Nock, Mike
ニュージーランド生まれのジャズ・ピアノ奏者, 編曲者。
⇒外12（ノック, マイク　1940.9.27–）
外16（ノック, マイク　1940.9.27–）

Nocker, Hanns
西ドイツのテノール歌手。
⇒失声（ノッカー, ハンス　1926–1992）
魅惑（Nocker,Hans　1926–）

Noda Asajiro
日本人初のニュージーランド移住者。
⇒ニュー（ノダアサジロー　1870頃–1942）

Noddack, Walter Karl Friedrich
ドイツの化学者。1925年レニウムとマスリウムを発見。
⇒岩世人（ノダック　1893.8.17–1960.12.7）

Noddings, Nel
アメリカの教育哲学者。
⇒岩世人（ノディングズ　1929.1.29–）

Noé, Gaspar
アルゼンチン生まれの脚本家, 映画監督。
⇒映監（ノエ, ギャスパー　1963.12.27–）
外12（ノエ, ギャスパー　1963–）
外16（ノエ, ギャスパー　1963–）

Noë, Marcel
イスラエルのテノール歌手。
⇒魅惑（Noë,Marcel　1890–1954）

Noël, Alyson
アメリカの作家。
⇒海文新（ノエル, アリソン）

Noël, Bernard
フランスの詩人, 小説家, 評論家。
⇒岩世人（ノエル　1930.11.19–）
外16（ノエル, ベルナール　1930.11.19–）
現世文（ノエル, ベルナール　1930.11.19–）

Noël, Léon
フランスの俳優。
⇒19仏（ノエル, レオン　1844–1913）

Noël, Marie
フランスの女性詩人, 小説家, 劇作家。主著, 詩集『歌と時間』（1920）, 戯曲『ドン・ジュアンの審判』（55）など。
⇒現世文（ノエル, マリ　1883.2.16–1967.12.23）
新カト（ノエル　1883.2.16–1967.12.23）

Noel-Baker, Philip John
イギリスの政治家,国際平和運動家。40年以上にわたって国際軍縮による平和を唱え,1959年ノーベル平和賞を受賞。
⇒異二辞（ノエル＝ベーカー［フィリップ・〜］ 1889–1982）
　岩世人（ノエル＝ベイカー　1889.11.1–1982.10.8）
　広辞7（ノエル・ベーカー　1889–1982）
　ネーム（ノエル・ベーカー　1889–1982）
　ノベ3（ノエルベーカー,P.J.　1889.11.1–1982.10.8）

Noelle-Neumann, Elisabeth
ベルリン生まれの政治学者,アレンスバッハ世論調査研究所の設立者。
⇒現社（ノエル＝ノイマン　1916–2010）

Noether, Amalie Emmy
ドイツの女性数学者。抽象代数学の環などを研究。
⇒岩世人（ネーター　1882.3.23–1935.4.14）
　数辞（ネーター,アマリエ（通称エミー）　1882–1935）
　数小増（ネーター　1882–1935）
　世辞（ネーター,アマリー・エミー　1882–1935）
　物理（ネーター,アマーリエ・エミー　1882–1935）

Noether, Fritz Alexander Ernst
ドイツの数学者,力学者。
⇒世数（ネーター,フリッツ・アレクサンダー・エルンスト　1884–1941）

Noether, Max
ドイツの数学者。代数曲面の双有理的研究者。主著『代数関数論の発展』。
⇒世数（ネーター,マックス　1844–1921）

Noguchi, Isamu
アメリカ（日系）の彫刻家。1946年,ニューヨーク近代美術館での「14人のアメリカ作家」展に選ばれた。
⇒岩世人（ノグチ　1904.11.17–1988.12.30）
　芸13（ノグチ,イサム　1904–1988）
　広辞7（イサム・ノグチ　1904–1988）
　世人新（ノグチ＝イサム（イサム＝ノグチ）　1904–1988）
　世人装（ノグチ＝イサム（イサム＝ノグチ）　1904–1988）

Nogueira, Antonio Rodorigo
ブラジルの柔術家。
⇒外12（ノゲイラ,アントニオ・ホドリゴ　1976.6.2–）
　外16（ノゲイラ,アントニオ・ホドリゴ　1976.6.2–）

Nogueira, Antonio Rogerio
ブラジルの柔術家。
⇒外16（ノゲイラ,アントニオ・ホジェリオ　1976.6.2–）

No Hee-Ji
韓国の女優。
⇒韓俳（ノ・ヒジ　1988.2.7–）

Noh Jin-kyu
韓国のスピードスケート選手（ショートトラック）。
⇒最世ス（ノジンキュ　1992.7.20–）

Noh Joo-hyun
韓国のタレント。1970年,TBCテレビタレント第5期生としてデビュー。代表作に『月明り家族』『昔時の芝生』『愛と野望』等がある。
⇒韓俳（ノ・ジュヒョン　1946.8.19–）

Nohl, Hermann
ドイツの哲学者,美学者,教育学者。主著『様式と世界観』(1920),『美的現実性』(35)。
⇒岩世人（ノール　1879.10.7–1960.9.27）
　教思増（ノール　1879–1960）

Nohria, Nitin
アメリカの経営学者。
⇒外16（ノーリア,ニティン　1962–）

Noh Seung-yul
韓国のプロゴルファー。
⇒外16（ノスンヨル　盧承烈　1991.5.29–）

Noh Young-seok
韓国の映画監督。
⇒外12（ノヨンソク　1976–）

No Hyung Wook
韓国の男優。
⇒韓俳（ノ・ヒョンウク　1985.11.21–）

Noiret, Philippe
フランス生まれの男優。
⇒スター（ノワレ,フィリップ　1930.10.1–2006）

Noit, José
テノール歌手。
⇒魅惑（Noit,José　?–）

Nokes, Matthew Dodge
アメリカの大リーグ選手（捕手,DH）。
⇒メジャ（ノークス,マット　1963.10.31–）

Nolan, A.Dennis
アメリカ陸軍士官。第1次世界大戦前から戦中にかけ,自らの努力によって軍事情報活動の地位を引き上げた。
⇒スパイ（ノーラン,デニス　1872–1956）

Nolan, Christopher
アイルランドの作家。
⇒映監（ノーラン,クリストファー　1970.7.30–）
　外12（ノーラン,クリストファー　1970.7.30–）
　外16（ノーラン,クリストファー　1970.7.30–）

Nolan, Gary Lynn
アメリカの大リーグ選手（投手）。

⇒メジャ（ノーラン, ゲイリー　1948.5.27–）

Nolan, Lloyd
アメリカ生まれの俳優。
⇒ク俳（ノーラン, ロイド　1902–1985）

Nolan, Sidney Robert
オーストラリアの画家。表現派の画家として国際的な名声を得た。
⇒岩世人（ノーラン　1917.4.22–1992.11.28）
　芸13（ノーラン, シドニー　1917–1992）

Noland, Kenneth
アメリカの画家。
⇒岩世人（ノーランド　1924.4.10–2010.1.5）
　芸13（ノーランド, ケネス　1924–）

Nolde, Emil
ドイツの画家, 版画家。表現主義者として活動。作品『最後の晩餐』(1909) など。
⇒岩世人（ノルデ　1867.8.7–1956.4.13）
　芸13（ノルデ, エミール　1867–1956）
　広辞7（ノルデ　1867–1956）
　新カト（ノルデ　1867.8.7–1956.4.13）

Nöldeke, Theodor
ドイツのセム語学者。主要著書『コーラン史』(1860)『マホメット伝』(63)。
⇒岩イ（ネルデケ　1836–1930）
　岩世人（ネルデケ　1836.3.2–1930.12.25）

Noldin, Hieronymus
オーストリアの倫理神学者, イエズス会司祭。
⇒新カト（ノルディン　1838.1.30–1922.11.7）

Noli, Fan Stylian
アルバニアの作家, 政治家。主著『ゲオルゲ・カストリオティ・スカンデルベクの歴史』(1947)。
⇒岩世人（ノリ　1882.1.6/18–1965.3.13）

Noll, Chuck
アメリカのフットボールのコーチ。
⇒岩世人（ノール　1932.1.5–2014.6.13）

Noll, Hugolin
ドイツ・マルドルフ生まれのフランシスコ会員, 日本宣教師。
⇒新カト（ノル　1891.9.30–1957.12.18）

Nolte, Ernst
ドイツの歴史学者。
⇒社小増（ノルテ　1923–）

Nolte, Nick
アメリカ生まれの俳優。
⇒外12（ノルティ, ニック　1941.2.8–）
　外16（ノルティ, ニック　1941.2.8–）
　ク俳（ノルティ, ニック　1940–）

Nolting, Frederick Ernest
アメリカの外交官。

⇒アア歴（Nolting,Frederick E (rnest)　ノルティング, フレデリック・アーネスト　1911.8.24–1989.12.14）

Nomberg, Hersh David
ポーランド生まれのイディッシュ語による随筆家, 短編作家。
⇒ユ著人（Nomberg,Hersh David　ノンベルク, ヒルシュ・ダヴィッド　1876–1927）

Nong Duc Manh
ベトナム共産党最高指導者の一人。党書記長 (2001〜)。
⇒岩世人（ノン・ドゥック・マイン　1940.9.11–）
　外12（ノン・ドク・マイン　1940.9.11–）
　外16（ノン・ドク・マイン　1940.9.11–）
　現アジ（ノン・ドゥック・マイン　1940.9.11–）
　世指導（ノン・ドク・マイン　1940.9.11–）

Nongsi Nimibut
タイの映画監督, 映像作家。
⇒外12（ノンシー・ニミブット　1962–）
　タイ（ノンシー・ニミブット　1962–）

Nono, Luigi
イタリアの作曲家。作品にオペラ『イントレランツァ』(1960) など。
⇒岩世人（ノーノ　1924.1.29–1990.5.8）
　エデ（ノーノ, ルイジ　1924.1.29–1990.5.8）
　オペラ（ノーノ, ルイジ　1924–1990）
　ク音3（ノーノ　1924–1990）
　広辞7（ノーノ　1924–1990）
　新音小（ノーノ, ルイジ　1924–1990）
　新音中（ノーノ, ルイジ　1924.1.29–1990.5.8）
　ネーム（ノーノ　1924–1990）
　標音2（ノーノ, ルイージ　1924.1.29–1990.5.8）

Nonu, Ma'a
ニュージーランドのラグビー選手（ハイランダーズ・CTB）。
⇒最世ス（ノヌー, マア　1982.5.21–）

Noodles
アメリカのミュージシャン。
⇒外12（ヌードルズ　1963.2.4–）
　外16（ヌードルズ　1963.2.4–）

Noo Moo Soo
タイの詩人。
⇒岩世人（ノー・モー・ソー　1877.1.10–1945.7.23）
　タイ（ノー・モー・ソー　1876–1945）

Noon, Jeff
イギリスのSF作家。
⇒現世文（ヌーン, ジェフ　1957–）

Noonan, Chris
オーストラリアの映画監督。
⇒外12（ヌーナン, クリス　1952–）

Noonan, Tommy
アメリカの喜劇俳優, 監督。

⇒ク俳（ヌーナン，トミー（ヌーン，T） 1921–1968）

Noone, Jimmie
アメリカのジャズ・バンド・リーダー，クラリネット奏者。
⇒標音2（ヌーン，ジミー 1895.4.23–1944.4.19）

Noor, Fadzil
マレーシアの政治家。全マレーシア・イスラム党（PAS）総裁。
⇒世指導（ヌール，ファジル ?–2002.6.23）

Noor, Muhamad
マレーシアの外交官。
⇒外12（ヌール，モハマド）
外16（ヌール，モハマド）
世指導（ヌール，モハマド）

Noorca Mahendra Massardi
インドネシアのジャーナリスト，詩人，作家。
⇒岩世人（ノルカ・マヘンドラ・マサルディ 1954.2.28–）

Noorda, Bob
オランダのグラフィック・デザイナー，展示デザイナー。
⇒グラデ（Noorda,Bob　ノールダ，ボブ　1927–）

Noor Jehan
パキスタンの歌手，女優。
⇒岩世人（ヌール・ジャハーン 1926.9.21–2000.12.23）

Noort, Henk
オランダのテノール歌手。
⇒魅惑（Noort,Henk　1899–1990）

Nooteboom, Cees
オランダの作家。
⇒岩世人（ノーテボーム 1933.7.31–）
外12（ノーテボーム，ケース 1933.7.31–）
外16（ノーテボーム，ケース 1933.7.31–）
現世文（ノーテボーム，ケース 1933.7.31–）

Nooyi, Indra K.
アメリカの実業家。
⇒外12（ヌーイ，インドラ 1955.10.28–）
外16（ヌーイ，インドラ 1955.10.28–）

Nopola, Sinikka
フィンランドの作家。
⇒岩世人（ノポラ 1953.11.26–）

Nora, Pierre
フランスの歴史学者。
⇒岩世人（ノラ 1931.11.17–）
外16（ノラ，ピエール 1931.11.17–）

Norac, Carl
ベルギーの児童文学者。
⇒外12（ノラック，カール 1960–）

外16（ノラック，カール 1960–）
現世文（ノラック，カール 1960–）

Noras, Arto
フィンランドのチェロ奏者。
⇒外12（ノラス，アルト 1942.5.12–）
外16（ノラス，アルト 1942.5.12–）

Norbeck, Edward
アメリカの人類学者。
⇒アア歴（Norbeck,Edward　ノーベック，エドワード 1915.3.18–）

Norbeck, Peter
アメリカの政治家。サウスダコタ州知事。
⇒アメ経（ノーベック，ピーター 1870.8.27–1936.12.20）

Norberg, Anette
スウェーデンのカーリング選手。
⇒外12（ノルベリ，アネッテ 1966.11.12–）
外16（ノルベリ，アネッテ 1966.11.12–）
最世ス（ノルベリ，アネッテ 1966.11.12–）

Norberg-hodge, Helena
スウェーデンのローカリゼーション運動家，言語学者。
⇒外16（ノーバーグ・ホッジ，ヘレナ）

Norbom, Mark
アメリカの実業家。
⇒外12（ノーボン，マーク 1958.2.20–）

Norbu, Tenzin
ネパールの画家，僧侶。
⇒外16（ヌルブ，テンジン 1971–）

Nordau, Max
ハンガリー生まれのドイツ語を母語とするユダヤ系の評論家，作家。
⇒岩世人（ノルダウ 1849.7.29–1923.1.22）
ユ著人（Nordau,Max Simon　ノルダウ，マックス・シモン 1849–1923）

Norden, Eduard
ドイツの古典学者。古代散文の文体と宗教史の研究の大家。
⇒岩世人（ノルデン 1868.9.21–1941.7.13）

Nordenskiöld, Nils Erland Herbert
スウェーデンの民族学者。ラテンアメリカ研究の開拓者として活躍。
⇒岩世人（ノルデンシェルド（ヌーデンシェルド） 1877.7.19–1932.7.5）

Nordgren, Pehr Henrik
フィンランドの作曲家。
⇒ク音3（ノルドグレーン 1944–2008）

Nordhagen, Christine
カナダの女子レスリング選手。

⇒岩世人（ノードハーゲン　1971.6.26–）

Nordheim, Lother Wolfgang
ドイツ生まれのアメリカの理論物理学者。ユダヤ人。金属固体論，原子核理論，素粒子論の領域に多くの業績がある。
⇒岩世人（ノルドハイム　1899.11.7–1985.10.5）

Nordica, Lillian
アメリカの歌劇ソプラノ歌手。ヴァーグナーの歌劇に専心し，ニューヨークのメトロポリタン歌劇場，マンハッタン歌劇座で活躍。
⇒岩世人（ノルディカ　1857.5.12–1914.5.10）

Nordlund, Victor Leonard
アメリカの宣教師。
⇒アア歴（Nordlund,Victor Leonard　ノードランド，ヴィクター・レナード　1869.1.19–1937.4.10）

Nordmeyer, Arnold Henry
ニュージーランドの政治家。
⇒ニュー（ノードメイヤー，アーノルド　1901–1989）

Nordoff, Paul
アメリカの作曲家。
⇒エデ（ノードフ，ポール　1900.6.4–1977.1.18）

Nordqvist, Anna
スウェーデンのプロゴルファー。
⇒外12（ノードクイスト，アンナ　1987.6.10–）
外16（ノルドクビスト，アンナ　1987.6.10–）
最世ス（ノルドクビスト，アンナ　1987.6.10–）

Nordqvist, Oscar Frithiof
フィンランドの水産学者。魚類学，養魚法等の研究に業績がある。
⇒岩世人（ノードクヴィスト　1858.5.19–1925.10.15）

Nordstrom, Ursula
アメリカの編集者。ハーパー・アンド・ブラザーズ出版の児童図書部門の責任者として多数の出版を手がける。特にモーリス・センダックなど才能ある作者や画家を発掘する。
⇒ア図（ノードストローム，アーシュラ　1910–1988）

Noré, Georges
フランスのテノール歌手。
⇒失声（ノレ，ジョルジュ　1910–2001）
魅惑（Noré,Georges　?–?）

Noreen, Adolf Gotthard
スウェーデンの言語学者。スカンジナビア諸言語の研究，スウェーデン語諸方言の記述に業績。
⇒岩世人（ノレーン　1854.3.13–1925.6.13）

Noreika, Virgilijus
リトアニアのテノール歌手。
⇒失声（ノレイカ，ヴィルジリウス　1935–）

魅惑（Noreika,Virgilius　1935–）

Noren, Irving Arnold
アメリカの大リーグ選手（外野）。
⇒メジャ（ノーレン，アーヴ　1924.11.29–）

Norén, Lars
スウェーデンの詩人，劇作家。
⇒岩世人（ノレーン　1944.5.9–）
外16（ノレーン，ラーシュ　1944.5.9–）
現世文（ノレーン，ラーシュ　1944.5.9–）

Norfolk, Lawrence
イギリスの作家。
⇒外12（ノーフォーク，ローレンス　1963–）
現世文（ノーフォーク，ローレンス　1963–）

Noriega, Manuel Antonio
パナマの政治家，軍人。パナマ国軍最高司令官・将軍。
⇒岩世人（ノリエガ　1938.2.11–）
外12（ノリエガ，マヌエル・アントニオ　1940.2.11–）
外16（ノリエガ，マヌエル・アントニオ　1934.2.11–）
世人新（ノリエガ　1939–）
世人装（ノリエガ　1939–）
ネーム（ノリエガ　1934–）

Norman, Daniel
カナダのメソジスト教会宣教師。長野県軽井沢開発の功労者。
⇒岩世人（ノーマン　1864.3.10–1941.6.20?）

Norman, Daniel
イギリスのテノール歌手。
⇒魅惑（Norman,Daniel　?–）

Norman, Donald Arthur
アメリカの心理学者，認知科学者。
⇒岩世人（ノーマン　1935.12.25–）
外12（ノーマン，ドナルド・アーサー　1935–）
外16（ノーマン，ドナルド・アーサー　1935.12.25–）

Norman, Edgerton Herbert
カナダの外交官，歴史家。著書，『日本における近代国家の成立』（1940）。
⇒ア大戦（ノーマン　1909–1957）
岩世人（ノーマン　1909.9.1–1957.4.4）
広辞7（ノーマン　1909–1957）

Norman, Fredie Hubert
アメリカの大リーグ選手（投手）。
⇒メジャ（ノーマン，フレッド　1942.8.20–）

Norman, Greg
オーストラリアのプロゴルファー。
⇒異二辞（ノーマン，グレグ　1955–）
外12（ノーマン，グレッグ　1955.2.10–）
外16（ノーマン，グレッグ　1955.2.10–）

Norman, Howard A.
アメリカの作家。
⇒外12（ノーマン, ハワード　1949–）
　現世文（ノーマン, ハワード　1949–）

Norman, Jessye
アメリカのソプラノ歌手。
⇒オペラ（ノーマン, ジェシー　1945–）
　外12（ノーマン, ジェシー　1945.9.15–）
　外16（ノーマン, ジェシー　1945.9.15–）
　新音中（ノーマン, ジェシー　1945.9.15–）
　標音2（ノーマン, ジェシー　1945.9.15–）

Norman, Marsha
アメリカの女性劇作家。
⇒岩世人（ノーマン　1947.9.21–）
　外16（ノーマン, マーシャ　1947.9.21–）
　現世文（ノーマン, マーシャ　1947.9.21–）

Norman, Montagu Collet
イギリスの銀行家。1944年ノーマン男爵。
⇒岩世人（ノーマン　1871.9.6–1950.2.4）

Normand, Mabel Ethelreid
アメリカの映画女優。
⇒ク俳（ノーマンド, メイベル　1892–1930）

Norodom Suramarit
カンボジア国王。在位1955〜60。
⇒岩世人（ノロドム・スラマリット（スラムルット）　1896–1960.4.3）

Norodom Yukanthor
カンボジアの王族。
⇒岩世人（ノロドム・ユコントー　1860–1934）

Noroozi, Omid Haji
イランのレスリング選手（グレコローマン）。
⇒外16（ノロオジ, オミドハジ　1986.2.18–）
　最世ス（ノロオジ, オミドハジ　1986.2.18–）

Norquist, Grover
アメリカの反税金運動家。全米税制改革協議会（ATR）議長。
⇒世指導（ノーキスト, グローバー　1956–）

Norrington, *Sir* Arthur Lionel Pugh
イギリスの出版者、大学長。
⇒岩世人（ノリントン　1899.10.27–1982.5.21）

Norrington, Roger
イギリスの指揮者。
⇒外12（ノリントン, ロジャー　1934.3.16–）
　外16（ノリントン, ロジャー　1934.3.16–）
　新音中（ノリントン, ロジャー　1934.3.16–）

Norris, Charles Gilman
アメリカの小説家、ジャーナリスト。「カントリー・イン・アメリカ」誌、「アメリカン・マガジン」誌を編集。主著"The amateur"（1915），"Hands"（35）。

⇒岩世人（ノリス　1881.4.23–1945.7.25）

Norris, Christopher（Charles）
イギリスの文学理論家。
⇒メル別（ノリス, クリストファー　1947–）

Norris, Chuck
アメリカ生まれの俳優。
⇒ク俳（ノリス, チャック（ノリス, カルロス）　1939–）

Norris, George William
アメリカの政治家。T.V.A.創設法案の可決（1933）に尽力、憲法修正第20条の起草者。
⇒アメ経（ノリス, ジョージ　1861.7.11–1944.9.2）
　アメ州（Norris,George William　ノリス, ジョージ・ウイリアム　1861–1944）
　岩世人（ノリス　1861.7.11–1944.9.2）

Norris, Michael Kelvin
アメリカの大リーグ選手（投手）。
⇒メジャ（ノーリス, マイク　1955.3.19–）

Norrish, Ronald George Wreyford
イギリスの化学者。1967年閃光法の確立、開発についての業績でノーベル化学賞を受賞。
⇒岩世人（ノリッシュ　1897.11.9–1978.6.7）
　化学（ノリッシュ　1879–1978）
　ノベ3（ノリッシュ,R.G.W.　1897.11.9–1978.6.7）

Norsa, Michele
イタリアの実業家。
⇒外12（ノルサ, ミケーレ　1948–）
　外16（ノルサ, ミケーレ　1948–）

Norshtein, Yurii
ロシア生まれのアニメーション映画監督。
⇒岩世人（ノルシュテイン　1941.9.15–）
　外12（ノルシュテイン, ユーリー　1941.9.15–）
　外16（ノルシュテイン, ユーリー　1941.9.15–）

North, Alex
アメリカ生まれの映画音楽作曲家。
⇒ク音3（ノース　1910–1991）
　標音2（ノース, アレックス　1910.12.4–1991.9.8）

North, Douglass Cecil
アメリカの経済学者。1993年ノーベル経済学賞。
⇒岩経（ノース　1920–）
　岩世人（ノース　1920.11.5–）
　ノベ3（ノース,D.C.　1920.11.5–）
　有経5（ノース　1920–）

North, Sheree
アメリカ生まれの女優。
⇒ク俳（ノース, シェリー（ベセル, ドーン）　1930–）

North, Sterling
アメリカの作家。
⇒現世文（ノース, スターリング　1906.11.4–1974.

12.22)

North, Will
アメリカの作家。
⇒海文新(ノース,ウィル)

North, William Alex
アメリカの大リーグ選手(外野)。
⇒メジャ(ノース,ビリー 1948.5.15–)

Northam, Jeremy
イギリスの男優。
⇒ク俳(ノーサム,ジェレミー 1961–)

Northcliffe, Alfred Charles William Harmsworth, Viscount
イギリスの新聞経営者。大量生産,大量販売に成功。
⇒岩世人(ノースクリフ 1865.7.15–1922.8.14)
　広辞7(ノースクリフ 1865–1922)
　ネーム(ノースクリフ 1865–1922)

Northcote, *Sir* Geoffry Alexander Stafford
イギリスの外交官。
⇒岩世人(ノースコート 1881.2.9–1948.7.10)

Northey, Ronald James
アメリカの大リーグ選手(外野)。
⇒メジャ(ノージー,ロン 1920.4.26–1971.4.16)

Northrop, Filmer Stuart Cuckow
アメリカの哲学者。特に東西文化の交流に関する研究がある。
⇒岩世人(ノースロップ 1893.11.27–1992.7.21)

Northrop, John Howard
アメリカの生化学者。酵素および酵素反応を研究して,1946年ノーベル化学賞受賞。
⇒岩生(ノースロップ 1891–1987)
　岩世人(ノースロップ 1891.7.5–1987.5.27)
　化学(ノースロップ 1891–1987)
　広辞7(ノースロップ 1891–1987)
　ノベ3(ノースロップ,J.H. 1891.7.5–1987.5.27)

Northrup, James Thomas
アメリカの大リーグ選手(外野)。
⇒メジャ(ノースラップ,ジム 1939.11.24–2011.6.8)

Northug, Petter
ノルウェーのスキー選手(距離)。
⇒外12(ノールトゥグ,ペッテル 1986.1.6–)
　外16(ノールトゥグ,ペッテル 1986.1.6–)
　最世ス(ノールトゥグ,ペッテル 1986.1.6–)

Norton, Andre
アメリカの女性作家。児童ファンタジーとSFを多数出版。
⇒現世文(ノートン,アンドレ 1912–2005.3.17)

Norton, Bryan G.
アメリカの哲学者。
⇒メル別(ノートン,ブライアン 1944–)

Norton, Carla
アメリカの作家,編集者。
⇒海文新(ノートン,カーラ)
　現世文(ノートン,カーラ)

Norton, Edward
アメリカの俳優,脚本家,映画監督。
⇒外12(ノートン,エドワード 1969.8.18–)
　外16(ノートン,エドワード 1969.8.18–)
　ク俳(ノートン,エドワード 1969–)
　スター(ノートン,エドワード 1969.8.18–)

Norton, Gregory Blakemoor
アメリカの大リーグ選手(三塁)。
⇒メジャ(ノートン,グレッグ 1972.7.6–)

Norton, Mary
イギリスの女性童話作家。『床下の小人たち』(1952)でカーネギー賞を受賞。
⇒岩世人(ノートン 1903.12.10–1992.8.29)
　現世文(ノートン,メアリー 1903.12.10–1992)
　ポプ人(ノートン,メアリー 1903–1992)

Norvo, Red
アメリカのジャズ・バイブ奏者。
⇒標音2(ノーヴォ,レッド 1908.3.31–)

Norwich, Alfred Duff Cooper, 1st Viscount
イギリスの政治家,歴史家。
⇒岩世人(ノリッジ 1890.2.22–1954.1.1)

Nosavan, Phoumi
ラオスの軍人,政治家。1962～65年ブーマ内閣副首相兼蔵相など要職を歴任したが,65年1月,クーデターに失敗して,2月タイに亡命。
⇒岩世人(ブーミー 1920.1.27–1985)

Noseda, Gianandrea
イタリアの指揮者。
⇒外12(ノセダ,ジャナンドレア 1964–)
　外16(ノセダ,ジャナンドレア 1964–)

Nosenko, Yuri Ivanovich
KGB職員。1963年1月アメリカに亡命。KGBに関する自らの暴露によってアメリカの情報当局を二分し,結局CIAの囚人となった。
⇒スパイ(ノセンコ,ユーリ・イワノヴィチ 1927–2008)

Noske, Gustav
ドイツの政治家。ワイマール共和国初代国防相。
⇒岩世人(ノスケ 1868.7.9–1946.11.29)

Noskowski, Zygmunt
ポーランドの作曲家,指揮者,教師。

⇒新音中（ノスコフスキ, ジグムント 1846.5.2–1909.7.23）

Nossack, Hans Erich
ドイツの小説家。『死者への手向け』(1947) などのほか, 短篇小説, 戯曲, 評論がある。
⇒岩世人（ノサック 1901.1.30–1977.11.2）
現世文（ノサック, ハンス・エーリヒ 1901–1977）
広辞7（ノサック 1901–1977）

Nostlinger, Cristine
オーストリアの児童文学者。
⇒岩世人（ネストリンガー 1936.10.13–）
外12（ネストリンガー, クリスティーネ 1936–）
外16（ネストリンガー, クリスティーネ 1936.10.13–）
現世文（ネストリンガー, クリスティーネ 1936.10.13–2018.6.28）

Notalgiacomo, Dina
イタリアのソプラノ歌手。
⇒標音2（ノタルジャコモ, ディーナ 1890.11.5–1958.10）

Note, Kessai H.
マーシャル諸島の政治家。マーシャル諸島大統領（2000～08）。
⇒外12（ノート, ケサイ 1950.8.7–）
外16（ノート, ケサイ 1950.8.7–）
世指導（ノート, ケサイ 1950.8.7–）

Notehelfer, Fred George
アメリカの歴史学者。
⇒外12（ノートヘルファー, フレッド・ジョージ 1939–）
外16（ノートヘルファー, フレッド・ジョージ 1939–）

Noth, Martin
ドイツの旧約学者。旧約の歴史に精しく, 本文研究においても優れた業績がある。
⇒岩世人（ノート 1902.8.3–1968.5.30）
オク教（ノート 1902–1968）
新カト（ノート 1902.8.3–1968.5.30）

Nothnagel, Carl Wilhelm Hermann
ドイツの医者。肢端知覚異常や狭心症を記載。
⇒岩世人（ノートナーゲル 1841.9.28–1905.7.7）

Nothomb, Amélie
ベルギーの作家。
⇒岩世人（ノートン 1967.8.13–）
外12（ノートン, アメリー 1967–）
外16（ノートン, アメリー 1967.8.13–）
現世文（ノートン, アメリー 1967.8.13–）
フ文小（ノートン, アメリー 1967–）

Noto, Lucio A.
アメリカの実業家。
⇒外12（ノト, ルシオ）

Notosusanto, Dr.Nugroho
インドネシアの歴史学者。
⇒岩世人（ノトスサント, ヌグロホ 1930.7.15–1985.6.3）

Nötscher, Friedrich
ドイツの旧約学者, アッシリア学者。
⇒新カト（ネッチャー 1890.7.19–1966.5.17）

Nott, Jonathan
イギリスの指揮者。
⇒外12（ノット, ジョナサン 1963–）
外16（ノット, ジョナサン 1962–）

Nouët, Noël
フランスの詩人。1926～62年在日し, 東大その他で教鞭をとる。
⇒現世文（ヌエット, ノエル 1885.3.30–1969.9.30）

Nougayrède, Natalie
フランスの出版人, ジャーナリスト。
⇒外16（ヌゲレード, ナタリー 1966.5.29–）

Nougayrol, Jean
フランスのアッシリア学者。
⇒岩世人（ヌガイロル 1900.2.14–1975.1.23）

Nou Hach
カンボジアの政治家, 小説家。
⇒岩世人（ヌー・ハーチ 1916.6.26–1975?）

Nouhak Phoumsavanh
ラオスの政治家。ラオス大統領（1992～98）。
⇒岩世人（ヌーハック 1910.4.9–2008.9.9）
世指導（ヌハク・ブームサワン 1914.4.9–2008.9.9）

Nouri, Abdollah
イランの政治家。イラン内相。
⇒世指導（ヌーリ, アブドラ 1950–）

Nourissier, François
フランスの作家。
⇒現世文（ヌーリシエ, フランソワ 1927.5.18–2011.2.15）

Nourse, Edwin Griswold
アメリカの経済学者。ブルッキングズ研究所研究員（1929～42）, 大統領経済顧問となる（46～49）。
⇒岩世人（ノース（ナース） 1883.5.20–1974.4.7）

Nouveau, Germain Marie Bernard
フランスの詩人。代表作『愛の教理』『ヴァランチーヌ』など。
⇒岩世人（ヌーヴォー 1851.7.31–1920.4.4）
フ文小（ヌーヴォー, ジェルマン 1851–1920）

Nouvel, Jean
フランスの建築家。
⇒岩世人（ヌーヴェル 1945.8.12–）

外12（ヌーヴェル, ジャン　1945.8.12-）
外16（ヌーヴェル, ジャン　1945.8.12-）

Nouwen, Henri Jozef Machiel
オランダのカトリック司牧, 神学者。
⇒新カト（ナウエン　1932.1.24-1996.9.21）

Nouy, Danièle
フランスの銀行家。
⇒外16（ヌイ, ダニエル）

Novaës, Guiomar
ブラジルの女性ピアノ奏者。1922年ブラジルの作曲家オクヴィオ・ピントと結婚。
⇒標音2（ヌヴァイシュ, ギオマール　1896.2.28-1979.3上旬）

Novak, B.J.
アメリカの俳優, 脚本家, 作家。
⇒海文新（ノヴァク, B.J.　1979-）

Novak, Kim
アメリカ生まれの女優。
⇒ク俳（ノヴァク, キム（ノヴァク, マリリン）1933-）
　スター（ノヴァク, キム　1933.2.13-）
　ネーム（キム・ノヴァク　1933-）

Novák, Vítězalv
チェコスロバキアの作曲家。ベーメン（ボヘミア）の民族的音楽を研究し, 作曲に援用。
⇒ク音3（ノヴァーク　1870-1949）
　新音中（ノヴァーク, ヴィーチェスラフ　1870.12.5-1949.7.18）
　標音2（ノヴァーク, ヴィチェスラフ　1870.12.5-1949.7.18）

Novakovic, Milivoje
スロベニアのサッカー選手（大宮アルディージャ・FW）。
⇒最世ス（ノヴァコヴィッチ, ミリヴォイェ　1979.5.18-）

Novakovich, Josip
クロアチア生まれの作家。ペンシルヴェニア州立大学教授。
⇒外12（ノヴァコヴィッチ, ヨシップ　1956-）
　外16（ノヴァコヴィッチ, ヨシップ　1956-）
　現世文（ノヴァコヴィッチ, ヨシップ　1956-）

Novarese, Aldo
イタリアの書体デザイナー。
⇒グラデ（Novarese,Aldo　ノヴァレス, アルド　1920-1995）

Novarro, Ramon
アメリカの俳優。
⇒ク俳（ノヴァロ, ラモン（サマニエゴス,R）1899-1968）

Novelli, Jean-François
フランスのテノール歌手。
⇒魅惑（Novelli,Jean-François　?-）

Novello, David Ivor
イギリスの劇作家, 俳優。
⇒現世文（ノヴェロー, アイヴァー　1893.1.15-1951.3.5）

Novicow, Jacques
フランスの社会学者。
⇒学叢思（ノヴィコフ, ジャック　1850過ぎ-1912）

Novik, Naomi
アメリカの作家。
⇒外16（ノビク, ナオミ　1973-）
　海文新（ノヴィク, ナオミ）
　現世文（ノビク, ナオミ　1973-）

Novikov, Petr Sergeevich
ソ連の数学者。
⇒世数（ノヴィコフ, ピョートル・セルゲイヴィッチ　1901-1975）

Novikov, Sergei Petrovich
ソ連の数学者。
⇒岩世人（ノーヴィコフ　1938.3.20-）
　外16（ノヴィコフ, セルゲイ　1938.3.20-）
　数辞（ノビコフ, セルゲイ・ペトロヴィッチ　1938-）
　世数（ノヴィコフ, セルゲイ・ペトロヴィッチ　1938-）

Novikov-Priboi, Aleksei Silych
ソ連の作家。処女作『戦艦ボロジノ号の最期』（1906）。
⇒岩世人（ノーヴィコフ＝プリボイ　1877.3.12/24-1944.4.29）
　広辞7（ノヴィコフ・プリボイ　1877-1944）

Novitsky, Gennady V.
ベラルーシの政治家。ベラルーシ首相。
⇒世指導（ノビツキー, ゲンナジー　1949-）

Novoa, Gustavo
チリ生まれの画家。
⇒芸13（ノーボア, ギュスタボ　1941-）

Novoa, Salvador
メキシコのテノール歌手。
⇒魅惑（Novoa,Salvador　1937-）

Novogratz, Jacqueline
アメリカの実業家。アキュメン・ファンド設立者。
⇒外12（ノボグラッツ, ジャクリーン）
　外16（ノボグラッツ, ジャクリーン）

Novohradsky, Thomas
オーストリアのオペラ演出家。
⇒外12（ノヴォラツスキー, トーマス　1959-）

Novoselov, Konstantin
ロシアの物理学者。2010年ノーベル物理学賞を

受賞。
⇒外12（ノボセロフ, コンスタンチン　1974–）
　外16（ノボセロフ, コンスタンチン　1974.8.23–）
　ノベ3（ノボセロフ, K.　1974.8.23–）

Novotný, Antonin
チェコスロバキアの政治家。共産党第一書記（1953〜68）, 大統領（57〜68）。
⇒岩世人（ノヴォトニー　1904.12.10–1975.1.28）
　ネーム（ノホドニー　1904–1975）

Novy, Frederick George
アメリカの細菌学者。ガス壊疽を起す嫌気性細菌の一種を記載し, トリパノゾーマの培養用の特殊血液寒天培地を考案。
⇒岩世人（ノーヴィ　1864.12.9–1957.8.8）

Nowak, Cecile
フランスの柔道家。
⇒外12（グラッソ, セシル）

Nowak, Leopold
オーストリアの音楽学者。
⇒標音2（ノーヴァク, レーオポルト　1904.8.17–1991.5.27）

Nowak, Matthias
ドイツのジャズ・ベース奏者。
⇒外12（ノヴァク, マティアス　1976–）

Nowak, Michael
オーストリアのテノール歌手。
⇒魅惑（Nowak, Michael　?–）

Nowitzki, Dirk
ドイツのバスケットボール選手。
⇒外12（ノビツキー, ダーク　1978.6.19–）
　外16（ノビツキー, ダーク　1978.6.19–）
　最新ス（ノビツキー, ダーク　1978.6.19–）

Nowotny, Ewald
オーストリアの経済学者, 銀行家, 政治家。
⇒外12（ノボトニー, エーヴァルト　1944–）
　外16（ノボトニー, エーヴァルト　1944–）

Nowra, Louis
オーストラリアの劇作家。
⇒岩世人（ナウラ　1950.12.12–）
　現世文（ナウラ, ルイス　1950.12.12–）

Noyce, Phillip
オーストラリア生まれの映画監督。
⇒映監（ノイス, フィリップ　1950.4.29–）
　外12（ノイス, フィリップ　1950.4.29–）

Noyce, Robert Norton
アメリカの電子技術者。1957年最初の実用的集積回路の開発に成功。68年インテル会社を創立。
⇒岩世人（ノイス　1927.12.12–1990.6.3）
　広辞7（ノイス　1927–1990）
　世発（ノイス, ロバート・ノートン　1927–1990）

Noyer, Christian
フランスの銀行家。
⇒外16（ノワイエ, クリスチャン　1950.10.6–）

Noyes, Alfred
イギリスの詩人。代表作に『人魚酒場の物語』(1913) など。
⇒岩世人（ノイズ　1880.9.16–1958.6.28）
　新カト（ノイズ　1880.9.16–1958.6.25）

Noyes, Arthur Amos
アメリカの物理化学者。
⇒化学（ノイズ, A.A.　1866–1936）

Noyes, William Albert
アメリカの化学者。
⇒化学（ノイズ, W.A.　1857–1941）

Nozick, Robert
アメリカの哲学者。
⇒岩世人（ノージック　1938.11.16–2002.1.23）
　現社（ノージック　1938–2002）
　広辞7（ノージック　1938–2002）
　図哲（ノージック, ロバート　1938–2002）
　メル別（ノージック, ロバート　1938–2002）

Nshimirimana, Adolphe
ブルンジの軍人。ブルンジ軍参謀長・国家情報局長官。
⇒世指導（ヌシミリマナ, アドルフ　1964–2015.8.2）

Ntybantunganya, Sylvestre
ブルンジの政治家。ブルンジ大統領（1994〜96）。
⇒世指導（ヌティバンツンガニャ, シルベストゥル　1956.5.8–）

al-Nuaimi, Ali Ibrahim
サウジアラビアの政治家, 実業家。
⇒外16（ヌアイミ, アリ・イブラヒム　1935–）
　世指導（ヌアイミ, アリ・イブラヒム　1935–）

Nucci, Leo
イタリアのバリトン歌手。
⇒オペラ（ヌッチ, レーオ　1942–）
　外12（ヌッチ, レオ　1942–）
　外16（ヌッチ, レオ　1942–）

Nuder, Pär
スウェーデンの政治家。
⇒外12（ヌーデル, ペール　1963–）
　外16（ヌーデル, ペール　1963–）
　世指導（ヌーデル, ペール　1963–）

Nugroho, Garin Riyanto
インドネシアの映画監督。
⇒岩世人（ヌグロホ, ガリン　1961.6.6–）

Nuibo, Francisco Augustin
フランスのテノール歌手。

⇒魅惑（Nuibo, Francisco Augustin 1874–1948）

Nujoma, Sam Daniel
ナミビアの政治家, 黒人解放運動家。ナミビア大統領（1990～2005）, 南西アフリカ人民機構（SWAPO）議長。
⇒岩世人（ヌジョマ 1929.5.12–）
　外12（ヌジョマ, サム・ダニエル 1929.5.12–）
　外16（ヌジョマ, サム・ダニエル 1929.5.12–）
　政経改（ヌジョマ 1929–）
　世指導（ヌジョマ, サム・ダニエル 1929.5.12–）

al-Nukrāshī Pasha, Maḥmūd Fahmī
エジプトの政治家。
⇒岩世人（ヌクラーシー・パシャ 1888.4.26–1948.12.27）

Numeiry, Gaafar Mohammed
スーダンの政治家, 軍人。スーダン大統領（1971～85）。
⇒岩イ（ヌマイリー 1930–）
　岩世人（ヌマイリー, ジャアファル 1930.1.1–2009.5.30）

Nummelin, Petteri
フィンランドのアイスホッケー選手（ルガーノ・DF）。
⇒最世ス（ヌンメリン, ペッテリ 1972.11.25–）

Nunes, Aloysio
ブラジルの政治家。ブラジル外相。
⇒世指導（ヌネス, アロイジオ 1945.4.5–）

Nunes, Lygia Bojunga
ブラジルの作家。
⇒絵本（ヌーネス, リジア・ボジュンガ 1932–）

Nunez, Abraham Orlando
ドミニカ共和国の大リーグ選手（三塁, 遊撃, 二塁）。
⇒メジャ（ヌニエス, アブラアム 1976.3.16–）

Núñez, Carlos
スペインのバグパイプ奏者。
⇒外16（ヌニエス, カルロス 1971–）

Nuñez, Marianela
アルゼンチンのバレリーナ。
⇒外12（ヌニエス, マリアネラ 1982–）
　外16（ヌニエス, マリアネラ 1982–）

Nunn, Percy
イギリスの教育学者, 哲学者。主著"Education reform"（1917）。
⇒岩世人（ナン 1870.12.28–1944.12.12）
　教人（ナン 1870–1914）

Nu Nu Yi (Inwa)
ビルマ（ミャンマー）の小説家。
⇒岩世人（ヌーヌーイー（インワ） 1957–）

Nuon Chea
カンボジアの政治家。カンボジア人民代表議会議長。
⇒岩世人（ヌオン・チア 1926.7.7–）
　外12（ヌオン・チェア 1926.7.7–）
　外16（ヌオン・チェア 1926.7.7–）

Nuotio, Pekka
フィンランドのテノール歌手。
⇒失声（ヌオティオ, ペッカ 1929–1989）
　魅惑（Nuotio, Pekka 1929–）

Núp
ベトナムの革命家。
⇒岩世人（ヌップ 1914.5.2–1999.7.10）

Nurcholish Madjid
インドネシアの穏健派イスラム知識人。
⇒岩イ（ヌルホリシュ・マジッド 1939–）
　岩世人（マジッド, ヌルホリス 1939.3.17–2005.8.29）
　世指導（マジッド, ヌルホリス 1939.3.17–2005.8.29）

Nureyev, Rudolf Gametovich
ソ連からイギリスに亡命したバレエ・ダンサー。イギリスのロイヤル・バレエ団の正式メンバー。
⇒岩世人（ヌレエフ 1938.3.17–1993.1.6）
　広辞7（ヌレエフ 1938–1993）
　ネーム（ヌレーエフ 1938–1993）
　標音2（ヌレーエフ, ルドルフ 1938.3.17–1993.1.6）

Nurgaliyev, Rashid
ロシアの政治家。ロシア内相。
⇒外12（ヌルガリエフ, ラシド 1956.10.8–）
　外16（ヌルガリエフ, ラシド 1956.10.8–）
　世指導（ヌルガリエフ, ラシド 1956.10.8–）

Nurge, Ethel
アメリカの人類学者。
⇒アア歴（Nurge, Ethel ナージ, エセル 1920.8.21–）

Nūrī, Faẓl Allāh
近代イランのイスラム法学者。
⇒岩イ（ヌーリー 1843–1909）
　岩世人（ヌーリー 1843/1844–1909.7.31）

Nuri, Said Abdullo
パキスタンの政治家。イスラム復興党党首。
⇒世指導（ヌリ, サイド・アブドゥロ 1947.3.15–2006.8.9）

Nūrī as-Saʿīd
イラクの政治家。1958年まで計14回首相を務める。
⇒岩世人（ヌーリー・サイード 1888–1958.7.14）

Nurkse, Ragnar
アメリカの経済学者。主著『国際資本移動論』（1935）, 『国際通貨』（44）など。

⇒岩経（ヌルクセ　1907–1959）
　岩世人（ヌルクセ　1907.10.5–1959.5.6）
　政経改（ヌルクセ　1907–1959）
　ネーム（ヌルクセ　1907–1959）
　有経5（ヌルクセ　1907–1959）

Nurmesniemi, Vuokko Eskolin
フィンランドのテキスタイルデザイナー，服飾デザイナー。
⇒岩世人（ヌルメスニエミ　1930.2.12–）
　外16（ヌルメスニエミ，ヴォッコ・エスコリン　1930.2.12–）

Nurmi, Paavo Johannes
フィンランドの陸上競技選手。28の世界記録を樹立。
⇒岩世人（ヌルミ　1897.6.13–1973.10.2）

Nurse, Paul Maxime
イギリスの生化学者。2001年ノーベル生理学医学賞。
⇒岩生（ナース　1949–）
　外12（ナース，ポール　1949.1.25–）
　外16（ナース，ポール　1949.1.25–）
　ノベ3（ナース，P.M.　1949.1.25–）

Nursî, Said Bediüzzaman
トルコのイスラム思想家，ヌルジュ運動の創始者。
⇒岩イ（ヌルスィー　1873/1876–1960）
　岩世人（ヌルスィー　1878?–1960.3.23）

Nur Sutan Iskandar
インドネシアの作家。
⇒岩世人（イスカンダル，ヌル・スタン　1893.11.3–1975.11.28）

Nušić, Branislav
セルビアの小説家，劇作家。代表作に喜劇『国民の選良』（1883）など。
⇒岩世人（ヌシッチ　1864.9.22/10.4–1938.1.19）

Nusrat Fateh Ali Khan
パキスタンのイスラム宗教賛歌カッワリーの歌手。
⇒岩世人（ヌスラット・ファテ・アリー・ハーン　1948.10.13–1997.8.16）
　新音中（ハーン，ヌスラット・ファテ・アリ　1948.10.13–1997.8.16）
　南ア新（ヌスラット・ファテ・アリー・ハーン　1948–1997）

Nußbaum, Karl-Otto
ドイツのカトリック典礼学者。
⇒新カト（ヌスバウム　1923.7.1–1999.6.26）

Nussbaum, Martha Craven
アメリカの法哲学者。
⇒岩世人（ヌスバウム　1947.5.6–）
　外16（ヌスバウム，マーサ　1947.5.6–）
　現社（ヌスバウム　1947–）
　メル別（ヌスバウム，マーサ・クレイヴン　1947–）

Nussle, James
アメリカの政治家。
⇒外12（ナッスル，ジェームズ）
　外16（ナッスル，ジェームズ　1960.6.27–）

Nüsslein-volhard, Christiane
ドイツの遺伝学者。1995年ノーベル生理学医学賞。
⇒岩生（ニュスライン＝フォルハルト　1942–）
　岩世人（ニュスライン＝フォルハルト　1949.10.20–）
　外12（ニュスラインフォルハルト，クリスティアーネ　1942.10.20–）
　外16（ニュスライン・フォルハルト，クリスティアーネ　1942.10.20–）
　ノベ3（ニュスラインフォルハルト，C.　1942.10.20–）

Nuttall, George Henry Falkiner
アメリカ生まれのイギリスの生物学者。"Bacillus aerogenes"菌の発見者。
⇒岩世人（ナトール　1862.7.5–1937.12.16）

Nuttin, Joseph Remi
ベルギーの心理学者。
⇒新カト（ニュタン　1909.11.7–1988.12.23）

Nuxhall, Joseph Henry
アメリカの大リーグ選手（投手）。
⇒メジャ（ナックスホール，ジョー　1928.7.30–2007.11.15）

Nuyen, Jenny-mai
ドイツの作家。
⇒外12（ニュエン，ジェニー・マイ　1988.3.14–）
　海文新（ニュエン，ジェニー＝マイ　1988.3.14–）
　現世文（ニュエン，ジェニー・マイ　1988.3.14–）

Nuzzo, John Ken
日本，のちアメリカのテノール歌手。
⇒魅惑（Nuzzo,John Ken　1966–）

Nwanze, Kanayo
ナイジェリア出身の国際農業開発基金（IFAD）総裁。
⇒外12（ヌワンゼ，カナヨ）
　外16（ヌワンゼ，カナヨ）

Nwapa, Flora
ナイジェリアの作家，教育者，出版人。
⇒現世文（ンワーパ，フローラ　1931.1.13–1996.10.16）

Nyaho-Tamakloe, Nyaho
ガーナの医師，政治家。サッカー協会会長。
⇒ネーム（ニャホ＝タマクロー，ニャホ　1942–）

Nyanatiloka
ドイツ人の僧侶。
⇒オク仏（ニャーナティローカ　1878–1957）

Nyan Win
ミャンマー（ビルマ）の政治家,軍人。
⇒外12（ニャン・ウィン 1953.1.22–）
　外16（ニャン・ウィン 1953.1.22–）
　世指導（ニャン・ウィン 1953.1.22–）

Nye, Gerald Prentice
アメリカの政治家。孤立主義者で多くの調査委員会の委員長となり,中立法の制定に努力した。
⇒アメ経（ナイ, ジェラルド 1892.12.19–1971.7.17）
　アメ州（Nye,Gerald Prentice ナイ, ジェラルド・プレンティス 1892–1971）
　岩世人（ナイ 1892.12.19–1971.7.17）

Nye, Jody Lynn
アメリカの作家。
⇒現世文（ナイ, ジョディ・リン）

Nye, Joseph Samuel, Jr.
アメリカの政治学者。
⇒外12（ナイ, ジョゼフ（Jr.） 1937.1.19–）
　外16（ナイ, ジョゼフJr. 1937.1.19–）
　国政（ナイ, ジョセフ 1937–）
　政経改（ナイ 1937–）
　世指導（ナイ, ジョゼフ（Jr.） 1937.1.19–）

Nye, Naomi Shihab
アメリカの女性詩人,児童文学者。
⇒外12（ナイ, ネオミ・シーハブ 1952–）
　現世文（ナイ, ネオミ・シーハブ 1952–）

Nye, Robert
イギリスの作家,劇作家,詩人。
⇒現世文（ナイ, ロバート 1939.3.15–2016.7.2）

Nyein, Myoma
ビルマ（ミャンマー）の音楽家。
⇒岩世人（ニェイン 1909.2.5–1955.9.15）

Nyerere, Julius Kambarage
タンザニアの政治家。タンザニア初代大統領（1964～85）。
⇒岩世人（ニエレレ 1922.3–1999.10.14）
　広辞7（ニエレレ 1922–1999）
　国政（ニエレレ, ジュリウス 1922–1999）
　政経改（ニエレレ 1922–）
　世人新（ニエレレ 1922–1999）
　世人装（ニエレレ 1922–1999）
　ネーム（ニエレレ 1922–1999）

Nygaard, Kristen
ノルウェーのコンピューター科学者。
⇒岩世人（ニューゴー 1926.8.27–2002.8.10）

Nygaardsvold, Johan
ノルウェーの政治家。ノルウェー首相（1935–45）。
⇒岩世人（ニューゴーシュヴォル 1879.9.6–1952.3.13）

Nygren, Andreas Theodor Samuel
スウェーデンの神学者。ルンド学派と呼ばれた新しい神学研究の方法を完成。主著『エロスとアガペー』(1930,36)。
⇒岩世人（ニューグレーン 1890.11.15–1978.10.20）
　新カト（ニーグレン 1890.11.15–1978.10.20）

Nyhus, Svein
ノルウェーの画家。
⇒絵本（ニューフス, スヴェイン 1962–）

Nyirenda, Carol
ザンビア出身の世界エイズ・結核・マラリア対策基金理事。
⇒外12（ニレンダ, キャロル）
　外16（ニレンダ, キャロル）

Nykänen, Matti
フィンランドのスキー選手。
⇒岩世人（ニッカネン（ニュカネン） 1963.7.17–）
　外12（ニッカネン, マッチ 1963.7.17–）

Nylund, Camilla
フィンランドのソプラノ歌手。
⇒外12（ニールンド, カミッラ 1968–）
　外16（ニールント, カミッラ 1968–）

Nyquist, Harry
スウェーデン生まれのアメリカで活躍した電気通信工学者。
⇒岩世人（ナイキスト 1889.2.7–1976.4.4）
　三新物（ナイキスト 1889–1976）

Nyrop, Martin
デンマークの建築家。主作品,コペンハーゲンの新議事堂(1892～1903)。
⇒岩世人（ニューロプ 1849.11.11–1921.5.15）

Nystad, Claudia
ドイツのスキー選手（距離）。
⇒外12（ニスタット, クラウディア 1978.2.1–）
　外16（ニスタット, クラウディア 1978.2.1–）
　最指ス（ニスタット, クラウディア 1978.2.1–）

Nystroem, Gösta
スウェーデンの作曲家。
⇒ク音3（ニーストレム 1890–1966）
　標音2（ニーストレーム, イェスタ 1890.10.13–1966.8.9）

Nyström, Jenny
スウェーデンの画家,イラストレーター。
⇒絵本（ニーストロム, イェンニ 1854–1946）

Nyusi, Filipe Jacint
モザンビークの政治家。モザンビーク大統領（2015～）。
⇒外16（ニュシ, フィリペ・ジャシント 1959.2.9–）
　世指導（ニュシ, フィリペ・ジャシント 1959.2.9–）

Nzo, Alfred Baphethuxolo
南アフリカの政治家。南アフリカ外相、アフリカ民族会議(ANC)書記長。
⇒世指導（ヌゾ、アルフレッド　1925.6.19–2000.1.13）

【O】

Oak, Ingul Ivan
アメリカのテノール歌手。
⇒魅惑（Oak,Ingul Ivan（王仁傑）　?–）

Oakeley, Kenneth Page
イギリスの先史学者、地理学者。
⇒岩世人（オークリー　1911.4.7–1981.11.2）

Oakes, Ennis Telfair（Rebel）
アメリカの大リーグ選手（外野）。
⇒メジャ（オークス、レベル　1883.12.17–1948.3.1）

Oakeshott, Michael Joseph
イギリスの哲学者、政治理論家。
⇒岩世人（オークショット　1901.12.11–1990.12.19）

Oakie, Jack
アメリカ生まれの俳優。
⇒ク俳（オーキー、ジャック（オフィールド、リュイス）　1903–1978）

Oakley, Annie
アメリカ西部開拓時代の伝説的な女射撃手。
⇒アメ州（Oakley,Annie　オークリー、アニー　1866–1926）

Oakley, Ann Rosamund
イギリスの社会学者。
⇒岩女（オークレー、アン　1944–）
　岩世人（オークリー　1944.1.17–）
　現社（オークレー　1944–）
　社小増（オークリー　1944–）

Oakley, Graham
イギリスの絵本作家、挿絵画家。
⇒外12（オークリー、グレアム　1929–）
　外16（オークリー、グレアム　1929–）

Oakman, John
イギリスのテノール歌手。
⇒魅惑（Oakman,John　?–）

Oates, John
アメリカのミュージシャン、ギター奏者。
⇒外12（オーツ、ジョン　1949.4.7–）
　外16（オーツ、ジョン　1949.4.7–）

Oates, Johnny Lane
アメリカの大リーグ選手（捕手）。
⇒メジャ（オーツ、ジョニー　1946.1.21–2004.12.24）

Oates, Joyce Carol
アメリカの女性作家。長編小説『ぜいたくな人々』(1968)、『彼ら』(69)等、現代のアメリカ人の不安を適切なイメージや巧みな心理描写で描いた作品が多い。
⇒岩世人（オーツ　1938.6.16–）
　外12（オーツ、ジョイス・キャロル　1938.6.16–）
　外16（オーツ、ジョイス・キャロル　1938.6.16–）
　現世文（オーツ、ジョイス・キャロル　1938.6.16–）
　新カト（オーツ　1938.6.16–）

Oates, Warren
アメリカの俳優。
⇒ク俳（オーツ、ウォレン　1928–1982）

Oatley, Keith
イギリス生まれの応用認知心理学者、作家。
⇒外12（オートリー、キース　1939–）
　外16（オートリー、キース　1939–）
　現世文（オートリー、キース　1939–）

Obaid, Thoraya Ahmed
サウジアラビア出身の国連人口基金(UNFPA)事務局長。
⇒外12（オベイド、トラヤ・アフマド　1945.3.2–）
　外16（オベイド、トラヤ・アフマド　1945.3.2–）
　世指導（オベイド、トラヤ・アフマド　1945.3.2–）

Obaid-Chinoy, Sharmeen
パキスタンの映画監督。
⇒外16（オベイド・チノイ、シャルミーン）

Obaldia, René de
フランスの小説家、劇作家。
⇒岩世人（オバルディア　1918.10.22–）
　現世文（オバルディア、ルネ・ド　1918.10.22–）

Obama, Barack
アメリカの政治家、弁護士。第44代大統領(2009～)。
⇒アメ新（オバマ　1961–）
　岩世人（オバマ　1961.8.4–）
　外12（オバマ、バラク　1961.8.4–）
　外16（オバマ、バラク　1961.8.4–）
　広辞7（オバマ　1961–）
　辞歴（オバマ　1961–）
　世史改（オバマ　1961–）
　世指導（オバマ、バラク　1961.8.4–）
　世人新（オバマ　1961–）
　世人装（オバマ　1961–）
　戦ア大（オバマ、バラク・H.,Jr.　1961.8.4–）
　ノベ3（オバマ,B.　1961.8.4–）
　ポプ人（オバマ、バラク　1961–）
　もう山（オバマ　1961–）

Obama, Michelle
アメリカの弁護士。オバマ米大統領夫人。
⇒外12（オバマ, ミシェル　1964.1.17–）
　外16（オバマ, ミシェル　1964.1.17–）

Obando, Sherman Omar
アメリカの大リーグ選手（外野）。
⇒外12（オバンドー, シャーマン　1970.1.23–）

O'Barry, Richard
アメリカのイルカ専門家, イルカ解放活動家。
⇒外12（オバリー, リチャード　1939–）
　外16（オバリー, リチャード　1939–）

Obasanjo, Olusegun
ナイジェリアの政治家, 軍人。ナイジェリア大統領（1976～79,99～2007）。
⇒岩世人（オバサンジョ　1937.3.5–）
　外12（オバサンジョ, オルセグン　1937.3.5–）
　世指導（オバサンジョ, オルセグン　1937.3.5–）
　ネーム（オバサンジョ　1937–）

Obeid, Atef Muhammad
エジプトの政治家。エジプト首相。
⇒世指導（オベイド, アテフ　1932.4.14–2014.9.12）

Oberdorfer, Don
アメリカのジャーナリスト。
⇒岩韓（オーバードーファー　1931–）

Obergfoll, Christina
ドイツのやり投げ選手。
⇒最世ス（オーバークフォル, クリスティーナ　1981.8.22–）

Oberkfell, Kenneth Ray
アメリカの大リーグ選手（三塁, 二塁）。
⇒メジャ（オバークフェル, ケン　1956.5.4–）

Oberli, Bettina
スイスの映画監督。
⇒外12（オベルリ, ベティナ　1972–）

Obermaier, Hugo
スイスの先史学者。
⇒岩世人（オーバーマイアー　1877.1.29–1946.11.12）

Oberman, Heiko Augustinus
オランダ出身の教会史家, 中世（後期）史家。
⇒新カト（オーベルマン　1930.10.15–2001.4.22）

Oberon, Marle
オーストラリア生まれの女優。
⇒ク俳（オベロン, マール（トムプソン, エステル・M・オブライエン）　1911–1979）

Oberth, Hermann Julius
ドイツの宇宙工学の父。近代ロケットおよび宇宙飛行の先駆的研究者。主著『惑星空間へのロケット』(1923)。
⇒天文大（オーベルト　1894–1989）

Obeyesekere, Gananath
スリランカの文化人類学者。
⇒外16（オベーセーカラ, ガナナート　1930–）

Obioma, Chigozie
ナイジェリアの作家。
⇒現世文（オビオマ, チゴズィエ　1986–）

Obispo, Wirfin
ドミニカ共和国のプロ野球選手（日ハム・投手）。
⇒外12（オビスポ, ウィルフィン　1984.9.26–）

Obnorskii, Viktor Pavlovich
ロシアの革命家。「ロシア労働者北部同盟」を結成し, その綱領を起草した。
⇒岩世人（オブノールスキー　1851.11.11/23–1919.4.17）

Obolenski, W.W.
ソ連の政治家, 文学者, 経済学者。
⇒学叢思（オボレンスキー　1885–）

Oborin, Lev Nikolaevich
ソ連のピアノ奏者。1927年ワルシャワにおけるショパン・ピアノ国際コンクールで1等賞を得た。
⇒新音中（オボーリン, レフ　1907.9.11–1974.1.5）
　ネーム（オボーリン　1907–1974）
　標音2（オボリン, レフ　1907.9.11–1974.1.5）

Obote, Apollo Milton
ウガンダの政治家。ウガンダ大統領（1966～71, 80～85）。
⇒岩世人（オボテ　1924.12.28–2005.10.10）

Oboussier, Robert
スイスの作曲家。古典的伝統と現代音楽との調和を求めた。
⇒岩世人（オブシエ　1900.7.9–1957.6.9）

Obraztsova, Elena
ロシアのメゾ・ソプラノ歌手。
⇒オペラ（オブラスツォーヴァ, エレーナ　1937/1939–）
　新音中（オブラスツォーヴァ, エレーナ　1937.7.7–）
　標音2（オブラスツォヴァ, エレナ　1937.7.7–）

Obraztsova, Yevgenia
ロシアのバレリーナ。
⇒外12（オブラスツォーワ, エフゲーニヤ　1984–）
　外16（オブラスツォーワ, エフゲーニヤ　1984–）

Obregón, Alejandro
コロンビアの画家, 版画家, 彫刻家。
⇒岩世人（オブレゴン　1920.6.4–1992.4.11）

Obregón, Álvaro
メキシコ革命指導者, 軍人。メキシコ大統領（1920～24）。

⇒岩世人（オブレゴン　1880.2.19–1928.7.17）
ラテ新（オブレゴン　1880–1928）

Obreht, Téa
アメリカの作家。
⇒外16（オブレヒト,テア　1985–）
海文新（オブレヒト,テア）
現世文（オブレヒト,テア　1985–）

O'Brian, Hugh
アメリカ生まれの俳優。
⇒ク俳（オブライアン,ヒュー（クランベ,H）1925–）

O'Brian, Patrick
イギリスの歴史小説家,伝記作家。
⇒現世文（オブライアン,パトリック　1914–2000.1.2）

O'Brien, Aidan Patrick
イギリス（アイルランド）の競走馬の調教師。
⇒岩世人（オブライエン　1969.10.16–）

O'Brien, Ed
イギリスのミュージシャン。
⇒外12（オブライエン,エド　1968.4.15–）
外16（オブライエン,エド　1968.4.15–）

O'Brien, Edmond
アメリカ・ニューヨーク生まれの男優。
⇒ク俳（オブライエン,エドモンド　1915–1985）

O'Brien, Edna
アイルランド出身の女性小説家。
⇒岩世人（オブライエン　1932/1930/1931/1936.12.15–）
現世文（オブライエン,エドナ　1932–）

O'Brien, Edward Joseph Harrington
アメリカの作家,ジャーナリスト。「New Stories」誌を創刊,編集。
⇒岩世人（オブライエン　1890.12.10–1941.2.24）

O'Brien, Flann
アイルランドの幻想作家。ジェームズ・ジョイス,オスカー・ワイルド,W.B.イェイツらのケルティックな幻想を現代につなぐ重要な人物。
⇒岩世人（オブライエン　1911.10.5–1966.4.1）
現世文（オブライエン,フラン　1911.10.5–1966.4.1）

O'Brien, Frederick
アメリカのジャーナリスト。
⇒アア歴（O'Brien,Frederick　オブライエン,フレデリック　1869.6.16–1932.1.9）

O'Brien, George
アメリカ生まれの俳優。
⇒ク俳（オブライエン,ジョージ　1900–1985）

O'Brien, Kate
アイルランドのカトリック女性作家。スペイン旅行記および同国に取材した小説が多い。
⇒現世文（オブライエン,ケイト　1897.12.3–1974.8.13）

O'Brien, Margaret
アメリカ生まれの女優。
⇒ク俳（オブライエン,マーガレット（オブライエン,アンジェラ・マクシン）1937–）

O'Brien,（Michael）Vincent
アイルランドの競走馬の調教師。
⇒岩世人（オブライエン　1917.4.9–2009.6.1）

O'Brien, Pat
アメリカの俳優。
⇒ク俳（オブライエン,パット（オブライエン,ウィリアム・P）1899–1983）

O'Brien, Patrick Karl
イギリスの経済史家。
⇒岩世人（オブライエン　1932.8.12–）

O'Brien, Peter Michael
アメリカの大リーグ選手（一塁）。
⇒メジャ（オブライエン,ピート　1958.2.9–）

O'Brien, Thomas James
アメリカ外交官。駐日特命全権大使（1907）。満州鉄道中立案を提案した際,日本にあってその交渉に当った。
⇒アア歴（O'Brien,Thomas James　オブライエン,トマス・ジェイムズ　1842.7.30–1933.5.19）
岩世人（オブライエン　1842.7.30–1933.5.19）

O'Brien, Tim
アメリカの小説家。
⇒岩世人（オブライエン　1946.10.1–）
現世文（オブライエン,ティム　1946–）
広辞7（オブライエン　1946–）

O'Brien, William
アイルランド独立運動の指導者。
⇒岩世人（オブライエン　1852.10.2–1928.2.25）

O'Brien, William Patrick（Parry）
アメリカの砲丸投げ選手。
⇒岩世人（オブライエン　1932.1.28–2007.4.21）

O'Brien, William Smith
アメリカの大リーグ選手（一塁,三塁）。
⇒メジャ（オブライエン,ビリー　1860.3.14–1911.5.26）

Obruchev, Vladimir Afanasievich
ロシアの地理学者,地質学者。
⇒岩世人（オーブルチェフ　1863.9.28/10.10–1956.6.19）

Obukhov, Nikolay
ロシアの作曲家。
⇒標音2（オブホフ, ニコライ 1892.4.22–1954.6.13）

Ocagne, Maurice d'
フランスの数学者, 技術者。パリの理工科大学教師(1893), 同教授。
⇒岩世人（オカーニュ 1862.3.26–1938.9.23）
　数小増（ドカーニュ 1862–1938）

Öcalan, Abdullah
トルコの政治家。
⇒岩世人（オジャラン 1948.4.4–）
　外12（オジャラン, アブドラ 1948.4.4–）
　外16（オジャラン, アブドラ 1948.4.4–）
　世指導（オジャラン, アブドラ 1948.4.4–）

Ocampo, José Antonio
コロンビアの経済学者。
⇒外16（オカンポ, ホセ・アントニオ 1952.12.20–）
　世指導（オカンポ, ホセ・アントニオ 1952.12.20–）

O'Carroll, Brendan
アイルランドの作家。
⇒海文新（オキャロル, ブレンダン 1955.9.15–）
　現世文（オキャロル, ブレンダン 1955.9.15–）

O'Casey, Sean
アイルランドの劇作家。主著『銃士の影』(1923), 『星は赤くなる』(40) など。
⇒岩世人（オケイシー 1880.3.30–1964.9.18）
　広辞7（オケーシー 1880–1964）
　新カト（オケーシ 1880.3.30–1964.9.18）
　世演（オケイシー, ショーン 1880.3.30–1964.9.18）

Ocelot, Michel
フランス生まれのアニメーション作家。
⇒アニメ（オスロ, ミシェル 1943–）
　外12（オスロ, ミッシェル）
　外16（オスロ, ミッシェル 1943–）

Ochirbat, Punsalmaagiyn
モンゴルの政治家。モンゴル大統領(1992～97)。
⇒岩世人（オチルバト 1942.1.23–）
　政経改（オチルバト 1942–）
　世指導（オチルバト, ポンサルマーギン 1942.1.23–）

Ochman, Wieslaw
ポーランドのテノール歌手。
⇒失声（オフマン, ヴィエスワフ 1933–）
　魅惑（Ochman,Wieslaw 1937–）

Ochoa, Alex
アメリカの大リーグ選手(外野)。
⇒外12（オチョア, アレックス 1972.3.29–）

Ochoa, Guillermo
メキシコのサッカー選手（マラガ・GK）。
⇒外16（オチョア, ギジェルモ 1985.7.13–）

Ochoa, Lorena
メキシコのプロゴルファー。
⇒外12（オチョア, ロレーナ 1981.11.15–）
　外16（オチョア, ロレーナ 1981.11.15–）
　最世ス（オチョア, ロレーナ 1981.11.15–）

Ochoa, Severo
スペイン生まれのアメリカの生化学者。「リボ核酸とデオキシリボ核酸の生物学的合成機構の発見」で1959年ノーベル生理・医学賞受賞。
⇒岩生（オチョア 1905–1993）
　岩世人（オチョア 1905.9.24–1993.11.1）
　旺生5（オチョア 1905–1993）
　広辞7（オチョア 1905–1993）
　三新生（オチョア 1905–1993）
　ネーム（オチョア 1905–1993）
　ノベ3（オチョア,S. 1905.9.24–1993.11.1）

Ochs, Phil
アメリカのロック・ミュージシャン。
⇒標音2（オクス, フィル 1940.12.19–1976.4.9）
　ロック（Ochs,Phil オックス, フィル 1940.12.19–）

Ochs, Siegfried
ドイツの作曲家。ベルリンで「フィルハーモニ合唱団」を組織, 指導した。
⇒岩世人（オクス 1858.4.19–1929.2.5）

O'Connell, Carol
アメリカのミステリ作家。
⇒現世文（オコンネル, キャロル 1947.5.26–）

O'Connell, Daniel Francis
アメリカの大リーグ選手(二塁, 三塁)。
⇒メジャ（オコネル, ダニー 1927.1.21–1969.10.2）

O'Connell, William Henry
アメリカのローマ・カトリック教会大司教, 枢機卿。
⇒岩世人（オコンネル 1859.12.8–1944.4.22）
　新カト（オコンネル 1859.12.8–1944.4.22）

O'Connor, Barbara
アメリカの児童文学作家。
⇒海文新（オコーナー, バーバラ）
　現世文（オコナー, バーバラ）

O'Connor, Cian
アイルランドの馬術選手。
⇒外16（オコナー, シアン 1979.11.12–）
　最世ス（オコナー, シアン 1979.11.12–）

O'Connor, Donald
アメリカ生まれの俳優。
⇒ク俳（オコナー, ドナルド 1925–）

O'Connor, Flannery
アメリカ南部の女性作家。主著『賢い血』(1952)など。
⇒アメ州（O'Connor Flannery　オコンナー, フラネリー　1925–1964）
岩キ（オコナー　1925–1964）
岩世人（オコナー　1925.3.25–1964.8.3）
現世文（オコナー, フラナリー　1925.3.25–1964.8.3）

O'Connor, Frank
アイルランドの小説家。アイルランド革命戦争の悲惨な物語を写実的な手法でとらえた短編小説集『国民の客人』(1931)で知られた短編小説の名手。
岩世人（オコナー　1903.9.17–1966.3.10）
現世文（オコナー, フランク　1903.9.17–1966.3.10）

O'Connor, Gordon
カナダの政治家。
⇒外12（オコナー, ゴードン　1939.5.18–）
外16（オコナー, ゴードン　1939.5.18–）
世指導（オコナー, ゴードン　1939.5.18–）

O'Connor, John Joseph
アメリカの大リーグ選手（捕手, 外野）。
⇒メジャ（オコナー, ジャック　1866.6.2–1937.11.14）

O'Connor, Joseph
アイルランドの小説家。
⇒現世文（オコナー, ジョセフ　1963–）

O'Connor, Nicolas Roderick
アイルランドの外交者。代理公使（1985〜86）として中国・ビルマ国境劃定協定締結（86）。
⇒岩世人（オコナー　1843.7.3–1908.3.19）

O'Connor, Sandra Day
女性初のアメリカ最高裁判所裁判官。
⇒アメ新（オコナー　1930–）
岩世人（オコナー　1930.3.26–）

O'Connor, Thomas Power
アイルランドのジャーナリスト, 政治家。ロンドンの夕刊紙「The Star」を創刊（1888）。
⇒岩世人（オコナー　1848.10.5–1929.11.18）

O'Conor, John
アイルランドのピアノ奏者。
⇒外12（オコナー, ジョン　1947–）
外16（オコナー, ジョン　1947–）

Odaga, Asenath Bole
ケニアの女性児童文学者, 小説家。
⇒現世文（オダガ, アセナス　?–2014.12.1）

O'Daniel, John Wilson（Iron Mike）
アメリカの陸軍軍人。中将。
⇒アア歴（O'Daniel,John W(ilson)（"Iron Mike"）　オダニエル, ジョン・ウイルソン・[鉄のマイク]　1894.2.15–1975.3.28）

O'Day, Anita
アメリカの女性ジャズ歌手。セクシーな即興的唱法を完成させた白人モダン・ヴォーカル系譜の元祖。
⇒岩世人（オデイ　1919.10.18–2006.11.23）
標音2（オデイ, アニタ　1919.12.18–2006.11.23）

O'Day, Henry Francis
アメリカの大リーグ選手（投手）, 監督。
⇒メジャ（オデイ, ハンク　1862.7.8–1935.7.2）

Oddsson, David
アイスランドの政治家。アイスランド首相, アイスランド独立党党首。
⇒世指導（オッドソン, ダヴィッド　1948.1.17–）

O'dea, Thomas F.
アメリカの宗教社会学者。生涯にわたって末日聖徒イエス・キリスト教会を研究した。
⇒現宗（オディ　1915–1974）

O'Dell, Chris
アップル社員。ジョージ・ハリスンの「ミス・オーデル」の題材。
⇒ビト改（O'DELL,CHRIS　オーデル, クリス）

O'Dell, Scott
アメリカの児童文学作家。『青いイルカの島』(1960)でニューベリー賞を受賞。
⇒岩世人（オデル　1898.5.23–1989.10.15）
現世文（オデール, スコット　1898–1989.10.15）

Odell, Tom
イギリスのシンガー・ソングライター。
⇒外16（オデール, トム　1990.11.24–）

O'Dell, William Oliver
アメリカの大リーグ選手（投手）。
⇒メジャ（オデル, ビリー　1933.2.10–）

Odemwingie, Peter
ナイジェリアのサッカー選手（ストーク・FW）。
⇒外12（オデムウィンギー, ピーター　1981.7.15–）
外16（オデムウィンギー, ピーター　1981.7.15–）
最世ス（オデムウィンギー, ピーター　1981.7.15–）

Oden, Tinsley
アメリカの計算力学者。
⇒外16（オーデン, ティンズリー　1936.12.25–）

Odera Oruka, Henry
ケニア出身の哲学者。
⇒メル別（オデラ・オルカ, ヘンリー　1944–1995）

Odets, Clifford
アメリカの劇作家。代表作『ゴールデン・ボーイ』(1937)。

⇒現世文（オデッツ,クリフォード 1906.7.18–1963.8.14）
ユ著人（Odets,Clifford オーデッツ,クリフォード 1906–1963）

Odetta
アメリカの黒人女性フォーク歌手。歌唱力や幅広い表現力が高く評価される。
⇒標音2（オデッタ 1931.12.31–2008.12.2）

Odgers, Jayme
アメリカのニュー・ウェーヴのデザイナー,写真家。
⇒グラデ（Odgers,Jayme オジャーズ,ジェイム 1939–）

Odinga, Raila
ケニアの政治家。ケニア首相,オレンジ民主運動（ODM）党首。
⇒岩世人（オディンガ 1945.1.7–）
外12（オディンガ,ライラ 1945.1.7–）
外16（オディンガ,ライラ 1945.1.7–）
世指導（オディンガ,ライラ 1945.1.7–）

Odinius, Lother
ドイツのテノール歌手。
⇒魅惑（Odinius,Lother 1966–）

Odom, Johnny Lee（Blue Moon）
アメリカの大リーグ選手（投手）。
⇒メジャ（オドム,ブルー・ムーン 1945.5.29–）

Odom, Lamar
アメリカのバスケットボール選手。
⇒外16（オドム,ラマー 1979.11.6–）
最世ス（オドム,ラマー 1979.11.6–）

Odom, William E.
NSA長官。在職1985～88。
⇒スパイ（オドム,ウィリアム・E 1932–2008）

O'Donnell, Cathy
アメリカの女優。
⇒ク俳（オドネル,キャシー（スティーリー,アン）1923–1970）

O'Donnell, Chris
アメリカ生まれの俳優。
⇒外12（オドネル,クリス 1970.6.26–）
外16（オドネル,クリス 1970.6.26–）
ク俳（オドネル,クリス 1970–）

O'Donnell, Patrick
アイルランドの聖職者。枢機卿,アーマおよびプリマスの大司教。
⇒岩世人（オドネル 1856.11.28–1927.11.22）

O'donnell, Phil
イギリスのサッカー選手。
⇒最世ス（オドネル,フィル 1972.3.25–2007.12.29）

O'Donoghue, Daniel
アイルランドのミュージシャン。
⇒外12（オドナヒュー,ダニエル 1980.10.3–）

O'Doul, Francis Joseph（Lefty）
アメリカの大リーグ選手（外野,投手）。
⇒メジャ（オドール,レフティ 1897.3.4–1969.12.7）

Odriozola, Elena
スペインの絵本画家。
⇒絵本（オドリオゾーラ,エレナ 1967–）
外12（オドリオゾーラ,エレナ 1967–）
外16（オドリオゾーラ,エレナ 1967–）

O'Driscoll, Brian
アイルランドのラグビー選手（レンスター・CTB）。
⇒外12（オドリスコル,ブライアン 1979–）
外16（オドリスコル,ブライアン 1979.1.21–）
最世ス（オドリスコル,ブライアン 1979.1.21–）

Odum, Eugene Pleasants
アメリカの生態学者。
⇒岩生（オダム 1913–2002）
岩世人（オーダム 1913.9.17–2002.8.10）
三新生（オダム 1913–2002）

Odum, Howard Washington
アメリカの社会学者。アメリカ南部の研究で有名。
⇒岩世人（オーダム 1884.5.24–1954.11.8）
教人（オーダム 1884–1954）
社小増（オーダム 1884–1955）

Odwell, Frederick William
アメリカの大リーグ選手（外野）。
⇒メジャ（オドウェル,フレッド 1872.9.25–1948.8.19）

Oerter, Alfred Adolf, Jr.
アメリカの円盤投げ選手。
⇒岩世人（オーター 1936.9.19–2007.10.1）

Oertmann, Paul
ドイツの法学者。『ドイツ民法註釈書』（1899）の著者として有名。
⇒岩世人（エルトマン 1865.7.3–1938.5.22）

Oeschger, Joseph Carl
アメリカの大リーグ選手（投手）。
⇒メジャ（エッシュガー,ジョー 1892.5.24–1986.7.28）

Østberg, Ingvild
ノルウェーのスキー選手（距離）。
⇒外16（エストベルグ,イングヴィル 1990.11.10–）

Oester, Ronald John
アメリカの大リーグ選手（二塁）。
⇒メジャ（オースター,ロン 1956.5.5–）

Oestreich, Gerhard
ドイツの歴史家。
⇒岩世人（エストライヒ　1910.5.2–1978.2.5）

Oestreich, Paul
ドイツの教育家。徹底的学校改革者同盟を結成し（1919）、機関誌「Die Neue Erziehung」を編集した（20～33）。
⇒岩世人（エストライヒ　1878.3.30–1959.2.28）
　教人（エストライヒ　1878–）

Oestvig, Karl
ノルウェーのテノール歌手。
⇒魅惑（Oestvig,Karl Aagaard　1889–1968）

Oetama, Jacob
インドネシアのジャーナリスト。
⇒外12（ウタマ, ヤコブ　1931–）
　外16（ウタマ, ヤコブ　1931–）

Øverland, Arnulf
ノルウェーの詩人。『さびしい祭典』（1911）『われらすべてを生きぬく』（45）など。
⇒岩世人（エーヴェルラン　1889.4.27–1968.3.25）

Øyen, Wenche
ノルウェーのイラストレーター。
⇒絵本（オイエン, ヴェンケ　1946–）

O'Faolain, Julia
アイルランドの女性小説家。
⇒外16（オフェイロン, ジュリア　1932–）
　現世文（オフェイロン, ジュリア　1932.6.6–）

O'Faoláin, Seán
アイルランドの作家。作品に『連れなき鳥』（1936）、『偉大なるオニール』（42）など。
⇒岩世人（オフェイロン　1900.2.27–1991.4.20）
　現世文（オフェイロン, ショーン　1900.2.22–1991.4.20）

O'Farrell, Maggie
イギリスの作家。
⇒現世文（オファーレル, マギー）

O'Farrell, Robert Arthur
アメリカの大リーグ選手（捕手）。
⇒メジャ（オファーレル, ボブ　1896.10.19–1988.2.20）

O'Farrill, Arturo（Chico）
キューバ生まれのジャズ作曲家。
⇒標音2（オファーリル, チコ　1921.10.28–）

Offe, Claus
ドイツの社会学者, 政治学者。
⇒岩世人（オッフェ　1940.3.16–）
　外12（オッフェ, クラウス　1940–）
　外16（オッフェ, クラウス　1940–）
　現社（オッフェ　1940–）
　社小増（オッフェ　1940–）

Offerman, Jose Antonio
アメリカの大リーグ選手（遊撃, 二塁, 一塁）。
⇒メジャ（オファーマン, ホセ　1968.11.8–）

Offermanns, Peter
ドイツのテノール歌手。
⇒魅惑（Offermanns,Peter　1910–?）

Offmann, Karl
モーリシャスの政治家。モーリシャス大統領（2002～03）。
⇒世指導（オフマン, カール　1940.11.25–）

Ofili, Chris
イギリスの画家。
⇒岩世人（オフィリ　1968.10.10–）
　現アテ（Ofili,Chris　オフィリ, クリス　1968–）

Ofkīr, Muhammad
モロッコの軍人, 政治家。ハッサン国王の暗殺未遂事件にあたり, 反乱軍を鎮圧, 功績により国防相に任ぜられる。
⇒世暗（ウフキル, ムハンマド将軍　1920?–1972）

O'Flaherty, Liam
アイルランドの作家。著書『密告者』（1925）、『飢饉』（37）など。
⇒岩世人（オフラハティ　1896.8.28–1984.9.7）
　現世文（オフレアティ, リーアム　1896–1984.9.7）

Ofra Haza
イスラエルの歌手, ソングライター。
⇒岩世人（オフラ・ハザ　1957.11.19–2000.2.23）

Ogburn, William Fielding
アメリカの文化社会学者。主著『社会変動論』（1922）。
⇒岩世人（オグバーン　1886.6.29–1959.4.27）
　学叢思（オグボーン, ウィリアム・フィールディング　1886–）
　教人（オグバーン　1886–）
　社小増（オグバーン　1886–1959）
　新カ十（オグバーン　1886.6.29–1959.4.27）

Ogden, Charles Kay
イギリスの言語心理学者。I.A.リチャーズとの共著『意味の意味』（1923）がある。
⇒岩世人（オグデン　1889.6.1–1957.3.20）

Ogden, Jonathan
アメリカのプロフットボール選手。
⇒外16（オグデン, ジョナサン　1974.7.31–）
　最世（オグデン, ジョナサン　1974.7.31–）

Ogden, Thomas H.
アメリカ西海岸の精神分析家。
⇒精分岩（オグデン, トーマス・H　1946–）

Ogdon, John
イギリスのピアノ奏者。

⇒標音2（オグドン, ジョン　1937.1.27–1989.8.1）

Ogg, Frederic Austin
アメリカの政治学者。特にヨーロッパの政府および政治に関する研究に優れた業績がある。
⇒岩世人（オッグ　1878.2.8–1951.10.23）

Oggins, Isaiah H.
スパイ容疑でソ連にて逮捕・処刑されたアメリカ人。
⇒スパイ（オギンス, イサイア・H　1898–1947）

Ogi, Adolf
スイスの政治家。スイス国防相・大統領。
⇒外12（オギ, アドルフ　1942.7.18–）
　世指導（オギ, アドルフ　1942.7.18–）

Ogilvy, Geoff
オーストラリアのプロゴルファー。
⇒外12（オギルビー, ジェフ　1977.6.11–）
　最世ス（オギルビー, ジェフ　1977.6.11–）

Oglivie, Benjamin Ambrosio
アメリカの大リーグ選手（外野）。
⇒メジャ（オグリビー, ベン　1949.2.11–）

Ognevoi, Konstantin
ソ連のテノール歌手。
⇒魅惑（Ognevoi,Konstantin　?–）

Ogorodnik, Alexander D.
1970年代、ソ連外務省の国際関係課に所属していたCIAのエージェント。
⇒スパイ（オゴロドニク, アレクサンドル・D　1939–1977）

Ogorodnikova, Svetlana
KGBのエージェント。
⇒スパイ（オゴロドニコワ, スヴェトラナ　1951–）

Ogot, Bethwell Allan
ケニアの歴史家。
⇒岩世人（オゴット　1929.8.3–）

Ogot, Grace
ケニアの女性作家。
⇒現世文（オゴト, グレース　1930.5.15–2015.3.18）

O'Grady, Standish James
アイルランドの小説家。
⇒岩世人（オグレイディ　1846.9.18–1928.5.18）

O'Grady, Stuart
オーストラリアの自転車選手。
⇒外16（オグレイディ, スチュアート　1973.8.6–）
　最世ス（オグレイディ, スチュアート　1973.8.6–）

Ogrenich, Nikolay
ソ連のテノール歌手。
⇒魅惑（Ogrenich,Nikolay　1937–）

Oh, Sandra
アメリカの女優。
⇒外12（オー, サンドラ　1971–）

O'Hagan, Andrew
イギリスの作家。
⇒外12（オヘイガン, アンドリュー　1968–）
　外16（オヘイガン, アンドリュー　1968–）
　海文新（オヘイガン, アンドリュー　1968–）
　現世文（オヘイガン, アンドルー　1968–）

O'Hair, Sean
アメリカのプロゴルファー。
⇒外12（オヘア, ショーン　1982.7.11–）
　最世ス（オヘア, ショーン　1982.7.11–）

Ohana, Maurice
フランスのピアノ奏者, 作曲家。1947年芸術表現の自由を目標としたグループ「ゾディアック」を創設するが、まもなく解散。
⇒ク音3（オアナ　1914–1992）
　新音中（オアナ, モーリス　1913.6.12–1992.11.13）
　標音2（オアナ, モリス　1913.6.12–1992.11.13）

O'Hanlon, Pete
アイルランドのミュージシャン。
⇒外16（オハンロン, ピート）

O'Hanlon, Redmond（Douglas）
イギリスの旅行作家。
⇒外12（オハンロン, レドモンド　1947–）
　現世文（オハンロン, レドモンド　1947–）

O'Hara, Frank
アメリカの詩人, 美術評論家。
⇒現世文（オハラ, フランク　1926.6.27–1966.7.25）

O'Hara, John
アメリカの小説家。ペンシルヴェニアのポッツヴィルに生まれ、この地を背景にペンシルヴェニア人を記録的自然主義小説中に描写した。
⇒アメ州（O'Hara,John Henry　オハラ, ジョン・ヘンリー　1905–1970）
　岩世人（オハラ　1905.1.31–1970.4.11）
　現世文（オハラ, ジョン・ヘンリー　1905.1.31–1970.4.11）

O'Hara, Maureen
アイルランド生まれの女優。
⇒ク俳（オハラ, モーリーン（フィッツシモンズ,M）1920–）
　スター（オハラ, モーリン　1920.8.17–）

Oh Beom-seok
韓国のサッカー選手（MF）。
⇒外12（オボムソク　1984.7.29–）
　最世ス（オボムソク　1984.7.29–）

Oh Dae-gyu
韓国の男優。

⇒韓俳（オ・デギュ　1968.5.13-）

O.Henry
アメリカの小説家。作品数は数百にのぼり、『最後の一葉』（1905）などが代表作。
⇒アメ州（O.Henry　オー・ヘンリー　1862–1910）
岩世人（O.ヘンリー　1862.9.11–1910.6.5）
広辞7（オー・ヘンリー　1862–1910）
辞歴（O・ヘンリー　1862–1910）
世人新（オー＝ヘンリ　1862–1910）
世人装（オー＝ヘンリ　1862–1910）
ネーム（O・ヘンリー　1862–1910）
ポプ人（オー・ヘンリー　1862–1910）

Oher, Michael
アメリカのプロフットボール選手（パンサーズ・T）。
⇒外12（オアー, マイケル　1986.5.28-）
　外16（オアー, マイケル　1986.5.28-）
　最世ス（オアー, マイケル　1986.5.28-）

O'Herlihy, Dan
アイルランド生まれの俳優。
⇒ク俳（オハリヒー, ダン　1919-）

Oh Eun-sun
韓国の登山家。
⇒外12（オウンソン　呉銀善）
　外16（オウンソン　呉銀善）

Oh Ji-ho
韓国の俳優。
⇒外12（オジホ　1976.4.14-）
　外16（オジホ　1976.4.14-）
　韓俳（オ・ジホ　1976.4.14-）

Oh Jin-hyek
韓国のアーチェリー選手。
⇒外16（オジンヒョク　呉真爀　1981.8.15-）
　最世ス（オジンヒョク　1981.8.15-）

Oh Ji-Young
韓国の女優。
⇒韓俳（オ・ジヨン　1971.1.17-）

Oh Joung-wan
韓国の映画製作者。
⇒外12（オジョンワン　1964-）
　外16（オジョンワン　1964-）

Oh Jung-hee
韓国の小説家。
⇒韓現文（呉貞姫　オ・ジョンヒ　1947.11.9-）
　現世文（オ・ジョンヒ　呉貞姫　1947-）

Oh Kwang-rok
韓国の男優、詩人、作家。
⇒韓俳（オ・グァンノク　1962.8.27-）

Ohlendorf, Otto
ナチス・ドイツ国家保安本部第III部（AmtIII）部長。

⇒ネーム（オーレンドルフ　1907–1951）

Ohlin, Bertil Gotthard
スウェーデンの経済学者、政治家。J.M.ケーンズと「トランスファー」問題で論争。
⇒岩経（オリーン　1899–1979）
　岩世人（オリーン　1899.4.23–1979.8.3）
　ノベ3（オリーン, B.G.　1899.4.23–1979.8.3）
　有経5（オリーン　1899–1979）

Ohlinger, Franklin
アメリカの宣教師。
⇒アア歴（Ohlinger,Franklin　オーリンガー, フランクリン　1845.11.29–1919.1.6）

Ohlmann, Daniel
ドイツ、カナダのテノール歌手。
⇒魅惑（Ohlmann,Daniel　1973-）

Ohlmer, Ernest
ドイツ人。中国海関税務司、厦門（アモイ）海関勤務（1868）を初め、中国各地に転勤。
⇒岩世人（オールマー　1847–1927.1.1）

Ohlsson, Garrick
アメリカのピアノ奏者。
⇒外12（オールソン, ギャリック　1948.4.3-）
　外16（オールソン, ギャリック　1948.4.3-）
　標音2（オールソン, ギャリック　1948.4.3-）

Ohlsson, Kristina
スウェーデンの作家。
⇒海文新（オルソン, クリスティーナ　1979.3.2-）
　現世文（オルソン, クリスティーナ　1979.3.2-）

Ohm, Thomas
ドイツのベネディクト会員、宣教学者。
⇒新カト（オーム　1892.10.18–1962.9.25）

Öhman, Carl Martin
スウェーデンのテノール歌手。1920～30年代を代表するワグナー、ヴェルディ・テノールの一人。
⇒魅惑（Öhmann,Carl Martin　1887–1967）

Oh Man-Seok
韓国の男優。
⇒韓俳（オ・マンソク　1975.1.30-）

Ohnet, Georges
フランスの小説家。
⇒岩世人（オーネ　1848.4.3–1918.5.5）
　19仏（オーネ, ジョルジュ　1848.4.3–1918.5.5）

Ohn Gyaw
ミャンマー（ビルマ）の政治家。ミャンマー外相。
⇒世指導（オン・ジョー　1932.3.3-）

Ohno, Apolo Anton
アメリカのスピードスケート選手（ショートト

ラック)。
⇒外12(オーノ,アポロ・アントン 1982.5.22-)
外16(オーノ,アポロ・アントン 1982.5.22-)
最世ス(オーノ,アポロ・アントン 1982.5.22-)

Oh Sang-eun
韓国の卓球選手。
⇒最世ス(オサンウン 1977.4.13-)

Oh Se-hoon
韓国の政治家,法律家。ソウル市長,韓国国会議員(自由韓国党)。
⇒外12(オセフン 呉世勲 1961.1.4-)
外16(オセフン 呉世勲 1961.1.4-)
世指導(オ・セフン 1961.1.4-)

Oh Seung-Eun
韓国の女優。
⇒韓俳(オ・スンウン 1979.2.8-)

Oh Seung-hwan
韓国のプロ野球選手(阪神・投手)。
⇒外16(オスンファン 呉昇桓 1982.7.15-)

Oh Seung Hyun
韓国の女優。
⇒韓俳(オ・スンヒョン 1978.3.1-)

Oh Sufan
韓国の画家。
⇒芸13(オー・スファン 1946-)

Ohta, Herb
アメリカのウクレレ奏者。
⇒異二辞(オオタ,ハーブ 1934-)
外16(オオタ,ハーブ 1934.10.21-)

Oh Tae-seok
韓国の演出家,劇作家。劇団「木花」主宰。
⇒外12(オテソク 呉泰錫 1940-)
外16(オテソク 呉泰錫 1940-)
韓現文(呉泰錫 オ・テソク 1940.10.11-)
現世文(オ・テソク 呉泰錫 1940.10.11-)

Ohuruogu, Christine
イギリスの陸上選手(短距離)。
⇒外12(オフルオグ,クリスティーン 1984.5.17-)
外16(オフルオグ,クリスティーン 1984.5.17-)
最世ス(オフルオグ,クリスティーン 1984.5.17-)

Oh Won-bin
韓国のミュージシャン。
⇒外12(オウォンビン 1990.3.26-)

Oh Yeon-ho
韓国のジャーナリスト。
⇒外12(オヨンホ 呉連鎬 1964-)

Oh Yeon-soo
韓国のタレント。
⇒韓俳(オ・ヨンス 1971.10.27-)

Oh Yoon-ah
韓国の女優,レースクイーン。
⇒韓俳(オ・ユナ 1980.10.14-)

Oh Yoon Hong
韓国の女優。
⇒韓俳(オ・ユノン 1973.8.9-)

Oh Young-doo
韓国の映画監督,脚本家。
⇒外12(オヨンドゥ 1975-)
外16(オヨンドゥ 1975-)

Oistrakh, David Fedorovich
ロシアのヴァイオリン奏者。
⇒岩世人(オイストラフ 1908.9.17/30-1974.10.24)
新音中(オイストラフ,ダヴィド 1908.9.30-1974.10.24)
ネーム(オイストラフ 1908-1974)
標音2(オイストラフ,ダヴィト 1908.9.30-1974.10.24)
ユ著人(Oistrakh,David Fyodorovich オイストラフ,ダヴィド・フィヨドロヴィッチ 1908-1974)

Oistrakh, Igor
ロシア,のちフランス・ベルギーのヴァイオリン奏者。
⇒新音中(オイストラフ,イーゴリ 1931.4.27-)
標音2(オイストラフ,イーゴリ 1931.4.27-)
ユ著人(Oistrakh,Igor David オイストラフ,イーゴル・ダヴィド 1931-)

Oiwa, Oscar
ブラジルの美術家。
⇒外12(大岩オスカール オオイワオスカール 1965-)
外16(大岩オスカール オオイワオスカール 1965-)

Ojdov, Chojzhamtsyn
モンゴルの作家。1947年チョイバルサン賞受賞の『道』など,戯曲多数。
⇒現世文(オイドブ,チョイジャムツィーン 1917-1963.5.25)

Ojeda, Robert Michael
アメリカの大リーグ選手(投手)。
⇒メジャ(オヘダ,ボブ 1957.12.17-)

Ojetti, Ugo
イタリアの作家。主著は『見たまま』(1923~29)など。
⇒岩世人(オイェッティ 1871.7.15-1946.1.1)

Ojukwu, Chukwuemeka Odumegwu
ナイジェリアの軍人,政治家。ビアフラ共和国大統領(1967~70)。
⇒岩世人(オジュク 1933.11.4-2011.11.26)

Okada, John
アメリカ(日系)の小説家。

⇒岩世人（オカダ　1923.9.23-1971.2.20）

Okafor, Emeka
アメリカのバスケットボール選手。
⇒最新ス（オカフォー, エメカ　1982.9.28-）

Okai, Atukwei
ガーナの詩人。代表作に『迷路の対数』『ドンキイの国のロードデンドロン』がある。
⇒現世文（オカイ, アトゥクェイ　1941.3.15-2018.7.13）

Okamura, Tomio
チェコの政治家, 実業家。
⇒外16（オカムラ, トミオ　1972-）
　世指導（オカムラ, トミオ　1972-）

Okara, Gabriel
ナイジェリアの詩人, 小説家。イジョウ語のリズムと方言を英語に移植する実験詩を特色とする。
⇒現世文（オカラ, ゲイブリエル　1921.4.24-）

Okarma, Thomas B.
アメリカの実業家。
⇒外12（オカーマ, トーマス）
　外16（オカーマ, トーマス）

Okazaki, Steven
アメリカの映画監督, 映画プロデューサー。
⇒外12（オカザキ, スティーブン　1952-）
　外16（オカザキ, スティーブン　1952-）

O'Keefe, Danny
アメリカのシンガー・ソングライター。
⇒ロック（O'Keefe,Danny　オキーフ, ダニー　1943-）

O'keefe, Dennis
アメリカの男優。
⇒ク俳（オキーフ, デニス（フラナガン, エドワード・"バド"）　1908-1968）

O'Keefe, John
イギリスの脳神経学者。
⇒外16（オキーフ, ジョン　1939.11.18-）
　広辞7（オキーフ　1939-）

O'Keeffe, Georgia
アメリカの女性画家。アメリカ抽象絵画の長老的存在。
⇒アメ州（O'Keeffe,Georgia　オキーフ, ジョージア　1887-）
　岩世人（オキーフ　1887.11.15-1986.3.6）
　芸13（オキーフ, ジョージア　1887-1986）
　広辞7（オキーフ　1887-1986）
　ネーム（オキーフ　1887-1986）
　ポプ人（オキーフ, ジョージア　1887-1986）

Okeke, Uche
ナイジェリアの画家。
⇒岩世人（オケケ　1933-）

O'Kelly, Sean Thomas
アイルランドの政治家。アイルランド大統領（1945～59）。
⇒岩世人（オケリー　1882.8.25-1966.11.23）

Okenko, Vladimir
テノール歌手。
⇒魅惑（Okenko,Vladimir　?-）

Okigbo, Christopher
ナイジェリアの詩人。現代アフリカ文学界屈指の詩人と目されていたが、ビアフラ市民戦争に参戦、東部戦線で戦死した。
⇒現世文（オキボ, クリストファー　1932.8.16-1967.8）

Okimoto, Daniel I.
アメリカの政治学者。
⇒外12（オキモト, ダニエル　1942.8.14-）
　外16（オキモト, ダニエル　1942.8.14-）

Ok Ji-Young
韓国の女優, モデル。
⇒韓俳（オク・ジョン　1980.10.13-）

Okladnikov, Aleksei Pavrovich
ソ連の考古学者。旧石器時代遺跡を広く調査発掘。
⇒岩世人（オクラードニコフ　1908.9.20/10.3-1981.11.18）

Okounkov, Andrei
ロシアの数学者。
⇒外12（オクンコフ, アンドレイ　1969-）
　外16（オクンコフ, アンドレイ　1969.7.26-）
　世数（オクンコフ, アンドレイ・ユリエヴィッチ　1969-）

Okpewho, Isidore
ナイジェリアの小説家, 評論家。
⇒現世文（オペウォ, イシドレ　1942-2016.9.4）

Okri, Ben
ナイジェリアの作家。
⇒外12（オクリ, ベン　1959.3.15-）
　外16（オクリ, ベン　1959.3.15-）
　現世文（オクリ, ベン　1959.3.15-）

Oksanen, Sofi
フィンランドの作家, 脚本家。
⇒海文新（オクサネン, ソフィ　1977-）
　現世文（オクサネン, ソフィ　1977-）

Oksenberg, Michel
アメリカの中国研究者。
⇒岩世人（オクセンバーグ　1938.10.12-2001.2.22）

Okudzhava, Bulat Shalvovich
ソ連の詩人, 作家。『哀れなアブロシーモフ』（1970）は歴史小説の枠を超えて、ソルジェニーツィン以後のソ連文学の代表作として知られて

いる。
⇒岩世人（オクジャワ　1924.5.9-1997.6.12）
現世文（オクジャワ、ブラート　1924.5.9-1997.6.12）
広辞7（オクジャワ　1924-1997）

Okun, Arthur M.
アメリカ生まれの経済思想家。
⇒岩経（オーカン　1928-1980）

Okun, Jenny
アメリカの写真家，彫刻家。
⇒芸13（オクン、ジェニー　1953-）

Olafsson, Olaf
アイスランドの作家。
⇒外12（オラフソン、オラフ　1962-）
外16（オラフソン、オラフ　1962-）
現世文（オラフソン、オラフ　1962-）

Olah, George Andrew
ハンガリー，アメリカの化学者。
⇒岩世人（オラー　1927.5.22-）
外12（オラー、ジョージ　1927.5.22-）
外16（オラー、ジョージ　1927.5.22-）
化学（オラー　1927-2017）
ノベ3（オラー、G.A.　1927.5.22-）

Olajuwon, Hakeem
アメリカのバスケットボール選手。
⇒外12（オラジュワン、アキーム　1963.1.21-）

Olalia, Felixberto
フィリピンの労働組合運動指導者。
⇒岩世人（オラリア　1904-1983.12.4）

Oland, Warner
スウェーデン生まれの俳優。
⇒ク俳（オランド、ウォーナー（エルント、ヴェルナー）　1880-1938）

Olayan, Lubna S.
サウジアラビアの実業家。
⇒外12（オライアン、ルブナ）
外16（オライアン、ルブナ　1955.8.4-）

Olazábal, José María
スペインのプロ・ゴルフ選手。
⇒外16（オラサバル、ホセ・マリア　1966.2.5-）
最世ス（オラサバル、ホセ・マリア　1966.2.5-）

Olbrich, Joseph Maria
オーストリアの建築家，デザイナー。
⇒岩世人（オルブリヒ　1867.11.22-1908.8.8）
ネーム（オルブリヒ　1867-1908）

Olcott, Frances Jenkins
アメリカの図書館員。カーネギー図書館で児童図書館員の養成に尽力，子ども向けの童話の編纂者としても知られる。
⇒ア図（オルコット、フランセス　1872-1963）

Olcott, Henry Steel
アメリカの神智学者。
⇒アア歴（Olcott,Henry Steel　オルコット、ヘンリー・スティール　1832.8.2-1907.2.17）
オク仏（オルコット、ヘンリー・スティール　1832-1907）

Olcott, William Tyler
アメリカのアマチュア天文家，弁護士。アメリカ変光星観測者協会を設立。
⇒天文大（オルコット　1873-1936）

Oldenberg, Hermann
ドイツのインド学者。ベーダ学および原始仏教の研究に業績を残した。
⇒岩世人（オルデンベルク　1854.10.31-1920.3.18）
オク仏（オルデンベルク、ヘルマン　1854-1920）
新佛3（オルデンベルヒ　1854-1920）

Oldenburg, Claes
ストックホルム生まれのアメリカの美術家。
⇒岩世人（オルデンバーグ　1929.1.28-）
芸13（オルデンバーグ、クレス　1929-）
広辞7（オルデンバーグ　1929-）

Oldenburg, Sergei Fëdorovich
ソ連の東洋学者，インド学者。1897年以来『仏教文庫』を刊行。
⇒岩世人（オリデンブルク　1863.9.14/26-1934.2.28）
中文史（オルデンブルグ　1863-1934）

Oldendorf, William Henry
アメリカの医師。コンピューター断層撮影法の基礎となる研究をしたことで名高い。
⇒岩世人（オルデンドルフ　1925.3.27-1992.12.14）

Oldfield, *Sir* Maurice
イギリス秘密情報部（MI6）長官。在職1973~79。
⇒スパイ（オールドフィールド、サー・モーリス　1915-1981）

Oldfield, Mike
イギリス生まれのミュージシャン。
⇒ロック（Oldfield,Mike　オールドフィールド、マイク）

Oldham, Andrew Loog
イギリスのプロデューサー。
⇒ロック（Oldham,Andrew 'Loog'　オールダム、アンドルー・"ルーグ"）

Oldham, Derek
イギリスのテノール歌手。
⇒魅惑（Oldham,Derek　1887-1968）

Oldham, Joseph Houldsworth
イギリスのプロテスタント伝道者。キリスト教学生運動の指導者。
⇒岩世人（オールダム　1874.10.20-1969.5.16）
オク教（オールダム　1874-1969）

Oldham, Richard Dixon
イギリスの地震学者，地質学者。
⇒オク地（オールダム，リチャード・ディクソン 1858–1936）

Oldham, Spooner
アメリカのキーボード奏者，ソングライター。
⇒ロック（Oldham,Spooner　オールダム，スプーナー）

Oldham, William Fitzjames
アメリカの宣教師。
⇒アア歴（Oldham,William F (itzjames)　オールダム，ウイリアム・フィッツジェイムズ 1854.12.15–1937.3.27）

Oldman, Gary
イギリス生まれの俳優。
⇒遺産（オールドマン，ゲイリー 1958.3.21–）
外12（オールドマン，ゲーリー 1958.3.21–）
外16（オールドマン，ゲーリー 1958.3.21–）
ク俳（オールドマン，ゲーリー（オールドマン，レナード・G） 1958–）
スター（オールドマン，ゲイリー 1958.3.21–）

Oldmeadow, Ernest James
イギリスのカトリック・ジャーナリスト。
⇒新カト（オールドメドー 1867.10.31–1949.9.11）

Oldring, Reuben Henry
アメリカの大リーグ選手（外野，三塁）。
⇒メジャ（オルドリング，ルーブ 1884.5.30–1961.9.9）

Olds, Ransom Eli
アメリカの実業家。
⇒アメ州（Olds,Ransom Eli　オールズ，ランソム・イーライ 1864–1950）

O'Leary, Troy Franklin
アメリカの大リーグ選手（外野）。
⇒メジャ（オリアリー，トロイ 1969.8.4–）

Olechowski, Andrzej
ポーランドの政治家。ポーランド外相。
⇒世指導（オレホフスキ，アンジェイ 1949.9.9–）

Oleksy, Józef
ポーランドの政治家。ポーランド首相。
⇒スパイ（オレクスィ，ユゼフ 1946–2015）
世指導（オレクシ，ユゼフ 1946.6.22–2015.1.9）

Olerud, John Garrett
アメリカの大リーグ選手（一塁）。
⇒メジャ（オルルド，ジョン 1968.8.5–）

Olesha, Yurii Karlovich
ソ連の作家。作品に『羨望』『恋』(1927)，『3人のでぶ』など。
⇒岩世人（オレーシャ 1899.2.19/3.3–1960.5.10）
現世文（オレーシャ，ユーリー・カルロヴィチ 1899.3.3–1960.5.10）

Oleydong Sithsamerchai
タイのプロボクサー。
⇒最世ス（オーレイドン・シスサマーチャイ 1985.7.17–）

Oli, K.P.Sharma
ネパールの政治家。ネパール首相，ネパール統一共産党（UML）議長。
⇒世指導（オリ，K.P.シャルマ 1952.2.22–）

Olin, Lena
スウェーデン生まれの女優。
⇒外16（オリン，レナ 1955.3.22–）
ク俳（オリン，リナ 1955–）

Oliphant, Marcus Laurence Elwin
イギリスの理論物理学者。ガス体内の電気，原子核物理学に関する研究がある。
⇒岩世人（オリファント 1901.10.8–2000.7.14）

Olitski, Jules
ロシア出身のアメリカの画家。
⇒岩世人（オリツキー 1922.3.27–2007.2.4）

Oliva
アルゼンチンのサッカー選手（MF）。
⇒外12（オリバ 1971.9.26–）

Oliva, Pedro (Tony)
アメリカの大リーグ選手（外野）。
⇒メジャ（オリバ，トニー 1938.7.20–）

Olivadoti, Joseph
アメリカの作曲家。吹奏楽の分野で活躍。
⇒標音2（オリヴァドーティ，ジョーゼフ 1893–）

Olivares, Ruben
メキシコのプロボクサー。
⇒異二辞［オリバレス［ルーベン・～］ 1947–）

Olivecrona, Karl
スウェーデンの法哲学者，民事法学者。スカンジナビア・リアリズム法学の代表者。
⇒岩世人（オリヴェクローナ（ウリーヴクルーナ） 1897.10.25–1980.2.5）

Oliveira, Fabiana
ブラジルのバレーボール選手。
⇒最世ス（オリベイラ，ファビアナ 1980.3.7–）

Oliveira, Manoel de
ポルトガル生まれの映画監督。
⇒映監（オリヴェイラ，マノエル・デ 1908.12.11–）
外12（オリヴェイラ，マノエル・デ 1908.12.11–）

Oliveira, Oswaldo
ブラジルのサッカー監督（フラメンゴ）。
⇒外12（オリヴェイラ，オズワルド 1950.12.5–）
外16（オリヴェイラ，オズワルド 1950.12.5–）

Oliver, Albert
アメリカの大リーグ選手（外野, 一塁）。
⇒メジャ（オリヴァー, アル　1946.10.14-）

Oliver, Alexander
イギリスのテノール歌手。
⇒魅惑（Oliver,Alexander　1944-）

Oliver, Darren Christopher
アメリカの大リーグ選手（投手）。
⇒メジャ（オリヴァー, ダーレン　1970.10.6-）

Oliver, David
アメリカの陸上選手（ハードル）。
⇒最世ス（オリバー, デービッド　1982.4.24-）

Oliver, Jamie
イギリスの料理人。
⇒外16（オリバー, ジェイミー　1975.5.27-）

Oliver, Joseph（King）
アメリカのジャズ・コルネット奏者。
⇒岩世人（オリヴァー　1885.12.19-1938.4.10）
　新音中（オリヴァー, キング　1885.5.11-1938.4.8/10）
　標音2（オリヴァー, キング　1885.5.11-1938.4.8/10）

Oliver, Joseph Melton
アメリカの大リーグ選手（捕手）。
⇒メジャ（オリヴァー, ジョー　1965.7.24-）

Oliver, Lauren
アメリカの作家。
⇒海文新（オリヴァー, ローレン　1982-）
　現世文（オリバー, ローレン　1982-）

Oliver, Mary
アメリカの詩人。
⇒岩世人（オリヴァー　1935.9.10-）

Oliver, Raymond
フランスの料理人, レストラン経営者。
⇒岩世人（オリヴェ　1909.3.27-1990.11.5）
　フラ食（オリヴェ, レモン　1909-1990）

Oliver, Robert Tarbell
アメリカの教育者。
⇒アア歴（Oliver,Robert T（arbell）　オリヴァー, ロバート・ターベル　1909.7.7-）

Oliver, Vaughan
イギリスのデザイナー, アート・ディレクター, 挿絵画家, タイポグラファー。
⇒グラデ（Oliver,Vaughan　オリヴァー, ヴォーガン　1957-）

Oliver, Walter Reginald Brook
ニュージーランドの博物学者。
⇒ニュー（オリヴァー, ウォルター　1883-1957）

Olivero, Magda
イタリアのソプラノ歌手。
⇒オペラ（オリヴェーロ, マグダ　1910-）

Oliveros, Pauline
アメリカの作曲家。
⇒外16（オリベロス, ポーリン　1932-）
　現音キ（オリヴェロス, ポーリン　1932-）

Olivetti, Camilo
イタリアの事務機メーカー主。
⇒ユ著人（Olivetti,Camilo　オリベッティ, カミロ　1868-1943）

Olivier, *Sir* Laurence Kerr
イギリスの代表的俳優, 演出家。多彩な演出, 正確な演技で英国国立劇場のチーフ・ディレクターとして活躍。映画の代表作『ハムレット』『リチャード3世』。
⇒岩世人（オリヴィエ　1907.5.22-1989.7.11）
　ク俳（オリヴィエ, サー・ローレンス（オリヴィエ, ロード）　1907-1989）
　広辞7（オリヴィエ　1907-1989）
　スター（オリヴィエ, ローレンス　1907.5.22-1989）
　ネーム（オリヴィエ, ローレンス　1907-1989）

Olivieri, Cristiano
テノール歌手。
⇒魅惑（Olivieri,Cristiano　?-）

Olivier-Martin, François
フランスの法史学者。主著『フランス法史』（1948）。
⇒岩世人（オリヴィエ=マルタン　1879.10.30-1952.3.8）

Oliviero, Lodovico
イタリアのテノール歌手。兄はテノールのエルヴィーノ・ヴェントゥーラ。
⇒魅惑（Oliviero,Lodovico　1886-1948）

Olivo, Miguel Eduardo
ドミニカ共和国の大リーグ選手（捕手）。
⇒メジャ（オリボ, ミゲル　1978.7.15-）

Ollenhauer, Erich
ドイツの政治家。1952年ドイツ社会民主党党首に選出される。
⇒岩世人（オレンハウアー　1901.3.27-1963.12.14）

Olli, Rantaseppä
フィンランドのテノール歌手。
⇒魅惑（Olli,Rantaseppä　?-）

Ollier, Claude
作家。作品『演出』『秩序の維持』『インドの夏』など。
⇒現世文（オリエ, クロード　1922.12.17-2014.10.18）

Ollivier, Émile
ハイチ出身の作家。
⇒広辞7（オリヴィエ　1940–2002）

Ollivier, Jean-Yves
フランスの実業家。
⇒外16（オリヴィエ, ジャン・イヴ　1944.10.8–）

Olmert, Ehud
イスラエルの政治家。イスラエル首相, エルサレム市長, カディマ党首。
⇒外12（オルメルト, エフド　1945.9.30–）
　外16（オルメルト, エフド　1945.9.30–）
　世指導（オルメルト, エフド　1945.9.30–）

Olmi, Ermanno
イタリア生まれの映画監督。
⇒岩世人（オルミ　1931.7.24–）
　映監（オルミ, エルマンノ　1931.7.24–）
　外12（オルミ, エルマンノ　1931.7.24–）
　外16（オルミ, エルマンノ　1931.7.24–）

Olmstead, Albert Jen Eyck
アメリカの古代学者。アメリカの古代オリエント史研究開拓者の一人。
⇒岩世人（オルムステッド　1880.3.23–1945.4.11）

Olney, Richard
アメリカの政治家, 法律家。司法長官, 国務長官。
⇒岩世人（オルニー　1835.9.15–1917.4.18）

Olofsson, Anna carin
スウェーデンのバイアスロン選手。
⇒外12（オロフソン, アンナ・カリン　1973.4.1–）
　外16（オロフソン, アンナ・カリン　1973.4.1–）
　最世ス（オロフソン, アンナ・カリン　1973.4.1–）

Olrik, Axel
デンマークの民俗学者。スカンディナヴィアの民謡および神話を研究した。
⇒岩世人（オルリク　1864.7.3–1917.2.17）

Olsen, Edward Gustave
アメリカの教育学者。地域社会学校論を展開した。
⇒教人（オールセン　1908–）

Olsen, Ib Spang
デンマークのイラストレーター。
⇒絵本（オルセン, イブ・スパング　1921–）

Olsen, Justin
アメリカのボブスレー選手。
⇒外12（オルセン, ジャスティン　1987.4.16–）
　外16（オルセン, ジャスティン　1987.4.16–）
　最世ス（オルセン, ジャスティン　1987.4.16–）

Olsen, Keith
テノール歌手。
⇒魅惑（Olsen,Keith　?–）

Olsen, Morten
デンマークのサッカー監督。
⇒外12（オルセン, モルテン　1949.8.14–）
　外16（オルセン, モルテン　1949.8.14–）
　最世ス（オルセン, モルテン　1949.8.14–）

Olsen, Stanford
アメリカのテノール歌手。
⇒失声（オルセン, スタンフォード　1960–）
　魅惑（Olsen,Stanford　?–）

Olsen, Tillie
アメリカのユダヤ系女性作家。
⇒ユ著伝（Olsen,Tillie　オルセン, ティリー　1913–）

Olsen, Viggo Erandt
アメリカの医療宣教師。
⇒アア歴（Olsen,Viggo E（randt）　オルセン, ヴィゴ・エランド　1926.8.24–）

Olsen, Walter Severin
アメリカの宣教師。
⇒アア歴（Olsen,Walter S（everin）　オルセン, ウォルター・セヴリン　1914–1972）

Olshausen, Justus
ドイツの刑法学者。
⇒学叢思（オルスハウゼン, ユストゥス　1844–?）

Olson, Charles
アメリカの詩人。詩集『距離』(1950)のほかにメルヴィル研究の古典『わが名はイシュマエル』がある。
⇒岩世人（オルソン　1910.12.27–1970.1.10）
　現世文（オルソン, チャールズ　1910.12.27–1970.1.10）

Olson, Greggory William
アメリカの大リーグ選手（投手）。
⇒メジャ（オルソン, グレッグ　1966.10.11–）

Olson, Ivan Massie
アメリカの大リーグ選手（遊撃, 二塁, 三塁）。
⇒メジャ（オルソン, アイヴィー　1885.10.14–1965.9.1）

Olson, Mancur Lloyd, Jr.
アメリカの経済学者。
⇒社小増（オルソン　1932–）
　政経改（オルソン　1932–）

Olson, Nancy
アメリカ生まれの女優。
⇒ク俳（オルスン, ナンシー　1928–）

Olson, Neil
アメリカのギリシャ系作家。
⇒海文新（オルスン, ニール）

Olsson, Anna
スウェーデンのスキー選手（距離）。
⇒外16（オルソン, アンナ　1976.5.1–）
　最世ス（オルソン, アンナ　1976.5.1–）

Olsson, Fredrik T.
スウェーデンの作家。
⇒海文新（オルソン, フレドリック・T.　1969–）

Olsson, Johan
スウェーデンのスキー選手（距離）。
⇒外12（オルソン, ヨハン　1980.3.19–）
　外16（オルソン, ヨハン　1980.3.19–）
　最世ス（オルソン, ヨハン　1980.3.19–）

Olsson, Linda
スウェーデン生まれの作家。
⇒海文新（オルソン, リンダ）
　現世文（オルソン, リンダ）

Olszewski, Jan
ポーランドの政治家。ポーランド首相, 連帯顧問。
⇒世指導（オルシェフスキ, ヤン　1930.8.20–）

Olter, Bailey
ミクロネシアの政治家。ミクロネシア大統領（1991～96）。
⇒世指導（オルター, ベイリー　1932.3.7–）

Oltmans, Albert
オランダ生まれのアメリカ改革派教会宣教師。1886年来日。長崎東山学院初代院長（87～90）, 明治学院教授（1902）をつとめる。
⇒岩世人（オルトマン　1854.11.19–1939.6.12）

Olvis, William
アメリカのテノール歌手。
⇒失声（オルヴィス, ウィリアム　1928–1998）
　魅惑（Olvis, William　1928–1998）

Omaggio, Walter
イタリアのテノール歌手。
⇒魅惑（Omaggio, Walter　?–）

O'Malley, Bert William
アメリカの内分泌学者。ステロイドホルモンの作用機序の研究で名高い。
⇒岩世人（オマリー　1936.12.19–）

O'Malley, Martin Joseph
アメリカの政治家。
⇒外16（オマリー, マーティン　1963.1.18–）

O'Malley, Nick
イギリスのミュージシャン, ロック・ベース奏者。
⇒外12（オマリー, ニック）

O'Malley, Owen St.Clair
イギリスの外交官。ハンガリー（1939～41）, ポルトガル（45～47）の各国駐在公使を歴任。
⇒岩世人（オマリー　1887.5.4–1974.4.16）

O'Malley, Peter
アメリカの大リーグ, ドジャースの会長。
⇒外12（オマリー, ピーター）
　外16（オマリー, ピーター）

O'Malley, Thomas Patrick
アメリカの大リーグ選手（三塁）。
⇒外12（オマリー, トーマス　1960.12.25–）

O'Malley, Walter P.
アメリカの大リーグ, ドジャースのオーナー。
⇒岩世人（オマリー　1903.10.9–1979.8.9）
　メジャ（オマリー, ウォルター　1903.10.9–1979.8.9）

Oman, *Sir* Charles William Chadwick
イギリスの歴史家。軍事史の権威。
⇒岩世人（オーマン　1860.1.12–1946.6.23）

Oman, John Wood
イギリスの長老派神学者。
⇒岩世人（オーマン　1860.7.23–1939.5.17）
　オク教（オーマン　1860–1939）
　新カト（オーマン　1860.7.23–1939.5.17）

O'Maonlai, Liam
アイルランドのロック歌手。
⇒外12（オ・メンリィ, リアム）

Omar, Muhammad
イスラム原理主義武装勢力「タリバン」の最高指導者。
⇒外12（オマル, ムハマド　1959–）
　世指導（オマル, ムハマド　1959–2013.4）

O'Mara, Joseph
アイルランドのテノール歌手。
⇒魅惑（O'Mara, Joseph（O'Maera）　1866–1927）

Ombredane, André
フランスの心理学者, 医師。パリ大学, ブリュッセル自由大学教授。
⇒メル3（オンブルダーヌ, アンドレ　1898–1958）

Ombuena, Vicente
スペインのテノール歌手。
⇒魅惑（Ombuena, Vicente　1960–）

O'Meara, Mark Francis
アメリカのプロゴルファー。
⇒外16（オメーラ, マーク　1957.1.13–）

Ömer Seyfettin
トルコの作家。

⇒岩イ（オメル・セイフェッティン　1884–1920）
　岩世人（オメル・セイフェッティン　1884.2.28–1920.3.6）

Omidyar, Pierre M.
アメリカの実業家。
⇒外12（オミディア，ピエール）
　外16（オミディア，ピエール）

Ominami Pascual, Carlos III
チリの経済学者，政治家。
⇒外12（オミナミ，カルロス（3世）　1951–）
　外16（オミナミ，カルロス（3世）　1951–）
　世指導（オミナミ，カルロス3世　1951–）

Omischl, Steve
カナダのスキー選手（フリースタイル）。
⇒最世ス（オミシュル，スティーブ　1978.11.16–）

Omodeo, Adolfo
イタリアの歴史家，政治家。クローチェに協力して「Critica」誌を編集。
⇒岩世人（オモデーオ　1889.8.23–1946.4.28）

Omotoso, Kole
ナイジェリアの小説家。ヨルバ族。作品『建造物』『フェラの選択』など。
⇒現世文（オモトショ，コレ　1943–）

Om Yun-chol
北朝鮮の重量挙げ選手。
⇒外16（オムユンチョル　1991.11.18–）
　最世ス（オムユンチョル　1991.11.18–）

Onasch, Konrad
ドイツのギリシア正教神学者。
⇒新カト（オナシュ　1916.8.4–2007.10.3）

Onassis, Aristotle Socrates
ギリシャの船舶王。ケネディ米大統領の未亡人ジャクリーンと再婚して，話題となった。
⇒岩世人（オナシス　1906–1975.3.15）

Oncina, Juan
スペインのテノール歌手。
⇒失声（オンシーナ，フアン　1921–2009）
　魅惑（Oncina,Juan　1925–）

Oncken, August
ドイツの経済学者。古典派経済思想を代表した。
⇒岩世人（オンケン　1844.4.10–1911.7.10）
　学叢思（オンケン，アウグスト　1844–1911）

Oncken, Hermann
ドイツの歴史家。ベルリン大学教授。
⇒岩世人（オンケン　1869.11.13–1945.12.28）

Ondaatje, Michael
カナダの詩人，小説家，編集者。
⇒外12（オンダーチェ，マイケル　1943.9.12–）
　外16（オンダーチェ，マイケル　1943.9.12–）
　現世文（オンダーチェ，マイケル　1943.9.12–）

O'Neal, James
アメリカのテノール歌手。
⇒魅惑（O'Neal,James　1949–1998）

O'Neal, Jermaine
アメリカのバスケットボール選手。
⇒最世ス（オニール，ジャーメイン　1978.10.13–）

O'Neal, Patrick
アメリカ生まれの俳優。
⇒ク俳（オニール，パトリック　1927–）

O'Neal, Ryan
アメリカ生まれの俳優。
⇒外12（オニール，ライアン　1941.4.20–）
　ク俳（オニール，ライアン（オニール，パトリック・R）　1941–）

O'Neal, Shaquille
アメリカのNBA選手。
⇒外12（オニール，シャキール　1972.3.6–）
　外16（オニール，シャキール　1972.3.6–）
　最世ス（オニール，シャキール　1972.3.6–）

O'Neal, Stanley
アメリカの金融家。
⇒外12（オニール，スタンリー　1951.10.7–）
　外16（オニール，スタンリー　1951.10.7–）

O'Neal, Tatum
アメリカ生まれの女優。
⇒外12（オニール，テータム　1963.11.5–）
　外16（オニール，テータム　1963.11.5–）
　ク俳（オニール，テイタム　1962–）

Onegin, Elisabeth Elfride Sigrid
ドイツのアルト歌手。
⇒新音中（オネーギン，ジークリート　1889.6.1–1943.6.16）
　標音2（オネーギン，ジークリット　1889.6.1–1943.6.16）

O'Neill, Dennis
ウェールズのテノール歌手。
⇒失声（オニール，デニス　1948–）
　魅惑（O'Neil,Dennis　1950–）

O'Neill, Eugene Gladstone
アメリカの劇作家。1936年度ノーベル文学賞受賞。代表作『楡の木陰の欲情』(1924)『喪服の似合うエレクトラ』(31)。
⇒アメ州（O'Neill,Eugene　オニール，ユージン　1888–1953）
　アメ新（オニール　1888–1953）
　岩世人（オニール　1888.10.16–1953.11.27）
　学叢思（オニール，ユージン　1889–）
　現世文（オニール，ユージン　1888.10.16–1953.11.27）
　広辞7（オニール　1888–1953）
　新カト（オニール　1888.10.16–1953.11.27）

西文（オニール, ユージーン　1888–1953）
世演（オニール, ユージン・グラッドストーン　1888.10.16–1953.11.27）
ネーム（オニール　1888–1953）
ノベ3（オニール, E.G.　1888.10.16–1953.11.27）

O'Neill, James Edward（Tip）
アメリカの大リーグ選手（外野, 投手）。
⇒メジャ（オニール, ティップ　1858.5.25–1915.12.31）

O'Neill, Jason
アイルランドのダンサー。
⇒外16（オニール, ジェイソン）

O'Neill, Jennifer
ブラジル生まれの女優。
⇒ク俳（オニール, ジェニファー　1947–）

O'Neill, Jim
イギリスのエコノミスト。
⇒外16（オニール, ジム　1957–）

O'Neill, Joseph
アイルランドの作家。
⇒外12（オニール, ジョセフ　1964–）
　外16（オニール, ジョセフ　1964–）
　現世文（オニール, ジョセフ　1964–）

O'Neill, Michael E.
アメリカの銀行家。
⇒外16（オニール, マイケル　1946.10.31–）

O'Neill, Patrick Geoffrey
イギリスの日本語・日本文学研究者。能の研究家であるが, 日本語教育の面で基礎的な辞書, 文法書等を作成。
⇒岩世人（オニール　1924.8.9–）

O'Neill, Paul
アメリカの実業家。アルコア会長, 財務長官。
⇒世指導（オニール, ポール　1935.12.4–）

O'Neill, Paul Andrew
アメリカの大リーグ選手（外野）。
⇒メジャ（オニール, ポール　1963.2.25–）

O'Neill, Peter
パプアニューギニアの政治家。パプアニューギニア首相, パプアニューギニア人民国民会議（PNC）党首。
⇒外16（オニール, ピーター　1965.2.13–）
　世指導（オニール, ピーター　1965.2.13–）

O'Neill, Stephen Francis
アメリカの大リーグ選手（捕手）。
⇒メジャ（オニール, スティーヴ　1891.7.6–1962.1.26）

O'Neill, Terence Marne, Baron O. of the Maine
北アイルランドの政治家。
⇒岩世人（オニール　1914.9.10–1990.6.12）

O'Neill, Thomas J.
アメリカの実業家。
⇒外12（オニール, トーマス J.）
　外16（オニール, トーマス J.）

Onetti, Juan Carlos
ウルグアイの作家。『井戸』（1939）,『無人の土地』（42）,『造船所』（61）などを発表。
⇒岩世人（オネッティ　1909.7.1–1994.5.30）
　現世文（オネッティ, フアン・カルロス　1909.7.1–1994.5.30）
　広辞7（オネッティ　1909–1994）
　ラテ新（オネッティ　1909–1994）

Onew
韓国の歌手。
⇒外12（オンユ　1989.12.14–）

Onfray, Michel
フランスの哲学者。
⇒メル別（オンフレ, ミシェル　1959–）

Ong, Walter
アメリカの司祭。
⇒現社（オング　1912–2003）
　新カト（オング　1912.11.30–2003.8.12）

Ongg, Judy
台湾出身の歌手, 女優, 芸術家。ヒット曲に「魅せられて」など。
⇒中人小（翁玉恵　ジュディオング　1950–）

Ong Ka Ting, Tan Sri
マレーシアの政治家。
⇒岩世人（オン・カティン　1956.11.15–）
　世指導（オン・カティン　1956.11.15–）

Ong Kee Hui, Tan Sri
マレーシア（サラワク）の政治家。
⇒岩世人（オン・キーフイ　1914–2000.4.19）

Ong Keng-sen
シンガポールの舞台芸術家, 演出家。
⇒外12（オンケンセン　1963–）
　外16（オンケンセン　1963–）

Ong Keng-yong
シンガポールの外交官。東南アジア諸国連合（ASEAN）事務局長, シンガポール外務省無任所大使。
⇒外12（オンケンヨン　1954.1.6–）
　外16（オンケンヨン　1954.1.6–）
　世指導（オン・ケンヨン　1954.1.6–）

Ong Keo
ラオスの少数民族反乱指導者。
⇒岩世人（オン・ケオ　?–1910.11）

Ongpin, Roman
フィリピンの富商、慈善家。
⇒岩世人（オンビン　1847.2.28–1912.12.10）

Ong Teng-cheong
シンガポールの政治家。シンガポール大統領（1993〜99）。
⇒世指導（オン・テンチョン　1936.1.22–2002.2.8）

Onions, Charles Talbut
イギリスの言語学者。『オックスフォード英語辞典』の共編者（1914〜33）。
⇒岩世人（オニオンズ　1873.9.10–1965.1.8）
　ネーム（アニアンズ　1873–1965）

On Joo-wan
韓国の男優。
⇒韓俳（オン・ジュワン　1983.12.11–）

Onn Ja'afar, Dato' Sir
マレーシアの政治家。
⇒岩イ（オン・ジャファール　1895–1962）
　岩世人（オン・ジャアファル　1895.2.12–1962.1.19）

Ono, Anna Bubnova
ロシア生まれのヴァイオリン奏者。
⇒標音2（おの・アンナ　小野アンナ　1896.3.14–1979.5.8）

Onofrei, Dimitrie
ルーマニアのテノール歌手。
⇒失声（オノフレイ、ディミトリー　1897–1991）

Onofri, Enrico
イタリアの指揮者、ヴァイオリン奏者。
⇒外12（オノフリ、エンリコ　1967–）

Ono Yoko
元ビートルズ・ジョン・レノン未亡人、前衛芸術家。
⇒ロック（Ono,Yoko　オノ・ヨーコ（小野洋子）1933.2.18–）

Onsager, Lars
アメリカの化学者、物理学者。1968年ノーベル化学賞受賞。
⇒岩世人（オンサーガー　1903.11.27–1976.10.5）
　化学（オンサーガー　1903–1976）
　広辞7（オンサーガー　1903–1976）
　三新物（オンサーガー　1903–1976）
　ネーム（オンサーガー　1903–1976）
　ノベ3（オンサーガ,L.　1903.11.27–1976.10.5）
　物理（オンサーガー、ラルス　1903–1976）

Onslow, William Hillier
イギリスの貴族、政治家。ニュージーランド総督（1889〜92）。
⇒ニュー（オンスロー、ウイリアム　1853–1911）

Ontiveros, Steven
アメリカの大リーグ選手（投手）。
⇒メジャ（オンティヴェロス、スティーヴ　1961.3.5–）

Onuf, Nicholas Greenwood
アメリカの政治学者。国際政治学に構成主義を最初に導入した。
⇒国政（オヌフ、ニコラス　1941–）

Ooft, Hans
オランダのサッカー指導者。
⇒外12（オフト、ハンス　1947.6.27–）
　外16（オフト、ハンス　1947.6.27–）
　ネーム（オフト、ハンス　1947–）

Oort, Jan Hendrik
オランダの天文学者。銀河系の構造に関する研究で貢献。
⇒岩世人（オールト　1900.4.28–1992.11.5）
　三新物（オールト　1900–1992）
　天文大（オールト　1900–1992）

Oosthuizen, Louis
南アフリカのプロゴルファー。
⇒外12（ウェストヘーゼン、ルイ　1982.10.19–）
　外16（オイストハイセン、ルイ　1982.10.19–）
　最世ス（オイストハイセン、ルイ　1982.10.19–）

Oosting, Stephen
アメリカのテノール歌手。
⇒魅惑（Oosting,Stephen　?–）

Oostwoud, Roelof
オランダのテノール歌手。
⇒魅惑（Oostwoud,Roelof　1946–）

Opalev, Maxim
ロシアのカヌー選手。
⇒外12（オパレフ、マクシム　1979.4.4–）
　最世ス（オパレフ、マクシム　1979.4.4–）

Oparin, Aleksandr Ivanovich
ソ連の生化学者。生命の起源についてコアセルベート説を提唱。1974年レーニン賞受賞。
⇒岩生（オパーリン　1894–1980）
　岩世人（オパーリン　1894.2.18/3.2–1980.4.21）
　旺5（オパーリン　1894–1980）
　化学（オパーリン　1894–1980）
　広辞7（オパーリン　1894–1980）
　三新生（オパーリン　1894–1980）
　世人新（オパーリン　1894–1980）
　世人装（オパーリン　1894–1980）
　ネーム（オパーリン　1894–1980）
　ポプ人（オパーリン、アレクサンドル　1894–1980）

Opatoshu, David
アメリカ生まれの俳優。
⇒ユ著人（Opatoshu,David　オパトッシュ、ダヴィッド　1918–）

Opertti, Didier
ウルグアイ外相。

Ophüls, Marcel
ドイツ生まれの映画監督。
⇒映監 (オフュールス, マルセル 1927.11.1–)

Ophüls, Max
フランスの映画監督。代表作『恋愛三昧』(1932)。
⇒岩世人 (オフュルス 1902.5.6–1957.3.25)
映監 (オフュルス, マックス 1902.5.6–1957)
ユ著人 (Ophüls,Max オフュールス, マックス 1902–1957)

Opie, Eugene Lindsay
アメリカの医学者。マラリア奇生虫, 膵臓の解剖と病理に関する研究がある。
⇒岩世人 (オービー 1873.7.5–1971.3.12)

Opie, Julian
イギリスの現代美術家。
⇒外12 (オピー, ジュリアン 1958.12.12–)
外16 (オピー, ジュリアン 1958.12.12–)
現アテ (Opie,Julian オピー, ジュリアン 1959–)

Öpik, Ernst Julius
エストニアの天文学者。
⇒天文大 (エピック 1893–1985)

Ople, Blas F.
フィリピンの政治家。フィリピン外相, フィリピン上院議員。
⇒世指導 (オプレ, ブラス 1927.2.3–2003.12.14)

Opler, Morris Edward
アメリカの人類学者。アパッチ・インディアンに関する研究がある。
⇒岩世人 (オプラー 1907.5.16–1996.5.13)

Oppen, George
アメリカの詩人。
⇒岩世人 (オッペン 1908.4.24–1984.7.7)
現代文 (オッペン, ジョージ 1908.4.24–1984.7.7)

Oppenheim, Adolph Leo
オーストリア生まれのアメリカのアッシリア学者。
⇒岩世人 (オッペンハイム 1904.6.7–1974.7.21)

Oppenheim, Dennis
アメリカ生まれの彫刻家。
⇒岩世人 (オッペンハイム 1938.9.6–2011.1.21)
芸13 (オッペンハイム, デニス 1938–)

Oppenheim, Hermann
ドイツの神経学者。開業し, 多くの神経学者を養成した。
⇒岩世人 (オッペンハイム 1858.1.1–1919.5.22)
ユ著人 (Oppenheim,Herman オッペンハイム, ヘルマン 1858–1919)

Oppenheim, Lassa Francis Lawrence
ドイツ生まれのイギリスの法学者。
⇒岩世人 (オッペンハイム 1858.3.30–1919.10.7)

Oppenheim, Max, Freiherr von
ドイツの古代学者。イラクのテル・ハラフ遺跡を発掘し (1911–13), 最古の農耕文化の遺物を発見した。
⇒岩世人 (オッペンハイム 1860.7.15–1946.11.15)

Oppenheim, Meret
ドイツ生まれのスイスの芸術家。
⇒岩世人 (オッペンハイム 1913.10.6–1985.11.15)
シュル (オッペンハイム, メレット 1913–1985)

Oppenheim, Phillip
イギリスの政治家。財務相, 下院議員 (保守党)。
⇒世指導 (オッペンハイム, フィリップ 1956.3.20–)

Oppenheimer, Andres
アメリカのジャーナリスト, コラムニスト。
⇒外12 (オッペンハイマー, アンドレ)
外16 (オッペンハイマー, アンドレ)

Oppenheimer, Carl
ドイツの生化学者。特に酵素の研究で知られている。
⇒岩世人 (オッペンハイマー 1874.2.21–1941.12.24)

Oppenheimer, Sir Ernest
南アフリカのダイヤモンド王。
⇒岩世人 (オッペンハイマー 1880.5.22–1957.11.25)
ユ著人 (Oppenheimer,Ernest,Sir オッペンハイマー, アーネスト 1880–1957)

Oppenheimer, Franz
ドイツ (ユダヤ系) の社会学者。主著『社会学大系』(1929)。
⇒岩世人 (オッペンハイマー 1864.3.30–1943.9.30)
学叢思 (オッペンハイマー, フランツ 1864–?)
広辞7 (オッペンハイマー 1864–1943)
社小増 (オッペンハイマー 1864–1943)
ユ著人 (Oppenheimer,Franz オッペンハイマー, フランツ 1864–1943)

Oppenheimer, Harry Frederick
南アフリカの金鉱王。ダイヤモンド鉱の最大手会社「南ア・アングロ・アメリカン」社の会長。
⇒岩世人 (オッペンハイマー 1908.10.28–2000.8.19)

Oppenheimer, John Robert
アメリカの物理学者。原子爆弾の開発に従事 (1943–45)。アメリカの水爆製造計画に反対したことから, 54年公職を追放され, 原子力研究から遠ざけられた (オッペンハイマー事件)。

⇒ア太戦（オッペンハイマー　1904–1967）
アメ州（Oppenheimer,Julius Robert　オッペンハイマー、ジュリアス・ロバート　1904–1967）
アメ新（オッペンハイマー　1904–1967）
異二辞（オッペンハイマー［ロバート・～］1904–1967）
岩世人（オッペンハイマー　1904.4.22–1967.2.18）
科史（オッペンハイマー　1904–1967）
現科大（クルチャートフとオッペンハイマー　1904–1967）
広辞7（オッペンハイマー　1904–1967）
三新物（オッペンハイマー　1904–1967）
世人新（オッペンハイマー　1904–1967）
世人装（オッペンハイマー　1904–1967）
ネーム（オッペンハイマー　1904–1967）
ポプ人（オッペンハイマー、ジョン　1904–1967）
ユ著人（Oppenheimer,Julius Robert　オッペンハイマー、ユリウス・ロバート　1904–1967）

Oppenheimer, Joshua
アメリカの映画監督。
⇒外16（オッペンハイマー、ジョシュア　1974–）

Oppenheimer, Max
オーストリア（ユダヤ系）の画家。
⇒岩世人（オッペンハイマー　1885.7.1–1954.5.19）

Oppitz, Gerhard
ドイツのピアノ奏者。
⇒外12（オピッツ、ゲルハルト　1953–）
外16（オピッツ、ゲルハルト　1953–）
新音中（オーピツ、ゲールハルト　1953–）

Oppler, Alfred C.
アメリカの法律家。
⇒アア歴（Oppler,Alfred C.　オプラー、アルフレッド・C.　1893–1982.4.24）

Oquendo, Jose Manuel
アメリカの大リーグ選手（二塁、遊撃）。
⇒メジャ（オケンド、ホセ　1963.7.4–）

Ora, Rita
イギリスのシンガー・ソングライター。
⇒外16（オラ、リタ　1990.11.26–）

Oramo, Sakari
フィンランドの指揮者。
⇒外12（オラモ、サカリ　1965–）
外16（オラモ、サカリ　1965–）

Orange, Jason
イギリスの歌手。
⇒外12（オレンジ、ジェイソン）
外16（オレンジ、ジェイソン）

Oranskii, Iosif Mikhailovich
ソ連のイラン語学者。イラン語ならびにインド＝イラン語研究に多くの業績を挙げた。
⇒岩世人（オランスキー　1923.5.3–1977.5.16）

Orazi, Emmanuel
パリで活動したアール・ヌーヴォーのポスター作家。
⇒グラデ（Orazi,Emmanuel　オラジ、エマニュエル　1860–1934）

Orbán Viktor
ハンガリーの政治家。ハンガリー首相。
⇒岩世人（オルバーン　1963.5.31–）
外12（オルバン、ヴィクトル　1963.5.31–）
外16（オルバン、ヴィクトル　1963.5.31–）
世指導（オルバン、ヴィクトル　1963.5.31–）

Orbay, Hüseyin Ra'uf
トルコの軍人、政治家。アナトリアでの独立戦争期にはケマル・アタテュルクの最初の協力者となる。1922年首相。
⇒岩世人（ヒュセイン・ラウフ・オルバイ　1881–1964.7.16）

Orbeli, Leon Abgarovich
ソ連の医学者。臓器の神経支配について研究した。
⇒岩世人（オルベリ　1882.6.25/7.7–1958.12.9）

Orbison, Roy
アメリカ生まれの音楽家。
⇒新音中（オービソン、ロイ　1936.4.23–1988.12.6）
標音2（オービソン、ロイ　1936.4.23–1988.12.6）
ロック（Orbison,Roy　オービソン、ロイ）

Orbón, Julián
スペイン生まれのキューバの作曲家。
⇒標音2（オルボン、フリアン　1925.8.7–）

Orchardson, *Sir* William Quiller
イギリスの画家。
⇒岩世人（オーチャードソン　1835.3.27–1910.4.13）
芸13（オーチャードスン、ウィリアム　1835–1910）

Orczy, Baroness Emmuska Barstow
ハンガリー生まれのイギリスの女性作家。フランス革命に取材した小説を多く書く。
⇒岩世人（オルツィ　1865.9.23–1947.11.12）
スパイ（オルツィ、バロネス・エマースカ　1865–1947）
図翻（オルツイ　1865.9.23–1947.11.12）
ネーム（オルツィ　1865–1947）

Ordman, Jeannette
イギリスのダンサー、教師、バレエ演出家。
⇒ユ著人（Ordman,Jeannette　オルドマン、ジャネット　?–?）

Ordonez, Antonio
スペインのテノール歌手。
⇒魅惑（Ordonez,Antonio　1948–）

Ordonez, Magglio
ベネズエラの大リーグ選手（外野）。

⇒外12（オルドネス, マグリオ　1974.1.28–）
最世ス（オルドネス, マグリオ　1974.1.28–）
メジャ（オルドニェス, マグリオ　1974.1.28–）

Ordonez, Reynaldo
アメリカの大リーグ選手（遊撃）。
⇒メジャ（オルドニェス, レイ　1971.1.11–）

Ordzhonikidze, Grigorii Konstantinovich
ロシア, ソ連の党活動家。
⇒岩世人（オルジョニキッゼ　1886.10.12/24–1937.2.18）

O'Regan, Tipene Stephan Gerard
ニュージーランドの南島ンガイ・タフの指導者。
⇒ニュー（オレーガン, ティペネ　1939–）

O'Reilly, Bill
アメリカのキャスター。
⇒岩世人（オライリー　1949.9.10–）
外12（オライリー, ビル　1949.9.10–）
外16（オライリー, ビル　1949.9.10–）

O'Reilly, Danny
アイルランドのミュージシャン。
⇒外12（オライリー, ダニー）

O'Reilly, Dave
アメリカの実業家。
⇒外12（オライリー, デーブ　1947.1–）
外16（オライリー, デーブ　1947.1–）

O'Reilly, Tony
アイルランドのラグビー選手, 実業家。
⇒岩世人（オライリー　1936.5.7–）

Orelli, Giorgio
イタリア語を表現手段とするスイスの詩人。
⇒現世文（オレッリ, ジョルジョ　1921–）

Oren, Daniel
イスラエルの指揮者。
⇒外12（オーレン, ダニエル　1955.5.25–）
外16（オーレン, ダニエル　1955.5.25–）

Orensanz, Marie
アルゼンチンの彫刻家。
⇒芸13（オレンサン, マリエ　1936–）

Oresharski, Plamen
ブルガリアの政治家。ブルガリア首相。
⇒外16（オレシャルスキ, プラメン　1960.2.21–）
世指導（オレシャルスキ, プラメン　1960.2.21–）

Orešković, Tihomir
クロアチアの政治家, 実業家。クロアチア首相。
⇒世指導（オレシュコヴィッチ, ティホミル　1966.1.1–）

Orfenov, Anatoly
ロシアのテノール歌手。
⇒失声（オルフェノフ, アナトリー　1908–1987）
魅惑（Orfenov,Anatoly　1908–?）

Orff, Carl
ドイツの作曲家, 指揮者, 音楽教育家。代表作『カルミナ・ブラーナ』(1937) など。
⇒岩世人（オルフ　1895.7.10–1982.3.29）
エデ（オルフ, カール　1895.7.10–1982.3.29）
オペラ（オルフ, カール　1895–1982）
ク音3（オルフ　1895–1982）
広辞7（オルフ　1895–1982）
新オペ（オルフ, カール　1895–1982）
新音小（オルフ, カール　1895–1982）
新音中（オルフ, カール　1895.7.10–1982.3.29）
新カト（オルフ　1895.7.10–1982.3.29）
標音2（オルフ, カルル　1895.7.10–1982.3.29）
ポプ人（オルフ, カール　1895–1982）

Organ, Bryan
イギリスの画家。
⇒芸13（オーガン, ブライアン　1935–）

Orgard, Ben-Zion
イスラエルの作曲家。
⇒ユ著人（Orgard,Ben-Zion　オルガド, ベン=ツィオン　1926–）

Orhan Veli Kanik
トルコの詩人。
⇒岩世人（オルハン・ヴェリ・カヌク　1914.4.13–1950.11.14）

Ori, Luciano
イタリアの画家。
⇒芸13（オリ, ルシアーノ　1928–）

Orianthi
オーストラリアのロック・ギター奏者。
⇒外12（オリアンティ）

Orione, Luigi
イタリアの司祭, 修道会創立者, 慈善家。聖人。祝日3月12日。
⇒新カト（ルイジ・オリオーネ　1872.6.23–1940.3.12）

O'Riordan, Dolores
アイルランドのロック歌手。
⇒外12（オリオーダン, ドロレス）
外16（オリオーダン, ドロレス）

Örkény István
ハンガリーの小説家, 劇作家。
⇒岩世人（エルケーニ　1912.4.5–1979.6.24）

Orkun, Huseyin Namik
トルコの古代トルコ語学者。主著『古代トルコ碑文集』(1936～41)。
⇒岩世人（オルクン　1902–1956）

Orla
アイルランドの歌手。
⇒外12（オーラ）

Orla-Jensen, Sigurd
オランダの細菌学者, 生理化学者。
⇒岩生（オーラ-エンゼン　1870–1949）

Orlando, Silvio
イタリアの俳優。
⇒外12（オルランド, シルビオ　1957.6.30–）

Orlando, Tony
アメリカ・ニューヨーク生まれのソウル歌手。
⇒ロック（Orlando,Tony　オーランドウ, トーニー　1944.4.3–）

Orlando, Vittorio Emanuele
イタリアの政治家, 法律家。ローマ大学憲法学の教授。1917～19年には首相。
⇒岩世人（オルランド　1860.5.19–1952.12.1）
　ネーム（オルランド　1860–1952）

Orlean, Susan
アメリカのノンフィクション作家, ジャーナリスト。
⇒外16（オーリアン, スーザン　1955–）

Orlev, Uri
イスラエルの児童文学者。
⇒外16（オルレブ, ウリ　1931–）
　現世文（オルレブ, ウリ　1931–）
　ユ著人（Orlev,Uri　オルレブ, ウリー　1931–）

Orliac, Jean-Claude
テノール歌手。
⇒魅惑（Orliac,Jean-Claude　?–）

Orlik, Emil
チェコスロバキアの版画家。
⇒岩世人（オルリク　1870.7.21–1932.9.28）
　芸13（オルリック, エミール　1870–1934）
　ユ著人（Orlik,Emil　オルリック, エミール　1870–1932）

Orloff, Chana
フランスの女性彫刻家。
⇒ユ著人（Orloff,Chana　オルロフ, ハナ　1888–1968）

Orlov, Alexandr Mikhailovich
ソ連諜報機関の幹部。
⇒スパイ（オルロフ, アレクサンドル・ミハイロヴィチ　1895–1973）

Orlov, V.
ウクライナの児童文学作家, 詩人, 劇作家。
⇒現世文（オルロフ, ウラジーミル　1930–1999）

Ormandy, Eugene
ハンガリー生まれのアメリカの指揮者。フィラデルフィア交響楽団の常任指揮者。
⇒アメ州（Ormandy Eugene　オーマンディ, ユージン　1899–1985）
　岩世人（オーマンディ　1899.11.18–1985.3.12）
　新音中（オーマンディ, ユージン　1899.11.18–1985.3.12）
　ネーム（オーマンディ　1899–1985）
　標音2（オーマンディ, ユージーン　1899.11.18–1985.3.12）
　ユ著人（Ormandy,Eugene　オーマンディ, ユージン　1899–1985）

Ormerod, Jan
オーストラリアのイラストレーター。
⇒絵本（オーメロッド, ジャン　1946–）

Ormond, John, Davies
ニュージーランドの政治家。
⇒ニュー（オーモンド, ジョン　1832–1917）

Ormond, Julia
イギリスの女優。
⇒ク俳（オーモンド, ジュリア　1965–）

Ormsby, Francis M.
アメリカの僧侶。
⇒日エ（オームズビ　?–?）

Ornitz, Edward M.
アメリカ・ペンシルバニア生まれの自閉症の神経生理学的研究者。カリフォルニア大学精神医学脳研究所教授。
⇒現精（オルニッツ　1928–）
　現精縮（オルニッツ　1928–）

Ornstein, Leo
アメリカ（ロシア系）のピアノ奏者, 作曲家。
⇒学叢思（オルンスタイン, レオ　1895–）

Orofino, Ruggero
イタリアのテノール歌手。
⇒失声（オロフィノ, ルッジェーロ　?）
　魅惑（Orofino,Ruggero　1932–）

Orosa, Maria Ylagan
フィリピンの食品加工研究者。
⇒岩世人（オロサ　1893.11.29–1945.2.13）

Orosco, Jesse Russell
アメリカの大リーグ選手（投手）。
⇒メジャ（オロスコ, ジェシー　1957.4.21–）

O'Rourke, James Francis
アメリカの大リーグ選手（三塁, 遊撃, 二塁）。
⇒メジャ（オルーク, フランク　1893.11.28–1986.5.14）

O'Rourke, James Henry
アメリカの大リーグ選手（外野, 捕手, 三塁）。
⇒メジャ（オルーク, ジム　1850.9.1–1919.1.8）

O'Rourke, Jim
アメリカのマルチ・インストゥルメンタル・プレイヤー, 作曲家, プロデューサー。
⇒外12（オルーク, ジム　1969–）
　外16（オルーク, ジム　1969–）

O'Rourke, John
アメリカの大リーグ選手（外野）。
⇒メジャ（オルーク, ジョン　1849.8.23–1911.6.23）

Orozco, Gabriel
メキシコの美術家。
⇒岩世人（オロスコ　1962.4.27–）
　現アテ（Orozco,Gabriel　オロスコ, ガブリエル　1962–）

Orozco, José Clemente
メキシコの画家。歴史画『サン・ファン・デ・ウルア』（1913）で知られる。
⇒岩世人（オロスコ　1883.11.23–1949.9.7）
　芸13（オロスコ, ホセ・クレメンテ　1883–1949）
　広辞7（オロスコ　1883–1949）
　ネーム（オロスコ　1883–1949）
　ラテ新（オロスコ　1883–1949）

Orozco y Jiménez, Francisco
メキシコの大司教, 教育者。
⇒新カト（オロスコ・イ・ヒメネス　1864.11.19–1936.2.18）

Orpen, *Sir* William Newenham Montague
イギリスの画家。作品に『私とビーナス』（1910）。
⇒岩世人（オーペン　1878.11.27–1931.9.29）
　芸13（オーペン, ウィリアム　1878–1931）

Orr, Bobby
カナダのアイスホッケーの選手。
⇒岩世人（オア　1948.3.20–）

Orr, David L.
アメリカの大リーグ選手（一塁）。
⇒メジャ（オール, デイヴ　1859.9.29–1915.6.2）

Orr, James
スコットランドの神学者。一致長老神学校の教会史教授（1891～）。
⇒岩世人（オア　1844.4.11–1913.9.6）
　新カト（オア　1844.4.11–1913.9.6）

Orr, Mary
アメリカの作家, 女優。
⇒現世文（オア, メリー　1910.12.21–2006.9.22）

Orrico, Stacie
アメリカの歌手。
⇒外12（オリコ, ステイシー　1986.3.3–）

Orringer, Julie
アメリカの作家。
⇒海文新（オリンジャー, ジュリー　1973–）
　現世文（オリンジャー, ジュリー　1973–）

Orsborn, Albert William Thomas
イギリスの救世軍大将。詩才に富み, 多くの作詩があり救世軍によって歌われている。
⇒岩世人（オズボーン　1886.9.4–1967.2.4）

Orsenna, Erik
フランスの作家。
⇒岩世人（オルセンナ　1947.3.22–）
　現世文（オルセナ, エリク　1947.3.22–）

Orser, Brian
カナダのフィギュアスケート指導者。
⇒外12（オーサー, ブライアン　1961.12.18–）
　外16（オーサー, ブライアン　1961.12.18–）
　最世ス（オーサー, ブライアン　1961.12.18–）

Orson Welles, George
アメリカの映画監督・俳優。
⇒ネーム（オーソン・ウェルズ　1915–1985）

Orsulak, Joseph Michael
アメリカの大リーグ選手（外野）。
⇒メジャ（オースラック, ジョー　1962.5.31–）

Orsy, Ladislas
アメリカのカトリック神学者。
⇒新カト（オルシー　1921.7.30–）

Orta, Jorge
アメリカの大リーグ選手（二塁, 外野）。
⇒メジャ（オルタ, ホルヘ　1950.11.26–）

Ortega, Ariel
アルゼンチンのサッカー選手。
⇒異二辞（オルテガ［アリエル・〜］　1974–）
　外12（オルテガ, アリエル　1974.3.4–）
　外16（オルテガ, アリエル　1974.3.4–）

Ortega, Daniel
ニカラグアの政治家, 革命指導者。ニカラグア大統領（2007～）。
⇒岩世人（オルテガ　1945.11.11–）
　外12（オルテガ, ダニエル　1945.11.11–）
　外16（オルテガ, ダニエル　1945.11.11–）
　政経改（オルテガ　1945–）
　世指導（オルテガ, ダニエル　1945.11.11–）
　世人新（オルテガ＝サアベドラ　1945–）
　世人装（オルテガ＝サアベドラ　1945–）

Ortega, Kenny
アメリカの映画監督。
⇒外12（オルテガ, ケニー）

Ortega Gaona, Amancio
スペインの実業家。
⇒外12（オルテガ・ガオナ, アマンシオ　1936.3.28–）
　外16（オルテガ, アマンシオ　1936.3.28–）

Ortega y Gasset, José
スペインの哲学者。主著『現代の課題』(1923)、『大衆の反逆』(30)など。
- ⇒岩世人（オルテガ・イ・ガセト　1883.5.9–1955.10.18）
  - 教人（オルテガ・イ・ガセト　1883–1955）
  - 現社（オルティガ・イ・ガセット　1883–1955）
  - 広辞7（オルテガ・イ・ガセット　1883–1955）
  - 社小増（オルテガ・イ・ガセット　1883–1955）
  - 新カト（オルテガ・イ・ガセット　1883.5.9–1955.10.18）
  - 世人新（オルテガ＝イ＝ガセット　1883–1955）
  - 世人装（オルテガ＝イ＝ガセット　1883–1955）
  - 哲中（オルテガ・イ・ガセット　1883–1955）
  - ネーム（オルテガ・イ・ガセー　1883–1955）
  - メル3（オルテガ・イ・ガセット, ホセ　1883–1955）

Ortese, Anna Maria
イタリアの女性作家。主著『海はナポリを洗わず』(1953)。
- ⇒岩世人（オルテーゼ　1914.6.13–1998.3.9）
  - 現世文（オルテーゼ, アンナ・マリーア　1914–1975）

Orth, Albert Lewis
アメリカの大リーグ選手（投手）。
- ⇒メジャ（オース, アル　1872.9.5–1948.10.8）

Orth, Norbert
ドイツのテノール歌手。
- ⇒魅惑（Orth,Norbert　1939–）

Ortheil, Hanns-Josef
ドイツの作家。
- ⇒外12（オルトハイル, ハンス・ヨゼフ　1951–）
  - 外16（オルトハイル, ハンス・ヨゼフ　1951–）
  - 現世文（オルトハイル, ハンス・ヨゼフ　1951.11.5–）

Ortica, Mario
イタリアのテノール歌手。
- ⇒失声（オルティカ, マリオ　1928–）
  - 魅惑（Ortica,Mario　1928–）

Ortigas, Francisco Barcinas
フィリピンの法律家。
- ⇒岩世人（オルティーガス　1875.9.11–1935.11）

Ortins, David
アメリカ生まれの画家。
- ⇒芸13（オーチンス, デヴィド　1956–）

Ortiz, Christina
スペインの服飾デザイナー。
- ⇒外12（オルティス, クリスティーナ）
  - 外16（オルティス, クリスティーナ）

Ortiz, Cristina
ブラジルのピアノ奏者。
- ⇒外12（オルティーズ, クリスティーナ　1950.4.17–）
  - 外16（オルティーズ, クリスティーナ　1950.4.17–）

Ortiz, David
アメリカの大リーグ選手（レッドソックス・内野）。
- ⇒外12（オルティス, デービッド　1975.11.18–）
  - 外16（オルティス, デービッド　1975.11.18–）
  - 最世ス（オルティス, デービッド　1975.11.18–）
  - メジャ（オルティス, デビッド　1975.11.18–）

Ortiz, Francisco
スペインのテノール歌手。
- ⇒失声（オルティス, フランシスコ　1938–）
  - 魅惑（Ortiz,Francesco　?–）

Ortiz, Guillermo
メキシコの政治家。メキシコ財務相。
- ⇒世指導（オルティス, ギジェルモ　1948.7.21–）

Ortiz, Idalys
キューバの柔道選手。
- ⇒外16（オルティス, イダリス　1989.9.27–）
  - 最世ス（オルティス, イダリス　1989.9.27–）

Ortiz, Jose D.
ドミニカ共和国のプロ野球選手（ソフトバンク・外野）、大リーグ選手。
- ⇒外12（オーティーズ, ホセ　1977.6.13–）

Ortiz, Russ
アメリカの大リーグ選手（投手）。
- ⇒メジャ（オルティス, ラス　1974.6.5–）

Ortiz, Simon J(oseph)
アメリカ（ネイティヴ系）の詩人、編集者。
- ⇒岩世人（オーティーズ　1941.5.27–）

Ortiz Rubio, Pascual
メキシコの政治家。ポルテス・ヒルに次いでメキシコ大統領（1930〜32）。
- ⇒岩世人（オルティス・ルビオ　1877.3.10–1963.11.4）

Orton, Joe
イギリスの劇作家。
- ⇒現世文（オートン, ジョー　1933.1.1–1967.8.9）

Orton, Randy
アメリカのプロレスラー。
- ⇒外12（オートン, ランディ　1980.4.1–）
  - 外16（オートン, ランディ　1980.4.1–）

Orwell, George
イギリスの作家。主著『動物農場』(1945)、『1984年』(49)など。
- ⇒岩世人（オーウェル　1903.6.25–1950.1.21）
  - 現世文（オーウェル, ジョージ　1903.6.25–1950.1.21）
  - 広辞7（オーウェル　1903–1950）

新カト（オーウェル　1903.6.25–1950.1.21）
世史改（オーウェル　1903–1950）
世人新（オーウェル　1903–1950）
世人装（オーウェル　1903–1950）
哲中（オーウェル　1903–1950）
ネーム（オーウェル　1903–1950）
ポプ人（オーウェル, ジョージ　1903–1950）

Ory, Edward（Kid）
アメリカのジャズ・バンド・リーダー, トロンボーン奏者。
⇒新音中（オリー, キッド　1890.12.25–1973.1.23）
標音2（オーリー, キッド　1890頃.12.25–1973.1.23）

Orzeszkowa, Eliza
ポーランドの女性作家。大作『ネーメン川のほとり』(1889)がある。
⇒岩世人（オジェシュコヴァ　1841.6.6–1910.5.18）

Osbert, Alphonse
フランスの画家。
⇒19仏（オスベール, アルフォンス　1857.3.23–1939.8.11）

Osborn, Catherine M.
アメリカのユニヴァーサリスト教会宣教師。
⇒岩世人（オズボーン　1859.4.15–1925.9.20）

Osborn, Henry Fairfield
アメリカの古生物学者。主著『生物の起源と進化』(1917)。
⇒岩生（オズボーン　1857–1935）
岩世人（オズボーン　1857.8.8–1935.11.6）
旺生5（オズボーン　1857–1935）
オク地（オズボーン, ヘンリー・フェアフィールド　1875–1935）

Osborn, Herbert
アメリカの動物学者。特に農業に関係ある応用昆虫学の研究を行った。
⇒岩世人（オズボーン　1856.3.19–1954.9.20）

Osborn, John
アメリカのテノール歌手。
⇒失声（オズボーン, ジョン　1973–）
魅惑（Osborn,John　?–）

Osborn, Lois Stewart
アメリカの教育者。
⇒アア歴（Osborn,Lois Stewart　オズボーン, ロイス・スチュワート　1875–1935.8.10）

Osborne, Charles
オーストラリアの作家, 詩人, 演劇評論家。
⇒現世文（オズボーン, チャールズ　1927.11.24–2017.9.23）

Osborne, George
イギリスの政治家。
⇒外16（オズボーン, ジョージ　1971.5.23–）
世指導（オズボーン, ジョージ　1971.5.23–）

Osborne, Harold
イギリスの美学者。美学を批判哲学の一部門と見なし, その目的は美概念を含む判断が意味するところを理解するにありと言う。
⇒岩世人（オズボーン　1905.3.1–1987.3）

Osborne, John James
イギリスの劇作家。戯曲『怒りをこめて振返れ』(1956), 『私のための愛国者』(65)など。
⇒岩世人（オズボーン　1929.12.12–1994.12.24）
現世文（オズボーン, ジョン　1929.12.12–1994.12.24）
広辞7（オズボーン　1929–1994）
ネーム（オズボーン　1929–1994）

Osborne, Mark
アメリカの映画監督。
⇒外12（オズボーン, マーク）
外16（オズボーン, マーク）

Osborne, Mary Pope
アメリカの作家。
⇒外12（オズボーン, メアリー・ポープ　1949–）
外16（オズボーン, メアリー・ポープ　1949–）
現世文（オズボーン, メアリー・ポープ　1949.5.20–）

Osborne, Thomas Burr
アメリカの生物化学者。栄養学の研究に従事, 動物試験に基づいて多くの食品の栄養価を決定しビタミンAの発見を予見した。
⇒岩世人（オズボーン　1859.8.5–1929.1.29）
化学（オズボーン　1859–1929）

Osbourne, Ozzy
イギリスのロック・ミュージシャン。
⇒異二辞（オズボーン, オジー　1948–）
外12（オズボーン, オジー　1948.12.3–）
外16（オズボーン, オジー　1948.12.3–）

Osbourne, Samuel Lloyd
アメリカの作家。
⇒現世文（オズボーン, ロイド　1868–1947）

Oscar, Jose
ブラジルのサッカー選手, サッカー監督。
⇒外12（オスカー, ジョゼ　1954.6.20–）

Oscarsson, Markus
スウェーデンのカヌー選手。
⇒外16（オスカルション, マルクス　1977.5.9–）
最technologies（オスカルション, マルクス　1977.5.9–）

Oseen, Wilhelm
スウェーデンの物理学者。流体力学（特に粘性流体）, 振動学の領域に多くの業績を残している。
⇒岩世人（オセーン　1879.4.17–1944.11.7）

Osgood, Charles E（gerton）
アメリカの心理学者。

⇒岩世人（オズグッド　1916.11.20–1991.9.15）
社小増（オズグッド　1916–）
社心小（オズグッド　1916–1991）

Osgood, Cornelius
アメリカの人類学者。主著『アメリカ土着民の言語の構造』（監修）。
⇒アア歴（Osgood,Cornelius　オズグッド, コーネリアス　1905.3.20–1985.1.4）

Osgood, Elliott Irving
アメリカの医療宣教師。
⇒アア歴（Osgood,Elliott I(rving)　オズグッド, エリオット・アーヴィング　1871.3.11–1940.4.13）

Osgood, William Fogg
アメリカの数学者。解析学、特に変分学、微分方程式論に関する研究がある。
⇒岩世人（オズグッド　1864.3.10–1943.7.22）
数辞（オスグッド, ウィリアム・フォッグ　1864–1943）
世数（オスグッド, ウィリアム・フォッグ　1864–1943）

O'Shaughnessy, Perri
アメリカの作家。
⇒現世文（オショーネシー, ペリー）

O'Shea, John A.
アメリカの宣教師。
⇒アア歴（O'Shea,John A.　オシェア, ジョン・A.　1887–1969.10.6）

O'shea, Michael
アメリカの男優。
⇒ク俳（オーシェイ, マイクル（オーシェイ, エドワード・M）　1906–1973）

O'Shea, Michael Vincent
アメリカの教育学者。児童心理学、青年心理学に関する多くの著書を残し、アメリカ各地で講演活動。1905年国際教育会議代表。
⇒教人（オシエー　1866–1932）

Osheroff, Douglas Dean
アメリカの物理学者。1996年ノーベル物理学賞。
⇒外12（オシェロフ, ダグラス　1945.8.1–）
外16（オシェロフ, ダグラス　1945.8.1–）
ノベ3（オシェロフ, D.D.　1945.8.1–）

Oshrin, Andy
アメリカの実業家。ミリーCEO。
⇒外12（オシュリン, アンディ　1964–）
外16（オシュリン, アンディ　1964–）

Ó Siadhail, Mícheál
アイルランドの詩人。
⇒外12（オー・シール, ミホール　1947–）
外16（オー・シール, ミホール　1947–）
現世文（オー・シール, ミホール　1947–）

Osias, Camilo
フィリピンの教育家、政治家。1947年上院議員に当選。49年ナショナリスタ党から大統領に立候補、ラウレルに敗れた。
⇒教人（オシアス　1889–）

Osieck, Holger
ドイツのサッカー監督。
⇒外12（オジェック, ホルガー　1948.8.31–）
外16（オジェック, ホルガー　1948.8.31–）
最世ス（オジェック, ホルガー　1948.8.31–）

Osim, Amar
ボスニア・ヘルツェゴビナのサッカー監督、サッカー選手。
⇒外12（オシム, アマル　1967.7.17–）

Osim, Ivica
ボスニア・ヘルツェゴビナ、オーストリアのサッカー指導者、サッカー選手。
⇒岩世人（オシム　1941.5.6–）
外12（オシム, イヴィチャ　1941.5.6–）
外16（オシム, イヴィチャ　1941.5.6–）
最世ス（オシム, イヴィチャ　1941.5.6–）
ネーム（オシム, イビチャ　1941–）

Osipov, Gennadii Vasilgevich
旧ソ連（ロシア）の社会学者。
⇒社小増（オーシポフ　1928–）

Osipova, Natalia
ロシアのバレリーナ。
⇒外12（オシポワ, ナタリヤ）
外16（オシポワ, ナタリヤ）

Osler, Sir William
イギリスの内科医。内科学者、医学史学者として業績多く、主著に『医学の原理と実際』（1892）。
⇒岩世人（オスラー　1849.7.12–1919.12.29）
広辞7（オスラー　1849–1919）
世発（オスラー, ウィリアム　1849–1919）

Osman, Ospan
中国新疆カザフ人の民族指導者。
⇒岩世人（オスマン　1899?–1951.4.29）

Osmeña, Sergio
フィリピンの政治家。日本占領中の亡命政権の大統領（1944～46）。
⇒ア太戦（オスメニア　1878–1961）
岩世人（オスメーニャ　1878.9.9–1961.10.19）

Osment, Haley Joel
アメリカの俳優。
⇒外12（オスメント, ハーレイ・ジョエル　1988.4.10–）

Osofisan, Femi
ナイジェリアの劇作家。
⇒現世文（オショフィサン, フェミ　1946.6.16–）

Osotimehin, Babatunde
ナイジェリアの医師。
⇒外12 (オショティメイン, ババトゥンデ 1949–)
　外16 (オショティメイン, ババトゥンデ 1949–)
　世指導 (オショティメイン, ババトゥンデ 1949.2.6–2017.6.4)

Osouf, Jean
フランスの彫刻家。
⇒芸13 (オズーフ, ジャン 1898–1967)

Ossani, Nilo
イタリアのテノール歌手。
⇒失声 (オッサーニ, ニロ 1912–1997)

Ossendowski, Ferdynand Antoni
ポーランドの作家, 科学者。鉱山技師として蒙古, シベリアを調査した。
⇒岩世人 (オッセンドフスキ 1878.5.27–1945.1.3)

Ossietzky, Carl von
ドイツの著述家, 平和運動家。反戦平和運動を指導, ノーベル平和賞を受く (1935)。
⇒岩世人 (オシーツキー 1889.10.3–1938.5.4)
　広辞7 (オシエツキー 1889–1938)
　ネーム (オシエツキー 1898–1938)
　ノベ3 (オシーツキー, C. 1889.10.3–1938.5.4)

Ossowski, Stanislaw
ポーランドの社会学者。主著『社会意識と階級構造』(1957) は社会学の階級理論に重要な貢献をした。
⇒岩世人 (オソフスキ 1897.5.22–1963.11.7)
　社小増 (オッソフスキ 1897–1963)

Ost, Daniel
ベルギーのフラワーアーティスト。
⇒異二辞 (オスト, ダニエル 1955–)
　外12 (オスト, ダニエル 1955.5.8–)
　外16 (オスト, ダニエル 1955.5.8–)

Osta, Clairemarie
フランスのバレリーナ。
⇒外12 (オスタ, クレールマリ 1971.7.10–)
　外16 (オスタ, クレールマリ 1971.7.10–)

Ostaijen, Paul van
ベルギーの詩人。表現主義の第一人者。作品『信号』『占領された町』など。
⇒岩世人 (ファン・オスタイエン 1896.2.22–1928.3.18)
　現世文 (オスターイェン, パウル・ファン 1896.2.22–1928.3.18)

Ostapchuk, Nadzeya
ベラルーシの砲丸投げ選手。
⇒最世ス (オスタプチュク, ナドゼヤ 1980.10.28–)

Östberg, Ragnar
スウェーデンの建築家。代表作『ストックホルム市庁舎』(1909~23)。

⇒岩世人 (エストベリ 1866.7.14–1945.2.5)

Osteen, Claude Wilson
アメリカの大リーグ選手 (投手)。
⇒メジャ (オースティーン, クロード 1939.8.9–)

Ostendorf, Friedrich
ドイツの建築家, 建築理論家。新古典主義の立場をとった。
⇒岩世人 (オステンドルフ 1871.10.17–1915.3.16)

Oster, Christian
フランスの作家。
⇒外12 (オステール, クリスチャン 1949–)
　外16 (オステール, クリスチャン 1949–)
　現世文 (オステル, クリスチャン 1949–)

Oster, Grigoriy
ロシアの児童文学作家。
⇒外16 (オステル, グリゴリー 1947.11.27–)
　現世文 (オステル, グリゴリー 1947.11.27–)

Oster, Hans
ドイツ国防軍防諜部 (Abwehr) 参謀長。
⇒スパイ (オスター, ハンス 1888–1945)

Osterhout, Winthrop John Vanleuven
アメリカの植物学者, 生理学者。細胞生理学に関する研究がある。
⇒岩世人 (オスターハウト 1871.8.2–1964.4.9)

Österling, Anders Johan
スウェーデンの詩人, 文芸評論家。代表詩集『序曲』(1904),『捧げの花輪』(05)。
⇒岩世人 (エステリング 1884.4.13–1981.12.13)

Osterman, Catherine
アメリカのソフトボール選手 (ロックフォード・サンダー・投手)。
⇒外12 (オスターマン, キャサリン 1983.4.16–)
　最世ス (オスターマン, キャサリン 1983.4.16–)

Osterman, Natan Abramovich
ソ連の建築家。
⇒岩世人 (オステルマン 1916–1969)

Ostermueller, Frederick Raymond (Fritz)
アメリカの大リーグ選手 (投手)。
⇒メジャ (オスターミューラー, フリッツ 1907.9.15–1957.12.17)

Ostertag, Karl
ドイツのテノール歌手。
⇒魅惑 (Ostertag, Karl 1903–1979)

Ostertag, Robert von
ドイツの獣医学者。獣医衛生学の権威。
⇒岩世人 (オスタルターク 1864.3.24–1940.10.7)

Osterwalder, Konrad
アメリカの数学者, ハーバード大学教授。
⇒外12（オスターヴァルダー, コンラッド　1942.6.3-）
　外16（オスターヴァルダー, コンラッド　1942.6.3-）

Osthaus, Karl Ernst
ドイツの芸術学者, 美術品蒐集家。「ドイツ工作連盟」の創設者の一人。
⇒岩世人（オストハウス　1874.4.15-1921.3.27）

Osthoff, Helmuth
ドイツの音楽学者。
⇒標音2（オストホフ, ヘルムート　1896.8.13-1983.2.9）

Osthoff, Hermann
ドイツの言語学者。インド＝ヨーロッパ語族の比較文法を研究。
⇒岩世人（オストホフ　1847.4.18-1909.5.7）

Ostrand, James Adolph
アメリカの弁護士, 判事。
⇒アア歴（Ostrand,James Adolph　オストランド, ジェイムズ・アドルフ　1871.1.20-1937.4.15）

Ostraoumoff, Serguei
テノール歌手。
⇒魅惑（Ostraoumoff,Serguei　?-?）

Ostrogorski, Georgije Alexandrovich
ユーゴスラビアの歴史家。現代のビザンティン史研究の第一人者。
⇒岩世人（オストロゴルスキ　1902.1.6/19-1976.10.24）

Ostrogorskii, Moisei Yakovlevich
ロシアの政治学者。『民主主義と政党の組織』。
⇒岩世人（オストロゴルスキー　1854/1852-1919）

Ostrom, Elinor
アメリカの政治学者。
⇒外12（オストロム, エリノア　1933.8.7-）
　ネーム（オストロム　1933-2012）
　ノベ3（オストロム,E.　1933.8.7-2012.6.12）
　有経5（オストロム　1933-2012）

Ostrom, John Harold
アメリカの古生物学者。
⇒岩生（オストローム　1928-2005）
　岩世人（オストローム　1928.2.18-2005.7.16）

Ostrov, Svetozar Aleksandrovich
ロシアのイラストレーター。
⇒外12（オストローフ, スヴィトザール・アレクサンドロヴィチ　1941-）
　外16（オストローフ, スヴィトザール・アレクサンドロヴィチ　1941-）

Ostrovityanov, Konstantin Vasilevich
ソ連の経済学者。
⇒岩世人（オストロヴィーチャノフ　1892.5.18/30-1969.2.9）

Ostrovskii, Nikolai Alekseevich
ソ連の作家。『鋼鉄はいかに鍛えられたか』(1932～34)で, 1935年レーニン勲章を与えられた。
⇒岩世人（オストロフスキー　1904.9.16/29-1936.12.22）
　現世文（オストロフスキー, ニコライ・アレクセーヴィチ　1904.9.29-1936.12.22）
　広辞7（オストロフスキー　1904-1936）
　西文（オストロフスキー, ニコライ・アレクセーヴィチ　1904-1936）

Ostrowski
アメリカ・メイソン中学校の英語教師。
⇒マルX（OSTROWSKI(Kaminska,Richard)　オストロウスキー(カミンスカ, リチャード)）

Ostrowski, Alexander
スイスの数学者。代数学, 数論, 函数論等についての研究がある。
⇒岩世人（オストロフスキー　1893.9.25-1986.11.20）
　世数（オストロフスキー, アレクサンドル・マルコヴィッチ　1893-1986）

Ostrowski, Helen
アメリカの実業家。ポーターノベリ会長。
⇒外12（オストロウスキー, ヘレン）
　外16（オストロウスキー, ヘレン）

Ostwald, Friedrich Wilhelm
ドイツの化学者。1888年光の分析法を発見。1909年ノーベル化学賞受賞。
⇒岩世人（オストヴァルト(慣オストワルト)　1853.9.2-1932.4.4）
　化学（オストヴァルト,F.W.　1853-1932）
　学叢思（オストヴァルド, ヴィルヘルム　1853-?）
　広辞7（オストワルト　1853-1932）
　新カト（オストワルト　1853.9.2-1932.4.4）
　ネーム（オストワルト　1853-1932）
　ノベ3（オストワルト,F.W.　1853.9.2-1932.4.4）

Ostwald, Wolfgang
ドイツのコロイド学者。F.W.オストワルトの子。
⇒岩世人（オストヴァルト(慣オストワルト)　1883.5.27-1943.11.22）
　化学（オストヴァルト,C.W.W.　1883-1943）

O'sullivan, Gilbert
アイルランド生まれのシンガー・ソングライター。
⇒ロック（O'Sullivan,Gilbert　オサリヴァン, ギルバート　1946.12.1-）

O'Sullivan, John
アイルランドのテノール歌手。
⇒失声（オサリヴァン, ジョン　1877-1955）

魅惑（O'Sullivan, John 1878-1955）
O'Sullivan, Maureen
アイルランド生まれの女優。
⇒ク俳（オサリヴァン, モーリーン 1909-1998）
スター（オサリヴァン, モーリン 1911.5.17-1998）
O'Sullivan, Sonia
アイルランドの陸上選手（中距離）。
⇒外16（オサリバン, シェーン 1969-）
O'Sullivan, Vincent（Gerard）
ニュージーランドの詩人, 劇作家, 小説家。
⇒ニュー（オサリヴァン, ヴィンセント 1937-）
Oswald, Lee Harvey
ケネディ米大統領の暗殺容疑者。
⇒世暗（オズワルド, リー・ハーベイ 1939-1963）
Oswald, Marianne
フランスのシャンソン歌手。
⇒標音2（オスワルド, マリアンヌ 1903.1.9-）
Oswald, Peter
テノール歌手。
⇒魅惑（Oswald, Peter ?-）
Oswalt, Roy
アメリカの大リーグ選手（投手）。
⇒外12（オズワルト, ロイ 1977.8.29-）
外16（オズワルト, ロイ 1977.8.29-）
最世ス（オズワルト, ロイ 1977.8.29-）
メジャ（オーズウォルト, ロイ 1977.8.29-）
Osypenko, Inna
ウクライナのカヌー選手。
⇒外12（オシペンコ, イナ 1982.9.20-）
最世ス（オシペンコ, イナ 1982.9.20-）
Otari, Muhammad Naji al-
シリアの政治家。シリア首相。
⇒外12（オタリ, ムハンマド・ナジ 1944-）
外16（オタリ, ムハンマド・ナジ 1944-）
世指導（オタリ, ムハンマド・ナジ 1944-）
O Tar-su
韓国の俳優。
⇒外16（オダルス 1968.6.15-）
韓俳（オ・ダルス 1968.6.15-）
Otarsultanov, Dzhamal
ロシアのレスリング選手（フリースタイル）。
⇒外12（オタルスルタノフ, ジャマル 1987.4.14-）
最世ス（オタルスルタノフ, ジャマル 1987.4.14-）
Otellini, Paul S.
アメリカの実業家。
⇒外12（オッテリーニ, ポール 1950.10.2-）
外16（オッテリーニ, ポール 1950.10.2-）

Oterma, Liisi
フィンランド初の女性天文学者。
⇒物理（オテルマ, リイシ 1915-2001）
Otero, Blas de
スペインの詩人。代表作『魂の歌』（1942）。
⇒現世文（オテーロ, ブラス・デ 1916.3.15-1979.6.29）
Otero Silva, Miguel
ベネズエラの作家。
⇒現世文（オテロ・シルバ, ミゲル 1908-1985）
ラテ新（オテロ・シルバ 1909-1984）
Othoniel, Jean-Michel
フランスの現代美術家。
⇒外16（オトニエル, ジャン・ミシェル 1964-）
Otis, Amos Joseph
アメリカの大リーグ選手（外野）。
⇒メジャ（オーティス, エイモス 1947.4.26-）
Otis, Elwell Stephan
アメリカの軍人。フィリピン総督として（1898～1900）フィリピン人の独立運動を鎮圧した。
⇒アア歴（Otis, Elwell S(tephen) オーティス, エルウエル・スティーヴン 1838.3.25-1909.10.21）
Otis, Johnny
アメリカのジャズ・ドラム奏者, バイブ奏者。
⇒新音中（オーティス, ジョニー 1921.12.8-）
ロック（Otis, Johnny オーティス, ジョニー 1921.12.28-）
Otlet, Paul
ベルギーの法学者, 図書館学者。デューイの十進分類法の完成に協力し, また精神的協同作業の世界的組織を提唱した。
⇒岩世人（オトレ 1868.8.23-1944.12.10）
O'Toole, Annette
アメリカ生まれの女優。
⇒ク俳（オトゥール, アネット 1953-）
O'Toole, George Barry
アメリカの教育者。
⇒アア歴（O'Toole, George Barry オトゥール, ジョージ・バリー 1886.12.11-1944.3.26）
O'Toole, James Jerome
アメリカの大リーグ選手（投手）。
⇒メジャ（オトゥール, ジム 1937.1.10-）
O'Toole, Peter
アイルランド生まれの男優。
⇒遺産（オトゥール, ピーター 1932.8.2-2013.12.14）
岩世人（オトゥール 1932.8.2-2013.12.14）
外12（オトゥール, ピーター 1932.8.2-）
ク俳（オトゥール, ピーター 1932-）

スター（オトゥール, ピーター　1932.8.2–）

Otsuka, Julie
アメリカの作家。
⇒現世文（オーツカ, ジュリー）

Ott, Alice Sara
ドイツのピアノ奏者。
⇒外12（オット, アリス・紗良　1988–）
　外16（オット, アリス・紗良　1988–）

Ott, Bruce
アメリカ空軍の航空兵。
⇒スパイ（オット, ブルース）

Ott, Eugen
ナチス・ドイツの軍人, 外交官。日本駐在特命全権大使（1938～42）として日独伊三国同盟の締結に参与。
⇒ア太戦（オット　1889–1977）
　岩世人（オット　1889.4.8–1977.1.23）

Ott, Heinrich
スイスのプロテスタント神学者。
⇒新カト（オット　1929.9.1–）

Ott, Mel
アメリカの大リーグ選手（外野, 三塁）, 監督。
⇒メジャ（オット, メル　1909.3.2–1958.11.21）

Ottaviani, Alfredo
イタリアの枢機卿。
⇒新カト（オッタヴィアーニ　1890.10.29–1979.8.3）

Otter, Anne Sofie von
スウェーデンのメゾ・ソプラノ歌手。
⇒外12（オッター, アンネ・ソフィー・フォン　1955–）
　外16（オッター, アンネ・ソフィー・フォン　1955–）
　新音中（オッター, アンネ・ゾフィー・フォン　1955.5.9–）

Otterloo, Willem van
オランダの指揮者, 作曲家。1949年ハーグ・レジデンティ管弦楽団（ハーグ・フィルハーモニー）首席指揮者に就任, 同楽団を短期間のうちにオランダ有数のオーケストラに育成。
⇒新音中（オッテルロー, ヴィレム・ファン　1907.12.27–1978.7.27）
　標音2（オッテルロー, ウィレム・ヴァン　1907.12.27–1978.7.27）

Ottesen, Jeanette
デンマークの水泳選手（自由形・バタフライ）。
⇒最世ス（オッテセン, ヤネッテ　1987.12.30–）

Ottey, Merlene
スロベニアの陸上選手（短距離）。
⇒外12（オッティ, マーリーン　1960.5.10–）
　外16（オッティ, マーリーン　1960.5.10–）

　最世ス（オッティ, マーリーン　1960.5.10–）

Ottieri, Ottiero
イタリアの小説家, 評論家。主著『襲撃』（1959）。
⇒現世文（オッティエーリ, オッティエーロ　1924.3.29–）

Ottlik Géza
ハンガリーの作家, 翻訳家。
⇒岩世人（オトリク　1912.5.9–1990.10.9）

Ottman, Henri
フランスの画家。
⇒芸13（オットマン, アンリ　1875–1926）

Otto, Berthold
ドイツの教育家。ベルリンに家庭教師学校を設立（1906）。
⇒岩世人（オットー　1859.8.6–1933.6.29）
　教人（オットー　1859–1933）

Otto, Frei Paul
ドイツの建築家, 構造家。
⇒岩世人（オットー　1925.5.31–）
　外12（オットー, フライ　1925.5.31–）
　世建（オットー, フライ　1925–）

Otto, Kristin
ドイツの水泳選手。
⇒岩世人（オットー　1966.2.7–）

Otto, Lisa
ドイツのソプラノ歌手。
⇒標音2（オットー, リーザ　1919.11.14–）

Otto, Rudolf
ドイツの神学教授。主著『聖なるもの』。
⇒岩キ（オットー　1869–1937）
　岩世人（オットー　1869.9.25–1937.3.6）
　オク教（オットー　1869–1937）
　広辞7（オットー　1869–1937）
　新カト（オットー　1869.9.25–1937.3.6）

Otto, Svend S.
デンマークのイラストレーター。
⇒絵本（オットー, スヴェン　1916–1996）

Otto, Sylke
ドイツのリュージュ選手。
⇒外12（オットー, ジルケ　1969.7.7–）
　最世ス（オットー, ジルケ　1969.7.7–）

Ottolini, Luigi
イタリアのテノール歌手。
⇒失声（オットリーニ, ルイージ　1925–2002）
　魅惑（Ottolini,Luigi　1925–2002）

Otunbayeva, Roza
キルギスの政治家。キルギス大統領（2010～11）。

⇒外12（オトゥンバエワ, ローザ　1950.8.23–）
　外16（オトゥンバエワ, ローザ　1950.8.23–）
　世指導（オトゥンバエワ, ローザ　1950.8.23–）

Otxoa, Javier
スペインの自転車選手（ロード）。
⇒最世ス（オチョア, ハビエル　1974.8.30–）

Ouattara, Alassane Dramane
コートジボワールの政治家。コートジボワール大統領（2010～）。
⇒外12（ワタラ, アラサン　1942.1.1–）
　外16（ワタラ, アラサン　1942.1.1–）
　世指導（ワタラ, アラサン　1942.1.1–）

Ouchi, William George
ハワイ生まれの日系3世の経営学者。
⇒社小増（オオウチ　1943–）

Oud, Jacobus Johannes Pieter
オランダの建築家, デザイナー。主作品はロッテルダムの集合住宅。
⇒岩世人（アウト（オウト）　1890.2.9–1963.4.5）

Oudom Khattiya
ラオスの政治家。
⇒岩世人（ウドム　1930.3.9–1999.12.9）
　世指導（ウドム・カッテイニャ　1930.3.9–1999.12.9）

Oudot, Roland
フランスの画家。
⇒芸13（ウド, ローラン　1897–1966）

Ouedraogo, Idrissa
ブルキナファソ生まれの映画監督。
⇒映監（ウエドラオゴ, イドリッサ　1954.1.21–）

Ouédraogo, Youssouf
ブルキナファソの政治家, 外交官。ブルキナファソ首相。
⇒世指導（ウエドラオゴ, ユスフ　1952.12.25–2017.11.18）

Ouellet, André
カナダの政治家。カナダ外相。
⇒世指導（ウェレット, アンドレ　1939.4.6–）

Ouida
イギリスの女性作家。『フランダースの犬』の作者。
⇒岩世人（ウィーダ　1839.1.1–1908.1.25）
　図翻（ウィーダ　1839.1.1–1908.1.25）
　ネーム（ウィーダ　1839–1908）
　ポプ人（ウィーダ　1839–1908）

Ouimet, Francis Desales
アメリカのアマチュア・ゴルファー。
⇒岩世人（ウィメット　1893.5.8–1967.9.3）

Ould Braham, Myriam
フランスのバレリーナ。

⇒外12（ウルド・ブラーム, ミリアム）
　外16（ウルド・ブラーム, ミリアム）

Oundjian, Peter
イギリスの指揮者, ヴァイオリン奏者。
⇒外16（ウンジャン, ピーター　1955–）

Oun Sananikone
ラオスの政治家。
⇒岩世人（ウン　1907.10.12–1978）

Ounsworth, Alec
アメリカのミュージシャン。
⇒外12（オンスワース, アレック）
　外16（オンスワース, アレック）

Ourednίk, Patrik
チェコの作家。
⇒外16（オウジェドニーク, パトリク　1957–）
　現世文（オウジェドニーク, パトリク　1957–）

Oursler, Tony
アメリカ生まれの芸術家。
⇒現アテ（Oursler,Tony　アウスラー, トニー　1957–）

Oury, Gérard
フランスの俳優, 映画監督。フランスの国民的コメディアン, ルイ・ド・フュネスとのコンビで一連の喜劇映画を監督。
⇒映監（ウーリー, ジェラール　1919.4.29–2006）
　ユ著人（Oury,Gerard　オーリー, ジェラール　1919–）

Ousland, Borge
ノルウェーの極地冒険家。
⇒外12（オウスラント, ボルゲ）
　外16（オウスラント, ボルゲ　1962.5.31–）

Ousmane, Mahamane
ニジェールの政治家。ニジェール大統領（1993～96）。
⇒世指導（ウスマヌ, マハマヌ　1950.1.20–）

Outteridge, Nathan
オーストラリアのヨット選手（49er級）。
⇒外16（アウタリッジ, ネーサン　1986.1.28–）
　最世ス（アウタリッジ, ネーサン　1986.1.28–）

Ouwehand, Cornelius
スイスの日本研究家。琉球の民話をはじめ, 日本の民俗学, 宗教の研究がある。
⇒岩世人（アウヴェハント　1920.11.10–1996.9.5）

Ouyahia, Ahmed
アルジェリアの政治家。アルジェリア首相。
⇒外12（ウーヤヒア, アハメド　1952.7.2–）
　外16（ウーヤヒア, アハメド　1952.7.2–）
　世指導（ウーヤヒア, アハメド　1952.7.2–）

Ovakim, Gaik Badalovich
1930年代にニューヨークで活動したNKVD（ソビエト内務人民委員部）のレジデント。
⇒スパイ（オヴァキム, ガイク・バダロヴィチ 1898–1967?）

Ovchinnikov, Serguey
ロシアのバレーボール女子ロシア代表監督。
⇒最世ス（オフチニコフ, セルゲイ 1969.1.25–2012.8.29）

Ovchinnikova, Yelena
ロシアのシンクロナイズドスイミング選手。
⇒最世ス（オフチニコワ, エレーナ 1982.6.17–）

Ovechkin, Alexander
ロシアのアイスホッケー選手（キャピタルズ・FW）。
⇒外16（オベチキン, アレクサンドル 1985.9.17–）
　最世ス（オベチキン, アレクサンドル 1985.9.17–）

Ovechkin, Valentin Vladimirovich
ソ連の作家。
⇒現世文（オヴェーチキン, ワレンチン・ウラジーミロヴィチ 1904.6.22–1968.1.27）

Ovenden, Jeremy
イギリスのテノール歌手。
⇒魅惑（Ovenden,Jeremy ?–）

Overall, Orval
アメリカの大リーグ選手（投手）。
⇒メジャ（オーヴァーオール, オーヴァル 1881.2.2–1947.7.14）

Overath, Wolfgang
ドイツのサッカー選手。
⇒外12（オベラート, ウォルフガング 1943.9.29–）

Overbay, Lyle Stefan
アメリカの大リーグ選手（一塁）。
⇒メジャ（オーヴァーベイ, ライル 1977.1.28–）

Overbeck, Franz Camille
スイスの神学者。
⇒岩世人（オーヴァーベック 1837.11.16–1905.6.26）
　オク教（オーヴァーベック 1837–1905）
　新カト（オーヴァベック 1837.11.16–1905.6.26）

Overbeek, Olau Cleofas Van
オランダ生まれの版画家。
⇒芸13（オヴェルベック, オル・クレファス・ファン 1946–）

Overby, Charles M.
アメリカの平和運動家。
⇒外12（オーバービー, チャールズ 1926.3.18–）

Overeem, Alistair
オランダの格闘家。
⇒外12（オーフレイム, アリスター 1980.5.17–）
　外16（オーフレイム, アリスター 1980.5.17–）

Overmans, Jakob
ドイツ生まれのイエズス会会員。
⇒新カト（オーヴェルマンス 1874.1.26–1945.8.15）

Overmars, Marc
オランダのサッカー選手。
⇒外12（オフェルマルス, マルク 1973.3.29–）

Overstreet, Nash
アメリカのミュージシャン。
⇒外16（オーバーストリート, ナッシュ 1986.1.3–）

Ovsyaniko-Kulikovskii, Dmitrii Nikolaevich
ロシアの文学史家, 言語学者。主著『言語と芸術』(1895)。
⇒岩世人（オフシャニコ＝クリコフスキー 1853.1.23/2.4–1920.10.9）

Ovsyannikov, Mikhail Fedotovich
ソ連の美学者。連邦科学アカデミー哲学研究所美学主任。
⇒岩世人（オフシャーニコフ 1915.11.21–1987.8.11）

Ovtcharov, Dimitrij
ドイツの卓球選手。
⇒最世ス（オフチャロフ, ドミトリ 1988.9.2–）

Al-Owairan, Saeed
サウジアラビアのサッカー選手。
⇒異二辞（オワイラン［サイード・～］ 1967–）

Owen, Arnold Malcolm（Mickey）
アメリカの大リーグ選手（捕手）。
⇒メジャ（オウエン, ミッキー 1916.4.4–2005.7.13）

Owen, Clive
イギリスの俳優。
⇒外12（オーウェン, クライブ 1964.10.3–）
　外16（オーエン, クライブ 1964.10.3–）
　ク俳（オウイン, クライヴ 1965–）

Owen, David
イギリスの政治家。イギリス外相, 社会民主党（SPD）党首。
⇒岩世人（オーウェン 1938.7.2–）
　世指導（オーエン, デービッド 1938.7.2–）

Owen, Gwilym Ellis Lane
イギリスの古代哲学史家。
⇒岩世人（オーウェン 1922.5.18–1982.7.10）

Owen, Handel
テノール歌手。
⇒魅惑（Owen,Handel ?–）

Owen, James A.
アメリカの作家, イラストレーター。
⇒海文新 (オーウェン, ジェームズ・A.)

Owen, Mark
イギリスの歌手。
⇒外12 (オーウェン, マーク)
外16 (オーエン, マーク)

Owen, Marvin James
アメリカの大リーグ選手 (三塁)。
⇒メジャ (オウエン, マーヴ 1906.3.22-1991.6.22)

Owen, Michael
イギリスのサッカー選手。
⇒異二辞 (オーウェン [マイケル・~] 1979-)
外12 (オーウェン, マイケル 1979.12.14-)
外16 (オーエン, マイケル 1979.12.14-)
最世ス (オーウェン, マイケル 1979.12.14-)

Owen, Spike Dee
アメリカの大リーグ選手 (遊撃)。
⇒メジャ (オウエン, スパイク 1961.4.19-)

Owen, Thomas
ベルギーの弁護士, ジャーナリスト。
⇒現世文 (オーエン, トーマス 1910-2002)

Owen, Wilfred
イギリスの詩人。戦争詩が主だが, 内容・技巧両面にわたって現代イギリス人に影響を与えている。
⇒岩世人 (オーエン 1893.3.18-1918.11.4)
現世文 (オーエン, ウィルフレッド 1893.3.18-1918.11.4)

Owen, William James
イギリスの政治家。潜在的に利用可能な秘密情報を敵国に売り渡したとして起訴された20世紀で唯一のイギリス庶民院議員 (労働党)。
⇒スパイ (オーエン, ウィリアム・ジェイムズ 1901-1981)

Owen-Jones, Lindsay
イギリスの実業家。
⇒外16 (オーエンジョーンズ, リンゼイ 1946.3.17-)

Owens, Buck
アメリカのカントリー・アンド・ウェスタン歌手。
⇒新音中 (オーエンズ, バック 1929.8.12-)
標音2 (オーエンズ, バック 1929.8.12-)
ロック (Owens,Buck オーエンズ, バック 1929.8.12-)

Owens, Harry
アメリカのハワイアン・バンドリーダー, 作曲家。
⇒標音2 (オーエンズ, ハリー 1902.4.18-)

Owens, James Cleveland (Jesse)
アメリカの黒人陸上競技選手。短距離走者。1936年ベルリンオリンピックで,4種目に優勝。
⇒アメ州 (Owens,Jesse オーエンス, ジェシー 1913-1980)
アメ新 (オーエンズ 1913-1980)
異二辞 (オーエンス [ジェシー・~] 1913-1980)
岩世人 (オーウェンズ 1913.9.12-1980.3.31)

Owens, Laura
アメリカ生まれの芸術家。
⇒現アテ (Owens,Laura オーウェンズ, ローラ 1970-)

Owens, Michael Joseph
アメリカの発明家, 企業家。自動製びん機械を発明。
⇒アメ州 (Owens,Michael Joseph オーエンズ, マイケル・ジョセフ 1859-1923)
岩世人 (オーウェンズ 1859.1.1-1923.12.27)

Owens, Patricia
カナダの女優。
⇒ク俳 (オウインズ, パトリシア 1925-)

Owens, Paul Francis
アメリカの大リーグ, フィリーズのGM。
⇒メジャ (オーエンス, ポール 1924.2.7-2003.12.26)

Owens, Robert Bowie
アメリカの電気技術者, 化学者。初めてトロンを発見, またα線をも発見したと言われる。
⇒岩世人 (オーウェンズ 1870.10.29-1940.11.1)

Owens, Terrell
アメリカのプロフットボール選手 (WR), バスケットボール選手。
⇒外16 (オーウェンス, テレル 1973.12.7-)
最世ス (オーウェンス, テレル 1973.12.7-)

Owings, Micah
アメリカの大リーグ選手 (投手・内野手)。
⇒最世ス (オーウィングス, マイカ 1982.9.28-)

Oxenbury, Helen
イギリスの女性絵本作家, 挿絵画家。
⇒絵本 (オクセンバリー, ヘレン 1938-)
外12 (オクセンベリー, ヘレン 1938-)
外16 (オクセンベリー, ヘレン 1938-)

Oxilia, Giuseppe
イタリアのテノール歌手。オテロ歌手としてミラノ・スカラ座を中心に活躍。
⇒魅惑 (Oxilia,Giuseppe 1865-1919)

Oÿe-Mba, Casimir
ガボンの政治家, 銀行家。ガボン首相。
⇒世指導 (オイ・ムバ, カシミル 1942.4.20-)

O Yeong-Su
韓国の男優。
⇒韓俳（オ・ヨンス　1944.10.19–）

Oyeyemi, Helen
イギリスの作家。
⇒海文新（オイェエミ, ヘレン　1984–）

Oyono, Ferdinand
カメルーンの小説家。現代カメルーン文学および現代アフリカ文学の先覚者といわれる。
⇒現世文（オヨノ, フェルディナン　1929.9.14–2010.6.10）

Oz, Amos
イスラエルの作家。
⇒岩世人（オズ　1939.5.4–）
　外12（オズ, アモス　1939.5.4–）
　外16（オズ, アモス　1939.5.4–）
　現世文（オズ, アモス　1939.5.4–）
　ユ著人（Oz,Amos　オズ, エイモス　1939–）

Oz, Frank
イギリス生まれの映画監督。
⇒外12（オズ, フランク　1944–）

Özakman, Turgut
トルコの劇作家。
⇒外12（オザクマン, トゥルグット　1930–）
　外16（オザクマン, トゥルグット　1930–）
　現世文（オザクマン, トゥルグット　1930.9.1–2013.9.28）

Ozal, Turgut
トルコの政治家。トルコ大統領（1989〜93）。
⇒岩イ（オザル　1927–1993）
　岩世人（オザル　1927.10.13–1993.4.17）
　世指導（オザル, トルグト　1927–1993.4.17）

Ozark, Daniel Leonard
アメリカの大リーグ監督（フィリーズ）。
⇒メジャ（オザーク, ダニー　1923.11.26–2009.5.7）

Özege, Mehmet Seyfettin
トルコの書誌学者。
⇒岩イ（オゼゲ　1901–1981）

Ozeki, Ruth
アメリカの作家, 僧侶。
⇒外16（オゼキ, ルース　1956–）
　海文新（オゼキ, ルース　1956–）
　現世文（オゼキ, ルース　1956–）

Ozenfant, Amédée
フランスのピュリスムの画家, 美術評論家。単純で装飾的な抽象画を描く。
⇒岩世人（オザンファン　1886.4.15–1966.5.4）
　芸13（オザンファン, アメデエ　1886–1955）
　広辞7（オザンファン　1886–1966）
　ネーム（オザンファン　1886–1966）

Ozick, Cynthia
アメリカの小説家, 短編作家。
⇒現世文（オジック, シンシア　1928.4.17–）
　ユ著人（Ozick,Cynthia　オージック, シンシア　1928–）

Özil, Mesut
ドイツ, トルコのサッカー選手（アーセナル・MF）。
⇒外12（エジル, メスト　1988.10.15–）
　外16（エジル, メスト　1988.10.15–）
　最世人（エジル, メスト　1988.10.15–）

Özkan, Serdar
トルコの作家。
⇒海文新（オズカン, セルダル　1975.8.1–）
　現世文（オズカン, セルダル　1975.8.1–）

Ozon, François
フランスの映画監督, 脚本家。
⇒映監（オゾン, フランソワ　1967.11.15–）
　外12（オゾン, フランソワ　1967.11.25–）
　外16（オゾン, フランソワ　1967.11.25–）

Ozouf, Mona
フランスの歴史家。
⇒岩世人（オズーフ　1931.2.24–）

Ozpetek, Ferzan
トルコの映画監督, 脚本家。
⇒外12（オズペテク, フェルザン　1959.2.3–）

【 P 】

Paal, Douglas
アメリカの国際問題研究家。
⇒外12（パール, ダグラス）
　外16（パール, ダグラス）

Paalen, Wolfgang
オーストリアの画家。
⇒シュル（パーレン, ヴォルフガング　1905–1959）

Paasche, Hermann
ドイツの経済学者。
⇒有経5（パーシェ　1851–1925）

Paasikivi, Juho Kusti
フィンランドの政治家。1944〜46年首相, 46〜56年大統領。対ソ関係の安定に尽力。
⇒岩世人（パーシキヴィ　1870.11.27–1956.12.14）

Paasilinna, Arto
フィンランドの作家, ライター。

⇒外12（パーシリンナ, アルト・タピオ　1942-）
　現世文（パーシリンナ, アルト・タピオ　1942-）

Pablo, Luis de
スペインの作曲家。
⇒ク音3（パブロ　1930-）
　新音中（パブロ, ルイス・デ　1930.1.28-）
　標音2（パブロ, ルイス・デ　1930.1.28-）

Pabst, Georg Wilhelm
ドイツの映画監督。『喜びなき街』(1925)が評判を呼んだ。33年ナチを逃れてフランスへ亡命。
⇒岩世人（パープスト　1885.8.27-1967.5.29）
　映監（パブスト, ゲオルク・ヴィルヘルム　1885.8.25-1967）

Pabst, Michael
テノール歌手。
⇒魅惑（Pabst,Michael　?-）

Pacal, Franz
チェコスロバキアのテノール歌手。ウィーン宮廷オペラ, プラハ国立劇場, リガの歌劇場などに出演した。
⇒魅惑（Pacal,Franz　1865-1938）

Paccagnini, Angelo
イタリアの作曲家。
⇒標音2（パッカニーニ, アンジェロ　1930.10.17-）

Pace, Orlando
アメリカのプロフットボール選手(OT)。
⇒最世ス（ペイス, オーランド　1975.11.4-）

Pace, Peter
アメリカの軍人。米国統合参謀本部議長。
⇒外12（ペース, ピーター　1945.11.5-）
　外16（ペース, ピーター　1945.11.5-）

Pace, Robert
アメリカのピアノ教師, ピアノ奏者。
⇒新音中（ペース, ロバート　1924.6.22-）
　標音2（ペース, ロバート　1924.6.22-）

Pachauri, Rajendra
インド出身の気候変動に関する政府間パネル(IPCC)議長。
⇒外12（パチャウリ, ラジェンドラ　1940.8.20-）
　外16（パチャウリ, ラジェンドラ　1940.8.20-）
　世指導（パチャウリ, ラジェンドラ　1940.8.20-）

Pachay
ラオスの少数民族反乱指導者。
⇒岩世人（パーチャイ　?-1922.11)）

Pach Choeun
カンボジアのジャーナリスト, 政治家。
⇒岩世人（パーチ・チューン　1896-1971.10.18）

Pacheco, Abel
コスタリカの政治家, 医師, 詩人, 作家。コスタリカ大統領(2002〜06)。
⇒外12（パチェコ, アベル　1933.12.22-）
　世指導（パチェコ, アベル　1933.12.22-）

Pacheco, Assis
ブラジルのテノール歌手。
⇒魅惑（Pacheco,Assis　1914-）

Pacheco, José Emilio
メキシコの詩人, 小説家。
⇒外12（パチェコ, ホセ・エミリオ　1939-）
　現世文（パチェーコ, ホセ・エミリオ　1939.6.30-2014.1.26）

Pachler, William J.
アメリカ公益事業労働組合会長。
⇒アメ経（パクラー, ウィリアム　1904.8.20-1970）

Pachmann, Vladimir de
ロシアのピアノ奏者。ショパン等の小曲の演奏家。
⇒岩世人（パハマン　1848.7.27-1933.1.6）
　新音中（パッハマン, ヴラディーミル・ド　1848.7.27-1933.1.6）
　標音2（パッハマン, ウラディミル・ド　1848.7.27-1933.1.6）

Pächt, Otto
オーストリアの美術史家。
⇒岩世人（ペヒト　1902.9.7-1988.4.17）

Paci, Mario
イタリアのピアノ奏者, 指揮者。上海に住み, 同地のオーケストラ設立に尽力するなど中国での西欧音楽の育成に努めた。
⇒岩世人（パーチ　1878.6.4-1946.8.3）

Pacino, Al
アメリカ・ニューヨーク生まれの男優。
⇒遺産（パチーノ, アル　1940.4.25-）
　岩世人（パチーノ　1940.4.25-）
　外12（パチーノ, アル　1940.4.25-）
　外16（パチーノ, アル　1940.4.25-）
　ク俳（パチーノ, アル（パチーノ, アルフレド）1939-）
　スター（パチーノ, アル　1940.4.25-）
　ネーム（パチーノ, アル　1940-）

Paciorek, Thomas Marian
アメリカの大リーグ選手(外野, 一塁)。
⇒メジャ（パチョレック, トム　1946.11.2-）

Pack, William F.
アメリカの陸軍将校。
⇒アア歴（Pack,William F.　パック, ウイリアム・F.　1860?-1944.9.3）

Packard, Alpheus Spring
アメリカの動物学者。ブラウン大学動物学および地学教授(1878〜1905)。専攻は昆虫学で, 新ラマルク主義の進化論を説いた。

⇒岩生（パッカード　1839–1905）
岩世人（パッカード　1839.2.19–1905.2.14）

Packard, George R.
アメリカの国際政治学者。
⇒外12（パッカード, ジョージ　1932.5.27–）
　外16（パッカード, ジョージ　1932.5.27–）

Packard, Harry
アメリカの美術品収集家。
⇒アア歴（Packard,Harry　パッカード, ハリー　1914.9.3–1991.11.3）

Packard, Vance（Oakley）
アメリカの社会学者。
⇒社小増（パッカード　1914–1996）

Pacovska, Kveta
チェコスロバキアの児童文学者。
⇒絵本（パツォフスカー, クヴィエタ　1928–）

Paddock, Paul Ezekiel, Jr.
アメリカの外交官。
⇒アア歴（Paddock,Paul E（zekiel）,Jr　パドック, ポール・エゼキエル, ジュニア　1907.10.31–1975.4.29）

Padé, Henri Eugéne
フランスの数学者。
⇒世数（パデ, アンリ・ユージェーヌ　1863–1953）

Padel, John Hunter
イギリスの精神分析家。
⇒精分岩（パデル, ジョン・ハンター　1913–1999）

Paderewski, Ignacy Jan
ポーランドの政治家, 作曲家, ピアノ奏者。1919年1月ポーランド共和国の初代首相となった。
⇒岩世人（パデレフスキ　1860.11.18–1941.6.29）
　エデ（パデレフスキ, イグナツィ（ヤン）　1860.11.18–1941.6.29）
　学叢思（パデレウスキー, イグナス・ジャン　1860–?）
　ク音3（パデレフスキ　1860–1941）
　広辞7（パデレフスキ　1860–1941）
　新音小（パデレフスキ, イグナツィ・ヤン　1860–1941）
　新音中（パデレフスキ, イグナツィ・ヤン　1860.11.6/18–1941.6.29）
　世人新（パデレフスキ　1860–1941）
　世人装（パデレフスキ　1860–1941）
　ネーム（パデレフスキ　1860–1941）
　ビ曲改（パデレフスキー, イグナチ・ヤン　1860–1941）
　標音2（パデレフスキ, イグナチ・ヤン　1860.11.6/18–1941.6.29）
　ユ著人（Paderewski,Ignacy Jan　パデレウスキー, イグナシー・ヤン　1860–1941）

Paderina, Natalia
ロシアの射撃選手（ピストル）。
⇒外12（パデリナ, ナタリア　1975.11.1–）
　最世ス（パデリナ, ナタリア　1975.11.1–）

Padgett, Lewis
アメリカのSF作家。
⇒現世文（パジェット, ルイス）

Padilla, Heberto
キューバの詩人。
⇒現世文（パディーリャ, エベルト　1932–2000.9.25）

Padilla, Vicente De La Cruz
アメリカの大リーグ選手（投手）。
⇒メジャ（パディーヤ, ビセンテ　1977.9.27–）

Pad-ma-tshe-brtan
チベットの作家, 映画監督。
⇒外16（ペマ・ツェテン　1969–）
　海文新（ペマツェテン　1969–）
　現世文（ペマ・ツェテン　1969–）

Padmore, Mark
イギリスのテノール歌手。
⇒魅惑（Padmore,Mark　?–）

Padoan, Pier Carlo
イタリアのエコノミスト。
⇒外12（パドアン, ピエール・カルロ）
　外16（パドアン, ピエール・カルロ）
　世指導（パドアン, ピエール・カルロ）

Padoa-Schioppa, Tommaso
イタリアの政治家。イタリア経済財務相。
⇒世指導（パドア・スキオッパ, トマゾ　1940.7.23–2010.12.18）

Padoux, André
フランスの外交官, インド学者。
⇒岩世人（パドゥー　1920.4.13–）

Padovan, Mario
イタリア生まれの画家。
⇒芸13（パドヴァン, マリオ　1927–）

Padrón, Justo-Jorge
スペインの詩人, 作家, 評論家。
⇒現世文（パドロン, フスト・ホルヘ　1943–）

Padura, Leonardo
キューバの作家。
⇒現世文（パドゥーラ, レオナルド　1955–）

Pae Jung-Sik
韓国の男優。
⇒韓俳（ペ・ジュンシク　1967.12.17–）

Paek Hak-rim
北朝鮮の軍人。北朝鮮人民保安相, 北朝鮮国防委員会委員, 朝鮮労働党中央委軍事委員。
⇒岩韓（ペク・ハンリム　白鶴林　1918–）
　世指導（ペク・ハクリム　1918–2006.10.5）

Paek Nak-ch'ŏng
韓国の文芸評論家,英文学者。ソウル大学教授。民族文学論の著書多数。邦訳書に『韓国民衆文学論』『民族文化運動の状況と論理』『白楽晴評論選集』など。
⇒岩韓 (ペク・ナクチョン 白楽晴 1938–)
岩世人 (白楽晴 ペクナクチョン 1938.1.10–)
韓朝新 (ペク・ナクチョン 白楽晴 1938–)

Paeniu, Bikenibeu
ツバルの政治家。ツバル首相・外相。
⇒世指導 (パエニウ, ビケニベウ 1956.5.10–)

Paerson, Anja
スウェーデンのスキー選手 (アルペン)。
⇒外12 (パーション, アニヤ 1981.4.25–)
外16 (パーション, アニヤ 1981.4.25–)
最世ス (パーション, アニヤ 1981.4.25–)

Paes, Leander
インドのテニス選手。
⇒最世ス (パエス, リーンダー 1973.6.17–)

Pafko, Andrew
アメリカの大リーグ選手 (外野, 三塁)。
⇒メジャ (パフコ, アンディ 1921.2.25–)

Pagan, Gines Serran
スペイン生まれの画家。
⇒芸13 (パガン, ギネス・セラン 1949–)

Pagan, Jose Antonio
アメリカの大リーグ選手 (遊撃, 三塁)。
⇒メジャ (パガン, ホセ 1935.5.5–2011.6.7)

Paganelli, Giuseppe
イタリアのテノール歌手。
⇒魅惑 (Paganelli,Giuseppe ?–?)

Pagano, Giuseppe
イタリアの造形作家。
⇒芸13 (パガーノ, ジュゼッペ 1896–1965)

Page, *Sir* Denys Lionel
イギリスの古典学者。
⇒岩世人 (ペイジ 1908.5.11–1978.7.6)

Page, Dick
イギリスのメーキャップアーティスト。
⇒外12 (ページ, ディック 1964–)

Page, Elen
カナダの女優。
⇒外12 (ペイジ, エレン 1987–)
外16 (ペイジ, エレン 1987–)

Page, *Sir* Frederick Handley
イギリスの飛行機製造家。イギリスで最初の飛行機製作所を設け (1909), 主として大型飛行機を製造。

⇒岩世人 (ペイジ 1885.11.15–1962.4.21)

Page, Gene
アメリカの編曲家。
⇒ロック (Page,Gene ペイジ, ジーン)

Page, Geraldine
アメリカの女優。
⇒ク俳 (ペイジ, ジェラルディン 1924–1987)
スター (ペイジ, ジェラルディン 1924.11.22–1987)

Page, Herbert Claiborne
アメリカの陸軍将校。
⇒アア歴 (Page,Herbert C(laiborne) ペイジ, ハーバート・クレイボーン 1877.9.17–1949.4.17)

Page, Jimmy
イギリス生まれのギター奏者, 作曲家。
⇒外12 (ペイジ, ジミー 1944.1.9–)
外16 (ペイジ, ジミー 1944.1.9–)
ネーム (ペイジ, ジミー 1944–)
ロック (Page,Jimmy ペイジ, ジミー 1944.4.9–)

Page, Joseph Francis
アメリカの大リーグ選手 (投手)。
⇒メジャ (ペイジ, ジョー 1917.10.28–1980.4.21)

Page, Katherine Hall
アメリカの作家。
⇒現世文 (ページ, キャサリン・ホール)

Page, Larry
アメリカの実業家, コンピューター科学者。
⇒岩世人 (ペイジ 1973.3.26–)
外12 (ページ, ラリー 1973.3.26–)
外16 (ページ, ラリー 1973.3.26–)
世発 (ペイジ, ローレンス・"ラリー" 1973–)

Page, Malcolm
オーストラリアのヨット選手 (470級)。
⇒外12 (ページ, マルコム 1972.3.22–)
外16 (ページ, マルコム 1972.3.22–)
最世ス (ページ, マルコム 1972.3.22–)

Page, Martin
フランスの作家。
⇒外16 (パージュ, マルタン 1975–)
海文新 (パージュ, マルタン 1975–)
現世文 (パージュ, マルタン 1975–)

Page, Patti
アメリカの歌手。
⇒アメ州 (Page,Patti ペイジ, パティ 1927–)
岩世人 (ペイジ 1927.11.8–2013.1.1)
標音2 (ページ, パティ 1927.11.8–)

Page, Stephen
オーストラリア先住民の舞踏家, 振付家。

P

⇒岩世人（ペイジ　1965–）

Page, Thomas Nelson
アメリカの小説家，歴史家，外交官。主著，短篇集『なつかしのバージニア』(1887)，小説『赤い岩』(98)，『ゴードン・キース』(1903)，評論『旧南部』(1892)，『旧バージニアの社会生活』(97)。1913～18年イタリア駐在大使。
⇒アメ州（Page,Thomas Nelson　ページ，トーマス・ネルソン　1853–1922）
　岩世人（ペイジ　1853.4.23–1922.11.1）

Page, Walter Hines
アメリカのジャーナリスト，外交官。1900年ダブルデイ＝ページ出版社設立，「ワールズ・ワーク」誌を創刊。駐英大使（13～18）。主著『旧国家の再建』(02)。
⇒岩世人（ペイジ　1855.8.15–1918.12.21）

Pagés, Maria
スペインのフラメンコダンサー，振付師。
⇒外12（パヘス，マリア）
　外16（パヘス，マリア）

Paget, Debra
アメリカの女優。
⇒ク俳（パジェット，デブラ（グリフィン，デブラリー）　1933–）

Paget, Francis
イギリス国教会の神学者。
⇒オク教（パジェット　1851–1911）

Pagliarani, Elio
イタリアの詩人。ネオアバングワルディアの主メンバー。『少女カルラ，その他』(1962)など。
⇒現世文（パリアラーニ，エーリオ　1927.5.25–2012.3.8）

Pagliarulo, Michael Timothy
アメリカの大リーグ選手（三塁）。
⇒メジャ（パリアルーロ，マイク　1960.3.15–）

Pagliughi, Lina
イタリアのソプラノ歌手。
⇒オペラ（パッリウーギ，リーナ　1907–1980）

Pagnol, Marcel
フランスの劇作家。『ジャズ』(1926)『マリウス』(29)が好評。
⇒岩世人（パニョル　1895.2.28–1974.4.18）
　映監（パニョル，マルセル　1895.2.28–1974）
　現世文（パニョル，マルセル　1895.2.28–1974.4.18）
　世演（パニョール，マルセル　1895.2.28–1974.4.18）
　ネーム（パニョル　1895–1974）
　フ文小（パニョル，マルセル　1895–1974）

Pagnozzi, Thomas Alan
アメリカの大リーグ選手（捕手）。
⇒メジャ（パグノッジ，トム　1962.7.30–）

Pahinui, Gabby
ハワイのギター奏者。
⇒岩世人（パヒヌイ　1921.4.22–1980.10.13）
　新音中（パヒヌイ，「ギャッビー」　1921–1980.10.13）

Pahl, Raymond Edward
イギリスの都市社会学者，地理学者。
⇒社小増（パール　1935–）

Pahlevī, Muḥammad Reḍā Shāh
イラン国王。「イラン白色革命」と称する近代化に努めたが，反体制派勢力に抗しきれず，1979年国外に退去。エジプトで死去。
⇒イス世（モハンマド・レザー・シャー　1919–1980）
　岩イ（モハンマド・レザー・パフラヴィー　1919–1980）
　岩世人（モハンマド・レザー・パフラヴィー　1919.10.26–1980.7.27）
　政経改（パーレビ　1919–1980）
　世史改（パフレヴィー2世　1919–1980）
　世人新（ムハンマド＝レザー＝シャー＝パフレヴィー2世（パフレヴィー2世）　1919–1980）
　世人装（ムハンマド＝レザー＝シャー＝パフレヴィー2世（パフレヴィー2世）　1919–1980）
　ポプ人（モハンマド・レザー・パフレビー　1919–1980）

Pahlevi, Reza II
イラン皇太子。
⇒外16（パーレビ，レザ（2世）　1960.10–）

Pahomov, Alexei Fedrovitch
ロシアの画家。
⇒絵本（パホーモフ，アレクセイ　1900–1973）
　芸13（パホーモフ，アレクセイ・フェドローヴィッチ　1900–1969）

Pahor, Borut
スロベニアの政治家。スロベニア大統領（2012～）。
⇒外12（パホル，ボルト　1963.11.2–）
　外16（パホル，ボルト　1963.11.2–）
　世指導（パホル，ボルト　1963.11.2–）

Pahud, Emmanuel
スイスのフルート奏者。
⇒外12（パユ，エマニュエル　1970.1.27–）
　外16（パユ，エマニュエル　1970.1.27–）
　新音中（パユ，エマニュエル　1970.1.27–）

Paige, Janis
アメリカ生まれの女優。
⇒ク俳（ペイジ，ジャニス（チャーデン，ドナ）　1922–）

Paige, Leroy Robert（Satchel）
アメリカの大リーグ選手（投手）。
⇒岩世人（ペイジ　1906.7.7–1982.6.8）
　メジャ（ペイジ，サッチェル　1906.7.7–1982.6.8）

Paige, Norman
アメリカのテノール歌手。
⇒魅惑（Paige,Norman 1935–）

Paige, Robert
アメリカの男優, テレビのニュースキャスター。
⇒ク俳（ペイジ, ロバート（ペイジ, ジョン） 1910–1987）

Paik, Kun-woo
韓国のピアノ奏者。
⇒外12（パイク, クンウー 1946.3.10–）
外16（パイク, クンウー 1946.3.10–）

Paik, Nam June
韓国生まれの音楽家, ビデオ作家。ソウル生まれ。1968年以降ボストンのWGBH-TVで映像とエレクトロニクスの実験を続け, 多くの作品を生み出している。
⇒岩韓（パイク, ナムジュン 1932–）
岩世人（パイク 1932.7.20–2006.1.29）
広辞7（パイク 1932–2006）
新音小（パイク・ナムジュン 1932–）
新音中（パイク・ナムジュン 1932.7.20–）
標音2（パイク・ナム・ジュン 白南準 1932.7.20–）

Paillard, Jean-François
フランスの指揮者。
⇒新音中（パイヤール, ジャン=フランソワ 1928.4.12–）
標音2（パイヤール, ジャン=フランソア 1928.4.12–）

Paine, Brace
アメリカのロック・ギター奏者。
⇒外12（ペイン, ブレイス）

Paine, John Knowles
アメリカの音楽家。
⇒標音2（ペイン, ジョン・ノールズ 1839.1.9–1906.4.25）

Paine, Robert Treat
アメリカの海洋生物生態学者。
⇒外16（ペイン, ロバート・トリート 1933.4.13–）

Painlevé, Paul
フランスの数学者, 政治家。第1次大戦中の文相, 陸相, 首相を歴任。
⇒岩世人（パンルヴェ 1863.12.5–1933.10.29）
数小増（パンルヴェ 1863–1933）
世数（パンルヴェ, ポール 1863–1933）

Painter, Theophilus Sickel
アメリカの動物学者。細胞遺伝子学上多くの業績をあげた。
⇒岩生（ペインター 1889–1969）
旺生5（ペインター 1889–1969）

Painvin, Georges
フランスの暗号官。第一次世界大戦中に活躍, ドイツのADFGX暗号の解読に成功した。
⇒スパイ（パンヴァン, ジョルジュ 1886–1980）

Pais, Sidónio Bernardino Cardoso da Silva
ポルトガルの政治家。
⇒岩世人（パイス 1872.5.1–1918.12.14）

Paisley, Ian（Richard Kyle）
イギリスの戦闘的なプロテスタントの牧師, 政治家。北アイルランド自治政府首相。
⇒岩世人（ペイズリー 1926.4.6–）
外12（ペイズリー, イアン・リチャード・カイル 1926.4.6–）
世指導（ペイズリー, イアン・リチャード・カイル 1926.4.6–2014.9.12）

Paisley, John A.
アメリカ中央情報局（CIA）元職員。謎の失踪を遂げた。
⇒スパイ（ペイズリー, ジョン・A 1923–1978）

Paitoon Thanya
タイの作家, 大学教師。
⇒タイ（パイトゥーン・タンヤー 1956–）

Paivio, Allan
カナダの心理学者。
⇒岩世人（ペイヴィオ 1925.3.29–）

Pajares, Santiago
スペインの作家。
⇒外16（パハーレス, サンティアーゴ 1979–）
海文新（パハーレス, サンティアーゴ 1979–）
現世文（パハーレス, サンティアーゴ 1979–）

Pajón, Mariana
コロンビアの自転車選手（BMX）。
⇒外16（パホン, マリアナ 1991.10.10–）
最世ス（パホン, マリアナ 1991.10.10–）

Paker, Willie
アメリカのプロフットボール選手。
⇒外12（パーカー, ウィリー 1980.11.11–）
外16（パーカー, ウィリー 1980.11.11–）
最世ス（パーカー, ウィリー 1980.11.11–）

Pakhalina, Yulia
ロシアの飛び込み選手。
⇒外12（パハリナ, ユリア 1977.9.12–）
最世ス（パハリナ, ユリア 1977.9.12–）

Pakhmutova, Aleksandra Nikolaevna
ロシアの作曲家。
⇒ク音3（パフムトワ 1929–）

Pak Hyon-suk
北朝鮮の重量挙げ選手。

⇒**外12**（パクヒョンスク 1985.8.4–）
最世ス（パクヒョンスク 1985.8.4–）

Pak Kwang-su
韓国の映画監督。1987年『チルスとマンス』で監督デビュー。同作品は89年ベルリン映画祭及びロカルノ映画祭に出品され、高い評価を得た。
⇒**岩世人**（朴光洙 パクァアンス 1955.1.22–）

Pak Kyong-ni
韓国の小説家。作品に『漂流島』『金薬局の娘』『市場と戦争』『土地』『不信時代』ほか多数がある。
⇒**岩韓**（パク・キョンニ 朴景利 1927–）
岩世人（朴景利 パクキョンニ 1926.10.28–2008.5.5）
韓現文（朴景利 パク・キョンニ 1926.10.28–2008）
韓朝新（パク・キョンニ 朴景利 1926–2008）
現世文（パク・キョンリ 朴景利 1926.10.28–2008.5.5）
広辞7（パク・キョンニ 朴景利 1926–2008）

Pak Pong-ju
北朝鮮の政治家。北朝鮮首相・国務副委員長、朝鮮労働党政治局常務委員。
⇒**外12**（パクポンジュ 朴奉珠）
外16（パクポンジュ 朴奉珠 1939.4.10–）
世指導（パク・ポンジュ 1939.4.10–）

Pak Pyong-shik
韓国の法学者。
⇒**外16**（パクビョンシク 朴秉植 1955–）

Paksas, Rolandas
リトアニアの政治家、独立回復後の第3代大統領（2003～2004）。
⇒**世指導**（パクサス, ロランダス 1956.6.10–）
ネーム（パクサス 1956–）

Pak Se-ri
韓国のプロゴルファー。
⇒**外12**（パクセリ 朴セリ 1977.9.28–）
外16（パクセリ 朴セリ 1977.9.28–）
最世ス（パクセリ 1977.9.28–）

Pak Ui-chun
北朝鮮の政治家、外交官。北朝鮮外相。
⇒**外12**（パクウィチュン 朴宜春 1932.8.15–）
外16（パクウィチュン 朴宜春 1932.8.15–）
世指導（パク・ウィチュン 1932.8.15–）

Pakula, Alan J.
アメリカ・ニューヨーク生まれの映画製作者、映画監督。
⇒**映監**（パクラ, アラン・J 1928.4.7–1998）

Pak Wan-so
韓国の小説家。作品に『裸木』『傲慢と夢想』『都市の凶年』『その年の冬は暖かかった』ほか多数ある。
⇒**岩韓**（パク・ワンソ 朴婉緒 1931–）
岩世人（朴婉緒 パクワンソ 1931.10.20–2011.

1.22）
韓現文（朴婉緒 パク・ワンソ 1931–2011）
韓朝新（パク・ワンソ 朴婉緒 1931–2011）
現世文（パク・ワンソ 朴婉緒 1931.10.20–2011.1.22）

Pak Yong-sik
北朝鮮の軍人。人民武力相（国防相）、朝鮮人民軍大将、朝鮮労働党政治局員。
⇒**世指導**（パク・ヨンシク）

Pal, Bipin Chandra
インドの政治家。
⇒**南ア新**（パール 1858–1932）

Pal, Radhabinod
インドの法学者。1946年インド政府より極東国際軍事裁判（東京裁判）の判事に任命されて、東京に赴いた。
⇒**岩世人**（パル 1886.1.27–1967.1.10）
広辞7（パル 1886–1967）
南ア新（パールはんじ 1886–1967）
ポプ人（パル, ラダビノード 1886–1967）

Palacio, Ernesto
ペルーのテノール歌手。
⇒**失声**（パラシオ, エルネスト 1946–）
魅惑（Palacio,Ernesto 1946–）

Palacio, R.J.
アメリカの作家。
⇒**海文新**（パラシオ,R.J.）
現世文（パラシオ,R.J. 1963.7.13–）

Palacio Gonzalez, Alfredo
エクアドルの政治家。エクアドル大統領（2005～07）。
⇒**外12**（パラシオ, アルフレド 1939.1.22–）
世指導（パラシオ, アルフレド 1939.1.22–）

Palacios, Alfredo Lorenzo
アルゼンチンの政治家、社会主義者、教育者。
⇒**ラテ新**（パラシオス 1878–1963）

Palacio Valdés, Armando
スペインの小説家。代表作は『マルタとマリア』(1883)、『ホセ』(85)。
⇒**岩世人**（パラシオ・バルデス 1853.10.4–1938.1.29）
学叢思（パラシオ・ヴァルデス, アルマンド 1853–?）
新カト（パラシオ・バルデス 1853.10.4–1938.1.28）

Palade, Gerge Emil
アメリカの細胞学者。1974年ノーベル生理学医学賞。
⇒**岩生**（パラーデ 1912–2008）
岩世人（パラーデ 1912.11.19–2008.10.7）
ノベ3（パラード,G.E. 1912.11.19–2008.10.7）

Paladilhe, Émile
フランスの作曲家。
⇒標音2 (パラディール, エミル 1844.6.3–1926.1.6)

Paladino, Mimmo
イタリア生まれの画家。
⇒芸13 (パラディーノ, ミモ 1948–)

Palágyi Menyhért
ハンガリーの哲学者。コロジュヴァール大学教授。生気論的一元論の立場から認識問題をとりあげた。
⇒岩世人 (パラージ 1859.12.26–1924.7.14)
学叢思 (パラギー, メルヒオル 1859–?)

Palahniuk, Chuck
アメリカの作家。
⇒外12 (パラニューク, チャック 1962.2.21–)
外16 (パラニューク, チャック 1962.2.21–)
海文新 (パラニューク, チャック 1962.2.21–)
現世文 (パラニューク, チャック 1962.2.21–)

Palai, Nello
イタリアのテノール歌手。
⇒魅惑 (Palai,Nello 1897–?)

Palamas, Kostis
ギリシャの詩人。新アテネ派を結成。代表作『ゆるぎなき生活』(1904) ほか18の詩集がある。
⇒岩世人 (パラマス 1859.1.8/13–1943.2.27)

Palance, Jack
アメリカ生まれの男優。
⇒ク俳 (パランス, ジャック (ウラディミール・パラヌイック, のちにウォルター・パラヌイックと改名) 1919–)
スター (パランス, ジャック 1919.2.18–2006)

Palasz Rutkowska, Ewa
ポーランドの日本近代史研究者。ワルシャワ大学東洋学部日本学科教授。
⇒外16 (パワシュ・ルトコフスカ, エヴァ 1953–)

Palau, Manuel
スペインの作曲家。
⇒標音2 (パラウ, マヌエル 1893.1.4–1967.2.18)

Palay, Elliot
アメリカのテノール歌手。
⇒魅惑 (Palay,Elliot 1948–)

Palazzeschi, Aldo
イタリアの詩人, 小説家。主著『ピラミッド』(1926) などがある。
⇒岩世人 (パラッツェスキ 1885.2.2–1974.8.17)

Palcsó, Sándor
ハンガリーのテノール歌手。
⇒魅惑 (Palcsó,Sándor 1929–1981)

Paléologue, Maurice
フランスの外交官, 著述家。ロシア駐在大使 (1914～17)。
⇒岩世人 (パレオローグ 1859.1.13–1944.11.18)

Palermo, Martin
アルゼンチンのサッカー選手。
⇒外12 (パレルモ, マルティン 1973.11.7–)
最世ス (パレルモ, マルティン 1973.11.7–)

Pales Matos, Luis
プエルト・リコの黒人詩人。主著 "Tuntún de pasa y grifería" (1937)。
⇒岩世人 (パレス・マトス 1898.3.20–1959.2.23)
現世文 (パレス・マトス, ルイス 1898.3.20–1959.2.23)

Palet, José
スペインのテノール歌手。
⇒魅惑 (Palet,José 1877–1946)

Paley, Grace
アメリカの女性短編小説作家, 詩人。
⇒ユ著人 (Paley,Grace ペイリー (パレイ), グレイス 1922–)

Paley, Raymond Edward Alan Christopher
イギリスの数学者。
⇒数辞 (ペイリー, レイモンド・エドワード・アラン・クリストファー 1907–1933)
世数 (ペイリー, レイモンド・エドワード・アラン・クリストファー 1907–1933)

Paley, William S.
アメリカの企業経営者。1928年, CBS社長, 46年, 会長に就任。戦後のテレビ時代もNBCとの激しい競争関係の中で, トップの座を守った。
⇒アメ経 (ペイリ, ウィリアム 1901.9.28–)
岩世人 (ペイリー 1901.9.28–1990.10.26)
ユ著人 (Paley,William Samuel ペーリー, ウイリアム・サムエル 1901–1990)

Palfi, Gyorgy
ハンガリーの映画監督。
⇒外12 (パールフィ, ジョルジ 1974–)
外16 (パールフィ, ジョルジ 1974–)

Paliard, Jacques
フランスの哲学者。
⇒メル3 (パリアール, ジャック 1887–1953)

Paliashvili, Zakhary Petrovich
ジョージアの作曲家。
⇒ク音3 (パリアシヴィリ 1871–1933)

Palin, Michael
イギリス生まれの俳優。
⇒外12 (ペイリン, マイケル・エドワード 1943.5.5–)
外16 (ペイリン, マイケル 1943.5.5–)

Palin, Sarah
アメリカの政治家。
⇒外12（ペイリン, サラ　1964.2.11–）
　外16（ペイリン, サラ　1964.2.11–）
　世指導（ペイリン, サラ　1964.2.11–）

Palinkás, Peter
テノール歌手。
⇒魅惑（Palinkás,Peter　?–）

Palisa, Johann
オーストリアの天文学者。
⇒天文大（パリサ　1848–1925）

Palisca, Claude Victor
ユーゴスラビア出身のアメリカの音楽学者。
⇒標音2（パリスカ, クロード・ヴィクター　1921.11.24–）

Pall, Ellen
アメリカの作家, ジャーナリスト。
⇒外12（ポール, エレン　1952–）

Palladin, Aleksandr Vladimirovich
ソ連の生化学者。科学アカデミー会員（1942）。ソ連最高会議員。レーニン勲賞を受賞。
⇒岩世人（パラージン　1885.8.29/9.10–1972.12.6）

Palladine, Vladimir Ivanovich
ロシアの植物生理学者。
⇒化学（パラジン　1859–1922）

Pallat, Ludwig
ドイツの教育研究家。1928年, ハレの大学事務局長に就任。また, ベルリン中央教育研究所を設立し, 芸術教育一般と幼稚園制度に大きな影響をもたらした。
⇒教人（パラット　1867–1946）

Palliser, Charles
アメリカの劇作家, 作家。
⇒現世文（パリサー, チャールズ）

Pallottino, Massimo
イタリアの考古学者。国際古典考古学協会理事。
⇒岩世人（パッロッティーノ　1909.11.9–1995.2.7）

Palm, August
スウェーデンの社会運動家。
⇒岩世人（パルム　1849.2.5–1922.3.14）

Palm, Siegfried
ドイツのチェロ奏者。
⇒標音2（パルム, ジークフリート　1927.4.25–2005.6.6）

Palm, Theobald A.
イギリスの宣教医師。エディンバラ医学会から日本へ派遣され（1874）, 各地を巡回し医療に努めた。
⇒岩世人（パーム　1848.1.22–1928.1.11）

Palma, Félix J.
スペインの作家。
⇒海文新（パルマ, フェリクス・J.）
　現世文（パルマ, フェリクス・J.　1968.6.16–）

Palma, Ricardo
ペルーの作家, 政治家。『ペルー伝説集』が有名。
⇒岩世人（パルマ　1833.2.7–1919.10.6）
　ラテ新（パルマ　1833–1919）

Palme, Olof
スウェーデンの政治家。スウェーデン首相, 社会民主党党首。
⇒岩世人（パルメ　1927.1.30–1986.3.1）
　広辞7（パルメ　1927–1986）

Palmeiro, Orlando
アメリカの大リーグ選手（外野）。
⇒メジャ（パルメイロ, オルランド　1969.1.19–）

Palmeiro, Rafael
アメリカの大リーグ選手（一塁, 外野）。
⇒メジャ（パルメイロ, ラファエル　1964.9.24–）

Palmen, Erik Herbert
フィンランドの気象学者, 海洋学者。低気圧の三次元解析, ジェット気流の気象学的解析等, 低気圧や大気大循環の研究で重要な貢献をした。
⇒岩世人（パルメン　1898.8.31–1985.3.19）

Palmer, Alexander Mitchell
アメリカの政治家。
⇒岩世人（パーマー　1872.5.4–1936.5.11）

Palmer, Andy
イギリスの実業家。
⇒外16（パーマー, アンディ）

Palmer, Arnold
アメリカのプロゴルファー。
⇒岩世人（パーマー　1929.9.10–）
　外12（パーマー, アーノルド　1929.9.10–）
　外16（パーマー, アーノルド　1929.9.10–）
　広辞7（パーマー　1929–2016）

Palmer, Carl
イギリスの演奏家。エマーソン・レーク・パーマーを結成。
⇒外12（パーマー, カール　1950.3.20–）
　外16（パーマー, カール　1950.3.20–）

Palmer, Carson
アメリカのプロフットボール選手（カージナルス・QB）。
⇒外12（パーマー, カーソン　1979.12.27–）
　外16（パーマー, カーソン　1979.12.27–）
　最新ス（パーマー, カーソン　1979.12.27–）

Palmer, Dean William
アメリカの大リーグ選手（三塁）。

⇒メジャ（パーマー, ディーン 1968.12.27-）

Palmer, Earl
アメリカのジャズ・ドラマー。
⇒ロック（Palmer,Earl パーマー, アール 1925-）

Palmer, Geoffrey
ニュージーランドの政治家。ニュージーランド首相。
⇒世指導（パーマー, ジェフリー 1942.4.21-）
　ニュー（パーマー, ジェフリー 1942-）

Palmer, George Herbert
アメリカの哲学者, 教育学者。ハーバード大学哲学教授(1883〜1913)。自然宗教, 道徳, ならびに政治学を教えた。
⇒岩世人（パーマー 1842.3.19-1933.5.7）
　教人（パーマー 1842-1933）

Palmer, Harold Edward
イギリスの音声学者, 語学教育家。『口語英語文法』(1924)などの著書がある。
⇒岩世人（パーマー 1877.3.6-1949.11.16）
　教人（パーマー 1877-1949）
　広辞7（パーマー 1877-1949）
　日エ（パーマー 1877.3.6-1949.11.16）

Palmer, James Alvin
アメリカの大リーグ選手(投手)。
⇒メジャ（パーマー, ジム 1945.10.15-）

Palmer, Jonathan
イギリスのF1ドライバー。
⇒異二辞（パーマー［ジョナサン・〜］ 1956-）

Palmer, Kylie
オーストラリアの水泳選手(自由形)。
⇒最世ス（パーマー, カイリー 1990.2.25-）

Palmer, Lilli
ドイツの舞台女優。
⇒ク俳（パルマー, リリ（バイザー,L） 1911-1986）

Palmer, Marion Boyd
アメリカの教育宣教師。
⇒アア歴（Palmer,Marion Boyd パーマー, メアリアン・ボイド 1877.1.14-1952.10.8）

Palmer, Michael
アメリカのミステリ作家, 医師。
⇒現世文（パーマー, マイケル 1942-）

Palmer, Tom
イギリスの作家。
⇒海文新（パーマー, トム 1967.8.1-）

Palmer, Willard A., Jr.
アメリカの作曲家, ピアノ楽譜編纂者。
⇒エデ（パーマー, ウィラード・A.［オールドリッチ］ジュニア 1917.1.31-1996.4.30）

Palmgren, Selim
フィンランドのピアノ奏者, 指揮者, 作曲家。
⇒岩世人（パルムグレン 1878.2.16-1951.12.13）
　ク音3（パルムグレン 1878-1951）
　新音中（パルムグレン, セリム 1878.2.16-1951.12.16）
　標音2（パルムグレン, セリム 1878.2.16-1951.12.16）

Palmisano, Samuel J.
アメリカの実業家。
⇒外12（パルミサーノ, サミュエル）
　外16（パルミサーノ, サミュエル）

Palombi, Antonello
イタリアのテノール歌手。
⇒魅惑（Palombi,Antonello ?-）

Pálos, Imre
ハンガリーのテノール歌手。
⇒魅惑（Pálos,Imre 1917-）

Paltrinieri, Giordano
イタリアのテノール歌手。長期間にわたってメトロポリタン・オペラで活躍し, 高い評価を得た。
⇒魅惑（Paltrinieri,Giordano 1880-1970）

Paltrow, Gwyneth
アメリカの女優。
⇒外12（パルトロウ, グウィネス 1972.9.28-）
　外16（パルトロウ, グウィネス 1972.9.28-）
　ク俳（パルトロウ, グウィニス 1973-）
　スター（パルトロウ, グウィネス 1972.9.27-）

Paludan, Stig Henning Jacob Puggaard
デンマークの作家, 評論家。
⇒岩世人（パルダン 1896.2.7-1975.9.26）
　現世文（パルダン, ヤコブ 1896.2.7-1975.9.26）

Pal Vannarirak
カンボジアの作家, シナリオ・ライター, 作詞家。
⇒岩世人（パル・ヴァンナリーレアク 1954.11.23-）
　外12（パル・ヴァンナリーレアク 1954-）
　外16（パル・ヴァンナリーレアク 1954.11.23-）
　現世文（パル・ヴァンナリーレアク 1954.11.23-）

Pampuch, Helmut
ドイツのテノール歌手。
⇒魅惑（Pampuch,Helmut 1939-）

Pamuk, Orhan
トルコの小説家。
⇒岩世人（パムク 1952.6.7-）
　外12（パムク, オルハン 1952.6.7-）
　外16（パムク, オルハン 1952.6.7-）
　現世文（パムク, オルハン 1952.6.7-）
　広辞7（パムク 1952-）
　ネーム（パムク, オルハム 1952-）

ノベ3（パムク,O. 1952.6.7–）

Panahi, Jafar
イランの映画監督。
⇒外12（パナヒ, ジャファル 1960.7.11–）
外16（パナヒ, ジャファル 1960.7.11–）

Panajia, Sergio
イタリアのテノール歌手。
⇒魅惑（Panajia,Sergio ?–）

Panamarenko
ベルギーの現代美術家。
⇒芸13（パナマレンコ 1940–）

Panchen Lama IX
チベットの支配者。ダライ=ラマと並ぶチベット=ラマ教の二大法王のひとり。
⇒新佛3（パンチェン・ラマ 1882–1937）

Panchen Lama X
チベット族のラマ教の高僧。1959〜64年チベット自治区準備委員会主任委員代理。
⇒岩世人（パンチェンラマ7世 1938.2.19–1989.1.28）
現アジ（パンチェン・ラマ10世 1938.2.3–1989.1.28）
新佛3（パンチェン・ラマ 1938–1989）

Panchen Lama XI
チベット仏教（ラマ教）の指導者。
⇒外12（パンチェン・ラマ（11世））
外16（パンチェン・ラマ（11世））
世指導（パンチェンラマ11世）

Pancol, Katherine
モロッコ生まれのフランスの作家, ジャーナリスト。
⇒外12（パンコル, カトリーヌ 1949.10.22–）
外16（パンコル, カトリーヌ 1949.10.22–）
現世文（パンコル, カトリーヌ 1949.10.22–）

Pandano, Vittorio
イタリアのテノール歌手。
⇒魅惑（Pandano,Vittorio ?–?）

Pandit, Vikram S.
アメリカの銀行家。
⇒外12（パンディット, ヴィクラム 1957.1.14–）
外16（パンディット, ビクラム 1957.1.14–）

Pando, José Manuel
ボリビアの軍人, 政治家。ボリビア大統領（1899〜1904）として国の近代化に努めた。
⇒岩世人（パンド 1848.12.25–1917.6.17）

Pandorfi Arbulu, Alberto
ペルーの政治家。ペルー首相。
⇒世指導（パンドルフィ・アルブル, アルベルト 1940.8.22–）

Pane, Armijn
インドネシアの文学者。ムアラ・シボンギ生まれ。1933年プジャンガ・バル（新文学者協会）の創立に参加。
⇒岩世人（パネ, アルメイン 1908.8.18–1970.2.16）

Pane, Sanusi
インドネシア・タパヌリ生まれの文学者, 歴史学者。1933年『プジャンガ・バル（新文学者）』を創刊, 民族的文学活動を組織。
⇒岩世人（パネ, サヌシ 1905.11.14–1968.1.2）

Pane, Tullio
イタリアのテノール歌手。
⇒魅惑（Pane,Tullio 1935–）

Panerai, Rolando
イタリアのバリトン歌手。
⇒標音2（パネライ, ローランド 1924.10.17–）

Panero, Leopoldo
スペインの詩人。
⇒岩キ（パネーロ 1909–1962）
新カト（パネーロ 1909.10.19–1962.8.27）

Paneth, Friedrich Adolf
オーストリア生まれのイギリスの化学者。岩石中のヘリウムの含量からその岩石の年令を求める方法を考案した。
⇒岩世人（パーネト 1887.8.31–1958.9.17）
ユダ人（Paneth,Frederick,Adolphus　パネット, フレデリック・アドルフス 1887–1958）

Panetta, Leon
アメリカの政治家, 法律家。国防長官, 中央情報局（CIA）長官。
⇒外12（パネッタ, レオン 1938.6.28–）
外16（パネッタ, レオン 1938.6.28–）
世指導（パネッタ, レオン 1938.6.28–）

Panettiere, Hayden
アメリカの女優, 歌手。
⇒外12（パネッティーア, ヘイデン 1989.8.21–）
外16（パネッティーア, ヘイデン 1989.8.21–）

Panfilov, Aleksei Pavlovich
ソビエト軍の情報機関（GRU）の局長。在職1941〜42。
⇒スパイ（パンフィロフ, アレクセイ・パヴロヴィチ 1898–1966）

Panfyorov, Fyodor Ivanovich
ソ連の小説家。代表作は長篇『ブルスキ』（1928〜37）。
⇒現世文（パンフョーロフ, フョードル・イワノヴィチ 1896.10.2–1960.9.10）

Pang, Danny
香港の映画監督・編集者, 脚本家。
⇒外12（パン, ダニー 1965.11.11–）
外16（パン, ダニー 1965.11.11–）
タイ（オキサイド・パン, ダニー・パン（兄弟） 1965–）

Pang, Oxide
香港の映画監督,脚本家,カラーリスト。
⇒外12 (パン,オキサイド 1965.11.11–)
外16 (パン,オキサイド 1965.11.11–)
タイ (オキサイド・パン,ダニー・パン(兄弟) 1965–)

Pangalos, Theodore
ギリシアの軍人,政治家。無血クーデタにより首相(1925.6)となり,26年1月議会を解散し独裁,6月人民投票により大統領に。同年8月コンディリス将軍のクーデタにより失脚。
⇒岩世人 (パンガロス 1878.1.11–1952.2.27)

Pangalos, Theodoros
ギリシャの政治家。ギリシャ外相,副首相。
⇒世指導 (パンガロス,テオドロス 1938.8.7–)

Panganiban, Jose-Villa (Sanchez)
フィリピンの国語学者。
⇒岩世人 (パガニーバン 1903.6.12–1972.10.13)

Pangborn, Edgar
アメリカの作家。
⇒現世文 (パングボーン,エドガー 1909–1976)

Panggabean, Maraden Saur Halomoan
インドネシアの軍人,政治家。
⇒岩世人 (パンガベアン 1922.6.29–2000.5.28)

Pang Ho-cheung
香港の映画監督,脚本家。
⇒外12 (パンホーチョン 1973.9.22–)
外16 (パンホーチョン 1973.9.22–)

Pangilinan, Manuel Velez
フィリピンの実業家。
⇒外16 (パンギリナン,マヌエル 1946–)

Paniagua, Valentín
ペルーの政治家,法学者。ペルー大統領(2000〜01),リマ大学教授。
⇒世指導 (パニアグア,バレンティン 1936.9.23–2006.10.16)

Panikkar, Kavalam Madhava
インドの外交官。1950年新中国への初代インド大使として北京に赴任。
⇒岩世人 (パニッカル 1895.6.3–1963.10.10)
新カト (パニッカー 1895.6.3–1963.12.10)

Panikkar, Raimon
スペイン・バルセロナ生まれの宗教学者,カトリック司祭。
⇒岩キ (パニッカー 1918–)
新カト (パニッカー 1918.11.3–2010.8.26)

Panis, Olivier
フランスのF1ドライバー。
⇒最世ス (パニス,オリヴィエ 1966.9.2–)

Panjapan, Ajin
タイの作家。
⇒タイ (パンチャパン,アーチン 1927–)

Panke, Helmut
ドイツの実業家。
⇒外12 (パンケ,ヘルムート 1946.8.31–)
外16 (パンケ,ヘルムート 1946.8.31–)

Pankhurst, Christabel
イギリスの婦人参政権運動家。エメリン・パンクハーストの長女。
⇒学叢思 (パンカースト,クリスタベル 1880–?)

Pankhurst, Emmeline
イギリスの婦人参政権運動家。婦人社会政治同盟を結成(1903)。
⇒岩世人 (パンクハースト 1858.7.15–1928.6.14)
学叢思 (パンカースト,エメリン)
世人新 (パンカースト 1858–1928)
世人装 (パンカースト 1858–1928)

Pannella, Marco
イタリアの政治家。イタリア急進党創設者,イタリア下院議員。
⇒世指導 (パンネッラ,マルコ 1930.5.2–2016.5.19)

Pannenberg, Wolfhart
ドイツのプロテスタント神学者。
⇒岩キ (パネンベルク 1928–)
岩世人 (パンネンベルク 1928.10.2–)
オク教 (パネンベルク 1928–2014)
新カト (パンネンベルク 1928.10.2–2014.9.4)

Panofsky, Erwin
ドイツ生まれのアメリカの美術史学者。図像解釈学を提唱し,その方法論を確立した。
⇒岩世人 (パノフスキー 1892.3.30–1968.3.14)
現世 (パノフスキー 1892–1968)
広辞7 (パノフスキー 1892–1968)
新カト (パノフスキー 1892.3.30–1968.3.14)
メル別 (パノフスキー,エルウィン〔アーウィン〕1892–1968)
ユ著人 (Panofsky,Erwin パノフスキー,エルヴィン(アーウィン) 1892–1968)

Panofsky, Wolfgang Kurt Hermann
ドイツ,アメリカの物理学者。
⇒岩世人 (パノフスキー 1919.4.24–2007.9.24)

Panov, Aleksandr
ロシアの外交官。駐日ロシア大使。
⇒外16 (パノフ,アレクサンドル 1944.7.6–)
世指導 (パノフ,アレクサンドル 1944.7.6–)

Panova, Vera Fëdorovna
ソ連の女性作家。『道連れ』(1946),長篇『明るい岸』(49)などの作品がある。

⇒現世文（パノーワ, ヴェーラ・フォードロヴナ　1905.3.20–1973.3.3）

Panshin, Alexei
アメリカの作家。
⇒現世文（パンシン, アレクセイ　1940–）

Pant, Sumitrānandan
インドのヒンディー語の詩人。処女詩集『ヴィーナー』などがある。
⇒現世文（パント, スミットラーナンダン　1900–1977）

Pantaleoni, Maffeo
イタリア生まれの経済思想学者。
⇒岩世人（パンタレオーニ　1857.7.2–1924.10.29）
学叢思（パンタレオニ, マフェオ　1857–?）
有経5（パンタレオーニ　1857–1924）

Pantani, Marco
イタリアの自転車選手。
⇒異二辞（パンターニ［マルコ・〜］　1970–2004）

Panton, Verner
デンマークの家具プロダクト・デザイナー, 建築家。
⇒岩世人（パントン　1926.2.13–1998.9.5）

Pantzer, Peter
オーストリアの歴史学者。ウィーン大学日本学研究所助教授。
⇒外12（パンツァー, ペーター　1942–）

Panucci, Christian
イタリアのサッカー選手（ローマ・DF）。
⇒外12（パヌッチ, クリスチャン　1973.4.12–）

Panufnik, Andrzej
ポーランド生まれのイギリスの作曲家。
⇒岩世人（パヌーフニク　1914.9.24–1991.10.27）
ク音3（パヌフニク　1914–1991）
新音中（パヌフニク, アンジェイ　1914.9.24–1991.10.27）
標音2（パヌフニク, アンジェイ　1914.9.24–1991.10.27）

Panula, Jorma
フィンランドの指揮者。1972年デンマークのオルフス・オーケストラの首席指揮者に就任。
⇒外16（パヌラ, ヨルマ　1930.8.10–）

Panych, Morris
カナダの劇作家, 演出家, 俳優。
⇒外12（パニッチ, モーリス）
外16（パニッチ, モーリス）
現世文（パニッチ, モーリス　1952–）

Panyushkin, Aleksandr Semyonovich
ソ連の外交官。駐中国大使（1939〜44,52〜53）, 極東委員会代表をつとめた。

⇒岩世人（パニューシキン　1905.8.2/14–1974.11.12）

Pany Yathotou
ラオスの政治家。
⇒岩世人（パニー　1951.2.18–）
世指導（パーニー・ヤトトゥ　1951.2.18–）

Panzéra, Charles
フランスのバリトン歌手。フランス歌曲をよく歌うほか, ドイツ歌曲なども巧み。
⇒新音中（パンゼラ, シャルル　1896.2.16–1976.6.6）
標音2（パンゼラ, シャルル　1896.2.16–1976.6.6）

Panzeri, Mario
イタリアのポピュラー作曲家, 作詞家。
⇒標音2（パンゼリ, マーリオ　1911–）

Pao, Yue-kong
香港の実業家。香港最大級の企業集団である会徳豊／九龍倉集団グループの創始者で,「香港の船舶王」と呼ばれた。
⇒岩世人（包玉剛　ほうぎょくごう　1918–1991）
現アジ（包玉剛　1918–1991）

Paoli, Antonio
プエルト・リコのテノール歌手。
⇒失声（パオーリ, アントーニオ　1871–1946）
魅惑（Paoli,Antonio　1870–1946）

Paoli, Gino
イタリア生まれの歌手, 作曲家。
⇒標音2（パーオリ, ジーノ　1934.9.23–）

Paolillo, Silvano
イタリアのテノール歌手。
⇒魅惑（Paolillo,Silvano　?–）

Paolini, Christopher
アメリカの作家。
⇒海文新（パオリーニ, クリストファー　1983.11.17–）
現世文（パオリーニ, クリストファー　1983.11.17–）

Paolozzi, Eduardo
イギリス生まれの彫刻家。
⇒岩世人（パオロッツィ　1924.3.7–2005.4.22）
芸13（パオロッツィ, エドゥアルト　1924–）

Paolucci, Antonio
イタリアの美術史家。
⇒外12（パオルッチ, アントーニオ　1939–）
外16（パオルッチ, アントーニオ　1939–）

Papaconstantinou, Michalis
ギリシャの政治家。ギリシャ外相。
⇒世指導（パパコンスタンティヌ, ミカリス　1919–2010.1.17）

Papademos, Lucas
ギリシャの政治家,銀行家,経済学者。ギリシャ首相。
⇒外12 (パパディモス,ルーカス 1947.10.11-)
外16 (パパディモス,ルーカス 1947.10.11-)
世指導 (パパディモス,ルーカス 1947.10.11-)

Papadopoulos, Georgios
ギリシャの軍人,政治家。ギリシャ大統領。
⇒岩世人 (パパゾプロス 1919.5.5-1999.6.27)

Papadopoulos, Tassos
キプロスの政治家。キプロス大統領(2003~08)。
⇒世指導 (パパドプロス,タソス 1934.1.7-2008.12.12)

Papagos, Alexandros
ギリシャの軍人,政治家。1952~55年首相を務めた。
⇒岩世人 (パパゴス 1883.12.9-1955.10.4)

Papanastasiou, Alexandros
ギリシャの政治家,社会学者。〈民主連合〉の党首(1923~)。首相(24.3~同.6),農相(26~28)。バルカン会議(30,アテネ)の中心人物。
⇒岩世人 (パパナスタシウ 1876.7.8-1936.11.17)

Papandopulo, Boris
ユーゴスラビアの指揮者,作曲家。ユーゴスラビア科学芸術アカデミー会員。
⇒標音2 (パパンドプロ,ボリス 1906.2.25-)

Papandreou, Andreas George
ギリシャの政治家。ギリシャ首相。
⇒岩世人 (パパンゾレウ 1919.2.5-1996.6.23)
世指導 (パパンドレウ,アンドレアス 1919.2.5-1996.6.23)

Papandreou, Georgios
ギリシャの政治家。
⇒岩世人 (パパンゾレウ 1888.2.13-1968.11.1)

Papandreou, Georgios A.
ギリシャの政治家。ギリシャ首相。
⇒外12 (パパンドレウ,ヨルギオス 1952.6.16-)
外16 (パパンドレウ,ヨルギオス 1952.6.16-)
世指導 (パパンドレウ,ヨルギオス 1952.6.16-)

Papandreou, Vasso
ギリシャの政治家。ギリシャ環境・都市計画・公共事業相。
⇒世指導 (パパンドレウ,ヴァッソー 1944.12.9-)

Papart, Max
フランス生まれの画家。
⇒芸13 (パパート,マックス 1911-1996)

Papa Wemba
コンゴ民主共和国の歌手,ソングライター,バンド・リーダー。
⇒岩世人 (パパ・ウェンバ 1949.6.14-)
外16 (パパ・ウェンバ 1949.6.14-)

Papazov, Ivo
ブルガリアの音楽家,クラリネット奏者。
⇒岩世人 (パパゾフ 1952.2.16-)

Pape, René
ドイツのバス歌手。
⇒外12 (パーペ,ルネ 1964-)
外16 (パーペ,ルネ 1964-)

Papelbon, Jonathan
アメリカの大リーグ選手(フィリーズ・投手)。
⇒外12 (パペルボン,ジョナサン 1980.11.23-)
外16 (パペルボン,ジョナサン 1980.11.23-)
最新ス (パペルボン,ジョナサン 1980.11.23-)
メジャ (パペルボン,ジョナサン 1980.11.23-)

Papen, Franz von
ドイツの政治家,外交官。軍人出身。32年ドイツ国首相。33年ヒトラー内閣の副首相となった。
⇒岩世人 (パーペン 1879.10.29-1969.5.2)
ネーム (パーペン 1879-1969)

Papier, Hans-Jürgen
ドイツの法律家。
⇒外12 (パビアー,ハンスユルゲン 1943.7.6-)
外16 (パビアー,ハンスユルゲン 1943.7.6-)

Papin, Jean-Pierre
フランスのサッカー選手。
⇒異二辞 (パパン[ジャン=ピエール・~] 1963-)

Papini, Giovanni
イタリアの小説家,評論家。実証主義の打破を目指した。
⇒岩世人 (パピーニ 1881.1.9-1956.7.8)
学叢思 (パピニ,ジオバンニ 1881-)
広辞7 (パピーニ 1881-1956)
新カト (パピーニ 1881.1.9-1956.7.8)
西文 (パピーニ,ジョヴァンニ 1881-1956)
ネーム (パピーニ 1881-1956)

Papinot, Jacques Edmond Joseph
フランスのパリ外国宣教会宣教師。
⇒新カト (パピノ 1860.11.8-1942.11.21)

Papis, Christian
フランスのテノール歌手。
⇒魅惑 (Papis,Christian 1955-)

Papon, Maurice
フランスの官僚。
⇒岩世人 (パポン 1910.9.3-2007.2.17)

Papoulias, Karolos
ギリシャの政治家。ギリシャ大統領(2005~15)。
⇒外12 (パブリアス,カロロス 1929.6.4-)
外16 (パブリアス,カロロス 1929.6.4-)

世指導（パプリアス, カロロス　1929.6.4–）

Papp, Gustáv
チェコスロバキアのテノール歌手。
⇒魅惑（Papp,Gustav　1919–1991）

Papp, Joseph
アメリカの演出家。1953年にパブリック・シアターを設立、毎年シェークスピア劇の無料公演を行う。
⇒ユ著人（Papp,Joseph　パップ, ヨセフ　1921–1991）

Pappalardi, Felix
アメリカ・ブロンクス生まれのミュージシャン、プロデューサー、編曲家、ソングライター。
⇒ロック（Pappalardi,Felix　パパラーディ, フェリックス　1940–）

Pappano, Antonio
イタリアの指揮者。
⇒外12（パッパーノ, アントニオ　1959.12.30–）
⇒外16（パッパーノ, アントニオ　1959.12.30–）

Pappas, Milton Stephen
アメリカの大リーグ選手（投手）。
⇒メジャ（パッパス, ミルト　1939.5.11–）

Pappenheim, Bertha
オーストリアの女性運動家。
⇒岩世人（アンナ・O　1859.2.27–1936.5.28）
現精（アンナ・O［症例］　1859.2.27–1936.5.28）
現精縮（アンナ・O［症例］　1859.2.27–1936.5.28）
精医歴（アンナ・O　1859–1936）
精分岩（アンナ・O［症例］　1859.2.27–）
精分弘（アンナ・O（本名ベルタ・パッペンハイム）　1859–1936）

Pappers, Julius
アメリカのプロフットボール選手（ベアーズ・DE）。
⇒最信ス（ペパーズ, ジュリアス　1980.1.18–）

Papp László
ハンガリーのボクサー。
⇒岩世人（パップ　1926.3.25–2003.10.16）

Paprocki, Bogdan
ポーランドのテノール歌手。
⇒失声（パプロキ, ボグダン　1919–2010）
魅惑（Paprocki,Bogdan　1919–）

Paprotta, Astrid
ドイツのミステリ作家。
⇒海文新（パプロッタ, アストリット）
現世文（パプロッタ, アストリット　1957–）

Papulkas, Soto
ギリシアのテノール歌手。
⇒魅惑（Papulkas,Soto　1943–）

Papus
フランスの医師、オカルト研究家。
⇒19仏（パピュス　1865.7.13–1916.10.25）

Paquet, Alfons
ドイツの劇作家、詩人、小説家。
⇒岩世人（パケ　1881.1.26–1944.2.8）

Paquet-Brenner, Gilles
フランスの映画監督。
⇒外16（パケ・ブレネール, ジル　1974–）

Paquin, Anna
アメリカの女優。
⇒外12（パキン, アンナ　1982–）
ク俳（パクィン, アナ　1982–）

Para, Marie
フランスの画家。
⇒芸13（パラ, マリエ　1954–）

Paradis, Marie-Léonie
カナダ・ラカディ生まれの聖家族のさき姉妹会の創立者。
⇒新カト（パラディ　1840.5.12–1912.5.3）

Paradis, Vanessa
フランス生まれの女優。
⇒外16（パラディ, ヴァネッサ　1972.12.22–）

Paradzhanov, Sergei
ソ連の映画監督。
⇒岩世人（パラジャーノフ　1924.1.9–1990.7.21）
映監（パラジャーノフ, セルゲイ　1924.1.9–1990）

Parain, Brice（Aristide）
フランスの哲学者、小説家。『言語の性質と機能の研究』（1942）などのほか、心理小説『ジョゼフ』（64）などもある。
⇒現世文（パラン, ブリス　1897.3.10–1971.3.20）

Parain, Nathalie
フランスの絵本画家。
⇒絵本（パラン, ナタリー　1897–1958）

Parain-Vial, Jeanne
フランスの哲学者、音楽美学者。
⇒標音2（パラン＝ヴィアル, ジャンヌ　1912–）

Páral, Vladimír
チェコの小説家。『恋人たちと犯人たち』（1969）、『商売女』（72）で有名。
⇒現世文（パーラル, ウラディミール　1932.8.10–）

Paramor, Norrie
イギリスの作曲家、編曲家、指揮者、A&Rマン。
⇒標音2（パラマー, ノリー　1914.5–1979.9.9）

Paras bir Bikram Shah
ネパール皇太子。

⇒外12 (パラス王子 1971.12.30–)
外16 (パラス・ビール・ビクラム・シャハ 1971.12.30–)

Paray, Paul
フランスの指揮者。1962年デトロイト交響楽団から名誉指揮者の称号を贈られた。
⇒新音中 (パレー, ポール 1886.5.24–1979.10.10)
標音2 (パレー, ポール 1886.5.24–1979.10.10)

Parcells, Bill
アメリカのプロフットボール監督。
⇒外16 (パーセルズ, ビル 1941.8.22–)

Parche, Günter
ドイツの男性。ユーゴスラビア出身のプロテニス選手モニカ・セレスの殺害をはかった。
⇒世暗 (パルヒェ, ギュンター 1954–)

Pardo, Jorge
キューバ生まれの芸術家。
⇒現アテ (Pardo, Jorge パルド, ホルヘ 1963–)

Pardo Bazán, Emilia, Condesa de
スペインの女性小説家。代表作『ウリョアの館』(1886)。
⇒岩世人 (パルド=バサン 1851.9.16–1921.5.12)
学叢思 (パルド・バサン, エミリア 1852–1921)

Pardo de Tavera, Trinidad Hermenegildo
フィリピンの学者, 政治家。
⇒岩世人 (パルド・デ・タベラ 1857.4.13–1925.3.26)

Pardy, James V.
アメリカの聖職者。
⇒アア歴 (Pardy, James V. パーディ, ジェイムズ・V. 1898.3.9–1983.2.16)

Pare, Michael
アメリカ生まれの俳優。
⇒ク俳 (パレ, マイクル 1959–)

Parent, Frederick Alfred
アメリカの大リーグ選手(遊撃, 外野)。
⇒メジャ (ペアレント, フレディ 1875.11.11–1972.11.2)

Parent, Mimi
カナダの画家, 彫刻家。
⇒シュル (パラン, ミミ 1924–2005)

Parenti, Enrico
アメリカの映画監督。
⇒外16 (パレンティ, エンリコ 1978–)

Pareto, Vilfredo
イタリアの経済学者, 社会学者。主著『経済学講義』(1896～97)。
⇒岩経 (パレート 1848–1923)

岩世人 (パレート 1848.7.15–1923.8.20)
学叢思 (パレット, ヴィルフレド 1848–1923)
現社 (パレート 1848–1923)
広辞7 (パレート 1848–1923)
社小増 (パレート 1848–1923)
新カ人 (パレート 1848.7.15–1923.8.19)
有経5 (パレート 1848–1923)

Paretsky, Sara
アメリカの女性推理小説家。
⇒外12 (パレツキー, サラ 1947.6.8–)
外16 (パレツキー, サラ 1947.6.8–)
現世文 (パレツキー, サラ 1947.6.8–)

Pareyson, Luigi
イタリアの哲学者, 美学者。イタリアに実存主義を紹介。
⇒岩世人 (パレイゾン 1918.2.4–1991.9.18)

Parfit, Derek
イギリスの思想家。
⇒岩世人 (パーフィット 1942.12.11–)
外16 (パーフィット, デレク 1942.12.11–)

Parfyonov, Leonid
ロシアのキャスター。
⇒外12 (パルフョノフ, レオニド)

Parinaya Charoemphol
タイのタレント, キックボクシング選手。
⇒外12 (パリンヤー・ジャルーンポン 1981.6.9–)

Paris, Henri Robert Ferdinand Marie d'Orléans, Comte de
フランスの王族。
⇒岩世人 (パリ 1908.7.5–1999.6.19)

Parise, Goffredo
イタリアの小説家。主著『死んだ少年と彗星』(1951),『自然の絶対者』(67)。
⇒岩世人 (パリーゼ 1929.12.8–1986.8.31)
現世文 (パリーゼ, ゴッフレード 1929.12.8–1986.8.31)

Parizeau, Jacques
カナダの政治家。カナダ・ケベック党党首, ケベック州首相。
⇒世指導 (パリゾー, ジャック 1930.8.9–2015.6.1)

Park, Hye-yoon
韓国のヴァイオリン奏者。
⇒外12 (パク, ヘユン)
外16 (パク, ヘユン)

Park, In Soo
韓国のテノール歌手。
⇒失声 (パク, イン・スー ?)

Park, J.B.
韓国のプロゴルファー。
⇒外12 (パク, J.B. 1982.2.23–)

Park, Linda Sue
アメリカの児童文学作家。
⇒**外12**（パーク, リンダ・スー　1960–）
　外16（パーク, リンダ・スー　1960–）
　海文新（パーク, リンダ・スー　1960–）
　現世文（パーク, リンダ・スー　1960–）

Park, Michael
イギリスのラリードライバー。
⇒**最世ス**（パーク, ミカエル　1966–2005.9.18）

Park, Nick
イギリス生まれの映画監督, アニメーション作家。
⇒**アニメ**（パーク, ニック　1958–）
　外12（パーク, ニック　1958.12.6–）
　外16（パーク, ニック　1958.12.6–）

Park, Robert Ezra
アメリカの社会学者。「シカゴ学派」の指導的社会学者の一人。主著『社会学序説』（1921, 共著）。
⇒**アメ新**（パーク　1864–1944）
　岩世人（パーク　1864.2.14–1944.2.7）
　学叢思（パーク, アール・イー　1864–?）
　現社（パーク　1864–1944）
　広辞7（パーク　1864–1944）
　社小増（パーク　1864–1944）

Park, Ruth
オーストラリアの作家, ジャーナリスト。
⇒**現世文**（パーク, ルース　1917.8.24–2010.12.14）

Park, Seung-Hee
韓国のテノール歌手。
⇒**魅惑**（Park,Seung-Hee　?–）

Park Bum-shin
韓国の小説家。明知大学文芸創作科助教授。号は臥草。1973年中央日報新春文芸小説「夏の残骸」当選。作品に『火の国』『食口』『荒野』ほか多数がある。
⇒**現世文**（パク・ボムシン　朴範信　1946.8.24–）

Park Chan-ho
韓国出身の大リーグ選手（投手）。
⇒**岩韓**（パク・チャンホ　朴賛浩　1973–）
　外12（パクチャンホ　朴賛浩　1973.6.30–）
　外16（パクチャンホ　朴賛浩　1973.6.30–）
　朝韓4（朴賛浩　パクチャンホ　1973–）
　メジャ（パク・チャンホ（朴贊浩）　1973.6.30–）

Park Chan-Hwan
韓国の男優。
⇒**韓俳**（パク・チャンファン　1957.7.18–）

Park Chan-mo
韓国のコンピューター科学者。
⇒**外12**（パクチャンモ　朴贊謨　1935.4.3–）
　外16（パクチャンモ　朴贊謨　1935.4.3–）

Park Chan-wook
韓国の映画監督。
⇒**映監**（パク・チャヌク　1963.8.23–）
　外12（パクチャヌク　1963.8.23–）
　外16（パクチャヌク　1963.8.23–）

Park Cheol-hee
韓国の政治学者。
⇒**外12**（パクチョルヒ　朴喆熙　1963–）
　外16（パクチョルヒ　朴喆熙　1963–）

Park Chul
韓国のタレント。1991年,MBCテレビよりデビュー。代表作に『我らの天国』がある。
⇒**韓俳**（パク・チョル　1968.8.15–）

Park Chul-un
韓国の国会議員。国民党最高委員。著書に『言論と国家安保』『変化を恐れるものに創造はできない』などがある。
⇒**岩韓**（パク・チョロン　朴哲彦　1942–）
　外12（パクチョルオン　朴哲彦　1942.8.5–）
　世指導（パク・チョルオン　朴哲彦　1942.8.5–）

Park Chu-young
韓国のサッカー選手（FCソウル・FW）。
⇒**外12**（パクチュヨン　朴主永　1985.7.10–）
　外16（パクチュヨン　朴主永　1985.7.10–）
　最世ス（パクチュヨン　1985.7.10–）

Park Dong-hyuk
韓国のサッカー選手（柏レイソル・DF）。
⇒**外12**（パクドンヒョク　朴東赫　1979.4.18–）

Parker, Alan
イギリス・ロンドン生まれの映画監督。
⇒**映監**（パーカー, アラン　1944.2.14–）
　外12（パーカー, アラン　1944.2.14–）
　外16（パーカー, アラン　1944.2.14–）

Parker, Alvin Pierson
アメリカの宣教師。
⇒**アア歴**（Parker,Alvin Pierson　パーカー, アルヴィン・ピアスン　1850.8.7–1924.9.10）

Parker, Annise
アメリカの政治家。
⇒**外12**（パーカー, アニース　1956–）
　外16（パーカー, アニース　1956–）
　世指導（パーカー, アニース　1956–）

Parker, Bobby
アメリカのブルース・ミュージシャン。
⇒**ロック**（Parker,Bobby　パーカー, ボビー　?–1973.8）

Parker, Candace
アメリカのバスケットボール選手（スパークス）。
⇒**外12**（パーカー, キャンデス　1986.4.19–）
　外16（パーカー, キャンデス　1986.4.19–）
　最世ス（パーカー, キャンデス　1986.4.19–）

Parker, Carleton Hubbell
アメリカの経済学者。労使対立の問題に興味をもち、特に自由労働者に関し、I.W.W.(世界産業労働者組合)の闘争的戦術等を研究した。
⇒岩世人(パーカー　1878.3.31–1918.3.17)

Parker, Cecil
イギリスの俳優。
⇒ク俳(パーカー、セシル(シュワーブ,C)　1897–1971)

Parker, Charles Christopher (Charlie), Jr.
アメリカのサックス奏者。当時の新しいジャズ、バップの中心人物。
⇒異二辞(パーカー、チャーリー　1920–1955)
　岩世人(パーカー　1920.8.29–1955.3.12)
　広辞7(パーカー　1920–1955)
　新音中(パーカー、チャーリー　1920.8.29–1955.3.12)
　ネーム(パーカー、チャーリー　1920–1955)
　標音2(パーカー、チャーリー　1920.8.29–1955.3.12)
　ポプ人(パーカー、チャーリー　1920–1955)

Parker, Colonel Tom
アメリカ・ウェスト・ヴァージニア州生まれのプロモーター、エルヴィス・プレスリーのマネージャー。
⇒ロック(Parker,Colonel Tom　パーカー大佐、トム　1910.6.29–)

Parker, David
イギリスのテノール歌手。
⇒魅惑(Parker,David　?–)

Parker, David Gene
アメリカの大リーグ選手(外野,DH)。
⇒メジャ(パーカー、ディヴ　1951.6.9–)

Parker, Dorothy
アメリカの女性詩人、小説家。主著に詩集『勝手気まま』(1926)、短篇集『生者への哀歌』(30)。
⇒岩世人(パーカー　1893.8.22–1967.6.7)
　現世文(パーカー、ドロシー　1893.8.22–1967.6.7)
　ヘミ(パーカー、ドロシー　1893–1967)

Parker, Ed
アメリカの武道家。
⇒異二辞(パーカー、エド　1931–1990)

Parker, Edward Cary
アメリカの農学者。
⇒アア歴(Parker,Edward C(ary)　パーカー、エドワード・ケアリー　1881.8.4–1939.7.21)

Parker, Eleannor
アメリカ生まれの女優。
⇒ク俳(パーカー、エリナ　1922–)

Parker, Eugene
アメリカの天文学者。
⇒天文辞(パーカー　1927–)

Parker, Sir Gilbert
カナダの小説家。
⇒岩世人(パーカー　1862.11.23–1932.9.6)

Parker, Hershel
アメリカの作家、文学研究者。
⇒岩世人(パーカー　1935.11.26–)

Parker, Horatio William
アメリカの作曲家。イェール音楽学校主事(1904～19)。オラトリオや歌劇などを作曲した。
⇒岩世人(パーカー　1863.9.15–1919.12.18)
　エデ(パーカー、ホレイショ(ウィリアム)　1863.9.15–1919.12.18)
　新音中(パーカー、ホレイショ　1863.9.15–1919.12.18)
　標音2(パーカー、ホレーショ　1863.9.15–1919.12.18)

Parker, Jean
アメリカ生まれの女優。
⇒ク俳(パーカー、ジーン(ゼリンスカ、ルイーズ=ステファニー)　1912–)

Parker, Junior
アメリカのジャズ演奏家。
⇒ロック(Parker,Junior　パーカー、ジュニア　1927.3.3–)

Parker, Mark G.
アメリカの実業家。
⇒外12(パーカー、マーク)
　外16(パーカー、マーク)

Parker, Mary-Luise
アメリカ生まれの女優。
⇒ク俳(パーカー、メアリー=ルイーズ　1964–)

Parker, Maurice Wesley
アメリカの大リーグ選手(一塁、外野)。
⇒メジャ(パーカー、ウェス　1939.11.13–)

Parker, Michael D.
アメリカの実業家。
⇒外12(パーカー、マイケル　1946.7–)
　外16(パーカー、マイケル　1946.7–)

Parker, Robert
アメリカ・ニューオーリンズ生まれの歌手、アルト・サックス奏者。
⇒ロック(Parker,Robert　パーカー、ロバート　1930.10.14–)

Parker, Robert B(rown)
アメリカの推理小説家。
⇒現世文(パーカー、ロバート・B.　1932.9.17–

2010.1.18)
  広辞7（パーカー　1932-2010）

Parker, Robert McDowell, Jr.
アメリカのワイン評論家，ジャーナリスト。
⇒岩世人（パーカー　1947.7.23-）
  外16（パーカー，ロバート　1947.7.23-）

Parker, Sachi
アメリカの女優。母は女優シャーリー・マクレーン。
⇒外12（パーカー，サチ　1956.9.1-）

Parker, Samuel Chester
アメリカの教育学者。1903年マイアミ大学の歴史の教授，09年シカゴ大学に行き，終年まで教授を勤めた。当時，教授法に関しての著作では第一人者であった。
⇒教人（パーカー　1880-1924）

Parker, Sarah Jessica
アメリカ生まれの女優。
⇒外12（パーカー，サラ・ジェシカ　1965.3.5-）
  外16（パーカー，サラ・ジェシカ　1965.3.5-）
  ク俳（パーカー，セアラ・ジェシカ　1965-）

Parker, T. Jefferson
アメリカの作家。
⇒外12（パーカー，T.ジェファーソン　1953-）
  外16（パーカー，T.ジェファーソン　1953-）
  現世文（パーカー，T.ジェファーソン　1953-）

Parker, Tony
フランスのバスケットボール選手。
⇒外12（パーカー，トニー　1982.5.17-）
  外16（パーカー，トニー　1982.5.17-）
  最世ス（パーカー，トニー　1982.5.17-）

Parker, Trey
アメリカのアニメーション作家，脚本家，映画監督。
⇒外12（パーカー，トレイ　1969.10.19-）

Parker, Willard
アメリカの男優。
⇒ク俳（パーカー，ウィラード（ヴァン・エプス，ウスター）　1912-1996）

Park Eun-hye
韓国の女優。
⇒韓俳（パク・ウネ　1978.2.21-）

Park Geun-hye
韓国の政治家。第18代大統領（2013.2～17.3）。朴正熙の長女。
⇒異二辞（朴槿恵　パククネ　1952-）
  岩世人（朴槿恵　パククネ　1952.2.2-）
  外12（パククンヘ　1952.2.2-）
  外16（パククネ　朴槿恵　1952.2.2-）
  韓朝新（パク・クネ　朴槿恵　1952-）
  広辞7（パク・クネ　朴槿恵　1952-）
  世指導（パク・クネ　1952.2.2-）
  朝韓4（朴槿恵　パククネ　1952-）
  ボブ人（パククネ　朴槿恵　1952-）

Park Geun-Hyung
韓国の男優。
⇒韓俳（パク・クニョン　1940.6.7-）

Park Gun-hyung
韓国の男優。
⇒韓俳（パク・コニョン　1977.11.1-）

Park Gun-Tae
韓国の男優。
⇒韓俳（パク・コンテ　1996.2.5-）

Park Gwang-hyun
韓国の男優。
⇒韓俳（パク・クァンヒョン　1977.10.11-）

Park Hae-il
韓国の男優。
⇒外12（パクヘイル　1977.1.26-）
  外16（パクヘイル　1977.1.26-）
  韓俳（パク・ヘイル　1977.1.26-）

Park Hae-jin
韓国の俳優。
⇒外12（パクヘジン　1983.5.1-）
  外16（パクヘジン　1983.5.1-）
  韓俳（パク・ヘジン　1983.5.1-）

Park Hae-Mi
韓国のミュージカル女優。
⇒韓俳（パク・ヘミ　1964.1.28-）

Park Han-Byul
韓国の女優。
⇒韓俳（パク・ハンビョル　1984.11.17-）

Park Hee-Jin
韓国の女優，コメディアン。
⇒韓俳（パク・ヒジン　1973.6.4-）

Park Hee-Soon
韓国の男優。
⇒韓俳（パク・ヒスン　1970.2.13-）

Park Hee-tae
韓国の弁護士，国会議員。ソウル地検・釜山地検検事，法務部出入国管理局長，ハンナラ党代表（党首）などを歴任。
⇒外12（パクヒテ　朴熺太　1938.8.9-）
  外16（パクヒテ　朴熺太　1938.8.9-）
  世指導（パク・ヒテ　1938.8.9-）

Park Ho-koon
韓国の科学者。
⇒外12（パクホグン　朴虎君　1947.12.1-）
  外16（パクホグン　朴虎君　1947.12.1-）

Park Hong-sik
韓国の映画監督。

⇒外12（パクフンシク　1965–）

Parkhurst, Charles Henry
アメリカの長老派教会牧師。
⇒学叢思（パークハースト，チャールズ・エイチ　1842–?）

Parkhurst, Helen
アメリカの教育者。
⇒岩世人（パーカースト　1887.3.7–1973.6.1）
　教人（パーカスト　1887– ）

Park Hyo-joo
韓国の女優。
⇒韓俳（パク・ヒョジュ　1982.10.8–）

Park Hyo-jun
韓国の男優。
⇒韓俳（パク・ヒョジュン　1980.6.12–）

Park Hyuk-moon
韓国の作家。
⇒外12（パクヒョンムン　朴赫文　1963–）
　海文新（朴赫文　パクヒョンムン　1963–）
　現世文（パク・ヒョンムン　朴赫文　1963–）

Park Hyun-bin
韓国のトロット歌手。
⇒外12（パクヒョンビン　1982.10.18–）
　外16（パクヒョンビン　1982.10.18–）

Park Hyun-wook
韓国の作家。
⇒海文新（パクヒョンウク　1967–）
　現世文（パク・ヒョンウク　1967–）

Parkin, Frank
イギリスの社会学者。
⇒社小増（パーキン　1931–）

Park In-bee
韓国のプロゴルファー。
⇒外12（パクインベ　朴仁妃　1988.7.12–）
　外16（パクインビ　朴仁妃　1988.7.12–）
　最世ス（パクインビ　1988.7.12–）

Park In-Hwan
韓国の男優。
⇒韓俳（パク・イヌァン　1945.1.6–）

Parkinson, Bradford
アメリカの空軍大佐。
⇒世発（パーキンソン，ブラッドフォード　1935–）

Parkinson, Cyril Northcote
イギリスの歴史学者，経営研究者。主著に
『パーキンソンの法則』(1957)など。
⇒広辞7（パーキンソン　1909–1993）

Parkinson, Siobhan
アイルランドの児童文学作家。
⇒現世文（パーキンソン，シボーン）

Parkinson, Tessa
オーストラリアのヨット選手（470級）。
⇒外12（パーキンソン，テーサ　1986.9.22–）
　最世ス（パーキンソン，テーサ　1986.9.22–）

Park Jae-kyu
韓国の国際政治学者。慶南大学総長・極東問題研究所所長。北朝鮮の分析をはじめ，ソ連の極東政策，韓国の東南アジア政策など著書多数。
⇒岩韓（パク・チェギュ　朴在圭　1944– ）
　世指導（パク・ジェギュ　1944.8.11–）

Park Jeong-dae
韓国の作家。
⇒現世文（パク・ジョンデ　朴正大　1965–）

Park Jeong-suk
韓国の映画監督。
⇒外12（パクチョンスク　朴貞淑）

Park Ji-Bin
韓国の男優。
⇒韓俳（パク・チビン　1995.3.14–）

Park Ji-Mi
韓国の女優。
⇒韓俳（パク・チミ　1988.8.13–）

Park Jin-hee
韓国の女優。
⇒韓俳（パク・チニ　1978.1.8–）

Park Ji-sung
韓国のサッカー選手。
⇒異二辞（パク・チソン　朴智星　1981–）
　外12（パクチソン　朴智星　1981.2.25–）
　外16（パクチソン　朴智星　1981.2.25–）
　最世ス（パクチソン　1981.2.25–）

Park Ji-won
韓国の政治家。韓国文化観光相。
⇒岩韓（パク・チウォン　朴智元　1942–）
　岩世人（朴智元　パクチウォン　1942.6.5–）
　外12（パクジウォン　朴智元　1942.6.5–）
　外16（パクジウォン　朴智元　1942.6.5–）
　世指導（パク・ジウォン　1942.6.5–）

Park Jong-Kwan
韓国の男優。
⇒韓俳（パク・チョングァン　1946.2.15–）

Park Jong-soo
韓国の政治家。韓国国会議員（国民会議），韓国外交通商相（外相）。
⇒世指導（パク・ジョンス　1932.2.9–2003.3.24）

Park Joo-bong
韓国のバドミントン監督，バドミントン選手。
⇒外16（パクジュボン　朴柱奉　1964.12.5–）
　最世ス（パクジュボン　1964.12.5–）

Park Joo-ho
韓国のサッカー選手（ドルトムント・DF）。
⇒外12（パクチュホ　朴柱昊　1987.1.16–）
　外16（パクチュホ　朴柱昊　1987.1.16–）
　最世ス（パクチュホ　1987.1.16–）

Park Joong-hoon
韓国の俳優, 映画監督。
⇒外12（パクチュンフン　1964.3.22–）
　外16（パクチュンフン　1964.3.22–）
　韓俳（パク・チュンフン　1964.3.22–）

Park Jo-yeol
韓国の劇作家。
⇒外12（パクジョヨル　朴祚烈　1930–）
　韓現文（朴祚烈　パク・チョヨル　1930.10.8–）
　現世文（パク・ジョヨル　朴祚烈　1930.10.8–）

Park Jung-Ah
韓国の女優, 歌手。
⇒韓俳（パク・チョンア　1981.2.24–）

Park Jung-bum
韓国の映画監督。
⇒外16（パクジョンボム　1976–）

Park Jung-Chul
韓国の男優。
⇒韓俳（パク・チョンチョル　1976.11.5–）

Park Jung-Hak
韓国の男優。
⇒韓俳（パク・チョンハク　1964.11.14–）

Park Jung-sang
韓国の棋士（囲碁9段）。
⇒外12（パクジョンサン　朴正祥　1984.8.23–）

Park Jung-soo
韓国の女優。
⇒外12（パクチョンス　1953.6.1–）
　韓俳（パク・チョンス　1953.6.1–）

Park Jung-Sook
韓国の女優, アナウンサー。
⇒韓俳（パク・チョンスク　1970.2.4–）

Park Jun-Kyu
韓国の男優。
⇒韓俳（パク・チュンギュ　1964.6.27–）

Park Junyoung
韓国の歌手。
⇒外16（パクジュニョン　1982.3.12–）

Park Ju-sung
韓国のサッカー選手（ベガルタ仙台・DF）。
⇒外12（パクチュソン　朴柱成　1984.2.20–）

Park Jyun-kyu
韓国の国会議員。政治経済研究所理事長兼「政経研究」発行人, カリフォルニア州立大学バークレー校東北亜問題研究所研究委員, 南北国会会談首席代表団長, 民正党代表委員, 国会議長などを歴任。
⇒世指導（パク・ジュンギュ　1925.9.12–2014.5.3）

Park Kang-jo
韓国のサッカー選手（ヴィッセル神戸・MF）。
⇒外12（パクカンジョ　朴康造　1980.1.24–）

Park Ki-woong
韓国の男優。
⇒韓俳（パク・キウン　1985.2.13–）

Park Kwang-hyun
韓国の映画監督。
⇒外12（パククァンヒョン　1969–）

Park Kwang-Jung
韓国の男優。
⇒韓俳（パク・クァンジョン　1962.1.19–）

Park Kwan-yong
韓国の政治家。国会統一政策特別委員会委員長, 南北国会会談の代表などを歴任。1993年2月金泳三大統領の秘書室長に就任。
⇒世指導（パク・クァンヨン　1938.6.6–）

Park Kye-hyung
韓国の作家。
⇒外12（パクケーヒョン　朴啓馨　1943–）
　外16（パクケーヒョン　朴啓馨　1943–）
　現世文（パク・ケーヒョン　朴啓馨　1943–）

Park Kyongmi
韓国の詩人。
⇒絵本（ぱくきょんみ　1956–）

Park Kyung-Hwan
韓国の男優。
⇒韓俳（パク・キョンファン　1968–）

Park Kyung-lim
韓国の女優, 歌手, DJ, 放送MC。
⇒韓俳（パク・キョンニム　1978.12.8–）

Park Min-gyu
韓国の作家。
⇒海文新（パクミンギュ　1968–）
　現世文（パク・ミンギュ　1968–）

Park Min-Young
韓国の女優。
⇒韓俳（パク・ミニョン　1986.3.4–）

Park Myong-chol
北朝鮮の政治家。北朝鮮国防委員会参事。
⇒外12（パクミョンチョル　朴明哲　1941.9–）
　外16（パクミョンチョル　朴明哲　1941.9–）

Park Nam-Hyun
韓国の男優。

⇒韓俳（パク・ナミョン　1974–）

Park No Sik
韓国の男優。
⇒韓俳（パク・ノシク　1971.5.18–）

Parks, Gordon
アメリカの写真家，作家，映画監督，作曲家。
⇒映監（パークス，ゴードン　1912.11.30–2006）
　マルX（PARKS,GORDON　パークス，ゴードン　1912–2006）

Parks, Larry
アメリカの俳優。
⇒ク俳（パークス，ラリー（パークス，サミュエル・L）　1914–1975）

Parks, Rosa Louise
アメリカの公民権運動の指導者。
⇒アメ新（パークス　1913–2005）
　岩世人（パークス　1913.2.4–2005.10.24）
　世人新（パークス　1913–2005）
　世人装（パークス　1913–2005）
　ポプ人（パークス，ローザ　1919–2005）
　マルX（PARKS,ROSA　パークス，ローザ　1913–2005）

Parks, Rudy
韓国のテノール歌手。
⇒失声（パク，ルディ　?）

Parks, Suzan-Lori
アメリカの戯曲家。
⇒岩世人（パークス　1963.5.10–）

Parks, Tim (othy Harold)
イギリスの小説家。
⇒外12（パークス，ティム　1954–）
　外16（パークス，ティム　1954.12.19–）
　現世文（パークス，ティム　1954.12.19–）

Parks, Walter F.
アメリカの映画プロデューサー，脚本家。
⇒外12（パークス，ウォルター）
　外16（パークス，ウォルター）

Park Sae-jik
韓国の政治家，軍人。国会議員，総務処長官，国家安全企画部長，ソウル市長などを歴任。著書に『指揮の理論と実際』『ソウルオリンピック我らの話』などがある。
⇒世指導（パク・セジク　1933.9.18–2009.7.27）

Park Sam-koo
韓国の実業家。
⇒外16（パクサムグ　朴三求　1945.3.19–）

Park Sang-chon
韓国の政治家。韓国法相，韓国国会議員（新千年民主党）。
⇒世指導（パク・サンチョン　1938.10.31–）

Park Sang-Min
韓国の映画俳優。1989年デビュー。代表作に『将軍の息子』『離婚しない女』等がある。
⇒韓俳（パク・サンミン　1970.10.9–）

Park Sang-Myun
韓国の男優。
⇒韓俳（パク・サンミョン　1967.10.13–）

Park Sang-Won
韓国のタレント。1986年，MBCテレビタレント第18期生としてデビュー。代表作に『ベストセラー劇場―江』『ミニシリーズ―人間市場』『黎明の瞳』『マポの虹』等がある。
⇒韓俳（パク・サンウォン　1959.4.5–）

Park Sang-wook
韓国の男優。
⇒韓俳（パク・サンウク　1976.1.18–）

Park Seul Gi
韓国の女優。
⇒韓俳（パク・スルギ　1986.8.18–）

Park Seung-hi
韓国のスピードスケート選手。
⇒外16（パクスンヒ　1992.3.28–）

Park Shin-hye
韓国の女優。
⇒韓俳（パク・シネ　1990.2.18–）

Park Shin-yang
韓国の俳優。
⇒外12（パクシニャン　1968.11.1–）
　外16（パクシニャン　1968.11.1–）
　韓俳（パク・シニャン　1968.8.11–）

Park Si-eun
韓国の女優。
⇒韓俳（パク・シウン　1980.1.6–）

Park Si-Hoo
韓国の男優。
⇒韓俳（パク・シフ　1978.2.15–）

Park Si-yeon
韓国の女優。
⇒韓俳（パク・シヨン　1979.3.29–）

Park So-hee
韓国の漫画家。
⇒外12（パクソヒ）
　外16（パクソヒ）

Park Sol-mi
韓国の女優。
⇒外12（パクソルミ　1978.1.3–）
　外16（パクソルミ　1978.1.3–）
　韓俳（パク・ソルミ　1978.1.3–）

Park Sung-hyun
韓国のアーチェリー選手。
⇒**外12**（パクソンヒョン　朴成賢　1983.1.1–）
　最世ス（パクソンヒョン　1983.1.1–）

Park Sung-Woong
韓国の男優。
⇒**韓俳**（パク・ソンウン　1973.1.9–）

Park Sun-Woo
韓国の男優。
⇒**韓俳**（パク・ソヌ　1974.1.19–）

Park Sun-Yeong
韓国の女優。
⇒**韓俳**（パク・ソニョン　1976.8.21–）

Park Tae-hwan
韓国の水泳選手（自由形）。
⇒**異二辞**（パク・テファン　朴泰桓　1989–）
　外12（パクテファン　朴泰桓　1989.9.27–）
　外16（パクテファン　朴泰桓　1989.9.27–）
　最世ス（パクテファン　1989.9.27–）

Park Tae-joon
韓国の政治家, 実業家。韓国首相, 韓国自由民主連合（自民連）総裁, 韓日議員連盟会長。
⇒**岩韓**（パク・テジュン　朴泰俊　1927–）
　韓朝新（パク・テジュン　朴泰俊　1927–2011）
　世指導（パク・テジュン　1927.9.29–2011.12.13）

Park Tam-Hee
韓国の女優, 歌手。
⇒**韓俳**（パク・タミ　1978.1.2–）

Park Won-heung
韓国の政治家, ジャーナリスト。
⇒**外12**（パクウォンフン　朴源弘　1942.6.11–）
　外16（パクウォンフン　朴源弘　1942.6.11–）

Park Won-Sang
韓国の男優。
⇒**韓俳**（パク・ウォンサン　1970.1.7–）

Park Won-sook
韓国のタレント。1970年, MBCテレビタレント第2期生としてデビュー。代表作に『水仙花』『お母さんの部屋』『ひとつ屋根・3家族』『土地』等がある。
⇒**韓俳**（パク・ウォンスク　1949.1.19–）

Park Won-soon
韓国の弁護士, 市民運動家, 政治家。
⇒**岩韓**（パク・ウォンスン　朴元淳　1956–）
　岩世人（朴元淳　パクウォンスン　1956.3.26–）
　外12（パクウォンスン　朴元淳　1956.3.26–）
　外16（パクウォンスン　朴元淳　1956.3.26–）
　世指導（パク・ウォンスン　1956.3.26–）

Park Yang-shin
韓国の学者。翰林大学翰林科学院研究教授。著書に『陸羯南—政治意識と対外論』(2008) など。

⇒**外12**（パクヤンシン　朴羊信　1962.1–）
　外16（パクヤンシン　朴羊信　1962.1–）

Park Ye-jin
韓国の女優。
⇒**外12**（パクイェジン　1981.4.1–）
　外16（パクイェジン　1981.4.1–）
　韓俳（パク・イェジン　1981.4.1–）

Park Yeong-gyu
韓国のタレント。1986年, MBCよりデビュー。代表作に『ベストセラー劇場—緑の幅子』『第3の男』『明日は忘れる』等がある。
⇒**韓俳**（パク・ヨンギュ　1953.10.28–）

Park Yong-Ha
韓国の男優。
⇒**韓俳**（パク・ヨンハ　1977.8.12–）

Park Yong-Soo
韓国の男優。
⇒**韓俳**（パク・ヨンス　1956.2.15–）

Park Yong-sung
韓国の実業家。
⇒**外12**（パクヨンソン　朴容晟　1940.9.11–）
　外16（パクヨンソン　朴容晟　1940.9.11–）

Park Yong-Woo
韓国の男優。
⇒**韓俳**（パク・ヨンウ　1971.3.16–）

Park Yoon Bae
韓国の男優。
⇒**韓俳**（パク・ユンベ　1947.9.19–）

Park Young-hoon
韓国の棋士（囲碁9段）。
⇒**外12**（パクヨンフン　朴永訓　1985.4.1–）

Park Young-Ji
韓国の男優。
⇒**韓俳**（パク・ヨンジ　1951–）

Park Yu-ha
韓国の日本文学研究家。
⇒**外12**（パクユハ　朴裕河　1957–）
　外16（パクユハ　朴裕河　1957–）

Parly, Ticho
アメリカのテノール歌手。
⇒**魅惑**（Parly,Ticho　1928–）

Parmeggiani, Ettore
イタリアのテノール歌手。
⇒**失声**（パルメジャーニ, エットレ　1895–1960）
　魅惑（Parmeggiani,Ettore　1895–1960）

Parmentier, Henri
フランスのインドシナ考古学者。
⇒**岩世人**（パルマンティエ　1871.1.3–1949.2.22）

Pärn, Priit
エストニア生まれの植物学者, 諷刺画家。
⇒アニメ（パルン, プリート　1946–）

Parnas, David Lorge
カナダの工学者。
⇒岩世人（パーナス　1941.2.10–）

Parnell, Melvin Lloyd
アメリカの大リーグ選手（投手）。
⇒メジャ（パーネル, メル　1922.6.13–2012.3.20）

Parnes, Larry
イギリスのマネージャー, プロモーター。
⇒ロック（Parnes,Larry　パーンズ, ラリー）

Parnok, Sophia
ロシアの詩人。
⇒岩世人（パルノーク　1885.7.30/8.11–1933.8.26）

Parodi, Dominique
フランスの観念論哲学者。『形而上学道徳雑誌』を主宰。
⇒メル2（パロディ, ドミニク　1870–1955）

Parot, Jean-François
フランスの作家。
⇒外16（パロ, ジャン・フランソワ　1946–）
　海文新（パロ, ジャン＝フランソワ　1946.6.27–）
　現世文（パロ, ジャン・フランソワ　1946.6.27–2018.5.23）

Paroubek, Jiri
チェコの政治家。チェコ首相。
⇒世指導（パロウベク, イジー　1952.8.21–）

Parr, Albert Eide
ノルウェー生まれのアメリカの海洋学者。ニューヨークのアメリカ自然科学博物館長（1942～）。
⇒岩世人（パー　1900.8.15–1991.7.16）

Parr, Martin
イギリスの写真家。
⇒外12（パー, マーティン　1952.5.23–）
　外16（パー, マーティン　1952.5.23–）

Parr, Robert Ghormley
アメリカの理論化学者。
⇒岩世人（パー　1921.9.22–）

Parr, Todd
アメリカの絵本作家。
⇒外16（パール, トッド　1962–）

Parra, Gerardo
ベネズエラの大リーグ選手（ダイヤモンドバックス・外野）。
⇒最ස（パーラ, ジェラルド　1987.5.6–）
　メジャ（パラ, ヘラルド　1987.5.6–）

Parra, Nicanor
チリの詩人。
⇒現世文（パラ, ニカノール　1914.9.5–2018.1.23）

Parra, Violeta
チリの女性フォルクローレ（民俗音楽）歌手, 作曲家, 採譜家。
⇒岩世人（パラ　1917.10.4–1967.2.5）
　標音2（パラ, ビオレータ　1917.10–1967.2）
　ラテ新（パラ　1917–1967）

Parreira, Carlos Alberto
ブラジルのサッカー監督。
⇒外12（パレイラ, カルロス・アルベルト　1943–）
　外16（パレイラ, カルロス・アルベルト　1943–）
　最ස（パレイラ, カルロス・アルベルト　1943–）

Parren, Kalliroe
ギリシャのジャーナリスト。
⇒岩世人（パレン　1859.5.1–1940.1.16）

Parri, Ferruccio
イタリアの政治家。レジスタンス闘争で指導的役割を演じ, イタリア全土解放後, 首相（1945）を務める。
⇒岩世人（パッリ　1890.1.19–1981.12.8）

Parrington, Vernon Louis
アメリカの文芸評論家, 歴史家。主著『アメリカ思想主潮史』により1928年にピュリッツァー賞を受賞。
⇒アメ新（パリントン　1871–1929）
　岩世人（パリントン　1871.8.3–1929.6.16）
　新カト（パリントン　1871.8.3–1929.6.16）

Parrish, Edward James
アメリカのタバコ商人。
⇒アア歴（Parrish,Edward J（ames）　パリッシュ, エドワード・ジェイムズ　1846.10.20–1920.10.22）

Parrish,（Frederick）Maxfield
アメリカのイラストレーター, 画家。
⇒グラデ（Parrish,Maxfield　パリッシュ, マックスフィールド　1870–1966）

Parrish, Lance Michael
アメリカの大リーグ選手（捕手）。
⇒メジャ（パリッシュ, ランス　1956.6.15–）

Parrish, Larry Alton
アメリカの大リーグ選手（三塁, 外野）。
⇒メジャ（パリッシュ, ラリー　1953.11.10–）

Parrish, Sarah Rebecca
アメリカのメソジスト教会員, 医師, フィリピンへの医療宣教師。
⇒アア歴（Parrish,（Sarah）Rebecca　パリッシュ, サラ・レベッカ　1869.11.1–1952.8.22）

Parrot, André
フランスのオリエント考古学者。シリアのマリを21回にわたって発掘し、紀元前18世紀の中近東の歴史の解明およびシュメール後期の編年に貢献した。
⇒岩世人（パロ　1901.2.15–1980.8.24）
　新カト（パロ　1901.2.15–1980.8.24）

Parrot, Andrew
イギリスの指揮者。
⇒外12（パロット，アンドルー　1947.3.10–）
　外16（パロット，アンドルー　1947.3.10–）

Parry, Charles Arthur
インドのエスペランティスト。英語教師，"The Japan Herald"紙の編集者。
⇒日エ（ベリー　1869.9.23–1949.3.25）

Parry, Sir Charles Hubert Hastings
イギリスの作曲家。『縛めをとかれたプロメテウス』(1880)などを作曲。
⇒岩世人（パリー　1848.2.27–1918.10.7）
　新音中（パリー，ヒューバート　1848.2.27–1918.10.7）
　標音2（パリー，ヒューバート　1848.2.27–1918.10.7）

Pars, Krisztián
ハンガリーのハンマー投げ選手。
⇒外16（パルシュ，クリスティアン　1982.2.18–）
　最新ス（パルシュ，クリスティアン　1982.2.18–）

Parsch, Pius
オーストリアの典礼学者。
⇒新カト（パルシュ　1884.5.18–1954.3.11）

Parseval, August von
ドイツの飛行船設計者。半硬式飛行船を発明した。
⇒岩世人（パルゼヴァル　1861.2.5–1942.2.22）

Parshall, Sandra
アメリカの作家。
⇒海文新（パーシャル，サンドラ）
　現世文（パーシャル，サンドラ）

Parshley, Wilbur Brown
アメリカのバプテスト教会宣教師。1890年来日。日本バプテスト神学校初代校長に就任(1910)。
⇒岩世人（パーシュリー　1859.9.14–1930.1.24）

Parsons, Sir Charles Algernon
イギリスの技術者。1884年パーソンズ・タービンを発明。電気機器や世界最初の蒸気タービン船を製作。
⇒岩世人（パーソンズ　1854.7.13–1931.2.11）

Parsons, Charles Dacre
アメリカの哲学者。
⇒岩世人（パーソンズ　1933–）

Parsons, Gram
アメリカ・フロリダ州生まれのロック・ミュージシャン。
⇒ロック（Parsons,Gram　パーソンズ，グラム　1946.11.5–1973.9.19）

Parsons, Julie
ニュージーランド生まれの作家。
⇒現世文（パーソンズ，ジュリー　1951–）

Parsons, Richard D.
アメリカの実業家，弁護士。
⇒外12（パーソンズ，リチャード　1948.4.4–）
　外16（パーソンズ，リチャード　1948.4.4–）

Parsons, Talcott
アメリカの社会学者。主著に『社会的行為の構造』(1937)，『社会体系』(51)。
⇒アメ新（パーソンズ　1902–1979）
　岩世人（パーソンズ　1902.12.13–1979.5.8）
　教人（パーソンズ　1902–）
　現社（パーソンズ　1902–1979）
　現社福（パーソンズ　1902–1979）
　現宗（パーソンズ　1902–1979）
　広辞7（パーソンズ　1902–1979）
　社小増（パーソンズ　1902–1979）
　新カト（パーソンズ　1902.12.13–1979.5.8）
　哲中（パーソンズ　1902–1979）

Parsons, Tony
イギリスの作家，音楽ジャーナリスト。
⇒外12（パーソンズ，トニー　1955–）
　海文新（パーソンズ，トニー　1953.11.6–）
　現世文（パーソンズ，トニー　1953.11.6–）

Parsons, William Barclay
アメリカの技師。
⇒アア歴（Parsons,William Barclay　パースンズ，ウイリアム・バークリー　1859.4.15–1932.5.9）

Parsons, William Edward
アメリカの建築家。
⇒アア歴（Parsons,William E(dward)　パースンズ，ウイリアム・エドワード　1872.6.19–1939.12.17）

Pärt, Arvo
エストニアの作曲家。
⇒岩キ（ペルト　1935–）
　岩世人（ペルト　1935.9.11–）
　外16（ペルト，アルヴォ　1935.9.11–）
　ク現3（ペルト（ピャルト）　1935–）
　新音中（ペルト，アルヴォ　1935.9.11–）
　新カト（ペルト　1935.9.11–）
　標音2（ペルト，アルヴォ　1935.9.11–）

Partch, Harry
アメリカの作曲家。イエーツの詩劇『エディプス』(1951)で注目された。
⇒エデ（パーチ，ハリー　1901.6.24–1974.9.3）
　現音キ（パーチ，ハリー　1901–1974）

新音小（パーチ, ハリー　1901-1974）
新音中（パーチ, ハリー　1901.6.24-1974.9.3）
標音2（パーチ, ハリー　1901.6.24-1974.9.3）

Partington, James Riddick
イギリスの化学者。
⇒化学（パーティントン　1886-1965）

Partlidge, Sydney Catlin
アメリカの聖公会宣教師。
⇒アア歴（Partridge, Sidney C (atlin)　パートリッジ, シドニー・キャリトン　1857.9.1-1930.6.22）

Parton, Dolly
アメリカのカントリー歌手, ソングライター。
⇒異二辞（パートン, ドリー　1946-）
外12（パートン, ドリー　1946.1.19-）
外16（パートン, ドリー　1946.1.19-）
ク俳（パートン, ドリー　1945-）
標音2（パートン, ドリー　1946.1.19-）
ロック（Parton, Dolly　パートン, ドリー　1946.1.19-）

Partos, Oedoen
イスラエルの作曲家, ヴァイオリン奏者, ヴィオラ奏者, 教育者。
⇒ユ著人（Partos, Oedoen　パルトス, エーデン　1909-1977）

Partridge, Andy
イギリスのミュージシャン。
⇒外12（パートリッジ, アンディ　1953.11.11-）
外16（パートリッジ, アンディ　1953.11.11-）

Partridge, Eric
イギリスの英語学者, 英文学者。非文章語とくにスラングや卑語の研究で有名。
⇒岩世人（パートリッジ　1894.2.6-1979.6.1）

Partridge, Ian
イギリスのテノール歌手。1963〜71年パーセル声楽コンソートに所属。
⇒魅惑（Partridge, Ian　1938-）

Partyka, Natalia
ポーランドの卓球選手。
⇒外16（パルティカ, ナタリア　1989.7.27-）
最世ス（パルティカ, ナタリア　1989.7.27-）

Parvīn E'tesāmī
イランの女性詩人。王妃の教師職を拒否, 結婚生活の破綻と薄幸のうちに夭折。
⇒岩世人（パルヴィーン・エーテサーミー　1907.4.16-1941.4.5）
現世人（パルヴィーン・エーテサーミー　1907.3.16-1941.4.5）

Parvus, Alexander
ロシア出身のドイツ社会民主党理論家。
⇒岩イ（パルヴス　1867-1923）
ユ著人（Parvus, Alexander　パルブス, アレキサンダー　1867-1923）

Parzinger, Hermann
ドイツの考古学者。
⇒岩世人（パルツィンガー　1959.3.12-）

Pascal, Amy
アメリカの実業家。
⇒外12（パスカル, エイミー）
外16（パスカル, エイミー　1958.3.25-）

Pascal, Jean
カナダのプロボクサー。
⇒最世ス（パスカル, ジャン　1982.10.28-）

Pascal, Philippe
フランスの実業家。
⇒外12（パスカル, フィリップ　1954-）
外16（パスカル, フィリップ　1954-）

Pasch, Moritz
ドイツの数学者。
⇒世数（パッシュ, モーリッツ　1843-1930）

Paschen, Louis Carl Heinrich Friedrich
ドイツの実験物理学者。パッシェン＝バック効果など分光学の研究で業績を残した。
⇒岩世人（パッシェン　1865.1.22-1947.2.25）
三新物（パッシェン　1865-1947）
物理（パッシェン, フリードリッヒ　1865-1947）

Paschini, Pio
イタリアの歴史家。ヴァティカン大学長。
⇒新カト（パスキーニ　1878.3.2-1962.12.14）

Pascin, Julius Pincas
ブルガリア生まれのアメリカの画家。聖書や神話を主題にした大作や肖像画を描いた。『バラのある帽子』(1909) など。
⇒異二辞（パスキン［ジュール・〜］　1885-1930）
芸13（パスキン, ジュル　1885-1930）
ネーム（パスキン　1885-1930）
ユ著人（Pascin, Jules　パスキン, ジュール　1885-1930）

Pascoli, Giovanni
イタリアの詩人。
⇒岩世人（パスコリ　1855.12.31-1912.4.6）
広辞7（パスコリ　1855-1912）
新カト（パスコリ　1855.12.31-1912.4.6）
ネーム（パスコリ　1855-1912）

Pascual, Camilo Alberto
アメリカの大リーグ選手 (投手)。
⇒メジャ（パスクアル, カミロ　1934.1.20-）

Pascual, Rafael
スペインのバレーボール選手。
⇒最世ス（パスカル, ラファエル　1970.3.16-）

Pasero, Tancredi
イタリアのバス歌手。

⇒オペラ（パゼーロ, タンクレーディ 1893–1983）

Pashukanis, Evgenii Bronislavovich
ソ連の法学者。1937年「人民の敵」として葬られる。主著に『法の一般理論とマルクス主義』(24)。
⇒岩世人（パシュカーニス 1891.2.10/23–1937.9.4）

Pašić, Nikola
ユーゴスラビアの政治家。1881年急進党を組織。首相を22回、外相を17回務めた。
⇒岩世人（パシッチ 1846.1.1/13–1926.12.10）
学叢思（パシッチ, ニコラ 1845.12–?）

Pasin, Lucia
イタリアの実業家。
⇒外12（パジン, ルチア 1938–）
外16（パジン, ルチア 1938–）

Pasinetti, Luigi Lodovico
イタリア生まれの経済思想家。
⇒岩経（パシネッティ 1930–）
岩世人（パシネッティ 1930.9.12–）
外16（パシネッティ, ルイジ 1930.9.12–）
有経5（パジネッティ 1930–）

Pasini, Italo
テノール歌手。
⇒魅惑（Pasini,Italo ?–）

Pasion, Francis Xavier
フィリピンの映画監督。
⇒外16（パション, フランシス・セイビヤー 1978–）

Paskert, George Henry（Dode）
アメリカの大リーグ選手（外野）。
⇒メジャ（パスカート, ドード 1881.8.28–1959.2.12）

Paskuda, Georg
ドイツのテノール歌手。
⇒魅惑（Paskuda,Georg 1926–）

Paso, Fernando del
メキシコの作家。
⇒現世文（パソ, フェルナンド・デル 1935.4.1–）

Pasolini, Gianluca
イタリアのテノール歌手。
⇒魅惑（Pasolini,Gianluca ?–）

Pasolini, Pier Paolo
イタリアの映画監督, 詩人, 小説家。作品に『奇跡の丘』(1964),『デカメロン』(71)などがある。
⇒岩キ（パゾリーニ 1922–1975）
岩世人（パゾリーニ 1922.3.5–1975.11.2）
映監（パゾリーニ, ピエル・パオロ 1922.3.5–1975）
現世文（パゾリーニ, ピエル・パオロ 1922.3.5–1975.11.2）
広辞7（パゾリーニ 1922–1975）
新カト（パゾリーニ 1922.3.5–1975.11.2）
ネーム（パゾリーニ 1922–1975）

Pasolini, Uberto
イタリアの映画監督。
⇒外16（パゾリーニ, ウベルト 1957–）

Pasqua, Charles
フランスの政治家。フランス内相, フランス連合(RPF)党首。
⇒世指導（パスクア, シャルル 1927.4.18–2015.6.29）

Pasqua, Daniel Anthony
アメリカの大リーグ選手（外野, 一塁）。
⇒メジャ（パスクア, ダン 1961.10.17–）

Pasquali, Giorgio
イタリアの古典学者。
⇒岩世人（パスクァーリ 1885.4.29–1952.7.9）

Pasquier, Eva
ドイツのオペラ演出家。
⇒外12（ワーグナー・パスキエ, エヴァ 1945–）
外16（パスキエ, エファ 1945–）

Pass, Joe
アメリカのジャズ・ギター奏者。技巧は完璧であり, 近年ダウンビート誌の人気投票ではずっとギターの1位に選ばれている。
⇒標音2（パス, ジョー 1929.1.13–）

Passa, Mayen
フランス生まれの画家。
⇒芸13（パサ, メイヨ 1921–）

Passakornwong, Chao Phraya
タイの貴族官僚。
⇒タイ（パーサコーラウォン, チャオプラヤー 1850–1920）

Passannante, Giovanni
イタリアの無政府主義者, 料理人。1878年イタリア国王ウンベルト1世の暗殺をはかった。
⇒世暗（パッサナンテ, ジョバンニ 1849–1910）

Passard, Alain
フランスの料理人。
⇒外12（パッサール, アラン）

Passarella, Daniel
アルゼンチンのサッカー監督。
⇒外12（パサレラ, ダニエル 1953.5.25–）

Passeau, Claude William
アメリカの大リーグ選手（投手）。
⇒メジャ（パッソー, クロード 1909.4.9–2003.8.30）

Passek, Tatyana Sergeevna
ソ連の考古学者。

⇒岩世人（パーセック 1903.8.2/15–1968.8.4）

Passer, Ivan
チェコ生まれの映画監督。
⇒映監（パッサー, アイヴァン 1933.7.10–）

Passeron, René
フランスの美学者, 画家。ヴァレリーの構想をうけつぎ, 芸術創作の学としての〈制作学（poïétique）〉を提唱。
⇒岩世人（パスロン 1920.1.31–）

Passet, Gérard
フランス生まれの画家。
⇒芸13（パセ, ジェラルド 1936–）

Passin, Herbert
アメリカの日本研究家。
⇒アア歴（Passin, Herbert パッシン, ハーバート 1916.12.16–）
　岩世人（パッシン 1916.12.16–2003.2.26）

Passmore, George
イギリスの前衛美術家。
⇒岩世人（ギルバート&ジョージ 1942.1.8–）

Passy, Paul Édouard
フランスの音声学者。国際音声学協会会長。主著『フランス語の音声』（1886）など。
⇒岩世人（パッシー 1859.1.13–1940.3.21）
　オク言（パッシー, ポール 1859–1940）

Pastells, Pablo
スペインのイエズス会宣教師。スペイン植民地布教史の研究者。
⇒岩世人（パステルス 1846.6.3–1932.8.16）
　新カト（パステルス 1846.6.3–1932.8.16）

Pasternak, Boris Leonidovich
ロシアの詩人。長篇小説『ドクトル・ジバゴ』（1956）は58年のノーベル文学賞を受けたが辞退。
⇒岩世人（パステルナーク 1890.1.29/2.10–1960.5.30）
　現世文（パステルナーク, ボリス 1890.2.10–1960.5.30）
　広辞7（パステルナーク 1890–1960）
　世人新（パステルナーク 1890–1960）
　世人装（パステルナーク 1890–1960）
　ネーム（パステルナーク 1890–1960）
　ノベ3（パステルナーク, B. 1890.2.10–1960.5.30）
　ポブ人（パステルナーク, ボリス 1890–1960）
　ユ著人（Pasternak, Boris Leonidovich パステルナーク, ボリス・レオノヴィッチ 1890–1960）

Pasternak, Wassili
テノール歌手。
⇒魅惑（Pasternak, Wassili ?–）

Pastine, Gianfranco
イタリアのテノール歌手。

⇒失声（パスティーネ, ジャンフランコ 1938–）
　魅惑（Pastine, Gianfranco 1937–）

Pastior, Oskar
ドイツ（西ドイツ）の詩人, 作家。
⇒現世文（パスティオール, オスカー 1927.10.20–2006.10）

Pastor, Ludwig Freiherr von
ドイツの教会史家。『中世末教皇史』（1886〜1933）の著者。
⇒岩世人（パストル 1854.1.31–1928.9.30）
　新カト（パストル 1854.1.31–1928.9.30）

Pastor, Perico
スペイン生まれの画家。
⇒芸13（パスツール, ペリコ 1953–）

Pastore, Javier
アルゼンチンのサッカー選手（パリ・サンジェルマン・MF）。
⇒外12（パストーレ, ハビエル 1989.6.20–）
　外16（パストーレ, ハビエル 1989.6.20–）
　最世ス（パストーレ, ハビエル 1989.6.20–）

Pastorelli, Vincenza
イタリアの歌手。
⇒外12（パストレッリ, ヴィンチェンツァ 1965–）

Pastorius, Jaco
アメリカのジャズ・ベース奏者。多彩なベース・ワークが話題を集めている。
⇒岩世人（パストリアス 1951.12.1–1987.9.21）
　標音2（パストリアス, ジャコ 1951.12.1–1987.9.21）

Pastrana, Andrés
コロンビアの政治家。コロンビア大統領（1998〜2002）。
⇒外12（パストラナ, アンドレス 1954.8.17–）
　世指導（パストラナ, アンドレス 1954.8.17–）

Pastukhov, Boris
ロシアの政治家, 外交官。ロシア独立国家共同体担当相。
⇒世指導（パストゥホフ, ボリス 1933–）

Pasyān, Moḥammad Taqī Khān
イラン・タブリーズ生まれの治安警察官（ジャンダルメリー）大佐。1921年イランのホラーサーン州に地方政権を確立。
⇒岩イ（パスヤーン 1892–1921）

Patachou
フランスの女性シャンソン歌手。
⇒標音2（パタシュ 1918.6.19–）

Pataki, George
アメリカの政治家。
⇒外12（パタキ, ジョージ 1945.6.24–）
　外16（パタキ, ジョージ 1945.6.24–）

世指導（パタキ, ジョージ　1945.6.24–）

Pataky Koloman von
ハンガリーのテノール歌手。
⇒失声（パタキー, コロマン・フォン　1896–1964）
　魅惑（Pataky,Koloman von　1896–1964）

Patassé, Ange-Félix
中央アフリカの政治家。中央アフリカ大統領（1993〜2003）。
⇒世指導（パタセ, アンジュ・フェリクス　1937.1.25–2011.4.5）

Patch Adams
アメリカの医師。
⇒外12（パッチ・アダムス　1945–）
　外16（パッチ・アダムス　1945.5.28–）

Patchen, Kenneth
アメリカの詩人。『勇者の前に』(1936)、『暗い王国』(42)、『赤い酒と黄色の毛』(49) などの詩集がある。
⇒現世文（パッチェン, ケネス　1911.12.13–1972.1.8）

Patchett, Ann
アメリカの作家。
⇒外16（パチェット, アン　1963.12.2–）
　現世文（パチェット, アン　1963.12.2–）

Patek, Frederick Joseph
アメリカの大リーグ選手（遊撃）。
⇒メジャ（パテック, フレディー　1944.10.9–）

Patel, Ishu
インド生まれのアニメーション作家。
⇒アニメ（パテル, イシュ　1942–）

Paṭel, Sardār Vallabhbhāī
インドの政治家。
⇒岩世人（パテール　1875.10.31–1950.12.15）
　南ア新（パテール　1875–1950）

Paṭel, Viththalbhai Jahverbhai
インドの民族運動指導者。ガンディーの不服従運動に参加、のちボンベイ市長、スワラジ党指導者、立法会議員などを歴任。
⇒岩世人（パテール　1873–1933.10.22）

Paterno, Pedro A.
フィリピンの政治家。ビアクナバト共和国樹立のとき、外交的手腕を高く評価された。1907年フィリピン第1回議会議員に選出。
⇒岩世人（パテルノ　1858.2.27–1911.3.11）

Paterson, Andrew Barton
オーストラリアのバラッド作家。作品に『ワルツを踊るマチルダ』。
⇒岩世人（パターソン　1864.2.17–1941.2.5）

Paterson, Chris
イギリスのラグビー選手。

⇒最世ス（パターソン, クリス　1978.3.30–）

Paterson, Jeff
アメリカの市民団体「抵抗する勇気」の創設者。
⇒外16（パターソン, ジェフ）

Paterson, Katherine
中国生まれのアメリカの女性作家、評論家、翻訳家。
⇒岩世人（パターソン　1932.10.31–）
　外16（パターソン, キャサリン　1932.10.31–）
　現世文（パターソン, キャサリン　1932.10.31–）

Paterson, Vincent
アメリカの舞台演出家、振付師。
⇒外12（パターソン, ビンセント　1950–）

Pathé, Charles
フランスの映画製作者。1896年パテ兄弟会社を設立。
⇒岩世人（パテ　1863.12.25–1957.12.25）

Pati, Pramod
インドのアニメーション映画監督。
⇒アニメ（パティ, プラモド　1932–1975）

Patil, Pratibha
インドの女性政治家。インド大統領（2007〜12）。
⇒外12（パティル, プラティバ　1934.12.19–）
　外16（パティル, プラティバ　1934.12.19–）
　世指導（パティル, プラティバ　1934.12.19–）

Patin, Cléa
フランスの社会学者。
⇒外16（パタン, クレア）

Patinkin, Don
アメリカ生まれの経済思想家。
⇒岩経（パティンキン　1922–1995）
　岩世人（パティンキン　1922.1.8–1995.8.7）
　有経5（パティンキン　1922–1995）

Patiño, Simón Ituri
ボリビアの大資本家、外交官。全権公使としてフランスに駐在（26〜41）。
⇒岩世人（パティーニョ　1860.6.1–1947.4.20）
　ラテ新（パティニョ　1862–1947）

Patler, John
アメリカ・ナチス党（ANP）の創設者ジョージ・リンカーン・ロックウェルの暗殺者。
⇒世暗（パトラー, ジョン　1938–）

Patman, Wright
アメリカの弁護士、政治家。下院議員（民主党）。
⇒アメ経（パットマン, ライト　1893.8.6–1976.3.8）

Pato, Alexandre
ブラジルのサッカー選手（サンパウロ・FW）。
⇒外12（パト, アレシャンドレ　1989.9.2–）

外16 (パト, アレシャンドレ 1989.9.2-)
最世ス (パト, アレシャンドレ 1989.9.2-)

Patočka, Jan
チェコの哲学者。
⇒岩世人 (パトチカ 1907.6.1-1977.3.13)
メル別 (パトチカ, ヤン 1907-1977)

Paton, Alan (Stewart)
南アフリカの小説家, 教育家, 伝記作家。
⇒現世文 (ペートン, アラン 1903.1.11-1988.4.12)

Paton, Iain
テノール歌手。
⇒魅惑 (Paton,Iain ?-)

Paton, John
アメリカの新聞経営者。
⇒外16 (ペイトン, ジョン)

Paton, John Brown
イギリスの教育者。1863年ノッティンガムの組合教会学校の初代校長となった。
⇒教人 (ペートン 1830-1911)

Paton, William
イギリスのプロテスタント伝道者。
"International Missionary Council"の主事。
⇒岩世人 (ペイトン 1886.11.13-1943.8.21)
オク教 (ペイトン 1886-1943)

Paton, William Andrew
アメリカの会計学者。主著『会計理論』(1922), 『会計学原論』(38), 『資産会計』(52)。
⇒岩経 (ペイトン 1889-1991)
岩世人 (ペイトン 1889.7.19-1991.4.26)

Patonôtre, Jules
フランスの外交官。李鴻章と会して天津条約を締結(1885)。やがて駐スペイン大使(1897~1902)として米西戦争に活躍した。
⇒岩世人 (パトノートル 1845.4.20-1925.12.27)

Paton Walsh, Jill
イギリスの女性小説家, 児童文学者。
⇒岩世人 (ペイトン・ウォルシュ 1937.4.29-)
現世文 (ペートン・ウォルシュ, ジル 1937-)

Patou, Jean
フランスの服飾デザイナー。
⇒岩世人 (パトゥ 1888.9.27-1936.3.8)

Patric, Jason
アメリカ生まれの俳優。
⇒ク俳 (パトリック, ジェイスン(ミラー, J・P 1966-)

Patrick, Danica
アメリカのレーシングドライバー。
⇒外12 (パトリック, ダニカ 1982.3.25-)
外16 (パトリック, ダニカ 1982.3.25-)

最世ス (パトリック, ダニカ 1982.3.25-)

Patrick, Gail
アメリカの女優。
⇒ク俳 (パトリック, ゲイル(フィッツパトリック, マーガレット) 1911-1980)

Patrick, Hugh T.
アメリカの経済学者。
⇒外16 (パトリック, ヒュー 1930-)

Patrick, John
アメリカの脚本家, 作家。
⇒現世文 (パトリック, ジョン 1905.5.17-1995.11.7(発見))

Patrick, John
アメリカのバスケットボールコーチ, バスケットボール選手。
⇒外12 (パトリック, ジョン 1968.2.29-)

Patrick, Nigel
イギリスの俳優。
⇒ク俳 (パトリック, ナイジェル(ウィームズ,N) 1912-1981)

Patron, Susan
アメリカの児童文学作家。
⇒外12 (パトロン, スーザン 1948-)
外16 (パトロン, スーザン 1948-)
現世文 (パトロン, スーザン 1948-)

Patrushev, Nikolai
ロシアの政治家。ロシア安全保障会議書記。
⇒世指導 (パトルシェフ, ニコライ 1951.7.11-)

Patsatsia, Otar
ジョージアの政治家。ジョージア首相。
⇒世指導 (パツァツィア, オタール 1929.5.15-)

Patskevich, Alexandra
ロシアのシンクロナイズドスイミング選手。
⇒最世ス (パツケヴィッチ, アレクサンドラ 1988.11.4-)

Patten, Case Lyman
アメリカの大リーグ選手(投手)。
⇒メジャ (パッテン, ケイス 1874.5.7-1935.5.31)

Patten, Christopher
イギリスの政治家。香港総督, ランカスター公領兼。
⇒岩世人 (パッテン 1944.5.12-)
外12 (パッテン, クリストファー 1944.5.12-)
外16 (パッテン, クリストファー 1944.5.12-)
世指導 (パッテン, クリストファー 1944.5.12-)

Patten, Simon Nelson
アメリカ生まれの経済思想学者。
⇒岩世人 (パッテン 1852.5.1-1922.7.24)
学叢思 (パッテン, シモン・ネルソン 1852-?)

Patterson, Clair Cameron
アメリカの地球化学者。
⇒化学（パターソン 1922–1995）

Patterson, Colin
イギリスの比較動物学者,古生物学者,進化生物学者。
⇒岩生（パターソン 1933–1998）

Patterson, Donald Corey
アメリカの大リーグ選手（外野）。
⇒メジャ（パターソン,コーリー 1979.8.13–）

Patterson, Floyd
アメリカのプロボクサー。
⇒マルX（PATTERSON,FLOYD　パターソン,フロイト　1935–2006）

Patterson, James
アメリカのミステリ作家。
⇒外12（パターソン,ジェームズ　1947.3.22–）
　外16（パターソン,ジェームズ　1947.3.22–）
　現世文（パターソン,ジェームズ　1947.3.22–）

Patterson, John Henry
アメリカの実業家。ナショナル・キャッシュ・レジスター社経営者。
⇒アメ経（パターソン,ジョン　1844.12.13–1922.5.7）

Patterson, Lee
カナダ出身の男優。
⇒ク俳（パターソン,リー　1929–）

Patterson, Percival James
ジャマイカの政治家。ジャマイカ首相,ジャマイカ人民国家党（PNP）党首。
⇒世指導（パソン,パーシバル　1935.4.10–）

Patterson, Richard North
アメリカの作家。
⇒現世文（パターソン,リチャード・ノース　1947–）

Patterson, Robert Chandler
アメリカの大リーグ選手（投手）。
⇒メジャ（パターソン,ボブ　1959.5.16–）

Patterson, Roger
テノール歌手。
⇒魅惑（Patterson,Roger　?–）

Patterson, Stuart
イギリスのテノール歌手。
⇒魅惑（Patterson,Stuart　?–）

Patterson, William Allen
アメリカの実業家。ユナイティッド航空会社社長。
⇒アメ経（パターソン,ウィリアム　1899.10.1–）

Patti, Archimedes Leonida Attilio
アメリカの陸軍将校。
⇒アア歴（Patti,Archimedes L(eonida) A(ttilio) パティ,アルキメデス・リオニダ・アッティリオ　1913.7.21–）

Patti, Giacomo
テノール歌手。
⇒魅惑（Patti,Giacomo　?–）

Patti Adelina
イタリアのソプラノ歌手。ロッシーニなどの作品を得意とした。
⇒岩世人（パッティ　1843.2.9–1919.9.27）
　オペラ（パッティ,アデリーナ　1843–1919）
　19仏（パッティ,アデリーナ　1843.2.10–1919.9.27）

Pattiera, Tino
ユーゴスラビアのテノール歌手。1950年よりウィーン音楽アカデミー教授。
⇒失声（パティエラ,ティノ　1890–1966）
　魅惑（Pattiera,Tino　1890–1966）

Pattin, Martin William
アメリカの大リーグ選手（投手）。
⇒メジャ（パッティン,マーティ　1943.4.6–）

Pattinson, Robert
イギリスの俳優。
⇒外12（パティンソン,ロバート　1986–）
　外16（パティンソン,ロバート　1986.5.13–）

Pattison, Eliot
アメリカの作家,弁護士。
⇒現世文（パティスン,エリオット　1951–）

Patton, Charley
アメリカのブルース歌手,ギター奏者。
⇒岩世人（パットン　1891/1887.4.21–1934.4.28）
　新音中（パットン,チャーリー　1887–1934.4.28）

Patton, George Smith
アメリカの陸軍軍人。1944年から45年まで西部戦線で第3軍司令官,迅速な追撃戦で有名になった。
⇒アメ新（パットン　1885–1945）
　異二辞（パットン［ジョージ・～］　1885–1945）
　岩世人（パットン　1885.11.11–1945.12.21）
　ネーム（パットン　1885–1945）

Patzak, Julius
オーストリアのテノール歌手。
⇒失声（パツァーク,ユリウス　1898–1974）
　魅惑（Patzak,Julius　1898–1974）

Patzig, Günther
ドイツの哲学者,倫理学者。
⇒岩世人（パツィヒ　1926.9.28–）

Paua, Jose Ignacio
中国出身のフィリピン軍人。
⇒岩世人（パワ　1872.4.29–1926.5.24）

Pauen, Michael
ドイツの哲学者，脳神経哲学者。
⇒岩世人（パウエン　1956.6.29–）

Pauer-Studer, Herlinde
オーストリアの哲学者，倫理学者，フェミニズム哲学者。
⇒岩世人（パウアー＝シュトゥーダー　1953.1.13–）

Pauker, Ana
ルーマニアの政治家。ユダヤ人。1949年副首相兼党書記となるが，52年解任された。
⇒岩世人（パウケル　1893.12.13–1960.6.3）

Paul
ギリシャ国王。在位1947〜64。
⇒岩世人（パヴロス1世　1901.12.14–1964.3.6）

Paul, Alan
アメリカのジャズ歌手。「マンハッタン・トランスファー」の再結成に参加。
⇒外12（ポール，アラン　1949.11.23–）
　外16（ポール，アラン　1949.11.23–）

Paul, Alice
アメリカの社会運動家。1920年国内の婦人参政権を獲得（憲法修正19条）。
⇒岩世人（ポール　1885.1.11–1977.7.9）

Paul, Arthur
アメリカのデザイナー，挿絵画家，アート・ディレクター。
⇒グラデ（Paul,Arthur　ポール，アーサー　1925–）

Paul, Billy
アメリカ・ペンシルベニア州生まれの歌手。
⇒ロック（Paul,Billy　ポール，ビリー　1934.12.1–）

Paul, Bruno
ドイツの建築家。事務所や住宅を建築し，また折衷的な新古典主義と青年派様式とを結合した家具を作った。ベルリン美術学校校長（1907〜）。
⇒岩世人（パウル　1874.1.19–1968.8.17）

Paul, Chris
アメリカのバスケットボール選手（クリッパーズ）。
⇒外16（ポール，クリス　1985.5.6–）
　最世ス（ポール，クリス　1985.5.6–）

Paul, Graham Sharp
スリランカ生まれの作家。
⇒海文新（ポール，グレアム・シャープ）
　現世人（ポール，グレアム・シャープ）

Paul, Henry Martyn
アメリカの天文学者。東京大学理学部で天文学を教授。
⇒アア歴（Paul,Henry Martyn　ポール，ヘンリー・マーティン　1851.6.25–1931.3.15）

Paul, Hermann
ドイツの言語学者。青年文法学派の理論的指導者。『ドイツ語文法』（1916〜20）が主著。
⇒岩世人（パウル　1846.8.7–1921.12.29）
　オク言（パウル，ヘルマン　1846–1921）
　広辞7（パウル　1846–1921）

Paul, Les
アメリカのジャズ・ギター奏者。
⇒異二辞（ポール，レス　1915–2009）
　岩世人（ポール　1915.6.9–2009.8.13）
　新音中（ポール，レス　1915.6.9–）
　ロック（Les Paul and Mary Ford　レス・ポール＆メアリ・フォード　1916.1.9–）

Paul, Rand
アメリカの政治家。
⇒外16（ポール，ランド　1963.1.7–）
　世指導（ポール，ランド　1963.1.7–）

Paul, Ron
アメリカの政治家。
⇒外12（ポール，ロン）
　外16（ポール，ロン　1935–）
　世指導（ポール，ロン　1935–）

Paul, Wolfgang
ドイツの物理学者。
⇒岩世人（パウル　1913.8.10–1993.12.7）
　ノベ3（パウル，W.　1913.8.10–1993.12.7）

Paul-Boncour, Joseph
フランスの政治家。首相兼外相（1932〜33），社会共和同盟総裁（35〜38）。第二次大戦中は，議員の反ナチス抵抗運動を組織。フランス解放後，サンフランシスコ国際連合創立会議に参加，国連総会のフランス首席代表（46）。
⇒岩世人（ポール＝ボンクール　1873.8.4–1972.3.28）

Pauleikhoff, Bernard
ドイツの精神病理学者。
⇒現精（パウライコフ　1920–2005）
　現精縮（パウライコフ　1920–2005）

Pauler, Akos
ハンガリーの哲学者。ブダペスト大学教授。
⇒岩世人（パウラー　1876.4.9–1933.6.29）

Pauleta
ポルトガルのサッカー選手。
⇒外12（パウレタ　1973.4.28–）
　最世ス（パウレタ　1973.4.28–）

Paulhan, Jean
フランスの評論家，小説家。「レットル・フランセーズ」誌を創刊。主著，評論『タルブの花』（1941）。

⇒岩世人（ポーラン　1884.12.2–1968.10.10）
　広辞7（ポーラン　1884–1968）
　メル3（ポーラン, ジャン　1884–1968）

Pauli, Gunter
ベルギーの実業家。ZERIファウンデーション代表。
⇒外12（パウリ, グンター　1956–）
　外16（パウリ, グンター　1956–）

Pauli, Piero
スペインのテノール歌手。
⇒失声（パウーリ, ピエロ　1898–1967）
　魅惑（Pauri,Piero　1898–1967）

Pauli, Wolfgang
スイスの理論物理学者。中間子論の発展に寄与。1945年ノーベル物理学賞受賞。
⇒岩世人（パウリ　1900.4.25–1958.12.15）
　オク科（パウリ（ヴォルフガンク・エルンスト）1900–1958）
　化学（パウリ　1900–1958）
　科史（パウリ　1900–1958）
　現科大（ハイゼンベルクとパウリ　1900–1958）
　広辞7（パウリ　1900–1958）
　三新物（パウリ　1900–1958）
　ノベ3（パウリ,W.　1900.4.25–1958.12.15）
　物理（パウリ, ヴォルフガング・エルンスト　1900–1958）

Paulin, 'Tom'（Thomas Neilson）
北アイルランドの詩人, 批評家。
⇒岩世人（ポーリン　1949.1.25–）
　現世文（ポーリン, トム　1949.1.25–）

Paulina do Coração Agonizante de Jesus
イタリア出身の聖人, 修道会創立者。祝日7月9日。
⇒新カト（パウリナ〔イエスの苦悶の〕　1865.12.16–1942.7.9）

Pauling, Linus Carl
アメリカの物理化学者。イオン半径の決定（1927）などを発表。54年ノーベル化学賞, 62年ノーベル平和賞受賞。
⇒岩生（ポーリング　1901–1994）
　岩世人（ポーリング　1901.2.28–1994.8.19）
　旺生5（ポーリング　1901–1994）
　オク科（ポーリング（ライナス・カール）　1901–1994）
　化学（ポーリング　1901–1994）
　科史（ポーリング　1901–1994）
　現科大（ポーリング, ライナス　1901–1994）
　広辞7（ポーリング　1901–1994）
　三新物（ポーリング　1901–1994）
　ノベ3（ポーリング,L.C.　1901.2.28–1994.8.19）
　物理（ポーリング, ライナス・カール　1901–1994）

Paulinho
ブラジルのサッカー選手（ヴァンフォーレ甲府・FW）。
⇒外12（パウリーニョ　1982.7.16–）

Paulsen, Friedrich
ドイツの哲学者, 教育学者。主著『倫理学大系』（1889）,『哲学概論』（92）。
⇒岩世人（パウルゼン　1846.7.16–1908.8.14）
　学叢思（パウルゼン, フリードリヒ　1846–1908）
　教人（パウルゼン　1846–1908）
　新カト（パウルゼン　1846.6.16–1908.8.14）

Paulson, Henry Merritt, Jr.
アメリカの金融家。
⇒外12（ポールソン, ヘンリー（Jr.）　1946.3.28–）
　外16（ポールソン, ヘンリーJr.　1946.3.28–）
　世指導（ポールソン, ヘンリー（Jr.）　1946.3.28–）

Paulus, Friedrich
ドイツの陸軍軍人。第2次世界大戦中1940年から42年まで作戦部長。スターリングラードでソ連軍に包囲され降伏, 同日, 元帥に任ぜられた。
⇒岩世人（パウルス　1890.9.23–1957.2.1）

Paulus VI
ローマ教皇。在位1963～78。
⇒岩キ（パウルス6世　1897–1978）
　岩世人（パウルス6世　1897.9.26–1978.8.6）
　オク教（パウリス6世（福）　1897–1978）
　教聖（福者パウロ6世教皇　1897–1978.8.6）
　新カト（パウルス6世　1897.9.26–1978.8.6）

Pauly, Daniel
フランスの水産資源学者。
⇒外12（ポーリー, ダニエル　1946.5.2–）
　外16（ポーリー, ダニエル　1946.5.2–）

Pauly, Rosa
ハンガリーのソプラノ歌手。
⇒ユ著人（Pauly,Rosa　パウリー, ローザ　1894–）

Paumgartner, Bernhard
オーストリアの指揮者, 音楽学者。父ハンスは指揮者, ピアノ奏者で, 母はソプラノのローザ・パピーア。ザルツブルク音楽祭名誉監督。
⇒新音中（バウムガルトナー, ベルンハルト　1887.11.14–1971.7.27）
　標音2（バウムガルトナー, ベルンハルト　1887.11.14–1971.7.27）

Paurisch, Walter
テノール歌手。
⇒魅惑（Paurisch,Walter　?–）

Paury, Ernst
テノール歌手。
⇒魅惑（Paury,Ernst　?–）

Pausewang, Gudrun
チェコスロバキアの作家。
⇒現世文（パウゼヴァング, グードルン　1928.3.3–）

Paustovskii, Konstantin

Georgievich
ロシアの小説家。散文の詩人と呼ばれた。代表作『森の物語』(1949) など。
⇒岩世人 (パウストフスキー 1892.5.19/31–1968.7.14)
　現世文 (パウストフスキー,コンスタンチン・ゲオルギエヴィチ 1892.5.31–1968.7.14)

Pauwels, Louis
フランスのジャーナリスト。
⇒現世文 (ボーウェル,ルイ 1920.8.2–1997.1.28)

Pavano, Carl Anthony
アメリカの大リーグ選手 (投手)。
⇒メジャ (パヴァーノ,カール 1976.1.8–)

Pavarotti, Luciano
イタリアのテノール歌手。
⇒異二辞 (パヴァロッティ [ルチアーノ・〜] 1935–2007)
　岩世人 (パヴァロッティ 1935.10.12–2007.9.6)
　オペラ (パヴァロッティ,ルチャーノ 1935–2006)
　広辞7 (パヴァロッティ 1935–2007)
　失声 (パヴァロッティ,ルチアーノ 1935–2007)
　新音中 (パヴァロッティ,ルチャーノ 1935.10.12–)
　標音2 (パヴァロッティ,ルチャーノ 1935.10.12–2007.9.6)
　魅惑 (Pavarotti,Luciano 1935–2007)

Pavel, Ota
チェコ (ユダヤ系) の作家。
⇒岩世人 (パヴェル 1930.7.2–1973.3.31)
　現世文 (パヴェル,オタ 1930–1973)

Pavelic, Ante
クロアチアの政治家。ヒトラーによってクロアチア国の国首に任じられた (1941〜45)。
⇒岩世人 (パヴェリッチ 1889.7.2/14–1959.12.28)

Paver, Michelle
イギリスの作家,弁護士。
⇒外16 (ペイパー,ミシェル)
　海文新 (ペイヴァー,ミシェル 1960.9.7–)
　現世文 (ペイパー,ミシェル 1960.9.7–)

Pavese, Cesare
イタリアの小説家,詩人。作品に小説『故郷』(1941),詩集『働き疲れて』(36) など。
⇒岩世人 (パヴェーゼ 1908.9.9–1950.8.27)
　現世文 (パヴェーゼ,チェーザレ 1908.9.9–1950.8.27)
　広辞7 (パヴェーゼ 1908–1950)
　新カト (パヴェーゼ 1908.9.9–1950.8.27)

Pavic, Milorad
セルビアの小説家,詩人。1985年発表の小説『ハザール辞典』で一躍世界的な名声を獲得。
⇒岩世人 (パヴィチ 1929.10.15–2009.11.30)
　現世文 (パヴィチ,ミロラド 1929.10.15–2009.11.30)

Pavich, Frank
アメリカの映画監督,映画プロデューサー。
⇒外16 (パビッチ,フランク)

Pavie, Auguste Jean Marie
フランスの外交家。
⇒岩世人 (パヴィ 1847.5.31–1925.5.7)

Pavlenko, Pyotr Andreevich
ソ連の小説家。スターリン賞を3度受賞。代表作『誓い』(1946),『幸福』(47) など。
⇒岩世人 (パヴレンコ 1899.6.29/7.11–1951.6.16)
　現世文 (パヴレンコ,ピョートル・アンドレーヴィチ 1899.7.11–1951.6.16)

Pavlicevic, Zeliko
クロアチアのバスケットボール監督 (千葉ジェッツ)。
⇒外12 (パブリセビッチ,ジェリコ 1951.3.26–)
　外16 (パブリセビッチ,ジェリコ 1951.3.26–)
　最世ス (パブリセビッチ,ジェリコ 1951.3.26–)

Pavlik, Kelly
アメリカのプロボクサー。
⇒最世ス (パブリク,ケリー 1982.4.4–)

Pavlopoulos, Prokopis
ギリシャの政治家,法律家。ギリシャ大統領 (2015〜)。
⇒世指導 (パヴロプロス,プロコピス 1950.7.10–)

Pavlov, Ivan Petrovich
ソ連の生理学者。条件反射研究の創始者。消化腺の研究で1904年ノーベル賞を受賞。
⇒岩生 (パヴロフ 1849–1936)
　岩世人 (パーヴロフ 1849.9.14/26–1936.2.27)
　旺生5 (パブロフ 1849–1936)
　オク科 (パヴロフ (イワン・ペトロヴィチ) 1849–1936)
　オク生 (パブロフ,イワン・ペトロヴィッチ 1849–1936)
　現科大 (パヴロフ,イヴァン・ペトロヴィッチ 1849–1936)
　現社福 (パヴロフ 1849–1936)
　現精 (パヴロフ 1849–1936)
　現精縮 (パヴロフ 1849–1936)
　広辞7 (パヴロフ 1849–1936)
　三新生 (パブロフ 1849–1936)
　社小増 (パブロフ 1849–1936)
　世人新 (パブロフ 1849–1936)
　世人装 (パブロフ 1849–1936)
　哲中 (パヴロフ 1849–1936)
　ネーム (パヴロフ 1849–1936)
　ノベ3 (パブロフ,I.P. 1849.9.14–1936.2.27)
　ポプ人 (パブロフ,イワン・ペトロビッチ 1849–1936)

Pavlov, Petr Aleksandrovîc
ロシアのエスペランティスト。東清鉄道ハルビン気象台測候所所長。
⇒日エ (パブロフ 1871.10–?)

Pavlov, Valentin S.
ロシアの政治家。ソ連首相。
⇒岩世人（パーヴロフ　1937.9.26–2003.3.30）

Pavlova, Anna
ロシアのバレリーナ。不世出の名バレリーナといわれる。おもな出演作品に『ジゼル』、『白鳥の湖』。
⇒岩世人（パヴロワ（パーヴロヴァ）　1881.1.31/2.12–1931.1.23）
広辞7（パヴロワ　1881–1931）
新音中（パヴロヴァ，アンナ　1881.2.12–1931.1.23）
ネーム（パブロワ　1881–1931）
標音2（パヴロヴァ，アンナ　1881.2.12–1931.1.23）
ポブ人（パブロワ，アンナ　1881–1931）

Pavlova, Elena
ロシアの舞踊家、教師。鎌倉バレー・スクールを創立。のちに日本に帰化。
⇒岩世人（パブロバ（パーヴロヴァ＝トゥマンスカヤ）　1897.3.22–1941.5.3）

Pavlovitch, Michael
ソ連の陸軍軍人。
⇒学叢思（パヴロヴィッチ，ミハエル　1871–1927）

Pavlov-Silvanskii, Nikolai Pavlovich
ロシアの歴史家。著『中世ロシアの封建制』（1907）。
⇒岩世人（パーヴロフ＝シリヴァンスキー　1869.2.1–1908.9.17）

Pavlovsky, Bruno
フランスの実業家。
⇒外16（パヴロフスキー，ブルーノ）

Pavlyatenko, Victor
ロシアの日本研究家。
⇒外12（パブリャチェンコ，ビクトル　1947.8.16–）
外16（パブリャチェンコ，ビクトル　1947.8.16–）

Pavone, Chris
アメリカの作家。
⇒海文新（パヴォーネ，クリス　1968–）

Pavone, Rita
イタリア生まれの歌手。
⇒標音2（パヴォーネ，リタ　1945.8.23–）

Pawar, Sharad
インドの政治家。インド国防相・農相。
⇒世指導（パワル，シャラド　1940.12.12–）

Pawel, Rebecca
アメリカの作家。
⇒外12（パウエル，レベッカ　1977–）
現世文（パウエル，レベッカ　1977–）

Pawlak, Waldemar
ポーランドの政治家。ポーランド首相。
⇒世指導（パヴラク，ワルデマル　1959.9.5–）

Pawley, William Douglas
アメリカの航空会社重役。
⇒アア歴（Pawley,William Douglas　ポウリー，ウイリアム・ダグラス　1896.9.7–1977.6.7）

Pawlikowska-Jasnorzewska, Maria
ポーランドの女性詩人、劇作家。
⇒現世文（パヴリコフスカ・ヤスノジェフスカ，マリア　1891.11.24–1945.7.9）

Pawson, Anthony James
イギリスの分子生物学者。
⇒外12（ポーソン，アンソニー・ジェームス　1952.10.18–）

Paxton, Bill
アメリカ生まれの俳優。
⇒ク俳（パクストン，ビル　1955–）

Paxton, Gary
アメリカのプロデューサー、ソングライター、歌手。
⇒ロック（Skip and Flip　スキップ＆フリップ）
ロック（Paxton,Gary　パクストン，ゲアリ）

Paxton, John Hall
アメリカの外交官。
⇒アア歴（Paxton,J(ohn) Hall　パクストン，ジョン・ホール　1899.7.28–1952.6.23）

Paxton, Tom
アメリカ・イリノイ州シカゴ生まれのフォーク歌手。
⇒ロック（Paxton,Tom　パクストン，トム　1937.10.31–）

Payá, Oswaldo
キューバの反体制活動家。キリスト教自由運動代表。
⇒世指導（パヤ，オズワルド　1952.2.29–2012.7.22）

Payne, Alexander
アメリカの脚本家、映画監督。
⇒映監（ペイン，アレクサンダー　1961.2.10–）
外16（ペイン，アレクサンダー　1961–）

Payne, Douglas William
イギリスのロック・ベース奏者。
⇒外12（ペイン，ダグラス　1972.11.14–）
外16（ペイン，ダグラス　1972.11.14–）

Payne, Enoch George
アメリカの教育社会学者。ニューヨーク大学教育社会学教授（1922～）。『教育社会学』誌の編集長（27～）。
⇒教人（ペイン　1877–）

Payne, Freda
アメリカの女性ジャズ歌手。
⇒ロック（Payne,Freda　ペイン，フリーダ）

Payne, Humfry
イギリスの考古学者。ルーヴル美術館所蔵のいわゆる『ランパンの首』とアクロポリス美術館の胴体像とが一体であることを看取して合致させたことで有名。
⇒岩世人（ペイン　1902.2.19–1936.5.9）

Payne, John
アメリカ生まれの男優。
⇒ク俳（ペイン，ジョン　1912–1989）

Payne, Keri-Anne
イギリスの水泳選手（オープン・ウオーター）。
⇒最世ス（ペイン，ケリアン　1987.12.9–）

Payne, Liam
イギリスの歌手。
⇒外16（ペイン，リアム　1993.8.29–）

Payne, Oliver
イギリス生まれの芸術家。
⇒現アテ（Payne,Oliver & Relph,Nick　ペイン，オリヴァー＆レルフ，ニック　1977–）

Payne, William Harold
アメリカの教育学者。1858～79年校長・学校管理者としてミシガン州で活躍したが，そのかたわら部下の教師に教育学的教養を授けたことで知られている。
⇒教人（ペイン　1836–1907）

Payne-Gaposchkin, Cecilia
イギリス生まれの天文学者。
⇒天文辞（ペイン-ガポシュキン　1900–1979）

Paynes, Steph
アメリカのミュージシャン。
⇒外12（ペインズ，ステフ）

Payton, Barbara
アメリカの女優。
⇒ク俳（ペイトン，バーバラ　1927–1967）

Payton, Jason Lee
アメリカの大リーグ選手（外野）。
⇒メジャ（ペイトン，ジェイ　1972.11.22–）

Payton, Walter
アメリカのアメリカンフットボール選手。
⇒岩世人（ペイトン　1954.7.25–1999.11.1）

Payut Ngaokrachang
タイ・アニメーションの先駆者。
⇒アニメ（パユット・ンァオクラチャン　1929–）

Payutto
タイの仏僧。
⇒岩世人（パユットー　1938.1.12–）

Paz, Anton
スペインのヨット選手（トーネード級）。
⇒外12（パス，アントン　1976.8.8–）
最世ス（パス，アントン　1976.8.8–）

Paz, Octavio
メキシコの詩人。外交官として世界各地に勤務しながら詩作，『激しい季節』(1958)，『火の精』(62) などの作品がある。63年ベルギーで国際詩大賞を受賞。
⇒岩世人（パス　1914.3.31–1998.4.19）
現世文（パス，オクタビオ　1914.3.31–1998.4.19）
広辞7（パス　1914–1998）
ノベ3（パス，O.　1914.3.31–1998.4.19）
ラテ新（パス　1914–1998）

Paz Estenssoro, Víctor
ボリビア革命の指導者，大統領（1952～56,60～64,85～89）。
⇒岩世人（パス・エステンソロ　1907.10.2–2001.6.7）
世人新（パス＝エステンソロ　1907–2001）
世人装（パス＝エステンソロ　1907–2001）
ラテ新（パス・エステンソロ　1907–2001）

Pazhitnov, Aleksei Leonidovich
ソ連，ロシアのプログラマー。
⇒岩世人（パージトノフ　1956.3.14–）

Pazos, Angel
テノール歌手。
⇒魅惑（Pazos,Angel　?–）

Paz Soldán, Edmundo
ボリビアの作家，文学者。
⇒外16（パス・ソルダン，エドゥムンド　1967–）
現世文（パス・ソルダン，エドゥムンド　1967–）

Paz-Zamora, Jaime
ボリビアの政治家。ボリビア大統領（1989～93）。
⇒世指導（パス・サモラ，ハイメ　1939.4.15–）

p'Bitek, Okot
ウガンダの詩人，文化人類学者。
⇒岩世人（オコト　1931.6.7–1982.7.20）
現世文（オコト・ビテック　1931–1982）

Peabody, Cecil Hobart
アメリカの工学者。札幌農学校で数学，土木学他を教授。
⇒アメ州（Peabody,Cecil Hobart　ピーボディ，セシル・ホバート　1855–1934）

Peabody, Francis Greenwood
アメリカのプロテスタント神学者。ハーバード大学キリスト教倫理学教授（1881～1913），ドイツ神学に通じ，最初の交換教授としてベルリンに赴いた（1905～06）。
⇒岩世人（ピーボディ　1847.12.4–1936.12.28）

Peace, David
イギリスの作家。

Peace, John
イギリスの実業家。
⇒外16（ピース, ジョン　1949.3.2–）

Peacock, Alan Turner
イギリスの財政学者。デーヴィッド・ヒューム研究所設立者・所長。
⇒有経5（ピーコック　1922–）

Peacock, Arthur W.
シドニーエスペラント会代表。
⇒日エ（ピーコック　1877?–?）

Peacock, Gary
アメリカのジャズ・ベース奏者。
⇒標音2（ピーコック, ゲリー　1935.5.12–）

Peacock, James Lowe, III
アメリカの人類学者。
⇒アア歴（Peacock,James Lowe,III　ピーコック3世, ジェイムズ・ロウ　1837.10.31–）

Peacocke, Arthur Robert
イギリス・ワットフォード生まれの聖公会司祭。
⇒新カト（ピーコック　1924.11.29–2006.10.21）

Peake, Arthur Samuel
イギリスの聖書学者。
⇒オク教（ピーク　1865–1929）

Peake, Cyrus Henderson
アメリカの中国学者, 行政官。'Far Eastern Quarterly'誌を編集した（1941～46）。
⇒岩世人（ピーク　1900.10.11–1979.7.14）

Peake, Mervyn Laurence
イギリスのファンタジー作家, 詩人, 挿絵画家。
⇒岩世人（ピーク　1911.7.9–1968.11.17）
絵本（ピーク, マーヴィン　1911–1968）
現世文（ピーク, マービン　1911.7.9–1968.11.17）

Peake, Ryan
カナダのミュージシャン。
⇒外16（ピーク, ライアン）

Peak Won-chul
韓国のハンドボール選手（大同特殊鋼）。
⇒外12（ペクウォンチョル　白元喆　1977.1.10–）
最世ス（ペクウォンチョル　1977.1.10–）

Peale, Norman Vincent
アメリカの牧師, 著述家, 編集者。
⇒岩世人（ピール　1898.5.31–1993.12.24）

Peano, Giuseppe
イタリアの数学者, 論理学者。主著『数学公式』(1908)。
⇒岩世人（ペアーノ　1858.8.27–1932.4.20）
広辞7（ペアノ　1858–1932）
数辞（ペアノ, ジューゼッペ　1858–1932）
数小増（ペアノ　1858–1932）
世数（ペアノ, ジュゼッペ　1858–1932）
哲中（ペアノ　1858–1932）
メル3（ペアノ, ジュゼッペ　1858–1932）

Pearce, Ann Philippa
イギリスの女性児童文学者。1958年『トムは真夜中の庭で』で, カーネギー賞を受賞。
⇒岩世人（ピアス　1920.1.23–2006.12.21）
現世文（ピアス, フィリッパ　1920.1.23–2006.12.21）
ポプ人（ピアス, フィリパ　1920–2006）

Pearce, Guy
イギリス生まれのオーストラリアの俳優, ミュージシャン。
⇒ク俳（ピアス, ガイ　1967–）

Pearl, Matthew
アメリカの作家。
⇒外12（パール, マシュー）
海文新（パール, マシュー）
現世文（パール, マシュー）

Pearl, Raymond
アメリカの生物学者。ジョーンズ・ホプキンズ大学生物学研究所長(1925～)。遺伝その他の著作によって知られている。
⇒岩生（パール　1879–1940）

Pearlman, Moshe
イスラエルの作家, ジャーナリスト, 軍人。
⇒ユ著人（Pearlman,Moshe　パールマン, モーシェ　1911–1986）

Pears, Peter
イギリスのテノール歌手。作曲家ベンジャミン・ブリテンのほとんどのオペラの初演で主役をつとめた。
⇒オペラ（ピアーズ, ピーター　1910–1986）
失声（ピアーズ, ピーター　1910–1986）
新音中（ピアーズ, ピーター　1910.6.22–1986.4.3）
標音2（ピアーズ, ピーター　1910.6.22–1986.4.3）
魅惑（Pears,Peter　1910–1986）

Pearse, Patrick Henry
アイルランドの独立を目指すフェニアン（共和）主義派の民族主義者。
⇒岩世人（ピアース　1879.11.10–1916.5.3）

Pearse, Richard William
ニュージーランドの飛行家。
⇒ニュー（ピアス, リチャード　1877–1953）

Pearson, Albert Gregory
アメリカの大リーグ選手（外野）。

⇒メジャ（ピアソン, アルビー　1934.9.12–）

Pearson, Egon Sharpe
イギリスの数理統計学者。主著『大量生産管理と統計的方法』(1935)。
⇒世数（ピアソン, エゴン・シェイプ　1895–1980）

Pearson, Karl
イギリスの数学者。人類の進化や、社会学, 生物学を統計的にあつかった。
⇒岩経（ピアソン　1857–1936）
　岩世人（ピアソン　1857.3.27–1936.4.27）
　教人（ピアソン　1857–1936）
　数辞（ピアソン, カール　1857–1936）
　数小増（ピアソン　1857–1936）
　世数（ピアソン, カール　1857–1936）
　ネーム（ピアソン　1857–1936）
　有経5（ピアソン　1857–1936）

Pearson, Lester Bowles
カナダの政治家。スエズ動乱を調停し、1957年度ノーベル平和賞受賞。
⇒岩世人（ピアソン　1897.4.23–1972.12.27）
　広辞7（ピアソン　1897–1972）
　ノベ3（ピアソン, L.B.　1897.4.23–1972.12.27）

Pearson, Montgomery Marcellus
アメリカの大リーグ選手(投手)。
⇒メジャ（ピアソン, モンティ　1909.9.2–1978.1.27）

Pearson, Ralph G.
アメリカの化学者。
⇒岩世人（ピアソン　1919.1.12–）

Pearson, Ridley
アメリカの作家。
⇒外12（ピアソン, リドリー　1953–）
　現世文（ピアソン, リドリー　1953–）

Pearson, Sally
オーストラリアの陸上選手(障害)。
⇒外16（ピアソン, サリー　1986.9.19–）
　最世ス（ピアソン, サリー　1986.9.19–）

Peart, Neil
カナダのミュージシャン。
⇒外12（パート, ニール　1952.9.12–）

Peary, Robert Edwin
アメリカの北極探検家, 海軍の軍人。1909年, 北極点に達する。
⇒アメ州（Pearly, Robert Edwin　ピアリー, ロバート・エドウィン　1856–1920）
　岩世人（ピアリー　1856.5.6–1920.2.20）
　世史改（ピアリ　1856–1920）
　世人新（ピアリ　1856–1920）
　世人装（ピアリ　1856–1920）
　ポプ人（ピアリー, ロバート　1856–1920）

Pease, Allan
イギリスの作家。
⇒外12（ピーズ, アラン）
　外16（ピーズ, アラン）

Pease, Barbara
オーストラリアの講演家, 作家。ピーズ・トレーニング・インターナショナルCEO。
⇒外12（ピーズ, バーバラ）
　外16（ピーズ, バーバラ）

Pease, Edward
イギリスの社会主義者。
⇒学叢思（ピーズ, エドワード　1857–?）

Pease, Francis Gladheim
アメリカの天文学者。星雲や星団の撮影, 星の直径の測定によって知られる。
⇒岩世人（ピーズ　1881.1.14–1938.2.7）

Peaucellier, Charles Nicolas
フランスの軍人。直線運動と円運動とを互に変換する機械装置を発明した。
⇒岩世人（ポーセリエ　1832–1913）
　数辞（ポーセリエ, シャルル・ニコラス　1832–1913）

Peavy, Jake
アメリカの大リーグ選手(投手)。
⇒外12（ピービ, ジェイク　1981.5.31–）
　外16（ピービ, ジェイク　1981.5.31–）
　最世ス（ピービ, ジェイク　1981.5.31–）
　メジャ（ピーヴィー, ジェイク　1981.5.31–）

Pech, Benjamin
フランスのバレエダンサー。
⇒外12（ペッシュ, バンジャマン　1974.4.3–）
　外16（ペッシュ, バンジャマン　1974.4.3–）

Pechenkina, Yuliya
ロシアの陸上選手(ハードル・短距離)。
⇒最世ス（ペチェンキナ, ユリア　1978.4.21–）

Pechman, Joseph A.
アメリカの財政学者。
⇒有経5（ペックマン　1918–1989）

Pechstein, Claudia
ドイツのスピードスケート選手。
⇒外12（ペヒシュタイン, クラウディア　1972.2.22–）
　外16（ペヒシュタイン, クラウディア　1972.2.22–）
　最世ス（ペヒシュタイン, クラウディア　1972.2.22–）

Pechstein, Max
ドイツの画家。新分離派の創始者。
⇒岩世人（ペヒシュタイン　1881.12.31–1955.6.29）
　芸13（ペヒシュタイン, マックス・ヘルマン　1881–1955）
　ネーム（ペヒシュタイン　1881–1955）

Peck, Graham
アメリカの作家。
- ⇒アア歴（Peck,Graham　ペック,グレアム　1914.4.6–1968.7.3）

Peck, Gregory
アメリカの映画俳優。
- ⇒遺産（ペック,グレゴリー　1916.4.5–2003.6.12）
- 岩世人（ペック　1916.4.5–2003.6.12）
- ク俳（ペック,グレゴリー（ペック,エルドレッド・G）　1916–）
- 広辞7（ペック　1916–2003）
- スター（ペック,グレゴリー　1916.4.5–2003）

Peck, Richard
アメリカの作家、評論家。
- ⇒外12（ペック,リチャード・E.　1934–）
- 外16（ペック,リチャード　1934–）
- 現代文（ペック,リチャード　1934.4.10–2018.5.23）

Peck, Willys Ruggles
アメリカの外交官。
- ⇒アア歴（Peck,Willys R（uggles）　ペック,ウィリス・ラグルズ　1882.10.24–1952.9.2）

Peckinpah, Sam
アメリカの映画監督。『荒野のガンマン』『昼下りの決斗』などフォード以後のアメリカ西部劇に新風を吹き込んだ。
- ⇒岩世人（ペキンパー　1925.2.21–1984.12.28）
- 映監（ペキンパー,サム　1925.2.21–1984）

Peckinpaugh, Roger Thorpe
アメリカの大リーグ選手（遊撃）。
- ⇒メジャ（ペッキンポー,ロジャー　1891.2.5–1977.11.17）

Peckolick, Alan
アメリカ・ニューヨークのデザイナー、アート・ディレクター。
- ⇒グラデ（Peckolick,Alan　ペコリック,アラン　1940–）

Pecora, Ferdinand
アメリカの法律家。上院銀行通貨委員会の法律顧問。
- ⇒アメ経（ペコラ,フェルディナント　1882.1.6–1971.12.7）

Pecoraro, Herwig
テノール歌手。
- ⇒魅惑（Pecoraro,Herwig　1957–）

Pedersen, Charles John
アメリカの化学者。1967年クラウン・エーテルを発見。ノーベル賞。
- ⇒岩世人（ペダーセン　1904.10.3–1989.10.26）
- 化学（ペーダーセン　1904–1989）
- 科史（ペダーセン　1904–1989）
- 広辞7（ペダーセン　1904–1989）
- ノベ（ペダーセン,C.J.　1904.10.3–1989.10.26）

Pedersen, Holger
デンマークの言語学者。インド＝ヨーロッパ語族の研究に業績がある。主著『ケルト諸言語比較文法』（2巻,1909～13）,『19世紀における言語学』（24）。
- ⇒岩世人（ペーダセン　1867.4.7–1953.10.25）

Pedersen, Maya
スイスのスケルトン選手。
- ⇒外12（ペデルセン,マヤ　1972.11.27–）
- 最世ス（ペデルセン,マヤ　1972.11.27–）

Pedersen, Peder Oluf
デンマークの電気学者。ポールセンの助手として、テレグラフォンを研究。ロイアル・カレッジの通信工学教授（1912～）。
- ⇒岩世人（ペーダセン　1874.6.19–1941.8.30）

Pedersen, Rikke Moller
デンマークの水泳選手（平泳ぎ）。
- ⇒最世ス（ペデルセン,リッケ・メラー　1989.1.9–）

Pederzini, Gianna
イタリアのメゾ・ソプラノ歌手。
- ⇒オペラ（ペデルツィーニ,ジャンナ　1900–1988）

Pedra, Victor
スペイン生まれの彫刻家。
- ⇒芸13（ペドラ,ビクトール　1955–）

Pedrell, Felipe
スペインの音楽学者、作曲家。1895～1903年マドリード音楽院教授。
- ⇒岩世人（ペドレル　1841.2.9–1922.8.9）
- 新音中（ペドレル,フェリーペ　1841.2.19–1922.8.19）
- 新カト（ペドレル　1841.2.19–1922.8.19）
- 標音2（ペドレル,フェリペ　1841.2.19–1922.8.19）

Pedroia, Dustin
アメリカの大リーグ選手（レッドソックス・内野手）。
- ⇒外12（ペドロイア,ダスティン　1983.8.17–）
- 外16（ペドロイア,ダスティン　1983.8.17–）
- 最世ス（ペドロイア,ダスティン　1983.8.17–）
- メジャ（ペドロイア,ダスティン　1983.8.17–）

Pedro Junior
ブラジルのサッカー選手（FW）。
- ⇒外12（ペドロ・ジュニオール　1987.1.29–）

Pedroni, Augusto
イタリアのテノール歌手。
- ⇒魅惑（Pedroni,Augusto　1924–）

Pedro Rodriguez
スペインのサッカー選手（チェルシー・FW）。
- ⇒外12（ペドロ・ロドリゲス　1987.7.28–）
- 外16（ペドロ・ロドリゲス　1987.7.28–）
- 最世ス（ペドロ・ロドリゲス　1987.7.28–）

Pedrosa, Dani
スペインのオートバイライダー。
⇒外12（ペドロサ, ダニ　1985.9.29-）
　外16（ペドロサ, ダニ　1985.9.29-）
　最世ス（ペドロサ, ダニ　1985.9.29-）

Peebles, Ann
セントルイス生まれの女性歌手。
⇒ロック（Peebles,Ann　ピーブルズ, アン　1947.4.27-）

Peebles, Mario Van
アメリカの俳優, 映画監督。
⇒外12（ピーブルズ, マリオ・バン　1957.1.15-）
　ク俳（ヴァン・ピーブルズ, マリオ（ピーブルズ, マリオ）　1957-）

Peebles, Melvin Van
アメリカの映画監督。
⇒映監（ヴァン・ピーブルズ, メルヴィン　1932.8.21-）
　外12（ピーブルズ, メルビン・バン　1932.8.21-）
　マルX（VAN PEEBLES,MELVIN　ヴァン・ピーブルズ, メルヴィン　1932-）

Peek, George Nelson
アメリカのモリーン・プラウ社社長, 産業局長官, 農業調整局長官。
⇒アメ経（ピーク, ジョージ　1873.11.19-1943.12.17）

Peel, *Sir* William
イギリスの外交官。
⇒岩世人（ピール　1875.2.27-1945.2.24）

Peerce, Jan
アメリカのテノール歌手。1941年メトロポリタン歌劇場にデビュー。
⇒失声（ピアース, ジャン　1904-1984）
　標音2（ピアース, ジャン　1904.6.3-1984.12.15）
　魅惑（Peerce,Jan　1904-1984）
　ユ著人（Peerce,Jan　ピアース, ジャン　1904-1984）

Peers, William Raymond
アメリカの陸軍将校。
⇒アア歴（Peers,William R（aymond）　ピアーズ, ウイリアム・レイモンド　1914.6.14-1984.4.6）

Peery, Rufus Benton
アメリカのルター派教会の宣教師。
⇒アア歴（Peery,Rufus Benton　ペリー, ルーファス・ベントン　1868.4.9-1934.10.25）

Peet, Bill
アメリカの絵本作家, 脚本家, 詩人。
⇒絵本（ピート, ビル　1915-2002）

Peet, Mal
イギリスの児童文学作家。
⇒海文新（ピート, マル　1947.10.5-2015.3.2）
　現世文（ピート, マル　1947.10.5-2015.3.2）

Peeters, Benoît
フランスの作家。
⇒外16（ペータース, ブノワ　1956-）

Peeters, Flor
ベルギーのオルガン奏者, 作曲家。1952〜68年アントワープ王立音楽院院長。
⇒エデ（ペーテルス, フロール　1903.7.4-1986.7.4）
　ク音3（ペーテルス　1903-1986）
　新音中（ペーテルス, フロール　1903.7.4-1986.7.4）
　標音2（ペーテルス, フロール　1903.7.4-1986.7.4）

Peeters, Paul
ベルギーのボランディスト, オリエント学者。イエズス会員。
⇒新カト（ペータース　1870.9.20-1950.8.19）

Pef
フランスのイラストレーター。
⇒絵本（ペフ　1939-）

Peffer, Nathaniel
アメリカの極東問題研究家。コロンビア大学教授。
⇒アア歴（Peffer,Nathaniel　ペファー, ナサニエル　1890.6.30-1964.4.12）
　岩世人（ペッファー　1890.6.30-1964.4.12）

Pégaud, Pierre-Michel
テノール歌手。
⇒魅惑（Pégaud,Pierre-Michel　?-）

Pegg, Simon
イギリスの俳優, 脚本家。
⇒外12（ペッグ, サイモン　1970.2.14-）
　外16（ペッグ, サイモン　1970.2.14-）

Péguy, Charles Pierre
フランスの詩人, 評論家。代表作, 劇詩『ジャンヌ・ダルクの慈愛のミステール』（1909）。
⇒岩キ（ペギー　1873-1914）
　岩世人（ペギー　1873.1.7-1914.9.5）
　オク教（ペギー　1873-1914）
　広辞7（ペギー　1873-1914）
　新カト（ペギー　1873.1.7-1914.9.5）
　西文（ペギー, シャル　1873-1914）
　フ文小（ペギー, シャル　1873-1914）
　メル3（ペギー, シャルル　1873-1914）
　ユ著人（Péguy,Charles-Pierre　ペギー, シャルル＝ピエール　1873-1914）

Pei, Ieoh Ming
アメリカの建築家。
⇒異二辞（ペイ, イオ・ミン　1917-）
　岩世人（ペイ　1917.4.26-）
　外12（ペイ, イオ・ミン　1917.4.26-）
　外16（ペイ, イオ・ミン　1917.4.26-）
　中日3（贝聿铭　ペイ,I.M.、ペイ, イオ・ミン

1917–)

Peierls, Rudolf Ernst
ドイツ生まれのイギリスの理論物理学者。
⇒岩世人（パイエルス　1907.6.5–1995.9.18）
　物理（パイエルス, サー・ルドルフ・エルンスト　1907–1995）

Peiko, Nikolai Ivanovich
ロシアの作曲家。
⇒ク音3（ペイコ　1916–1995）
　標音2（ペイコ, ニコライ・イヴァノヴィチ　1916.3.25–）

Peiper, Tadeusz
ポーランドの詩人。
⇒岩世人（パイペル　1891.5.3–1969.11.10）

Peirano, Louis
ペルーの社会学者。
⇒外16（ペイラノ, ルイス）

Peirce, Charles Sanders
アメリカの哲学者。形式論理学, 数学の論理分析にも業績がある。
⇒アメ新（パース　1839–1914）
　異二辞（パース［チャールズ・サンダース・～］　1839–1914）
　岩世人（パース　1839.9.10–1914.4.14）
　オク言（パース, チャールズ・サンダース　1839–1914）
　教人（パース　1839–1914）
　現社（パース　1839–1914）
　広辞7（パース　1839–1914）
　社小増（パース　1839–1914）
　新カト（パース　1839.9.10–1914.4.19）
　世人新（パース　1839–1914）
　世人装（パース　1839–1914）
　世数（パース, チャールズ・サンダース　1839–1914）
　哲中（パース　1839–1914）
　ネーム（パース　1839–1914）
　メル3（パース, チャールズ・サンチアゴ・サンダース　1839–1914）

Peiró Belis, Joan
スペインの労働組合指導者。
⇒岩世人（ペイロ　1887.2.18–1942.7.24）

Peirsol, Aaron
アメリカの水泳選手（背泳ぎ）。
⇒外12（ピアソル, アーロン　1983.7.23–）
　外16（ピアソル, アーロン　1983.7.23–）
　最世ス（ピアソル, アーロン　1983.7.23–）

Peitz, Henry Clement
アメリカの大リーグ選手（捕手, 内野）。
⇒メジャ（ピーツ, ヘイニー　1870.11.28–1943.10.23）

Peixoto, José Luís
ポルトガルの作家, 詩人, 紀行作家。
⇒現世文（ペイショット, ジョゼ・ルイス　1974–）

Pekelharing, Cornelis Adrianus
オランダの医師。
⇒化学（ベケルハーリング　1848–1922）

Pekerman, José
アルゼンチンのサッカー監督。
⇒外12（ペケルマン, ホセ　1949.9.3–）
　外16（ペケルマン, ホセ　1949.9.3–）
　最世ス（ペケルマン, ホセ　1949.9.3–）

Pekkanen, Toivo
フィンランドのプロレタリア作家。代表作『黒い狂喜』(1939)。
⇒岩世人（ペッカネン　1902.9.10–1957.5.30）
　現世文（ペッカネン, トイヴォ　1902.9.10–1957.5.30）

Péladan, Joséphin
フランスの小説家, 劇作家, 評論家。神秘思想家。
⇒岩世人（ペラダン　1858.3.28–1918.6.27）
　19仏（ペラダン, ジョゼファン　1858.3.29–1918.6.27）

Pelagatti, Bruno
イタリアのテノール歌手。
⇒失声（ペラガッティ, ブルーノ　?）

Pélata, Patrick
フランスの実業家。
⇒外12（ペラタ, パトリック　1955.8.24–）
　外16（ペラタ, パトリック　1955.8.24–）

Pelczar, Józef Sebastian
ポーランドの聖人, 修道会創立者。祝日3月28日。
⇒新カト（ユゼフ・セバスティヤン・ペルチャル　1842.1.17–1924.3.28）

Pelé
ブラジルのサッカー選手。
⇒異二辞（ペレ　1940–）
　岩世人（ペレ　1940.10.23–）
　外12（ペレ　1940.10.23–）
　外16（ペレ　1940.10.23–）
　広辞7（ペレ　1940–）
　ポプ人（ペレ　1940–）
　ラテ新（ペレ　1940–）

Pelecanos, George P.
アメリカのミステリ作家。
⇒外12（ペレケーノス, ジョージ・P.　1957–）
　外16（ペレケーノス, ジョージ・P.　1957–）
　現世文（ペレケーノス, ジョージ・P.　1957–）

Peled, Micha X.
アメリカのドキュメンタリー監督。
⇒外12（ペレド, ミカ・X）

Pelevin, Viktor Olegovich
ロシアの作家。

⇒岩世人（ペレーヴィン　1962.11.22–）
　外12（ペレーヴィン, ヴィクトル　1962–）
　外16（ペレーヴィン, ヴィクトル　1962.11.22–）
　現世文（ペレーヴィン, ヴィクトル　1962.11.22–）

Pelikan, Jaroslav Jan
アメリカの教理史家。
⇒オク教（ペリカン　1923–2006）
　新カト（ペリカン　1923.12.17–2006.5.13）

Pelizzari, Rubens
イタリアのテノール歌手。
⇒魅惑（Pelizzari,Rubens　?–）

Pelizzoni, Rinaldo
イタリアのテノール歌手。
⇒魅惑（Pelizzoni,Rinaldo　?–）

Pell, William
アメリカのテノール歌手。
⇒魅惑（Pell,William　1947–2003）

Pellaprat, Henri Paul
フランスの料理人, 著述家。
⇒フラ食（ペラプラ, アンリ・ポール　1869–1950）

Pellat-finet, Lucien
フランスの服飾デザイナー。
⇒外12（ペラフィネ, ルシアン）
　外16（ペラフィネ, ルシアン）

Pellegrini, Federica
イタリアの水泳選手（自由形）。
⇒外12（ペレグリニ, フェデリカ　1988.8.5–）
　外16（ペレグリニ, フェデリカ　1988.8.5–）
　最世ス（ペレグリニ, フェデリカ　1988.8.5–）

Pellegrini, Manuel
チリのサッカー監督（マンチェスター・シティ）。
⇒最世ス（ペジェグリーニ, マヌエル　1953.9.16–）

Pellegrini, Paolo
テノール歌手。
⇒魅惑（Pellegrini,Paolo　?–）

Pellegrino, Charles R.
アメリカの作家, 科学者。バイオサスペンス『ダスト』の著者。
⇒外12（ペレグリーノ, チャールズ）
　外16（ペレグリーノ, チャールズ）
　現世文（ペレグリーノ, チャールズ）

Peller, Károly
ハンガリーのテノール歌手。
⇒魅惑（Peller,Károly　1979–）

Pellerin, Fleur
フランスの政治家。
⇒外16（ペルラン, フルール　1973.8.29–）
　世指導（ペルラン, フルール　1973.8.29–）

Pelletan, Camille
フランスの政治家, ジャーナリスト。
⇒19仏（ペルタン, カミーユ　1846.6.28–1915.6.4）

Pelliot, Paul
フランスの東洋学者。1906～09年中央アジアを考古探検。著書『敦煌石窟』（20～24）。
⇒岩世人（ペリオ　1878.5.28–1945.10.26）
　広辞7（ペリオ　1878–1945）
　書道増（ペリオ　1878–1945）
　世人新（ペリオ　1878–1945）
　世人装（ペリオ　1878–1945）
　中書文（ペリオ　1878–1945）
　中文史（ペリオ　1878–1945）

Pelloux, Luigi
イタリアの軍人, 政治家。1898年首相となり社会主義運動を弾圧のため反動の政治を行なった。
⇒岩世人（ペルー　1839.3.1–1924.10.26）

Pelosi, Nancy
アメリカの政治家。
⇒アメ新（ペローシ　1940–）
　外12（ペロシ, ナンシー　1940.3.26–）
　外16（ペロシ, ナンシー　1940.3.26–）
　世指導（ペロシ, ナンシー　1940.3.26–）

Pelot, Pierre
フランスの児童文学作家。
⇒現世文（プロ, ピエール　1954–）

Pelster, Franz
ドイツの中世史学者。
⇒新カト（ペルスター　1880.3.9–1956.6.28）

Pelton, Ronald W.
NSA（米国家安全保障局）情報分析官。
⇒スパイ（ペルトン, ロナルド・W　1941–）

Peltonen, Ville
フィンランドのアイスホッケー選手（HIFK・FW）。
⇒最世ス（ペルトネン, ヴィレ　1973.5.24–）

Pelty, Barney
アメリカの大リーグ選手（投手）。
⇒メジャ（ペルティ, バーニー　1880.9.10–1939.5.24）

Peltz, Nicola
アメリカの女優。
⇒外16（ペルツ, ニコラ　1995–）

Pelzer, August
ベルギーの中世史学者, 古文書学者。
⇒新カト（ペルツァー　1876.12.28–1958.1.4）

Pelzer, Dave
アメリカの作家。
⇒外12（ペルザー, デーブ）
　外16（ペルザー, デーブ）

現世文 (ペルザー, デーブ)

Pelzer, Dorothy West
アメリカの建築家。
⇒アア歴 (Pelzer,Dorothy (West) ペルザー, ドロシー・ウエスト 1915.5.6–1972.4.28)

Pena, Alejandro
アメリカの大リーグ選手 (投手)。
⇒メジャ (ペーニャ, アレハンドロ 1959.6.25–)

Pena, Antonio Francisco
アメリカの大リーグ選手 (捕手)。
⇒メジャ (ペーニャ, トニー 1957.6.4–)

Peña, Carlos
ドミニカ共和国の大リーグ選手 (ロイヤルズ・内野手)。
⇒最世ス (ペーニャ, カルロス 1978.5.17–)
　メジャ (ペーニャ, カルロス 1978.5.17–)

Peña, Federico
アメリカの弁護士。エネルギー長官。
⇒世指導 (ペニャ, フェデリコ 1947.3.15–)

Peña, Javier López
スペインの反政府勢力指導者。バスク祖国と自由 (ETA) 最高指導者。
⇒世指導 (ペニャ, ハビエ・ロペス ?–2013.3.30)

Peña, Marcos
アルゼンチンの政治家。アルゼンチン首相。
⇒世指導 (ペーニャ, マルコス 1977.3.15–)

Peñalosa, Gerry
フィリピンのプロボクサー。
⇒最世ス (ペニャロサ, ジェリー 1971.8.7–)

Peña Nieto, Enrique
メキシコの政治家。メキシコ大統領 (2012〜18)。
⇒外16 (ペニャニエト, エンリケ 1966.7.20–)
　世指導 (ペニャニエト, エンリケ 1966.7.20–)

Pence, Hunter
アメリカの大リーグ選手 (ジャイアンツ・外野手)。
⇒外16 (ペンス, ハンター 1983.4.13–)
　最世ス (ペンス, ハンター 1983.4.13–)
　メジャ (ペンス, ハンター 1983.4.13–)

Pence, Mike
アメリカの政治家, 法律家。アメリカ副大統領, インディアナ州知事。
⇒世指導 (ペンス, マイク 1959.6.7–)

Penck, Albrecht
ドイツの地理学者, 地質学者。百万分の一の世界地図を作製。
⇒岩世人 (ペンク 1858.9.25–1945.3.7)
　オク地 (ペンク, アルブレヒト 1858–1945)

学叢思 (ペンク, アルブレヒト 1858–?)

Penck, Walther
ドイツの地形学者。A.ペンクの子。地形分析を唱えた。
⇒岩世人 (ペンク 1888.8.30–1923.9.29)
　オク地 (ペンク, ワルター 1888–1923)

Pendatun, Salipada K.
フィリピン, ミンダナオ島のムスリム政治指導者。
⇒岩世人 (ペンダトゥン 1910/1912–1985)

Pender, Harold
アメリカの電気工学者。パリのソルボンヌ大学に招かれ, 運動する荷電体の周囲に磁場の存在することを証明した (1903)。
⇒岩世人 (ペンダー 1879.1.13–1959.9.5)

Penderecki, Krzysztof
ポーランドの作曲家, 指揮者。
⇒岩キ (ペンデレツキ 1933–)
　岩世人 (ペンデレツキ 1933.11.23–)
　エデ (ペンデレツキ, クシシュトフ 1933.11.23–)
　オペラ (ペンデレツキ, クシシュトフ 1933.11.23–)
　外12 (ペンデレツキ, クシシュトフ 1933.11.23–)
　外16 (ペンデレツキ, クシシュトフ 1933.11.23–)
　ク音3 (ペンデレツキ 1933–)
　現音キ (ペンデレツキ, クシシュトフ 1933–)
　新音小 (ペンデレツキ, クシシュトフ 1933–)
　新音中 (ペンデレツキ, クシシュトフ 1933.11.23–)
　新カト (ペンデレツキ 1933.11.23–)
　ネーム (ペンデレツキ 1933–)
　標2 (ペンデレツキ, クシシュトフ 1933.11.23–)

Pendleton, Robert Larimore (Popsie)
アメリカの土壌学者。
⇒アア歴 (Pendleton,Robert L (arimore) ("Popsie") ペンドルトン, ロバート・ラリモア・[ポップジー] 1890.6.25–1957.6.23)

Pendleton, Terry Lee
アメリカの大リーグ選手 (三塁)。
⇒メジャ (ペンドルトン, テリー 1960.7.16–)

Pendleton, Victoria
イギリスの自転車選手 (トラックレース)。
⇒外12 (ペンドルトン, ビクトリア 1980.9.24–)
　外16 (ペンドルトン, ビクトリア 1980.9.24–)
　最世ス (ペンドルトン, ビクトリア 1980.9.24–)

Pen-ek Ratanaruang
タイの映画監督。
⇒外12 (ペンエーグ・ラッタナルアーン 1962–)
　タイ (ペンエーク・ラッタナルアン 1962–)

Penev, Luboslav Mladenov
ブルガリアのサッカー指導者, サッカー選手。

⇒外12（ベネフ, ルボスラフ・ムラデノフ 1966.8.31–）
外16（ベネフ, ルボスラフ・ムラデノフ 1966.8.31–）
最世ス（ベネフ, ルボスラフ・ムラデノフ 1966.8.31–）

Penfield, Edward
アメリカのポスター作家。
⇒グラデ（Penfield, Edward ペンフィールド, エドワード 1866–1925）

Penfield, Samuel Lewis
アメリカの鉱物学者。イェール大学鉱物学教授（1893～）。新鉱物14種を発見した。
⇒岩世人（ペンフィールド 1856.1.16–1906.8.12）

Penfield, Wilder Graves
カナダの脳神経外科学者。
⇒岩世人（ペンフィールド 1891.1.26–1976.4.5）
現精（ペンフィールド 1891–1976）
現精縮（ペンフィールド 1891–1976）
広辞7（ペンフィールド 1891–1976）

Peng, Eddie
台湾の俳優。
⇒外12（ポン, エディ 1982.3.24–）
外16（ポン, エディ 1982.3.24–）

Penhaligon, Susan
フィリピン生まれの女優。
⇒ク俳（ペンハリゴン, スーザン 1950–）

Penhallow, David Pymouth
アメリカの生物学者。札幌農学校で植物学を教授。アイヌ研究にも従事。
⇒アア歴（Penhallow, David P (earce) ペンハロウ, デヴィッド・ピアス 1854.5.25–1910.10.20）

Peniakoff, Vladimir
イギリスの軍人。
⇒ネーム（ペニアコフ 1897–1951）

Penk, A.R.
ドイツ・ドレスデン生まれの画家, 作家, 映画製作者。
⇒岩世人（ペンク 1939.10.5–）
芸13（ペンク, A・R 1939–）

Penkov, Miroslav
ブルガリアの作家。
⇒現世文（ペンコフ, ミロスラフ 1982–）

Penkovsky, Oleg
ソビエト軍の情報機関（GRU）士官。1961年4月から62年8月にかけ, 残留離反者として米英に秘密情報を渡した。
⇒スパイ（ペンコフスキー, オレグ 1919–1963）

Penn, Arthur
アメリカ生まれの映画監督。
⇒岩世人（ペン 1922.9.27–2010.9.28）
映監（ペン, アーサー 1922.9.27–）

Penn, Dan
アメリカのソングライター。
⇒ロック（Penn, Dan ペン, ダン）

Penn, Irving
アメリカの写真家。
⇒岩世人（ペン 1917.6.16–2009.10.7）
芸13（ペン, アーヴィング 1917–1986）

Penn, Sean
アメリカ生まれの俳優。
⇒遺産（ペン, ショーン 1960.8.17–）
外12（ペン, ショーン 1960.8.17–）
外16（ペン, ショーン 1960.8.17–）
ク俳（ペン, ショーン 1960–）
スター（ペン, ショーン 1960.8.17–）

Pennac, Daniel
フランスのミステリ作家。
⇒岩世人（ペナック 1944.12.1–）
外12（ペナック, ダニエル 1944–）
外16（ペナック, ダニエル 1944–）
現世文（ペナック, ダニエル 1944–）

Pennario, Leonard
アメリカのピアノ奏者。
⇒標音2（ペナリオ, レナード 1924.7.9–2008.6.27）

Penner, Peter A.
アメリカの宣教師。
⇒アア歴（Penner, Peter A. ペナー, ピーター・A. 1871.4.2–1949.10.3）

Penner, Peter William
アメリカの宣教師。
⇒アア歴（Penner, Peter William ペナー, ピーター・ウイリアム 1876.2.12–1953.2.2）

Pennetier, Jean-Claude
フランスのピアノ奏者。
⇒外16（ペヌティエ, ジャン・クロード 1942.5.16–）

Pennetta, Flavia
イタリアのテニス選手。
⇒外16（ペンネッタ, フラヴィア 1982.2.25–）

Penney, James Cash
アメリカの小売商人, 博愛主義者。
⇒アメ経（ペニー, ジェームズ 1875.9.16–1971.2.12）

Penney, Stef
イギリスの作家。
⇒海文新（ペニー, ステフ 1969–）
現世文（ペニー, ステフ 1969–）

Pennington, Veronica Murphy
アメリカの精神薬理学者。

⇒精医歴（ペニントン，ヴェロニカ・マーフィー　1894–1986）

Penno, Gino
イタリアのテノール歌手。
⇒失声（ペンノ，ジーノ　1920–1998）
　魅惑（Penno,Gino　1920–?）

Pennock, Herbert Jefferis
アメリカの大リーグ選手（投手）。
⇒メジャ（ペノック，ハーブ　1894.2.10–1948.1.30）

Penn Sovann
カンボジアの軍人，政治家。
⇒岩世人（ペン・ソヴァン　1936.4.15–）
　外16（ペン・ソバン　1936.4.15–）
　世指導（ペン・ソバン　1936.4.15–2016.10.29）

Penny, Brad
アメリカの大リーグ選手（投手）。
⇒外12（ペニー，ブラッド　1978.5.24–）
　最世ス（ペニー，ブラッド　1978.5.24–）
　メジャ（ペニー，ブラッド　1978.5.24–）

Penny, Louise
カナダの作家。
⇒外12（ペニー，ルイーズ　1958–）
　外16（ペニー，ルイーズ　1958–）
　海文新（ペニー，ルイーズ　1958–）
　現世文（ペニー，ルイーズ　1958–）

Pennypacker, Sara
アメリカの作家。
⇒海文新（ペニーパッカー，サラ）

Penone, Giuseppe
イタリアの造形作家。
⇒外12（ペノーネ，ジュゼッペ　1947–）
　外16（ペノーネ，ジュゼッペ　1947.4.3–）

Penrose, Boise
アメリカの政治家。
⇒アメ州（Penrose,Boise　ペンローズ，ボイズ　1860–1921）

Penrose, Roger
イギリスの理論物理学者。
⇒岩世人（ペンローズ　1931.8.8–）
　世数（ペンローズ，ロジャー　1931–）
　物理（ペンローズ，ロジャー　1931–）

Penrose, Roland
イギリスの画家，美術批評家。
⇒シュル（ペンローズ，ローランド　1900–1984）

Pense, Lydia
アメリカのロック歌手。
⇒外12（ペンス，リディア）

Pentecost, Hugh
アメリカのミステリ作家。

⇒現世文（ペンティコースト，ヒュー　1903.8.10–1989.3.7）

Penzias, Arno Allan
アメリカの物理学者，電波技師。1978年ノーベル物理学賞。
⇒岩世人（ペンジアス　1933.4.26–）
　外12（ペンジアス，アルノ・アラン　1933.4.26–）
　外16（ペンジアス，アルノ・アラン　1933.4.26–）
　広辞7（ペンジアス　1933–）
　天文大（ペンジアス　1934–）
　ノベ3（ペンジアス,A.A.　1933.4.26–）
　ユ著人（Penzias,Ar（t）no Allan　ペンチアス，アルノ・アラン　1932–）

Penzoldt, Ernst
ドイツの作家。代表作，長篇『哀れなチャタートン』（1928）。
⇒岩世人（ペンツォルト　1892.6.14–1955.1.27）
　現世文（ペンツォルト，エルンスト　1892.6.14–1955.1.27）

Pep, Willie
アメリカのプロボクサー。
⇒岩世人（ペップ　1922.9.19–2006.11.23）

Pepe
ポルトガルのサッカー選手（レアル・マドリード・DF）。
⇒外16（ペペ　1983.2.26–）
　最世ス（ペペ　1983.2.26–）

Peper, Uwe
ドイツのテノール歌手。
⇒魅惑（Peper,Uwe　1939–）

Pepitone, Joseph Anthony
アメリカの大リーグ選手（一塁，外野）。
⇒メジャ（ペピトーン，ジョー　1940.10.9–）

Peppard, George
アメリカの俳優。
⇒ク俳（ペパード，ジョージ　1928–1994）
　スター（ペパード，ジョージ　1928.10.1–1994）

Pepper, Arthur Edward（Art）
アメリカのジャズ・アルトサックス奏者。テナーのソニー・ロリンズと並んで，サックス奏者の二大巨人といわれる。自伝『ストレート・ライフ』。
⇒標音2（ペッパー，アート　1925.9.1–1982.6.15）

Pepper, John Ennis, Jr.
アメリカの実業家。
⇒外12（ペッパー，ジョン　1938.8.2–）
　外16（ペッパー，ジョン　1938.8.2–）

Pepping, Ernst
ドイツの作曲家。伝統的書法・形式を復活させた〈新バロック〉的傾向に特徴がある。
⇒ク音3（ペッピング　1901–1981）

新音中 (ペッピング, エルンスト　1901.9.12–
　　　1981.2.1)
　　標音2 (ペッピング, エルンスト　1901.9.12–
　　　1981.2.1)

Pequeno, Paula
ブラジルのバレーボール選手。
⇒最世ス (ペケノ, パウラ　1982.1.22–)

Peragallo, Mario
イタリアの作曲家。劇音楽から出発, 次第に12
音技法による抽象的構成の作風に転じた。
⇒標音2 (ペラガッロ, マーリオ　1910.3.25–)

Perahia, Murray
アメリカのピアノ奏者。
⇒外12 (ペライア, マレイ　1947.4.19–)
　外16 (ペライア, マレイ　1947.4.19–)
　新音中 (ペライア, マリー　1947.4.19–)
　標音2 (ペラハイア, マリー　1947.4.19–)
　ユ著人 (Perahia,Murray　ベライア, マレイ
　　1947–)

Péraire, Lucien
フランスの労働者, エスペランティスト。自転
車による世界旅行を実行。
⇒日エ (ベレール　1906.4.16–1997.11.19)

Perales, Priscila
メキシコのモデル。ミス・インターナショナル。
⇒外12 (ペラーレス, プリシーラ)

Peralta, Jhonny Antonio
ドミニカ共和国の大リーグ選手 (遊撃, 三塁)。
⇒メジャ (ペラルタ, ジョニー　1982.5.28–)

Percival, Arthur Ernest
イギリスの軍人。太平洋戦争におけるシンガ
ポール陥落時のマレー軍司令官。
⇒ア太戦 (パーシバル　1887–1966)
　ネーム (パーシバル　1887–1966)

Percival, John
イギリス国教会のヘリフォード教区主教。
⇒オク教 (パーシヴァル　1834–1918)

Percival, Philip Hope
ケニアの白人ハンター・ガイド。
⇒ヘミ (パーシヴァル, フィリップ　1886–1966)

Percival, Troy Eugene
アメリカの大リーグ選手 (投手)。
⇒外12 (パーシバル, トロイ　1969.8.9–)
　メジャ (パーシヴァル, トロイ　1969.8.9–)

Percy, Alain
フランス生まれの画家。
⇒芸13 (ペルシー, アラン　1945–)

Percy, Benjamin
アメリカの作家。

⇒海文新 (パーシー, ベンジャミン　1979–)
　現世文 (パーシー, ベンジャミン　1979–)

Percy, Iain
イギリスのヨット選手。
⇒外12 (パーシー, イアン　1976.3.21–)
　外16 (パーシー, イアン　1976.3.21–)
　最世ス (パーシー, イアイン　1976.3.21–)

Percy, Walker
アメリカの作家。
⇒岩世人 (パーシー　1916.5.28–1990.5.10)
　現世文 (パーシー, ウォーカー　1916.5.28–1990.5.10)
　新カト (パーシ　1916.5.28–1990.5.10)

Perdigon, Jorge
スペインのテノール歌手。
⇒魅惑 (Perdigon,Jorge　?–)

Perea, Emilio
イタリアのテノール歌手。
⇒魅惑 (Perea,Emilio　1874–?)

Perec, Georges
フランスの記録作家。小説『事物』(1965) など。
⇒岩世人 (ペレック　1936.3.7–1982.3.3)
　現世文 (ペレック, ジョルジュ　1936.3.7–1982.3.3)
　広辞7 (ペレック　1936–1982)
　フ文小 (ペレック, ジョルジュ　1936–1982)

Pereda y Porrua, José María de
スペインの小説家。代表作『ソティレーサ』
(1884)。
⇒岩キ (ペレーダ　1833–1906)
　岩世人 (ペレーダ　1833.2.6–1906.3.1)

Peregudov, Alexander
テノール歌手。
⇒魅惑 (Peregudov,Alexander　?–?)

Pereira
ブラジルのサッカー選手。
⇒外12 (ペレイラ　1960.3.6–)

Pereira, Agio
東ティモールの政治家。東ティモール閣議長
担当相。
⇒世指導 (ペレイラ, アジオ　1956–)

Pereira, Alexander
チューリヒ歌劇場総裁。
⇒外12 (ペレイラ, アレクサンダー)
　外16 (ペレイラ, アレクサンダー　1947–)

Pereira, Antonio
テノール歌手。
⇒魅惑 (Pereira,Antonio　?–)

Pereira, Irene Rice
アメリカの画家。

⇒芸13（ペレイラ, アイリーン　1907–1976）

Perel, Daniel
フランスの実業家。
⇒**外12**（ペレル, ダニエル　1956–）
　外16（ペレル, ダニエル　1956–）

Perelman, Chaim
ベルギーの哲学者。イタリアのフィレンツェ大学名誉博士。1962年ベルギーの文化勲章であるフランキ賞受賞。
⇒**岩世人**（ペーレルマン　1912.5.20–1984.1.22）

Perelman, Grigori
ロシアの数学者。
⇒**外12**（ペレルマン, グレゴリー　1966.6.13–）
　外16（ペレルマン, グレゴリー　1966.6.13–）
　世数（ペレルマン, グリゴリ・イアコフレヴィッチ　1966–）

Perelman, Sidney Joseph
アメリカ（ユダヤ系）のユーモア作家, シナリオ作家。
⇒**現世文**（ペレルマン, S.J.　1904.2.1–1979.10.17）

Perelman, Vadim
アメリカの映画監督。
⇒**外12**（パールマン, ヴァディム　1963–）

Perényi Miklós
ハンガリーのチェロ奏者。
⇒**外12**（ペレーニ, ミクローシュ　1948.1.5–）
　外16（ペレーニ, ミクローシュ　1948.1.5–）

Perera, Jehan
スリランカの平和活動家。スリランカ国民平和評議会（NPC）専務理事。
⇒**外12**（ペレラ, ジハン　1958–）

Peres, Shimon
イスラエルの政治家。イスラエル大統領（2007～14）。1994年ノーベル平和賞。
⇒**岩世人**（ペレス　1923.8.2–）
　外12（ペレス, シモン　1923.8.16–）
　外16（ペレス, シモン　1923.8.2–）
　国政（ペレス, シモン　1923–）
　世指導（ペレス, シモン　1923.8.2–2016.9.28）
　ノベ3（ペレス, S.　1923.8.16–）
　ボブ人（ペレス, シモン　1923–2016）
　ユ著人（Peres, Simon　ペレス, シモン　1923–）

Peret
スペインのグラフィック・デザイナー, 挿絵画家。
⇒**グラデ**（Peret (Pere Torrent)　ペレ・トレント）　1945–）

Péret, Benjamin
フランスの詩人, 評論家。シュールレアリスムの立場を貫徹。
⇒**岩世人**（ペレ　1899.7.4–1959.9.18）

　現世文（ペレ, バンジャマン　1899.7.4–1959.9.18）

Peretti, Hugo
アメリカ・ニューヨーク出身のソングライター, プロデューサー。
⇒**ロック**（Hugo and Luigi　ヒューゴ＆ルイージ）

Peretz, Amir
イスラエルの政治家。イスラエル副首相, 国防相, イスラエル労働党党首。
⇒**外12**（ペレツ, アミール　1952.3.9–）
　外16（ペレツ, アミール　1952.3.9–）
　世指導（ペレツ, アミール　1952.3.9–）

Peretz, Isaac Leib
ポーランド系ユダヤ人の作家, 詩人, 評論家。
⇒**岩世人**（ペレツ　1852.5.18–1915.4.3）
　ユ著人（Peretz, Yitzc'hok Leibuch　ペレツ, イツホク・レイブシュ　1851/1852–1915）

Perey, Marguerite (Catherine)
フランスの物理学者。
⇒**物理**（ペレー, マルグリット　1909–1975）

Perez, Augusto
イタリア生まれの彫刻家。
⇒芸13（ペレッツ, オギュースト　1929–）

Perez, Carlos
スペインのカヌー選手。
⇒**外12**（ペレス, カルロス　1979.4.12–）
　最世ス（ペレス, カルロス　1979.4.12–）

Perez, Christopher Ralph
アメリカの大リーグ選手（投手）。
⇒**メジャ**（ペレス, クリス　1985.7.1–）

Perez, Eddie
ベネズエラの大リーグ選手（捕手）。
⇒**外12**（ペレス, エディー　1968.5.4–）

Perez, Felipe
キューバの政治家。キューバ外相。
⇒**外12**（ペレス, フェリペ　1965.3.28–）
　外16（ペレス, フェリペ　1965.3.28–）
　世指導（ペレス, フェリペ　1965.3.28–）

Pérez, Florentino Rodriguez
スペインの実業家。
⇒**外12**（ペレス, フロレンティーノ）
　外16（ペレス, フロレンティーノ　1947–）

Perez, Gilbert Somers
アメリカの教育者。
⇒**アア歴**（Perez, Gilbert S (omers)　ペレズ, ギルバート・サマーズ　1885.2.8–1959.11.22）

Perez, Guillermo
メキシコのテコンドー選手。
⇒**外12**（ペレス, ギリェルモ　1979.10.14–）

最世ス（ペレス,ギリェルモ 1979.10.14-）
Perez, Jefferson
エクアドルの競歩選手。
⇒外12（ペレス,ジェファーソン 1974.7.1-）
最世ス（ペレス,ジェファーソン 1974.7.1-）
Perez, José Maria
スペインのテノール歌手。
⇒失声（ペレス,ホセ・マリア 1934-）
Perez, Juan
テノール歌手。
⇒魅惑（Perez,Juan ?-）
Pérez, Lorenzo
スペインの歴史編纂家,年代記作者。
⇒岩世人（ペレス 1867.9.5-1937.6.1）
新カト（ペレス 1867.9.5-1937.6.1）
Perez, Louie
アメリカのミュージシャン。
⇒外12（ペレス,ルイ）
Perez, Neifi Neftali
アメリカの大リーグ選手（遊撃）。
⇒メジャ（ペレス,ネイフィ 1973.6.2-）
Perez, Pascual Gross
アメリカの大リーグ選手（投手）。
⇒メジャ（ペレス,パスクアル 1957.5.17-2012.11.1）
Perez, Rosie
アメリカ生まれの女優。
⇒ク俳（ペレス,ロウジー（ペレス,ローサ） 1964-）
Perez, Sergio
メキシコのF1ドライバー。
⇒最世ス（ペレス,セルジオ 1990.1.26-）
Perez, Tony
アメリカの大リーグ監督。
⇒メジャ（ペレス,トニー 1942.5.14-）
Perez, Vincent
スイス生まれの俳優。
⇒外12（ペレーズ,ヴァンサン 1964.6.6-）
外16（ペレーズ,ヴァンサン 1964.6.6-）
Pérez, Walter Fernando
アルゼンチンの自転車選手（トラックレース）。
⇒外12（ペレス,ワルテルフェルナンド 1975.1.31-）
外16（ペレス,ワルテル・フェルナンド 1975.1.31-）
最世ス（ペレス,ワルテル・フェルナンド 1975.1.31-）
Pérez Cardozo, Félix
パラグアイのアルパ（インディアン・ハープ）奏者,作曲家。

⇒標音2（ペレス・カルドーソ,フェリックス 1908.9.20-1952.6.9）
Pérez de Ayala, Ramón
スペインの詩人,小説家。『プロメテオ』（1916）『虎のフアン』（26）などが代表作。
⇒岩世人（ペレス・デ・アヤーラ 1880.8.9-1962.8.5）
ネーム（ペレス・デ・アヤーラ 1881-1920）
Pérez Esquivel, Adolf
アルゼンチンの平和運動家,建築家,彫刻家。
⇒新カト（ペレス・エスキベル 1931.11.26-）
Pérez Galdós, Benito
スペインの小説家,劇作家。主著『国史挿話』（1873～79）など。
⇒岩キ（ペレス・ガルドス 1843-1920）
岩世人（ペレス・ガルドス 1843.5.10-1920.1.4）
学叢思（ガルドス,ベニート・ペレス 1845-1920）
広辞7（ペレス・ガルドス 1843-1920）
新カト（ペレス・ガルドス 1843.5.10-1920.1.4）
ネーム（ペレス・ガルドス 1843-1920）
Pérez Molina, Otto
グアテマラの政治家,軍人。グアテマラ大統領（2012～15）。
⇒外12（ペレス・モリーナ,オットー）
外16（ペレス・モリーナ,オットー 1950.12.1-）
世指導（ペレス・モリーナ,オットー 1950.12.1-）
Pérez-Reverte, Arturo
スペインの作家,ジャーナリスト。
⇒外12（ペレス・レベルテ,アルトゥーロ 1951-）
外16（ペレス・レベルテ,アルトゥーロ 1951-）
現世文（ペレス・レベルテ,アルトゥーロ 1951-）
Pérez Rodriguez, Carlos Andrés
ベネズエラの政治家。ベネズエラ大統領（1974～79,89～93）。
⇒岩世人（ペレス 1922.10.27-2010.12.25）
政経改（ペレス 1922-）
Pérez Villaescusa, Modesto
スペイン人ドミニコ会司祭。四国（高松司教区）の第3代教区長。
⇒新カト（ペレス 1890.11.4-1978.9.1）
Pergaud, Louis
フランスの小説家。
⇒絵本（ペルゴー,ルイ 1882-1915）
現世文（ペルゴー,ルイ 1882-1915）
Peri, Michael A.
アメリカ陸軍の電子情報担当者。
⇒スパイ（ペリ,マイケル・A）
Péri, Noël
フランスのパリ外国宣教会宣教師,日本音楽研究家。東京音楽学校で音楽を教授。

⇒岩世人（ペリ　1865.8.22–1922.6.25）

Peri, Peter Laszlo
ブダペスト生まれ、ハンガリー系ユダヤ人のイギリスの彫刻家。
⇒ユ著人（Peri,Peter Laszlo　ペリ, ピーター・ラーズロー　1889–1967）

Pericoli, Emilio
イタリア生まれの歌手。
⇒標音2（ペリコーリ, エミーリオ　1928.1–）

Perin, Charles Page
アメリカの技師。
⇒アア歴（Perin,Charles Page　ペリン, チャールズ・ペイジ　1861.8.23–1937.2.6）

Perino, Dana
アメリカのジャーナリスト。アメリカ大統領報道官。
⇒外12（ペリーノ, ダナ　1972–）
　外16（ペリーノ, ダナ　1972.5.9–）

Perissinotto, Alessandro
イタリアの作家。
⇒外12（ペリッシノット, アレッサンドロ　1964–）
　海文新（ペリッシノット, アレッサンドロ　1964–）
　現世文（ペリッシノット, アレッサンドロ　1964–）

Perkin, *Sir* William Henry
イギリスの有機化学者、化学技術者。最初の合成染料工業を起した（1857）。
⇒岩世人（パーキン　1838.3.12–1907.7.14）
　オク科（パーキン（サー・ウィリアム・ヘンリー）1838–1907）
　化学（パーキン　1838–1907）
　学叢思（パーキン, ウィリアム・ヘンリー　1838–1907）
　広辞7（パーキン　1838–1907）

Perkin, William Henry, Jr.
イギリスの有機化学者。アルカロイドの研究などを行なった。
⇒岩世人（パーキン　1860.6.17–1929.9.17）
　化学（パーキンJr.　1860–1929）

Perkins, Anthony
アメリカの俳優。
⇒ク俳（パーキンズ, アンソニー　1932–1992）
　スター（パーキンス, アンソニー　1932.4.4–1992）

Perkins, Carl
アメリカのシンガー・ソングライター、ギター奏者。
⇒異二辞（パーキンス［カール・〜］　1932–1998）
　新音中（パーキンズ, カール　1932.4.9–1998.1.19）
　ビト改（PERKINS,CARL　パーキンズ, カール）
　ロック（Perkins,Carl　パーキンズ, カール）

Perkins, Charles
オーストラリアの政治家、先住民族指導者。オーストラリア先住民問題省次官。
⇒世指導（パーキンス, チャールズ　1936.6.16–2000.10.18）

Perkins, Elizabeth
アメリカ生まれの女優。
⇒ク俳（パーキンズ, エリザベス（ビスペリコス, E）1960–）

Perkins, Eugene Arthur
アメリカの弁護士、領事。
⇒アア歴（Perkins,Eugene Arthur　パーキンズ, ユージン・アーサー　1887.5.6–1956.4.28）

Perkins, Frances
アメリカの婦人社会運動家。ルーズヴェルト大統領の下で婦人最初の閣僚として労働長官に任ぜられ（1933–45）、ニュー・ディールに貢献した。
⇒アメ経（パーキンズ, フランシス　1880.4.10–1965.5.14）
　アメ州（Perkins,Francis　パーキンズ, フランシス　1882–1965）
　アメ新（パーキンズ　1882–1965）
　岩世人（パーキンズ　1880.4.10–1965.5.14）

Perkins, George W.
全米葉巻工国際組合（CMIU）会長。
⇒アメ経（パーキンズ, ジョージ　?–1934.2.5）

Perkins, Kieren
オーストラリアの水泳選手（自由形）。
⇒岩世人（パーキンズ　1973.8.14–）

Perkins, Maxwell Evarts
アメリカの編集者。
⇒岩世人（パーキンズ　1884.9.20–1947.6.17）
　ヘミ（パーキンズ, マックスウェル　1884–1947）

Perkins, Millie
アメリカ生まれの女優。
⇒ク俳（パーキンズ, ミリー　1938–）

Perkins, Ralph Foster（Cy）
アメリカの大リーグ選手（捕手）。
⇒メジャ（パーキンス, サイ　1896.2.27–1963.10.2）

Perkins, Walter T.
アメリカ空軍情報官。
⇒スパイ（パーキンス, ウォルター・T）

Perković, Sandra
クロアチアの円盤投げ選手。
⇒外16（ペルコヴィッチ, サンドラ　1990.6.21–）
　最世ス（ペルコヴィッチ, サンドラ　1990.6.21–）

Perkowski, Piotr
ソ連の作曲家。作曲家同盟議長、ワルシャワ音楽院長。
⇒新音中（ペルコフスキ, ピョトル　1901.3.17–1990.8.12）

Perl, Martin Lewis
アメリカの物理学者。1995年ノーベル物理学賞。
⇒外12（パール, マーティン　1927.6.24–）
　ノベ3（パール, M.L.　1927.6.24–）

Perle, George
アメリカの作曲家, 音楽学者。
⇒エデ（パール, ジョージ　1915.5.6–2009.1.23）

Perlemuter, Vlado
ポーランド出身のフランスのピアノ奏者。
⇒新音中（ベルミュテール, ヴラド　1904.5.26–）
　標音2（ベルミュテール, ヴラド　1904.5.26–2002.9.4）

Perlis, Alan (Jay)
アメリカのコンピューター科学者, 教育者。
⇒岩世人（パーリス　1922.4.1–1990.2.7）

Perlman, Helen Harris
アメリカのケースワーカー。問題解決アプローチの提唱者。
⇒現社福（パールマン　1905–）

Perlman, Itzhak
イスラエルのヴァイオリン奏者。
⇒岩世人（パールマン　1945.8.31–）
　外12（パールマン, イツァーク　1945.8.31–）
　外16（パールマン, イツァーク　1945.8.31–）
　新音中（パールマン, イツァーク　1945.8.31–）
　標音2（パールマン, イツァーク　1945.8.31–）
　ユ著人（Perlman, Itzhak　パールマン, イツァーク　1945–）

Perlman, Steve
アメリカの起業家。
⇒外12（パールマン, スティーブ　1961–）
　外16（パールマン, スティーブ　1961–）

Perlmutter, Saul
アメリカの天体物理学者。
⇒岩世人（パールマッター　1959.9.22–）
　外12（パールマター, ソール　1959–）
　外16（パールマター, ソール　1959.9.22–）
　ノベ3（パールマター, S.　1959.9.22–）

Perlo, Victor
アメリカの経済学者。マルクス主義の立場から, アメリカ金融資本の巨大な権力支配の実態を実証的に解明。
⇒社小増（パーロ　1912–）

Perlov, Yizhak
ポーランド生まれのイディッシュ語詩人, 小説家, 編集者。
⇒ユ著人（Perlov, Yizhak　ペルロフ, イツハク　1911–1980）

Permeke, Constant
ベルギーの画家, 彫刻家。

⇒芸13（ペルメック, コンスタン　1886–1952）

Perng Fai-nan
台湾の銀行家。
⇒外16（彭淮南　ホウジュンナン）

Pernier, Luigi
イタリアの考古学者。フィレンツェ大学教授。クレタ島のファイストスにおけるミノス時代の宮殿の発掘に従事（1900～34）。
⇒岩世人（ベルニエル　1874.11.23–1937.8.18）

Perniola, Mario
イタリアの美学者, 哲学者。ローマ大学第二トル・ベルガータ教授。
⇒メル別（ベルニオーラ, マリオ　1941–）

Pérol, Huguette
チュニジア生まれのフランスの作家。
⇒外12（ペロル, ユゲット　1930–）
　現世文（ペロル, ユゲット　1930–）

Perón, Isabelita
アルゼンチンのダンサー, 政治家。アルゼンチン大統領（1974～76）。
⇒岩世人（ペロン　1931.2.4–）
　外12（ペロン, マリア・エステラ　1931.2.6–）
　外16（ペロン, マリア・エステラ　1931.2.4–）
　世人新（ペロン〈3人目の妻：イサベル〉　1931–）
　世人装（ペロン〈3人目の妻：イサベル〉　1931–）
　ラテ新（ペロン　1931–）

Perón, Juan Domingo
アルゼンチンの軍人, 大統領。独裁的政治を行い, 海軍のクーデターにより追放されたが1972年ペロン派の要望により17年ぶりに帰国。大統領に就任。
⇒岩世人（ペロン　1895.10.8–1974.7.1）
　広辞7（ペロン　1895–1974）
　政経改（ペロン　1895–1974）
　世史改（ペロン　1895–1974）
　世人新（ペロン〈夫：ホアン〉　1895–1974）
　世人装（ペロン〈夫：ホアン〉　1895–1974）
　ポブ人（ペロン, フアン　1895–1974）
　ラテ新（ペロン　1895–1974）

Perón, María Eva Duarte de
アルゼンチンの女性政治家, 社会運動家。ペロン大統領の最初の夫人。
⇒異二辞（ペロン, エバ　1919–1952）
　岩世人（ペロン　1919.5.7–1952.7.26）
　世人新（ペロン〈2人目の妻：エヴァ〉　1919–1952）
　世人装（ペロン〈2人目の妻：エヴァ〉　1919–1952）
　ラテ新（ペロン　1919–1952）

Perosi, Lorenzo
イタリアの作曲家, 司祭。ピウス十世により彼のため特設された教皇庁聖堂終身合唱長となる（1905～15）。彼の宗教曲は, 現代最高のものとされる。

⇒岩世人 (ペロージ 1872.12.21–1956.10.12)
新音中 (ペロージ, ロレンツォ 1872.12.20–1956.12.12)
新カト (ペロージ 1872.12.20–1956.12.12)
標音2 (ペロージ, ロレンツォ 1872.12.20–1956.10.12)

Perot, Ross
アメリカの実業家。
⇒アメ経 (ペロー, ヘンリー 1930.6.27–)
アメ新 (ペロー 1930–)
岩世人 (ペロー 1930.6.27–)
外12 (ペロー, ロス 1930.6.27–)
外16 (ペロー, ロス 1930.6.27–)
世指導 (ペロー, ロス 1930.6.27–)

Perranoski, Ronald Peter
アメリカの大リーグ選手(投手)。
⇒メジャ (ペラノスキー, ロン 1936.4.1–)

Perrault, Dominique
フランスの建築家。
⇒外12 (ペロー, ドミニク 1953.4.9–)
外16 (ペロー, ドミニク 1953.4.9–)

Perreau, Gigi
アメリカの女優。
⇒ク俳 (ペルロー, ジジ (ペルロー=ソーサン, ギレン) 1941–)

Perren, Irina
ロシアのバレリーナ。
⇒外12 (ペレン, イリーナ)
外16 (ペレン, イリーナ)

Perret, Auguste
ブリュッセル生まれのフランスの建築家。鉄筋コンクリート建築の発展に貢献。
⇒岩世人 (ペレ 1874.2.12–1954.2.25)
世建 (ペレ, オーギュスト 1874–1954)

Perret, Frank Alvord
アメリカの火山学者。ヴェスヴィオ火山研究所で (1904~)、約20年間調査を続け、同火山の大噴火 (06) と、その後の活動を観測した。
⇒岩世人 (ペレット 1867.8.2–1943.1.12)

Perret, Léonce
フランス生まれの映画監督、脚本家、男優。
⇒岩世人 (ペレ 1880.5.13–1935.8.14)

Perrey, Hans-Jurgen
ドイツの児童文学者。
⇒外16 (ペライ, ハンス・ユルゲン 1951–)
現世文 (ペライ, ハンス・ユルゲン 1951–)

Perriand, Charlotte
フランスのインテリア・デザイナー。
⇒岩世人 (ペリアン 1903.10.24–1999.10.27)
芸13 (ペリアン, シャルロット 1902–1971)

Perrier, François
フランスの精神分析家。
⇒精分弘 (ペリエ, フランソワ 1922–1990)

Perrin, Henri Pierre-Marie
フランス・サン・ボネ生まれのパリ外国宣教会会員、日本宣教師。
⇒新カト (ペラン 1858.12.27–1939.8.21)

Perrin, Jacques
フランス生まれの俳優。
⇒外12 (ペラン, ジャック 1941.7.13–)
外16 (ペラン, ジャック 1941.7.13–)

Perrin, Jean Baptiste
フランスの化学者、物理学者。1941年アメリカに亡命。
⇒岩世人 (ペラン 1870.9.30–1942.4.17)
化学 (ペラン 1870–1942)
広辞7 (ペラン 1870–1942)
三新物 (ペラン 1870–1942)
ノベ3 (ペラン, J.B. 1870.9.30–1942.4.17)
物理 (ペラン, ジャン・バプティスト 1870–1942)

Perrine, Charles Dillon
アメリカの天文学者。
⇒天文大 (パーライン 1867–1951)

Perrine, Valerie
アメリカ生まれの女優。
⇒ク俳 (ペリン, ヴァレリー 1944–)

Perro, Bryan
カナダの作家。
⇒海文新 (ペロー, ブリアン 1968.6.11–)
現世文 (ペロー, ブリアン 1968.6.11–)

Perron, Charles Edgar du
オランダの小説家、随筆家、評論家。
⇒岩世人 (ドゥ・ペロン 1899.11.2–1940.5.14)
現世文 (ペロン, エドガル・デュ 1899.11.2–1940.5.14)

Perron, Oskar
ドイツの数学者。
⇒世数 (ペロン, オスカー 1880–1975)

Perrot, Georges
フランスの考古学者。パリ大学教授 (1875)、エコル・ノルマ校長 (88~1902)。小アジアの科学調査に参加 (61)、アンキラの碑の解読に成功した。
⇒岩世人 (ペロー 1832.11.12–1914.6.30)

Perrot, Michelle
フランスの歴史家。
⇒岩世人 (ペロー 1928.5.18–)

Perrow, Charles Bryce
アメリカの社会学者。
⇒社小増 (ペロー 1925–)

Perry, Anne
イギリスの女性推理小説家。
⇒外16（ペリー，アン　1938–）
　現世文（ペリー，アン　1938–）

Perry, Arthur Latham
アメリカ生まれの経済思想学者。
⇒岩世人（ペリー　1830.2.27–1905.7.9）

Perry, Bruce
アメリカのマルコムX研究者。
⇒マルX（PERRY,BRUCE　ペリー，ブルース）

Perry, Corey
カナダのアイスホッケー選手（ダックス・FW）。
⇒最世ス（ペリー，コリー　1985.5.16–）

Perry, Douglas
テノール歌手。
⇒魅惑（Perry,Douglas　?–）

Perry, Fred
イギリスのテニス選手，卓球選手。
⇒岩世人（ペリー　1909.5.18–1995.2.2）

Perry, Gaylord Jackson
アメリカの大リーグ選手（投手）。
⇒メジャ（ペリー，ゲイロード　1938.9.15–）

Perry, Gerald June
アメリカの大リーグ選手（一塁）。
⇒メジャ（ペリー，ジェラルド　1960.10.30–）

Perry, Grayson
イギリス生まれの芸術家。
⇒現アテ（Perry,Grayson　ペリー，グレイソン　1960–）

Perry, James Evan
アメリカの大リーグ選手（投手）。
⇒メジャ（ペリー，ジム　1935.10.30–）

Perry, Joe
アメリカのロック・ギター奏者。
⇒外12（ペリー，ジョー　1952.9.10–）
　外16（ペリー，ジョー　1952.9.10–）

Perry, John
イギリス（アイルランド）の応用数学者，技師。1875年来日し，工部大学校土木助教師となる。
⇒岩世人（ペリー　1850.2.14–1920.8.4）
　数小増（ペリー　1850–1920）

Perry, Katy
アメリカのシンガー・ソングライター。
⇒外12（ペリー，ケイティ　1984.10.25–）
　外16（ペリー，ケイティ　1984.10.25–）

Perry, Kenny
アメリカのプロゴルファー。
⇒外12（ペリー，ケニー　1960.8.10–）
　外16（ペリー，ケニー　1960.8.10–）
　最世ス（ペリー，ケニー　1960.8.10–）

Perry, Lee "Scratch"
ジャマイカのレゲエ・ミュージシャン。
⇒岩世人（ペリー　1936.3.20–）
　新音中（ペリー，リー　1936.3.20–）
　ロック（Perry,Lee　ペリー，リー　1936–）

Perry, Lilla Cabot
アメリカの画家。
⇒アア歴（Perry,Lilla Cabot　ペリー，リラ・キャボット　1848.1.13–1933.2.28）

Perry, Matthew Galbraith
アメリカの生物学者。
⇒外16（ペリー，マシュー・ガルブレイス）

Perry, Michelle
アメリカの陸上選手（ハードル）。
⇒最世ス（ペリー，ミシェル　1979.5.1–）

Perry, Ralph Barton
アメリカの実在論哲学者。新実在論を唱えた。
⇒岩世人（ペリー　1876.7.3–1957.1.22）

Perry, Richard
イギリスの音楽プロデューサー。
⇒ビト改（PERRY,RICHARD　ペリー，リチャード）

Perry, Rick
アメリカの政治家。
⇒外12（ペリー，リック　1950.3.4–）
　外16（ペリー，リック　1950.3.4–）
　世指導（ペリー，リック　1950.3.4–）

Perry, Ruth
リベリアの政治家。リベリア暫定国家評議会議長。
⇒世指導（ペリー，ルース　1939.7.16–2017.1.8）

Perry, Steve
アメリカ・カリフォルニア州生まれの歌手。
⇒外12（ペリー，スティーブ　1953.1.22–）

Perry, Thomas
アメリカの作家。
⇒現世文（ペリー，トマス　1947–）

Perry, William James
イギリスの人類学者。
⇒岩世人（ペリー　1887–1949.4.29）

Perry, William James
アメリカの政治家，数学者。アメリカ対北朝鮮調整官，国防長官。
⇒岩韓（ペリー　1927–）
　外12（ペリー，ウィリアム　1927.10.11–）
　外16（ペリー，ウィリアム　1927.10.11–）

世指導（ペリー，ウィリアム　1927.10.11–）

Perse, Sant-John
フランスの詩人，外交官。1960年ノーベル文学賞。
- ⇒岩世人（サン＝ジョン・ペルス　1887.5.31–1975.9.20）
- 現世文（サン・ジョン・ペルス　1887.5.31–1975.9.20）
- 広辞7（サン・ジョン・ペルス　1887–1975）
- ノベ3（ペルス,S.　1887.5.31–1975.9.20）

Pershing, John Joseph
アメリカの陸軍軍人。第1次世界大戦ではヨーロッパ派遣軍司令官。陸軍最初の元帥。
- ⇒アア歴（Pershing,John J(oseph)　パーシング，ジョン・ジョセフ　1860.9.13–1948.7.15）
- アメ州（Pershing,John Joseph　パーシング，ジョン・ジョセフ　1860–1948）
- 岩世人（パーシング　1860.9.13–1948.7.15）

Persia, Alfred
フランス生まれの画家。
- ⇒芸13（ペルシア，アルフレッド　?–）

Persichetti, Vincent
アメリカの作曲家，ピアノ奏者。
- ⇒エデ（パーシケッティ，ヴィンセント（ラドウィグ）　1915.6.6–1987.8.13）
- ク音3（パーシケッティ　1915–1987）
- 新音中（パーシケッティ，ヴィンセント　1915.6.6–1987.8.14）
- 標音2（パーシケッティ，ヴィンセント　1915.6.6–1987.8.14）

Persico, Mario
イタリアの作曲家。
- ⇒ク音3（ペルシーコ　1892–1977）

Personnaz, Raphaël
フランスの俳優。
- ⇒外16（ペルソナ，ラファエル　1981.7.23–）

Persson, Axel Waldemar
スウェーデンの古代学者。デンドラを発掘して多くの金銀製品を発見した。
- ⇒岩世人（ペーション　1888.6.1–1951.5.7）

Persson, Göran
スウェーデンの政治家。スウェーデン首相，スウェーデン社会民主労働党党首。
- ⇒外12（ペーション，ヨーラン　1949.1.20–）
- 外16（ペーション，ヨーラン　1949.1.20–）
- 世指導（ペーション，ヨーラン　1949.1.20–）

Persson, Nina
スウェーデンのミュージシャン。
- ⇒外12（パーション，ニーナ　1974.9.6–）
- 外16（パーション，ニーナ　1974.9.6–）

Pertev Paşa
トルコの軍人，政治家，戦史家。

- ⇒岩イ（ペルテヴ・パシャ　1871–1964）

Perthes, Georg Clemens
ドイツの外科医。テュービンゲン大学教授（1910〜）。若年性変形性骨軟骨炎を記載し，また足の深部静脈の検査法を考案した。
- ⇒岩世人（ペルテス　1869.1.17–1927.1.3）

Pertile, Aureliano
イタリアのテノール歌手。
- ⇒オペラ（ペルティレ，アウレリアーノ　1885–1952）
- 失声（ペルティーレ，アウレリアーノ　1885–1952）
- 魅惑（Pertile,Aureliano　1885–1952）

Pertusi, Michele
イタリアのバス歌手。
- ⇒外12（ペルトゥージ，ミケーレ　1965–）
- 外16（ペルトゥージ，ミケーレ　1965–）

Perutz, Leo
オーストリアの小説家。フランスで文学賞を受賞した作品『ボリバール侯爵』などがある。
- ⇒現世文（ペルッツ，レオ　1882–1957）

Perutz, Max Ferdinand
オーストリア生まれのイギリスの分子生物学者。
- ⇒岩生（ペルーツ　1914–2002）
- 岩世人（ペルーツ　1914.5.19–2002.2.6）
- 化学（ペルーツ　1914–2002）
- 広辞7（ペルーツ　1914–2002）
- ノベ3（ペルツ,M.F.　1914.5.19–2002.2.6）
- ユ著人（Perutz,Max Ferdinnand　ペラッツ，マックス・フェルディナント　1914–）

Peruzzi, Angelo
イタリアのサッカー選手。
- ⇒外12（ペルッツィ，アンジェロ　1970.2.16–）

Perzer, Karl Josef
アメリカの地理学者。
- ⇒アア歴（Perzer,K(arl) J(osef)　パーザー［ドイツ語ではペルツァー］，カール・ジョゼフ　1909.2.23–1980.11.9）

Pesch, Christian
ドイツ出身のイエズス会神学者。
- ⇒新カト（ペッシュ　1853.5.25–1925.4.26）

Pesch, Heinrich
ドイツ生まれの経済思想学者。
- ⇒岩世人（ペッシュ　1854.9.17–1926.4.1）
- 新カト（ペッシュ　1854.9.17–1926.4.1）

Pesci, Joe
アメリカ生まれの男優。
- ⇒外12（ペシ，ジョー　1943.2.9–）
- 外16（ペシ，ジョー　1943.2.9–）
- ク俳（ペスチ，ジョウ　1943–）

Pešić, Dragiša
セルビア・モンテネグロの政治家。セルビア・

モンテネグロ首相, モンテネグロ社会人民党副党首。
⇒外12 (ペシッチ, ドラギシャ 1954.8.8–)
⇒外16 (ペシッチ, ドラギシャ 1954.8.8–)
世指導 (ペシッチ, ドラギシャ 1954.8.8–2016.9.8)

Pesic, Peter
アメリカの物理学者, ピアノ奏者, 作家。
⇒外12 (ペジック, ピーター)
⇒外16 (ペジック, ピーター)

Pesky, John Michael
アメリカの大リーグ選手 (遊撃, 三塁)。
⇒メジャ (ペスキー, ジョニー 1919.2.27–2012.8.13)

Peslier, Olivier
フランスの騎手。
⇒外16 (ペリエ, オリビエ 1973.1.12–)
最世ス (ペリエ, オリビエ 1973.1.12–)

Pessan, Éric
フランスの作家。
⇒現世文 (ペッサン, エリック 1970–)

Pessl, Marisha
アメリカの作家。
⇒海文新 (ペスル, マリーシャ 1977–)

Pessoa, Fernando António Nogueira
ポルトガルの詩人。『フェルナンド・ペソーアの詩』(1942), 『リカルド・レイスの詩』(46) などの作品がある。
⇒岩世人 (ペソア 1888.6.13–1935.11.30)
現世文 (ペソア, フェルナンド 1888.6.13–1935.11.30)
広辞7 (ペソア 1888–1935)
ユ著人 (Pessoa, Fernand António Nogueira ペソア, フェルナンド・アントニオ・ノグエイラ 1888–1935)

Pessotto, Gianluca
イタリアのサッカー選手。
⇒外12 (ペソット, ジャンルカ 1970.8.11–)

Pestalozza, Alberto
イタリアの作曲家。
⇒ク音3 (ペスタロッツァ 1851–1934)
標音2 (ペスタロッツァ, アルベルト 1851–1934.6.8)

Petagine, Roberto Antonio
アメリカの大リーグ選手 (一塁)。
⇒外12 (ペタジーニ, ロベルト 1971.6.2–)

Pétain, Henri Philippe
フランスの軍人, 政治家。1918年元帥, 20～31年最高軍事会議副議長。
⇒ア太戦 (ペタン 1856–1951)
岩世人 (ペタン 1856.4.24–1951.7.23)
広辞7 (ペタン 1856–1951)
政経改 (ペタン 1856–1951)
世史改 (ペタン 1856–1951)
世人新 (ペタン 1856–1951)
世人装 (ペタン 1856–1951)
ポプ人 (ペタン, フィリップ 1856–1951)

Petar I Karadjordjevič
セルビア王。在位1903～21。
⇒岩世人 (ペータル1世 1844.6.29/7.11–1921.8.16)
皇国 (ペータル1世 (在位) 1903–1921)

Petar II
ユーゴスラビアの王。在位1934～45。
⇒岩世人 (ペータル2世 1923.9.6–1970.11.3)

Pete, Sneaky
アメリカのギター奏者。
⇒ピト改 (PETE, SNEAKY ピート, スニーキー)

Peterhansel, Stéphane
フランスのレーシングドライバー, オートバイライダー。
⇒最世ス (ペテランセル, ステファン 1965.8.6–)

Peterkin, Julia
アメリカの小説家。
⇒アメ州 (Peterkin, Julia ピーターキン, ジュリア 1880–1961)

Peters, Charles C.
ドイツの政治家, 教育学者。社会政策上から労作教育の重要性を主張した。
⇒教人 (ピーターズ 1881–)

Peters, Chris
アメリカの服飾デザイナー。
⇒外16 (ピータース, クリス)

Peters, Elizabeth
アメリカの作家。
⇒外12 (ピーターズ, エリザベス 1927–)
外16 (ピーターズ, エリザベス 1927–)
現世文 (ピーターズ, エリザベス 1927.9.29–2013.8.8)

Peters, Ellis
イギリスの推理小説家。
⇒現世文 (ピーターズ, エリス 1913.9.28–1995.10.14)

Peters, Gary Charles
アメリカの大リーグ選手 (投手)。
⇒メジャ (ピータース, ゲイリー 1937.4.21–)

Peters, Hans
ドイツの法学者。公法および文化政策を専攻。
⇒岩世人 (ピータース 1896.9.5–1966.4.15)

Peters, Hermann
ドイツの薬剤師, 医学および薬学史家。

⇒岩世人（ペータース　1847.12.14–1920.5.9）

Peters, Jason
アメリカのプロフットボール選手（イーグルス・T）。
⇒最世ス（ピーターズ, ジェイソン　1982.1.22–）

Peters, Jean
アメリカの映画女優。
⇒ク俳（ピーターズ, ジーン（ピーターズ, エリザベス・J）　1926–2000）

Peters, Lenrie（Leopold Wilfred）
ガンビアの詩人, 小説家, 外科医。
⇒現世文（ピータース, レンリー　1932.9.1–2009.5.28）

Peters, Mary E.
アメリカの政治家。運輸長官。
⇒外12（ピーターズ, メアリー　1948.12.4–）
　外16（ピーターズ, メアリー　1948.12.4–）

Peters, Michael
イギリスのグラフィック・デザイナー。
⇒グラデ（Peters,Michael　ピーターズ, マイケル　1941–）

Peters, Roberta
アメリカのソプラノ歌手。
⇒標音2（ピーターズ, ロバータ　1930.5.4–）

Peters, Susan
アメリカの女優。
⇒ク俳（ピーターズ, スーザン（カーナハン, スザンヌ）　1921–1952）

Peters, Tom
アメリカの経営コンサルタント。
⇒外12（ピーターズ, トム）
　外16（ピーターズ, トム）

Peters, Ulrich
ドイツの演出家。
⇒外12（ピータース, ウルリッヒ）
　外16（ピータース, ウルリッヒ）

Peters, Winston Raymond
ニュージーランドの弁護士, 政治家。
⇒世指導（ピーターズ, ウィンストン　1945.4.11–）
　ニュー（ピーターズ, ウインストン　1945–）

Petersen, Carl George Johanes
デンマークの水産学者。デンマーク臨海生物研究所長として（1889〜1916）, 多くの研究業績があり, 標識放流法を創始し, カレイの生態の調査をした。
⇒岩世人（ペタセン　1860.10.24–1928.5.11）

Petersen, Jan
ノルウェーの政治家。ノルウェー外相。
⇒世指導（ペーターセン, ヤン　1946.6.11–）

Petersen, Joseph S., Jr.
NSA（米国家安全保障局）の暗号解読者。オランダ人に機密文書を渡した。
⇒スパイ（ピーターセン, ジョセフ・S, ジュニア　1914–?）

Petersen, Julius
ドイツの文学史家。"Deutsche Forschungen"誌の編集者（1921〜）。
⇒岩世人（ペーターゼン　1878.11.5–1941.8.22）

Petersen, Niels Helveg
デンマークの政治家。デンマーク外相。
⇒世指導（ペーターセン, ニールス・ヘルベイ　1939.1.17–）

Petersen, Nis Johan
デンマークの詩人, 小説家。第1次大戦後の「幻滅した時代」の代表者。主著『夜の笛吹きたち』（1926）,『一群の詩』(33)。
⇒岩世人（ペタセン　1897.1.22–1943.3.9）
　現世文（ペーターセン, ニス　1897.1.22–1943.3.9）

Petersen, Peter
ドイツの教育学者。社会生活の根本機能としてはたらく教育を把握しようとする〈教育科学〉を建設した。
⇒岩世人（ペーターゼン　1884.6.26–1952.3.21）
　教人（ペーターゼン　1884–1952）

Petersen, Theodore Christian
インド生まれのコプト語学者, パウロ宣教会員。
⇒新カト（ペーターセン　1883.2.1–1966.3.14）

Petersen, Wolfgang
ドイツ生まれの映画監督。
⇒映監（ペーターゼン, ウォルフガング　1941.3.14–）
　外12（ペーターゼン, ウォルフガング　1941.3.14–）
　外16（ペーターゼン, ウォルフガング　1941.3.14–）

Petersham, Maud
アメリカの絵本作家, 挿絵画家。
⇒現世文（ピーターシャム, モード＆ミスカ　1890.8.5–1971.11.29）

Petersham, Miska
アメリカの絵本作家, 挿絵画家。
⇒現世文（ピーターシャム, モード＆ミスカ　1888.9.20–1960.5.15）

Peterson, Adrian
アメリカのプロフットボール選手（バイキングス・RB）。
⇒最世ス（ピーターソン, エイドリアン　1985.3.21–）

Peterson, Douglas L.
アメリカの銀行家。
⇒外12（ピーターソン, ダグラス　1958.8.5–）

Peterson, Fritz Fred
アメリカの大リーグ選手(投手)。
⇒メジャ (ピーターソン, フリッツ 1942.2.8–)

Peterson, Glade
アメリカのテノール歌手。
⇒魅惑 (Peterson,Glade 1928–1990)

Peterson, Jeret
アメリカのスキー選手(フリースタイル)。
⇒最世ス (ピーターソン, ジャレット 1981.12.12–2011.7.26)

Peterson, Martha D.
アメリカ中央情報局(CIA)のケース・オフィサー。
⇒スパイ (ピーターソン, マーサ・D 1945–)

Peterson, Oscar
カナダ生まれのジャズ・ピアノ奏者。
⇒異二辞 (ピーターソン, オスカー 1925–2007)
　岩世人 (ピーターソン 1925.8.15–2007.12.23)
　新音中 (ピーターソン, オスカー 1925.8.15–)
　標音2 (ピータソン, オスカー 1925.8.15–2007.12.23)

Peterson, Paul
アメリカの俳優。
⇒ロック (Peterson,Paul ピーターソン, ポール 1945.9.23–)

Peterson, Ray
アメリカ・テキサス州生まれの歌手。
⇒ロック (Peterson,Ray ピータソン, レイ 1939.4.23–)

Peterson, Spike
アメリカのフェミニスト国際政治学者。
⇒国政 (ピーターソン, スパイク 1959–)

Peterson-Berger, Olof Wilhelm
スウェーデンの作曲家, 批評家, 詩人。
⇒ク音3 (ペテルソン=ベリエル 1867–1942)
　新音中 (ペーテション=ベルイェル, ヴィルヘルム 1867.2.27–1942.12.3)

Peterson Grandjean, Erik
ドイツのカトリック神学者, 宗教史学者。
⇒岩世人 (ペーターソン 1890.6.7–1960.10.26)

Petersons, Ingus
テノール歌手。
⇒魅惑 (Petersons,Ingus ?–)

Peterssen, Eilif
ノルウェーの画家。
⇒芸13 (ペーテルセン, エイリフ 1852–1928)

Petersson, Tom
アメリカのロック・ベース奏者。
⇒外12 (ピーターソン, トム)

外16 (ピーターソン, トム)

Petibon, Patricia
フランスのソプラノ歌手。
⇒外12 (プティボン, パトリシア 1970–)
　外16 (プティボン, パトリシア 1970–)

Petit, Georges
フランスの画商。
⇒岩世人 (プティ 1856.3.11–1920.5.12)

Petit, Louis
フランスの大司教, オリエント学者。
⇒新カト (プティ 1868.2.21–1927.11.5)

Petit, Pascal
フランスの経済学者。
⇒岩世人 (プティ 1943–)

Petit, Philippe
フランスの綱渡り師, パフォーミング・アーティスト。
⇒外12 (プティ, フィリップ 1949–)
　外16 (プティ, フィリップ 1949–)

Petit, Roland
フランスのダンサー, 振付家, バレエ監督。
⇒異二辞 (プティ [ローラン・〜] 1924–2011)
　岩世人 (プティ 1924.1.13–2011.7.10)
　新音中 (プティ, ロラン 1924.1.13–)
　標音2 (プティ, ローラン 1924.1.13–2011.7.10)

Petit, Xavier-Laurent
フランスの作家。
⇒外12 (プティ, グザヴィエ・ローラン 1956–)
　外16 (プティ, グザヴィエ・ローラン 1956–)
　現世文 (プティ, グザヴィエ・ローラン 1956–)

Petitot, Emile-Fortuné-Stanislas-Joseph
フランス出身のオブレート会員, カナダ北部で布教した宣教師。
⇒新カト (プティト 1838.12.3–1917.5.13)

Petkov, Angel
テノール歌手。
⇒魅惑 (Petkov,Angel ?–)

Petkov, Anton
テノール歌手。
⇒魅惑 (Petkov,Anton ?–)

Petkov, Nikola Dimitrov
ブルガリア農民同盟の指導者。
⇒岩世人 (ペトコフ 1893.7.21/8.2–1947.9.23)

Petkovic, Iliya
セルビアのサッカー監督。
⇒外12 (ペトコヴィッチ, イリヤ 1945.9.22–)
　最世ス (ペトコヴィッチ, イリヤ 1945.9.22–)

Petkovšek, Mitja
スロベニアの体操選手。
⇒外16（ペトコブセク, ミトヤ　1977.2.6–）
　最世ス（ペトコブセク, ミトヤ　1977.2.6–）

Petraeus, David
アメリカの軍人。CIA長官, 米国陸軍中央軍司令官, イラク駐留多国籍軍司令官。
⇒外12（ペトレアス, デービッド　1952.11.7–）
　外16（ペトレアス, デービッド　1952.11.7–）

Petrák, Rudolf
チェコスロバキアのテノール歌手。
⇒魅惑（Petrák,Rudolf　1917–1972）

Petrassi, Goffredo
イタリアの作曲家。
⇒オペラ（ペトラッシ, ゴッフレード　1904–2003）
　ク音3（ペトラッシ　1904–2003）
　新音中（ペトラッシ, ゴッフレード　1904.7.16–）
　標音2（ペトラッシ, ゴッフレード　1904.7.16–）

Petrauskas, Kipras
ソ連のテノール歌手。1950年スターリン賞受賞。
⇒失声（ペトラウスカス, キプラス　1885–1968）
　魅惑（Petrauskas,Kipras　1886–1968）

Petrazhitskii, Lev Iosifovich
ロシアの法律学者。
⇒岩世人（ペトラジツキー　1867.4.13/25–1931.5.15）

Petre, Stoian
ルーマニアの外交官。
⇒外12（ペトレ, ストヤン）

Petrella, Clara
イタリアのソプラノ歌手。
⇒オペラ（ペトレッラ, クラーラ　1914–1989）

Petrenko, Kirill
ロシアの指揮者。
⇒外12（ペトレンコ, キリル　1972–）
　外16（ペトレンコ, キリル　1972–）

Petrenko, Vasilii
ロシアの指揮者。
⇒外12（ペトレンコ, ヴァシリー　1976–）
　外16（ペトレンコ, ヴァシリー　1976–）

Petrescu, Cezar
ルーマニアの小説家, ジャーナリスト。代表作『たそがれ』(1928), 『ビクトリア通り』(30), 『使徒』(33)。
⇒現世文（ペトレスク, チェザル　1892.12.1–1961.3.1）

Petri, Egon
オランダのピアノ演奏家。
⇒岩世人（ペトリ　1881.3.23–1962.5.27）
　標音2（ペートリ, エーゴン　1881.3.23–1962.5.27）

Petri, Michala
デンマークのリコーダー奏者。
⇒外12（ペトリ, ミカラ　1958.7.7–）
　外16（ペトリ, ミカラ　1958.7.7–）

Petrie, Sir David
第2次世界大戦中のイギリス保安部(MI5)長官。
⇒スパイ（ペトリー, サー・デイヴィッド　1879–1961）

Petrie, Sir William Matthew Flinders
イギリスの考古学者。
⇒岩世人（ピートリー　1853.6.3–1942.7.28）

Petri György
ハンガリーの詩人。
⇒岩世人（ペトリ　1943.12.22–2000.7.16）

Petrini, Carlo
イタリアのワイン・フードジャーナリスト。
⇒外12（ペトリーニ, カルロ　1949–）

Petriv, Oleksandr
ウクライナの射撃選手（ピストル）。
⇒外12（ペトリフ, オレクサンドル　1974.8.5–）
　最世ス（ペトリフ, オレクサンドル　1974.8.5–）

Petrocelli, Americo Peter
アメリカの大リーグ選手（遊撃, 三塁）。
⇒メジャ（ペトロセリ, リコ　1943.6.27–）

Petroni, Luigi
テノール歌手。
⇒魅惑（Petroni,Luigi　?–）

Petrov, Aleksandr
ロシア生まれのアニメーション作家。
⇒アニメ（ペトロフ, アレクサンドル　1957–）

Petrov, Andrei
ロシア生まれの映画音楽作曲家。
⇒標音2（ペトロフ, アンドレイ・パヴロヴィチ　1930.9.2–）

Petrov, Evgenii
ソ連の風刺・ユーモア小説家。イリフ＝ペトロフの共同筆名で活躍した。
⇒現世文（イリフ・ペトロフ）
　ユ著人（Ilf i Petrov　イリフとペトロフ　1903–1942）

Petrov, Ivan
ロシアのバス歌手。
⇒標音2（ペトロフ, イヴァン　1920.2.29–）

Petrov, Vitaly
ロシアのF1ドライバー。

Petrov, Vladimir
ソ連のテノール歌手。
⇒失声（ペトロフ，ウラディミール　1926–）
魅惑（Petrov,Vladimir　1926–）

Petrov, Vladimir M.
KGBの上級職員。1954年4月にオーストラリアで亡命した。
⇒スパイ（ペトロフ，フラジーミル・M　1907–1991）

Petrova, Nadia
ロシアのテニス選手。
⇒外16（ペトロワ，ナディア　1982.6.8–）
最世ス（ペトロワ，ナディア　1982.6.8–）

Petrovic, Mihailo
オーストリアのサッカー監督（浦和レッズ）。
⇒外12（ペトロヴィッチ，ミハイロ　1957.10.18–）
外16（ペトロヴィッチ，ミハイロ　1957.10.18–）

Petrovic, Milivoj
ユーゴスラビアのテノール歌手。
⇒魅惑（Petrovic,Milivoj　1938–）

Petrovic, Zeljko
モンテネグロのサッカー監督，サッカー選手。
⇒外12（ペトロヴィッチ，ゼリコ　1965.11.13–）

Petrovskii, Grigorii Ivanovich
ソ連の政治家。労働者出身で，1912年にボリシェビキ党の国会議員。
⇒学叢思（ペトロフスキー　1877–?）

Petrovskii, Ivan Georgievich
ソ連の数学者。
⇒世数（ペトロフスキー，イヴァン・ゲオルギェヴィッチ　1901–1973）

Petrovskii, Vladimir Fedorovich
ロシアの外交官。
⇒外12（ペトロフスキー，ウラジーミル　1933.4.29–）
外16（ペトロフスキー，ウラジーミル　1933.4.29–）

Petrovsky, Nikolai Fyodorovich
ロシアの外交官，東洋学者。
⇒岩世人（ペトロフスキー　1837–1908）

Petrov-Vodkin, Kuz'ma Sergeevich
ロシアの画家。『1818年のペテルブルグ』(1920)などが代表作。
⇒岩世人（ペトローフ＝ヴォートキン　1878.10.24/11.5–1939.2.15）

Petrowsky, Wolfgang
ドイツ生まれの画家。
⇒芸13（ペトロフスキー，ワルフガング　1947–）

⇒最世ス（ペトロフ，ヴィタリー　1984.9.8–）

Petrozzi, Francesco
ペルーのテノール歌手。
⇒魅惑（Petrozzi,Francesco　?–）

Petrushevskaya, Lyudmila Stefanovna
ロシアの女性劇作家，小説家。戯曲『青い服を着た三人の娘たち』，小説『時は夜』など。
⇒岩世人（ペトルシェフスカヤ　1938.5.26–）
外16（ペトルシェフスカヤ，リュドミラ・スチェファノブナ　1938.5.26–）
現世文（ペトルシェフスカヤ，リュドミラ・スチェファノブナ　1938.5.26–）

Petrushevsky, Dmitry Moiseevich
ソ連の歴史家。
⇒岩世人（ペトルシェフスキー　1863.9.1/13–1942.12.12）

Petry, Ann (Lane)
アメリカ（アフリカ系）の女性小説家。
⇒現世文（ペトリ，アン・レイン　1908.10.12–1997.4.28）

Petry, Daniel Joseph
アメリカの大リーグ選手（投手）。
⇒メジャ（ピトリー，ダン　1958.11.13–）

Mr.Pets
台湾の作家。
⇒外12（寵物先生　ミスターペッツ　1980–）
外16（寵物先生　ミスターペッツ　1980–）
海文新（寵物先生　ミスターペッツ　1980–）
現世文（寵物先生　ミスターペッツ　1980–）

Petsarath
ラオスの王族。1945年10月自由ラオス臨時抗戦政府首相としてラオスの独立を宣言。
⇒岩世人（ペッサラート　1890.1.19–1959.10.15）

Pettas, Nicholas
デンマークの空手家，格闘家。
⇒外12（ペタス，ニコラス　1973.1.23–）

Pettazzoni, Raffaele
イタリアの宗教史家。
⇒新カト（ペッタツォーニ　1883.2.3–1959.12.8）

Pettee, James Horace
アメリカのボード・ミッション宣教師。1878年来日し，岡山英語学校を創立。また博愛会事業を援けた。
⇒岩世人（ペティー　1851.7.16–1920.2.18）

Pettersen, Oeystein
ノルウェーのスキー選手（距離）。
⇒外12（ペテルセン，オイステイン　1983.1.19–）
外16（ペテルセン，オイステイン　1983.1.19–）
最世ス（ペテルセン，オイステイン　1983.1.19–）

Pettersen, Suzann
ノルウェーのプロゴルファー。

⇒外12（ペテルセン, スサン 1981.4.7–）
⇒外16（ペテルセン, スサン 1981.4.7–）
⇒最世ス（ペテルセン, スサン 1981.4.7–）

Petterson, Per
ノルウェーの作家。
⇒海文新（ペッテルソン, ペール 1952.7.18–）
⇒現世文（ペッテルソン, ペール 1952.7.18–）

Pettersson, Christer
スウェーデン首相オラフ・パルメの暗殺者。
⇒世暗（ペターソン, クリステル 1944–）

Pettersson, Hans
スウェーデンの海洋学者。S.O.ペテルソンの子。海洋物理学や地中海沈殿物の研究、石英微量天秤の考案がある。
⇒岩世人（ペテルソン（ペッテション） 1888.8.26–1966.1.25）

Pettersson, Sven Otto
スウェーデンの化学者、海洋学者。ストックホルム大学化学教授（1881～1908）。ニルソンと共に、金属チタニウムを遊離（87）、またゲルマニウムの研究も。
⇒岩世人（ペテルソン（ペッテション） 1848.2.12–1941.1.16）

Pettet, Joanna
イギリス生まれの女優。
⇒ク俳（ペテット, ジョアンナ 1944–）

Pettibon, Raymond
アメリカ生まれの芸術家。
⇒現アテ（Pettibon,Raymond ペティボン, レイモンド 1957–）

Pettiford, Oscar
アメリカのジャズ・ベース奏者。モダン・ジャズのベース奏法を確立。
⇒標音2（ペティフォード, オスカー 1922.9.30–1960.9.8）

Pettijohn, Francis John
アメリカの地質学者。堆積岩研究の新しい分野として地層学・堆積岩石学・堆積学の確立に貢献した。
⇒岩世人（ペティジョン 1904.6.20–1999.4.23）

Pettis, Gary George
アメリカの大リーグ選手（外野）。
⇒メジャ（ペティス, ゲイリー 1958.4.3–）

Pettitte, Andy
アメリカの大リーグ選手（投手）。
⇒外12（ペティット, アンディ 1972.6.15–）
⇒外16（ペティット, アンディ 1972.6.15–）
⇒最世ス（ペティット, アンディ 1972.6.15–）
⇒メジャ（ペティット, アンディ 1972.6.15–）

Pettman, Jan Jindy
フェミニスト国際関係論の分野を確立した先駆的研究者の一人。「International Feminist Journal of Politics」初代編集長。
⇒国政（ペットマン, ジャン・ジンディー 1944–）

Pettoruti, Emilio
アルゼンチンの画家。
⇒ラテ新（ペトルチ 1892–1971）

Pettus, William Bacon
アメリカの宣教師。
⇒アア歴（Pettus,William Bacon ピタス, ウイリアム・ベイコン 1880.8.28–1959.12.8）

Petty, Norman
アメリカのプロデューサー。
⇒ロック（Petty,Norman ペティ, ノーマン）

Petty, Tom
アメリカ生まれのミュージシャン。
⇒外12（ペティ, トム 1952–）

Petzold, Christian
ドイツの映画監督。
⇒外16（ペッツォルト, クリスティアン 1960.9.14–）

Petzold, Martin
ドイツのテノール歌手。
⇒魅惑（Petzold,Martin ?–）

Petzold, Bruno
ドイツの仏教学者。来日して東京の第一高等学校でドイツ語教師となり（1917～24）、傍ら仏教を研究し、晩年には天台宗の僧位を受けた。
⇒岩世人（ペーツォルト 1873.8.3–1949）

Petzoldt, Hanka
ノルウェー生まれのドイツの声楽家。
⇒岩世人（ペーツォルト 1862–1937.8.18）
⇒ネーム（ペッツォルト ?–1937）
⇒標音2（ペツォルト, ハンカ ?–1937.8.18）

Peugeot, Armand Pierre Geoffroy
フランスの実業家。
⇒岩世人（プジョー 1848.2.18–1915.2.4）

Peuillier, Gerard François
フランスの神父。
⇒新カト（プーリエ（岡田普理衛） 1859.11.14–1947.7.1）
⇒ボブ人（岡田普理衛 おかだふりえ 1859–1947）

Pevsner, Antoine
ロシア構成主義の彫刻家。ロシア・バレエ団の舞台装置も手がけた。
⇒岩世人（ペヴスナー 1884.1.18/30–1962.4.12）
⇒広辞7（ペヴスナー 1886–1962）
⇒ユ著人（Pevsner ペブスナー兄弟 1886–1962）

Pevsner, Naum Nehemia
ロシアの彫刻家。

⇒ユ著人 (Pevsner ペブスナー兄弟 1890–1977)

Pevsner, *Sir* Nikolaus（Bernhard Leon）
イギリスの美術史学者,建築史学者。
⇒岩世人 (ベヴスナー 1902.1.30–1983.8.18)

Peycheva, Simona
ブルガリアの新体操選手。
⇒外12 (ペイチェヴァ, シモナ 1985.5.14–)
　最世ス (ペイチェヴァ, シモナ 1985.5.14–)

Peyer, Gervase de
イギリスのクラリネット奏者。独奏のほか,指揮,放送,編曲も行なうなど多面的に活動。
⇒標音2 (ペイエ, ジェルヴァーズ・ド 1926.4.11–)

Peyerimhoff, Sigrid Doris
ドイツの理論化学者。
⇒岩世人 (パイアリムホフ 1937.1.12–)

Peyrefitte, Roger
フランスの作家。
⇒現世文 (ペールフィト, ロジェ 1907.8.17–2000.11)

Peyrol, Erick
フランスの画家。
⇒芸13 (ペイロール, エリック 1948–)

Peyron, Joseph
テノール歌手。
⇒魅惑 (Peyron,Joseph ?–)

Peyroux, Madeleine
アメリカのシンガー・ソングライター。
⇒外12 (ペルー, マデリン)
　外16 (ペルー, マデリン 1974–)

Peyton, Elizabeth
アメリカ生まれの画家。90年代「プライベート&イノセント」絵画の代表者。
⇒現アテ (Peyton,Elizabeth ペイトン, エリザベス 1965–)

Peyton, K.M.
イギリスの女性作家。本名・Kathleen Wendy Peyton,筆名・Kathleen Herald。
⇒岩世人 (ペイトン 1929.8.2–)
　現世文 (ペイトン, キャサリーン 1929–)

Pezoldt, Joseph
ドイツの哲学者。1912年実証哲学協会を設立。主著『相対主義的実証哲学』(06)。
⇒岩世人 (ペーツォルト 1862.11.4–1929.8.1)

Pezzino, Léonald
テノール歌手。
⇒魅惑 (Pezzino,Léonald 1916–?)

Pfänder, Alexander
ドイツの哲学者。総合的,巨視的心理学を提唱。主著『意欲の現象学』(1901)。
⇒岩世人 (プフェンダー 1870.2.7–1941.3.18)
　新カト (プフェンダー 1870.2.7–1941.3.18)

Pfeffer, Edward Joseph（Jeff）
アメリカの大リーグ選手 (投手)。
⇒メジャ (フェファー, ジェフ 1888.3.4–1972.8.15)

Pfeffer, Jeffrey
アメリカの組織行動学者。
⇒外12 (フェファー, ジェフリー)
　外16 (フェファー, ジェフリー)

Pfeffer, Nathaniel Frederick
アメリカの大リーグ選手 (二塁)。
⇒メジャ (フェファー, フレッド 1860.3.17–1932.4.10)

Pfeffer, Wilhelm Friedrich Philipp
ドイツの植物生理学者。滲透圧を研究。
⇒岩生 (ペッファー 1845–1920)
　岩世人 (プフェッファー 1845.3.9–1920.1.31)
　旺生5 (ペッファー 1845–1920)
　化学 (プフェッファー 1845–1920)

Pfeifer, Michelle
アメリカ生まれの女優。
⇒遺産 (ファイファー, ミシェル 1958.4.29–)
　外12 (ファイファー, ミシェル 1957.4.29–)
　外16 (ファイファー, ミシェル 1957.4.29–)
　ク俳 (ファイファー, ミッシェル 1957–)
　スター (ファイファー, ミシェル 1958.4.29–)

Pfeifer, Uwe
ドイツ生まれの画家。
⇒芸13 (プファイファー, ウェ 1947–)

Pfeiffer, Paul
ドイツの化学者。錯塩に関する研究で有名。
⇒岩世人 (プファイファー 1875.4.21–1951.3.4)

Pfeiffer, Rudolf
ドイツ出身のイギリスの古典学者。
⇒岩世人 (プファイファー 1889.9.28–1979.5.5)

Pfeifle, Alfred
ドイツのテノール歌手。
⇒魅惑 (Pfeifle,Alfred 1916–1986)

Pfiester, John Albert
アメリカの大リーグ選手 (投手)。
⇒メジャ (フィースター, ジャック 1878.5.24–1953.9.3)

Pfister, Marcus
スイスのグラフィック・デザイナー,イラストレーター。
⇒絵本 (フィスター, マーカス 1960–)

外12（フィスター, マーカス　1960-）
外16（フィスター, マーカス　1960-）

Pfister, Paul
イタリア・ボルツァーノ生まれのイエズス会司祭, 宣教師。上智大学神学部教授。
⇒新カト（フィステル　1906.8.7-1994.9.25）

Pfitzner, Hans Erich
ドイツの作曲家。主作品はオペラ『哀れなハインリヒ』(1895) など。
⇒岩世人（プフィッツナー　1869.5.5-1949.5.22）
オペラ（プフィッツナー, ハンス　1869-1949）
ク音3（プフィッツナー　1869-1949）
新音小（プフィッツナー, ハンス　1869-1949）
新音中（プフィッツナー, ハンス　1869.5.5-1949.5.22）
標音2（プフィッツナー, ハンス　1869.5.5-1949.5.22）

Pflaum, Hans Georg
フランスの古代史研究者。
⇒岩世人（プロム　1902.6.3-1979.12.26）

Pfleiderer, Otto
ドイツのプロテスタント神学者。哲学と神学の一致を主張し, 哲学は内的思惟により神の認識へ高めるべきだとした。
⇒岩世人（プフライデラー　1839.9.1-1908.7.18）
学叢思（プフライデレル, オットー　1839-1908）

Pflugbeil, Sebastian
ドイツの物理学者, 反核運動家。
⇒外16（プフルークバイル, セバスチャン　1947-）
世指導（プフルークバイル, セバスチャン　1947-）

Pflugfelder, Gregory
アメリカのコロンビア大学ドナルド・キーン日本文化センター所長。
⇒外12（フルーグフェルダー, グレゴリー　1959-）
⇒外16（フルーグフェルダー, グレゴリー　1959-）

Pfordten, Otto, Freiherr von der
ドイツの哲学者。実在論者。
⇒岩世人（プフォルテン　1861.5.23-1918.2.28）

Pfund, Roger
スイスの挿絵画家, デザイナー。
⇒グラデ（Pfund, Roger　プフント, ローゲル　1943-）

Pfütze, Richard
ドイツのエスペランティスト。ブラジル・サンパウロ音楽祭教授。
⇒日エ（プフュッツェ　?-?）

Phahon Phonphayuhasena, Phraya
タイの軍人政治家。本名はポット・パホンヨーティン。
⇒岩世人（パホンポンパユハセーナー　1887.3.19-1947.2.14）
タイ（パホンポンパユハセーナー, プラヤー　1888-1947）

Phaibun Damrongchaitham
タイの実業家。
⇒岩世人（パイブーン・ダムロンチャイタム　1949.5.27-）

Phaiwarin Khaaugaam
タイの詩人。
⇒タイ（パイワリン・カーオガーム　1961-）

Phalke, Dhundiraj Govind
インド生まれの映画監督, 製作者。
⇒アニメ（ファールケー, ダダサーハブ　1870-1944）

Pham Cong Thien
ベトナムの詩人, 思想家。
⇒現世文（ファム・コン・ティエン　1941.6.1-2011.3.8）

Phạm Duy
ベトナムの作曲家。
⇒岩世人（ファム・ズイ　1921.10.5-2013.1.27）

Pham-Hong-Thai
ベトナムの革命家。
⇒岩世人（ファム・ホン・タイ　1895.5.14-1924.6.19）

Pham Quynh
ベトナムのフランス領インドシナ時代の評論家。
⇒岩世人（ファム・クイン　1892.12.17-1945.9.6?）

Pham Van Dong
ベトナム共産党最高指導者の一人。ベトナム社会主義共和国の首相。
⇒岩世人（ファム・ヴァン・ドン　1906.3.1-2000.4.29）
世人新（ファン＝バン＝ドン　1906-2000）
世人装（ファン＝バン＝ドン　1906-2000）
ネーム（ファン・ヴァン・ドン　1906-2000）

Phan, Michelle
アメリカのクリエーター。
⇒外16（ファン, ミシェル　1987.4.11-）

Phan, Nicholas
アメリカのテノール歌手。
⇒魅惑（Phan, Nicholas　1979-）

Phan Boi Chau
ベトナムの民族主義運動の指導者, 儒学者。「東遊運動」を起こし,『海外血書』を著した。
⇒岩世人（ファン・ボイ・チャウ　1867.12.26-1940.10.29）
広辞7（ファン・ボイ・チャウ　潘佩珠　1867-1940）
世史改（ファン＝ボイ＝チャウ　1867-1940）
世人新（ファン＝ボイ＝チャウ　1867-1940）
世人装（ファン＝ボイ＝チャウ　1867-1940）
ポプ（ファン・ボイ・チャウ　1867-1940）
もう山（ファン・ボイ・チャウ　1867-1940）

Phan Chu Trinh
ベトナムの民族主義運動の指導者, 儒学者。
⇒岩世人（ファン・チャウ・チン 1872.9.9?-1926.3.24）
世史改（ファン=チュー=チン 1872-1926）
世人新（ファン=チュー=チン 1872頃-1926）
世人装（ファン=チュー=チン 1872頃-1926）
ポプ人（ファン・チュー・チン 1872?-1926）

Phan Huy Lê
ベトナムの学者。
⇒岩世人（ファン・フイ・レー 1934.2.23-）

Phan Ke Binh
ベトナムのジャーナリスト。「大南登古叢報」「東洋雑誌」などの雑誌や新聞の編集に携わった。
⇒岩世人（ファン・ケー・ビン 1875-1921.5.30）

Phan-Khoi
ベトナムの革命家, 文筆家。
⇒岩世人（ファン・コイ 1887-1959）

Phan Nguyen Hong
ベトナムの生態学者。
⇒外12（ファン・グエン・ホン 1935.7.19-）

Phan Van Khai
ベトナムの政治家。ベトナム首相, ベトナム共産党政治局員。
⇒岩世人（ファン・ヴァン・カイ 1933.12.25-）
外12（ファン・バン・カイ 1933.12.25-）
外16（ファン・バン・カイ 1933.12.25-）
世指導（ファン・バン・カイ 1933.12.25-2018.3.17）

Phao Siyanon
タイの政治家, 警察官。
⇒岩世人（パオ・シーヤーノン 1909.3.1-1960.11.21）
タイ（パオ・シーヤーノン 1909-1960）

Phasuk Phongphaichit
タイの経済学者。
⇒岩世人（パースック・ポンパイチット 1946.2.11-）

Phelps, Edmund Strother
アメリカの経済学者。フィリップス曲線の理論的根拠を示す。
⇒外12（フェルプス, エドムンド 1933.7.26-）
外16（フェルプス, エドムンド 1933.7.26-）
ノベ3（フェルプス, E.S. 1933.7.26-）
有経5（フェルプス 1933-）

Phelps, Ernest Gordon (Babe)
アメリカの大リーグ選手（捕手）。
⇒メジャ（フェルプス, ベーブ 1908.4.16-1992.12.10）

Phelps, Kenneth Allen
アメリカの大リーグ選手（一塁, DH）。
⇒メジャ（フェルプス, ケン 1954.8.6-）

Phelps, Michael
アメリカの水泳選手（バタフライ）。
⇒岩世人（フェルプス 1985.6.30-）
外12（フェルプス, マイケル 1985.6.30-）
外16（フェルプス, マイケル 1985.6.30-）
最世ス（フェルプス, マイケル 1985.6.30-）

Phenix, Philip Henry
アメリカの教育哲学者。
⇒岩世人（フェニックス 1915.3.1-2002.7.13）

Phetchara Chaowarat
タイの映画女優。
⇒岩世人（ミットとペッチャラー 1943.1.19-）

Phichitprichakon
タイの親王, 文学者。ラーマ5世の異母弟に当たり, タイで最初の短編小説『おもしろい発想』Sanuknukを書いた。
⇒岩世人（ピチットプリーチャーコーン 1855.10.27-1910.3.11）

Philby, Kim
イギリスの二重スパイ。
⇒スパイ（フィルビー, ハロルド・A・R（キム）1912-1988）

Philes, Ongori
ケニアのマラソン選手。
⇒外12（フィレス, オンゴリ 1986.7.19-）
最世ス（フィレス, オンゴリ 1986.7.19-）

Philibert, Nicolas
フランスのドキュメンタリー映画監督。
⇒外12（フィリベール, ニコラ 1951-）

Philipe, Gérard
フランスの俳優。
⇒遺産（フィリップ, ジェラール 1922.12.4-1959.11.25）
異二辞（フィリップ, ジェラール 1922-1959）
岩世人（フィリップ 1922.12.4-1959.11.25）
ク俳（フィリップ, ジェラール 1922-1959）
広辞7（フィリップ 1922-1959）
スター（フィリップ, ジェラール 1922.12.4-1959）

Philipp, Isidore
フランスのピアノ奏者, 教育者。パリ音楽院の教授としてアルベルト・シュヴァイツァーをはじめ, のちの著名な音楽家を数多く育て, ピアノ教育者として大きな功績を残した。
⇒標音2（フィリップ, イジドール 1863.9.2-1958.2.20）

Philipp, Robert
ドイツのテノール歌手。
⇒魅惑（Philipp, Robert 1852-1933）

Philippe, Charles Louis
フランスの小説家。代表作『母と子』(1900)がある。
⇒岩世人（フィリップ　1874.8.4–1909.12.21）
　現世文（フィリップ, シャルル・ルイ　1874.8.4–1909.12.21）
　広辞7（フィリップ　1874–1909）
　図翻（フィリップ　1874.8.4–1909.12.21）
　西文（フィリップ, シャルル-ルイ　1874–1909）
　フ文小（フィリップ, シャルル＝ルイ　1874–1909）

Philippe, Édouard
フランスの政治家。フランス首相。
⇒世指導（フィリップ, エドゥアール　1970.11.28–）

Philippe, Michel
テノール歌手。
⇒魅惑（Philippe,Michel　?–）

Philippe I
ベルギー国王（第7代）。在位2013〜。
⇒外12（フィリップ皇太子　1960.4.15–）
　外16（フィリップ1世　1960.4.15–）

Philippovich von Philippsberg, Eugen
ウィーン生まれの経済思想学者。
⇒岩世人（フィリッポヴィチ　1858.3.15–1917.6.4）
　学叢思（フィリッポヴィッチ・フォン・フィリップスベルグ, オイゲン　1858–?）

Philips, Gerard Gustaaf Alfons
ベルギーのカトリック司祭, 神学者, 政治家, 公会議顧問。
⇒新カト（フィリプス　1899.4.29–1972.7.14）

Philips, Lou Diamond
フィリピン生まれの俳優。
⇒外16（フィリップス, ルー・ダイヤモンド　1962.2.17–）
　ク俳（フィリップス, ルー・ダイアモンド（アップチャーチ,L・D）　1962–）

Philley, David Earl
アメリカの大リーグ選手（外野）。
⇒メジャ（フィリー, デイヴ　1920.5.16–2012.3.15）

Phillinganes, Greg
アメリカのキーボード奏者。
⇒外12（フィリンゲインズ, グレッグ　1956.5.12–）

Phillippe, Charles Louis（Deacon）
アメリカの大リーグ選手（投手）。
⇒メジャ（フィリピー, ディーコン　1872.5.23–1952.3.30）

Phillippe, Ryan
アメリカの俳優。
⇒外12（フィリップ, ライアン　1974.9.10–）
　外16（フィリップ, ライアン　1974.9.10–）
　ク俳（フィリップ, ライアン（フィリップ, マシュー・R）　1974–）

Phillipps, Carolin
ドイツの児童文学作家。
⇒外12（フィリップス, カロリン　1954–）

Phillips, Alban William Housego
イギリスの経済学者。フィリップス曲線の発見者。
⇒岩経（フィリップス　1914–1975）
　岩世人（フィリップス　1914.11.18–1975.3.4）
　有経5（フィリップス〔A〕　1914–1975）

Phillips, Anton Frederik
オランダの弱電企業の経営者。父フレデリックの創立した有限会社フィリップス白熱電灯工業の発足時（1912）取締役となる。
⇒岩世人（フィリップス　1874.3.14–1951.10.7）

Phillips, Brandon
アメリカの大リーグ選手（レッズ・内野手）。
⇒最世ス（フィリップス, ブランドン　1981.6.28–）
　メジャ（フィリップス, ブランドン　1981.6.28–）

Phillips, Caryl
西インド諸島生まれのイギリスの劇作家, 小説家, 英文学者。
⇒外12（フィリップス, キャリル　1958.3.13–）
　外16（フィリップス, キャリル　1958.3.13–）
　現世文（フィリップス, キャリル　1958.3.13–）

Phillips, Chester Arthur
アメリカの経済学者。ダートマス大学教授。
⇒有経5（フィリップス〔B〕　1882–1976）

Phillips, Dwight
アメリカの走り幅跳び選手。
⇒外12（フィリップス, ドワイト　1977.10.1–）
　外16（フィリップス, ドワイト　1977.10.1–）
　最世ス（フィリップス, ドワイト　1977.10.1–）

Phillips, Esther
アメリカの女性ジャズ歌手。
⇒ロック（Phillips,Esther（Little Esther）　フィリップス, エスター（リトル・エスター）　1935.12.23–）

Phillips, Frank
アメリカの企業家。
⇒アメ経（フィリプス, フランク　1873.11.28–1950.8.23）

Phillips, Jayne Anne
アメリカの女性作家。
⇒現世文（フィリップス, ジェイン・アン　1952–）

Phillips, John Melvin（Bubba）
アメリカの大リーグ選手（三塁, 外野）。
⇒メジャ（フィリップス, ババ　1928.2.24–1993.6.22）

Phillips, Keith Anthony
アメリカの大リーグ選手(外野,二塁,三塁,遊撃)。
⇒メジャ (フィリップス,トニー 1959.4.25–)

Phillips, Marie
イギリスの作家。
⇒海文新 (フィリップス,マリー 1976–)

Phillips, Morgan Walter
イギリスの政治家。戦後は右翼社会主義指導者として国際的に知られ,社会主義インタナショナル復活と共に同議長となった(1948)。
⇒岩世人 (フィリップス 1902.6.18–1963.1.15)

Phillips, Nicholas
イギリスの法律家。
⇒外12 (フィリップス,ニコラス)
外16 (フィリップス,ニコラス 1938.1.21–)

Phillips, Phil
アメリカ・ルイジアナ州レイク・チャールズ生まれのミュージシャン。
⇒ロック (Phillips,Phil フィリップス,フィル 1931.3.14–)

Phillips, Stephen
イギリスの詩人,詩劇作家。
⇒岩世人 (フィリップス 1864.7.28–1915.12.9)

Phillips, Susan Elizabeth
アメリカのロマンス作家。
⇒外12 (フィリップス,スーザン・エリザベス)

Phillips, Susanna
アメリカのソプラノ歌手。
⇒外12 (フィリップス,スザンナ)
外16 (フィリップス,スザンナ)

Phillips, William
アメリカの外交官。
⇒アア歴 (Phillips,William フィリップス,ウイリアム 1878.5.30–1968.2.23)

Phillips, William Corcoran
アメリカの大リーグ選手(投手)。
⇒メジャ (フィリップス,ビル 1868.11.9–1941.10.25)

Phillips, William Daniel
アメリカの物理学者。1997年ノーベル物理学賞。
⇒岩世人 (フィリップス 1948.11.5–)
外12 (フィリップス,ウィリアム 1948.11.5–)
外16 (フィリップス,ウィリアム 1948.11.5–)
ノベ3 (フィリップス,W.D. 1948.11.5–)

Phillpotts, Eden
イギリスの小説家,劇作家。南西部ダートムア地方の自然と人間を描いた。
⇒岩世人 (フィルポッツ 1862.11.4–1960.12.29)

Philo, Phoebe
フランスの服飾デザイナー。
⇒外12 (ファイロ,フィービー)
外16 (ファイロ,フィービー)

Phin Chunhawon
タイの政治家,軍人。タイ副首相,タイ国民党創設者。
⇒岩世人 (ピン・チュンハワン 1891.10.14–1973.1.26)
タイ (ピン・チュンハワン 1891–1973)

Phra **Phisansukhumwit**
タイの官僚。
⇒岩世人 (プラ・ピサーンスクムウィット 1899.5.4–1992.9.11)

Phoenix
アメリカのロック・ベース奏者。
⇒外12 (フェニックス)
外16 (フェニックス)

Phoenix, Joaquín
アメリカの俳優。
⇒外12 (フェニックス,ホアキン 1974.10.27–)
外16 (フェニックス,ホアキン 1974.10.27–)

Phoenix, River
アメリカの俳優。
⇒遺産 (フェニックス,リヴァー 1970.8.23–1993.10.31)
ク俳 (フェニックス,リヴァー 1970–1993)
スター (フェニックス,リヴァー 1970.8.23–1993)

Phoolan (Phulan) Devi
インドの盗賊団出身の女性政治家。
⇒異二辞 (デーヴィー[プーラン・〜] 1963–2001)
南ア新 (デーヴィー 1958頃–2001)

Phra **Phothirak**
タイの宗教家。
⇒岩世人 (プラ・ポーティラック 1934.6.5–)
タイ (ポーティラック 1934–)

Phouma, Souvana
ラオスの政治家。1945年8月ベトナム八月革命に呼応し,ラオ・イサラ(ラオス解放戦線)を結成。51年首相となり,54年国防相兼任。73年2月ラオス和平協定に調印。
⇒岩世人 (スワンナプーマー 1901.10.7–1984.1.10)
現アジ (プーマ,スワナ 1901.10.7–1984.1.10)
政経改 (プーマ 1901–1984)

Phoumi Vongvichit
ラオスの政治家,民族解放運動指導者。ラオス大統領代行(1986〜91)。
⇒岩世人 (プーミー 1909.4.6–1994.1.7)

Phoun Sipaseuth
ラオスの政治家。

⇒岩世人（プーン　1920.2.16–1994.12.8）

Phragmén, Lars Edvard
スウェーデンの数学者。
⇒**数辞**（フラングメン, ラルス・エドワルト　1863–1937）

Phumaphi, Joy
ボツワナの女性政治家。ボツワナ保健相, 世界銀行副総裁。
⇒**外12**（プマビ, ジョイ）

phun tshogs dbang rgyal
チベットの革命家。
⇒岩世人（プンツォクワンゲル　1922–）

Piacentini, Marcello
イタリアの建築家, 都市設計家。
⇒岩世人（ピアチェンティーニ　1881.12.8–1960.5.18）

Piaf, Edith
フランスのシャンソン歌手。『バラ色の人生』,『愛の讃歌』などのヒットにより, 1951年と53年にディスク大賞を受賞。
⇒岩世人（ピアフ　1915.12.19–1963.10.10/11）
広辞7（ピアフ　1915–1963）
新音中（ピアフ, エディット　1915.12.19–1963.10.10）
標音2（ピアフ, エディト　1915.12.19–1963.10.11）

Piaget, Jean
スイスの心理学者。「発生的認識論研究センター」を設立。国際教育局長（1929〜67）なども務めた。
⇒岩世人（ピアジェ　1896.8.9–1980.9.16）
オク言（ピアジェ, ジャン　1896–1980）
教思増（ピアジェ　1896–1980）
教小3（ピアジェ　1896–1980）
教人（ピアジェ　1896–）
現社（ピアジェ　1896–1980）
現社福（ピアジェ　1896–1980）
現精（ピアジェ　1896–1980）
現精縮（ピアジェ　1896–1980）
広辞7（ピアジェ　1896–1980）
社小増（ピアジェ　1896–1980）
新カト（ピアジェ　1896.8.9–1980.9.16）
世界子（ピアジェ, ジャン　1896–1980）
哲中（ピアジェ　1896–1980）
ネーム（ピアジェ　1896–1980）
メル3（ピアジェ, ジャン　1896–1980）

Piaget, Yves G.
スイスの実業家。
⇒**外16**（ピアジェ, イヴ　1942–）

Piak Poster
タイの映画監督。
⇒**タイ**（ピアック・ポースター　1932–）

Piamarta, Giovanni
イタリア・ブレッシア生まれの聖人, 修道会創立者。祝日6月26日。
⇒**新カト**（ジョヴァンニ・ピアマルタ　1841.11.26–1913.4.25）

Piang
フィリピンのミンダナオ島コタバト地方のムスリム首長。
⇒岩世人（ピアン　1848–1933）

Piano, Renzo
イタリアの建築家。
⇒岩世人（ピアノ　1937.9.14–）
外12（ピアノ, レンゾ　1937.9.14–）
外16（ピアノ, レンゾ　1937.9.14–）

Piatigorsky, Gregor Pavlovitch
ロシア生まれのアメリカのチェロ奏者。ルビンシュタイン, ハイフェッツとトリオを組んだ。
⇒新音中（ピアティゴルスキー, グレゴール　1903.4.17–1976.8.6）
ネーム（ピアティゴルスキー　1903–1976）
標音2（ピアティゴルスキー, グレゴル　1903.4.17–1976.8.6）
ユ著人（Piatigorsky,Gregor　ピアティゴルスキー, グレゴール　1903–1976）

Piatti, Celestino
スイスのイラストレーター。
⇒**グラデ**（Piatti,Celestino　ピアッティ, チェレスティーノ　1922–）

Piavko, Vladislav
ロシアのテノール歌手。モスクワ国立音楽院教授。
⇒**失声**（ピアフコ, ウラディスラフ　1941–）
魅惑（Piavko,Vladislav Ivanovich　1941–）

Piazza, Mike
アメリカの大リーグ選手（捕手）。
⇒**外12**（ピアザ, マイク　1968.9.4–）
最新ス（ピアザ, マイク　1968.9.4–）
メジャ（ピアッツァ, マイク　1968.9.4–）

Piazzolla, Astor
アルゼンチンの作曲家。
⇒岩世人（ピアソラ　1921.3.11–1992.7.4）
ク音3（ピアソラ　1921–1992）
広辞7（ピアソラ　1921–1992）
新音中（ピアソラ, アストル　1921.3.11–1992.7.4）
標音2（ピアソラ, アストル　1921.3.11–1992.7.4）
ラテ新（ピアソラ　1921–1992）

Pibul Songgram, Luang
タイの軍人, 政治家。1938年陸軍を背景に首相となった。強力な独裁政治を行い, 国名をシャムからタイに改め, ラタ・ニヨム（国家信条）運動を起し, 新生活運動を提唱。57年9月クーデターによって追放。

⇒ア太戦（ブレーク＝ビブーンソンクラーム 1897–1964）
岩世人（ブレーク・ビブーンソンクラーム 1897.7.14–1964.6.11）
広辞7（ビブン 1897–1964）
世人新（ビブン 1897–1964）
世人装（ビブン 1897–1964）
タイ（ビブーンソンクラーム 1897–1964）

Pic, André
フランスの料理人。
⇒フラ食（ピック，アンドレ 1893–1984）

Pic, Anne-Sophie
フランスの料理人。
⇒外12（ピック，アンヌ・ソフィー）
外16（ピック，アンヌ・ソフィー）

Píč, Josef Ladislav
チェコスロバキアの考古学者。同国の考古学的研究の創始者。今日の国立ボヘミア博物館の基礎を築いた。
⇒岩世人（ピーチ 1847.1.19–1911.11.19）

Picabia, Francis
フランスの画家。ダダイスムの旗頭の一人。のちシュールレアリスム形成に参加。
⇒岩世人（ピカビア 1879.1.22–1953.11.30）
絵本（ピカビア，フランシス 1879–1953）
芸13（ピカビア，フランシス 1879–1953）
広辞7（ピカビア 1879–1953）

Picard, Barbara Leonie
イギリスの児童文学作家。
⇒現世文（ピカード，バーバラ・レオニ 1917.12.17–2011.12.15）

Picard, Emile
フランスの数学者。パリ理科大学（1886），中央技芸学校（94）の教授。
⇒岩世人（ピカール 1856.7.24–1941.12.11）
数辞（ピカール，シャルル・エミール 1856–1941）
数小増（ピカール 1856–1941）
世数（ピカール，シャルル・エミール 1856–1941）

Picard, Gilbert Charles
フランスの古典考古学者。カルタゴ時代，ローマ時代の北アフリカ考古学の権威。
⇒岩世人（ピカール 1913.10.15–1998.12.21）

Picard, Max
スイスの文明批評家。主著『神よりの逃走』『われわれ自身のなかのヒトラー』。
⇒ユ著人（Picard,Max ピカール，マックス 1888–1965）

Picasso, Pablo Ruiz（y）
スペインの画家，彫刻家。20世紀ヨーロッパ美術の象徴的存在。作品は『アビニョンの娘たち』『ゲルニカ』など。
⇒岩キ（ピカソ 1881–1973）
岩世人（ピカソ 1881.10.25–1973.4.8）
絵本（ピカソ，パブロ 1881–1973）
学叢思（ピカソ，パブロ 1881–）
芸13（ピカソ，パブロ 1881–1973）
広辞7（ピカソ 1881–1973）
シュル（ピカソ，パブロ 1881–1973）
辞歴（ピカソ 1881–1973）
世史改（ピカソ 1881–1973）
世史改（ピカソ 1881–1973）
世人新（ピカソ 1881–1973）
世人装（ピカソ 1881–1973）
ポブ人（ピカソ，パブロ 1881–1973）

Picasso, Paloma
フランス生まれのジュエリーデザイナー。パブロ・ピカソの末娘。
⇒外12（ピカソ，パロマ 1949.4.19–）
外16（ピカソ，パロマ 1949.4.19–）

Piccaluga, Nino
イタリアのテノール歌手。
⇒失声（ピッカルーガ，ニーノ 1890–1973）
魅惑（Piccaluga,Nino 1890–1973）

Piccard, Auguste
スイスの物理学者。気球による成層圏観測や深海観測を行なった。
⇒岩世人（ピカール 1884.1.28–1962.3.24）
ネーム（ピカール 1884–1962）
ポブ人（ピカール，オーギュスト 1884–1962）

Piccard, Bertrand
スイスの冒険家，精神医，飛行家。
⇒外12（ピカール，ベルトラン 1958.3.1–）
外16（ピカール，ベルトラン 1958.3.1–）

Piccard, Jean Felix
アメリカの化学者。気球で成層圏へ到達。オーギュスト・ピカールの双生児兄弟。
⇒岩世人（ピカール 1884.1.28–1963.1.28）

Piccaver, Alfred
イギリスのテノール歌手。
⇒失声（ピッカヴァー，アルフレッド 1884–1958）
魅惑（Piccaver,Alfred 1883–1958）

Picchi, Mirto
イタリアのテノール歌手。
⇒失声（ピッキ，ミルト 1915–1980）
魅惑（Picchi,Mirto 1915–1980）

Piccinini, Patricia
オーストラリアの美術家。
⇒外12（ピッチニーニ，パトリシア 1965–）
外16（ピッチニーニ，パトリシア 1965–）

Piccioni, Piero
イタリアの作曲家。
⇒標音2（ピッチオーニ，ピエロ 1921.12.6–）

Piccionni, Giuseppe
イタリアの映画監督。

⇒外16（ピッチョーニ，ジュゼッペ　1953.7.2–）

Piccoli, Francesco
イタリアのテノール歌手。
⇒魅惑（Piccoli,Francesco　?–）

Piccoli, Michel
フランス生まれの俳優。
⇒外12（ピッコリ，ミシェル　1925.12.27–）
　外16（ピッコリ，ミシェル　1925.12.27–）

Piccoli, Rosa
イタリア・ブレッシア生まれのカノッサ修道女会員。日本管区初代管区長。
⇒新カト（ピッコリ　1912.7.11–1977.3.14）

Pichette, Henri
フランスの詩人，劇作家。
⇒現世文（ピシェット，アンリ　1924.1.26–）

Pichler, Günter
オーストリアのヴァイオリン奏者，指揮者。
⇒外12（ピヒラー，ギュンター　1940.9.9–）
　外16（ピヒラー，ギュンター　1940.9.9–）

Pichon, Liz
イギリスの絵本作家。
⇒外16（ピーション，リズ）
　海文新（ピーション，リズ）
　現世文（ピーション，リズ）

Pichon, Stéphen Jean Marie
フランスの政治家，外交官。クレマンソー内閣の外相となり（1906〜11,17〜20）ヴェルサイユ講和会議（19）に出席した。
⇒岩世人（ピション　1857.8.10–1933.9.18）

Pichot, Agustin
アルゼンチンのラグビー選手（SH）。
⇒外12（ピチョット，アグスティン　1974.8.22–）
　最世ス（ピチョット，アグスティン　1974.8.22–）

Pichot, Pierre
フランスの精神医学者。
⇒精医歴（ピショー，ピエール　1918–）

Picht, Georg
ドイツの教育家，宗教哲学者。
⇒岩世人（ピヒト　1913.7.9–1982.8.7）

Pi Chun-deuk
韓国（朝鮮）の随筆家，詩人，英文学者。
⇒現世文（ピ・チョンドゥク　皮千得　1910–2007.5.25）

Picinich, Valentine John
アメリカの大リーグ選手（捕手）。
⇒メジャ（ピシニッチ，ヴァル　1896.9.8–1942.12.5）

Pick, Arnold
モラヴィア生まれの精神科医。
⇒現精（ピック　1851–1924）
　現精縮（ピック　1851–1924）

Pick, Frank
イギリスの会社経営者，デザイナーのパトロン。
⇒グラデ（Pick,Frank　ピック，フランク　1878–1941）

Pickard, Nancy
アメリカのミステリ作家。
⇒外12（ピカード，ナンシー　1945–）
　外16（ピカード，ナンシー　1945–）
　現世文（ピカード，ナンシー　1945–）

Pickard-Cambridge, *Sir* Arthur Wallace
イギリスの古典学者。
⇒岩世人（ピカード＝ケンブリッジ　1873.1.20–1952.2.7）

Pickens, Slim
アメリカ生まれの俳優。
⇒スター（ピケンズ，スリム　1919.6.29–1983）

Pickering, Edward Charles
アメリカの天文学者。恒星の光度の測定を行う。
⇒岩世人（ピカリング　1846.7.19–1919.2.3）
　天文辞（ピッカリング　1846–1919）
　天文大（ピッカリング　1846–1919）
　ネーム（ピッカリング　1846–1919）

Pickering, Jeffery L.
アメリカ海軍下士官。
⇒スパイ（ピッカリング，ジェフリー・L）

Pickering, Steve
アメリカ生まれの画家。
⇒芸13（ピッケリング，スティーブ　1962–）

Pickering, Thomas
アメリカの外交官。国連大使，国務次官（政治問題担当）。
⇒世指導（ピカリング，トマス　1931.11.5–）

Pickering, William Henry
アメリカの天文学者。月と火星の研究で有名。
⇒天文大（ピッカリング　1858–1938）

Pickett, Bobby
アメリカの歌手，俳優。
⇒ロック（Pickett,Bobby 'Boris'　ピケット，ボビー・"ボリス"　1940.2.11–）

Pickett, Joseph
アメリカの画家。
⇒芸13（ピケット，ジョセフ　1848–1918）

Pickett, Philip
イギリスの指揮者，リコーダー奏者。

Pickett, Wilson
アメリカ・アラバマ州生まれの歌手。
⇒ロック（Pickett,Wilson ピケット，ウィルソン 1941.3.18-）

Pickford, Mary
アメリカの映画女優。主演作品『コケット』（1929, アカデミー主演女優賞受賞）。
⇒岩世人（ピックフォード 1892.4.8-1979.5.29）
ク俳（ピックフォード，メアリー（スミス，グラディス） 1892-1979）
スター（ピックフォード，メアリー 1892.4.8-1979）

Pickle, John
アメリカのテノール歌手。
⇒魅惑（Pickle,John ?-）

Pick-Mangiagalli, Riccardo
チェコ生まれのイタリアの作曲家。
⇒オペラ（ピック＝マンジャガッリ, リッカルド 1882-1949）

Pickover, Clifford A.
アメリカのサイエンスライター。
⇒外12（ピックオーバー, クリフォード・A. 1957-）
外16（ピックオーバー, クリフォード・A. 1957-）

Pickthall, Marmaduke William
イギリスの作家，旅行家，教育者，クルアーンの英訳者。
⇒岩世人（ピクソール 1875.4.7-1936.5.19）

Picoult, Jodi
アメリカの作家。
⇒外12（ピコー, ジョディ 1966-）
外16（ピコー, ジョディ 1966-）
現世文（ピコー, ジョディ 1966-）

Picquart, Marie Georges
フランスの将軍。情報局長のとき（1895〜98），ドレフュスの無罪を確信して，その弁護に大きな役割を演じ，このため軍職を免ぜられ，さらに投獄された。
⇒岩世人（ピカール 1854.9.6-1914.1.18）

Pictet, Raoul Pierre
スイスの物理学者。
⇒岩世人（ピクテ 1846.4.4-1929.7.27）
化学（ピクテ 1846-1926）

Pidgeon, Walter
カナダ生まれの俳優。
⇒ク俳（ピジョン, ウォルター 1897-1984）
スター（ピジョン, ウォルター 1897.9.23-1984）

Pidhrushna, Olena
ウクライナのバイアスロン選手。

⇒外16（ピドルシュナ, オレーナ 1987.1.9-）

Piëch, Ferdinand Karl
ドイツの実業家。
⇒外16（ピエヒ, フェルディナント 1937.4.17-）

Pieck, Wilhelm
ドイツ民主共和国の政治家。初代大統領（1949〜60）。
⇒岩世人（ピーク 1876.1.3-1960.9.7）
広辞7（ピーク 1876-1960）

Pieczenik, Steve R.
アメリカの精神科医, 作家。
⇒外12（ピチェニック, スティーブ 1944-）
外16（ピチェニック, スティーブ 1944-）
現世文（ピチェニック, スティーブ 1944-）

Pienaar, Francois
南アフリカのラグビー選手。
⇒岩世人（ピナール 1967.1.2-）

Piene, Otto
ドイツ生まれの現代美術家。
⇒芸13（ピーネ, オットー 1928-）

Pieper, Annemarie
ドイツの倫理学者。
⇒岩世人（ピーパー 1941.1.8-）
外16（ピーパー, アンネマリー 1941.1.8-）

Pieper, August
ドイツのカトリック司祭, 政治家, 国民運動指導者。
⇒新カト（ピーパー 1866.3.14-1942.9.25）

Pieper, Josef
ドイツの哲学者, カトリック思想家。
⇒岩世人（ピーパー 1904.5.4-1997.11.6）
新カト（ピーパー 1904.5.4-1997.11.6）

Pierce, George Washington
アメリカの電気学者。特に水晶発振器の回路で, 彼の名を冠した〈ピアース回路〉は著名。
⇒岩世人（ピアース 1872.1.11-1956.8.25）

Pierce, John Robinson
アメリカの電気技師。通信衛星の実用化に取り組み，1960年に打ち上げられたエコー1号の完成に主役を果たした。
⇒岩世人（ピアース 1910.3.27-2002.4.2）

Pierce, Marie
フランスのテニス選手。
⇒最世ス（ピエルス, マリー 1975.1.15-）

Pierce, Paul
アメリカのバスケットボール選手。
⇒外16（ピアース, ポール 1977.10.13-）
最世ス（ピアース, ポール 1977.10.13-）

Pierce, Thomas
アメリカの作家。
⇒現世文（ピアース, トマス　1982–）

Pierce, Walter William
アメリカの大リーグ選手（投手）。
⇒メジャ（ピアース, ビリー　1927.4.2–）

Piercy, Marge
アメリカ（ユダヤ系）の女性小説家, 詩人, 政治活動家。
⇒現世文（ピアシー, マージ　1936.3.31–）

Pierer, Heinrich von
ドイツの実業家。
⇒外12（ピーラー, ハインリッヒ・フォン　1941.1.26–）
　外16（ピーラー, ハインリッヒ・フォン　1941.1.26–）

Pieri, Mario
イタリアの数学者。
⇒世数（ピエリ, マリオ　1860–1913）

Pieris, Aloysius
スリランカ出身のイエズス会士。
⇒岩キ（ピエリス　1934–）

Pierlot, Hubert
ベルギーの政治家。ベルギー首相（1940～45）。
⇒岩世人（ピエルロ　1883.12.23–1963.12.13）

Pierlot, Pierre
フランスのオーボエ奏者。
⇒標音2（ピエルロ, ピエール　1921.4.26–）

Pierne, Henri Constant Gabriel
フランスの作曲家, 指揮者。コンセール・コロンヌの正指揮者となる（10～32）。
⇒岩世人（ピエルネ　1863.8.16–1937.7.17）
　ク音3（ピエルネ　1863–1937）
　新音中（ピエルネ, ガブリエル　1863.8.16–1937.7.17）
　標音2（ピエルネ, ガブリエル　1863.8.16–1937.7.17）

Pierné, Paul
フランスの作曲家, オルガン奏者。
⇒ク音3（ピエルネ　1874–1952）

Piérola, Nicolás de
ペルーの政治家。J.バルタの下で蔵相となったが予算問題で攻撃され亡命。
⇒岩世人（ピエロラ　1839.1.5–1913.6.24）
　ラテ新（ピエロラ　1839–1913）

Piéron, Henri
フランスの心理学者。主著『記憶の進化』（1910）,『感覚』（45）。
⇒岩世人（ピエロン　1881.7.18–1964）
　メル3（ピエロン, アンリ　1881–1964）

Pierre
フランスのポップアーティスト, 写真家。
⇒外12（ピエール）

Pierre, Abbé
フランスの聖職者。
⇒岩世人（ピエール　1912.8.5–2007.1.22）

Pierre, Juan D'Vaughn
アメリカの大リーグ選手（外野）。
⇒メジャ（ピエール, フアン　1977.8.14–）

Piersall, James Anthony
アメリカの大リーグ選手（外野）。
⇒メジャ（ピアソール, ジム　1929.11.14–）

Pierson, George Peck
アメリカの長老派教会宣教師。千葉中学校他で英語を教授。
⇒アア歴（Pierson,George Peck　ピアスン, ジョージ・ベック　1861.1.14–1939.8.1）

Pierson, Nicolaas Gerard
オランダの経済学者, 政治家。蔵相兼首相（1897～1901）。経済学者としてオランダの経済立法に影響を与えた。
⇒岩世人（ピールソン　1839.2.7–1909.12.24）

Pierson, Willard J., Jr.
アメリカの海洋学者, 気象学者。
⇒岩世人（ピアソン　1922.7.22–2003.6.7）

Pierstorff, Julius
ドイツの経済学者。
⇒学叢思（ピーアストルフ, ユリウス　1851–?）

Pierzynski, A.J.
アメリカの大リーグ選手（レンジャーズ・捕手）。
⇒最世ス（ピアジンスキ,A.J.　1976.12.30–）
　メジャ（ピアジンスキー, A・J　1976.12.30–）

Pietragalla, Marie-Claude
フランスの振付師, バレリーナ。
⇒外12（ピエトラガラ, マリ・クロード　1963–）
　外16（ピエトラガラ, マリ・クロード　1963–）

Pietri, Giuseppe
イタリアの作曲家。
⇒ク音3（ピエトリ　1886–1946）

Pietsch, Hans Reinhard
ドイツ出身の棋士（囲碁）。
⇒岩世人（ピーチ　1968.9.27–2003.1.16）

Pieyre de Mandiargues, André
フランスの詩人, 作家。
⇒岩世人（ピエール・ド・マンディアルグ　1909.3.14–1991.12.13）
　現世文（マンディアルグ, アンドレ・ピエール・ド　1909.3.14–1991.12.13）
　フ文小（ピエール・ド・マンディアルグ, アンドレ

1909-1991)

Pigeaud, Theodoor Gautier Thomas
オランダのジャワ語・ジャワ文献学者。
⇒岩世人（ピジョー 1899.2.20-1988.3.6）

Piggott, Francis Stewart Gilderoy
イギリスの軍人。東京駐在イギリス大使館付武官。
⇒ア太戦（ピゴット 1883-1966）
　岩世人（ピゴット 1883.3.18-1966.4.26）

Piggott, Lester（Keith）
イギリスの競馬騎手。
⇒岩世人（ピゴット 1935.11.5-）

Piggott, Stuart
イギリスの考古学者。
⇒岩世人（ピゴット 1910.5.28-1996.9.23）

Pignatel, Victor
フランスの貿易商。ピニャテール商会経営。
⇒来日（ピニャテール 1846-1922）

Pignion, Edouard
フランスの画家。
⇒芸13（ピニョン、エドゥアール 1905-1974）

Pigou, Arthur Cecil
イギリスの経済学者。主著『厚生経済学』（1920）。
⇒岩経（ピグー 1877-1959）
　岩世人（ピグー 1877.11.18-1959.3.7）
　学叢思（ピグー、アーサー・セシル 1877-?）
　現社（ピグー 1877-1959）
　現社福（ピグー 1877-1959）
　広辞7（ピグー 1877-1959）
　社小増（ピグー 1877-1959）
　有経5（ピグー 1877-1959）

Piguet, Jean Claude
スイスの哲学者、音楽美学者。雑誌"Revue de Théologie et de Philosophie"の編集者の一人。
⇒岩世人（ピゲ 1924.7.13-2000.6.1）
　標音2（ピゲ、ジャン・クロード 1924.7.31-）

Piiroinen, Peetu
フィンランドのスノーボード選手。
⇒最世ス（ピロイネン、ペートゥ 1988.2.15-）

Pijade, Moša
ユーゴスラビアの政治家、政治理論家。共産党機関紙「コムニスト」主筆として懲役刑に処せられる（1925〜39）。戦後、連邦議会議長（54〜57）。パリで客死。
⇒岩世人（ピヤーデ 1890.1.4/16-1957.3.15）

Pijper, Willem
オランダの作曲家、教育家。代表作、交響曲第3番やピアノ協奏曲には、彼の様式の典型的な特徴である対位法による理念の凝縮がみられる。

⇒ク音3（ペイペル 1894-1947）
　新音中（ペイペル、ヴィレム 1894.9.8-1947.3.18）
　標音2（ペイペル、ウィレム 1894.9.8-1947.3.18）

Pike, Kenneth Lee
アメリカの言語学者。
⇒岩世人（パイク 1912.6.9-2000.12.31）
　オク言（パイク、ケネス・リー 1912-2000）

Pike, Rosamund
イギリスの女優。
⇒外16（パイク、ロザムンド 1979.1.27-）

Piketty, Thomas
フランスの経済学者。
⇒外16（ピケティ、トマ 1971.5.7-）
　メル別（ピケティ、トマ 1971-）

Pilapil, Imelde
フィリピン生まれの彫刻家。
⇒芸13（フィラピル、イメルダ 1952-）

Pilati, Stefano
イタリア・ミラノ生まれのファッションデザイナー。
⇒外12（ピラーティ、ステファノ 1965-）
　外16（ピラーティ、ステファノ 1965-）

Pilavachi, Costa
ギリシャ生まれの実業家。
⇒外12（ピラバッキ、コスタ）
　外16（ピラバッキ、コスタ）

Pilavoğlu, Kemal
トルコにおけるティジャーニー教団の指導者。
⇒岩イ（ピラヴオール　生没年不詳）

Pilcher, Rosamunde
イギリスの女性ロマンス作家。
⇒外16（ピルチャー、ロザムンド 1924-）
　現世文（ピルチャー、ロザムンド 1924.9.22-）

Pilinszky, Sigismund
ハンガリーのテノール歌手。
⇒魅惑（Pilinszky,Sigismund 1891-1963）

Pilinszky János
ハンガリーの詩人。
⇒岩世人（ピリンスキ 1921.11.25-1981.5.27）

Pilkington, Brian
アイスランドのイラストレーター。
⇒絵本（ピルキントン、ブライアン 1950-）

Pilkington, Doris
オーストラリアの作家。
⇒現世文（ピルキングトン、ドリス 1937-）

Pilkington, *Sir* Lionel Alexander

Bethune
イギリスの技術者。
⇒岩世人（ビルキントン　1920.1.7–1995.5.5)
世発（ビルキントン，ライオネル・アレクサンダー・ブスーン・"アラスター"　1929–1995）

Pillay, J.Y.
シンガポールの官僚，実業家。シンガポール航空初代会長，シンガポール大統領代行（2017）。
⇒世指導（ピレイ,J.Y.）

Pillay, Navanethem
南アフリカの法律家。
⇒外16（ピレイ，ナバネセム　1941.9.23–）
世指導（ピレイ，ナバネセム　1941.9.23–）

Piller Cottrer, Pietro
イタリアのスキー選手（クロスカントリー）。
⇒最世ス（ピレル・コットレル，ピエトロ　1974.12.20–）

Pillet, Antoine
フランスの法律家。ヘーグの国際法アカデミー教授。
⇒岩世人（ピエ　1857.7.29–1926.12.7）

Pilley, Donald
イギリスのテノール歌手。
⇒魅惑（Pilley,Donald　?–）

Pilling, David
イギリスのジャーナリスト。「フィナンシャル・タイムズ」アジア編集長。
⇒外16（ピリング，デービッド）

Pillow, Michelle M.
アメリカの作家。
⇒海文新（ピロー，ミシェル・M.）

Pillsbury, Walter Bowers
アメリカの心理学者。ミシガン大学教授（1905〜）。機能主義と構成主義とを調和させようとする穏健な立場をとる。
⇒岩世人（ピルズベリー　1872.7.21–1960.6.3）

Pil'nyak, Boris Andreevich
ロシア，ソ連の小説家。長篇『裸の年』（1922）が評判となったが，スターリンの粛清の犠牲となり，獄死。
⇒岩世人（ピリニャーク　1894.9.29/10.11–1938.4.21）
学叢思（ピリニャーク，ボリース）
現世文（ピリニャーク，ボリス　1894.10.11–1938.4.21）
広辞7（ピリニャーク　1894–1941）
ネーム（ピリニャーク　1894–1941）

Pilsudski, Bronislaw
ポーランド出身のアイヌ研究家。実弟は独立ポーランド初代大統領。
⇒岩世人（ビウスーツキ　1866.10.21/11.2–1918.5.17）

広辞7（ビウスーツキ　1866–1918）
ユ著人（Pilsudski,Bronislaw　ビウスーツキ,ブロニスロー　1860–1918）

Pilsudski, József Klemens
ポーランドの独立運動家，政治家，国家元首，元帥。
⇒岩世人（ビウスツキ　1867.12.5–1935.5.12）
学叢思（ピルスドスキー，ジョセフ）
広辞7（ビウスツキ　1867–1935）
世改（ビウスツキ　1867–1935）
世人新（ビウスツキ　1867–1935）
世人装（ビウスツキ　1867–1935）
ネーム（ビウスツキー　1867–1935）
ポプ人（ビウスツキ,ユゼフ　1867–1935）
ユ著人（Pilsudski,József　ビウスツキ,ヨゼフ　1867–1935）

Pimentel, George Claude
アメリカの物理化学者。
⇒岩世人（ピメンテル　1922.5.2–1989.6.18）

Piña, Antonio Velasco
メキシコの作家，弁護士。
⇒現世文（ピーニャ，アントニオ・ベラスコ　1935–）

Pina Castiglioni, Filippo
イタリアのテノール歌手。
⇒魅惑（Pina Castiglioni,Filippo　?–）

Pinard de la Boullaye, Henri
フランスのイエズス会神学者，説教家，著作家。
⇒新カト（ピナール・ド・ラ・ブレー　1874.9.1–1958.2.9）

Pinault, François
フランスの実業家，美術収集家。
⇒岩世人（ピノー　1936.8.21–）
外12（ピノー，フランソワ　1936.8.21–）
外16（ピノー，フランソワ　1936.8.21–）

Pinault, François-Henri
フランスの実業家。
⇒外16（ピノー，フランソワ・アンリ　1962.5.28–）

Pinay, Antoine
フランスの政治家。
⇒岩世人（ピネー　1891.12.30–1994.12.13）

Pincher, Chapman
イギリスの作家。
⇒スパイ（ピンチャー，チャップマン　1914–2014）

Pincherle, Marc
フランスの音楽学者。「ヌヴェル・リテレール」誌などの音楽批評欄を担当。
⇒新音中（パンシェルル，マルク　1888.6.13–1974.6.20）
標音2（パンシェルル，マルク　1888.6.13–1974.6.20）

Pinchon, Emile-Joseph
フランスの漫画家。
⇒絵本（パンション 1871–1953）

Pinchot, Gifford
アメリカの森林官。ビルトモアでアメリカにおける最初の組織的林業経営を行い（1892）、注目を惹いた。
⇒アメ経（ピンショー, ギフォード 1865.8.11–1946.10.4）
　アメ州（Pinchot,Gifford　ピンショウ, ギフォード 1865–1946）
　岩世人（ピンショー 1865.8.11–1946.10.4）

Pincus, Gregory Goodwin
アメリカの生理学者。
⇒世発（ピンカス, グレゴリー・グッドウィン 1903–1967）

Pinder, Mike
イギリスのキーボード奏者。ムーディー・ブルースのメンバー。
⇒ビト改（PINDER,MIKE　ピンダー, マイク）

Pinder, Wilhelm
ドイツの美術史家。ドイツ14世紀の彫刻などを研究。
⇒岩世人（ピンダー 1878.6.25–1947.5.3）

Pindling, Lynden Oscar
バハマの政治家。バハマ首相。
⇒世指導（ピンドリング, リンドン・オスカー 1930.3.22–2000.8.26）

Pindur, Boguslaw
ポーランドの翻訳家、通訳。
⇒外12（ピンドゥル, ボグスワフ）

Pindy, Louis Jean
フランスの社会主義者。
⇒学叢思（パンディ, ルイ・ジャン 1849/1850–?）

Pine, Chris
アメリカの俳優。
⇒外16（パイン, クリス 1980.8.26–）

Pine, Courtney
イギリス（ジャマイカ系）のサックス奏者。
⇒外12（パイン, コートニー 1964.3.18–）

Pineda, Arnel
フィリピンのロック歌手。
⇒外16（ピネダ, アーネル 1967–）

Pineiro, Joel Alberto
プエルト・リコの大リーグ選手（投手）。
⇒メジャ（ピニェイロ, ジョエル 1978.9.25–）

Piñeiro Martínez, Ignacio
キューバのソングライター、ベース奏者、バンド・リーダー。
⇒岩世人（ピニェイロ 1888.5.21–1969.3.12）

Pineles, Cipe
オーストリア・ウィーン生まれの雑誌のアート・ディレクター、グラフィック・デザイナー、教育者。
⇒グラデ（Pineles,Cipe　ピネルズ, シーペ 1910–1991）

Pinera, Mike
アメリカのギター奏者。
⇒ロック（Pinera,Mike　ピネーラ, マイク）

Piñera, Sebastián
チリの政治家、経済学者。チリ大統領（2010〜14,18〜）。
⇒外12（ピニェラ, セバスティアン 1949.12.1–）
　外16（ピニェラ, セバスティアン 1949.12.1–）
　世指導（ピニェラ, セバスティアン 1949.12.1–）

Piñera, Virgilio
キューバの作家, 劇作家, 詩人。
⇒現世文（ピニェーラ, ビルヒリオ 1912.8.4–1979.10.18）

Pinero, Sir Arthur Wing
イギリスの劇作家。ヴィクトリア朝のウェル・メイド・プレイの代表的作家。
⇒岩世人（ピネロ 1855.5.24–1934.11.23）

Pines, Alexander
アメリカの物理化学者。
⇒岩世人（パインズ 1945.6.22–）

Pines, David
アメリカの物理学者。フェルミ粒子多体系の量子力学の形成に力があった。
⇒岩世人（パインズ 1924.6.8–）
　外16（パインズ, デービッド 1924.6.8–）

Pingaud, Bernard
フランスの小説家、評論家。主著『悲しき愛』（1950）など。
⇒岩世人（パンゴー 1923.10.12–）
　外16（パンゴー, ベルナール 1923.10.12–）
　現世文（パンゴー, ベルナール 1923.10.12–）

Pinget, Robert
フランスの小説家。
⇒岩世人（パンジェ 1919.7.19–1997.8.25）
　現世文（パンジェ, ロベール 1919.7.19–1997.8.25）

Pingree, David Edwin
アメリカの科学史研究者。
⇒岩世人（ピングリー 1933.1.2–2005.11.11）

Pinheiro, João de Deus Rogado Salvador
ポルトガルの政治家。EU欧州委員会委員（アフリカ・カリブ・太平洋関係担当）、ポルトガル外相。

⇒世指導（ピニェイロ, ジョアン・デ・デウス　1945–）

Pini-Corsi, Gaetano
イタリアのテノール歌手。
⇒魅惑（Pini-Corsi,Gaetano　1860–?）

Piniella, Lou
アメリカの大リーグ監督。
⇒外12（ピネラ, ルー　1943.8.28–）
外16（ピネラ, ルー　1943.8.28–）
最世ス（ピネラ, ルー　1943.8.28–）
メジャ（ピネラ, ルー　1943.8.28–）

P!NK
アメリカの歌手。
⇒外12（P!NK　ピンク　1979.9.8–）
外16（P!NK　ピンク　1979.9.8–）

Pink, Daniel H.
アメリカのフリーライター。
⇒外12（ピンク, ダニエル　1964–）
外16（ピンク, ダニエル　1964–）

Pinker, Robert
イギリスの社会政策学者。
⇒現社福（ピンカー　1931–）

Pinker, Steven
アメリカの認知科学者, 進化心理学者。
⇒外16（ピンカー, スティーブン　1954.9.18–）

Pinkert, Kena
イスラエル生まれの画家。
⇒芸13（ピンカート, ケナ　1948–）

Pinkham, Daniel
アメリカの作曲家。
⇒エデ（ピンカム, ダニエル（ロジャーズ, ジュニア）　1923.6.5–2006.12.18）

Pinkney, George Burton
アメリカの大リーグ選手（三塁）。
⇒メジャ（ピンクニー, ジョージ　1859.1.11–1926.11.10）

Pin Malakun
タイの官僚。
⇒岩世人（ピン・マーラークン　1903.10.24–1995.10.5）

Pinna, Nicola
イタリアの騎手。
⇒外12（ピンナ, ニコラ　1988.10.15–）
外16（ピンナ, ニコラ　1988.10.15–）

Pinnock, Leigh-Anne
イギリスの歌手。
⇒外16（ピノック, レイ・アン　1991.10.4–）

Pinnock, Trever
イギリスの指揮者, チェンバロ奏者。
⇒外12（ピノック, トレバー　1946.12.16–）
外16（ピノック, トレバー　1946.12.16–）
新音中（ピノック, トレヴァー　1946.12.16–）
標音2（ピノック, トレヴァー　1946.12.16–）

Pinochet Ugarte, Augusto
チリの政治家, 軍人。チリ大統領（1973～90）。
⇒岩世人（ピノチェト　1915.11.25–2006.12.10）
政経改（ピノチェト　1915–）
世史改（ピノチェト　1915–2006）
世指導（ピノチェト, アウグスト　1915.11.25–2006.12.10）
世人新（ピノチェト　1915–2006）
世人装（ピノチェト　1915–2006）
ポプ人（ピノチェト, アウグスト　1915–2006）
ラテ新（ピノチェト　1915–2006）

Piñón, Nélida
ブラジルの作家。
⇒岩世人（ピニョン　1937.5.3–）

Pinsk, Johannes
ドイツのカトリック典礼学者。
⇒岩世人（ピンスク　1891.2.4–1957.5.21）

Pinski, David
ロシア生まれのアメリカのイディッシュ語の劇作家, 小説家。
⇒ユ著人（Pinski,David　ピンスキー, デーヴィド（ダーフィット）　1872–1959）

Pinsky, Robert Neal
アメリカの詩人。
⇒外12（ピンスキー, ロバート　1940.10.20–）
外16（ピンスキー, ロバート　1940.10.20–）
現английское文（ピンスキー, ロバート　1940.10.20–）

Pinson, Vada Edward
アメリカの大リーグ選手（外野）。
⇒メジャ（ピンソン, ヴェイダ　1938.8.11–1995.10.21）

Pinter, Harold
イギリスの劇作家, 俳優。戯曲『部屋』(1957),『管理人』(60) などで評判となった。
⇒岩世人（ピンター　1930.10.10–2008.12.24）
現世文（ピンター, ハロルド　1930.10.10–2008.12.24）
広辞7（ピンター　1930–2008）
世演（ピンター, ハロルド　1930.10.10–2006.12.24）
ネーム（ピンター, ハロルド　1908–2008）
ノベ3（ピンター, H.　1930.10.10–2008.12.24）
ユ著人（Pinter,Harold　ピンター, ハロルド　1930–）

Pinthus, Kurt
ドイツの表現主義の批評家。
⇒岩世人（ピントゥス　1886.4.29–1975.7.11）

Pintilie, Lucian
ルーマニア出身の映画監督。

Pinto, Freida
インドの女優。
⇒外12（ピント, フリーダ　1984.10.18–）
　外16（ピント, フリーダ　1984.10.18–）

Pinto, Inbal
イスラエルのダンサー, 振付師。
⇒外12（ピント, インバル）
　外16（ピント, インバル）

Pintoff, Stefanie
アメリカの作家。
⇒外12（ピントフ, ステファニー）
　外16（ピントフ, ステファニー）
　海文新（ピントフ, ステファニー）
　現世文（ピントフ, ステファニー）

Pintori, Giovanni
イタリアの画家, デザイナー。「オリベッティ」のアート・ディレクター。
⇒グラデ（Pintori, Giovanni　ピントーリ, ジョヴァンニ　1912–）

Pinza, Ezio
アメリカのオペラ歌手。映画やミュージカルにも出演し, トスカニーニ指揮の「ドン・ジョヴァンニ」のタイトル・ロールで好評を博した。
⇒岩世人（ピンツァ　1892.5.18–1957.5.9）
　オペラ（ピンツァ, エツィオ　1892–1957）
　新音中（ピンツァ, エツィオ　1892.5.18–1957.5.9）
　標音2（ピンツァ, エツィオ　1892.5.18–1957.5.9）

Pio da Pietrelcina, St.
イタリア生まれの聖人, カプチン・フランシスコ修道会員。祝日9月23日。
⇒オク教（ピオ（ピエトレルチーナの）（聖）1887–1968）
　教聖（聖ピオ（ピエトレルチーナ）司祭　1887.5.25–1968.9.23）
　新カト（ピオ〔ピエトレルチーナの〕　1887.5.25–1968.9.23）

Piontek, Heinz
ドイツの詩人。
⇒現世文（ピオンテク, ハインツ　1925.11.15–2003.10.26）

Piore, Michael J.
アメリカの労働経済学者。
⇒有経5（ピオーリ　1940–）

Piot, Peter
ベルギーの医師。
⇒外12（ピオット, ピーター　1949.2.17–）
　外16（ピオット, ピーター　1949.2.17–）

Piotrovskii, Mikhail Borisovich
ロシアの考古学者, 美術研究家。
⇒外12（ピオトロフスキー, ミハイル　1944.12.9–）
　外16（ピオトロフスキー, ミハイル　1944.12.9–）

Piovene, Guido
イタリアの小説家, 評論家。主著『尼僧の手紙』（1941）。
⇒岩世人（ピオヴェーネ　1907.7.27–1974.11.12）
　現世文（ピオヴェーネ, グィード　1907.7.27–1974.11.12）

Piovesana, Gino
イタリア出身のイエズス会司祭。
⇒新カト（ピオヴェザーナ　1917.3.18–1996.2.1）

Piper, Adrian
アメリカの美術家。
⇒岩世人（パイパー　1948.9.20–）

Piper, John
イギリスの画家, 装飾デザイナー。
⇒芸13（パイパー, ジョン　1903–1992）

Piper, Nikolaus
ドイツの作家。
⇒外12（ピーパー, ニコラウス　1952–）
　現世文（ピーパー, ニコラウス　1952–）

Piper, Scott
アメリカのテノール歌手。
⇒魅惑（Piper, Scott　?–）

Pipgras, George William
アメリカの大リーグ選手（投手）。
⇒メジャ（ピップグラス, ジョージ　1899.12.20–1986.10.19）

Pipkov, Lyubomir
ブルガリアの作曲家。1947～54年作曲家同盟議長をつとめ社会主義文化の発展に尽力した。
⇒ク音5（ピプコフ　1904–1974）
　標音2（ピプコフ, リュボミール　1904.9.6–1974.5.9）

Pipp, Walter Clement
アメリカの大リーグ選手（一塁）。
⇒メジャ（ピップ, ウォーリー　1893.2.17–1965.1.11）

Pippen, Scottie
アメリカのNBA選手。
⇒ネーム（ピッペン　1965–）

Pique, Gerard
スペインのサッカー選手（バルセロナ・DF）。
⇒外12（ピケ, ジェラール　1987.2.2–）
　外16（ピケ, ジェラール　1987.2.2–）
　最世ス（ピケ, ジェラール　1987.2.2–）

Piquet, Nelson
ブラジルのレーサー。
⇒岩世人（ピケ　1952.8.17–）

Pirandello, Luigi
イタリアの劇作家,小説家。
- ⇒岩世人（ピランデッロ　1867.6.28–1936.12.10）
  - 現世文（ピランデッロ,ルイージ　1867.6.28–1936.12.10）
  - 広辞7（ピランデッロ　1867–1936）
  - 新カト（ピランデロ　1867.6.28–1936.12.10）
  - 西文（ピランデッロ　1867–1936）
  - 世演（ピランデルロ,ルイジ　1867.6.28–1936.12.10）
  - ネーム（ピランデロ　1867–1936）
  - ノベ3（ピランデロ,L.　1867.6.28–1936.12.10）

Pirani, Marcello
ドイツの物理学者。熱線真空計の発明によって知られる。
- ⇒岩世人（ピラーニ〈慣ピラニ〉　1880.7.1–1968.1.11）

Pire, Dominique Georges
ベルギーのドミニコ会士。ヨーロッパの難民救済により1958年のノーベル平和賞を受賞。
- ⇒岩世人（ピール　1910.2.10–1969.1.30）
  - 新カト（ピール　1910.2.10–1969.1.30）
  - ノベ3（ピール,D.G.　1910.2.10–1969.1.30）

Pirenne, Henri
ベルギーの歴史学者。代表作『マホメットとシャルルマーニュ』(1937)。
- ⇒岩世人（ピレンヌ　1862.12.23–1935.10.24）
  - 社小増（ピレンヌ　1862–1935）
  - 世人新（ピレンヌ　1862–1935）
  - 世人装（ピレンヌ　1862–1935）
  - ネーム（ピレンヌ　1862–1935）

Pires, José Cardoso
ポルトガルの作家。
- ⇒岩世人（ピレス　1925.10.2–1998.10.26）

Pires, Maria João
ポルトガルのピアノ奏者。
- ⇒外12（ピリス,マリア・ジョアン　1944.7.23–）
  - 外16（ピリス,マリア・ジョアン　1944.7.23–）
  - 新音中（ピリス,マリア=ジョアン　1944.7.23–）

Pires, Pedoro Verona Rodrigues
カボベルデの政治家。カボベルデ大統領(2001～11)。
- ⇒岩世人（ピレス　1934.4.29–）
  - 外12（ピレス,ペドロ・ベロナ・ロドリゲス　1934.4.29–）
  - 外16（ピレス,ペドロ・ベロナ・ロドリゲス　1934.4.29–）
  - 世指導（ピレス,ペドロ・ベロナ・ロドリゲス　1934.4.29–）

Pirgu, Saimir
アルバニアのテノール歌手。
- ⇒魅惑（Pirgu,Saimir　1981–）

Pirino, Antonio
イタリアのテノール歌手。
- ⇒失声（ピリーノ,アントニオ　?–）
  - 魅惑（Pirino,Antonio　?–?）

Pirinski, Gueorgi Georgiev
ブルガリアの政治家。ブルガリア国民議会議長,外相。
- ⇒世指導（ピリンスキ,ゲオルギ　1948.9.10–）

Pirlo, Andrea
イタリアのサッカー選手。
- ⇒外12（ピルロ,アンドレア　1979.5.19–）
  - 外16（ピルロ,アンドレア　1979.5.19–）
  - 最世ス（ピルロ,アンドレア　1979.5.19–）

Pirngadie, Mas
第二次大戦前のインドネシアを代表する風景画家。
- ⇒岩世人（ピルンガディ　1865–1937）

Pironkov, Simeon
ブルガリアの作曲家。
- ⇒標音2（ピロンコフ,シメオン　1927.6.18–）

Pirosmanashvili, Niko
ロシアの画家。ジョージア出身。ピロスマニと称される。
- ⇒岩世人（ピロスマニ　1862.5?–1918.4.7?）
  - 広辞7（ピロスマナシヴィリ　1862?–1918）

Pirquet, Clemens von
オーストリアの小児科医。ツベルクリン接種を発表。
- ⇒岩生（ピルケ　1874–1929）
  - 岩世人（ピルケ　1874.5.12–1929.2.28）

Pirro, André
フランスの音楽理論家,音楽史家。ソルボンヌ大学音楽史教授(1912)。
- ⇒岩世人（ピロ　1869.2.12–1943.11.11）
  - 新音中（ピロ,アンドレ　1869.2.12–1943.11.11）
  - 標音2（ピロ,アンドレ　1869.2.12–1943.11.11）

Pirro, Emanuelle
イタリアのレーシングドライバー,F1ドライバー。
- ⇒最世ス（ピロ,エマニュエーレ　1962.1.12–）

Pirsson, Louis Valentine
アメリカの岩石学者。イェール大学の一般地質学教授(1897)となる。火成岩のノルム分類法の提案者の一人。
- ⇒岩世人（ピアソン　1860.11.3–1919.12.8）

Pirtle, Woody
アメリカのグラフィック・デザイナー。
- ⇒グラデ（Pirtle,Woody　パートル,ウッディ　1944–）

Pisani, Vittore
イタリアの言語学者。
- ⇒岩世人（ピザーニ　1899.2.23–1990.12.22）

Pisapia, Massimiliano
イタリアのテノール歌手。
⇒失声（ピザピア，マッシミリアーノ ?-）
　魅惑（Pisapia,Massimiliano ?-）

Pisarev, Dimitri
ロシアのユダヤ知識人に影響を与えた急進的な著作家。
⇒ユ著人（Pisarev,Dimitri ピサレフ，ドミトリー 1872-1934）

Piscator, Erwin
ドイツの演出家。「アジ・プロ劇」を開拓し，第一次大戦後のドイツ左翼演劇の担い手となった。
⇒岩世人（ピスカートア 1893.12.17-1966.3.30）
　世演（ピスカトール，エルヴィン 1893.12.17-1966.3.30）

Pischaev, Gennadi
ロシアのテノール歌手。
⇒魅惑（Pischaev,Gennadi 1927-）

Pischel, Karl Richard
ドイツのインド学者。プラークリット語の研究を集大成した文法書を著した。
⇒岩世人（ピッシェル 1849.1.18-1908.12.26）
　新佛3（ピシェル 1849-1908）

Pischetsrieder, Bernd Peter
ドイツの実業家。
⇒外12（ピシェッツリーダー，ベルント 1948.2.15-）
　外16（ピシェッツリーダー，ベルント 1948.2.15-）

Pīshevarī, Ja'far
アゼルバイジャンの民族指導者。
⇒岩世人（ピーシェヴァリー 1893-1947.7.11）

Pisier, Marie-France
インドシナ（ベトナム）生まれの女優。
⇒ク俳（ピジェ，マリー＝フランス（ショーシャ，クローディア） 1944-）

Pisk, Paul Amadeus
アメリカで活躍したオーストリアの作曲家。
⇒標音2（ピスク，パウル・アマデーウス 1893.5.16-1990.1.12）

Piso, Ion
ルーマニアのテノール歌手。
⇒失声（ピソ，イオン 1926-）
　魅惑（Piso,Jon 1926-）

Pissarides, Christopher
キプロスの経済学者。
⇒外12（ピサリデス，クリストファー 1948-）
　外16（ピサリデス，クリストファー 1948-）
　ノベ3（ピサリデス，C. 1948.2.20-）
　有経5（ピサリデス 1948-）

Pissarro, Lucien
イギリスの画家，木版画家。
⇒ユ著人（Pissarro,Lucien ピサロ，ルシアン 1863-1944）

Pissarro, Ludovic-Rodo
フランスの画家，彫刻家，エッチング作家。
⇒日エ（ピサロ 1878.11.21-1952.10）

Pissot, Chareles
フランスの数学者。
⇒世数（ピゾー，シャルル 1910-1984）

Pistoletto, Michelangelo
イタリアのポップ・アーティスト。
⇒外16（ピストレット，ミケランジェロ 1933-）
　芸13（ピストレット，ミケランジェロ 1923-）

Piston, Walter Hamor
アメリカの作曲家。『交響的作品』を発表。クーサッジ賞，ピュリッツァー賞などを受賞。
⇒岩世人（ピストン 1894.1.20-1976.11.12）
　エデ（ピストン，ウォルター（ハマー，ジュニア） 1894.1.20-1976.11.12）
　ク音3（ピストン 1894-1976）
　新音中（ピストン，ウォルター 1894.1.20-1976.11.12）
　標音2（ピストン，ウォールター 1894.1.20-1976.11.12）

Pistor, Gotthelf
ドイツのテノール歌手。
⇒魅惑（Pistor,Gotthelf 1887-1947）

Pistorius, Oscar
南アフリカの陸上選手（短距離）。
⇒外12（ピストリウス，オスカー 1986-）
　外16（ピストリウス，オスカー 1986.11.22-）
　最世ス（ピストリウス，オスカー 1986.11.22-）

Pita, Jorge
テノール歌手。
⇒魅惑（Pita,Jorge ?-）

Pitakaka, Moses
ソロモン諸島の政治家。ソロモン諸島総督（1994～99）。
⇒世指導（ピタカカ，モーゼス 1945.1.24-2011.12.25）

Pitard, Eugène Ami
スイスの人類学者。ジュネーヴ大学人類学教授，国際人類学会会長。
⇒岩世人（ピタール 1867.6.5-1962.5.11）

Pitcher, Annabel
イギリスの作家。
⇒海文新（ピッチャー，アナベル 1982-）
　現世文（ピッチャー，アナベル 1982-）

Pithart, Petr
チェコスロバキアの政治家, ジャーナリスト。チェコ首相。
⇒岩世人（ピトハルト 1941.1.2–）
　外16（ピトハルト, ペトル 1941.1.2–）
　世指導（ピトハルト, ペトル 1941.1.2–）

Pitino, Rick
アメリカのバスケットボール指導者。
⇒外12（ピティーノ, リック 1952.9.18–）

Pitkamaki, Tero
フィンランドのやり投げ選手。
⇒最世ス（ピトカマキ, テロ 1982.12.19–）

Pitkin, Walter Boughton
アメリカの心理学者, 哲学者。新実在論者としてR.B.ペリやW.P.モンタギューなどとともに共同論集『新実在論』(1912)に執筆した。
⇒岩世人（ピトキン 1878.2.6–1953.1.25）

Pitkin, Wolcott Homer
アメリカの弁護士。外交顧問。
⇒アア歴（Pitkin,Wolcott H (omer) ピティキン, ウォルコット・ホーマー 1881.12.6–1952.8.18）

Pitman, Norman Hinsdale
アメリカの教育者, 作家。
⇒アア歴（Pitman,Norman Hinsdale ピットマン, ノーマン・ヒンズデイル 1876.6.12–1925.3.6）

Pitney, Gene
アメリカ・コネチカット州生まれの歌手, ソングライター。
⇒ロック（Pitney,Gene ピットニー, ジーン 1941.2.17–）

Pitoëff, Georges
ロシア生まれのフランスの役者, 演出家。
⇒岩世人（ピトエフ 1884.9.4–1939.9.17）
　世演（ピトエフ, ジョルジュ 1884.9.17–1939.9.17）
　ネーム（ピトエフ 1888–1939）

Pitol, Sergio
メキシコの小説家, 外交官。
⇒外12（ピトル, セルヒオ 1933–）
　外16（ピトル, セルヒオ 1933–）
　現世文（ピトル, セルヒオ 1933.3.18–2018.4.12）

Pitrè, Giuseppe
イタリアの民俗学者。パレルモ大学教授(1910～)。
⇒岩世人（ピトレ 1841.12.21–1916.4.10）
　広辞7（ピトレ 1841–1916）

Pitt, Brad
アメリカ生まれの俳優。
⇒異二辞（ピット, ブラッド 1963–）
　岩世人（ピット 1963.12.18–）
　外12（ピット, ブラッド 1963.12.18–）
　外16（ピット, ブラッド 1963.12.18–）
　ク俳（ピット, ブラッド（ピット, ウィリアム・ブラッドリー） 1963–）
　スター（ピット, ブラッド 1963.12.18–）
　ネーム（ピット, ブラッド 1963–）

Pitt, Harvey Lloyd
アメリカの弁護士。
⇒外12（ピット, ハーベイ 1945.2.28–）
　外16（ピット, ハーベイ 1945.2.28–）

Pitt, Ingrid
ポーランド生まれの女優。
⇒ク俳（ピット, イングリッド（ペトロフ, インゴウシュカ） 1937–）

Pitt, Michael
アメリカの俳優。
⇒外12（ピット, マイケル 1981–）
　外16（ピット, マイケル 1981.4.10–）

Pittaluga, Gustavo
スペインの作曲家。
⇒ク音3（ピットルーガ 1906–1975）

Pittaluga Fattorini, Gustavo
イタリアの血液学者, 寄生虫学者。
⇒岩世人（ピッタルガ 1876.10.10–1956.4.27）

Pittau, Joseph
イタリアの政治学者, 宗教家, 教育者。上智学院理事長, 上智大学学長, イエズス会教皇代理。
⇒外12（ピタウ, ヨゼフ 1928.10.20–）

Pitte, Jean-Robert
フランスの地理学者。ソルボンヌ大学教授。
⇒外12（ピット, ジャン・ロベール 1949–）
　外16（ピット, ジャン・ロベール 1949–）

Pitter, Ruth
イギリスの女性詩人。エリザベス女王賞を受賞(1955)。
⇒現世文（ピター, ルース 1897–1992）

Pittinger, Charles Reno (Togie)
アメリカの大リーグ選手(投手)。
⇒メジャ（ピッティンガー, トーギー 1872.1.12–1909.1.14）

Pittioni, Richard
オーストリアの考古学者。ミッテルベルク, ケルハルペ等の遺跡を発掘調査した。
⇒岩世人（ピッティオーニ 1906.4.9–1985.4.16）

Pittman, Jana
オーストラリアの陸上選手。
⇒最世ス（ピットマン, ヤナ 1982.11.9–）

Pittman, Key
アメリカの政治家。
⇒アメ州（Pittman,Key ピットマン, キー 1827–

1940)

Pitt-Rivers, Julian Alfred
イギリスの人類学者。
⇒岩世人（ピット＝リヴァーズ　1919.3.16–2001.8.12）

Pitts, Earl Edwin
2004年までにスパイ容疑で有罪となったFBI捜査官3名のうち1人。ソ連のスパイ。
⇒スパイ（ピッツ, アール・エドウィン　1953–）

Pitzer, Kenneth Sanborn
アメリカの化学者。熱力学, 量子論, 統計力学の研究とその化学, 分子分光学への応用について顕著な業績がある。
⇒岩世人（ピッツァー　1914.1.6–1997.12.26）

Pitzorno, Bianca
イタリアの児童文学作家。
⇒外12（ピッツォルノ, ビアンカ　1942–）
　外16（ピッツォルノ, ビアンカ　1942–）
　現世文（ピッツォルノ, ビアンカ　1942–）

Piumini, Roberto
イタリアの児童文学者。
⇒外16（ピウミーニ, ロベルト　1947–）
　現世文（ピウミーニ, ロベルト　1947–）

Pius X, St.
ローマ教皇。在位1903～14。
⇒岩世人（ピウス10世　1835.6.2–1914.8.20）
　オク教（ピウス10世（聖）　1835–1914）
　教聖（聖ピオ10世教皇　1835.6.2–1914.8.20）
　新カト（ピウス10世　1835.6.2–1914.8.20）

Pius XI
ローマ教皇。在位1922～39。
⇒岩世人（ピウス11世　1857.5.31–1939.2.10）
　オク教（ピウス11世　1857–1939）
　教人（ピウス十一世　1857–1939）
　新カト（ピウス11世　1857.5.31–1939.2.10）

Pius XII
ローマ教皇。在位1939～58。
⇒岩キ（ピウス12世　1876–1958）
　岩世人（ピウス12世　1876.3.2–1958.10.9）
　オク教（ピウス12世　1876–1958）
　新カト（ピウス12世　1876.3.2–1958.10.9）

Piwowarsky, Eugen
ドイツの冶金学者。鋳鉄の過熱熔解による黒鉛の微細化組織の発見で知られる。
⇒岩世人（ピヴォヴァルスキー　1891.11.10–1953.10.17）

Pixinguinha
ブラジルのポピュラー作曲家, サックス奏者, フルート奏者。
⇒異二辞（ピシンギーニャ　1897–1973）
　岩世人（ピシンギーニャ　1897.4.23–1973.2.17）
　標音2（ピシンギーニャ　1897.4.23–1973.2.17）

Piza, Lniz
ブラジル生まれの銅版画家。
⇒芸13（ピザ, ルニス　1928–）

Pizarro, Claudio
ペルー, イタリアのサッカー選手（ブレーメン・FW）。
⇒外12（ピサロ, クラウディオ　1978.10.3–）
　外16（ピサロ, クラウディオ　1978.10.3–）
　最世ス（ピサロ, クラウディオ　1978.10.3–）

Pizarro, Juan Ramon
アメリカの大リーグ選手（投手）。
⇒メジャ（ピサーロ, フアン　1937.2.7–）

Pizer, Morris
アメリカの労働運動の指導者。全米家具職人労働組合会長。
⇒アメ経（パイザ, モリス　1904.2.12–）

Pizzarelli, John（Bucky）
アメリカのジャズ・ギター奏者。
⇒外12（ピザレリ, バッキー　1926.1.9–）

Pizzetti, Ildebrando
イタリアの作曲家。管弦楽曲『エディプス王』(1904) などを作曲。
⇒岩世人（ピッツェッティ　1880.9.20–1968.2.13）
　オペラ（ピッツェッティ, イルデブランド　1880–1968）
　ク音3（ピッツェッティ　1880–1968）
　新音小（ピッツェッティ, イルデブランド　1880–1968）
　新音中（ピツェッティ, イルデブランド　1880.9.20–1968.2.13）
　ネーム（ピッツェッティ　1880–1968）
　標音2（ピッツェッティ, イルデブランド　1880.9.20–1968.2.13）

Pizzi, Nilla
イタリアのポピュラー歌手。
⇒標音2（ピッツィ, ニッラ　1919/1921.4.16–）

Pizzi, Pier Luigi
イタリアの舞台美術家, 演出家。
⇒オペラ（ピッツィ, ピエル・ルイージ　1930–）

Pizzolatto, Nic
アメリカの作家, 脚本家。
⇒海文新（ピゾラット, ニック　1975–）
　現世文（ピゾラット, ニック　1975–）

Pizzorno, Sergio
イギリスのギター奏者。
⇒外12（ピッツォーノ, サージ）

Pizzuto, Antonio
イタリアの小説家。20世紀イタリア文学の最前衛に位置すると考えられている。
⇒現世文（ピッツート, アントニオ　1893.5.14–1976.11.24）

Plaatje, Solomon Tshekisho
南アフリカの作家,民族運動指導者。アフリカ民族会議の前身である南アフリカ先住民民族会議創設者の一人で初代書記長。
⇒岩世人(プラーキ(プラーイキ) 1876.10.9–1932.6.19)

Place, Francois
フランスの児童書のイラストレーターおよびシナリオ作家。
⇒絵本(プラス,フランソア 1957–)

Place, Michelle
アメリカの作家。ニコル・バードは,シェリル・ザックとミシェル・プレイス母娘による共同執筆用の筆名。
⇒海文新(バード,ニコル)

Plaidy, Jean
イギリスの女性歴史小説・ロマンス作家。
⇒現世文(プレイディ,ジーン 1906–1993.1)

Plame, Valerie
アメリカ中央情報局(CIA)秘密工作員。
⇒スパイ(プレイム,ヴァレリー 1963–)

Plamenac, Dragan
ユーゴスラビア生まれのアメリカの音楽学者。
⇒標音2(プラメナツ,ドラガン 1895.2.8–1983.3.15)

Plancherel, Michel
スイスの数学者。
⇒世数(プランシュレル,ミッシェル 1885–1967)

Planchon, Roger
フランスの演出家,俳優,劇作家。
⇒岩世人(プランション 1931.9.12–2009.5.12)

Planck, Max Karl Ernst Ludwig
ドイツの理論物理学者。1900年エネルギー量子の仮説を提出し,18年ノーベル物理学賞受賞。
⇒岩世人(プランク 1858.4.23–1947.10.4)
　オク科(プランク(マックス・カール・エルンスト) 1858–1947)
　化学(プランク 1858–1947)
　学叢思(プランク,マクス 1858–?)
　科史(プランク 1858–1947)
　現科大(プランク,マックス 1858–1947)
　広辞7(プランク 1858–1947)
　三新物(プランク 1858–1947)
　世人新(プランク 1858–1947)
　世人装(プランク 1858–1947)
　天文大(プランク 1858–1947)
　ノベ3(プランク,M.K.E.L. 1858.4.23–1947.10.4)
　物理(プランク,マックス・カール・エルンスト・ルートヴィヒ 1858–1947)
　ポプ人(プランク,マックス 1858–1947)

Planel, Jean
フランスのテノール歌手。
⇒魅惑(Planel,Jean 1903–1986)

Planetta, Otto
オーストリアの元陸軍軍曹,オーストリア・ナチス党の一員。オーストリア首相エンゲルベルト・ドルフスの暗殺者。
⇒世暗(プラネッタ,オットー 1899–1934)

Planiol, Marcel
フランスの民法学者。註釈学派の伝統を承けて解釈の緻密な論理的構成を重んじた。
⇒岩世人(プラニオル 1853.9.23–1931.8.31)

Plank, Edward Stewart
アメリカの大リーグ選手(投手)。
⇒メジャ(プランク,エディー 1875.8.31–1926.2.24)

Plant, Robert
イギリス生まれの歌手,作曲家。
⇒外12(プラント,ロバート 1948.8.20–)
　外16(プラント,ロバート 1948.8.20–)

Planta, Robert von
スイスの言語学者。特に古代イタリア語派の諸方言,レト・ロマン語を研究した。
⇒岩世人(プランタ 1864.3.7–1937.12.12)

Plantey, Bernard
テノール歌手。
⇒魅惑(Plantey,Bernard 1903–1986)

Plantinga, Alvin
アメリカの宗教哲学者。
⇒オク教(プランティンガ 1932–)

Plascencia, Salvador
メキシコ生まれのアメリカの作家。
⇒海文新(プラセンシア,サルバドール 1976.12.21–)
　現世文(プラセンシア,サルバドール 1976.12.21–)

Plaskett, John Stanley
カナダの技術者。
⇒天文大(プラスケット 1865–1941)

Plasson, Michel
フランスの指揮者。
⇒外12(プラッソン,ミシェル 1933.10.2–)
　外16(プラッソン,ミシェル 1933.10.2–)
　新音中(プラッソン,ミシェル 1933.10.2–)

Plastiras, Nicholas
ギリシャの政治家,軍人。ギリシャ解放後,国民進歩同盟の党首となり,首相に就任(1945,50,51)。
⇒岩世人(プラスティラス 1883.11.4/16–1953.7.26)

Plastov, Arkady Alexandrovitch
ロシアの画家。

⇒芸13 (プラストフ, アルカディー・アレクサンドローヴィッチ 1893-1962)

Plate, Ludwig
ドイツの動物学者。軟体動物, 発生論, 遺伝学などを研究した。
⇒岩生 (プラーテ 1862-1937)
岩世人 (プラーテ 1862.8.16-1937.11.16)

Plate, Wilfried
ドイツのテノール歌手。
⇒魅惑 (Plate,Wilfried 1937-)

Platel, Alain
ベルギーの舞踊家。
⇒外12 (プラテル, アラン 1959-)

Platel, Élisabeth
フランスのダンサー。
⇒外12 (プラテル, エリザベット)

Plath, Sylvia
アメリカの女性詩人。死後『Ariel』(1965)で一躍有名となり, 戦後の代表詩人と認められた。
⇒岩世人 (プラス 1932.10.27-1963.2.11)
現世文 (プラス, シルビア 1932.10.27-1963.2.11)
広辞7 (プラス 1932-1963)
新カト (プラス 1932.10.27-1963.2.11)

Plath, Wolfgang
ドイツの音楽学者。
⇒新音中 (プラート, ヴォルフガング 1930.12.27-1995.3.18)

Platini, Michel
フランスのサッカー選手。
⇒異二辞 (プラティニ, ミシェル 1955-)
岩世人 (プラティニ 1955.6.21-)
外12 (プラティニ, ミシェル 1955.6.21-)
外16 (プラティニ, ミシェル 1955.6.21-)
最世ス (プラティニ, ミシェル 1955.6.21-)
ネーム (プラティニ, ミシェル 1955-)
ポプ人 (プラティニ, ミシェル 1955-)

Platonov, Andrei Platonovich
ソ連の作家。『秘められた人間』(1928)などの短篇集で地位を確立。
⇒岩世人 (プラトーノフ 1899.8.20/9.1-1951.1.5)
現世文 (プラトーノフ, アンドレイ 1899.9.1-1951.1.5)
広辞7 (プラトーノフ 1899-1951)

Platonov, Sergei Fëdorovich
ロシアの歴史家。動乱時代(1600~13)について研究。
⇒岩世人 (プラトーノフ 1860.6.16/28-1933.1.10)

Platt, Charles
イギリスのSF作家。
⇒現世文 (プラット, チャールズ 1944.10.25-)

Plattner, Hasso
ドイツの実業家。
⇒外12 (プラットナー, ハッソ 1944.1.21-)
外16 (プラットナー, ハッソ 1944.1.21-)

Platz, Gustav Adolf
ドイツの建築家。マンハイム市の建築課長(1923~)。
⇒岩世人 (プラッツ 1881.11.21-1947.9.13)

Platzeck, Matthias
ドイツの政治家。ドイツ社会民主党(SPD)党首, ブランデンブルク州首相。
⇒外12 (プラツェク, マティアス 1953.12.29-)
外16 (プラツェク, マティアス 1953.12.29-)
世指導 (プラツェク, マティアス 1953.12.29-)

Platzman, George William
アメリカの理論気象学者。数値予報, 気象潮, 大気・海洋の大循環などの研究で知られる。
⇒岩世人 (プラッツマン 1920.4.19-2008.8.2)

Plaut, Hugo Carl
ドイツの細菌学者。
⇒ユ著人 (Plaut,Hugo Carl プラウ, ウーゴ・シャルル 1858-1928)

Plavsic, Biljana
ボスニア・ヘルツェゴビナの政治家。セルビア人共和国大統領(1996~98)。
⇒世指導 (プラブシッチ, ビリアナ 1930.7.7-)

Player, Gary
南アフリカのプロゴルファー。
⇒異二辞 (プレーヤー, ゲーリー 1935-)
岩世人 (プレイヤー 1935.11.1-)
外12 (プレイヤー, ゲーリー 1935.11.1-)
外16 (プレイヤー, ゲーリー 1935.11.1-)

Playfair, Alfred William
カナダの英文学者。1905年来日し, 慶応義塾大学, 東京高等師範学校等で教える。
⇒岩世人 (プレイフェア 1870.9.1-1917.12.28)

Plaza Lasso, Galo
エクアドルの外交官, 政治家。
⇒ラテ新 (プラサ 1906-1987)

Pleasance, Donald
イギリスの俳優。
⇒ク俳 (プレゼンス, ドナルド 1919-1995)

Plečnik, Josip (Jože)
スロベニアの建築家。
⇒岩世人 (プレチュニク 1872.1.23-1957.1.7)

Plekhanov, Georgii Valentinovich
ロシアの革命家, 思想家。『土地と自由』結社の綱領作成に参加。1883年ロシア初のマルクス主義グループ「労働解放団」を組織。主著『社会

主義と政治闘争』(83),『われらの意見の相違』(84),『歴史における個人の役割』(98)。
- ⇒異二辞（プレハーノフ［ゲオルギー・〜］ 1856-1918）
- 岩世人（プレハーノフ 1856.11.29/12.11-1918.5.30）
- 学叢思（プレハーノフ, ゲオルグ 1856-1918）
- 現社（プレハーノフ 1856-1918）
- 広辞7（プレハーノフ 1856-1918）
- 社小増（プレハーノフ 1857-1918）
- 世史改（プレハーノフ 1856-1918）
- 世人新（プレハーノフ 1856-1918）
- 世人装（プレハーノフ 1856-1918）
- 哲中（プレハーノフ 1856-1918）
- ネーム（プレハーノフ 1856-1918）
- ボブ人（プレハーノフ, ゲオルギー 1856-1918）
- メル3（プレハーノフ, ゲオルギー 1856-1918）

Plenel, Edwy
フランスのジャーナリスト。
- ⇒外16（プレネル, エドウィー 1952-）

Plenković, Andrej
クロアチアの政治家。クロアチア首相。
- ⇒世指導（プレンコヴィッチ, アンドレイ 1970.4.8-）

Plenzdorf, Ulrich
ドイツの小説家, シナリオ作家。
- ⇒現世文（プレンツドルフ, ウルリヒ 1934.10.26-2007.8.9）

Plesac, Daniel Thomas
アメリカの大リーグ選手（投手）。
- ⇒メジャ（プリーサック, ダン 1962.2.4-）

Pleshette, Suzanne
アメリカ生まれの女優。
- ⇒ク俳（プレシェット, スザンヌ 1937-）

Plessner, Hermuth
ドイツの哲学者。フッセルの現象学を基礎に人間諸科学を統合する哲学的人間学を構築, 哲学的人間学の定礎者とされる。
- ⇒岩世人（プレスナー 1892.9.4-1985.6.12）
- 新カト（プレスナー 1892.9.4-1985.6.12）
- メル別（プレスナー, ヘルムート 1892-1985）

Pletnev, Mikhail
ロシアのピアノ奏者, 指揮者。
- ⇒外12（プレトニョフ, ミハイル 1957.4.14-）
- 外16（プレトニョフ, ミハイル 1957.4.14-）
- 新音中（プレトニョフ, ミハイル 1957.4.14-）

Pléven, René Jean
フランスの政治家。
- ⇒岩世人（プレヴァン 1901.4.15-1993.1.13）

Plevneliev, Rosen
ブルガリアの政治家。ブルガリア大統領（2012～17）。
- ⇒外16（プレヴネリエフ, ロセン 1964.5.14-）
- 世指導（プレヴネリエフ, ロセン 1964.5.14-）

Pleynet, Marcelin
フランスの詩人, 批評家。
- ⇒岩世人（プレネ 1933.12.23-）
- 外16（プレネ, マルスラン 1933.12.23-）
- 現世文（プレネ, マルスラン 1933.12.23-）

Plichota, Anne
フランスの作家。
- ⇒海文新（プリショタ, アンヌ）

Plievier, Theodor
ドイツの作家。ルポルタージュ風の小説を書いた。代表作『ベルリン』(1954)など。
- ⇒岩世人（プリヴィエー 1892.2.12-1955.3.12）
- 現世文（プリヴィエ, テーオドア 1892.2.12-1955.3.12）

Plimpton, George
アメリカの作家, ジャーナリスト。
- ⇒現世文（プリンプトン, ジョージ 1926.3.18-2003.9.25）

Plisetskaya, Maya
ロシアのダンサー, 振付家, バレエ監督, 女優。
- ⇒岩世人（プリセツカヤ 1925.11.20-）
- 外12（プリセツカヤ, マイヤ 1925.11.20-）
- ネーム（プリセツカヤ 1925-）
- 標音2（プリセツカヤ, マヤ 1925.11.20-）
- ボブ人（プリセツカヤ, マイヤ 1925-2015）
- ユ著人（Plisetskaya,Maya プリセツカヤ, マヤ 1925-）

Plisnier, Charles
ベルギーの詩人, 小説家。フランス語で書いた『にせのパスポート』(1935)で1937年ゴンクール賞を受賞。
- ⇒岩世人（プリスニエ 1896.12.13-1952.7.17）
- 現世文（プリスニエ, シャルル 1896.12.13-1952.7.17）

Plöchl, Willibald Maria
オーストリアの教会法学者。
- ⇒新カト（プレヘル 1907.7.7-1984.5.27）

Plomer, William Charles Franklyn
イギリスの詩人, 小説家。来日したことがあり, 短篇集『紙の家』(1929)や長篇『佐渡』(31)を書いた。
- ⇒岩世人（プルーマー 1903.12.10-1973.9.21）
- 現世文（プルーマー, ウィリアム 1903.12.10-1973.9.21）

Plomin, Robert
アメリカの心理学者。
- ⇒岩世人（プロミン 1948.2.20-）

Plucknett, Theodore Frank Thomas
イギリスの歴史家。主著 "Legislation of Edward I" (1949)。

⇒岩世人（プラクネット　1897.1.2-1965.2.14）

Pludermacher, Georges
フランスのピアノ奏者。パリ音楽院教授。
⇒外12（プルーデルマッハー, ジョルジュ）
　外16（プルーデルマッハー, ジョルジュ）

Pludra, Benno
ドイツの児童文学作家。
⇒外12（プルードラ, ベンノー　1925-）
　現世文（プルードラ, ベンノー　1925.10.1-2014.8.27）

Plumer, Herbert Charles Onslow, 1st Viscount of
イギリスの軍人。第一次大戦（1914～18）には第2軍司令官として西部戦線にあり（15～17）、休戦後ライン占領軍司令官、元帥、男爵（19）。
⇒岩世人（プルーマー　1857.3.13-1932.7.16）

Plumer, James Marshall
アメリカの官僚。教育者。
⇒アア歴（Plumer,James Marshall　プラマー, ジェイムズ・マーシャル　1899.7.10-1960.6.15）

Plummer, Alfred
イギリスのプロテスタント神学者。新約聖書学の造詣深く、ドライヴァーと共に"The international critical commentary"を編集した。
⇒岩世人（プラマー　1841.2.17-1926.4.19）

Plummer, Christopher
カナダ生まれの俳優。
⇒外12（プラマー, クリストファー　1927.12.13-）
　外16（プラマー, クリストファー　1927.12.13-）
　ク俳（プラマー, クリストファー（プラマー, アーサー・C）　1927-）

Plummer, Ken
イギリスの社会学者。
⇒現社（プラマー　1946-）

Plummer, Mary Wright
アメリカの図書館学教育者。
⇒ア図（プラマー, メアリー　1856-1916）

Plunk, Eric Vaughn
アメリカの大リーグ選手（投手）。
⇒メジャ（プランク, エリック　1963.9.3-）

Plunkett, *Sir* Francis Richard
イギリスの外交官。駐日特命全権公使（1883～87）。
⇒岩世人（プランケット　1835.2.3-1907.2.28）

Plunkett, *Sir* Horace Curzon
アイルランドの農業協同組合運動の指導者、政治家。
⇒岩世人（プランケット　1854.10.24-1932.3.26）

Plushenko, Evgenii
ロシアのフィギュアスケート選手。

⇒異二辞（プルシェンコ［エフゲニー・～］　1982-）
　外12（プルシェンコ, エフゲニー　1982.11.3-）
　外16（プルシェンコ, エフゲニー　1982.11.3-）
　最世ス（プルシェンコ, エフゲニー　1982.11.3-）

Pluzhnikov, Konstantin
ジョージアのテノール歌手。
⇒魅惑（Pluzhnikov,Konstantin　?-）

P Moe Nin
ミャンマー（ビルマ）の小説家。
⇒岩世人（ピーモーニン　1883.11.5-1940.1.6）

Poborsky, Karel
チェコのサッカー選手。
⇒外12（ポボルスキー, カレル　1972.3.30-）
　最世ス（ポボルスキー, カレル　1972.3.30-）

Pöch, Rudolf
オーストリアの医師、民族学者。ニューギニアの小人、南アフリカのブッシュマン族の民族学的研究を行なった。
⇒岩世人（ペッヒ　1870.4.17-1921.3.4）

Pockels, Agnes
ドイツの主婦、女性化学者。
⇒物理（ポッケルス, アグネス　1862-1935）

Pocock, John Greville Agard
イギリスの思想家。
⇒岩世人（ポーコック　1924.3.7-）

Podesta, John David
アメリカの官僚。大統領首席補佐官、米国進歩センター（CAP）所長・CEO。
⇒外12（ポデスタ, ジョン・デービッド　1949.8.1-）
　外16（ポデスタ, ジョン・デービッド　1949.8.1-）

Podger, Rachel
イギリスのバロック・ヴァイオリン奏者。
⇒外12（ポッジャー, レイチェル　1968-）
　外16（ポッジャー, レイチェル　1968-）

Po Dharma Quang
チャム人の学者。
⇒岩世人（ポー・ダルマ　1948-）

Podhoretz, Norman
アメリカ（ユダヤ系）の編集者、社会評論家。
⇒岩世人（ポドーレツ　1930.1.16-）

Podladtchikov, Iouri
スイスのスノーボード選手。
⇒外16（ポドラドチコフ, ユーリ　1988.9.13-）
　最世ス（ポドラドチコフ, ユーリ　1988.9.13-）

Podobedova, Svetlana
カザフスタンの重量挙げ選手。
⇒外16（ポドベドワ, スベトラーナ　1986.5.25-）
　最世ス（ポドベドワ, スベトラーナ　1986.5.25-）

Podobnik, Janez
スロベニアの政治家。スロベニア国民議会議長。
⇒世指導（ポドブニク, ヤネス 1959–）

Podolski, Lukas
ドイツのサッカー選手（ガラタサライ・FW）。
⇒外12（ポドルスキ, ルーカス 1985.6.4–）
　外16（ポドルスキ, ルーカス 1985.6.4–）
　最世ス（ポドルスキ, ルーカス 1985.6.4–）

Podolsky, Boris
アメリカの物理学者。
⇒ネーム（ポドリスキー 1896–1966）

Podres, John Joseph
アメリカの大リーグ選手（投手）。
⇒メジャ（ポドレス, ジョニー 1932.9.30–2008.1.13）

Podsednik, Scott Eric
アメリカの大リーグ選手（外野）。
⇒メジャ（ポセドニック, スコット 1976.3.18–）

Poe, Grace
フィリピンの政治家。
⇒外16（ポー, グレース）
　世指導（ポー, グレース 1968–）

Poebel, Arno
ドイツ生まれのアメリカのアッシリア学者。
⇒岩世人（ペーベル 1881.1.26–1958.3.3）

Poel, William
イギリスの俳優, 演出家。1894年エリザベス朝舞台協会（～1905）を結成。
⇒岩世人（ポウエル 1852–1934.12.13）

Poelzig, Hans
ドイツの建築家。マックス・ラインハルト劇場（1919）の建築者。
⇒岩世人（ペルツィヒ 1869.4.30–1936.6.14）

Poerbotjaroko, Raden Mas Ngabehi
インドネシアの古典ジャワ文学者, 歴史家。
⇒岩世人（プルボチャロコ 1884–1964）

Poerwadarminta, W.J.S.
インドネシアの言語学者。
⇒岩世人（プルワダルミンタ 1904.11.5–1968.11.28）

Poe Sein, U
ビルマ（ミャンマー）の踊り手。
⇒岩世人（ポーセイン 1882.4.17–1954.1.11）

Poffo, Angelo
アメリカのプロレスラー。
⇒異二辞（ポッフォ, アンジェロ 1925–2010）

Pogba, Paul
フランスのサッカー選手（ユベントス・MF）。
⇒外16（ポグバ, ポール 1993.3.15–）

Pogge, Thomas Winfried Menko
ドイツの哲学者, 政治哲学者, 倫理学者。
⇒岩世人（ポッゲ 1953.8.13–）

Pöggeler, Otto
ドイツの哲学者。
⇒岩世人（ペゲラー（ペッゲラー） 1928.12.12–）

Poggi, Ferrero
イタリアのテノール歌手。
⇒魅惑（Poggi,Ferrero ?–）

Poggi, Gianni
イタリアのテノール歌手。
⇒失声（ポッジ, ジャンニ 1921–1989）
　魅惑（Poggi,Gianni 1921–1989）

Pogodin, R.P.
ソ連の児童文学者。
⇒現世文（パゴージン, ラージー 1925–1993）

Pogorelić, Ivo
クロアチアのピアノ奏者。
⇒外12（ポゴレリチ, イーヴォ 1958.10.20–）
　外16（ポゴレリチ, イーヴォ 1958.10.20–）
　新音中（ポゴレリチ, イーヴォ 1958.10.20–）

Pogrebnichko, Yury Nikolaevich
ソ連, ロシアの演出家。
⇒岩世人（ポグレブニチコ 1939.10.25–）

Pogson, Geoffrey
イギリスのテノール歌手。
⇒魅惑（Pogson,Geoffrey ?–）

Pohamba, Hifikepunye
ナミビアの政治家。ナミビア大統領（2005～15）。
⇒外12（ポハンバ, ヒフィケプニェ 1935.8.18–）
　外16（ポハンバ, ヒフィケプニェ 1935.8.18–）
　世指導（ポハンバ, ヒフィケプニェ 1935.8.18–）

Pohjonen, Mika
フィンランドのテノール歌手。
⇒魅惑（Pohjonen,Mika 1973–）

Pohl, Frederik
アメリカのSF作家。
⇒現世文（ポール, フレデリック 1919–2013.9.2）

Pöhl, Karl Otto
ドイツの銀行家。
⇒岩世人（ペール 1929.12.1–）

Pohl, Robert
ドイツの物理学者。X線, 光電効果, 特にアルカリハライドの光学的性質の研究がある。
⇒岩世人（ポール 1884.8.10–1976.6.5）

Po Hla Gyi, Thakin
英領期ビルマ(ミャンマー)の労働運動指導者。
⇒岩世人(ポーフラジー)

Pöhlmann, Robert von
ドイツの古代史家。エルランゲン(1884),ミュンヘン(1900)の各大学教授。
⇒岩世人(ペールマン　1852.10.31-1914.9.27)

Poincaré, Jules Henri
フランスの数学者,科学思想家。数学,数理物理学,天文学などに業績がある。
⇒岩世人(ポワンカレ　1854.4.29-1912.7.17)
　学叢思(ポアンカレ,アンリ　1854-1912)
　科史(ポアンカレ　1854-1912)
　広辞7(ポアンカレ　1854-1912)
　三新物(ポアンカレ　1854-1912)
　新カト(ポアンカレ　1854.4.29-1912.7.17)
　数辞(ポアンカレ,ジュル・アンリ　1854-1912)
　数小増(ポアンカレ　1854-1912)
　世数(ポアンカレ,ジュール・アンリ　1854-1912)
　哲中(ポアンカレ　1854-1912)
　天文辞(ポアンカレ　1854-1912)
　ネーム(ポアンカレ　1854-1912)
　物(ポアンカレ,ジュール・アンリ　1854-1912)
　ポブ人(ポアンカレ,ジュール・アンリ　1854-1912)
　メル3(ポアンカレ,アンリ　1854-1912)
　有経5(ポアンカレ　1854-1912)

Poincaré, Raymond Nicolas Landry
フランスの政治家,弁護士。大統領(1913～20)として第1次世界大戦下「神聖連合」の挙国一致体制を成立させた。
⇒岩世人(ポワンカレ　1860.8.20-1934.10.15)
　広辞7(ポアンカレ　1860-1934)
　世人新(ポワンカレ(ポアンカレ)　1860-1934)
　世人装(ポワンカレ(ポアンカレ)　1860-1934)

Point, Fernand
フランスの料理人,レストラン経営者。
⇒岩世人(ポワン　1897.2.25-1955.3.5)
　フラ食(ポワン,フェルナン　1897-1955)

Pointer, Anita
アメリカ・カリフォルニア州オークランド生まれの黒人女性歌手。
⇒ロック(The Pointer Sisters ポインター・シスターズ　1948-)

Pointer, Bonnie
アメリカ・カリフォルニア州オークランド生まれの黒人女性歌手。
⇒ロック(The Pointer Sisters ポインター・シスターズ　1950-)

Pointer, June
アメリカ・カリフォルニア州オークランド生まれの黒人女性歌手。
⇒ロック(The Pointer Sisters ポインター・シスターズ　1953-)

Pointer, Ruth
アメリカ・カリフォルニア州オークランド生まれの黒人女性歌手。
⇒ロック(The Pointer Sisters ポインター・シスターズ　1946-)

Poiret, Paul
フランスの服飾デザイナー。
⇒岩世人(ポワレ　1879.4.20-1944.4.28/30)
　広辞7(ポワレ　1879-1944)

Poirot-Delpech, Bertrand
フランスの批評家,小説家。
⇒現世文(ポワロー・デルペッシュ,ベルトラン　1929.2.10-2006.11.14)

Poisson, Pierre
フランスの彫刻家。記念碑,胸像,レリーフを制作。
⇒芸13(ポアソン,ピエル　1876-1953)

Poitier, Juanita
アメリカの黒人俳優シドニー・ポワティエの妻。
⇒マルX(POITIER,SIDNEY AND JUANITA ポワチエ,シドニー、ポワチエ,ジャニータ)

Poitier, Sidney
アメリカ生まれの男優。
⇒岩世人(ポワティエ　1927.2.20-)
　外12(ポワティエ,シドニー　1924.2.24-)
　外16(ポワティエ,シドニー　1924.2.24-)
　ク俳(ポワティエ,シドニー　1927-)
　スター(ポワチエ,シドニー　1927.2.20-)
　マルX(POITIER,SIDNEY AND JUANITA ポワチエ,シドニー、ポワチエ,ジャニータ　1927-)

Pokorni, Zoltán
ハンガリーの政治家,教育者。フィデス・ハンガリー市民連盟副党首,ハンガリー教育相。
⇒外12(ポコルニ,ゾルターン　1962.1.10-)
　外16(ポコルニ,ゾルターン　1962.1.10-)
　世指導(ポコルニ,ゾルターン　1962.1.10-)

Pokorny, Julius
ドイツの言語学者。スイスに亡命し,ベルン,チューリヒの大学講師となる(1944～)。
⇒岩世人(ポコルニー　1887.6.12-1970.4.8)

Pokrovskii, Mikhail Nikolaevich
ソ連の歴史家。
⇒岩世人(ポクロフスキー　1868.8.17/29-1932.4.10)
　学叢思(ポクロフスキー　1868-?)
　広辞7(ポクロフスキー　1868-1932)

Pola, Arrigo
イタリアのテノール歌手。
⇒失声(ポーラ,アッリーゴ　1919-1999)
　魅惑(Pola,Arrigo　1922-1999)

Polacek, Karel
チェコスロバキア（ユダヤ系）の作家。
⇒現世文（ポラーチェク，カレル　1892.3.22–1945.1.21）

Polak, Henry
オランダの社会主義者。
⇒学叢思（ポラック，ヘンリイ　1868–?）

Polamalu, Troy
アメリカのプロフットボール選手（スティーラーズ・SS）。
⇒最世ス（ポラマル，トロイ　1981.4.19–）

Polanco, Placido
ドミニカ共和国の大リーグ選手（マーリンズ・内野手）。
⇒最世ス（ポランコ，プラシド　1975.10.10–）
　メジャ（ポランコ，プラシド　1975.10.10–）

Poland, Marguerite
南アフリカの女性作家。
⇒現世文（ポーランド，マーグリート　1950–）

Polański, Roman
フランス・パリ生まれの映画監督，映画脚本家，男優。
⇒岩世人（ポランスキ　1933.8.18–）
　映監（ポランスキー，ロマン　1933.8.18–）
　外12（ポランスキー，ロマン　1933.8.18–）
　外16（ポランスキー，ロマン　1933.8.18–）
　ユ著人（Polanski,Roman　ポランスキー，ロマン　1933–）

Polansky, Lois
アメリカ生まれの工芸家，画家。
⇒芸13（ポランスキー，ルイ　1939–）

Polanyi, John C.
カナダの化学者。1986年ノーベル化学賞。
⇒岩世人（ポラーニ　1929.1.23–）
　外12（ポラーニ，ジョン・チャールズ　1929.1.23–）
　外16（ポラーニ，ジョン・チャールズ　1929.1.23–）
　化学（ポラニー，J.C.　1929–）
　ノベ3（ポラニー，J.C.　1929.1.23–）

Polanyi, Karl
ハンガリー生まれの経済学者，歴史学者。社会と経済との関係を追究し，経済人類学の生成・発展に強い刺激を与えた。
⇒岩経（ポランニー　1886–1964）
　岩世人（ポラーニ（ポランニー）　1886–1964.4.23）
　現社（ポランニー，K.　1886–1964）
　広辞7（ポランニー　1886–1964）
　社小増（ポランニー　1886–1964）
　新カト（ポランニ　1886.10.25–1964.4.23）
　政経改（ポランニー　1886–1964）
　哲中（ポランニー　1886–1964）
　有経5（ポランニー　1886–1964）
　ユ著人（Polanyi,Karl　ポランニー，カール　1886–1946）

Polanyi, Michael
ハンガリーの物理化学者，社会科学者。マンチェスターのヴィクトリア大学社会科学教授（1947～）。
⇒岩世人（ポラーニ　1891.3.12–1976.2.22）
　化学（ポラニー，M.　1891–1976）
　現社（ポランニー，M.　1891–1976）
　広辞7（ポランニー　1891–1976）
　新カト（ポランニー　1891.3.12–1976.2.22）
　哲中（ポランニー　1891–1976）
　ネーム（ポランニー　1891–1976）
　ユ著人（Polanyi,Michael　ポランニー，マイケル　1891–1976）

Polasek, Oldrich
テノール歌手。
⇒魅惑（Polasek,Oldrich　?–）

Polaski, Deborah
アメリカのソプラノ歌手。
⇒外12（ポラスキ，デボラ　1949–）
　外16（ポラスキ，デボラ　1949–）

Poldini, Ede
ハンガリー出身の作曲家。ピアノ小品『踊る人形』が親しまれている。
⇒ク3（ポルディーニ　1869–1957）
　新音中（ポルディニ，エデ　1869.6.13–1957.6.28）
　標音2（ポルディーニ，エデ　1869.6.13–1957.6.28）

Poldowski
イギリスの作曲家。
⇒標音2（ポルドフスキ　1879.3.18–1932.1.28）

Polem, Panglima
インドネシア，アチェ戦争後半の軍事指導者。
⇒岩世人（ポレム，パンリマ　1879–1940）

Polem, Panglima
インドネシア，アチェの有力貴族パンリマ・ポレム家の第10代当主。
⇒岩世人（ポレム，パンリマ　1905–1974）

Polenzani, Matthew
アメリカのテノール歌手。
⇒失声（ポレンザーニ，マシュー　1968–）
　魅惑（Polenzani,Matthew　?–）

Poleri, David
アメリカのテノール歌手。
⇒魅惑（Poleri,David　1912–1967）

Polet, Robert
オランダの実業家。
⇒外12（ポレット，ロバート　1955–）
　外16（ポレット，ロバート　1955–）

Poletto, Eraldo
イタリアの実業家。
⇒外16（ポレット,エラルド　1960–）

Polevoi, Boris Nikolaevich
ソ連の作家。『真実の人間の物語』(1946)でスターリン賞受賞。
⇒現世文（ポレヴォイ,ボリス　1908.3.17–1981.7.12）

Polgar, Alfred
オーストリアの作家,劇評家。
⇒岩世人（ポルガー　1873.10.17–1955.4.24）
ユ著人（Polgar,Alfred　ポルガー,アルフレート　1873–1955）

Polgar, Thomas C.
アメリカ中央情報局(CIA)サイゴン支局長。
⇒スパイ（ポルガー,トーマス・C　1922–2014）

Polge, Ernest John Christopher
イギリスの家畜繁殖学者。
⇒岩世人（ポルジ　1926.8.16–2006.8.17）

Poli, Pier Francesco
テノール歌手。
⇒魅惑（Poli,Pier Francesco　?–?）

Poliakoff, Serge
フランスの版画家。
⇒岩世人（ポリアコフ　1906.1.8–1969.10.12）
芸13（ポリアコフ,セルジュ　1906–1969）

Poliakov, Leon
フランスの歴史学者。
⇒ユ著人（Poliakov,Léon　ポリアコフ,レオン　1910–）

Polin, Raymond
フランスの哲学者。人間を自由な価値創造者としてとらえ,そこに現象学を適用した。
⇒岩世人（ポラン　1910.7.7–2001.2.8）
メル3（ポラン,レイモン　1910–2001）

Politzer, Adam
オーストリアの耳科医。耳管炎の新治療法を示した。
⇒岩世人（ポーリッツァー　1835.10.1–1920.9.10）

Politzer, Georges
フランスの共産主義の哲学者。ベルクソンの哲学を弁証法的唯物論の立場から批判した。
⇒岩世人（ポリツェル　1903.5.3–1942.5.23）
メル3（ポリツェル,ジョルジュ　1903–1942〔銃殺〕）

Politzer, H.David
アメリカの理論物理学者。ノーベル物理学賞受賞。
⇒外12（ポリツァー,デービッド　1949.8.31–）
外16（ポリツァー,デービッド　1949.8.31–）

ノベ3（ポリツァー,H.D.　1949.8.31–）

Polivanov, Evgeni Dmitrievich
ソ連の言語学者,音声学者。N.マルの御用学説を批判し,追放された。主著『東洋学大学用言語学入門』(1928)。
⇒岩世人（ポリヴァーノフ　1891.2.28/3.12–1938.1.25）

Polk, May
アメリカの図書館司書。
⇒アア歴（Polk,May　ポーク,メイ　1864.2.10–1924.4.12）

Polke, Sigmar
ドイツの画家。
⇒岩世人（ポルケ　1941.2.13–2010.6.10）
芸13（ポルケ,ジグマール　1941–）

Polkinghorne, John
イギリスの理論物理学者,神学者。
⇒新カト（ポーキングホーン　1930.10.16–）

Poll, Melvyn
アメリカのテノール歌手。
⇒魅惑（Poll,Melvyn　1941–）

Pollack, Sydney
アメリカ生まれの映画監督,男優,映画製作者。
⇒映監（ポラック,シドニー　1934.7.1–）

Pollak, Avshalom
イスラエルの俳優,演出家,振付師。
⇒外16（ポラック,アブシャロム）

Pollak, Robert
オーストリアのヴァイオリン奏者,教師。
⇒標音2（ポラク,ローベルト　1880.1.18–1962.9.7）

Pollán, Laura
キューバの人権活動家。白い服の女性たち女性共同代表。
⇒世指導（ポジャン,ラウラ　1948.2.13–2011.10.14）

Pollan, Michael
アメリカのジャーナリスト。
⇒外16（ポーラン,マイケル　1955–）

Pollard, Albert Frederick
イギリスの歴史家。チューダー朝研究の権威者。1906年「歴史学会」を創設。
⇒岩世人（ポラード　1869.12.16–1948.8.3）

Pollard, Alfred William
イギリスの書誌学者。特にシェークスピア本文研究の発展に先駆者的役割を演じた。
⇒岩世人（ポラード　1859.8.14–1944.3.8）

Pollard, Jonathan Jay
アメリカ海軍の情報分析官。

⇒スパイ（ポラード, ジョナサン・ジェイ　1954–）

Pollesch, René
ドイツの劇作家。
⇒外12（ポレシュ, ルネ　1962–）
　外16（ポレシュ, ルネ　1962–）
　現世文（ポレシュ, ルネ　1962–）

Pollet, Howard Joseph
アメリカの大リーグ選手（投手）。
⇒メジャ（ポーレット, ハウィー　1921.6.26–1974.8.8）

Polley, Sarah
カナダの女優, 映画監督。
⇒外12（ポーリー, サラ　1979.1.8–）
　外16（ポーリー, サラ　1979.1.8–）

Pollicino, Salvatore
イタリアのテノール歌手。
⇒魅惑（Pollicino,Salvatore　1888–?）

Pollini, Maurizio
イタリアのピアノ奏者。
⇒岩世人（ポリーニ　1942.1.5–）
　外12（ポリーニ, マウリツィオ　1942.1.5–）
　外16（ポリーニ, マウリツィオ　1942.1.5–）
　広辞7（ポリーニ　1942–）
　新音中（ポリーニ, マウリツィオ　1942.1.5–）
　標音2（ポッリーニ, マウリツィオ　1942.1.5–）

Pollitt, Harry
イギリスの共産党の指導者。1929～56年イギリスの共産党書記長, 56年同党の議長となり, ファシズムへの反対に力を入れた。
⇒岩世人（ポリット　1890.11.22–1960.6.27）

Pollock, Channing
アメリカの奇術師。
⇒岩世人（ポロック　1926.8.16–2006.3.18）

Pollock, *Sir* Frederick
イギリスの法学者。1914年シンク・ポーツの海事裁判所裁判官。分析法学と歴史法学の総合を試みた。
⇒岩世人（ポロック　1845.12.10–1937.1.18）

Pollock, Griselda
イギリスの美術史家。
⇒岩世人（ポロック　1949–）

Pollock, Paul Jackson
アメリカの画家。アメリカにおける抽象表現主義またはアクション・ペインティングの創始者。
⇒アメ新（ポロック　1912–1956）
　異二辞（ポロック［ジャクソン・～］　1912–1956）
　岩世人（ポロック　1912.1.28–1956.8.11）
　芸13（ポロック, ジャクソン　1912–1956）
　広辞7（ポロック　1912–1956）
　ネーム（ポロック　1912–1956）
　ポブ人（ポロック, ジャクソン　1912–1956）

Pollock, Sharon
カナダの女性劇作家。
⇒現世文（ポーロック, シャロン　1936–）

Pollock, William
アメリカの労働運動の指導者。全米織物労働者組合（TWUA）会長。
⇒アメ経（ポラック, ウィリアム　1899.11.12–1982.3.4）

Polnareff, Michel
フランスのポピュラー歌手。
⇒外12（ポルナレフ, ミシェル　1944.7.3–）
　標音2（ポルナレフ, ミシェル　1944.7.3–）

Polonia, Luis Andrew
ドミニカ共和国の大リーグ選手（外野）。
⇒メジャ（ポロニア, ルイス　1963.10.12–）

Polonsky, Abraham
アメリカ・ニューヨーク生まれの映画監督, 映画脚本家。
⇒ユ著人（Polonsky,Abraham　ポロンスキー, エイブラム　1910–）

Polosov, Vyacheslav
ウクライナのテノール歌手。
⇒失声（ポロソフ, ヴィアチェスラフ　1950–）
　失声（ポロゾフ, ヴャチェスラフ　1950–）

Polotsky, Hans Jacob
イスラエルのエジプト学者, 文献学者。
⇒岩世人（ポロツキー　1905.9.13–1991.8.10）

Polovinkin, Leonid Alexeyevich
ロシアの作曲家。
⇒標音2（ポロヴィンキン, レオニート・アレクセーエヴィチ　1894.8.13–1949.2.8）

Pol Pot
カンボジアの政治家。
⇒岩世人（ポル・ポト　1928/1925–1998.4.15）
　現アジ（ポル・ポト　1925.5.19–1998.4.15）
　広辞7（ポル・ポト　1925?–1998）
　世人新（ポル＝ポト　1925–1998）
　世人装（ポル・ポト　1925–1998）
　ポブ人（ポル・ポト　1925?–1998）

Polsbroeck, Dirk de Graeff van
幕末のオランダ駐日外交官。伯爵。オランダ商人スネルの奥羽大同盟支援の件で首席判事を務めた。
⇒岩世人（ポルスブルック　1833.8.28–1916.6.27）
　来日（ポルスブルック, ディルク・デ・グラーフ・ファン　1833–1916）

Polverosi, Manfredo
イタリアのテノール歌手。
⇒魅惑（Polverosi,Manfredo　1882–1965）

Polvinen, Tuomo
フィンランドの歴史学者。

Pólya György
ハンガリー生まれの数学者。スタンフォード大学教授。関数論の研究がある。
⇒岩世人（ポーヤ　1887.12.13–1985.9.7）
世数（ポーヤ，ジョルジ　1887–1985）

Polyakov, Alexander Markovich
ロシアの理論物理学者。
⇒物理（ポリャコフ，アレクサンドル・マルコヴィチ　1945–）

Polyakov, Dimitri Fedorovich
ソビエト軍の情報機関（GRU）士官。18年にわたり残留離反者としてアメリカの管理下でスパイ活動を続けた。
⇒スパイ（ポリヤコフ，ディミトリ・フェドロヴィチ　1921–1988）

Polyakov, Yuri
ロシアの作家。
⇒外12（ポリャコフ，ユーリー）
現世文（ポリャコフ，ユーリー）

Polyan, Pavel Markovich
ロシアの地理学者，歴史家，作家。
⇒外12（ポリャーン，パーヴェル　1952–）

Pölzer, Julius
ドイツのテノール歌手。
⇒魅惑（Pölzer,Julius　1901–1972）

Pomalaza, Fernando
ペルー生まれの画家。
⇒芸13（ポマラッサ，フェルナンド　1943–）

Pomare, Maui Wiremu Pita Naera
ニュージーランドの医師，政治家。
⇒ニュー（ポマレ，マウイ　1876–1930）

Pomerance, Bernard
アメリカの劇作家。
⇒現世文（ポメランス，バーナード　1940.9.23–2017.8.26）

Pomerántsev, Vladimir M.
ソ連の作家。
⇒現世文（ポメランツェフ，ウラジーミル　1907.7.22–1971.3.26）

Pomeroy, William Joseph
アメリカの革命家。
⇒アア歴（Pomeroy,William J(oseph)　ポメロイ，ウイリアム・ジョゼフ　1916.11.25–）

Pomianowski, Jerzy
ポーランドの外交官。
⇒外12（ポミャノフスキ，イエジ　1960–）
外16（ポミャノフスキ，イエジ　1960–）

Pomilio, Mario
イタリアのカトリック作家，批評家。
⇒新カト（ポミリオ　1921.1.14–1990.4.3）

Pommaux, Yvan
フランスの児童文学者。
⇒絵本（ポモー，イヴァン　1946–）

Pommer, Erich
ドイツ無声映画の黄金時代を築いた大プロデューサー。トーキーでは『会議は踊る』（1931）など。
⇒岩世人（ポマー　1889.7.20–1966.5.8）
ユ著人（Pommer,Erich　ポマー，エーリッヒ　1889–1966）

Pommier, Albert
フランスの彫刻家。
⇒芸13（ポミエ，アルベール　1880–?）

Pommier, Jean-Bernard
フランスのピアノ奏者。
⇒標音2（ポミエ，ジャン＝ベルナール　1944.8.17–）

Pomodoro, Arnaldo
イタリアの彫刻家。
⇒外12（ポモドーロ，アルナルド　1926.6.23–）
外16（ポモドーロ，アルナルド　1926.6.23–）

Pompa, Gaetano
イタリア生まれの画家。
⇒芸13（ポンパ，ガエタノ　1933–）

Pompeo, Mike
アメリカの政治家。国務長官，下院議員（共和党）。
⇒世指導（ポンペオ，マイク　1963.12.30–）

Pompez, Alejandro (Alex)
アメリカのニグロリーグ，キューバン・スターズのオーナー。
⇒メジャ（ポンペス，アレックス　1890.5.14–1974.3.14）

Pompidou, Georges Jean Raymond
フランスの政治家。1969年6月大統領に選出。対米協調に努め，第6次5カ年計画を推進。
⇒岩世人（ポンピドー　1911.7.5–1974.4.2）
世人新（ポンピドゥー　1911–1974）
世人装（ポンピドゥー　1911–1974）
ネーム（ポンピドー　1911–1974）
ポブ人（ポンピドゥー，ジョルジュ　1911–1974）

Pompon, François
フランスの彫刻家。
⇒岩世人（ポンポン　1855.5.9–1933.5.6）
芸13（ポンポン，フランソア　1855–1933）

Pomus, Doc Jerome
アメリカの作詞家。

⇒新音中（ポーマス・アンド・シューマン　1925–1991）
　ロック（Pomus and Shuman　ポーマス&シューマン）

Ponce, Manuel
メキシコのピアノ奏者, 作曲家。自ら創設したベートーヴェン・アカデミーの校長として教育活動にも力を入れた。
⇒ク音3（ポンセ　1882–1948）
　新音中（ポンセ, マヌエル　1882.12.8–1948.4.24）
　標音2（ポンセ, マヌエル　1882.12.8–1948.4.24）
　ラテ新（ポンセ　1882–1948）

Ponce, Mariano
フィリピンの民族運動家。
⇒岩世人（ポンセ　1863.3.23–1918.5.23）

Poncelet, Albert
フランスの中世聖人伝編集者, ボランディスト（J.ボランドゥスが始めた聖人伝編集に携わる人々の総称）。
⇒新カト（ポンスレ　1861.8.30–1912.1.19）

Poncet, Tony
フランスのテノール歌手。
⇒失声（ポンセ, トニー　1918–1979）
　失声（ポンセ, トニー　?）
　魅惑（Poncet,Tony　1918–1979）

Ponchon, Raoul
フランスの詩人。
⇒19仏（ポンション, ラウール　1848.12.30–1937.12.3）
　フラ食（ポンション, ラウル　1848–1937）

Pond, Clayton
アメリカ生まれの画家。
⇒芸13（ポンド, クレイトン　1941–）

Pond, Horace B.
アメリカの実業家。
⇒アア歴（Pond,Horace B.　ポンド, ホレス・B.　1882.7.21–1960.4.18）

Ponge, Francis Jean Gaston Alfred
フランスの詩人, 評論家。ヌーボーロマンの作家に深い影響を及ぼす。主著, 詩集『12の小品』(1926) など。
⇒岩世人（ポンジュ　1899.3.27–1988.8.6）
　現世文（ポンジュ, フランシス　1899.3.27–1988.8.6）
　フ文小（ポンジュ, フランシス　1899–1988）

Pongpol Adireksarn
タイの政治家。タイ副首相。
⇒世指導（ポンポン・アディレクサーン　1942.3.23–）

Pongsaklek Wonjongkam
タイのプロボクサー。
⇒外12（ポンサクレック・ウォンジョンカム　1977.8.11–）
　外16（ポンサクレック・ウォンジョンカム　1977.8.11–）
　最世ス（ポンサクレック・ウォンジョンカム　1977.8.11–）

Poniatowska, Elena
メキシコの女性小説家, ジャーナリスト。
⇒外12（ポニアトウスカ, エレナ　1933–）
　現世文（ポニアトウスカ, エレナ　1932.5.19–）
　ラテ新（ポニアトウスカ　1933–）

Ponnelle, Jean-Pierre
フランスの舞台美術家, 演出家。
⇒標音2（ポネル, ジャン＝ピエール　1932.2.19–1988.8.11）

Ponnimit, Wisut
タイのアニメーション作家, 漫画作家。
⇒アニメ（ポンニミット, ウィスット　1976–）

Ponomariov, Ruslan Olegovych
ウクライナのチェスプレーヤー。
⇒岩世人（ポノマリオフ　1983.10.11–）

Ponomaryov, Boris Nikolaevich
ソ連の政治家。スターリン党史に代る新党史の刊行に努力した。
⇒岩世人（ポノマリョフ　1905.1.4/17–1995.12.21）

Ponor, Catalina
ルーマニアの体操選手。
⇒外16（ポノル, カタリナ　1987.8.20–）
　最世ス（ポノル, カタリナ　1987.8.20–）

Pons, Lily
フランス, のちアメリカのソプラノ歌手。
⇒新音中（ポンス, リリー　1898.4.12–1976.2.13）
　標音2（ポンス, リリー　1898.4.12–1976.2.13）

Ponson, Sidney Alton
オランダ領アンティル諸島出身の大リーグ選手（投手）。
⇒メジャ（ポンソン, シドニー　1976.11.2–）

Ponsonby, Arthur Augustus William Harry, 1st Baron P.of Shulbrede
イギリスの政治家。
⇒岩世人（ポンソンビー　1871.2.16–1946.3.23）

Ponsonby-Fane, Richard Arthur
イギリスの日本文化（神道）研究家。成蹊学園, 京都府立第一中学校で英語を教授。
⇒岩世人（ポンソンビー＝フェイン　1878.1.8–1937.12.10）

Ponte, Robson
ブラジルのサッカー選手（MF）。
⇒外12（ポンテ, ロブソン　1976.11.6–）

Pontecorvo, Bruno
イタリアの理論物理学者。ニュートリノ物理学の先駆者。
⇒スパイ（ポンテコルヴォ, ブルーノ　1913–1993）

Ponten, Josef
ドイツの作家。連作『途上の民』（1934〜42）。
⇒岩世人（ポンテン　1883.6.3–1940.4.3）

Ponti, Claude
フランスの絵本作家。
⇒絵本（ポンティ, クロード　1948–）

Ponti, Gio
イタリアの建築家。1928年雑誌「ドムス」を創刊。ミラノ・トリエンナーレの推進者。
⇒岩世人（ポンティ　1891.11.18–1979.9.16）
広辞7（ポンティ　1891–1979）

Pontier, Armando
アルゼンチンのタンゴ楽団指揮者, 作曲家, バンドネオン奏者。
⇒標音2（ポンティエル, アルマンド　1917.8.29–1983.12.25）

Pontiggia, Giuseppe
イタリアの作家。
⇒岩世人（ポンティッジャ　1934.9.25–2003.6.27）
現世文（ポンティッジャ, ジュゼッペ　1934–2003.6）

Pontiggia, Luigi
イタリアのテノール歌手。
⇒魅惑（Pontiggia, Luigi　1919–1987）

Ponting, Clive
イギリスの歴史家。イギリス国防次官補。
⇒スパイ（ポンティング, クライヴ）

Pontois, Noëlla
フランスのダンサー。
⇒外12（ポントワ, ノエラ　1943–）

Pontoppidan, Henrik
デンマークの小説家。出世作『約束の土地』（1891〜95）。1917年ノーベル文学賞を受賞。
⇒岩世人（ポントピダン　1857.7.24–1943.8.21）
現世文（ポントピダン, ヘンリク　1857.7.24–1943.8.21）
ネーム（ポントピダン　1857–1943）
ノベ3（ポントピダン, H.　1857.7.24–1943.8.21）

Pontryagin, Lev Semyonovich
ソ連の数学者。1940年スターリン賞, 62年レーニン賞を受賞。
⇒岩世人（ポントリャーギン　1908.8.21/9.3–1988.5.3）
広辞7（ポントリャーギン　1908–1988）
数辞（ポントリャーギン, レフ・セメノビッチ　1908–1988）
世数（ポントリャーギン, レフ・セメノヴィッチ　1908–1988）
有経5（ポントリャーギン　1908–1988）

Pontzious, Richard
アメリカの指揮者, 音楽家。
⇒外12（パンチャス, リチャード　1934–）
外16（パンチャス, リチャード　1934–）

Ponz de Leon, Manfredi
テノール歌手。
⇒魅惑（Ponz de Leon, Manfredi　?–）

Pool, Walter
テノール歌手。
⇒魅惑（Pool, Walter　?–）

Poole, Austin Lane
イギリスの歴史家。R.L.プールの子。
⇒岩世人（プール　1889.12.6–1963.2.22）

Poole, Brian
イギリスの歌手。
⇒ロック（Poole, Brian　プール, ブライアン）

Poole, Ernest
アメリカのジャーナリスト, 小説家。『彼の家族』（1917）でピュリッツァー賞受賞。
⇒岩世人（プール　1880–1950.1.10）

Poole, Jack
カナダの実業家。バンクーバー五輪組織委員会会長。
⇒最世ス（プール, ジャック　1933.4.14–2009.10.23）

Poole, Marie
イライジャ・ムハマドの母。
⇒マルX（POOLE, MARIE (MUHAMMAD)　プール（ムハマド）, マリー　1871–1958）

Poole, Reginald Lane
イギリスの歴史家。ハントと共に"The political history of England"（1905〜10）を編集した。
⇒岩世人（プール　1857.3.29–1939.10.28）

Poole, Sara
アメリカの作家。
⇒海文新（プール, サラ　1951–）

Poon, Christine A.
アメリカの実業家。
⇒外12（プーン, クリスティーヌ）
外16（プーン, クリスティーヌ）

Poorbaugh, Elizabeth R.
アメリカの宣教師。
⇒アア歴（Poorbaugh, Elizabeth R.　プアボー, エリザベス・R.［リジー］　1854.12.27–1927.4.26）
岩世人（プールボー　1854.12.27–1927.4.26）

Poos, Jacques
ルクセンブルクの政治家。ルクセンブルク副首相・外相。

⇒世指導（ポース, ジャック　1935.6.3–）

Poot, Marcel
ベルギーの作曲家, 教育家。ジルソンとともに『ベルギー音楽誌』を創刊。
⇒新音中（ポート, マルセル　1901.5.7–1988.6.12）
標音2（ポート, マルセル　1901.5.7–1988.6.12）

Pop, Edina
ハンガリー・ブダペスト生まれのミュージシャン。
⇒外12（ポップ, エディナ　1946.2.3–）

Popa, Vasko
ユーゴスラビアの詩人。作品に『傍系の天空』『垂直の地』など。
⇒岩世人（ポパ　1922.7.29–1991.1.5）
現世文（ポーパ, ヴァスコ　1922.7.29–1991.1.5）

Pope, Arthur Upham
アメリカのオリエント美術史学者, 考古学者。イランのアケメネス朝時代からイスラム時代に至る美術品を集大成し, イラン美術考古学研究の基礎を打ち立てた。
⇒岩世人（ポープ　1881.2.7–1969.9.3）

Pope, Edmond S.
アメリカ海軍情報士官。
⇒スパイ（ポープ, エドモンド・S　1946–）

Pope, John Alexander
アメリカの陶磁学者。
⇒岩世人（ポープ　1906.8.4–1982.9.18）

Pope, *Sir* **William Jackson**
イギリスの化学者。立体異性の概念を現在のような広いものに変えた。
⇒化学（ポープ　1870–1939）

Pope-Hennessy, *Sir* **John (Whyndham)**
イギリスの美術史家。
⇒岩世人（ポープ=ヘネシー　1913.12.13–1994.10.31）

Popescu, Adela
ルーマニアの詩人。
⇒現世文（ポペスク, アデラ　1936.2.7–）

Popescu, Stefan
テノール歌手。
⇒魅惑（Popescu,Stefan　?–）

Popitz, Heinrich
ドイツの社会学者。
⇒社小増（ポーピッツ　1925–）

Popitz, Johannes
ドイツの官僚, 財政学者。プロイセン州大蔵大臣。
⇒有経5（ポーピッツ　1884–1945）

Poplasen, Nikola
ボスニア・ヘルツェゴビナの政治家。セルビア人共和国大統領（1998～99）。
⇒世指導（ポプラシェン, ニコラ　1952–）

Pople, John Anthony
イギリス, アメリカの化学者。1998年ノーベル化学賞。
⇒岩世人（ポープル　1925.10.31–2004.3.15）
化学（ポープル　1925–2004）
ノベ3（ポープル,J.A.　1925.10.31–2004.3.15）

Popov, Aleksandr
ロシアの水泳選手（自由形）。
⇒岩世人（ポポーフ　1971.11.16–）
外16（ポポフ, アレクサンドル　1971.11.16–）

Popov, Aleksandr Stepanovich
ロシアの物理学者。
⇒岩世人（ポポーフ　1859.3.4–1905.12.31）
化学（ポポフ　1859–1906）

Popov, Dusko
ユーゴスラビアの貿易商, イギリスの二重スパイ。
⇒スパイ（ポポフ, デュスコ　1912–1982）

Popov, Gavriil Kharitonovich
ロシアの経済学者, 政治家。
⇒岩世人（ポポーフ　1936.10.31–）

Popov, Gavriil Nikolaevich
ロシアの作曲家。
⇒ク音3（ポポフ　1904–1972）

Popov, Mincho
テノール歌手。
⇒魅惑（Popov,Mincho　?–）

Popov, Nikolaj Evgenjevich
ロシアのイラストレーター。
⇒絵本（ポポフ, ニコライ　1938–）

Popov, Pyotr
ソビエト軍の情報機関（GRU）士官。1953年から58年まで残留離反者としてCIAのためにスパイ活動をした。
⇒スパイ（ポポフ, ピョートル　1923–1960）

Popov, Valerij
テノール歌手。
⇒魅惑（Popov,Valerij　?–）

Popov, Vladimir
ソ連のテノール歌手。
⇒失声（ポポフ, ウラディミール　?）
魅惑（Popov,Vladimir　1947–）

Popova, Lyubov' Sergeevna
ロシア・アヴァンギャルドの芸術家。

⇒絵本（ポポーワ, リュボーフィ　1889–1924）
芸13（ポポーヴァ, リュボーフ　1889–1924）

Popovic, Ranko
オーストリア, セルビアのサッカー指導者。
⇒外12（ポポヴィッチ, ランコ　1967.6.26–）
外16（ポポヴィッチ, ランコ　1967.6.26–）

Popp, Lucia
チェコスロバキアのソプラノ歌手。
⇒オペラ（ポップ, ルチア　1939–1993）
新音中（ポップ, ルチア　1939.11.12–1993.11.16）
標音2（ポップ, ルチア　1939.11.12–1993.11.16）

Poppell, Jack
アメリカのテノール歌手。
⇒魅惑（Poppell, Jack　?–）

Poppen, Christoph
ドイツの指揮者, ヴァイオリン奏者。
⇒外12（ポッペン, クリストフ　1956–）
外16（ポッペン, クリストフ　1956–）

Popper, David
チェコスロバキアのチェロ奏者, 作曲家。
⇒岩世人（ポッパー　1843.6.16–1913.8.7）
ク音3（ポッパー　1843–1913）
新音中（ポッパー, ダーヴィト　1843.6.18–1913.8.7）
標音2（ポッパー, ダーヴィト　1843.6.18–1913.8.7）
ユ著人（Popper, David　ポッパー, ダーヴィト　1843–1913）

Popper, Sir Karl Raimund
オーストリア生まれのイギリスの哲学者。主著『開かれた社会とその論敵』(1945)。
⇒岩経（ポパー　1902–1994）
岩世人（ポパー　1902.7.28–1994.9.17）
現社（ポパー　1902–1994）
広辞7（ポパー　1902–1994）
社小増（ポパー　1902–1994）
新カト（ポパー　1902.7.28–1994.9.17）
哲中（ポパー　1902–1994）
ネーム（ポパー　1902–1994）
メル別（ポパー, カール・ライムント　1902–1994）
有経5（ポパー　1902–1994）
ユ著人（Popper, Karl Raimund, Sir　ポパー, カール・レイモンド　1902–1994）

Porada, Edith
アメリカで活躍した古代オリエント美術史学者, 考古学者。
⇒岩世人（ポラダ　1912.8.22–1994.3.24）

Porat, Ruth M.
アメリカの金融家。
⇒外16（ポラット, ルース　1958–）

Porcel, Georges
アルジェリア生まれの画家。

⇒芸13（ポルセル, ジョージス　1921–）

Porges, Arthur
アメリカの作家。
⇒現世文（ポージス, アーサー　1915–2006）

Poroshenko, Petro
ウクライナの政治家, 実業家。ウクライナ大統領（2014〜19）。
⇒外16（ポロシェンコ, ペトロ　1965.9.26–）
世指導（ポロシェンコ, ペトロ　1965.9.26–）

Porras y Ayllón, Rafaela María
スペイン・ペドロ・アバド生まれの聖心侍女修道会創立者, 聖人。祝日1月6日。
⇒教聖（聖ラファエラ・マリア・ポラス修道女　1850.3.1–1925.1.6）
新カト（ラファエラ・マリア・ポラス・イ・アイヨン　1850.3.1–1925.1.6）

Porretta, Frank
アメリカのテノール歌手。
⇒魅惑（Porretta, Frank　?–）

Porrino, Ennio
イタリアの作曲家, 指揮者。
⇒オペラ（ポリリーノ, エンニオ　1910–1959）

Porrit, Arthur Espice
ニュージーランドの政治家, 医師。ニュージーランド総督（1967〜72）。乳腺, 消化器外科医。
⇒ニュー（ポリット, アーサー　1900–1994）

Porsche, Ferdinand
オーストリアの技師。
⇒岩世人（ポルシェ　1875.9.3–1951.1.30）
広辞7（ポルシェ　1875–1951）
ポプ人（ポルシェ, フェルディナント　1875–1951）

Porshnev, Boris Fedorovich
ソ連の歴史家。とくにヨーロッパ近世史の専門家。
⇒岩世人（ポールシネフ　1905.2.22/3.7–1972.11.26）

Porta, Antonio
イタリアの詩人。主著『裏返しのまぶた』(1960),『関係』(65)。
⇒現世文（ポルタ, アントーニオ　1935.11.9–1989.4.12）

Porta, Gustavo
アルゼンチンのテノール歌手。
⇒魅惑（Porta, Gustavo　?–）

Porta, Hugo
アルゼンチンのラグビー選手, 政治家。
⇒岩世人（ポルタ　1951.9.11–）

Portari, Fernando
イタリアのテノール歌手。

⇒魅惑（Portari,Fernando ?–）

Porte, Thierry
アメリカの金融家。
⇒外12（ポルテ，ティエリー 1957.6.28–）

Porter, Arthur Kingsley
アメリカの美術史家，考古学者。ハーバード大学教授（1920～33）。
⇒岩世人（ポーター 1883.2.6–1933.7.8）

Porter, Cole
アメリカのポピュラー音楽作曲家。1916年からミュージカルの作曲を開始。主作品『ビギン・ザ・ビギン』『キス・ミー・ケイト』『夜も昼も』。
⇒アメ州（Porter,Cole ポーター，コール 1893–1964）
岩世人（ポーター 1891.6.9–1964.10.15）
エデ（ポーター，コール（アルバート） 1891.6.9–1964.10.15）
ク音3（ポーター 1891–1964）
広辞7（ポーター 1891–1964）
新音中（ポーター，コール 1891.6.9–1964.10.15）
標音2（ポーター，コール 1891.6.9–1964.10.15）

Porter, Darrell Ray
アメリカの大リーグ選手（捕手）。
⇒メジャ（ポーター，ダーレル 1952.1.17–2002.8.5）

Porter, Don E.
アメリカのソフトボールの選手，監督。国際ソフトボール連盟（ISF）会長，国際オリンピック委員会（IOC）広報委員。
⇒外16（ポーター，ドン）

Porter, Edwin Stratton
アメリカの映画監督。1900年頃T.エジソンに弟子入りし，カメラマン，監督となる。
⇒岩世人（ポーター 1870.4.21–1941.4.30）
映監（ポーター，エドウィン・S 1870.4.21–1941）

Porter, Eleanor
アメリカの小説家。
⇒岩世人（ポーター 1868.12.19–1920.5.21）
現世文（ポーター，エレノア 1868.12.19–1920.5.21）

Porter, Geneva Stratton
アメリカの小説家。
⇒アメ州（Porter,Geneva Stratton ポーター，ジェネバ・ストラットン 1863–1924）

Porter, George
イギリスの物理化学者。1967年ノーベル化学賞。
⇒岩世人（ポーター 1920.12.6–2002.8.31）
化学（ポーター 1920–2002）
ノベ3（ポーター，G. 1920.12.6–2002.8.31）

Porter, Gregory
アメリカのジャズ歌手。
⇒外16（ポーター，グレゴリー 1971–）

Porter, Hal
オーストラリアの小説家。代表作に『一握の小銭』『傾いた十字架』などがある。
⇒現世文（ポーター，ハル 1911.2.16–1984.9.29）

Porter, Herman
アメリカ・ニューヨークのジャーナリスト。
⇒マルX（PORTER,HERMAN ポーター，ハーマン）

Porter, Joyce
イギリスの推理作家。
⇒現世文（ポーター，ジョイス 1924.3.28–1990.12.9）

Porter, Katherine Anne
アメリカの女性小説家。『斜塔』（1944）などを発表し，南部の第一級短篇作家として認められた。
⇒アメ州（Porter,Katherine Anne ポーター，キャサリン・アン 1890–1980）
岩世人（ポーター 1890.5.15–1980.9.18）
現世文（ポーター，キャサリン・アン 1890.5.15–1980.9.18）
新カト（ポーター 1890.5.15–1980.9.18）

Porter, Keith Roberts
アメリカの生物学者。ハーバード大学教授,コロラド大学教授。
⇒岩生（ポーター 1912–1997）

Porter, Leslie, Sir
イギリスの企業家。
⇒ユ著人（Porter,Leslie,Sir ポーター，レスリー 1920–）

Porter, Lucius Chapin
アメリカの宣教師，教育者。
⇒アア歴（Porter,Lucius C（hapin） ポーター，ルシアス・チェーピン 1880.10.31–1958.9.7）

Porter, Michael Eugene
アメリカの経営学者。
⇒岩経（ポーター 1947–）
岩世人（ポーター 1947.5.23–）
外16（ポーター，マイケル）
ベシ経（ポーター 1947–）
有経5（ポーター 1947–）

Porter, Peter（Neville Frederick）
オーストラリアの詩人。
⇒岩世人（ポーター 1929.2.16–2010.4.23）
現世文（ポーター，ピーター 1929.2.16–2010.4.23）

Porter, Quincy
アメリカの作曲家。
⇒標音2（ポーター，クインシー 1897.2.7–1966.11.12）

Porter, Rodney Robert
イギリスの医学者。独自の免疫化学を確立し，1972年ノーベル生理・医学賞受賞。

⇒岩生（ポーター 1917-1985）
　岩世人（ポーター 1917.10.8-1985.9.6）
　ノベ3（ポーター,R.R. 1917.10.8-1985.9.6）

Porterfield, Erwin Coolidge（Bob）
アメリカの大リーグ選手（投手）。
⇒メジャ（ポーターフィールド, ボブ 1923.8.10–1980.4.28）

Portes Gil, Emilio
メキシコの政治家。臨時大統領（1928〜30），駐インド大使（50〜）など歴任。
⇒岩世人（ポルテス・ヒル 1890.10.3-1978.12.10）

Portevin, Albert
フランスの金属学者。〈Ecole Supérieure de Fonderie〉の教授（1929），同学長（37）。鋼の熱処理，合金の諸性質などに関する研究がある。
⇒岩世人（ポルトヴァン 1880.11.1-1962.4.12）

Portilla, Alfredo
メキシコのテノール歌手。
⇒魅惑（Portilla,Alfredo ?-）

Portillo, Alfonso Antonio
グアテマラの政治家。グアテマラ大統領（2000〜04）。
⇒世指導（ポルティジョ, アルフォンソ 1951.9.25-）

Portillo, Michael
イギリスの政治家。国防相，下院議員（保守党）。
⇒外12（ポーティロ, マイケル 1953.5.26-）
　外16（ポーティロ, マイケル 1953.5.26-）
　世指導（ポーティロ, マイケル 1953.5.26-）

Portinari, Candido
ブラジルの画家。主作品はワシントンの国会図書館の壁画（1941）など。
⇒ラテ新（ポルティナリ 1903-1962）

Portman, Eric
イギリスの男優。
⇒ク俳（ポートマン, エリック 1903-1969）

Portman, Natalie
アメリカの女優。
⇒遺産（ポートマン, ナタリー 1981.6.9-）
　外12（ポートマン, ナタリー 1981.6.9-）
　外16（ポートマン, ナタリー 1981.6.9-）
　ク俳（ポートマン, ナタリー 1981-）
　スター（ポートマン, ナタリー 1981.6.9-）

Portman, Rob
アメリカの政治家。
⇒外12（ポートマン, ロブ 1955.12.9-）
　世指導（ポートマン, ロブ 1955.12.9-）

Portmann, Adolf
スイスの動物学者。バーゼル大学教授（1931〜），学長（47〜）。

⇒岩生（ボルトマン 1897-1982）
　岩世人（ボルトマン 1897.5.27-1982.6.28）
　新カト（ボルトマン 1897.5.27-1982.6.28）

Portoff, Michael
ドイツの実業家。
⇒外12（ポートフ, ミヒャエル 1947.6.2-）
　外16（ポートフ, ミヒャエル 1947.6.2-）

Portoghesi, Paolo
イタリアの建築家。ミラノ工業大学建築学部長。
⇒岩世人（ポルトゲージ 1931.11.2-）

Porto-Riche, Georges de
フランスの劇作家。アカデミー・フランセーズ会員（1923）。代表作『恋する女』（91）。
⇒岩世人（ポルト＝リシュ 1849.5.20-1930.9.4）
　ユ著人（Porto-Riche,Georges de ポルト＝リシュ, ジョルジュ・ド 1849-1930）

Portteus, Elnora Marie
アメリカの図書館員。ケント州立大学において児童図書館・学校図書館関連の科目を担当。メディア・サービス担当官として，クリーブランド公共図書館ネットワークの組織化に力を尽くす。
⇒ア図（ポルテウス, エルノーラ・マリー 1917-1983）

Portugal, Anne
フランスの詩人。
⇒フ文小（ポルチュガル, アンヌ 1949-）

Portugal, Mark Steven
アメリカの大リーグ選手（投手）。
⇒メジャ（ポーチュガル, マーク 1962.10.30-）

Portuondo, Omara
キューバの歌手, ダンサー。
⇒岩世人（ポルトゥオンド 1930.10.29-）
　外12（ポルトゥオンド, オマーラ ）
　外16（ポルトゥオンド, オマーラ 1930.10-）

Portzamparc, Christian de
フランスの建築家。
⇒岩世人（ポルザンパルク 1944.5.9-）
　外16（ポルザンパルク, クリスチャン・ド 1944.5.9-）

Porzano, Saverino
イタリアのテノール歌手。
⇒魅惑（Porzano,Saverino ?-）

Porzeziński, Wiktor Jan
ポーランドの言語学者。
⇒岩世人（ポジェジンスキ 1870.8.4-1929.3.12）

Porzig, Walter
ドイツの言語学者, 印欧語学者。
⇒岩世人（ポルツィヒ 1895.4.30-1961.10.14）

Posada, Jorge Rafael, Jr.
プエルト・リコの大リーグ選手（捕手）。

⇒外12（ポサダ, ホルヘ (Jr.) 1971.8.17–）
　外16（ポサダ, ホルヘ 1971.8.17–）
　最世ス（ポサダ, ホルヘ 1971.8.17–）
　メジャ（ポサダ, ホルヘ 1971.8.17–）

Posada, José Guadalupe
メキシコの銅版画家, 挿絵画家。
⇒岩世人（ポサーダ 1851.2.2–1913.1.20）
　ラテ新（ポサダ 1852–1931）

Poschmann, Bernhard
ドイツのカトリック神学者。
⇒新カト（ポッシュマン 1878.9.1–1955.6.16）

Posen, Adam S.
アメリカのエコノミスト。
⇒外16（ポーゼン, アダム 1966–）

Posey, Buster
アメリカの大リーグ選手（ジャイアンツ・捕手）。
⇒外12（ポージー, バスター 1987.3.27–）
　外16（ポージー, バスター 1987.3.27–）
　最世ス（ポージー, バスター 1987.3.27–）
　メジャ（ポージー, バスター 1987.3.27–）

Posey, Cumberland Willis, Jr.
アメリカのニグロリーグの選手（外野）、プロバスケットボール選手, ホームステッド・グレイズの実質的な運営者。
⇒メジャ（ポージー, カム 1890.6.20–1946.3.28）

Posey, Parker
アメリカの女優。
⇒ク俳（ポウジー, パーカー 1968–）

Posey, Sandy
アメリカ・アラバマ州ジャスパー生まれの歌手, ソングライター。
⇒ロック（Posey,Sandy ポウジー, サンディ 1945–）

Posner, Barry Z.
アメリカのリーダーシップ論の研究者。サンタクララ大学教授, リービー経営大学院教授。
⇒外12（ポスナー, バリー）
　外16（ポスナー, バリー）

Posner, Michael
アメリカの心理学者。
⇒岩世人（ポズナー 1936.9.12–）

Posner, Richard A.
アメリカ生まれの経済思想家。
⇒岩経（ポズナー）
　岩世人（ポズナー 1939.1.11–）
　外16（ポズナー, リチャード・アレン 1939–）
　有経5（ポズナー 1939–）

Posnett, Hatcheson Macaulay
イギリスの教育者。
⇒比文増（ポスネット（ハチェソン・マコーレー）

1855（安政2）–1927?（昭和2?））

Pospelov, Pyotr Nikolaevich
ソ連の共産党の理論家。科学アカデミーの正会員。ソ連百科事典の編集委員も務めた。
⇒岩世人（ポスペーロフ 1898.6.8/20–1979.4.22）

Pospíšil, Bohumil
オーストリアの世界旅行家, ジャーナリスト, 著述家。
⇒日エ（ポスピシル 1902?–?）

Posse, Abel
アルゼンチンの作家, 外交官。
⇒現世文（ポッセ, アベル 1934.1.7–）

Possel, Lucien Alexandre Charles René de
フランスの数学者。
⇒世数（ポッセル, ルシアン・アレクサンドル・シャルル・ルネ・ド 1903–1974）

Possum Tjapaltjarri, Clifford
オーストラリア先住民の画家。
⇒岩世人（ポッサム・チャパルチャリ 1932–2002.6.21）

Post, André
オランダのテノール歌手。
⇒魅惑（Post,André ?–）

Post, Emile Leon
アメリカの論理学者, 数学者。
⇒世数（ポスト, エミール・レオン 1897–1954）

Post, Emily Price
アメリカの女性ジャーナリスト, 小説家。『エチケット』(1922) 以来, 礼法の権威。
⇒アメ州（Post,Emily ポスト, エミリー 1873?–1960）

Post, George Browne
アメリカの建築家。ニューヨークにセント・ポール・ビルディングを初め, 多くの事務所を建築した。
⇒岩世人（ポースト 1837.12.15–1913.11.28）

Post, Walter Charles
アメリカの大リーグ選手（外野）。
⇒メジャ（ポスト, ウォーリー 1929.7.9–1982.1.6）

Postan, Michael Moisei
イギリスの経済史家。ケンブリッジ大学経済史教授。"Economic History Review"を編集。
⇒岩世人（ポスタン 1898.9.24?–1981.12.12）
　有経5（ポスタン 1898–1981）

Poster, Mark
アメリカの思想家。
⇒現社（ポスター,M. 1941–）

Postma, Ids
オランダのスピードスケート選手。
⇒外12（ポストマ，イツ 1973.12.28–）

Postnikov, Fjodor Aleksejevic
ロシア陸軍工兵大尉。ウラジオストクエスペラント会長。
⇒日エ（ポストニコフ 1872.2.29（ロシア暦2.17）– 1952.5.10）

Postrigay, Yury
ロシアのカヌー選手。
⇒外16（ポストリガイ，ユーリー 1988.8.31–）
　最世ス（ポストリガイ，ユーリー 1988.8.31–）

Potanin, Grigorii Nikolaevich
ロシアの探検家，地理学者，民族学者。探検調査報告書『西北蒙古誌』は学問的に貴重な資料。
⇒岩世人（ポターニン 1835.9.22/10.4–1920.6.30）

Poteat, Edwin Mcneill, Jr.
アメリカの宣教師。
⇒アア歴（Poteat,Edwin Mcneill,Jr ポティート，エドウィン・マックネル，ジュニア 1892.11.20–1955.12.17）

Pote Sarasin
タイの政治家，実業家。タイ首相，東南アジア条約機構（SEATO）事務総長。
⇒岩世人（ポット・サーラシン 1905.3.25–2000.9.28）
　タイ（ポット・サーラシン 1905–2000）

Pothier, Joseph
フランスの音楽理論家。ベネディクト会士。ことにコーラスを研究した。
⇒岩世人（ポティエ 1835.12.7–1923.12.8）
　新カト（ポティエ 1835.12.7–1923.12.8）
　標音2（ポティエ，ジョゼフ 1835.12.7–1923.12.8）

Potofsky, Jacob Samuel
アメリカ合同衣類労働者組合（ACWA）会長。
⇒アメ経（ポトフスキー，ジェーコブ 1894.11.16– 1979.8.5）

Potok, Chaim
アメリカのユダヤ系小説家，律法博士（Rabbi）。
⇒現世文（ポトク，ハイム 1929–2002.7.23）
　ユ著人（Potok,Chaim ポトク，カイーム 1929–）

Potresov, Aleksandr Nikolaevich
ロシアの政治家。レーニン，プレハーノフ等の著書の出版に協力，ペテルブルグの労働階級解放闘争同盟とも関係。ロシア社会民主労働党の分裂後（1903）メンシェヴィキの指導者，反動期に解党主義者。
⇒岩世人（ポトレーソフ 1869.8.19/31–1934.7.11）

Pott, Francis Lister Hawks
アメリカの宣教師。
⇒アア歴（Pott,Francis Lister Hawks ポット，フランシス・リスター・ホークス 1864.2.22–1947.3.5）
　岩世人（ポット 1864.2.22–1947.3.7）

Potter, Beatrix
イギリスの童話作家，挿絵家。『ピーター・ラビットの物語』（1902）の作者。
⇒岩世人（ポター 1866.7.28–1943.12.22）
　絵本（ポター，ビアトリクス 1866–1943）
　現世文（ポッター，ビアトリクス 1866.7.6–1943.12.22）
　広辞7（ポター 1866–1943）
　辞歴（ポター，ビアトリクス 1866–1943）
　世子（ポター，ビアトリクス 1866–1943）
　ポプ人（ポター，ベアトリクス 1866–1943）

Potter, Ellen
アメリカの児童文学作家。
⇒海文新（ポッター，エレン）
　現世文（ポッター，エレン）

Potter, Giselle
アメリカのイラストレーター。
⇒外12（ポター，ジゼル）
　外16（ポター，ジゼル）

Potter, Grace
アメリカのロック歌手。
⇒外12（ポッター，グレース）
　外16（ポッター，グレース）

Potter, Monica
アメリカの女優。
⇒ク俳（ポター，モニカ 1971–）

Potter, Nelson Thomas
アメリカの大リーグ選手（投手）。
⇒メジャ（ポッター，ネルス 1911.8.23–1990.9.30）

Potter, Sally
イギリス・ロンドン生まれの映画監督。
⇒映監（ポッター，サリー 1949.9.19–）
　外12（ポッター，サリー 1949–）

Pottier, Edmond
フランスの考古学者。レナックと共に，小アジアのミュリナの墓地を発掘（1880～82）。
⇒岩世人（ポティエ 1855.8.13–1934.7.4）

Potts, Paul
イギリス生まれのオペラ歌手。
⇒外12（ポッツ，ポール 1970.10.13–）
　外16（ポッツ，ポール 1970.10.13–）
　失声（ポッツ，ポール 1970–）

Po Tun, Sir
英領期ビルマの政治家。
⇒岩世人（ポートゥン 1883–1955）

Potyomkin, Aleksandr
ロシアの作家,経済学者。
⇒外16（ポチョムキン,アレクサンドル　1949–）
　現世文（ポチョムキン,アレクサンドル　1949–）

Potyomkin, Vladimir Peterovich
ソ連の歴史家,外交官。パリ・コミューンや国際関係史の著書があり,『外交史』全3巻（1941～45）の編集責任者。
⇒教人（ポチョムキン　1878–1946）

Pötzsch, Oliver
ドイツの作家。
⇒海文新（ベチュ,オリヴァー　1970.12.20–）

Poubelle, Eugène
フランスの行政官。
⇒19仏（プーベル,ウジェーヌ　1831.4.15–1907.7.16）

Pouget, Hippolyte Pierre Jean Armand
フランス人宣教師。
⇒新カト（プージェ　1869.11.19–1943.4.3）

Poujade, Pierre
フランスの政治家。商工業者防衛同盟代表。
⇒岩世人（プジャド　1920.12.1–2003.8.27）

Poulain, Augustin-François
フランスのイエズス会員,神秘神学者,著作家。主著『祈りの恵み』。
⇒新カト（プーラン　1836.12.15–1919.7.19）

Poulantzas, Nicos
ギリシア生まれのフランスで活躍した政治社会学者。
⇒現社（プーランツァス　1936–1979）
　社小増（プーランツァス　1936–1979）

Poulenc, Francis Jean-Marcel
フランスの作曲家。主作品はオペラ『ティレシアスの乳房』（1947）,カンタータ『人間的な姿』。
⇒岩世人（プーランク　1899.1.7–1963.1.30）
　エデ（プーランク,フランシス（ジャン・マルセル）　1899.1.7–1963.1.30）
　オペラ（プーランク,フランシス　1899–1963）
　ク音3（プーランク　1899–1963）
　広辞7（プーランク　1899–1963）
　新オペ（プーランク,フランシス　1899–1963）
　新音小（プーランク,フランシス　1899–1963）
　新音中（プーランク,フランシス　1899.1.7–1963.1.30）
　新カト（プーランク　1899.1.7–1963.1.30）
　ネーム（プーランク　1899–1963）
　ビ曲改（プーランク,フランシス　1899–1963）
　標音2（プランク,フランシス　1899.1.7–1963.1.30）

Poulet, Georges
ベルギー生まれのフランス文学評論家。主著『プルースト的空間』（1963）。
⇒岩世人（プーレ　1902–1991）

Poulet, Gérard
フランスのヴァイオリン奏者。
⇒外12（プーレ,ジェラール　1938.12.8–）
　外16（プーレ,ジェラール　1938.12.8–）

Poulet, Raymond
フランス生まれの画家。
⇒芸13（ポール,レイモンド　1934–）

Pouliot, Vincent-Marie
カナダのドミニコ会司祭,京都聖トマス学院の創立者。
⇒新カト（プーリオ　1903.10.15–1978.12.30）

Poulot, Denis
フランスの企業家,エッセイスト。
⇒19仏（プーロ,ドニ　1832.3.3–1905.3.28）

Poulsen, Valdemar
デンマークの電気技術者,発明家。円板,綿或いはリボン状の鋼に,局部的磁化により音声を記録・再生し得るテレグラフォンを発明（1898）,テープ・レコーダーの端緒に。
⇒岩世人（パウルゼン（ポウルセン）　1869.11.23–1942.7.23）

Poulton, Mabel
イギリスの女優。
⇒ク俳（ポウルトン,メイベル　1901–1994）

Pound, Ezra Weston Loomis
アメリカの詩人。プロバンスや中,近世イタリアの詩を組入れた作品が多い。代表作『クウィア・パウパ・アマビ』（1919）など。
⇒アメ州（Pound,Ezra Loomis　パウンド,エズラ・ルーミス　1885–1972）
　アメ新（パウンド　1885–1972）
　岩世人（パウンド　1885.10.30–1972.11.1）
　現世文（パウンド,エズラ　1885.10.30–1972.11.1）
　広辞7（パウンド　1885–1972）
　新カト（パウンド　1885.10.30–1972.11.1）
　標音2（パウンド,エズラ　1885.10.30–1972.11.1）
　ヘミ（パウンド,エズラ　1885–1972）

Pound, Richard
カナダの弁護士,水泳選手。国際オリンピック委員会（IOC）委員,世界反ドーピング機構（WADA）会長。
⇒岩世人（パウンド　1942.3.22–）
　外12（パウンド,リチャード　1942.3.22–）
　外16（パウンド,リチャード　1942.3.22–）

Pound, Roscoe
アメリカの法学者,司法行政改革の指導者。
⇒アメ新（パウンド　1870–1964）
　岩世人（パウンド　1870.10.27–1964.7.1）
　広辞7（パウンド　1870–1964）

社小増 (パウンド 1870–1964)

Pountney, David
イギリスの演出家。
⇒外12 (パウントニー, デービッド 1947.9.10–)
外16 (パウントニー, デービッド 1947.9.10–)

Poupard, Paul
フランスの枢機卿。教皇庁文化評議会の委員長。
⇒新カト (プパール 1930.8.30–)

Poupee, Karyn
フランスのジャーナリスト。
⇒外12 (プペ, カリン 1970–)

Poupel, Antoine
フランスの写真家。
⇒外12 (プーペル, アントワーヌ 1956–)
外16 (プーペル, アントワーヌ 1956–)

Poupin, Victor
フランスのジャーナリスト, 政治家。
⇒19仏 (プーパン, ヴィクトル 1838.1.3–1906.6.29)

Pourcel, Franck
フランス生まれの歌手。
⇒標音2 (プルセル, フランク 1913.8.11–2000.11.12)

Pournelle, Jerry
アメリカのSF作家。
⇒現世文 (パーネル, ジェリー 1933.8.7–2017.9.8)

Pourrat, Pierre
フランスの神学者, 霊性史家。
⇒新カト (プラ 1871.2.7–1957.3.12)

Pousseur, Henri Léon Marie Thérèse
ベルギーの作曲家。
⇒岩世人 (プスール 1929.6.29–2009.3.6)
ク音3 (プスール 1929–)
現音キ (プッスール, アンリ 1929–2009)
新音中 (プスール, アンリ 1929.6.23–)
標音2 (プスール, アンリ 1929.6.23–)

Poussin, Louis de la Vallée
ベルギーの仏教学者。
⇒岩世人 (ド・ラ・ヴァレー=プッサン 1869.1.1–1938.2.18)
オク仏 (ドゥ・ラ・ヴァレー・プサン, ルイ 1869–1938)
新佛3 (プサン 1869–1937)

Poutsma, Hendrik
オランダの英文法学者。主著 "Agrammar of late modern English" (5巻, 1904～28) はあらゆる文法事象に触れた英文法書で, 個人著作では最も網羅的。
⇒岩世人 (ポウツマ (パウツマ) 1856.12.7–1937.4.5)

Pouyanné, Patrick
フランスの実業家。
⇒外16 (プヤンネ, パトリック)

Povetkin, Alexander
ロシアのボクサー。
⇒外16 (ポベトキン, アレクサンドル 1979.9.2–)
最世ス (ポベトキン, アレクサンドル 1979.9.2–)

Powderly, Terence Vincent
アメリカの労働運動指導者。機械工全国組合に入り (1871), 会長 (72)。
⇒アメ経 (パウダリー, テレンス 1849.1.22–1924.6.24)
岩世人 (パウダリー 1849.1.22–1924.6.24)

Powell, Adam Clayton, Jr.
アメリカの下院議員, 牧師。
⇒マルX (POWELL,ADAM CLAYTON,JR. パウエル, アダム・クレイトン, ジュニア 1908–1972)

Powell, Alonzo Sidney
アメリカの大リーグ選手 (外野)。
⇒外12 (パウエル, アロンゾ 1964.12.12–)

Powell, Anthony (Dymoke)
イギリスの小説家。
⇒岩世人 (ポウエル 1905.12.21–2000.3.28)
現世文 (パウエル, アンソニー 1905.12.21–2000.3.28)

Powell, Asafa
ジャマイカの陸上選手 (短距離)。
⇒外12 (パウエル, アサファ 1982.11.11–)
外16 (パウエル, アサファ 1982.11.11–)
最世ス (パウエル, アサファ 1982.11.11–)

Powell, Aubrey
イギリスのフィルムディレクター, グラフィックデザイナー。
⇒外16 (パウエル, オーブリー)

Powell, Baden
ブラジル生まれのギター奏者。「ボサ・ギターの神様」と言われる。
⇒新音中 (パウエル, バーデン 1937.8.6–2000.9.26)
標音2 (パウエル, バーデン 1937.8.6–2000.9.26)

Powell, Cecil Frank
イギリスの実験物理学者。1947年π中間子とμ中間子の存在および両者の関係を明らかにした。50年ノーベル物理学賞受賞。
⇒岩世人 (パウエル 1903.12.5–1969.8.9)
広辞7 (パウエル 1903–1969)
三新物 (パウエル 1903–1969)
ネーム (パウエル 1903–1969)
ノベ3 (パウエル,C.F. 1903.12.5–1969.8.9)

Powell, Colin Luther
アメリカの軍人,国務長官(在任2001〜)。
⇒アメ新 (パウエル 1937–)
　岩世人 (パウエル 1937.4.5–)
　外12 (パウエル,コリン 1937.4.5–)
　外16 (パウエル,コリン 1937.4.5–)
　世指導 (パウエル,コリン 1937.4.5–)

Powell, Cynthia
ジョン・レノンの元妻。
⇒ビト改 (POWELL,CYNTHIA　パウエル,シンシア)

Powell, Dick
アメリカの俳優,映画監督。
⇒ク俳 (パウエル,ディック 1904–1963)
　スター (パウエル,ディック 1904.11.14–1963)

Powell, Earl (Bud)
アメリカのジャズ・ピアノ奏者。1940年代なかばのモダン・ピアノの第一人者。
⇒岩世人 (パウエル 1924.9.27–1966.7.31)
　新音中 (パウエル,バド 1924.9.27–1966.8.1)
　標音2 (パウエル,バッド 1924.9.27–1966.7.31)

Powell, Edward Alexander
アメリカの旅行家,作家。
⇒アア歴 (Powell,E(dward) Alexander　パウエル,エドワード・アレグザンダー 1879.8.16–1957.11.13)

Powell, Eleanor
アメリカ生まれの女優。
⇒異二辞 (パウエル[エレノア・〜] 1912–1982)
　ク俳 (パウエル,エリナ 1910–1982)

Powell, Enoch
イギリスの政治家。イギリス下院議員(保守党)。
⇒岩世人 (パウエル 1912.6.16–1998.2.8)

Powell, Gareth L.
イギリスのSF作家。
⇒海文新 (パウエル,ガレス・L. 1970–)
　現世文 (パウエル,ガレス・L. 1970–)

Powell, Herbert Marcus
イギリスの化学者。
⇒岩世人 (パウエル 1906.8.7–1991.3.10)

Powell, James Willard
アメリカの大リーグ選手(投手)。
⇒メジャ (パウエル,ジェイ 1972.1.9–)

Powell, Jane
アメリカ生まれの女優。
⇒ク俳 (パウエル,ジェイン(パース,スザンヌ) 1929–)

Powell, Jeremy Robert
アメリカの大リーグ選手(投手)。
⇒外12 (パウエル,ジェレミー 1976.6.18–)

Powell, John Benjamin
アメリカのジャーナリスト,編集者。
⇒アア歴 (Powell,John B(enjamin)　パウエル,ジョン・ベンジャミン 1886.4.18–1947.2.28)
　岩世人 (パウエル 1886–1947)

Powell, John Joseph
アメリカの大リーグ選手(投手)。
⇒メジャ (パウエル,ジャック 1874.7.9–1944.10.17)

Powell, John Wesley (Boog)
アメリカの大リーグ選手(一塁,外野)。
⇒メジャ (パウエル,ブーグ 1941.8.17–)

Powell, Mel
アメリカの作曲家,ジャズ・ピアノ奏者。
⇒エデ (パウエル,メル 1923.2.12–1988.4.24)

Powell, Michael
イギリスの映画監督。
⇒岩世人 (パウエル 1905.9.30–1990.2.19)
　映監 (パウエル&プレスバーガー 1905.9.30–1990)

Powell, Michael K.
アメリカの法律家。
⇒外12 (パウエル,マイケル 1963.3.23–)
　外16 (パウエル,マイケル 1963.3.23–)

Powell, Mike
アメリカの陸上競技選手(走り幅跳び)。
⇒外16 (パウエル,マイク 1963.11.10–)

Powell, Padgett
アメリカの作家。
⇒現世文 (パウエル,パジェット 1952–)

Powell, Robert
イギリス生まれの俳優。
⇒ク俳 (パウエル,ロバート 1944–)

Powell, William
アメリカ生まれの男優。
⇒ク俳 (パウエル,ウィリアム 1892–1984)
　スター (パウエル,ウィリアム 1892.7.29–1984)

Power, Effie Louise
アメリカの図書館員。
⇒ア図 (パワー,エフィー・ルイーズ 1873–1969)

Power, Eileen Edna Le Poer
イギリスの女性経済史学者。イギリス中世史を専攻。
⇒岩世人 (パワー 1889.1.9–1940.8.8)

Power, Frederick Belding
アメリカの植物化学者。
⇒化学 (パワー 1853–1927)

Power, Glen
アイルランドのミュージシャン。
⇒外12（パワー，グレン）

Power, Patrick
ニュージーランドのテノール歌手。
⇒魅惑（Power,Patrick 1947–）

Power, Samantha
アメリカのジャーナリスト。
⇒外12（パワー，サマンサ 1970–）
　外16（パワー，サマンサ 1970.9.21–）

Power, Ted Henry
アメリカの大リーグ選手（投手）。
⇒メジャ（パワー，テッド 1955.1.31–）

Power, Tyrone
アメリカ生まれの男優。
⇒岩世人（パワー 1913/1914.5.5–1958.11.15）
　ク俳（パワー，タイロン 1913–1958）
　スター（パワー，タイロン 1914.5.5–1958）
　ネーム（パワー，タイロン 1914–1958）

Power, Victor Pellot
アメリカの大リーグ選手（一塁，外野）。
⇒メジャ（パワー，ビック 1927.11.1–2005.11.29）

Powers, Francis Gary
アメリカの空軍軍人。1960年5月1日、ソ連領スヴェルドロフスク上空でSA-2ミサイルに撃墜されたU-2偵察機のパイロット。
⇒スパイ（パワーズ，フランシス・ゲイリー 1929–1977）

Powers, James Farl
アメリカのカトリック作家。『アーバン神父の死』(1962)で全米図書賞を受けた。
⇒現世文（パワーズ，J.F. 1917.7.18–1999.6.12）
　新カト（パワーズ 1917.7.8–1999.6.12）

Powers, Kevin
アメリカの作家。
⇒外16（パワーズ，ケビン 1980–）
　海文新（パワーズ，ケヴィン 1980.7.11–）
　現世文（パワーズ，ケビン 1980.7.11–）

Powers, Kimiko
アメリカの美術収集家。
⇒外16（パワーズ，キミコ 1936.8.26–）

Powers, Mala
アメリカの女優。
⇒ク俳（パワーズ，マーラ（パワーズ，メアリー・エレン） 1931–）

Powers, Richard (S.)
アメリカの小説家。
⇒外12（パワーズ，リチャード 1957–）
　外16（パワーズ，リチャード 1957–）
　現世文（パワーズ，リチャード 1957–）
　広辞7（パワーズ 1957–）

Powers, Ross
アメリカのスノーボード選手（ハーフパイプ）。
⇒外16（パワーズ，ロス 1979.2.10–）
　最世ス（パワーズ，ロス 1979.2.10–）

Powers, Stephanie
アメリカ生まれの女優。
⇒ク俳（パワーズ，ステファニー（フェデルキーウィッツ，ステファニア） 1942–）

Powers, Tim
アメリカの作家。
⇒外12（パワーズ，ティム 1952–）
　外16（パワーズ，ティム 1952–）
　現世文（パワーズ，ティム 1952–）

Powicke, *Sir* Frederick Maurice
イギリスの歴史家。オックスフォード大学近代史欽定講座担任教授(1928～47)。王位歴史学会総裁(33～37)。
⇒岩世人（パウイック 1879.6.16–1963.5.19）

Pownall, Charles Assheton Whately
イギリスの鉄道技師。
⇒岩世人（パウナル 1848.10.11–?）

Powrie, Olivia
ニュージーランドのヨット選手（470級）。
⇒外16（ポーリー，オリビア 1987.12.9–）
　最世ス（ポーリー，オリビア 1987.12.9–）

Powter, Daniel
カナダのシンガー・ソングライター。
⇒外12（パウター，ダニエル 1971–）
　外16（パウター，ダニエル 1971–）

Powys, John Cowper
イギリスの小説家，詩人。ポイス3兄弟の長兄。長篇小説『グラストンベリー・ロマンス』(1933)など。
⇒岩世人（ポウイス 1872.10.8–1963.6.17）
　現世文（ポイス，ジョン・クーパー 1872.10.8–1963.6.17）

Powys, Llewellyn
イギリスの随筆家，小説家。ポイス3兄弟の末弟。『スイス随筆』(1947)など。
⇒岩世人（ポウイス 1884.8.13–1939.12.2）
　現世文（ポイス，ルーエリン 1884.8.14–1939.12.2）

Powys, Theodore Francis
イギリスの小説家。ポイス3兄弟の2番目。主著『ウェストン氏のよいワイン』(1927)。
⇒岩世人（ポウイス 1875.12.20–1953.11.27）
　現世文（ポイス，T.F. 1875.12.20–1953.11.27）

Poynter, *Sir* Edward John
イギリスの画家。

⇒岩世人（ポインター　1836.3.20–1919.7.26）

Poynting, John Henry
イギリスの物理学者。バーミンガム大学教授（1880〜）。
⇒岩世人（ポインティング　1852.9.9–1914.3.30）
　物理（ポインティング，ジョン・ヘンリー　1852–1914）

Poznanski, Ursula
オーストリアの作家。
⇒海文新（ポツナンスキ，ウルズラ　1968.10.30–）

Pozo, Chano
キューバ生まれのジャズ・ボンゴ，コンガ奏者。
⇒岩世人（ポソ　1915.1.7–1948.12.2）

Pozzi, Samuel Jean
フランスの婦人科医。子宮内膜炎でポジ症候群と記載し，子宮前屈のポジ手術法を創案。
⇒岩世人（ポジ　1846–1918）

Pozzo, Vittorio
イタリアのサッカー監督。
⇒岩世人（ポッツォ　1886.3.2–1968.12.21）

Praag, Menna van
イギリスの作家。
⇒海文新（プラーグ，メナ・ヴァン　1977–）

Prabhakar, Arati
アメリカ国防高等研究計画局（DARPA）長官。
⇒外16（プラボカー，アラティ　1959.2.2–）

Prabhakaran, Velupillai
スリランカのゲリラ活動家。タミル・イーラム解放のトラ（LTTE）議長。
⇒世指導（プラバカラン，ベルピライ　1954.11.26–2009.5.18）

Prabowo Subianto
インドネシアの軍人。
⇒岩世人（プラボウォ・スビアント　1951.10.17–）
　外16（プラボウォ・スビアント　1951.10.17–）
　世指導（プラボウォ・スビアント　1951.10.17–）

Prachai Liewpairat
タイの実業家。タイ・ペトロケミカル・インダストリー（TPI）最高経営責任者。
⇒岩世人（プラチャイ・リアオパイラット　1944.8.28–）
　外16（プラチャイ・レオパイラタナ　1944.8.28–）

Prachanda
ネパールの政治家。
⇒岩世人（プラチャンダ　1954.12.11–）

Prachuab Chaiyasan
タイの政治家。タイ外相，タイ国立大学相。
⇒世指導（プラチュアップ・チャイヤサン　1944.8.20–）

Prachya Pinkaew
タイの映画監督，映画プロデューサー。
⇒外12（プラッチャヤー，ピンゲーオ　1962–）
　外16（プラッチャヤー，ピンゲーオ　1962–）

Pracuap Phiromphakdi
タイの実業家，ビール醸造技術者。
⇒岩世人（プラチュワップ・ピロムパクディ　1912–1993）

Prada, Mario
イタリアの革製品のデザイナー。
⇒ボプ人（プラダ，マリオ　?–1958）

Prada, Miuccia
イタリアの服飾デザイナー。
⇒外12（プラダ，ミウッチャ　1950–）
　外16（プラダ，ミウッチャ　1949.5.9–）

Pradelle, Dominique
フランスの哲学者。
⇒メル別（プラデル，ドミニク　1964–）

Pradhan, Sahana
ネパールの政治家，法律家，婦人問題活動家。ネパール外相。
⇒世指導（プラダン，シャハナ　1932.7.15–2014.9.22）

Pradine, Maurice
フランスの哲学者。
⇒メル3（プラディーヌ，モーリス　1874–1958）

Praditphairo
タイの音楽家。
⇒岩世人（プラディットパイロ　1881.8.6–1954.3.8）

Prado, Damaso Pérez
キューバの作曲家，ピアノ奏者。
⇒岩世人（プラード　1916.12.11–1989.9.14）
　新音中（プラード，ペレス　1916.12.11–1989.9.14）
　標音2（プラド，ペレス　1916.12.11–1989.9.14）
　ラテ新（プラード　1916–1989）

Prado Edgar
アメリカの騎手。
⇒外12（プラード，エドガー　1967.6.12–）
　外16（プラード，エドガー　1967.6.12–）

Praet, Peter
ドイツのエコノミスト。
⇒外16（プラート，ピーター　1949.1.20–）

Praetorius, Walter
テノール歌手。
⇒魅惑（Praetorius, Walter　?–?）

Praga, Marco
イタリアの劇作家。エミリオ・プラーガの息子。喜劇『理想の妻』（1890）ほか。

⇒岩世人（プラーガ 1862.6.20-1929.1.31）

Prager, William
ドイツ生まれのアメリカの物理学者。アメリカに移住し（1941～），ブラウン大学応用力学教授（同）。
⇒岩世人（プラーガー 1903.5.23-1980.3.17）

Pramarn Adireksarn
タイの政治家。タイ副首相，タイ国民党党首。
⇒岩世人（プラマーン・アディレークサーン 1913.12.31-2010.8.20）
タイ（プラマーン・アディレークサーン 1913-）

Pramoedya Ananta Toer
インドネシアの作家。
⇒岩イ（プラムディヤ・アナンタ・トゥール 1925-）
岩世人（プラムディヤ・アナンタ・トゥール 1925.2.6-2006.4.30）
現世文（プラムディヤ・アナンタ・トゥール 1925.2.6-2006.4.30）
広辞7（プラムディヤ・アナンタ・トゥール 1925-2006）

Pramon Sutivong
タイの実業家。
⇒外12（プラモン・スティウォン）
外16（プラモン・スティウォン）

Prance, Ghillean Tolmie
イギリスの植物学者。
⇒外12（プランス，ギリアン・トルミー 1937.7.13-）
外16（プランス，ギリアン・トルミー 1937.7.13-）

Prandelli, Cesare
イタリアのサッカー・イタリア代表監督。
⇒最世ス（プランデッリ，チェーザレ 1957.8.19-）

Prandelli, Giacinto
イタリアのテノール歌手。
⇒失声（プランデッリ，ジャチント 1914-2010）
魅惑（Prandelli,Giacinto 1914-）

Prandtl, Ludwig
ドイツの応用物理学者。近代航空学の父と称される。
⇒岩世人（プラントル 1875.2.4-1953.8.15）

Prange, Gordon William
アメリカの日本研究者，海軍軍人。
⇒岩世人（プランゲ 1910.7.16-1980.5.15）

Prapass Charusathiara
タイの軍人，政治家。ウドン出身。58年と63年以来副首相兼内相，同年国軍副最高司令官。71年11月のクーデターを指導，治安部門を統轄。
⇒岩世人（プラパート・チャールサティエン 1912.11.25-1997.8.15）
タイ（プラパート・チャールサティエン 1912-1997）

Prapawadee Jaroenrattanatarakoon
タイの重量挙げ選手。
⇒外12（プラパワデ・ジャロエンラタナタラコン 1984.5.29-）
最世ス（プラパワデ・ジャロエンラタナタラコン 1984.5.29-）

Prasād, Babu Rājendra
インドの政治家，弁護士。民族独立運動に挺身し，1950年独立後の初代大統領に選出された。
⇒岩世人（ラージェーンドラ・プラサード 1884.12.3-1963.2.28）
広辞7（プラサード 1884-1963）

Prasād, Jayśankar
インドのヒンディー語詩人，劇作家。史劇『チャンドラグプタ』(1931)，叙事詩『カーマーヤニ』(35)などを著した。
⇒岩世人（ジャエシャンカル・プラサード 1889.1.30-1937.1.14）

Prasit Kancanawat
タイの政治家，銀行家。国会議長，バンコク銀行会長。
⇒岩世人（プラシット・カーンチャナワット 1915.6.20-1999.2.14）

Prasoet Rucirawong
タイの警察官，政治家。
⇒岩世人（プラスート・ルチラウォン 1911.12.4-1984.1.19）

Prasong Soonsiri
タイの政治家。タイ外相。
⇒世指導（プラソン・スンシリ 1927.8-）

Prassinos, Mario
フランスの画家。
⇒芸13（プラシノス，マリオ 1916-1985）

Prat, Domingo
スペイン生まれのアルゼンチンのギター奏者。
⇒標音2（プラット，ドミンゴ 1886.3.17-1944.11.22）

Prat, Emmanuel
フランスの実業家。
⇒外12（プラット，エマニュエル）

Pratchett, Terry
イギリスのコメディー風SFの作家。
⇒外12（プラチェット，テリー 1948-）
現世文（プラチェット，テリー 1948.4.28-2015.3.12）

Prat de la Riba, Enric
スペイン，カタルニャ地方主義運動の理論家，政治家。
⇒岩世人（プラット・ダ・ラ・リバ 1870.11.29-1917.8.1）

Prateep Ungsongtham Hata
タイの社会活動家。
⇒岩世人（プラティープ・ウンソンタム・ハタ 1952.8.9–）
外12（プラティープ・ウンソンタム 1952–）
外16（プラティープ・ウンソンタム 1952–）
世指導（プラティープ・ウンソンタム 1952–）

Pratella, Francesco Balilla
イタリアの作曲家, 音楽学者。
⇒標音2（プラテッラ, フランチェスコ・バリッラ 1880.2.1–1955.5.17）

Prater, Dave
アメリカ・ジョージア州オシラ生まれの歌手。
⇒ロック（Sam and Dave サム&デイヴ 1937.5.9–）

Prather, Richard S.
アメリカの作家。
⇒現世文（プラザー, リチャード 1921.9.9–2007.2.14）

Pratolini, Vasco
イタリアの小説家。階級闘争をテーマにした『メッテロ』（1955）などの作品がある。
⇒岩世人（プラトリーニ 1913.10.19–1991.1.12）
現世文（プラトリーニ, ヴァスコ 1913.10.19–1991.1.12）

Prats, Lluís
スペインの作家。
⇒現世文（プラッツ, リュイス 1966–）

Pratt, Derrill Burnham
アメリカの大リーグ選手（二塁）。
⇒メジャ（プラット, デル 1888.1.10–1977.9.30）

Pratt, Gill A.
アメリカのAI研究の第一人者。トヨタ・リサーチ・インスティテュート（TRI）CEO。
⇒外16（プラット, ギル 1961–）

Pratt, James Bissett
アメリカの宗教心理学者, 哲学者。その著『宗教意識』（1925）はジェームズの影響を受け, アメリカ宗教心理学の一完成とされる。
⇒岩世人（プラット 1875.6.22–1944.1.15）
新カト（プラット 1875.6.22–1944.1.15）

Pratt, Scott
アメリカの作家。
⇒海文新（プラット, スコット 1956.12.16–）

Pratt, Waldo Selden
アメリカの音楽評論家。
⇒標音2（プラット, ウォルドー・セルデン 1857.11.10–1939.7.29）

Prauss, Gerold
ドイツの哲学者。
⇒岩世人（プラウス 1936.5.25–）

Pravelakis, Pandelis
ギリシャの作家, 文芸批評家。
⇒現世文（プレヴェラキス, パンテリス 1909.2.18–1986.3.15）

Prawet Wasi
タイの医師, 社会批評家。
⇒岩世人（プラウェート・ワシー 1932.8.5–）
タイ（プラウェート・ワシー 1932–）

Prawiranegara, Mr.Syafruddin
インドネシアの経済テクノクラート, 政治家, イスラム説教師。
⇒岩世人（プラウィラヌガラ, シャフルディン 1911.2.28–1989.2.15）

Prawiro, Radius
インドネシアの官僚, 閣僚。
⇒岩世人（プラウィロ, ラディウス 1928.6.29–2005.5.26）

Prawitz, Dag
スウェーデンの哲学者, 論理学者。
⇒岩世人（プラーヴィッツ 1936.5.16–）

Prayong Ronnarong
タイの農村開発指導者。
⇒岩世人（プラヨン・ロンナロン 1937.8.24–）

Prayuth Chan-o-cha
タイの軍人, 政治家。タイ首相, 陸軍司令官。
⇒外16（プラユット・チャンオーチャー 1954.3.21–）
世指導（プラユット・チャンオーチャー 1954.3.21–）

Praz, Mario
イタリアの文化史家。代表的著作『ロマン派の苦悩』（1933）。
⇒岩世人（プラーツ 1896.9.6–1982.3.23）
広辞7（プラーツ 1896–1982）

Preahauser, Ludwig
オーストリアのザルツブルク州立教員養成所の名誉教授, 哲学博士。活潑な芸術教育運動を展開した。
⇒教人（プレアハウザー 1877–?）

Preap Sovath
カンボジアの歌手。
⇒岩世人（プリアップ・ソヴァット 1972.2.27–）

Prebble, Richard
ニュージーランドの政治家, 弁護士。アクト・ニュージーランド党党首（1996〜99）。
⇒ニュー（プレブル, リチャード 1948–）

Prebisch, Raúl
アルゼンチンの経済学者。1948〜62年国連ラテンアメリカ経済委員会（ECLA）の初代事務局長。
⇒岩世人（プレビッシュ 1901.4.17–1986.4.29）

政経改（プレビッシュ　1901–1986）

Preca, Ġorġ
マルタ出身の聖人，修道会創立者。祝日7月26日。
⇒新カト（ジョルジョ・プレカ　1880.2.12–1962.7.26）

Preda, Marin
ルーマニアの小説家。代表作『モロメツ一家』(1955,I,67,II)，『浪費者たち』(62)，『侵入者』(68)。
⇒岩世人（プレダ　1922.8.5–1980.5.16）
　現世文（プレダ，マリン　1922.8.5–1980.5.16）

Prégardien, Christoph
ドイツのテノール歌手。
⇒外12（プレガルディエン，クリストフ　1956.1.18–）
　外16（プレガルディエン，クリストフ　1956.1.18–）
　失声（プレガルディエン，クリストフ　1956–）
　魅惑（Pregardien,Christoph　1956–）

Preger, Kurt
オーストリアのテノール歌手。
⇒魅惑（Preger,Kurt　1907–1960）

Pregl, Fritz
オーストリアの化学者。有機微量分析法を開発した，ノーベル化学賞受賞（1923）。
⇒岩世人（プレーグル　1869.9.3–1930.12.13）
　化学（プレーグル　1869–1930）
　広辞7（プレーグル　1869–1930）
　ノベ3（プレーグル，F.　1869.9.3–1930.12.13）

Preiss, Byron
アメリカの作家，出版プロデューサー。
⇒現世文（プライス，バイロン）

Preissinger, Johannes
ドイツのテノール歌手。
⇒魅惑（Preissinger,Johannes　?–）

Preljocaj, Angelin
フランスのダンサー，振付家，舞踊団監督。
⇒岩世人（プレルジョカージュ　1957.1.9–）
　外12（プレルジョカージュ，アンジュラン　1957–）
　外16（プレルジョカージュ，アンジュラン　1957–）

Preller, A.J.
アメリカの大リーグ，パドレスGM・上級副社長。
⇒外16（プレラー,A.J.　1977.6.20–）

Prelog, Vladimir
スイスの有機化学者。
⇒岩世人（プレローグ　1906.7.23–1998.1.7）
　化学（プレローグ　1906–1998）
　ノベ3（プレローグ,V.　1906.7.23–1998.1.7）

Prelutsky, Jack
アメリカの詩人，翻訳家。

⇒現世文（プリラツキー，ジャック　1940.9.8–）

Premack, David
アメリカの心理学者。
⇒岩世人（プレマック　1925.10.26–）

Premadasa, Ranasinghe
スリランカの政治家。
⇒南ア新（プレマダーサ　1924–1993）

Premchand
インド，ヒンディー語の小説家。代表作『休護所』(1918)。
⇒岩世人（プレームチャンド　1880.7.31–1936.10.8）
　広辞7（プレームチャンド　1880–1936）
　南ア新（プレームチャンド　1880–1936）

Preminger, Otto
アメリカの映画監督。「黄金の腕」(1955)，「悲しみよこんにちわ」(58)など多くの作品を手がけた。
⇒岩世人（プレミンジャー　1905.12.5–1986.4.23）
　映監（プレミンジャー，オットー　1906.12.5–1986）
　ユ著人（Preminger,Otto Ludwig　プレミンガー，オットー・ルードヴィヒ　1906–1986）

Prempeh II
ガーナのアサンテ（アシャンティ）王国の王。
⇒岩世人（プレンペ2世　1892–1970）

Prem Tinsulanonda
タイの政治家，軍人。タイ首相・国防相。
⇒岩世人（プレーム・ティンスーラーノン　1920.8.26–）
　外12（プレム・ティンスラノン　1920.8.26–）
　外16（プレム・ティンスラノン　1920.8.26–）
　タイ（プレーム・ティンスーラーノン　1920–）

Prendergast, Maurice Brazil
アメリカの画家。風景画，風俗画を得意とした。
⇒芸13（プレンダーギャスト，モーリス　1859–1924）

Prentiss, Paula
アメリカ生まれの女優。
⇒ク俳（プレンティス，ポーラ（ラグーサ,P　1939–）

Preobrazhen-skii, Evhenii Alekseevich
ソ連の政治家，経済学者。
⇒岩世人（プレオブラジェンスキー　1886.2.3/15–1937.7.13）
　学叢思（プレオブラジェンスキー　1886–）

Preradović, Paula von
オーストリアの女流作家，詩人。オーストリア国歌の作者。
⇒岩世人（プレラドヴィチ　1887.10.12–1951.5.25）

Prescott, Edward C.
アメリカの経済学者。
⇒外12（プレスコット，エドワード　1940–）
　外16（プレスコット，エドワード　1940.12.26–）
　ノベ3（プレスコット,E.C.　1940.12.26–）
　有経5（プレスコット　1940–）

Prescott, John
イギリスの政治家。イギリス副首相。
⇒外12（プレスコット，ジョン　1938.5.31–）
　世指導（プレスコット，ジョン　1938.5.31–）

Presle, Micheline
フランス・パリ生まれの女優。
⇒ク俳（プレール，ミシュリーヌ（シャサーニュ,M）1922–）

Presley, Elvis Aaron
アメリカのポピュラー歌手。1955年の『ハートブレイク・ホテル』でロックン・ロール・スタイルを確立、「ロックの王者」と呼ばれた。
⇒アメ州（Presley,Elvis　プレスリー，エルビス　1935–1977）
　アメ新（プレスリー　1935–1977）
　異二辞（プレスリー［エルヴィス・～］　1935–1977）
　岩世人（プレスリー　1935.1.8–1977.8.16）
　ク俳（プレスリー，エルヴィス　1935–1977）
　広辞7（プレスリー　1935–1977）
　新音中（プレスリー，エルヴィス　1935.1.8–1977.8.16）
　スター（プレスリー，エルヴィス　1935.1.8–1977）
　ネーム（プレスリー，エルヴィス　1935–1977）
　ビト改（PRESLEY,ELVIS　プレスリー，エルヴィス）
　標音2（プレスリー，エルヴィス　1935.1.8–1977.8.16）
　ポプ人（プレスリー，エルビス　1935–1977）
　ロック（Presley,Elvis　プレスリー，エルヴィス　1935.1.8–）

Presley, James Arthur
アメリカの大リーグ選手（三塁）。
⇒メジャ（プレズリー，ジム　1961.10.23–）

Presley, Lisa Marie
アメリカ・テネシー州生まれの歌手。
⇒外16（プレスリー，リサ・マリー　1968.2.1–）

Press, Frank
アメリカの地球物理学者。地球および惑星の内部構造、地震発生機構、核探知、地震予知など幅広く研究。
⇒岩世人（プレス　1924.12.4–）
　外12（プレス，フランク　1924.12.4–）
　外16（プレス，フランク　1924.12.4–）

Press, James E.
アメリカの実業家。
⇒外12（プレス，ジェームズ）
　外16（プレス，ジェームズ　1946.10.4–）

Press, Tamara Natanova
ロシアの砲丸投げ、円盤投げ選手。
⇒岩世人（プレス　1937.5.10–）

Pressburger, Emeric
ハンガリー生まれの映画脚本家、映画製作者、映画監督。
⇒岩世人（プレスバーガー　1902.12.5–1988.2.5）
　映監（パウエル＆プレスバーガー　1902.12.5–1988）

Pressel, Morgan
アメリカのプロゴルファー。
⇒外12（プレッセル，モーガン　1988.5.23–）
　外16（プレッセル，モーガン　1988.5.23–）
　最世ス（プレッセル，モーガン　1988.5.23–）

Pressfield, Steven
英領トリニダード島生まれのアメリカの作家、脚本家。
⇒海文新（プレスフィールド，スティーヴン　1943–）
　現世文（プレスフィールド，スティーブン　1943–）

Pressler, Menahem
イスラエルのピアノ奏者。
⇒外12（プレスラー，メナヘム　1928–）
　外16（プレスラー，メナヘム　1928–）

Pressler, Mirjam
ドイツの作家、翻訳家。
⇒外16（プレスラー，ミリアム　1940.6.18–）
　現世文（プレスラー，ミリアム　1940.6.18–）

Pressler, Paul S.
アメリカの実業家。
⇒外12（プレスラー，ポール　1956–）
　外16（プレスラー，ポール　1956–）

Prestes, Luís Carlos
ブラジルの革命家。ブラジル共産党書記長。
⇒岩世人（プレステス　1898.1.3–1990.3.7）
　ラテ新（プレステス　1898–1990）

Presthus, Robert
アメリカの行動科学者。
⇒社小増（プレスサス　1917–）

Presti, Ida
フランスのギター奏者。
⇒標音2（プレスティ，イダ　1924.5.31–1967.4.25）

Preston, Billy
アメリカのキーボード奏者、歌手。
⇒ビト改（PRESTON,BILLY　プレストン，ビリー）
　ロック（Preston,Billy　プレストン，ビリー）

Preston, Johnny
アメリカ・テキサス州生まれの歌手。
⇒ロック（Preston,Johnny　プレストン，ジョニー　1930.8.18–）

Preston, Kelly
アメリカ生まれの女優。
⇒ク俳（プレストン,ケリー（パルジス,K） 1962–）

Preston, Marcia K.
アメリカの作家,編集者。
⇒外12（プレストン,M.K.）
海文新（プレストン,M.K.）
現世文（プレストン,M.K.）

Preston, Richard
アメリカのジャーナリスト,作家。
⇒外12（プレストン,リチャード 1954–）
外16（プレストン,リチャード 1954–）
現世文（プレストン,リチャード 1954–）

Preston, Robert
アメリカ生まれの俳優。
⇒ク俳（プレストン,ロバート（メーサーヴィ,R・P）1917–1987）
スター（プレストン,ロバート 1918.6.8–1987）

Prestowitz, Clyde V., Jr.
アメリカの経済学者。米国経済戦略研究所所長。
⇒外12（プレストウィッツ,クライド(Jr.) 1941.9.6–）
外16（プレストウィッツ,クライドJr. 1941.9.6–）

Preto, Francisco Rolão
ポルトガルの政治家。
⇒岩世人（プレト 1894.2.5–1977.12.19）

Prêtre, Georges
フランスの指揮者。
⇒外12（プレートル,ジョルジュ 1924.8.14–）
外16（プレートル,ジョルジュ 1924.8.14–）
新音中（プレートル,ジョルジュ 1924.8.14–）
標音2（プレートル,ジョルジュ 1924.8.14–）

Prettyman, Tristan
アメリカ・カリフォルニア生まれの歌手。
⇒外12（プリティマン,トリスタン 1982.5.23–）
外16（プリティマン,トリスタン 1982.5.23–）

Preus, Margi
アメリカの児童文学作家,劇作家。
⇒外16（プロイス,マーギー）
現世文（プロイス,マーギー）

Preuss, Arthur
ドイツのテノール歌手。ベルテの"Dreimäderlhaus"世界初演でシューベルトを歌った。
⇒魅惑（Preuss,Arthur 1878–1944）

Preuss, Hugo
ドイツの政治家。1919年内相,同年8月11日公布のワイマール憲法を起草。
⇒岩世人（プロイス 1860.10.28–1925.10.9）

ユ著人（Preuß,Hugo プロイス,フーゴー 1860–1925）

Preussler, Otfried
ドイツの児童文学者。
⇒岩世人（プロイスラー 1923.10.20–2013.2.18）
現世文（プロイスラー,オトフリート 1923.10.20–2013.2.18）

Préval, René Garcia
ハイチの政治家。ハイチ大統領（1996～2001,06～11）。
⇒岩世人（プレヴァル 1943.1.17–）
外12（プレバル,ルネ・ガルシア 1943.1.17–）
外16（プレバル,ルネ・ガルシア 1943.1.17–）
世指導（プレバル,ルネ・ガルシア 1943.1.17–2017.3.3）

Prevedi, Bruno
イタリアのテノール歌手。
⇒失声（プレーヴェディ,ブルーノ 1928–1988）
魅惑（Prevedi,Bruno 1928–1988）

Prévert, Jacques
フランスの詩人,シナリオライター。シナリオ『霧の波止場』(1938),『天井桟敷の人々』(44),詩集『パロール』(48),『見世物』(51),『雨と晴天』(55) などのほか,シャンソン『枯葉』の作詞でも名高い。
⇒岩世人（プレヴェール 1900.2.4–1977.4.11）
絵本（プレヴェール,ジャック 1900–1977）
現世文（プレヴェール,ジャック 1900.2.4–1977.4.11）
広辞7（プレヴェール 1900–1977）
世人新（プレヴェール 1900–1977）
世人装（プレヴェール 1900–1977）
ネーム（プレヴェール 1900–1977）
フ文小（プレヴェール,ジャック 1900–1977）

Previn, André
アメリカの指揮者,ピアノ奏者,作曲家。
⇒オペラ（プレビン,アンドレ 1929–）
外12（プレビン,アンドレ 1929.4.6–）
外16（プレビン,アンドレ 1929.4.6–）
ク音3（プレヴィン 1929–）
新音中（プレヴィン,アンドレ 1929.4.6–）
標音2（プレヴィン,アンドレ 1929.4.6–）
ユ著人（Previn,André Ludwig プレヴィン,アンドレ・ルードヴィヒ 1929–）

Prévost, Charles
カナダ・モントリオール生まれのサン・スルピス司祭会司祭,日本宣教師。
⇒新カト（プレヴォー 1898.7.8–1979.4.5）

Prévost, Guillaume
マダガスカル生まれのフランスの作家。
⇒海文新（プレヴォー,ギヨーム 1964–）
現世文（プレヴォー,ギヨーム 1964–）

Prévost, Jean
フランスの小説家,評論家。評論『スタンダー

ルにおける創造』(1942)や小説『ブカンカン兄弟』(30)を書いた。
⇒岩世人（プレヴォー 1901.6.13–1944.8.1)

Prévost, Marcel
フランスの小説家,評論家。
⇒岩世人（プレヴォー 1862.5.1–1941.4.8）
学叢思（プレヴォ,マルセール 1862–?)

Prevot, Carl
フランス生まれの画家。
⇒芸13（プレヴォ,カール 1933–)

Prey, Hermann
ドイツのバリトン歌手。
⇒岩世人（プライ 1929.7.11–1998.7.22)
オペラ（プライ,ヘルマン 1929–1998)
新音中（プライ,ヘルマン 1929.7.11–1998.7.23)
標音2（プライ,ヘルマン 1929.7.11–1998.7.23)

Prezan, Constantin
ルーマニアの軍人。元帥。
⇒ネーム（プレザン 1861–1943)

Prezzolini, Giuseppe
イタリアの著作家。アメリカのコロンビア大学教授。
⇒岩世人（プレッツォリーニ 1882.1.27–1982.7.14)

Přibyl, Vilém
チェコのテノール歌手。
⇒魅惑（Přibyl,Vilem 1925–1991)

Price, Alan
イギリス生まれのキーボード奏者。
⇒ロック（Price,Alan プライス,アラン 1942.4.19–)

Price, Anthony
イギリスの推理作家,ジャーナリスト。
⇒現世文（プライス,アントニー 1928.8.16–)

Price, Daniel
アメリカの実業家。
⇒外12（プライス,ダニエル)
外16（プライス,ダニエル)

Price, David
アメリカの大リーグ選手(投手)。
⇒外12（プライス,デービッド 1985.8.26–)
外16（プライス,デービッド 1985.8.26–)
最世ス（プライス,デービッド 1985.8.26–)
メジャ（プライス,デイヴィッド 1985.8.26–)

Price, Dennis
イギリスの俳優。
⇒ク俳（プライス,デニス（ロウズ＝プライス,デニストン) 1915–1973)

Price, Edgar Hoffman
アメリカの幻想作家,怪奇作家。
⇒現世文（プライス,エドガー・ホフマン 1898–1988)

Price, Frank Wilson
アメリカのプロテスタント宣教師。
⇒アア歴（Price,Frank W(ilson) プライス,フランク・ウイルスン 1895–1974.1.9)
岩世人（プライス 1895.2.25–1974.1.10)

Price, George
カナダ陸軍二等兵。
⇒ネーム（プライス 1892–1918)

Price, George Cadle
ベリーズの政治家。ベリーズ首相。
⇒世指導（プライス,ジョージ 1919.1.15–2011.9.19)

Price, George Ward
イギリスのジャーナリスト。「デーリー・メール」紙論説主幹兼〈Associated News Papers〉社理事。
⇒岩世人（プライス ?–1961.8.22)

Price, Henry
アメリカのテノール歌手。
⇒魅惑（Price,Henry(Henry-Paschal) 1945–)

Price, Henry Habberley
イギリスの思想家。
⇒岩世人（プライス 1899.5.17–1984.11.26)
メル3（プライス,ヘンリー・ハバレー 1899–1984)

Price, Jim
アメリカのホーン&キーボード奏者。
⇒ビト改（PRICE,JIM プライス,ジム)

Price, Joe D.
アメリカの美術コレクター。
⇒外12（プライス,ジョー)
外16（プライス,ジョー 1929–)

Price, Ken
アメリカの陶芸家。
⇒芸13（プライス,ケン 1935–)

Price, Leontyne
アメリカのソプラノ歌手。
⇒アメ州（Price,Leontyne プライス,レオンタイン 1927–)
オペラ（プライス,レオンタイン 1927–)
新音中（プライス,レオンタイン 1927.2.10–)
標音2（プライス,レオンタイン 1927.2.10–)

Price, Lissa
アメリカのSF作家。
⇒海文新（プライス,リッサ)
現世文（プライス,リッサ)

Price, Lloyd
アメリカ・ルイジアナ州生まれの歌手。
⇒ロック（Price,Lloyd　プライス,ロイド　1934.3.9–）

Price, Marc
イギリスの映画監督。
⇒外12（プライス,マーク　1979–）

Price, Margaret
ウェールズのソプラノ歌手。
⇒オペラ（プライス,マーガレット　1941–2011）
新音中（プライス,マーガレット　1934.4.13–）
標音2（プライス,マーガレット　1941.4.13–2011.1.28）

Price, Nancy
アメリカの作家。
⇒現世文（プライス,ナンシー）

Price, Nick
ジンバブエのプロゴルファー。
⇒外16（プライス,ニック　1957.1.28–）
最世ス（プライス,ニック　1957.1.28–）

Price, Perry
アメリカのテノール歌手。
⇒魅惑（Price,Perry　1942–）

Price, Ray
アメリカ・テキサス州生まれの歌手。
⇒標音2（プライス,レイ　1928.1.12–）

Price, Reynolds
アメリカの作家。
⇒アメ州（Price,Reynolds　プライス,レイノルズ　1933–）
現世文（プライス,レイノルズ　1933.2.1–2011.1.20）

Price, Richard
アメリカの作家,脚本家。
⇒外12（プライス,リチャード　1949–）
外16（プライス,リチャード　1949–）
現世文（プライス,リチャード　1949–）

Price, Susan
イギリスの女性作家。
⇒現世文（プライス,スーザン　1955–）

Price, Thomas Frederick
アメリカのカトリック司祭,メリノール会の創立者。
⇒アア歴（Price,Thomas Frederick　プライス,トマス・フレデリック　1860.8.19–1919.9.12）

Price, Vincent
アメリカの俳優。
⇒ク俳（プライス,ヴィンセント　1911–1993）
スター（プライス,ヴィンセント　1911.5.27–1993）

Priceman, Marjorie
アメリカのイラストレーター。
⇒外12（プライスマン,マージョリー）

Prichard, Harold Arthur
イギリスの哲学者。「オックスフォード直観主義」を代表。
⇒岩哲人（プリチャード　1871.10.31–1947.12.29）

Priddy, Gerald Edward
アメリカの大リーグ選手（二塁）。
⇒メジャ（プリディ,ジェリー　1919.11.9–1980.3.3）

Pride, Charley
アメリカ・ミシシッピー州生まれの歌手。
⇒アメ州（Pride,Charlie　プライド,チャーリー　1938–）
標音2（プライド,チャーリー　1938.3.18–）
ロック（Pride,Charley　プライド,チャーリー　1938.3.18–）

Pridi Phanomyong
タイの政治家。第2次世界大戦中,抗日工作を組織,自由タイ運動を指導。1946年1月首相。
⇒ア太戦（プリーディー＝パノムヨン　1900–1983）
岩世人（プリーディー・パノムヨン　1900.5.11–1983.5.2）
タイ（プリーディー・パノムヨン　1900–1983）

Pridiyathorn Devakula
タイの政治家,銀行家。タイ副首相,タイ中央銀行総裁。
⇒外12（プリディヤトン・デバクラ　1947.7.15–）
外16（プリディヤトン・テワクン　1947.7.15–）
世指導（プリディヤトン・テワクン　1947.7.15–）

Priebus, Reince
アメリカの政治家,法律家。アメリカ大統領首席補佐官。
⇒世指導（プリーバス,ラインス　1972.3.18–）

Priest, Cherie
アメリカの作家。
⇒海文新（プリースト,シェリー　1975–）
現世文（プリースト,シェリー　1975–）

Priest, Christopher
イギリスのSF作家。
⇒外16（プリースト,クリストファー　1943–）
現世文（プリースト,クリストファー　1943–）

Priest, Dana
アメリカのジャーナリスト。
⇒外16（プリースト,デイナ）

Priest, Maxi
イギリス・ロンドン生まれの歌手。
⇒標音2（プリースト,マキシ　1963.6.10–）

Priestley, Chris
イギリスのイラストレーター,漫画家,作家。

⇒外16（プリーストリー，クリス）
海文新（プリーストリー，クリス　1958.8.25–）
現世文（プリーストリー，クリス　1958.8.25–）

Priestley, John Boynton
イギリスの劇作家，小説家，批評家。小説『友達座』(1929)，戯曲『危険な曲り角』(32)など作品多数。
⇒岩世人（プリーストリ　1894.9.13–1984.8.14）
現世文（プリーストリー，ジョン　1894.9.13–1984.8.14）
広辞7（プリーストリー　1894–1984）
ネーム（プリーストリー　1894–1984）

Prieto, Luis Jorge
アルゼンチン生まれの言語学者。
⇒岩世人（プリエト　1926.11.28–1996.3.31）

Prieto y Tuero, Indalecio
スペインの政治家，ジャーナリスト。
⇒岩世人（プリエト　1883.4.30–1962.2.11）

Prigogine, Ilya
ベルギーの物理化学者。1977年ノーベル化学賞。
⇒岩世人（プリゴジン　1917.1.25–2003.5.28）
化学（プリゴジン　1917–2003）
広辞7（プリゴジン　1917–2003）
三新物（プリゴジン　1917–2003）
哲中（プリゴジン　1917–2003）
ネーム（プリゴジン　1917–2003）
ノベ3（プリゴジン,I.　1917.1.25–2003.5.28）
物理（プリゴジン，イリヤ　1917–2003）
メル別（プリゴジーヌ〔プリゴジン〕，イリヤ　1917–2003）

Prigov, Dmitrii Aleksandrovich
ロシアの詩人，前衛芸術家。
⇒岩世人（プリーゴフ　1940.11.5–2007.7.16）

Prika, Bruno
ドイツ人宣教師。
⇒新カト（プリカ　1897.9.11–1946.12.12）

Prikopa, Herbert
オーストリアのテノール歌手。
⇒魅惑（Prikopa,Herbert　1935–）

Prim, Raymond Lee
アメリカの大リーグ選手（投手）。
⇒メジャ（プリム，レイ　1906.12.30–1995.4.29）

Prima, Louis
アメリカのジャズ・トランペット奏者，歌手。
⇒異二辞（プリマ，ルイ　1910–1978）

Primakov, Evgenii Maksimovich
ロシアの政治家，ロシア首相，外相。
⇒岩世人（プリマコーフ　1929.10.29–）
外12（プリマコフ，エフゲニー　1929.10.29–）
広辞7（プリマコフ　1929–2015）
スパイ（プリマコフ，エフゲニー・マクシモヴィチ　1929–2015）
世指導（プリマコフ，エフゲニー　1929.10.29–2015.6.26）

Prime, Geoffrey A.
イギリスの暗号官。
⇒スパイ（プライム，ジェフリー・A　1938–）

Primo de Rivera, José Antonio, Marqués de Estella
スペインの政治家。人民戦線政府によって逮捕され獄死。
⇒岩世人（プリモ・デ・リベーラ　1903.4.24–1936.11.20）
広辞7（プリモ・デ・リベラ　1903–1936）

Primo de Rivera y Orbaneja, Miguel, Marqués de Estella
スペインの軍人，独裁者（1923〜30）。1923年，クーデターにより内閣を倒し，軍事独裁を確立。
⇒岩世人（プリモ・デ・リベーラ　1870.1.8–1930.3.16）
広辞7（プリモ・デ・リベラ　1870–1930）
世人新（プリモ=デ=リベラ　1870–1930）
世人装（プリモ=デ=リベラ　1870–1930）
ネーム（プリモ・デ・リベラ　1870–1930）

Primrose, Neil Maxwell
イギリスのロック・ドラム奏者。
⇒外12（プリムローズ，ニール　1972.2.20–）
外16（プリムローズ，ニール　1972.2.20–）

Primrose, William
イギリスのヴィオラ奏者。
⇒新音中（プリムローズ，ウィリアム　1904.8.23–1982.5.1）
標音2（プリムローズ，ウィリアム　1904.8.23–1982.5.1）

Prince
アメリカのミュージシャン。
⇒異二辞（プリンス　1958–2016）
岩世人（プリンス　1958.6.7–）
外12（プリンス　1958.6.7–）
外16（プリンス　1958.6.7–）
新音中（プリンス　1960.6.7–）
標音2（プリンス　1960.6.7–）

Prince, Canquil
ベルギーのタペストリー作家。
⇒芸13（プランス，カンキュル　1939–）

Prince, Charles O. III
アメリカの銀行家。
⇒外12（プリンス，チャールズ）
外16（プリンス，チャールズ　1950.1.13–）

Prince, F(rank) T(empleton)
イギリスの詩人，英文学者。
⇒現世文（プリンス,F.T.　1912.9.13–2003.8.7）

Prince, Harold
アメリカの演出家, 製作者。
⇒岩世人 (プリンス 1928.1.30–)

Prince, Morton
アメリカの心理学者, 精神医学者。二重人格, 無意識の研究で知られる。
⇒岩世人 (プリンス 1854.12.21–1929.8.31)

Prince, Richard
アメリカの美術家。
⇒岩世人 (プリンス 1949.8.6–)
　現アテ (Prince,Richard　プリンス, リチャード 1949–)

Prince, Tayshaun
アメリカのバスケットボール選手 (グリズリーズ)。
⇒最世ス (プリンス, テイショーン 1980.2.28–)

Prince Bythewood, Gina
アメリカの映画監督。
⇒外12 (プリンス・バイスウッド, ジーナ)

Princess Der Ling
アメリカ華人の女性作家。
⇒岩世人 (徳齢　とくれい　1884 (光緒10) 頃–1944.11.22)

Princip, Gavrilo
セルビアの愛国者。1914年オーストリアの皇太子夫妻をサラエボで暗殺し, 第1次世界大戦勃発の誘因をつくった。
⇒岩世人 (プリンツィプ 1894.7.13–1918.4.29)
　世暗 (プリンチプ, ガヴリロ 1894–1918)
　世人新 (プリンチプ 1894–1918)
　世人装 (プリンチプ 1894–1918)

Prine, John
アメリカ・イリノイ州生まれのシンガー・ソングライター。
⇒ロック (Prine,John　プライン, ジョン)

Prineas, Sarah
アメリカの作家。
⇒海文新 (プリニース, サラ 1966.11.19–)

Pringle-Pattison, Andrew Seth
スコットランドの観念論哲学者。
⇒岩世人 (プリングル=パティソン 1856.12.20–1931.9.1)
　学叢思 (セス, (1) アンドルー 1856–?)

Pringsheim, Alfred
ドイツの数学者。
⇒数辞 (プリングスハイム, アルフレッド 1850–1941)
　世数 (プリングスハイム, アルフレッド・イズラエル 1850–1941)

Pringsheim, Ernst
ドイツの物理学者。ルンマーと共に黒体の熱幅射の精密な実験を行った。
⇒岩世人 (プリングスハイム 1859.7.11–1917.6.28)

Pringsheim, Klaus
ドイツの指揮者, 作曲家, 音楽学者。来日し, 武蔵野音楽大学教授として日本の音楽界にも貢献。
⇒岩世人 (プリングスハイム 1883.7.24–1972.12.7)
　新音小 (プリングスハイム, クラウス 1883–1972)
　新音中 (プリングスハイム, クラウス 1883.7.24–1972.7.12)
　標音2 (プリングスハイム, クラウス 1883.7.24–1972.12.7)
　ユ著人 (Pringsheim,Klaus　プリングスハイム, クラウス 1883–1972)

Prins, Adolphe
ベルギーの刑法学者。リスト等と共に国際刑事学協会を創立した (1889)。
⇒岩世人 (プランス 1845.11.2–1919.9.30)

Prins, Ary
オランダの文学者。初め自然主義的作品『生活』(1885) を発表, のち印象主義的な『神聖なる遠征』(1913) 等を書いた。
⇒岩世人 (プリンス 1860.3.19–1922.5.3)

Printz, Michael L.
アメリカの図書館員。カンザス州の小規模な高等学校の学校図書館員であり, オーラル・ヒストリーその他の企画の実践により, メディアを重視する学校図書館の新たな存在を全米に知らせる。
⇒ア図 (プリンツ, マイケル 1937–1996)

Prinz, Alfred
オーストリアのクラリネット奏者。
⇒新音中 (プリンツ, アルフレート 1930.6.4–)

Prinz, Birgit
ドイツのサッカー選手。
⇒外12 (プリンツ, ビルギット 1977.10.25–)
　最世ス (プリンツ, ビルギット 1977.10.25–)

Prinze, Freddie, Junior
アメリカの男優。
⇒ク俳 (プリンズ, フレディ, ジュニア 1976–)

Prinzhorn, Hans
ドイツの精神病医, 心理学者, 哲学者。講壇心理学および精神分析学に反対した。
⇒現精 (プリンツホルン 1886–1993)
　現精縮 (プリンツホルン 1886–1993)

Prior, Arthur Norman
イギリスの思想家。
⇒岩世人 (プライアー 1914.12.4–1969.10.6)

Prior, Beniamino
イタリアのテノール歌手。
⇒失声 (プリオール, ベニアミーノ ?)

魅惑（Prior, Beniamino　?–）

Prío Socarrás, Carlos
キューバの政治家。
⇒岩世人（プリオ・ソカラス　1903.7.14–1977.4.5）

Prishvin, Mikhail Mikhailovich
ロシア、ソ連の小説家。
⇒岩世人（プリーシヴィン　1873.1.23/2.4–1954.1.16）
現世文（プリーシヴィン, ミハイル　1873.2.4–1954.1.16）

Pristávkin, Anatólii Ignátievich
ロシア（ソ連）の作家。
⇒現世文（プリスターフキン, アナトリー　1931.10.17–2008.7.11）

Pritchard, John Michael
イギリスの指揮者。1952年史上最年少の31歳でコヴェントガーデン王立オペラの指揮者となる。
⇒新音中（プリッチャード, ジョン　1921.2.5–1989.12.5）
標音2（プリッチャード, ジョン　1921.2.5–1989.12.5）

Pritchard, Luke
イギリスのミュージシャン。
⇒外12（プリチャード, ルーク）

Pritchard, Martha Caroline
アメリカの図書館員。ニューヨーク州立教員カレッジで学校図書館員の養成に尽力、理論構築に貢献した。
⇒ア図（プリチャード, マーサ　1882–1959）

Pritchett, *Sir* Victor Sawdon
イギリスの小説家、批評家。『ベランクル氏』(1951)などの小説の作者。
⇒岩世人（プリチェット　1900.12.16–1997.3.20）
現世文（プリチェット, ビクター・ソードン　1900.12.16–1997.3.20）

Pritchett, William Kendrick
アメリカの歴史家、碑文学者。
⇒岩世人（プリチェット　1909.4.14–2007.5.29）

Pritsdang
シーハウィクロム親王の子。
⇒タイ（プリッサダーン（親王）　1852–1938）

Pritzker, Penny
アメリカの法律家、実業家。商務長官。
⇒外12（プリツカー, ペニー　1959.5.2–）
外16（プリツカー, ペニー　1959.5.2–）
世指導（プリツカー, ペニー　1959.5.2–）

Pritzker, Thomas
アメリカの実業家。
⇒外12（プリツカー, トーマス）
外16（プリツカー, トーマス　1950.6.6–）

Privas, Xavier
フランスのシャンソニエ。
⇒19仏（プリヴァ, グザヴィエ　1863.9.27–1927.2.6）

Privat, Edmond
スイスのエスペラント運動家、平和運動家、ジャーナリスト。ヌーシャテル大学教授。
⇒日エ（プリヴァ　1889.8.17–1962.8.28）

Prix, Wolf D.
オーストリアの建築家。
⇒外12（プリックス, ヴォルフ・D.　1942–）
外16（プリックス, ヴォルフ・D.　1942.12.13–）

Probosutedjo
インドネシアの企業家。
⇒岩世人（プロボステジョ　1930.5.1–）
外16（プロボステジョ　1930.5.1–）

Proby, P.J.
アメリカ・テキサス州ヒューストン生まれの歌手、俳優。
⇒ロック（Proby, P.J.　プロウビー, P・J　1938.11.6–）

Procopé, Hjalmar Johan
フィンランドの経済学者、外交官。外相（1924～25, 27～31）、アメリカ駐在大使（39～44）。
⇒岩世人（プロコペ　1889.8.8–1954.3.8）

Procter, Percy
オーストラリアのエスペランティスト。神智学の信奉者。
⇒日エ（プロクター　1860?–?）

Prodi, Romano
イタリアの政治家、経済学者。イタリア首相、イタリア産業復興公社（IRI）総裁。
⇒EU（プローディ, ロマーノ　1939–）
岩世人（プローディ　1939.8.9–）
外12（プローディ, ロマーノ　1939.8.9–）
外16（プローディ, ロマーノ　1939.8.9–）
政経改（プロディ　1939–）
世指導（プローディ, ロマーノ　1939.8.9–）
ポブ人（プローディ, ロマーノ　1939–）

Proesler, Hans
ドイツの社会経済学者。ニュルンベルクの経済および社会学大学教授（1922～34, 45～）。
⇒岩世人（プレースラー　1888.12.30–1956.11.29）

Professor Longhair
アメリカのピアノ奏者、歌手。
⇒岩世人（プロフェッサー・ロングヘア　1918.12.19–1980.1.30）
ロック（Professor Longhair　プロフェッサー・ロングヘア　1918.12.18–）

Profumo, John Dennis
イギリスの政治家。

Pröglhof, Harald
テノール歌手。
⇒魅惑（Pröglhof, Harald　?–?）

Prohászka Ottokar
ハンガリーの聖職者。教会所有地の分割を支持した。
⇒岩世人（プロハースカ　1858.10.10–1927.4.2）
新カト（プロハースカ　1858.10.10–1927.4.2）

Pro Juárez, Miguel
メキシコのイエズス会殉教者。
⇒岩世人（プロ　1891.1.13–1927.11.23）
新カト（プロ・フアレス　1891.1.13–1927.11.23）

Prokhorov, Aleksandr Mikhailovich
ロシアの物理学者。1964年ノーベル物理学賞。
⇒現世文（プローホロフ　1916.7.11–2002.1.8）
三新物（プロホロフ　1916–2002）
ノベ3（プローホロフ, A.M.　1916.7.11–2002.1.8）

Prokhorov, Mikhail
ロシアの実業家、政治家。
⇒外12（プロホロフ, ミハイル）
外16（プロホロフ, ミハイル　1965.5.3–）
世指導（プロホロフ, ミハイル　1965.5.3–）

Prokofiev, Aleksandr Andreevich
ソ連の詩人。詩集『旅への招待』（1960）によってレーニン賞受賞。
⇒現世文（プロコーフィエフ, アレクサンドル・アンドレーヴィチ　1900.12.2–1971.9.18）

Prokofiev, Sergei Sergeevich
ソ連の作曲家。1918年アメリカに亡命。主作品はオペラ『3つのオレンジの恋』（21）、バレエ音楽『ピーターと狼』（36）ほか。
⇒岩世人（プロコーフィエフ　1891.4.11/23–1953.3.5）
エデ（プロコフィエフ, セルゲイ・セルゲイェヴィチ　1891.4.27–1953.3.5）
オペラ（プラコーフィエフ（プロコフィエフ）, セルゲーイ・セルゲーエヴィチ　1891–1953）
ク音3（プロコフィエフ　1891–1953）
広辞7（プロコフィエフ　1891–1953）
新オペ（プロコフィエフ, セルゲイ　1891–1953）
新音小（プロコフィエフ, セルゲイ　1891–1953）
新音中（プロコフィエフ, セルゲイ　1891.4.23–1953.3.5）
世人新（プロコフィエフ　1891–1953）
世人装（プロコフィエフ　1891–1953）
ネーム（プロコフィエフ　1891–1953）
ピ曲改（プロコフィエフ, セルゲイ（セルゲイヴィッチ）　1891–1953）
標音2（プロコフィエフ, セルゲイ　1891.4.23–1953.3.5）
ポプ人（プロコフィエフ, セルゲイ　1891–1953）

Prokop, Liese
オーストリアの政治家、五種競技選手。オーストリア内相。
⇒世指導（プロコップ, リーゼ　1941.3.27–2006.12.31）

Prokosch, Frederic
アメリカの小説家。著書に『アジア人』（1935）、『ヨーロッパの空』（41）など。
⇒現世文（プローコシュ, フレデリック　1908.5.17–1989.6.2）

Prokovsky, André
フランスのダンサー、振付家、バレエ監督。
⇒岩世人（プロコフスキー　1939.1.13–2009.8.15）

Proksch, Georg
シレジア・チェホヴィツェ生まれのインドで活躍した宣教師。
⇒新カト（プロクシュ　1904–1986）

Prolat, Valentin
ベラルーシのテノール歌手。
⇒魅惑（Prolat, Valentin　?–）

Pronger, Chris
カナダのアイスホッケー選手（DF）。
⇒外12（プロンガー, クリス　1974.10.10–）
外16（プロンガー, クリス　1974.10.10–）
最世ス（プロンガー, クリス　1974.10.10–）

Pronk, Jan
オランダの政治家。
⇒外12（プロンク, ヤン　1940.3.16–）
外16（プロンク, ヤン　1940.3.16–）
世指導（プロンク, ヤン　1940.3.16–）

Pronzini, Bill
アメリカのミステリ作家。
⇒外12（プロンジーニ, ビル　1943–）
現世文（プロンジーニ, ビル　1943–）

Propp, Vladimir Yakovlevich
ロシアの民俗学者。
⇒岩世人（プロップ　1895.4.16/28–1970.8.22）
広辞7（プロップ　1895–1970）

Prosinečki, Robert
クロアチアのサッカー指導者、サッカー選手。
⇒異二辞（プロシネチキ［ロベルト・～］　1969–）
外12（プロシネツキ, ロベルト　1969.1.12–）
外16（プロシネチキ, ロベルト　1969.1.12–）

Proskrov, Ivan Iosifovich
ソビエト軍の情報機関（GRU）の局長。在職1939～40。
⇒スパイ（プロスクロフ, イワン・イオシフォヴィチ　?–1940）

Prosser, William Lloyd
アメリカの法学者。
⇒岩世人（プロッサー　1898.3.15–1972）

Prost, Alain
フランスのF1ドライバー。
⇒異二辞（プロスト［アラン・〜］ 1955–）
　岩世人（プロスト　1955.2.24–）
　ポプ人（プロスト, アラン　1955–）

Prot, Baudouin
フランスの銀行家。
⇒外12（プロ, ボドワン　1951.5.24–）
　外16（プロ, ボドワン　1951.5.24–）

Prot, René
テノール歌手。
⇒魅惑（Prot, René ?–?）

Protazanov, Yakov Aleksandrovich
ロシアの映画監督。
⇒岩世人（プロタザーノフ　1881.1.23/2.4–1945.8.8）
　映監（プロタザーノフ, ヤーコフ　1881.2.4–1945）

Proteau, Dominique
テノール歌手。
⇒魅惑（Proteau, Dominique ?–）

Prothero, *Sir* George Walter
イギリスの歴史家。"The Cambridge modern history"の共同編集者。
⇒岩世人（プロザロ　1848.10.14–1922.7.10）

Protopopov, Aleksandr Dmitrievich
ロシアの政治家、ツァーリ政府の最後の内相。1918年ボルシェビキ政府によって処刑された。
⇒岩世人（プロトポーポフ　1866.12.18–1917.10.27）

Protopopov, Oleg Alekseevich
ソ連の男子フィギュアスケート選手。
⇒岩世人（プロトポーポフ　1932.7.16–）

Protschka, Josef
チェコのテノール歌手。
⇒失声（プロチュカ, ヨセフ　1944–）
　魅惑（Protschka, Josef　1944?–）

Protti, Aldo
イタリアのバリトン歌手。
⇒オペラ（プロッティ, アルド　1920–1995）
　標音2（プロッティ, アルド　1920.7.19–1995.8.10）

Proudman, Joseph
イギリスの潮汐学者。リヴァプール大学海洋学教授。
⇒岩世人（プラウドマン　1888.12.30–1975.6.26）

Proulx, Edna Annie
アメリカの小説家。
⇒現世文（プルー, E.アニー　1935–）

Prousch, Gilbert
イギリスのアーティスト。
⇒岩世人（ギルバート＆ジョージ　1943.9.17–）

Proust, Antonin
フランスの政治家、美術批評家。1881年ガンベッタ内閣の美術省大臣となった。
⇒岩世人（プルースト　1832.3.15–1905.3.23）

Proust, Marcel
フランスの小説家。長篇小説『失われた時を求めて』(1913～28)の著者。
⇒岩世人（プルースト　1871.7.10–1922.11.18）
　現世文（プルースト, マルセル　1871.7.10–1922.11.18）
　広辞7（プルースト　1871–1922）
　新カト（プルースト　1871.7.10–1922.11.18）
　西カ（プルースト, マルセル　1871–1922）
　世人新（プルースト　1871–1922）
　世人装（プルースト　1871–1922）
　ネーム（プルースト　1871–1922）
　比文増（プルースト（マルセル）　1871（明治4)–1922（大正11)）
　フ文小（プルースト, マルセル　1871–1922）
　ポプ人（プルースト, マルセル　1871–1922）
　ユ著人（Proust, Marcel　プルースト, マルセル　1871–1922）

Prout, Ebenezer
イギリスの音楽理論家、作曲家。その著作は我国でも広く読まれた。
⇒岩世人（プラウト　1835.3.1–1909.12.5）
　標音2（プラウト, エベニーザー　1835.3.1–1909.12.5）

Prouvé, Jean
フランスの建築家。自動車、船舶、飛行機と同じレベルで部材製作を試みはじめた最初の技術家。
⇒岩世人（プルーヴェ　1901.4.8–1984.3.23）
　世建（プルーヴェ, ジャン　1901–1984）

Prouvost, Jean Eugène
フランスの実業家、メディア経営者。
⇒岩世人（プルヴォスト　1885.4.24–1978.10.17）

Provine, Dorothy
アメリカ生まれの女優。
⇒ク俳（プロヴァイン, ドロシー　1937–）

Prowazek, Stanislaus, Edler von Lanow
ドイツの細菌学者。単細胞体および医学的動物学に関する研究のほか、発疹チフスなどの研究に劃期的な業績がある。
⇒岩世人（プローヴァセク　1875.11.12–1915.2.17）

Proyas, Alex
エジプト生まれのオーストラリアの映画監督。
⇒映監（プロヤス, アレックス　1963.9.23–）

Proysen, Alf
ノルウェーの児童文学者。

⇒現世文（プリョイセン，アルフ　1914.7.23–1970.11.23）

Prpic, Joel
カナダのアイスホッケー選手。
⇒外12（パービック，ジョエル　1974.9.25–）

Prudkauskas, Edgaras
リトアニアのテノール歌手。
⇒魅惑（Prudkauskas,Edgaras　1975–）

Pruett, Jerome
アメリカのテノール歌手。
⇒魅惑（Pruett,Jerome　1941–）

Pruett, Scott
アメリカのレーシングドライバー。
⇒最世ス（プルーイット，スコット　1960.3.24–）

Pruitt, Anna Ashley Seward
アメリカの宣教師。
⇒アア歴（Pruitt,Anna（Ashley）（Seward）　プルーイット，アンナ・アシュリー・スーアード　1862–1948.6.20）

Pruitt, Gary
アメリカのAP通信社長・CEO。
⇒外16（プルーイット，ゲーリー　1957–）

Pruitt, Ida C.
アメリカのソーシャルワーカー。
⇒アア歴（Pruitt,Ida C.　プルーイット，アイダ・C.　1888–1985.7.24）

Prümmer, Dominikus Maria
ドイツの教会法学者，倫理神学者。ドミニコ会員。
⇒新カト（プリュンマー　1866.9.3–1931.6.9）

Prunel-Friend, Augustin
スペインのテノール歌手。
⇒魅惑（Prunel-Friend,Augustin　?–）

Prunières, Henry
フランスの音楽学者，音学評論家。特に17～18世紀のフランス歌劇の歴史に精しい。
⇒標音2（プリュニエール，アンリ　1886.5.24–1942.4.11）

Prunskiene, Kazimiera
リトアニアの政治家。リトアニア共和国首相。
⇒世指導（プルンスキネ，カジミラ　1943.2.26–）

Prus, Bolesław
ポーランドの小説家。本名Aleksander glowacki。
⇒岩世人（プルス　1847.8.20–1912.5.19）

Průsek, Jaroslav
チェコスロバキアの中国史・中国文学者。中国の古今の小説を多数翻訳し，チェコスロバキアに中国文化を紹介した。

⇒岩世人（プルーシェク　1906.9.14–1980.5.14）

Prusiner, Stanley Ben
アメリカの神経学者。1997年ノーベル生理学医学賞。
⇒岩生（プルシナー　1942–）
　外12（プルジナー，スタンリー　1942.5.28–）
　外16（プルジナー，スタンリー　1942.5.28–）
　ノベ3（プルジナー,S.B.　1942.5.28–）

Pruüfer, Ernst Pauli Heinz
ドイツの数学者。
⇒数辞（プリュファー，ハインツ　1896–1934）

Pryanishnikov, Dmitry Nikolaevich
ソ連の農芸化学者，植物生理学者。
⇒岩世人（プリャーニシニコフ　1865.10.25/11.6–1948.4.30）

Pryce, Daniel Merlin
ウェールズおよびイングランドの科学者。アレクサンダー・フレミング教授の研究助手。
⇒世発（プライス，ダニエル・マーリン　1902–1976）

Pryce, Jonathan
イギリス生まれの俳優。
⇒ク俳（プライス，ジョナサン　1947–）

Pryce-Jones, Pryce
ウェールズの事業家。
⇒世発（プライス＝ジョーンズ，プライス　1834–1920）

Pryde, James Ferrier
イギリスの画家，デザイナー。
⇒グラデ（Beggarstaff Brothers,The　ベガスタッフ兄弟　1866–1941）

Pryor, Arthur
アメリカのトロンボーン奏者，バンド・リーダー，作曲家。『口笛吹きと犬』は日本でもよく知られている。
⇒標音2（プライアー，アーサー　1870.9.22–1942.6.18）

Pryor, Mark
イギリスの作家。
⇒海文新（プライヤー，マーク　1967–）
　現世文（プライヤー，マーク　1967–）

Pryor, Richard
アメリカ生まれの俳優。
⇒ク俳（プライヤー，リチャード　1940–）
　スター（プライヤー，リチャード　1940.12.1–2005）

Prysock, Arthur
アメリカのジャズ歌手。
⇒ロック（Prysock,Arthur　プライソック，アーサー）

Prysock, Red
アメリカ・ノースカロライナ州グリーンズバラ生まれのテナー・サックス奏者。
⇒ロック（Prysock,Red　プライソック、レッド）

Przibram, Hans
オーストリアの動物学者。
⇒岩生（プシブラム　1874–1944）

Przyboś, Jolian
ポーランドの詩人。1964年全詩作活動に対し国家賞を贈られた。
⇒現世文（プシボシ、ユリアン　1901.3.5–1970.10.6）

Przybyszewski, Stanisław
ポーランドの小説家、劇作家。青年時代にベルリンで学び、帰国後クラカウで文学雑誌「生活」を編集し、新世代の文壇の中心人物となった。
⇒岩世人（プシビシェフスキ　1868.5.7–1927.11.23）

Przyluski, Jean
フランス（ポーランド系）の東洋学者。コレジュ・ド・フランス教授（1930）。
⇒岩世人（プシルスキー　1885–1944.10.27）

Przywara, Erich
ドイツの神学者、哲学者。宗教哲学、文化哲学の著書が多い。
⇒岩世人（プシュヴァーラ　1889.10.12–1972.9.28）
　新カト（プシュヴァラ　1889.10.12–1972.9.28）

Psichari, Ernest
フランスの小説家、軍人。『武器の呼び声』（1913）を発表。
⇒岩キ（プシカリ　1883–1914）
　岩世人（プシカリ　1883.9.27–1914.8.22）
　新カト（プシカリ　1883.9.27–1914.8.22）

Psichari, Jean
フランスの言語学者。ギリシア人の血をうけ、近代ギリシア語を文学語とすることに努力した。
⇒岩世人（プシハリス　1854.5.3–1929.9.30）

Psihoyos, Louie
アメリカのドキュメンタリー映画監督、写真家。
⇒外12（シホヨス、ルイ　1957–）
　外12（サホイヤス、ルイ）

PSY
韓国のラップ歌手。
⇒外16（PSY　サイ　1977.12.31–）

Ptushko, Aleksandr
ソ連の映画監督。
⇒アニメ（プトゥシコ、アレクサンドル　1900–1973）

Puai Ungphakon
タイの経済学者。
⇒岩世人（プワイ・ウンパーコーン　1917.3.9–1999.7.28）
　タイ（プワイ・ウンパーコーン　1916–1999）

Puccini, Giacomo Antonio Domenico Michele Secondo Maria
イタリアの作曲家。オペラ『マノン・レスコー』（1893）、『蝶々夫人』（1904）などを作曲。
⇒岩世人（プッチーニ　1858.12.22–1924.11.29）
　エデ（プッチーニ、ジャコモ　1858.12.22–1924.11.29）
　オペラ（プッチーニ、ジャコモ　1858–1924）
　学叢思（プッチニ、ジアコモ　1858–?）
　ク3（プッチーニ　1858–1924）
　広辞7（プッチーニ　1858–1924）
　新オペ（プッチーニ、ジャコモ　1858–1924）
　新音小（プッチーニ、ジャーコモ　1858–1924）
　新音中（プッチーニ、ジャーコモ　1858.12.22–1924.11.29）
　世史改（プッチーニ　1858–1924）
　世人新（プッチーニ　1858–1924）
　世人装（プッチーニ　1858–1924）
　ネーム（プッチーニ　1858–1924）
　標音2（プッチーニ、ジャーコモ　1858.12.23–1924.11.29）
　ポプ人（プッチーニ、ジャコーモ　1858–1924）

Puce
フランス生まれの画家。
⇒芸13（ピュース　1926–）

Puchleitner, Johannes
テノール歌手。
⇒魅惑（Puchleitner,Johannes　?–）

Puck, Theodore Thomas
アメリカの生物物理学者。細胞の増殖能を測定するのに有効な細胞培養法としてパック法を開発。
⇒岩世人（パック　1916.9.24–2005.11.6）

Puckett, Kirby
アメリカの大リーグ選手（外野）。
⇒メジャ（パケット、カービー　1960.3.14–2006.3.6）

Puddinu, Paolo
イタリアの歴史学者。
⇒外12（プッディーヌ、パオロ）
　外16（プッディーヌ、パオロ）

Pudovkin, Vsevolod Illarionovich
ソ連の映画監督。長篇劇映画『母』（1926）が有名。
⇒岩世人（プドーフキン　1893.2.16/28–1953.6.30）
　広辞7（プドフキン　1893–1953）

Puech, Henri-Charles
フランスの宗教学者。グノーシス主義研究の権威。エジプトのナグ・ハマディ出土（1945）のコプト語パピリのグノーシス文書の編者。
⇒岩世人（ピュエシュ　1902.7.20–1986.1.11）

Puente, Tito
ラテン・アメリカ音楽のバンド・リーダーで打楽器の第一人者。
⇒岩世人（プエンテ　1923.4.20–2000.6.1）
新音中（プエンテ, ティト　1923.4.20–2000.5.31）
標音2（プエンテ, ティト　1923.4.20–2000.5.31）

Puerta, Antonio
スペインのサッカー選手。
⇒最新ス（プエルタ, アントニオ　1984.11.26–2007.8.28）

Puértolas, Romain
フランスの作家。
⇒海文新（プエルトラス, ロマン　1975–）

Pugachova, Alla Borisovna
ロシアの歌手。
⇒岩世人（プガチョーヴァ　1949.4.15–）
外12（プガチョワ, アラ　1949.4.15–）
外16（プガチョワ, アラ　1949.4.15–）
広辞7（プガチョーヴァ　1949–）

Pugh, Clifton
オーストラリアの画家。
⇒芸13（ピュー, クリフトン　1924–）

Pugh, Ernest C.
アメリカ海軍の水兵。
⇒スパイ（ピュー, アーネスト・C）

Pugh, Gareth
イギリスの服飾デザイナー。
⇒外12（ピュー, ガレス　1981–）
外16（ピュー, ガレス　1981–）

Pugliese, Ella
イタリアの映画監督。
⇒外16（プリーセ, エラ）

Pugliese, Osvaldo
アルゼンチンのピアノ奏者, 指揮者, 作曲家。現代タンゴ界の最高峰といわれる。
⇒岩世人（プグリエーセ　1905.12.2–1995.7.25）
標音2（プグリエセ, オスバルド・ペドロ　1905.12.2–1995.7.24）

Puhl, Terry Stephen
アメリカの大リーグ選手（外野）。
⇒メジャ（プール, テリー　1956.7.8–）

Puic, Efrem
テノール歌手。
⇒魅惑（Puic,Efrem　?–）

Puig, Manuel
アルゼンチンの小説家。作品に『リタ・ヘイワースの背信』『ブエノスアイレス事件』などがある。
⇒現世文（プイグ, マヌエル　1932–1990.7.22）
広辞7（プイグ　1932–1990）

Puigdemont, Carles
スペインの政治家, ジャーナリスト。カタルーニャ自治州首相, ジローナ市長。
⇒世指導（プチデモン, カルレス　1962.12.29–）

Puig-Roget, Henriette
フランスのピアノ奏者, オルガン奏者。
⇒岩世人（ピュイグ＝ロジェ　1910.1.9–1992.11.24）
新音中（ピュイグ＝ロジェ, アンリエット　1910.1.9–1992.11.24）
標音2（ロジェ, アンリエット・ピュイグ＝　1910.1.9–1992.11.24）

Puissant, Louis-Maxime-Joseph
フランス・リアンクール生まれのパリ外国宣教会会員, 日本宣教師。
⇒新カト（ピュイサン　1874.5.16–1932.5.18）

Pujmanova, Mariia
チェコの小説家。
⇒現世文（プイマノヴァー, マリエ　1893.6.8–1958.5.19）

Pujol, Laetitia
フランスのバレリーナ。
⇒外12（ピュジョル, レティシア　1975.10.8–）
外16（ピュジョル, レティシア　1975.10.8–）

Pujol i Soley, Jordi
スペインの政治家。スペイン・カタルーニャ自治州首相。
⇒岩世人（プジョル　1930.6.9–）
外16（プジョル, ジョルディ　1930.6.9–）

Pujols, Albert
ドミニカ共和国の大リーグ選手（内野）。
⇒外12（プホルス, アルバート　1980.1.16–）
外16（プホルス, アルバート　1980.1.16–）
最新ス（プホルス, アルバート　1980.1.16–）
メジャ（プホルス, アルバート　1980.1.16–）

Pujol Vilarrubí, Emilio
スペインのギター奏者, 音楽学者。
⇒標音2（プホール・ビラルビ, エミリオ　1886.4.7–1980.11.16）

Pulfrich, Karl
ドイツの光学技術家。ツァイス会社の科学顧問となり（1890～）, 光学器械の研究, 製作に従事。
⇒岩世人（プルフリヒ　1858.9.24–1927.8.12）

Pulitzer, Joseph
ハンガリー生まれのアメリカの新聞経営者。『イブニング・ワールド』の創業者。
⇒アメ州（Pulitzer,Joseph　ピューリッツァー, ジョセフ　1847–1911）
アメ新（ピュリッツァー　1847–1911）
岩世人（ピュリッツァー　1847.4.10–1911.10.29）
世人新（ピューリッツァー　1847–1911）
世人装（ピューリッツァー　1847–1911）

ポプ人（ピュリッツァー, ジョゼフ　1847–1911）
ユ著人（Pulitzer,Joseph　ピュリッツァー, ジョセフ　1847–1911）

Pullin, Alex
オーストラリアのスノーボード選手。
⇒最世ス（プリン, アレックス　1987.9.20–）

Pullman, Bill
アメリカ生まれの俳優。
⇒ク俳（プルマン, ビル　1954–）

Pullman, Philip
イギリスの作家。
⇒岩世人（プルマン　1946.10.19–）
外12（プルマン, フィリップ　1946.10.19–）
外16（プルマン, フィリップ　1946.10.19–）
現世文（プルマン, フィリップ　1946.10.19–）

Pulvers, Roger
オーストラリアの劇作家, 演出家, 作家。
⇒外12（パルバース, ロジャー　1944.5–）
外16（パルバース, ロジャー　1944.5–）
現世文（パルバース, ロジャー　1944.5–）

Puma, Salvatore
イタリアのテノール歌手。
⇒失声（プーマ, サルヴァトーレ　1930–2007）
魅惑（Puma,Salvatore　1920–?）

Pumpelly, Raphael
アメリカの地質学者。徳川幕府の要請で来日（1862）。
⇒アア歴（Pumpelly,Raphael　パンペリー, ラファエル　1837.9.8–1923.8.10）
岩世人（パンペリー　1837.9.8–1923.8.10）
化学（パンペリー　1837–1923）
来日（パンペリー, ラファエル　1837–1923）

Pumpuang Duangjan
タイの歌手。「ルークトゥンの女王」と呼ばれる。
⇒タイ（プムプワン・ドゥワンチャン　1961–1992）

Puna, Henry
クック諸島の政治家。クック諸島首相。
⇒外16（プナ, ヘンリー　1949.7.29–）
世指導（プナ, ヘンリー　1949.7.29–）

Pung Chiev Kek
カンボジアの人権活動家。
⇒岩世人（プン・チーウ・ケーク　1942–）

Pungor Ernő
ハンガリーの化学者。
⇒岩世人（プンゴル　1923.10.30–2007.6.13）

Punnett, Reginald Crundall
イギリスの遺伝学者。ケンブリッジ大学遺伝学教授（1912～40）。ニワトリの遺伝を研究した。
⇒岩生（パネット　1875–1967）

岩世人（パネット　1875.6.20–1967.1.3）

Pupin, Michael Idvorsky
アメリカの物理学者。1898年2次X線を発見, 蛍光板やX線写真法を発明。
⇒アメ州（Pupin,Michael Idvorsky　ピュービン, マイケル・イドルスキー　1858–1935）
岩世人（プービン（ピュービン）　1858.10.4–1935.3.12）

Pupo, Leuris
キューバの射撃選手（ピストル）。
⇒外16（プポ, レウリス　1977.4.9–）
最世ス（プポ, レウリス　1977.4.9–）

Purcell, Edwards Mills
アメリカの物理学者。原子核の磁気モーメントなどを研究, 1952年ノーベル物理学賞受賞。
⇒岩世人（パーセル　1912.8.30–1997.3.7）
三新物（パーセル　1912–1997）
ノベ3（パーセル,E.M.　1912.8.30–1997.3.7）
物理（パーセル, エドワード・ミルズ　1912–1997）

Purcell, William Aloysius（Blondie）
アメリカの大リーグ選手（外野, 投手）。
⇒メジャ（パーセル, ブロンディー　1854.3.16–?）

Purchase, Zac
イギリスのボート選手。
⇒外12（パーチェイス, ザック　1986.5.2–）
外16（パーチェイス, ザック　1986.5.2–）
最世ス（パーチェイス, ザック　1986.5.2–）

Purdie, Bernard 'Pretty'
アメリカ・メリーランド州エルクトン生まれのドラム奏者。
⇒ロック（Purdie,Bernard 'Pretty'　パーディ, バーナド・"プリティ"　1939.6.11–）

Purdie, Thomas
スコットランドの有機化学者。
⇒化学（パーディ　1843–1916）

Purdy, James
アメリカの小説家。短篇集『闇の色』長篇『マルコムの遍歴』（1959）などの作品がある。
⇒岩世人（パーディ　1914.7.17–2009.3.13）
現世文（パーディ, ジェームズ　1914.7.17–2009.3.13）

Purify, James Lee
アメリカ・フロリダ州ペンサコーラ生まれの歌手。
⇒ロック（Purify,James and Bobby　ジェイムズ＆ボビー・ピューリファイ　1944.5.12–）

Purkey, Robert Thomas
アメリカの大リーグ選手（投手）。
⇒メジャ（パーキー, ボブ　1929.7.14–2008.3.16）

Purnell, Benjamin
アメリカの宗教家。
⇒アメ州（Purnell,Benjamin　パーネル, ベンジャミン　1861-1927）

Purryag, Rajkeswur
モーリシャスの政治家。モーリシャス大統領（2012〜15）。
⇒外16（ピュリャグ, ラジュケスウール　1947.12.12-）
　世指導（ピュリャグ, ラジュケスウール　1947.12.12-）

Purvanov, Georgi
ブルガリアの政治家, 歴史学者。ブルガリア大統領（2002〜12）, ブルガリア社会党議長。
⇒岩世人（パルヴァノフ　1957.6.28-）
　外12（パルバノフ, ゲオルギ　1957.6.28-）
　外16（パルバノフ, ゲオルギ　1957.6.28-）
　世指導（パルバノフ, ゲオルギ　1957.6.28-）
　ネーム（パルヴァノフ　1957-）

Purviance, Edna
アメリカの女優。
⇒ク俳（パーヴィアンス, エドナ　1894-1958）

Purvis, Christopher
イギリスのボランティア活動家。
⇒外16（パービス, クリストファー）

Purvis, Frank Prior
イギリスの造船工学者。
⇒岩世人（パーヴィス　1850.4.18-1940.2.20）

Purvis, Tom
イギリスのグラフィック・デザイナー, ポスター作家。
⇒グラデ（Purvis,Tom　パーヴィス, トム　1888-1959）

Puskas, Ferenc
ハンガリーのサッカー選手。
⇒岩世人（プシュカーシュ　1927.4.2-2006.11.17）
　ネーム（プシュカシュ　1927-2006）

Puspa, Titiek
インドネシア華人の歌手, ソングライター, タレント。
⇒岩世人（プスパ, ティティック　1937.11.1-）

Pustelak, Kazimierz
ポーランドのテノール歌手。
⇒魅惑（Pustelak,Kazimierz　1930-）

Pustovoitenko, Valerii P.
ウクライナの政治家。ウクライナ首相。
⇒世指導（プストボイチェンコ, ワレリー　1947.2.23-）

Putin, Vladimir Vladimirovich
ロシアの政治家, ロシア大統領（2000〜08,12〜）。
⇒岩世人（プーチン　1952.10.7-）
　外12（プーチン, ウラジーミル　1952.10.7-）
　外16（プーチン, ウラジーミル　1952.10.7-）
　広辞7（プーチン　1952-）
　国政（プーチン, ウラジーミル　1952-）
　スパイ（プーチン, ウラジーミル　1952-）
　政経改（プーチン　1952-）
　世史改（プーチン　1952-）
　世指導（プーチン, ウラジーミル　1952.10.7-）
　人新（プーチン　1952-）
　世人装（プーチン　1952-）
　ポプ人（プーチン, ウラジミール　1952-）
　もう山（プーチン　1952-）

Putman, Andrée
フランスのインテリアデザイナー。
⇒外12（プットマン, アンドレ）

Putnam, George Rockwell
アメリカのエンジニア。
⇒アア歴（Putnam,George Rockwell　パットナム, ジョージ・ロックウェル　1865.5.24-1953.7.2）

Putnam, Hilary
アメリカの哲学者, 論理学者。
⇒岩世人（パトナム　1926.7.31-）
　外16（パトナム, ヒラリー　1926.7.31-）
　広辞7（パトナム　1926-2016）
　メル別（パトナム, ヒラリー・ホワイトホール　1926-）

Putski, Ivan
ポーランドのプロレスラー。
⇒異二辞（プトスキー, イワン　1941-）

Putthathat
タイの仏僧。パーリ語名ブッダダーサ。ブッタタート＝ピック。
⇒岩世人（ブッタタート　1906.5.27-1993.7.8）
　オク仏（ブッダダーサ　1906-1993）
　広辞7（ブッタタート　1906-1993）
　タイ（ブッタタート・ピック　1906-1993）

Puttnam, David
イギリス・ロンドン生まれの映画製作者。
⇒外12（パットナム, デービッド　1941.2.25-）
　外16（パットナム, デービッド　1941.2.25-）

Putu Wijaya
インドネシアの作家, 劇作家。
⇒岩世人（ウィジャヤ, プトゥ　1944.4.11-）
　現世文（プトゥ・ウィジャヤ　1944.4.11-）

Putz, Joseph Jason
アメリカの大リーグ選手（投手）。
⇒メジャ（プッツ, J・J　1977.2.22-）

Puygrenier, Sebastien
フランスのサッカー選手（モナコ・DF）。
⇒外12（ピュイグルニエ, セバスチャン　1982.1.28-）

Puyol
スペインのサッカー選手。
⇒外12（プジョル, カルレス　1978.4.13-）
　外16（プジョル, カルレス　1978.4.13-）
　最世ス（プジョル, カルレス　1978.4.13-）
　ネーム（プジョル　1978-）

Puzo, Mario
アメリカの小説家, 映画脚本家。
⇒現世文（プーゾ, マリオ　1920.10.15-1999.7.2）

Py, Gilbert
フランスのテノール歌手。
⇒失声（ピー, ジルベール　1933-）
　魅惑（Py, Gilbert　1933-）

Py, Olivier
フランスの劇作家, 演出家, 俳優, 映画監督。
⇒外12（ピィ, オリヴィエ　1965-）
　外16（ピィ, オリヴィエ　1965-）

Pyatakov, Georgii Leonidovich
ソ連の政治家。1923〜29年, ボリシェヴィキ党最高経済会議副議長。
⇒岩世人（ピャタコーフ　1890.8.6/18-1937.1.31）
　學叢思（ピャタコフ　1890-）

Pyatetski-Shapiro, Ilya Iosifovich
ソ連の数学者。
⇒岩世人（ピャテツキー＝シャピロ　1929.3.30-2009.2.21）

Pyatt, David
イギリスのホルン奏者。
⇒外12（パイアット, デービッド　1974-）
　外16（パイアット, デービッド　1974-）

Pye, Lucian
アメリカの中国研究者。
⇒岩世人（パイ　1921.10.21-2008.9.5）

Pye, Watts Orson
アメリカの宣教師。
⇒アア歴（Pye,Watts O (rson)　パイ, ワッツ・オルスン　1878.10.20-1926.1.9）

Pye, William
イギリス・ロンドン生まれの彫刻家。
⇒芸13（パイ, ウイリアム　1938-）

Pykhachov, Artem
ロシアのバレエダンサー。
⇒外12（プパチョフ, アルチョム）
　外16（プパチョフ, アルチョム）

Pyle, Ernie（Ernest Taylor）
アメリカのジャーナリスト。第2次世界大戦中特派員として活躍, 1944年ピュリッツァー賞。
⇒アメ州（Pyle,Ernie　パイル, アーニー　1900-1945）
　アメ新（パイル　1900-1945）
　岩世人（パイル　1900.8.3-1945.4.18）

Pyle, Howard
アメリカの画家, 著述家。イラストレーションや挿絵を描いた。
⇒アメ州（Pyle,Howard　パイル, ハワード　1853-1911）
　グラデ（Pyle,Howard　パイル, ハワード　1853-1911）
　現世文（パイル, ハワード　1853-1911）

Pyle, Kenneth B.
アメリカの日本研究者。
⇒外12（パイル, ケネス）

Pyleva, Olga
ロシアのバイアスロン選手。
⇒外12（プイレワ, オルガ　1975.7.7-）

Pym, Barbara（Mary Crampton）
イギリスの小説家。
⇒現世文（ピム, バーバラ　1913.6.2-1980.1.11）

Pym, Francis
イギリスの政治家。イギリス外相。
⇒岩世人（ピム　1922.2.13-2008.3.7）

Pynchon, Thomas
アメリカの幻想作家。処女作"V"（1963）。
⇒アメ新（ピンチョン　1937-）
　岩世人（ピンチョン　1937.5.8-）
　外12（ピンチョン, トーマス　1937.5.8-）
　外16（ピンチョン, トーマス　1937.5.8-）
　現世文（ピンチョン, トーマス　1937.5.8-）
　広辞7（ピンチョン　1937-）
　新カト（ピンチョン　1937.5.8-）
　ネーム（ピンチョン　1937-）

Pyne, Joe
アメリカ・ロサンゼルスの地方局テレビのパーソナリティ。
⇒マルX（PYNE,JOE　パイン, ジョー　1924-1970）

Pyper, Andrew
カナダの作家。
⇒外12（パイパー, アンドルー　1968-）
　外16（パイパー, アンドルー　1968-）
　海文新（パイパー, アンドリュー　1968-）
　現世文（パイパー, アンドルー　1968-）

Pyriev, Ivan
ロシア生まれの映画監督, 映画脚本家。
⇒岩世人（プイリエフ　1901.11.4/17-1968.2.7）

Pyun Hye-young
韓国の作家。
⇒現世文（ピョン・ヘヨン　片恵英　1972-）

【 Q 】

Qaboos bin Said
オマーンの政治家。オマーン国王, 首相, 国防相, 外相, 財務相。
⇒岩I (カーブース・イブン・サイード 1940–)
岩世人 (カーブース・イブン・サイード 1940–)
外12 (カブース・ビン・サイド 1940.11.18–)
外16 (カブース・ビン・サイド 1940.11.18–)
世指導 (カブース・ビン・サイド 1940.11.18–)

Qaddafi, Saif al-Islam al-
リビアの政治家。
⇒外12 (カダフィ, セイフ・イスラム 1972.6.25–)
外16 (カダフィ, セイフ・イスラム 1972.6.25–)
世指導 (カダフィ, セイフ・イスラム 1972.6.25–)

Qaddūmī, Fārūq
パレスチナ抵抗運動の指導者の一人。
⇒岩I (カッドゥーミー 1930–)
岩世人 (カッドゥーミー, ファールーク 1931–)

al-Qadhdhāfī, Mu'ammar
リビアの最高指導者。
⇒異二辞 (カダフィ[ムアンマル・アル=～] 1942–2011)
岩I (カダフィ 1942–)
岩世人 (カッザーフィー(カダフィー), ムアンマル 1942.6.7–2011.10.20)
広辞7 (カダフィ 1942–2011)
国政 (カダフィ 1941–)
政経改 (カダフィ 1942–)
世指導 (カダフィ, ムアマル・アル 1942.9–2011.10.20)
世人新 (カダフィー 1942–2011)
世人装 (カダフィー 1942–2011)
ポブ人 (カダフィ, ムアマル 1942–2011)

Qadir, Abdul
アフガニスタンの政治家。アフガニスタン副大統領・公共事業相。
⇒世指導 (カディル, アブドル 1954–2002.7.6)

Al-Qahtani, Yasser
サウジアラビアのサッカー選手。
⇒異二辞 (アル・カフタニ[ヤセル・～] 1982–)

Qandil, Hisham Muhammad
エジプトの政治家。エジプト首相。
⇒外16 (カンディール, ヒシャム・ムハンマド 1962.9.17–)
世指導 (カンディール, ヒシャム・ムハンマド 1962.9.17–)

Qangdadorji
モンゴルの政治家。
⇒岩世人 (ハンドドルジ 1869–1915)

al-Qaraḍāwī, Yūsuf
エジプト出身のイスラム法学者, 思想家。
⇒岩I (カラダーウィー 1926–)
岩世人 (カラダーウィー, ユースフ 1926.9.9–)

Qarase, Laisenia
フィジーの政治家。フィジー首相・国民和解相, 統一フィジー党党首。
⇒外12 (ガラセ, ライセニア 1941.2.4–)
外16 (ガラセ, ライセニア 1941.2.4–)
世指導 (ガラセ, ライセニア 1941.2.4–)

Qāsim 'Amīn
エジプトの思想家, 作家。『婦人解放論』『新婦人』などを著した女性解放論者。
⇒岩I (カースィム・アミーン 1863–1908)
岩世人 (カースィム・アミーン 1863.12.1–1908.4.22)

al-Qāsimī, Jamāl al-Dīn
ダマスカスのイスラム改革思想家。
⇒岩I (カースィミー 1866–1914)
岩世人 (カースィミー 1866–1914)

Qāsmī, Ahmad Nadīm
パキスタンのウルドゥー作家, 詩人。1942年, 雑誌「女性文化」の編集者となる。短編小説と詩に独自の作風を示す。パキスタン進歩主義作家協会幹事。
⇒現世文 (カースミー, アフマド・ナディーム 1916.11.20–2006.7.10)

al-Qassām, 'Izz al-Dīn
パレスチナのイスラム運動指導者。
⇒岩I (カッサーム 1881–1935)
岩世人 (カッサーム, イッズッディーン 1881–1935)

Qavām, Ahmad
イランの政治家。
⇒岩世人 (カヴァーム, アフマド 1876.1.2–1955.7.23)

Qavām al-Salṭane
イランの政治家。
⇒岩I (カヴァーモッサルタネ 1873–1955)

Qayisan
内モンゴル出身のモンゴル独立運動活動家。
⇒岩世人 (ハイサン 1857(咸豊7)–1917)

Qāzī Muḥammad
イラン領クルディスターンの民族指導者。
⇒岩世人 (カーズィー・ムハンマド 1893–1947.3.30)

Q

Qazvīnī, 'Āref
近代イランの詩人。
⇒岩世人（カズヴィーニー、アーレフ　1882–1934）

Qiu, Xiaolong
アメリカのミステリ作家。
⇒現世文（ジョー・シャーロン　裘小龍）

Qodiriy, Abdulla
ウズベク人作家。
⇒岩イ（カーディリー　1894–1938）

Qommī, Āyat Allāh Moḥammad Feyẓ ebn'Alī Akbar
イラン・コム生まれの法学者。十二イマーム派のマルジャア・アッ＝タクリード。
⇒岩イ（コンミー　1876/1877–1950）

Qonaev, Dínmŭkhamed
ソ連期カザフスタンの代表的政治家。
⇒岩世人（コナエフ　1911.12.30/1912.1.12–1993.8.22）

Qri
韓国の歌手。
⇒外12（キュリ　1986.12.12–）

Quaaden, Harald
オランダのテノール歌手。
⇒魅惑（Quaaden, Harald　?–）

Quadros, Bruno
ブラジルのサッカー選手（DF）。
⇒外12（クアドロス、ブルーノ　1977.2.3–）

Quaid, Dennis
アメリカ生まれの俳優。
⇒外12（クエイド、デニス　1954.4.9–）
　外16（クエイド、デニス　1954.4.9–）
　ク俳（クエイド、デニス　1954–）

Quaison-Sackey, Alexander
ガーナの政治家。
⇒マルX（QUAISON-SACKEY, ALEXANDER　ケゾン＝サッキー、アレグザンダー　1924–1992）

Qualls, Chad Michael
アメリカの大リーグ選手（投手）。
⇒メジャ（クォールズ、チャド　1978.8.17–）

Quan, Tracy
アメリカの作家。
⇒海文新（クワン、トレイシー）

Quant, Mary
イギリスのデザイナー、実業家。
⇒岩世人（クワント　1934.2.11–）

Quante, Michael
ドイツの哲学者、応用倫理学者。
⇒岩世人（クヴァンテ　1962.8.2–）

Quantrill, Paul John
アメリカの大リーグ選手（投手）。
⇒メジャ（クワントリル、ポール　1968.11.3–）

Quarantotti, Gambini Pier Antonio
イタリアの小説家。
⇒現世文（クァラントッティ・ガンビーニ、ピエール・アントーニオ　1910.2.23–1965.4.22）

Quaresma, Ricardo
ポルトガルのサッカー選手（FW）。
⇒外12（クアレスマ、リカルド　1983.9.26–）
　外16（クアレスマ、リカルド　1983.9.26–）
　最新ス（クアレスマ、リカルド　1983.9.26–）

Quasimodo, Salvatore
イタリアの詩人。1959年度ノーベル文学賞を受賞。主著『そしてすぐに日は暮れる』(42)、『来る日も来る日も』(47)。
⇒岩世人（クァジーモド　1901.8.20–1968.6.14）
　現世文（クァジーモド、サルヴァトーレ　1901.8.20–1968.6.14）
　広辞7（クワジーモド　1901–1968）
　ノベ3（クアジーモド, S.　1901.8.20–1968.6.14）

Quasten, Johannes
ドイツの教父学者、カトリック司祭。
⇒新カト（クヴァステン　1900.5.3–1987.3.10）

Quasthoff, Thomas
ドイツのバリトン歌手。
⇒外12（クアストホフ、トーマス　1959–）

Quatro, Suzi
アメリカのロック・ミュージシャン。
⇒ロック（Quatro, Suzi　クァトロ、スージー　1950.6.3–）

Quay, Stephen
アメリカ生まれの映画監督、アニメーション作家。
⇒アニメ（ブラザーズ・クエイ　1947–）
　映監（クエイ兄弟　1947.6.17–）
　外12（クエイ、スティーブ　1947–）

Quay, Timothy
アメリカ生まれの映画監督、アニメーション作家。
⇒アニメ（ブラザーズ・クエイ　1947–）
　映監（クエイ兄弟　1947.6.17–）
　外12（クエイ、ティム　1947–）

Quaye, Finley
イギリスのロック・ミュージシャン。
⇒外12（クエイ、フィンリー　1974.3.25–）

Quayle, *Sir* Anthony
イギリスの俳優、演出家。
⇒ク俳（クエイル、サー・アンソニー（クエイル、ジョン・A）　1913–1989）

Quayle, Dan
アメリカの政治家。アメリカ副大統領。
⇒世指導（クエール, ダン　1947.2.4–）

Queffélec, Anne
フランスのピアノ奏者。
⇒外12（ケフェレック, アンヌ　1948.1.17–）
　外16（ケフェレック, アンヌ　1948.1.17–）
　標音2（ケフェレック, アンヌ　1948.1.17–）

Queffélec, Henri
フランスの小説家。
⇒新カト（ケフェレック　1910.1.29–1992.1.12）

Queipo de Llano, Gonzalo
スペインの軍人。アンダルシア軍事総督。
⇒岩世人（ケイポ・デ・リャノ　1875.2.5–1951.3.9）

Queiroz, Carlos
ポルトガルのサッカー監督。
⇒外12（ケイロス, カルロス　1953.3.1–）
　外16（ケイロス, カルロス　1953.3.1–）
　最世ス（ケイロス, カルロス　1953.3.1–）

Queiroz, Dinah Silveira de
ブラジルの女性作家。
⇒現世文（ケイロース, ディナー　1910.11.9–1982.11.28）

Queiroz, Rachel de
ブラジルの女性作家。
⇒現世文（ケイロース, ラケル・デ　1910.11.19–2003.11.4）

Quelch, Henry
イギリスの社会主義者。
⇒学叢思（クィルチ, ヘンリー　1858–?）

Queneau, Raymond
フランスの小説家, 詩人。「ヌーボー・ロマン」など第二次大戦後の新しい文学にとって先導的役割を果たした。小説『きびしい冬』(1939), 詩集に『樫の木と犬』(37),『若い娘に』(52) など。
⇒岩世人（クノー　1903.2.21–1976.10.25）
　現世文（クノー, レーモン　1903.2.21–1976.10.25）
　広辞7（クノー　1903–1976）
　フ文小（クノー, レーモン　1903–1976）

Quennell, Peter
イギリスの詩人, 批評家。『詩集』(1926) がある。
⇒岩世人（クェネル　1905.3.9–1993.10.27）

Quenneville, Joel
カナダのアイスホッケー監督（ブラックホークス）。
⇒最世ス（クインビル, ジョエル　1958.9.15–）

Quentin, Carlos
アメリカの大リーグ選手（外野）。
⇒外12（クエンティン, カルロス　1982.8.28–）
　外16（クエンティン, カルロス　1982.8.28–）
　最世ス（クエンティン, カルロス　1982.8.28–）
　メジャ（クエンティン, カルロス　1982.8.28–）

Quercize, Stanislas de
フランスの実業家。
⇒外12（ケルシズ, スタニスラス・ド　1957–）
　外16（ケルシズ, スタニスラス・ド　1957–）
　外16（ド・ケルシズ, スタニスラス　1957–）

Querido, Emanuel
オランダの出版人。
⇒ユ著人（Querido,Emanuel　クヴェーリード, エマヌエル　1871–1943）

Quernec, Alain le
フランスのデザイナー, 教育者。
⇒グラデ（Quernec,Alain le　クェルネ, アラン・ル　1944–）

Queuille, Henri
フランスの政治家。フランス首相（1848,50,51）。
⇒岩世人（クイユ　1884.3.31–1970.6.15）

Quevedo, Nuria
スペイン生まれの画家。
⇒芸13（クヴェヴェード, ヌリア　1938–）

Queyras, Jean-Guihen
フランスのチェロ奏者。
⇒外12（ケラス, ジャン・ギアン　1967–）
　外16（ケラス, ジャン・ギアン　1967–）

Quezon y Molina, Manuel Luis
フィリピンの独立運動指導者。フィリピン連邦初代大統領（1935～44）。
⇒ア太戦（ケソン　1878–1944）
　岩世人（ケソン　1878.8.19–1944.8.1）

Quick, Herbert
アメリカの法律家, 政治家, 作家。
⇒アメ州（Quick,Herbert　クィック, ハーバート　1861–1925）

Quick, Jonathan
アメリカのアイスホッケー選手（キングス・GK）。
⇒最世ス（クイック, ジョナサン　1986.1.21–）

Quick, Matthew
アメリカの作家。
⇒外16（クイック, マシュー）
　海文新（クイック, マシュー）
　現世文（クイック, マシュー）

Quick, Oliver Chase
イギリス国教会の聖職者, 組織神学者。
⇒新カト（クイック　1885.6.21–1944.1.21）

Quidde, Ludwig
ドイツの歴史家,平和主義者。ノーベル平和賞受賞(1927)。
⇒岩世人（クヴィッデ　1858.3.23-1941.3.5）
広辞7（クヴィッデ　1858-1941）
ノベ3（クヴィデ,L.　1858.3.23-1941.3.5）

Quiesse, Claude
フランス生まれの画家。
⇒芸13（クイース,クロード　1938-）

Quignard, Pascal
フランスの小説家,詩人,批評家。
⇒岩世人（キニャール　1948.4.23-）
外12（キニャール,パスカル　1948.4.23-）
外16（キニャール,パスカル　1948.4.23-）
現世文（キニャール,パスカル　1948.4.23-）
フ文小（キニャール,パスカル　1948-）

Quiles, Ismael
スペインの聖職者,哲学者。
⇒岩世人（キレス　1906.7.4-1993.2.8）

Quilès, Paul
フランスの政治家。フランス内相。
⇒世指導（キレス,ポール　1942.1.27-）

Quillen, Daniel G.
アメリカの数学者。
⇒数辞（クィレン,ダニエル・グレイ　1940-）
世数（キレン,ダニエル・グレイ　1940-2011）

Quiller-Couch, Sir Arthur Thomas
イギリスの学者,作家。ペンネーム"Q"。
⇒岩世人（クィラー＝クーチ　1863.11.21-1944.5.12）

Quilter, Roger
イギリスの音楽家。
⇒岩世人（クィルター　1877.11.1-1953.9.21）
ク音3（クィルター　1877-1953）
標音2（クイルター,ロジャー　1877.11.1-1953.9.21）

Quincke, Georg Hermann
ドイツの物理学者。表面張力,光の反射,偏光の研究を行なった。
⇒岩世人（クヴィンケ(慣クインケ）　1834.11.19-1924.1.13）

Quindlen, Anna
アメリカのコラムニスト。
⇒現世文（クィンドレン,アンナ　1953-）

Quine, Willard van Orman
アメリカの論理学者,哲学者。
⇒岩世人（クワイン　1908.6.25-2000.12.25）
広辞7（クワイン　1908-2000）
新カト（クワイン　1908.6.25-2000.12.25）
世数（クワイン,ウィラード・ヴァン・オーマン　1908-2000）
哲中（クワイン　1908-2000）
メル別（クワイン,ウィラード・ファン・オーマン　1908-2000）

Quinlan, Kathleen
アメリカ生まれの女優。
⇒ク俳（クィンラン,キャスリーン　1954-）

Quinn, Aidan
アメリカ生まれの俳優。
⇒外16（クイン,エイダン　1959.3.8-）
ク俳（クイン,エイダン　1959-）

Quinn, Anthony
メキシコ生まれの俳優。
⇒ク俳（クイン,アンソニー　1915-2001）
スター（クイン,アンソニー　1915.4.21-2001）

Quinn, Edel Mary
アイルランド出身の信徒宣教者。
⇒新カト（クィン　1907.9.14-1944.5.12）

Quinn, Helen
オーストラリア生まれの素粒子物理学者。
⇒物（クイン,ヘレン　1943-）

Quinn, James Alfred
アメリカの社会学者。
⇒社小増（クイン　1895-）

Quinn, James E.
アメリカの実業家。
⇒外12（クイン,ジェームズ・E.　1952-）
外16（クイン,ジェームズ・E.　1952-）

Quinn, John Picus
アメリカの大リーグ選手(投手)。
⇒メジャ（クイン,ジャック　1883.7.1-1946.4.17）

Quinn, Joseph J.
オーストラリア出身初の大リーグ選手(二塁,一塁),監督。
⇒メジャ（クィン,ジョー　1864.12.25-1940.11.12）

Quinn, Julia
アメリカのロマンス作家。
⇒外12（クイン,ジュリア）

Quinn, Marc
イギリス生まれの彫刻家。
⇒現アテ（Quinn,Marc　クイン,マーク　1964-）

Quinnell, A.J.
イギリスの冒険作家。
⇒現世文（クィネル,A.J.　1940-2005.7.10）

Quinones, C.Kenneth
アメリカの外交官。
⇒岩韓（キノネス　1943-）

Quinquela Martín, Benito
アルゼンチンの画家。
⇒ラテ新（キンケーラ・マルティン　1890–1977）

Quint, Michel
フランスの作家。
⇒外12（カン, ミシェル　1949–）
　外16（カン, ミシェル　1949–）
　現世文（カン, ミシェル　1949–）

Quintavalle, Giulia
イタリアの柔道選手。
⇒外12（クインタヴァレ, ジュリア　1983.3.6–）
　外16（クインタヴァレ, ジュリア　1983.3.6–）
　最世ス（クインタヴァレ, ジュリア　1983.3.6–）

Quinton, Anthony
イギリスの哲学者, 政治学者。
⇒メル3（クイントン, アンソニー　1925–2010）

Quirino
ブラジルのサッカー選手（大邱FC・FW）。
⇒外12（キリノ　1985.1.4–）

Quirino, Elpidio
フィリピンの政治家。1948年大統領就任, 自由党党首。
⇒ア太戦（キリーノ　1890–1956）
　岩世人（キリーノ　1890.11.16–1956.2.29）
　広辞7（キリノ　1890–1956）

Quirk, Randolph
イギリスの言語学者。
⇒岩世人（クワーク　1920.7.12–）
　オク言（クワーク, チャールズ・ランドルフ　1920–）

Quiroga, Horacio
ウルグアイの小説家。代表作『愛の狂気と死の短篇集』(1917),『野性の男』(20),『追放された人々』(26)。
⇒現世文（キローガ, オラシオ　1878.12.31–1937.2.19）
　ラテ新（キロガ　1878–1937）

Quiroga, Rosita
アルゼンチンの女性タンゴ歌手。1920年代にガルデルと並ぶタンゴ歌手として名を高めた。
⇒標音2（キロガ, ロシータ　1901.1.15–1984.10）

Quiroga de la Válgoma, Elena
スペインの女性作家。
⇒新カト（キロガ　1921.10.26–1995.10.3）

Quiroga Ramírez, Jorge Fernando
ボリビアの政治家。ボリビア大統領（2001～02）。
⇒世指導（キロガ, ホルヘ・フェルナンド　1960.5.5–）

Quisenberry, Daniel Raymond
アメリカの大リーグ選手（投手）。
⇒メジャ（クィゼンベリー, ダン　1953.2.7–1998.9.30）

Quisling, Vidkun Abraham Lauritz Jonssøn
ノルウェーの政治家。国家統一党を創設。1940年ドイツの侵入にあたり協力内閣を組織。
⇒岩世人（クヴィスリング　1887.7.18–1945.10.24）

Quist, Rasmus
デンマークのボート選手。
⇒外16（クイスト, ラスムス　1980.4.5–）
　最世ス（クイスト, ラスムス　1980.4.5–）

Quiwonkpa, Thomas Gunkama
リベリアの軍人。
⇒岩世人（クィウォンパ　1955.7.25–1985.11.15）

Quray, Ahmed
パレスチナの政治家。パレスチナ首相。
⇒外12（クレイ, アフマド　1937–）
　世指導（クレイ, アフマド　1937–）

Quṭb, Sayyid
エジプトのイスラム復興運動の代表的思想家。
⇒イス世（サイイド・クトゥブ　1906–1966）
　岩イ（クトゥブ, サイイド　1906–1966）
　岩世人（クトゥブ, サイイド　1906.10.9–1966.8.29）
　広辞7（サイイド・クトゥブ　1906–1966）

al-Quwwatlī, Shukrī
シリアの政治家。1943年初の総選挙で初代大統領に就任（1946～49, 55～58）。
⇒岩イ（クーワトリー　1891–1967）
　岩世人（クーワトリー, シュクリー　1891–1967.6.30）

Qvale, Ulrik
スウェーデンのテノール歌手。
⇒魅惑（Qvale, Ulrik　?–）

【 R 】

Raab, Julius
オーストリアの政治家, オーストリアの首相。
⇒岩世人（ラープ　1891.11.29–1964.1.8）

Raab, Thomas
オーストリアの作家, 作曲家, ミュージシャン。
⇒現世文（ラープ, トーマス　1970–）

Raabe, Wilhelm
ドイツの小説家。現実に根ざした理想主義を志

向。長篇『森から来た人々』(1863)などを発表。
⇒岩世人（ラーベ　1831.9.8-1910.11.15）
　広辞7（ラーベ　1831-1910）

Rabagny, Henri
フランスの政治家。
⇒19仏（ラバニ, アンリ　1851-?）

Raban, Jonathan
イギリスの紀行作家。
⇒岩世人（レイバン（ラバン）　1942.6.14-）

Rabanne, Paco
フランスの服飾デザイナー。
⇒岩世人（ラバンヌ　1934.2.18-）
　広辞7（ラバンヌ　1934-）

Rabascall, Joan
スペイン生まれの現代美術家。
⇒芸13（ラバスコール, ホワン　1935-）

Rabaud, Henri Benjamin
フランスの指揮者, 作曲家。1894年カンタータ「ダフネ」でローマ大賞を受賞。
⇒ク音3（ラボー　1873-1949）
　新音中（ラボー, アンリ　1873.11.10-1949.9.11）
　標音2（ラボ, アンリ　1873.11.10-1949.9.11）

Rabb, M.E.
アメリカの作家。
⇒海文新（ラブ, M.E.）

Rabbani, Ali Naghi
イラン教育省の役人。30年以上にわたってソ連のためにスパイ行為を続けた。
⇒スパイ（ラッバニ, アリ・ナギ　1920-?）

Rabbani, Burhanuddin
アフガニスタンの政治家, 神学者。アフガニスタン大統領。
⇒イス世（ラッバーニー）
　岩イ（ラッバーニー　1940-）
　岩世人（ラッバーニー, ブルハヌッディーン　1940-2011.9.20）
　世指導（ラバニ, ブルハヌディン　1940-2011.9.20）

Rabbani, Muhammad
アフガニスタンのイスラム原理主義活動家。アフガニスタン暫定統治評議会議長。
⇒世指導（ラバニ, ムハマド　?-2001.4.16）

Rabbe, Max
ドイツの歌手。
⇒外12（ラーベ, マックス　1964-）
　外16（ラーベ, マックス　1964-）

Rabe, David
アメリカの劇作家。
⇒現世文（レーブ, デービッド）

Rabe, John H.D.
ドイツの商社員, 南京大虐殺の証人。
⇒岩世人（ラーベ　1882.11.23-1950.1.5）

Rabeàrivelo, Jean-Joseph
マルガシュ（旧マダガスカル）の詩人。主著『シルブ』(1927),『夢のような』(60)。
⇒現世文（ラベアリヴェロ, ジャン・ジョセフ　1901-1937.6.23）

Rabel, Ernst
ドイツの法学者。ローマ法・比較法・国際私法学において業績を残した。
⇒岩世人（ラーベル　1874.1.28-1955.9.7）

Rabémananjara, Jacques
マダガスカルの詩人, 政治家。マダガスカル外相。
⇒現世文（ラブマナンジャラ, ジャック　1913.6.23-2005.4.1）

Rabi, Isidor Isaac
オーストリア生まれのアメリカの物理学者。原子核の磁気モーメントをはかることに成功。1944年ノーベル物理学賞受賞。
⇒岩世人（ラービ　1898.7.29-1988.1.11）
　三新物（ラービ　1898-1988）
　ノベ3（ラービ, I.I.　1898.7.29-1988.1.11）
　ユ著人（Rabi,Isidor Isaac　ラビ, イシドア・アイザック　1898-1988）

Rabier, Benjamin
フランスの絵本作家。
⇒絵本（ラビエ, バンジャマン　1864-1939）

Rabin, Trevor
南アフリカ生まれのロック・ギター奏者, 作曲家。
⇒外12（ラビン, トレバー　1954.1.13-）
　外16（ラビン, トレバー　1954.1.13-）

Rabin, Yitzhak
イスラエルの政治家, 軍人。イスラエル首相・国防相, イスラエル労働党党首。
⇒岩世人（ラビン　1922.3.1-1995.11.4）
　広辞7（ラビン　1922-1995）
　国政（ラビン, イツハク　1922-1995）
　世人改（ラビン　1922-1995）
　世指導（ラビン, イツハク　1922.3.1-1995.11.4）
　世人新（ラビン　1922-1995）
　世人装（ラビン　1922-1995）
　ネーム（ラビン, イツハク　1922-1995）
　ノベ3（ラビン, Y.　1922.3.1-1995.11.4）
　ポプ人（ラビン, イツハーク　1922-1995）
　ユ著人（Rabin,Yitzhak　ラビン, イツハク　1922-1995）

Rabinowitsch Kempner, Lydia
ドイツの女流細菌学者。婦人として初めてドイツで教授の称号を得た(1912)。
⇒岩世人（ラビノーヴィチ・ケンプナー　1871.8.

22-1935.8.3)
ユ著人 (Rabinowitsch-Kempner,Lydia　ラビノーヴィチュ=ケムプナー, リューディア 1871-1935)

Rabkin, Yakov M.
カナダの歴史学者。モントリオール大学教授。
⇒外16 (ラブキン, ヤコブ　1945-)

Rabl-stadler, Helga
オーストリアの政治家, 実業家。
⇒外16 (ラーブル・シュタットラー, ヘルガ)

Raborn, William F., Jr.
アメリカの中央情報長官 (DCI)。在職1965〜66。
⇒スパイ (レイボーン, ウィリアム・F, ジュニア 1905-1990)

Rabuka, Sitiveni Ligamamada
フィジーの軍人, 政治家。フィジー首相。
⇒世指導 (ランブカ, シティベニ　1948.9.13-)

Rabuzin, Ivan
ユーゴスラビアの画家。
⇒芸13 (ラブジン, イワン　1921-)

Racah, Giulio
イスラエルの物理学者。回転対称性の量子力学的記述にラカー代数とよばれる手法を導入し, 原子・分子や原子核の角運動量に関わる諸性質の解明に寄与した。
⇒岩世人 (ラカー　1909.2.9-1965.8.28)

Račan, Ivica
クロアチアの政治家。クロアチア首相。
⇒岩世人 (ラチャン　1944.2.24-2007.4.29)
　世指導 (ラチャン, イビツァ　1944.2.24-2007.4.29)

Race, Harley Leland
アメリカのプロレスラー。
⇒異二辞 (レイス, ハーリー　1943-)

Rachedi, Mabrouck
フランスの作家。
⇒海文新 (ラシュディ, マブルーク　1976-)

Rachel ha'mishoreret
イスラエルの詩人。
⇒岩世人 (ラヘル (詩人)　1890.9.20/10.2-1931.4.16)

Rachilde
フランスの女性小説家。『ビーナス氏』(1889) ほか, 多数の小説がある。
⇒岩世人 (ラシルド　1860.2.11-1953.4.4)

Rachlin, Julian
リトアニア, のちオーストリアのヴァイオリン奏者。
⇒外12 (ラクリン, ジュリアン　1974.12.8-)

⇒外16 (ラクリン, ジュリアン　1974.12.8-)

Rachman, Tom
イギリス生まれのジャーナリスト, 作家。
⇒海文新 (ラックマン, トム　1974-)

Rachov, Evgenij Mikhajlovich
ロシアのイラストレーター。
⇒絵本 (ラチョフ, エヴゲーニー　1906-1997)

Racker, Efraim
アメリカの生化学者。
⇒科史 (ラッカー　1913-1991)

Rackham, Arthur
イギリスの挿絵画家。『不思議の国のアリス』(1907) などの挿絵本を出版して世界的に知られている。
⇒絵本 (ラッカム, アーサー　1867-1939)

Rad, Gerhard von
ドイツの旧約学者。ハイデルベルク大学教授 (1950)。
⇒岩世人 (ラート　1901.10.21-1971.10.31)
　オク教 (ラート　1901-1971)
　新カト (ラート　1901.10.21-1971.10.31)

Radaelli, Giuseppe
イタリアのテノール歌手。
⇒魅惑 (Radaelli,Giuseppe　1885-1939)

Radatz, Richard Raymond
アメリカの大リーグ選手 (投手)。
⇒メジャ (ラダッツ, ディック　1937.4.2-2005.3.16)

Radau, Jean Charles Rodolphe
フランスの天文学者, 数学者。
⇒世数 (ラドー, ジャン・シャルル・ロドルフ 1835-1911)

Radbruch, Gustav
ドイツの法学者。主著『法哲学綱要』(1914, 1950)。
⇒岩世人 (ラートブルフ　1878.11.21-1949.11.23)
　広辞7 (ラートブルッフ　1878-1949)
　ネーム (ラートブルフ　1878-1949)

Radcliff, Raymond Allen (Rip)
アメリカの大リーグ選手 (外野)。
⇒メジャ (ラドクリフ, リップ　1906.1.19-1962.5.23)

Radcliffe, Daniel
イギリスの俳優。
⇒外12 (ラドクリフ, ダニエル　1989.7.23-)
⇒外16 (ラドクリフ, ダニエル　1989.7.23-)

Radcliffe, Lewis
アメリカの水産学者。漁業経済, 漁業統計などの研究のほか, 魚類, カキの研究がある。

⇒岩世人 （ラドクリフ 1880.1.2–1950）

Radcliffe, Paula
イギリスのマラソン選手。
⇒外12 （ラドクリフ, ポーラ 1973.12.17–）
　外16 （ラドクリフ, ポーラ 1973.12.17–）
　最世ス （ラドクリフ, ポーラ 1973.12.17–）
　ネーム （ラドクリフ 1973–）

Radcliffe-Brown, Alfred Reginald
イギリスの社会人類学者。B.マリノフスキーとともにイギリスの社会人類学の基礎を確立した。主著『アンダマン諸島人』(1922)。
⇒岩世人 （ラドクリフ＝ブラウン 1881.1.17–1955.10.24）
　教人 （ラドクリフ・ブラウン 1881–）
　現社 （ラドクリフ＝ブラウン 1881–1955）
　現宗 （ラドクリフ＝ブラウン 1881–1955）
　広辞7 （ラドクリフ・ブラウン 1881–1955）
　社小増 （ラドクリフ＝ブラウン 1881–1955）
　新カト （ラドクリフ・ブラウン 1881.1.17–1955.10.24）
　ネーム （ラドクリフ＝ブラウン 1881–1955）

Radecki, Sigismund von
ドイツの作家。エッセイの名手で,『懐中の世界』(1939),『視点』(64)などがある。
⇒岩世人 （ラデツキー 1891.11.19–1970.3.13）

Radek, Karl Bernardovich
ソ連の共産主義理論家, 急進世界革命主唱者。
⇒岩世人 （ラデック 1885.10.31–1939.5.19）
　ユ著人 （Radek, Karl Berungardovich ラデック, カール・ベルングラドビッチ 1885–1939）

Rademacher, Arnold
ドイツのカトリック神学者。
⇒新カト （ラーデマッハー 1873.10.10–1939.5.2）

Rademacher, Hans Adolph
ドイツの数学者。
⇒数辞 （ラーデマッヘル, ハンス・アドルフ 1892–1969）

Rader, Douglas Lee
アメリカの大リーグ選手（三塁）。
⇒メジャ （レイダー, ダグ 1944.7.30–）

Radev, Rumen
ブルガリアの政治家, 軍人。ブルガリア大統領（2017–）。
⇒世指導 （ラデフ, ルメン 1963.6.18–）

Radford, Arthur William
アメリカの軍人。統合参謀本部議長（1953～）。アメリカ軍部内における原水爆戦略の推進者の一人。
⇒岩世人 （ラドフォード 1896.2.27–1973.8.17）

Radford, Basil
イギリスの男優。
⇒ク俳 （ラドフォード, バジル 1897–1952）

Radford, Michael
イギリスの映画監督。
⇒外12 （ラドフォード, マイケル 1946–）
　外16 （ラドフォード, マイケル 1946–）

Radford, Paul Revere
アメリカの大リーグ選手（外野, 遊撃）。
⇒メジャ （ラドフォード, ポール 1861.10.14–1945.2.21）

Radhakrishnan, N.
インドのガンジー研究家。
⇒外12 （ラダクリシュナン, ニーラカンタ 1944–）
　外16 （ラダクリシュナン, ニーラカンタ 1944–）

Radhakrishnan, Sir Sarvepalli
インドの哲学者, 政治家。第2代大統領（1962～67）。インド哲学と宗教の研究にすぐれた業績をあげ教育行政でも活躍。
⇒岩キ （ラダクリシュナーン 1888–1975）
　岩世人 （ラーダークリシュナン 1888.9.5–1975.4.17）
　教人 （ラダクリシュナン 1888–）
　新カト （ラーダークリシュナン 1888.9.5–1975.4.16）
　哲一 （ラーダークリシュナン 1888–1975）
　南ア新 （ラーダークリシュナン 1888–1975）

Radić, Stjepan
ユーゴスラビアの政治家。セルビア人の中央集権主義に反対して地方分権を主張, また土地改革に尽力。
⇒岩世人 （ラディチ 1871.6.29/7.11–1928.8.8）

Radíchkov, Iordán Dimitróv
ブルガリアの小説家。
⇒岩世人 （ラディチコフ 1929.10.24–2004.1.21）

Radičová, Iveta
スロバキアの政治家, 社会学者。スロバキア首相。
⇒外12 （ラディツォヴァー, イヴェタ 1956.12.7–）
　外16 （ラディツォヴァー, イヴェタ 1956.12.7–）
　世指導 （ラディツォヴァー, イヴェタ 1956.12.7–）

Radiguet, Raymond
フランスの小説家, 詩人。夫を戦地へ送った妻と年下の青年との恋を格調ある文体で描いた小説『肉体の悪魔』(1923)は一躍文名を高めた。
⇒岩世人 （ラディゲ 1903.6.18–1923.12.12）
　現世文 （ラディゲ, レイモン 1903.6.18–1923.12.12）
　広辞7 （ラディゲ 1903–1923）
　図翻 （ラディゲ 1903.6.18–1923.12.12）
　西文 （ラディゲ, レーモン 1903–1923）
　世人新 （ラディゲ 1903–1923）
　世人装 （ラディゲ 1903–1923）
　ネーム （ラディゲ 1903–1923）
　比文増 （ラディゲ（レーモン） 1903（明治36）–1923（大正12））
　フ文小 （ラディゲ, レーモン 1903–1923）

ポプ人 (ラディゲ, レーモン 1903-1923)

Radin, Paul
アメリカの人類学者。
⇒岩世人 (ラディン 1883.4.2-1959.2.21)

Radiśić, Zivko
ボスニア・ヘルツェゴビナの政治家。ボスニア・ヘルツェゴビナ幹部会員(セルビア人代表), セルビア人共和国社会党党首。
⇒世指導 (ラディシッチ, ジフコ 1937-)

Radke, Brad William
アメリカの大リーグ選手(投手)。
⇒メジャ (ラドキー, ブラッド 1972.10.27-)

Radle, Carl
アメリカのベース・ギター奏者。
⇒ビト改 (RADLE,CARL レイドル, カール)

Radlov, Vasilii Vasilievich
ロシアの東洋学者。「中央および東方アジア研究のロシア委員会」の結成は彼の発議による。
⇒岩世人 (ラードロフ 1837.1.5/17-1918.5.12)
広辞7 (ラードロフ 1837-1918)

Radmanović, Nebojša
ボスニア・ヘルツェゴビナの政治家。
⇒外12 (ラドマノヴィッチ, ネボイシャ 1949.10.1-)
外16 (ラドマノヴィッチ, ネボイシャ 1949.10.1-)
世指導 (ラドマノヴィッチ, ネボイシャ 1949.10.1-)

Radner, Gilda
アメリカの女優。
⇒ユ著人 (Radner,Gilda ラドナー, ギルダ 1946-1989)

Radner, Roy
アメリカの経済学者。
⇒有経5 (ラドナー 1927-)

Radnóti Miklós
ハンガリーの詩人。フランス・シュールレアリストたちから影響を受けて詩を書き始め, ハンガリーの牧歌風の詩も書いた。
⇒岩世人 (ラドノーティ 1909.5.5-1944.11.9)
現世文 (ラドノーティ, ミクローシュ 1909.5.5-1944.11)

Radó, Sándor
ハンガリーの精神医学者。
⇒精医歴 (ラド, シャーンドル 1890-1972)
精分岩 (ラド, シャンドア 1896-1973)
ユ著人 (Rado,Sandor ラードー, ザンドア 1890-)

Radó, Tibor
ハンガリーの数学者。
⇒数辞 (ラドー, ティボル 1895-1965)

世数 (ラドー, ティボール 1895-1965)

Radon, Johann
オーストリアの数学者。
⇒岩世人 (ラドン 1887.12.16-1956.5.25)
数辞 (ラドン, ヨハン・カルル・アウグスト 1887-1956)
世数 (ラドン, ヨハン 1887-1956)

Radoncic
モンテネグロのサッカー選手(FW)。
⇒外12 (ラドンチッチ 1983.8.2-)

Radoslavov, Vasil Hristov
ブルガリアの政治家。
⇒岩世人 (ラドスラヴォフ 1854.7.15/27-1929.10.21)

Radt, Stefan
オランダの古典学者。
⇒岩世人 (ラート 1927.4.4-)

Radulovic, Nemanja
セルビアのヴァイオリン奏者。
⇒外12 (ラドゥロヴィッチ, ネマニャ 1985-)
外16 (ラドゥロヴィッチ, ネマニャ 1985-)

Radwanska, Agnieszka
ポーランドのテニス選手。
⇒外12 (ラドワンスカ, アグニエシュカ 1989.3.6-)
外16 (ラドワンスカ, アグニエシュカ 1989.3.6-)
最世ス (ラドワンスカ, アグニエシュカ 1989.3.6-)

Radzínskii, Edvárd Stanislávovich
ロシア(ソ連)の劇作家。
⇒外12 (ラジンスキー, エドワルド 1936.9.23-)
外16 (ラジンスキー, エドワルド 1936.9.23-)
現世文 (ラジンスキー, エドワルド 1936.9.23-)

Rae, Corinne bailey
イギリスのシンガー・ソングライター。
⇒外12 (レイ, コリーヌ・ベイリー)
外16 (レイ, コリーヌ・ベイリー)

Raeder, Erich
ナチス・ドイツの海軍軍人。
⇒岩世人 (レーダー 1876.4.24-1960.11.6)
ネーム (レーダー 1876-1960)

Rafael
ブラジルのサッカー選手(大宮アルディージャ・FW)。
⇒外12 (ラファエル 1983.5.27-)

Rafael Arnáiz Barón
スペインの聖人, 厳律シトー会献身者, 神秘家。祝4月26日。
⇒新カト (ラファエル・アルナイス・バロン 1911.4.9-1938.4.26)

Rafelson, Bob
アメリカ・ニューヨーク生まれの映画監督。
⇒映監（ラフェルソン, ボブ　1933.2.21–）

Raffaelli, Cyril
フランスの俳優, アクション監督, 武道家。
⇒外12（ラファエリ, シリル　1974–）

Raffaelli, Jean François
フランスの画家, 彫刻家, 銅版画家。クレヨンを発明。
⇒岩世人（ラファエッリ　1850.4.20–1924.2.29）
　芸13（ラファエリ, ジャン・フランソア　1850–1924）

Raffalli, Tibère
テノール歌手。
⇒魅惑（Raffalli,Tibère　?–）

Raffalovich, Marc-André
ロシア出身の医療ジャーナリスト。
⇒精医歴（ラファロヴィッチ, マーク＝アンドレ　1864–1934）

Raffanti, Dano
イタリアのテノール歌手。
⇒失声（ラッファンティ, ダーノ　1948–）
　魅惑（Raffanti,Dano　1949–）

Raffarin, Jean-Pierre
フランスの政治家。フランス首相。
⇒岩世人（ラファラン　1948.8.3–）
　外12（ラファラン, ジャンピエール　1948.8.3–）
　外16（ラファラン, ジャン・ピエール　1948.8.3–）
　世指導（ラファラン, ジャン・ピエール　1948.8.3–）

Raffensberger, Kenneth David
アメリカの大リーグ選手（投手）。
⇒メジャ（ラッフェンズバーガー, ケン　1917.8.8–2002.11.10）

Rafferty, Chips
オーストラリアの男優。
⇒ク俳（ラファティ, チップス（ゴフェイジ, ジョン）　1909–1971）

Raffin, Deborah
アメリカ生まれの女優。
⇒ク俳（ラフィン, デボラ　1953–）

Rafi, Mohammed
インドの歌手。
⇒岩世人（ラフィー　1924.12.24–1980.7.31）

al-Rāfiʻī, ʻAbd al-Raḥmān
エジプトの歴史家, 法律家, 政治家。
⇒岩イ（ラーフィイー　1889–1966）
　岩世人（ラーフィイー, アブドゥッラフマーン　1889.2.8–1966.12.5）

Rafiringa, Paul
ラ・サール会の信徒修道士, マダガスカルのカトリック共同体の指導者, マダガスカル人最初の修道者。
⇒新カト（ラフィリンガ　1856–1919.5.19）

Rafqa
レバノンの聖人。祝日3月23日。
⇒新カト（ラフカ　1832.6.29–1914.3.23）

Rafsanjani, Ali Akbar Hashemi
イランの政治家, イスラム神学者。イラン大統領（1989～97）。
⇒イス世（ラフサンジャーニー　1934–）
　岩イ（ラフサンジャーニー　1934–）
　岩世人（ラフサンジャーニー　1934.8.25–）
　外12（ラフサンジャニ, アリ・アクバル・ハシェミ　1934.8.25–）
　外16（ラフサンジャニ, アリ・アクバル・ハシェミ　1934.8.25–）
　世指導（ラフサンジャニ, アリ・アクバル・ハシェミ　1934.8.25–2017.1.8）
　世人新（ラフサンジャニ　1934–）
　世人装（ラフサンジャニ　1934–）

Raft, George
アメリカ・ニューヨーク生まれの男優。
⇒ク俳（ラフト, ジョージ（ランフト, G）　1895–1980）
　スター（ラフト, ジョージ　1895.9.26–1980）

Raftos, Peter
オーストラリアの作家。
⇒海文新（ラフトス, ピーター）
　現世文（ラフトス, ピーター）

Ragavoy, Jerry
アメリカ（ユダヤ系）のソングライター, プロデューサー。
⇒ロック（Ragavoy,Jerry　ラガヴォイ, ジェリー）

Ragaz, Leonhard
スイスのプロテスタント神学者。主著, "Gedanken"（1938）。
⇒岩世人（ラガーツ　1868.7.28–1945.12.6）
　新カト（ラガーツ　1868.7.28–1945.12.6）

Raggi, Virginia
イタリアの政治家。ローマ市長。
⇒世指導（ラッジ, ビルジニア　1978.7.18–）

Rāghavana, Venkatarāma
インドのサンスクリット学者。
⇒岩世人（ラーガヴァン　1908.8.22–1979.4.6）

Ragheb, Ali Abu al
ヨルダンの政治家, 実業家。ヨルダン首相・国防相。
⇒世指導（ラゲブ, アリ・アブ・アル　1946–）

Ragon, Gilles
フランスのテノール歌手。

⇒魅惑（Ragon,Gilles ?–）
Ragon, Michel
フランスの作家, 美術批評家。
⇒外12（ラゴン, ミシェル 1924.6.24–）
外16（ラゴン, ミシェル 1924.6.24–）
現世文（ラゴン, ミシェル 1924.6.24–）

Ragonese, Salvatore
テノール歌手。
⇒魅惑（Ragonese,Salvatore ?–）

Raguet, Émile
ベルギーの宣教師。
⇒岩世人（ラゲ 1854.10.24–1929.11.3）
新カト（ラゲ 1854.10.24–1929.11.3）

Ragusa, Vincenzo
イタリアの彫刻家。1872年ミラノの全イタリア美術展で最高賞を受賞。
⇒岩世人（ラグーザ 1841.7.8–1927.3.13）
芸13（ラグーザ, ヴィンチェンツォ 1841–1927）
広辞7（ラグーザ 1841–1927）
ネーム（ラグーザ 1841–1927）
ポプ人（ラグーザ, ビンチェンツォ 1841–1927）

Rahardja, Slamet
インドネシアの映画監督, 俳優。
⇒岩世人（ラハルジョ, スラメット 1949.1.21–）

Rahimi, Atiq
アフガニスタン・カブール生まれの作家, 映画監督。
⇒外12（ライミ, アティク 1962–）
外16（ライミ, アティク 1962–）
海文新（ラヒーミー, アティーク 1962.2.26–）
現世文（ライミ, アティク 1962.2.26–）

Rahlves, Daron
アメリカのスキー選手（アルペン）。
⇒外16（ラルベス, ダロン 1973.6.12–）
最世ス（ラルベス, ダロン 1973.6.12–）

Rahman, Allah Rakha
インド生まれの作曲家。
⇒異二辞（ラフマーン［アラー・ラッカー・～］ 1966–）
岩世人（ラフマーン 1966.1.6–）
南ア新（ラフマーン 1967–）

Rahman, Almina
アフロ・アメリカン統一機構（OAAU）で重要な地位を与えられた数人の女性の一人。
⇒マルX（RAHMAN,ALMINA（Sharon 10X）ラーマン, アルミナ（シャロン10X））

Rahman, Hasim
アメリカのプロボクサー。
⇒外16（ラクマン, ハシム 1972.11.7–）
最世ス（ラクマン, ハシム 1972.11.7–）

Rahman, Sheikh Mujibur
バングラデシュの政治家。西パキスタンからの独立を求めるアワミ連盟の指導者として活躍。72年新国家バングラデシュの首相に就任。
⇒岩イ（ムジブル・ラフマン 1920–1975）
岩世人（ラフマン（ロフマン） 1920.3.17–1975.8.15）
広辞7（ラフマーン 1920–1975）
南ア新（ラーマン 1920–1975）

Rahman, Ziaur
バングラデシュの軍人, 政治家。バングラデシュ大統領（1977～81）。
⇒岩イ（ジアウル・ラフマン 1936–1981）
岩世人（ラフマン（ロフマン） 1936.1.19–1981.5.30）
南ア新（ラーマン 1936–1981）

Rahman, Zillur
バングラデシュの政治家。バングラデシュ大統領（2009～13）。
⇒外12（ラーマン, ジルル 1929.3.9–）
世指導（ラーマン, ジルル 1929.3.9–2013.3.20）

Rahmani, Ignatios Ephrem II
カトリック東方教会シリア教会総主教, 典礼学者。
⇒新カト（ラーマニ 1849.1.19–1929.5.7）

Rahmat Ali, Chaudhari
パキスタンという名称の発案・提唱者。
⇒岩イ（ラフマト・アリー 1897–1951）

Rahme, Edmondo
テノール歌手。
⇒魅惑（Rahme,Edmondo ?–）

Rahmon, Emomali
タジキスタンの政治家。タジキスタン大統領（1994～）。
⇒岩世人（ラフモン 1952.10.5–）
外12（ラフモン, エモマリ 1952.10.5–）
外16（ラフモン, エモマリ 1952.10.5–）
世指導（ラフモン, エモマリ 1952.10.5–）

Rahn, Johann Rudolf
スイスの美術史家。主著, "Geschichte der bildenden Künste in der Schweiz（bis Ende des Mittelaters）"（1876）。
⇒岩世人（ラーン 1841.4.24–1912.4.28）

Rahner, Hugo
ドイツのカトリック神学者, 教父学者, 教会史家。
⇒新カト（ラーナー 1900.5.3–1968.12.21）

Rahner, Karl
ドイツのカトリック神学者。教会一致運動のカトリック側の推進者。
⇒岩キ（ラーナー 1904–1984）
岩世人（ラーナー 1904.3.5–1984.3.30）
オク教（ラーナー 1904–1984）

rahul

広辞7（ラーナー 1904–1984）
新カト（ラーナー 1904.3.5–1984.3.30）

Rāhul Sāṅkr̥tyāyan
インドのヒンディー語の随筆家、小説家。
⇒岩世人（ラーフル・サーンクリティヤーヤン 1893.4.9–1963.4.14）

Rahv, Philip
アメリカの批評家。
⇒岩世人（ラーヴ 1908.3.10–1973.12.22）

Rai, Bali
イギリスの作家。
⇒海文新（ライ, バリ 1971–）

Raich, Benjamin
オーストリアのスキー選手（アルペン）。
⇒外12（ライヒ, ベンヤミン 1978.2.28–）
外16（ライヒ, ベンヤミン 1978.2.28–）
最世ス（ライヒ, ベンヤミン 1978.2.28–）

Raichev, Alexander
ブルガリアの作曲家。
⇒標音2（ライチェフ, アレクサンドル 1922.4.11–）

Räikkönen, Kimi Matias
フィンランドのF1ドライバー。
⇒異二辞（ライコネン［キミ・～］ 1979–）
外12（ライコネン, キミ 1979.10.17–）
外16（ライコネン, キミ 1979.10.17–）
最世ス（ライコネン, キミ 1979.10.17–）

Raikov, Eugeny
ソ連のテノール歌手。
⇒魅惑（Raikov,Eugeny 1937–）

Raimi, Sam
アメリカ生まれの映画監督。
⇒映監（ライミ, サム 1959.10.23–）
外12（ライミ, サム 1959.10.23–）
外16（ライミ, サム 1959.10.23–）
ユ著人（Raimi,Sam ライミ, サム 1959–）

Raimondi, Gianni
イタリアのテノール歌手。
⇒オペラ（ライモンディ, ジャンニ 1923–2008）
失声（ライモンディ, ジャンニ 1923–2008）
標音2（ライモンディ, ジャンニ 1923.4.17–2008.10.21）
魅惑（Raimondi,Gianni 1923–）

Raimondi, Ruggero
イタリアのバス歌手。
⇒オペラ（ライモンディ, ルッジェーロ 1941–）
外12（ライモンディ, ルッジェーロ 1941.10.3–）
外16（ライモンディ, ルッジェーロ 1941.10.3–）
新音中（ライモンディ, ルッジェーロ 1941.10.3–）
標音2（ライモンディ, ルッジェーロ 1941.10.3–）

Rain
韓国の歌手、俳優。
⇒外12（Rain レイン 1982.6.25–）
外16（Rain レイン 1982.6.25–）
韓俳（レインRain（チョン・ジフン） 1982.6.25–）

Raina
韓国の歌手。
⇒外12（レイナ 1989.5.7–）

Raine, Craig
イギリスの詩人。
⇒岩世人（レイン 1944.12.3–）
現世文（レイン, クレイグ 1944.12.3–）

Raine, Kathleen（Jessie）
イギリスの女性詩人、批評家。
⇒岩世人（レイン 1908.6.14–2003.7.6）
現世文（レイン, キャスリン 1908.6.14–2003.7.6）

Rainer, Arnulf
オーストリアの画家。
⇒芸13（レイナー, アルヌルフ ?–）

Rainer, Luise
オーストリア生まれの女優。
⇒ク俳（ライナー, ルイーズ 1909–）
ユ著人（Rainer,Louise ライナー, ルイーゼ 1912–）

Rainer, Yvonne
アメリカのダンサー、振付家。
⇒岩世人（レイナー 1934.11.24–）
映監（レイナー, イボンヌ 1934.11.24–）
ネーム（レイナー, イヴォンヌ 1934–）

Raines, Ella
アメリカの女優。
⇒ク俳（レインズ, エラ（ローベス,E） 1921–1988）

Raines, Tim
アメリカの大リーグ選手（外野）。
⇒メジャ（レインズ, ティム 1959.9.16–）

Rainger, Ralph
アメリカのポピュラー作曲家、ピアノ奏者。
⇒標音2（レインジャー, ラルフ 1901.10.7–1942.10.23）

Rainier III
モナコ大公。在位1949～2005。
⇒世指導（レーニエ3世 1923.5.31–2005.4.6）

Rains, Claude
イギリスの俳優。映画『カサブランカ』(1943)、『アラビアのロレンス』(62) などにも出演。
⇒ク俳（レインズ, クロード（レインズ, ウィリアム・C） 1889–1967）
スター（レインズ, クロード 1889.11.10–1967）

Rainwater, Leo James
アメリカの物理学者。1975年ノーベル物理学賞受賞。
⇒岩世人(レインウォーター 1917.12.9-1986.5.31)
ノベ3(レインウォーター,L.J. 1917.12.9-1986.5.31)

Rainwater, Marvin
アメリカ・カンザス州ウィチタ生まれの歌手,ギター奏者,ソングライター。
⇒ロック(Rainwater,Marvin レインウォーター,マーヴィン 1925.7.2-)

Rais, Amien
インドネシアの政治家,インドネシア・イスラム教指導者。
⇒岩世人(ライス,アミン 1944.4.26-)
外12(ライス,アミン 1944.4.26-)
世指導(ライス,アミン 1944.4.26-)

Raisman, Alexandra
アメリカの体操選手。
⇒外16(レイズマン,アレクサンドラ 1994.5.25-)
最新ス(レイズマン,アレクサンドラ 1994.5.25-)

Raitt, Bonnie
アメリカの歌手,ギター奏者。
⇒外12(レイット,ボニー 1950-)
外16(レイット,ボニー 1949.11.8-)
ロック(Raitt,Bonnie レイット,ボニー)

Raitzine, Misha
テノール歌手。
⇒魅惑(Raitzine,Misha ?-)

Rajabzadeh, Hashem
イランの歴史学者。
⇒外12(ラジャブザーデ,ハーシェム 1941-)

Rājagōpārāchārya, Chakravartī
インドの政治家。ガンディー等と協力して対英不服従運動を行い,5回投獄された。
⇒岩世人(ラージャゴーパーラーチャーリア 1879.12-1972.12.25)
南ア新(ラージャゴーパーラーチャリ 1878-1972)

Rajai, Mohammad Ali
イランの政治家。イラン・イスラム共和国大統領(1981)。
⇒岩イ(ラジャーイー 1933-1981)

Rajan, Raghuram G.
インドの経済学者。
⇒外16(ラジャン,ラグラム 1963-)

Rajaniemi, Hannu
フィンランドの作家。
⇒海文新(ライアニエミ,ハンヌ 1978.3.9-)

Rajaonarimampianina, Hery
マダガスカルの政治家。マダガスカル大統領(2014〜18)。
⇒外16(ラジャオナリマンピアニナ,ヘリー 1958.11.6-)
世指導(ラジャオナリマンピアニナ,ヘリー 1958.11.6-)

Rajapakse, Mahinda
スリランカの政治家。スリランカ大統領(2005〜15),スリランカ首相(2004〜05)。
⇒外12(ラジャパクサ,マヒンダ 1945.11.18-)
外16(ラジャパクサ,マヒンダ 1945.11.18-)
世指導(ラジャパクサ,マヒンダ 1945.11.18-)
ネーム(ラジャパクサ 1945-)

Rajaram, Dhiraj
インドの実業家。
⇒外16(ラジャラム,ディラージ)

Rajaratnam, Sinnathamby
スリランカ生まれのシンガポールの政治家。新聞記者から財界入りし,1965年の独立以来外相。80年6月第2副首相(外交担当)。
⇒現アジ(ラジャラトナム,シナサンビー 1915.2.25-2006.2.22)

Rajchman, Ludwik
ポーランドの細菌学者。UNICEF執行部長(1946〜50),在パリの国際児童センター副会長(50〜)。
⇒岩世人(ライヒマン 1881.11.1-1965)

Rajiha, Dawoud
シリアの政治家,軍人。シリア国防相。
⇒世指導(ラジハ,ダウド 1947-2012.7.18)

Rajiman Wediodiningrat Kanjeng Raden Tumenggung
インドネシアの民族主義運動の先覚者。
⇒岩世人(ラジマン・ウェディオディニングラット 1879.4.21-1952.9.20)

Rajinikanth
南インドの男優。
⇒外12(ラジニカーント 1950-)
外16(ラジニカーント 1949.12.12-)
南ア新(ラジニカーント 1950-)

Rajneesh, Chandra Mohan
インドの精神的指導者。1970年代から80年代にかけて世界的に有名になった宗教コミューンのリーダー。
⇒南ア新(ラジニーシ 1931-1990)

Rajneesh, Oshô
インド生まれの画家。
⇒芸13(ラグニーン,オショー 1921-)

Rajoelina, Andry
マダガスカルの政治家。マダガスカル大統領

(2019〜)。
⇒岩世人（ラジョエリナ　1974.3.30-）
外12（ラジョエリナ，アンドリー　1974.5.30-）
外16（ラジョエリナ，アンドリー　1974.5.30-）
世指導（ラジョエリナ，アンドリー　1974.5.30-）

Ra Jong-yil
韓国の政治学者。駐日韓国大使。
⇒外12（ラジョンイル　羅鍾一　1940.12.5-）
外16（ラジョンイル　羅鍾一　1940.12.5-）
世指導（ラ・ジョンイル　1940.12.5-）

Rajoy Brey, Mariano
スペインの政治家。スペイン首相, スペイン国民党党首。
⇒外12（ラホイ・ブレイ，マリアノ　1955-）
外16（ラホイ・ブレイ，マリアノ　1955.3.27-）
世指導（ラホイ・ブレイ，マリアノ　1955.3.27-）

Rajskub, Mary Lynn
アメリカの女優。
⇒外12（ライスカブ，メアリー・リン　1971.6.22-）

Raju, B.Ramalinga
インドの起業家。
⇒外12（ラジュ，ラマリンガ）
外16（ラジュ，ラマリンガ　1954.9.16-）

Raju, Jagmohan
アメリカの経営学者。ペンシルベニア大学ウォートン校マーケティング学部長。
⇒外12（ラジュー，ジャグモハン）
外16（ラジュー，ジャグモハン）

Rākeś, Mohan
インドのヒンディー語の小説家, 劇作家。
⇒現世文（ラーケーシュ，モーハン　1925.1.8-1972.12.3）

Räkhimov, Murtaza
バシコルトスタン共和国の政治家。大統領（1993〜2010）。
⇒岩世人（ラヒモフ　1934.2.7-）

Rakhmaninov, Sergei Vasilievich
ロシアの作曲家, ピアノ奏者, 指揮者。交響曲4曲のほか, ピアノ曲を多く作曲。
⇒岩キ（ラフマニノフ　1873-1943）
岩世人（ラフマニノフ　1873.3.20/4.1-1943.3.28）
エデ（ラフマニノフ，セルゲイ・ヴァシリエヴィチ　1873.4.1-1943.3.28）
オペラ（ラフマーニノフ，セルゲーイ・ヴァシーリエヴィチ　1873-1943）
ク音3（ラフマニノフ　1873-1943）
広辞7（ラフマニノフ　1873-1943）
新音小（ラフマニノフ，セルゲイ　1873-1943）
新音中（ラフマニノフ，セルゲイ　1873.4.1-1943.3.28）
新カト（ラフマニノフ　1873.4.1-1943.3.28）
ネーム（ラフマニノフ　1873-1943）
ビ曲改（ラフマニノフ，セルゲイ・ヴァシリエヴィッチ　1873-1943）
標音2（ラフマニノフ，セルゲイ　1873.4.1-1943.3.28）
ポプ人（ラフマニノフ，セルゲイ　1873-1943）

Rakić, Milan
ユーゴスラビア（セルビア系）の詩人。主著, "Nove pesme"（1912）。
⇒ネーム（ラーキッチ　1876-1938）

Rákosi Mátyás
ハンガリーの政治家。1948年社会主義労働者党の第一書記として56年まで絶大な権力をふるった。52〜53年首相を兼任。
⇒岩世人（ラーコシ　1892.3.9-1971.2.5）
広辞7（ラーコシ　1892-1971）

Rakov, Nikolay Petrovich
ロシアの作曲家。
⇒標音2（ラーコフ，ニコライ・ペトロヴィチ　1908.3.14-1990.11.3）

Rakovskii, Khristan Georgievich
ソ連の政治家, 外交官。1917年全ロシア中央執行委員会のメンバー。26〜7年駐仏大使。
⇒学叢思（ラコウスキー　1873-?）

Rakusa, Ilma
スロバキアの作家, 翻訳家, 文学研究者, 文芸批評家。
⇒現世文（ラクーザ，イルマ　1946-）

Raleigh, *Sir* Walter（Alexander）
イギリスの英文学者, 文芸批評家。
⇒岩世人（ローリー　1861.9.5-1922.5.13）

Ralf, Oskar
スウェーデンのテノール歌手。
⇒魅惑（Ralf,Oskat　1881-1964）

Ralf, Torsten
スウェーデンのテノール歌手。
⇒失声（ラルフ，トルステン　1901-1954）
魅惑（Ralf,Torsten　1901-1954）

Rallier, Serge
テノール歌手。
⇒魅惑（Rallier,Serge　?-?）

Ram, Buck
アメリカ・シカゴ生まれのプロデューサー, ソングライター, 編曲家。
⇒ロック（Ram,Buck　ラム, バック　1908-）

Rama, Edi
アルバニアの政治家。アルバニア首相。
⇒外16（ラマ，エディ　1964.7.4-）
世指導（ラマ，エディ　1964.7.4-）

Rama, Vicente
フィリピンのセブアノ語の小説家, 政治家。

⇒岩世人（ラマ　1887.6.6-1956.12.24）

Rama V
タイ，チャクリ王朝の第5代王。在位1868～1910。チュラーロンコーン王ともいう。
⇒岩世人（ラーマ5世　1853.9.20-1910.10.23）
広辞7（チュラロンコン　1853-1910）
世史改（ラーマ5世（チュラロンコン）　1853-1910）
世人新（ラーマ5世（チュラロンコン大王）　1853-1910）
世人装（ラーマ5世（チュラロンコン大王）　1853-1910）
世帝（ラーマ5世　1853-1910）
タイ（ラーマごせい　ラーマ5世　1853-1910）
ポプ人（ラーマ5世　1853-1910）
もう山（ラーマ5世（チュラロンコン）　1853-1910（在位1868-1910））

Rama VI
タイ，チャクリ王朝の第6代王。在位1910～1925。
⇒岩世人（ラーマ6世　1881.1.1-1925.11.25）
世帝（ラーマ6世　1881-1925）
タイ（ラーマろくせい　ラーマ6世　1881-1925）

Rama VII
タイ，チャクリ王朝の第7代王。在位1925～35。プラチャーティポック王とも呼ばれた。立憲君主制による新体制に不満を抱き，34年ヨーロッパ旅行中に退位。
⇒岩世人（ラーマ7世　1893.11.8-1941.5.30）
世帝（ラーマ7世　1893-1941）
タイ（ラーマななせい　ラーマ7世　1893-1941）

Rama VIII
タイ，チャクリ王朝の第8代王。在位1935～1946。
⇒岩世人（ラーマ8世　1925.9.20-1946.6.9）
世帝（ラーマ8世　1925-1946）
タイ（ラーマはっせい　ラーマ8世　1925-1946）

Rama IX
タイ，チャクリ王朝の第9代王。在位1946～2016。
⇒異二辞（ラーマ9世　1927-2016）
岩世人（ラーマ9世　1927.12.5-）
外12（プミポン・アドゥンヤデート　1927.12.5-）
外16（プミポン・アドゥンヤデート　1927.12.5-）
現アジ（プミポン国王　1927.12.5-）
世指導（プミポン・アドゥンヤデート　1927.12.5-2016.10.13）
世帝（ラーマ9世　1927-）
タイ（ラーマきゅうせい　ラーマ9世　1927-）

Ramabai, Pandita
インドの女性運動家。
⇒新カト（ラーマバーイー　1858.4.23-1922.4.5）

Ramachandran, A.
インドの画家。
⇒絵本（ラマチャンドラン，A.　1935-）

Ramadan, Said
アラブ人のムスリム。スイスのジュネーヴにあるイスラム・センターの総局長。
⇒マルX（RAMADAN,SAID　ラマダン，サイード　?-1995）

Ramade, Jacques
テノール歌手。
⇒魅惑（Ramade,Jacques　?-?）

Ramadhani, Samson
タンザニアのマラソン選手。
⇒外12（ラマダーニ，サムソン　1982.12.25-）

Ramadier, Paul
フランスの政治家。第4共和制初代首相。
⇒岩世人（ラマディエ　1888.3.17-1961.10.14）

Ramaema, Elias Phisoana
レソトの政治家，軍人。レソト軍事評議会議長。
⇒世指導（ラマエマ，エリアス　1933.11.10-2015.12.11）

Ramakrishnan, Venkatraman
インド出身の生物学者。2009年ノーベル化学賞受賞。
⇒岩世人（ラーマクリシュナン　1952-）
外12（ラマクリシュナン，ベンカトラマン　1952-）
外16（ラマクリシュナン，ベンカトラマン　1952-）
化学（ラマクリシュナン　1952-）
ノベ3（ラマクリシュナン,V.　1952-）

Ramallo, Ernestina
アルゼンチン・ブエノスアイレス生まれの清泉女子大学設立者，日本女子修道会連盟初代会長。日本における聖心侍女修道会設立メンバー。
⇒新カト（ラマリョ　1902.10.23-1969.1.26）

Raman, *Sir* Chandrasekhara Venkata
インドの物理学者。ラマン効果を発見,1930年ノーベル物理学賞受賞。
⇒岩世人（ラーマン　1888.11.7-1970.11.21）
化学（ラマン　1888-1970）
科史（ラマン　1888-1970）
現科大（ラマン，チャンドラセカーラ・ヴェンカータ　1888-1970）
広辞7（ラマン　1888-1970）
三新物（ラマン　1888-1970）
南ア新（ラーマン　1888-1970）
ノベ3（ラマン,C.V.　1888.11.7-1970.11.21）
物理（ラマン，サー・チャンドラセカール・ヴェンカタ　1888-1970）

Ramaṇa Maharṣi
インドの宗教家。アルナチャラ山の麓の霊場にこもって，宗教や民族の差をこえた愛を説いた。
⇒南ア新（ラマナ・マハルシ　1879-1950）

Ramanujam, K.G.
インドの画家。

⇒岩世人（ラーマーヌジャム　1941-1973）

Ramanujan, Srinivasa
インドの数学者。イギリスに留学し，整数論などの仕事を残した。
⇒異二辞（ラマヌジャン［シュリニヴァーサ・～］1887-1920）
　岩世人（ラーマーヌジャン　1887.12.22-1920.4.26）
　科史（ラマヌジャン　1887-1920）
　数辞（ラマヌジャン，スリニヴァサ　1887-1920）
　世数（ラマヌジャン，シュリニヴァーサ・アイヤンガー　1887-1920）
　南ア新（ラーマーヌジャン　1887-1920）

Ramaphosa, Cyril
南アフリカの政治家，実業家。南アフリカ共和国大統領（2018～），アフリカ民族会議（ANC）議長。
⇒世指導（ラマポーザ，シリル　1952.11.17-）

Ramasami Naicker, E.V.
南インドのドラヴィダ運動指導者。
⇒南ア新（ラーマスワーミ・ナーイカル　1879-1973）

Rambach, Anne
フランスの作家。
⇒海文新（ランバック，アンヌ　1970-）
　現世文（ランバック，アンヌ　1970-）

Rambaud, Alfred Nicolas
フランスの歴史家。主著に "L'empire grec au dixième siècle"（1870）がある。
⇒岩世人（ランボー　1842.7.2-1905.11.10）

Rambaud, Edmond
フランスのテノール歌手。
⇒魅惑（Rambaud, Edmond　1892-1960）

Rambaud, Patrick
フランスの作家。
⇒現世文（ランボー, パトリック　1946.4.21-）

Rambert, Dame Marie
ポーランド生まれのイギリスの舞踊家。ロンドンにバレエ学校を設立。
⇒岩世人（ランベール　1888.2.20-1982.6.12）
　ユ著人（Rambert, Marie, Dame　ラムバート婦人士爵, マリー　1888-1982）

Rambert, Pascal
フランスの劇作家，演出家。
⇒外16（ランベール, パスカル　1962-）
　現世文（ランベール, パスカル　1962-）

Ramdohr, Paul
ドイツの鉱物学者。ハイデルベルク大学教授（1950～）。金属鉱物および鉱床を研究した。
⇒岩世人（ラムドール　1890.1.1-1985.3.8）

Ramey, Samuel
アメリカのバス歌手。
⇒オペラ（レイミー, サミュエル　1942-）

Ramgoolam, Navin Chandra
モーリシャスの政治家。モーリシャス首相。
⇒外12（ラムグーラム, ナビンチャンドラ　1947.7.14-）
　外16（ラムグーラム, ナビンチャンドラ　1947.7.14-）
　世指導（ラムグーラム, ナビンチャンドラ　1947.7.14-）

Ramin, Günther
ドイツのオルガン奏者，指揮者，作曲家。
⇒新音中（ラミーン, ギュンター　1898.10.15-1956.2.27）
　標準2（ラミーン, ギュンター　1898.10.15-1956.2.27）

Ramirez, Alejandro
コロンビアのテノール歌手。
⇒魅惑（Ramirez, Alejandro　1946-）

Ramirez, Alex
ベネズエラのプロ野球選手（巨人・外野），大リーグ選手。
⇒外12（ラミレス, アレックス　1974.10.3-）

Ramirez, Aramis
ドミニカ共和国の大リーグ選手（ブルワーズ・内野）。
⇒最世ス（ラミレス, アラミス　1978.6.25-）
　メジャ（ラミレス, アラミス　1978.6.25-）

Ramírez, Ariel
アルゼンチンのフォルクローレ作曲家，ピアノ奏者。
⇒広辞7（ラミレス　1921-2010）
　標準2（ラミレス, アリエル　1921-）

Ramirez, Hanley
ドミニカ共和国の大リーグ選手（レッドソックス・外野手）。
⇒外12（ラミレス, ハンリー　1983.12.23-）
　外16（ラミレス, ハンリー　1983.12.23-）
　最世ス（ラミレス, ハンリー　1983.12.23-）
　メジャ（ラミレス, ハンリー　1983.12.23-）

Ramìrez, Illich
パレスチナ解放人民戦線（PFLP）のメンバー。1973年イギリスの実業家ジョゼフ・エドワード・ザイフの暗殺をはかった。
⇒世暗（ラミレス, イリイチ　1950-）

Ramirez, Manny
アメリカの大リーグ選手（外野手）。
⇒外12（ラミレス, マニー　1972.5.30-）
　外16（ラミレス, マニー　1972.5.30-）
　最世ス（ラミレス, マニー　1972.5.30-）
　メジャ（ラミレス, マニー　1972.5.30-）

Ramirez, Rafael Emilio
アメリカの大リーグ選手(遊撃)。
⇒メジャ (ラミレス, ラファエル 1958.2.18-)

Ramirez, Robeisy
キューバのボクサー。
⇒外16 (ラミレス, ロベイシー 1993.12.20-)
　最世ス (ラミレス, ロベイシー 1993.12.20-)

Ramírez, Santiago
スペインのカトリック神学者、ドミニコ会員。
⇒新カト (ラミレス 1891.7.25-1967.12.18)

Ramírez Mercado, Sergio
ニカラグアの政治家, 作家, 弁護士。ニカラグア副大統領。
⇒外16 (ラミレス, セルヒオ 1942.8.5-)
　現世文 (ラミレス, セルヒオ 1942.8.5-)

Ramiro, Yordy
メキシコのテノール歌手。
⇒魅惑 (Ramiro,Yordy 1949-)

Ramkrishna, Chitra
インドの金融家。
⇒外16 (ラマクリシュナ, チトラ)

Ramlee, P.
マレーシア生まれの映画監督, 男優, 歌手, 作曲家。
⇒岩世人 (ラムリー, P. 1929.3.20-1973.5.29)

Ramli, Rizal
インドネシアの政治家, エコノミスト。
⇒岩世人 (ラムリ, リザル 1953.12.10-)
　外12 (ラムリ, リザル 1953.5.10-)
　外16 (ラムリ, リザル 1953.5.10-)
　世指導 (ラムリ, リザル 1953.5.10-)

Ramming, Martin
ドイツの日本学者。ベルリン大学教授(1944)。徳川時代の文学史, 明治時代の政治史を専攻。
⇒岩世人 (ラミング 1889.11.21-1988.3.29)

Ramon, Gaston
フランスの微生物学者。ジフテリアおよび破傷風に対するワクチンの完成に功績があった。
⇒岩世人 (ラモン 1886.9.30-1963.6.8)

Ramonet, Ignacio
フランスのジャーナリスト。
⇒外12 (ラモネ, イニャシオ 1943-)
　外16 (ラモネ, イニャシオ 1943-)

Ramón y Cajal, Santiago
スペインの組織学者, 病理解剖学者。神経組織の構造研究で、1906年のノーベル生理・医学賞受賞。
⇒岩生 (ラモン=イ=カハル 1852-1934)
　岩世人 (ラモン・イ・カハル 1852.5.1-1934.10.17)
　オク科 (ラモン・イ・カハル(サンティアゴ) 1852-1934)
　現科大 (ゴルジとカハール 1852-1934)
　広辞7 (カハール 1852-1934)
　ネーム (ラモン・イ・カハル 1852-1934)
　ノベ3 (ラモン・イ・カハル,S. 1852.5.1-1934.10.18)
　薬学 (ラモン・イ・カハル,S. 1852-1934)

Ramos, Benigno
フィリピンのタガログ語(後半のピリピノ語)詩人。
⇒ア太戦 (ラモス 1893-?)
　岩世人 (ラモス 1893-1946?)

Ramos, Fidel Valdez
フィリピンの軍人, 政治家。フィリピン大統領(1992~98)。
⇒岩世人 (ラモス 1928.3.18-)
　外12 (ラモス, フィデル 1928.3.18-)
　外16 (ラモス, フィデル 1928.3.18-)
　現アジ (ラモス, フィデル・バルデス 1928.3.18-)
　世指導 (ラモス, フィデル 1928.3.18-)
　世人新 (ラモス 1928-)
　世人装 (ラモス 1928-)

Ramos, Graciliano
ブラジルの作家。『乾いた生活』(1938)が最も有名。
⇒岩世人 (ラモス 1892.10.27-1953.3.20)
　現世文 (ラモス, グラシリアノ 1892.10.27-1953.3.20)

Ramos, Juande
スペインのサッカー監督(ドニプロ)。
⇒最世ス (ラモス, ファンデ 1954.9.25-)

Ramos, Mario
ベルギーのイラストレーター, 絵本作家。
⇒外16 (ラモ, マリオ 1958-)

Ramos, Mel
アメリカ生まれの画家。
⇒芸13 (ラモス, メル 1935-)

Ramos, Pedro
アメリカの大リーグ選手(投手)。
⇒メジャ (ラモス, ペドロ 1935.4.28-)

Ramos-Horta, José
東ティモールの政治家, 人権活動家。東ティモール民主共和国大統領(2007~12)。
⇒外12 (ラモス・ホルタ, ジョゼ 1949.12.26-)
　外16 (ラモス・ホルタ, ジョゼ 1949.12.26-)
　広辞7 (ラモス・ホルタ 1949-)
　世指導 (ラモス・ホルタ, ジョゼ 1949.12.26-)
　ネーム (ラモス=ホルタ 1949-)
　ノベ3 (ラモス・ホルタ,J. 1949.12.26-)

Ramotar, Donald
ガイアナの政治家。ガイアナ大統領（2011〜15）。
⇒外16（ラモター，ドナルド　1950.10.22-）
　世指導（ラモター，ドナルド　1950.10.22-）

Rampal, Jean-Pierre
フランスのフルート奏者。
⇒岩世人（ランパル　1922.1.7-2000.5.20）
　新音中（ランパル，ジャン＝ピエール　1922.1.7-2000.5.20）
　標音2（ランパル，ジャン＝ピエール　1922.1.7-2000.5.20）

Rampersad, Arnold
アメリカの作家，文芸評論家。
⇒岩世人（ランパーサッド　1941.11.13-）

Ramphaiphanni
タイの王妃。
⇒岩世人（ラムパイパンニー　1904.12.20-1984.5.22）

Rampling, Charlotte
イギリス生まれの女優。
⇒遺産（ランプリング，シャーロット　1946.2.5-）
　外12（ランプリング，シャーロット　1945.2.5-）
　外16（ランプリング，シャーロット　1946.2.5-）
　ク俳（ランプリング，シャーロット　1945-）

Rampolla, Mariano, Marchese del Tindaro
イタリアの聖職者。親仏的傾向のため教皇に選出されなかった。
⇒岩世人（ランポッラ　1843.8.17-1913.12.16）
　新カト（ランポーラ・デル・ティンダロ　1843.8.17-1913.12.16）

Ramrakhop
タイの官僚。
⇒岩世人（ラームラーコップ　1890.10.5-1967.10.21）

Rams, Dieter
ドイツの工業デザイナー。
⇒岩世人（ラムス　1932.5.20-）
　外12（ラムス，ディーター　1932-）

Ramsauer, Carl
ドイツの物理学者。気体中の電子散乱現象についての「ラムザウアー効果」を発見した（1914）。
⇒岩世人（ラムザウアー　1879.2.6-1955.12.24）
　物理（ラムザウアー，カール　1879-1955）

Ramsay, Ras Akem-I
西インド諸島，バルバドス生まれの画家。
⇒芸13（ラムゼイ，ラス・アケム・I　1953-）

Ramsay, Roderick James
アメリカ陸軍軍曹。
⇒スパイ（ラムゼイ，ロデリック・ジェイムズ）

Ramsay, William
イギリスの化学者。圧力と融点の関係式などを発見。ノーベル化学賞受賞（1904）。
⇒岩世人（ラムジー　1852.10.2-1916.7.23）
　オク科（ラムゼイ（サー・ウィリアム）　1852-1916）
　化学（ラムジー　1852-1916）
　学叢思（ラムゼー，ウィリアム　1852-1916）
　広辞7（ラムゼー　1852-1916）
　ネーム（ラムゼー　1852-1916）
　ノベ3（ラムゼー，W.　1852.10.2-1916.7.23）

Ramsay, *Sir* William Mitchell
スコットランドの考古学者，歴史地理学者。アジア，トルコを広く巡歴，踏査し，考古学的調査に基づく多くの著書がある。
⇒新カト（ラムジ　1851.3.15-1939.4.20）

Ramsey, Alf
イングランドのプロ・サッカー選手，監督。監督として，1966年第8回ワールド・カップでイングランドを優勝に導く。
⇒岩世人（ラムジー　1920.1.22-1999.4.28）

Ramsey, Arthur Michael
イギリスの第100代カンタベリー大主教。
⇒オク教（ラムジー　1904-1988）

Ramsey, Frank Plumpton
イギリスの哲学者，数学者。主著『数学の基礎と論理学的諸論文』（1931）。
⇒岩世人（ラムジー　1903.2.22-1930.1.19）
　数辞（ラムジー，フランク・プランプトン　1902-1930）
　有経5（ラムゼー　1903-1930）

Ramsey, Michael
イギリス国教会の主教。
⇒岩世人（ラムジー　1904.11.14-1988.4.23）

Ramsey, Norman F.
アメリカの物理学者。1989年ノーベル物理学賞。
⇒岩世人（ラムジー　1915.8.27-2011.11.4）
　ノベ3（ラムゼー，N.F.　1915.8.27-2011.11.4）

Ramsey, Thomas A.（Toad）
アメリカの大リーグ選手（投手）。
⇒メジャ（ラムジー，トード　1864.8.8-1906.3.27）

Ramsfjell, Bent Aanund
ノルウェーのカーリング選手。
⇒最世ス（ラムスフィエル，B.A.　1967.11.30-）

Ramstedt, Gustav John
フィンランドの東洋語学者。アルタイ語，モンゴル語学の創始者。
⇒岩世人（ラームステット　1873.10.22-1950.11.25）
　日エ（ラムステット　1873.10.22-1950.11.25）

Ramuz, Charles Ferdinand
スイスの小説家。『山中の戦慄』（1925）などが

ある。
⇒岩世人（ラミュ　1878.9.24–1947.5.23）
現世文（ラミュ,シャルル・フェルディナン　1878.9.24–1947.5.23）

Ramzi, Rashid
バーレーンの陸上選手（中距離）。
⇒外12（ラムジ,ラシド　1980.7.17–）
最世ス（ラムジ,ラシド　1980.7.17–）

Ranaldo, Lee
アメリカのミュージシャン。
⇒外12（ラナルド,リー　1958.2.3–）
外16（ラナルド,リー　1958.2.3–）

Ranariddh, Norodom
カンボジアの政治家。カンボジア第1首相。
⇒岩世人（ノロドム・ラナリット　1944.1.2–）
外12（ラナリット,ノロドム　1944.1.2–）
外16（ラナリット,ノロドム　1944.1.2–）
世指導（ラナリット,ノロドム　1944.1.2–）

Ranc, Arthur
フランスのジャーナリスト,政治家。
⇒19仏（ランク,アルチュール　1831.2.20–1908.4.10）

Rancatore, Désirée
イタリアのソプラノ歌手。
⇒外12（ランカトーレ,デジレ　1977.1.29–）
外16（ランカトーレ,デジレ　1977.1.29–）

Rance, Sir Hubert
イギリスの軍人。
⇒岩世人（ランス　1898–1974）

Rancière, Jacques
フランスの哲学者,美学者。
⇒岩世人（ランシエール　1940.6.10–）
外12（ランシエール,ジャック　1940–）
外16（ランシエール,ジャック　1940.6.10–）
メル別（ランシェール,ジャック　1940–）

Rand, Ayn
アメリカの作家,哲学者。
⇒現世文（ランド,アイン　1905.2.2–1982.3.6）
メル別（ランド,アイン　1905–1982）

Rand, Michael
イギリスの雑誌のアート・ディレクター。
⇒グラデ（Rand,Michael　ランド,マイケル　1929–）

Rand, Paul
アメリカのイラストレーター。
⇒岩世人（ランド　1914.8.15–1996.11.26）
グラデ（Rand,Paul　ランド,ポール　1914–1996）

Randa, Joseph Gregory
アメリカの大リーグ選手（三塁）。
⇒メジャ（ランダ,ジョー　1969.12.18–）

Randall, Dudley
アメリカの詩人。
⇒マルX（RANDALL,DUDLEY　ランダル,ダドリー　1914–2000）

Randall, Edward
アメリカのテノール歌手。
⇒魅惑（Randall,Edward　?–）

Randall, Harrison McAllister
アメリカの物理学者。
⇒岩世人（ランダル　1870.12.17–1969.11.10）

Randall, John
イギリスの物理学者。
⇒岩世人（ランダル　1905.3.23–1984.6.16）

Randall, John Herman, Jr.
アメリカの哲学者。
⇒岩世人（ランダル　1899.2.14–1980.12.1）

Randall, Lisa
アメリカの理論物理学者。ハーバード大学物理学教授。
⇒外12（ランドール,リサ）
外16（ランドール,リサ　1962–）
物理（ランドール,リサ　1962–）

Randall, Tony
アメリカ生まれの俳優。
⇒アガサ（ランドール,トーニ　1920–2004）
ク俳（ランドール,トニー（ローゼンバーグ,レナード）　1920–）
ユ著人（Randall,Tony　ランドール,トニー　1924–）

Randazzo, Teddy
アメリカ・ニューヨーク生まれの歌手。
⇒ロック（Randazzo,Teddy　ランダッツォ,テディ）

Randel, Matt
アメリカのプロ野球選手（投手）。
⇒外12（ランデル,マット　1977.2.15–）

Randers, Jorgen
ノルウェーの経済・社会予測専門家。
⇒外16（ランダース,ヨルゲン　1945–）

Randle, Leonard Shenoff
アメリカの大リーグ選手（三塁,二塁）。
⇒メジャ（ランドル,レン　1949.2.12–）

Randle, Thomas
アメリカのテノール歌手。
⇒魅惑（Randle,Thomas　1958–）

Randleman, Kevin
アメリカの格闘家。

Randolph, A.Philip
アメリカの労働運動指導者。
- ⇒アメ経（ランドルフ, エイサ 1889.4.15–1979.5.16）
- 岩世人（ランドルフ 1889.4.15–1979.5.16）
- マルⅩ（RANDOLPH,ASA PHILIP ランドルフ, アサ・フィリップ 1889–1979）

Randolph, Boots
アメリカのサックス奏者。
- ⇒ロック（Randolph,Boots ランドルフ, ブーツ）

Randolph, John Cooper Fitz
アメリカの鉱山技師。
- ⇒アア歴（Randolph,John C(ooper) F(itz) ランドルフ, ジョン・クーパー・フィッツ 1846.12.20–1911.2.3）

Randolph, Stephen
アメリカのプロ野球選手（投手）, 大リーグ選手。
- ⇒外12（ランドルフ, スティーブン 1974.5.1–）

Randolph, Willie Larry
アメリカの大リーグ選手（二塁）。
- ⇒外12（ランドルフ, ウィリー 1954.7.6–）
- メジャ（ランドルフ, ウィリー 1954.7.6–）

Randolph, Zach
アメリカのバスケットボール選手（グリズリーズ）。
- ⇒最世ス（ランドルフ, ザック 1981.7.16–）

Ranfurly, Earl of
イギリスの政治家, 植民地行政官。ニュージーランドの総督（1897～1907）。
- ⇒ニュー（ランファーリノックス, アッチャー 1856–1933）

Ranganathan, Shiyali Ramamrita
インドの図書館学者, 数学者。
- ⇒岩世人（ランガナータン 1892.8.9–1972.9.27）

Range, Gabriel
イギリスの映画監督。
- ⇒外12（レンジ, ガブリエル）

Rangsan Thanaphonphan
タイの経済学者。
- ⇒岩世人（ランサン・タナポーンパン 1946.9.14–）

Rangström, Ture
スウェーデンの作曲家, 指揮者。近代スウェーデン音楽の確立者の一人。
- ⇒岩世人（ラングストレム 1884.11.30–1947.5.15）
- ク音歴（ラングストレム 1884–1947）
- 新音中（ラングストレム, トゥーレ 1884.11.30–1947.5.11）
- 標音2（ラングストレーム, トゥーレ 1884.11.30–1947.5.11）

⇒異二辞（ランデルマン, ケビン 1971–2016）

Rania
ヨルダン王妃。
- ⇒外12（ラニア王妃 1970.8.31–）
- 外16（ラニア王妃 1970.8.31–）

Ranieri, Claudio
イタリアのサッカー監督（モナコ）。
- ⇒最世ス（ラニエリ, クラウディオ 1951.10.20–）

Rank, J.Arthur
イギリス生まれの映画製作者。
- ⇒岩世人（ランク 1888.12.22–1972.3.29）

Rank, Otto
オーストリアの精神分析学者。S.フロイトの門下だが後に訣別。
- ⇒現精（ランク 1884–1939）
- 現精縮（ランク 1884–1939）
- 精分岩（ランク, オットー 1884–1939）
- 精分弘（ランク, オットー・ローゼンフェルト, オットー〔と記す〕 1884–1939）

Ranke-Heinemann, Uta
ドイツのカトリック神学者。
- ⇒岩世人（ランケ=ハイネマン 1927.10.2–）

Ránki Dezső
ハンガリーのピアノ奏者。
- ⇒外12（ラーンキ, デジュー 1951.9.8–）
- 外16（ラーンキ, デジュー 1951.9.8–）
- 標音2（ラーンキ, デジュー 1951.9.8–）

Rankin, Bruce
イギリスのテノール歌手。
- ⇒魅惑（Rankin,Bruce ?–）

Rankin, Ian
スコットランド出身のイギリスの推理小説家。
- ⇒外12（ランキン, イアン 1960–）
- 外16（ランキン, イアン 1960–）
- 現世文（ランキン, イアン 1960–）

Rankin, Jeannette
アメリカのフェミニスト, 平和主義者。
- ⇒アメ州（Rankin,Jeannette ランキン, ジャネット 1880–1973）
- アメ新（ランキン 1880–1973）
- 岩世人（ランキン 1880.6.11–1973.5.18）

Rankin, Karl Lott
アメリカの外交官。
- ⇒アア歴（Rankin,Karl Lott ランキン, カール・ロット 1898.9.4–）

Ranković, Aleksandar
ユーゴスラビアの政治家。チトーに一番近い協力者といわれ第二次大戦中は, ユーゴ人民解放軍で活躍。
- ⇒岩世人（ランコヴィチ 1909.11.28/12.11–1983.8.19）

Ranks, Shabba
ジャマイカのレゲエのDJ。
⇒標音2（ランクス, シャバ　1966.1.17–）

Ransmayr, Christoph
オーストリアの作家。
⇒岩世人（ランスマイアー　1954.3.20–）

Ransom, John Crowe
アメリカの詩人, 評論家。詩集『神について』(1919) など, 評論『ニュー・クリティシズム』(41) など。
⇒岩世人（ランサム　1888.4.30–1974.7.3）
　新カト（ランサム　1888.4.30–1974.7.3）
　ネーム（ランサム　1888–1974）

Ransome, Arthur
イギリスの小説家。主著『つばめとアマゾンたち』(1931) など。
⇒岩世人（ランサム　1884.1.18–1967.6.3）
　現世文（ランサム, アーサー　1884.1.18–1967.6.3）
　広辞7（ランサム　1884–1967）
　ポプ人（ランサム, アーサー　1884–1967）

Rantissi, Abdel Aziz al-
ハマス最高指導者。
⇒世指導（ランティシ, アブドルアジズ　1947–2004.4.17）

Rao, C.N.R.
インドの材料化学者。
⇒岩世人（ラオ（ラーオ）　1934.6.30–）
　外12（ラオ,C.N.R.　1934.6–）
　外16（ラオ,C.N.R.　1934.6.30–）

Rao, Narasimha
インドの政治家。
⇒世指導（ラオ, ナラシマ　1921.6.28–2004.12.23）
　南ア新（ラーオ　1921–2004）

Rao, Raja
インドの英語小説家。
⇒現世文（ラオ, ラージャ　1909.11.21–2006）

Raonic, Milos
カナダのテニス選手。
⇒外16（ラオニッチ, ミロシュ　1990.12.27–）

Rapaccini, Chiara
イタリアの絵本作家, 児童文学作家, イラストレーター。
⇒絵本（ラパッチーニ, キアーラ　1954–）

Rapace, Noomi
スウェーデンの女優。
⇒外12（ラパス, ノオミ　1979–）
　外16（ラパス, ノオミ　1979.12.28–）

Rapaport, Herman
オランダ出身のアメリカの比較文学者。
⇒メル別（ラパポート, ハーマン　1947–）

Rapée, Ernö
ハンガリー生まれの指揮者。アメリカに移り, ニューヨークのハンガリー歌劇団音楽監督に就任 (1913)。
⇒標音2（ラペー, エルノ　1891.6.4–1945.6.26）

Raphael, Frederic Michael
アメリカ生まれのイギリス（ユダヤ系）の小説家, 脚本家, 書評家。
⇒外12（ラファエル, フレデリック　1931.8.14–）
　外16（ラファエル, フレデリック　1931.8.14–）
　現世文（ラファエル, フレデリック　1931.8.14–）

Raphael, Gunter
ドイツの作曲家。晩年は, バッハ, ヘンデル, レーガーの新版刊行に力をつくし, モーツァルト, グルックおよび彼らの声楽作品のピアノ伴奏編曲譜を数多く作成。
⇒新音中（ラーファエル, ギュンター　1903.4.30–1960.10.19）
　標音2（ラーファエル, ギュンター　1903.4.30–1960.10.19）

Rapoport, Anatol
アメリカの国際政治学者, 数学者。
⇒岩世人（ラパポート　1911.5.22–2007.1.20）
　広辞7（ラパポート　1911–2007）
　社小増（ラポポート　1911–）
　政経改（ラパポート　1911–）

Rapoport, Judith Livant
アメリカの精神科医。
⇒精医歴（ラパポート, ジュディス・リヴァント　1933–）

Raposo, Joseph G.
アメリカの作曲家。
⇒エデ（ラポーゾ, ジョセフ・G.　1937.2.8–1989.2.5）

Rappaport, David
アメリカの心理学者。
⇒現精（ラパポート　1911–1960）
　現精縮（ラパポート　1911–1960）
　精分岩（ラパポート, デヴィッド　1911–1960）
　ユ著人（Rappaport,David　ラポポルト, デヴィド　1911–1960）

Rappeneau, Jean-Paul
フランス生まれの映画監督, 映画脚本家。
⇒映監（ラプノー, ジャン＝ポール　1932.4.8–）
　外12（ラプノー, ジャン・ポール　1932.4.8–）
　外16（ラプノー, ジャン・ポール　1932.4.8–）

Rappoport, Charles
フランスの社会主義者。
⇒学叢思（ラッポポール, シャール　1865–?）

Raptis, Paulos
ポーランドのテノール歌手。ギリシャ歌曲, 民

謡の紹介者として有名。
⇒失声（ラプティス, パウロス 1936–）
　魅惑（Raptis,Paulos 1935–）

Ras, Johannes Jacobus
オランダのインドネシア文献学者。
⇒岩世人（ラス 1926.4.1–2003.10.22）

Rasbach, Oscar
アメリカの作曲家。
⇒標音2（ラスバック, オスカー 1888.8.2–1975.3.24）

Rascel, Renato
イタリアの俳優, 児童文学作家, ポピュラー歌手, 作曲家。
⇒標音2（ラシェル, レナート 1912.4.27–）

Raschi, Victor John Angelo
アメリカの大リーグ選手（投手）。
⇒メジャ（ラッシー, ヴィック 1919.3.28–1988.10.14）

Raschid, M.A.
ビルマ（ミャンマー）のムスリム政治家。
⇒岩世人（ラシッド 1912.11.1–?）

Raschke, Baron Von
アメリカのプロレスラー。
⇒異二辞（ラシク, バロン・フォン 1940–）

Rashdall, Hastings
イギリスの哲学者, 歴史家, 神学者。
⇒岩世人（ラシドール 1858.6.24–1924.2.9）
　オク教（ラシュダル 1858–1924）
　新カト（ラッシュドール 1858.6.24–1924.2.9）

Rashīd 'Ālī al-Gaylānī
ハーシム家王政期イラクの政治家。
⇒岩イ（ラシード・アーリー・ガイラーニー 1892–1965）

Rashidov, Sharof Rashidovich
ウズベキスタンの政治家。
⇒岩世人（ラシドフ 1917.10.24/11.6–1983.10.31）

Rashwan, Mohamed Ali
エジプトの柔道家。
⇒外12（ラシュワン, モハメド）
　外16（ラシュワン, モハメド）

Rasi-Zade, Artur Tair Oglu
アゼルバイジャンの政治家。アゼルバイジャン首相。
⇒外12（ラシザーデ, アルトゥル 1935.2.26–）
　外16（ラシザーデ, アルトゥル 1935.2.26–）
　世指導（ラシザデ, アルトゥル 1935.2.26–）

Raskob, John Jacob
アメリカの実業家。
⇒アメ経（ラスコブ, ジョン 1879.3.17–1950.10.15）

Rasmussen, Anders Fogh
デンマークの政治家。デンマーク首相, デンマーク自由党党首。
⇒外12（ラスムセン, アナス・フォー 1953.1.26–）
　外16（ラスムセン, アナス・フォー 1953.1.26–）
　世指導（ラスムセン, アナス・フォー 1953.1.26–）

Rasmussen, Halfdan
デンマークの詩人。
⇒岩世人（ラスムセン 1915.1.29–2002.3.2）

Rasmussen, Knud Johan Victor
デンマークの探検家, 民族学者。1910年エスキモーの貿易センターと探検の基地を設立し, エスキモーの精神的物質的水準の向上に努めた。
⇒岩世人（ラスムセン 1879.6.7–1933.12.21）

Rasmussen, Lars Løkke
デンマークの政治家。デンマーク首相, デンマーク自由党（ベンストラ）党首。
⇒外12（ラスムセン, ラース・ロッケ 1964.5.15–）
　外16（ラスムセン, ラース・ロッケ 1964.5.15–）
　世指導（ラスムセン, ラース・ロッケ 1964.5.15–）

Rasmussen, Mads
デンマークのボート選手。
⇒外16（ラスムセン, マス 1981.11.24–）
　最新ス（ラスムセン, マス 1981.11.24–）

Rasmussen, Poul Nyrup
デンマークの政治家。デンマーク首相。
⇒外12（ラスムセン, ポール・ニュルップ 1943.6.15–）
　外16（ラスムセン, ポール・ニュルップ 1943.6.15–）
　世指導（ラスムセン, ポール・ニュルップ 1943.6.15–）

Rasp, Philipp
テノール歌手。
⇒魅惑（Rasp,Philipp 1907–?）

Rasputin, Grigorii Efimovich
ロシアの神秘家。皇帝ニコライ2世と皇后アレクサンドラ・フョードロブナの寵臣。
⇒岩キ（ラスプーチン 1871–1916）
　岩世人（ラスプーチン 1871頃–1916.12.16）
　広辞7（ラスプーチン 1871頃–1916）
　新カト（ラスプーチン 1871頃–1916.12.29）
　世人新（ラスプーティン 1871頃–1916）
　世人装（ラスプーチン 1871頃–1916）
　ポプ人（ラスプーチン, グレゴリー 1864?–1916）

Rasputin, Valentin Grigor'evich
ロシアの小説家。
⇒岩世人（ラスプーチン 1937.3.15–）
　外12（ラスプーチン, ワレンチン 1937.3.15–）
　現世文（ラスプーチン, ワレンチン 1937.3.15–

2015.3.14)
広辞7 (ラスプーチン 1937-2015)

Rasul, Haji
インドネシアのイスラム改革主義者。
⇒岩世人 (ラスル, ハジ 1879.2.10–1945.6.2)

Räsulzadä, Mähämmäd Ämin
アゼルバイジャンの民族主義者。
⇒岩イ (ラスールザーデ 1884–1955)
岩世人 (レスールザーデ (ラスールザーデ) 1884.1.31–1955.3.6)

Rasyidi, Syekh Daud
インドネシア, 西スマトラのイスラム知識人。
⇒岩世人 (ラシディ, シェク・ダウド 1880–1949.1.26)

Rata, Matiu
ニュージーランドの政治家。
⇒ニュー (ラタ, マティウ 1934–1997)

Ratana, Tahupoutiki Wiremu
ニュージーランドのラタナ教創始者。
⇒ニュー (ラタナ, タフポウティキ 1873–1939)

Ratchaburidirekrit
タイの親王, 官僚。
⇒岩世人 (ラーチャブリー 1874.10.21–1920.8.7)
タイ (ラーチャブリー (親王) 1874–1920)

Rateau, Camille Edmond Auguste
フランスの技術家。タービンに関する研究で知られ, 初めて排気ガスタービンを製作した (1918頃)。
⇒岩世人 (ラトー 1863.10.13–1930.1.13)

Rateb, Aisha
エジプトの弁護士, 政治家, 外交官。カイロ大学教授。サダト内閣唯一の女性閣僚。社会問題相。
⇒岩世人 (アーイシャ・ラーティブ 1928.2.22–2014.5.4)

Rath, Gary
アメリカのプロ野球選手 (投手)。
⇒外12 (ラス, ゲーリー 1973.1.10–)

Rathaus, Karol
アメリカで活躍したポーランドの作曲家。1938年以降ニューヨークに定住しクィーンズ・カレッジで作曲を教えた。
⇒新音中 (ラートハウス, カロル 1895.9.16–1954.11.21)
標音2 (ラートハウス, カロル 1895.9.16–1954.11.21)
ユ著人 (Rathaus, Karol ラートハウス, カロル 1895–1954)

Rathbone, Basil
イギリスの俳優。当り役はロミオなどで, 主著, 自伝『役の内と外』(1962)。
⇒ク俳 (ラスボーン, バジル (ラスボーン, フィリップ・B) 1892–1967)
スター (ラスボーン, バジル 1892.6.13–1967)

Rathbone, Eleanor (Florence)
イギリスのフェミニスト, 社会改革者。
⇒岩世人 (ラスボーン 1872.5.12–1946.1.2)

Rathenau, Emil
ドイツ (ユダヤ系) の電気技術者, 工業家。ドイツに電灯, 電信を輸入した。
⇒岩世人 (ラーテナウ 1838.12.11–1915.6.20)

Rathenau, Walther
ドイツの政治家, 実業家。21年5〜11月K. ビルト内閣の再建相, 22年1月外相。
⇒岩世人 (ラーテナウ 1867.9.29–1922.6.24)
ネーム (ラーテナウ 1867–1922)

Rather, Dan
アメリカの放送ジャーナリスト。
⇒岩世人 (ラザー 1931.10.31–)
外12 (ラザー, ダン 1931.10.31–)
外16 (ラザー, ダン 1931.10.31–)

Rathgen, Karl
ドイツの法学者。東京帝国大学で行政法, 政治学を教授。
⇒岩世人 (ラートゲン 1855.3.1–1921.11.6)
学叢思 (ラットゲン, カール 1856–?)

Ratkai, Stephen
ニューファンドランドのアメリカ海軍基地で, ソ連潜水艦の追跡方法に関する秘密情報を入手しようと試み, 1989年に逮捕されたカナダ人。
⇒スパイ (ラトカイ, スティーヴン)

Ratmansky, Alexei
ロシアのダンサー, 振付家, バレエ監督。
⇒岩世人 (ラトマンスキー 1968.8.27–)
外12 (ラトマンスキー, アレクセイ 1968.8.27–)
外16 (ラトマンスキー, アレクセイ 1968.8.27–)

Ratnam, Mani
南インドの映画監督。
⇒南ア新 (ラトナム 1956–)

Ratner, Vaddey
カンボジア生まれのアメリカの作家。
⇒海文新 (ラトナー, ヴァディ 1970–)
現世文 (ラトナー, バディ 1970–)

Rato, Rodrigo
スペインの銀行家, 政治家。スペイン第1副首相, 経済相。
⇒外12 (ラト, ロドリゴ 1949.3.18–)
外16 (ラト, ロドリゴ 1949.3.18–)
世指導 (ラト, ロドリゴ 1949.3.18–)

Ratsin, Kocho
マケドニア (ユーゴスラビア) の詩人。
⇒岩世人 (ラツィン 1908.7.22–1943.6.23)

Ratsirahonana, Norbert Lala
マダガスカルの政治家。マダガスカル首相・大統領代行。
⇒世指導（ラチラウナナ,ノルベール　1938.11.18–）

Ratsiraka, Didier
マダガスカルの政治家。マダガスカル大統領（1976～93,97～2002）。
⇒世指導（ラチラカ,ディディエ　1936.11.4–）
　ネーム（ラチラカ　1936–）

Rattigan, Sir Terence Mervyn
イギリスの劇作家。『フランス語入門』（1936）で成功。
⇒岩世人（ラティガン　1911.6.10–1977.11.30）
　現世文（ラティガン,テレンス　1911.6.10–1977.11.30）

Rattle, Simon
イギリスの指揮者。
⇒岩世人（ラトル　1955.1.19–）
　外12（ラトル,サイモン　1955.1.19–）
　外16（ラトル,サイモン　1955.1.19–）
　新音中（ラトル,サイモン　1955.1.19–）

Rattray, Ben
アメリカの実業家、社会活動家。
⇒外16（ラトレイ,ベン　1980–）

Rattray, Robert Sutherland
イギリスの人類学者。南阿戦争に従軍中（1901～02）、スーダン地方の原住民の宗教、伝統などを収録。
⇒岩世人（ラトレイ　1881.9.5–1938.5.14）

Ratulangi, Dr.G.S.S.J.
インドネシアの民族主義運動家。
⇒岩世人（ラトゥランギ　1890.11.5–1949.6.30）

Ratushinskaya, Irina Borisovna
ロシアの詩人。
⇒現世文（ラトゥシンスカヤ,イリーナ　1954.3.4–2017.7.5）

Ratzinger, Joseph
西ドイツのカトリック神学者。使徒信条（Credo）の考察により「新しい神学」者の一人。
⇒新カト（ラッツィンガー　1927.4.16–）

Rau, Johannes
ドイツの政治家。ドイツ大統領（1999～2004）。
⇒岩世人（ラウ　1931.1.16–2006.1.27）
　世指導（ラウ,ヨハネス　1931.1.16–2006.1.27）

Rau, Wilhelm
ドイツのインド学者。
⇒岩世人（ラウ　1922.2.15–1999.12.29）

Rauch, Jon Erich
アメリカの大リーグ選手（投手）。
⇒メジャ（ラウシュ,ジョン　1978.9.27–）

Rauch, Neo
ドイツの画家。
⇒現アテ（Rauch,Neo　ラオホ,ネオ　1960–）

Raud, Rein
エストニアの日本文学研究家、作家。
⇒外12（ラウド,レイン　1961.12–）
　外16（ラウド,レイン　1961.12–）

Rauger, Jean-François
フランスの映画批評家。
⇒外12（ロジェ,ジャン・フランスワ　1959–）
　外16（ロジェ,ジャン・フランスワ　1959–）

Rauhe, Ronald
ドイツのカヌー選手。
⇒外12（ロイエ,ロナルド　1981.10.3–）
　最世ス（ロイエ,ロナルド　1981.10.3–）

Raúl Gonzáles
スペインのサッカー選手。
⇒異二辞（ゴンサレス［ラウル・～］　1977–）
　外12（ラウル・ゴンサレス　1977.6.27–）
　外16（ラウル・ゴンサレス　1977.6.27–）
　最世ス（ラウル・ゴンサレス　1977.6.27–）

Raunkiaer, Christen
デンマークの植物学者。植物生態学および植物地理学の新分野を開拓、統計学的研究法の発達に貢献した。
⇒岩生（ラウンケル　1860–1938）
　岩世人（ラウンケア　1860.3.29–1938.3.11）
　旺世5（ラウンケル　1860–1938）

Ra Un-sim
北朝鮮のサッカー選手（FW）。
⇒外12（ラウンシム　1988.6.2–）
　外16（ラウンシム　1988.6.2–）
　最世ス（ラウンシム　1988.6.2–）

Rauschen, Gerhard
ドイツの古代教会史家、教父学者。
⇒新カト（ラウシェン　1854.10.13–1917.4.12）

Rauschenberg, Robert
アメリカの美術家。
⇒岩世人（ラウシェンバーグ　1925.10.22–2008.5.12）
　芸13（ラウシェンバーグ,ロバート　1925–）
　広辞7（ラウシェンバーグ　1925–2008）

Rauschenbusch, Walter
アメリカのバプテスト派の牧師、神学者。
⇒岩世人（ラウシェンブッシュ　1861.10.4–1918.7.25）
　オク教（ラウシェンブッシュ　1861–1918）
　新カト（ラウシェンブッシュ　1861.10.4–1918.7.25）

Rauschning, Hermann
ナチス・ドイツの政治家、評論家。後に体制の内幕を暴露した。

Rautavaara, Einojuhani
フィンランドの作曲家。
⇒岩世人（ラウタヴァーラ 1928.10.9–）
ク音3（ラウタヴァーラ 1928–）
新音中（ラウタヴァーラ, エイノユハニ 1928.10.9–）
標音2（ラウタヴァーラ, エイノユハニ 1928.10.9–）

Ravalomanana, Marc
マダガスカルの政治家, 実業家。マダガスカル大統領（2002〜09）, TIKO創業者。
⇒岩世人（ラヴァルマナナ（ラヴァロマナナ）1949.12.12–）
外12（ラベロマナナ, マルク 1949.12.12–）
外16（ラベロマナナ, マルク 1949.12.12–）
世指導（ラベロマナナ, マルク 1949.12.12–）
ネーム（ラバロマナナ 1949–）

Ravanelli, Fabrizio
イタリアのサッカー選手。
⇒異二辞（ラバネッリ［ファブリツィオ・〜］1968–）

Ravānīpūr, Monīrū
イランの作家。
⇒岩世人（ラヴァーニープール 1952–）

Raveh, Omri
イスラエル・テルアビブ生まれのオーボエ奏者。
⇒ユ著人（Raveh, Omri ラヴェ, オムリ 1971–）

Ravel, Joseph Maurice
フランスの作曲家。主作品は『なき王女のためのパバーヌ』（1899）,『ボレロ』（1927）など。
⇒異二辞（ラヴェル［モーリス・〜］1875–1937）
岩世人（ラヴェル 1875.3.7–1937.12.28）
エデ（ラヴェル,（ジョセフ）モーリス 1875.3.7–1937.12.28）
オペラ（ラヴェル, モーリス 1875–1937）
ク音3（ラヴェル 1875–1937）
広辞7（ラヴェル 1875–1937）
辞歴（ラベル 1875–1937）
新オペ（ラヴェル, モーリス・ジョゼフ 1875–1937）
新音小（ラヴェル, モーリス 1875–1937）
新音中（ラヴェル, モーリス 1875.3.7–1937.12.28）
世人新（ラヴェル 1875–1937）
世人装（ラヴェル 1875–1937）
ピ曲報（ラヴェル, モリス 1875–1937）
標音2（ラヴェル, モリス 1875.3.7–1937.12.28）
ポプ人（ラベル, モーリス 1875–1937）

Raven, Bertram H.
アメリカの社会心理学者。
⇒社心小（レイヴン 1926–）

Raven, Henry Cushier
アメリカの動物学者。
⇒アア歴（Raven, Henry Cushier レイヴン, ヘンリー・クッシアー 1889.4.16–1944.4.5）

Raven, Peter Hamilton
アメリカの植物学者。
⇒岩世人（レイヴン 1936.6.13–）
外12（レーベン, ピーター 1936.6.13–）
外16（レーベン, ピーター 1936.6.13–）

Raven, Simon (Arthur Noël)
イギリスのユーモア作家。
⇒現世文（レイブン, サイモン 1927.12.28–2001.5.12）

Ravetch, Adam
アメリカの映画監督。
⇒外12（ラベッチ, アダム）

Ravetz, Jerome Raymond
イギリスの科学史家, 科学哲学者。
⇒外12（ラベッツ, ジェローム 1929–）
外16（ラベッツ, ジェローム 1929–）

Ravikovitch, Dalia
テルアヴィヴ生まれの女流詩人。
⇒ユ著人（Ravikovitch, Dalia ラビコヴィッチ, ダリヤ 1935–）

Ravilious, Eric
イギリスの美術家, デザイナー, 挿絵画家。
⇒グラデ（Ravilious, Eric ラヴィリアス, エリック 1903–1942）

Ravitch, Diane
アメリカの教育学者, 歴史家。
⇒岩世人（ラヴィッチ 1938.7.1–）

Ravitch, Melech
東ガリチア生まれのイディッシュ語の詩人, 随筆家。
⇒ユ著人（Ravitch, Melech ラヴィッチ, メレフ 1893–1976）

Rawabdeh, Abdul Rauf
ヨルダンの政治家。ヨルダン首相・国防相。
⇒世指導（ラワブデ, アブドル・ラウーフ 1939–）

Rawding, Michael
アメリカの実業家。
⇒外12（ローディング, マイケル 1963.11.19–）

Rawley, Shane William
アメリカの大リーグ選手（投手）。
⇒メジャ（ローリー, シェイン 1955.7.27–）

Rawlings, Jerry John
ガーナの政治家, 軍人。ガーナ大統領（1981〜2001）。
⇒岩世人（ローリングス 1947.6.22–）
世指導（ローリングス, ジェリー 1947.6.22–）

Rawlings, John William
アメリカの大リーグ選手(二塁,遊撃)。
⇒メジャ(ローリングス,ジョニー 1892.8.17–1972.10.16)

Rawlings, Marjorie Kinnan
アメリカの女性小説家。フロリダを背景に地方色豊かな作品を書いた。主著,『子鹿物語』(1938,ピュリッツァー賞受賞)。
⇒アメ州(Rawlings,Marjorie Kinnan ローリングズ,マージョリー・キナン 1893–1953)
 現世文(ローリングズ,マージョリー・キナン 1896.8.8–1953.12.14)
 ネーム(ローリングズ 1896–1953)
 ボブ人(ローリングズ,マージョリー・キナン 1896–1953)

Rawlinson, Frank Joseph
アメリカの宣教師。
⇒アア歴(Rawlinson,Frank J(oseph) ローリンソン,フランク・ジョゼフ 1871.1.9–1937.8.14)

Rawlinson, Hugh George
イギリスのインド史家。
⇒岩世人(ローリンソン 1880.5.12–1957.6.8)

Rawls, John
アメリカの哲学者。
⇒アメ新(ロールズ 1921–2002)
 岩世人(ロールズ 1921.2.21–2002.11.24)
 覚思(ロールズ 1921.2.21–2002.11.24)
 覚思ス(ロールズ 1921.2.21–2002.11.24)
 現社(ロールズ 1921–2002)
 広辞7(ロールズ 1921–2002)
 新カト(ロールズ 1921.2.21–2002.11.24)
 図哲(ロールズ,ジョン 1921–2002)
 哲中(ロールズ 1921–2002)
 ネーム(ロールズ 1921–2002)
 メル別(ロールズ,ジョン・ボードリー 1921–2002)
 有経5(ロールズ 1921–2002)

Rawls, Wilson
アメリカの児童文学者。
⇒現世文(ロールズ,ウィルソン 1913–1984)

Rawnitzki, Yehoshua Hana
ロシアの作家,ジャーナリスト。近代イディッシュ文学評論家の一人。
⇒ユ著人(Rawnitzki,Yehoshua Hana ラブニツキー,ヨシュア・ハナ 1859–1944)

Ra Woong-bae
韓国の政治家。韓国副首相。
⇒世指導(ラ・ウンベ 1934.7.24–)

Rawsthorne, Alan
イギリスの作曲家。『街角序曲』(1944)などに親しみをもたれた作品である。
⇒ク音3(ロースソーン 1905–1971)
 新音中(ロースソーン,アラン 1905.5.2–1971.7.24)
 標音2(ロースソーン,アラン 1905.5.2–1971.7.24)

Ray, Aldo
アメリカの俳優。
⇒ク俳(レイ,アルド(ダ・レ,A.) 1926–1991)

Ray, Bennie
テノール歌手。
⇒魅惑(Ray,Bennie ?–?)

Ray, James
アメリカ・ニューヨーク出身の黒人歌手。
⇒ロック(Ray,James レイ,ジェイムズ 1941–)

Ray, James Earl
アメリカの犯罪者。アメリカの公民権運動指導者,キング牧師を暗殺した。
⇒世暗(レイ,ジェームズ・アール 1928–1998)

Ray, Jane
イギリスのイラストレーター。
⇒外16(レイ,ジェーン 1960–)

Ray, John Cornelius
アメリカの大リーグ選手(二塁)。
⇒メジャ(レイ,ジョニー 1957.3.1–)

Ray, Johnnie
アメリカ・オレゴン州生まれの歌手,ピアノ奏者。
⇒異二辞(レイ,ジョニー 1927–1990)
 ロック(Ray,Johnnie レイ,ジョニー 1927.1.10–)

Ray, Man
アメリカの画家,彫刻家,写真家,映画作家。
⇒岩世人(レイ 1890.8.27–1976.11.18)
 絵本(レイ,マン 1890–1976)
 グラデ(Ray,Man レイ,マン 1890–1977)
 芸13(マン・レイ 1890–1976)
 広辞7(レイ 1890–1976)
 シュル(マン・レイ 1890–1976)
 ネーム(レイ,マン 1890–1976)
 ボブ人(レイ,マン 1890–1976)
 ユ著人(Ray,Man レイ,マン 1890–1967)

Ray, Nicholas
アメリカの映画監督。
⇒岩世人(レイ 1911.8.7–1979.6.16)
 映監(レイ,ニコラス 1911.8.7–1979)

Ray, Rachael Domenica
アメリカのテレビ司会者,料理研究家。
⇒外12(レイ,レイチェル 1968.8.25–)
 外16(レイ,レイチェル 1968.8.25–)

Ray, Rex
アメリカの宣教師。
⇒アア歴(Ray,Rex レイ,レックス 1885.11.11–1958.1.31)

Ray, Satyajit
インドの映画監督。処女作『大地のうた』(1955)で一躍有名になった。主作品『タゴール』(61)。
⇒岩世人（レイ（ライ）　1921.5.2–1992.4.23）
　映監（レイ, サタジット　1921.5.2–1992）
　広辞7（レイ　1921–1992）
　南ア新（レイ　1921–1992）

Ray, Thomas W.
アメリカ中央情報局（CIA）職員。
⇒スパイ（レイ, トーマス・ウィラード　?–1961.4.19）

Rayam, Curtis
アメリカのテノール歌手。
⇒魅惑（Rayam, Curtis　1951–）

Rayan, Samuel
インドの神学者, イエズス会司祭。
⇒新カト（ライアン　1920.7.23–）

Rayburn, Samuel Taliaferro
アメリカの政治家。1940〜56年連邦下院議長。
⇒アメ州（Rayburn, Sam　レイバーン, サム　1882–1961）

Raye, Martha
アメリカの喜劇女優, 歌手, ダンサー。
⇒ク俳（レイ, マーサ（リード, マーガレット・"マギー"）　1908–1994）
　スター（レイ, マーサ　1916.8.27–1994）

Rayet, George Antoine Pons
フランスの天文学者。
⇒天文人（ライエ　1839–1906）

Rayito
スペインのシンガー・ソングライター。
⇒外12（ライート　1983–）

Rayleigh, John William Strutt, 3rd Baron
イギリスの物理学者。1904年ノーベル物理学賞受賞。
⇒岩世人（レイリー　1842.11.12–1919.6.30）
　オク地（ストラット, ジョーン・ウィリアム　1842–1919）
　化学卿（レイリーきょう　1842–1919）
　学叢思（レーレー, ロード　1842–1919）
　科史（レイリー　1842–1919）
　広辞7（レイリー　1842–1919）
　三新物（レイリーきょう　—卿　1842–1919）
　世数（レイリー, ジョン・ウィリアム・ストラット　1842–1919）
　ノベ3（レーリー, J.W.S.　1842.11.12–1919.6.30）
　物理（レイリー卿（ストラット, J.W）　1842–1919）

Raymon, Carl W.
ドイツの技師。
⇒異二辞（レイモン, カール　1894–1987）

Raymond, Antonin
チェコスロバキア生まれのアメリカの建築家。聖路加病院, フランス大使館, 東京女子大学などを設計。
⇒アア歴（Raymond, Antonin　レイモンド, アントニン　1888.5.10–1976.11.21）
　岩世人（レイモンド　1888.5.10–1976.10.25）
　ネーム（レーモンド　1889–1976）

Raymond, Gene
アメリカの男優。
⇒ク俳（レイモンド, ジーン（ガイオン, R）　1908–1998）

Raymond, Lee R.
アメリカの実業家。
⇒外12（レイモンド, リー　1938.8.13–）
　外16（レイモンド, リー　1938.8.13–）

Raymond, Lisa
アメリカのテニス選手。
⇒最世ス（レイモンド, リサ　1973.8.10–）

Raymond, Marcel
スイスの文芸評論家。実証を通じての内在的批評の方法を完成した。
⇒岩世人（レーモン　1897.12.20–1981.11.28）

Raymond, Paula
アメリカの女優, モデル。
⇒ク俳（レイモンド, ポーラ（ライト, P・ラモナ）　1923–）

Raynaud, Ernest Gabriel Nicolas
フランスの詩人。ロマン派を創始し(1891), ギリシア, ラテンの伝統を汲む新古典主義を唱道した。
⇒岩世人（レノー　1864.2.22–1936.10.10）

Raynaud, Jean-Pierre
フランス生まれの工芸家。
⇒芸13（レイノー, ジャン・ピエール　1939–）

Rayner, Sidney
アメリカのテノール歌手。
⇒魅惑（Rayner, Sidney　1895–1981）

Raysse, Martial
フランス生まれの造形家。
⇒外16（レイス, マルシャル　1936–）
　芸13（レイス, マルティアル　1936–）

Raz, Jacob
イスラエルの文化人類学者。
⇒外12（ラズ, ヤコブ　1944–）

Raz, Joseph
イギリスの思想家。
⇒外12（ラズ, ジョセフ　1939.3.21–）
　外16（ラズ, ジョセフ　1939.3.21–）

Raza, Sayed Haider
インドの画家。
⇒岩世人（ラザー　1922.2.22–）

Razador, José
ベルギーのテノール歌手。
⇒魅惑（Razador,José　1935–）

Razak, Abdhul
英領期ビルマ（ミャンマー）のムスリム政治家。
⇒岩世人（ラザック　1898.1.20–1947.7.19）

Razak bin Hussain, Tun Abdul
マレーシアの政治家。1955年マラヤ連邦立法会議員。独立後の57年副首相兼国防相、70年9月からラーマン首相の後継者として首相兼国防相を勤めた。
⇒岩イ（アブドゥル・ラザック　1922–1976）
　岩世人（ラザク, アブドゥル　1922.3.11–1976.1.14）
　現アジ（トゥン・ラザク, アブドゥル　1922.5.11–1976.1.14）

Razaleigh Hamzah, Tan Sri Tengku
マレーシアの政治家。
⇒岩世人（ラザレイ・ハムザ　1937.4.13–）

Razali Ismail
マレーシアの外交官。
⇒外12（ラザリ・イスマイル　1939–）
　外16（ラザリ・イスマイル　1939–）
　世指導（ラザリ・イスマイル　1939–）

Razmi, Jahangir
イランの報道写真家。
⇒外12（ラズミ, ジャハンギル）

Razon, Enrique K.
フィリピンの実業家。
⇒外16（ラゾン, エンリケ）

Razzano, Virginie
フランスのテニス選手。
⇒外12（ラザノ, ヴィルジニ　1983.5.12–）

Razzoli, Giuliano
イタリアのスキー選手（アルペン）。
⇒外12（ラッツォーリ, ジュリアーノ　1984.12.18–）
　外16（ラッツォーリ, ジュリアーノ　1984.12.18–）
　最世ス（ラッツォーリ, ジュリアーノ　1984.12.18–）

Rea, Domenico
イタリアの小説家。『イエスよ、灯をともしてください』（1951）でビアレッジョ賞受賞。
⇒現世文（レーア, ドメニコ　1921.9.8–）

Rea, George Bronson
アメリカのジャーナリスト、時事評論家。
⇒アア歴（Rea,George Bronson　リー, ジョージ・ブロンスン　1869.8.28–1936.11.21）

Rea, Stephen
アイルランド生まれの俳優。
⇒岩世人（レイ　1946.10.31–）
　ク俳（レイ, スティーヴン　1942–）

Reach, Alfred James
アメリカの大リーグ選手、監督。
⇒メジャ（リーチ, アル　1840.5.25–1928.1.14）

Read, Anthony
イギリスのテレビプロデューサー。
⇒現世文（リード, アンソニー　1935.4.21–2015.11.21）

Read, Carveth
イギリスの哲学者。主著, "On the theory of logic"（1878）。
⇒岩世人（リード　1848.3.16–1931.12.6）

Read, Gardner
アメリカの作曲家、作家。
⇒エデ（リード, ガードナー　1913.1.2–2005.11.10）

Read, Herbert Edward
イギリスの芸術批評家, 詩人。主著『裸の勇士』（1916）,『芸術の意味』（31）,『モダン・アートの哲学』（51）。
⇒岩世人（リード　1893.12.4–1968.6.12）
　教思増（リード　1893–1968）
　教人（リード　1893–）
　現世文（リード, ハーバート・エドワード　1893.12.4–1968.6.12）
　広辞7（リード　1893–1968）
　新カ人（リード　1893.12.4–1968.6.12）
　西文（リード, ハーバート　1893–1968）

Read, Kieran
ニュージーランドのラグビー選手（クルセイダーズ・No.8）。
⇒外16（リード, キーラン　1985.10.26–）

Read, Piers Paul
イギリスの小説家。
⇒岩世人（リード　1941.3.7–）
　外12（リード, ピアズ・ポール　1941–）
　外16（リード, ピアズ・ポール　1941.3.7–）
　現世文（リード, ピアズ・ポール　1941.3.7–）

Reade, Shanaze
イギリスの自転車選手（BMX）。
⇒最世ス（リード, シャネーズ　1988.9.23–）

Reader, Eddi
イギリスの女性シンガー・ソングライター。
⇒外12（リーダー, エディ）
　外16（リーダー, エディ　1959–）

Reading, Marquis of Gerald Rufus Isaacs
イギリスの政治家。
⇒ユ著人（Reading,Marquis of Gerald Rufus

Isaacs レディング侯爵, ジェラルド・ルーファス・アイザックス 1889–1960)

Reading, Rufus Daniel Isaacs 1st Marquess of
イギリスの法律家, 政治家, 首席裁判官, インド総督。
⇒岩世人 (レディング 1860.10.10–1935.12.30)
ユ著人 (Reading,Marquis of Rufus Daniel Isaacs レディング侯爵, ルーファス・ダニエル・アイザックス 1860–1935)

Reagan, Nancy Davis
レーガン第40代米国大統領夫人。ナンシー・レーガン財団名誉会長, レブロン取締役。
⇒外12 (レーガン, ナンシー 1921.7.6–)
⇒外16 (レーガン, ナンシー 1921.7.6–)

Reagan, Ronald
アメリカの政治家。第40代大統領(1981～89)。
⇒アメ州 (Reagan,Ronald Wilson レーガン, ロナルド・ウイルソン 1911–)
アメ新 (レーガン 1911–2004)
異二辞 (レーガン[ロナルド・～] 1911–2004)
岩世人 (レーガン 1911.2.6–2004.6.5)
ク俳 (レーガン, ロナルド 1911–)
広辞7 (レーガン 1911–2004)
スター (レーガン, ロナルド 1911.2.6–2004)
政経改 (レーガン 1911–)
世史改 (レーガン 1911–2004)
世人新 (レーガン 1911–2004)
世人装 (レーガン 1911–2004)
戦ア大 (レーガン, ロナルド・W. 1911.2.6–2004.6.5)
ポプ人 (レーガン, ロナルド 1911–2004)
もう山 (レーガン 1911–2004)

Reaney, James
カナダの劇作家。
⇒現世文 (レイニー, ジェームズ 1926.9.1–2008.6.11)

Reardon, Jeffrey James
アメリカの大リーグ選手(投手)。
⇒メジャ (リアドン, ジェフ 1955.10.1–)

Reary, Tom
アメリカの作家。
⇒現世文 (リーミイ, トム 1935–1977)

Reason, Rex
アメリカの男優。
⇒ク俳 (リーズン, レックス 1928–)

Rebelo de Sousa, Marcelo
ポルトガルの政治家, ジャーナリスト。ポルトガル大統領(2016～)。
⇒世指導 (レベロデソウザ, マルセロ 1948.12.12–)

Rebensburg, Viktoria
ドイツのスキー選手(アルペン)。
⇒外12 (レーベンスブルク, ヴィクトリア 1989.10.4–)
外16 (レーベンスブルク, ヴィクトリア 1989.10.4–)
最世ス (レーベンスブルク, ヴィクトリア 1989.10.4–)

Reber, Grote
アメリカの電気学者。規準局のラジオ普及研究所に勤め(1947～), 銀河系や, 星雲から来る波長20センチメートルの電波の研究を行った。
⇒岩世人 (リーバー 1911.12.22–2002.12.20)

Rebikov, Vladimir
ロシアの作曲家。
⇒標音2 (レビコフ, ヴラヂィミル・イヴァノヴィチ 1866.5.31–1920.8.4)

Reboulet, Jeffrey Allen
アメリカの大リーグ選手(二塁, 遊撃)。
⇒メジャ (レブレー, ジェフ 1964.4.30–)

Rebreanu, Liviu
ルーマニアの小説家。『労苦』(1912)『イオン』(20) など。
⇒岩世人 (レブリャーヌ 1885.11.15/27–1944.9.1)
ネーム (レブリャヌ 1885–1944)

Rebrov, Sergei
ウクライナのサッカー選手。
⇒外12 (レブロフ, セルゲイ 1974.6.3–)
外16 (レブロフ, セルゲイ 1974.6.3–)
最世ス (レブロフ, セルゲイ 1974.6.3–)

Rébuffat, Gaston
フランスのアルピニスト。アルプスで数多くの初登攀の記録を樹立。著作『星と嵐』(1954)。
⇒岩世人 (レビュファ 1921.5.7–1985.5.31)
広辞7 (レビュファ 1921–1985)

Recabarren Serrano, Luis Emilio
チリの政治家。黎明労働運動の指導者。
⇒ラテ新 (レカバレン 1876–1924)

Recaîzâde Mahmud Ekrem
オスマン帝国の改革思想家, 教育者, 作家, 詩人, 劇作家。
⇒岩世人 (レジャイザーデ・マフムト・エクレム 1847.3.1–1914.1.31)

Recep Peker, Mehmet
トルコの軍人, 政治家。
⇒岩世人 (レジェブ・ペケル 1889–1950.4.1)

Recheis, Kathe
オーストリアの児童文学者。
⇒現世文 (レヒアイス, ケーテ 1928.3.11–2015.5.29)

Rechichi, Elise
オーストラリアのヨット選手(470級)。
⇒外12 (レチッチ, エリーゼ 1986.1.11–)
外16 (レチッチ, エリーゼ 1986.1.11–)

最世ス（レチッチ, エリーゼ　1986.1.11–）

Rechy, John Francisco
アメリカの小説家。
⇒現世文（レチー, ジョン・フランシスコ　1934.3.10–）

Reckermann, Jonas
ドイツのビーチバレー選手。
⇒外16（レッケルマン, ヨナス　1979.5.26–）
最世ス（レッケルマン, ヨナス　1979.5.26–）

Recklinghausen, Friedrich von
ドイツの病理学者。囊胞性繊維性骨尖に彼の名が冠せられている。
⇒岩世人（レックリングハウゼン　1833.12.2–1910.8.26）

Reclus, Jean Jacques Elisée
フランスの地理学者。
⇒岩世人（ルクリュ　1830.3.15–1905.7.4）

Recto, Claro M.
フィリピンの政治家。民主党を創立。57年国民党から大統領選に立候補したが、敗れた。
⇒岩世人（レクト　1890.2.8–1960.10.2）

Réda, Jacques
フランスの詩人。
⇒岩世人（レダ　1929.1.24–）
現世文（レダ, ジャック　1929.1.24–）

Redd, Michael
アメリカのバスケットボール選手。
⇒最世ス（レッド, マイケル　1979.8.24–）

Reddick, Josh
アメリカの大リーグ選手（アスレチックス・外野手）。
⇒最世ス（レディック, ジョシュ　1987.2.19–）
メジャ（レディック, ジョシュ　1987.2.19–）

Reddie, Cecil
イギリスの教育家。ダービシャーのボッツホルムに新学校を創設（1889）。
⇒岩世人（レディ　1858.10.10–1932.2.6）
教人（レディ　1858–1932）

Redding, Otis
アメリカのソウル歌手。
⇒岩世人（レディング　1941.9.9–1967.12.10）
新音中（レディング, オーティス　1941.9.9–1967.12.10）
標音2（レディング, オーティス　1941.9.9–1967.12.10）
ロック（Redding,Otis　レディング, オーティス　1941.9.9–）

Reddy, Helen
オーストラリア生まれの歌手。
⇒ロック（Reddy,Helen　レディ, ヘレン　1942.10.25–）

Redel, Kurt
ドイツのフルート奏者, 指揮者。
⇒標音2（レーデル, クルト　1918.10.8–）

Redfield, James
アメリカの作家。
⇒外16（レッドフィールド, ジェームズ）

Redfield, Robert
アメリカの文化人類学者。主著『ユカタンの民俗文化』(1941), 『農民社会と文化』(56)。
⇒岩世人（レッドフィールド　1897.12.4–1958.10.16）
社小増（レッドフィールド　1897–1958）
新カト（レッドフィールド　1897.12.4–1958.10.16）
ラテ新（レッドフィールド　1897–1958）

Redford, Robert
アメリカ生まれの男優, 映画監督。
⇒遺産（レッドフォード, ロバート　1936.8.18–）
映監（レッドフォード, ロバート　1936.8.18–）
外12（レッドフォード, ロバート　1936.8.18–）
外16（レッドフォード, ロバート　1936.8.18–）
ク俳（レッドフォード, ロバート（レッドフォード, チャールズ・R）　1936–）
スター（レッドフォード, ロバート　1936.8.18–）
ネーム（レッドフォード, ロバート　1936–）

Redgrave, Lynn
イギリス生まれの女優。
⇒ク俳（レッドグレイヴ, リン　1943–）
スター（レッドグレイヴ, リン　1943.3.8–）

Redgrave, Michael
イギリス生まれの男優。
⇒岩世人（レッドグレイヴ　1908.3.20–1985.3.21）
ク俳（レッドグレイヴ, サー・マイクル　1908–1985）

Redgrave, Vanessa
イギリスの女優。
⇒遺産（レッドグレイヴ, ヴァネッサ　1937.1.30–）
岩世人（レッドグレイヴ　1937.1.30–）
外12（レッドグレープ, バネッサ　1937.1.30–）
外16（レッドグレープ, バネッサ　1937.1.30–）
ク俳（レッドグレイヴ, ヴァネッサ　1937–）
スター（レッドグレイヴ, ヴァネッサ　1937.1.30–）

Redgrove, Peter William
イギリスの詩人。
⇒現世文（レッドグローブ, ピーター・ウィリアム　1932.1.2–2003）

Reding, Marcel
ドイツのカトリック神学者, 哲学者。
⇒新カト（レディング　1914.1.19–1993.5.27）

Redl, Alfred
オーストラリア＝ハンガリー帝国の高級情報士

官。ロシアのスパイ。
⇒スパイ（レドル，アルフレート　1864–1913）

Redlich, Hans Ferdinand
オーストリアの音楽学者。作曲家および文筆家として活躍。優秀なモンテヴェルディ作品の改訂版を出版した。
⇒標音2（レートリヒ，ハンス　1903.2.11–1968.11.27）

Redlich, Oswald
オーストリアの歴史家。
⇒岩世人（レートリヒ　1858.9.17–1944.1.20）

Redman, Dewey
アメリカのジャズ・サックス奏者。
⇒標音2（レッドマン，デューイ　1931.5.17–）

Redman, Joshua
アメリカのジャズ・サックス奏者。
⇒外12（レッドマン，ジョシュア　1969.2.1–）
　外16（レッドマン，ジョシュア　1969.2.1–）

Redmayne, Eddie
イギリスの俳優。
⇒外16（レッドメイン，エディ　1982.1.6–）

Redmond, John Edward
アイルランドの政治家。
⇒岩世人（レドモンド　1856.9.1–1918.3.6）

Redmond, Michael
アメリカ出身の棋士（囲碁9段）。
⇒岩世人（レドモンド　1963.5.25–）

Redmond, Patrick
イギリスの作家。
⇒海文新（レドモンド，パトリック　1966–）
　現世文（レドモンド，パトリック　1966–）

Redol, António Alves
ポルトガルの作家。
⇒現世文（レドル，アルヴェス　1911.12.29–1969.11.29）

Redon, Odilon
フランスの画家，版画家。主作品『夢の中で』(1879)，『アネモネの花』(1908)。
⇒岩世人（ルドン　1840.4.20/22–1916.7.6）
　芸13（ルドン，オディロン　1840–1916）
　広辞7（ルドン　1840–1916）
　19仏（ルドン，オディロン　1840.4.22–1916.7.6）
　ネーム（ルドン，オディロン　1840–1916）
　ポプ人（ルドン，オディロン　1840–1916）

Redstone, Sumner Murray
アメリカの法律家，実業家。
⇒外12（レッドストーン，サムナー　1923.5.27–）
　外16（レッドストーン，サムナー　1923.5.27–）

Redus, Gary Eugene
アメリカの大リーグ選手（外野，一塁）。
⇒メジャ（リーダス，ゲイリー　1956.11.1–）

Ree, Jean van
オランダのテノール歌手。
⇒魅惑（Ree, Jean van　1943–）

Reece, Arley
アメリカのテノール歌手。
⇒魅惑（Reece, Arley　1945–2005）

Reed, Alfred
アメリカの作曲家，指揮者。
⇒異二辞（リード［アルフレッド・～］　1921–2005）

Reed, Allison
アメリカのフィギュアスケート選手（アイスダンス）。
⇒外12（リード，アリソン　1994.6.8–）
　外16（リード，アリソン　1994.6.8–）
　最世ス（リード，アリソン　1994.6.8–）

Reed, Barry
アメリカの作家，弁護士。
⇒現世文（リード，バリー　1927–2002.7.19）

Reed, *Sir* Carol
イギリスの映画監督。主作品『邪魔者は殺せ』(1947)，『第三の男』(49)，『オリバー！』(68，アカデミー監督賞受賞)。
⇒岩世人（リード　1906.12.30–1976.4.25）
　映監（リード，キャロル　1906.12.30–1976）
　広辞7（リード　1906–1976）
　ネーム（リード，キャロル　1906–1976）

Reed, Donna
アメリカの映画女優。
⇒ク俳（リード，ドナ（マレンガー，D）　1921–1986）
　スター（リード，ドナ　1921.1.27–1986）

Reed, Ed
アメリカのプロフットボール選手（テキサンズ・FS）。
⇒最世ス（リード，エド　1978.9.11–）

Reed, *Sir* Edward James
イギリスの造船技術者。木造艦を装甲艦に造り変えるために多くの新方式を採用，代表的新型装甲艦「Bellerophon」号の建造に成功。
⇒岩世人（リード　1830.9.20–1906.11.30）

Reed, Ethel
アメリカのポスター・デザイナー。
⇒グラデ（Reed, Ethel　リード，エセル　1876–?）

Reed, Hannah
アメリカの作家。
⇒海文新（リード，ハンナ　1953–）

Reed, Herbert Owen
アメリカの作曲家, 音楽著述家。
⇒標音2（リード, ハーバート・オーエン　1910.6.17-）

Reed, Ishmael Scott
アメリカの小説家, 詩人, エッセイスト, 作詞家, プロデューサー, 出版者。
⇒岩世人（リード　1938.2.22-）
　現世文（リード, イシュメイル　1938.2.22-）

Reed, Jack
アメリカの政治家。
⇒外12（リード, ジャック　1949.11.12-）

Reed, Jeffrey Scott
アメリカの大リーグ選手（捕手）。
⇒メジャ（リード, ジェフ　1962.11.12-）

Reed, Jerry
アメリカ生まれの俳優。
⇒ロック（Reed, Jerry　リード, ジェリー　1939.3.20-）

Reed, Jimmy
アメリカのブルース・ミュージシャン。
⇒ロック（Reed, Jimmy　リード, ジミー　1925.9.6-）

Reed, Jody Eric
アメリカの大リーグ選手（二塁, 遊撃）。
⇒メジャ（リード, ジョディ　1962.7.26-）

Reed, John
アメリカのジャーナリスト, 社会主義者。主著『世界をゆるがした10日間』（1919）。
⇒アメ州（Reed, John　リード, ジョン　1887-1920）
　岩世人（リード　1887.10.22-1920.10.17）

Reed, John Shepard
アメリカの銀行家。
⇒外12（リード, ジョン　1939.2.7-）
　外16（リード, ジョン　1939.2.7-）

Reed, Lou
アメリカのロック・ミュージシャン。
⇒エデ（リード, ルー［ルイス］（アレン）　1942.3.2-2013.10.27）
　ロック（Reed, Lou　リード, ルー　1942.3.2-）

Reed, Mary
アメリカの宣教師。
⇒アア歴（Reed, Mary　リード, メアリー　1854.12.4-1943.4.8）

Reed, Oliver
イギリス生まれの俳優。
⇒ク俳（リード, オリヴァー（リード, ロバート・O）　1937-1999）
　スター（リード, オリヴァー　1938.2.13-1999）

Reed, Peyton
アメリカの映画監督。
⇒外12（リード, ペイトン）
　外16（リード, ペイトン　1964-）

Reed, Richard Allen
アメリカの大リーグ選手（投手）。
⇒メジャ（リード, リック　1964.8.16-）

Reed, Ronald Lee
アメリカの大リーグ選手（投手）。
⇒メジャ（リード, ロン　1942.11.2-）

Reed, Steven Vincent
アメリカの大リーグ選手（投手）。
⇒メジャ（リード, スティーヴ　1965.3.11-）

Reedie, Craig
イギリスのバドミントン選手。
⇒外16（リーディー, クレイグ　1941.5.1-）

Reedus, Norman
アメリカの俳優, ファッションモデル。
⇒外16（リーダス, ノーマン　1969-）

Rees, David（Bartlett）
イギリスの児童文学作家。
⇒現世文（リーズ, デービッド　1936-1993）

Rees, Martin John
イギリスの天体物理学者。
⇒外16（リース, マーティン　1942.6.23-）

Rees, Matt Beynon
イギリスの作家, ジャーナリスト。
⇒海文新（リース, マット・ベイノン　1967-）
　現世文（リース, マット・ベイノン　1967-）

Rees, William E.
カナダの生態学者, 動物行動学者。
⇒外16（リース, ウィリアム・E.　1943.12.18-）

Rees, William Linford Llewelyn
イギリスの精神科医。
⇒精医歴（リーズ, ウィリアム・リンフォード・ルウェリン　1914-）

Reese, Brittney
アメリカの走り幅跳び選手。
⇒外16（リース, ブリトニー　1986.9.9-）
　最世ス（リース, ブリトニー　1986.9.9-）

Reese, Calvin（Pokey）
アメリカの大リーグ選手（二塁, 遊撃）。
⇒メジャ（リース, ポーキー　1973.6.10-）

Reese, Della
アメリカの女性ジャズ歌手。
⇒ロック（Reese, Della　リース, デラ　1932.7.6-）

Reese, Gustave
アメリカの音楽学者。中世、ルネサンスのヨーロッパ音楽史の権威として知られている。
⇒**新音中**（リース, グスターヴ　1899.11.29–1977.9.7）
　標音2（リーズ, ガステーヴ〔グスターヴ〕　1899.11.29–1977.9.7）

Reese, Harold Henry（Pee Wee）
アメリカの大リーグ選手（遊撃）。
⇒**メジャ**（リース, ピー・ウィー　1918.7.23–1999.8.14）

Reese, Tracy
アメリカの服飾デザイナー。
⇒**外16**（リース, トレイシー　1964–）

Reeve, Christopher
アメリカ・ニューヨーク生まれの男優。
⇒**ク俳**（リーヴ, クリストファー　1952–）

Reeve, Philip
イギリスの作家、イラストレーター。
⇒**外16**（リーブ, フィリップ　1966–）
　海文新（リーヴ, フィリップ　1966–）
　現世文（リーブ, フィリップ　1966–）

Reeves, Dianne
アメリカのジャズ歌手。
⇒**外12**（リーブス, ダイアン　1956.10.23–）
　外16（リーブス, ダイアン　1956.10.23–）

Reeves, Jim
アメリカ・テキサス州生まれのカントリー歌手。
⇒**標音2**（リーヴズ, ジム　1928.8.20–1964.7.31）
　ロック（Reeves,Jim　リーヴズ, ジム　1924.8.20–1964.7.31）

Reeves, Keanu
レバノン生まれの男優。
⇒**外12**（リーブス, キアヌ　1964.9.2–）
　外16（リーブス, キアヌ　1964.9.2–）
　ク俳（リーヴズ, キアヌ　1964–）
　スター（リーヴス, キアヌ　1964.9.2–）
　ネーム（リーブス, キアヌ　1964–）

Reeves, *Sir* Paul Alfred
ニュージーランドの聖職者。
⇒**ニュー**（リーヴス, ポール　1932–）

Reeves, Richard
アメリカの作家、コラムニスト。
⇒**外16**（リーブス, リチャード）
　現世文（リーブス, リチャード）

Reeves, Steve
アメリカ生まれの俳優。
⇒**ク俳**（リーヴス, スティーヴ　1926–2000）

Reeves, William Pember
ニュージーランドの政治家。
⇒**ニュー**（リーヴス, ウイリアム　1857–1932）

Refice, Licinio
イタリアの作曲家、指揮者。1911年以来ヴァチカンの教皇院聖楽長をつとめた。
⇒**オペラ**（レフィチェ, リチニオ　1885–1954）

Refn, Nicolas Winding
デンマークの映画監督。
⇒**外16**（レフン, ニコラス・ウィンディング　1970–）

Reformatsky, Aleksandr Aleksandrovich
ロシア、ソ連の言語学者。
⇒**岩世人**（レフォルマツキー　1900.10.16/29–1978.5.3）

Régamey, Félix
フランスの画家。
⇒**19仏**（レガメ, フェリックス　1844.8.7–1907.5.7）

Regan, Brian Patrick
アメリカ空軍の情報分析官。
⇒**スパイ**（リーガン, ブライアン・パトリック　1962–）

Regan, Donald Thomas
アメリカの実業家。アメリカ財務長官、メリルリンチ会長。
⇒**アメ経**（リーガン, ドナルド　1918.12.21–2003.6.10）

Regan, Philip Raymond
アメリカの大リーグ選手（投手）。
⇒**メジャ**（リーガン, フィル　1937.4.6–）

Regan, Tom
アメリカの哲学者。動物の権利に関する理論の専門家。
⇒**メル別**（レーガン〔リーガン〕, トム　1938–2017）

Regener, Erich
ドイツの物理学者。宇宙線および成層圏物理学を研究した。
⇒**岩世人**（レーゲナー　1881.11.12–1955.2.27）

Reger, Max
ドイツの作曲家、音楽教師。主作品『モーツァルトの主題による変奏曲とフーガ』（1914）など。
⇒**岩世人**（レーガー　1873.3.19–1916.5.11）
　エデ（レーガー,（ヨハン・バプティスト・ヨーゼフ）マックス［マクシミリアン］　1873.3.19–1916.5.11）
　ク音3（レーガー　1873–1916）
　新音小（レーガー, マックス　1873–1916）
　新音中（レーガー, マックス　1873.3.19–1916.5.11）
　新カト（レーガー　1873.3.19–1916.5.11）
　ピ曲改（レーガー, マックス　1873–1916）
　標音2（レーガー, マックス　1873.3.19–1916.5.11）

Regge, Tullio
イタリアの物理学者。
⇒岩世人（レッジェ　1931.7.11–）
　物理（レッジェ, トゥーリオ　1931–）

Regina, Elis
ブラジルの歌手。
⇒標音2（レジーナ, エリス　1945.3.17–1982.1.19）

Régio, José
ポルトガルの作家。詩『人の子』(1961), 小説『めくら鬼』(1934) など。
⇒現世文（レジオ, ジョゼ　1901.9.17–1969.12.22）

Régis, Georgis
テノール歌手。
⇒魅惑（Régis,Georgis　?–?）

Regnault, Eugène Louis Georges
フランスの外交官。1913〜18年駐日大使として在任中, 第1次世界大戦が勃発。日本軍の対独戦への参加などに成功した。
⇒岩世人（ルニョー　1857–?）

Régnier, Henri François Joseph de
フランスの詩人, 小説家。
⇒岩世人（レニエ　1864.12.28–1936.5.23）
　現世文（レニエ, アンリ・ド　1864.12.28–1936.5.23）
　広辞7（レニエ　1864–1936）
　19仏（レニエ, アンリ・ド　1864.12.28–1936.5.23）
　比文増（レニエ（アンリ・ド）　1864（元治1）–1936（昭和11））
　フ文小（レニエ, アンリ・ド　1864–1936）

Rego, Emanuel Fernando Scheffer
ブラジルのビーチバレー選手。
⇒外12（レゴ, エマヌエル　1973.4.15–）
　最世ス（レゴ, エマヌエル　1973.4.15–）

Rego, Paula
ポルトガルの画家。
⇒芸13（レゴ, パウラ　1935–）

Rego Cavalcanti, José Lins do
ブラジルの作家。
⇒岩世人（レーゴ　1901.6.3–1957.9.12）

Regoyos, Darío de
スペインの画家。
⇒芸13（レゴィオス, ダリーオ・デ　1857–1913）

Regy, Claude
フランスの演出家。
⇒外16（レジ, クロード　1923.5.1–）

Rehak, Pavel
チェコのサッカー監督, サッカー選手。
⇒外12（ジェハーク, パベル　1963.10.7–）

Rehberg, Hans
ドイツの作家, 劇作家。
⇒岩世人（レーベルク　1901.12.25–1963.6.20）

Rehberger, Tobias
ドイツ生まれの芸術家。
⇒現アテ（Rehberger,Tobias　レーベルガー, トビアス　1966–）

Rehfisch, Hans José
ドイツ（ユダヤ系）の劇作家, 作家, 劇場監督。
⇒岩世人（レーフィッシュ　1891.4.10–1960.6.9）

Rehhagel, Otto
ドイツのサッカー監督。
⇒外12（レーハーゲル, オットー　1938.8.9–）
　外16（レーハーゲル, オットー　1938.8.9–）
　最世ス（レーハーゲル, オットー　1938.8.9–）

Rehmke, Johannes
ドイツの哲学者。主著 "Die Welt als Wahrnehmung" (1880)。
⇒岩世人（レームケ　1848.2.1–1930.12.23）
　学叢思（レームケ, ヨハネス　1848–?）

Rehn, Elizabeth
フィンランドの女性政治家。フィンランド国防相, 国連事務次長。
⇒世指導（レーン, エリザベス　1935.4.6–）

Rehnquist, William H.
アメリカの裁判官。
⇒アメ新（レーンキスト　1924–2005）
　岩世人（レンクィスト　1924.10.1–2005.9.3）

Reich, Christopher
東京生まれの作家。
⇒海文新（ライク, クリストファー　1961.11.12–）
　現世文（ライク, クリストファー　1961.11.12–）

Reich, Klaus
ドイツの哲学者。
⇒岩世人（ライヒ　1906.12.1–1996.1.24）

Reich, Michael
アメリカの生化学者, 政治学者。
⇒外15（ライシュ, マイケル　1950–）

Reich, Robert
アメリカの経済学者。労働長官。
⇒岩世人（ライシュ　1946.6.24–）
　外12（ライシュ, ロバート　1946.6.24–）
　外16（ライシュ, ロバート　1946.6.24–）
　世指導（ライシュ, ロバート　1946.6.24–）
　ユ著人（Reich,Robert B.　ライシュ, ロバート・B　1946–）

Reich, Steve
アメリカの作曲家。
⇒岩世人（ライヒ（ライシュ）　1936.10.3–）

エデ（ライヒ, スティーヴ［スティーヴン］（マイケル）　1936.10.3–）
外12（ライヒ, スティーブ　1936.10.3–）
外16（ライヒ, スティーブ　1936.10.3–）
ク音3（ライヒ（ライク）　1936–）
現音キ（ライヒ, スティーヴ　1936–）
新音小（ライヒ, スティーヴ　1936–）
新音中（ライヒ, スティーヴ　1936.10.3–）
標音2（ライク, スティーヴ　1936.10.3–）
ユ著人（Reich,Steve　ライシュ, スティーヴ　1936–）

Reich, Wilhelm
オーストリア, アメリカの精神分析学者。治療技法, 性の問題について独自の見解を示し, 自我心理学の発展に寄与した。主著『性格分析』（1932）。
⇒岩女（ライヒ, ヴィルヘルム　1897.3.24–1957.11.3）
　岩世人（ライヒ　1897.3.24–1957.11.3）
　現社（ライヒ　1897–1957）
　現精（ライヒ　1897–1957）
　現精縮（ライヒ　1897–1957）
　広辞7（ライヒ　1897–1957）
　社小増（ライヒ　1897–1957）
　精分岩（ライヒ, ヴィルヘルム　1897–1957）
　精分弘（ライヒ, ウィリアム　1897–1957）
　ユ著人（Reich,Wilhelm　ライヒ, ヴィルヘルム　1897–1957）

Reich, Willi
オーストリア生まれのスイスの音楽批評家, 音楽学者。ヴィーンの伝統的・保守的音楽界に対して「第2次ヴィーン楽派」の現代音楽を擁護した。
⇒新音中（ライヒ, ヴィリ　1898.5.27–1980.5.1）
　標音2（ライヒ, ヴィリ　1898.5.27–1980.5.1）

Reichardt, Frederic Carl
アメリカの大リーグ選手（外野）。
⇒メジャ（ライカート, リック　1943.3.16–）

Reichel, Kealii
アメリカのシンガー・ソングライター, クム・フラ。
⇒外12（レイシェル, ケアリイ）
　外16（レイシェル, ケアリイ）

Reichel-Dolmatoff, Gerardo
オーストリア・ザルツブルク生まれのコロンビアの考古学者, 民族学者。
⇒岩世人（ライヘル＝ドルマトフ　1912.3.6–1994.5.16）
　ラテ新（ライヘル・ドルマトフ　1912–1994）

Reichenbach, Hans
ドイツ生まれのアメリカの科学哲学者。ウィーン学団の中心人物の一人。主著『蓋然論』（1935）,『量子力学の哲学的基礎』（44）。
⇒岩世人（ライヒェンバッハ　1891.9.26–1953.4.9）
　広辞7（ライヘンバッハ　1891–1953）
　新カト（ライヘンバッハ　1891.9.26–1953.4.9）
　哲中（ライヘンバッハ　1891–1953）
　メル3（ライヘンバッハ, ハンス　1891–1953）

Reichenow, Eduard
ドイツの動物学者。A.ライヘノーの子。原生動物, 寄生虫などの研究で知られる。
⇒岩世人（ライヒェノー　1883.7.7–1960.3.23）

Reichert, Aviram
イスラエル・テルアビブ生まれのピアノ奏者。
⇒ユ著人（Reichert,Aviram　ライヒェルト, アヴィラム　1971–）

Reichmann, Paul
カナダの実業家, ユダヤ系大富豪。
⇒ユ著人（Reichmann,Paul　ライヒマン, ポール　1930–?）

Reich-Ranicki, Marcel
ドイツの文芸批評家。
⇒岩世人（ライヒ＝ラニツキ　1920.6.2–2013.9.18）

Reichs, Kathy
アメリカの法人類学者, 作家。
⇒外12（ライクス, キャシー）
　外16（ライクス, キャシー）
　海文新（ライクス, キャシー）
　現世文（ライクス, キャシー）

Reichstein, Tadeus
スイスの有機化学者。ノーベル生理・医学賞受賞。
⇒岩生（ライヒシュタイン　1897–1996）
　岩世人（ライヒシュタイン　1897.7.20–1996.8.1）
　ノベ3（ライヒシュタイン, T.　1897.7.20–1996.8.1）
　ユ著人（Reichstein,Tadeusz　ライヒシュタイン, タデウシュ　1897–1996）

Reichwein, Adolf
ドイツの教育家, 政治家。ドイツ抵抗運動の中心人物の一人。
⇒岩世人（ライヒヴァイン　1898.10.3–1944.10.20）

Reid, Barbara
カナダの挿絵画家。
⇒絵本（リード, バーバラ　1957–）

Reid, Charles
テノール歌手。
⇒魅惑（Reid,Charles　?–）

Reid, Christopher
イギリスの詩人。
⇒岩世人（リード　1949.5.13–）

Reid, Duke
ジャマイカのレコードプロデューサー, スカーの先駆者。サウンド・システムズの経営者。
⇒ロック（Reid,Duke　リード, デューク）

Reid, *Sir* **George**
スコットランドの画家。肖像画, 風景画にすぐれ, また花卉を得意とした。
⇒岩世人 (リード　1841.10.31–1913.2.9)

Reid, Gilbert
アメリカの宣教師, 編集者, 作家。
⇒アア歴 (Reid,Gilbert　リード, ギルバート　1857.11.29–1927.9.30)
岩世人 (リード　1857.11.29–1927.9.30)

Reid, Harry
アメリカの政治家。
⇒外12 (リード, ハリー　1939.12.2–)
外16 (リード, ハリー　1939.12.2–)
世指導 (リード, ハリー　1939.12.2–)

Reid, Harry Fielding
アメリカの地質学者。地震の原因に関して, 弾性反撥説を発表した (1910)。
⇒岩世人 (リード　1859.5.18–1944.6.18)
オク地 (レイド, ハリー・フィールディング　1849–1944)

Reid, Jamie
イギリスのグラフィック・デザイナー。
⇒グラデ (Reid,Jamie　リード, ジェイミー　1940–)

Reid, L.A.
アメリカの音楽プロデューサー。
⇒外12 (リード,L.A.)
外16 (リード,L.A.)

Reid, Terry
イギリス・ハンティングトン州生まれの歌手。
⇒ロック (Reid,Terry　リード, テリー　1949.11.13–)

Reid, Victor
ジャマイカの小説家, ジャーナリスト, 編集者。
⇒現世文 (レイド, ヴィク　1913.5.1–1987)

Reid, Wallace
アメリカの俳優。
⇒スター (リード, ウォーレス　1891.4.15–1923)

Reid, William J.
アメリカのケースワークの研究者。エプスタインとともに, 短期間にクライエントの問題を解決する課題中心モデルを提唱した。
⇒現社福 (リード　1928–)

Reidemeister, Kurt Werner Friedrich
ドイツの数学者。
⇒世数 (ライデマイスター, クルト・ヴェルナー・フリードリヒ　1893–1971)

Reifsnider, Charles S.
アメリカの聖公会宣教師。立教学院総理, 立教大学総長。
⇒アア歴 (Reifsnider,Charles Shriver　リーフスナイダー, チャールズ・シュライヴァー　1875.11.27–1958.3.16)

Reihe, Maria
ドイツの考古学者。
⇒岩世人 (ライヘ　1903.5.15–1998.6.8)

Reijans, Marcel
オランダのテノール歌手。
⇒魅惑 (Reijans,Marcel　1964–)

Reik, Theodor
オーストリアの精神分析学者。
⇒精分岩 (ライク, テオドール　1888–1969)
精分弘 (ライク, テオドール　1888–1969)

Reilly, John C.
アメリカの俳優。
⇒外12 (ライリー, ジョン・C.　1965.5–)
外16 (ライリー, ジョン・C.　1965.5–)

Reilly, John Good
アメリカの大リーグ選手 (一塁)。
⇒メジャ (ライリー, ジョン　1858.10.5–1937.5.31)

Reilly, Mark
イギリスのミュージシャン。
⇒外12 (ライリー, マーク　1960.2.20–)
外16 (ライリー, マーク　1960.2.20–)

Reilly, Matthew
オーストラリアの作家。
⇒海文新 (ライリー, マシュー　1974.7.2–)
現世文 (ライリー, マシュー　1974.7.2–)

Reilly, Philip R.
アメリカの医学者。
⇒外12 (ライリー, フィリップ)

Reilly, Sidney
イギリスのスパイ。ロシア革命及びその後の動乱の中で活動。
⇒スパイ (ライリー, シドニー　1874?–1925?)
世暗 (レイリー, シドニー　?–1925)

Reimann, Aribert
ドイツの作曲家, ピアノ奏者。
⇒岩世人 (ライマン　1936.3.4–)
外16 (ライマン, アリベルト　1936.3.4–)
ク音3 (ライマン　1936–)
新音中 (ライマン, アーリベルト　1936.3.4–)
標音2 (ライマン, アリベルト　1936.3.4–)

Reimers, Paul
ドイツのテノール歌手。
⇒魅惑 (Reimers,Paul　1878–1942)

Reimert, William Anson
アメリカの宣教師。

⇒アア歴（Reimert, William A (nson)　リーマート, ウイリアム・アンスン　1877.2.7–1920.6.13）

Rein, Johannes Justus
ドイツの地理学者。詳細な日本地理・産業誌を著したほか、日本産貝類を研究。
⇒岩世人（ライン　1835.1.27–1918.1.23）

Rein, Wilhelm
ドイツの教育学者。段階的教育法を発展させ、教育学の体系化、実際教育の科学的理論づけに尽力した。主著『教育百科便覧』（1894～1903）。
⇒岩世人（ライン　1847.8.10–1929.2.19）
教思増（ライン　1847–1929）
教人（ライン　1847–1927）

Reina, Carlos Roberto
ホンジュラスの政治家。ホンジュラス大統領（1994～98）。
⇒世指導（レイナ, カルロス・ロベルト　1926.3.26–2003.8.19）

Reina, Maria Oliva
スペイン・プエンテ・ヘニル生まれの日本における聖心侍女修道会の設立メンバー。
⇒新カト（レイナ　1887.2.20–1965.1.8）

Reinach, Adolf
ドイツの哲学者。
⇒岩世人（ライナッハ　1883.12.23–1917.11.16）

Reinach, Salomon
フランスの考古学者、言語学者。主著『ギリシアと小アジアの考古学旅行』（1888）。
⇒岩世人（レナック　1858.8.29–1932.11.4）
ユ著人（Reinach, Salomon　ライナッハ, サロモン　1858–1932）

Reinach, Théodore
フランスの言語学者、音楽学者。
⇒岩世人（レナック　1860.6.3–1928.10.28）

Reinaldo
ブラジルのサッカー選手（ボタフォゴ・FW）。
⇒外12（レイナウド　1979.3.14–）

Reinalter, Helmut
オーストリアの歴史家。
⇒岩世人（ラインアルター　1943.11.2–）

Reinecke, Paul
ドイツの考古学者。ミュンヘン市のバイエルン地方記念物博物館主任鑑査官（1908～37）。
⇒岩世人（ライネッケ　1872.9.25–1958.5.12）

Reinecke, Paul
ドイツのテノール歌手。ソプラノのレナーテ・フランク・ライネッケは娘。
⇒魅惑（Reinecke, Paul　1902–1967）

Reiner, Carl
アメリカ生まれの俳優。
⇒ユ著人（Reiner, Carl　ライナー, カール　1922–）

Reiner, Erica
ハンガリー生まれのアメリカのアッシリア学者。
⇒岩世人（ライナー　1924.8.4–2005.12.31）

Reiner, Fritz
ハンガリーの指揮者。1948年メトロポリタン・オペラ指揮者となる。
⇒新音中（ライナー, フリッツ　1888.12.19–1963.11.15）
標音2（ライナー, フリッツ　1888.12.19–1963.11.15）
ユ著人（Reiner, Fritz　ライナー, フリッツ　1888–1963）

Reiner, Hans
西ドイツの哲学者。現象学的価値倫理学の新しい体系の構築を試みた。
⇒岩世人（ライナー　1896.11.19–1991.9.4）

Reiner, Imre
ハンガリー生まれの美術家、彫刻家、書家。
⇒グラデ（Reiner, Imre　ライナー, イムレ　1900–）

Reiner, Rob
アメリカ・ニューヨーク生まれの映画監督。
⇒映監（ライナー, ロブ　1947.3.6–）
ユ著人（Reiner, Rob (ert)　ライナー, ロブ　1945–）

Reiner, Robb
カナダのミュージシャン。
⇒外12（ライナー, ロブ）

Reiners, Joseph
ドイツ人宣教師。
⇒新カト（ライネルス　1874.3.20–1945.8.28）

Reinerth, Hans
ドイツの考古学者。アイヒビュール（1920,27）、ドゥレンリイ（21～37）などの湿地遺跡の調査、発掘を行った。
⇒岩世人（ライネルト　1900.5.13–1990.4.13）

Reiner-Wilke
ドイツ生まれの画家。
⇒芸13（ライナーウィルケ　1943–）

Reines, Frederick
アメリカの物理学者。1995年ノーベル物理学賞。
⇒岩世人（ライネス　1918.3.16–1998.8.26）
ノベ3（ライネス, F.　1918.3.16–1998.8.26）
物理（ライネス, フレデリック　1918–1998）

Reinfeldt, Fredrik
スウェーデンの政治家。スウェーデン首相。
⇒外12（ラインフェルト, フレドリック　1965.8.4–）
外16（ラインフェルト, フレドリック　1965.8.4–）
世指導（ラインフェルト, フレドリック　1965.8.4–）

Reinhard, Johann
オランダのテノール歌手。オランダ放送の独唱者としても知られる。
⇒魅惑（Reinhard, Johann　1867–1943）

Reinhardt, Ad
アメリカの画家。「アメリカ抽象美術家」グループに加わり、抽象芸術を追求。1952年の『赤の絵画』によって自己の作風を確立。
⇒岩世人（ラインハート　1913.12.24–1967.8.30）
　芸13（ラインハート, アド　1913–1967）
　広辞7（ラインハート　1913–1967）
　ユ著人（Reinhardt, Ad (olf Frederick)　ラインハート, アド　1913–1967）

Reinhardt, Dirk
ドイツの児童文学作家。
⇒現世文（ラインハルト, ディルク　1963–）

Reinhardt, Django
フランスのジャズ・ギター奏者。1934年「ホット・クラブ五重奏団」を編成し、ユニークなギター・ソロでアメリカにも名を知られた。
⇒岩世人（ラインハルト　1910.1.23–1953.5.16）
　新音中（ラインハルト, ジャンゴ　1910.1.23–1953.5.16）
　標音2（ラインハルト, ジャンゴ　1910.1.23–1953.5.16）

Reinhardt, Gottfried
西ドイツの映画監督。
⇒ユ著人（Reinhardt, Gottfried　ラインハルト, ゴットフリート　1913–）

Reinhardt, Karl
ドイツの教育者。1897年ゲーテ・ギムナジウムが新設されるや初代校長となり、1902年以後はプロイセン文部省の委嘱をうけボーデンゼーのザーレンで教育施設の指導管理に当る。
⇒教人（ラインハルト　1849–1923）

Reinhardt, Max
ドイツの演出家。『オイディプス大王』（1910）、『奇跡』（11）を手がける。
⇒岩世人（ラインハルト　1873.9.9–1943.10.31）
　広辞7（ラインハルト　1873–1943）
　世演（ラインハルト, マックス　1873.9.9–1943.10.31）
　ネーム（ラインハルト　1873–1943）
　ユ著人（Reinhardt, Max　ラインハルト, マックス　1873–1943）

Reinhardt, Wally
アメリカ生まれの画家。
⇒芸13（レインハード, ワーリー　1935–）

Reinhold, Judge
アメリカ生まれの俳優。
⇒ク俳（ラインホールド, ジャッジ（ラインホールド, エドワード）　1956–）

Reiniger, Lotte
ドイツの映画アニメーションの先駆者。
⇒アニメ（ライニガー, ロッテ　1899–1981）
　岩世人（ライニガー　1899.6.2–1981.6.19）
　映監（ライニガー, ロッテ　1899.6.2–1981）

Reininger, Robert
オーストリアの哲学者。主著、"Metaphysik der Wirklichkeit"（1931）。
⇒岩世人（ライニンガー　1869.9.28–1955.6.17）

Reinirkens, Hubert
ドイツ・ミュンスター教区出身の神言修道会宣教師。
⇒新カト（ライニルケンス　1893.5.21–1976.12.14）

Reinius, Kaj
スウェーデンの外交官。
⇒外12（レイニウス, カイ）
　外16（レイニウス, カイ）

Reinke, Johannes
ドイツの植物学者、自然哲学者。主著、"Philosophie der Botanik"（1905）。
⇒岩世人（ラインケ　1849.2.3–1931.2.25）

Reinmuth, Karl
ドイツの天文学者。
⇒天文大（ラインムート　1892–1979）

Reinsch, Paul Samuel
アメリカの政治学者、外交官。アメリカ政治学協会を組織（1904）。
⇒アア歴（Reinsch, Paul S (amuel)　ラインシュ, ポール・サミュエル　1869.6.10–1923.1.24）
　岩世人（ラインシュ　1869.6.10–1923.1.26）

Reinthaller, Sebastian
オーストリアのテノール歌手。
⇒魅惑（Reinthaller, Sebastian　?–）

Reischauer, August Karl
アメリカの長老会宣教師、日本研究家。1905年来日し、東京女子大学創立に尽力。
⇒アア歴（Reischauer, August Karl　ライシャワー, オーガスト・カール　1879.9.4–1971.7.10）
　岩世人（ライシャワー　1879.9.4–1971.7.10）

Reischauer, Edwin Oldfather
アメリカの歴史学者。1961〜66年駐日大使となり、日米親善に貢献。66年ハーバード大学に復職。
⇒アア歴（Reischauer, Edwin Oldfather　ライシャワー, エドウィン・オールドファーザー　1910.10.15–1990.9.1）
　ア太戦（ライシャワー　1910–1990）
　アメ新（ライシャワー　1910–1990）
　岩世人（ライシャワー　1910.10.15–1990.9.1）
　広辞7（ライシャワー　1910–1990）
　社小増（ライシャワー　1910–1990）
　世人新（ライシャワー　1910–1990）

世人装（ライシャワー　1910-1990）
ネーム（ライシャワー　1910-1990）
ボブ人（ライシャワー,エドウィン　1910-1990）

Reisen, Abraham
イディッシュの詩人,小説家。
⇒ユ著人（Reisen,Abraham　レイゼン,アブラハム　1876-1953）

Reiser, Harold Patrick
アメリカの大リーグ選手（外野）。
⇒メジャ（リーザー,ピート　1919.3.17-1981.10.25）

Reisert, Rebecca
アメリカの劇作家,小説家。
⇒海文新（ライザート,レベッカ）

Reishauer, Helen O.
アメリカの聾教育者。伝道のため米国長老協会宣教師として来日。わが国最初の口話法による日本聾話学校を東京牛込福音教会会堂に創設した（1920,大正9年4月28日）。
⇒教人（ライシャワ　1879-1956）

Reisner, George Andrew
アメリカのエジプト学者,考古学者。
⇒岩世人（ライスナー　1867.11.5-1942.6.6）

Reisner, John Henry
アメリカの農学者。
⇒アア歴（Reisner,John H(enry)　ライズナー,ジョン・ヘンリー　1888.8.27-1965.4.26）

Reiss, Albert
ドイツのテノール歌手。ニューヨークで『バスティアンとバスティエンヌ』と『劇場支配人』を演出,1917年アメリカ声楽家協会を創設。
⇒魅惑（Reiss,Albert　1870-1940）

Reiss, Albert John, Jr.
アメリカの社会学者。
⇒社小増（ライス　1922-）

Reisz, Karel
チェコ生まれの映画監督。
⇒映監（ライス,カレル　1926.7.21-2002）

Reit, Seymour V.
アメリカの作家,イラストレーター。
⇒現世文（ライト,シーモア　1918-2001.11.21）

Reitman, Ivan
スロバキア生まれの映画監督,映画製作者。
⇒外12（ライトマン,アイバン　1946.10.26-）
　外16（ライトマン,アイバン　1946.10.27-）
　ユ著人（Reitman,Ivan　ライトマン,アイバン　1946-）

Reitman, Jason
カナダの映画監督。
⇒外12（ライトマン,ジェイソン　1977-）
　外16（ライトマン,ジェイソン　1977-）

Reitz, Kenneth John
アメリカの大リーグ選手（三塁）。
⇒メジャ（リーツ,ケン　1951.6.24-）

Reitzenstein, Richard
ドイツの古典学者。ギリシアの神話や言語および古代宗教の研究家。
⇒オク教（ライツェンシュタイン　1861-1931）
　新カト（ライツェンシュタイン　1861.4.2-1931.3.23）

Rekola, Mirkka (Elina)
フィンランドの詩人,評論家。
⇒岩世人（レコラ　1931.6.26-2014.2.5）

Reksohadiprodjo, Mohammad Said
インドネシアの教育家。
⇒岩世人（レクソハディプロジョ,モハマッド・サイド　1917.6.21-1979.6.21）

Relander, Lauri Kristian
フィンランドの政治家。
⇒岩世人（レランデル　1883.5.31-1942.2.9）

Relf, Bobby
アメリカのミュージシャン。
⇒ロック（Bob and Earl　ボブ&アール）

Relph, Nick
イギリス生まれの芸術家。
⇒現アテ（Payne,Oliver & Relph,Nick　ペイン,オリヴァー&レルフ,ニック　1979-）

Remak, Ernst Julius
ドイツの神経病学者。「レマーク氏反射」を発見。
⇒岩世人（レマーク　1849.5.26-1911.5.24）
　ユ著人（Remark,Ernest Julius　レマーク,アーネスト・ユリウス　1849-1911）

Remane, Adolf
ドイツの動物学者。
⇒岩生（レマーネ　1898-1976）
　岩世人（レマーネ　1898.8.10-1976.12.22）

Remarque, Erich Maria
ドイツの小説家。1929年『西部戦線異状なし』を発表。
⇒岩世人（レマルク　1898.6.22-1970.9.25）
　現世文（レマルク,エーリヒ　1898.6.22-1970.9.25）
　広辞7（レマルク　1898-1970）
　西文（レマルク　1898-1970）
　世人新（レマルク　1898-1970）
　世人装（レマルク　1898-1970）
　ネーム（レマルク　1898-1970）
　ボブ人（レマルク,エーリッヒ・マリア　1898-1970）

Remedios, Alberto
イギリスのテノール歌手。
⇒魅惑（Remedios, Alberto　1935–）

Remedios, Ramon
イギリスのテノール歌手。
⇒魅惑（Remedios, Ramon　1940–）

Remengesau, Tommy E.
パラオの政治家。パラオ大統領（2001〜09）。
⇒外12（レメンゲサウ、トミー　1956.2.28–）
　外16（レメンゲサウ、トミー　1956.2.28–）
　世指導（レメンゲサウ、トミー　1956.2.28–）

Remer, Charles Frederick
アメリカの経済学者。
⇒アア歴（Remer, Charles F(rederick)　ラマー、チャールズ・フレデリック　1889.6.16–1972.7.2）
　岩世人（レーマー　1889.6.16–1972.7.2）

Remes, Jorge
アルゼンチンの政治家、経済学者。アルゼンチン経済財政相、欧州連合（EU）大使。
⇒世指導（レメス、ホルヘ）

Remick, Lee
アメリカの女優。
⇒ク俳（レミック、リー　1935–1991）
　スター（レミック、リー　1935.12.14–1991）

Remington, Frederic
アメリカの画家、彫刻家。西部での生活経験を生かして活動的で迫真性に富む挿絵、油絵を数多く残した。
⇒岩世人（レミントン　1861.10.4–1909.12.26）

Remizov, Aleksei Mikhailovich
ロシアの小説家。『燃えるロシア』（1921）などを書いた。
⇒岩世人（レーミゾフ　1877.6.24/7.6–1957.11.26）
　広辞7（レーミゾフ　1877–1957）
　ネーム（レーミゾフ　1877–1957）

Remlinger, Michael John
アメリカの大リーグ選手（投手）。
⇒メジャ（レムリンジャー、マイク　1966.3.23–）

Remnic, David J.
アメリカのジャーナリスト、作家。
⇒外12（レムニック、デービッド　1958.10.29–）
　外16（レムニック、デービッド　1958.10.29–）

Rémond, René
フランスの歴史家。
⇒岩世人（レモン　1918.9.30–2007.4.14）

Remsen, Ira
アメリカの有機化学者。
⇒岩世人（レムセン　1846.2.10–1927.3.4）
　化学（レムゼン　1846–1927）

Remy, Gerald Peter
アメリカの大リーグ選手（二塁）。
⇒メジャ（レミー、ジェリー　1952.11.8–）

Rémy, Pierre-Jean
フランスの作家。
⇒現世文（レミ、ピエール・ジャン　1937–）

Remy, Theodor Johann
ドイツの農学者、細菌学者。おもに馬鈴薯および甜菜の栽培について研究。
⇒岩世人（レーミ　1868.4.5–1946.12.30）

Renaldo, Duncan
アメリカの俳優、プロデューサー。
⇒ク俳（レナルド、ダンカン（レナルド・ダンカン、ルノー）　1904–1980）

Renard, André
ベルギーの労働組合指導者。
⇒岩世人（ルナール　1911.5.25–1962.7.20）

Renard, Colette
フランスのシャンソン歌手、女優。
⇒標音2（ルナール、コレット　1924–）

Renard, Jean-Claude
フランスの詩人。主著『沖』（1950）、『時の呪文』（62）。
⇒岩世人（ルナール　1922.4.22–2002.11.29）
　現世文（ルナール、ジャン・クロード　1922.4.22–2002.11.29）

Renard, Jules
フランスの小説家、劇作家。
⇒岩世人（ルナール　1864.2.22–1910.5.22）
　現世文（ルナール、ジュール　1864.2.22–1910.5.22）
　広辞7（ルナール　1864–1910）
　19仏（ルナール、ジュール　1864.2.22–1910.5.22）
　図翻（ルナール　1864–1910）
　西文（ルナール、ジュール　1864–1910）
　世演（ルナール、ジュール　1864.2.22–1910.5.22）
　ネーム（ルナール　1864–1910）
　フ文小（ルナール、ジュール　1864–1910）
　ポブ人（ルナール、ジュール　1864–1910）

Renatinho
ブラジルのサッカー選手（ポルティモネンセ・FW）。
⇒外12（レナチーニョ　1987.5.14–）

Renaud, Line
フランスの女性シャンソン歌手。1949年『カナダの私の小屋』でディスク大賞を受賞。
⇒標音2（ルノー、リーヌ　1928.7.2–）

Renaudet, Augustin
フランスの歴史家。主著"Dante humaniste"（1952）。
⇒岩世人（ルノデ　1880.1.9–1958）

Renault, Jean Louis
フランスの法学者。外務省顧問(1890)として外交政策を検討。
⇒岩世人 (ルノー 1843.5.21-1918.2.8)
ノベ3 (ルノー, J.L. 1843.5.21-1918.2.8)

Renault, Louis
フランスの機械工。
⇒岩世人 (ルノー 1877.2.12-1944.10.24)

Renault, Mary
イギリスの女性小説家。
⇒現世文 (ルノー, メアリー 1905.9.4-1983.12.13)

Renaut, Alain
フランスの哲学者。ソルボンヌ大学教授。
⇒メル別 (ルノー, アラン 1948-)

Rendall, David
イギリスのテノール歌手。
⇒魅惑 (Rendall, David 1948-)

Rendell, Ruth
イギリスの女性犯罪小説家。
⇒岩世人 (レンデル 1930.2.17-)
外12 (レンデル, ルース 1930.2.17-)
現世文 (レンデル, ルース 1930.2.17-2015.5.2)

Rendine, Furio
イタリアのナポリターナ作曲家。
⇒標音2 (レンディーネ, フリオ 1920.4.9-)

Rendra, Willibrordus S.
インドネシアのカトリック派作家,詩人。中部ジャワにおける文学指導者の一人。
⇒現世文 (レンドラ 1935.11.7-2009.8.6)

René, France Albert
セーシェルの政治家。セーシェル大統領(1977~93)。
⇒外12 (ルネ, フランス・アルベール 1935.11.16-)
外16 (ルネ, フランス・アルベール 1935.11.16-)
世指導 (ルネ, フランス・アルベール 1935.11.16-)

Rene, Roy
オーストラリアの喜劇俳優。
⇒岩世人 (リン 1892.2.15-1954.11.22)

Renfrew, Andrew Colin, Baron R. of Kaimsthorn
イギリスの考古学者。
⇒岩世人 (レンフルー 1937.7.25-)

Renger-Patzsch, Albert
ドイツの写真家。
⇒岩世人 (レンガー=パッチュ 1897.7.22-1966.9.27)

Rengstorf, Karl Heinrich
西ドイツのプロテスタント神学者。
⇒岩世人 (レングストルフ 1903.10.1-1992.3.24)

Renick, Kevin
アメリカの歌手。
⇒外12 (レニック, ケビン)

Renko, Steven
アメリカの大リーグ選手(投手)。
⇒メジャ (レンコ, スティーヴ 1944.12.10-)

Renn, Ludwig
ドイツの小説家。主著『戦争』(1928),『戦後』(30)。
⇒岩世人 (レン 1889.4.22-1979.7.21)

Rennenkampf, Pavel Karlovich
ロシアの将軍。日露戦争,第一次大戦に参加。
⇒岩世人 (レンネンカンプ 1854.4.17/29-1918.3)

Renner, James
アメリカの作家。
⇒海文新 (レナー, ジェイムズ 1978-)

Renner, Jeremy
アメリカの俳優。
⇒外16 (レナー, ジェレミー 1971.1.7-)

Renner, Karl
オーストリアの政治家,法社会学者。1918年オーストリア共和国の初代首相。
⇒異二辞 (レンナー[カール・~] 1870-1950)
岩世人 (レンナー 1870.12.14-1950.12.31)

Renner, Otto
ドイツの植物学者。遺伝学者として知られる。植物学雑誌「Planta」(1947~)などを刊行。
⇒岩世人 (レンナー 1883.4.25-1960.7.8)

Renner, Paul
ドイツの本と書体のデザイナー。
⇒グラデ (Renner, Paul レンナー,パウル 1878-1956)

Rennert, Günther
ドイツのオペラ演出家。フェルゼンシュタインやヴィーラント・ヴァーグナーと並び称される。
⇒新音中 (レンネルト,ギュンター 1911.4.1-1978.7.31)
標音2 (レンネルト,ギュンター 1911.4.1-1978.7.31)

Rennie, *Sir* John Ogilvy
イギリス秘密情報部(MI6)長官。在職1968~73。
⇒スパイ (レニー,サー・ジョン・オギルビー 1914-1981)

Rennie, Michael
イギリスの俳優。
⇒ク俳 (レニー,マイクル 1909-1971)

Rennison, Louise
イギリスの作家。
⇒海文新（レニソン, ルイーズ　1951.10.11–2016.2.29）
現世文（レニソン, ルイーズ　1951.10.11–2016.2.29）

Reno, Janet
アメリカの政治家, 法律家, 司法長官。
⇒外16（リノ, ジャネット　1938.7.21–）
世指導（リノ, ジャネット　1938.7.21–2016.11.7）

Reno, Jean
モロッコ生まれの男優。
⇒外12（レノ, ジャン　1948.7.30–）
外16（レノ, ジャン　1948.7.30–）
ク俳（レノ, ジャン（モレノ, フアン）　1948–）
スター（レノ, ジャン　1948.7.30–）

Reno, Milo
アメリカの全国農民休日協会会長。
⇒アメ経（リーノー, マイロ　1866.1.5–1936.5.5）

Renoir, Jean
フランスの映画監督。画家P.ルノアールの息子。主作品『どん底』（1936）,『大いなる幻影』（37）など。
⇒岩世人（ルノワール　1894.9.15–1979.2.12）
映監（ルノワール, ジャン　1894.9.15–1979）
広辞7（ルノワール　1894–1979）
ネーム（ルノワール, ジャン　1894–1979）

Renoir, Pierre Auguste
フランスの画家。主作品『シャルパンティエ夫人とその家族たち』（1878）,『浴女たち』（84～87）。
⇒異二辞（ルノワール［ピエール＝オーギュスト・～］　1841–1919）
岩世人（ルノワール　1841.2.25–1919.12.3）
学叢思（ルノアール, オーギュスト　1843–1920）
芸13（ルノワール, オーギュスト　1841–1919）
広辞7（ルノワール　1841–1919）
辞歴（ルノワール　1841–1919）
世史改（ルノワール　1841–1919）
世人新（ルノワール　1841–1919）
世人装（ルノワール　1841–1919）
ネーム（ルノワール, ピエール＝オーギュスト　1841–1919）
ポプ人（ルノアール, ピエール・オーギュスト　1841–1919）
もう山（ルノワール　1841–1919）

Renou, Louis
フランスの東洋学者。パリ大学教授（1937～）。特に「ヴェーダ」の研究によって知られる。
⇒岩世人（ルヌー　1896.10.28–1966.8.18）

Renouard, Charles Paul
フランスの画家, 版画家。主作品『ダンス』（1892）,『1900年展覧会』（1901）。
⇒芸13（ルヌアール, ポール　1845–1924）

Renouf, Vincent Adams
アメリカの教育者。
⇒アア歴（Renouf,Vincent Adams　リヌーフ, ヴィンセント・アダムズ　1876.1–1910.5.4）

Renouvin, Pierre Eugène Georges
フランスの歴史家。
⇒岩世人（ルヌーヴァン　1893.1.9–1974.12.6）

Rensburg, Kobie van
南アフリカのテノール歌手。
⇒魅惑（Rensburg,Kobie van　?–）

Rensch, Bernhard
ドイツの動物学者。
⇒岩生（レンシュ　1900–1990）

Rensi, Giuseppe
イタリアの哲学者。主著,"Le antinomie dello spirito"（1910）。
⇒岩世人（レンシ　1871.5.31–1941.2.14）

Renteria, Edgar
コロンビアの大リーグ選手（内野）。
⇒外12（レンテリア, エドガー　1975.8.7–）
外16（レンテリア, エドガー　1975.8.7–）
最世ス（レンテリア, エドガー　1975.8.7–）
メジャ（レンテリア, エドガー　1976.8.7–）

Renvall, Pentti
フィンランドの歴史学者。
⇒岩世人（レンヴァル　1907.3.29–1974.10.29）

Renzi, Emilio
イタリアのテノール歌手, カンツォーネ歌手。
⇒失声（レンツィ, エミリオ（ヴィスコンティ, アルド）　1908–1990）
魅惑（Renzi,Emilio　1908–?）

Renzi, Matteo
イタリアの政治家。イタリア首相, イタリア民主党書記長。
⇒外16（レンツィ, マッテオ　1975.1.11–）
世指導（レンツィ, マッテオ　1975.1.11–）

Répaci, Leonida
イタリアの小説家, 劇作家。『ルーペ兄弟』（1932～34）などを発表。ピアレッジョ賞の創設者。
⇒岩世人（レーパチ　1898.4.5–1985.7.19）
現世文（レーパチ, レオーニダ　1898.8.23–1985.7.29）

Repchinsky, Alexei
ウクライナのテノール歌手。
⇒失声（レプチンスキー, アレクセイ　1960–）
魅惑（Repchinsky,Alexei　1960–）

Repin, Iliia Efimovich
ロシアの画家。主作品『ボルガの舟引き』（1870～73）。
⇒岩世人（レーピン　1844.7.24/8.5–1930.9.29）

学叢思（レピン，エリアス　1844–?）
芸13（レーピン，イリヤ・エフィーモヴィッチ　1844–1930）
広辞7（レーピン　1844–1930）

Repin, Vadim
ロシアのヴァイオリン奏者。
⇒外12（レーピン，ワディム　1971.8.31–）
外16（レーピン，ワディム　1971.8.31–）

Reppe, Walter Julius
ドイツの有機化学者。高圧アセチレンを使用する，一連の合成反応を発見。
⇒岩世人（レッペ　1892.7.29–1969.7.26）
化学（レッペ　1892–1969）
広辞7（レッペ　1892–1969）

Repše, Einars
ラトビアの政治家。ラトビア首相，ラトビア中央銀行総裁。
⇒外12（レプセ，エイナルス　1961.12.9–）
外16（レプセ，エイナルス　1961.12.9–）
世指導（レプセ，エイナルス　1961.12.9–）

Repulski, Eldon John（Rip）
アメリカの大リーグ選手（外野）。
⇒メジャ（リパルスキー，リップ　1928.10.4–1993.2.10）

Resch, Alexander
ドイツのリュージュ選手。
⇒外12（レッシュ，アレクサンダー　1979.4.5–）
外16（レッシュ，アレクサンダー　1979.4.5–）
最世ス（レッシュ，アレクサンダー　1979.4.5–）

Resnais, Alain
フランスの映画監督。
⇒岩世人（レネ　1922.6.3–）
映監（レネ，アラン　1922.6.3–）
外12（レネ，アラン　1922.6.3–）
広辞7（レネ　1922–2014）
ネーム（レネ，アラン　1922–2014）

Resnick, Mike
アメリカのSF作家。
⇒現世文（レズニック，マイク　1942–）

Resnik, Judith
アメリカの宇宙飛行士。
⇒ユ著人（Resnick,Judith　レズニック，ジュディス　1950–1986）

Resnik, Regina
アメリカのソプラノ，後にメゾ・ソプラノ歌手。
⇒新音中（レズニック，レジーナ　1922.8.30–）
標音2（レズニク，レジーナ　1922.8.30–）
ユ著人（Resnik,Regina　レズニック，レジーナ　1922–）

Respighi, Ottorino
イタリアの作曲家。主作品は交響詩『ローマの噴水』（1917），『ローマの松』（24）など。
⇒岩世人（レスピーギ　1879.7.9–1936.4.18）
エデ（レスピーギ，オットリーノ　1879.7.9–1936.4.18）
オペラ（レスピーギ，オットリーノ　1879–1936）
ク音3（レスピーギ　1879–1936）
広辞7（レスピーギ　1879–1936）
新音小（レスピーギ，オットリーノ　1879–1936）
新音中（レスピーギ，オットリーノ　1879.7.9–1936.4.18）
ネーム（レスピーギ　1879–1936）
標音2（レスピーギ，オットリーノ　1879.7.9–1936.4.18）
ポプ人（レスピーギ，オットリーノ　1879–1936）

Ress, Ulrich
ドイツのテノール歌手。
⇒魅惑（Ress,Ulrich　1956–）

Restellini, Marc
フランスの美術展監修者，美術史家。
⇒外12（レステリーニ，マルク　1964–）
外16（レステリーニ，マルク　1964.6.24–）

Reston, James Barret
スコットランド生まれのアメリカのジャーナリスト。「ニューヨーク・タイムズ」紙で活躍。
⇒岩世人（レストン　1909.11.3–1995.12.6）
ネーム（レストン　1909–1995）

Restrepo, Laura
コロンビアの作家。
⇒外16（レストレーポ，ラウラ　1950–）
現世文（レストレーポ，ラウラ　1950–）

Retana y Gamboa, Wenceslao Emilio
スペインの歴史家，ジャーナリスト。
⇒岩世人（レターナ　1862.9.28–1924）

Réti, Csaba
テノール歌手。
⇒魅惑（Réti,Csaba　?–）

Réti, József
ルーマニアのテノール歌手。
⇒失声（レーティ，ヨーゼフ　1925–1973）
魅惑（Réti,József　1925–1973）

Retno Marsudi
インドネシアの女性外交官。インドネシア外相。
⇒世指導（ルトノ・マルスディ　1962.11.27–）

Retté, Adolphe
フランスの詩人，批評家。代表作『夜の鐘』『静謐な光』『悪魔から天使へ』。
⇒19仏（レテ，アドルフ　1863.7.25–1930.12.8）

Rettenmund, Mervin Weldon
アメリカの大リーグ選手（外野）。
⇒メジャ（レッテンマンド，マーヴ　1943.6.6–）

Reulbach, Edwin Marvin
アメリカの大リーグ選手(投手)。
⇒メジャ (ロイルバック, エド　1882.12.1–1961.7.17)

Reuschel, Rickey Eugene
アメリカの大リーグ選手(投手)。
⇒メジャ (ラッシェル, リック　1949.5.16–)

Reuss, Jerry
アメリカの大リーグ選手(投手)。
⇒メジャ (ロイス, ジェリー　1949.6.19–)

Reuter, Bjarne
デンマークの作家。
⇒岩世人 (ロイター　1950.4.29–)

Reuter, Edward B.
アメリカの社会学者。
⇒教人 (ロイター　1881–1946)

Reuter, Rudolph Ernest
アメリカのピアノ奏者。歌曲『四つ葉のクローバー』の作曲者。
⇒標音2 (ロイター, ルードルフ・アーネスト　1888.9.21–?)

Reuther, Walter Philip
アメリカの労働組合指導者。
⇒アメ経 (ルーサー, ウォルター　1907.9.1–1970.5.10)
　アメ州 (Reuther,Walter Philip　ルーザー, ウォルター・フィリップ　1907–1970)
　岩世人 (ルーサー　1907.9.1–1970.5.9)

Reutter, Hermann
ドイツの作曲家, ピアノ奏者。
⇒ク音3 (ロイター　1900–1985)
　新音中 (ロイター, ヘルマン　1900.6.17–1985.1.1)
　標音2 (ロイター, ヘルマン　1900.6.17–1985.1.1)

Reutter, Katherine
アメリカのスピードスケート選手(ショートトラック)。
⇒最世ス (ロイター, キャサリン　1988.7.30–)

Reuveni, Aharon
ウクライナ・ポルタワ生まれのヘブライ語作家。イツハク・ベン=ツヴィの弟。
⇒ユ著人 (Reuveni,Aharon　レウヴェニ, アハーロン　1886–1971)

Revai, Josef
フランスのマルクス主義理論家。
⇒メル3 (レーヴァイ, ヨーゼフ　1890–?)

Reve, Gerard Kornelis van het
オランダの小説家。代表作は『宵』(1947)。
⇒岩世人 (レーヴェ　1923.12.14–2006.4.8)
　現世文 (レーヴェ, ヘラルト　1923.12.14–2006.4.8)

Reveco, Juan Carlos
アルゼンチンのプロボクサー。
⇒最世ス (レベコ, ファン・カルロス　1983.8.25–)

Revel, Harry
アメリカのポピュラー作曲家, 作詞家, ピアノ奏者。
⇒標音2 (レヴェル, ハリー　1905.12.21–1958.11.3)

Reventlow, Ernst, Graf zu
ドイツの評論家, 汎ゲルマン主義者。第一次大戦(1914〜18)中 "Deutsche Tageszeitung" 紙の編集者。
⇒岩世人 (レーヴェントロー　1869.8.18–1943.11.21)

Reventlow, Franziska Gräfin
ドイツの女性作家。主著, "Ellen Olestjerne" (1911)。
⇒岩世人 (レーヴェントロー　1871.5.18–1918.7.27)

Reverdy, Pierre
フランスの詩人。詩集『たいていの時』(1945), 『人手』(49) などがある。
⇒岩世人 (ルヴェルディ　1889.9.13–1960.6.17)
　広辞7 (ルヴェルディ　1889–1960)

Révész, Géza
オランダの心理学者。『音楽的天才の心理学』は名著とされる。
⇒岩世人 (レーヴェース　1878.12.9–1955.8.19)
　標音2 (レーヴェース, ゲーザ　1878.12.9–1955.8.19)

Revis, Darrelle
アメリカのプロフットボール選手(バッカニアーズ・CB)。
⇒最世ス (リービス, ダレル　1985.7.14–)

Revon, Michel
フランスの法学者。
⇒比文増 (ルヴォン(ミシェル)　1867(慶応3)–1947(昭和22))

Revoyr, Nina
東京生まれのアメリカの作家。
⇒海文新 (ルヴォワル, ニーナ)
　現世文 (ルヴォワル, ニーナ)

Revueltas, Silvestre
メキシコのヴァイオリン奏者, 指揮者, 作曲家。
⇒音3 (レブエルタス　1899–1940)
　新音中 (レブエルタス, シルベストレ　1899.12.31–1940.10.5)
　標音2 (レブエルタス, シルベストレ　1899.12.31–1940.10.5)

Revy, Shawn
カナダの映画監督。
⇒外16 (レビ, ショーン　1968–)

Rewald, John
アメリカの美術史家。『印象派の歴史』(1946) などにより近代フランス美術の実証的文献研究に先鞭をつけた。
⇒岩世人 (リウォルド 1912.5.12–1994.2.2)

Rex, Arthur Graf von
ドイツの外交官。
⇒岩世人 (レックス 1856.2.2–1926)

Rex, John Arderne
南アフリカ共和国出身のイギリスの社会学者。
⇒社小増 (レックス 1925–)

Rexrodt, Günter
ドイツの政治家。ドイツ経済相。
⇒世指導 (レクスロート, ギュンター 1941.9.12–2004.8.19)

Rexroth, Kenneth
アメリカの詩人。詩集『何時に』(1940)、『地球の擁護』(56) など。
⇒岩世人 (レックスロス 1905.12.22–1982.6.6)
現世文 (レクスロス, ケネス 1905.12.22–1982.6.6)

Rey, Abel
フランスの哲学者。
⇒岩世人 (レー 1873.12.29–1940.2.13)
メル3 (レー, アベル 1873–1940)

Rey, Gaston
テノール歌手。
⇒魅惑 (Rey, Gaston ?–?)

Rey, Hans Augusto
ドイツ生まれの絵本作家。一連の『ひとまねこざる』ものが最も有名。
⇒岩世人 (レイ 1898.9.16–1977.8.26)
絵本 (レイ, H.A. 1898–1977)

Rey, Jean-Pierre
フランスの宣教師。
⇒新カト (レイ 1858.11.3–1930.5.25)

Reyes, Alfonso
メキシコの批評家、作家。外交官としてヨーロッパや南アフリカの各地で勤務するかたわら、多くの論考を発表した。
⇒ラテ新 (レイエス 1889–1959)

Reyes, Alina
フランスの作家。
⇒現世文 (レイエス, アリーナ)

Reyes, Dennis
メキシコの大リーグ選手 (投手)。
⇒メジャ (レイエス, デニス 1977.4.19–)

Reyes, Edgardo M.
フィリピンにおける現代タガログ文学の代表的作家。作品に『マニラ―光る爪』(1966) などがある。
⇒現世文 (レイエス, エドガルド 1938–)

Reyes, Efren
フィリピンのプロ・ビリヤード選手。
⇒異二辞 (レイズ [エフレン・〜] 1954–)
岩世人 (レイエス 1954.8.26–)

Reyes, Engracia Cruz
フィリピンの企業家。
⇒岩世人 (レイエス 1892.4.16–1975.7.6)

Reyes, Gabriel M.
フィリピンのカトリック司教。
⇒岩世人 (レイエス 1892.3.24–1952.10.10)

Reyes, Jose
ドミニカ共和国の大リーグ選手 (ブルージェイズ・内野手)。
⇒最世ス (レイエス, ホセ 1983.6.11–)
メジャ (レイエス, ホセ 1983.6.11–)

Reyes, José Guadalupe
テノール歌手。
⇒魅惑 (Reyes, José Guadalupe ?–?)

Reyes, Rafael
コロンビアの政治家。大統領 (1904〜09) として独裁政治を行う。
⇒岩世人 (レイエス 1849.12.5–1921.2.18)

Reyes, Severino
フィリピンのタガログ語 (後年のピリピノ語) の劇作家。
⇒岩世人 (レイエス 1861.2.11–1942.9.15)

Reymond, Arnold
スイスの哲学者、論理学者。主著 "Philosophie spiritualiste" (1942)。
⇒岩世人 (レイモン 1874.3.21–1958.1.11)

Reymont, Władysław Stanisław
ポーランドの小説家。『喜劇女優』(1896)、『農民』(1909) などを書いた。
⇒岩世人 (レイモント 1867.5.7–1925.12.5)
現世文 (レイモント, ヴワディスワフ・スタニスワフ 1867.5.7–1925.12.5)
広辞5 (レイモント 1867–1925)
ノベ3 (レーモント, W.S. 1867.5.7–1925.12.5)

Reynard, Sylvain
カナダの作家。
⇒海文新 (レイナード, シルヴァイン)

Reynaud, Charles-Emile
フランス生まれの発明家、アニメーション作家。
⇒アニメ (レイノー, シャルル・エミール 1844–1918)

Reynaud, Jean-Daniel
フランスの社会学者。
⇒社小増（レイノー 1926–）

Reynaud, Paul
フランスの政治家。1940年首相。58年第5共和制憲法起草諮問委員会議長。
⇒岩世人（レノー 1878.10.15–1966.9.21）

Reynders, Didier
ベルギーの政治家。
⇒外12（レインデルス, ディディエ 1958.8.6–）
外16（レインデルス, ディディエ 1958.8.6–）
世指導（レインデルス, ディディエ 1958.8.6–）

Reynolds, Alastair
イギリスのSF作家。
⇒外12（レナルズ, アレステア 1966–）
外16（レナルズ, アレステア 1966–）
現世文（レナルズ, アレステア 1966–）

Reynolds, Albert
アイルランドの政治家。アイルランド首相、アイルランド共和党党首。
⇒岩世人（レノルズ 1932.11.4–2014.8.21）
世指導（レイノルズ, アルバート 1932.11.3–2014.8.21）

Reynolds, Allie Pierce
アメリカの大リーグ選手（投手）。
⇒メジャ（レノルズ, アリー 1917.2.10–1994.12.26）

Reynolds, Anna
イギリスのアルト歌手。
⇒標音2（レイノルズ, アンナ 1931.10.4–）

Reynolds, Burt
アメリカ生まれの男優。
⇒外12（レイノルズ, バート 1936.2.11–）
外16（レイノルズ, バート 1936.2.11–）
ク俳（レイノルズ, バート（レイノルズ, バートン）1935–）
スター（レイノルズ, バート 1936.2.11–）

Reynolds, Carl Nettles
アメリカの大リーグ選手（外野）。
⇒メジャ（レノルズ, カール 1903.2.1–1978.5.29）

Reynolds, Debbie
アメリカ生まれの女優。
⇒外12（レイノルズ, デビー 1932.4.1–）
外16（レイノルズ, デビー 1932.4.1–）
ク俳（レイノルズ, デビー（レイノルズ, メアリー）1932–）
スター（レイノルズ, デビー 1932.4.1–）
ロック（Reynolds,Debbie レイノルズ, デビー 1932.4.1–）

Reynolds, Gordon Craig
アメリカの大リーグ選手（遊撃）。
⇒メジャ（レノルズ, クレイグ 1952.12.27–）

Reynolds, Harold Craig
アメリカの大リーグ選手（二塁）。
⇒メジャ（レノルズ, ハロルド 1960.11.26–）

Reynolds, Ira Hubert
アメリカの宣教師、人類学者。
⇒アア歴（Reynolds,I(ra) Hubert レイノルズ, アイラ・ヒューバート 1914.10.17–）

Reynolds, Kevin
アメリカの映画監督。
⇒外12（レイノルズ, ケビン 1952.1.17–）

Reynolds, Kevin
カナダのフィギュアスケート選手。
⇒最世ス（レイノルズ, ケビン 1990.7.23–）

Reynolds, Marjorie
アメリカの女優。
⇒ク俳（レイノルズ, マージョリー（旧姓グッドスピード）1921–1997）

Reynolds, Mark Andrew
アメリカの大リーグ選手（三塁、一塁）。
⇒メジャ（レノルズ, マーク 1983.8.3–）

Reynolds, Osborne
イギリスの工学者。水力学と気体力学の分野に貢献。
⇒岩世人（レノルズ 1842.8.23–1912.2.21）
三新物（レイノルズ 1842–1912）
物理（レイノルズ, オズボーン 1842–1912）

Reynolds, Paula Rosput
アメリカの実業家。
⇒外12（レイノルズ, ポーラ）
外16（レイノルズ, ポーラ）

Reynolds, Peter
イギリスの男優。
⇒ク俳（レイノルズ, ピーター（ホロックス,P）1925–1975）

Reynolds, Peter H.
カナダの絵本作家、アニメーション作家。
⇒外16（レイノルズ, ピーター 1961–）

Reynolds, Richard Joshua
アメリカの実業家。レイノルズ・タバコ社経営者。
⇒アメ経（レイノルズ, リチャード 1850.7.20–1918.7.29）

Reynolds, Richard Shane
アメリカの大リーグ選手（投手）。
⇒メジャ（レノルズ, シェイン 1968.3.26–）

Reynolds, Roger
アメリカの作曲家。

⇒現音キ（レイノルズ, ロジャー　1934–）
新音中（レイノルズ, ロジャー　1934.7.18–）
標音2（レイノルズ, ロジャー　1934.7.18–）

Reynolds, Verne（Becker）
アメリカの作曲家、ホルン奏者。
⇒エデ（レイノルズ, ヴァーン（ベッカー）　1926.7.18–2011.6.28）

Reynolds-Stephens, *Sir* William
イギリスの彫刻家。作品にランベスの『デーヴィドソン記念碑』がある。
⇒岩世人（レノルズ＝スティーヴンズ　1862.8.8–1943.2.23）

Rey Rosa, Rodrigo
グアテマラの作家。
⇒現世文（レイローサ, ロドリゴ　1958–）

Rezaee, Mohsen
イランの政治家。イラン公益評議会書記。
⇒世指導（レザイ, モフセン）

Rezaei, Ghasem
イランのレスリング選手（グレコローマン）。
⇒外16（レザエ, グハセム　1985.8.18–）
最世ス（レザエ, グハセム　1985.8.18–）

Reza Khatami, Mohammad
イランの政治家。イラン国会議員・副議長、イスラム・イラン参加党（IIPF）代表。
⇒外12（レザ・ハタミ, モハマド　1959–）
世指導（レザ・ハタミ, モハマド　1959–）

Rezazadeh, Hossein
イランの重量挙げ選手。
⇒最世ス（レザザデ, ホセイン　1978.5.12–）

Rezníček, Emil Nikolaus von
オーストリアの作曲家、指揮者。作品は『ドンナ・ディアナ』（1894）,『青髭騎士』（1920）など。
⇒岩世人（レズニチェック　1860.5.4–1945.8.2）
ク音3（レズニチェク　1860–1945）
新音中（レズニチェク, エーミール・ニコラウス・フォン　1860.5.4–1945.8.2）
標音2（レズニチェク, エーミール・ニコラウス・フォン　1860.5.4–1945.8.2）

Reznikoff, Charles
アメリカ（ユダヤ系）の詩人。
⇒エデ（レイノルズ, ロジャー（リー）　1934.7.18–）
現世文（レズニコフ, チャールズ　1894.8.31–1976.1.22）

Reznor, Trent
アメリカのミュージシャン。
⇒外12（レズナー, トレント　1965.5.17–）
外16（レズナー, トレント　1965.5.17–）

Rhead, Louis
イギリス・スタッフォードシャー生まれのポスター作家、挿絵画家。
⇒グラデ（Rhead,Louis　リード, ルイス　1857–1926）

Rhee Chang-yong
韓国の経済学者。
⇒外12（イチャンヨン　李昌鏞）
外16（イチャンヨン　李昌鏞）

Rheims, Bettina
フランスの写真家。
⇒外12（ランス, ベッティナ　1952–）
外16（ランス, ベッティナ　1952–）

Rheingans, Brad
アメリカのプロレスラー。
⇒異二辞（レイガンズ, ブラッド　1953–）

Rheingold, Howard
アメリカのライター、評論家、編集者。
⇒外12（ラインゴールド, ハワード　1947–）

Rhem, Charles Flint
アメリカの大リーグ選手（投手）。
⇒メジャ（レム, フリント　1901.1.24–1969.7.30）

Rhines, William Pearl
アメリカの大リーグ選手（投手）。
⇒メジャ（ラインズ, ビリー　1869.3.14–1922.1.30）

Rhoades, Jason
アメリカ生まれの芸術家。
⇒現アテ（Rhoades,Jason　ローズ, ジェイソン　1965–2006）

Rhode, Kim
アメリカの射撃選手（クレー射撃）。
⇒外16（ロード, キム　1979.7.16–）
最世ス（ロード, キム　1979.7.16–）

Rhoden, Richard Alan
アメリカの大リーグ選手（投手）。
⇒メジャ（ローデン, リック　1953.5.16–）

Rhodes, Arthur Lee, Jr.
アメリカの大リーグ選手（投手）。
⇒外12（ローズ, アーサー　1969.10.24–）
外16（ローズ, アーサー　1969.10.24–）
メジャ（ローズ, アーサー　1969.10.24–）

Rhodes, Dan
イギリスの作家。
⇒海文新（ローズ, ダン　1972–）
現世文（ローズ, ダン　1972–）

Rhodes, Dusty
アメリカのプロレスラー。
⇒異二辞（ローデス, ダスティ　1945–2015）
ネーム（ローデス　1945–）

Rhodes, James Ford
アメリカの実業家、歴史家。『1850年の妥協以後

の合衆国史』(1906)で有名。
⇒アメ州（Rhodes,James Ford　ローズ、ジェームズ・フォード　1848–1927）
　岩世人（ローズ　1848.5.1–1927.1.22）

Rhodes, Joseph
イギリスのエスペランティスト、新聞記者。
⇒日エ（ローズ　1856.7.9–1920.2.28）

Rhodes, Karl Derrick（Tuffy）
アメリカの大リーグ選手（外野）。
⇒外12（ローズ、タフィー　1968.8.21–）

Rhodes, Nick
イギリスのロック・キーボード奏者。
⇒外16（ローズ、ニック　1962.6.8–）

Rhodes, Roy A.
アメリカ陸軍下士官。
⇒スパイ（ローズ、ロイ・A）

Rhoma Irama
インドネシアの歌手、作曲家、俳優。
⇒岩イ（ロマ・イラマ　1947–）
　岩世人（ロマ・イラマ　1946.12.11–）

Rhys, Jean
イギリスの女性小説家。
⇒岩世人（リース　1890.8.24–1979.5.14）
　現世文（リース、ジーン　1894.8.24–1979.5.14）
　広辞7（リース　1890–1979）

Rhys-Evans, Huw
イギリスのテノール歌手。
⇒魅惑（Rhys-Evans,Huw　?–）

Rhys Meyers, Jonathan
アイルランド生まれの男優。
⇒ク俳（リース・メイヤーズ、ジョナサン　1977–）

Riabko, Alexandre
ウクライナのバレエダンサー。
⇒外12（リアブコ、アレクサンドル　1978.2.20–）
　外16（リアブコ、アレクサンドル　1978.2.20–）

Riady, Mochtar
インドネシアの華人企業家、銀行家。リッポー・グループ創業者。
⇒岩世人（リアディ、モフタル　1929.5.12–）
　外16（リアディ、モフタル　1929.5.12–）

Rīam ʻĒng
タイの作家。
⇒タイ（リエムエーン　1906–1963）

Riantiarno, Nano
インドネシア華人の俳優、演出家、劇作家。
⇒岩世人（リアンティアルノ、ノルベルトゥス　1949.6.6–）

Ribar, Ivo-Lola
ユーゴスラビアの革命家。解放戦争時は、総司令部の一員としてザグレブやボスニア地方で活躍したが、戦死。人民英雄。
⇒岩世人（リバル　1916.4.23/5.6–1943.11.27）

Ribas, Rosa
スペインの作家。
⇒現世文（リーバス、ロサ　1963–）

Ribbentrop, Joachim von
ドイツの政治家。1938～45年ナチス政府の外相。
⇒ア太戦（リッベントロップ　1893–1946）
　岩世人（リッベントロープ　1893.4.30–1946.10.16）
　広辞7（リッベントロップ　1893–1946）
　世人新（リッベントロープ　1893–1946）
　世人装（リッベントロープ　1893–1946）
　ネーム（リッベントロップ　1893–1946）
　ポプ人（リッベントロープ、ヨアヒム・フォン　1893–1946）

Ribeiro, Aquilino Gomes
ポルトガルの小説家。主著『サンチアゴへの道』(1922)、『割れた墓石』(45)。
⇒岩世人（リベイロ　1885.9.13–1963.5.27）

Ribeiro, Bruno
ポルトガルのテノール歌手。
⇒魅惑（Ribeiro,Bruno　?–）

Ribeiro, João Ubaldo
ブラジルの作家。
⇒岩世人（リベイロ　1941.1.23–）

Ribeiro, Vítor
ブラジルの柔術家、総合格闘家。
⇒異二辞（ヒベイロ、ビトー　1978–）

Ribeiro Tavares, Zulmira
ブラジルの作家。
⇒現世文（ヒベイロ・タヴァーリス、ズウミーラ　1930.7.27–2018.8.9）

Ribenboim, Paulo
ブラジルの数学者。
⇒世数（リーベンボイム、パウロ　1928–）

Ribera, Julián
スペインの文学史および音楽史研究家。
⇒標音2（リベラ、フリアン　1858.2.19–1934.5.2）

Ribery, Frank
フランスのサッカー選手（バイエルン・MF）。
⇒外12（リベリー、フランク　1983.4.7–）
　外16（リベリー、フランク　1983.4.7–）
　最世ス（リベリー、フランク　1983.4.7–）

Ribisi, Giovanni
アメリカの俳優。
⇒外12（リビシ、ジョバンニ　1974–）

外16 (リビシ, ジョバンニ 1974.12.17–)

Ribot, Alexandre Félix Joseph
フランスの政治家。外相, 蔵相, 首相を歴任。
⇒岩世人 (リボー 1842.2.7–1923.1.13)

Ribot, Théodule Armand
フランスの心理学者。
⇒岩世人 (リボー 1839.12.18–1916.12.9)
学叢思 (リボー, テオデュール・アルマン 1837–1916)
教人 (リボー 1839–1916)
現精 (リボ 1839–1916)
現精縮 (リボ 1839–1916)
広辞7 (リボー 1839–1916)
メル3 (リボー, テオデュル 1839–1916)

Riboud, Franck
スイスの実業家。
⇒外16 (リブー, フランク 1955.11.7–)

Ricard, Alain
フランスの画家。
⇒芸13 (リカール, アラン 1941–)

Ricard, Louis-Xavier de
フランスの詩人。
⇒19仏 (リカール, ルイ=グザヴィエ・ド 1843.1.25–1911.7.2)

Ricardinho
ポルトガルのフットサル選手 (インテル・モビスター・FP)。
⇒外12 (リカルジーニョ 1985.9.3–)
外16 (リカルジーニョ 1985.9.3–)
最世ス (リカルジーニョ 1985.9.3–)

Ricardo
ポルトガルのサッカー選手 (レスター・GK)。
⇒外12 (リカルド 1976.2.11–)
最世ス (リカルド 1976.2.11–)

Ricardo, Niño
スペインのフラメンコギター奏者。
⇒標音2 (リカルド, ニーニョ 1905.6.1–1972.4.17)

Ricardou, Jean
フランスの評論家, 小説家。主著『ヌーボー・ロマンの諸問題』(1967)。
⇒現世文 (リカルドゥー, ジャン 1932.6.17–2016.7.23)

Ricarte, Artemio
フィリピンの民族運動家, 軍人。1896年8月のマラボンの戦で功をたて将軍となる。
⇒ア太戦 (リカルテ 1866–1945)
岩世人 (リカルテ 1866.10.20–1945.7)

Riccardo Pampuri
イタリア北部トリヴォルツィオ出身の聖人, 医師。祝日5月1日。
⇒新カト (リッカルド・パンプリ 1897.8.2–1930.5.1)

Ricci, Christina
アメリカの女優。
⇒外12 (リッチ, クリスティーナ 1980.2.12–)
外16 (リッチ, クリスティーナ 1980.2.12–)
ク俳 (リッチ, クリスティーナ 1980–)

Ricci, Corrado
イタリアの美術史家。主著, "L'ultimo rifugio di Dante Alighieri" (1891)。
⇒岩世人 (リッチ 1858.4.18–1934.6.5)

Ricci, Cristian
テノール歌手。
⇒魅惑 (Ricci, Cristian ?–)

Ricci, Curbastro Gregorio
イタリアの数学者。絶対微分学を開拓。
⇒岩世人 (リッチ 1853.1.12–1925.8.6)
数辞 (リッチ, クルバストロ・グレゴリオ 1853–1925)
世数 (リッチ-クルバストロ, グレゴリオ 1853–1925)

Ricci, Nina
イタリアの服飾デザイナー。
⇒岩世人 (リッチ 1883.1.14–1970.11.30)

Ricci, Ruggiero
アメリカのヴァイオリン奏者。
⇒新音中 (リッチ, ルッジェーロ 1918.7.24–)
標音2 (リッチ, ルッジェーロ 1918.7.24–)

Ricciardi, Franco
イタリアのテノール歌手。
⇒魅惑 (Ricciardi, Franco ?–?)

Ricciarelli, Katia
イタリアのソプラノ歌手。
⇒オペラ (リッチャレッリ, カティア 1946–)
標音2 (リッチャレッリ, カティア 1946.1.18–)

Rice, Anne
アメリカの小説家。
⇒現世文 (ライス, アン 1941.10.4–)

Rice, Ben
イギリスの作家。
⇒現世文 (ライス, ベン 1972–)

Rice, Buddy
アメリカのレーシングドライバー。
⇒最世ス (ライス, バディ 1976.1.31–)

Rice, Condoleezza
アメリカの国際政治学者。国務長官。
⇒アメ新 (ライス 1954–)
岩世人 (ライス 1954.11.14–)
外12 (ライス, コンドリーザ 1954.11.14–)
外16 (ライス, コンドリーザ 1954.11.14–)

世指導（ライス，コンドリーザ　1954.11.14–）

Rice, David
アメリカの作家。
⇒海文新（ライス，デイヴィッド　1964–）
現世文（ライス，デービッド　1964–）

Rice, Delbert
アメリカの大リーグ選手（捕手）。
⇒メジャ（ライス，デル　1922.10.27–1983.1.26）

Rice, Edgar Charles（Sam）
アメリカの大リーグ選手（外野）。
⇒メジャ（ライス，サム　1890.2.20–1974.10.13）

Rice, Elmer Reizenstein
アメリカの劇作家。ニューヨークの貧民街のアパートを背景にした『街の情景』（1929，ピュリッツァー賞受賞）以後写実主義に徹し，『法廷の弁護士』（31）など多くの戯曲を発表。
⇒現世文（ライス，エルマー　1892.9.28–1967.5.8）
広辞7（ライス　1892–1967）
ユ著人（Rice,Elmer Leopold　ライス，エルマー・レオポルド　1892–1967）

Rice, Florence
アメリカの女優。
⇒ク俳（ライス，フローレンス　1907–1974）

Rice, Harry Francis
アメリカの大リーグ選手（外野）。
⇒メジャ（ライス，ハリー　1901.11.22–1971.1.1）

Rice, James Edward
アメリカの大リーグ選手（外野，DH）。
⇒外12（ライス，ジム　1953.3.8–）
メジャ（ライス，ジム　1953.3.8–）

Rice, Jerry
アメリカのアメリカンフットボール選手。
⇒岩世人（ライス　1962.10.13–）
外12（ライス，ジェリー　1962.10.13–）
外16（ライス，ジェリー　1962.10.13–）

Rice, Joan
イギリスの女優。
⇒ク俳（ライス，ジョウン　1930–1997）

Rice, Luanne
アメリカの作家。
⇒外12（ライス，ルアンヌ）
外16（ライス，ルアンヌ）
現世文（ライス，ルアンヌ）

Rice, Robert
アメリカの作家。
⇒現世文（ライス，ロバート）

Rice, Stephanie
オーストラリアの水泳選手（個人メドレー）。
⇒外12（ライス，ステファニー　1988.6.17–）

外16（ライス，ステファニー　1988.6.17–）
最世ス（ライス，ステファニー　1988.6.17–）

Rice, Stuart Alan
アメリカの物理化学者。
⇒岩世人（ライス　1932.1.6–）

Rice, Susan
アメリカの政治家，外交官。
⇒外12（ライス，スーザン　1964.11.17–）
外16（ライス，スーザン　1964.11.17–）
世指導（ライス，スーザン　1964.11.17–）

Rice, Tim（othy Miles Bindon）
イギリスの作詞家，作家，プロデューサー。
⇒外12（ライス，ティム　1944.11.10–）
外16（ライス，ティム　1944.11.10–）

Rich, Adrienne
アメリカ（ユダヤ系）の女性詩人。
⇒岩世人（リッチ　1929.5.16–2012.3.27）
外12（リッチ，アドリエンヌ　1929.5.16–）
現世文（リッチ，アドリエンヌ　1929.5.16–2012.3.27）
広辞7（リッチ　1929–2012）

Rich, Buddy
アメリカのジャズ・バンド・リーダー，ドラム奏者。テクニックとリズム感は定評があり，スィング・ドラマーの第一人者。
⇒新音中（リッチ，バディ　1917.9.30–1987.4.2）
標音2（リッチ，バディ　1917.9.30–1987.4.2）

Rich, Charlie
アメリカ・アーカンソー州生まれのカントリー・ミュージシャン。
⇒ロック（Rich,Charlie　リッチ，チャーリー　1932.12.14–）

Rich, Frank
アメリカの演劇評論家，ジャーナリスト。
⇒外12（リッチ，フランク　1949.1.2–）
外16（リッチ，フランク　1949.1.2–）

Richard, Alain
フランスの政治家。フランス国防相。
⇒世指導（リシャール，アラン　1945.8.29–）

Richard, Andrew
アメリカのテノール歌手。
⇒魅惑（Richard,Andrew　?–）

Richard, Charles
フランスのテノール歌手。
⇒魅惑（Richard,Charles　?–?）

Richard, Cliff
イギリスの歌手。
⇒異二辞（リチャード，クリフ　1940–）
外12（リチャード，クリフ　1940.10.14–）
外16（リチャード，クリフ　1940.10.14–）

ク俳 (リチャード, サー・クリフ (ウェブ, ハロルド) 1939–)
新音中 (リチャード, クリフ 1940.10.14–)
標音2 (リチャード, クリフ 1940.10.14–)
ロック (Richard,Cliff リチャード, クリフ 1940.10.14–)

Richard, Gaston
フランスの社会学者。
⇒学叢思 (リシャール, ガストン)
社小増 (リシャール 1861–1945)

Richard, James Rodney
アメリカの大リーグ選手 (投手)。
⇒メジャ (リチャード,J・R 1950.3.7–)

Richard, Jean-Pierre
フランスの評論家。主著『文学と感覚』(1954),『マラルメの詩的宇宙』(61)。
⇒岩世人 (リシャール 1922.7.15–)
外12 (リシャール, ジャン・ピエール 1922–)
外16 (リシャール, ジャン・ピエール 1922.7.15–)

Richard, Jules Antoine
フランスの数学者。〈リシャールの逆理〉によって知られる。
⇒岩世人 (リシャール 1862.8.12–1956.10.14)
世数 (リシャール, ジュール・アントワーヌ 1862–1956)

Richard, Pierre
フランスの実業家。
⇒外12 (リシャール, ピエール 1941.3.9–)
外16 (リシャール, ピエール 1941.3.9–)

Richard, Puth
スイス生まれの彫刻家。
⇒芸13 (リシャール, プス 1937–)

Richard, Timothy
イギリスのバプテスト教会中国宣教師。
⇒岩世人 (リチャード 1845–1919.4.17)

Richardes, Marcio
ブラジルのサッカー選手 (浦和レッズ・MF)。
⇒外12 (リシャルデス, マルシオ 1981.11.30–)

Richards, Dakota Blue
イギリスの女優。
⇒外12 (リチャーズ, ダコタ・ブルー 1994–)

Richards, Denise
アメリカの女優。
⇒外12 (リチャーズ, デニース 1972.2.17–)
ク俳 (リチャーズ, デニーズ 1971–)

Richards, Dickinson Woodruff
アメリカの医師。心臓カテーテル法の研究で, 1956年ノーベル生理・医学賞受賞。
⇒岩世人 (リチャーズ 1895.10.30–1973.2.23)

ノベ3 (リチャーズ,D.W. 1895.10.30–1973.2.23)

Richards, Eugene
アメリカの大リーグ選手 (外野)。
⇒メジャ (リチャーズ, ジーン 1953.9.29–)

Richards, George Maxwell
トリニダード・トバゴの政治家。トリニダード・トバゴ大統領 (2003～13)。
⇒外12 (リチャーズ, ジョージ・マクスウェル 1931.12.1–)
外16 (リチャーズ, ジョージ・マクスウェル 1931.12.1–)
世指導 (リチャーズ, ジョージ・マクスウェル 1931.12.1–)

Richards, Ivor Armstrong
イギリスの批評家, 詩人。オグデンとの共著『意味の意味』(1923),『文芸批評の諸原理』(24) が代表作。
⇒岩世人 (リチャーズ 1893.2.26–1979.9.7)
広辞7 (リチャーズ 1893–1979)
西文 (リチャーズ, アームストロング 1893–1979)
ネーム (リチャーズ 1893–1979)

Richards, Keith
イギリス生まれのギター奏者。
⇒エデ (リチャード, キース 1943.12.18–)
外12 (リチャーズ, キース 1943.12.18–)
外16 (リチャーズ, キース 1943.12.18–)

Richards, Linda A.J.
アメリカの看護教育家。京都看護婦学校主任。
⇒アア歴 (Richards,Linda リチャーズ, リンダ 1841.7.27–1930.4.16)

Richards, Paul Rapier
アメリカの大リーグ選手 (捕手)。
⇒メジャ (リチャーズ, ポール 1908.11.21–1986.5.4)

Richards, Theodore William
アメリカの化学者。ノーベル化学賞受賞 (1914)。
⇒岩世人 (リチャーズ 1868.1.31–1928.4.2)
化学 (リチャーズ 1868–1928)
ノベ3 (リチャーズ,T.W. 1868.1.31–1928.4.2)

Richardson, Abram Harding
アメリカの大リーグ選手 (二塁, 外野, 三塁)。
⇒メジャ (リチャードソン, ハーディ 1855.4.21–1931.1.14)

Richardson, Arleta
アメリカの児童文学作家。
⇒現世文 (リチャードソン, アリータ 1923.3.9–2004.7.25)

Richardson, Bill
アメリカの政治家, 外交官。
⇒外12 (リチャードソン, ビル 1947.11.15–)

外16（リチャードソン, ビル　1947.11.15-）
世指導（リチャードソン, ビル　1947.11.15-）

Richardson, Bradley M.
アメリカの政治学者。オハイオ州立大学政治学科教授。
⇒外12（リチャードソン, ブラッドリー　1929-）

Richardson, C.S.
カナダの作家, 装幀家。
⇒海文新（リチャードソン,C.S.　1955-）
現世文（リチャードソン,C.S.　1955-）

Richardson, Daniel
アメリカの大リーグ選手（二塁, 遊撃, 外野）。
⇒メジャ（リチャードソン, ダニー　1863.1.25-1926.9.12）

Richardson, Daniel W.
アメリカ陸軍下士官。
⇒スパイ（リチャードソン, ダニエル・W）

Richardson, Dorothy
イギリスの小説家。
⇒岩世人（リチャードソン　1873.5.17-1957.6.17）

Richardson, Heather
アメリカのスピードスケート選手。
⇒最世ス（リチャードソン, ヘザー　1989.3.20-）

Richardson, Hugh
イギリスの外交官。
⇒外12（リチャードソン, ヒュー　1947.5.12-）
外16（リチャードソン, ヒュー　1947.5.12-）

Richardson, Hugh E.
イギリスの外交官, チベット学者。
⇒岩世人（リチャードソン　1905.12.22-2000.12.3）

Richardson, Jack
アメリカの劇作家。
⇒現世文（リチャードソン, ジャック　1935.2.18-）

Richardson, Jason
アメリカの陸上選手（ハードル）。
⇒最世ス（リチャードソン, ジェイソン　1986.4.4-）

Richardson, Joely
イギリス生まれの女優。
⇒ク俳（リチャードスン, ジョウリー　1965-）

Richardson, Johnnie Louise
アメリカ・アラバマ州モンゴメリー生まれの歌手。
⇒ロック（Johnnie and Joe　ジョニー&ジョウ　1945.6.29-）

Richardson, Lewis Fry
イギリスの気象学者, 数学者。数理的気象予測を戦争の数学に応用した『死闘の統計学』,『兵器と不安』が死後出版された。

⇒オク気（リチャードソン, ルイス・フライ　1881.10.11-1953.9.30）
物理（リチャードソン, ルイス・フライ　1881-1953）

Richardson, Louise
アメリカの国際政治学者。
⇒外12（リチャードソン, ルイーズ）
外16（リチャードソン, ルイーズ）

Richardson, Miranda
イギリス生まれの女優。
⇒外12（リチャードソン, ミランダ　1958.3.3-）
外16（リチャードソン, ミランダ　1958.3.3-）
ク俳（リチャードスン, ミランダ　1958-）

Richardson, Natasha
イギリス生まれの女優。
⇒ク俳（リチャードスン, ナターシャ　1963-）

Richardson, *Sir* Owen Willans
イギリスの物理学者。真空管を改善, 無線放送時代への端緒を開いた。1928年ノーベル物理学賞受賞。
⇒岩世人（リチャードソン　1879.4.26-1959.2.15）
三新物（リチャードソン　1879-1959）
ノベ3（リチャードソン,O.W.　1879.4.26-1959.2.15）
物理（リチャードソン, サー・オーウェン・ウイリアンス　1879-1959）

Richardson, *Sir* Ralph
イギリスの俳優。オールド・ビック劇団で活躍。映画にも出演し,『落ちた偶像』(1952),『ドクトル・ジバゴ』(65) などが代表作。
⇒岩世人（リチャードソン　1902.12.19-1983.10.10）
ク俳（リチャードスン, サー・ラルフ　1902-1983）
スター（リチャードソン, ラルフ　1902.12.19-1983）

Richardson, Robert
イギリスのミステリ作家。
⇒現世文（リチャードソン, ロバート　1940-）

Richardson, Robert Clinton
アメリカの大リーグ選手（二塁）。
⇒メジャ（リチャードソン, ボビー　1935.8.19-）

Richardson, Rovert Coleman
アメリカの物理学者。1996年ノーベル物理学賞。
⇒外12（リチャードソン, ロバート　1937.6.26-）
ノベ3（リチャードソン,R.C.　1937.6.26-）

Richardson, Tony
イギリスの演出家, 映画監督。映画『トム・ジョーンズの華麗な冒険』(1963) でアカデミー監督賞受賞。
⇒映監（リチャードソン, トニー　1928.6.5-1991）

Richards-Ross, Sanya
アメリカの陸上選手（短距離）。

⇒外12 (リチャーズ・ロス, サーニャ 1985.2.26–)
外16 (リチャーズ・ロス, サーニャ 1985.2.26–)
最世ス (リチャーズ・ロス, サーニャ 1985.2.26–)

Richardsson, Daniel
スウェーデンのスキー選手(距離)。
⇒外12 (リチャードソン, ダニエル 1982.3.15–)
外16 (リチャードソン, ダニエル 1982.3.15–)
最世ス (リチャードソン, ダニエル 1982.3.15–)

Richartz, Willy
ドイツの作曲家。
⇒標音2 (リヒャルツ, ヴィリ 1900.9.25–1972.8.8)

Richberg, Donald Randal
アメリカの弁護士。革新党の全国立法考査局局長。
⇒アメ経 (リッチバーグ, ドナルド 1881.7.10–1960.11.27)

Richelson, Jeffrey T.
アメリカの作家。
⇒スパイ (リチェルソン, ジェフリー・T 1949–)

Richepin, Jean
フランスの詩人, 小説家, 劇作家。主著『浮浪人の歌』(1876),『鳥もち』(81),『無頼漢』(97)。
⇒岩世人 (リシュパン 1849.2.4–1926.12.12)
19仏 (リシュパン, ジャン 1849.2.4–1926.12.12)

Richert, Hans
ドイツの高等学校教育改革者。プレッシェン, ポーゼンの高等学校長を歴任, 1923年プロイセン文部大臣の顧問となる。
⇒教人 (リッヘルト 1869–)

Richert, Peter Gerard
アメリカの大リーグ選手(投手)。
⇒メジャ (リッカート, ピート 1939.10.29–)

Richet, Charles Robert
フランスの生理学者。過敏症の研究により, 1913年ノーベル生理・医学賞受賞。
⇒岩生 (リシェ 1850–1935)
岩世人 (リシェ 1850.8.26–1935.12.4)
ノベ3 (リシェ, C.R. 1850.8.26–1935.12.4)

Richie, Donald
アメリカの映画評論家。
⇒アア歴 (Richie,Donald (Steiner) リッチー, ドナルド・スタイナー 1924.4.17–)

Richie, Lionel
アメリカ生まれのシンガー・ソングライター。
⇒外12 (リッチー, ライオネル 1949.6.20–)
外16 (リッチー, ライオネル 1949.6.20–)

Richie, Nicole
アメリカの女優。
⇒外12 (リッチー, ニコール 1981.9.21–)

Richier, Germaine
フランスの女性彫刻家。動物や昆虫を主題にシュールレアリスム的様式を発展。
⇒岩世人 (リシエ 1904.9.16–1959.7.31)
広辞7 (リシエ 1904–1959)

Richir, Marc
ベルギー・エノー州シャルルロワ生まれの哲学者, 現象学者。
⇒メル別 (リシール, マルク 1943–2015)

Richler, Mordecai
カナダ生まれの小説家。
⇒現世文 (リッチラー, モルデカイ 1931.1.27–2001.7.3)

Richmond, J.Lee
アメリカの大リーグ選手(投手)。
⇒メジャ (リッチモンド, リー 1857.5.5–1929.10.1)

Richmond, Mary Ellen
アメリカの社会事業家。ケースワークを体系づけた。
⇒現社福 (リッチモンド 1861–1928)
社小増 (リッチモンド 1861–1928)

Richter, Bernard
スイスのテノール歌手。
⇒魅惑 (Richter,Bernard ?–)

Richter, Burton
アメリカの物理学者。1976年ノーベル物理学賞。
⇒岩世人 (リヒター 1931.3.22–)
外12 (リヒター, バートン 1931.3.22–)
外16 (リヒター, バートン 1931.3.22–)
ノベ3 (リヒター, B. 1931.3.22–)
物理 (リヒター, バートン 1931–)
ユ著人 (Richter,Burton リヒター, バートン 1931–)

Richter, Charles Francis
アメリカの地震学者。地震のマグニチュードやエネルギーの研究を多角的に行った。1976年第2回アメリカ地震学会賞受賞。
⇒岩世人 (リヒター 1900.4.26–1985.9.30)
オク地 (リヒター, チャールズ・フランシス 1900–1985)

Richter, Eugen
ドイツの政治家。「自由主義新聞」を創刊し(1885), 長くその主筆をつとめた。
⇒岩世人 (リヒター 1838.7.30–1906.3.10)

Richter, Falk
ドイツの演出家, 劇作家, 翻訳家。
⇒外16 (リヒター, ファルク 1969–)

Richter, Gerhard
ドイツの画家。
⇒岩世人 (リヒター 1932.2.9–)

外12（リヒター, ゲルハルト　1932.2.9–）
外16（リヒター, ゲルハルト　1932.2.9–）
芸13（リヒター, ゲルハルト　1932–）
広辞7（リヒター　1932–）

Richter, Hans
ドイツの指揮者。1876年以後バイロイト音楽祭の首席指揮者。
⇒岩世人（リヒター　1843.4.4–1916.12.5）
オペラ（リヒター, ハンス　1843–1916）
新音中（リヒター, ハンス　1843.4.4–1916.12.5）
標音2（リヒター, ハンス　1843.4.4–1916.12.5）

Richter, Hans
ドイツの映画監督, 画家。
⇒アニメ（リヒター, ハンス　1888–1976）
岩世人（リヒター　1888.4.6–1976.2.1）
ユ著人（Richter, Hans　リヒター, ハンス　1888–1976）

Richter, Hans Peter
ドイツの児童文学者。
⇒現世文（リヒター, ハンス・ピーター　1925.4.28–1993.11.19）
ポプ人（リヒター, ハンス・ペーター　1925–1993）

Richter, Hans Werner
ドイツの小説家, 評論家。「47年グループ」の指導者。作品は,『うちのめされた人々』(1919),『白ばら, 赤ばら』(71) など。
⇒岩世人（リヒター　1908.11.12–1993.3.23）
現世文（リヒター, ハンス・ヴェルナー　1908.11.12–1993.3.23）

Richter, Julius
ドイツのプロテスタント神学者。"Die evangelischen Missionen"誌を刊行 (1895)。
⇒岩世人（リヒター　1862.2.19–1940.3.28）

Richter, Jutta
ドイツの作家。
⇒外12（リヒター, ユッタ　1955–）
現世文（リヒター, ユッタ　1955–）

Richter, Karl
ドイツの指揮者, オルガン奏者。指揮者としてはバッハの『マタイ受難曲』など, 宗教音楽の権威。
⇒岩世人（リヒター　1926.10.15–1981.2.15）
新音中（リヒター, カール　1926.10.15–1981.2.15）
標音2（リヒター, カルル　1926.10.15–1981.2.15）

Richter, Roland Suso
ドイツの映画監督。
⇒外12（リヒター, ローランド・ズゾ　1961.1.7–）

Richter, Sviatoslav Teofilovich
ソ連のピアノ奏者。
⇒岩世人（リヒテル　1915.3.7/20–1997.8.1）
新音中（リヒテル, スヴャトスラフ　1915.3.20–1997.8.1）
標音2（リヒテル, スヴャトスラフ　1915.3.20–1997.8.1）

Richter, Wolfgang
ドイツの聖書学者。
⇒新カト（リヒター　1926.12.19–2015.3.20）

Richter-Haaser, Hans
ドイツのピアノ奏者, 指揮者, 作曲家。
⇒標音2（リヒター＝ハーザー, ハンス　1912.1.6–1980.12.13）

Richthofen, Ferdinand, Freiherr von
ドイツの地理地質学者。ベルリン国際地理学協会やベルリン海洋学会等を創設。
⇒岩世人（リヒトホーフェン　1833.5.5–1905.10.6）
広辞7（リヒトホーフェン　1833–1905）
人文地（リヒトホーフェン　1833–1905）
世人新（リヒトホーフェン　1833–1905）
世人装（リヒトホーフェン　1833–1905）
ネーム（リヒトホーフェン　1833–1905）
ポプ人（リヒトホーフェン, フェルディナント・フォン　1833–1905）

Richthofen, Manfred, Freiherr von
ドイツの空軍軍人, 男爵。編隊による戦闘技術を創案。
⇒異二辞（リヒトホーフェン［マンフレート・フォ〜］　1892–1918）
岩世人（リヒトホーフェン　1892.5.2–1918.4.21）

Ri Chun-hi
北朝鮮のアナウンサー（朝鮮中央テレビ）。
⇒外16（リチュンヒ　1943–）

Rickard, Brenton
オーストラリアの水泳選手（平泳ぎ）。
⇒外12（リカード, ブレントン　1983.10.19–）
外16（リカード, ブレントン　1983.10.19–）
最世ス（リカード, ブレントン　1983.10.19–）

Rickard, Tex
アメリカのボクシング・プロモーター。
⇒岩世人（リカード　1870.1.2–1929.1.6）

Rickards, James
アメリカの投資家。
⇒外16（リカーズ, ジェームズ）

Rickards, John
イギリスの作家。
⇒海文新（リカーズ, ジョン　1978–）

Ricke, Kai-Uwe
ドイツの実業家。
⇒外12（リッケ, カイウベ　1961.10–）
外16（リッケ, カイウベ　1961.10–）

Rickenbacher, Hans-Jürg
スイスのテノール歌手。
⇒魅惑（Rickenbacher, Hans-Jürg　1967–）

Rickenbacker, Edward Vernon
アメリカの飛行家。
⇒アメ州（Rickenbacker,Edward Vernon　リッケンバッカー, エドワード・バーノン　1890–1973）
ネーム（リッケンバッカー　1890–1973）

Ricker, Maëlle
カナダのスノーボード選手。
⇒外12（リカー, メール　1978.12.2–）
外16（リカー, メール　1978.12.2–）
最世そ（リカー, メール　1978.12.2–）

Ricker, William Edwin
カナダの水産資源学者。水産資源学のうちでも数理資源学に大きな貢献をした。
⇒岩世人（リッカー　1908.8.11–2001.9.8）

Rickert, Heinrich
ドイツの哲学者, 新カント学派の西南ドイツ学派（バーデン学派）の代表者。
⇒岩世人（リッケルト　1863.5.25–1936.7.25）
学叢思（リッケルト, ハインリヒ　1863–?）
教人（リッケルト　1863–1936）
広辞7（リッカート　1863–1936）
社小増（リッケルト　1863–1936）
新カト（リッケルト　1863.5.25–1936.7.28）
世人新（リッケルト　1863–1936）
世人装（リッケルト　1863–1936）
哲中（リッケルト　1863–1936）
ネーム（リッケルト　1863–1936）
メル2（リッケルト, ハインリヒ　1863–1936）

Rickert, Thomas A.
アメリカの統一被服産業労働組合（UGW）会長。
⇒アメ経（リカート, トマス　1876.4.24–1941.7.27）

Ricketts, Charles
イギリスの画家, 美術批評家, 出版者, 舞台装置家。
⇒グラデ（Ricketts,Charles de Sousy　リケッツ, チャールズ・ドゥ・スージー　1866–1931）

Ricketts, Howard Taylor
アメリカの病理学者。ロッキー山紅斑熱を研究。
⇒岩世人（リケッツ　1871.2.9–1910.5.3）

Rickey, George
アメリカの画家, 彫刻家, 美術史家。
⇒芸13（リッキー, ジョージ　1907–2002）

Rickey, Wesley Branch
アメリカの大リーグ選手（捕手, 外野）。
⇒岩世人（リッキー　1881.12.20–1965.12.9）
メジャ（リッキー, ブランチ　1881.12.20–1965.12.9）

Rickman, Alan
イギリス生まれの俳優。
⇒外12（リックマン, アラン　1946.2.21–）
外16（リックマン, アラン　1946.2.21–）

Ricks, Christopher
イギリスの批評家。
⇒岩世人（リックス　1933.1.1–）

Ricks, Thomas E.
アメリカのジャーナリスト, 作家。
⇒外12（リックス, トーマス）
外16（リックス, トーマス）

Rickword, Edgell
イギリスの批評家, 詩人。
⇒現世文（リックワード, エッジェル　1898.10.22–1982）

Ricœur, Paul
フランスの哲学者。
⇒岩キ（リクール　1913–）
岩世人（リクール　1913.2.27–2005.5.20）
現社（リクール　1913–2005）
広辞7（リクール　1913–2005）
新カト（リクール　1913.2.27–2005.5.20）
精分岩（リクール, ポール　1913–）
世人新（リクール　1913–2005）
世人装（リクール　1913–2005）
ネーム（リクール　1913–2005）
メル3（リクール, ポール　1913–2005）
メル別（リクール, ポール　1913–2005）

Ricordi, Giulio
イタリアの楽譜出版社社長, 作曲家。
⇒オペラ（リコルディ, ジュリオ　1840–1912）

Riddell, Hannah
聖公会所属のイギリス婦人宣教師。1890年来日, 熊本に回春病院を創立。
⇒岩世人（リデル　1855.10.17–1932.2.3）

Ridder, Anton de
オランダのテノール歌手。
⇒失声（デ・リッダー, アントン　1929–2006）
魅惑（Ridder,Anton de　1929–2006）

Ridderbusch, Karl
ドイツのバス歌手。
⇒オペラ（リッダーブッシュ, カール　1932–1997）
新音中（リッダーブッシュ, カール　1932.5.29–1997.6.21）
標音2（リッダーブッシュ, カルル　1932.5.29–1997.6.21）

Ridding, John
イギリスの新聞人。フィナンシャル・タイムズ（FT）グループCEO。
⇒外16（リディング, ジョン）

Riddle, Elmer Ray
アメリカの大リーグ選手（投手）。
⇒メジャ（リドル, エルマー　1914.7.31–1984.5.14）

Riddle, Nelson
アメリカのジャズ編曲家。

⇒標音2（リドル，ネルソン　1921.6.1–1985.10.6）

Rideal, *Sir* **Eric Keightley**
イギリスの化学者。ロンドン大学物理化学教授（1950〜）。特にコロイド，触媒，表面化学の権威。
⇒岩世人（リディール　1890.4.11–1974.9.25）
　スパイ（リディール，サー・エリック・ケイトリー　1890–1974）

Ridge, Tom
アメリカの政治家。
⇒外12（リッジ，トム　1945.8.26–）
　世指導（リッジ，トム　1945.8.26–）

Ridgway, Matthew Bunker
アメリカの軍人，元帥。D.マッカーサー辞任後，極東連合軍最高司令官として駐日。1953年米陸軍参謀総長。
⇒岩韓（リッジウェイ　1895–1993）
　岩世人（リッジウェイ　1895.3.3–1993.7.26）

Riding, Laura
アメリカの詩人，批評家，小説家，論争家。
⇒岩世人（ライディング　1901.1.16–1991.9.2）
　現世文（ライディング，ローラ　1901.1.16–1991.9.2）

Ridley, *Sir* **Henry Nicholas**
イギリスの植物学者。
⇒岩世人（リドリー　1855.12.10–1956.10.24）

Riedel, Manfred
ドイツの哲学者。
⇒岩世人（リーデル　1936.5.10–2009.5.11）

Riedl, Rupert
オーストリアの動物学者，形態学者，理論進化生物学者。
⇒岩生（リードル　1925–2005）

Riefenstahl, Leni
〈ナチス映画〉を代表するドイツの映画監督，女優。
⇒岩世人（リーフェンシュタール　1902.8.22–2003.9.8）
　映監（リーフェンシュタール，レニ　1902.8.22–2003）
　広辞7（リーフェンシュタール　1902–2003）
　ネーム（リーフェンシュタール　1902–2003）

Riegel, Kenneth
アメリカのテノール歌手。
⇒魅惑（Riegel,Kenneth　1938–）

Riegger, Wallingford Constantin
アメリカの作曲家。
⇒エデ（リーガー，ウォーリングフォード（コンスタンティン）　1885.4.29–1961.4.2）

Riegl, Alois
オーストリアの美術史家。古代の装飾文様の様式などを研究。
⇒岩世人（リーグル　1858.1.14–1905.1.17）
　広辞7（リーグル　1858–1905）

Riehl, Alois
オーストリアの哲学者。新カント学派に属する。
⇒岩世人（リール　1844.4.27–1924.11.21）
　学叢思（リール，アロイス　1844–1924）

Riehl, Herbert
アメリカの気象学者。熱帯に関する気象学・気候学の研究の先駆者で権威者。熱帯の偏東風波動の研究で有名。
⇒岩世人（リール　1915.3.30–1997.6.1）

Riel, Ane
デンマークの作家。
⇒現世文（リール，エーネ　1971–）

Riemann, Hugo
ドイツの音楽学者。主著『リーマン音楽辞典』（1882）。
⇒岩世人（リーマン　1849.7.18–1919.7.10）
　新音中（リーマン，フーゴー　1849.7.18–1919.7.10）
　新カト（リーマン　1849.7.18–1919.7.10）
　標音2（リーマン，フーゴ　1849.7.18–1919.7.10）

Riemerschmid, Richard
ドイツの工芸デザイナー，建築家。
⇒岩世人（リーマーシュミート　1868.6.20–1957.4.13）

Rien Sican
タイの軍人。
⇒岩世人（リエン・シーチャン　1892.5.1–1970.11.4）

Ries, Franz
ドイツのヴァイオリン奏者，出版業者。
⇒ク音3（リース　1846–1932）
　標音2（リース，フランツ　1846.4.7–1932.1.20）

Riesman, David
現代アメリカの代表的社会学者。
⇒アメ新（リースマン　1909–2002）
　岩世人（リースマン　1909.9.22–2002.5.10）
　教人（リースマン　1909–）
　現社（リースマン　1909–2002）
　広辞7（リースマン　1909–2002）
　社小増（リースマン　1909–）
　新カト（リースマン　1909.9.22–2002.5.10）
　哲中（リースマン　1909–2002）

Riess, Adam G.
アメリカの物理学者。
⇒外12（リース，アダム　1969–）
　外16（リース，アダム　1969–）
　ノベ3（リース，A.G.　1969.12.16–）

Riess, Ludwig
ドイツ（ユダヤ系）の歴史学者。1887〜1902年

東京大学講師。
⇒岩世人（リース　1861.12.1-1928.12.25）

Riess-Passer, Susanne
オーストリアの政治家。オーストリア副首相，オーストリア自由党党首。
⇒外12（リースパッサー，スザンネ　1961.1.3-）
外16（リースパッサー，スザンネ　1961.1.3-）
世指導（リースパッサー，スザンネ　1961.1.3-）

Riester, Walter
ドイツの労働運動家，政治家。
⇒岩世人（リースター　1943.9.27-）
世指導（リースター，ワルター　1943.9.27-）

Riesz Frigyes
ハンガリーの数学者。関数解析学の開拓者。
⇒岩世人（リース　1880.1.22-1956.2.28）
数辞（リース，フリジェス　1880-1956）
世数（リース，フリージェス（フレデリック）1880-1956）

Riesz Marcel
ハンガリー出身スウェーデンの数学者。複素関数論，フーリエ級数，ディリクレ級数の領域で多くの業績を残す。
⇒岩世人（リース　1886.11.16-1969.9.4）
世数（リース，マルセル　1880-1956）

Rieti, Vittorio
イタリア人を両親にもつアメリカの新古典主義の作曲家。どのジャンルにおいても一貫して明快で均整のとれた作風を示している。
⇒ク音3（リエーティ　1898-1994）
新音中（リエーティ，ヴィットーリオ　1898.1.28-1994.2.19）
標音2（リエーティ，ヴィットーリオ　1898.1.28-1994.2.19）

Rietschel, Ernst Theodor
ドイツの免疫化学者。
⇒外12（リーチェル，エルンスト・テオドール）
外16（リーチェル，エルンスト・テオドール）

Rietveld, Gerrit Thomas
オランダの建築家。デザインをエレメンタルな視覚単位に分け，それを空間的に構成して建築や家具を設計した。
⇒岩世人（リートフェルト　1888.6.24-1964.6.25）
ポブ人（リートフェルト，ヘリト・トーマス　1888-1964）

Rieu, André
オランダのヴァイオリン奏者。
⇒外12（リュウ，アンドレ　1949.10.1-）
外16（リュウ，アンドレ　1949.10.1-）

Rifai, Samir
ヨルダンの政治家。ヨルダン首相，国防相。
⇒外12（リファイ，サミル　1966.7.1-）
外16（リファイ，サミル　1966.7.1-）

世指導（リファイ，サミル　1966.7.1-）

Rifbjerg, Klaus
デンマークの作家。
⇒岩世人（リフビャウ　1931.12.15-）
現世文（リフビエア，クラウス　1931.12.15-2015.4.4）

Rifkin, Jeremy
アメリカの経済，社会理論家。
⇒メル別（リフキン，ジェレミー　1945-）

Rifkin, Joshua
アメリカのピアノ奏者，指揮者，音楽学者。
⇒ロック（Rifkin,Joshua　リフキン，ジョシュア）

Rifkind, Malcolm Leslie
イギリスの政治家。イギリス外相。
⇒外12（リフキンド，マルコム　1946.6.21-）
外16（リフキンド，マルコム　1946.6.21-）
世指導（リフキンド，マルコム　1946.6.21-）

Rigaux, Béda
ベルギー・ビスムレー生まれの新約聖書学者，フランシスコ会司祭。
⇒新カト（リゴー　1899.1.31-1982.4.22）

Riget, Karl Age
デンマークの芸術家。
⇒芸13（リーゲ，カール・エージ　1933-）

Rigg, Dame Diana
イギリス生まれの女優。
⇒外16（リグ，ダイアナ　1938.7.20-）

Rigg, Jonathan
テノール歌手。
⇒魅惑（Rigg,Jonathan　?-）

Riggins, Lloyd
アメリカのバレエダンサー。
⇒外12（リギンズ，ロイド　1969-）
外16（リギンズ，ロイド　1969-）

Riggleman, James David
アメリカの大リーグ，カブスなどの監督。
⇒外12（リグルマン，ジム　1952.11.9-）
メジャ（リグルマン，ジム　1952.11.9-）

Riggs, Ransom
アメリカの作家。
⇒海文新（リグズ，ランサム）

Righetti, David Allan
アメリカの大リーグ選手（投手）。
⇒メジャ（リゲッティ，デイヴ　1958.11.28-）

Righi, Augusto
イタリアの物理学者。「リーギ・ルデュク効果」を発見。
⇒岩世人（リーギ　1850.8.27-1920.6.8）

Rignano, Eugenio
イタリアの哲学者,社会学者。主著,"Psicologia del ragionamento"(1920)。
⇒岩世人（リニャーノ　1870.5.31–1930.5.9）

Rigney, William Joseph
アメリカの大リーグ選手(二塁,三塁,遊撃)。
⇒メジャ（リグニー,ビル　1918.1.29–2001.2.20）

Rigondeaux, Guillermo
キューバのボクサー。
⇒外16（リゴンドウ,ギジェルモ　1980.9.30–）
　最世ス（リゴンドウ,ギジェルモ　1980.9.30–）
　ネーム（リゴンドウ　1980–）

Rigoni Stern, Mario
イタリアのネオレアリズモの作家。
⇒岩世人（リゴーニ・ステルン　1921.11.1–2008.6.16）
　現世文（リゴーニ・ステルン,マーリオ　1921.11.1–2008.6.16）
　広辞7（リゴーニ・ステルン　1921–2008）

Rigutto, Bruno
フランスのピアノ奏者。
⇒外12（リグット,ブルーノ　1945.8.12–）
　外16（リグット,ブルーノ　1945.8.12–）

Riha, Bohumil
チェコスロバキアの国立児童出版所所長。
⇒現世文（ジーハ,ボフミル　1907.2.22–1987.12.15）

Rihanna
バルバドス生まれの歌手。
⇒外12（リアーナ）
　外16（リアーナ　1988.2.20–）

Rihm, Wolfgang
ドイツの作曲家。
⇒オペラ（リーム,ヴォルフガング　1952–）
　ク音3（リーム　1952–）

Riis, Jacob August
デンマーク生まれのアメリカのジャーナリスト。ニューヨークの貧民街の実情を,写真と文章とで詳しく紹介して人々の関心を喚起した。
⇒岩世人（リース　1849.5.3–1914.5.26）

Riisager, Knudåge
デンマークの作曲家。
⇒新音中（リーセガ,クヌゾーゲ　1897.3.6–1974.12.26）
　標音2（リーサゲル,クヌゾーゲ　1897.3.6–1974.12.26）

Rijavec, Josif
ユーゴスラビアのテノール歌手。
⇒魅惑（Rijavec,Josif (Josip)　1890–1959）

Rijkaard, Frank
オランダのサッカー指導者,サッカー選手。
⇒外12（ライカールト,フランク　1963.9.30–）
　外16（ライカールト,フランク　1963.9.30–）
　最世ス（ライカールト,フランク　1963.9.30–）

Rijkaard, Franklin Edmundo
オランダのサッカー選手,監督。
⇒ネーム（ライカールト　1962–）

Rijkuris, Juris
テノール歌手。
⇒魅惑（Rijkuris,Juris　?–）

Rijo, Jose
ドミニカ共和国の大リーグ選手(投手)。
⇒メジャ（リホ,ホセ　1965.5.13–）

Riklis, Eran
イスラエルの映画監督。
⇒外12（リクリス,エラン　1954–）
　外16（リクリス,エラン　1954–）

Riley, Billy Lee
アメリカ・アーカンソー州ポカホンタス生まれのミュージシャン。
⇒ロック（Riley,Billy Lee　ライリー,ビリー・リー　1933.10.5–）

Riley, Bridget
イギリスの画家。
⇒岩世人（ライリー　1931.4.24–）
　外12（ライリー,ブリジット　1931.4.24–）
　外16（ライリー,ブリジット　1931.4.24–）
　芸13（ライリー,ブリジット　1931–）

Riley, James Whitcomb
アメリカの詩人。詩集『オールド・スイミング・ホール』(1883)。
⇒アメ州（Riley,James Whitcomb　ライリー,ジェームズ・ホイットコム　1849–1916）

Riley, Jeannie C.
アメリカ・テキサス州生まれのカントリー歌手。
⇒ロック（Riley,Jeannie C.　ライリー,ジーニー・C）

Riley, John Winchell, Jr.
アメリカの社会学者。
⇒社小増（ライリー夫妻　1908–）

Riley, Matilda White
アメリカの社会学者。
⇒社小増（ライリー夫妻　1911–）

Riley, Pat
アメリカのバスケットボール監督。
⇒外12（ライリー,パット　1945.3.20–）
　最世ス（ライリー,パット　1945.3.20–）

Riley, Richard Wilson
アメリカの政治家。アメリカ教育長官,サウスカロライナ州知事。

⇒外12（ライリー, リチャード　1933.1.2-）
　外16（ライリー, リチャード　1933.1.2-）
　世指導（ライリー, リチャード　1933.1.2-）

Riley, Sam
イギリスの俳優。
⇒外12（ライリー, サム　1980.1.8-）
　外16（ライリー, サム　1980.1.8-）

Riley, Terry Mitchell
アメリカの作曲家。
⇒岩世人（ライリー　1935.6.24-）
　新音小（ライリー, テリー　1935-）
　新音中（ライリー, テリー　1935.6.24-）
　ピ曲改（ライリー, テリー　1935-）

Rilke, Rainer Maria
オーストリアの詩人。
⇒岩キ（リルケ　1875-1926）
　岩世人（リルケ　1875.12.4-1926.12.29）
　現世文（リルケ, ライナー・マリア　1875.12.4-1926.12.29）
　広辞7（リルケ　1875-1926）
　西文（リルケ, ライナー・マリア　1875-1926）
　世人新（リルケ　1875-1926）
　世人装（リルケ　1875-1926）
　比文増（リルケ（ライナー・マリア）　1875（明治8）-1926（昭和1））
　標音2（リルケ, ライナー・マリーア　1875.12.4-1926.12.19）
　ポプ人（リルケ, ライナー・マリア　1875-1926）

Rilling, Helmuth
ドイツの指揮者, オルガン奏者。
⇒外12（リリング, ヘルムート　1933.5.29-）
　外16（リリング, ヘルムート　1933.5.29-）
　新音中（リリング, ヘルムート　1933.5.29-）
　標音2（リリング, ヘルムート　1933.5.29-）

Rimassa, Alessandro
イタリアの作家。
⇒海文新（リマッサ, アレッサンドロ　1975.10.19-）

Rim Chang Bom
北朝鮮の映画監督。
⇒岩韓（リム・チャンボン　1942-）

Rimet, Jules
フランスのサッカー運営者。
⇒岩世人（リメ　1873.10.14-1956.10.16）

Rimington, Dame Stella
イギリスの'MI5'（内務省情報局保安部）長官。
⇒外12（リミントン, ステラ　1935-）
　外16（リミントン, ステラ　1935.5.13-）
　海文新（リミントン, ステラ　1935.5.13-）
　現世文（リミントン, ステラ　1935.5.13-）
　スパイ（リミントン, デイム・ステラ　1935-）

Rim Jong-sim
北朝鮮の重量挙げ選手。

⇒外16（リムジョンシム　1993.2.5-）
　最世ス（リムジョンシム　1993.2.5-）

Rim Kin
カンボジアの詩人, 劇作家, 小説家。1955年カンボジア文芸家協会初代会長。
⇒岩世人（ルム・クン　1911.11.8-1959.1.27）
　現世文（ルム・クン　1911.11.8-1959.1.27）

Rimskii-Korsakov, Nikolai Andreevich
ロシアの作曲家。ロシア国民楽派「五人組」の一人。
⇒岩世人（リムスキー＝コルサコフ　1844.3.6-1908.6.8）
　エデ（リムスキー＝コルサコフ, ニコライ（アンドレイェヴィチ）　1844.3.18-1908.6.21）
　オペラ（リームスキイ＝コールサコフ, ニカラーイ・アンドレーエヴィチ　1844-1908）
　ク音3（リムスキー＝コルサコフ　1844-1908）
　広辞7（リムスキー・コルサコフ　1844-1908）
　新オペ（リムスキー＝コルサコフ, ニコライ・アンドレイヴィッチ　1844-1908）
　新音小（リムスキー＝コルサコフ, ニコライ　1844-1908）
　新音中（リムスキー＝コルサコフ, ニコライ　1844.3.18-1908.6.21）
　世人新（リムスキー＝コルサコフ　1844-1908）
　世人装（リムスキー＝コルサコフ　1844-1908）
　ネーム（リムスキー＝コルサコフ　1844-1908）
　ピ曲改（リムスキー＝コルサコフ, ニコライ・アンドレヴィチ　1844-1908）
　標音2（リムスキー＝コルサコフ, ニコライ・アンドレーエヴィチ　1844.3.18-1908.6.21）
　ポプ人（リムスキー＝コルサコフ　1844-1908）

Ri Myong-su
北朝鮮の政治家, 軍人。朝鮮人民軍総参謀長・次帥, 朝鮮労働党政治局員。
⇒世指導（リ・ミョンス　1934.2.20-）

Rinchen, Byambyn
モンゴルの言語・文献学者, 作家。『モンゴル文語文法』の著者として有名。
⇒岩世人（リンチン　1905.12.21-1977.3.4）
　現世文（リンチェン, ビャムビーン　1905.11.21-1977.3.4）

Rinchino
ブリヤート・モンゴルの民族運動家, 政治家。
⇒岩世人（リンチノ　1888.5.16-1938.6）

Rindell, Suzanne
アメリカの作家。
⇒海文新（リンデル, スーザン）
　現世文（リンデル, スーザン）

Rinehart, Georgina
オーストラリアの実業家。
⇒外12（ラインハート, ジョージナ　1954-）
　外16（ラインハート, ジョージナ・ホープ　1954.2.9-）

R

Rinehart, Mary Roberts
アメリカの女性探偵小説家。『螺旋階段』(1908)などの探偵物のほかに小説, 戯曲多数。
⇒現世文（ラインハート, メアリー・ロバーツ　1876.8.12–1958.9.22）

Riner, Teddy
フランスの柔道選手。
⇒外12（リネール, テディ　1989.4.7–）
外16（リネール, テディ　1989.4.7–）
最世ス（リネール, テディ　1989.4.7–）

Ring, James Joseph
アメリカの大リーグ選手（投手）。
⇒メジャ（リング, ジミー　1895.2.15–1965.7.6）

Ringelhahn, Oliver
オーストリアのテノール歌手。
⇒魅惑（Ringelhahn,Oliver　?–）

Ringelnatz, Joachim
ドイツの詩人, 画家。『体操詩集』(1920),『クッテル・ダッデルドゥー』(23)などの詩集が有名。
⇒岩世人（リンゲルナッツ　1883.8.7–1934.11.17）

Ringer, Sydney
イギリスの医者。「リンゲル氏液」の考案者。
⇒岩世人（リンガー　1835/1836–1910.10.14）
旺生5（リンガー　1835–1910）

Ringgold, Faith
アメリカの芸術家。
⇒岩世人（リンゴルド　1930.10.8–）

Ringgren, Karl Vilhelm Helmer
スウェーデンの旧約聖書学者, 宗教史学者。
⇒新カト（リングレン　1917.11.29–2012.3.26）

Ringling, Charles
アメリカのサーカス興業主。
⇒アメ州（Ringling,Charles　リングリング, チャールズ　1863–1926）

Ringling, John
アメリカのサーカス興業主。
⇒アメ州（Ringling,John　リングリング, ジョン　1866–1936）

Ringo, John
アメリカのSF作家。
⇒海文新（リンゴー, ジョン　1963.3.20–）
現世文（リンゴー, ジョン　1963.3.20–）

Ringwald, Molly
アメリカの女優。映画『Tempest』でゴールデン・グローブ新人賞ノミネート。
⇒ク俳（リングウォルド, モリー　1968–）

Ringwood, Alfred Edward
オーストラリアの岩石学者。地球内部の組成や構造, 高温高圧下での相転移の分野で活躍。
⇒岩世人（リングウッド　1930.4.19–1993.11.12）

Rini, Snyder
ソロモン諸島の政治家。ソロモン諸島首相。
⇒世指導（リニ, スナイダー　1948.7.27–）

Rinne, Friedrich
ドイツの鉱物学者。主著, "Kristallographische Formenlehre"(1900)。
⇒岩世人（リンネ　1863.3.16–1933.3.12）

Rinser, Luise
ドイツの女性小説家。1940年に発表した『ガラスの波紋』で有名になる。
⇒岩キ（リンザー　1911–2002）
岩世人（リンザー　1911.4.30–2002.3.17）
現世文（リンザー, ルイーゼ　1911.4.30–2002.3.17）
新カト（リンザー　1911.4.30–2002.3.17）

Rinsley, Donald B.
アメリカの精神科医, 精神分析家。
⇒精分岩（リンズレー, ドナルド・B　1928–1989）

Rintelen, Franz von
ドイツのスパイ。第1次世界大戦中アメリカへ潜入。
⇒スパイ（リンテレン, フランツ・フォン　1877–1949）

Rintelen, Fritz Joachim von
ドイツの哲学者。マインツ大学教授(1946)。
⇒岩世人（リンテレン　1898.5.16–1979.2.23）

Río, Dolores del
メキシコ生まれの女優。
⇒ク俳（デル・リオ, ドロレス（ロペス, マリア・D.またはマルティネス・ネグレッテ, ロリータ・D.）　1905–1983）

Rio, Joao do
ブラジルの作家, 新聞記者。
⇒現世文（リオ, ジョアン・ド　1881–1921）

Rio Branco, José Maria da Silva Paranhos, Barão do
ブラジルの外交官, 行政家。ブラジルの国境画定に成功。
⇒岩世人（リオ・ブランコ　1845.4.20–1912.2.9）

Riopelle, Jean Paul
カナダの画家。オートマティズムによる新技法を使用。
⇒芸13（リオペル, ジャン・ポール　1923–）

Riordan, Jim
イギリスの作家。
⇒現世文（リオーダン, ジム　1936.10.10–2012.2.11）

Riordan, Rick
アメリカの作家。

⇒外12（リオーダン, リック　1964–）
　外16（リオーダン, リック　1964–）
　海文新（リオーダン, リック　1964–）
　現世文（リオーダン, リック　1964–）

Rios, Alexis Israel
アメリカの大リーグ選手（外野）。
⇒メジャ（リオス, アレクシス　1981.2.18–）

Riotor, Léon
フランスの作家, 政治家。
⇒19仏（リオトール, レオン　1865.7.8–1946）

Riperton, Minnie
アメリカ・イリノイ州生まれの歌手。
⇒ロック（Riperton,Minnie　リパトン, ミニー）

Ripken, Calvin Edwin, Jr.
アメリカの大リーグ選手（遊撃, 三塁）。
⇒異二辞（リプケン［カル・～］　1960–）
　岩世人（リプケン　1960.8.24–）
　外12（リプケン, カル（Jr.）　1960.8.24–）
　外16（リプケン, カルJr.　1960.8.24–）
　ネーム（リプケン, カル　1960–）
　メジャ（リプケン, カル　1960.8.24–）

Ripley, Alexandra
アメリカの作家。
⇒現世文（リプリー, アレクサンドラ　1934.1.8–2004.1.10）

Ripley, Sidney Dillion, II
アメリカの鳥類学者。
⇒アア歴（Ripley,S(idney) Dillion,II　リプリー2世, シドニー・ディリオン　1913.9.20–）

Rippel-Baldes, August
ドイツの微生物学者。ゲッティンゲン大学教授（1923）。
⇒岩世人（リッペル＝バルデス　1888.11.1–1970.9.25）

Ripstein, Arturo
メキシコ生まれの映画監督。
⇒岩世人（リプスタイン　1943.12.13–）
　映監（リプスタイン, アルトゥーロ　1943.12.13–）
　外12（リプステイン, アルトゥーロ　1943.12.13–）

Riquelme, Juan Roman
アルゼンチンのサッカー選手。
⇒外12（リケルメ, ファン・ロマン　1978.6.24–）
　外16（リケルメ, ファン・ロマン　1978.6.24–）
　最新ス（リケルメ, ファン・ロマン　1978.6.24–）

Risi, Dino
イタリアの映画監督。
⇒映監（リージ, ディノ　1916.12.23–2008）

Risley, *Sir* Herbert Hope
イギリスのインド行政官, 民族学者。その著書『インドの民族』で複雑なインド半島の人種の分類を試みた。
⇒岩世人（リズリー　1851.1.4–1911.9.30）

Ri Sol-ju
金正恩第1書記の妻。
⇒外16（リソルジュ　李雪主　1989–）

Rispoli, Umberto
イタリアの騎手。
⇒外12（リスポリ, ウンベルト　1988.8.31–）
　外16（リスポリ, ウンベルト　1988.8.31–）

Rïsqŭlov, Tŭrar
カザフ人のムスリム・コミュニスト。
⇒岩イ（ルスクロフ　1894–1943）
　岩世人（ルスクロフ　1894.12.14/26–1938.2.10）

Rissanen, Juho Viljo
フィンランドの画家。民族的色彩の強い『子供の思い出』（1903）によって名声を得た。
⇒岩世人（リッサネン　1873.3.9–1950.12.11）

Risse, Heinz
ドイツの小説家。主著『地の揺らぐとき』（1950）,『そしてその日が来た』（53）。
⇒現世文（リッセ, ハインツ　1898.3.30–1989.7.17）

Rissmann, Robert
ドイツの教育家。1872年から88年までゲルリッツで小学校教師, 98年までベルリンの小学校長, それ以後はドイツ教員組合の長および理事として活躍。
⇒教人（リスマン　1851–1913）

Rist, Charles
フランスの経済学者。主著として『経済学史』（Charles Gideと共著,1909）がある。
⇒岩世人（リスト　1874.1.1–1955.1.11）

Rist, Pipilotti
スイスの現代美術家。
⇒外12（リスト, ピピロッティ　1962–）
　外16（リスト, ピピロッティ　1962–）
　現アテ（Rist,Pipilotti　リスト, ピピロッティ　1962–）

Ristenpart, Karl
ドイツの指揮者。1946年RIAS室内管弦楽団, RIAS合唱団を組織。
⇒標音2（リステンパルト, カルル　1900.1.26–1967.12.24）

Ri Su-yong
北朝鮮の外交官。朝鮮労働党副委員長・政治局員, 北朝鮮最高人民会議外交委員長。
⇒外16（リスヨン　李洙墉　1940–）
　世指導（リ・スヨン　1940–）

Risztov, Éva
ハンガリーの水泳選手（オープン・ウオーター）。
⇒外16（リストフ, エバ　1985.8.30–）

最世ス（リストフ, エバ　1985.8.30–）

Ritchey, Claude Cassius
アメリカの大リーグ選手（二塁, 遊撃）。
⇒メジャ（リッチー, クロード　1873.10.5–1951.11.8）

Ritchie, Charles Thomson, 1st Baron
イギリスの政治家。
⇒岩世人（リッチー　1838.11.19–1906.1.9）

Ritchie, Dennis
アメリカの計算機科学者。オペレーションシステムUNIX（ユニックス）を仕上げる。
⇒岩世人（リッチー　1941.9.9–2011.10.12）
外12（リッチー, デニス　1941.9.9–）

Ritchie, Guy
イギリスの映画監督。
⇒外12（リッチー, ガイ　1969–）
外16（リッチー, ガイ　1968.9.10–）

Ritchie, Jack
アメリカのミステリ作家。
⇒現世文（リッチー, ジャック　1922.2.26–1983）

Ritchie, Jean
アメリカの民謡歌手, 演奏家。
⇒アメ州（Ritchie,Jean　リッチー, ジーン　1922–）

Ritchie, Matthew
イギリス生まれの芸術家。
⇒現アテ（Ritchie,Matthew　リッチー, マシュー　1964–）

Ritenour, Lee
アメリカのジャズ・ギター奏者。
⇒外12（リトナー, リー　1952.1.11–）
外16（リトナー, リー　1952.1.11–）

Rithy Panh
カンボジアの映画監督, 映画プロデューサー。
⇒岩世人（リティ・パニュ　1964.4.18–）
外16（リティ・パン　1964–）

Ritotti, Umberto
テノール歌手。
⇒魅惑（Ritotti,Umberto　?–）

Ritschl, Hans
ドイツの経済学者。ハンブルク大学教授（1946）として, 理論経済学および財政学を講じた。
⇒岩世人（リッチュル　1897.12.19–1993.11.12）

Ritsos, Giannis
ギリシャの詩人。
⇒岩世人（リツォス　1909.5.1–1990.11.11）

Rittelmeyer, Friedrich
ドイツのプロテスタント神学者。R.シュタイナーを中心として宗教団体「キリスト者協会」を結成。
⇒新カト（リッテルマイアー　1872.10.5–1938.3.23）

Ritter, Gerhard
ドイツの歴史家。ドイツ近代・現代の政治史・政治思想史が専門, 主著に『フリードリヒ大王』(1939) など。
⇒岩世人（リッター　1888.4.6–1967.7.1）

Ritter, Hellmut
ドイツの東洋学者。イスタンブール大学教授（1935～48）。
⇒岩世人（リッター　1892.2.27–1971.5.19）

Ritter, Joachim
ドイツの哲学者。理念の展開における社会的政治的要素への顧慮に基づいて, ヘーゲルの歴史哲学を解明した。
⇒岩世人（リッター　1903.4.3–1974.8.3）

Ritter, John
アメリカ生まれの俳優。
⇒ク俳（リター, ジョン　1948–）

Ritter, Nikolaus
ドイツ国防軍防諜部（Abwehr）所属のインテリジェンス・オフィサー。
⇒スパイ（リッター, ニコラウス　1897–1975）

Ritter, Renée
アメリカ生まれの画家。
⇒芸13（リッター, ルネ　?–）

Ritter, Rudolf
チェコ生まれのテノール歌手。
⇒魅惑（Ritter,Rudolf　1878–1966）

Ritter, Tex
アメリカ・テキサス州生まれの歌手, 俳優。
⇒ク俳（リター, テクス（リター, ウッドウォード）　1905–1974）

Ritz, Al
アメリカの喜劇俳優。
⇒ク俳（ザ・リッツ・ブラザーズ（ザ・ホアキム・ブラザーズ）　1901–1965）

Ritz, César
スイス出身のホテル経営者。
⇒岩世人（リッツ　1850.2.23–1918.10.26）
フラ食（リッツ, セザール　1850–1918）

Ritz, Harry
アメリカの喜劇俳優。
⇒ク俳（ザ・リッツ・ブラザーズ（ザ・ホアキム・ブラザーズ）　1906–1986）

Ritz, Jimmy
アメリカの喜劇俳優。

⇒ク俳（ザ・リッツ・ブラザーズ（ザ・ホアキム・ブラザーズ）1903–1985）

Ritz, Walter
スイスの物理学者。リッツの結合原理を提唱（1908）。
⇒岩世人（リッツ　1878.2.22–1909.7.7）
　三新物（リッツ　1878–1909）

Ritzer, George
アメリカの社会学者。
⇒岩世人（リッツァー　1940.10.14–）

Ritzmann, Martin
ドイツのテノール歌手。
⇒失声（リッツマン，マーティン　1919–1984）
　魅惑（Ritzmann,Martin　1919–1984）

Ri Ul-sol
北朝鮮の軍人。朝鮮労働党中央委員、元帥、北朝鮮国防委員会委員。
⇒岩韓（リ・ウルソル　李乙雪　1921–）
　世指導（リ・ウルソル　1921–2015.11.7）

Riva, Emmanuel
フランス生まれの女優。
⇒外12（リヴァ，エマニュエル　1927.2.24–）
　外16（リヴァ，エマニュエル　1927.2.24–）

Rivai, Dr.Abdul
インドネシアのジャーナリスト。
⇒岩世人（リファイ，アブドゥル　1871.8.13–1937.10.16）

Rivaldo
ブラジルのサッカー選手。
⇒異二辞（リバウド［ヴィトール・ボルバ・フェレイラ・〜］　1972–）
　外12（リバウド　1972.4.19–）
　外16（リバウド　1972.4.19–）

Rivas, Manuel
スペインの作家、詩人。
⇒外12（リバス，マヌエル　1957–）
　外16（リバス，マヌエル　1957–）
　現世人（リバス，マヌエル　1957–）

Rive, Richard
南アフリカ共和国の小説家。長編代表作『戒厳令下の愛』。
⇒現世文（リーブ，リチャード　1931.3.1–1989.6.4）

Rivelino, Roberto
ブラジルのサッカー選手。
⇒異二辞（リベリーノ［ロベルト・〜］　1946–）

Rivera, Diego
メキシコの画家。民衆を主題とするダイナミックな壁画を制作、自国のほかアメリカの諸都市に多数の作品を残している。
⇒岩世人（リベラ　1886.12.8–1957.11.24）
　芸13（リベーラ，ディエゴ　1886–1957）

　広辞7（リベラ　1886–1957）
　ラテ新（リベラ　1886–1957）

Rivera, Juan Luis
ベネズエラの大リーグ選手（外野）。
⇒メジャ（リベラ，フアン　1978.7.3–）

Rivera, Manuel Joseph（Jim）
アメリカの大リーグ選手（外野）。
⇒メジャ（リベラ，ジム　1921.7.22–）

Rivera, Mariano
パナマの大リーグ選手（投手）。
⇒外12（リベラ，マリアノ　1969.11.29–）
　外16（リベラ，マリアノ　1969.11.29–）
　最世ス（リベラ，マリアノ　1969.11.29–）
　メジャ（リベラ，マリアノ　1969.11.29–）

Rivero, Edmundo
アルゼンチンのタンゴ歌手。
⇒標音2（リベロ，エドムンド　1902.6.8–1986.1.18）

Rivers, Joan
アメリカの喜劇女優、著述家。
⇒ユ著人（Rivers,Joan　リヴァーズ，ジョアン　1937–）

Rivers, Joe
アメリカ・サウスカロライナ州チャールストン生まれの歌手。
⇒ロック（Johnnie and Joe　ジョニー&ジョウ　1937.3.20–）

Rivers, John Milton（Mickey）
アメリカの大リーグ選手（外野）。
⇒メジャ（リヴァース，ミッキー　1948.10.31–）

Rivers, Johnny
アメリカ・ニューヨーク生まれの歌手。
⇒ロック（Rivers,Johnny　リヴァーズ，ジョニー　1942.11.7–）

Rivers, Larry
アメリカポップ・アートの先駆者的な立場にある周辺作家。
⇒岩世人（リヴァーズ　1923.8.17–2002.8.14）
　芸13（リヴァース，ラリー　1923–）

Rivers, Philip
アメリカのプロフットボール選手（チャージャース・QB）。
⇒最世ス（リバース，フィリップ　1981.12.8–）

Rivers, William Halse Rivers
イギリスの医者、心理・生理学者、人類学者。主著『親族関係と社会組織』（1914）。
⇒岩世人（リヴァーズ　1864.3.12–1922.6.4）
　社小増（リヴァーズ　1864–1922）

Rives, Amélie Louise
アメリカの作家。

⇒アメ州（Rives,Amelia　リーブス，アメリア　1863-1945）

Rivest, Ronald Linn
アメリカのコンピューター科学者，暗号学者。
⇒岩世人（リヴェスト　1947-）

Rivet, Gustave
フランスの作家，政治家。
⇒19仏（リヴェ，ギュスターヴ　1848.2.25-1936.6.20）

Rivette, Jacques
フランスの映画監督。
⇒岩世人（リヴェット　1928.3.1-）
　映監（リヴェット，ジャック　1928.3.1-）
　外12（リヴェット，ジャック　1928.3.1-）
　外16（リヴェット，ジャック　1928.3.1-）

Rivier, Jean
フランスの現代作曲家。フランスの古典音楽の要素と印象主義を結びつけた様式を作りあげた。
⇒ク音3（リヴィエ　1896-1987）
　新音中（リヴィエ，ジャン　1896.7.21-1987.11.6）
　標音2（リヴィエ，ジャン　1896.7.21-1987.11.6）

Riviere, Briton
イギリスの画家。「パンチ」誌に協力し，殊に人物および動物画を描いた。
⇒岩世人（リヴィエア　1840.8.14-1920.4.20）

Rivière, Georges-Henri
フランスの博物館学者。ICOM初代ディレクター。
⇒博物館（リヴィエール，ジョルジュ＝アンリ　1897-1985）

Rivière, Jacques
フランスの評論家。『神の足跡を追って』（1925），『ランボー』（31）などの評論のほか，小説『エーメ』（22）がある。
⇒岩世人（リヴィエール　1886.7.15-1925.2.14）
　新カト（リヴィエール　1886.7.15-1925.2.14）
　フ文小（リヴィエール，ジャック　1886-1925）

Rivière, Jean
フランスのカトリック神学者。
⇒新カト（リヴィエール　1878.11.12-1946.5.3）

Riviere, Joan
イギリスの精神分析医。
⇒精分岩（リヴィエール，ジョアン　1883-1962）

Rivlin, Alice
アメリカのエコノミスト。米国連邦準備制度理事会（FRB）副議長，米国行政管理予算局（OMB）局長。
⇒外12（リブリン，アリス　1931.3.4-）
　外16（リブリン，アリス　1931.3.4-）
　世指導（リブリン，アリス　1931.3.4-）

Rivlin, Reuven
イスラエルの政治家。イスラエル大統領（2014～）。
⇒外16（リブレン，レウベン　1939.9.9-）
　世指導（リブレン，レウベン　1939.9.9-）

Rivoyre, Christine de
フランスの作家。
⇒現世文（リヴォワール，クリスチーヌ・ド　1921-）

Rix, Megan
イギリスの作家。
⇒海文新（リクス，ミーガン　1962-）
　現世文（リクス，ミーガン　1962-）

Rixey, Eppa
アメリカの大リーグ選手（投手）。
⇒メジャ（リクシー，エッパ　1891.5.3-1963.2.28）

Riyahi, Nafiseh
イランのアニメーション作家。
⇒アニメ（リヤヒ，ナフィセフ　1943-2000）

Ri Yong-gil
北朝鮮の軍人。
⇒外16（リヨンギル　李永吉　1955-）

Ri Yong-ho
北朝鮮の政治家，軍人。朝鮮労働党政治局常務委員・中央軍事委員会副委員長，朝鮮人民軍総参謀長・次帥。
⇒外12（リヨンホ　李英鎬　1942.10.5-）
　外16（リヨンホ　李英鎬　1942.10.5-）
　世指導（リ・ヨンホ　1942.10.5-）

Ri Yong-ho
北朝鮮の外交官。北朝鮮外相，朝鮮労働党政治局員。
⇒外12（リヨンホ　李容浩）
　外16（リヨンホ　李容浩）
　世指導（リ・ヨンホ　1956.7.10-）

Ri Yong-mu
北朝鮮の軍人。
⇒岩韓（リ・ヨンム　李勇武　1923-）
　外12（リヨンム　李勇武　1923-）
　外16（リヨンム　李勇武　1923-）

Rizaetdin Fakhretdinov
ロシア革命期の指導的なウラマー，ジャーナリスト，歴史家。
⇒岩イ（リザエッディン・ファフレッディン　1859-1936）

Rizā Shāh Pahlawī
イランのパハレヴィー朝の創始者。在位1925～41。
⇒イス世（レザー・シャー・パフラヴィー　1878-1944）
　岩イ（レザー・シャー・パフラヴィー　1878-1944）
　岩世人（レザー・シャー・パフラヴィー　1878.3.

16-1944.7.26))
世史改（レザー＝ハーン　1878-1944）
世人新（レザー＝シャー＝パフレヴィー（レザー＝ハーン，リザーシャー）　1878-1944）
世人装（レザー＝シャー＝パフレヴィー（レザー＝ハーン，リザーシャー）　1878-1944）
ネーム（レザー・シャー　1878-1944）
ポブ人（レザー・シャー・パフレビー　1878-1944）
もう山（レザー・ハーン（レザー・シャー）　1878-1944（在位1925-41））

Riza Tevfik Pasha
トルコの哲学者。トルコにヨーロッパ哲学を紹介。
⇒岩世人（ルザ・テヴフィク・ボリュクバシュ　1869-1949.12.31）

Rizvi, Saiyid Athar Abbas
インド中世・近世期のイスラム改革思想や神秘主義を専門とするインド系の研究者。
⇒岩イ（リズヴィー　1921–）

Rizzi, Luigi
イタリアの言語学者。
⇒岩世人（リッツィ　1952.6.3–）

Rizzo, Anthony
アメリカの大リーグ選手（カブス・内野手）。
⇒最世ス（リゾー，アンソニー　1989.8.8–）

Rizzuto, Philip Francis
アメリカの大リーグ選手（遊撃）。
⇒メジャ（リズート，フィル　1917.9.25–2007.8.13）

Rizzuto, Rhana Reiko
アメリカの作家。
⇒現世文（リスト，ラーナ・レイコ）

Roa Bastos, Augusto
パラグアイの小説家。長篇『人の子』(1960)で著名になった。
⇒岩世人（ロア・バストス　1917.6.13–2005.4.26）
現世文（ロア・バストス，アウグスト　1917.6.13–2005.4.26）
ラテ新（ロア・バストス　1918–2005）

Roach, Jay
アメリカの映画監督，映画プロデューサー。
⇒外12（ローチ，ジェイ　1957–）
外16（ローチ，ジェイ　1957–）

Roach, Mary
アメリカの科学ジャーナリスト。
⇒外16（ローチ，メアリー）

Roach, Max
アメリカのジャズ・ドラム奏者，作曲家。
⇒岩世人（ローチ　1924.1.10–2007.8.16）
新音中（ローチ，マックス　1924.1.10–）
標音2（ローチ，マックス　1924.1.10–2007.8.16）

Roach, Stephen S.
アメリカのエコノミスト。
⇒外12（ローチ，スティーブン　1945–）
外16（ローチ，スティーブン　1945–）

Roback, Abraham Aaron
アメリカの心理学者，イディッシュ語の研究家。
⇒ユ著人（Roback, Abraham Aaron　ローバック，アブラハム・アーロン　1890-1965）

Robaina González, Roberto
キューバの政治家。キューバ外相。
⇒世指導（ロバイナ・ゴンサレス，ロベルト　1956.3.3–）

Robards, Jason, Jr.
アメリカの俳優。『氷屋来たる』(1956)などの舞台に出演。
⇒ク俳（ロバーズ，ジェイスン（ジュニア）　1920-2000）

Robb, Douglas
アメリカのミュージシャン。
⇒外12（ロブ，ダグラス）
外16（ロブ，ダグラス）

Robb, Walter Johnson
アメリカのジャーナリスト。
⇒アア歴（Robb, Walter J (ohnson)　ロブ，ウォルター・ジョンスン　1880.2.8–?）

Robbe-Grillet, Alain
フランスの小説家，シナリオ作家。『のぞく人』(1955)によりクリチック賞を得た。
⇒岩世人（ロブ＝グリエ　1922.8.18–2008.2.18）
現世文（ロブ・グリエ，アラン　1922.8.18–2008.2.18）
広辞7（ロブ・グリエ　1922–2008）
ネーム（ロブ＝グリエ　1922–2008）
フ文小（ロブ＝グリエ，アラン　1922–）

Robben, Arjen
オランダのサッカー選手（バイエルン・MF）。
⇒異二辞（ロッベン［アリエン・〜］　1984–）
外12（ロッベン，アリエン　1984.1.23–）
外16（ロッベン，アリエン　1984.1.23–）
最世ス（ロッベン，アリエン　1984.1.23–）

Robbers, Herman
オランダの作家。写実的な市民小説を書いた。
⇒岩世人（ロベルス　1868.9.4–1937.9.15）

Robbins, Barbara Annette
アメリカ中央情報局（CIA）職員。
⇒スパイ（ロビンス，バーバラ・アネット　?–1965.3.30）

Robbins, David L.
アメリカの作家。
⇒海文新（ロビンズ，デイヴィッド・L.　1954.3.10–）
現世文（ロビンズ，デービッド　1954.3.10–）

Robbins, Frederik Chapman
アメリカの微生物学者。1954年ノーベル生理学医学賞。
⇒岩世人（ロビンズ　1916.8.25–2003.8.4）
　ネーム（ロビンズ　1916–2003）
　ノベ3（ロビンズ,F.C.　1916.8.25–2003.8.4）

Robbins, Harold
アメリカの小説家。
⇒現世文（ロビンズ,ハロルド　1916.5.21–1997.10.14）

Robbins, Jerome
アメリカの舞踊家。『ウエスト・サイド物語』(1957)はミュージカル史上最大のヒット作。
⇒岩世人（ロビンズ　1918.10.11–1998.7.29）
　広辞7（ロビンズ　1918–1998）
　標音2（ロビンズ,ジェローム　1918.10.11–1998.7.29）
　ユ著人（Robbins,Jerome　ロビンズ,ジェローム　1918–1998）

Robbins, Joseph Chandler
アメリカの宣教師。
⇒アア歴（Robbins,Joseph Chandler　ロビンズ,ジョセフ・チャンドラー　1874–1962.9.30）

Robbins, Lionel Charles
イギリスの経済学者。ロンドン大学教授(1929～38)。
⇒岩経（ロビンズ　1898–1984）
　岩世人（ロビンズ　1898.11.22–1984.5.15）
　有経5（ロビンズ　1898–1984）

Robbins, Marty
アメリカ・アリゾナ州生まれの歌手。
⇒アメ州（Robbins,Marty　ロビンズ,マーティ　1925–1983）
　標音2（ロビンズ,マーティ　1925.9.26–1982.12.8）
　ロック（Robbins,Marty　ロビンズ,マーティ　1925.9.26–）

Robbins, Tim
アメリカ生まれの男優,映画監督,映画製作者,映画脚本家。
⇒外12（ロビンズ,ティム　1958.10.16–）
　外16（ロビンズ,ティム　1958.10.16–）
　ク俳（ロビンズ,ティム　1958–）
　スター（ロビンズ,ティム　1958.10.16–）

Robbins, Tom（Thomas Eugene）
アメリカの小説家。
⇒アメ州（Robbins,Tom　ロビンズ,トム　1936–）

Robert, Alain
フランスのフリークライマー。
⇒異二辞（ロベール［アラン・～］　1962–）
　外12（ロベール,アラン　1962.8.7–）
　外16（ロベール,アラン　1962.8.7–）

Robert, André
フランスの旧約聖書釈義学者。
⇒新カト（ロベール　1883.11.9–1955.5.28）

Robert, Carl
ドイツの古典学者,考古学者。「Hermes」誌を編集。
⇒岩世人（ローベルト　1850.3.8–1922.1.17）

Robert, Jean-Noël
フランスの仏教学者。フランス国立高等研究院教授。
⇒外12（ロベール,ジャン・ノエル　1949–）
　外16（ロベール,ジャン・ノエル　1949–）

Robert, Louis
フランスのギリシア史家,碑文学者,古銭学者。
⇒岩世人（ロベール　1904.2.15–1985.5.31）

Robert, Prince
ルクセンブルク皇太子。ドメーヌ・クラレンス・ディロン会長・CEO。
⇒外12（ロベール皇太子　1968–）
　外16（ロベール皇太子　1968–）

Roberto
ブラジルのサッカー選手(MF)。
⇒外12（ホベルト　1979.2.20–）

Roberto, Holden Alvaro
アンゴラの民族解放運動指導者。アンゴラ民族解放戦線(FNLA)議長。
⇒岩世人（ロベルト　1923.1.12–2007.8.2）

Roberto Carlos
ブラジルのサッカー選手。
⇒異二辞（ロベルト・カルロス　1973–）
　外12（ロベルト・カルロス　1973.4.10–）
　外16（ロベルト・カルロス　1973.4.10–）
　最世ス（ロベルト・カルロス　1973.4.10–）
　ネーム（ロベルト・カルロス　1973–）

Roberts, Adam
イギリスのSF作家。
⇒現世文（ロバーツ,アダム　1965–）

Roberts, Andy
イギリス・ロンドンのハロウ生まれのギター奏者,ソングライター。
⇒ロック（Roberts,Andy　ロバーツ,アンディ）

Roberts, Brian Michael
アメリカの大リーグ選手(二塁)。
⇒メジャ（ロバーツ,ブライアン　1977.10.9–）

Roberts, Sir Charles George Douglas
カナダ(イギリス系)の詩人。
⇒現世文（ロバーツ,チャールズ・G.D.　1860.1.10–1943.11.26）

Roberts, Colin Henderson
イギリスのパピルス学者。オックスフォード大学特別研究員 (1934〜)。
⇒岩世人 (ロバーツ　1909.6.8-1990.2.11)

Roberts, Dave
アメリカの大リーグ選手 (外野手)。
⇒外12 (ロバーツ, デーブ　1972.5.31-)
　外16 (ロバーツ, デーブ　1972.5.31-)

Roberts, David Arthur
アメリカの大リーグ選手 (投手)。
⇒メジャ (ロバーツ, デイヴ　1944.9.11-2009.1.9)

Roberts, Eric
アメリカ生まれの俳優。
⇒ク俳 (ロバーツ, エリック　1956-)

Roberts, Frederick Sleigh, 1st Earl R.of Kandahar, Pretoria and Waterford
イギリスの軍人。伯爵, イギリス陸軍総司令官。
⇒岩世人 (ロバーツ　1832.9.30-1914.11.14)

Roberts, Gene X
マルコムXの側近になったニューヨーク市警のスパイ。
⇒マルX (ROBERTS,GENE X　ロバーツ, ジーン X)

Roberts, Gillian
アメリカの作家。
⇒現世文 (ロバーツ, ギリアン)

Roberts, Gregory David
オーストラリアの作家。
⇒外12 (ロバーツ, グレゴリー・デービッド　1952-)
　外16 (ロバーツ, グレゴリー・デービッド　1952-)
　海文新 (ロバーツ, グレゴリー・デイヴィッド　1952.6-)
　現世文 (ロバーツ, グレゴリー・デービッド　1952.6-)

Roberts, James
ニュージーランドの労働運動家。
⇒ニュー (ロバーツ, ジェイムズ　1878-1967)

Roberts, James Hudson
アメリカの宣教師。
⇒アア歴 (Roberts,James Hudson　ロバーツ, ジェイムズ・ハドスン　1851.6.11-1945.5.15)

Roberts, Jean Marc
フランスの作家。
⇒現世文 (ロベール, ジャン・マルク　1954-)

Roberts, John Dombrowski
アメリカの有機化学者。
⇒岩世人 (ロバーツ　1918.6.18-)

Roberts, John Glover, Jr.
アメリカの法律家。
⇒岩世人 (ロバーツ　1955.1.27-)
　外12 (ロバーツ, ジョン　1955.1.27-)
　外16 (ロバーツ, ジョン　1955.1.27-)

Roberts, Julia
アメリカ生まれの女優。
⇒外12 (ロバーツ, ジュリア　1967.10.28-)
　外16 (ロバーツ, ジュリア　1967.10.28-)
　ク俳 (ロバーツ, ジュリア (ロバーツ, ジュリー)　1967-)
　スター (ロバーツ, ジュリア　1967.10.28-)

Roberts, Katherine
イギリスのファンタジー作家。
⇒現世文 (ロバーツ, キャサリン　1962-)

Roberts, Keith
アメリカのダンサー。
⇒外12 (ロバーツ, キース)

Roberts, Keith (John Kingston)
イギリスのSF・幻想文学作家。
⇒現世文 (ロバーツ, キース　1935.9.20-2000.10.5)

Roberts, Kenny, Jr.
アメリカのオートバイライダー。
⇒最世ス (ロバーツ, ケニー (Jr.)　1973.7.25-)

Roberts, Kenny, Sr.
アメリカのレーシングチーム監督, オートバイライダー。
⇒岩世人 (ロバーツ　1951.12.31-)
　外16 (ロバーツ, ケニーSr.　1951.12.31-)

Roberts, Leon Joseph (Bip)
アメリカの大リーグ選手 (二塁, 外野, 三塁)。
⇒メジャ (ロバーツ, ビップ　1963.10.27-)

Roberts, Lynne
アメリカの女優。
⇒ク俳 (ロバーツ, リン (ロバーツ, シーダ・メイ)　1919-1978)

Roberts, Michael
イギリスの批評家, 詩人。
⇒現世文 (ロバーツ, マイケル　1902.12.6-1948.12.13)

Roberts, Nora
アメリカのロマンス作家。
⇒外12 (ロバーツ, ノーラ　1950.10.10-)
　外16 (ロバーツ, ノーラ　1950.10.10-)
　現世文 (ロバーツ, ノーラ　1950.10.10-)

Roberts, Oral
アメリカのカリスマ運動指導者, 教育者。
⇒アメ州 (Roberts,Oral　ロバーツ, オーラル　1918-)

Roberts, Owen Josephus
アメリカの審理弁護士、連邦最高裁判官。
⇒アメ経（ロバーツ，オーエン　1875.5.2–1955.5.17）

Roberts, Pat
アメリカの政治家、ジャーナリスト。
⇒外12（ロバーツ，パット　1936.4.20–）

Roberts, Rachel
ウェールズ生まれの映画女優。
⇒ク俳（ロバーツ，レイチェル　1927–1980）

Roberts, Richard J.
イギリスの生物学者。1993年ノーベル生理学医学賞。
⇒岩生（ロバーツ　1943–）
　外12（ロバーツ，リチャード　1943.9.6–）
　外16（ロバーツ，リチャード　1943.9.6–）
　ノベ3（ロバーツ，R.J.　1943.9.6–）

Roberts, Robin Evan
アメリカの大リーグ選手（投手）。
⇒メジャ（ロバーツ，ロビン　1926.9.30–2010.5.6）

Roberts, Tanya
アメリカ生まれの女優。
⇒ク俳（ロバーツ，タニア（バウム，T）　1954–）

Roberts, Thomas D'esterre
ボンベイの大司教。在職1937～50。イギリス領事の子。
⇒新カト（ロバーツ　1893.3.7–1976.2.28）

Roberts, Tom
イギリス生まれのオーストラリアの風景画家。オーストラリアの風景画の父とされている。
⇒岩世人（ロバーツ　1856.3.9–1931.9.14）

Roberts, William Henry
アメリカの宣教師。
⇒アア歴（Roberts,William H(enry)　ロバーツ，ウイリアム・ヘンリー　1847.10.25–1919.12.24）

Robertson, Alice
アメリカ・インディアンの権利擁護者。
⇒アメ州（Robertson,Alice Mary　ロバートソン，アリス・メリー　1854–1931）

Robertson, Cliff
アメリカ生まれの俳優。
⇒ク俳（ロバートスン，クリフ　1925–）

Robertson, Dale
アメリカ生まれの俳優。
⇒ク俳（ロバートスン，デイル　1923–）

Robertson, David Brown
アメリカの鉄道火夫・機関士友愛会（BLFE）会長。
⇒アメ経（ロバートソン，デービッド　1876.5.13–1961.9.27）

Robertson, Davis Aydelotte
アメリカの大リーグ選手（外野）。
⇒メジャ（ロバートソン，デイヴ　1889.9.25–1970.11.5）

Robertson, Dennis Holme
イギリスの経済学者。ピグー、ケインズと並ぶケンブリッジ学派の巨匠。『産業変動の研究』(1915) を著わし、その地位を確立。
⇒岩経（ロバートソン　1890–1963）
　岩世人（ロバートソン　1890.5.23–1963.4.21）
　有経5（ロバートソン　1890–1963）

Robertson, George
オーストラリアの出版社アンガス＝ロバートソン社の創設者。
⇒岩世人（ロバートソン　1860.1.29–1933.2.12）

Robertson, George
イギリスの政治家。国防相、北大西洋条約機構（NATO）事務総長。
⇒外12（ロバートソン，ジョージ　1946.4.12–）
　外16（ロバートソン，ジョージ　1946.4.12–）
　世指導（ロバートソン，ジョージ　1946.4.12–）

Robertson, Howard Percy
アメリカの物理学者、数学者。
⇒天文大（ロバートソン　1906–1961）

Robertson, Imogen
イギリスの作家。
⇒海文新（ロバートスン，イモジェン　1973–）
　現世文（ロバートスン，イモジェン　1973–）

Robertson, James
イギリスの作家、編集者、翻訳家。
⇒現世文（ロバートソン，ジェームズ　1958–）

Robertson, James Alexander
アメリカの史学者。アナポリスの記録館長。主著『フィリピン群島史料集』。
⇒アア歴（Robertson,James Alexander　ロバートソン，ジェイムズ・アレクサンダー　1873.8.19–1939.3.20）
　岩世人（ロバートソン　1873.8.19–1939.3.20）

Robertson, James David
アメリカの解剖学者。細胞膜が濃・淡・濃の3層構造をなしていることを突きとめる。
⇒岩世人（ロバートソン　1922.10.13–1995.8.11）

Robertson, John Mackinnon
イギリスの政治家、文学者。シェークスピアの本文研究によって、歴史的批評を確立した。
⇒岩世人（ロバートソン　1856.11.14–1933.1.5）

Robertson, Mariyon
アメリカの国際野球評論家。
⇒外12（ロバートソン，マリヨン　1951–）

Robertson, Oscar
アメリカのNBA選手。
⇒岩世人(ロバートソン 1938.11.24–)

Robertson, Pat
アメリカの宗教右翼の代表的存在。
⇒アメ新(ロバートソン 1930–)
　岩世人(ロバートソン 1930.3.22–)

Robertson, Robbie
カナダ生まれのギター奏者,作曲家。
⇒ビト改(ROBERTSON,ROBBIE ロバートソン,ロビー)

Robertson, Robert Eugene
アメリカの大リーグ選手(一塁)。
⇒メジャ(ロバートソン,ボブ 1946.10.2–)

Robertson, Roland
イギリス生まれの宗教社会学者,グローバリゼーションの研究者。
⇒現宗(ロバートソン 1938–)

Roberty, Eugéne de
ロシアの社会学者。
⇒学叢思(ロベルティー,ウージェーヌ・ドゥ 1845頃–1915)

Robeson, Paul Le Roy
アメリカの黒人俳優,歌手。1952年スターリン平和賞受賞。
⇒アメ新(ロブソン 1898–1976)
　岩世人(ロブソン 1898.4.9–1976.1.23)
　ク俳(ロブスン,ポール 1898–1976)
　新音中(ローブソン,ポール 1898.4.9–1976.1.23)
　スター(ロブソン,ポール 1898.4.9–1976)
　標ビ2(ローブソン,ポール 1898.4.9–1976.1.23)
　マルX(ROBESON,PAUL ロウブスン,ポール 1898–1976)

Robida, Albert
フランスのイラストレーター,作家。
⇒19仏(ロビダ,アルベール 1848.5.14–1926.10.11)

Robin, Dany
フランスの女優。『夜の扉』(1946),『真夜中の愛情』(52)などに出演。
⇒ク俳(ロバン,ダニー 1927–1995)

Robin, Gabriel
フランスの画家。
⇒芸13(ロバン,ガブリエル 1902–1971)

Robin, Léon
フランスの古代哲学史家。
⇒岩世人(ロバン 1866–1947)

Robinho
ブラジルのサッカー選手(広州恒大・FW)。
⇒外12(ロビーニョ 1984.1.25–)
　外16(ロビーニョ 1984.1.25–)
　最世ス(ロビーニョ 1984.1.25–)

Robins, Eli
アメリカの精神科医。
⇒精医歴(ロビンス,イーライ 1921–1994)

Robins, Margaret Dreier
アメリカの社会改革者。
⇒アメ経(ロビンス,マーガレット 1868.9.6–1945.2.21)

Robins, Robert Henry
イギリスの言語学者。一般言語学,言語学史などに貢献が多い。
⇒岩世人(ロビンズ 1921.7.1–2000.4.20)

Robinson, Abraham
ドイツ生まれの数学者。数理論理学において構造の理論を開拓した。
⇒岩世人(ロビンソン 1918.10.6–1974.4.11)
　数辞(ロビンソン,アブラハム 1918–1974)
　世数(ロビンソン,アブラハム 1918–1974)
　有経5(ロビンソン[A] 1918–1974)

Robinson, Alvin
アメリカ・ニューオーリンズ生まれのギター奏者,歌手。
⇒ロック(Robinson,Alvin ロビンソン,アルヴィン 1937.12.22–)

Robinson, Arthur Howard
アメリカの地図学者。
⇒岩世人(ロビンソン 1915.1.5–2004.10.10)

Robinson, Bill
アメリカのタップ・ダンサー。
⇒異二辞(ロビンソン[ビル・ボージャングル・〜] 1878–1949)

Robinson, Bill
イギリスのプロレスラー。
⇒異二辞(ロビンソン,ビル 1938–2014)
　外12(ロビンソン,ビル 1939.9.18–)

Robinson, Brooks Calbert
アメリカの大リーグ選手(三塁)。
⇒メジャ(ロビンソン,ブルックス 1937.5.18–)

Robinson, Charles
イギリスの挿絵画家。
⇒絵本(ロビンソン兄弟 1870–1937)

Robinson, Charles Budd, Jr.
アメリカの植物学者。
⇒アア歴(Robinson,Charles Budd,Jr ロビンソン,チャールズ・バッド,ジュニア 1871.10.26–1913.12.5)

Robinson, David
アメリカのバスケットボール選手。

⇒異二辞（ロビンソン［デビッド・～］ 1965-）
外12（ロビンソン，デービッド 1965.8.6-）

Robinson, Don Allen
アメリカの大リーグ選手（投手）。
⇒メジャ（ロビンソン，ドン 1957.6.8-）

Robinson, Edward Austin Gossage
イギリスの経済学者。ケンブリッジ大学教授（1950～）。
⇒岩経（ロビンソン 1897-1993）
岩世人（ロビンソン 1897.11.20-1993.6.1）
有経5（ロビンソン〔B〕 1897-1993）

Robinson, Edward G.
ルーマニア生まれのアメリカの映画俳優。ギャング俳優として有名。
⇒ク俳（ロビンスン，エドワード・G（ゴールデンバーグ，エマニュエル） 1893-1973）
スター（ロビンソン，エドワード・G 1893.12.12-1973）
ユ著人（Robinson,Edward G.　ロビンソン，エドワード・G 1893-1973）

Robinson, Edwin Arlington
アメリカの詩人。
⇒岩世人（ロビンソン 1869.12.22-1935.4.6）
現世文（ロビンソン，エドウィン・アーリントン 1869.12.22-1935.4.6）
新カト（ロビンソン 1869.12.22-1935.4.6）

Robinson, Floyd Andrew
アメリカの大リーグ選手（外野）。
⇒メジャ（ロビンソン，フロイド 1936.5.9-）

Robinson, Frank
アメリカの大リーグ監督。
⇒岩世人（ロビンソン 1935.8.31-）
外12（ロビンソン，フランク 1935.8.31-）
外16（ロビンソン，フランク 1935.8.31-）
メジャ（ロビンソン，フランク 1935.8.31-）

Robinson, Henry Wheeler
イギリスのバプテスト派牧師，旧約神学者。
⇒オク教（ロビンソン 1872-1945）

Robinson, Jackie（Jack）Rousbelt
アメリカのプロ野球選手。アメリカ初の黒人選手。
⇒アメ州（Robinson,Jackie　ロビンソン，ジャッキー 1919-1972）
アメ新（ロビンソン 1919-1972）
岩世人（ロビンソン 1919.1.31-1972.10.24）
広辞7（ロビンソン 1919-1972）
マルX（ROBINSON,JACK ROOSEVELT "JACKIE"　ロビンソン，ジャック・ローズヴェルト・"ジャッキー" 1919-1972）
メジャ（ロビンソン，ジャッキー 1919.1.31-1972.10.24）

Robinson, Janet L.
アメリカの新聞人。
⇒外12（ロビンソン，ジャネット 1950.6.11-）
外16（ロビンソン，ジャネット 1950.6.11-）

Robinson, Jason
イギリスのラグビー選手（WTB・FB）。
⇒外12（ロビンソン，ジェイソン 1974-）
最世ス（ロビンソン，ジェイソン 1974.7.30-）

Robinson, Jeffrey
アメリカの作家。
⇒外16（ロビンソン，ジェフリー 1945-）

Robinson, Jeremy
アメリカの作家。
⇒海文新（ロビンスン，ジェレミー 1974-）
現世文（ロビンスン，ジェレミー 1974-）

Robinson, Joan Violet
イギリスの女性経済学者。主著『不完全競争の経済学』（1933），『資本蓄積論』（56）など。
⇒岩経（ロビンソン 1903-1983）
岩世人（ロビンソン 1903.10.31-1983.8.5）
広辞7（ロビンソン 1903-1983）
有経5（ロビンソン〔C〕 1903-1983）

Robinson, John Arthur Thomas
イギリス国教会の主教，神学者。
⇒岩世人（ロビンソン 1919-1983.12.5）
オク教（ロビンソン 1919-1983）
新カト（ロビンソン 1919.6.15-1983.12.5）

Robinson, John Edward
アメリカの宣教師。
⇒アア歴（Robinson,John Edward　ロビンスン，ジョン・エドワード 1849.2.12-1922.2.15）

Robinson, John Talbot
南アフリカの自然人類学者。
⇒岩世人（ロビンソン 1925.1.10-2001.10.12）

Robinson, John Wesley
アメリカの宣教師。
⇒アア歴（Robinson,John Wesley　ロビンスン，ジョン・ウェズリー 1866.1.6-1947.5.30）

Robinson, Julia Bowman
アメリカの数学者。カリフォルニア大学バークレー校教授。
⇒世数（ロビンソン，ジュリア・ホール・ボウマン 1919-1982）
物理（ロビンソン，ジュリア 1919-1985）

Robinson, Kim Stanley
アメリカのSF作家。
⇒外16（ロビンソン，キム・スタンリー 1952-）
現世文（ロビンソン，キム・スタンリー 1952-）

Robinson, Lennox
アイルランドの劇作家。アベー座の主事（1919～23）。
⇒岩世人（ロビンソン 1886.10.4-1958.10.14）

Robinson, Marilynne
アメリカの女性小説家。
⇒岩世人（ロビンソン　1943.11.26–）
現世文（ロビンソン，マリリン　1943.11.26–）

Robinson, Mary
アイルランドの政治家。アイルランド大統領（1990～97），国連人権高等弁務官。
⇒岩世人（ロビンソン　1944.5.21–）
外12（ロビンソン，メアリー　1944.5.21–）
外16（ロビンソン，メアリー　1944.5.21–）
世指導（ロビンソン，メアリー　1944.5.21–）

Robinson, Patrick
イギリスのジャーナリスト，作家。
⇒海文新（ロビンソン，パトリック　1940.1.21–）
現世文（ロビンソン，パトリック　1940.1.21–）

Robinson, Peter
イギリスの政治家。北アイルランド自治政府首相，民主統一党（DUP）党首。
⇒岩世人（ロビンソン　1948.12.29–）
外12（ロビンソン，ピーター　1948.12.29–）
外16（ロビンソン，ピーター　1948.12.29–）
世指導（ロビンソン，ピーター　1948.12.29–）

Robinson, Peter
イギリス生まれのミステリ作家。
⇒外12（ロビンソン，ピーター　1950–）
外16（ロビンソン，ピーター　1950–）
現世文（ロビンソン，ピーター　1950–）

Robinson, Raymond
トリニダード・トバゴの政治家。トリニダード・トバゴ大統領（1997～2003）。
⇒外12（ロビンソン，レイモンド　1926.12.16–）
世指導（ロビンソン，レイモンド　1926.12.16–2014.4.9）

Robinson, *Sir* Robert
イギリスの有機化学者。ノーベル化学賞受賞（1947）。
⇒岩世人（ロビンソン　1886.9.13–1975.2.8）
化学（ロビンソン　1886–1975）
広辞7（ロビンソン　1886–1975）
ノベ3（ロビンソン，R.　1886.9.13–1975.2.9）

Robinson, Smokey
アメリカ・ミシガン州生まれのソウル歌手，ソングライター，プロデューサー。
⇒岩世人（ロビンソン　1940.2.19–）
新音中（ロビンソン，スモーキー　1940.2.19–）
ロック（Smokey Robinson (and the Miracles)　スモーキー・ロビンソン（&ザ・ミラクルズ）　1940.2.19–）

Robinson, Spider
アメリカの作家。
⇒現世文（ロビンソン，スパイダー　1948–）

Robinson, Sugar Ray
アメリカのプロボクサー。
⇒岩世人（ロビンソン　1921.5.3–1989.4.12）

Robinson, Sylvia
アメリカ・ニューヨーク生まれの歌手。オール・プラティナム・レコードの共同経営者。
⇒ロック（Mickey and Sylvia　ミッキー&シルヴィア　1936.3.6–）

Robinson, Thomas Heath
イギリスの挿絵画家。
⇒絵本（ロビンソン兄弟　1869–1950）

Robinson, Wilbert
アメリカの大リーグ選手（捕手）。
⇒メジャ（ロビンソン，ウィルバート　1864.6.29–1934.8.8）

Robinson, *Sir* William
イギリスの外交官。
⇒岩世人（ロビンソン　1836–1912.12.1）

Robinson, William Edward
アメリカの大リーグ選手（一塁）。
⇒メジャ（ロビンソン，エディー　1920.12.15–）

Robinson, William Heath
イギリスの画家，漫画家，挿絵画家。
⇒絵本（ロビンソン兄弟　1872–1944）

Robinson, William Henry
アメリカの大リーグ選手（外野，一塁，三塁）。
⇒メジャ（ロビンソン，ビル　1943.6.26–2007.7.29）

Robison, Emily
アメリカのカントリー歌手。
⇒外12（ロビソン，エミリー　1972.8.16–）

Robison, Robert
イギリスの生化学者。燐酸エステルが代謝反応（解糖作用）に重大な意味をもつことを発見した。
⇒岩世人（ロビソン　1883–1941.6.18）

Robles, Dayron
キューバの陸上選手（障害）。
⇒外12（ロブレス，ダイロン　1986.11.19–）
最世ス（ロブレス，ダイロン　1986.11.19–）

Roblès, Emmanuel
フランスの劇作家，小説家，ジャーナリスト。アルジェリア出身の作家でA.カミュの友人。
⇒現世文（ロブレス，エマニュエル　1914.5.4–1995.2.22）

Robley, Buck
アメリカのプロレスラー。
⇒異二辞（ロブレイ，バック　1942–2013）

Robotham, Michael
オーストラリアのジャーナリスト,作家。
⇒現世文（ロボサム，マイケル）

Robson, Dame Flora McKenzie
イギリスの女優。『楡の木蔭の欲望』のアビー(1931)のような心理的な現代劇にすぐれている。
⇒ク俳（ロブスン，デイム・フローラ 1902–1984）

Robson, Justina
イギリスのSF作家。
⇒海文新（ロブソン，ジャスティナ 1968–）
　現世文（ロブソン，ジャスティナ 1968–）

Robson, Nigel
イギリスのテノール歌手。
⇒魅惑（Robson,Nigel ?–）

Robson, William Alexander
イギリスの社会政策学者。
⇒現社福（ロブソン 1895–1980）

Robuchon, Joël
フランスの料理人。
⇒異二辞（ロブション[ジョエル・〜] 1945–）
　岩世人（ロビュション 1945.4.7–）
　外12（ロブション，ジョエル 1945.4.7–）
　外16（ロブション，ジョエル 1945.4.7–）

Robyn, Abe 'Bunny'
アメリカのレコード技師,ヴァイオリン奏者。多重マイクロフォン技巧を開発した。
⇒ロック（Robyn,Abe 'Bunny' ロビン，エイブ・"バニー"）

Roca, Julio Argentino
アルゼンチンの軍人,政治家。80年大統領に就任し,アルゼンチン寡頭政治期の基礎を固めた。
⇒岩世人（ロカ 1843.7.17–1914.10.20）
　ラテ新（ロカ 1843–1914）

Rocard, Michel Louis Léon
フランスの政治家。フランス社会党第1書記,フランス首相。
⇒岩世人（ロカール 1930.8.23–）
　世指導（ロカール，ミシェル 1930.8.23–2016.7.2）

Rocca, Lodovico
イタリアの作曲家。
⇒オペラ（ロッカ，ルドヴィーコ 1895–1986）

Rocchi, Manlio
イタリアのテノール歌手。
⇒魅惑（Rocchi,Manlio 1935–）

Rocchi, Sergio
テノール歌手。
⇒魅惑（Rocchi,Sergio ?–）

Rocco, Alfredo
イタリアの法学者,政治家。ファシズム的全体主義国家の理論体系を構築。
⇒岩世人（ロッコ 1875.9.9–1935.8.28）

Roch, Ernst
カナダのデザイナー。
⇒グラデ（Roch,Ernst ロッホ，アーンスト 1928–）

Rocha, Glauber
ブラジルの映画監督。
⇒岩キ（ローシャ 1938–1981）
　岩世人（ローシャ 1938.3.14–1981.8.22）
　映監（ローシャ，グラウベル 1939.3.14–1981）

Rocha, Luís Miguel
ポルトガルの作家。
⇒海文新（ローシャ，ルイス・ミゲル 1976–2015.3.26）
　現世文（ローシャ，ルイス・ミゲル 1976–2015.3.26）

Rochberg, George
アメリカの作曲家。
⇒エデ（ロックバーグ，ジョージ 1918.7.5–2005.5.29）
　現音キ（ロックバーグ，ジョージ 1918–2005）
　新音中（ロックバーグ，ジョージ 1918.7.5–）
　標音2（ロックバーグ，ジョージ 1918.7.5–）

Roche, Charlotte
イギリスの作家,タレント。
⇒海文新（ローシュ，シャーロッテ 1978.3.18–）
　現世文（ローシュ，シャーロッテ 1978.3.18–）

Roche, Denis
フランスの作家。
⇒現世文（ロッシュ，ドニ 1937–）

Roche, Jules
フランスのジャーナリスト,政治家。
⇒19仏（ロッシュ，ジュール 1841.5.22–1923.4.8）

Rochefort, Christiane
フランスの女性小説家,ジャーナリスト。『当世の子供たち』(1961)でポピュリスト賞受賞。
⇒現世文（ロシュフォール，クリスチアーヌ 1917.7.17–1998.4.24）

Rochefort, Jean
フランス生まれの俳優。
⇒ク俳（ロシュフォール，ジャン 1930–）
　スター（ロシュフォール，ジャン 1930.4.29–）

Rochefort, Joseph J.
アメリカ海軍の暗号解読局ハイポの所長。
⇒スパイ（ロシュフォート，ジョセフ・J 1898–1976）

Rochefort, Victor-Henri, Marquis

de Rochefort-Luçay
フランスの作家,論客,政治家。国防政府のメンバー。
⇒岩世人(ロシュフォール 1831.1.30–1913.7.1)
19仏(ロシュフォール,アンリ 1831.1.30–1913.6.30)

Rocheteau, Dominique
フランスのサッカー選手。
⇒異二辞(ロシュトー[ドミニク・〜] 1955–)

Rochette, Joannie
カナダのフィギュアスケート選手。
⇒外12(ロシェット,ジョアニー 1986.1.13–)
外16(ロシェット,ジョアニー 1986.1.13–)
最世ス(ロシェット,ジョアニー 1986.1.13–)

Rochman, Leib
ポーランド生まれのイディッシュ語ジャーナリスト,小説家。
⇒ユ著人(Rochman,Leib ロホマン,レイブ 1918–1978)

Rochow, Eugene George
アメリカの無機化学者。
⇒岩世人(ロコウ 1909.10.4–2002.3.21)

Rock, Derek
アメリカのミュージシャン。
⇒外12(ロック,デレク)

Rock, Joseph Francis Charles
アメリカの植物学者,植物探検家。
⇒アア歴(Rock,Joseph F(rancis) C(harles) ロック,ジョゼフ・フランシス・チャールズ 1884.1.13–1962.12.5)

Rock, Michael
ニューヨークのグラフィック・デザイナー,ライター,教育者。
⇒グラデ(Rock,Michael ロック,マイケル 1959–)

Rockburne, Dorothea
カナダ生まれの女性画家。
⇒芸13(ロックバーン,ドロテア ?–)

Rockefeller, David
アメリカの銀行家。アメリカ一の富豪といわれるジョン・D・ロックフェラーの5番目の孫。
⇒岩世人(ロックフェラー 1915.6.12–)
外12(ロックフェラー,デービッド 1915.6.12–)
外16(ロックフェラー,デービッド 1915.6.12–)

Rockefeller, John Davison
アメリカの実業家,慈善家。スタンダード石油の設立者。シカゴ大学(1892)なども設立。
⇒アメ経(ロックフェラー,ジョン・D 1839.7.8–1937.5.23)
アメ州(Rockefeller,John Davidson ロックフェラー,ジョン・デビッドソン 1839–1937)
アメ新(ロックフェラー 1839–1937)
異二辞(ロックフェラー[ジョン・〜] 1839–1937)
岩世人(ロックフェラー(父) 1839.7.8–1937.5.23)
広辞7(ロックフェラー 1839–1937)
世史改(ロックフェラー(1世) 1839–1937)
世人新(ロックフェラー 1839–1937)
世人装(ロックフェラー 1839–1937)
ネーム(ロックフェラー 1839–1937)
ポブ人(ロックフェラー,ジョン 1839–1937)
有経5(ロックフェラー 1839–1937)

Rockefeller, John Davison, Jr.
アメリカの富豪,慈善家。ロックフェラー財団の理事長として活躍。
⇒アメ経(ロックフェラー,ジョン・D,2世 1874.1.29–1960.5.11)
アメ州(Rockefeller,John Davidson,Jr. ロックフェラー,ジョン・デビッドソン,ジュニア 1874–1960)
岩世人(ロックフェラー(子) 1874.1.29–1960.5.11)

Rockefeller, John Davison IV
アメリカの実業家。スタンダード石油会社を創立し,合衆国最初の大石油成金になり,一族の名を高めた。
⇒外12(ロックフェラー,ジョン(4世) 1937.6.18–)
外16(ロックフェラー,ジョン(4世) 1937.6.18–)
世指導(ロックフェラー,ジョン4世 1937.6.18–)

Rockefeller, Nelson Aldrich
アメリカの政治家,実業家。ニューヨーク州知事,フォード政権の副大統領。
⇒アメ州(Rockefeller,Nelson Aldrich ロックフェラー,ネルソン・アルドリッジ 1908–1979)
アメ新(ロックフェラー 1908–1979)

Rockefeller, Winthrop
アメリカの政治家。ジョン・D・ロックフェラーの四番目の孫。
⇒アメ州(Rockefeller,Winthrop ロックフェラー,ウインスロップ 1912–1973)

Rockhill, William Woodville
アメリカの東洋学者,外交官。北京,朝鮮に勤務(1884〜87)。
⇒アア歴(Rockhill,William W(oodville) ロックヒル,ウイリアム・ウッドヴィル 1854.4–1914.12.8)
岩世人(ロックヒル 1854.4.1–1914.12.8)

Rockliff, James
イギリス・リヴァプール出身のイエズス会司祭,宣教師。上智大学創立者の一人。
⇒新カト(ロックリフ 1852.10.4–1926.12.4)

Rockström, Johan
スウェーデンの環境学者。
⇒外16(ロックストローム,ヨハン 1965.12.31–)

Rockwell, Anne
アメリカの女性作家、絵本作家、挿絵画家。
- ⇒現世文（ロックウェル、アン）

Rockwell, George Lincoln
アメリカの政治的過激論者。
- ⇒マルX（ROCKWELL,GEORGE LINCOLN ロックウェル、ジョージ・リンカーン 1918–1967）

Rockwell, James Chapman
アメリカの電気技師。
- ⇒アア歴（Rockwell,James C(hapman) ロックウェル、ジェイムズ・チャップマン 1881.10.4–1962.7.30）

Rockwell, Norman（Percevel）
アメリカのイラストレーター。
- ⇒アメ州（Rockwell,Norman ロックウェル、ノーマン 1894–1978）
- アメ新（ロックウェル 1894–1978）
- 岩世人（ロックウェル 1894.2.3–1978.11.8）
- グラデ（Rockwell,Norman ロックウェル、ノーマン 1894–1978）
- 芸13（ロックウェル、ノーマン 1894–1978）

Rod, Edouard
スイスの作家。ゾラの弟子。
- ⇒岩世人（ロッド 1857.3.31–1910.1.29）

Rodari, Gianni
イタリアの児童文学者。イタリア共産党の児童新聞「Pionille」の編集を担当。
- ⇒岩世人（ロダーリ 1920.10.23–1980.4.14）
- 絵本（ロダーリ、ジャンニ 1920–1980）
- 現世文（ロダーリ、ジャンニ 1920–1980）
- 広辞7（ロダーリ 1920–1980）

Roda Roda, Alexander Friedrich Ladislaus
オーストリアの作家。"Roda Rodas Roman"（自伝的作品）（1925）。
- ⇒岩世人（ローダ・ローダ 1872.4.13–1945.8.20）

Rodbell, Martin
アメリカの生理学者。1994年ノーベル生理学医学賞。
- ⇒岩生（ロッドベル 1925–1998）
- ノベ3（ロッドベル,M. 1925.12.1–1998.12.7）

Rodchenko, Alexander Mikhailovich
ロシアの画家、デザイナー。家具、写真、ポスターなどの実践創作活動に参加。
- ⇒岩世人（ロトチェンコ 1891.11.23/12.5–1956.12.3）
- 絵本（ロトチェンコ、アレクサンドル 1891–1956）
- グラデ（Rodchenko,Alexander ロトチェンコ、アレクサンダー 1891–1956）
- 芸13（ロドチェンコ、アレクサンドル 1891–1956）

Rodda, Emily
オーストラリアの児童文学作家。
- ⇒外12（ロッダ、エミリー 1948–）
- 外16（ロッダ、エミリー 1948–）
- 現世文（ロッダ、エミリー 1948–）

Rodde, Michel
フランス生まれの画家。
- ⇒芸13（ロッド、ミッシェル 1913–）

Roddick, Andy
アメリカのテニス選手。
- ⇒外12（ロディック、アンディ 1982.8.30–）
- 最世ス（ロディック、アンディ 1982.8.30–）

Rode, Helge
デンマークの詩人。象徴派の一人。詩集『白い花々』（1892）,『大きな難破』（1917）など。
- ⇒岩世人（ローゼ 1870.10.16–1937.3.23）

Roden, Anthony
オーストラリアのテノール歌手。
- ⇒魅惑（Roden,Anthony 1937–）

Rodenwaldt, Gerhart
ドイツの考古学者。ドイツ国立考古学研究所長（1922〜32）。
- ⇒岩世人（ローデンヴァルト 1886.10.16–1945.4.27）

Rodgers, Aaron
アメリカのプロフットボール選手（パッカーズ・QB）。
- ⇒外12（ロジャーズ、アーロン 1983.12.2–）
- 外16（ロジャーズ、アーロン 1983.12.2–）
- 最世ス（ロジャース、アーロン 1983.12.2–）

Rodgers, James Burton
アメリカの長老派宣教師。
- ⇒アア歴（Rodgers,James B(urton) ロジャーズ、ジェイムズ・バートン 1865.3.1–1944.4）

Rodgers, Jimmie
アメリカの歌手、作詞・作曲家、ギター奏者。1926年ジミー・ロジャーズ・エンターテーナーズを結成。
- ⇒アメ州（Rogers,Jimmie ロジャーズ、ジミー 1897–1933）
- 岩世人（ロジャーズ 1897.9.8–1933.5.26）
- 新音中（ロジャーズ、ジミー 1897.9.8–1933.5.26）
- 標音2（ロジャーズ、ジミー 1897.9.8–1933.5.26）
- ロック（Rodgers,Jimmie ロジャーズ、ジミー 1897–1933）

Rodgers, Jimmie
アメリカ・ワシントン州生まれの歌手。
- ⇒ロック（Rodgers,Jimmie ロジャーズ、ジミー 1933.9.18–）

Rodgers, Nile
アメリカのギター奏者,作曲家,プロデューサー。
⇒外12（ロジャース,ナイル　1952.9.19–）
　外16（ロジャース,ナイル　1952.9.19–）

Rodgers, Paul
イギリス生まれの歌手,作曲家。
⇒外12（ロジャース,ポール　1949.12.17–）
　外16（ロジャース,ポール　1949.12.17–）

Rodgers, Richard Charles
アメリカのミュージカル作曲家。『オクラホマ』(1943)『王様と私』(51)『サウンド・オブ・ミュージック(59)など。
⇒アメ州（Rodgers,Richard Charles　ロジャース,リチャード・チャールズ　1902–1979）
　アメ新（ロジャーズ　1902–1979）
　岩世人（ロジャーズ　1902.6.28–1979.12.30）
　エデ（ロジャース,リチャード（チャールズ）1902.6.28–1979.12.30）
　ク音3（ロジャーズ　1902–1979）
　広辞7（ロジャース　1902–1979）
　新音中（ロジャーズ,リチャード　1902.6.28–1979.12.30）
　標音2（ロジャーズ,リチャード　1902.6.28–1979.12.30）
　ポプ人（ロジャース,リチャード　1902–1979）
　ユ著人（Rodgers,Richard　ロジャース,リチャード　1902–1979）

Rodgers, Robert Leroy（Buck）
アメリカの大リーグ選手(捕手)。
⇒メジャ（ロジャース,バック　1938.8.16–）

Rodgers-Cromartie, Dominique
アメリカのプロフットボール選手(ジャイアンツ・CB)。
⇒外12（ロジャース・クロマティ,ドミニク　1986.4.7–）
　外16（ロジャース・クロマティ,ドミニク　1986.4.7–）
　最世ス（ロジャース・クロマティ,ドミニク　1986.4.7–）

Rodin, François Auguste René
フランスの彫刻家。『考える人』(1888)が代表作。
⇒異二辞（ロダン［オーギュスト・～］　1840–1917）
　岩世人（ロダン　1840.11.12–1917.11.17）
　学叢思（ロダン,オーギュスト　1840–1917）
　芸13（ロダン,オーギュスト　1840–1917）
　広辞7（ロダン　1840–1917）
　辞歴（ロダン　1840–1917）
　新カト（ロダン　1840.11.12–1917.11.17）
　世史改（ロダン　1840–1917）
　世人新（ロダン　1840–1917）
　世人装（ロダン　1840–1917）
　ポプ人（ロダン,オーギュスト　1840–1917）
　もう山（ロダン　1840–1917）

Rödin, Gustaf
スウェーデンのテノール歌手。
⇒魅惑（Rödin,Gustaf（Gustav）　1898–1949）

Rodionov, Igor Nikolayevich
ロシアの政治家,軍人。ロシア国防相。
⇒世指導（ロジオノフ,イーゴリ・ニコラエヴィチ　1936.12.1–2014.12.19）

Rodionov, Valentin
ロシアの建築家。
⇒外12（ロジオノフ,ワレンチン）
　外16（ロジオノフ,ワレンチン）

Rodkin, Denis
ロシアのバレエダンサー。
⇒外16（ロジキン,デニス）

Rodman, Dennis
アメリカのバスケットボール選手。
⇒外12（ロッドマン,デニス　1961.5.13–）
　外16（ロッドマン,デニス　1961.5.13–）
　ネーム（ロッドマン　1961–）

Rodney, Fernando
ドミニカ共和国の大リーグ選手(投手)。
⇒メジャ（ロドニー,フェルナンド　1977.3.18–）

Rodnina, Irina Konstantinovna
ロシアのアイススケート選手。
⇒岩世人（ロドニーナ　1949.9.12–）

Rodó, José Enrique
ウルグアイの代表的哲学者。随筆風の哲学書を残した。
⇒岩世人（ロド　1872.7.15–1917.5.1）
　ラテ新（ロド　1871–1917）

Rodozica, Jadwiga
ポーランドの日本研究者。
⇒外12（ロドヴィッチ,ヤドヴィガ）

Rodrigo, Joaquín
スペインの作曲家。1940年ギターと管弦楽のための『アランフエスの協奏曲』が初演され名声を得た。
⇒エデ（ロドリーゴ,ホアキン　1901.11.22–1999.7.6）
　ク音3（ロドリーゴ　1901–1999）
　新音小（ロドリーゴ,ホアキン　1901–1999）
　新音中（ロドリーゴ,ホアキン　1901.11.22–1999.7.6）
　標音2（ロドリーゴ,ホアキン　1901.11.22–1999.7.6）
　ポプ人（ロドリーゴ,ホアキン　1902–1999）

Rodrigo, Miguel
スペインのフットサル監督。
⇒異二辞（ロドリゴ［ミゲル・～］　1970–）
　外12（ロドリゴ,ミゲル　1970.7.15–）
　外16（ロドリゴ,ミゲル　1970.7.15–）
　最世ス（ロドリゴ,ミゲル　1970.7.15–）

Rodrigo, Pierre
フランスの哲学者。
⇒メル別（ロドリゴ, ピエール　1947–）

Rodrigo Pimpao
ブラジルのサッカー選手（セレッソ大阪・MF）。
⇒外12（ホドリゴ・ピンポォン　1987.10.23–）

Rodrigues, Amalia
ポルトガルのファドの名歌手。
⇒異二辞（ロドリゲス, アマリア　1920–1999）
　岩世人（ロドリゲス　1920.7.23–1999.10.6）
　新音中（ロドリゲス, アマリア　1920.7.23–1999.10.6）
　標音2（ロドリゲス, アマリア　1920.7.23–1999.10.6）

Rodrigues, Andrés
パラグアイの政治家, 軍人。パラグアイ大統領（1989〜93）。
⇒世指導（ロドリゲス, アンドレス　1923.6.19–1997.4.21）

Rodrigues, Francisco
ベネズエラの大リーグ選手（投手）。
⇒外12（ロドリゲス, フランシスコ　1982.1.7–）
　外16（ロドリゲス, フランシスコ　1982.1.7–）
　最世ス（ロドリゲス, フランシスコ　1982.1.7–）
　メジャ（ロドリゲス, フランシスコ　1982.1.7–）

Rodrigues Alvez, Francisco de Paula
ブラジルの政治家。ブラジル大統領（1902〜06）。ブラジルの国際的地位を高めた。
⇒岩世人（ロドリゲス・アルヴェス　1848.7.7–1919.1.16）

Rodriguez, Alexander Emmanuel
アメリカの大リーグ選手（遊撃）。
⇒岩世人（ロドリゲス　1975.7.27–）
　外12（ロドリゲス, アレックス　1975.7.27–）
　外16（ロドリゲス, アレックス　1975.7.27–）
　最世ス（ロドリゲス, アレックス　1975.7.27–）
　メジャ（ロドリゲス, アレックス　1975.7.27–）

Rodríguez, Alí
ベネズエラの政治家。ベネズエラ外相・財務相, 石油輸出国機構（OPEC）事務局長。
⇒世指導（ロドリゲス, アリ　1937.9.9–）

Rodríguez, Arsenio
キューバのトレス奏者, ソングライター, バンド・リーダー。
⇒岩世人（ロドリゲス　1911.8.30–1970.12.31）

Rodriguez, Aurelio
アメリカの大リーグ選手（三塁）。
⇒メジャ（ロドリゲス, アウレリオ　1947.12.28–2000.9.23）

Rodriguez, Carlos Rafael
キューバの政治家, ジャーナリスト。キューバ閣僚評議会副議長・副首相, キューバ共産党政治局員。
⇒岩世人（ロドリゲス　1913.5.23–1997.12.8）

Rodriguez, Chichi
アメリカのプロゴルファー。
⇒外12（ロドリゲス, チチ　1935.10.23–）

Rodriguez, Eduardo
ボリビアの政治家, 法律家。ボリビア大統領（2005〜06）, ボリビア最高裁判所長官。
⇒外12（ロドリゲス, エドゥアルド　1956.5.2–）
　世指導（ロドリゲス, エドゥアルド　1956.5.2–）

Rodriguez, Eliseo
アメリカの大リーグ選手（捕手）。
⇒メジャ（ロドリゲス, エリー　1946.5.24–）

Rodríguez, Faustino
スペインのドミニコ会司祭。
⇒新カト（ロドリゲス　1877.11.8–1966.4.17）

Rodríguez, Felix Antonio
ドミニカ共和国の大リーグ選手（投手）。
⇒メジャ（ロドリゲス, フェリックス　1972.12.5–）

Rodríguez, Gerardo Hernán Matos
ウルグアイの作曲家。
⇒ク音3（ロドリゲス　1898/1999–1948）

Rodriguez, Henry Anderson
アメリカの大リーグ選手（外野）。
⇒メジャ（ロドリゲス, ヘンリー　1967.11.8–）

Rodriguez, Ivan
プエルトリコの大リーグ選手（捕手）。
⇒外12（ロドリゲス, イバン　1971.11.30–）
　外16（ロドリゲス, イバン　1971.11.30–）
　最世ス（ロドリゲス, イバン　1971.11.30–）
　メジャ（ロドリゲス, イバン　1971.11.27–）

Rodríguez, James
コロンビアのサッカー選手（レアル・マドリード・MF）。
⇒外12（ロドリゲス, ハメス　1991.7.12–）

Rodriguez, Johnny
アメリカ・テキサス州サビナル生まれのバラード歌手, ギター奏者。
⇒ロック（Rodriguez, Johnny　ロドリーゲス, ジョニー　1952.12.10–）

Rodríguez, Maxi
アルゼンチンのサッカー選手（ニューウェルス・オールドボーイズ・MF）。
⇒外12（ロドリゲス, マキシ　1981.1.2–）
　外16（ロドリゲス, マキシ　1981.1.2–）
　最世ス（ロドリゲス, マキシ　1981.1.2–）

Rodríguez, Miguel Angel
コスタリカの政治家, 経済学者。コスタリカ大統領(1998～2002)。
⇒世指導 (ロドリゲス, ミゲル・アンヘル　1940.1.9-)

Rodriguez, Richard Anthony
アメリカの大リーグ選手(投手)。
⇒メジャ (ロドリゲス, リッチ　1963.3.1-)

Rodriguez, Robert
アメリカ生まれの映画監督, 映画脚本家, 撮影監督, 映画編集者, 映画音楽作曲家, 映画製作者。
⇒映監 (ロドリゲス, ロバート　1968.6.20-)
外12 (ロドリゲス, ロバート　1968.7.20-)
外16 (ロドリゲス, ロバート　1968.7.20-)

Rodriguez, Roberto Andrade
エクアドルの歴史家, 出版業者, 作家。1875年エクアドル大統領ガブリエル・ガルシア・モレノを暗殺した。
⇒世暗 (ロドリゲス, ロベルト・アンドラーデ　1850-1938)

Rodríguez, Silvio
キューバの作詞家, 作曲家。
⇒標音2 (ロドリゲス, シルビオ　1946.11.29-)

Rodríguez Castelao, Alfonso Daniel Manuel
スペインのガリシア・ナショナリズム運動指導者, 画家。
⇒岩世人 (ロドリゲス・カステラオ　1886.1.30-1950.1.7)

Rodriguez Castro, Bonifacia
スペインの聖人, 修道会創立者。祝日8月8日。
⇒新カト (ボニファシア・ロドリゲス・カストロ　1837.6.6-1905.8.8)

Rodríguez de Aragón, Lola
スペインのソプラノ歌手。
⇒標音2 (ロドリゲス・デ・アラゴン, ローラ　1915-)

Rodríguez Luján, Abelardo
メキシコの政治家。
⇒岩世人 (ロドリゲス　1889.5.12-1967.2.13)

Rodriguez Saa, Adolfo
アルゼンチンの政治家。アルゼンチン暫定大統領, サンルイス州知事。
⇒世指導 (ロドリゲス・サア, アドルフォ　1947.7-)

Rodríguez Zapatero, José Luis
スペインの政治家。スペイン首相, スペイン社会労働党(PSOE)書記長。
⇒岩世人 (ロドリゲス・サパテーロ　1960.8.4-)
外12 (サパテロ, ホセ・ルイス・ロドリゲス　1960.8.4-)
外16 (ロドリゲス・サパテロ, ホセ・ルイス　1960.8.4-)
世指導 (ロドリゲス・サパテロ, ホセ・ルイス　1960.8.4-)
ネーム (サパテロ　1960-)

Rodrik, Dani
トルコ出身の経済学者。
⇒メル別 (ロドリック, ダニ　1957-)

Rodzinski, Artur
ポーランド生まれのアメリカの指揮者。1933年に帰化。47年シカゴ交響楽団の常任指揮者となる。
⇒新音中 (ロジンスキ, アルトゥル　1892.1.1-1958.11.27)
ネーム (ロジンスキー　1892-1958)
標音2 (ロジンスキ, アルトゥール　1892.1.1-1958.11.27)
ユ著人 (Rodzinski, Artur　ロジンスキー, アルトゥール　1892-1958)

Roe, Sir Alliott Verdon
イギリスの飛行機設計家, 飛行機製造家。ソーンダーズ・ロー飛行機会社を設立。
⇒岩世人 (ロウ　1877.4.26-1958.1.4)

Roe, Elwin Charles (Preacher)
アメリカの大リーグ選手(投手)。
⇒メジャ (ロー, プリーチャー　1916.2.26-2008.11.9)

Roe, Tommy
アメリカ・ジョージア州生まれの歌手。
⇒ロック (Roe,Tommy　ロウ, トミー　1942.5.9-)

Roebling, Washington Augustus
アメリカの土木技師。ブルックリン橋建設主任技師。
⇒岩世人 (ローブリング　1837.5.26-1926.7.21)

Roeg, Nicholas
イギリスの映画監督。
⇒映監 (ローグ, ニコラス　1928.8.15-)

Roelants, Maurice
ベルギーの小説家, 詩人。フラマン語で執筆活動を行う。
⇒新カト (ルーランツ　1895.12.19-1966.4.25)

Roemer, John E.
アメリカの経済学者。分析的マルクス主義における代表的論者の一人。
⇒有経5 (ローマー　1945-)

Roenicke, Gary Steven
アメリカの大リーグ選手(外野)。
⇒メジャ (レニキー, ゲイリー　1954.12.5-)

Roerich, Nicholas
ロシアの学者, 神秘思想家, 画家, 美術家。
⇒岩世人 (レーリフ　1874.9.27/10.9-1947.12.13)

Roessler, Rudolf
ルーシー・スパイ網の主要メンバーだった反ナチス派のドイツ人。
⇒スパイ（レッセラー, ルドルフ　1897–1958）

Roestam, Soepardjo
インドネシアの軍人, 閣僚。
⇒岩世人（ルスタム, スパルジョ　1926.8.12–1993.4.11）

Roethke, Theodore
アメリカの詩人。詩集『目ざめ』(1953, ピュリッツアー賞受賞),『風に与える』(58) など。
⇒アメ州（Roethke,Theodore　レトキ, セオドア　1908–1963）
　岩世人（レトケ　1908.5.25–1963.8.1）
　現世文（レトキ, シオドア　1908.5.25–1963.8.1）

Roethlisberger, Ben
アメリカのプロフットボール選手（スティーラーズ・QB）。
⇒外12（ロスリスバーガー, ベン　1982.3.2–）
　外16（ロスリスバーガー, ベン　1982.3.2–）
　最世ス（ロスリスバーガー, ベン　1982.3.2–）

Roethlisberger, Fritz Jules
アメリカの経営学者。
⇒現社（レスリスバーガー　1898–1974）
　社小増（レスリスバーガー　1898–1974）
　新カト（レスリスバーガー　1898.10.29–1974.5.17）
　有経5（レスリスバーガー　1898–1974）

Rogachev, Igor Alekseevich
ロシアの政治家, 外交官。
⇒世指導（ロガチョフ, イーゴリ　1932.3.1–2012.4.7）

Rogan, Charlotte
アメリカの作家。
⇒海文新（ローガン, シャーロット）

Rogan, Wilbur（Bullet Joe）
アメリカのニグロリーグの選手（投手）。
⇒メジャ（ローガン, ブレット・ジョー　1893.7.28–1967.3.4）

Rogatchewsky, Joseph
ウクライナのテノール歌手。
⇒失声（ロガチェフスキー, ジョセフ　1891–1985）
　魅惑（Rogatchevsky,Joseph　1891–1985）

Rogé, Pascal
フランスのピアノ奏者。1971年ロン・ティボー国際コンクールで優勝。
⇒外12（ロジェ, パスカル　1951.4.6–）
　外16（ロジェ, パスカル　1951.4.6–）
　新音中（ロジェ, パスカル　1951.4.6–）
　標音2（ロジェ, パスカル　1951.4.6–）

Rogell, William George
アメリカの大リーグ選手（遊撃, 三塁）。
⇒メジャ（ロージェル, ビリー　1904.11.24–2003.8.9）

Rogen, Nicholas
ドイツの宣教師。
⇒新カト（ロゲン　1900.9.3–1961.2.16）

Rogers, Bruce
アメリカの本と書体のデザイナー。
⇒グラデ（Rogers,Bruce　ロジャース, ブルース　1870–1957）

Rogers, Carl Ransom
アメリカの臨床心理学者。心理療法として非指示的カウンセリングを提唱し, 来談者中心の治療法を確立。
⇒岩世人（ロジャーズ　1902.1.8–1987.2.4）
　教思増（ロジャース　1902–1987）
　現社福（ロジャーズ　1902–1987）
　現精（ロジャース　1902–1987）
　現精縮（ロジャーズ　1902–1987）
　広辞7（ロジャーズ　1902–1987）
　社小増（ロジャーズ　1902–1987）
　社小（ロジャーズ　1902–1987）
　新カト（ロジャーズ　1902.1.8–1987.2.4）
　精分岩（ロジャーズ, カール・R　1902–1987）

Rogers, Everett Mitchell
アメリカの社会学者。主な著書に『技術革新の普及過程』(1962)。
⇒社小増（ロジャーズ　1931–）

Rogers, Frederick Rand
アメリカの体育家, 体育測定学者。ノース・アメリカン身体適性研究所長（1940～）。
⇒岩世人（ロジャーズ　1894.12.27–1972）

Rogers, Ginger
アメリカの女優。ミュージカル映画「トップ・ハット」「有頂点時代」などに一時代を画した。
⇒岩世人（ロジャーズ　1911.7.16–1995.4.25）
　ク俳（ロジャーズ, ジンジャー（マクマス, ヴァージニア）　1911–1995）
　スター（ロジャース, ジンジャー　1911.7.16–1995）

Rogers, J.A.
アメリカのノンフィクション作家, 小説家。
⇒マルX（ROGERS,JOEL A.　ロジャーズ, ジョエル・A　1880/1883–1966）

Rogers, James Beeland, Jr.
アメリカの投資家。
⇒外12（ロジャーズ, ジェームス・ビーランド（Jr.）　1942.10.19–）
　外16（ロジャーズ, ジェームス・ビーランドJr.　1942.10.19–）

Rogers, James Harris
アメリカの電気技師。

⇒アメ州（Rogers,James Harris　ロジャーズ,
　ジェームズ・ハリス　1856–1929）

Rogers, Jean
アメリカの女優。
⇒ク俳（ロジャーズ, ジーン（ラヴグレン, エリナ）
　1916–1991）

Rogers, Kenny
アメリカのカントリー歌手。『ギャンブラー』
（1978）で高い人気を博した。
⇒標音2（ロジャーズ, ケニー　1938.8.21–）

Rogers, Kenny Scott
アメリカの大リーグ選手（投手）。
⇒外12（ロジャーズ, ケニー　1964.11.10–）
　最世ス（ロジャーズ, ケニー　1964.11.10–）
　メジャ（ロジャーズ, ケニー　1964.11.10–）

Rogers, Leonard James
イギリスの数学者。
⇒岩世人（ロジャーズ　1862.3.30–1933.9.12）

Rogers, Mary Josephine
メリノール女子修道会の創立者。
⇒新カト（ロジャーズ　1882.10.27–1955.10.9）

Rogers, Mimi
アメリカ生まれの女優。
⇒ク俳（ロジャーズ, ミミ　1952–）

Rogers, Nigel
イギリスのテノール歌手。
⇒魅惑（Rogers,Nigel　1935–）

Rogers, Richard
イギリスの建築家。パリのポンピドー・セン
ター国際競技で一等となった他, 多数のコンペ
に入賞。
⇒岩世人（ロジャーズ　1933.7.23–）
　外12（ロジャーズ, リチャード　1933.7.23–）
　外16（ロジャーズ, リチャード　1933.7.23–）

Rogers, Roy
アメリカの俳優, カントリー歌手。
⇒ク俳（ロジャーズ, ロイ（スライ, レナード, のち
　に法律上も改名）　1911–1998）
　スター（ロジャーズ, ロイ　1911.11.5–1998）

Rogers, Shorty
アメリカのジャズ演奏家。代表作は『コーツ・
ザ・カウント』など。ウエストコースト・ジャ
ズの創始者の一人。
⇒新音中（ロジャーズ, ショーティ　1924.4.14–
　1994.11.7）
　標音2（ロジャーズ, ショーティ　1924.4.14–
　1994.11.7）

Rogers, Stephen Douglas
アメリカの大リーグ選手（投手）。
⇒メジャ（ロジャーズ, スティーヴ　1949.10.26–）

Rogers, Todd
アメリカのビーチバレー選手。
⇒外12（ロジャーズ, トッド　1973.9.30–）
　最世ス（ロジャーズ, トッド　1973.9.30–）

Rogers, Will
アメリカの俳優。軽喜劇やミュージカルで人気
を得た。
⇒アメ州（Rogers,Will　ロジャース, ウイル
　1879–1935）
　ク俳（ロジャーズ, ウィル　1879–1935）
　スター（ロジャース, ウィル　1879.11.4–1935）

Rogg, Lionel
スイスのオルガン奏者。
⇒新音中（ログ, リオネル　1936.4.21–）
　標音2（ログ, ライオネル　1936.4.21–）

Rogge, Hans-Otto
ドイツのテノール歌手。
⇒魅惑（Rogge,Hans-Otto　1938–）

Rogge, Jacques
ベルギーの整形外科医, ヨット選手。国際オリ
ンピック（IOC）会長。
⇒岩世人（ロゲ　1942.5.2–）
　外12（ロゲ, ジャック　1942.5.2–）
　外16（ロゲ, ジャック　1942.5.2–）
　最世ス（ロゲ, ジャック　1942.5.2–）
　ネーム（ロゲ, ジャック　1942–）

Roggendorf, Joseph
ドイツの教育者。
⇒岩世人（ロゲンドルフ　1908.5.10–1982.12.27）
　新カト（ロゲンドルフ　1908.5.10–1982.12.27）

Rogoff, Kenneth S.
アメリカの経済学者。
⇒外12（ロゴフ, ケネス　1953.3.22–）
　外16（ロゴフ, ケネス　1953.3.22–）

Rogoff Ramsoy, Natalie
ノルウェーの社会学者。
⇒社小増（ロゴフ　1924–）

Rogombé, Rose Francine
ガボンの政治家。ガボン暫定大統領, ガボン上
院議長。
⇒世指導（ロゴンベ, ローズ・フランシーヌ　1942.
　9.20–2015.4.10）

Rogovin, Saul Walter
アメリカの大リーグ選手（投手）。
⇒メジャ（ロゴヴィン, ソール　1923.10.10–1995.1.
　23）

Rogowska, Anna
ポーランドの棒高跳び選手。
⇒最世ス（ロゴフスカ, アンナ　1981.5.21–）

Rogozinski, Jacob
フランスの哲学者。
⇒メル別（ロゴザンスキー，ヤコブ　1953–）

Róheim, Géza
アメリカの精神分析的文化人類学者。エディプス・コンプレックスの普遍性を主張。
⇒現精（ローハイム　1891–1953）
　現精縮（ローハイム　1891–1953）
　精分岩（ローハイム，ゲザ　1891–1953）
　精分弘（ローハイム，ゲザ　1891–1953）

Roh Jae-won
韓国の外交官。駐北京貿易代表部代表，駐イラン，クウェイト大使，外務部通商局長・企画管理室長，外交安保研究院長外務次官，駐カナダ大使などを歴任。
⇒外12（ノジェウォン　盧載源　1932.6.27–）
　外16（ノジェウォン　盧載源　1932.6.27–）

Roh Jai-bong
韓国の政治家，国際政治学者。韓国首相。1967年ソウル大学講師，のち助教授，副教授を経て81年まで教授。大統領秘書室長，国務総理などを歴任。著書に『市民民主主義』『思想と実践』などがある。
⇒世指導（ノ・ジェボン　盧在鳳　1936.2.8–）

Rohlfs, Christian
ドイツの画家。第2次世界大戦中ナチスによって告発され，約400点の作品が失われた。
⇒岩世人（ロールフス　1849.12.22–1938.1.8）
　芸13（ロルフス，クリスティアン　1849–1938）

Rohlfs, Gerhard
ドイツの言語学者，ロマンス語学者。
⇒岩世人（ロールフス　1892.7.14–1986.9.12）

Röhm, Ernst
ドイツの軍人。1919年ドイツ労働者党の創立に参加。突撃隊SAを組織。
⇒岩世人（レーム　1887.11.28–1934.6.30）
　世人新（レーム　1887–1934）
　世人装（レーム　1887–1934）

Rohmann, Eric
アメリカのイラストレーター。
⇒外12（ローマン，エリック　1957–）

Rohmer, Eric
フランスの映画監督。
⇒岩世人（ロメール　1920.3.20–2010.1.11）
　映監（ロメール，エリック　1920.4.4–）

Roh Moo-hyun
韓国の政治家。大統領（2003～08）。
⇒岩世人（盧武鉉　ノムヒョン　1946.9.1.–2009.5.23）
　韓朝新（ノムヒョン　盧武鉉　1946–2009）
　現アジ（盧武鉉　1946–）
　広辞7（ノ・ムヒョン　盧武鉉　1946–2009）
　国政（盧武鉉　ノムヒョン　1946–）
　政経改（盧武鉉　1946–）
　世指導（ノ・ムヒョン　1946.8.6–2009.5.23）
　世人新（盧武鉉　ろぶげん（ノムヒョン）　1946–2009）
　世人装（盧武鉉　ろぶげん（ノムヒョン）　1946–2009）
　朝韓4（盧武鉉　ノムヒョン　1946–2009）
　ポプ人（ノムヒョン　盧武鉉　1946–2009）

Rohrer, Heinrich
スイスの物理学者。1986年ノーベル物理学賞。
⇒岩世人（ローラー　1933.6.6–2013.5.16）
　ノベ3（ローラー，H.　1933.6.6–）
　物理（ローラー，ハインリッヒ　1933–2013）

Rohrer, Warren
イギリス生まれの画家。
⇒芸13（ローラー，ウァレン　1927–）

Rohs, Peter
ドイツの哲学者。
⇒岩世人（ロース　1936.1.11–）

Roh Tae-woo
軍出身の韓国の政治家。大統領（1988～93）。
⇒岩韓（ノ・テウ　盧泰愚　1932–）
　岩世人（盧泰愚　ノテウ　1932.12.4–）
　外12（ノテウ　盧泰愚　1932.12.4–）
　外16（ノテウ　盧泰愚　1932.12.4–）
　韓朝新（ノ・テウ　盧泰愚　1932–）
　現アジ（盧泰愚　1932.12.4–）
　広辞7（ノ・テウ　盧泰愚　1932–）
　政経改（盧泰愚　1932–）
　世史改（盧泰愚　ノテウ　1932–）
　世指導（ノ・テウ　1932.12.4–）
　世人新（盧泰愚　ろたいぐ（ノテウ）　1932–）
　世人装（盧泰愚　ろたいぐ（ノテウ）　1932–）
　朝韓4（盧泰愚　ノテウ　1932–）
　ポプ人（ノテウ　盧泰愚　1932–）

Roider, Michael
オーストリアのテノール歌手。
⇒魅惑（Roider,Michael　?–）

Roitfeld, Carine
フランスの編集者。
⇒外16（ロワトフェルド，カリーヌ　1954.9.19–）

Rojahkovsky, Feodor Stepanovich
アメリカのイラストレーター。
⇒絵本（ロジャンコフスキー，フェオドール　1891–1970）

Rojas, Melquiades
アメリカの大リーグ選手（投手）。
⇒メジャ（ロハス，メル　1966.12.10–）

Rojas, Octavio Victor（Cookie）
アメリカの大リーグ選手（二塁，外野）。
⇒メジャ（ロハス，クーキー　1939.3.6–）

Rojas, Rafael
メキシコのテノール歌手。
⇒魅惑（Rojas,Rafael ?–）

Rojas Pinilla, Gustavo
コロンビアの軍人，政治家。1953年クーデターでゴメス・カストロ政権を打倒し，大統領（53～57）に就任。
⇒ラテ新（ロハス・ピニーリャ 1900–1974）

Rojas Velozo, Felipe
チリのテノール歌手。
⇒魅惑（Rojas Velozo,Felipe ?–）

Rojo, Tamara
スペインのダンサー。
⇒外12（ロホ，タマラ 1974.5.17–）
外16（ロホ，タマラ 1974.5.17–）

Rokeach, Milton
ポーランド生まれのアメリカの社会心理学者。
⇒社心小（ロキーチ 1918–1988）

Rokkan, Stein
ノルウェーの政治社会学者。社会的要因と政治変動の関係を実証的に研究した。
⇒岩世人（ロッカン 1921.7.4–1979.7.22）

Rokossowski, Konstantin Konstantinovich
ソ連の軍人。スターリングラード攻防戦（1942），ポーランド解放，ベルリン解放（43）で功績をあげた。
⇒岩世人（ロコソフスキー 1894.12.21–1968.8.3）

Roland, Gilbert
メキシコ生まれの俳優。
⇒ク俳（ローランド，ギルバート（アロンゾ，ルイス・デ） 1905–1994）
スター（ローランド，ギルバート 1905.12.11–1994）

Roland Holst, Adriaan
オランダの詩人。同時代の詩人中最も名の知られている一人。主著，詩集『道をよぎって』(1920)。
⇒岩世人（ロラント・ホルスト 1888.5.23–1976.8.6）

Roland Holst, Henriëtte Goverdine Anna
オランダの女性詩人。主著，詩『新しい誕生』(1903)，抒情詩『叛乱者』(10)。
⇒学叢思（ホルスト，ヘンリエッテ・ローランド 1869–?）

Roland-Manuel, Alexis
フランスの作曲家，音楽評論家。
⇒新音中（ロラン=マニュエル 1891.3.22–1966.11.1）
標音2（ロラン=マニュエル 1891.3.22–1966.11.2）

Roldán, Amadeo
フランス生まれのキューバの作曲家。
⇒標音2（ロルダン，アマデオ 1900.7.12–1939.3.2）

Roldos Aguilera, Jaime
エクアドルの政治家。エクアドル大統領（1979～81）。
⇒岩世人（ロルドス 1940.11.5–1981.5.24）

Rolen, Scott Bruce
アメリカの大リーグ選手（三塁）。
⇒外12（ローレン，スコット 1975.4.4–）
外16（ローレン，スコット 1975.4.4–）
最世ス（ローレン，スコット 1975.4.4–）
メジャ（ローレン，スコット 1975.4.4–）

Rolfe, Frederick William
イギリスの小説家。作品には自伝的小説『ハドリアン7世』(1904)がある。
⇒岩世人（ロルフ 1860.7.22–1913.10.25）

Rolfe, Robert Abial（Red）
アメリカの大リーグ選手（三塁）。
⇒メジャ（ロルフ，レッド 1908.10.17–1969.7.8）

Rolfe-Johnson, Anthony
イギリスのテノール歌手。1975年ジョン・クリスティー賞を受賞。
⇒失声（ロルフ・ジョンソン，アンソニー 1940–2010）
魅惑（Johnson,Anthony Rolfe 1940–）

Röling, Bert V.A.
オランダの法律家。1946年から始まった極東国際軍事裁判（東京裁判）のオランダ代表の判事。
⇒ア太戦（レーリンク 1906–1985）
岩世人（レーリンク 1906.12.26–1985.3.16）

Röling, Marte
オランダの美術家，挿絵画家，デザイナー。
⇒グラデ（Röling,Marte レーリンク，マルテ 1939–）

Roll, Eric, Baron R. of Ipsden
ハンガリー生まれのイギリスの経済学者。
⇒岩世人（ロル 1907.12.1–2005.3.30）

Rolland, Romain
フランスの小説家，劇作家。
⇒岩世人（ロラン 1866.1.29–1944.12.30）
学叢思（ローラン，ロマン 1866–?）
現世文（ロラン，ロマン 1866.1.29–1944.12.30）
広辞7（ロラン 1866–1944）
新音中（ロラン，ロマン 1866.1.29–1944.12.30）
新カト（ロラン 1866.1.29–1944.12.30）
西文（ロラン，ロマン 1866–1944）
世演（ロラン，ロマン 1866.1.29–1944.12.30）
世史改（ロマン=ロラン 1866–1944）
世史改（ロマン=ロラン 1866–1944）
世人新（ロラン（ロマン=ロラン） 1866–1944）

世人装（ロラン（ロマン＝ロラン）　1866–1944）
ネーム（ロマン・ロラン　1866–1944）
ノベ3（ロラン,R.　1866.1.29–1944.12.30）
比文増（ロラン（ロマン）　1866（慶応2）–1944（昭和19））
標音2（ロラン, ロマン　1866.1.29–1944.12.30）
フ文小（ロラン, ロマン　1866–1944）
ポプ人（ロラン, ロマン　1866–1944）

Rölleke, Heinz
ドイツの文学研究者。
⇒岩世人（レレケ　1936.11.6–）

Roller, Alfred
オーストリアの舞台装置家。
⇒グラデ（Roller,Alfred　ローラー, アルフレート　1864–1935）

Rollier, Auguste
スイスの医師。自然療法の先駆者の一人。
⇒岩世人（ロリエ　1874.10.1–1954.10.30）

Rollin, Jean
フランスの映画監督。
⇒映監（ローラン, ジャン　1938.11.3–）

Rollins, Brianna
アメリカの陸上選手（ハードル）。
⇒最世ス（ロリンズ, ブリアナ　1991.8.18–）

Rollins, Charlemae Hill
アメリカの図書館員。シカゴ公共図書館を拠点とし, 人種の立場に基づく児童文学の評論活動により全米にその名を知られる。
⇒ア図（ロリンズ, チャールマエ・ヒル　1897–1979）

Rollins, James
アメリカの作家。
⇒外16（ロリンズ, ジェームズ　1961–）
海文新（ロリンズ, ジェームズ　1961–）
現世文（ロリンズ, ジェームズ　1961–）

Rollins, James Calvin
アメリカの大リーグ選手（遊撃）。
⇒外12（ロリンズ, ジミー　1978.11.27–）
外16（ロリンズ, ジミー　1978.11.27–）
最世ス（ロリンズ, ジミー　1978.11.27–）
メジャ（ロリンズ, ジミー　1978.11.27–）

Rollins, Kevin B.
アメリカの実業家。
⇒外12（ロリンズ, ケビン）
外16（ロリンズ, ケビン　1952.11.15–）

Rollins, Richard John
アメリカの大リーグ選手（三塁）。
⇒メジャ（ロリンズ, リッチ　1938.4.16–）

Rollins, Sonny
アメリカのジャズ・ミュージシャン, テナー・サックス奏者。
⇒岩世人（ロリンズ　1930.9.7–）
外12（ロリンズ, ソニー　1930.9.7–）
外16（ロリンズ, ソニー　1930.9.7–）
新音中（ロリンズ, ソニー　1930.9.9–）
標音2（ロリンズ, ソニー　1930.9.9–）

Rollo, Gord
イギリス出身の作家。
⇒海文新（ロロ, ゴード）

Rollock, Barbara Therese
アメリカの図書館員。ニューヨーク公共図書館における児童図書館の統括責任者として, この図書館の伝統を守り, 多数の分館の活動を支える。
⇒ア図（ロロック, バーバラ　1922–1992）

Rolls, Charles Stewart
イギリスの自動車工業家, 飛行家。イギリス人として最初に英仏海峡を横断飛行して成功（1910）。
⇒岩世人（ロールズ　1877.8.27–1910.7.12）

Roloff, Ernst Max
ドイツの教育学者, 著述家。
⇒新カト（ロロフ　1867.4.5–1935.3.28）

Roloff, Helmut
ドイツのピアノ奏者。
⇒標音2（ローロフ, ヘルムート　1912.10.9–2001.9.29）

Rölvaag, Ole Edvart
アメリカの小説家。北西部辺境地のノルウェー移民を描いた代表的な3部作『大地の勇士』（1927）,『勝者ペーダー』（29）,『父たちの神』（31）などがある。
⇒アメ州（Rölvaag,Ole Edvart　ロールバーグ, オーレ・エドバート　1876–1931）

Romain, Yvonne
イギリスの女優。
⇒ク俳（ロマン, イヴォンヌ（ウォレン,Y）　1938–）

Romains, Jules
フランスの詩人, 劇作家, 小説家。
⇒岩世人（ロマン　1885.8.26–1972.8.14）
現世文（ロマン, ジュール　1885.8.26–1972.8.14）
広辞7（ロマン　1885–1972）
西文（ロマン, ジュール　1885–1972）
世演（ロマン, ジュール　1885.8.26–1972）
フ文小（ロマン, ジュール　1885–1972）
ユ著人（Romains,Jules　ロマン, ジュール　1885–1972）

Roman, Gil
フランスのバレエダンサー, 振付師。
⇒外12（ロマン, ジル　1960.11.29–）
外16（ロマン, ジル　1960.11.29–）

Roman, Howard
アメリカ中央情報局（CIA）のケース・オ

フィサー。
⇒スパイ（ローマン, ハワード）

Roman, Orlando
プエルト・リコのプロ野球選手（ヤクルト・投手）。
⇒外16（ロマン, オーランド　1978.11.28–）
　最世ス（ロマン, オーランド　1978.11.28–）

Roman, Petre
ルーマニアの政治家。ルーマニア首相。
⇒世指導（ロマン, ペトレ　1946.7.22–）

Roman, Ruth
アメリカの映画女優。
⇒ク俳（ロマン, ルース（ロマン, ノーマ）　1923–1999）

Romanato, Nello
テノール歌手。
⇒魅惑（Romanato,Nello　?–）

Romanek, Mark
アメリカの映画監督, 脚本家, ミュージック・ビデオ・ディレクター。
⇒外12（ロマネク, マーク　1959.9.18–）
　外16（ロマネク, マーク　1959.9.18–）

Romani, Regolo
テノール歌手。
⇒魅惑（Romani,Regolo　?–）

Romano, Claude
フランスの哲学者。
⇒メル別（ロマーノ, クロード　1967–）

Romano, John Anthony
アメリカの大リーグ選手（捕手）。
⇒メジャ（ロマノ, ジョニー　1934.8.23–）

Romano, Ray
アメリカの俳優, コメディアン。
⇒外12（ロマノ, レイ　1957.12.21–）
　外16（ロマノ, レイ　1957.12.21–）

Romano, Santi
イタリアの法学者。
⇒岩世人（ロマーノ　1875.1.31–1947.11.3）

Romário
ブラジルのサッカー選手。
⇒異二辞（ロマーリオ　1966–）
　外12（ロマーリオ　1966.1.29–）
　外16（ロマーリオ　1966.1.29–）

Romashina, Svetlana
ロシアのシンクロナイズドスイミング選手。
⇒外16（ロマシナ, スベトラーナ　1989.9.21–）
　最世ス（ロマシナ, スベトラーナ　1989.9.21–）

Romashov, Boris Sergeevich
ソ連の劇作家。代表作『空気まんじゅう』(1925)。
⇒現世文（ロマショーフ, ボリス・セルゲーヴィチ　1895–1958.5.6）

Rombach, Heinrich
ドイツの哲学者。
⇒岩世人（ロンバッハ　1923.6.10–2004.2.5）
　新カト（ロンバハ　1923.6.10–2004.2.5）
　メル別（ロムバッハ, ハインリヒ　1923–2004）

Romberg, Sigmund
ハンガリー生まれのアメリカの作曲家。『ロンバーグ・メロディー』で一世を風靡。
⇒岩世人（ロンバーグ　1887.7.29–1951.11.9）
　ク音3（ロンバーグ　1887–1951）
　新音中（ロンバーグ, シグマンド　1887.7.29–1951.11.9）
　ネーム（ロンバーグ　1887–1951）
　標音2（ロンバーグ, ジークムント　1887.7.29–1951.11.9）
　ユ著人（Romberg,Sigmund　ロムバーグ, ジグモント　1887–1951）

Rome, Sydne
アメリカ生まれの女優。
⇒ク俳（ローム, シドニー　1946–）

Romei, Rolf
スイスのテノール歌手。
⇒魅惑（Romei,Rolf　?–）

Romeike, Hinrich Peter
ドイツの馬術選手（総合馬術）。
⇒外12（ロマイケ, ヘンリッヒ　1963.5.26–）
　最世ス（ロマイケ, ヘンリッヒ　1963.5.26–）

Romein, Jan Marius
オランダの歴史家。
⇒岩世人（ロメイン　1893.10.30–1962.7.16）

Romer, Alfred Sherwood
アメリカの古生物学者。古脊椎動物学の研究で知られる。
⇒岩生（ローマー　1894–1973）
　岩世人（ローマー　1894.12.28–1973.11.5）
　オク地（ロマー, アルフレッド・シャーウッド　1894–1973）

Romeril, John
オーストラリアの劇作家。
⇒岩世人（ロメリル　1945.10.26–）
　現世文（ロメリル, ジョン　1945.10.26–）

Romero, Cesar
アメリカの俳優。
⇒ク俳（ロメロ, シーザー　1907–1994）
　スター（ロメロ, シーザー　1907.2.15–1994）

Romero, Chan
アメリカ・モンタナ州ビリングズ生まれの歌手。

⇒ロック（Romero,Chan　ロメーロ，チャン　1941.7.27–）

Romero, George Andrew
アメリカ・ニューヨーク生まれの映画監督。
⇒映監（ロメロ，ジョージ・A　1940.2.4–）
　外12（ロメロ，ジョージ・A．　1940.2.4–）
　外16（ロメロ，ジョージ・A．　1940.2.4–）

Romero, Jordan
アメリカの登山家。
⇒外16（ロメロ，ジョーダン　1996.7.12–）
　最世ス（ロメロ，ジョーダン　1996.7.12–）

Romero, Juan Carlos
プエルト・リコの大リーグ選手（投手）。
⇒メジャ（ロメロ，J・C　1976.6.4–）

Romero, Levi
ベネズエラのプロ野球選手（巨人・投手）。
⇒外12（ロメロ，レビ　1984.4.12–）

Romero, Oscar Arnulfo
中米，エルサルバドルの大司教。殉教した解放の神学者として中米革命のシンボル的存在。
⇒岩キ（ロメロ　1917–1980）
　岩世人（ロメーロ　1917.8.15–1980.3.24）
　新カト（ロメロ　1917.8.15–1980.3.24）

Romero, Rebecca
イギリスの自転車選手（追い抜き）。
⇒外12（ロメロ，レベッカ　1980.1.24–）
　最世ス（ロメロ，レベッカ　1980.1.24–）

Rometty, Virginia M.
アメリカの実業家。
⇒外12（ロメッティ，バージニア　1957–）
　外16（ロメッティ，バージニア　1958–）

Romilly, Jacqueline de
フランスの古典学者。
⇒岩世人（ロミイ　1913.3.26–2010.12.18）

Romm, Mikhail Ilich
ソ連の映画監督。歴史的記録映画『10月のレーニン』などで知られる。
⇒岩世人（ロンム　1901.1.11/24–1971.11.1）

Rommel, Edwin Americus
アメリカの大リーグ選手（投手）。
⇒メジャ（ロンメル，エディー　1897.9.13–1970.8.26）

Rommel, Erwin
ドイツの軍人。ヒトラー親衛隊の指揮をとった。
⇒異二辞（ロンメル［エルヴィン・〜］　1891–1944）
　岩世人（ロンメル　1891.11.15–1944.10.15）
　広辞7（ロンメル　1891–1944）
　ネーム（ロンメル　1891–1944）
　ポプ人（ロンメル，エルウィン　1891–1944）

Rommen, Heinrich
ドイツ出身のアメリカの法学者。
⇒新カト（ロンメン　1897.2.21–1967.2.19）

Romney, George Wilcken
アメリカの政治家，実業家。住宅・都市開発長官。
⇒アメ州（Romney,George Wilcken　ロムニー，ジョージ・ウィルケン　1907–）

Romney, Mitt
アメリカの政治家，実業家。
⇒アメ新（ロムニー　1947–）
　外12（ロムニー，ミット　1947.3.12–）
　外16（ロムニー，ミット　1947.3.12–）
　世指導（ロムニー，ミット　1947.3.12–）

Romo, Tony
アメリカのプロフットボール選手（カウボーイズ・QB）。
⇒外12（ロモ，トニー　1980.4.21–）
　外16（ロモ，トニー　1980.4.21–）
　最世ス（ロモ，トニー　1980.4.21–）

Romulo, Carlos Pena
フィリピンの政治家。
⇒岩世人（ロムロ　1899.1.14–1985.12.15）

Romulo, Roberto R.
フィリピンの実業家。フィリピン外相，IBMフィリピン社長。
⇒世指導（ロムロ，ロベルト　1938.12.9–）

Ronald, Pamera C.
アメリカの農学者。
⇒外12（ロナルド，パメラ）
　外16（ロナルド，パメラ）

Ronaldinho
ブラジルのサッカー選手。
⇒外12（ロナウジーニョ　1980.3.21–）
　外16（ロナウジーニョ　1980.3.21–）
　最世ス（ロナウジーニョ　1980.3.21–）
　ネーム（ロナウジーニョ　1980–）

Ronaldo
ブラジルのサッカー選手。
⇒異二辞（ロナウド［ルイス・ナザリオ・ジ・リマ・〜］　1976–）
　岩世人（ロナウド　1976.9.22–）
　外12（ロナウド　1976.9.22–）
　外16（ロナウド　1976.9.22–）
　最世ス（ロナウド　1976.9.22–）

Ronan, Saoirse
アイルランドの女優。
⇒外12（ローナン，シアーシャ　1994–）
　外16（ローナン，シアーシャ　1994.4.12–）

Ronconi, Luca
イタリアの演出家，舞台美術家。

⇒オペラ（ロンコーニ，ルーカ　1933–）

Rondeau, Jeffrey S.
アメリカ陸軍下士官。
⇒スパイ（ロンドー，ジェフリー・S）

Rondinella, Giacomo
イタリア出身の歌手。
⇒失声（ロンディネッラ，ジャコモ　1923–）

Rondo, Rajon
アメリカのバスケットボール選手（セルティクス）。
⇒最世ス（ロンド，ラジョン　1986.2.22–）

Rondon, Candido Mariano da Silva
ブラジルの軍人，インディオ研究家。ブラジル奥地の大半を踏査，探検。
⇒ラテ新（ロンドン　1865–1958）

Ronge, Maximilian
オーストリア＝ハンガリー帝国陸軍の情報機関クンドシャフツシュテッレ長官。
⇒スパイ（ロンゲ，マクシミリアン）

Rong Sayamanon
タイの歴史学者。
⇒岩世人（ローン・サヤーマーノン　1911.12.26–1985.7.5）

Rong Wongsawan
タイの小説家。
⇒現世文（ロン・ウォンサワン　1932.5.20–2009.3.15）

Roni
ブラジルのサッカー選手（FW）。
⇒外12（ロニー　1977.4.28–）

Rönkä, Matti
フィンランドの作家。
⇒海文新（ロンカ，マッティ　1959.9.9–）
　現世文（ロンカ，マッティ　1959.9.9–）

Ronson, Mick
イギリス生まれのギター奏者，歌手，作曲家。
⇒ロック（Ronson, Mick　ロンソン，ミック）

Ronstadt, Linda
アメリカのロック・ミュージシャン。
⇒標音2（ロンシュタット，リンダ　1946.7.15–）
　ロック（Ronstadt, Linda　ロンシュタット，リンダ）

Röntgen, Wilhelm Konrad
ドイツの物理学者。1895年X線を発見。1901年第1回のノーベル物理学賞受賞。
⇒岩世人（レントゲン　1845.3.27–1923.2.10）
　オク科（レントゲン，ヴィルヘルム・コンラート　1845–1923）
　化学（レントゲン　1845–1923）
　学叢思（レントゲン，ヴィルヘルム・コンラッド　1845–1923）
　科史（レントゲン　1845–1923）
　現科大（レントゲン，ヴィルヘルム・コンラート　1845–1923）
　広辞7（レントゲン　1845–1923）
　三新物（レントゲン　1845–1923）
　辞歴（レントゲン　1845–1923）
　世史改（レントゲン　1845–1923）
　世人新（レントゲン　1845–1923）
　世人装（レントゲン　1845–1923）
　世発（レントゲン，ヴィルヘルム・コンラート　1845–1923）
　ノベ3（レントゲン,W.C.　1845.3.27–1923.2.10）
　物理（レントゲン，ヴィルヘルム・コンラート　1845–1923）
　ポプ人（レントゲン，ウィルヘルム　1845–1923）
　もう山（レントゲン　1845–1923）
　薬学（レントゲン,W.C.　1845–1923）

Rooker, James Phillip
アメリカの大リーグ選手（投手）。
⇒メジャ（ルーカー，ジム　1942.9.23–）

Room, Abram
ソ連の映画監督。1926年『死の入江』を製作。
⇒映監（ローム，アブラム　1894.6.28–1976）

Rooney, Mickey
アメリカの俳優。
⇒外12（ルーニー，ミッキー　1920.9.23–）
　ク俳（ルーニー，ミッキー（ユール，ジョウゼフ）1920–）
　スター（ルーニー，ミッキー　1920.9.23–）

Rooney, Wayne
イギリスのサッカー選手。
⇒外12（ルーニー，ウェイン　1985.10.24–）
　外16（ルーニー，ウェイン　1985.10.24–）
　最世ス（ルーニー，ウェイン　1985.10.24–）

Roos, Jean Carolyn
アメリカの図書館員。クリーブランド公共図書館でヤング・アダルト向けの図書室を運営。公共図書館におけるヤング・アダルト・サービスの開拓者の一人である。
⇒ア図（ロース，ジーン　1891–1982）

Roos, John
アメリカの弁護士。
⇒外12（ルース，ジョン　1955.2.14–）
　外16（ルース，ジョン　1955.2.14–）
　世指導（ルース，ジョン　1955.2.14–）

Roos, Susan H.
アメリカの弁護士。
⇒外12（ルース，スーザン）

Roosevelt, Anna Eleanor
F.ルーズベルト・アメリカ大統領の妻，著述家，外交官。1945年国連アメリカ代表となり，世界人権宣言起草委員会の議長を務めた。
⇒アメ経（ローズベルト，アンナ・エレノア　1884.

10.11–1962.11.7）
　　アメ新（ローズベルト　1884–1962）
　　岩世人（ローズヴェルト　1884.10.11–1962.11.7）

Roosevelt, Franklin Delano
アメリカの政治家。第32代大統領（1933〜45）。大恐慌後の復興政策を強力に推進。
⇒アメ太戦（ローズベルト　1882–1945）
　　アメ経（ローズベルト，フランクリン　1882.1.30–1945.4.12）
　　アメ州（Roosevelt,Franklin Delano　ルーズベルト，フランクリン・デラノ　1882–1945）
　　アメ新（ローズベルト　1882–1945）
　　岩韓（ルーズベルト　1882–1945）
　　岩世人（ルーズベルト　1882.1.30–1945.4.12）
　　広辞7（ローズヴェルト　1882–1945）
　　国政（ローズヴェルト，フランクリン　1882–1945）
　　辞歴（ルーズベルト　1882–1945）
　　政経改（ルーズベルト　1882–1945）
　　世史改（ローズヴェルト，フランクリン＝　1882–1945）
　　世人新（ローズヴェルト〈フランクリン〉　1882–1945）
　　世人装（ローズヴェルト〈フランクリン〉　1882–1945）
　　戦人大（ルーズベルト，フランクリン・D.　1882.1.30–1945.4.12）
　　ポブ人（ルーズベルト，フランクリン　1882–1945）
　　もう山（ルーズベルト，フランクリン　1882–1945）

Roosevelt, Kermit
アメリカの探検家，実業家。
⇒アア歴（Roosevelt,Theodore,Jr and Roosevelt, Kermit　ローズヴェルト，シオドア，ジュニアとローズヴェルト，カーミット　1889.10.10–1943.6.4）

Roosevelt, Kermit, Jr.
アメリカの戦略諜報局（OSS）職員。1953年にモハンマド・モサッデク率いるイラン左翼政権の転覆計画を立案・主導した。
⇒スパイ（ルーズベルト，カーミット，ジュニア　1916–2000）

Roosevelt, Kermit III
アメリカの法学者。
⇒外12（ルーズベルト，カーミット（3世）　1971–）
　　外16（ルーズベルト，カーミット（3世）　1971–）

Roosevelt, Nicholas
アメリカのジャーナリスト，外交官。
⇒アア歴（Roosevelt,Nicholas　ローズベルト，ニコラス　1893.6.12–1982.2.16）

Roosevelt, Theodore
アメリカの政治家。第26代大統領（1901〜09）。パナマ運河を建設。
⇒アメ経（ローズベルト，セオドア　1858.10.27–1919.1.6）
　　アメ州（Roosevelt,Theodore　ルーズベルト，セオドア　1858–1915）
　　アメ新（ローズベルト　1858–1919）
　　異二辞（ルーズベルト［セオドア・〜］　1858–1919）
　　岩世人（ローズヴェルト　1858.10.27–1919.1.6）
　　学業歴（ローズベルト　1858–1919）
　　広辞7（ルーズヴェルト　1858–1919）
　　国政（ローズヴェルト，シオドア　1858–1919）
　　辞歴（ルーズベルト，セオドア　1858–1919）
　　世史改（ローズベルト，セオドア＝　1858–1919）
　　世史改（ローズヴェルト，セオドア＝　1858–1919）
　　世人新（ローズヴェルト〈セオドア〉　1858–1919）
　　世人装（ローズヴェルト〈セオドア〉　1858–1919）
　　ノベ3（ルーズベルト，T.　1858.10.27–1919.1.6）
　　ポブ人（ルーズベルト，セオドア　1858–1919）
　　もう山（ルーズベルト，セオドア　1858–1919（在任1901–09））

Roosevelt, Theodore, Jr.
アメリカの植民地行政官，実業家。
⇒アア歴（Roosevelt,Theodore,Jr and Roosevelt, Kermit　ローズヴェルト，シオドア，ジュニアとローズヴェルト，カーミット　1887.9.13–1944.7.12）

Root, Charles Henry
アメリカの大リーグ選手（投手）。
⇒メジャ（ルート，チャーリー　1899.3.17–1970.11.5）

Root, Elihu
アメリカの政治家。カーネギー国際平和財団会長に選ばれ，ノーベル平和賞を受けた（1912）。
⇒アメ州（Root,Elihu　ルート，エリフ　1845–1937）
　　岩世人（ルート　1845.2.15–1937.2.7）
　　世人新（ルート　1845–1937）
　　世人装（ルート　1845–1937）
　　ノベ3（ルート，E.　1845.2.15–1937.2.7）

Root, Gladys Towles
アメリカの弁護士。
⇒マルX（ROOT,GLADYS TOWLES　ルート，グラディス・タウルズ　1905–1982）

Root, Martha Louise
アメリカの新聞記者，バハイ教布教師，エスペランティスト。
⇒日エ（ルート　1872.8.10–1939.9.28）

Roots, Logan Herbert
アメリカの宣教師。
⇒アア歴（Roots,Logan Herbert　ルーツ，ローガン・ハーバート　1870.7.27–1945.9.23）

Roozeboom, Hendrik Willem Bakhuis
オランダの物理化学者。
⇒岩世人（ローゼボーム　1854.10.24–1907.2.8）
　　化学（バックハウス・ローゼボーム　1854–1907）

Ropartz, Joseph Guy Marie
フランスの作曲家，指揮者。作品には，ブルターニュに伝承されているケルト民話に取材したものが多い。

⇒ク音3（ロバルツ　1864–1955）
　新音中（ロバルツ, ジョゼフ・ギー　1864.6.15–1955.11.22）
　標音2（ロバール, ジョゼフ・ギ　1864.6.15–1955.11.22）

Roper, Daniel Calhoun
アメリカの政治家, 外交官。下院議員, 商務長官, マーリン・ロックウェル社社長。
⇒アメ経（ローパー, ダニエル　1867.4.1–1943.4.11）

Röpke, Wilhelm
ドイツの経済学者, 社会学者。ナチス政権の確立と共に亡命し（1933）, ジュネーヴの国際高等研究所教授。
⇒岩世人（レプケ　1899.10.10–1966.2.12）
　新カト（レプケ　1899.10.10–1966.2.12）
　有経5（レプケ　1899–1966）

Roques, Jules
フランスの編集者。
⇒19仏（ロック, ジュール　1850.10.24–1909.3.9）

Rorem, Ned
アメリカの作曲家, 著述家。
⇒エデ（ロレム［ロアム］, ネッド　1923.10.23–）
　ク音3（ローレム　1923–）
　新音中（ローレム, ネッド　1923.10.23–）

Rorschach, Hermann
スイスの精神医学者。ロールシャッハ・インクブロットテストを創案した。
⇒岩世人（ロールシャッハ　1884.11.8–1922.4.2）
　教人（ロールシャッハ　1884–1922）
　現精（ロールシャッハ　1884–1922）
　現精縮（ロールシャッハ　1884–1922）
　精分岩（ロールシャッハ, ヘルマン　1884–1922）

Rorty, Richard
アメリカの哲学者。近代以降の認識論中心の哲学を批判し, プラグマティズムを徹底化することによって, 哲学を「知識の基礎づけ」の任務から解放することを目指す。著書に『哲学と自然の鏡』『プラグマティズムの帰結』など。
⇒アメ新（ローティ　1931–2007）
　岩世人（ローティ　1931.10.4–2007.6.8）
　教思増（ローティ　1931–2007）
　現社（ローティ　1931–2007）
　広辞7（ローティ　1931–2007）
　哲中（ローティ　1931–2007）
　ネーム（ローティ　1931–2007）
　メル別（ローティ, リチャード・マッケイ　1931–2007）

Ros, Edmundo
ベネズエラ出身のラテン＝バンド指揮者。
⇒標音2（ロス, エドムンド　1910.12.7–）

Ros, Elisabet
スペイン・バルセロナ生まれのバレリーナ。
⇒外12（ロス, エリザベット　1969–）

　外16（ロス, エリザベット　1969–）

Rosa, Henrique Pereira
ギニアビサウの政治家。ギニアビサウ暫定政権大統領（2003～05）。
⇒世指導（ロザ, エンリケ　1946.1.18–2013.5.15）

Rosa, Noel
ブラジルの作詞・作曲家。サンバの発展に大きく寄与。代表作は『コン・キ・ローパ』など。
⇒岩世人（ローザ　1910.12.11–1937.5.4）

Rosado, Jose Antonio
アメリカの大リーグ選手（投手）。
⇒メジャ（ロサド, ホセ　1974.11.9–）

Rosales, Jennifer
フィリピンの女子プロゴルファー。
⇒岩世人（ロサレス　1978.9.17–）

Rosales, Luis
スペインの詩人。
⇒岩キ（ロサーレス　1910–1992）
　新カト（ロサレス　1910.5.31–1992.10.24）

Rosar, Warren Vincent（Buddy）
アメリカの大リーグ選手（捕手）。
⇒メジャ（ローザー, バディ　1914.7.3–1994.3.13）

Rosas, Cesar
アメリカのミュージシャン。
⇒外12（ロサス, セサル）

Rosati, Dariusz
ポーランドの政治家。ポーランド外相, 欧州議会議員。
⇒外12（ロサティ, ダリウシュ　1946.8.8–）
　外16（ロサティ, ダリウシュ　1946.8.8–）
　世指導（ロサティ, ダリウシュ　1946.8.8–）

Rosay, Françoise
フランスの女優。主作品『外人部隊』（1934）。
⇒岩世人（ロゼー　1891.4.19–1974.3.28）
　ク俳（ロゼー, フランソワズ（ナレシュ, F・ド）　1891–1974）

Rosbaud, Hans
オーストリアの指揮者。1952年には国際現代音楽協会でシェーンベルク・メダルを受けた。
⇒新音中（ロスバウト, ハンス　1895.7.22–1962.12.29）
　標音2（ロスバウト, ハンス　1895.7.22–1962.12.29）

Rosberg, Nico
ドイツのF1ドライバー。
⇒外12（ロズベルグ, ニコ　1985.6.27–）
　外16（ロズベルグ, ニコ　1985.6.27–）
　最世ス（ロズベルグ, ニコ　1985.6.27–）

Roscher, Wilhelm Heinrich
ドイツの言語学者。特にギリシア及びローマの

神話を研究した。
⇒岩世人（ロッシャー　1845.2.12–1923.3.9）

Röschmann, Dorothea
ドイツのソプラノ歌手。
⇒外12（レッシュマン，ドロテア　1967–）

Roscoe, *Sir* Henry Enfield
イギリスの化学者。オーウェンズ大学教授（1957）。
⇒岩世人（ロスコー　1833.1.7–1915.12.18）
　化学（ロスコー　1833–1915）

Roscoe, Norman Keith
英国大使館員，チリ硝石販売会社員。
⇒日工（ロスコー　1891.2.24–1947.4.20）

Rose, Arnold Marshall
アメリカの社会学者，社会心理学者。「人種的少数者集団」の社会心理学的側面の研究を中心とし，黒人問題の研究が多い。
⇒社小増（ローズ　1918–1968）

Rose, Axl
アメリカのロック歌手。
⇒外12（ローズ，アクセル　1962.2.6–）
　外16（ローズ，アクセル　1962.2.6–）

Rose, Biff
アメリカの歌手，作詞作曲家，談話家。
⇒ロック（Rose,Biff　ローズ，ビフ）

Rose, David
イギリス生まれのアメリカの作曲家，指揮者。
⇒標音2（ローズ，デーヴィド　1910.6.15–1990.8.23）

Rose, Derrick
アメリカのバスケットボール選手（ブルズ）。
⇒外12（ローズ，デリック　1988.10.4–）
　外16（ローズ，デリック　1988.10.4–）
　最世ス（ローズ，デリック　1988.10.4–）

Rose, Fred
カナダの政治家。下院議員。カナダのスパイ網のメンバー。
⇒スパイ（ローズ，フレッド　1907–1983）

Rose, Irwin
アメリカの生化学者。ノーベル化学賞受賞。
⇒外12（ローズ，アーウィン　1926.7.16–）
　化学（ローズ　1926–2015）
　ノベ3（ローズ,I.　1926.7.16–）

Rose, John Holland
イギリスの歴史家。フランス革命およびナポレオン時代史の権威。
⇒岩世人（ローズ　1855.6.28–1942.3.3）

Rose, Justin
イギリスのプロゴルファー。

⇒外12（ローズ，ジャスティン　1980.7.30–）
　外16（ローズ，ジャスティン　1980.7.30–）
　最世ス（ローズ，ジャスティン　1980.7.30–）

Rose, Leonard
アメリカのチェロ奏者。1943～51年ニューヨーク・フィルハーモニーの首席チェロ奏者。
⇒新音中（ローズ，レナード　1918.7.27–1984.11.16）
　標音2（ローズ，レナード　1918.7.27–1984.11.16）

Rose, Pete
アメリカの大リーグ選手（外野，一塁，三塁，二塁），監督。
⇒アメ州（Rose,Pete　ローズ，ピート　1941–）
　岩世人（ローズ　1941.4.14–）
　外12（ローズ，ピート　1941.4.14–）
　外16（ローズ，ピート　1941.4.14–）
　ネーム（ローズ，ピート　1941–）
　ボブ人（ローズ，ピート　1941–）
　メジャ（ローズ，ピート　1941.4.14–）

Rose, "Playboy" Buddy
アメリカのプロレスラー。
⇒異二辞（ローズ，プレイボーイ・バディ　1952–2009）

Rose, Tim
アメリカの歌手。
⇒ロック（Rose,Tim　ローズ，ティム　1940–）

Rose, Tricia
アメリカのアフリカ系アメリカ文化の黒人女性研究者。ブラウン大学アフリカ研究学部教授。
⇒外12（ローズ，トリーシャ）

Rosebery, Archibald Philip Primrose, 5th Earl of
イギリスの政治家。グラッドストン引退後，首相となったが（1894），閣内不一致のため辞職（95）。
⇒岩世人（ローズベリー　1847.5.7–1929.5.21）

Roseboro, John, Junior
アメリカの大リーグ選手（捕手）。
⇒メジャ（ローズボロ，ジョニー　1933.5.13–2002.8.16）

Rosedale, Philip
アメリカの実業家。
⇒外12（ローズデール，フィリップ）
　外16（ローズデール，フィリップ）

Rosegger, Peter
オーストリアの小説家。主著『森のふるさと』（1877）。
⇒岩世人（ローゼッガー　1843.7.31–1918.6.26）

Rösel, Peter
ドイツのピアノ奏者。
⇒外12（レーゼル，ペーター　1945–）

外16（レーゼル，ペーター　1945–）
Rosemond, John K.
アメリカの心理学者，コラムニスト。
⇒外12（ローズモンド，ジョン）
Rosen, Albert Leonard
アメリカの大リーグ選手（三塁）。
⇒メジャ（ローゼン，アル　1924.2.29–）
Rosen, Charles
アメリカのピアノ奏者，音楽学者。
⇒標音2（ローゼン，チャールズ　1927.5.5–）
Rosen, Harvey S.
アメリカの経済学者。
⇒外12（ローゼン，ハービー　1949–）
Rosen, Leonard
アメリカの作家。
⇒海文新（ローゼン，レナード）
Rosen, Roman Romanovich
ロシアの外交官。駐日ロシア公使。
⇒岩世人（ローゼン　1847.2.12/24–1921.12.31）
Rosen, Samuel
アメリカの耳科医。
⇒ユ著人（Rosen,Samuel　ローゼン，サムエル　1897–1981）
Rosenau, James Nathan
アメリカの政治学者。
⇒政経改（ローズノウ　1924–）
Rosenbach, Ottomar
ドイツの医者。神経による麻痺の起りかた，神経衰弱の症候等種々の業績がある。
⇒岩世人（ローゼンバッハ　1851.1.4–1907.3.20）
Rosenberg, Alfred
ドイツの国家社会主義理論家，政治家。ナチス党機関紙の主筆として初期ナチス運動を指導。
⇒岩世人（ローゼンベルク　1893.1.12–1946.10.16）
広辞7（ローゼンベルク　1893–1946）
ネーム（ローゼンベルク　1893–1946）
Rosenberg, Arthur
ドイツの歴史家。主著『ヴァイマル共和国成立史（1871〜1918）』（1928）を著した。
⇒ユ著人（Rosenberg,Arthur　ローゼンベルク，アルトゥール　1889–1943）
Rosenberg, Berle Sanford
アメリカのテノール歌手。
⇒魅惑（Rosenberg,Berle Sanford　?–）
Rosenberg, Ethel
ユダヤ系のアメリカ市民。1950年原子スパイ事件の容疑者として死刑の宣告を受ける。
⇒岩世人（ローゼンバーグ夫妻　1915.9.25–1953.6.19）
世人新（ローゼンバーグ夫妻　1915–1953）
世人装（ローゼンバーグ夫妻　1915–1953）
Rosenberg, Harold
アメリカの美術評論家。評論『アメリカのアクション・ペインターズ』を発表（1952）。
⇒岩世人（ローゼンバーグ　1906.2.2–1978.7.11）
メル3（ローゼンバーグ，ハロルド　1906–1978）
ユ著人（Rosenberg,Harold　ローゼンバーグ，ハロルド　1906–1978）
Rosenberg, Hilding
スウェーデンの作曲家，指揮者。新しく自由な作風を目差したスウェーデン現代音楽の代表者。
⇒ク音3（ローゼンベリ（ルーセンベリ）　1892–1985）
新音中（ルーセンベリ，ヒルディング　1892.6.21–1985.5.19）
標音2（ローゼンベリー，ヒルディング　1892.6.21–1985.5.19）
Rosenberg, Julius
原子力スパイとして処刑されたユダヤ系アメリカ人。
⇒岩世人（ローゼンバーグ夫妻　1918.5.12–1953.6.19）
スパイ（ローゼンバーグ，ジュリアス　1918–1953）
世人新（ローゼンバーグ夫妻　1918–1953）
世人装（ローゼンバーグ夫妻　1918–1953）
ネーム（ローゼンバーグ　1918–1953）
Rosenberg, Ludwig
ドイツ労働運動のリーダー。
⇒ユ著人（Rosenberg,Ludwig　ローゼンベルク，ルードヴィヒ　1903–）
Rosenberg, Morris
アメリカの社会学者。主著『社会と青年の自己イメージ』（1965）。
⇒社小増（ローゼンバーグ　1922–）
Rosenberg, Nancy Taylor
アメリカの作家。
⇒外12（ローゼンバーグ，ナンシー・テイラー）
現世文（ローゼンバーグ，ナンシー・テイラー）
Rosenberg, Steven A.
アメリカの医師，免疫学者。
⇒外16（ローゼンバーグ，スティーブン　1940.8.2–）
Rosenbradt, Joseph
ロシア生まれのアシュケナーズ系のハザン（カントール）。
⇒ユ著人（Rosenbradt,Joseph　ローゼンブラット，ヨゼフ　1880/1882–1933）
Rosenbusch, Karl Harry Ferdinand
ドイツの岩石学者。岩石の成因論的研究の先駆者。
⇒岩世人（ローゼンブッシュ　1836.6.24–1914.1.20）

Rosenfeld, Herbert
イギリスの精神科医。クライン派のもっとも重要な支持者の一人。
⇒現精（ローゼンフェルド 1909–1986）
現精縮（ローゼンフェルド 1909–1986）
精分岩（ローゼンフェルド，ハーバート 1909–1986）

Rosenfeld, Irene B.
アメリカの実業家。
⇒外12（ローゼンフェルド，アイリーン）
外16（ローゼンフェルド，アイリーン）

Rosenfeld, Léon
ベルギー生まれの物理学者。量子電磁力学における観測の問題，中間子の理論や核力などを研究した。
⇒岩世人（ローゼンフェルト 1904.8.14–1974.3.23）

Rosenfeld, Morris
アメリカのイディッシュ語詩人。
⇒岩世人（ロゼンフェルド 1862.12.28–1923.6.22）
ユ著人（Rosenfeld,Morris ローゼンフェルド，モーリス 1862–1923）

Rosenfeld, Yona
ウクライナ生まれのイディッシュ語小説家，短編作家。
⇒ユ著人（Rosenfeld,Yona ローゼンフェルド，ヨナ 1880–1944）

Rosenfeld-Chagall, Bella
ベラルーシ・ヴィテブスク生まれのイディッシュ語作家。シャガール夫人。
⇒岩世人（ロゼンフェルド＝シャガール 1895–1944.9.2）

Rosenfeldt, Hans
スウェーデンの作家，脚本家，司会者。
⇒海文新（ローセンフェルト，ハンス 1964–）

Rosenman, Leonard
アメリカの作曲家。
⇒ク音3（ローゼンマン 1924–2008）
ユ著人（Rosenman,Leonard ローゼンマン，レナード 1924–）

Rosenmoeller, Bernhard
ドイツのカトリック信徒の哲学者。
⇒新カト（ローゼンメラー 1883.4.17–1974.3.19）

Rosenquist, James（Albert）
アメリカの画家。1962年グリーン画廊で最初の個展を開いてポップアーティストとして認められる。
⇒岩世人（ローゼンクィスト 1933.11.29–）
外12（ローゼンクィスト，ジェームズ 1933–）
外16（ローゼンクィスト，ジェームズ 1933.11.29–）
芸13（ローゼンクィスト，ジェームズ 1933–）
ネーム（ローゼンクイスト 1933–）

Rosenshein, Neil
アメリカのテノール歌手。
⇒魅惑（Rosenshein,Neil 1947–）

Rosenstock, Christian William
アメリカの実業家。
⇒アア歴（Rosenstock,Christian William ローゼンストック，クリスチャン・ウイリアム 1880.3.16–1956.10.23）

Rosenstock, Josef
ポーランド生まれのアメリカの指揮者。「ニューヨーク・シティ・オペラ」の指揮者，音楽総監督。
⇒岩世人（ローゼンストック 1895.1.27–1985.10.17）
広辞7（ローゼンストック 1895–1985）
新音中（ローゼンストック，ジョーゼフ 1895.1.27–1985.10.17）
ネーム（ローゼンストック 1895–1985）
標品2（ローゼンストック，ジョーゼフ 1895.1.27–1985.10.17）
ユ著人（Rosenstock,Joseph ローゼンストック，ヨーゼフ 1895–1985）

Rosenstock, Larissa
ソ連生まれの工芸家。
⇒芸13（ローゼンストック，ラリッサ 1948–）

Rosenthal, Abraham Michael
アメリカのジャーナリスト，コラムニスト。ニューヨーク・タイムス紙編集局長。
⇒ユ著人（Rosenthal,Abraham Michael ローゼンソール，アブラハム・マイケル 1922–）

Rosenthal, Manuel
フランスの指揮者，作曲家。1964～67年リエージュ管弦楽団の常任指揮者。
⇒新音中（ロゼンタール，マニュエル 1904.6.18–）
標品2（ロゼンタル，マニュエル 1904.6.18–2003.6.5）

Rosenthal, Moriz
ポーランドのピアノ奏者。ショパン演奏者として知られた。
⇒標品2（ローゼンタール，モーリッツ 1862.12.18–1946.9.5）

Rosenthal, Robert
アメリカの心理学者。ハーバード大学教授。
⇒岩世人（ローゼンソール 1933.3.2–）

Rosenwald, Julius
アメリカの実業家，慈善家。
⇒アメ経（ローゼンウォールド，ジュリアス 1862.8.12–1932.1.6）
ユ著人（Rosenwald,Julius ローゼンワルト，ユリュース 1862–1932）

Rosenwald, Laurie
アメリカのデザイナー，挿絵画家。
⇒グラデ（Rosenwald,Laurie ローゼンウォルド,

ローリー 1955–)

Rosenzweig, Franz
ドイツのユダヤ人宗教哲学者。神学と哲学の結合を試みた。
⇒岩世人 (ローゼンツヴァイク 1886.12.25–1929.12.10)
新カト (ローゼンツヴァイク 1886.12.25–1929.12.10)
メル別 (ローゼンツヴァイク,フランツ 1886–1929)
ユ著人 (Rosenzweig,Franz ローゼンツヴァイク,フランツ 1886–1929)

Rosenzweig, Saul
アメリカの心理学者。ワシントン大学教授。
⇒岩世人 (ローゼンツヴァイク 1907.2.7–2004.8.9)

Rosero, Evelio
コロンビアの作家、詩人、ジャーナリスト。
⇒外16 (ロセーロ、エベリオ 1958–)
現世文 (ロセーロ、エベリオ 1958–)

Rosewall, Keness
オーストラリアのテニス選手。
⇒異二辞 (ローズウォール[ケン・〜] 1934–)

Rosey
東サモアのプロレスラー。
⇒外12 (ロージー 1970.4.7–)

Roshchin, Mihail Mihaylovich
ソ連の小説家、劇作家。代表作は戯曲『ワレンチンとワレンチーナ』(1971)。
⇒現世文 (ローシチン、ミハイル・ミハイロヴィチ 1933.2.10–2010.10.1)

Rosi, Francesco
イタリア生まれの映画監督。
⇒映監 (ロージ、フランチェスコ 1922.11.15–)

Rosi, Gianfranco
イタリアの映画監督。
⇒外16 (ロージ、ジャンフランコ 1964–)

Rosi, Giovanni Vittorio
イタリア生まれの舞踏家、オペラ演出家。帝国劇場オペラ指導、赤坂ロイヤル館創立。
⇒岩世人 (ローシー (ロージ) 1867.10.18–?)

Rosicky, Tomás
チェコのサッカー選手。
⇒外12 (ロシツキー、トマーシュ 1980.10.4–)
外16 (ロシツキー、トマーシュ 1980.10.4–)
最新ス (ロシツキー、トマーシュ 1980.10.4–)

Rosier, Andree
フランスの料理人。
⇒外12 (ロジェ、アンドレ)
外16 (ロジェ、アンドレ)

Rosing, Vladimir
ロシアのテナー歌手、舞台監督。
⇒魅惑 (Rosing,Vladimir 1890–1963)

Rositzke, Harry
アメリカ中央情報局 (CIA) のインテリジェンス・オフィサー。
⇒スパイ (ロジツキ、ハリー 1911–2002)

Rosiwal, August Karl
オーストリアの岩石学者。岩石を構成する鉱物組成を顕微鏡下で計測する「ロージヴァル法」を考案した。
⇒岩世人 (ロージヴァル 1860.12.2–1923.10.9)

Roslavets, Nikolai Andreevich
ロシアの作曲家。
⇒ク音3 (ロスラヴェツ 1881–1944)
標音2 (ロスラヴェツ、ニコライ・アンドレーヴィチ 1881.1.4–1944.8.23)

Rösler, Endre
ハンガリーのテノール歌手。
⇒魅惑 (Rösler,Endre 1904–1963)

Rosler, Martha
アメリカの美術家。
⇒岩世人 (ロスラー 1943.7.29–)

Rösler, Philipp
ドイツの政治家、医師。ドイツ副首相、経済技術相、ドイツ自由民主党 (FDP) 党首。
⇒外12 (レスラー、フィリップ 1973.2.24–)
外16 (レスラー、フィリップ 1973.2.24–)
世指導 (レスラー、フィリップ 1973.2.24–)

Roslund, Anders
スウェーデンの作家、ジャーナリスト。
⇒外16 (ルースルンド、アンデシュ 1961–)
海文新 (ルースルンド、アンデシュ 1961–)
現世文 (ルースルンド、アンデシュ 1961–)

Rosner, Anton
ドイツのテノール歌手。
⇒魅惑 (Rosner,Anton ?–)

Rosnes, Rene
アメリカのジャズ演奏家。
⇒外12 (ロスネス、リニー 1962.3.24–)

Rosness, Michael
アメリカのテノール歌手。
⇒魅惑 (Rosness,Michael 1944–)

Rosny, Joseph Henri Honoré Boex
フランスの小説家。最初弟と共作で自然主義小説、のち科学小説、社会社説を書いた。
⇒岩世人 (ロニー兄弟 1856.2.17–1940.2.15)

Rosny, Léon Louis Lucien Prunol de
フランスの東洋学者,民族学者。民族学会(1858),国際東洋学者会議(73)を創設。
⇒岩世人（ロニー　1837.4.5–1914.8.28）

Rosny, Séraphin-Justin François Boex
フランスの小説家。民衆主義の先駆者。
⇒岩世人（ロニー兄弟　1859.7.21–1948.7.21）

Rosoff, Meg
アメリカの作家。
⇒海文新（ローゾフ,メグ　1956–）
　現世文（ローゾフ,メグ　1956–）

Rosolino, Massimiliano
イタリアの水泳選手。
⇒最新ス（ロソリーノ,マッシミリアーノ　1978.7.11–）

Rosovsky, Henry
アメリカの経済学者。ハーバード大学教授,同大文理学部長。
⇒有経5（ロソフスキー　1927–）

Ross, Adam
アメリカの作家。
⇒海文新（ロス,アダム　1967–）
　現世文（ロス,アダム　1967–）

Ross, Alf
デンマークの法哲学者。主著は『法と正義』(1958),『指令と規範』(68)。
⇒岩世人（ロス　1899.6.10–1979.8.17）

Ross, Annie
イギリス生まれの歌手,作詞家。
⇒標音2（ランバート,ヘンドリックス・アンド・ロス　1930–）

Ross, Barney
アメリカのボクシング・チャンピオン。
⇒岩世人（ロス　1909.12.23–1967.1.17）

Ross, Cody Joseph
アメリカの大リーグ選手（外野）。
⇒メジャ（ロス,コーディ　1980.12.23–）

Ross, Dennis
アメリカの政治家,外交官。大統領特別補佐官,中東和平担当特使。
⇒外12（ロス,デニス　1948.11.26–）
　外16（ロス,デニス　1948.11.26–）
　世指導（ロス,デニス　1948.11.26–）

Ross, Diana
アメリカの歌手,女優。1957年,女声トリオ「ザ・シュープリームス」を結成。
⇒岩世人（ロス　1944.3.26–）
　外12（ロス,ダイアナ　1944.3.26–）
　外16（ロス,ダイアナ　1944.3.26–）
　ネーム（ロス,ダイアナ　1944–）
　標音2（ロス,ダイアナ　1944.3.26–）
　ロック（Ross,Diana　ロス,ダイアナ　1944.3.26–）

Ross, Doctor
アメリカ・ミシシッピ州トゥニカ生まれのブルース・ミュージシャン。
⇒ロック（Ross,Doctor　ロス,ドクター　1925.10.21–）

Ross, Donald James
アメリカのゴルフ場設計者。
⇒岩世人（ロス　1872.11.23–1948.4.26）

Ross, Edward Alsworth
アメリカの社会学者。主著 "Civic sociology" (1925)。
⇒岩世人（ロス　1866.12.12–1951.7.22）
　学叢思（ロッス,エドワード・アルスウォース　1866–?）
　教人（ロス　1866–）
　社小増（ロス　1866–1951）

Ross, Sir Edward Denison
イギリスの東洋学者。大英博物館に入り(1914–16),ついで東洋語学校の初代校長となる(17–37)。
⇒岩世人（ロス　1871.6.6–1940.9.20）

Ross, Herbert
アメリカ・ニューヨーク生まれの映画監督。
⇒映監（ロス,ハーバート　1927.5.13–2001）
　ユ著人（Ross,Herbert　ロス,ハーバート　1927–）

Ross, Jerry
アメリカの作曲家,作詞家。作品に『くたばれヤンキース』(1955)。
⇒標音2（ロス,ジェリー　1926.3.9–1955.11.11）

Ross, Johannes
ドイツのイエズス会司祭,司教。広島教区長(代牧)。
⇒新カト（ロス　1875.12.26–1969.12.26）

Ross, John
イギリスの宣教師。満州,朝鮮で布教。
⇒岩世人（ロス　1842–1915.8.5）
　オク教（ロス　1841–1915）

Ross, John
アメリカの化学者。
⇒岩世人（ロス　1926.10.2–）

Ross, Kate
アメリカの作家,弁護士。
⇒現世文（ロス,ケイト　1956.6.21–1998.3.12）

Ross, Katharine
アメリカの女優。『卒業』でゴールデン・グローブ賞女優新人賞受賞。

⇒ク俳 (ロス, キャサリン 1942–)

Ross, Lillian
アメリカのジャーナリスト。「ヘミングウェイの肖像」の作者。
⇒ヘミ (ロス, リリアン 1918?–)

Ross, Murray G.
カナダのソーシャルワークの研究者。
⇒現社福 (ロス 1910–2001)

Ross, Nellie Tayloe
アメリカの政治家。アメリカ初の女性知事。米国造幣局長。
⇒アメ州 (Ross, Nellie Tayloe　ロス, ネリー・テイロー　1876–1977)

Ross, Sir Ronald
イギリスの病理学者, 寄生虫学者。マラリア原虫の生活環を研究, 蚊の体内での発育経過を明らかにした。
⇒岩生 (ロス 1857–1932)
　岩世人 (ロス 1857.5.13–1932.9.16)
　ノペ3 (ロス, R. 1857.5.13–1932.9.16)

Ross, Scott
アメリカのチェンバロ奏者。
⇒新音中 (ロス, スコット 1951.3.1–1989.6.14)

Ross, Sinclair
カナダの小説家。
⇒現世文 (ロス, シンクレア 1908.1.22–1996.2.29)

Ross, Tony
イギリスの絵本作家, 挿絵画家。
⇒絵本 (ロス, トニー 1938–)

Ross, Wilbur
アメリカの投資家。
⇒外12 (ロス, ウィルバー 1937–)
　外16 (ロス, ウィルバーJr. 1937–)
　世指導 (ロス, ウィルバー (Jr.) 1937.11.28–)

Ross, William Anthony
アメリカ出身の探検家, 神言修道会員, パプア・ニューギニア宣教師, 司教。
⇒新カト 1895.9.23–1973.5.20)

Ross, Sir William David
イギリスのギリシャ古典学者, 倫理学者。アリストテレス研究の第一人者。
⇒岩世人 (ロス 1877.4.15–1971.5.5)

Rossano, Pietro
イタリア出身の諸宗教神学者。
⇒新カト (ロッサーノ 1923.4.25–1991.6.15)

Rossato, Arturo
イタリアの台本作家。
⇒オペラ (ロッサート, アルトゥーロ 1882–1942)

Rossby, Carl-Gustaf Arvid
スウェーデンの気象学者, 海洋学者。ロスビー図, ロスビー数などを考案。
⇒岩世人 (ロスビー 1898.12.28–1957.8.19)
　オク気 (ロスビー, カール゠グスタフ・アルヴィド 1898.12.28–1957.8.19)

Rosselli, Amelia
イタリアの詩人。
⇒岩世人 (ロッセッリ 1930.3.28–1996.2.11)

Rosselli, Carlo
イタリアの政治家。フランスに亡命し (1927), 反ファシスト運動に従った。
⇒岩世人 (ロッセッリ 1899.11.16–1937.6.9)
　ユ著人 (Rosselli, Carlo　ロッセリィ, カルロ 1899–1937)

Rossellini, Isabella
イタリア生まれの女優。
⇒ク俳 (ロッセリーニ, イザベラ 1952–)

Rossellini, Renzo
イタリア・ローマ生まれの映画音楽作曲家。
⇒オペラ (ロッセッリーニ, レンツォ 1908–1982)
　標音2 (ロッセッリーニ, レンツォ 1908.2.2–1982.5.14)

Rossellini, Roberto
イタリアの映画監督。
⇒アニメ (ロッセリーニ, ロベルト 1906–1977)
　岩キ (ロッセリーニ 1906–1977)
　岩世人 (ロッセリーニ 1906.5.8–1977.6.3)
　映監 (ロッセリーニ, ロベルト 1906.5.8–1977)
　広辞7 (ロッセリーニ 1906–1977)
　ネーム (ロッセリーニ 1906–1977)

Rossen, Robert
アメリカの映画監督。代表作『ハスラー』。
⇒映監 (ロッセン, ロバート 1908.3.16–1966)
　ユ著人 (Rossen, Robert　ロッセン, ロバート 1908–1966)

Rossi, Angelo
テノール歌手。
⇒魅惑 (Rossi, Angelo ?–)

Rossi, Bruno
イタリア生まれのアメリカの物理学者。マサチューセッツ理工科大学教授 (1946～)。
⇒岩世人 (ロッシ 1905.4.13–1993.11.21)
　三新物 (ロッシ 1905–1993)

Rossi, Constantio (Tino)
フランスのシャンソン歌手。1935年の『マリネラ』以来, 約20本の映画に出演。
⇒岩世人 (ロッシ 1907.4.29–1983.9.26)
　失声 (ロッシ, ティノ 1907–1983)
　新音中 (ロッシ, ティノ 1907.4.29–1983.9.26)
　標音2 (ロッシ, ティノ 1907.4.29–1983.9.26)

Rossi, Giuseppe
イタリア, アメリカのサッカー選手（フィオレンティーナ・FW）。
⇒外12（ロッシ, ジュゼッペ　1987.2.1–）
　外16（ロッシ, ジュゼッペ　1987.2.1–）
　最世ス（ロッシ, ジュゼッペ　1987.2.1–）

Rossi, Jessica
イタリアの射撃選手（クレー射撃）。
⇒外16（ロッシ, ジェシカ　1992.1.7–）
　最世ス（ロッシ, ジェシカ　1992.1.7–）

Rossi, John Carmen
テノール歌手。
⇒魅惑（Rossi,John Carmen　?–）

Rossi, Paolo
イタリアのサッカー選手。
⇒異二辞（ロッシ［パオロ・〜］　1956–）
　ネーム（ロッシ, パオロ　1956–）

Rossi, Peter Henry
アメリカの社会学者。
⇒社小増（ロッシ　1921–）

Rossi, Valentino
イタリアのオートバイライダー。
⇒岩世人（ロッシ　1979.2.16–）
　外12（ロッシ, ヴァレンティーノ　1979.2.16–）
　外16（ロッシ, ヴァレンティーノ　1979.2.16–）
　最世ス（ロッシ, ヴァレンティーノ　1979.2.16–）

Rossi-Lemeni, Nicola
イタリアのバス歌手。
⇒オペラ（ロッシ＝レメーニ, ニコーラ　1920–1991）
　標音2（ロッシ＝レメーニ, ニコラ　1920.11.6–1991.3.12）

Rossini, Frederick Dominic
アメリカの物理化学者。
⇒岩世人（ロッシーニ　1899.7.18–1990.10.12）

Rossner, Judith
アメリカの女性小説家。
⇒現世文（ロスナー, ジュディス　1935.3.31–2005.8.1）

Rosso, Medardo
イタリアの彫刻家。主要作品『扇をもつ婦人』（1893）。
⇒岩世人（ロッソ　1858.6.20–1928.3.31）
　芸13（ロッソ, メダルド　1858–1928）
　広辞7（ロッソ　1858–1928）

Rosso, Nini
イタリア生まれのトランペット奏者。
⇒標音2（ロッソ, ニニ　1927.9.19–1994.10.5）

Rosso, Renzo
イタリアの実業家。ディーゼル創業者。
⇒外12（ロッソ, レンツォ　1955–）

　外16（ロッソ, レンツォ　1955.9.15–）

Rossotti, Charles O.
アメリカの実業家。
⇒外12（ロソッティ, チャールズ　1941–）

Rossum, Emmy
アメリカの女優。
⇒外12（ロッサム, エミー　1986.9.12–）
　外16（ロッサム, エミー　1986.9.12–）

Rossum, Willen van
オランダ生まれの枢機卿, 布教聖省長官。レデンプトール会員。
⇒新カト（ロッスム　1854.9.3–1932.8.30）

Rost, Andrea
ハンガリーのソプラノ歌手。
⇒外12（ロスト, アンドレア　1962.6.15–）
　外16（ロスト, アンドレア　1962.6.15–）

Rostand, Claude
フランスの音楽評論家。現代フランスの最も有力な評論家の1人「ジュネス・ミュジカル・ド・フランス」の会長。
⇒標音2（ロスタン, クロード　1912.12.3–1970.10.9）

Rostand, Edmond Eugène Alexis
フランスの劇作家, 詩人。『シラノ・ド・ベルジュラック』(1897)の作者。
⇒岩世人（ロスタン　1868.4.1–1918.12.2）
　現世文（ロスタン, エドモン　1868.4.1–1918.12.2）
　広辞7（ロスタン　1868–1918）
　19仏（ロスタン, エドモン　1868.4.1–1918.12.2）
　図翻（ロスタン　1868.4.1–1918.12.2）
　西文（ロスタン, エドモン　1868–1918）
　世演（ロスタン, エドモン　1868.4.1–1918.12.2）
　世人新（ロスタン　1868–1918）
　世人装（ロスタン　1868–1918）
　ネーム（ロスタン　1868–1918）
　比文増（ロスタン（エドモン）　1868（明治1）–1918（大正7））
　フ文小（ロスタン, エドモン　1868–1918）

Rostand, Jean
フランスの生物学者。フッ素塩処理によるカエル卵の単為発生, 精子の冷凍保存などの業績がある。
⇒広辞7（ロスタン　1894–1977）

Rosten, Leo
アメリカのユーモア作家, イディッシュ語彙収集家。
⇒岩世人（ロステン　1908.4.11–1997.2.19）
　現世文（ロステン, レオ　1908.4.11–1997.2.19）

Rostin, Norman
アメリカ・ニューヨーク生まれの作家。
⇒ユ著人（Rostin,Norman　ロスティン, ノーマン　1914–）

Rostovzeff, Michael Ivanovich
ロシアの考古学者,歴史学者。古代ギリシャ,ローマ時代の社会,経済生活を研究。
⇒岩世人（ロストフツェフ　1870.10.29/11.10–1952.10.20）

Rostow, Walt Whitman
アメリカの経済学者。ケネディ大統領時代の特別補佐官。著書に『経済成長の諸段階』(1960)など。
⇒アメ経（ロストウ,ウォルト　1916.10.7–2003.2.13）
　岩経（ロストウ　1916–2003）
　岩ストー　1916.10.7–2003.2.13）
　社小増（ロストウ　1916–）
　政経改（ロストウ　1916–2003）
　有経5（ロストウ　1916–2003）

Rostropovich, Mstislav Leopol'dovich
ロシア生まれ,のちアメリカのチェロ奏者,指揮者。
⇒岩世人（ロストロポーヴィチ　1927.3.27–2007.4.27）
　新音中（ロストロポーヴィチ,ムスティスラフ　1927.3.27–）
　標音2（ロストロポヴィチ,ムスティスラフ　1927.3.27–2007.4.27）
　ユ著人（Rostropovich,Mistislav　ロストロポーヴィチ,ムスティスラフ　1927–）

Rostworowski Tovar de Diez Canseco, María
ペルーの歴史学者。
⇒岩世人（ロストウォロフスキ　1915.8.15–）

Rosvaenge, Helge
デンマークのテノール歌手。
⇒失声（ロズヴェンゲ,ヘルゲ　1897–1972）
　魅惑（Rosvaenge,Helge　1897–1972）

Roszak, Theodore
ドイツ生まれのアメリカの彫刻家,画家,デザイナー。主作品は『海の獲物』(1949)。
⇒岩世人（ローザック　1907.5.1–1981.9.7）

Roszak, Theodore
アメリカの文明批評家。
⇒現世文（ローザク,シオドア　1933–2011.7.5）

Rota, Giuseppe
イタリアの造船家。多くの艦艇の独創的な設計や,W.フルードの船型試験方法の発展に業績があった。
⇒岩世人（ロータ　1860–1953）

Rota, Nino
イタリアの指揮者,作曲家。ルキノ・ヴィスコンティ,フェルリーニなどの映画音楽の作・編曲者としても知られた。
⇒エデ（ロータ（リナルディ）,ニーノ　1911.12.3–1979.4.10）
　オペラ（ロータ,ニーノ　1911–1979）
　ク音3（ロータ　1911–1979）
　新音中（ロータ,ニーノ　1911.12.3–1979.4.10）
　標音2（ロータ,ニーノ　1911.12.3–1979.4.10）

Rotblat, Joseph
イギリスの物理学者。1995年ノーベル平和賞。
⇒世人新（ロートブラット　1908–2005）
　世人装（ロートブラット　1908–2005）
　ネーム（ロートブラット　1908–2005）
　ノベ3（ロートブラット,J.　1908.11.4–2005.8.31）

Rotch, Abbott Lawrence
アメリカの気象学者。ハーバード大学でアメリカ最初の気象学教授となる。
⇒岩世人（ローチ　1861.1.6–1912.4.7）

Rotenberg, Robert
カナダの作家,弁護士。
⇒海文新（ローテンバーグ,ロバート　1953–）
　現世文（ローテンバーグ,ロバート　1953–）

Rotermund, Hartmut O.
フランスの歴史学者。
⇒外12（ローテルムンド,ハルトムート　1939–）

Roth, Alfred
スイス・ベルン生まれの工芸家。
⇒芸13（ロート,アルフレッド　1903–1972）

Roth, Alvin
アメリカの経済学者。
⇒外16（ロス,アルビン　1951.12.18–）
　ノベ3（ロス,A.　1951–）
　有経5（ロス　1951–）

Roth, Andrew
アメリカの国際的ジャーナリスト。海軍大尉として対日諜報活動に従事。『日本のジレンマ』を著す。
⇒岩世人（ロス　1919.4.23–2010.8.12）

Roth, Eugen
ドイツの詩人,小説家。ユーモア文学を得意とする。
⇒岩世人（ロート　1895.1.24–1976.4.28）
　現世文（ロート,オイゲン　1895.1.24–1976.4.28）

Roth, François-Xavier
フランスの指揮者。
⇒外16（ロト,フランソワ・グザヴィエ　1971.11–）

Roth, Gerhard
ドイツの哲学者,生物学者,脳科学者,行動心理学者。
⇒岩世人（ロート　1942.8.15–）

Roth, Gerhard
オーストリアの作家。
⇒岩世人（ロート　1942.6.24–）
　現世文（ロート,ゲルハルト　1942–）

Roth, Heinrich
ドイツの教育学者,心理学者。
⇒岩世人（ロート　1906.3.1–1983.7.7）

Roth, Henry
アメリカの作家。
⇒岩世人（ロス　1906.2.8–1995.10.13）
　現世文（ロス,ヘンリー　1906.2.8–1995.10.13）

Roth, Joe
アメリカの映画プロデューサー。
⇒外12（ロス,ジョー　1948.6.13–）
　外16（ロス,ジョー　1948.6.13–）

Roth, Joseph
オーストリアの小説家,評論家。主著,小説『はてなき逃走』(1927),随筆『放浪のユダヤ人』(27)。
⇒岩世人（ロート　1894.9.2–1939.5.27）
　現世文（ロート,ヨーゼフ　1894.9.2–1939.5.27）
　ユ著人（Roth,Joseph　ロート,ヨーゼフ　1894–1939）

Roth, Klaus Friedrich
イギリスの数学者。主著『数列』(1966)。
⇒岩世人（ロス　1925.10.29–）
　数辞（ロス,クラウス・フレドリック　1925–）
　世数（ロス,クラウス・フリードリヒ　1925–）

Roth, Philip Milton
アメリカ（ユダヤ系）の小説家。小説集『さようなら,コロンバス』(1959)などで知られる。
⇒アメ州（Roth,Philip　ロス,フィリップ　1933–）
　アメ新（ロス　1933–）
　岩世人（ロス　1933.3.19–）
　外12（ロス,フィリップ　1933.3.19–）
　外16（ロス,フィリップ　1933.3.19–）
　現世文（ロス,フィリップ　1933.3.19–2018.5.22）
　広辞7（ロス　1933–）
　新カト（ロス　1933.3.19–）
　ユ著人（Roth,Philip Milton　ロス,フィリップ・ミルトン　1933–）

Roth, Robert Frank（Braggo）
アメリカの大リーグ選手（外野）。
⇒メジャ（ロス,ブラッゴ　1892.8.28–1936.9.11）

Roth, Tim
イギリス生まれの俳優。
⇒外12（ロス,ティム　1961.5.14–）
　外16（ロス,ティム　1961.5.14–）
　ク俳（ロス,ティム　1961–）

Roth, Veronica
アメリカの作家。
⇒外16（ロス,ベロニカ　1988–）
　海文新（ロス,ベロニカ　1988–）
　現世文（ロス,ベロニカ　1988–）

Rotha, Paul
イギリス・ロンドン生まれの映画監督,映画製作者,映画批評家。
⇒岩世人（ローサ　1907.6.3–1984.3.7）

Rothacker, Erich
ドイツの哲学者。ボン大学教授(1928)。
⇒岩世人（ロートアッカー　1888.3.12–1965.8.11）
　新カト（ロータッカー　1888.3.12–1965.8.11）
　メル3（ロータッカー,エーリヒ　1888–1965）

Rothchild, Paul
アメリカのプロデューサー。
⇒ロック（Rothchild,Paul　ロスチャイルド,ポール）

Rothenberg, Susan
アメリカ生まれの画家。
⇒岩世人（ローセンバーグ　1945.1.20–）
　芸13（ローゼンバーグ,スーザン　1945–）

Rothenberger, Anneliese
ドイツのソプラノ歌手。
⇒オペラ（ローテンベルガー,アンネリーゼ　1926–2010）
　新音中（ローテンベルガー,アンネリーゼ　1924.6.19–）
　標音2（ローテンベルガー,アンネリーゼ　1924.6.19–2010.5.24）

Rothenstein, *Sir* William
イギリスの画家。写実的な手法で肖像画を制作。
⇒岩世人（ローセンスタイン　1872.1.29–1945.2.14）
　ユ著人（Rothenstein,William,Sir　ローゼンスタイン,ウイリアム　1872–1940）

Rothermere, Esmond Cecil Harmsworth, 2nd Viscount
イギリスの新聞経営者。「デーリー・メール」など16紙を支配し,新聞王といわれる。
⇒岩世人（ロザミーア　1898.5.29–1978.7.12）

Rothermere, Harold Sidney Harmsworth, 1st Viscount
イギリスの新聞経営者。
⇒岩世人（ロザミーア　1868.4.26–1940.11.26）

Rothfels, Hans
ドイツの歴史家。テュービンゲン大学教授(1950)。
⇒岩世人（ロートフェルス　1891.4.12–1976.6.22）

Rothfuss, Patrick
アメリカの作家。
⇒海文新（ロスファス,パトリック　1973–）
　現世文（ロスファス,パトリック　1973–）

Rothko, Mark
ロシア・ドビンスク生まれのアメリカの画家。ポロック,ニューマンとならんで抽象表現主義

を代表する。
⇒岩世人（ロスコ　1903.9.25–1970.2.25）
芸13（ロスコ，マーク　1903–1970）
広辞7（ロスコ　1903–1970）
新カト（ロスコー　1903.9.25–1970.2.25）
ネーム（ロスコ，マーク　1903–1970）
ポプ人（ロスコ，マーク　1903–1970）
ユ著人（Rothko,Mark　ロスコ，マーク　1903–1970）

Rothlin, Viktor
スイスのマラソン選手。
⇒外12（ロスリン，ヴィクトル　1974.10.14–）
最世ス（ロスリン，ヴィクトル　1974.10.14–）

Rothman, Jack
アメリカのコミュニティ・オーガニゼーション（CO）発展期を代表する研究者。コロンビア大学ロサンゼルス校（UCLA）名誉教授。
⇒現社福（ロスマン　1927–）

Rothman, James E.
アメリカの生化学者，生物物理学者。
⇒外16（ロスマン，ジェームズ　1950.11.3–）

Rothman, Zina
ソ連生まれの画家。
⇒芸13（ロスマン，ズィナ　1944–）

Rothmüller, Marko
クロアチアのバリトン歌手。
⇒ユ著人（Rothmueller,Aaron Marko　ロートミューラー，アーロン・マルコ　1908–）

Rothrock, John Huston
アメリカの大リーグ選手（外野，遊撃）。
⇒メジャ（ロスロック，ジャック　1905.3.14–1980.2.2）

Rothschild, Bethsabee (Batsheva) de
イスラエル，アメリカのダンス興行師，演出家。
⇒ユ著人（Rothschild,Bethsabée de　ロッチルド，ベサビー・ド　1914–）

Rothschild, Edmond de, Baron
フランスの慈善家。パレスチナ入植を支援した。
⇒ユ著人（Rothschild,Edmond de,Baron　ロッチルド男爵，エドモン・ド　1845–1934）

Rothschild, Lionel Walter
イギリスの動物学者。
⇒科史（ロスチャイルド　1868–1937）

Rothstein, Andrew
イギリス（ロシア系）のジャーナリスト。全国ジャーナリスト連盟や平和委員会の委員。
⇒岩世人（ロスタイン　1898.9.26–1994.9.22）

Rothstein, Arnold
アメリカのギャンブラー，地下金融業者。

⇒ユ著人（Rothstein,Arnold　ロスタイン，アーノルド　1882–1928）

Rotoli, Ippolito
イタリア生まれの第3代駐日教皇大使。
⇒新カト（ロトリ　1914.9.2–1977.10.5）

Rotours, Robert des
フランスの中国学者。唐代の制度史を研究。また漢籍の蒐集家として知られる。
⇒岩世人（ロトゥール　1891.7.19–1980.11.7）

Rotsler, William
アメリカの作家。
⇒現世文（ロッツラー，ウィリアム　1926.7.3–）

Roty, Louis Oscar
フランスの彫刻家。近代フランスのメダル製作者として著名。
⇒岩世人（ロティ　1846.6.11–1911.3.23）

Rotzsch, Hans-Joachim
ドイツのテノール歌手，指揮者。
⇒魅惑（Rotzsch,Hans-Joachim　1929–）

Rouaud, Jean
フランスの作家。
⇒現世文（ルオー，ジャン　1952.12.13–）

Rouault, Georges-Henri
フランスの画家。主作品は『徒弟工』（1925），『聖なる顔』（33），『道化』（48）。
⇒岩キ（ルオー　1871–1958）
岩世人（ルオー　1871.5.27–1958.2.13）
芸13（ルオー，ジョルジュ　1871–1958）
広辞7（ルオー　1871–1958）
新カト（ルオー　1871.5.27–1958.2.13）
世人新（ルオー　1871–1958）
世人装（ルオー　1871–1958）
ポプ人（ルオー，ジョルジュ　1871–1958）

Roubaud, Jacques
フランスの詩人。
⇒岩世人（ルーボー　1932.12.5–）
フ文小（ルーボー，ジャック　1932–）

Roucek, Joseph Slabey
チェコスロバキア出身の社会学者，教育社会学者。
⇒教人（ローシェック　1902–）

Rouch, Jean
フランス・パリ生まれの映画監督。
⇒映監（ルーシュ，ジャン　1917.5.31–2004）

Rouché, Eugéne
フランスの数学者。
⇒数辞（ルーシェ，ユージェーヌ　1832–1910）
世数（ルーシェ，ユージェーヌ　1832–1910）

Roudinesco, Elisabeth
フランスの精神分析家。
⇒外12（ルディネスコ, エリザベート　1944–）

Rouff, Marcel
フランスのジャーナリスト, 作家。キュルノンスキの友人でフランス料理の源を求めて『美食のフランス』を共著で出版した地方料理の推進者。
⇒フラ食（ルーフ, マルセル　1887–1936）

Rougemont
フランス生まれの画家, 彫刻家。
⇒芸13（ルージュマン　1935–）

Rougemont, Denis de
スイスの哲学者, 評論家。主著『手で考える』(1936),『愛と西洋』(39),『ドラマの人物たち』(45)。
⇒岩世人（ルージュモン　1906.9.8–1985.12.6）

Roughsey, Dick（Goobalathaldin）
オーストラリアのアボリジニ作家, 画家。
⇒絵本（ラフジー, ディック　1920頃–1985）

Rouhani, Hassan
イランの政治家, 宗教学者。イラン大統領 (2013～)。
⇒外16（ロウハニ, ハッサン　1948.11.12–）
　世指導（ロウハニ, ハッサン　1948.11.12–）

Roumain, Jacques
ハイチ現代文学の始祖。
⇒広辞7（ルーマン　1907–1944）

Round, John Horace
イギリスの歴史家。ノルマン時代の国制史, 地方史を研究。
⇒岩世人（ラウンド　1854.2.22–1928.6.25）

Round, Thomas
イギリスのテノール歌手。
⇒魅惑（Round, Thomas　1915–）

Roundtree, Richart
アメリカ生まれの俳優。
⇒ク俳（ラウンドツリー, リチャード　1937–）
　スター（ラウンドトゥリー, リチャード　1942.7.9–）

Rounseville, Robert
アメリカのテノール歌手。
⇒魅惑（Rounseville, Robert　1914–1974）

Rouquetty, Camille
フランスのテノール歌手。
⇒魅惑（Rouquetty, Camille　1910–1976）

Rourke, Constance
アメリカの女性民俗学者。著作『アメリカのユーモア』(1931) は米国文学研究に大きな影響を与えた。

⇒岩世人（ルーク　1885.11.14–1941.3.29）

Rourke, Mickey
アメリカの俳優。80年代後半をリードする個性派スター。出演作品に『イヤー・オブ・ザ・ドラゴン』(1985) など。
⇒遺産（ローク, ミッキー　1952.9.16–）
　外12（ローク, ミッキー　1956.9.16–）
　外16（ローク, ミッキー　1956.9.16–）
　ク俳（ローク, ミッキー（ローク, フィリップ）1950–）

Rous, Francis Peyton
アメリカの病理学者。
⇒岩生（ラウス　1879–1970）
　岩世人（ラウス　1879.10.5–1970.2.16）
　広辞7（ラウス　1879–1970）
　ノベ3（ラウス, F.P.　1879.10.5–1970.2.16）

Rous, *Sir* Stanley
イギリスのサッカー審判員, 役員。
⇒岩世人（ラウス　1895.4.25–1986.7.18）

Rouse, Benjamin Irving
アメリカの考古学者。
⇒岩世人（ラウス　1913.8.29–2006.2.4）

Rouse, Pete
アメリカの政治家。大統領首席補佐官。
⇒外12（ラウス, ピート）
　外16（ラウス, ピート）

Roush, Edd J.
アメリカの大リーグ選手（外野）。
⇒メジャ（ラウシュ, エド　1893.5.8–1988.3.21）

Rousmaniere, Nicole Coolidge
イギリスの日本文化研究家。
⇒外12（ルマーニエール, ニコル・クーリッジ）
　外16（ルマーニエール, ニコル・クーリッジ）

Rousse, Georges
フランス生まれの画家。
⇒外16（ルース, ジョルジュ　1947.7.28–）
　芸13（ルース, ジョージ　1947–）

Rousseau, François-Olivier
フランスのジャーナリスト, 作家, 脚本家。
⇒現世文（ルソー, フランソワ・オリヴィエ）

Rousseau, Henri Julien Fêlix
フランスの画家。主作品は『蛇使いの女』(1907),『ジュニエ氏の2輪馬車』(08)。
⇒異二辞（ルソー［アンリ・～］　1844–1910）
　岩世人（ルソー　1844.5.21–1910.9.2）
　芸13（ルソー, アンリ　1844–1910）
　広辞7（ルソー　1844–1910）
　辞歴（ルソー　1844–1910）
　ポプ人（ルソー, アンリ　1844–1910）

Rousseff, Dilma Vana
ブラジルの女性政治家,経済学者。ブラジル大統領(2011〜16)。
⇒岩世人 (ルセフ 1947.12.14-)
外12 (ルセフ,ジルマ・バナ 1947.12.14-)
外16 (ルセフ,ジルマ・バナ 1947.12.14-)
世指導 (ルセフ,ジルマ・バナ 1947.12.14-)
ネーム (ルセフ 1947-)

Rousseil, Rosélia
フランスの女優。
⇒19仏 (ルーセイユ,ロゼリア 1841.7.19-1916.6.7)

Roussel, Albert
フランスの作曲家。
⇒岩世人 (ルーセル 1869.4.5-1937.8.23)
エデ (ルーセル,アルベール(シャルル・ポール・マリー) 1869.4.5-1937.8.23)
ク音3 (ルーセル 1869-1937)
新音小 (ルーセル,アルベール 1869-1937)
新音中 (ルーセル,アルベール 1869.4.5-1937.8.23)
標音2 (ルセル,アルベール 1869.4.5-1937.8.23)

Roussel, Ker Xavier
フランスの画家,版画家。主作品『パストラール』『海辺のビーナスとアモール』。
⇒芸13 (ルッセル,ケル・サヴィエル(クザヴィエ) 1867-1944)

Roussel, Raymond
フランスの小説家,劇作家。主著『代役』(1897),『アフリカの印象』(1910),『独白』(14)。
⇒岩世人 (ルーセル 1877.1.20-1933.7.14)
現世文 (ルーセル,レーモン 1877.1.20-1933.7.14)

Rousselière, Charles
フランスのテノール歌手。
⇒失声 (ルースリエール,シャルル 1875-1950)
魅惑 (Rousselière,Charles 1875-1950)

Rousselot, Jean
フランスの詩人。
⇒現世文 (ルースロ,ジャン 1913.10.27-2004.5.23)

Rousselot, Jean Pierre
フランスの音声学者で,実験音声学の創始者。『実験音声学の原理』(1897〜1909)を著わす。
⇒岩世人 (ルスロ 1846.10.14-1924.12.16)

Rousselot, Pierre
フランスのカトリック哲学者,神学者。トミスムの解明・復興に貢献する。
⇒新カト (ルスロ 1878.12.29-1915.4.25)

Rousset, Christophe
フランスのチェンバロ奏者,指揮者。
⇒外12 (ルセ,クリストフ 1961-)
外16 (ルセ,クリストフ 1961-)
新音中 (ルーセ,クリストフ 1961.4.12-)

Rousset, Jean
スイスの批評家。
⇒岩世人 (ルーセ 1910-2002.9.15)

Roussin, Alfred Victor
フランスの軍人。
⇒来日 (ルサン,アルフレッド・ヴィクトール 1839-1919)

Roussin, André
フランスの劇作家。『聖家族』(1946),『赤んぼ頌』(51) などの戯曲がある。
⇒現世文 (ルッサン,アンドレ 1911.1.22-1987.11.3)

Routh, Brandon
アメリカの俳優。
⇒外12 (ラウス,ブランドン 1979.10.9-)
外16 (ラウス,ブランドン 1979.10.9-)

Rouvier, Jacques
フランスのピアノ奏者。1967年ヴィオッティ国際音楽コンクールで第一位。
⇒外12 (ルヴィエ,ジャック 1947-)
外16 (ルヴィエ,ジャック 1947-)

Rouvier, Pierre Maurice
フランスの政治家。1887年,1905〜06年首相。
⇒岩世人 (ルヴィエ 1842.4.17-1911.6.7)
19仏 (ルーヴィエ,モーリス 1842.4.17-1911.6.7)

Roux, Pierre Paul Émile
フランスの細菌学者。1888年初めてジフテリア菌の培養濾液から毒素の抽出に成功。
⇒岩生 (ルー 1853-1933)
岩世人 (ルー 1853.12.17-1933.11.3)

Roux, Wilhelm
ドイツの解剖学者,動物発生学者。
⇒岩生 (ルー 1850-1924)
岩世人 (ルー 1850.6.9-1924.9.15)
旺世5 (ルー 1850-1924)
広辞7 (ルー 1850-1924)
三新生 (ルー 1850-1924)

Rove, Karl
アメリカ大統領顧問・次席補佐官。
⇒外12 (ローブ,カール 1950.12.25-)
外16 (ローブ,カール 1950.12.25-)

Rovetta, Angelo
テノール歌手。
⇒魅惑 (Rovetta,Angelo ?-)

Rovira, Alex
スペインの作家,ビジネスコンサルタント,経済学者。

⇒外12（ロビラ，アレックス）
　外16（ロビラ，アレックス　1969–）
　海文新（ロビラ，アレックス　1969–）

Rovira, Toni
スペイン生まれの画家。
⇒芸13（ロビラ，トニ　?–）

Rowan, Carl Thomas
アメリカの新聞記者，外交官。海外情報局長官，駐フィンランド米国大使。
⇒マルX（ROWAN,CARL THOMAS　ロウアン，カール・トーマス　1925–2000）

Rowand, Aaron Ryan
アメリカの大リーグ選手（外野）。
⇒メジャ（ロワンド，アーロン　1977.8.29–）

Rowe, Gordon
アメリカ生まれの画家。
⇒芸13（ロウ，ゴードン　1968–）

Rowe, John Charles
アメリカの大リーグ選手（遊撃，捕手）。
⇒メジャ（ロウ，ジャック　1856.12.8–1911.4.25）

Rowe, John Howland
アメリカの人類学者。
⇒岩世人（ロウ　1918.6.10–2004.5.1）

Rowe, Lynwood Thomas (Schoolboy)
アメリカの大リーグ選手（投手）。
⇒メジャ（ロウ，スクールボーイ　1910.1.11–1961.1.8）

Rowe-Beddoe, David
イギリスの実業家。ウェールズ・ミレニアム・センター会長。
⇒外12（ローベドウ，デービッド）

Rowell, Milo E.
アメリカの法律家。GHQ民放局法規課長。憲法問題を担当した。ラウエル文書は極秘資料とされていたが，『日本国憲法制定の過程』（1972）に収められて公刊。
⇒岩世人（ラウエル　1903.7.25–1977.10.7）

Rowell, Rainbow
アメリカの作家。
⇒海文新（ローウェル，レインボー）

Rowicki, Witold
ポーランドの指揮者，作曲家。
⇒標音2（ロヴィツキ，ヴィトルト　1914.2.26–1989）

Rowland, Benjamin, Jr.
アメリカの美術史学者。
⇒岩世人（ローランド　1904.12.2–1972.10.3）

Rowland, Clarence Henry（Pants）
アメリカの大リーグ，カブス副社長。
⇒メジャ（ロウランド，パンツ　1879.2.12–1969.5.17）

Rowland, Frank Sherwood
アメリカの化学者。1995年ノーベル化学賞。
⇒岩世人（ローランド　1927.6.28–2012.3.10）
　外12（ローランド，フランク・シャーウッド　1927.6.28–）
　化学（ローランド　1927–2012）
　ノベ3（ローランド,F.S.　1927.6.28–2012.3.10）

Rowland, Kelly
アメリカの歌手。
⇒外12（ローランド，ケリー　1981.2.11–）

Rowlands, Gena
アメリカ生まれの女優。
⇒遺産（ローランズ，ジーナ　1934.6.19–）
　外12（ローランズ，ジーナ　1930.6.19–）
　外16（ローランズ，ジーナ　1930.6.19–）
　ク俳（ロウランズ，ジーナ（ロウランズ，ヴァージニア）　1930–）
　スター（ローランズ，ジーナ　1930.6.19–）

Rowlands, Tom
イギリスのミュージシャン。
⇒外12（ローランズ，トム）
　外16（ローランズ，トム）

Rowley, Harold Henry
イギリスの旧約学者。
⇒新カト（ローリ　1890.3.24–1969.10.4）

Rowling, Joanne Kathleen
イギリスの児童文学作家。
⇒岩世人（ローリング　1965.7.31–）
　外12（ローリング,J.K.　1965.7.31–）
　外16（ローリング,J.K.　1965.7.31–）
　海文新（ローリング,J.K.　1965.7.31–）
　現世文（ローリング,J.K.　1965.7.31–）
　世界子（『ハリー・ポッター』とJ・K・ローリング　1966–）
　ポプ人（ローリング，ジョアン・キャスリーン　1965–）

Rowling, Wallace Edward
ニュージーランドの政治家。1974年首相兼外相に就任，アジア開発銀行理事会議長も兼任。
⇒ニュー（ロウリング，ウォレス　1927–1995）

Rowntree, Benjamin Seebohm
イギリスの社会学者。1906年企業内での恩給制度を確立，19年週休2日制を実施。主著『貧困研究』（01）。
⇒現世福（ラウントリー　1871–1954）
　社小増（ロウントリー　1871–1954）

Rowntree, Joseph
イギリスのクエイカー教徒の社会事業家。

⇒オク教（ラウントリー　1836-1925）

Rowohlt, Ernst
ドイツの出版者。
⇒岩世人（ローヴォルト　1887.6.23-1960.12.1）

Rowse, A(lfred) L(eslie)
イギリスの歴史家,詩人。
⇒岩世人（ラウス　1903.12.4-1997.10.3）

Roxas, Manuel II
フィリピンの政治家。
⇒外16（ロハス,マヌエル　1957.5.13-）
　世指導（ロハス,マヌエル　1957.5.13-）

Roxas y Acuña, Manuel
フィリピンの政治家。独立後の初代大統領（1946～48）。
⇒ア太戦（ロハス　1892-1948）
　岩世人（ロハス　1892.1.1-1948.4.15）

Roy, Brandon
アメリカのバスケットボール選手。
⇒最世ス（ロイ,ブランドン　1984.7.23-）

Roy, Claude
フランスの詩人,作家,評論家。
⇒岩世人（ロワ　1915.8.28-1997.12.13）
　現世文（ロワ,クロード　1915.8.28-1997.12.13）

Roy, Egide-Marie
カナダのフランシスコ会司祭。初代鹿児島教区長。
⇒新カト（ロア　1894.8.24-1947.2.23）

Roy, Gabrielle
カナダ（フランス系）の女性小説家。モントリオールの貧民街を舞台に,貧困にあえぐ労働者階級の希望と挫折を描く。『かりそめの幸福』など。
⇒岩世人（ロワ　1909.3.22-1983.7.13）
　現世文（ロア,ガブリエル　1909.3.22-1983.7.13）

Roy, Indrapramit
インドの現代美術家。
⇒絵本（ロイ,インドラプラミット　1964-）

Roy, Jamini
インドの画家。
⇒岩世人（ロイ（ラーイ）　1887.4.11-1972.4.24）
　新カト（ロイ　1887.4.15-1972.4.24）
　南ア新（ジャミニ・ロイ　1887-1972）

Roy, Jules
アルジェリア出身のフランスの小説家。小説『幸福の谷』(1946)でルノード賞受賞。
⇒岩世人（ロワ　1907.10.22-2000.6.15）
　現世文（ロワ,ジュール　1907.10.22-2000.6.15）

Roy, Lori
アメリカの作家。
⇒海文新（ロイ,ローリー）
　現世文（ロイ,ローリー）

Rōy, Manabēndra Nāth
インドの共産主義者。大衆党の解放闘争を強調,マハトマ・ガンジーの役割を極度に低く評価。
⇒岩世人（ロイ（ラーイ）　1886.2.6-1954.1.25）
　南ア新（ローイ　1887-1954）

Roy, Patrick
カナダのアイスホッケー選手。
⇒岩世人（ロワ　1965.10.5-）

Roy, Pierre
フランスの画家。
⇒芸13（ロア,ピエル　1880-1949）

Roy, René
フランスの経済学者,統計学者。ロワの等式（恒等式）の名で有名。主な研究は実証分析の便宜を考えた双対的アプローチによる需要分析。
⇒有経5（ロワ　1894-1977）

Roy, Stapleton
アメリカの外交官,アジア専門家。
⇒外16（ロイ,ステープルトン　1935-）

Roy, (Suzanna) Arundhati
インドの女性小説家,脚本家。
⇒外16（ロイ,アルンダティ　1960.11.24-）
　現世文（ロイ,アルンダティ　1960.11.24-）

Royal, Ségolène
フランスの政治家。
⇒外12（ロワイヤル,セゴレーヌ　1953.9.22-）
　外16（ロワイヤル,セゴレーヌ　1953.9.22-）
　世指導（ロワイヤル,セゴレーヌ　1953.9.22-）

Roy C
アメリカ・ニューヨーク生まれの歌手,ソングライター,アラガ設立者。
⇒ロック（C,Roy C,ロイ　1943-）

Royce, Sir Frederick Henry
イギリスの工業技術者。ロールズ・ロイス会社をダービーに設立(1907),自ら主任技師として自動車を製造。
⇒岩世人（ロイス　1863.3.27-1933.4.22）

Royce, Josiah
アメリカの哲学者,教育家。「絶対的プラグマティズム」を主張。
⇒岩世人（ロイス　1855.11.20-1916.9.14）
　学叢思（ロイス,ジョサイア　1855-1916）
　教人（ロイス　1855-1916）
　新カト（ロイス　1855.11.20-1916.9.14）
　メル3（ロイス,ジョサイア　1855-1916）

Roy Chiu
台湾の俳優。
⇒外12（ロイチウ　1981.10.14-）

Royet-Journoud, Claude
フランスの詩人。
⇒フ文小（ロワイエ＝ジュルヌー, クロード　1942–）

Royster, Jeron Kennis
アメリカの大リーグ選手（三塁、二塁、遊撃）。
⇒メジャ（ロイスター, ジェリー　1952.10.18–）

Rozan, S.J.
アメリカのミステリ作家。
⇒外12（ローザン,S.J.）
　外16（ローザン,S.J.）
　現世文（ローザン,S.J.）

Rozanov, Vasilii Vasilievich
ロシアの宗教思想家, 批評家。主著『現代の黙示録』(1918)。
⇒岩キ（ローザノフ　1856–1919）
　岩世人（ローザノフ　1856.4.20/5.2–1919.2.5）

Roze, Pascale
ベトナム生まれのフランスの作家。
⇒現世文（ローズ, パスカル　1957–）

Rozeanu, Angelica
ルーマニアの女子卓球選手。
⇒岩世人（ロゼアヌ　1921.10.15–2006.2.22）
　ユ著人（Rozeanu,Angelica　ロゼアヌ, アンジェリカ　1921–）

Rozelle, Pete
アメリカのフットボール・リーグNFLのコミッショナー。在職1960〜89。
⇒岩世人（ロゼール　1926.3.1–1996.12.6）

Rozenberg, David Iokhelevich
ソ連の経済学者。主著『経済学史』。
⇒岩世人（ローゼンベルグ　1879.11.15/27–1950.2.17）

Różewicz, Tadeusz
ポーランドの劇作家, 詩人。代表作は戯曲『カード・インデックス』(1959)。
⇒岩世人（ルジェヴィチ　1921.10.9–）
　現世文（ルジェヴィチ, タデウシュ　1921.10.9–2014.4.24）

Rozhdestvenskii, Robert Ivanovich
ソ連の詩人。「雪解け」を代表する若手詩人の一人。処女詩集『春の旗』など。
⇒現世文（ロジェストヴェンスキー, ロベルト　1932.6.20–1994.8.20）

Rozhdestvensky, Gennady
ロシアの指揮者。
⇒岩世人（ロジェストヴェンスキー　1931.5.4–）
　外12（ロジェストヴェンスキー, ゲンナジー　1931.5.4–）
　外16（ロジェストヴェンスキー, ゲンナジー　1931.5.4–）
　新音中（ロジェストヴェンスキー, ゲンナディ　1931.5.4–）
　標音2（ロジェストヴェンスキー, ゲンナディ　1931.5.4–）

Rozhestvenskii, Zinovii Petrovich
ロシアの提督。日露戦争の際, 第2太平洋分艦隊司令官として, 対馬沖の海戦で日本の連合艦隊と戦い, 完敗。
⇒岩世人（ロジェストヴェンスキー　1848.3.17/10.30–1909.1.1）
　広辞7（ロジェストヴェンスキー　1848–1909）
　ネーム（ロジェストヴェンスキー　1848–1909）

Rozier, Jacques
フランスの映画監督。
⇒外12（ロジエ, ジャック　1926–）
　外16（ロジエ, ジャック　1926–）

Rozov, Viktor Sergeevich
ソ連の劇作家。1949年の処女作『彼女の友だち』から十数編の戯曲とシナリオがある。
⇒現世文（ローゾフ, ヴィクトル　1913.8.21–2004.9.28）

Rózsa, Miklós
ハンガリー, のちアメリカの指揮者, ピアノ奏者, 作曲家。
⇒エデ（ロージャ, ミクローシュ　1907.4.18–1995.7.27）
　ク3（ロージャ（ローザ）　1907–1995）
　新音中（ロージャ, ミクローシュ　1907.4.18–1995.7.27）
　標音2（ロージャ, ミクローシュ　1907.4.18–1995.7.27）

Rozsos, István
ハンガリーのテノール歌手。
⇒魅惑（Rozsos,István　1944–）

Rozwadowski, Jan Michał
ポーランドの言語学者。
⇒岩世人（ロズヴァドフスキ　1867.12.7–1935.3.13）

Rua, Michele
イタリアのサレジオ会の第2代総長。
⇒新カト（ルア　1837.6.9–1910.4.6）

Ruak, Taur Matan
東ティモールの政治家, 軍人。東ティモール大統領（2012〜17）。
⇒外16（ルアク, タウル・マタン　1956.10.10–）
　世指導（ルアク, タウル・マタン　1956.10.10–）

Rua Kenana, Hepetipa
ニュージーランド・トゥホエ族出身の宗教者。
⇒ニュー（ルア・ケナナ, ヘペティパ　1869–1937）

Ruano Pascual, Virginia
スペインのテニス選手。
⇒外12（ルアノ・パスクアル, ビルヒニア　1973.9.21–）
　最世ス（ルアノ・パスクアル, ビルヒニア　1973.9.21–）

Rubalcaba, Gonzalo
キューバのジャズ・ピアノ奏者。
⇒外12（ルバルカバ, ゴンサロ　1963.5.27-）
　外16（ルバルカバ, ゴンサロ　1963.5.27-）

Ruban, Viktor
ウクライナのアーチェリー選手。
⇒外12（ルバン, ヴィクトル　1981.5.24-）
　最新ス（ルバン, ヴィクトル　1981.5.24-）

Rubbia, Carlo
イタリアの物理学者。1984年ノーベル物理学賞。
⇒岩世人（ルビア　1934.3.31-）
　科史（ルビア　1934-）
　ノベ3（ルビア, C.　1934.3.31-）

Rubbra, Edmund
イギリスのピアノ奏者, 作曲家。グリュンバーグ, フリースとともに三重奏団を結成。
⇒ク音3（ラブラ　1901-1986）
　新音中（ラブラ, エドムンド　1901.5.23-1986.2.14）
　標音2（ラブラ, エドマンド　1901.5.23-1986.2.14）

Rübel, Edward
スイスの植物生態学者, 生態地理学者。
⇒岩生（リューベル　1876-1960）

Rubel, Ira Washington
アメリカの印刷業者。
⇒岩世人（ルーベル　1846-1908）

Rubenfeld, Jed
アメリカの作家, 法学者。イェール大学法科教授。
⇒海文新（ルーベンフェルド, ジェド）

Rubens, Bernice（Ruth）
ウェールズの女性作家。
⇒現世文（ルーベンス, バーニス　1928.7.26-2004.10.13）

Rubens, Heinrich
ドイツの実験物理学者。0.05ミリメートル程度の長波長スペクトル線すなわち残留線を発見（1897）。
⇒岩世人（ルーベンス　1865.3.30-1922.2.17）

Rubenstein, David M.
アメリカの実業家, 法律家。
⇒外16（ルーベンスタイン, デービッド　1949-）

Rubik, Ernő
ハンガリーの建築家, ルービック・キューブの創始者。
⇒岩世人（ルービック　1944.7.13-）

Rubin, Edgar John
デンマークの心理学者。知覚研究に寄与。主著『視知覚図形』（1915）。

⇒岩世人（ルビン　1886.9.6-1951.5.2）
　メル3（ルビン, エドガー　1886-1951）

Rubin, Jay
アメリカの日本文学者, 翻訳家。
⇒外12（ルービン, ジェイ　1941-）
　外16（ルービン, ジェイ　1941-）
　海文新（ルービン, ジェイ　1941-）

Rubin, Robert Edward
アメリカの実業家, 政治家, 弁護士。ゴールドマン・サックス共同会長。財務長官。
⇒外12（ルービン, ロバート　1938.8.29-）
　外16（ルービン, ロバート　1938.8.29-）
　世指導（ルービン, ロバート　1938.8.29-）
　ユ著人（Rubin,Robert Edward　ルービン, ロバート・エドワード　1938-）

Rubiner, Ludwig
ドイツの表現主義の作家。
⇒岩世人（ルビーナー　1881.7.12-1920.2.27）

Rubino, Antonio
イタリアの詩人, 作家, 挿絵画家。
⇒絵本（ルビーノ, アントニオ　1880-1964）

Rubinow, Issac Max
アメリカの医師, 生物統計学者, 連邦政府のエコノミスト。ニューヨーク市公共福祉局社会統計庁のディレクター。
⇒アメ経（ルビノウ, アイザック　1875.4.19-1936.9.1）

Rubinshtein, Ida
ロシア生まれの女性舞踊家。イーダ・ルビンシテイン・バレー団を組織。
⇒岩世人（ルビンシテイン　1883/1885.9.21/23/10.3/5-1960.9.20）
　ユ著人（Rubinstein,Ida　ルービンシュタイン, イダ　1885-1960）

Rubinshtein, Sergei Leonidovich
ソ連の心理学者。
⇒教人（ルビンシュテイン　1889-）

Rubinstein, Arthur
ポーランド出身のピアノ奏者。
⇒異二辞（ルービンシュタイン［アルトゥール・～］　1887-1982）
　岩世人（ルビンスタイン　1887.1.28-1982.12.20）
　広辞7（ルビンシュタイン　1887-1982）
　新音中（ルービンスタイン, アルトゥル　1887.1.28-1982.12.20）
　ネーム（ルビンステイン　1886-1982）
　標音2（ルビンスタイン, アルトゥル　1887.1.28-1982.12.20）
　ユ著人（Rubinstein,Artur　ルービンスタイン, アルトゥール　1887-1982）

Rubinstein, Helena
ポーランドの実業家。

⇒岩世人（ルビンスタイン　1870.12.20–1965.4.1）
ユ著人（Rubinstein,Helena　ルービンシュタイン，ヘレナ　1871–1965）

Rubio, Marco
アメリカの政治家，弁護士。
⇒外16（ルビオ，マルコ　1971.5.28–）
世指導（ルビオ，マルコ　1971.5.28–）

Rubio y Peralta, José María
スペイン・ダリアス生まれの聖人，イエズス会員。祝日5月2日。「マドリードの使徒」と称される。
⇒新カト（ホセ・マリア・ルビオ・イ・ペラルタ　1864.7.22–1929.5.2）

Rubner, Max
ドイツの衛生学者，生理学者。食物の代謝についての研究にすぐれ，ルーブナーの法則を樹立。
⇒岩生（ルーブナー　1854–1932）
岩世人（ルーブナー　1854.6.2–1932.4.27）

Ruby, Jack
アメリカの実業家。1936年，ジョン・F.ケネディ大統領を殺害したリー・オズワルドを暗殺した。
⇒世暗（ルビー，ジャック　1911–1967）

Ruch, Barbara
アメリカの日本文学研究者。コロンビア大学名誉教授・中世日本研究所長。『御伽文庫』や奈良絵本を研究。
⇒外12（ルーシュ，バーバラ）
外16（ルーシュ，バーバラ）

Rucka, Greg
アメリカの作家。
⇒海文新（ルッカ，グレッグ　1970–）
現世文（ルッカ，グレッグ　1970–）

Ruckauf, Carlos Federico
アルゼンチンの政治家，法律家。アルゼンチン副大統領，アルゼンチン外相，ブエノスアイレス州知事。
⇒外12（ルカウフ，カルロス　1944.7.10–）
外16（ルカウフ，カルロス　1944.7.10–）
世指導（ルカウフ，カルロス　1944.7.10–）

Rücker, Sir Arthur William
イギリスの物理学者。
⇒科史（リュッカー　1848–1915）

Rucker, George (Nap)
アメリカの大リーグ選手（投手）。
⇒メジャ（ラッカー，ナップ　1884.9.30–1970.12.19）

Rucker, Rudy von Bitter
アメリカのSF作家，コンピュータ科学者。
⇒現世文（ラッカー，ルディ　1946.3.22–）

Rückriem, Ulrich
ドイツの彫刻家。
⇒岩世人（リュックリーム　1938.9.30–）

Rudd, Kevin
オーストラリアの政治家。オーストラリア首相（2007～10,13）。
⇒岩世人（ラッド　1957.9.21–）
外12（ラッド，ケビン　1957.9.21–）
外16（ラッド，ケビン　1957.9.21–）
世指導（ラッド，ケビン　1957.9.21–）

Rudé, George Frederic Elliot
イギリスの歴史学者。
⇒社小増（リューデ　1910–1993）

Rudel, Hans-Ulrich
第二次世界大戦時のドイツ空軍のエース。
⇒異二辞（ルーデル［ハンス＝ウルリッヒ・～］　1916–1982）

Rudenko, Sergei Ivanovich
ソ連の考古学者。主著『スキタイ時代における中央アルタイ住民の文化』（1960）。
⇒岩世人（ルデンコ　1885.1.16/28–1969.7.16）

Rudenstine, Neil Leon
アメリカの文学者。
⇒外12（ルーデンスタイン，ニール　1935.1.21–）
外16（ルーデンスタイン，ニール　1935.1.21–）

Ruder, Emil
スイスのタイポグラファー，グラフィック・デザイナー，教育者。
⇒グラデ（Ruder,Emil　ルーダー，エミール　1914–1970）

Rudi, Joseph Oden
アメリカの大リーグ選手（外野，一塁）。
⇒メジャ（ルディ，ジョー　1946.9.7–）

Rüdiger, Hans
ドイツのテノール歌手。R.シュトラウスの『ばらの騎士』世界初演でヴァルツァッキを歌った。
⇒魅惑（Rüdiger,Hans　1862–1937）

Rüdin, Ernst
ドイツの遺伝精神医学者。
⇒現精（リューディン　1874–1952）
現精縮（リューディン　1874–1952）

Rudin, Mary Ellen
アメリカの数学者。ウィスコンシン大学教授。
⇒世数（ルーディン，マリー・エレン　1924–2013）

Rudini, Antonio Starabba, Marchese di
イタリアの政治家。1891～92年,96～98年首相。
⇒岩世人（ルディニ　1839.4.6–1908.8.6）

Rudisha, David
ケニアの陸上選手(中距離)。
⇒外12 (ルディシャ,デービッド 1988.12.17–)
　外16 (ルディシャ,デービッド 1988.12.17–)
　最世ス (ルディシャ,デービッド 1988.12.17–)

Rudniańska, Joanna
ポーランドの児童文学作家。
⇒現世文 (ルドニャンスカ,ヨアンナ)

Rudnicki, Adolf
ポーランド(ユダヤ系)の小説家。代表作『兵士たち』(1933),『愛されない女』(37),『生と死の海』(52)。
⇒現世文 (ルドニツキ,アドルフ 1912.2.19–1990.11.15)

Rudolff, Otto
ドイツの公法学者。1884年来日し,東京大学のローマ法および公法学教師,司法省法律顧問。裁判所構成法の原案を起草。
⇒岩世人 (ルドルフ 1845.12.9–1922.11.22)
　教人 (オットー 1845–1922)

Rudolph, Carl
ドイツの法律家。日本政府法律顧問。
⇒岩世人 (ルドルフ 1841.3.26–1915.5.5)

Rudolph, Paul
アメリカの建築家。壁面処理に特徴のある個性的で自由なデザインによって,近代建築の発展のうえで独自の足跡を残す。
⇒岩世人 (ルドルフ 1918.10.23–1997.8.8)

Rudolph, Richard
アメリカの大リーグ選手(投手)。
⇒メジャ (ルドルフ,ディック 1887.8.25–1949.10.20)

Rudy
マルコムXのボストンでの犯罪仲間。
⇒マルX (RUDY ルーディ)

Rudziński, Witold
ポーランドの作曲家,音楽学者。主要作品にはオペラ『農民』などポーランド文学や生活に根ざしたものが多い。
⇒新音中 (ルジンスキ,ヴィトルト 1913.3.14–)
　標音2 (ルジニスキ,ヴィトルト 1913.3.14–)

Rudzutak
ソ連の政治家。
⇒学叢思 (ルヅタック 1887–)

Ruedemann, Rudolf
ドイツ生まれのアメリカの古生物学者。古生代無脊椎動物化石,特に筆石を研究した。
⇒岩世人 (ルーデマン 1864.10.16–1956.6.18)

Ruediger, William Carl
アメリカの教育学者。1939年コロンビア大学ティーチャーズ・カレッジ名誉教授,カリキュラム論と転移の実験で有名。
⇒教人 (ルーディガー 1874–1947)

Rueff, Jacques
フランスの経済学者。ド・ゴール政権下でフランスの経済的危機と取り組み,フランの切り下げなどに指導的役割を果たした。
⇒岩世人 (リュエフ 1896.8.23–1978.4.23)
　有経5 (リュエフ 1897–1978)

Rueff, Jeanine
フランスの作曲家。
⇒ク音3 (リュエフ 1922–1999)

Rüegg, Ruedi
スイスのデザイナー,タイポグラファー。
⇒グラデ (Rüegg,Ruedi リューエック,ルーディ 1936–)

Ruel, Herold Dominic (Muddy)
アメリカの大リーグ選手(捕手)。
⇒メジャ (ルーエル,マディ 1896.2.20–1963.11.13)

Ruelle, David Pierre
フランスの数学者,力学者。
⇒外12 (ルエール,ダヴィッド 1935.8.20–)
　外16 (ルエール,ダヴィッド 1935.8.20–)

Rueter, Kirk Wesley
アメリカの大リーグ選手(投手)。
⇒メジャ (リーター,カーク 1970.12.1–)

Ruether, Rosemary Radford
アメリカの神学者。
⇒岩キ (リューサー 1936–)

Ruether, Walter Henry (Dutch)
アメリカの大リーグ選手(投手)。
⇒メジャ (ルーサー,ダッチ 1893.9.13–1970.5.16)

Rufer, Josef
オーストリアの音楽理論家。12音技法についての正統派の理論家として,またシェーンベルクの研究家として知られる。
⇒標音2 (ルーファー,ヨーゼフ 1893.12.18–1985.11.7)

Ruff, Thomas
ドイツ生まれの芸術家。
⇒現アテ (Ruff,Thomas ルフ,トーマス 1958–)

Ruffalo, Mark
アメリカの俳優。
⇒外12 (ラファロ,マーク 1967–)
　外16 (ラファロ,マーク 1967.11.22–)

Ruffin, David
アメリカ・ミシシッピ州メリディアン生まれの歌手。

⇒ロック（Ruffin,David　ラフィン, デイヴィッド　1941.1.18–）

Ruffin, Jimmy
アメリカ・ミシシッピ州コリンズビル生まれの歌手。
⇒ロック（Ruffin,Jimmy　ラフィン, ジミー　1939.5.7–）

Ruffing, Charles Herbert（Red）
アメリカの大リーグ選手（投手）。
⇒メジャ（ラフィング, レッド　1905.5.3–1986.2.17）

Ruffini, Ernesto
イタリアの枢機卿。
⇒新カト（ルッフィーニ　1888.1.19–1967.6.11）

Ruffo, Titta
イタリアのバリトン歌手。特にヴェルディの諸役を得意とした。
⇒オペラ（ルッフォ, ティッタ　1877–1953）

Rufin, Jean-Christophe
フランスの作家, 医師。
⇒外12（リュファン, ジャン・クリストフ　1952.6.28–）
　外16（リュファン, ジャン・クリストフ　1952.6.28–）
　現世文（リュファン, ジャン・クリストフ　1952.6.28–）

Rúfus, Milan
スロバキアの詩人。
⇒岩世人（ルーフス　1928.12.10–2009.1.11）
　現世文（ルーフス, ミラン　1928.12.10–2009.1.11）

Rügamer, Stephan
ドイツのテノール歌手。
⇒魅惑（Rügamer,Stephan　?–）

Rugg, Harold Ordway
アメリカの教育学者。主著『アメリカの文化と教育』（1931）。
⇒教人（ラッグ　1886–1960）

Ruggie, John Gerard
アメリカの政治学者。構成主義を代表する論者の一人。
⇒国政（ラギー, ジョン・ジェラード　1944–）

Ruggiero, Renato
イタリアの外交官。イタリア外相, 世界貿易機関（WTO）事務局長。
⇒外12（ルジェロ, レナート　1930.4.9–）
　世指導（ルジェロ, レナート　1930.4.9–2013.8.4）

Ruggles, Carl
アメリカの作曲家。
⇒エデ（ラッグルズ, カール（チャールズ・スプレイグ）　1876.3.11–1971.10.24）
　ク音3（ラグルズ　1876–1971）
　新音中（ラグルズ, カール　1876.3.11–1971.10.24）
　標音2（ラッグルズ, カール　1876.3.11–1971.10.24）

Ruggles, Charles
アメリカの喜劇男優。
⇒ク俳（ラグルズ, チャールズ　1886–1970）

Rugova, Ibrahim
セルビア・モンテネグロのアルバニア系住民指導者。コソボ自治州大統領, コソボ民主同盟党首。
⇒岩世人（ルゴヴァ　1944.12.2–2006.1.21）
　世指導（ルゴバ, イブラヒム　1944.12.2–2006.1.21）

Ruh, Lucinda
スイスのフィギュアスケート選手。
⇒異二辞（ルー［ルシンダ・〜］　1979–）

Rühe, Volker
ドイツの政治家。ドイツ国防相。
⇒世指導（リューエ, フォルカー　1942.9.25–）

Ruhl, Eddy
アメリカのテノール歌手。
⇒魅惑（Ruhl,Eddy　1917–）

Rühle, Günther
ドイツの演劇評論家, 劇場監督。
⇒岩世人（リューレ　1924.6.3–）

Rühmkorf, Peter
ドイツの作家。
⇒岩世人（リュームコルフ　1929.10.25–2008.6.8）

Rui Costa
ポルトガルのサッカー選手。
⇒外12（ルイ・コスタ　1972.3.29–）
　ネーム（コスタ, ルイ　1972–）

Ruiz, Hector de Jesus
メキシコの実業家。
⇒外12（ルイズ, ヘクター　1945.12.25–）
　外16（ルイズ, ヘクター　1945.12.25–）

Ruiz, John
アメリカのプロボクサー。
⇒最世ス（ルイス, ジョン　1972.1.4–）

Ruiz, José
テノール歌手。
⇒魅惑（Ruiz,José　?–）

Ruiz, Monge Macario
スペインのドミニコ会司祭。
⇒新カト（ルイス　1894.2.28–1968.10.30）

Ruiz, Randy
アメリカのプロ野球選手（内野手）, 大リーグ

選手。
⇒外12（ルイーズ, ランディ　1977.10.19-）

Ruiz, Raúl
チリ生まれの映画監督。
⇒外12（ルイス, ラウル　1941.7.25-）

Ruiz José, Martínez
スペインの評論家, 小説家。
⇒ネーム（マルティネス・ルイス　1873-1967）

Ruiz Luaces, Yumilka
キューバの女子バレーボール選手。
⇒岩世人（ルイス　1978.5.8-）

Ruiz Zafón, Carlos
スペインの作家, 脚本家。
⇒外12（ルイス・サフォン, カルロス　1964-）
　現世文（ルイス・サフォン, カルロス　1964.9.25-）

Rukeyser, Louis
アメリカのジャーナリスト。
⇒アメ経（ルーカイザー, ルイス　1933.1.30-）

Rukeyser, Muriel
アメリカの詩人。詩集『飛行現論』(1935), 詩論集『詩いのち』(49)。
⇒岩世人（ルーカイザー　1913.12.15-1980.2.12）
　現世文（リューカイザー, ミュリエル　1913.12.15-1980.2.12）
　西文（ルカイザー・ミュリエル　1913-1980）

Rukmana, Siti Hardiyanti
インドネシアの政治家, 実業家。
⇒外12（ルクマナ, シティ・ハルディヤンティ　1949.1-）
　世指導（ルクマナ, シティ・ハルディヤンティ　1949.1-）

Rule, Janice
アメリカ生まれの女優。
⇒ク俳（ルール, ジャニス　1931-）

Ruler, Arnold Albert van
オランダの改革派組織神学者。
⇒岩世人（ファン・ルーラー　1908.12.10-1970.12.15）

Rulfo, Juan
メキシコの小説家。『燃える平原』(1953),『ペドロ・パラモ』(55) などの作品がある。
⇒岩世人（ルルフォ　1917.5.16-1986.1.7）
　現世文（ルルフォ, フアン　1918.5.16-1986.1.7）
　広辞7（ルルフォ　1917-1986）

Rum, *Mr.*Mohammad
インドネシアの政治家。
⇒岩世人（ルム, モハマッド　1908.5.16-1983.9.24）

Rumbo, Luigi
イタリアのテノール歌手。
⇒魅惑（Rumbo,Luigi　?-）

Rumbold, *Sir* Horace George Montagu
イギリスの外交官。東京駐在代理公使 (1909, 11,12-13)。
⇒岩世人（ランボールド　1869.2.5-1941.5.24）

Rümelin, Max von
ドイツの法学者。利益法学におけるテュービンゲン学派の建設者の一人。
⇒岩世人（リューメリン　1861.2.15-1931.7.22）

Rumer
イギリスの歌手。
⇒外12（ルーマー）
　外16（ルーマー）

Rümke, Henricus Cornelius
オランダの精神医学者。
⇒現精（リュムケ　1893-1967）
　現精縮（リュムケ　1893-1967）

Ruml, Beardsley
アメリカの社会・経済学者。租税制度の改革を主張, その改革案は議会によって採用された (1943)。
⇒岩世人（ラムル　1894.11.5-1960.4.18）

Rummé, Daigaku
アメリカの僧侶。
⇒外12（ルメー大岳　1950.11-）
　外16（ルメー大岳　1950.11-）

Rummel, Rudolph Joseph
アメリカの政治学者。
⇒政経改（ラメル　1932-）

Rummenigge, Karl-Heinz
ドイツのサッカー選手。
⇒異二辞（ルンメニゲ［カール=ハインツ・~］　1955-）
　外12（ルンメニゲ, カール・ハインツ　1955.9.25-）
　外16（ルンメニゲ, カール・ハインツ　1955.9.25-）
　ネーム（ルンメニゲ　1964-）

Rumpler, Edmund
ウィーン生まれの飛行機の設計技師。
⇒ユ著人（Rumpler,Edmund　ルンプラー, エドムント　1872-1940）

Rumsfeld, Donald
アメリカの政治家。首席補佐官としてフォード政権を切り回し, 1975年国防長官に任命。
⇒アメ新（ラムズフェルド　1932-）
　岩世人（ラムズフェルド　1932.7.9-）
　外12（ラムズフェルド, ドナルド　1932.7.9-）
　外16（ラムズフェルド, ドナルド　1932.7.9-）
　世指導（ラムズフェルド, ドナルド　1932.7.9-）

Rumyantsev, Victor
ロシアのテノール歌手。
⇒魅惑(Rumyantsev,Victor ?–)

Runcie, Robert Alexander Kennedy
イギリス国教会の聖職者。カンタベリー大主教(1980〜91)。
⇒オク教(ランシー 1921–2000)

Runciman, Steven
イギリスのビザンティン学者。ビザンティン帝国およびその対外関係(十字軍を含む)の歴史について数々の名著をあらわす。
⇒岩世人(ランシマン 1903.7.7–2000.11.2)

Runciman, Walter, 1st Viscount
イギリスの政治家, 実業家。ドイツのチェコ併合政策でヨーロッパの政治的危機が高まった際、使節としてチェコ・ドイツ間の調停に当る。
⇒岩世人(ランシマン 1870.11.19–1949.11.14)

Runciman, Walter Garrison
イギリスの政治社会学者。
⇒社小増(ランシマン 1934–)

Runcorn, (Stanley) Keith
イギリスの地球物理学者。
⇒岩世人(ランコーン 1922.11.19–1995.12.5)
オク地(ランカーン, スタンレー・ケイス 1922–1995)

Rundgren, Todd
アメリカのミュージシャン, 音楽プロデューサー。
⇒外12(ラングレン, トッド 1948.6.22–)
外16(ラングレン, トッド 1948.6.22–)
ロック(Rundgren,Todd ラングレン, トッド)

Rundstedt, Karl Rudolf Gerd von
ドイツの軍人。
⇒岩世人(ルントシュテット 1875.12.12–1953.2.24)
ネーム(ルントシュテット 1875–1953)

Runge, Carl
ドイツの数学者。数値計算, 図表計算に関する研究がある。
⇒岩世人(ルンゲ 1856.8.30–1927.1.3)
数辞(ルンゲ, カール・ダヴィッド・トルメ 1856–1927)
世数(ルンゲ, カルレ・ダフィット・トルメ 1856–1927)

Runnels, James Edward (Pete)
アメリカの大リーグ選手(一塁, 二塁, 遊撃)。
⇒メジャ(ラネルズ, ピート 1928.1.28–1991.5.20)

Runnicles, Donald
イギリスの指揮者。
⇒外12(ラニクルズ, ドナルド 1954–)
外16(ラニクルズ, ドナルド 1954–)

Runnström, John
スウェーデンの動物学者。
⇒岩生(ルンストレーム 1888–1971)

Runyan, Robert Miles
アメリカのグラフィック・デザイナー。
⇒グラデ(Runyan,Robert Miles ラニアン, ロバート・マイルズ 1925–)

Runyon, Alfred Damon
アメリカのジャーナリスト, 小説家。1918年から死ぬまでハースト系新聞のコラムニストとして活躍。
⇒現世文(ラニャン, デイモン 1884.10.4–1946.12.10)

Ruoff, Kenneth J.
アメリカの日本史研究家。
⇒外12(ルオフ, ケネス 1966–)
外16(ルオフ, ケネス 1966–)

Ruohonen, Seppo
フィンランドのテノール歌手。
⇒魅惑(Ruohonen,Seppo 1946–)

Ruoslahti, Erkki
アメリカの細胞生物学者, 免疫学者。
⇒外12(ルースラーティ, エルキ 1940.2.16–)
外16(ルースラーティ, エルキ 1940.2.16–)

Rupesinghe, Kumar
スリランカ生まれのインターナショナル・アラート事務局長。
⇒世指導(ルペシンゲ, クマール 1943–)

Rupp, Rainer
北大西洋条約機構(NATO)職員, 東ドイツのスパイ。
⇒スパイ(ルップ, ライナー 1945–)

Ruppert, Jacob, Jr.
アメリカの実業家, 政治家。大リーグ, ヤンキースの共同オーナー。
⇒メジャ(ルッパート, ジェイコブ 1867.8.5–1939.1.13)

Ruppin, Arthur
シオニスト指導者, 農業開拓の推進者。
⇒ユ著人(Ruppin,Arthur ルピン, アーサー 1876–1942)

al-Ruṣāfī, Ma'rūf
イラクの詩人, 政治家。バグダード生まれのクルド人。
⇒岩世人(ルサーフィー, マアルーフ 1875–1945.3.16)

Rusbridger, Alan
イギリスのジャーナリスト。
⇒外16(ラスブリッジャー, アラン 1953.12.29–)

Rusch, Paul
アメリカの教育者,団体理事。
⇒アア歴 (Rusch,Paul ラッシュ, ポール 1897.11.25-1979.12.12)

Ruscha, Ed
アメリカの画家。
⇒岩世人 (ルーシェイ 1937.12.16-)
シュル (ルシェ, エド 1937-)

Ruse, Michael
フランスの生物哲学者。
⇒メル別 (ルース, マイケル 1940-)

Rush, Barbara
アメリカの女優。
⇒ク俳 (ラッシュ, バーバラ 1927-)

Rush, Geoffrey
オーストラリア生まれの俳優。
⇒外12 (ラッシュ, ジェフリー 1951.7.6-)
外16 (ラッシュ, ジェフリー 1951.7.6-)
ク俳 (ラッシュ, ジェフリー 1951-)

Rush, Otis
アメリカの音楽家。
⇒ロック (Rush,Otis ラッシュ, オーティス 1934.4.29-)

Rush, Robert Ransom
アメリカの大リーグ選手(投手)。
⇒メジャ (ラッシュ, ボブ 1925.12.21-2011.3.19)

Rush, Tom
アメリカ・ニューハンプシャー州生まれのフォーク・ブルース歌手。
⇒ロック (Rush,Tom ラッシュ, トム 1941.2.8-)

Rushailo, Vladimir
ロシアの政治家。ロシア内相, ロシア安全保障会議書記。
⇒外12 (ルシャイロ, ウラジーミル 1953.7.28-)
外16 (ルシャイロ, ウラジーミル 1953.7.28-)
世指導 (ルシャイロ, ウラジーミル 1953.7.28-)

Rushdie, (Ahmed) Salman
インド(イギリス系)の小説家。
⇒岩世人 (ラシュディ 1947.6.19-)
外12 (ラシュディ, サルマン 1947.6.19-)
外16 (ラシュディ, サルマン 1947.6.19-)
現世文 (ラシュディ, サルマン 1947.6.19-)
広辞7 (ラシュディ 1947-)
南ア新 (ルシュディ 1947-)

Rushing, Jimmy
アメリカのジャズ歌手。
⇒新音中 (ラッシング, ジミー 1902.8.26-1972.6.8)
標音2 (ラッシング, ジミー 1902.8.26-1972.6.8)

Rusie, Amos Wilson
アメリカの大リーグ選手(投手)。
⇒メジャ (ルーシー, エイモス 1871.5.30-1942.12.6)

Rusiñol, Santiago
スペインの画家, 詩人。主作品は『オレンジの庭』『マヨリカ島の庭』。
⇒芸13 (ルシニョール, サンチァゴ 1861-1931)

Rusk, David Dean
アメリカの政治家。1952~61年ロックフェラー財団理事長となり,61年1月国務長官に選ばれ,68年まで留任した。
⇒アメ州 (Rusk,Dean ラスク, ディーン 1909-)
岩世人 (ラスク 1909.2.9-1994.12.20)

Ruska, Erust
ドイツの物理学者。1986年ノーベル物理学賞。
⇒岩世人 (ルスカ 1906.12.25-1988.5.27)
科史 (ルスカ 1906-1988)
ノベ3 (ルスカ, E. 1906.12.25-1988.5.27)

Ruska, Willem
オランダの柔道家。
⇒異二辞 (ルスカ [ウィレム・~] 1940-)

Rusli, Marah
インドネシアの小説家。主著『シテ・ヌルバヤ』Siti Nurbaja (1922)。
⇒岩世人 (ルスリ, マラ 1889.8.7-1968.1.17)

Rusli Noor
インドネシアの外交官。東南アジア諸国連合(ASEAN)事務局長。
⇒世指導 (ルスリ・ノール 1927-)

Russ, Joanna
アメリカのSF作家, 評論家。
⇒現世文 (ラス, ジョアナ 1937.2.22-)

Russel, Daniel
アメリカの外交官。国務次官補, 国家安全保障会議 (NSC) アジア上級部長。
⇒外12 (ラッセル, ダニエル 1953-)
外16 (ラッセル, ダニエル 1953-)
世指導 (ラッセル, ダニエル 1953-)

Russel, Gordon
イギリスの工芸家。
⇒芸13 (ラッセル, ゴードン 1892-1961)

Russell, Bertrand Arthur William
イギリスの哲学者, 数学者, 評論家。1950年ノーベル文学賞受賞。
⇒岩世人 (ラッセル 1872.5.18-1970.2.2)
覚思 (ラッセル 1872.5.18-1970.2.2)
覚思ス (ラッセル 1872.5.18-1970.2.2)
学叢思 (ラッセル, バートランド 1872-?)
教思増 (ラッセル 1872-1970)
教人 (ラッセル 1872-)

現社 (ラッセル　1872–1970)
広辞7 (ラッセル　1872–1970)
社小増 (ラッセル　1872–1970)
新カト (ラッセル　1872.5.18–1970.2.2)
数辞 (ラッセル, バートランド・アーサー・ウィリアム　1872–1970)
数小増 (ラッセル　1872–1970)
世史改 (ラッセル, バートランド＝　1872–1970)
世人新 (ラッセル (バートランド＝ラッセル)　1872–1970)
世人装 (ラッセル (バートランド＝ラッセル)　1872–1970)
世数 (ラッセル, バートランド・アーサー・ウィリアム　1872–1970)
哲中 (ラッセル　1872–1970)
ネーム (ラッセル　1872–1970)
ノベ3 (ラッセル,B.A.W.　1872.5.18–1970.2.2)
ポブ人 (ラッセル, バートランド　1872–1970)
メル3 (ラッセル, バートランド・アーサー・ウィリアム　1872–1970)

Russell, Bill
アメリカのNBA選手。
⇒岩世人 (ラッセル　1934.2.12–)

Russell, Bill
アメリカの大リーグ監督。
⇒メジャ (ラッセル, ビル　1948.10.21–)

Russell, Charles Ellsworth（Pee Wee）
アメリカのジャズ・クラリネット奏者。1920年代に輩出した白人シカゴ・ジャズメンの逸材。
⇒標音2 (ラッセル, ピー・ウィー　1906.3.27–1969.2.15)

Russell, Charles Marion
アメリカの画家, 彫刻家。
⇒アメ州 (Russell,Charles Marion　ラッセル, チャールズ・マリオン　1864–1926)

Russell, Charles Taze
アメリカの宗教家。国際聖書学生協会の創立者。1879年『ものみの塔』を発刊。
⇒岩世人 (ラッセル　1852.2.16–1916.10.31)
オク教 (ラッセル　1852–1916)
新カト (ラッセル　1852.2.16–1916.10.31)

Russell, Craig
イギリスの作家。
⇒海文新 (ラッセル, クレイグ　1956–)
現世文 (ラッセル, クレイグ　1956–)

Russell, David O.
アメリカの映画監督, 脚本家。
⇒映監 (ラッセル, デヴィッド・O　1958.8.20–)
外16 (ラッセル, デービッド・O.　1958.8.20–)

Russell, *Sir* Edward John
イギリスの土壌学者。ロサムステッド農事試験場長 (1912～43)。主著 "Soil conditions and plant growth" (12)。

⇒岩世人 (ラッセル　1872.10.31–1965.7.12)

Russell, Elizabeth
アメリカのメソジスト派教会婦人伝道会宣教師。長崎活水女学校を創立。
⇒岩世人 (ラッセル　1836.10.9–1928.9.6)

Russell, Gail
アメリカ生まれの女優。
⇒ク俳 (ラッセル, ゲイル　1924–1961)

Russell, George
アメリカのジャズ作曲家, 編曲家, ピアノ奏者。
⇒新音中 (ラッセル, ジョージ　1923.6.23–)
標音2 (ラッセル, ジョージ　1923.6.23–2009.7.27)

Russell, George William
アイルランドの詩人, 随筆家, ジャーナリスト。主著, 詩集『家路：道の辺の歌』(1894)。
⇒岩世人 (ラッセル　1867.4.10–1935.7.17)
現世文 (ラッセル, ジョージ・ウィリアム　1867.4.10–1935.7.17)

Russell, Henry Norris
アメリカの天文学者。プリンストン大学天文台長 (1927～47) を務める。
⇒岩世人 (ラッセル　1877.10.25–1957.2.18)
三新物 (ラッセル　1877–1957)
天文辞 (ラッセル　1877–1957)
天文大 (ラッセル　1877–1957)

Russell, Jack
テノール歌手。
⇒魅惑 (Russell,Jack　?–)

Russell, Jack Erwin
アメリカの大リーグ選手 (投手)。
⇒メジャ (ラッセル, ジャック　1905.10.24–1990.11.3)

Russell, James Earl
アメリカの教育者。看護婦の教育に, はじめて大学の門戸を開放した人。
⇒教人 (ラッセル　1864–1945)

Russell, James William
アメリカの大リーグ選手 (外野)。
⇒メジャ (ラッセル, ジム　1918.10.1–1987.11.24)

Russell, Jane
フランス生まれの女優。
⇒ク俳 (ラッセル, ジェイン (ラッセル, アーネスティン・J)　1921–)
スター (ラッセル, ジェーン　1921.6.21–)

Russell, Jeffrey Lee
アメリカの大リーグ選手 (投手)。
⇒メジャ (ラッセル, ジェフ　1961.9.2–)

Russell, John
アメリカ生まれの俳優。

⇒ク俳（ラッセル，ジョン（ラッセル，ウィリアム）1921–1991）

Russell, Karen
アメリカの作家。
⇒外16（ラッセル，カレン　1981–）
　海文新（ラッセル，カレン　1981–）
　現世文（ラッセル，カレン　1981–）

Russell, Ken
イギリスの映画監督。作品に『マーラー』『サロメ』など。
⇒岩キ（ラッセル，K.　1927–）
　映監（ラッセル，ケン　1927.7.3–）

Russell, Kurt
アメリカ生まれの俳優。
⇒遺産（ラッセル，カート　1951.3.17–）
　外12（ラッセル，カート　1951.3.17–）
　外16（ラッセル，カート　1951.3.17–）
　ク俳（ラッセル，カート　1951–）
　スター（ラッセル，カート　1951.3.17–）

Russell, Leon
アメリカのロック・ミュージシャン。
⇒ピト改（RUSSELL,LEON　ラッセル，レオン）

Russell, Letty M.
アメリカのフェミニスト神学者。
⇒岩キ（ラッセル，L.　1929–）

Russell, Ray
アメリカの作家。
⇒現世文（ラッセル，レイ　1924.9.4–1999.3.15）

Russell, Richard Brevard
アメリカの政治家。
⇒アメ州（Russell,Richard Brevard　ラッセル，リチャード・ブレバード　1897–1971）

Russell, Riley
アメリカの医療宣教師。
⇒アア歴（Russell,Riley　ラッセル，リリー　1875.7.21–1961.1.27）

Russell, Rosalind
アメリカの女優。
⇒ク俳（ラッセル，ロザリンド　1908–1976）
　スター（ラッセル，ロザリンド　1907.6.4–1976）

Russell, Scott
アメリカのオートバイレーサー。
⇒異二辞（ラッセル［スコット・〜］　1964–）

Russell, Theresa
アメリカ生まれの女優。
⇒ク俳（ラッセル，テレサ（ポープ，T）　1957–）

Russell, William Fletcher
アメリカの教育家。ジェイムズ・アール・ラッセルの息子。

⇒教人（ラッセル　1890–）

Russett, Bruce Martin
アメリカの政治学者。
⇒国政（ラセット，ブルース　1935–）
　政経改（ラセット　1935–）

Russo, Nino
テノール歌手。
⇒魅惑（Russo,Nino　?–）

Russo, Patricia F.
アメリカの実業家。
⇒外12（ルッソ，パトリシア　1953–）
　外16（ルッソ，パトリシア　1953–）

Russo, Rene
アメリカ生まれの女優。
⇒外12（ルッソ，レネ　1954.2.17–）
　外16（ルッソ，レネ　1954.2.17–）
　ク俳（ルッソ，ルネ　1954–）

Russo, Richard
アメリカの文学者，作家。
⇒岩世人（ラッソ　1949.7.15–）
　現世文（ルッソ，リチャード）

Russolo, Luigi
イタリアの画家，作曲家。1910年未来派宣言に署名。13年『雑音の芸術』を出版した。
⇒岩世人（ルッソロ　1885.4.30–1947.2.6）
　ク音3（ルッソロ　1885–1947）
　芸13（ルッソロ，ルイジ　1885–1947）
　新音中（ルッソロ，ルイージ　1885.4.30–1947.2.6）
　ネーム（ルッソロ　1885–1947）
　標音2（ルッソロ，ルイージ　1885.4.30–1947.2.6）

Rustichelli, Carlo
イタリアの作曲家。
⇒標音2（ルスティケッリ，カルロ　1916.12.24–）

Rustin, Bayard
アメリカの公民権活動家。
⇒マルX（RUSTIN,BAYARD　ラスティン，ベイヤード　1912–1987）

Rustioni, Daniele
イタリアの指揮者。
⇒外16（ルスティオーニ，ダニエーレ　1983–）

Rüstow, Alexander
ドイツ生まれの経済思想家。
⇒社小増（リュストフ　1885–1963）

Rusu, Cornel
ルーマニアのテノール歌手。
⇒魅惑（Rusu,Cornel　?–）

Ruta, Cesare
テノール歌手。

⇒魅惑（Ruta, Cesare　?–）

Rutelli, Francesco
イタリアの政治家。イタリア副首相，文化相，ローマ市長。
⇒外12（ルテリ，フランチェスコ　1954.6.14–）
　外16（ルテリ，フランチェスコ　1954.6.14–）
　世指導（ルテリ，フランチェスコ　1954.6.14–）

Ruth, Babe
アメリカの代表的プロ野球選手。年間60本のホームラン記録保持者。
⇒アメ州（Ruth, Babe　ルース，ベーブ　1895–1948）
　アメ新（ルース　1895–1948）
　岩世人（ルース　1895.2.6–1948.8.16）
　広辞7（ベーブ・ルース　1895–1948）
　辞歴（ベーブ・ルース　1895–1948）
　ネーム（ルース，ベーブ　1895–1948）
　ポプ人（ルース，ベーブ　1895–1948）
　メジャ（ルース，ベーブ　1895.2.6–1948.8.16）

Ruthardt, Adolf
ドイツのピアノ奏者，教育者。
⇒標音2（ルートハルト，アードルフ　1849.2.9–1934.9.12）

Rutherford, Ann
アメリカの女優。
⇒ク俳（ラザフォード，アン　1917–）

Rutherford, Ernest
イギリスの物理学者。1902年原子崩壊説を立てた。08年ノーベル化学賞受賞。31年ネルン男爵となる。
⇒異二辞（ラザフォード［アーネスト・〜］　1871–1937）
　岩世人（ラザフォード　1871.8.30–1937.10.19）
　オク科（ラザフォード（アーネスト）　1871–1937）
　オク地（ラザフォード，アーネスト　1871–1937）
　化学（ラザフォード，E.L.N.　1871–1937）
　学叢思（ラザフォード，サー・アーネスト　1871–?）
　科史（ラザフォード　1871–1937）
　現科大（ラザフォード，アーネスト　1871–1937）
　広辞7（ラザフォード　1871–1937）
　三新物（ラザフォード　1871–1937）
　新カト（ラザフォード　1871.8.30–1937.10.19）
　世人新（ラザフォード　1871–1937）
　世人装（ラザフォード　1871–1937）
　世発（ラザフォード，アーネスト　1871–1937）
　ニュー（ラザフォード　1871–1937）
　ネーム（ラザフォード　1871–1937）
　ノベ3（ラザフォード，E.L.N.　1871.8.30–1937.10.19）
　物理（ラザフォード　1871–1937）
　ポプ人（ラザフォード，アーネスト　1871–1937）

Rutherford, Greg
イギリスの走り幅跳び選手。
⇒外16（ラザフォード，グレッグ　1986.11.17–）
　最世ス（ラザフォード，グレッグ　1986.11.17–）

Rutherford, Joseph Franklin
アメリカの宗教家，弁護士。「エホバの証人」第2代会長。
⇒オク教（ラザフォード　1869–1942）
　新カト（ラザフォード　1869.11.8–1942.1.8）

Rutherford, Margaret
イギリスの女優。当り役は『まじめが肝要』のプリズム（1939）など。
⇒アガサ（ラザフォード，マーガレット　1892–1972）
　ク俳（ラザフォード，デイム・マーガレット　1892–1972）

Rutherford, Mark
イギリスの官吏，小説家。本名ウィリアム・ヘイル・ホワイト。
⇒岩世人（ホワイト　1831.12.22–1913.3.14）
　オク教（ラザフォード　1831–1913）

Rutherfurd, Edward
イギリスの作家。
⇒現世文（ラザファード，エドワード）

Ruthven, Richard David
アメリカの大リーグ選手（投手）。
⇒メジャ（ルースヴェン，ディック　1951.3.27–）

Rutkiewicz, Wanda
ポーランドの登山家。
⇒岩世人（ルトキェヴィチ　1943.2.4–1992.5.12/13）

Rutkoski, Marie
アメリカの作家。
⇒海文新（ルツコスキ，マリー）

Rutkowski, Jan
ポーランドの歴史家。16〜18世紀農村の歴史を専門とし，ポーランド経済史の地位を高めた。
⇒岩世人（ルトコフスキ　1886.4.8–1949.5.21）

Rutledge, Jim
カナダのプロゴルファー。
⇒外12（ラトレッジ，ジム　1959.8.26–）

Rutskoi, Aleksandr Vladimirovich
ロシアの軍人出身の政治家。
⇒岩世人（ルツコイ　1947.9.16–）
　世指導（ルツコイ，アレクサンドル　1947.9.16–）

Ruttan, Sandra
カナダの作家。
⇒海文新（ラタン，サンドラ）

Rutte, Mark
オランダの政治家。オランダ首相，オランダ自由民主党（VVD）党首。
⇒外12（ルッテ，マルク　1967.2.14–）
　外16（ルッテ，マルク　1967.2.14–）
　世指導（ルッテ，マルク　1967.2.14–）

Rutter, John
イギリスの指揮者,作曲家。
⇒オク教 (ラター 1945-)
　ク音3 (ラター 1945-)

Rutter, Michael
レバノン生まれの児童精神科医。
⇒現精 (ラター 1933-)
　現精縮 (ラター 1933-)

Ruttman, Walter
ドイツの映画監督。主作品『伯林・大都会交響楽』(1927)。
⇒アニメ (ルットマン,ヴァルター 1887-1941)
　岩世人 (ルットマン 1887.12.28-1941.7.15)

Ruttner, Franz
オーストリアの湖沼学者。ルンツ臨湖実験所に入り(1906-),化学成分の研究等を行った。
⇒岩世人 (ルットナー 1882.5.12-1961.5.17)

Ruud, Birger
ノルウェーのスキー選手。
⇒岩世人 (ルード 1911.8.23-1998.6.23)

Rüütel, Arnold
エストニアの政治家,農学者。エストニア大統領(2001~06)。
⇒岩世人 (リューテル 1928.5.10-)
　外12 (リュイテリ,アルノルド 1928.5.10-)
　世指導 (リュイテリ,アルノルド 1928.5.10-)

Ruvin, Reuven
イスラエルの画家,外交官。
⇒ユ著人 (Rubin,Reuven ルビン,レウベン 1893-1974)

Ruyer, Raymond
フランスの哲学者。ナンシー大学教授。
⇒メル3 (リュイエ〔リュイエール〕,レイモン 1902-1987)

Ruy Sánchez, Alberto
メキシコの作家,詩人,批評家。
⇒外16 (ルイ・サンチェス,アルベルト 1951-)
　現世文 (ルイ・サンチェス,アルベルト 1951.12.7-)

Ruy-Vidal, François
フランスの教師,編集者,絵本プロデューサー。
⇒絵本 (リュイ=ヴィダル,フランソア 1931-)

Ružička, Leopold
スイスの化学者。男性ホルモンを初めて合成した。ノーベル化学賞を受賞(1939)。
⇒岩世人 (ルジチカ 1887.9.13-1976.9.26)
　化学 (ルジチカ 1887-1976)
　広辞7 (ルジチカ 1887-1976)
　ノベ3 (ルジーチカ,L. 1887.9.13-1976.9.26)

Růžičková, Zusana
チェコスロバキアのハープシコード奏者。1962~67年プラハ室内アンサンブルの創立メンバーとして活躍。
⇒標音2 (ルージチコヴァー,ズザナ 1928.1.14-)

Ruzimatov, Farukh
ウズベキスタン,ロシアのダンサー。
⇒外12 (ルジマートフ,ファルフ 1963.6.26-)
　外16 (ルジマートフ,ファルフ 1963.6.26-)

Ruz Lhuillier, Alberto
メキシコの考古学者,人類学者。
⇒岩世人 (ルス 1906.1.27-1979.8.25)

Ryal, Mark
アメリカの大リーグ選手(外野)。
⇒外12 (ライアル,マーク 1960.4.28-)

Ryal, Rusty
アメリカの大リーグ選手(内野)。
⇒外12 (ライアル,ラスティ 1983.3.16-)

Ryan, Anthony
イギリスの作家。
⇒海文新 (ライアン,アンソニー 1970-)
　現世文 (ライアン,アンソニー 1970-)

Ryan, Archie Lowell
アメリカの聖職者。
⇒アア歴 (Ryan,Archie Lowell ライアン,アーチー・ロウエル 1881.4.15-1954.12.27)

Ryan, Brittney
アメリカの作家,女優。
⇒海文新 (ライアン,ブリトニー)

Ryan, Bryce Finley
アメリカの社会学者。
⇒アア歴 (Ryan,Bryce F(inley) ライアン,ブライス・フィンリー 1911.2.16-)

Ryan, Chris
イギリスの作家,軍人。
⇒外12 (ライアン,クリス 1961-)
　外16 (ライアン,クリス 1961-)
　海文新 (ライアン,クリス 1961-)
　現世文 (ライアン,クリス 1961-)

Ryan, Cornelius Joseph (Connie)
アメリカの大リーグ選手(二塁)。
⇒メジャ (ライアン,コニー 1920.2.27-1996.1.3)

Ryan, Donal
アイルランドの作家。
⇒現世文 (ライアン,ドナル 1976-)

Ryan, Elizabeth
アメリカのテニス選手。
⇒岩世人 (ライアン 1892.2.8-1979.7.8)

Ryan, James Edward
アメリカの大リーグ選手(外野)。
⇒メジャ(ライアン, ジミー 1863.2.11–1923.10.29)

Ryan, John Augustine
アメリカのカトリック教会社会改革運動家。
⇒アメ経(ライアン, ジョン 1869.5.25–1945.9.16)
新カト(ライアン 1869.5.25–1945.9.16)

Ryan, Kathleen
アイルランド生まれの女優。
⇒ク俳(ライアン, キャスリーン 1922–1985)

Ryan, Lynn Nolan
アメリカの大リーグ選手(投手)。
⇒異二辞(ライアン[ノーラン・〜] 1947–)
岩世人(ライアン, ノーラン 1947.1.31–)
外12(ライアン, ノーラン 1947.1.31–)
外16(ライアン, ノーラン 1947.1.31–)
ポプ人(ライアン, ノーラン 1947–)
メジャ(ライアン, ノーラン 1947.1.31–)

Ryan, Matt
アメリカのプロフットボール選手(ファルコンズ・QB)。
⇒最世ス(ライアン, マット 1985.5.17–)

Ryan, Meg
アメリカ生まれの女優。
⇒遺産(ライアン, メグ 1961.11.19–)
外12(ライアン, メグ 1961.11.19–)
外16(ライアン, メグ 1961.11.19–)
ク俳(ライアン, メグ(ハイラ, マーガレット) 1961–)
ネーム(ライアン, メグ 1961–)

Ryan, Pam Muñoz
アメリカの児童文学作家, 絵本作家。
⇒外16(ライアン, パム 1951–)
現世文(ライアン, パム 1951–)

Ryan, Patrick G.
アメリカの実業家。
⇒外12(ライアン, パトリック)
外16(ライアン, パトリック)

Ryan, Paul
アメリカの政治家。
⇒外16(ライアン, ポール 1970–)
世指導(ライアン, ポール 1970.1.29–)

Ryan, Peggy
アメリカのダンサー, コメディエンヌ。
⇒ク俳(ライアン, ペギー(ライアン, マーガレット) 1924–)

Ryan, Rob
イギリスの作家。
⇒海文新(ライアン, ロブ 1951–)

現世文(ライアン, ロバート 1951–)

Ryan, Robert
アメリカの俳優。
⇒遺産(ライアン, ロバート 1909.11.11–1973.7.11)
ク俳(ライアン, ロバート 1909–1973)
スター(ライアン, ロバート 1909.11.11–1973)

Ryan, Sheila
アメリカの女優。
⇒ク俳(ライアン, シーラ(マクローリン, キャサリン) 1921–1975)

Ryan, Thomas Fortune
アメリカの金融家。
⇒アメ州(Ryan,Thomas Fortune ライアン, トーマス・フォーチュン 1851–1928)

Ryan, Robert Victor (B.J.)
アメリカの大リーグ選手(投手)。
⇒メジャ(ライアン, B・J 1975.12.28–)

Ryang Yong-gi
北朝鮮のサッカー選手(ベガルタ仙台・MF)。
⇒外16(リャンヨンギ 梁勇基 1982.1.7–)
最世ス(リャンヨンギ 1982.1.7–)

Ryazanov, David Borisovich
ソ連のマルクス主義文献学者。
⇒岩世人(リャザーノフ 1870.2.26/3.10–1938.1.21)
学叢思(リャザノフ 1870–?)
広辞7(リャザーノフ 1870–1938)
ユ著人(Riazanov,David Borisovich リャザーノフ, ダヴィド・ボリソヴィチ 1870–1938)

Ryazanov, El'dar
ロシア生まれの映画監督, 映画脚本家。
⇒岩世人(リャザーノフ 1927.11.18–)

Rybach, Issachar
ウクライナ生まれのロシア系フランス人の画家。
⇒ユ著人(Rybach,Issachar リュバック, イッサハル 1897–1935)

Ryback, Timothy W.
アメリカの歴史家。
⇒外12(ライバック, ティモシー 1954–)
外16(ライバック, ティモシー 1954–)

Rybakov, Anatolii Naumovich
ソ連の小説家。ソ連の歴史に正面から取り組んだ作品を発表し続ける。ペレストロイカ後、20年間未発表の『アルバート街の子供たち』を刊行。
⇒岩世人(ルイバコーフ 1911.1.1/14–1998.12.23)
現世文(ルイバコフ, アナトリー 1911.1.14–1998.12.23)

Rybakov, Yaroslav
ロシアの走り高跳び選手。
⇒最世ス(リバコフ, ヤロスラフ 1980.11.22–)

Rybczynski, Tadeusz Mieczyslaw
イギリスの経済学者。
⇒有経5（リプチンスキー　1923-1998）

Rybkin, Ivan Petrovich
ロシアの政治家。ロシア下院議長，ロシア副首相。
⇒世指導（ルイブキン，イワン　1946.10.20-）

Rychely
ブラジルのサッカー選手（FW）。
⇒外12（リチェーリ　1987.8.6-）

Rychlicki, Zbigniew
ポーランドのグラフィックアーティスト。代表作は『ミーシャのぼうけん』（1960）。
⇒絵本（リフリツキ，ズビグニェフ　1922-1989）

Rychner, Max
スイスの評論家，文学史家，随筆家。『新スイス展望』，『新チューリヒ新聞』などジャーナリズムの世界で活躍。
⇒岩世人（リヒナー　1897.4.8-1965.6.10）

Rycroft, Charles
イギリス生まれの精神分析家。
⇒精分岩（ライクロフト，チャールズ　1914-1998）

Rydahl, Thomas
デンマークの作家。
⇒現世文（リュダール，トーマス　1974-）

Rydberg, Johannes Robert
スウェーデンの物理学者。ルンド大学教授。原子のスペクトル系列のバルマーの公式を拡張（1890）。
⇒岩世人（リュードベリ　1854.11.8-1919.12.28）
　三新物（リュードベリ　1854-1919）
　物理（リュードベリ，ヨハネス・ロバート　1854-1919）

Rydell, Bobby
アメリカ・ペンシルベニア州生まれの歌手。
⇒ロック（Rydell,Bobby　ライデル，ボビー　1942.4.26-）

Rydell, Mark
アメリカの映画監督。
⇒外12（ライデル，マーク　1934.3.23-）

Ryder, Albert Pinkham
アメリカの画家。
⇒岩世人（ライダー　1847.3.19-1917.3.28）
　芸13（ライダー，アルバート　1847-1919）

Ryder, Mads
デンマークの実業家。レノックスCEO。
⇒外16（ライダー，マッズ　1963-）

Ryder, Mitch
アメリカのR&B歌手。
⇒ロック（Mitch Ryder and the Detroit Wheels　ミッチ・ライダー&ザ・デトロイト・ホィールズ）

Ryder, Winona
アメリカ生まれの女優。
⇒外12（ライダー，ウィノナ　1971.10.29-）
　外16（ライダー，ウィノナ　1971.10.29-）
　ク俳（ライダー，ウィノナ（ホロウィッツ，W）1971-）
　ユ著人（Ryder,Winona　ライダー，ウイノナ　1971-）

Rydz-Śmigły, Edward
ポーランドの軍人。
⇒岩世人（リツ＝シミグウィ　1886.3.11-1941.12.2）

Ryeowook
韓国の歌手。
⇒外12（リョウク　1987.6.21-）

Ryga, George
カナダの劇作家。
⇒現世文（リーガ，ジョージ　1932.7.27-1987.11.18）

Rykiel, Sonia
フランスの服飾デザイナー。
⇒異二辞（リキエル，ソニア　1930-2016）
　外12（リキエル，ソニア　1930.5.25-）
　外16（リキエル，ソニア　1930.5.25-）
　ネーム（リキエル　1930-）

Rykov, Aleksei Ivanovich
ソ連の共産主義指導者，政治家。1921〜24年人民委員会議長代理兼労働・国防委員会議長代理。
⇒岩世人（ルイコフ　1881.2.13/25-1938.3.15）
　学叢思（ルイコフ　1881-）

Rylance, Mark
イギリスの俳優，演出家。
⇒外16（ライランス，マーク　1960.1.18-）

Rylant, Cynthia
アメリカの児童文学者。
⇒外16（ライラント，シンシア　1954-）
　現世文（ライラント，シンシア　1954-）

Ryle, Gilbert
イギリスの哲学者。日常言語学派の中心的人物。主著『精神の概念』（1949），『ディレンマ』（54）。
⇒岩世人（ライル　1900.8.19-1976.10.6）
　広辞7（ライル　1900-1976）
　新カト（ライル　1900.8.19-1976.10.6）
　哲中（ライル　1900-1976）
　メル3（ライル，ギルバート　1900-1976）

Ryle, Sir Martin
イギリスの物理学者，電波天文学者。電波干渉計を開発し，これを用いてパルサーを発見。1974年ノーベル物理学賞を受けた。
⇒岩世人（ライル　1918.9.27-1984.10.14）

オク科（ライル（サー・マーティン）　1918–1984）
広辞7（ライル　1918–1984）
天文辞（ライル　1918–1984）
天文大（ライル　1918–1984）
ノベ3（ライル,M.　1918.9.27–1984.10.14）

Rýlskii, Maksim F.
ソ連の詩人。愛国主義, 民族友好の思想, 勤労と社会主義建設をテーマとする。
⇒岩世人（ルイスキー　1895.3.7/19–1964.7.24）
　現世文（ルイスキー, マクシム　1895.3.19–1964.7.24）

Ryman, Geoff
イギリスの作家, 映画評論家。
⇒外12（ライマン, ジェフ　1951–）
　現世文（ライマン, ジェフ　1951–）

Ryman, Robert
アメリカの画家。
⇒岩世人（ライマン　1930.5.30–）
　外12（ライマン, ロバート　1930.5.30–）
　外16（ライマン, ロバート　1930.5.30–）
　芸13（ライマン, ロバート　1930–）

Ryoo Kihl-jae
韓国の政治家, 北朝鮮研究家。韓国統一相。
⇒外16（リュギルジェ　柳吉在　1959.1.15–）
　世指導（リュ・ギルジェ　1959.1.15–）

Ryoo Seung-bum
韓国の俳優。
⇒外12（リュスンボム　1980.8.9–）
　外16（リュスンボム　1980.8.9–）
　韓俳（リュ・スンボム　1980.8.9–）

Rypakova, Olga
カザフスタンの三段跳び選手, 走り幅跳び選手。
⇒外16（ルイパコワ, オリガ　1984.11.30–）
　最世ス（ルイパコワ, オリガ　1984.11.30–）

Rysanek, Leonie
オーストリアのソプラノ歌手。1974年からウィーン国立オペラ名誉団員, オーストリアおよびバイエルンの宮廷歌手の称号をもつ。
⇒新音中（リーザネク, レオニー　1926.11.14–1998.3.7）
　標音2（リーザネク, レオニー　1926.11.14–1998.3.7）

Ryskal, Inna Valerevna
ソ連の女子バレーボール選手。
⇒岩世人（ルイスカリ（リスカル）　1944.6.15–）

Rysselberghe, Théo van
ベルギーの画家。点描派。主作品『マンドリンを弾く人』(1882), 『ヴェラーレン像』(1915)。
⇒岩世人（ファン・レイセルベルヘ　1862.11.23–1926.12.13）

Ryti, Risto Heikki
フィンランドの政治家, 銀行家。フィンランド銀行総裁（1923〜40,44〜45）, 首相（39〜40）, 大統領（40〜44）。
⇒岩世人（リュティ　1889.2.3–1956.10.25）

Rýtkheu, Yurii S.
ソ連の作家。北東シベリアの遊牧民出身。代表作は『友・同志』(1953)。
⇒現世文（ルイトヘウ, ユリー　1930.3.8–2008.5.14）

Ryu
韓国のシンガー・ソングライター。
⇒外12（Ryu　リュウ　1974.6.23–）
　外16（Ryu　リュウ　1974.6.23–）

Ryu Deok-hwan
韓国の男優。
⇒韓俳（リュ・ドクファン　1987.6.12–）

Ryu Eun-kyu
韓国の写真家。
⇒外12（リュウンギュ　柳銀珪　1962–）
　外16（リュウンギュ　柳銀珪　1962–）

Ryu Jin
韓国の男優。
⇒韓俳（リュ・ジン　1972.11.16–）

Ryu Joong-il
韓国のプロ野球選手。
⇒最世ス（ユジュンイル　1963.4.28–）

Ryu Seung-Soo
韓国の男優。
⇒韓俳（リュ・スンス　1971.8.12–）

Ryu Seung-wan
韓国の映画監督, 俳優。
⇒外12（リュスンワン　1973.12.15–）
　外16（リュスンワン　1973.12.15–）

Ryu Shiva
韓国の詩人, エッセイスト, 翻訳家。
⇒現世文（リュ・シファ　1959–）

Ryu Si-won
韓国の俳優, 歌手。
⇒外12（リュシウォン　1972.10.6–）
　外16（リュシウォン　1972.10.6–）
　韓俳（リュ・シウォン　1972.10.6–）

Ryu Soo-young
韓国の男優。
⇒韓俳（リュ・スヨン　1979.9.5–）

Ryu So-yeon
韓国のプロゴルファー。
⇒外12（ユソヨン　柳簫然　1990.6.29–）
　外16（リューソヨン　1990.6.29–）
　最世ス（リューソヨン　1990.6.29–）

Ryu Tae-Joon
韓国の男優, モデル, 歌手。
⇒韓俳 (リュ・テジュン 1971.12.7-)

Ryutin, Martemyan Nikitich
ソ連の政治家。
⇒岩世人 (リューチン 1890.2.1/13-1937.1.10)

Ryzhkov, Nikolai Ivanovich
ロシアの政治家。ロシア下院第一副議長, ソ連首相。
⇒岩世人 (ルイシコフ 1929.9.28-)

Ryzhkov, Vladimir
ロシアの政治家。ロシア副首相, ロシア下院第1副議長。
⇒世指導 (ルイシコフ, ウラジーミル 1966.9.3-)

Rza
アメリカのヒップホッププロデューサー。
⇒外16 (RZA レザ 1969-)

Rzewski, Frederic
アメリカのピアノ奏者, 作曲家。
⇒岩世人 (ジェフスキー 1938.4.13-)
　ク音3 (ジェフスキー 1938-)
　新音中 (ジェフスキ, フレデリック 1938.4.13-)
　ピ曲改 (ジェフスキー, フレデリック 1938-)
　標音2 (ジェフスキー, フレデリック 1938.4.13-)

【S】

Sa'ādah, Antūn
レバノンの政治家。レバノン民族主義を拒否し, 大シリア主義を提唱。
⇒岩世人 (サアーダ, アントゥーン 1904.3.1-1949.7.8)

Saad al-Abdullah al-Salem al-Sabah
クウェートの政治家。クウェート首長 (2006)。
⇒世指導 (サアド・アル・アブドラ・アル・サレム・アル・サバハ 1930-2008.5.13)

Saadawi, Nawal El-
エジプトの作家, 精神科医, フェミニスト。
⇒外12 (サーダウィ, ナワル・エル 1931.10.27-)
　外16 (サーダウィ, ナワル・エル 1931.10.27-)
　現世文 (サーダウィ, ナワル・エル 1931.10.27-)

Saakashvili, Mikhail
ジョージアの政治家。ジョージア大統領, ジョージア国民運動党首。
⇒岩世人 (サアカシュヴィリ 1967.12.21-)
　外12 (サーカシビリ, ミハイル 1967.12.21-)
　外16 (サーカシヴィリ, ミヘイル 1967.12.21-)
　世指導 (サーカシヴィリ, ミヘイル 1967.12.21-)

Saar, Ferdinand von
オーストリアの作家。
⇒岩世人 (ザール 1833.9.30-1906.7.24)

Saariaho, Kaija Anneli
フィンランドの作曲家。
⇒ク音3 (サーリアホ 1952-)
　新音中 (サーリアホ, カイヤ 1952.10.14-)

Saarinen, Eero
フィランド生まれのアメリカの建築家。主作品は, ゼネラル・モーターズ技術センター (1948~56), ダレス空港ビル (58~62) など。
⇒岩世人 (サーリネン 1910.8.20-1961.9.1)
　広辞7 (サーリネン 1910-1961)
　世建 (サーリネン, エーロ 1910-1961)

Saarinen, Eliel
フィンランド生まれのアメリカの建築家。
⇒岩世人 (サーリネン 1873.8.20-1950.7.1)

Saarman, Risto
フィンランドのテノール歌手。
⇒魅惑 (Saarman, Risto 1956-)

Sa'at, Alfian
シンガポールの詩人, 作家, 劇作家。
⇒海文新 (サアット, アルフィアン 1977-)
　現世文 (サアット, アルフィアン 1977-)

Saavedra Lamas, Carlos
アルゼンチンの法律家, 外交官, 政治家。法務・教育相, 外相を歴任。1936年ノーベル平和賞受賞。
⇒岩世人 (サーベドラ・ラマス 1878.11.1-1959.5.5)
　ノベ3 (サーベドラ・ラマス,C. 1878.11.1-1959.5.5)

Saba, Richard
アメリカ・ミネソタ州ミネアポリス生まれの画家。
⇒芸13 (サバ, リチャード 1946-)

Saba, Umberto
イタリアの詩人。詩風はやや古く, 現代に生き残った最大の抒情詩人といわれる。
⇒岩世人 (サーバ 1883.3.9-1957.8.25)
　現世文 (サーバ, ウンベルト 1883.3.9-1957.8.25)
　広辞7 (サーバ 1883-1957)
　ユ著人 (Saba,Umberto サーバ, ウンベルト 1883-1957)

Sabah al-Ahmad al-Jabir al-Sabah
クウェートの政治家。クウェート首長 (2006~)。
⇒外12 (サバハ・アル・アハマド・アル・ジャビル・アル・サバハ 1929.6.16-)
　外16 (サバハ・アル・アハマド・アル・ジャビル・アル・サバハ 1929.6.16-)
　世指導 (サバハ・アル・アハマド・アル・ジャビ

ル・アル・サバハ　1929.6.16–）

Sabahattin Ali
トルコの作家。
⇒岩世人（サバハッティン・アリ　1907.2.25–1948.4.2)

Sabah Fakhri
アラブの歌手。
⇒岩世人（サバハ・ファクリ　1933–）

Sabancı, Hacı Ömer
トルコの実業家。
⇒岩世人（サバンジュ　1906–1966.2.2）

Sabaneev, Leonid Leonidovich
ロシア生まれの音楽評論家。パリに定住し、ロシア音楽の評論や作曲に従事した。
⇒岩世人（サバネーエフ　1881.9.19/10.2–1968.5.3)
　標音2（サバーネエフ、レオニート・レオニドヴィチ　1881.10.1–1968.5.3)

Sabata, Victor de
イタリアの指揮者、作曲家。スカラ座の正指揮者を務め、トスカニーニと並ぶイタリアの代表的指揮者。
⇒岩世人（デ・サバタ　1892.4.10–1967.12.11)
　オペラ（デ・サバタ、ヴィクトル　1892–1967）
　新音中（デ・サーバタ、ヴィクトール　1892.4.10–1967.12.11)
　標音2（デ・サーバタ、ヴィクトル　1892.4.10–1967.12.11)

Sabate, Juan
スペイン?のテノール歌手。
⇒魅惑（Sabate,Juan　?–?）

Sabathia, Carsten Charles
アメリカの大リーグ選手（投手）。
⇒外12（サバシア,C.C.　1980.7.21–）
　外16（サバシア,CC　1980.7.21–）
　最世ス（サバシア,C.C.　1980.7.21–）
　メジャ（サバシア,C・C　1980.7.21–）

Sabatier, Ernest
フランス出身の宣教師。
⇒新カト（サバティエ　1886.5.24–1965)

Sabatier, Paul
フランスの有機化学者。有機不飽和化合物の水素を添加することに成功。1912年ノーベル化学賞受賞。
⇒岩世人（サバティエ　1854.11.5–1941.8.14)
　化学（サバティエ　1854–1941）
　広辞7（サバティエ　1854–1941）
　ノベ3（サバチエ,P.　1854.11.5–1941.8.14)

Sabatier, Paul
フランスのプロテスタント教会史家。『アッシジの聖フランシスコ伝』(1893)を著わす。
⇒岩世人（サバティエ　1858.8.3–1928.3.4)

オク教（サバティエ　1858–1928）
学叢思（サバティエー、ポール　1858–?）
新カト（サバティエ　1858.8.3–1928.3.4)

Sabatier, Robert
フランスの文学者。「Albin Michel」社文芸部長。
⇒外12（サバティエ、ロベール　1923.8.17–）
　現世文（サバティエ、ロベール　1923.8.17–2012.6.28)

Sabatini, Rafael
イギリスの歴史ロマンス作家。
⇒現世文（サバティーニ、ラファエル　1875.4.29–1950.2.13)

Sábato, Ernesto
アルゼンチンの小説家。『トンネル』(1948)、『英雄たちと墳墓について』(62)で、同国の代表的作家の一人となる。
⇒岩世人（サバト　1911.6.24–2011.4.30）
　現世文（サバト、エルネスト　1911.6.24–2011.4.30)
　ラテ新（サバト　1911–2011）

Sabato, Larry J.
アメリカの政治学者。
⇒外16（サバト、ラリー）

Sabatucci, Lorenzo
イタリアのテノール歌手。
⇒失声（サバトゥッチ、ロレンツォ　?–?）
　魅惑（Sabatucci,Lorenzo　?–）

Sabbatini, Giuseppe
イタリアのテノール歌手。
⇒外12（サッパティーニ、ジュゼッペ　1957–）
　外16（サッパティーニ、ジュゼッペ　1957–）
　失声（サッパティーニ、ジュゼッペ　1957–）
　魅惑（Sabbatini,Giuseppe　1957–）

Sabbatino, Peter L.F.
アメリカ・ニューヨークのベテラン刑事専門弁護士。タルマッジ・ヘイヤーの弁護人。
⇒マルX（SABBATINO,PETER L.F.　サバティノ、ピーター・L・F）

Sabella, Alejandro
アルゼンチンのサッカー指導者、サッカー選手。
⇒外16（サベーラ、アレハンドロ　1954.11.5–）

Saber, Mamitua
フィリピンの社会学者。
⇒岩世人（サベール　1922–1992）

Saberhagen, Bret William
アメリカの大リーグ選手（投手）。
⇒メジャ（セイバーヘイゲン、ブレット　1964.4.11–）

Saberi, Roxana
アメリカの記者。

Sabin, Albert Bruce
アメリカで活躍するロシア生まれの細菌学者。1957年ポリオ予防用生ワクチンを創製。
⇒岩世人（セイビン 1906.8.26-1993.3.3）
旺生5（セービン 1906-1993）
ユ著人（Sabin,Albert Bruce セービン，アルバート・ブルース 1906-1993）

Sabine, George Holland
アメリカの哲学者，政治学者。コーネル大学哲学教授（1931〜48），同副総長（43〜46）。
⇒岩世人（セイバイン 1880.12.9-1961.1.18）

Sabine, Paul Earls
アメリカの音響学者。建築物の吸音材，防音壁などについて多くの研究がある。
⇒岩世人（セイビン 1879.1.22-1958.12.28）

Sabines, Jaime
メキシコの詩人。
⇒現世文（サビネス，ハイメ 1926.3.25-1999.3.19）

Sáblíková, Martina
チェコのスピードスケート選手。
⇒外12（サブリコヴァ，マルティナ 1987.5.27-）
外16（サブリコヴァ，マルティナ 1987.5.27-）
最世ス（サブリコヴァ，マルティナ 1987.5.27-）

Sablon, Jean
フランスの男性シャンソン歌手。『去りゆく君』を歌って，ディスク大賞を受賞（1936）。
⇒標音2（サブロン，ジャン 1906.3.25-1994.2.24）

Sabnani, Nina
インドのアニメーション作家，教育者，研究者。
⇒アニメ（サブナニ，ニナ 1956-）

Sabo, Christopher Andrew
アメリカの大リーグ選手（三塁）。
⇒メジャ（セイボー，クリス 1962.1.19-）

Sabouraud, Raymond Jacques Adrian
フランスの皮膚科学者。放射線による皮膚病の治療法を創始（1904）。
⇒岩世人（サブロー 1864.11.24-1938）

Sabouret, Jean-François
フランスの社会学者。
⇒外12（サブレ，ジャン・フランソワ 1946-）
外16（サブレ，ジャン・フランソワ 1946-）

Sabra, George
シリアの政治家。
⇒外16（サブラ，ジョージ 1947-）
世指導（サブラ，ジョージ 1947-）

Sabrī, Alī
エジプトの軍人，政治家。エジプト副大統領。
⇒岩世人（サブリー，アリー 1920.8.30-1991.8.3）

Sabri, Naji
イラクの政治家，ジャーナリスト。イラク外相。
⇒世指導（サブリ，ナジ 1951-）

Sabrosa, Simão
ポルトガルのサッカー選手。
⇒外12（サブローザ，シモン 1979.10.30-）
外16（サブローサ，シモン 1979.10.30-）
最世ス（サブローサ，シモン 1979.10.30-）

Sabti, Qasim
イラクの画家。
⇒外12（サブティー，カーシム 1953-）
外16（サブティー，カーシム 1953-）

Sabu
インド生まれの男優。
⇒ク俳（サブ（バスタジール,S） 1924-1963）
スター（サブー 1924.1.27-1963）

Sabuda, Robert
アメリカ・ミシガン州ピンクニー出身のポップアップアーティスト。
⇒絵本（サブダ，ロバート 1965-）

Saca, Antonio Elías
エルサルバドルの政治家，スポーツキャスター。エルサルバドル大統領（2004〜09），エルサルバドル民族主義共和同盟（ARENA）党首。
⇒外12（サカ，アントニオ 1965.3.9-）
外16（サカ，アントニオ 1965.3.9-）
世指導（サカ，アントニオ 1965.3.9-）

Sá-Carneiro, Mário de
ポルトガルの詩人，小説家。近代主義派の代表的詩人の一人。雑誌『オルフェウ』を刊行。
⇒岩世人（サ＝カルネイロ 1890.5.19-1916.4.26）

Saccà, Roberto
ドイツのテノール歌手。
⇒失声（サッカ，ロベルト 1961-）
魅惑（Saccá,Robero 1961-）

Sacchi, Arrigo
イタリアのサッカー監督。
⇒外12（サッキ，アリーゴ 1946.4.1-）
外16（サッキ，アリーゴ 1946.4.1-）

Sacchi, Flavio
テノール歌手。
⇒魅惑（Sacchi,Flavio ?-）

Sacco, Nicola
イタリア生まれの政治的急進主義者。〈サッコ・ヴァンゼッティ〉事件で知られる。
⇒岩世人（サッコ 1891.4.22-1927.8.23）

世人新（サッコ　1891–1927）
世人装（サッコ　1891–1927）
ポプ人（サッコ, ニコラ　1891–1927）

Sachar, Louis
アメリカの児童文学者。
⇒外12（サッカー, ルイス　1954–）
⇒外16（サッカー, ルイス　1954–）
現世文（サッカー, ルイス　1954–）

Sachau, Karl Eduard
ドイツの東洋学者。ビールーニーの著書翻訳のほか、イブン・サアドの『大列伝』を刊行（1904～17）。
⇒岩世人（ザッハウ　1845.7.20–1930.9.17）

Sachenbacher-Stehle, Evi
ドイツのスキー選手（距離）。
⇒外12（ザッヘンバッハー・シェテレ, エヴィ　1980.11.27–）
⇒外16（ザッヘンバッハー・シェテレ, エヴィ　1980.11.27–）
最世ス（ザッヘンバッハー・シェテレ, エヴィ　1980.11.27–）

Sacher, Jürgen
ドイツのテノール歌手。
⇒魅惑（Sacher, Jürgen　1960–）

Sacher, Paul
スイスの指揮者。1955年スイス作曲家協会名誉会長に就任。57年バーゼル大学名誉教授となる。
⇒新音中（ザッハー, パウル　1906.4.28–1999.5.26）
標音2（ザッハー, パウル　1906.4.28–1999.5.26）

Sachs, Bernard
アメリカの神経学者。小児神経学のパイオニア。
⇒ユ著人（Sachs, Bernard　ザックス, バーナード　1858–1944）

Sachs, Curt（Kurth）
ドイツ生まれのアメリカの音楽学者。主著"Reallexikon der Musikinstrumente"（1913）。
⇒岩世人（ザックス　1881.6.29–1959.2.5）
広辞7（ザックス　1881–1959）
新音中（ザックス, クルト　1881.6.29–1959.2.5）
標音2（ザックス, クルト　1881.6.29–1959.2.5）
ユ著人（Sachs, Curt　ザックス, クルト　1881–1959）

Sachs, George
ロシア生まれのアメリカの冶金学者。
⇒岩世人（ザックス　1896.4.5–1960.10.30）

Sachs, Hanns
オーストリア・ウィーン生まれの精神分析学者（非医師）。
⇒ユ著人（Sachs, Hanns　ザックス, ハンス　1881–1947）

Sachs, Hans
ドイツの細菌学者。梅毒血清診断法を考案。

⇒岩世人（ザックス　1877.6.6–1945.3.25）

Sachs, Jeffrey David
アメリカの経済学者。
⇒岩経（サックス　1954–）
岩世人（サックス　1954.11.5–）
外12（サックス, ジェフリー　1954.11.5–）
外16（サックス, ジェフリー　1954.11.5–）
有経5（サックス　1954–）

Sachs, Nelly
ドイツの女性詩人。1966年ノーベル文学賞受賞。ナチスの追求を逃れ、ストックホルムに移住。主著、詩集『逃亡と変身』(59) など。
⇒岩キ（ザックス　1891–1970）
岩世人（ザックス　1891.12.10–1970.5.12）
現世文（ザックス, ネリー　1891.12.10–1970.5.12）
新カト（ザックス　1891.12.10–1970.5.12）
ノベ3（ザックス, N.　1891.12.10–1970.5.12）
ユ著人（Sachs, Nelly（Leonie）　ザックス, ネリー　1891–1970）

Sachs, Samuel
アメリカの投資銀行家。ゴールドマン・サックス商会創業者。
⇒アメ経（サックス, サミュエル　1851.7.28–1935.3.2）

Sachs, Troy
オーストラリアの車いすバスケットボール選手。
⇒最世ス（サックス, トロイ　1975.12.3–）

Sacks, Oliver（Wolf）
イギリスの神経病理学者、神経科医、著述家。
⇒ポプ人（サックス, オリバー　1933–2015）

Sackville-West, Victoria Mary
イギリスの女性詩人、小説家。ブルームズベリー・グループの一人。ウルフの作品『オーランドー』のモデルといわれる。
⇒岩世人（サックヴィル＝ウェスト　1892.3.9–1962.6.2）
現世文（サックビル・ウェスト, ビタ　1892.3.19–1962.6.2）

Sacramone, Alicia
アメリカの体操選手。
⇒最世ス（サクラモーン, アリシア　1987.12.3–）

al-Sādāt, Anwār
エジプトの軍人、政治家。ナセルらとともに自由将校団を結成。1970年急死したナセルのあとを継いで大統領に就任した（～81）。
⇒イス世（サーダート　1918–1981）
岩イ（サーダート　1918–1981）
岩世人（サーダート, アンワル　1918.12.25–1981.10.6）
広辞7（サダト　1918–1981）
政経改（サダト　1918–1981）
世史改（サダト　1918–1981）
世人新（サダト　1918–1981）

世人装（サダト　1918-1981）
ノベ3（サダト,A.　1918.12.25-1981.10.6）
ポプ人（サダト, アンワル　1918-1981）
マルX（AL-SADAT,MUHAMMAD ANWAR
　　サダト, ムハンマド・アンワル・アル　1918-1981）
もう山（サダト　1918-1981）

al-Saʻdāwī, Nawāl
エジプトのフェミニスト作家, 精神科医。
⇒岩イ（サアダーウィー　1931-）
　岩女（サアダーウィ, ナワール・エル　1931-）
　岩世人（サアダーウィー, ナワール　1931-）
　広辞7（サアダーウィー　1931-）

Saʻd Būh
モーリタニアのスーフィー。フランスの植民地支配の確立に協力。
⇒岩イ（サアド・ブー　1850-1917）

Sade, Gabriel
ルーマニアのテノール歌手。
⇒魅惑（Sade,Gabriel　?-）

Sadecki, Raymond Michael
アメリカの大リーグ選手（投手）。
⇒メジャ（サデッキー, レイ　1940.12.26-）

Sadequain Naqvi
パキスタンの画家, 書家。
⇒岩世人（サーディカイン　1930.6.30-1987.2.10）

Sadero, Geni
イタリアの歌手, 作曲家。ヨーロッパ各地で通俗歌曲演奏家として活躍した。
⇒標音2（サデーロ, ジェーニ　1886.5.12-1961.8.7）

Sadie, Stanley
イギリスの音楽学者, 批評家。
⇒岩世人（セイディ　1930.10.30-2005.3.21）
　新音中（セイディ, スタンリー　1930.10.30-）

Sadik, Nafis
パキスタンの小児科医, 産婦人科医。
⇒外12（サディック, ナフィス　1929.8.18-）
　外16（サディック, ナフィス　1929.8.18-）
　世指導（サディック, ナフィス　1929.8.18-）

Sadikin, Ali
インドネシアの軍人, 政治家。
⇒岩世人（サディキン, アリ　1927.7.7-2008.5.20）

Sa Ding-ding
中国の歌手。
⇒外12（サーディンディン　1983.12.27-）
　外16（サーディンディン　1983.12.27-）

Sadleir, Michael
イギリスの小説家, 書誌学者。書籍収集家としても有名。
⇒岩世人（サドラー　1888.12.25-1957.12.13）

Sadler, Arthur Lindsay
イギリスの日本学者。来日し第6高等学校や学習院で英語を教えた。英訳『平家物語』（1918～21）がある。
⇒岩世人（サドラー　1882-1970.7.23）

Sadler, Michael Ernest
イギリスの教育家。1915～22年教師登録会議議長,1923～24年オックスフォード大学ユニヴァーシティ・カレッジの学長などを歴任。
⇒岩世人（サドラー　1861.7.3-1943.10.14）
　教人（サドラー　1861-1943）

Sadli, Mohammad
インドネシアの経済学者, 閣僚。1971年労働力相,73年鉱業相。
⇒岩世人（サドリ, モハマッド　1922.6.10-2008.1.8）

Sádlo, Miloš
チェコスロバキアのチェロ奏者。1961年発見のハイドンの協奏曲ハ長調の初演者として知られる。
⇒標音2（サードロ, ミロシュ　1912.4.13-）

Sadoveanu, Mihail
ルーマニアの小説家。代表作は『ニコアラ・ボトコアバ』（1952）など。60年レーニン平和賞受賞。
⇒岩世人（サドヴェアヌ　1880.10.24/11.5-1961.10.19）

Sadovnichy, Victor Antonovich
ロシアの数学者, 物理学者。
⇒外12（サドーヴニチィ, ヴィクトル　1939.4.3-）
　外16（サドーヴニチィ, ヴィクトル　1939.4.3-）

Sadowski, Andrzej
ポーランド生まれの画家。
⇒芸13（サドフスキ, アンドルス　1946-）

al-Ṣadr, Muḥammad Bāqir
イラクの十二イマーム・シーア派法学者, 政治指導者。
⇒イス世（サドル　1935-）
　岩イ（サドル, ムハンマド・バーキル　1935-1980）
　岩世人（サドル, ムハンマド・バーキル　1935.3.1-1980.4.9/8）

Sadr, Muqtada al-
イラクのイスラム教シーア派指導者。
⇒外12（サドル, ムクタダ　1973.8.12-）
　外16（サドル, ムクタダ　1973.8.12-）
　世指導（サドル, ムクタダ　1973.8.12-）

al-Ṣadr, Mūsā
イラン出身のシーア派法学者。
⇒岩イ（サドル, ムーサー　1928-1978?）
　岩世人（サドル, ムーサー　1928-1978?）

Sadva, Natalya
ロシアの円盤投げ選手。
⇒最世ス（サドワ, ナタリア　1972.7.15–）

Sā'edī, Gholām-Ḥoseyn
イランの作家, 戯曲家。
⇒岩世人（サーエディー　1936.1.4–1985.11.23）

Saei Bonehkohal, Hadi
イランのテコンドー選手。
⇒外12（サエイ・ボネハル, ハディ　1976.6.10–）
最世ス（サエイ・ボネハル, ハディ　1976.6.10–）

Saelens, Yves
ベルギーのテノール歌手。
⇒魅惑（Saelens,Yves　?–）

Sáenz Peña, Roque
アルゼンチンの政治家。アルゼンチン大統領（1910〜14）。
⇒岩世人（サエンス・ペニャ　1851.3.19–1914.8.9）

Saetti, Bruno
イタリアの画家。1934年イタリア風景画展で金賞を受賞。52年ベネチア・ビエンナーレ展で第1席の賞を受賞。
⇒芸13（サエッティ, ブルーノ　1902–1971）

Saeverud, Harald
ノルウェーの作曲家。
⇒新音中（セーヴェルー, ハーラル　1897.4.17–1992.3.27）

Safadi, Ayman
ヨルダンの政治家, 実業家。ヨルダン外相・移民相。
⇒世指導（サファディ, アイマン　1960.3.30–）

Safar, Adel
シリアの政治家。シリア首相。
⇒外16（サファル, アーデル　1953–）
世指導（サファル, アーデル　1953–）

Ṣafar al-Bashīr
青年チュニジア人運動の指導者。
⇒岩イ（サファル・バシール　1865–1917）

Safford, Laurance F.
アメリカの海軍軍人, 暗号解読者。
⇒スパイ（サフォード, ローレンス・F　1893–1973）

Safier, David
ドイツの作家, 脚本家。
⇒海文新（ザフィア, ダーヴィット　1966.12.13–）
現世文（ザフィア, ダーヴィット　1966.12.13–）

Safin, Marat
ロシアのテニス選手。
⇒外12（サフィン, マラト　1980.1.27–）
外16（サフィン, マラト　1980.1.27–）
最世ス（サフィン, マラト　1980.1.27–）

Safina, Dinara
ロシアのテニス選手。
⇒外12（サフィナ, ディナラ　1986.4.27–）
最世ス（サフィナ, ディナラ　1986.4.27–）

Safrai, Shmuel
イスラエルの歴史家。
⇒ユ著人（Safrai,Shmuel　サフライ, シュムエル　1919–）

Sagan, Carl
アメリカの宇宙科学者, 科学ジャーナリスト。著書に『宇宙と連帯』『コスモス』など。
⇒科史（セーガン　1934–1996）
現科大（ホーキングとセーガン　1934–1996）
広辞7（セーガン　1934–1996）
天文辞（セーガン　1934–1996）
ネーム（セーガン, カール　1934–1996）
ポプ人（セーガン, カール　1934–1996）

Sagan, Françoise
フランスの小説家, 劇作家。
⇒岩世人（サガン　1935.6.21–2004.9.24）
現世文（サガン, フランソワーズ　1935.6.21–2004.9.24）
広辞7（サガン　1935–2004）
世人新（サガン　1935–2003）
世人装（サガン　1935–2003）
フ文小（サガン, フランソワーズ　1935–2004）
ポプ人（サガン, フランソワーズ　1935–2004）

Sagan, Paul
アメリカの実業家。
⇒外12（セーガン, ポール　1959–）
外16（セーガン, ポール　1959–）

Sagarminaga, Carlos
メキシコ?のテノール歌手。
⇒魅惑（Sagarminaga,Carlos　?–?）

Sage, Angie
イギリスの作家。
⇒海文新（セイジ, アンジー　1952–）

Sägebrecht, Marianne
西ドイツ生まれの女優。
⇒外16（ゼーゲブレヒト, マリアンネ　1945.8.27–）

Sagmeister, Stefan
アメリカ・ニューヨークを中心に活動するグラフィック・デザイナー。
⇒グラデ（Sagmeister,Stefan　ザグマイスター, シュテファン　1962–）

Sägmüller, Johann Baptist
ドイツの教会法史学者, 教育学者。
⇒新カト（ゼーグミュラー　1860.2.24–1942.10.22）

Sagnier, Ludivine
フランスの女優。
⇒外12 (サニエ, リュディヴィーヌ 1979.7.3–)
　外16 (サニエ, リュディヴィーヌ 1979.7.3–)

Saha, Meghnad
インドの天文学者。原子核物理学研究所の創設者。電離現象などの研究に従事した。
⇒岩世人 (サハ 1893.10.6–1956.2.16)
　天文辞 (サハ 1893–1956)
　天文大 (サハ 1893–1956)
　南ア新 (サハ 1894–1956)
　物理 (サハ, メーグナード 1893–1956)

Sahakian, Bako
アゼルバイジャンの政治家。アルツァフ共和国 (ナゴルノ・カラバフ) 大統領 (2007〜)。
⇒外12 (サアキャン, バコ)
　外16 (サアキャン, バコ 1960.8.30–)
　世指導 (サアキャン, バコ 1960.8.30–)

Sahat Mahakhun
タイの実業家。
⇒岩世人 (サハット・マハークン 1895.3.1–1961.7.29)
　タイ (サハット・マハークン (張蘭臣) 1895–1961)

al-Sahhaf, Mohammed Saeed
イラクの軍人, 政治家。イラク情報相, イラク外相。
⇒世指導 (サハフ, ムハンマド・サイード・アル 1939–)

Ṣaḥḥāfbāshī, Ebrāhīm
イランの商人, 旅行家。
⇒岩イ (サッハーフバーシー ?–1905以後)

Sahi, Jyoti
インドの現代画家。
⇒新カト (サーヒ 1944.7.18–)

Sahin, Nuri
トルコのサッカー選手 (ドルトムント・MF)。
⇒最世ス (シャヒン, ヌリ 1988.9.5–)

Sahin, Ramazan
トルコのレスリング選手 (フリースタイル)。
⇒外12 (シャヒン, ラマザン 1983.7.8–)
　最世ス (シャヒン, ラマザン 1983.7.8–)

Sahli, Hermann
スイスの医者。胃の機能を検査する方法を考案 (1891)。
⇒岩世人 (ザーリ 1856.5.23–1933.4.28)

Sahlins, Marshall (David)
アメリカの人類学者。
⇒岩世人 (サーリンズ 1930.12.27–)
　現社 (サーリンズ 1930–)

Sahm, Doug
アメリカの歌手, 作曲家。
⇒ロック (Sahm, Doug ザーム, ダグ 1941.11.6–)

Sāhnī, Bhīṣm
インドのヒンディー語の作家。
⇒現世文 (サーヘニー, ビーシュム 1915.8.8–2003.7.11)

Sahni, Daya Ram
インドの考古学者。セヘート・マヘート, バイラート遺跡などを発掘。
⇒岩世人 (サーヘニー 1879–1939)

Sai Baba, Satya
インドの宗教家。
⇒現アジ (サイ・ババ 1926–)
　南ア新 (サイ・ババ 1926–2011)

Said
イラン出身のドイツ語詩人。
⇒岩世人 (ザーイード 1947–)

Said, Abdelmonem
エジプトのコラムニスト。
⇒外12 (サイード, アブデルモネム 1948–)
　外16 (サイード, アブデルモネム 1948–)

Said, Edward W.
パレスチナ出身のアメリカの批評家, 文学研究者。
⇒岩イ (サイード 1935–)
　岩世人 (サイード 1935.11.1–2003.9.25)
　現イ (サイード 1935–2003)
　現宗 (サイード 1935–2003)
　広辞7 (サイード 1935–2003)
　世史改 (サイード 1935–2003)
　世人新 (サイード 1935–2003)
　世人装 (サイード 1935–2003)
　哲中 (サイード 1935–2003)
　ネーム (サイード 1935–2003)
　ポブ人 (サイード, エドワード 1935–2003)
　メル別 (サイード, エドワード・ワディ 1935–2003)
　有経5 (サイード 1935–2003)

Said, Mohammad
インドネシアのジャーナリスト。
⇒岩世人 (サイド, モハマッド 1907–?)

Said, S.F.
イギリスの作家。
⇒海文新 (サイード, S.F. 1967–)

Saidakova, Nadia
ロシアのバレリーナ。
⇒外12 (サイダコワ, ナディア)
　外16 (サイダコワ, ナディア)

Sa'îd Halim Paşa, Mehmet
エジプト王族出身のオスマン帝国大宰相。

⇒岩イ（サイード・ハリム・パシャ 1863–1921）

Saifuddin III, Paduka Seri Begawan Sultan Omar Ali
ブルネイの国王。在位1950〜67。
⇒岩世人（サイフディン3世, オマール・アリ 1914.9.23–1986.9.7）

Saikhanbileg, Chimed
モンゴルの政治家。モンゴル首相。
⇒外16（サイハンビレグ, チメド 1969.2.17–）
世指導（サイハンビレグ, チメド 1969.2.17–）

Sailer, Toni
オーストリアのスキー選手。1956年のコルチナ冬季オリンピック競技大会のアルペン種目3種目で優勝。
⇒岩世人（ザイラー 1935.11.17–2009.8.24）

Saillant, Louis
フランスの労働運動家。ナチス占領下で, CGT地下組織を指導。レジオン・ドヌール勲章, レジスタンス勲章のほか, 1957年レーニン平和賞, 67年ルムンバ大学名誉博士号を授与された。
⇒岩世人（サイヤン 1910.11.27–1974.10.28）

Sain, John Franklin
アメリカの大リーグ選手（投手）。
⇒メジャ（セイン, ジョニー 1917.9.25–2006.11.7）

Saing Htee Saing
ビルマ（ミャンマー）の歌手。
⇒岩世人（サインティーサイン 1950.9.23–2008.3.10）

Sainsbury, Keith J.
ニュージーランドの海洋学者, 生態学者。
⇒外12（セインズベリー, キース 1951.2.22–）

Saint, Eva Marie
アメリカ生まれの女優。
⇒外12（セイント, エバ・マリー 1924.7.4–）
ク俳（セイント, エヴァ・マリー 1924–）
スター（セイント, エヴァ・マリー 1924.7.4–）

St.Aubyn, Edward
イギリスの小説家。
⇒現世文（セント・オービン, エドワード 1960.1.14–）

St.Claire, Roxanne
アメリカのロマンス作家。
⇒外12（セントクレア, ロクサナ）

St.Denis, Ruth
アメリカの女性舞踊家。デニション舞踊学校を設立, マーサ・グラハムなどの俊英を輩出した。
⇒岩世人（セント・デニス 1880.1.20–1968.7.21）

Sainte Domitille
サン・モール修道会のフランス人修道女。
⇒新カト（サント・ドミティーユ 1846.5.24–1905.2.23）

Saint-Elie
フランス生まれの幼きイエズス修道会員。日本管区第2代管区長。在職1901〜28。
⇒新カト（サンテリ 1849.4.1–1929.10.15）

Sainte-Marie, Buffy
カナダ生まれの歌手。
⇒ロック（Sainte-Marie,Buffy セント＝マリー, バフィ 1941.2.20–）

Saint-Exupéry, Antoine Marie Roger de
フランスの小説家, 飛行士。飛行士としての知識と経験を, 人間精神の価値に関する深い省察にまで高めて, 密度の高い詩的な文体に表現した。『南方郵便機』（1929）などの作品がある。
⇒岩世人（サンテグジュペリ 1900.6.29–1944.7.31）
絵本（サン＝テグジュベリ, アントワーヌ・ド 1900–1944）
現世文（サン＝テグジュペリ, アントワーヌ・ド 1900.6.29–1944.7.31）
広辞7（サン＝テグジュペリ 1900–1944）
辞歴（サン＝テグジュペリ 1900–1944）
西文（サン＝テグジュペリ, アントワーヌ・ド 1900–1944）
世人新（サン＝テグジュペリ 1900–1944）
世人装（サン＝テグジュペリ 1900–1944）
ネーム（サン＝テグジュペリ 1900–1944）
フ文小（サン＝テグジュペリ, アントワーヌ・ド 1900–1944）
ボブ人（サン＝テグジュペリ, アントワーヌ・ド 1900–1944）

Saint-Exupery, Arnaud de
フランス生まれのアンダーズ東京支配人。
⇒外16（サン・テグジュペリ, アルノー・ド 1971–）

Saint-Foix, Marie Olivier Georges du Parc Poulain, Comte de
フランスの音楽史家。
⇒岩世人（サン＝フォワ 1874.3.2–1954.5.26）
新音中（サン＝フォワ, ジョルジュ・ド 1874.3.2–1954.5.26）
標音2（サン＝フォア, ジョルジュ 1874.3.2–1954.5.26）

St.John, Dick
アメリカの歌手。
⇒ロック（Dick and Deedee ディック＆ディーディー 1945–）

St.John, Jill
アメリカの女優。
⇒ク俳（セント・ジョン, ジル（オッペンハイム,J） 1940–）

Saint Laurent, Louis Stephen
カナダの政治家。1948年自由党総裁に指名され, 首相に就任した。北大西洋条約機構創設者の一人。

⇒岩世人（サン=ローラン　1882.2.1–1973.7.25）

Saint-Laurent, Yves
フランスの服飾デザイナー。C.ディオールの片腕となって活躍し、ディオールの死後、後継者となる。1958年に発表したトラペーズシルエットは特に有名である。
⇒岩世人（サン=ローラン　1936.8.1–2008.6.1）
広辞7（サン・ローラン　1936–2008）
ネーム（サン=ローラン、イヴ　1936–）
ポプ人（サン=ローラン、イブ　1936–2008）

St.Louis, Martin
カナダのアイスホッケー選手（FW）。
⇒外16（セントルイス、マーティン　1975.6.18–）
最世ス（セントルイス、マーティン　1975.6.18–）

Saint-Martin, Yves
フランスの競馬騎手。
⇒岩世人（サン=マルタン　1941.9.8–）

Saint-Ogan, Alain
フランスの漫画家。
⇒絵本（サン=トガン、アラン　1895–1974）

St.Peters, Crispian
イギリスの歌手。
⇒ロック（St.Peters,Crispian　セント・ピーターズ、クリスピアン）

Saint Phalle, Niki de
フランスの前衛美術家。『射撃絵画』（1961）でハプニング芸術全盛時代の申し子となる。
⇒岩世人（ド・サン・ファール　1930.10.29–2002.5.21）
芸13（ナイキ・ド・サン・ファール　1930–）

Saint-Pol Roux
フランスの詩人。代表的詩集『聖体行列の祭壇』（1893～06）のほかに劇詩『大鎌を持った女』（99）などがある。
⇒岩世人（サン=ポル=ルー　1861.1.15–1940.10.18）

Saint-Saëns, Charles Camille
フランスの作曲家、ピアノ奏者、オルガン奏者。「国民音楽協会」を創設。
⇒岩世人（サン=サーンス　1835.10.9–1921.12.16）
エデ（サン=サーンス、(シャルル・)カミーユ　1835.10.9–1921.12.16）
オペラ（サン=サーンス、カミーユ　1835–1921）
学叢思（サン・サーンス、カミーユ　1835–1921）
ク音3（サン=サーンス　1835–1921）
広辞7（サン・サーンス　1835–1921）
19仏（サン=サーンス、カミーユ　1835.10.9–1921.12.16）
辞歴（サン・サーンス　1835–1921）
新オペ（サン=サーンス、シャルル・カミーユ　1835–1921）
新音小（サン=サーンス、カミーユ　1835–1921）
新音中（サン=サーンス、カミーユ　1835.10.9–1921.12.16）
新カト（サン・サーンス　1835.10.9–1921.12.16）

世人新（サン=サーンス　1835–1921）
世人装（サン=サーンス　1835–1921）
ネーム（サン=サーンス　1835–1921）
ピ曲改（サン=サーンス、カミーユ　1835–1921）
標音2（サン=サーンス、シャルル・カミーユ　1835.10.9–1921.12.16）
ポプ人（サン=サーンス、カミーユ　1835–1921）

Saintsbury, George Edward Bateman
イギリスの文学史家、批評家。主著『批評史』（1900～04）、『フランス小説史』（17～19）など。
⇒岩世人（セインツベリ　1845.10.23–1933.1.28）

Sainz, Gustavo
メキシコの作家。
⇒現世文（サインス、グスタボ　1940–）

Sait Faik Abasiyanik
トルコの小説家。近代トルコ文学の先駆者。主著『必要なき男』（1948）。
⇒岩世人（サイト・ファイク・アバスヤヌク　1906.11.18–1954.5.11）
現世文（サイト・ファイク・アバスヤヌク　1906.11.18–1954.5.11）

Saitiev, Buvaisa
ロシアのレスリング選手（フリースタイル）。
⇒岩世人（サイチーエフ（サイキエフ）　1975.3.11–）
外12（サイティエフ、ブワイサ　1975.3.11–）
最世ス（サイティエフ、ブワイサ　1975.3.11–）

Saito, Juniti
ブラジルの軍人。
⇒外12（サイトウ、ジュンイチ）
外16（サイトウ、ジュンイチ）

Saitoti, George
ケニアの政治家、数学者。ケニア副大統領。
⇒世指導（サイトティ、ジョージ　1945–2012.6.10）

Saitshick, Robert
スイスの哲学者。
⇒岩世人（ザイチック　1868.4.24–1965.2.23）

Sa Jae-hyouk
韓国の重量挙げ選手。
⇒外12（サジェヒョク　史載赫　1985.1.29–）
最世ス（サジェヒョク　1985.1.29–）

Sajjad, Shahid
パキスタンの彫刻家。
⇒岩世人（サッジャード　1936–2014.7.28）

Sajjad, Wasim
パキスタンの政治家、法律家。パキスタン大統領代行。
⇒世指導（サジャド、ワシム）

Sakač, Branimir
ユーゴスラビアの作曲家。クロアチア作曲家同盟議長や前衛的な現代音楽祭〈ザグレブ音楽ビ

エンナーレ〉の監督などをつとめた。
⇒標音2（サカッチ,ブラニミール　1918.6.5-）

Sakamoto, Kerri
カナダの作家。
⇒外12（サカモト,ケリー　1959-）
　外16（サカモト,ケリー　1959-）
　現世文（サカモト,ケリー　1959-）

Sa Kang
韓国の女優。
⇒韓俳（サガン　1980.1.4-）

Sakata, Lenn
アメリカの大リーグ選手（内野）。
⇒外12（サカタ,レン　1953.6.8-）

Sakay, Macario
フィリピン革命の軍事的指導者。
⇒岩世人（サカイ　1870-1907）

Sakey, Marcus
アメリカの作家。
⇒外16（セイキー,マーカス）
　海文新（セイキー,マーカス）
　現世文（セイキー,マーカス）

Sakharov, Andrei Dimitrievich
ソ連の原子物理学者、人権擁護運動の活動家。水爆製造の理論的問題を解明し、科学アカデミー正会員に選ばれた。ソ連反体制運動の代表的存在となり、1975年ノーベル平和賞の受賞者に選ばれたが出国を許可されなかった。
⇒異二辞（サハロフ[アンドレイ・〜]　1921-1989）
　岩人（サハロフ　1921.5.21-1989.12.14）
　現科大（サハロフとテラー　1921-1989）
　広辞7（サハロフ　1921-1989）
　国政（サハロフ,アンドレイ　1921-1989）
　政経改（サハロフ　1921-1989）
　世人新（サハロフ　1921-1989）
　世人装（サハロフ　1921-1989）
　ネーム（サハロフ　1921-1989）
　ノベ3（サハロフ,A.D.　1921.5.21-1989.12.14）
　ポプ人（サハロフ,アンドレイ　1921-1989）

Saki
イギリスの小説家。本名Hector Hugh Munro。短篇集『レジナルド』(1904)などがある。
⇒岩世人（サキ　1870.12.18-1916.11.14）
　現世文（サキ　1870.12.18-1916.11.14）
　広辞7（サキ　1870-1916）

Sakic, Joe
カナダのアイスホッケー選手(FW)。
⇒外12（サキック,ジョー　1969.7.7-）
　外16（サキック,ジョー　1969.7.7-）
　最世ス（サキック,ジョー　1969.7.7-）

Sakmann, Bert
ドイツの細胞生理学者。1991年ノーベル生理学医学賞。

⇒岩生（ザクマン　1942-）
　外12（ザクマン,ベルト　1942.6.12-）
　外16（ザクマン,ベルト　1942.6.12-）
　ノベ3（ザクマン,B.　1942.6.12-）

Saksiri Meesomsueb
タイの詩人。
⇒タイ（サックシリ・ミーソムスープ　1957-）

Sala, Giuseppe
イタリアのテノール歌手。
⇒魅惑（Sala,Giuseppe　1870-?）

Sala, Sharon
アメリカのロマンス作家。
⇒外12（サラ,シャロン）

Salacrou, Armand
フランスの劇作家。17歳で短篇小説を「ユマニテ」紙に発表、『アラスの未知の女』(1935)で成功。第2次世界大戦後は『デュラン通り』(61)などの社会劇を書いている。
⇒岩世人（サラクルー　1899.8.9-1989.11.23）
　現世文（サラクルー,アルマン　1899.8.9-1989.11.23）
　広辞7（サラクルー　1899-1989）

Saladino, Irving
パナマの走り幅跳び選手。
⇒外12（サラディノ,アービング　1983.1.23-）
　外16（サラディノ,アービング　1983.1.23-）
　最世ス（サラディノ,アービング　1983.1.23-）

Saladuha, Olha
ウクライナの三段跳び選手。
⇒最世ス（サラドゥハ,オルハ　1983.6.4-）

Ṣalāḥ Khalaf
パレスチナの政治指導者の1人。
⇒岩イ（サラーフ・ハラフ　1933-1991）

Salam, Abdus
パキスタンの物理学者。素粒子の統一模型(1967)をワインバーグと独立に提出。ノーベル物理学賞受賞(79)。
⇒岩世人（サラム　1926.1.29-1996.11.21）
　現科大（サラーム,アブドゥス　1926-1996）
　ノベ3（サラム,A.　1926.1.29-1996.11.21）

Salam, Tammam
レバノンの政治家。レバノン首相。
⇒外16（サラーム,タマム　1945.5.13-）
　世指導（サラーム,タマム　1945.5.13-）

Salāma al-Rāḍī
エジプトのイスラム神秘家（スーフィー）。
⇒岩イ（サラーマ・ラーディー　1866/1867-1939）
　岩世人（サラーマ・ラーディー　1866/1867-1939）

Salāma Mūsā
エジプトのジャーナリスト。

⇒岩世人（サラーマ・ムーサー　1887頃-1958.8.5）

Salamat, Hashim
フィリピンのムスリム政治指導者。モロ・イスラム解放戦線（MILF）議長。
⇒岩世人（サラマト・ハシム　1942.7-2003.7）
　世指導（サラマット，ハシム　1942.7-2003.7.13）

Šalamoun, Jiří
チェコの絵本作家。
⇒絵本（シャラモウン，イジー　1935-）

Salan, Raoul Allin Louis
フランスの軍人。アルジェリア派遣フランス軍総司令官。
⇒岩世人（サラン　1899.6.10-1984.7.3）

Salandra, Antonio
イタリアの政治家，法律家。第1次世界大戦でイギリス，フランスと秘密協定を取決め参戦の条件を整え，戦後はファシズム運動を支持。国際連盟の首席代表もつとめた。
⇒岩世人（サランドラ　1853.8.13-1931.12.9）

Salandy, Giselle
トリニダード・トバゴのプロボクサー。
⇒最世ス（サランディ，ジゼル　1987.1.25-2009.1.4）

Salanskis, Jean-Michel
フランスの数学者，哲学者。
⇒メル別（サランスキ，ジャン＝ミシェル　1951-）

Salas, Marcelo
チリのサッカー選手。
⇒外12（サラス，マルセロ　1974.12.24-）

Salas Barraza, Jésus
メキシコ北部の革命指導者フランシスコ・ビリャの暗殺者。
⇒世暗（サラス・バラサ，ヘスス　1888-1956）

Salazar, Adolfo
スペインの音楽批評家，作曲家。スペインおよびラテン・アメリカ諸国の作曲家を積極的に取り上げ，とくにファリャを擁護したことで知られている。
⇒標音2（サラサル，アドルフォ　1890.3.6-1958.9.27）

Salazar, António de Oliveira
ポルトガルの政治家。1933年新憲法を制定し，独裁政治体制を確立。独裁の批判は内外で次第に高まり，68年引退した。
⇒岩世人（サラザール　1889.4.28-1970.7.27）
　広辞7（サラザール　1889-1970）
　新カト（サラザル　1889.4.28-1970.7.27）
　世史改（サラザール　1889-1970）
　世人新（サラザール　1889-1970）
　世人装（サラザール　1889-1970）
　ネーム（サラザール　1889-1970）

ポプ人（サラザール，アントニオ・デ・オリベイラ　1889-1970）

Salazar, Luis Ernesto
アメリカの大リーグ選手（三塁，外野）。
⇒メジャ（サラサール，ルイス　1956.5.19-）

Salazar, Manuel
コスタリカのテノール歌手。
⇒失声（サラザール，マニュエル（メリコ）　1887-1950）

Salazar, Patricia
コロンビア生まれの画家。
⇒芸13（サラザール，パトリシア　1948-）

Salcedo, Doris
コロンビアの現代美術家。
⇒外16（サルセド，ドリス　1958-）

Salcedo, Sasa
パラグアイのサッカー選手（ハグアレス・チアパス・FW）。
⇒外12（サルセード，ササ　1981.9.6-）
　最世ス（サルセード，ササ　1981.9.6-）

Salchow, (Karl Emil Julius) Ulrich
スウェーデンの男子フィギュアスケート選手。
⇒岩世人（サルコウ　1877.8.7-1949.4.19）

Šalda, František Xaver
チェコスロバキアの文芸評論家。評論集『明日のための闘い』（1905）などがある。
⇒岩世人（シャルダ　1867.12.22-1937.4.4）

Saldari, Luciano
イタリアのテノール歌手。
⇒失声（サルダーリ，ルチアーノ　1933-1996）
　魅惑（Saldari,Luciano　1934-）

Saldivar, Vicente
メキシコのプロボクサー。
⇒異二辞（サルディバル［ビセンテ・～］　1943-1985）

Sale, Chris
アメリカの大リーグ選手（ホワイトソックス・投手）。
⇒最世ス（セール，クリス　1989.3.30-）

Saleeby, Najeeb Mitry
アメリカの医者，教育者。
⇒アア歴（Saleeby,Najeeb M(itry)　サレビー，ナジブ・ミトリ　1870-1935.12.18）
　岩世人　サリービー　1870-1935）

Saleh, Ali Abdullah
イエメンの政治家，軍人。イエメン大統領（1990～2012）。
⇒岩世人（サーレハ　1942.3.21-）
　外12（サレハ，アリ・アブドラ　1942.3.21-）

外16（サレハ, アリ・アブドラ　1942.3.21–）
世指導（サレハ, アリ・アブドラ　1942.3.21–
2017.12.4)

Saleh, Khaerul
インドネシアの政治家。
⇒岩世人（サレー, ハエルル　1916.9.13–1967.2.8）

Salehi, Ali Akbar
イランの政治家, 物理学者。イラン副大統領, 外相。
⇒外12（サレヒ, アリ・アクバル　1949.3.24–）
　外16（サレヒ, アリ・アクバル　1949.3.24–）
　世指導（サレヒ, アリ・アクバル　1949.3.24–）

Saleilles, Sébastien Felix Raymond
フランスの法学者。「科学学派」の創始者。「自然法の客観的実現」の理論を展開。
⇒岩世人（サレイユ　1855.1.14–1912.3.3）
　ネーム（サレーユ　1855–1912）

Salelno-Sonnenberg, Nadja
アメリカのヴァイオリン奏者。
⇒外12（サレルノ・ソネンバーグ, ナージャ　1961–）
　外16（サレルノ・ソネンバーグ, ナージャ　1961–）

Salem, Enrique T.
アメリカの実業家。
⇒外12（セーラム, エンリケ）

Salenko, Oleg
ロシアのサッカー選手。
⇒ネーム（サレンコ　1959–）

Salenko, Yaroslav
ロシアのバレエダンサー。
⇒外12（サレンコ, ヤロスラフ　1981–）

Sales, Nancy Jo
アメリカのジャーナリスト, 作家。
⇒外16（セールズ, ナンシー・ジョー）

Saléza, Albert
フランスのテノール歌手。多くのレパートリーの中で特にロメオとファウストには高い評価が与えられた。
⇒魅惑（Saleza, Albert　1867–1916）

Salgado, Michel
スペインのサッカー選手。
⇒外12（サルガド, ミシェル　1975.10.22–）
　最世ス（サルガド, ミシェル　1975.10.22–）

Salgán, Horacio
アルゼンチンのタンゴ・ピアノ奏者, 作曲家。
⇒岩世人（サルガン　1916.6.15–）
　標音2（サルガン, オラシオ　1916.6.15–）

Salgari, Emiglio
イタリアの作家。『黒い海賊』『インドの蛮刀』などの冒険小説を書いた。

⇒岩世人（サルガーリ　1862.8.21–1911.4.25）
　絵本（サルガーリ, エミーリオ　1862–1911）

Salignac, Thomas
フランスのテノール歌手。
⇒魅惑（Salignac, Thomas　1867–1941）

Ṣāliḥ, al-Ṭayyib
スーダンの作家。
⇒岩世人（サーリフ, タイイブ　1929–2009.2.18）
　現世文（サーリフ, タイイブ　1929–2009.2.18）

Ṣāliḥ ʻAbd Allāh Kāmil
サウディアラビアのビジネスマン, イスラム銀行家。
⇒岩イ（サーリフ・カーミル　1940–）

Salihamidzic, Hasan
ボスニア・ヘルツェゴビナのサッカー選手。
⇒外12（サリハミジッチ, ハサン　1977.1.1–）
　最世ス（サリハミジッチ, ハサン　1977.1.1–）

Salim, Anthony
インドネシアの実業家。インドネシア最大のサリム・グループ社長兼CEO。
⇒外16（サリム, アンソニー　1949.10–）

Salim, Emil
インドネシアの経済学者, 政治家。インドネシア環境相。
⇒岩世人（サリム, エミル　1930.6.8–）
　外12（サリム, エミル　1930–）
　外16（サリム, エミル　1930–）

Salim, Salim Ahmed
タンザニアの政治家, 外交官。アフリカ統一機構（OAU）事務局長, タンザニア首相。
⇒外12（サリム, サリム・アハメド　1942.1.23–）
　外16（サリム, サリム・アハメド　1942.1.23–）
　世指導（サリム, サリム・アハメド　1942.1.23–）

Salim, Soedono
インドネシア最大のサリム・グループの創業者・所有主。
⇒岩世人（サリム, スドノ　1916.7.16–2012.6.10）

Salimikordasiabi, Behdad
イランの重量挙げ選手。
⇒外16（サリミコルダシアビ, ベフダド　1989.12.8–）
　最世ス（サリミコルダシアビ, ベフダド　1989.12.8–）

Salin, Edgar
スイスの経済学者, 社会学者。哲学, 社会学, 歴史学の深い造詣を基礎とする『経済学の歴史』（1951）を書いて名声を得た。
⇒岩世人（ザーリン　1892.2.10–1974.5.17）
　有経5（ザーリン　1892–1974）

Salinas, Isaac
キューバのテノール歌手。
⇒魅惑 (Salinas,Isaac ?–)

Salinas, Pedro
スペインの詩人,大学教授。「27年代」詩人グループの一人。アメリカへの亡命後,政治的社会的関心が強くなり,評論『スペイン詩における現実と詩人』(1940) などの著書がある。
⇒岩世人 (サリナス 1891.11.27–1951.12.4)
現世文 (サリナス, ペドロ 1891.11.27–1951.12.4)

Salinas de Gortari, Carlos
メキシコの政治家。メキシコ大統領 (1988～94)。
⇒岩世人 (サリナス 1948.4.3–)
外12 (サリナス, カルロス 1948.4.3–)
世指導 (サリナス, カルロス 1948.4.3–)
ラテ新 (サリーナス・デ・ゴルタリ 1948–)

Salinger, Jerome David
アメリカの小説家。雑誌「ニューヨーカー」で活躍し,長篇『ライ麦畑でつかまえて』(1951) で一躍文壇の寵児となった。
⇒アメ州 (Salinger,Jerome David サリンジャー, ジェローム・デービド 1919–)
アメ新 (サリンジャー 1919–2010)
岩世人 (サリンジャー 1919.1.1–2010.1.27)
現世文 (サリンジャー,J.D. 1919.1.1–2010.1.27)
広辞7 (サリンジャー 1919–2010)
新カト (サリンジャー 1919.1.1–2010.1.27)
世人新 (サリンジャー 1919–2010)
世人装 (サリンジャー 1919–2010)
ネーム (サリンジャー 1919–)
ヘミ (サリンジャー,J・D 1919–2010)
ポプ人 (サリンジャー, ジェローム・デービッド 1919–2010)
ユ著人 (Salinger,Jerome David サリンジャー, ジェローム・ディビッド 1919–)

Salisbury, Harrison Evans
アメリカのジャーナリスト。滞ソ9年の見聞をまとめた『ソ連のアメリカ人』でピュリツァー賞を受賞。
⇒岩世人 (ソールズベリ 1908.11.14–1993.7.5)

Salisch, Heinrich von
ドイツの森林美学者。
⇒岩世人 (ザーリッシュ 1846.6.1–1920.3.6)

Salk, Jonas Edward
アメリカのウイルス学者。1954年にポリオ予防不活性ワクチン「ソークワクチン」を開発。
⇒アメ州 (Salk,Jonas Edward ソーク, ジョナス・エドワード 1941–)
岩世人 (ソーク 1914.10.28–1995.6.23)
旺生5 (ソーク 1914–1995)
ユ著人 (Salk,Jonas Edward ソーク, ジョナス・エドワード 1914–1995)

Salkey, (Felix) Andrew
(Alexander)
ジャマイカの小説家, 詩人。
⇒現世文 (ソールキー, アンドルー 1928.1.30–1995.4.28)

Salkowski, Ernst Leopold
ドイツの医学者。塩の排泄, 蛋白質腐敗, 五炭糖尿, 自家消化等の研究がある。
⇒岩世人 (ザルコヴスキー 1844.10.11–1923.3.10)

Sall, Macky
セネガルの政治家。セネガル大統領 (2012～)。
⇒外16 (サル, マッキ 1961.12.11–)
世指導 (サル, マッキ 1961.12.11–)

Sallaba, Richard
オーストリアのテノール歌手。
⇒魅惑 (Sallaba,Richard 1905–1956)

Salle, David
アメリカ生まれの画家。
⇒岩世人 (サーレ 1952.9.28–)
芸13 (サーレ, デビット 1952–)
現アテ (Salle,David サーレ, デヴィッド 1952–)

Sallee, Harry Franklin (Slim)
アメリカの大リーグ選手 (投手)。
⇒メジャ (サリー, スリム 1885.2.3–1950.3.22)

Sallee, W.Eugene
アメリカの宣教師。
⇒アア歴 (Sallee,W.Eugene サリー, W・ユージーン 1878.3.24–1931.6.15)

Sallenave, Danièle
フランスの文芸評論家, 作家。
⇒外12 (サルナーヴ, ダニエル 1940–)
外16 (サルナーヴ, ダニエル 1940.10.28–)
現世文 (サルナーヴ, ダニエル 1940.10.28–)

Salles, Walter
ブラジルの映画監督, 脚本家。
⇒映監 (サレス, ウォルター 1956.4.12–)
外12 (サレス, バルテル 1956.4.12–)
外16 (サレス, バルテル 1956.4.12–)

Salles Barangueras, Maria del Carmen
スペイン・ビーク生まれのマリアの無原罪修道会創立者, 聖人。祝日12月6日。
⇒教聖 (聖カルメン・サジェス修道女 1848.4.9–1911.7.25)
新カト (マリア・デル・モンテ・カルメン・サジェス・イ・バランゲラス 1848.4.9–1911.7.25)

Sallinen, Aulis
フィンランドの作曲家。
⇒ク音5 (サッリネン 1935–)

Sallinen, Tyko Konstantin
フィンランドの画家。
⇒岩世人（サッリネン 1879.3.14–1955.9.18）

Sallis, James
アメリカの作家。
⇒外16（サリス, ジェームズ 1944–）
　現世文（サリス, ジェームズ 1944–）

Sallwürk, Ernst von
ドイツの教育家, 教育学者。ヘルバルトを深く研究。1877年以後は各地の教育行政官となり, 女子教育および音楽教育機関の整備に努力。
⇒教人（ザルヴュルク 1839–1926）

Salman, Sheik
バーレーン皇太子。
⇒外12（サルマン, シェイク 1969.10.21–）
　外16（シェイク・サルマン・ビン・ハマド・アル・ハリファ 1969.10.21–）
　世指導（シェイク・サルマン・ビン・ハマド・アル・ハリファ 1969.10.21–）

Salman bin Abdul-Aziz
サウジアラビア国王。在位2015〜。
⇒外16（サルマン・ビン・アブドルアジズ 1935.12.31–）
　世指導（サルマン・ビン・アブドルアジズ 1935.12.31–）

Salmawy, Mohamed
エジプトの作家。
⇒外12（サルマーウィ, モハメド 1942–）
　現世文（サルマーウィ, モハメド 1942–）

Salmerón y Alonso, Nicolas
スペインの政治家。第1共和政の大統領（1873）。晩年は進歩党の国会議員。
⇒岩世人（サルメロン・イ・アロンソ 1838.4.10–1908.9.20）

Salminen, Matti
フィンランドのバス歌手。
⇒外12（サルミネン, マッティ 1945.7.7–）

Salminen, Max
スウェーデンのヨット選手（スター級）。
⇒外16（サルミネン, マックス 1988.9.22–）
　最世ス（サルミネン, マックス 1988.9.22–）

Salmon, André
フランスの詩人, 小説家, 美術評論家。主著は『信頼』（1926）などの詩集。ほかに回想録『終りなき回想』（55〜61）がある。
⇒岩世人（サルモン 1881.10.4–1969.3.12）
　ネーム（サルモン 1881–1969）

Salmon, Daniel Elmer
アメリカの獣医学者, 病理学者。死滅したウイルスが生存ウイルスに対する免疫をつくることを発見。
⇒岩世人（サモン 1850.7.23–1914.8.30）

Salmon, Karel
イスラエルの作曲家。
⇒ユ著人（Salmon,Karel ザルモン, カレル 1897–1974）

Salmon, Marie-Ameded
フランスの宣教師。
⇒新カト（サルモン 1845.11.11–1919.4.1）

Salmon, Pierre
フランスの典礼学者。ベネディクト会会員。
⇒新カト（サルモ 1898.8.23–1982.4.24）

Salmon, Timothy James
アメリカの大リーグ選手（外野）。
⇒メジャ（サーモン, ティム 1968.8.24–）

Salmon, Wesley C.
アメリカの科学哲学者。
⇒岩世人（サモン 1925.8.9–2001.4.22）

Salmond, Alex
イギリスの政治家。スコットランド自治政府首相, スコットランド民族党（SNP）党首。
⇒岩世人（サモンド 1954.12.31–）
　外16（サモンド, アレックス 1954.12.31–）
　世指導（サモンド, アレックス 1954.12.31–）

Salmond, Sir John William
ニュージーランドの法学者。イギリス法に関する研究は高く評価されている。
⇒岩世人（サモンド 1862.12.3–1924.9.19）

Salo, Tommy
スウェーデンのアイスホッケー選手（GK）。
⇒最世ス（サロ, トミー 1971.2.1–）

Salomé
ドイツ生まれの画家。
⇒芸13（サロメ 1954–）

Salomé, Jean-Paul
フランスの映画監督, 脚本家。
⇒外12（サロメ, ジャン・ポール 1960–）

Salomon, Albert
ドイツの社会学者。
⇒ユ著人（Salomon,Albert ザロモン, アルベルト 1891–1966）

Salomon, Alice
ドイツの男女平等論者。
⇒現社福（ザロモン 1872–1948）

Salomon, Charlotte
ドイツの画家, 作家。
⇒ユ著人（Salomon,Charlotte ザロモン, シャルロッテ 1917–1943）

Salomon, Edwin
イスラエルの画家。

⇒芸13（サロモン, エドウィン　1935–）

Salomon, Erich
ドイツの写真家。いわゆるスナップ＝ショットの創始者。
⇒芸13（ザロモン, エーリヒ　1886–1944）
　ユ著人（Salomon, Erich　ザロモン, エーリッヒ　1886–1944）

Salomon, Otto
スウェーデンの教師。スロイド組織により手工科教育を行う。教師養成を目的とする中等教育機関を設立。
⇒教人（サロモン　1849–1907）

Salonen, Esa-Pekka
フィンランドの指揮者。
⇒エデ（サロネン, エサ＝ペッカ　1958.6.30–）
　外12（サロネン, エサ・ペッカ　1958.6.30–）
　外16（サロネン, エサ・ペッカ　1958.6.30–）
　ク音3（サロネン　1958–）
　新音中（サロネン, エサ＝ペッカ　1958.6.30–）

Saltarin, Maurizio
イタリアのテノール歌手。
⇒失声（サルタリン, マウリッツィオ　?）
　魅惑（Saltarin, Maurizio　?–）

Salten, Felix
オーストリアの作家。1938年にアメリカに亡命。『バンビ』(23)は映画化された。
⇒岩世人（ザルテン　1869.9.6–1945.10.8）

Salter, Anna C.
アメリカの作家, 司法心理学者。
⇒外12（ソルター, アンナ）
　現世文（ソルター, アンナ）

Salter, James
アメリカ(ユダヤ系)の小説家。
⇒現世文（ソルター, ジェームズ　1925.6.10–2015.6.19）

Salter, William Macintire
アメリカの倫理学者。
⇒学叢思（サルター, ウィリアム・マアキンタイア　1853–?）

Salukvadze, Nino
ジョージアの射撃選手(ピストル)。
⇒外12（サルクワゼ, ニーノ　1969.2.1–）
　最世ス（サルクワゼ, ニーノ　1969.2.1–）

Salvador, Felipe
フィリピンの革命家。
⇒岩世人（サルバドール　1870.5.26–1912.4.15）

Salvador, Henri
フランスのシャンソン歌手, ギター奏者, 作曲家。
⇒標音2（サルヴァドール, アンリ　1917.7.18–）

Salvarezza, Antonio
イタリアのテノール歌手。
⇒失声（サルヴァレッツァ, アントニオ　1902–1985）
　魅惑（Salvarezza, Antonio　1902–1985）

Salvati, Salvatore
イタリアのテノール歌手。
⇒魅惑（Salvati, Salvatore　1885–1959）

Salvatore, R.A.
アメリカのSF作家, ファンタジー作家。
⇒外12（サルバトーレ, R.A.　1959–）
　外16（サルバトーレ, R.A.　1959–）
　現世文（サルバトーレ, R.A.　1959–）

Salvatores, Gabriele
イタリア生まれの映画監督。
⇒外12（サルヴァトーレス, ガブリエーレ　1950–）

Salvemini, Gaetano
イタリアの歴史学者。進歩的新聞『ユニタ』を主宰。
⇒岩世人（サルヴェーミニ　1873.9.8–1957.9.6）

Salvioli, Giuseppe
イタリアの法制史家。経済史と法制史の総合的研究に意を注いだ。主著『イタリア法制史』(1890)。
⇒岩世人（サルヴィオーリ　1857.9.13–1928.11.24）

Salvisberg, Otto Rudolf
ドイツの建築家。主作品に国立窒素工場ジードルング(1916)がある。
⇒岩世人（ザルヴィスベルク　1882.10.19–1940.12.23）

Salwai, Charlot
バヌアツの政治家。バヌアツ首相。
⇒世指導（サルワイ, シャルロット　1963.4.24–）

Salzano, Giulia
イタリアの聖人, カテキスタ聖心修道女会創立者。祝日5月17日。
⇒新カト（ジュリア・サルツァノ　1846.10.13–1929.5.17）

Salzédo, Carlos
アメリカのハープ演奏家, 作曲家。カーティス音楽学校にハープ科を設立(1924),「サルセード・ハープ合奏団」を組織する(39)などアメリカにおけるハープ音楽の普及発達に尽した。
⇒岩世人（サルゼード　1885.4.6–1961.8.17）
　エデ（サルセード,(レオン)カルロス　1885.4.6–1961.8.17）
　ク音3（サルゼード　1885–1961）
　新音中（サルゼード, カルロス　1885.4.6–1961.8.17）

Salzgeber, Guy
フランスの実業家。
⇒外12（サルスゲベール, ギー）

Sam, Bob
アメリカのクリンギット族長老。
⇒外12（サム, ボブ）
　外16（サム, ボブ）

Samad Behrangī
イランの児童文学者。
⇒岩世人（サマド・ベフランギー　1939.6.24–1968.9）

Samadov, Abduzhalil Akhadovich
タジキスタンの政治家。タジキスタン首相。
⇒世指導（サマドフ, アブドゥジャリル　1949.11.4–）

Samad Said, Abdul
マレーシアの作家。代表作として詩集『燃え盛る火に』(1961), 短編集『落葉』(62) などがある。
⇒岩イ（アブドゥル・サマッド・サイド　1935–）
　岩世人（サイド, A.サマド　1935.4.9–）
　現世文（サイド, A.サマッド　1935.4.9–）

Samak Sunthorawet
タイの政治家。
⇒岩世人（サマック・スントーラウェート　1935.6.13–2009.11.24）
　世指導（サマック・スンタラウェート　1935.6.13–2009.11.24）
　タイ（サマック・スンタラウェート　1935–）

Samane Vignaketh
ラオスの政治家。ラオス国会議長。
⇒岩世人（サマーン　1927.3.3–）
　世指導（サマン・ウイニャケート　1927.3.3–）

Samanhudi, Hadji
インドネシアの商人。1911年イスラム商業同盟を結成。
⇒岩世人（サマンフディ　1868–1956.12.28）

Samar, Sima
アフガニスタンの医師, 人権活動家。
⇒外12（サマル, シマ　1957.2.3–）
　外16（サマル, シマ　1957.2.3–）
　世指導（サマル, シマ　1957.2.3–）

Samarakês, Antônes
ギリシャの作家。
⇒現世文（サマラーキス, アントーニス　1919.8.16–2003.8.8）

Samaranch, Juan Antonio
スペインの外交官, 実業家。IOC会長（1980）。
⇒岩世人（サマランチ　1920.7.17–2010.4.21）

Samaranch, Juan Antonio, Jr.
スペインの国際オリンピック委員会（IOC）理事。
⇒外16（サマランチ, ファン・アントニオJr.　1959.11.1–）

Samaras, Antonis C.
ギリシャの政治家。ギリシャ首相。
⇒外16（サマラス, アントニス　1951.5.23–）
　世指導（サマラス, アントニス　1951.5.23–）

Samaras, Lucas
ギリシャ生まれのアメリカの芸術家。
⇒岩世人（サマラス　1936.9.14–）
　芸13（サマラス, ルーカス　1937–1985）

Samartha, Stanley
インドの神学者。
⇒岩キ（サマルタ　1920–2001）

Samatar, Sofia
アメリカの作家, 詩人。
⇒現世文（サマター, ソフィア　1971–）

Samba, Chéri
コンゴ民主共和国の画家。
⇒岩世人（サンバ　1956–）

Sambanthan, Tun V.T.
マレーシアの政治家。
⇒岩世人（サンバンタン　1919.6.19–1979.5.18）

Samba-Panza, Catherine
中央アフリカの政治家。中央アフリカ暫定大統領（2014〜16）。
⇒外16（サンババンザ, カトリーヌ　1954.6.26–）
　世指導（サンババンザ, カトリーヌ　1954.6.26–）

Sambeek, Jan van
オランダ出身の白衣宣教会員, タンザニア宣教師, 司教。
⇒新カト（サンベーク　1886.4.23–1966.12.25）

Sambi, Ahmed Abdallah Mohamed
コモロの政治家。コモロ大統領（2006〜11）。
⇒外12（サンビ, アフメド・アブダラ・モハメド　1958.6.5–）
　外16（サンビ, アフメド・アブダラ・モハメド　1958.6.5–）
　世指導（サンビ, アフメド・アブダラ・モハメド　1958.6.5–）

Sambora, Richie
アメリカ・ニュージャージー州生まれの歌手。
⇒外12（サンボラ, リッチー　1959.7.11–）
　外16（サンボラ, リッチー　1959.7.11–）

Samdereli, Yasemin
ドイツの映画監督。
⇒外16（サムデレリ, ヤセミン　1973–）

Samdhong Rinpoche
チベット人の政治家。チベット亡命政府首相。
⇒外12（サムドン・リンポチェ）
　外16（サムドン・リンポチェ）
　世指導（テンジン, ロブサン　1939.11.5–）

Samin, Kijaji
インドネシアのムスリム教師・社会運動家。1890年ユートピア的教義「サミニズム」を唱え、農民を反オランダ運動にみちびく。
⇒岩世人（サミン、スロンティコ　1859頃-1914）

Samková, Eva
チェコのスノーボード選手（スノーボードクロス）。
⇒外16（サムコヴァ、エヴァ　1993.4.28-）

Sammartino, Bruno
イタリア出身のアメリカのプロレスラー。
⇒異二辞（サンマルチノ、ブルーノ　1935-）
　ネーム（サンマルチノ　1935-）

Sammons, Mary F.
アメリカの実業家。
⇒外12（サモンズ、メアリー　1947-）
　外16（サモンズ、メアリー　1947-）

Samo Hung Kimbo
中国生まれの俳優。
⇒岩世人（サモ・ハン・キンポー　1949.12.11-）
　外12（サモ・ハン・キンポー　1949.12.11-）
　外16（サモ・ハン・キンポー　1949.12.11-）

Samoilov, Alexander
ロシア?のテノール歌手。
⇒魅惑（Samoilov,Alexander　?-）

Samourgachev, Varteres
ロシアのレスリング選手（グレコローマン）。
⇒最世ス（サムルガチェフ、ワルテレズ　1979.9.13-）

Sampaio
ブラジルのサッカー選手。
⇒外12（サンパイオ、セザール　1968.3.31-）

Sampaio, Jorge
ポルトガルの政治家。ポルトガル大統領（1996～2006）。
⇒外12（サンパイオ、ジョルジェ　1939.9.18-）
　外16（サンパイオ、ジョルジェ　1939.9.18-）
　世指導（サンパイオ、ジョルジェ　1939.9.18-）

Sampedro, José Luis
スペインの作家、経済学者。マドリード・コンプルテンセ大学構造経済学教授。
⇒外12（サンペドロ、ホセ・ルイス　1917.2.1-）
　現世文（サンペドロ、ホセ・ルイス　1917.2.1-2013.4.8）

Samper Pizano, Ernesto
コロンビアの政治家。コロンビア大統領（1994～98）。
⇒世指導（サンペル・ピサノ、エルネスト　1950.8.3-）

Sample, Joseph Leslie（Joe）
アメリカのジャズ・ピアノ奏者、作曲家。
⇒外12（サンプル、ジョー　1939.2.1-）

Sampras, Pete
アメリカのテニス選手。
⇒岩世人（サンプラス　1971.8.12-）
　外12（サンプラス、ピート　1971.8.12-）
　外16（サンプラス、ピート　1971.8.12-）
　ネーム（サンプラス　1971-）

Sampson, Catherine
イギリス生まれの作家。
⇒海文新（サンプソン、キャサリン）
　現世文（サンプソン、キャサリン）

Sam Rainsy
カンボジアの政治家。カンボジア救国党党首、カンボジア財政経済相。
⇒岩世人（サム・ランシー　1949.3.10-）
　外12（サム・レンシー　1949.3.10-）
　外16（サム・レンシー　1949.3.10-）
　世指導（サム・レンシー　1949.3.10-）

Samrit Cirathiwat
タイの実業家。
⇒岩世人（サムリット・チラーティワット　?-1992）

Samset, Ivar
ノルウェーの林業工学者。林業における作業研究および林業機械の性能評価についてすぐれた業績をのこしている。
⇒岩世人（サムセット　1918.12.4-）

Samsonov, Aleksandr Vasilievich
ロシアの将軍。
⇒岩世人（サムソーノフ　1859.11.2-1914.8.17）

Samson Tow Buamaddo
タイのプロボクサー。
⇒外12（サムソン・トー・ブアマッド　1983.4.26-）
　外16（サムソン・トー・ブアマッド　1983.4.26-）
　最世ス（サムソン・トー・ブアマッド　1983.4.26-）

Sam the Sham
テキサス生まれのメキシコ人ミュージシャン。
⇒ロック（Sam the Sham　サム・ザ・シャム）

Samuel, Asante
アメリカのプロフットボール選手（ファルコンズ・CB）。
⇒最世ス（サミュエル、アサンテ　1981.1.6-）

Samuel, Herbert Louis, 1st Viscount
イギリスの政治家。
⇒岩世人（サミュエル　1870.11.6-1963.2.5）
　ユ著人（Sammuel,Herbert Luis,Sir　サムエル、ハーバート・ルイス　1870-1963）

Samuel, Juan Milton
アメリカの大リーグ選手(二塁,外野)。
⇒メジャ(サムエル,フアン 1960.12.9–)

Samuel, Pierre
フランスの数学者。
⇒世数(サミュエル,ピエール 1921–2009)

Samuel, Walter
アルゼンチンのサッカー選手。
⇒外12(サムエル,ワルテル 1978.3.23–)
　外16(サムエル,ワルテル 1978.3.23–)
　最世ス(サムエル,ワルテル 1978.3.23–)

Samuels, Dani
オーストラリアの円盤投げ選手,砲丸投げ選手。
⇒最世ス(サミュエルズ,ダニ 1988.5.26–)

Samuels, Richard J.
アメリカの政治学者。
⇒外12(サミュエルズ,リチャード 1951–)
　外16(サミュエルズ,リチャード 1951–)

Samuelson, Paul Anthony
アメリカの理論経済学者。1947年学問的業績により最初のクラーク賞を受賞。70年ノーベル経済学賞受賞。
⇒アメ経(サミュエルソン,ポール 1915.5.15–)
　アメ新(サミュエルソン 1915–2009)
　岩経(サムエルソン 1915–)
　岩世人(サムエルソン 1915.5.15–2009.12.13)
　広辞7(サミュエルソン 1915–2009)
　ネーム(サミュエルソン 1915–2009)
　ノベ3(サミュエルソン,P.A. 1915.5.15–2009.12.13)
　有経5(サミュエルソン 1915–2009)
　ユ著人(Samuelson,Paul Anthony サムエルソン,ポール・アントニー 1915–)

Samuelsson, Bengt Ingemar
スウェーデンの生化学者。1982年ノーベル生理学医学賞。
⇒岩生(サムエルソン 1934–)
　外12(サムエルソン,ベンクト 1934.5.21–)
　外16(サムエルソン,ベンクト 1934.5.21–)
　ノベ3(サミュエルソン,B.I. 1934.5.21–)
　ユ著人(Samuelson,Bengt Ingemar サムエルソン,ベングト・イングマール 1934–)

Samy Vellu, Datuk Seri
マレーシアの政治家。
⇒岩世人(サミー・ベル 1936.3.8–)
　世指導(サミー・ベル 1936.3.8–)

San, *Sir* Crombie, Po
英領期ビルマのカレン人指導者。
⇒岩世人(サン 1870–1946)

Sanader, Ivo
クロアチアの政治家。クロアチア首相,クロアチア民主同盟(HDZ)党首。
⇒岩世人(サナデル 1953.6.8–)
　外12(サナデル,イボ 1953.6.8–)
　外16(サナデル,イボ 1953.6.8–)
　世指導(サナデル,イボ 1953.6.8–)

Sananikone, Phoui
ラオスの政治家。1961年ラオス人民連合党総裁。
⇒岩世人(プイ 1903.9.6–1988)

San Bao
中国の音楽家,作曲家。
⇒外12(サン・バオ 1968.6.5–)
　外16(サン・バオ 1968.6.5–)

Sanborn, David (Dave)
アメリカのジャズ・サックス奏者。
⇒外12(サンボーン,デービッド 1945.7.30–)
　外16(サンボーン,デービッド 1945.7.30–)

Sancar, Aziz
トルコ,アメリカの化学者。
⇒外16(サンジャル,アジズ 1946–)
　化学(サンジャル 1946–)

Sanchez, Agapito
ドミニカ共和国のプロボクサー。
⇒最世ス(サンチェス,アガピト 1970.2.14–2005.11.15)

Sánchez, Arantxa
スペインのテニス選手。
⇒外12(サンチェス,アランチャ 1971.12.18–)

Sanchez, Diego
アメリカの総合格闘家。
⇒異二辞(サンチェス,ディエゴ 1981–)

Sánchez, Emilio
スペインのテノール歌手。
⇒魅惑(Sánchez,Emilio ?–)

Sanchez, Felix
ドミニカ共和国の陸上選手(障害)。
⇒外16(サンチェス,フェリックス 1977.8.30–)
　最世ス(サンチェス,フェリックス 1977.8.30–)

Sanchez, Freddy
アメリカの大リーグ選手(内野手)。
⇒最世ス(サンチェス,フレディ 1977.12.21–)
　メジャ(サンチェス,フレディ 1977.12.21–)

Sánchez, Gonzálo
ボリビアの政治家。ボリビア大統領(2002～03)。
⇒世指導(サンチェス,ゴンサロ 1930.7.1–)

Sanchez, Mark
アメリカのプロフットボール選手(ジェッツ・QB)。
⇒最世ス(サンチェス,マーク 1986.11.11–)

Sanchez, Pierre
スペイン?のテノール歌手。
⇒魅惑（Sanchez,Pierre ?-?）

Sanchez, Rey Francisco
アメリカの大リーグ選手（遊撃，二塁）。
⇒メジャ（サンチェス，レイ 1967.10.5-）

Sánchez, Romeo Vásquez
グアテマラ市の大統領警備兵。1957年グアテマラ大統領カルロス・カスティヨ・アルマスを暗殺した。
⇒世暗（サンチェス，ロメオ・バスケス 1937-1957）

Sánchez, Samuel
スペインの自転車選手（ロードレース）。
⇒外12（サンチェス，サムエル 1978.2.5-）
外16（サンチェス，サムエル 1978.2.5-）
最世ス（サンチェス，サムエル 1978.2.5-）

Sanchez, Sonia
アメリカの詩人，劇作家，教育者，社会活動家。
⇒岩世人（サンチェス 1934.9.9-）
マルX（SANCHEZ,SONIA サンチェス，ソニア 1934-）

Sánchez-Albornoz, Claudio
現代スペインの生んだ卓絶した中世史家。
⇒岩世人（サンチェス・アルボルノス 1893.4.7-1984.7.8）

Sánchez Cantón, Francisco Javier
スペインの美術研究者。数多くの美術館・博物館の設立・整備ならびに記念碑的建造物の保護に貢献，今日のスペイン美術研究の基礎を築いた。
⇒岩世人（サンチェス・カントン 1891.7.14-1971.11.27）

Sánchez Cerén, Salvador
エルサルバドルの政治家。エルサルバドル大統領（2014～19）。
⇒外16（サンチェス・セレン，サルバドル 1944.6.18-）
世指導（サンチェス・セレン，サルバドル 1944.6.18-）

Sánchez Cerro, Luis M.
ペルーの軍人，政治家。レギア政権を打倒して臨時大統領に選ばれた。
⇒ラテ新（サンチェス・セロ 1889-1933）

Sánchez de Lozada Bustamante, Gonzalo
ボリビアの政治家。
⇒岩世人（サンチェス・デ・ロサーダ 1930.7.1-）

Sánchez Ferlosio, Rafael
スペインの小説家。ナダール賞を受けた『ハラマ川』（1956）で知られる。
⇒岩世人（サンチェス・フェルロシオ 1927.12.4-）
外12（サンチェス・フェルロシオ，ラファエル 1927.12.4-）
外16（サンチェス・フェルロシオ，ラファエル 1927.12.4-）
現世文（サンチェス・フェルロシオ，ラファエル 1927.12.4-）

Sánchez Lansch, Enrique
スペイン，ドイツの映画監督。
⇒外12（サンチェス・ランチ，エンリケ）

Sánchez Márquez, Hugo
メキシコのプロサッカー選手。
⇒岩世人（サンチェス 1958.7.11-）

Sand, Jordan
アメリカの歴史学者。
⇒外16（サンド，ジョルダン 1960-）

Sand, Shlomo
イスラエルの歴史家。
⇒外12（サンド，シュロモー 1946-）
外16（サンド，シュロモー 1946-）

Sanda, Dominique
フランス生まれの女優。
⇒遺産（サンダ，ドミニク 1951.3.11-）

Sandage, Allan Rex
アメリカの天体物理学者。
⇒岩世人（サンデージ 1926.6.18-2010.11.13）
天文大（サンデージ 1926-）

Sandbach, Francis Henry
イギリスの古典学者。
⇒岩世人（サンドバック 1903.2.23-1991.9.18）

Sandberg, Ryne
アメリカの大リーグ選手（二塁，三塁），監督。
⇒外12（サンドバーグ，ライン 1959.9.18-）
外16（サンドバーグ，ライン 1959.9.18-）
メジャ（サンドバーグ，ライン 1959.9.18-）

Sandberg, Sheryl
アメリカの実業家。
⇒外12（サンドバーグ，シェリル 1969-）
外16（サンドバーグ，シェリル 1969.8.28-）

Sandberg, Timo
フィンランドの作家。
⇒現世文（サンドベリ，ティモ 1946-）

Sandberg, Willem
オランダのグラフィック・デザイナー，展示デザイナー。
⇒グラデ（Sandberg,Willem サンドベルク，ウィレム 1897-1984）

Sandburg, Carl
アメリカの詩人。
⇒アメ州（Sandburg,Carl サンドバーグ，カール 1878-1967）

sande

アメ新（サンドバーグ 1878–1967）
岩世人（サンドバーグ 1878.1.6–1967.7.22）
現世文（サンドバーグ, カール 1878.1.6–1967.7.22）
広辞7（サンドバーグ 1878–1967）
新カト（サンドバーグ 1878.1.6–1967.7.22）
ネーム（サンドバーグ 1878–1967）
ユ著人（Sandburg,Carl サンドバーグ, カール 1878–1967）

Sandé, Emeli
イギリスの歌手。
⇒外16（サンデー, エミリー 1987.3–）

Sandel, Cora
ノルウェーの女性小説家。主著『アルベルテとヤーコブ』など。
⇒岩世人（サンデル 1880.12.20–1974.4.3）

Sandel, Michael J.
アメリカの政治哲学者。
⇒岩世人（サンデル 1953.3.5–）
外12（サンデル, マイケル 1953–）
外16（サンデル, マイケル 1953–）
広辞7（サンデル 1953–）
図哲（サンデル, マイケル 1951–）
ネーム（サンデル 1953–）
メル別（サンデル, マイケル 1953–）

Sandemose, Aksel
デンマーク生まれのノルウェーの小説家。濃密なリアリズムに怪異な幻想を交えた作風。
⇒岩世人（サンデモーセ 1899.3.19–1965.8.6）
現世文（サンデモーセ, アクセル 1899.3.19–1965.8.6）

Sandeno, Kaitlin
アメリカの水泳選手。
⇒最世ス（サンデノ, ケートリン 1983.3.13–）

Sander, August
ドイツの写真家。
⇒岩世人（ザンダー 1876.11.17–1964.4.20）

Sander, Bruno
オーストリアの岩石学者。変成岩の構造を研究して,〈Gefügekunde〉という新しい分野を開いた。
⇒岩世人（ザンダー 1884.2.23–1979.5.9）

Sander, Jil
ドイツの服飾デザイナー。
⇒外12（サンダー, ジル 1943.11–）
外16（サンダー, ジル 1943.11–）

Sanderling, Kurt
ドイツの指揮者。1960～77年ベルリン交響楽団の首席指揮者。
⇒新音中（ザンデルリング, クルト 1912.9.19–）
標音1（ザンデルリング, クルト 1912.9.19–2011.9.18）

Sanderling, Thomas
ドイツの指揮者。
⇒外16（ザンデルリンク, トーマス 1942.10.2–）

Sanders, Bernie
アメリカの政治家。
⇒外16（サンダース, バーニー 1941.9.8–）
世指導（サンダース, バーニー 1941.9.8–）

Sanders, Chris
アメリカのアニメーション監督, 脚本家, アニメーター。
⇒外12（サンダース, クリス）
外16（サンダース, クリス）

Sanders, Colonel
アメリカのファストフードチェーン経営者。
⇒アメ経（サンダーズ, ハーランド 1890.9.9–1980.12.16）
岩世人（サンダーズ 1890.9.9–1980.12.16）
ポブ人（カーネル・サンダース 1890–1980）

Sanders, Corrie
南アフリカのプロボクサー。
⇒最世ス（サンダース, コーリー 1966.1.7–2012.9.23）

Sanders, David
アメリカのナショナル・バンク・オブ・アブダビ中東株運用担当者。
⇒外12（サンダース, デービッド）

Sanders, Deion Luwynn
アメリカの大リーグ選手（外野）。
⇒外12（サンダース, ディオン 1967.8.9–）
外16（サンダース, ディオン 1967.8.9–）
メジャ（サンダース, ディオン 1967.8.9–）

Sanders, George
アメリカの俳優。
⇒ク俳（サンダーズ, ジョージ 1906–1972）
スター（サンダース, ジョージ 1906.7.3–1972）

Sanders, Kenneth George
アメリカの大リーグ選手（投手）。
⇒メジャ（サンダース, ケン 1941.7.8–）

Sanders, Lawrence
アメリカのミステリ作家。
⇒現世文（サンダース, ローレンス 1920–1998.2.7）

Sanders, Leah
アメリカの作家。
⇒海文新（サンダース, リー）

Sanders, Minerva Amanda
アメリカの図書館員。ロードアイランド州のポータケット図書館にて,アメリカ全土の模範となる児童図書館サービスを提供した。
⇒ア図（サンダース, ミネルヴァ・アマンダ 1837–1912）

Sanders, Reginald Laverne
アメリカの大リーグ選手(外野)。
⇒メジャ(サンダース、レジー 1967.12.1-)

Sanders, Rupert
イギリスの映画監督,CMディレクター。
⇒外16(サンダース、ルパート 1971.3.16-)

Sanders-Brahms, Helma
ドイツ生まれの映画監督。
⇒外12(サンダース・ブラームス、ヘルマ 1940.9.20-)

Sanderson, Brandon
アメリカの作家。
⇒外12(サンダーソン、ブランドン 1975-)
　外16(サンダーソン、ブランドン 1975-)
　海文新(サンダースン、ブランドン 1975.12-)
　現世文(サンダーソン、ブランドン 1975.12-)

Sanderson, Ezra Dwight
アメリカの農村社会学者。農村社会学の樹立に貢献した。主著『農村共同体』(1932)など。
⇒社小増(サンダーソン 1878-1944)

Sanderson, Scott Douglas
アメリカの大リーグ選手(投手)。
⇒メジャ(サンダーソン、スコット 1956.7.22-)

Sandeul
韓国の歌手。
⇒外16(サンドゥル 1992.3.20-)

Sandford, John
アメリカのジャーナリスト、作家。
⇒現世文(サンドフォード、ジョン 1944.2.23-)

Sandi, Luis
メキシコのヴァイオリン奏者、指揮者、作曲家。
⇒標音2(サンディ、ルイス 1905.2.22-)

Sandifer, Jawn
アメリカ・ニューヨークの弁護士、判事。全米有色人種向上協会(NAACP)の幹部。
⇒マルX(SANDIFER,JAWN サンディファー、ジョーン 1914-2006)

Sandiford, Lloyd Erskine
バルバドスの政治家。バルバドス首相。
⇒世指導(サンディフォード、ロイド・アースキン 1937-)

Sandino, Augusto César
ニカラグアの革命家。農民協同組合の組織に当たったが、奸計により暗殺。
⇒岩世人(サンディーノ 1895.5.18-1934.2.21)
　世人新(サンディーノ 1893-1934)
　世人装(サンディーノ 1893-1934)
　ラテ新(サンディーノ 1895-1934)

Sandison, Gordon
テノール歌手。
⇒魅惑(Sandison,Gordon ?-)

Sandler, Adam
アメリカのコメディアン、俳優。
⇒外12(サンドラー、アダム 1966.9.9-)
　外16(サンドラー、アダム 1966.9.9-)
　ク俳(サンドラー、アダム 1966-)
　スター(サンドラー、アダム 1966.9.9-)

Sandler, Joseph
南アフリカ・ケープタウン出身、ユダヤ系精神分析医。
⇒現精(サンドラー 1927-1998)
　現精縮(サンドラー 1927-1998)
　精分岩(サンドラー、ジョゼフ 1927-1998)

Sandmel, Samuel
アメリカのユダヤ教ラビ、聖書学者。
⇒ユ著人(Sandmel,Samuel サンドメル、サムエル 1911-1979)

Sándor, György
ハンガリー、のちアメリカのピアノ奏者。ミシガン大学教授。
⇒新音中(シャーンドル、ジェルジュ 1912.9.21-)
　標音2(シャーンドル、ジェルジュ 1912.9.21-)

Sandor, John Carson
アメリカのテノール歌手。
⇒魅惑(Sandor,John Carson 1946-)

Sándor Márai
ハンガリーの作家。
⇒現世文(シャーンドル・マーライ 1900.4.11-1989.2.21)

Sandoval, Miguel
アメリカのピアノ奏者、指揮者、作曲家。
⇒標音2(サンドヴァル、ミゲル 1903.11.22-1953.8.24)

Sandoval, Pablo
ベネズエラの大リーグ選手(レッドソックス・内野)。
⇒外16(サンドバル、パブロ 1986.8.11-)
　最世ス(サンドバル、パブロ 1986.8.11-)
　メジャ(サンドバル、パブロ 1986.8.11-)

Sands, Bobby
イギリスの革命家。
⇒岩世人(サンズ 1954.3.9-1981.5.5)

Sands, Julian
イギリス生まれの俳優。
⇒ク俳(サンズ、ジュリアン 1958-)

Sands, William Franklin
アメリカの外交官。
⇒アア歴(Sands,William Franklin サンズ、ウイ

リアム・フランクリン 1874.7.29–1946.6.17)

Sandve, Kjell Magnus
ノルウェーのテノール歌手。
⇒魅惑 (Sandve,Kjell Magnus ?–)

Sandys, *Sir* John Edwin
イギリスの古典学者。
⇒岩世人 (サンズ 1844.5.19–1922.7.6)

Sané, Pierre
セネガルのアムネスティ・インターナショナル事務総長。
⇒外12 (サネ, ピエール 1948.5.7–)
外16 (サネ, ピエール 1948.5.7–)
世指導 (サネ, ピエール 1948.5.7–)

Saneev, Viktor Danilovich
ソ連の陸上競技選手。
⇒岩世人 (サネーエフ 1945.10.3–)

Sanford, John Stanley
アメリカの大リーグ選手(投手)。
⇒メジャ (サンフォード, ジャック 1929.5.18–2000.3.7)

Sangat Chaloyu
タイの軍人。
⇒岩世人 (サガット・チャローユー 1915.3.4–1980.11.23)

Sangeli, Andrei Nikolaevich
モルドバの政治家。モルドバ首相。
⇒世指導 (サンゲリ, アンドレイ 1944.7.20–)

Sanger, David E.
アメリカのジャーナリスト。
⇒外12 (サンガー, デービッド 1960–)
外16 (サンガー, デービッド 1960–)

Sanger, Frederick
イギリスの生化学者。1958年・1980年ノーベル化学賞。
⇒岩生 (サンガー 1918–)
岩世人 (サンガー 1918.8.13–2013.11.19)
オク生 (サンガー, フレデリック 1918–)
化学 (サンガー 1918–2013)
広辞7 (サンガー 1918–2013)
世発 (サンガー, フレデリック 1918–)
世発 (サンガー, フレデリック 1918–)
ノベ3 (サンガー, F. 1918.8.13–)

Sanger, Lawrence Mark
アメリカの哲学者, フリー事典プロジェクト共同創始者。
⇒世発 (サンガー, ローレンス・マーク 1968–)

Sanger, Margaret
アメリカの産児制限運動のパイオニア。当時アメリカで禁止されていた避妊法を研究し, その普及に一生をささげた。

⇒アメ州 (Sanger,Margaret サンガー, マーガレット 1883–1966)
アメ新 (サンガー 1879–1966)
岩女 (サンガー, マーガレット 1879.9.14–1966.9.6)
岩世人 (サンガー 1879.9.14–1966.9.6)
広辞7 (サンガー 1879–1966)
世人新 (サンガー 1883–1966)
世人装 (サンガー 1883–1966)
ネーム (サンガー 1883–1966)
ポプ人 (サンガー, マーガレット 1883–1966)

Sanghani, Radhika
イギリスの作家, ジャーナリスト。
⇒海文新 (サンガーニ, ラディカ)

San Giacomo, Laura
アメリカの女優。
⇒ク俳 (サン・ジャコモ, ローラ 1961–)

San Giuliano, Antonio, Marchese di Paternò Castelli
イタリアの政治家。外務大臣。イタリア＝トルコ戦争の首唱者。
⇒岩世人 (サン・ジュリアーノ 1852.12.10–1914.10.16)

Sangnier, Marc
フランスのキリスト教民主主義の先駆者, 平和主義の政治家。キリスト教社会運動シヨン (Sillon) 会創始者。
⇒岩世人 (サンニエ 1873.4.3–1950.5.28)
新カト (サンニエ 1873.4.3–1950.5.28)

Sangster, Jimmy
イギリスの作家, 脚本家。
⇒現世文 (サングスター, ジミー 1927.2.12–2011.8.19)

Sangster, Robert Edmund
イギリスの実業家, 競走馬生産家。
⇒岩世人 (サングスター 1936.5.23–2004.4.7)

Sanguillen, Manuel De Jesus
アメリカの大リーグ選手(捕手)。
⇒メジャ (サンギーエン, マニー 1944.3.21–)

Sanguineti, Edoardo
イタリアの詩人, 小説家, 評論家。「63年グループ」,「ネオアバンガルディア」など前衛文学運動の推進者の一人。
⇒岩世人 (サングィネーティ 1930.12.9–2010.5.18)
現世文 (サングィネーティ, エドルド 1930.12.9–2010.5.18)
広辞7 (サングィネーティ 1930–2010)
ネーム (サンギネーティ 1930–2010)

Sanguinetti, Julio Maria
ウルグアイの政治家。ウルグアイ大統領 (1985~90,95~2000)。
⇒世指導 (サンギネッティ, フリオ・マリア 1936.

1.6–)

Sanhá, Malam Bacai
ギニアビサウの政治家。ギニアビサウ大統領(2009～12)。
⇒外12(サンハ, マラン・バカイ 1947.5.5–)
世指導(サンハ, マラン・バカイ 1947.5.5–2012.1.9)

*al-*Sanhūrī, 'Abd al-Razzāq
エジプトの法学者。
⇒岩イ(サンフーリー 1895–1971)
岩世人(サンフーリー, アブドゥッラッザーク 1895–1971)

Saniee, Parinoush
イランの社会学者, 作家。
⇒海文新(サニイ, パリヌッシュ 1949–)
現世文(サニイ, パリヌッシュ 1949–)

Sanin Posada, Noemi
コロンビアの政治家, 外交官。コロンビア外相。
⇒世指導(サニン・ポサダ, ノエミ)

Sanjinés, Jorge
ボリビアの映画監督。
⇒外12(サンヒネス, ホルヘ 1937–)
外16(サンヒネス, ホルヘ 1937–)

Sanjurjo Sacanell, José
スペインの軍人。
⇒岩世人(サンフルホ 1872.3.28–1936.7.20)

Sankara, Thomas
ブルキナ・ファソの軍人, 政治家。ブルキナ・ファソ国家革命評議会議長。
⇒岩世人(サンカラ 1949.12.21–1987.10.15)

Sankey, Ira David
アメリカの福音伝道者, 歌手, 讃美歌作者。
⇒岩世人(サンキー 1840.8.28–1908.8.13)

Sankoh, Foday
シエラレオネの政治家。革命統一戦線(RUF)議長。
⇒世指導(サンコー, フォダイ 1937.10.17–2003.7.30)

Sannū', Ya'qūb
エジプトの劇作家, ジャーナリスト, 政治扇動家。
⇒ユ著人(Sannu' サヌー 1839–1912)

Sanou, Wilfried
ブルキナファソのサッカー選手(FW・MF)。
⇒外12(サヌー, ウィルフリード 1984.3.16–)
外16(サヌ, ウィルフリード 1984.3.16–)
最世ス(サヌ, ウィルフリード 1984.3.16–)

Sans, Ricky
アメリカのミュージシャン。
⇒外12(サンズ, リッキー)

Sansal, Boualem
アルジェリアの作家。
⇒現世文(サンサル, ブアレム 1949–)

Sansom, C.J.
イギリスの作家, 弁護士。
⇒海文新(サンソム, C.J. 1952–)
現世文(サンソム, C.J. 1952–)

Sansom, *Sir* George Bailey
イギリスの外交官, 日本歴史研究家。『西欧世界と日本』(1950)および『日本の歴史』(58～63)を刊行。
⇒ア太戦(サンソム 1883–1965)
岩世人(サンソム 1883.11.23–1965.3.8)

Sansom, Ian
イギリスの作家。
⇒海文新(サンソム, イアン 1966.12.4–)

Sansom, Odette
イギリス特殊作戦執行部(SOE)のエージェント。
⇒スパイ(サンソム, オデット 1913–1995)

Sansom, William
イギリスの小説家。鋭い観察眼とゆたかな幻想によって個性的な短篇小説を発表した。作品に『肉体』(1949)など。
⇒岩世人(サンソム 1912.1.18–1976.4.21)
現世文(サンソム, ウィリアム 1912.1.18–1976.4.20)

Santa Cruz, Roque
パラグアイのサッカー選手。
⇒外12(サンタ・クルス, ロケ 1981.8.16–)
外16(サンタ・クルス, ロケ 1981.8.16–)
最世ス(サンタ・クルス, ロケ 1981.8.16–)

Sant'agata, Silvano
イタリアのテノール歌手。
⇒魅惑(Sant'agata, Silvano ?–)

Santana, Carlos
メキシコ生まれのギター奏者。
⇒異二辞(サンタナ[カルロス・～] 1947–)
外12(サンタナ, カルロス 1947.7.20–)
外16(サンタナ, カルロス 1947.7.20–)
新音中(サンタナ, カルロス 1947.7.20–)

Santana, Johan
ベネズエラの大リーグ選手(投手)。
⇒外12(サンタナ, ヨハン 1979.3.13–)
外16(サンタナ, ヨハン 1979.3.13–)
最世ス(サンタナ, ヨハン 1979.3.13–)
メジャ(サンタナ, ヨハン 1979.3.13–)

Santana Lopes, Pedro
ポルトガルの政治家。ポルトガル首相。
⇒世指導(サンタナ・ロペス, ペドロ 1956.6.29–)

Santayana, George
アメリカの哲学者,詩人,評論家。主著『詩集』(1923),小説『最後の清教徒』(31)など。
⇒岩世人（サンタヤナ　1863.12.16–1952.9.26)
　教人（サンタヤナ　1863–1952）
　現世文（サンタヤナ,ジョージ　1863.12.16–1952.9.26)
　広辞7（サンタヤーナ　1863–1952）
　新カト（サンタヤナ　1863.12.16–1952.9.26)
　哲中（サンタヤナ　1863–1952）
　ネーム（サンタヤナ　1863–1952）
　メル3（サンタヤーナ,ジョージ　1863–1952）

Sant' Elia, Antonio
イタリアの建築家。〈未来派の建築〉を宣言し（1914),リズミカルな美を生かした計画図を残した。
⇒岩世人（サンテリア　1888.4.30–1916.10.10)

Santer, Jacques
ルクセンブルクの政治家。EU欧州委員会委員長,ルクセンブルク首相。
⇒外12（サンテール,ジャック　1937.5.18–）
　外16（サンテール,ジャック　1937.5.18–）
　世指導（サンテール,ジャック　1937.5.18–）

Santi, Nello
イタリアの指揮者。
⇒外12（サンティ,ネッロ　1931.9.22–）
　外16（サンティ,ネッロ　1931.9.22–）

Santiago, Benito Rivera
アメリカの大リーグ選手（捕手）。
⇒メジャ（サンティアゴ,ベニト　1965.3.9–）

Santlofer, Jonathan
アメリカの画家,作家。
⇒外12（サントロファー,ジョナサン　1946–）
　海文新（サントロファー,ジョナサン　1946–）
　現世文（サントロファー,ジョナサン　1946–）

Santo, Ronald Edward
アメリカの大リーグ選手（三塁）。
⇒メジャ（サント,ロン　1940.2.25–2010.12.2）

Santoliquido, Francesco
イタリアの作曲家。アラビア音楽を研究し東洋的な性質を作品中に反映。
⇒ク音3（サントリクィード　1883–1971）
　標音2（サントリクィード,フランチェスコ　1883.8.6–1971.8.26)

Santop, D.Louis
アメリカのニグロリーグの選手（捕手）。
⇒メジャ（サントップ,ルイス　1889.1.17–1942.1.6）

Santora, Nick
アメリカの脚本家,作家,テレビプロデューサー。
⇒海文新（サントーラ,ニック　1970–）
　現世文（サントーラ,ニック　1970–）

Santoro, Fabrice Vetea
フランスのテニス選手。
⇒異二辞（サントロ［ファブリス・～］　1972–）

Santorsola, Guido
イタリア生まれのブラジルの作曲家,ヴィオラ奏者。
⇒標音2（サントルソラ,ギド　1904.11.18–1994.9.25)

Santorum, Rick
アメリカの政治家。
⇒外12（サントラム,リック　1958.5.10–）
　外16（サントラム,リック　1958.5.10–）
　世指導（サントラム,リック　1958.5.10–）

Santos
ブラジルのサッカー選手。
⇒外12（サントス　1960.12.9–）

Santos, Daniel
プエルト・リコの歌手。
⇒標音2（サントス,ダニエル　192?.5.5–）

Santos, Juan Manuel
コロンビアの政治家。コロンビア大統領（2010〜18）。
⇒外12（サントス,フアン・マヌエル　1951.8.10–）
　外16（サントス,フアン・マヌエル　1951.8.10–）
　世指導（サントス,フアン・マヌエル　1951.8.10–）

Santos, Lope K.
フィリピンのタガログ語の詩人,小説家,文芸評論家。主著『夜明けの光』など。
⇒岩世人（サントス　1879.9.25–1963.5.1）

Santos, Marisa de los
アメリカの詩人,小説家。
⇒海文新（サントス,マリサ・デ・ロス）
　現世文（サントス,マリサ・デ・ロス）

Santos, Ricardo Alex
ブラジルのビーチバレー選手。
⇒外12（サントス,リカルド・アレックス　1975.1.6–）
　最世ス（サントス,リカルド・アレックス　1975.1.6–）

Santos, Rufino Jiao
フィリピンのカトリック司教。
⇒岩世人（サントス　1908.8.26–1973.9.3）

Santos, Sergio Dutra
ブラジルのバレーボール選手。
⇒最世ス（サントス,セルジオ・ドゥトラ　1975.10.15–）

Santos, Vilma
フィリピン生まれの女優。
⇒岩世人（サントス　1953–）

Santos-Dumont, Alberto
ブラジルの飛行家。ガソリン機関による飛行船を初めて製作(1898)。のち飛行機製作に転じ、220メートルを21秒で飛行(1906)。
⇒岩世人(サントス=ドゥモン 1873.7.20-1932.7.24)

Santoso, Djoko
インドネシアの国軍司令官。
⇒岩世人(サントソ, ジョコ 1952.9.8-)

Santunione, Adria
イタリアの画家。
⇒芸13(サントゥニオーネ, アドリア 1923-)

Sanya Thammasak
タイの政治家, 法律家。タイ首相, タイ枢密院議長, タイ最高裁長官。
⇒岩世人(サンヤー・タムマサック 1907.4.5-2002.1.6)
世指導(サンヤ・タムマサック 1907.4.5-2002.1.6)
タイ(サンヤー・タムマサック 1907-2002)

Saowapha Phongsi
タイの国王ラーマ5世の王妃。
⇒岩世人(サオワパー 1864.1.1-1919.10.20)

Sapardi Djoko Damono
インドネシアの詩人, エッセイスト。
⇒岩世人(ダモノ, サパルディ・ジョコ 1940.3.20-)

Saphire, Saul
リトアニア・ヴィルナ生まれのイディッシュ語作家。
⇒ユ著人(Saphire,Saul サフィル, サウル 1895-1974)

Sapin, Michel
フランスの政治家。
⇒外12(サパン, ミシェル 1952.4.9-)
外16(サパン, ミシェル 1952.4.9-)
世指導(サパン, ミシェル 1952.4.9-)

Sapir, Edward
アメリカの言語学者, 人類学者。史的言語学, 比較言語学の発展に貢献。主著『言語―ことばの研究序説』(1921)。
⇒岩世人(サピア 1884.1.26-1939.2.4)
オク言(サピア, エドワード 1884-1939)
広辞7(サピア 1884-1939)
社小増(サピア 1884-1939)

Sapir, Richard
アメリカの作家。
⇒現世文(サピア, リチャード・ベン 1936.7.27-1987.1.27)

Sapiyev, Serik
カザフスタンのボクサー。
⇒外16(サピエフ, セリク 1983.11.16-)
最世ス(サピエフ, セリク 1983.11.16-)

Sapkowski, Andrzej
ポーランドの作家。
⇒現世文(サプコフスキ, アンドレイ 1948.6.21-)

Sapo, Sergio
ブラジルのフットサル監督。
⇒外12(サッポ, セルジオ 1958.2.18-)
外16(サッポ, セルジオ 1958.2.18-)
最世ス(サッポ, セルジオ 1958.2.18-)

Sapp, Bob
アメリカの格闘家。
⇒異二辞(サップ, ボブ 1973-)
外12(サップ, ボブ 1974.9.22-)
ネーム(サップ, ボブ 1974-)

Sapp, Warren
アメリカのプロフットボール選手(DT)。
⇒外16(サップ, ウォーレン 1972.12.19-)
最世ス(サップ, ウォーレン 1972.12.19-)

Sapper, Karl
ドイツの火山学者, 地理学者, 人類学者。主著『火山学』(1914)。
⇒岩世人(ザッパー 1866.2.6-1945.3.29)

Sapper, Richard
ドイツの工業デザイナー。
⇒岩世人(ザッパー 1932.5.30-)

Sapphire
アメリカのパフォーマンス詩人, 作家。
⇒外12(サファイア 1950-)
外16(サファイア 1950-)
現世文(サファイア 1950-)

Sapphire, Olga
来日ロシア人ダンサー, 教師。
⇒岩世人(サファイア 1907.6.28-1981.6.20)

Saprū, *Sir* Tej Bahādur
インドの弁護士, 政治家。国民会議派(1906～17), 国民自由連合(18～30)に所属し, 政府と会議派との調停に努力。
⇒岩世人(サプルー 1875.12.8-1949.1.20)

Sara
フランスの絵本作家。
⇒絵本(サラ 1950-)

Sarabi, Habiba
アフガニスタンの政治家。
⇒外12(サラビ, ハビバ 1957.12.5-)
外16(サラビ, ハビバ 1957.12.5-)
世指導(サラビ, ハビバ 1957.12.5-)

Sarafanov, Leonid
ウクライナのバレエダンサー。
⇒外12(サラファーノフ, レオニード)
外16(サラファーノフ, レオニード)

Saragat, Giuseppe
イタリアの政治家。ファシズム体制期にはウィーン,パリに亡命。第5代イタリア大統領(1964〜71)。
⇒岩世人（サーラガト　1898.9.19–1988.6.11）

Saragosse, Marie-Christine
フランスのTV5MONDE社長。
⇒外12（サラゴス,マリークリスティーヌ）
外16（サラゴス,マリークリスティーヌ）

Saramago, José
ポルトガルの作家,詩人。1998年ノーベル文学賞。
⇒岩世人（サラマーゴ　1922.11.16–2010.6.18）
現世文（サラマーゴ,ジョゼ　1922.11.16–2010.6.18）
広辞7（サラマーゴ　1922–2010）
ネーム（サラマーゴ　1922–2010）
ノベ3（サラマーゴ,J.　1922.11.16–2010.6.18）

Sarandon, Susan
アメリカ・ニューヨーク生まれの女優,映画製作者。
⇒遺産（サランドン,スーザン　1946.10.4–）
外12（サランドン,スーザン　1946.10.4–）
外16（サランドン,スーザン　1946.10.4–）
ク俳（サランドン,スーザン（トマリン,S）1946–）
スター（サランドン,スーザン　1946.10.4–）

Sarasate, Pablo de
スペインのヴァイオリン奏者,作曲家。主要作品は『ツィゴイネルワイゼン』『スペイン舞曲』など。
⇒岩世人（サラサーテ　1844.3.10–1908.9.20）
ク音3（サラサーテ　1844–1908）
広辞7（サラサーテ　1844–1908）
新音小（サラサーテ,パブロ・デ　1844–1908）
新音中（サラサーテ,パブロ・デ　1844.3.10–1908.9.20）
ネーム（サラサーテ　1844–1908）
標音2（サラサーテ,パブロ・デ　1844.3.10–1908.9.20）
ポプ人（サラサーテ,パブロ・デ　1844–1908）

Sarasin, Paul Benedikt
スイスの人類学者。セレベスを探検(1883〜86)。
⇒岩世人（サラシン　1856.12.11–1929.4.7）

Sarasinsawamiphak
タイの医師,実業家。
⇒岩世人（サーラシンサワーミパック　1855–1925）

Saraste, Jukka-Pekka
フィンランドの指揮者。
⇒外12（サラステ,ユッカ・ペッカ　1956.4.22–）
外16（サラステ,ユッカ・ペッカ　1956.4.22–）
新音中（サラステ,ユッカ=ペッカ　1956.4.22–）

Śaratcandra Caṭṭopādhyāy
インド,ベンガルの代表的な作家。主著『ビンドゥの息子』など。
⇒南ア新（シャラットチャンドラ　1876–1938）

Sarazen, Gene
アメリカのプロゴルファー。バンカープレーの革命的改善をやりとげ,全米オープン選手権で2回,全英選手権で1回優勝。
⇒異二辞（サラゼン,ジーン　1902–1999）
岩世人（サラゼン　1902.2.27–1999.5.13）
ネーム（サラゼン　1902–1999）

Sarbanes, Paul Spyros
アメリカの政治家,弁護士。
⇒外12（サーベンズ,ポール　1933.2.3–）

Sarbin, Theodore Roy
アメリカの心理学者。
⇒社小増（サービン　1911–）

Sardou, Michel
フランスのシャンソン歌手,作詞家。
⇒標音2（サルドゥ,ミシェル　1947.1.26–）

Sardou, Romain
フランスの作家。
⇒海文新（サルドゥ,ロマン　1974.1.6–）
現世文（サルドゥ,ロマン　1974.1.6–）

Sardou, Victorien
フランスの劇作家。アカデミー・フランセーズ会員。
⇒岩世人（サルドゥー　1831.9.5–1908.11.8）
学叢思（サルドー,ヴクトリアン　1831–1908）
19仏（サルドゥ,ヴィクトリアン　1831.9.5–1908.11.8）
世演（サルドゥ　1831–1908）
フ文小（サルドゥー,ヴィクトリアン　1831–1908）

Sarduy, Severo
キューバ生まれの作家。『コブラ』(1972)でメディシス賞を受ける。
⇒現世文（サルドゥイ,セベロ　1937.2.25–1993.6.8）
ラテ新（サルドゥイ　1937–1993）

Sargant, William
イギリスの精神科医。
⇒精医歴（サーガント,ウィリアム　1907–1988）

Sargent, Dudley Allen
アメリカの体育家。跳力測定法〈ジャンプ・アンド・リーチ〉などを考案。
⇒岩世人（サージェント　1849.9.28–1924.7.21）

Sargent, John Singer
フィレンツェ生まれの画家。両親はアメリカ人。
⇒岩世人（サージェント　1856.1.12–1925.4.15）
芸13（サージェント,ジョン・シンガー　1856–

1925)

Sargent, *Sir* Malcolm
イギリスの指揮者。オルガン奏者から指揮者に転じ,1950年BBC交響楽団の常任指揮者となる。
⇒岩世人(サージェント 1895.4.29–1967.10.3)
　新音中(サージェント,マルコム 1895.4.29–1967.10.3)
　ネーム(サージェント 1895–1967)
　標音2(サージェント,マルコム 1895.4.29–1967.10.3)

Sargent, Pamela
アメリカの作家。
⇒現世文(サージェント,パメラ 1948.3.20–)

Sargent, Thomas J.
アメリカ生まれの経済思想家。
⇒岩経(サージェント 1943–)
　外12(サージェント,トーマス 1943–)
　外16(サージェント,トーマス 1943.7.19–)
　ネーム(サージェント 1943–)
　ノペ3(サージェント,T.J. 1943.7.19–)
　有経5(サージェント 1943–)

Sargeson, Frank
ニュージーランドの小説家。ニュージーランド文学の父と呼ばれる。作品に,短篇集『あの夏』(1946),長篇『私は夢で見た』(49) など。
⇒現世文(サージソン,フランク 1903.3.23–1981)
　ニュー(サージソン,フランク 1903–1982)

Sargsyan, Serzh
アルメニアの政治家。アルメニア大統領(2008～18)。
⇒外12(サルキシャン,セルジ 1954.6.30–)
　外16(サルキシャン,セルジ 1954.6.30–)
　世指導(サルキシャン,セルジ 1954.6.30–)
　ネーム(サルキシャン 1954–)

Sarinelli, Vincenzo Maria
イタリアのテノール歌手。
⇒魅惑(Sarinelli,Vincenzo Maria 1978–)

Sariola, Petteri
フィンランドのギター奏者。
⇒外16(サリオラ,ペッテリ)

Sarit Thanarat
タイの軍人,政治家。1957年9月クーデターを起してピブン首相を追放,58年さらに無血クーデターを行なって革命委員会議長となり,59年2月内閣を組織。
⇒岩世人(サリット・タナラット 1908.6.16–1963.12.8)
　広辞7(サリット 1908–1963)
　タイ(サリット・タナラット 1908–1963)

Sariyan, Marchiros Serguevich
ソ連の画家。アルメニア人民美術家の称号をもつ。代表作『ナツメヤシ,エジプト』(1911) など。
⇒芸13(サリヤン,マルチロス・セルゲヴィッチ 1880–1949)

Sarkar, *Sir* Jadunath
インドの歴史家。
⇒岩世人(サルカール 1870.12.10–1958.5.15)

Sar Kheng
カンボジアの政治家。
⇒岩世人(ソー・ケーン 1951.1.15–)
　世指導(サル・ケン 1951.1.15–)

Sarkisyan, Aram
アルメニアの政治家。アルメニア首相。
⇒世指導(サルキシャン,アラム 1961.1.2–)

Sarkisyan, Vazgen
アルメニアの政治家。アルメニア首相。
⇒世指導(サルキシャン,ワズゲン 1959.3.5–1999.10.27)

Sarkozy, Cecilia
サルコジ・フランス大統領元夫人。
⇒外12(サルコジ,セシリア)

Sarkozy, Nicolas Paul Stéphane
フランスの政治家。フランス大統領(2007～12)。
⇒岩世人(サルコジ 1955.1.28–)
　外12(サルコジ,ニコラ 1955.1.28–)
　外16(サルコジ,ニコラ 1955.1.28–)
　広辞7(サルコジ 1955–)
　世指導(サルコジ,ニコラ 1955.1.28–)
　世人新(サルコジ 1955–)
　世人装(サルコジ 1955–)
　ポプ人(サルコジ,ニコラ 1955–)

Sarment, Jean
フランスの劇作家,小説家。作品に戯曲『館の階段で』(1938) など。
⇒現世文(サルマン,ジャン 1897.1.13–1976.3.29)

Sarmiento, Valeria
チリ生まれの映画監督。
⇒外16(サルミエント,バレリア 1948–)

Sarmientos, Jorge
グアテマラの指揮者,作曲家。
⇒外12(サルミエントス,ホルヘ)

Sarne, Michael
イギリスの映画監督。
⇒ロック(Sarne,Mike ザーン,マイク 1939–)

Sarney, José
ブラジルの政治家,文筆家。ブラジル大統領(1985～90)。
⇒岩世人(サルネイ 1930.4.24–)
　世指導(サルネイ,ジョゼ 1930.4.24–)

Sarnoff, David
ロシア生まれのアメリカの無線技術者, 実業家。1926年NBC設立の際に会長30年にRCA社長就任。アメリカ放送業界の先頭に立ち, その発展に貢献した。
⇒アメ経（サーノフ, デービッド　1891.2.27–1971.2.12）
　岩世人（サーノフ　1891.2.27–1971.12.12）
　ユ著人（Sarnoff,David　サーノフ, ダヴィッド　1891–1971）

Sarović, Mirko
ボスニア・ヘルツェゴビナの政治家。セルビア人共和国大統領（2000–02）, ボスニア・ヘルツェゴビナ幹部会員。
⇒世指導（シャロビッチ, ミルコ　1956.9.16–）

Saro-Wiwa, Ken
ナイジェリアの小説家, 劇作家, 政治評論家。
⇒岩世人（サロ＝ウィワ　1941.10.10–1995.11.10）
　現世文（サロ・ウィワ, ケン　1941.10.10–1995.11.10）

Saroyan, William
アメリカの小説家, 劇作家。作品に短篇集『わが名はアラム』（1940）, 長篇『お母さん, 大好きよ』（56）, 戯曲『君が人生の時』（39, ピュリッツァー賞, 辞退）などがある。
⇒アメ州（Saroyan,William　サローヤン, ウイリアム　1908–1981）
　岩世人（サローヤン（サロイヤン）　1908.8.31–1981.5.18）
　現世文（サローヤン, ウィリアム　1908.8.31–1981.5.18）
　広辞7（サロイヤン　1908–1981）
　新カト（サローヤン　1908.8.31–1981.5.18）
　西文（サローヤン, ウィリアム　1908–1981）
　世演（サローヤン, ウィリアム　1908.8.31–1981.5.18）
　ネーム（サローヤン　1908–1981）
　ポプ人（サローヤン, ウィリアム　1908–1981）
　ユ著人（Saloyan,William　サローヤン, ウイリアム　1908–1981）

Sarpaneva, Timo
フィンランドのプロダクト・デザイナー。
⇒岩世人（サルパネヴァ　1926.10.31–2006.10.6）

Sarrail, Maurice Paul Emmanuel
フランスの軍人。
⇒岩世人（サライユ　1856.4.6–1929.3.23）

Sarramida, Eduardo
アルゼンチン?のテノール歌手。
⇒魅惑（Sarramida,Eduardo　?–）

Sarraut, Albert Pierre
フランス急進社会党の政治家。インドシナ総督, 内相, 海相, 植民地相を歴任し, 首相となる。
⇒岩世人（サロー　1872.7.28–1962.11.26）

Sarraute, Nathalie
フランスの女性小説家。ロシアに生まれ, フランスに移住。評論集『不信の時代』（1956）で, 伝統小説の型を打破り, 新しい人間描写の方法を示した。
⇒岩世人（サロート　1900.7.18–1999.10.19）
　現世文（サロート, ナタリー　1900.7.18–1999.10.19）
　広辞7（サロート　1900–1999）
　フ文小（サロート, ナタリー　1902–1999）
　ユ著人（Sarraute (Cherniak),Nathalie　サロート（チェルニャク）, ナタリー　1902–1999）

Sarrazin, Jehan
フランスの詩人。
⇒19仏（サラザン, ジュアン　1863.2.7–1905?）

Sarrazin, Michael
アメリカの俳優。
⇒ク俳（サラザン, マイクル（サラザン, ジャック）　1940–）

Sarre, Friedrich
ドイツの考古学者, 美術史家。ベルリン大学名誉教授。
⇒岩世人（ザレ　1865.6.22–1945.6.1）

Sarri, Gino
イタリアのテノール歌手。
⇒失声（サッリ, ジーノ　1904–1972）
　魅惑（Sarri,Gino　1904–1972）

Sarsekbayev, Bakhyt
カザフスタンのボクサー。
⇒外12（サルセクバエフ, バヒト　1981.11.29–）
　最世ス（サルセクバエフ, バヒト　1981.11.29–）

Sarsgaard, Peter
アメリカの俳優。
⇒外12（サースガード, ピーター　1971–）

Sarstedt, Peter
イギリスのシンガー・ソングライター。
⇒ロック（Sarstedt,Peter　サーステット, ピーター）

Sarthou, Maurice Elie
フランス生まれの画家。
⇒芸13（サルトゥ, モーリス・エリー　1911–1990）

Sartika, Raden Dewi
インドネシアの教育者, 婦人運動家。
⇒岩世人（サルティカ, デウィ　1884.12.4–1947.9.11）

Sarton, (Eleanor) May
アメリカの女性詩人, 小説家。
⇒岩世人（サートン　1912.5.3–1995.7.16）
　現世文（サートン, メイ　1912–1995.7.16）

Sarton, George Alfred Leon
ベルギー生まれのアメリカの科学史学者。国際

科学史学会会長。主著『科学と伝統』(1951)
など。
⇒岩イ (サートン 1884-1956)
　　岩世人 (サートン 1884.8.31-1956.3.22)

Sartono
インドネシアの政治家。1937年人民行動党を結成。45年国務相・国民党議員団長、50年国会議長。
⇒岩世人 (サルトノ 1900.8.5-1968.10)

Sartori, Claudio
イタリアの音楽学者。
⇒標音2 (サルトリ、クラウディオ 1913.4.1-)

Sartori, Fabio
イタリアのテノール歌手。
⇒魅惑 (Sartori,Fabio ?-)

Sartori, Giovanni
イタリアの政治学者。イタリアをはじめヨーロッパ諸国の政党体制を視野にいれた政党論で知られた。
⇒岩世人 (サルトーリ 1924.5.13-)
　　社小増 (サルトーリ 1924-)

Sartorius von Waltershausen, August Freiherr
ドイツの経済学者。
⇒岩世人 (ザルトーリウス 1852.5.23-1938)

Sartre, Jean-Paul
フランスの哲学者、文学者。実存主義を代表し、行動する哲学者として著名。1964年ノーベル賞拒否。
⇒岩世人 (サルトル 1905.6.21-1980.4.15)
　　覚思 (サルトル 1905.6.21-1980.4.15)
　　覚思ス (サルトル 1905.6.21-1980.4.15)
　　教人 (サルトル 1905-)
　　現社 (サルトル 1905-1980)
　　現世文 (サルトル、ジャン・ポール 1905.6.21-1980.4.15)
　　広辞7 (サルトル 1905-1980)
　　社小増 (サルトル 1905-1980)
　　新カト (サルトル 1905.6.21-1980.4.15)
　　図哲 (サルトル、ジャン=ポール 1905-1980)
　　西文 (サルトル、ジャン=ポール 1905-1980)
　　世演 (サルトル、ジャン=ポール・シャルル・エマール 1905.6.21-1980.4.15)
　　世史改 (サルトル 1905-1980)
　　世人新 (サルトル 1905-1980)
　　世人装 (サルトル 1905-1980)
　　哲中 (サルトル 1905-1980)
　　ネーム (サルトル 1905-1980)
　　ノベ3 (サルトル,J.P. 1905.6.21-1980.4.15)
　　フ文小 (サルトル、ジャン=ポール 1905-1980)
　　ポプ人 (サルトル、ジャン=ポール 1905-1980)
　　メル3 (サルトル、ジャン=ポール 1905-1980)
　　メル3 (サルトル、ジャン=ポール・シャルル・エマール 1905-1980)

Sartzetakis, Christos A.
ギリシャの政治家、裁判官。ギリシャ大統領(1985~90)。
⇒世指導 (サルゼタキス、クリストス 1929.4.6-)

Sasaki, Marumo
イタリア生まれのチェロ奏者。
⇒外16 (ササキ、マルモ)

Sass, Sylvia
ハンガリーのソプラノ歌手。
⇒新音中 (シャシュ、シルヴィア 1951.7.12-)
　　標音2 (シャシュ、シルヴィア 1951.7.21-)

Sassen, Saskia
オランダ生まれの社会学者。
⇒外12 (サッセン、サスキア 1949-)
　　外16 (サッセン、サスキア 1947.1.5-)

Sassola, Renato Pablo Carlos
アルゼンチンのテノール歌手。
⇒魅惑 (Sassola,Renato Pablo Carlos 1927-)

Sassone, Florindo
アルゼンチンのタンゴ指揮者。
⇒標音2 (サッソーネ、フロリンド 1912.1.12-1982.2.1)

Sassoon, Siegfried
イギリスの詩人。戦争詩人の第一人者。『心の旅路』(1928)以後の詩は次第に瞑想的となる。
⇒岩世人 (サスーン 1886.9.8-1967.9.1)
　　現世文 (サスーン、シーグフリード 1886.9.8-1967.9.1)
　　ネーム (サスーン 1886-1967)

Sassoon, Vidal
イギリスのヘアデザイナー。
⇒外12 (サスーン、ビダル 1928.1.17-)

Sassoulitsch, Vera
ロシアの女性社会主義者。
⇒学叢思 (ザスリッチ、ヴェラ 1851-?)

Sassou-Nguesso, Denis
コンゴ共和国の政治家、軍人。コンゴ共和国大統領(1979~92,97~)、コンゴ労働党(PCT)党首。
⇒外12 (サス・ヌゲソ、ドニ 1943-)
　　外16 (サス・ヌゲソ、ドニ 1943-)
　　世指導 (サス・ヌゲソ、ドニ 1943-)

Sastre, Alfonso
スペインの劇作家。スペイン演劇のリーダーの一人。代表作『アナ・クライバー』(1952)。
⇒現世文 (サストレ、アルフォンソ 1926.2.20-)

Sastre, Carlos
スペインの自転車選手。
⇒外12 (サストレ、カルロス 1975.4.22-)
　　最世ス (サストレ、カルロス 1975.4.22-)

Sastroamidjojo, Ali
インドネシアの政治家,左翼民族主義者。中部ジャワ生まれ。1953年首相となり,55年アジア・アフリカ会議を開催,中国との2重国籍条約など中立外交を推進した。
⇒岩世人 (サストロアミジョヨ,アリ 1903.5.21–1975.3.13)

Sastrowardoyo, Subagio
インドネシアの詩人,小説家,文芸評論家。
⇒岩世人 (サストロワルドヨ,スバギオ 1924.2.1–1995.7.18)

Sata, Michael Chilufya
ザンビアの政治家。ザンビア大統領(2011〜14)。
⇒世指導 (サタ,マイケル・チルフヤ 1937.7.6–2014.10.28)

Sāti' al-Husrī
アラブ民族主義の思想家,著述家。アラブ民族運動に参加。著書に『愛国主義と民族主義に関する見解と講演』(1944)がある。
⇒岩イ (サーティウ・フスリー 1883–1967)

Satie, Erik Alfred Leslie
フランスの作曲家。
⇒異二辞 (サティ[エリック・〜] 1866–1925)
岩世人 (サティ,エリック 1866.5.17–1925.7.1)
エデ (サティ,エリック(アルフレッド・レスリ) 1866.5.17–1925.7.1)
ク音3 (サティ,エリック 1866–1925)
現音キ (サティ,エリック 1866–1925)
広辞7 (サティ 1866–1925)
辞歴 (サティ,エリック 1866–1925)
新音小 (サティ,エリック 1866–1925)
新音中 (サティ,エリック 1866.5.17–1925.7.1)
世人新 (サティ 1866–1925)
世人装 (サティ 1866–1925)
ビ曲改 (サティ,エリック 1866–1925)
標音2 (サティ,エリック 1866.5.17–1925.7.1)
ポブ人 (サティ,エリック 1866–1925)

Sato, Gary
アメリカのバレーボール指導者,バレーボール選手。
⇒外16 (サトウ,ゲーリー 1955.1.2–)
最世ス (サトウ,ゲーリー 1955–)

Sato, Gordon Hisashi
アメリカの動物細胞学者。
⇒外12 (サトウ,ゴードン・ヒサシ 1927.12.17–)

Sato, Sabrina
ブラジルのタレント。
⇒外12 (サトウ,サブリナ 1981–)
外16 (サトウ,サブリナ 1981–)

Satow, *Sir* Ernest Mason
イギリスの外交官。
⇒岩キ (サトウ 1843–1929)
岩世人 (サトウ(サトー) 1843.6.30–1929.8.26)
広辞7 (サトー 1843–1929)
国政 (サトー,アーネスト 1843–1929)
新カト (サトウ 1843.6.30–1929.8.26)
ポブ人 (サトウ,アーネスト 1843–1929)
来日 (サトウ,アーネスト・メイソン 1843–1929)

Satrapi, Marjane
イラン生まれの作家,アニメーション監督。
⇒アニメ (サトラピ,マルジャン 1969–)
外12 (サトラピ,マルジャン 1969–)
外16 (サトラピ,マルジャン 1969.9.22–)
現世文 (サトラピ,マルジャン 1969.9.22–)

Satriani, Joe
アメリカのギター奏者。
⇒異二辞 (サトリアーニ[ジョー・〜] 1956–)

Sattar, Abdus
バングラデシュの政治家。バングラデシュ大統領(1981〜82)。
⇒南ア新 (サッタル 1906–1985)

Sattār Khān
イラン立憲革命の英雄。
⇒岩イ (サッタール・ハーン 1867/1868–1914)
岩世人 (サッタール・ハーン 1868–1914.11.9)

Satterthwait, Walter
アメリカのミステリ作家。
⇒現世文 (サタスウェイト,ウォルター)

Sattler, James Frederick
アメリカ大西洋委員会の外交政策分析官,東ドイツのスパイ。
⇒スパイ (サットラー,ジェイムズ・フレデリック 1938–)

Sattler, Joachim
ドイツのテノール歌手。
⇒魅惑 (Sattler,Joachim 1899–1984)

Satyarthi, Kailash
インドの児童労働問題活動家。
⇒外16 (サティヤルティ,カイラシュ 1954.1.11–)

Sauckel, Fritz
ナチス・ドイツの労働力動員全権。
⇒岩世人 (ザウケル 1894.10.27–1946.10.16)

Saud al-Faisal
サウジアラビアの政治家。サウジアラビア外相。
⇒外12 (サウド・アル・ファイサル 1940.7.15–)
世指導 (サウド・アル・ファイサル 1940–2015.7.9)

Saudargas, Algirdas
リトアニアの政治家。リトアニア外相。
⇒世指導 (サウダルガス,アルギルダス 1948.4.17–)

Saudelli, Patrizio
イタリアのテノール歌手。
⇒魅惑 (Saudelli,Patrizio ?–)

Sauer, Carl Ortwin
アメリカの地理学者。経済地理学, 景観地理学の発展に貢献。著書『景観の形態』(1925)など。
⇒岩世人 (サウアー 1889.12.24–1975.7.18)
人文地 (サウアー 1889–1975)

Sauer, Emil von
ドイツのピアノ奏者, 作曲家。リストに学び, ピアニストとして活躍。作品にピアノ協奏曲などがある。
⇒岩世人 (ザウアー 1862.10.8–1942.4.27)
新音中 (ザウアー, エーミール 1862.10.8–1942.4.27)
標音2 (ザウアー, エーミール・フォン 1862.10.8–1942.4.27)

Sauer, Henry John
アメリカの大リーグ選手 (外野)。
⇒メジャ (サウアー, ハンク 1917.3.17–2001.8.24)

Sauer, Julia Lina
アメリカの図書館員。ロチェスター公共図書館で一生を勤務するかたわら, 若者向けの小説を出版して知られる。
⇒ア図 (ソウアー, ジュリア 1891–1983)

Sauerbaum, Heinz
ドイツのテノール歌手。
⇒魅惑 (Sauerbaum,Heinz ?–?)

Sauerborn, Aen
ドイツの芸術家。
⇒芸13 (サウエルボーン, エン 1933–)

Sauerbreij, Nicolien
オランダのスノーボード選手。
⇒外12 (ザウエルブライ, ニコリーン 1979.7.31–)
外16 (ザウエルブライ, ニコリーン 1979.7.31–)
最世ス (ザウエルブライ, ニコリーン 1979.7.31–)

Sauerbruch, Ernst Ferdinand
ドイツの外科医。胸廓成形術を考案。ザウエルブルッフ気室と呼ばれる装置を発明。
⇒岩世人 (ザウアーブルフ 1875.7.3–1951.7.2)

Sauguet, Henri
フランスの現代作曲家。作品は, 歌劇『パルムの僧院』(1939) など。
⇒ク音3 (ソーゲ 1901–1989)
新音中 (ソーゲ, アンリ 1901.5.18–1989.6.22)
標音2 (ソゲ, アンリ 1901.5.18–1989.6.22)

Saul, John
アメリカの小説家。
⇒外12 (ソール, ジョン)
現世文 (ソール, ジョン)

Saunders, Sir Charles Edward
カナダの農学者。小麦の育種をやり, マーキス種を育成。カナダ国立農事試験場長 (1903～22)。
⇒岩世人 (ソーンダーズ 1867.2.2–1937.7.25)

Saunders, Dame Cicely (Mary Strode)
イギリスの慈善家。ホスピス運動の創始者。
⇒岩世人 (ソーンダーズ 1918.6.22–2005.7.14)

Saunders, George
アメリカの作家。
⇒海文新 (ソーンダーズ, ジョージ 1958.12.2–)
現世文 (ソーンダーズ, ジョージ 1958.12.2–)

Saunders, James
イギリスの劇作家。
⇒現世文 (ソーンダーズ, ジェームズ 1925.1.8–2004.1.29)

Saunders, Kate
イギリスの作家。
⇒海文新 (ソーンダーズ, ケイト 1960–)
現世文 (ソーンダズ, ケイト 1960–)

Saunders, Marshall
カナダの作家。マーガレット・マーシャル・ソーンダズの筆名。
⇒現世文 (サンダース, マーシャル 1861–1947)

Saura, Antonio
スペインの画家。
⇒芸13 (サウラ, アントニオ 1930–)

Saura, Carlos
スペインの映画監督。作品に『快楽の園』(1970), 『血の婚礼』(81) など。
⇒岩世人 (サウラ 1932.1.4–)
外12 (サウラ, カルロス 1932.1.4–)
外16 (サウラ, カルロス 1932.1.4–)
広辞7 (サウラ 1932–)

Saurat, Denis
フランスの英文学者, 批評家。ブレーク等に関する研究や宗教史, 呪術に関する著書がある。
⇒岩世人 (ソラ 1890.3.21–1958.6.7)

Saury, Maxim
フランスのジャズ・クラリネット奏者。1956年度仏ディスク大賞受賞。56～59年連続ジャズ・オット賞受賞。
⇒標音2 (ソーリー, マクシム 1928.2.27–)

Sauser, Christoph
スイスの自転車選手 (マウンテンバイク)。
⇒最世ス (ザウザー, クリストフ 1976.4.13–)

Saussure, Ferdinand de
スイスの言語学者。20世紀の言語学に決定的な影響を与えた構造主義言語学の祖。

⇒異二辞（ソシュール［フェルディナンド・ド・～］ 1857–1913）
岩世人（ソシュール　1857.11.26–1913.2.22）
オク言（ソシュール, フェルディナン・ド　1857–1913）
現社（ソシュール　1857–1913）
広辞7（ソシュール　1857–1913）
社小増（ソシュール　1857–1913）
新カト（ソシュール　1857.11.26–1913.2.22）
図哲（ソシュール, フェルディナン・ド　1857–1913）
世人新（ソシュール　1857–1913）
世人装（ソシュール　1857–1913）
哲中（ソシュール　1857–1913）
ネーム（ソシュール　1857–1913）
ボブ人（ソシュール, フェルディナン・ド　1857–1913）
メル3（ソシュール, フェルディナン・ド　1857–1913）
メル別（ソシュール, フェルディナン・ド　1857–1913）

Sautet, Marc
フランスの哲学者。
⇒メル別（ソーテ, マルク　1947–1998）

Sautin, Dmitrii
ロシアの飛び込み選手。
⇒外12（サウティン, ドミトリー　1974.3.15–）
最世ス（サウティン, ドミトリー　1974.3.15–）

Sautter, Christian
フランスの政治家, 経済学者, 日本研究家。
⇒外16（ソテール, クリスチャン　1940.4.9–）
世指導（ソテール, クリスチャン　1940.4.9–）

Sautter, Franz
テノール歌手。
⇒魅惑（Sautter, Franz　?–?）

Sauvage, Catherine
フランスの女性シャンソン歌手。1954年・62年にディスク大賞を得た。
⇒標音2（ソヴァージュ, カトリーヌ　1929.5.29–）

Sauvaget, Jean
フランスの東洋学者。東洋学雑誌 "Journal Asiatique" の編集を担当。
⇒岩世人（ソヴァジェ　1901.1.26–1950.3.5）

Sauvy, Alfred
フランスの人口統計学者。経済的・政治的諸現象にも人口学的視点からアプローチして, その実証的, 科学的究明にすぐれた研究をおこなった。
⇒社小増（ソーヴィ　1898–1990）
メル3（ソヴィ, アルフレッド　1898–1990）

Sauzet, Claude
フランス生まれの画家。
⇒芸13（ソーゼ, クロード　1941–）

Savage, John
アメリカ生まれの俳優。
⇒ク俳（サヴェジ, ジョン（ヤングズ, J）　1949–）

Savage, Leonard Jimmie
アメリカの統計学者。
⇒有経5（サヴェッジ　1917–1971）

Savage, Michael Joseph
ニュージーランドの政治家。不況や経済的な不安の時代に首相として活躍。
⇒ニュー（サヴェジ, マイケル　1872–1940）

Savalas, Telly
アメリカの俳優。映画『明日なき十代』『終身犯』で注目されて以来, 数々の大作に出演。
⇒ク俳（サヴァラス, テリー（サヴァラス, アリストートル）　1922–1994）

Savall, Jordi
スペインのヴィオラ・ダ・ガンバ奏者。1966年バーゼル・スコラ・カントルムのソリスト・ディプロマを取得。
⇒外12（サバール, ホルディ　1941.8.1–）
外16（サバール, ホルディ　1941.8.1–）
新音中（サバール, ホルディ　1941.8.1–）

Savangvatthana
ラオス国王。在位1959～75。
⇒岩世人（シーサワンワッタナー　1907.11.13–1978?）

Savard, Félix-Antoine
カナダの作家。
⇒現世文（サヴァール, フェリックス・アントワーヌ　1896.8.31–1982.8.24）

Savastano, Antonio
イタリアのテノール歌手。
⇒魅惑（Savastano, Antonio　?–）

Savchenko, Aliona
ドイツのフィギュアスケート選手（ペア）。
⇒最世ス（サフチェンコ, アリオナ　1984.1.19–）

Savelli, Gianni
アメリカのテノール歌手。
⇒失声（サヴェッリ, ジャンニ　1920–2003）

Saviano, Roberto
イタリアの作家。
⇒外12（サヴィアーノ, ロベルト　1979–）
外16（サヴィアーノ, ロベルト　1979–）
現世文（サヴィアーノ, ロベルト　1979–）

Savićević, Dejan
モンテネグロのサッカー指導者, サッカー選手。
⇒異二辞（サビチェビッチ［デヤン・～］　1966–）
外12（サヴィチェヴィッチ, デヤン　1966.9.15–）
外16（サヴィチェヴィッチ, デヤン　1966.9.15–）

Savignac, Raymond Pierre Guillaume
フランスのポスター作家。
⇒グラデ (Savignac,Raymond サヴィニャック,レイモン 1907-2002-)

Savigne, Yargelis
キューバの三段跳び選手,走り幅跳び選手。
⇒最世ス (サビヌ,ヤルヘリス 1984.11.13-)

Saville, Jenny
イギリスの画家。
⇒岩世人 (サヴィル 1970.5.7-)

Saville, Peter
イギリスのグラフィック・デザイナー。
⇒グラデ (Saville,Peter サヴィル,ピーター 1955-)

Savimbi, Jonas Malheiro
アンゴラの政治家,民族運動指導者。アンゴラ全面独立民族同盟(UNITA)議長,アンゴラ副大統領。
⇒岩世人 (サヴィンビ 1934.8.3-2002.2.22)
世指導 (サビンビ,ジョナス・マリェイロ 1934.8.3-2002.2.22)

Savin, Maurice
フランスの芸術家,画家,作家,哲学者。
⇒メル3 (サヴァン,モーリス 1905-1978)

Savinio, Alberto
イタリアの画家,文筆家,音楽家。
⇒岩世人 (サヴィーニオ 1891.8.25-1952.5.5)

Savinkov, Boris Viktorovich
ロシアの革命家,作家。代表作はRopshinのペンネームで書いた『蒼ざめた馬』(1909)。
⇒岩世人 (サーヴィンコフ 1879.1.19/31-1925.5.7)
現世文 (サヴィンコフ,ボリス 1879.1.31-1925.5.7)
広辞7 (ロープシン 1879-1925)
ネーム (ロープシン 1879-1925)

Savinova, Mariya
ロシアの陸上選手(中距離)。
⇒外16 (サビノワ,マリア 1985.8.13-)
最世ス (サビノワ,マリア 1985.8.13-)

Savio, Giuseppe
イタリアのテノール歌手。
⇒失声 (サヴィオ,ジュゼッペ 1921-2004)
魅惑 (Savio,Giuseppe ?-?)

Savio, Isaías
ウルグアイのギター奏者,作曲家。
⇒標音2 (サビオ,イサイーアス 1900.10.1-)

Saviola, Javier
アルゼンチンのサッカー選手。

⇒異二辞 (サビオラ[ハビエル・~] 1981-)
外12 (サビオラ,ハビエル 1981.12.11-)
外16 (サビオラ,ハビエル 1981.12.11-)
最世ス (サビオラ,ハビエル 1981.12.11-)

Savisaar, Edgar
エストニアの政治家,歴史学者。エストニア首相。
⇒岩世人 (サヴィサール 1950.5.31-)
世指導 (サヴィサール,エドガー 1950-)

Savitri, Vishwanathan
インドの女性日本研究家。
⇒岩世人 (サヴィトリ 1934.1.25-)

Savitzky, Georgy Konstantinovich
ロシアの画家。
⇒芸13 (サヴィツキー,ゲオルギー・コンスタンティノヴィッチ 1887-1956)

Savoia-Aosta, Luigi Amedeo di
イタリアの探検家,登山家,軍人。
⇒岩世人 (サヴォイア=アオスタ 1873.1.29-1933.3.18)

Savoiardo, Giovanni
イタリア?のテノール歌手。
⇒魅惑 (Savoiardo,Giovanni ?-?)

Sawallisch, Wolfgang
ドイツの指揮者,ピアノ奏者。NHK交響楽団の指揮者として日本の音楽界に貢献。
⇒岩世人 (サヴァリッシュ 1923.8.26-2013.2.22)
オペラ (サヴァリッシュ,ヴォルフガング 1923-2013)
新音中 (サヴァリッシュ,ヴォルフガング 1923.8.26-)
標音2 (ザヴァリッシュ,ヴォルフガング 1923.8.26-)

Sawat Osathanukhro
タイの実業家。
⇒岩世人 (サワット・オーサターヌクロ 1900-1985)

Saw Ba Thin Sein
ミャンマー(ビルマ)の政治家。カレン民族同盟(KNU)議長。
⇒世指導 (ソー・バ・ティン ?-2008.5.22)

Saw Bwe Hmu
ビルマ(ミャンマー)の音楽家。
⇒岩世人 (ソーブェフムー)

Sawicki, Franz
ポーランドのカトリック神学者。
⇒岩世人 (サヴィツキ 1877.7.13-1952.10.7)

Sawito Kartowibowo
インドネシア,〈サウィト事件〉の首謀者。
⇒岩世人 (サウィト・カルトウィボウォ 1932-)

Saw Maung
ビルマの軍人。
⇒岩世人（ソーマウン　1928–1997）

Sawyer, Amos
リベリアの政治家。リベリア暫定大統領。
⇒外16（ソーヤー，エーモス　1945–）
　世指導（ソーヤー，エーモス　1945–）

Sawyer, Corinne Holt
アメリカのミステリ作家。
⇒外12（ソーヤー，コリン・ホルト）
　外16（ソーヤー，コリン・ホルト）
　現世文（ソーヤー，コリン・ホルト）

Sawyer, Diane
アメリカのジャーナリスト，ニュースキャスター。
⇒外12（ソーヤー，ダイアン　1945.12.22–）
　外16（ソーヤー，ダイアン　1945.12.22–）

Sawyer, Edwin Milby
アメリカの大リーグ監督（フィリーズ）。
⇒メジャ（ソーヤー，エディー　1910.9.10–1997.9.22）

Sawyer, Robert J.
カナダのSF作家。
⇒現世文（ソウヤー，ロバート　1960–）

Sax, Emil
オーストリアの経済学者，プラーハ大学教授（1879～93），下院議員（79）。財政学，交通論等を専攻。
⇒岩世人（ザックス　1845.2.8–1927.3.25）
　学叢思（ザックス，エミル　1845–?）
　有経5（ザックス　1845–1927）

Sax, Joseph Lawrence
アメリカの法学者。連邦政府の「環境の質委員会」委員（1970～72）ほか環境行政関連の各種委員をつとめる。
⇒岩世人（サックス　1936.2.3–2014.3.9）
　外12（サックス，ジョセフ　1936–）

Sax, Stephen Louis
アメリカの大リーグ選手（二塁）。
⇒メジャ（サックス，スティーヴ　1960.1.29–）

Saxcoburggotski, Simeon
ブルガリアの政治家。ブルガリア国王。在位1943～46。
⇒岩世人（シメオン2世　1937.6.16–）

Saxe-Coburg Gotha, Simeon
ブルガリアの政治家。ブルガリア国王，首相。
⇒外12（サクスコブルク，シメオン　1937.6.16–）
　世指導（サクスコブルク，シメオン　1937.6.16–）

Saxl, Friedrich
オーストリアの美術史家。
⇒岩世人（ザクスル　1890.1.8–1948.3.22）

Saxon, John
アメリカ生まれの俳優。
⇒ク俳（サクスン，ジョン（オリコ，カーメン）1935–）

Say, Allen
アメリカの絵本作家，作家。
⇒絵本（セイ，アレン　1937–）

Say, Fazil
トルコのピアノ奏者。
⇒外12（サイ，ファジル　1970–）
　外16（サイ，ファジル　1970–）

Saya San
ビルマ民族運動の指導者。
⇒岩世人（サン　1876–1931.11.28）
　世史改（サヤ＝サン　1876–1931）
　世人新（サヤ＝サン　1876–1931）
　世人装（サヤ＝サン　1876–1931）
　ボブ人（サヤ・サン　1876–1931）

Sayce, Archibald Henry
イギリスの東洋語学者。
⇒岩世人（セイス　1845.9.25–1933.2.4）
　広辞7（セース　1845–1933）

Say Chhum
カンボジアの政治家。
⇒岩世人（サーイ・チュム　1945.2.5–）
　世指導（サイ・チュム　1945.2.5–）

*El-***Sayed, Mostafa Amr**
エジプト生まれのアメリカの物理化学者。
⇒岩世人（エル＝セイド　1933.5.18–）

Sayer, Leo
イギリス生まれの歌手，作曲家。
⇒ロック（Sayer,Leo　セイア，リーオ）

Sayer, Paul
イギリスの小説家。
⇒現世文（セイヤー，ポール　1955–）

Sayers, Dorothy Leigh
イギリスの女性小説家，劇作家。推理小説『死刑執行人の休日』（1933），ラジオドラマ『王になるべく生まれた男』（41）など。
⇒岩世人（セイヤーズ　1893.6.13–1957.12.18）
　オク教（セイヤーズ　1893–1957）
　現世文（セイヤーズ，ドロシー・リー　1893.6.13–1957.12.17）

Sayers, Frances Clarke
アメリカの図書館員。ニューヨーク公共図書館の児童室主任，図書館学の教員，創作童話の作者，評論家として活躍する。
⇒ア図（セイヤーズ，フランセス・クラーク　1897–1989）

Sayers, James
イギリスの物理学者。電波探知機の発達に寄与した(1940)。
⇒岩世人(セイヤーズ　1912.9.2–1993.3.13)

Sayers, Richard Sidney
イギリスの経済学者。ラドクリフ委員会委員。
⇒有経5(セイヤーズ　1908–)

Saygun, Ahmed Adnan
トルコの作曲家。トルコ国民主義の代表的作曲家。
⇒ク音3(サイグン　1907–1991)

Saykally, Richard James
アメリカの物理化学者。
⇒岩世人(セイカリー　1947.9.10–)

Sayles, John
アメリカ生まれの映画監督、映画製作者、男優、映画脚本家、小説家。
⇒岩世人(セイルズ　1950.9.28–)
　映監(セイルズ,ジョン　1950.9.28–)
　外12(セイルズ,ジョン　1950.9.28–)
　外16(セイルズ,ジョン　1950.9.28–)
　現世文(セイルズ,ジョン　1950.9.28–)

Säypidin Äzizi
中国の政治家。新疆塔城出身。1954年8月1期全人大会新疆省代表。59年1月新疆ウィグル自治区主席,3月2期全人大会新疆ウィグル自治区代表,65年1月3期全人大会常務委員副委員長,国防委。68年9月新疆ウィグル自治区革委会副主任,69年4月9期中央委。
⇒岩世人(セイピディン・エズィズィ　1915–2003.11.24)
　近中(賽福鼎　さいふくてい　1915.3.12–2003.11.24)
　中日3(賽福鼎　サイフジン　1915–2003)

Sayrāmī
東トルキスタンの歴史家。
⇒岩世人(サイラーミー　1838–1913?)

Sayre, Francis Bowes
アメリカの弁護士,政府役人。
⇒アア歴(Sayre,Francis B (owes)　セイヤー,フランシス・バウズ　1885.4.30–1972.3.29)
　岩世人(セイヤー　1885.4.30–1972.3.29)
　タイ(セイヤー　1885–1972)

Sayyid Muḥammad, 'Abdullāh Hasan
ソマリアの宗教改革運動指導者,初期抵抗運動指導者。
⇒岩世人(サイイッド・ムハンマド　1856.4.7–1920.12.21)

Sazonov, Sergei Dmitrievich
ロシアの外交官,政治家。革命後フランスに亡命,反革命側で働いた。
⇒岩世人(サゾーノフ　1860.7.29/8.10–1927.12.24)

Sbarbaro, Camillo
イタリアの詩人。1956年シュペルビエールとエトナ・タオルミーナ賞を受賞した。主著『シャボン玉』(66)。
⇒岩世人(ズバルバロ　1888.1.12–1967.10.31)

Scacchi, Greta
イタリア生まれの女優。
⇒ク俳(スカッキ,グレタ(グラッコ,G)　1958–)

Scadden, Lawrence
アメリカの全盲の科学者。米国電子情報技術諮問委員会委員長。
⇒外12(スキャッデン,ローレンス　1939–)
　外16(スキャッデン,ローレンス　1939–)

Scaggs, Boz
アメリカの歌手,ギター奏者。
⇒外12(スキャッグズ,ボズ　1944.6.8–)
　外16(スキャッグズ,ボズ　1944.6.8–)
　ロック(Scaggs,Boz　スキャッグズ,ボズ　1944.6.8–)

Scalabrini, Giovanni Battista
イタリアの司教,スカラブリーニ会の創設者。
⇒新カト(スカラブリーニ　1839.7.8–1905.6.1)

Scales, Bobby
アメリカのプロ野球選手(日ハム・内野手),大リーグ選手。
⇒外12(スケールズ,ボビー　1977.10.4–)

Scalfaro, Oscar Luigi
イタリアの政治家。イタリア大統領(1925～99)。
⇒世指導(スカルファロ,オスカル・ルイジ　1918.9.9–2012.1.29)

Scalia, Antonin
アメリカの裁判官。
⇒岩世人(スカリーア　1936.3.11–)

Scalzi, John
アメリカの作家。
⇒外12(スコルジー,ジョン　1969–)
　外16(スコルジー,ジョン　1969–)
　海文新(スコルジー,ジョン　1969–)
　現世文(スコルジー,ジョン　1969–)

Scampini, Augusto
イタリアのテノール歌手。
⇒失声(スカンピーニ,アウグスト　1880–1939)
　魅惑(Scampini,Augusto　1880–1939)

Scannell, Vernon
イギリスの詩人,小説家。
⇒現世文(スキャネル,バーノン　1922.1.23–2007.11.16)

Scano, Gaetano
イタリアのテノール歌手。
⇒魅惑（Scano,Gaetano　1945–1988）

Scaramberg, Émile
フランスのテノール歌手。
⇒失声（スカランベール，エミール　1863–1938）
　魅惑（Scaramberg,Emile　1863–1938）

Scarbeck, Irwin C.
アメリカ国務省職員。東欧の共産主義諸国に秘密情報を渡した。
⇒スパイ（スカーベック，アーウィン・C）

Scarborough, Elizabeth Ann
アメリカの作家。
⇒現世文（スカボロー，エリザベス・アン）

Scardino, Marjorie Morris
イギリスの実業家，ジャーナリスト。
⇒外12（スカルディノ，マージョリー　1947.1.25–）
　外16（スカルディーノ，マージョリー　1947.1.25–）

Scardovi, Maurizio
イタリア?のテノール歌手。
⇒魅惑（Scardovi,Maurizio　?–）

Scarf, Herbert Eli
アメリカの経済学者。
⇒有経5（スカーフ　1930–）

Scargill, Arthur
イギリスの労働組合活動家。
⇒岩世人（スカーギル　1938.1.11–）
　世指導（スカーギル，アーサー　1938.1.11–）

Scarlini, Glauco
イタリアのテノール歌手。
⇒魅惑（Scarlini,Glauco　?–）

Scarman, Leslie George, Baron
イギリスの法律家，裁判官。
⇒岩世人（スカーマン　1911.7.29–2004.12.8）

Scarpa, Carlo
イタリアの建築家。作品にベローナのカステルベッキオ美術館など。
⇒岩世人（スカルパ　1906.6.2–1978.11.28）

Scarpa, Tiziano
イタリアの作家。
⇒外12（スカルパ，ティツィアーノ　1963–）
　外16（スカルパ，ティツィアーノ　1963–）
　海文新（スカルパ，ティツィアーノ　1963.5.16–）
　現世文（スカルパ，ティツィアーノ　1963.5.16–）

Scarpetta, Guy
フランスの作家。
⇒現世文（スカルペッタ，ギィ　1946–）

Scarrow, Alex
イギリスの作家。
⇒海文新（スカロウ，アレックス　1966–）
　現世文（スカロウ，アレックス　1966–）

Scattolini, Nino
イタリアのテノール歌手。
⇒失声（スカットリーニ，ニーノ　?）

Scavenius, Erik
デンマークの政治家。
⇒岩世人（スカヴィーニウス　1877.6.13–1962.11.29）

Scelle, Georges
フランスの国際法学者。
⇒岩世人（セル　1878.3.19–1961.1.8）

Scelsi, Giacinto
イタリアの作曲家。
⇒岩世人（シェルシ　1905.1.8–1988.8.9）
　ク音3（シェルシ　1905–1988）

Schaal, Paul
アメリカの大リーグ選手（三塁）。
⇒メジャ（ショール，ポール　1943.3.3–）

Schabowski, Günter
ドイツの政治家。
⇒岩世人（シャボウスキー　1929.1.4–）

Schacht, Henry Brewer
アメリカの実業家。
⇒外16（シャクト，ヘンリー　1934.10.16–）

Schacht, Horace Greeley Hjalmar
ドイツの財政家。ダルムシュタット国立銀行頭取。
⇒岩世人（シャハト　1877.1.22–1970.6.3）
　広辞7（シャハト　1877–1970）
　世人新（シャハト　1877–1970）
　世人装（シャハト　1877–1970）
　ネーム（シャハト　1877–1970）

Schacht, Joseph
イギリスのイスラム法学者。ユダヤ系ドイツ人。イスラム法の歴史的社会学的解明につとめ，初期のイスラム法・神学・文学ならびにイスラム社会の理解を一新した。
⇒岩世人（シャハト　1902.3.15–1969.8.1）

Schachter, Stanley
アメリカの心理学者。コロンビア大学教授。
⇒社小増（シャクター　1922–）
　社心小（シャクター　1922–）

Schachtschneider, Herbert
ドイツのテノール歌手。
⇒魅惑（Schachtschneider,Herbert　1919–）

Schad, Christian
ドイツの画家, 版画家。
⇒岩世人（シャート　1894.8.21-1982.2.25）
芸13（シャート, クリスチャン　1894-1982）

Schade, Jens August
デンマークの抒情詩人。
⇒岩世人（シェーゼ　1903.1.20-1978.11.20）

Schade, Michael
ドイツのテノール歌手。
⇒外12（シャーデ, ミヒャエル　1965-）
失声（シャーデ, ミヒャエル　1965-）
魅惑（Schade,Michael　?-）

Schädler, Ulrich Uwe
ドイツの遊戯史研究者。
⇒岩世人（シェドラー　1958.3.24-）

Schaefer, Clemens
ドイツの物理学者。赤外線, 分子構造, 結晶構造に関する研究がある。
⇒岩世人（シェーファー　1878.3.24-1968.7.9）

Schaefer, William Herman
アメリカの大リーグ選手（二塁, 一塁）。
⇒メジャ（シェーファー, ジャーマニー　1876.2.4-1919.5.16）

Schaeffer, Claude Frédéric Armond
フランスの考古学者。シリアのラス・シャマラの発掘主任となり（1929）, カナン人のアルファベット式楔形文字を発見。
⇒岩世人（シェフェール　1898.3.6-1982.8.25）

Schaeffer, Pierre
フランスの作曲家, 電気技術者。「ミュージック・コンクレート（具体音楽）」の創始者。
⇒岩世人（シェフェール　1910.8.14-1995.8.19）
ク音3（シェフェール　1910-1995）
新音小（シェフェール, ピエール　1910-1995）
新音中（シェフェール, ピエール　1910.8.14-1995.8.19）
標音2（シェフェール, ピエール　1910.8.14-1995.8.19）

Schaeffer, Susan Fromberg
アメリカの女性小説家。
⇒現世文（シェーファー, スーザン・フロンバーグ　1941.3.25-2011.8.26）

Schaeffler, Georg F.W.
ドイツの実業家。
⇒外16（シェフラー, ゲオルク・F.W.　1964.10.19-）

Schäfer, Christine
ドイツのソプラノ歌手。
⇒外12（シェーファー, クリスティーネ　1965-）
外16（シェーファー, クリスティーネ　1965-）

Schäfer, Dietrich
ドイツの歴史家。主書 "Kolonialgeschichte"（1903）など。
⇒岩世人（シェーファー　1845.5.16-1929.1.12）

Schafer, Ed
アメリカの政治家, 実業家。農務長官, ノースダコタ州知事。
⇒世指導（シェーファー, エド　1946.8.8-）

Schäfer, Heinrich
ドイツのエジプト学者。国立エジプト美術館館長。
⇒岩世人（シェーファー　1868.10.29-1957.4.6）

Schäfer, Markus
ドイツのテノール歌手。
⇒魅惑（Schäfer,Markus　1961-）

Schafer, Raymond Murray
カナダの作曲家。
⇒ク音3（シェイファー　1933-）
標音2（シェーファー, マリー　1933.7.18-）

Schafer, Roy
アメリカの精神分析家。
⇒精分岩（シェーファー, ロイ　1922-）

Schäfer, Wilhelm
ドイツの作家。主著『ドイツの魂の13の書』（1922）。
⇒岩世人（シェーファー　1868.1.20-1952.1.19）

Schaff, Adam
ポーランドの哲学者, 社会学者。マルクス主義の立場に立つ東ヨーロッパ哲学界の代表的存在の一人。主著『人間の哲学』（1962）など。
⇒社小増（シャフ　1913-）
新カト（シャッフ　1913.3.10-2006.11.12）

Schäffer, Bogusław
ポーランドの作曲家, 理論家。
⇒新音中（シェッフェル, ボグスワフ　1929.6.6-）

Schaffer, Simon
イギリスの科学史家。
⇒岩世人（シェイファー　1955.1.1-）

Schaffner, Franklin J.
アメリカの映画監督。
⇒映監（シャフナー, フランクリン・J　1920.5.30-1989）

Schagerl, Andreas
オーストリアのテノール歌手。
⇒魅惑（Schagerl,Andreas　1971-）

Schalk, Franz
オーストリアの指揮者。ブルックナーの弟子。
⇒岩世人（シャルク　1863.5.27-1931.9.3）
新音中（シャルク, フランツ　1863.5.27-1931.9.

3)
標音2（シャルク，フランツ　1863.5.27–1931.9.3）

Schalk, Raymond William
アメリカの大リーグ選手（捕手）。
⇒メジャ（ショーク，レイ　1892.8.12–1970.5.19）

Schaller, George Beals
アメリカの動物学者。
⇒アア歴（Schaller,George B(eals)　シャラー，ジョージ・ビールズ　1933.5.26–）

Schallmayer, Friedrich Wilhelm
ドイツの医者。民族問題について優生学の原理を普及。
⇒岩世人（シャルマイアー　1857.2.10–1919.10.4）

Schally, Andrew Victor
アメリカの内分泌学者。副腎皮質ホルモン放出因子，黄体形成ホルモン放出因子の構造を決定し，ノーベル生理・医学賞を受賞（1977）。
⇒岩世（シャリー　1926–）
　岩世人（シャリー　1926.11.30–）
　ノベ3（シャリー，A.V.　1926.11.30–）

Schami, Rafik
ドイツの外国人労働者作家。
⇒岩世人（シャミ　1946.6.23–）
　外16（シャミ，ラフィク　1946–）
　現世文（シャミ，ラフィク　1946–）

Schang, Walter Henry
アメリカの大リーグ選手（捕手）。
⇒メジャ（シャング，ウォーリー　1889.8.22–1965.3.6）

Schanz, Georg
ドイツの財政学者。
⇒有経5（シャンツ　1853–1931）

Schanz, Martin
ドイツの古典学者。ヴュルツブルク大学教授（1870～1912）。
⇒岩世人（シャンツ　1842.6.12–1914.12.15）

Schaper, Edzard
ドイツの作家。主著に小説『権力と自由』（1961）などがある。
⇒現世文（シャーパー，エツァルト　1908.9.30–1984.1.29）
　新カト（シャーパー　1908.9.30–1984.1.29）

Schapiro, Meyer
アメリカの美術史家。
⇒岩世人（シャピロ　1904.9.23–1996.3.3）
　ユ著人（Schapiro,Meyer　シャピロ，メーヤー　1904–）

Schapiro, Miriam
アメリカの画家。
⇒岩世人（シャピロ　1923.11.15–）

Schapp, Dick
アメリカのジャーナリスト，テレビ解説者。
⇒マルX（SCHAPP,DICK　シャップ，ディック　1931–2001）

Scharbert, Josef
ドイツのカトリック旧約聖書学者，司祭。
⇒新カト（シャールベルト　1919.6.16–1998.4.12）

Scharf, Kenny
アメリカ生まれの画家。
⇒芸13（シャーフ，ケニー　1958–）

Scharff, Edwin
ドイツの彫刻家。代表作は『ハインリヒ・ウェルフリンの胸像』（1919）。
⇒芸13（シャルフ，エドヴィン　1887–1955）

Scharing, Hans William
デンマークの経済学者。
⇒学叢思（シャーリング，ハンス・ウィリアム　1837–?）

Scharlieb, Mary
イギリスの医師。
⇒岩世人（シャーリーブ　1845.6.15–1930.11.21）

Scharoun, Hans
ドイツの建築家。ベルリン工科大学教授（1946～48），ベルリン美術アカデミーの院長（55～68）などを歴任。
⇒岩世人（シャロウン　1893.9.20–1972.11.25）

Scharping, Rudolf
ドイツの政治家。ドイツ国防相，ドイツ社会民主党（SPD）党首。
⇒世指導（シャーピング，ルドルフ　1947.12.2–）

Scharrelmann, Heinrich
ドイツの教育者。近代的な大都市教育学を教授の実際においてはじめて完成した人として有名。
⇒教人（シャレルマン　1871–1940）

Scharrer, Ernst
ドイツ生まれの神経解剖学者。
⇒岩生（シャラー　1905–1965）

Scharten, Carel
オランダの作家，詩人。
⇒岩世人（スハルテン　1878.3.14–1950.10.30）

Scharwenka, Xaver
ドイツのピアノ奏者，作曲家，教育家。ベルリンでシャルヴェンカ音楽院を創設。また音楽教師連盟の設立に参画し，ドイツ演奏家連盟の設立に尽力した。
⇒ク音3（シャルヴェンカ　1850–1924）

Schasching, Rudolf
オーストリアのテノール歌手。
⇒魅惑（Schasching,Rudolf　?–）

Schatz, Boris
リトアニアの芸術家, ベツァレル美術学校の創立者。
⇒ユ著人(Schatz,Boris シャッツ, ボリス 1867–1932)

Schatzeder, Daniel Ernest
アメリカの大リーグ選手(投手)。
⇒メジャ(シャッツダー, ダン 1954.12.1–)

Schätzing, Frank
ドイツの作家, ミュージシャン。
⇒外12(シェッツィング, フランク 1957–)
　外16(シェッツィング, フランク 1957–)
　海文新(シェッツィング, フランク 1957.5.28–)
　現世文(シェッツィング, フランク 1957.5.28–)

Schäuble, Wolfgang
ドイツの政治家。
⇒岩世人(ショイブレ 1942.9.18–)
　外12(ショイブレ, ウォルフガング 1942.9.18–)
　外16(ショイブレ, ウォルフガング 1942.9.18–)
　世指導(ショイブレ, ウォルフガング 1942.9.18–)

Schauder, Juliusz Pawel
ポーランドの数学者。
⇒数辞(シャウダー, ユリウス・ポウェル 1899–1943)
　世数(シャウダー, ユリウス・パウェル 1899–1941-1943)

Schaudinn, Fritz
ドイツの微生物学者。アメーバ赤痢原虫を自分のからだに感染させ, 発病に成功, またマラリアの病源となる原虫, 梅毒の病原体を発見。
⇒岩生(シャウディン 1871–1906)
　岩世人(シャウディン 1871.9.19–1906.6.22)
　ネーム(シャウディン 1871–1906)

Schaukal, Richard von
オーストリアの詩人, 小説家, 随筆家。主著, 詩集『秋の丘』(1933)。
⇒岩世人(シャウカル 1874.5.27–1942.10.10)

Schaumann, Ruth
ドイツの女性詩人, 小説家, 彫刻家。主著『アーマイ』(1932)など。
⇒現世文(シャウマン, ルート 1899.8.24–1975.3.13)

Schawlaw, Arthur Leonard
アメリカの物理学者。1981年ノーベル物理学賞。
⇒岩世人(ショーロー 1921.5.5–1999.4.28)
　ノベ3(シャウロウ,A.L. 1921.5.5–1999.4.28)

Schayes, Adolf
アメリカのプロバスケットボール選手。
⇒ユ著人(Schayes,Adolf シャイーズ, アドルフ 1928–)

Scheaberle, John Martin
アメリカの天文学者。
⇒天文大(シェバール 1853–1924)

Schebesta, Paul Joachim
ドイツの民俗学者。
⇒新カト(シェベスタ 1887.3.20–1967.9.17)

Schechter, Solomon (Schneur Zalman)
アメリカのタルムード学者, 教育者。ユダヤ教保守派の創立者。
⇒ユ著人(Schechter,Solomon シェヒター, ソロモン 1850–1915)

Scheel, Walter
ドイツの政治家。西ドイツ大統領(1979～84)。
⇒岩世人(シェール 1919.7.8–)

Scheele, Paul R.
アメリカのラーニング・ストラテジーズ会長・共同設立者。
⇒外12(シーリー, ポール)
　外16(シーリー, ポール)

Scheer, Hermann
ドイツの政治家, 著述家。
⇒岩世人(シェーア 1944.4.29–2010.10.14)

Scheer, Reinhard
ドイツの海軍軍人。第1次世界大戦でドイツ遠洋艦隊を指揮してイギリス艦隊を破った。潜水艦戦略の提唱者。
⇒岩世人(シェーア 1863.9.30–1928.11.26)

Scheerbart, Paul
ドイツの作家。表現主義の先駆者。
⇒岩世人(シェーアバルト 1863.1.8–1915.10.15)

Scheerer, Aloysius Louis
アメリカの聖職者。
⇒アア歴(Scheerer,Aloysius Louis シェーラー, アロイシアス・ルイス 1909.2.10–1966.1.27)

Scheffczyk, Leo
ドイツのカトリック組織神学者。
⇒新カト(シェフチク 1920.2.21–2005.12.8)

Scheffler, Axel
ドイツのイラストレーター, 絵本作家。
⇒外16(シェフラー, アクセル 1957–)

Scheffler, Israel
アメリカの教育哲学者。
⇒岩世人(シェフラー 1923.11.25–2014.2.16)

Scheffler, Karl
ドイツの芸術学者。建築芸術論の分野に貢献。
⇒岩世人(シェフラー 1869.2.27–1951.10.25)

Scheibner, Otto
ドイツの教育家,教育学者。1910年以来「教育心理学雑誌」を編集し,1920年以来雑誌「労作学校」の編集にあたった。
⇒教人(シャイブナー 1877–)

Scheidegger, Andreas
テノール歌手。
⇒魅惑(Scheidegger,Andreas ?–)

Scheidemann, Philipp
ドイツの政治家。ドイツ共和国初代首相。ベルサイユ条約に反対して辞職。ナチス政権の成立後亡命。
⇒岩世人(シャイデマン 1865.7.26–1939.11.29)
広辞7(シャイデマン 1865–1939)
ネーム(シャイデマン 1865–1939)

Scheider, Roy
アメリカ生まれの俳優。
⇒ク俳(シャイダー, ロイ 1932–)

Scheidt, Robert
ブラジルのヨット選手。
⇒外12(シェイド, ロベルト 1973.4.15–)
外16(シェイド, ロベルト 1973.4.15–)
最воч ス(シェイド, ロベルト 1973.4.15–)

Schein, Marcel
チェコ生まれのアメリカの物理学者。アラスカのマキンリ山で気球や飛行機B29による宇宙線の研究を行う。
⇒岩世人(シャイン 1902.6.9–1960.2.20)

Scheinpflug, Theodor
オーストリアの陸軍軍人。移動する地点からの写真測量を研究し,独創的な製図装置を発表(1897)。
⇒岩世人(シャインプフルーク 1865.10.7–1911.8.22)

Scheit, Karl
オーストリアのギター奏者。1952年ウィーン音楽アカデミー教授に就任し,コンラート・ラゴスニヒをはじめとする優秀な演奏家を育成した。
⇒標音2(シャイト, カルル 1909.4.21–)

Schekman, Randy W.
アメリカの生物学者。
⇒外16(シェクマン, ランディ 1948.12.30–)

Schelbred, Carl Oscar
ノルウェー生まれの画家。
⇒芸13(シェルブレード, カール・オスカー 1957–)

Schele, Linda
アメリカの美術史家,碑文学者。
⇒岩世人(シーリー 1942.10.30–1998.4.18)

Scheler, Max
ドイツの哲学者,社会哲学者。カント倫理学の形式主義に対して,実質的価値倫理学を主張した。
⇒岩世人(シェーラー 1874.8.22–1928.5.19)
教人(シェーラー 1874–1928)
現社(シェーラー 1874–1928)
広辞7(シェーラー 1874–1928)
社小増(シェーラー 1874–1928)
新カト(シェーラー 1874.8.22–1928.5.19)
ネーム(シェーラー 1874–1928)
メル3(シェーラー, マックス 1874–1928)
ユ著人(Scheler,Max シェラー, マックス 1874–1928)

Schelkle, Karl Hermann
ドイツのカトリック新約学者。
⇒新カト(シェルクレ 1908.4.3–1988.3.9)

Schell, Hermann
ドイツのカトリック神学者,説教家。
⇒岩世人(シェル 1850.2.28–1906.5.31)
新カト(シェル 1850.2.28–1906.5.31)

Schell, Jonathan
アメリカのジャーナリスト,反核活動家。
⇒外12(シェル, ジョナサン 1943–)

Schell, Maria
オーストリア生まれの女優。
⇒ク俳(シェル, マリア(セイル, マルガレーテ) 1926–)

Schell, Maximilian
オーストリア生まれの男優。
⇒ク俳(シェル, マクシミリアン 1930–)
スター(シェル, マクシミリアン 1930.12.8–)

Schellenberg, Walter
第三帝国諜報機関の最高実力者。
⇒スパイ(シェレンベルク, ヴァルター 1910–1952)

Schellenberger, Hansjörg
ドイツのオーボエ奏者。
⇒外12(シェレンベルガー, ハンスイェルク 1948–)
外16(シェレンベルガー, ハンスイェルク 1948–)
新音中(シェレンベルガー, ハンスイェルク 1948–)

Schelling, Ernest
アメリカの作曲家,指揮者,ピアノ奏者。代表作に『勝利の舞踏会』などがある。
⇒標音2(シェリング, アーネスト 1876.7.26–1939.12.8)

Schelling, Thomas Crombie
アメリカの経済学者。
⇒外12(シェリング, トーマス 1921.4.14–)
外16(シェリング, トーマス 1921.4.14–)
国政(シェリング, トーマス 1921–)
政経改(シェリング 1921–)
ノベ3(シェリング,T.C. 1921.4.14–)
有経5(シェリング 1921–)

Schelsky, Helmut
ドイツの社会哲学者。大戦後のドイツ社会を社会哲学的に考察した。
⇒岩世人（シェルスキー　1912.10.14–1984.2.24）
社小増（シェルスキー　1912–1984）

Scheltema, Adama van
オランダの文学者。オランダの社会主義詩人の先駆者。
⇒岩世人（アダマ・ファン・スヘルテマ　1877.2.26–1924.5.6）

Schelting, Alexander von
ドイツの社会学者。
⇒社小増（シェルティング　1894–1963）

Schenckendorff, Emil von
ドイツの教育者。1889年体育促進中央委員会会長となり体育の普及に貢献。
⇒教人（シェンケンドルフ　1837–1915）

Schendel, Arthur François Émile van
オランダの小説家。新ロマン派の代表者。『3本マストのヨハンナ・マリア号』（1930）などの作品がある。
⇒岩世人（ファン・スヘンデル　1874.3.5–1946.9.11）

Schenk, Otto
オーストリアの俳優、演出家。
⇒外12（シェンク、オットー　1930.6.12–）
標音2（シェンク、オットー　1930.6.12–）

Schenkel, Andrea Maria
ドイツ出身の作家。
⇒海文新（シェンケル、アンドレア・M.　1962.3.21–）
現世文（シェンケル、アンドレア　1962.3.21–）

Schenker, Heinrich
オーストリアの作曲家、音楽理論家。ブルックナーの弟子。
⇒岩世人（シェンカー　1868.6.19–1935.1.14）
新音中（シェンカー、ハインリヒ　1868.6.19–1935.1.13）
標音2（シェンカー、ハインリヒ　1868.6.19–1935.1.13）

Schenker, Michael
ドイツ生まれのロック・ギター奏者。
⇒外12（シェンカー、マイケル　1955.1.10–）
外16（シェンカー、マイケル　1955.1.10–）

Schenoni, Rinaldo
イタリアのテノール歌手。
⇒魅惑（Schenoni, Rinaldo　?–?）

Schepkin, Sergei
ソ連出身のピアノ奏者。
⇒外12（シェプキン、セルゲイ）

外16（シェプキン、セルゲイ）

Schepp, Emelie
スウェーデンの作家。
⇒海文新（シェップ、エメリー　1979–）
現世文（シェップ、エメリー　1979.9.5–）

Scher, Paula
アメリカ・ニューヨークを基盤とするグラフィック・デザイナー。
⇒グラデ（Scher, Paula　シャー、ポーラ　1948–）

Scheraga, Harold Abraham
アメリカの物理化学者、生物化学者。蛋白質やポリペプチドの立体構造、溶液中の高分子の特性解析、疎水結合などの研究により高分子化学や生物化学に貢献した。
⇒岩世人（シェラガ　1921.10.18–）

Scherbaum, Adolf
ドイツのトランペット奏者。バロック・トランペットの名手。
⇒標音2（シェルバウム、アードルフ　1909.8.23–2000.8.2）

Scherbius, Arthur
ドイツの暗号機製作者。世界初の実用的な機械式暗号機、エニグマを発明した。
⇒スパイ（シェルビウス、アルトゥール　1878–1929）

Scherchen, Hermann
ドイツの作曲家、指揮者、評論家。「新音楽協会」を設立。『メロス』の編集発行を通して現代音楽の紹介に努めた。
⇒岩世人（シェルヒェン　1891.6.21–1966.6.12）
新音中（シェルヒェン、ヘルマン　1891.6.21–1966.6.12）
標音2（シェルヘン、ヘルマン　1891.6.21–1966.6.12）
ユ著人（Scherchen, Hermann　シェルヘン、ヘルマン　1891–1966）

Scherer, Joseph R.
スイス・フライブルク生まれのアメリカに移住したエスペランティスト、銀行員。ロサンゼルスエスペラント会長。
⇒日エ（シェーラー　1901.1.24–1967.7.20）

Scherfig, Hans
デンマークの小説家、画家。
⇒岩世人（シェアフィ　1905.4.8–1979.1.28）

Scherhag, Richard
ドイツの気象学者。高層大気の連続観測（1951～52）によって成層圏の突然昇温の現象を発見し、ベルリン現象の名で有名になった。
⇒岩世人（シェルハーク　1907.9.29–1970.8.31）

Schering, Arnold
ドイツの音楽家、音楽美学者。バッハ研究をはじめ、音楽史研究で知られる。主著『音楽にお

ける象徴』(1941)がある。
⇒岩世人（シェーリング　1877.4.2–1941.3.7）
　標音2（シェーリング, アルノルト　1877.4.2–1941.3.7）

Scherrer, Paul
スイスの実験物理学者。第一次大戦中デバイと共に多結晶体や粉末に対して、〈デバイ・シェラーの方法〉を用いて、レントゲン線による構造決定の可能性を非常に拡大した。
⇒岩世人（シェラー　1890.2.3–1969.9.25）

Scherschewsky, Samuel Isac
アメリカの宣教師。アメリカ聖公会所属。
⇒アア歴（Schereschewsky,Samuel Issac Joseph シェレシェウスキー, サミュエル・アイザック・ジョセフ　1831.5.6–1906.10.15）
　岩世人（シェルシェウスキー　1831–1906）

Scherzer, Max
アメリカの大リーグ選手（タイガース・投手）。
⇒最世ス（シャーザー, マックス　1984.7.27–）

Scheuch, Erwin K.
ドイツの社会学者。
⇒社小増（ショイヒ　1928–）

Scheuerpflug, Udo
ドイツのテノール歌手。
⇒魅惑（Scheuerpflug,Udo　?–）

Schiaparelli, Elsa
フランス・パリで活躍したイタリアの女性デザイナー。シャネルとともに今日のセーターの普及のきっかけをつくった。南国的で強烈な色彩、ショッキング・ピンク、スリーピング・ブルーを好んだ。
⇒岩世人（スキャパレリ　1890.9.10–1973.11.13）

Schiaparelli, Giovanni Virginio
イタリアの天文学者。
⇒岩世人（スキャパレリ　1835.3.14–1910.7.4）
　オク科（スキアパレルリ（ジョヴァンニ・ヴィルジニオ）　1835–1910）
　学叢思（スキアパレルリ, ジオヴァンニ・ヴィルジニオ　1835–1910）

Schiavazzi, Piero
イタリアのテノール歌手。引退後はローマで声楽スタジオを開いたが、その後サルディニアに戻り、君主政体主義者として政治活動を行なった。
⇒失声（スキアヴァッツィ, ピエロ　1875–1949）
　魅惑（Schiavazzi,Piero　1875–1949）

Schiavone, Francesca
イタリアのテニス選手。
⇒外12（スキアボーネ, フランチェスカ　1980.6.23–）
　外16（スキアボーネ, フランチェスカ　1980.6.23–）
　最世ス（スキアボーネ, フランチェスカ　1980.6.23–）

Schick Béla
アメリカの小児科医、細菌学者。血清病を研究し、シック反応と呼ばれる、検査する方法を案出。
⇒岩世人（シック　1877.7.16–1967.12.6）
　ユ著人（Schick,Béla　シック, ベラ　1877–1967）

Schickel, Richard
アメリカの映画評論家、映画史研究家、作家、ドキュメンタリー作家。
⇒外12（シッケル, リチャード　1933.2.10–）
　外16（シッケル, リチャード　1933.2.10–）

Schickele, René
ドイツの作家、平和主義者。主著『ラインの遺産』。
⇒岩世人（シッケレ　1883.8.4–1940.1.31）

Schiebinger, Londa
アメリカの科学史家。
⇒岩世人（シービンガー　1952.5.13–）

Schieder, Theodor
西ドイツの歴史家。主著に『学問としての歴史』(1965) などがある。
⇒岩世人（シーダー　1908.4.11–1984.10.8）

Schieferdecker, Jürgen
ドイツ生まれの画家。
⇒芸13（シーフェルデッカー, ジャーゲン　1937–）

Schieffer, Thomas
アメリカの政治家。
⇒外12（シーファー, トーマス　1947.10.4–）
　外16（シーファー, トーマス　1947.10.4–）
　世指導（シーファー, トーマス　1947.10.4–）

Schiele, Egon
オーストリアの画家。オーストリア表現派に属する。
⇒岩世人（シーレ　1890.6.12–1918.10.31）
　芸13（シーレ, エーゴン　1890–1918）
　広辞7（シーレ　1890–1918）
　ポプ人（シーレ, エゴン　1890–1918）

Schiferblatt, Nikolai
ソ連のヴァイオリン奏者, 指揮者。新交響楽団（NHK交響楽団の前身）の創設、育成にヴァイオリン独奏者、指揮者として尽力し、来日中客死した。
⇒標音2（シフェルブラット, ニコライ　1886–1936.10.14）

Schiff, András
ハンガリーのピアノ奏者。
⇒外12（シフ, アンドラーシュ　1953.12.21–）
　外16（シフ, アンドラーシュ　1953.12.21–）
　新音中（シフ, アンドラーシュ　1953.12.21–）
　標音2（シフ, アンドラーシュ　1953.12.21–）
　ユ著人（Schiff,András　シフ, アンドラーシュ　1953–）

Schiff, Heinrich
オーストリアのチェロ奏者。
⇒外12（シフ, ハインリッヒ　1951.11.18-）
　外16（シフ, ハインリッヒ　1951.11.18-）

Schiff, Hugo（Joseph）
ドイツ生まれのイタリアの化学者。
⇒化学（シッフ　1834-1915）
　ユ著人（Schiff,Hugo　シッフ, ユーゴ　1834-1915）

Schiff, Jacob Henry
アメリカの実業家。
⇒ユ著人（Schiff,Jacob Henry　シフ, ヤコブ・ヘンリー　1847-1920）

Schiffini, Santo
イタリアの哲学者、神学者。
⇒新カト（スキッフィーニ　1841.7.20-1906.12.10）

Schiffrin, André
アメリカの編集者。
⇒外12（シフレン, アンドレ　1935.6.12-）

Schifrin, Lalo
アルゼンチン生まれの映画音楽作曲家。
⇒新音中（シフリン, ラロ　1932.6.21-）
　標音2（シフリン, ラロ　1932.6.21-）
　ユ著人（Schiflin,Lalo　シフリン, ラロ　1932-）

Schild, Marlies
オーストリアのスキー選手（アルペン）。
⇒外12（シルト, マルリース　1981.5.31-）
　外16（シルト, マルリース　1981.5.31-）
　最世ス（シルト, マルリース　1981.5.31-）

Schilder, Paul Ferdinand
オーストリアの精神医学者。
⇒現精（シルダー　1886-1940）
　現精縮（シルダー　1886-1940）
　精医歴（シルダー, ポール・フェルディナンド　1886-1940）
　精分岩（シルダー, パウル・フェルディナント　1886-1940）

Schildt, Runar
フィンランドのスウェーデン語系作家、劇作家。
⇒岩世人（シルト　1888.10.26-1925.9.9）

Schillaci, Salvatore
イタリアのサッカー選手。
⇒ネーム（スキラッチ, サルヴァトーレ　1964-）

Schillebeeckx, Edward
ベルギーの神学者。
⇒岩キ（スヒレベークス　1914-）
　オク教（スヒレベークス　1914-2009）
　新カト（スキレベークス　1914.11.12-2009.12.23）

Schiller, Ferdinand Canning Scott
イギリスの哲学者。
⇒岩世人（シラー　1864.8.16-1937.8.6）
　学叢思（シラー, エフ・シー・エス　1864-?）
　哲中（シラー　1864-1937）

Schiller, Maxime-Joseph
カナダの宣教師、フランシスコ会員。
⇒新カト（シラー　1896.3.14-1960.9.6）

Schilling, Curtis Montague
アメリカの大リーグ選手（投手）。
⇒外12（シリング, カート　1966.11.14-）
　最世ス（シリング, カート　1966.11.14-）
　メジャ（シリング, カート　1966.11.14-）

Schilling, Dorotheus
ドイツ人宣教師。
⇒新カト（シリング　1886.7.20-1950.6.5）

Schilling, Heinz
ドイツの歴史家。
⇒岩世人（シリング　1942.5.23-）

Schillinger, Joseph
ウクライナ生まれの作曲家、理論家。
⇒標音2（シリンジャー, ジョーゼフ　1895.8.31-1943.3.23）

Schillings, Karl Georg
ドイツの学術探検家。動物の生態研究のため、初めて閃光を用いて動物写真を撮った。
⇒岩世人（シリングス　1865.12.11-1921.1.29）

Schillings, Max von
ドイツの作曲家、指揮者、経営者。
⇒岩世人（シリングス　1868.4.19-1933.7.24）
　新音中（シリングス, マックス・フォン　1868.4.19-1933.7.24）
　標音2（シリングス, マックス・フォン　1868.4.19-1933.7.24）

Schilt, Semmy
オランダの格闘家。
⇒異二辞（シュルト, セミー　1973-）
　外12（シュルト, セーム　1973.10.27-）
　外16（シュルト, セーム　1973.10.27-）

Schily, Otto
ドイツの法律家、政治家。ドイツ内相。
⇒岩世人（シリー　1932.7.20-）
　世指導（シリー, オットー　1932.7.20-）

Schimmel, Annemarie
ドイツのイスラム学者。
⇒岩世人（シンメル　1922.4.7-2003.1.26）

Schimmelpfennig, Roland
ドイツの劇作家。
⇒外12（シンメルプフェニヒ, ローラント　1967-）
　外16（シンメルプフェニヒ, ローラント　1967-）

現世文（シンメルプフェニヒ、ローラント　1967–）

Schindewolf, Otto
ドイツの古生物学者。無脊椎動物化石、特に珊瑚類や頭足類を研究。
⇒岩生（シンデヴォルフ　1896–1971）
　岩世人（シンデヴォルフ　1896.6.7–1971.6.10）
　オク地（シンデボルフ、オットー・H.　1896–1971）

Schindler, Franz Martin
オーストリアのカトリック倫理神学者、キリスト教社会運動家。
⇒新カト（シンドラー　1847.1.25–1922.10.27）

Schindler, Helmut
ドイツのテノール歌手。
⇒魅惑（Schindler,Helmut　1914–）

Schindler, Oskar
ドイツの実業家。
⇒岩世人（シンドラー　1908.4.28–1974.10.9）

Schinzinger, Robert
ドイツの哲学者。西田哲学を英独訳。在日ドイツ人の代表的存在。
⇒岩世人（シンチンゲル（シンツィンガー）　1898.2.8–1988.9.10）

Schiøtz, Aksel
デンマークのテノール歌手。
⇒失声（ショッツ、アクセル　1906–1975）
　魅惑（Schiøtz,Aksel　1906–1975）

Schiøtz, Hjalmar August
ノルウェーの眼科学者。
⇒岩世人（シェッツ　1850.2.9–1927.12.8）

Schipa, Tito
イタリアのテノール歌手。
⇒岩世人（スキーパ　1888.12.27–1965.12.16）
　オペラ（スキーパ、ティート　1888–1965）
　失声（スキーパ、ティト　1888–1965）
　新音中（スキーパ、ティート　1888.1.2–1965.12.16）
　標音2（スキーパ、ティート　1888.1.2–1965.12.16）
　魅惑（Schipa,Tito　1889–1965）

Schipper, Jessicah
オーストラリアの水泳選手（バタフライ）。
⇒最世ス（シッパー、ジェシカ　1986.11.19–）

Schippers, Thomas
アメリカの指揮者。特にロマン派のオペラを得意とする一方、広範なオーケストラ曲のレパートリーをもつ。
⇒オペラ（シッパーズ、トマス　1930–1977）
　新音中（シッパーズ、トマス　1930.3.9–1977.12.16）
　標音2（シッパーズ、トマス　1930.3.9–1977.12.16）

Schirach, Baldur
ナチス・ドイツの政治家。第二次大戦後、ニュルンベルク戦犯裁判で20年の禁錮刑。
⇒岩世人（シーラッハ　1907.5.9–1974.8.8）
　教人（シーラッハ　1907–）

Schirach, Ferdinand von
ドイツの作家、弁護士。
⇒外16（シーラッハ、フェルディナント・フォン　1964–）
　海文新（シーラッハ、フェルディナント・フォン　1964–）
　現世文（シーラッハ、フェルディナント・フォン　1964–）

Schirmer, Ulf
ドイツの指揮者。
⇒外12（シルマー、ウルフ　1959–）
　外16（シルマー、ウルフ　1959–）

Schisgal, Murray
アメリカの劇作家。代表作は『ラブ』（1964）。
⇒現世文（シスガル、マレー　1926.11.25–）

Schivelbusch, Wolfgang
ドイツの文化史研究者、歴史家。
⇒現社（シベルブシュ　1941–）
　メル別（シヴェルブシュ、ヴォルフガンク　1941–）

Schjelderup, Gerhard
ノルウェーの作曲家。
⇒岩世人（シェルデルップ　1859.11.17–1933.7.29）

Schjerfbeck, Helena
フィンランドの室内・人物画家。
⇒岩世人（シェルフベック　1862.7.10–1946.1.23）

Schlack, Paul
ドイツの化学技術者。ナイロン6の発明で知られる。
⇒化学（シュラック　1897–1987）

Schlaf, Johannes
ドイツの小説家、劇作家、翻訳家。
⇒岩世人（シューラーフ　1862.6.21–1941.2.2）
　学叢思（シューラーフ、ヨハネス　1862–?）

Schlanger, Melanie
オーストラリアの水泳選手（自由形）。
⇒外16（シュランガー、メラニー　1986.8.31–）
　最世ス（シュランガー、メラニー　1986.8.31–）

Schlatter, Adolf
ドイツのプロテスタント神学者、聖書主義者。
⇒岩世人（シュラッター　1852.8.16–1938.5.19）
　オク教（シュラッター　1852–1938）
　新カト（シュラッター　1852.8.16–1938.5.19）

Schleger, Hans
イギリスのポスター、広告、コーポレートのデザイナー。

⇒グラデ（Schleger,Hans（Zéró） シュレッゲル、
ハンス（ゼロ） 1898-1976）

Schleich, Karl Ludwig
ドイツの外科医。浸潤麻酔法の創始者。ホールステッドにさきがけて正式に発表したが顧みられず、10年後評価された。
⇒岩世人（シュライヒ 1859.7.19-1922.3.7）

Schleicher, Andreas
ドイツ・ハンブルク生まれの統計学者。経済協力開発機構（OECD）事務総長特別顧問。
⇒外16（シュライヒャー、アンドレア 1964-）

Schleicher, Kurt von
ドイツの軍人、政治家。ワイマール共和国最後の首相。レーム事件でヒトラー親衛隊によって暗殺された。
⇒岩世人（シュライヒャー 1882.4.7-1934.6.30）

Schlemmer, Oskar
ドイツの画家、舞台美術家。バウハウス校舎やフォルクワング美術館に壁画を制作し、また舞台美術の先鋭的な実験を試みる。
⇒岩世人（シュレンマー 1888.9.4-1943.4.13）
芸13（シュレムマー、オスカー 1888-1943）

Schlesinger, Arthur Meier
アメリカの歴史学者。"New England Quarterly"誌の編集者。主にアメリカの社会史の研究に従事。
⇒岩世人（シュレジンジャー 1888.2.27-1965.10.30）

Schlesinger, Arthur Meier, Jr.
アメリカの歴史家。
⇒岩世人（シュレジンジャー 1917.10.15-2007.2.28）

Schlesinger, Dan
アメリカの画家、弁護士。
⇒外12（シュレシンジャー、ダン 1955-）
外16（シュレシンジャー、ダン 1955-）

Schlesinger, Helmut
ドイツの銀行家。
⇒岩世人（シュレージンガー 1924.9.4-）

Schlesinger, James Rodmey
アメリカのエコノミスト。アメリカ国防長官、初代エネルギー長官、中央情報長官（DCI）。
⇒スパイ（シュレジンジャー、ジェイムズ・R 1929-2014）

Schlesinger, John
イギリス・ロンドン生まれの映画監督。
⇒映監（シュレシンジャー、ジョン 1926.2.16-2003）
ユ著人（Schlesinger,John スレシンジャー、ジョン 1926-）

Schlesinger, Leon
アメリカの映画製作者。
⇒アニメ（シュレジンガー、レオン 1884-1949）

Schlesinger, Walter
西ドイツの歴史家。中世のザクセンを中心とする中部ドイツ地域の国制史研究で知られる。
⇒岩世人（シュレージンガー 1908.4.28-1984.6.10）

Schlette, Heinz-Robert
ドイツの哲学者。
⇒新カト（シュレッテ 1931.7.28-）

Schleyer, Hanns Martin
ドイツの実業家。
⇒岩世人（シュライアー 1915.5.1-1977.10.18）

Schlich, *Sir* William
ドイツ生まれのイギリスの山林学者。イギリス初の山林学校を設立（1885）。
⇒岩世人（シュリッヒ 1840.2.28-1925.9.28）

Schlick, Ernst Otto
ドイツの造船家、造船学者。
⇒岩世人（シュリック 1840.6.16-1913.4.10）

Schlick, Moritz
ドイツの哲学者。ウィーン学団の創始者。主著『倫理学の諸問題』（1930）ほか。
⇒岩世人（シュリック 1882.4.14-1936.6.22）
広辞7（シュリック 1882-1936）
新カト（シュリック 1882.4.14-1936.6.22）
哲中（シュリック 1882-1936）
メル3（シュリック、モーリッツ 1882-1936）

Schlieffen, Alfred, Graf von
ドイツの陸軍軍人。ドイツ戦略の基礎となったシュリーフェン・プランの立案者。
⇒岩世人（シュリーフェン 1833.2.28-1913.1.4）
世人新（シュリーフェン 1833-1913）
世人装（シュリーフェン 1833-1913）
戦思（シュリーフェン 1833-1913）

Schlier, Heinrich
ドイツのプロテスタント神学者。『イグナティウス書簡に関する宗教史的研究』（1929）は高く評価されている。
⇒岩世人（シュリーア 1900.3.31-1978.12.26）
新カト（シュリアー 1900.3.31-1978.12.26）

Schlierenzauer, Gregor
オーストリアのスキー選手（ジャンプ）。
⇒外12（シュリーレンツァウアー、グレゴア 1990.1.7-）
外16（シュリーレンツァウアー、グレゴア 1990.1.7-）
最新ス（シュリーレンツァウアー、グレゴア 1990.1.7-）
ネーム（シュリーレンツァウアー 1990-）

Schlime, Francesco Tristano
ルクセンブルク生まれのピアノ奏者, 作曲家, 指揮者。
⇒外12（シュリメ, フランチェスコ・トリスターノ）
外16（シュリメ, フランチェスコ・トリスターノ）

Schlink, Bernhard
ドイツの作家, 弁護士, 法学者。
⇒岩世人（シュリンク 1944.7.6–）
外12（シュリンク, ベルンハルト 1944–）
外16（シュリンク, ベルンハルト 1944.7.6–）
現世文（シュリンク, ベルンハルト 1944.7.6–）

Schlink, Edmund Wilhelm Ludwig
ドイツのルター派神学者。
⇒岩世人（シュリンク 1903.3.6–1984.5.20）

Schlling, Otto
ドイツの倫理神学者。
⇒新カト（シリング 1874.10.12–1956.9.1）

Schlœzer, Boris Fédorovitch de
ロシア生まれのフランスの音楽評論家, 哲学者。
⇒標音2（シュレゼール, ボリス・フェドロヴィチ・ド 1881.8.12–1969.10.7）

Schlöndorff, Volker
ドイツ生まれの映画監督。
⇒岩世人（シュレンドルフ 1939.3.31–）
映監（シュレンドルフ, フォルカー 1939.3.31–）
外12（シュレンドルフ, フォルカー 1939.3.31–）
外16（シュレンドルフ, フォルカー 1939.3.31–）

Schlosser, Eric
アメリカのジャーナリスト。
⇒外12（シュローサー, エリック 1959–）
外16（シュローサー, エリック 1959–）

Schlosser, Julius von
オーストリアの美術史家。ヴィーン美術史博物館長。美術史文献学の研究に力を注いだ。
⇒岩世人（シュロッサー 1866.9.23–1938.12.1）

Schluga, Baron August
ドイツのスパイ。1866年から第1次世界大戦までプロイセン及びドイツに仕えた。
⇒スパイ（シュルーガ, バロン・アウグスト 1841–1917）

Schlumberger, Daniel
フランスの考古学者。主にシリア, イラン, アフガニスタンのヘレニズム文化を専攻し, パルミュラやアイ・ハヌーンの発掘に参加。
⇒岩世人（シュランベルジェ 1904.12.19–1972.10.21）

Schlumberger, Jean
フランスの小説家, 随筆家。"NRF"誌の創立者の一人。作品に『幸福な男』（1921）などがある。
⇒岩世人（シュランベルジェ 1877.5.26–1968.10.25）

Schlusnus, Heinrich
ドイツのバリトン歌手。ベルリン国立歌劇場専属歌手。ドイツ人には珍しいイタリア的な発声で人気を得た。
⇒新音中（シュルスヌス, ハインリヒ 1888.8.6–1952.6.18）
標音2（シュルスヌス, ハインリヒ 1888.8.6–1952.6.18）

Schlüter, Otto
ドイツの人文地理学者。ドイツの景観地理学の先駆者。集落形態の分類に大きな影響を与えている。
⇒岩世人（シュリューター 1872.11.12–1959.10.12）
人文地（シュリューター 1872–1959）

Schlüter, Poul Holmskov
デンマークの政治家。デンマーク首相。
⇒世指導（シュルター, ポウル 1929.4.3–）

Schlüter, Wolfgang
ドイツの考古学者。
⇒岩世人（シュリューター 1937.11.12–）

Schmacher, Ralf
ドイツのF1ドライバー。
⇒外12（シューマッハー, ラルフ 1975.6.30–）
最биス（シューマッハー, ラルフ 1975.6.30–）

Schmalenbach, Eugen
ドイツ経営経済学の確立者。貸借対照表の財務計算機能を否定し, それを損益計算の補助手段として, 損益計算中心の近代的会計思考を樹立した。
⇒岩経（シュマーレンバッハ 1873–1955）
岩世人（シュマーレンバッハ 1873.8.20–1955.2.20）
有経5（シュマーレンバッハ 1873–1955）

Schmalhausen, Ivan Ivanovich
ロシア, ソ連の動物学者, 進化生物学者。
⇒岩生（シュマルハウゼン 1884–1963）
岩世人（シマリガーウゼン 1884.4.11/23–1963.10.7）

Schmaltz, Reinhold
ドイツの獣医学者。ベルリン獣医大学教授（1890〜1928）。
⇒岩世人（シュマルツ 1860.8.26–1945.8.4）

Schmarsow, August
ドイツの美術史家。イタリア・ルネサンス美術を研究。
⇒岩世人（シュマルゾー 1853.5.26–1936.1.26）

Schmaus, Michael
ドイツのカトリック神学者, 司祭。
⇒岩世人（シュマウス 1897.7.17–1993.12.8）
新カト（シュマウス 1897.7.17–1993.12.8）

Schmedes, Erik
デンマークのテノール歌手。
⇒魅惑（Schmedes,Erik 1868–1931）

Schmeil, Otto
ドイツの自然科学者。生物学の教科書を書き,自然科学教授の改革に寄与。
⇒岩世人（シュマイル 1860.2.3–1943.2.3）

Schmeisser, Jörg
ドイツの版画家。
⇒芸13（シュマイサー, ジョージ 1952–）

Schmeltz, Johannes Dietrich Eduard
ドイツの民俗学者。ニューギニア西北海岸の土俗学的記載, 中央ヨーロッパ博物館の蒐集品研究がある。
⇒岩世人（シュメルツ 1839.5.17–1909.5.27）

Schmelz, Gustavius Heinrich
アメリカの大リーグ監督。
⇒メジャ（シュメルツ, ガス 1850.9.26–1925.10.13）

Schmid, Carlo
ドイツの政治家, 法学者。
⇒岩世人（シュミート 1896.12.3–1979.12.11）

Schmid, Daniel
スイス生まれの映画監督。
⇒岩世人（シュミート 1941.12.26–2006.8.5）

Schmid, Josef
ドイツのカトリックの新約聖書学者。
⇒新カト（シュミート 1893.1.26–1975.9.4）

Schmid, Lothar
ドイツのチェスプレーヤー, 棋書およびチェス関連品収集家。
⇒岩世人（シュミート 1928.5.10–）

Schmid, Michael
スイスのスキー選手（フリースタイル）。
⇒外12（シュミット, ミヒャエル 1984.3.18–）
外16（シュミット, ミヒャエル 1984.3.18–）
最世ス（シュミット, ミヒャエル 1984.3.18–）

Schmid, Wilhelm
ドイツ生まれの日本に永住したエスペランティスト。"E"誌の編集などに従事した後1966年9月来日。語学教師を経て, 江崎特許事務所員。
⇒日エ（シュミット 1927.4.10–2002.10.4）

Schmidinger, Josef
テノール歌手。
⇒魅惑（Schmidinger,Josef ?–）

Schmidkunz, Hans
ドイツの教育学者。教育学の論理学的な基礎づけに努力し, 多くの同志と共に大学教育学協会をつくり, 研究新聞の発刊を企てた。
⇒教人（シュミットクンツ 1863–1934）

Schmidl, Peter
オーストリアのクラリネット奏者。
⇒外12（シュミードル, ペーター 1941–）
外16（シュミードル, ペーター 1941–）

Schmidlin, Josef
ドイツのカトリック布教学者, 教会史家。カトリック布教学の開拓者。
⇒岩世人（シュミードリン 1876.3.29–1944.1.10）
新カト（シュミードリン 1876.3.29–1944.1.10）

Schmidt, Adolf
ドイツの地磁気学者。シュミット式磁力計を考案。
⇒岩世人（シュミット 1860.7.23–1944.10.17）

Schmidt, Alfred
西ドイツの哲学者, 社会学者。フランクフルト大学社会哲学教授(1972), フランクフルト社会研究所所長(72～)。
⇒岩世人（シュミット 1931.5.19–2012.8.28）

Schmidt, Andreas
ドイツのバリトン歌手。
⇒魅惑（Schmidt,Andreas ?–）

Schmidt, Annie
オランダの児童文学作家。
⇒岩世人（シュミット 1911.5.20–1995.5.21）
絵本（シュミット, アニー・M.G. 1911–1995）
現世文（シュミット, アニー 1911–1995）

Schmidt, Arno
ドイツの作家。ロマンチックな文体によるユニークな散文作品がある。主著『レビアータン』(1949)。
⇒岩世人（シュミット 1914.1.18–1979.6.3）
現世文（シュミット, アルノー 1914.1.18–1979.6.3）
広辞7（シュミット 1914–1979）

Schmidt, Bernhard Voldemar
ドイツの光学機械製作者。シュミット・カメラを発明(1930)。
⇒岩世人（シュミット 1879.3.30–1935.12.1）
広辞7（シュミット 1879–1935）
天文辞（シュミット 1879–1935）
天文大（シュミット 1879–1935）

Schmidt, Brian P.
アメリカの天体物理学者。
⇒岩世人（シュミット 1967.2.24–）
外12（シュミット, ブライアン 1967.2.24–）
外16（シュミット, ブライアン 1967.2.24–）
ノベ3（シュミット, B.P. 1967.2.24–）
物理（シュミット, ブライアン・ポール 1967–）

Schmidt, Christoph
テノール歌手。
⇒魅惑（Schmidt,Christoph ?–）

Schmidt, Erhald
ドイツの数学者。
⇒数辞（シュミット, エルハルト 1876–1959）
　世数（シュミット, エアハルト 1876–1959）

Schmidt, Eric E.
アメリカの実業家。
⇒外12（シュミット, エリック 1955.4.27–）
　外16（シュミット, エリック 1955.4.27–）

Schmidt, Erich
ドイツの文学史家。レッシング, ゲーテ等の古典主義文学を研究, ゲーテの『原本ファウスト』を発見(1887)。
⇒岩世人（シュミット 1853.6.20–1913.4.30）

Schmidt, Erich Friedrich
アメリカの考古学者。メソポタミアのシュメール時代遺跡ファラ（シュルッパク）(1931) と, シュルク・ドゥム (38) を発掘。
⇒岩世人（シュミット 1897.9.13–1964.10.3）

Schmidt, Ernst
ドイツの薬学者。
⇒岩世人（シュミット 1845.7.13–1921.7.5）

Schmidt, Ernst Johannes
デンマークの魚類学者。ヨーロッパ産ウナギの産卵地を発見。
⇒岩世人（シュミット(スミト) 1877.1.2–1933.2.22）

Schmidt, Ferdinand August
ドイツの体育生理学者, 衛生参事官。体育運動の生理学的研究を行い, 国民・青年体育中央委員会を組織(1891)。
⇒岩世人（シュミット 1852.7.25–1929.2.14）

Schmidt, Franz
オーストリアの指揮者, ピアノ奏者, 作曲家。
⇒ク音3（シュミット 1874–1939）
　新音小（シュミット, フランツ 1874–1939）
　新音中（シュミット, フランツ 1874.12.22–1939.2.11）
　標音2（シュミット, フランツ 1874.12.22–1939.2.11）

Schmidt, Gary
アメリカの作家。
⇒外12（シュミット, ゲイリー）
　海文新（シュミット, ゲイリー 1957–）

Schmidt, Gerhard Carl Nathaniel
イギリス・ロンドン生まれの物理学者。
⇒化学（シュミット 1865–1949）

Schmidt, Hans-Thilo
エニグマの暗号鍵を連合国にもたらしたドイツ人。
⇒スパイ（シュミット, ハンス=ティロ 1888–1943）

Schmidt, Helmut
ドイツの政治家。西ドイツ首相。
⇒EU（シュミット, ヘルムート 1918–）
　岩世人（シュミット 1918.12.23–）
　外12（シュミット, ヘルムート 1918.12.23–）
　広辞7（シュミット 1918–2015）
　政経改（シュミット 1918–）
　世人新（シュミット 1918–）
　世人装（シュミット 1918–）
　ポプ人（シュミット, ヘルムート 1918–2015）

Schmidt, Hermann A.P.
オランダ出身の典礼学者。
⇒新カト（シュミット 1912.6.26–）

Schmidt, Jason
アメリカの大リーグ選手（投手）。
⇒メジャ（シュミット, ジェイソン 1973.1.29–）

Schmidt, Joost
ドイツのタイポグラファー, 彫刻家, 広告と展示のデザイナー。バウハウスで学び教えた。
⇒グラデ（Schmidt,Joost シュミット, ヨースト 1893–1948）

Schmidt, Joseph
ルーマニアのテノール歌手。
⇒失声（シュミット, ヨーゼフ 1904–1942）
　魅惑（Schmidt,Joseph 1904–1942）

Schmidt, Julius August Fritz
ドイツの経営経済学者。著書として『有機的貸借対照表学説』がある。
⇒岩世人（シュミット 1882.3.13–1950.10.1）

Schmidt, Karl Ludwig
ドイツのプロテスタント神学者。神学雑誌"Theologische Zeitschrift"の主筆。
⇒岩世人（シュミット 1891.2.5–1956.1.10）

Schmidt, Maarten
アメリカ在住のオランダの天体物理学者。準星のスペクトルの大きな赤色偏移を発見した。
⇒岩世人（シュミット 1929.12.28–）

Schmidt, Manfred
ドイツのテノール歌手。
⇒魅惑（Schmidt,Manfred 1928–）

Schmidt, Michael Jack
アメリカの大リーグ選手（三塁, 一塁）。
⇒メジャ（シュミット, マイク 1949.9.27–）

Schmidt, Peter
ドイツのデザイナー。
⇒外12（シュミット, ペーター 1937–）

外16（シュミット,ペーター　1937–）

Schmidt, Peter-Jürgen
ドイツのテノール歌手。
⇒魅惑（Schmidt,Peter-Jürgen　1941–）

Schmidt, Robert
ドイツの地域計画家。
⇒岩世人（シュミット　1869.12.13–1934.5.19）

Schmidt, W.
ソ連の政治家。
⇒学叢思（シュミット　1886–）

Schmidt, Wilhelm
ドイツの民族学者、カトリックの聖職者、人類学者。
⇒岩世人（シュミット　1868.2.16–1954.2.10）
　社小増（シュミット　1868–1954）
　新カト（シュミット　1868.2.16–1954.2.10）

Schmidt, Wilhelm
オーストリアの気象学者。微気候学の建設者の一人。
⇒岩世人（シュミット　1883.1.21–1936.11.27）

Schmidt, Wolfgang
ドイツのテノール歌手。
⇒魅惑（Schmidt,Wolfgang　1956–）

Schmidt-Berikoven, Hermann
ドイツのテノール歌手。
⇒魅惑（Schmidt-Berikoven,Hermann　?–?）

Schmidtbonn, Wilhelm
ドイツの劇作家、童話作家。戯曲『兄弟ディートリヒ』（1929）など。
⇒岩世人（シュミットボン　1876.2.6–1952.7.3）
　学叢思（シュミットボン、ウィルヘルム　1876–?）

Schmidt-Isserstedt, Hans
ドイツの指揮者、作曲家。ノルトヴェスト・ドイツ放送の指揮者（1945）。
⇒岩世人（シュミット＝イッセルシュテット　1900.5.5–1973.5.28）
　新音中（シュミット＝イッセルシュテット、ハンス　1900.5.5–1973.5.28）
　標音2（シュミット＝イッセルシュテット、ハンス　1900.5.5–1973.5.28）

Schmidt-Rottluff, Karl
ドイツの画家、版画家。ドイツ表現主義の代表者の一人。約700点の版画を制作。
⇒岩世人（シュミット＝ロットルフ　1884.12.1–1976.8.10）
　芸13（シュミット・ロットルツフ、カール　1884–1976）

Schmiedeberg, Johann Ernst Oswald
ドイツの薬学者。毒物の血液循環に及ぼす影響の研究があり、ジギタリスを記載（1913）。
⇒岩世人（シュミーデベルク　1838.10.10/11–1921.7.12）
　化学（シュミーデベルク　1838–1921）

Schmiedel, Otto
ドイツのプロテスタント神学者。
⇒岩世人（シュミーデル　1858–1926）

Schmieder, Wolfgang
ドイツの音楽文献学者、図書館学者。『バッハ作品目録』（1950）に代表される、数々の文献学的著作を発表し、バッハ研究に貢献した。
⇒新音中（シュミーダー、ヴォルフガング　1901.5.29–1990.11.8）
　標音2（シュミーダー、ヴォルフガング　1901.5.29–1990.11.8）

Schmiegelow, Henrik
ドイツの外交官。
⇒外12（シュミーゲロー、ヘンリク　1941.1.29–）
　世指導（シュミーゲロー、ヘンリク　1941.1.29–）

Schmithüsen, Josef
ドイツの地理学者。
⇒岩世人（シュミットヒューゼン　1909.1.30–1984.9.2）

Schmitt, Allison
アメリカの水泳選手（自由形）。
⇒外16（シュミット、アリソン　1990.6.7–）
　最世ス（シュミット、アリソン　1990.6.7–）

Schmitt, Carl
ドイツの公法学者、政治学者。国家、党、国民の三要素を結合した三重国家を提唱し、その理論を『パルチザンの理論』（1963）に集約した。
⇒岩世人（シュミット　1888.7.11–1985.4.7）
　現社（シュミット　1888–1985）
　広辞7（シュミット　1888–1985）
　国政（シュミット、カール　1888–1985）
　社小増（シュミット　1888–1985）

Schmitt, Eric-Emmanuel
フランスの劇作家、作家。
⇒外12（シュミット、エリック・エマニュエル　1960–）
　外16（シュミット、エリック・エマニュエル　1960–）
　現世文（シュミット、エリック・エマニュエル　1960–）

Schmitt, Florent
フランスの作曲家。ローマ大賞受賞（1900）。『詩篇第四十七』『サロメの悲劇』などの作品がある。
⇒岩世人（シュミット　1870.9.28–1958.8.17）
　ク音5（シュミット　1870–1958）
　新音小（シュミット、フロラン　1870–1958）
　新音中（シュミット、フロラン　1870.9.28–1958.8.17）
　標音2（シュミット、フロラン　1870.9.28–1958.8.17）

Schmitt, Jean-Claude
フランスの歴史家。
⇒外12（シュミット,ジャン・クロード 1946–）

Schmitt, Martin
ドイツのスキー選手（ジャンプ）。
⇒岩世人（シュミット 1978.1.29–）
外12（シュミット,マルティン 1978.1.29–）
外16（シュミット,マルティン 1978.1.29–）
最世ス（シュミット,マルティン 1978.1.29–）

Schmitt, Pál
ハンガリーの政治家,フェンシング選手。ハンガリー大統領（2010〜12）。
⇒外12（シュミット,パール 1942.5.13–）
外16（シュミット,パール 1942.5.13–）
世指導（シュミット,パール 1942.5.13–）

Schmitthenner, Heinrich
ドイツの地理学者,地質学者。主著 "China im Profil"（1932）。
⇒岩世人（シュミットヘンナー 1887.5.3–1957.2.18）

Schmitthenner, Paul
ドイツの建築家。小住宅の窓の規格化に業績を残した。代表作『ヘッヒンゲン市庁舎』（1957）。
⇒岩世人（シュミットヘンナー 1884.12.15–1972.11.11）

Schmittlein, David
アメリカの経営学者。
⇒外12（シュミッタライン,デービッド 1955–）

Schmitz, Bruno
ドイツの建築家。ライプチヒの諸国民戦争記念碑（1898〜1913）など記念碑を多数製作。
⇒岩世人（シュミッツ 1858.11.21–1916.4.27）

Schmitz, Hans-Peter
ドイツのフルート奏者。
⇒標音2（シュミッツ,ハンス＝ペーター 1916.11.5–1995.3.16）

Schmitz, Hermann
ドイツの哲学者。
⇒岩世人（シュミッツ 1928.5.16–）
メル別（シュミッツ,ヘルマン 1928–）

Schmitz, John Albert
アメリカの大リーグ選手（投手）。
⇒メジャ（シュミッツ,ジョニー 1920.11.27–2011.10.1）

Schmölders, Günther
ドイツの財政心理学者。
⇒有経5（シュメルダース 1903–1991）

Schmoller, Gustav von
ドイツ歴史学派の代表的経済学者。経済学者の団体「ドイツ社会政策学会」の創設を主導。

⇒岩経（シュモラー 1838–1917）
岩世人（シュモラー 1838.6.24–1917.6.27）
学叢思（シュモラー,グスタフ・フォン 1838–?）
広辞7（シュモラー 1838–1917）
社小増（シュモラー 1838–1917）
有経5（シュモラー 1838–1917）

Schmoller, Hans
ドイツ生まれのタイポグラファー,本のデザイナー。
⇒グラデ（Schmoller,Hans シュモレル,ハンス 1916–1985）

Schmorr, Robert
アメリカのテノール歌手。
⇒魅惑（Schmorr,Robert ?–）

Schmunck, Dario
アルゼンチンのテノール歌手。
⇒魅惑（Schmunck,Dario ?–）

Schnabel, Artur
ポーランド生まれのアメリカのピアノ奏者。
⇒岩世人（シュナーベル 1882.4.17–1951.8.15）
エデ（シュナーベル,アルトゥール 1882.4.17–1951.8.15）
新音中（シュナーベル,アルトゥル 1882.4.17–1951.8.15）
ネーム（シュナーベル 1882–1951）
標音2（シュナーベル,アルトゥル 1882.4.17–1951.8.15）
ユ著人（Schnabel,Artur シュナーベル,アルトゥール 1882–1951）

Schnabel, Ernst
ドイツの作家。主著『船と星』（1943）など。
⇒現世文（シュナーベル,エルンスト 1913.9.26–1987.1.25）

Schnabel, Franz
ドイツの歴史家。主著『19世紀ドイツ史』によって,現代ドイツ史学界に重きをなしている。
⇒岩世人（シュナーベル 1887.12.18–1966.2.25）

Schnabel, Julian
アメリカの芸術家。
⇒岩世人（シュナーベル 1951.10.26–）
外12（シュナーベル,ジュリアン 1951.10–）
外16（シュナーベル,ジュリアン 1951.10.26–）
芸13（シュナーベル,ジュリアン 1951–）
現アテ（Schnabel,Julian シュナーベル,ジュリアン 1951–）

Schnackenburg, Rudolf Bernhard Hubert
ドイツのカトリック新約聖書学者,司祭。
⇒新カト（シュナッケンブルク 1914.1.5–2002.8.28）

Schnädelbach, Herbert
ドイツの哲学者。
⇒岩世人（シュネーデルバッハ 1936.8.6–）

Schnapper, Ber
ウクライナ・リヴィウ生まれのイディッシュ詩人。
⇒ユ著人（Schnapper,Ber　シュナッパー，ベール　1903–1943）

Schnaufer, Heinz-Wolfgang
ドイツの戦闘機操縦者。
⇒異二辞（シュナウファー［ハインツ＝ヴォルフガング，〜］　1922–1950）

Schneck, Adolf Gustav
ドイツの建築家。
⇒岩世人（シュネック　1883.6.7–1971.3.27）

Schneder, David Bowman
アメリカの改革派教会宣教師。東北学院院長。
⇒アア歴（Schneder,David B(owman)　シュネーダー，デイヴィッド・バウマン　1857.3.23–1938.10.5）
　岩世人（シュネーダー　1857.8.23–1938.10.5）

Schneemann, Carolee
アメリカの美術家。
⇒岩世人（シュニーマン　1939.10.12–）

Schneider, Alexander
アメリカのヴァイオリン奏者，指揮者。チェロ奏者ミッシャ・シュナイダーの弟。
⇒新音中（シュナイダー，アレグザンダー　1908.10.21–1993.2.2）
　標音2（シュナイダー，アレグザンダー　1908.10.21–1993.2.2）
　ユ著人（Schneider,Alexander　シュナイダー，アレキサンダー　1908–1993）

Schneider, Bernhard
ドイツのテノール歌手。
⇒魅惑（Schneider,Bernhard　1967–）

Schneider, Brian Duncan
アメリカの大リーグ選手（捕手）。
⇒メジャ（シュナイダー，ブライアン　1976.11.26–）

Schneider, Carl
ドイツの精神科医。
⇒現精（シュナイダー，C.　1891–1946）
　現精縮（シュナイダー，C.　1891–1946）

Schneider, Erich
ドイツの経済学者。寡占理論，限界生産力説の展開に関する研究に業績を残している。主著に『経理理論入門』（1947）。
⇒岩世人（シュナイダー　1900.12.14–1970.12.5）
　有経5（シュナイダー　1900–1970）

Schneider, Florian
ドイツのミュージシャン。
⇒外12（シュナイダー，フローリアン　1947.4.7–）

Schneider, Friedrich Karl Wilhelm
ドイツの教育学者。
⇒教人（シュナイダー　1881–）
　新カト（シュナイダー　1881.10.28–1974.3.14）

Schneider, Gérard
スイス出身のフランスの画家。サロン・ド・メの委員。
⇒芸13（シュネイデル，ジェラール　1898–1967）
　ネーム（シュネイデル　1896–1986）

Schneider, Gerhard
ドイツの新約学者。
⇒新カト（シュナイダー　1926.6.15–2004.11.22）

Schneider, Gregor
ドイツ生まれの芸術家。
⇒現アテ（Schneider,Gregor　シュナイダー，グレゴール　1969–）

Schneider, Hannes
オーストリアのスキー術の創始者。弾丸滑降，制動クリスチャニアを特技とするアールベルク・スキーを生みだし，一世を風靡した。
⇒ユ著人（Schneider,Hannes　シュナイダー，ハンス　1890–1955）

Schneider, Jörg
テノール歌手。
⇒魅惑（Schneider,Jörg　?–）

Schneider, Karl
ドイツの建築家。主としてハンブルクで建築に従事。
⇒岩世人（シュナイダー　1892.5.15–1945.12.11）

Schneider, Kurt
ドイツの精神病理学者。『精神病質人格』（1923），『臨床精神病理学』（50）などの著書がある。
⇒岩世人（シュナイダー　1887.1.7–1967.10.27）
　教人（シュナイダー　1887–）
　現精（シュナイダー，K.　1887–1967）
　現精縮（シュナイダー，K.　1887–1967）
　精医歴（シュナイダー，クルト　1887–1967）

Schneider, Manfred
ドイツの実業家。
⇒外12（シュナイダー，マンフレッド　1938.12.21–）
　外16（シュナイダー，マンフレッド　1938.12.21–）

Schneider, Maria
アメリカの作曲家。
⇒外16（シュナイダー，マリア）

Schneider, Max
ドイツの音楽史家。1915年ブレスラウ大学教授，28年ハレ大学教授。
⇒標音2（シュナイダー，マックス　1875.7.20–1967.5.5）

Schneider, Peter
オーストリアの指揮者。

⇒外12（シュナイダー,ペーター　1939.3.26–）
外16（シュナイダー,ペーター　1939.3.26–）

Schneider, Peter
ドイツの作家。
⇒岩世人（シュナイダー　1940.4.21–）
外12（シュナイダー,ペーター　1940.4.21–）
外16（シュナイダー,ペーター　1940.4.21–）
現世文（シュナイダー,ペーター　1940.4.21–）

Schneider, Ralph Edward
アメリカの弁護士。
⇒世発（シュナイダー,ラルフ・エドワード　1909–1964）

Schneider, Reinhold
ドイツの詩人,随筆家。主著に詩集『黙示録』（1949）。
⇒岩世人（シュナイダー　1903.5.13–1958.4.6）
現世文（シュナイダー,ラインホルト　1903.5.13–1958.4.6）
新カト（シュナイダー　1903.5.13–1958.4.6）

Schneider, Robert
オーストリアの作家。
⇒現世文（シュナイダー,ローベルト　1961–）

Schneider, Romy
オーストリア生まれの女優。
⇒遺産（シュナイダー,ロミー　1938.9.23–1982.5.29）
岩世人（シュナイダー　1938.9.23–1982.5.29）
ク俳（シュナイダー,ロミー（アルバッハ＝レティ,ロウズマリー）　1938–1982）
スター（シュナイダー,ロミー　1938.9.23–1982）
ネーム（シュナイダー,ロミー　1938–1982）

Schneider, Stephan
ドイツ生まれのファッションデザイナー。
⇒外12（シュナイダー,ステファン　1969–）
外16（シュナイダー,ステファン　1969–）

Schneider, Theodor
ドイツの数学者。
⇒数辞（シュナイダー,テオドール　1911–1988）
世数（シュナイダー,テオドール　1911–1988）

Schneider, Vreni
スイスの女子アルペンスキー選手。
⇒岩世人（シュナイダー　1962.12.26–）

Schneider, Walter Carl
アメリカの生化学者。1940年代末,細胞内の核その他の微小な構造物質を生化学的に生きた状態で分別して取り出す〈分画遠心法〉を確立した。
⇒岩世人（シュナイダー　1919.9.26–）

Schneider-Ammann, Johann
スイスの政治家,実業家。スイス大統領。
⇒世指導（シュナイダーアマン,ヨハン　1952.2.18–）

Schneiderhan, Wolfgang
オーストリアのヴァイオリン奏者。
⇒新音中（シュナイダーハン,ヴォルフガング　1915.5.28–）
標音2（シュナイダーハーン,ヴォルフガング　1915.5.28–2002.5.18）

Schneiderheinze, Anja
ドイツのボブスレー選手。
⇒外12（シュナイダーハインツェ,アニャ　1978.4.8–）
最世ス（シュナイダーハインツェ,アニャ　1978.4.8–）

Schneiderman, Rose
アメリカの労働組合運動家。
⇒アメ経（シュナイダーマン,レイチェル　1882.4.6–1972.8.11）

Schneidt, Hans-Martin
ドイツの指揮者。
⇒外12（シュナイト,ハンス・マルティン　1930.12.6–）
外16（シュナイト,ハンス・マルティン　1930.12.6–）

Schniewind, Julius
ドイツのプロテスタント神学者。その聖書解釈には尖鋭な批評とともに,啓示事実に対する謙虚さがある。
⇒岩世人（シュニーヴィント　1883.5.28–1948.9.7）
新カト（シュニーヴィント　1883.5.28–1948.9.7）

Schnittke, Alfred Garyevich
ロシア生まれのドイツの作曲家。
⇒現音キ（シュニトケ,アルフレード　1934–1998）

Schnitzer, Joseph
ドイツのカトリック神学者。サヴォナローラの研究家。
⇒岩世人（シュニッツァー　1859.6.15–1939.12.1）

Schnitzler, Arthur
オーストリアの劇作家,小説家。
⇒岩世人（シュニッツラー　1862.5.15–1931.10.21）
学叢思（シュニッツレル,アルツール　1862–?）
現世文（シュニッツラー,アルトゥール　1862.5.15–1931.10.21）
広辞7（シュニッツラー　1862–1931）
西文（シュニッツラー,アルトゥール　1862–1931）
世演（シュニッツラー,アルトゥール　1862.3.15–1931.10.21）
ネーム（シュニッツラー　1862–1931）
比文増（シュニッツラー（アルトゥール）　1862（文久2）–1931（昭和6））
ユ著人（Schnitzler,Arthur　シュニッツラー,アルトゥール　1862–1931）

Schnurbein, Siegmar von
ドイツの考古学者。
⇒岩世人（シュヌールバイン　1941.10.31–）

Schnürer, Gustav
ドイツのカトリック教会史家。
⇒新カト（シュニュラー　1860.6.30–1941.12.14）

Schnurre, Wolfdietrich
ドイツ戦後文学を代表する短編作家。
⇒岩世人（シュヌレ　1920.8.22–1989.6.9）
　現世文（シュヌレ, ヴォルフディートリヒ　1920.8.22–1989.6.9）

Schnusenberg, Alphonso
ドイツのカトリック司祭。
⇒岩世人（シュヌーゼンベルク　1887.7.17–1971.9.28）

Schober, Johann
オーストリアの政治家。連邦首相兼外相。
⇒岩世人（ショーバー　1874.11.15–1932.8.19）

Schöbl, Otto
アメリカの科学者。
⇒アア歴（Schöbl,Otto　シェーブル, オットー　1877.8.27–1938.10.13）

Schoch, Philipp
スイスのスノーボード選手。
⇒外12（ショッホ, フィリップ　1979.10.12–）
　外16（ショッホ, フィリップ　1979.10.12–）
　最世ス（ショッホ, フィリップ　1979.10.12–）

Schoch, Simon
スイスのスノーボード選手。
⇒外12（ショッホ, シモン　1978.10.7–）
　外16（ショッホ, シモン　1978.10.7–）
　最世ス（ショッホ, シモン　1978.10.7–）

Schock, Rudolf
ドイツのテノール歌手。
⇒失声（ショック, ルドルフ　1915–1986）
　魅惑（Schock,Rudolf　1915–1986）

Schocken, Salman
ポーゼン出身のドイツ（ユダヤ系）の出版業者。
⇒岩世人（ショッケン　1877.10.30–1959.8.21）
　ユ著人（Schocken,Salman　ショッケン, ザルマン　1877–1959）

Schodt, Frederik L.
アメリカの作家, 翻訳家, 通訳。
⇒外12（ショット, フレデリック　1950–）
　外16（ショット, フレデリック　1950–）

Schoeck, Othmar
スイスの指揮者, ピアノ奏者, 作曲家。1945年スイス音楽協会作曲賞を受賞。
⇒ク音3（シェック　1886–1957）
　新音中（シェック, オトマル　1886.9.1–1957.3.8）
　標音2（シェック, オトマル　1886.9.1–1957.3.8）

Schoeman, Roland
南アフリカの水泳選手（自由形・バタフライ）。
⇒最世ス（スクーマン, ローランド　1980.7.3–）

Schoendienst, Albert Fred（Red）
アメリカの大リーグ選手（二塁, 外野）。
⇒メジャ（シェーンディーンスト, レッド　1923.2.2–）

Schoenfelder, Olivier
フランスのフィギュアスケート選手（アイスダンス）。
⇒最世ス（シェーンフェルダー, オリヴィエ　1977.11.30–）

Schoenflies, Arthur Moritz
ドイツの数学者。
⇒化学（シェーンフリース　1853–1928）

Schoenweis, Scott David
アメリカの大リーグ選手（投手）。
⇒メジャ（ショーンワイス, スコット　1973.10.2–）

Schoeps, Hans-Joachim
ユダヤ系ドイツ語宗教史家, 宗教哲学者。
⇒岩世人（シェップス　1909.1.30–1980.7.8）
　ユ著人（Schoeps,Hans Joachim　シェプス, ハンス・ヨアヒム　1909–）

Schoetensack, Otto
ドイツの人類学者。人の下顎骨化石を発掘, ホモ・ハイデルベルゲンシスと命名。新石器時代哺乳類の研究等の業績がある。
⇒岩世人（シェーテンザック　1850.7.12–1912.12.23）

Schöffel, Josef
ドイツのテノール歌手。
⇒魅惑（Schöffel,Josef　1881–1952）

Schöffer, Nicolas
ハンガリーの画家。
⇒岩世人（シェフェール　1912.9.6–1992.1.8）

Schofield, Frank William
カナダのメソジスト派宣教師, 生物学者, 数学者。
⇒岩世人（スコフィールド　1889.3.15–1970.4.16）

Schofield, John Richard
アメリカの大リーグ選手（遊撃, 二塁）。
⇒メジャ（スコフィールド, ディック　1935.1.7–）

Schofield, Richard Craig
アメリカの大リーグ選手（遊撃）。
⇒メジャ（スコフィールド, ディック　1962.11.21–）

Schofield, Sandy
アメリカのSF作家。
⇒現世文（スコフィールド, サンディ）

Scholastique, Jeanvoine
フランス出身の修道女。函館の厳律シトー会天使の聖母トラピスチヌ修道院（天使園）所属。

⇒新カト（スコラスティーク　1869.12.19–1929.12.24）

Scholem, Gerhard Gershom
イスラエルのユダヤ学者。1968〜74年イスラエル科学・人類アカデミー総裁。ユダヤ神秘思想と宗教学研究で世界的権威。
⇒岩キ（ショーレム　1897–1982）
　岩世人（ショーレム　1897.12.5–1982.2.20）
　広辞7（ショーレム　1897–1982）
　新カト（ショーレム　1897.12.5–1982.2.20）
　メル別（ショーレム、ゲルショム・ゲルハルト　1897–1982）
　ユ著人（Scholem,Gershom Gerhard　ショーレム、ゲルショム・ゲルハルト　1897–1982）

Scholes, Ken
アメリカの作家。
⇒外12（スコールズ, ケン　1968–）
　外16（スコールズ, ケン　1968–）
　海文新（スコールズ, ケン　1968.1.13–）
　現世文（スコールズ, ケン　1968.1.13–）

Scholes, Myron
アメリカの経済学者。1997年ノーベル経済学賞。
⇒岩経（ショールズ　1941–）
　岩世人（ショールズ　1941.7.1–）
　外12（ショールズ, マイロン　1941.7.1–）
　外16（ショールズ, マイロン　1941.7.1–）
　ノベ3（ショールズ,M.　1941.7.1–）
　有経5（ショールズ　1941–）

Scholes, Paul
イギリスのサッカー選手。
⇒外12（スコールズ, ポール　1974.11.16–）

Scholes, Percy Alfred
オックスフォードの音楽鑑士。音楽鑑賞者向けの入門書の著述が多い。
⇒標音2（スコールズ, パーシー・アルフレド　1877.7.24–1958.7.31）

Scholl, Andreas
ドイツのカウンターテナー歌手。
⇒外12（ショル, アンドレアス　1967–）
　外16（ショル, アンドレアス　1967–）

Scholl, Hans
ドイツ反ナチス抵抗運動〈白ばら〉の代表。ショル兄妹として第二次大戦後その名は記念碑的意味をもった。
⇒岩世人（ショル兄妹　1918–1943）
　広辞7（ショル・きょうだい　ショル兄妹　1918–1943）

Scholl, Sophie
ドイツ反ナチス抵抗運動〈白ばら〉の代表。ショル兄妹として第二次大戦後その名は記念碑的意味をもった。
⇒岩世人（ショル兄妹　1921–1943）
　広辞7（ショル・きょうだい　ショル兄妹　1921–1943）

Schollander, Donald Arthur
アメリカの水泳選手。1964年の東京オリンピックでは4種目で優勝し、史上2人目の金メダル4個獲得者となる。
⇒岩世人（ショランダー　1946.4.30–）

Schöller, Peter
ドイツの地理学者。ボッフム大学教授。
⇒岩世人（シェラー　1923.12.5–1988.3.16）

Schöllgen, Werner
ドイツのカトリック神学者。
⇒新カト（シェルゲン　1893.9.23–1983.3.9）

Scholtz-Klink, Gertrud
ナチス・ドイツの女性指導者。
⇒岩世人（ショルツ＝クリンク　1902.2.9–1999.3.24）

Scholz, Heinrich
ドイツの神学者、哲学者、論理学者。ドイツにおける数理論理学の方向を基礎づけた。主著『宗教哲学』(1921)など。
⇒岩世人（ショルツ　1884.12.17–1956.12.30）

Scholz, Paul
ドイツ人の音楽家。東京音楽学校でピアノを教えた。
⇒標音2（ショルツ, パウル　1889.8.21–1944.10.2）

Scholz, Tom
アメリカのロック・ギター奏者。
⇒外12（ショルツ, トム　1947.3.10–）
　外16（ショルツ, トム　1947.3.10–）

Scholz, Wilhelm von
ドイツの小説家、詩人、劇作家、随筆家。象徴的写実主義の作家。
⇒岩世人（ショルツ　1874.7.15–1969.5.29）

Schomberg, Martin
西ドイツのテノール歌手。
⇒魅惑（Schomberg,Martin　1944–）

Schon, Neal
アメリカのロック・ギター奏者。
⇒外12（ショーン, ニール　1954.2.27–）
　外16（ショーン, ニール　1954.2.27–）

Schönberg, Arnold Franz Walter
オーストリアの作曲家。無調音楽の追求から12音技法を確立した。
⇒岩キ（シェーンベルク　1874–1951）
　岩世人（シェーンベルク　1874.9.13–1951.7.13）
　エデ（シェーンベルク, アルノルト（フランツ・ヴァルター）　1874.9.13–1951.7.13）
　オペラ（シェーンベルク, アルノルト　1874–1951）
　学叢思（シェンベルヒ, アーノルド　1874–?）
　ク音3（シェーンベルク　1874–1951）
　広辞7（シェーンベルク　1874–1951）

新オペ（シェーンベルク, アーノルト 1874–1951）
新音小（シェーンベルク, アーノルト 1874–1951）
新音中（シェーンベルク, アーノルト 1874.9.13–1951.7.13）
新カト（シェーンベルク 1874.9.13–1951.7.13）
世史改（シェーンベルク 1874–1951）
世人新（シェーンベルク 1874–1951）
世人装（シェーンベルク 1874–1951）
ネーム（シェーンベルク 1874–1951）
ピ曲改（シェーンベルク, アーノルト 1874–1951）
標音2（シェーンベルク, アーノルト 1874.9.13–1951.7.13）
ポプ人（シェーンベルク, アーノルト 1874–1951）
ユ著人（Schönberg, Arnold シェーンベルク, アーノルト 1874–1951）

Schönberg, Claude-Michel
フランスの作曲家。
⇒外12（シェーンベルク, クロード・ミッシェル 1944.7.6–）
外16（シェーンベルク, クロード・ミッシェル 1944.7.6–）

Schönberg, Gustav Friedrich von
ドイツの経済学者。新歴史学派。
⇒岩世人（シェーンベルク 1839.7.21–1908.1.3）
学叢思（シェーンベルク, グスタフ・フォン 1839–1908）

Schonberg, Harold Charles
アメリカの評論家。
⇒標音2（ショーンバーグ, ハロルド・チャールズ 1915.11.29–）

Schöne, Albrecht
ドイツの文学研究者。
⇒岩世人（シェーネ 1925.7.17–）

Schoneborn, Lena
ドイツの近代五種選手。
⇒外12（ショーネボルン, レナ 1986.4.11–）
最世ス（ショーネボルン, レナ 1986.4.11–）

Schönerer, Georg, Ritter von
オーストリアの政治家。国会議員（1873～88, 97～1907）。大ドイツ主義を主唱。
⇒岩世人（シェーネラー 1842.7.17–1921.8.14）

Schönflies, Arthur Moritz
ドイツの数学者。
⇒世数（シェーンフリース, アルトゥール・モリッツ 1853–1928）

Schönherr, Karl
オーストリアの劇作家。作品に戯曲『信仰とふるさと』。
⇒岩世人（シェーンヘル 1867.2.24–1943.3.15）

Schönrich, Gerhard
ドイツの哲学者, 記号論学者。
⇒岩世人（シェーンリヒ 1951.4.29–）

Schoof, Charles Edward
アメリカ海軍の水兵。
⇒スパイ（シューフ, チャールズ・エドワード）

Schoonenberg, Piet
オランダのイエズス会神学者。
⇒新カト（スコーネンベルク 1911.10.1–1999.12.21）

Schoonmaker, Dora E.
アメリカのメソジスト監督教会宣教師。救世学校創立者, 青山学院女子高等部で英語を教授。
⇒岩世人（スクーンメイカー 1851.1.14–1935.12.4）

Schoppa, Leonard
アメリカの政治学者。バージニア大学教授。
⇒外12（ショッパ, レオナード 1962–）
外16（ショッパ, レオナード 1962–）

Schor, Juliet B.
アメリカの経済学者。
⇒外12（ショアー, ジュリエット 1955–）
外16（ショアー, ジュリエット 1955–）

Schott, Friedrich Otto
ドイツの化学者, ガラス工業家。光学器機用および実験室用の特殊ガラスを製作。
⇒岩世人（ショット 1851.12.17–1935.8.27）
化学（ショット 1851–1935）

Schott, Gerhard
ドイツの海洋学者。ハンブルク海洋気象台に勤務（1894～1931）, 海水の温度, 塩分, 海流等を研究。
⇒岩世人（ショット 1866.8.15–1961.1.15）

Schott, Jeffrey J.
アメリカの国際経済学者。
⇒外16（ショット, ジェフリー）

Schottky, Walter
スイス生まれのドイツ物理学者。真空管の熱電子放射に及ぼすプレート電圧に関し〈ショットキー効果〉なる現象を発見。
⇒岩世人（ショットキー 1886.7.23–1976.3.4）

Schou, Mogens
デンマークの精神薬理学者。
⇒現精（スコウ 1918–2005）
現精縮（スコウ 1918–2005）

Schow, David J.
ドイツの作家。
⇒外16（スカウ, デービッド 1955–）
現世文（スカウ, デービッド 1955–）

Schrade, Leo
ドイツの音楽学者。

⇒標音2（シュラーデ, レーオ　1903.12.13–1964.9.21）

Schrader, Eberhard
ドイツのアッシリア学者, 旧約聖書学者。アッシリア語文法を明らかにし, バビロニア, アッシリアの古文献を翻訳。
⇒岩世人（シュラーダー　1836.1.7–1908.7.4）

Schrader, Otto
ドイツの言語学者。印欧語民族の共通基語時代の文化を研究。
⇒岩世人（シュラーダー　1855.3.28–1919.3.21）

Schrader, Paul
アメリカの映画監督, シナリオライター。ルーカス, スピルバーグらとともに「ハリウッド第9世代」を代表する。
⇒映監（シュレイダー, ポール　1946.7.22–）
　外12（シュレーダー, ポール　1946.7.22–）
　外16（シュレーダー, ポール　1946.7.22–）

Schrag, Daniel P.
アメリカの地質学者。
⇒岩世人（シュラッグ　1966.1.25–）

Schram, Stuart R.
アメリカの毛沢東研究者。
⇒岩世人（シュラム　1924.2.27–2012.7.8）

Schramm, Percy Ernst
ドイツの歴史家。"Herrschaftszeichen und Staatssymbolik"（1954）などの著書がある。
⇒岩世人（シュラム　1894.10.14–1970.11.12）
　教人（シュラム　1894–）

Schramm, Wilber
アメリカの社会心理学者。アメリカ的自由主義の立場から, マス・コミュニケーションの原理論を展開。
⇒社小増（シュラム　1907–1987）

Schrank, John
アメリカの元バーテンダー。1912年, 前アメリカ大統領セオドア・ルーズベルトを狙撃した。
⇒世暗（シュランク, ジョン　1876–1943）

Schranz, Karl
オーストリアのスキー選手。
⇒岩世人（シュランツ　1938.11.18–）

Schreber, Daniel Paul
ドイツの精神医学者。
⇒現精（シュレーバー［症例］　?–1911）
　現精縮（シュレーバー［症例］　?–1911）
　精分弘（シュレーバー, ダニエル・ポール　1842–1911）

Schreiber, Christian
ドイツのカトリック司教, 神学者, 哲学者。
⇒新カト（シュライバー　1872.8.3–1933.9.1）

Schreiber, Daniel
テノール歌手。
⇒魅惑（Schreiber, Daniel　?–）

Schreiber, David Servan
フランスの精神科医。
⇒外12（シュレベール, ダヴィド・S.）
　外16（シュレベール, ダヴィド・S.）

Schreiber, Georg
ドイツのカトリック政治家。ミュンスターに〈ドイツ外国学研究所〉を設立（1927）。
⇒教人（シュライバー　1882–）

Schreiber, Joe
アメリカの作家。
⇒海文新（シュライバー, ジョー　1969–）

Schreiber, Liev
アメリカの男優。
⇒ク俳（シュライバー, リーエヴ（シュライバー, アイザック・L）　1967–）

Schreibmayer, Kurt
オーストリアのテノール歌手。
⇒魅惑（Schreibmayer, Kurt　1953–）

Schreier, Otto
ドイツの数学者。E.アルティンおよびE.ネーター学派。
⇒世数（シュライエル, オットー　1901–1929）

Schreier, Peter
ドイツのテノール歌手。
⇒岩世人（シュライアー　1935.7.29–）
　オペラ（シュライヤー, ペーター　1935–）
　外12（シュライヤー, ペーター　1935.7.29–）
　失声（シュライヤー, ペーター　1935–）
　新音中（シュライヤー, ペーター　1935.7.29–）
　標音2（シュライアー, ペーター　1935.7.29–）
　魅惑（Schreier, Peter　1935–）

Schreiner, Olive Emilie Albertina
南アフリカの小説家。
⇒岩女（シュライナー, オリーブ　1855.3.24–1920.12.11）
　岩世人（シュライナー　1855.3.24–1920.12.11）
　学叢思（シュライネル, オリーヴ　1859–1922）

Schreker, Franz
ドイツの作曲家, 教育者。ウィーン・フィルハーモニー合唱団を設立。
⇒岩世人（シュレーカー　1878.3.23–1934.3.21）
　オペラ（シュレーカー, フランツ　1878–1934）
　ク音3（シュレーカー　1878–1934）
　新音小（シュレーカー, フランツ　1878–1934）
　新音中（シュレーカー, フランツ　1878.3.23–1934.3.21）
　標音2（シュレーカー, フランツ　1878.3.23–1934.3.21）
　ユ著人（Schreker, Franz　シュレーカー, フラン

ツ　1878–1934)

Schrempf, Christoph
ドイツの神学者。『キルケゴール全集』の独訳で有名。
⇒岩世人（シュレンプ　1860.4.28–1944.2.13)

Schrenck-Notzing, Albert von
ドイツの神経科医師、心理学者。心霊現象を研究。
⇒岩世人（シュレンク＝ノツィング　1862.5.18–1929.2.12)

Schrenkel, Vojtech
テノール歌手。
⇒魅惑（Schrenkel,Vojtech　?–)

Schrieffer, John Robert
アメリカの物理学者。1972年ノーベル物理学賞。
⇒岩世人（シュリーファー　1931.5.31–)
ネーム（シュリーファー　1931–)
ノベ3（シュリーファー,J.R.　1931.5.31–)

Schrieke, Bertram Johannes Otto
オランダの民族学者、社会学者。
⇒岩世人（シュリーケ　1890.9.18–1945.9.12)

Schrimpf, Georg
ドイツの画家。風景画が多い。
⇒岩世人（シュリンプ　1889.2.13–1938.4.19)

Schrock, Richard R.
アメリカの化学者。2003年ノーベル化学賞受賞。
⇒岩世人（シュロック　1945.1.4–)
外12（シュロック,リチャード　1945.1.4–)
外16（シュロック,リチャード　1945.1.4–)
化学（シュロック　1945–)
ノベ3（シュロック,R.R.　1945.1.4–)

Schroder, Fred Meyer
アメリカの冒険家。
⇒アア歴（Schroder,Fred Meyer　シュローダー,フレッド・メイヤー　(活躍)1880s–1960s)

Schröder, Gerhard
ドイツの政治家。ドイツ首相、ドイツ社会民主党（SPD）党首。
⇒岩世人（シュレーダー　1944.4.7–)
外12（シュレーダー,ゲアハルト　1944.4.7–)
外16（シュレーダー,ゲアハルト　1944.4.7–)
広辞7（シュレーダー　1944–)
世指導（シュレーダー,ゲアハルト　1944.4.7–)
世人新（シュレーダー　1944–)
世人装（シュレーダー　1944–)
ボブ人（シュレーダー,ゲルハルト　1944–)

Schröder, Jaap
オランダのバロック・ヴァイオリン奏者、指揮者。
⇒新音中（シュレーダー,ヤープ　1925.12.31–)

Schröder, Paul
ドイツの精神医学者。
⇒現精（シュレーダー　1873–1941)
現精縮（シュレーダー　1873–1941)

Schroder, Rick
アメリカ生まれの俳優。
⇒ク俳（シュレーダー,リック（リッキー）　1970–)

Schröder, Rudolf Alexander
ドイツの詩人、翻訳家、画家、建築家、作曲家。主著、詩集『人生のなかば』（1930)。
⇒岩世人（シュレーダー　1878.1.26–1962.8.22)
新カト（シュレーダー　1878.1.26–1962.8.22)

Schrödinger, Erwin
オーストリアの理論物理学者。波動方程式を導き、原子構造の理論を確立した。1933年ノーベル物理学賞受賞。
⇒岩世人（シュレーディンガー　1887.8.12–1961.1.4)
化学（シュレーディンガー　1887–1961)
科史（シュレディンガー　1887–1961)
現科大（シュレーディンガー,エルヴィン　1887–1961)
広辞7（シュレーディンガー　1887–1961)
三新物（シュレーディンガー　1887–1961)
数小増（シュレーディンガー　1887–1961)
ネーム（シュレディンガー　1887–1961)
ノベ3（シュレーディンガー,E.　1887.8.12–1961.1.4)
物理（シュレーディンガー,エルヴィン　1887–1961)
ボブ人（シュレーディンガー,エルウィン　1887–1961)

Schroeder, Binette
ドイツの絵本作家。
⇒絵本（シュレーダー,ビネッテ　1939–)

Schroeder, Karl
カナダの作家。
⇒外12（シュレーダー,カール　1962–)

Schroeter, Werner
ドイツ生まれの映画監督。
⇒岩世人（シュレーター　1945.4.7–2010.4.12)

Schrörs, Heinrich
ドイツのカトリック司祭、教会史家。
⇒新カト（シュレールス　1852.11.26–1928.11.6)

Schrott, Erwin
ウルグアイのバス・バリトン歌手。
⇒外12（シュロット,アーウィン　1972–)
外16（シュロット,アーウィン　1972–)

Schubert, Hans von
ドイツの神学者。教会史の研究で有名。
⇒岩世人（シューベルト　1859.12.12–1931.5.6)

Schubert, Hermann Caesar

Hannibal
ドイツの数学者。
⇒岩世人（シューベルト　1848.5.22–1911.7.20）

Schubert, Kurt
オーストリアのユダヤ教学者、新約学者。
⇒新カト（シューベルト　1923.3.4–2007.2.4）

Schubert, Richard
ドイツのテノール歌手。
⇒魅惑（Schubert,Richard　1885–1959）

Schubert-Soldern, Richard
ドイツの哲学者。
⇒岩世人（シューベルト＝ゾルデルン　1852.12.14–1924/1935.10.19）

Schubiger, Jürg
スイスの児童文学作家。
⇒現世文（シュービガー、ユルク　1936.10.14–2014.9.15）

Schuchart, Hugo Ernst Maria
ドイツの言語学者。ロマンス諸言語の研究をはじめとして多くの問題に興味を示し、数多くの論文がある。
⇒岩世人（シューハルト　1842.2.4–1927.4.21）
　オク言（シューハルト、フーゴ　1842–1927）

Schuchhardt, Carl
ドイツの考古学者。ハノーヴァーのケストナー博物館館長、のちベルリンの民族学博物館先史部長（1908～25）。
⇒岩世人（シューハルト　1859.8.6–1943.12.7）

Schüchter, Wilhelm
ドイツの指揮者。1959～62年NHK交響楽団指揮者。
⇒標音2（シュヒター、ヴィルヘルム　1911.12.15–1974.5.27）

Schücking, Walter
ドイツの法学者。ヴェルサイユ講和会議ドイツ代表（1919）、国会議員（20～28）、常設国際裁判所裁判官（32～）。
⇒岩世人（シュッキング　1875.1.6–1935.8.25）

Schuffenecker, Émile
フランスの画家。
⇒19仏（シュフネッケル、エミール　1851.12.8–1934.7.31）

Schüffler, Kurt
テノール歌手。
⇒魅惑（Schüffler,Kurt　?–）

Schuh, Oscar Fritz
オーストリアのオペラ演出家。1928年から前衛的な舞台演出をする。
⇒標音2（シュー、オスカー・フリッツ　1904.1.15–1984.10.22）

Schuhl, Jean-Jacques
フランスの作家。
⇒外12（シュル、ジャン・ジャック　1941–）
　外16（シュル、ジャン・ジャック　1941–）
　現世文（シュル、ジャン・ジャック　1941–）

Schuitema, Paul
ドイツ・ハノーヴァー生まれのグラフィック、展示、家具のデザイナー、写真家、映画制作者、画家、教育者。
⇒グラデ（Schuitema,Paul　シュイッテマ、パウル　1897–1973）

Schuiten, François
ベルギーの漫画家。
⇒外16（スクイテン、フランソワ　1956–）

Schukoff, Nikolai
オーストリアのテノール歌手。
⇒魅惑（Schukoff,Nikolai　?–）

Schüler, Bernhard
ドイツのジャズ・ピアノ奏者。
⇒外12（シューラー、ベルンハルト　1979–）
　外16（シューラー、ベルンハルト　1979–）

Schulhoff, Ervin
チェコスロバキアのピアノ奏者、作曲家。
⇒ク音3（シュルホフ　1894–1942）
　新音中（シュルホフ、エルヴィーン　1894.6.8–1942.8.18）
　標音2（シュルホフ、エルヴィーン　1894.6.8–1942.8.18）

Schulist, Andreas
テノール歌手。
⇒魅惑（Schulist,Andreas　?–）

Schüller, Bruno
ドイツのカトリック神学者。
⇒新カト（シューラー　1925.11.9–2007.10.30）

Schuller, Gunther
アメリカの作曲家、ホルン奏者。
⇒エデ（シューラー、ガンサー（アレクサンダー）　1925.11.22–2015.6.21）
　ク音3（シューラー　1925–）
　新音中（シューラー、ガンサー　1925.11.22–）
　標音2（シューラー、ガンサー　1925.11.22–）

Schulpin, Gregorij
ロシアのテノール歌手。
⇒魅惑（Schulpin,Gregorij　?–）

Schulte, Aloys
ドイツの歴史家。中世の商業史、交通史の研究で著名。
⇒岩世人（シュルテ　1857.8.2–1941.2.14）

Schulte, Frank M.
アメリカの大リーグ選手（外野）。

⇒メジャ（シュルト,フランク 1882.9.17–1949.10.2）

Schulte, Fred William
アメリカの大リーグ選手（外野）。
⇒メジャ（シュルト,フレッド 1901.1.13–1983.5.20）

Schulte, Walter
ドイツの精神医学者。
⇒現精（シュルテ 1910–1972）
現精縮（シュルテ 1910–1972）

Schultz, Adolph Hans
ドイツ生まれのアメリカの動物学者。類人猿,霊長類の研究がある。
⇒岩世人（シュルツ 1891.11.14–1976.5.26）

Schultz, Henry
ポーランド生まれのアメリカの経済学者。計量経済学における貢献で知られる。
⇒岩世人（シュルツ 1893.9.4–1938.11.26）
有経5（シュルツ〔A〕 1893–1938）

Schultz, Howard
アメリカの実業家。
⇒岩世人（シュルツ 1953.7.19–）
外12（シュルツ,ハワード 1953.7.19–）
外16（シュルツ,ハワード 1953.7.19–）

Schultz, Johannes Heinrich
ドイツの神経・精神医学者。イェーナ大学教授,ベルリン精神療法研究所副所長。
⇒現精（シュルツ 1884–1970）
現精縮（シュルツ 1884–1970）

Schultz, Theodore William
アメリカの経済学者。1979年ノーベル経済学賞。
⇒岩経（シュルツ 1902–1998）
岩世人（シュルツ 1902.4.30–1998.2.26）
ノベ3（シュルツ,T.W. 1902.4.30–1998.2.26）
有経5（シュルツ〔B〕 1902–1998）

Schultze, F.W.Otto
ドイツの教育学者。教育学は哲学および心理学の応用科学であり,先験的,経験的に基礎づけられるべきものとした。
⇒教人（シュルツェ 1872–1950）

Schultze, Norbert
ドイツの作曲家。
⇒ク音3（シュルツェ 1911–2002）

Schulz, Bruno
ポーランド（ユダヤ系）の小説家。短篇集『肉桂色の店』(1934)，『クレプシドラ・サナトリウム』(37)でポーランド文学史上不滅の非リアリズム文学をうちたてた。
⇒岩世人（シュルツ 1892.7.12–1942.11.19）
現世人（シュルツ,ブルーノ 1892.7.12–1942.11.19）
広辞7（シュルツ 1892–1942）

ユ著人（Schulz,Bruno シュルツ,ブルーノ 1892–1942）

Schulz, Charles Monroe
アメリカの漫画家,作家。
⇒アメ州（Schulz,Charles Monroe シュルツ,チャールズ・モンロー 1922–）
岩世人（シュルツ 1922.11.26–2000.2.12）
広辞7（シュルツ 1922–2000）
ポプ人（シュルツ,チャールズ・モンロー 1922–2000）

Schulz, Martin
ドイツの政治家。欧州議会議長,ドイツ社会民主党(SPD)党首。
⇒世指導（シュルツ,マルティン 1955.12.20–）

Schulz, Walter
ドイツの哲学者。主著『シェリングの後期哲学におけるドイツ観念論の完成』(1955)。
⇒岩世人（シュルツ 1912.11.18–2000.6.12）

Schulz, Wolfgang
オーストリアのフルート奏者。
⇒外12（シュルツ,ウォルフガング 1946–）

Schulze, Ingo
ドイツの作家,ジャーナリスト。
⇒外16（シュルツェ,インゴ 1962.12.15–）
現世文（シュルツェ,インゴ 1962.12.15–）

Schulze-Boysen, Harro
ドイツの反ナチス抵抗運動家。
⇒岩世人（シュルツェ＝ボイゼン 1909.9.2–1942.12.22）

Schulze-Gaevernitz, Gerhart von
ドイツ生まれの経済思想学者。
⇒岩世人（シュルツェ＝ゲファーニッツ 1864.7.25–1943.7.10）
学叢思（シュルツェ・ゲヴァーニッツ,ゲルハルト・フォン 1864–?）

Schulze-Rose, Wilhelm
ドイツの画家。
⇒芸13（シュルツェ・ローゼ,ヴィルヘルム 1872–1950）

Schulz-Evler, Adolf
ポーランドのピアノ奏者,作曲家。
⇒標音2（シュルツ＝エヴラー,アードルフ 1852.12.12–1905.5.15）

Schumacher, Ernst Friedrich
ドイツ生まれの経済思想家。第二次大戦後,イギリス政府機関や石炭公社(1950〜70)の経済顧問,また60年代から発展途上国の政府顧問として活動。
⇒岩経（シューマッハー 1911–1977）
岩世人（シューマッハー 1911.8.16–1977.9.4）
有経5（シューマッハー 1911–1977）

Schumacher, Fritz
ドイツの建築家。大都市の都市計画にたずさわり, 公共建築物を設計。著書『建築芸術の精神』(1938) など。
⇒岩世人（シューマッハー　1869.11.4–1947.11.4）

Schumacher, Harold Henry
アメリカの大リーグ選手(投手)。
⇒メジャ（シューマッカー, ハル　1910.11.23–1993.4.21）

Schumacher, Joel
アメリカの映画監督。
⇒映監（シューマーカー, ジョエル　1939.8.29–）
外12（シュマッカー, ジョエル　1939.8.29–）
外16（シュマッチャー, ジョエル　1939.8.29–）

Schumacher, Kurt
ドイツ社会民主党の指導者。共産党とナチスを激しく批判し, 収容所に投獄された。敗戦に伴い釈放され, 社会民主党の再建に着手し, 党首に選ばれた。
⇒岩世人（シューマッハー　1895.10.13–1952.8.21）
広辞7（シューマッハー　1895–1952）
ネーム（シューマッハ　1895–1952）

Schumacher, Michael
ドイツのF1ドライバー。
⇒異二辞（シューマッハ［ミハエル・～］　1969–）
岩世人（シューマッハー　1969.1.3–）
外12（シューマッハー　1969.1.3–）
外16（シューマッハー, ミハエル　1969.1.3–）
最世ス（シューマッハー, ミハエル　1969.1.3–）
ネーム（シューマッハ　1969–）
ボブ人（シューマッハ, ミヒャエル　1969–）

Schuman, Frederick Lewis
アメリカの国際政治学者。新シカゴ学派を代表する政治学者の一人。
⇒岩世人（シューマン　1904.2.22–1981.5.18）
広辞7（シューマン　1904–1981）
政経改（シューマン　1904–1981）

Schuman, Robert
フランスの政治家。外相として, ヨーロッパ石炭鉄鋼共同体を提唱, 西ヨーロッパ6カ国によって調印されたが, 最終的に批准されず, 実現しなかった。
⇒EU（シューマン, ロベール　1886–1963）
岩世人（シューマン　1886.6.29–1963.9.4）
政経改（シューマン　1886–1963）
世史改（シューマン　1886–1963）
世人新（シューマン〈ローベル〉　1886–1963）
世人装（シューマン〈ローベル〉　1886–1963）
ボブ人（シューマン, ロベール　1886–1963）

Schuman, William Howard
アメリカの作曲家。その作品『第三交響曲』(1941) は高く評価されている。
⇒岩世人（シューマン　1910.8.4–1992.2.15）
エデ（シューマン, ウィリアム　1910.8.4–1992.2.15）
ク音3（シューマン　1910–1992）
新音小（シューマン, ウィリアム　1910–1992）
新音中（シューマン, ウィリアム　1910.8.4–1992.2.15）
標音2（シューマン, ウィリアム　1910.8.4–1992.2.15）

Schumann, Elizabeth
ドイツのオペラ歌手(ソプラノ)。
⇒オペラ（シューマン, エリザベト　1888–1952）
新音中（シューマン, エリーザベト　1888.6.13–1952.4.23）
標音2（シューマン, エリーザベト　1888.6.13–1952.4.23）

Schumann, Erik
ドイツのヴァイオリン奏者。
⇒外12（シューマン, エリック　1982–）
外16（シューマン, エリック　1982–）

Schumann, Georg Alfred
ドイツの指揮者, 作曲家。ベルリン声楽学校長(1900〜), 芸術学校作曲科教授(13〜)。
⇒岩世人（シューマン　1866.10.25–1952.5.23）

Schumann, Maurice
フランスの政治家。フランス外相。
⇒岩世人（シューマン　1911.4.10–1998.2.9）

Schumann, Ralf
ドイツの射撃選手(ピストル)。
⇒外12（シューマン, ラルフ　1962.6.10–）
最世ス（シューマン, ラルフ　1962.6.10–）

Schumann, Victor
ドイツの実験物理学者。遠紫外線を研究し(1893), 遠紫外線撮影用のシューマン乾板を考案。
⇒岩世人（シューマン　1841.12.21–1913.9.1）

Schumann-Heink, Ernestine
オーストリア生まれのアメリカのアルト歌手。
⇒岩世人（シューマン＝ハインク　1861.6.15–1936.11.17）
オペラ（シューマン＝ハインク, エルネスティーネ　1861–1930）
新音中（シューマン＝ハインク, エルネスティーネ　1861.6.15–1936.11.17）
標音2（シューマン＝ハインク, エルネスティーネ　1861.6.15–1936.11.17）

Schumer, Charles
アメリカの政治家。
⇒外12（シューマー, チャールズ　1950.11.23–）
世指導（シューマー, チャールズ　1950.11.23–）

Schumpeter, Joseph Alois
アメリカの経済学者。静態的均衡理論の展開, 経済発展のメカニズムの解明と景気循環の理論的, 実証的分析などの独創的な業績を残した。
⇒アメ新（シュンペーター　1883–1950）
岩経（シュンペーター　1883–1950）

岩世人（シュンペーター　1883.2.8–1950.1.8）
学叢思（シュンペーター　1877頃–?）
現社（シュンペーター　1883–1950）
広辞7（シュンペーター　1883–1950）
国政（シュンペーター，ヨーゼフ　1883–1950）
社小増（シュンペーター　1883–1950）
世人新（シュンペーター　1883–1950）
世人装（シュンペーター　1883–1950）
ネーム（シュンペーター　1883–1950）
ベシ経（シュンペーター　1883–1950）
有経5（シュンペーター　1883–1950）

Schüngeler, Heinz
ドイツのピアノ奏者，音楽教育家，作曲家。
⇒標音2（シュンゲラー，ハインツ　1884.2.21–1949.2.16）

Schunk, Robert
西ドイツのテノール歌手。
⇒魅惑（Schunk, Robert　1948–）

Schuppe, Wilhelm
ドイツの哲学者。内在哲学の代表者。主著『認識論と論理学』(1894)。
⇒岩世人（シュッペ　1836.5.5–1913.3.29）
　学叢思（シュッペ，ヴィルヘルム　1836–?）

Schur, Edwin Michael
アメリカの社会学者。
⇒社小増（シャー　1930–）

Schur, Friedrich Heinrich
ドイツの数学者。
⇒数辞（シュアー，フリードリッヒ・ハインリッヒ　1856–1932）
　世数（シュア，フリードリヒ　1856–1932）

Schur, Isaai
ドイツの数学者。
⇒岩世人（シュール　1875.1.10–1941.1.10）
　数辞（シュアー，イッサイ　1875–1941）
　世数（シュア，イサイ　1875–1941）

Schur, Moise
フランス系ラビ。
⇒ユ著人（Schur, Moise　シュール，モイーズ　1845–1911）

Schuré, Edouard
フランスの作家。神秘主義に関する小説，戯曲，詩等を書き，またW.R.ヴァーグナーをフランスに紹介。
⇒岩世人（シュレ　1841.1.21–1929.4.7）

Schürer, Emil
ドイツのプロテスタント新約学者。主著『イエス・キリスト時代のユダヤ民族の歴史』(1886～90)。
⇒岩世人（シューラー　1844.5.2–1910.4.30）
　学叢思（シューレル，エミル　1844–1910）

Schurhammer, Georg
ドイツのキリスト教史家。ザビエル研究の第一人者として知られる。
⇒岩世人（シュールハンマー　1882.9.25–1971.11.2）
　新カト（シュールハンマー　1882.9.25–1971.11.2）

Schuricht, Carl
ドイツの指揮者。
⇒新音中（シューリヒト，カール　1880.7.3–1967.1.7）
　標音2（シューリヒト，カルル　1880.7.3–1967.1.7）

Schurig, Arthur
ドイツの文学者，音楽研究家。2巻からなる評伝『モーツァルト』を刊行したことで知られている。
⇒標音2（シューリヒ，アルトゥル　1870.4.24–1929.5.15）

Schurman, Jacob Gould
アメリカの教育者，外交官。
⇒アア歴（Schurman, Jacob Gould　シャーマン，ジェイコブ・グールド　1854–1942.8.12）

Schürmann, Heinz
ドイツのカトリック新約聖書学者，司祭。
⇒新カト（シュールマン　1913.1.18–1999.12.11）

Schurter, Nino
スイスの自転車選手（マウンテンバイク）。
⇒最世ス（シュルター，ニーノ　1986.5.13–）

Schuschnigg, Kurt von
オーストリアの政治家。第一共和国最後の連邦首相(1934～38)。
⇒岩世人（シュシュニク　1897.12.14–1977.11.18）

Schüssel, Wolfgang
オーストリアの政治家。オーストリア首相，オーストリア国民党党首。
⇒岩世人（シュッセル　1945.6.7–）
　外12（シュッセル，ウォルフガング　1945.6.7–）
　外16（シュッセル，ウォルフガング　1945.6.7–）
　世指導（シュッセル，ウォルフガング　1945.6.7–）

Schuster, Sir Arthur
イギリス（ドイツ系）の物理学者。陰極線の磁場内での彎曲から電子の比電荷を考察。
⇒岩世人（シュースター　1851.9.12–1934.10.14）

Schuster, Bernd
ドイツのサッカー監督。
⇒異二辞（シュスター［ベルント・～］　1959–）
　外12（シュスター，ベルント　1959.12.22–）

Schuster, Rudolf
スロバキアの政治家。スロバキア大統領(1999～2004)。
⇒岩世人（シュステル　1934.1.4–）

外12（シュステル, ルドルフ　1934.1.4–)
外16（シュステル, ルドルフ　1934.1.4–)
世指導（シュステル, ルドルフ　1934.1.4–)

Schütt, Eduard
ロシア生まれのオーストリアのピアノ奏者, 作曲家。
⇒標音2（シュット, エードゥアルト　1856.10.22–1933.7.26)

Schütte, Josef Franz
ドイツ・パーペンブルク生まれのイエズス会員, キリシタン史研究家。
⇒岩世人（シュッテ　1906.5.21–1981.8.12)
　新カト（シュッテ　1906.5.21–1981.8.12)

Schütte, Thomas
ドイツのグラフィックアーティスト, 彫刻家。
⇒外12（シュッテ, トーマス　1954.11.16–)
　外16（シュッテ, トーマス　1954.11.16–)
　現アテ（Schütte,Thomas　シュッテ, トーマス　1954–)

Schütz, Alfred
オーストリア生まれのアメリカの社会学者。ヴィーン大学で法律と社会科学を学ぶ。1932年生前唯一の著書『社会的世界の意味的構成』を出した。
⇒岩世人（シュッツ　1899.4.13–1959.5.20)
　現社（シュッツ　1899–1959)
　広辞7（シュッツ　1899–1959)
　社小増（シュッツ　1899–1959)
　哲中（シュッツ　1899–1959)
　メル3（シュッツ, アルフレッド　1899–1959)

Schutz, Roger
フランスのテゼー共同体（Communanté Taizé)の創始者。
⇒岩世人（シュッツ　1915.5.12–2005.8.16)
　新カト（シュッツ　1915.5.12–2005.8.16)

Schütz, Wilhelm
ドイツの獣医。病理学, 細菌学の研究業績多数。馬の腺疫の病原体を確定(1888)。
⇒岩世人（シュッツ　1839.9.15–1920.11.7)

Schuyler, George Samuel
アメリカのジャーナリスト, 小説家。
⇒岩世人（スカイラー　1895.2.25–1977.8.31)
　マルX（SCHUYLER,GEORGE　スカイラー, ジョージ　1895–1977)

Schuyler, James Marcus
アメリカの詩人。
⇒現世文（スカイラー, ジェームズ　1923.11.9–1991.4.12)

Schwab, Charles Michael
アメリカのエンジニア, 実業家。カーネギー・スティール社長,USスティール社社長。
⇒アメ経（シュワブ, チャールズ　1862.2.18–1939.9.17)

Schwab, Klaus
ドイツ・ラーフェンスブルク生まれの経営学者。世界経済フォーラム(WEF)創設者, 会長。
⇒外12（シュワブ, クラウス　1938.3.30–)
　外16（シュワブ, クラウス　1938.3.30–)

Schwab, Susan
アメリカの政治家。米国通商代表部(USTR)代表。
⇒外12（シュワブ, スーザン　1955.3.23–)
　外16（シュワブ, スーザン　1955.3.23–)
　世指導（シュワブ, スーザン　1955.3.23–)

Schwab, Werner
オーストリアの劇作家。
⇒岩世人（シュヴァーブ　1958.2.4–1994.1.1)

Schwabedissen, Hermann
西ドイツの考古学者。石器時代, 湿地考古学を専門とし, 叢書 "Die Anfänge des Neolithikums von Orient bis Nordeuropa"(1971～)の編集・刊行に取り組む。
⇒岩世人（シュヴァーベディッセン　1911.1.16–1996.8.6)

Schwaiger, Georg
ドイツのカトリック教会史家。
⇒新カト（シュヴァイガー　1925.1.23–)

Schwalbe, Gustav Albert
ドイツの人類学者, 解剖学者。ピテカントロプスの研究で有名。主著 "Über die specifischen Merkmale des Neandelthalschädels"(1901)。
⇒岩生（シュワルベ　1844–1916)
　岩世人（シュヴァルベ（慣シュワルベ）　1844.8.1–1916.4.23)

Schwall, Donald Bernard
アメリカの大リーグ選手（投手）。
⇒メジャ（シュウォール, ドン　1936.3.2–)

Schwantes, Gustav
ドイツの考古学者。キール博物館長(1929～)およびキール大学教授(37～46)などを歴任。
⇒岩世人（シュヴァンテス　1881.9.18–1960.11.17)

Schwartner, Dieter
ドイツのテノール歌手。
⇒魅惑（Schwartner,Dieter　1938–1993)

Schwartz, Aloysius
アメリカの宣教師。
⇒アア歴（Schwartz,Aloysius　シュウォーツ, アロウシアス　1930.9.18–)

Schwartz, Benjamin
アメリカの中国研究者。
⇒岩世人（シュウォルツ　1916.12.12–1999.11.14)

Schwartz, Delmore
アメリカ(ユダヤ系)の詩人, 評論家。作品に詩

集『夢に始る責任』(1932) など。
⇒現世文（シュウォーツ, デルモア　1913.12.8–1966.7.11）

Schwartz, Eduard
ドイツの古典学者。
⇒岩世人（シュヴァルツ　1858.8.22–1940.2.13）
　オク教（シュヴァルツ　1858–1940）
　新カト（シュヴァルツ　1858.8.22–1940.2.13）

Schwartz, Henry Butler
アメリカの宣教師。
⇒アア歴（Schwartz, Henry B (utler)　シュウォーツ, ヘンリー・バトラー　1861.6.30–1945）

Schwartz, Hermann Friedrich Julius
ドイツの教育者。福音教育協会との協力で『教育辞典』(1928〜31) の出版で有名。
⇒教人（シュヴァルツ　1866–）

Schwartz, Jeffrey H.
アメリカの実業家。
⇒外12（シュワルツ, ジェフリー　1959–）

Schwartz, John Burnham
アメリカの作家。
⇒外12（シュワルツ, ジョン・バーナム　1965–）
　現世文（シュワルツ, ジョン・バーナム　1965–）

Schwartz, Laurent
フランスの数学者。1950年の第11回国際数学者会議でフィールズ賞、64年にはフランス科学アカデミー大賞を受賞。ブルバキのペンネームで知られる数学者グループのメンバーでもあり、蝶の収集家としても知られる。
⇒岩世人（シュワルツ　1915.3.5–2002.7.4）
　数辞（シュワルツ, ローラン　1915–）
　数小増（シュワルツ, ローラン）　1915–2002）
　世数（シュヴァルツ, ローラン・モワズ　1915–2002）
　ユ著人（Schwartz, Laurent　シュヴァルツ, ローレン　1915–）

Schwartz, Leslie
アメリカの作家。
⇒外12（シュウォーツ, レスリー　1962–）

Schwartz, Maxime
フランスの分子生物学者。
⇒外12（シュワルツ, マキシム　1940.6.1–）
　外16（シュワルツ, マキシム　1940.6.1–）

Schwartz, Melvin
アメリカの物理学者。1988年ノーベル物理学賞。
⇒ノベ3（シュワルツ, M.　1932.11.2–2006.8.28）
　物理（シュワルツ, メルヴィン　1932–2006）

Schwartz, Michael
アメリカ海軍士官。秘密情報をサウジアラビア政府に渡したとされる。
⇒スパイ（シュワルツ, マイケル）

Schwartz, Norman A.
アメリカ中央情報局（CIA）職員。
⇒スパイ（スノッディー, ロバート・C.及びシュワルツ, ノーマン・A.　?–1952.11.29）

Schwartz, William
アメリカのソーシャルワークの研究者。1960〜70年代にかけてアメリカで発展したグループワーク理論モデルの一つである「相互作用モデル」を構築した。
⇒現社福（シュワルツ　1916–1982）

Schwartzel, Charl
南アフリカのプロゴルファー。
⇒外12（シュワーツェル, チャール　1984.8.31–）
　外16（シュワーツェル, チャール　1984.8.31–）
　最世ス（シュワーツェル, チャール　1984.8.31–）

Schwartzenberg, Léon
フランスの医師、知識人。
⇒岩世人（シュヴァルツェンベルク　1923.12.2–2003.10.14）

Schwartzman, Arnold
イギリス・ロンドン生まれのグラフィック・デザイナー、挿絵画家、映画制作者。
⇒グラデ（Schwartzman, Arnold　シュウォーツマン, アーノルド　1936–）

Schwarz, Britta
ドイツの作家。
⇒海文新（シュヴァルツ, ブリッタ　1966–）

Schwarz, Hermann
ドイツの哲学者。グライフスヴァルト大学教授（1910〜33）。
⇒岩世人（シュヴァルツ　1864.12.22–1951.12）

Schwarz, Hermann Amandus
ドイツの数学者。等角写像、変分学、超幾何級数、偏微分方程式等の研究がある。
⇒岩世人（シュヴァルツ　1843.1.25–1921.11.30）
　数辞（シュヴァルツ, ヘルマン・アマンドス　1843–1921）
　数小増（シュワルツ（カール）　1843–1921）
　世数（シュヴァルツ, ヘルマン・アマンドゥス　1843–1921）
　ユ著人（Schwarz, Karl Herman Amandus　シュワルツ, カール・ヘルマン・アマンダス　1845–1921）

Schwarz, John Henry
アメリカの数理物理学者。
⇒物理（シュワルツ, ジョン・ヘンリー　1941–）

Schwarz, Manuel
オーストリアの俳優。
⇒外12（シュワルツ, マニュエル）

Schwarz, Paul
オーストリアのテノール歌手。宮廷歌手の称号をもつ。

⇒魅惑（Schwarz, Paul　1887–1980）

Schwarzbach, Hans-Peter
テノール歌手。
⇒魅惑（Schwarzbach, Hans-Peter　?–?）

Schwarzbard, Shalom
ロシアの刺客、シモン・ペトリューラの暗殺者。
⇒世暗（シュワルトバルド, シャロム　1886–1938）

Schwarz-Bart, André
フランスの小説家。
⇒ユ著人（Schwarz-Bart, André　シュヴァルツ＝バルト, アンドレ　1928–）

Schwarz-Bart, Simone
フランス海外県グアドループ島生まれの女性小説家。
⇒広辞7（シュヴァルツ・バルト　1938–）

Schwarzenbach, Gerold
スイスの化学者。〈キレート滴定法〉を創案し、分析化学に革命的な進歩をもたらした。
⇒岩世人（シュヴァルツェンバッハ　1904.3.15–1978.5.20）

Schwarzenberg, Karel
チェコの政治家。チェコ第1副首相、外相。
⇒外16（シュヴァルツェンベルク, カレル　1937.12.10–）
　世指導（シュヴァルツェンベルク, カレル　1937.12.10–）

Schwarzenberger, George
イギリスのドイツ人国際法学者。
⇒政経改（シュヴァルゼンヴァーガー　1908–）

Schwarzenegger, Arnold
オーストリア生まれの男優。
⇒異二辞（シュワルツェネッガー［アーノルド・～］1947–）
　岩世人（シュワルツェネガー　1947.7.30–）
　外12（シュワルツェネガー, アーノルド　1947.7.30–）
　外16（シュワルツェネッガー, アーノルド　1947.7.30–）
　ク俳（シュワルツェネッガー, アーノルド　1947–）
　スター（シュワルツェネッガー, アーノルド　1947.7.30–）

Schwarzkopf, Elisabeth
ポーランド生まれのドイツのソプラノ歌手。
⇒岩世人（シュヴァルツコプ　1915.12.9–2006.8.3）
　オペラ（シュヴァルツコプフ, エリーザベト　1915–2006）
　広辞7（シュヴァルツコップ　1915–2006）
　新音中（シュヴァルツコップ, エリーザベト　1915.12.9–）
　ネーム（シュヴァルツコップ　1915–2006）
　標音2（シュヴァルツコップフ, エリーザベト　1915.12.9–）

Schwarzkopf, H. Norman
アメリカの軍人。アメリカ中央軍司令官。
⇒外12（シュワルツコフ, ノーマン　1934.8.22–）

Schwarzman, Stephen A.
アメリカの投資家。
⇒外12（シュワルツマン, スティーブン　1947.2.14–）
　外16（シュワルツマン, スティーブン　1947.2.14–）

Schwarzschild, Karl
ドイツの天文学者。写真測光や理論天文学に貢献。
⇒岩世人（シュヴァルツシルト　1873.10.9–1916.5.11）
　科史（シュヴァルツシルト　1873–1916）
　広辞7（シュヴァルツシルト　1873–1916）
　天文辞（シュバルツシルト　1873–1916）
　天文大（シュヴァルツシルト　1873–1916）
　ネーム（シュヴァルツシルト　1873–1916）
　ユ著人（Schwarzschild, Karl　シュヴァルツシルト, カール　1873–1916）

Schwarzschild, Martin
アメリカの天体物理学者。恒星の内部構造とその進化の研究で有名。
⇒岩世人（シュヴァルツシルト　1912.5.31–1997.4.10）
　天文辞（シュバルツシルト　1912–1997）

Schwazer, Alex
イタリアの競歩選手。
⇒外12（シュバーツァー, アレックス　1984.12.26–）
　外16（シュバーツァー, アレックス　1984.12.26–）
　最世三（シュバーツァー, アレックス　1984.12.26–）

Schweblin, Samanta
アルゼンチンの作家。
⇒海文新（シュウェブリン, サマンタ　1978–）
　現世文（シュウェブリン, サマンタ　1978–）

Schwegel, Theresa
アメリカの作家。
⇒外12（シュウィーゲル, テリーザ）
　海文新（シュヴィーゲル, テリーザ）
　現世文（シュヴィーゲル, テリーザ）

Schweiger, Til
ドイツの俳優、映画監督、映画プロデューサー。
⇒外12（シュヴァイガー, ティル　1963.12.19–）
　外16（シュヴァイガー, ティル　1963.12.19–）

Schweikert, Ulrike
ドイツの作家。
⇒海文新（シュヴァイケルト, ウルリケ　1966.11.28–）
　現世文（シュヴァイケルト, ウルリケ　1966.11.28–）

Schweinfurth, Georg
ドイツの植物学者,アフリカ探検家。
- ⇒岩世人(シュヴァインフルト 1836.12.29–1925. 9.19)

Schweinsteiger, Bastian
ドイツのサッカー選手(マンチェスター・ユナイテッド・MF)。
- ⇒外12(シュバインシュタイガー,バスティアン 1984.8.1–)
- 外16(シュバインシュタイガー,バスティアン 1984.8.1–)
- 最世ス(シュバインシュタイガー,バスティアン 1984.8.1–)
- ネーム(シュヴァインシュタイガー 1984–)

Schweisgut, Hans Dietmar
オーストリアの外交官。
- ⇒外12(シュヴァイスグート,ハンス・ディートマール 1951.3.16–)
- 外16(シュヴァイスグート,ハンス・ディートマール 1951.3.16–)

Schweitzer, Albert
フランスのプロテスタント神学者,音楽家,哲学者,医師。
- ⇒岩キ(シュヴァイツァー 1875–1965)
- 岩世人(シュヴァイツァー 1875.1.14–1965.9.4)
- オク教(シュヴァイツァー 1875–1965)
- 覚思(シュバイツァー 1875.1.14–1965.9.4)
- 覚世ス(シュヴァイツァー 1875.1.14–1965.9.4)
- 教人(シュヴァイツァー 1875–)
- 広辞7(シュヴァイツァー 1875–1965)
- 辞歴(シュバイツァー 1875–1965)
- 新音中(シュヴァイツァー,アルベルト 1875.1.14–1965.9.4)
- 新カト(シュヴァイツァー 1875.1.14–1965.9.4)
- 世人新(シュヴァイツァー 1875–1965)
- 世人装(シュヴァイツァー 1875–1965)
- ノベ3(シュヴァイツァー,A. 1875.1.14–1965.9.4)
- 標音2(シュヴァイツァー,アルベルト 1875.1.14–1965.9.4)
- ポプ人(シュバイツァー,アルバート 1875–1965)

Schweitzer, Louis
フランスの実業家。
- ⇒外12(シュヴァイツァー,ルイ 1942.7.8–)
- 外16(シュヴァイツァー,ルイ 1942.7.8–)

Schweizer, Eduard
スイスのプロテスタント神学者。ヨハネ伝の研究『われあり』(1938)の著がある。
- ⇒新カト(シュヴァイツァー 1913.4.18–2006.6.27)

Schwemmer, Oswald
ドイツの哲学者。
- ⇒岩世人(シュヴェンマー 1941.6.10–)

Schwing, Gertrud
スイスの精神療法家。

⇒現精(シュヴィング 1905–1993)
現精縮(シュヴィング 1905–1993)
精分岩(シュヴィング,ゲルトルート 1905–)

Schwinger, Julian Seymour
アメリカの理論物理学者。初め核力の研究を行なったのち量子電磁力学の研究に移り,くりこみ理論を完成させた。1965年ノーベル物理学賞受賞。
- ⇒岩世人(シュヴィンガー 1918.2.12–1994.7.16)
- 広辞7(シュウィンガー 1918–1994)
- 三新物(シュウィンガー 1918–1994)
- 世人新(シュウィンガー 1918–1994)
- 世人装(シュウィンガー 1918–1994)
- ネーム(シュウィンガー 1918–1994)
- ノベ3(シュウィンガー,J.S. 1918.2.12–1994.7.16)
- ユ著人(Schwinger,Julian Seymour シュインガー,ジュリアン・セイモアー 1918–1994)

Schwitters, Kurt
ドイツの画家。古新聞,広告などの切れ端のコラージュ(貼紙絵)を始め,前衛画家としての地位を確立。ナチの弾圧を逃れて,イギリスに亡命。
- ⇒岩世人(シュヴィッタース 1887.6.20–1948.1.8)
- 絵本(シュヴィッタース,クルト 1887–1948)
- グラデ(Schwitters,Kurt シュヴィッタース,クルト 1887–1948)
- 芸13(シュヴィッタース,クルト 1887–1948)
- 広辞7(シュヴィッタース 1887–1948)

Schwob, Marcel
フランスの随筆家,小説家,ジャーナリスト。主著『少年十字軍』(1896)など。
- ⇒岩世人(シュウォブ 1867.8.23–1905.2.12)
- 学叢思(シュウォブ,マルセル)

Schygulla, Hanna
ポーランド生まれの女優。
- ⇒ク俳(シグラ,ハンナ 1943–)

Schytte, Ludvig
デンマークの作曲家,ピアノ奏者。
- ⇒標音2(シュッテ,ルーズヴィ 1848.4.28–1909.11.10)

Sciacca, Michele Federico
イタリアの哲学者。ガララーテ運動の創始者。主著『現代の哲学』(1945)など。
- ⇒新カト(スキアッカ 1908.7.18–1975.2.24)

Sciarpelletti, Giovanni
イタリアのテノール歌手。
- ⇒失声(シャルペレッティ,ジョヴァンニ ?)

Sciarrino, Salvatore
イタリアの作曲家。
- ⇒オペラ(シャルリーノ,サルヴァトーレ 1947–)
- ク音3(シャリーノ 1947–)

Sciascia, Leonardo
イタリアの小説家。マフィアをしばしば主題に選んで、特異な社会構造を描き出す。主著『シチリアの叔父たち』(1958)。
⇒岩世人（シャーシャ　1921.1.8–1989.11.20）
現世文（シャーシャ，レオナルド　1921.1.8–1989.11.20）
広辞7（シャーシャ　1921–1989）

Scidmore, George Hawthorne
アメリカの外交官。
⇒アア歴（Scidmore,George Hawthorne　シドモア，ジョージ・ホーソーン　1854.10.12–1922.11.27）

Scidomore, Eliza Ruhamah
アメリカの文筆家。ワシントン・ポトマック河の桜並木の提案者。
⇒アア歴（Scidmore,Eliza Ruhamah　シドモア，イライザ・ルアマー　1856.10.14–1928.11.3）

Scifo, Vincenzo
ベルギーのサッカー選手。
⇒外12（シーフォ，ヴィンツェンツォ　1966.2.19–）

Scimone, Claudio
イタリアの指揮者。
⇒新音中（シモーネ，クラウディオ　1934.12.23–）
標音2（シモーネ，クラウディオ　1934.12.23–）

Sciora, Daniel
フランスの画家。
⇒芸13（スキオラ，ダニエル　1945–）

Sciorra, Anabella
アメリカ生まれの女優。
⇒ク俳（シオーラ，アナベラ　1964–）

Scioscia, Michael Lorri
アメリカの大リーグ選手（捕手）。
⇒外12（ソーシア，マイク　1958.11.27–）
外16（ソーシア，マイク　1958.11.27–）
最世ス（ソーシア，マイク　1958.11.27–）
メジャ（ソーシア，マイク　1958.11.27–）

Scitovsky, Tibor
ブダペスト生まれの経済思想家。
⇒岩経（シトフスキー　1910–）
岩世人（シトフスキー　1910.11.3–2002.6.1）
有経5（シトフスキー　1910–2002）

Sciutti, Graziella
イタリアのソプラノ歌手。
⇒オペラ（シュッティ，グラツィエッラ　1927/1932–2001）

Sciutto, Jim
アメリカの外交官，テレビ記者。
⇒外16（シュート，ジム）

Scofield, John
アメリカのジャズ・ギター奏者。
⇒外12（スコフィールド，ジョン　1951.12.26–）
外16（スコフィールド，ジョン　1951.12.26–）

Scofield, Paul
イギリスの俳優。
⇒岩世人（スコフィールド　1922.1.21–2008.3.19）
ク俳（スコフィールド，ポール（スコフィールド，デイヴィッド・P）　1922–）

Scoggin, Margaret
アメリカの図書館員。
⇒ア図（スコギン，マーガレット　1905–1968）

Scola, Ettore
イタリア生まれの映画監督。
⇒映監（スコーラ，エットレ　1931.5.10–）
外12（スコラ，エットレ　1931.5.10–）
外16（スコラ，エットレ　1931.5.10–）

Scolari, Luiz Felipe
ブラジルのサッカー選手，監督。
⇒ネーム（スコラーリ，ルイス・フェリぺ　1948–）

Scolnik, Jaime
スペイン・コルドバ市在住の代替医療専門家。
⇒日エ（スコルニク　1908–1999.8.18）

Score, Herbert Jude
アメリカの大リーグ選手（投手）。
⇒メジャ（スコア，ハーブ　1933.6.7–2008.11.11）

Scorsese, Martin
アメリカの映画監督。
⇒岩世人（スコセッシ　1942.11.17–）
映監（スコセッシ，マーティン　1942.11.17–）
外12（スコセッシ，マーティン　1942.11.17–）
外16（スコセッシ，マーティン　1942.11.17–）

Scotellaro, Rocco
イタリアの詩人。著作に詩集『夜が明けた』，自伝的小説『熟さない葡萄』など。
⇒現世文（スコテッラーロ，ロッコ　1923.4.19–1953.12.15）

Scott, Adam
オーストラリアのプロゴルファー。
⇒外12（スコット，アダム　1980.7.16–）
外16（スコット，アダム　1980.7.16–）

Scott, Barbara Ann
カナダの女子フィギュアスケート選手。
⇒岩世人（スコット　1928.5.9–2012.9.30）

Scott, Charles Prestwich
イギリスのジャーナリズム経営者。新聞「マンチェスター・ガーディアン」に入社し，「ガーディアン」を一流紙に発展させた。
⇒岩世人（スコット　1846.10.26–1932.1.1）

Scott, Charles R.
アメリカの作家, 冒険家。
⇒外16（スコット, チャールズ・R. 1967–）

Scott, Christian
アメリカのジャズ・トランペット奏者。
⇒外12（スコット, クリスチャン 1983.3.31–）
⇒外16（スコット, クリスチャン 1983.3.31–）

Scott, Cyril Meir
イギリスの作曲家, 詩人。〈ペレアスへの序曲, 1902〉により,〈イギリスのドビュッシー〉の称を得た。
⇒岩世人（スコット 1879.9.27–1970.12.31）
ク音3（スコット 1879–1970）
新音中（スコット, シリル 1879.9.27–1970.12.31）
標音2（スコット, シリル 1879.9.27–1970.12.31）

Scott, Doug
イギリスの登山家。
⇒岩世人（スコット 1941.5.29–）

Scott, Dougray
スコットランド出身の男優。
⇒ク俳（スコット, ダグレイ（スコット, スティーヴン） 1965–）

Scott, Dunkinfield Henry
イギリスの植物学者。
⇒岩世人（スコット 1854.11.28–1934.1.29）

Scott, Freddy
アメリカ・ロードアイランド州プロビデンスの歌手, ソングライター。
⇒ロック（Scott,Freddy スコット, フレディ 1933.4.24–）

Scott, George Campbell
アメリカ生まれの男優。
⇒ク俳（スコット, ジョージ・C 1925–1999）

Scott, George Charles
アメリカの大リーグ選手（一塁, 三塁）。
⇒メジャ（スコット, ジョージ 1944.3.23–）

Scott, Gordon
アメリカの男優。
⇒ク俳（スコット, ゴードン（ヴェルシュクル,G) 1927–）

Scott, Harold Lee, Jr.
アメリカの実業家。
⇒外12（スコット,H.リー）
⇒外16（スコット, ハロルド・リーJr. 1949.3.14–）

Scott, Hillary
アメリカの歌手。
⇒外12（スコット, ヒラリー 1986.4.1–）
⇒外16（スコット, ヒラリー 1986.4.1–）

Scott, Jack
カナダ生まれの歌手。
⇒ロック（Scott,Jack スコット, ジャック 1938.1.24–）

Scott, Sir Jamer George
イギリスのビルマ植民地の官史, ビルマ研究家。
⇒岩世人（スコット 1851.12.25–1935.4.4）

Scott, James
イギリスの鉱山技師。
⇒来日（スコット, ジェームス 1837–1925）

Scott, James
アメリカの大リーグ選手（投手）。
⇒メジャ（スコット, ジム 1888.4.23–1957.4.7）

Scott, James C.
アメリカの政治学者。
⇒外16（スコット, ジェームズ・C. 1936–）

Scott, Jane Wooster
アメリカ生まれの女性画家。
⇒芸13（スコット, ジェーン・ウースター ?–）

Scott, Jasper T.
カナダの作家。
⇒海文新（スコット, ジャスパー・T.）

Scott, John
イギリスの社会学者。
⇒現社（スコット 1949–）

Scott, John William
アメリカの大リーグ選手（投手）。
⇒メジャ（スコット, ジャック 1892.4.18–1959.11.30）

Scott, Justin
アメリカの作家。
⇒外12（スコット, ジャスティン 1944–）
⇒外16（スコット, ジャスティン 1944–）
現世文（スコット, ジャスティン 1944–）

Scott, Kim
オーストラリアの作家。
⇒現世文（スコット, キム 1957–）

Scott, Lewis Everett
アメリカの大リーグ選手（遊撃）。
⇒メジャ（スコット, エヴェレット 1892.11.19–1960.11.2）

Scott, Linda
アメリカ・ニューヨーク州生まれの歌手。
⇒ロック（Scott,Linda スコット, リンダ 1945.6.1–）

Scott, Lizbeth
アメリカ生まれの女優。
⇒ク俳（スコット, リザベス（マッツォ, エマ）

Scott, Luke Brandon
アメリカの大リーグ選手（外野,DH）。
⇒メジャ（スコット, ルーク 1978.6.25–）

Scott, Marion McCarrell
アメリカの教育者。アメリカの近代的な教育方法を日本に導入して、初等教育の近代化に貢献。
⇒アア歴（Scott,Marion Mccarrell スコット, マリオン・マカレル 1843.8.21–1922.5.3）
岩世人（スコット 1843.8.21–1922.5.3）
教小3（スコット 1843–1922）
教人（スコット 1843–1922）

Scott, Martha
アメリカの女優。
⇒ク俳（スコット, マーサ 1914–）

Scott, Martin
イギリスの作家。
⇒現世文（スコット, マーティン）

Scott, Michael
アイルランドの作家。
⇒海文新（スコット, マイケル）

Scott, Michael Warren
アメリカの大リーグ選手（投手）。
⇒メジャ（スコット, マイク 1955.4.26–）

Scott, Michele
アメリカの作家。
⇒海文新（スコット, ミシェル）

Scott, Paul
イギリスの小説家。
⇒現世文（スコット, ポール 1920.3.25–1978.3.1）

Scott, Peggy
アメリカ・フロリダ州ペンサコーラ生まれの歌手。
⇒ロック（Peggy Scott and Jo Jo Benson ペギー・スコット&ジョウ・ジョウ・ベンソン 1948–）

Scott, Randolph
アメリカ生まれの男優, 映画製作者。
⇒ク俳（スコット, ランドルフ（スコット, ジョージ・R・クレイン） 1898–1987）
スター（スコット, ランドルフ 1898.1.23–1987）

Scott, Ridley
イギリスの映画監督。
⇒岩世人（スコット 1937.11.30–）
映監（スコット, リドリー 1937.11.30–）
外12（スコット, リドリー 1937.11.30–）
外16（スコット, リドリー 1937.11.30–）

Scott, Robert Falcon
イギリスの南極探検家。アムンゼンに遅れること1カ月、極点に達したが、帰途4人の同行者とともに遭難。
⇒岩世人（スコット 1868.6.6–1912.3頃）
広辞7（スコット 1868–1912）
辞歴（スコット 1868–1912）
世史改（スコット 1868–1912）
世人新（スコット〈ロバート〉 1868–1912）
世人装（スコット〈ロバート〉 1868–1912）
ボブ人（スコット, ロバート 1868–1912）

Scott, Tom
アメリカのジャズ・サックス奏者。代表作『田園生活』『ストリート・ビート』等。
⇒ビト改（SCOTT,TOM スコット, トム）

Scott, Tony
アメリカのジャズ・サックス奏者。
⇒標音2（スコット, トニー 1921.6.17–）

Scott, Tony
イギリスの映画監督, 映画プロデューサー。
⇒映監（スコット, トニー 1944.6.21–）
外12（スコット, トニー 1944.6.21–）

Scott, Trevor
アメリカの作家。
⇒海文新（スコット, トレヴァー）
現世文（スコット, トレヴァー）

Scott, William Henry
アメリカの歴史学者。
⇒アア歴（Scott,William Henry スコット, ウイリアム・ヘンリー 1921.7.10–）

Scott, Winfield Townley
アメリカの詩人。「プロヴィデンス・ジャーナル」誌の編集をやめ、1951年から創作に専心。詩集『トレイマンのための伝記』(37)、『時計をまけ』(41)など。
⇒現世文（スコット, ウィンフィールド・タウンリー 1910.4.3–1968.4.28）

Scott, Zachary
アメリカの俳優。
⇒ク俳（スコット, ザカリー 1914–1965）

Scott Heron, Gil
アメリカのジャズ奏者, 詩人。
⇒異二辞（スコット・ヘロン, ギル 1949–2011）
ロック（Scott-Heron,Gil スコット＝ヘロン, ギル 1950–）

Scotto, Renata
イタリアのソプラノ歌手。
⇒オペラ（スコット, レナータ 1933–）
新音中（スコット, レナータ 1933.2.24–）
標音2（スコット, レナータ 1933.2.24–）

Scotto, Vincent
フランスの作詞家, 作曲家。
⇒標音2（スコット, ヴァンサン 1876.4.22–1952.11.15）

Scottoline, Lisa
アメリカのミステリ作家。
⇒外16（スコットライン，リザ　1955–）
現世文（スコットライン，リザ　1955–）

Scott-Thomas, Kristin
イギリス生まれの女優。
⇒外12（スコット・トーマス，クリスティン　1960.5.24–）
外16（スコット・トーマス，クリスティン　1960.5.24–）
ク俳（スコット＝トマス，クリスティン　1960–）

Scotty, Ludwig Derangadage
ナウルの政治家。ナウル大統領（2003,04〜07）。
⇒外16（スコッティ，ルドウィグ　1948.6.20–）
世指導（スコッティ，ルドウィグ　1948.6.20–）

Scovel, Myra Scott
アメリカの医療宣教師。
⇒アア歴（Scovel,Myra（Scott）　スコヴェル，マイラ・スコット　1905.8.11–）

Scowcroft, Brent
アメリカの軍人。アメリカ大統領補佐官（国家安全保障担当）。
⇒外12（スコウクロフト，ブレント　1925.3.19–）
外16（スコウクロフト，ブレント　1925.3.19–）
世指導（スコウクロフト，ブレント　1925.3.19–）

Scranage, Sharon
アメリカ中央情報局（CIA）ガーナ支局の秘書。
⇒スパイ（スクラネイジ，シャロン）

Scranton, William Benton
アメリカの宣教師。1885年朝鮮の仁川に赴き，教会や病院を建設。また朝鮮の子女の教育に尽力。
⇒アア歴（Scranton,William B（enton）　スクラントン，ウイリアム・ベントン　1856.5.29–1909.10.8）

Screech, Timon
イギリスの日本美術史の研究者。ロンドン大学アジア・アフリカ研究学院（SOAS）教授，多摩美術大学客員教授。
⇒外12（スクリーチ，タイモン　1961–）
外16（スクリーチ，タイモン　1961–）

Scriba, Jurius
ドイツの外科医。東京大学医科大学で外科を教授。日本近代医学の発展に貢献。
⇒岩世人（スクリーバ　1848.6.5–1905.1.3）
広辞7（スクリバ　1848–1905）

Scribner, Charles, II
アメリカの出版人。
⇒ヘミ（スクリブナー2世・3世・4世，チャールズ　1854–1930）

Scribner, Charles, III
アメリカの出版人。
⇒ヘミ（スクリブナー2世・3世・4世，チャールズ　1890–1952）

Scribner, Charles, IV
アメリカの出版人。
⇒ヘミ（スクリブナー2世・3世・4世，チャールズ　1921–1995）

Scripps, Edward Wyllis
アメリカの新聞記者，新聞経営者。新聞のシンジケート「新聞企業連合」を形成した。
⇒岩世人（スクリップス　1854.6.18–1926.3.12）

Scripture, Edward Wheeler
アメリカの心理学者。イェール大学に実験室を作り，精密な研究ではハーバード大学を凌いだ。松本亦太郎はその門下。
⇒岩世人（スクリプチャー　1864.5.21–1945.7.31）

Scruggs, Earl
アメリカ・ノースキャロライナ州生まれのバンジョー奏者。
⇒岩世人（フラット＆スクラッグス　1924.1.6–2012.3.28）
標音2（フラット・アンド・スクラッグズ　1924.1.6–）
ロック（Scruggs,Earl　スクラッグズ，アール　1924–）

Scud
香港の映画監督。
⇒外16（スカッド）

Scudder, Ida Sophia
アメリカの医療宣教師。
⇒アア歴（Scudder,Ida Sophia　スカダー，アイダ・ソフィア　1870.12.9–1960.5.24）

Scuderi, Vincenzo
イタリアのテノール歌手。
⇒失声（スクデーリ，ヴィンセンツォ　1962–）
魅惑（Scuderi,Vincenzo　1962–）

Scully, Vin
アメリカのスポーツアナウンサー。
⇒外12（スカリー，ビン　1927–）
外16（スカリー，ビン　1927–）

Sculthorpe, Peter
オーストラリアの作曲家。
⇒岩世人（スカルソープ　1929.4.29–）
ク音3（スカルソープ　1929–）
新音中（スカルソープ，ピーター　1929.4.29–）
標音2（スカルソープ，ピーター　1929.4.29–）

Scutaro, Marcos
ベネズエラの大リーグ選手（遊撃，二塁）。
⇒メジャ（スクタロ，マルコ　1975.10.30–）

Sdralek, Max
ポーランド・ヴォシュチツェ生まれの教会史家，教育者，司祭。ブレスラウ大学学長。

⇒新カト（スドラレク　1855.10.11–1913.7.2）

Seabol, Scott
アメリカのプロ野球選手（内野手）。
⇒外12（シーボル, スコット　1975.5.17–）

Seaborg, Glenn Teodore
アメリカの物理化学者。1951年ノーベル化学賞。
⇒岩世人（シーボーグ　1912.4.19–1999.2.25）
化学（シーボーグ　1912–1999）
広辞7（シーボーグ　1912–1999）
ネーム（シーボーグ　1912–1999）
ノベ3（シーボーグ, G.T.　1912.4.19–1999.2.25）

Seacrest, Ryan
アメリカのラジオパーソナリティ, DJ。
⇒外12（シークレスト, ライアン　1974.12.24–）
外16（シークレスト, ライアン　1974.12.24–）

Seagal, Steven
アメリカ生まれの男優、映画監督、映画脚本家、映画製作者。
⇒外12（セガール, スティーブン　1951.4.10–）
外16（セガール, スティーブン　1951.4.10–）
ク俳（シーガル, スティーヴン　1950–）

Seager, Henry Rogers
アメリカの経済学者。コロンビア大学教授（1905～30）。
⇒岩世人（シーガー　1870.7.21–1930.8.23）

Seagrave, Gordon Stifler
アメリカの医療宣教師。
⇒アア歴（Seagrave, Gordon Stifler　シーグレイヴ, ゴードン・スタイフラー　1897.3.18–1965.3.28）

Seagrave, Sterling
アメリカのジャーナリスト, ノンフィクション作家。
⇒外12（シーグレーブ, スターリング　1937–）
外16（シーグレーブ, スターリング　1937–）

Séailles, Gabriel
フランスの哲学者。A.ドレフュスを弁護して人権連盟の創立に寄与。主著 "Les affirmations de la conscience moderne"（1903）。
⇒メル2（セアイユ, ガブリエル　1852–1922）

Seale, Alvin
アメリカの魚類学者。
⇒アア歴（Seale, Alvin　シール, アルヴィン　1871.7.8–1959.7.28）

Seale, Robert G.
アメリカのブラック・パンサー党創立者。
⇒マルX（SEALE, ROBERT G.（BOBBY）シール, ロバート・G（ボビー）　1936/1937–）

Seals, James Eugene
アメリカ・テキサス州生まれのシンガー・ソングライター。
⇒ロック（Seals and Crofts　シールズ＆クロフツ　1940–）

Seals, Troy
アメリカ・ケンタッキー州ビッグ・ヒル生まれのギター奏者、歌手、ソングライター、プロデューサー。
⇒ロック（Seals, Troy　シールズ, トロイ　1938.11.16–）

Seanez, Rudy Caballero
アメリカの大リーグ選手（投手）。
⇒メジャ（セアネス, ルディ　1968.10.20–）

Searle, Humphrey
イギリスの作曲家、著述家。リスト協会の設立に尽力し、著書に『リストの音楽』がある。
⇒新音中（サール, ハンフリー　1915.8.26–1982.5.12）
標音2（サール, ハンフリー　1915.8.26–1982.5.12）

Searle, John
アメリカの哲学者。
⇒岩世人（サール　1932.7.31–）
現社（サール　1932–）
社小増（サール　1932–）
哲中（サール　1932–）
メル別（サール, ジョン・ロジャーズ　1932–）

Searles, Harold F.
アメリカの対人関係学派の分析家。
⇒現精（サールズ　1918–）
現精縮（サールズ　1918–）
精分岩（サールズ, ハロルド・F　1918–）

Sears, Jesse Brundage
アメリカの教育学者。スタンフォード大学名誉教授（1942～）。教育行政研究に独特な分野を開拓。
⇒岩世人（シアーズ　1876.9.25–1973）

Sears, Michael
アメリカの作家。
⇒海文新（シアーズ, マイクル　1950–）
現世文（シアーズ, マイクル　1950–）

Sears, Richard Warren
アメリカの企業家。シアーズ–ローバック社を設立（1893）。
⇒岩世人（シアーズ　1863.12.7–1914.9.28）
広辞7（シアーズ　1863–1914）

Seashore, Carl Emil
スウェーデン生まれのアメリカの心理学者。音楽才能検査の考案者として著名。
⇒岩世人（シーショア　1866.1.28–1949.10.16）
標音2（シーショア, カール・イーミル　1866.1.28–1949.10.16）

Seaton, Thomas Gordon
アメリカの大リーグ選手（投手）。

⇒メジャ（シートン, トム　1887.8.30–1940.4.10）

Seau, Junior
アメリカのプロフットボール選手。
⇒最世人（セアウ, ジュニア　1969.1.19–2012.5.2）

Seaver, George Thomas
アメリカの大リーグ選手（投手）。
⇒メジャ（シーヴァー, トム　1944.11.17–）

Sebald, William Joseph
アメリカの外交官。GHQ外交局長。1947年ジョージ・アチソン殉職の後をうけて首席政治顧問,GHQ外交局長,対日理事会議長となる。
⇒アア歴（Sebald, William J (oseph）　シボールド, ウイリアム・ジョゼフ　1901.11.5–）
　岩世人（シーボルド　1901.11.5–1980.8.10）

Sebald, Winfried Georg
ドイツ・アルゴイ生まれの作家,ドイツ文学者。
⇒現世文（ゼーバルト, W.G.　1944–2001.12.14）
　広辞7（ゼーバルト　1944–2001）

Sebastian, Bruno
イタリアのテノール歌手。
⇒失声（セバスチャン, ブルーノ　1947–）
　魅惑（Sebastian, Bruno　1947–）

Sebastian, John
アメリカの歌手,作曲家,ハーモニカ奏者。
⇒ロック（Sebastian, John　セバスチャン, ジョン　1944.3.17–）

Sebbah, François-David
フランスの哲学者。
⇒メル別（セバー, フランソワ=ダヴィド　1967–）

Seberg, Jean
アメリカの女優。
⇒ク俳（セバーグ, ジーン　1938–1979）
　スター（セバーグ, ジーン　1938.11.13–1979）
　ネーム（セバーク, ジーン　1938–1979）

Sebestyen, Victor
ハンガリーのジャーナリスト。
⇒外12（セベスチェン, ヴィクター）
　外16（セベスチェン, ヴィクター）

Sebold, Alice
アメリカの作家。
⇒外12（シーボルド, アリス　1962–）
　外16（シーボルド, アリス　1962–）
　海文新（シーボルト, アリス　1962–）
　現世文（シーボルド, アリス　1962–）

Sebold, William G.
アメリカの二重スパイ。ドイツ系アメリカ人。
⇒スパイ（シーボルド, ウィリアム・G　1899–1970）

Sebrle, Roman
チェコの十種競技選手。

⇒外12（シェブレ, ロマン　1974.11.26–）
　外16（シェブレ, ロマン　1974.11.26–）
　最世ス（シェブレ, ロマン　1974.11.26–）

Secco, Stefano
イタリアのテノール歌手。
⇒失声（セッコ, ステファーノ　1973–）
　魅惑（Secco, Stefano　1973–）

Sechehaye, Albert
スイスの言語学者。『理論言語学の大要と方法』(1908)などの著書がある。
⇒岩世人（セシュエ　1870.7.4–1946.7.2）

Sechin, Igor
ロシアの実業家,政治家。ロシア副首相,ロスネフチ会長。
⇒岩世人（セーチン　1960.9.7–）
　外12（セチン, イーゴリ　1960.9.7–）
　外16（セチン, イーゴリ　1960.9.7–）
　世指導（セチン, イーゴリ　1960.9.7–）

Seckel, Emil
ドイツの法学者,法制史家。中世ローマ法および教会法史の研究がある。
⇒岩世人（ゼッケル　1864.1.10–1924.4.26）

Secombe, *Sir* Harry
ウェールズ出身のコメディアン,歌手。
⇒ク俳（シーコム, サー・ハリー　1921–2001）
　失声（セコンベ, ハリー　1921–2001）
　魅惑（Secombe, Harry　1921–2001）

Secondigné, Achille de
フランスのジャーナリスト,作家。
⇒19仏（スゴンディニェ, アシール・ド　1846.2.20–?）

Secunda, Arthur
アメリカの画家。
⇒芸13（セカンダ, アーサー　1927–）

Secunda, Sholom
ユダヤ系アメリカ人の作曲家。
⇒ユ著人（Secunda, Sholom　ゼクンダ, ショーロム　1894–1974）

Sedaka, Neil
アメリカのポピュラー歌手。
⇒ロック（Sedaka, Neil　セダカ, ニール　1939.3.13–）

Sedaris, David
アメリカの作家,ラジオパーソナリティ。
⇒外16（セダリス, デービッド　1956.12.26–）
　現世文（セダリス, デービッド　1956.12.26–）

Seddiqi, Suhaila
アフガニスタンの女性政治家,外科医,軍人。アフガニスタン暫定行政機構保健相。
⇒世指導（セディキ, ソヘイラ　1931–）

Seddon, Richard John
ニュージーランドの政治家。自由党政権の首相を務めた。
⇒ニュー（セドン，リチャード　1845–1906）

Sederholm, Jakob Johannes
フィンランドの地質学者。特に同国に広く発達する先カンブリア紀の花崗岩や変成岩の研究をした。
⇒岩世人（セーデルホルム　1863.7.20–1934.6.26）

Sedgwick, Marcus
イギリスの作家。
⇒海文新（セジウィック，マーカス　1968–）
　現世文（セジウィック，マーカス　1968–）

Sedgwick, William Thompson
アメリカの生物学者，衛生学者。マサチューセッツ工業大学生物学部長兼教授（1891〜1921）。
⇒岩世人（セジウィック　1855.12.29–1921.1.25）

Sedin, Daniel
スウェーデンのアイスホッケー選手（カナックス・FW）。
⇒最世ス（セディン，ダニエル　1980.9.26–）

Sedin, Henrik
スウェーデンのアイスホッケー選手（カナックス・FW）。
⇒最世ス（セディン，ヘンリク　1980.9.26–）

Sedki, Atef Mohamed Naguib
エジプトの政治家。エジプト首相。
⇒世指導（セドキ，アテフ　1930.8–2005.2.25）

Sedlmayr, Hans
オーストリアの美術史家。バロック建築や中世建築の研究を通して「構造分析」という独自の方法論を確立。主著『近代芸術の革命』（1955）。
⇒岩世人（ゼードルマイアー　1896.1.18–1984.7.9）

Sedykh, Yury Georgievich
ソ連の男子ハンマー投げ選手。
⇒岩世人（セディフ　1955.6.11–）

Sée, Camille
フランスの政治家，弁護士。
⇒岩世人（セー　1847.3.10–1919.1.20）

Sée, Henri
フランスの経済史学者。
⇒岩世人（セー　1864.9.6–1936.3.10）

See, Lisa
アメリカの作家。
⇒外12（シー，リサ　1955–）

Seeberg, Peter Ejner Lauritzen
デンマークの小説家。
⇒岩世人（セーベア　1925.6.22–1999.1.8）

Seeberg, Reinhold
ドイツのプロテスタント神学者。近代実証神学を提唱し，教理学界に大きな反響をひき起こした。
⇒岩世人（ゼーベルク　1859.4.5–1935.10.23）
　新カト（ゼーベルク　1859.4.5–1935.10.23）

Seebohm, Emily
オーストラリアの水泳選手（背泳ぎ）。
⇒外16（シーボム，エミリー　1992.6.5–）
　最世ス（シーボム，エミリー　1992.6.5–）

Seebohm, Frederic
イギリスの歴史家。『イギリス村落共同体』（1883），『ウェールズの部族制度』（95），『アングロサクソン法における部族的慣習』（1902）等の著がある。
⇒岩世人（シーボーム　1833.11.23–1912.2.6）

Seeck, Otto
ドイツの歴史家。その主著『古代世界没落史』（1895〜1920）は，ローマ帝国制度の実証的記述の点で今日でも価値がある。
⇒岩世人（ゼーク　1850.2.2–1921.6.29）

Seeckt, Hans von
ドイツの軍人。
⇒岩世人（ゼークト　1866.4.22–1936.12.27）
　戦思（ゼークト　1866–1936）
　ネーム（ゼークト　1866–1936）

Seedorf, Clarence
オランダのサッカー指導者，サッカー選手。
⇒外12（セードルフ，クラレンス　1976.4.1–）
　外16（セードルフ，クラレンス　1976.4.1–）

Seefried, Irmgard
ドイツのソプラノ歌手。
⇒オペラ（ゼーフリート，イルムガルト　1919–1988）
　新音中（ゼーフリート，イルムガルト　1919.10.9–1988.11.24）
　標音2（ゼーフリート，イルムガルト　1919.10.9–1988.11.24）

Seeger, Pete
アメリカのフォーク歌手，ギター，バンジョーの奏者，作曲家。
⇒アメ州（Seeger,Pete　シーガー，ピート　1919–）
　岩世人（シーガー　1919.5.3–2014.1.27）
　新音中（シーガー，ピート　1919.5.3–）
　標音2（シーガー，ピート　1919.5.3–）
　ロック（Seeger,Pete　シーガー，ピート　1919.5.3–）

Seehofer, Horst
ドイツの政治家。ドイツ大統領代行，キリスト教社会同盟（CSU）党首。
⇒外12（ゼーホーファー，ホルスト　1949.7.4–）
　外16（ゼーホーファー，ホルスト　1949.7.4–）
　世指導（ゼーホーファー，ホルスト　1949.7.4–）

Seel, Martin
ドイツの哲学者,美学者。
⇒岩世人（ゼール 1954.9.20–）

Seeley, Mabel
アメリカの作家。
⇒現世文（シーリー,メイベル 1903–1991）

Seelig, Tina
スタンフォード大学工学部スタンフォード・テクノロジー・ベンチャー・プログラムエグゼクティブ・ディレクター。
⇒外12（シーリグ,ティナ 1957–）
　外16（シーリグ,ティナ 1957–）

Seeliger, Hugo Hans Ritter von
ドイツの天文学者。ミュンヘン大学教授,ミュンヘン天文台長（1882）。
⇒岩世人（ゼーリガー 1849.9.23–1924.12.2）
　天文大（ゼーリガー 1849–1924）

Seeman, Melvin
アメリカの社会学者。
⇒社小増（シーマン 1918–）

Seenii Sauwaphong
タイの小説家。
⇒岩世人（セーニー・サオワポン 1918.7.12–）
　現世文（セーニー・サウワポン 1918.7.12–）
　タイ（セーニー・サオワポン 1918–）

Seethaler, Robert
オーストリアの俳優,作家。
⇒現世文（ゼーターラー,ローベルト 1966–）

Seferis, Giorgos
ギリシャの外交官,詩人。作品,『練習帳』（1940）,『航海日誌甲,乙,丙』（40,44,55）など。63年度ノーベル文学賞受賞。
⇒岩世人（セフェリス 1900.2.29/3.13–1971.9.20）
　現世文（セフェリス,イオルゴス 1900.2.29–1971.9.20）
　広辞7（セフェリス 1900–1971）
　ネーム（セフェリス 1900–1971）
　ノベ3（セフェリス,G. 1900.3.13–1971.9.20）

Sefo, Ray
ニュージーランドの格闘家。
⇒異二辞（セフォー[レイ・～] 1971–）
　外12（セフォー,レイ 1971.2.15–）
　外16（セフォー,レイ 1971.2.15–）

Segal, David
イギリスのアジア研究者。
⇒岩世人（シーガル 1953.2.3–1999.11.2）

Segal, Erich
アメリカの小説家,古典学者。
⇒現世文（シーガル,エリック 1937–2010.1.17）

Segal, George
アメリカの造形作家。
⇒岩世人（シーガル 1924.11.26–2000.6.9）
　芸13（シーガル,ジョージ 1924–2000）
　ポプ人（シーガル,ジョージ 1924–2000）
　ユ著人（Segal,George　シーガル,ジョージ 1924–）

Segal, George
アメリカ生まれの俳優。
⇒ク俳（シーガル,ジョージ 1934–）
　ユ著人（Segal,George　シーガル,ジョージ 1934–）

Segal, Hanna
イギリスのクライン派精神分析家。
⇒精分岩（スィーガル,ハンナ 1918–）

Segal, Peter
アメリカの映画監督。
⇒外16（シーガル,ピーター 1962–）

Segal, Ronald
イギリスの作家。
⇒現世文（シーガル,ロナルド 1932.7.14–2008.2.23）

Segalen, Victor-Ambroise-Désiré
フランスの軍医,文学者。
⇒岩世人（セガレン 1878.1.14–1919.5.21）
　現世文（セガレン,ヴィクトル 1878.1.14–1919.5.21）
　フ文小（セガレン,ヴィクトル 1878–1919）

Segall, Lasar
リトアニア,のちブラジルの画家,グラフィック・アーティスト。
⇒岩世人（セガール 1890.6.7–1957.8.2）
　ユ著人（Segall,Lasar　ゼーガル,ラザール 1881–1957）

Sege
韓国の歌手。
⇒外12（セゲ 1980.11.19–）

Seger, Bob
アメリカの歌手,作曲家。
⇒ロック（Seger,Bob　シーガー,ボブ 1945–）

Seger, Corrado
イタリアの数学者。
⇒数辞（セグレ,コラッド 1863–1924）

Segerstam, Leif
フィンランドの作曲家,指揮者。
⇒外12（セーゲルスタム,レイフ 1944.3.2–）
　外16（セーゲルスタム,レイフ 1944.3.2–）

Seghers, Anna
ドイツの女性作家。社会主義リアリズムの立場に立つ。小説『聖バルバラの漁民一揆』（1928）

でクライスト賞受賞。
⇒岩世人（ゼガース　1900.11.19–1983.6.1)
現世文（ゼーガース, アンナ　1900.11.19–1983.6.1)
広辞7（ゼーガース　1900–1983)
西文（ゼーガース, アンナ　1900–1983)
ユ著人（Seghers,Anna　ゼーガース, アンナ　1900–1983)

Seghers, Pierre
フランスの詩人, 編集者。第2次世界大戦中抵抗の詩人たちに活躍の場を与えた。
⇒岩世人（セゲルス　1906.1.5–1987.11.4)
現世文（セゲルス, ピエール　1906.1.5–1987.11.4)

Séglas, Lous-Jules-Ernest
フランスを代表する症候学者。
⇒現精（セグラス　1856–1939)
現精縮（セグラス　1856–1939)

Segond, Joseph
フランスの哲学者。形而上学的美学などをたてた。
⇒メル3（スゴン, ジョゼフ　1872–1954)

Segonzac, André Dunoyer de
フランスの画家。油彩画は厚塗りの渋味のある重厚な絵で, 水彩画, 銅版画にもすぐれた作品を描いている。
⇒岩世人（デュノワイエ・ド・スゴンザック　1884.7.7–1974.9.17)
芸13（スゴンザック, アンドレ　1884–1953)

Segovia, Torres Andrés
スペインのギター奏者。アメリカに定住。バッハをはじめ古典音楽をギター独奏に編曲し, 新しい分野を切り開いた。
⇒異二辞（セゴビア[アンドレス・〜]　1893–1987)
岩世人（セゴビア　1894.2.18–1987.6.2)
広辞7（セゴビア　1893–1987)
新音中（セゴビア, アンドレス　1893.2.21–1987.6.2)
ネーム（セゴヴィア　1893–1987)
標音2（セゴビア, アンドレス　1893.2.21–1987.6.2)

Segre, Emanuele
イタリアのギター奏者。
⇒外12（セグレ, エマヌエーレ）
外16（セグレ, エマヌエーレ）

Segrè, Emilio Gino
アメリカの物理学者。人工元素として初めてのテクネチウムの発見（1937）などを行い, のちに高エネルギー物理学に転じ反陽子を発見し, 59年ノーベル物理学賞受賞。
⇒岩世人（セグレ　1905.2.1–1989.4.22)
広辞7（セグレ　1905–1989)
三新物（セグレ　1905–1989)
ノベ3（セグレ,E.G.　1905.2.1–1989.4.22)
物理（セグレ, エミリオ　1905–1989)

Segui, David Vincent
アメリカの大リーグ選手（一塁）。
⇒メジャ（セギー, デイヴィッド　1966.7.19–)

Segui, Diego Pablo
アメリカの大リーグ選手（投手）。
⇒メジャ（セギー, ディエゴ　1937.8.17–)

Séguin, Philippe
フランスの政治家。フランス会計検査院院長, フランス共和国連合（RPR）党首。
⇒世指導（セガン, フィリップ　1943.4.21–2010.1.7)

Seguí Rubinat, Salvador
スペインの労働組合指導者。
⇒岩世人（セギ　1886.12.23–1923.3.10)

Segundo, Juan Luis
ウルグアイのイエズス会の解放の神学者。
⇒岩キ（セグンド　1925–1996)
岩世人（セグンド　1925.10.31–1996.1.17)

Segura, Giovani
メキシコのプロボクサー。
⇒最新ス（セグラ, ジョバンニ　1982.4.1–)

Sehlberg, Dan T.
スウェーデンの作家。
⇒海文新（セールベリ, ダン・T.　1969–)
現世文（セールベリ, ダン・T.　1969–)

Seiber, Mátyás György
ハンガリー生まれのイギリスの作曲家。カンタータ『ユリシーズ』（1949）がもっとも有名。
⇒ク音3（シェイベル（シャイバー, サイベル）　1905–1960)
新音中（シェイベル, マーチャーシュ　1905.5.4–1960.9.24)
標音2（シャイベル, マーチャーシュ　1905.5.4–1960.9.24)

Seidel, Emile
アメリカの政治家。
⇒アメ州（Seidel,Emile　ザイデル, エミール　1864–1947)
学叢思（ザイデル, エミール　1864–?)

Seidel, Friedrich
ドイツの動物学者。
⇒岩生（ザイデル　1897–1992)

Seidel, Ina
ドイツの女性詩人, 小説家。代表作に『詩集』（1914),『申し子』（30）など。
⇒岩世人（ザイデル　1885.9.15–1974.10.3)
新カト（ザイデル　1885.9.15–1974.10.3)

Seidel, Martie
アメリカのカントリー歌手。
⇒外12（サイデル, マーティー　1969.10.12–)

Seidel, Robert
ドイツ生まれの布織工。1870年以来スイスで独学で教師の検定試験を通る。労働学校に尽力し、実業学校の父とも称されている。
⇒教人（ザイデル　1850-1933）

Seidelman, Susan
アメリカの映画監督。
⇒外12（シーデルマン、スーザン　1952.12.11-）

Seidensticker, Edward George
アメリカの日本文学研究者。
⇒岩世人（サイデンスティッカー　1921.2.11-2007.8.26）

Seider, August
ドイツのテノール歌手。
失声（ザイダー、アウグスト　1901-1989）
魅惑（Seider,August　1901-1989）

Seidlitz, Woldemar von
ドイツの美術史家。
⇒岩世人（ザイドリッツ　1850.6.1-1922.1.16）

Seidman, William Lewis
フォード米大統領の主席経済顧問。フェルプス・ドッジ商会副会長。連邦預金保険公社（FDIC）会長。
⇒アメ経（シードマン、ウィリアム　1921.4-）

Seierstad, Åsne
ノルウェーのジャーナリスト。
⇒外12（セイエルスタッド、アスネ　1970-）
　外16（セイエルスタッド、アスネ　1970.2.10-）

Seife, Charles
アメリカのサイエンスライター、ジャーナリスト。ニューヨーク大学准教授。
⇒外12（サイフェ、チャールズ）
　外16（サイフェ、チャールズ）

Seifert, Christian
ドイツの実業家。ブンデスリーガCEO。
⇒外12（ザイフェルト、クリスチャン　1969.5-）
　外16（ザイフェルト、クリスチャン　1969.5-）

Seifert, Herbert Karl Johannes
ドイツの数学者。
⇒岩世人（ザイフェルト　1907.5.27-1996.10.1）

Seifert, Jaroslav
チェコの代表的詩人。1954年、詩集『お母さん』で国家賞を受賞。
⇒岩世人（サイフェルト　1901.9.23-1986.1.10）
　現世文（サイフェルト、ヤロスラフ　1901.9.23-1986.1.9）
　広辞7（サイフェルト　1901-1986）
　ネーム（サイフェルト　1901-1986）
　ノペ3（サイフェルト、J.　1901.9.23-1986.1.9）

Seiffert, Peter
ドイツのテノール歌手。
⇒外12（ザイフェルト、ペーター　1954-）
　外16（ザイフェルト、ペーター　1954-）
　失声（ザイフェルト、ペーター　1954-）
　魅惑（Seiffert,Peter　1954-）

Seifriz, William
アメリカの植物学者。原形質学の研究で知られている。
⇒岩生（サイフリツ　1888-1955）
　岩世人（サイフリッツ　1888.8.11-1955.7.13）

Seigner, Emmanuelle
フランス生まれの女優。
⇒外16（セニエ、エマニュエル　1966-）

Seignobos, Charles
フランスの歴史家。近代、現代史専攻。『歴史学研究法入門』（1897）を著す。
⇒岩世人（セニョボス　1854.6.27-1942.9.16）

Seignoret, Clarence
ドミニカ国の政治家。ドミニカ国大統領（1983〜93）。
⇒世指導（セニョレ、クラレンス　1919.2.25-2005.5.5）

Seilacher, Adolf
ドイツの古生物学者。
⇒岩世人（ザイラッハー　1925.2.24-2014.4.26）

Seillière, Ernest
フランスの評論家。
⇒岩世人（セイエール　1866.1.1-1955.3.15）

Seillière, Ernest-Antoine
フランスの実業家。
⇒外12（セリエール、エルネスト・アントワーヌ　1937.12.20-）
　外16（セリエール、エルネスト・アントワーヌ　1937.12.20-）

Sein Bay Dar
ビルマ（ミャンマー）の音楽家。
⇒岩世人（セインベーダー　1882.10-1942.10.8）

Sein Win
ミャンマー（ビルマ）の政治家。ビルマ国民連合政府首相。
⇒世指導（セイン・ウィン　1953.12.7-）

Seipel, Ignaz
オーストリアの政治家、聖職者。第一次大戦後国民議会議員（1919）、キリスト教社会党総裁（21）、連邦首相（22,23〜24,26〜29）。
⇒岩世人（ザイペル　1876.7.19-1932.8.2）
　新カト（ザイペル　1876.7.19-1932.8.2）

Seitz, Frederick
アメリカの物理学者。

⇒岩世人（ザイツ　1911.7.14–2008.3.2）

Seitz, Karl
オーストリアの政治家。ヴィーン市長（1923～34）。オーストリア社会党名誉総裁（46）。
⇒岩世人（ザイツ　1869.9.4–1950.2.3）

Seiwell, Denny
アメリカのドラム奏者。ウィングスのメンバー。
⇒ビト改（SEIWELL,DENNY　シーウェル，デニー）

Seizer, Kevin Lee
アメリカの大リーグ選手（三塁，一塁）。
⇒メジャ（サイツァー，ケヴィン　1962.3.26–）

Sejdiu, Fatmir
コソボの政治家，法学者。コソボ大統領（2006～10）。
⇒外12（セイディウ，ファトミル　1951.10.23–）
　外16（セイディウ，ファトミル　1951.10.23–）
　世指導（セイディウ，ファトミル　1951.10.23–）

Sekelj, Tibor
ユーゴスラビアの児童文学者。
⇒日エ（セケリ　1912.2.14–1988.9.20）

Sekles, Bernhard
ドイツの作曲家。オペラ『シェエラザード』や，『音楽についての口述』の著書がある。
⇒新音中（ゼクレス，ベルンハルト　1872.3.20–1934.12.8）
　標音2（ゼクレス，ベルンハルト　1872.3.20–1934.12.8）

Sekoff, Roy
アメリカの「ハフィントン・ポスト」創設編集者。
⇒外16（シーコフ，ロイ）

Sekora, Ondřej
チェコの作家，ジャーナリスト，イラストレーター。
⇒絵本（セコラ，オンドゥジェイ　1899–1967）

Seksan Prasertkul
タイの大学教員，思想家，文筆家。
⇒タイ（セークサン・プラストークン　1949–）

Sekula, Allan
アメリカの写真家，批評家。
⇒岩世人（セクーラ　1951.1.15–2013.8.10）

Selanne, Teemu
フィンランドのアイスホッケー選手（FW）。
⇒外12（セラニ，テーム　1970.7.3–）
　外16（セラニ，テーム　1970.7.3–）
　最世ス（セラニ，テーム　1970.7.3–）

Selbach, Albert Karl（Kip）
アメリカの大リーグ選手（外野）。
⇒メジャ（セルバック，キップ　1872.3.24–1956.2.17）

Selberg, Atle
ノルウェーの数学者。
⇒岩世人（セルバーグ　1917.6.14–2007.8.6）
　数辞（セルバーグ，アトロ　1917–）
　世数（セルバーグ，アトレ　1917–2007）

Selby, Hubert
アメリカの小説家。
⇒現世文（セルビー，ヒューバート（Jr.）　1928.7.23–2004.4.26）

Seldte, Franz
ドイツのファシスト政治家。1933年ヒトラーの権力獲得とともに労働相として入閣。
⇒岩世人（ゼルテ　1882.6.29–1947.4.1）

Sele, Aaron Helmer
アメリカの大リーグ選手（投手）。
⇒メジャ（シーリー，アーロン　1970.6.25–）

Selee, Frank Gibson
アメリカの大リーグ監督。
⇒メジャ（サリー，フランク　1859.10.26–1909.7.5）

Seles, Monica
アメリカのテニス選手。
⇒岩世人（セレシュ　1973.12.2–）
　外12（セレシュ，モニカ　1973.12.2–）
　外16（セレシュ，モニカ　1973.12.2–）

Seleznyov, Gennadii Nikolaevich
ロシアの政治家，ジャーナリスト。共産党所属のロシア下院議長。
⇒世指導（セレズニョフ，ゲンナジー　1947.11.6–2015.7.19）

Self, Ronnie
アメリカ・ミズーリ州スプリングフィールド生まれの歌手，ソングライター。
⇒ロック（Self,Ronnie　セルフ，ロニー　1939–）

Self, Will
イギリスの小説家。
⇒現世文（セルフ，ウィル　1961–）

Selick, Henry
アメリカのアニメ映画監督。
⇒外12（セリック，ヘンリー　1952–）

Selig, Bud
アメリカの大リーグ第9代コミッショナー，ブリュワーズ・オーナー。
⇒岩世人（セリグ　1934.7.30–）
　外12（セリグ，バド　1934.7.30–）
　外16（セリグ，バド　1934.7.30–）
　最世ス（セリグ，バド　1934.7.30–）
　メジャ（シーリグ，バド　1934.7.30–）

Seligman, Charles Gabriel
イギリスの人類学者。ニューギニー,サラワク,セイロン,アフリカの調査に当って心理学的方法を多く採り入れ成果をあげた。
⇒岩世人(セリグマン 1873.12.24–1940.9.19)

Seligman, Edwin Robert Anderson
アメリカの経済学者,財政学者。主著『租税転嫁論』(1892)は,近代租税転嫁論の集大成とされる。
⇒岩経(セリグマン 1861–1939)
　岩世人(セリグマン 1861.4.25–1939.7.18)
　有経5(セリグマン 1861–1939)

Seligman, Martin E.P.
アメリカの心理学者。
⇒岩世人(セリグマン 1942.8.12–)
　社心小(セリグマン 1942–)

Seligmann, Caesar
ドイツ自由派ユダヤ教指導者。
⇒ユ著人(Seligmann,Caesar ゼーリッヒマン,ツェーザル 1860–1950)

Seligmann, Kurt
スイスの画家。
⇒芸13(セリグマン,クルト 1900–1969)

Selimović, Meša
ユーゴスラビア(ボスニア)の作家。
⇒岩世人(セリモヴィチ 1910.4.26–1982.7.11)
　現世文(セリモヴィチ,メシャ 1910.4.26–1982.7.11)

Selincourt, Ernest de
イギリスの学者,文芸評論家。
⇒岩世人(セリンコート 1870.9.24–1943.5.22)

Selinger, Arie
日本のダイエー女子バレーボール部監督。アメリカ国籍。
⇒ユ著人(Selinger,Arie セリンジャー,アリー 1937?–)

Selkirk, George Alexander
アメリカの大リーグ選手(外野)。
⇒メジャ(セルカーク,ジョージ 1908.1.4–1987.1.19)

Sella, Philippe
フランスのラグビー選手。
⇒岩世人(セラ 1962.2.14–)

Sellal, Abdelmalek
アルジェリアの政治家。アルジェリア首相。
⇒外16(セラル,アブデルマレク 1948.8.1–)
　世指導(セラル,アブデルマレク 1948.8.1–)

Sellars, Elizabeth
イギリスの女優。
⇒ク俳(セラーズ,エリザベス 1923–)

Sellars, Roy Wood
カナダ生まれのアメリカの哲学者。主著『批判的実在論』(1921)。
⇒岩世人(セラーズ 1880.7.9–1973.9.5)
　メル3(セラーズ,ロイ・ウッド 1880–1973)

Sellars, Wilfrid
アメリカの哲学者。
⇒岩世人(セラーズ 1912.5.20–1989.7.2)
　メル別(セラーズ,ウィルフリド・ストーカー 1912–1989)

Selleck, Tom
アメリカ生まれの俳優。
⇒外12(セレック,トム 1945.1.29–)
　ク俳(セレック,トム 1945–)

Sellers, Peter
イギリスの俳優。
⇒遺産(セラーズ,ピーター 1925.9.8–1980.7.24)
　ク俳(セラーズ,ピーター(セラーズ,リチャード) 1925–1980)
　スター(セラーズ,ピーター 1925.9.8–1980)
　ユ著人(Sellers,Peter セラーズ,ピーター 1925–1980)

Sellier, Robert
テノール歌手。
⇒魅惑(Sellier,Robert ?–)

Sellinger, Arie
アメリカのバレーボール監督。
⇒外12(セリンジャー,アリー 1937.4.5–)
　外16(セリンジャー,アリー 1937.4.5–)
　最新ス(セリンジャー,アリー 1937.4.5–)

Sellner, Gustav Rudolf
ドイツの演出家。ベルリンとヴィーンで『モーゼとアロン』(1959)を演出し称賛を博した。
⇒標音2(ゼルナー,グスタフ・ルードルフ 1905.5.25–1990.5.8)

Sells, Michael
アメリカのテノール歌手。
⇒魅惑(Sells,Michael ?–)

Selten, Reinhard
ドイツの経済学者。1994年ノーベル経済学賞。
⇒岩経(ゼルテン 1930–)
　岩世人(ゼルテン 1930.10.5–)
　外12(ゼルテン,ラインハルト 1930.10.5–)
　外16(ゼルテン,ラインハルト 1930.10.5–)
　ネーム(ゼルテン 1930–)
　ノベ3(ゼルテン,R. 1930.10.5–)
　有経5(ゼルテン 1930–)

Sel'vinskii, Il'ya L'vovich
ソ連の詩人。実験的な詩を多数書いた。
⇒岩世人(セリヴィンスキー 1899.10.12/24–1968.3.22)
　現世文(セリヴィンスキー,イリヤ 1899.10.24–

1968.3.22）

Selvon, Samuel（Dickson）
トリニダード・トバゴ（インド系）の小説家，詩人，劇作家，ジャーナリスト。
⇒現世文（セルヴォーン，サミュエル・ディクソン　1923.5.20–1994.4.16）

Selway, Phil
イギリスのミュージシャン。
⇒外12（セルウェイ，フィル　1967.5.23–）
　外16（セルウェイ，フィル　1967.5.23–）

Selye, Hans
オーストリア生まれのカナダに帰化した内分泌学者。ストレス理論の提唱者。著書に『現代生活とストレス』。
⇒岩生（セリエ　1907–1982）
　岩世人（セリエ　1907.1.26–1982.10.16）
　現精（セリエ　1907–1982）
　現精縮（セリエ　1907–1982）
　広辞7（セリエ　1907–1982）

Selznick, Brian
アメリカの挿絵画家，絵本作家。
⇒外16（セルズニック，ブライアン　1966–）

Selznick, David Oliver
アメリカの映画製作者。『風と共に去りぬ』(1939)など製作。
⇒岩世人（セルズニック　1902.5.10–1965.6.22）
　ネーム（セルズニク　1902–1965）

Selznick, Philip
アメリカの社会学者。その組織学は高い評価を受けている。著書は，『TVAと大衆』(1949)など。
⇒社小増（セルズニック　1919–）
　ベシ経（セルズニック　1919–）

Semashko, Nikolai Aleksandrovich
ソ連の衛生学者。職業病診療の基礎をつくるなど革命後のソ連の医療・医学研究体制の確立に貢献。
⇒学叢思（セマーシコ　1869–?）

Semaun
インドネシア共産党の指導者。1919年労働運動統一機構（PPKB）を組織。20年共産党初代議長。
⇒岩世人（スマウン　1899–1971.4.7）

Sembach, Johannes
ドイツのテノール歌手。
⇒失声（センバッハ，ヨハネス　1881–1944）
　魅惑（Semback,Johannes　1881–1944）

Sembat, Marcel Étienne
フランスのジャーナリスト，政治家。
⇒岩世人（サンバ　1862.10.19–1922.9.5）

Sembène, Ousmane
セネガルの小説家，映画監督。
⇒岩世人（センベーヌ　1923.1.8–2007.6.9）
　映監（センベーヌ，ウスマン　1923.1.1–2007）
　現世文（センベーヌ，ウスマン　1923.1.1–2007.6.9）
　広辞7（センベーヌ　1923–2007）

Semel, Terry
アメリカの実業家。
⇒外12（セメル，テリー　1943.2.24–）
　外16（セメル，テリー　1943.2.24–）

Sementzeff, Michel
フランスの芸術家。
⇒芸13（スメンツェフ，ミッシェル　1933–）

Semenya, Caster
南アフリカの陸上選手（中距離）。
⇒外12（セメンヤ，キャスター　1991.7.7–）
　外16（セメンヤ，キャスター　1991.7.7–）
　最世ス（セメンヤ，キャスター　1991.7.7–）

Semenyaka, Ludmila
ソ連のダンサー。
⇒外16（セメニヤカ，リュドミラ　1952.1.16–）

Semeredi, Endre
ハンガリーの数学者。
⇒世数（セメレディ，エンドレ　1940–）

Semerenko, Valj
ウクライナのバイアスロン選手。
⇒外16（セメレンコ，ワリ　1986.1.18–）

Semerenko, Vita
ウクライナのバイアスロン選手。
⇒外16（セメレンコ，ヴィタ　1986.1.18–）

Semerikov, Slava
エストニアの画家。
⇒芸13（セメレコフ，スラヴァ　1981–）

Semevsky, Vasily Ivanovich
ロシアの歴史家。
⇒岩世人（セメフスキー　1848.12.25–1916.9.21）

Semichastny, Vladimir Yefimovich
KGB議長。在職1961～67。
⇒スパイ（セミチャストヌイ，ウラジーミル・エフィモヴィチ　1924–2001）

Seminick, Andrew Wasil
アメリカの大リーグ選手（捕手）。
⇒メジャ（セミニック，アンディ　1920.9.12–2004.2.22）

Semionova, Polina
ロシアのバレリーナ。
⇒外12（セミオノワ，ポリーナ　1984.9.13–）
　外16（セミオノワ，ポリーナ　1984.9.13–）

Semmelroth, Otto
ドイツのカトリック神学者。
⇒新カト(ゼンメルロート　1912.12.1–1979.9.24)

Semon, Felix, Sir
イギリスの医師。
⇒ユ著人(Semon,Felix,Sir　ゼーモン、フェリックス　1848–1921)

Semon, Richard
ドイツの動物学者。オーストラリアを探検し(1891～93)、肺魚類の発生を研究。
⇒岩生(ゼーモン　1859–1919)
　岩世人(ゼーモン　1859.8.22–1918.12.12)

Sempé, Jean Jacques
フランスの漫画家、イラストレーター。1952年に最初のデッサン集を発表、ただちに「パリ・マッチ」誌が紹介し、以来第一線で活躍している。
⇒絵本(サンペ、ジャン=ジャック　1932–)

Sempere, José
スペインのテノール歌手。
⇒失声(センペレ、ホセ　?)
　魅惑(Sempere,José　?–)

Semple, Ellen Churchill
アメリカの人文地理学者。
⇒岩世人(センプル　1863.1.8–1932.5.8)

Semple, Robert
ニュージーランドの政治家。
⇒ニュー(センプル、ロバート　1873–1955)

Semprun, Jorge
スペイン生まれのフランスの作家。長篇小説や映画のシナリオを書く。
⇒岩世人(センプルン　1923.12.10–2011.6.7)
　現世文(センプルン、ホルヘ　1923.12.10–2011.6.7)

Semvice, Elman R.
アメリカの文化人類学者。
⇒岩世人(サーヴィス　1915.5.18–1996.11.14)

Semyonov, Grigorii Mikhailovich
ロシアの白系コサック将校、反革命家。反ソ運動を画策、満州事変に協力し、清の廃帝溥儀の満州国皇帝擁立の交渉にも当った。
⇒岩世人(セミョーノフ　1890.9.13/25–1946.8.30)
　ネーム(セミョーノフ　1890–1946)

Semyonov, Nikolai Nikolaevich
ソ連の化学者。気体反応とくに混合気体の熱爆発の理論を研究、爆発反応の限界の存在を発見した。1956年ノーベル化学賞受賞。
⇒岩世人(セミョーノフ　1896.4.3/15–1986.9.25)
　化学(セミョーノフ　1896–1986)
　ノベ3(セミョーノフ,N.N.　1896.4.3–1986.9.25)

Semyonov, Sergei Aleksandrovich
ソ連の作家。著書に『餓え』(1922)、『ナタリヤ=タルホヴァ』(27)など。
⇒現世文(セミョーノフ、セルゲイ・アレクサンドロヴィチ　1893.10.19–1942.1.12)

Semyonov, Yulián Semyonovich
ロシア(ソ連)の作家。
⇒岩世人(セミョーノフ　1931.10.8–1993.9.5)

Sen, Amartya Kumar
インドの経済学者。1998年ノーベル経済学賞。
⇒岩経(セン　1933–)
　岩女(セン、アマルティア　1933.11.3–)
　岩世人(セン　1933.11.3–)
　外12(セン、アマルティア　1933.11.3–)
　外16(セン、アマルティア　1933.11.3–)
　覚思(セン、アマルティア　1933.11.3–)
　覚思ス(セン、アマルティア　1933.11.3–)
　現アジ(セン、アマルティア　1933–)
　現社(セン　1933–)
　現社福(セン　1933–)
　広辞7(セン　1933–)
　国政(セン、アマルティア　1933–)
　政経改(セン　1933–)
　哲中(セン　1933–)
　南ア新(セーン　1933–)
　ノベ3(セン,A.K.　1933.11.3–)
　メル別(セン、アマルティア　1933–)
　有経5(セン　1933–)

Sen, Mrinal
バングラデシュ生まれの映画監督。
⇒映監(セーン、ムリナール　1923.5.14–)

Sena, Dominic
アメリカの映画監督。
⇒外12(セナ、ドミニク　1949–)

Sena, Jorge de
ポルトガルの詩人、作家。
⇒岩世人(セナ　1919.11.2–1978.6.4)

Senanayake, Don Stephan
スリランカの政治家。セイロン首相(初代)。
⇒岩世人(セーナーナーヤカ,D.S.　1884.10.20–1952.3.22)
　南ア新(セーナーナーヤカ　1884–1952)

Senart, Émile Charles Marie
フランスのインド学者、仏教学者。フランス・アジア協会総裁。仏陀非実在説を唱えた。
⇒岩世人(スナール　1847.3.26–1928.2.21)
　新佛3(スナール　1847–1928)

Sendak, Maurice Bernard
アメリカの絵本作家。
⇒岩世人(センダック　1928.6.10–2012.5.8)
　絵本(センダック、モーリス　1928–)
　外12(センダック、モーリス　1928.6.10–)

現世文（センダック, モーリス　1928.6.10–2012.5.8）
広辞7（センダック　1928–2012）
世界子（センダック, モーリス　1928–2012）
ポプ人（センダック, モーリス　1928–2012）

Sender, Ramón José
スペインの小説家，ジャーナリスト，大学教授。内乱後，アメリカに移住。代表作は，『王と女王』(1949)，『娼家のドン・ファン』(68) など。
⇒岩世人（センデル　1901.2.3–1982.1.16）
現世文（センデル, ラモン・ホセ　1902.2.3–1982）

Senderos, Phillippe
スイスのサッカー選手（アストン・ヴィラ・DF）。
⇒外12（センデロス, フィリップ　1985.2.14–）
外16（センデロス, フィリップ　1985.2.14–）
最世ス（センデロス, フィリップ　1985.2.14–）

Sendker, Jan-Philipp
ドイツのジャーナリスト，作家。
⇒海文新（センドカー, ヤン-フィリップ　1960–）
現世文（センドカー, ヤン・フィリップ　1960–）

Sendov, Blagovest
ブルガリアの政治家，数学者。ブルガリア国民議会議長，駐日ブルガリア大使。
⇒世指導（センドフ, ブラゴヴェスト　1932.2.8–）

Sénéchal, Michel
フランスのテノール歌手。
⇒失声（セネシャル, ミッシェル　1927–）
魅惑（Sénéchal, Michel　1927–）

Senge, Peter Michael
アメリカの経営学者。ラーニング・オーガニゼーション（学習する組織）を研究。
⇒有経5（センゲ　1947–）

Sengge Dashizewegiyn
モンゴルの小説家，詩人。『祖国に告げる言葉』『宵の明星』などの詩は名高い。
⇒現世文（センゲー, ダシゼベギーン　1916.5.9–1959.5.6）

Senghor, Léopold Sédar
セネガルの詩人，政治家，言語学者。初代大統領（1960～80）。黒人文学運動「ネグリチュード」の提唱者。
⇒岩世人（サンゴール　1906.10.9–2001.12.20）
現世文（サンゴール, レオポルド・セダール　1906.10.9–2001.12.20）
広辞7（サンゴール　1906–2001）
国政（サンゴール　1906–2001）
新カ人（サンゴール　1906.10.9–2001.12.20）
世人新（サンゴール　1906–2001）
世人装（サンゴール　1906–2001）

Senior, Olive
ジャマイカの女性詩人，小説家，ジャーナリスト。

⇒現世文（セニオール, オリーブ　1941.12.23–）

Seni Pramoj
タイの政治家，弁護士。タイ首相。
⇒岩世人（セーニー・プラーモート　1905.5.26–1997.7.28）
タイ（セーニー・プラーモート　1905–1997）

Senius, Felix
ロシアのテノール歌手。
⇒魅惑（Senius, Felix　1868–1913）

Senn, Nicholas
スイス生まれのアメリカの外科医。内臓外科，殊に腸吻合術等に幾多の考案をした。
⇒岩世人（セン　1844.10.31–1908.1.2）

Senna, Ayrton
ブラジルのF1ドライバー。ポールポジション獲得数65回は史上最多。
⇒異二辞（セナ［アイルトン・～］　1960–1994）
岩世人（セナ　1960.3.21–1994.5.1）
広辞7（セナ　1960–1994）
ネーム（セナ, アイルトン　1960–1994）
ポプ人（セナ, アイルトン　1960–1994）
ラテ新（セナ　1960–1994）

Senna, Marcos
スペインのサッカー選手（ニューヨーク・コスモス・MF）。
⇒外12（セナ, マルコス　1976.7.17–）
外16（セナ, マルコス　1976.7.17–）
最世ス（セナ, マルコス　1976.7.17–）

Sennett, Mack
カナダ生まれの映画監督，製作者，男優。
⇒岩世人（セネット　1880.1.17–1960.11.5）
映監（セネット, マック　1880.1.17–1960）
ネーム（マック・セネット　1880–1960）

Sennett, Richard
アメリカの社会学者。
⇒岩世人（セネット　1943.1.1–）
外12（セネット, リチャード　1943–）
外16（セネット, リチャード　1943–）
現社（セネット　1943–）

Sensini, Alessandra
イタリアのヨット選手。
⇒外12（ゼンシニ, アレッサンドラ　1970.1.26–）
最世ス（ゼンシニ, アレッサンドラ　1970.1.26–）

Seo Beom-Shik
韓国の男優。
⇒韓俳（ソ・ボムシク　1970.6.29–）

Seo Cung-won
韓国の政治家。韓国ハンナラ党代表。
⇒世指導（ソ・チョンウォン　1943.4.3–）

Seo Dong-won
韓国の男優。

⇒韓俳（ソ・ドンウォン　1979.4.4–）

Seo Do-young
韓国の男優, モデル。
⇒韓俳（ソ・ドヨン　1981.4.14–）

Seo Hee
韓国のバレリーナ。
⇒外12（ソヒ）
外16（ソヒ）

Seo-hyun
韓国の歌手。
⇒外12（ソヒョン　1991.6.28–）

Seo In-guk
韓国の俳優, 歌手。
⇒外16（ソイングク　1987.10.23–）

Seo In-young
韓国の歌手, タレント。
⇒外12（ソイニョン　1984.9.3–）

Seo Jae Kyung
韓国の男優。
⇒韓俳（ソ・ジェギョン　1982.6.14–）

Seo Ji-seok
韓国の男優。
⇒韓俳（ソ・ジソク　1981.9.9–）

Seo Ji-young
韓国の女優, モデル, 歌手。
⇒韓俳（ソ・ジヨン　1981.6.2–）

Seo Jun-young
韓国の男優。
⇒韓俳（ソ・ジュニョン　1987.4.24–）

Seol Ki-hyeon
韓国のサッカー選手（仁川・FW）。
⇒外12（ソルギヒョン　薛琦鉉　1979.1.8–）
外16（ソルギヒョン　薛琦鉉　1979.1.8–）
最世ス（ソルギヒョン　1979.1.8–）

Seo Min-Jung
韓国の女優。
⇒韓俳（ソ・ミンジョン　1979.7.11–）

Seong Baek-Yeop
韓国のアニメーション映画監督。
⇒アニメ（成白燁　ソン・ベギョプ　1962–）

Seong Chun-bok
韓国の詩人。
⇒現世文（ソン・チュンボク　成春福　1936.12.10–）

Seon Woong
日本生まれの韓国の児童文学作家, 童謡作家。
⇒現世文（ソン・ウン　宣勇　1942.5.11–）

Seo Shin-Ae
韓国の女優, モデル。
⇒韓俳（ソ・シネ　1998.10.20–）

Seo Tae-Hwa
韓国の男優。
⇒韓俳（ソ・テファ　1967.3.31–）

Seo Taiji
韓国の歌手。
⇒岩韓（ソ・テジ　1972–）
岩世人（ソテジ　1972.2.21–）

Seo Won
韓国の女優。
⇒韓俳（ソ・ウォン　1979.11.26–）

Seo Young
韓国の女優。
⇒韓俳（ソ・ヨン　1984.6.21–）

Seo Young-hee
韓国の女優。
⇒韓俳（ソ・ヨンヒ　1980.6.13–）

Sepamla, Sipho
南アフリカの黒人詩人, 小説家, 劇作家。
⇒現世文（セパムラ, シポー　1932–2007.1.9）
ネーム（セパムラ　1932–）

Sepetys, Ruta
アメリカの作家。
⇒海文新（セペティス, ルータ）
現世文（セペティス, ルータ）

Seppelt, Franz Xaver
ドイツのカトリック神学史家, 教皇史家。
⇒新カト（ゼッペルト　1883.1.13–1956.7.25）

Septien, Mauricio
テノール歌手。
⇒魅惑（Septien, Mauricio　?–）

Sepúlveda, Luis
チリの作家。
⇒現世文（セプルベダ, ルイス　1949–）
広辞7（セプルベダ　1949–）

Serafimovich, Aleksandr Serafimovich
ソ連の小説家。革命家の群れに投じ, 流刑された。代表作は,『鉄の流れ』。
⇒岩世人（セラフィモーヴィチ　1863.1.7/19–1949.1.19）
現世文（セラフィモーヴィチ　1863.1.7–1949.1.19）
ネーム（セラフィモーヴィチ　1863–1949）

Serafin, Daniel
テノール歌手。
⇒魅惑（Serafin, Daniel　?–）

Serafin, Harald
リトアニアのテノール歌手。
⇒魅惑（Serafin,Harald　1933–）

Serafin, Tullio
イタリアの指揮者。マリア・カラス，ローザ・ポンセル，ジョーン・サザランドらの歌手の育成に貢献した。
⇒オペラ（セラフィン，トゥッリオ　1878–1968）
　新音中（セラフィン，トゥッリオ　1878.9.1–1968.2.2）
　標音2（セラフィン，トゥッリオ　1878.9.1–1968.2.2）

Serafini, Daniel
アメリカのプロ野球選手（投手）。
⇒異二辞（セラフィニ［ダン・〜］　1974–）

Şerbănescu, Alexandru
ルーマニアの戦闘機操縦者。
⇒ネーム（シェルバネスク　1912–1944）

Serdyukov, Anatolii
ロシアの政治家。ロシア国防相。
⇒外12（セルジュコフ，アナトリー　1962.1.8–）
　外16（セルジュコフ，アナトリー　1962.1.8–）
　世指導（セルジュコフ，アナトリー　1962.1.8–）

Serebrjakov
ソ連の政治家。
⇒学叢思（セレブリヤコフ　1888–）

Sereni, Vittorio
イタリアの詩人。主著『国境線』(1941)，『人間の先』(65)。
⇒現世文（セレーニ，ヴィットーリオ　1913.7.27–1983.2.10）

Serge, John
オーストラリアのテノール歌手。
⇒魅惑（Serge,John　?–）

Sergeev, Igor' Dmitrievich
ロシアの政治家，軍人。国防相，大統領補佐官。
⇒世指導（セルゲーエフ，イーゴリ　1938.4.20–2006.11.10）

Sergescu, Pierre Paul
ルーマニアの数学者，科学史家。科学史研究の組織に著しい活躍をしている。
⇒岩世人（セルジェスク　1893.12.3–1954.12.21）

Sergeyev, Konstantin
ソ連のダンサー，振付家。
⇒岩世人（セルゲエフ　1910.2.20/3.5–1992.4.1）

Sergeyev, Nicholas
ロシアのダンサー，教師，バレエ・マスター，監督。
⇒岩世人（セルゲエフ　1876.9.27–1951.6.24）

Sergi, Arturo
アメリカのテノール歌手。
⇒失声（セルジ，アルトゥーロ　1925–2006）
　魅惑（Sergi,Arturo　1925–）

Sergie, Tihomieroff
ロシア正教会日本府主教。1907年大主教ニコライの補佐として来日。主著『十二位一体の使徒』(35)。
⇒岩世人（セルギー（チホミーロフ）　1871.6.15/27–1945.8.10）

Sergio Ramos
スペインのサッカー選手（レアル・マドリード・DF）。
⇒外16（セルヒオ・ラモス　1986.3.30–）
　最世ス（セルヒオ・ラモス　1986.3.30–）

Sergy
ロシア正教会の総主教。
⇒岩世人（セルギー（ストラゴロツキー）　1867.1.11/23–1944.5.15）

Seri, Enzo
テノール歌手。
⇒魅惑（Seri,Enzo　?–）

Sering, Max
ドイツの経済学者。農業研究所を創設し，その所長となった(1921)。
⇒岩世人（ゼーリング　1857.1.18–1939.11.12）
　学叢思（ゼーリング，マクス　1857–?）

Seringdongrub
中国国民党指導者。蒙古族。
⇒岩世人（セレンドンロブ　1894.2（光緒20.1.20）–1980.8.2）
　近中（白雲梯　はくうんてい　1894.2.17–1980.8.2）

Serîŝev, Inocento
ロシア正教の聖職者，教育者。
⇒日エ（セリシェフ　1883.8.28（ロシア暦8.15）–1976.8.23）

Serkin, Peter
アメリカのピアノ奏者。
⇒外12（ゼルキン，ピーター　1947.7.24–）
　外16（ゼルキン，ピーター　1947.7.24–）
　新音中（ゼルキン，ピーター　1947.7.24–）
　標音2（サーキン，ピーター　1947.7.24–）

Serkin, Rudolf
オーストリア生まれのアメリカのピアノ奏者。A.ブッシュと組み，室内楽に活躍した。
⇒岩世人（ゼルキン　1903.3.28–1991.5.8）
　新音中（ゼルキン，ルードルフ　1903.3.28–1991.5.8）
　ネーム（ゼルキン　1903–1991）
　標音2（サーキン，ルードルフ　1903.3.28–1991.5.8）
　ユ著人（Serkin,Rudolf　ゼルキン，ルドルフ

1903–1991)

Serkin, Valeriy
ウクライナのテノール歌手。
⇒魅惑（Serkin, Valeriy　?–）

Serkis, Andy
イギリスの俳優。
⇒外16（サーキス, アンディ　1964.4.20–）

Serner, Walter
ユダヤ系ドイツ語作家, エッセイスト。
⇒岩世人（ゼルナー　1889.1.15–1942.8）

Serocki, Kazimierz
ポーランドの作曲家。1956年に「ワルシャワの秋」現代音楽祭を組織して欧米の実験的な作曲家を招く。
⇒ク音3（セロツキ　1922–1981）
新音中（セロツキ, カジミェシュ　1922.3.3–1981.1.9）
標音2（セロツキ, カジミエシ　1922.3.3–1981.1.9）

Serota, Nicholas Andrew
イギリスのテート・ブリテン館長。
⇒外12（セロータ, ニコラス　1946.4.27–）
外16（セロータ, ニコラス　1946.4.27–）

Serote, Mongane Wally
南アフリカの黒人詩人, 小説家。
⇒現世文（セローテ, モンガーン　1944–）

Sérouya, Henri
フランス国立中央科学研究所員。エルサレム生まれのモロッコ系ユダヤ人。
⇒ユ著人（Sérouya, Henri　セルーヤ, アンリ　1895–）

Serov, Ivan Alexandrovich
ソ連の軍人。KGB議長（1954～58）。GRU（参謀本部情報総局）総局長（58～62）。
⇒スパイ（セーロフ, イワン・アレクサンドロヴィチ　1905–1990）

Serov, Valentine Aleksandrovich
ロシアの画家。代表作は『桃を持つ少女』(1887)。
⇒岩世人（セローフ　1865.1.7–1911.11.22）
芸13（セーロフ, ヴァレンティン・アレクサンドロヴィッチ　1865–1911）
ユ著人（Serov, Valentin　セーロフ, バレンチン　1856–1911）

Serra, Richard
アメリカの彫刻家。
⇒岩世人（セラ　1939.11.2–）
外12（セラ, リチャード　1939.11.2–）
外16（セラ, リチャード　1939.11.2–）
芸13（セラ, リチャード　1939–）
広辞7（セラ　1939–）

Serranito
スペインのフラメンコギター奏者。
⇒外12（セラニート　1942–）

Serrano, Andres
アメリカ生まれの写真家。
⇒芸13（セラノ, アンドレ　1950–）

Serrano, Jorge
グアテマラの政治家, 実業家。グアテマラ大統領（1991～93）。
⇒世指導（セラノ, ホルヘ　1945.4.26–）

Serrano, José
スペインの作曲家。
⇒ク音3（セラーノ　1873–1941）
標音2（セラーノ, ホセ　1873.10.14–1941.3.8）

Serrano Suñer, Ramón
スペインの政治家。スペイン外相。
⇒岩世人（セラーノ・スニェル　1901.9.12–2003.9.1）

Serrault, Michel
フランス生まれの俳優。
⇒スター（セロー, ミシェル　1928.1.24–2007）

Serre, Jean-Pierre
フランスの数学者。
⇒岩世人（セール　1926.9.15–）
数辞（セール, ジャン-ピエール　1926–）
世数（セール, ジャン-ピエール　1926–）

Serreau, Coline
フランスの映画監督, 女優。
⇒外12（セロー, コリーヌ　1947.10.29–）
外16（セロー, コリーヌ　1947.10.29–）

Serres, Michel
フランスの思想家。
⇒岩世人（セール　1930.9.1–）
外12（セール, ミシェル　1930.9.1–）
外16（セール, ミシェル　1930.9.1–）
現社（セール　1930–）
メル別（セール, ミシェル　1930–）

Sert, Josep Lluis
スペインの建築家。
⇒岩世人（セルト　1902.7.1–1983.3.15）

Sertillanges, Antonin Gilbert
フランスの神学者, 哲学者。"La Revue thomiste"を編集し, 新トミズムの代表者となる。
⇒岩世人（セルティヤンジュ　1863.11.16–1948.7.26）
新カト（セルティヤンジュ　1863.11.17–1948.7.26）

Sérusier, Louis-Paul-Henri
フランスの画家。
⇒岩世人（セリュジエ　1864.11.9–1927.10.7）

芸13（セルジエ, ポール 1864–1927）
Servais, Raoul
ベルギー生まれのアニメーション作家。
⇒アニメ（セルヴェ, ラウル 1928–）
Servan-Schreiber, Jean-Jacques
フランスのジャーナリスト, 政治家。フランス急進社会党党首。
⇒岩世人（セルヴァン＝シュレベール 1924.2.13–2006.11.7）
Service, John Stewart
アメリカの外交官。
⇒アア歴（Service,John S〔tewart〕 サーヴィス, ジョン・ステュワート 1909–）
岩世人（サーヴィス 1909.8.3–1999.2.3）
Šešelj, Vojislav
セルビアの政治家。
⇒岩世人（シェシェリ 1954.10.11–）
世指導（シェシェリ, ヴォイスラフ 1954.10.11–）
Sessina, Vera
ロシアの新体操選手。
⇒最世ス（セシナ, ベラ 1986.2.23–）
Sessions, Jeff
アメリカの政治家, 弁護士。
⇒外12（セッションズ, ジェフ 1946.12.24–）
世指導（セッションズ, ジェフ 1946.12.24–）
Sessions, Roger
アメリカの作曲家, 理論家, 教育者。バビットなどの優れた作曲家を育て,『和声の実習』(1951)などの著作もある。
⇒エデ（セッションズ, ロジャー（ハンティントン） 1896.12.28–1985.3.16）
ク音3（セッションズ 1896–1985）
新音小（セッションズ, ロジャー 1896–1985）
新音中（セッションズ, ロジャー 1896.12.28–1985.3.16）
標音2（セッションズ, ロジャー 1896.12.28–1985.3.16）
Sessions, William S.
アメリカのFBI長官。在職1987〜93。
⇒スパイ（セッションズ, ウィリアム・S 1930–）
Setälä, Emil Nestor
フィンランドの言語学者, 政治家。フィン・ウゴル諸語の比較研究, 殊に音韻論の領域に優れた業績がある。その『フィン文典』(1925)は広く用いられている。
⇒岩世人（セタラ 1864.2.27–1935.2.8）
Setch, Terry
イギリス生まれの画家。
⇒芸13（セッチ, テリー 1936–）
Seter, Mordechai
イスラエルの作曲家。
⇒ユ著人（Seter,Mordechai セテル, モルデハイ 1916–）
Seth, James
スコットランドの哲学者。エディンバラ大学道徳哲学教授(1898〜1924)。形而上学よりは寧ろ倫理学に力を注いだ。
⇒岩世人（セス 1860.5.6–1924.7.24）
学叢思（セス,(2)ジェームズ 1860–?）
Seth, Vikram
インドの詩人, 小説家。
⇒岩世人（セイト 1952.6.20–）
Sethe, Kurt
ドイツのエジプト学者。ピラミッド・テクストの定本"Die altägyptischen Pyramidentexte"(4巻,1908〜22)を完成し, 更にその翻訳と註釈に着手した。これは未完成に終わったが, 王朝時代のエジプト史の研究はこれにより画期的な進歩をとげた。
⇒岩世人（ゼーテ 1869.6.30–1934.7.6）
Setiabudi, Dr.Danudirja
インドネシアの民族主義運動家。
⇒岩世人（スティアブディ 1879.10.8–1950.8.28）
Setiawan, Hendra
インドネシアのバドミントン選手。
⇒外12（セティアワン, ヘンドラ 1984.8.25–）
外16（セティアワン, ヘンドラ 1984.8.25–）
最世ス（セティアワン, ヘンドラ 1984.8.25–）
Seton, Ernest Thompson
アメリカの作家。イギリスに生まれ, カナダ南部の森林地帯で育った。
⇒岩世人（シートン 1860.8.14–1946.10.23）
現世文（シートン, アーネスト・トンプソン 1860.8.14–1946.10.23）
広辞7（シートン 1860–1946）
辞歴（シートン 1860–1946）
ポブ人（シートン, アーネスト 1860–1946）
Seton-Watson, Robert William
イギリスの歴史家。中央ヨーロッパやバルカンの歴史および政治を研究。
⇒岩世人（シートン＝ワトソン 1879.8.20–1951.7.25）
Sette, Nicola
テノール歌手。
⇒魅惑（Sette,Nicola ?–）
Setterfield, Diane
イギリスの作家, フランス文学研究者。
⇒海文新（セッターフィールド, ダイアン 1964.8.22–）
現世文（セッターフィールド, ダイアン 1964.8.22–）
Setzer, Brian
アメリカのギター奏者, 歌手, 作曲家。

⇒外12（セッツァー, ブライアン　1959–）
　外16（セッツァー, ブライアン　1959–）

Seung Ho
韓国の歌手。
⇒外12（スンホ　1987.10.16–）

Seung-yeon
韓国の歌手。
⇒外12（スンヨン　1988.7.24–）
　外16（スンヨン　1988.7.24–）

Dr. Seuss
アメリカの絵本作家, 画家。絵本『マルベリー通りのふしぎなできごと』(1937),『帽子の中の猫』『ぞうのホートンたまごをかえす』など。
⇒絵本（ドクター・スース（セオドア・スース・ガイゼル）　1904–1991）
　現世文（ジーセル, セオドア・スース　1904.3.2–1991.9.24）
　世界子（スース博士　1904–1991）

Sev, Roman Semenovich
ロシア・モスクワ生まれの詩人, 作家。
⇒絵本（セフ, ロマン　1931–2009）

Sevareid, Eric
アメリカのジャーナリスト。
⇒アメ州（Sevareid, Eric　セバライド, エリック　1912–）

Ševčik, Otakar
チェコスロバキアのヴァイオリン演奏家。
⇒岩世人（シェフチーク　1852.3.22–1934.1.18）

SE7EN
韓国の歌手。
⇒外12（SE7EN　セブン　1984.11.9–）
　外16（SE7EN　セブン　1984.11.9–）
　韓俳（SE7EN（チェ・ドンウク）　1984.11.9–）

Séverac, Déodat de
フランスの作曲家。ピアノ曲「大地の歌」歌劇「風車小屋の心」などを作曲。
⇒ク音3（セヴラック　1872–1921）
　新音小（セヴラック, デオダ・ド　1872–1921）
　新音中（セヴラック, デオダ・ド　1872.7.20–1921.3.24）
　標音2（セヴラック, デオダ・ド　1872.7.20–1921.3.24）

Severeid, Henry Levai
アメリカの大リーグ選手(捕手)。
⇒メジャ（セヴェリード, ハンク　1891.6.1–1968.12.17）

Severi, Carlo
イタリア生まれの人類学者。
⇒メル別（セヴェーリ, カルロ　1952–）

Severi, Francesco Buonaccorso Gherardo
イタリアの数学者。ローマ大学学長で, イタリア数学の権威。第1回日伊交換教授として来日。
⇒岩世人（セヴェーリ　1879.4.13–1961.12.8）

Severin, Adrian
ルーマニアの政治家。ルーマニア外相。
⇒世指導（セベリン, アドリアン　1954.3.28–）

Severing, Carl
ドイツの政治家。プロイセン内相(1920～26, 30～32), ドイツ国内相(28～30)となったが, ナチスに罷免された。
⇒岩世人（ゼーヴェリング　1875.6.1–1952.7.23）

Severini, Gino
イタリアの画家。1950年ベネチア・ビエンナーレで1等獲得。著書に『キュビスムから古典主義まで』(21)。
⇒岩世人（セヴェリーニ　1883.4.7–1966.2.26）
　芸13（セヴェリーニ, ジーノ　1883–1966）

Severino, Rodolfo
フィリピンの外交官。東南アジア諸国連合(ASEAN)事務局長。
⇒世指導（セベリノ, ロドルフォ　1936.4.22–）

Severn, Dan
アメリカのプロレスラー。
⇒外16（スバーン, ダン　1958.6.9–）

Seversky, Alexander Procofieff de
ロシア生まれのアメリカの航空技師。高速機の設計や航空機に関する多くの発明がある。
⇒岩世人（セヴァスキー　1894.6.7–1974.8.24）

Severtsov, Aleksei Nikolaevich
ソ連の動物学者。進化における形態学上の法則性を追求し, 個体発生と系統発生との関係についてのE.H.ヘッケルの命題を批判し,〈系統胚子発生〉の説をたてた。
⇒岩生（セヴェルツォフ　1866–1936）
　岩世人（セヴェールツォフ　1866.9.11/23–1936.12.19）

Severyanin, Igor' Vasil'evich
ロシア, ソ連の詩人。自我未来主義を唱え, 言語的実験を試みた。
⇒岩世人（セヴェリャーニン　1887.5.4/16–1941.12.20）

Sevigny, Chloe
アメリカの女優。
⇒外12（セビニー, クロエ　1974.11.18–）
　ク俳（セヴィニー, クロエ　1974–）

Seward, Sir Albert Charles
イギリスの古植物学者。ケンブリッジ大学植物学教授(1906～36)。
⇒岩生（シーワード　1863–1941）
　岩世人（シュワード　1863.10.9–1941.4.11）

Seward, Edward William
アメリカの大リーグ選手(投手)。

⇒メジャ（サワード, エド　1867.6.29–1947.7.30）

Seward, George Frederick
アメリカの外交官。
⇒アア歴（Seward,George F（rederick）　スーアード, ジョージ・フレデリック　1840.11.9–1910.11.28）

Sewell, James Luther（Luke）
アメリカの大リーグ選手（捕手）。
⇒メジャ（スーウェル, ルーク　1901.1.5–1987.5.14）

Sewell, Joseph Wheeler
アメリカの大リーグ選手（遊撃, 三塁）。
⇒メジャ（スーウェル, ジョー　1898.10.9–1990.3.6）

Sewell, Robert
イギリスの南インド史研究家。マドラス政庁に勤務（1868～94）。南部インドの歴史的考古学的調査を行った。
⇒岩世人（シューエル　1845.6.4–1925）

Sewell, Rufus
イギリスの男優。
⇒ク俳（シューウェル, ルーファス　1967–）

Sewell, Truett Banks（Rip）
アメリカの大リーグ選手（投手）。
⇒メジャ（スーウェル, リップ　1907.5.11–1989.9.3）

Sexon, Lyle
アメリカの作家。
⇒アメ州（Sexon,Lyle　サクソン, ライル　1891–1946）

Şêx Se'îd
ナクシュバンディー教団のシャイフ。トルコ共和国初期にアナトリア南東部で発生したクルド系住民による武装蜂起の指導者。
⇒岩イ（シェーフ・サイード　1865?–1925）

Sexson, Richmond Lockwood
アメリカの大リーグ選手（一塁, 外野）。
⇒外12（セクソン, リッチー　1974.12.29–）
　メジャ（セクソン, リッチー　1974.12.29–）

Sexton, Ann
アメリカの詩人。
⇒岩世人（セクストン　1928.11.9–1974.10.4）
　現世文（セクストン, アン　1928–1974）

Seybold, Ralph Orlando（Socks）
アメリカの大リーグ選手（外野）。
⇒メジャ（シーボルト, ソックス　1870.11.23–1921.12.22）

Seydl, Zdeněk
チェコの画家。

⇒絵本（セイドゥル, ズデニェック　1916–1978）

Seydlitz, Walter von
ドイツ（プロイセン）の将軍。第一次シュレージエン戦争での軍功がある。
⇒岩世人（ザイドリッツ　1888–1976.4.28）

Seydoux, Léa
フランスの女優。
⇒外16（セドゥ, レア　1985.7.1–）

Seyfert, Carl Keenan
アメリカの天文学者, 天体物理学者。
⇒天文辞（セイファート　1911–1960）

Seyfert, Richard Hermann
ドイツの教育家, 教育学者。教育法規の改善や教員養成の改革のために尽力。「ドイツ作業教育協会」の指導者。
⇒教人（ザイフェルト　1862–1940）

Seymour, *Sir* Edward Hobart
イギリスの軍人。中国派遣艦隊司令官（1898～1901）, 義和団事件（1900）で連合軍を指揮して大将に昇進（01）。
⇒岩世人（シーモア　1840.4.30–1929.3.2）

Seymour, Gerald
イギリスの作家。
⇒現世文（シーモア, ジェラルド　1942–）

Seymour, *Sir* Horace James
イギリスの外交官。国連バルカン委員会英連邦代表（1947）。
⇒岩世人（シーモア　1885.2.26–1978.9.10）

Seymour, James Bentley（Cy）
アメリカの大リーグ選手（外野, 投手）。
⇒メジャ（シーモア, サイ　1872.12.9–1919.9.20）

Seymour, Jane
イギリス生まれの女優。
⇒ク俳（シーモア, ジェイン（フランケンバーガー, ジョイス）　1951–）

Seymour, Lynn
カナダのダンサー, 振付家。
⇒外12（シーモア, リン　1939.3.8–）

Seyoum Mesfin
エチオピアの政治家, 外交官。エチオピア外相。
⇒外12（セイヨム・メスフィン　1949.1.25–）
　外16（セイヨム・メスフィン　1949.1.25–）
　世指導（セイヨム・メスフィン　1949.1.25–）

Seyrig, Henri Arnold
フランスのオリエント考古学者, 碑文学者。パルミュラを中心とするヘレニズム文化, 西部パルティア文化, アラム語碑文の研究に貢献。
⇒岩世人（セーリグ　1895.11.10–1973.1.21）

Seyß-Inquart, Arthur von
オーストリアの政治家。ドイツ=オーストリア合邦宣言を行い、ドイツのオーストリア総督に就任した。第2次世界大戦後ニュルンベルク裁判で絞首刑に処された。
⇒岩世人（ザイス=インクヴァルト　1892.7.2-1946.10.16）

Seyyid Bey, Mehmed
オスマン帝国末期の学者、政治家。
⇒岩世人（セイイド・ベイ　1873-1925.3.8）

Sezer, Ahmet Necdet
トルコの政治家、法律家。トルコ大統領（2000～07）。
⇒外12（セゼル、アフメット　1941.9.13-）
世指導（セゼル、アフメット　1941.9.13-）

Sforza, Camillo
イタリアのテノール歌手。
⇒魅惑（Sforza,Camillo　?-）

Sforza, Carlo, Conte
イタリアの政治家、外交官。ユーゴスラビアとの間にラパロ条約を締結。ファシズム政権に反対して亡命。
⇒岩世人（スフォルツァ　1872.9.23-1952.9.4）

Sgambati, Giovanni
イタリアのピアノ奏者、作曲家。1866年リストの『ダンテ交響曲』をイタリアに紹介したのをはじめ、ドイツの交響作品のイタリア普及につとめた。
⇒ク音3（ズガンバーティ　1841-1914）
新音中（ズガンバーティ、ジョヴァンニ　1841.5.28-1914.12.14）
標音2（ズガンバーティ、ジョヴァンニ　1841.5.28-1914.12.14）

Sgardoli, Guido
イタリアの作家。
⇒海文新（スガルドリ、グイード　1965-）
現世文（スガルドリ、グイード　1965-）

Shaaban bin Robert
タンザニアの作家、スワヒリ文学者。現代スワヒリ文学の嚆矢となった。
⇒岩世人（シャアバン　1909.1.1-1962.6.22）
現世文（シャアバン、ビン・ロバート　1909.1.1-1962.6.20）

Shaara, Michael（Joseph, Jr.）
アメリカの小説家。
⇒現世文（シャーラ、マイケル　1928-1988）

Shaath, Nabil
パレスチナの経済学者。PLO企画センター所長、自治政府国際協力相。パレスチナ革命の目標として「アラブ人、ユダヤ人が共有する一つの民主パレスチナ国家」という概念の理論的基礎を作った。
⇒世指導（シャース、ナビル　1930-）

Shabalin, Maxim
ロシアのフィギュアスケート選手（アイスダンス）。
⇒最世ス（シャバリン、マキシム　1982.1.25-）

Shabazz, Attallah
マルコムXの子。
⇒マルX（CHILDREN OF MALCOLM X　マルコムXの子供たち　1958-）

Shabazz, Betty
1960年代アメリカの革命的黒人運動の指導者マルコムXの未亡人。
⇒マルX（SHABAZZ,BETTY SANDERS　シャボズ、ベティ・サンダーズ　1936-1977）

Shabazz, Gamilah Lumumba
マルコムXの子。
⇒マルX（CHILDREN OF MALCOLM X　マルコムXの子供たち　1964-）

Shabazz, Ilyasah
マルコムXの子。
⇒マルX（CHILDREN OF MALCOLM X　マルコムXの子供たち　1962-）

Shabazz, James
マルコムXの親友、補佐。
⇒マルX（SHABAZZ,JAMES（James 67X, Abdullah Abdur-Razzaq）　シャボズ、ジェイムズ（ジェイムズ67X、アブデュラ・アブデュル・ラザック））

Shabazz, James
アメリカのネイション・オブ・イスラムの会員。ニューアーク・モスクの伝道師。
⇒マルX（SHABAZZ,(MINISTER) JAMES　シャボズ、(伝道師)ジェイムズ　?-1973）

Shabazz, John
アメリカのネイション・オブ・イスラムの伝道師。
⇒マルX（SHABAZZ,JOHN　シャボズ、ジョン）

Shabazz, Malaak
マルコムXの子。
⇒マルX（CHILDREN OF MALCOLM X　マルコムXの子供たち　1965-）

Shabazz, Malikah
マルコムXの子。
⇒マルX（CHILDREN OF MALCOLM X　マルコムXの子供たち　1965-）

Shabazz, Qubilah Bahiyah
マルコムXの子。
⇒マルX（CHILDREN OF MALCOLM X　マルコムXの子供たち　1960-）

Shackelford, John
テノール歌手。

shack

⇒魅惑（Shackelford, John　?–）

Shackle, Gerge Lennox Sharman
イングランド生まれの経済思想家。
⇒岩経（シャックル　1903–1992）
　岩経人（シャックル　1903.7.14–1992.3.3）

Shackleton, *Sir* Ernest Henry
イギリスの探検家。イギリスの南極探検隊の一員。
⇒岩世人（シャクルトン　1874.2.15–1922.1.5）
　科史（シャクルトン　1874–1922）
　広辞7（シャクルトン　1874–1922）
　ネーム（シャクルトン　1874–1922）

Shackleton, *Sir* Nicholas John
イギリスの地質学者, 気象学者。
⇒岩世人（シャクルトン　1937.6.23–2006.1.24）
　外12（シャクルトン, ニコラス　1937.6.23–）

Shackleton Bailey, David Roy
イギリス生まれのアメリカの古典学者。
⇒岩世人（シャクルトン・ベイリー　1917.12.10–2005.11.28）

Shadbolt, Maurice
ニュージーランドの作家。
⇒現世文（シャドボルト, モーリス　1932–2004.10.10）
　ニュー（シャドボルト, モーリス　1932–）

Shadrin, Nicholas George
アメリカに亡命したソ連海軍士官。
⇒スパイ（シャドリン, ニコラス・ジョージ　1922–1975）

Shafak, Elif
フランス生まれのトルコの作家。
⇒現世文（シャファク, エリフ　1971–）

Shafarevich, Igori Rostislavovich
ソ連の数学者。
⇒岩世人（シャファレーヴィチ　1923.6.3–）
　世数（シャファレヴィッチ, イゴール・ロスティスラヴォヴィッチ　1923–）

Shaffer, Anthony
イギリスの作家。
⇒現世文（シェーファー, アンソニー　1926.5.16–2001.11.6）
　広辞7（シェーファー　1926–2001）

Shaffer, Elaine
アメリカのフルート奏者。
⇒標音2（シェーファー, エレイン　1925.10.22–1973.2.19）

Shaffer, Peter Levin
イギリスの劇作家。
⇒岩世人（シャファー（シェイファー）　1926.5.15–）
　外12（シェーファー, ピーター　1926.5.15–）
　外16（シェーファー, ピーター　1926.5.15–）
　現世文（シェーファー, ピーター　1926.5.15–2016.6.6）
　広辞7（シェーファー　1926–2016）
　ネーム（シェファー　1926–）

Shafie, Tan Sri Ghazali
マレーシアの外交官。
⇒岩世人（シャフィー, ガザリ　1922.3.22–2010.1.24）

Shafran, Daniil
ロシアのチェロ奏者。
⇒新音中（シャフラン, ダニエル　1923.1.13–1997.2.7）
　標音2（シャフラン, ダニイル　1923.1.13–1997.2.7）

Shaginyan, Marietta Sergeevna
ソ連の女性作家。代表作, 長篇『中央水力発電所』(1928～48)。
⇒岩世人（シャギニャン　1888.3.21/4.2–1982.3.20）
　現世文（シャギニャン, マリエッタ　1888.4.2–1982.3.22）

Shah, Naseeruddin
インド生まれの男優。
⇒スター（シャー, ナジルラディン　1950.7.20–）

Shah, Prakash
インドの外交官。国連大使。
⇒世指導（シャー, プラカシュ　1939.7.4–）

Shahabuddin, Ahmed
バングラデシュの画家。
⇒岩世人（シャーハブディーン　1950–）

Shaham, Gil
アメリカ, のちイスラエルのヴァイオリン奏者。
⇒外12（シャハム, ギル　1971–）
　外16（シャハム, ギル　1971–）
　新音中（シャハム, ギル　1971.2.19–）
　ユ著人（Shaham,Gil　シャハム, ギル　1971–）

Shaham, Nathan
ヘブライ語の作家。
⇒ユ著人（Shaham,Nathan　シャハム, ナタン　1925–）

Shahar, David
イスラエルの作家。
⇒現世文（シャハル, ダヴッド　1926.6.17–1997.4）
　ユ著人（Shahar,David　シャハル, ダヴィッド　1926–1997）

Shaheen, C.Jeanne
アメリカの政治家。
⇒外12（シャヒーン, ジーン　1947.1.28–）

Shaheen, Saif Saaeed
カタールの陸上選手（障害・長距離）。
⇒最世ス（シャヒーン, サイフ・サイード　1982.10.

15–)

Shahn, Ben
アメリカの画家。第2次世界大戦中『リディス』など、多くの反ナチズムのポスターを制作した。ほかに『福竜丸（ラッキー・ドラゴン）』シリーズ（1961～62）、『マーチン・ルーサー・キング牧師肖像』など。
⇒アメ新（シャーン　1898–1969）
　岩世人（シャーン　1898.9.12–1969.3.14）
　グラデ（Shahn,Ben　シャーン、ベン　1898–1969）
　芸13（シャーン、ベン　1898–1969）
　広辞7（シャーン　1898–1969）
　ユ著人（Ben Shahn　ベン・シャーン　1898–1969）

Shahnon bin Ahmad
マレーシアの作家。
⇒岩イ（シャーノン・アフマド　1933–）
　現世文（シャーノン・アハマッド　1933.1.13–2017.12.26）

Shaikh Salman bin Ebrahim Al Khalifa
バーレーンの王族。アジアサッカー連盟（AFC）会長。
⇒外16（シェイク・サルマン・ビン・エブラヒム・アル・ハリファ）

Shajarian, Mohammad-Reza
イランの古典音楽の歌手、カリグラファー。
⇒岩世人（シャジャリアン　1940.9.23–）

Shakely, Jamil
クルド人の児童文学作家。
⇒現世文（シェイクリー、ジャミル　1962–）

Shakespeare, Robbie
ジャマイカのミュージシャン。
⇒外12（シェイクスピア、ロビー　1953.9.27–）
　外16（シェイクスピア、ロビー　1953.9.27–）

Shakhmatov, Aleksei Aleksandrovich
ロシアの言語学者。ロシア語史、古代ロシア文学、ロシア年代記、ロシア人・スラヴ人の起源等を研究。
⇒岩世人（シャーフマトフ　1864.6.5/17–1920.8.16）

Shakhnazarov, Georgii Khosroevich
ロシアの政治家。
⇒岩世人（シャフナザーロフ　1924.10.4–2001.5.15）

Shakhnazarov, Karen
ロシア生まれの映画監督、映画脚本家、作家。
⇒岩世人（シャフナザーロフ　1952.7.8–）
　外12（シャフナザーロフ、カレン　1952.7.8–）
　外16（シャフナザーロフ、カレン　1952.7.8–）

Shakhrai, Sergei Mikhailovich
ロシアの行政官的政治家。エリツィン時代に新ロシアの国家体制づくりに深く関与した。
⇒世指導（シャフライ、セルゲイ　1956.4.3–）

Shakira
コロンビア生まれの歌手。
⇒外12（シャキーラ　1977–）
　外16（シャキーラ　1977–）

Shalala, Donna
アメリカの政治学者。厚生長官、マイアミ大学学長。
⇒外12（シャレーラ、ドナ　1941.2.14–）
　外16（シャレーラ、ドナ　1941.2.14–）
　世指導（シャレーラ、ドナ　1941.2.14–）

Shalámov, Varlám T.
ソ連の作家。
⇒岩世人（シャラーモフ　1907.6.5/18–1982.1.17）

Shaler, Nathaniel Southgate
アメリカの地質学者。
⇒学叢思（シェーラー、ナサニエル・サウスゲート　1841–1906）

Shaliapin, Fëdor Ivanovich
ロシアのバス歌手。ロシア歌劇を広めた功績は大きく、『ボリス・ゴドゥノフ』の名演は絶讃された。
⇒岩世人（シャリャーピン　1873.2.1/13–1938.4.12）
　オペラ（シャリヤピン、フョードル　1873–1938）
　広辞7（シャリアピン　1873–1938）
　新音中（シャリャピン、フョードル　1873.2.13–1938.4.12）
　ネーム（シャリアピン　1873–1938）
　標音2（シャリャピン、フョードル　1873.2.13–1938.4.12）

Shalin, Mikhail Alekseevich
ソビエト軍の情報機関（GRU）の局長。在職1951～56,57～58。
⇒スパイ（シャリン、ミハイル・アレクセイヴィチ）

Shalit, Isidor
ウクライナ生まれの歴史家、著述家、シオニスト。
⇒ユ著人（Shalit,Isidor　シャリート、イージドール　1871–1953）

Shalom, Aleichem（Shalom Rabinovitz）
ウクライナ生まれのイディッシュ語作家。
⇒ユ著人（ショレム＝アレイヘム　1859.2.18–1916.5.13）
　現世文（ショーレム・アレイヘム　1859.2.18–1916.5.13）
　ユ著人（Shalom (Sholem) Aleichem　シャローム・アレイヘム　1859–1916）

Shalom, Silvan
イスラエルの政治家、ジャーナリスト。イスラ

エル副首相, 外相。
⇒外12（シャローム, シルヴァン　1958–）
　外16（シャローム, シルヴァン　1958–）
　世指導（シャローム, シルヴァン　1958–）

Shaltūt, Maḥmūd
エジプトのウラマー。
⇒岩世人（シャルトゥート, マフムード　1893–1963）

Shaman Rapongan
台湾の作家。
⇒現世文（シャマン・ラポガン　夏曼藍波安　1957–）

Shambaugh, David L.
アメリカの中国研究者。
⇒岩世人（シャンボー　1953.1.18–）

Shamburger, Riley W.
アメリカ中央情報局（CIA）職員。
⇒スパイ（ベイカー, レオ・F, グレイ, ウェイド・C, シャムバーガー, ライリー・W, ジュニア　?–1961.4.19）

Shami, Mubarak
カタールのマラソン選手。
⇒外12（シャミ, ムバラク　1980.12.1–）
　最世ス（シャミ, ムバラク　1980.12.1–）

Shamir, Adi
イスラエルのコンピューター科学者, 暗号学者。
⇒岩世人（シャミア　1952.7.6–）

Shamir, Moshe
イスラエルの劇作家, 小説家。
⇒現世文（シャミール, モシェ　1921.9.15–2004.8.20）

Shamir, Shimon
イスラエルの歴史家, 外交官。テルアビブ大学名誉教授, 駐ヨルダン・イスラエル大使。
⇒外12（シャミル, シモン　1933.12.15–）
　外16（シャミル, シモン　1933.12.15–）

Shamir, Yitzhak
イスラエルの政治家。イスラエル首相, リクード党党首。
⇒岩世人（シャミール　1915.10.5–2012.6.30）
　政経改（シャミル　1915–）
　ユ著人（Shamir,Yitzhak　シャミル, イツァーク　1915–1992）

Shamiyeh, Marwan
イギリスのテノール歌手。
⇒魅惑（Shamiyeh,Marwan　?–）

Shamsur Rahman
バングラデシュの国民詩人。
⇒岩イ（シャムシュル・ラフマン　1929–）
　現世文（ラーマン, シャムスル　1929.10.24–2006.8.17）

Sham'ūn, Kamīl
レバノンの政治家, 弁護士。
⇒岩世人（シャムウーン, カミール　1900.4.3–1987.8.7）

Shamzai, Nizamuddin
パキスタンのイスラム教スンニ派原理主義指導者。
⇒世指導（シャムザイ, ニザムディン　?–2004.5.30）

Shan, Darren
イギリス生まれのアイルランドの作家。
⇒外12（シャン, ダレン　1972.7.2–）
　外16（シャン, ダレン　1972.7.2–）
　海文新（シャン, ダレン　1972.7.2–）
　現世文（シャン, ダレン　1972.7.2–）

Shanahan, Brendan
カナダのアイスホッケー選手。
⇒最世ス（シャナハン, ブレンダン　1969.1.23–）

Shanahan, Joseph Ignatius
アイルランド出身のナイジェリア宣教師, 司教, 修道会創立者。
⇒新カト（シャナハン　1871.6.6–1943.12.25）

Shand, Alexander Allen
イギリスの財政家。大蔵省紙幣寮顧問を務め, 銀行制度を確立した。
⇒有経5（シャンド　1844–1930）
　来日（シャンド, アレクサンダー・アラン　1844–1930）

Shand, Samuel James
イギリスの地質学者, 岩石学者。火成岩, 殊にアルカリ岩の研究を行った。
⇒岩世人（シャンド　1882.10.29–1957.4.19）

Shange, Ntozake
アメリカの劇作家, 詩人, 舞踏家, 女優, 演出家。
⇒岩世人（ションゲイ　1948.10.18–）
　現世文（シャンゲ, ヌトザケ　1948.10.18–2018.10.28）

Shanina, Roza
ソ連の軍人。
⇒ネーム（シャーニナ　1924–1945）

Shankar, Anoushka
インドのシタール奏者。
⇒外16（シャンカール, アヌーシュカ）

Shankar, Ramsewak
スリナムの政治家。スリナム大統領（1988〜90）。
⇒世指導（シャンカール, ラムセワク　1937.11.6–）

Shankar, Ravi
インドのシタール奏者, 作曲家。
⇒岩世人（ラヴィ・シャンカル　1920.4.7–2012.12.11）

外12 (シャンカル, ラヴィ 1920.4.7–)
ク音3 (シャンカル 1920–)
新音中 (シャンカル, ラヴィ 1920.4.7–)
南ア新 (シャンカル 1920–)
ネーム (シャンカール 1920–2012)
ビト改 (SHANKAR,RAVI シャンカール, ラヴィ)
標音2 (シャンカル, ラヴィ 1920.4.7–)
ロック (Shankar,Ravi シャンカール, ラヴィ 1920–)

Shankar, Uday
インドの舞踊家。近代的なインド舞踊の創始者。1938年「インド文化センター」をインドに設立し、古代舞踊や衣装の研究および舞踊教授などに専念した。
⇒岩世人 (ウダイ・シャンカル 1900.12.8–1977.9.26)

Shankle, Norman
アメリカのテノール歌手。
⇒魅惑 (Shankle,Norman ?–)

Shankman, Adam
アメリカの映画監督。
⇒外12 (シャンクマン, アダム 1964–)
⇒外16 (シャンクマン, アダム 1964–)

Shankman, Peter
アメリカのPRコンサルタント。
⇒外16 (シャンクマン, ピーター 1972–)

Shanks, Edward (Richard Buxton)
イギリスの詩人、批評家。
⇒岩世人 (シャンクス 1892.6.11–1953.5.4)

Shanks, Howard Samuel
アメリカの大リーグ選手 (外野、三塁、遊撃)。
⇒メジャ (シャンクス, ハウィー 1890.7.21–1941.7.30)

Shanley, John Patrick
アメリカの劇作家、脚本家。
⇒外12 (シャンリー, ジョン・パトリック 1950.10.13–)
外16 (シャンリー, ジョン・パトリック 1950.10.13–)
現世文 (シャンリー, ジョン・パトリック 1950.10.13–)

Shannon, Claude Elwood
アメリカの電気工学者、数学者。エントロピーという概念を用いて、情報を定量化し、情報量や伝達に関する理論を数学の確率論の上に組み立てた。
⇒岩世人 (シャノン 1916.4.30–2001.2.24)
現社 (シャノン 1916–2001)
広辞7 (シャノン 1916–2001)
三新物 (シャノン 1916–2001)
社小増 (シャノン 1916–2001)
数辞 (シャノン, クロード・エルウッド 1916–)
数小増 (シャノン 1916–2001)

物理 (シャノン, クロード 1916–2001)

Shannon, Del
アメリカの歌手、作曲家。
⇒ロック (Shannon,Del シャノン, デル 1939.12.30–)

Shan Sa
中国の詩人、作家、アーティスト。
⇒外12 (シャンサ 1972–)
外16 (シャンサ 1972–)
現世文 (シャン・サ 山颯 1972–)

Shanteau, Eric
アメリカの水泳選手 (平泳ぎ・個人メドレー)。
⇒外12 (シャントー, エリク 1983.10.1–)
外16 (シャントー, エリク 1983.10.1–)
最世文 (シャントー, エリク 1983.10.1–)

Shantz, Robert Clayton
アメリカの大リーグ選手 (投手)。
⇒メジャ (シャンツ, ボビー 1925.9.26–)

Shapin, Steven
アメリカの科学史家、科学社会学者。
⇒岩世人 (シェイピン 1943–)

Shapiro, David
アメリカ生まれの画家。
⇒芸13 (シャプロ, デヴィド 1944–)

Shapiro, Helen
イギリス・ロンドン生まれの歌手。
⇒ロック (Shapiro,Helen シャピーロ, ヘレン 1946.9.28–)

Shapiro, Irving Saul
アメリカの企業経営者。デュポン社に入社 (1951)、法律畑を歩んで昇進、最高経営執行者兼会長となった (74~)。
⇒岩世人 (シャピロ 1916.7.15–2001.9.13)
ユ著人 (Shapiro,Irving Saul シャピロ, アーヴィング・ソウル 1916–)

Shapiro, Isaac
アメリカの法律家、実業家。ジャパン・ソサエティー会長。
⇒外12 (シャピロ, アイザック 1931–)
外16 (シャピロ, アイザック 1931–)

Shapiro, Karl (Jay)
アメリカ (ユダヤ系) の詩人、批評家。
⇒岩世人 (シャピロ 1913.11.10–2000.5.14)
現世文 (シャピロ, カール 1913.11.10–2000.5.14)
ネーム (シャピロ 1913–2000)
ユ著人 (Shapiro,Karl Jay シャピロ, カール・ジェイ 1913–)

Shapiro, Mary
アメリカ証券取引委員会 (SEC) 委員長。
⇒外16 (シャピロ, メアリー 1955.6.19–)

Shapiro, Robert J.
アメリカのエコノミスト。
⇒外12（シャピロ, ロバート　1950–）
　外16（シャピロ, ロバート　1950–）

Shapkarev, Kuzman Anastasov
マケドニア生まれのブルガリアの口承文芸採録者。
⇒岩世人（シャプカレフ　1834.2.1–1909.3.18）

Shaplen, Robert Modell
アメリカのジャーナリスト。
⇒アア歴（Shaplen,Robert M (odell)　シャプレン, ロバート・モデル　1917.3.22–1988.5.16）

Shapley, Harlow
アメリカの天文学者。銀河系の形を明らかにし、銀河系天文学の発展に寄与した。
⇒アメ州（Shapely,Harlow　シェイプリー, ハーロー　1885–1972）
　岩世人（シャプリー　1885.11.2–1972.10.20）
　広辞7（シャプリー　1885–1972）
　三新物（シャープレイ　1885–1972）
　天文辞（シャプレー　1885–1972）
　天文大（シャプレー　1885–1972）

Shapley, Lloyd S.
アメリカの経済学者。
⇒外16（シャプリー, ロイド　1923.6.2–）
　ノベ3（シャプレー,L.　1923.6.2–）
　有経5（シャプレー　1923–）

Shaporin, Yurii Aleksandrovich
ロシアの作曲家。モスクワ劇場のために作曲し、また映画音楽の作曲もある。
⇒岩世人（シャポーリン　1887.10.27/11.8–1966.12.9）
　ク音3（シャポーリン　1887–1966）
　新音中（シャポーリン, ユーリー　1887.11.8–1966.12.9）
　標音2（シャポーリン, ユーリー・アレクサンドロヴィチ　1887.11.8–1966.12.9）

Shapovalyants, Andrei
ロシアの政治家。ロシア副首相・経済相。
⇒世指導（シャポワリヤンツ, アンドレイ　1952.2.23–）

Shaqiri, Xherdan
スイスのサッカー選手（インテル・MF）。
⇒外16（シャキリ, ジェルダン　1991.10.10–）

al-Shara, Farouk
シリアの政治家。シリア副大統領。
⇒外12（シャラ, ファルーク　1938–）
　外16（シャラ, ファルーク　1938.12.10–）
　世指導（シャラ, ファルーク　1938.12.10–）

Sharaf, Essam
エジプトの政治家。エジプト首相。
⇒外12（シャラフ, イサーム　1952–）
　世指導（シャラフ, イサーム　1952–）

Sharapova, Maria
ロシアのテニス選手。
⇒異二辞（シャラポワ［マリア・～］　1987–）
　外12（シャラポワ, マリア　1987.4.19–）
　外16（シャラポワ, マリア　1987.4.19–）
　最世ス（シャラポワ, マリア　1987.4.19–）

Sharar Maulvī, 'Abdu'l Halīm
インドのウルドゥー語作家, 歴史家, ジャーナリスト。主著『スィンド史』(1906,08),『イスラム以前のアラビア』(18)。
⇒岩世人（シャラル　1860–1926.12.6）

Sh'arawi, Huda
エジプトの女権運動家。
⇒岩イ（シャアラーウィー, フダー　1879–1947）
　岩世人（シャアラーウィー　1879.6.12–1947.12.12）

al-Sha'rāwī, Muḥammad Mutawallī
現代エジプトを代表するウラマーの1人。
⇒岩イ（シャアラーウィー, ムタワッリー　1911–1998）

Sharer, Robert
アメリカの人類学者, 考古学者。
⇒岩世人（シャーラー　1940–2012.9.20）

Sharett, Moshe
シオニスト労働運動指導者, イスラエルの政治家。1954～55年首相。
⇒岩世人（シャレット　1895–1965.7.7）
　国政（シャレット（シェルトク）, モシェー　1894–1965）
　ユ著人（Sharett,Moshe　シャレット, モーシェ　1894–1965）

Sharī'atī, 'Alī
イランの思想家。
⇒イス世（アリー・シャリーアティー　1933–1977）
　岩イ（アリー・シャリーアティー　1933–1977）
　岩世人（シャリーアティー　1933.11.23–1977.6.19）

Sharīat Madārī
イランの宗教指導者。
⇒岩イ（シャリーアトマダーリー　1904–1986）

Sharif, Nawaz
パキスタンの政治家。パキスタン首相。
⇒外12（シャリフ, ナワズ　1949.12.25–）
　外16（シャリフ, ナワズ　1949.12.25–）
　世指導（シャリフ, ナワズ　1949.12.25–）

Sharif, Omar
エジプト生まれの俳優。
⇒外12（シャリフ, オマー　1932.4.10–）
　ク俳（シャリフ, オマー（シャルホウブ, マイクル）　1932–）

スター（シャリフ, オマー　1932.4.10–）

Sharif-Emami, Jaffar
イランの政治家。イラン首相。
⇒岩世人（シャリーフ・エマーミー　1910.9.8–1998.6.16）

Sharifov, Sharif
アゼルバイジャンのレスリング選手（フリースタイル）。
⇒外16（シャリフォフ, シャリフ　1988.11.11–）
　最世ス（シャリフォフ, シャリフ　1988.11.11–）

Sharma, Akhil
インド生まれのアメリカの作家。
⇒現世文（シャルマ, アキール　1971.7.22–）

Sharma, Shankar Dayal
インドの政治家。インド大統領（1992～97）。
⇒世指導（シャルマ, シャンカル・ダヤル　1918.8.19–1999.12.26）

Sharman, Jackson Roger
アメリカの体育学者。アメリカ教育局身体適性主任技師（1942～43）。
⇒岩世人（シャーマン　1895.6.22–1957.6.19）

Sharman, Jim
オーストラリアの演出家、映画監督。
⇒岩世人（シャーマン　1945.3.12–）

Sharmat, Marjorie Weinman
アメリカの女性作家。
⇒外16（シャーマット, マージョリー・ワインマン　1928–）
　現世文（シャーマット, マージョリー・ワインマン　1928.11.12–）

Sharmila, Irom
インドの人権活動家。
⇒外16（シャルミラ, イロム　1972.3.14–）

Sharon, Ariel
イスラエルの政治家、軍人。イスラエル首相、リクード党首。
⇒岩世人（シャロン　1928.2.26–2014.1.11）
　外12（シャロン, アリエル　1928.2.26–）
　国政（シャロン, アリエル　1928–）
　政経改（シャロン　1928–）
　世史改（シャロン　1928–2014）
　世指導（シャロン, アリエル　1928.2.26–2014.1.11）
　世人新（シャロン　1928–2014）
　世人装（シャロン　1928–2014）
　ポプ人（シャロン, アリエル　1928–2014）

Sharp, Anthea
アメリカの作家。アンシア・ローソンは、妻アンシアと夫ローソンの夫婦ユニットの作家名。
⇒海文新（ローソン, アンシア）

Sharp, Cecil James
イギリスの作曲家。イギリスの民謡や民族舞踊を集成、研究した。
⇒岩世人（シャープ　1859.11.12–1924.6.28）
　新音中（シャープ, セシル　1859.11.22–1924.6.28）
　標音2（シャープ, セシル　1859.11.22–1924.6.28）

Sharp, Deborah
アメリカの作家。
⇒海文新（シャープ, デボラ　1954–）

Sharp, Dee Dee
アメリカ・フィラデルフィア生まれの歌手。
⇒ロック（Sharp,Dee Dee　シャープ, ディー・ディー　1945.9.9–）

Sharp, Gene
アメリカの政治学者。
⇒外16（シャープ, ジーン　1928–）

Sharp, Isadore
カナダの実業家。
⇒外12（シャープ, イザドア　1931–）
　外16（シャープ, イザドア　1931–）

Sharp, Lauriston
アメリカの人類学者。
⇒アア歴（Sharp,Lauriston　シャープ, ローリストン　1907.3.24–1993.12.31）

Sharp, Phillip
アメリカの生物学者。1993年ノーベル生理学医学賞。
⇒岩生（シャープ　1944–）
　外12（シャープ, フィリップ　1944.6.6–）
　外16（シャープ, フィリップ　1944.6.6–）
　ノベ3（シャープ,P.　1944.6.6–）

Sharp, William
スコットランドの作家。D.ロセッティなどの伝記（1882）から『流浪の女たち』（98）などのロマンスものがある。またFiona Macleodの筆名で多くの詩文も書いた。
⇒岩世人（シャープ　1856.9.12–1905.12.12）

Sharpe, Ben
カナダ出身のプロレスラー。
⇒岩世人（シャープ兄弟　1916–2001.11.21）

Sharpe, Mike
カナダ出身のプロレスラー。
⇒岩世人（シャープ兄弟　1923–1988.8.9）

Sharpe, Nathan
オーストラリアのラグビー選手。
⇒最世ス（シャープ, ネイサン　1978.2.26–）

Sharpe, Shannon
アメリカのプロフットボール選手。
⇒外16（シャープ, シャノン　1968.6.26–）

Sharpe, Tom
イギリスの小説家。
⇒現世文（シャープ, トム　1928.3.30–2013.6.6）

Sharpe, William Forsyth
アメリカの経済学者。1990年ノーベル経済学賞。
⇒岩経（シャープ　1934–）
　外12（シャープ, ウィリアム　1934.6.16–）
　外16（シャープ, ウィリアム　1934.6.16–）
　ノベ3（シャープ, W.F.　1934.6.16–）
　有経5（シャープ　1934–）

Sharpless, Barry
アメリカの化学者。2001年ノーベル化学賞。
⇒岩世人（シャープレス　1941.4.28–）
　外12（シャープレス, バリー　1941.4.28–）
　外16（シャープレス, バリー　1941.4.28–）
　化学（シャープレス　1941–）
　ネーム（シャープレス　1941–）
　ノベ3（シャープレス, B.　1941.4.28–）

Sharpsteen, Ben
アメリカのアニメーター, アニメーション映画監督。
⇒アニメ（シャープスティーン, ベン　1895–1980）
　映監（シャープスティーン, ベン　1895.11.4–1980）

al-Sharqāwī, 'Abd al-Rahman
エジプトの文学者。鋭い時代感覚と問題意識を、自己の体験を踏まえて文学に具現化するリアリズム作家。
⇒現世文（シャルカーウィー, アブド・アッ・ラフマーン・アッ　1920–1987.11.10）

Sharratt, Nick
イギリスのイラストレーター。
⇒外16（シャラット, ニック　1962–）

Sharrieff, Raymond
アメリカのフルート・オブ・イスラム（FOI）最高キャプテン。
⇒マルX（SHARRIEFF,RAYMOND　シャリーフ, レイモンド）

Shāstrī, Lāl Bahādur
インドの政治家。ネルー首相死亡のあとを受けて首相となった。
⇒岩世人（シャーストリー　1901.10.2–1966.1.11）
　世人新（シャストリ　1904–1966）
　世人装（シャストリ　1904–1966）
　南ア新（シャーストリー　1904–1966）

Shatner, William
アメリカの俳優。
⇒外12（シャトナー, ウィリアム　1931.3.22–）
　外16（シャトナー, ウィリアム　1931.3.22–）
　ク俳（シャトナー, ウィリアム　1931–）

Shatróv, Mikhaíl Filíppovich
ロシア（ソ連）の劇作家。
⇒現世文（シャトローフ, ミハイル　1932.4.3–2010.5.23）

Shaukat Ali
インドの政治家。
⇒岩イ（シャウカト・アリー　1873–1938）

Shaute, Joseph Benjamin
アメリカの大リーグ選手（投手）。
⇒メジャ（シェイウート, ジョー　1899.8.1–1970.2.21）

Shavdatuashvili, Lasha
ジョージアの柔道選手。
⇒外16（シャブダトゥアシビリ, ラシャ　1992.1.31–）
　最世ス（シャブダトゥアシビリ, ラシャ　1992.1.31–）

Shaviro, Steven
アメリカの哲学者。
⇒メル別（シャヴィロ, スティーヴン　1954–）

Shaw, Artie
アメリカのダンス・バンド指揮者, クラリネット奏者。エバ・ガードナーなどとの8回の結婚歴によっても名高い。
⇒新音中（ショー, アーティ　1910.5.23–）
　標音2（ショー, アーティ　1910.5.23–2004.12.30）
　ユ著人（Shaw,Artie　ショー, アーティー　1910–）

Shaw, Bob
イギリスのSF作家。
⇒現世文（ショー, ボブ　1931–1996.2.11）

Shaw, Clifford Robe
アメリカの社会学者。シカゴ学派。
⇒岩世人（ショー　1896–1957）
　社小増（ショウ　1896–1957）

Shaw, Edward Stone
アメリカの経済学者。
⇒有経5（ショー　1908–1994）

Shaw, Fiona Mary
イギリスの女優。
⇒外12（ショー, フィオナ　1958.7.10–）
　外16（ショー, フィオナ　1958.7.10–）

Shaw, George Bernard
イギリスの劇作家。『キャンディダ』（1895）,『聖ジョーン』（1923）など作品多数。25年ノーベル文学賞受賞。
⇒岩世人（ショー　1856.7.26–1950.11.2）
　学叢思（ショー, ジョージ・バーナード　1856–?）
　現世文（ショー, バーナード　1856.7.26–1950.11.2）
　広辞7（ショー　1856–1950）
　新音中（ショー, バーナード　1856.7.26–1950.11.2）
　新カト（ショー　1856.7.26–1950.11.2）
　図翻（ショー　1856.7.26–1950.11.2）

西文（ショー, バーナード　1856–1950）
世演（ショー, バーナード　1856.7.26–1950.11.23）
世史改（ショー, バーナード＝　1856–1950）
世人新（ショー（バーナード＝ショー）　1856–1950）
世人装（ショー（バーナード＝ショー）　1856–1950）
ネーム（バーナード・ショー　1856–1950）
ノベ3（ショー, G.B.　1856.7.26–1950.11.2）
標音2（ショー, バーナード　1856.7.26–1950.11.2）
ポプ人（ショー, バーナード　1856–1950）

Shaw, Glen William
アメリカの教育者。
⇒アア歴（Shaw, Glenn William　ショー, グレン・ウイリアム　1886.11.19–1961.8.26）
　岩世人（ショー　1886.11.19–1961.8.26）

Shaw, Irwin
アメリカの劇作家, 小説家。小説『若き獅子たち』(1948)で一躍有名になった。ほかに『富める者, 貧しき者』(70)などがある。
⇒岩世人（ショー　1913.2.27–1984.5.16）
　現世文（ショー, アーウィン　1913.2.27–1984.5.16）
　ユ著人（Shaw, Irwin　ショー, アーヴィン　1913–1984）

Shaw, Jeffrey Lee
アメリカの大リーグ選手（投手）。
⇒メジャ（ショウ, ジェフ　1966.7.7–）

Shaw, Kiran Mazumdar
インドの実業家。
⇒外12（ショウ, キラン・マズムダル　1953.3–）
　外16（ショウ, キラン・マズムダル　1953.3–）

Shaw, Luke
イギリスのサッカー選手（マンチェスター・ユナイテッド・DF）。
⇒外16（ショー, ルーク　1995.7.12–）

Shaw, Richard Norman
イギリスの建築家。主作品はベドファド・パークの田園都市計画(1878)など。
⇒岩世人（ショー　1831.5.7–1912.11.17）

Shaw, Robert
アメリカの指揮者。
⇒新音中（ショー, ロバート　1916.4.30–1999.1.25）
　標音2（ショー, ロバート　1916.4.30–1999.1.25）

Shaw, Robert（Archibald）
イギリスの劇作家, 小説家, 俳優。
⇒ク俳（ショー, ロバート　1927–1978）
　スター（ショウ, ロバート　1927.8.9–1978）

Shaw, Robert John
アメリカの大リーグ選手（投手）。
⇒メジャ（ショウ, ボブ　1933.6.29–2010.9.23）

Shaw, Runrun
香港の実業家, 映画製作者。中国名邵逸夫。1958年兄弟で映画会社ショウ・ブラザーズ（邵兄弟公司）を設立。59年香港に移り, 主に中国語映画を製作。香港放送テレビ有限公司董事会主席, 香港邵氏影業公司董事長。
⇒岩世人（ショー　1907.11.19（光緒33.10.14）–2014.1.7）
　中日3（邵逸夫　ショウ, ランラン　1907–2014）

Shaw, Sandie
イギリス生まれの歌手。
⇒ロック（Shaw, Sandie　ショー, サンディ　1947.2.26–）

Shaw, Vernon Lorden
ドミニカ国の政治家。ドミニカ国大統領(1998～2003)。
⇒世指導（ショー, バーノン　1930.5.13–2013.12.2）

Shaw, William James（Bill）
アメリカの実業家。
⇒アア歴（Shaw, William J（ames）（"Bill"）　ショー, ウイリアム・ジェイムズ　1877.9.20–1939.3.1）

Shaw, Sir William Napier
イギリスの気象学者。ロンドン大学気象学教授。
⇒岩世人（ショー　1854.3.4–1945.3.23）

Shaw, Woody
アメリカのジャズ・トランペット奏者。
⇒新音中（ショー, ウディ　1944.12.24–1989.5.10）
　標音2（ショー, ウディ　1944.12.24–1989.5.10）

Shawarbi, Mahmoud Youssef
アメリカ・カナダのイスラム連盟組織の会長。
⇒マルX（SHAWARBI, MAHMOUD YOUSSEF　シャワルビ, マハムード・ユーセフ）

Shawkey, James Robert
アメリカの大リーグ選手（投手）。
⇒メジャ（ショウキー, ボブ　1890.12.4–1980.12.31）

Shawn, Ted
アメリカの舞踊家。「アメリカ舞踊の父」といわれる。デニション舞踊学校を設立, また男性舞踊集団を作り, 有能な舞踊家の育成に尽力した。
⇒岩世人（ショーン　1891.10.21–1972.1.9）

Shaykh Aḥmad Ḥamā-hu Allāh
フランス植民地支配下のマリでティジャーニー教団の一分派ハマーリー教団を指導したスーフィー。
⇒岩イ（シャイフ・ハマーフ・アッラー　1883–1943）

Shäymiev, Mintimer
タタールスタンの政治家。タタールスタン共和国初代大統領(1991～2010)。

⇒岩世人（シャイミエフ　1937.1.20–）
世指導（シャイミエフ，ミンチミル　1937.1.20–）

Shazar, Shneur Zalman
イスラエルの政治家，歴史家，詩人。第3代大統領（1963〜73）。
⇒ユ著人（Shazar,Zalman　シャザール，ザルマン　1889–1974）

Shcharansky, Natan
旧ソ連の反体制活動家，イスラエルの政治家。イスラエル副首相，住宅相。
⇒外12（シャランスキー，ナタン　1948.1.20–）
世指導（シャランスキー，ナタン　1948.1.20–）

Shchedrin, Rodion Konstantinovich
ロシアの作曲家。
⇒外16（シチェドリン，ロディオン　1932.12.16–）
ク音3（シチェドリン　1932–）
新音中（シチェドリン，ロディオン　1932.12.16–）
標音2（シチェドリン，ロディオン・コンスタンティノヴィチ　1932.12.16–）

Shcheglovitov, Ivan Grigorevich
帝政ロシアの政治家。
⇒岩世人（シチェグロヴィートフ　1861.2.13/25–1918.9.5）

Shchérba, Lev Vladímirovich
ロシア，ソ連の言語学者。
⇒岩世人（シチェルバ　1880.2.20/3.3–1944.12.26）

Shcherba, Vital Venyadziktavich
ベラルーシの男子体操競技選手。
⇒岩世人（シェルボ（シチェルボ）　1972.1.13–）

Shcherbak, Vladimir
ロシアの政治家。ロシア副首相・農相。
⇒世指導（シチェルバク，ウラジーミル　1939.1.24–）

Shcherbak, Yuri
ウクライナの政治家，医師，作家。ウクライナ環境相，駐米ウクライナ大使，ウクライナ最高会議長顧問。
⇒外12（シチェルバク，ユーリー　1934–）
世指導（シチェルバク，ユーリー　1934–）

Shcherbakov, Vladimir
ロシアのテノール歌手。
⇒魅惑（Shcherbakov,Vladimir　1939–）

Shcherbitskij, Vladimir Vasil'evich
ソ連の共産党の幹部。ウクライナ共産党委員会第一書記，ソ連最高会議幹部会員を兼ね，ブレジネフ書記長に近い党幹部の1人。
⇒岩世人（シチェルビツキー　1918.2.17–1990.2.17）

Shchipachov, Stepan Petrovich
ソ連の詩人。流刑中のレーニンを描いた叙事詩『シュシェンスコエ村の小家』（1944）などが

ある。
⇒現世文（シチパチョフ，ステパン・ペトローヴィチ　1899.1.7–1980.1.2）

Shchusev, Aleksei Viktorovich
帝政ロシア，ソ連の建築家。
⇒岩世人（シシューセフ　1873.9.26/10.8–1949.5.24）

Shckley, William
アメリカの物理学者。
⇒オク科（ショックレイ（ウィリアム）　1910–1989）

Shea, Jamie Patrick
イギリスの北大西洋条約機構（NATO）首席報道官。
⇒外12（シェイ，ジェイミー　1953.9.11–）
外16（シェイ，ジェイミー　1953.9.11–）

Shean, Al
ドイツ生まれの俳優。
⇒ユ著人（Shean,Al　シャーン，アル　1888–1949）

Sheard, Paul
オーストラリア生まれのストラテジスト。
⇒外12（シェアード，ポール　1954–）
外16（シェアード，ポール　1954–）

Shearer, Alan
イギリスのサッカー選手。
⇒外12（シアラー，アラン　1970.8.13–）

Shearer, Alex
イギリスの作家，脚本家。
⇒外12（シアラー，アレックス　1949–）
外16（シアラー，アレックス　1949–）
現世文（シアラー，アレックス　1949–）

Shearer, Moira
イギリスのダンサー，女優。
⇒岩世人（シアラー　1926.1.17–2006.1.31）

Shearer, Norma
カナダ生まれの映画女優。
⇒ク俳（シアラー，ノーマ（フィッシャー，イーディス・N）　1900–1983）
スター（シアラー，ノーマ　1902.8.10–1983）

Shearing, George
イギリス生まれのジャズ・ピアノ奏者，作曲家。
⇒新音中（シアリング，ジョージ　1919.8.13–）
標音2（シアリング，ジョージ　1919.8.13–2011.2.14）

Shebalin, Vissarion Yakovlevich
ロシアの作曲家。交響詩『レーニン』（1934）は近代的交声曲。
⇒岩世人（シェバリーン　1902.5.29/6.11–1963.5.29）
ク音3（シェバリーン　1902–1963）
新音中（シェバリン，ヴィッサリオン　1902.6.11–

1963.5.28)
標音2（シェバリン，ヴィッサリオン・ヤコヴレヴィチ　1902.6.11–1963.5.28）

Shechter, Hofesh
イスラエルの振付師，作曲家。
⇒外12（シェクター，ホフェッシュ）
　外16（シェクター，ホフェッシュ）

Shechtmann, Daniel
イスラエルの化学者，物性物理学者。
⇒岩世人（シェヒトマン　1941.1.24–）
　外12（シェヒトマン，ダニエル）
　外16（シェヒトマン，ダニエル　1941.1.24–）
　化学（シェヒトマン　1941–）
　ノベ3（シェヒトマン,D.　1941.1.24–）
　物理（シェヒトマン，ダニエル　1941–）

Sheckard, Samuel James Tilden
アメリカの大リーグ選手（外野）。
⇒メジャ（シェッカード，ジミー　1878.11.23–1947.1.15）

Sheckley, Robert
アメリカのSF作家。
⇒現世文（シェクリー，ロバート　1928.7.16–2005.12.9）
　ネーム（シェクリイ，ロバート　1928–2005）

Shedlock, Marie L.
アメリカの図書館員。ストーリーテリングの第一人者として，アメリカの児童図書館サービスに寄与し，多くの崇拝者とこの技術の継承者を世に送る。『ストーリーテラーの芸術』を刊行。
⇒ア図（シェドロック，マリー　1854–1935）

Sheed, Wilfrid
イギリス生まれのアメリカの作家，批評家。
⇒現世文（シード，ウィルフリッド　1930.12.27–2011.1.19）

Sheedy, Ally
アメリカ生まれの女優。
⇒ク俳（シーディ，アリ（シーディ，アレグザンドラ）1962–）

Sheehan, Billy
アメリカのロック・ベース奏者。
⇒外12（シーン，ビリー）
　外16（シーン，ビリー）

Sheehan, Mark
アイルランドのミュージシャン。
⇒外12（シーハン，マーク　1981.10.29–）

Sheehan, Patrick Augustine
アイルランドの司祭，小説家。
⇒新カト（シーアン　1852.3.17–1913.10.5）

Sheeler, Charles
アメリカの画家，写真家。1913年ニューヨークのアーモリ・ショーに油彩画6点を出品，アメリカ近代絵画の発展に尽した。
⇒芸13（シーラー，チャールズ　1883–1965）

Sheely, Earl Homer
アメリカの大リーグ選手（一塁）。
⇒メジャ（シーリー，アール　1893.2.12–1952.9.16）

Sheen, Charlie
アメリカ生まれの俳優。
⇒外12（シーン，チャーリー　1965.9.3–）
　外16（シーン，チャーリー　1965.9.3–）
　ク俳（シーン，チャーリー（エステヴェス，カルロス）1965–）

Sheen, Fulton John
アメリカのカトリック作家，教育家。1948年来日。
⇒岩世人（シーン　1895.5.8–1979.12.9）
　新カト（シーン　1895.5.8–1979.12.9）

Sheen, Martin
アメリカ生まれの俳優。
⇒外12（シーン，マーティン　1940.8.3–）
　外16（シーン，マーティン　1940.8.3–）
　ク俳（シーン，マーティン（エステヴェス，ラモン）1940–）
　スター（シーン，マーティン　1940.8.3–）

Sheen, Michael
イギリスの俳優。
⇒外12（シーン，マイケル　1969.2.5–）

Sheeran, Ed
イギリスのシンガー・ソングライター。
⇒外16（シーラン，エド　1991–）

Sheets, Andy
アメリカの大リーグ選手（内野）。
⇒外12（シーツ，アンディ　1971.11.19–）

Sheets, Ben M.
アメリカの大リーグ選手（投手）。
⇒メジャ（シーツ，ベン　1978.7.18–）

Sheffield, Charles
イギリスの作家。
⇒現世文（シェフィールド，チャールズ）

Sheffield, Devello Zelotes
アメリカの宣教師。
⇒アア歴（Sheffield,Devello Z (elotes)　シェフィールド，デヴェロ・ゼロテス　1841.8.13–1913.7.1）

Sheffield, Gary Antonian
アメリカの大リーグ選手（外野，三塁）。
⇒外12（シェフィールド，ゲーリー　1968.11.18–）
　最世ス（シェフィールド，ゲーリー　1968.11.18–）
　メジャ（シェフィールド，ゲイリー　1968.11.18–）

Sheffield, Johnny
アメリカの男優。
⇒ク俳（シェフィールド, ジョニー　1931–）

Shehu, Mehmet
アルバニアの軍人, 政治家。1954年首相に就任。
⇒岩世人（シェフ　1913.1.10–1981.12.18）

Sheikh, Ghulam Mohammed
インドの画家。
⇒岩世人（シェイフ　1937–）

Sheikh Abdullah
カシュミールの傑出した民族運動指導者。
⇒岩イ（シェイフ・アブドゥッラー　1905–1982）
　南ア新（シャイフ・アブドゥッラー　1905–1982）

Sheila E.
アメリカのパーカッショニスト。
⇒外12（シーラ・E.　1959.12.12–）
　外16（シーラ・E.　1959.12.12–）

Sheinkman, Jacob
アメリカの労働運動の指導者, ユダヤ人公共団体の指導者。
⇒ユ著人（Sheinkman, Jacob　シャインクマン, ヤコブ　1926–）

Shekhtel, Fyodor Osipovich
帝政ロシアの建築家。
⇒岩世人（シェフテリ　1859.7.26/8.7–1926.7.7）

Shelby, John T.
アメリカの大リーグ選手（外野）。
⇒メジャ（シェルビー, ジョン　1958.2.23–）

Shelby, Richard Craig
アメリカの政治家。
⇒外12（シェルビー, リチャード　1934.5.6–）

Sheldon, Charles Monroe
アメリカの宗教家, 著述家。会衆教会の牧師となり（1886）, ウォーターベリ, トピカの教会に奉職。主著 "The golden book of Bible stories"（1941）。
⇒岩世人（シェルドン　1857.2.26–1946.2.24）

Sheldon, Martha A.
アメリカの医療宣教師。
⇒アア歴（Sheldon, Martha A.　シェルドン, マーサ・A.　1860–1912.10.18）

Sheldon, Sidney
アメリカの作家, 脚本家。
⇒現世文（シェルダン, シドニー　1917.2.11–2007.1.30）

Sheldon, William Herbert
アメリカの心理学者。コロンビア大学体格研究所所長。類型学的研究で著名。
⇒岩世人（シェルドン　1898.11.19–1977.9.17）

現精（シェルドン　1899–1977）
現精縮（シェルドン　1899–1977）

Sheldrick, Daphne
イギリスの動物保護活動家。
⇒外12（シェルドリック, ダフニー　1930–）
　外16（シェルドリック, ダフニー　1930–）

Shelepin, Aleksandr Nikolaevich
ロシアの政治家。ソ連共産党政治局員。
⇒スパイ（シェレーピン, アレクサンドル・ニコライエヴィチ　1918–1994）

Shelford, Victor Ernest
アメリカの動物学者。イリノイ大学教授（1927～46）。生態学者として知名。
⇒岩生（シェルフォード　1877–1968）
　岩世人（シェルフォード　1877.9.22–1968.12.27）
　ネーム（シェルフォード　1877–1968）

Shell, Ellen Ruppel
アメリカのジャーナリスト。
⇒外12（シェル, エレン・ラペル）
　外16（シェル, エレン・ラペル）

Shelley, Barbara
イギリスの女優。
⇒ク俳（シェリー, バーバラ（コウィン, B.）　1933–）

Shelley, John
イギリスのイラストレーター, 絵本作家。
⇒外16（シェリー, ジョン　1959–）

Shelley, Steve
アメリカのミュージシャン。
⇒外16（シェリー, スティーブ　1961.6.23–）

Shelton, Albert Leroy
アメリカの医療宣教師。
⇒アア歴（Shelton, Albert Leroy　シェルトン, アルバート・リロイ　1875.6.9–1922.2.16）

Shelton, Edward Mason
アメリカの農学者。
⇒アア歴（Shelton, Edward Mason　シェルトン, エドワード・メイソン　1846.8.7–1928.2.17）

Shemer, Naomi
イスラエルの女声歌手。
⇒ユ著人（Shemer, Naomi　シェメル, ナオミ　1933–）

Shemilt, Elaine
イギリス生まれの版画家。
⇒芸13（シェミルト, エリーヌ　1954–）

Shem-Tov, Tami
イスラエルの児童文学作家。
⇒外16（シェム・トヴ, タミ　1969–）
　海文新（シェム＝トヴ, タミ　1969–）
　現世文（シェム・トヴ, タミ　1969–）

Shemyakina, Yana
ウクライナのフェンシング選手（エペ）。
⇒外16（シェミャキナ, ヤナ 1986.1.5–）
最世ス（シェミャキナ, ヤナ 1986.1.5–）

Shenon, Philip
アメリカのジャーナリスト。
⇒外16（シノン, フィリップ）

Shepard, Alan Bartlett, Jr.
アメリカの宇宙飛行士。
⇒アメ州（Shepard,Alan Bartlett,Jr. シェパード, アラン・バートレット, ジュニア 1923–）

Shepard, Ernest Howard
イギリスの画家, 漫画家。
⇒絵本（シェパード, アーネスト・ハワード 1879–1976）

Shepard, Francis Parker
アメリカの海洋地質学者。
⇒岩世人（シェパード 1897.5.10–1985.4.25）

Shepard, Jim
アメリカの作家。
⇒現世文（シェパード, ジム 1956–）

Shepard, Lucius
アメリカの小説家。
⇒現世文（シェパード, ルーシャス 1943.8.21–2014.3.18）

Shepard, Sam
アメリカの劇作家, 俳優。
⇒遺産（シェパード, サム 1943.11.5–）
岩世人（シェパード 1943.11.5–）
外12（シェパード, サム 1943.11.5–）
外16（シェパード, サム 1943.11.5–）
ク俳（シェパード, サム（ロジャーズ,S・S） 1943–）
現世文（シェパード, サム 1943.11.5–2017.7.27）
新カト（シェパード 1943.11.5–）

Shepard, Sara
アメリカの作家。
⇒海文新（シェパード, サラ）
現世文（シェパード, サラ）

Shepard, Whitfield P.
アメリカの軍人。
⇒岩世人（シェパード 1894.2.26–?）

Shephard, Gillian
イギリスの政治家。教育雇用相。
⇒世指導（シェパード, ジリアン 1940.1.22–）

Shepherd, Cybill
アメリカ生まれの女優。
⇒ク俳（シェパード, シビル 1949–）

Shepherd, Lloyd
イギリスの作家, ジャーナリスト。
⇒海文新（シェパード, ロイド）

Shepherd, Michael
イギリスの精神科医。
⇒精医歴（シェパード, マイケル 1923–1995）

Shepherd, Mike
アメリカのSF作家。
⇒外12（シェパード, マイク 1947–）
外16（シェパード, マイク 1947–）
現世文（シェパード, マイク 1947–）

Shepherd, Samuel M.
アメリカの日米教育委員会事務局長。
⇒外16（シェパード, サムエル 1945.8.9–）

Shepherd, William Geoffrey
アメリカの経済学者。
⇒有経5（シェファード 1936–）

Shepilov, Dmitry Trofimovich
ソ連の政治家。
⇒岩世人（シェピーロフ 1905.10.23/11.5–1995.8.8）

Shepit'ko, Larisa
ウクライナ生まれの映画監督。
⇒映監（シェピチコ, ラリーサ 1938.1.6–1979）

Shepp, Archie
アメリカのジャズ・トランペット奏者, 作曲家。コルトレーンなきあとニュー・ジャズ界の旗頭としてその活動が最も重要視されている一人。
⇒標音2（シェップ, アーチー 1937.5.24–）

Sheppard, Dick
イギリス国教会の聖職者, 平和主義者。本名 Hugh Richard Lawrie Sheppard。
⇒オク教（シェパード 1880–1937）

Sheppard, Kate
ニュージーランドの女性参政権論者。
⇒ニュー（シェパード, キャサリン 1847–1934）

Sheppard, William Fleetwood
イギリスの確率論および統計学者。
⇒数辞（シェパード, ウィリアム・フリートウッド 1863–1936）

Shepping, Elise Johanna
アメリカの医療宣教師。
⇒アア歴（Shepping,Elise J（ohanna） シェッピング, エリーズ・ジョアナ 1880.9.26–1934.6.26）

Sheptitskii, Andrei
ウクライナ・カトリック教会の修道士, 府主教。
⇒新カト（シェプティツキー 1865.7.29–1944.11.1）

Sher, *Sir* Anthony
イギリスの俳優。
⇒外12（シャー、アントニー　1949.6.14–）

Sherdel, William Henry
アメリカの大リーグ選手（投手）。
⇒メジャ（シャーデル、ビル　1896.8.15–1968.11.14）

Sherez, Stav
イギリスのフリージャーナリスト、音楽評論家、小説家。
⇒海文新（シェレズ、スタヴ　1970–）
現世文（シェレズ、スタヴ　1970–）

Sher-Gil, Amrita
インド初の女性職業画家。
⇒岩世人（シェール＝ギル　1913.1.30–1941.12.5）

Sheridan, Ann
アメリカ生まれの女優。
⇒ク俳（シェリダン、アン（シェリダン、クララ・ルー）　1915–1967）
スター（シェリダン、アン　1915.2.21–1967）

Sheridan, Chris
カナダのドキュメンタリー監督。
⇒外12（シェリダン、クリス　1969–）

Sheridan, Jim
アイルランド生まれの映画監督、映画脚本家。
⇒映監（シェリダン、ジム　1949.2.6–）
外12（シェリダン、ジム　1949–）
外16（シェリダン、ジム　1949–）

Sheridan, Tony
イギリス生まれの歌手。
⇒ビト改（SHERIDAN,TONY　シェリダン、トニー）

Sherif, Muzafer
トルコ生まれのアメリカの社会心理学者。実験的方法に基礎をおいた態度形成を研究。
⇒岩世人（シェリフ　1906.7.29–1988.10.16）
社小増（シェリフ　1906–1988）
社心小（シェリフ　1906–1988）

Sherman, Bobby
アメリカ・カリフォルニア州生まれの歌手。
⇒ロック（Sherman,Bobby　シャーマン、ボビー　1944–）

Sherman, Cindy
アメリカの写真家。
⇒岩世人（シャーマン　1954.1.19–）
芸13（シャーマン、シンディ　1954–）
現アテ（Sherman,Cindy　シャーマン、シンディ　1954–）
シュル（シャーマン、シンディ　1954–）

Sherman, Wendy R.
アメリカの政治家、外交官。国務次官（政治担当）。
⇒岩韓（シャーマン　1949–）
外12（シャーマン、ウェンディ）
外16（シャーマン、ウェンディ）

Sherman, Z.Charlotte
アメリカ生まれの彫刻家。
⇒芸13（シャーマン、Z・シャルロット　?–）

Sher Muhämmäd bek
フェルガナにおけるバスマチ運動の指導者（コルバシ）。
⇒岩イ（シェル・ムハンマド・ベク　1894?–1970）

Sherriff, Robert Cedric
イギリスの劇作家。戯曲『旅路の果て』(1929)によって一躍有名となる。ほか映画シナリオ、小説、自伝がある。
⇒岩世人（シェリフ　1896.6.6–1975.11.13）
現世文（シェリフ、R.C.　1896.6.6–1975.11.13）

Sherrill, Billy
アメリカ・アラバマ州ウィンストン生まれのプロデューサー。エピック・コロンビアのレコード企画部長。
⇒ロック（Sherrill,Billy　シェリル、ビリー）

Sherrill, Captain Edward 2X
アメリカ・ロサンゼルスのNOIテンプルの指導者。
⇒マルX（SHERRILL,CAPTAIN EDWARD 2X　シェリル、キャプテン・エドワード2X）

Sherrington, *Sir* Charles Scott
イギリスの生理学者。筋運動生理、ことに反射と制御を研究。
⇒岩生（シェリントン　1857–1952）
岩世人（シェリントン　1857.11.27–1952.3.4）
オク科（シェリングトン（サー・チャールズ・スコット）　1857–1952）
オク生（シェリントン、チャールズ・スコット、卿　1857–1952）
広辞7（シェリントン　1857–1952）
ノベ3（シェリントン、C.S.　1857.11.27–1952.3.4）

Shershenevich, Vadim Gabrielevich
ソ連の詩人。
⇒岩世人（シェルシェネーヴィチ　1893.1.25/2.6–1942.5.18）
現世文（シェルシェネーヴィチ、ワジム・ガブリエレーヴィチ　1893.2.6–1942.5.18）

Sherwin, Martin J.
アメリカの歴史学者。
⇒外12（シャーウィン、マーティン　1937–）

Sherwood, Ben
アメリカの作家、ジャーナリスト。
⇒海文新（シャーウッド、ベン）
現世文（シャーウッド、ベン）

Sherwood, Robert Emett
アメリカ生まれの映画脚本家，戯曲家。
⇒岩世人（シャーウッド　1896.4.4–1955.11.4）
　現世文（シャーウッド, ロバート　1896.4.4–1955.11.14）
　ネーム（シャーウッド　1896–1955）

Shestakova, Oksana
ロシアのバレリーナ。
⇒外12（シェスタコワ, オクサーナ）
　外16（シェスタコワ, オクサーナ）

Shestov, Lev
ロシアの哲学者, 批評家。既成の価値を否定し, 不条理を説いた。
⇒岩世人（シェストーフ　1866.1.31/2.13–1938.11.20）
　広辞7（シェストフ　1866–1938）
　新カト（シェストフ　1866.2.13–1938.11.22）
　哲中（シェストフ　1866–1938）
　メル3（シェストフ, レフ（レオン）　1866–1938）
　ユ著人（Shesto,Lev　シェストー, レーブ　1866–1938）

Sheth, Jagdish
アメリカの経営学者, 経営コンサルタント。
⇒外12（シース, ジャグディシュ）
　外16（シース, ジャグディシュ）

Shetty, Devi Prasad
インドの外科医。
⇒外16（シェティ, デビ・プラサド　1953.5.8–）

Shetty, Salil
インドの人権活動家。
⇒外12（シェティ, サリル　1961.2.3–）
　外16（シェティ, サリル　1961.2.3–）
　世指導（シェティ, サリル　1961.2.3–）

Shevardnadze, Eduard Amvrosievich
ソ連, ジョージアの政治家。ジョージア大統領。
⇒岩韓（シェワルナッゼ　1928–）
　岩世人（シェワルナゼ（シェヴァルドナゼ）1928.1.25–2017.7.7）
　外12（シェワルナゼ, エドアルド　1928.1.25–）
　広辞7（シェワルナゼ　1928–2014）
　政経中（シュワルナゼ　1928–）
　世指導（シェワルナゼ, エドアルド　1928.1.25–2014.7.7）
　世人新（シェワルナゼ　1928–）
　世人装（シェワルナゼ　1928–）
　ネーム（シュワルナゼ　1928–）

Shevchenko, Andriy
ウクライナのサッカー選手。
⇒異二辞（シェフチェンコ［アンドリー・〜］1976–）
　外12（シェフチェンコ, アンドレイ　1976.9.29–）
　外16（シェフチェンコ, アンドレイ　1976.9.29–）
　最世ス（シェフチェンコ, アンドレイ　1976.9.

Shevchenko, Arkady Nikolayevich
西側に亡命したソ連の外交官。
⇒スパイ（シェフチェンコ, アルカディ・ニコライエヴィチ　1930–1998）

Shewhart, Walter Andrew
アメリカの統計学者, 技術者。管理図法の創始者。
⇒岩世人（シューハート　1891.3.18–1967.3.11）

Sheymov, Victor Ivanovich
KGB第8総局所属の信号情報及び通信情報のスペシャリスト。
⇒スパイ（シェイモフ, ヴィクトル・イワノヴィチ　1946–）

Shi, Yijie
中国のテノール歌手。
⇒失声（石倚潔（シー・イージェ）　1982–）

Shiblī Nu'mānī
インドの歴史家, 教育家, 評論家。イスラム教文学の研究写本を蒐集, イスラム教史の研究に貢献。
⇒岩イ（シブリー・ノーマーニー　1857–1914）
　岩世人（シブリー・ヌーマーニー　1857.6.3–1914.11.18）

Shibulal, S.D.
インドの実業家。
⇒外16（シブラル,S.D.）

Shibuya, Kinji
アメリカ出身のプロレスラー。
⇒異二辞（キンジ渋谷　キンジシブヤ　1921–2010）

Shields, Brooke
アメリカ生まれの女優。
⇒外12（シールズ, ブルック　1965.5.31–）
　外16（シールズ, ブルック　1965.5.31–）
　ク俳（シールズ, ブルック（シールズ, クリスタ・B）　1965–）

Shields, Carol
カナダの女性作家, 詩人。
⇒現世文（シールズ, キャロル・アン　1935.6.2–2003.7.16）

Shields, Charles J.
アメリカの伝記作家。
⇒外16（シールズ, チャールズ・J.　1951–）

Shields, Claressa
アメリカのボクサー。
⇒外16（シールズ, クラレッサ　1995.3.17–）
　最世ス（シールズ, クラレッサ　1995.3.17–）

Shields, David
アメリカの作家。
⇒外16（シールズ, デービッド　1956–）

Shields, Gillian
イギリスの作家。
⇒海文新（シールズ, ジリアン）

Shields, James
アメリカの大リーグ選手（ロイヤルズ・投手）。
⇒最世ス（シールズ, ジェームズ　1981.12.20-）

Shields, Scot
アメリカの大リーグ選手（投手）。
⇒外12（シールズ, スコット　1975.7.22-）
　最世ス（シールズ, スコット　1975.7.22-）

Shields, Will
アメリカのプロフットボール選手。
⇒外16（シールズ, ウィル　1971.9.15-）
　最世ス（シールズ, ウィル　1971.9.15-）

Shifflet, Lynn
アメリカのネイション・オブ・イスラムの元女性信奉者。
⇒マルX（SHIFFLET,LYNN　シフレット, リン）

Shiffrin, Mikaela
アメリカのスキー選手（アルペン）。
⇒外16（シフリン, ミカエラ　1995.3.13-）

Shihab, Alwi
インドネシアのイスラム学者, 政治家。インドネシア外相, 調整相（国民福祉担当）, インドネシア国民覚醒党（PKB）党首。
⇒岩世人（シハブ, アルウィ　1946.8.19-）
　世指導（シハブ, アルウィ　1946.8.19-）

Shihāb, Fu'ād
レバノンの軍人, 政治家。
⇒岩世人（シェハーブ, フアード　1902.3.19-1973.4.25）

Shih Choon-fong
シンガポールの工学者。シンガポール国立大学学長, アブドラ国王科学技術大学学長。
⇒外12（シーチョン・フォン）
　外16（シーチョン・フォン　1945.10.23-）

Shikatani, Gerry Osamu
カナダの詩人, 作家, 編集者。
⇒海文新（シカタニ, ジェリー・オサム　1950.2.6-）
　現世文（シカタニ, ジェリー・オサム　1950.2.6-）

Shikoff, Neil
アメリカのテノール歌手。
⇒失声（シコフ, ニール　1949-）
　魅惑（Shicoff,Neil　1949-）

Shiller, Robert
アメリカのエコノミスト。
⇒外12（シラー, ロバート　1946.3.29-）
　外16（シラー, ロバート・J.　1946.3.29-）

Shillony, Ben-Ami
イスラエルの歴史学者。ヘブライ大学準教授。
⇒外12（シロニー, ベン・アミー　1937.10.28-）
　外16（シロニー, ベン・アミー　1937.10.28-）
　ユ著人（Shillony,Ben-Ami　シロニイ, ベン=アミ　1937-）

Shiloah, Amnon
アルゼンチン生まれの民族音楽学者。
⇒ユ著人（Shiloah,Amnon　シロアー, アムノン　1928-）

Shiloah, Reuven
イスラエルのモサド初代長官。
⇒スパイ（シロアフ, ルーヴェン　1909-1959）

Shils, Edward Albert
アメリカの社会学者。
⇒岩世人（シルズ　1910.7.1-1995.1.23）
　社小増（シルズ　1911-）

Shima, George
日本からアメリカに移住した農民。
⇒アメ州（Shima,George　シマ, ジョージ　1863-1926）

Shimabukuro, Jake
アメリカのウクレレ奏者。
⇒異二辞（シマブクロ, ジェイク　1976-）
　外12（シマブクロ, ジェイク　1976.11.3-）
　外16（シマブクロ, ジェイク　1976.11.3-）

Shim Hye-jin
韓国の映画俳優。
⇒外12（シムヘジン　1967.1.16-）
　韓俳（シム・ヘジン　1967.1.16-）

Shim Hyung-rae
韓国のコメディアン。
⇒外12（シムヒョンレ　1958.1.3-）
　外16（シムヒョンレ　1958.1.3-）

Shim Ji-ho
韓国の男優。
⇒韓俳（シム・ジホ　1981.5.2-）

Shimkus, Joanna
カナダ生まれの女優。
⇒遺産（シムカス, ジョアンナ　1943.10.10-）

Shimoni, David
ロシア生まれのヘブライ語詩人。
⇒ユ著人（Shimoni,David　シモニ, ダヴィッド　1886-1956）

Shim Suk-hee
韓国のスピードスケート選手（ショートトラック）。
⇒外16（シムソクヒ　1997.1.30-）

Shim Sung-bo
韓国の映画監督, 脚本家。

⇒外16（シムソンボ）

Shin, Hyun-su
韓国のヴァイオリン奏者。
⇒外12（シン, ヒョンス 1987–）
　外16（シン, ヒョンス 1987–）

Shin Chul
韓国の映画プロデューサー。
⇒外12（シンチョル 1958–）

Shinde, Gauri
インドの映画監督。
⇒外16（シンデー, ガウリ 1974–）

Shindle, William
アメリカの大リーグ選手（三塁, 遊撃）。
⇒メジャ（シンドル, ビリー 1860.12.5–1936.6.3）

Shindong
韓国の歌手。
⇒外12（シンドン 1985.9.28–）

Shin Dong-Hun
韓国・アニメーションの先駆者。
⇒アニメ（申東憲 シン・ドンホン 1927–）

Shin Dong Wook
韓国の男優。
⇒韓俳（シン・ドンウク 1982.9.14–）

Shinee
韓国の女優。
⇒外12（シニ 1980.11.6–）
　韓俳（シニ 1980.11.6–）

Shiner, Lewis
アメリカの小説家。
⇒外16（シャイナー, ルイス 1950–）
　現世文（シャイナー, ルイス 1950–）

Shiner, Ronald
イギリスの俳優。第2次世界大戦中に放送で活躍。
⇒ク俳（シャイナー, ロナルド 1903–1966）

Shin Eun-Kyung
韓国の女優。
⇒韓俳（シン・ウギョン 1973.2.15–）

Shin Gak-su
韓国の外交官。駐日韓国大使。
⇒外12（シンカクスウ 申珏秀 1955.1.16–）
　外16（シンカクスウ 申珏秀 1955.1.16–）
　世指導（シン・ガクス 1955.1.16–）

Shin Goo
韓国の男優。
⇒韓俳（シン・グ 1936.8.13–）

Shin Gyon-suk
韓国の作家。
⇒岩韓（シン・ギョンスク 申京淑 1963–）
　外12（シンギョンスク 申京淑 1963.1.12–）
　外16（シンギョンスク 申京淑 1963.1.12–）
　韓現文（申京淑 シン・ギョンスク 1963–）
　韓朝新（シン・ギョンスク 申京淑 1963–）
　現世文（シン・ギョンスク 申京淑 1963.1.12–）

Shin Gyu-ho
韓国の詩人。
⇒現世文（シン・ギュホ 申圭浩 1939.9.15–）

Shin Ha-gyun
韓国の俳優。
⇒外12（シンハギュン 1974.5.30–）
　外16（シンハギュン 1974.5.30–）
　韓俳（シン・ハギュン 1974.5.30–）

Shin Hyung-keun
韓国の外交官。
⇒外16（シンヒョングン 辛亨根 1954–）

Shin Hyun-joon
韓国の映画俳優。
⇒外12（シンヒョンジュン 1968.10.28–）
　外16（シンヒョンジュン 1968.10.28–）
　韓俳（シン・ヒョンジュン 1968.10.28–）

Shin Hyun-Ju
韓国のプロゴルファー。
⇒外12（シンヒョンジュ 辛炫周 1980.7.13–）

Shin Hyun-pyo
韓国の格闘家, 韓国相撲力士。
⇒外12（シンヒョンピョ 1976.7.3–）

Shin Ji-Soo
韓国の女優。
⇒韓俳（シン・ジス 1985.10.24–）

Shin Ji-yai
韓国のプロゴルファー。
⇒外12（シンジエ 申智愛 1988.4.28–）
　外16（シンジエ 申智愛 1988.4.28–）
　最世ス（シンジエ 1988.4.28–）

Shin Jong-kyun
韓国の実業家。
⇒外16（シンチョンギュン 申宗均 1956.1.16–）

Shin Kyeong-nim
韓国の詩人。
⇒岩韓（シン・ギョンニム 申庚林 1936–）
　韓現文（申庚林 シン・ギョンニム 1936.4.6–）
　現世文（シン・ギョンニム 申庚林 1936.4.6–）

Shin Min-ah
韓国の女優。
⇒外12（シンミナ 1984.4.5–）
　外16（シンミナ 1984.4.5–）
　韓俳（シン・ミナ 1984.4.5–）

Shinn, Sharon
アメリカの作家, 編集者。
⇒外12 (シン, シャロン 1957.4-)
　海文新 (シン, シャロン 1957-)
　現世文 (シン, シャロン 1957-)

Shinoda, Mike
アメリカのロック歌手。
⇒外16 (シノダ, マイク)

Shinseki, Eric
アメリカの軍人。
⇒外12 (シンセキ, エリック 1942-)
　外16 (シンセキ, エリック 1942.11.28-)
　世指導 (シンセキ, エリック 1942.11.28-)

Shin Seung-hun
韓国の歌手。
⇒異二辞 (シン・スンフン　申昇勲・申勝勲 1968-)
　岩世人 (申昇勲　シンスンフン 1968.4.18/3.21-)
　外12 (シンスンフン 1968.3.21-)
　外16 (シンスンフン 1968.3.21-)

Shin Seung-hwan
韓国の男優。
⇒韓俳 (シン・スンファン 1978.12.12-)

Shin Sung-rok
韓国の男優。
⇒韓俳 (シン・ソンノク 1982.11.23-)

Shin Sung-Woo
韓国の男優, 彫刻家。
⇒韓俳 (シン・ソンウ 1968.7.26-)

Shinwell, Emanuel
イギリスの政治家。イギリス上院議員 (労働党), 国防相。
⇒岩世人 (シンウェル 1884.10.18-1986.5.8)

Shipler, David K.
アメリカのジャーナリスト, 著述家。
⇒外12 (シプラー, デービッド 1942.12-)

Shipley, Jenny
ニュージーランドの政治家。
⇒世指導 (シップリー, ジェニー 1952.2.4-)
　ニュー (シップリー, ジェニファー 1952-)

Shipley, Tom
アメリカ・オハイオ州生まれのソングライター。
⇒ロック (Brewer and Shipley　ブルーア＆シプリー 1944-)

Shipov, Dmitry Nikolaevich
帝政ロシアの政治家。
⇒岩世人 (シーポフ 1851.5.14-1920.1.14)

Shipton, Eric, Earl
イギリスの登山家, 探検家。エヴェレスト南面にルートを開いた (1951,52)。
⇒岩世人 (シプトン 1907.8.1-1977.3.28)

Shipulin, Anton
ロシアのバイアスロン選手。
⇒外16 (シプリン, アントン 1987.8.21-)

Shirane, Haruo
アメリカの日本文学研究家。
⇒外12 (シラネ, ハルオ 1951-)

Shīrāzī, ʻAbd Allāh ebn Moḥammad Ṭāher Ṭāherī
イランの法学者。十二イマーム派のマルジャア・アッ＝タクリードの1人。
⇒岩イ (シーラーズィー, アブドッラー 1891-1984)

***al*-Shīrāzī, Muḥammad Taqī**
イスラム・シーア派の法学者, 政治指導者。
⇒岩イ (シーラーズィー, ムハンマド・タキー 1853-1920)
　岩世人 (シーラーズィー, ムハンマド・タキー 1853-1920)

Shire, Talia
アメリカ生まれの女優。
⇒ク俳 (シャイア, タリア (旧姓コッポラ) 1945-)

Shirendev
モンゴルの歴史家, 政治家。
⇒岩世人 (シレンデブ 1912-2001)

Shirley, Anne
アメリカの女優。
⇒ク俳 (シャーリー, アン (パリス, ドーン) 1918-1993)

Shirley, George
アメリカのテノール歌手。
⇒失声 (シャーリー, ジョージ 1934-)
　魅惑 (Shirley,George 1932-)

Shirley-Quirk, John
イギリスのバリトン歌手。
⇒新音中 (シャーリー＝カーク, ジョン 1931.8.28-)
　標音2 (シャーリー＝クアーク, ジョン 1931.8.28-)

Shirokogorov, Sergei Mikhailovich
ロシアの人類学者, 民族学者。シベリア探検 (1913〜17) によるツングース民族の研究で有名。主著『北方ツングースの社会構成』(33)。
⇒岩世人 (シロコゴーロフ 1887.6.19/7.1-1939.10.19)

Shirvington, Jessica
オーストラリアの作家。
⇒海文新 (シャーヴィントン, ジェシカ 1979.4.15-)

al-Shīshaklī, Adīb
シリアの軍人, 政治家。
⇒岩イ（シシャクリー　1909-1964）
　岩世人（シシャクリー, アディーブ　1909-1964）

Shishkin, Mikhail
ロシアの作家。
⇒外16（シーシキン, ミハイル　1961.1.18-）
　現世文（シーシキン, ミハイル　1961.1.18-）

Shishkina, Alla
ロシアのシンクロナイズドスイミング選手。
⇒最世ス（シシュキナ, アラ　1989.8.2-）

Shishmanov, Ivan Dimitrov
ブルガリアの比較文学史・口承文芸研究家。
⇒岩世人（シシマノフ　1862.6.4/16-1928.6.23）

Shiva, Vandana
インドの科学哲学者。著書『緑の革命の暴力』など。
⇒外16（シーバ, バンダナ　1952.11.5-）

Shively, Donald Howard
アメリカの日本歴史・文学研究者。『心中天網島』を英訳。日本近代文化史の研究がある。
⇒岩世人（シャイヴリー　1921.5.11-2005.8.13）

Shklovskii, Iosif Samuilovich
ソ連の天体物理学者。
⇒岩世人（シクロフスキー　1916.6.18/7.1-1985.3.3）

Shklovskii, Viktor Borisovich
ソ連の文芸評論家。「非日常化」の理論は,「ロシア・フォルマリズム宣言」(エールリッヒ)と評価され, 未来派をはじめとする前衛芸術運動に大きな影響を与えた。
⇒岩世人（シクロフスキー　1893.1.12/24-1984.12.10）
　広辞7（シクロフスキー　1893-1984）
　ネーム（シクロフスキー　1893-1984）
　ユ著人（Shklovskii, Victor Borisovich　シュコロウスキー（シクロフスキー）, ヴィクトル・ボリソヴィッチ　1893-1951）

Shklyarov, Vladimir
ロシアのバレエダンサー。
⇒外12（シクリャローフ, ウラジーミル）
　外16（シクリャローフ, ウラジーミル）

Shkolina, Svetlana
ロシアの走り高跳び選手。
⇒最世ス（シュコリナ, スヴェトラーナ　1986.5.9-）

Shlonsky, Abraham
イスラエルの詩人, 編集者, 翻訳家。
⇒ユ著人（Shlonsky, Abraham　シュロンスキー, アブラハム　1900-1973）

Shmelëv, Ivan S.
ロシア生まれの作家。革命後パリに亡命(1918)。主著『死者の太陽』(23),『保母』(39)。
⇒現世文（シメリョフ, イワン　1873.9.21-1950.6.24）

Shmelyov, Nikolái Petróvich
ロシア（ソ連）の作家。
⇒現世文（シメリョフ, ニコライ　1936.6.18-2014.1.6）

Shmeman, Aleksandr Dmitrievich
ロシア出身の聖職者, 神学者。
⇒岩世人（シュメーマン　1921.9.13-1983.12.13）

Shmidt, Otto Yulievich
ソ連の数学者, 地理学者, 探検家。浮遊ステーション〈北極第1号〉を指導, 極地開発に貢献した。
⇒世数（シュミット, オットー・ユーレヴィッチ　1891-1956）

Shnireliman, Lev Genrikhovich
ソ連の数学者。
⇒数小増（シュニレルマン　1905-1938）
　世数（シュニレルマン, レフ・レンリコヴィッチ　1905-1938）

Shnitkje, Al'fred
ロシアの作曲家。
⇒岩世人（シュニトケ　1934.11.24-1998.8.3）
　ク音3（シュニトケ　1934-1998）
　新音小（シュニトケ, アリフレード　1934-1998）
　新音中（シュニトケ, アリフレード　1934.11.24-1998.8.3）
　ネーム（シュニトケ　1934-1998）
　標音2（シュニトケ, アリフレード　1934.11.24-1998.8.3）

Shobukhova, Liliya
ロシアのマラソン選手。
⇒外12（ショブホワ, リリア　1977.11.13-）
　外16（ショブホワ, リリア　1977.11.13-）
　最世ス（ショブホワ, リリア　1977.11.13-）

Shocker, Urban James
アメリカの大リーグ選手(投手)。
⇒メジャ（ショッカー, アーバン　1890.9.22-1928.9.9）

Shockley, William Bradford
アメリカの物理学者。P-N接合型トランジスタの発明を行い, 1956年ノーベル物理学賞受賞。
⇒岩世人（ショックリー　1910.2.13-1989.8.12）
　広辞7（ショックレー　1910-1989）
　世発（ショックリー, ウィリアム・ブラッドフォード　1910-1989）
　ノベ3（ショックレー, W.　1910.2.13-1989.8.12）
　物理（ショックレー, ウイリアム　1910-1989）
　ポプ人（ショックレー, ウィリアム・ブラッドフォード　1910-1989）

Shoemaker, Eugene Merle
アメリカの地質学者。
⇒**オク地**（シューメーカー、ユージン・マール　1928-1997）

Shoemaker, Willy
アメリカの騎手。
⇒**岩世人**（シューメイカー　1931.8.19-2003.10.12）

Shofman（Schoffmann）, Gershon
ベラルーシ・オルシャ生まれのヘブライ作家。
⇒**ユ著人**（Shofman,Gershon　ショフマン、ゲルション　1880-1972）

Shoigu, Sergei Kuzhugetovich
ロシアの政治家。
⇒**外12**（ショイグ，セルゲイ　1955.5.21-）
　外16（ショイグ，セルゲイ　1955.5.21-）
　世指導（ショイグ，セルゲイ　1955.5.21-）

Shokhin, Aleksandr
ロシアの政治家，経済学者。ロシア副首相。
⇒**世指導**（ショーヒン，アレクサンドル　1951.12.25-）

Sholokhov, Mikhail Aleksandrovich
ソ連の小説家。長篇『静かなドン』（1928〜40）など。65年ノーベル文学賞受賞。
⇒**岩世人**（ショーロホフ　1905.5.11/24-1984.2.21）
　現世文（ショーロホフ，ミハイル　1905.5.24-1984.2.21）
　広辞7（ショーロホフ　1905-1984）
　西文（ショーロホフ，ミハイル・アレキサンドロヴィッチ　1905-1984）
　世人新（ショーロホフ　1905-1984）
　世人装（ショーロホフ　1905-1984）
　ネーム（ショーロホフ　1905-1984）
　ノベ3（ショーロホフ,M.　1905.5.24-1984.2.21）
　ボブ人（ショーロホフ，ミハイル　1905-1984）

Shondell, Troy
アメリカ・インディアナ州生まれの歌手，プロデューサー。
⇒**ロック**（Shondell,Troy　ションデル，トロイ　1940.5.14-）

Shonekan, Ernest Adegunle Oladeinde
ナイジェリアの政治家。ナイジェリア暫定国民政府首班（元首）。
⇒**世指導**（ショネカン，アーネスト　1936.5.9-）

Shonibare MBE, Yinka
イギリス生まれの芸術家。
⇒**現アテ**（Shonibare MBE,Yinka　ショニバレ MBE，インカ　1962-）

Shoqay（Shoqaev）, Mŭstafa
ロシア革命期に活躍したトルキスタン主義のカザフ人政治家。
⇒**岩イ**（チョカエフ　1890-1941）

岩世人（チョカエフ　1890.12.25/1991.1.6-1941.12.27）

Shore, Frances Rose（Dinah）
アメリカの女性ジャズ歌手。代表作『夜のブルース』。
⇒**アメ州**（Shore,Dinah　ショア，ダイナ　1917-）
　ク俳（ショア，ダイナ（ショア，フランシス）1917-1994）
　標音2（ショア，ダイナ　1917.3.1-1994.2.24）
　ユ著人（Shore,Dinah　ショア，ダイナ　1917-1994）

Shorey, Paul
アメリカの古典学者。プラトンの『国家論』の英訳研究家として知られた。主著『ヒューマニズムへの強襲』（1917）。
⇒**教人**（ショウリ　1857-1934）

Shorina, Anna
ロシアのシンクロナイズドスイミング選手。
⇒**最世ス**（ショリナ，アンナ　1982.8.26-）

Short, Christopher Joseph
アメリカの大リーグ選手（投手）。
⇒**メジャ**（ショート，クリス　1937.9.19-1991.8.1）

Short, Clare
イギリス労働党所属の政治家。
⇒**世指導**（ショート，クレア　1946.2.15-）

Short, Hugh Oswald
イギリスの飛行機設計・製造家。兄ホリス，ユースティスと共に，世界最初の航空機製造会社〈ショート兄弟およびハールランド会社〉を創立（1908）。
⇒**岩世人**（ショート　1883.1.16-1969.12.4）

Short, Rick
アメリカの大リーグ選手（外野）。
⇒**外12**（ショート，リック　1972.12.6-）

Shorter, Edward
カナダ・トロント大学の社会史家。
⇒**現社**（ショーター　1941-）

Shorter, Wayne
アメリカのジャズ・サックス奏者，作曲家。
⇒**岩世人**（ショーター　1933.8.25-）
　外12（ショーター，ウェイン　1933.8.25-）
　外16（ショーター，ウェイン　1933.8.25-）
　標音2（ショーター，ウェイン　1933.8.25-）

Shorty
マルコムXの友人。
⇒**マルX**（"SHORTY"（Jarvis,Malcolm）"ショーティ"（ジャーヴィス，マルコム）1923-1998）

Shostakovich, Dmitri Dmitrievich
ソ連の作曲家。1954年世界平和協議会より国際平和賞受賞。作品には，15曲の交響曲，10曲の弦楽四重奏曲，バレエ音楽，オペラなど多方面にわ

たっている。
⇒異二辞（ショスタコーヴィチ［ドミートリイ・～］
　　1906–1975）
　岩世人（ショスタコーヴィチ　1906.9.12/25–
　　1975.8.9）
　エデ（ショスタコーヴィチ,ドミトリー（ドミトリ
　　エヴィチ）　1906.9.25–1975.8.9）
　オペラ（シャスタコーヴィチ（ショスタコーヴィ
　　チ）,ドミートリイ・ドミートリエヴィチ
　　1906–1975）
　ク音3（ショスタコーヴィチ　1906–1975）
　現音キ（ショスタコーヴィチ,ドミトリー　1906–
　　1975）
　広辞7（ショスタコーヴィチ　1906–1975）
　新オペ（ショスタコーヴィチ,ドミトリー　1906–
　　1975）
　新音小（ショスタコーヴィチ,ドミトリー　1906–
　　1975）
　新音中（ショスタコーヴィチ,ドミトリー　1906.
　　9.25–1975.8.9）
　世人新（ショスタコーヴィッチ　1906–1975）
　世人装（ショスタコーヴィッチ　1906–1975）
　ビ曲改（ショスタコーヴィチ,ドミトリー　1906–
　　1975）
　標音2（ショスタコヴィチ,ドミトリー　1906.9.
　　25–1975.8.9）
　ポプ人（ショスタコービッチ,ドミトリイ　1906–
　　1975）

Shotton, Burton Edwin
アメリカの大リーグ選手（外野）。
⇒メジャ（ショットン,バート　1884.10.18–1962.7.
　29）

Shotton, Pete
イギリスの男性。ジョン・レノンの友人。
⇒ビト改（SHOTTON,PETE　ショットン,
　ピート）

Shoukry, Sameh
エジプトの政治家。エジプト外相。
⇒世指導（シュクリ,サーメハ　1952.10.20–）

Shoup, Carl Sumner
アメリカの財政学者。
⇒岩経（シャウプ　1902–2000）
　岩世人（シャウプ　1902.10.26–2000.3.23）
　ポプ人（シャウプ,カール　1902–2000）
　有経5（シャウプ　1902–2000）

Shouse, Brian Douglas
アメリカの大リーグ選手（投手）。
⇒外12（シャウス,ブライアン・ダグラス　1968.9.
　26–）

SHOW
台湾の歌手。
⇒外16（SHOW　ショウ　1979.7.30–）

Show, Eric Vaughn
アメリカの大リーグ選手（投手）。
⇒メジャ（シャウ,エリック　1956.5.19–1994.3.16）

Showalter, William Nathaniel
（Buck）
アメリカの大リーグ監督（ヤンキース）。
⇒外12（ショーウォルター,バック　1956.5.23–）
　外16（ショーウォルター,バック　1956.5.23–）
　メジャ（ショーウォルター,バック　1956.5.23–）

Shpilrein, Sabina Nikolaevna
ロシア生まれの精神分析家、児童心理学者。
⇒岩世人（シュピールライン（シピーリレイン）
　　1885.10.25/11.7–1942.8.11/12）

Shreve, Anita
アメリカの作家、ジャーナリスト。
⇒現世文（シュリーブ,アニータ　1946.10.7–2018.
　3.29）

Shryock, John Knight
アメリカの宣教師。
⇒アア歴（Shryock,John K (night)　シュリオッ
　ク,ジョン・ナイト　1890–1953.2.5）

Shteinberg, Maksimilian Oseevich
ソ連の作曲家。レニングラード音楽院長
（1934）。
⇒岩世人（シテインベルグ　1883.6.22/7.4–1946.
　12.6）
　標音2（シテインベルグ,マクシミリアン・オセー
　　エヴィチ　1883.7.4–1946.12.6）

Shtemyenko, Sergei Matveyevich
ソビエト軍の情報機関（GRU）の局長。在職
1946～48,56～57。
⇒スパイ（シュテメンコ,セルゲイ・マトヴェイエ
　ヴィチ　1907–1976）

Shterenberg, David
ロシアの画家、挿絵画家。
⇒絵本（シュテレンベルク,ダヴィト　1881–1948）

Shternberg, Lev Iakovlevich
ロシアの人類学者。
⇒岩世人（シテルンベルグ　1861.4.21/5.3–1927.8.
　14）

Shteyngart, Gary
ロシア生まれのアメリカの作家。
⇒外16（シュタインガート,ゲイリー　1972–）
　海文新（シュタインガート,ゲイリー　1972–）
　現世文（シュタインガート,ゲイリー　1972–）

Shtoda, Daniil
ロシアのテノール歌手。
⇒魅惑（Shtoda,Daniil (Daniel)　1977–）

Shtykov, Terentii F.
ソ連の政治家、外交官、軍人。初代北朝鮮大使。
⇒岩韓（シトゥイコフ　1907–1964）

Shtyurmer, Boris Vladimirovich
ロシアの政治家。内務次官（1902～04）。のち
首相（16）。

⇒岩世人（シチュルメル　1848.6.28–1917.8.20）

Shubert, Jacob
アメリカの劇場支配人。兄弟でシューバート劇場組織を設立。アメリカ主要都市の演劇界を支配。
⇒ユ著人（Shubert　シューバート兄弟　1880–1963）

Shubert, Lee
アメリカの劇場支配人。兄弟でシューバート劇場組織を設立。アメリカ主要都市の演劇界を支配。
⇒ユ著人（Shubert　シューバート兄弟　1873?–1953）

Shubert, Sam
アメリカの劇場支配人。兄弟でシューバート劇場組織を設立。アメリカ主要都市の演劇界を支配。
⇒ユ著人（Shubert　シューバート兄弟　1876–1905）

Shue, Elizabeth
アメリカ生まれの女優。
⇒外12（シュー，エリザベス　1963.10.6–）
　外16（シュー，エリザベス　1963.10.6–）
　ク俳（シュー，エリザベス　1963–）

Shugart, Alan Field
アメリカのエンジニア。
⇒世発（シュガート，アラン・フィールド　1930–2006）

Shu Hai Qing
中国生まれの日本画家。
⇒芸13（シュ・ハイキン　1958–）

Shukrī Muṣṭafā, Aḥmad
エジプトのイスラム復興運動指導者。
⇒岩世人（シュクリー，ムスタファー　1942–1978）

Shukshin, Vasilii Makarovich
ソ連の映画監督，俳優。
⇒岩世人（シュクシーン　1929.7.25–1974.10.2）

Shula, Don
アメリカのプロフットボール監督。
⇒岩世人（シュラ　1930.1.4–）

Shuler, Heath
アメリカの政治家，プロフットボール選手。
⇒外12（シューラー，ヒース　1971.12.31–）

Shulevitz, Uri
アメリカのイラストレーター。
⇒絵本（シュルヴィッツ，ユリー　1935–）

Shull, Clifford Glenwood
アメリカの物理学者。1994年ノーベル物理学賞。
⇒岩世人（シャル　1915.9.23–2001.3.31）
　ノベ3（シャル，C.G.　1915.9.23–2001.3.31）

Shultz, George Pratt
アメリカの経済学者，政治家。アメリカ国務長官。
⇒アメ新（シュルツ　1920–）
　外12（シュルツ，ジョージ　1920.12.13–）
　外16（シュルツ，ジョージ　1920.12.13–）

Shuman, George D.
アメリカの作家。
⇒外16（シューマン，ジョージ）
　海文新（シューマン，ジョージ・D.）
　現世文（シューマン，ジョージ）

Shuman, Mort
アメリカの作曲家。
⇒新音中（ポーマス・アンド・シューマン　1936–1991）
　ロック（Pomus and Shuman　ポーマス＆シューマン　1936.11.12–）

Shumeiko, Vladimir
ロシアの政治家，エコノミスト。ロシア連邦会議（上院）議長。
⇒世指導（シュメイコ，ウラジーミル　1945.2.10–）

Shumenov, Beibut
カザフスタンのプロボクサー。
⇒最世ス（シュメノフ，ベイブット　1983.8.19–）

Shu Qi
台湾の女優。
⇒岩世人（スー・チー　1976.4.16–）
　外12（スーチー　1976.4.16–）
　外16（スーチー　1976.4.16–）

Shushkevich, Stanislav Stanislavavich
ベラルーシの政治家，核物理学者。ベラルーシ最高会議議長。
⇒岩世人（シュシケーヴィチ　1934.12.15–）

Shust, Michael
テノール歌手。
⇒魅惑（Shust,Michael　?–）

Shuster, Joe
アメリカの漫画キャラクターデザイナー。
⇒岩世人（シャスター　1914.7.10–1992.7.30）

Shusterman, Neal
アメリカの作家。
⇒外12（シャスターマン，ニール　1962–）
　現世文（シャスターマン，ニール　1962–）

Shute, Jenefer
南アフリカ生まれのアメリカの作家。
⇒現世文（シュート，ジェニファー　1956–）

Shuvalov, Igor
ロシアの政治家。ロシア第1副首相。
⇒外12（シュワロフ，イーゴリ　1967.1.4–）

Shvarts, Evgenii L'vovich
ソ連の劇作家。代表作『裸の王様』『雪の女王』、映画のシナリオ『シンデレラ』(1947)、『ドン・キホーテ』など。
⇒現世文（シュワルツ、エヴゲーニー・リヴォヴィチ 1896.10.21–1958.1.15）

Shvernik, Nikolai Mikhailovich
ソ連の共産党指導者。1946年最高会議幹部会議長（元首）となる。
⇒岩世人（シヴェールニク 1888.5.7/19–1970.12.24）

Shwe Mann
ミャンマー（ビルマ）の政治家、軍人。
⇒外12（トゥラ・シュエ・マン 1947.7.11–）
外16（シュエ・マン 1947.7.11–）
世指導（シュエ・マン 1947.7.11–）

Shwe Thaike, Sao
ビルマ（ミャンマー）のシャン人藩王、軍人、政治家。
⇒岩世人（シュエータイッ 1896–1962.11.21）

Shwe Yoe
ビルマ（ミャンマー）の漫画家、コメディアン。
⇒岩世人（シュエーヨー（バーゲレ） 1893.2.9–1944.6.16/1945.6.5）

Shyamalan, M.Night
インド生まれの映画監督、映画脚本家。
⇒映監（シャマラン,M・ナイト 1970.8.6–）
外12（シャマラン,M.ナイト 1970.8.6–）
外16（シャマラン,M.ナイト 1970.8.6–）

Siao, Josephine
香港の女優、映画監督。
⇒岩世人（シャオ 1947.3.13–）

Siao Hut Seng Sibunruang
中国の華僑革命家。
⇒岩世人（シアオ・フット・セン・シーブンルアン 1863–1939.5.31）
近中（蕭仏成 しようふつせい 1862–1939.5.31）
タイ（シエオ・フットセン・シーブンルアン（蕭佛成） 1863–1939）

Siazon, Domingo L.
フィリピンの外交官、政治家。フィリピン外相、駐日フィリピン大使、国連工業開発機関（UNIDO）事務局長。
⇒外12（シアゾン、ドミンゴ 1939.7.9–）
外16（シアゾン、ドミンゴ 1939.7.9–）
世指導（シアゾン、ドミンゴ 1939.7.9–2016.5.3）

al-Sibā'ī, Muṣṭafā
シリアのイスラム思想家、教育者。
⇒岩イ（スィバーイー 1915–1964）

Sibal, Kapil
インドの政治家。
⇒外12（シバル、カピル）
外16（シバル、カピル 1948.8.8–）
世指導（シバル、カピル 1948.8.8–）

Sibelius, Jean
フィンランドの作曲家。作品に交響詩『フィンランディア』(1899)、付随音楽『クオレマ』(1903) など。
⇒岩世人（シベリウス 1865.12.8–1957.9.20）
エデ（シベリウス、ジャン［ヨハン・ユリウス・クリスティアン］ 1865.12.8–1957.9.20）
ク音3（シベリウス 1865–1957）
広辞7（シベリウス 1865–1957）
新音小（シベリウス、ジャン 1865–1957）
新音中（シベリウス、ジャン 1865.12.8–1957.9.20）
ネーム（シベリウス 1865–1957）
ピ曲改（シベリウス、ジャン 1865–1957）
標音2（シベリウス、ジャン 1865.12.8–1957.9.20）
ポプ人（シベリウス、ジャン 1865–1957）

Sibley, Brian
イギリスの作家、テレビプロデューサー。
⇒外12（シブレー、ブライアン）

Sibley, Charles Thomas
アメリカの医療宣教師。
⇒アア歴（Sibley,Charles T（homas） シブリー、チャールズ・トマス 1875.4.20–1957.9.4）

Sibson, Richard Broadley
ニュージーランドの鳥類学者。
⇒ニュー（シブソン、リチャード 1911–1994）

Sibylla von Sachsen-Coburg-Gotha
スウェーデン王子グスタフ・アドルフの妃。現王カール16世グスタフの母。
⇒王妃（シビラ 1908–1972）

Siciliano, Enzo
イタリアの作家、評論家。
⇒岩世人（シチリアーノ 1934.5.27–2006.6.9）

Sickert, Walter Richard
イギリスの画家。1911年カムデン・タウンクラブを創設。代表作『ディエッペのバッカラート賭博』。
⇒岩世人（シッカート 1860.5.31–1942.1.22）
芸13（シッカート、ウォルター 1860–1942）

Sickinger, Josef Anton
ドイツの教育家、教育行政家。マンハイムの国民学校および補習学校の監督者として、マンハイム組織を創案、実行。
⇒教人（ジッキンガー 1858–1930）

Sickles, David Banks
アメリカの財政家、外交官。

⇒アア歴（Sickles, David B (anks)　シクルズ, デヴィッド・バンクス　1837.2.8–1918.7.19）

Sickman, Laurence Chalfant Stevens
アメリカの東洋美術史学者。東洋美術に対する知識と理解を深める上での多年の貢献により、フリア・メダルを授与される（1973）。
⇒岩世人（シックマン　1907.8.27–1988.5.11）

Sidgwick, Nevil Vincent
イギリスの化学者。原子価電子説、構造化学、理論化学などの方面で貢献。ロンドン王立協会の副会長。
⇒岩世人（シジウィク　1873.5.8–1952.3.15）

Sidhu, Sanjiv
インドの実業家。
⇒外12（シドゥ, サンジブ　1957–）

Sidibe, Gabourey
アメリカの女優。
⇒外12（シディベ, ガボレイ　1983.5.6–）

Sidiclei
ブラジルのサッカー選手（DF）。
⇒外12（シジクレイ　1972.5.13–）

Sidik, Khadijah
マレーシアの女性運動家。
⇒岩世人（シディック, カディジャ　1918.12.15–1982）

Sidis, Boris
ロシア生まれのアメリカの病態心理学者。精神療法に生涯従事。主著『暗示の心理学』（1898）。
⇒岩世人（サイディス　1867.10.12–1923.10.24）

Sīdīya Bābā
フランス植民地下モーリタニアの学者。
岩イ（スィーディーヤ・バーバー　1862/1863–1926）

Sidmar
ブラジル出身のサッカー選手。
⇒異二辞［シジマール［アントニオ・マルチンス・～］　1962–）

Sidney, George
アメリカの映画監督。
⇒映監（シドニー, ジョージ　1916.10.4–2002）

Sidney, Sylvia
アメリカ生まれの女優。
⇒ク俳（シドニー, シルヴィア（コソウ, ソフィア）1910–1999）
　ユ著人（Sidney, Sylvia　シドニー, シルヴィア　1910–）

Sidorsky, Sergei
ベラルーシの政治家。ベラルーシ首相。
⇒外12（シドルスキー, セルゲイ　1954.3.13–）
　外16（シドルスキー, セルゲイ　1954.3.13–）

世指導（シドルスキー, セルゲイ　1954.3.13–）

Ṣidqī, Ismāʿīl
エジプトの政治家。
⇒岩世人（スィドキー　1875.2.15–1950.7.9）

Sidran, Ben
アメリカのジャズ歌手、ピアノ奏者。
⇒外12（シドラン, ベン　1942–）

Siebeck, Hermann
ドイツの哲学史家。古代哲学史、心理学史の研究家。主著"Aristoteles"（1899）ほか。
⇒岩世人（ジーベック　1842.9.25–1920.2.22）
　学叢思（ジーベック, ヘルマン　1842–?）
　新カト（ジーベック　1842.9.28–1921.2.22）

Siebel, Erich Lothar Max
ドイツの塑性工学者。塑性加工の学問的体系の樹立に功績がある。
⇒岩世人（ジーベル　1891.5.17–1961.10.17）

Siebern, Norman Leroy
アメリカの大リーグ選手（一塁、外野）。
⇒メジャ（シーバーン, ノーム　1933.7.26–）

Siebert, Glenn
アメリカのテノール歌手。
⇒魅惑（Siebert, Glenn　?–）

Siebert, Richard Walther
アメリカの大リーグ選手（一塁）。
⇒メジャ（シーバート, ディック　1912.2.19–1978.12.9）

Siebert, Wilfred Charles (Sonny)
アメリカの大リーグ選手（投手）。
⇒メジャ（シーバート, サニー　1937.1.14–）

Siebold, Alexander Georg Gustav von
ドイツの外交官。P.シーボルトの長子。
⇒岩世人（ジーボルト（慣シーボルト）　1846.8.16–1911.1.23）
　博物館（シーボルト, アレクサンダー・フォン　1846–1911）
　来日（シーボルト, アレクサンダー・ゲオルグ・グスタフ・フォン　1846–1911）

Siebs, Theodor
ドイツのゲルマン語学者。
⇒岩世人（ジープス　1862.8.26–1941.5.28）

Siedeberg, Emily Hancock (McKinnon)
ニュージーランド初の女性医師。
⇒ニュー（シードバーグ, エミリー　1873–1968）

Sieffert, René
フランスの日本文学研究者。万葉集をはじめ現代にいたるまで、広く日本文学の仏訳を精力的に行なっている。

⇒岩世人（シフェール　1923.8.4-2004.2.13）

Sieg, Emil
ドイツのインド学者, 中央アジア研究家。インド文献学を専攻し, ジークリングとトハラ語を解明。
⇒岩世人（ジーク　1866.8.12-1951.1.23）

Siegal, Justine
アメリカの野球指導者。
⇒外12（シーガル, ジャスティーン）
　外16（シーガル, ジャスティーン）

Siegbahn, Kai Manne Börji
スウェーデンの物理学者。1981年ノーベル物理学賞。
⇒岩世人（シーグバーン　1918.4.20-2007.7.20）
　広辞7（ジーグバーン　1918-2007）
　ノベ3（シーグバーン, K.M.B.　1918.4.20-2007.7.20）

Siegbahn, Karl Manne Georg
スウェーデンの物理学者。プリズムを用いてX線を屈折させることに成功。1924年ノーベル物理学賞受賞。
⇒岩世人（シーグバーン　1886.12.3-1978.9.25）
　広辞7（ジーグバーン　1886-1978）
　三新物（ジーグバーン　1886-1978）
　ノベ3（シーグバーン, K.M.G.　1886.12.3-1978.9.25）
　物理（シーグバーン, カール・マンネ　1886-1978）

Siegel, Benjamin
アメリカ暗黒街の顔役。
⇒ユ著人（Siegel,Benjamin　シーゲル, ベンジャミン　1905-1947）

Siegel, Carl Ludwig
ドイツの数学者。解析的整数論に独自の研究を進めて優れた成果を収めた。
⇒岩世人（ジーゲル　1896.12.31-1981.4.4）
　数辞（ジーゲル, カルル・ルーヴィッヒ　1896-1981）
　世数（ジーゲル, カール・ルドヴィヒ　1896-1981）

Siegel, Donald（Don）
アメリカの映画監督。
⇒岩世人（シーゲル　1912.10.26-1991.4.20）
　映監（シーゲル, ドン　1912.10.26-1991）

Siegel, James
アメリカの作家。
⇒海文新（シーゲル, ジェイムズ）
　現世文（シーゲル, ジェームズ）

Siegel, Janis
アメリカの女性ジャズ歌手, 編曲家。
⇒外12（シーゲル, ジャニス　1952.7.23-）
　外16（シーゲル, ジャニス　1952.7.23-）

Siegel, Jerry
アメリカの風刺漫画家。世界最高の人気を誇る漫画の英雄"スーパーマン"の創造者。
⇒岩世人（シーゲル　1914.10.17-1996.1.28）

Siegfried, André
フランスの経済学者, 政治評論家。著書に『今日のイギリス』(1924),『今日の合衆国』(27) など。
⇒岩世人（シーグフリード　1875.4.27-1959.3.28）

Sieghart, Martin
オーストリアの指揮者。
⇒外16（ジークハルト, マルティン　1951-）

Siegler, Robert Stuart
アメリカの心理学者。
⇒岩世人（シーグラー　1949.5.12-）

Siegling, Wilhelm
ドイツのインド学者, 中央アジア研究者。ジークとトハラ語を発見。
⇒岩世人（ジークリング　1880.1.14-1946.1.22）

Siegmeister, Elie
アメリカの作曲家。
⇒エデ（シーグマイスター, エリー　1909.1.15-1991.3.10）
　標音2（シーグマイスター, エリー　1909.1.15-1991.3.10）

Siegmund, Georg
ドイツのカトリック神学者, 哲学者。
⇒新カト（ジークムント　1903.6.25-1989.6.4）

Siemaszko, Olga
ポーランドの絵本作家。
⇒絵本（シェマシュコ, オルガ　1914-2000）

Siemens, Wilhelm von
ドイツの電気技術者。ヴェルナー・フォン・ジーメンスの次男。
⇒広辞7（ジーメンス　1855-1919）

Siena, Jerold
テノール歌手。
⇒魅惑（Siena,Jerold　?-）

Sienkiewicz, Henryk
ポーランドの小説家。1905年『クオー・バディス』(1896) でノーベル文学賞受賞。
⇒岩世人（シェンキェーヴィチ　1846.5.5-1916.11.15）
　学叢思（シェンキーウイッチ, ヘンリーク　1846-1916）
　現世文（シェンキェヴィッチ, ヘンリク　1846.5.5-1916.11.15）
　広辞7（シェンキェヴィチ　1846-1916）
　新カト（シェンキェヴィチ　1846.5.5-1916.11.15）
　図翻（シェンキエヴィッチ　1846.5.5-1916.11.15）
　西文（シェンキェヴィッチ, ヘンリック　1846-1916）
　世人新（シェンケヴィッチ　1846-1916）
　世人装（シェンケヴィッチ　1846-1916）

ネーム（シエンキェビチ　1846–1916)
ノベ3（シェンキエビチ,H.　1846.5.5–1916.11.15)
ボブ人（シェンキェビッチ,ヘンリク　1846–1916)

Siep, Ludwig
ドイツの哲学者,応用倫理学者。
⇒岩世人（ジープ　1942.11.2–)

Siepi, Cesare
イタリアのバス歌手。
⇒オペラ（シエーピ,チェーザレ　1919–2010)
新音中（シエーピ,チェーザレ　1923.2.10–)
標音2（シエーピ,チェーザレ　1923.2.10–2010.7.5)

Sieroszewski, Wacław
ポーランドの小説家。
⇒岩世人（シェロシェフスキ　1858.8.24–1945.4.20)

Sierpinski, Waclaw
ポーランドの数学者。1958年から世界唯一の数論雑誌「アクタ・アリスメティカ」を発行。
⇒岩世人（シェルピンスキ　1882.3.14–1969.10.21)
数辞（シルピンスキー,ヴァクロフ　1882–1969)
世ós（シェルピンスキ,ヴァツワフ　1882–1969)

Sierra, Hector
コロンビアの映像作家,絵本作家。
⇒外16（シエラ,エクトル　1964–)

Sierra, Javier
スペインの作家,ジャーナリスト,研究者。
⇒海文新（シエラ,ハビエル　1971–)
現世文（シエラ,ハビエル　1971–)

Sierra, Ruben Angel
アメリカの大リーグ選手（外野）。
⇒メジャ（シエラ,ルーベン　1965.10.6–)

Sierra, Santiago
スペイン生まれの芸術家。
⇒現アテ（Sierra,Santiago　シエラ,サンチャゴ　1966–)

Sierra Méndez, Justo
メキシコの歴史家,詩人,教育者,政治家。文相を務めた。
⇒岩世人（シエラ　1848.1.26–1912.9.13)
ラテ新（シエラ　1848–1912)

Siever, Edward Tilden
アメリカの大リーグ選手（投手）。
⇒メジャ（シーヴァー,エド　1875.4.2–1920.2.4)

Sievers, Georg Eduard
ドイツの言語学者,音声学者。主著に『音声学綱要』(1881)などの独創的な研究がある。
⇒岩世人（ジーフェルス　1850.11.25–1932.3.30)

Sievers, Roy Edward
アメリカの大リーグ選手（一塁,外野）。
⇒メジャ（シーヴァース,ロイ　1926.11.18–)

Sievert, Rolf Maximilian
スウェーデンの物理学者。
⇒物理（シーベルト,ロルフ・マキシミリアン　1896–1966)

Siewerth, Gustav
ドイツのカトリック哲学者,教育学者。
⇒新カト（ジーヴェルト　1903.5.28–1963.10.5)

Sifa
タイの作家。
⇒岩世人（シーファー　1931.1.26–2013.4.16)
現世文（シーファー　1931.1.26–2013.4.16)

Sigerist, Henry Ernest
スイスの医学史家。社会医学を強調し,医学に人間性を結びつける。著書に『大医伝』(1932) など。
⇒岩世人（ジゲリスト　1891.4.7–1957.5.17)

Sighele, Scipio
イタリアの社会心理学者。社会学,社会心理学,犯罪学の方面に多彩な研究を展開した。著書に『犯罪的群集』(1892) など。
⇒岩世人（シゲーレ　1868.6.24–1913.10.21)
学業思（シゲレ,スチピオ　1868–1913)
社小増（シゲーレ　1868–1913)

Sigler, Scott
アメリカの作家。
⇒外12（シグラー,スコット）
外16（シグラー,スコット）
現世文（シグラー,スコット）

Signac, Paul
フランス,新印象派の画家。点描主義を推進し,新印象主義運動の発展に努力。
⇒岩世人（シニャック　1863.11.11–1935.8.15)
芸13（シニャック,ポール　1863–1935)
広辞7（シニャック　1863–1935)
19仏（シニャック,ポール　1863.11.11–1935.8.15)
ネーム（シニャック　1865?–1935)

Signoles, Jean-Michel
フランスの実業家。ゴヤール社長。
⇒外12（シニョール,ジャン・ミシェル）

Signoret, Simone
フランスの女優。1959年「年上の女」でカンヌ映画祭女優演技賞,アカデミー主演女優賞受賞。
⇒遺産（シニョレ,シモーヌ　1921.3.25–1985.9.30)
ク俳（シニョレ,シモーヌ（カミンカー,S）　1921–1985)
スター（シニョレ,シモーヌ　1921.3.25–1985)
ユ著人（Signoret,Simone　シニョレ,シモーヌ　1921–1985)

Signoretti, Leopold
イタリアのテノール歌手。
⇒魅惑(Signoretti,Leopold ?–1915)

Signori, Giuseppe
イタリアのサッカー選手。
⇒外12(シニョーリ, ジュゼッペ 1968.2.17–)

Signorini, Francesco
イタリアのテノール歌手。
⇒失声(シニョリーニ, フランチェスコ 1860–1927)
　魅惑(Signorini,Francesco 1861–1927)

Sigurdardóttir, Jóhanna
アイスランドの政治家。アイスランド首相。
⇒外12(シグルザルドッティル, ヨハンナ 1942.10.4–)
　外16(シグルザルドッティル, ヨハンナ 1942.10.4–)
　世指導(シグルザルドッティル, ヨハンナ 1942.10.4–)

Sigurdardottir, Yrsa
アイスランドの作家。
⇒海文新(シグルザルドッティル, イルサ 1963.8.24–)

Sigurður Þórarinsson
アイスランドの火山学者。
⇒岩世人(シーグルズル・ソウラリンソン 1912.1.8–1983.2.8)

Sihamoni, Norodom
カンボジアの国王。在位2004〜。
⇒岩世人(ノロドム・シハモニ 1953.5.14–)
　外12(シハモニ, ノロドム 1953.5.14–)
　外16(シハモニ, ノロドム 1953.5.14–)
　現アジ(シハモニー, ノロドム 1953.5.14–)
　世指導(シハモニ, ノロドム 1953.5.14–)

Sihanouk, Norodom
カンボジアの政治家, 国王。在位1943〜55,93〜2004。
⇒岩韓(シアヌーク 1922–)
　岩世人(ノロドム・シハヌーク(シアヌーク、シハヌック) 1922.10.31–2012.10.15)
　外12(シアヌーク, ノロドム 1922.10.31–)
　現アジ(シアヌーク, ノロドム 1922.10–)
　広辞7(シハヌーク 1922–2012)
　政経改(シアヌーク 1922–)
　世史改(シハヌーク 1922–2012)
　世指導(シアヌーク, ノロドム 1922.10.31–2012.10.15)
　世人新(シハヌーク(シアヌーク) 1922–2012)
　世人装(シハヌーク(シアヌーク) 1922–2012)
　ネーム(シアヌーク 1922–2012)
　ポプ人(シアヌーク, ノロドム 1922–2012)

Sihasak Phuangketkeow
タイの外交官。
⇒外16(シハサック・プアンゲッゲオ)

Siifaa
タイの小説家。
⇒タイ(シーファー 1930–)

Siimann, Mart
エストニアの政治家。エストニア首相。
⇒世指導(シーマン, マルト 1946–)

Siirala, Antti
フィンランドのピアノ奏者。
⇒外12(シーララ, アンティ 1979–)
　外16(シーララ, アンティ 1979–)

Šik, Ota
チェコスロバキアの経済学者, 政治家。
⇒岩世人(シク 1919.9.11–2004.8.22)

Sikandar Hayāt Khān
英領パンジャーブ州の政治家, 州首相, 連合党の指導者。
⇒岩イ(スィカンダル・ハヤート・ハーン 1892–1942)

Sikat, Rogelio
フィリピンのピリピノ語(フィリピノ語)作家, 文芸評論家。
⇒現代文(シーカット, ロヘリオ 1940–)

Sikelianos, Angelos
ギリシャの詩人。デルフォイの円形劇場で悲劇の復活上演を行うなど, 古代文明の復興を志した。代表作に『デルフォスの言葉』(1927)など。
⇒岩世人(シケリアノス 1884.3.15–1951.6.19)

Siklós, György
ハンガリーのテノール歌手。
⇒魅惑(Siklós,György ?–)

Sikorski, Brian Patrick
アメリカのプロ野球選手(投手), 大リーグ選手。
⇒外12(シコースキー, ブライアン 1974.7.27–)

Sikorski, Kazimierz
ポーランドの作曲家, 教育者。『和声学』と『対位法』の著書もある。
⇒標音2(シコルスキ, カジミエシ 1895.6.28–1986.7.23)

Sikorski, Wladyslaw
ポーランドの軍人, 政治家。第二次大戦で独軍のポーランド侵攻(1939)に際して, フランスでポーランド軍を編成, 亡命政府首班となった(39〜43)。
⇒岩世人(シコルスキ 1881.5.20–1943.7.4)

Sikorsky, Igor Ivan
ロシア生まれのアメリカの航空技術者。大型飛行機とヘリコプタの開発と実用化に功績があった。
⇒岩世人(シコルスキー 1889.5.13/25–1972.10.26)

世発（シコルスキー, イーゴリ・イヴァノヴィッチ 1889–1972）
世発（シコルスキー, イーゴリ・イヴァノヴィッチ 1889–1972）

Sík Sándor
ハンガリーの詩人, 教師, 青少年の指導者, 司牧者, 著作家。
⇒新カト（シーク 1889.1.20–1963.9.28）

Silaev, Ivan Stepanovich
ロシアの政治家。EC大使, ロシア共和国首相。
⇒世指導（シラーエフ, イワン 1930.10.21–）

Silajdžić, Haris
ボスニア・ヘルツェゴビナの政治家。ボスニア・ヘルツェゴビナ共同議長（首相）。
⇒外12（シライジッチ, ハリス 1945.10.1–）
外16（シライジッチ, ハリス 1945.10.1–）
世指導（シライジッチ, ハリス 1945.10.1–）

Sila Komchai
タイの作家。
⇒タイ（シラー・コームチャーイ 1952–）

Silas
ブラジルのサッカー監督（アバイー）, サッカー選手。
⇒外12（シーラス 1965.8.27–）

Sila Viravong
ラオスの文学者, 歴史学者。
⇒岩世人（シラー 1905.8.1–1987.2.18）

Silberbusch, David Jesaia
ガリチア生まれのヘブライ語・イディッシュ語の編集者, 短編作家。
⇒ユ著人（Silberbusch, David Jesaia ジルバーブッシュ, ダーフィット・イェザーヤ 1854–1936）

Silberman, Charles E.
アメリカ・フォーチュン誌のジャーナリスト。
⇒マルX（SILBERMAN, CHARLES E. シルバーマン, チャールズ・E. 1925–）

Silberston, Zangwill Aubrey
イギリス・ロンドン生まれの経済思想家。
⇒岩世人（シルバーストーン 1922.1.26–）

Siles Suazo, Hernán
ボリビアの政治家。ボリビア大統領（1982～85）。
⇒岩世人（シレス・スアソ 1914.3.21–1996.8.6）

Silins, Egils
ラトビアのバス・バリトン歌手。
⇒外16（シリンス, エギルス）

Silja, Anja
ドイツのソプラノ歌手。
⇒オペラ（ジリヤ, アニヤ 1940–）
新音中（シリア, アニヤ 1940.4.17–）

標音2（ジリヤ, アニヤ 1940.4.17–）

Silkin, Jon
イギリスの詩人, 編集者, 批評家。
⇒現世文（シルキン, ジョン 1930.12.2–1997.11.25）

Silko, Leslie Marmon
アメリカの詩人, 作家。ラグーナ・プエブロ族のアメリカ・インディアン。
⇒岩世人（シルコウ 1948.3.5–）
現世文（シルコウ, レスリー・マーモン 1948–）

Silla
台湾のロマンス作家。
⇒外12（鄭媛 テイエン 1970.5.13–）
海文新（ヤンユアン 1970.5.13–）
現世文（鄭媛 てい・えん 1970.5.13–）

Silla, Fred
オーストリアのテノール歌手。
⇒魅惑（Silla, Fred ?–）

Sillanpää, Frans Eemil
フィンランドの小説家。1939年ノーベル文学賞受賞。作品に『聖貧』(19)『夏の夜の人人』(34)など。
⇒岩世人（シッランパー 1888.9.16–1964.6.3）
現世文（シッランパー, フランス・エーミル 1888.9.16–1964.6.3）
ノベ3（シッランパー, F.E. 1888.9.16–1964.6.3）

Sillén, Lars Gunner
スウェーデンの化学者。
⇒岩世人（シレーン 1916.7.11–1970.7.23）

Sillitoe, Alan
イギリスの小説家。
⇒岩世人（シリトー 1928.3.4–2010.4.25）
現世文（シリトー, アラン 1928.3.4–2010.4.25）
広辞7（シリトー 1928–2010）

Sillitoe, *Sir* Percy
イギリス保安部（MI5）長官。在職1946～53。
⇒スパイ（シリトー, サー・パーシー 1888–1962）

Sills, Beverly
アメリカのソプラノ歌手。
⇒アメ州（Sills, Beverly シルズ, ビバリー 1929–）
新音中（シルズ, ベヴァリー 1929.5.25–）
標音2（シルズ, ベヴァリー 1929.5.25–2007.7.2）
ユ著人（Sills, Beverly シルズ, ベーベリー 1929–）

Silnov, Andrey
ロシアの走り高跳び選手。
⇒外12（シルノフ, アンドレイ 1984.9.9–）
外16（シルノフ, アンドレイ 1984.9.9–）
最世人（シルノフ, アンドレイ 1984.9.9–）

Silone, Ignazio
イタリアの小説家。イタリア共産党創設と同時

に入党、のち社会党員に転じた。国際ペンクラブ会長。主著『フォンタマーラ』(1930)、『ルーカの秘密』(56)。
⇒岩世人(シローネ 1900.5.1-1978.8.22)
　現世文(シローネ、イニャツィオ 1900.5.1-1978.8.22)
　広辞7(シローネ 1900-1978)
　新カト(シローネ 1900.5.1-1978.8.22)
　西文(シローネ、イニャツィオ 1900-1978)

Silva, Alvaro
ベネズエラ出身の石油輸出国機構(OPEC)事務局長。
⇒世指導(シルバ、アルバロ)

Silva, Daniel
アメリカの作家、テレビプロデューサー。
⇒外16(シルバ、ダニエル 1960-)
　海文新(シルヴァ、ダニエル 1960-)
　現世文(シルバ、ダニエル 1960-)

Silva, David
スペインのサッカー選手(マンチェスター・シティ・MF)。
⇒最世ス(シルバ、ダビド 1986.1.8-)

Silva, Giant
ブラジル出身のプロレスラー。
⇒異二辞(シルバ、ジャイアント 1963-)

Silva, Leonardo
ブラジルのテノール歌手。
⇒魅惑(Silva,Leonardo ?-)

Silva, Luis Inácio Lula da
ブラジルの政治家。
⇒岩世人(シルヴァ 1945.10.27-)

Silva, Wanderlei Da
ブラジルの格闘家。
⇒異二辞(シウバ、ヴァンデレイ 1976-)
　外12(シウバ、ヴァンデレイ 1976.7.3-)
　外16(シウバ、ヴァンデレイ 1976.7.3-)

Silvasti, Jorma
フィンランドのテノール歌手。
⇒魅惑(Silvasti,Jorma 1959-)

Silver, Elizabeth L.
アメリカの作家。
⇒海文新(シルヴァー、エリザベス・L. 1978-)

Silver, Eve
カナダの作家。
⇒海文新(シルヴァー、イヴ)

Silver, Horace
アメリカのジャズ演奏家、ピアノ奏者。
⇒岩世人(シルヴァー、ホリス 1928.9.2-2014.6.18)
　新音中(シルヴァー、ホリス 1928.9.2-)
　標音2(シルヴァー、ホリス 1928.9.2-)

Silver, Joel
アメリカの映画プロデューサー。
⇒外12(シルバー、ジョエル 1952.7-)
　外16(シルバー、ジョエル 1952.7-)

Silver, Mitch
アメリカの作家。
⇒海文新(シルヴァー、ミッチ 1946-)

Silver, Nate
アメリカの統計専門家。
⇒外16(シルバー、ネイト 1978-)

Silverberg, Robert
アメリカのSF小説家。
⇒現世文(シルバーバーグ、ロバート 1935-)

Silvers, Phil
アメリカの喜劇俳優。
⇒ク俳(シルヴァーズ、フィル(シルヴァースミス、P) 1911-1985)

Silverstein, Louis
アメリカの新聞のデザイナー、ジャーナリスト。
⇒グラデ(Silverstein,Louis シルヴァースタイン、ルイス 1919-)

Silverstein, Shel
アメリカの絵本作家。
⇒現世文(シルバスタイン、シェル ?-1999.5.10)
　ボブ人(シルバースタイン、シェル 1932-1999)

Silverstone, Alicia
アメリカの女優。
⇒外12(シルバーストーン、アリシア 1976.10.4-)
　外16(シルバーストーン、アリシア 1976.10.4-)
　ク俳(シルヴァーストウン、アリシア 1976-)

Silvestre, Mickael
フランスのサッカー選手。
⇒外12(シルヴェストル、ミカエル 1977.8.9-)
　外16(シルヴェストル、ミカエル 1977.8.9-)
　最世ス(シルヴェストル、ミカエル 1977.8.9-)

Silvestri, Constantin
ルーマニア、のちイギリスの指揮者。1961年以降ボーンマス交響楽団の首席指揮者を務める。
⇒標音2(シルヴェストリ、コンスタンティン 1913.5.31-1969.2.23)

Silvia
スウェーデン王妃。
⇒外12(シルビア王妃 1943.12.23-)
　外16(シルビア王妃 1943.12.23-)

Sim, Alastair
イギリスの俳優。
⇒ク俳(シム、アラステア 1900-1976)

Sim, Jack
シンガポールの社会運動家。

⇒外16（シム, ジャック）

Simak, Clifford D.
アメリカのSF作家。代表作に『中継ステーション』（1963）など。
⇒現世文（シマック, クリフォード　1904.8.3–1988.4.25）

Simándy, József
ハンガリーのテノール歌手。
⇒失声（シマンディ, ヨセフ　1916–1997）
　魅惑（Simándy,József　1916–）

Simard, C.A.
カナダのグラフィックデザイナー。
⇒芸13（シマール, C・A　1943–）

Simatupang, Tahi Bonar
インドネシアの軍人、キリスト教指導者。
⇒岩世人（シマトゥパン, タヒ・ボナル　1920.1.28–1990.1.1）

Simberg, Hugo Gerhard
フィンランドの画家、版画家。
⇒岩世人（シンベリ　1873.6.24–1917.7.12）

Simenon, Georges
ベルギー生まれのフランスの小説家。作品、『ビロードの熊』（1960）などのほかメグレ警部シリーズで有名。
⇒岩世人（シムノン　1903.2.12–1989.9.4）
　現世文（シムノン, ジョルジュ　1903.2.13–1989.9.4）
　広辞7（シムノン　1903–1989）
　ネーム（シムノン　1903–1989）
　フ文小（シムノン, ジョルジュ　1903–1989）

Simeone, Diego
アルゼンチンのサッカー選手。
⇒異二辞（シメオネ［ディエゴ・〜］　1970–）
　外12（シメオネ, ディエゴ　1970.4.28–）
　外16（シメオネ, ディエゴ　1970.4.28–）
　最世ス（シメオネ, ディエゴ　1970.4.28–）

Sim Eun-ha
韓国の女優。
⇒外12（シムウナ　1972.9.23–）
　韓俳（シム・ウナ　1972.9.23–）

Sim Eun-kyeong
韓国の女優。
⇒外16（シムウンギョン　1994.5.31–）
　韓俳（シム・ウンギョン　1994.5.31–）

Simiand, François Joseph Charles
フランスの社会経済学者。
⇒岩世人（シミアン　1873.4.18–1935.4.13）
　社小増（シミアン　1873–1935）
　メル3（シミアン, フランソワ　1873–1935）

Simic, Charles
アメリカの詩人、翻訳家。
⇒現世文（シミック, チャールズ　1938.5.9–）

Sīmīn Dāneshvar
イランの女性作家、翻訳家。
⇒岩世人（スィーミーン・ダーネシュヴァル　1921.4–2012.3.8）
　現世文（スィーミーン・ダーネシュヴァル　1922–2012.3.8）

Simionato, Chiara
イタリアのスピードスケート選手。
⇒最世ス（シミオナート, キアラ　1975.7.4–）

Simionato, Giulietta
イタリアのメゾ・ソプラノ歌手。
⇒オペラ（シミオナート, ジュリエッタ　1910–2010）
　新音中（シミオナート, ジュリエッタ　1910.5.12/12.15–）
　標音2（シミオナート, ジュリエッタ　1910.5.12/12.15–2010.5.5）

Simitis, Konstantinos
ギリシャの政治家。ギリシャ首相、全ギリシャ社会主義運動（PASOK）党首。
⇒指導（シミティス, コンスタンティノス　1936.6.23–）

Simkin, Daniil
ロシア生まれのバレエダンサー。アメリカン・バレエ・シアター（ABT）プリンシパル。
⇒外12（シムキン, ダニール　1987.10.12–）
　外16（シムキン, ダニール　1987.10.12–）

Simkin, Tom
アメリカの岩石学者、火山学者。
⇒岩世人（シムキン　1934–2009.6.10）

Simmel, Georg
ドイツの哲学者、社会学者。ドイツにおいて社会学を社会科学として確立するのに功績があった。
⇒岩世人（ジンメル　1858.3.1–1918.9.26）
　学叢思（ジンメル, ゲオルク　1858–1918）
　教思増（ジンメル　1858–1918）
　教人（ジンメル　1858–1918）
　現社（ジンメル　1858–1918）
　現宗（ジンメル　1858–1918）
　広辞7（ジンメル　1858–1918）
　社小増（ジンメル　1858–1918）
　新カト（ジンメル　1858.3.1–1918.9.26）
　哲中（ジンメル　1858–1918）
　ネーム（ジンメル　1858–1918）
　メル3（ジンメル, ゲオルク　1858–1918）
　ユ著人（Simmel,Georg　ジンメル, ゲオルク　1858–1918）

Simmel, Johannes Mario
オーストリアの作家、ジャーナリスト。
⇒岩世人（ジンメル　1924.4.7–2009.1.1）
　現世文（ジンメル, ヨハネス・マリオ　1924.4.7–2009.1.1）

Simmonds, Kennedy Alphonse
セントクリストファー・ネービスの政治家。セントクリストファー・ネービス首相。
⇒世指導（シモンズ, ケネディ　1936.4.12–）

Simmons, Aloysius Harry
アメリカの大リーグ選手（外野）。
⇒メジャ（シモンズ, アル　1902.5.22–1956.5.26）

Simmons, Curtis Thomas
アメリカの大リーグ選手（投手）。
⇒メジャ（シモンズ, カート　1929.5.19–）

Simmons, Dan
アメリカのミステリ作家。
⇒外12（シモンズ, ダン　1948–）
　外16（シモンズ, ダン　1948–）
　現世文（シモンズ, ダン　1948–）

Simmons, Ed
イギリスのミュージシャン。
⇒外12（シモンズ, エド）
　外16（シモンズ, エド）

Simmons, Gene
イスラエル生まれの俳優。
⇒外12（シモンズ, ジーン　1949.8.25–）
　外16（シモンズ, ジーン　1949.8.25–）
　ユ著人（Simmons,Gene　シモンズ, ジーン　1949–）

Simmons, Hardwick
アメリカの金融家。
⇒外12（シモンズ, ハードウィック　1940–）
　外16（シモンズ, ハードウィック　1940–）

Simmons, Howard Ensign, Jr.
アメリカの有機化学者。
⇒岩世人（シモンズ　1929.6.17–1997.4.26）

Simmons, Jane
イギリスの絵本作家。
⇒外16（シモンズ, ジェーン）

Simmons, Jean
イギリス・ロンドン生まれの女優。
⇒岩世人（シモンズ　1929.1.31–2010.1.22）
　ク俳（シモンズ, ジーン　1929–）

Simmons, J.K.
アメリカの俳優。
⇒外16（シモンズ,J.K.　1955.1.9–）

Simmons, Jo
イギリスの作家。
⇒海文新（シモンズ, ジョー）

Simmons, Joseph "DJRun"
アメリカのラッパー。
⇒岩世人（ランDMC　1964–）

Simmons, Kimora Lee
アメリカの実業家、服飾デザイナー。
⇒外12（シモンズ, キモラ・リー　1975.5.4–）
　外16（シモンズ, キモラ・リー　1975.5.4–）

Simmons, Russell
アメリカのヒップホップレーベルオーナー。
⇒外12（シモンズ, ラッセル　1957.10.4–）
　外16（シモンズ, ラッセル　1957.10.4–）

Simmons, Ted Lyle
アメリカの大リーグ選手（捕手、一塁）。
⇒メジャ（シモンズ, テッド　1949.8.9–）

Simms, Chris
イギリスのミステリ作家。
⇒海文新（シムズ, クリス）

Simões, Reñe
ブラジルのサッカー監督、サッカー選手。
⇒外12（シモンエス, レネ　1952.12.7–）

Simon, Attila
ハンガリーの実業家、弁護士。
⇒外12（シモン, アッティラ　1968–）

Simon, Brian
イギリスの教育学者、心理学者。ソ連心理学に注目し、知能検査について問題提起を続けてきた。
⇒岩世人（サイモン　1915.3.26–2002.1.17）

Simon, Carly
アメリカ・ニューヨーク出身の女性シンガー・ソングライター。
⇒ビト改（SIMON,CARLY　サイモン, カーリー）
　標音2（サイモン, カーリー　1945.6.25–）
　ロック（Simon,Carly　サイモン, カーリー　1945.6.25–）

Simon, Claude
フランスの小説家。1985年ノーベル文学賞。
⇒岩世人（シモン　1913.10.10–2005.7.6）
　現世文（シモン, クロード　1913.10.10–2005.7.6）
　広辞7（シモン　1913–2005）
　世人新（シモン　1913–2005）
　世人装（シモン　1913–2005）
　ノベ3（シモン,C.　1913.10.10–2005.7.6）
　フ文小（シモン, クロード　1913–2005）

Simon, Ernest
ベルリン生まれの教育者、思想家、作家。
⇒ユ著人（Simon,Ernest　シモン, エルンスト　1899–）

Simon, Ernest Julius Walter
ドイツ生まれのイギリスの中国学者。チベット語と中国語との比較研究に力を注いだ。
⇒岩世人（サイモン　1893.6.10–1981.2.22）

Simon, Francis Eugene, Sir
イギリスの物理学者。
⇒ユ著人（Simon,Francis Eugene,Sir　シモン, フランシス・ユージン　1893–1956）

Simon, François
フランスの編集者。
⇒外12（シモン, フランソワ　1953–）
　外16（シモン, フランソワ　1953–）

Simon, Heinrich
ドイツの編集者。
⇒ユ著人（Simon,Heinrich　ジーモン, ハインリッヒ　1880–1941）

Simon, Herbert Alexander
アメリカの経営学者。アメリカ経営科学会副会長。主著『経営行動』(1945) など。
⇒岩経（サイモン　1916–）
　岩世人（サイモン　1916.6.15–2001.2.9）
　現社（サイモン　1916–2001）
　広辞7（サイモン　1916–2001）
　社小増（サイモン　1916–）
　ノベ3（サイモン,H.A.　1916.6.15–2001.2.9）
　ベシ経（サイモン　1916–2001）
　有経5（サイモン　1916–2001）
　ユ著人（Simon,Herbert Alexander　サイモン, ハーバート・アレクサンダー　1916–1985）

Simon, Hermann
ドイツの精神科医。
⇒現精（ジモン　1867–1947）
　現精縮（ジモン　1867–1947）

Simon, Joe
アメリカ・ルイジアナ州生まれの歌手。
⇒ロック（Simon,Joe　サイモン, ジョウ　1943.9.2–）

Simon, John
アメリカのプロデューサー, 作曲家, キーボード奏者。
⇒ロック（Simon,John　サイモン, ジョン　1941.8.11–）

Simon, John Allsebrook, 1st Viscount
イギリスの政治家, 法律家。
⇒岩世人（サイモン　1873.2.28–1954.1.11）

Simon, Josef
ドイツの哲学者, 言語哲学者。
⇒岩世人（ジーモン　1930.8.1–）

Simon, Lidia
ルーマニアのマラソン選手。
⇒外12（シモン, リディア　1973.9.4–）
　外16（シモン, リディア　1973.9.4–）
　最世ス（シモン, リディア　1973.9.4–）

Simon, Lucien
フランスの画家。伝統的写実主義の画家。サロン・ド・ラ・ソシエテ・デ・ボーザールの創立会員の一人。
⇒芸13（シモン, リュシアン　1861–1945）

Simon, Marvin Neil
アメリカの劇作家。
⇒アメ州（Simon,Marvin Neil　サイモン, マービン・ニール　1927–）
　岩世人（サイモン　1927.7.4–）
　外12（サイモン, ニール　1927.7.4–）
　外16（サイモン, ニール　1927.7.4–）
　現世文（サイモン, ニール　1927.7.4–2018.8.26）
　世演（サイモン, ニール　1927.7.4–）
　ユ著人（Simon,Morvin Neil　サイモン, モービン・ニール　1927–）

Simon, Michael
アメリカの作家, 脚本家。『ダーティー・サリー』の著者。
⇒海文新（サイモン, マイケル　1963–）
　現世文（サイモン, マイケル　1963–）

Simon, Michel
フランスの俳優。
⇒ク俳（シモン, ミシェル（シモン, フランソワ）1895–1975）

Simon, Oliver
イギリスの印刷業者, 本のデザイナー, タイポグラファー, 著作家。
⇒グラデ（Simon,Oliver　サイモン, オリヴァー　1895–1956）

Simon, Paul
アメリカのギター奏者, 歌手, 作曲家。
⇒アメ新（サイモン・アンド・ガーファンクル　1941–）
　岩世人（サイモン＆ガーファンクル　1941.10.13–）
　エデ（サイモン, ポール　1941.10.13–）
　外12（サイモン, ポール　1941.10.13–）
　外16（サイモン, ポール　1941.10.13–）
　新音中（サイモン・アンド・ガーファンクル　1941–）
　標世2（サイモンとガーファンクル　1942.10.13–）
　ユ著人（Simon,Paul　サイモン, ポール　1941–）
　ロック（Simon and Garfunkel　サイモン＆ガーファンクル　1942.10.13–）
　ロック（Simon,Paul　サイモン, ポール）

Simon, Pierre-Henri
フランスの評論家, 小説家。主著『現代フランス文学史』(1956)。アカデミー・フランセーズ会員。
⇒現世文（シモン, ピエール・アンリ　1903.1.16–1972.9.21）

Simon, Rachel
アメリカの作家。
⇒外16（サイモン, レイチェル　1959–）

Simon, Robertlandy
キューバのバレーボール選手。
⇒最世ス（シモン, ロベルランディ　1987.6.11–）

Simon, Simone
フランス生まれの女優。
⇒ク俳（シモン, シモーヌ　1910–）
　スター（シモン, シモーヌ　1910.4.23–2005）

Simon, Théodore
フランスの医者, 心理学者。ビネーと共に行った教育心理に関する諸研究はビネー・シモン検査法として精神測定法の発達上画期的な業績。
⇒教人（シモン　1873–）

Simon, Yves
フランスの作家, 歌手。
⇒現世文（シモン, イヴ　1944–）

Simoncelli, Marco
イタリアのオートバイライダー。
⇒最世ス（シモンチェリ, マルコ　1987.1.20–2011.10.23）

Simoncini, Samuele
イタリア?のテノール歌手。
⇒魅惑（Simoncini,Samuele　?–）

Simondon, Gilbert
フランスの哲学者。
⇒メル別（シモンドン, ジルベール　1924–1989）

Simone, Mercedes
アルゼンチンのタンゴ歌手。
⇒標音2（シモーネ, メルセデス　1904.4.21–1990.10.2）

Simone, Nina
アメリカのジャズ歌手。
⇒異二辞（シモン, ニーナ　1933–2003）
　標音2（シモン, ニーナ　1933.2.21–）
　ロック（Simone,Nina　シモーン, ニーナ　1933–）

Simoneau, Léopold
カナダのテノール歌手。
⇒失声（シモノー, レオポルド　1916–2006）
　魅惑（Simoneau,Leopold　1918–2006）

Simonella, Liborio
アルゼンチンのテノール歌手。
⇒失声（シモネッラ, リボリオ　1933–）
　魅惑（Simonella,Liborio　1933–）

Simonenko, Valentin
ウクライナの政治家。ウクライナ第1副首相。
⇒世指導（シモネンコ, ワレンチン）

Simonetta, Luigi
イタリアのテノール歌手。
⇒魅惑（Simonetta,Luigi　?–?）

Simonetti, Achille
イタリアのヴァイオリン奏者, 作曲家。ブラームスの協奏曲を得意とし, 同曲のためのカデンツァを作曲したほか, 弦楽四重奏曲, ヴァイオリン小曲を残している。
⇒ク音3（シモネッティ　1857–1928）
　標音2（シモネッティ, アキッレ　1859.6.12–1928.11.19）

Simoni, Renato
イタリアの演劇評論家, 脚本家。
⇒オペラ（シモーニ, レナート　1875–1952）

Simonis, Heide
ドイツの政治家。シュレスウィヒ・ホルシュタイン州首相。
⇒外12（ジモーニス, ハイデ　1943.7.4–）
　外16（ジモーニス, ハイデ　1943.7.4–）
　世指導（ジモーニス, ハイデ　1943.7.4–）

Simonov, Konstantin Mikhailovich
ソ連の小説家, 劇作家。第2次世界大戦に従軍記者として参加, 小説『夜となく昼となく』（1943～44）で有名になった。代表作『生者と死者』（59）など。
⇒岩世人（シーモノフ　1915.11.15/28–1979.8.28）
　現世文（シーモノフ, コンスタンチン　1915.11.28–1979.8.28）
　広辞7（シーモノフ　1915–1979）
　西文（シーモノフ, コンスタンチン　1915–1979）

Simons, Elwyn La Verne
アメリカの人類学者。
⇒岩生（サイモンズ　1930–）

Simons, Henry Calvert
アメリカ・シカゴ大学の経済学者。
⇒有経5（サイモンズ　1899–1946）

Simons, John Phillip
イギリスの物理化学者。
⇒岩世人（サイモンズ　1934.4.20–）

Simons, Moya
オーストラリアの作家。
⇒海文新（シモンズ, モイヤ）

Simons Algie Martin
アメリカの記者, 社会主義者。
⇒学叢思（シモン, アルジー・マーチン　1895–）

Simont, Marc
フランスのイラストレーター。
⇒外12（シーモント, マーク　1915–）

Simonyi Zsigmond
ハンガリーの言語学者。主著『ハンガリー語史辞典』（1890～93）。
⇒岩世人（シモニ　1853.1.1–1919.11.22）

Simos, Angelos
ギリシャのテノール歌手。
⇒魅惑（Simos,Angelos ?–）

Simpkins, William Lionel
イギリス生まれの銀行員、エスペランティスト。
⇒日エ（シンプキンズ 1894?–1972.1.12）

Simpson, Andrew
イギリスのヨット選手（スター級）。
⇒外12（シンプソン,アンドルー 1976.12.17–）
最世ス（シンプソン,アンドルー 1976.12.17–2013.5.9）

Simpson, Ashlee
アメリカ生まれの歌手。
⇒外12（シンプソン,アシュリー 1984.10.3–）

Simpson, Bertram Lenox
イギリスのジャーナリスト。極東各地を旅行し、排日的言論を発表。張作霖大統領の政治顧問をつとめた。
⇒岩世人（シンプソン 1877–1930.11.11）

Simpson, *Sir* George Clarke
イギリスの気象学者。雷,地球上の降水量,気候変化,インドの季節風などの研究で有名。
⇒岩世人（シンプソン 1878–1965.1.1）

Simpson, George Gaylord
アメリカの古生物学者。ウマの進化を骨格の変化から跡づけたことや、進化的変化の速度は地質時代を通じて、一定でなく緩急の変化があることを実証した業績は有名である。
⇒岩生（シンプソン 1902–1984）
岩世人（シンプソン 1902.6.16–1984.10.6）
オク地（シンプソン,ジョージ・ゲイロード 1902–1984）
広辞7（シンプソン 1902–1984）

Simpson, Jennifer
アメリカの陸上選手（中距離・障害）。
⇒最世ス（シンプソン,ジェニファー 1986.8.23–）

Simpson, Louis（Aston Marantz）
アメリカ（ユダヤ系）の詩人,批評家。
⇒岩世人（シンプソン 1923.3.27–2012.9.14）
現世文（シンプソン,ルイス 1923.3.27–2012.9.14）

Simpson, Mona（Elizabeth）
アメリカの女性小説家。
⇒現世文（シンプソン,モナ 1958–）

Simpson, Norman Frederick
イギリスの劇作家。『一方振子』(1959)など,不条理劇的作品が多い。
⇒現世文（シンプソン,N.F. 1919.1.29–2011.8.27）

Simpson, O.J.
アメリカのアメリカンフットボール選手。
⇒岩世人（シンプソン 1942.7.9–）
外12（シンプソン,O.J. 1947.7.9–）

Simpson, Valerie
アメリカの歌手,ソングライター。
⇒ロック（Ashford and Simpson アシュフォード&シンプソン）

Simpson, Wallis Warfield
ウィンザー公夫人。イギリス国王エドワード8世との「世紀の恋」でさわがれ,退位した国王と結婚したアメリカ生まれの貴婦人。
⇒王妃（ウォリス・シンプソン 1896–1986）

Simpson, Webb
アメリカのプロゴルファー。
⇒外12（シンプソン,ウェブ 1985.8.8–）
外16（シンプソン,ウェブ 1985.8.8–）
最世ス（シンプソン,ウェブ 1985.8.8–）

Simpson-Miller, Portia
ジャマイカの政治家。ジャマイカ首相。
⇒外12（シンプソン・ミラー,ポーシャ 1945.12.12–）
外16（シンプソン・ミラー,ポーシャ 1945.12.12–）
世指導（シンプソン・ミラー,ポーシャ 1945.12.12–）

Sims, Christopher
アメリカの経済学者。
⇒外12（シムズ,クリストファー 1942–）
外16（シムズ,クリストファー 1942.10.21–）
ノベ3（シムズ,C. 1942.10.21–）
有経5（シムズ 1942–）

Sims, Duane B.（Duke）
アメリカの大リーグ選手（捕手）。
⇒メジャ（シムズ,デューク 1941.6.5–）

Sims, John Haley（Zoot）
アメリカのジャズ・サックス奏者。
⇒標音2（シムズ,ズート 1925.10.29–1985.3.23）

Simsion, Graeme
オーストラリアの作家。
⇒海文新（シムシオン,グラム）

Sim Soo-bong
韓国の歌手。
⇒岩世人（沈守峰 シムスボン 1955.7.11–）

Sims-Williams, Nicholas
イギリスのイラン語学者。
⇒岩世人（シムズ=ウィリアムズ 1949.4.11–）

Simu, Tiberius
ルーマニアのテノール歌手。
⇒魅惑（Simu,Tiberius 1980–）

Simukka, Salla
フィンランドの作家。
⇒海文新（シムッカ, サラ　1981.6.16–）
　現世文（シムッカ, サラ　1981.6.16–）

Simu Sun-hyon
韓国の漫画家。
⇒外12（シムスンヒョン）
　外16（シムスンヒョン）

Sim Var
カンボジアの政治家。カンボジア首相。
⇒岩世人（シム・ヴァル（スム・ヴァー）　1906–1989.4.21）

Sin, Jaime
フィリピンのカトリック司教。マニラ大司教, 枢機卿。
⇒岩世人（シン　1928–2005）
　新カト（シン　1928.8.31–2005.6.21）
　世指導（シン, ハイメ　1928.8.31–2005.6.21）

Sin Ae-Ra
韓国のタレント。
⇒韓俳（シン・エラ　1969.3.7–）

Sinai, Allen
アメリカのエコノミスト。
⇒外12（サイナイ, アレン）
　外16（サイナイ, アレン）

Sinai, Yakov Grigorievich
ソ連の数学者, 物理学者。
⇒岩世人（シナイ　1935.9.21–）
　世数（シナイ, ヤコフ　1935–）

Sinakharinthra
タイの王母。
⇒岩世人（シーナカリン　1900.10.21–1995.7.18）

Sinanoğlu, Oktay
トルコの理論化学者, 分子生物学者。
⇒岩世人（シナノール　1934.8.2–）

Sinatra, Frank Albert
アメリカのポピュラー歌手, 映画俳優。1953年には映画『地上より永遠に』でアカデミー助演男優賞, 60年にはレコード会社リプリーズを創設した。
⇒アメ州（Sinatra,Frank　シナトラ, フランク　1915–）
　アメ新（シナトラ　1915–1998）
　異二辞（シナトラ, フランク　1915–1998）
　岩世人（シナトラ　1915.12.12–1998.5.14）
　ク俳（シナトラ, フランク（シナトラ, フランシス・アルバート）　1915–1998）
　広辞7（シナトラ　1915–1998）
　新音中（シナトラ, フランク　1915.12.12–1998.5.14）
　スター（シナトラ, フランク　1915.12.12–1998）
　ネーム（シナトラ　1917–1998）
　標音2（シナトラ, フランク　1915.12.12–1998.5.14）
　ポプ人（シナトラ, フランク　1915–1998）
　ロック（Sinatra,Frank　シナトラ, フランク　1915.12.12–）

Sinatra, Nancy
アメリカの歌手, 女優。フランク・シナトラの娘。
⇒ロック（Sinatra,Nancy　シナトラ, ナンシー　1940.6.8–）

Sin Cara
メキシコのプロレスラー。
⇒外12（シン・カラ　1982.12.22–）
　外16（シン・カラ　1982.12.22–）

Sinclair, Anne
フランスのキャスター, テレビジャーナリスト。
⇒外12（サンクレール, アンヌ　1948–）

Sinclair, Clive
イギリスの小説家。
⇒現世文（シンクレア, クライブ　1948–）

Sinclair, Harry Ford
アメリカの石油企業家。
⇒アメ経（シンクレア, ハリー　1876.7.6–1953.6.13）
　アメ州（Sinclair,Harry Ford　シンクレア, ハリー・フォード　1876–1956）

Sinclair, *Sir* Hugh
イギリス秘密情報部（MI6）長官。在職1923〜39。
⇒スパイ（シンクレア, サー・ヒュー　1873–1939）

Sinclair, *Sir* John
イギリス秘密情報部（MI6）長官。在職1953〜56。
⇒スパイ（シンクレア, サー・ジョン　1897–1977）

Sinclair, May
イギリスの女性小説家。主著 "The-divine fire"（1904）, "Fame"（29）。
⇒岩世人（シンクレア　1863.8.24–1946.11.14）

Sinclair, Upton Beall
アメリカの小説家。
⇒アメ経（シンクレア, アプトン　1878.9.20–1968）
　アメ州（Sinclair,Upton Beall　シンクレア, アプトン・ビール　1878–1968）
　岩世人（シンクレア　1878.9.20–1968.11.25）
　学叢思（シンクレア, アプトン　1878–?）
　現世文（シンクレア, アプトン・ビール　1878.9.20–1968.11.25）
　広辞7（シンクレア　1878–1968）
　図翻（シンクレア　1879.9.20–1968.11.25）
　西文（シンクレア, アプトン　1878–1968）
　ネーム（シンクレア　1878–1968）

Sindelar, Matthias
オーストリアのプロサッカー選手。

⇒岩世人（シンデラー　1903.2.10–1939.1.23）

Sinden, Donald
イギリスの男優。
⇒ク俳（シンデン, サー・ドナルド　1923–）

Sinding, Christian
ノルウェーの作曲家。ピアノ曲『春のさやぎ』が代表作。
⇒岩世人（シンディング　1856.1.11–1941.12.3）
　ク音3（シンディング　1856–1941）
　新音小（シンディング, クリスティアン　1856–1941）
　新音中（シンディング, クリスティアン　1856.1.11–1941.12.3）
　ビ曲改（シンディング, クリスティアン　1856–1941）
　標音2（シンディング, クリスティアン　1856.1.11–1941.12.3）

Sinding, Stephan Abel
ノルウェーの彫刻家。
⇒芸13（シンディング, ステファン　1846–1922）

Sing, Billy
オーストラリアの軍人。
⇒異二辞（シン［ビリー・〜］　1886–1943）

Singamangaraja XII, Si
インドネシアの反オランダ闘争指導者。
⇒岩世人（シンガマンガラジャ12世, シ　1849–1907.6.17）

Singer, Bryan
アメリカの映画監督。
⇒映監（シンガー, ブライアン　1965.9.17–）
　外12（シンガー, ブライアン　1965–）
　外16（シンガー, ブライアン　1965–）

Singer, Charles Joseph
イギリスの生物学史家。イギリス科学史学会会長。
⇒岩生（シンガー　1876–1960）
　岩世人（シンガー　1876.11.2–1960.6.10）

Singer, Eric
アメリカのロック・ドラム奏者。
⇒外16（シンガー, エリック）

Singer, Ernest
アメリカの実業家。
⇒外12（シンガー, アーネスト　1945.5.27–）
　外16（シンガー, アーネスト　1945.5.27–）

Singer, Isaac Bashevis
アメリカ（ユダヤ系）の文学者。イディッシュ文学の旗手として活躍。
⇒アメ新（シンガー　1904–1991）
　岩世人（シンガー　1904.7.14–1991.7.24）
　現世文（シンガー, アイザック・バシェビス　1904.7.14–1991.7.24）
　広辞7（シンガー　1904–1991）
　新カト（シンガー　1904.7.14–1991.7.24）
　ノベ3（シンガー, I.B.　1904.7.14–1991.7.24）
　ユ著人（Singer,Isaac Bashevis　シンガー, アイザック・バシェヴィス　1904–1991）

Singer, Isadore Manual
アメリカの数学者。
⇒外12（シンガー, イサドール　1924.5.3–）

Singer, Israel Joshua
アメリカのユダヤ人作家。
⇒岩世人（シンガー　1893.11.30–1944.2.10）
　現世文（シンガー, イスラエル・ヨシュア　1893.11.30–1944.2.10）
　ユ著人（Singer,Israel Joshua　シンガー, イズラエル・ヨシュア　1893–1944）

Singer, Joel David
アメリカの政治学者。
⇒政経改（シンガー　1925–）

Singer, Paul
ドイツの社会主義者。
⇒学叢思（ジンゲル, パウル　1844–1911）

Singer, Peter
オーストラリアの生命倫理学者。
⇒外12（シンガー, ピーター　1946.7.6–）
　外16（シンガー, ピーター　1946.7.6–）
　メル別（シンガー, ピーター　1946–）

Singer, Seymour Jonathan
アメリカの分子生物学者。生体膜の構造に関し, 流動モザイクモデルを提唱した（1972）。
⇒岩世人（シンガー　1924.5.23–）

Singer, William Robert
アメリカの大リーグ選手（投手）。
⇒メジャ（シンガー, ビル　1944.4.24–）

Singer, Wolf
ドイツの生理学者, 哲学者。
⇒岩世人（ジンガー　1943.3.9–）

Singh, Ajit
マレーシアの外交官。東南アジア諸国連合（ASEAN）事務総長。
⇒世指導（シン, アジット　1938.9.25–）

Singh, Anant
南アフリカの映画プロデューサー。
⇒外16（シン, アナント　1956–）

Singh, Beant
インド首相インディラ・ガンジーの身辺警備兵。1984年, インディラ・ガンジーを暗殺した。
⇒世暗（シン, ビーント　1950–1984）

Singh, Charan
インドの政治家。インド首相。
⇒南ア新（チャラン・シン　1902–1987）

Singh, Dalip
インド出身のプロレスラー。
⇒異二辞（シン，ダリップ　1972-）

Singh, Dinesh
インドの政治家。インド外相。
⇒世指導（シン，ディネシュ　1925.7.19-1995.11.30）

Singh, Jaswant
インドの政治家。
⇒外16（シン，ジャスワント　1938.1.3-）
　世指導（シン，ジャスワント　1938.1.3-）

Singh, J.M.
インドのプロゴルファー。
⇒外12（シン，J.M.　1971.12.15-）
　最世ス（シン，J.M.　1971.12.15-）

Singh, Karpal
マレーシアの政治家。マレーシア民主行動党（DAP）党首。
⇒岩世人（シン，カーパル　1940.1.28-2014.4.17）
　世指導（シン，カーパル　1940.6.28-2014.4.17）

Singh, Khushwant
インドのジャーナリスト，英語小説家，歴史家。
⇒外12（シン，クシュワント　1915-）
　現世文（シン，クシュワント　1915.2.2-2014.3.20）

Singh, K.Natwar
インドの政治家，外交官。インド外相。
⇒外12（シン，ナトワル　1931.5.6-）
　外16（シン，ナトワル　1931.5.6-）
　世指導（シン，ナトワル　1931.5.6-）

Singh, Manmohan
インドの政治家，エコノミスト。インド首相。
⇒外12（シン，マンモハン　1932.9.26-）
　外16（シン，マンモハン　1932.9.26-）
　世指導（シン，マンモハン　1932.9.26-）
　南ア新（マンモーハン・シン　1932-）

Singh, Mohan
元投降英印軍大尉。インド独立連盟・インド国民軍に参加した。
⇒ア太戦（シン　1909-1989）

Singh, Simon
イギリスのドキュメンタリー作家。
⇒外12（シン，サイモン　1967-）

Singh, Vijay
フィジーのプロゴルファー。
⇒外12（シン，ビジェイ　1963.2.22-）
　外16（シン，ビジェイ　1963.2.22-）
　最世ス（シン，ビジェイ　1963.2.22-）

Singh, Vishwanath Pratap
インドの政治家。インド首相。
⇒岩世人（スィング（シング）　1931.6.25-2008.11.27）

Singier, Gustave
フランスの画家。
⇒芸13（サンジエ，ギュスタヴ　1909-1978）

Singler, Mauris
劇場支配人。
⇒ユ著人（Singler,Mauris　ジーグラー，モーリス　1879-1965）

Singleton, Kenneth Wayne
アメリカの大リーグ選手（外野）。
⇒メジャ（シングルトン，ケン　1947.6.10-）

Singleton, Penny
アメリカ生まれの女優。
⇒ク俳（シングルトン，ペニー（マクナルティ，マリアナ・ドロシー）　1908-）

Singleton, Shelby
アメリカのレコード企業家。
⇒ロック（Singleton,Shelby　シングルトン，シェルビー）

Sinha, Indra
インド生まれのイギリスの作家，コピーライター。
⇒外12（シンハ，インドラ　1950-）
　外16（シンハ，インドラ　1950-）
　海文新（シンハ，インドラ　1950-）
　現世文（シンハ，インドラ　1950-）

Sinha, Yashwant
インドの政治家。インド外相・財務相。
⇒世指導（シンハ，ヤシュワント　1937.11.6-）

Sinigaglia, Leone
イタリアの作曲家。A.ドヴォルザークに師事。ピエモンテの民謡を集めて刊行。
⇒岩世人（シニガーリア　1868.8.14-1944.5.16）
　ク音3（シニガーリア　1868-1944）

Sinimberghi, Gino
イタリアのテノール歌手。
⇒失声（シニンベルギ，ジーノ　1912/1915-1996）
　魅惑（Sinimberghi,Gino　1913-）

Siniora, Fouad
レバノンの政治家，銀行家。レバノン首相。
⇒外12（シニオラ，フアド　1943.7.19-）
　外16（シニオラ，フアド　1943.7.19-）
　世指導（シニオラ，フアド　1943.7.19-）

Sinisalo, Johanna
フィンランドの作家，広告プランナー，シナリオライター。
⇒現世文（シニサロ，ヨハンナ　1958.6.22-）

Sinisgalli, Leonardo
イタリアの詩人。エルメティズモの代表者の一人。主著『われ美神を見たり』(1943)。
⇒現世文（シニズガッリ，レオナルド　1908.3.9–1981.1.31）

Sin Jung-hyeon
韓国の歌手，演奏者，作曲家。
⇒岩韓（シン・ジュンヒョン　申重鉉　1938–）
岩世人（申重鉉　シンジュンヒョン　1938.1.4–）

Sin Kamonnawin
タイの軍人。
⇒岩世人（シン・カモンナーウィン　1901.6.23–1976.5.14）

Sinnotte, Edith Alleyne
オーストラリアのエスペランティスト。女性として初めてエスペラント原作小説 "Lilio" を著した。
⇒日エ（シノット　1871–1947）

Sinopoli, Giuseppe
イタリアの指揮者，作曲家。
⇒新音中（シノーポリ，ジュゼッペ　1946.11.2–2001.4.20）
標音2（シノポリ，ジュゼッペ　1946.11.2–2001.4.20）

Sinowatz, Fred
オーストリアの政治家。オーストリア首相。
⇒岩世人（ジノヴァッツ　1929.2.5–2008.8.11）

Sin Phirasi
イタリア生まれのタイの彫刻家。
⇒岩世人（シン・ピーラシー　1892.9.15–1962.5.14）

Sin Sang-ok
韓国の映画監督。北朝鮮の咸鏡北道清津市生まれ。1953年，シン・プロダクションを設立。61年の『成春香』は，韓国映画史上最大のヒット作となった。53年女優崔銀姫と結婚。
⇒岩韓（シン・サンオク　申相玉　1926–）
岩世人（申相玉　シンサンオク　1926.10.18–2006.4.11）

Sin Sisamouth
カンボジアの歌手。
⇒岩世人（シン・シサモット　1935–1975）

Sintenis, Renée
ドイツの彫刻家。
⇒芸13（ジンテニス，ルネ　1888–1957）

Sinyavskii, Andrei Donatovich
ロシア・モスクワ生まれの作家，批評家。
⇒岩世人（シニャフスキー　1925.10.8–1997.2.25）
現世文（シニャフスキー，アンドレイ　1925.10.8–1997.2.25）
広辞7（シニャフスキー　1925–1997）

Sinzheimer, Hugo
ドイツの法学者。労働法の法社会学的考察を試み，"Grundzüge des Arbeitsrechts" (1927) を著した。
⇒岩世人（ジンツハイマー　1875.4.12–1945.9.16）
ユ著人（Sinzheimer,Hugo　ジンツハイマー，フーゴー　1875–1945）

Siodmak, Robert
ドイツ，のちアメリカの映画監督。
⇒岩世人（シオドマク　1900.8.8–1973.3.10）
映監（シオドマク，ロバート　1900.8.8–1993）

Sionnet, Gilles
フランスの映像作家。
⇒外12（シオネ，ジル）

Sipilä, Juha
フィンランドの政治家。フィンランド首相。
⇒世指導（シピラ，ユハ　1961.4.25–）

Sipin, John White
アメリカの大リーグ選手（二塁）。
⇒異二辞（シピン［ジョン・～］　1946–）

Siqueira, José
ブラジルの作曲家，指揮者。
⇒標音2（シケイラ，ジョゼ　1907.6.24–1985.4.22）

Siqueiros, David Alfaro
メキシコの画家。代表作『ファシズムの挑戦』(1939) など。
⇒岩世人（シケイロス　1896.12.29–1974.1.6）
芸13（シケイロス，ダビッド・アルファロ　1896–1974）
広辞7（シケイロス　1896–1974）
世史改（シケイロス　1896–1974）
ネーム（シケイロス　1896–1974）
ポプ人（シケイロス，ダビド・アルファロ　1896–1974）
ラテ新（シケイロス　1896–1974）

Siragusa, Antonino
イタリアのテノール歌手。
⇒外12（シラグーザ，アントニーノ　1964–）
外16（シラグーザ，アントニーノ　1964–）
失声（シラグーサ，アントニーノ　1967–）
魅惑（Siragusa,Antonino　?–）

Siregar, Merari
インドネシアの小説家。『娘の苦悩』Azab dan Sengsara seorang anak gadis (1920)，『プリアガンの少女で身を滅ぼす』Binasa Kerra gadis Priangan (31) など。
⇒岩世人（シレガル，ムラリ　1896.6.13–1940.4.23）

Siren, Heikki
フィンランドの建築家。
⇒岩世人（シレン　1918.10.5–2013.2.25）

Sirén, Osvald
フィンランド生まれのスウェーデンの美術史学者。ストックホルム国立美術館の中国美術コレ

クションをヨーロッパで最も充実したものにした。
⇒岩世人（シレーン　1879.4.6-1966.6.26）

Sirhan, Sirhan Bishara
アメリカ上院議員ロバート・ケネディの暗殺者。
⇒世暗（サーハン，サーハン・ビシャラ　1944-）

Siri, Florent Emilio
フランスの映画監督，脚本家。
⇒外12（シリ，フローラン・エミリオ　1965.3.2-）

Sirikit
タイの王妃。
⇒岩世人（シリキット　1932.8.12-）
　タイ（シリキット（王妃）　1932-）

Sirik Matak, Sisowath
クメール共和国（カンボジア）の政治家。1970年3月シアヌーク打倒の主役。71年首相代行。
⇒岩世人（シソワット・シリクマタク　1914.1.22-1975.4.21）

Sirimongkol Singmanassuk
タイのプロボクサー。
⇒外12（シリモンコン・シンワンチャー　1977.3.2-）
　外16（シリモンコン・シンワンチャー　1977.3.2-）

Sirindhorn, Maha Chakri
プミポン・タイ国王の第二王女。
⇒岩世人（シリントーン　1955.4.2-）
　外12（シリントン，マハ・チャクリ　1955.4.2-）
　外16（シリントン，マハ・チャクリ　1955.4.2-）
　タイ（シリントーン（王女）　1955-）

Sirisena, Maithripala
スリランカの政治家。スリランカ大統領（2015～）。
⇒外16（シリセナ，マイトリパラ　1951.9.3-）
　世指導（シリセナ，マイトリパラ　1951.9.3-）

Sirivudh, Norodom
カンボジアの政治家。カンボジア副首相。
⇒岩世人（ノロドム・シリウッド　1951.6.8-）
　世指導（シリブット，ノロドム　1951.6.8-）

Sirk, Douglas
ドイツ生まれの映画監督。
⇒岩世人（サーク　1900/1897.4.26-1987.1.14）
　映監（サーク，ダグラス　1897.4.26-1987）

Sirkiä, Raimo
フィンランドのテノール歌手。
⇒魅惑（Sirkiä,Raimo　1951-）

Sirleaf, Ellen
リベリアの政治家。リベリア大統領（2006～18）。
⇒岩世人（サーリーフ　1938.10.29-）

　外12（サーリーフ，エレン　1938.10.29-）
　外16（サーリーフ，エレン　1938.10.29-）
　世史改（サーリーフ　1938-）
　世指導（サーリーフ，エレン　1938.10.29-）
　ネーム（サーリーフ　1938-）
　ノベ3（サーリーフ,E.　1938.10.29-）
　ポプ人（サーリーフ，エレン・ジョンソン　1938-）

Široký, Viliam
チェコスロバキアの政治家。1953年のゴットワルト大統領の死後，ザーポトツキーの後任で首相となった。
⇒岩世人（シロキー　1902.5.3-1971.10.6）

Sironi, Mario
イタリアの画家。ノベチェント派の創立メンバーに加わり，伝統的な人物画の復興をはかった。
⇒岩世人（シローニ　1885.5.12-1961.8.13）

Sirota, Leo
ロシア生まれのアメリカのピアノ奏者。1929年来日，東京音楽学校教師として教育に専心し，46年アメリカに移住した。
⇒岩世人（シロタ　1855.5.4-1965.2.25）
　新音中（シロタ，レーオ　1885.5.4-1965.2.24）
　標音2（シロタ，レーオ　1885.5.4-1965.2.24）
　ユ著人（Sirota,Leo　シロタ，レオ　1885-1965）

Sis, Peter
チェコ生まれの児童文学者。
⇒絵本（シース，ペトゥル（ピーター）　1949-）
　絵本（シス，ピーター　1949-）
　外16（シス，ピーター　1949-）
　現世文（シス，ピーター　1949-）

Sisak Wanliphodom
タイの考古学者。
⇒岩世人（シーサック・ワンリポードム　1938.6.2-）

Sisavangvong
ラオス国王。在位1904～59。
⇒岩世人（シーサワンウォン　1885.7.14-1959.10.29）

Sisavat Keobounphan
ラオスの政治家，軍人。ラオス首相，ラオス副主席（副大統領）。
⇒世指導（シサワット・ケオブンパン　1928.5.1-）

el-Sisi, Abdel Fattah Said
エジプトの政治家，軍人。エジプト大統領（2014～）。
⇒外16（シシ，アブデルファタフ・サイード　1954.11.19-）
　世指導（シシ，アブデルファタフ・サイード　1954.11.19-）

Siskind, Aaron
アメリカの写真家。
⇒ユ著人（Siskind,Aaron　シスキント，アーロン

1903–1991)

Sisler, George Harold
アメリカの大リーグ選手(一塁),監督。
⇒メジャ(シスラー,ジョージ　1893.3.24–1973.3.26)

Sisman, Robyn
アメリカの作家,編集者。
⇒現世文(シスマン,ロビン　1949.8.4–2016.5.20)

Sisomphone Lovansay
ラオスの政治家。
⇒岩世人(シーソムポーン　1916.7.7–1993.2.24)

Sison, Jose Maria
フィリピンの革命運動家。フィリピン共産党(CPP)議長。
⇒岩世人(シソン　1939.2.8–)

Sisowath
カンボジア国王。在位1904〜27。
⇒岩世人(シソワット　1840.9.7–1927.8.9)

Sisowath Monivong
カンボジアの王。在位1927〜41。
⇒岩世人(シソワット・モニヴォン　1875.12.27–1941.4.24)

Sisowath Youtevong
カンボジアの王族,政治家。
⇒岩世人(シソワット・ユッテヴォン　1913–1947.7.18)

Sissoko, Sheik Oumar
マリ生まれの映画監督。
⇒岩世人(シソコ　1945.10.21–)

Sisson, Charles Hubert
イギリスの詩人。
⇒現世文(シッソン,C.H.　1914.4.22–2003)
　新カト(シソン　1914.4.22–2003.9.5)

Sistani, Ali al-
イラクのイスラム教シーア派指導者。
⇒岩世人(スィースターニー,アリー　1930.8.4–)
　外12(シスターニ,アリ　1929–)
　外16(シスターニ,アリ　1930.8.4–)
　世指導(シスターニ,アリ　1930.8.4–)

Sisti, Sebastian Daniel(Sibby)
アメリカの大リーグ選手(二塁,三塁,遊撃)。
⇒メジャ(システィ,シビー　1920.7.26–2006.4.24)

Siswono Yudo Husodo
インドネシアの企業家,閣僚。
⇒岩世人(シスウォノ・ユド・フソド　1943.7.4–)

Sitchin, Zecharia
アゼルバイジャン生まれの言語学者,考古学者。
⇒外12(シッチン,ゼカリア　1922–)

Sitkovetsky, Dmitry
ロシア,のちアメリカのヴァイオリン奏者。
⇒外12(シトコヴェツキー,ドミトリー　1954.9.27–)
　外16(シトコヴェツキー,ドミトリー　1954.9.27–)

Sitor Situmorang
インドネシアの作家,詩人。
⇒岩世人(シトル・シトゥモラン　1924.10.2–)
　現世文(シトル・シトゥモラン　1924.10.2–2014.12.21)

Sitte, Willi
ドイツ生まれの画家。
⇒芸13(ジッテ,ウイリー　1921–)

Sitwell, Dame Edith
イギリスの女性詩人。年刊詩集『輪』(1916〜21)を主宰するなどの活動は,詩壇に大きな反響を与えた。
⇒岩世人(シットウェル　1887.9.7–1964.12.9)
　現世文(シットウェル,イーディス　1887.9.7–1964.12.9)
　広辞7(シットウェル　1887–1964)
　新カト(シットウェル　1887.9.7–1964.12.9)
　ネーム(シットウェル　1887–1964)

Sitwell, Sir Osbert
イギリスの詩人,『輪』の新詩運動に参加。作品に諷刺詩『アルゴー船の勇士とクリシュナ神』(1919),小説『爆撃の前』(26)など。イーディスの弟,サシュベルの兄。
⇒岩世人(シットウェル　1892.12.6–1969.5.4)
　現世文(シットウェル,オズバート　1892.12.6–1969.5.4)
　広辞7(シットウェル　1892–1969)

Sitwell, Sacheverell
イギリスの詩人,美術批評家。作品に物語詩『ダン博士とガルガンチュア』(1930)などのほかに自伝(26),評伝,旅行記などがある。
⇒岩世人(シットウェル　1897.11.15–1988.10.1)
　現世文(シットウェル,サシェヴェレル　1897.11.15–1988.10.1)
　広辞7(シットウェル　1897–1988)

Siukola, Heikki
フィンランドのテノール歌手。
⇒魅惑(Siukola,Heikki　1943–)

Siwan
韓国の歌手。
⇒外12(シワン　1988.12.1–)

Siwertz, Sigfrid
スウェーデンの小説家。作品に大河小説『セーランプ家の人々』(1920),海洋冒険小説『メーラレン湖の海賊』(11)など。
⇒岩世人(シーヴァッツ　1882.1.24–1970.11.26)

Siwichai, Khruba
タイの僧侶。
⇒タイ（シーウィチャイ, クルーバー 1878-1938）

Siwisanwaca
タイの官僚。
⇒岩世人（シーウィーサンワーチャー 1896.2.25-1968.3.23）

Siwon
韓国の歌手。
⇒外12（シウォン 1987.2.10-）

Siyaad Barre, Mohamed
ソマリアの政治家。ソマリア民主共和国大統領（1969～91）。
⇒岩イ（スィヤード・バレ 1919-1995）

Siza, Alvaro
ポルトガル生まれの建築家。ボルドー美術学校助教授。
⇒外12（シザ, アルヴァロ 1933.6.25-）
外16（シザ, アルヴァロ 1933.6.25-）

Sizemore, Grady
アメリカの大リーグ選手（レイズ・外野手）。
⇒外12（サイズモア, グレーディ 1982.8.2-）
外16（サイズモア, グレーディ 1982.8.2-）
最世ス（サイズモア, グレーディ 1982.8.2-）
メジャ（サイズモア, グレイディ 1982.8.2-）

Sizemore, Theodore Crawford
アメリカの大リーグ選手（二塁）。
⇒メジャ（サイズモア, テッド 1945.4.15-）

Sjahrir, Sutan
インドネシアの政治家。インドネシア首相, インドネシア社会党（PSI）党首。
⇒ア太戦（シャフリル 1909-1966）
岩世人（シャフリル, スタン 1909.3.5-1966.4.9）
ネーム（シャリル 1909?-1966）

Sjarifuddin, Amir
インドネシアの政治家。1947年7月から翌年1月まで首相。
⇒ア太戦（アミル＝シャリフディン 1907-1948）
岩世人（シャリフディン, アミル 1907.4.27-1948.12.19）
ネーム（シャリフディン 1907-1948）

Sjöberg, Birger
スウェーデンの詩人。彗星のように文壇に登場, 5年間の短い創作活動ののちに, 消え去る。詩集『危機と花冠』（1926）は, スウェーデン近代詩の代表作の一つ。
⇒岩世人（シェーベリ 1885.12.6-1929.4.30）

Sjoberg, Erik
デンマークのテノール歌手。
⇒魅惑（Sjøberg,Erik 1909-1973）

Sjoberg, Gideon
アメリカの都市社会学者。
⇒社小増（ショウバーグ 1922-）

Sjögren, Johann Gustav Emil
ノルウェーの作曲家。独唱曲, オルガン曲, ピアノ曲, ヴァイオリン曲を多数作曲。
⇒岩世人（シェーグレン 1853.6.16-1918.3.1）

Sjöstrand, Fritiof Stig
スウェーデンの分子生物学者, 神経解剖学者。超ミクロトームを開発し, ミトコンドリア膜の微細構造の研究で名高い。
⇒岩世人（シェーストランド 1912.11.15-2011.4.6）

Sjöström, Sarah
スウェーデンの水泳選手（バタフライ・自由形）。
⇒最世ス（ショーストレム, サラ 1993.8.17-）

Sjöström, Victor
スウェーデン無声映画時代の代表的な監督。主作品『霊魂の不滅』（1920）など。
⇒岩世人（シェーストレム 1879.9.20-1960.1.3）
映監（シェーストレム, ヴィクトル 1879.9.20-1960）

Sjöwall, Maj
スウェーデンのミステリ作家。
⇒現世文（シューヴァル, マイ 1935-）

Skachkov, Pyotr Emelyanovich
ソ連の中国学研究者。ロシア語の中国学関係の書誌ならびにロシア, ソ連の中国学研究史を専門とした。
⇒岩世人（スカチコーフ 1892.2.1/13-1964.11.8）

Skaggs, Ricky
アメリカのカントリー歌手。
⇒標音2（スキャッグズ, リッキー 1954.7.18-）

Skálička, Vladimír
チェコスロバキアの言語学者。フィン・ウゴール語学の専門家で, 類型論の権威。プラハ言語学サークルの理論家の一人。
⇒岩世人（スカリチカ 1909.8.19-1991.1.17）

Skalkotas, Nikos
ギリシャの作曲家。その清純な抒情は高く評価されている。
⇒岩世人（スカルコッタス 1904.3.8/21-1949.9.19）
ク音3（スカルコッタス 1904-1949）
新音中（スカルコッタス, ニコス 1904.3.21-1949.9.20）
標音2（スカルコッタス, ニコラオス 1904.3.21-1949.9.20）

Skalski, Stanisław
ポーランドの戦闘機操縦者。
⇒ネーム（スカルスキ 1915-2004）

Skármeta, Antonio
チリの短編作家。
⇒外12（スカルメタ, アントニオ　1940.11.7–）
　外16（スカルメタ, アントニオ　1940.11.7–）
　現世文（スカルメタ, アントニオ　1940.11.7–）

Skarsgård, Stellan
スウェーデンの俳優。
⇒外12（スカルスゲールド, ステラン　1951.6.13–）
　外16（スカルスゲールド, ステラン　1951.6.13–）

Skate, William Jack
パプアニューギニアの政治家。パプアニューギニア首相。
⇒世指導（スケート, ウィリアム　1953.9.26–2006.1.3）

Skeat, Walter William
イギリスの言語学者。古英語,中英語の分野で数々の業績を残した。
⇒岩世人（スキート　1835.11.21–1912.10.6）

Skehan, Patrick William
アメリカのローマ・カトリック教会司祭,セム語学者。
⇒新カト（スキーン　1909.9.30–1980.9.9）

Skele, Andris
ラトビアの政治家。ラトビア首相,ラトビア国民党党首。
⇒世指導（シケレ, アンドリス　1958.1.16–）

Skellern, Peter
イギリス・ランカシャーのベリー生まれの歌手,ピアノ奏者,作曲家。
⇒ロック（Skellern,Peter　スケラン, ピーター　1947–）

Skelton, Matthew
イギリス生まれの作家。
⇒海文新（スケルトン, マシュー　1971–）
　現世文（スケルトン, マシュー　1971–）

Skelton, Red
アメリカ生まれの男優。
⇒ク俳（スケルトン, レッド（スケルトン, リチャード）　1910–1997）
　スター（スケルトン, レッド　1913.7.18–1997）

Skelton, Stuart
オーストラリアのテノール歌手。
⇒魅惑（Skelton,Stuart　?–）

Skerrit, Roosevelt
ドミニカ国の政治家。ドミニカ国首相。
⇒外12（スカーリット, ルーズベルト　1972.6.8–）
　外16（スケリット, ルーズベルト　1972.6.8–）
　世指導（スケリット, ルーズベルト　1972.6.8–）

Skerritt, Tom
アメリカ生まれの俳優。
⇒ク俳（スケリット, トム　1933–）

Skidelsky, Robert
イギリスの政治経済学者。
⇒外12（スキデルスキー, ロバート　1939.4.25–）
　外16（スキデルスキー, ロバート　1939.4.25–）

Skilton, Charles Sanford
アメリカの作曲家,指揮者。オペラ『太陽の花嫁』,『カロピン』などで知られる。
⇒標音2（スキルトン, チャールズ・サンフォード　1868.8.16–1941.3.12）

Skinner, Andrew Stewart
スコットランド生まれの経済思想家。
⇒岩世人（スキナー　1935.1.11–2011.11.21）

Skinner, Burrhus Frederic
アメリカの心理学者。新行動主義の代表的学者の一人。ティーチング・マシンによる教育法を発展させた。
⇒アメ新（スキナー　1904–1990）
　岩世人（スキナー　1904.3.20–1990.8.18）
　現精（スキナー　1904–1990）
　現精縮（スキナー　1904–1990）
　広辞7（スキナー　1904–1990）
　社小増（スキナー　1904–1990）

Skinner, G.William
アメリカの"歴史派"人類学者。
⇒アア歴（Skinner,G(eorge) William　スキナー, ジョージ・ウイリアム　1925.2.14–）
　岩世人（スキナー　1925.2.14–2008.10.26）

Skinner, James
アメリカの経営コンサルタント。
⇒外16（スキナー, ジェームス　1964–）

Skinner, Quentin Robert Duthie
イギリスの思想家。
⇒岩世人（スキナー　1940.11.26–）

Skinner, Robert Ralph
アメリカの大リーグ選手(外野,一塁)。
⇒メジャ（スキナー, ボブ　1931.10.3–）

Sklenář, Zdeněk
チェコの作家。
⇒絵本（スクレナーシュ, ズデニェック　1910–1986）

Skobeltsyn, Dmitry Vladimirovich
ソ連の物理学者。
⇒岩世人（スコベリツィン　1892.11.12/24–1990.11.16）

Skoblikova, Lidiya Pavlovna
ソ連の女子スピードスケート選手。
⇒岩世人（スコブリコーヴァ　1939.3.8–）

Skocpol, Theda Ruth
アメリカの社会学者。
⇒岩世人（スコッチポル　1947.5.4–）

社小増（スコッチボル 1947-）

Skofterud, Vibeke W.
ノルウェーのスキー選手（距離）。
⇒外12（スコフテルード、ヴィベケ 1980.4.20-）
　外16（スコフテルード、ヴィベケ 1980.4.20-）
　最世ス（スコフテルード、ヴィベケ 1980.4.20-）

Skolem, Thoralf Albert
ノルウェーの数学者。ディオバントス方程式に関して重要な研究があり、集合論の論理における公理的基礎づけを促した。
⇒岩世人（スコーレム 1887.5.23-1963.3.23）
　世数（スコーレム、トラーフ・アルベルト 1887-1963）

Skolimowski, Jerzy
ポーランド出身の映画監督。
⇒映監（スコリモフスキー、イエジー 1938.5.5-）
　外12（スコリモフスキ、イエジー 1938.5.5-）
　外16（スコリモフスキ、イエジー 1938.5.5-）

Skoog, Andrew
アメリカのテノール歌手。
⇒魅惑（Skoog,Andrew ?-）

Skoog, Folke
スウェーデン生まれのアメリカの植物生理学者。
⇒岩生（スクーグ 1908-2001）

Skorzeny, Otto
ドイツの軍人。ナチス親衛隊将校。
⇒異二辞（スコルツェニー［オットー・~］ 1908-1975）
　スパイ（スコルツェニー、オットー 1908-1975）

Skou, Jens Christian
デンマークの化学者。1997年ノーベル化学賞。
⇒外12（スコー、ジェンス 1918.10.8-）
　外16（スコー、ジェンス 1918.10.8-）
　化学（スコー 1918-）
　ノベ3（スコー,J.C. 1918.10.8-）

Skovhus, Bo（Boje）
デンマークのバリトン歌手。
⇒外12（スコウフス、ボー 1962.5.22-）
　外16（スコウフス、ボー 1962.5.22-）

Skowron, William Joseph
アメリカの大リーグ選手（一塁）。
⇒メジャ（スコウロン、ビル 1930.12.18-2012.4.27）

Skrabalo, Zdenko
クロアチアの政治家。クロアチア外相。
⇒世指導（シュクラバロ、ズデンコ 1929.8.4-2014.1.12）

Skram, Amalie
ノルウェーの女性小説家。代表作『ヘレミュールの人人』(1887~98)。

⇒岩世人（スクラム 1846.8.22-1905.3.15）

Skraup, Zdenko Hans
オーストリアの化学者。
⇒化学（スクラウプ 1850-1910）

Skriabin, Aleksandr Nikolaevich
ロシアの作曲家。1911年『プロメテウス』を初演。
⇒岩世人（スクリャービン 1871.12.25-1915.4.14）
　エデ（スクリャービン、アレクサンドル（ニコライェヴィチ） 1872.1.6-1915.4.27）
　学叢思（スクリアビン、アレキサンダー 1872-1915）
　ク音3（スクリャービン 1872-1915）
　現音キ（スクリャービン、アレクサンドル 1872-1915）
　広辞7（スクリャビン 1872-1915）
　新音小（スクリャービン、アレクサンドル 1872-1915）
　新音中（スクリャービン、アレクサンドル 1872.1.6-1915.4.27）
　ネーム（スクリャービン 1872-1915）
　ピ曲改（スクリャビン、アレクサンドル・ニコラエヴィチ 1872-1915）
　標音2（スクリャビン、アレクサンドル・ニコラエヴィチ 1872.1.6-1915.4.27）

Skride, Baiba
ラトビアのヴァイオリン奏者。
⇒外12（スクリデ、バイバ 1981-）
　外16（スクリデ、バイバ 1981-）

Skrine, *Sir* Clarmont Percival
イギリスの外交官。
⇒岩世人（スクリーン 1888-1974）

Skrowaczewski, Stanisław
ポーランド, のちアメリカの指揮者。
⇒外12（スクロヴァチェフスキ、スタニスワフ 1923.10.3-）
　外16（スクロヴァチェフスキ、スタニスワフ 1923.10.3-）
　ク音3（スクロヴァチェフスキ 1923-）
　新音中（スクロヴァチェフスキ、スタニスワフ 1923.10.3-）
　標音2（スクロヴァチェフスキ、スタニスワフ 1923.10.3-）

Skrypuch, Marsha Forchuk
カナダの児童文学作家。
⇒海文新（スクリパック、マーシャ・フォーチャック）
　現音文（スクリパック、マーシャ・フォーチャック）

Skubiszewski, Krzysztof
ポーランドの国際法学者。ポーランド外相。
⇒世指導（スクビシェフスキ、クシシトフ 1926.10.8-2010.2.8）

Skupa, Josef
チェコ生まれの人形劇作家、小学校の美術教師。
⇒アニメ（スクーパ、ヨゼフ 1892-1957）

Škvorecký, Josef
チェコの小説家。
⇒岩世人（シュクヴォレツキー　1924.9.27–2012.1.3）
　外12（シュクヴォレツキー, ヨゼフ　1924.9.29–）
　現世文（シュクヴォレツキー, ヨゼフ　1924.9.29–2012.1.3）

Slack, Charles Roger
イギリスの生化学者。
⇒岩世人（スラック　1937–）

Sladek, John
アメリカの作家。
⇒現世文（スラデック, ジョン　1937–2000）

Sladkov, Nikolai Ivanovich
ソ連の児童文学者。
⇒現世文（スラトコフ, ニコライ　1920–1996）

Slagle, James Franklin
アメリカの大リーグ選手（外野）。
⇒メジャ（スレイグル, ジミー　1873.7.11–1956.5.10）

Slamet, Bing
インドネシアの歌手, 作曲家, 映画俳優。
⇒岩世人（スラメット, ビン　1927.9.27–1974.9.17）

Slánský, Rudolf
チェコスロバキアの政治家。副首相。「国家に対する陰謀」のかどで逮捕され, 死刑を執行された。
⇒岩世人（スラーンスキー　1901.7.31–1952.12.3）
　ユ著人（Slánsky', Rudolf　スラーンスキー, ルドルフ　1901–1952）

Slash
イギリスのロック・ギター奏者。
⇒外12（スラッシュ　1965–）
　外16（スラッシュ　1965–）

Slater, Christian
アメリカ生まれの俳優。
⇒外12（スレーター, クリスチャン　1969.8.18–）
　外16（スレーター, クリスチャン　1969.8.18–）
　ク俳（スレイター, クリスチャン（ホーキンズ, C）1969–）

Slater, Eliot Trevor Oakeshott
イギリスの精神科医。精神遺伝学の創始者の一人。
⇒精医歴（スレイター, エリオット・トレヴァー・オークショット　1904–1983）

Slater, John Clarke
アメリカの理論物理学者。原子, 分子に関する量子理論, 固体物理に関する理論, 電子工学機器の理論的基礎などすぐれた研究が多い。
⇒岩世人（スレイター　1900.12.22–1976.7.25）
　物理（スレイター, ジョン・クラーク　1900–1976）

Slatin Pascha
オーストリアのアフリカ探検家, 軍人。イギリス・エジプト軍総監となる（1900～14）。
⇒岩世人（スラーティン・パシャ　1857.6.27–1932.10.4）

Slatkin, Leonard
アメリカの指揮者。
⇒外12（スラトキン, レナード　1944.9.1–）
　外16（スラトキン, レナード　1944.9.1–）
　新音中（スラットキン, レナード　1944.9.1–）
　標音2（スラトキン, レナード　1944.9.1–）

Slaton, James Michael
アメリカの大リーグ選手（投手）。
⇒メジャ（スレイトン, ジム　1950.6.19–）

Slättegård, Tord
スウェーデンのテノール歌手。
⇒魅惑（Slättegård, Tord　1933–）

Slauerhoff, Jan Jacob
オランダの詩人, 小説家。詩集では『群島』（1923）, 小説では『地球上の生活』（34）などが知られている。
⇒現世文（スラウエルホフ, ヤン　1898.9.15–1936.10.5）

Slaught, Donald Martin
アメリカの大リーグ選手（捕手）。
⇒メジャ（スロート, ドン　1958.9.11–）

Slaughter, Anne-Marie
アメリカの法学者。
⇒外16（スローター, アン・マリー　1958.9.27–）

Slaughter, Enos Bradsher
アメリカの大リーグ選手（外野）。
⇒メジャ（スローター, イノス　1916.4.27–2002.8.12）

Slaughter, Frank G.
アメリカの作家, 医師。
⇒現世文（スローター, フランク　1908.2.25–2001.5.17）

Slaughter, Karin
アメリカの作家。
⇒海文新（スローター, カリン　1971.1.6–）
　現世文（スローター, カリン　1971.1.6–）

Slava
ベラルーシ・ゴメル生まれのイスラエルのカウンターテナー。
⇒ユ著人（Slava　スラヴァ　1964–）

Slavejkov, Pentcho
ブルガリアの作家。代表作は詩集『血まみれた歌』（1913）。
⇒岩世人（スラヴェイコフ　1866.4.27–1912.5.28）

Slavens, Brian E.
アメリカ海兵隊の逃亡兵。
⇒スパイ（スレイヴンス, ブライアン・E）

Slavenski, Josip
クロアチア生まれの作曲家。打楽器的響, 複調, 電子音楽を思わせる音色など前衛的な手法ゆえに国内では無視され続けた。
⇒ク音3（スラヴェンスキ　1896–1955）
　新音中（スラヴェンスキ, ヨシプ　1896.5.11–1955.11.30）
　標音2（スラヴェンスキ, ヨシプ　1896.5.11–1955.11.30）

Slawenski, Kenneth
アメリカの作家。
⇒外16（スラウェンスキー, ケネス）

Slawik, Alexander
オーストリアの日本研究家。ヴィーン大学日本研究所長, 教授（1965〜71）として古代日本史, アイヌ研究を講じた。
⇒岩世人（スラーヴィーク　1900.12.27–1997.4.19）

Sledge, Bruce
アメリカのテノール歌手。
⇒魅惑（Sledge,Bruce　?–）

Sledge, Percy
アメリカ・アラバマ州生まれの歌手。
⇒ロック（Sledge,Percy　スレッジ, パーシー　1941–）

Sledge, Terrmel
アメリカのプロ野球選手（横浜・外野手）。
⇒外12（スレッジ, ターメル　1977.3.18–）

Sleiman, Michel
レバノンの政治家, 軍人。レバノン大統領（2008〜14）。
⇒外12（スレイマン, ミシェル　1948.11.21–）
　外16（スレイマン, ミシェル　1948.11.21–）
　世指導（スレイマン, ミシェル　1948.11.21–）

Sleptsova, Svetlana
ロシアのバイアスロン選手。
⇒外12（スレプツォワ, スヴェトラーナ　1986.7.31–）
　外16（スレプツォワ, スヴェトラーナ　1986.7.31–）
　最世ス（スレプツォワ, スヴェトラーナ　1986.7.31–）

Slesar, Henry
アメリカのミステリ作家。
⇒現世文（スレッサー, ヘンリー　1927–2002）

Slesser, Mary Mitchell
ナイジェリアで活動したスコットランドの宣教師。
⇒オク教（スレッサー　1848–1915）

Slessor, Kenneth
オーストラリアの詩人。著書に『地球の訪客』（1926）など。
⇒現世文（スレッサー, ケネス　1901.3.27–1971.7.30）

Sletaune, Pal
ノルウェーの映画監督。
⇒外16（シュレットアウネ, ポール　1960–）

Slevogt, Max
ドイツの画家。分離派の一員。
⇒岩世人（スレーフォークト　1868.10.8–1932.9.20）
　芸13（スレフォークト, マックス　1868–1932）

Slezak, Leo
ドイツのテノール歌手。ベルリン, ロンドン, ウィーン, ニューヨークで活躍。
⇒失声（スレザーク, レオ　1873–1946）
　新音中（スレザク, レーオ　1873.8.18–1946.6.1）
　標音2（スレザク, レーオ　1873.8.18–1946.6.1）
　魅惑（Slezak,Leo　1873–1946）

Slezevicius, Adolfas
リトアニアの政治家。リトアニア首相。
⇒世指導（シレジェヴィチウス, アドルファス　1948.2.2–）

Slichter, Sumner Huber
アメリカの経済学者。労働問題の経済学的解明で特に有名。
⇒岩世人（スリクター　1892.1.8–1959.9.27）

Slim, Carlos
メキシコの実業家, 投資家。
⇒外12（スリム, カルロス　1940.1.28–）
　外16（スリム, カルロス　1940.1.28–）

Slim, Guitar
アメリカのミュージシャン。
⇒ロック（Guitar Slim　ギター・スリム　1926.12.10–）

Slim, Memphis
アメリカのジャズ歌手。
⇒ロック（Slim,Memphis　スリム, メンフィス　1916–）

Slimani, Leïla
モロッコの作家, ジャーナリスト。
⇒現世文（スリマニ, レイラ　1981.10.3–）

Slim Harpo
アメリカ・ルイジアナ州ロブデル生まれのミュージシャン。
⇒ロック（Slim Harpo　スリム・ハーポウ　1924.1.11–1970.2）

Slingsby, Tom
オーストラリアのヨット選手（レーザー級）。

⇒外16（スリングスビー，トム　1984.9.5-）

Slipher, Vesto Melvin
アメリカの天文学者。13個の銀河系外星雲の視線速度を発表（1914）。また海王星の大気にメタンがあることを発見した（33）。
⇒岩世人（スライファー　1875.11.11–1969.11.8）
　天文辞（スライファー　1875–1969）

Slipyj, Josyf Ivanovič
ウクライナ・カトリック教会の府主教，枢機卿。
⇒新カト（スリピー　1892.2.17–1984.9.7）

Sloan, Alfred Pritchard
アメリカの企業家。1923年ゼネラル・モーターズ社（GM）社長。のち同社会長（46），名誉会長（56）。
⇒アメ経（スローン，アルフレッド，2世　1875.5.23–1966.2.17）
　岩世人（スローン　1875.5.23–1966.2.17）

Sloan, Jerry
アメリカのバスケットボール監督。
⇒外12（スローン，ジェリー　1942.3.28-）
　外16（スローン，ジェリー　1942.3.28-）
　最世ス（スローン，ジェリー　1942.3.28-）

Sloan, John
アメリカの画家。写実主義グループ「アシュカン派」を結成し，ニューヨークのスラム街の生活などを描く。
⇒アメ州（Sloan, John　スローン，ジョン　1871–1951）
　岩世人（スローン　1871.8.2–1951.9.7）
　芸13（スローン，ジョン　1871–1951）

Sloan, P.F.
アメリカのシンガー・ソングライター。
⇒ロック（Sloan, P.F.　スローン，P・F）

Sloan, Robin
アメリカの作家。
⇒海文新（スローン，ロビン　1979-）
　現世文（スローン，ロビン　1979-）

Sloboda, Rudolf
スロバキアの作家。
⇒岩世人（スロボダ　1938.4.16–1995.10.6）

Slocumb, Heath（Heathcliff）
アメリカの大リーグ選手（投手）。
⇒メジャ（スロカム，ヒースクリフ　1966.6.7-）

Slonim, Marc
ロシア生まれの批評家。ロシア名マルク・リヴォーヴィチ・スローニム。
⇒岩世人（スローニム　1894.3.23/4.4–1976.4.8）

Słonimski, Antoni
ポーランドの詩人。
⇒現世文（スウォニムスキ，アントニ　1895.11.15–1976.7.4）

Slonimskii, Mikhail Leonidovich
ソ連の作家。『ラヴロフ家の人々』，『技師たち』の諸作で革命前後の知識階級の分化を描いた。
⇒現世文（スロニムスキー，ミハイル・レオニードヴィチ　1897–1972.10.8）

Slonimsky, Nicolas
ロシア生まれのアメリカの作曲家，音楽批評家。
⇒エデ（スロニムスキー，ニコラス［ニコライ］（レオニドヴィチ）　1894.4.27–1995.12.25）
　新音中（スロニムスキー，ニコラス　1894.4.27–1995.12.25）
　標音2（スロニムスキー，ニコラス　1894.4.27–1995.12.25）

Slonimsky, Sergey Mikhaylovich
ロシアの作曲家。
⇒ク3（スロニムスキー　1932-）
　標音2（スロニムスキー，セルゲイ・ミハイロヴィチ　1932.8.12-）

Sloterdijk, Peter
ドイツの哲学者，美学者，エッセイスト。
⇒岩世人（スローターダイク　1947.6.26-）
　メル別（スローターダイク，ペーター　1947-）

Slovic, Scott
アメリカのアメリカ文学者。
⇒外16（スロビック，スコット　1960-）

Slovo, Joe
南アフリカの政治指導者。
⇒岩世人（スローヴォ　1926.5.23–1995.1.6）

Slowingsky, Tim
アメリカ生まれの画家。
⇒芸13（スロヴィンスキー，ティム　1957-）

Sluman, Jeff
アメリカのプロゴルファー。
⇒外12（スルーマン，ジェフ　1957.9.11-）
　外16（スルーマン，ジェフ　1957.9.11-）

Slupetzky, Stefan
オーストリアの作家，イラストレーター。
⇒現世文（スルペツキ，シュテファン　1962-）

Slutskaya, Irina
ロシアのフィギュアスケート選手。
⇒外12（スルツカヤ，イリーナ　1979.2.9-）
　最世ス（スルツカヤ，イリーナ　1979.2.9-）

Slutskii, Evgenii
ロシア生まれの数学者，統計学者，経済学者。
⇒岩世人（スルツキー　1880.4.7/19–1948.3.10）
　有経5（スルツキー　1880–1948）

Slutskiy, Boris Abramovich
ソ連の詩人。詩集に『記憶』（1957），『現代史』（69）など。

⇒現世文（スルツキー, ボリス・アブラモヴィチ 1919.5.7–1986.2.22）
ユ著人（Slutski,Boris Abramovich スルツキー, ボリス・アブラモヴィチ 1919–）

Slüys, Pieter Jacob Adrian
オランダの医師。金沢藩医学館医師。
⇒化学（スロイス 1833–1913）

Slyusareva, Olga
ロシアの自転車選手。
⇒最近ス（スルサレワ, オリガ 1969.4.28–）

Smail, David
ニュージーランドのプロゴルファー。
⇒外12（スメイル, デービッド 1970.5.20–）

Smaldone, Filippo
イタリアの聖人、修道会創立者。祝日6月4日。
⇒新カト（フィリッポ・ズマルドーネ 1848.7.27–1923.6.4）

Smale, Stephen
アメリカの数学者。高次元の球面の性質に関する「ポワンカレ予想」を解決。1966年第15回国際数学者会議でフィールズ賞受賞。
⇒岩世人（スメイル 1930.7.15–）
数辞（スメール, スティーブン 1930–）
世数（スメイル, スティーヴン 1930–）

Small, Albion Woodbury
アメリカの社会学者。
⇒岩世人（スモール 1854.5.11–1926.3.24）
学叢思（スモール, アルビオン・ウッドベリ 1854–?）
教人（スモール 1854–1926）
広辞7（スモール 1854–1926）
社小増（スモール 1854–1926）

Small, Jim
アメリカ・ボストン生まれのMLBアジア副社長、MLBジャパン・マネージング・ディレクター。
⇒外12（スモール, ジム 1961.4.9–）
外16（スモール, ジム 1961.4.9–）

Smalley, Richard Errett
アメリカの化学者。
⇒岩世人（スモーリー 1943.6.6–2005.10.28）
化学（スモーリー 1943–2005）
ネーム（スモーリー 1943–2005）
ノベ3（スモーリー, R.E. 1943.6.6–2005.10.28）

Smalley, Roy Frederick III
アメリカの大リーグ選手（遊撃、三塁）。
⇒メジャ（スモーリー, ロイ 1952.10.25–）

Smalley, Ruth Elizabeth
アメリカのソーシャルワークの研究者。ペンシルベニア大学学部長。
⇒現社福（スモーリー 1903–1979）

Smareglia, Antonio
イタリアの作曲家。
⇒オペラ（ズマレーリャ, アントニオ 1854–1929）

Smart, John Jamieson Carswell
イギリスの思想家。
⇒メル別（スマート, ジョン・ジェイミーソン・カーズウェル 1920–2012）

Smart, Ninian
イギリスの宗教学者。
⇒現宗（スマート 1927–2001）

Smart, William
イギリスの経済学者。思想的にはカーライルやラスキンに影響され、またベーム・バヴェルク等の大陸の経済学者の紹介にも力を致した。
⇒岩世人（スマート 1853.4.10–1915.3.19）
学叢思（スマート, ウィリアム 1853–1915）

Smedley, Agnes
アメリカの女性ジャーナリスト。ドイツの『フランクフルター・ツァイトゥンク』紙特派員として中国に渡り、朱徳、毛沢東と会見。著書『中国の夜明け前』(1933)、朱徳伝『偉大なる道』(56) など。
⇒アア歴（Smedley,Agnes スメドリー, アグネス 1894–1950.5.6）
岩女（スメドレー, アグネス 1892.2.23–1950.5.6）
岩世人（スメドレー（スメドリー） 1892.2.23–1950.5.7）
広辞7（スメドレー 1892–1950）
スパイ（スメドレー, アグネス 1892–1950）
世人新（スメドレー 1892–1950）
世人装（スメドレー 1892–1950）
ネーム（スメドレー 1892–1950）

Smedt, Charles De
ベルギーのボランディスト（聖人伝研究者）。
⇒新カト（スメット 1833.4.6–1911.3.4）

Smedt, Emiel-Jozef De
ベルギーの司教。
⇒新カト（スメット 1909.10.30–1995.10.1）

Smekal, Adolph Gustav
オーストリアの理論物理学者。固体の構造および性質を研究。
⇒岩世人（スメーカル 1895.9.12–1959.3.7）

Smelser, Neil Joseph
アメリカの社会学者。『産業革命における社会変動』(1959) および『集合行動の理論』(63) の2著によって学界にゆるぎない地位を確立した。
⇒岩世人（スメルサー 1930.7.22–）
現社（スメルサー 1930–）
社小増（スメルサー 1930–）

Smelyakov, Yaroslav Vasil'evich
ソ連の詩人。第一次五か年計画時代のコムソモールの偉業をうたった長詩『きびしい愛』(1956) が代表作。

⇒現世文（スメリャコーフ, ヤロスラフ・ワシリエヴィチ　1913.1.8–1972.11.27）

Smend, Rudolf
ドイツの公法学者。総合学説は、イタリア、ドイツでファシズム創生期の実践理論として大きな影響を与えた。
⇒岩世人（スメント　1882.1.15–1975.7.5）

Smendzianka, Regina
ポーランドのピアノ奏者。
⇒標音2（スメンジャンカ, レギナ　1924.10.9–）

Šmeral, Bohumír
チェコスロバキアの政治家。チェコスロバキア共産党創設（1921）者の一人。
⇒岩世人（シュメラル　1880.10.25–1941.5.8）

Smercek, Boris von
ドイツの作家。
⇒海文新（スメルチェック, ボリス・フォン　1968–）
　現世文（スメルチェック, ボリス・フォン　1968–）

Smetáček, Václav
チェコスロバキアの指揮者、オーボエ奏者。
⇒標音2（スメターチェク, ヴァーツラフ　1906.9.30–1986.2.18）

Smick, David M.
アメリカの金融コンサルタント。
⇒外12（スミック, デービッド　1953–）
　外16（スミック, デービッド　1953–）

Smigun, Kristina
エストニアのスキー選手（距離）。
⇒外12（スミグン, クリスチナ　1977.2.23–）
　外16（スミグン, クリスチナ　1977.2.23–）
　最世ス（スミグン, クリスチナ　1977.2.23–）

Smiley, Jane
アメリカの女性小説家。
⇒現世文（スマイリー, ジェーン　1949.9.26–）

Smiley, John Patrick
アメリカの大リーグ選手（投手）。
⇒メジャ（スマイリー, ジョン　1965.3.17–）

Smillie, Robert
イギリスの労働運動家。全英炭坑夫連合会書記長（1912～21）となり、有名な炭坑ストライキを指導。労働党代議士（23～29）。
⇒岩世人（スマイリー　1857.3.17–1940.2.16）

Smirk, Frederick Horace
ニュージーランドの臨床薬理学者。
⇒岩世人（スマーク　1902.12.12–1991.5.18）

Smirnenski, Khristo
ブルガリアの詩人。社会主義の実現を渇望する民衆の姿を描き、ブルガリア社会主義文学の基礎を確立した。

⇒現世文（スミルネンスキ, フリスト　1898.9.29–1923.6.18）

Smirnov, Alexander
ロシアのフィギュアスケート選手（ペア）。
⇒外12（スミルノフ, アレクサンドル　1984.10.11–）
　外16（スミルノフ, アレクサンドル　1984.10.11–）
　最世ス（スミルノフ, アレクサンドル　1984.10.11–）

Smirnov, Dmitrii
ロシアのテノール歌手。
⇒失声（スミルノフ, ディミトリ　1882–1944）
　魅惑（Smirnov,Dimitri　1882–1944）

Smirnov, J.N.
ソ連の政治家。
⇒学叢思（スミルノフ　1881–）

Smirnov, Stanislav
ロシアの数学者。
⇒世数（スミルノフ, スタニスラフ　1970–）

Smirnov, Vasily Dmitrievich
ロシアの東洋学者。
⇒岩世人（スミルノーフ　1846.7.28/8.9–1922.5.25）

Smirnov, Vitalii
ロシアの国際オリンピック委員会（IOC）委員、ロシアオリンピック委員会名誉会長。
⇒外16（スミルノフ, ヴィタリー　1935.2.14–）

Smit, John
南アフリカのラグビー選手。
⇒岩世人（スミット, ジョン　1978.4.3–）
　外12（スミット, ジョン　1978–）
　外16（スミット, ジョン　1978.4.3–）
　最世ス（スミット, ジョン　1978.4.3–）

Smith, Addie Viola
アメリカの政府役人。
⇒アア歴（Smith,A(ddie) Viola　スミス, アディー・ヴァイオラ　1893.11.14–1975.12.13）

Smith, Alan
イギリスのサッカー選手。
⇒外12（スミス, アラン　1980.10.28–）

Smith, Aldon
アメリカのプロフットボール選手（49ers・LB）。
⇒最世ス（スミス, アルドン　1989.9.25–）

Smith, Alexander McCall
ジンバブエ生まれの法学者、作家。
⇒外12（スミス, アレクサンダー・マッコール　1948–）
　外16（スミス, アレクサンダー・マッコール　1948–）
　現世文（スミス, アレクサンダー・マッコール　1948–）

Smith, Alexis
カナダ生まれの女優。
⇒ク俳（スミス, アレクシス（スミス, グラディス）1921–1993）

Smith, Alfred Emanuel
アメリカの政治家。ニューヨーク州知事（1912〜20,23〜28）。
⇒アメ経（スミス, アルフレッド　1873.12.20–1944.10.4）
アメ州（Smith,Alfred Emanuel　スミス, アルフレッド・エマニュエル　1873–1944）
アメ新（スミス　1873–1944）
岩世人（スミス　1873.12.30–1944.10.4）

Smith, Alfred John
アメリカの大リーグ選手（投手）。
⇒メジャ（スミス, アル　1907.10.12–1977.4.28）

Smith, Ali
イギリスの作家。
⇒外12（スミス, アリ　1962–）
外16（スミス, アリ　1962–）
現世文（スミス, アリ　1962.8.24–）

Smith, Alphonse Eugene
アメリカの大リーグ選手（外野, 三塁）。
⇒メジャ（スミス, アル　1928.2.7–2002.1.3）

Smith, Anna Deavere
アメリカの劇作家, 女優。
⇒岩世人（スミス　1950.9.18–）

Smith, Anthony David
イギリスの社会学者。
⇒岩世人（スミス　1933–）

Smith, Arthur Henderson
アメリカの宣教師。山東省で布教（1878〜1905）後, 通州に移り, 中国での伝道・教育に尽力。
⇒アア歴（Smith,Arthur H（enderson）　スミス, アーサー・ヘンダースン　1845.7.18–1932.8.31）
岩世人（スミス　1845.7.18–1932.8.31）

Smith, Bessie
アメリカのブルース歌手。
⇒アメ州（Smith,Bessie　スミス, ベッシー　1894?–1937）
異二辞（スミス, ベッシー　1894–1937）
岩世人（スミス　1894.4.15–1937.9.26）
新音中（スミス, ベッシー　1894.4.15–1937.9.26）
標音2（スミス, ベッシー　1894.4.15–1937.9.26）
ロック（Smith,Bessie　スミス, ベシー　1898–）

Smith, Brad
アメリカの法律家, 実業家。
⇒外16（スミス, ブラッド）

Smith, Bryn Nelson
アメリカの大リーグ選手（投手）。
⇒メジャ（スミス, ブリン　1955.8.11–）

Smith, Carl Reginald
アメリカの大リーグ選手（外野, 一塁）。
⇒メジャ（スミス, レジー　1945.4.2–）

Smith, Chad
アメリカのロック・ドラム奏者。
⇒外12（スミス, チャド　1962.10.25–）
外16（スミス, チャド　1962.10.25–）

Smith, Charles Marvin（Pop）
アメリカの大リーグ選手（二塁, 遊撃）。
⇒メジャ（スミス, ポップ　1856.10.12–1927.4.18）

Smith, Clark Ashton
アメリカの作家, 詩人。
⇒現世文（スミス, クラーク・アシュトン　1893.1.13–1961.8.14）

Smith, Cordwainer
アメリカのSF作家。
⇒現世文（スミス, コードウェイナー　1913.7.11–1966.8.6）
ネーム（スミス, コードウェイナー　1913–1966）

Smith, Daniel Appleton White
アメリカの宣教師。
⇒アア歴（Smith,Daniel Appleton White　スミス, ダニエル・アップルトン・ホワイト　1840.6.18–1921.12.14）

Smith, Davey Boy
イギリスのプロレスラー。
⇒異二辞（スミス, デイビーボーイ　1962–2002）

Smith, David
アメリカの金属彫刻家。鉄材による造形の新しい方向を追求した。主要作品『頭部』（1938）, 『ハドソン川風景』など。
⇒岩世人（スミス　1906.3.9–1965.5.23）
芸13（スミス, デイヴィッド　1906–1965）
広辞7（スミス　1906–1965）
シュル（スミス, デイヴィッド　1906–1965）

Smith, David Eugene
アメリカの数学史家。古代数学史に関する業績がある。
⇒岩世人（スミス　1860.1.21–1944.7.29）

Smith, David Fillmore
アメリカの弁護士。東京裁判の米国人弁護人。
⇒ア太戦（スミス　1903–?）

Smith, David Stanley
アメリカの大リーグ選手（投手）。
⇒メジャ（スミス, デイヴ　1955.1.21–2008.12.17）

Smith, Dean Edwards
アメリカのバスケットボール・コーチ。
⇒岩世人（スミス　1931.2.28–）

Smith, Dodie
イギリスの劇作家, 小説家, 演出家。
⇒現世文（スミス, ドディー　1896.5.3–1990.11.24）

Smith, Donald
オーストラリアのテノール歌手。
⇒失声（スミス, ドナルド　1920–1998）
　魅惑（Smith,Donald　1922–）

Smith, Dorothy Edith
イギリス生まれのカナダの社会学者。
⇒岩世人（スミス　1926.7.6–）
　現社（スミス,D.　1926–）

Smith, Edgar
アメリカの大リーグ選手（投手）。
⇒メジャ（スミス, エディー　1913.12.14–1994.1.2）

Smith, Edgar Fahs
アメリカの化学者。
⇒化学（スミス,E.F.　1854–1928）

Smith, Edward Elmer
アメリカのSF作家。1928年発表の処女作『宇宙のスカイラーク』で大好評を博す。
⇒ネーム（スミス,E.E.　1890–1965）

Smith, Edward Huntington
アメリカの宣教師。
⇒アア歴（Smith,Edward Huntington　スミス, エドワード・ハンティントン　1873.7.1–1968）

Smith, Edward Mayo
アメリカの大リーグ選手（外野）。
⇒メジャ（スミス, メイヨ　1915.1.17–1977.11.24）

Smith, Elmer Boyd
カナダ生まれの絵本作家, 画家。
⇒絵本（スミス,E.ボイド　1860–1943）

Smith, Elmer Ellsworth
アメリカの大リーグ選手（外野, 投手）。
⇒メジャ（スミス, エルマー　1868.3.23–1945.11.5）

Smith, Elmer John
アメリカの大リーグ選手（外野）。
⇒メジャ（スミス, エルマー　1892.9.21–1984.8.3）

Smith, Elva Sophronia
アメリカの図書館学教師。約40年間ピッツバーグのカーネギー図書館学校に勤務, アメリカの児童図書館員養成の基盤を確固たるものとする。
⇒ア図（スミス, エルヴァ　1871–1965）

Smith, Emily
イギリスの児童文学作家。
⇒現世文（スミス, エミリー）

Smith, Emmitt
アメリカのアメリカンフットボール選手。
⇒岩世人（スミス　1969.5.15–）
　外12（スミス, エミット　1969.5.15–）
　外16（スミス, エミット　1969.5.15–）

Smith, Evelyn E.
アメリカの作家。
⇒現世文（スミス, イーブリン　1937–）

Smith, Floyd Tangier
アメリカの動物収集家。
⇒アア歴（Smith,Floyd Tangier　スミス, フロイド・タンジア　1881?–1939.7.12）

Smith, Frank Elmer
アメリカの大リーグ選手（投手）。
⇒メジャ（スミス, フランク　1879.10.28–1952.11.3）

Smith, Frederick E.
イギリスの作家。
⇒現世文（スミス, フレデリック　1919.4.4–2012.5.15）

Smith, George
オーストラリアのラグビー選手（サントリー・サンゴリアス・FL）。
⇒最世ス（スミス, ジョージ　1980.7.14–）

Smith, George Elwood
アメリカの応用物理学者。2009年ノーベル物理学賞を受賞。
⇒岩世人（スミス　1930.5.10–）
　外12（スミス, ジョージ　1930–）
　外16（スミス, ジョージ　1930.5.10–）
　ノベ3（スミス,G.　1930.5.10–）

Smith, George J.（Germany）
アメリカの大リーグ選手（遊撃）。
⇒メジャ（スミス, ジャーマニー　1863.4.21–1927.12.1）

Smith, Gordon H.
アメリカの政治家。
⇒外12（スミス, ゴードン　1952.5.25–）

Smith, *Sir* Grafton Elliot
イギリスの解剖学者, 人類学者。文明のエジプト起源説で知られる。
⇒岩世人（エリオット・スミス　1871.8.15–1937.1.1）

Smith, Hale
アメリカの作曲家。
⇒エデ（スミス, ヘイル　1925.6.29–2009.11.24）

Smith, Hamilton Othanel
アメリカの微生物学者。1978年ノーベル生理学医学賞。
⇒岩生（スミス　1931–）
　岩世人（スミス　1931.8.23–）
　外12（スミス, ハミルトン　1931.8.23–）

外16（スミス, ハミルトン 1931.8.23–）
ノベ3（スミス,H. 1931.8.23–）
Smith, Harold Raymond
アメリカの大リーグ選手（捕手）。
⇒メジャ（スミス, ハル 1931.6.1–）
Smith, Harry
アメリカ生まれのアニメーション作家, 画家。
⇒映監（スミス, ハリー 1923.5.29–1991）
Smith, Henry Lee
アメリカの解析学者。
⇒数辞（スミス, ヘンリー・リー 1893–1957）
Smith, Henry Lee, Jr.
アメリカの言語学者。トレーガーと共著の『英語構造の記述』(1951) は, 以後のアメリカ構造言語学に大きな影響を与えた。
⇒岩世人（スミス 1913.7.11–1972.12.13）
Smith, Hilton
アメリカのニグロリーグの選手（投手）。
⇒メジャ（スミス, ヒルトン 1907.2.27–1983.11.18）
Smith, Huey 'Piano'
アメリカ・ニューオーリンズ生まれのピアノ奏者, ソングライター。
⇒ロック（Smith,Huey 'Piano' スミス, ヒューイ・"ピアノ" 1934.1.26–）
Smith, Hugh
アメリカのテノール歌手。
⇒魅惑（Smith,Hugh ?–）
Smith, Hugh Mccormick
アメリカの魚類学者。
⇒アア歴（Smith,Hugh Mccormick スミス, ヒュー・マコーミック 1865.11.21–1941.9.28）
Smith, Ian Douglas
ジンバブエの政治家。ジンバブエ保守同盟 (CAZ) 党首, ローデシア首相。
⇒岩世人（スミス 1919.4.8–2007.11.20）
世人新（スミス〈イアン=ダグラス〉 1919–2007）
世人装（スミス〈イアン=ダグラス〉 1919–2007）
Smith, Jack
アメリカの大リーグ選手（外野）。
⇒メジャ（スミス, ジャック 1895.6.23–1972.5.2）
Smith, Jacob Hurd（Howling Wilderness）
アメリカの陸軍将校。
⇒アア歴（Smith,Jacob (Hurd)（"Howling Wilderness"） スミス, ジェイコブ・ハード 1840.1.29–1918.3.1）
Smith, Jaden
アメリカの俳優。

⇒外16（スミス, ジェイデン 1998.7.8–）
Smith, James Carlisle（Red）
アメリカの大リーグ選手（三塁）。
⇒メジャ（スミス, レッド 1890.4.6–1966.10.11）
Smith, James Francis
アメリカの弁護士, 植民地行政官。
⇒アア歴（Smith,James Francis スミス, ジェイムズ・フランシス 1859.1.28–1928.6.29）
Smith, Jessie Wilcox
アメリカの挿絵画家。
⇒世界子（スミス, ジェシー・ウィルコックス 1863–1935）
Smith, Jimmy
アメリカ・ペンシルベニア州生まれのジャズ・オルガン奏者。
⇒岩世人（スミス 1928.12.8–2005.2.8）
新音中（スミス, ジミー 1925.12.8–）
標音2（スミス, ジミー 1928.12.8–2005.2.8）
ロック（Smith,Jimmy スミス, ジミー 1925.12.8–）
Smith, Joanne Huist
アメリカの作家。
⇒海文新（スミス, ジョアン・フイスト）
Smith, John
アメリカ生まれの俳優。
⇒ク俳（スミス, ジョン（ヴァン・オーデン, ロバート） 1931–1995）
Smith, John
イギリスの政治家。
⇒岩世人（スミス 1938.9.13–1994.5.12）
Smith, John William
アメリカの男子レスリング選手。
⇒岩世人（スミス 1965.8.9–）
Smith, Joseph Russell
アメリカの経済地理学者。
⇒岩世人（スミス 1874.2.3–1966）
Smith, Josh
アメリカのバスケットボール選手（ピストンズ）。
⇒最世ス（スミス, ジョシュ 1985.12.5–）
Smith, J.R.
アメリカのバスケットボール選手（ニックス）。
⇒最世ス（スミス,J.R. 1985.9.9–）
Smith, Julie
アメリカの作家。
⇒現世文（スミス, ジュリー 1944.11.25–）
Smith, Kent
アメリカの男優。

⇒ク俳（スミス, ケント（スミス, フランク・K）1907–1985）

Smith, Kiki
アメリカの彫刻家。
⇒岩世人（スミス　1954.1.18–）
　現アテ（Smith,Kiki　スミス, キキ　1954–）

Smith, Lane
アメリカのイラストレーター。
⇒絵本（スミス, レイン　1959–）
　外12（スミス, レーン　1959–）
　外16（スミス, レーン　1959–）

Smith, Laura Irene Ivory
アメリカの宣教師。
⇒アア歴（Smith,Laura Irene (Ivory)　スミス, ローラ・アイリーン・アイヴォリー　1902.9.28–）

Smith, Lee Arthur
アメリカの大リーグ選手（投手）。
⇒メジャ（スミス, リー　1957.12.4–）

Smith, Lilian Helena
世界的に知られるカナダのライブラリアン。ニューヨーク公共図書館のアン・キャロル・ムーアのもとで修行し、カナダのトロント公共図書館で実践、「少年・少女の家」を世界的に著名な児童図書館とした。
⇒ア図（スミス, リリアン　1887–1983）

Smith, Logan Pearsall
アメリカ生まれのイギリスの評論家、随筆家、英語学者。
⇒岩世人（スミス　1865.10.18–1946.3.2）

Smith, Lonnie
アメリカの大リーグ選手（外野）。
⇒メジャ（スミス, ロニー　1955.12.22–）

Smith, Louis
イギリスの体操選手。
⇒最世ス（スミス, ルイス　1989.4.22–）

Smith, Maggie
イギリス生まれの女優。
⇒外12（スミス, マギー　1934.12.28–）
　外16（スミス, マギー　1934.12.28–）
　ク俳（スミス, デイム・マギー　1934–）
　スター（スミス, マギー　1934.12.28–）

Smith, Margaret Chase
アメリカの政治家。
⇒アメ州（Smith,Margaret Chase　スミス, マーガレット・チェイス　1897–）

Smith, Mark Allen
アメリカの作家。
⇒海文新（スミス, マーク・アレン）

Smith, Martin Cruz
アメリカの作家。
⇒外12（スミス, マーティン・クルーズ　1942.3.11–）
　外16（スミス, マーティン・クルーズ　1942.3.11–）
　現世文（スミス, マーティン・クルーズ　1942.3.11–）

Smith, Matthew
イギリスの画家。
⇒芸13（スミス, マシゥー　1879–1948）

Smith, Michael
カナダの生化学者。1993年ノーベル化学賞。
⇒岩生（スミス　1932–2000）
　化学（スミス,M.　1932–2000）
　ノベ3（スミス,M.　1932.4.26–2000.10.4）

Smith, Michael Marshall
イギリスの作家。
⇒現世文（スミス, マイケル・マーシャル　1965–）

Smith, Michele
アメリカのソフトボール選手（投手）。
⇒外12（スミス, ミッシェル　1967.6.21–）
　最世ス（スミス, ミッシェル　1967.6.21–）

Smith, Norman
イギリスのレコーディング・エンジニア。
⇒ビト改（SMITH,NORMAN　スミス, ノーマン）

Smith, Norman Kemp
イギリスの哲学者。カントの研究者として『純粋理性批判』を英訳した（1929）。
⇒岩世人（スミス　1872–1958.9.3）

Smith, O.C.
アメリカのジャズ歌手。
⇒ロック（Smith,O.C.　スミス,O・C　1936.6.21–）

Smith, Ozzie
アメリカの大リーグ選手（遊撃）。
⇒異二辞（スミス, オジー　1954–）
　メジャ（スミス, オジー　1954.12.26–）

Smith, Patti
アメリカのシンガー・ソングライター。
⇒異二辞（スミス, パティ　1946–）
　岩世人（スミス　1946.12.30–）
　外12（スミス, パティ　1946.12.30–）
　外16（スミス, パティ　1946.12.30–）
　現世文（スミス, パティ　1946.12.30–）
　ロック（Smith,Patti　スミス, パティ　1946.12.31–）

Smith, Paul
イギリスの服飾デザイナー。
⇒外12（スミス, ポール　1946.7.5–）
　外16（スミス, ポール　1946.7.5–）
　ポブ人（スミス, ポール　1946–）

Smith, Pauline
南アフリカの小説家。著書『小さなカルー』(1925)。
⇒現世文（スミス, ポーリン　1882.4.2–1959.1.29）

Smith, Richard C.
アメリカ陸軍情報保安コマンド（INSCOM）の元下士官。
⇒スパイ（スミス, リチャード・C）

Smith, Richard Gordon
イギリスの探検家, 日本の民話採集者。
⇒岩世人（スミス　1858–1920.7.16）

Smith, Rick
イギリスのミュージシャン。
⇒外12（スミス, リック）
外16（スミス, リック）

Smith, Robert
イギリスのミュージシャン。
⇒外12（スミス, ロバート　1959.4.21–）

Smith, Robert Aura
アメリカのジャーナリスト。
⇒アア歴（Smith,Robert Aura　スミス, ロバート・オーラ　1899–1959.11.27）

Smith, Robert Clinton
アメリカの政治家。
⇒外12（スミス, ロバート・クリントン　1941.3.30–）

Smith, Robert Dean
アメリカのテノール歌手。
⇒外12（スミス, ロバート・ディーン）
外16（スミス, ロバート・ディーン）
失声（スミス, ロバート・ディーン　1956–）
魅惑（Smith,Robert Dean　?–）

Smith, Robert Eldridge
アメリカの大リーグ選手（投手, 遊撃）。
⇒メジャ（スミス, ボブ　1895.4.22–1987.7.19）

Smith, Robert John
アメリカの人類学者。
⇒アア歴（Smith,Robert John　スミス, ロバート・ジョン　1927.6.27–）

Smith, Roger
南アフリカの作家。
⇒外12（スミス, ロジャー）
外16（スミス, ロジャー）
海文新（スミス, ロジャー　1960–）
現世文（スミス, ロジャー　1960–）

Smith, Roy Kenneth
アメリカの医療宣教師。
⇒アア歴（Smith,Roy K（enneth）　スミス, ロイ・ケネス　1885.4.28–1957.7.31）

Smith, Sam
イギリスのシンガー・ソングライター。
⇒外16（スミス, サム　1992.5.19–）

Smith, Sammi
アメリカ・カリフォルニア州オレンジ生まれの女性歌手。
⇒ロック（Smith,Sammi　スミス, サミー　1943.8.5–）

Smith, Santee
カナダの振付師。
⇒外12（スミス, サンティー）
外16（スミス, サンティー）

Smith, Sarah Clara
アメリカの北部長老派宣教会宣教師。札幌スミス女学校を創立。
⇒岩世人（スミス　1851.3.24–1947.2.18）

Smith, Scott
アメリカの作家。
⇒外12（スミス, スコット）
現世文（スミス, スコット　1965.7.13–）

Smith, Sheila A.
アメリカの政治学者。
⇒外12（スミス, シーラ）
外16（スミス, シーラ）

Smith, Sherrod Malone
アメリカの大リーグ選手（投手）。
⇒メジャ（スミス, シェリー　1891.2.18–1949.9.12）

Smith, Sidney
イギリスのアッシリア学者。大英博物館のエジプト・アッシリア部長（1931～48）。
⇒岩世人（スミス　1889.8–1979.6.12）

Smith, Stephen
オーストラリアの政治家。
⇒外12（スミス, スティーブン　1955.12.12–）
外16（スミス, スティーブン　1955.12.12–）
世指導（スミス, スティーブン　1955.12.12–）

Smith, Stephenson Percy
ニュージーランドのマオリ文化研究者。
⇒ニュー（スミス, スティーブンソン　1840–1922）

Smith, Stevie
イギリスの詩人, 小説家。
⇒現世文（スミス, スティービー　1902.9.20–1971.3.7）

Smith, Sydney Goodsir
ニュージーランドの詩人。
⇒現世文（スミス, シドニー・グッドサー　1915.10.26–1975.1.15）

Smith, Theobald
アメリカの獣医学者, 病理学者。死滅ウイルス

は生存ウイルスに対する免疫を与えうることを証明した。
⇒岩世人（スミス　1859.7.13–1934.12.10）

Smith, Tommie
アメリカの陸上競技選手。第19回オリンピック・メキシコ大会男子200mで,19秒8の世界・オリンピック新記録を樹立して優勝。
⇒マルX（SMITH,TOMMY　スミス,トミー　1944–）

Smith, Tom Rob
イギリスの作家。
⇒外12（スミス,トム・ロブ　1979–）
外16（スミス,トム・ロブ　1979–）
海文新（スミス,トム・ロブ　1979–）
現世文（スミス,トム・ロブ　1979–）

Smith, Tony（Anthony Peter）
アメリカの彫刻家,建築家。ミニマル・アートをはじめとする立体表現に影響をおよぼした。
⇒岩世人（スミス　1912.9.23–1980.12.26）

Smith, Trecia
ジャマイカの三段跳び選手。
⇒最世ス（スミス,トレシア　1975.11.5–）

Smith, Vernon L.
アメリカの経済学者。2002年ノーベル経済学賞。
⇒外12（スミス,バーノン　1927.1.1–）
外16（スミス,バーノン　1927.1.1–）
ノベ3（スミス,V.L.　1927.1.1–）
有経5（スミス〔B〕　1927–）

Smith, Vincent Arthur
イギリスのインド学者。
⇒岩世人（スミス　1848.6.3–1920.2.6）
新佛3（スミス　1848–1920）

Smith, Walter Bedell
アメリカ陸軍軍人,外交官。アイゼンハワー元帥の参謀長,駐ソ大使,CIA長官などを歴任。
⇒スパイ（スミス,ウォルター・ベデル　1895–1961）

Smith, Warren Dupré
アメリカの地質学者。
⇒アア歴（Smith,Warren D（upré）　スミス,ウォーレン・デュブレ　1880.5.12–1950.7.18）

Smith, Wilfred Cantwell
イスラム研究者,比較宗教学者。現代イスラム問題を専攻。
⇒新カト（スミス　1916.7.21–2000.2.7）

Smith, Will
アメリカの俳優,ラップミュージシャン。
⇒岩世人（スミス　1968.9.25–）
外12（スミス,ウィル　1968.9.25–）
外16（スミス,ウィル　1968.9.25–）
ク俳（スミス,ウィル（スミス,ウィラード,ジュニア）　1968–）

スター（スミス,ウィル　1968.9.25–）

Smith, William Eugene
アメリカの写真家。「ライフ」誌の従軍写真家として太平洋戦争を取材,第一級報道写真家として国際的に著名。
⇒アメ新（スミス　1918–1978）
岩世人（スミス　1918.12.30–1978.10.15）
広辞7（スミス　1918–1978）
ボブ人（スミス,ユージン　1918–1978）

Smith, Willie（The Lion）
アメリカのジャズ・ピアノ奏者,作曲家。1910年代中期から70年代にかけて活躍したジャズ・ピアノの巨人。
⇒標音2（スミス,ウィリー・ザ・ライオン　1897.11.25–1973.4.18）

Smith, Zadie
イギリスの作家。
⇒海文新（スミス,ゼイディー　1975.10.27–）
現世文（スミス,ゼイディー　1975.10.27–）

Smith, Zane William
アメリカの大リーグ選手（投手）。
⇒メジャ（スミス,ゼイン　1960.12.28–）

Smith Court, Margaret Jean
オーストラリアの女子テニス選手。
⇒岩世人（スミス・コート　1942.7.16–）

Smither, Elizabeth
ニュージーランドの女性詩人,小説家。
⇒ニュー（スミザー,エリザベス　1941–）

Smither, Michael
ニュージーランドの画家,彫刻家,版画家。
⇒ニュー（スミザー,マイケル　1939–）

Smithies, Arthur
アメリカの経済学者。
⇒有経5（スミシーズ　1907–1981）

Smithies, Oliver
アメリカの生体臨床医学者。
⇒岩生（スミシーズ　1925–）
外12（スミシーズ,オリバー　1925.6.23–）
外16（スミシーズ,オリバー　1925.6.23–）
三新生（スミシーズ　1925–）
ノベ3（スミシーズ,O.　1925.6.23–）

Smithson, Alison
イギリスの建築家。
⇒岩世人（スミッソン夫妻　1928–1993）

Smithson, Peter Denham
イギリスの建築家。夫婦での共同作品「ハンスタントン中学校」(1954)は,ブルータリズム（Brutalism）なる語を生んだ。
⇒岩世人（スミッソン夫妻　1923–2003）

Smithson, Robert
アメリカのアースワーカー。
⇒岩世人（スミッソン　1938.1.2–1973.7.20）

Smits, Jimmy
アメリカ生まれの俳優。
⇒ク俳（スミッツ，ジミー　1955–）

Smits, Seppe
ベルギーのスノーボード選手。
⇒最世ス（スミッツ，セップ　1991.7.13–）

Smoktunovski, Innokenti
ソ連，ロシアの俳優。
⇒岩世人（スモクトノフスキー　1925.3.28–1994.8.3）

Smolenskii, Aleksandr Ivanovich
ロシアの実業家，銀行家。
⇒外12（スモレンスキー，アレクサンドル　1954.7.6–）

Smoltz, John Andrew
アメリカの大リーグ選手（投手）。
⇒外12（スモルツ，ジョン　1967.5.15–）
　外16（スモルツ，ジョン　1967.5.15–）
　最世ス（スモルツ，ジョン　1967.5.15–）
　メジャ（スモルツ，ジョン　1967.5.15–）

Smoluchowski, Marian von
ポーランドの物理化学者。
⇒岩世人（スモルコフスキ　1872.5.28–1917.9.5）

Smoot, George F.
アメリカの天体物理・宇宙論学者。2006年ノーベル物理学賞を受賞。
⇒岩世人（スムート　1945.2.20–）
　外12（スムート，ジョージ（3世）　1945.2.20–）
　外16（スムート，ジョージ（3世）　1945.2.20–）
　ノベ3（スムート，G.F.3世　1945.2.20–）

Smoot, Reed
アメリカの実業家，政治家。ホーム・ファイヤー保険会社，スムート・インベストメント社社長，上院議員（共和党）。
⇒アメ経（スムート，リード　1862.1.10–1941.2.9）

Smrkovský, Josef
チェコスロバキアの政治家。1968年国民議会議長に就任，自由化を推進し国民の信望を集めたが，チェコ事件後解任。
⇒岩世人（スムルコフスキー　1911.2.26–1974.1.15）

Smuts, Jan Christiaan
南アフリカの政治家，軍人。ボーア（ブール）戦争で軍を指揮。
⇒岩世人（スマッツ　1870.5.24–1950.9.11）

Smyth, *Dame* **Ethel Mary**
イギリスの作曲家，婦人参政権運動家。ブラームスの影響を受けた。
⇒岩世人（スマイス　1858.4.22–1944.5.8）

Smyth, Herbert Weir
アメリカの古典学者。ギリシア方言の研究，アイスキュロスの本文校訂および翻訳がある。
⇒岩世人（スマイス　1857.8.8–1937.7.16）

Snedecor, George Waddel
アメリカの統計学者，パンチ・カードに関する専門家。
⇒数辞（スネデッカー，ジョージ・ワッデル　1881–）

Snedeker, Brandt
アメリカのプロゴルファー。
⇒最世ス（スネデカー，ブラント　1980.12.8–）

Sneed, Sam
アメリカのプロゴルファー。
⇒岩世人（スニード　1912.5.27–2002.5.23）

Sneevliet, Hendrik
オランダの共産主義者。別名マーリン（Maring）。
⇒岩世人（スネーフリート　1883.5.13–1942.4.13）

Snegur, Mircea I.
モルドバの政治家。モルドバ大統領（1990～97）。
⇒世指導（スネグル，ミルチャ　1940.1.17–）

Sneider, Vernon John
アメリカの作家。
⇒アア歴（Sneider,Vern(on) J(ohn)　スナイダー，ヴァーノン・ジョン　1916.10.6–1981.5.1）

Sneijder, Wesley
オランダのサッカー選手（ガラタサライ・MF）。
⇒外12（スナイデル，ウェスレイ　1984.6.9–）
　外16（スナイデル，ウェスレイ　1984.6.9–）
　最世ス（スナイデル，ウェスレイ　1984.6.9–）

Snell, Bruno
ドイツの言語学者，古典学者。主著『精神の発見』（1955），『言語の構築』（61）など。
⇒岩世人（スネル　1896.6.18–1986.10.31）

Snell, George Davis
アメリカの遺伝学者。組織移植の法則を確立し，ノーベル生理・医学賞を受賞（1980）。
⇒岩生（スネル　1903–1996）
　岩世人（スネル　1903.12.19–1996.6.6）
　ノベ3（スネル，G.D.　1903.12.19–1996.6.6）

Snell, Peter George
ニュージーランドの陸上競技選手。東京オリンピック陸上競技男子800mと1,500mで優勝。
⇒岩世人（スネル　1938.12.17–）

Snellen, Hermann
オランダの眼科医。眼瞼外翻症および内翻症の

手術方式や眼瞼下垂症治療手術に種々の考案をした。
⇒岩世人（スネレン　1834–1908.1.18）

Snepp, Frank W.
アメリカ中央情報局（CIA）職員。
⇒スパイ（スネップ, フランク・W）

Snicket, Lemony
アメリカ出身の作家。
⇒海文新（スニケット, レモニー）

Snider, Edwin Donald（Duke）
アメリカの大リーグ選手（外野）。
⇒メジャ（スナイダー, デューク　1926.9.19–2011.2.27）

Snider, Stacey
アメリカの実業家。
⇒外12（スナイダー, ステイシー　1961.4.29–）
　外16（スナイダー, ステイシー　1961.4.29–）

Snipes, Wesley
アメリカ生まれの男優, 映画製作者。
⇒外12（スナイプス, ウェズリー　1962.7.31–）
　外16（スナイプス, ウェズリー　1962.7.31–）
　ク俳（スナイプス, ウェズリー　1962–）

Snoddy, Robert C.
アメリカ中央情報局（CIA）職員。
⇒スパイ（スノッディー, ロバート・C.及びシュワルツ, ノーマン・A.　?–1952.11.29）

Snodgrass, Anthony
イギリスの考古学者。
⇒岩世人（スノッドグラス　1934.7.7–）

Snodgrass, William Dewitt
アメリカの詩人。著書に『心の針』（1959）など。
⇒現世文（スノッドグラス, W.D.　1926.1.5–2009.1.13）

Snoeren, Rolf
オランダの服飾デザイナー。
⇒外16（スノエレン, ロルフ　1969.12.19–）

Snoop Dogg
アメリカのラッパー。
⇒異二辞（スヌープ・ドッグ　1971–）

Snouck-Hurgronje, Christiaan
オランダのイスラム研究家, 蘭領インドネシアの行政官。終始インドネシア民族の文化の発展と利益の増進とを主張し, 経済的搾取につとめる当局者と対立した。
⇒岩イ（スヌック・フルフローニェ　1857–1936）
　岩世人（スヌック・ヒュルフローニエ　1857.2.8–1936.6.26）

Snow, Charles Percy
イギリスの小説家, 物理学者。人文・社会科学と自然科学との不幸な分裂を指摘し, 一部の文学者の科学への無関心さを批判し, 論争を巻起した。
⇒岩世人（スノー　1905.10.15–1980.7.1）
　現世文（スノー, C.P.　1905.10.15–1980.7.1）
　広辞7（スノー　1905–1980）

Snow, Edgar Parks
アメリカのジャーナリスト, 中国通。毛沢東, 周恩来らと会見, 中国の実情を伝えた。著書に『中国, もう一つの世界』（1962）などがある。
⇒アア歴（Snow, Edgar　スノウ, エドガー　1905.7.19–1972.2.15）
　岩世人（スノー　1905.7.19–1972.2.15）
　現世文（スノー, エドガー　1905.7.19–1972.2.15）
　広辞7（スノー　1905–1972）
　世人新（スノー　1905–1972）
　世人装（スノー　1905–1972）
　ボブ人（スノー, エドガー　1905–1972）

Snow, Hank
カナダ生まれのカントリー歌手。
⇒新音中（スノー, ハンク　1914.5.9–1999.12.20）
　標音2（スノー, ハンク　1914.5.9–1999.12.20）
　ロック（Snow, Hank　スノウ, ハンク　1914.5.9–）

Snow, Helen Forster
アメリカのジャーナリスト。
⇒アア歴（Snow, Helen Forster　スノウ, ヘレン・フォスター　1907.9.21–1997）

Snow, Jack Thomas
アメリカの大リーグ選手（一塁）。
⇒メジャ（スノウ, J・T　1968.2.26–）

Snow, John
アメリカの政治家, 実業家。財務長官。
⇒外12（スノー, ジョン　1939.8.2–）
　外16（スノー, ジョン　1939.8.2–）
　世指導（スノー, ジョン　1939.8.2–）

Snow, Nancy
アメリカのカリフォルニア州立大学フラートン校教授。
⇒外16（スノー, ナンシー）

Snowden, Edward
アメリカ中央情報局（CIA）職員。
⇒外16（スノーデン, エドワード　1983.6.21–）
　ネーム（スノーデン　1983–）

Snowden, Philip, 1st Viscount
イギリス労働党政治家。雄弁家, 婦人解放論者としても著名。著書は『労働と国家財政』（1920）。
⇒岩世人（スノーデン　1864.7.18–1937.5.15）
　学叢思（スノーデン, フィリップ　1864–?）

Snowe, Olympia J.
アメリカの政治家。
⇒外12（スノー, オリンピア　1947.2.21–）

Snowsill, Emma
オーストラリアのトライアスロン選手。
⇒外12(スノーシル,エマ 1981.6.15-)
　最世ス(スノーシル,エマ 1981.6.15-)

Snuka, Jimmy
フィジー出身のプロレスラー。
⇒異二辞(スヌーカ,ジミー 1943-2017)

Snyder, Charles N.(Pop)
アメリカの大リーグ選手(捕手)。
⇒メジャ(スナイダー,ポップ 1854.10.6-1924.10.29)

Snyder, Frank Elton
アメリカの大リーグ選手(捕手)。
⇒メジャ(スナイダー,フランク 1894.5.27-1962.1.5)

Snyder, Gary Sherman
アメリカの詩人。ビート・ジェネレーションの代表者の一人。第一詩集『捨石』(1959)などがある。
⇒アア歴(Snyder,Gary(Sherman) スナイダー,ゲイリー・シャーマン 1930.5.8-)
　アメ新(スナイダー 1930-)
　岩世人(スナイダー 1930.5.8-)
　外12(スナイダー,ゲーリー 1930.5.8-)
　外16(スナイダー,ゲーリー 1930.5.8-)
　現世文(スナイダー,ゲーリー 1930.5.8-)
　新カト(スナイダー 1930.5.8-)

Snyder, James Cory
アメリカの大リーグ選手(外野)。
⇒メジャ(スナイダー,コーリー 1962.11.11-)

Snyder, Maria V.
アメリカの作家。
⇒海文新(スナイダー,マリア・V.)

Snyder, Mark
アメリカの社会心理学者。ミシガン大学教授。セルフ・モニタリング研究の創始者として広く知られる。
⇒社心小(スナイダー 1947-)

Snyder, Richard Carlton
アメリカの政治学者。外交における政策決定論の研究で著名。
⇒政経改(スナイダー 1916-1997)

Snyder, Russell Henry
アメリカの大リーグ選手(外野)。
⇒メジャ(スナイダー,ラス 1934.6.22-)

Snyder, Solomon H.
アメリカの神経科学者。
⇒精医歴(スナイダー,ソロモン・H 1938-)

Snyder, Zack
アメリカの映画監督。
⇒外12(スナイダー,ザック 1966-)
　外16(スナイダー,ザック 1966-)

Soangkupon, Maharaja
インドネシア,バタック人の官僚。
⇒岩世人(ソアンクポン,マハラジャ 1885.12.26-1946.2.16)

Soares, Mário Alberto Nobre Lopes
ポルトガルの政治家。ポルトガル大統領(1986~96)。
⇒岩世人(ソアレス 1924.12.7-)
　政経改(ソアレス 1924-)
　世指導(ソアレス,マリオ 1924.12.7-2017.1.7)

Soares, Thiago
ブラジルのバレエダンサー。
⇒外12(ソアレス,ティアゴ)
　外16(ソアレス,ティアゴ 1981-)

Sobchak, Anatolii Aleksandrovich
ロシアの政治家。
⇒岩世人(ソブチャーク 1937.8.10-2000.2.20)

Sobell, Morton
ソ連の原爆スパイ網のメンバー。ジュリアス・ローゼンバーグ夫妻の裁判の共同被告人。
⇒スパイ(ソベル,モートン 1917-)

Ṣobḥ-e Azal
イランのバーブ教の開祖バーブの後継者。
⇒岩世人(ソブヘ・アザル 1830-1912.4.19)

Sobieski, Leelee
アメリカの女優。
⇒外12(ソビエスキー,リリー 1982.6.10-)
　ク俳(ソビエスキ,リーリー(ソビエスキ,リリアン) 1982-)

Sobinov, Leonid
ロシアのテノール歌手。
⇒失声(ソビノフ,レオニード 1872-1934)
　魅惑(Sobinov,Leonid 1872-1934)

Sobirov, Rishod
ウズベキスタンの柔道選手。
⇒最世ス(ソビロフ,リショド 1986.9.11-)

Sobol, Donald J.
アメリカの作家,著述家。
⇒現世文(ソボル,ドナルド 1924-2012.7.11)

Sobolev, Leonid Sergeevich
ソ連の小説家。ロシア作家同盟初代議長(1957~)。著書に『大修理』(32)など。
⇒現世文(ソーボレフ,レオニード・セルゲーヴィチ 1898.7.21-1971.2.17)

Sobolev, Sergei Lvovich
ソ連の数学者。弾性体の力学を研究,また微分方程式論に関する権威。

⇒岩世人（ソボレフ 1908.9.23/10.6–1989.1.3）
世数（ソボレフ, セルゲイ・リヴォビッチ 1908–1989）

Sobotka, Bohuslav
チェコの政治家。チェコ首相。
⇒外16（ソボトカ, ボフスラフ 1971.10.23–）
世指導（ソボトカ, ボフスラフ 1971.10.23–）

Soboul, Albert
フランスの歴史家。1964年からパリ大学フランス革命史講座を担当。
⇒岩世人（ソブール 1914.4.27–1982.9.11）

Sobrino, Javier
スペインの児童文学作家。
⇒外12（ソブリノ, ハビエル 1960–）
外16（ソブリノ, ハビエル 1960–）
現世文（ソブリノ, ハビエル 1960–）

Sobrino, Jon
スペインの聖職者, 神学者。
⇒岩キ（ソブリーノ 1938–）
岩世人（ソブリーノ 1938.12.27–）
新カト（ソブリノ 1938.12.27–）

Sobukwe, Robert Maugatiso
南アフリカ共和国のアフリカ人解放運動指導者。1959年パン・アフリカニスト会議PACを創設。
⇒岩世人（ソブクウェ 1924.12.5–1978.2.27）

Sobyanin, Sergei
ロシアの政治家。ロシア副首相, モスクワ市長。
⇒外12（ソビャニン, セルゲイ 1958.6.21–）
外16（ソビャニン, セルゲイ 1958.6.21–）
世指導（ソビャニン, セルゲイ 1958.6.21–）

So Chong-ju
韓国の詩人。東国大学大学院終身名誉教授。号は未堂。
⇒岩世人（徐廷柱　ソジョンジュ 1915.5.18–2000.12.24）
韓現文（徐廷柱　ソ・ジョンジュ 1915–2000）
韓朝新（ソ・ジョンジュ　徐廷柱 1915–2000）
現世文（ソ・ジョンジュ　徐廷柱 1915.5.18–2000.12.24）

Sockalexis, Louis Francis
アメリカの大リーグ選手（外野）。
⇒メジャ（ソカレキス, ルイス 1871.10.24–1913.12.24）

Sočo, Zrinko
クロアチアのテノール歌手。
⇒魅惑（Sočo,Zrinko ?–）

Socrates
ブラジルのサッカー選手。
⇒ネーム（ソクラテス 1954–2011）

Sócrates, José
ポルトガルの政治家。ポルトガル首相。
⇒外12（ソクラテス, ジョゼ 1957.9.6–）
外16（ソクラテス, ジョゼ 1957.9.6–）
世指導（ソクラテス, ジョゼ 1957.9.6–）

Sodano, Angelo
バチカンのカトリック枢機卿。ローマ法王庁国務省長官（首相）。
⇒新カト（ソダーノ 1927.11.23–）

Soddy, Frederick
イギリスの化学者。放射性崩壊を研究, 1921年ノーベル化学賞受賞。
⇒岩世人（ソディ 1877.9.2–1956.9.22）
化学（ソディ 1877–1956）
広辞7（ソディ 1877–1956）
三新物（ソディ 1877–1956）
ノベ3（ソディ, F. 1877.9.2–1956.9.22）

Sodeau, Michael
イギリスの家具デザイナー。
⇒外12（ソドウ, マイケル 1969–）
外16（ソドウ, マイケル 1969–）

Soden, Hermann Freiherr von
ドイツの聖書学者。
⇒岩世人（ゾーデン 1852.8.16–1914.1.15）

Soden, Wolfram von
ドイツのアッシリア学者。ゲッティンゲン大学教授。主としてアッシリアの語学, 宗教文学, 歴史などに造詣が深い。
⇒岩世人（ゾーデン 1908.6.19–1996.10.6）

Söderberg, Alexander
スウェーデンの作家。
⇒海文新（セーデルベリ, アレクサンデル 1970–）

Söderberg, Hjalmar
スウェーデンの小説家。長篇小説『マルチン・ビルクの青春』(1901)が代表作。
⇒岩世人（セーデルベリ 1869.7.2–1941.10.14）
現世文（セーデルベリ, ヤルマル 1869.7.2–1941.10.14）
ネーム（ゼーデルブロム 1866–1930）

Soderbergh, Steven
アメリカ生まれの映画監督。
⇒映監（ソダーバーグ, スティーヴン 1963.1.14–）
外12（ソダーバーグ, スティーブン 1963.1.14–）
外16（ソダーバーグ, スティーブン 1963.1.14–）

Söderblom, Nathan
スウェーデンのルター派神学者, 大主教。世界教会合同運動の主導者。1930年ノーベル平和賞受賞。
⇒岩世人（セーデルブルム 1866.1.15–1931.7.18）
オク教（セーデルブロム 1866–1933）
広辞7（セーデルブロム 1866–1931）
新カト（セーデルブロム 1866.1.15–1931.7.12）
ノベ3（セーデルブロム, N. 1866.1.15–1931.7.18）

Södergran, Edith Irene
フィンランドの女性詩人。モダニズムの天才詩人として北欧詩壇をリード。『9月の竪琴』(1918),『ばらの祭壇』(19) などの詩を残した。
⇒岩世人 (セーデルグラーン　1892.4.4-1923.6.24)
現世文 (ソーデルグラーン, エディス　1892.4.4-1923.6.24)

Södergren, Anders
スウェーデンのスキー選手 (距離)。
⇒外12 (セデルグレン, アンデシュ　1977.5.17-)
外16 (セデルグレン, アンデシュ　1977.5.17-)
最世ス (セデルグレン, アンデシュ　1977.5.17-)

Soderholm, Eric Thane
アメリカの大リーグ選手 (三塁)。
⇒メジャ (ソダーホルム, エリック　1948.9.24-)

Soderling, Robin
スウェーデンのテニス選手。
⇒外12 (ソデルリング, ロビン　1984.8.14-)
最世ス (ソデルリング, ロビン　1984.8.14-)

Sodh Candasaro, Luang Pu
タイの僧侶。タムマカーイ式瞑想の創始者。
⇒タイ (ソット・チャンタサロー　1884-1959)

Sodnom, Dumaagiyn
モンゴルの政治家。モンゴル首相, モンゴル人民革命党政治局員。
⇒世指導 (ソドノム, ドマーギン　1933-)

Soedarman, Soesilo
インドネシアの軍人, 閣僚。
⇒岩世人 (スダルマン, ススィロ　1928.11.10-1997.12.18)

Soedarpo Sastrosatomo
インドネシアの企業家。
⇒岩世人 (スダルポ・サストロサトモ　1920.6.30-2007.10.22)

Soedjatmoko
インドネシアの政治家, 社会学者, ジャーナリスト。
⇒岩世人 (スジャトモコ　1922.1.10-1989.12.21)

Soedomo
インドネシアの軍人, 閣僚。
⇒岩世人 (スドモ　1926.9.20-2012.4.18)

Soeharto, Hutomo Mandala Putra
インドネシアの企業家, スハルトの3男。
⇒岩世人 (スハルト, フトモ・マンダラ・プトラ　1962.7.15-)

Soemitro
インドネシアの軍人。
⇒岩世人 (スミトロ　1927.1.13-1998.5.10)

Sørensen, Villy
デンマークの小説家, 批評家。
⇒岩世人 (セーアンセン　1929.1.13-2001.12.16)

Soeryadjaya, William
インドネシアの有力企業グループ, アストラ・グループの創業者。
⇒岩世人 (スルヤジャヤ, ウィリアム　1922.12.20-2010.4.2)

Soe Win
ミャンマー (ビルマ) の政治家, 軍人。ミャンマー首相。
⇒世指導 (ソー・ウィン　1949.5.10-2007.10.12)

Soffici, Ardengo
イタリアの画家, 小説家, 詩人。未来主義を主張。
⇒岩世人 (ソッフィーチ　1879.4.7-1964.8.19)

Sofia de Grecia
スペイン王フアン・カルロス1世の妃。ギリシャ王パウロス1世の娘。
⇒王妃 (ソフィア　1938-)

Sofiyanski, Stefan
ブルガリアの政治家。ブルガリア首相。
⇒世指導 (ソフィヤンスキー, ステファン)

Sofronitsky, Viviana
ロシア生まれのピアノ奏者。
⇒外12 (ソフロニツキー, ヴィヴィアナ)

Sofronov, Anatolii Vladimirovich
ソ連の詩人, 劇作家。戯曲『或る町で』(1946) はスターリン賞を受賞。
⇒現世文 (ソフローノフ, アナトーリー・ウラジーミロヴィチ　1911.1.19-1990.9.10)

Sogavare, Manasseh
ソロモン諸島の政治家。ソロモン諸島首相。
⇒外12 (ソガバレ, マナセ　1954-)
外16 (ソガバレ, マナセ　1954.1.17-)
世指導 (ソガバレ, マナセ　1954.1.17-)

So Gi-won
韓国 (朝鮮) の作家。
⇒韓現文 (徐基源　ソ・ギウォン　1930.10.24-)
現世文 (ソ・ギウォン　徐基源　1930.10.24-2005.7.30)

Soglo, Nicéphore
ベナンの政治家。ベナン大統領 (1991~96)。
⇒世指導 (ソグロ, ニセフォール　1934.11.29-)

Sohl, Jerry
アメリカの作家。
⇒現世文 (ソール, ジェリー　1913.12.2-2002.11.4)

Sohm, Rudolf
ドイツの法学者。ローマ法の体系的著述『ローマ法教程』(1883) は, ローマ法学に関する名著。

⇒岩世人（ゾーム　1841.10.29–1917.5.16）
　新カト（ゾーム　1841.10.29–1917.5.16）

Sohn, Amy
アメリカのコラムニスト。
⇒海文新（ソーン，エイミー）

Söhngen, Gottlieb
ドイツのカトリック神学者。
⇒岩世人（ゼーンゲン　1892.5.21–1971.11.14）
　新カト（ゼーンゲン　1892.5.21–1971.11.14）

Sohn Hak-kyu
韓国の政治家，政治学者。国会議員，民主党代表。
⇒外12（ソンハッキュ　孫鶴圭　1947.11.22–）
　外16（ソンハッキュ　孫鶴圭　1947.11.22–）
　韓朝新（ソン・ハッキュ　孫鶴圭　1947–）
　世指導（ソン・ハッキュ　1947.11.22–）

Sohn-Rethel, Alfred
ドイツの哲学者，社会科学者。著書に「精神労働と肉体労働」(1970) など。
⇒岩世人（ゾーン＝レーテル　1899.1.4–1990.4.6）

Sohrāb Sepehrī
イランの詩人，画家。
⇒岩世人（セペフリー　1928.10.7–1980.4.21）

So Hyon-sopu
韓国の作家，外交官。韓国外交通商部大使。
⇒世指導（ソ・ヒョンソプ　1944.10.8–）

So Jeong-in
韓国の作家。
⇒現代文（ソ・ジョンイン　徐廷仁　1936.12.20–）

So Ji-sub
韓国の俳優。
⇒外12（ソジソブ　1977.11.4–）
　外16（ソジソブ　1977.11.4–）
　韓俳（ソ・ジソブ　1977.11.4–）

Sok, Josef
チェコのヴァイオリン奏者，作曲家。
⇒岩世人（スク　1874.1.4–1935.5.29）
　エデ（スク［スーク］，ヨゼフ　1874.1.4–1935.5.29）
　ク音3（スーク　1874–1935）
　新音中（スーク，ヨゼフ　1874.1.4–1935.5.29）
　標音2（スク，ヨゼフ　1874.1.4–1935.5.29）

Sokal, Alan David
アメリカの物理学者。
⇒メル別（ソーカル，アラン・デイヴィッド　1955–）

Sok An
カンボジアの政治家。カンボジア副首相。
⇒岩世人（ソク・アン　1950.4.16–）
　世指導（ソック・アン　1950.4.16–2017.3.15）

Sokhiev, Tugan
ロシアの指揮者。
⇒外12（ソヒエフ，トゥガン　1977–）
　外16（ソヒエフ，トゥガン　1977–）

Sokin, Aaron
アメリカの脚本家，劇作家。
⇒外12（ソーキン，アーロン　1961–）
　外16（ソーキン，アーロン　1961–）

Soklow, Anna
アメリカの舞踊家。作品に『部屋』(1955)，『詩』(56)，『夢』(61) など。
⇒ユ著人（Soklow,Anna　ソコロフ，アンナ　1915–）

Sokolinikov, K.
ソ連の政治家。
⇒学叢思（ソコリニコフ　1888–）

Sokoloff, Louis
アメリカの医学者。14Cデオキシグルコースによる局所脳機能研究法を開発。
⇒岩世人（ソコロフ　1921.10.14–）

Sokoloff, Natalie Jean
アメリカのフェミニスト，社会学者。
⇒社小増（ソコロフ　1944–）

Sokolov, Aleksandr
ソ連のスパイ。
⇒スパイ（ソコロフ，アレクサンドル　1919–?）

Sokolov, Andrei
ロシアのテノール歌手。
⇒外12（ソコロフ，グリゴリー　1950.4.18–）
　外16（ソコロフ，グリゴリー　1950.4.18–）
　新音中（ソコロフ，グリゴリー　1950.4.18–）
　魅惑（Sokolov,Andrei　?–）

Sokolov, Nikolai Aleksandrovich
モスクワ生まれの画家。ククルィニークシー（仲間）は，他二人の画家と著名雑誌に掲載した政治的風刺画やポスターの合同名。
⇒芸13（クルルイニクシイ　1924–1993）
　ユ著人（Kukryniksy　ククルィニークシー（仲間）　1903–）

Sokolóv, Sásha
ロシアの作家。
⇒岩世人（ソコロフ　1943.11.6–）

Sokolovskii, Vasilii Danilovich
ソ連の軍人。1953〜60年ソ連軍参謀総長。『軍事戦略』(62) を監修。
⇒岩世人（ソコロフスキー　1897.7.9/21–1968.5.10）

Sokolow, Nahum
シオニスト指導者，ヘブライ語文学の作家。
⇒ユ著人（Sokolow,Nahum　ソコロフ，ナフーム　1860/1861–1936）

Sokolsky, George Ephraim
アメリカのジャーナリスト。
⇒アア歴(Sokolsky,George E(phraim) ソコルスキー、ジョージ・イーフリイム 1893.9.5–1962.12.12)

Sokoudjou
カメルーンの格闘家、柔道選手。
⇒外12(ソクジュ 1984.4.18–)

Sokurov, Aleksandr Nikolaevich
ロシアの映画監督。
⇒岩世人(ソクーロフ 1951.6.14–)
映監(ソクーロフ、アレクサンドル 1951.6.14–)
外12(ソクーロフ、アレクサンドル 1951.6.14–)
外16(ソクーロフ、アレクサンドル 1951.6.14–)
ネーム(ソクーロフ 1951–)

SOL
韓国の歌手。
⇒外12(SOL ソル 1988.5.18–)
外16(SOL ソル 1988.5.18–)

Sola, Jose Luis
スペインのテノール歌手。
⇒魅惑(Sola,Jose Luis ?–)

Sola, Wäinö
フィンランドのテノール歌手。
⇒魅惑(Sola,Wäinö 1883–1962)

Solana, José Gutiérrez
スペインの画家。
⇒岩世人(ソラーナ 1886.2.28–1945.6.24)
芸13(ソラーナ、ホセ・グティエルレス 1885–1945)

Solana Madariaga, Javier
スペインの政治家。
⇒EU(ソラナ、ハビエル 1942–)
岩世人(ソラーナ 1942.7.14–)
外12(ソラナ、ハビエル 1942.7.14–)
外16(ソラナ、ハビエル 1942.7.14–)
政経改(ソラナ 1942–)
世指導(ソラナ、ハビエル 1942.7.14–)

Solanas, Fernando Ezequiel
アルゼンチン生まれの映画監督、映画製作者。
⇒岩世人(ソラナス 1936.2.16–)

Solanas, Valerie Jean
アメリカのラディカル・フェミニスト。
⇒世暗(ソラナス、ヴァレリー 1936–1988)

Solanki, Madhavsinh
インドの政治家。インド外相。
⇒世指導(ソランキ、マダブシン 1927.7.29–)

Solari, Cristy
トルコのテノール歌手。
⇒失声(ソラーリ、クリスティー 1884–1974)

魅惑(Solari,Cristy 1894–1974)

Solberg, Erna
ノルウェーの政治家。ノルウェー首相。
⇒外16(ソルベルグ、エルナ 1961.2.24–)
世指導(ソルベルグ、エルナ 1961.2.24–)

Solberg, Petter
ノルウェーのラリードライバー。
⇒外12(ソルベルグ、ペター 1974.11.18–)
外16(ソルベルグ、ペター 1974.11.18–)
最世ス(ソルベルグ、ペター 1974.11.18–)

Soldati, Mario
イタリアの小説家、映画監督。主著『イタリアへの逃走』(1946),『カプリからの手紙』(54)。
⇒岩世人(ソルダーティ 1906.11.17–1999.6.19)
現世文(ソルダーティ、マリオ 1906.11.17–1999.6.19)

Solé i Vendrell, Carme
スペインの挿絵画家。
⇒絵本(ソレ・イ・バンドレイ、カルマ 1944–)

Soler, Jose
スペインのテノール歌手。
⇒失声(ソレル、ホセ 1904–1999)
魅惑(Soler,José 1904–1999)

Soley, Tommaso
イタリアのテノール歌手。
⇒魅惑(Soley,Tommaso ?–?)

Solf, Wilhelm
ドイツの外交官、政治家。駐日ドイツ大使として来任(1921〜28)。
⇒岩世人(ゾルフ 1862.10.5–1936.2.6)

Solheim, Wilhelm Gerhard, II
アメリカの人類学者。
⇒アア歴(Solheim,Wilhelm G(erhard),II ソルハイム2世、ウイルヘルム・ゲアハート 1924.11.19–)

Solidor, Suzy
フランスのシャンソン歌手。
⇒標音2(ソリドール、シュジー 1906.12.18–)

Solís, Javier
メキシコの歌手。
⇒標音2(ソリス、ハビエル 1931.9.1–1966.4.19)

Solís, Luis
コスタリカの政治家。コスタリカ大統領(2014〜18)。
⇒外16(ソリス、ルイス 1958.4.25–)
世指導(ソリス、ルイス 1958.4.25–)

Solis, Odlanier
キューバのボクサー。
⇒外16(ソリス、オドラニエル 1980.4.5–)

最世ス（ソリス, オドラニエル　1980.4.5–）

Sol Kyung-gu
韓国の俳優。
⇒外12（ソルギョング　1968.5.1–）
　外16（ソルギョング　1968.5.1–）

Sol Kyung-gu
韓国の男優。
⇒韓俳（ソル・ギョング　1969.5.1–）

Sollas, William Johnson
イギリスの地質学者, 考古学者。ブルイユと提携して洞窟遺跡を調査した。
⇒岩世人（ソーラス　1849.5.30–1936.10.20）

Sollers, Philippe
フランスの作家。
⇒岩世人（ソレルス　1936.11.28–）
　外12（ソレルス, フィリップ　1936.11.28–）
　外16（ソレルス, フィリップ　1936.11.28–）
　現世文（ソレルス, フィリップ　1936.11.28–）
　広辞7（ソレルス　1936–）
　ネーム（ソレルス　1936–）
　フ文小（ソレルス, フィリップ　1936–）
　メル別（ソレルス, フィリップ　1936–）

Sölle-Steffensky, Dorothee
ドイツの組織神学者, 文芸批評家。
⇒岩世人（ゼレ　1929.9.30–2003.4.27）
　新カト（ゼレ　1929.9.30–2003.4.27）

Söllscher, Göran
スウェーデンのギター奏者。
⇒外12（セルシェル, イェラン　1955.12.31–）
　外16（セルシェル, イェラン　1955.12.31–）

Solman, Miro
イタリアのテノール歌手。
⇒失声（ソルマン, ミロ　?）

Solnit, Rebecca
アメリカのジャーナリスト。
⇒外16（ソルニット, レベッカ）

Solo, Bobby
イタリア生まれの歌手。
⇒標音2（ソロ, ボビー　1945.3.18–）

Sologub, Fyodor
ロシアの詩人, 小説家。長篇小説『小悪魔』(1905), 詩集『炎の輪』(09) など。
⇒岩世人（ソログープ　1863.2.17/3.1–1927.12.5）
　学叢思（ソログープ, ヒヨードル　1863–?）
　広辞7（ソログープ　1863–1927）
　西文（ソログープ, フォードル　1863–1927）
　ネーム（ソログープ　1863–1927）

Solomin, Yurii
ロシア生まれの男優。
⇒岩世人（ソローミン　1935.6.18–）

　外12（ソローミン, ユーリー）
　外16（ソローミン, ユーリー　1935.6.18–）

Solomon, Barbara Stauffacher
アメリカのデザイナー。
⇒グラデ（Solomon,Barbara Stauffacher　ソロモン, バーバラ・ストーファッチャー　1932–）

Solomon, Cutner
イギリスのピアノ奏者。古典音楽演奏家として有名。
⇒新音中（ソロモン　1902.8.9–1988.2.22）
　標音2（ソロモン, カットナー　1902.8.9–1988.2.22）

Solomon, Ezra
アメリカの経済学者。
⇒有経5（ソロモン　1920–2002）

Solomon, Simeon
イギリスの画家。
⇒岩世人（ソロモン　1840.10.9–1905.8.14）
　ユ著人（Solomon,Simeon　ソロモン, シメオン　1840–1905）

Solomon, Solomn Joseph
イギリスの画家, 迷彩法の考案者。
⇒ユ著人（Solomon,Solomon Joseph　ソロモン, ソロモン・ヨーゼフ　1860–1927）

Solondz, Todd
アメリカの映画監督。
⇒映監（ソロンズ, トッド　1959.10.15–）

Solotareff, Gregoire
フランスのイラストレーター。
⇒絵本（ソロタレフ, グレゴアール　1953–）

Soloukhin, Vladimir Alekseevich
ソ連の詩人, 作家。
⇒現世文（ソロウーヒン, ウラジーミル・アレクセーヴィチ　1924.6.14–1997.4.5）

Soloveitchik, Joseph
アメリカのラビ, 哲学者。
⇒ユ著人（Soloveitchik,Joseph　ソロヴィチク, ヨセフ　1903–1993）

Solovianenko, Anatoly
ウクライナのテノール歌手。
⇒失声（ソロヴィアネンコ, アナトリー　1932–1999）
　魅惑（Solovianenko,Anatoly　1932–1999）

Solov'yov-Sedoy, Vasily Pavlovich
ソ連の作曲家。
⇒ク三3（ソロヴィヨフ=セドイ　1907–1979）
　標音2（ソロヴィヨフ=セドイ, ヴァシリー・パヴロヴィチ　1907.4.25–1979.12.2）

Solow, Robert Merton
アメリカの経済学者。
⇒岩経（ソロー　1924–）

岩世人（ソロー　1924.8.23-）
外16（ソロー, ロバート　1924.8.23-）
広辞7（ソロー　1924-）
ノベ3（ソロー, R.M.　1924.8.23-）
有経5（ソロー　1924-）
ユ著人（Solow, Robert Merton　サロー, ロバート・メルトン　1924-）

Solstad, Dag
ノルウェーの小説家。
⇒岩世人（ソールスタ　1941.7.16-）
外16（ソールスター, ダーグ　1941-）
現世文（ソールスター, ダーグ　1941-）

Soltesz, Stefan
ハンガリーの指揮者。
⇒外12（ゾルテス, シュテファン　1949.1.6-）
外16（ゾルテス, シュテファン　1949.1.6-）

Solti, Georg
イギリスの指揮者。1979年ロンドン・フィルハーモニー管弦楽団の首席指揮者に就任。
⇒オペラ（ショルティ, ゲオルグ　1912-1997）
新音中（ショルティ, ゲオルグ　1912.10.21-1997.9.5）
標音2（ショルティ, ゲオルク　1912.10.21-1997.9.5）
ユ著人（Solti, George, Sir　ショルティ, ゲオルグ　1912-1997）

Solvay, Ernest
ベルギーの化学者。アンモニアソーダ法（ソルベー法）を発明。
⇒岩世人（ソルヴェ（ソルヴェイ）　1838.4.16-1922.5.26）
化学（ソルヴェー　1838-1922）
広辞7（ソルヴェー　1838-1922）

Sólyom, László
ハンガリーの政治家, 法律家。ハンガリー大統領（2005〜10）。
⇒外12（ショーヨム, ラースロー　1942.1.3-）
外16（ショーヨム, ラースロー　1942.1.3-）
世指導（ショーヨム, ラースロー　1942.1.3-）

Solzhenitsyn, Aleksandr Isaevich
ソ連の小説家。1970年ノーベル文学賞受賞。『ガン病棟』(68)、『1914年8月』(71) などでソ連社会の矛盾を突く。
⇒岩キ（ソルジェニーツィン　1918-）
岩世人（ソルジェニーツィン　1918.12.11-2008.8.3）
現世文（ソルジェニーツィン, アレクサンドル　1918.12.11-2008.8.3）
広辞7（ソルジェニーツィン　1918-2008）
国政（ソルジェニーツィン　1918-）
新カト（ソルジェニーツィン　1918.12.11-2008.8.3）
政経改（ソルジェニーツイン　1918-）
世人新（ソルジェニーツィン　1918-2008）
世人装（ソルジェニーツィン　1918-2008）
ノベ3（ソルジェニーツィン, A.I.　1918.12.11-2008.8.3）

ポプ人（ソルジェニーツィン, アレクサンドル　1918-2008）

Somarama, Talduwe
セイロンの仏教僧。1959年, セイロン首相ソロモン・ウエスト・リッジウェイ・バンダラナイケを暗殺した。
⇒世暗（ソマラマ, タルドゥーエ　1914-1961）

Somare, Michael Thomas
パプアニューギニアの政治家。パプアニューギニア首相, パプアニューギニア国民同盟党党首。
⇒外12（ソマレ, マイケル　1936.4.9-）
外16（ソマレ, マイケル　1936.4.9-）
世指導（ソマレ, マイケル　1936.4.9-）

Somavia, Juan
チリの外交官。国際労働機関（ILO）事務局長, 国連大使。
⇒外12（ソマビア, フアン　1941.4.21-）
外16（ソマビア, フアン　1941.4.21-）
世指導（ソマビア, フアン　1941.4.21-）

Sombart, Werner
ドイツの経済学者, 社会学者。著書に『近代資本主義』(1902, 28),『三つの国民経済学』(30)など。
⇒岩経（ゾンバルト　1863-1941）
岩世人（ゾンバルト　1863.1.19-1941.5.18）
学叢思（ゾンバルト, ヴェルネル　1863-?）
現社（ゾンバルト　1863-1941）
広辞7（ゾンバルト　1863-1941）
社小増（ゾンバルト　1863-1941）
新カト（ゾンバルト　1863.1.19-1941.5.18）
哲中（ゾンバルト　1863-1941）
ネーム（ゾンバルト　1863-1941）
有経5（ゾンバルト　1863-1941）

Sombath Somphone
ラオスの社会活動家。
⇒外16（ソムバット・ソムボーン　1952.2.17-）

Sombolay, Albert T.
ザイール生まれのアメリカ陸軍の兵士。「アラブの大義」を支援すべくイラク及びヨルダン当局に情報を渡したとして, スパイ行為並びに利敵行為で有罪となった。
⇒スパイ（ソンボレイ, アルバート・T）

Somchai Wongsawat
タイの政治家, 法律家。タイ首相。
⇒岩世人（ソムチャーイ・ウォンサワット　1947.8.31-）
外12（ソムチャイ・ウォンサワット　1947.8.31-）
外16（ソムチャイ・ウォンサワット　1947.8.31-）
世指導（ソムチャイ・ウォンサワット　1947.8.31-）
タイ（ソムチャーイ・ウォンサワット　1947-）

Somjit Jongjohor
タイのボクサー。
⇒外12（ソムジット・ジョンジョホール）

最世ス（ソムジット・ジョンジョホール　1975.1.19–）

Somkid Jatusripitak
タイの政治家。タイ副首相。
⇒外16（ソムキット・チャトゥシピタク）
世指導（ソムキット・チャトゥシピタク　1953.7.15–）

Somm, Henry
フランスのイラストレーター。
⇒19仏（ソム, アンリ　1844.2.29–1907.3.15）

Sommai Huntrakul
タイの政治家, 銀行家。タイ蔵相。
⇒岩世人（ソムマーイ・フントラクーン　1918.5.15–1993.6.30）

Sommaruga, Simonetta
スイスの政治家。スイス大統領。
⇒外16（ソマルガ, シモネッタ　1960.5.14–）
世指導（ソマルガ, シモネッタ　1960.5.14–）

Sommer, Elke
ドイツ生まれの女優。
⇒ク俳（ソマー, エルケ（シュレツ,E）　1940–）

Sommer, Ferdinand
ドイツの言語学者。ラテン語とヒッタイト語を研究した。
⇒岩世人（ゾンマー　1875.5.4–1962.4.3）

Sommer, Karl Robert
ドイツの精神医学者, 心理学者。
⇒岩世人（ゾンマー　1864.12.19–1937.2.2）

Sommer, Theo
ドイツのジャーナリスト。
⇒外12（ゾンマー, テオ　1930.6.10–）

Sommerfeld, Arnold Johannes Wilhelm
ドイツの理論物理学者。一般化座標による量子法則, 電子の惰円軌道を提唱。
⇒岩世人（ゾンマーフェルト　1868.12.5–1951.4.26）
ネーム（ゾンマーフェルト　1868–1951）
物理（ゾンマーフェルト, アルノルト　1868–1951）

Somorjai, Gabor Arpad
アメリカの物理化学者。
⇒岩世人（ソモージャイ（慣ソモライ）　1935.5.4–）
外16（ソモルジャイ, ガボール　1935.5.4–）

Somorjai, Simon
スロバキアのテノール歌手。
⇒魅惑（Somorjai, Simon　?–）

Somov, Konstantin Andreevich
ロシアの画家。
⇒岩世人（ソーモフ　1869.11.18/30–1939.5.6）

Somova, Alina
ロシアのバレリーナ。
⇒外12（ソーモワ, アリーナ　1985–）
外16（ソーモワ, アリーナ　1985–）

Somoza, José Carlos
キューバ生まれの作家。
⇒外12（ソモサ, ホセ・カルロス　1959–）
現世文（ソモサ, ホセ・カルロス　1959.11.13–）

Somoza Debayle, Anastasio
ニカラグアの軍人, 政治家。1967年5月大統領に就任（～72,74～79）。
⇒岩世人（ソモサ　1925.12.5–1980.9.17）
世人新（ソモサ　1925–1980）
世人装（ソモサ　1925–1980）

Somoza Garcia, Anastasio
ニカラグアの軍人, 政治家。1937年大統領に就任。独裁的に支配ののち, 56年暗殺。
⇒岩世人（ソモサ　1896.2.1–1956.9.29）
広辞7（ソモサ　1896–1956）
世暗（ソモサ将軍, アナスタシオ　1896–1956）

Somper, Justin
イギリスの作家。
⇒外12（ソンパー, ジャスティン）
外16（ソンパー, ジャスティン）
海文新（ソンパー, ジャスティン）
現世文（ソンパー, ジャスティン）

Somsavat Lengsavat
ラオスの政治家。ラオス副首相。
⇒岩世人（ソムサワート　1945.6.15–）
世指導（ソムサワット・レンサワット　1945.6.15–）

Somtow, S.P.
タイの作家, 作曲家。本名・ソムトウ・パピニアン・スチャリトクル。
⇒外12（ソムトウ,S.P.　1952–）
外16（ソムトウ,S.P.　1952–）
現世文（ソムトウ,S.P.　1952–）

Son Byong-Ho
韓国の男優, 劇団「ZIZレパートリー・カンパニー」の芸術監督。
⇒韓俳（ソン・ビョンホ　1962.8.25–）

Son Chang-Min
韓国のタレント。
⇒韓俳（ソン・チャンミン　1965.4.24–）

Son Chang-sop
朝鮮の作家。
⇒岩世人（孫昌渉　ソンチャンソプ　1922–2010.6.23）
韓現文（孫昌渉　ソン・チャンソプ　1922–2010）
現世文（ソン・チャンソプ　孫昌渉　1922–2010.6.23）

Sonck, Lars Eliel
フィンランドの建築家。
⇒岩世人（ソンク　1870.8.10–1956.3.14）

Sondheim, Stephen
アメリカの作曲家, 台本作者。
⇒岩世人（ソンドハイム　1930.3.22–）
　エデ（ソンドハイム, スティーヴン（ジョシュア）1930.3.22–）
　外12（ソンドハイム, スティーブン　1930.3.22–）
　外16（ソンドハイム, スティーブン　1930.3.22–）
　新音中（ソンドハイム, スティーヴン　1930.3.22–）
　標音2（ソンドハイム, スティーヴン　1930.3.22–）

Son Dong-woon
韓国の歌手。
⇒外12（ソンドンウン　1991.6.6–）

Song, Rigobert
カメルーンのサッカー選手（トラブゾンシュポール・DF）。
⇒外12（ソング, リゴベール　1976.7.1–）
　最世ス（ソング, リゴベール　1976.7.1–）

Song Bo-bae
韓国のプロゴルファー。
⇒外12（ソンボベ　宋ボベ　1986.2.22–）

Song Chang-eui
韓国の男優。
⇒韓俳（ソン・チャンイ　1979.1.24–）

Song Ch'ang-sik
韓国のフォーク歌手, 作詞・作曲家。
⇒岩世人（宋昌植　ソンチャンシク　1947.2.2–）

Song Choan-seng
台湾の神学者。海外ではC.S.Songの名で知られる。
⇒岩キ（宋泉盛　ソンチョアンセン　1929–）

Song Chong-gug
韓国のサッカー選手。
⇒最世ス（ソンジョングク　1979.2.20–）

Song Dae-nam
韓国の柔道選手。
⇒外16（ソンデナム　宋大南　1979.4.5–）
　最世ス（ソンデナム　1979.4.5–）

Song Gang-ho
韓国の俳優。
⇒遺産（ソン・ガンホ　1967.1.17–）
　外12（ソンガンホ　1967.1.17–）
　外16（ソンガンホ　1967.1.17–）
　韓俳（ソン・ガンホ　1967.1.17–）

Song Gwi-Hyeon
韓国の男優。
⇒韓俳（ソン・グィヒョン　1954.3.2–）

Song Hae-seong
韓国の映画監督, 脚本家。
⇒外12（ソンヘソン　1964–）
　外16（ソンヘソン　1964–）

Song Ho-gyong
北朝鮮の外交官。朝鮮労働党中央委員会副部長, 朝鮮アジア太平洋平和委員会副委員長。
⇒世指導（ソン・ホギョン　?–2004.9.19）

Song Hye-gyo
韓国の女優。
⇒外12（ソンヘギョ　1982.2.26–）
　外16（ソンヘギョ　1982.2.26–）
　韓俳（ソン・ヘギョ　1982.2.26–）

Song Il-ho
北朝鮮の外交官。朝日国交正常化交渉担当大使。
⇒外12（ソンイルホ　宋日昊　1955.4–）
　外16（ソンイルホ　宋日昊　1955.4–）
　世指導（ソン・イルホ　1955.4–）

Song Il-kook
韓国の俳優。
⇒外12（ソンイルグク　1971.10.1–）
　外16（ソンイルグク　1971.10.1–）
　韓俳（ソン・イルグク　1971.10.1–）

Song Ir-kon
韓国の映画監督。
⇒外12（ソンイルゴン　1971–）
　外16（ソンイルゴン　1971–）

Song Jae-Ho
韓国のタレント。
⇒韓俳（ソン・ジェホ　1939.3.10–）

Song Ji-Hyo
韓国の女優。
⇒韓俳（ソン・ジヒョ　1981.8.15–）

Song Ji-na
韓国の放送作家。
⇒外12（ソンジナ　1959.9.12–）
　外16（ソンジナ　1959.9.12–）

Song Joong-ki
韓国の俳優。
⇒外12（ソンジュンギ　1985.9.19–）
　外16（ソンジュンギ　1985.9.19–）

Song Ki-suk
韓国の作家, 韓国文学者。
⇒外12（ソンギスク　宋基淑　1935.7.4–）
　外16（ソンギスク　宋基淑　1935.7.4–）
　現世文（ソン・ギスク　宋基淑　1935.7.4–）

Song Min-ho
韓国の歌手。
⇒外16（ソンミンホ　1993.3.30–）

Song Min-soon
韓国の外交官。韓国外交通商相(外相)。
⇒外12(ソンミンスン 宋旻淳 1948.7.28–)
外16(ソンミンスン 宋旻淳 1948.7.28–)
世指導(ソン・ミンスン 1948.7.28–)

Song Ok-Sook
韓国の女優。
⇒韓俳(ソン・オクスク 1960.8.14–)

Song Seon-Mi
韓国の女優。
⇒韓俳(ソン・ソンミ 1975.9.13–)

Song Seung-heon
韓国の俳優。
⇒外12(ソンスンホン 1976.10.5–)
外16(ソンスンホン 1976.10.5–)
韓俳(ソン・スンホン 1976.10.5–)

Song Seung-hwan
韓国のタレント。
⇒外12(ソンスンファン 宋承桓 1957.1.10–)

Songsuradet, Praya
タイの軍人。
⇒タイ(ソンスラデート, プラヤー 1892–1944)

Song Yoon-a
韓国の女優。
⇒外12(ソンユナ 1973.6.7–)
外16(ソンユナ 1973.6.7–)
韓俳(ソン・ユナ 1973.6.7–)

Song Young-moo
韓国の軍人。韓国国防相。
⇒世指導(ソン・ヨンム 1949.2.24–)

Song Young-sun
韓国の政治家, 安全保障研究家。
⇒外12(ソンヨンソン 宋永仙 1953–)
外16(ソンヨンソン 宋永仙 1953–)

Son Hyun-Joo
韓国のタレント。
⇒韓俳(ソン・ヒョンジュ 1965.6.24–)

Soni, Rebecca
アメリカの水泳選手(平泳ぎ)。
⇒外12(ソニ, レベッカ 1987.3.18–)
外16(ソニ, レベッカ 1987.3.18–)
最世ス(ソニ, レベッカ 1987.3.18–)

Son Jang-sun
韓国の作家。
⇒現世文(ソン・ジャンスン 孫章純 1935.2.21–)

Son Ji-Chang
韓国のタレント。
⇒韓俳(ソン・ジチャン 1970.2.20–)

Sönmez, Burhan
トルコの作家。
⇒現世文(ソンメズ, ブルハン 1965–)

Sonnabend, Yolanda
ローデシア生まれの女性舞台装置家, 画家。
⇒ユ著人(Sonnabend, Yolanda ゾンナベント, ヨランダ 1934–)

So'n Nam
ベトナムの作家, 文化研究者。
⇒岩世人(ソン・ナム 1926.12.11–2008.8.13)

Sonneman, Leopold
ドイツの新聞社主。
⇒ユ著人(Sonneman, Leopold ゾンネマン, レオポルド 1831–1905)

Sonnemann, Ulrich
西ドイツの哲学者。アドルノの影響をうけ, 社会哲学を研究。
⇒岩世人(ゾンネマン 1912.2.3–1993.3.27)

Sonnenfeld, Barry
アメリカの映画監督, 映画撮影監督, CMディレクター。
⇒外12(ソネンフェルド, バリー 1953.4.1–)
外16(ソネンフェルド, バリー 1953.4.1–)

Sonnenschein, Carl
ドイツの社会政策家, 司祭(1900)。ドイツにおけるカトリックの社会的学生運動の創始者。
⇒岩世人(ゾンネンシャイン 1876.7.15–1929.2.20)
新カト(ゾンネンシャイン 1876.7.15–1929.2.20)

Sonnenschein, Edward Adolf
イギリス(オーストリア系)の古典学者, 文法家。ローマの喜劇作家プラウトゥスを研究し, その校訂本を刊行。
⇒岩世人(ゾンネンシャイン 1851.11.20–1929.9.2)

Sonnenschein, Hugo Freund
アメリカの数理経済学者。
⇒有経5(ソネンシャイン 1940–)

Son Ngoc Minh
カンボジアの民族解放運動指導者。1945年自由カンボジアの独立を宣言, のち抗仏ゲリラ戦を開始。50年自由カンボジア臨時抗戦政府を組織し, その首相。
⇒岩世人(ソン・ゴク・ミン 1915?–1972)

Son Ngoc Thanh
カンボジアの反共右派政治家。ノロドム・シハヌーク政権に対抗。1972年3〜10月首相。
⇒ア太戦(ソン=ゴク=タン 1908–1977)
岩世人(ソン・ゴク・タン 1908–1977.8.8)

Sonnier, Keit
アメリカ生まれの彫刻家。
⇒芸13（ソニア，ケース　1941–）

Sonnino, Giorgio Sidney
イタリアの政治家。イタリアの首相。
⇒岩世人（ソンニーノ　1847.3.11–1922.11.24）
ユ著人（Sonnino,Giorgio Sidney　ソンニノ，ジョルジョ・シドニー　1847–1922）

Son Sann
カンボジアの政治家。カンボジア首相，仏教自由民主党（BLDP）党首。
⇒岩世人（ソン・サン　1911.10.5–2000.12.19）
世指導（ソン・サン　1911.10.5–2000.12.19）

Son Sen
カンボジアの政治家，軍人。民主カンボジア軍（ポル・ポト軍）最高司令官，ポル・ポト派副代表。
⇒岩世人（ソン・セン　1930.6.12–1997.6.10）
世指導（ソン・セン　1930.6.12–1997.6.10）

Son Seung-hyun
韓国のミュージシャン。
⇒外12（ソンスンヒョン　1992.8.21–）

Son Tae-jin
韓国のテコンドー選手。
⇒外12（ソンテジン　孫泰珍　1988.5.5–）
最世ス（ソンテジン　1988.5.5–）

Son Tae-young
韓国の女優。
⇒外12（ソンテヨン　1980.8.19–）
外16（ソンテヨン　1980.8.19–）
韓俳（ソン・テヨン　1980.8.19–）

Sontag, Susan
アメリカの作家，批評家。女性解放運動の論客としても知られる。
⇒アメ新（ソンタグ　1933–2004）
岩世人（ソンタグ　1933.1.16–2004.12.28）
絵本（ソンタグ，スーザン　1933–2004）
現社（ソンタグ　1933–2004）
現世文（ソンタグ，スーザン　1933.1.16–2004.12.28）
広辞7（ソンタグ　1933–2004）
世人新（ソンタグ　1933–2004）
世人装（ソンタグ　1933–2004）
ユ著人（Sontag,Susan　サンターグ，スーザン　1933–）

Sontani, Utuy Tatang
インドネシアの劇作家，文学者。
⇒岩世人（ソンタニ，ウトゥイ・タタン　1920.5.13–1979.9.17）

Sonthi Boonyaratglin
タイの軍人。タイ副首相，タイ祖国党党首。
⇒岩世人（ソンティ・ブンヤラットカリン　1946.10.2–）

外12（ソンティ・ブンヤラガリン　1946.10.2–）
外16（ソンティ・ブンヤラガリン　1946.10.2–）
世指導（ソンティ・ブンヤラガリン　1946.10.2–）

Sonu Hwi
韓国の言論人，作家。平安北道生まれ。1957年小説『火花』で，東仁文学賞（第2回）受賞。63年『朝鮮日報』編集局長，72年同主筆を歴任。著書に『旗のない旗手』『追跡のフィナーレ』など多数。
⇒岩世人（鮮于煇　ソヌフィ　1922.1.3–1986.6.12）
韓現文（鮮于煇　ソヌ・ヒ　1922.1.3–1986）
韓朝新（ソヌ・フィ　鮮于煇　1922–1986）
現世文（ソンウ・フィ　鮮于煇　1922.1.3–1986.6.12）

Son Ye-jin
韓国の女優。
⇒外12（ソンイェジン　1982.1.11–）
外16（ソンイェジン　1982.1.11–）
韓俳（ソン・イェジン　1982.1.11–）

Sony Labou Tansi
コンゴ共和国の作家，劇作家。
⇒現世文（ラブ・タンシ，ソニー　1947–1995.6.14）

Sonzogno, Edoardo
イタリアの出版者。
⇒オペラ（ソンゾーニョ，エドアルド　1836–1920）

Soons, François
オランダのテノール歌手。
⇒魅惑（Soons,François　1973–）

Soot, Fritz
ドイツのテノール歌手。
⇒魅惑（Soot,Fritz　1878–1965）

Sooter, Edward
アメリカのテノール歌手。
⇒魅惑（Sooter,Edward　1934–）

Soo-young
韓国の歌手。
⇒外12（スヨン　1990.2.10–）

Soper, Alexander Coburn
アメリカの東洋美術史学者。日本の建築史を研究し，『日本仏教建築の展開』（1942）として発表。
⇒岩世人（ソーパー　1904.2.18–1993.1.13）

Soper, Fred
アメリカの公衆衛生学者。
⇒岩世人（ソーパー　1893.12.13–1977.2.9）

Soper, Julius
アメリカのメソジスト監督派教会宣教師。青山学院神学部で神学を教授。
⇒岩世人（ソーパー　1845.2.15–1937.2.5）

Sophie
エドワード英国王子夫人。
⇒外12（ソフィー妃　1965.1.20–）

外16（ソフィー妃　1965.1.20–）

Sophie Elizabeth Marie Gabrielle Herzogin in Bayern
リヒテンシュタインの侯太子アロイスの妃。バイエルン公マックス・エマヌエルの娘。ジャコバイト王位継承者。
⇒王妃　（ゾフィー　1967–）

Sophon Suphaphong
タイの社会活動家。
⇒岩世人　（ソーポン・スパーポン　1946.9.12–）

Sophoulis, Themistokles
ギリシアの政治家。1900年政界に入り、エーゲ海諸島のギリシア人の地位向上につとめ、第1次世界大戦後自由党に加わり、ヴェニゼロスの死後総裁となった。
⇒岩世人　（ソフリス　1860–1949.6.28）

Sopoanga, Saufatu
ツバルの政治家。ツバル首相、外相、労相。
⇒世指導　（ソポアンガ、サウファツ　1952.2.22–）

Sopwith, *Sir* Thomas Octave Murdoch
イギリスの飛行機操縦士、飛行機設計および製造家。
⇒岩世人　（ソッピース　1888.1.18–1989.1.27）

Sordi, Alberto
イタリア生まれの俳優。
⇒スター　（ソルディ、アルベルト　1920.6.15–2003）

Sorel, Albert
フランスの歴史家。主著『ヨーロッパとフランス革命』(1885〜1904)。
⇒岩世人　（ソレル　1842.8.13–1906.6.29）

Sorel, Georges
フランスの社会思想家。過激主義で、ムッソリーニのファシズム論に影響を与えた。
⇒岩世人　（ソレル　1847.11.2–1922.8.29）
学叢思　（ソレル、ジョルジ　1847–?）
現社　（ソレル　1847–1922）
広辞7　（ソレル　1847–1922）
社小増　（ソレル　1847–1922）
新カト　（ソレル　1847.11.2–1922.8.30）
哲中　（ソレル　1847–1922）
メル3　（ソレル、ジョルジュ　1847–1922）

Soren, Jack
カナダの作家。
⇒海文新　（ソレン、ジャック）

Sorensen, Lary Alan
アメリカの大リーグ選手（投手）。
⇒メジャ　（ソレンセン、ラリー　1955.10.4–）

Sorensen, Soren Peter Lauritz
デンマークの生化学者。水素イオン濃度を表示する〈pH〉の記号は彼の考えに基づくもので、一時は〈セーレンセン数〉と呼ばれた。
⇒岩生　（セーレンセン　1868–1939）
岩世人　（セーアンセン（慣セーレンセン）　1868.1.9–1939.2.12）
化学　（セーレンセン　1868–1939）

Sorenstam, Annika
スウェーデンのプロゴルファー。
⇒岩世人　（ソレンスタム　1970.10.9–）
外12　（ソレンスタム、アニカ　1970.10.9–）
外16　（ソレンスタム、アニカ　1970.10.9–）
最世ス　（ソレンスタム、アニカ　1970.10.9–）
ネーム　（ソレンスタム　1970–）

Sorescu, Marin
ルーマニアの詩人、劇作家。
⇒現世文　（ソレスク、マリン　1936.2.19–1996.12.8）

Sorge, Reinhard Johannes
ドイツの劇作家。主著に戯曲『乞食』(1912)。
⇒岩世人　（ゾルゲ　1892.1.29–1916.7.20）
学叢思　（ゾルゲ、ラインハルト　1893–1916）
現世文　（ゾルゲ、ラインハルト・ヨハネス　1892.1.29–1916.7.20）
新カト　（ゾルゲ　1892.1.29–1916.7.20）

Sorge, Richard
ドイツのジャーナリスト、共産主義者。1933年に特派員として来日。日本の国家機密をモスクワに送るが、スパイ活動が露見し刑死。
⇒ア太戦　（ゾルゲ　1895–1944）
岩世人　（ゾルゲ　1895.10.4–1944.11.7）
スパイ　（ゾルゲ、リヒャルト　1895–1944）
世人新　（ゾルゲ　1895–1944）
世人装　（ゾルゲ　1895–1944）
ポブ人　（ゾルゲ、リヒャルト　1895–1944）

Sörgel, Hermann
ドイツの建築家、建築学者。建築芸術における空間性を重視した。
⇒岩世人　（ゼルゲル　1885.4.2–1952.12.25）

Sorhaindo, Crispin Anselm
ドミニカ国の政治家。ドミニカ国大統領(1993〜98)。
⇒世指導　（ソーハインド、クリスピン　1931.5.23–2010.1.10）

Soria, Joakim Agustin
メキシコの大リーグ選手（投手）。
⇒メジャ　（ソリア、ホアキム　1984.5.18–）

Soriano, Alfonso Guilleard
ドミニカ共和国の大リーグ選手（内野手）。
⇒外12　（ソリアーノ、アルフォンソ　1976.1.7–）
外16　（ソリアーノ、アルフォンソ　1976.1.7–）
最世ス　（ソリアーノ、アルフォンソ　1976.1.7–）
ネーム　（ソリアーノ　1976–）
メジャ　（ソリアーノ、アルフォンソ　1976.1.7–）

Soriano, Osvaldo
アルゼンチンの作家。
⇒現世文（ソリアーノ,オスバルド　1944–1997）

Soriano, Rafael
ドミニカ共和国の大リーグ選手(投手)。
⇒メジャ（ソリアノ,ラファエル　1979.12.19–）

Sorley, Charles Hamilton
イギリスの詩人。第1次大戦で戦死した戦争詩人の一人。
⇒現世文（ソーリー,チャールズ・ハミルトン　1895.5.19–1915.10.13）

Sorley, William Ritchie
イギリス(スコットランド)の倫理学者。人格的観念論の立場にたち、特に価値の問題を究明し、価値の根源を宇宙の統一としての最高の人格のうちに求めた。
⇒岩世人（ソーリー　1855.11.4–1935.7.28）

Sorman, Guy
フランスのジャーナリスト、経済学者。
⇒外12（ソルマン,ギー　1944–）

Sorman, Steven
アメリカ生まれの画家。
⇒芸13（ソルマン,ステファン　1948–）

Sormani, Ernesto
イタリアのテノール歌手。
⇒魅惑（Sormani,Ernesto　?–）

Sorokin, Pitirim Alexandrovich
アメリカの社会学者。1923年ロシアより亡命。総合社会学の書として『社会,文化およびパーソナリティ』(47)が有名。
⇒岩世人（ソローキン　1889.1.21–1968.2.10）
　教人（ソーロキン　1889–）
　社小増（ソローキン　1889–1968）
　新カト（ソローキン　1889.1.21–1968.2.10）
　ネーム（ソローキン　1889–1968）
　メル3（ソローキン,ピティリム・アレクサンドロヴィッチ　1889–1968）

Sorokin, Vladimir Georgievich
ロシアの作家。
⇒岩世人（ソローキン　1955.8.7–）
　外16（ソローキン,ウラジーミル　1955.8.7–）
　現世文（ソローキン,ウラジーミル　1955.8.7–）

Sorolla y Bastida, Joaquín
スペインの画家。スペイン印象派の代表者で肖像、風景、庶民生活などを描いた。
⇒岩世人（ソローリャ　1863.2.27–1923.8.11）
　芸13（ソローヤ・イ・バスティダ,ホアキン　1863–1923）

Soros, George
ブダペスト生まれのアメリカの実業家。
⇒岩世人（ソロス　1930.8.12–）
　外12（ソロス,ジョージ　1930.8.12–）
　外16（ソロス,ジョージ　1930.8.12–）
　ユ著人（Soros,George　ソロス,ジョージ　1930–）

Sorozábal, Pablo
スペインの作曲家、指揮者。
⇒標音2（ソロサーバル,パブロ　1897.9.18–）

Sorre, Maximilien
フランスの地理学者。主著『地理学と社会学の接点』(1957)。
⇒岩世人（ソール　1880.7.16–1962.8.10）

Sorrell, Martin
イギリスの実業家。
⇒外12（ソレル,マーティン　1945.2.14–）
　外16（ソレル,マーティン　1945.2.14–）

Sorrell, Victor Garland
アメリカの大リーグ選手(投手)。
⇒メジャ（ソーレル,ヴィック　1901.4.9–1972.5.4）

Sorrentino, Gianluca
イタリアのテノール歌手。
⇒魅惑（Sorrentino,Gianluca　?–）

Sorrentino, Gilbert
アメリカの小説家、詩人。
⇒現世文（ソレンティーノ,ギルバート　1929.4.27–2006.5.18）

Sorrento, Paul Anthony
アメリカの大リーグ選手(一塁)。
⇒メジャ（ソレント,ポール　1965.11.17–）

Sorsa, Taisto Kalevi
フィンランドの政治家。フィンランド首相・外相、フィンランド国会議員。
⇒岩世人（ソルサ　1930.12.21–2004.1.16）

Soru, Renato
イタリアの起業家。
⇒外12（ソール,レナート　1957.8.16–）
　外16（ソール,レナート　1957.8.16–）

Sorūsh, 'Abd al-Karīm
イランの哲学者、思想家。
⇒岩世人（ソルーシュ　1945.12.16–）

Sorvino, Mira
アメリカの女優。
⇒外12（ソルビーノ,ミラ　1968.9.28–）
　外16（ソルビーノ,ミラ　1968.9.28–）
　ク俳（ソルヴィノ,ミラ　1967–）

Sorvino, Paul
アメリカ生まれの俳優。
⇒ク俳（ソルヴィノ,ポール　1939–）

Soryan, Hamid
イランのレスリング選手（グレコローマン）。
⇒外16（ソルヤン，ハミド　1985.8.24–）
　最世ス（ソルヤン，ハミド　1985.8.24–）

Sosa, Edgar
メキシコのプロボクサー。
⇒最世ス（ソーサ，エドガル　1979.8.23–）

Sosa, Elias
アメリカの大リーグ選手（投手）。
⇒メジャ（ソーサ，エリアス　1950.6.10–）

Sosa, Julio
アルゼンチンのタンゴ歌手。
⇒標音2（ソーサ，フリオ　1926.2.2–1964.11.26）

Sosa, Mercedes
アルゼンチンのフォルクローレ歌手。
⇒岩世人（ソーサ　1935.7.9–2009.10.4）
　標音2（ソーサ，メルセデス　1935.7.9–2009.10.4）
　ラテ新（ソーサ　1935–2009）

Sosa, Omar
キューバのジャズ・ピアノ奏者。
⇒外12（ソーサ，オマール　1965.4.10–）
　外16（ソーサ，オマール　1965.4.10–）

Sosa, Sammy
アメリカの大リーグ選手（レンジャーズ・外野）。
⇒外12（ソーサ，サミー　1968.11.12–）
　外16（ソーサ，サミー　1968.11.12–）
　メジャ（ソーサ，サミー　1968.11.12–）

So Sethaputra
タイ社会で最も普及した本格的『タイ英辞典』，『英タイ辞典』の編者。
⇒タイ（ソー・セータプット　1904–1970）

Soskovets, Oleg
ロシアの政治家。ロシア第1副首相。
⇒世指導（ソスヴェツ，オレグ　1949.5.11–）

Sosnowski, David
アメリカの作家。
⇒海文新（ソズノウスキ，デイヴィッド　1959–）

Sosrokardono
インドネシアの独立運動活動家。
⇒岩世人（ソスロカルドノ）

Sosrokartono
インドネシアの独立運動指導者。
⇒岩世人（ソスロカルトノ　1877.4.10–1952.2.8）

Sosýura, Volodímir Mikoláiovich
ウクライナ（ソ連）の詩人。
⇒岩世人（ソシューラ　1897.12.25/1898.1.6–1965.1.8）

Sotgiu, David
テノール歌手。
⇒魅惑（Sotgiu,David　?–）

Sothern, Ann
アメリカ生まれの女優。
⇒ク俳（サザーン，アン（レイク，ハリエット）　1909–2001）

Sothoron, Allen Sutton
アメリカの大リーグ選手（投手）。
⇒メジャ（ソソーロン，アラン　1893.4.27–1939.6.17）

Soth Polin
カンボジアのジャーナリスト，小説家。
⇒岩世人（ソット・ポーリン　1943.2.9–）

Sotin, Hans
ドイツのバス歌手。
⇒標音2（ゾーティン，ハンス　1939.9.10–）

Sotkilava, Zurab
ジョージア出身のサッカー選手，バリトン歌手，テノール歌手。
⇒失声（ソトキラーヴァ，ズラヴ　1937–）
　魅惑（Sotkilava,Zurab　1937–）

Sot Kuuramaroohit
タイの小説家。
⇒岩世人（ソット・クーラマローヒット　1908.4.27–1978.2.17）
　タイ（ソット・クーラマローヒット　1908–1978）

Sotnikova, Adelina
ロシアのフィギュアスケート選手。
⇒外16（ソトニコワ，アデリナ　1996.7.1–）
　最世ス（ソトニコワ，アデリナ　1996.7.1–）

Soto, Gary
アメリカ（チカーノ系）の詩人。
⇒現世文（ソト，ギャリー　1952–）

Soto, Geovany
プエルト・リコの大リーグ選手（捕手）。
⇒外12（ソト，ジョバニー　1983.1.20–）
　外16（ソト，ジョバニー　1983.1.20–）
　最世ス（ソト，ジョバニー　1983.1.20–）
　メジャ（ソト，ジオバニー　1983.1.20–）

Soto, Humberto
メキシコのプロボクサー。
⇒最世ス（ソト，ウンベルト　1980.5.11–）

Soto, Juan-Crisostomo
フィリピンのパンパンガ語の劇作家。
⇒岩世人（ソト　1867.1.27–1918.6.12）

Soto, Mario Melvin
アメリカの大リーグ選手（投手）。
⇒メジャ（ソト，マリオ　1956.7.12–）

Sotomayor, Javier
キューバの走り高跳び選手。
⇒ネーム（ソトマヨル 1967–）

Sotomayor, Sonia
アメリカの裁判官。
⇒岩世人（ソトマイヨール 1954.6.25–）
外12（ソトマイヨール, ソニア）
外16（ソトマイヨール, ソニア 1954.6.25–）

Soudant, Hubert
オランダの指揮者。
⇒外12（スダーン, ユベール 1946–）
外16（スダーン, ユベール 1946–）

Souers, Sidney W.
初代アメリカ中央情報長官（DCI）。
⇒スパイ（ソワーズ, シドニー・W 1892–1973）

Soul, Jimmy
アメリカ・ニューヨーク生まれの歌手。
⇒ロック（Soul, Jimmy ソウル, ジミー 1942–）

Soulages, Pierre
フランスの画家。
⇒岩世人（スーラージュ 1919.12.24–）
外12（スーラージュ, ピエール 1919.12.24–）
外16（スーラージュ, ピエール 1919.12.24–）
芸13（スーラージュ, ピエール 1919–）

Soulet, François
テノール歌手。
⇒魅惑（Soulet, François ?–）

Soumillon, Christophe
ベルギー生まれの騎手。
⇒外12（スミヨン, クリストフ 1981.6.4–）
外16（スミヨン, クリストフ 1981.6.4–）
最世ス（スミヨン, クリストフ 1981.6.4–）

Soumokil
南マルク共和国（RMS）の指導者。
⇒岩世人（スモキル 1905.10.13–1966.4.12）

Soupault, Philippe
フランスの詩人, ジャーナリスト。『ジョージア』（1926）などを著わす。
⇒スーポー 1897.8.2–1990.3.12
現世文（スーポー, フィリップ 1897.8.2–1990.3.12）
広辞7（スーポー 1897–1990）

Souphanouvong
ラオスの政治家。
⇒異二辞（スパーヌウォン 1909–1995）
岩世人（スパーヌウォン 1909.7.13–1995.1.9）
現アジ（スパヌウォン 1911.7.11–1995.1.9）
世人新（スファヌヴォン 1909–1995）
世人装（スファヌヴォン 1909–1995）

Souriau, Étienne
フランスの哲学者, 美学者。
⇒岩世人（スーリオ 1892.4.26–1979.11.19）
標音2（スリオ, エティエンヌ 1892.4.26–1979.11.17）
メル3（スーリオ, エティエンヌ 1892–1979）

Souriau, Paul
フランスの美学者。機械の美に注目してそれが有用性に基づくとして機能主義的美学を先取りした。
⇒岩世人（スーリオ 1852.10.21–1926）

Sousa, John Philip
アメリカの作曲家。海軍軍楽隊長（1880～92）。
⇒アメ州（Sousa, John Philip スーザ, ジョン・フィリップ 1856–1932）
異二辞（スーザ［ジョン・フィリップ・～］1854–1932）
岩世人（スーザ 1854.11.6–1932.3.6）
エデ（スーザ, ジョン・フィリップ 1854.11.6–1932.3.6）
ク音3（スーザ 1854–1932）
広辞7（スーザ 1854–1932）
新音小（スーザ, ジョン・フィリップ 1854–1932）
新音中（スーザ, ジョン・フィリップ 1854.11.6–1932.3.6）
標音2（スーザ, ジョン・フィリップ 1854.11.6–1932.3.6）
ポプ人（スーザ, ジョン・フィリップ 1854–1932）

Soustelle, Jacques Émile
フランスの人類学者, 政治家。フランス下院議員。
⇒岩世人（スーステル 1912.2.3–1990.8.6）

Souter, David H.
アメリカの法律家。
⇒外16（スーター, デービッド 1939.9.17–）

South, Joe
アメリカ・ジョージア州生まれのソングライター。
⇒ロック（South, Joe サウス, ジョウ 1940.2.28–）

Southall, Ivan Francis
オーストリアの児童文学作家。『ジョシュ』（1971）でカーネギー賞受賞。
⇒岩世人（サウスオール 1921.6.8–2008.11.15）
現世文（サウスオール, アイバン 1921.6.8–2008.11.15）

Souther, Glenn M.
アメリカ海軍下士官。ソ連のスパイ。
⇒スパイ（サウザー, グレン・M 1957–1989）

Southern, R(ichard) W(illiam)
イギリスの中世史学者。
⇒岩世人（サザン 1912.2.8–2001.2.6）

Southern, Terry（Marion, Jr.）
アメリカの小説家, シナリオライター。
⇒現世文（サザン, テリー　1924.5.1–1995.10.29）

Southwell, Richard Vynne
イギリスの工学者。国立物理研究所の航空力学部長（1920〜25）。
⇒岩世人（サウスウェル　1888.7.2–1970.12.9）

Southworth, George Clark
アメリカの物理学者, 電気学者。マイクロウェーブ通信などの研究の先駆者。
⇒岩世人（サウスワース　1890.8.24–1972.7.6）

Southworth, William Harrison
アメリカの大リーグ選手（外野）。
⇒メジャ（サウスワース, ビリー　1893.3.9–1969.11.15）

Soutine, Chaim
フランス（ロシア系）の画家。
⇒岩世人（スーティン　1893.1.13–1943.8.9）
　芸13（スーティーヌ, カイム　1894–1943）
　芸13（スーティン, シャイム　1894–1943）
　広辞7（スーチン　1893–1943）
　ネーム（スーチン　1894–1943）
　ユ著人（Soutine,Chaïm　スーティン, カイーム　1894–1943）

Souverbie, Jean
フランスの画家。
⇒芸13（スゥヴェルビイ, ジャン　1891–1960）

Souwer, Andy
オランダの格闘家。
⇒外12（サワー, アンディ　1982.11.9–）

Souza, Agnelo de
インドのザベリオ宣教会員, 尊者。
⇒新カト（ソーザ　1869.1.21–1927.11.20）

Souza, Francis Newton
インドの画家。
⇒岩世人（スーザ　1924.4.12–2002.3.28）

Souza, Helia
ブラジルのバレーボール選手。
⇒最世ス（ソウザ, エリア　1970.3.10–）

Souza, Jerome D'
インドのイエズス会員, 司祭。ロヨラ大学学長, 国際連合総会インド代表。
⇒新カト（ソーザ　1897.8.6–1977.8.12）

Souzay, Gérard
フランスのバリトン歌手。
⇒岩世人（スゼー　1918.12.8–2004.8.17）
　新音中（スゼー, ジェラール　1918.12.8–）
　標音2（スゼー, ジェラール　1918.12.8–2004.8.17）

Sova, Michael
ドイツの画家。
⇒外12（ゾーヴァ, ミヒャエル　1945–）
　外16（ゾーヴァ, ミヒャエル　1945–）

Sovern, Michael Ira
アメリカの法律学者。
⇒外12（ソバーン, マイケル　1931.12.1–）
　外16（ソバーン, マイケル　1931.12.1–）

Sowerby, Leo
アメリカの作曲家, オルガン奏者。
⇒エデ（サワビー, レオ　1895.5.1–1968.7.7）
　ク音3（サワビー　1895–1968）
　標音2（サワビ, レオ　1895.5.1–1964.7.7）

Soxhlet, Franz von
ドイツの家畜生理学者。
⇒岩世人（ゾクスレト（慣ソックスレー）　1848.1.12–1926.5.5）

Soya, Carl-Erik
デンマークの劇作家, 小説家。
⇒現世文（ソーヤ, カール・エーリック　1896.10.30–1983.11.10）

Soyeon
韓国の歌手。
⇒外12（ソヨン　1987.10.5–）

Soyer, Isaac
アメリカで活躍した画家。
⇒ユ著人（Soyer　ソイヤー兄弟　1907–1981）

Soyer, Moses
アメリカで活躍した画家。
⇒ユ著人（Soyer　ソイヤー兄弟　1899–1974）

Soyer, Raphael
アメリカの画家。
⇒ユ著人（Soyer　ソイヤー兄弟　1899–1987）

So Yi-hyun
韓国の女優。
⇒韓俳（ソ・イヒョン　1984.8.28–）

Soyinka, Wole
英語で書くナイジェリアの作家, 詩人。代表作は戯曲『森の踊り』（1963）他, 『道』では65年ダカール芸術祭演劇賞受賞。
⇒岩世人（ショインカ　1934.7.13–）
　外12（ショインカ, ウォーレ　1934.7.13–）
　外16（ショインカ, ウォーレ　1934.7.13–）
　現世文（ショインカ, ウォーレ　1934.7.13–）
　広辞7（ショインカ　1934–）
　ネーム（ショインカ　1934–）
　ノベ3（ショインカ,W.　1934.7.13–）

So Yong-un
韓国の作家。

⇒外12（ソヨンウン 徐永恩 1943-）
韓現文（徐永恩 ソ・ヨンウン 1943.5.18-）
現世文（ソ・ヨンウン 徐永恩 1943.5.18-）

So Yoo-jin
韓国の女優。
⇒韓俳（ソ・ユジン 1981.8.11-）

Spaak, Paul Henri
ベルギーの政治家。第2次世界大戦後，西ヨーロッパ諸国の協力，NATOの結成，推進に重要な役割を果した。
⇒EU（スパーク，ポール・アンリ 1899-1972）
岩世人（スパーク 1899.1.25-1972.7.31）

Spaatz, Carl
アメリカの空軍軍人。第2次世界大戦中，第8空軍司令官として，ドイツ降伏まで戦略爆撃を指揮した。その後対日戦略爆撃を指揮
⇒岩世人（スパーツ 1891.6.28-1974.7.14）

Spacek, Sissy
アメリカ生まれの女優。
⇒外12（スペイセク，シシー 1949.12.25-）
外16（スペイセク，シシー 1949.12.25-）
ク俳（スペイセク，シシー（スペイセク，メアリー・エリザベス） 1949-）
スター（スペイセク，シシー 1949.12.25-）

Spacey, Kevin
アメリカ生まれの俳優。
⇒外12（スペーシー，ケビン 1959.7.26-）
外16（スペイシー，ケビン 1959.7.26-）
ク俳（スペイシー，ケヴィン（ファウラー，K・S） 1959-）
スター（スペイシー，ケヴィン 1959.7.26-）

Spade, Kate
アメリカのバッグデザイナー。
⇒外12（スペード，ケイト）

Spader, James
アメリカ生まれの俳優。
⇒外12（スペーダー，ジェームズ 1960.2.7-）
外16（スペイダー，ジェームズ 1960.2.7-）
ク俳（スペイダー，ジェイムズ 1960-）

Spadolini, Giovanni
イタリアの政治家。イタリア国防相，イタリア首相，イタリア大統領代行。
⇒岩世人（スパドリーニ 1925.6.21-1994.8.4）
世指導（スパドリニ，ジョヴァンニ 1925.6.21-1994.8.4）

Spae, Jozef J.
ベルギー・ロヒリスティ生まれの淳心会の日本宣教師，オリエンス宗教研究所創立者。
⇒新カト（スパー 1913.11.25-1989.12.8）

Spaemann, Robert
ドイツの哲学者，応用倫理学者。

⇒岩世人（シュペーマン 1927.5.5-）

Spahn, Warren Edward
アメリカの大リーグ選手（投手）。
⇒岩世人（スパーン 1921.4.23-2003.11.24）
メジャ（スパーン，ウォーレン 1921.4.23-2003.11.24）

Spain, Frances Lander
アメリカの図書館員。フルブライト奨学金によりバンコクのチュラロンコーン大学に赴任し，図書館学教育を支援。ニューヨーク公共図書館の児童図書館員としても知られる。
⇒ア図（スペイン，フランセス 1903-1999）

Spalding, Albert Goodwill
アメリカの大リーグ選手（投手，一塁）。
⇒メジャ（スポルディング，アル 1850.9.2-1915.9.9）

Spalding, John Lancaster
アメリカのローマ・カトリック司教，教育家，著作家。主著 "Religious Mission of the Irish People"（1880），"God and the Soul"（1901）。
⇒教人（スポールディング 1840-1916）
新カト（スポールディング 1840.6.2-1916.8.25）

Spall, Timothy
イギリス生まれの俳優。
⇒外16（スポール，ティモシー 1957.2.27-）

Spalletti, Luciano
イタリアのサッカー指導者，サッカー選手。
⇒外12（スパレッティ，ルチアーノ 1959.3.7-）
外16（スパレッティ，ルチアーノ 1959.3.7-）
最世ス（スパレッティ，ルチアーノ 1959.3.7-）

Spalteholz, Werner
ドイツの解剖学者。ライプチヒ大学教授（1892～）。解剖学的プレパラートの透視方法を考案。
⇒岩世人（シュパルテホルツ 1861.2.27-1940.1.1）

Spamer, Adolf
ドイツの民俗学者。主著 "Wesen, Wege und Ziele der Volkskunde"（1928）。
⇒岩世人（シュパーマー 1883.4.10-1953.6.20）

Späni, Paul
スイスのテノール歌手。
⇒魅惑（Späni, Paul 1929-）

Spanier, Francis Joseph（Muggsy）
アメリカのジャズ・コルネット奏者。
⇒標音2（スパニア，マグシー 1906.11.9-1967.2.12）

Spann,（Johnny）Michael
アメリカ中央情報局（CIA）職員。アフガニスタンのタリバン勢力との戦闘において，初めて死亡したアメリカ人。

Spann, Othmar
オーストリアの社会学者,経済学者,哲学者。
- ⇒岩世人（シュパン　1878.10.1–1950.7.8）
- 学叢思（シュパン,オトマル　1878–?）
- 社小増（シュパン　1878–1950）
- 新カト（シュパン　1878.10.1–1950.7.8）
- メル3（シュパン,オトマール　1878–1950）

Spann, Otis
アメリカのジャズ・ピアノ奏者。
- ⇒ロック（Spann,Otis　スパン,オーティス）

Spanta, Rangin Dadfar
アフガニスタンの政治家。アフガニスタン外相。
- ⇒外12（スパンタ,ランジン・ダドファル　1953.12.15–）
- 外16（スパンタ,ランジン・ダドファル　1953.12.15–）
- 世指導（スパンタ,ランジン・ダドファル　1953.12.15–）

Spar, Debora
アメリカの経済学者。
- ⇒外12（スパー,デボラ）
- 外16（スパー,デボラ）

Sparaco, Simona
イタリアの作家,脚本家。
- ⇒海文新（スパラコ,シモーナ　1978.12.14–）
- 現世文（スパラコ,シモーナ　1978.12.14–）

Spargo, John
イギリス生まれのアメリカの社会民主主義者。国家社会主義党の議長となった（1918）。
- ⇒学叢思（スパルゴー,ジョン　1876–?）

Spark, Muriel (Sarah)
イギリスの女性小説家。
- ⇒岩世人（スパーク　1918.2.11–2006.4.13）
- 現世文（スパーク,ミュリエル　1918.2.1–2006.4.14）
- 新カト（スパーク　1918.2.1–2006.4.13）

Sparks, Nicholas
アメリカの作家。
- ⇒外12（スパークス,ニコラス　1965.12.31–）
- 外16（スパークス,ニコラス　1965.12.31–）
- 海文新（スパークス,ニコラス　1965.12.31–）
- 現世文（スパークス,ニコラス　1965.12.31–）

Sparks, Thomas Frank (Tully)
アメリカの大リーグ選手(投手)。
- ⇒メジャ（スパークス,タリー　1874.12.12–1937.7.15）

Sparre, Count Pehr Louis
スウェーデンの画家。
- ⇒岩世人（スパッレ　1863.8.3–1964.10.26）

Sparrow, Thomas
アメリカの作家。
- ⇒海文新（スパロウ,トマス　1947–）

Sparwasser, Jurgen
ドイツのサッカー選手,指導者。
- ⇒外12（シュバルバッサー,ユルゲン）

Spate, Oskar
イギリス生まれのオーストラリアの地理学者。
- ⇒岩世人（スペイト　1911–2000.5.29）

Speaight, Robert William
イギリスの俳優,小説家。シェークスピア劇の主演者として知られる。
- ⇒岩世人（スペイト　1904.1.14–1976.11.4）

Speaker, Tris (tram E.)
アメリカの大リーグ選手(外野),監督。
- ⇒メジャ（スピーカー,トリス　1888.4.4–1958.12.8）

Spearman, Charles Edward
イギリスの心理学者。知能と認知の理論的研究に貢献,特に因子分析を用いた知能の因子説は著名。
- ⇒岩世人（スピアマン　1863.9.10–1945.9.17）
- 教人（スピアマン　1863–1945）

Spears, Britney
アメリカの歌手。
- ⇒異二辞（スピアーズ,ブリトニー　1981–）
- 外12（スピアーズ,ブリトニー　1981.12.2–）
- 外16（スピアーズ,ブリトニー　1981.12.2–）
- 世界子（スピアーズ,ブリトニー　1981–）

Speck, Guntfried
ドイツのテノール歌手。
- ⇒魅惑（Speck,Guntfried　1927–）

Specter, Arlen
アメリカの政治家。
- ⇒外12（スペクター,アーレン　1930.2.12–）

Spector, Malcolm B.
アメリカの社会学者。
- ⇒現社（スペクター　1943–）

Spector, Phil
アメリカの音楽プロデューサー。
- ⇒岩世人（スペクター　1940.12.26–）
- 外12（スペクター,フィル　1940–）
- 新音中（スペクター,フィル　1940.12.26–）
- ビト改（SPECTOR,PHIL　スペクター,フィル）
- 標音2（スペクター,フィル　1940.12.26–）
- ユ著人（Spector,Phil　スペクター,フィル　1940–）
- ロック（Spector,Phil　スペクター,フィル　1940.12.26–）

Spector, Ronnie
アメリカ生まれの歌手。
⇒ビト改 (SPECTOR,RONNIE　スペクター, ロニー)

Spedding, Chris
イギリスのロック・ミュージシャン。
⇒ロック (Spedding,Chris　スペディング, クリス　1944.6.17-)

Spedding, *Sir* Colin R.W.
イギリスの農業システム学者, 動物福祉学者。
⇒岩世人 (スペディング　1925.3.22-2012.12.17)

Spee, Maximillian, Graf von
ドイツの提督。第1次世界大戦中太平洋艦隊を率いて中国に基地を脱出したが, フォークランド島沖付近でイギリス巡洋艦隊に遭遇して敗れ, 戦死した。
⇒岩世人 (シュペー　1861.6.22-1914.12.8)

Speech
アメリカのヒップホップミュージシャン。
⇒外12 (スピーチ　1968.10-)

Speed, Gary
イギリスのサッカー・ウェールズ代表監督。
⇒最世ス (スピード, ギャリー　1969.9.8-2011.11.27)

Speer, Albert
ナチス・ドイツの政治家。軍需相。ベルリン都市計画立案責任者。軍事裁判で禁錮20年の刑を宣告され服役した。
⇒岩世人 (シュペーア　1905.3.19-1981.9.1)

Speier, Chris Edward
アメリカの大リーグ選手 (遊撃)。
⇒メジャ (スパイアー, クリス　1950.6.28-)

Speier, Justin James
アメリカの大リーグ選手 (投手)。
⇒メジャ (スパイアー, ジャスティン　1973.11.6-)

Speiser, Ephraim Avigdor
アメリカの考古学者。テペ・ガウラの大発掘ほかメソポタミアの発掘を指揮 (1927〜37) し, 旧約学に歴史的確証を与えた。
⇒岩世人 (スパイザー　1902.1.24-1965.6.15)
　新カト (スパイザー　1902.1.24-1965.6.15)

Speizio, Scott Edward
アメリカの大リーグ選手 (一塁, 二塁)。
⇒メジャ (スピージオ, スコット　1972.9.21-)

Spellings, Margaret
アメリカの政治家。アメリカ教育長官, アメリカ大統領補佐官 (内政担当)。
⇒外16 (スペリングス, マーガレット　1957.11.30-)
　世指導 (スペリングス, マーガレット　1957.11.30-)

Spellman, Benny
アメリカ・フロリダ州ペンサコーラ生まれの歌手。
⇒ロック (Spellman,Benny　スペルマン, ベニー　1938-)

Spellman, Cathy Cash
アメリカの作家。
⇒外12 (スペルマン, キャシー・キャッシュ)

Spellman, Francis Joseph
アメリカの宗教家。スペイン内戦ではフランコ将軍を支持。国内ではマッカーシズムを擁護, さらにベトナム戦争を文明のための戦いと呼ぶ。
⇒オク教 (スペルマン　1889-1967)
　新カト (スペルマン　1889.5.4-1967.12.2)

Spemann, Hans
ドイツの生物学者。実験発生学の開祖といわれる。
⇒岩生 (シュペーマン　1869-1941)
　岩世人 (シュペーマン　1869.6.27-1941.9.9)
　旺生5 (シュペーマン　1869-1941)
　広辞7 (シュペーマン　1869-1941)
　三新生 (シュペーマン　1869-1941)
　ネーム (シュペーマン　1869-1941)
　ノベ3 (シュペーマン,H.　1869.6.27-1941.9.12)

Spence, Kenneth Wartinbee
アメリカの心理学者。新行動主義のエール学派創設者の一人。動物の学習研究およびその理論に貢献。
⇒岩世人 (スペンス　1907.5.6-1967.1.12)

Spence, Michael
アメリカの経済学者。2001年ノーベル経済学賞。
⇒岩経 (スペンス　1943-)
　外12 (スペンス, マイケル　1943-)
　外16 (スペンス, マイケル　1943-)
　ノベ3 (スペンス,M.　1943-)
　有経5 (スペンス　1943-)

Spence, Stanley Orville
アメリカの大リーグ選手 (外野)。
⇒メジャ (スペンス, スタン　1915.3.20-1983.1.9)

Spence, Toby
イギリスのテノール歌手。
⇒魅惑 (Spence,Toby　?-)

Spencer, Baldwin
アンティグア・バーブーダの政治家。アンティグア・バーブーダ首相, 外相。
⇒外12 (スペンサー, ボールドウィン　1948.10.8-)
　外16 (スペンサー, ボールドウィン　1948.10.8-)
　世指導 (スペンサー, ボールドウィン　1948.10.8-)

Spencer, Carlos
ニュージーランドのラグビー監督。
⇒最世ス (スペンサー, カルロス　1975.10.14-)

Spencer, Daryl Dean
アメリカの大リーグ選手(遊撃,二塁,三塁)。
⇒メジャ(スペンサー,ダリル　1928.7.13–)

Spencer, David Smith
アメリカのメソジスト監督派教会宣教師。東京英和学校,カブリ学校で神学を教えた。
⇒岩世人(スペンサー　1854.1.31–1929.10.31)

Spencer, Elizabeth
アメリカの女性小説家。
⇒現世文(スペンサー,エリザベス　1921.7.19–)

Spencer, Herbert
イギリス・ロンドン生まれのタイポグラフィー・デザイナー,写真家,著述家,教育者。
⇒グラデ(Spencer, Herbert　スペンサー,ハーバート　1924–2002)

Spencer, James Lloyd
アメリカの大リーグ選手(一塁)。
⇒メジャ(スペンサー,ジム　1946.7.30–2002.2.10)

Spencer, John Poyntz, 5th Earl
イギリスの政治家。
⇒岩世人(スペンサー　1835.10.27–1910.8.13)

Spencer, Joseph Earle
アメリカの地理学者。
⇒アア歴(Spencer, Joseph E(arle)　スペンサー,ジョゼフ・アール　1907.9.11–)

Spencer, LaVyrle
アメリカのロマンス作家。
⇒外12(スペンサー,ラビル)

Spencer, Niles
アメリカの画家。単純化された幾何学的構図で巨大な都市や工場風景を描いた。
⇒芸13(スペンサー,ナイルズ　1893–1952)

Spencer, Percy LeBaron
アメリカの発明家。
⇒世発(スペンサー,パーシー・ルバロン　1894–1970)

Spencer, Stanley
イギリスの画家。代表作に『十字架をになうキリスト』(1920),『バーグクリア礼拝堂壁画』(26～32)がある。
⇒岩世人(スペンサー　1891.6.30–1959.12.14)
　芸13(スペンサー,スタンリー　1891–1959)

Spencer, Wen
アメリカの作家。
⇒外12(スペンサー,ウェン　1963–)
　外16(スペンサー,ウェン　1963–)
　海文新(スペンサー,ウェン　1963–)
　現世文(スペンサー,ウェン　1963–)

Spender, John Alfred
イギリスのジャーナリスト,現代史家。"Westminster Gazette"紙主筆(1896～1922)。
⇒岩世人(スペンダー　1862.12.23–1942.6.21)

Spender, Percy Claude
オーストラリアの外交官,政治家。サンフランシスコの対日講和会議副議長を務めた(1951)。
⇒岩世人(スペンダー　1897.10.5–1985.5.3)

Spender, Stephen
イギリスの詩人,批評家。全詩集(1954)のほか詩劇,小説,旅行記もあるが,『創造的要素』(53),『現代人の戦い』(63)などの評論集が特に重要。
⇒岩世人(スペンダー　1909.2.28–1995.7.16)
　現世文(スペンダー,スティーブン　1909.2.28–1995.7.16)
　広辞7(スペンダー　1909–1995)

Spendiarov, Aleksandr Afanas'evich
アルメニアの作曲家。
⇒ク音3(スペンディアロフ　1871–1928)

Spengler, Oswald
ドイツの哲学者,文化哲学者。
⇒岩キ(シュペングラー　1880–1936)
　岩世人(シュペングラー　1880.5.29–1936.5.8)
　学叢思(シュペングラー,オスヴルト　1880–?)
　教人(シュペングラー　1880–1936)
　現社(シュペングラー　1880–1936)
　広辞7(シュペングラー　1880–1936)
　社小増(シュペングラー　1880–1936)
　新カト(シュペングラー　1880.5.29–1936.5.8)
　世史改(シュペングラー　1880–1936)
　世人新(シュペングラー　1880–1936)
　世人装(シュペングラー　1880–1936)
　哲中(シュペングラー　1880–1936)
　ネーム(シュペングラー　1880–1936)
　メル3(シュペングラー,オズワルド　1880–1936)

Sperber, Manès
オーストリア生まれの作家。
⇒岩世人(シュペルバー(スペルベル)　1905.12.12–1984.2.5)
　現世文(シュペルバー,マネス　1905–1984)
　ユ事人(Sperber, Manès　スペルバー,マネス　1905–1984)

Sperlbauer, Fritz
ドイツのテノール歌手。
⇒魅惑(Sperlbauer, Fritz　?–)

Sperling, Daniel
アメリカの土木工学者。
⇒外16(スパーリング,ダニエル　1951.3.27–)

Sperling, Dee Dee
アメリカの歌手。
⇒ロック(Dick and Deedee　ディック&ディーディー　1944–)

Sperling, Gene
アメリカの経済学者。国家経済会議（NEC）議長。
⇒外12（スパーリング, ジーン　1958.12.24–）
　外16（スパーリング, ジーン　1958.12.24–）

Spero, Nancy
アメリカの画家。
⇒岩世人（スペロ　1926.8.24–2009.10.18）

Sperry, Elmer Ambrose
アメリカの発明家, 電気技師。強力アーク灯を発明。
⇒岩世人（スペリー　1860.10.12–1930.6.16）

Sperry, Roger Wolcott
アメリカの生理学者。1981年ノーベル生理学医学賞。
⇒岩生（スペリ　1913–1994）
　岩世人（スペリー　1913.8.20–1994.4.17）
　現精（スペリー　1913–1994）
　現精縮（スペリー　1913–1994）
　広辞7（スペリー　1913–1994）
　ノベ3（スペリー, R.　1913.8.20–1994.4.17）

Spesivtseva, Ol'ga Alexandrovna
ロシアの女性舞踊家。
⇒岩世人（スペシフツェワ　1895.7.6/18–1991.9.16）

Speth, James Gustave
アメリカの環境問題研究者。エール大学森林環境学部長。
⇒外12（スペス, ジェームズ・グスタフ　1942.3.3–）
　外16（スペス, ジェームズ・グスタフ　1942.3.3–）

Speyr, Adrienne von
スイスの神秘家。
⇒新カト（シュパイル　1902.9.20–1967.9.17）

Spezi, Mario
イタリアのジャーナリスト, 挿絵画家。
⇒外12（スペッツイ, マリオ　1945–）

Spicer, Bart
アメリカの作家, ジャーナリスト。
⇒現世文（スパイサー, バート　1918.4.13–1978.2.15）

Spicer, Kresimir
クロアチアのテノール歌手。
⇒魅惑（Spicer, Kresimir　?–）

Spicer, Richard
アメリカ中央情報局（CIA）職員。
⇒スパイ（スパイサー, リチャード　?–1984.10.18）

Spicq, Bernard Ceslas
フランスのカトリック新約聖書学者, ドミニコ会司祭。
⇒新カト（スピック　1901.4.29–1992.1.14）

Spidla, Vladimír
チェコの政治家。チェコ首相, チェコ社会民主党党首。
⇒外12（シュビドラ, ウラジミール　1951.4.22–）
　外16（シュビドラ, ウラジミール　1951.4.22–）
　世指導（シュビドラ, ウラジミール　1951.4.22–）

Spiegel, Evan
アメリカの起業家。
⇒外16（スピーゲル, エバン）

Spiegel, Isaiah
ポーランド・ロズ生まれのイディッシュ語作家。
⇒ユ著人（Spiegel, Isaiah　シュピーゲル, イシャヤフー　1906–1990）

Spiegel, Sam
ポーランド生まれの映画製作者。
⇒ネーム（スペーゲル　1903–1985）
　ユ著人（Spiegel, Sam (Samuel)　スピーゲル, サム（サムエル）　1903–1985）

Spiegelman, Art
アメリカの風刺漫画家。
⇒ユ著人（Spiegelman, Art　スピーゲルマン, アート　1948–）

Spiegelman, Peter
アメリカのミステリ作家。
⇒外12（スピーゲルマン, ピーター）
　外16（スピーゲルマン, ピーター）
　海文新（スピーゲルマン, ピーター）
　現世文（スピーゲルマン, ピーター）

Spiegelman, Solomon
アメリカの遺伝学者。T2と呼ばれるバクテリオファージを用い, T2RNAの塩基配列がT2DNAのそれと相補的であることを証明。
⇒岩世人（スピーゲルマン　1914.12.14–1983.1.20）

Spiekermann, Erik
ドイツのタイポグラファー, 書体デザイナー。
⇒グラデ（Spiekermann, Erik　シュピーケルマン, エリック　1947–）

Spiel, Hilde
オーストリアの女性作家, ジャーナリスト。
⇒現世文（シュピール, ヒルデ　1911.10.19–1990.11.30）

Spielberg, Christoph
ドイツの医師, 作家。
⇒外12（シュピールベルク, クリストフ　1947–）
　海文新（シュピールベルク, クリストフ　1947–）
　現世文（シュピールベルク, クリストフ　1947–）

Spielberg, Steven
アメリカの映画監督。
⇒岩世人（スピルバーグ　1946.12.18–）
　映監（スピルバーグ, スティーヴン　1946.12.18–）
　外12（スピルバーグ, スティーブン　1947.12.18–）

外16（スピルバーグ, スティーブン 1947.12.18–）
広辞7（スピルバーグ 1946–）
ポブ人（スピルバーグ, スティーブン 1946–）
ユ著人（Spielberg,Steven スピルバーグ, スティーブン 1947–）

Spielmeyer, Walter
ドイツの神経病理学者。
⇒現精（シュピールマイアー 1879–1935）
　現精縮（シュピールマイアー 1879–1935）

Spier, Peter
オランダ生まれのアメリカの絵本作家。
⇒絵本（スピア, ピーター 1927–）

Spiers, William James
アメリカの大リーグ選手（遊撃, 三塁, 二塁）。
⇒メジャ（スパイアーズ, ビル 1966.6.5–）

Spies, Ben
アメリカのオートバイライダー。
⇒最世ス（スピーズ, ベン 1984.7.11–）

Spiess, Ludovic
ルーマニアのテノール歌手。
⇒失声（シュピース, ルドヴィック 1938–2006）
　魅惑（Spiess,Ludovico 1938–）

Spieth, Jordan
アメリカのプロゴルファー。
⇒外16（スピース, ジョーダン 1993.7.27–）

Spiethoff, Arthur August Caspar
ドイツの経済学者。近代景気変動理論の先駆者。過剰投資理論を展開した。主著『景気理論』（1925）。
⇒岩経（シュピートホフ 1873–1957）
　岩世人（シュピートホフ 1873.5.13–1957.4.4）
　有経5（シュピートホフ 1873–1957）

Spiewok, Stephan
東ドイツのテノール歌手。
⇒魅惑（Spiewok,Stephan 1947–）

Spilhaus, Athelstan Frederick
アメリカの海洋学者。深海温度計の発明（1938）のほか, 採水器その他の考案がある。
⇒岩世人（スピルハウス 1911.11.25–1998.3.30）

Spillane, Johnny
アメリカのスキー選手（複合）。
⇒最世ス（スピレーン, ジョニー 1980.11.24–）

Spillane, Mickey
アメリカの推理作家。大学卒業後はコミック＝ブックを製作。『裁くのは俺だ』（1947）を刊行。
⇒岩世人（スピレイン 1918.3.9–2006.7.17）
　現世文（スピレイン, ミッキー 1918.3.9–2006.7.17）
　広辞7（スピレイン 1918–2006）

Spilliaert, Leon
ベルギーの画家。
⇒芸13（スピリアールト, レオン 1881–1946）

Spillman, William Jasper
アメリカの農業経済学者。営農類型と農業のやり方を研究して, 農産局内に農業経営課を新設した（1904）。
⇒岩世人（スピルマン 1863.10–1931.7.11）

Spillner, Daniel Ray
アメリカの大リーグ選手（投手）。
⇒メジャ（スピルナー, ダン 1951.11.27–）

Spina, Mario
イタリアのテノール歌手。
⇒魅惑（Spina,Mario ?–）

Spina, Sergio
テノール歌手。
⇒魅惑（Spina,Sergio ?–）

Spinden, Herbert Joseph
アメリカの人類学者。マヤ文明期における暦と年代法に関する研究分野で多くの業績を残した。
⇒岩世人（スピンデン 1879.8.16–1967.10.23）

Spindler, Erica
アメリカの作家。
⇒外12（スピンドラー, エリカ）
　外16（スピンドラー, エリカ）
　現世文（スピンドラー, エリカ）

Spindler, Konrad
ドイツの考古学者。
⇒岩世人（シュピンドラー 1939.6.20–2005.4.17）

Spinelli, Altiero
イタリアの政治理論家。
⇒EU（スピネッリ, アルティエーロ 1907–1986）

Spinelli, Jerry
アメリカの作家。
⇒外12（スピネッリ, ジェリー 1941–）
　外16（スピネッリ, ジェリー 1941–）
　現世文（スピネッリ, ジェリー 1941–）

Spingarn, Joel Elias
アメリカの著述家, 文芸批評家。優秀な黒人に毎年贈るスピンガーン・メダルを制定した（1914）。
⇒岩世人（スピンガーン 1875.5.17–1939.7.26）

Spink, Walter M.
アメリカのインド美術史研究者。西インドの石窟寺院に関する編年的な研究に独自の見解をもつ。
⇒岩世人（スピンク 1928.2.16–）

Spinner, Wilfrid
スイス生まれのドイツの福音伝道会初代宣教師。

⇒岩世人（シュピンナー　1854.10–1918.8.31）

Spinola, Marshal António Sebastião Ribeiro de
ポルトガルの政治家, 軍人。ポルトガル大統領 (1974)。
⇒岩世人（スピノラ　1910.4.11–1996.8.13）

Spinosi, Jean-Christophe
フランスの指揮者, ヴァイオリン奏者。
⇒外16（スピノジ, ジャン・クリストフ　1964–）

Spinoza, David
アメリカ・ニューヨークのスタジオ・ミュージシャン。
⇒ビト改（SPINOZA,DAVID　スピノザ, デヴィッド）

Spire, André
フランスの詩人。代表作『秘密』(1919)。
⇒岩世人（スピール　1868.7.28–1966.7.29）
ユ著人（Spire,André　シュピール, アンドレ　1868–1966）

Spirig, Nicola
スイスのトライアスロン選手。
⇒外16（スピリク, ニコラ　1982.2.7–）
最世ス（スピリク, ニコラ　1982.2.7–）

Spirin, Gennadij
ソ連のイラストレーター。
⇒絵本（スピーリン, ゲンナージー　1948–）

Spiro, Eugene
ドイツの画家。
⇒岩世人（シュピーロ　1874.4.18–1972.9.26）

Spiro, Karl
ドイツの物理化学者。膠質化学, 蛋白化学, 乳化学等を研究,〈ピラミドン〉を製出。
⇒岩世人（シュピーロ　1867.6.24–1932.3.21）

Spiro, Melford Elliot
アメリカの文化人類学者。カリフォルニア大学サン・ディエゴ校人類学科主任教授。
⇒岩世人（スパイロ　1920.4.26–）

Spiroiu, Constantin Niculae
ルーマニアの軍人。ルーマニア国防相。
⇒世指導（スピロイウ, コンスタンティン・ニクラエ　1936.7.6–）

Spisar, Oldřich
チェコスロバキアのテノール歌手。
⇒魅惑（Spisar,Oldrich　1919–）

Spitsyn, Aleksandr Andreevich
ロシアの考古学者。帝国ロシア考古学委員会会員, ペテルブルグ大学にロシア考古学を講じ (1909～17), その調査は, 全ロシアに及んでいた。
⇒岩世人（スピーツィン　1858.8.14/26–1931.9.17）

Spitta, Friedrich
ドイツのプロテスタント神学者。礼拝学を振興させた。
⇒岩世人（シュピッタ　1852.1.11–1924.6.7）

Spitteler, Carl
スイスの詩人, 小説家。1919年ノーベル文学賞受賞。
⇒岩世人（シュピッテラー　1845.4.24–1924.12.29）
現世文（シュピッテラー, カール　1845.4.24–1924.12.29）
ネーム（シュピッテラー　1845–1924）
ノベ3（シュピッテラー,C.　1845.4.24–1924.12.29）

Spitz, Mark
アメリカの水泳選手。
⇒岩世人（スピッツ　1950.2.10–）
ユ著人（Spitz,Mark　スピッツ, マーク　1950–）

Spitz, René Arpad
ハンガリーの小児精神科医。
⇒現精（スピッツ　1887–1974）
現精縮（スピッツ　1887–1974）
精分岩（スピッツ, ルネ・A　1887–1974）
精分弘（スピッツ, ルネ, アルバード　1887–1974）

Spitz, Sabine
ドイツの自転車選手（マウンテンバイク）。
⇒外12（シュピッツ, ザビーネ　1971.12.27–）
外16（シュピッツ, ザビーネ　1971.12.27–）
最世ス（シュピッツ, ザビーネ　1971.12.27–）

Spitzer, Eliot
アメリカの政治家, 弁護士。
⇒外12（スピッツァー, エリオット　1959.6.10–）
外16（スピッツァー, エリオット　1959.6.10–）
世指導（スピッツァー, エリオット　1959.6.10–）

Spitzer, Leo
オーストリアの言語学者。文体論の研究に専念する。著書に『史的意味論試論』(1948) などがある。
⇒岩世人（シュピッツァー　1887.10.16–1960.9.16）

Spitzer, Lyman, Jr.
アメリカの天文学者, 物理学者。プラズマ閉じ込めのためのステラレーターを提案。アメリカの核融合研究のリーダーの一人。
⇒岩世人（スピッツァー　1914.6.26–1997.3.31）
天文辞（スピッツァー　1914–1997）

Spitzer, Robert L.
アメリカの精神科医。
⇒現精（スピッツァー　1932–）
現精縮（スピッツァー　1932–）
精医歴（スピッツァー, ロバート　1932–）

Spivak, Gayatri Chakravorty
インド出身の女性文芸理論家, 教育者。
⇒外12（スピヴァク, ガヤトリ　1942.2.24–）

外16（スピヴァク, ガヤトリ・チャクラヴォルティ　1942.2.24–）
現社（スピヴァク　1942–）
メル別（スピヴァグ, ガヤトリ・チャクラヴォーティ　1942–）

Spivakov, Vladimir
ロシアのヴァイオリン奏者, 指揮者。
⇒外12（スピヴァコフ, ウラディーミル　1944.9.12–）
外16（スピヴァコフ, ウラディーミル　1944.9.12–）

Splittorff, Paul William
アメリカの大リーグ選手（投手）。
⇒メジャ（スプリットーフ, ポール　1946.10.8–2011.5.25）

Spock, Benjamin McLane
アメリカの医者, 社会運動家。『スポック博士の育児書』(1946)を書き上げ, たちまちベストセラーとなった。
⇒アメ新（スポック　1903–1998）
岩世人（スポック　1903.5.2–1998.3.15）
広辞7（スポック　1903–1998）
世界子（スポック博士　1903–1998）

Spoerli, Heinz
スイスのダンサー, 振付家, バレエ・マスター。
⇒岩世人（シュペルリ　1941.7.8–）

Spofforth, Gemma
イギリスの水泳選手（背泳ぎ）。
⇒最世ス（スポフォース, ジェマ　1987.11.17–）

Spoor, Ryk E.
アメリカの作家。
⇒外12（スプアー, ライク　1962–）
外16（スプアー, ライク　1962–）
海文新（スプアー, ライク・E.　1962.7.21–）
現世文（スプアー, ライク　1962.7.21–）

Sporgis, Janis
ラトビアのテノール歌手。
⇒魅惑（Sporgis,Janis　1944–）

Spotakova, Barbora
チェコのやり投げ選手。
⇒外12（シュポタコヴァ, バルボラ　1981.6.30–）
外16（シュポタコヴァ, バルボラ　1981.6.30–）
最世ス（シュポタコヴァ, バルボラ　1981.6.30–）

Sprague, Edward Nelson, Jr.
アメリカの大リーグ選手（三塁）。
⇒メジャ（スプレイグ, エド　1967.7.25–）

Sprague, Frank Julian
アメリカの電気技術者, 発明家。電動機を製作し, リチモンド（ヴァージニア州）に初めてトロリー電車を走らせた（1887）。〈電気鉄道の父〉といわれた。
⇒岩世人（スプレイグ　1857.7.25–1934.10.25）

Sprague, Oliver Mitchell Wentworth
アメリカの教育者。
⇒アメ経（スプレーグ, オリバー　1873.4.22–）

Spranger, Eduard
ドイツの哲学者, 心理学者, 教育学者。文化哲学の立場に立つ。「精神科学的心理学」を提唱した。
⇒岩世人（シュプランガー　1882.6.27–1963.9.17）
教思増（シュプランガー　1882–1963）
教小3（シュプランガー　1882–1963）
教人（シュプランガー　1882–）
広辞7（シュプランガー　1882–1963）
新カト（シュプランガー　1882.6.27–1963.9.17）
ネーム（シュプランガー　1882–1963）
メル3（シュプランガー, エドゥアルト　1882–1963）

Sprenger, Christian
オーストラリアの水泳選手（平泳ぎ）。
⇒最世ス（スプレンガー, クリスチャン　1985.11.19–）

Spring, Dick
アイルランドの政治家。アイルランド副首相・外相, アイルランド労働党党首。
⇒世指導（スプリング, ディック　1950.8.29–）

Spring, Walthère Victor
フランスの化学者。
⇒化学（スプリング　1848–1911）

Springer, Axel
西ドイツのマスコミ・コンツェルンの支配者。第2次世界大戦後の占領期に, 「ヘール・ツー」を創刊して成功。最盛期には西ドイツの新聞の約40％を支配していた。
⇒岩世人（シュプリンガー　1912.5.2–1985.9.22）

Springer, F.
オランダの作家, 外交官。
⇒現世文（スプリンガー, F.　1932.1.15–2011.11.7）

Springer, Ferdinand
フランスの画家。
⇒芸13（スプランジェ, フェルディナン　1907–1976）

Springer, Nancy
アメリカのファンタジー作家。
⇒外12（スプリンガー, ナンシー　1948–）
外16（スプリンガー, ナンシー　1948–）
現世文（スプリンガー, ナンシー　1948–）

Springer, Russell Paul
アメリカの大リーグ選手（投手）。
⇒メジャ（スプリンガー, ラス　1968.11.7–）

Springfield, Dusty
イギリス・ロンドンのハムステッド生まれのソ

ウル歌手。
⇒ロック (Springfield, Dusty　スプリングフィールド, ダスティ　1939.4–)

Springsteen, Bruce
アメリカのミュージシャン。
⇒異二辞 (スプリングスティーン, ブルース　1949–)
　岩世人 (スプリングスティーン　1949.9.23–)
　外12 (スプリングスティーン, ブルース　1949.9.23–)
　外16 (スプリングスティーン, ブルース　1949.9.23–)
　新音中 (スプリングスティーン, ブルース　1949.9.23–)
　標音2 (スプリングスティーン, ブルース　1949.9.23–)
　ロック (Springsteen, Bruce　スプリングスティーン, ブルース　1949.9.23–)

Sprinzena, Nathaniel
テノール歌手。
⇒魅惑 (Sprinzena, Nathaniel　?–)

Sprott, Walter John Herbert
イギリスの社会学者。社会を有機的統一体としてとらえ、歴史的視点を重視し、社会心理学に関する研究も多く、総合社会学の立場をとっている。
⇒社小増 (スプロット　1897–1971)

Sprouse, Philip Dodson
アメリカの外交官。
⇒アア歴 (Sprouse, Philip D(odson)　スプラウズ, フィリップ・ドッドソン　1906.9.27–1977.4.28)

Sproxton, David
イギリス生まれのアニメーション作家、映画プロデューサー。
⇒アニメ (スプロクストン, デイヴィッド　1954–)

Spruance, Raymonnd Ames
アメリカの軍人。海軍大将。太平洋戦争において活躍。
⇒ア太戦 (スプルーアンス　1886–1969)

Sprung, Adolf
ドイツの気象学者。ポツダム気象地磁気観測所長 (1892)。自記気圧計を考案。
⇒岩世人 (シュプルング　1848.6.5–1909.1.16)
　学叢思 (スプルング, アドルフ・フリードリヒ　1848–1909)

Spurlock, Morgan
アメリカの映画監督。
⇒外12 (スパーロック, モーガン　1970–)
　外16 (スパーロック, モーガン　1970–)

Spurr, Josiah Edward
アメリカの地質学者、鉱床学者。多くの金属鉱床は、岩漿の濃厚な残液が地下に侵入し、急冷して生成されたと説き、そのような鉱床をつくった濃厚な残液を〈鉱石岩漿〉と称した。

⇒岩世人 (スパー　1870.10.1–1950.1.12)

Spyres, Michael
アメリカのテノール歌手。
⇒魅惑 (Spyres, Michael　?–)

Squillacotte, Marie
アメリカの弁護士。
⇒スパイ (スキラコッテ, マリー　1958–)

Squire, Chris
イギリスのロック・ベース奏者。
⇒外12 (スクワイア, クリス　1948.3.4–)

Squire, *Sir* John Collings
イギリスの詩人、批評家、編集者。「ロンドン・マーキュリー」誌の創設者、編集者としても有名。
⇒岩世人 (スクワイア　1884.4.2–1958.12.20)

Squires, Michael Lynn
アメリカの大リーグ選手 (一塁)。
⇒メジャ (スクワイアズ, マイク　1952.3.5–)

Sraffa, Piero
イタリア生まれの経済学者。リカードの研究に基づく鋭い対新古典派批判と、『リカード全集』の編集とで著名。
⇒岩経 (スラッファ　1898–1983)
　岩世人 (スラッファ　1898.8.5–1983.9.3)
　広辞7 (スラッファ　1898–1983)
　有辞5 (スラッファ　1898–1983)

Srámek, Fráňa
チェコスロバキアの作家、詩人。
⇒岩世人 (シュラーメク　1877.1.9–1952.7.1)

Srbik, Heinrich Ritter von
オーストリアの歴史家、政治家。
⇒岩世人 (ジルビク　1878.11.10–1951.2.16)

Sri Bintang Pamungkas
インドネシアの民主活動家。インドネシア民主連合 (PUDI) 党首。
⇒世指導 (スリ・ビンタン・パムンカス)

Sribuuraphaa
タイの小説家。作品『絵の裏』『未来を見つめて』など。
⇒岩世人 (シーブーラバー　1906.3.31–1974.6.16)
　現世文 (シーブーラバー　1906.3.31–1974.6.16)
　タイ (シーブーラバー　1905–1974)

Sridaaurwang
タイの女性小説家。
⇒岩世人 (シーダーオルアン　1943.12.14–)
　タイ (シーダーオルアン　1943–)

Sridevi
インド生まれの女優。
⇒外16 (シュリデヴィ　1963.8.13–)

Sri Mulyani Indrawati
インドネシアの経済学者,閣僚。
⇒岩世人（スリ・ムルヤニ・インドラワティ　1962.8.26–）
世指導（スリ・ムルヤニ・インドラワティ　1962.8.26–）

Srinivas, Mysore N.
インドの社会人類学者。
⇒社小増（シュリニワス　1916–）
南ア新（シュリーニヴァース　1916–1999）

Srisakra Vallibhotama
タイの人類学者,考古学者。
⇒外12（シーサック・ワンリポードム）

Srygley, Sara
アメリカの図書館員。フロリダ州立大学での教育を長年にわたって支える。州内の学校図書館の発展に力を尽くす。
⇒ア図（スリグレイ,サラ　1916–1991）

Sta, Henri de
フランスのイラストレーター。
⇒19仏（スタ,アンリ・ド　1846.5.28–1920.11.5）

Staaff, Karl Albert
スウェーデンの政治家,弁護士。自由党の指導者となり首相に就任（1905,11〜14）。
⇒岩世人（スターヴ　1860.1.21–1915.10.4）

Stabenow, Debbie
アメリカの政治家。
⇒外12（スタベノウ,デビー　1950.4.29–）

Stábile, Guillermo
アルゼンチンのサッカー選手。
⇒ネーム（スタービレ　1905–1966）

Stabile, Mariano
イタリアのバリトン歌手。
⇒オペラ（スタービレ,マリアーノ　1888–1968）

Stableford, Brian M.
イギリスのSF作家,社会学者。
⇒現世文（ステイブルフォード,ブライアン　1948–）

Stace, Wesley
イギリスの小説家,シンガー・ソングライター。
⇒外12（ステイス,ウェズリー　1965–）
海文新（ステイス,ウェズリー　1965–）
現世文（ステイス,ウェズリー　1965–）

Stachura, Dariusz
ポーランドのテノール歌手。
⇒魅惑（Stachura,Dariusz　?–）

Stack, Robert
アメリカ生まれの俳優。
⇒ク俳（スタック,ロバート（モディニ,R）　1919–）

Stäckel, Paul Gustav
ドイツの数学者,数学史家。
⇒世数（シュテッケル,パウル・ギュスタフ・サミュエル　1862–1919）

Stackelberg, Heinrich von
ロシア・モスクワ近郊生まれの経済思想家。
⇒岩世人（シュタッケルベルク　1905.10.31–1946.10.12）

Stackhouse, Jerry
アメリカのバスケットボール選手。
⇒最世ス（スタックハウス,ジェリー　1974.5.11–）

Stackhouse, Robert
アメリカ生まれの彫刻家,画家。
⇒芸13（スタックハウス,ロバート　1942–）

Stade, Bernhard
ドイツのプロテスタント神学者,旧約聖書学者。ヴェルハウゼン学派の代表者。
⇒岩世人（シュターデ　1848.5.11–1906.12.6）

Stade, Frederica von
アメリカのメゾ・ソプラノ歌手。
⇒標音2（シュターデ,フレデリカ・フォン　1945.6.1–）

Stader, Maria
スイスのオペラ歌手（ソプラノ）。
⇒オペラ（シュターダー,マリア　1911–1999）
新音中（シュターダー,マリーア　1911.11.5–1999.4.27）
標音2（シュターダー,マリーア　1911.11.5–1999.4.27）

Stadler, August
スイスの哲学者。新カント主義者。
⇒岩世人（シュタードラー　1850–1910）

Stadler, Craig
アメリカのプロゴルファー。
⇒外12（スタドラー,クレイグ　1953–）
外16（スタドラー,クレイグ　1953.6.2–）
最世ス（スタドラー,クレイグ　1953.6.2–）

Stadler, Ernst
ドイツの文学史家,詩人。表現主義の先駆者の一人。詩集に『出発』（1914）がある。
⇒岩世人（シュタードラー　1883.8.11–1914.10.30）

Stadler, Josef
サラエヴォ大司教,哲学者,神学者。
⇒新カト（シュタードラー　1843.1.24–1918.12.8）

Stadnyk, Maria
アゼルバイジャンのレスリング選手。
⇒最世ス（スタドニク,マリア　1988.12.3–）

Stadtfeld, Martin
ドイツのピアノ奏者。

⇒外12（シュタットフェルト, マルティン 1980–）
外16（シュタットフェルト, マルティン 1980–）

Stael, Nicholas de
ロシア生まれのフランスの画家。1948年フランスに帰化。
⇒岩世人（スタール 1914.1.5–1955.3.16）
広辞7（スタール 1914–1955）

Staël-Holstein, Alexander Wilhelm von
ロシアのインド学者。国立北京大学教授となり（1922）、仏教、ラマ教等に関する資料を蒐集する傍ら、研究者の養成に当った。
⇒岩世人（スタエル＝ホルスタイン 1876.12.20–1937.3.16）

Staff, Leopold
ポーランドの抒情詩人。「若きポーランド」の詩運動を代表する一人。代表作『針の穴』（1927）など。
⇒岩世人（スタッフ 1878.11.14–1957.5.31）

Stafford, Jean
アメリカの女性小説家。著作に『アメリカライオン』（1947）など。
⇒現世文（スタフォード, ジーン 1915–1979）

Stafford, Jo
アメリカ・カリフォルニア州生まれの歌手。
⇒標音2（スタッフォード, ジョー 1917.11.12–2008.7.16）

Stafford, Matthew
アメリカのプロフットボール選手（ライオンズ・QB）。
⇒外16（スタッフォード, マシュー 1988.2.7–）
最世ス（スタッフォード, マシュー 1988.2.7–）

Stafford, Terry
アメリカ・オクラホマ州生まれの歌手。
⇒ロック（Stafford,Terry スタッフォード, テリー）

Stafford, William Edgar
アメリカの詩人。
⇒現世文（スタッフォード, ウィリアム 1914.1.17–1993.8.28）

Stag 'bum rgyal
チベットの作家。
⇒海文新（タクブンジャ 1966–）
現世文（タクブンジャ 1966–）

Stagg, Amos Alonzo
アメリカの体育家。アメリカ最優秀フットボール・コーチに選ばれた（1943）。
⇒岩世人（スタッグ 1862.8.16–1965.3.17）

Stahl, Charles Sylvester（Chick）
アメリカの大リーグ選手（外野）。
⇒メジャ（スタール, チック 1873.1.10–1907.3.28）

Stahl, Ernst
ドイツの植物学者。
⇒岩世人（シュトール 1848.6.21–1919.12.3）

Stahl, Franklin William
アメリカの分子生物学者。
⇒三新生（スタール 1929–）

Stahl, Garland（Jake）
アメリカの大リーグ選手（一塁）。
⇒メジャ（スタール, ジェイク 1879.4.13–1922.9.18）

Stahlberg, Kaavlo Juho
フィンランドの法律家、政治家。初代フィンランド大統領（1919～25）。
⇒岩世人（ストールベリ 1865.1.28–1952.9.22）

Stählin, Gustav
ドイツの福音主義神学者。新約聖書の諸概念の歴史と伝道環境学を研究。
⇒岩世人（シュテーリン 1900.2.28–1985.11.25）

Stählin, Wilhelm
ドイツのルター派牧師、実践神学者。
⇒新カト（シュテーリン 1883.9.24–1975.12.16）

Stahmer, Heinrich
ドイツの外交官。駐日ドイツ大使。
⇒ア太戦（シュターマー 1892–1978）
岩世人（シュターマー 1892.5.3–1978.6.13）

Staier, Andreas
ドイツのフォルテピアノ奏者。
⇒外12（シュタイアー, アンドレアス 1955.9.13–）
外16（シュタイアー, アンドレアス 1955.9.13–）
新音中（シュタイアー, アンドレーアス 1955.9.13–）

Staiger, Emil
スイスの文芸学者。「解釈学派」の旗頭としてカイザーとともに戦後のドイツ文芸学の世界に一時期を画した。
⇒岩世人（シュタイガー 1908.2.8–1987.4.28）

Stairs, Matthew Wade
アメリカの大リーグ選手（外野、DH）。
⇒外12（ステアーズ, マット 1969.2.27–）
最世ス（ステアーズ, マット 1969.2.27–）
メジャ（ステアーズ, マット 1968.2.27–）

Stakhanov, Aleksej
ウクライナ生まれのソ連・ドンバスの炭鉱労働者。
⇒岩世人（スタハーノフ 1905.12.21/1906.1.3–1977.11.5）
世人新（スタハノフ 1906–1977）
世人装（スタハノフ 1906–1977）

Stakula
フィンランドのミュージシャン。

Staley, Gerald Lee
アメリカの大リーグ選手(投手)。
⇒メジャ（ステイリー, ジェリー　1920.8.21–2008.1.2)

Staley, Henry Eli
アメリカの大リーグ選手(投手)。
⇒メジャ（ステイリー, ハリー　1866.11.3–1910.1.12)

Staley, Seward Charles
アメリカの体育家。
⇒岩世人（ステイリー　1893.8.1–1991)

Stalin, Iosif Vissarionovich
ソ連共産党指導者。革命運動の指導に参加、1922年に党書記長に就任。
⇒ア太戦（スターリン　1878–1953)
　岩韓（スターリン　1879–1953)
　岩世人（スターリン　1878.12.6/18–1953.3.5)
　学叢思（スターリン　1879–?)
　教人（スターリン　1879–1953)
　現社（スターリン　1879–1953)
　広辞7（スターリン　1878–1953)
　国政（スターリン　1879–1953)
　辞歴（スターリン　1878–1953)
　政経改（スターリン　1879–1953)
　世史改（スターリン　1879–1953)
　世人新（スターリン　1879–1953)
　世人装（スターリン　1879–1953)
　朝韓4（スターリン,I.V.（ジュガシュヴィリ,I.V.)　1879–1953)
　ネーム（スターリン　1879–1953)
　ボブ人（スターリン, ヨシフ　1879–1953)
　もう山（スターリン　1879–1953)
　有経5（スターリン　1879–1953)

Stallings, George Tweedy
アメリカの大リーグ選手(捕手)。
⇒メジャ（ストーリングス, ジョージ　1867.11.17–1929.5.13)

Stallman, Richard Matthew
アメリカのコンピューター技術者、社会運動家。
⇒岩世人（ストールマン　1953.3.16–)

Stallone, Sylvester
アメリカ・ニューヨーク生まれの男優。
⇒遺産（スタローン, シルヴェスター　1946.7.6–)
　岩世人（スタローン　1946.7.6–)
　外12（スタローン, シルベスター　1946.7.6–)
　外16（スタローン, シルヴェスター　1946.7.6–)
　ク俳（スタローン, シルヴェスター　1946–)
　スター（スタローン, シルヴェスター　1946.7.6–)

Stallworthy, Jon (Howie)
イギリスの詩人、伝記作家、批評家。
⇒現世文（ストールワージー, ジョン　1935.1.18–2014.11.19)

⇒外16（スタクラ)

Stalskii, Suleiman
ソ連のダゲスタン（カフカス）の遊歴詩人。
⇒ネーム（スタリスキー　1869–1937)

Stam, Jaap
オランダのサッカー選手。
⇒外12（スタム, ヤープ　1972.7.17–)

Stam, Mart
オランダの建築家。ジュネーブのコルナビン停車場の建築案は有名。
⇒岩世人（スタム　1899.8.5–1986.2.23)

Stambolijski, Aleksandr
ブルガリアの政治家、農民党首領。
⇒岩世人（スタンボリースキ　1879.3.1/13–1923.6.14)

Stambuk, Drago
クロアチアの外交官、詩人。
⇒外12（シュタンブク, ドラゴ　1950–)

Stamm, Jeffrey
テノール歌手。
⇒魅惑（Stamm,Jeffrey　?–)

Stamm, Peter
スイスの作家、ジャーナリスト。
⇒現世文（シュタム, ペーター　1963–)

Stammer, Otto
ドイツの社会学者。
⇒社小増（シュタンマー　1900–1978)

Stammler, Rudolf
ドイツの法哲学者。新カント派の代表的学者で20世紀の法哲学界に新風を吹込んだ。
⇒岩世人（シュタムラー　1856.2.19–1938.4.25)
　学叢思（シュタムラー, ルドルフ　1856–?)
　広辞7（シュタムラー　1856–1938)

Stamos, Theodros
アメリカの画家。
⇒芸13（スタモス, セオドロス　1922–1991)

Stamp, Laurence Dudley
イギリスの地理学者。国際地理学会長。約3ヵ年を費やして大規模な土地調査を遂行、国土の合理的利用に貴重な基礎資料を提供した。
⇒岩世人（スタンプ　1898.3.9–1966.8.8)
　人文地（スタンプ　1898–1966)

Stamp, Terence
イギリス・ロンドン生まれの男優。
⇒遺産（スタンプ, テレンス　1938.7.22–)
　外12（スタンプ, テレンス　1938.7.22–)
　外16（スタンプ, テレンス　1938.7.22–)
　ク俳（スタンプ, テレンス　1939–)

Stan, Alexandra
ルーマニアの歌手。

⇒外16（スタン, アレクサンドラ　1989.6.10–）

Stanage, Oscar Harland
アメリカの大リーグ選手（捕手）。
⇒メジャ（スタネイジ, オスカー　1883.3.17–1964.11.11）

Stancu, Zaharia
ルーマニアの小説家。小説『はだし』(1948),『ジプシー小屋』(68) などを発表、ルーマニア作家同盟議長。
⇒現世文（スタンク, ザハリア　1902–1974.12.5）

Standage, Simon
イギリスのバロック・ヴァイオリン奏者。
⇒外12（スタンデイジ, サイモン　1941–）
　外16（スタンデイジ, サイモン　1941–）

Standiford, Natalie
アメリカの作家。
⇒海文新（スタンディフォード, ナタリー）

Standridge, Jason Wayne
アメリカのプロ野球選手（阪神・投手）, 大リーグ選手。
⇒外12（スタンリッジ, ジェイソン　1978.11.9–）

Stănescu, Nichita
ルーマニアの詩人。
⇒岩世人（スタネスク　1933.3.31–1983.12.13）

Stanev, Emilijan
ブルガリアの作家。
⇒現世文（スタネフ, エミリヤン　1907.2.28–1979.3.15）

Stanford, Arthur Willis
アメリカの宣教師。
⇒アア歴（Stanford, Arthur Willis　スタンダード, アーサー・ウィリス　1859.1.10–1921.7.8）

Stanford, *Sir* Charles Villiers
アイルランドの作曲家。
⇒岩世人（スタンフォード　1852.9.30–1924.3.29）
　オク教（スタンフォード　1852–1924）
　新音小（スタンフォード, チャールズ・ヴィリアーズ　1852–1924）
　新音中（スタンフォード, チャールズ・ヴィリアーズ　1852.9.30–1924.3.29）
　標音2（スタンフォード, チャールズ・ヴィリアーズ　1852.9.30–1924.3.29）

Stang, Christian Schweigaard
ノルウェーの言語学者。
⇒岩世人（スタング　1900.3.15–1977.7.2）

Stange, Carl
ドイツのプロテスタント神学者。ルター研究、キリスト教的世界観と哲学的世界観の関係についての研究。
⇒岩世人（シュタンゲ　1870.3.7–1959.12.5）

Stanishev, Sergei
ブルガリアの政治家。ブルガリア首相。
⇒外12（スタニシェフ, セルゲイ　1966.5.5–）
　外16（スタニシェフ, セルゲイ　1966.5.5–）
　世指導（スタニシェフ, セルゲイ　1966.5.5–）

Stanišić, Saša
ユーゴスラビア生まれのドイツの作家。
⇒海文新（スタニシチ, サーシャ　1978–）
　現世文（スタニシチ, サーシャ　1978–）

Stanislavskii, Konstantin Sergeevich
ソ連の演出家, 俳優。モスクワ芸術座の創設者。
⇒岩世人（スタニスラフスキー　1863.1.5/17–1938.8.7）
　広辞7（スタニスラフスキー　1863–1938）
　世演（スタニスラフスキー, コンスタンチン　1863–1938.8.7）
　ネーム（スタニスラフスキー　1863–1938）
　ポプ人（スタニスラフスキー, コンスタンチン　1863–1938）

Stankiewicz, Eugeniusz
ポーランド生まれのデザイナー。
⇒グラデ（Stankiewicz,Eugeniusz　スタンケヴィッチ, エウゲニュシュ　1942–）

Stankovic, Dejan
セルビア・モンテネグロのサッカー選手。
⇒外12（スタンコヴィッチ, デヤン　1978.9.11–）
　外16（スタンコヴィッチ, デヤン　1978.9.11–）
　最世ス（スタンコヴィッチ, デヤン　1978.9.11–）

Stankowski, Anton
ドイツの画家, グラフィック・デザイナー。
⇒グラデ（Stankowski,Anton　シュタンコヴスキ, アントン　1906–1998）

Stanky, Edward Raymond
アメリカの大リーグ選手（二塁）。
⇒メジャ（スタンキー, エディー　1915.9.3–1999.6.6）

Stanley, Carter Glen
アメリカのブルーグラス・ミュージシャン。
⇒新音中（スタンリー・ブラザーズ　1925–1966）
　標音2（スタンリー・ブラザーズ, ザ　1925.8.27–1966.12.1）

Stanley, Clayton
アメリカのバレーボール選手。
⇒最世ス（スタンリー, クレイトン　1978.1.20–）

Stanley, J.B.
アメリカの作家。
⇒海文新（スタンリー, J.B.）
　現世文（スタンリー, J.B.）

Stanley, Mitchell Jack（Mickey）
アメリカの大リーグ選手（外野）。

⇒メジャ（スタンリー，ミッキー　1942.7.20–）

Stanley, Paul
アメリカのミュージシャン。
⇒外16（スタンリー，ポール　1952.1.20–）

Stanley, Ralph Edmund
アメリカのブルーグラス・ミュージシャン。
⇒新音中（スタンリー・ブラザーズ　1927–）
　標音2（スタンリー・ブラザーズ，ザ　1927.2.25–）

Stanley, Robert Michael
アメリカの大リーグ選手（捕手, DH）。
⇒メジャ（スタンリー，マイク　1963.6.25–）

Stanley, Robert William
アメリカの大リーグ選手（投手）。
⇒メジャ（スタンリー，ボブ　1954.11.10–）

Stanley, Wendell Meredith
アメリカの生化学者，ウイルス学創立者の一人。1946年ノーベル化学賞受賞。
⇒岩生（スタンリー　1904–1971）
　岩世人（スタンリー　1904.8.16–1971.6.15）
　旺生5（スタンリー　1904–1971）
　化学（スタンリー　1904–1971）
　広辞7（スタンリー　1904–1971）
　三新生（スタンリー　1904–1971）
　ノベ3（スタンリー，W.M.　1904.8.16–1971.6.15）

Stanning, Heather
イギリスのボート選手。
⇒外16（スタニング，ヘザー　1985.1.26–）
　最世ス（スタニング，ヘザー　1985.1.26–）

Stanny, Janusz
ポーランドの絵本作家。
⇒絵本（スタンヌィ，ヤヌシ　1932–）

Stanton, Andrew
アメリカの映画監督，脚本家。
⇒外12（スタントン，アンドルー　1965–）
　外16（スタントン，アンドルー　1965–）

Stanton, Arthur Henry
イギリス国教会の司祭，高教会主義者。
⇒オク教（スタントン　1839–1913）

Stanton, Edwin Forward
アメリカの外交官。
⇒アア歴（Stanton, Edwin F(orward)　スタントン，エドウィン・フォワード　1901.2.22–1968.8.29）

Stanton, Giancarlo
アメリカの大リーグ選手（マーリンズ・外野手）。
⇒最世ス（スタントン，ジャンカルロ　1989.11.8–）

Stanton, Phil
アメリカのパフォーマー。
⇒外12（スタントン，フィル）

⇒外16（スタントン，フィル）

Stanton, William Michael
アメリカの大リーグ選手（投手）。
⇒メジャ（スタントン，マイク　1967.6.2–）

Stanwick, Barbara
アメリカの女優。
⇒遺産（スタンウィック，バーバラ　1907.7.16–1990.1.20）
　岩世人（スタンウィック　1907.7.16–1990.1.20）
　ク俳（スタンウィック，バーバラ（スティーヴンズ，ルビー，のちに法的に改名）　1907–1990）
　スター（スタンウィック，バーバラ　1907.7.16–1990）

Stanzel, Volker
ドイツの外交官。
⇒外16（シュタンツェル，フォルカー　1948.9.22–）

Stapledon, *Sir* Reginald George
イギリスの農業植物学者。主著 "The land, now and tomorrow"（1935）。
⇒岩世人（ステイブルドン　1882.9.22–1960.9.16）

Stapledon, William Olaf
イギリスの哲学者，SF作家。作品に『シリウス』『オッド・ジョン』などがある。
⇒岩世人（ステイブルドン　1886.5.10–1950.9.6）
　現代文（ステーブルドン，ウィリアム・オラフ　1886–1950）

Staples, Andrew
テノール歌手。
⇒魅惑（Staples, Andrew　?–）

Stapleton, Cyril
イギリスのヴァイオリン奏者，バンドリーダー，プロデューサー。
⇒標音2（ステープルトン，シリル　1914–1974.2.25）

Stappen, Charles van der
ベルギーの彫刻家。ブリュッセル美術学校校長（1898）。
⇒岩世人（スタッペン　1843.12.19–1910.10.21）

Starbuck, Edwin Diller
アメリカの宗教心理学者。
⇒新カト（スターバック　1866.2.20–1947.11.18）

Starck, Dietrich
ドイツの比較形態学者，神経解剖学者，霊長類学者，比較発生学者。
⇒岩生（シュタルク　1908–2001）

Starck, Philippe
フランス生まれのインテリアデザイナー，建築家。作品に東京都のアサヒビール吾妻（あづま）橋ホールなど。
⇒外12（スタルク，フィリップ　1949.1.18–）
　外16（スタルク，フィリップ　1949.1.18–）

Stardust, Alvin
イギリス生まれのロカビリー歌手。
⇒ロック（Stardust,Alvin　スターダスト, アルヴィン）

Starer, Robert
オーストリア生まれのアメリカの作曲家, 教育者, 作家。
⇒エデ（スターラー, ロバート　1924.1.8-2001.4.22）
　ユ著人（Starer,Robert　スターラー, ロバート　1924-）

Starevich, Vladislav
ロシア生まれの映画監督, 映画美術監督, 撮影監督, 男優。
⇒アニメ（スタレヴィッチ, ヴラディスラフ　1882-1965）
　アニメ（スタレビッチ, ラディスラフ　1882-1965）

Stargell, Wilver Dornel
アメリカの大リーグ選手（外野, 一塁）。
⇒メジャ（スタージェル, ウィリー　1940.3.6-2001.4.9）

Starhemberg, Ernst Rüdiger von
オーストリアの政治家。オーストリアのファッショ団体「Heimwehr」を創立（1929）。
⇒岩世人（シュターレンベルク　1899.5.10-1956.3.15）

Starhin, Victor
ロシア生まれの日本のプロ野球投手。
⇒ア太戦（スタルヒン　1916-1957）

Stark, Johannes
ドイツの物理学者。カナール線におけるドップラー効果, 水素スペクトル線のシュタルク効果を発見。
⇒岩世人（シュタルク　1874.4.15-1957.6.21）
　三新物（シュタルク　1874-1957）
　ノベ3（シュタルク, J.　1874.4.15-1957.6.21）
　物理（シュタルク, ヨハネス　1874-1957）

Stark, Philip
カナダのテノール歌手。
⇒魅惑（Stark,Philip（Phil）　1929-1992）

Stark, Rodney
アメリカの宗教社会学者。
⇒現宗（スターク　1940-）

Stark, Ulf
スウェーデンの児童文学者。
⇒絵本（スタルク, ウルフ　1944-）
　現世文（スタルク, ウルフ　1944-2017.6.13）

Stark, Werner
オーストリア生まれの経済学者, 社会学者。
⇒社小増（スターク　1909-1985）

Starke, Andrasch
ドイツの騎手。
⇒外16（シュタルケ, アンドレアシュ　1974.1.4-）

Starker, Janos
ハンガリー, のちアメリカのチェロ奏者。
⇒新音中（シュタルケル, ヤーノシュ　1924.7.5-）
　ネーム（シュタルケル　1924-2013）
　標音2（シュタルケル, ヤーノシュ　1924.7.5-）

Starling, Ernest Henry
イギリスの生理学者。ホルモン学の基礎を築いた。
⇒岩生（スターリング　1866-1927）
　岩世人（スターリング　1866.4.17-1927.5.2）
　旺ży5（スターリング　1866-1927）
　ネーム（スターリング　1866-1927）

Starling, Simon
イギリス生まれの芸術家。
⇒外12（スターリング, サイモン　1967-）
　外16（スターリング, サイモン　1967-）
　現アテ（Starling,Simon　スターリング, サイモン　1967-）

Starn, Doug
アメリカの現代美術家。
⇒芸13（スターン, トゥインズ　1961-）

Starn, Mike
アメリカの現代美術家。
⇒芸13（スターン, トゥインズ　1961-）

Starobinets, Anna
ロシアの作家, ジャーナリスト, 文芸批評家。
⇒現世文（スタロビネツ, アンナ　1978.10.25-）

Starobinski, Jean
スイスの評論家。主著『ジャン=ジャック・ルソー』（1957）。
⇒岩世人（スタロバンスキー　1920.11.17-）
　広辞7（スタロバンスキー　1920-）
　メル3（スタロバンスキー〔スタロビンスキー〕, ジャン　1920-）

Starowieyski, Franciszek
ポーランドの画家。
⇒グラデ（Starowieyski,Franciszek（Jan Byk）　スタロヴィエイスキ, フランチシェク（ヤン・ビク）　1930-）

Starr, Edwin
アメリカ生まれの歌手。
⇒ロック（Starr,Edwin　スター, エドウィン　1942.1.21-）

Starr, Frederick
アメリカの教育者。
⇒アア歴（Starr,Frederick　スター, フレデリック　1858.9.2-1933.8.14）

Starr, Kay
アメリカの女性ジャズ歌手。
⇒ロック（Starr,Kay　スター, ケイ　1922.7.1–）

Starr, Mark
アメリカの労働教育運動家。
⇒日エ（スター　1894.4.27–1985.4.24）

Starr, Ringo
イギリスのロック音楽家。ビートルズのメンバー。
⇒外12（スター, リンゴ　1940.7.7–）
　外16（スター, リンゴ　1940.7.7–）
　新音中（スター, リンゴ　1940.7.7–）
　ロック（Starr,Ringo　スター, リンゴ）

Starrett, Charles
アメリカの男優、フットボール選手。
⇒ク俳（スターレット, チャールズ　1904–1986）

Starrett, Vincent
アメリカの作家。
⇒現世文（スタリット, ビンセント　1886.10.26–1974.1.5）

Startz, Drago
クロアチアのテノール歌手。
⇒魅惑（Startz,Drago　1917–1984）

Starzl, Thomas Earl
アメリカの外科医。肝臓移植の権威。
⇒岩世人（スターズル　1926.3.11–）
　外16（スターズル, トーマス　1926.3.11–）

Stashinsky, Bogdan
KGBの暗殺者。
⇒スパイ（スタシンスキー, ボグダン　1931–）

Stashower, Daniel
アメリカの作家、ジャーナリスト。
⇒外12（スタシャワー, ダニエル　1960–）
　外16（スタシャワー, ダニエル　1960–）
　現世文（スタシャワー, ダニエル　1960–）

Stasi, Domingo
テノール歌手。
⇒魅惑（Stasi,Domingo　?–）

Stasiuk, Andrzej
ポーランドの作家、劇作家、エッセイスト。
⇒岩世人（スタシュク　1960.9.25–）

Stassen, Harold Edward
アメリカの政治家。アメリカ大統領特別補佐官、ミネソタ州知事。
⇒アメ州（Stassen,Harold　スタッセン, ハロルド　1907–）
　岩世人（スタッセン　1907.4.13–2001.3.4）

Statham, Jason
イギリスの俳優。
⇒遺産（ステイサム, ジェイソン　1967.7.26–）
　外12（ステイサム, ジェイソン　1972.9.12–）
　外16（ステイサム, ジェイソン　1972.9.12–）

Statler, Ellsworth Milton
アメリカのホテル経営者。
⇒岩世人（スタットラー　1863.10.26–1928.4.16）

Staub, Daniel Joseph（Rusty）
アメリカの大リーグ選手（外野、一塁、DH）。
⇒メジャ（ストーブ, ラスティ　1944.4.1–）

Staudinger, Franz
ドイツの社会主義哲学者。主著『倫理の経済的基礎』（1907）など。
⇒岩世人（シュタウディンガー　1849.2.15–1921.11.18）
　学叢思（シュタウディンガー, フランス　1849–1921）

Staudinger, Hermann
ドイツの化学者。高分子物質溶液の粘度と分子量との関係式を見出した。1953年ノーベル化学賞受賞。
⇒岩世人（シュタウディンガー　1881.3.23–1965.9.8）
　化学（シュタウディンガー　1881–1965）
　広辞7（シュタウディンガー　1881–1965）
　ノベ3（シュタウディンガー,H.　1881.3.23–1965.9.8）

Stauffenberg, Claus Schenk Graf von
1944年7月20日のドイツ陸軍上層部を中心とするヒトラー暗殺未遂事件の首謀者の一人。
⇒岩世人（シュタウフェンベルク　1907.11.15–1944.7.20）
　世暗（シュタウフェンベルク伯爵, クラウス・シェンク・フォン　1907–1944）
　ネーム（シュタウフェンベルク　1907–1944）

Stauffer, Ethelbert
ドイツのルター派神学者、新約聖書学者。
⇒新カト（シュタウファー　1902.5.8–1979.8.1）

Stauning, Thorvald
デンマークの政治家。最初の社会民主党政府を樹立。
⇒岩世人（スタウニング　1873.10.26–1942.5.3）

Staunton, Imelda
イギリスの女優。
⇒外12（スタウントン, イメルダ　1956.1.9–）
　外16（スタウントン, イメルダ　1956.1.9–）

Staunton, John Armitage, Jr.
アメリカの宣教師。
⇒アア歴（Staunton,John A（rmitage）,Jr.　ストーントン, ジョン・アーミテージ, ジュニア　1864.4.14–1944.5.24）

Staviski, Maxim
ブルガリアのフィギュアスケート選手（アイス

ダンス)。
⇒最世ス (スタヴィスキー, マキシム 1977.11.16–)

Stavisky, Serge Alexandre
ロシア生まれのフランスの詐欺師。4千万フランの偽造証券を大衆に売りつけた(スタヴィスキー事件)。
⇒岩世人 (スタヴィスキー 1886–1934.1.8)
ユ著人 (Stavisky,Serge Alexandre スタヴィスキー, セルジュ・アレキサンドレ 1886–1934)

Stavrianos, Leften Stavros
カナダ生まれの歴史学者、バルカン史研究者。
⇒岩世人 (スタヴリアノス 1913.2.5–2004.3.24)

Stavru, Cornel
ルーマニアのテノール歌手。
⇒失声 (スタヴル, コルネル 1929–2009)
魅惑 (Stavru,Cornel 1929–)

Stavskii, Vladimir Petrovich
ソ連の小説家。『コサック村』(1929) などルポルタージュ風の小説を書いた。
⇒現世文 (スタフスキー, ウラジーミル・ペトローヴィチ 1900–1943.11.14)

Stcherbatskoi, Fyodor Ippolitvich
ロシアの仏教学者。
⇒岩世人 (シチェルバツコイ 1866.8.30/9.11–1942.3.18)
オク仏 (チェルバツキー, フェドール・イッポリトーヴィチ 1866–1942)

Stead, C(hristian) K(arlson)
ニュージーランドの小説家, 詩人, 批評家。
⇒現世文 (ステッド, クリスチアン・カールソン 1932.10.17–)
ニュー (スティード, クリスチャン 1932–)

Stead, Christina Ellen
オーストラリアの女性小説家。作品に『シドニーの七人の貧しい男たち』『愛のためだけに』など。
⇒現世文 (ステッド, クリスティーナ・エレン 1902.7.17–1983.3.31)

Stead, John Edward
イギリスの冶金学者。
⇒化学 (ステッド 1851–1923)

Stead, Rebecca
アメリカのファンタジー作家。
⇒外12 (ステッド, レベッカ 1968.1–)
外16 (ステッド, レベッカ 1968.1–)
海文新 (ステッド, レベッカ 1968.1.16–)
現世文 (ステッド, レベッカ 1968.1.16–)

Stead, William Thomas
イギリスのジャーナリスト。"Review of Reviews"誌を創刊 (1890), 古典の廉価版を刊行 (95)。タイタニック号沈没事件により没。

⇒岩世人 (ステッド 1849.7.5–1912.4.15)

Steagall, Henry Bascom
アメリカの弁護士。下院議員。
⇒アメ経 (スティーガル, ヘンリー 1873.5.19–1943.11.22)

Steamboat, Ricky
アメリカのプロレスラー。
⇒異二辞 (スティムボート, リッキー 1953–)

Stearn, William Thomas
イギリスの植物学者。
⇒岩世人 (スターン 1911.4.16–2001.5.8)

Stearnes, Norman Thomas (Turkey)
アメリカのニグロリーグの選手(外野)。
⇒メジャ (スターンズ, ターキー 1901.5.8–1979.9.4)

Stearns, John Hardin
アメリカの大リーグ選手(捕手)。
⇒メジャ (スターンズ, ジョン 1951.8.21–)

Stebbing, Susan
イギリスの哲学者。
⇒岩世人 (ステビング 1885.12.2–1943.9.11)

Stebbins, Joel
アメリカの天文学者。
⇒天文大 (ステビンス 1878–1966)

Steblyanko, Alexei
ロシアのテノール歌手。
⇒失声 (ステブリヤンコ, アレクセイ 1950–)
魅惑 (Steblianko,Alexei 1950–)

Stecher, Mario
オーストリアのスキー選手(複合)。
⇒外12 (シュテヒャー, マリオ 1977.7.17–)
外16 (シュテヒャー, マリオ 1977.7.17–)
最世ス (シュテヒャー, マリオ 1977.7.17–)

Ste-Croix, Gilles
カナダのサーカス演出家。
⇒外12 (サンクロワ, ジル)
外16 (サンクロワ, ジル)

Stedman, M.L.
オーストラリアの作家。
⇒海文新 (ステッドマン,M.L.)

Steed, Gitel Gertrude Poznanski
アメリカの人類学者。
⇒アア歴 (Steed,Gitel (Gertrude) P(oznanski) スティード, ギテル・ガートルード・ポズナンスキー 1914.5.3–1977.9.6)

Steed, Henry Wickham
イギリスのジャーナリスト。「タイムズ」紙の外報部長(1914〜19), 編集局長(19〜22)のの

ち「レヴュー・オブ・レヴュー」誌の発行人（23〜30）。
⇒岩世人（スティード　1871.10.10–1956.1.13）

Steedman, Ian
イギリス・ロンドン生まれの経済思想家。
⇒岩経（スティードマン　1941–）
　岩世人（スティードマン　1941–）
　有経5（スティードマン　1941–）

Steel, Anthony
イギリス生まれの俳優。
⇒ク俳（スティール，アンソニー　1919–2001）

Steel, Danielle
アメリカの作家。
⇒外12（スティール，ダニエル　1950.8.14–）
　外16（スティール，ダニエル　1950.8.14–）
　現世文（スティール，ダニエル　1950.8.14–）

Steel, David Martin Scott, Baron S. of Aikwood
イギリスの政治家。
⇒岩世人（スティール　1938.3.31–）

Steel, Eric
アメリカの映画監督，映画プロデューサー。
⇒外12（スティール，エリック　1985–）

Steel, James
イギリスの作家。
⇒海文新（スティール，ジェイムズ）
　現世文（スティール，ジェームズ）

Steele, Barbara
イギリス生まれの女優。
⇒ク俳（スティール，バーバラ　1937–）

Steele, Michael
アメリカ（アフリカ系）の政治家。共和党全国委員長。
⇒外12（スティール，マイケル　1958–）
　外16（スティール，マイケル　1958–）
　世指導（スティール，マイケル　1958–）

Steele, Tommy
イギリス生まれの俳優。
⇒ク俳（スティール，トミー（ヒックス，T）　1936–）
　ロック（Steele,Tommy　スティール，トミー　1936.12.17–）

Steele, Wilbur Daniel
アメリカの小説家。
⇒アメ州（Steele,Wilbur Daniel　スティール，ウイルバー・ダニエル　1886–1970）

Steeman, Stanislas André
ベルギーの作家。
⇒現世文（ステーマン，スタニスラス・アンドレ　1908.1.23–1970.12.15）

Steemann Nielsen, Ejner
デンマークの海洋・陸水生物学者。
⇒岩世人（ステーマン・ニルセン　1907.6.13–1989.4.17）

Steenburgen, Mary
アメリカ生まれの女優。
⇒ク俳（スティーンバーゲン，メアリー　1952–）

Steenrod, Norman Earl
アメリカの数学者。
⇒世数（スティーンロッド，ノーマン・アール　1910–1971）

Steere, Joseph Beal
アメリカの鳥類学者。
⇒アア歴（Steere,Joseph B（eal）　スティア，ジョゼフ・ビール　1842.2.9–1940.12.7）

Stefani, Gwen
アメリカの歌手，女優。
⇒外12（ステファニー，グウェン　1969.10.3–）
　外16（ステファニー，グウェン　1969.10.3–）

Štefánik, Milan Rastislav
チェコスロバキアの将軍，政治家。亡命臨時政府の軍事相，チェコスロバキア建国を推進。
⇒岩世人（シチェファーニク　1880.7.21–1919.5.4）

Stefanova, Kalina
ブルガリアの作家。
⇒外12（ステファノバ，カリーナ　1962–）
　外16（ステファノバ，カリーナ　1962–）
　海文新（ステファノバ，カリーナ　1962–）
　現世文（ステファノバ，カリーナ　1962–）

Stefansson, Vilhjalmur
アメリカの地理学者。人類学者，探検家としても有名。エスキモーの生活様式などについて実態調査を行い学界に貢献。
⇒岩世人（ステファンソン　1879.11.3–1962.8.26）

Steffen, Britta
ドイツの水泳選手（自由形）。
⇒外12（シュテフェン，ブリッタ　1983.11.16–）
　外16（シュテフェン，ブリッタ　1983.11.16–）
　最世ス（シュテフェン，ブリッタ　1983.11.16–）

Steffens, Joseph Lincoln
アメリカのジャーナリスト。
⇒岩世人（ステフェンズ　1866.4.6–1936.8.9）

Steger, Brigitte
オーストリア生まれの日本学研究者。ケンブリッジ大学東アジア研究所准教授。
⇒外16（シテーガ，ブリギッテ　1965–）

Stegerwald, Adam
ドイツのカトリック系労働運動指導者。
⇒岩世人（シュテーガーヴァルト　1874.12.14–1945.12.3）

Steglich, Rudolf
ドイツの音楽学者。「ヘンデル年報」(1928～33)「音楽研究雑誌」(36～40)の編集者として知られる。
⇒標音2（シュテークリヒ，ルードルフ　1886.2.18－1976.7.8）

Stegmann, Matthias von
ドイツのオペラ演出家。
⇒外12（シュテークマン，マティアス・フォン）
　外16（シュテークマン，マティアス・フォン）

Stegmüller, Wolfgang
西ドイツの哲学者。ミュンヘン大学教授(1958～)。科学論, 論理学, 分析哲学を研究。
⇒岩世人（シュテークミュラー　1923.6.3－1991.6.1）

Stegner, Wallace Earle
アメリカの小説家。
⇒岩世人（ステグナー　1909.2.18－1993.4.13）
　現世文（ステグナー，ウォーレス　1909.2.18－1993.4.13）

Stehen, Chales Edgar
ドイツの火山学者。東インドの41の活火山を精査し，東南アジアにおける火山研究の開拓者。
⇒岩世人（シュテーエン　1884.11.10－1945.5.17）

Stehr, Hermann
ドイツの作家。主著『三夜』(1909), 『聖人屋敷』(18)。
⇒岩世人（シュテール　1864.2.16－1940.9.11）

Steichen, Edward
アメリカの写真家。ニューヨーク近代美術館写真部長。
⇒アメ新（スタイケン　1879-1973）
　岩世人（スタイケン　1879.3.27－1973.3.25）
　芸13（スタイケン，エドワード　1879－1973）
　広辞7（スタイケン　1879－1973）

Steichen, Michael
フランスの宣教師。司祭に叙せられ日本布教に出発。
⇒岩世人（スタイヘン（ステイシェン）　1857-1929.7.26）
　新カト（シュタイシェン　1857.12.17－1929.7.26）

Steiff, Margarete
ドイツの人形製造者。
⇒岩世人（シュタイフ　1847.7.24－1909.5.9）
　ポプ人（シュタイフ，マルガレーテ　1847－1909）

Steig, William
アメリカの漫画家, 絵本作家。
⇒絵本（スタイグ，ウィリアム　1907－2003）

Steiger, Otto
スイスの作家。
⇒現世文（シュタイガー，オットー　1909－2005）

Steiger, Paul E.
アメリカのジャーナリスト。
⇒外12（スタイガー，ポール　1942.8.15－）
　外16（スタイガー，ポール　1942.8.15－）

Steiger, Rod
アメリカ生まれの俳優。
⇒ク俳（スタイガー，ロッド（スタイガー，ロドニー）　1925-2002）
　スター（スタイガー，ロッド　1925.4.14－2002）
　ユ著人（Steiger,Rod　スタイガー，ロッド　1925-）

Steil, Benn
アメリカの経済学者。
⇒外16（スティール，ベン）

Stein, Edith
ドイツ（ユダヤ系）の女性哲学者。アウシュビッツの強制収容所で死亡。主著『有限なるものと永遠の存在』(1950)など。
⇒岩キ（シュタイン　1891-1942）
　岩世人（シュタイン　1891.10.12－1942.8.9）
　オク教（シュタイン（聖）　1891－1942）
　教聖（聖テレサ・ベネディクタ（十字架の）おとめ殉教者（エディト・シュタイン）　1891.10.12－1942.8.9）
　新カト（エディット・シュタイン　1891.10.12－1942.8.9）

Stein, Edward F.
アメリカの大リーグ選手（投手）。
⇒メジャ（スタイン，エド　1869.9.5－1928.5.10）

Stein, Friedrich
ドイツの法学者。主著『裁判官の私知』(1893)。
⇒岩世人（シュタイン　1859.1.27－1923.7.12）

Stein, Garth
アメリカの作家。
⇒海文新（スタイン，ガース）
　現世文（スタイン，ガース）

Stein, Gertrude
アメリカの女性詩人, 小説家。「失われた世代」の名づけ親。
⇒アメ新（スタイン　1874-1946）
　岩世人（スタイン　1874.2.3－1946.7.27）
　現世文（スタイン，ガートルード　1874.2.3－1946.7.27）
　広辞7（スタイン　1874－1946）
　新カト（スタイン　1874.2.3－1946.7.27）
　西文（スタイン，ガートルード　1874－1946）
　ヘミ（スタイン，ガートルード　1874－1946）
　ユ著人（Stein,Gertrude　スタイン，ガートルード　1874－1946）

Stein, Gunther
ドイツ生まれのアメリカ（ユダヤ系）の外交評論家, 新聞記者。その著 "Challenge of Red China" (1945)は中国共産党に好意的で, 重慶政府に批判的であったため国民党政府により発禁

となった。
⇒岩世人（スタイン　1900–1961）

Stein, Horst
ドイツの指揮者。
⇒オペラ（シュタイン,ホルスト　1928–2008）
標音2（シュタイン,ホルスト　1928.5.2–2008.7.27）

Stein, Joseph
アメリカの台本家。
⇒ユ著人（Stein,Joseph　スタイン,ジョージィフ　1912–）

Stein, Ludwig
ドイツの哲学者。雑誌「哲学史紀要」、「ベルン哲学哲学史研究」、叢書『社会』の発行に参加。
⇒岩世人（シュタイン　1859.11.12–1930.7.13）

Stein, Marc Aurel
イギリスの探検家、東洋史学者。
⇒岩世人（スタイン　1862.11.26–1943.10.26）
書道増（スタイン,サー・オーレル　1862–1943）
新佛3（スタイン　1862–1943）
世人改（スタイン　1862–1943）
世人新（スタイン　1862–1943）
世人装（スタイン　1862–1943）
中書文（スタイン　1862–1943）
中文史（スタイン　1862–1943）
ポプ人（スタイン,マーク・オーレル　1862–1943）

Stein, Peter
西ドイツの演出家。精緻にしてセンセーショナルな演出によって1960年代後半の西ドイツ演劇界に確固たる地位を築いた。
⇒岩世人（シュタイン　1937.10.1–）
外12（シュタイン,ペーター　1937.10.1–）
外16（シュタイン,ペーター　1937.10.1–）

Stein, Willi
ドイツのテノール歌手。
⇒魅惑（Stein,Willi　?–）

Stein, William Howard
アメリカの生化学者。リボヌクレアーゼ分子のアミノ酸配列を決定し、その活性中心と化学構造との関係を明らかにした。ノーベル化学賞を受賞（1972）。
⇒岩生（スタイン　1911–1980）
岩世人（スタイン　1911.6.25–1980.2.2）
化学（スタイン　1911–1980）
ノベ3（スタイン,W.H.　1911.6.25–1980.2.2）
ユ著人（Stein,William Haward　スタイン,ウイリアム・ハワード　1911–1980）

Steinach, Eugen
オーストリアの生理学者。精管結紮切断などによって若返るというシュタイナハ手術を唱えた。
⇒岩世人（シュタイナッハ　1861.1.22–1944.5.14）

Steinbach, Haim
イスラエル生まれのディスプレイ装飾家。
⇒シュル（スタインバック,ハイム　1944–）

Steinbach, Heribert
ドイツのテノール歌手。
⇒魅惑（Steinbach,Heribert　1937–）

Steinbach, Terry Lee
アメリカの大リーグ選手（捕手）。
⇒メジャ（スタインバック,テリー　1962.3.2–）

Steinbacher, Arabella Miho
ドイツのヴァイオリン奏者。
⇒外12（シュタインバッハー,アラベラ・美歩　1981–）
外16（シュタインバッハー,アラベラ・美歩　1981–）

Steinbeck, John Ernst
アメリカの小説家。代表作『怒りの葡萄』（1939）でピュリッツァー賞受賞。1962年ノーベル文学賞受賞。
⇒アメ経（スタインベック,ジョン　1902–1968.12.20）
アメ州（Steinbeck,John Ernst　スタインベック,ジョン・アーンスト　1902–1968）
アメ新（スタインベック　1902–1968）
岩世人（スタインベック　1902.2.27–1968.12.20）
現世文（スタインベック,ジョン　1902.2.27–1968.12.20）
広辞7（スタインベック　1902–1968）
新カト（スタインベック　1902.2.27–1968.12.20）
西文（スタインベック,ジョン　1902–1968）
世人新（スタインベック　1902–1968）
世人装（スタインベック　1902–1968）
ノベ3（スタインベック,J.E.　1902.2.27–1968.12.20）
ヘミ（スタインベック,ジョン　1902–1968）
ポプ人（スタインベック,ジョン　1902–1968）

Steinberg, Hank
アメリカの作家、脚本家。
⇒海文新（スタインバーグ,ハンク　1969.11.19–）

Steinberg, Hannah
オーストリア・ウィーン生まれの実験精神薬理学の先駆者。UCL精神薬理学名誉教授。
⇒精医歴（スタインバーグ,ハンナ　1926頃–）

Steinberg, James B.
アメリカの政治家。
⇒外12（スタインバーグ,ジェームズ　1953–）
外16（スタインバーグ,ジェームズ　1953–）

Steinberg, Janice
アメリカの作家、ジャーナリスト。
⇒海文新（スタインバーグ,ジャニス）
現世文（スタインバーグ,ジャニス）

Steinberg, Saul
アメリカのイラストレーター。

⇒岩世人（スタインバーグ 1914.6.15–1999.5.12）
グラデ（Steinberg,Saul スタインバーグ, ソール 1914–1999）
ユ著人（Steinberg,Saul スタインバーグ, ソール 1914–1999）

Steinberg, William
ドイツ生まれの指揮者。ナチスより亡命し、北米、中南米の一流交響楽団を指揮。
⇒新音中（スタインバーグ, ウィリアム 1899.8.1–1978.5.16）
標音2（スタインバーグ, ウィリアム 1899.8.1–1978.5.16）
ユ著人（Steinberg,William スタインバーグ, ウィリアム 1899–1978）

Steinberg, Yehudah
ベッサラビア生まれの作家、教育者。
⇒ユ著人（Steinberg,Yehudah シュタインベルク, イェフダー 1863–1908）

Steinberger, Jack
アメリカの物理学者。1988年ノーベル物理学賞。
⇒ネーム（シュタインバーガー 1921–）
ノベ3（シュタインバーガー,J. 1921.5.25–）
ユ著人（Steinberger,Jack スタインバーガー, ジャック 1921–）

Steinbrecher, Marianne
ブラジルのバレーボール選手。
⇒最世ス（ステインブレシェル, マリアーネ 1983.8.23–）

Steinbrenner, George M.
アメリカの大リーグ、ヤンキースのオーナー。
⇒岩世人（スタインブレナー 1930.7.4–2010.7.13）
メジャ（スタインブレナー, ジョージ 1930.7.4–2010.7.13）

Steinbrenner, Hal
アメリカの実業家。
⇒外12（スタインブレナー, ハル 1969–）
外16（スタインブレナー, ハル 1969–）

Steinbrenner, Hank
アメリカの実業家。
⇒外12（スタインブレナー, ハンク）
外16（スタインブレナー, ハンク）

Steinbrück, Peer
ドイツの政治家。
⇒外12（シュタインブリュック, ペール 1947.1.10–）
外16（シュタインブリュック, ペール 1947.1.10–）
世指導（シュタインブリュック, ペール 1947.1.10–）

Steinbüchel, Theodor
ドイツの哲学者、神学者。主著『道徳的理念としての社会主義』(1921) など。
⇒岩世人（シュタインビュヒェル 1888.6.15–1949.2.11）

新カト（シュタインビューヘル 1888.6.15–1949.2.19）

Steindl, Joseph
オーストリア・ウィーン生まれの経済思想家。
⇒岩経（シュタインドル 1912–1993）
有経5（シュタインドル 1912–1993）

Steindorff, Georg
ドイツのエジプト学者。
⇒岩世人（シュタインドルフ 1861.11.12–1951.8.28）

Steineck, Christian
ドイツの哲学者、日本学者、応用倫理学者、文化哲学者。
⇒岩世人（シュタイネック 1966.6.8–）

Steinem, Gloria
アメリカのフェミニスト、ジャーナリスト。リブ運動のための雑誌「Ms.（ミズ）」を共同創刊。「Ms.」という新語の使用を推進、1975年の国際婦人年では正式採用された。
⇒アメ州（Steinem,Gloria スタイナム, グロリア 1936–）
外12（スタイネム, グロリア 1934.3.25–）
外16（スタイネム, グロリア 1934.3.25–）
ユ著人（Steinem,Gloria スタイネム, グロリア 1934–）

Steiner, Ezra Burkholder
アメリカの宣教師。
⇒アア歴（Steiner,Ezra Burkholder スタイナー, エズラ・バークホルダー 1877.6.8–1955.11.4）

Steiner, Francis George
アメリカ国籍の国際的文芸批評家。オーストリア系ユダヤ人。ナチズム体験と学際的知性との独自の融合が生みだす批評に特色がある。
⇒岩世人（スタイナー 1929.4.23–）
広辞7（スタイナー 1929–）
メル別（スタイナー, フランシス・ジョージ 1929–）
ユ著人（Steiner,George スタイナー, ジョージ 1929–）

Steiner, Jesse Frederick
アメリカの社会学者。
⇒社小増（スタイナー 1880–1962）

Steiner, Jörg
スイスの作家、詩人。
⇒現世文（シュタイナー, イエルク 1930.10–）

Steiner, Kurt
アメリカの政治学者。スタンフォード大学名誉教授。
⇒アア歴（Steiner,Kurt スタイナー, カート 1912.6.10–）

Steiner, Matthias
ドイツの重量挙げ選手。
⇒外12（シュタイナー, マティアス 1982.8.25–）

最世ス（シュタイナー，マティアス　1982.8.25–）

Steiner, Max
オーストリア生まれのアメリカの映画音楽作曲家。『風と共に去りぬ』など多数の映画音楽を作曲し，アカデミー劇映画音楽賞を3回受賞。
⇒エデ（スタイナー［シュタイナー］，マックス［マクシミリアン・ラウル・ヴァルター］　1888.5.10–1971.12.28）
ク音3（スタイナー　1888–1971）
新音中（スタイナー，マックス　1888.5.10–1971.12.28）
ネーム（スタイナー　1888–1971）
標音2（スタイナー，マックス　1888.5.10–1971.12.28）
ユ著人（Steiner,Max　シュタイナー，マックス　1888–1971）

Steiner, Rudolf
ドイツの哲学者。人智学会を設立し，人智学を創始した。主著『自由の哲学』(1894)など。
⇒岩世人（シュタイナー　1861.2.27–1925.3.30）
オク教（シュタイナー　1861–1925）
教思増（シュタイナー　1861–1925）
教小3（シュタイナー　1861–1925）
教人（シュタイナー　1861–1925）
現宗（シュタイナー　1861–1925）
広辞7（シュタイナー　1861–1925）
新カト（シュタイナー　1861.2.27–1925.3.30）
世界子（シュタイナー，ルドルフ　1861–1925）
哲中（シュタイナー　1861–1925）
ネーム（シュタイナー，ルドルフ　1861–1925）
ポプ人（シュタイナー，ルドルフ　1861–1925）

Steinfeld, Edward S.
アメリカの中国研究家。
⇒外12（スタインフェルド，エドワード）
外16（スタインフェルド，エドワード）

Steinfeld, Hailee
アメリカの女優。
⇒外12（スタインフェルド，ヘイリー）
外16（スタインフェルド，ヘイリー　1996.12.11–）

Steinfeldt, Harry M.
アメリカの大リーグ選手(三塁，二塁)。
⇒メジャ（スタインフェルト，ハリー　1877.9.29–1914.8.17）

Steinhagen, Ruth Anne
アメリカの大リーグ選手エディー・ウェイカスの暗殺者。
⇒世暗（スタインヘイゲン，ルース・アン　1930–）

Steinhauer, Olen
アメリカの作家。
⇒外16（スタインハウアー，オレン　1970–）
海文新（スタインハウアー，オレン　1970–）
現世文（スタインハウアー，オレン　1970–）

Steinhauer, Sherri
アメリカのプロゴルファー。
⇒外12（スタインハウアー，シェリ　1962.12.27–）
外16（スタインハウアー，シェリ　1962.12.27–）
最世ス（スタインハウアー，シェリ　1962.12.27–）

Steinhaus, Arthur H.
アメリカの生理学者。運動の基礎代謝に及ぼす影響や，姿勢の生理を研究し，運動生理学に新生面を開いた。『タバコと健康』(1943)などの著書がある。
⇒岩世人（スタインハウス　1897.10.4–1970.2.8）

Steinhaus, Hugo
ポーランドの数学者。
⇒世数（シュタインハウス，ヒューゴ・ディオニジ　1887–1972）

Steinhöfel, Andreas
ドイツの児童文学作家。
⇒外12（シュタインヘーフェル，アンドレアス　1962–）
外16（シュタインヘーフェル，アンドレアス　1962–）
現世文（シュタインヘーフェル，アンドレアス　1962–）

Steinhoff, Ernst-August
ドイツのテノール歌手。
⇒魅惑（Steinhoff,Ernst-August　1917–1998）

Steinitz, Ernst
ドイツの代数学者。
⇒数辞（スタイニッツ，エルンスト　1871–1928）
世数（シュタイニッツ，エルンスト　1871–1928）

Steinlen, Théophile Alexandre
スイス生まれのフランスの挿絵画家，版画家。
⇒異二辞（スタンラン［テオフィル・アレクサンドル・〜］　1859–1923）
岩世人（スタンラン　1859.11.10–1923.12.14）
グラデ（Steinlen,Théophile-Alexandre　スタンラン，テオフィル＝アレクサンドル　1859–1923）
芸13（スタンラン，アレキサンドル　1859–1923）
19仏（スタンラン，テオフィル＝アレクサンドル　1859.11.10–1923.12.14）

Steinman, Ralph Marvin
カナダの免疫学者。
⇒岩世人（スタインマン　1943.1.14–2011.9.30）
科史（スタインマン　1943–2011）
ノベ3（スタインマン，R.M.　1943.1.14–2011.9.30）

Steinmann, Horst
ドイツの経営学者，経営倫理学者。
⇒岩世人（シュタインマン　1934.7.17–）

Steinmeier, Frank-Walter
ドイツの政治家。ドイツ大統領(2017〜)。
⇒外12（シュタインマイヤー，フランクワルター　1956.1.5–）
外16（シュタインマイヤー，フランクワルター　1956.1.5–）
世指導（シュタインマイヤー，フランクワルター

1956.1.5–)

Steinmetz, Charles Proteus
アメリカ(ドイツ系)の電気工学者。
⇒岩世人(スタインメッツ)(シュタインメッツ)
1865.4.9–1923.10.26)
ネーム(スタインメッツ 1865–1923)

Steinmetz, Sebald Rudolf
オランダの社会学者。
⇒社小増(シュタインメッツ 1862–1940)

Steinrück, Albert
ドイツ生まれの俳優。
⇒新音中(シュタイン,ホルスト 1928.5.2–)

Steir, Pat
アメリカ生まれの女性画家。
⇒芸13(ステア,パット 1940–)

Steira, Kristin
ノルウェーのスキー選手(距離)。
⇒外12(ステイラ,クリスティン 1981.4.30–)
外16(ステイラ,クリスティン 1981.4.30–)
最世ス(ステイラ,クリスティン 1981.4.30–)

Steitz, Thomas Arthur
アメリカの生化学者。2009年ノーベル化学賞を受賞。
⇒岩世人(スタイツ 1940.8.23–)
外12(スタイツ,トーマス 1940–)
外16(スタイツ,トーマス 1940.8.23–)
化学(スタイツ 1940–)
ノベ3(スタイツ,T. 1940.8.23–)

Stekel, Wilhelm
ドイツ語系ユダヤ人家族に生まれた性科学者。
⇒精分岩(シュテーケル,ヴィルヘルム 1868–1940)

Stekelis, Moshe
イスラエルの考古学者。
⇒ユ著人(Stekelis,Moshe ステケリス,モシェ 1898–1967)

Steklov, Iulii Mikhailovich
ソ連の政治家。イズヴェスチヤの主筆(1925まで),全ソ中央執行委員。
⇒岩世人(ステクローフ 1873.8.15/27–1941.9.15)
学叢思(ステクロフ 1873–?)

Stella, Antonietta
イタリアのソプラノ歌手。
⇒標音2(ステッラ,アントニエッタ 1929.3.15–)

Stella, Frank
アメリカの画家。
⇒岩世人(ステラ 1936.5.12–)
外12(ステラ,フランク 1936.5.12–)
外16(ステラ,フランク 1936.5.12–)
芸13(ステラ,フランク 1936–)

広辞7(ステラ 1936–)

Stella, Joseph
アメリカの画家。アメリカに未来派の絵画様式を導入。主作品『ブルックリン橋』(1917〜18)。
⇒岩世人(ステラ 1877.6.13–1946.11.5)

Stellio, Alexandre
フランスの海外県マルティニーク(西インド諸島東部)の作曲家,クラリネット奏者,指揮者。
⇒岩世人(ステリオ 1885.4.16–1939.7.27)

Stelmach, Orest
アメリカの作家。
⇒海文新(ステルマック,オレスト)
現世文(ステルマック,オレスト)

Stel'mah, Mihailo Afanas'evich
ソ連,ウクライナの小説家。代表作に『大家族』(1950),『人の血は水ならず』(57),『パンと塩』(58)の三部作がある。
⇒現世文(ステリマフ,ミハイロ・パナーソヴィチ 1912.5.24–1983.9.27)

Stemme, Nina
スウェーデンのソプラノ歌手。
⇒外12(ステンメ,ニーナ 1963–)
外16(ステンメ,ニーナ 1963–)

Sten, Anna
ロシア生まれの女優。
⇒ク俳(ステン,アンナ(スヤケヴィッチ,アンジュシュカ・ステンスカヤ) 1908–1993)

Sten, Viveca
スウェーデンの作家。
⇒海文新(ステン,ヴィヴェカ 1959–)
現世文(ステン,ヴィヴェカ 1959–)

Stengel, Casey
アメリカの野球選手,監督。
⇒岩世人(ステンゲル 1890.7.30–1975.9.29)
メジャ(ステンゲル,ケイシー 1890.7.30–1975.9.29)

Stengers, Isabelle
ベルギーの哲学者。
⇒メル別(スタンジェール,イザベル 1949–)

Stenhammar, Wilhelm Eugen
スウェーデンの作曲家,ピアノ奏者。指揮者としても著名。
⇒岩世人(ステンハンマル 1871.2.7–1927.11.20)
ク音3(ステンハンマル 1871–1927)
新音中(ステーンハンマル,ヴィルヘルム 1871.2.7–1927.11.20)
標音2(ステンハンマー,ヴィルヘルム 1871.2.7–1927.11.20)

Stenmark, Ingemar
スウェーデンのスキー選手。
⇒岩世人(ステンマルク 1956.3.18–)

Stennett, Renaldo Antonio
アメリカの大リーグ選手(二塁)。
⇒メジャ (ステネット, レニー 1951.4.5–)

Stenson, Henrik
スウェーデンのプロゴルファー。
⇒外16 (ステンソン, ヘンリク 1976.4.5–)
　最世ス (ステンソン, ヘンリク 1976.4.5–)

Stenton, *Sir* Frank Merry
イギリスの歴史家。レディング大学近代史教授(1912〜46),同副総長(46〜50)。
⇒岩世人 (ステントン 1880.5.17–1967.9.15)

Stenzel, Jacob Charles
アメリカの大リーグ選手(外野)。
⇒メジャ (ステンゼル, ジェイク 1867.6.24–1919.1.6)

Stepanenko, Galina
ロシアのバレリーナ。
⇒外12 (ステパネンコ, ガリーナ)
　外16 (ステパネンコ, ガリーナ)

Stepanov, Aleksandr Nikolaevich
ソ連の作家。スターリン賞をうけた長篇『旅順港』(1940〜41)で有名。
⇒現世文 (ステパーノフ, アレクサンドル・ニコラエヴィチ 1892.2.2–1965.10.30)
　ネーム (ステパーノフ 1892–1965)

Stepanov, Victo
カレリア自治共和国最高会議議長。
⇒世指導 (ステパノフ, ヴィクトル 1947–)

Stepashin, Sergei Vadimovich
ロシアの政治家。ロシア首相。
⇒岩世人 (ステパーシン 1952.3.2–)
　外12 (ステパーシン, セルゲイ 1952.3.2–)
　外16 (ステパーシン, セルゲイ 1952.3.2–)
　スパイ (ステパーシン, セルゲイ・ワジモヴィチ 1952–)
　世指導 (ステパーシン, セルゲイ 1952.3.2–)

Stephanie de Saxe-Cobourg et Gotha
オーストリア皇太子ルドルフの妃。ベルギー王レオポルド2世の娘。
⇒王妃 (ステファニー 1864–1945)

Stephanopoulos, George Robert
アメリカのキャスター。
⇒外12 (ステファノプロス, ジョージ 1961.2.10–)
　外16 (ステファノプロス, ジョージ 1961.2.10–)

Stephanopoulos, Konstantinos
ギリシャの政治家。ギリシャ大統領(1995〜2005)。
⇒世指導 (ステファノプロス, コンスタンティノス 1926.8.15–2016.11.20)

Stephen, Marcus
ナウルの政治家,重量挙げ選手。ナウル大統領(2007〜11)。
⇒外12 (スティーブン, マーカス 1969.10.1–)
　外16 (スティーブン, マーカス 1969.10.1–)
　世指導 (スティーブン, マーカス 1969.10.1–)

Stephens, Donald Aloysius Marmaduke
マレーシア(サバ)の政治家。
⇒岩世人 (ステファン 1920.9.14–1976.6.6)

Stephens, Helen
イギリスの絵本作家,イラストレーター。
⇒外16 (スティーブンス, ヘレン 1972–)

Stephens, James
アイルランドの詩人,小説家。民話ファンタジー "The Crock of Gold" で1912年Polignac賞を受賞。
⇒岩世人 (スティーヴンズ 1882.2.2–1950.12.26)

Stephens, John
アメリカの作家。
⇒海文新 (スティーブンス, ジョン)

Stephens, Vernon Decatur
アメリカの大リーグ選手(遊撃,三塁)。
⇒メジャ (スティーヴンス, ヴァーン 1920.10.23–1968.11.4)

Stephenson, Jackson Riggs
アメリカの大リーグ選手(外野,二塁)。
⇒メジャ (スティーヴンソン, リッグス 1898.1.5–1985.11.15)

Stephenson, Neal
アメリカの作家。
⇒現世文 (スティーブンソン, ニール 1959–)

Stephenson, Randall L.
アメリカの実業家。
⇒外12 (スティーブンソン, ランドール 1960.4.22–)
　外16 (スティーブンソン, ランドール 1960.4.22–)

Stephenson, *Sir* William
イギリスの秘密情報機関の責任者。
⇒スパイ (スティーヴンソン, サー・ウィリアム 1897–1989)

Stepien, Josef
ポーランドのテノール歌手。
⇒魅惑 (Stepien,Josef ?–)

Stepinac, Alojzije
ユーゴのカトリック大司教。
⇒新カト (ステピナツ 1898.5.8–1960.2.10)

Stepun, Fedor
ロシア生まれのドイツの哲学者。主著 "W. Soloviev" (1910)。
⇒岩世人（ステプン 1884.2.19/3.3–1965.2.23）

Sterkel, Jill
アメリカの女子水泳選手。
⇒岩世人（スターケル 1961.5.27–）

Sterling, Bruce
アメリカの作家。
⇒外12（スターリング, ブルース 1954–）
現世文（スターリング, ブルース 1954–）
ネーム（スターリング, ブルース 1954–）

Sterling, Jan
アメリカの女優。
⇒ク俳（スターリング, ジャン（エイドリアンス, ジェイン・S） 1923–）

Sterling, Robert
アメリカの男優。
⇒ク俳（スターリング, ロバート（ハート, ウィリアム） 1917–）

Stern, Blake
テノール歌手。
⇒魅惑（Stern,Blake ?–?）

Stern, Curt
ドイツ生まれのアメリカの動物学者。実験遺伝学者で、ショウジョウバエで細胞学的に交叉を証明した。
⇒岩生（スターン 1902–1981）
岩世人（スターン 1902.8.30–1981.10.23）

Stern, Daniel N.
アメリカ生まれのスイス在住の乳幼児精神医学者。
⇒精分岩（スターン, ダニエル・N 1934–）

Stern, David
全米バスケットボール協会（NBA）コミッショナー。
⇒外16（スターン, デービッド）

Stern, Erich
ドイツの心理学者, 教育学者。青年心理学を研究。
⇒教人（シュテルン 1889–）

Stern, Ernest
ルーマニア・ブカレスト生まれの舞台装置家。
⇒ユ著人（Stern,Ernest スターン, エルネスト 1876–1954）

Stern, Harold P.
アメリカの東洋美術史学者。フリア美術館館長となり（1971～77）、同館その他での展示活動を通じて日本美術の紹介, 普及に貢献。
⇒岩世人（スターン 1922.5.3–1977.4.3）

Stern, Howard
アメリカのラジオのDJ。
⇒外12（スターン, ハワード 1954.1.12–）
外16（スターン, ハワード 1954.1.12–）

Stern, Isaac
ロシア, のちアメリカのヴァイオリン奏者。
⇒岩世人（スターン 1920.7.21–2001.9.22）
新音中（スターン, アイザック 1920.7.21–2001.9.22）
標音2（スターン, アイザック 1920.7.21–2001.9.22）
ユ著人（Stern,Isaac スターン, アイザック 1920–）

Stern, Louis William
ドイツの心理学者。ナチスの圧迫を逃れて渡米。
⇒岩世人（シュテルン 1871.4.29–1938.3.27）
教人（シュテルン 1871–1938）
メル3（スターン, ウィリアム〔シュテルン, ヴィルヘルム〕 1871–1938）

Stern, Mike
アメリカのジャズ奏者。
⇒外12（スターン, マイク 1953–）
外16（スターン, マイク 1953–）

Stern, Nicholas Herbert
イギリスの経済学者。
⇒外12（スターン, ニコラス 1946–）
外16（スターン, ニコラス 1946–）

Stern, Otto
アメリカ（ドイツ系）の物理学者。ナチスに追われて渡米。1943年ノーベル物理学賞受賞。
⇒岩世人（シュテルン（スターン） 1888.2.17–1969.8.17）
科史（シュテルン 1888–1969）
広辞7（シュテルン 1888–1969）
三新物（シュテルン 1888–1969）
ノベ3（スターン,O. 1888.2.17–1969.8.17）
ユ著人（Stern,Otto シュターン, オットー 1888–1969）

Stern, Philippe
フランスの美術史研究家。インドシナおよびインドの美術発達史研究に新生面を開いた。
⇒岩世人（ステルン 1895.4.11–1979.4.4）

Stern, Philippe
スイスの実業家。パテック・フィリップ社長。
⇒外12（スターン, フィリップ 1938–）

Stern, Richard Martin
アメリカの作家, 英文学者。
⇒現世文（スターン, リチャード・マーティン 1915–2001.10.31）

Stern Avraham
シュテルン隊（Stern Gang）の隊長。
⇒ユ著人（Stern,Abraham シュテルン, アブラハム 1907–1942）

Sternberg, David Theron
アメリカのジャーナリスト。
⇒アア歴（Sternberg,David T (heron) スターンバーグ, デヴィッド・セロン 1910.7.23–1979.9.16）

Sternberg, Erich-Walter
ドイツ生まれのイスラエルの作曲家。
⇒ユ著人（Sternberg,Erich-Walter シュテルンベルク, エーリッヒ=ヴァルター 1898–1974）

Sternberg, Jacques
ベルギーの作家。
⇒現世文（ステンベール, ジャック 1923.4.17–2006.10.21）

Sternberg, Joseph von
アメリカの映画監督。女優M.ディートリッヒと組んだ『嘆きの天使』(1930) や『モロッコ』(30) を作る。
⇒岩世人（スタンバーグ 1894.5.29–1969.12.22）
映監（スタンバーグ, ジョゼフ・フォン 1894.5.29–1969）
広辞7（スタンバーグ 1894–1969）
ユ著人（Sternberg,Josef von スタンバーグ, ヨゼフ・フォン 1894–1969）

Sternberg, Robert Jeffrey
アメリカの心理学者。
⇒岩世人（スタンバーグ 1949.12.8–）

Sternberg, Theodor
ドイツの法学者。東京帝国大学法科大学でドイツ法を教授。司法省顧問をつとめた。
⇒岩世人（シュテルンベルク 1878.1.5–1950.4.18）

Sternberger, Dolf
ドイツの哲学者。実存哲学研究家。
⇒ネーム（シュテルンベルガー 1907–1989）

Sternbergh, Adam
アメリカ在住の作家, ジャーナリスト。
⇒海文新（スターンバーグ, アダム）

Sterne, Maurice
アメリカの芸術家。
⇒アア歴（Sterne,Maurice スターン, モーリス 1878.7.13–1957.7.23）

Sternheim, Carl
ドイツの劇作家。表現主義の指導者の一人。代表作『市民シッペル』(1913)。
⇒岩世人（シュテルンハイム 1878.4.1–1942.11.3）
学叢思（シュテルンハイム, カール 1878–?）
ユ著人（Sternheim,Carl シュテルンハイム, カール 1878–1942）

Stessel, Anatolii Mikhailovich
ロシアの将軍。日露戦争で旅順要塞守備隊司令官。
⇒岩世人（ステッセリ（ステッセル） 1848.6.28–1915.1.5）
広辞7（ステッセル 1848–1915）
ネーム（ステッセリ 1848–1915）

Stetson, John Batterson
アメリカの帽子製造業者。ステットソン大学の設立に尽力。
⇒アメ州（Stetson,John Batterson ステットソン, ジョン・バターソン 1830–1906）

Stettinius, Edward Reilly, Jr.
アメリカの実業家, 政治家。国際連合の創設に尽し、ヤルタ会談、ダンバートン・オークス会談で重要な役割を果した。初代の国連総会アメリカ代表。
⇒アメ経（ステティニアス, エドワード,2世 1900.10.22–1949.10.31）
岩世人（ステッティニアス 1900.10.22–1949.10.31）

Steude, Volkhard
ドイツのヴァイオリン奏者。
⇒外12（シュトイデ, フォルクハルト 1971–）
外16（シュトイデ, フォルクハルト 1971–）

Stevenot, Joseph Emile Hamilton
アメリカの実業家。
⇒アア歴（Stevenot,J(oseph) E(mile) H(amilton) スティーヴノット, ジョゼフ・エミール・ハミルトン 1888.12.23–1943.6.8）

Stevens, Andrew
アメリカ生まれの俳優。
⇒ク俳（スティーヴンズ, アンドルー 1955–）

Stevens, Anthony
イギリスの心理学者, 精神科医。
⇒外12（スティーブンズ, アンソニー 1933–）
外16（スティーブンズ, アンソニー 1933–）

Stevens, April
アメリカ・ナイアガラフォールズ出身の歌手。
⇒ロック（Nino Tempo and April Stevens ニーノ・テンポ＆エイプリル・スティーヴンズ 1936.4.29–）

Stevens, Chevy
カナダの作家。
⇒海文新（スティーヴンス, シェヴィー）
現世文（スティーブンス, シェビー）

Stevens, Connie
アメリカの歌手, 女優。
⇒ク俳（スティーヴンズ, コニー（インゴリア, コンチェッタ） 1938–）

Stevens, Craig
アメリカ生まれの俳優。
⇒ク俳（スティーヴンズ, クレイグ（シクルズ, ゲイル） 1918–2000）

Stevens, De Wain Lee
アメリカの大リーグ選手（一塁）。

⇒メジャ (スティーヴンス, リー 1967.7.10–)

Stevens, Durham W.
アメリカの外交官。1904年8月の第1次日韓協約により韓国へ派遣されたアメリカ人の外交顧問。
⇒アア歴 (Stevens,Durham White スティーヴンズ, ダラム・ホワイト 1851.2.1–1908.3.25)
韓朝新 (スティーブンズ ?–1908)
朝韓4 (スティーブンス, D.W. ?–1908)

Stevens, Frederick Waeir
アメリカの資本家。
⇒アア歴 (Stevens,Frederick W (aeir) スティーヴンズ, フレデリック・ウェアー ?–1926.11.2)

Stevens, George
アメリカの映画監督。代表作は『シェーン』(1953)、『ジャイアンツ』(56)など。
⇒岩世人 (スティーヴンズ 1904.12.18–1975.3.8)
映監 (スティーヴンス, ジョージ 1904.12.18–1975)

Stevens, George, Jr.
米国映画協会(AFI)創立者。
⇒外12 (スティーブンス, ジョージ(Jr.) 1932–)

Stevens, Halsey
アメリカの作曲家、教育者。南カリフォルニア大学音楽科主任。
⇒エデ (スティーヴンス, ハルゼー 1908.12.3–1989.1.20)

Stevens, Inger
アメリカの女優。
⇒ク俳 (スティーヴンズ, インガー(ステンスランド, I) 1934–1970)

Stevens, John Paul
アメリカの法律家。
⇒外12 (スティーブンス, ジョン・ポール 1920.4.20–)
外16 (スティーブンス, ジョン・ポール 1920.4.20–)

Stevens, Joseph Earle
アメリカの実業家。
⇒アア歴 (Stevens,Joseph E (arle) スティーヴンズ, ジョゼフ・アール 1870.2.8–1961.4.10)

Stevens, Mark
アメリカの男優、監督。
⇒ク俳 (スティーヴンズ, マーク(スティーヴンズ, リチャード) 1915–1994)

Stevens, Ray
アメリカ・ジョージア州生まれのミュージシャン。
⇒ロック (Stevens,Ray スティーヴンズ, レイ 1939–)

Stevens, Raymond Bartlett
アメリカの政府役人、外交顧問。
⇒アア歴 (Stevens,Raymond Bartlett スティーヴンズ, レイモンド・バートレット 1874.6.18–1942.5.18)

Stevens, R.H.
イギリス秘密情報部(MI6)職員。
⇒スパイ (スティーヴンス, R・H 1893–1967)

Stevens, Risë
アメリカのメゾ・ソプラノ歌手。
⇒標音2 (スティーヴンズ, リゼ 1913.6.11–)

Stevens, Ronald
アメリカのテノール歌手。
⇒魅惑 (Stevens,Ronald (Ron) ?–)

Stevens, Stanley Smith
アメリカの心理学者。新精神物理学を提唱。
⇒岩世人 (スティーヴンズ 1906.11.4–1973.1.18)

Stevens, Stella
アメリカ生まれの女優。
⇒ク俳 (スティーヴンズ, ステラ(エグルストン, エステル) 1936–)

Stevens, Taylor
アメリカの作家。
⇒海文新 (スティーヴンス, テイラー)
現世文 (スティーブンス, テイラー)

Stevens, Wallace
アメリカの詩人。40歳をすぎて処女詩集を発表。『詩集』(1954)でピュリッツァー賞を受賞。
⇒アメ新 (スティーブンズ 1879–1955)
岩世人 (スティーヴンズ 1879.10.2–1955.8.2)
広辞7 (スティーヴンズ 1879–1955)

Stevenson, Adlai Ewing
アメリカの政治家。イリノイ州知事としてすぐれた業績を残し、1952年と56年には民主党大統領候補に指名されたが、アイゼンハワーに敗れた。
⇒アメ州 (Stevenson,Adlai Swing スティーブンソン, アドレイ・スウィング 1900–1965)
アメ新 (スティーブンソン 1900–1965)
岩世人 (スティーヴンソン 1900.2.5–1965.7.14)

Stevenson, Alexander
アメリカのテノール歌手。
⇒魅惑 (Stevenson,Alexander ?–)

Stevenson, Anne
イギリス生まれのアメリカの詩人、評論家。
⇒現世文 (スティーブンソン, アン 1933.1.3–)

Stevenson, Charles Leslie
アメリカの哲学者。
⇒岩世人 (スティーヴンソン 1908–1979)

Stevenson, Paul Huston
アメリカの医師、人類学者。
⇒アア歴 (Stevenson,Paul Huston スティーヴン

スン, ポール・ヒューストン　1890.12.22–1971.4.21）

Stevenson, Teófilo
キューバのボクサー。
⇒岩世人（ステベンソン　1952.3.29–2012.6.11）

Stevie B
アメリカ・フロリダ州生まれの歌手。
⇒異二辞（スティービー・B　スティービービー　1958–）

Steward, Albert Newton
アメリカの植物学者。
⇒アア歴（Steward,Albert N（ewton）　ステュワード, アルバート・ニュートン　1897.7.23–1959.6.19）

Steward, Fredrick Campion
イギリス生まれのアメリカの植物生理学者。
⇒岩生（スチュワード　1904–1993）

Steward, Julian H.
アメリカの社会人類学者。文化生態学, 多系的文化進化論の提唱者。主著に『文化変化の理論』(1955) がある。
⇒岩世人（スチュワード　1902.1.31–1972.2.6）

Stewart, Alexandra
カナダ生まれの女優。
⇒ク俳（ステュワート, アレグザンドラ　1939–）

Stewart, Billy
アメリカ・ワシントンDC生まれのピアノ奏者, 歌手。
⇒ロック（Stewart,Billy　ステュアート, ビリー　1937.3.24–1970.1.17）

Stewart, Danny
アメリカのスティール・ギター奏者, ハワイアン歌手, バンドリーダー。
⇒標音2（ステュアート, ダニー　1907.8.5–1962.4.5）

Stewart, David A.
イギリス生まれのアメリカのギター奏者, キーボード奏者, プロデューサー。
⇒外12（スチュアート, デーブ　1952.9.9–）
　外16（スチュアート, デーブ　1952.9.9–）

Stewart, David Keith
アメリカの大リーグ選手（投手）。
⇒メジャ（ステュワート, デイヴ　1957.2.19–）

Stewart, Donald Ogden
アメリカ生まれの映画脚本家。
⇒現世文（スチュアート, ドナルド・オグデン　1894.11.30–1980.8.2）

Stewart, Douglas
ニュージーランドの詩人。
⇒現世文（スチュアート, ダグラス　1913.5.6–1985.2.14）

Stewart, Ellen
アメリカの劇場主宰者, 演出家。オフ・オフ・ブロードウェー演劇運動を推進。ラ・ママ実験演劇クラブを創設し多数の劇作家, 演出家, 舞台美術家を育成。
⇒岩世人（ステュアート　1919.11.7–2011.1.13）
　世演（スチュワート, エレン　1919.11.7–2011.1.13）

Stewart, Ian
イギリスの数学者。
⇒外12（スチュアート, イアン　1946–）

Stewart, Jackie
イギリスの自動車レーサー。
⇒岩世人（ステュアート　1939.6.11–）

Stewart, James
アメリカの俳優。代表作に『スミス都へ行く』『翼よ！あれが巴里の灯だ』。
⇒遺産（スチュアート, ジェームス　1908.5.20–1997.7.2）
　岩世人（ステュアート　1908.5.20–1997.7.2）
　ク俳（スチュワート, ジェイムズ　1908–1997）
　広среди7（スチュアート　1908–1997）
　スター（スチュワート, ジェームズ　1908.5.20–1997）

Stewart, John
アメリカのミュージシャン。
⇒ロック（Stewart,John　ステュアート, ジョン）

Stewart, John Harger
アメリカのテノール歌手。
⇒魅惑（Stewart,John Harger　1940–）

Stewart, Jon
アメリカのコメディアン, テレビ・プロデューサー。
⇒岩世人（ステュアート　1962.11.28–）

Stewart, Kilton Riggs
アメリカの心理学者。
⇒アア歴（Stewart,Kilton（Riggs）　ステュワート, キルトン・リッグズ　1902–1965.5.18）

Stewart, Kristen
アメリカの女優。
⇒外16（スチュアート, クリステン　1990.4.9–）

Stewart, Mary Florence
イギリス生まれの児童文学者。
⇒現世文（スチュアート, メアリー　1916.9.17–2014.5.9）

Stewart, Mike
アメリカの作家。
⇒外12（スチュアート, マイク　1955.5–）
　外16（スチュアート, マイク　1955.5–）
　海文新（スチュアート, マイク　1955.5.15–）

現世文（スチュアート, マイク　1955.5.15–）

Stewart, Patrick
イギリス生まれの俳優。
⇒外12（スチュアート, パトリック　1940.7.13–）
外16（スチュアート, パトリック　1940.7.13–）
ク俳（スチュアート, パトリック　1940–）

Stewart, Paul
イギリスの作家。
⇒外12（スチュアート, ポール　1955–）
外16（スチュアート, ポール　1955–）
現世文（スチュアート, ポール　1955–）

Stewart, Robert
アメリカの宣教師。
⇒アア歴（Stewart,Robert　ステュワート, ロバート　1839.1.31–1915.10.23）

Stewart, Rod
イギリスのロック歌手。
⇒外12（スチュアート, ロッド　1945.1.10–）
外16（スチュアート, ロッド　1945.1.10–）
標音2（スチュアート, ロッド　1945.1.10–）
ロック（Stewart,Rod　ステューアト, ロッド　1945.1.10–）

Stewart, Samiel Lee
アメリカの大リーグ選手（投手）。
⇒メジャ（ステュワート, サミー　1954.10.28–）

Stewart, Sean
アメリカの作家。
⇒外12（スチュワート, ショーン）
外16（スチュワート, ショーン）

Stewart, Shannon Harold
アメリカの大リーグ選手（外野）。
⇒メジャ（ステュワート, シャノン　1974.2.25–）

Stewart, Sundiata
トリニダード・トバゴの画家。
⇒芸13（スチュアート, スンディタ　1956–）

Stewart, Thomas
アメリカのバリトン歌手。
⇒標音2（スチュアート, トマス　1926.8.29–2006.9.24）

Stewart, Thomas Dale
アメリカの法医人類学者。
⇒岩世人（ステュアート　1901.6.10–1997.10.27）

Stewart, Trenton Lee
アメリカの作家。
⇒海文新（スチュワート, トレントン・リー）
現世文（スチュアート, トレントン・リー）

Stewart, Walter Cleveland（Lefty）
アメリカの大リーグ選手（投手）。
⇒メジャ（ステュワート, レフティ　1900.9.23–1974.9.26）

Stewart, William Downie
ニュージーランドの政治家。下院議員（1914～33）。
⇒ニュー（スチュワート, ウィリアム　1878–1949）

Stewner, Tanya
ドイツの児童文学作家。
⇒海文新（シューテブナー, タニヤ　1974–）
現世文（シューテブナー, タニヤ　1974–）

Steyn, Morné
南アフリカのラグビー選手（ブルーブルズ・SO）。
⇒最世ス（ステイン, モルネ　1984.7.11–）

Stibitz, George Robert
アメリカのコンピューターの開拓者。
⇒岩世人（スティビッツ　1904.4.20–1995.1.31）

Stich, Otto
スイスの政治家。スイス大統領。
⇒世指導（シュティッヒ, オットー　1927.1.10–2012.9.13）

Sticker, Georg
ドイツの伝染病学者, 医学史家。ペスト, コレラ, 熱病等の伝染病を研究。
⇒岩世人（シュティッカー　1860.4.18–1960.8.28）

Stieb, Dave
アメリカの大リーグ選手（投手）。
⇒メジャ（スティーブ, デイヴ　1957.7.22–）

Stiefel, Ethan
アメリカのダンサー。
⇒外12（スティーフェル, イーサン　1973–）
外16（スティーフェル, イーサン　1973–）

Stiefvater, Maggie
アメリカの作家。
⇒海文新（スティーフベーター, マギー）

Stiegler, Bernard
フランスの哲学者。
⇒外12（スティグレール, ベルナール　1952–）
外16（スティグレール, ベルナール　1952–）
現社（スティグレール　1952–）
メル別（スティグレール, ベルナール　1952–）

Stieglitz, Alfred
アメリカの写真家。
⇒アメ新（スティーグリッツ　1864–1946）
岩世人（スティーグリッツ　1864.1.1–1946.7.13）
芸13（スティーグリッツ, アルフレド　1864–1946）
広辞7（スティーグリッツ　1864–1946）
ユ著人（Stieglitz,Alfred　スティーグリッツ, アルフレド　1864–1946）

Stigga, Oskar Ansovich
ソビエト軍の情報機関（GRU）の高級士官。
⇒スパイ（スティッガ, オスカー・アンソヴィチ　1894-1938）

Stigler, George J(oseph)
アメリカの経済学者。
⇒岩経（スティグラー　1911-1991）
　岩世人（スティグラー　1911.1.17-1991.12.1）
　ノベ3（スティグラー, G.J.　1911.1.17-1991.12.1）
　有経5（スティグラー　1911-1991）

Stiglitz, Joseph
アメリカの経済学者。2001年ノーベル経済学賞。
⇒岩経（スティグリッツ　1943-）
　岩世人（スティグリッツ　1943.2.9-）
　外12（スティグリッツ, ジョセフ　1943.2.9-）
　外16（スティグリッツ, ジョセフ　1943.2.9-）
　広辞7（スティグリッツ　1943-）
　ネーム（スティグリッツ　1943-）
　ノベ3（スティグリッツ, J.　1943.2.9-）
　有経5（スティグリッツ　1943-）

Stignani, Ebe
イタリアのメゾ・ソプラノ歌手。
⇒オペラ（スティニャーニ, エーベ　1903-1974）
　標音2（スティニャーニ, エベ　1904.7.11-1974.10.6）

Stikker, Dirk Uipko
オランダの政治家。ドレース連立内閣の外相に就任して、インドネシアとの紛争解決に当り、ヘーグ協定（1949）によりインドネシア共和国が成立。
⇒岩世人（スティッケル　1897.2.5-1979.12.24）

Stil, André
フランスの小説家、ジャーナリスト。代表作『最初の衝突』（1951～54）など。
⇒岩世人（スティール　1921.4.1-2004.9.3）
　現世文（スティール, アンドレ　1921.4.1-2004.9.3）

Stiles, Charles Wardell
アメリカの細菌学者、寄生虫学者。有鉤条虫の研究に多くの業績を残した。
⇒岩世人（スタイルズ　1867.5.15-1941.1.24）

Stiles, Julia
アメリカの女優。
⇒外12（スタイルズ, ジュリア　1981-）
　外16（スタイルズ, ジュリア　1981.3.28-）

Still, Clyfford
アメリカの画家。
⇒岩世人（スティル　1904.11.30-1980.6.23）
　芸13（スティル, クリフォード　1904-1980）
　広辞7（スティル　1904-1980）

Still, William Grant
アメリカの作曲家。
⇒岩世人（スティル　1895.5.11-1978.12.3）
　エデ（スティル, ウィリアム・グラント　1895.5.11-1978.12.3）
　ク音3（スティル　1895-1978）
　標音2（スティル, ウィリアム・グラント　1895.5.11-1978.12.3）

Stille, Hans
ドイツの地質学者。
⇒岩世人（シュティレ　1876.10.8-1966.12.26）
　オク地（シュティレ, ウィルヘルム・ハンス　1876-1976）

Stiller, Ben
アメリカ生まれの俳優。
⇒遺産（スティラー, ベン　1965.11.30-）
　外12（スティラー, ベン　1965.11.30-）
　外16（スティラー, ベン　1965.11.30-）
　ク俳（スティラー, ベン　1965-）
　スター（スティラー, ベン　1965.11.30-）

Stiller, Mauritz
スウェーデンの無声映画時代を代表する監督。主作品『吹雪の夜』（1919）。
⇒岩世人（スティッレ　1883.7.17-1928.11.18）
　映監（スティルレル, モーリッツ　1883.7.17-1928）
　ユ著人（Stiller, Mauritz　シュティルラー, モーリッツ　1883-1928）

Stillman, Marie Spartali
イギリスの画家。
⇒岩世人（スティルマン　1844.3.10-1927.3.6）

Stills, Stephen
アメリカのギター奏者、歌手、作曲家。
⇒新音中（クロスビー, スティルズ, ナッシュ・アンド・ヤング　1945-）
　ビト改（STILLS, STEPHEN　スティルズ, スティヴン）
　標音2（クロスビー, スティルズ, ナッシュ・アンド・ヤング　1945-）
　ロック（Stills, Stephen　スティルズ, スティーヴン　1945.1.3-）

Stilwell, Joseph Warren
アメリカの軍人。インド、ビルマ、中国方面アメリカ軍と、ビルマ方面中国軍との総司令官として対日反攻作戦を指揮。
⇒アア歴（Stilwell, Joseph W(arren)（"Vinegar Joe"）スティルウェル, ジョゼフ・ウォーレン［ヴィネガー・ジョー］　1883.3.19-1946.10.12）
　ア太戦（スティルウェル　1883-1946）
　アメ州（Stilwell, Joseph Warren　スティルウェル, ジョセフ・ウォレン　1883-1946）
　岩世人（スティルウェル　1883.3.19-1946.10.12）

Stimson, Henry Lewis
アメリカの共和党政治家、弁護士。
⇒アア歴（Stimson, Henry Lewis　スティムスン, ヘンリー・ルイス　1867.9.21-1950.10.20）

ア太戦（スティムソン　1867–1950）
アメ新（スティムソン　1867–1950）
岩世人（スティムソン　1867.9.21–1950.10.20）

Stinchcombe, Arthur L.
アメリカの社会学者。
⇒社小増（スティンチクーム　1933–）

Stinchelli, Enrico
イタリアのテノール歌手。
⇒魅惑（Stinchelli,Enrico　?–）

Sting
イギリスの歌手、ベース奏者、俳優。
⇒外12（スティング　1951.10.2–）
外16（スティング　1951.10.2–）
ク俳（スティング（ゴードン・サムナー）　1951–）

Stinnes, Hugo
ドイツ・ルール地方の実業家。シュティンネス・コンツェルンを形成。
⇒岩世人（シュティンネス　1870.2.12–1924.4.10）

Stipe, Michael
アメリカのロック歌手。
⇒外12（スタイプ、マイケル　1960–）
外16（スタイプ、マイケル　1960.4.1–）

Stirbei, Mihail
ルーマニアのテノール歌手。
⇒失声（スティルベイ、ミハイル　1909–1970）
魅惑（Stirbei,Mihail　1909–1970）

Stirling, James
イギリスの建築家。ル・コルビュジエに深く学びながら、近代建築の合理的原理の超克を目ざす。
⇒岩世人（スターリング　1926.4.22–1992.6.25）

Stirling, S.M.
カナダの作家。
⇒現世文（スターリング,S.M.　1953–）

Stirnweiss, George Henry（Snuffy）
アメリカの大リーグ選手（二塁、三塁、遊撃）。
⇒メジャ（スターンワイス、スナッフィー　1918.10.26–1958.9.15）

Stitt, Edward（Sonny）
アメリカのジャズ・サックス奏者。
⇒標音2（スティット、ソニー　1924.2.2–1982.7.22）

Stivell, Alan
フランスのケルティック・ハープ奏者、歌手。
⇒岩世人（スティーヴェル　1944.1.6–）

Stivetts, John Elmer
アメリカの大リーグ選手（投手、外野）。
⇒メジャ（スティヴェッツ、ジャック　1868.3.31–1930.4.18）

Stjernqvist, Uno
スウェーデンのテノール歌手。
⇒失声（シェーンクヴィスト、ウーノ　1928–2004）
魅惑（Stjerngvist,Uno　1928–）

Stobbs, Charles Klein
アメリカの大リーグ選手（投手）。
⇒メジャ（ストップス、チャック　1929.7.2–2008.7.11）

Stoch, Kamil
ポーランドのスキー選手（ジャンプ）。
⇒外16（ストフ、カミル　1987.5.25–）

Stock, Alfred
ドイツの化学者。水素化ホウ素を研究。
⇒岩世人（シュトック　1876.7.16–1946.8.12）

Stock, Jon
イギリスの作家、ジャーナリスト。
⇒海文新（ストック、ジョン　1966–）
現世文（ストック、ジョン　1966–）

Stock, Milton Joseph
アメリカの大リーグ選手（三塁、二塁）。
⇒メジャ（ストック、ミルト　1893.7.11–1977.7.14）

Stockbridge, Horace Edward
アメリカの農化学者。札幌農学校で化学、地質学を教授。
⇒アア歴（Stockbridge,Horace Edward　ストックブリッジ、ホラス・エドワード　1857.5.19–1930.10.30）

Stocker, Stefan
スイスの実業家。
⇒外12（ストッカー、ステファン　1953.12.25–）
外16（ストッカー、ステファン　1953.12.25–）

Stockett, Kathryn
アメリカの作家。
⇒海文新（ストケット、キャスリン）
現世文（ストケット、キャスリン）

Stockfeld, Betty
オーストラリアの女優。
⇒ク俳（ストックフェルド、ベティ　1905–1966）

Stockhausen, Karlheinz
ドイツの作曲家、音楽理論家。
⇒岩世人（シュトックハウゼン　1928.8.22–2007.12.5）
エデ（シュトックハウゼン、カールハインツ　1928.8.22–2007.12.5）
ク音3（シュトックハウゼン　1928–2007）
現音キ（シュトックハウゼン、カールハインツ　1928–2007）
広辞7（シュトックハウゼン　1928–2007）
新音小（シュトックハウゼン、カールハインツ　1928–）
新音中（シュトックハウゼン、カールハインツ

1928.8.22–)
 ネーム (シュトックハウゼン 1928–2007)
 ピ曲改 (シュトックハウゼン, カールハインツ 1928–2007)
 標音2 (シュトックハウゼン, カルハインツ 1928.8.22–2007.12.5)
 ポプ人 (シュトックハウゼン, カールハインツ 1928.8.22–2007.12.5)

Stockman, Shawn
アメリカの歌手。
⇒外12 (ストックマン, ショーン)

Stockmann, David
スウェーデンのテノール歌手。ストックホルム宮廷オペラの第1テノールとして活躍。トリスタン役をはじめワーグナー歌手として好評を得た。
⇒魅惑 (Stockmann,David 1879–1951)

Stockton, Dave
アメリカのプロゴルファー。
⇒外12 (ストックトン, デーブ 1941.11.2–)

Stockwell, Dean
アメリカ生まれの俳優。
⇒ク俳 (ストックウェル, ディーン (ストックウェル, ロバート・D 1936–)
 スター (ストックウェル, ディーン 1936.3.5–)

Stockwell, John
アメリカ中央情報局 (CIA) 元職員。
⇒スパイ (ストックウェル, ジョン 1937–)

Stockwin, James Arthur
イギリスの政治学者。
⇒外12 (ストックウィン, ジェームズ・アーサー 1935.11.28–)
 外16 (ストックウィン, ジェームズ・アーサー 1935.11.28–)

Stockwin, Julian
イギリスの作家。
⇒外12 (ストックウィン, ジュリアン 1944–)
 外16 (ストックウィン, ジュリアン 1944–)
 海文新 (ストックウィン, ジュリアン 1944–)
 現世文 (ストックウィン, ジュリアン 1944–)

Stoddart, John
イギリスのテノール歌手。
⇒魅惑 (Stoddart,John ?–)

Stodola, Aurel
チェコスロバキア生まれのスイスの機械技術者。チューリヒ工科大学教授 (1892〜1929)。蒸気タービンを研究。
⇒岩世人 (ストドラ 1859.5.10–1942.12.25)

Stoeckel, Hayden
オーストラリアの水泳選手 (背泳ぎ)。
⇒最世ス (ストッケル, ハイデン 1984.8.10–)

Stoecker, Adolf
ドイツのプロテスタント神学者。キリスト教社会党を結成, 地方議会およびドイツ国会の議員となり, 社会民主主義に反対した。
⇒岩世人 (シュテッカー 1835.12.11–1909.2.7)
 学叢思 (ストエッカー, アドルフ 1835–?)
 新カト (シュテッカー 1835.12.11–1909.2.7)

Stoecklin, Niklaus
スイスのポスター作家, 郵便切手のデザイナー, 画家, 版画家。
⇒グラデ (Stoecklin,Niklaus シュテックリン, ニクラウス 1896–1982)

Støre, Jonas Gahr
ノルウェーの外交官, 政治家。
⇒外12 (ストレ, ヨーナス・ガール 1960.8.25–)
 外16 (ストレ, ヨーナス・ガール 1960.8.25–)
 世指導 (ストレ, ヨーナス・ガール 1960.8.25–)

Stoetzel, Jean
フランスの社会学者, 社会心理学者。1983年にフランス世論研究所を創立。
⇒社小増 (ステゼル 1910–1987)

Stohl, Margaret
アメリカの作家。
⇒海文新 (ストール, マーガレット)

Stoian, Ion
ルーマニアのテノール歌手。
⇒魅惑 (Stoian,Ion 1927–)

Stoiber, Edmund
ドイツの政治家。バイエルン州首相, ドイツキリスト教社会同盟 (CSU) 党首。
⇒岩世人 (シュトイバー 1941.9.28–)
 外12 (シュトイバー, エドムント 1941.9.28–)

Stoichiţă, Victor Ieronim
ルーマニア出身の美術史家。
⇒岩世人 (ストイキツァ 1949.6.13–)

Stoichkov, Hristo
ブルガリアのサッカー監督, サッカー選手。
⇒外12 (ストイチコフ, フリスト 1966.2.8–)
 ネーム (ストイチコフ 1966–)

Stoin, Vasil Stoyanov
ブルガリアの民族音楽学者。
⇒岩世人 (ストイン 1880.12.5/17–1938.12.1)

Stojadinović, Milan
ユーゴスラビアの政治家。ユーゴ急進同盟を率いてユーゴの枢軸化をはかった。
⇒岩世人 (ストヤディノヴィチ 1888.8.4/16–1961.10.24)

Stojakovic, Predrag
セルビア・モンテネグロのバスケットボール選手。
⇒最世ス (ストヤコビッチ, ペジャ 1977.6.9–)

Stojanov, Petâr Stefanov
ブルガリアの政治家。ブルガリア大統領 (1997～2002)。
⇒外12 (ストヤノフ, ペータル 1952.5.25-)
　外16 (ストヤノフ, ペータル 1952.5.25-)
　世指導 (ストヤノフ, ペータル 1952.5.25-)

Stojanov, Stojan
ブルガリアのテノール歌手。
⇒魅惑 (Stojanov, Stojan 1929-)

Stojkovic, Dragan
セルビア・モンテネグロのサッカー選手。
⇒異二辞 (ストイコビッチ [ドラガン・～] 1965-)
　岩世人 (ストイコヴィチ 1965.3.3-)
　外12 (ストイコビッチ, ドラガン 1965.3.3-)
　外16 (ストイコヴィッチ, ドラガン 1965.3.3-)
　ネーム (ストイコビッチ, ドラガン 1965-)

Stojowski, Zygmunt
ポーランドの作曲家、ピアノ奏者、教育者。
⇒ク音3 (ストヨフスキ 1870-1946)
　標音2 (ストヨフスキ, ジグムント 1870.5.14-1946.11.6)

Stoker, Bram
アイルランドの作家。『吸血鬼ドラキュラ』(1897) の作者として著名。
⇒岩世人 (ストーカー 1847.11.8-1912.4.20)
　現世文 (ストーカー, ブラム 1847.11.8-1912.4.20)

Stoker, Dacre
カナダの作家。
⇒海文新 (ストーカー, デイカー)

Stokes, Adrian Durham
イギリスの美術批評家、画家、詩人。
⇒現世文 (ストークス, エイドリアン 1902.10.27-1972.12.15)

Stokes, Bruce
アメリカのジャーナリスト。
⇒外16 (ストークス, ブルース 1948-)

Stokes, Donald Gresham, Baron
イギリスの実業家。
⇒岩世人 (ストークス 1914.3.22-2008.7.21)

Stokes, Ronald X
アメリカ・ロサンゼルスのムスリム・テンプルの事務局長、朝鮮戦争の退役軍人。
⇒マルX (STOKES, RONALD X　ストウクス, ロナルドX　?-1962.4.27)

Stokes, Samuel Evans
アメリカの植物栽培者。
⇒アア歴 (Stokes, Samuel Evans　ストウクス, サミュエル・エヴァンズ　1882.8.16-1946)

Stokes, Whitley
イギリスの法律家。
⇒学叢思 (ストークス, ホイトレー　1898-1909)

Stokowski, Leopold Antoni Stanislaw
イギリス生まれのアメリカの指揮者。シンシナティ交響楽団、フィラデルフィア管弦楽団、ニューヨーク・フィルハーモニーなどの指揮者を歴任。
⇒アニメ (ストコフスキー, レオポルト　1882-1977)
　異二辞 (ストコフスキー [レオポルド・～] 1882-1977)
　岩世人 (ストコフスキ　1882.4.18-1977.9.13)
　広辞7 (ストコフスキー　1882-1977)
　新音中 (ストコフスキ, レオポルド　1882.4.18-1977.9.13)
　ネーム (ストコフスキー　1882-1977)
　標音2 (ストコフスキ, レオポルド　1882.4.18-1977.9.13)

Stoller, Mike
アメリカの作詞家、作曲家、プロデューサー。
⇒新音中 (リーバー・アンド・ストーラー　1933-)
　標音2 (リーバー・アンド・ストーラー　1933.3.13-)
　ロック (Jerry Leiber and Mike Stoller　ジェリー・リーバー＆マイク・ストーラー)

Stoller, Robert Jesse
アメリカの精神分析家。性同一性の臨床研究のパイオニア。
⇒精分岩 (ストラー, ロバート・J　1924-1991)

Stolojan, Theodor
ルーマニアの政治家。ルーマニア首相。
⇒世指導 (ストロジャン, テオドル　1943.10.24-)

Stolorow, Robert D.
アメリカ生まれの臨床心理学者。精神分析における間主観的パースペクティヴ (アプローチ) の提唱者の一人。
⇒精分岩 (ストロロウ, ロバート・D　1942-)

Stolpe, Manfred
ドイツの宗教家、政治家。
⇒岩世人 (シュトルペ　1936.5.16-)

Stolper, Wolfgang Friedrich
アメリカの経済学者。
⇒有経5 (ストルパー　1912-2002)

Stoltenberg, Gerhard
ドイツの政治家。ドイツ国防相、西ドイツ財務相。
⇒世指導 (シュトルテンベルク, ゲアハルト　1928.9.29-2001.11.23)

Stoltenberg, Hans Lorenz
ドイツの社会心理学者。主著 "Soziopsychologie" (1914)。

⇒社小増（シュトルテンベルク　1888–）

Stoltenberg, Jens
ノルウェーの政治家。ノルウェー首相、ノルウェー蔵相。
⇒岩世人（ストルテンベルグ　1959.3.16–）
　外12（ストルテンベルグ, イエンス　1959.3.16–）
　外16（ストルテンベルグ, イエンス　1959.3.16–）
　世指導（ストルテンベルグ, イエンス　1959.3.16–）

Stoltenberg, Thorvald
ノルウェーの政治家、外交官。ノルウェー外相、国連難民高等弁務官。
⇒外12（ストルテンベルグ, トールバル　1931.7.8–）
　外16（ストルテンベルグ, トールバル　1931.7.8–）
　世指導（ストルテンベルグ, トールバル　1931.7.8–）

Stoltz, Eric
アメリカ生まれの俳優。
⇒ク俳（シュトルツ, エリック　1961–）

Stoltzman, Richard
アメリカのクラリネット奏者。
⇒外12（ストルツマン, リチャード　1942.7.12–）
　外16（ストルツマン, リチャード　1942.7.12–）
　新音中（ストルツマン, リチャード　1942.7.12–）

Stolyar, Konstantin
ウクライナのテノール歌手。
⇒魅惑（Stolyar,Konstantin　?–）

Stolypin, Pëtr Arkadievich
ロシアの政治家。
⇒岩世人（ストルイピン　1862.4.2–1911.9.5）
　広辞7（ストルイピン　1862–1911）
　国政（ストルイピン　1862–1911）
　世史改（ストルイピン　1862–1911）
　世人新（ストルイピン　1862–1911）
　世人装（ストルイピン　1862–1911）
　ネーム（ストルイピン　1862–1911）
　ポブ人（ストルイピン, ピョートル　1862–1911）

Stolz, Anselm
ドイツのカトリック神学者。
⇒新カト（シュトルツ　1900.1.28–1942.10.19）

Stolz, Friedrich
オーストリアのラテン語学者。インスブルク大学比較言語学教授。
⇒岩世人（シュトルツ　1850.7.29–1915.8.13）

Stolz, Robert
オーストリアの指揮者、作曲家。
⇒ク音3（シュトルツ　1880–1975）
　新音中（シュトルツ, ローベルト　1880.8.25–1975.6.27）
　標音2（シュトルツ, ローベルト　1880.8.25–1975.6.27）

Stolze, Gerhard
ドイツのテノール歌手。
⇒失声（シュトルツェ, ゲルハルト　1926–1979）
　新音中（シュトルツェ, ゲールハルト　1926.10.1–1979.3.11）
　標音2（シュトルツェ, ゲールハルト　1926.10.1–1979.3.11）
　魅惑（Stolze,Gerhard　1926–1979）

Stolzenberg, Jürgen
ドイツの哲学者。
⇒岩世人（シュトルツェンベルク　1948.6.24–）

Stommel, Henry
アメリカの海洋物理学者。20世紀後半における世界の海洋力学研究の上で主導的な役割を果した。
⇒岩世人（ストンメル　1920.9.27–1992.1.17）

Stone
台湾のミュージシャン。
⇒外16（ストーン　1975–）

Stone, Biz
アメリカの起業家。
⇒外12（ストーン, ビズ　1974.3.10–）
　外16（ストーン, ビズ　1974.3.10–）

Stone, Chuck
アメリカ・ハーレム出身の国会議員アダム・クレイトン・パウエルの前補佐官。
⇒マルX（STONE,CHUCK　ストーン, チャック　1924–）

Stone, David L.
イギリスの作家。
⇒海文新（ストーン, デイヴィッド・L.　1978–）
　現世文（ストーン, デービッド・リー　1978.1.25–）

Stone, Dee Wallace
アメリカの女優、ダンサー。
⇒ク俳（ストウン, ディー・ウォレス（パワーズ, ディーナ）　1948–）

Stone, Doris Zemurray
アメリカの人類学者、考古学者。
⇒岩世人（ストーン　1909.11.19–1994.10.21）

Stone, George Robert
アメリカの大リーグ選手（外野）。
⇒メジャ（ストーン, ジョージ　1876.9.3–1945.1.3）

Stone, Harlan Fiske
アメリカの法律家。連邦司法長官を経て連邦最高裁に転じ首席判事となる。
⇒アメ経（ストーン, ハーラン　1872.10.11–1946.4.22）

Stone, Irving
アメリカの作家。
⇒現世文（ストーン, アービング　1903.7.14–1989.

8.26)

Stone, Isidor Feinstein
アメリカのジャーナリスト。「I.F.ストーン・ウィークリー」という個人新聞を発刊、ただ1人のペンで国内・国際の問題を分析し、批判する事業を始めた。
⇒岩世人（ストーン　1907.12.24–1989.6.18）

Stone, Jeff
アメリカの作家。
⇒海文新（ストーン, ジェフ）

Stone, Jesse
アメリカのR&B編曲者。
⇒ロック（Stone,Jesse　ストーン, ジェシー）

Stone, John Richard Nicholas
イギリスの経済学者。1984年ノーベル経済学賞。
⇒岩経（ストーン　1913–1991）
ノベ3（ストーン, J.R.N.　1913.8.30–1991.12.6）
有経5（ストーン　1913–1991）

Stone, John Thomas
アメリカの大リーグ選手（外野）。
⇒メジャ（ストーン, ジョン　1905.10.10–1955.11.30）

Stone, Joss
イギリス生まれの歌手。
⇒外12（ストーン, ジョス　1987–）
外16（ストーン, ジョス　1987–）

Stone, Lawrence
イギリスの歴史家。
⇒岩世人（ストーン　1919.12.4–1999.6.16）

Stone, Lewis
アメリカ生まれの俳優。
⇒ク俳（ストーン, リュイス　1879–1953）

Stone, Marshall Harvey
アメリカ数学者。ヒルベルト空間の理論について多くの研究を行った。
⇒岩世人（ストーン　1903.4.8–1989.1.9）
数辞（ストーン, マーシャル・ハーヴェイ　1903–1989）
世数（ストーン, マーシャル・ハーヴェイ　1903–1989）

Stone, Matt
アメリカのアニメーション作家, 脚本家, 映画監督。
⇒外12（ストーン, マット　1971.5.26–）

Stone, Melville Elijah
アメリカのジャーナリスト。AP通信社の総支配人（1893〜1921）。
⇒岩世人（ストーン　1848.8.22–1929.2.15）

Stone, Nick
イギリスの作家。
⇒海文新（ストーン, ニック　1966–）
現世文（ストーン, ニック　1966–）

Stone, Oliver
アメリカ・ニューヨーク生まれの映画監督, 映画脚本家。
⇒岩世人（ストーン　1946.9.15–）
映監（ストーン, オリヴァー　1946.9.15–）
外12（ストーン, オリバー　1946.9.15–）
外16（ストーン, オリバー　1946.9.15–）
ユ著人（Stone,Oliver　ストーン, オリバー　1946–）

Stone, Peter
アメリカの台本作家。
⇒現世文（ストーン, ピーター　1930.2.27–2003.4.26）

Stone, Reynolds
イギリスのデザイナー。
⇒グラデ（Stone,Reynolds　ストーン, レイノルズ　1909–1979）

Stone, Robert（Anthony）
アメリカの小説家。
⇒現世文（ストーン, ロバート　1937.8.21–2015.1.10）

Stone, Sharon
アメリカ生まれの女優。
⇒外12（ストーン, シャロン　1958.3.10–）
外16（ストーン, シャロン　1958.3.10–）
ク俳（ストーン, シャロン（ストーン, シェリー）1958–）
スター（ストーン, シャロン　1958.3.10–）
ネーム（ストーン, シャロン　1958–）
ユ著人（Stone,Sharon　ストーン, シャロン　1957–）

Stone, Sly
アメリカのミュージシャン。
⇒岩世人（スライ&ザ・ファミリー・ストーン　1944–）
外12（ストーン, スライ　1944.3.15–）
外16（ストーン, スライ　1944.3.15–）
新音中（ストーン, スライ　1944.3.15–）
ロック（Stone,Sly　ストーン, スライ）

Stone, Steven Michael
アメリカの大リーグ選手（投手）。
⇒メジャ（ストーン, スティーヴ　1947.7.14–）

Stone, Warren Stanford
アメリカの機関士。革新主義的政治行動会議の財務担当理事。
⇒アメ経（ストーン, ウォーレン　1860.2.1–1925.6.12）

Stone, William Henry
イギリスの工学者。通信省顧問として電信事業を指導。
⇒岩世人（ストーン　1837.6.18–1917.6.3）

Stoneley, Robert
イギリスの地球物理学者。
⇒岩世人（ストンリー　1894.5.14–1976.2.2）

Stoner, Casey
オーストラリアのオートバイライダー。
⇒外12（ストゥーナー、ケーシー　1985.10.16–）
　最世ス（ストーナー、ケーシー　1985.10.16–）

Stookey, Noel Paul
アメリカのフォーク歌手。
⇒外12（ストゥーキー，ノエル・ポール　1937.12.30–）
　新音中（ピーター，ポール・アンド・メアリー　1937–）
　標音2（ピーター，ポール・アンド・メアリー）
　ロック（Peter,Paul and Mary　ピーター，ポール&メアリー　1937.11.30–）

Stopes, Marie Carmichael
イギリスの生物学者。母親病院を設立し，産児制限を唱導。
⇒教人（ストウプス　1880–）

Stoph, Willi
ドイツの政治家。東ドイツ首相。
⇒岩世人（シュトーフ　1914.7.9–1999.4.13）

Stopinšek, Matjaž
スロベニアのテノール歌手。
⇒魅惑（Stopinšek,Matjaž　?–）

Stoppani, Angelo
イタリアの実業家。
⇒外12（ストッパーニ，アンジェロ　1937–）
　外16（ストッパーニ，アンジェロ　1937–）

Stoppard, Tom
イギリスの劇作家。
⇒岩世人（ストッパード　1937.7.3–）
　外12（ストッパード，トム　1937.7.3–）
　外16（ストッパード，トム　1937.7.3–）
　現世文（ストッパード，トム　1937.7.3–）
　ネーム（ストッパード　1937–）

Storch, Otto
アメリカのアート・ディレクター，写真家。
⇒グラデ（Storch,Otto　ストーチ，オットー　1913–）

Storck, Henri
ベルギーの映画監督，政治活動家。ベルギー映画の父。
⇒映監（シュトルク，アンリ　1907.9.5–1999）

Storey, Charles Ambrose
イギリスのアラビアおよびペルシア学者。ケンブリッジ大学アラビア語教授(1933～47)。
⇒岩世人（ストーリー　1888.8.21–1967.4.24）

Storey, David
イギリスの劇作家，小説家。
⇒現世文（ストーリー，デービッド　1933.7.13–2017.3.27）

Storey, Ian
イギリスのテノール歌手。
⇒魅惑（Storey,Ian　?–）

Stork, Francisco X.
メキシコの作家。
⇒海文新（ストーク，フランシスコ・X.　1953–）

Stork, Gilbert J.
アメリカの有機化学者。
⇒岩世人（ストーク　1921.12.31–）

Storl, David
ドイツの砲丸投げ選手。
⇒最世ス（シュトール，ダヴィド　1990.7.27–）

Storm, Gale
アメリカ・テキサス州生まれの女優，歌手。
⇒ク俳（ストーム，ゲイル（コトル，ジョゼフィーン）1922–）

Störmer, Fredrik Carl Mülertz
ノルウェーの数学者，物理学者。オーロラ，宇宙線，夜光雲等に関する論文多数。
⇒岩世人（シュテルマー（ステルメル）　1874.9.3–1957.8.13）

Störmer, Horst Ludwig
アメリカの物理学者。1998年ノーベル物理学賞。
⇒外12（シュテルマー，ホルスト　1949.4.6–）
　外16（シュテルマー，ホルスト　1949.4.6–）
　ネーム（シュテルマー　1949–）
　ノベ3（シュテルマー，H.L.　1949.4.6–）

Storni, Alfonsina
スイスのフェミニスト，詩人。
⇒岩世人（ストルニ　1892.5.29–1938.10.25）
　現世文（ストルニ，アルフォンシナ　1892.5.29–1938.10.25）

Störring, Gustav
ドイツの哲学者，精神病理学者。精神病理学の創設者。主著『精神病理学』(1900)。
⇒岩世人（シューテーリング　1860.8.24–1947.1.28）

Störring, Willi
ドイツのテノール歌手。
⇒魅惑（Störring,Willi　1896–1979）

Storry, George Richard
イギリスの日本研究家。オックスフォード大学名誉教授。
⇒岩世人（ストーリー　1913.10.20–1982.2.19）

Stosur, Samantha
オーストラリアのテニス選手。

⇒外12 (ストーサー, サマンサ 1984.3.30-)
　外16 (ストーサー, サマンサ 1984.3.30-)
　最世ス (ストーサー, サマンサ 1984.3.30-)

Stott, Etienne
イギリスのカヌー選手。
⇒外16 (ストット, エティエン 1979.6.30-)
　最世ス (ストット, エティエン 1979.6.30-)

Stott, John R.
イギリス聖公会の司祭, 福音主義運動の国際的指導者。
⇒オク教 (ストット 1921-2011)

Stott, Kathryn
イギリスのピアノ奏者。
⇒外12 (ストット, キャサリン 1958-)
　外16 (ストット, キャサリン 1958-)

Stottlemyre, Melvin Leon, Sr.
アメリカの大リーグ選手(投手)。
⇒メジャ (ストットルマイアー, メル 1941.11.13-)

Stottlemyre, Todd Vernon
アメリカの大リーグ選手(投手)。
⇒メジャ (ストットルマイアー, トッド 1965.5.20-)

Stoudemire, Amare
アメリカのバスケットボール選手。
⇒外16 (スタウドマイアー, アマレ 1982.11.16-)
　最世ス (スタウドマイアー, アマレ 1982.11.16-)

Stouffer, Samuel Andrew
アメリカの社会学者。人間行動の実証的な研究に興味をもち, アメリカ兵の態度研究は有名である。
⇒岩世人 (ストッファー 1900.6.6-1960.8.24)
　現社 (スタウファー 1900-1960)
　社小増 (ストッファー 1900-1960)

Stout, Anna Paterson
ニュージーランドの女性解放・女性参政権運動支持者。
⇒ニュー (スタウト, アンナ 1858-1931)

Stout, George Frederick
イギリスの哲学者, 心理学者。
⇒学叢思 (スタウト, ジョージ・フレデリク 1859-?)

Stout, Henry
アメリカのオランダ改革派教会宣教師。長崎広運館で英語を教授。東山学院院長。
⇒岩世人 (スタウト 1838.1.16-1912.2.16)

Stout, Rex
アメリカの探偵小説家。
⇒現世文 (スタウト, レックス 1886.12.1-1975.10.27)

Stout, Sir Robert
ニュージーランドの法律家, 政治家。民事訴訟法, 社会福祉の充実に尽力した。
⇒ニュー (スタウト, ロバート 1844-1930)

Stovall, George Thomas
アメリカの大リーグ選手(一塁)。
⇒メジャ (ストヴォール, ジョージ 1877.11.23-1951.11.5)

Stover, Wilbur Brenner
アメリカの宣教師。
⇒アア歴 (Stover,Wilbur B (renner) ストウヴァー, ウイルバー・ブレナー 1866.5.5-1930.10.31)

Stovey, Harry Duffield
アメリカの大リーグ選手(外野, 一塁)。
⇒メジャ (ストーヴィー, ハリー 1856.12.20-1937.9.20)

Stow, Randolph
オーストラリアの詩人, 小説家。
⇒現世文 (ストウ, ランドルフ 1935.11.28-)

Stowe, Madeline
アメリカ生まれの女優。
⇒外12 (ストウ, マデリーン 1958.8.18-)
　外16 (ストウ, マデリーン 1958.8.18-)
　ク俳 (ストウ, マデリン 1958-)

Stowell, Belinda
オーストラリアのヨット選手。
⇒外16 (ストーウェル, ベリンダ 1971.5.28-)
　最世ス (ストーウェル, ベリンダ 1971.5.28-)

Stowers, Carlton
アメリカの作家, ジャーナリスト。
⇒現世文 (ストアーズ, カールトン)

Stoyanov, Ilian
ブルガリアのサッカー選手(サンフレッチェ広島・DF)。
⇒外12 (ストヤノフ, イリアン 1977.1.20-)

Stoyanova, Krassimira
ブルガリアのソプラノ歌手。
⇒外16 (ストヤノヴァ, クラシミラ)

Stoychev, Vladimir
ブルガリアの軍人。陸軍大将。
⇒ネーム (ストイチェフ 1892-1990)

Stracciari, Riccardo
イタリアのバリトン歌手。レパートリーはフィガロ(セビリャの理髪師), ジェルモン, リゴレットなど。
⇒オペラ (ストラッチャーリ, リッカルド 1875-1955)

Strachey, Christopher
イギリスのコンピューター科学者。
⇒岩世人（ストレイチー　1916.11.16–1975.5.8）

Strachey, Giles Lytton
イギリスの批評家，伝記作家。
⇒岩世人（ストレイチー　1880.3.1–1932.1.21）
広辞7（ストレーチー　1880–1932）
新カト（ストレイチ　1880.3.1–1932.1.21）
ネーム（ストレーチ　1880–1932）

Strachey, James
イギリスの精神分析家。
⇒精分岩（ストレイチー, ジェームズ　1887–1967）

Strachey, John
イングランド生まれの経済思想家。
⇒岩経（ストレイチー　1901–1963）
岩世人（ストレイチー　1901.10.21–1963.7.15）
有経5（ストレイチー　1901–1963）

Strachwitz, Hyazinth Graf
ドイツの陸軍軍人。
⇒異二辞（シュトラハヴィッツ［ヒアツィント・～］1893–1968）

Strack, Hermann
ドイツのプロテスタント神学者。ベルリン大学名誉教授（1910）。同大学にユダヤ研究所を創設（83），ユダヤ教研究に新生面を拓いた。
⇒岩世人（シュトラック　1848.5.6–1922.10.5）

Strahan, Michael
アメリカのプロフットボール選手（DE）。
⇒外16（ストレイハン, マイケル　1971.11.21–）
最世ス（ストレイハン, マイケル　1971.11.21–）

Straight, Michael W.
アメリカの作家，編集者。ケンブリッジ・スパイ網のメンバー。
⇒スパイ（ストレート, マイケル・W　1916–2004）

Straight, Willard Dickerman
アメリカの外交官。中国におけるアメリカ銀行家代表。アメリカ陸軍の予備役軍務局長。
⇒アア歴（Straight,Willard D(ickerman)　ストレイト, ウィラード・ディッカーマン　1880.1.31–1918.12.1）

Strait, George
アメリカのカントリー歌手。
⇒標音2（ストレイト, ジョージ　1952.5.18–）

Straka, Peter
ドイツのテノール歌手。
⇒魅惑（Straka,Peter　1950–）

Stramm, August
ドイツの詩人。表現主義者。
⇒岩世人（シュトラム　1874.7.29–1915.9.2）
学叢思（シュトランム, アウグスト　1874–1915）

Strand, Mark
アメリカの詩人。
⇒外12（ストランド, マーク　1934.4.11–）
現世文（ストランド, マーク　1934.4.11–2014.11.29）

Strand, Paul
アメリカの写真家。1916年最初の個展を開き，名作『盲目の女』を出品した。作品集『ニュー・イングランドの時間』（50），『ポール・ストランド写真集』（15～45）がある。
⇒岩世人（ストランド　1890.10.16–1976.3.31）
芸13（ストランド, ポール　1890–1976）

Strandberg, Mats
スウェーデンの作家, ジャーナリスト。
⇒海文新（ストランドベリ, マッツ　1974–）
現世文（ストランドベリ, マッツ　1974–）

Strang, Samuel Nicklin
アメリカの大リーグ選手（三塁, 二塁）。
⇒メジャ（ストラング, サミー　1876.12.16–1932.3.13）

Strange, Marc
カナダの作家。
⇒海文新（ストレンジ, マーク　1941.7.24–2012.5.19）
現世文（ストレンジ, マーク　1941.7.24–2012.5.19）

Strange, Susan
イギリスの政治学者。
⇒岩世人（ストレンジ　1923.6.9–1998.10.25）
政経改（ストレンジ　1923–1998）

Stranger, Simon
ノルウェーの作家。
⇒海文新（ストランゲル, シモン　1976–）
現世文（ストランゲル, シモン　1976–）

Straro, Vittorio
イタリア・ローマ生まれの撮影監督。
⇒外12（ストラーロ, ヴィットリオ　1940.6.24–）
外16（ストラーロ, ヴィットリオ　1940.6.24–）

Strasberg, Lee
アメリカの俳優, 演出家, 俳優指導者。グループ・シアターを結成し，『コネリーの家』を皮切りに，シドニー・キングズリーの『白衣の人々』（1933）など数多くの問題作を上演した。
⇒岩世人（ストラスバーグ　1901.11.17–1982.2.17）
ユ著人（Strasberg,Lee　ストラスベルク, リー　1901–1982）

Strasberg, Susan
アメリカ生まれの女優。
⇒ク俳（ストラスバーグ, スーザン　1938–1999）
ユ著人（Strasberg,Susan　ストラスバーグ, スーザン　1938–）

Strasburg, Stephen
アメリカの大リーグ選手(ナショナルズ・投手)。
⇒外12 (ストラスバーグ, ステファン 1988.7.20–)
外16 (ストラスバーグ, ステファン 1988.7.20–)
最世ス (ストラスバーグ, ステファン 1988.7.20–)

Strasburger, Eduard Adolf
ドイツの植物学者。
⇒岩生 (シュトラースブルガー 1844–1912)
岩世人 (シュトラースブルガー 1844.2.1–1912.5.18/19)
旺生5 (シュトラスブルガー 1844–1912)
広辞7 (シュトラスブルガー 1844–1912)
三新生 (ストラスブルガー 1844–1912)
ネーム (シュトラスブルガー 1844–1912)

Strasser, Adolph
ドイツ生まれのアメリカの労働運動家。アメリカ労働総同盟(A.F.L.)を創立。
⇒岩世人 (ストラッサー 1843–1939.1.1)

Strasser, Gregor
ドイツのジャーナリスト, 政治家。ヒトラーの重要な協力者の一人。著書『ドイツをめぐる闘争』(1932)ほか。
⇒岩世人 (シュトラッサー 1892.5.31–1934.6.30)

Strasser, Otto Johan Maximilian
ドイツの政治家, 評論家。反ナチス分子として「自由ドイツ運動」の創立者および議長となる(1941)。
⇒岩世人 (シュトラッサー 1897.9.10–1974.8.27)

Strasser, Valentine
シエラレオネの政治家, 軍人。シエラレオネ国家最高評議会議長(元首)。
⇒世指導 (ストラッサー, バレンタイン 1965–)

Strassmann, Fritz
ドイツの物理化学者。1938年O.ハーンとともにウラニウムの核分裂を発見。
⇒三新物 (ストラスマン 1902–1980)

Straszewski, Maurycy
ポーランドの哲学者。東洋哲学の研究家。
⇒岩世人 (ストラシェフスキ 1848.9.22–1921.2.27)

Stratas, Teresa
カナダのソプラノ歌手。
⇒標音2 (ストラータス, テレサ 1938.5.26–)

Stratmann, Roland
ドイツの現代美術家。
⇒芸13 (ストラトマン, ローランド 1964–)

Stratton, Allan
カナダの作家, 劇作家。
⇒海文新 (ストラットン, アラン 1951–)
現世文 (ストラットン, アラン 1951–)

Stratton, C.Scott
アメリカの大リーグ選手(投手)。
⇒メジャ (ストラットン, スコット 1869.10.2–1939.3.8)

Stratton, George Malcolm
アメリカの心理学者。アメリカ初期の実験心理学者。主著『宗教生活の心理』(1911)。
⇒岩世人 (ストラットン 1865.9.26–1957.10.8)

Stratton, Monty Franklin Pierce
アメリカの大リーグ選手(投手)。
⇒メジャ (ストラットン, モンティ 1912.5.12–1982.9.29)

Straub, Jean-Marie
フランス生まれの映画監督。
⇒岩世人 (ストローブ 1933.1.8–)
映監 (ストローブ, ジャン=マリー 1933.1.8–)
外12 (ストローブ, ジャン・マリー 1933.1.8–)

Straub, Peter
アメリカの小説家。
⇒現世文 (ストラウブ, ピーター 1943–)

Straube, Karl
ドイツのオルガン奏者, 指揮者, 作曲家。J.バッハ, G.ヘンデルの演奏家, 研究家, 校訂者として功績がある。
⇒岩世人 (シュトラウベ 1873.1.6–1950.4.27)
標音2 (シュトラウベ, カルル 1873.1.6–1950.4.27)

Straubinger, Heinrich
ドイツのカトリック神学者。
⇒新カト (シュトラウビンガー 1878.7.5–1955.4.24)

Straumer, Heinrich
ドイツの建築家。国会議事堂建築に従事。
⇒岩世人 (シュトラウマー 1876.12.7–1937.11.22)

Straus, Erwin
ドイツの現象学者, 神経医, 哲学者。
⇒現精 (シュトラウス 1891–1975)
現精縮 (シュトラウス 1891–1975)

Straus, Oscar
オーストリア生まれのアメリカの作曲家, 指揮者。
⇒岩世人 (シュトラウス 1870.3.6–1954.1.11)
ク音3 (シュトラウス 1870–1954)
新音中 (シュトラウス, オスカル 1870.3.6–1954.1.11)
標音2 (シュトラウス, オスカー 1870.3.6–1954.1.11)
ユ著人 (Straus,Oskar シュトラウス, オスカル 1870–1954)

Strause, Greg
アメリカの映画監督。
⇒外12 (ストラウス, グレッグ 1975.1.16–)

Strauss, Anselm Leonard
アメリカの社会学者, 社会心理学者。
⇒岩世人（ストラウス　1916.12.18–1996.9.5）
　社小増（ストラウス　1916–）

Strauss, Botho
ドイツの作家, 劇作家, 演劇批評家, 詩人。
⇒岩世人（シュトラウス　1944.12.2–）
　外12（シュトラウス, ボート　1944.12.2–）
　外16（シュトラウス, ボート　1944.12.2–）
　現世文（シュトラウス, ボート　1944.12.2–）
　広辞7（シュトラウス　1944–）

Strauss, Eduard
オーストリアの作曲家, 指揮者。
⇒ク音3（シュトラウス　1835–1916）
　新音中（シュトラウス, エードゥアルト　1835.3.15–1916.12.28）
　標音2（シュトラウス, エードゥアルト　1835.3.15–1916.12.28）

Strauss, Emil
ドイツの作家。主著, 短篇集『ベール』(1930), 長篇『巨人の玩具』(34)。
⇒岩世人（シュトラウス　1866.1.31–1960.8.10）
　西文（シュトラウス, エミール　1866–1960）

Strauss, Franz Josef
ドイツ連邦共和国の政治家。キリスト教社会同盟CSUの設立に尽力し, CSU党首となった。
⇒岩世人（シュトラウス　1915.9.6–1988.10.3）

Strauß, Johann
オーストリアの指揮者, 作曲家。
⇒標音2（シュトラウス, ヨハン　1866.2.16–1939.1.9）

Strauss, Leo
アメリカの政治哲学者。
⇒岩世人（シュトラウス　1899.9.20–1973.10.18）
　現社（シュトラウス　1899–1973）
　広辞7（シュトラウス　1899–1973）
　新カト（シュトラウス　1899.9.20–1973.10.18）
　哲中（シュトラウス　1899–1971）
　ユ著人（Straus,Leo　シュトラウス, レオ　1899–1973）

Strauss, Richard Georg
ドイツの作曲家, 指揮者。後期ドイツ・ロマン派。
⇒岩世人（シュトラウス　1864.6.11–1949.9.8）
　エデ（シュトラウス, リヒャルト（ゲオルク）　1864.6.11–1949.9.8）
　オペラ（シュトラウス, リヒャルト　1864–1949）
　学叢思（シュトラウス, リヒャルト　1864–?）
　ク音3（シュトラウス　1864–1949）
　広辞7（シュトラウス　1864–1949）
　新オペ（シュトラウス, リヒャルト　1864–1949）
　新音小（シュトラウス, リヒャルト　1864–1949）
　新音中（シュトラウス, リヒャルト　1864.6.11–1949.9.8）
　世人新（シュトラウス〈リヒャルト〉　1864–1949）
　世人装（シュトラウス〈リヒャルト〉　1864–1949）
　ビ曲改（シュトラウス, リヒャルト　1864–1949）
　標音2（シュトラウス, リヒャルト　1864.6.11–1949.9.8）
　ポプ人（シュトラウス, リヒャルト　1864–1949）

Strauss-Kahn, Dominique
フランスの政治家, 経済学者, 法律家。
⇒外12（ストロスカーン, ドミニク　1949.4.25–）
　外16（ストロスカーン, ドミニク　1949.4.25–）
　世指導（ストロスカーン, ドミニク　1949.4.25–）

Strausz-Hupé, Robert
オーストリア生まれの国際政治学者。
⇒国政（ストロウジュペ, ロバート　1903–2002）

Stravinsky, Igor Feodorovich
ロシア生まれの作曲家。代表作バレエ曲『火の鳥』(1910), オペラ・オラトリオ『オイディプス王』(27),『トレニ』(57〜58) など。
⇒岩世人（ストラヴィンスキー　1882.6.5/17–1971.4.6）
　エデ（ストラヴィンスキー, イーゴリ（フョードロヴィチ）　1882.6.17–1971.4.6）
　オペラ（ストラヴィーンスキイ, イーゴル　1882–1971）
　学叢思（ストラヴィンスキー, イゴール　1882–）
　ク音3（ストラヴィンスキー　1882–1971）
　広辞7（ストラヴィンスキー　1882–1971）
　辞歴（ストラビンスキー　1882–1971）
　新オペ（ストラヴィンスキー, イーゴル・F　1882–1971）
　新音小（ストラヴィンスキー, イーゴリ　1882–1971）
　新音中（ストラヴィンスキー, イーゴリ　1882.6.22–1971.4.6）
　新カト（ストラヴィンスキー　1882.6.17–1971.4.6）
　世人新（ストラヴィンスキー　1882–1971）
　世人装（ストラヴィンスキー　1882–1971）
　ネーム（ストラヴィンスキー　1882–1971）
　ビ曲改（ストラヴィンスキー, イーゴル・フィヨドロヴィチ　1882–1971）
　標音2（ストラヴィンスキー, イーゴル　1882.6.17–1971.4.6）
　ポプ人（ストラビンスキー, イーゴル　1882–1971）

Stravius, Jérémy
フランスの水泳選手(背泳ぎ)。
⇒外16（ストラヴィウス, ジェレミー　1988.7.14–）
　最世ス（ストラヴィウス, ジェレミー　1988.7.14–）

Straw, Jack
イギリスの政治家。イギリス外相。
⇒外12（ストロー, ジャック　1946.8.3–）
　外16（ストロー, ジャック　1946.8.3–）
　世指導（ストロー, ジャック　1946.8.3–）

Strawberry, Darryl
アメリカの大リーグ選手(外野)。

⇒メジャ（ストロベリー, ダリル　1962.3.12–）

Strawson, Peter Frederick
イギリスの哲学者。
⇒岩辞人（ストローソン　1919.11.23–2006.2.13）
広辞7（ストローソン　1919–2006）
新カト（ストローソン　1919.11.23–2006.2.13）
哲中（ストローソン　1919–2006）
メル別（ストローソン, ピーター・フレデリック　1919–2006）

Strayed, Cheryl
アメリカの作家。
⇒海文新（ストレイド, シェリル　1968–）
現世文（ストレイド, シェリル　1968–）

Strayhorn, William（Billy）
アメリカのジャズ作曲家, ピアノ奏者。デューク・エリントン楽団で活動,〈A列車で行こう〉,〈チェルシー・ブリッジ〉などの名作を残す。
⇒エデ（ストレイホーン, ビリー　1915.11.29–1967.5.31）

Streep, Meryl
アメリカの女優。
⇒遺産（ストリープ, メリル　1949.6.22–）
岩世人（ストリープ　1949.6.22–）
外12（ストリープ, メリル　1949.6.22–）
外16（ストリープ, メリル　1949.6.22–）
ク俳（ストリープ, メリル（ストリープ, メアリー・ルイーズ）　1949–）
スター（ストリープ, メリル　1949.6.22–）
ネーム（ストリープ, メリル　1949–）
ネーム（ストリープ　1949–）

Street, Charles Evard（Gabby）
アメリカの大リーグ選手（捕手）。
⇒メジャ（ストリート, ギャビー　1882.9.30–1951.2.6）

Street, Huston
アメリカの大リーグ選手（パドレス・投手）。
⇒最世ス（ストリート, ヒューストン　1983.8.2–）
メジャ（ストリート, ヒューストン　1983.8.2–）

Street, Thomas Atkins
アメリカの弁護士, 判事。
⇒アア歴（Street,Thomas A（tkins）　ストリート, トマス・アトキンズ　1872.3.14–1936.3.17）

Streeter, Burnett Hillman
イギリスの神学者。マタイ, マルコ, ルカのいわゆる共観福音書の成立に関する画期的業績で有名。
⇒岩世人（ストリーター　1874.11.17–1937.9.10）
オク教（ストリーター　1874–1937）

Streeton, Arthur Ernest
オーストラリアの画家。牧歌的風景画によって,〈太陽と土の申し子〉といわれた。
⇒岩世人（ストリートン　1867.4.8–1943.9.1）

Strehl, Christoph
ドイツのテノール歌手。
⇒魅惑（Strehl,Christoph　?–）

Strehle, Gabriele
ドイツの服飾デザイナー。
⇒外12（ストレーレ, ガブリエレ　1951–）
外16（ストレーレ, ガブリエレ　1951–）

Strehler, Giorgio
イタリアの演出家。
⇒岩世人（ストレーレル　1921.8.14–1997.12.25）
オペラ（ストレーレル, ジョルジョ　1921–）
広辞7（ストレーレル　1921–1997）
標音2（ストレーレル, ジョルジョ　1921.8.14–1997.12.25）

Streib, Werner
ドイツの戦闘機操縦者。
⇒異二辞（シュトライブ［ヴェルナー・〜］　1911–1986）

Streich, Rita
ドイツのソプラノ歌手。ウィーン国立歌劇場所属。
⇒オペラ（シュトライヒ, リータ　1920–1987）
新音中（シュトライヒ, リータ　1920.12.18–1987.3.20）
標音2（シュトライヒ, リータ　1920.12.18–1987.3.20）

Streicher, Henri
ウガンダで活動したフランスの宣教師, 代牧。
⇒新カト（シュトライヒャー　1863.7.29–1952.6.7）

Streicher, Julius
ナチス・ドイツの政治家。ナチス党員としてユダヤ人迫害を遂行し大量虐殺を行った。
⇒岩世人（シュトライヒャー　1885.2.12–1946.10.16）

Streisand, Barbra
アメリカ・ニューヨーク生まれの女優, 映画監督, 歌手。
⇒遺産（ストライサンド, バーブラ　1942.4.24–）
岩世人（ストライサンド　1942.4.24–）
外12（ストライサンド, バーブラ　1942.4.24–）
外16（ストライサンド, バーブラ　1942.4.24–）
ク俳（ストライサンド, バーブラ（スタイサンド, バーバラ）　1942–）
新音中（ストライザンド, バーブラ　1942.4.24–）
スター（ストライサンド, バーブラ　1942.4.24–）
標音2（ストライザンド, バーブラ　1942.4.24–）
ユ著人（Streisand,Barbra　ストライサンド, バーブラ　1942–）

Streit, Karl
オーストリアの神言修道会員, 教勢や教会分布に関する地図製作の先駆者。
⇒新カト（シュトライト　1874.8.5–1935.5.31）

Streit, Kurt
アメリカのテノール歌手。
⇒魅惑（Streit,Kurt 1959–）

Streit, Robert
ドイツのカトリック布教学者。無原罪聖母会士。
⇒岩世人（シュトライト 1875.10.27–1930.7.31）
　新カト（シュトライト 1875.10.27–1930.7.31）

Streitberg, Wilhelm
ドイツの言語学者。インド＝ヨーロッパ語比較文法の研究に従事し、『ゲルマン祖語文法』(1896)などの著書がある。
⇒岩世人（シュトライトベルク 1864.2.23–1925.8.19）

Stresemann, Gustav
ドイツの政治家。ドイツ人民党を組織。
⇒岩世人（シュトレーゼマン 1878.5.10–1929.10.3）
　学叢思（ストレーゼマン，グスタフ 1878–?）
　広辞7（シュトレーゼマン 1878–1929）
　国政（シュトレーゼマン 1878–1929）
　世史改（シュトレーゼマン 1878–1929）
　世人新（シュトレーゼマン 1878–1929）
　世人装（シュトレーゼマン 1878–1929）
　ネーム（シュトレーゼマン 1878–1929）
　ノベ3（シュトレーゼマン,G. 1878.5.10–1929.10.3）
　ポプ人（シュトレーゼマン，グスタフ 1878–1929）
　もう山（シュトレーゼマン 1878–1929）

Streuvels, Stijn
ベルギーの小説家。宇宙的ビジョンのもとに、農夫の生活と自然のリズムを結合させた傑作『亜麻の畑』(1907)などがある。
⇒岩世人（ストレーヴェルス 1871.10.3–1969.8.15）

Stribling, T.S.
アメリカの作家。
⇒アメ州（Stribling,Thomas Sigmund　ストリブリング，トーマス・シグムンド 1881–1965）
　現世文（ストリプリング,T.S. 1881–1965）

Strich, Fritz
ドイツの文学史家。ゲーテや古典主義研究の第一人者。主著に『ゲーテと世界文学』(1946)がある。
⇒岩世人（シュトリヒ 1882.12.13–1963.8.15）
　比文増（シュトリヒ（フリッツ） 1883（明治16）–）
　ユ著人（Strich,Fritz　シュトリヒ，フリッツ 1882–1963）

Strick, Joseph
アメリカ、イギリスの映画監督。
⇒ユ著人（Strick,Joseph　ストリック，ジョーゼフ 1923–）

Stricker, Frieder
ドイツのテノール歌手。
⇒魅惑（Stricker,Frieder 1943–）

Stricker, John A.
アメリカの大リーグ選手（二塁）、監督。
⇒メジャ（ストリッカー，カブ 1859.6.8–1937.11.19）

Stricker, Steve
アメリカのプロゴルファー。
⇒外12（ストリッカー，スティーブ 1967.2.23–）
　外16（ストリッカー，スティーブ 1967.2.23–）
　最世ス（ストリッカー，スティーブ 1967.2.23–）

Strickland, John Douglas Hipwell
カナダの海洋生化学者。120トンの大型容器を使った自然水中での一次生産機構の実験的解明は、実験海洋学の新分野を開いた。
⇒岩世人（ストリックランド 1920.8.3–1970.11.12）

Strickland, Lily
アメリカの作曲家。
⇒標音2（ストリックランド，リリー 1887.1.28–1958.6.6）

Strickland, Shirley Barbara
オーストラリアの陸上競技選手。
⇒岩世人（ストリックランド 1925.7.18–2004.2.11）

Strickland, William
州立マサチューセッツ大学アマースト校アフロ・アメリカン研究科教授。
⇒マルX（STRICKLAND,WILLIAM　ストリックランド，ウイリアム）

Strieber, Whitley
アメリカの作家。
⇒外12（ストリーバー，ホイットリー 1945–）
　外16（ストリーバー，ホイットリー 1945–）
　現世文（ストリーバー，ホイットリー 1945–）

Strindberg, Johan August
スウェーデンの劇作家、小説家。
⇒岩キ（ストリンドベリ 1849–1912）
　岩世人（ストリンドベリ 1849.1.22–1912.5.14）
　学叢思（ストリンドベルク，ヨハン・アウグスト 1849–1912）
　広辞7（ストリンドベリ 1849–1912）
　新カト（ストリンドベリ 1849.1.22–1912.5.14）
　図翻（ストリンドベリ 1849.1.22–1912.5.14）
　西文（ストリンドベリ，アウグスト 1849–1912）
　世演（ストリンドベリ，オーギュスト 1849.1.22–1912.5.14）
　世史改（ストリンドベリ 1849–1912）
　世人新（ストリンドベリ 1849–1912）
　世人装（ストリンドベリ 1849–1912）
　ネーム（ストリンドベリ 1849–1912）
　ポプ人（ストリンドベリ，アウグスト 1849–

1912)

Stringer, Howard
アメリカの実業家。
⇒外12（ストリンガー，ハワード　1942.2.19–）
　外16（ストリンガー，ハワード　1942.2.19–）

Stringer, Vickie M.
アメリカの作家。
⇒現世文（ストリンガー，ビッキー）

Stripp, Joseph Valentine
アメリカの大リーグ選手（三塁）。
⇒メジャ（ストリップ，ジョー　1903.2.3–1989.6.10）

Stritch, Elaine
アメリカ生まれの女優。
⇒外12（ストリッチ，エレイン　1926.2.2–）

Strittmater, Erwin
ドイツの作家。主著『オーレ・ビーンコップ』（1963）。
⇒現世文（シュトリットマター，エルヴィーン　1912.8.14–1994）

Strnad, Oskar
オーストリアの建築家。パリ博覧会でオーストリア館を建築。舞台装置家としても知られる。
⇒岩世人（シュトルナート　1879.10.26–1935.9.3）

Strobel, Edward Henry
アメリカの外交官，外交的顧問。
⇒アア歴（Strobel,Edward Henry　ストローベル，エドワード・ヘンリー　1855.12.7–1908.1.15）
　タイ（ストローベル　1855–1908）

Strobl, Fritz
オーストリアのスキー選手（アルペン）。
⇒最世ス（シュトロブル，フリッツ　1972.8.24–）

Strobl, Karl Hans
オーストリアの作家。主著『ビスマルク』（1915～19）。
⇒岩世人（シュトローブル　1877.1.18–1946.3.10）

Stroessner, Alfredo
パラグアイの政治家。パラグアイ大統領（1954～89）。
⇒岩世人（ストロエスネル　1912.11.3–2006.8.16）
　政経改（ストロエスネル　1912–）
　ネーム（ストロエスネル　1912–2006）
　ラテ新（ストロエスネル　1912–2006）

Stroev, Egor Semyonovich
ロシアの政治家。
⇒外12（ストロエフ，エゴール　1937.2.25–）
　外16（ストロエフ，エゴール　1937.2.25–）
　世指導（ストロエフ，エゴール　1937.2.25–）

Strogovich, Mikhail Solomonovich
ソ連の刑事訴訟法学者。

⇒岩世人（ストロゴーヴィチ　1894.9.17/29–1984.2.13）

Strohbauer, Hans
ドイツのテノール歌手。
⇒魅惑（Strohbauer,Hans　?–）

Stroheim, Erich von
アメリカの映画監督，俳優。監督および主演作品として『愚かなる妻』（1921），監督作品として『グリード』（24），出演作品に『大いなる幻影』（37）ほか。
⇒岩世人（シュトロハイム　1885.9.22–1957.5.12）
　映監（フォン・シュトロハイム，エリッヒ　1885.9.22–1957）
　ク俳（シュトロハイム，エーリッヒ・フォン（シュトロンハイム，ハンス・E・S・フォン・ノルデンヴァール，あるいはE・オズヴァルド）　1885–1957）
　広辞7（シュトロハイム　1885–1957）
　スター（シュトロハイム，エリッヒ・フォン　1885.9.22–1957）
　ネーム（シュトロハイム　1885–1957）
　ユ著人（Storoheim,Erich von　シュトロハイム，エーリッヒ・フォン　1885–1957）

Strohmeyer, Sarah
アメリカの作家。
⇒外12（ストロマイヤー，サラ）

Strok, Alexander
ラトビア出身の音楽興行師。
⇒岩世人（ストローク　1877–1956.7.1）

Ströker, Elisabeth
ドイツの哲学者。
⇒岩世人（シュトレーカー　1928.8.17–2000.12.6）

Strombergs, Maris
ラトビアの自転車選手（BMX）。
⇒外12（ストロンベルグス，マリス　1987.3.10–）
　外16（ストロンベルグス，マリス　1987.3.10–）
　最世ス（ストロンベルグス，マリス　1987.3.10–）

Strömgren, Bengt Georg Daniel
デンマークの天文学者。
⇒岩世人（ストレムグレーン　1908.1.21–1987.7.4）
　天文辞（ストレムグレン　1908–1987）
　天文大（ストレムグレン　1908–1987）

Strömgren, Erik
デンマークの精神科医。
⇒精医歴（ストレムグレン，エリック　1909–1993）

Strominger, Jack L.
アメリカの生化学者。
⇒外12（ストロミンジャー，ジャック　1925.8.7–）

Stronach, Bruce
アメリカ出身の横浜市立大学学長。
⇒外12（ストロナク，ブルース　1950.8.24–）

Strong, Anna Louise
アメリカの女性ジャーナリスト。1946年延安で毛沢東と会見し、毛の「張り子の虎」論を聞き出す。著作に『中国数百万の人民』(65) など。
⇒アア歴 (Strong,Anna Louise　ストロング, アナ・ルイーズ　1885.11.24–1970.3.29)
　岩世人 (ストロング　1885.11.24–1970.3.29)

Strong, Barrett
ミシシッピー生まれの歌手。
⇒ロック (Strong,Barrett　ストロング, バレット　1941.2.5–)

Strong, Benjamin, Jr.
アメリカの銀行家。ニューヨーク連邦準備銀行総裁。
⇒アメ新 (ストロング　1872–1928)

Strong, Josiah
アメリカの会衆派牧師, 社会改革者。
⇒岩世人 (ストロング　1847.1.19–1916.4.28)

Strong, Kenneth Lionel Chatterton
イギリスの日本文学研究者。丹羽文雄, 徳冨蘆花, 木下尚江, 島崎藤村, 有島武郎等の作品を英訳して日本現代文学の紹介に貢献。
⇒岩世人 (ストロング　1925.6.27–)

Strong, Kenneth W.D.
イギリス国防省初代情報局長。
⇒スパイ (ストロング, ケネス・W・D　1900–1982)

Strong, Leonard Alfred George
イギリス (アイルランド系) の作家, 詩人。ゲール語の詩をはじめ, 推理小説, 幻想小説, ロマンスなどがある。
⇒現世文 (ストロング,L.A.G.　1896–1958)

Strong, Maurice Frederick
カナダの実業家。国連環境計画 (UNEP) の初代事務局長。ペトロ・カナダ石油会社会長。
⇒世指導 (ストロング, モーリス・フレデリック　1929.4.29–2015.11.27)

Strong, Richard Pearson
アメリカの医師。
⇒アア歴 (Strong,Richard P (earson)　ストロング, リチャード・ピアスン　1872.3.18–1948.7.4)

Stross, Charles
イギリスの作家。
⇒外12 (ストロス, チャールズ　1964–)
　外16 (ストロス, チャールズ　1964–)
　現世文 (ストロス, チャールズ　1964–)

Strother, Gloria
1940年代初めに, マルコムとデートしたボストンに住む肌の色の薄い黒人高校生。
⇒マルX (STROTHER,GLORIA　ストロザー, グロリア)

Stroud, Carsten
カナダの作家, ジャーナリスト, 警察官。
⇒外16 (ストラウド, カーステン)
　現世文 (ストラウド, カーステン)

Stroud, Jonathan
イギリスの作家。
⇒外12 (ストラウド, ジョナサン)
　海文新 (ストラウド, ジョナサン)

Strouse, Charles
アメリカの作曲家。
⇒標音2 (ストラウズ, チャールズ　1928.6.7–)

Stroustrup, Bjarne
アメリカのコンピューターソフト科学者。
⇒外12 (ストラウストラップ, ビョーン　1950–)
　外16 (ストラウストラップ, ビョーン　1950–)

Strout, Elizabeth
アメリカの作家。
⇒外12 (ストラウト, エリザベス　1956–)
　外16 (ストラウト, エリザベス　1956–)
　海文新 (ストラウト, エリザベス　1956.1.6–)
　現世文 (ストラウト, エリザベス　1956.1.6–)

Strube, Jurgen F.
ドイツの実業家。
⇒外12 (シュトゥルーベ, ユルゲン　1939–)
　外16 (シュトルーベ, ユルゲン　1939–)

Struckman, Falk
ドイツのバリトン歌手。
⇒外12 (シュトルックマン, ファルク　1958–)

Strug, Andrzej
ポーランドの作家。革命運動に取材した小説を書いた。主著『地下の人達』(1908), 『黄色い十字架』(32～33)。
⇒岩世人 (ストルク　1871.11.28–1937.12.7)

Strugatskii, Arkadii
ソ連のSF作家, 日本語専攻の言語学者。弟ボリスと共同でSFを書いた。
⇒岩世人 (ストルガツキー兄弟　1925.8.28–1991.10.12)
　現世文 (ストルガツキー兄弟)
　広辞7 (ストルガツキー・きょうだい　ストルガツキー兄弟　1925–1991)

Strugatskii, Boris
ソ連のSF作家, 天文学者。兄のアルカディと共同でSFを書いた。
⇒岩世人 (ストルガツキー兄弟　1933.4.15–2012.11.19)
　現世文 (ストルガツキー兄弟)
　広辞7 (ストルガツキー・きょうだい　ストルガツキー兄弟　1933–2012)

Strümpell, Adolf
ドイツの医者。神経系疾患に関する業績がある。

⇒岩世人（シュトリュンペル 1853.6.28–1925.1.10)

Strunk, Amos Aaron
アメリカの大リーグ選手（外野）。
⇒メジャ（ストランク, エイモス 1889.1.22–1979.7.22)

Strunk, William Oliver
アメリカの音楽学者。
⇒標音2（ストランク, オリヴァー 1901.3.22–1980.2.24)

Struve, Otto
アメリカ（ロシア系）の天文学者。星間物質やスペクトル線などを発見。天体分光学の権威。
⇒岩世人（シュトルーヴェ 1897.8.12–1963.4.6)
　天文大（シュトルーフェ 1897–1963)

Struve, Pëtr Berngardovich
ロシアの経済学者, 政治家, 評論家。
⇒岩世人（ストルーヴェ 1870.1.26/2.7–1944.2.26)
　国政（ストルーヴェ 1870–1944)
　メル3（ストルーヴ, ピエール 1870–1944)

Struve, Vasilii Vasilievich
ソ連の古代学者。古代オリエント学界の最高権威者。
⇒岩世人（ストルーヴェ 1889.1.21/2.2–1965.9.15)

Stryjkowski, Julian
ポーランド（ユダヤ系）の作家。
⇒現世文（ストリコフスキ, ユリアン 1905.4.27–1996.8.8)
　ユ著人（Stryjkowski, Julian ストリコウスキ, ジュリヤン 1905–)

Strzygowski, Josef
オーストリア（ポーランド系）の美術史学者, 考古学者。初期キリスト教美術, 東方古代芸術を研究。
⇒岩世人（スジュゴーフスキー（ストジュゴーフスキー） 1862.3.7–1941.1.2)

Stuart, Chad
イギリスのミュージシャン, 作曲家。
⇒ロック（Chad and Jeremy チャッド&ジェレミー 1943.12.10–)

Stuart, Francis
アイルランドの小説家。
⇒現世文（スチュアート, フランシス 1902.4.29–2000.2.2)

Stuart, Freundel
バルバドスの政治家。バルバドス首相。
⇒外12（スチュアート, フローンデル 1949.4.27–)
　外16（スチュアート, フローンデル 1949.4.27–)
　世指導（スチュアート, フローンデル 1949.4.27–)

Stuart, Gloria
アメリカの女優, 画家。
⇒ク俳（ステュアート, グローリア（フィンチ, G・S) 1909–)
　スター（スチュアート, グロリア 1910.7.4–)

Stuart, Jesse Hilton
アメリカの作家。
⇒アメ州（Stuart, Jesse Hilton スチュアート, ジェシー・ヒルトン 1907–)

Stuart, John
スコットランド生まれの男優。
⇒ク俳（ステュアート, ジョン（クロール, J) 1898–1979)

Stuart, John Leighton
アメリカの宣教師, 外交官。中国に渡り（1904), 南京神学校教師（08～19), 燕京大学総長（19～46）ののち, 中国駐在大使。
⇒アア歴（Stuart, J(ohn) Leighton スチュアート, ジョン・レイトン 1876.6.24–1962.9.19)
　岩世人（スチュアート 1876.6.24–1962.9.19)

Stuart, Richard Lee
アメリカの大リーグ選手（一塁）。
⇒メジャ（スチュアート, ディック 1932.11.7–2002.12.15)

Stuarti, Enzo
イタリアのコンサート歌手。
⇒失声（ストゥアルティ, エンツォ 1919–2005)

Stubb, Alexander
フィンランドの政治家。フィンランド首相。
⇒外16（ストゥブ, アレクサンデル 1968.4.1–)
　世指導（ストゥブ, アレクサンデル 1968.4.1–)

Stubbs, Franklin Lee
アメリカの大リーグ選手（一塁, 外野）。
⇒メジャ（スタッブス, フランクリン 1960.10.21–)

Stubbs, Sir Reginald Edward
イギリスの外交官。
⇒岩世人（スタッブズ 1876.10.13–1947.12.7)

Stubhaug, Arild
ノルウェーの作家, 詩人。
⇒現世文（ストーブハウグ, アーリルド 1948–)

Stuchka, Pyotr Ivanovich
ソ連の法学者。ラトビアの革命運動を指導。スターリン憲法成立以前のマルクス主義法学の理論活動で指導的役割を果した。
⇒岩世人（ストゥーチカ 1865.7.14/26–1932.1.25)
　ネーム（ストーチカ 1865–1932)

Stuck, Franz von
ドイツの画家, 彫刻家, 建築家。神話的主題の作品を多く制作し, 裸体表現を好んだ。
⇒岩世人（シュトゥック 1863.2.23–1928.8.30)

芸13（シュトゥック, フランツ・フォン　1863–1928）

Stuckenschmidt, Hans Heinz
ドイツの音楽評論家。プラハ, ベルリンなどの新聞で批評活動を通して新音楽の紹介に貢献した。著書に,『シェーンベルク』など。
⇒岩世人（シュトゥッケンシュミット　1901.11.1–1988.8.15）
新音中（シュトゥッケンシュミット, ハンス・ハインツ　1901.11.1–1988.8.15）
標音2（シュトゥッケンシュミット, ハンス・ハインツ　1901.11.1–1988.8.15）

Studd, Charles Thomas
イングランド生まれの宣教師。
⇒オク教（スタッド　1862–1931）

Studdert Kennedy, Geoffrey Anketell
イギリス国教会の司祭。
⇒オク教（スタッダード・ケネディ　1883–1929）

Studebaker, Thomas
アメリカのテノール歌手。
⇒魅惑（Studebaker, Thomas　?–）

Studeman, William O.
アメリカの軍人。海軍大将, 中央情報長官（DCI）代行。
⇒スパイ（スチュードマン, ウィリアム・O　1940–）

Student
イギリスの醸造技術者, 数理統計学者。
⇒岩世人（ステューデント　1876.6.13–1937.10.16）

Study, Eduard
ドイツの数学者。不変量理論, 多元幾何学, 球面幾何学等に関する研究がある。
⇒岩世人（シュトゥーディ　1862.3.23–1930.1.6）
世数（スチュディ, クリスチャン・フーゴ・エデュアルト　1862–1930）

Stueckelberg de Breidenbach, Ernst Carl Gerlach
スイスの物理学者。専門は場の量子論。
⇒岩世人（シュテュッケルベルク　1905.2.1–1984.9.14）

Stuhrmann, Jochen
ドイツのイラストレーター, 絵本作家。
⇒外12（シュトゥーアマン, ヨッヘン　1976–）
外16（シュトゥーアマン, ヨッヘン　1976–）

Stumpf, Carl Friedrich
ドイツの心理学者, 音楽学者, 音声学者。民族音楽の研究に努め, 比較音楽学の創始者として知られる。
⇒岩世人（シュトゥンプ　1848.4.21–1936.12.29）
学叢思（シュトゥンプ, カール　1848–?）
標音2（シュトゥンプフ, カルル　1848.4.21–1936.12.29）

Stumpf, Doug
アメリカの作家。
⇒海文新（スタンフ, ダグ）

Stumpf, John G.
アメリカの銀行家。
⇒外16（スタンフ, ジョン）

Stuntz, Homer Clyde
アメリカの宣教師。
⇒アア歴（Stuntz, Homer C (lyde)　スタンツ, ホーマー・クライド　1858.1.29–1924.6.3）

Stupples, Karen
イギリスのプロゴルファー。
⇒外16（スタップルズ, カレン　1973.6.24–）
最世ス（スタップルズ, カレン　1973.6.24–）

Šturanović, Željko
モンテネグロの政治家。モンテネグロ首相。
⇒外12（シュトラノヴィッチ, ジェリコ　1960.1.31–）
世指導（シュトラノヴィッチ, ジェリコ　1960.1.31–2014.6.30）

Sturgeon, Nicola
イギリスの政治家。スコットランド自治政府首相, スコットランド民族党（SNP）党首。
⇒外16（スタージョン, ニコラ　1970.7.19–）
世指導（スタージョン, ニコラ　1970.7.19–）

Sturgeon, Theodore
アメリカのSF作家。代表作『人間以上』(1953)で国際幻想文学賞を受賞。
⇒現世文（スタージョン, シオドア　1918.2.26–1985.5.8）

Sturges, Edmund Preston（Biden）
アメリカの劇作家, 脚本家, 映画監督。1940年映画『偉大なるマックギンティ』でアカデミー賞受賞。
⇒岩世人（スタージェス　1898.8.29–1959.8.6）
映監（スタージェス, プレストン　1898.8.29–1959）

Sturges, John Eliot
アメリカの映画監督。
⇒映監（スタージェス, ジョン　1911.1.3–1992）

Sturgess, Jim
イギリスの俳優。
⇒外12（スタージェス, ジム　1981–）
外16（スタージェス, ジム　1978.5.16–）

Sturm, Felix
ドイツのプロボクサー。
⇒最世ス（シュトルム, フェリックス　1979.1.31–）

Sturm, Karl Friedrich
ドイツの教育学者。ドレスデンの視学官として教育行政を担当するかたわら『教育科学』

(1927)を著述。
⇒教人（シュトゥルム 1880-）

Sturma, Dieter
ドイツの哲学者、応用倫理学者。
⇒岩世人（シュトゥルマ 1953.3.25-）

Sturridge, Charles
イギリスの映画監督、演出家。
⇒外12（スターリッジ、チャールズ 1951.6.24-）
　外16（スターリッジ、チャールズ 1951.6.24-）

Sturtevant, Alfred Henry
アメリカの動物学者。ショウジョウバエの雑種を実験的につくる等の業績がある。
⇒岩生（スタートヴァント 1891-1970）
　岩世人（スタートヴァント 1891.11.21-1970.4.6）

Sturtevant, Edgar Howard
アメリカの言語学者。インド＝ヨーロッパ語比較文法の研究者。インド＝ヒッタイト語族を主張した。
⇒岩世人（スタートヴァント 1875.3.7-1952.7.1）

Sturzo, Luigi
イタリアのカトリック司教、社会学者、政治家。イタリア人民党を創設、書記長となる。
⇒岩世人（ストゥルツォ 1871.11.26-1959.8.8）
　新カト（ストゥルツォ 1871.11.26-1959.8.8）

Stutschewsky, Joachim
イスラエルのチェロ奏者、作曲家。
⇒ユ著人（Stutschewsky,Joachim ストゥチェフスキー、ヨアヒム 1891-1964）

Stutz, Ulrich
スイスの歴史家、教会史家。
⇒岩世人（シュトゥッツ 1868.5.5-1938.7.6）

Stutzer, Otto
ドイツの地質学者。世界各地の鉱床を調査研究し、鉄鉱、金鉱、銅鉱の研究がある。
⇒岩世人（シュトゥッツァー 1881.5.20-1936.9.29）

Stutzmann, Nathalie
フランスのアルト歌手。
⇒外12（シュトゥッツマン、ナタリー 1965-）
　外16（シュトゥッツマン、ナタリー 1965-）

Styles, Harry
イギリスの歌手。
⇒外16（スタイルズ、ハリー 1994.2.1-）

Styne, Jule
アメリカの作曲家。おもな作品に映画主題歌『愛の泉』(1954年度アカデミー主題歌賞受賞)、『ファニー＝ガール』(1964)などがある。
⇒エデ（スタイン、ジュール［ジューリー］ 1905.12.31-1994.9.20）
　新音中（スタイン、ジュール 1905.12.31-1994.9.20）
　標音2（スタイン、ジュール 1905.12.31-1994.9.20）

Styron, William
アメリカの小説家。
⇒アメ州（Styron,William スタイロン、ウイリアム 1925-）
　アメ新（スタイロン 1925-2006）
　岩世人（スタイロン 1925.6.11-2006.11.1）
　現世文（スタイロン、ウィリアム 1925.6.11-2006.11.1）
　広辞7（スタイロン 1925-2006）
　新カト（スタイロン 1925.6.11-2006.11.1）

Suarès, André
フランスの詩人、随筆家、劇作家。主著、紀行文『エメラルドの書』(1902)、『詞華集』(48)など。
⇒岩世人（シュアレス 1868.6.12-1948.9.7）
　ユ著人（Suarés,André シュアレス、アンドレ 1868-1948）

Suarez, Cesar Antonio
アメリカのテノール歌手。
⇒魅惑（Suarez,Cesar Antonio 1952-）

Suarez, Claudio
メキシコのサッカー選手。
⇒外12（スアレス、クラウディオ 1968.12.17-）

Suarez, Daniel
アメリカの作家。
⇒海文新（スアレス、ダニエル 1964-）

Suarez, Gustavo
スペインの政治家。スペイン国防相。
⇒世指導（スアレス、グスタボ 1949-）

Suarez, Luis
ウルグアイのサッカー選手（バルセロナ・FW）。
⇒外12（スアレス、ルイス 1987.1.24-）
　外16（スアレス、ルイス 1987.1.24-）
　最世ス（スアレス、ルイス 1987.1.24-）

Suarez, Paola
アルゼンチンのテニス選手。
⇒外12（スアレス、パオラ 1976.6.23-）
　外16（スアレス、パオラ 1976.6.23-）
　最世ス（スアレス、パオラ 1976.6.23-）

Suárez González, Adolfo
スペインの政治家。
⇒岩世人（スアレス 1932.9.25-2014.3.23）

Suau, Anthony
アメリカのフォトジャーナリスト。
⇒外12（スオウ、アンソニー 1956-）
　外16（スオウ、アンソニー 1956-）

Suazo, David
ホンジュラスのサッカー選手。

suban

⇒外12（スアソ, ダヴィド　1979.11.5-）
　外16（スアソ, ダヴィド　1979.11.5-）
　最世ス（スアソ, ダヴィド　1979.11.5-）

Subandrio
インドネシアの政治家。
⇒岩世人（スバンドリオ　1914.9.15-2004.7.3）
　ネーム（スバンドリオ　1914-2004）

Subardjo, Achmad
インドネシアの政治家。1945年独立宣言に際しスカルノと青年グループの提携を推進, 初代外相。
⇒ア太戦（スバルジョ　1896-1978）
　岩世人（スバルジョ, アフマッド　1896.3.23-1978.12.15）

Subbulakshmi, Madurai Shanmukhavadivu
20世紀の南インドを代表する女性歌手。
⇒岩世人（スブラクシュミ（スッバラクシュミー）1916.9.16-2004.12.11）
　南ア新（スップラクシュミ　1916-2004）

Šubert, Peter
テノール歌手。
⇒魅惑（Šubert, Peter　?-）

Subin Pinkhayan
タイの政治家。タイ外相。
⇒世指導（スビン・ピンカヤン　1934.6.16-）

Subirá, José
スペインの音楽学者。筆名リボ（Jesús A. Ribó）。スペイン, とくにマドリードの劇場音楽の研究家として知られる。
⇒標音2（スビラ, ホセ　1882.8.20-1980.1.6）

Subotnick, Morton
アメリカの作曲家。ブックラー・シンセサイザーを用いて電子音楽を作曲し, また光, 映像, アクションなどを加えたミックスト・メディア（混合メディア）の作品を展開した。
⇒エデ（サボトニック, モートン　1933.4.14-）
　現音キ（スボトニック, モートン　1933-）
　新音中（スボトニック, モートン　1933.4.14-）

Dr. Subroto
インドネシアの経済学者, 閣僚。
⇒岩世人（スブロト　1928.9.19-）
　世指導（スブロト　1928.9.19-）

Subroto, Gatot
インドネシアの軍人。
⇒岩世人（スブロト, ガトット　1907.10.10-1962.6.11）

Suchaat Sawadsiri
タイの詩人, 小説家。
⇒岩世人（スチャート・サワッシー　1945.6.24-）
　現世文（スチャート・サワッシー　1945-）
　タイ（スチャート・サワッシー　1945-）

Su Chao-pin
台湾の映画監督, 脚本家。
⇒外16（スーチャオピン　1970.1-）

Suchet, David
イギリス生まれの俳優。
⇒アガサ（スーシェ, デイヴィッド　1946-）

Suchindaa Khuraaprayuur
タイの軍人, 政治家。タイ首相・国防相, タイ軍最高司令官。
⇒岩世人（スチンダー・クラプラユーン　1933.8.6-）
　世指導（スチンダ・クラプラユーン　1933.8.6-）
　タイ（スチンダー・クラプラユーン　1933-）

Suchocka, Hanna
ポーランドの政治家。ポーランド首相。
⇒外12（スホツカ, ハンナ　1946.4.3-）
　外16（スホツカ, ハンナ　1946.4.3-）
　世指導（スホツカ, ハンナ　1946.4.3-）

Suchoň, Eugen
スロバキアの作曲家。
⇒ク3（スホニュ　1908-1993）
　新音中（スホニュ, エウゲン　1908.9.25-1993.8.5）
　標音2（スホニュ, エウゲン　1908.9.25-1993.8.5）

Sucit Wongtheet
タイの小説家, 詩人, ジャーナリスト。
⇒現世文（スチット・ウォンテート　1945.4.23-）

Suckow, Ruth
アメリカの作家。
⇒アメ州（Suckow, Ruth　サッコウ, ルース　1892-1960）
　現世文（サッコー, ルース　1892.8.6-1960.1.23）

Sudarsono, Juwono
インドネシアの政治家。インドネシア国防相。
⇒世指導（スダルソノ, ユウォノ　1942-）

Sudek, Josef
チェコの写真家。第一次大戦で右腕を失う。木製のビューカメラでプラハの街並や静物を撮影した写真が有名。
⇒岩世人（スデク　1896.3.17-1976.9.15）
　広辞7（スデク　1896-1976）

Suder, Peter
アメリカの大リーグ選手（二塁, 三塁, 遊撃）。
⇒メジャ（スーダー, ピート　1916.4.16-2006.11.14）

Sudermann, Hermann
ドイツの劇作家, 小説家。
⇒岩世人（ズーダーマン　1857.9.30-1928.11.21）
　学叢思（ズーデルマン, ヘルマン　1857-?）
　図翻（ズーダーマン　1857.9.30-1928.11.21）
　西文（ズーダーマン, ヘルマン　1857-1928）

ネーム（ズーデルマン 1857–1928）
比文増（ズーダーマン（ヘルマン） 1857（安政4）–1928（昭和3））

Sudharmono
インドネシアの軍人, 政治家。インドネシア副大統領, ゴルカル総裁。
⇒世外人（スダルモノ 1927.3.12–2006.1.25）
世指導（スダルモノ 1927.3.12–2006.1.25）

Südhof, Thomas Christian
アメリカの生理学者。
⇒外16（スードフ, トーマス 1955.12.22–）

Sudhoff, John William
アメリカの大リーグ選手（投手）。
⇒メジャ（サドホフ, ウィリー 1874.9.17–1917.5.25）

Sudhoff, Karl
ドイツの医者, 医学史家。中世紀医学を研究し, パラケルススの全集（1922〜34）を刊行。
⇒岩世人（ズートホフ 1853.11.26–1938.10.8）

Sudirman
インドネシアの軍人。
⇒岩世人（スディルマン 1916.1.24–1950.1.29）

Sudirman
マレーシアのシンガー・ソングライター。
⇒岩世人（スディルマン 1954.5.25–1992.2.22）

Sudjic, Deyan
イギリスの建築評論家。
⇒外12（スジック, ダヤン 1952.9.6–）
外16（スジック, ダヤン 1952.9.6–）

Sudoplatov, Pavel Anatolievich
ソ連の暗殺者, スパイマスター。
⇒スパイ（スドプラトフ, パヴェル・アナトリエヴィチ 1907–1996）

Sudradjat, Edi
インドネシアの政治家, 軍人。インドネシア国軍総司令官・国防・治安相, インドネシア正義統一党（PKPI）総裁。
⇒世指導（スドラジャット, エディ 1938.4.22–2006.12.1）

Sudwikatmono
インドネシアの企業家。
⇒岩世人（スドウィカトモノ 1934.12.28–2011.1.8）

Suess, Eduard
イギリスの地質学者, 古生物学者。
⇒岩世人（ジュース 1831.8.20–1914.4.26）
オク地（ジュース, エドゥアルト 1831–1914）

Sugden, Samuel
イギリスの物理化学者。原子価や分子構造の研究に寄与。
⇒岩世人（サグデン 1892.2.21–1950.10.20）

Suggs, Terrell
アメリカのプロフットボール選手（レイブンズ・OLB）。
⇒最世ス（サッグス, テレル 1982.10.11–）

Sugimachi, Mahau
ブラジルの陸上選手（障害）。
⇒外12（杉町, マハウ　スギマチ, マハウ 1984–）
外16（杉町, マハウ　スギマチ, マハウ 1984–）

Suh, Dae-Sook
アメリカの北朝鮮研究者。
⇒岩韓（ソ・デスク　徐泰廙 1931–）

Suh, Do Ho
韓国生まれの芸術家。
⇒現アテ（Suh,Do Ho　ス・ドホ 1962–）

Suhard, Emmanuel Célestin
フランスの枢機卿, パリ大司教。棄教者への宣教を目的としたミシオン・ド・フランス, さらに労働司祭の先駆となったパリ宣教司祭団を組織した。
⇒新カト（シュアール 1874.4.5–1949.5.30）

Suharto
インドネシアの政治家, 軍人。インドネシア大統領（1968〜98）。
⇒イス世（スハルト 1921–）
岩イ（スハルト 1921–）
岩世人（スハルト 1921.6.8–2008.1.27）
現アジ（スハルト 1921.6–2008.1.28）
広辞7（スハルト 1921–2008）
政経改（スハルト 1921–）
世史改（スハルト 1921–2008）
世指導（スハルト 1921.6.8–2008.1.27）
世人新（スハルト 1921–2008）
世人装（スハルト 1921–2008）
ネーム（スハルト 1921–2008）
ボブ人（スハルト 1921–2008）
もう山（スハルト 1921–2008）

Suharto, Ibu Tien
インドネシアの政治家。
⇒岩世人（スハルト, ティン 1923.8.23–1996.4.28）

Suh Ji-Hee
韓国の女優。
⇒韓俳（ソ・ジヒ 1998.4.4–）

Suh Jung
韓国の女優。
⇒外12（ソジョン 1972.1.1–）
韓俳（ソ・ジョン 1972.6.19–）

Suhl, Sebastian
アメリカの実業家。
⇒外16（スール, セバスチャン 1969–）

Suhr, August Richard
アメリカの大リーグ選手（一塁）。

⇒メジャ（サー, ガス　1906.1.3–2004.1.15）

Suhr, Jennifer
アメリカの棒高跳び選手。
⇒外16（サー, ジェニファー　1982.2.5–）
　最新ス（サー, ジェニファー　1982.2.5–）

Suhrawardy, Huseyn Shaheed
ベンガルの政治家。
⇒岩イ（スフラワルディ　1893–1963）

Suhrkamp, Peter
ドイツの出版業者、随筆家。文芸総合誌「新評論」の編集者。1950年ズールカンプ社を創立。
⇒岩世人（ズーアカンプ　1891.3.28–1959.3.31）

Suh Young-hoon
韓国の興士団公議会長。
⇒岩韓（ソ・ヨンフン　徐英勲　1923–）
　外12（ソヨンフン　徐英勲　1923.5.26–）
　外16（ソヨンフン　徐英勲　1923.5.26–）
　世指導（ソ・ヨンフン　1923.5.26–）

Sui, Anna
アメリカの服飾デザイナー。
⇒外12（スイ, アナ）
　外16（スイ, アナ）

Suiderski, A.J.
ソ連の政治家。
⇒学叢思（スウィデルスキー　1878–?）

Suitner, Otmar
オーストリアの指揮者。
⇒オペラ（スヴィトナー, オットマール　1922–2010）
　新音中（スウィトナー, オトマル　1922.5.16–）
　標音2（スヴィトナー, オトマール　1922.5.16–2010.1.8）

Sujoyono, Sindudarsono
インドネシアの画家、美術評論家。
⇒岩世人（スジョヨノ　1913.12.14–1985.3.25）

Suk, Daniel Tae
アメリカのテノール歌手。
⇒魅惑（Suk, Daniel Tae　?–）

Suk, Josef
チェコのヴァイオリン奏者、ヴィオラ奏者。
⇒新音中（スーク, ヨゼフ　1929.8.8–）
　標音2（スク, ヨゼフ　1929.8.8–2011.7.6）

Sukarno
インドネシアの政治家。初代大統領（1945〜67）。45年独立をかちとり、植民地闘争の先頭に立ったが、65年の九・三〇事件後、台頭した軍部右派勢力により、67年3月大統領全権限を奪われた。
⇒ア太戦（スカルノ　1901–1970）
　イス世（スカルノ　1901–1970）
　岩イ（スカルノ　1901–1970）
　岩世人（スカルノ　1901.6.6–1970.6.21）
　現アジ（スカルノ　1901–1970）
　広辞7（スカルノ　1901–1970）
　国政（スカルノ　1901–1970）
　政経改（スカルノ　1901–1970）
　世史改（スカルノ　1901–1970）
　世史改（スカルノ　1901–1970）
　世人新（スカルノ　1901–1970）
　世人装（スカルノ　1901–1970）
　ネーム（スカルノ　1901–1970）
　ボブ人（スカルノ, アフマド　1901–1970）
　もう山（スカルノ　1901–1970）

Sukarnoputra, Muhammad Guruh Irianto
インドネシアのアーティスト、国会議員。
⇒岩世人（スカルノプトラ, グルー　1953.1.13–）

Sükebaghatur, Damdiny
モンゴルの革命家。
⇒岩世人（スフバートル　1893.2.2–1923.2.20）
　世人新（スヘバートル　1894–1923）
　世人装（スヘバートル　1894–1923）

Sukenick, Ronald
アメリカの作家。
⇒岩世人（スキーニック　1932.7.14–2004.7.22）
　現世文（スーケニック, ロナルド　1932.7.14–2004.7.22）

Sukenik, Eliezer Lipa
イスラエルの考古学者。
⇒ユ著人（Sukenik,Eliezer Lipa　スケニク, エリエゼル・リパ　1889–1953）

Sukenik-Feinsod, Hasya
イスラエルの考古学者エリエゼル・L・スケニク夫人。
⇒ユ著人（Sukenik-Feinsod,Hasya　スケニク＝ファインソッド, ハシャ　1889–1968）

Suker, Davor
クロアチアのサッカー選手。
⇒外16（シュケル, ダヴォル　1968.1.1–）

Sukhomulinov, Vladimir Aleksandrovich
ロシアの軍人。陸相となったが、第1次世界大戦初期の戦闘における敗北の責任を問われ、辞職。
⇒岩世人（スホムリーノフ　1848.8.4/16–1926.2.2）
　スパイ（スホムリノフ, ウラジーミル　1848–1926）

Sukiman Wiryosanjoyo
インドネシアの政治家。
⇒岩世人（スキマン・ウィルヨサンジョヨ　1898–1974.7.23）

Dr.Sukmono
インドネシアの考古学者。
⇒岩世人（スクモノ　1922–1997.7）

Sulaimán Chagnón, José
メキシコのプロボクシング団体の運営者。
⇒岩世人 (スライマン 1931.5.30–2014.1.16)

Sulak Sivaraksa
タイの環境・平和運動家、社会評論家、作家。
⇒オク仏 (シワラック, スラック 1933–)
外16 (スラック・シワラック 1933–)
タイ (スラック・シワラック 1933–)

Suleiman, Omar
エジプトの政治家、軍人。エジプト副大統領。
⇒外12 (スレイマン, オマル 1935.7.2–)
世指導 (スレイマン, オマル 1936.7.2–2012.7.19)

Suleiman, Said Hassan
エジプトの衣類行商人。1999年、エジプト大統領ホスニ・ムバラクの暗殺をはかった一人。
⇒世暗 (スレイマン, サイード・ハッサン 1959–1999)

Šulek, Stjepan
ユーゴスラビアのヴァイオリン奏者、作曲家。
⇒標音2 (シューレク, ストイェパン 1914.8.5–1986.1.16)

Sulic, Luka
クロアチアのチェロ奏者。
⇒外12 (スリック, ルカ 1987.8.25–)
外16 (スリック, ルカ 1987.8.25–)

Suliotis, Elena
イタリアのソプラノ歌手。
⇒新音中 (スリオティス, エレナ 1943.5.25–)
標音2 (スリオティス, エレナ 1943.5.25–)

Sullavan, Margaret
アメリカの女優。
⇒岩世人 (サラヴァン 1911/1909.5.16–1960.1.1)
ク俳 (サラヴァン, マーガレット (ブルック, M) 1911–1960)

Sullenberger, Chesley B. III
アメリカのパイロット。USエアウェイズ機長。
⇒外12 (サレンバーガー, チェスリー)
外16 (サレンバーガー, チェスリー)

Sullivan, Barry
アメリカの俳優。
⇒ク俳 (サリヴァン, バリー (バリー, パトリック) 1912–1994)

Sullivan, 'Big' Jim
イギリスのセッション・ギター奏者。
⇒ロック (Sullivan,'Big'Jim サリヴァン,"ビッグ" ジム)

Sullivan, Brian
アメリカのテノール歌手。
⇒魅惑 (Sullivan,Brian 1919–1969)

Sullivan, Eamon
オーストラリアの水泳選手(自由形)。
⇒最世ス (サリバン, イーモン 1985.8.30–)

Sullivan, Franklin Leal
アメリカの大リーグ選手(投手)。
⇒メジャ (サリヴァン, フランク 1930.1.23–)

Sullivan, Harry Stack
アメリカの精神医学者。新フロイト派に属する。分裂病や精神療法の理論に貢献。
⇒岩世人 (サリヴァン 1892.2.21–1949.1.14)
現精 (サリヴァン 1892–1949)
現精縮 (サリヴァン 1892–1949)
広辞7 (サリヴァン 1892–1949)
社小増 (サリヴァン 1892–1949)
精医歴 (サリヴァン, ハリー・スタック 1892–1949)
精分岩 (サリヴァン, ハリー・スタック 1892–1949)

Sullivan, John Lawrence
アメリカのボクサー。初代世界選手権保持者。タイトル戦で、ジム・コーベットの新しい戦法に敗れる。
⇒岩世人 (サリヴァン 1858.10.15–1918.2.2)

Sullivan, Joseph
ニュージーランドのボート選手。
⇒外16 (サリバン, ジョセフ 1987.4.11–)
最世ス (サリバン, ジョセフ 1987.4.11–)

Sullivan, Kathleen
アメリカの軍縮教育家。
⇒外16 (サリバン, キャサリン)

Sullivan, Louis Henry
アメリカの建築家。機能主義の立場で鉄骨高層ビルディングを設計、近代建築の先駆者となった。
⇒アメ州 (Sullivan,Louis Henri サリバン, ルイス・ヘンリー 1856–1924)
アメ新 (サリバン 1856–1924)
岩世人 (サリヴァン 1856.9.3–1924.4.14)
世建 (サリヴァン, ルイス・H. 1856–1924)

Sullivan, Martin J.
イギリスの実業家。
⇒外12 (サリバン, マーティン)
外16 (サリバン, マーティン 1955–)

Sullivan, Michael
アメリカの東洋美術史学者。中国美術のすぐれた啓蒙的通史『中国美術史』(1967,70)は日・仏語訳も出版された。
⇒岩世人 (サリヴァン 1916.10.29–2013.9.28)

Sullivan, Michael J.
アメリカの作家。
⇒海文新 (サリヴァン, マイケル・J. 1961–)

Sullivan, Pat
オーストラリア生まれの映画製作者。
⇒アニメ（サリヴァン, パット　1887–1933）

Sullivan, William Joseph, Sr.
アメリカの大リーグ選手（捕手）。
⇒メジャ（サリヴァン, ビリー　1875.2.1–1965.1.28）

Sullivan, William Scott
アメリカの大リーグ選手（投手）。
⇒メジャ（サリヴァン, スコット　1971.3.13–）

Sully, James
イギリスの心理学者。当時の代表的教科書の著述で著名。主著 "Human Mind" (1992)。
⇒岩世人（サリー　1842.3.3–1923.10.31）
　学叢思（サリー, ジェームス　1842–?）
　教人（サリ　1842–1923）

Sully Prudhomme
フランスの詩人。1901年ノーベル文学賞受賞。
⇒岩世人（シュリ・プリュドム　1839.3.16–1907.9.6）
　現世文（シュリ・プリュドム　1839.3.16–1907.9.6）
　19仏（プリュドム, シュリ　1839.3.16–1907.9.6）
　ノベ3（シュリ・プリュドム　1839.3.16–1907.9.6）

Sulston, John Edward
イギリスの遺伝学者。2002年ノーベル生理学医学賞。
⇒岩世人（サルストン　1942.3.27–）
　外12（サルストン, ジョン　1942.3.27–）
　外16（サルストン, ジョン　1942.3.27–）
　ノベ3（サルストン, J.E.　1942.3.27–）

Sultan, Donald
アメリカ生まれのプロセスアーティスト。
⇒芸13（サルタン, ドナルド　1951–）

Sultan bin Abdul-Aziz
サウジアラビアの政治家。サウジアラビア皇太子, 第1副首相。
⇒世指導（スルタン・ビン・アブドルアジズ　1931.1.5–2011.10.22）

Sultangaliev, Mirsaid
タタール人の共産主義者。
⇒イス世（スルタン・ガリエフ　1892–1940）
　岩イ（スルタンガリエフ　1892–1940）
　岩世人（スルタンガリエフ　1892.7.13–1940.1.28）
　国政（スルタンガリエフ　1892–1940）

Sulṭānī, 'Abd al-Laṭīf
アルジェリアのイスラム復興運動の指導者。
⇒岩イ（スルターニー　1902–1984）
　岩世人（スルターニー, アブドゥッラティーフ　1902–1984）

Sulzberger, Arthur
アメリカの新聞人。
⇒外16（サルツバーガー, アーサーJr.　1951.9.22–）

Sulzberger, Arthur Hays
アメリカの新聞発行人。「ニューヨーク・タイムス」紙の2代目の社長。
⇒岩世人（サルズバーガー　1891.9.12–1968.12.11）

Sum, Eunice Jepkoech
ケニアの陸上選手（中距離）。
⇒最世人（サム, ユニス・ジェプコエチ　1988.4.10–）

Sumac, Yma
ペルーの歌手。
⇒標音2（スマック, イマ　1927.9.10–）

Sumantri, Dr.Raden Haji Iwa Kusuma
インドネシアの政治家。
⇒岩世人（スマントリ, イワ・クスマ　1899.5.31–1971.11.27）

Sumarjan, Dr.Selo
インドネシアの社会学者。
⇒岩世人（スマルジャン, セロ　1915.5.23–2003.6.11）

Sumet Chumsai Na Ayutthaya
タイの建築家。
⇒岩世人（スメート・チュムサーイ　1939.2–）

Sumet Tantiwetchakun
タイの官僚。
⇒岩世人（スメート・タンティウェーチャクン　1939.8.26–）

Sumitro, Djojohadikusumo
インドネシアの経済学者, 政治家。1968年商務相。
⇒岩世人（スミトロ・ジョヨハディクスモ　1917.5.29–2001.3.9）

Summer, Donna
アメリカ・マサチューセッツ州生まれの歌手。
⇒異二辞（サマー, ドナ　1948–2012）
　ネーム（サマー, ドナ　1948–2012）

Summers, Andy
イギリスのロック・ギター奏者。
⇒外12（サマーズ, アンディ　1946.12.31–）

Summers, Essie
ニュージーランドのロマンス作家。
⇒ニュー（サマーズ, エッシー　1912–1998）

Summers, Lawrence
アメリカの経済学者, 政治家。国家経済会議（NEC）委員長, 財務長官, ハーバード大学総長。
⇒岩世人（サマーズ　1954.11.30–）
　外12（サマーズ, ローレンス　1954.11.30–）

外16 (サマーズ, ローレンス 1954.11.30-)
世指導 (サマーズ, ローレンス 1954.11.30-)

Sumner, Bernard
イギリスのロック・ギター奏者, 歌手。
- ⇒外12 (サムナー, バーナード)
- 外16 (サムナー, バーナード)

Sumner, James Batcheller
アメリカの生化学者。酵素を結晶でとり出した最初として注目された。ノーベル化学賞受賞 (1946)。
- ⇒岩生 (サムナー 1887-1955)
- 岩世人 (サムナー 1887.11.19-1955.8.12)
- 旺生5 (サムナー 1887-1955)
- 化学 (サムナー 1887-1955)
- 広辞7 (サムナー 1887-1955)
- 三新生 (サムナー 1887-1955)
- ネーム (サムナー 1887-1955)
- ノベ3 (サムナー, J.B. 1887.11.19-1955.8.12)

Sumner, William Graham
アメリカの社会学者。著書『民習論』(1907) は集団的慣習や道徳や道徳的慣習の研究に新しい視野を与えた。
- ⇒岩世人 (サムナー 1840.10.30-1910.4.12)
- 学叢思 (ザムナー, ウィリアム・グラハム 1840-1910)
- 教人 (サムナー 1840-1910)
- 現社 (サムナー 1840-1910)
- 社小増 (サムナー 1840-1910)
- 哲中 (サムナー 1840-1910)

Sumoharjo, Urip
インドネシアの軍人。
- ⇒岩世人 (スモハルジョ, ウリップ 1893.2.23-1948.11.17)

Sundar Singh
インドのキリスト教伝道者。
- ⇒オク教 (サンダー・シン 1889-1929頃)

Sunday, William Ashley
アメリカの大リーグ選手 (外野)。
- ⇒岩世人 (サンデー 1862.11.19-1935.11.6)
- オク教 (サンデー 1862-1935)
- メジャ (サンデイ, ビリー 1862.11.19-1935.11.6)

Sundberg, James Howard
アメリカの大リーグ選手 (捕手)。
- ⇒メジャ (サンドバーグ, ジム 1951.5.18-)

Sundby, Siren
ノルウェーのヨット選手。
- ⇒最世ス (スンドビー, シレン 1982.12.2-)

Sunderland, Jabez Thomas
アメリカの聖職者。
- ⇒アア歴 (Sunderland, Jabez T (homas) サンダーランド, ジェイベズ・トマス 1842.2.11-1936.8.13)

Sunderland, Zac
アメリカ・カリフォルニア州の少年。17歳の2009年, ヨットで世界一周の単独最年少記録を13年ぶりに更新した。
- ⇒外12 (サンダーランド, ザック)

Sundermann, Werner
ドイツのイラン学者。
- ⇒岩世人 (ズンダーマン 1935.12.22-2012.10.12)

Sundhage, Pia
スウェーデンのサッカー女子スウェーデン代表監督。
- ⇒最世ス (スンダーゲ, ピア 1960.2.13-)

Sundiata, Sekou
アメリカの詩人。
- ⇒現世文 (サンディアータ, セクー 1949-)

Sundin, Mats
スウェーデンのアイスホッケー選手 (FW)。
- ⇒外16 (サンディン, マッツ 1971.2.13-)
- 最世ス (サンディン, マッツ 1971.2.13-)

Sundman, Kahl Frithiof
ロシアの天文学者。
- ⇒天文大 (スンドマン 1873-1949)

Sundman, Per Olof
スウェーデンの小説家。
- ⇒岩世人 (スンドマン 1922.9.4-1992.10.9)

Sun Dong-yeol
韓国のプロ野球選手。
- ⇒岩韓 (ソン・ドンヨル 宣銅烈 1963-)
- 外12 (ソンドンヨル 宣銅烈 1963.1.10-)
- 外16 (ソンドンヨル 宣銅烈 1963.1.10-)

Sunens, Leo Jozef
ベルギーの枢機卿。
- ⇒岩キ (スーネンス 1904-1996)
- 新カト (スーネンス 1904.7.16-1996.5.6)

Sung Dong-Il
韓国の男優。
- ⇒韓俳 (ソン・ドンイル 1969.4.27-)

Sung Hyun-Ah
韓国の女優。
- ⇒韓俳 (ソン・ヒョナ 1975.7.23-)

Sung-je
韓国の歌手。
- ⇒外12 (ソンジェ 11.17-)

Sung Ji-Ru
韓国の男優。
- ⇒韓俳 (ソン・ジル 1968.10.16-)

Sungmin
韓国の歌手, 俳優。

⇒外12（ソンミン　1986.1.1-）
外16（ソンミン　1986.1.1-）

Sung-mo
韓国の歌手。
⇒外12（ソンモ　6.15-）

Sung Si-bak
韓国のスピードスケート選手（ショートトラック）。
⇒最世ス（ソンシベク　1987.2.18-）

Sung Si Kyung
韓国の男優, 歌手。
⇒韓俳（ソン・シギョン　1979.4.17-）

Sung Yu-ri
韓国の女優, 歌手。
⇒韓俳（ソン・ユリ　1981.3.3-）

Sun Hwa
韓国の歌手。
⇒外12（ソナ　1990.10.6-）

Sunnegårdh, Erika
スウェーデンのソプラノ歌手。
⇒外12（ズンネガルド, エリカ）
外16（ズンネガルド, エリカ）

Sunnegardh, Thomas
スウェーデンのテノール歌手。
⇒魅惑（Sunnegardh,Thomas　1950-）

Sunny
韓国の歌手。
⇒外12（サニー　1989.5.15-）

Sunohara, Vicky
カナダのアイスホッケー選手（FW）。
⇒外16（スノハラ, ビッキー　1970.5.18-）
最世ス（スノハラ, ビッキー　1970.5.18-）

Suñol y Baulenas, Gregorio Maria
スペインのベネディクト会会員, 司祭, 教会音楽家。
⇒新カト（スニョル　1879.9.7-1946.10.26）

Sun Ra
アメリカのジャズ・ピアノ奏者, バンドリーダー。ソーラー・オーケストラと称する大編成バンドを率い, 神秘的なスペース・ミュージックを発表。
⇒新音中（サン・ラ　1914.5.22-1993.5.30）

Sunthon Khongsomphong
タイの軍人。
⇒岩人（スントーン・コンソムポン　1931.8.1-1999.8.2）

Sunwoo Eun-sook
韓国の女優。
⇒韓俳（ソヌ・ウンスク　1959.12.24-）

Sunwoo Jae-duk
韓国の男優, 事業家, 教師。
⇒韓俳（ソヌ・ジェドク　1962.7.23-）

Sunyayev, Rashid Aliyevich
ロシアの宇宙物理学者。
⇒外12（スニヤエフ, ラシッド・アリエヴィッチ　1943.3.1-）
外16（スニヤエフ, ラシッド・アリエヴィッチ　1943.3.1-）

Supachai Panitchpakdi
タイの政治家。タイ副首相, 商業相。
⇒外12（スパチャイ・パニチャパク　1946.5.30-）
外16（スパチャイ・パニチャパク　1946.5.30-）
世指導（スパチャイ・パニチャパク　1946.5.30-）

Supamas Trivisvavet
タイの実業家。
⇒外16（スパマス・トリウィサワウェー）

Supan, Alexander
オーストリアの地理学者。自然地理学や政治地理学の分野で多くの業績を残した。
⇒岩世人（ズーパン　1847.3.3-1920.7.6）

Supervia, Conchita
スペインのメゾ・ソプラノ歌手。その声は特にG.ロッシーニの作品を歌うのに適しているといわれた。
⇒標音2（スペルビア, コンチータ　1895.12.8-1936.3.30）

Supervielle, Jules Louis
フランスの詩人, 小説家, 劇作家。伝統的な韻律形式をより柔軟なものとした。詩集『船着場』（1922）, 『誕生』（51）などのほか, 幻想的な物語, 戯曲もある。
⇒岩世人（シュペルヴィエル　1884.1.16-1960.5.17）
現世文（シュペルヴィエル, ジュール　1884.1.16-1960.5.17）
広辞7（シュペルヴィエル　1884-1960）

Suphalak Amphut
タイの実業家。
⇒岩世人（スパラック・アムプット　1955-）

Suphatradit Ditsakun Na Ayutthaya
タイの考古学者, 美術史学者。
⇒岩世人（スパトラーディット・ディッサクン　1923.11.23-2003.11.6）

Supomo
インドネシアの法学者。慣習法を研究。1945年初代法相, ガジャマダ大教授。
⇒岩世人（スポモ　1903.1.22-1958.9.12）

Suppan, Jeffrey Scot
アメリカの大リーグ選手（投手）。
⇒メジャ（スーパン, ジェフ　1975.1.2-）

Supphachai Phanitphak
タイのエコノミスト。
⇒岩世人（スッパチャイ・パーニットパック　1946.5.30–）

Supriyadi
インドネシアの反乱指導者。
⇒岩世人（スプリヤディ　1923.4.13–1945?）

Surachai Janthimathorn
タイの音楽家。
⇒タイ（スラチャイ・チャンティマートーン　1948–）

Surakiart Sathirathai
タイの政治家、法学者。タイ副首相、外相。
⇒岩世人（スラキアト・サティエンタイ　1958.6.7–）
外12（スラキアット・サティヤンタイ　1958.6.7–）
外16（スラキアット・サティヤンタイ　1958.6.7–）
世指導（スラキアット・サティヤンタイ　1958.6.7–）

Surasakmontri
タイの官僚。
⇒岩世人（スラサックモントリー　1851.3.22–1931）
タイ（スラサックモントリー、チャオプラヤー　1851–1931）

Surayud Chulanont
タイの政治家、軍人。タイ暫定首相、国軍最高司令官。
⇒岩世人（スラユット・チュラーノン　1943.8.28–）
外12（スラユット・チュラノン　1943.8.28–）
外16（スラユット・チュラノン　1943.8.28–）
世指導（スラユット・チュラノン　1943.8.28–）
タイ（スラユット・チュラーノン　1943–）

Surguladze, Nino
ジョージアのメゾソプラノ歌手。
⇒外12（スルグラーゼ、ニーノ）
外16（スルグラーゼ、ニーノ）

Surhoff, William James
アメリカの大リーグ選手（捕手、三塁、外野）。
⇒メジャ（サーホフ, B・J　1964.8.4–）

Suri, Manil
インドの数学者、作家。
⇒現世文（スーリー、マニル　1959.7.1–）

Surikov, Vasily Ivanovich
ロシアの画家。移動派の代表者の一人。
⇒岩世人（スーリコフ　1848.1.12–1916.3.6）
芸13（スリコフ、ヴァッシリー・イヴァノヴィッチ　1848–1916）

Surinach, Carlos
スペイン、アメリカの作曲家。
⇒新音中（スリナック、カルロス　1915.3.4–）
標音2（スリニャック、カルロス　1915.3.4–）

Süring, Reinhard
ドイツの気象学者。ポツダム観測所所長（1928）。自由気球で10,800メートルの高度に達し、世界記録を樹立（01）。
⇒岩世人（ジューリング　1866.5.15–1950.12.29）

Surin Pitsuwan
タイの外交官、政治家。タイ外相、東南アジア諸国連合（ASEAN）事務総長。
⇒岩世人（スリン・ピッスワン　1949.10.28–）
外12（スリン・ピッスワン　1949.10.28–）
外16（スリン・ピッスワン　1949.10.28–）
世指導（スリン・ピッスワン　1949.10.28–2017.11.30）

Surjaningrat, Suwardi
インドネシアの民族運動家。1922年から各地にタマン・シスワ（学園）運動を起し、民族意識を広めた。独立後、45,46年教育相。
⇒岩世人（デワントロ　1889.5.2–1959.4.26）

Surkov, Aleksei Aleksandrovich
ソ連の詩人。第2次世界大戦に参加、詩集『勇敢な人々の歌』（1941）を発表。ソ連作家同盟第一書記。
⇒現世文（スルコフ、アレクセイ　1899–1983.6.14）

Surkov, Vladislav Yurevich
ロシアの官僚、政治家。
⇒岩世人（スルコーフ　1964.9.21–）
世指導（スルコフ、ウラジスラフ　1964.9.21–）

Suro, Mbah
インドネシアの神秘主義者。
⇒岩世人（スロ、バ　1921–1967）

Suropronoto, Sadrach
インドネシア、ジャワ的キリスト教の指導者。
⇒岩世人（スロプロノト、サドラフ　1835頃–1924）

Surratt, John Harrison, Jr.
アメリカ大統領エイブラハム・リンカーンを暗殺したジョン・ウィルクス・ブースの共謀者。
⇒世暗（サラット・ジュニア、ジョン・ハリソン　1844–1916）

Surtees, John
イギリスのオートバイ・自動車レーサー。
⇒岩世人（サーティーズ　1934.2.11–）

Surūr, Munshī Durgā Sahāe
インドのウルドゥー語詩人。主著『スルールの居酒屋』。
⇒岩世人（スルール　1873–1910）

Survage, Léopold
ロシア出身のフランスの画家。
⇒芸13（シュルヴァージュ、レオポール　1878–1948）

Suryo, Raden Mas
インドネシアの国家英雄。
⇒岩世人（スルヨ　1895.7.9-1948.9.10）

Suryodiningrat
インドネシア，ジョクジャカルタの農民運動指導者。
⇒岩世人（スルヨディニングラット　1880?-?）

Suryohadiprojo, Sayidiman
インドネシアの外交官，軍人。駐日インドネシア大使。
⇒外16（スリヨハディプロジョ，サイデマン　1927-）

Suryopranoto, Raden Mas
インドネシア民族主義運動の指導者。
⇒岩世人（スルヨプラノト　1871.1.11-1959.10.15）

Sûsānî
モロッコ・カサブランカ生まれのタルムード学者，放浪の賢者。
⇒岩世人（シュシャーニ　1904?-1968.1.26）

Susanti, Susi
インドネシアの女子バドミントン選手。
⇒岩世人（スサンティ，スシ　1971.2.11-）

Susanu, Viorica
ルーマニアのボート選手。
⇒外12（ススヌ，ビオリカ　1975.10.29-）
　最世人（ススヌ，ビオリカ　1975.10.29-）

Susilo, Richard
インドネシアのジャーナリスト。
⇒外12（スシロ，リチャード　1961-）

Susi Pudjiastuti
インドネシアの政治家，実業家。インドネシア海洋・水産相。
⇒世指導（スシ・プジアストゥティ　1965.1.15-）

Süskind, Patrick
ドイツの小説家。
⇒岩世人（ズースキント　1949.3.26-）
　現世文（ズースキント，パトリック　1949.3.26-）

Süskind, Wilhelm Emanuel
ドイツの作家，評論家。「リテラトゥール」誌発行者（1933〜42）。
⇒岩世人（ズースキント　1901.6.10-1970.4.17）

Suslin, Mikhail Yakovlevich
ロシアの数学者。現代記述集合論創始の1人。
⇒数辞（ススリン，ミカエル・ヤコフレヴィチ　1894-1919）

Suslov, Mikhail Andreevich
ソ連の政治家。「プラウダ」編集主幹としてイデオロギー面の指導を担当，中ソ論争の展開などに活躍した。ソ連最高会議連邦会議外交委員長。

⇒岩世人（スースロフ　1902.11.8/21-1982.1.25）
　世人新（スースロフ　1902-1982）
　世人装（スースロフ　1902-1982）

Susman, Margarete
ドイツ生まれ（ユダヤ系）の女流文芸批評家，詩人。
⇒岩世人（ズースマン　1872.10.14-1966.1.16）
　ユ著人（Susman,Margarete　スースマン，マルガレーテ　1874-1966）

Suss, Christian
ドイツの卓球選手。
⇒最世ス（ズース，クリスティアン　1985.7.28-）

Susskind, David
アメリカのプロデューサー。
⇒マルX（SUSSKIND,DAVID　サスキンド，デイヴィッド　1920-1987）
　ユ著人（Susskind,David　サスキント，デイヴィド　1920-）

Sussman, Deborah
アメリカのグラフィック・デザイナー。
⇒グラデ（Sussman,Deborah　サスマン，デボラ　1931-）

Sussman, Paul
イギリスの作家，コラムニスト。
⇒外12（サスマン，ポール　1968-）
　海文新（サスマン，ポール　1966.7.11-2012.5.31）
　現世人（サスマン，ポール　1966.7.11-2012.5.31）

Süssmuth, Rita
ドイツの政治家。
⇒岩世人（ジュースムート　1937.2.17-）
　世指導（ジュスムート，リタ　1937.2.12-）

Sussmyer, Gerda
オーストリア・ウィーンの女性。ナチス・ドイツの総統アドルフ・ヒトラーの殺害をはかった。
⇒世暗（シュスマイヤー，ゲルダ　1910?-）

Sutanto, Djuhar
インドネシアの実業家。インドネシア最大のサリム・グループの創業メンバー。
⇒外16（ジュハル・スタント　1928-）

Sutarjo Kartohadikusumo, Mas
植民地期インドネシアの官僚層の指導者。
⇒岩世人（スタルジョ・カルトハディクスモ　1892.10.22-1976.12.19）

Sutarto, Endriartono
インドネシアの国軍司令官。
⇒岩世人（スタルト，エンドリアルトノ　1947.4.29-）

Sutch, Screamin'Lord
イギリス・ミドルセックス州ハロウのロックミュージシャン。
⇒ロック（Sutch,Screamin'Lord　サッチ，スクリー

ミン・ロード 1942-)

Sutch, William Ball
ニュージーランドの社会改革者。
⇒ニュー（サッチ，ウイリアム 1907-1975)

Sutcliff, Rosemary
イギリスの児童文学作家。『光をかかげる人びと』(1959)でカーネギー賞を受賞。キップリングが先鞭をつけた歴史小説の一つの流れを完成させた。
⇒岩世人（サトクリフ 1920.12.14-1992.7.23)
現世文（サトクリフ，ローズマリー 1920.12.14-1992.7.23)

Sutcliffe, Peter
イギリスの殺人犯。
⇒ネーム（サトクリフ，ピーター 1946-)

Sutcliffe, Richard Lee
アメリカの大リーグ選手（投手）。
⇒メジャ（サットクリフ，リック 1956.6.21-)

Sutcliffe, William
イギリスの作家。
⇒海文新（サトクリフ，ウイリアム 1971-)

Sutcriff, Stuart
スコットランド生まれのベース奏者。ビートルズのオリジナル・メンバー。
⇒ビト改（SUTCRIFF,STUART サトクリフ，スチュアート）

Suteev, Vladimir Grigorievich
ソ連のイラストレーター。
⇒絵本（ステーエフ，ウラジーミル 1903-1993)

Šutej, Jošip
ユーゴスラビアのテノール歌手。
⇒魅惑（Šutej,Jošip 1920-)

Suter, Heinrich
スイスの数学史家。アラビア数学史の開拓者。
⇒岩世人（ズーター 1848.1.4-1922.3.17)

Suter, Martin
スイスのコラムニスト，脚本家，作家。
⇒外12（ズーター，マルティン 1948-)
外16（ズーター，マルティン 1948-)
海文新（ズーター，マルティン 1948.2.29-)
現世文（ズーター，マルティン 1948.2.29-)

Sutermeister, Heinrich
スイスの作曲家。
⇒ク音3（ズーターマイスター 1910-1995)
新音中（ズーターマイスター，ハインリヒ 1910.8.12-1995.3.16)
標音2（ズーターマイスター，ハインリヒ 1910.8.12-1995.3.16)

Suthaus, Ludwig
ドイツのテノール歌手。

⇒失声（ズートハウス，ルードヴィッヒ 1906-1971)
魅惑（Suthaus,Ludwig 1906-1971)

Sutherland, Donald
ニュージーランドの探検家。
⇒ニュー（サザランド，ドナルド 1844-1919)

Sutherland, Donald
カナダ生まれの男優。
⇒外12（サザーランド，ドナルド 1935.7.17-)
外16（サザーランド，ドナルド 1935.7.17-)
ク俳（サザーランド，ドナルド 1934-)
スタ（サザーランド，ドナルド 1935.7.17-)

Sutherland, Earl Wilbur, Jr.
アメリカの医学者。細胞膜の酸素が活性化して，ホルモンの働きを増幅拡大するという学説を発表。1971年ノーベル医学・生理学賞受賞。
⇒岩生（サザランド 1915-1974)
岩世人（サザランド 1915.11.19-1974.3.9)
広辞7（サザランド 1915-1974)
三新生（サザランド 1915-1974)
ネーム（サザランド 1915-1974)
ノベ3（サザランド，E.W. 1915.11.19-1974.3.9)

Sutherland, Edwin Hardin
アメリカの社会学者。犯罪社会学派の代表的な刑事学者。著書に『刑事学原論』(1939)などがある。
⇒岩世人（サザーランド 1883.8.13-1950.10.11)
社小増（サザーランド 1883-1950)

Sutherland, Efua Theodora
ガーナの女性詩人，劇作家。ガーナで最初の劇場の創立者。
⇒現世文（サザーランド，エファ 1924.6.27-1996.1.22)

Sutherland, Gary Lynn
アメリカの大リーグ選手（二塁，遊撃）。
⇒メジャ（サザーランド，ゲイリー 1944.9.27-)

Sutherland, Graham Vivian
イギリスの画家。ノーザンプトンのセント・マシューズ聖堂の壁画『磔刑』(1946)は有名。
⇒岩世人（サザーランド 1903.8.24-1980.2.17)
芸13（サザーランド，グレアム 1903-1980)

Sutherland, Ivan E.
アメリカのコンピューター科学者。
⇒岩世人（サザーランド 1938.5.16-)
外12（サザーランド，イワン 1938-)
外16（サザーランド，アイバン・エドワード 1938.5.16-)

Sutherland, *Dame* Joan
オーストラリアのソプラノ歌手。
⇒岩世人（サザーランド 1926.11.7-2010.10.10)
オペラ（サザーランド，ジョーン 1926-2010)
新音中（サザーランド，ジョーン 1926.11.7-)
標音2（サザーランド，ジョーン 1926.11.7-

2010.10.10)

Sutherland, Kiefer
イギリス（アメリカ説も）生まれの俳優。
⇒外12（サザーランド, キーファー 1966.12.21–）
外16（サザーランド, キーファー 1966.12.21–）
ク俳（サザランド, キーファー 1966–）

Sutherland, Peter
アイルランドの実業家, 政治家, 法律家。世界貿易機関（WTO）事務局長, アイルランド法相。
⇒外12（サザーランド, ピーター 1946.4.25–）
外16（サザーランド, ピーター 1946.4.25–）
世指導（サザーランド, ピーター 1946.4.25–2018.1.7）

Sutherland, Tui
イギリスの作家。
⇒海文新（ハンター, エリン）
現世文（ハンター, エリン）

Sutherland, William
オーストラリアの物理学者, 化学者。
⇒化学（サザランド 1859–1911）

Sutil, Adrian
ドイツのF1ドライバー。
⇒最技ス（スーティル, エイドリアン 1983.1.11–）

Sutnar, Ladislav
チェコスロバキア生まれのグラフィック・デザイナー, 展示デザイナー, 教育者, 著述家。
⇒グラデ（Sutnar,Ladislav ストナー, ラディスラフ 1897–1976）

Sutomo
インドネシアの民族運動家, 医師。1908年ブディ・ウトモ（美しい努力）を創立, 初代委員長。30年インドネシア人統一協会（PBI）を結成, 農協運動を推進。
⇒岩世人（ストモ 1888.7.30–1938.5.30）

Sutomo
インドネシア独立戦争の闘士。1945年軍事組織を結成, 独立戦争の端をひらいた。47年中将, 55年復員軍人相。
⇒岩世人（ストモ 1920.10.3–1981.10.7）

Sutowo, Ibnu
インドネシアの実業家。
⇒岩世人（ストウォ, イブヌ 1914.9.23–2001.1.12）
現アジ（ストウォ, イブヌ 1914.9.13–2000.1）

Sutrisno, Try
インドネシアの軍人, 政治家。インドネシア副大統領, インドネシア国軍総司令官。
⇒岩世人（ストリスノ, トリ 1935.11.15–）
世指導（ストリスノ, トリ 1935.11.15–）

Sutro, Alfred
イギリスの劇作家, 翻訳家。

⇒岩世人（ストロ 1863.8.7–1933.9.11）

Sutter, Howard Bruce
アメリカの大リーグ選手（投手）。
⇒外12（スーター, ブルース 1953.1.8–）
メジャ（スーター, ブルース 1953.1.8–）

Sutter, Robert G.
アメリカの中国問題の専門家。ジョージ・ワシントン大学教授。
⇒外12（サター, ロバート 1943–）
外16（サター, ロバート 1943–）

Suttheimer, Ernst-Dieter
テノール歌手。
⇒魅惑（Suttheimer,Ernst-Dieter ?–）

Suttles, George（Mule）
アメリカのニグロリーグの選手（一塁, 外野）, 監督。
⇒メジャ（サトルズ, ミュール 1901.3.31–1966.7.9）

Suttner, Bertha Freifrau von
オーストリアの女性作家, 平和主義者。平和運動に献身し, オーストリア平和の友の会を創立（1891）。
⇒岩世人（ズットナー 1843.6.9–1914.6.21）
現世文（ズットナー, ベルタ・フォン 1843.6.9–1914.6.21）
ノベ3（スットナー, B. 1843.6.9–1914.6.21）

Sutton, Donald Howard
アメリカの大リーグ選手（投手）。
⇒メジャ（サットン, ドン 1945.4.2–）

Sutton, Ezra Ballou
アメリカの大リーグ選手（三塁, 遊撃）。
⇒メジャ（サットン, エズラ 1849.9.17–1907.6.20）

Sutton, Percy
アメリカ・ニューヨーク市ハーレムの弁護士, 政治家。マルコムXの友人, 法律顧問。
⇒マルX（SUTTON,PERCY サットン, パーシー 1920–）

Sutton, Philip
イギリス生まれの陶芸家。
⇒芸13（サトン, フィリップ 1928–）

Sutton, Walter Stanborough
アメリカの生物学者, 医師。
⇒岩生（サットン 1877–1916）
旺生5（サットン 1877–1916）
三新生（サットン 1876–1916）
ネーム（サットン 1877–1916）

Sutzkever, Abraham
ロシア生まれのイディッシュ語の詩人。
⇒岩世人（スツケヴェル 1913.7.15–2010.1.20）
現世文（スツケヴェル, アブラハム 1913.7.15–

2010.1.20)
ユ著人 (Sutzkever,Abraham　シッケヴェル，アブラハム　1913-)

Suvorov, Viktor
ソビエト軍の情報機関 (GRU) の大佐。
⇒スパイ (スヴォロフ，ヴィクトル[p])

Suwannii Sukhonthaa
タイの小説家。
⇒岩世人 (スワンニー・スコンター　1933.3.1-1984.2.3)
現世文 (スワンニー・スコンター　1932.3.1-1984.2.3)
タイ (スワンニー・スコンター　1932-1984)

Suwat Woradilok
タイの小説家。
⇒現世文 (スワット・ウォラディロック　1923.7.14-2007.4.15)

Suwit Wangli
タイの実業家。
⇒岩世人 (スウィット・ワンリー　1928-1994)

Suyanto, Djoko
インドネシアの国軍司令官，閣僚。
⇒岩世人 (スヤント，ジョコ　1950.12.2-)

Suyono, Dr.Haryono
インドネシアの官僚，閣僚。
⇒岩世人 (スヨノ，ハルヨノ　1938.5.6-)

Suzman, Helen
南アフリカの政治家，反アパルトヘイトの闘士。
⇒岩世人 (スズマン　1917.11.7-2009.1.1)

Suzman, Janet
南アフリカ生まれの女優。
⇒ユ著人 (Suzman,Janet　サズマン，ジャネット　1939-)

Suzuki, David
カナダの生物学者，環境活動家。
⇒外12 (スズキ，デービッド　1936.3.24-)
外16 (スズキ，デービッド　1936.3.24-)

Suzuki, Kurt Kiyoshi
アメリカの大リーグ選手 (アスレチックス・捕手)。
⇒外12 (スズキ，カート　1983.10.4-)

Suzzallo, Anthony Henry
アメリカの教育家。カーネギー財団の職権上の保管者。"National Encyclopaedia" (1932) を編集。
⇒教人 (スザロー　1875-1933)

Svadokovskii, Ivan Formich
ソ連の教育学者。モスクワ大学教授。
⇒教人 (スヴァドコフスキー　1895-)

Svalastoga, Kaare
デンマークの社会学者。
⇒社小増 (スヴァラストガ　1913-)

Svanholm, Set
スウェーデンのテノール歌手。
⇒失声 (スヴァンホルム，セット　1904-1964)
標音2 (スヴァンホルム，セット　1904.9.2-1964.10.4)
魅惑 (Svanholm,Set　1904-1964)

Švankmajer, Jan
チェコの映像作家。
⇒アニメ (シュヴァンクマイエル，ヤン　1934-)
岩世人 (シュヴァンクマイエル，ヤン　1934.9.4-)
映監 (シュヴァンクマイエル，ヤン　1934.9.4-)
絵本 (シュヴァンクマイエル，ヤン　1934-)
外12 (シュヴァンクマイエル，ヤン　1934.9.4-)
外16 (シュヴァンクマイエル，ヤン　1934.9.4-)

Svárovský, Leoš
チェコの指揮者。
⇒外16 (スワロフスキー，レオシュ　1961-)

Svartedal, Jens-Arne
ノルウェーのスキー選手 (クロスカントリー)。
⇒最世ス (スヴァルテダール，イェンス・アルネ　1976.2.14-)

Svedberg, Theodor
スウェーデンの化学者。コロイドの研究，超遠心分離の研究で，1926年ノーベル化学賞受賞。
⇒岩生 (スヴェードベリ　1884-1971)
岩世人 (スヴェードベリ　1884.8.30-1971.2.26)
化学 (スヴェードベリ　1884-1971)
広辞7 (スヴェードベリ　1884-1971)
ノベ3 (スベドベリー,T.　1884.8.30-1971.2.25)

Švehla, Antonín
チェコの政治家。
⇒岩世人 (シュヴェフラ　1873.4.15-1933.12.12)

Švehla, Zdeněk
チェコスロバキアのテノール歌手。
⇒魅惑 (Švehla,Zdeněk　1924-)

Sveinsson, Kjartan
アイスランドのミュージシャン。
⇒外12 (スヴェインソン，キャータン)
外16 (スヴェインソン，キャータン)

Švejda, Miroslav
チェコスロバキアのテノール歌手。
⇒失声 (シュヴェイダ，ミロスラフ　1939-)
魅惑 (Svejda,Miloslav　1939-)

Svendsen, Emil Hegle
ノルウェーのバイアスロン選手。
⇒外12 (スヴェンセン，エミル・ヘグル　1985.7.12-)

外16（スヴェンセン，エミル・ヘグル　1985.7.
　　12-）
最世ス（スヴェンセン，エミル・ヘグル　1985.7.
　　12-）

Svendsen, Johan Severin
ノルウェーの作曲家。コペンハーゲン宮廷指揮
者（1883）。
⇒岩世人（スヴェンセン　1840.9.30-1911.6.14）
　ク音3（スヴェンセン　1840-1911）
　新音中（スヴェンセン，ヨハン　1840.9.30-1911.
　　6.14）
　標音2（スヴェンセン，ヨハン　1840.9.30-1911.6.
　　14）

Svendsen, Otte
デンマークのテノール歌手。
⇒失声（スヴェンセン，オッテ　1918-2008）

Svenson, Bo
スウェーデン生まれの俳優。
⇒ク俳（スヴェンスン，ボー　1941-）

Svensson, Jón
アイスランドの童話作家。主著 "Stadt im
Meer" (1950)。
⇒岩世人（スヴェンソン　1857.11.16-1944.10.16）
　新カト（スヴェンソン　1857.11.16-1944.10.16）

Sverák, Jan
チェコ生まれの映画監督。
⇒外12（スヴィエラーク，ヤン　1965.2.6-）
　外16（スヴィエラーク，ヤン　1965.2.6-）

Sverák, Zdeněk
チェコの俳優，脚本家。
⇒外12（スヴィエラーク，ズデニェック　1936.3.
　　28-）

Sverdrov, Yakov Mikhailovich
ロシアの革命家，共産主義者。十月革命後ソ連
中央執行委員会議長として大会を指導した。
⇒ユ著人（Sverdlov,Iakov Mikhailovich　ズヴェル
　　ドロフ，ヤーコブ・ミハイロヴィッチ　1885-
　　1919）

Sverdrup, Harald Ulrik
ノルウェーの海洋学者，気象学者。オスロ極研
究所を創設してその所長となる（1948）。
⇒岩世人（スヴェルドルップ　1888.11.15-1957.8.
　　21）

Sverdrup, Otto
ノルウェーの北極探検家。ナンセンのグリーン
ランド探検に参加して北緯85°57′の地点に達
した。のちアメリカの北極洋諸島探検隊を率い
てスヴェルドルップ諸島を発見。
⇒岩世人（スヴェルドルップ　1854.10.31-1930.11.
　　26）

Svetlana, Chezhina
ロシアの漫画家。
⇒外16（スヴェトラーナ，チェジナ）

Svetlanov, Evgeny
ロシアの指揮者，作曲家。
⇒新音中（スヴェトラーノフ，エヴゲニー　1928.9.
　　6-）
　標音2（スヴェトラノフ，エヴゲニー　1928.9.6-
　　2002.5.3）

Svetlev, Michael
ブルガリアのテノール歌手。
⇒魅惑（Svetlev,Michael　1943-）

Svetlov, Mikhail Aleksandrovich
ソ連の詩人。国内戦やコムソモールの生活をう
たう青年詩人として登場。大祖国戦争をテーマ
とした叙事詩『二十八人』（1942）などがある。
⇒現世文（スヴェトロフ，ミハイル・アルカジエヴィ
　　チ　1903.6.17-1964.9.28）

Svetlov, Pavel Yakovlevich
ロシアの神学者。
⇒岩世人（スヴェトローフ　1861.12.1/13-1942）

Svevo, Italo
イタリアの小説家。精神分析を最初に小説に持
込んだ作家。
⇒岩世人（ズヴェーヴォ　1861.12.19-1928.9.13）
　現世文（ズヴェーヴォ，イタロ　1861.12.19-
　　1928.9.13）
　広辞7（ズヴェーヴォ　1861-1928）
　新カト（ズヴェーヴォ　1861.12.19-1928.9.13）
　ユ著人（Svevo,Italo　ズヴェーヴォ，イタロ
　　1861-1928）

Svindal, Aksel Lund
ノルウェーのスキー選手（アルペン）。
⇒外12（スヴィンダル，アクセルルント　1982.12.
　　26-）
　外16（スヴィンダル，アクセル・ルント　1982.12.
　　26-）
　最世ス（スヴィンダル，アクセル・ルント　1982.
　　12.26-）

Svinhufvud, Pehr Evind
フィンランドの政治家。フィンランド大統領
（1931～37）。共産党を非合法化し，組合を弾圧。
⇒岩世人（スヴィンフッヴド　1861.12.5-1944.2.
　　29）

Sviridov, Georgy
ロシアの作曲家。
⇒ク音3（スヴィリドフ　1915-1998）

Svoboda, David
チェコの近代五種選手。
⇒外16（スボボダ，ダビド　1985.3.19-）
　最世ス（スボボダ，ダビド　1985.3.19-）

Svoboda, Ludvík
チェコスロバキアの軍人，政治家。1959年に軍
事アカデミー院長になり，65年にはソ連英雄の称
号を受けた。68年大統領に就任（～75）。
⇒岩世人（スヴォボダ　1895.11.25-1979.9.20）

Svolinský, Karel
チェコの画家。
⇒絵本（スヴォリンスキー, カレル 1896-1986）

Svozilik, Jaromir
チェコスロバキア生まれの画家。
⇒芸13（スボズィリク, ジャロミー 1951-）

Swadish, Morris
アメリカの言語学者。1948年独自な言語系統研究の方法論である言語年代学（glottochronology）を発表。
⇒岩世人（スワデシュ 1909.1.22-1967.7.20）

Swados, Harvey
アメリカの小説家, 評論家。代表作として『揺ぎなき立場』(1970)がある。
⇒現世文（スウェイドス, ハーベイ 1920.10.28-1972.12.11）

Swain, Clara
アメリカの宣教師。
⇒アア歴（Swain,Clara A. スウェイン, クララ・A. 1834.7.18-1910.12.25）

Swain, James
アメリカの作家。
⇒海文新（スウェイン, ジェイムズ）
　現世文（スウェイン, ジェームズ）

Swallow, Steve
アメリカのジャズ・ベース奏者。
⇒標音2（スワロー, スティーヴ 1940.10.4-）

Swaminathan, Monkombu Sambasivan
インドの農学者。
⇒外12（スワミナタン, モンコンブ 1925.8.7-）
　外16（スワミナタン, モンコンブ 1925.8.7-）

Swami Ramdev
インドのヨガ指導者。
⇒外12（スワミ・ラムデブ）
　外16（スワミ・ラムデブ）

Swan, Billy
アメリカ・ミズーリ州ケープジラード生まれのシンガー・ソングライター, プロデューサー。
⇒ロック（Swan,Billy スウォン, ビリ 1942-）

Swan, Craig Steven
アメリカの大リーグ選手(投手)。
⇒メジャ（スワン, クレイグ 1950.11.30-）

Swank, Hilary
アメリカの女優。
⇒外12（スワンク, ヒラリー 1974.7.30-）
　外16（スワンク, ヒラリー 1974.7.30-）
　スター（スワンク, ヒラリー 1974.7.30-）

Swann, Leonie
ドイツの作家。
⇒海文新（スヴァン, レオニー 1975-）
　現世文（スヴァン, レオニー 1975-）

Swann, William Francis Gray
イギリス生まれのアメリカの物理学者。宇宙線, 原子構造, 空電等を研究した。
⇒岩世人（スワン 1884.8.29-1962.1.29）

Swanson, Doug J.
イギリスの作家, ジャーナリスト。
⇒現世文（スワンソン, ダグ）

Swanson, Gloria
アメリカの映画女優。主作品『男性と女性』(1919)『サンセット大通り』(50)。
⇒岩世人（スワンソン 1897.3.27-1983.4.4）
　ク俳（スワンスン, グローリア（スウェンスン,G） 1899-1983）
　スター（スワンソン, グロリア 1897.3.27-1983）
　ネーム（スワンソン, グロリア 1899-1983）

Swanson, Kristy
アメリカ生まれの女優。
⇒ク俳（スワンスン, クリスティ 1969-）

Swanson, Peter
アメリカの作家。
⇒海文新（スワンソン, ピーター）
　現世文（スワンソン, ピーター）

Swanwick, Michael
アメリカの作家。
⇒現世文（スワンウィック, マイケル 1950.11.18-）

Swarthout, Gladys
アメリカのオペラ歌手。
⇒アメ州（Swarthout,Gladys スワーズアウト, グラディス 1904-1969）

Swarts, Frédéric
ベルギーの化学者。ゲント大学教授。
⇒化学（スワルト 1866-1940）

Swartwood, Cyrus Edward
アメリカの大リーグ選手(外野)。
⇒メジャ（スウォートウッド, エド 1859.1.12-1924.5.15）

Swarup, Vikas
インドの外交官, 作家。
⇒外12（スワラップ, ヴィカス 1961-）
　外16（スワラップ, ヴィカス 1961-）
　海文新（スワループ, ヴィカース 1961-）
　現世文（スワラップ, ヴィカス 1961-）

Swayze, Patrick
アメリカの男優, 歌手, ダンサー, ソングライター。
⇒ク俳（スウェイズィ, パトリック 1952-）

Sweeney, Anne M.
アメリカの実業家。
⇒外12（スウィーニー，アン　1957.11.4–）
　外16（スウィーニー，アン　1957.11.4–）

Sweeney, Brian
アメリカの大リーグ選手（投手）。
⇒外12（スウィーニー，ブライアン　1974.6.13–）

Sweeney, Charles
アメリカの戦闘機操縦者。
⇒ネーム（スウィーニー　1919–2004）

Sweeney, Leann
アメリカの作家。
⇒海文新（スウィーニー，リアン）
　現世文（スウィーニー，リアン）

Sweeney, Mark Patrick
アメリカの大リーグ選手（外野）。
⇒メジャ（スウィーニー，マーク　1969.10.26–）

Sweeney, Michael S.
アメリカのジャーナリスト。
⇒外12（スウィーニー，マイケル）
　外16（スウィーニー，マイケル）

Sweeney, Mike
アメリカの大リーグ選手（内野手）。
⇒外12（スウィーニー，マイク　1973.7.22–）
　メジャ（スウィーニー，マイク　1973.7.22–）

Sweeney, William John
アメリカの大リーグ選手（二塁，三塁，遊撃）。
⇒メジャ（スウィーニー，ビル　1886.3.6–1948.5.26）

Sweet, Blanche
アメリカの女優。
⇒ク俳（スウィート，ブランチ（スウィート，セアラ・B）　1895–1986）
　スター（スイート，ブランチ　1896.6.18–1986）

Sweet, Henry
イギリスの言語学者。『言語史』（1900）など，多くの著書がある。
⇒岩世人（スウィート　1845.9.15–1912.4.30）
　オク言（スウィート，ヘンリー　1845–1912）
　広辞7（スウィート　1845–1912）

Sweet, Kelly
アメリカのジャズ歌手。
⇒外12（スウィート，ケリー）
　外16（スウィート，ケリー）

Sweezy, Alan Richardson
アメリカの経済学者。その立場はケインズ派に近い。
⇒岩世人（スウィージー　1907.6.29–1994.12.24）

Sweezy, Paul Marlor
アメリカのマルクス経済学者。
⇒アメ新（スウィージー　1910–2004）
　岩経（スウィージー　1910–2004）
　岩世人（スウィージー　1910.4.10–2004.2.27）
　広辞7（スウィージー　1910–2004）
　社小増（スウィージー　1910–）
　有経5（スウィージー　1910–2004）

Swensen, Robert
アメリカのテノール歌手。
⇒魅惑（Swensen,Robert　?–）

Swenson, May
アメリカの女性詩人。
⇒現世文（スウェンソン，メイ　1919.5.28–1989.12.4）

Swenson, Victor Emanuel
アメリカの宣教師。
⇒アア歴（Swenson,Victor E（manuel）　スウェンソン，ヴィクター・イマニュエル　1886.11.17–1965）

Sweterlitsch, Thomas
アメリカの作家。
⇒海文新（スウェターリッチ，トマス）

Swettenham, Sir Frank Athelstan
マラヤ連邦州の高等弁務官。1901～04年には海峡植民地総督となり，1897年にナイトを受爵している。
⇒岩世人（スウェッテナム　1850.3.28–1946.6.11）

Swicord, Robin
アメリカの映画監督，脚本家。
⇒外12（スウィコード，ロビン　1952–）

Swierczynski, Duane
アメリカのフリーライター。
⇒海文新（スウィアジンスキー，ドゥエイン　1972.2.22–）
　現世文（スウィアジンスキー，ドゥエイン　1972.2.22–）

Swierzy, Waldemar
ポーランドのポスター作家，挿絵画家，教育者。
⇒グラデ（Swierzy,Waldemar　シフィエジー，ヴァルデマル　1931–）

Swietchowski, Aleksandr
ポーランドの作家。
⇒岩世人（シフィエントホフスキ　1849.1.18–1938.4.25）

Swift, Graham
イギリスの小説家。
⇒岩世人（スウィフト　1949.5.4–）
　外12（スウィフト，グレアム　1949.5.4–）
　外16（スウィフト，グレアム　1949.5.4–）
　現世文（スウィフト，グレアム　1949.5.4–）

Swift, Ian
イギリスのデザイナー。
⇒グラデ（Swift,Ian スウィフト, イアン 1965–）

Swift, John Trumbull
アメリカの教育家。東京YMCAを創立。東京高等師範学校で英語英文学を教授。
⇒岩世人（スウィフト 1861.4.3–1928.8.13）

Swift, Robert Virgil
アメリカの大リーグ選手（捕手）。
⇒メジャ（スウィフト, ボブ 1915.3.6–1966.10.17）

Swift, Taylor
アメリカのシンガー・ソングライター。
⇒外12（スウィフト, テイラー 1989.12.13–）
外16（スウィフト, テイラー 1989.12.13–）

Swift, William Charles
アメリカの大リーグ選手（投手）。
⇒メジャ（スウィフト, ビル 1961.10.27–）

Swift, William Vincent
アメリカの大リーグ選手（投手）。
⇒メジャ（スウィフト, ビル 1908.6.19–1969.2.23）

Swinburne, Algernon Charles
イギリスの詩人。代表作は『詩と歌謡』(1866～89)や、『日の出前の歌』(71) など。
⇒岩世人（スウィンバーン 1837.4.5–1909.4.10）
広辞7（スウィンバーン 1837–1909）
新カト（スウィンバーン 1837.4.5–1909.4.10）
ネーム（スウィンバーン 1837–1909）

Swinburne, Nora
イギリスの女優、ダンサー。
⇒ク俳（スウィンバーン, ノラ（ジョンスン, エリノア・S） 1902–2000）

Swindell, Forest Gregory
アメリカの大リーグ選手（投手）。
⇒メジャ（スウィンデル, グレッグ 1965.1.2–）

Swindells, Robert Edward
イギリスの作家。
⇒現世文（スウィンデルズ, ロバート 1939–）

Swingle, Walter Tennyson
アメリカの農業植物学者。いちじく、なつめやし、エジプト綿、柑橘類の移植、改良に努め、メタキセニア説を発表(1928)。
⇒アア歴（Swingle,Walter Tennyson スウィングル, ウォルター・テニスン 1871.1.8–1952.1.19）
岩世人（スウィングル 1871.1.8–1952.1.19）

Swinnerton, Frank Arthur
イギリスの作家。小説『小夜曲』(1917) により名声を博した。
⇒岩世人（スウィナトン 1884.8.12–1982.11.6）

Swinton, Tilda
イギリス生まれの女優。
⇒遺産（スウィントン, ティルダ 1960.11.5–）
外12（スウィントン, ティルダ 1960.11.15–）
外16（スウィントン, ティルダ 1960.11.5–）
ク俳（スウィントン, ティルダ 1960–）

Swisher, Nick
アメリカの大リーグ選手（インディアンス・内野手）。
⇒最世ス（スウィッシャー, ニック 1980.11.25–）
メジャ（スウィッシャー, ニック 1980.11.25–）

Switkowski, Ziggy
オーストラリアの原子物理学者、実業家。
⇒外12（スウィトコウスキー, ズィギー 1948.6.21–）
外16（スウィトコウスキー, ズィギー 1948.6.21–）

Swope, Gerard
アメリカの電気技術者。ゼネラル・エレクトリック電気会社社長(1922～39,42～44)。
⇒アメ経（スウォープ, ジェラルド 1872.12.1–1957.11.21）
岩世人（スウォープ 1872.12.1–1957.11.20）

Sword, Gustaf A.
アメリカの宣教師。
⇒アア歴（Sword,Gustaf A. ソード, ギュスタフ・A. 1887–1962）

Sy, Henry
フィリピン華人の実業家。
⇒岩世人（シー 1925.10.25–）
外16（シー, ヘンリーSr. 1925.10.25–）
中日3（施至成 1924–）

Syafei, Muhammad
インドネシアの教育家。
⇒岩世人（シャフェイ, ムハマッド 1896–1969）

Syam
インドネシアの9月30日のクーデタ事件(1965)の指揮者とされる人物。
⇒岩世人（シャム 1924.4.30–1986.9）

Syamsuddin, *Mr.*Raden
インドネシアの政治家。
⇒岩世人（シャムスディン 1908.1.1–1950.10）

Syberberg, Hans-Jürgen
ドイツ生まれの映画監督。
⇒岩世人（ジーバーベルク 1935.12.8–）

Sy-Coson, Teresita T.
フィリピンの実業家。
⇒外16（シー・コソン, テレシタ 1950.10.19–）

Sydenstricker, Absalom
アメリカの宣教師。

⇒アア歴（Sydenstricker,Absalom　サイデンストリッカー,アブサロム　1852.8.13–1931.7.31）

Sydney, Basil
イギリスの男優。
⇒ク俳（シドニー,バジル（ニュージェント,B・S）1894–1968）

Sydorenko, Volodymyr
ウクライナのプロボクサー。
⇒最世ス（シドレンコ,ウラジミール　1976.9.23–）

Sydow, Max von
スウェーデン生まれの男優。
⇒外12（シドー,マックス・フォン　1929.4.10–）
　外16（シドー,マックス・フォン　1929.4.10–）
　ク俳（シドウ,マックス・フォン（シドウ,カール・フォン）1929–）
　スター（フォン・シドー,マックス　1929.4.10–）

Syed, Hassina
アフガニスタンの実業家。
⇒外12（サイエド,ハシナ）
　外16（サイエド,ハシナ）

Syed, Renate
ドイツのチェス史研究者,インド史研究者。
⇒岩世人（ザイエット）

Syed Muhammad Naquib al-Attas
マレーシアを代表するイスラム知識人。
⇒岩イ（サイド・ムハマッド・ナキブ・アル・アタス　1931–）

Syed Sheikh Al-Hadi
マレーシアの小説家。
⇒岩世人（アルハディ,サイド・シェイク　1867.11.22–1934.2.20）

Syed Sirajuddin Syed Putra Jamalullail
マレーシア国王（第12代）。在位2001～06。
⇒外12（サイドシラジュディン・サイドプトラ・ジャマルライル　1943.5.16–）
　外16（サイドシラジュディン・サイドプトラ・ジャマルライル　1943.5.16–）

Syjuco, Miguel
フィリピンの作家。
⇒外12（シフーコ,ミゲル）
　外16（シフーコ,ミゲル）
　海文新（シフーコ,ミゲル　1976–）
　現世文（シフーコ,ミゲル　1976–）

Sykes, Bryan
イギリスの遺伝学者。
⇒外12（サイクス,ブライアン）

Sykes, Eric
イギリスの喜劇作家,俳優。
⇒ク俳（サイクス,エリック　1923–）

Sykes, Gresham M'Cready
アメリカの社会学者,犯罪学者。
⇒社小増（サイクス　1922–）

Sykes, Sir Mark
イギリスの外交官。
⇒世人新（サイクス　1879–1919）
　世人装（サイクス　1879–1919）

Sykes, Sir Percy Molesworth
イギリスの軍人。ホラサーン総領事（1905～13）,シナ・トゥルキスターン総領事（15）。陸軍准将として南ペルシアの秩序を回復し（16）,ペルシア軍を編成。
⇒岩世人（サイクス　1867.2.28–1945.6.11）

Sykora, Stacy
アメリカのバレーボール選手。
⇒最世ス（シコラ,ステーシー　1977.6.24–）

Sylos-Labini, Paolo
イタリア・ローマ生まれの経済思想家。
⇒岩世人（シロス＝ラビーニ　1920.10.30–2005.12.7）
　有経5（シロス-ラビーニ　1920–2005）

Sylow, Peter Ludvig Mejdell
ノルウェーの数学者。群論に関する業績がある。
⇒岩世人（シロー　1832.12.12–1918.9）
　数辞（シロー,ペテル・ルドヴィク　1832–1918）
　世数（シロー,ペーター・ルトヴィ・メイデル　1832–1918）

Sylvain, Dominique
フランスの作家。
⇒外12（シルヴァン,ドミニク　1957–）
　海文新（シルヴァン,ドミニク　1957.9.30–）

Sylvester, Michael
アメリカのテノール歌手。
⇒魅惑（Sylvester,Michael　1955–）

Sylvester, William
アメリカの男優。
⇒ク俳（シルヴェスター,ウィリアム　1922–1995）

Sylvia
アメリカ・ニューヨーク生まれの歌手。
⇒ロック（Sylvia　シルヴィア）

Sylvian, David
イギリスのロック・ミュージシャン。
⇒外12（シルビアン,デビッド　1958.2.23–）

Sylviane, Jouenne
フランスの画家。
⇒外12（シルヴィアンヌ,ジュエンヌ　1949.4.12–）
　外16（シルヴィアンヌ,ジュエンヌ　1949.4.12–）

Syme, Sir Ronald
イギリスのローマ史家。

⇒岩世人（サイム　1903.3.11–1989.9.4）

Symeonides, Nicos
キプロスの政治家。キプロス国防相。
⇒世指導（シメオニデス, ニコス　1939–2007.5.3）

Symonds, Percival M.
アメリカの心理学者。
⇒教人（サイモンズ　1893–）

Symons, Arthur William
イギリスの詩人, 批評家。イギリスにおける象徴派運動の先駆者。
⇒岩世人（シモンズ　1865.2.28–1945.1.22）
　広辞7（シモンズ　1865–1945）
　ネーム（シモンズ　1865–1945）

Symons, Julian Gustave
イギリスの詩人。雑誌「20世紀の詩」を編集（1937～39）し, 評伝, 探偵小説がある。
⇒岩世人（シモンズ　1912.5.30–1994.11.19）
　現世文（シモンズ, ジュリアン　1912.5.30–1994.11.19）

Syms, Sylvia
イギリス生まれの女優。
⇒ク俳（シムズ, シルヴィア　1934–）

Synge, John Millington
アイルランドの劇作家。
⇒岩世人（シング　1871.4.16–1909.3.24）
　学叢思（シング, ジョン, ミリントン　1871–1909）
　現世文（シング, J.M.　1871.4.16–1909.3.24）
　広辞7（シング　1871–1909）
　新カト（シング　1871.4.16–1909.3.24）
　図翻（シング　1871.4.16–1909.3.24）
　西文（シング, ジョン・ミリントン　1871–1909）
　世演（シング, ジョン　1871.4.16–1909.3.24）

Synge, Richard Laurence Milington
イギリスの生化学者。1952年ノーベル化学賞。
⇒岩世人（シング　1914.10.28–1994.8.18）
　化学（シング　1914–1994）
　ノベ3（シング, R.L.M.　1914.10.28–1994.8.18）

Syomin, Vitaliy Nikolaevich
ソ連の小説家。著作に『鉄道まで120キロ』（1964）など。
⇒現世文（ショーミン, ヴィターリー・ニコラエヴィチ　1927.6.12–1978.5.10）

Syrkin, Nachman
社会主義シオニズムの創始者。
⇒ユ著人（Syrkin,Nachman　シルキン, ナッハマン　1867–1924）

Syron, Richard
アメリカの銀行家, エコノミスト。
⇒外12（サイロン, リチャード　1943.10.25–）
　外16（サイロン, リチャード　1943.10.25–）

Syrový, Jan
チェコスロバキアの将軍, 政治家。参謀総長, 陸軍最高監督官ののち, 1938年ドイツの進出によるチェコの危機にさいして首相兼外相をつとめた後仮大統領に就任。
⇒岩世人（シロヴィー　1888.1.24–1970.10.17）

Sysoev, Vsevolod Petrovich
ウクライナの作家。
⇒現世文（シソーエフ, フセーヴォロド　1911–2011）

Szabelski, Boleslaw
ポーランドのオルガン奏者, 作曲家。
⇒標音2（シャベルスキ, ボレスワフ　1896.12.3–1979.8.27）

Szabó, Miklós
ハンガリーのテノール歌手。
⇒魅惑（Szabó,Miklós　1909–）

Szabo, Zoltan
アメリカ陸軍一等軍曹。
⇒スパイ（サボー, ゾルターン）

Szabó István
ハンガリーの映画監督。
⇒映監（サボー, イシュトヴァン　1938.2.18–）

Szabolcsi, Bence
ハンガリーの音楽学者。
⇒ユ著人（Szabolcsi,Bence　サボルッチ, ベンツェ　1899–1973）

Szabó Lőrinc
ハンガリーの詩人, 翻訳家。
⇒岩世人（サボー　1900.3.31–1957.10.3）

Szabó Magda
ハンガリーの女性小説家, 詩人。『フレスコ』（1958）,『子鹿』（59）などで, 小説家としての文名を確立, 各国語に訳されている。
⇒岩世人（サボー　1917.10.5–2007.11.19）
　現世文（サボー, マグダ　1917.10.5–2007.11.19）

Szálasi Ferenc
ハンガリーの政治家。民族主義者, 矢十字党指導者。
⇒岩世人（サーラシ　1897.1.6–1946.3.12）

Szalonek, Witold
ポーランドの作曲家。十二音技法による朗読・合唱・室内楽のための『告白』（1959）で注目され, 音響の可能性を追求した。
⇒標音2（シャロネク, ヴィトルト　1927.3.2–）

Szancer, Jan Marcin
ポーランドの画家, イラストレーター, 舞台芸術家。ワルシャワ美術大教授。
⇒絵本（シャンツェル, ヤン・マルチン　1902–1973）

Szapocznikow, Alina
ポーランドの彫刻家。
⇒シュル（シャポチニコフ, アリナ　1926–1973）

Szasz, Thomas（Stephen）
アメリカの精神科医。
⇒社小増（サス　1920–）
　精医歴（サス, トマス　1920–）

Szczepański, Jan
ポーランドの社会学者。
⇒社小増（スチェパニスキ　1913–）

Szczerbiak, Wally
アメリカのバスケットボール選手。
⇒最世ス（ザービアック, ウォーリー　1977.3.5–）

Szczypiorski, Andrzej
ポーランドの作家。
⇒現世文（シチピョルスキ, アンジェイ　1924.2.3–2000.5.16）

Sze, Sarah
アメリカ生まれの芸術家。
⇒現アテ（Sze,Sarah　ジー, サラ　1969–）

Székelyhidy, Ferenc
ハンガリーのテノール歌手。
⇒魅惑（Székelyhidy,Ferenc　1885–1954）

Szekfu Gyula
ハンガリーの歴史家。主著『ハンガリー史』（1929〜34）。
⇒岩世人（セクフュー　1883.5.23–1955.6.29）

Szell, George
ハンガリー生まれのアメリカの指揮者。1946年以来クリーブランド管弦楽団の常任指揮者。アメリカ最高の指揮者と仰がれる。
⇒岩世人（セル　1897.6.7–1970.7.30）
　新音中（セル, ジョージ　1897.7.7–1970.7.30）
　標音2（セル, ジョージ　1897.6.7–1970.7.30）
　ユ著人（Szell,George　セル, ジョージ　1897–1970）

Szemere, László
オーストリアのテノール歌手。
⇒魅惑（Szemere,László　1906–1963）

Szemerényi, Oswald John Louis
イギリスに生まれ, ハンガリーで教育を受け, 主にイギリスで活躍した言語学者。
⇒岩世人（セメレーニ　1913.9.7–1996.12.29）

Szenes, Hanna
ハンガリー出身のユダヤ人の英雄。
⇒ユ著人（Szenes,Hannah　セネッシュ, ハンナ　1921–1944）

Szent-Györgyi von Nagyrapolt, Albert
アメリカの生化学者。1933年ビタミンCの構造式を決定し, アスコルビン酸と命名。37年ノーベル生理・医学賞受賞。
⇒岩生（セント-ジェルジ　1893–1986）
　岩世人（セント＝ジェルジ　1893.9.16–1986.10.22）
　旺生5（セント＝ジェルジ　1893–1986）
　化学（セント・ジェルジ　1893–1986）
　広辞7（セント・ジェルジ　1893–1986）
　三新生（セント・ジェルジ　1893–1986）
　ネーム（セント＝ジェルジ　1893–1986）
　ノベ3（セント・ジェルジー,A.　1893.9.16–1986.10.22）

Szép, Ernö
ハンガリーの詩人, 劇作家, 小説家。
⇒ユ著人（Szép,Ernö　セープ, エルネー　1884–1953）

Szerb Antal
ハンガリーの作家, 文学史家。
⇒岩世人（セルブ　1901.5.1–1945.1.27）
　ユ著人（Szerb,Antal　セルブ, アンタル　1901–1945）

Szervánszky Endre
ハンガリーの作曲家。
⇒ク3（セルヴァンスキー　1911–1977）

Szeryng, Henryk
ポーランド生まれのメキシコのヴァイオリン奏者。
⇒岩世人（シェリング　1918.9.22–1988.3.2）
　新音中（シェリング, ヘンリク　1918.9.22–1988.3.3）
　標音2（シェリング, ヘンリク　1918.9.22–1988.3.3）
　ユ著人（Szeryng,Henryk　シェリング, ヘンリック　1918–1988）

Szeto Wah
香港の民主化運動指導者。香港市民支援愛国民主運動連合会主席。
⇒世指導（司徒華　しと・か　1931.2.28–2011.1.2）

Szewínska, Irena
ポーランドの陸上選手。
⇒岩世人（シェヴィンスカ　1946.5.24–）

Szigeti Jóseph
ハンガリー生まれのアメリカのヴァイオリン奏者。
⇒岩世人（シゲティ　1892.9.5–1973.2.20）
　広辞7（シゲティ　1892–1973）
　新音中（シゲティ, ヨーゼフ　1892.9.5–1973.2.19）
　ネーム（シゲティ　1892–1973）
　標音2（シゲティ, ヨーゼフ　1892.9.5–1973.2.19）
　ユ著人（Szigeti,József　シゲティ, ヨゼフ　1892–1973）

Szilágyi, Áron
ハンガリーのフェンシング選手（サーブル）。
⇒外16（シラーギ，アーロン　1990.1.14-）
　最世ス（シラーギ，アーロン　1990.1.14-）

Szilard, Leo
ハンガリー生まれのアメリカの物理学者。マンハッタン計画の研究指導者の一人。1959年度原子力平和利用賞受賞。
⇒岩生（ジラード　1898-1964）
　岩世人（シラード　1898.2.11-1964.5.30）
　ユ著人（Szilard,Leo　シラード，レオ　1898-1964）

Szinnyei József
ハンガリーの言語学者。フィン・ウゴル語比較研究に業績を残した。
⇒岩世人（シンニェイ　1857.5.26-1943.4.14）

Szinyei-Merse Pál
ハンガリーの画家。印象派に属する。
⇒岩世人（シニェイ＝メルシェ　1845.7.4-1920.2.2）

Szold, Henrietta
ユダヤ民族の国家的統一と福祉に尽力した指導者。シオニストの女性組織を設立（1912）。
⇒ユ著人（Szold,Henrietta　ズホルド，ヘンリエッタ　1860-1945）

Szolkowy, Robin
ドイツのフィギュアスケート選手（ペア）。
⇒最世ス（ゾルコーヴィ，ロビン　1979.7.14-）

Szondi, Leopold
スイス・チューリッヒの開業精神分析医。
⇒現精（ソンディ　1893-1986）
　現精縮（ソンディ　1893-1986）
　精分岩（ソンディ，レオポルド　1893-1986）

Szondi, Peter
ハンガリー生まれのドイツの文学理論家，批評家。
⇒岩世人（ソンディー（ションディー）　1929.5.27-1971.11.9）

Szönyi, Ferenc
ハンガリーのテノール歌手。
⇒魅惑（Szönyi,Ferenc　1926-）

Szostak, Jack
イギリスの生化学者。
⇒外12（ショスタク，ジャック　1952-）
　外16（ショスタク，ジャック　1952.11.9-）
　ノベ3（ショスタク,J.　1952.11.9-）

Szulc, József Zygmunt
ポーランドのピアノ奏者，作曲家。
⇒標音2（シュルツ，ユゼフ・ジグムント　1875.4.4-1956.4.10）

Szulman, Francois
フランス生まれの画家。
⇒芸13（ズルマン，フランコ　1931-）

Szűrös, Mátyás
ハンガリーの政治家。ハンガリー大統領代行（1989～90）。
⇒世指導（スールシュ，マーチャシュ　1933.9.11-）

Szwarc, Michael
ポーランド生まれのアメリカの化学者。リビング・ポリマー名付け親。
⇒岩世人（シュワルツ　1909.6.9-2000.8.4）

Szydło, Beata
ポーランドの政治家。ポーランド首相。
⇒外16（シドゥウォ，ベアタ　1963.4.15-）
　世指導（シドゥウォ，ベアタ　1963.4.15-）

Szymanowski, Karol
ポーランドの作曲家。ワルシャワ州立音楽学校校長。主要作品『ハギート』（1913），バレエ曲『ハルナシー』（26）など。
⇒岩世人（シマノフスキ　1882.10.3-1937.3.29）
　ク音3（シマノフスキ　1882-1937）
　広音7（シマノフスキ　1882-1937）
　新音小（シマノフスキ，カロル　1882-1937）
　新音中（シマノフスキ，カロル　1882.10.3-1937.3.29）
　ネーム（シマノフスキ　1883-1937）
　ピ曲改（シマノフスキ，カロル　1882-1937）
　標音2（シマノフスキ，カロル　1882.10.3-1937.3.29）

Szymanski, Stefan
ナイジェリア生まれのスポーツ経済学者。ミシガン大学教授。
⇒外16（シマンスキー，ステファン　1960.3.29-）

Szymborska, Wisława
ポーランドの女性詩人。
⇒異二辞（シンボルスカ［ヴィスワヴァ・～］1923-2012）
　岩世人（シンボルスカ　1923.7.2-2012.2.1）
　外12（シンボルスカ，ヴィスワヴァ　1923.7.2-）
　現世文（シンボルスカ，ヴィスワヴァ　1923.7.2-2012.2.1）
　広音7（シンボルスカ　1923-2012）
　ネーム（シンボルスカ　1923-2012）
　ノベ3（シンボルスカ,W.　1923.7.2-2012.2.1）

【 T 】

Taback, Simms
アメリカの絵本作家。
⇒外12（タバック，シムズ）

外16（タバック, シムズ）

Tabackin, Lew
アメリカのジャズ・テナー・サックス, フルート奏者。1973年秋吉敏子〜ルー・タバキン・ビック・バンドを結成。
⇒外12（タバキン, ルー　1940.3.26–）
　標音2（タバキン, ルー　1940.3.26–）

Tabai, Ieremia
キリバスの政治家。キリバス初代大統領（1979〜82）。
⇒世指導（タバイ, イエレミア　1950–）

Tabakov, Oleg Pavlovich
ロシアの俳優。
⇒岩世人（タバコーフ　1935.8.17–）
　外12（タバコフ, オレグ　1935.8.17–）
　外16（タバコフ, オレグ　1935.8.17–）

Tabárez, Óscar
ウルグアイのサッカー指導者, サッカー選手。
⇒外12（タバレス, オスカル　1947.3.3–）
　外16（タバレス, オスカル　1947.3.3–）
　最世ス（タバレス, オスカル　1947.3.3–）

Tabata, Rodrigo Barbosa
ブラジルのサッカー選手（サントス・MF）。
⇒外12（タバタ, ロドリゴ　1980.11.19–）

Tabatabaee, Ali
アメリカのミュージシャン。
⇒外12（ダバタビィ, アリ）
　外16（ダバタビィ, アリ）

Ṭabātabā'ī
イランのイラン立憲革命を指導したシーア派法学者。
⇒岩イ（タバータバーイー, モハンマド・ホセイン　1903–1981）
　岩世人（タバータバーイー, モハンマド・ホセイン　1904–1981）

Ṭabātabā'ī, Seyyed Moḥammad
イラン立憲革命において指導的な役割を演じた, テヘランのムジュタヒド。
⇒岩イ（タバータバーイー, モハンマド　1841–1920）

Tabb, John Banister
アメリカのローマ・カトリック教会司祭, 詩人。
⇒新カト（タブ　1845.3.22–1909.11.19）

Tabize, Titsian
ソ連（ジョージア）の詩人。
⇒現世文（タビズィ, チツィアン・イスチネスゼ　1895.4.2–1937）

Tablada y Osuna, José Juan de Aguilar Acuña
メキシコの詩人, 作家。
⇒岩世人（タブラーダ　1871.4.3–1945.8.2）

現世文（タブラダ・イ・オスーナ, ホセ・フアン・デ・アギラル・アクーニャ　1871.4.3–1945.8.2）

Tabler, Patrick Sean
アメリカの大リーグ選手（一塁, 外野）。
⇒メジャ（タブラー, パット　1958.2.2–）

Tabone, Vincent
マルタの政治家。マルタ大統領（1989〜94）。
⇒世指導（タボネ, ビンセント　1913.3.30–2012.3.14）

Tabor, James M.
アメリカの探検家, 作家。
⇒海文新（テイバー, ジェイムズ・M.）

Tabor, James Reubin
アメリカの大リーグ選手（三塁）。
⇒メジャ（テイバー, ジム　1916.11.5–1953.8.22）

Tabori, George
イギリス籍を持つ劇作家, 翻訳家, 演出家。
⇒岩世人（タボーリ　1914.5.24–2007.7.23）
　現世文（タボリ, ジョージ　1914.5.24–2007.7.23）

Tabucchi, Antonio
イタリアの小説家。連作形式による断章を集めた幻想譚を得意とする。代表作に『インド夜想曲』『黒い天使』『レクイエム』など。
⇒岩世人（タブッキ　1943.9.24–2012.3.25）
　外12（タブッキ, アントニオ　1943–）
　現世文（タブッキ, アントニオ　1943.9.23–2012.3.25）

Taccani, Giuseppe
イタリアのテノール歌手。
⇒失声（タッカーニ, ジュゼッペ　1885–1959）
　魅惑（Taccani,Giuseppe　1885–1959）

Tacchino, Gabriel
フランスのピアノ奏者。
⇒外16（タッキーノ, ガブリエル　1934–）

Tacchi Venturi, Pietro
イタリアの教会史家。
⇒新カト（タッキ・ヴェントゥーリ　1861.8.12–1956.3.18）

Tacke, Ida
ドイツの女性化学者。
⇒科史（タッケ　1896–1978）
　物理（タッケ, イーダ　1896–1979）

Taddei, Giuseppe
イタリアのバリトン歌手。
⇒オペラ（タッデーイ, ジュゼッペ　1916–2010）
　新音中（タッデーイ, ジュゼッペ　1916.6.26–）
　標音2（タッデイ, ジュゼッペ　1916.6.26–2010.6.2）

Taddei, Ottavio
イタリアのテノール歌手。

⇒魅惑（Taddei, Ottavio 1926–）

Tadese, Zersenay
エリトリアの陸上選手（長距離）。
⇒最世ス（タデッセ, ゼルセナイ 1982.2.8–）

Tadic, Boris
セルビア・モンテネグロの政治家。セルビア共和国大統領（2004〜12）。
⇒岩世人（タディチ 1958.1.15–）
外12（タディッチ, ボリス 1958.1.15–）
外16（タディッチ, ボリス 1958.1.15–）
世指導（タディッチ, ボリス 1958.1.15–）

Tadini, Arcangelo
イタリアの聖人, 教区司祭, 修道会創立者。祝日5月20日。
⇒新カト（アルカンジェロ・タディーニ 1846.10.12–1912.5.20）

Tadjo, Véronique
コートジボワールの作家。
⇒岩世人（タジョ 1955.7.21–）

Tadmor, Hayim
イスラエルの古代オリエント史学者, アッシリア学者。
⇒新カト（タドモール 1923.11.18–2005.12.11）

Taecyeon
韓国の歌手。
⇒外12（テギョン 1988.12.27–）

Tae Heon
韓国の歌手。
⇒外12（テホン 1989.6.18–）

Taemin
韓国の歌手。
⇒外12（テミン 1993.7.18–）

Taeuber-Arp, Sophie
スイスの画家, 彫刻家。
⇒岩世人（トイバー＝アルプ 1889.1.19–1943.1.13）

Taeubler, Eugen
ポズナン生まれの歴史学者, 古典学者, 聖書学者。
⇒ユ著民（Taeubler, Eugen トイブラー, オイゲン 1879–1953）

Tae-yeon
韓国の歌手。
⇒外12（テヨン 1989.3.9–）

Tafdrup, Pia
デンマークの詩人。
⇒岩世人（タフドロプ 1952.5.29–）

Tafel, Albert
ドイツの旅行家。黄河水源地帯を探検。
⇒岩世人（ターフェル 1877.11.6–1935.4.19）

Taffanel, Paul
フランスのフルート奏者, 指揮者。
⇒新音中（タファネル, ポール 1844.9.16–1908.11.21）

Tafi, Andrea
イタリアのロードレース選手。
⇒異二辞（タフィ［アンドレア・～］ 1966–）

Taft, Bob
アメリカの政治家。
⇒外16（タフト, ボブ 1942.1.8–）

Taft, Robert Alphonso
アメリカの政治家。27代大統領タフトの子。有名な労働組合制限法, タフト＝ハートレー法を提案。
⇒岩世人（タフト 1889.9.8–1953.7.31）
広辞7（タフト 1889–1953）
世人新（タフト 1889–1953）
世人装（タフト 1889–1953）
ボブ人（タフト, ロバート 1889–1953）

Taft, William Howard
アメリカの政治家。第27代大統領（1909〜13）, 第10代連邦最高裁判所長官。
⇒アア歴（Taft, William, Howard タフト, ウイリアム・ハワード 1857.9.15–1930.3.8）
アメ経（タフト, ウィリアム 1857.9.15–1930.3.8）
アメ州（Taft, William Howard タフト, ウイリアム・ホワード 1857–1930）
アメ新（タフト 1857–1930）
岩世人（タフト 1857.9.15–1930.3.8）
学叢歴（タフト, ウイリアム・ホワード）
広辞7（タフト 1857–1930）
世史改（タフト 1857–1930）

Taggard, Genevieve
アメリカの女性詩人。
⇒現世文（タガード, ジェネヴィーブ 1894.11.28–1948.11.8）

Tagger, Nicola
ブルガリアのテノール歌手。
⇒魅惑（Tagger, Nicola 1930–）

Taghavi, Mehdi
イランのレスリング選手（フリースタイル）。
⇒最世ス（タガビ, メフディ 1987.2.20–）

Tagliabue, Carlo
イタリアのバリトン歌手。
⇒オペラ（タッリャブーエ, カルロ 1898–1978）

Tagliaferri, Ernesto
イタリアのナポリターナ作曲家。
⇒標音2（タリアフェッリ, エルネスト 1889.11.18–1937.3.6）

Tagliariol, Matteo
イタリアのフェンシング選手（エペ）。

Tagliavini, Carlo
イタリアの言語学者, ロマンス語学者。
⇒岩世人（タリアヴィーニ　1903.6.18–1982.5.31）

Tagliavini, Ferruccio
イタリアのテノール歌手。
⇒オペラ（タッリャヴィーニ, フェルルッチョ　1913–1995）
失声（タリアヴィーニ, フェルッチョ　1913–1995）
新音中（タリアヴィーニ, フェルッチョ　1913.8.14–1995.1.29）
標音2（タリアヴィーニ, フェルッチョ　1913.8.14–1995.1.29）
魅惑（Tagliavini,Ferruccio　1913–1995）

Tagliavini, Franco
イタリアのテノール歌手。
⇒失声（タリアヴィーニ, フランコ　1934–2010）
魅惑（Tagliavini,Franco　1934–）

Tagliavini, Luigi Ferdinando
イタリアのオルガン奏者, チェンバロ奏者, 音楽学者。
⇒標音2（タリアヴィーニ, ルイージ・フェルディナンド　1929.10.7–）

Taglicht, David Israel
オーストリアのラビ, 学者。
⇒ユ著人（Taglicht,David Israel　タークリヒト, ダーフィット・イズラエル　1862–1943）

Tagore, Abanindranath
インドの画家。
⇒岩世人（タゴール　1871.8.7–1951.12.5）

Tagore, Rabindranāth
インドの詩人, 哲学者, 劇作家, 作曲家。
⇒岩世人（タゴール　1861.5.7–1941.8.7）
学叢思（タゴール, サー・ラビンドラ・ナート　1861–?）
教人（タゴール　1861–1941）
現アジ（タゴール　1861–1942）
現世文（タゴール, ラビンドラナート　1861.5.6–1941.8.7）
広辞7（タゴール　1861–1941）
国政（タゴール, ラビーンドラナート　1861–1941）
新カト（タゴール　1861.5.7–1941.8.7）
新佛3（タゴール　1861–1941）
図翻（タゴール　1861.5.7–1941.8.7）
世史改（タゴール　1861–1941）
世人新（タゴール　1861–1941）
世人装（タゴール　1861–1941）
哲中（タゴール　1861–1941）
南ア新（タゴール　1861–1941）
ネーム（タゴール　1861–1941）
ノペ3（タゴール,R.　1861.5.6–1941.8.7）
標音2（タゴール, ラービンドラナート　1861.5.6–1941.8.7）
ポプ人（タゴール, ラビンドラナート　1861–1941）

Ṭāhā, Maḥmūd Muḥammad
スーダンのイスラム改革思想家。
⇒岩イ（マフムード・ムハンマド・ターハー　1909/1911–1985）

Taha, Rachid
フランス在住のアルジェリア系ロック・ミュージシャン。
⇒岩世人（タハ　1958.9.18–）

Tahan, Malba
ブラジルの作家, 数学者。
⇒現世文（タハン, マオバ　1895.5.6–1974）

Tahimik, Kidlat
フィリピン生まれの映画監督。
⇒外16（タヒミック, キッドラット　1942.10.3–）

Tahir, Sabaa
アメリカの作家。
⇒海文新（タヒア, サバア）

al-Ṭāhir al-Ḥaddād
チュニジアの近代思想家, 政治家。
⇒岩イ（ターヒル・ハッダード　1899–1935）
岩世人（ターヒル・ハッダード　1899–1935）

Tailhade, Laurent
フランスの詩人, 風刺作家。代表作『哀歌』など。
⇒19仏（タイヤード, ローラン　1854.4.16–1919.11.2）

Tailleferre, Germaine
フランスの女性作曲家。「フランス六人組」の一人。
⇒エデ（タイユフェール［タイユフェス］,（マルセル）ジェルメーヌ　1892.4.19–1983.11.7）
ク見3（タイユフェール　1892–1983）
新音小（タイユフェール, ジェルメーヌ　1892–1983）
新音中（タイユフェール, ジェルメーヌ　1892.4.19–1983.11.7）
ピ曲改（タイユフェール, ジェルメーヌ　1892–1983）
標音2（タイユフェール, ジェルメーヌ　1892.4.19–1983.11.7）

Taimūr, Maḥmūd
エジプトの短編小説家。
⇒岩世人（タイムール, マフムード　1894–1973.4.25）

Tairov, Aleksandr Yakovlevich
ソ連の演出家。1914年カーメルヌイ劇場を設立。
⇒岩世人（タイーロフ　1885.6.24/7.6–1950.9.25）

Tait, James
イギリスの中世史家。地方史および都市史を研究。
⇒岩世人（テイト　1863.6.19–1944.7.4）

Tait, Philip Goodhand
イギリス・ハル生まれのミュージシャン。
⇒ロック（Tait,Philip Goodhand　テイト,フィリップ・グッドハンド　1945.1.3–）

Taittinger, Pierre Charles
フランスの政治家。
⇒岩世人（テタンジェ　1887.10.4–1965.1.22）

Tāj al-Salṭane
カージャール朝第4代国王ナーセロッディーン・シャーの娘。
⇒岩イ（タージョッサルタネ　1884–1936）

Tajani, Antonio
イタリアの政治家、ジャーナリスト。欧州議会議長、欧州人民党（EPP）副党首。
⇒世指導（タヤーニ、アントニオ　1953.8.4–）

Tajo, Italo
イタリアのバス歌手。
⇒オペラ（ターヨ、イタロ　1915–1993）

Tajoli, Luciano
イタリアのカンツォーネ歌手。41歳の時、サンレモ音楽祭に初出場し「アル・ディ・ラ」を歌い、優勝。
⇒失声（タヨーリ、ルチアーノ　1920–1996）
　標音2（タヨーリ、ルチアーノ　1920.4.17–）

Takac, Silvester
セルビアのサッカー監督、サッカー選手。
⇒外12（タカチ、シルベステル　1940.8.11–）

Takaki, Ronald Toshiyuki
アメリカの歴史家。
⇒岩世人（タカキ　1939.4.12–2009.5.26）

Takamura, Jeanette
アメリカのコロンビア大学社会福祉大学院学長・教授。
⇒外12（タカムラ、ジャネット）
　外16（タカムラ、ジャネット）

Takdir Alisjahbana, Sutan
インドネシアの文学者。ナショナル大学学長。
⇒岩イ（タクディル・アリシャバナ　1908–1994）
　岩世人（アリシャバナ、タクディル　1908.2.11–1994.7.17）

Takei, George
アメリカ生まれの俳優。
⇒外12（タケイ、ジョージ　1937.4.20–）
　外16（タケイ、ジョージ　1937.4.20–）

Takhtadzhyan, Armen Leonovich
アルメニア生まれの植物学者。
⇒岩世人（タフタジャン　1910.5.28/6.10–2009.11.13）

Taki, Mohamed
コモロの政治家。コモロ大統領（1996～98）。
⇒世指導（タキ、モハメド　?–1998.11.6）

Takis, Vassilakis
ギリシャの彫刻家。
⇒岩世人（タキス　1925.10.25–）

Tak Jae-Hoon
韓国の男優、歌手。
⇒韓俳（タク・ジェフン　1968.7.24–）

Taktakishvili, Otar
ジョージアの作曲家、指揮者、作家。
⇒ク音3（タクタキシヴィリ　1924–1989）

Tal, Josef
イスラエルの作曲家。
⇒ユ著人（Tal,Joseph　タール、ヨゼフ　1910–）

Tal, Mikhail Nekhemievich
ラトビア出身のチェス世界チャンピオン。
⇒異二辞（タリ［ミハイル・～］　1936–1992）

Talabani, Jalal
イラクの政治家。イラク大統領、クルド愛国同盟（PUK）議長。
⇒外12（タラバニ、ジャラル　1933.4–）
　外16（タラバニ、ジャラル　1933.4–）
　世指導（タラバニ、ジャラル　1933.11.12–2017.10.3）

Talagi, Toke Tufukia
ニウエの政治家。ニウエ首相。
⇒外12（タランギ、トケ・トゥフキア）
　外16（タランギ、トケ・トゥフキア　1951.1.9–）
　世指導（タランギ、トケ・トゥフキア　1951.1.9–）

Talasnik, Stephen
アメリカ生まれの画家。
⇒芸13（タラスニック、ステファン　1954–）

Talat, Mehmet Ali
北キプロス・トルコ共和国の政治家。北キプロス・トルコ共和国大統領（2005～10）。
⇒外12（タラト、メフメット・アリ　1952.7.6–）
　外16（タラト、メフメット・アリ　1952.7.6–）
　世指導（タラト、メフメット・アリ　1952.7.6–）

Ṭalʻat Ḥarb
エジプトのイスラム思想家。エジプト近代産業の先駆者。
⇒岩イ（タルアト・ハルブ　1867–1941）

Talat Pasha, Mehmed
トルコの政治家。青年トルコ党革命を指導。1917年首相となる。
⇒岩イ（タラート・パシャ　1874–1921）
　岩世人（タラート・パシャ　1872.8.20–1921.3.15）

Talay, Ufuk
オーストラリアのサッカー選手 (FURY FC・MF)。
⇒外12（タレイ，ウフク　1976.3.26–）
　外16（タレイ，ウフク　1976.3.26–）

Talbot, Edward Stuart
イギリス国教会ウィンチェスター教区主教。
⇒岩世人（トールボット　1844.2.19–1934.1.30）
　オク教（トールボット　1844–1934）

Talbot, Hake
アメリカの推理作家。
⇒現世文（タルボット，ヘイク　1900–1986）

Talbot, Jeffrey
イギリスのテノール歌手。
⇒魅惑（Talbot,Jeffrey　?–）

Talbot, Lyle
アメリカの男優。
⇒ク俳（タルボット，ライル（ヘンダースン，ライル）1902–1996）

Talbot, Matt
アイルランドの信徒修練者。
⇒新カト（トールボット　1856.5.2–1925.6.7）

Talbot Rice, David
イギリスの考古学者，美術史家。専門のビザンツ美術をはじめ，イラン，イスラム，ロシアを含む東方美術や工芸の紹介に努めた。
⇒岩世人（トールボット・ライス　1903.7.11–1972.3.12）

Talbott, Gloria
アメリカの女優。
⇒ク俳（タルボット，グローリア　1931–2000）

Talbott, Strobe
アメリカのジャーナリスト。
⇒外12（タルボット，ストローブ　1946.4.25–）
　外16（タルボット，ストローブ　1946.4.25–）
　世指導（タルボット，ストローブ　1946.4.25–）

Tal Coat, Pierre
フランスの画家。
⇒芸13（タル・コア，ピエル　1905–1974）

Talcott, Eliza
アメリカのアメリカン・ボード宣教師。神戸女学院，同志社看護婦学校を創立。
⇒アア歴（Talcott,Eliza　タルコット，イライザ　1836.5.22–1911.11.1）
　岩世人（タルコット　1836.5.22–1911.11.1）

Ṭālebof
イランの啓蒙思想家。主著『アフマドの書』など。
⇒岩世人（ターレボフ　1834–1910）

Talén, Björn
ノルウェーのテノール歌手。
⇒魅惑（Talén,Björn　1890–1947）

Ṭāleqānī, Maḥmūd
イラン革命のイデオローグとなったアーヤトッラー。
⇒岩イ（ターレカーニー　1910–1979）

Talese, Gay
アメリカのジャーナリスト，小説家。
⇒外12（タリーズ，ゲイ　1932.2.7–）
　外16（タリーズ，ゲイ　1932.2.7–）

Talev, Dimitr
マケドニア生まれのブルガリアの作家。歴史小説の3部作『鉄路の灯』(1952)，『イリンデン』(53)，『プレスパの鐘』(54) が有名。
⇒現世文（タレフ，ディミタル　1898.9.1–1966.10.20）

Tálich, Václav
チェコスロバキアの指揮者。1919〜41年チェコ・フィルハーモニー首席指揮者の地位にあって，この楽団をヨーロッパ一流の水準に高めた。
⇒新音中（タリヒ，ヴァーツラフ　1883.5.28–1961.3.16）
　標音2（タリヒ，ヴァーツラフ　1883.5.28–1961.3.16）

Tallchief, Maria
アメリカのダンサー，教師，バレエ監督。
⇒アメ州（Tallchief,Maria　トールチーフ，マリア　1925–）
　岩世人（トールチーフ　1925.1.24–2013.4.11）

Tallec, Olivier
フランスのイラストレーター。
⇒外12（タレック，オリヴィエ　1970–）
　外16（タレック，オリヴィエ　1970–）

Tallgren, Aarne Michaël
フィンランドの考古学者。ユーラシアの青銅器時代を専攻し，古代北方文化の研究を科学的に基礎づけた。
⇒岩世人（タルグレーン　1885.2.8–1945.4.13）

Tallus, Jaakko
フィンランドのスキー選手（複合）。
⇒外16（タルルス，ヤーコ　1981.2.23–）
　最世ス（タルルス，ヤーコ　1981.2.23–）

Talmadge, Eugene
アメリカの政治家。ジョージア州知事。
⇒アメ州（Talmadge,Eugene　タルマッジ，ユージン　1884–1946）

Talmadge, Norma
アメリカ生まれの女優。
⇒ク俳（タルマッジ，ノーマ　1893–1957）

Talmy, Shel
アメリカのプロデューサー。
⇒ロック（Talmy,Shel　タルミー, シェル）

Talon, Patrice
ベナンの政治家, 実業家。ベナン大統領（2016～）。
⇒世指導（タロン, パトリス　1958.5.1–）

Talvela, Martti
フィンランドのバス歌手。
⇒オペラ（タルヴェラ, マルッティ　1935–1989）
　新音中（タルヴェラ, マルッティ　1935.2.4–1989.7.22）
　標音2（タルヴェラ, マルッティ　1935.2.4–1989.7.22）

Talvio, Maila
フィンランドの女性小説家。歴史小説『バルチック海の娘』など。
⇒岩世人（タルヴィオ　1871.10.17–1951.1.6）

Tam, Alan
香港の歌手, 俳優。
⇒外12（タム, アラン　1950.8.23–）
　外16（タム, アラン　1950.8.23–）

Tam, Patrick
香港の映画監督。
⇒外12（タム, パトリック　1948.3.25–）

Tamagno, Francesco
イタリアの歌劇歌手。オテロ役を演じる。
⇒岩世人（タマーニョ　1850.12.28–1905.8.31）
　オペラ（タマーニョ, フランチェスコ　1850–1905）
　失声（タマーニョ, フランチェスコ　1850–1905）
　魅惑（Tamagno,Francesco　1850–1905）

Tamahori, Lee
ニュージーランド生まれの映画監督。
⇒外12（タマホリ, リー　1950.4.22–）

Tamaro, Susanna
イタリアの作家。
⇒岩世人（タマーロ　1957.12.12–）
　外12（タマーロ, スザンナ　1957–）
　現世文（タマーロ, スザンナ　1957–）

Tamási Áron
ハンガリーの小説家。主著『森のなかのアーベル』（1932）。
⇒現世文（タマーシ, アーロン　1897.9.20–1966.5.26）

Tamayo, Rufino
メキシコの画家。主にアメリカで活躍。主要作『可憐な少女』（1937）, メキシコ音楽学校の壁画（33）など。
⇒岩世人（タマヨ　1899.8.26–1991.6.24）
　芸13（タマヨ, ルフィーノ　1899–1991）

広辞7（タマヨ　1899–1991）
ラテ新（タマヨ　1899–1991）

Tambiah, Stanley Jeyaraja
スリランカの人類学者。
⇒岩世人（タンバイア　1929.1.16–2014.1.19）

Tamblyn, Russ
アメリカ生まれの俳優。
⇒ク俳（タンブリン, ラス（タンブリン, ラッセル）1934–）

Tambo, Oliver Reginald
南アフリカの黒人解放運動の指導者。1967年ルトゥーリANC議長の死去とともに議長に就任。
⇒岩世人（タンボ　1917.10.27–1993.4.24）

Tamburi Cemil Bey
トルコの古典音楽家。
⇒岩世人（タンブーリ・ジェミル・ベイ　1871–1916.7.28）

Tambuté
フランス生まれの画家。
⇒芸13（タンビューテ　1910–）

Tamestit, Antoine
フランスのヴィオラ奏者。
⇒外16（タメスティ, アントワン　1979–）

Tamgho, Teddy
フランスの三段跳び選手。
⇒最世ス（タムゴ, テディ　1989.6.15–）

Tamim bin Hamad bin Khalifa al-Thani
カタールの政治家。カタール首長。
⇒外16（タミム・ビン・ハマド・ビン・ハリファ・アル・サーニ　1980.6.3–）
　世指導（タミム・ビン・ハマド・ビン・ハリファ・アル・サーニ　1980.6.3–）

Tamisier, Emilie
フランス・トゥール生まれの国際聖体大会の発案者。
⇒新カト（タミジエ　1834.11.1–1910.6.20）

Tamm, Igor' Evgen'evich
ソ連の物理学者。1936年チェレンコフ効果の理論を提唱。58年ノーベル物理学賞受賞。
⇒岩世人（タム　1895.6.26/7.8–1971.4.12）
　オク科（タム（イゴール）　1895–1971）
　三新物（タム　1895–1971）
　ノベ3（タム, I.Y.　1895.7.8–1971.4.12）

Tammann, Gustav
ドイツの物理化学者。金相学, 結晶, 融体, ガラス状態に関する研究が多い。
⇒岩世人（タンマン　1861.5.28–1938.12.17）
　化学（タンマン　1861–1938）

Tammsaare, Anton Hansen
エストニアの小説家,劇作家。主著・小説『真実と正義』(5巻,1926～33)。
⇒岩世人（タンムサーレ　1878.1.30–1940.3.1）

Tammuz, Binyamin
イスラエルの作家。
⇒ユ著人（Tammuz,Benjamin　タムーズ,ベニアミン　1919–1989）

Ta Mok
カンボジアの軍人。ポル・ポト派（クメール・ルージュ）幹部。
⇒岩世人（タモク　1925–2006.7.21）

Tamudo, Raúl
スペインのサッカー選手（ソシエダ・FW）。
⇒外12（タムード, ラウル　1977.10.19–）
　最世ス（タムード, ラウル　1977.10.19–）

Tan, Amy
アメリカ(中国系)の女性小説家。
⇒岩世人（タン　1952.2.19–）
　現世文（タン, エィミ　1952–）

Tan, Lucio
フィリピンの華人実業家。
⇒岩世人（タン　1934.7.17–）

Tan, Melvyn
シンガポールのフォルテピアノ奏者。
⇒外12（タン, メルビン　1956.10.13–）
　外16（タン, メルビン　1956.10.13–）
　新音中（タン, メルヴィン　1956.10.13–）

Tan, Royston
シンガポールの映画監督。
⇒外12（タン, ロイストン）

Tan, Shaun
オーストラリアの作家,イラストレーター,映像作家。
⇒外12（タン, ショーン　1974–）
　外16（タン, ショーン　1974–）
　海文新（タン, ショーン　1974–）

Tan, Yuan-yuan
中国のバレリーナ。
⇒外12（タン, ヤンヤン　1976.2.14–）
　外16（タン, ヤンヤン　1976.2.14–）

Tanabe, Georg J., Jr.
アメリカの日本仏教の研究者。ハワイ大学宗教学部教授・学部長。
⇒外16（タナベ, ジョージ・ジョウジJr.　1943–）

Tanana, Frank Daryl
アメリカの大リーグ選手(投手)。
⇒メジャ（タナナ, フランク　1953.7.3–）

Tanayev, Nikolai
キルギスの政治家。キルギス首相。
⇒世指導（タナエフ, ニコライ　1945.11.5–）

Tan Cheng Lock
マレーシアの華人政治家,企業家。
⇒岩世人（タン・チェンロック　1883.4.5–1960.12.16）

Tancock, Liam
イギリスの水泳選手(背泳ぎ)。
⇒最世ス（タンコック, リアム　1985.5.7–）

Tandari, János
テノール歌手。
⇒魅惑（Tandari,János　?–）

Tandja, Mamadou
ニジェールの政治家,軍人。ニジェール大統領(1999～2010)。
⇒外12（タンジャ, ママドゥ　1938–）
　外16（タンジャ, ママドゥ　1938–）
　世指導（タンジャ, ママドゥ　1938–）

Tandjung, Akbar
インドネシアの学生運動家,政治家,閣僚。
⇒岩世人（タンジュン, アクバル　1945.8.14–）
　世指導（タンジュン, アクバル　1945.8.14–）

Tan Dun
アメリカ在住の中国人作曲家。
⇒岩世人（タン・ドゥン　1957.8.18–）
　外12（譚盾　タントン　1957.8.8–）
　外16（譚盾　タンドゥン　1957.8.18–）
　ク音3（タン・ドゥン　譚盾　1947–）

Tandy, Jessica
イギリス生まれのアメリカの女優。シェークスピア劇や近代劇に出演。
⇒スター（タンディ, ジェシカ　1909.6.7–1994）

Taneev, Sergei Ivanovich
ロシアの作曲家。モスクワ音楽院校長(1885～)。
⇒岩世人（タネーエフ　1856.11.13–1915.6.6）
　ク音3（タネーエフ　1856–1915）
　新音中（タネーエフ, セルゲイ　1856.11.25–1915.6.19）
　標音2（タネーエフ, セルゲイ・イヴァノヴィチ　1856.11.25–1915.6.19）

Taneyev, Alexander Sergeyevich
ロシアの作曲家。
⇒標音2（タネーエフ, アレクサンドル・セルゲーエヴィチ　1850.1.17–1918.2.7）

Tang, Audrey
台湾のプログラマー。台湾政務委員(デジタル担当)。
⇒世指導（唐鳳　とう・ほう　1981–）

Tangl, Michael
オーストリアの歴史学者。
⇒新カト（タングル　1861.5.26–1921.9.7）

Tangriev, Abdullo
ウズベキスタンの柔道選手。
⇒最世ス（タングリエフ，アブドゥロ　1981.3.28–）

Tanguy, Yves
フランス生まれのアメリカの画家。シュールレアリスト。代表作『恐怖』，『無題の風景』など。
⇒岩世人（タンギー　1900.1.5–1955.1.15）
　芸13（タンギー，イヴ　1900–1955）
　ネーム（タンギー，イヴ　1900–1955）
　ネーム（タンギー　1900–1955）

Tang Wei
中国の女優。
⇒外12（タンウェイ　1979.10.7–）
　外16（タンウェイ　1979.10.7–）

Tanjung, Feisal
インドネシアの軍人。インドネシア調整相・国軍司令官。
⇒岩世人（タンジュン，フェイサル　1939.6.17–2013.2.18）
　世指導（タンジュン，フェイサル　1939.6.17–2013.2.18）

Tan Kah-kee
シンガポール華僑の実業家。1949年中国帰国後，要職を歴任。
⇒岩世人（陳嘉庚　ちんかこう　1874.10.21（同治13.9.12）–1961.8.12）
　近中（陳嘉庚　ちんかこう　1874.10.12–1961.8.12）
　広辞7（ちんかこう　陳嘉庚　1874–1961）
　世人新（陳嘉庚　ちんかこう　1874–1961）
　世人装（陳嘉庚　ちんかこう　1874–1961）
　中日3（陈嘉庚　タン・カーキー，ちんかこう，チェンチアコン　1874–1961）

Tan Keng Yam, Tony
シンガポールの企業家，政治家。シンガポール大統領（2011〜17）。
⇒外12（トニー・タン　1940.2.7–）
　外16（タン，トニー　1940.2.7–）
　世指導（タン，トニー　1940.2.7–）

Tankha, Brij Mohan
インドの日本現代史の研究者。デリー大学教授。
⇒外16（タンカ，ブリジ・モハン　1947.9–）

Tan Malaka, Ibrahim
インドネシアの左翼民族主義者。1927年インドネシア共和党を結成。45年青年グループを指導し，完全独立・重要産業国有化を主張。
⇒ア大戦（タン＝マラカ　1897–1949）
　岩イ（タン・マラカ　1897?–1949）
　岩世人（マラカ，タン　1897.6.2–1949.2.21）

Tannehill, Jesse Niles
アメリカの大リーグ選手（投手）。
⇒メジャ（タニーヒル，ジェシー　1874.7.14–1956.9.22）

Tannehill, Lee Ford
アメリカの大リーグ選手（三塁，遊撃）。
⇒メジャ（タニーヒル，リー　1880.10.26–1938.2.16）

Tanner, Carl
アメリカのテノール歌手。
⇒魅惑（Tanner,Carl　?–）

Tanner, Charles William
アメリカの大リーグ選手（外野）。
⇒メジャ（タナー，チャック　1928.7.4–2011.2.11）

Tanner, Henry Ossawa
アメリカの黒人画家。牧師の子。作品『2人の使徒』など。
⇒岩世人（タナー　1859.6.21–1937.5.25）

Tanner, James Mourilyan
イギリスの小児科医，人類学者。
⇒岩世人（タナー　1920.8.1–2010.8.11）

Tanner, Väinö Alfred
フィンランドの政治家，財政家。首相，蔵相等を歴任。
⇒岩世人（タンネル　1881.3.12–1966.4.19）

Tanninen, Oili
フィンランドの女性児童文学作家。
⇒絵本（タンニネン，オイリ　1933–）
　現世文（タンニネン，オイリ　1933–）

Tanning, Dorothea
アメリカ・イリノイ州ゲールズバーグ生まれの女性画家。
⇒芸13（タニング，ドロテア　1912–）

Tanović, Danis
ボスニア・ヘルツェゴビナの映画監督，脚本家。
⇒外12（タノヴィッチ，ダニス　1969–）
　外16（タノヴィッチ，ダニス　1969–）

Tanpınar, Ahmed Hamdi
トルコの詩人。
⇒岩世人（タンプナル　1901.6.23–1962.1.24）
　現世文（タンプナル，アフメト・ハムディ　1901.6.23–1962.1.24）

Tanquerey, Adolphe-Alfred
フランスのカトリック神学者。
⇒新カト（タンクレ　1854.5.1–1932.1.21）

Tansey, Mark
アメリカの画家。
⇒岩世人（タンジー　1949.8.2–）

Tan Siew Sin
マレーシア華人の企業家, 政治家。
⇒岩世人 (タン・シウシン 1916.5.21–1988.3.17)

Tansley, Sir Arthur George
イギリスの植物学者。生態学の一派を創始。
⇒岩生 (タンズリー 1871–1955)
岩世人 (タンスリー 1871.8.15–1955.11.25)
ネーム (タンズリー 1871–1955)

Tansman, Alexandre
ポーランドの作曲家, 指揮者, ピアノ奏者。リズムにジャズの要素も取入れた。
⇒岩世人 (タンスマン 1897.6.12–1986.11.15)
ク音3 (タンスマン 1897–1986)
新音中 (タンスマン, アレクサンドル 1897.6.12–1986.11.15)
標音2 (タンスマン, アレクサンデル 1897.6.12–1986.11.15)
ユ著人 (Tansman,Aleksander (Alexander) タンスマン, アレキサンデル 1897–1986)

Tantawi, Mohamed Said
エジプトのイスラム教スンニ派最高指導者, 法学者。アズハル機関総長。
⇒岩イ (タンターウィー, ムハンマド 1928–)
世指導 (タンタウィ, ムハンマド・サイード 1928.10.28–2010.3.10)

Tantawi, Muhammad Hussein
エジプトの軍人, 政治家。エジプト軍最高評議会議長, エジプト国防相, 副首相。
⇒外12 (タンタウィ, ムハンマド・フセイン 1935.10.31–)
外16 (タンタウィ, ムハンマド・フセイン 1935.10.31–)
世指導 (タンタウィ, ムハンマド・フセイン 1935.10.31–)

Ṭanṭawī Jawharī
エジプトのイスラム改革思想家。
⇒岩イ (タンターウィー, ジャウハリー 1870–1940)
岩世人 (タンターウィー・ジャウハリー 1870–1940)

Tänzler, Hans
ドイツのテノール歌手。
⇒魅惑 (Tänzler,Hans 1879–1953)

Tao, Terence
オーストラリアの数学者。
⇒異二辞 (タオ, テレンス 1975–)
外12 (タオ, テレンス 1975.7.17–)
外16 (タオ, テレンス 1975.7.17–)
世数 (タオ, テレンス・チ・シェン (陶哲軒) 1975–)

Tao Hong
中国の女優, 歌手。
⇒外12 (タオホン 5.11–)

Taoka, Isao
パラグアイの外交官。
⇒外12 (タオカ, イサオ)
外16 (タオカ, イサオ)

Taomita, Yuki
アメリカの体操選手。
⇒外12 (トミタ, ユーキ 1980.3.15–)

Taormina, Sheila
アメリカの近代五種選手, 水泳選手, トライアスロン選手。
⇒外12 (タオミナ, シェイラ 1969.3.18–)
最新ス (タオミナ, シェイラ 1969.3.18–)

Tapani, Kevin Ray
アメリカの大リーグ選手 (投手)。
⇒メジャ (タパニ, ケヴィン 1964.2.18–)

Tapia, Bill
アメリカのジャズウクレレ奏者。
⇒外12 (タピア, ビル 1908.1.1–)

Tapie, Bernard Roger
フランスの実業家, 政治家。
⇒岩世人 (タピ 1943.1.26–)

Tàpies, Antoni
スペインの画家。
⇒岩世人 (タピエス 1923.12.13–2012.2.6)
外12 (タピエス, アントニー 1923.12.13–)
芸13 (タピエス, アントニ 1923–)
広辞7 (タピエス 1923–2012)

Tapiovaara, Nyrki
フィンランドの映画監督。
⇒岩世人 (タピオヴァーラ 1911.9.16–1940.2.29)

Tappe, Fritz
ドイツのイエズス会司祭, 倫理神学者。
⇒新カト (タッペ 1909.6.5–1958.9.5)

Tappert, Wilhelm
ドイツの音楽学者。
⇒標音2 (タッペルト, ヴィルヘルム 1830.2.19–1907.10.27)

Tappy, Eric
スイスのテノール歌手。
⇒魅惑 (Tappy,Eric 1931–)

Taqīzāde, Seyyed Ḥasan
イランの政治家, 学者。
⇒岩イ (タキーザーデ 1878–1970)

Taraghi, Goli
イランの作家。
⇒現世文 (タラッキー, ゴリー 1939–)

Tarand, Andres
エストニアの政治家。エストニア首相。
⇒世指導（タランド，アンドレス　1940.1.11–）

Tarantino, Quentin
アメリカ生まれの映画監督，映画脚本家，映画製作者，男優。
⇒岩世人（タランティーノ　1963.3.27–）
　映監（タランティーノ，クエンティン　1963.3.27–）
　外12（タランティーノ，クエンティン　1963.3.27–）
　外16（タランティーノ，クエンティン　1963.3.27–）
　ネーム（タランティーノ　1963–）

Tarar, Muhammad Rafiq
パキスタンの政治家，裁判官。パキスタン大統領，パキスタン最高裁判事。
⇒世指導（タラル，ムハマド・ラフィク　1929.11.2–）

Tarasewicz, Ryszard
ポーランドのオペレッタ歌手。
⇒失声（タラセヴィッツ，リシャルト　1930–2003）

Tarashchenko, Vitali
ロシアのテノール歌手。
⇒魅惑（Tarashchenko,Vitali（Tarastchenko, Vitalij）　?–）

Tarasova, Tatiana
ロシアのフィギュアスケート指導者。
⇒外12（タラソワ，タチアナ　1947–）
　外16（タラソワ，タチアナ　1947–）
　最世ス（タラソワ，タチアナ　1947–）

Tarawneh, Fayez
ヨルダンの政治家。ヨルダン首相・国防相。
⇒世指導（タラウネ，ファエズ　1949.5.1–）

Tarbell, Ida Minerva
アメリカの女性伝記作家，評論家。『スタンダード石油会社の歴史』（1904）などを著す。
⇒岩世人（ターベル　1857.11.5–1944.1.6）

Tardieu, André Pierre Gabriel Amédée
フランスの政治家。内相（1928），首相（29～30, 30,32），農相（31）等を歴任。
⇒岩世人（タルデュー　1876.9.22–1945.9.15）

Tardieu, Jean
フランスの詩人。代表作『アクサン』（1939）。
⇒岩世人（タルデュー　1903.11.1–1995.1.27）
　現世文（タルデュー，ジャン　1903.11.1–1995.1.27）

Tardieu, Jean-Luc
テノール歌手。
⇒魅惑（Tardieu,Jean-Luc　?–）

Tardieu, Laurence
フランスの作家，舞台女優。
⇒外12（タルデュー，ローランス　1972–）
　海文新（タルデュー，ローランス　1972–）
　現世文（タルデュー，ローランス　1972–）

Tardini, Domenico
イタリアの枢機卿。
⇒新カト（タルディニ　1888.2.29–1961.7.30）

Tardo, Manuel Rodulfo
キューバの彫刻家。
⇒芸13（タルド，マニュエル・ロドルフ　1926–）

Tareev, Mikhail Mikhailovich
ロシアの宗教哲学者，神学者。
⇒岩世人（タレーエフ　1866/1867.11.7/19–1934.6.4）

Targioni-Tozzetti, Giovannia
イタリアの台本作家。
⇒オペラ（タルジョーニ＝トッツェッティ，ジョヴァンニ　1863–1934）

Tariceanu, Calin Pepescu
ルーマニアの政治家。ルーマニア首相。
⇒外12（タリチャーヌ，カリン・ポペスク　1952.1.14–）
　外16（タリチェアヌ，カリン・ポペスク　1952.1.14–）
　世指導（タリチェアヌ，カリン・ポペスク　1952.1.14–）

Tarkay, Itzchak
ユーゴスラビアの画家。
⇒芸13（ターカイ，イツチェク　1935–）

Tarkhov, Boris
ロシアのテノール歌手。
⇒魅惑（Tarkhov,Boris（Tarchov）　?–）

Tarkington, Newton Booth
アメリカの小説家，劇作家。
⇒アメ州（Tarkington,Booth　ターキントン，ブース　1869–1946）
　現世文（ターキントン，ブース　1869.7.29–1946.5.19）

Tarkovskii, Andrei Arsenievich
ソ連の映画監督。長編第1作『僕の村は戦場だった』（1962）でベネチア国際映画祭サン・マルコ金獅子賞を獲得。
⇒岩世人（タルコフスキー　1932.4.4–1986.12.29）
　映監（タルコフスキー，アンドレイ　1932.4.4–1986）
　広辞7（タルコフスキー　1932–1986）
　ポプ人（タルコフスキー，アンドレイ　1932–1986）

Tarkóvskii, Arsénii Aleksándrovich
ロシア（ソ連）の詩人。
⇒岩世人（タルコフスキー　1907.6.12/25–1989.5.

27)
現世文（タルコフスキー, アルセーニー　1907.6.25–1989.5.27)

Tarkowski, Andrzej K.
ポーランドの動物学者, 発生生物学者。
⇒外12（タルコフスキ, アンジェイ）

Tarle, Evgenii Viktorovich
ソ連の歴史家。著書『フランス革命期における労働者階級』『ナポレオン』(1936) など。
⇒岩世人（タルレ　1874.10.27/11.8–1955.1.5）

Tarn, Sir William Woodthorpe
イギリスの古代学者。ヘレニズム時代史を研究。
⇒岩世人（ターン　1869.2.26–1957.11.7）

Tarnay, Gyula
ハンガリーのテノール歌手。
⇒魅惑（Tarnay,Gyula　1928–）

Tarnoff, Terry
アメリカの作家。
⇒外12（タルノフ, テリー　1947–）
⇒海文新（タルノフ, テリー　1947–）
⇒現世文（タルノフ, テリー　1947–）

Taro Umaw
台湾原住民の指導者。
⇒岩世人（タロ・ユーマオ　1871（同治10）–1953）

Tarozzi, Giuseppe
イタリアの哲学者。哲学評論を編集。
⇒岩世人（タロッツィ　1866.3.24–1958）

Tarr, Béla
ハンガリーの映画監督。
⇒映監（タル・ベーラ　1955.7.21–）

Tarradellas i Joan, Josep
スペインのカタルーニャ・ナショナリズム指導者。
⇒岩世人（タラデリャス　1899.2.19–1988.6.10）

Tárrega Eixea, Francisco
スペインの作曲家, ギター奏者。
⇒岩世人（タレガ　1852.11.21–1909.12.15）
ク音3（タレガ　1852–1909）
新音小（タレガ, フランシスコ　1852–1909）
新音中（タレガ, フランシスコ　1852.11.21–1909.12.15）
標音2（タレガ, フランシスコ　1852.11.21–1909.12.15）

Tarrin Nimmanahaeminda
タイの政治家。タイ財務相。
⇒世指導（タリン・ニマンヘミン）

Tarsem
インドの映像作家, 映画監督, CMディレクター。
⇒外12（タ－セム　1961–）
⇒外16（タ－セム　1961–）

Tarsila
ブラジルの画家。
⇒岩世人（タルシラ　1886.9.1–1973.1.17）

Tarski, Alfred
ポーランド生まれのアメリカの論理学者, 数学者。近代意味論の開拓者。主著 "Der Wahrheitsbegriff in den formalisierten Sprachen" (1935～36) など。
⇒岩世人（タルスキー　1901.1.14–1983.10.26）
広辞7（タルスキ　1901–1983）
数辞（タルスキ, アルフレッド　1902–1983）
世数（タルスキ, アルフレッド　1902–1983）
哲中（タルスキー　1902–1983）
メル別（タルスキ, アルフレト　1901–1983）

Tartabull, Danilo
アメリカの大リーグ選手（外野）。
⇒メジャ（タータブル, ダニー　1962.10.30–）

Tartakover, David
イスラエル生まれのグラフィックデザイナー。
⇒ユ著人（Tartakover,David　タルタコーバ, デビッド　1944–）

Tartt, Donna
アメリカの作家。
⇒現世文（タート, ドナ　1963–）

Taruc, Luis
フィリピンのフク団の指導者。
⇒ア太戦（タルク　1913–2005）
岩世人（タルク　1913.6.21–2005.5.4）

Tarver, Kenneth
アメリカのテノール歌手。
⇒魅惑（Tarver,Kenneth　?–）

Ṭarzī, Maḥmūd
アフガニスタン近代化の牽引者, 新聞刊行者。
⇒岩世人（タルズィー　1865–1933.11.22）

Tarzi, Zemaryalai
フランスの考古学者。
⇒外12（タルジ, ゼマルヤライ）
外16（タルジ, ゼマルヤライ）

Tashjian, Janet
アメリカの作家。
⇒海文新（ターシン, ジャネット）

Tashlin, Frank
アメリカの映画監督。
⇒映監（タシュリン, フランク　1913.2.19–1972）

Tasker, Peter
イギリスの金融証券アナリスト。
⇒外16（タスカ, ピーター　1955–）

Taslima Nasrin
バングラデシュの作家。

⇒岩イ（トスリマ・ナスリン　1962–）

Tassinari, Clodoveo
イタリア・サン・フェリーチェ生まれのサレジオ会司祭。第2代サレジオ会日本管区長, 東京サレジオ学園初代園長, 日本カトリック社会福祉（後のカリタス・ジャパン）の理事長。
⇒新カト（タッシナーリ　1912.3.9–2012.1.27）

Tata, Ratan N.
インドの実業家。
⇒外12（タタ, ラタン　1937.12.28–）
　外16（タタ, ラタン　1937.12.28–）

Tatarka, Dominik
スロバキアの小説家。代表作『教区共和国』（1948）。
⇒岩世人（タタルカ　1913.3.14–1989.5.10）
　現世文（タタルカ, ドミニク　1913.3.14–1989.5.10）

Tatarkiewicz, Wladyslaw
ポーランドの哲学者, 哲学史家。主著『哲学史』（1931）,『幸福論』（48）。
⇒岩世人（タタールキェヴィチ　1886.4.3–1980.4.4）

Tatarnikov, Mikhail
ロシアの指揮者, ヴァイオリン奏者。
⇒外12（タタルニコフ, ミハイル）
　外16（タタルニコフ, ミハイル）

Tate, Howard
アメリカ・ジョージア州メイコン生まれの歌手。
⇒ロック（Tate,Howard　テイト, ハワード　1943–）

Tate, Jeffrey
イギリスの指揮者。
⇒外12（テート, ジェフリー　1943.4.1–）
　外16（テート, ジェフリー　1943.4.1–）
　新音中（テイト, ジェフリー　1943.4.28–）
　標評2（テート, ジェフリー　1943.4.28–）

Tate, John Orley Allen
アメリカの詩人, 批評家。
⇒アメ州（Tate,Allen　テート, アレン　1899–1979）
　岩世人（テイト　1899.11.19–1979.2.9）
　現世文（テイト, アレン　1899.11.19–1979.2.9）
　新カト（テイト　1899.11.19–1979.2.9）

Tate, John Torrence
アメリカの数学者。
⇒世数（テイト, ジョン　1925–）

Tate, Robert
テノール歌手。
⇒魅惑（Tate,Robert　?–）

Ta Thu Tau
ベトナムの活動家。

⇒岩世人（タ・トゥ・タウ　1906.5.6–1945）

Tati, Jacques
フランスの喜劇俳優, 監督。1958年『ぼくの伯父さん』でカンヌ映画祭審査員特別賞受賞。
⇒岩世人（タチ　1907.10.9–1982.11.4）
　映監（タチ, ジャック　1909.10.9–1982）
　ク俳（タチ, ジャック（タチシェフ,J）　1908–1982）
　ネーム（タチ, ジャック　1907–1982）

Tatis, Fernando
アメリカの大リーグ選手（内野手）。
⇒外12（タティス, フェルナンド　1975.1.1–）
　メジャ（タティス, フェルナンド　1975.1.1–）

Tatlin, Vladimir Evgrafovich
ロシアの彫刻家, 建築家。構成主義の代表者。
⇒岩世人（タートリン　1885.12.16/28–1953.5.31）
　絵本（タートリン, ウラジーミル　1885–1953）
　芸13（タトリン, ラウディーミル　1885–1953）
　広辞7（タトリン　1885–1953）
　ネーム（タトリン　1885–1953）

Tatlıses, İbrahim
トルコの歌手, 作曲家, 俳優, 映画監督。
⇒岩世人（タトルセス　1952.1.1–）

Taton, René André
フランスの科学史家。編集責任者として完成した "Histoire générale des sciences"（1957～64）は現在まで最も充実した通史。
⇒岩世人（タトン　1915.4.4–2004.8.9）

Tatone, Vito
テノール歌手。
⇒魅惑（Tatone,Vito　?–）

Tatum, Art
アメリカのジャズ・ピアノ奏者。驚異的なテクニックの持主。ジャズ・ピアノ史上, 中興の祖ともいわれる。
⇒新音中（テイタム, アート　1909.10.13–1956.11.5）
　標評2（テータム, アート　1909.10.13–1956.11.4）

Tatum, Edward Lawrie
アメリカの生化学者。1947年大腸菌の遺伝子組換え現象を発見。57年ノーベル生理・医学賞を受賞。
⇒岩生（テータム　1909–1975）
　岩世人（テイタム　1909.12.14–1975.11.5）
　旺生5（テータム　1909–1975）
　広辞7（テータム　1909–1975）
　三新生（テータム　1909–1975）
　ノベ3（テータム,E.L.　1909.12.14–1975.11.5）

Taube, Henry
カナダ, アメリカの無機化学者。
⇒岩世人（タウベ　1915.11.30–2005.11.16）
　化学（タウビー　1915–2005）

ノベ3（タウビー,H.　1915.11.30–2005.11.16)
ユ著人（Taube,Henry　タウビー，ヘンリー　1915–）

Taube, Herman
ポーランド生まれの作家。
⇒現世文（タウブ，ハーマン　1918.2.2–2014.3.25)

Tauber, Alfred
オーストリアの数学者。
⇒岩世人（タウバー　1866.11.5–1942.7.26)
　数辞（タウバー　1866–1942)
　世伝（タウバー，アルフレッド　1866–1942?)

Tauber, Richard
オーストリア生まれのイギリスのテノール歌手。軽歌劇 "Old Chelsea" その他の作曲もある。
⇒失声（タウバー，リヒャルト　1891–1948)
　新音中（タウバー，リヒャルト　1891.5.16–1948.1.8)
　標音2（タウバー，リヒャルト　1891.5.16–1948.1.8)
　魅惑（Tauber,Richard　1891–1948)
　ユ著人（Tauber,Richard　タウバー，リヒャルト　1892–1948)

Taubmann, Horst
ドイツのテノール歌手。
⇒魅惑（Taubmann,Horst　1912–?)

Taucher, Curt
ドイツのテノール歌手。
⇒魅惑（Taucher,Curt　1885–1954)

Tāufaʻāhau Tupou IV
トンガ国王。在位1965〜2006。
⇒政経改（ツボウ4世　1918–）
　世指導（ツボウ4世　1918.7.4–2006.9.10)

Taufiq Ismail
インドネシアの詩人。
⇒岩世人（イスマイル，タウフィック　1935.6.25–)

Taufiq Kiemas
インドネシアの政治家，実業家。インドネシア国民協議会議長。
⇒世指導（タウフィック・キマス　1942.12.31–2013.6.8)

Taupin, Bernie
アメリカ・リンカーンの生まれのミュージシャン。
⇒ロック（Taupin,Bernie　トーピン，バーニー　1950.5.22–)

Tausk, Victor
オーストリアの精神分析医。
⇒現精（タウスク　1877–1919)
　現精縮（タウスク　1877–1919)
　精分岩（タウスク，ヴィクトール　1877–1919)

Taussig, Frank William
アメリカの経済学者。主著『経済学原理』(1911)。
⇒岩世人（タウシッグ　1859.12.28–1940.11.11)
　学叢思（タウシック，フランク・ウィリアム　1859–?)
　広辞7（タウシッグ　1859–1940)
　有経5（タウシッグ　1859–1940)

Taut, Bruno
ドイツの建築家。ナチス政権下で亡命し，1933年来日。
⇒岩世人（タウト　1880.5.4–1938.12.24)
　広辞7（タウト　1880–1938)
　ポプ人（タウト，ブルーノ　1880–1938)

Taut, Max
ドイツの建築家。B.タウトの弟。代表作は『ドイツ産業組合事務所』，『ドイツ印刷事業組合事務所』など。
⇒岩世人（タウト　1884.5.15–1967.3.1)

Tautou, Audrey
フランスの女優。
⇒外12（トトゥ，オドレイ　1978.8.9–)
　外16（トトゥ，オドレイ　1978.8.9–)
　スター（トトゥ，オドレイ　1976.8.9–)

Tauzin, Dora
フランスのエッセイスト，ジャーナリスト。
⇒外12（トーザン，ドラ）
　外16（トーザン，ドラ）

Tavarez, Julian
ドミニカ共和国の大リーグ選手（レッドソックス・投手）。
⇒外12（タバレス，ジュリアン　1973.5.22–)
　メジャ（タバレス，ジュリアン　1973.5.22–)

Tavarez, Lesner
アルゼンチン生まれの画家。
⇒芸13（タバレツ，レンスナ　1946–)

Tavaszy Sándor
ハンガリーの改革派神学者。
⇒岩世人（タヴァシ　1888.2.25–1951.12.8)

Tavener, John
イギリスの作曲家。
⇒オク教（タヴナー　1944–2013)
　ク音3（タヴナー　1944–)
　新音中（タヴナー，ジョン　1944.1.28–)

Taveras, Franklin Crisostomo
アメリカの大リーグ選手（遊撃）。
⇒メジャ（タベラス，フランク　1949.12.24–)

Taveras, Willy
ドミニカ共和国の大リーグ選手（外野）。
⇒メジャ（タベラス，ウィリー　1981.12.25–)

Taverne, Chris
テノール歌手。
⇒魅惑（Taverne,Chris ?–）

Tavernier, Bertrand
フランス生まれの映画監督，映画批評家。
⇒岩世人（タヴェルニエ 1941.4.25–）
映監（タヴェルニエ，ベルトラン 1941.4.25–）
外12（タヴェルニエ，ベルトラン 1941.4.25–）
外16（タヴェルニエ，ベルトラン 1941.4.25–）

Tavernier, Nils
フランスの映画監督，俳優。
⇒外12（タヴェルニエ，ニルス 1965.9.1–）
外16（タヴェルニエ，ニルス 1965.9.1–）

Taviani, Paolo
イタリア生まれの映画監督。
⇒映監（タヴィアーニ，ヴィットリオ&パオロ 1931.11.8–）
外12（タヴィアーニ，パオロ 1931.11.8–）
外16（タヴィアーニ，パオロ 1931.11.8–）

Taviani, Vittorio
イタリアの映画監督。
⇒映監（タヴィアーニ，ヴィットリオ&パオロ 1929.9.20–）
外12（タヴィアーニ，ヴィットリオ 1929.9.20–）
外16（タヴィアーニ，ヴィットリオ 1929.9.20–）

Tavini, Virgilio
テノール歌手。
⇒魅惑（Tavini,Virgilio ?–）

Tawantawan
フィリピンのミンダナオ島におけるムスリムの指導者。
⇒岩世人（タワンタワン ?–）

Tawfiq al-Hakim
エジプトの代表的作家，戯曲家。1930～37年にデルタ地方での検事生活を送り，自叙伝的な『或る田舎検事の日記』を発表(37年)。75年エジプトの学術分野における文化功労者に与えられる名誉博士号の第1回受賞者に選ばれている。
⇒岩イ（タウフィーク・ハキーム 1898/1903–1987）
岩世人（タウフィーク・ハキーム 1898.10.9/1903–1987.7.26）
現世文（タウフィーク・アル・ハキーム 1898.10.9–1987.7.26）
広辞7（タウフィーク・ハキーム 1898/1903–1987）

Tawney, Richard Henry
イギリスの経済史家，経済学者。主著『16世紀の農業問題』(1912)。
⇒岩世人（トーニー 1880.11.30–1962.1.16）
学叢思（トーネー，リチャード・ヘンリー 1880–?）
教思増（トーニー 1880–1962）
教人（トーニー 1880–）
社小増（トーニー 1880–1962）
有経5（トーニー 1880–1962）

Taxil, Léo
フランスのフリーメーソンの偽りの真相を暴露した著作家。本名はガブリエル・ジョガンド-パジェス（Gabriel Jogand-Pagés）。
⇒19仏（タクシル，レオ 1854.3.21–1907.3.31）

Taya, Maaouiya Ould Sidi Ahmed
モーリタニアの政治家，軍人。モーリタニア大統領（1992～2005）。
⇒世指導（タヤ，マーウイヤ・ウルド・シディ・アハメド 1943–）

Taylan, Nurcan
トルコの重量挙げ選手。
⇒最世ス（タイラン，ヌルジャン 1983.10.29–）

Taylor, Alan John Percivale
イギリスの歴史学者。『第二次世界大戦の諸原因』『イギリス現代史』など著作は多い。
⇒岩世人（テイラー 1906.3.25–1990.9.7）

Taylor, Alfred Edward
イギリスの哲学者。主著『行為の問題』(1901)。
⇒岩世人（テイラー 1869.12.22–1945.10.31）
新カト（テイラー 1869.12.22–1945.10.31）

Taylor, Alma
イギリスの女優。
⇒ク俳（テイラー，アルマ 1895–1974）

Taylor, Andrew
イギリスの推理作家。
⇒現世文（テイラー，アンドルー 1951–）

Taylor, Angelo
アメリカの陸上選手(障害)。
⇒外12（テイラー，アンジェロ 1978.12.29–）
外16（テイラー，アンジェロ 1978.12.29–）
最世ス（テイラー，アンジェロ 1978.12.29–）

Taylor, Antonio Nemesio
アメリカの大リーグ選手(二塁，三塁)。
⇒メジャ（テイラー，トニー 1935.12.19–）

Taylor, Benjamin Harrison
アメリカのニグロリーグの選手(一塁)，監督。
⇒メジャ（テイラー，ベン 1888.7.1–1953.1.24）

Taylor, Billy
アメリカのジャズ・ピアノ奏者。
⇒標音2（テイラー，ビリー 1921.7.21–）

Taylor, Carson
アメリカの出版者。
⇒アア歴（Taylor,Carson テイラー，カースン 1875.12.5–1962.7.31）

Taylor, Cecil
アメリカの黒人ジャズ・ピアノ奏者。
⇒外12（テイラー, セシル　1929.3.15-）
　外16（テイラー, セシル　1929.3.25-）
　新音中（テイラー, セシル　1929.3.15-）
　標音2（テイラー, セシル　1929.3.15-）

Taylor, Charles
イギリスの思想家。
⇒岩世人（テイラー　1931.11.5-）
　外12（テイラー, チャールズ　1931.11.5-）
　外16（テイラー, チャールズ　1931.11.5-）
　現社（テイラー　1931-）
　メル別（テイラー, チャールズ・マーグレイヴ　1931-）

Taylor, Charles Ghankay
リベリアの政治家。リベリア大統領（1997～2003）。
⇒岩世人（テイラー　1948.1.28-）
　世指導（テイラー, チャールズ　1948.1.28-）

Taylor, Chip
アメリカ・ニューヨーク生まれの歌手, ソングライター。
⇒ロック（Taylor,Chip　テイラー, チップ）

Taylor, Christian
アメリカの三段跳び選手。
⇒外16（テイラー, クリスチャン　1990.6.18-）
　最世ス（テイラー, クリスチャン　1990.6.18-）

Taylor, David
イギリスのガラス工芸家。
⇒芸13（テーラー, デヴィド　?-）

Taylor, David S.
アメリカの実業家。
⇒外16（テイラー, デービッド）

Taylor, David Watson
アメリカの船舶設計家。
⇒岩世人（テイラー　1864.3.4-1940.7.28）

Taylor, Deems
アメリカの作曲家, 批評家。
⇒標音2（テイラー, ディームズ　1885.12.22-1966.7.3）

Taylor, Don
アメリカの男優, 監督。
⇒ク俳（テイラー, ドン　1920-1998）

Taylor, Edward Harrison
アメリカの爬虫両生類学者。
⇒アア歴（Taylor,Edward H (arrison)　テイラー, エドワード・ハリスン　1889.4.23-1978.6.16）

Taylor, Edward Plunket
カナダの実業家, 馬産家。
⇒岩世人（テイラー　1901.1.29-1989.5.14）

Taylor, Elizabeth
イギリスの女性小説家。
⇒岩世人（テイラー　1912.7.3-1975.11.19）
　現世文（テイラー, エリザベス　1912.7.3-1975.11.19）

Taylor, Elizabeth
アメリカの女優。
⇒アメ州（Taylor,Elizabeth　テイラー, エリザベス　1932-）
　遺産（テイラー, エリザベス　1932.2.27-2011.3.23）
　異二辞（テイラー, エリザベス　1932-2011）
　岩世人（テイラー　1932.2.27-2011.3.23）
　ク俳（テイラー, デイム・エリザベス　1932-）
　広辞7（テイラー　1932-2011）
　スター（テイラー, エリザベス　1932.2.27-）
　ポプ人（テーラー, エリザベス　1932-2011）

Taylor, Frank Bursley
アメリカの傑出した氷河学者。空想的な宇宙観, すなわち月は白亜紀に捕捉された彗星であるという説によって知られる。
⇒オク地（テイラー, フランク・バースリー　1860-1939）

Taylor, Frank Sherwood
イギリスの科学史家。サウス・ケンジントンの科学博物館長（1950～）。
⇒岩世人（テイラー　1897.11.26-1956.1.5）

Taylor, Fred
イギリスのポスター作家, 装飾美術家, 水彩画家。
⇒グラデ（Taylor,Fred　テーラー, フレッド　1875-1963）

Taylor, Frederick Winslow
アメリカの機械技師。工場管理におけるテーラー・システムの創始者。
⇒アメ経（テーラー, フレデリック　1856.3.20-1915.3.21）
　アメ州（Taylor,Frederick Winslow　テイラー, フレデリック・ウィンスロー　1856-1915）
　異二辞（テイラー［フレデリック・～］　1856-1915）
　岩世人（テイラー　1856.3.20-1915.3.21）
　社小増（テーラー　1856-1915）
　ベシ経（テイラー　1856-1915）
　有経5（テイラー　1856-1915）

Taylor, *Sir* Geoffrey Ingram
イギリスの気象学者, 物理学者。原爆にともなう爆風の理論的研究に独創的な業績をのこす。
⇒岩世人（テイラー　1886.3.7-1975.6.27）

Taylor, G.P.
イギリスの作家, 牧師。
⇒海文新（テイラー,G.P.　1958-）

Taylor, Henry Charles
アメリカの農業経済学者。農業経済局を新設。

⇒岩世人（テイラー　1873.4.16–1969.4.28）

Taylor, Hugh Scott
イギリス生まれのアメリカの化学者。触媒活性に関する理論は著名。
⇒岩世人（テイラー　1890.2.6–1974.4.17）
　化学（テイラー　1890–1974）

Taylor, James
アメリカ・マサチューセッツ州生まれのシンガー・ソングライター。
⇒岩世人（テイラー　1948.3.12–）
　外12（テイラー, ジェームズ　1948–）
　外16（テイラー, ジェームズ　1948.3.12–）
　新音中（テイラー, ジェイムズ　1948.3.12–）
　ビト改（TAYLOR,JAMES　テイラー, ジェームズ）
　標音2（テイラー, ジェームズ　1948.3.12–）
　ロック（Taylor,James　テイラー, ジェイムズ　1948.3.12–）

Taylor, James
アメリカのテノール歌手。
⇒魅惑（Taylor,James　1966–）

Taylor, James Hudson
イギリスのプロテスタント宣教師。
⇒岩世人（テイラー　1832.5.21–1905.6.30）
　オク教（テイラー　1832–1905）
　新カト（テイラー　1832.5.21–1905.6.3）

Taylor, Jermain
アメリカのプロボクサー。
⇒最世ス（テイラー, ジャーメイン　1978.8.11–）

Taylor, Jill
アメリカの脳神経学者。
⇒外12（テイラー, ジル）
　外16（テイラー, ジル）

Taylor, John
イギリスのロック・ベース奏者。
⇒外16（テイラー, ジョン　1960.6.20–）

Taylor, John B.
アメリカの経済学者。
⇒外12（テイラー, ジョン　1946.12.8–）
　外16（テイラー, ジョン　1946.12.8–）

Taylor, John Henry
イギリスのプロゴルファー。
⇒岩世人（テイラー　1871.3.19–1963.2.10）

Taylor, Johnnie
アメリカ・アーカンソー州生まれの歌手。
⇒ロック（Taylor,Johnnie　テイラー, ジョニー　1938.5.5–）

Taylor, John W.
アメリカの大リーグ選手（投手）。
⇒メジャ（テイラー, ジャック　1873.12.13–1938.3.4）

Taylor, Jon
アメリカのミュージシャン。
⇒外12（テイラー, ジョン）

Taylor, Joseph H., Jr.
アメリカの天体物理学者。1993年ノーベル物理学賞。
⇒岩世人（テイラー　1941.3.29–）
　外12（テイラー, ジョセフ（Jr.）　1941.3.29–）
　外16（テイラー, ジョセフJr.　1941.3.29–）
　ノベ3（テイラー, J.H.,Jr.　1941.3.29–）
　物理（テイラー, ジョゼフ　1941–）

Taylor, Katie
アイルランドのボクサー。
⇒外16（テイラー, ケイティ　1986.7.2–）
　最世ス（テイラー, ケイティ　1986.7.2–）

Taylor, Kent
アメリカの男優。
⇒ク俳（テイラー, ケント（ワイス, ルイス）　1906–1987）

Taylor, Koko
アメリカの歌手。
⇒異二辞（テイラー, ココ　1928–2009）

Taylor, Laini
アメリカの作家。
⇒海文新（テイラー, レイニ　1971–）
　現世文（テイラー, レイニ　1971–）

Taylor, Leon
アメリカのロック・ドラム奏者。
⇒外12（テイラー, リオン　1955.9.23–）

Taylor, Lili
アメリカ生まれの女優。
⇒外12（テイラー, リリ　1967.2.20–）
　ク俳（テイラー, リリ　1967–）

Taylor, Little Johnny
アメリカ・メンフィス生まれの歌手。
⇒ロック（Taylor,Little Johnny　テイラー, リトル・ジョニー　1940–）

Taylor, Luther Haden（Dummy）
アメリカの大リーグ選手（投手）。
⇒メジャ（テイラー, ダミー　1875.2.21–1958.8.22）

Taylor, Matt
アメリカの平和運動家、映画監督、テレビプロデューサー。
⇒外12（テイラー, マット）
　外16（テイラー, マット）

Taylor, Maxwell Davenport
アメリカの陸軍軍人。柔軟反応戦略を提唱、アメリカやNATOの総合戦略として採用される。
⇒岩世人（テイラー　1901.8.26–1987.4.19）

Taylor, Miles
イギリスの歴史家。
⇒岩世人（テイラー　1961.9.19–）

Taylor, Neilson
テノール歌手。
⇒魅惑（Taylor,Neilson　?–）

Taylor, Paul
アメリカの舞踊家,振付家。
⇒岩世人（テイラー　1930.7.29–）
　外12（テイラー,ポール　1930.7.29–）
　外16（テイラー,ポール　1930.7.29–）

Taylor, Paul
テノール歌手。
⇒魅惑（Taylor,Paul　?–）

Taylor, Paula
タイの女優。
⇒外12（テイラー,ポーラ）

Taylor, Peter
アメリカの作家。
⇒現世文（テイラー,ピーター　1917.1.8–1994.11.2）

Taylor, Rachael
オーストラリアの女優。
⇒外12（テイラー,レイチェル　1984–）
　外16（テイラー,レイチェル　1984.7.11–）

Taylor, Richard
カナダの物理学者。1990年ノーベル物理学賞。
⇒外12（テイラー,リチャード　1929.11.2–）
　外16（テイラー,リチャード　1929.11.2–）
　ノベ3（テイラー,R.　1929.11.2–）

Taylor, Richard
アメリカのテノール歌手。
⇒魅惑（Taylor,Richard　1949–）

Taylor, Robert
アメリカ生まれの俳優。
⇒ク俳（テイラー,ロバート（ブラハ,スパングラー）1911–1969）

Taylor, Robert Lewis
アメリカの小説家,ジャーナリスト。
⇒現世文（テイラー,ロバート・ルイス　1912–1998.9.30）

Taylor, Robert William
アメリカの研究開発マネージャー。
⇒岩世人（テイラー　1932–）

Taylor, Rod
オーストラリア生まれの俳優。
⇒ク俳（テイラー,ロッド（テイラー,ロバート）1926–）

Taylor, Roger
イギリスのロック・ドラム奏者。
⇒外12（テイラー,ロジャー　1949.7.26–）
　外16（テイラー,ロジャー　1949.7.26–）

Taylor, Roger
イギリスのロック・ドラム奏者。
⇒外16（テイラー,ロジャー　1960.4.26–）

Taylor, Sam
アメリカのジャズ・テナー・サックス奏者。1950～60年代にはポップスやR&Bの分野で数々のヒットを出し,絶大な人気を得た。
⇒標音2（テイラー,サム　1916.7.12–1990.10.5）

Taylor, Sarah Stewart
アメリカのミステリ作家。
⇒外12（テイラー,サラ・スチュアート　1971–）
　外16（テイラー,サラ・スチュアート　1971–）
　海文新（テイラー,サラ・スチュアート　1971–）
　現世文（テイラー,サラ・スチュアート　1971–）

Taylor, Talus
フランスのイラストレーター。
⇒現世文（テイラー,タラス　1933–2015.2.19）

Taylor, Ted
アメリカ・オクラホマ州オクマルギー生まれの歌手。
⇒ロック（Taylor,Ted　テイラー,テッド）

Taylor, Telford
アメリカ陸軍士官。ニュルンベルク国際軍事法廷のアメリカの首席検察官。
⇒スパイ（テイラー,テルフォード　1908–1998）

Taylor, Thomas Edward
ニュージーランドの政治家。
⇒ニュー（テイラー,トマス　1862–1911）

Taylor, Vincent
イギリスの神学者。ロンドン大学新約学教授(1930)。
⇒岩世人（テイラー　1887.1.1–1968.11.28）

Taylor-Wood, Sam
イギリス生まれの写真家,映画監督。
⇒現アテ（Taylor-Wood,Sam　テイラー＝ウッド,サム　1967–）

Taymazov, Artur
ウズベキスタンのレスリング選手（フリースタイル）。
⇒外12（タイマゾフ,アルトゥール　1979.7.20–）
　外16（タイマゾフ,アルトゥール　1979.7.20–）
　最世ス（タイマゾフ,アルトゥール　1979.7.20–）

Taymor, Julie
アメリカの演出家,衣装デザイナー。
⇒外12（テイモア,ジュリー　1952–）

外16（テイモア, ジュリー　1952–）

Taymūr, Aḥmad
エジプトの文人, 集書家。
⇒岩世人（タイムール, アフマド　1871–1930）

Tazegül, Servet
トルコのテコンドー選手。
⇒外16（タゼギュル, セルウェト　1988.9.26–）
　最世ス（タゼギュル, セルウェト　1988.9.26–）

Tchaikovsky, Piotr
テノール歌手。
⇒魅惑（Tchaikovsky,Piotr　?–）

Tchepalova, Julija
ロシアのスキー選手（距離）。
⇒外12（チェパロワ, ユリア　1976.12.23–）
　最世ス（チェパロワ, ユリヤ　1976.12.23–）

Tcheumeo, Audrey
フランスの柔道選手。
⇒最世ス（チュメオ, オドレー　1990.4.20–）

Tchevin, Pawel
テノール歌手。
⇒魅惑（Tchevin,Pawel　?–）

Tchubar
ソ連の政治家。
⇒学叢思（チュバール　1891–）

Tea, Michelle
アメリカの作家。
⇒海文新（ティー, ミシェル　1971–）
　現世文（ティー, ミシェル　1971–）

Tea Banh
カンボジアの政治家。
⇒岩世人（ティア・バン　1945.11.5–）
　世指導（ティア・バン　1945.11.5–）

Teagarden, Weldon John（Jack）
アメリカのジャズ・トロンボーン奏者, 歌手。愛称「ビッグT」,「ビッグ・ゲイト」。
⇒岩世人（ティーガーデン　1905.8.20–1964.1.15）
　標音2（ティーガーデン, ジャック　1905.8.29–1964.1.15）

Teague, Walter Dorwin
アメリカの工業デザイナー。アメリカ工業デザイン協会初代会長。著書『今日のデザイン』(1940)。
⇒岩世人（ティーグ　1883.12.18–1960.12.5）

Teahen, Mark Thomas
カナダの大リーグ選手（ブルージェイズ・外野）。
⇒外12（ティーエン, マーク　1981.9.6–）

Tea Jin-ah
韓国の歌手。

⇒岩世人（テ・ジナ　1953.4.5–）
　外12（テジナ　1953.4.5–）
　外16（テジナ　1953.4.5–）

Teale, Owen
イギリスの俳優。
⇒外12（ティール, オーウェン）

Teannaki, Teatao
キリバスの政治家。キリバス大統領（1991～94）。
⇒世指導（テアンナキ, テアタオ　1936–2016.10.19）

Tear, Robert
ウェールズのテノール歌手。
⇒新音中（ティアー, ロバート　1939.3.8–）
　標音2（ティアー, ロバート　1939.3.8–）
　魅惑（Tear,Robert　1939–）

Tebaldi, Renata
イタリアのソプラノ歌手。
⇒オペラ（テバルディ, レナータ　1922–2004）
　新音中（テバルディ, レナータ　1922.2.1–）
　標音2（テバルディ, レナータ　1922.2.1–2004.12.19）

Tebbetts, Chris
アメリカの作家。
⇒海文新（テベッツ, クリス）

Tebbetts, George Robert（Birdie）
アメリカの大リーグ選手（捕手）。
⇒メジャ（テベッツ, バーディー　1912.11.10–1999.3.24）

Tebeau, Oliver Wendell（Patsy）
アメリカの大リーグ選手（一塁, 三塁）。
⇒メジャ（テボー, パッツィ　1864.12.5–1918.5.16）

Tebow, Tim
アメリカのプロフットボール選手（QB）。
⇒外12（ティーボウ, ティム　1987.8.14–）
　外16（ティーボウ, ティム　1987.8.14–）
　最世ス（ティーボウ, ティム　1987.8.14–）

Tecchi, Bonaventura
イタリアの小説家, 独文学者。
⇒現世文（テッキ, ボナヴェントゥーラ　1896.2.11–1968.3.30）

Téchiné, André
フランス生まれの映画監督。
⇒岩世人（テシネ　1943.3.13–）
　映監（テシネ, アンドレ　1943.3.13–）

Tedeschi, Alfredo
イタリアのテノール歌手。
⇒魅惑（Tedeschi,Alfredo (Tedesco,Alfio)　1882–1967）

Tedesco, Sergio
イタリアのテノール歌手。
⇒魅惑（Tedesco, Sergio 1934–）

Teffi, Nadezhda Aleksandrovna
ロシアの作家。
⇒岩世人（テフィ 1872.4.27/5.9–1952.10.6）

Tegenfeldt, Herman Gustaf
アメリカの宣教師。
⇒アア歴（Tegenfeldt, Herman G (ustaf) ティゲンフェルト, ハーマン・グスタフ 1913.11.18–）

Tegnér, Alice
スウェーデンの作曲家。
⇒絵本（テグネル, アリス 1864–1943）

Tei, Enzo
イタリアのテノール歌手。
⇒失声（テイ, エンツォ ？）
　魅惑（Tei, Enzo ?–）

Teichmann, Axel
ドイツのスキー選手（クロスカントリー）。
⇒最世ス（タイヒマン, アクセル 1979.7.14–）

Teichmuller, Pauli Julius Oswald
ドイツの数学者,H.ハッセの弟子。
⇒岩世人（タイヒミュラー 1913.6.18–1943.9.11）

Teige, Karel
チェコの芸術理論家,批評家,編集者,出版人。
⇒岩世人（タイゲ 1900.12.13–1951.10.1）
　グラデ（Teige, Karel タイゲ, カレル 1900–1951）

Teike, Carl
ドイツの吹奏楽用行進曲の作曲家。行進曲『旧友』で国際的に有名。行進曲約100曲（『剛毅潔白』など）とダンス音楽などがある。
⇒ク音3（タイケ 1864–1922）
　新音中（タイケ, カール 1864.2.5–1922.5.28）
　標音2（タイケ, カルル 1864.2.5–1922.5.28）

Teilhard de Chardin, Pierre
フランスの古生物学者,哲学者,神学者。中国地質学研究所顧問として「北京原人」の発掘に貢献。科学と信仰の調和を目指す哲学を展開した。
⇒岩世人（テイヤール・ド・シャルダン 1881.5.1–1955.4.10）
　オク教（テイヤール・ド・シャルダン 1881–1955）
　広辞7（テイヤール・ド・シャルダン 1881–1955）
　新カト（テイヤール・ド・シャルダン 1881.5.1–1955.4.10）
　メル3（テイヤール・ド・シャルダン, ピエール 1881–1955）

Teirlinck, Herman
ベルギーの劇作家,小説家。小説『自画像』（1955）で,第1回ネーデルランド文学賞。

⇒岩世人（テイルリンク 1879.2.24–1967.2.4）

Teisserenc de Bort, Léon Philippe
フランスの気象学者。大気の2層（対流圏と成層圏）説を唱えた。
⇒岩世人（テスラン・ド・ボール 1855.11.5–1913.1.2）
　オク気（ティスラン・ド・ボール, レオン・フィリップ 1885.11.5–1913.1.2）

Teissier, Georges
フランスの動物学者。発生学,生理学,遺伝学に研究業績多く,相対成長の研究がある。
⇒岩世人（テシエ 1900.2.19–1972.1.7）

Teixeira, Mark
アメリカの大リーグ選手（ヤンキース・内野手）。
⇒外12（テシェイラ, マーク 1980.4.11–）
　外16（テシェイラ, マーク 1980.4.11–）
　最世ス（テシェイラ, マーク 1980.4.11–）
　メジャ（テシェイラ, マーク 1980.4.11–）

Tejada, Miguel Odalis
ドミニカ共和国の大リーグ選手（内野手）。
⇒外12（テハーダ, ミゲル 1974.5.25–）
　最世ス（テハーダ, ミゲル 1974.5.25–）
　メジャ（テハダ, ミゲル 1974.5.25–）

Tejaratchi, Jafar
イラン・アニメーションの先駆者。
⇒アニメ（テジャラッチ, ジャファル 1941–2001）

Tejera, Luis
ドミニカ共和国の軍人。1911年,ドミニカ共和国大統領ラモン・カセレスを射殺した。
⇒世暗（テヘラ, ルイス 1882–1911）

Tejero Molina, Antonio
スペインの軍人。
⇒岩世人（テヘーロ 1932.4.30–）

Te Kanawa, Dame Kiri
ニュージーランド生まれのソプラノ歌手。
⇒岩世人（テ・カナワ 1944.3.6–）
　オペラ（テ・カナワ, キリ 1944–）
　外12（テ・カナワ, キリ 1944.3.6–）
　外16（テ・カナワ, キリ 1944.3.6–）
　新音中（テ・カナワ, キリ 1944.3.6–）
　ニュー（テ・カナワ, キリ 1944–）
　標音2（テ・カナワ, キリ 1944.3.6–）

Tekin, Latife
トルコの作家。
⇒現世文（テキン, ラティフェ 1957–）

Tekinalp, Munis
トルコ（ユダヤ系）の著述家。
⇒岩世人（テキンアルプ 1883–1961）

Tekulve, Kenton Charles
アメリカの大リーグ選手（投手）。

⇒メジャ（テカルヴィー, ケント　1947.3.5-）
Telavi, Willy
ツバルの政治家。ツバル首相。
　⇒外12（テラビ, ウィリー）
　　外16（テラビ, ウィリー）
　　世指導（テラビ, ウィリー）
Teleki, Andre
スイスの画家。
　⇒芸13（テレキ, アンドレ　1928-）
Teleki Pál
ハンガリーの政治家, 地理学者。伯爵。
　⇒岩世人（テレキ　1879.11.1-1941.4.3）
Telfer, Douglas
テノール歌手。
　⇒魅惑（Telfer,Douglas　?-）
Telingater, Solomon
ロシアのグラフィック・デザイナー, タイポグラファー。ロシア構成主義の代表的作家。
　⇒グラデ（Telingater,Solomon　テリンガーテル, ソロモン　1903-1969）
Tellegen, Toon
オランダの児童文学作家, 詩人。
　⇒外12（テレヘン, トーン　1941-）
　　現世文（テレヘン, トーン　1941-）
Tellem, Nancy
アメリカの実業家。
　⇒外12（テレム, ナンシー　1954-）
　　外16（テレム, ナンシー　1954-）
Tellenbach, Gerd
ドイツの歴史家。
　⇒岩世人（テレンバッハ　1903.9.17-1999.6.12）
Tellenbach, Hubertus
ドイツの精神医学者。
　⇒現精（テレンバッハ　1914-1994）
　　現精縮（テレンバッハ　1914-1994）
Teller, Astro
アメリカの科学者, 発明家, 作家。
　⇒外16（テラー, アストロ）
Teller, Edward
ハンガリー出身の物理学者。
　⇒異二辞（テラー［エドワード・～］　1908-2003）
　　岩科人（テラー　1908.1.15-2003.9.9）
　　現科大（サハロフとテラー　1908-2003）
　　世人新（テラー　1908-2003）
　　世人装（テラー　1908-2003）
　　ユ著人（Teller,Edward　テラー, エドワード　1908-）
Teller, Janne
デンマークの作家。

⇒海文新（テラー, ヤンネ　1964.4.8-）
　現世文（テラー, ヤンネ　1964.4.8-）
Telles, Lygia Fagundes
ブラジルの女性作家。
　⇒現世文（テレス, リジア　1921.4.19-）
Tello, Julio César
ペルーの考古学者。
　⇒岩世人（テーヨ　1880.4.2-1947.6.3）
　　ラテ新（テーヨ　1880-1947）
Teltschik, Horst
ドイツの官僚。
　⇒岩世人（テルチク　1940.6.14-）
Tem, Melanie
アメリカのファンタジー作家。
　⇒現世文（テム, メラニー）
Tem, Steve Rasnic
アメリカの作家, 詩人。
　⇒現世文（テム, スティーブ・ラズニック　1950-）
Temer, Michel
ブラジルの政治家。ブラジル大統領（2016～18）。
　⇒世指導（テメル, ミシェル　1940.9.23-）
Temin, Howard Martin
アメリカの腫瘍学者, ウイルス学者。1970年腫瘍ウイルスの増殖機構を研究して逆転写酵素を発見し, 75年ノーベル生理・医学賞受賞。
　⇒岩生（テミン　1934-1994）
　　岩世人（テミン　1934.12.10-1994.2.9）
　　ノベ3（テミン,H.M.　1934.12.10-1994.2.9）
　　ユ著人（Temin,Howard Martin　テミン, ハーワード・マーティン　1934-1994）
Temirkanov, Yuri
ロシアの指揮者。
　⇒外12（テミルカーノフ, ユーリー　1938.10.10-）
　　外16（テミルカーノフ, ユーリー　1938.10.10-）
　　新音中（テミルカーノフ, ユーリー　1938.12.10-）
Tempels, Placide
ベルギー領コンゴ（現コンゴ民主共和国）で活動したフランシスコ会宣教師。
　⇒新カト（テンペルス　1906.2.18-1977.10.9）
Temperley, Alan
イギリスの作家。
　⇒外12（テンパリー, アラン　1936-）
Temperley, Harold
イギリスの歴史家。ケンブリッジ大学近代史教授（1930）。
　⇒岩世人（テンパリー　1879.4.20-1939.7.81）
Tempest, Margaret
イギリスのイラストレーター。

⇒絵本（テンペスト，マーガレット　1892–1982）

Temple, John Ellis
アメリカの大リーグ選手（二塁）。
⇒メジャ（テンプル，ジョニー　1927.8.8–1994.1.9）

Temple, Julien
イギリスの映画監督。
⇒外12（テンプル，ジュリアン　1953.11.26–）
　外16（テンプル，ジュリアン　1953.11.26–）

Temple, Peter
南アフリカ生まれの作家。
⇒外12（テンプル，ピーター　1946–）
　外16（テンプル，ピーター　1946–）
　海文新（テンプル，ピーター）
　現世文（テンプル，ピーター　1946–2018.3.8）

Temple, Shirley
アメリカの映画女優。
⇒アメ州（Temple, Shirley　テンプル，シャーリー　1928–）
　ク俳（テンプル，シャーリー　1928–）
　スター（テンプル，シャーリー　1928.4.23–）
　世界子（テンプル，シャーリー　1928–2014）

Temple, William
イギリス国教会の聖職者。カンタベリー大主教（1942～44）。J.ニューマン以後のイギリスの最も影響力ある聖職者。
⇒岩世人（テンプル　1881.10.15–1944.10.26）
　オク教（テンプル　1881–1944）
　新カト（テンプル　1881.10.15–1944.10.26）

Templeman, Ted
アメリカの音楽プロデューサー。
⇒ロック（Templeman, Ted　テンプルマン，テッド）

Templer, *Sir* Gerald Walter Robert
イギリスの軍人。1952～54年マレーシアの高等弁務官として，共産ゲリラを無力化した。
⇒岩世人（テンプラー　1898.9.11–1979.10.25）

Templeton, Garry Lewis
アメリカの大リーグ選手（遊撃）。
⇒メジャ（テンプルトン，ギャリー　1956.3.24–）

Templeton, Julia
アメリカの作家。共同筆名アナスタシア・ブラック。
⇒海文新（テンプルトン，ジュリア）
　海文新（ブラック，アナスタシア）

Templeton, Suzie
イギリス生まれのアニメーション作家。
⇒アニメ（テンプルトン，スージー　1967–）

Templewood, Samuel John Gurney Hoare, 1st Viscount
イギリスの政治家。内相（1937～39），国璽尚書（39～40），空相（40）などを歴任。

⇒岩世人（テンプルウッド　1880.2.24–1959.5.7）

Tempo, Nino
アメリカ・ナイアガラフォールズ出身の歌手。
⇒ロック（Nino Tempo and April Stevens　ニーノ・テンポ&エイブリル・スティーヴンズ　1937.1.6–）

Temügetü
モンゴル語活字の作成者。
⇒岩世人（テムゲト　1887（光緒13.12.7）–1939.5.2）

Ten, Denis
カザフスタンのフィギュアスケート選手。
⇒外16（テン，デニス　1993.6.13–）
　最近ス（テン，デニス　1993.6.13–）

Tenace, Fury Gene
アメリカの大リーグ選手（捕手，一塁）。
⇒メジャ（テナス，ジーン　1946.10.10–）

Tenberken, Sabriye
ドイツの視覚障害者支援活動家。
⇒外12（テンバーケン，サブリエ　1970–）

Tendryakov, Vladimir Fëdrovich
ソ連の小説家。代表作『奇跡の聖像』（1958）。
⇒現世文（テンドリャコフ，ウラジーミル　1923.12.5–1984.8）

Tenet, George J.
アメリカ中央情報局（CIA）長官。
⇒外12（テネット，ジョージ　1953.1.5–）
　外16（テネット，ジョージ　1953.1.5–）
　スパイ（テネット，ジョージ・J　1953–）

Tengelyi, Lázló
ドイツの哲学者。
⇒メル別（テンゲイ，ラズロ　1954–2014）

Tenn, William
イギリス・ロンドン生まれのSF作家。
⇒現世文（テン，ウィリアム　1920.5.9–2010.2.7）

Tennant, Andy
アメリカの映画監督。
⇒外12（テナント，アンディ）

Tennant, Emma Christina
イギリスの女性小説家，批評家，編集者。
⇒岩世人（テナント　1937.10.20–）
　現世文（テナント，エマ　1937.10.20–2017.1.21）

Tennant, Kylie
オーストラリアの作家。
⇒現世文（テナント，カイリー　1912.3.12–1988）

Tennant, Victoria
イギリス生まれの女優。
⇒ク俳（テナント，ヴィクトリア　1948–）

Tenney, Frederick
アメリカの大リーグ選手(一塁、外野)。
⇒メジャ (テニー, フレッド 1871.11.26–1952.7.3)

Tenney, Lester
アメリカの経営学者。
⇒外12 (テニー, レスター 1920–)
　外16 (テニー, レスター 1920–)

Tennien, Mark A.
アメリカの宣教師。
⇒アア歴 (Tennien,Mark A.　テニエン, マーク・A.　1900.5.19–1983.1.2)

Tennstedt, Klaus
ドイツの指揮者。
⇒新音中 (テンシュテット, クラウス 1926.6.6–1998.1.11)
　標音2 (テンシュテット, クラウス 1926.6.6–1998.1.11)

Tenny, Charles Buckley
アメリカのバプテスト教会宣教師。1901年来日。私立中学関東学院を創立、初代院長(27~32)。
⇒アア歴 (Tenny,Charles B (uckley)　テニー, チャールズ・バックリー　1871.9.10–1936.1.12)
　岩世人 (テニー(慣テンネー)　1871.9.10–1936.1.11)

Tenny, Charles Daniel
アメリカの宣教師。
⇒アア歴 (Tenny,Charles Daniel　テニー, チャールズ・ダニエル　1857.6.29–1930.3.14)

Tenorio, Otilino
エクアドルのサッカー選手。
⇒最世ス (テノリオ, オティリノ　1980.2.1–2005.5.7)

Tenzi, Fausto
スイスのテノール歌手。
⇒魅惑 (Tenzi,Fausto 1939–)

Tenzing, Norgay
ネパール生まれのヒマラヤ登山のシェルパ。1953年イギリス登山隊の初登頂に成功。のちインドへ帰化。
⇒岩世人 (テンジン　1914.5–1986.5.9)
　南ア新 (テンジン　1914–1986)

Teo, Ali
東マレーシア生まれ、ニュージーランド育ちのイラストレーター、絵本画家。
⇒絵本 (テオ, アリ　1972–)

Teodorescu, Dorin
ルーマニアのテノール歌手。
⇒失声 (テオドレスク, ドリン　1943–1999)

Teodorian, Valentin
ルーマニアのテノール歌手。
⇒魅惑 (Teodorian,Valentin 1928–)

Teploukhov, Sergei Aleksandrovich
ソ連の考古学者。
⇒岩世人 (テプロウーホフ　1888.3.3/15–1934.3.10)

Te Puea, Herargi
マオリ族の王女。
⇒ニュー (テ・プエア　1884–1952)

Teran, Boston
アメリカの作家。
⇒外12 (テラン, ボストン)
　外16 (テラン, ボストン)
　海文新 (テラン, ボストン)
　現世文 (テラン, ボストン)

Ter Braak, Jan Wilhelm
第2次世界大戦中、ドイツの命を受けてイギリスへ潜入し、ダブルクロス・システムによる拘束あるいは転向を免れた唯一のスパイ。
⇒スパイ (テル・ブラーク, ヤン・ヴィルヘルム　1914–1941)

Teresa de Jesús
チリ出身の最初の聖人。祝日4月12日。
⇒新カト (イエスのテレサ [ロス・アンデスの] 1900.7.13–1920.4.12)

Teresa Teng
台湾出身の女性歌手。
⇒異二辞 (テン, テレサ　1953–1995)
　岩世人 (テン　1953.1.29–1995.5.8)
　現アジ (テレサ・テン　1953.1.29–1995.5.8)
　新音中 (テン, テレサ　1953.1.29–1995.5.8)
　中人小 (邓丽君　テレサテン　1953–1995)
　中日3 (邓丽君　テレサ・テン　1953–1995)

Tereshchenko, Sergei Aleksandrovich
カザフスタンの政治家。カザフスタン首相。
⇒世指導 (テレシチェンコ, セルゲイ　1951.3.30–)

Tereshkina, Viktoria
ロシアのバレリーナ。
⇒外12 (テリョーシキナ, ヴィクトリア　1982–)
　外16 (テリョーシキナ, ヴィクトリア　1982–)

Tereshkova (Nikolayeva), Valentina Vladimirovna
ロシアの宇宙飛行士。
⇒ネーム (テレシコワ　1937–)
　ポプ人 (テレシコワ, バレンティナ　1937–)

Terfel, Bryn
イギリスの歌手。
⇒外12 (ターフェル, ブリン　1965.11.9–)
　外16 (ターフェル, ブリン　1965.11.9–)
　新音中 (ターフェル, ブリン　1965.11.9–)

Tergat, Paul
ケニアのマラソン選手。
⇒外12（テルガト, ポール　1969.6.17–）
　外16（テルガト, ポール　1969.6.17–）
　最世ス（テルガト, ポール　1969.6.17–）

Tériade
ギリシアの美術批評家。
⇒岩世人（テリアド　1897.5.2–1983.10.23）

Terim, Fatih
トルコのサッカー指導者, サッカー選手。
⇒外12（テリム, ファティフ　1953.9.4–）
　外16（テリム, ファティフ　1953.9.4–）
　最世ス（テリム, ファティフ　1953.9.4–）

Terkal, Karl
オーストリアのテノール歌手。
⇒失声（テルカル, カール　1919–1996）
　魅惑（Terkal,Karl　1919–）

Terkel, Studs
アメリカ（ユダヤ系）の社会史家。
⇒アメ州（Terkel,Studs　ターケル, スタッズ　1912–）
　岩世人（ターケル　1912.5.16–2008.10.31）
　現世文（ターケル, スタッズ　1912.5.16–2008.10.31）

Terman, Frederick Emmons
アメリカの電気学者。「シリコンバレーの父」といわれる。スタンフォード大学教授（1937～）。
⇒岩世人（ターマン　1900.6.7–1982.12.19）

Terman, Lewis Madison
アメリカの心理学者。ビネ＝シモンの知能検査のアメリカ版作製で著名。
⇒岩世人（ターマン　1877.1.15–1956.12.21）
　教人（ターマン　1877–）

Termen, Lev Sergeevich
ロシア・ソ連の発明家, 楽器テルミンの発明者。
⇒岩世人（テルミン　1896.8.15/28–1993.11.3）
　スパイ（テルミン, レフ・S　1896–1993）
　ネーム（テルミン　1896–1993）

Ter Mors, Jorien
オランダのスピードスケート選手。
⇒外16（テルモルス, ヨリン　1989.12.21–）

Ter-Petrosian, Levon
アルメニアの政治家, 初代大統領（1991～98）。
⇒岩世人（テル＝ペトロシャン　1945.1.9–）
　世指導（テルペトロシャン, レボン　1945.1.9–）

Terra, Gabriel
ウルグアイの政治家。ウルグアイ大統領（1931～38）として独裁権を振った。
⇒岩世人（テーラ　1873.8.1–1942.9.15）

Terragni, Giuseppe
イタリアの建築家。〈イタリア合理主義建築運動〉（MIAR）に参加, イタリア近代建築の開拓者となる。
⇒岩世人（テッラーニ　1904.4.18–1943.7.19）

Terranova, Vittorio
イタリアのテノール歌手。
⇒失声（テッラノーヴァ, ヴィットリオ　1942–）
　魅惑（Terranova,Vittorio　1942–）

Terray, Lionel
フランスの登山家。
⇒岩世人（テレイ　1921.7.25–1965.9.23）

Terrell, Charles Walter
アメリカの大リーグ選手（投手）。
⇒メジャ（テレル, ウォルト　1958.5.11–）

Terrell, Heather
アメリカの作家, 弁護士。
⇒海文新（テレル, ヘザー）

Terrell, Tammi
アメリカ・フィラデルフィア生まれの歌手。
⇒ロック（Terrell,Tammi　テレル, タミ　1946–1970.3.16）

Terrin, Peter
ベルギーの作家。
⇒現世文（テリン, ペーテル　1968–）

Terry, Charles Sanford
イギリスの歴史学者。
⇒標音2（テリー, チャールズ・サンフォード　1864.10.24–1936.11.5）

Terry, Clark
アメリカのジャズ・トランペット奏者, ビッグ・バンドリーダー。
⇒標音2（テリー, クラーク　1920.12.14–）

Terry, Dewey
アメリカの音楽家, 歌手。
⇒ロック（Don and Dewey　ドン＆デューイ　1938–）

Terry, Ellen Alicia
イギリスの女優。アービング劇団の花形女優として活躍。
⇒岩世人（テリー　1848.2.27–1928.7.21）

Terry, Henry
アメリカの法学者。東京帝国大学法科大学, 開成学校で法律学を教授。
⇒アア歴（Terry,Henry Taylor　テリー, ヘンリー・テイラー　1847.9.19–1936.12.26）
　岩世人（テリー　1847.9.19–1936.12.28）

Terry, John
イギリスのサッカー選手（チェルシー・DF）。

⇒外12 (テリー, ジョン 1980.12.7-)
外16 (テリー, ジョン 1980.12.7-)
最世ス (テリー, ジョン 1980.12.7-)

Terry, Megan
アメリカの劇作家。代表作はロック調の反戦ミュージカル『ベト・ロック』(1964)。
⇒現世文 (テリー, ミーガン 1932.7.22-)

Terry, Paul
アメリカ生まれのアニメーション作家。
⇒アニメ (テリー, ポール 1887-1971)

Terry, Ralph Willard
アメリカの大リーグ選手 (投手)。
⇒メジャ (テリー, ラルフ 1936.1.9-)

Terry, Robert James
アメリカの解剖学者, 人類学者。
⇒岩世人 (テリー 1871.1.24-1966.4.18)

Terry, Sonny
アメリカのジャズ・ハーモニカ奏者, 歌手。ハーモニカの名手として名高い。
⇒標音2 (テリー, サニー 1911.10.24-1986.3.11)
ロック (Brownie McGhee and Sonny Terry ブラウニー・マギー&サニー・テリー 1911-)

Terry, William H. (Adonis)
アメリカの大リーグ選手 (投手, 外野)。
⇒メジャ (テリー, アドニス 1864.8.7-1915.2.24)

Terry, William Harold
アメリカの大リーグ選手 (一塁)。
⇒メジャ (テリー, ビル 1898.10.30-1989.1.9)

Terry-Thomas
イギリス生まれの俳優。
⇒ク俳 (テリー=トマス (ホア=スティーヴンズ, トマス・テリー) 1911-1990)

Terson, Peter
イギリスの劇作家。
⇒現世文 (ターソン, ピーター 1932.2.24-)

Tertis, Lionel
イギリスのヴィオラ奏者。ヴィオラを大型に改良し, これを「ターティス・モデル」と名づけた。
⇒新音中 (ターティス, ライオネル 1876.12.29-1975.2.22)

Terzaghi, Karl
プラハ生まれのアメリカの土木工学者。土質力学の創始者で, その体系化に力をつくした。
⇒岩世人 (テルツァーギ 1883.10.2-1963.10.25)

Terzakis, Zachos
ギリシャのテノール歌手。
⇒魅惑 (Terzakis, Zachos 1954-)

Terzić, Adnan
ボスニア・ヘルツェゴビナの政治家。ボスニア・ヘルツェゴビナ閣僚評議会議長。
⇒外16 (テルジッチ, アドナン 1960.4.5-)
世指導 (テルジッチ, アドナン 1960.4.5-)

Tesio, Federico
イタリアの競走馬生産家, 調教師, 議員。
⇒異二辞 (テシオ [フェデリコ・~] 1869-1954)
岩世人 (テシオ 1869.1.17-1954.5.1)

Tesla, Nikola
アメリカの電気工学者, 発明家。交流の送電方式 (1891) などを発明。
⇒岩世人 (テスラ 1856.7.10-1943.1.7)
広辞7 (テスラ 1856-1943)
世発 (テスラ, ニコラ 1856-1943)
世発 (テスラ, ニコラ 1856-1943)
物理 (テスラ, ニコラ 1856-1943)
ポプ人 (テスラ, ニコラ 1856-1943)

Tesmer, Heinrich
ドイツ生まれの造形作家。
⇒芸13 (テスマー, ハインリッヒ 1943-)

Tesnière, Lucien
フランスの言語学者。
⇒岩世人 (テニエール 1893.5.13-1954.12.6)

Tesreau, Charles Monroe (Jeff)
アメリカの大リーグ選手 (投手)。
⇒メジャ (テズロー, ジェフ 1888.3.5-1946.9.24)

Tessarolo, Lucien
フランス生まれの画家。
⇒芸13 (テッサローロ, ルシアン 1938-)

Tessenow, Heinrich
ドイツの建築家。代表作はダルクローツ研究所。
⇒岩世人 (テッセノー 1876.4.7-1950.11.1)

Tessier, Gaston Aimé Auguste
フランスの労働組合活動家。
⇒岩世人 (テシエ 1887.6.15-1960.8.8)

Tessier, John
カナダのテノール歌手。
⇒魅惑 (Tessier, John ?-)

Tessmer, Heinrich
ドイツのテノール歌手。
⇒魅惑 (Tessmer, Heinrich 1894-1960)

Tessy Antony
ルクセンブルク大公子ルイの妃。元ルクセンブルク軍の女性兵士。
⇒王妃 (テシー・アンソニー 1985-)

Testa, Armando
イタリアのグラフィック・デザイナー, 広告デ

ザイナー。広告ポスターの巨匠。
⇒グラデ（Testa,Armando　テスタ, アルマンド　1917–1992）

Testori, Giovanni
イタリアの小説家。主著『ギゾルファの橋』（1958）。
⇒現世文（テストーリ, ジョヴァンニ　1923.5.12–1993.3.16）

Tetangco, Amando M., Jr.
フィリピンの銀行家。
⇒外12（テタンコ, アマンド）
　外16（テタンコ, アマンド　1952.11.14–）

Teter, Hannah
アメリカのスノーボード選手（ハーフパイプ）。
⇒外12（ティター, ハナ　1987.1.27–）
　外16（ティター, ハナ　1987.1.27–）
　最世ス（ティター, ハナ　1987.1.27–）

Tetley, Glen
アメリカのダンサー, 振付家, バレエ監督。
⇒岩世人（テトリー　1926.2.3–2007.1.26）

Tetmajer, Kazimierz
ポーランドの詩人, 小説家。作品『ポドハレの岩山で』（1903〜10）など。
⇒岩世人（テトマイエル　1865.2.12–1940.1.18）

Tettleton, Mickey Lee
アメリカの大リーグ選手（捕手, 外野, DH）。
⇒メジャ（テトルトン, ミッキー　1960.9.16–）

Tetzlaff, Christian
ドイツのヴァイオリン奏者。
⇒外12（テツラフ, クリスティアン　1966–）
　外16（テツラフ, クリスティアン　1966–）

Teufel, Timothy Shawn
アメリカの大リーグ選手（二塁）。
⇒メジャ（タフル, ティム　1958.7.7–）

Teulé, Jean
フランスの作家, コミック作家, 映画作家。
⇒外12（トゥーレ, ジャン　1953–）
　外16（トゥーレ, ジャン　1953–）
　現世文（トゥーレ, ジャン　1953–）

Teusch, Dieter
ドイツ生まれの彫刻家。
⇒芸13（トッシュ, ディエター　1940–）

Teusch, Joseph
ドイツのカトリック司祭。ケルン大司教区総代理（1952〜69）。
⇒新カト（トイシュ　1902.2.15–1976.9.20）

Teusler, Rudolf Bolling
アメリカの聖公会医療宣教師。聖路加国際病院を創立。

⇒アア歴（Teusler,Rudolf Bolling　トイスラー, ルドルフ・ボーリング　1876.2.25–1934.8.10）

Tevez, Carlos
アルゼンチンのサッカー選手。
⇒外12（テベス, カルロス・アルベルト　1984.2.5–）
　外16（テベス, カルロス　1984.2.5–）
　最世ス（テベス, カルロス　1984.2.5–）

Te Wake Heremia
ニュージーランドのホキアンガ湾地方のテ・ララワ（Te Rarawa）マオリ首長。
⇒ニュー（テ・ワケ・ヘレミア　1840頃–1918）

Te Whiti
19世紀後半におけるニュージーランドの先住民マオリの代表的指導者の一人。
⇒ニュー（テ・フィティ・オ・ロンゴマイ　1830頃–1907）

Tewksbury, Robert Alan
アメリカの大リーグ選手（投手）。
⇒メジャ（テュークスベリー, ボブ　1960.11.30–）

Tews, Johannes
ドイツの教育家。成人教育に生涯の努力の大部分を捧げた。
⇒教人（テウス　1860–1937）

Tewsley, Robert
イギリスのバレエダンサー。
⇒外12（テューズリー, ロバート）
　外16（テューズリー, ロバート）

Tex, Joe
アメリカ・テキサス州生まれの歌手。
⇒ロック（Tex,Joe　テックス, ジョウ　1933.8.8–）

Texier, Catherine
フランス生まれの作家, ジャーナリスト。
⇒現世文（テキシエ, キャサリン　1947–）

Tey, Josephina
スコットランドの推理小説家。
⇒現世文（テイ, ジョセフィン　1896–1952）

Teyte, Dame Maggie
イギリスのソプラノ歌手。
⇒新音中（テイト, マギー　1888.4.17–1976.5.26）

Tezier, Ludovic
フランスのバリトン歌手。
⇒外12（テジエ, リュドヴィク　1968–）

Thabane, Motsoahae Thomas
レソトの政治家。レソト首相。
⇒外16（タバネ, モツォアハエ・トーマス　1939.5.28–）
　世指導（タバネ, モツォアハエ・トーマス　1939.5.28–）

Thābit Dāmullā
新疆ウイグル人の民族指導者。
⇒岩世人（サービト・ダーモッラー ?-1934）

Thaçi, Hashim
コソボのアルバニア人活動家。コソボ大統領（2016〜）。
⇒岩世人（サチ 1968.4.24-）
外12（サチ, ハシム 1968.4.24-）
外16（サチ, ハシム 1968.4.24-）
世指導（サチ, ハシム 1968.4.24-）

Thacker, Charles P.
アメリカのコンピューター技術者。
⇒岩世人（サッカー 1943.2.26-）

Thackray, Arnold
イギリス出身のアメリカの科学史家。
⇒化学（サックレイ 1939-）

Thain, John A.
アメリカの実業家。
⇒外12（セイン, ジョン）
外16（セイン, ジョン）

Thak Chaloemtiarana
タイの政治学者。
⇒岩世人（タック・チャルームティアラナ 1945.5.31-）

Thakin Kodaw Hmaing
ビルマの小説家, 詩人, 平和運動家。本名U Lun。
⇒岩世人（コードーフマイン 1876.3.23-1964.7.23）

Thakin Soe
ビルマの政治家。赤旗共産首。
⇒ア太戦（タキン＝ソウ 1905-1989）
岩世人（ソウ 1905-1989.5.6）

Thakin Tan Tun
ビルマの政治家。白旗共産党書記長。
⇒ア太戦（タキン＝タントゥン 1911-1968）
岩世人（タントゥン 1911-1968）

Thaksin Shinawatra
タイの実業家, 政治家。タイの首相, 愛国党党首, シナワット・グループ総帥。
⇒岩世人（タックシン・チンナワット 1949.7.26-）
外12（タクシン・シナワット 1949.7.26-）
外16（タクシン・シナワット 1949.7.26-）
現アジ（タクシン・チナワット 1949.7.26-）
世指導（タクシン・シナワット 1949.7.26-）
世人新（タクシン 1949-）
世人装（タクシン 1949-）
タイ（タックシン・チンナワット 1949-）

Thal, Lilli
ドイツの児童文学作家。
⇒海文新（タール, リリ 1960-）
現世文（タール, リリ 1960-）

Thalberg, Irving
アメリカの映画製作者。トーキー時代の初期にMGMの黄金時代を築きあげた。
⇒岩世人（サルバーグ（ソールバーグ） 1899.5.30-1936.9.14）
ユ著人（Thalberg,Irving Grant タールバーグ, アーヴィング・グラント 1899-1936）

Thalheimer, August
ドイツの共産主義者, マルクス主義理論家。
⇒岩世人（タールハイマー 1884.3.18-1948.9.19）

Thaller, Edmond Eugène
フランスの法学者。"Annales de Droit Commercial"を創刊（1886）。
⇒岩世人（タレール 1851.6.11-1918.3.20）

Thälmann, Ernst
ドイツの政治家。1925年共産党中央委員長。ナチスにより処刑。
⇒岩世人（テールマン 1886.4.16-1944.8）
ネーム（テールマン 1886-1944）

Thamanya Taung Hsayadaw
ミャンマー（ビルマ）の僧侶。
⇒岩世人（ターマニャ 1910.6.12-2003.11.29）

Thames, Marcus Markley
アメリカの大リーグ選手（外野）。
⇒メジャ（ティムズ, マーカス 1977.3.6-）

Thammachote, Assiri
タイの作家。
⇒タイ（タムマチョート, アッシリ 1947-）

Thamrin, Mohammad Husni
インドネシアの民族運動家。1927年国民参事会議員に任命され民族派を組織。39年国民参事会副議長。
⇒岩世人（タムリン 1894.2.16-1941.1.11）

Thamrong Navasavat
タイの政治家, 軍人。首相。
⇒タイ（タムロンナーワーサワット, ルアン 1901-1988）

Than, Károly
ハンガリーの分析化学者。
⇒化学（タン 1834-1908）

Thanat Khoman
タイの政治家。タイ副首相。
⇒タイ（タナット・コーマン 1914-）

Thành Thái
ベトナムの皇帝。在位1889〜1907。
⇒岩世人（タインタイ帝 1879.3.14-1954.3.24）
世帝（成泰帝 せいたいてい 1879-1954）

Thanin Chearavanont
タイの実業家。タイ財閥を代表するCP（チャルンポーカパン, 正大農業集団）のグループ会長。

⇒岩世人（タニン・チアラワノン　1939.4.19-）
中日3（谢国民　チャラワノン、タニン、しゃこくみん、シエクオミン　1939-）

Thanin Kraiwichien
タイの政治家。
⇒岩世人（ターニン・クライウィチエン　1927.4.5-）
タイ（ターニン・クライウィチエン　1927-）

Thanom Kittikachon
タイの軍人政治家。
⇒岩世人（タノーム・キッティカチョーン　1911.8.11-2004.6.16）
世人新（タノム　1911-2004）
世人装（タノム　1911-2004）
タイ（タノーム・キッティカチョーン　1911-2004）

Thanong Bidaya
タイの政治家。タイ財務相・商業相。
⇒世指導（タノン・ビダヤ　1947.7.28-）

Than Shwe
ミャンマー（ビルマ）の軍人, 政治家。ミャンマー首相, 国防相, 国軍最高司令官。
⇒岩世人（タンシュエ　1933.2.2-）
外12（タン・シュエ　1933.2.2-）
外16（タン・シュエ　1933.2.2-）
現アジ（タン・シュエ　1933.2.2-）
世指導（タン・シュエ　1933.2.2-）

Thant Myint-U
ミャンマー（ビルマ）の歴史学者。
⇒外16（タン・ミン・ウー　1966.1.31-）

Than Tun
ミャンマー（ビルマ）の歴史学者。
⇒岩世人（タントゥン　1923.4.6-2005.11.30）

Thapa, Surya Bahadur
ネパールの政治家。ネパール首相。
⇒外12（タパ, スーリヤ・バハドール　1928.3.20-）
世指導（タパ, スーリヤ・バハドール　1928.3.20-2015.4.15）

Tharaud, Alexandre
フランスのピアノ奏者。
⇒外12（タロー, アレクサンドル　1968-）
外16（タロー, アレクサンドル　1968-）

Tharaud, Jean
フランスの小説家, 回想録作者。
⇒岩世人（タロー兄弟　1877.5.9-1952.4.9）

Tharaud, Jérôme
フランスの小説家, 回想録作者。弟ジャンと共作の小説『高名な作家ディングレー』(1902)で, 06年ゴンクール賞受賞。
⇒岩世人（タロー兄弟　1874.3.18-1953.1.28）

Tharin Nimmanhemin
タイの銀行家。
⇒岩世人（ターリン・ニムマーンヘーミン　1945.10.29-）

Tharp, Twyla
アメリカの振付家。
⇒岩世人（サープ　1941.7.1-）
外12（サープ, トワイラ　1941.7.1-）
外16（サープ, トワイラ　1941.7.1-）

Tharpe, Rosetta
アメリカの黒人霊歌歌手。
⇒標音2（サープ, シスター・ロゼッタ　1921.3.20-1973.10.9）

Tharwat, 'Abd al-Khālik
エジプトの政治家。
⇒岩世人（サルワト, アブドゥルハーリク　1873-1928.9.22）

Thatcher, Margaret Hilda
イギリスの政治家。初の保守党女性党首 (1975), 首相 (79)。
⇒異二辞［サッチャー［マーガレット・〜］　1925-2013）
岩世人（サッチャー　1925.10.13-2013.4.8）
外12（サッチャー, マーガレット　1925.10.13-）
広辞7（サッチャー　1925-2013）
政経改（サッチャー　1925-）
世史改（サッチャー　1925-2013）
世人新（サッチャー　1925-2013）
世人装（サッチャー　1925-2013）
ポプ人（サッチャー, マーガレット　1925-2013）
もう山（サッチャー　1925-2013）

Thauren, Johannes
ドイツの宣教学者, 神言会員。
⇒新カト（ウレン　1892.11.6-1954.7.4）

Thaw, David
アメリカのテノール歌手。
⇒魅惑（Thaw,David　1928-）

Thawan Thamrongnawasawat
タイの政治家。
⇒岩世人（タワン・タムロンナーワーサワット　1901.11.21-1988.12.3）

Thaw Dar Swe
ビルマ（ミャンマー）の作家。
⇒岩世人（トーダースェー　1919.5.26-1995.3.4）

Thawee Bunyaketu
タイの政治家。第2次大戦中プリディーの下で抗日自由タイ運動を指導, 終戦直後臨時政府を組織, 1947年海外亡命。
⇒岩世人（タウィー・ブンヤケート　1904.11.10-1971.11.3）
タイ（タウィー・ブンヤケート　1904-1971）

Thawi Cunlasap
タイの軍人。
⇒岩世人（タウィー・チュンラサップ　1914.8.8-1996.2.4）

Thaw Kaung
ミャンマー(ビルマ)の図書館学者,古文献研究者。
⇒外12(トー・カウン 1937–)

Thawon Phonprapha
タイの実業家。
⇒岩世人(ターウォーン・ポンプラパー 1916–2001)

Thaxter, Phyllis
アメリカの女優。
⇒ク俳(サクスター,フィリス 1921–)

The Destroyer
アメリカのプロレスラー。
⇒異二辞(デストロイヤー[ザ・〜] 1931–)
岩世人(ザ・デストロイヤー 1930.7.11–)
外12(ザ・デストロイヤー 1931.7.11–)
外16(ザ・デストロイヤー 1931.7.11–)

Theikpan Maung-Wa
ビルマの小説家。本名U Sein Tin。主著『わが田舎村』(1929)、『強盗』(30)など。
⇒岩世人(マウンワ 1899.6.6–1942.6.6)
現世文(テイパン・マウンワ 1899.6.5–1942.6.6)

Theiler, *Sir* Arnold
イギリスの獣医学者。獣医熱帯病学の発達に貢献。
⇒岩世人(セイラー 1867.3.26–1936.7.24)

Theiler, Max
アメリカの微生物学者。理想的な黄熱ワクチンをつくり,1951年ノーベル生理・医学賞を受けた。
⇒岩世人(セイラー 1899.1.30–1972.8.12)
ノベ3(セーラー,M. 1899.1.30–1972.8.11)
薬学(W・リードとM・セーラー 1899–1972)

Theils, Lone
デンマークの作家,ジャーナリスト。
⇒現世文(タイルス,ローネ 1971–)

Thein-Hpe-Myint
ビルマの小説家,政治家。仏教界の内幕を描いた作品『進歩的な和尚』(1937)で名声を博した。ビルマ字日刊紙「前衛」主筆。
⇒ア太戦(テインペイ 1914–1978)
岩世人(テインペーミン 1914.7.10–1978.1.15)
現世文(テインペーミン 1914.7.10–1978.1.15)

Thein Sein
ミャンマー(ビルマ)の軍人,政治家。ミャンマー大統領(2011〜16)。
⇒岩世人(テイン・セイン 1945.4.20–)
外12(テイン・セイン 1945.4.20–)
外16(テイン・セイン 1945.4.20–)
世指導(テイン・セイン 1945.4.20–)

The Lu
ベトナムの現代詩人,作家,演劇活動家。

⇒岩世人(テー・ルー 1907.10.6–1989.6.3)

Themerson, Stefan
ポーランドの作家,映像作家。
⇒岩世人(テメルソン 1910.1.25–1988.9.6)

Theodorakis, Mikis
ギリシャの作曲家。
⇒岩世人(セオゾラキス 1925.7.29–)
ク音3(テオドラキス 1925–)
新音小(テオドラキス,ミキス 1925–)
新音中(テオドラキス,ミキス 1925.7.29–)
標音2(セオゾラキス,ミキス 1925.7.29–)

Theodore, Jose
カナダのアイスホッケー選手(GK)。
⇒外16(セオドア,ジョゼ 1976.9.13–)
最世ス(セオドア,ジョゼ 1976.9.13–)

Theodore, Michael
ギリシアのテノール歌手。
⇒失声(テオドール,マイケル 1939–)
魅惑(Theodore,Michael 1939–)

Theodossiou, Dimitra
ギリシャのソプラノ歌手。
⇒外12(テオドッシュウ,ディミトラ)
外16(テオドッシュウ,ディミトラ)

Theorell, Axel Hugo Teodor
スウェーデンの生化学者。チトクロームなどの酸化酵素の抽出に成功,1955年ノーベル医学・生理学賞受賞。
⇒岩生(テオレル 1903–1982)
岩世人(テーオレル 1903.7.6–1982.8.16)
ノベ3(テオレル,A.H. 1903.7.6–1982.8.15)

Theorin, Iréne
スウェーデン生まれのソプラノ歌手。
⇒外12(テオリン,イレーネ)
外16(テオリン,イレーネ)

Theorin, Johan
スウェーデンの作家,ジャーナリスト。
⇒外12(テオリン,ヨハン 1963–)
外16(テオリン,ヨハン 1963–)
海文新(テオリン,ヨハン 1963–)
現世文(テオリン,ヨハン 1963–)

Theresa
インドの博愛家,修道会長。ユーゴスラビア生まれのアルバニア人。通称マザー・テレサ。
⇒岩キ(マザー・テレサ 1910–1997)
岩世人(テレサ(カルカッタの) 1910.8.27–1997.9.5)
覚思(マザーテレサ 1910.8.26–1997.9.5)
覚思ス(マザーテレサ 1910.8.26–1997.9.5)
教聖(聖テレサ(コルカタ) 1910.8.27–1997.9.5)
現アジ(マザー・テレサ 1910.8.27–1997.9.5)
現宗(マザー・テレサ 1910–1997)
広辞7(マザー・テレサ 1910–1997)

辞歴（マザー・テレサ　1910-1997）
新カト（マザー・テレサ　1910.8.26-1997.9.5）
世人新（マザー＝テレサ　1910-1997）
世人装（マザー＝テレサ　1910-1997）
南ア新（マザー・テレサ　1910-1997）
ノベ3（マザー・テレサ　1910.8.27-1997.9.5）
ボブ人（マザー・テレサ　1910-1997）

Thériault, Yves
カナダ（フランス系）の小説家, 物語作家。
⇒現世文（テリオ, イヴ　1915.11.28-1983.10.20）

Thérive, André
フランスの批評家, 小説家。"Le Temps"紙の批評欄を担当（1929〜）。
⇒岩世人（テリーヴ　1891.6.19-1967.6.14）
　現世文（テリーヴ, アンドレ　1891.6.19-1967.6.4）

The Rock
アメリカのプロレスラー。
⇒外12（ザ・ロック　1972.5.2-）
　外16（ザ・ロック　1972.5.2-）

Theron, Charlize
南アフリカ生まれのアメリカの女優。
⇒遺産（セロン, シャーリーズ　1975.8.7-）
　外12（セロン, シャーリーズ　1975.8.7-）
　外16（セロン, シャーリーズ　1975.8.7-）
　ク俳（セロン, シャーリーズ　1975-）

Theroux, Marcel
イギリスの作家。
⇒外16（セロー, マーセル　1968-）
　海文新（セロー, マーセル）
　現世文（セロー, マーセル　1968.6.13-）

Theroux, Paul
アメリカの小説家。
⇒外12（セロー, ポール　1941.4.10-）
　外16（セロー, ポール　1941.4.10-）
　現世文（セロー, ポール　1941.4.10-）

The Sheik
アメリカのプロレスラー。
⇒異二辞（シーク［ザ・〜］　1926-2003）
　岩世人（ザ・シーク　1926.6.9-2003.1.18）

Thesz, Lou
アメリカのプロレスラー。
⇒異二辞（テーズ, ルー　1916-2002）
　岩世人（テーズ　1916.4.24-2002.4.28）
　ネーム（テーズ, ルー　1916-2002）

The Undertaker
アメリカのプロレスラー。
⇒異二辞（アンダーテイカー［ジ・〜］　1965-）
　外16（ジ・アンダーテイカー　1965.3.24-）

Theunis, Georges
ベルギーの政治家。内閣国防相（1932〜33）, 首相（34〜35）などを歴任。
⇒岩世人（テュニス　1873.2.28-1966.1.4）

Theunissen, Michael
ドイツの哲学者。
⇒岩世人（トイニッセン　1932.10.11-）

Theuriet, André
フランスの作家。
⇒19仏（トゥリエ, アンドレ　1833.10.8-1907.4.23）

Thevenow, Thomas Joseph
アメリカの大リーグ選手（遊撃, 二塁）。
⇒メジャ（セヴェナウ, トミー　1903.9.6-1957.7.29）

Theyard, Harry
アメリカのテノール歌手。
⇒失声（セイヤード, ハリー　1929-）
　魅惑（Theyard, Harry　1939-）

Theyskens, Olivier
ベルギーの服飾デザイナー。
⇒外12（ティスケンス, オリヴィエ　1977-）
　外16（ティスケンス, オリヴィエ　1977-）

Thiam, Habib
セネガルの政治家。セネガル首相。
⇒世指導（ティアム, ハビブ　1933.1.21-2017.6.26）

Thiam Chokwatthana
タイの実業家。
⇒岩世人（ティアム・チョークワッタナー　1916.1.14-1990.6.29）

Thiaudière, Edmond
フランスの作家。
⇒19仏（ティオディエール, エドモン　1837.3.17-1930.11.9）

Thibaud, Jacques
フランスのヴァイオリン奏者, 教育者。ピアニストのM.ロンと「ロン・ティボー・コンクール」を設置。
⇒岩世人（ティボー　1880.9.27-1953.9.1）
　広辞7（ティボー　1880-1953）
　新音中（ティボー, ジャック　1880.9.27-1953.9.1）
　ネーム（ティボー　1880-1953）
　標音2（ティボー, ジャック　1880.9.27-1953.9.1）

Thibaudeau, Jean
フランスの小説家, 評論家。「テル・ケル」誌の編集委員の一人として, 実験的小説を書く。主著『序曲』（1966）,『フランシス・ポンジュ』(67)。
⇒現世文（チボードー, ジャン　1935-）

Thibaudet, Albert
フランスの文芸評論家。主著『フローベール論』（1922）『批評の生理学』（19〜31）。
⇒岩世人（ティボーデ　1874.4.1-1936.4.16）
　広辞7（チボーデ　1874-1936）
　西文（ティボーテ, アルベール　1874-1936）

ネーム (ティボーデ 1874–1936)
フ文小 (チボーデ, アルベール 1874–1936)

Thibaudet, Jean-Yves
フランスのピアノ奏者。
⇒外12 (ティボーデ, ジャン・イヴ 1961.9.7–)
⇒外16 (ティボーデ, ジャン・イヴ 1961.9.7–)

Thibaut, John Walter
アメリカの社会心理学者。ノース・カロライナ大学教授。
⇒社小増 (ティボー 1917–1986)
社心小 (ティボー 1917–1986)

Thibaw
ビルマ王国の統治者。在位1878～1885。
⇒岩世人 (ティーボー 1859.1.1–1916.12.19)
世帝 (ティーボー 1859–1916)

Thibedi, Patrick
南アフリカの元ゲリラ兵。
⇒外16 (ティベディ, パトリック)

Thibon, Gustave
フランスの哲学者。
⇒メル3 (ティボン, ギュスターヴ 1904–2001)

Thich Nhat Hanh
ベトナムの禅僧, 仏教学者, 詩人, 平和運動家。
⇒外12 (ティク・ナット・ハン 1926–)
外16 (ティク・ナット・ハン 1926–)

Thicke, Robin
アメリカのシンガー・ソングライター。
⇒外16 (シック, ロビン 1977–)

Thiebaud, Wayne
アメリカの画家。
⇒芸13 (ティボー, ウェイン 1920–)

Thiel, Betty Jean
アメリカ・ミシガン州ランシングのリトル家の向かいに住んでいた白人の娘。
⇒マルX (THIEL, BETTY JEAN シール, ベティ・ジーン)

Thiele, Friedrich Karl Johannes
ドイツの有機化学者。1899年部分原子価の理論を発表。ほかに, ニトロおよびアミノグアニジンの発見をはじめ有機化学に業績が多い。
⇒岩世人 (ティーレ 1865.5.13–1918.4.17)
化学 (ティーレ 1865–1918)

Thiele, Günther
ドイツの哲学者。
⇒学叢思 (ティーレ, ギュンテル 1841–1911)

Thielemann, Christian
ドイツの指揮者。
⇒外12 (ティーレマン, クリスティアン 1959.4.1–)
外16 (ティーレマン, クリスティアン 1959.4.1–)

Thielemans, Toots
ベルギー生まれのジャズ・ハーモニカ奏者, ギター奏者。唯一のジャズ・ハーモニカのソロイスト。
⇒外12 (シールマンス, トゥーツ 1922.4.29–)
外16 (シールマンス, トゥーツ 1922.4.29–)

Thielicke, Helmut
西ドイツのプロテスタント神学者。チュービンゲン大学, ハンブルク大学学長。
⇒岩世人 (ティーリケ 1908.12.4–1986.3.5)
新カト (ティーリケ 1908.12.4–1986.3.5)

Thiemann, Karl-Heinz
西ドイツのテノール歌手。
⇒魅惑 (Thiemann, Karl-Heinz 1939–)

Thienemann, August
ドイツの湖沼学者, 動物学者。ナウマンと国際陸水学会を創立しその名誉会長となった (1922～39)。
⇒岩生 (ティーネマン 1882–1960)
岩世人 (ティーネマン 1882.9.7–1960.4.22)

Thienwan
タイの知識人。
⇒岩世人 (ティエンワン 1842.7.1–1915)
タイ (ティエンワン 1842–1915)

Thiersch, Friedrich von
ドイツの建築家。公共建築物や住宅を作った。
⇒岩世人 (ティーアシュ (ティールシュ) 1852.4.18–1921.12.23)

Thierse, Wolfgang
ドイツの政治家。
⇒岩世人 (ティーアゼ (ティールゼ) 1943.10.22–)
世指導 (ティールゼ, ウォルフガング 1943.10.22–)

Thiery, Gaston
フランスの画家。
⇒芸13 (ティエリー, ガストン 1922–)

Thies, Sven Ingmar
ドイツのグラフィックデザイナー。
⇒外16 (ティース, スベン・イングマー)

Thiesler, Sabine
ドイツの劇作家, 脚本家, 小説家。
⇒海文新 (ティースラー, ザビーネ)

Thiess, Frank
ドイツの小説家, 劇作家。作品『ツシマ』(1936), 『カルーソー』(42～46) など。
⇒岩世人 (ティース 1890.3.13–1977.12.22)

Thigpen, Robert Thomas
アメリカの大リーグ選手 (投手)。
⇒メジャ (シグペン, ボビー 1963.7.17–)

Thill, Georges
フランスのテノール歌手。
⇒失声（ティル, ジョルジュ　1897–1984）
　魅惑（Thill,Georges　1897–1984）

Thilliez, Franck
フランスの作家。
⇒外12（ティリエ, フランク　1973–）
　外16（ティリエ, フランク　1973–）
　海文新（ティリエ, フランク　1973.10.15–）
　現世文（ティリエ, フランク　1973.10.15–）

Thilo
ドイツの作家。
⇒海文新（ティロ）
　現世文（ティロ）

Thimann, Kenneth Vivian
イギリス生まれのアメリカの植物生理学者。
⇒岩生（ティマン　1904–1997）

Thinley, Jigme
ブータンの政治家, 外交官。ブータン首相。
⇒外12（ティンレイ, ジグメ　1952–）
　外16（ティンレイ, ジグメ　1952.9.9–）
　世指導（ティンレイ, ジグメ　1952.9.9–）

Thinni, Abdullah
リビアの政治家。リビア暫定政府首相。
⇒外16（シンニ, アブドラ　1954.1.7–）
　世指導（シンニ, アブドラ　1954.1.7–）

Thiolier, Eliane
フランス生まれの画家。
⇒芸13（ティオリエ, エリーヌ　1926–）

Thiounn, Oknha Veang
カンボジアの閣僚。
⇒岩世人（チュオン, オクニャー・ヴェアン　1864–1946.9）

Thirayuth Boonmee
タイ・バンコク生まれの学生運動指導者。1972年6月タイ全国学生センター（NSCT）の第3代事務局長に就任し, 翌73年6月タノム政府にデモ攻勢をかけ, 恒久憲法の発布を迫った。
⇒タイ（ティーラユット・ブンミー　1950–）

Thirlwall, Jade
イギリスの歌手。
⇒外16（サールウォール, ジェイド　1992.12.26–）

Thiry, Fernand-Jean-Joseph
フランスのパリ外国宣教会司祭。初代福岡司教。
⇒新カト（ティリー　1884.9.28–1930.5.10）

Thiselton-Dyer, *Sir* William Turner
イギリスの植物学者。植民地の植物について研究。
⇒岩世人（ティスルトン=ダイアー　1843.7.28–1928.12.23）

Thoburn, James Mills
アメリカのメソジスト監督教会宣教師。
⇒アア歴（Thoburn,James M (ills)　ソウバーン, ジェイムズ・ミルズ　1836.3.7–1922.11.28）

Thode, Henry
ドイツの美術史家。ルネサンス期の美術を研究。
⇒岩世人（トーデ　1857.1.13–1920.11.9）

Thoeni, Gustavo
イタリアのアルペンスキー選手。
⇒岩世人（トエニ　1951.2.28–）

T'hoff, Bert van
オランダのテノール歌手。
⇒魅惑（T'hoff,Bert van　?–）

Tholer, Raymond
フランスの画家。
⇒19仏（トレール, レモン　1859.11.19–?）

Thom, René
フランスの数学者。特異点の研究の成果を生物の形態形成の理論に適用した。これが今日いうカタストロフィー理論である。
⇒岩生（トム　1923–2002）
　岩世人（トム　1923.9.2–2002.10.25）
　広辞7（トム　1923–2002）
　数辞（トム, ルネ　1923–）
　世数（トム, ルネ　1923–2002）

Thoma, Dieter
ドイツのスキー選手（ジャンプ）。
⇒岩世人（トーマ　1969.10.19–）

Thoma, Hans
ドイツの画家。
⇒岩世人（トーマ　1839.10.2–1924.11.7）
　芸13（トーマ, ハンス　1839–1924）

Thoma, Ludwig
ドイツの小説家, 劇作家。バイエルン地方の人と生活を描く。
⇒岩世人（トーマ　1867.1.21–1921.8.26）

Thomann, Karl Heinz
テノール歌手。
⇒魅惑（Thomann,Karl Heinz　1914–）

Thomas, Albert
フランスの政治家, 歴史家。労働者階級史を研究。1919年国際連盟の国際労働事務局長に就任。
⇒岩世人（トマ　1878.6.16–1932.5.7）
　學叢思（トーマ, アルベール　1878.6.16–?）

Thomas, Alphonse（Tommy）
アメリカの大リーグ選手（投手）。
⇒メジャ（トーマス, トミー　1899.12.23–1988.4.27）

Thomas, Carla
アメリカ・メンフィス生まれの歌手。
⇒ロック (Thomas,Carla　トマス, カーラ　1942-)

Thomas, Cary
マルコムXのボディガード。
⇒マルX (THOMAS,CARY (Cary 2X、Abdul Malik)　トマス, ケアリー (ケアリー2X、アブデュル・マリク))

Thomas, Chantal
フランスの作家, 文化史研究者。フランス国立科学研究センター (CNRS) 研究員。
⇒外12 (トマ, シャンタル　1945-)
　外16 (トマ, シャンタル　1945-)
　現世文 (トマ, シャンタル　1945-)

Thomas, Chris
イギリス生まれのプロデューサー。
⇒ビト改 (THOMAS,CHRIS　トーマス, クリス)

Thomas, Craig
イギリスの冒険小説家。
⇒現世文 (トーマス, クレイグ　1942.11.24-2011.4.4)

Thomas, David
イギリスのバス歌手。
⇒新音中 (トマス, デイヴィド　1943.2.26-)

Thomas, Derrel Osbon
アメリカの大リーグ選手 (二塁, 外野, 遊撃)。
⇒メジャ (トーマス, ダーレル　1951.1.14-)

Thomas, Diane Coulter
アメリカの作家。
⇒海文新 (トーマス, ダイアン・コールター　1942.4.22-)

Thomas, Donald
バハマの走り高跳び選手。
⇒外12 (トーマス, ドナルド　1984.7.1-)
　外16 (トーマス, ドナルド　1984.7.1-)
　最世ス (トーマス, ドナルド　1984.7.1-)

Thomas, Donald Michael
イギリスの作家。
⇒現世文 (トーマス,D.M.　1935.1.27-)

Thomas, Dylan Marlais
イギリスの詩人。詩集『田舎の眠りその他の詩』(1952) や短篇集『子犬のような芸術家の肖像』(40) など。
⇒岩世人 (トマス　1914.10.27-1953.11.9)
　現世文 (トーマス, ディラン　1914.10.27-1953.11.9)
　広辞7 (トマス　1914-1953)
　新カト (トマス　1914.10.27-1953.11.9)

Thomas, Edward Donnall
アメリカの外科学者。1990年ノーベル生理医学賞。
⇒岩生 (トーマス　1920-)
　ノペ3 (トーマス,E.D.　1920.3.15-2012.10.20)

Thomas, Edwin
イギリス生まれの作家。
⇒外12 (トーマス, エドウィン　1977-)

Thomas, Edwin J.
アメリカのソーシャルワークの研究者。ミシガン大学社会福祉大学院教授。
⇒現社福 (トーマス　1927-)

Thomas, Frank
アメリカの大リーグ選手 (一塁,DH)。
⇒外12 (トーマス, フランク　1968.5.27-)
　外16 (トーマス, フランク　1968.5.27-)
　メジャ (トーマス, フランク　1968.5.27-)

Thomas, Frank Joseph
アメリカの大リーグ選手 (外野, 三塁, 一塁)。
⇒メジャ (トーマス, フランク　1929.6.11-)

Thomas, Frederick William
イギリスのインド学者, サンスクリット, チベット語学者。
⇒岩世人 (トマス　1867.3.21-1956.5.6)
　新佛3 (トマス　1867-1950)

Thomas, Hector
テノール歌手。
⇒魅惑 (Thomas,Hector　?-?)

Thomas, Helen
アメリカのジャーナリスト, コラムニスト。
⇒外12 (トーマス, ヘレン　1920.8.4-)

Thomas, Henri (Joseph Marie)
フランスの詩人, 小説家, 翻訳家。小説『岬』(1961, フェミナ賞受賞) など。
⇒現世文 (トマ, アンリ　1912.12.7-1993.11.3)

Thomas, Irma
アメリカ・ルイジアナ州パンチャトラ生まれの歌手。
⇒ロック (Thomas,Irma　トマス, アーマ　1941-)

Thomas, James Augustus
アメリカのタバコ商人。
⇒アア歴 (Thomas,James A (ugustus)　トマス, ジェイムズ・オーガスタス　1862-1940.9.10)

Thomas, James Gorman
アメリカの大リーグ選手 (外野)。
⇒メジャ (トーマス, ゴーマン　1950.12.12-)

Thomas, James Henry
イギリスの政治家。鉄道員組合出身の下院議員 (1910~36)。国際労働組合連合総裁, 植民相, 自治領相などを歴任。

⇒岩世人（トマス　1874.10.3–1949.1.21）

Thomas, James Leroy
アメリカの大リーグ選手（外野、一塁）。
⇒メジャ（トーマス,リー　1936.2.5–）

Thomas, Jean
フランス生まれの画家。
⇒芸13（トーマス,ジェーン　1923–）

Thomas, Jeffrey
アメリカのテノール歌手。
⇒魅惑（Thomas,Jeffrey　?–）

Thomas, Jeremy
イギリスの映画プロデューサー。
⇒外12（トーマス,ジェレミー　1949.7.26–）
⇒外16（トーマス,ジェレミー　1949.7.26–）

Thomas, Jess
アメリカのテノール歌手。
⇒失声（トーマス,ジェス　1927–1993）
標音2（トーマス,ジェス　1927.8.4–1993.10.11）
魅惑（Thomas,Jess　1927–1993）

Thomas, John Meurig
イギリスの物理化学者。
⇒岩世人（トマス　1932.12.15–）
外16（トーマス,ジョン　1932.12.15–）

Thomas, John Patrick
アメリカのテノール歌手,作曲家。
⇒魅惑（Thomas,John Patrick　1941–）

Thomas, Keith
イギリスの近世史家。オックスフォード大学副総長,コーパス・クリスティ学長。
⇒岩世人（トマス　1933.1.2–）

Thomas, Kurt
ドイツの指揮者,作曲家。1960〜65年ケルン・バッハ協会指揮者。彼の『合唱指揮教本』（35〜48）は名著として広く使用されている。
⇒新音中（トーマス,クルト　1904.5.25–1973.3.1）
標音2（トーマス,クルト　1904.5.25–1973.3.31）

Thomas, Lawrence G.
アメリカの教育学者。主著 "Mental Tests as Instruments of Science"（1941）。
⇒教人（トマス　1907–）

Thomas, Lowell
アメリカの著述家,ラジオ解説者,俳優。
⇒アメ州（Thomas,Lowell　トーマス,ロウェル　1892–1981）

Thomas, Madathilparampil Mammen
インドのマール・トマ教会（トマス・キリスト教会）信徒。
⇒岩キ（トーマス　1916–1996）

新カト（トマス　1916.5.15–1996.12.3）

Thomas, Nicky
ジャマイカの歌手。
⇒ロック（Thomas,Nicky　トーマス,ニッキー）

Thomas, Norman Mattoon
アメリカの政治家,社会改革家。アメリカ自由主義連盟の指導者の一人。1917年入党以来,社会党を代表して活躍。
⇒アメ経（トーマス,ノーマン　1884.11.20–1968.12.19）
岩世人（トマス　1884.11.20–1968.12.19）

Thomas, Pascal
フランスの映画監督,脚本家。
⇒外12（トマ,パスカル　1945.4.2–）

Thomas, Patrick
フランスの実業家。
⇒外16（トマ,パトリック　1947–）

Thomas, Philip Edward
イギリスの詩人。『詩集』（1巻,1920,28,49）を残す。
⇒岩世人（トマス　1878.3.3–1917.4.9）

Thomas, Rasta
アメリカのバレエダンサー。
⇒外12（トーマス,ラスタ　1981.7.18–）
⇒外16（トーマス,ラスタ　1981.7.18–）

Thomas, Richard
アメリカ生まれの俳優。
⇒ク俳（トマス,リチャード　1951–）

Thomas, Rob
アメリカのミュージシャン。
⇒外12（トーマス,ロブ）
外16（トーマス,ロブ）

Thomas, Ronald Stuart
イギリスの詩人。
⇒岩世人（トマス　1913.3.29–2000.9.25）
現世文（トーマス,ロナルド・スチュアート　1913.3.29–2000.9.25）

Thomas, Ross
アメリカのミステリ作家。
⇒現世文（トーマス,ロス　1926–1995.12.19）

Thomas, Roy Allen
アメリカの大リーグ選手（外野）。
⇒メジャ（トーマス,ロイ　1874.3.24–1959.11.20）

Thomas, Rufas
アメリカの歌手,コメディアン。
⇒ロック（Thomas,Rufus　トマス,ルーファス　1917.3.28–）

Thomas, Scarlett
イギリスの作家。

⇒海文新（トマス, スカーレット 1972–）
現世文（トーマス, スカーレット 1972–）

Thomas, Tillman
グレナダの政治家。グレナダ首相、グレナダ国民民主会議（NDC）党首。
⇒外12（トーマス, ティルマン 1945.6.13–）
外16（トーマス, ティルマン 1945.6.13–）
世指導（トーマス, ティルマン 1945.6.13–）

Thomas, Tim
アメリカのアイスホッケー選手（パンサーズ・GK）。
⇒最世ス（トーマス, ティム 1974.4.15–）

Thomas, William Isaac
アメリカの社会学者。「4つの願望理論」、ポーランド移民に関する共同研究者。
⇒岩世人（トマス 1863.8.13–1947.12.5）
学叢思（トーマス, ダヴィド・アイ 1863–?）
教人（トマス 1863–1947）
現社（トマス 1863–1947）
社小増（トマス 1863–1947）

Thomas, Zach
アメリカのプロフットボール選手（LB）。
⇒外16（トーマス, ザック 1973.9.1–）
最世ス（トーマス, ザック 1973.9.1–）

Thomason, Dustin
アメリカの作家。
⇒外16（トマスン, ダスティン）
海文新（トマスン, ダスティン）
現世文（トマスン, ダスティン）

Thomasson, Gary Leah
アメリカの大リーグ選手（外野）。
⇒異二辞（トマソン［ゲーリー・～］ 1951–）

Thomé, François-Luc-Joseph
フランスの作曲家、ピアノ奏者。
⇒ク音3（トメ 1850–1909）
標音2（トメ, フランシス 1850.10.18–1909.11.16）

Thome, James Howard
アメリカの大リーグ選手（三塁、一塁）。
⇒外12（トーミ, ジム 1970.8.27–）
外16（トーミ, ジム 1970.8.27–）
最世ス（トーミ, ジム 1970.8.27–）
メジャ（トーミー, ジム 1970.8.27–）

Thommayanti
タイの作家。
⇒岩世人（トムマヤンティー 1937.7.10–）
タイ（トムマヤンティ 1937–）

Thompson, Adrian
イギリスのテノール歌手。
⇒魅惑（Thompson, Adrian 1955–）

Thompson, Alexis
アメリカのプロゴルファー。
⇒外12（トンプソン, アレクシス 1995.2.10–）
外16（トンプソン, レクシー 1995.2.10–）
最世ス（トンプソン, レクシー 1995.2.10–）

Thompson, Bradbury
アメリカのグラフィック・デザイナー、アート・ディレクター。
⇒グラデ（Thompson, Bradbury トンプソン, ブラッドベリー 1911–1996）

Thompson, Charles
アメリカ・キーウェストでのヘミングウェイの友人。
⇒ヘミ（トンプソン, チャールズ）

Thompson, Daley
イギリスの男子陸上選手。
⇒岩世人（トンプソン 1958.7.30–）

Thompson, D'Arcy Wentworth
イギリスの生物学者。
⇒岩生（トムソン 1860–1948）
岩世人（トンプソン 1860.5.2–1948.6.21）

Thompson, David
アメリカの長老派教会宣教師。大学南校で英語を教授。
⇒岩世人（トンプソン 1835.9.21–1915.10.29）
来日（タムソン 1835–1915）

Thompson, David
バルバドスの政治家。バルバドス首相、バルバドス民主労働党（DLP）党首。
⇒世指導（トンプソン, デービッド 1961.12.25–2010.10.23）

Thompson, Dorothy
アメリカのジャーナリスト、フェミニストのリーダー。
⇒岩世人（トンプソン 1893.7.9–1961.1.30）

Thompson, Edward Maunde
イギリスの古文書学者。大英博物館写本部の発展に寄与。
⇒岩世人（トンプソン 1840.5.4–1929.9.14）

Thompson, Edward Palmer
イギリスの歴史学者、評論家。『イギリス労働者階級の形成』によってイギリスの社会運動史ないし民衆史に一つの画期をもたらした。
⇒岩世人（トンプソン 1924.2.3–1993.8.28）
社小増（トムソン 1924–）
有経5（トムソン 1924–1993）

Thompson, Emma
イギリスの女優。
⇒外12（トンプソン, エマ 1959.4.15–）
外16（トンプソン, エマ 1959.4.15–）
ク俳（トンプスン, エマ 1959–）

Thompson, Francis
イギリスの詩人。
⇒岩世人（トンプソン　1859.12.18–1907.11.13）
　オク教（トムソン　1859–1907）
　新カト（トムソン　1859.12.16/18–1907.11.13）

Thompson, Fred Dalton
アメリカの政治家, 俳優。
⇒外12（トンプソン, フレッド　1942.8.19–）

Thompson, Hank
アメリカのウェスタン歌手。
⇒標音2（トンプソン, ハンク　1925.9.3–2007.11.6）

Thompson, Sir Harold Warris
イギリスの物理化学者。
⇒岩世人（トンプソン　1908.2.15–1983.12.31）

Thompson, Harry T.
アメリカ海軍下士官。
⇒スパイ（トンプソン, ハリー・T）

Thompson, Henry Curtis
アメリカの大リーグ選手（三塁, 外野）。
⇒メジャ（トンプソン, ハンク　1925.12.8–1969.9.30）

Thompson, James
アメリカの作家。
⇒海文新（トンプソン, ジェイムズ　1964–2014.8.1）
　現世文（トンプソン, ジェイムズ　1964–2014.8.1）

Thompson, James Harrison Wilson
アメリカの諜報部員, 実業家。
⇒アア歴（Thompson,James H(arrison) W(ilson)("Jim")　トンプスン, ジェイムズ・ハリスン・ウイルスン・[ジム]　1906.3.21–1967?）
　岩世人（トンプソン　1906.3.21–1967?）
　タイ（トンプソン, ジェームズ　1906–1967?）

Thompson, James R.
アメリカの政治家。
⇒外16（トンプソン, ジェームズ　1936.5.8–）

Thompson, Jason Dolph
アメリカの大リーグ選手（一塁）。
⇒メジャ（トンプソン, ジェイソン　1954.7.6–）

Thompson, Jim
アメリカの犯罪小説作家。
⇒現世文（トンプソン, ジム　1906–1977）

Thompson, John Eric Sidney
アメリカの考古学者。マヤ研究の世界的権威。
⇒岩世人（トンプソン　1898.12.31–1975.9.9）
　ラテ新（トンプソン　1898–1975）

Thompson, John Griggs
アメリカの数学者。
⇒数辞（トンプソン, ジョン・グリッグス　1932–）

世数（トンプソン, ジョン・グリッグス　1932–）

Thompson, Kate
イギリス生まれの作家。
⇒外12（トンプソン, ケイト　1956–）
　外16（トンプソン, ケイト　1956–）
　現世文（トンプソン, ケイト　1956–）

Thompson, Kenneth Lane
アメリカの計算機科学者。UNIXの時分割システムを開発。1974年チェスプログラムBelleを開発し, コンピュータチェスの世界チャンピオンとなる。
⇒岩世人（トンプソン　1943.2.4–）
　外12（トンプソン, ケン　1943.2.4–）
　外16（トンプソン, ケン　1943.2.4–）

Thompson, Kenneth Winfrend
アメリカの政治学者。
⇒政経改（トンプソン　1921–）

Thompson, Linda
アメリカのミュージシャン。
⇒ロック（Richard and Lind Thompson　リチャード&リンダ・トンプソン）

Thompson, Marielle
カナダのスキー選手（フリースタイル）。
⇒外16（トンプソン, マリエル　1992.6.15–）

Thompson, Mark
イギリスの実業家。
⇒外16（トンプソン, マーク　1957.7.31–）

Thompson, Marshall
アメリカの男優。
⇒ク俳（トンプスン, マーシャル（トンプスン, ジェイムズ・M）　1925–1992）

Thompson, Martin
アメリカのテノール歌手。
⇒魅惑（Thompson,Martin　?–）

Thompson, Mayo
アメリカのミュージシャン, 音楽プロデューサー。
⇒外12（トンプソン, メイヨ）

Thompson, Milton Bernard
アメリカの大リーグ選手（外野）。
⇒メジャ（トンプソン, ミルト　1959.1.5–）

Thompson, Nainoa
アメリカの外洋冒険家, カヌー航海士。
⇒外12（トンプソン, ナイノア　1953–）
　外16（トンプソン, ナイノア　1953–）

Thompson, Oscar
アメリカの音楽評論家。
⇒標音2（トンプソン, オスカー　1887.10.10–1945.7.3）

Thompson, Randall
アメリカの作曲家。プリンストン (1945)、ハーバード (48) の各大学教授。
⇒エデ (トンプソン, ランドル [ランダル] 1899.4.21–1984.7.9)
標音2 (トンプソン, ランドル 1899.4.21–1984.7.9)

Thompson, Richard
イギリスのギター奏者, 作曲家。
⇒外12 (トンプソン, リチャード 1949–)
外16 (トンプソン, リチャード 1949–)
ロック (Richard and Lind Thompson リチャード&リンダ・トンプソン)

Thompson, Robert G.
アメリカ空軍の事務担当兵。
⇒スパイ (トンプソン, ロバート・G)

Thompson, Robert Randall
アメリカの大リーグ選手 (二塁)。
⇒メジャ (トンプソン, ロビー 1962.5.10–)

Thompson, Samuel Luther
アメリカの大リーグ選手 (外野)。
⇒メジャ (トンプソン, サム 1860.3.5–1922.11.7)

Thompson, Sue
アメリカ・ミズーリ州生まれの歌手。
⇒岩世人 (トンプソン 1888.11.28–1961.8.10)
ロック (Thompson,Sue トンプソン, スー 1926.7.19–)

Thompson, Tommy
アメリカの政治家。厚生長官, ウィスコンシン州知事 (共和党)。
⇒世指導 (トンプソン, トミー 1941.11.19–)

Thompson, William Francis
アメリカの水産学者。アメリカにおける水産資源測定法の創始者と見なされている。
⇒岩世人 (トンプソン 1888.4.3–1965.11.7)

Thomsen, Thomas H.
ドイツのチェス収集家, 企業家。
⇒岩世人 (トムセン 1934.7.23–)

Thomsen, Vilhelm Ludvig Peter
デンマークの言語学者。オルホン碑文の解読で知られる。主著『言語学史』(1902)。
⇒岩世人 (トムセン 1842.1.25–1927.5.12)
広辞7 (トムセン 1842–1927)

Thomson, Anna
アメリカの女優。
⇒外12 (トムソン, アンナ 1957.9.18–)

Thomson, *Sir* Basil
ロンドン警視庁 (スコットランドヤード) 特別課 (犯罪捜査局) のコミッショナー補佐。
⇒スパイ (トムソン, サー・バジル 1861–1939)

Thomson, Elihu
アメリカの電気工学者, 発明家。電波発振器, 検波器を考案。抵抗法による電気溶接技術を発明したほか, 立体X線写真の考案など, 電気技術の発展に大きな業績を残した。
⇒岩世人 (トムソン 1853.3.29–1937.3.13)
学叢思 (タムソン, エリュー 1853–?)

Thomson, *Sir* George Paget
イギリスの物理学者。多結晶膜による電子の回折像を得てド・ブローイー波の理論を実証。1937年ノーベル物理学賞受賞。
⇒岩世人 (トムソン 1892.5.3–1975.9.10)
広辞7 (トムソン 1892–1975)
三新物 (トムソン② 1892–1975)
ノベ3 (トムソン,G.P. 1892.5.3–1975.9.10)
物理 (トムソン, サー・ジョージ・パジェット 1892–1975)

Thomson, *Sir* Godfrey Hilton
イギリスの心理学者。精神物理学的方法, 統計心理学を専攻。
⇒岩世人 (トムソン 1881.3.27–1955.2.9)

Thomson, James
アメリカの生物学者。
⇒三新生 (トムソン 1958–)

Thomson, James Allen
ニュージーランドの地質学者, 岩石学者。
⇒ニュー (トムソン, ジェイムズ 1881–1928)

Thomson, Jean
アメリカの図書館員。トロント公共図書館で, リリアン・スミスの後を継いで児童図書館活動を推進。「ストーリーテリング・フェスティバル」の開催で知られる。
⇒ア図 (トムソン, ジーン 1902–1975)

Thomson, *Sir* John Arthur
イギリスの生物学者, 動物学者。軟質サンゴ類の権威。主著『生命の驚異』(1914)。
⇒岩世人 (トムソン 1861.7.8–1933.2.12)

Thomson, John Mansfield
ニュージーランドの音楽史家, 評論家, 編集者。
⇒ニュー (トムソン, ジョン 1926–1999)

Thomson, *Sir* Joseph John
イギリスの物理学者。近代原子物理学の開拓者。
⇒岩世人 (トムソン 1856.12.18–1940.8.30)
オク科 (トムソン (サー・ジョセフ・ジョン) 1856–1940)
化学 (トムソン,J.J. 1856–1940)
学叢思 (タムソン, ジョセフ・ジョン 1856–?)
科史 (トムソン,J.J. 1856–1940)
現科史 (トムソン, ジョセフ・ジョン 1856–1940)
広辞7 (トムソン 1856–1940)
三新物 (トムソン① 1856–1940)
世発 (トムソン, ジョセフ・ジョン (J・J) 1856–1949)

ネーム（トムソン　1856-1940）
ノベ3（トムソン,J.J.　1856.12.18-1940.8.30）
物理（トムソン、サー・ジョセフ・ジョン　1856-1940）

Thomson, Joseph Oscar
アメリカの医療宣教師。
⇒アア歴（Thomson,J(oseph) Oscar　トムスン、ジョゼフ・オスカー　1885.8.6-1956.10.2）

Thomson, June
イギリスの作家。
⇒現世文（トムソン、ジューン　1930-）

Thomson, Katherine
オーストラリアの作家、脚本家、女優。
⇒現世文（トムソン、キャサリン　1955-）

Thomson, Keith
アメリカ在住の作家。
⇒海文新（トムスン、キース　1968.2.2-）

Thomson, Peter William
オーストラリア生まれの男子プロゴルファー。
⇒岩世人（トムソン　1929.8.23-）

Thomson, Robert
オーストラリアのジャーナリスト。
⇒外12（トムソン、ロバート　1961.3.11-）
外16（トムソン、ロバート　1961.3.11-）

Thomson, Robert Brown
アメリカの大リーグ選手（外野、三塁）。
⇒メジャ（トムソン、ボビー　1923.10.25-2010.8.16）

Thomson, Roy
カナダ生まれのイギリスの新聞経営者。世界各地でマスコミ企業を所有。1966年「ザ・タイムズ」を買収。
⇒岩世人（トムソン　1894.6.5-1976.8.4）

Thomson, Virgil
アメリカの作曲家、指揮者、音楽評論家。主作品はオペラ『3幕の4人の聖者』(1943) など。
⇒アメ州（Thomson,Virgil　トムソン、バージル　1896-）
岩世人（トムソン　1896.11.25-1989.9.30）
エデ（トムソン、ヴァージル（ガーネット）　1896.11.25-1989.9.30）
ク音3（トムソン　1896-1989）
新音小（トムソン、ヴァージル　1896-1989）
新音中（トムソン、ヴァージル　1896.11.25-1989.9.30）
標音2（トムソン、ヴァージル　1896.11.25-1989.9.30）

Thon, Richard William
アメリカの大リーグ選手（遊撃）。
⇒メジャ（ソン、ディッキー　1958.6.20-）

Thongchai McIntyre
タイ・ポップスを代表する国民的歌手。
⇒岩世人（トンチャイ・マッキンタイ　1958.12.8-）
タイ（トンチャイ・メークインタイ　1958-）

Thongchai Winitcakun
タイの歴史学者。
⇒岩世人（トンチャイ・ウィニッチャクン　1957.10.1-）
外16（トンチャイ・ウィニッチャクン　1957.10.1-）

Thongloun Sisoulith
ラオスの政治家。ラオス首相。
⇒岩世人（トーンルン　1945.11.11-）
世指導（トンルン・シスリット　1945.11.10-）

Thongsing Thammavong
ラオスの政治家。ラオス首相。
⇒岩世人（トーンシン　1944.4.12-）
外12（トンシン・タマウォン　1944.4.12-）
外16（トンシン・タマウォン　1944.4.12-）
世指導（トンシン・タマウォン　1944.4.12-）

't Hooft, Gerardus
オランダの科学者。1999年ノーベル物理学賞受賞。
⇒岩世人（ト・ホーフト　1946.7.5-）
外12（ト・ホーフト、ヘラルデュス　1946.7.5-）
外16（ト・ホーフト、ヘラルデュス　1946.7.5-）
ノベ3（トホーフト,G.　1946.7.5-）
物理（トフーフト、ゲラルド　1946-）

Thor, Annika
スウェーデンの作家。
⇒外12（トール、アニカ　1950-）
外16（トール、アニカ　1950-）
海文新（トール、アニカ　1950.7.2-）
現世文（トール、アニカ　1950.7.2-）

Thor, Brad
アメリカのプロデューサー、作家。
⇒外16（ソー、ブラッド　1969-）
海文新（ソー、ブラッド　1969-）
現世文（ソー、ブラッド　1969-）

Þórarinn Eldjárn
アイスランドの作家、詩人。
⇒岩世人（ソウラリン・エルドヤウルトン　1949.8.22-）

Thorez, Maurice
フランス共産党の指導者。1945年国務相,46〜47年外務大臣代理を務めた。主著『人民の子』(37)。
⇒岩世人（トレズ　1900.4.28-1964.7.11）
広辞7（トレズ　1900-1964）
ネーム（トレズ　1900-1964）

Thorkildsen, Andreas
ノルウェーのやり投げ選手。

⇒外12（トルキルドセン, アンドレアス 1982.4.1-）
外16（トルキルドセン, アンドレアス 1982.4.1-）
最世ス（トルキルドセン, アンドレアス 1982.4.1-）

Thorn, Brad
ニュージーランドのラグビー選手（カンタベリー・LO）。
⇒最世ス（ソーン, ブラッド 1975.2.3-）

Thorndike, Dame Agnes Sybil
イギリスの女優。ギリシャ劇から現代劇にいたる多くの作品に出演。メディア, マクベス夫人が当り役。
⇒岩世人（ソーンダイク 1882.10.24-1976.6.9）

Thorndike, Edward Lee
アメリカの心理学者。
⇒岩世人（ソーンダイク 1874.8.31-1949）
 教人（ソーンダイク 1874-1946）
 広辞7（ソーンダイク 1874-1949）
 社小増（ソーンダイク 1874-1949）
 ネーム（ソーンダイク 1874-1949）

Thornhill, Claude
アメリカのジャズ作曲家, ピアノ奏者。1946年バンドを結成, 編曲のギル・エバンスと組み,『アンソロポロジー』などの名曲を生んだ。
⇒標音2（ソーンヒル, クロード 1909.8.10-1965.7.1）

Thorning-Schmidt, Helle
デンマークの政治家。デンマーク首相, デンマーク社会民主党党首。
⇒外12（トーニングシュミット, ヘレ 1966.12.14-）
 外16（トーニングシュミット, ヘレ 1966.12.14-）
 世指導（トーニングシュミット, ヘレ 1966.12.14-）

Thorn Prikker, Jan
オランダの画家。モザイクやガラス絵も制作。
⇒岩世人（トルン・プリッカー 1868.6.5-1932.3.5）

Thornthwaite, Charles Warren
アメリカの気候学者。気候の水収支の研究に生涯をかけ, 1948年の蒸発散位による気候分類の研究などが有名。
⇒岩世人（ソーンスウェイト 1899.3.7-1963.6.11）
 オク地（ソーンスウェイト, チャールス・ウォーレン 1889-1963）

Thornton, Andre
アメリカの大リーグ選手（一塁, DH）。
⇒メジャ（ソーントン, アンドレ 1949.8.13-）

Thornton, Billy Bob
アメリカの俳優, 映画監督, 脚本家。
⇒外12（ソーントン, ビリー・ボブ 1955.8.4-）
 外16（ソーントン, ビリー・ボブ 1955.8.4-）
 ク俳（ソーントン, ビリー・ボブ 1955-）

Thornton, Joe
カナダのアイスホッケー選手（シャークス・FW）。
⇒最世ス（ソーントン, ジョー 1979.7.2-）

Thornton, Lawrence
アメリカの作家。
⇒現世文（ソーントン, ローレンス 1937-）

Thornton, Matthew J.
アメリカの大リーグ選手（投手）。
⇒メジャ（ソーントン, マット 1976.9.15-）

Thornton, Tex
アメリカの企業経営者。
⇒岩世人（ソーントン 1913.7.22-1981.11.24）

Thornton, Willie Mae（Big Mama）
アメリカ・アラバマ州モンゴメリー生まれの歌手。
⇒ロック（Thornton, Willie Mae ('Big Mama') ソーントン, ウィリー・メイ・("ビッグ・ママ") 1926.12.11-）

Thornycroft, Sir William Hamo
イギリスの彫刻家。1923年, イギリス王立彫刻家協会ゴールド・メダル受賞。
⇒岩世人（ソーニクロフト 1850.3.9-1925.12.18）

Thorp, James
アメリカの地質学者, 土壌学者。『中国の土壌地理学』および『中国土壌分布概略図』(1936) を編さんし, 中国土壌の科学的研究に貢献した。
⇒アア歴（Thorp, James ソープ, ジェイムズ 1896.1.12-1984.2.18）

Thorpe, Amy Elizabeth
アメリカ生まれのエージェント。
⇒スパイ（ソープ, エミー・エリザベス 1910-1963）

Thorpe, Elliott R.
アメリカの陸軍将校。
⇒アア歴（Thorpe, Elliott R. ソープ, エリオット・R. 1897.12.26-1989.6.27）

Thorpe, Ian
オーストラリアの水泳選手（自由形）。
⇒異二辞（ソープ［イアン・〜］ 1982-）
 岩世人（ソープ 1982.10.13-）
 外12（ソープ, イアン 1982.10.13-）
 外16（ソープ, イアン 1982.10.13-）
 ネーム（ソープ, イアン 1982-）

Thorpe, James F.
アメリカのスポーツ万能選手。彼を記念して, ペンシルベニア州にジム・ソープと命名した町がある。
⇒アメ州（Thorpe, Jim ソープ, ジム 1888-1953）
 メジャ（ソープ, ジム 1887.5.28-1953.3.28）

Thorpe, John Jeremy
イギリスの政治家。
⇒岩世人（ソープ　1929.4.29–）

Thorpe, Mackenzie
イギリスの画家。
⇒外12（ソープ, マッケンジー　1956.12.17–）
　外16（ソープ, マッケンジー　1956.12.17–）

Thorpe, *Sir* Thomas Edward
イギリスの化学者。原子量の精密な決定等の業績がある。
⇒岩世人（ソープ　1845.12.8–1925.2.23）
　化学（ソープ　1845–1925）

Thorsteinsson, Jón
アイスランドのテノール歌手。
⇒魅惑（Thorsteinsson,Jón　?–）

Thrasher, Frederic Milton
アメリカの社会学者。
⇒社小増（スラッシャー　1892–1962）

Thresh, John
テノール歌手。
⇒魅惑（Thresh,John　?–）

Thrush, Laurence
イギリスの映画監督, 脚本家。
⇒外12（スラッシュ, ローレンス）

Thue, Axel
ノルウェーの数学者。
⇒岩世人（トゥーエ　1863.2.19–1922.3.7）
　数辞（トゥエ, アクセル　1863–1922）
　世数（トゥーエ, アクセル　1863–1922）

Thuille, Ludwig
ドイツの作曲家, 理論家。ミュンヘン楽派の中心的作曲家。オペラ "Theuerdank"（1893〜95）など。
⇒ク音3（テュイレ（トゥイレ）　1861–1907）
　新音中（トゥイレ, ルートヴィヒ　1861.11.30–1907.2.5）
　標音2（テュイール, ルートヴィヒ　1861.11.30–1907.2.5）

Thuillier, Jacques
フランスの美術史家。
⇒岩世人（テュイリエ　1928.3.18–2011.10.18）

Thulié, Henri
フランスの医師, 政治家。
⇒19仏（チュリエ, アンリ　1832.7.30–1916）

Thulin, Ingrid
スウェーデン生まれの女優。
⇒ク俳（チューリン, イングリッド　1929–）

Thumb, Albert
ドイツの言語学者。ヘレニズム時代から現代までのギリシア語を研究。
⇒岩世人（トゥンブ　1865.5.18–1915.8.14）

Thummarukudy, Muralee
インド出身の国連環境計画（UNEP）災害リスク低減チーム長。
⇒外16（トゥマラクディ, ムラリー）

Thümmel, Paul
ドイツ国防軍防諜部（Abwehr）所属のイギリスの二重スパイ。
⇒スパイ（トゥンメル, パウル　1902–1945）

Thun Saray
カンボジアの人権活動家。
⇒岩世人（トゥン・サライ　1951.12.3–）
　外16（トゥン・サライ　1951.12.3–）
　世指導（トゥン・サライ　1951.12.3–）

Thuram, Lilian
フランスのサッカー選手。
⇒外12（テュラム, リリアン　1972.1.1–）
　最世ス（テュラム, リリアン　1972.1.1–）
　ネーム（テュラム　1972–）

Thurber, James Grover
アメリカのユーモア作家。『男と女と犬』（1943）など多数の著書があり, 独特の漫画も描き, また戯曲, 回想記なども残した。
⇒アメ州（Thurber,James Grover　サーバー, ジェームズ・グローバー　1894–1961）
　岩世人（サーバー　1894.12.8–1961.11.2）
　芸13（サーバー, ジェイムズ　1894–1961）
　現世文（サーバー, ジェームズ・グローバー　1894.12.8–1961.11.2）
　広辞7（サーバー　1894–1961）
　西文（サーバー, ジェイムズ　1894–1961）

Thureau-Dangin, François
フランスのアッシリア学者。ルーヴル博物館に勤務。
⇒岩世人（テュロー＝ダンジャン　1872.1.3–1944.1.24）

Thurlow, Setsuko
カナダの反核運動家。
⇒外12（サーロー, セツコ）
　外16（サーロー, セツコ）

Thurman, Rob
アメリカの作家。
⇒海文新（サーマン, ロブ）

Thurman, Uma
アメリカ生まれの女優。
⇒外12（サーマン, ユマ　1970.4.29–）
　外16（サーマン, ユマ　1970.4.29–）
　ク俳（サーマン, ウーマ　1970–）
　スター（サーマン, ユマ　1970.4.29–）

Thurmond, Strom
アメリカの政治家。アメリカ上院議員（共和党）。
⇒アメ州（Thurmond, James Strom サーモンド、ジェームス・ストロム 1902-）
アメ新（サーモンド 1902-2003）
世指導（サーモンド、ストロム 1902.12.5-2003.6.26）

Thurneysen, Eduard
スイスの改革派神学者、牧師。弁証法神学の創立者の一人。
⇒岩世人（トゥルナイゼン 1888.7.10-1974.8.21）
オク教（トゥルナイゼン 1888-1974）
新カト（トゥルナイゼン 1888.7.10-1974.8.21）

Thurneysen, Rudolf
スイスの言語学者、ケルト語学者。主著"Grammatica Celtica"（1881）。
⇒岩世人（トゥルナイゼン 1857.3.14-1940.8.9）

Thurnwald, Richard Cristian
ドイツの機能主義を代表する民族学者、社会学者。主著"Ethnopsychologische Studien an Südsee・Völkern"（1913）。
⇒岩世人（トゥルンヴァルト 1869.9.18-1954.1.19）
社小増（トゥルンヴァルト 1869-1954）

Thurow, Lester C.
アメリカ生まれの経済思想家。
⇒岩経（サロー 1938-）
岩世人（サロー 1938.5.7-）
外12（サロー、レスター・カール 1938.5.7-）
外16（サロー、レスター・カール 1938.5.7-）

Thurso, Archibald Henry Macdonald Sinclair, 1st Viscount
イギリスの政治家。
⇒岩世人（サーソー 1890.10.22-1970.6.15）

Thurston, Howard
アメリカの奇術師。
⇒岩世人（サーストン 1869.7.20-1936.4.13）

Thurston, Matilda
アメリカの宣教師。
⇒アア歴（Thurston, Matilda（Smyrell）C（alder）サーストン、マティルダ・スミレル・コルダー 1875.5.16-1958.4.18）

Thurston, William P.
アメリカの数学者。
⇒数辞（サーストン、ウィリアム・P 1946-）
世数（サーストン、ウィリアム・ポール 1946-2012）

Thurstone, Louis Leon
アメリカの心理学者。数学的方法を心理学の問題に適用、重因子分析法の展開と知能測定法の改良に貢献。
⇒岩世人（サーストン 1887.5.29-1955.9.29）

教人（サーストン 1887-1955）
社小増（サーストン 1887-1955）
社心小（サーストン 1887-1955）

Thúy, Kim
ベトナム生まれのカナダの作家。
⇒海文新（チュイ、キム 1968.9.19-）
現世文（チュイ、キム 1968.9.19-）

Thwaite, Anthony Simon
イギリスの詩人、批評家。和歌、俳句の翻訳（1964）などがある。
⇒岩世人（スウェイト 1930.6.23-）
現世文（スウェイト、アンソニー 1930.6.23-）

Thwing, Edward Waite
アメリカの宣教師。
⇒アア歴（Thwing, Edward Waite トウィング、エドワード・ウェイト 1868.2.11-1943.3.2）

Thydell, Johanna
スウェーデンの作家。
⇒海文新（ティデル、ヨハンナ 1980.11.14-）
現世文（ティデル、ヨハンナ 1980.11.14-）

Thys, Gert
南アフリカのマラソン選手。
⇒外12（タイス、ゲルト 1971.11.12-）

Thyssen, August
ドイツの工業家。圧延工場、商事会社を拡張してテュッセン・コンツェルンを形成。
⇒岩世人（テュッセン 1842.5.17-1926.4.4）

Thyssen, Fritz
ドイツの工業家。A.テュッセンの子。
⇒岩世人（テュッセン 1873.11.9-1951.2.8）

Tian, Da-Cheng
中国のテノール歌手。
⇒魅惑（Tian, Da-Cheng（田大成） ?-）

Tiant, Luis Clemente
アメリカの大リーグ選手（投手）。
⇒メジャ（ティアント、ルイス 1940.11.23-）

Tibell, Lars
テノール歌手。
⇒魅惑（Tibell, Lars ?-）

Tibesar, Leopold Henry
アメリカ・クインシー生まれのメリノール宣教会司祭、日本宣教師。
⇒新カト（ティベサー 1898.8.27-1970.3.13）

Ticciati, Robin
イギリスの指揮者。
⇒外12（ティチアーティ、ロビン 1983-）
外16（ティチアーティ、ロビン 1983-）

Tichina, Pavlo Grigor'evich
ウクライナ（ソ連）の詩人。
⇒岩世人（ティチーナ　1891.1.15/27–1967.9.16）

Tickner, J. Ann
アメリカの政治学者。フェミニスト国際関係論の代表的理論家の一人。
⇒国政（ティクナー, アン　1937–）

Tida Tawornseth
タイの政治家。
⇒外16（ティダ・タウォンセート）
　世指導（ティダ・タウォンセート）

Tidhar, Lavie
イスラエルの作家。
⇒海文新（ティドハー, ラヴィ　1976.11.16–）
　現世文（ティドハー, ラヴィ　1976.11.16–）

Tidrow, Richard William
アメリカの大リーグ選手（投手）。
⇒メジャ（ティドロウ, ディック　1947.5.14–）

Tiedge, Hans Joachim
西ドイツの防諜機関BfV（連邦憲法擁護庁）防諜局長。1985年8月東ドイツへ亡命した。
⇒スパイ（ティートケ, ハンス・ヨアヒム　1937–2011）

Tiempo, Sergio Daniel
ベネズエラのピアノ奏者。
⇒外12（ティエンポ, セルジオ・ダニエル　1972.2.24–）
　外16（ティエンポ, セルジオ・ダニエル　1972.2.24–）

Tieppo, Giorgio
イタリアのテノール歌手。
⇒失声（ティエッポ, ジョルジョ　?）
　魅惑（Tieppo, Giorgio　?–）

Tiercelin, Claudine
フランスの哲学者。
⇒メル別（ティエルスラン, クロディーヌ　1952–）

Tiernan, Michael Joseph
アメリカの大リーグ選手（外野）。
⇒メジャ（ティアーナン, マイク　1867.1.21–1918.11.7）

Tierney, Gene
アメリカの映画女優。
⇒遺産（ティアニー, ジーン　1920.11.19–1991.11.6）
　ク俳（ティアニー, ジーン　1920–1991）
　スター（ティアニー, ジーン　1920.11.19–1991）

Tierney, Lawrence
アメリカ生まれの俳優。
⇒ク俳（ティアニー, ローレンス　1919–2002）

Tietmeyer, Hans
ドイツの銀行家, エコノミスト。
⇒岩世人（ティートマイアー　1931.8.18–）
　外12（ティートマイヤー, ハンス　1931.8.18–）
　外16（ティートマイヤー, ハンス　1931.8.18–）

Tietze, Hans
オーストリアの美術史学者。美術史方法論を研究。
⇒岩世人（ティーツェ　1880.3.1–1954.4.13）

Tietze, Heinrich
ドイツの数学者。
⇒数辞（ティーツェ, ハインリッヒ・フランツ・フリードリッヒ　1880–1964）
　世数（ティーツェ, ハインリッヒ・フランツ・フリードリヒ　1880–1964）

Tiffany
韓国の歌手。
⇒外12（ティファニー　1989.8.1–）

Tiffany, John
イギリスの演出家。
⇒外16（ティファニー, ジョン　1971–）

Tiffany, Lewis Comfort
アメリカの工芸家。主にガラス工芸で活躍。
⇒アメ州（Tiffany, Louis Comfort　ティファニー, ルイス・コンフォート　1848–1933）
　アメ新（ティファニー　1848–1933）
　岩世人（ティファニー　1848.2.18–1933.1.17）

Tiger Jeet Singh
インドのプロレスラー。
⇒異二辞（シン, タイガー・ジェット　1948–）
　岩世人（タイガー・ジェット・シン　1944.4.3–）
　外12（タイガー・ジェット・シン　1944–）
　外16（タイガー・ジェット・シン　1944–）
　ネーム（シン, タイガー・ジェット　1948–）

Tighe, Dominic
イギリスのバリトン歌手, 俳優。
⇒外12（タイ, ドミニク　1983.4.20–）

Tihić, Suleiman
ボスニア・ヘルツェゴビナの政治家。ボスニア・ヘルツェゴビナ幹部会員。
⇒世指導（ティヒッチ, スレイマン　1951.11.26–2014.9.25）

Tihon
ロシア正教会モスクヴァ総主教。本名ヴァシーリイ・イヴァーノヴィチ・ベラーヴィン（Vasilij Ivanovič Belavin）。
⇒岩世人（チーホン　1865.1.19/31–1925.4.7）
　新カト（チーホン　1865.1.31（ユリウス暦1.19）–1925.4.7（ユリウス暦3.25））

Tikhomirov, Lev Aleksandrovich
ロシアのナロードニキ革命家。

⇒岩世人（チホミーロフ 1852.1.19/31–1923.10.26)

Tikhonov, Nikolai Aleksandrovich
ソ連の政治家。1976年第一副首相,80年首相となる。
⇒岩世人（チーホノフ 1905.5.1/14–1997.6.1)
世人新（チーホノフ 1905–1997)
世人装（チーホノフ 1905–1997)

Tikhonov, Nikolai Semyonovich
ソ連の詩人。『二つの流れ』(1951)でスターリン賞受賞。平和運動の推進者としても国際的に有名。
⇒岩世人（チーホノフ 1896.11.22/12.4–1979.2.8)
現世文（チーホノフ,ニコライ・セミョーノヴィチ 1896.12.4–1979.2.8)
ネーム（チーホノフ 1896–1979)

Tikhonv, Andrei Nikolaevich
ソ連の数学者,地球物理学者。
⇒世数（チホノフ（またはチコノフ）,アンドレイ・ニコラエヴィッチ 1906–1993)

Tilak, Bāl Gangādhar
インド民族運動の指導者。急進的活動で国民会議派と対立し,1916年インド自治連盟を結成。
⇒岩世人（ティラク 1856.7.23–1920.8.1)
学叢思（チラックバル,ガンガドハル 1856–1920)
世史改（ティラク 1856–1920)
世人新（ティラク 1856–1920)
世人装（ティラク 1856–1920)
南ア新（ティラク 1856–1920)
ネーム（ティラク 1856–1920)
ポプ人（バール・ガンガダール・ティラク 1856–1920)

Tilak, Nārāyan Vāman
インドのキリスト教指導者,詩人,マラーティ語讃美歌作者。
⇒新カト（ティラク 1862頃–1919)

Tilden, Bill
アメリカのテニス選手。全英選手権を3度獲得(1920,21,30年)。世界の庭球王と呼ばれた。
⇒岩世人（ティルデン 1893.2.10–1953.6.5)

Tilden, William August
イギリスの化学者。イソプレンをつくり,合成ゴム工業への道を開いた。
⇒岩世人（ティルデン 1842.8.15–1926.12.11)
化学（ティルデン 1842–1926)

al-Tilimsānī, 'Umar
エジプトのイスラム運動家。
⇒岩世人（ティリムサーニー 1904.11.4–1986.5.22)

Tiling, Magdalene von
ドイツの福音派の教育家。名誉神学博士。1911年,エルベルフェルトの女学校長となり,また福音派の婦人運動の指導的役割をはたし,『学校と福音」,「課題と目的」などの雑誌を編集。
⇒教人（ティリンク 1877–)

Till, Emmett
アメリカ・シカゴの少年。白人女性に口笛を吹いたかどで残酷に殺された。
⇒マルX（TILL,EMMETT ティル,エメット 1941–1955)

Till, James Edgar
カナダの生物物理学者。
⇒世発（ティル,ジェイムズ・エドガー 1931–)

Tillers, Imants
オーストラリアのビジュアルアーティスト。
⇒岩世人（ティラーズ 1950.7.30–)

Tillerson, Rex
アメリカの実業家。国務長官,エクソン・モービル会長・CEO。
⇒外12（ティラーソン,レックス）
外16（ティラーソン,レックス）
世指導（ティラーソン,レックス 1952.3.23–)

Tillett, Benjamin
イギリスの労働運動指導者。1896年船舶・ドック・河川労働者国際連盟の組織に尽力。
⇒学叢思（ティレット,ベンジャミン 1860–?)

Tilley, Cecil Edgar
イギリスの岩石学者,鉱物学者。ケンブリッジ大学教授(1931〜)。特に変成岩の研究で知られる。
⇒岩世人（ティリー 1894.5.14–1973.1.24)

Tillich, Paul Johannes Oskan
ドイツ生まれの神学者,哲学者。ナチズムを批判し,アメリカに渡る(1933)。現代有数の護教論者。
⇒岩キ（ティリッヒ 1886–1965)
岩世人（ティリヒ 1886.8.20–1965.10.22)
オク教（ティリッヒ 1886–1965)
広辞7（ティリッヒ 1886–1965)
新カト（ティリヒ 1886.8.20–1965.10.22)

Tillman, Benjamin Ryan
アメリカの政治家。サウスカロライナ州知事(1890〜94)。1895〜1918年連邦上院議員。
⇒アメ州（Tillman,Benjamin Ryan ティルマン,ベンジャミン・ライアン 1847–1918)

Tillman, George, Jr.
アメリカの映画監督。
⇒外12（ティルマン,ジョージ(Jr.) 1968–)

Tillmann, Fritz
ドイツのカトリック神学者。
⇒新カト（ティルマン 1874.11.1–1953.3.24)

Tillmans, Wolfgang
ドイツの写真家。

⇒外12（ティルマンズ, ウォルフガング 1968–）
外16（ティルマンズ, ウォルフガング 1968–）
現アテ（Tillmans,Wolfgang ティルマンス, ヴォルフガング 1968–）

Tillotson, Johnny
アメリカ・フロリダ州生まれの歌手。
⇒ロック（Tillotson,Johnny ティロットソン, ジョニー 1939.4.20–）

Tilly, Charles H.
アメリカの社会学者。
⇒岩世人（ティリー 1929.5.20–2008.4.29）

Tilly, Meg
アメリカ生まれの女優。
⇒ク俳（ティリー, メグ 1960–）

Tillyard, Eustace Mandeville Wetenhall
イギリスの文学者。シェークスピアやミルトンの研究で知られる。著書は『エリザベス時代の世界像』（1943）など多数。
⇒岩世人（ティリャード 1889–1962.5.24）

Tilson, Joe
イギリス生まれの画家。
⇒芸13（ティルソン, ジョエ 1928–）

Tilson-Thomas, Michael
アメリカの指揮者。
⇒外12（ティルソン・トーマス, マイケル 1944.12.21–）
外16（ティルソン・トーマス, マイケル 1944.12.21–）
新音中（ティルソン・トーマス, マイケル 1944.12.21–）
標音2（トマス, マイケル・ティルソン 1944.12.21–）
ユ著人（Thomas,Michael Tilson トーマス, ミシェール・ティルソン 1944–）

Tiltman, Hugh Hessell
イギリスのジャーナリスト。終戦後, イギリス労働党機関紙 "Daily Herald" 極東特派員として来日。
⇒岩世人（ティルトマン 1897.2.2–1976.8.10）

Tilton, Mclane
アメリカの海軍将校。
⇒アア歴（Tilton,Mclane ティルトン, マックレイン 1836.9.25–1914.1.2）

Tim, Tiny
アメリカ・ニューヨーク生まれの歌手, 俳優, ウクレレ奏者。
⇒ロック（Tim,Tiny ティム, タイニー 1925–）

Timakata, Fred
バヌアツの政治家。バヌアツ大統領（1984,89～94）。
⇒世指導（ティマカタ, フレッド 1936–1995.3.21）

Timanina, Anzhelika
ロシアのシンクロナイズドスイミング選手。
⇒最世ス（ティマニナ, アンゼリカ 1989.4.26–）

Timasheff, Nicholas Sergeevich
ロシア出身のアメリカの法社会学者。
⇒社小増（ティマシェフ 1886–1970）

Timberlake, Justin
アメリカの歌手。
⇒外12（ティンバーレイク, ジャスティン 1981.1.23–）
外16（ティンバーレイク, ジャスティン 1981.1.31–）

Timerman, Héctor
アルゼンチンの政治家。
⇒外12（ティメルマン, エクトル）
外16（ティメルマン, エクトル）
世指導（ティメルマン, エクトル）

Timiryazev, Kliment Arkadievich
ロシアの植物生理学者。スペクトルの青色帯の光合成極大効果を発見。
⇒岩生（ティミリャーゼフ 1843–1920）
岩世人（チミリャーゼフ 1843.5.22/6.3–1920.4.28）

Timlin, Michael August
アメリカの大リーグ選手（投手）。
⇒メジャ（ティムリン, マイク 1966.3.10–）

Timm, Uwe
ドイツの作家, 詩人, エッセイスト。
⇒現世文（ティム, ウーヴェ 1940.3.30–）

Timmer, Marianne
オランダのスピードスケート選手。
⇒外12（ティメル, マリアンヌ 1974.10.3–）
最世ス（ティメル, マリアンヌ 1974.10.3–）

Timmermann, Karl
アメリカ陸軍兵士。
⇒ネーム（ティンマーマン 1922–1951）

Timmermans, Félix
ベルギーのオランダ語の小説家。主著『アダジオ』（1947）など。
⇒岩世人（ティンメルマンス 1886.7.5–1947.1.24）
新カト（ティンメルマンス 1886.7.5–1947.1.24）

Timofeeff-Ressovsky, Nikolai Vladimirovich
ソ連の遺伝学者。
⇒岩生（ティモフェエフ-レソフスキー 1900–1981）

Timofti, Nicolae
モルドバの政治家, 法律家。モルドバ大統領（2012～16）。
⇒外16（ティモフティ, ニコラエ 1948.12.22–）
世指導（ティモフティ, ニコラエ 1948.12.22–）

Timokhin, Yevgeny Leonidovich
ソビエト軍の情報機関（GRU）の局長。在職 1991〜92。
⇒スパイ (チモーヒン,エフゲニー・レオニドヴィチ)

Timoshenko, Gregory Stephen
アメリカ(ロシア系)の工学者。応用力学,材料力学などを研究。
⇒岩世人 (ティモーシェンコ 1878.12.11/23-1972.5.30)

Timoshenko, Semën Konstantinovich
ソ連の陸軍軍人。対フィンランド戦争後,国防相。独ソ戦後,西部戦線指揮官となる。
⇒岩世人 (チモシェンコ 1895.2.6/18-1970.3.31)

Timo Tjahjanto
インドネシアの映画監督。
⇒外16 (ティモ・ジャヤント)

Timperley, Harold John
オーストラリア生まれのイギリスのジャーナリスト,中国専門家。
⇒岩世人 (ティンパリー 1898-1954)

Tinbergen, Jan
オランダの経済学者。1969年「経済過程の動態分析を応用,発展させた」功績により第1回ノーベル経済学賞を受賞。
⇒岩経 (ティンバーゲン 1903-1994)
岩世人 (ティンバーゲン(ティンベルヘン) 1903.4.12-1994.6.9)
広経7 (ティンバーゲン 1903-1994)
社小増 (ティンベルヘン 1903-1994)
政経改 (ティンバーゲン 1903-)
ノベ3 (ティンバーゲン,J. 1903.4.12-1994.6.9)
有経5 (ティンベルヘン 1903-1994)

Tinbergen, Nikolaas
オランダ生まれのイギリスの動物行動学者。1973年度ノーベル医学生理学賞を受賞。なお第1回のノーベル経済学賞を受賞したティンバーゲン,Jは実兄。
⇒岩生 (ティンバーゲン 1907-1988)
岩世人 (ティンバーゲン(ティンベルヘン) 1907.4.15-1988.12.21)
旺生5 (ティンバーゲン 1907-1988)
オク科 (ティンバーゲン(ニコラス) 1908-1988)
オク生 (ティンバーゲン,ニコ(ラス) 1907-1988)
広辞7 (ティンバーゲン 1907-1988)
三新生 (ティンバーゲン 1907-1988)
ネーム (ティンバーゲン 1907-1988)
ノベ3 (ティンバーゲン,N. 1907.4.15-1988.12.21)

Tindemans, Leo
ベルギーの政治家。ベルギー首相。
⇒岩世人 (ティンデマンス 1922.4.16-)
世指導 (ティンデマンス,レオ 1922.4.16-2014.12.26)

Ting, Samuel Chao Chung
アメリカの物理学者。1974年新粒子Jを発見,76年ノーベル物理学賞受賞。
⇒岩世人 (ティン 1936.1.27-)
外16 (ティン,サミュエル 1936.1.27-)
中日3 (丁肇中 1936-)
ノベ3 (ティン,S.C.C. 1936.1.27-)

Tingatinga, Edward Saidi
タンザニアの画家。
⇒岩世人 (ティンガティンガ 1932/1937?-1972)

Tinguely, Jean
スイス生まれの美術家。日本では1970年大阪の万博国際鉄鋼彫刻シンポジウムに出品。
⇒岩世人 (ティンゲリー 1925.5.22-1991.8.30)
芸13 (ティンゲリー,ジャン 1925-1991)
ポプ人 (ティンゲリー,ジャン 1925-1991)

Ting Walasse
中国・上海生まれの画家。
⇒芸13 (ティン・ワラセ 1929-)

Tinker, Joseph Bert
アメリカの大リーグ選手(遊撃)。
⇒メジャ (ティンカー,ジョー 1880.7.27-1948.7.27)

Tinschert, Aloys
テノール歌手。
⇒魅惑 (Tinschert,Aloys ?-)

Tin Tut, U
英領期ビルマの高等文官,独立後の政治家。
⇒岩世人 (ティントゥッ 1895.2.1-1948.9.18)

Tin U
ミャンマー(ビルマ)の政治家,軍人。ミャンマー国民民主連盟(NLD)副議長。
⇒岩世人 (ティンウー 1927.3.3-)
外12 (ティン・ウ 1928.3.12-)
外16 (ティン・ウ 1927.3.12-)
世指導 (ティン・ウ 1927.3.12-)

Tiomkin, Dimitri
ロシア生まれのアメリカの映画音楽作曲家。1952年の映画『真昼の決闘』などでアカデミー賞を3回受賞。
⇒ク音3 (ティオムキン 1894-1979)
新音中 (ティオムキン,ディミートリ 1894.5.10-1979.11.11)
標音2 (ティオムキン,ディミトリー 1894.5.10-1979.11.11)

Tippett, Keith
イギリスの作曲家,ジャズ・ロッカー。
⇒ロック (Tippett,Keith ティペット,キース)

Tippett, Michael
イギリスの作曲家。
⇒岩世人 (ティペット 1905.1.2-1998.1.8)

エデ（ティベット, サー・マイケル（ケンブ）1905.1.2–1998.1.8）
ク音3（ティベット 1905–1998）
新音小（ティベット, マイケル 1905–1998）
新音中（ティベット, マイケル 1905.1.2–1998.1.8）
標音2（ティベット, マイケル 1905.1.2–1998.1.8）

Tippett, Phil
アメリカ生まれのアニメーション作家, 特撮監督。
⇒岩世人（ティペット 1951–）
外12（ティペット, フィル 1951–）

Tippu Tip
ザンジバルの商人。
⇒岩世人（ティップー・ティプ 1837–1905.6.14）

Tiptree, James, Jr.
アメリカの女性SF作家。本名アリス・シェルドン。
⇒現世文（ティプトリー, ジェームズ(Jr.) 1915.8.24–1987.5.19）
ネーム（ティプトリー, ジェイムズ, ジュニア 1915–1987）

Tiravanija, Rirkrit
アルゼンチン生まれの芸術家。
⇒現アテ（Tiravanija,Rirkrit ティラヴァニ, リクリット 1961–）

Tirikatene, Eruera Tihema
ニュージーランドの政治家。
⇒ニュー（ティリカテネ, エルエラ 1895–1967）

Tirindelli, Pier Adolfo
イタリアの作曲家, ヴァイオリン奏者。
⇒ク音3（ティリンデッリ 1858–1937）

Tiro, Hasan
インドネシアのアチェ分離独立運動の指導者。自由アチェ運動（GAM）最高指導者。
⇒岩世人（ティロ, ハサン 1925.9.25–2010.6.3）
世指導（ティロ, ハッサン 1925.8.25–2010.6.3）

Tirole, Jean
フランスの経済学者。
⇒外16（ティロール, ジャン 1953.8.9–）

Tirpitz, Alfred von
プロシア, ドイツの海軍軍人。海洋艦隊を建設し,「ドイツ海軍の父」といわれる。
⇒岩世人（ティルピッツ 1849.3.19–1930.3.6）
ネーム（ティルピッツ 1849–1930）

Tirta, Iwan
インドネシアのバティック・デザイナー。
⇒岩世人（ティルタ, イワン 1935.4.18–2010.7.31）

Tirtoadisuryo, Raden Mas
インドネシア民族主義運動, ジャーナリズムの先駆者。
⇒岩世人（ティルトアディスルヨ 1880–1918.12.7）

Tiryakian, Edward Ashod
アメリカの社会学者。
⇒社小増（ティリヤキアン 1929–）

Tischler, Hans
オーストリア生まれのアメリカの音楽学者。
⇒標音2（ティシュラー, ハンス 1915.1.18–）

Tischler, Thomas
ドイツのテノール歌手。
⇒魅惑（Tischler,Thomas ?–）

Tiselius, Arne Wilhelm Kaurin
スウェーデンの生化学者。蛋白質溶液の電気泳動と吸着分析を研究。1948年ノーベル化学賞受賞。
⇒岩生（ティセリウス 1902–1971）
岩世人（ティセリウス 1902.8.10–1971.10.29）
化学（ティセリウス 1902–1971）
広辞7（ティセリウス 1902–1971）
三新生（ティセリウス 1902–1971）
ノベ3（ティセリウス,A.W.K. 1902.8.10–1971.10.29）

Tishchenko, Aleksei
ロシアのボクサー。
⇒外12（ティシュチェンコ, アレクセイ 1984.5.29–）
最世ス（ティシュチェンコ, アレクセイ 1984.5.29–）

Tishchenko, Boris Ivanovich
ロシアの作曲家。
⇒ク音3（ティシチェンコ 1939–）
標音2（ティシチェンコ, ボリス・イヴァノヴィチ 1939.3.23–）

Tishler, Max
アメリカの薬理学者。
⇒岩世人（ティシラー 1906.10.30–1989.3.18）

Tišler, František
アメリカ・ワシントンDCのチェコ大使館の暗号官。
⇒スパイ（ティスラー, フランティセク）

Tisna, Panji
インドネシアの作家。
⇒岩世人（ティスナ, パンジ 1908.2.11–1978.6.2）

Tiso, Josef
チェコスロバキアの神学者, 政治家。スロバキア人民党の党首, ついで首相となる（1938）。
⇒岩世人（ティソ 1887.10.13–1947.4.18）
新カト（ティソ 1887.10.13–1947.4.17）

Tison, Annette
フランスのイラストレーター。
⇒外16（チゾン, アネット 1942–）

Tisserant, Eugène Gabriel
フランスのオリエント学者,枢機卿。
⇒新カト（ティスラン　1884.3.24-1972.2.21）

Tisza István
ハンガリーの政治家。K.ティサの子。第1次世界大戦開戦時の首相。
⇒岩世人（ティサ　1861.4.22-1918.10.31）

Tit, Tom
フランスのエッセイスト。
⇒19仏（ティット,トム　1853-1928）

Titchener, Edward Bradford
アメリカの心理学者。構成心理学派の代表者。
⇒岩世人（ティチェナー　1867.1.11-1927.8.3）
　学叢思（ティチナー,エドワード・ブラッドフォード　1867-?）

Titmuss, Richard Morris
イギリスの社会政策学者。社会福祉管理の理論を体系づけ,「新しい貧困」を不平等としてとらえるなどの今日的な問題提起をした。
⇒現社福（ティトマス　1907-1973）
　社小増（ティトマス　1907-1973）

Tito, Teburoro
キリバスの政治家。キリバス大統領,外相（1994～2003）。
⇒世指導（シト,テブロロ　1953.8.25-）

Tito（Josip Broz）
ユーゴスラビアの政治家。第2次世界大戦ではパルチザンを組織。1945年首相,53年大統領。
⇒岩韓（チトー　1892-1980）
　岩世人（ティトー　1892.5.7/25-1980.5.4）
　広辞7（チトー　1892-1980）
　国政（チトー　1892-1980）
　世史改（ティトー　1892-1980）
　世史改（ティトー　1892-1980）
　世史改（ティトー　1892-1980）
　世人新（ティトー　1892-1980）
　世人装（ティトー　1892-1980）
　ポプ人（チトー　1892-1980）
　もう山（ティトー　1892-1980）

Titov, Vladimir
フランスの画家。
⇒芸13（チトフ,レグミール　1950-）

Tits, Jacques Léon
フランスの数学者。
⇒世数（ティッツ,ジャック　1930-）

Titulescu, Nicolas
ルーマニアの政治家。1933～36年に小協商,バルカン協商の結成に活躍。
⇒岩世人（ティトゥレスク　1882.3.4-1941.3.17）

Titus, Alan
アメリカのバリトン歌手。

⇒外12（タイトス,アラン）

Titus, John Franklin
アメリカの大リーグ選手（外野）。
⇒メジャ（タイタス,ジョン　1876.2.21-1943.1.8）

Titus-Carmel, Gérard
フランス・パリ生まれのデッサンによる画家。
⇒芸13（ティテュス・カルメル,ジェラード　1942-）

Tixeront, Joseph
フランスのカトリック神学者,教父学者,シュルピス会士。
⇒新カト（ティクスロン　1856.3.19-1925.9.3）

Tizard, Dame Catherine Anne
ニュージーランドの政治家,行政官。
⇒ニュー（ティザード,キャサリン　1931-）

Tizard, Sir Henry Thomas
イギリスの自然科学者。1941～43年航空産業省の顧問として航空界の発展に貢献。
⇒岩世人（ティザード　1885.8.23-1959.10.9）

Tiziano, Michele
テノール歌手。
⇒魅惑（Tiziano,Michele　?-）

Tjarda van Starkenborgh Stachouwer, Alidius Warmoldus Lambertus
オランダの外交官。
⇒岩世人（チャルダ・ファン・スタルケンボルフ・スタッハウエル　1888.3.7-1978.8.16）

Tjokroaminoto, Oemar Said
インドネシアの民族運動家,イスラム同盟（SI）創立者。SIを最大の民族運動団体とした。
⇒イス世（チョクロアミノト　1882-1934）
　岩イ（チョクロアミノト　1882-1934）
　岩世人（チョクロアミノト,ウマル・サイド　1882.8.16-1934.12.17）

Tkachenko, Aleksey G.
ワシントン駐在のソ連の外交官。
⇒スパイ（トカチェンコ,アレクセイ・G）

Tlali, Miriam Masoli
南アフリカの女性作家。
⇒現世文（トラーリィ,ミリアム　1933.11.11-2017.2.24）

To, Johnnie
香港の映画監督。
⇒岩世人（トー　1955.4.22-）
　外12（トー,ジョニー　1955.4.22-）
　外16（トー,ジョニー　1955.4.22-）

To, Raymond
香港の脚本家。
⇒岩世人（杜国威　とこくい　1946.8.13-）

Toafa, Maatia
ツバルの政治家。ツバル首相・外相・労相。
⇒外16（トアファ,マアティア　1954.5.1–）
　世指導（トアファ,マアティア　1954.5.1–）

Tobey, Mark
アメリカの画家。書道の要素をとり入れた神秘的抽象表現を試みる。
⇒岩世人（トビー　1890.12.11–1976.4.24）
　芸13（トビー,マーク　1890–1976）

Tobgay, Tshering
ブータンの政治家。ブータン首相。
⇒外16（トブゲイ,ツェリン　1965.9.19–）
　世指導（トブゲイ,ツェリン　1965.9.19–）

Tobias, Cornelius Anthony
アメリカの医学物理学者。炭素・ネオン等の粒子線による医学診断法,治療法を開拓。
⇒岩世人（トバイアス　1918.5.28–2000.5.2）

Tobias, Gert
ルーマニア生まれの芸術家。
⇒現アテ（Tobias,Gert & Uwe　トビアス,ゲルト&ウーヴァ　1973–）

Tobias, Michael T.
アメリカ海軍の水兵。
⇒スパイ（トビアス,マイケル・T）

Tobias, Phillip Vallentine
イギリスの解剖学者,自然人類学者。
⇒岩世人（トバイアス　1925.10.14–2012.6.7）

Tobias, Uwe
ルーマニア生まれの芸術家。
⇒現アテ（Tobias,Gert & Uwe　トビアス,ゲルト&ウーヴァ　1973–）

Tobiasse, Theo
イスラエル生まれの画家。
⇒芸13（トビアス,テオ　1927–）

Tobin, Eugene
アメリカのテノール歌手。
⇒失声（トービン,ユージン　1925–）
　魅惑（Tobin,Eugene　1922–）

Tobin, Genevieve
アメリカの女優。
⇒ク俳（トビン,ジュヌヴィーヴ　1899–1995）

Tobin, James
アメリカの経済学者。
⇒岩経（トービン　1918–2002）
　岩世人（トービン　1918.3.5–2002.3.11）
　広辞7（トービン　1918–2002）
　ノベ3（トービン,J.　1918.3.5–2002.3.11）
　有経5（トービン　1918–2002）

Tobin, James Anthony
アメリカの大リーグ選手（投手）。
⇒メジャ（トービン,ジム　1912.12.27–1969.5.19）

Tobin, John Thomas
アメリカの大リーグ選手（外野）。
⇒メジャ（トービン,ジャック　1892.5.4–1969.12.10）

Tobino, Mario
イタリアの小説家,詩人。主著『ビアッソリの残り火』(1956)。
⇒現世文（トビーノ,マリオ　1910.1.16–1991.12.11）

Tobler, Adolf
スイスの言語学者。ベルリン大学ロマンス語教授(1867)。
⇒岩世人（トーブラー　1835.5.24–1910.3.18）

Toby, Ronald P.
アメリカの歴史家。イリノイ大学教授。
⇒外12（トビ,ロナルド　1942–）
　外16（トビ,ロナルド　1942–）

Tocco, Felice
イタリアの哲学者,哲学史家。カント主義者。
⇒岩世人（トッコ　1845.9.11–1911.6.6）

Toch, Ernst
オーストリア生まれのアメリカの作曲家。南カリフォルニア大学の作曲教授。ハリウッドで映画音楽を作曲。
⇒岩世人（トッホ　1887.12.7–1964.10.1）
　エデ（トッホ,エルンスト　1887.12.7–1964.10.1）
　ク音3（トッホ　1887–1964）
　新音中（トッホ,エルンスト　1887.12.7–1964.10.1）
　標音2（トッホ,エルンスト　1887.12.7–1964.10.1）
　ユ著人（Toch,Ernest　トッホ,エルンスト　1887–1964）

Toch, Maximilian
アメリカの塗料工学者。
⇒ユ著人（Toch,Maximilian　トッホ,マクシミリアン　1864–1946）

Todaro, José
リビアのテノール歌手。
⇒失声（トダロ,ジョゼ　?）

Todd
アメリカの歌手。
⇒外12（トッド　1986.10.10–）

Todd, *Sir* Alexander Robertus, Baron
イギリスの有機化学者。核酸成分であるヌクレオシド,ヌクレオチドの結合解明や合成に業績をあげ,ノーベル化学賞を受賞(1957)。
⇒岩生（トッド　1907–1997）

岩世人（トッド　1907.10.2-1997.1.10）
化学（トッド　1907-1997）
ノベ3（トッド,A.R.　1907.10.2-1997.1.10）

Todd, Ann
イギリス生まれの女優。
⇒ク俳（トッド, アン　1909-1993）

Todd, Anna
アメリカの作家。
⇒海文新（トッド, アナ）

Todd, Emmanuel
フランスの人口学者, 歴史学者, 社会人類学者。
⇒外12（トッド, エマニュエル　1951-）
外16（トッド, エマニュエル　1951-）
現社（トッド　1951-）

Todd, Mark
ニュージーランドの馬術選手。
⇒外16（トッド, マーク　1956.3.1-）
最世ス（トッド, マーク　1956.3.1-）

Todd, Michael（Avrom Hirsch Goldbogen）
アメリカの映画製作者。ワイドスクリーンのトッドAO方式を完成。
⇒ユ著人（Todd,Michael（Mike）　トッド, マイケル　1907/1909-1958）

Todd, Oliver Julian
アメリカの技師。
⇒アア歴（Todd,O（liver）J（ulian）　トッド, オリヴァー・ジュリアン　1880.11.1-1974.1.13）

Todd, Richard
アイルランド生まれの俳優。
⇒ク俳（トッド, リチャード（ペイルソープ＝トッド, R）　1919-）

Todd, Thelma
アメリカの映画女優。
⇒ク俳（トッド, セルマ　1905-1935）

Todd, Thomas Wingate
イギリスの解剖学者, 人類学者。
⇒岩世人（トッド　1885.1.15-1938.12.28）

Todesco, Luigi
イタリアの教会史家。
⇒新カト（トデスコ　1871.6.13-1938.2.9）

Todisco, Nunzio
イタリアのテノール歌手。
⇒失声（トディスコ, ヌンツィオ　1942-）
魅惑（Todisco,Nunzio　1942-）

Todorov, Todor
ブルガリアのテノール歌手。
⇒魅惑（Todorov,Todor　?-）

Todorov, Tzvetan
フランスの文学理論家。ロシア・フォルマリスムの流れを汲み, 構造主義や新批評以降の新しい文学の科学としての「詩学」の確立をめざす。
⇒岩世人（トドロフ　1939.3.1-）
外12（トドロフ, ツヴェタン　1939.3.1-）
外16（トドロフ, ツヴェタン　1939.3.1-）
現社（トドロフ　1939-）
哲中（トドロフ　1939-）
メル別（トドロフ, ツヴェタン　1939-2017）

Todorova, Mariya Nikolaeva
ブルガリアの歴史家。
⇒岩世人（トドロヴァ　1949.1.5-）

Todorovich, Zoran
ユーゴスラビアのテノール歌手。
⇒魅惑（Todorovich,Zoran　?-）

Todt, Fritz
ドイツの技術者。ナチスの党員となり（1923）, 軍需・防備相（40）として北フランス海岸に潜水艦基地を築造。
⇒岩世人（トート　1891.9.4-1942.2.8）

Todt, Jean
フランスの国際自動車連盟（FIA）会長。
⇒外12（トッド, ジャン　1946-）
外16（トッド, ジャン　1946-）

Toepler, August
ドイツの物理学者。水銀空気ポンプや感応電機を製作。
⇒岩世人（テプラー　1836.9.7-1912.3.6）

Toeplitz, Otto
ドイツの数学者。ナチス政権下に亡命した。
⇒岩世人（テプリッツ　1881.8.1-1940.2.19）
世数（テプリッツ, オットー　1881-1940）

Toesca, Pietro
イタリアの美術史学者。イタリアの中世美術史に関して業績がある。
⇒岩世人（トエスカ　1877.7.12-1962.3.9）

Toeti Heraty
インドネシアの女性詩人, エッセイスト。
⇒現世文（トゥティ・ヘラティ　1933.11.27-）

Toews, Jonathan
カナダのアイスホッケー選手（ブラックホークス・FW）。
⇒最世ス（トーズ, ジョナサン　1988.4.29-）

Tofano, Sergio
イタリアの作家, 俳優。
⇒絵本（トーファノ, セルジオ　1886-1973）

Toffler, Alvin
アメリカの未来学者。「フォーチューン」誌の副編集長, ロックフェラー財団などの顧問を務

める。著書『第三の波』。
⇒外12（トフラー, アルビン　1928.10.4–）
　外16（トフラー, アルビン　1928.10.4–）
　社小増（トフラー　1928–）

Toffoli, Louis
イタリア生まれの画家。
⇒芸13（トホリ, ルイ　1907–1988）

Tofilau Eti Alesana
サモアの政治家。サモア首相。
⇒世指導（トフィラウ・エティ・アレサナ　1924.6.4–1999.3.19）

Togan, Ahmed Zeki Velidi
トルコの歴史家。ロシア革命後、ソ連内のトルコ民族独立運動を推進。1925〜70年までイスタンブール大学教授。
⇒岩イ（トガン　1890–1970）
　岩世人（トガン　1890–1970.7.28）

Togliatti, Palmiro
イタリア共産党の指導者。1944〜45年副首相。構造改革論を打出し、西欧最大の共産党に育成した。
⇒岩世人（トリアッティ　1893.3.26–1964.8.21）
　広辞7（トリアッティ　1893–1964）
　政経改（トリアッティ　1893–1964）
　世人新（トリアッティ　1893–1964）
　世人装（トリアッティ　1893–1964）
　ネーム（トリアッティ　1893–1964）

Toγtaqu
モンゴルの軍人。
⇒岩世人（トグトホ　1863–1922）

To Hoai
ベトナムの小説家。
⇒岩世人（トー・ホアイ　1920.9.7–2014.7.6）
　現世文（トー・ホアイ　蘇壊　1920–2014.7.6）

Tohti Tunyaz
中国のウイグル研究者。
⇒外12（トフティー・トゥニアス　1959–）

To Huu
ベトナムの国民詩人。1951年ベトナム労働党中央委員となり、文化部門の指導にあたる。詩集『ヴィエト・バック』（56）。
⇒岩世人（トー・フウ　1920.10.4–2002.12.9）
　現世文（トー・フー　1920–2002.12.9）

Tóibín, Colm
アイルランドの小説家。
⇒外12（トビーン, コルム　1955–）
　外16（トビーン, コルム　1955.5.30–）
　現世文（トビーン, コルム　1955.5.30–）

Toidze, Moisei Ivanovitch
ロシアの画家。
⇒芸13（トイージェ, モイセイ・イワノヴィッチ　1871–1940）

Toikka, Oiva
フィンランドの陶芸家, デザイナー。
⇒岩世人（トイッカ　1931.5.29–）

Toischer, Wendelin
ドイツの教育学者。1899年より10年間、ベーメン州の国立ギムナジウムの教師および校長、1909年以来プラーハ大学教育学教授兼教育研究所長をつとめ, 同地に歿。
⇒教人（トイッシャー　1855–1922）

Tokaev, Kassimjomart Kemel-uly
カザフスタンの政治家, 外交官。カザフスタン大統領（2019〜）。
⇒世指導（トカエフ, カスイムジョマルト　1953.5.17–）

Tokarczuk, Olga
ポーランドの作家。
⇒岩世人（トカルチュク　1962.1.29–）
　外16（トカルチュク, オルガ　1962–）
　現世文（トカルチュク, オルガ　1962.1.29–）

Tokarev, Nikolai
ロシアのピアノ奏者。
⇒外12（トカレフ, ニコライ　1983.9.15–）
　外16（トカレフ, ニコライ　1983.9.15–）

Tokatyan, Armand
アメリカのテノール歌手。
⇒失声（トカチャン, アルマンド　1894–1960）
　魅惑（Tokatyan,Armand　1895–1960）

Tokayer, Marvin
アメリカ・ニューヨーク生まれの宗教家。日本ユダヤ教団ラビ。
⇒ユ著人（Tokayer,Marvin　トケイヤー, マービン　1936–）

Tökei Ferenc
ハンガリーの歴史家。主著『アジア的生産様式』（1965）。
⇒岩世人（テーケイ　1930.10.3–2000.8.13）

To' Kenali
マレー半島東岸でイスラム教育に活躍したムラユ人ウラマー（イスラム学者）。
⇒岩世人（トッ・クナリ　1868–1933.11.19）

Toklas, Alies Babette
アメリカの女性詩人, 小説家G.スタインの友人, 秘書。著書『思い出すことども』（1963）など。
⇒ヘミ（トクラス, アリス・B　1877–1967）

Tokmakov, Lev Alekseevich
ロシアのイラストレーター。
⇒絵本（トクマコフ, レフ　1928–2010）

Tokmakova, Ilina P.
ロシア・モスクワ生まれの女流詩人, 児童文学作家。ロシア共和国児童文学会会長。

⇒絵本（トクマコーワ, イリーナ　1929-）
現世文（トクマコーワ, イリーナ　1929.3.3-2018.4.5）

Tolaas, Sissel
ノルウェーの化学者, 芸術家。
⇒外12（トラース, シセル　1961-）
外16（トラース, シセル　1961-）

Tolan, Eddie
アメリカの陸上選手。
⇒異二辞（トーラン[エディ・〜]　1908-1967）

Tolan, Robert
アメリカの大リーグ選手（外野, 一塁）。
⇒メジャ（トーラン, ボビー　1945.11.19-）

Tolbert, N. Edward
アメリカの生化学者。
⇒三新生（トルバート　1919-1998）

Tolbert, William Richard, Jr.
リベリアの政治家。リベリア大統領（1971〜80）。アメリカ国際アカデミーの名誉会員。
⇒岩世人（トルバート　1913.5.13-1980.4.12）

Toldrá, Eduardo
スペインのヴァイオリン奏者, 指揮者, 作曲家。
⇒標音2（トルドラ, エドゥアルド　1895.4.7-1962.5.31）

Toledano, Éric
フランスの映画監督。
⇒外16（トレダノ, エリック　1971-）

Toledano, Sidney
フランスの実業家。
⇒外12（トレダノ, シドニー）
外16（トレダノ, シドニー　1951.7.25-）

Toledo, Alejandro
ペルーの政治家, 経済学者。ペルー大統領（2001〜06）。
⇒岩世人（トレド　1946.3.28-）
外12（トレド, アレハンドロ　1946.3.28-）
外16（トレド, アレハンドロ　1946.3.28-）
世指導（トレド, アレハンドロ　1946.3.28-）

Tolentino, Aurelio
フィリピンのタガログ語（後年のピリピノ語）の劇作家。
⇒岩世人（トレンティーノ　1867.10.13-1915.7.5）

Toler, Sidney
アメリカの男優。
⇒ク俳（トゥーラー, シドニー　1874-1947）

Tolkachev, Adolf G.
ソ連の航空専門家。アメリカ政府に機密資料を提供した。
⇒スパイ（トルカチェフ, アドルフ・G　1927-1986）

Tolkien, John Ronald Reuel
イギリスの文献学者, 小説家。『指輪物語』（1954〜56）は改訂版の出た66年ごろより英米の大学生を中心に人気を呼んでいる。
⇒岩キ（トルキーン　1892-1973）
岩世人（トルキーン　1892.1.3-1973.9.2）
現世文（トールキン, ジョン・ロナルド・ロウェル　1892.1.3-1973.9.2）
広辞7（トールキン　1892-1973）
新カト（トールキン　1892.1.3-1973.9.2）
世界子（『指輪物語』とJ・R・R・トールキン　1892-1973）
ポプ人（トールキン, ジョン・ロナルド・ロウェル　1892-1973）

Tolkowsky, Jean Paul
ベルギーの実業家。
⇒外16（トルコウスキー, ジャン・ポール　1968-）

Toller, Ernst
ドイツ（ユダヤ系）の劇作家, 詩人。1920年代の急進的社会主義を代表する文学者。詩集『獄中の歌』（21）など。
⇒岩世人（トラー　1893.12.1-1939.5.22）
学叢思（トルレル, エルンスト　1893-）
現世文（トラー, エルンスト　1893.12.1-1939.5.22）
広辞7（トラー　1893-1939）
西文（トラー, エルンスト　1893-1939）
ユ著人（Toller, Ernest　トラー, エルンスト　1893-1939）

Tolman, Edward Chace
アメリカの心理学者。行動主義にゲシュタルト理論を導入。また操作主義の導入で心理学の体系化に貢献。
⇒岩世人（トールマン　1886.4.14-1959.11.19）

Tolman, Richard Chace
アメリカの理論物理学者。カリフォルニア工科大学教授（1922〜）。
⇒岩世人（トールマン　1881.3.4-1948.9.5）

Tolnay, Károly Edler von
ハンガリー出身の美術史家。1965年よりフィレンツェのカサ・ブオナロティ美術館長。
⇒岩世人（トルナイ　1899.5.27-1981.1.17）

Tolossa, Ambesse
エチオピアのマラソン選手。
⇒外12（トロッサ, アンベッセ　1977.9.3-）

Tolstaya, Tat'yana Nikitichna
ロシアの女性小説家。さまざまな技法を駆使した密度の高い詩的な散文で, 現代ロシア文学に新風を吹き込み, 国際的にも高い評価を受ける。短編集『金色の玄関に』『霧の中の夢遊病者』。
⇒岩世人（トルスタヤ　1951.5.3-）
外12（トルスタヤ, タチアナ　1951.5.3-）
外16（トルスタヤ, タチアナ　1951.5.3-）
現世文（トルスタヤ, タチアナ　1951.5.3-）

Tolstoi, Aleksei Nikolaevich
ソ連の小説家。作品に長篇3部作『苦悩のなかを行く』(1920～41)など。スターリン賞を3回受賞。
⇒岩世人(トルストイ　1882.12.29/1883.1.10–1945.2.23)
現世文(トルストイ,アレクセイ　1883.1.10–1945.2.23)
広辞7(トルストイ　1883–1945)
西文(トルストイ,アレクセイ・ニコラエヴィッチ　1883–1945)

Tolstoy, Ilia A.
アメリカの魚類学者。
⇒アア歴(Tolstoy,Ilia A.　トルストイ,イリア・A.　1903–1970.10.28)

Toltz, Steve
オーストラリアの作家。
⇒海文新(トルツ,スティーヴ　1972–)

Tom, Logan
アメリカのバレーボール選手。
⇒岩世人(トム　1981.5.25–)
最世ス(トム,ローガン　1981.5.25–)

Tomalin, Claire
イギリスの女性伝記作家。
⇒外16(トマリン,クレア　1933.6.20–)
現世文(トマリン,クレア　1933.6.20–)

Tomasello, Michael
アメリカの心理学者。
⇒岩世人(トマセロ　1950.1.18–)

Tomasevicz, Curtis
アメリカのボブスレー選手。
⇒外12(トマセビツ,カーティス　1980.9.17–)
外16(トマセビツ,カーティス　1980.9.17–)
最世ス(トマセビツ,カーティス　1980.9.17–)

Tomashevskii, Boris Viktorovich
ソ連の文芸学者。
⇒岩世人(トマシェフスキー　1890.11.17/29–1957.8.24)

Tomashova, Tatyana
ロシアの陸上選手(中・長距離)。
⇒最世ス(トマショワ,タチアナ　1975.7.1–)

Tomasi, Henri
フランスの指揮者,作曲家。1946～50年モンテカルロ歌劇場の指揮者。52年フランス音楽大賞受賞。
⇒岩世人(トマジ　1901.8.17–1971.1.13)
ク音3(トマジ　1901–1971)
新音中(トマジ,アンリ　1901.8.17–1971.1.13)
標音2(トマジ,アンリ　1901.8.17–1971.1.13)

Tomasi di Lampedusa, Giuseppe
イタリアの作家。

⇒岩世人(トマージ・ディ・ランペドゥーサ　1896.12.23–1957.7.23)
現世文(トマージ・ディ・ランペドゥーザ,ジュゼッペ　1896.12.23–1957.7.23)

Tomasson, Jon Dahl
デンマークのサッカー選手。
⇒外12(トマソン,ヨン・ダール　1976.8.29–)
最世ス(トマソン,ヨン・ダール　1976.8.29–)

Tomaszewski, Henryk
ポーランドのポスター・デザイナー,挿絵画家,教育家。
⇒グラデ(Tomaszewski,Henryk　トマシェフスキ,ヘンリク　1914–)

Tomaszewski, Jan
ポーランドのサッカー選手。
⇒外12(トマシェフスキ,ヤン　1948.1.9–)

Tomatito
スペインのギター奏者。
⇒外12(トマティート　1958–)
外16(トマティート　1958–)

Tomba, Alberto
イタリアのスキー選手(アルペン)。
⇒異二辞(トンバ[アルベルト・〜]　1966–)
岩世人(トンバ　1966.12.19–)

Tombaugh, Clyde William
アメリカの天文学者。冥王星を発見した(1930)。
⇒岩世人(トンボー　1906.2.4–1997.1.17)
天文辞(トンボー　1906–1997)
天文大(トンボー　1906–1997)

Tombini, Alexandre
ブラジルの銀行家,エコノミスト。
⇒外16(トンビニ,アレシャンドレ　1963.12.9–)

Tomei, Marisa
アメリカ・ニューヨーク生まれの女優。
⇒遺産(トメイ,マリサ　1964.12.4–)
外12(トメイ,マリサ　1964.12.4–)
外16(トメイ,マリサ　1964.12.4–)
ク俳(トメイ,マリサ　1964–)

Tomeing, Litokwa
マーシャル諸島の政治家。マーシャル諸島大統領(2008～09)。
⇒外12(トメイン,リトクワ　1939.10.14–)
外16(トメイン,リトクワ　1939.10.14–)
世指導(トメイン,リトクワ　1939.10.14–)

Tomkins, Calvin
アメリカの作家,ジャーナリスト。
⇒現世文(トムキンズ,カルビン　1925.12.17–)

Tomko, Brett Daniel
アメリカの大リーグ選手(投手)。

⇒メジャ（トムコ, ブレット　1973.4.7-）
Tomko, Jozef
スロバキア・ウダヴスケ生まれの枢機卿, 福音宣教省長官。
⇒新カト（トムコ　1924.3.11-）
Tomlin, Bradley
アメリカの画家。
⇒芸13（トムリン, ブラッドレー　1899-1968）
Tomlin, Lily
アメリカ生まれの女優。
⇒外16（トムリン, リリー　1939.9.1-）
ク俳（トムリン, リリー（トムリン, メアリー）1939-）
スタ（トムリン, リリー　1939.9.1-）
Tomlin, Mike
アメリカのプロフットボール監督（スティーラーズ）。
⇒最世ス（トムリン, マイク　1972.3.15-）
Tomlinson, Alfred Charles
イギリスの詩人。
⇒岩世人（トムリンソン　1927.1.8-）
外16（トムリンソン, チャールズ　1927.1.8-）
現世文（トムリンソン, チャールズ　1927.1.8-2015.8.22）
Tomlinson, H(enry) M(ajor)
イギリスの紀行作家, 小説家。
⇒岩世人（トムリンソン　1873.6.21-1958.2.5）
Tomlinson, John
イギリスの社会学者。
⇒現社（トムリンソン　1949-）
Tomlinson, LaDainian
アメリカのプロフットボール選手（RB）。
⇒外12（トムリンソン, ラダニアン　1979.6.23-）
外16（トムリンソン, ラダニアン　1979.6.23-）
最世ス（トムリンソン, ラダニアン　1979.6.23-）
Tomlinson, Louis
イギリスの歌手。
⇒外16（トムリンソン, ルイ　1991.12.24-）
Tomlinson, Raymond Samuel
アメリカのプログラマー。
⇒世発（トムリンソン, レイモンド・サムエル　1941-）
Tomorochir, Sanjbegziin
モンゴルの政治家。モンゴル国民大会議議長, モンゴル国立大学教授。
⇒世指導（トモルオチル, サンジベグジーン　1950.12.24-）
Tomowa-Sintow, Anna
ブルガリアのソプラノ歌手。

⇒新音中（トモヴァ＝シントウ, アンナ　1941.9.22-）
Tompkins, Peter
アメリカ陸軍士官。1944年1月, アメリカ戦略諜報局（OSS）のエージェントとしてドイツ占領下のローマに潜入した。
⇒スパイ（トンプキンス, ピーター）
Toms, David Wayne
アメリカのプロゴルファー。
⇒外12（トムズ, デービッド　1967.1.4-）
外16（トムズ, デービッド　1967.1.4-）
最世ス（トムズ, デービッド　1967.1.4-）
Tomskii, Mikhail Pavlovich
ソ連の政治家。全ソ連邦労働組合中央会議議長（1922）などを勤めた。
⇒世人（トムスキー　1880.10.19/31-1936.8.22）
学叢思（トムスキー, ミハイル　1880-?）
Tomsky, Nikorai Vasilievitch
ロシアの彫刻家。
⇒芸13（トムスキー, ニコライ・ワシリエヴィッチ　1900-1969）
Tomson, Christopher
アメリカのミュージシャン。
⇒外12（トムソン, クリストファー）
Tomś Vladimír
チェコのテノール歌手。
⇒魅惑（Tomś Vladimír　1900-1935）
Tömür Xelpe
新疆ウイグル人の反乱指導者。
⇒岩世人（トムゥル・ハリパ　1891-1913）
Tonani, Dario
イタリアのSF作家, ジャーナリスト。
⇒外16（トナーニ, ダリオ　1959-）
現世文（トナーニ, ダリオ　1959-）
Tondelli, Pier Vittorio
イタリアの小説家。
⇒岩世人（トンデッリ　1955.9.14-1991.12.16）
Ton Duc Thang
ベトナム民主共和国の政治家。ホー・チ・ミンとともにベトナム民族解放闘争をすすめてきた。ホー大統領の死去により, 1969年9月大統領に就任。
⇒岩世人（トン・ドゥック・タン　1888.8.20-1980.3.30）
Tone, Franchot
アメリカの俳優。
⇒ク俳（トウン, フランチョット（トウン, スタニスラス・F）1905-1968）
Tonelli, Leonida
イタリアの数学者。
⇒世数（トネリ, レオニト　1885-1946）

Toney, Fred Alexandra
アメリカの大リーグ選手(投手)。
⇒メジャ(トニー,フレッド 1888.12.11-1953.3.11)

Tong, Anote
キリバスの政治家。キリバス大統領・外相(2003～16)。
⇒外12(トン,アノテ 1952.6.11-)
外16(トン,アノテ 1952.6.11-)
世指導(トン,アノテ 1952.6.11-)

Tong, Hollington
中国のジャーナリスト。浙江省出身。1938～45年国民党中央宣伝部次長。第2次大戦後,渡台して,51年中央日報社長。
⇒岩世人(董顕光 とうけんこう 1887.12.23(光緒13.11.9)-1971.1.10)
近中(董顕光 とうけんこう 1887.11.9-1971.1.10)

Tong, Stanley
香港の映画監督。
⇒外12(トン,スタンリー 1960.4.7-)

Tô Ngọc Vân
ベトナムの画家。
⇒岩世人(トー・ゴック・ヴァン 1906.12.15-1954)

Toni, Luca
イタリアのサッカー選手(ベローナ・FW)。
⇒外12(トニ,ルカ 1977.5.26-)
外16(トニ,ルカ 1977.5.26-)
最世ス(トニ,ルカ 1977.5.26-)

Toninho
ブラジルのサッカー選手。
⇒外12(トニーニョ 1965.3.23-)

Toniolo, Giuseppe
イタリアのカトリック社会理論家。
⇒岩世人(トニオーロ 1845.3.6-1918.10.7)
新カト(トニオーロ 1845.3.7-1918.10.7)

Tönnies, Ferdinand
ドイツの社会学者。社会を自然的結合と人為的結合に分類した。
⇒岩世人(テニエス 1855.7.26-1936.4.9)
学叢思(テンニース,フェルディナント 1855-?)
教人(テニエス 1855-1936)
現社(テンニース 1855-1936)
広辞7(テンニース 1855-1936)
社小増(テンニース 1855-1936)
新カト(テンニース 1855.7.26-1936.4.9)
哲中(テニエス 1855-1936)
ネーム(テニエス 1855-1936)
メル3(テンニース〔テニエス〕,フェルディナンド 1855-1936)

Ton That Thuyet
ベトナムの反仏抵抗派の政治家。

⇒岩世人(トン・タット・トゥエット 1839.5.1-1913.9.22)

Tony Tan Cacktiong
フィリピンの実業家。
⇒外12(トニー・タン・カクチョン 1953-)
外16(トニー・タン・カクチョン 1953-)

Tooker, Frederick Jagger
アメリカの医療宣教師。
⇒アア歴(Tooker,Frederick Jagger トゥッカー,フレデリック・ジャガー 1871.12.20-1952.12.17)

Tookey, Fleur
イギリスのガラス工芸家。
⇒芸13(トゥーキィ,フレア ?-)

Toombs, Rudolph
アメリカのソングライター。
⇒ロック(Toombs,Rudolph トゥームズ,ルードルフ)

Toomer, Jean
アメリカの詩人。
⇒岩世人(トゥーマー 1894.12.26-1967.3.30)
現世文(トゥーマー,ジーン 1894.12.26-1967.3.30)

Toomey, Regis
アメリカの男優。
⇒ク俳(トゥーミー,レジス 1902-1991)

Toorn, Jan Van
オランダの急進的なグラフィック・デザイナー,展示デザイナー。
⇒グラデ(Toorn,Jan Van トールン,ヤン・ファン 1932-)

Toorop, Jan
オランダの画家。
⇒岩世人(トーロップ 1858.12.20-1928.3.3)
グラデ(Toorop,Jan トーロップ,ヤン 1858-1928)
芸13(トーロップ,ヤン 1858-1928)
新カト(トーロップ 1858.12.20-1928.3.3)

T.O.P
韓国の歌手,俳優。
⇒外12(T.O.P トップ 1987.11.4-)
外16(T.O.P トップ 1987.11.4-)

Töpfer, Klaus
ドイツの政治家。
⇒外16(テプファー,クラウス 1938.7.29-)
世指導(テプファー,クラウス 1938.7.29-)

Topi, Bamir
アルバニアの政治家,生物学者。アルバニア大統領(2007～12)。
⇒外12(トピ,バミル 1957.4.24-)
外16(トピ,バミル 1957.4.24-)

世指導（トピ, パミル 1957.4.24–）
Topinard, Paul
フランスの人類学者。人体計測器を考案, 鼻示数を定め, 皮膚色による人種分類をした。
⇒岩世人（トピナール 1830.11.4–1911.12.20）
Topitsch, Ernst
オーストリアの哲学者。代表作は,『形而上学の起源と終焉』(1958)。
⇒岩世人（トービッチュ 1919.3.20–2003.1.26）
新カト（トーピチュ 1919.3.20–2003.1.26）
Topol
イスラエル生まれの俳優。
⇒ユ著人 (Topol,Chaim トポル, カイーム 1935–）
Topolánek, Mirek
チェコの政治家。チェコ首相。
⇒外12（トポラーネク, ミレク 1956.5.15–）
外16（トポラーネク, ミレク 1956.5.15–）
世指導（トポラーネク, ミレク 1956.5.15–）
Töpper, Hertha
オーストリアのアルト歌手。
⇒オペラ（テッパー, ヘルタ 1924–）
標音2（テッパー, ヘルタ 1924.4.19–）
Toppi, Bernardino
イタリアの画家。
⇒芸13（トピー, ベルナディーノ 1933–）
Toppmpller, Klaus
ドイツのサッカー監督。
⇒外12（トップメラー, クラウス 1951.8.12–）
Toradze, Aleksandr
アメリカのピアノ奏者。
⇒外12（トラーゼ, アレクサンドル）
外16（トラーゼ, アレクサンドル）
Toral, José de Léon
メキシコの視覚芸術家。1928年, メキシコ大統領アルバロ・オブレゴンを暗殺した。
⇒世暗（トラル, ホセ・デ・レオン 1905–1929）
Torberg, Friedrich
オーストリアの小説家, 詩人。雑誌「フォールム」の編集長として著名。
⇒岩世人（トーアベルク 1908.9.16–1979.11.10）
現世文（トールベルク, フリードリヒ 1908.9.16–1979）
ユ著人 (Torberg (Kantorberg),Friedrich トールベルク, フリードリッヒ 1908–1979）
Torborg, Jeffrey Allen
アメリカの大リーグ選手（捕手）。
⇒メジャ（トーボーグ, ジェフ 1941.11.26–）

Torday, Paul
イギリスの作家。
⇒海文新（トーディ, ポール 1946–2013）
現世文（トーディ, ポール 1946.8.1–2013.12.18）
Tordella, Louis W.
NSA（米国家安全保障局）副長官。在職1958～74。
⇒スパイ（トルデッラ, ルイス・W 1911–1996）
Torén, Märta
スウェーデンの女優。
⇒ク俳（トレン, マルタ（トレン, メルタ） 1925–1957）
Torga, Miguel
ポルトガルの詩人, 小説家。ポルトガル近代主義の代表的作家としてさまざまなジャンルで活躍。代表作, 詩『不安』(1928)。
⇒岩世人（トルガ 1907.8.12–1995.1.17）
現世文（トルガ, ミゲル 1907.8.12–1995.1.17）
Torgeson, Clifford Earl
アメリカの大リーグ選手（一塁）。
⇒メジャ（トーギソン, アール 1924.1.1–1990.11.8）
Toribiong, Johnson
パラオの政治家, 法律家。パラオ大統領（2009～13）。
⇒外12（トリビオン, ジョンソン 1946.7.22–）
外16（トリビオン, ジョンソン 1946.7.22–）
世指導（トリビオン, ジョンソン 1946.7.22–）
Torke, Michael
アメリカの作曲家, ピアノ奏者。
⇒エデ（トーク［トーキー］, マイケル 1961.9.22–）
Torme, Mel
アメリカの歌手, ソングライター。
⇒新音中（トーメ, メル 1925.9.23–1999.1.5）
標音2（トーメ, メル 1925.9.23–1999.1.5）
ユ著人 (Tormé,Mel トーメ, メル 1925–1999）
Torn, Rip
アメリカ生まれの俳優。
⇒ク俳（トーン, リップ（トーン, エルモア） 1931–）
Tornatore, Giuseppe
イタリア生まれの映画監督。
⇒岩世人（トルナトーレ 1956.5.27–）
映監（トルナトーレ, ジュゼッペ 1956.5.27–）
外12（トルナトーレ, ジュゼッペ 1956.5.27–）
外16（トルナトーレ, ジュゼッペ 1956.5.27–）
Toro, Ray
アメリカのミュージシャン。
⇒外12（トロ, レイ 1977.7.15–）

Torokhtiy, Oleksiy
ウクライナの重量挙げ選手。
⇒外16（トロフティー, オレクシー　1986.5.22–）
　最世ス（トロフティー, オレクシー　1986.5.22–）

Torpey, Pat
アメリカのロック・ドラム奏者。
⇒外12（トーピー, パット　1959.12.13–）
　外16（トーピー, パット　1959.12.13–）

Torrance, Thomas
スコットランド教会の神学者。
⇒新カト（トランス　1913.8.30–2007.12.2）

Torre, Joe
アメリカの大リーグ監督。
⇒外12（トーリ, ジョー　1940.7.18–）
　外16（トーリ, ジョー　1940.7.18–）
　最世ス（トーリ, ジョー　1940.7.18–）
　メジャ（トーリ, ジョー　1940.7.18–）

Torrence, Dean Ormsby
アメリカ・ロサンゼルス生まれの歌手。
⇒ロック（Jan and Dean　ジャン＆ディーン　1940.3.10–）

Torrend, Jules
フランスのイエズス会員, アフリカ宣教師。
⇒新カト（トラン　1861.10.4–1936.3.11）

Torrent, Ana
スペイン生まれの女優。
⇒ネーム（トレント, アナ　1966–）

Torrente Ballester, Gonzalo
スペインの作家。
⇒岩世人（トレンテ・バリェステル　1910.6.13–1999.1.27）
　現世文（トレンテ・バリェステル, ゴンサロ　1910.6.13–1999.1.27）

Torres
ブラジルのサッカー選手。
⇒外12（トーレス　1966.8.22–）

Torres, Carlos
ペルーの政治家, 法学者。ペルー首相・外相, ペルー国会議長。
⇒世指導（トレス, カルロス　1942–2000.6.19）

Torres, Carlos
アメリカのプロ野球選手（巨人・投手）, 大リーグ選手。
⇒外12（トーレス, カルロス　1982.10.22–）

Torres, Dara
アメリカの水泳選手。
⇒外12（トーレス, ダラ　1967.4.15–）
　外16（トーレス, ダラ　1967.4.15–）
　最世ス（トーレス, ダラ　1967.4.15–）

Torres, Juan José
ボリビアの軍人, 政治家。1969年陸軍最高司令官。ボリビア大統領（1970～71）。
⇒岩世人（トーレス　1919.3.21–1996.8.6）

Torres, Regla
キューバのバレーボール選手。
⇒岩世人（トーレス　1975.2.12–）

Torres, Tico
アメリカのロック・ドラム奏者。
⇒外12（トーレス, ティコ　1953.10.7–）
　外16（トーレス, ティコ　1953.10.7–）

Torres-García, Joaquín
ウルグアイの画家。
⇒岩世人（トーレス・ガルシア　1874.7.28–1949.8.8）
　ラテ新（トレス・ガルシア　1874–1949）

Torres Restrepo, Camilo
コロンビアの聖職者, 社会学者, 革命家。1966年〈コロンビア人あての宣言〉をし, 民族解放軍（ELN）の一員となる。
⇒岩キ（トレス　1929–1966）
　岩世人（トーレス　1929.2.3–1966.2.15）
　新カト（トレス・レストレポ　1929.2.3–1966.2.15）
　ラテ新（トレス　1929–1966）

Torrez, Michael Augustine
アメリカの大リーグ選手（投手）。
⇒メジャ（トーレス, マイク　1946.8.28–）

Torriente, Cristobal
キューバの大リーグ選手（外野）。
⇒メジャ（トリエンテ, クリストバル　1893.11.16–1938.4.11）

Torrijos, Martin
パナマの政治家。パナマ大統領（2004～09）, パナマ民主革命党（PRD）書記長。
⇒外12（トリホス, マルティン　1963.7.18–）
　外16（トリホス, マルティン　1963.7.18–）
　世指導（トリホス, マルティン　1963.7.18–）

Torrijos Herrera, Omar
パナマの軍人, 政治家。1972年政府首領・パナマ革命最高指導者の地位をロヨに譲ったが, 事実上の「最高指導者」だった。
⇒岩世人（トリホス　1929.2.13–1981.7.31）
　ラテ新（トリホス　1929–1981）

Torroja, Eduardo
スペインの構造技術家, 建築家。『アルヘシラスの市場』（1933）などによって, 近代建築の開拓者となる。
⇒岩世人（トロハ　1899.8.27–1961.6.15）

Tortelier, Paul
フランスのチェロ奏者, 指揮者, 作曲家。1945～46年パリ音楽院管弦楽団の首席チェロ奏者。57

～69年パリ国立音楽院教授。
⇒新音中（トルトリエ, ポール　1914.3.21-1990.12.18）
　標音2（トルトリエ, ポール　1914.3.21-1990.12.18）

Tortise, Andrew
イギリスのテノール歌手。
⇒魅惑（Tortise,Andrew　?–）

Tortolese, Franco
テノール歌手。
⇒魅惑（Tortolese,Franco　?–?）

Tortu, Christian
フランスのフラワーアーティスト。
⇒外12（トルチュ, クリスチャン　1954–）
　外16（トルチュ, クリスチャン　1954–）

Torvalds, Linus
フィンランド出身のアメリカのプログラマー, ソフトウェア・エンジニア。
⇒岩世人（トーヴァルズ　1969.12.28–）
　外12（トーバルズ, リーナス　1969.12.28–）
　外16（トーバルズ, リーナス　1969.12.28–）

Torvill, Jayne
イギリスのアイススケート選手。
⇒岩世人（トーヴィル　1957.10.7–）

Torzewski, Marek
テノール歌手。
⇒魅惑（Torzewski,Marek　?–）

Toscani, Oliviero
イタリアの写真家, アートディレクター。
⇒外12（トスカーニ, オリビエロ　1942–）
　外16（トスカーニ, オリビエロ　1942–）

Toscanini, Arturo
イタリアの指揮者。1898年スカラ座の指揮者となる。
⇒岩世人（トスカニーニ　1867.3.25-1957.1.16）
　オペラ（トスカニーニ, アルトゥーロ　1867–1957）
　広辞7（トスカニーニ　1867–1957）
　新音中（トスカニーニ, アルトゥーロ　1867.3.25-1957.1.16）
　ネーム（トスカニーニ　1867–1958）
　標音2（トスカニーニ, アルトゥーロ　1867.3.25-1957.1.16）
　ポプ人（トスカニーニ, アルトゥーロ　1867–1957）

Tosches, Nick
アメリカの作家。
⇒現世文（トーシュ, ニック　1949–）

Toselli, Enrico
イタリアのピアノ奏者, 作曲家。作品に『嘆きのセレナード』など。
⇒ク音3（トゼッリ　1883–1926）

新音中（トゼッリ, エンリーコ　1883.3.13-1926.1.15）
標音2（トゼッリ, エンリーコ　1883.3.13-1926.1.15）

Tosi, Arturo
イタリアの画家。
⇒芸13（トシ, アルトゥロ　1871–1953）

Tošovský, Josef
チェコの政治家, 銀行家。チェコ首相, チェコ国立銀行（中央銀行）総裁。
⇒世指導（トショフスキー, ヨゼフ　1950.9.28–）

Tostão
ブラジルのサッカー選手。
⇒異二辞（トスタン　1947–）

Tosti, Francesco Paoro
イタリアの作曲家。イタリア歌曲を芸術歌曲の域に高めた。
⇒ク音3（トスティ　1846–1916）
　新音小（トスティ, パーオロ　1846–1916）
　新音中（トスティ, パーオロ　1846.4.9-1916.12.2）
　ネーム（トスティ　1846–1916）
　標音2（トスティ, フランチェスコ・パオロ　1846.4.9-1916.12.2）

Totilawati Tjitrawasita
インドネシアの女性小説家, ジャーナリスト。
⇒現世文（トティラワティ・チトラワシタ　1945.6.1-1982.8.10）

Totmianina, Tatiana
ロシアのフィギュアスケート選手（ペア）。
⇒外12（トトミアニナ, タチアナ　1981.11.2–）
　最世ス（トトミアニナ, タチアナ　1981.11.2–）

Toto
イタリアの喜劇俳優。
⇒岩世人（トト　1898.2.15-1967.4.15）
　スター（トトー　1898.2.15-1967）

Totter, Audrey
アメリカの女優。
⇒ク俳（トッター, オードリー　1918–）

Totti, Francesco
イタリアのサッカー選手。
⇒異二辞（トッティ［フランチェスコ・〜］　1976–）
　外12（トッティ, フランチェスコ　1976.9.27–）
　外16（トッティ, フランチェスコ　1976.9.27–）
　最世ス（トッティ, フランチェスコ　1976.9.27–）

Touadéra, Faustin-Archange
中央アフリカの政治家, 数学者。中央アフリカ大統領（2016〜）。
⇒世指導（トゥアデラ, フォスタン・アルシャンジュ　1957.4.21–）

Toubianski, Meir
イギリスのユダヤ人スパイ。

⇒スパイ（トゥビアンスキー，メイアー　1904–1948）

Toubon, Jacques
フランスの政治家。フランス司法相，フランス共和国連合（RPR）幹事長。
⇒世指導（トゥボン，ジャック　1941.6.29–）

Toulet, Paul-Jean
フランスの詩人，小説家。詩 "Le contrerimes"（1921），小説 "Les contes de Behanzigue"（20）など。
⇒岩世人（トゥーレ　1867.6.5–1920.9.6）

Toulmin, Stephen Edelston
イギリス生まれの哲学者。
⇒岩世人（トゥールミン　1922.3.25–2009.12.4）
哲中（トゥールミン　1922–2009）
メル別（トゥールミン，スティーヴン・エデルストン　1922–2009）

Toumanova, Tamara
ロシア生まれのバレリーナ。
⇒岩世人（トゥマノワ　1919.3.2–1996.5.29）

Touraine, Alain
フランスの社会学者。
⇒岩世人（トゥレーヌ　1925.8.3–）
外12（トゥーレーヌ，アラン　1925.8.3–）
外16（トゥーレーヌ，アラン　1925.8.3–）
現社（トゥレーヌ　1925–）
社小増（トゥレーヌ　1925–）

Touré, Amadou Toumani
マリの政治家，軍人。マリ大統領（2002〜12）。
⇒外12（トゥーレ，アマドゥ・トゥマニ　1948.11.4–）
外16（トゥーレ，アマドゥ・トゥマニ　1948.11.4–）
世指導（トゥーレ，アマドゥ・トゥマニ　1948.11.4–）

Touré, Sékou
ギニアの政治家，初代ギニア大統領（1958〜84）。
⇒岩イ（セク・トゥレ　1922–1984）
岩世人（トゥーレ　1922.1.9–1984.3.26）
政経改（トゥーレ　1922–1984）
世人新（トゥーレ〈セク〉　1922–1984）
世人装（トゥーレ〈セク〉　1922–1984）
ネーム（トゥーレ　1922–1984）
ポブ人（トゥーレ，セク　1922–1984）
マルX（TOURÉ,SÉKOU　トゥーレ，セクー　1922–1984）

Tourel, Jennie
ロシア出身のアメリカのメゾ・ソプラノ歌手。
⇒標音2（トゥーレル，ジェニー　1900?.6.22–1973.11.23）

Tournant, Arnaud
フランスの自転車選手（トラックレース）。
⇒現世ス（トゥルナン，アルノー　1978.4.5–）

Tournay, Raymond-Jacques
フランスのカトリック旧約聖書学者，司祭，ドミニコ会員，アッシリア学者。
⇒岩世人（トゥルネ　1912.3.28–1999.11.25）
新カト（トゥルネ　1912.3.28–1999.11.25）

Tournemire, Charles
フランスのオルガン奏者，作曲家。1898年聖クロティルド教会のオルガン奏者。
⇒ク音3（トゥルヌミール　1870–1939）
新音中（トゥルヌミール，シャルル　1870.1.22–1939.11.4）
標音2（トゥルヌミール，シャルル　1870.1.22–1939.11.4）

Tourneur, Jacques
フランス・パリ生まれの映画監督。
⇒映監（ターナー，ジャック　1904.11.12–1977）

Tournier, Marcel Lucien
フランスのハープ奏者，作曲家。1912〜48年パリ音楽院のハープ科教授。
⇒ク音3（トゥルニエ　1879–1951）
標音2（トゥルニエ，マルセル　1879.6.5–1951.5.12）

Tournier, Michel
フランスの小説家。1972年『魔王』でゴンクール賞を受ける。他に，小説『華々しい人々』（75）など。
⇒岩世人（トゥルニエ　1924.12.19–）
絵本（トゥルニエ，ミシェル　1924–）
外16（トゥルニエ，ミシェル　1924.12.19–）
現世文（トゥルニエ，ミシェル　1924.12.19–2016.1.18）
広辞7（トゥルニエ　1924–2016）
ネーム（トゥルニエ　1924–）
フ文小（トゥルニエ，ミシェル　1924–）

Tou Samouth
カンボジアの政治家。
⇒岩世人（トゥー・サモット　1922?–1962）

Toussaint, Allen
アメリカの作曲家，プロデューサー，ピアノ奏者。
⇒外12（トゥーサン，アラン）
ロック（Toussaint,Allen　トゥーサン，アラン　1938.1.14–）

Toussaint, Gustave Charles
フランスの東洋学者，司法官。上海フランス裁判所長などを勤めた。
⇒岩世人（トゥサン　1869–1938）

Toussaint, Jean-Philippe
フランスの作家，映画監督。
⇒岩世人（トゥサン　1957.11.29–）
外12（トゥーサン，ジャン・フィリップ　1957.11.29–）
外16（トゥーサン，ジャン・フィリップ　1957.11.29–）
現世文（トゥーサン，ジャン・フィリップ　1957.

11.29–)
フ文小（トゥーサン, ジャン=フィリップ 1957–）

Toussaint, Raphael
フランスの画家。
⇒芸13（トゥサン, ラファエル 1937–）

Tout, Thomas Frederick
イギリスの歴史家。1925年王立歴史学会会長。主著『イギリス政治史,1216～1377年』(05) など。
⇒岩世人（タウト 1855.9.28–1929.10.23）

Touvier, Paul
フランスの民兵。
⇒岩世人（トゥヴィエ 1915.4.3–1996.7.17）

Tovar, Antonio
スペインの言語学者, 文献学者。
⇒岩世人（トバル 1911.5.17–1984.12.13）

Tovar, Cesar Leonardo
アメリカの大リーグ選手（外野, 三塁, 二塁）。
⇒メジャ（トバル, セサル 1940.7.3–1994.7.14）

Tovey, Donald Francis
イギリスのピアノ奏者, 指揮者, 作曲家, 音楽学者。音楽理論に関する著作で知られる。
⇒標音2（トーヴィ, ドナルド・フランシス 1875.7.17–1940.7.10）

Tovstonogov, Georgi Aleksandrovich
ソ連の演出家。ゴーリキー大ドラマ劇場の首席演出家をつとめた。主著『演出家の仕事』(1965)。
⇒岩世人（トフストノーゴフ 1915.9.15/28–1989.5.23）

Tower, Wells
アメリカ出身のカナダの作家。
⇒海文新（タワー, ウェルズ 1973.4.14–）
現世文（タワー, ウェルズ 1973.4.14–）

Towle, Charlotte
アメリカの社会活動家。
⇒現社福（トール 1896–1966）

Townes, Charles Hard
アメリカの物理学者。
⇒岩世人（タウンズ 1915.7.28–）
外12（タウンズ, チャールズ 1915.7.28–）
科史（タウンズ 1915–）
広辞7（タウンズ 1915–2015）
三新物（タウンズ 1915–）
天文人（タウンズ 1915–）
ノペ3（タウンズ,C.H. 1915.7.28–）
物理（タウンズ, チャールズ・ハード 1915–2015）

Townsend, Ed
アメリカ・テネシー州メンフィス生まれの歌手, ソングライター, プロデューサー。

⇒ロック（Townsend,Ed タウンゼンド, エド）

Townsend, Erik
テノール歌手。
⇒魅惑（Townsend,Erik ?–）

Townsend, Francis Everett
アメリカの社会運動家, 医師。老齢回転式年金推進協会を設立。
⇒アメ経（タウンゼンド, フランシス 1867–1960.9.1）

Townsend, John Rowe
イギリスの児童文学作家, 批評家。著書に『ぼくらのジャングル街』(1961) など。
⇒岩世人（タウンゼンド 1922.5.10–2014.3.24）
現世文（タウンゼンド, ジョン・ロウ 1922.5.19–2014.3.24）

Townsend, *Sir* John Sealy Edward
イギリスの物理学者。電気素量の確立に貢献。
⇒岩世人（タウンゼンド 1868.6.7–1957.2.16）
物理（タウンゼント, サー・ジョン・シーリー・エドワード 1868–1957）

Townsend, Lynn Alfred
アメリカの企業経営者。1961年クライスラー社社長に就任, 同社の奇蹟的なカムバックを実現した。
⇒岩世人（タウンゼンド 1919.5.12–2000.8.17）

Townsend, Peter Brereton
イギリスの社会学者。
⇒社小増（タウンゼンド 1928–）

Townsend, Sue
イギリスの女性小説家, 劇作家。
⇒現世文（タウンゼンド, スー 1946.4.2–2014.4.10）

Townsend, Walter Davis
アメリカの実業家。
⇒アア歴（Townsend,Walter D (avis) タウンゼンド, ウォルター・デイヴィス 1856.2.9–1918.3.10）

Townshend, Pete
イギリスのギター奏者, 作曲家。
⇒エデ（タウンゼント, ピート［ピーター］（デニス・ブランドフォード）1945.5.19–）
外12（タウンゼント, ピート 1945.5.19–）
外16（タウンゼント, ピート 1945.5.19–）
ピト改（TOWNSHEND,PETE タウンゼント, ピート）

Toyen
チェコの画家。
⇒絵本（トーエン（トワイヤン）1902–1980）

Toynbee, Arnold Joseph
イギリスの歴史家。1925年から年次刊行物『国際問題大観』の編集に従事。主著『歴史の研究』。

toynb

⇒岩世人（トインビー　1889.4.14-1975.10.22）
教人（トインビー　1889-）
現社（トインビー　1889-1975）
広辞7（トインビー　1889-1975）
社小増（トインビー　1889-1975）
新カト（トインビー　1889.4.14-1975.10.22）
世人新（トインビー〈アーノルド＝ジョセフ〉1889-1975）
世人装（トインビー〈アーノルド＝ジョセフ〉1889-1975）
哲中（トインビー　1889-1975）
ネーム（トインビー　1889-1975）
ポプ人（トインビー、アーノルド・ジョセフ　1889-1975）

Toynbee, Theodore Philip
イギリスの小説家,批評家。歴史家A.J.トインビーの息子。
⇒現世文（トインビー、フィリップ　1916.6.25-1981.6.15）

Toyne, Simon
イギリスの作家,テレビプロデューサー。
⇒海文新（トイン、サイモン　1968.2.29-）

Tozzi, Giorgio
アメリカ（イタリア系）のバス歌手。
⇒標音2（トッツィ、ジョルジョ　1923.1.8-）

Traa, Kari
ノルウェーのスキー選手（フリースタイル）。
⇒外12（トロー、カーリ　1974.1.28-）
最世ス（トロー、カーリ　1974.1.28-）

T **Tracey, *Sir* Richard Edward**
イギリス海軍士官。江戸幕府の海軍伝習を行った。
⇒来日（トレイシー、サー・リチャード・エドワード　1837-1907）

Trachsel, Stephen Christopher
アメリカの大リーグ選手（投手）。
⇒メジャ（トラックスル、スティーヴ　1970.10.31-）

Tracy, James Edwin
アメリカの大リーグ選手（外野）,監督。
⇒メジャ（トレイシー、ジム　1955.12.31-）

Tracy, Lee
アメリカの男優。
⇒ク俳（トレイシー、リー（トレイシー、ウィリアム・L）　1898-1968）

Tracy, Leighton Stanley
アメリカの宣教師。
⇒アア歴（Tracy,Leighton S（tanley）　トレイシー、レイトン・スタンリー　1882.8.14-1942.9.28）

Tracy, Paul
カナダのレーシングドライバー。
⇒外12（トレーシー、ポール　1968.12.17-）
外16（トレーシー、ポール　1968.12.17-）

最世ス（トレーシー、ポール　1968.12.17-）

Tracy, Spencer
アメリカの映画,舞台俳優。『我は海の子』(1937),『少年の町』(38)で2年連続してアカデミー主演男優賞受賞。ほかに「老人と海」(58)。
⇒アメ州（Tracy,Spencer　トレイシー、スペンサー　1900-1967）
岩世人（トレイシー　1900.4.5-1967.6.10）
ク俳（トレイシー、スペンサー　1900-1967）
スター（トレイシー、スペンサー　1900.4.5-1967）

Trafford, Roy
イギリスの建具屋。
⇒ビト改（TRAFFORD,ROY　トラッフォード、ロイ）

Tragella, Giovanni Battista
イタリアのカトリック宣教学者。
⇒新カト（トラゲラ　1885.11.18-1968.1.13）

Trager, Frank Newton
アメリカの政治学者。
⇒アア歴（Trager,Frank N（ewton）　トレイガー、フランク・ニュートン　1905.10.9-1984.8.26）

Trager, George Leonard
アメリカの言語学者。言語理論,スラヴ語学,アメリカ・インディアン語を専攻した。
⇒岩世人（トレイガー　1906.3.22-1992.8.31）

Trajkovski, Boris
マケドニアの政治家。マケドニア大統領（1999～2004）。
⇒世指導（トライコフスキ、ボリス　1956.6.25-2004.2.26）

Trakhtenberg, Iosif Adol'fovich
ソ連の経済学者。資本主義経済の信用理論,信用制度,信用・貨幣恐慌の専門家。主著『貨幣論』(1918)。
⇒岩世人（トラハテンベルグ　1883.1.15/27-1960.9.5）

Trakl, Georg
オーストリアの詩人。表現主義初期の代表的な存在。詩集『夢のなかのセバスティアン』(1915)。
⇒岩世人（トラークル　1887.2.3-1914.11.3）
現世文（トラークル、ゲオルク　1887.2.3-1914.11.3）
広辞7（トラークル　1887-1914）
新カト（トラークル　1887.2.3-1914.11.3）

Trammell, Alan Stuart
アメリカの大リーグ監督。
⇒メジャ（トラメル、アラン　1958.2.21-）

Trammell, Bobby Lee
アメリカの歌手。
⇒ロック（Trammell,Bobby Lee　トラメル、ボビー・リー）

Tran, Mervin
カナダのフィギュアスケート選手（ペア）。
⇒外16（トラン, マービン　1990.9.22-）
最世ス（トラン, マービン　1990.9.22-）

Tran Anh Hung
ベトナム生まれの映画監督。
⇒外12（トラン・アン・ユン　1962.12.23-）
外16（トラン・アン・ユン　1962.12.23-）

Trần Bạch Đằng
ベトナムの革命家, 学者。
⇒岩世人（チャン・バック・ダン　1926.7.15-2007.4.16）

Tran Dai Quang
ベトナムの政治家。ベトナム国家主席（大統領）（2016～18）。
⇒世指導（チャン・ダイ・クアン　1956.10.12-）

Trần Độ
ベトナムの政治家。
⇒岩世人（チャン・ド　1923.9.23-2002.8.9）

Tran Duc Luong
ベトナムの政治家。ベトナム大統領（国家主席）（1997～2006）, ベトナム共産党政治局員。
⇒岩世人（チャン・ドゥック・ルオン　1937.5.5-）
外12（チャン・ドク・ルオン　1937.5.5-）
外16（チャン・ドク・ルオン　1937.5.5-）
世指導（チャン・ドク・ルオン　1937.5.5-）

Trân-Duc-Thao
ベトナム出身の哲学者, 現象学者。
⇒岩世人（チャン・ドゥック・タオ　1917.9.26-1993.4.24）
メル別（タオ, チャン・デュク〔トラン・デュク〕1917-1993）

Tran Huy Lieu
ベトナムの歴史家。主要編著書『抗仏80年史』『8月革命』。
⇒岩世人（チャン・フイ・リウ　1901.11.5-1969.7.28）

Trankov, Maxim
ロシアのフィギュアスケート選手（ペア）。
⇒外16（トランコフ, マキシム　1983.10.7-）
最世ス（トランコフ, マキシム　1983.10.7-）

Tran Phu
ベトナムの革命家。インドシナ共産党初代書記長。フランス官憲により殺害された。
⇒岩世人（チャン・フー　1904.5.1-1931.9.6）

Tran Quang Hai
フランスの民族音楽学者。
⇒外12（トラン・クアン・ハイ）
外16（トラン・クアン・ハイ）

Trần Quốc Vượng
ベトナムの歴史学者, 考古学者, 民俗学者。

⇒岩世人（チャン・クオック・ヴオン　1934.12.12-2005.8.8）

Tranströmer, Tomas
スウェーデンの詩人, 心理学者。
⇒岩世人（トランストレンメル（トランストロンメル）1931.4.15-）
外12（トランストロンメル, トーマス　1931.4.15-）
現世文（トランストロンメル, トーマス　1931.4.15-2015.3.26）
ネーム（トランストロンメル　1931-）
ノベ3（トランストロンメル, T.　1931.4.15-）

Tranter, Nigel
スコットランドの歴史小説家。
⇒現世文（トランター, ナイジェル　1909.11.23-2000.1.8）

Trantoul, Antonin
フランスのテノール歌手。
⇒失声（タラントゥール, アントニン　1887-1966）
魅惑（Trantoul,Antonin　1887-1966）

Tran Trong Kim
ベトナム共和国の歴史家。主著『ベトナム史略』。
⇒ア太戦（チャン＝チョン＝キム　1883-1953）
岩世人（チャン・チョン・キム　1883-1953.12.2）

Trần Văn Giáp
ベトナムの学者。
⇒岩世人（チャン・ヴァン・ザップ　1898.11.26-1973.11.25）

Tran Van Giau
ベトナムの共産主義活動家, 歴史学者。
⇒岩世人（チャン・ヴァン・ザウ　1911.9.6-2010.12.16）

Trân Van Khê
フランス在住のベトナムの民族音楽学者。トラン・ヴァン・ケー。
⇒岩世人（チャン・ヴァン・ケー　1921.7.24-）

Trần Văn Thủy
ベトナムのドキュメンタリー映画監督。
⇒岩世人（チャン・ヴァン・トゥイ　1940.11.26-）

Tran Van Tra
ベトナムの軍人。中部クアンガイ省生まれ。ベトナム戦争でサイゴン解放作戦を指揮した。
⇒岩世人（チャン・ヴァン・チャー　1919-1996.4.20）

Trần Xuân Bách
ベトナムの政治家, 共産党の指導者。
⇒岩世人（チャン・スアン・バック　1924.5.23-2006.1.1）

Traoré, Dioncounda
マリの政治家。マリ暫定大統領。
⇒外16（トラオレ, ディオンクンダ　1942.2.23-）

世指導（トラオレ, ディオンクンダ　1942.2.23–）
Traoré, Lacina
コートジボワールのサッカー選手（FW）。
⇒外16（トラオレ, ラシナ　1990.8.20–）
Traore, Moussa
マリの政治家, 軍人。マリ大統領（1968〜91）。
⇒岩世人（トラオレ　1936.9.25–）
　外16（トラオレ, ムサ　1936.9.25–）
　世指導（トラオレ, ムサ　1936.9.25–）
Traoré, Rokia
マリのシンガー・ソングライター。
⇒岩世人（トラオレ　1974.1.26–）
Trapani, Francesco
イタリアの実業家。
⇒外12（トラーパニ, フランチェスコ　1957–）
　外16（トラーパニ, フランチェスコ　1957–）
Trapattoni, Giovanni
イタリアのサッカー監督, サッカー選手。
⇒外12（トラパットーニ, ジョバンニ　1939.3.17–）
　外16（トラパットーニ, ジョバンニ　1939.3.17–）
　最世ス（トラパットーニ, ジョバンニ　1939.3.17–）
Traube, Isidor
ドイツ, イギリスの物理化学者。
⇒化学（トラウベ, I.　1860–1943）
Traube, Ludwig
ドイツの古文書学者, 中世ラテン語学者。
⇒新カト（トラウベ　1861.6.19–1907.5.19）
Traubel, Horace Logo
アメリカのジャーナリスト, 社会主義者。マルクス主義の普及に努めた。
⇒岩世人（トラウベル　1858.12.19–1919.9.8）
Traugot, Aleksandr
ロシアのイラストレーター。
⇒絵本（トラウゴート, アレクサンドル　1931–）
Traugot, Valerij Georgievich
ロシアのイラストレーター。
⇒絵本（トラウゴート, ワレーリー　1936–2009）
Trautmann, Catherine
フランスの政治家。フランス文化・通信相。
⇒世指導（トロットマン, カトリーヌ）
Trautmann, Osker Paul
ドイツの外交官。神戸ドイツ総領事（1921）。日華事変勃発（37）の際, 日中関係の調整に尽力した。
⇒ア太戦（トラウトマン　1877–1950）
　岩世人（トラウトマン　1877.5.7–1950.12.10）

Trautmann, Reinhold
ドイツのスラヴ語学者。イェナ大学教授（1948）。スラヴ語, ズルト派典礼につき広範囲の研究を行った。
⇒岩世人（トラウトマン　1883.1.16–1951.10.4）
Travadel, Anita
フランスの画家。
⇒芸13（トラバデル, アニタ　1937–）
Travers, Bill
イギリス生まれの俳優。
⇒ク俳（トラヴァーズ, ビル（リンドン＝トラバーズ, ウィリアム）　1921–1994）
Travers, Mary
アメリカの歌手。フォーク・トリオ「ピーター・ポール・アンド・マリー」のメンバー。
⇒新音中（ピーター, ポール・アンド・メアリー　1936–）
　標音2（ピーター, ポール・アンド・メアリー）
　ロック（Peter,Paul and Mary　ピーター, ポール＆メアリ　1937.11.7–）
Travers, Morris William
イギリスの化学者。1898年ネオン, クリプトン, キセノンなど不活性ガスを発見。
⇒岩世人（トラヴァーズ　1872.1.24–1961.8.25）
　化学（トラヴァース　1872–1961）
Travers, Pamela
イギリスの女性作家, ジャーナリスト, 舞踊家, シェイクスピア劇の女優。〈メアリー・ポピンズ〉シリーズがある。
⇒岩世人（トラヴァーズ　1899.8.9–1996.4.23）
　現世文（トラバーズ, P.L.　1899.8.9–1996.4.23）
　ポブ人（トラバース, パメラ　1906–1996）
Travis, Cecil Howell
アメリカの大リーグ選手（遊撃, 三塁）。
⇒メジャ（トラヴィス, セシル　1913.8.8–2006.12.16）
Travis, Edward
イギリス海軍士官。第2次世界大戦初期のイギリスの暗号解読拠点ブレッチレーパークの責任者を務めた後, 政府暗号学校（GC&CS, 後に政府通信本部（GCHQ））長官となった。
⇒スパイ（トラヴィス, エドワード　1888–1956）
Travis, Nancy
アメリカ生まれの女優。
⇒ク俳（トラヴィス, ナンシー　1961–）
Travis, Pete
イギリスの映画監督。
⇒外12（トラビス, ピート）
Travis, Randy
アメリカのカントリー歌手。
⇒標音2（トラヴィス, ランディ　1959.5.4–）

Travkin, Nikolai Iliich
ロシアの政治家。ロシア無任所相,下院議員。
⇒世指導（トラフキン,ニコライ 1946–）

Travolta, John
アメリカ生まれの男優。
⇒外12（トラボルタ,ジョン 1954.2.18–）
外16（トラボルタ,ジョン 1954.2.18–）
ク俳（トラヴォルタ,ジョン 1954–）
スター（トラヴォルタ,ジョン 1954.2.18–）

Traxel, Josef
ドイツのテノール歌手。
⇒失声（トラクセル,ヨセフ 1916–1975）
魅惑（Traxel,Josef 1916–1975）

Traylor, Melvin Alvah
アメリカの実業家。アメリカ銀行協会会長。民主党員。
⇒アメ経（トレイラー,メルビン 1878.10.21–1934.2.14）

Traynor, Harold Joseph（Pie）
アメリカの大リーグ選手（三塁）。
⇒メジャ（トレイナー,パイ 1898.11.11–1972.3.16）

Traynor, Roger John
アメリカの法学者,裁判官。
⇒岩世人（トレイナー 1900.2.12–1983.5.13）

Trease, Geoffrey
イギリスの作家,児童文学評論家。
⇒現世文（トリーズ,ジェフリー 1909.8.11–1998.1.27）

Treasy, Dee
アメリカ生まれの画家。
⇒芸13（トレーシィ,ディー 1930–）

Treat, John W.
アメリカの日本文学研究家。
⇒外12（トリート,ジョン・W. 1953–）
外16（トリート,ジョン・W. 1953–）

Treat, Lawrence
アメリカのミステリ作家。
⇒現世文（トリート,ローレンス 1903.12.21–1998.1.7）

Treat, Payson Jackson
アメリカの歴史家。日米外交史を専攻。
⇒岩世人（トリート 1879.11.12–1972.6.15）

Trebitsch-Lincoln, Ignatius Timothy
国際的なやま師。ハンガリー・パクシュ生まれ。
⇒スパイ（トレビッチ,イグナッツ・ティモテウス 1879–?）
ユ著人（Trebitsch-Lincoln,Ignatius Timothy トレヴィッチ＝リンカーン,イグナティウス・ティモシイ 1879–1943）

Trébois, Jean-François
フランスのジャーナリスト,政治家。
⇒19仏（トレボワ,ジャン＝フランソワ 1835.4.25–?）

Tree, David
テノール歌手。
⇒魅惑（Tree,David 1902–1973）

Tree, *Sir* Herbert Draper Beerbohm
イギリスの俳優,劇場支配人。演劇学校も開設し,王立演劇アカデミーの基礎を築く。
⇒岩世人（トリー 1853.12.17–1917.7.2）

Treece, Henry
イギリスの詩人。「新黙示派」の代表的詩人。
⇒現世文（トリース,ヘンリー 1911.12.22–1966.6.10）

Treffner, Willy
ポーランドのテノール歌手。
⇒魅惑（Treffner,Willy 1903–1980）

Trefftz, Erich Immanuel
ドイツの工学者。飛行機の翼,プロペラの流体力学的研究をした。
⇒岩世人（トレフツ 1888.2.21–1937.1.21）

Trégan, Thierry
テノール歌手。
⇒魅惑（Trégan,Thierry ?–）

Tregear, Edward Robert
ニュージーランドの政治家。
⇒ニュー（トゥレーガー,エドワード 1846–1931）

Treholt, Arne
ノルウェー外務省広報部長,外務副大臣（海事担当）。北大西洋条約機構（NATO）の機密文書をソ連に渡したとされる。
⇒スパイ（トレホルト,アルネ 1942–）

Treisman, Anne Marie
アメリカの心理学者。
⇒岩世人（トリーズマン 1935.2.27–）

Treleaven, John
イギリスのテノール歌手。
⇒失声（トレレーヴェン,ジョン 1950–）
魅惑（Treleaven,John 1950–）

Tremain, Rose
イギリスの女性小説家,劇作家。
⇒現世文（トレメイン,ローズ 1943.8.2–）

Tremayne, Peter
イギリスの作家,ケルト学者。
⇒外16（トレメイン,ピーター）
現世文（トレメイン,ピーター 1943.3.10–）

Tremblay, François-Louis
カナダのスピードスケート選手（ショートトラック）。
⇒外12（トランブレ，フランソワ・ルイ 1980.11.13–）
外16（トランブレ，フランソワ・ルイ 1980.11.13–）
最世ス（トランブレ，フランソワ・ルイ 1980.11.13–）

Tremblay, Michel
カナダの劇作家。
⇒現世文（トランブレー，ミシェル 1942.6.25–）

Trembley, Dave
アメリカの大リーグ監督。
⇒外12（トレンブリー，デーブ）

Tremois, Pierre-Yves
フランス生まれの版画家。
⇒芸13（トレモア，ピエール・イブ 1921–）

Tremonti, Giulio
イタリアの政治家。
⇒外12（トレモンティ，ジュリオ 1947.8.18–）
外16（トレモンティ，ジュリオ 1947.8.18–）
世指導（トレモンティ，ジュリオ 1947.8.18–）

Trench, *Sir* David Clive Crosbie
イギリスの植民地行政官。
⇒岩世人（トレンチ 1915.6.2–1988.12.4）

Trendelenburg, Friedrich
ドイツの外科医。F.A.トレンデンブルクの子。
⇒岩世人（トレンデレンブルク 1844.5.24–1924.12.15）

Trenet, Charles
フランス生まれの歌手。
⇒岩世人（トレネ 1913.5.18–2001.2.19）
広辞7（トレネ 1913–2001）
新音中（トレネ，シャルル 1913.5.18–2001.2.18）
標音2（トレネ，シャルル 1913.5.18–2001.2.18）

Trentin, Roger
テノール歌手。
⇒魅惑（Trentin,Roger ?–）

Trepov, Dimitrii Fëdorovich
ロシアの将軍。1905年ペテルブルク県知事として10月ゼネストを弾圧。
⇒岩世人（トレーポフ 1855.12.2–1906.9.2）

Treptov, Günther
ドイツのテノール歌手。
⇒失声（トレプトウ，ギュンター 1907–1981）
魅惑（Treptow,Günther 1907–1981）

Tresckow, Henning von
ドイツ陸軍少将、ヒトラー暗殺計画の首謀者の一人。

⇒世暗（トレスコウ将軍，ヘニング・フォン 1901–1944）

Tresh, Michael
アメリカの大リーグ選手（捕手）。
⇒メジャ（トレッシュ，マイク 1914.2.23–1966.10.4）

Tresh, Thomas Michael
アメリカの大リーグ選手（外野，遊撃）。
⇒メジャ（トレッシュ，トム 1938.9.20–2008.10.14）

Tresmontant, Claude
フランスの哲学者、神学者。
⇒岩世人（トレモンタン 1925–1997）
新カト（トレモンタン 1925.8.5–1997.4.16）

Tretiakov, Alexander
ロシアのスケルトン選手。
⇒外16（トレチャコフ，アレクサンドル 1985.4.19–）

Tretiyakov, Vitalii
ロシアのジャーナリスト。
⇒外12（トレチャコフ，ヴィタリー 1953.1.2–）
外16（トレチャコフ，ヴィタリー 1953.1.2–）

Tretyak, Vladislav Aleksandrovich
ソ連（ロシア）のアイスホッケー選手。
⇒岩世人（トレチヤク 1952.4.25–）

Tret'yakov, Sergei Mikhailovich
ソ連の詩人、劇作家。スターリン粛清の犠牲となる。戯曲『吠えろ，中国！』（1926）など。
⇒岩世人（トレチャコーフ 1892.6.8/20–1939.8.9）
現世文（トレチャコフ，セルゲイ・ミハイロヴィチ 1892.6.20–1939.8.9）

Trevanian
アメリカのミステリ作家。
⇒現世文（トレベニアン 1931–2005.12.14）

Trevelyan, *Sir* Charles Philips, 3rd Baronet
イギリスの政治家。
⇒岩世人（トレヴェリアン 1870.10.28–1958.1.24）

Trevelyan, George Macaulay
イギリスの歴史家。イギリスの近，現代史専門。主著『イギリス史』（1926）。
⇒岩世人（トレヴェリアン 1876.2.16–1962.7.21）
ネーム（トレベリアン 1876–1962）

Trevelyan, *Sir* George Otto
イギリスの歴史家，政治家。おじを描いた『マコーレー伝』（1876）は、イギリス伝記文学の代表的傑作。
⇒岩世人（トレヴェリアン 1838.7.20–1928.8.17）

Trevino, Lee
アメリカのプロゴルファー。

⇒異二辞（トレビノ, リー 1939–）
岩世人（トレヴィノ 1939.12.1–）
外12（トレビノ, リー 1939.12.1–）
外16（トレビノ, リー 1939.12.1–）

Trevino, Victor
アメリカのバレエダンサー。
⇒外12（トレビノ, ビクター）

Trevor, Austin
北アイルランド生まれの俳優。
⇒アガサ（トレヴァー, オスティン 1897–1978）

Trevor, Claire
アメリカの映画女優。
⇒ク俳（トレヴァー, クレア（ウェムリンガー, C）1909–2000）

Trevor, William
アイルランドの（短編）小説家, 劇作家。
⇒岩世人（トレヴァー 1928.5.24–）
外12（トレバー, ウィリアム 1928.5.24–）
外16（トレバー, ウィリアム 1928.5.24–）
現世文（トレバー, ウィリアム 1928.5.24–2016.11.20）

Trevor-Roper, Hugh Redwald
イギリスの歴史家。
⇒岩世人（トレヴァ＝ローパー 1914.1.15–2003.1.27）

Trewartha, Glenn Thomas
アメリカの地理学者。
⇒岩世人（トリワーサ 1896.11.22–1984）

Trezeguet, David
フランスのサッカー選手。
⇒外12（トレゼゲ, ダヴィド 1977.10.15–）
外16（トレゼゲ, ダヴィド 1977.10.15–）
最世ス（トレゼゲ, ダヴィド 1977.10.15–）

Triandafillov, Vladimir Kiriakovich
ソ連の軍人。
⇒戦思（トリアンダフィーロフ 1894–1931）

Triandos, Gus
アメリカの大リーグ選手（捕手, 一塁）。
⇒メジャ（トリアンドス, ガス 1930.7.30–2013.3.28）

Tribe, Laurence H.
アメリカの法学者。
⇒岩世人（トライブ 1941.10.10–）

Trible, Phyllis
アメリカのフェミニスト神学者。
⇒岩キ（トリブル 1932–）

Tribouillard, Daniel
フランスの服飾デザイナー。
⇒外12（トリブイヤール, ダニエル 1935–）

外16（トリブイヤール, ダニエル 1935.1.8–）

Tricart, Jean
フランスの地形学者。
⇒岩世人（トリカール 1920.9.16–2003.5.6）

Trichet, Jean-Claude
フランスの銀行家。
⇒外12（トリシェ, ジャン・クロード 1942.12.20–）
外16（トリシェ, ジャン・クロード 1942.12.20–）

Trichet, Pierrette
フランスの醸造家。
⇒外16（トリシェ, ピエレット 1953–）

Trickett, Lisbeth
オーストラリアの水泳選手（バタフライ）。
⇒外12（トリケット, リスベス 1985.1.28–）
最世ス（トリケット, リスベス 1985.1.28–）

Triepel, Heinrich
ドイツの法律家。国際法学において実証主義法学の先駆者とされる。主著 "Völkerrecht und Landesrecht"（1899）。
⇒岩世人（トリーペル 1868.1.12–1946.11.23）

Trier, Jost
ドイツの言語学者。言語場の理論を提唱。主著『理性を表わす意味分野のドイツ語彙』（1931）。
⇒岩世人（トリーア 1894.12.15–1970.9.15）

Trier, Lars von
デンマーク生まれの映画監督。
⇒岩世人（トリアー 1956.4.30–）
映監（フォン・トリアー, ラース 1956.4.30–）
外12（トリアー, ラルス・フォン 1956.4.30–）
外16（トリアー, ラルス・フォン 1956.4.30–）

Trier, Walter
ドイツの画家。
⇒ユ著人（Trier, Walter トリヤー, ワルター（ヴァルター） 1890–1951）

Trierweiler, Valerie
フランスのジャーナリスト。
⇒外16（トリユルヴァイレール, ヴァレリー 1965.2.16–）

Triffin, Robert
ベルギー生まれの経済思想家。
⇒岩経（トリフィン 1911–1993）
岩世人（トリフィン 1911.10.5–1993.2.3）

Trifonov, Jurij Valentinovich
ソ連の作家。第2次大戦後のソ連知識人階級の生活を描き, スターリン時代を問い直した。作品に『川岸通りの家』『その時, その所』など。
⇒岩世人（トリーフォノフ 1925.8.28–1981.3.28）
現世文（トリーフォノフ, ユーリー 1925.8.28–1981.3.28）

Trigano, Gilbert
フランスのホテル経営者。
⇒岩世人（トリガノ　1920.7.28–2001.2.4）

Trigiani, Adriana
アメリカの作家。
⇒海文新（トリジアーニ, アドリアナ）

Trigon
CIAのエージェントだったあるソ連国民のコードネーム。
⇒スパイ（トリゴン）

Trilling, Diana（Rubin）
アメリカ（ユダヤ系）の女性批評家。
⇒岩世人（トリリング　1905.7.21–1996.10.23）

Trilling, Lionel
アメリカの英文学者, 評論家。主著, 評伝『マシュー・アーノルド』(1939) など。
⇒岩世人（トリリング　1905.7.4–1975.11.7）
新カト（トリリング　1905.7.4–1975.11.5）
ユ著人（Trilling,Lionel　トリリング, ライオネル　1905–1975/1976）

Trillini, Giovanna
イタリアのフェンシング選手。
⇒最世ス（トリリーニ, ジョバンナ　1970.5.17–）

Trillo, Jesus Manuel Marcano
アメリカの大リーグ選手（二塁）。
⇒メジャ（トリーヨ, マニー　1950.12.25–）

Trimble, David
北アイルランドの政治家。北アイルランド自治政府首相。
⇒岩世人（トリンブル　1944.10.15–）
外12（トリンブル, デービッド　1944.10.15–）
外16（トリンブル, デービッド　1944.10.15–）
世指導（トリンブル, デービッド　1944.10.15–）
ネーム（トリンブル　1944–）
ノベ3（トリンブル,D.　1944.10.15–）

Trimouillat, Pierre
フランスのシャンソニエ。
⇒19仏（トリムイヤ, ピエール　1858–1929.1.5）

Tri Mumpuni
インドネシアの社会起業家。IBEKA創設者。
⇒外12（ムンプニ, トゥリ）
外16（トゥリ ムンプニ）

Trindade, Angela
インドの画家。
⇒新カト（トリンダーデ　1909.8.10–1980）

Trịnh Công So'n
ベトナムのシンガー・ソングライター。
⇒岩世人（チン・コン・ソン　1939.2.28–2001.4.1）

Trinh T.Minh-ha
ベトナム出身の女性思想家, 詩人, 作家, 映像作家, 作曲家。ポストコロニアル理論を牽引する。
⇒岩世人（トリン・T・ミンハ　1952–）
外16（ミンハ, トリン・T.　1952–）
現世文（ミンハ, トリン・T.　1952–）

Trinkler, Emil
ドイツのアジア探検家。1927〜28年ドイツ中央アジア探検隊を率いて, タクラマカン砂漠およびタリム盆地に到達。
⇒岩世人（トリンクラー　1896.5.19–1931.4.19）

Trintignant, Jean-Louis
フランス生まれの男優。
⇒遺産（トランティニャン, ジャン＝ルイ　1930.12.11–）
外16（トランティニャン, ジャン・ルイ　1930.12.11–）
ク俳（トランティニャン, ジャン＝ルイ　1930–）

Triolet, Elsa
フランスの女性小説家。L.アラゴンの妻。作品,『最初のほころびは200フラン』(1945, ゴンクール賞受賞) など。
⇒岩世人（トリオレ　1896.9.11–1970.6.16）
現世文（トリオレ, エルザ　1896.9.25–1970.6.16）

Triple H
アメリカのプロレスラー。
⇒外16（トリプルH　1969.7.27–）

Tripp, Alva
アメリカのテノール歌手。
⇒魅惑（Tripp,Alva　1937–）

Tripplehorn, Jeanne
アメリカ生まれの女優。
⇒ク俳（トリプルホーン, ジーン　1963–）

Tristano, Lennie
アメリカの盲目ジャズ・ピアノ奏者。1951年音楽学校を開校, その門下生たちはクール派のリーダーとして台頭, モダン・ジャズ史に輝かしい足跡を残した。
⇒岩世人（トリスターノ　1919.3.19–1978.11.18）
新音中（トリスターノ, レニー　1919.3.19–1978.11.18）
標音2（トリスターノ, レニー　1919.3.19–1978.11.18）

Tristram, Claire
アメリカのライター, 作家。
⇒海文新（トリストラム, クレア　1958–）

Trittin, Jürgen
ドイツの政治家。
⇒岩世人（トリッティン　1954.7.25–）
世指導（トリッティン, ユルゲン　1954.7.25–）

Tritton, Arthur Stanley
イギリスのアラビア学者。イスラム世界の制度

史についての研究が多い。
⇒岩世人（トリットン　1881.2.25-1973.11.8）

Trnka, Bohumil
チェコスロバキアの英語学者，一般言語学者。プラハ学派の中心の一人として活躍。主著『現代標準英語の分析』(1958)。
⇒岩世人（トルンカ　1895.6.3-1984.2.14）

Trnka, Jiří
チェコスロバキアのアニメーション作家，挿絵画家。1969年国際アンデルセン大賞受賞。
⇒アニメ（トルンカ，イジー　1912-1969）
岩世人（トルンカ　1912.2.24-1969.12.30）
絵本（トゥルンカ，イジー　1912-1969）

Trocchi, Alexander
イギリスの小説家。
⇒現世文（トロッキ，アレグザンダー　1925-1984）

Trockel, Rosemarie
ドイツ生まれの芸術家。
⇒現アテ（Trockel,Rosemarie　トロッケル，ローズマリー　1952-）

Trocmé, Etienne Paul
フランスのプロテスタント新約聖書学者。
⇒岩世人（トロクメ　1924.11.8-2002.8.12）
新カト（トロクメ　1924.11.8-2002.8.12）

Troedsson, Ingegerd
スウェーデンの政治家。スウェーデン国会議長。
⇒世指導（トルエドソン，インゲセード　?-2012.4.11）

Troelstra, Pieter Jelles
オランダの政治家。社会民主労働党（現労働党）を結成。
⇒岩世人（トルールストラ　1860.4.20-1930.5.12）

Troeltsch, Ernst
ドイツのプロテスタント神学者，歴史哲学者。宗教史学派から歴史主義に到り，宗教社会学の分野にも貢献。
⇒岩キ（トレルチ　1865-1923）
岩世人（トレルチ　1865.2.17-1923.2.1）
学叢思（トレルチ，エルンスト　1865-1923）
教人（トレルチ　1865-1923）
現宗（トレルチ　1865-1923）
広辞7（トレルチ　1865-1923）
社小増（トレルチ　1865-1923）
新カト（トレルチ　1865.2.17-1923.2.1）
哲中（トレルチ　1865-1923）
ネーム（トレルチ　1865-1923）
メル3（トレルチ，エルンスト　1865-1923）

Troepblickii, Gabrill
ソ連の作家，農業技師。
⇒現世文（トロエポリスキー，ガヴリール・ニコラエヴィチ　1905.11.29-1995.6.30）

Troestra
オランダの社会主義者，教育家。

⇒学叢思（トロエストラ　1860-?）

Troilo, Anibal
アルゼンチンのバンドネオン奏者，指揮者，作曲家。
⇒岩世人（トロイロ　1914.7.11-1975.5.18）
標音2（トロイロ，アニバル　1914.7.11-1975.5.19）

Troisgros, Michel
フランスの料理人。
⇒外12（トロワグロ，ミッシェル　1958.4-）
外16（トロワグロ，ミッシェル　1958.4-）

Troisgros, Pierre Emile René
フランスの料理人。
⇒外12（トロワグロ，ピエール　1928.9.3-）
外16（トロワグロ，ピエール　1928.9.3-）

Troisi, Nicola
テノール歌手。
⇒魅惑（Troisi,Nicola　?-）

Trojanow, Ilija
ドイツの作家。
⇒海文新（トロヤノフ，イリヤ）
現世文（トロヤノフ，イリヤ　1965.8.23-）

Troll, Carl
ドイツの地理学者。アルプス氷河の研究，アンデス熱帯の調査を行う。
⇒岩世人（トロール　1899.12.24-1975.7.21）

Troll, Wilhelm
ドイツの植物形態学者。
⇒岩生（トロール　1897-1978）

Trombetti, Alfredo
イタリアの言語学者。
⇒岩世人（トロンベッティ　1866.1.6-1929.7.5）

Trombley, Michael Scott
アメリカの大リーグ選手（投手）。
⇒メジャ（トロンブリー，マイク　1967.4.14-）

Tromp, Sebastian Kornelius Petrus
オランダのイエズス会司祭，ラテン語学者，神学者。
⇒新カト（トロンプ　1889.3.16-1975.2.8）

Trone, Roland "Don"
アメリカの歌手。
⇒ロック（Don and Juan　ドン&ファン）

Tropea, John
アメリカのジャズ・ギター奏者。
⇒外12（トロペイ，ジョン　1946-）
外16（トロペイ，ジョン　1946.1.7-）

Tropper, Jonathan
アメリカの作家。

⇒海文新（トロッパー, ジョナサン　1970.2.19–）
現世文（トロッパー, ジョナサン　1970.2.19–）

Trosky, Harold Arthur, Sr.
アメリカの大リーグ選手（一塁）。
⇒メジャ（トロスキー, ハル　1912.11.11–1979.6.18）

Trost, Pavel
チェコの言語学者, 文献学者。
⇒岩世人（トロスト　1907.10.3–1987.1.6）

Trost, Rainer
ドイツのテノール歌手。
⇒魅惑（Trost,Rainer　1966–）

Trotskii, Lev Davidovich
ロシアの革命家。10月革命の指導者の一人。
⇒岩経（トロツキー　1879–1940）
岩世人（トロツキー　1879.10.26/11.7–1940.8.21）
学叢思（トロツキー, レオン　1877–?）
現社（トロツキー　1879–1940）
広辞7（トロツキー　1879–1940）
国政（トロツキー　1879–1940）
社小増（トロツキー　1879–1940）
世史改（トロツキー　1879–1940）
世史改（トロツキー　1879–1940）
世人新（トロツキー　1879–1940）
世人装（トロツキー　1879–1940）
戦思（トロツキー　1879–1940）
哲中（トロツキー　1879–1940）
ネーム（トロツキー　1879–1940）
ポプ人（トロツキー, レフ　1879–1940）
もう山（トロツキー　1879–1940）
有経5（トロツキー　1879–1940）
ユ著人（Trotskii,Leo　トロツキー, レオ　1877–1940）

Trott, Laura
イギリスの自転車選手（トラックレース）。
⇒外16（トロット, ローラ　1992.4.24–）
最世ス（トロット, ローラ　1992.4.24–）

Trotta, Berardino
テノール歌手。
⇒魅惑（Trotta,Berardino　?–）

Trotta, Margarethe von
ドイツの映画監督。
⇒岩世人（トロッタ　1942.2.21–）
映監（トロッタ, マルガレーテ・フォン　1942.2.21–）
外16（フォン・トロッタ, マルガレーテ　1942.2.21–）

Trotter, Mildred
アメリカの動物学者。
⇒岩世人（トロッター　1899.2.3–1991.8.23）

Trotzier, Jean-Bernard
フランスの画家。
⇒外12（トロッジェ, ジャン・ベルナール　1950–）
外16（トロッジェ, ジャン・ベルナール　1950–）

Trotzig, Birgitta
スウェーデンの女性作家。
⇒岩世人（トロッツィグ　1929.9.11–2011.5.14）
現世文（トロッツィグ, ビルギッタ　1929.9.11–2011.5.14）

Trotzig, Hermann Martimer
ドイツ人の警察官。神戸居留地で警察の発展に尽力した。
⇒来日（トロチック, ヘルマン・モーティマー　1832–1919）

Troussier, Philippe
フランスのサッカー監督。
⇒異二辞［トルシエ［フィリップ・～］　1955–）
外12（トルシエ, フィリップ　1955.3.21–）
外16（トルシエ, フィリップ　1955.3.21–）
ネーム（トルシエ　1955–）

Trout, Austin
アメリカのプロボクサー。
⇒最世ス（トラウト, オースティン　1985.9.18–）

Trout, Mike
アメリカの大リーグ選手（エンゼルス・外野手）。
⇒外12（トラウト, マイク　1991.8.7–）
外16（トラウト, マイク　1991.8.7–）
最世ス（トラウト, マイク　1991.8.7–）
メジャ（トラウト, マイク　1991.8.7–）

Trout, Paul Howard（Dizzy）
アメリカの大リーグ選手（投手）。
⇒メジャ（トラウト, ディジー　1915.6.29–1972.2.28）

Trout, Steven Russell
アメリカの大リーグ選手（投手）。
⇒メジャ（トラウト, スティーヴ　1957.7.30–）

Trovajoli, Armando
イタリア生まれの映画音楽作曲家。
⇒標音2（トロヴァヨーリ, アルマンド　1917.7.21–）

Trovoada, Miguel dos Anjos da Cunha Lisboa
サントメ・プリンシペの政治家。サントメ・プリンシペ大統領（1991～95,95～2001）。
⇒世指導（トロボアダ, ミゲル　1936.12.27–）

Trow, Martin A.
アメリカの社会学者。
⇒現社（トロウ　1926–2007）

Trower, Robin
イギリスのギター奏者。
⇒ロック（Trower,Robin　トラウア, ロビン　1945.3.9–）

Troxell, Richard
アメリカのテノール歌手。
⇒魅惑（Troxell,Richard ?-）

Troxler, Niklaus
スイスのグラフィック・デザイナー，ポスター作家。
⇒グラデ（Troxler,Niklaus トロクスラー，ニクラウス 1947-）

Troy, Dermot
アイルランドのテノール歌手。
⇒魅惑（Troy,Dermot 1927-1962）

Troy, Doris
アメリカの女性歌手。
⇒ビト改（TROI,DORIS トロイ，ドリス）
ロック（Troy,Doris トロイ，ドリス 1937-）

Troyanos, Tatiana
アメリカのメゾ・ソプラノ歌手。
⇒オペラ（トロヤノス，タティアナ 1938-1993）
新音中（トロヤノス，タティアーナ 1938.12.9-1993.8.21）
標音2（トロヤノス，タティアーナ 1938.12.9-1993.8.21）

Troyanovskii, Aleksandr
ソ連の外交官。日本駐剳特命全権大使となり(1927)，満州事変の勃発に際しては，日ソ経済関係の調整に努力した。
⇒岩世人（トロヤノフスキー 1882.1.1/13-1955.6.23）

Troyat, Henri
ロシア生まれのフランスの小説家，劇作家，評論家。小説『蜘蛛』(1938)でゴンクール賞受賞。
⇒岩世人（トロワイヤ 1911.11.1-2007.3.2）
現世文（トロワイヤ，アンリ 1911.11.1-2007.3.2）

Trubbiani, Valeriano
イタリア生まれの彫刻家。
⇒芸13（トルッビアーニ，バレリアーノ 1937-）

Trubetskoi, Evgenii Nikolaevich
ロシアの哲学者，政治家。侯爵。S.P.トルベツコイの弟。
⇒岩世人（トルベツコイ 1863.9.23/10.5-1920.1.23）

Trubetskoi, Nikolay Sergeevich
ロシアの言語学者。音韻論の創始者の一人。主著『音韻論綱要』(1939)。
⇒岩世人（トルベツコイ 1890.4.4/16-1938.6.25）
広辞7（トルベツコイ 1890-1938）

Trubetskoi, Sergei Petrovich
ロシアの哲学者，政治家。モスクワ大学総長。
⇒岩世人（トルベツコイ 1862.7.23-1905.9.9）

Trubetskoy, Prince Pavel
ロシアの彫刻家。
⇒岩世人（トルベツコイ 1866.2.15-1938.2.12）

Trübner, Wilhelm
ドイツの印象派画家。肖像画，風景画を描いた。
⇒岩世人（トリューブナー 1851.2.3-1917.12.21）
芸13（トリュブナー，ヴィルヘルム 1851-1917）

Trucco, Giorgio
イタリアのテノール歌手。
⇒魅惑（Trucco,Giorgio ?-）

Trucks, Derek
アメリカのロック・ギター奏者。
⇒外12（トラックス，デレク 1979-）
外16（トラックス，デレク 1979-）

Trucks, Virgil Oliver
アメリカの大リーグ選手(投手)。
⇒メジャ（トラックス，ヴァージル 1917.4.26-2013.3.23）

Trudeau, Edward Livingston
アメリカの医師。結核研究の先駆者。サナトリウムを開設し，アメリカ初の外気自然療法を実施。
⇒岩世人（トルードー 1848.10.5-1915.11.15）

Trudeau, Justin
カナダの政治家。カナダ首相，カナダ自由党党首。
⇒外16（トルドー，ジャスティン 1971.12.25-）
世指導（トルドー，ジャスティン 1971.12.25-）

Trudeau, Pierre Elliott
カナダの政治家。
⇒岩世人（トルードー 1919.10.18-2000.9.28）

Trudgill, Peter
イギリスの社会言語学者。
⇒岩世人（トラッドギル 1943.11.7-）
外16（トラッドギル，ピーター 1943.11.7-）

Truffaut, François
フランスの映画監督。映画批評家からヌーベルバーグ映画の監督となる。作品に『大人は判ってくれない』(1959)『突然炎のごとく』(61)など。
⇒アニメ（トリュフォー，フランソワ 1932-1984）
岩世人（トリュフォー 1932.2.6-1984.10.21）
映監（トリュフォー，フランソワ 1932.2.6-1984）
広辞7（トリュフォー 1932-1984）
ネーム（トリュフォー，フランソワ 1932-1984）
ポプ人（トリュフォー，フランソワ 1932-1984）

Truffelli, Romano
テノール歌手。
⇒魅惑（Truffelli,Romano ?-）

Truhitte, Thomas Rolf
アメリカのテノール歌手。
⇒魅惑（Truhitte,Thomas Rolf　?–）

Truitt, Anne
アメリカの彫刻家。
⇒岩世人（トルーイット　1921.3.16–2004.12.23）

Trujillo Molina, Rafael Leónidas
ドミニカ共和国の軍人，政治家。1930年クーデターをおこし大統領となり，61年5月に暗殺されるまで31年間，独裁者としてドミニカに「鉄の支配」をふるった。
⇒岩世人（トルヒーヨ　1891.10.24–1961.5.30）
　ラテ新（トルヒーリョ　1891–1961）

Trulli, Jarno
イタリアのF1ドライバー。
⇒外12（トゥルーリ，ヤルノ　1974.7.13–）
　最世ス（トゥルーリ，ヤルノ　1974.7.13–）

Trulsen, Paal
ノルウェーのカーリング選手。
⇒最世ス（トルルセン，パル　1962.4.19–）

Truman, David Bicknell
アメリカの政治学者。主著『政治過程論』では，ベントリーの理論を心理学的に深めようとした。
⇒岩世人（トルーマン　1913.6.1–2003.8.28）
　社小増（トルーマン　1913–）

Truman, Harry S.
アメリカの政治家。第33代大統領（1945～53）。第2次大戦の終局処理に従事。トルーマン・ドクトリンなどを推進し，冷戦に対処した。
⇒ア太戦（トルーマン　1884–1972）
　アメ経（トルーマン，ハリー　1884.5.8–1972.12.26）
　アメ州（Truman,Harry S.　トルーマン，ハリー・S　1884–1972）
　アメ新（トルーマン　1884–1972）
　岩韓（トルーマン　1884–1972）
　岩世人（トルーマン　1884.5.8–1972.12.26）
　広辞7（トルーマン　1884–1972）
　辞歴（トルーマン　1884–1972）
　政経改（トルーマン　1884–1972）
　世史改（トルーマン　1884–1972）
　世史改（トルーマン　1884–1972）
　世人新（トルーマン　1884–1972）
　世人装（トルーマン　1884–1972）
　戦ア大（トルーマン，ハリー・S.　1884.5.8–1972.12.26）
　朝韓4（トルーマン,H.S.　1884–1972）
　ネーム（トルーマン　1884–1972）
　ボブ人（トルーマン，ハリー　1884–1972）

Truman, Margaret
アメリカのリリック・コロラトゥーラ・ソプラノ歌手，作家。トルーマン米大統領の娘。
⇒現世人（トルーマン，マーガレット　1924.2.17–2008.1.29）

Trumbić, Ante
クロアチアの政治家。
⇒岩世人（トルムビッチ　1864.5.5/17–1938.11.17）

Trumbo, Dalton
アメリカのシナリオライター，映画監督。戦後，赤狩りの際，最初に証言を拒否した自由人としての「ハリウッドの10人（テン）」の中に名を連ねた。
⇒広辞7（トランボ　1905–1976）

Trumbull, Douglas
アメリカ生まれの特殊効果演出家。
⇒ボブル（トランブル　1942.4.8–）
　外16（トランブル，ダグラス　1942.4.8–）

Trumbull, Robert
アメリカのジャーナリスト。
⇒アア歴（Trumbull,Robert　トランブル，ロバート　1912.5.26–）

Trump, Donald
アメリカの不動産業者，政治家。第45代大統領（2017～）。
⇒アメ経（トランプ，ドナルド　1946–）
　異二辞（トランプ［ドナルド］　1946–）
　外12（トランプ，ドナルド　1946.6.21–）
　外16（トランプ，ドナルド　1946.6.14–）
　広辞7（トランプ　1946–）
　世指導（トランプ，ドナルド　1946.6.14–）
　ボブ人（トランプ，ドナルド　1946–）

Trump, Georg
ドイツの本と書体のデザイナー，挿絵画家，教育者。
⇒グラデ（Trump,Georg　トルンプ，ゲオルク　1896–1985）

Trump, Ivanka
アメリカの実業家，ファッションモデル。アメリカ大統領補佐官。
⇒世指導（トランプ，イバンカ　1981.10.30–）

Trumpeldor, Joseph
ロシア生まれのシオニズム運動家。1917年ヘハルツ（開拓者）運動を起こす。
⇒ユ著人（Trumpeldor,Joseph　トゥルンペルドール，ヨセフ　1880–1920）

Trümper, Joachim
ドイツの天文学者，物理学者。
⇒外16（トリュンパー，ヨアヒム　1933.5.27–）

Trumpler, Robert Julius
スイスの天文学者。
⇒岩世人（トランプラー　1886.10.2–1956.9.10）
　天文辞（トランプラー　1886–1956）

Trunenkov, Dmitry
ロシアのボブスレー選手。
⇒外16（トルネンコフ，ドミトリー　1984.4.19–）

Trungpa, Chogyam
チベット仏教カギュ派及びニンマ派の指導者。
⇒オク仏 (トゥンパ・チョギャム 1940–1987)

Truong, Monique
南ベトナム生まれのアメリカの作家。
⇒海文新 (トゥルン, モニク 1968–)
現世文 (トゥルン, モニク 1968–)

Truong Chinh
ベトナム民主共和国の政治家。1958年副首相,60年国会常任委員会議長,81年国家評議会議長。
⇒岩世人 (チュウオン・チン(チュオン・チン) 1907.2.7–1988.9.30)

Truong Gia Binh
ベトナムの起業家。
⇒外16 (チュオン・ザー・ビン 1956–)

Truong Tan Sang
ベトナムの政治家,軍人。ベトナム国家主席(大統領)(2011〜16)。
⇒外12 (チュオン・タン・サン 1949.1.21–)
外16 (チュオン・タン・サン 1949.1.21–)
世指導 (チュオン・タン・サン 1949.1.21–)

Tru'o'ng Tửu
ベトナムの作家,歴史・文学の研究家。
⇒岩世人 (チュオン・ティウ 1913.10.18–1999.11.16)

Trüper, Johann
ドイツの異常児教育者。性格異常児の教育に関心をいだき,その研究と実践に専念,1890年イェナに教育困難児施設を開設,のちそれはトリューパー教育塾に発展して有名になった。
⇒教人 (トリューパー 1855–1921)

Trussel, Jack
アメリカのテノール歌手。
⇒魅惑 (Trussel, Jack 1943–)

Trussoni, Danielle
アメリカの作家。
⇒海文新 (トラッソーニ, ダニエル 1973–)

Tryon, Tom
アメリカ生まれの俳優。
⇒ク俳 (トライオン, トム 1925–1991)

Tsafendas, Dimitri
モザンビーク生まれの精神障害者。1966年,南アフリカ首相ヘンドリック・F.フルウールトを刺殺した。
⇒世暗 (ツァフェンダス, ディミトリ 1918–1999)

Tsai Chih-chung
台湾生まれの漫画家。
⇒アニメ (蔡志忠 チャイ・チーチュン 1948–)

Tsai Ming-liang
マレーシア生まれの映画脚本家,映画監督。
⇒岩世人 (ツァイ・ミンリャン 1957.10.27–)
映監 (ツァイ・ミンリャン 1957.10.27–)
外12 (ツァイミンリャン 1957–)
外16 (ツァイミンリャン 1957–)

Tsaldaris, Konstantinos
ギリシアの政治家。
⇒岩世人 (ツァルザリス 1884.4–1970.11.16)

Tsaldaris, Panagis
ギリシアの政治家。
⇒岩世人 (ツァルザリス 1868–1936.5.17)

Tsan, Eric
香港生まれの俳優。
⇒外12 (ツァン, エリック 1953.4.14–)
外16 (ツァン, エリック 1953.4.14–)

Tsang, Donald
中国の政治家。香港特別行政区2代目行政長官 (2005〜)。
⇒岩世人 (曾蔭権 そういんけん 1944.10.7–)
外12 (曾蔭権 ソウインケン 1944.10.7–)
外16 (曾蔭権 ソウインケン 1944.10.7–)
現アジ (曾蔭権 1944.10.7–)
世指導 (曾蔭権 そう・いんけん 1944.10.7–)
世人新 (曾蔭権 そういんけん 1944–)
世人装 (曾蔭権 そういんけん 1944–)
中日3 (曾蔭权 1944–)

Tsankov, Aleksandăr
ブルガリアの政治家。
⇒岩世人 (ツァンコフ 1879.6.29/7.11–1959.7.27)

Tsao Chin-hui
台湾の大リーグ選手(投手)。
⇒外12 (曹錦輝 ソウキンキ 1981.6.2–)
外16 (曹錦輝 ソウキンキ 1981.6.2–)
最世ス (曹錦輝 ソウキンキ 1981.6.2–)

Tsargush, Denis
ロシアのレスリング選手(フリースタイル)。
⇒最世ス (チャーグシュ, デニス 1987.9.1–)

Tschermak von Seysenegg, Erich
オーストリアの植物学者。G.チェルマクの子。
⇒岩生 (チェルマク 1871–1962)
岩世人 (チェルマク 1871.11.15–1962.10.11)
旺生5 (チェルマク 1871–1962)
三新生 (チェルマク 1871–1962)
ネーム (チェルマク 1871–1962)

Tschermak von Seysenegg, Gustav
オーストリアの岩石学者,鉱物学者。主著 "Lehrbuch der Mineralogie" (1881〜83)。
⇒岩世人 (チェルマク 1836.4.19–1927.5.4)

Tschernichowsky, Saul
ロシア生まれのヘブライ詩人。

⇒ユ著人(Tchernichowsky,Saul Gutmanovich チェルニコウスキー, サウル・グートマノヴィチ 1875-1943)

Tscherny, George
ハンガリー生まれのアメリカのグラフィック・デザイナー, 教育者。
⇒グラデ (Tscherny,George チャーニィ, ジョージ 1924-)

Tscherviakov
白ロシア共和国の政治家。
⇒学叢思 (チェルビヤコフ 1892-)

Tschichold, Jan
スイスのタイポグラファー(活版印刷術のデザイナー)。"Die neue Typographie" (1928)で、タイポグラフィの新しい原理を確立。65年グーテンベルク賞受賞。
⇒岩世人 (チヒョルト 1902.4.2-1974.8.11)
グラデ (Tschichold,Jan チヒョルト, ヤン 1902-1974)

Tscholakoff, Georgi
テノール歌手。
⇒魅惑 (Tscholakoff,Georgi ?-)

Tschudi, Hugo von
スイスの美術史家。ベルリンの国立美術館館長。
⇒岩世人 (チューディ 1851.2.7-1911.11.26)

Tschütscher, Klaus
リヒテンシュタインの政治家。リヒテンシュタイン首相。
⇒外12 (チュチャー, クラウス 1967.7.8-)
外16 (チュチャー, クラウス 1967.7.8-)
世指導 (チュチャー, クラウス 1967.7.8-)

Tse, Nicholas
香港の俳優, 歌手。
⇒外12 (ツェー, ニコラス 1980.8.29-)

Tsedenbal, Yumzhagiyn
モンゴルの政治家, 軍人。モンゴル人民大会幹部会議長(元首), モンゴル首相, モンゴル人民革命党書記長。
⇒岩世人 (ツェデンバル 1916.9.17-1991.4.20)
ネーム (ツェデンバル 1916-1991)

Tsedev, Dojoogiin
モンゴルの文学者, 詩人。
⇒外12 (ツェデブ, ドジョーギーン 1940-)
現世文 (ツェデブ, ドジョーギーン 1940-)

Tseng, Yani
台湾のプロゴルファー。
⇒外12 (曾雅妮 ツェンヤニ 1989.1.23-)
外16 (ツェン, ヤニ 1989.1.23-)
最世ス (ツェン, ヤニ 1989.1.23-)

Tsering Döndrub
チベットの作家。

⇒現世文 (ツェラン・トンドゥプ 1961-)

Tse Su-mei
ルクセンブルク生まれの美術家。
⇒外12 (ツェスーメイ 1973-)
外16 (ツェスーメイ 1973-)

Tsevegmid, Dondogiin
モンゴルの作家, 詩人, 政治家。
⇒現世文 (ツェベグミド, ドンドギーン 1915-)

Tseytlin, Arn
ベラルーシ生まれのイディッシュ語詩人, 劇作家。
⇒岩世人 (ツェイトリン 1889-1976)

Tshabalala, Siphiwe
南アフリカのサッカー選手(MF)。
⇒外12 (チャバララ, シフィウェ 1984.9.25-)
外16 (チャバララ, シフィウェ 1984.9.25-)
最世ス (チャバララ, シフィウェ 1984.9.25-)

Tshisekedi, Etienne
コンゴの政治家。ザイール首相。
⇒世指導 (チセケディ, エティエン 1932.12.14-2017.2.1)

Tshombe, Moise Kapenda
ザイールの政治家。1960年コンゴ動乱のさなか, カタンガ州の分離独立を宣言したが失敗。
⇒岩世人 (チョンベ 1919.11.10-1969.6.29)
マルX (TSHOMBÉ,MOISE チョンベ, モイーズ 1919-1969)

Tshwete, Steve
南アフリカの政治家。南アフリカ治安・保安相。
⇒世指導 (ツウェテ, スティーブ 1938-2002.4.26)

Tsien, Roger Y.
アメリカの化学者。2008年ノーベル化学賞受賞。
⇒岩世人 (チェン 1952.2.1-)
外12 (チェン, ロジャー 1952-)
外16 (チェン, ロジャー 1952.2.1-)
化学 (チエン 1952-2016)
ノベ3 (チェン,R.Y. 1952.2.1-)

Tsikhan, Ivan
ベラルーシのハンマー投げ選手。
⇒外12 (チホン, イワン 1976.7.24-)
最世ス (チホン, イワン 1976.7.24-)

Tsintsadze, Sulkhan Fyodorovich
ジョージアの作曲家, チェロ奏者。
⇒ク音3 (ツィンツァーゼ 1925-1991)

Tsiolkas, Christos
オーストラリアの作家。
⇒外16 (チョルカス, クリストス 1965-)
海文新 (チョルカス, クリストス 1965-)
現世文 (チョルカス, クリストス 1965-)

Tsiolkovskii, Konstantin

Eduardovich
ロシア, ソ連の物理学者。宇宙旅行の可能性を論じた理論は液体燃料によるロケットを生んだ。
⇒岩世人（ツィオルコフスキー　1857.9.5/17-1935.9.19）
広辞7（ツィオルコフスキー　1857-1935）
世発（ツィオルコフスキー, コンスタンチン　1857-1935）
ポプ人（ツィオルコフスキー, コンスタンティン　1857-1935）

Tsipko, Aleksandr Sergeevich
ロシアの政治学者。
⇒岩世人（ツィプコ　1941.8.15-）

Tsipras, Alexis
ギリシャの政治家。ギリシャ首相。
⇒外16（チプラス, アレクシス　1974.7.28-）
世指導（チプラス, アレクシス　1974.7.28-）

Tsirekidze, Irakli
ジョージアの柔道選手。
⇒外12（チレキゼ, イラクリ　1982.5.3-）
最世ス（チレキゼ, イラクリ　1982.5.3-）

Tsiskaridze, Nikolai
ロシアのバレエダンサー。
⇒外12（ツィスカリーゼ, ニコライ　1973.12.31-）
外16（ツィスカリーゼ, ニコライ　1973.12.31-）

Tsitsanis, Vassilis
ギリシアのブズーキ奏者, 作曲家。
⇒岩世人（ツィツァニス　1915.1.18-1984.1.18）

Tsiurupa, A.D.
ソ連の政治家, 農業家, 統計家。
⇒学叢思（ツユルパ　1870-?）

Tsogtbaatar, Damdin
モンゴルの政治家。モンゴル外相。
⇒世指導（ツォグトバータル, ダムディン　1970-）

Tsonga, Jo-Wilfried
フランスのテニス選手。
⇒異二辞（ツォンガ［ジョー＝ウィルフリード・〜］　1985-）
外12（ツォンガ, ジョーウィルフリード　1985.4.17-）
外16（ツォンガ, ジョーウィルフリード　1985.4.17-）
最世ス（ツォンガ, ジョーウィルフリード　1985.4.17-）

Tsou, Douglas
中国生まれの元FBI職員。
⇒スパイ（ツォウ, ダグラス）

Tsountas, Chrestos
ギリシアの考古学者。シュリーマンのあとを継ぎ, ミケーネの遺跡発掘を行った。
⇒岩世人（ツンタス　1857-1934.6.3）

Tsui, Daniel C.
中国出身のアメリカの物理学者。1998年ノーベル物理学賞受賞。
⇒外12（ツイ, ダニエル　1939.2.28-）
外16（ツイ, ダニエル　1939.2.28-）
中日3（崔琦　1939-）
ノベ3（ツイ,D.C.　1939.2.28-）

Tsui Hark
ベトナム生まれの映画監督, 映画製作者。
⇒岩世人（ツイ・ハーク　1951.2.15-）
映監（ツイ・ハーク　1950.2.15-）
外12（ツイハーク　1951.2-）
外16（ツイハーク　1950.2.15-）

Tsuper, Alla
ベラルーシのスキー選手（フリースタイル）。
⇒外16（ツペル, アラ　1979.4.16-）

Tsuzuki, Seigo
ブラジルの医師。
⇒外12（ツズキ, セイゴ　1933-）
外16（ツズキ, セイゴ　1933-）

Tsvangirai, Morgan
ジンバブエの政治家。ジンバブエ首相, ジンバブエ民主変革運動（MDC）議長。
⇒岩世人（ツァンギライ　1952.3.10-）
外12（ツァンギライ, モーガン　1952.3.10-）
外16（ツァンギライ, モーガン　1952.3.10-）
世指導（ツァンギライ, モーガン　1952.3.10-2018.2.14）

Tsvet, Mikhail Semenovich
イタリア生まれのロシアの植物生理学者。最初の研究は植物解剖学の領域でなされデーヴィ賞を獲得。1906年分析技術, カラムクロマトグラフィーを発表。
⇒化学（ツウェット　1872-1919）

Tsvetaeva, Marina Ivanovna
ソ連の女性詩人。詩集『別離』（1910）,『夕べのアルバム』（10）など。
⇒岩世人（ツヴェターエヴァ　1892.9.26/10.8-1941.8.31）
現代文（ツヴェターエワ, マリーナ・イワノヴナ　1892.10.8-1941.8.31）
広辞7（ツヴェターエヴァ　1892-1941）

Tsyb, Anatoly
ロシア医学アカデミーオブニンスク医学放射線研究所所長。
⇒外12（ツィーブ, アナトリィ　1934.1.21-）

Tsylinskaya, Natallia
ベラルーシの自転車選手（トラックレース）。
⇒最世ス（ツィリンスカヤ, ナタリア　1975.8.30-）

Tu, Anthony T.
アメリカの生化学者。
⇒外12（トゥ, アントニー　1930-）

外16（トゥー，アンソニー　1930–）

Tuaillon, Louis
ドイツの彫刻家。
⇒芸13（テュアイロン，ルイス　1862–1919）

Tuan, Yi-Fu
アメリカの地理学者。
⇒岩世人（トゥアン　1930.12.5–）
外16（トゥアン，イーフー　1930–）
現社（トゥアン　1930–）

Tuand, Carlo
テノール歌手。
⇒魅惑（Tuand,Carlo　?–）

Tuason, Joaquin（Enriquez）
フィリピンの翻訳家，詩人。
⇒岩世人（トゥアソン　1843.8.19–1908.9.27）

Tubb, Ernest
アメリカのカントリー歌手。ジミー・ロジャーズの影響を強く受けた。
⇒アメ州（Tubb,Earnest　タブ，アーネスト　1914–）
新音中（タブ，アーネスト　1914.2.9–1984.9.6）
標音2（タブ，アーネスト　1914.2.9–1984.9.6）

Tubin, Eduard
エストニア，のちスウェーデンの作曲家，指揮者。
⇒ク音3（トゥビン　1905–1982）

Tübke, Werner
ドイツ生まれの画家。
⇒岩世人（テュブケ　1929.7.30–2004.5.27）
芸13（テュブケ，ワーナー　1929–）

T

Tubman, William Vacanarat Shadrach
リベリアの法律家，政治家。1937年最高裁判事。43年大統領，67年6選。
⇒岩世人（タブマン　1895.11.29–1971.7.23）

Tucci, Gabriella
イタリアのソプラノ歌手。
⇒標音2（トゥッチ，ガブリエッラ　1929.8.4–）

Tucci, Giuseppe
イタリアの東洋学者。ローマ大学宗教および哲学教授（1933〜）。
⇒岩世人（トゥッチ　1894.6.5–1984.4.5）
オク仏（トゥッチ，ジュゼッペ　1894–1984）

Tucci, Stanley
アメリカ生まれの俳優。
⇒外16（トゥッチ，スタンリー　1960.11.11–）

Tuccillo, Liz
アメリカの作家。
⇒海文新（タシーロ，リズ）
現世文（タシーロ，リズ）

Tüchle, Hermann
ドイツのカトリック教会史家。
⇒新カト（テュヒレ　1905.11.7–1986.8.22）

Tucholsky, Kurt
ドイツの小説家，評論家。ナチズムを痛烈に批判し，1929年スウェーデンに亡命。主著『グリプスホルム城』(31)。
⇒岩世人（トゥホルスキー　1890.1.9–1935.12.21）
ユ著人（Tucholsky,Kurt　ツチョルスキー（トゥホルスキー，テュホルスキー），クルト　1890–1935）

Tucker, Albert
オーストラリアの画家。
⇒岩世人（タッカー　1914.12.29–1999.10.23）

Tucker, Albert William
アメリカの数学者。
⇒世数（タッカー，アルバート・ウィリアム　1905–1995）

Tucker, Alfred G.
イギリスの平和運動家，エスペランティスト。
⇒日エ（タッカー　1889–1978.12.11）

Tucker, Benjamin Ricketson
アメリカの無政府主義者。"Radical Review"誌(1877)，"Liberty"誌(81)を創刊。
⇒岩世人（タッカー　1854.4.14–1939.6.22）
学叢思（タッカー，ベンジャミン　1854–?）

Tucker, Chris
アメリカのスタンダップ・コメディー出身の俳優。
⇒外12（タッカー，クリス　1973.8.31–）
外16（タッカー，クリス　1972.8.31–）

Tucker, Forrest
アメリカ生まれの俳優。
⇒ク俳（タッカー，フォレスト　1915–1986）

Tucker, Gene
アメリカのテノール歌手。
⇒魅惑（Tucker,Gene　?–）

Tucker, Henry St.George
アメリカの宣教師。立教学院総理，米国聖公会総裁主教。
⇒アア歴（Tucker,Henry St.George　タッカー，ヘンリー・セント・ジョージ　1874.7.16–1959.8.8）
岩世人（タッカー　1874.7.16–1959.8.8）

Tucker, Margaret Emmeline
アメリカの医療宣教師。
⇒アア歴（Tucker,Margaret Emmeline　タッカー，マーガレット・エメライン　1907.8.5–1975.10.29）

Tucker, Mark
イギリスの実業家。

⇒外16（タッカー，マーク）
Tucker, Mark
イギリスのテノール歌手。
⇒魅惑（Tucker,Mark 1958–）

Tucker, Michael Anthony
アメリカの大リーグ選手（外野）。
⇒メジャ（タッカー，マイケル 1971.6.25–）

Tucker, Richard
アメリカのテノール歌手。
⇒オペラ（タッカー，リチャード 1913–1975）
失声（タッカー，リチャード 1913–1975）
新音中（タッカー，リチャード 1913.8.28–1975.1.8）
標音2（タッカー，リチャード 1913.8.28–1975.1.8）
魅惑（Tucker,Richard 1913–1975）
ユ著人（Tucker,Richard タッカー，リチャード 1913–1975）

Tucker, Sophie
アメリカの女性ボードビリアン。
⇒ユ著人（Tucker,Sophie タッカー，ソフィー 1884–1966）

Tucker, Thomas Joseph
アメリカの大リーグ選手（一塁）。
⇒メジャ（タッカー，トミー 1863.10.28–1935.10.22）

Tucker, Tommy
アメリカ・オハイオ州スプリングフィールド生まれの歌手，ピアノ奏者。
⇒ロック（Tucker,Tommy タッカー，トミー 1939.3.5–）

Tuckett, Will
イギリスの演出家，振付師。
⇒外16（タケット，ウィル）

Tuckwell, Barry
オーストラリア，のちイギリスのホルン奏者。
⇒新音中（タックウェル，バリー 1931.3.5–）
標音2（タックウェル，バリー 1931.3.5–）

Tuckwell, Gertrude
イギリスの労働運動家。
⇒学叢思（タックウェル，ガートルード 1862–?）

Tudela van Breugel Douglas, Francisco
ペルーの政治家，外交官。ペルー第1副大統領，国連大使，ペルー外相。
⇒世指導（トゥデラ・バン・ブロイゲル・ダグラス，フランシスコ 1955.7.20–）

Tuder, David（Eugene）
アメリカのピアノ奏者，作曲家。
⇒エデ（チューダー，デイヴィッド（ユージーン）1926.1.20–1996.8.13）

新音中（チューダー，デイヴィド 1926.1.20–1996.8.13）
標音2（テューダー，デーヴィド 1926.1.20–1996.8.13）

Tudev, Lodongiin
モンゴルの作家。
⇒現世文（トゥデヴ，ロンドギーン 1936–）

Tudjman, Franjo
クロアチアの政治家，歴史家。クロアチア大統領（1990〜99）。
⇒岩世人（トゥジマン 1922.5.14–1999.12.10）
世指導（ツジマン，フラニオ 1922.5.14–1999.12.10）

Tudor, Anthony
イギリスの舞踊家，振付師。『暗い悲歌』（1937）などモダン・バレエ史上画期的な作品を発表。他に『火の柱』（42）など。
⇒岩世人（テューダー 1909.4.4–1987.4.19）

Tudor, John Thomas
アメリカの大リーグ選手（投手）。
⇒メジャ（テューダー，ジョン 1954.2.2–）

Tudor, Tasha
アメリカの女性絵本作家，挿絵画家。
⇒ポプ人（テューダー，ターシャ 1915–2008）

Tudoran, Ionel
ルーマニアのテノール歌手。
⇒失声（テュドラン，イオネル 1913–）

Tudor-Hart, Edith
イギリス（オーストリア系）の写真家，ソ連の密使，勧誘員。
⇒スパイ（ハート，エディス・チューダー 1908–1973）

Tudoroiu, Ion
ルーマニアのテノール歌手。
⇒魅惑（Tudoroiu,Ion ?–）

Tuffier, Marin Théodore
フランスの外科医。フランスに脊髄麻酔法を広めた。
⇒岩世人（テュフィエ 1857.3.26–1929.10.27）

Tufte, Olaf
ノルウェーのボート選手。
⇒外12（トゥフテ，オラフ 1976.4.27–）
最世ス（トゥフテ，オラフ 1976.4.27–）

Tufts, Sonny
アメリカの男優，軽音楽歌手。
⇒ク俳（タフツ，ソニー（タフツ3世，ボウイン）1911–1970）

Tugan-Baranovskii, Mikhail Ivanovich
ロシアの経済学者。ナロードニキに対する批判

者，近代的景気理論の父。主著『社会的分配論』(1913)。
⇒岩経（ツガン=バラノフスキー　1865–1919）
　岩世人（トゥガン=バラノフスキー　1865.1.8/20–1919.1.21）
　有経5（トゥガン-バラノフスキー　1865–1919）

Tugendhat, Ernst
ドイツの哲学者。
⇒岩世人（トゥーゲントハット　1930.3.8–）
　外16（トゥーゲントハット，エルンスト　1930.3.8–）

Tugwell, Rexford Guy
アメリカの経済学者。農務次官として，ニュー・ディール政策の立案と実施に貢献した。
⇒アメ経（タグウェル，レックスフォード　1891.7.10–1979.7.21）
　岩世人（タグウェル　1891.7.10–1979.7.21）

Tuiatua Tupua Tamasese Efi
サモアの政治家。
⇒外12（ツイアツア，ツプア・タマセセ・エフィ　1938.3.1–）
　外16（ツイアツア・ツプア・タマセセ・エフィ　1938.3.1–）
　世指導（ツイアツア・ツプア・タマセセ・エフィ　1938.3.1–）

Tuilaepa Sailele Malielegaoi
サモアの政治家。サモア首相。
⇒外12（トゥイラエパ・サイレレ・マリエレガオイ　1945.4.14–）
　外16（トゥイラエパ・サイレレ・マリエレガオイ　1945.4.14–）
　世指導（トゥイラエパ・サイレレ・マリエレガオイ　1945.4.14–）

Tuimaleali'ifano, Va'aletoa Sualauvi II
サモアの政治家，法律家。サモア元首（2017〜）。
⇒世指導（トゥイマレアリイファノ，バアレトア・スアラウビ2世　1947.4.29–）

Tuitert, Mark
オランダのスピードスケート選手。
⇒外12（タイテルト，マルク　1980.4.4–）
　外16（タイテルト，マルク　1980.4.4–）
　最世ス（タイテルト，マルク　1980.4.4–）

Tuka, Vojtech
スロバキアの政治家。スロバキア人民党を指導，首相となる。
⇒岩世人（トゥカ　1880.7.4–1946.8.20）

Tukay, Gabdulla
タタールの詩人。
⇒岩世人（トカイ　1886.4.14/26–1913.4.2/15）

Tukey, John Wilder
アメリカの数学者。
⇒数辞（テューキー，ジョン・ウィルダー　1915–）
　世数（テューキー，ジョン・ワイルダー　1915–2000）

Tukhachevski, Mikhail Nikolaevich
ソ連の軍人。1935年参謀総長，国防人民委員代理を経て元帥。
⇒異二辞（トゥハチェフスキー［ミハイル・〜］　1893–1937）
　岩世人（トゥハチェフスキー　1893.2.4/16–1937.6.12）
　広辞7（トハチェフスキー　1893–1937）
　戦思（トハチェフスキー　1893–1937）

Tukigawa Kiyohei
日本人2番目のニュージーランド移住者。
⇒ニュー（月川喜代平　Tukigawa Kiyohei　1874–1948）

Tuktamisheva, Elizaveta
ロシアのフィギュアスケート選手。
⇒外16（トックタミシェワ，エリザヴェータ　1996.12.17–）
　最世ス（トックタミシェワ，エリザヴェータ　1996.12.17–）

Tulard, Jean
フランスの歴史家。
⇒岩世人（テュラール　1933.12.22–）

Tulder, Louis van
オランダのテノール歌手。
⇒魅惑（Tulder,Louis van　1892–1969）

Tulowitzki, Troy
アメリカの大リーグ選手（ブルージェイズ・内野手）。
⇒外12（トゥロウィツキー，トロイ　1984.10.10–）
　外16（トゥロウィツキー，トロイ　1984.10.10–）
　最世ス（トゥロウィツキー，トロイ　1984.10.10–）
　メジャ（トゥロウィツキー，トロイ　1984.10.10–）

Tulpin, Augustin Ernest
フランス・ヴォアゼー生まれのパリ外国宣教会司祭。来日宣教師。
⇒新カト（テュルパン　1853.7.6–1933.11.8）

Tulu, Derartu
エチオピアの陸上選手（長距離），マラソン選手。
⇒外12（ツル，デラルツ　1972.3.21–）
　最世ス（ツル，デラルツ　1972.3.21–）

Tulving, Endel
アメリカの心理学者。トロント大学教授。
⇒岩世人（タルヴィング　1927.5.26–）

Tumarkin, Igael
イスラエルの彫刻家。
⇒ユ著作（Tumarkin,Igael　トウマルキン，イガエル　1933–）

Tumin, Melvin Marvin
アメリカの社会学者。
⇒社小増（テューミン　1919–）

Tumlitz, Otto
オーストリアの教育心理学者。
⇒教人（トゥムリッツ　1890–）

Tunacao, Malcolm
フィリピンのプロボクサー。
⇒外16（ツニャカオ,マルコム　1977.12.8–）
　最世ス（ツニャカオ,マルコム　1977.12.8–）

Tung Chee-hwa
香港の政治家,実業家。中国人民政治協商会議副主席,香港特別行政区行政長官。
⇒岩世人（董建華　とうけんか　1937.7.7–）
　外12（董建華　トウケンカ　1937.5.29–）
　外16（董建華　トウケンカ　1937.5.29–）
　現アジ（董建華　1937.7.7–）
　世指導（董建華　とう・けんか　1937.5.29–）
　世人新（董建華　とうけんか　1937–）
　世人装（董建華　とうけんか　1937–）
　中日3（董建华　とうけんか,トンチエンホア　1937–）

Tunney, Gene
アメリカのボクサー。ヘビー級世界チャンピオン。
⇒岩世人（タニー　1897.5.25–1978.11.7）

Tunnicliffe, Anna
アメリカのヨット選手（レーザーラジアル級）。
⇒外12（タニクリフ,アナ　1982.10.17–）
　最世ス（タニクリフ,アナ　1982.10.17–）

Tun Ok, Thakin
英領期ビルマ（ミャンマー）のナショナリスト。
⇒岩世人（トゥンオウッ　1907.12–1970）

Tuñón de Lara, Manuel
スペインの現代史家。
⇒岩世人（トゥニョン・デ・ララ　1915.9.8–1997.1.25）

Tunstall, KT
イギリスのシンガー・ソングライター。
⇒外12（タンストール,KT　1975.6.23–）
　外16（タンストール,KT　1975.6.23–）

Tunström, Göran
スウェーデンの作家。
⇒岩世人（テューンストレム　1937.5.14–2000.2.5）
　現世文（トゥンストレーム,ヨーラン　1937.5.14–2000.2.5）

Tuohy, Frank
イギリスの作家。
⇒岩世人（トゥーイ　1925.5.2–1999.4.11）
　現世文（テューイ,フランク　1925.5.2–1999.4.11）

Tuomi, Kaarlo Rudolph
ソ連の情報士官。アメリカの二重スパイ。
⇒スパイ（トゥオミ,カーロ・ルドルフ　1916–1995）

Tuozzo, Nicolás
アルゼンチンの映画監督。
⇒外12（トゥオッツォ,ニコラス　1970–）

Tupou V
トンガ国王。在位2006～12。
⇒外12（ツポウ5世　1948.5.4–）
　世指導（ツポウ5世　1948.5.4–2012.3.18）

Tupou VI
トンガの政治家。
⇒外16（ツポウ6世　1959.7.12–）
　世指導（ツポウ6世　1959.7.12–）

Tupouto'a Ulukalala
トンガ皇太子。
⇒外16（ツポウトア・ウルカララ　1985–）

Tūrajānzāda, Hājī Akbar
タジキスタンのウラマー。
⇒岩イ（トゥラジャンザーデ　1954–）

Turán, Pále (Paul)
ハンガリーの数学者。
⇒世数（トゥラーン,パル　1910–1976）

Turati, Filippo
イタリアの社会主義者。1892年イタリア社会党を創設。22年脱党,統一社会党を結成。
⇒岩世人（トゥラーティ　1857.11.25–1932.3.29）

Turati, Giancarlo
テノール歌手。
⇒魅惑（Turati,Giancarlo　?–）

Turay, Gregory
アメリカのテノール歌手。
⇒魅惑（Turay,Gregory　1974–）

Turchynov, Oleksandr
ウクライナの政治家。ウクライナ大統領代行。
⇒外16（トゥルチノフ,アレクサンドル　1964.3.31–）
　世指導（トゥルチノフ,アレクサンドル　1964.3.31–）

Turdi Axun
ウイグル人の楽師。
⇒岩世人（トゥルディ・アホン　1881–1956）

Turina, Joaquín
スペインの作曲家。民族的色彩の豊かな作品を書き,ピアノ奏者,指揮者,批評家としても活動した。
⇒岩世人（トゥリーナ　1882.12.9–1949.1.14）
　ク音5（トゥリーナ　1882–1949）
　新音小（トゥリーナ,ホアキン　1882–1949）
　新音中（トゥリーナ,ホアキン　1882.12.9–1949.1.14）
　ピ曲選（トゥリーナ,ホアキン　1882–1949）
　標音2（トゥリーナ,ホアキン　1882.12.9–1949.1.

14)
Turing, Alan Mathison
イギリスの数学者,物理学者。1936年チューリングの機械と呼ばれる理論上の計算機を考案した。
⇒異二辞（チューリング［アラン・〜］ 1912-1954）
岩世人（チューリング 1912.6.23-1954.6.7）
オク科（チューリング（アラン・マシソン） 1912-1954）
現科大（チューリング, アラン 1912-1954）
広辞7（チューリング 1912-1954）
数小増（チューリング 1912-1954）
スパイ（チューリング, アラン 1912-1954）
世数（チューリング, アラン・マシソン 1913-1954）
世発（チューリング, アラン・マディソン 1912-1954）
メル別（チューリング, アラン・マシスン 1912-1954）

Turischcheva, Ludmila Ivanovna
ロシアの体操選手。
⇒岩世人（ツリシチェワ（トゥリーシチェヴァ） 1952.7.10-）

Türk, Danilo
スロベニアの政治家。スロベニア大統領（2007〜12）。
⇒外12（トゥルク, ダニロ 1952.2.19-）
外16（トゥルク, ダニロ 1952.2.19-）
世指導（トゥルク, ダニロ 1952.2.19-）

Türk, Gerd
ドイツのテノール歌手。
⇒魅惑（Türk,Gerd ?-）

Türkes, Alparslan
トルコの軍人, 政治家。トルコ国家行動党設立者。
⇒岩イ（テュルケシュ 1917-1997）
岩世人（テュルケシュ 1917-1997.4.4）

Turkoglu, Hidayet
トルコのバスケットボール選手（マジック）。
⇒最世ス（ターコルー, ヒディエット 1979.3.19-）

Turković, Milan
ユーゴスラビア, のちオーストリアのファゴット奏者, 指揮者。
⇒外12（トゥルコヴィチ, ミラン 1939-）
外16（トゥルコヴィチ, ミラン 1939-）

Turley, James S.
アメリカの実業家。
⇒外12（ターリー, ジェームズ）
外16（ターリー, ジェームズ）

Turley, Robert Lee
アメリカの大リーグ選手（投手）。
⇒メジャ（ターリー, ボブ 1930.9.19-2013.3.30）

Turnbul, Alexander Horsburgh
ニュージーランドの書籍収集家。
⇒ニュー（ターンブル, アレクサンダー 1868-1918）

Turnbull, Malcolm
オーストラリアの政治家。オーストラリア首相, オーストラリア自由党党首。
⇒外16（ターンブル, マルコム 1954.10.24-）
世指導（ターンブル, マルコム 1954.10.24-）

Turnbull, Wilfrid
アメリカの陸軍将校。
⇒アア歴（Turnbull,Wilfrid ターンブル, ウイルフリッド 1866.11.3-1944.11.1）

Turner, Alex
イギリスのミュージシャン, ロック歌手。
⇒外12（ターナー, アレックス）

Turner, Alfred
イギリスの彫刻家。
⇒芸13（ターナー, アルフレッド 1874-1943）

Turner, Brian
ニュージーランドの詩人。
⇒ニュー（ターナー, ブライアン 1941-）

Turner, Sir Eric
イギリスの古典学者。
⇒岩世人（ターナー 1911.2.26-1983.4.20）

Turner, Everett Stanton
アメリカの協会関係者。
⇒アア歴（Turner,E（verett) Stanton ターナー, エヴェレット・スタントン 1887.9.30-1979.9.24）

Turner, Frederick Jackson
アメリカの歴史家。主著『アメリカ史におけるセクションの意義』（1932, ピュリッツァー賞受賞）。
⇒アメ州（Turner,Frederick Jackson ターナー, フレデリック・ジャクソン 1881-1929）
アメ新（ターナー 1861-1932）
岩世人（ターナー 1861.11.14-1932.3.14）
広辞7（ターナー 1861-1932）

Turner, Henry McNeal
アメリカのアフリカ・メソディスト監督（AME）教会監督。
⇒マルX（TURNER,HENRY McNEAL ターナー, ヘンリー・マクニール 1834-1915）

Turner, Ike
アメリカ・ミシシッピ州クラークスデイル生まれのロックアーティスト。
⇒ロック（Ike and Tina Turner アイク＆ティーナ・ターナー 1931.11.5-）

Turner, James Riley
アメリカの大リーグ選手（投手）。

⇒メジャ（ターナー, ジム　1903.8.6-1998.11.29）
Turner, Joseph
アメリカのブルース歌手。
⇒外12（ターナー, ジョー・リン）
　外16（ターナー, ジョー・リン）
　標音2（ターナー, ジョー　1911.5.18-1985.11.24）
　ロック（Turner,Joe　ターナー, ジョウ　1911.5.18-）
Turner, Kathleen
アメリカ生まれの女優。
⇒外16（ターナー, キャスリーン　1954.6.19-）
　ク俳（ターナー, キャスリーン（ターナー, メアリー・K）　1954-）
　スター（ターナー, キャスリーン　1954.6.19-）
Turner, Lana
アメリカの女優。『郵便配達は二度ベルを鳴らす』(1939) などに出演し、40年代のセックス・シンボルとなった。
⇒異二辞（ターナー, ラナ　1921-1995）
　ク俳（ターナー, ラナ（ターナー, ジュリア・"ジュディ"）　1920-1995）
　スター（ターナー, ラナ　1921.2.8-1995）
Turner, Megan Whalen
アメリカの作家。
⇒外12（ターナー, メーガン・ウェイレン　1965-）
　海文新（ターナー, メーガン・ウェイレン　1965-）
　現世文（ターナー, メーガン・ウェイレン　1965-）
Turner, Ralph Herbert
アメリカの社会学者。
⇒社小増（ターナー　1919-）
Turner, Sammy
アメリカ・ニュージャージー州パターソン生まれの歌手。
⇒ロック（Turner,Sammy　ターナー, サミー　1932.6.2-）
Turner, Stansfield
アメリカ中央情報長官（DCI）。在職1977～81。
⇒スパイ（ターナー, スタンスフィールド　1923-）
Turner, Ted
アメリカの実業家。
⇒岩世人（ターナー　1938.11.19-）
　外12（ターナー, テッド　1938.11.19-）
　外16（ターナー, テッド　1938.11.19-）
　ポプ人（ターナー, テッド　1938-）
Turner, Terrence Lamont
アメリカの大リーグ選手（遊撃, 三塁）。
⇒メジャ（ターナー, テリー　1881.2.28-1960.7.18）
Turner, Tina
アメリカの歌手。
⇒標音2（ターナー, ティナ　1938.11.26-）
　ロック（Ike and Tina Turner　アイク&ティー

ナ・ターナー　1938.11.26-）
Turner, Titus
アメリカのR&Bアーティスト。
⇒ロック（Turner,Titus　ターナー, タイタス）
Turner, Victor Witter
アメリカの人類学者。主著 "The forest of symbols" (1967)。
⇒岩世人（ターナー　1920.5.28-1983.12.18）
　現社（ターナー　1920-1983）
　広辞7（ターナー　1920-1983）
　社小増（ターナー　1920-1983）
　新カト（ターナー　1920.5.28-1983.12.19）
Turow, Scott
アメリカの小説家。
⇒岩世人（トゥロー　1949.4.12-）
　外16（トゥロー, スコット　1949.4.12-）
　現世文（トゥロー, スコット　1949.4.12-）
Turp, André
カナダのテノール歌手。
⇒魅惑（Turp,André　1925-1991）
Turpin, Dominique
フランス生まれのスイスのビジネススクール, イメデ(IMD) 学長。
⇒外16（テュルパン, ドミニク　1957-）
Turquet, Edmond
フランスの政治家。
⇒19仏（チュルケ, エドモン　1836.5.31-1914.2.8）
Turquetil, Louis-Eugène-Arsène
フランス出身のオブレート会宣教師, 司教。
⇒新カト（テュルクティル　1876.6.3-1955.6.14）
Turrell, James
アメリカの美術家。
⇒岩世人（タレル　1943.5.6-）
　外16（タレル, ジェームズ　1943-）
Turrentine, Stanley
アメリカのジャズ・テナー・サックス奏者。
⇒標音2（タレンタイン, スタンリー　1934.4.5-）
Turrini, Peter
オーストリアの作家。
⇒現世文（トゥリーニ, ペーター　1944.9.26-）
Turrini, Roberto
イタリアのテノール歌手。
⇒失声（トゥッリーニ, ロベルト　1913-2001）
Tursun-Zade, Mirzo
ソ連（タジク）の作家。
⇒現世文（トゥルスン・ザデ, ミルゾ　1911.5.2-1977.9.29）

Turteltaub, Jon
アメリカの映画監督。
⇒外12（タートルトーブ, ジョン　1964.9.8–）
外16（タートルトーブ, ジョン　1964.9.8–）

Turturro, John
アメリカ生まれの俳優。
⇒外12（タトゥーロ, ジョン　1957.2.28–）
外16（タトゥーロ, ジョン　1957.2.28–）

Tushingham, Rita
イギリス生まれの女優。
⇒ク俳（トゥシンハム, リタ　1940–）

Tusk, Donald
ポーランドの政治家。ポーランド首相, 欧州連合（EU）大統領。
⇒外12（トゥスク, ドナルド　1957.4.22–）
外16（トゥスク, ドナルド　1957.4.22–）
世指導（トゥスク, ドナルド　1957.4.22–）
ポブ人（トゥスク, ドナルド　1957–）

Tustin, Frances
イギリスの児童心理療法家。
⇒精分岩（タスティン, フランセス　1913–1994）

Tusveld, A.D.
オランダのエスペランティスト。甘蔗要と文通。
⇒日エ（ツースベルト　?–?）

Tuttle, Charles Egbert
アメリカの出版者, 書籍販売人。
⇒アア歴（Tuttle,Charles E (gbert)　タトル, チャールズ・エグバート　1915.4.5–）

Tuttle, Lisa
アメリカの作家。
⇒現世文（タトル, リサ　1952–）

Tuttle, Orville Frank
アメリカの実験岩石学者。
⇒岩世人（タトル　1916.6.25–1983.12.13）

Tuttle, William Robert
アメリカの大リーグ選手（外野）。
⇒メジャ（タトル, ビル　1929.7.4–1998.7.27）

Tutu, Desmond Mpilo
南アフリカ共和国のイギリス国教会司教, 反人種差別活動家。
⇒岩キ（ツツ　1931–）
岩世人（トゥトゥ（慣ツツ）　1931.10.7–）
オク教（トゥトゥ（ツツ）　1931–）
外12（ツツ, デズモンド・ムピロ　1931.10.7–）
外16（ツツ, デズモンド・ムピロ　1931.10.7–）
世指導（ツツ, デズモンド・ムピロ　1931.10.7–）
ノベ3（ツツ, D.M.　1931.10.7–）

Tutuola, Amos
英語で書くナイジェリアの小説家。主著『やし酒飲み』（1952）。
⇒岩世人（チュツオーラ　1920.6.20–1997.6.8）
現世文（チュツオーラ, エイモス　1920.6.20–1997.6.8）

Tutwiler, Temple William
アメリカの技師。
⇒アア歴（Tutwiler,Temple W (illiam)　タトワイラー, テンプル・ウイリアム　1879.1.5–1950.11.9）

Tuvshinbayar, Naidan
モンゴルの柔道選手。
⇒外12（ツブシンバヤル, ナイダン　1984.6.1–）
外16（ツブシンバヤル, ナイダン　1984.6.1–）
最指ス（ツブシンバヤル, ナイダン　1984.6.1–）

Tu Weiming
アメリカ（中国系）の歴史学者, 哲学者。
⇒外12（ドゥウェイミン　1940–）

Tuwhare, Hone
ニュージーランドのマオリ族の詩人。
⇒ニュー（トゥファレ, ホネ　1922–）

Tuwim, Julian
ポーランドの詩人。代表作『ポーランドの花』（1940～44）,『機関車』（38）など。51年国家文学賞受賞。
⇒岩世人（トゥヴィム　1894.9.13–1953.12.27）
現世文（トゥヴィム, ユリアン　1894.9.13–1953.12.27）
ユ著人（Tuwin,Julian　トーヴィン, ジュリアン　1894–1953）

Tüxen, Reinhold
ドイツの植物学者。
⇒岩生（テュクセン　1899–1980）

Tuymans, Luc
ベルギー生まれの芸術家。
⇒現アテ（Tuymans,Luc　タイマンス, リュック　1958–）

Tvardovskii, Aleksandr Trifonovich
ソ連の詩人。作品『ワシリー・チョールキン』（1941～45）など。「新世界」誌の編集長として, ソルジェニツィンを世に出す。
⇒岩世人（トヴァルドフスキー　1910.6.8/21–1971.12.18）
現世文（トワルドフスキー, アレクサンドル・トリフォノヴィチ　1910.6.21–1971.12.28）
広辞7（トワルドフスキー　1910–1971）

Tversky, Amos
アメリカの心理学者。
⇒岩世人（トヴェルスキー　1937.3.16–1996.6.2）
社心小（ツヴァースキー　1937–1996）

Twaddell, William Freeman
アメリカの言語学者。
⇒岩世人（トワデル　1906.3.22–1982.3.1）

Twagiramungu, Faustin
ルワンダの政治家。ルワンダ首相。
⇒世指導（トワギラムング, フォスタン　1945-）

Twardowski, Kazimierz
ポーランドの哲学者。
⇒岩世人（トファルドフスキ　1866.10.2-1938.2.11）
　学叢思（トワルドゥスキー, カージミル　1866-?）

Tweddle, Beth
イギリスの体操選手。
⇒最社ス（トウェドル, ベス　1985.4.1-）

Tweed, Shannon
カナダ生まれの女優。
⇒ク俳（トウィード, シャノン　1957-）

Tweedie, David
イギリスの会計士。
⇒外12（トウィーディー, デービッド　1944.7.7-）
　外16（トウィーディー, デービッド　1944.7.7-）

Twelvetrees, Helen
アメリカの女優。
⇒ク俳（トウェルヴトゥリーズ, ヘレン（旧姓ジャーゲンズ）　1907-1958）

Twenhofel, William Henry
アメリカの地質学者。水成岩の堆積論を研究。
⇒岩世人（トウェンホーフェル　1875.4.16-1957.1.4）
　オク地（トウエンホーフェル, ウィリアム・ヘンリー　1875-1957）

Twiggy
イギリスのモデル。
⇒異二辞（ツイッギー　1949-）
　岩世人（ツイッギー　1949.9.19-）
　外12（ツイッギー　1949.9.19-）
　外16（ツイッギー　1949.9.19-）
　ク俳（トウィギー（ホーンビー, レズリー）　1946-）

Twins Seven Seven
ナイジェリアの画家。
⇒岩世人（ツインズ・セヴン・セヴン　1944-2011）

Twitty, Conway
アメリカ生まれの歌手。
⇒標音2（トウィッティ, コンウェイ　1933.9.1-1993.6.5）
　ロック（Twitty, Conway　トウィティ, コンウェイ　1933.9.1-）

Twohy, Robert
アメリカのミステリ作家。
⇒現世文（トゥーイ, ロバート　1923-）

Twombly, Cy
アメリカの画家。
⇒岩世人（トゥオンブリ　1928.4.25-2011.7.5）
芸13（トゥオンブリー, サイ　1928-）
広辞7（トゥオンブリー　1928-2011）

Twort, Frederick William
イギリスの細菌学者。F.デレルとの間でバクテリオファージ発見の優先権を争った。
⇒岩生（トウォート　1877-1950）
　岩世人（トウォート　1877.10.22-1950.3.20）

Ty, George S.K.
フィリピンの華人銀行家。同国最大の銀行グループ, メトロポリタン銀行の総帥。
⇒岩世人（ティ　1933-）

Tychonoff, Andrei Nikolaevich
ロシアの地球物理学者, 数理物理学者, 位相数学者。
⇒数辞（チコノフ, アンドレイ・ニコラエヴィッチ　1906-）

Tykocin, Felix
アメリカの美術商。
⇒ユ著人（Tykocin,Felix　ティコティン, フェリックス　?-?）

Tykwer, Tom
ドイツの映画監督。
⇒映監（ティクヴァ, トム　1965.5.23-）
　外12（ティクヴァ, トム　1965.5.23-）
　外16（ティクヴァ, トム　1965.5.23-）

Tyler, Anne
アメリカの小説家。
⇒岩世人（タイラー　1941.10.25-）
　外12（タイラー, アン　1941.10.25-）
　外16（タイラー, アン　1941.10.25-）
　現世文（タイラー, アン　1941.10.25-）

Tyler, George Albert（Lefty）
アメリカの大リーグ選手（投手）。
⇒メジャ（タイラー, レフティ　1889.12.14-1953.9.29）

Tyler, Liv
アメリカの女優。
⇒外12（タイラー, リブ　1977.7.1-）
　外16（タイラー, リブ　1977.7.1-）
　ク俳（タイラー, リヴ　1976-）

Tyler, Royall
アメリカの能楽研究家。オハイオ州立大学助教授。
⇒外12（タイラー, ロイヤル　1936-）

Tyler, Steven
アメリカのロック歌手。
⇒外12（タイラー, スティーブン　1951.3.26-）
　外16（タイラー, スティーブン　1951.3.26-）

Tyler, Val
イギリスの作家。

⇒海文新（タイラー, ヴァル）

Tylor, Sir Edward Burnett
イギリスの人類学者。1896年イギリス学士院会員となる。主著『原始文化』(71)。
⇒岩世人（タイラー　1832.10.2–1917.1.2）
　学叢思（タイラー, エドワード・バーネット　1832–1917）
　広辞7（タイラー　1832–1917）
　社小増（タイラー　1832–1917）
　新カト（タイラー　1832.10.2–1917.1.2）

Tymoshenko, Yulia
ウクライナの女性政治家。ウクライナ首相。
⇒異二辞（ティモシェンコ［ユーリヤ・～］　1960–）
　岩世人（ティモーシェンコ　1960.11.27–）
　外12（ティモシェンコ, ユリヤ　1960.11.27–）
　外16（ティモシェンコ, ユリヤ　1960.11.27–）
　世指導（ティモシェンコ, ユリヤ　1960.11.27–）

Tynan, Katharine
イギリス（アイルランド）の女性詩人, 作家。アイルランド・ルネサンスの代表者。
⇒岩世人（タイナン　1859.1.23?–1931.4.2）

Tynan, Kathleen
イギリスの作家, ジャーナリスト。
⇒現世文（タイナン, キャサリン）

Tyner, McCoy
アメリカのジャズ・ピアノ奏者。1959〜65年ジョン・コルトレーンのコンボに在り, ジャズ・ピアノに新風をもたらした。
⇒外12（タイナー, マッコイ　1938.12.11–）
　標音2（タイナー, マッコイ　1938.12.11–）

Tynyanov, Yurii Nikolaevich
ソ連の小説家, 評論家。作品『キュフリャ』(1925),『キージェ少尉』(28)など。
⇒岩世人（トゥイニャーノフ　1894.10.6/18–1943.12.20）
　現世文（トゥイニャーノフ, ユリー　1894.10.18–1943.12.20）

Týrlová, Hermína
チェコ生まれのアニメーション作家。
⇒アニメ（ティールロヴァー, ヘルミーナ　1900–1993）

Tyrrell, George
イギリスの神学者。代表的モダニスト。
⇒岩世人（ティレル　1861.2.6–1909.7.15）
　オク教（ティレル　1861–1909）
　新カト（ティレル　1861.2.6–1909.7.15）

Tyrrell, Joseph Burr
カナダの地質学者, 古生物学者, 探検家, 歴史家。
⇒岩世人（ティレル　1858.11.1–1957.8.26）

Tyrväinen, Veikko
フィンランドのテノール歌手。
⇒魅惑（Tyrväinen, Veikko　1922–1986）

Tyson, Alan
イギリスの音楽学者。
⇒新音中（タイソン, アラン　1926.10.7–2000.11.10）

Tyson, Cicely
アメリカ生まれの女優。
⇒外16（タイソン, シシリー　1933.12.19–）

Tyson, Ian
カナダのフォーク歌手。
⇒標音2（イアンとシルヴィア　1933.9.25–）

Tyson, Michael Ray
アメリカの大リーグ選手（二塁, 遊撃）。
⇒メジャ（タイソン, マイク　1950.1.13–）

Tyson, Mike
アメリカのプロボクサー。
⇒異二辞（タイソン［マイク・～］　1966–）
　岩世人（タイソン　1966.6.30–）
　外12（タイソン, マイク　1966.6.30–）
　外16（タイソン, マイク　1966.6.30–）
　ネーム（タイソン, マイク　1966–）

Tzara, Tristan
ルーマニア生まれのフランスの詩人。1916年スイスでダダイスム運動を起す。詩集『近似的人間』(31),『ひとりで語る』(50)など。
⇒岩世人（ツァラ　1896.4.16–1963.12.24）
　絵本（ツァラ, トリスタン　1896–1963）
　現世文（ツァラ, トリスタン　1896.4.4–1963.12.25）
　広辞7（ツァラ　1896–1963）
　フ文小（ツァラ, トリスタン　1896–1963）
　ユ著人（Tzara, Tristan　ツェラ, トリスタン　1896–1963）

【 U 】

Ua Sunthonsanan
タイの作曲家。
⇒岩世人（ウア・スントーンサナーン　1911.1.21–1981.4.1）

U Ba Swe
ミャンマー（ビルマ）の政治家。ビルマ首相。
⇒岩世人（バスェー　1915.10.17–1987.12.6）

Ubico Castaneda, Jorge
グアテマラの軍人, 独裁者, 大統領(1931〜44)。
⇒岩世人（ウビーコ　1878.11.10–1946.6.14）
　ラテ新（ウビコ　1878–1946）

Ubonrat
タイの王女。

⇒岩世人（ウボンラット 1951.4.5-）
タイ（ウボンラット（王女） 1951-）

Uchida, Yoshiko
アメリカの作家。
⇒現世文（ウチダ, ヨシコ 1921-1992.6.21）

U Culiang
タイのバンコク・メトロポリタン銀行（京華銀行）元董事長で, 大地系財閥創業者。
⇒岩世人（ウー・チューリアン 1899-1974）

Udai
外モンゴルで活動した内モンゴル人。
⇒岩世人（オダイ（オタイ） 1866-1920）

Udall, Stewart Lee
アメリカの政治家。内務長官。
⇒アメ州（Udall,Stewart Lee ユードル, スチュワート・リー 1920-）

Ude, Armin
東ドイツのテノール歌手。
⇒魅惑（Ude,Armin 1933-）

Ude, Milan
チェコの作家, 政治家。チェコ民族評議会議長。
⇒世指導（ウーデ, ミラン 1936.7.28-）

Uderzo, Albert
フランスの漫画家。
⇒絵本（ウデルゾ, アルベール 1927-）

Udet, Ernst
ドイツの飛行家。ツックマイアーは, 彼の運命を小説『悪魔将軍』（1946）に描いている。
⇒岩世人（ウーデト 1896.4.26-1941.11.17）

Udovenko, Hennadii Yosipovich
ウクライナの政治家, 外交官。ウクライナ外相, 国連大使。
⇒世指導（ウドヴェンコ, ヘナジー 1931.6.22-2013.2.12）

Udr-žal, František
チェコスロバキアの政治家。同国首相（1929～32）。
⇒岩世人（ウドルジャル 1866.1.1-1938.4.25）

Udvardy, Tibor
ハンガリーのテノール歌手。
⇒失声（ウドゥヴァルディ, ティボール 1914-1981）
魅惑（Udvardy,Tibor 1914-1981）

Ueberroth, Peter
アメリカの実業家。米国オリンピック委員会（USOC）会長, ロサンゼルス五輪組織委員会委員長, 大リーグ第6代コミショナー。
⇒岩世人（ユベロス 1937.9.2-）
外12（ユベロス, ピーター 1937.9.2-）
外16（ユベロス, ピーター 1937.9.2-）

Ueslei
ブラジルのサッカー選手。
⇒外12（ウェズレイ 1972.4.19-）

Uesseler, Rolf
イタリアの著述家。
⇒外12（ユッセラー, ロルフ 1943-）

Uexküll, Jakob Johann von
ドイツの動物学者。ハンブルグ大学比較生理学名誉教授。
⇒岩生（ユクスキュル 1864-1944）
岩世人（ユクスキュル 1864.9.8-1944.7.25）
現社（ユクスキュル 1864-1944）
広辞7（ユクスキュル 1864-1944）
哲中（ユクスキュル 1864-1944）
メル別（ユクスキュル, ヤーコプ・ヨハン・バロン・フォン 1864-1944）

Ugelli
フランス生まれの画家。
⇒芸13（ウジェリ 1936-）

Uggla, Daniel Cooley
アメリカの大リーグ選手（二塁）。
⇒最世ス（アグラ, ダン 1980.3.11-）
メジャ（アグラ, ダン 1980.3.11-）

Ugglas, Margaretha af
スウェーデンの政治家。スウェーデン外相。
⇒世指導（ウグラス, マルガレータ・アフ 1939-）

Ughi, Uto
イタリアのヴァイオリン奏者。
⇒外12（ウギ, ウト）

Uglanov
ソ連の政治家。
⇒学叢思（ウグラーノフ 1886-）

Ugorski, Anatol
ロシア, のちドイツのピアノ奏者。
⇒外12（ウゴルスキ, アナトール 1942-）
新音中（ウゴルスキ, アナトール 1942.9.28-）

Ugrešić, Dubravka
クロアチアの女性作家。
⇒岩世人（ウグレシッチ 1949.3.27-）

Uhde, Fritz von
ドイツの画家。代表作『最後の晩餐』『東方三賢人』。
⇒岩世人（ウーデ 1848.5.22-1911.2.25）
芸13（ウーデ, フリッツ・フォン 1848-1911）

Uhl, Fritz
オーストリアのテノール歌手。
⇒失声（ウール, フリッツ 1928-2001）
魅惑（Uhl,Fritz 1928-2001）

Uhle, George Ernest
アメリカの大リーグ選手(投手)。
⇒メジャ(ユーリー, ジョージ　1898.9.18-1985.2.26)

Uhle, Max
ドイツの人類学者, 考古学者。
⇒岩世人(ウーレ　1856.3.25-1944.5.11)
ラテ新(ウーレ　1856-1944)

Uhlenbeck, Christianus Cornelius
オランダの言語学者。バスク語やアメリカインディアンの言語の研究の発達に貢献した。主著『ブラックフット語形態論の一般的諸相』(1914)。
⇒岩世人(ユーレンベック(ウーレンベック)　1866.10.18-1951.8.12)

Uhlenbeck, George Eugene
アメリカの物理学者。統計力学, 素粒子, 原子核の研究を行なった。
⇒岩世人(ウーレンベック　1900.12.6-1988.10.31)
科史(ウーレンベック　1900-1988)
広辞7(ウーレンベック　1900-1988)
三新物(ウーレンベック　1900-1988)
物理(ウーレンベック, ジョージ・ユージン　1900-1988)

Uhlenhopp, John
アメリカのテノール歌手。
⇒魅惑(Uhlenhopp, John　?-)

Uhlenhuth, Paul
ドイツの細菌学者, 衛生学者。人血と獣血とを区別する生物学的方法(ウーレンフート法)や, 肺結核菌を検出するアンチフォルミン法を発見。
⇒岩世人(ウーレンフート　1870.1.7-1957.12.13)

Uhlig, Gustav
ドイツの哲学博士。1878年ハイデルベルク大学の教授となり, 哲学・教育学の講義と演習を担当した。
⇒教人(ウーリヒ　1838-1914)

Uhlig, Max
ドイツ・ドレスデン生まれの画家。
⇒芸13(ウーリッヒ, マックス　1937-)

Uhm Ji-won
韓国の女優。
⇒韓俳(オム・ジウォン　1977.12.25-)

Uhm Jung-Hwa
韓国の女優。
⇒韓俳(オム・ジョンファ　1971.8.17-)

Uhm Tae-woong
韓国の俳優。
⇒外12(オムテウン　1974.4.5-)
外16(オムテウン　1974.4.5-)
韓俳(オム・テウン　1974.4.5-)

Uhrmann, Michael
ドイツのスキー選手(ジャンプ)。
⇒外12(ウールマン, ミヒャエル　1978.9.16-)
最世ス(ウールマン, ミヒャエル　1978.9.16-)

Uhse, Bodo
ドイツの小説家。代表作に『ベルトラム中尉』『愛国者 第一部』がある。
⇒現世文(ウーゼ, ボード　1904.3.12-1963.7.2)

U-ie
韓国の歌手, 女優。
⇒外12(ユイ　1988.4.9-)
外16(ユイ　1988.4.9-)

Ui Tiong Ham
ジャワの砂糖王として世界的に知られる華僑の富豪, 実業家。孫文革命の支持者。
⇒岩世人(ウイ・チョンハム　1866.11.19-1924.6.6)
近中(黄仲涵　こうちゅうかん　1866.11.19-1924.6.6)

Ukers, William Harrison
アメリカのコーヒー・茶の研究家。
⇒岩世人(ユーカーズ　1873-1945)

Ukhov, Ivan
ロシアの走り高跳び選手。
⇒外16(ウホフ, イワン　1986.3.29-)
最世ス(ウホフ, イワン　1986.3.29-)

Ukhtomsky, Esper Esperovich
帝政ロシアの政治家。
⇒岩世人(ウフトムスキー　1861.8.14/26-1921.11.26)

Ukrainka, Lesia
ウクライナの女性詩人。ウクライナ伝説に取材した物語『森の歌』(1893)が代表作。
⇒岩世人(ウクラインカ　1871.2.13-1913.7.19)

Ulam, Stanisław Marcin
アメリカの数学者。
⇒世数(ウラム, スタニスワフ・マルチン　1909-?)

Ulanova, Galina
ロシアのバレリーナ。
⇒岩世人(ウラノワ(ウラーノヴァ)　1909.12.26/1910.1.8-1998.3.21)
標音2(ウラノヴァ, ガリーナ　1910.1.10-1998.3.21)

Ulbricht, Walter
ドイツの政治家。ドイツ社会主義統一党第一書記, 国家評議会議長として, 同国の実質的な最高指導者の地位にあった。
⇒岩世人(ウルブリヒト　1893.6.30-1973.8.1)
広辞7(ウルブリヒト　1893-1973)
世人新(ウルブリヒト　1893-1973)
世人装(ウルブリヒト　1893-1973)
ネーム(ウルブリヒト　1933-1973)

Ulbricht, Wilhelm
テノール歌手。
⇒魅惑（Ulbricht,Wilhelm ?-）

Ulfung, Ragnar
ノルウェーのテノール歌手。
⇒失声（ウルフング,ラグナール 1927-）
　魅惑（Ulfung,Ragner 1927-）

Ulitskaia, Liudmila
ロシアの作家。
⇒岩世人（ウリツカヤ 1943.2.21-）
　外12（ウリツカヤ,リュドミラ 1943-）
　外16（ウリツカヤ,リュドミラ 1943-）
　現世文（ウリツカヤ,リュドミラ 1943.2.21-）

Ullah, Muhammed Arshad
「竹取物語」のベンガル語訳者。
⇒外12（ウッラ,モハメッド・アルシャド 1951-）

Ullman, Edward Louis
アメリカの地理学者。
⇒岩世人（アルマン 1912.7.24-1976.4.24）

Ullman, Ellen
アメリカの作家。
⇒海文新（ウルマン,エレン）
　現世文（ウルマン,エレン）

Ullman, Samuel
アメリカの詩人。
⇒ユ著人（Ullman,Samuel　ウルマン,サムエル 1840-1924）

Ullmann, Adolph
ハンガリーの男爵。エコノミスト,上院議員。
⇒ユ著人（Ullmann,Adolph　ウルマン,アドルフ 1857-1925）

Ullmann, Liv
ノルウェーの女優,映画監督。
⇒遺産（ウルマン,リヴ 1938.12.16-）
　岩世人（ウルマン,リヴ 1938.12.16-）
　外12（ウルマン,リヴ 1938.12.16-）
　外16（ウルマン,リヴ 1938.12.16-）
　ク俳（ウルマン,リヴ 1939-）
　スター（ウルマン,リヴ 1938.12.16-1976）

Ullmann, Marcus
ドイツのテノール歌手。
⇒魅惑（Ullmann,Marcus 1967-）

Ullmann, Stephen
イギリスの言語学者。一般言語学の方面では意味論と文体論の研究で知られている。
⇒岩世人（ウルマン 1914.7.31-1976.1.10）

Ullrich, Jan
ドイツの自転車選手。
⇒最世ス（ウルリッヒ,ヤン 1973.12.2-）

Ulmanis, Guntis
ラトビアの経済人,政治家。
⇒世指導（ウルマニス,グンティス 1939-）

Ulmer, Edgar G.
オーストリア出身の映画監督。
⇒映監（ウルマー,エドガー・G 1904.9.17-1972）

Ulmer, Georges
フランスのシャンソン歌手,作詞家,作曲家。
⇒標音2（ユルメ,ジョルジュ 1919.2.16-1989.9.29）

Ulmer, James（Blood）
アメリカのジャズ・ギター奏者。
⇒標音2（ウルマー,ジェームズ・ブラッド 1940.2.2-）

Ulrich, Lars
アメリカのロック・ドラム奏者。
⇒外12（ウルリッヒ,ラーズ 1963.12.26-）
　外16（ウルリッヒ,ラーズ 1963.12.26-）

Ulrich, Peter
スイスの経済倫理学者,経済学者。
⇒岩世人（ウルリヒ 1948.5.19-）

Ulrich, Skeet
アメリカの男優。
⇒ク俳（ウルリッチ,スキート（アルリック,ブライアン） 1969-）

Ultan, Donald
アメリカ大使館の職員。
⇒スパイ（ウルタン,ドナルド）

U Lwin
ビルマの軍人出身政治家。南東軍管区司令官を経て,1974年の総選挙で人民議会議員。3月の民政移管後副首相兼計画相,蔵相に選任。
⇒世指導（ウ・ルウィン 1924-2011.12.6）

Umaga, Tana
ニュージーランドのラグビー選手。
⇒最世ス（ウマガ,タナ 1973.5.27-）

'Umar, Muḥammad
アフガニスタンの原理主義組織ターリバーンの指導者。
⇒イス世（ウマル 1962-）
　岩世人（ウマル,ムハンマド 1959-）

'Umar 'Abd al-Raḥmān
エジプト「イスラム集団」の理論的指導者。
⇒イス世（ウマル・アブド・アッラフマーン 1940-）
　岩イ（ウマル・アブドゥッラフマーン 1940-）

'Umar al-Mukhtār
リビアの反イタリア抵抗運動の指導者。
⇒岩世人（ムフタール,ウマル 1858-1931.9.16）

Umar Kayam
インドネシアの作家。
⇒岩世人（カヤム, ウマル　1932.4.30-2002.3.16）
現世文（ウマル・カヤム　1932.4.30-2002.3.16）

Umberto II
イタリア国王。1946年5月即位したが,6月11日イタリア共和国が成立し,在位期間35日で亡命。
⇒岩世人（ウンベルト2世　1904.9.15-1983.3.18）
皇国（ウンベルト2世）

Umbgrove, Johannes Herman Frederic
オランダの地質学者。インドネシアの地質を研究。
⇒岩世人（ウムフローフェ　1899.2.5-1954.6.14）

Umbo, Wim
インドネシアの映画監督。
⇒岩世人（ウンボ, ウィム　1933.3.26-1996.1.24）

Umbral, Francisco
スペインの小説家, ジャーナリスト。
⇒岩世人（ウンブラル　1932.5.11-2007.8.28）

Umenyiora, Osi
アメリカのプロフットボール選手（ジャイアンツ・DE）。
⇒外12（ユメンヨラ, オシー　1979.3.14-）
外16（ユメンヨラ, オシー　1981.11.16-）
最新ス（ユメンヨラ, オシー　1981.11.16-）

Umm Kulthūm
エジプトの歌手。恋愛・宗教・愛国・民族に題材をとる500に上る多彩な曲を歌い, アラブ世界全域で人気を博した。
⇒岩イ（ウンム・クルスーム²　1904頃-1975）
岩世人（ウンム・クルスーム　1898頃-1975.2.3）

Unamuno y Jugo, Miguel de
スペインの哲学者, 文学者。主著『生の悲劇的感情について』(1913)。
⇒岩キ（ウナムーノ　1864-1936）
岩世人（ウナムーノ　1864.9.29-1936.12.31）
学叢思（ウナムノ, ミゲル・デ　1864-?）
広辞7（ウナムーノ　1864-1936）
新カト（ウナムーノ　1864.9.29-1936.12.31）
西文（ウナムーノ, ミゲル・デ　1864-1936）
哲中（ウナムノ　1864-1936）
メル別（ウナムーノ(・イ・フーゴ), ミゲル・デ　1864-1936）

Undén, Öster
スウェーデンの政治家。
⇒岩世人（ウンデーン　1886.8.25-1974.1.14）

Under, Marie
エストニアの女性詩人。主著『影からの声』(1927)。
⇒岩世人（ウンデル　1883.3.27-1980.9.25）

Underhill, Evelyn
イギリスの詩人, 典礼学者。主著『ミスティシズム』(1912)。
⇒岩世人（アンダーヒル　1875.12.6-1941.6.15）
オク教（アンダーヒル　1875-1941）
新カト（アンダーヒル　1875.12.6-1941.6.15）

Underhill, Paco
アメリカの実業家。
⇒外12（アンダーヒル, パコ　1951-）
外16（アンダーヒル, パコ　1951-）

Underwood, Eric John
イギリス生まれのオーストラリアの畜産学者。
⇒岩世人（アンダーウッド　1905.9.7-1980.8.19）

Underwood, Horace Grant
アメリカの宣教師。朝鮮に渡り(1885), 官立病院に勤務し, 聖書の翻訳に当った。
⇒アア歴（Underwood,Horace Grant　アンダーウッド, ホラス・グラント　1859.7.19-1916.10.12）
岩キ（アンダーウッド　1859-1916）
岩世人（アンダーウッド　1859.7.19-1916.10.12）
韓朝新（アンダーウッド　1859-1916）
朝韓4（アンダーウッド,H.G.　1859-1916）

Underwood, Horace Horton
アメリカの教育者。
⇒アア歴（Underwood,Horace Horton　アンダーウッド, ホラス・ホートン　1890.9.6-1951.2.20）

Underwood, Thomas Gerald
アメリカの大リーグ選手（投手）。
⇒メジャ（アンダーウッド, トム　1953.12.22-）

Undset, Sigrid
ノルウェーの女性作家。『イェンニイ』(1911)『ラブランス家の娘クリスチン』(20)などの作品で知られる。ノーベル文学賞受賞(1928)。
⇒岩世人（ウンセット　1882.5.20-1949.6.10）
現世文（ウンセット, シーグリ　1882.5.20-1949.6.10）
広辞7（ウンセット　1882-1949）
新カト（ウンセット　1882.5.20-1949.6.10）
西文（ウンセット, シーグリド　1882-1949）
ノベ3（ウンセット,S.　1882.5.20-1949.6.10）

Ungaretti, Giuseppe
イタリアの詩人。旧来の修辞法を打ち破って, いっきょに純粋詩の世界をイタリアにもたらした。
⇒岩世人（ウンガレッティ　1888.2.8/10-1970.6.1）
現世文（ウンガレッティ, ジュゼッペ　1888.2.8-1970.6.2）
広辞7（ウンガレッティ　1888-1970）
新カト（ウンガレッティ　1888.2.10-1970.6.2）

Ungaro, Emanuel
フランスの服飾デザイナー。
⇒岩世人（ウンガロ　1933.2.13-）

Unger, Deborah Kara
カナダ生まれの女優。
⇒ク俳（アンガー, デボラ・カラ　1966–）

Unger, Dietmar
テノール歌手。
⇒魅惑（Unger,Dietmar　?–）

Unger, Gerhard
ドイツのテノール歌手。
⇒失声（ウンガー, ゲルハルト　1916–2011）
　魅惑（Unger,Gerhard　1916–）

Unger, Lisa
アメリカの作家。
⇒海文新（ウンガー, リザ）
　現世文（ウンガー, リザ）

Unger, Rudolf
ドイツの文芸学者, 文芸史家。問題史としての文芸史を提唱。
⇒岩世人（ウンガー　1876.5.8–1942.2.5）

Ungerer, Tomi
フランス生まれのアメリカの漫画家。イラストレーター, コマーシャル・アートの世界で成功を収め,『フォルニコン』はベストセラー。
⇒絵本（アンゲラー, トミー　1931–）
　外12（ウンゲラー, トミー　1931.11.28–）
　外16（ウンゲラー, トミー　1931.11.28–）

Ungerman, Arne
デンマークのイラストレーター。
⇒絵本（オンガマン, アーネ　1902–1981）

Ungers, Osvald Mattias
ドイツ生まれの建築家, 教育者。ベルリン工科大学教授。
⇒岩世人（ウンガース　1926.7.12–2007.9.30）

Ung Huot
カンボジアの政治家。カンボジア第1首相。
⇒岩世人（ウン・フォト　1945.1.1–）
　世指導（ウン・フォト　1945.1.1–）

Ungureanu, Mihai-Răzvan
ルーマニアの政治家, 外交官。ルーマニア首相・外相。
⇒外12（ウングレアーヌ, ミハイ・ラズヴァン　1968.9.22–）
　外16（ウングレアーヌ, ミハイ・ラズヴァン　1968.9.22–）
　世指導（ウングレアーヌ, ミハイ・ラズヴァン　1968.9.22–）

Unitas, Johnny
アメリカのプロフットボール選手。
⇒岩世人（ユナイタス　1933.5.7–2002.9.11）

Unkrich, Lee
アメリカのアニメーション監督, アニメーション編集者。
⇒外12（アンクリッチ, リー　1967.8.8–）
　外16（アンクリッチ, リー　1967.8.8–）

Unna, Paul Gerson
ドイツの皮膚科学者。皮膚の生化学に関する多くの知見を発表。
⇒岩世人（ウンナ　1850.9.8–1929.1.29）
　ユ著人（Unna,Paul Gerson　ウンナ, パウル・ゲルゾン　1850–1929）

Unnerstad, Edith
スウェーデンの児童文学者。
⇒現世文（ウンネルシュタード, エディス　1900–1982）

Unruh, Fritz von
ドイツの劇作家。主著『プロシアの王子ルイ・フェルディナント』(1913)。
⇒岩世人（ウンルー　1885.5.10–1970.11.28）
　学叢思（ウンルー, フリッツ・フォン　1885–）

Unseld, Siegfried
ドイツの出版者。
⇒岩世人（ウンゼルト　1924.9.28–2002.10.26）

Unser, Delbert Bernard
アメリカの大リーグ選手（外野, 一塁）。
⇒メジャ（アンサー, デル　1944.12.9–）

Unshlikht, Iosif Stanislavovich
ソビエト軍の情報機関（GRU）の局長代理。
⇒学叢思（ウンシリフト　1879–?）
　スパイ（ウンシュリフト, ヨシフ・スタニスラヴォヴィチ　1879–1938）

Unsöld, Albrecht Otto Johannes
西ドイツの天体物理学者。恒星の大気の研究などで大きな貢献をし, 英国王立天文協会金賞（1957）を受けた。
⇒岩世人（ウンゼルト　1905.4.20–1995.9.23）

Unsworth, Barry
イギリスの小説家。
⇒外12（アンズワース, バリー　1930.8.10–）
　現世文（アンズワース, バリー　1930.8.10–2012.6.5）

Untung
インドネシアの軍人。
⇒岩世人（ウントゥン　1926–1966.3.7）

U Nu
ビルマ（ミャンマー）の政治家。1948年ビルマ独立とともに初代首相。
⇒ア大戦（ヌ, ウー＝　1907–1995）
　岩世人（ヌ　1907.5.25–1995.2.14）
　現アジ（ウー・ヌ　1907.5.25–1955.2.14）
　広辞7（ウー・ヌ　1907–1995）
　世人新（ウー＝ヌ　1907–1995）
　世人装（ウー＝ヌ　1907–1995）

Unverzagt, Wilhelm
ドイツの考古学者。
⇒岩世人（ウンフェアツァークト　1892.5.21–1971.3.17）

Unwin, George
イギリスの経済史家。主著『16・17世紀の経済組織』（1904）。
⇒岩世人（アンウィン　1870.5.7–1925）
有経5（アンウィン　1870–1925）

Unwin, *Sir* Raymond
イギリスの建築家, 都市計画家。ハムステッドおよびレッチウァースの田園都市計画で有名。
⇒岩世人（アンウィン　1863.11.2–1940.6.29）

Unwin, *Sir* Stanley
イギリスの出版者。第1次大戦中には検閲に, 第2次大戦では書籍課税に反対するなど, 業界の主導者の1人。
⇒岩世人（アンウィン　1884.12.19–1968.10.13）

Uong Yatauyongana
台湾原住民の指導者。
⇒岩世人（高一生　こういっせい　1908.7.5–1954.4.17）

Uon Yu-soon
韓国の作家。
⇒海文新（ウォンユスン　1957–）
現世文（ウォン・ユスン　1957–）

U Ottama
ビルマの僧侶, 民族運動の指導者。
⇒岩世人（オッタマ　1879–1939.9.9）

Upadhyaya, Brahmabandhav
インドのキリスト者。
⇒岩キ（ウパーダーヤ　1861–1907）
新カト（ウパドヤーヤ　1861.2.11–1907.10.27）

Updale, Eleanor
イギリスの作家。
⇒海文新（アップデール, エレナー　1953–）
現世文（アップデール, エレナー　1953–）

Updike, Daniel Berkeley
アメリカの版画家, デザイナー, 学者。
⇒グラデ（Updike,Daniel Berkeley　アップダイク, ダニエル・バークリー　1860–1941）

Updike, John Hoyer
アメリカの小説家。性と死という宗教性の濃い主題を追究。職人芸風の文体には定評がある。
⇒岩世人（アップダイク　1932.3.18–2009.1.27）
現世文（アップダイク, ジョン　1932.3.18–2009.1.27）
広辞7（アプダイク　1932–2009）
新カト（アップダイク　1932.3.18–2009.1.27）
ネーム（アップダイク　1932–2009）
ポプ人（アップダイク, ジョン　1932–2009）

U Pe Maung Tin
ミャンマー（ビルマ）の古典文学研究者, 言語学者。
⇒岩世人（ペーマウンティン　1888.4.24–1973.3.22）

Uphues, Goswin
ドイツの哲学者。カトリック教徒。論理学的研究がある。
⇒岩世人（ウプフース　1841.3.13–1916.9.10）

Uppdal, Kristofer
ノルウェーの作家。農民と労働者の関係を描く。
⇒岩世人（ウップダール　1878.2.19–1961.12.26）

Upshaw, Dawn
アメリカのソプラノ歌手。
⇒外12（アップショウ, ドーン　1960–）
外16（アップショウ, ドーン　1960–）

Upshaw, Gene
アメリカ・テキサス州出身のプロ・フットボール選手。
⇒岩世人（アップショー　1945.8.15–2008.8.20）

Upshaw, Willie Clay
アメリカの大リーグ選手（一塁）。
⇒メジャ（アップショウ, ウィリー　1957.4.27–）

Upton, B.J.
アメリカの大リーグ選手（レイズ・外野手）。
⇒外12（アプトン,B.J.　1984.8.21–）
外16（アップトン, メルビン　1984.8.21–）
最世ス（アップトン,B.J.　1984.8.21–）
メジャ（アップトン,B・J　1984.8.21–）

Upton, Florence K.
アメリカの挿絵画家。
⇒絵本（アプトン, フローレンス・ケイト　1873–1922）

Upton, Justin
アメリカの大リーグ選手（ブレーブス・外野手）。
⇒最世ス（アップトン, ジャスティン　1987.8.25–）
メジャ（アップトン, ジャスティン　1987.8.25–）

Upward, Edward
イギリスの小説家。代表作『境界への旅』『30年代』など。
⇒現世文（アプワード, エドワード　1903.9.9–2009.2.13）

Urbain, Georges
フランスの化学者。稀土類元素の研究を行い, ユーロピウム, ガドリニウムの性質を明らかにした。
⇒岩世人（ユルバン　1872.4.12–1938.11.5）
化学（ユルバン　1872–1938）

Urban, Hubert Josef
オーストリアの医学者。

⇒岩世人（ウルバン 1904.6.4-1997.11.6）
Urban, Wilbur Marshall
アメリカの哲学者，心理学者。主著 "Language and reality"（1939）。
⇒岩世人（アーバン 1873.3.27-1952）
Urbina, Ugueth
ベネズエラの大リーグ選手（投手）。
⇒メジャ（ウルビナ，ウーゲット 1974.2.15-）
Ure, Mary
イギリス生まれの女優。
⇒ク俳（ユア，メアリー 1933-1975）
Urey, Harold Clayton
アメリカの物理化学者。重水素の発見（1931），同位体の分離，気体の分子構造，原始大気の組成（52）などを研究。ノーベル化学賞受賞（34）。
⇒岩世人（ユーリー 1893.4.29-1981.1.5）
オク科（ユーリー（ハロルド・クレイトン） 1894-1981）
オク地（ユーリー，ハロルド・クレイトン 1893-1981）
化学（ユーリー 1893-1981）
現科人（ユーリー，ハロルド 1893-1981）
広辞7（ユーリー 1893-1981）
三新物（ユーリー 1893-1981）
ノベ3（ユーリー，H.C. 1893.4.29-1981.1.5）
Uribe, Jose Altagracia
アメリカの大リーグ選手（遊撃）。
⇒メジャ（ウリベ，ホセ 1959.1.21-2006.12.8）
Uribe, Juan C.
ドミニカ共和国の大リーグ選手（遊撃，三塁）。
⇒メジャ（ウリベ，フアン 1979.7.22-）
Uribe, Kirmen
スペインのバスク語作家，詩人。
⇒海文新（ウリベ，キルメン 1970.10.5-）
現世人（ウリベ，キルメン 1970.10.5-）
Uribe Vélez, Álvaro
コロンビアの政治家。コロンビア大統領（2002～10）。
⇒岩世人（ウリーベ 1952.7.4-）
外12（ウリベ・ベレス，アルバロ 1952.7.4-）
外16（ウリベ・ベレス，アルバロ 1952.7.4-）
世指導（ウリベ・ベレス，アルバロ 1952.7.4-）
ネーム（ウリベ 1952-）
Urinson, Yakov
ロシアの政治家。ロシア経済相。
⇒世指導（ウリンソン，ヤコフ 1944.9.12-）
Urios, Saturnino
スペインのイエズス会員，フィリピン宣教師。
⇒新カト（ウリオス 1843.11.12-1916.10.27）

Uris, Leon
アメリカの作家。
⇒現世文（ユーリス，レオン 1924.8.3-2003.6.21）
Urison, Pavel Samuilovich
ソ連の数学者。ロシアの十月革命前後のモスクワ数学会の活動期に主要な役割を果たした一人。
⇒数辞（ウリゾーン，ポール・サミロヴィッチ 1898-1924）
世数（ウリゾーン，パヴェル・サムイロヴィッチ 1898-1924）
Uritski, Semyon Petrovich
ソビエト軍の情報機関（GRU）の局長。在職 1935～37。
⇒スパイ（ウリツキー，セミョーン・ペトロヴィチ 1895-1937）
Urlacher, Brian
アメリカのプロフットボール選手（LB）。
⇒外12（アーラッカー，ブライアン 1978.5.25-）
最世ス（アーラッカー，ブライアン 1978.5.25-）
Urlus, Jacques
オランダのテノール歌手。
⇒失声（ウルラス，ジャック 1867-1935）
魅惑（Urlus,Jacques 1867-1935）
Urmana, Violeta
リトアニアのソプラノ歌手。
⇒外12（ウルマーナ，ヴィオレッタ 1961-）
外16（ウルマーナ，ヴィオレッタ 1961-）
Urquhart, Stephen
トリニダード・トバゴ生まれの実業家。オメガ社長。
⇒外12（ウルクハート，ステファン 1946.5-）
外16（ウルクハート，ステファン 1946.5-）
Urquidez, Benny
アメリカの格闘家，俳優。
⇒異二辞（ユキーデ[ベニー・～] 1952-）
Urrey, Frederick
アメリカのテノール歌手。
⇒魅惑（Urrey,Frederick ?-）
Urry, John Richard
イギリスの社会学者。
⇒岩世人（アーリー 1946.6.1-）
Urso, Josette
アメリカ生まれの画家。
⇒芸13（ウルソ，ジョセッティ 1959-）
Ursuleac, Viorica
ルーマニアのソプラノ歌手。
⇒新音中（ウルズレアク，ヴィオリカ 1894.3.26-1985.10.23）
標音2（ウルスレアク，ヴィオリカ 1894.3.26-1985.10.23）

Urusemal, Joseph J.
ミクロネシアの政治家。ミクロネシア大統領 (2003〜07)。
⇒外12（ウルセマル, ジョセフ 1952.3.19–）
世指導（ウルセマル, ジョセフ 1952.3.19–）

Urwick, Edward Johns
イギリスの社会哲学者。
⇒学叢思（アーウィック, エドワード・ジョンス 1867–?）

Ury, Lesser
ドイツ・ビルンバウム生まれの画家。
⇒ユ著人（Ury,Lesser ウリ（ウーリィ）, レッサー 1861–1931）

Uşakligil, Halit Ziya
民族主義的革命組織「青年トルコ」の指導者の一人。ジャーナリスト。
⇒岩イ（ウシャクルギル 1866–1945）
岩世人（ウシャクルギル, ハリト・ズィヤ 1865/1866/1868–1945.3.27）

Usandizaga, José Maria
スペインの作曲家。
⇒標音2（ウサンディサガ, ホセ・マリア 1887.3.31–1915.10.5）

U Saw
ビルマの政治家。戦後首相を勤めたが,1948年5月, オン・サン暗殺の首謀者としてラングーンで死刑にされた。
⇒ア太戦（ソオ, ウー= 1900–1948）
岩世人（ソー 1900–1948.5.8）
世暗（ソオ, ウー 1900–1948）

Usener, Hermann
ドイツの古典学者。エピクロスとギリシアの宗教の研究で有名。
⇒岩世人（ウーゼナー 1834.10.23–1905.10.21）

Ushakov, Dmitrij Nikolajevich
ソ連の言語学者。ロシア語・方言・発音の研究で有名。
⇒岩世人（ウシャコーフ 1873.1.12/24–1942.4.17）

Ushakova, Natalia
ロシアのソプラノ歌手。
⇒外12（ウシャコワ, ナターリア）

Usher
アメリカ・テネシー州生まれの歌手。
⇒外12（アッシャー 1978.10.14–）
外16（アッシャー 1978.10.14–）

Usher, Abbott Payson
アメリカの経済史家。主著『英国産業史』(1920)。
⇒岩世人（アッシャー 1883.1.13–1965.6.18）

Uskoković, Veljko
モンテネグロの水球選手。

⇒最世ス（ウスココビッチ, ベリコ 1971.3.29–）

Uslar Pietri, Arturo
ベネズエラの小説家, 政治家。文部, 大蔵, 内務各大臣を務めながら,20世紀歴史派作家として活躍。
⇒現世文（ウスラル・ピエトリ, アルトゥロ 1906.5.16–2001.2.26）

Uspenskij, Eduard Nikolaevichi
ソ連の児童文学者。
⇒外12（ウスペンスキー, エドゥアルド 1937–）
外16（ウスペンスキー, エドゥアルド 1937–）
現世文（ウスペンスキー, エドゥアルド 1937–）

Uspensky, Viktor Alexandrovich
ロシアの作曲家, 民族音楽学者。
⇒標音2（ウスペンスキー, ヴィクトル・アレクサンドロヴィチ 1879.8.31–1949.10.9）

Ussachevsky, Vladimir（Alexis）
中国生まれのアメリカの作曲家。
⇒エデ（ウサチェフスキー, ウラジミール（アレクシス） 1911.11.3–1990.1.2）
現音キ（ウサチェフスキー, ウラジミール 1911–1990）
新音中（ウサチェフスキー, ヴラディーミル 1911.11.3/10.21–1990.1.4）
標音2（ウサチェフスキー, ヴラディミル 1911.11.3/10.21–1990.1.4）

Ussishkin, Menachem Mendel
シオニスト指導者。
⇒ユ著人（Ussishkin,Abraham Menahem Mendel ウシュシュキン, アブラハム・メナヘム・メンデル 1863–1941）

Ustinov, Dmitrii Fyodorovich
ソ連の政治家。国防相, 上級大将。1976年より党中央委員会政治局員。
⇒岩世人（ウスチーノフ 1908.10.17/30–1984.12.20）

Ustinov, Gustav
テノール歌手。
⇒魅惑（Ustinov,Gustav ?–）

Ustinov, Peter
イギリスの劇作家, 俳優, 芸人, 解説者。
⇒アガサ（ユースティノフ, ピーター 1921–2004）
ク俳（ユスティノフ, サー・ピーター 1921–）
スター（ユスティノフ, ピーター 1921.4.16–2004）

Ustvol'skaya, Galina Ivanovna
ロシアの作曲家。
⇒ク音3（ウストヴォルスカヤ 1919–2006）
新音中（ウストヴォリスカヤ, ガリーナ 1919.6.17–）

Ustyugov, Evgeny
ロシアのバイアスロン選手。

⇒外12（ウストイウゴフ, エフゲニー　1985.6.4–）
　外16（ウストイウゴフ, エフゲニー　1985.6.4–）
　最世ス（ウストイウゴフ, エフゲニー　1985.6.4–）

Usyk, Oleksandr
ウクライナのボクサー。
⇒外16（ウシク, オレクサンドル　1987.1.17–）
　最世ス（ウシク, オレクサンドル　1987.1.17–）

Utami, Ayu
インドネシアの作家, ジャーナリスト。
⇒岩世人（ウタミ, アユ　1968.11.21–）
　外12（ウタミ, アユ　1968–）
　海文新（ウタミ, アユ　1968.11.21–）
　現世文（ウタミ, アユ　1968.11.21–）

Uteem, Cassam
モーリシャスの政治家。モーリシャス大統領（1992～2002）。
⇒世指導（ウティーム, カッサム　1941.3.22–）

Utemuratov, Bulat
カザフスタンの政治家。
⇒異二辞（ウテムラトフ［ボラート・～］　1957–）

U Thant
ビルマの政治家, 第3代国際連合事務総長。西イリアン調停, キューバ危機などの解決に尽力。
⇒岩世人（タン　1909.1.22–1974.11.25）
　現アジ（ウ・タント　1909.1.22–1974.11.25）
　広辞7（ウ・タント　1909–1974）
　世人新（ウー＝タント　1909–1974）
　世人装（ウー＝タント　1909–1974）
　ネーム（ウ・タント　1909–1974）

Uthen Techaphaibuul
タイ華人社会の代表的指導者。
⇒岩世人（ウテーン・テーチャパイブーン　1913.1.3–2007.11.24）

Uthit Hēmamūn
タイの作家。
⇒海文新（ウティット・ヘーマムーン　1975–）
　現世文（ウティット・ヘーマムーン　1975–）

'Uthmān Diqna
スーダンのマフディー運動の指導者。
⇒岩イ（オスマン・ディグナ　1840頃–1908?）

Utley, Chase
アメリカの大リーグ選手（フィリーズ・内野手）。
⇒最世ス（アトリー, チェイス　1978.12.17–）
　メジャ（アトリー, チェイス　1978.12.17–）

Utley, Freda
イギリスのジャーナリスト。
⇒岩世人（アトリー　1898.1.23–1978.1.21）

Utrillo, Maurice
フランスの画家。厚塗りの白みがかった画面の, 詩情のあるモンマルトルなどの街頭風景を多く制作。主作品は『コタンの袋小路』（1910頃）。
⇒岩世人（ユトリロ　1883.12.25–1955.11.5）
　芸13（ユトリロ, モーリス　1883–1955）
　広辞7（ユトリロ　1883–1955）
　世人新（ユトリロ　1883–1955）
　世人装（ユトリロ　1883–1955）
　ネーム（ユトリロ　1883–1955）
　ポプ人（ユトリロ, モーリス　1883–1955）

Utrio, Kaari
フィンランドの作家。
⇒外12（ウトリオ, カアリ　1942–）
　外16（ウトリオ, カアリ　1942–）
　現世文（ウトリオ, カアリ　1942–）

Utsch, August
ドイツ生まれのイエズス会会員。
⇒新カト（ウッチ　1888.9.24–1957.8.1）

Utterback, Clinton Louis
アメリカの海洋学者。海水の放射能, 温度輻射, 海中の光学の研究をした。
⇒岩世人（アターバック　1885.2.2–?）

Uttley, Alison
イギリスの女性作家。1929年, 絵本『リスと野ウサギと灰色の小ウサギ』を, 2年後に大人向きの『いなかの子ども』を発表。
⇒岩世人（アトリー　1884.12.17–1976.5.7）
　ポプ人（アトリー, アリソン　1884–1976）

Utzon, Jørn
デンマークの建築家。
⇒岩世人（ウッツォン（ウトソン）　1918.4.9–2008.11.29）

Uvarov, Andrei
ロシアのバレエダンサー。
⇒外12（ウヴァーロフ, アンドレイ　1971.9.28–）
　外16（ウヴァーロフ, アンドレイ　1971.9.28–）

Uvarov, Boris Petrovich
ロシア生まれのイギリスの昆虫学者。
⇒岩生（ウヴァロフ　1889–1970）

Uvarova, Praskoviya Sergeivna
ロシアの女性考古学者。
⇒岩世人（ウヴァーロヴァ　1840.3.28/4.9–1924.6.30）

Uzun Haji
ナクシュバンディー教団のチェチェン人指導者。
⇒岩イ（ウズン・ハジ　1830?–1920）

Uzunov, Dimiter
ブルガリアのテノール歌手。
⇒失声（ウズノフ, ディミテール　1922–1985）
　魅惑（Usunow,Dimiter（Ouzounov,Dmitri）1922–1985）

【V】

Vacandard, Elphège-Florent
フランスの教会史家。
⇒新カト（ヴァカンダール 1849.4.10–1927.10.23）

Vacaroiu, Nicolae
ルーマニアの政治家。ルーマニア首相。
⇒世指導（バカロイウ, ニコラエ 1943.12.5–）

Vacca, Paul
フランスの作家, エッセイスト, 脚本家。
⇒現世文（ヴァッカ, ポール 1961–）

Vaccaro, Brenda
アメリカ生まれの女優。
⇒ク俳（ヴァカロ, ブレンダ 1939–）

Vaccaro, Michelangelo
イタリアの法社会学者。著書に『法と国家の社会学の基礎』(1893) がある。
⇒学叢思（ヴァッカロ, ミケランジェロ 1854–?）

Vaché, Warren
アメリカのジャズ・トランペット, コルネット奏者。
⇒外12（バシェ, ウォーレン 1951.2.21–）

Vachss, Andrew
アメリカのミステリ作家。
⇒現世文（バクス, アンドルー 1942–）

Vacik, Jan
チェコのテノール歌手。
⇒魅惑（Vacik,Jan ?–）

Vaculík, Ludvík
チェコスロバキアの現代作家, ジャーナリスト。社会主義下の個人崇拝を鋭く批判した自伝的小説『斧』で大きな反響を呼び起こした。
⇒岩世人（ヴァツリーク 1926.7.23–）
　現世文（ヴァツリーク, ルドヴィーク 1926.7.23–2015.6.6）

Vadão
ブラジルのサッカー監督。
⇒外12（バドン 1956.8.21–）

Vadász, Dániel
ハンガリーのテノール歌手。
⇒魅惑（Vadász,Dániel ?–）

Vadász, Zsolt
ハンガリーのテノール歌手。
⇒魅惑（Vadász,Zsolt 1974–）

Vader, Big Van
アメリカのプロレスラー。
⇒ネーム（ベイダー 1955–）

Vadim, Roger
フランス・パリ生まれの映画監督。
⇒映監（ヴァディム, ロジェ 1928.1.26–2000）

Vadim Tudor, Corneliu
ルーマニアの政治家, ジャーナリスト。欧州議会議員, 大ルーマニア党 (PRM) 名誉党首。
⇒世指導（ヴァディム・トゥドール, コルネリウ 1949.11.28–2015.9.14）

Vafiadis, Markos
ギリシア解放運動の指導者。
⇒岩世人（ヴァフィアズィス 1906–1992.2.22）

Vagaggini, Cipriano
イタリアの典礼神学者。
⇒新カト（ヴァガッジーニ 1909.10.3–1999.1.18）

Vaganova, Agrippina
ソ連の舞踊家。ワガノワ・メソッドの樹立者, 教師。
⇒岩世人（ワガノワ（ヴァガーノヴァ） 1879.6.14/26–1951.11.5）
　ネーム（ワガーノワ 1879–1951）
　標音2（ヴァガノヴァ, アグリッピーナ 1879.6.24–1951.11.5）

Vagh, Albert
フランス生まれの画家。
⇒芸13（バーグ, アルバート 1931–）

Váginov, Konstantín Konstantínovich
ロシア（ソ連）の詩人, 作家。
⇒岩世人（ヴァーギノフ 1899.9.21/10.3–1934.4.26）

Vagnorius, Gediminas
リトアニアの政治家, 経済学者。リトアニア首相。
⇒世指導（ワグノリュス, ゲディミナス 1957.6.10–）

Vaguet, Albert
フランスのテノール歌手。サン・サーンスの『野蛮人』世界初演でマルコミルを歌った。
⇒魅惑（Vaguet,Albert 1865–1943）

Vähi, Tiit
エストニアの政治家。エストニア首相。
⇒世指導（ビャヒ, ティート 1947.1.10–）

Vai, Steve
アメリカのギター奏者。
⇒外12（バイ, スティーブ 1960.6.6–）
　外16（バイ, スティーブ 1960.6.6–）

Vaida-Voevod, Alexander
ルーマニアの政治家。
⇒岩世人（ヴァイダ＝ヴォエヴォード 1872.2.27-1950.3.19）

Vaihinger, Hans
ドイツの哲学者。観念論的実証主義を提唱。
⇒岩世人（ファイヒンガー 1852.9.25-1933.12.18）
学叢思（ファイヒンゲル，ハンス 1852-?）
新カト（ファイヒンガー 1852.9.25-1933.12.17）
メル3（ファイヒンガー，ハンス 1852-1933）

Vailati, Giovanni
イタリアの数学者,哲学者。パースおよびジェームズのプラグマティズムを支持。
⇒岩世人（ヴァイラーティ 1863.4.24-1909.5.14）

Vailland, Roger François
フランスの小説家。第2次世界大戦中は従軍記者。小説『掟』(1957)でゴンクール賞受賞。
⇒岩世人（ヴァイヤン 1907.10.16-1965.5.12）
現世文（ヴァイヤン，ロジェ 1907.10.16-1965.5.12）

Vaillant, Édouard Marie
フランスの社会主義者,政治家。社会革命党を創立し,代議士となり(1893〜),のち社会主義運動の統一を主張。
⇒岩世人（ヴァイヤン 1840.1.29-1915.12.18）
学叢思（ヴァイアン，エドゥアール 1840-1915）

Vaillant-Couturier, Paul
フランス共産党創設者の一人。1928〜37年党機関誌「ユマニテ」の編集長。
⇒岩世人（ヴァイヤン＝クテュリエ 1892.1.8-1937.10.10）

Vaino, Anton
ロシアの政治家。ロシア大統領府長官。
⇒世指導（ワイノ，アントン 1972.2.17-）

Vainonen, Vasily
ソ連のダンサー，台本作家，振付家。
⇒岩世人（ワイノーネン 1901.2.8/21-1964.3.23）

Vajanský
スロバキアの詩人，作家。
⇒岩世人（ヴァヤンスキー 1847.1.16-1916.8.17）

Vajda, Attila
ハンガリーのカヌー選手。
⇒外12（バイダ，アティラ 1983.3.17-）
最世ス（バイダ，アティラ 1983.3.17-）

Vajda, George
フランスのアラビア文学者,ヘブライ文学者。
⇒ユ著人（Vajda,George ヴァジャ，ジョルジュ 1908-1981）

Vajiralongkorn, Maha
タイ，チャクリ王朝の第10代王。在位2016〜。別称ラーマ10世。
⇒外12（ワチラロンコン，マハ 1952.7.28-）
外16（ワチラロンコン，マハ 1952.7.28-）
世指導（ワチラロンコン，マハ 1952.7.28-）
タイ（ワチラーロンコーン（皇太子） 1952-）

Vajpayee, Atal Bihari
インドの政治家。インド首相,インド人民党(BJP)総裁。
⇒岩世人（ヴァージペーイー 1924.12.25-）
外12（バジパイ，アタル・ビハリ 1924.12.25-）
外16（バジパイ，アタル・ビハリ 1924.12.25-）
現アジ（バジパイ，アタル・ビハーリー 1926.12.25-）
広辞7（ヴァジパイ 1924-）
世指導（バジパイ，アタル・ビハリ 1924.12.25-）
南ア新（ヴァジパイ 1926-）
ネーム（バジパイ 1924-）

Vakarelski, Hristo Tomov
ブルガリアの民族学者。
⇒岩世人（ヴァカレルスキ 1896.12.15/27-1979.11.26）

Vakhtangov, Evgenii Bagrationovich
ソ連の演出家。演劇の様式性や形式に目を向けた。代表的演出は『聖アントニーの奇蹟』(1918)。
⇒岩世人（ヴァフターンゴフ 1883.2.1/13-1922.5.29）

Valadie, Jean-Baptiste
フランス生まれの画家。
⇒芸13（バラディエ，ジーン・バプテセ 1933-）

Valadon, Suzanne
フランスの女性画家。M.ユトリロの母。『青い寝室』などの作品がある。
⇒岩世人（ヴァラドン 1867.9.23-1938.4.7）
芸13（ヴァラドン，シュザンヌ 1867-1938）

Valasek, Joseph
アメリカの物理学者。ロッシェル塩の特異性に注目し,初めて本格的な物理的測定を行った。
⇒岩世人（ヴァラセク 1897.4.27-1993.12.4）

Valdengo, Giuseppe
イタリアのバリトン歌手。
⇒オペラ（ヴァルデンゴ，ジュゼッペ 1914-2007）

Valderrama, Carlos
コロンビアのサッカー選手。
⇒異二辞（バルデラマ[カルロス・〜] 1961-）
ネーム（バルデラマ 1961-）

Valdés, Chucho
キューバのジャズ・ピアノ奏者。
⇒岩世人（バルデス 1941.10.9-）
外12（バルデス，チューチョ 1941.10.9-）
外16（バルデス，チューチョ 1941.10.9-）

Valdes, Eduardo
プエルト・リコのテノール歌手。
⇒魅惑（Valdes,Eduardo　?-）

Valdes, Jorge Luis Dely
パナマのサッカー選手。
⇒外12（バルデス, ホルヘ・ルイス・デリー　1967.3.12-）

Valdés, Miguelito
キューバ出身の歌手。
⇒標音2（バルデス, ミゲリート　1912.9.6-1978.11.9）

Valdez, Ismael
メキシコの大リーグ選手（投手）。
⇒メジャ（バルデス, イスマエル　1973.8.21-）

Valdez, Lisa
アメリカの作家。
⇒外16（バルデス, リサ）

Valdez, Wilson Antonio
ドミニカ共和国の大リーグ選手（フィリーズ・内野）, プロ野球選手。
⇒外12（バルデス, ウィルソン　1978.5.20-）

Vale de Almeida, Joao
ポルトガルの外交官。EU委員長官房長。
⇒外12（バレデアルメイダ, ジョアン）
　外16（バレデアルメイダ, ジョアン）

Valen, Fartein
ノルウェーの作曲家。
⇒新音中（ヴァーレン, ファッテイン　1887.8.25-1952.12.14）

Valens, Ritchie
アメリカ生まれのロックミュージシャン。1958年にデビュー。ヒット曲『ドナ・ラ・バンバ』。
⇒ロック（Valens,Ritchie　ヴァレンズ, リッチー　1941.5.13-）

Valensi, Nick
アメリカのミュージシャン。
⇒外12（バレンシ, ニック　1981.1.16-）

Valente, Alessandro
イタリアのテノール歌手。
⇒失声（ヴァレンテ, アレッサンドロ　1890-1958）
　魅惑（Valente,Alessandro　1890-1958）

Valente, Caterina
フランス・パリ生まれの歌手。
⇒標音2（ヴァレンテ, カテリーナ　1931.1.14-）

Valente, Catherynne M.
アメリカの作家。
⇒外16（バレンテ, キャサリン・M.　1979-）
　海文新（ヴァレンテ, キャサリン・M.　1979-）
　現世文（バレンテ, キャサリン・M.　1979-）

Valenti, Dino
アメリカのミュージシャン。
⇒ロック（Valenti,Dino　ヴァレンティ, ディーノ　1943.10.7-）

Valenti, James
アメリカのテノール歌手。
⇒魅惑（Valenti,James　?-）

Valentič, Nikica
クロアチアの政治家。クロアチア首相。
⇒世指導（バレンティッチ, ニキツァ　1950.11.24-）

Valentin, John William
アメリカの大リーグ選手（遊撃, 三塁）。
⇒メジャ（バレンティン, ジョン　1967.2.18-）

Valentin, Jose Antonio
アメリカの大リーグ選手（遊撃）。
⇒メジャ（バレンティン, ホセ　1969.10.12-）

Valentin, Veit
ドイツの歴史家。主著 "Bismarck und seine Zeit"（1915）。
⇒岩世人（ヴァレンティン　1885.3.25-1947.1.12）

Valentine, Ellis Clarence
アメリカの大リーグ選手（外野）。
⇒メジャ（ヴァレンタイン, エリス　1954.7.30-）

Valentine, James
アメリカのミュージシャン。
⇒外12（バレンタイン, ジェームズ）
　外16（バレンタイン, ジェームズ）

Valentine, Jenny
イギリスの児童文学作家。
⇒外12（バレンタイン, ジェニー）
　外16（バレンタイン, ジェニー）
　海文新（ヴァレンタイン, ジェニー）
　現世文（バレンタイン, ジェニー）

Valentine, Robert John
アメリカの大リーグ選手（遊撃, 外野, 二塁）, 監督。
⇒外12（バレンタイン, ボビー　1950.5.13-）
　外16（バレンタイン, ボビー　1950.5.13-）
　最世ス（バレンタイン, ボビー　1950.5.13-）
　メジャ（ヴァレンタイン, ボビー　1950.5.13-）

Valentini, Giacomo
イタリアの実業家。
⇒外16（ヴァレンティーニ, ジャコモ）

Valentino
イタリアの服飾デザイナー。
⇒外12（ヴァレンティノ　1932.5.11-）
　外16（ヴァレンティノ　1932.5.11-）

Valentino, Rudolph
アメリカの映画俳優。1920年代前半全世界の女

性を熱狂させたが,31歳で急死。主演作品『黙示録の四騎士』『血と砂』など。
⇒アメ州（Valentino,Rudolph　バレンチノ, ルドルフ　1895-1926）
岩世人（ヴァレンティーノ　1895.5.6-1926.8.23）
ク俳（ヴァレンティノ, ルドルフ（ディ・ヴァレンティノ・ダントニュオーラ, ロドルフォ）1895-1926）
広辞7（ヴァレンチノ　1895-1926）
スター（ヴァレンティノ, ルドルフ　1895.5.6-1926）
ネーム（ヴァレンチノ　1895-1926）

Valenzuela, Fernando
アメリカの大リーグ選手(投手)。
⇒外12（バレンズエラ, フェルナンド　1960.11.1-）
メジャ（バレンスエラ, フェルナンド　1960.11.1-）

Valenzuela, Luisa
アルゼンチンの女性作家, ジャーナリスト。
⇒現世文（バレンスエラ, ルイサ　1938.11.26-）
ラテ新（バレンスエラ　1938-）

Valero, Edwin
ベネズエラのプロボクサー。
⇒異二辞（バレロ[エドウィン・〜]　1981-2010）
最世ス（バレロ, エドウィン　1981.12.3-2010.4.19）

Valero, Fernando
イタリアのテノール歌手。
⇒失声（ヴァレロ, フェルナンド　1854-1914）
魅惑（Valero,Fernando　1854-1914）

Valeron
スペインのサッカー選手。
⇒外12（バレロン, ファン・カルロス　1975.6.17-）

Valéry, Paul Ambroise
フランスの詩人, 思想家, 評論家。長詩『若いパルク』(1917)や『カイエ』(58〜62)がある。
⇒岩世人（ヴァレリー　1871.10.30-1945.7.20）
現世文（ヴァレリー, ポール　1871.10.30-1945.7.20）
広辞7（ヴァレリー　1871-1945）
新カト（ヴァレリー　1871.10.30-1945.7.20）
西文（ヴァレリ, ポール　1871-1945）
世人新（ヴァレリー　1871-1945）
世人装（ヴァレリー　1871-1945）
ネーム（ヴァレリー　1871-1945）
比文増（ヴァレリー（ポール）　1871（明治4）-1945（昭和20））
フ文小（ヴァレリー, ポール　1871-1945）
ポプ人（バレリー, ポール　1871-1945）

Valeur, Erik
デンマークの作家, ジャーナリスト。
⇒海文新（ヴァレア, エーリク　1955.9.2-）
現世文（ヴァレア, エーリク　1955.9.2-）

Valicenti, Rick
アメリカ・シカゴを中心に活動するグラフィック・デザイナー, 写真家。
⇒グラデ（Valicenti,Rick　ヴァリチェンティ, リック　1951-）

Valjavec, Fritz
ハンガリー（ドイツ系）の歴史家。東南ヨーロッパ史の最高権威者。
⇒岩世人（ヴァリアヴェーク　1909.5.26-1960.2.10）

Valkeapää, Nils-Aslak
北欧サーミの詩人。
⇒岩世人（ヴァルケアバー　1943.3.23-2001.11.27）

Vall, Ely Ould Mohamed
モーリタニアの政治家, 軍人。モーリタニア"正義と民主主義のための軍事評議会"議長。
⇒外12（ヴァル, エリー・ウルド・モハメド　1952-）
世指導（ヴァル, エリー・ウルド・モハメド　1952-2017.5.5）

Vallarta, Manuel Sandoval
メキシコの物理学者。メキシコ物理大学教授(1947)。
⇒岩世人（バリャルタ　1899.2.11-1977.4.18）

Vallaud-Belkacem, Najat
フランスの政治家。
⇒外16（ヴァロー・ベルカセム, ナジャット　1977.10.4-）
世指導（ヴァロー・ベルカセム, ナジャット　1977.10.4-）

Vallaux, Camille
フランスの海洋学者, 地理学者。ブルターニュ地方の人文地理学的調査のほか, 多くの論文で政治地理学的立場を強く主張した。
⇒岩世人（ヴァロー　1870-1945）

Vallee, Jacques
フランスのUFO現象学者,SF作家。
⇒現世文（ヴァレ, ジャック　1939-）

Vallee, Rudy
アメリカの歌手, 俳優。日本では1966年の映画『努力しないで出世する方法』の社長役で知られる。
⇒ク俳（ヴァリー, ルディ（ヴァリー, ヒューバート）1901-1986）
標音2（ヴァレー, ルディ　1901.7.28-1986.7.3）

Valle-Inclán, Ramón María del
スペインの小説家, 劇作家, 詩人。
⇒岩世人（バリェ＝インクラン　1866.10.28-1936.1.5）
現世文（バリェ・インクラン, ラモン・マリア・デル　1866.10.28-1936.1.5）
広辞7（バリェ・インクラン　1866-1936）

Vallejo, César
ペルーの詩人。詩集『トゥリルセ』(1922), 社会小説『タングステン』(31)の著者。国際作家会議にも参加。

⇒岩キ（バリェーホ　1892–1938）
岩世人（バジェホ　1892.3.16–1938.4.15）
ラテ新（バリェホ　1892–1938）

Vallejo, Fernando
コロンビア生まれの作家。
⇒外16（バジェホ, フェルナンド　1942–）
現世文（バジェホ, フェルナンド　1942–）

Valle Riestra, Javier
ペルーの政治家。ペルー首相。
⇒世指導（バジェ・リエストラ, ハビエル　1932–）

Vallet, Louis
フランスのイラストレーター。
⇒19仏（ヴァレ, ルイ　1856.2.26–1940）

Valletti, Cesare
イタリアのテノール歌手。
⇒失声（ヴァレッティ, チェーザレ　1922–2000）
魅惑（Valletti, Cesare　1922–2000）

Vallgren, Carl-Johan
スウェーデンの作家。
⇒外12（ヴァルグレン, カール・ヨーハン　1964–）

Vallgren, Ville
フィンランドの彫刻家。初期の大理石彫刻『キリストの首』(1889) は有名。
⇒岩世人（ヴァルグレーン　1855.12.15–1940.10.13）

Valli, Alida
イタリア生まれの女優。
⇒ク俳（ヴァリ, アリダ（アルテンブルカー, A）1921–）
ネーム（ヴァリ, アリダ　1921–2006）

Vallois, Henri Victor
フランスの自然人類学者。特に人種学の分野ではドニケールの分類法を用いて、正統的な人種の分類と分布とを検討し、現在も広く用いられている。
⇒岩生（ヴァロア　1889–1981）
岩世人（ヴァロワ　1889.4.11–1981）

Vallone, Raf
イタリア生まれの男優。
⇒ク俳（ヴァローネ, ラフ（ヴァローネ, ラファエル）1916–）

Vallotton, Félix Edmond
スイス出身のフランスの画家。代表作に『ポーカーをする人』(1902)。
⇒岩世人（ヴァロットン　1865.12.28–1925.12.29）
芸13（ヴァロットン, フェリックス　1865–1925）

Valls, Manuel
フランスの政治家。フランス首相。
⇒外16（ヴァルス, マニュエル　1962.8.13–）
世指導（ヴァルス, マニュエル　1962.8.13–）

Valls, Pau
フランスの画家。
⇒芸13（ヴァルス, ポー　1918–）

Valo, Elmer William
アメリカの大リーグ選手（外野）。
⇒メジャ（ヴァロ, エルマー　1921.3.5–1998.7.19）

Valois, Alfred Georges
フランスの政治家。
⇒岩世人（ヴァロワ　1878.10.7–1945.2）

Valory, Ross
アメリカのロック・ベース奏者。
⇒外12（バロリー, ロス　1949.2.2–）
外16（バロリー, ロス　1949.2.2–）

Valuev, Nikolay
ロシアのプロボクサー, 政治家。WBA世界ヘビー級チャンピオン。
⇒外16（ワルーエフ, ニコライ　1973.8.21–）
最世ス（ワルーエフ, ニコライ　1973.8.21–）

Valverde, Ernesto
スペインのサッカー指導者。
⇒外12（バルベルデ, エルネスト　1964.2.9–）
外16（バルベルデ, エルネスト　1964.2.9–）

Valverde, Joaquín
スペインの作曲家。
⇒ク音3（バルベルデ　1846–1910）
標音2（バルベルデ, ホアキン　1846.2.27–1910.3.17）

Valverde, José María
スペインの詩人, 文学者。
⇒新カト（バルベルデ　1926.1.26–1996.6.6）

Valverde, Jose Rafael
ドミニカ共和国の大リーグ選手（投手）。
⇒メジャ（バルベルデ, ホセ　1978.3.24–）

Vámbéry, Armin
ハンガリーの東洋学者。
⇒岩世人（ヴァーンベーリ　1832–1913.9.15）

Vampilov, Aleksandr Valentinovich
ソ連の劇作家。
⇒現世文（ヴァムピーロフ, アレクサンドル　1937.8.19–1972）

Vamvakaris, Markos
ギリシアの歌手, ブズーキ奏者。
⇒岩世人（ヴァンヴァカリス　1905.5.10–1972.2.8）

van Agtmael, Antoine
オランダ生まれのエコノミスト。エマージング・マーケッツ・マネジメント創業者。
⇒外16（ファン・アットマール, アントワン）

Van Allen, Frank
アメリカの医療宣教師。
⇒アア歴 (Van Allen,Frank ヴァン・アレン,フランク 1860.1.10-1923.8.28)

Van Allen, James
アメリカの物理学者。
⇒アメ州 (Van Allen,James Alfred バン・アレン,ジェームズ・アルフレッド 1914-)
岩世人 (ヴァン・アレン 1914.9.7-2006.8.9)
天文辞 (バンアレン 1914-2006)

Van Allsburg, Chris
アメリカの絵本作家,作家,挿絵画家。
⇒絵本 (オールズバーグ,クリス・ヴァン 1949-)
外16 (オールズバーグ,クリス・バン 1949-)
現世文 (オールズバーグ,クリス・バン 1949-)

Vanaman, Arthur W.
アメリカ陸軍航空軍 (AAF) 士官。ヨーロッパでの爆撃任務中,ドイツ上空で撃墜された。
⇒スパイ (ヴァナマン,アーサー・W 1892-1987)

Van Andel, Steve
アメリカの実業家。
⇒外12 (バンアンデル,スティーブ 1955.10.9-)
外16 (バンアンデル,スティーブ 1955.10.9-)

Vanas, D.J.
アメリカのカウンセラー,作家。
⇒外12 (ヴァナス,D.J.)
海文新 (ヴァナス,D.J.)

Van Assche, Kris
ベルギーの服飾デザイナー。
⇒外16 (ヴァン・アッシュ,クリス 1976-)

Van Basten, Marco
オランダのサッカー選手。
⇒異二辞 (ファン・バステン[マルコ・~] 1964-)
外12 (ファンバステン,マルコ 1964.10.31-)
外16 (ファン・バステン,マルコ 1964.10.31-)
最世人 (ファン・バステン,マルコ 1964.10.31-)
ネーム (ファン・バステン 1964-)

Van Beek, Lotte
オランダのスピードスケート選手。
⇒外16 (ファン・ベーク,ロッテ 1991.12.9-)

van Beinum, Eduard (Alexander)
オランダの指揮者。
⇒新音中 (ファン・ベイヌム,エドゥアルト 1900.9.3-1959.4.13)

van Biesbroeck, George
ベルギー生まれのアメリカで活躍した観測天文学者。
⇒天文大 (バンビーズブロック 1880-1974)

Van Bommel, Mark
オランダのサッカー選手。
⇒外12 (ファン・ボメル,マルク 1977.4.22-)
外16 (ファン・ボメル,マルク 1977.4.22-)
最世ス (ファン・ボメル,マルク 1977.4.22-)

Van Breda, Herman Leo
ベルギーの哲学者。フッセルルの弟子。フッセルルの遺稿の保存に努力し,フッセルル文庫を設立して全集を刊行するのに尽力。
⇒岩世人 (ファン・ブレダ 1911.2.28-1974.3.4)

Van Bronkhorst, Giovanni
オランダのサッカー選手。
⇒外12 (ファン・ブロンクホルスト,ジョヴァンニ 1975.2.5-)
最世ス (ファン・ブロンクホルスト,ジョヴァンニ 1975.2.5-)

Van Bruggen, Carry
オランダの随筆家,作家。
⇒岩世人 (ファン・ブルッヘン 1881.1.1-1932.11.16)

Văn Cao
ベトナムの音楽家,国歌の作曲者。
⇒岩世人 (ヴァン・カオ 1923.11.15-1995.7.9)

Vance, Clarence Arthur (Dazzy)
アメリカの大リーグ選手 (投手)。
⇒メジャ (ヴァンス,ダジー 1891.3.4-1961.2.16)

Vance, Cyrus Roberts
アメリカの政治家。ジャパン・ソサエティ (ニューヨーク) 会長,アメリカ国務長官。
⇒岩世人 (ヴァンス 1917.3.27-2002.1.12)
世指導 (バンス,サイラス 1917.3.27-2002.1.12)

Vance, Jack
アメリカのSF作家,推理作家。
⇒外12 (バンス,ジャック 1916-)
現世文 (バンス,ジャック 1916.8.28-2013.5.26)

Vance, Lee
アメリカの作家,実業家。
⇒海文新 (ヴァンス,リー)
現世文 (バンス,リー)

Vancea, Zeno
ルーマニアの作曲家,音楽学者。雑誌「ムジカ」の主幹。
⇒標音2 (ヴァンツェア,ゼーノ 1900.10.8-)

Van Cleef, Lee
アメリカの俳優。
⇒ク俳 (ヴァン・クリーフ,リー 1925-1989)

Van Couwelaert, Didier
フランスの作家。
⇒現世文 (ヴァン・コーヴラール,ディディエ 1960-)

Vančura, Vladislav
チェコの作家,医者。ナチスに抵抗し,非合法活動中捕えられて処刑された。
⇒岩世人(ヴァンチュラ 1891.6.23–1942.6.1)
現世文(ヴァンチュラ,ヴラディスラフ 1891.6.23–1942.6.1)

Van Dam, Carlo
オランダのレーシングドライバー。
⇒最世ス(バン・ダム,カルロ 1986.2.27–)

Van Dam, José
ベルギーのバリトン歌手。
⇒オペラ(ダム,ジョゼ,ヴァン 1940–)
新音中(ファン・ダム,ジョゼ 1940.8.25–)

Van Damme, Jean-Claud
ベルギー生まれの俳優。
⇒外12(バン・ダム,ジャン・クロード 1960.10.18–)
外16(バン・ダム,ジャン・クロード 1960.10.18–)
ク俳(ヴァン・ダム,ジャン=クロード(ヴァン・ヴァリーンベルク,J-C) 1960–)

Van de Graaff, Robert Jemison
アメリカの物理学者。バン・デ・グラーフ静電型高電圧発生装置を発明した。
⇒アメ州(Van De Graaff,Robert Jemison バンデグラーフ,ロバート・ジェイミソン 1901–1967)
岩世人(ヴァン・デ・グラーフ 1901.12.20–1967.1.16)
三新物(バン=デ=グラーフ 1901–1967)
物理(ヴァン・デ・グラーフ,ロバート 1901–1967)

van de Hulst, Hendrik Christoffel
オランダの天体物理学者。銀河系の内部で中性水素の出す波長21センチメートルの線を発見し,電波で銀河をさぐる基礎をつくった。
⇒岩世人(ファン・デ・ヒュルスト 1918.11.19–2000.7.31)
三新物(ファン=デ=フルスト 1918–2000)
天文辞(ファン・デ・フルスト 1918–2000)

Van Deman, Ralph H.
アメリカ陸軍の情報士官。現代アメリカにおける軍事情報活動の父とされる。
⇒スパイ(ヴァン・デマン,ラルフ・H 1865–1952)

Vandenberg, Arthur Hendrick
アメリカの政治家。1945年上院外交委員長に就任,外交問題に活躍。また地域の共同防衛に関するバンデンバーグ決議(48)の起草者でもある。
⇒アメ州(Vandenberg,Arthur Hendrick バンデンバーグ,アーサー・ヘンドリック 1884–1951)
岩世人(ヴァンデンバーグ 1884.3.22–1951.4.18)

Vandenberg, Hoyt Sanford
アメリカの軍人。連合派遣軍副司令官(1944),中央情報部長(46)空軍参謀総長(48)などを

歴任。
⇒岩世人(ヴァンデンバーグ 1899.1.24–1954.4.2)
スパイ(ヴァンデンバーグ,ホイト・S 1899–1954)

Van den Boeynants, Paul
ベルギーの政治家。ベルギー首相。
⇒岩世人(ファン・デン・ボイナンツ 1919.5.22–2001.1.8)

Van Den Broek, Hans
オランダの政治家。EU欧州委員会委員,オランダ外相。
⇒世指導(ファン・デン・ブルック,ハンス 1936.12.11–)

Vandenburg, Howard
アメリカのテノール歌手。
⇒魅惑(Vandenburg,Howard(Vanderburg) 1918–)

van den Hoogenband, Pieter
オランダの水泳選手(自由形)。
⇒最世ス(ファン・デン・ホーヘンバント,ピーター 1978.3.14–)

Vanderbeke, Birgit
ドイツの作家。
⇒現世文(ヴァンデルベーケ,ビルギット 1956–)

Van der Bellen, Alexander
オーストリアの政治家,経済学者。オーストリア大統領(2017〜)。
⇒世指導(ファンデアベレン,アレクサンダー 1944.1.18–)

Vanderbilt, Cornelius III
アメリカ・ニューヨーク市最初の地下鉄であるインターバラ・ラピッド・トランジット社の設立者。
⇒アメ経(バンダービルト,コーネリアス,3世 1872.9.5–1942.3.1)

Van der Burgh, Cameron
南アフリカの水泳選手(平泳ぎ)。
⇒外16(ファンデルバーグ,キャメロン 1988.5.25–)
最世ス(ファン・デル・バーグ,キャメロン 1988.5.25–)

Vanderkaay, Peter
アメリカの水泳選手(自由形)。
⇒最世ス(バンダーカーイ,ピーター 1984.2.12–)

Van der Kolk, Kirsten
オランダのボート選手。
⇒外12(ファンデルコルク,キルステン 1975.12.18–)
最世ス(ファン・デル・コルク,キルステン 1975.12.18–)

VanderLans, Rudy
オランダ生まれの雑誌『エミグレ』創刊者,編集

者, アート・ディレクター。
⇒グラデ (VanderLans,Rudy ヴァンデルランス, ルディ 1955-)

van der Leeuw, Gerardus
オランダの宗教学者。古代宗教史の比較研究から宗教現象学を確立。主著『宗教現象学』。
⇒新カト (ファン・デル・レーウ 1890.3.19-1950.11.18)

VanderMeer, Jeff
アメリカの作家。
⇒海文新 (ヴァンダミア, ジェフ 1968-)
現世文 (バンダミア, ジェフ 1968-)

Vander Meer, John Samuel
アメリカの大リーグ選手(投手)。
⇒メジャ (ヴァンダーミア, ジョン 1914.11.2-1997.10.6)

Van der meer, Simon
オランダの物理学者。1984年ノーベル物理学賞。
⇒ノベ3 (バン・デル・メール,S. 1925.11.24-)

Van der Meersch, Maxence
フランスの小説家。
⇒現世文 (ヴァン・デル・メールシュ, マクサンス 1907.5.4-1951.1.14)

Vandernoot, André
ベルギーの指揮者。
⇒標音2 (ヴァンデルノート, アンドレ 1927-)

van der Pol, Balthasar
オランダの物理学者, 数学者, 電気技術者。
⇒岩世人 (ファン・デル・ポール 1889.1.27-1959.10.6)

Van der Post, Laurens
南アフリカ共和国オレンジ自由州出身の作家, 探検家。
⇒岩世人 (ヴァン・デル・ポスト 1906.12.13-1996.12.16)
現世文 (バン・デル・ポスト, ローレンス 1906.12.13-1996.12.15)

van der Sar, Edwin
オランダのサッカー選手。
⇒外12 (ファン・デル・サール, エドウィン 1970.10.29-)
最世ス (ファン・デル・サール, エドウィン 1970.10.29-)
ネーム (ファン・デル・サール 1970-)

Vandersteene, Zeger
ベルギーのテノール歌手。
⇒魅惑 (Vandersteene,Zeger ?-)

Van der Vaart, Rafael
オランダのサッカー選手。
⇒外12 (ファン・デル・ファールト, ラファエル 1983.2.11-)

外16 (ファン・デル・ファールト, ラファエル 1983.2.11-)
最世ス (ファン・デル・ファールト, ラファエル 1983.2.11-)

Vandervelde, Émile
ベルギーの政治家。
⇒岩世人 (ヴァンデルヴェルド 1866.1.25-1938.12.27)
学叢思 (ヴァンデルヴェルド, エミール 1866-?)

Van Der Velden, Petrus
オランダ・ロッテルダム生まれの画家。
⇒ニュー (ヴァン・デル・ヴェルデン, ペトラス 1837-1913)

Van der Vlugt, L.C.
オランダの建築家。主作品『ファン・ネレ煙草会社工場』。
⇒岩世人 (ファン・デル・フルーフト 1894-1936)

Van der Waals, Johannes Diderik
オランダの物理学者。熱学に関する多くの研究を行い1910年ノーベル物理学賞受賞。
⇒岩世人 (ファン・デル・ヴァールス 1837.11.23-1923.3.9)
化学 (ファン・デル・ワールス 1837-1923)
広辞7 (ファン・デル・ワールス 1837-1923)
三新物 (ファン=デル=ワールス 1837-1923)
ネーム (ファン・デル・ワールス 1837-1923)
ノベ3 (ファン・デル・ワールス,J.D. 1837.11.23-1923.3.8)
物理 (ファン・デル・ワールス, ヨハネス・ディーデリク 1837-1923)

van der Waerden, Bartel Leendert
オランダ生まれの数学者。
⇒岩世人 (ファン・デル・ヴァールデン 1903.2.2-1996.1.12)
数辞 (ファン・デア・ヴェルデン, バルテル・レーンデルト 1903-)
世数 (ファン・デル・ヴェルデン, バーテル・レーンデルト 1903-1996)

Vander Wal, John Henry
アメリカの大リーグ選手(一塁, 外野)。
⇒メジャ (ヴァンダーウォル, ジョン 1966.4.29-)

Van der Weijden, Maarten
オランダの水泳選手(オープン・ウオーター)。
⇒外12 (ファンデルバイデン, マーテン 1981.3.31-)
最世ス (ファン・デル・バイデン, マーテン 1981.3.31-)

Van Der Westhuizen, Jaco
南アフリカのラグビー選手。
⇒外12 (ファンデルベストハイゼン, ヤコ 1978.4.6-)

Van de Velde, Ernest
フランスの指揮者, 音楽教師, 出版者。
⇒新音中 (ヴァン・ド・ヴェルド, エルネスト

1862–1951.11.1)
標音2（ヴァン・ド・ヴェルド，エルネスト 1862–1951.11.1)

Van de Velde, Henry Clemens
ベルギーの画家，建築家，デザイナー。アール・ヌーボーの代表的デザイナーとして活躍。
⇒岩世人（ファン・デ・フェルデ 1863.4.3–1957)
グラデ（Velde,Henry Clemens van de ヴェルド，ハンリィ・クレーメンス・ヴァン・ド 1863–1957)
芸13（ヴァン・デ・ヴェルデ，アンリ 1863–1957)
広辞7（ヴァン・デ・ヴェルデ 1863–1957)

Van Dien, Casper
アメリカの男優。
⇒ク俳（ヴァン・ディーン，キャスパー 1968–)

Vandier, Etienne
テノール歌手。
⇒魅惑（Vandier,Etienne ?–)

Van Dijk, Lutz
ドイツの作家。
⇒現世文（ファン・ダイク，ルッツ 1955–)

Van Dine, S.S.
アメリカの推理小説家，美術批評家。主人公ファイロ＝ヴァンスが活躍するシリーズを執筆。古典の衒学的の本格派。
⇒現世文（バン・ダイン,S.S. 1888.10.15–1939.4.11)
広辞7（ヴァン・ダイン 1888–1939)
ネーム（ヴァン・ダイン 1888–1939)

Vandiver, Harry Schultz
アメリカの代数学者，整数論学者。
⇒数辞（ヴァンディヴァー，ハリー・シュルツ 1882–1973)

V van Doesburg, Theo
オランダの抽象画家。本名Christiaan Emil Marie Küpper。
⇒岩世人（ファン・ドゥースブルフ 1833–1931)
グラデ（Doesburg,Théo van ドゥースブルフ，テオ・ファン 1883–1931)
芸13（ドースブルク，テオ・ヴァン 1883–1931)
芸13（ファン・ドゥースブルフ，テオ 1883–1931)

Van Doorn, Cornelis Johannes
オランダの土木技師。大蔵省土木寮土木技師として福島県安積疏水工事等を技術指導。
⇒岩世人（ファン・ドールン 1837.1.5–1906.2.24)
ボブ人（ファン・ドールン，コルネリス 1837–1906)

Van Doren, Carl Clinton
アメリカの評論家，文学史家。主著『ベンジャミン・フランクリン』(1938, ピュリッツァー賞受賞)。
⇒アメ州（Van Doren,Carl バン・ドーレン，カー

ル 1885–1950)
岩世人（ヴァン・ドーレン 1885.9.10–1950.7.18)

Van Doren, Mamie
アメリカの女優。
⇒ク俳（ヴァン・ドーレン，マミー（オウランダー，ジョウン） 1931–)

Van Doren, Mark Albert
アメリカの詩人，評論家，小説家。1940年『詩集』(39)でピュリッツァー賞受賞。
⇒岩世人（ヴァン・ドーレン 1894.6.13–1972.12.10)
現世文（バン・ドーレン，マーク 1894.6.13–1972.12.10)

Van-Dunem, Fernando
アンゴラの政治家。アンゴラ首相。
⇒世指導（バン・ドネン，フェルナンド 1952–)

Van Dusen, Henry Pitney
アメリカのプロテスタント牧師。台湾，極東各地を訪問した際来日（1952）。
⇒岩世人（ヴァン・デューセン 1897.12.11–1975.2.13)

Van Dyck, Ernest
ベルギーのテノール歌手。
⇒魅惑（Dyck,Ernest van 1861–1923)

Van Dyke, Dick
アメリカ生まれの俳優。
⇒ク俳（ヴァン・ダイク，ディック 1925–)

Van Dyke, Henry
アメリカの宗教家。ニューヨークのブリック長老教会牧師（1878），ハーバード大学の説教者。
⇒岩世人（ヴァン・ダイク 1852.11.10–1933.4.10)

Van Dyke, John Wesley
アメリカの実業家。アトランテック石油精製社長，アメリカ石油協会会長。
⇒アメ経（バン・ダイク，ジョン 1849.12.27–1939.9.13)

Van Dyke, Leroy
アメリカのミュージシャン。
⇒ロック（Van Dyke,Leroy ヴァン・ダイク，リロイ 1929.10.24–)

Van Dyke, W.S.
アメリカの映画監督。
⇒映監（ヴァン・ダイク,W・S 1889.3.21–1943)

Van Dyken, Rachel
アメリカの作家。
⇒海文新（ヴァン・ダイケン，レイチェル）

Vane, John Robert
イギリスの薬理学者。1982年ノーベル生理学医学賞。
⇒岩生（ヴェイン 1927–2004)

ノベ3（ベイン,J. 1927.3.29–2004.11.19）
van Eaton, Derek
アメリカの歌手。
⇒ビト改（VAN EATON,LON&DEREK　バン・イートン, ロン&デレク）

van Eaton, Lon
アメリカの歌手。
⇒ビト改（VAN EATON,LON&DEREK　バン・イートン, ロン&デレク）

Vanessa-Mae
イギリスのヴァイオリン奏者。
⇒外16（バネッサ・メイ　1978–）

Van Eupen, Marit
オランダのボート選手。
⇒外12（ファンエーペン,マリト　1969.9.26–）
最世ス（ファン・エーペン,マリト　1969.9.26–）

van Eyck, Peter
アメリカの俳優。
⇒ク俳（ファン・アイク,ペーター（フォン・アイク, ゲッツ）　1911–1969）

Van Gaal, Louis
オランダのサッカー監督。
⇒外12（ファン・ハール,ルイス　1951.8.8–）
外16（ファン・ハール,ルイス　1951.8.8–）
最世ス（ファン・ハール,ルイス　1951.8.8–）

Van Gelder, Rudy
アメリカのレコーディング・エンジニア。
⇒岩世人（ヴァン・ゲルダー　1924.11.2–）

Vangelis
ギリシア生まれのキーボード奏者。
⇒外12（ヴァンゲリス　1943.3.29–）
外16（ヴァンゲリス　1943.3.29–）
標音2（ヴァンゲリス　1943.3.29–）

Van Gennep, Arnold
フランス（オランダ系）の民俗学者。
⇒岩世人（ヴァン・ジェネプ　1873.4.23–1957.5.7）
社小増（ファン・ヘネップ　1873–1957）
新カト（ヴァン・ジュネップ　1873.4.23–1959.5.7）

Vangi, Giuliano
イタリア生まれの彫刻家。
⇒外12（ヴァンジ,ジュリアーノ　1931.3.13–）
外16（ヴァンジ,ジュリアーノ　1931.3.13–）
芸13（ヴァンジ,ジュリアーノ　1931–）

Vangilder, Elam Russell
アメリカの大リーグ選手（投手）。
⇒メジャ（ヴァンギルダー, エラム　1896.4.23–1977.4.20）

Van Ginkel, Hans
オランダの地理学者, 教育者。

⇒外12（ファン・ヒンケル, ハンス　1940.6.22–）
外16（ファン・ヒンケル, ハンス　1940.6.22–）

Van Gogh, Theo
オランダの映画監督。
⇒岩世人（ファン・ホッホ（ゴッホ）　1957.7.23–2004.11.2）

Vang Pao
ラオスの軍人, 反政府勢力指導者。ラオス王国軍将軍。
⇒岩世人（ワン・パオ　1931–2011.1.6）
世指導（バン・パオ　1931–2011.1.6）

van Grunsven, Anky
オランダの馬術選手。
⇒外12（ファンフルンスフェン,アンキー　1968.1.2–）
外16（ファン・フルンスフェン,アンキー　1968.1.2–）
最世ス（ファン・フルンスフェン,アンキー　1968.1.2–）

van Gulik, Robert Hans
オランダの外交官, 中国学者。中国学でない角度から研究することに努力, 中国に題材を採った多くの探偵小説の作家としても知られている。
⇒岩世人（ファン・ヒューリック　1910.8.9–1967.9.24）

Van Halen, Edward
アメリカのロック・ギター奏者。
⇒外12（ヴァン・ヘイレン,エドワード　1957.1.26–）
外16（ヴァン・ヘイレン,エドワード　1957.1.26–）
ネーム（ヴァン・ヘイレン,エドワード　1955–）

Van Haltren, George Edward Martin
アメリカの大リーグ選手（外野, 投手）。
⇒メジャ（ヴァンハルトレン, ジョージ　1866.3.30–1945.9.29）

Vanhanen, Matti Taneli
フィンランドの政治家。フィンランド首相。
⇒外12（バンハネン, マッティ　1955.11.4–）
外16（バンハネン, マッティ　1955.11.4–）
世指導（バンハネン, マッティ　1955.11.4–）

Van Heusen, Jimmy
アメリカの作曲家。1944年ビング・クロスビー主演映画『わが道を往く』の主題歌『星にスイング』で同年度アカデミー主題歌賞受賞。
⇒エデ（ヴァン・ヒューゼン, ジミー　1913.1.26–1990.2.6）
標音2（ヴァン・ヒューゼン, ジミー　1913.1.26–1990.2.6）

Van Heutsz, Joannes Benedictus
オランダ領東インド（現インドネシア）の総督。在職1904～09。
⇒岩世人（ファン・ヒューツ　1851.2.3–1924.7.10）

van Hinte, R.S.
オランダ領東インド（現インドネシア）在住の女性平和運動家。
⇒日エ（ヴァン・ヒンテ ?–?）

Van Hise, Charles Richard
アメリカの地質学者、岩石学者。五大湖地方の先カンブリア紀変成岩の地質学的研究を行った（1883～）。
⇒岩世人（ヴァン・ハイス 1857.5.29–1918.11.19）

Van Houten, Samuel
オランダの政治家。
⇒岩世人（ファン・ハウテン 1837.2.17–1930.10.14）

van Hove, Leon Charles Prudent
ベルギーの物理学者。場の量子論、統計力学、固体論などに基本的な寄与がある。
⇒岩世人（ファン・ホーフェ 1924.2.10–1990.9.2）

Vanhoye, Albert
フランスのカトリック新約聖書学者、イエズス会員、司祭、枢機卿。
⇒新カト（ヴァノア 1923.7.24–）

Vanier, Jean
フランスの宗教家。
⇒岩世人（ヴァニエ 1928.9.10–）

van Immerseel, Jos
ベルギーのチェンバロ奏者、フォルテピアノ奏者、指揮者。
⇒新音中（ファン・インマゼール、ジョス 1945.11.9–）

Van Itallie, Jean-Claude
アメリカの劇作家。代表作『アメリカ万歳』（1966）、『蛇』（68）。
⇒現世文（バン・イタリー、ジャン・クロード 1936–）

van Leur, Jacob C.
オランダのインドネシア社会史研究者。
⇒岩世人（ファン・ルール 1908–1942.2）

Vanliere, Donna
アメリカの女優、脚本家、作家。
⇒海文新（ヴァンリアー、ドナ 1966–）
　現世文（バンリアー、ドナ 1966–）

Van Limburg Stirum, Johann Paul, Graaf
オランダ領東インド（現インドネシア）の総督。在職1916～21。
⇒岩世人（ファン・リンブルフ・スティルム 1873–1948）

Van Loon, Hendrik Willem
オランダ生まれのアメリカの歴史家、美術史家。主著『オランダ共和国の衰退』（1913）など。

⇒岩世人（ヴァン・ルーン 1882.1.14–1944.3.11）
　現世文（バン・ローン、ヘンドリック・ウィレム 1882.1.14–1944.3.11）

Van Maanen, Andriaan
オランダ生まれのアメリカの天文学者。
⇒天文辞（ファン・マーネン 1884–1946）
　天文大（ファンマーネン 1884–1946）

Van Marwijk, Bert
オランダのサッカー監督、サッカー選手。
⇒外12（ファン・マルヴァイク、ベルト 1952.5.19–）
　外16（ファン・マルヴァイク、ベルト 1952.5.19–）
　最世ス（ファン・マルヴァイク、ベルト 1952.5.19–）

Van Mierlo, Hans
オランダの政治家。オランダ副首相・外相。
⇒世指導（ファン・ミルロー、ハンス 1931.8.18–2010.3.11）

Van Miert, Karel
ベルギーの政治家。欧州連合（EU）欧州委員会委員、ベルギー下院議員。
⇒世指導（ファン・ミエルト、カレル 1942.1.17–2009.6.22）

van Mook, Hubertus Johannes
オランダ領東インド（現、インドネシア）の行政官。
⇒岩世人（ファン・モーク 1894.5.30–1965.5.10）

Vanni, Leilius
イタリアの社会学者。
⇒学叢思（ヴァンニ、レイリウス 1855–?）

Van Nistelrooij, Ruud
オランダのサッカー選手。
⇒外12（ファン・ニステルローイ、ルート 1976.7.1–）
　最世ス（ファン・ニステルローイ、ルート 1976.7.1–）

Vann Molyvann
カンボジアの建築家。
⇒外16（バン・モリバン 1926–）

Van Noten, Dries
ベルギーの服飾デザイナー。
⇒外16（ヴァン・ノッテン、ドリス 1958–）

Vanoni, Ornella
イタリアのポピュラー歌手。
⇒標音2（ヴァノーニ、オルネッラ 1935.5.2–）

Van Parys, Georges
フランスの映画音楽作曲家。
⇒標音2（ヴァン・パリス、ジョルジュ 1902.6.7–1972.1.28）

Van Persie, Robin
オランダのサッカー選手(フェネルバフチェ・FW)。
⇒外12(ファン・ペルシー, ロビン　1983.8.6–)
　外16(ファン・ペルシー, ロビン　1983.8.6–)
　最世ス(ファン・ペルシー, ロビン　1983.8.6–)

Van Rijsselberghe, Dorian
オランダのヨット選手(RSX級)。
⇒外16(ファンリエセルベルゲ, ドリアン　1988.11.24–)
　最世ス(ファン・リエセルベルゲ, ドリアン　1988.11.24–)

Van Rompuy, Herman
ベルギーの政治家。ベルギー首相, 欧州連合(EU)大統領。
⇒外12(ファン・ロンパウ, ヘルマン　1947.10.31–)
　外16(ファン・ロンパイ, ヘルマン　1947.10.31–)
　世指導(ファン・ロンパイ, ヘルマン　1947.10.31–)
　ポプ人(ファン・ロンパイ, ヘルマン　1947–)

Van Sant, Gus
アメリカ生まれの映画監督, 映画脚本家, 映画編集者, 映画製作者。
⇒映監(ヴァン・サント, ガス　1952.7.24–)
　外12(バン・サント, ガス　1952.7.24–)
　外16(バン・サント, ガス　1952.7.24–)

Van Schaick, Louis J.
アメリカの陸軍将校。
⇒アア歴(Van Schaick,Louis J.　ファン・シェイク, ルイス・J.　1875.7.1–1945.2.14)

Vansittart, Peter
イギリスの小説家, 歴史家。
⇒現世文(バンシッタート, ピーター　1920.8.27–2008.10.4)

Vansittart, *Sir* Robert Gilbert, 1st Baron V.of Denham
イギリスの外交官。第二次大戦直前には対枢軸宥和外交の立案に当り, またやくからナチスの危険を警告した。
⇒岩世人(ヴァンシタート　1881.6.25–1957.2.14)

Vanska, Osmo
フィンランドの指揮者。
⇒外12(ヴァンスカ, オスモ　1953–)
　外16(ヴァンスカ, オスモ　1953–)

Van Slyke, Andrew James
アメリカの大リーグ選手(外野)。
⇒メジャ(ヴァンスライク, アンディ　1960.12.21–)

Van Slyke, Donald Dexter
アメリカの生化学者。血液ガスの分析(ヴァン・スライク法)により著名。
⇒岩世人(ヴァンスライク　1883.3.29–1971.5.4)

Van Soest, Peter J.
アメリカの家畜栄養学者。
⇒岩世人(ヴァン・スースト　1929.6.30–)

Van Steenis, Cornelis Gijsbert Gerrit Jan
オランダの植物分類学者。
⇒岩生(ファン=ステーニス　1901–1986)
　岩世人(ファン・ステーニス　1901.10.31–1986.5.14)

Van Stein Callenfels, Pieter Vincent
オランダの考古学者。
⇒岩世人(ファン・ステイン・カレンフェルス　1883.9.4–1938.4.26)

Van Straaten, Harmen
オランダの挿絵画家。
⇒外12(ファン・ストラーテン, ハルメン　1961–)

Van Swearingen, Mantis James
アメリカの事業家。
⇒アメ経(バン・スエリンゲン兄弟　1881–1935.12.12)

Van Swearingen, Oris Paxton
アメリカの事業家。
⇒アメ経(バン・スエリンゲン兄弟　1879–1936.11.23)

Van't Hoff, Jacobus Henricus
オランダの化学者。化学熱力学の法則, 溶液の浸透圧の研究で1901年ノーベル化学賞受賞。
⇒岩世人(ファント・ホフ　1852.8.30–1911.3.1)
　オク地(ファントホッフ, ヤコブス・ヘンリクス　1852–1911)
　化学(ファン・ト・ホフ　1852–1911)
　学概思(ファント・ホフ, ヤコブス・ヘンリクス　1852–1911)
　広辞7(ファント・ホッフ　1852–1911)
　三新物(ファント=ホッフ　1852–1911)
　ネーム(ファント・ホフ　1852–1911)
　ノベ3(ファント・ホッフ,J.H.　1852.8.30–1911.3.1)

Van't Hoff, Robert
オランダの建築家。ロッテルダム派の最初からの主脳者。
⇒岩世人(ファント・ホフ　1887.11.5–1979.4.25)

Van Tichelen, Hendrik
ベルギーの児童文学家。
⇒絵本(ヴァン・ティヘレン, ヘンドリック　1883–1967)

Van Tieghem, Paul
フランスの比較文学者。比較文学の創始者。著書『比較文学』『近代ヨーロッパ・アメリカ文学史』。
⇒比文増(ヴァン・ティーゲム(ポール)　1871(明治4)–1948(昭和23))

Van Tieghem, Philippe Édouard

Léon
フランスの植物学者。細菌類,藍藻類などの研究で有名。
⇒岩生(ティガン 1839-1914)

Van Tien Dung
ベトナムの軍人,政治家。ベトナム人民軍大将,ベトナム国防相。
⇒岩世人(ヴァン・ティエン・ズン 1917.5.2-2002.3.17)

Vantin, Martin
西ドイツのテノール歌手。
⇒魅惑(Vantin,Martin 1919-)

Vantongerloo, Georges
ベルギーの彫刻家。
⇒芸13(ヴァントンゲルロー,ジョルジュ 1886-1955)

Vantrease, Brenda Rickman
アメリカの作家。
⇒海文新(ヴァントリーズ,ブレンダ・リックマン 1945-)

Vanunu, Mordechai
イスラエルの原子力エンジニア。イスラエルの核兵器情報を暴露し,その後異性による誘惑によって連れ戻された。
⇒スパイ(ヴァヌヌ,モルデカイ 1954-)

Van Vechten, Carl
アメリカの作家,批評家。〈ニューヨーク・プレス〉紙の劇評を担当(1913〜14)。
⇒アメ州(Van Vechten,Carl バン・ベクタン,カール 1880-1964)
岩世人(ヴァン・ヴェクテン 1880.6.17-1964.12.21)

Van Vleck, John Hasbrouck
アメリカの理論物理学者。
⇒岩世人(ヴァン・ヴレック 1899.3.13-1980.10.27)
ノベ3(バン・ブレック,J.H. 1899.3.13-1980.10.27)
物理(ヴァン・ヴレック,ジョン・ハスブルーク 1899-1980)

Van Vogt, A(lfred) E(lton)
カナダ生まれのSF作家。
⇒現世文(バン・ボクト,アルフレッド・エルトン 1912.4.26-2000.1.26)

van Vollenhoven, Cornelis
オランダの法学者。著書に『オランダ領東インドの慣習法』(1906〜33)。
⇒岩イ(ファン・フォレンホーフェン 1874-1933)
岩世人(ファン・フォレンホーフェン 1874.5.8-1933.4.29)

Van Vrooman, Richard
アメリカのテノール歌手。

⇒魅惑(Van Vrooman,Richard 1936-)

Van Wolferen, Karel G.
オランダのジャーナリスト,政治学者。
⇒岩世人(ファン・ウォルフェレン(ウォルフレン) 1941.4-)

Vanwyngarden, Andrew
アメリカのミュージシャン。
⇒外12(バンウィンガーデン,アンドルー)

Van Zeeland, Paul
ベルギーの政治家,経済学者。首相に就任(1935〜37)。戦後は外相としてヨーロッパ統合を推進。
⇒岩世人(ファン・ゼーラント 1893.11.11.-1973.9.22)

Vanzetti, Bartolomeo
イタリア生まれの無政府主義者。渡米し,サッコと共に強盗殺人事件の犯人に擬せられ,証拠不十分のまま処刑された(サッコ・ヴァンゼッティ事件,1920〜27)。
⇒岩世人(ヴァンゼッティ 1888.6.11-1927.8.23)
世人(ヴァンゼッティ 1888-1927)
世人装(ヴァンゼッティ 1888-1927)
ボブ人(バンゼッティ,バルトロメオ 1888-1927)

Vanzo, Alain
フランスのテノール歌手,作曲家。
⇒失声(ヴァンゾ,アラン 1928-2002)
失声(ヴァンゾ,アラン ?)
魅惑(Vanzo,Alain 1928-2002)

Vapcarov, Nikola Jonkov
ブルガリアの詩人。1942年反ファシズム運動のため捕えられ,銃殺された。
⇒現世文(ヴァプツァロフ,ニコラ 1909.11.24-1942.7.23)

Vapnyar, Lara
ロシア生まれ,アメリカ(ユダヤ系)の作家。
⇒外12(ヴァプニャール,ラーラ 1971-)
外16(ヴァプニャール,ラーラ 1971-)
海文新(ヴァプニャール,ラーラ 1971-)
現世文(ヴァプニャール,ラーラ 1971-)

Varadhan, Srinivasa S.R.
アメリカ(インド系)の数学者。
⇒外12(バラダン,スリニバーサ 1940.1.2-)
外16(バラダン,スリニバーサ 1940.1.2-)
世数(ヴァラダーン,サタマンガラン・ランガ・イェンガー・スリニヴァーサ 1940-)

Varadkar, Leo
アイルランドの政治家。アイルランド首相,統一アイルランド党党首。
⇒世指導(バラッカー,レオ 1979.1.18-)

Varady, Julia
ルーマニア,のちドイツのソプラノ歌手。
⇒新音中（ヴァラディ,ユリア　1941.9.1-）
　標音2（ヴァラディ,ユリア　1941.9.1-）

Varda, Agnès
ベルギー生まれの映画監督。
⇒岩世人（ヴァルダ　1928.5.30-）
　映監（ヴァルダ,アニエス　1928.5.30-）
　外12（ヴァルダ,アニエス　1928.5.30-）
　外16（ヴァルダ,アニエス　1928.5.30-）

Vardon, Harry
イギリスのゴルファー。
⇒岩世人（ヴァードン　1870.5.9-1937.3.20）

Varejão, Adriana
ブラジルの現代美術家,画家。
⇒外12（ヴァレジョン,アドレアナ　1964-）
　外16（ヴァレジョン,アドレアナ　1964-）

Varela, Cybéle
ブラジルの画家。
⇒芸13（ヴァレラ,シベレ　1943-）

Varela, Francisco
チリ生まれの生物学者。
⇒現社（ヴァレラ　1946-2001）

Varela, Héctor
アルゼンチンのタンゴ楽団指揮者,バンドネオン奏者。
⇒標音2（バレラ,エクトル　1914.1.19-1987.1.30）

Varela, Juan Carlos
パナマの政治家。パナマ大統領（2014～19）。
⇒外16（バレラ,フアン・カルロス　1963.12.12-）
　世指導（バレラ,フアン・カルロス　1963.12.12-）

Varèse, Edgard
フランス生まれのアメリカの作曲家。電子音楽を最初に手がけた一人。作品に『ポエム・エレクトロニクス』（1958）。
⇒岩世人（ヴァレーズ　1885.12.22-1965.11.6）
　エデ（ヴァレーズ,エドガール（ヴィクトール・アシル・シャルル）　1883.12.22-1965.11.6）
　ク音3（ヴァレーズ　1883-1965）
　現音キ（ヴァレーズ,エドガー　1885-1965）
　広辞7（ヴァレーズ　1883-1965）
　新音小（ヴァレーズ,エドガー　1883-1965）
　新音中（ヴァレーズ,エドガー　1883.12.22-1965.11.6）
　ネーム（ヴァレーズ　1885-1965）
　標音2（ヴァレーズ,エドガー　1883.12.22-1965.11.6）

Varga, Evgenii Samoilovich
ハンガリー生まれのソ連の経済学者。
⇒岩世人（ヴァルガ　1879-1964.10.8）
　広辞7（ヴァルガ　1879-1964）
　有経5（ヴァルガ　1879-1964）

Vargas, Fred
フランスの作家。
⇒岩世人（ヴァルガス　1957.6.7-）
　外12（ヴァルガス,フレッド）
　外16（ヴァルガス,フレッド）
　現世文（ヴァルガス,フレッド　1957.6.7-）

Vargas, Getúlio Dornelles
ブラジルの政治家。1937年,新体制（エスタード・ノーボ）と称する全体主義的憲法を発布し,独裁政権を樹立した。
⇒岩世人（ヴァルガス　1883.4.19-1954.8.24）
　広辞7（ヴァルガス　1882-1954）
　国政（ヴァルガス　1883-1954）
　世史改（ヴァルガス　1883-1954）
　世人新（ヴァルガス　1883-1954）
　世人装（ヴァルガス　1883-1954）
　ネーム（ヴァルガス　1883-1954）
　ポプ人（バルガス,ジェトゥリオ　1883-1954）
　ラテ新（バルガス　1883-1954）

Vargas, Jason Matthew
アメリカの大リーグ選手（マリナーズ・投手）。
⇒外12（バルガス,ジェイソン　1983.2.2-）

Vargas, Jorge Bartolome
フィリピンの政治家,法律家。
⇒岩世人（バルガス　1890.8.24-1980.2.23/22）

Vargas, Mario
ボリビアの画家。
⇒芸13（ヴァルガス,マリオ　1928-）

Vargas, Ramon
メキシコのテノール歌手。
⇒外12（ヴァルガス,ラモン　1960-）
　失声（ヴァルガス,ラモン　1960-）
　魅惑（Vargas,Ramón　1960-）

Vargas, Wilfrido
ドミニカ共和国出身のメレンゲのトランペット奏者,歌手,プロデューサー。
⇒標音2（バルガス,ウィルフリード　1940年代後半?-）

Vargas Llosa, Mario
ペルーの小説家。『町と犬たち』（1963）でスペインのビブリオテカ・ブレーベ賞を獲得。
⇒岩キ（バルガス・リョサ　1936-）
　岩世人（バルガス・リョサ　1936.3.28-）
　外12（バルガス・リョサ,マリオ　1936.3.28-）
　外16（バルガス・リョサ,マリオ　1936.3.28-）
　現世文（バルガス・リョサ,マリオ　1936.3.28-）
　広辞7（バルガス・リョサ　1936-）
　ネーム（バルガス・リョサ　1936-）
　ノベ3（バルガス・リョサ,M.　1936.3.28-）
　ラテ新（バルガス・リョサ　1936-）

Vargö, Lars
スウェーデンの外交官。1978年スウェーデン大使館三等書記官を経て,80年二等書記官となる。

⇒外12（ヴァリエー, ラーシュ 1947-）
外16（ヴァリエー, ラーシュ 1947-）
Varian, Russel Harrison
アメリカの物理学者, 電気技術者。全く新しい型の極超短波発振管クライストロンを考案。
⇒岩世人（ヴァリアン 1898.4.24-1959.7.28）
Varisco, Bernardino
イタリアの哲学者。実証主義の立場から心身の連関を説いた。
⇒岩世人（ヴァリスコ 1850.4.20-1933.10.21）
新カト（ヴァリスコ 1850.4.20-1933.10.21）
Varitek, Jason
アメリカの大リーグ選手（捕手）。
⇒外12（バリテック, ジェーソン 1972.4.11-）
外16（バリテック, ジェーソン 1972.4.11-）
最世ス（バリテック, ジェーソン 1972.4.11-）
メジャ（ヴァリテック, ジェイソン 1972.4.11-）
Varley, John
アメリカのSF作家。
⇒外16（バーリー, ジョン 1947-）
現世文（バーリー, ジョン 1947-）
Varley, John Silvester
イギリスの銀行家。
⇒外12（バーリー, ジョン 1956.4.1-）
外16（バーリー, ジョン 1956.4.1-）
Varley, Nick
イギリスの戦略コンサルタント。
⇒外16（バーリー, ニック 1967-）
Varley, Susan
イギリスのイラストレーター。
⇒外16（バーリー, スーザン 1961-）
Varmā, Bhagvatīcharan
インドのヒンディー語の小説家。目撃者の態度をもち続け, 都市生活者の叙事詩, 大河小説『曲りくねった道』(1946),『忘れ去られた絵』(59)を書く。
⇒現世文（ヴァルマー, バグワティーチャラン 1903.8.30-1981.10.5）
Varmā, Dhīrendra
インドのヒンディー語学・文学研究者。『ヒンディー語の歴史』(1933)等多くの著作がある。
⇒岩世人（ヴァルマー 1897.5.17-1973.4.23）
Varmā, Mahādevī
インド, ヒンディー語の女性詩人。女子専門学校校長。ロマンチシズム文学運動の代表的詩人。
⇒現世文（ヴァルマー, マハーデーヴィー 1907-1987）
Varmā, Rājā Ravi
インドの画家。
⇒岩世人（ヴァルマー 1848.4.29-1906.10.2）

南ア新（ヴァルマー 1848-1906）
Varma, Ram Gopal
インドの映画監督。「ボリウッド」の立て役者となった革新的なヒンディー語映画の監督。
⇒映監（ヴァルマー, ラーム・ゴーパール 1962.4.7-）
Varmus, Harold Eliot
アメリカの微生物学者。1989年ノーベル生理学医学賞。
⇒岩生（ヴァーマス 1939-）
外12（バーマス, ハロルド・エリオット 1939.12.18-）
外16（バーマス, ハロルド・エリオット 1939.12.18-）
ノベ3（バーマス, H.E. 1939.12.18-）
ユ著人（Varmus, Harold Eliot バーマス, ハロルド・エリオット 1939-）
Várnay, Astrid
スウェーデン, のちアメリカのソプラノ歌手。
⇒新音中（ヴァルナイ, アストリッド 1918.4.25-）
標音2（ヴァルナイ, アストリッド 1918.4.25-）
Varner, Jacob Stephen
アメリカのレスリング選手（フリースタイル）。
⇒外16（バーナー, ジェーコブスティーブン 1986.3.24-）
最世ス（バーナー, ジェーコブ・スティーブン 1986.3.24-）
Varney, Jim
アメリカ生まれの俳優。
⇒ク俳（ヴァーニー, ジム 1949-2000）
Varo, Remedios
スペインの画家。
⇒岩世人（バロ 1908.12.16-1966.10.8）
Varoufakis, Yanis
ギリシャの政治家, 経済学者。
⇒外12（バルファキス, ヤニス 1961.3.24-）
世指導（バルファキス, ヤニス 1961.3.24-）
Varricchio, Eda
トルコ生まれのイタリアの洋画家, 版画家。
⇒外12（ヴァリッキオ, イーダ 1923.3.24-）
外16（ヴァリッキオ, イーダ 1923.3.24-）
芸13（ヴァリッキオ, イーダ 1923-）
Varsi, Diane
アメリカ生まれの女優。
⇒ク俳（ヴァーシ, ダイアン 1937-1992）
Vartan, Sylvie
ブルガリア生まれの女優。
⇒外12（ヴァルタン, シルヴィ 1944.8.15-）
外16（ヴァルタン, シルヴィ 1944.8.15-）
標音2（ヴァルタン, シルヴィ 1944.8.15-）

Varviso, Silvio
スイスの指揮者。
⇒新音中（ヴァルヴィーゾ, シルヴィオ 1924.2.26-）
標音2（ヴァルヴィーゾ, シルヴィオ 1924.2.26-）

Vas, Francisco
テノール歌手。
⇒魅惑（Vas,Francisco ?-）

Vasarely, Victor
フランスの造形家。1960年代の動く芸術（キネティック・アート）、都市環境に働きかける芸術の動向に大きな影響を与えた。
⇒岩世人（ヴァザレリ 1908-1997.3.15）
芸13（ヴァザルリー, ヴィクトル 1908-1997）
ネーム（ヴァザルリ 1906-1997）

Vásáry, Tamás
ハンガリー, のちスイスのピアノ奏者, 指揮者。
⇒標音2（ヴァーシャーリ, タマーシュ 1933.8.11-）

Vascio, Giuseppe
アメリカ空軍の写真技師。
⇒スパイ（ヴァシオ, ジュゼッペ）

Vasconcellos, Caroline
ポルトガルの人文学者。
⇒岩世人（ヴァスコンセロス 1851.3.15-1925.10.22）

Vasconcellos, Joaquim Antônio da Fonseca e
ポルトガルの美術史家, 音楽批評家。主著"Reforma do ensino de bellas artes"（3巻,1877～79）。
⇒岩世人（ヴァスコンセロス 1849.2.10-1936.3.2）

Vasconcellos, José
メキシコの教育家。文相（1920～25）として教育の普及につとめ, 文盲の減少に努力した。
⇒岩世人（バスコンセロス 1882.2.28-1959.6.30）
ラテ新（バスコンセロス 1881-1959）

Vasconcellos, José Leite de
ポルトガルの言語学者, 民族学者。主著に『ルジタニアの宗教』(1897,1905,13)『ポルトガルの民族学』(33,36,42) など。
⇒岩世人（ヴァスコンセロス 1858.7.7-1941.5.17）

Vasella, Daniel
スイスの実業家, 医師。
⇒外12（ヴァセラ, ダニエル 1953-）
外16（ヴァセラ, ダニエル 1953.8.15-）

Vasile, Radu
ルーマニアの政治家。ルーマニア首相。
⇒世指導（ヴァシレ, ラドゥ 1942.10.10-2013.7.3）

Vasilenko, Sergey Nikiforovich
ロシアの作曲家。
⇒新音中（ヴァシレンコ, セルゲイ 1872.3.30-1956.3.11）
標音2（ヴァシレンコ, セルゲイ・ニキフォロヴィチ 1872.3.30-1956.3.11）

Vasilevskaya, Vanda L'vovna
ソ連の女性作家, 社会活動家。ソ連、ポーランドの農民や労働者の解放闘争に取材した多くの作品がある。
⇒現世文（ワシレフスカヤ, ワンダ 1905.1.21-1964.7.29）
ネーム（ワシレフスカヤ 1905-1964）

Vasilevskiy, Aleksandr Mikhaylovich
ソ連の軍人, 元帥。第二次大戦中は最高司令部を代表してスターリングラード戦線他の解放作戦を指導。
⇒岩世人（ヴァシレフスキー 1895.9.17/30-1977.12.5）

Vasiliev, Ivan
ロシアのバレエダンサー。
⇒外12（ワシーリエフ, イワン 1989-）
外16（ワシーリエフ, イワン 1989-）

Vasiliev, Nikolai
ロシアのテノール歌手。
⇒魅惑（Vasiliev,Nikolai ?-）

Vasiliev, Vladimir
ロシアのダンサー, 振付家, バレエ団監督。
⇒外12（ワシーリエフ, ウラジーミル 1940.4.18-）
外16（ワシーリエフ, ウラジーミル 1940.4.18-）

Vasiliev, Vladimir
ロシアのテノール歌手。
⇒魅惑（Vasiliev,Vladimir ?-）

Vasiliev, Yuri
ソ連・モスクワ生まれの画家, 彫刻家。
⇒芸13（ヴァシーリエフ, ユリ 1925-）

Vasilyev, Vladimir Mikhailovich
ソビエト軍の情報機関（GRU）の士官。
⇒スパイ（ワシリエフ, ウラジーミル・ミハイロヴィチ ?-1987）

Vasks, Pēteris
ラトビアの作曲家。
⇒ク音3（ヴァスクス 1946-）
新音中（ヴァスクス, ペーテリス 1946.4.16-）

Vasmer, Max Johann Friedrich
ロシア生まれのドイツの言語学者, スラブ語学者。
⇒岩世人（ファスマー 1886.2.16/28-1962.11.30）

Vasnetsov, Jurij Alekseevich
ロシアのイラストレーター。
⇒絵本（ワスネツォフ, ユーリー 1900-1973）

Vasnetsov, Viktor Mikhailovich
ロシアの画家。代表作はキエフのウラジーミル聖堂のフレスコ壁画。
⇒岩世人（ヴァスネツォーフ　1848.5.3/15–1926.7.23）
絵本（ワスネツォフ, ヴィクトル　1848–1926）

Vásquez, Juan Gabriel
コロンビアの作家。
⇒海文新（バスケス, フアン・ガブリエル　1973–）
現代文（バスケス, フアン・ガブリエル　1973–）

Vassall, William John
イギリス海軍省事務官。ソ連のスパイ。
⇒スパイ（ヴァッサール, ウィリアム・ジョン　1924–1996）

Vassalli, Sebastiano
イタリアの小説家。
⇒岩世人（ヴァッサッリ　1941.10.25–）

Vassili, Amaury
フランスのテノール歌手。
⇒外16（ヴァッシーリ, アモリ　1989–）

Vassilika, Eleni
アメリカ生まれのトリノ・エジプト博物館館長。
⇒外12（バシリカ, エレーニ）

Vassiliou, Georgios
キプロスの政治家、実業家。キプロス大統領（1988～93）。
⇒世指導（バシリウ, ゲオルギオス　1931.5.21–）

Vastic, Ivica
オーストリアのサッカー選手（リンツ・FW）。
⇒外12（ヴァスティッチ, イヴィカ　1969.4.29–）

Vatanen, Ari Pieti Uolevi
フィンランドのラリードライバー。
⇒外12（バタネン, アリ　1952.4.27–）
外16（バタネン, アリ　1952.4.27–）

Väth, Alfons
ドイツ・ヴェルバッハハウゼン生まれの宣教史研究家、イエズス会会員。
⇒新カト（フェート　1874.3.15–1937.5.12）

Vatter, William Joseph
アメリカの会計学者。
⇒岩経（ヴァッター　1905–1990）

Vattimo, Gianni
イタリアの哲学者。
⇒メル別（ヴァッティモ, ジャンニ　1936–）

Vaucare, Cora
フランスの女性シャンソン歌手。詩人プレベールの作品を歌って、三度ディスク大賞受賞。
⇒標音2（ヴォケール, コラ　1921–）

Vauchez, Emmanuel
フランスの教育者。
⇒19仏（ヴォーシェ, エマニュエル　1836–1926）

Vaugh, Mason
アメリカの農業技術者。
⇒アア歴（Vaugh,Mason　ヴォー, メイスン　1894.6.27–1978）

Vaughan, Joseph Floyd（Arky）
アメリカの大リーグ選手（遊撃, 三塁）。
⇒メジャ（ヴォーン, アーキー　1912.3.9–1952.8.30）

Vaughan, Rupert Falkland
英領マラヤ生まれのエスペランティスト。Babcock Wilcox社駐在員。材木会社勤務、ゴム農園経営。
⇒日エ（ヴォーン　1878.7.5–1958.11.7）

Vaughan, Sarah Lois
アメリカの女性ジャズ歌手。
⇒岩世人（ヴォーン　1924.3.27–1990.4.3）
新音中（ヴォーン, サラ　1924.3.27–1990.4.3）
標音2（ヴォーン, サラ　1924.3.27–1990.4.3）

Vaughan, Thomas Wayland
アメリカの海洋地質学者。化石珊瑚の研究があり, 政治的手腕に富み国際的学術協調に努力した。
⇒岩世人（ヴォーン　1870.9.20–1952.1.16）

Vaughan Williams, Ralph
イギリスの作曲家。1903年頃からイギリス民謡の収集を始め、大きな影響を受けた。
⇒岩世人（ヴォーン・ウィリアムズ　1872.10.12–1958.8.26）
エデ（ヴォーン・ウィリアムズ, レイフ　1872.10.12–1958.8.26）
オク教（ヴォーン・ウィリアムズ　1872–1958）
オペラ（ヴォーン＝ウィリアムズ, レイフ　1872–1958）
ク3（ヴォーン・ウィリアムズ　1872–1958）
新音小（ヴォーン・ウィリアムズ, レイフ　1872–1958）
新音中（ヴォーン・ウィリアムズ, レイフ　1872.10.12–1958.8.26）
ビ曲改（ヴォーン・ウィリアムズ, ラルフ　1872–1958）
標音2（ヴォーン・ウィリアムズ, レイフ　1872.10.12–1958.8.26）

Vaughn, Billy
アメリカのポピュラー楽団指揮者、編曲者。『愛のメロディ』(1955), 『浪路はるかに』(58)ほか多くのヒット曲を生み出した。
⇒標音2（ヴォーン, ビリー　1919.4.12–1991.9.26）

Vaughn, Gregory Lamont
アメリカの大リーグ選手（外野）。
⇒メジャ（ヴォーン, グレッグ　1965.7.3–）

Vaughn, Harriet Parker
アメリカの医療宣教師。
⇒アア歴 (Vaughn,Harriet Parker ヴォーン, ハリエット・パーカー 1867.7.29–1953.2.27)

Vaughn, Ivan
イギリスの男性。ジョン・レノンとポール・マッカートニーの幼友だち。1956年6月15日二人を引き合わせた。
⇒ビト改 (VAUGHN,IVAN ヴォーン, アイヴァン)

Vaughn, James Leslie (Hippo)
アメリカの大リーグ選手(投手)。
⇒メジャ (ヴォーン, ヒッポ 1888.4.9–1966.5.29)

Vaughn, Matthew
イギリスの映画監督, 映画プロデューサー。
⇒外12 (ボーン, マシュー 1971–)

Vaughn, Maurice Samuel (Mo)
アメリカの大リーグ選手(一塁)。
⇒メジャ (ヴォーン, モー 1967.12.15–)

Vaughn, Miles W.
アメリカの新聞記者。日本に関する報道活動を記念して〈ボーン賞〉が設定され, 毎年新聞に功労のあった日本人記者に授与されている。
⇒アア歴 (Vaughn,Miles W (alter) ヴォーン, マイルズ・ウォルター 1891–1949.1.30)
岩世人 (ヴォーン 1892–1949.1.30)

Vaughn, Robert
アメリカ生まれの俳優。
⇒ク俳 (ヴォーン, ロバート 1932–)

Vaughn, Vince
アメリカの男優。
⇒ク俳 (ヴォーン, ヴィンス 1970–)

Vaultier, Pierre
フランスのスノーボード選手。
⇒外16 (ボルティエ, ピエール 1987.6.24–)
最世ス (ボルティエ, ピエール 1987.6.24–)

Vaupshasov, S.A.
ソ連のインテリジェンス・オフィサー。1920年から24年にかけ, 反ソ連派のポーランド人によるベラルーシの地下活動に関わった。
⇒スパイ (ヴァウプシャソフ,S・A 1899–1976)

Vauthier, Jean
ベルギーのフランス語劇作家。
⇒現世文 (ヴォーチェ, ジャン 1910.9.20–1992.5.5)

Vautrin, Jean
フランスのミステリ作家。
⇒現世文 (ヴォートラン, ジャン 1933.5.17–2015.6.16)

Vautrin, Minnie
アメリカの宣教師。
⇒アア歴 (Vautrin,Minnie ヴォートリン, ミニー 1886.9.27–1941.5.24)

Vaux, Roland de
フランスのカトリック聖書学・歴史学・考古学の巨人。
⇒新カト (ヴォー 1903.12.17–1971.9.10)

Vauxcelles, Louis
フランスの美術批評家。
⇒岩世人 (ヴォークセル 1870.1.1–1943)

Vavilov, Nikolai Ivanovich
ソ連の農学者, 作物地理学者, 作物学者。禾本科の作物の収量と外部の諸悪条件に対する抵抗力を増大するために, 育種と遺伝学とを研究。
⇒岩生 (ヴァヴィロフ 1887–1943)
岩世人 (ヴァヴィーロフ 1887.11.13/25–1943.1.26)
現科大 (ヴァヴィロフ兄弟 1887–1943)

Vavilov, Sergei Ivanovich
ソ連の物理学者。物理光学, とくに溶液の蛍光現象に関する研究が多い。
⇒岩世人 (ヴァヴィーロフ 1891.3.12/24–1951.1.25)
現科大 (ヴァヴィロフ兄弟 1891–1951)

Väyrynen, Paavo Matti
フィンランドの政治家。フィンランド副首相, 外相, フィンランド中央党党首。
⇒世指導 (ベユリュネン, パーヴォ 1946.9.2–)

Vaz, José Mário
ギニアビサウの政治家。ギニアビサウ大統領 (2014〜)。
⇒外16 (バズ, ジョゼ・マリオ 1957.12.10–)
世指導 (バズ, ジョゼ・マリオ 1957.12.10–)

Vaziev, Makharbek
ロシアのダンサー, バレエ団監督。
⇒外12 (ワジーエフ, マハールベク 1961.6.16–)
外16 (ワジーエフ, マハールベク 1961.6.16–)

Vazov, Ivan Minchev
ブルガリアの小説家, 民族詩人, 劇作家。『くびきの下で』(1889〜90) の著者。
⇒岩世人 (ヴァーゾフ 1850.6.27/7.9–1921.9.22)
広辞7 (ヴァゾフ 1850–1921)

Vazquez, Israel
メキシコのプロボクサー。
⇒異二辞 (バスケス[イスラエル・〜] 1977–)
最世ス (バスケス, イスラエル 1977.12.25–)

Vazquez, Javier Carlos
プエルト・リコの大リーグ選手(投手)。
⇒メジャ (バスケス, ハビエル 1976.7.25–)

Vázquez, Tabaré
ウルグアイの政治家, 医師。ウルグアイ大統領 (2005～10,15～)。
⇒岩世人（バスケス　1940.1.17–）
　外12（バスケス, タバレ　1940.1.17–）
　外16（ヴァスケス, タバレ　1940.1.17–）
　世指導（ヴァスケス, タバレ　1940.1.17–）

Vázquez Montalbán, Manuel
スペインの小説家, 詩人, ジャーナリスト。
⇒現世文（バスケス・モンタルバン, マヌエル　1939–2003.10.18）

Vázquez Raña, Mario
メキシコの国内（地域）オリンピック委員会連合（ANOC）会長。
⇒岩世人（バスケス・ラーニャ　1932.6.7–）

Vázsonyi, Vilmos
ハンガリーの法律家, 政治家。ユダヤ人として初のハンガリーの法務大臣。
⇒ユ著人（Vázsonyi,Vilmos　ヴァージョニ, ヴィルモシュ　1868–1926）

Vchetitch, Evgeni Victrovitch
ロシアの彫刻家。
⇒芸13（ヴチェティーチ, エフゲニー・ヴィクトローヴィッチ　1908–1977）

Veach, Robert Hayes
アメリカの大リーグ選手（外野）。
⇒メジャ（ヴィーチ, ボビー　1888.6.29–1945.8.7）

Veale, Robert Andrew
アメリカの大リーグ選手（投手）。
⇒メジャ（ヴィール, ボブ　1935.10.28–）

Veasey, Josephine
イギリスのメゾ・ソプラノ歌手。
⇒標音2（ヴィージー, ジョゼフィーン　1930.7.10–）

Veber, Francis
フランスの映画監督, 脚本家。
⇒映監（ヴェベール, フランシス　1937.7.28–）
　外12（ヴェベール, フランシス　1937.7.28–）

Veber, Karl Ivanovich
ロシアの外交官。朝鮮名は韋貝。
⇒岩世人（ヴェーバー（ヴェーベル）　1841.6.5–1910.1.8）

Veblen, Oswald
アメリカの数学者。位相幾何学の研究が重要。
⇒岩世人（ヴェブレン　1880.6.24–1960.8.10）
　数辞（ヴェブレン, オズワルド　1880–1960）
　世数（ヴェブレン, オズワルド　1880–1960）

Veblen, Thorstein Bunde
アメリカの経済学者, 社会学者。制度学派経済学の創始者。
⇒アメ経（ベブレン, ソースタイン　1857.7.30–1929.8.3）
　アメ州（Veblen,Thorstein Bunde　ベブレン, ソースタイン・ブンド　1857–1929）
　アメ新（ベブレン　1857–1929）
　岩経（ヴェブレン　1857–1929）
　岩世人（ヴェブレン　1857.7.30–1929.8.3）
　学叢思（ヴェブレン, ティービー）
　現社（ヴェブレン　1857–1929）
　広辞7（ヴェブレン　1857–1929）
　社小増（ヴェブレン　1857–1929）
　新カト（ヴェブレン　1857.7.30–1929.8.3）
　哲中（ヴェブレン　1857–1929）
　有経5（ヴェブレン　1857–1929）

Vedder, Edward Bright
アメリカの栄養学者。
⇒アア歴（Vedder,Edward B (right)　ヴェダー, エドワード・ブライト　1878.6.28–1952.1.30）

Vedel, Georges
フランスの公法学者。
⇒岩世人（ヴデル　1910.7.5–2002.2.21）

Vedernikov, Anatoly
ロシアのピアノ奏者。
⇒新音中（ウェデルニコフ, アナトーリ　1920.5.3–1993.7.29）

Vedova, Emilio
イタリア生まれの画家。
⇒芸13（ヴェードヴァ, エミリオ　1919–）

Védrine, Hubert
フランスの政治家。フランス外相。
⇒外12（ベドリヌ, ユベール　1947.7.31–）
　外16（ベドリヌ, ユベール　1947.7.31–）
　世指導（ベドリヌ, ユベール　1947.7.31–）

Vee, Bobby
アメリカ, ノース・ダコタ州生まれの歌手。
⇒ロック（Vee,Bobby　ヴィー, ボビー　1943.4.30–）

Veeck, Bill
アメリカのプロ野球のオーナー。
⇒岩世人（ヴェック　1914.2.9–1986.1.2）

Veeck, William L., Jr.
アメリカの大リーグの名物オーナー。
⇒メジャ（ヴェック, ビル　1914.2.9–1986.1.2）

Veelen, Mirjam van
オランダの映画監督。
⇒外12（フェイレン, ミリアム・ファン）

Veenhoven, Ruut
オランダの社会学者。
⇒外12（ヴィーンホヴェン, ルート）
　外16（ヴィーンホヴェン, ルート）

Veeraphol Nakornluang-Promotion
タイのプロボクサー。

⇒外12（ウィラポン・ナコンルアン・プロモーション 1968.11.16–）
最世ス（ウィラポン・ナコンルアン・プロモーション 1968.11.16–）

Veerpalu, Andrus
エストニアのスキー選手（距離）。
⇒外12（ヴェールパル，アンドルス 1971.2.8–）
最世ス（ヴェールパル，アンドルス 1971.2.8–）

Vega, Carlos
アルゼンチンの音楽学者。
⇒標音2（ベガ，カルロス 1898.4.14–1966.2.10）

Vega, Danilo
テノール歌手。
⇒魅惑（Vega,Danilo ?–）

Vega, Suzanne
アメリカの女性シンガー・ソングライター。
⇒外12（ベガ，スザンヌ 1960–）

Veidt, Conrad
ドイツの俳優。『カサブランカ』（1943）などに出演。ナチス政権を逃れてイギリスに帰化。
⇒岩世人（ファイト 1893.1.22–1943.4.3）
ク俳（ファイト，コンラート（ヴァイト，ハンス・コンラート） 1893–1943）
ユ著人（Veidt,Conrad ファイト，コンラート 1893–1943）

Veil, Simone
フランスの政治家，法律家。フランス社会問題厚生都市問題相。
⇒岩世人（ヴェイユ 1927.7.13–）
外12（ヴェイユ，シモーヌ 1927.7.13–）
外16（ヴェイユ，シモーヌ 1927.7.13–）
ユ著人（Veil,Simone ベイユ，シモーヌ 1927–）

Veimarn, Pyotr Petrovich
ロシアの化学者。1921年来日し，大阪工業試験所コロイド化学研究室を指導。コロイド化学の権威者。
⇒岩世人（ヴェイマルン 1879.7.18–1935.6.2）

Veit, Willibald
ドイツのベルリン国立博物館アジア美術館館長。
⇒外12（ファイト，ウィリバルト 1944–）

Vejjajiva, Jane
イギリス生まれのタイの作家，翻訳家。
⇒海文新（ベヤジバ，ジェーン 1963–）
現世文（ベヤジバ，ジェーン 1963–）

Vējonis, Raimonds
ラトビアの政治家。ラトビア大統領（2015～19）。
⇒外16（ヴェーヨニス，ライモンツ 1966.6.15–）
世指導（ヴェーヨニス，ライモンツ 1966.6.15–）

Veksler, Vladimir
ソ連の物理学者。
⇒ユ著人（Veksler,Vladimir ベクスラー，ウラジミール 1907–1966）

Vela, Carlos
メキシコのサッカー選手（レアル・ソシエダ・FW）。
⇒最世ス（ベラ，カルロス 1989.3.1–）

Velarde, Mariano
フィリピンの宗教家。
⇒岩世人（ベラルデ 1939.8.20–）

Velarde, Randy Lee
アメリカの大リーグ選手（二塁，三塁，遊撃）。
⇒メジャ（ヴェラーディ，ランディ 1962.11.24–）

Velasco, José María
メキシコの風景画家。パリの展覧会（1889）では第1位を得た。
⇒岩世人（ベラスコ 1840.7.6–1912.8.27）
ラテ新（ベラスコ 1840–1912）

Velasco Alvarado, Juan
ペルーの軍人，政治家。大統領（1968～75）。
⇒岩世人（ベラスコ 1910.6.16–1977.12.24）
ラテ新（ベラスコ 1910–1977）

Velasco Ibarra, José María
エクアドルの政治家，法律家。1934～72年に5回大統領。
⇒岩世人（ベラスコ・イバラ 1893.3.19–1979.3.30）
ラテ新（ベラスコ・イバラ 1893–1979）

Velásquez, Consuelo
メキシコのピアノ奏者，作詞家，作曲家。
⇒岩世人（ベラスケス 1916.8.21–2005.1.22）
標音2（ベラスケス，コンスエロ 1920.8.29–2005.1.22）

Velayati, Ali Akbar
イランの政治家。イラン外相。
⇒世指導（ベラヤチ，アリ・アクバル 1945–）

Veldhuis, Marleen
オランダの水泳選手（自由形）。
⇒最世ス（フェルトハイス，マルリーン 1979.6.29–）

Veldkamp, Bart
ベルギーのスピードスケート選手。
⇒外12（フェルトカンプ，バート 1967.11.22–）

Velez, Higinio
キューバの野球監督。
⇒外12（ベレス，イヘニオ 1946.7.27–）

Velez, Lupe
メキシコ生まれの女優。
⇒ク俳（ヴェレス，ルーペ（ヴィラロボス，グァデルーペ・V・デ） 1908–1944）
スター（ヴェレス，ルーペ 1908.7.18–1944）

Velikhov, Evgenii Pavlovich
ソ連の物理学者。ソ連邦科学アカデミー副総裁，ソ連邦科学アカデミー会員，民族会議エネルギー産業委員長。
⇒外12（ヴェリホフ，エフゲニー　1935.2.2–）
　外16（ヴェリホフ，エフゲニー　1935.2.2–）

Velis, Andrea
アメリカのテノール歌手。
⇒魅惑（Velis,Andrea　1927–1994）

Vellones, Pierre
フランスの作曲家。
⇒ク音3（ヴェローヌ　1889–1939）

Vélocio
フランスの自転車開発者，雑誌編集者。
⇒異二辞（ヴェロシオ　1853–1930）

Veloso, Caetano
ブラジルの歌手，ソングライター，プロデューサー。
⇒岩世人（ヴェローゾ　1942.8.7–）
　新音中（ヴェローゾ，カエターノ　1942.8.7–）
　標音2（ヴェローゾ，カエターノ　1942.8.7–）

Veloso, Miguel
ポルトガルのサッカー選手（ディナモ・キエフ・MF）。
⇒外12（ヴェローゾ，ミゲウ　1986.5.11–）
　外16（ヴェローゾ，ミゲウ　1986.5.11–）
　最世ス（ヴェローゾ，ミゲウ　1986.5.11–）

Velouhiotis, Aris
ギリシア解放運動の指導者。
⇒岩世人（ヴェルヒオティス　1905.8.27–1945.6.16）

Velthuijs, Max
オランダのイラストレーター。
⇒絵本（ベルジュイス，マックス　1923–2005）

Veltman, Martinus
オランダの物理学者。1999年ノーベル物理学賞。
⇒外12（フェルトマン，マルティヌス　1931.6.28–）
　外16（フェルトマン，マルティヌス　1931.6.28–）
　ネーム（フェルトマン　1931–）
　ノベ3（フェルトマン,M.J.G.　1931.6.27–）

Veltroni, Walter
イタリアの政治家。イタリア副首相，文化相，ローマ市長。
⇒外12（ヴェルトローニ，ヴァルター　1955.7.3–）
　外16（ベルトローニ，ワルテル　1955.7.3–）
　世指導（ベルトローニ，ワルテル　1955.7.3–）

Venable, Evelyn
アメリカの女優。
⇒ク俳（ヴェナブル，イーヴリン　1913–1993）

Venables, Ernest Kendrick
イギリスのエスペランティスト。高岡高商英語教師。
⇒日エ（ヴェナブルズ　1890.10.31–1975）

Venard, Claude
フランスの画家。
⇒芸13（ヴェナール，クロード　1913–1982）

Vendittelli, Giuseppe
イタリアのテノール歌手。
⇒失声（ヴェンディテッリ，ジュゼッペ　1942–）

Vendryes, Joseph
フランスの言語学者。インド＝ヨーロッパ語族について研究。
⇒岩世人（ヴァンドリエス　1875.1.13–1960.1.30）

Venediktov, Anatoly Vasilevich
ソ連の民法学者。
⇒岩世人（ヴェネジークトフ　1887.6.18/30–1959.8.9）

Veneman, Ann
アメリカの政治家，法律家。米国農務長官，ユニセフ事務局長。
⇒外12（ベネマン，アン　1949.6.29–）
　外16（ベネマン，アン　1949.6.29–）
　世指導（ベネマン，アン　1949.6.29–）

Venet, Nik
アメリカ・ロサンゼルスのレコードプロデューサー。
⇒ロック（Venet,Nik　ヴェネット，ニック）

Venetiaan, Runaldo Ronald
スリナムの政治家。スリナム大統領（1991〜96，2000〜10）。
⇒外12（フェネティアン，ルナルド・ロナルド　1936.6.18–）
　外16（フェネティアン，ルナルド・ロナルド　1936.6.18–）
　世指導（フェネティアン，ルナルド・ロナルド　1936.6.18–）

Veneziani, Vittore
イタリアの合唱指揮者。
⇒オペラ（ヴェネツィアーニ，ヴィットーレ　1878–1958）

Veneziano, Gabriele
イタリアの物理学者。
⇒物理（ヴェネツィアーノ，ガブリエーレ　1942–）

Venezis, Ilias
ギリシャの小説家。主著『31328番』（1931），『静けさ』（39），『エオリアの地』（43），『戦争のとき』（46）。
⇒現世文（ヴェネジス，イリアス　1904.3.4–1973.8.3）

Vengerov, Maxim
ロシア生まれのイスラエルのヴァイオリン奏者。
⇒異二辞（ヴェンゲーロフ［マキシム・～］ 1974–）
外12（ヴェンゲーロフ, マキシム 1974–）
外16（ヴェンゲーロフ, マキシム 1974–）
新音中（ヴェンゲーロフ, マクシム 1974.8.15–）
ユ著人（Vengerov,Maxim ヴェンゲーロフ, マキシム 1974–）

Vengerov, Semyon Afanas'evich
ロシアの文学史家, 批評家, 書誌学者。主著『最新ロシア文学の基本的特質』(1899)、『ロシア文学の英雄的性格』(1911)。
⇒岩世人（ヴェンゲーロフ 1855.4.5/17–1920.9.14）

Veniamin
アメリカの聖職者, 日本ハリストス正教会主教。
⇒岩世人（ヴェニアミン（バサルイガ） 1887.1.11–1963.11.15）

Vening-Meinesz, Felix Andries
オランダの地球物理学者。
⇒岩世人（フェニング・メイネス 1887.7.30–1966.8.10）
オク地（ベニング-マイネス, フェリックス・アンドリース 1887–1966）

Venizelos, Eleutherios Kyriakos
ギリシャの政治家。ギリシャ首相。
⇒岩世人（ヴェニゼロス 1864.8.11/23–1936.3.18）

Venkatraman, Padma
インド生まれのアメリカの作家。
⇒海文新（ヴェンカトラマン, パドマ）
現世人（ベンカトラマン, パドマ）

Venn, John
イギリスの論理学者。ミルおよびハミルトンの影響をうけた。
⇒岩世人（ヴェン（慣ベン） 1834.8.4–1923.4.4）
学叢思（ヴェン, ジョン 1834–?）
世数（ヴェン, ジョン 1834–1923）

Venn, John Archibald
イギリスの農業経済学者, 歴史家。主著 "Foundation of agricultural economics" (1922)。
⇒岩世人（ヴェン 1883.11.10–1958.3.15）

Vennberg, Karl Gunnar
スウェーデンの詩人, 評論家。
⇒岩世人（ヴェンベリ 1910.4.11–1995.5.12）

Venter, J.Craig
アメリカの生物学者, 実業家。
⇒外12（ベンター, クレイグ 1946.10.14–）
外16（ベンター, クレイグ 1946.10.14–）

Ventre, Carlo
ウルグアイのテノール歌手。
⇒失声（ヴェントレ, カルロ ?）
魅惑（Ventre,Carlo ?–）

Ventris, Michael George Francis
イギリスの考古学者。遺跡ピュロスで発見された線文字Bがギリシャ語であることをつきとめ, その解読に成功した。
⇒岩世人（ヴェントリス 1922.7.12–1956.9.6）
世人新（ヴェントリス 1922–1956）
世人装（ヴェントリス 1922–1956）
ポプ人（ベントリス, マイケル 1922–1956）

Ventura, Elvino
イタリアのテノール歌手。
⇒魅惑（Ventura,Elvino 1875–1931）

Ventura, Jesse
アメリカの政治家, プロレスラー, 俳優。
⇒岩世人（ヴェンチュラ 1951.7.15–）
外12（ベンチュラ, ジェシー 1951.7.15–）
外16（ベンチュラ, ジェシー 1951.7.15–）

Ventura, Lino
フランスの俳優, ボクサー。代表作『現金に手を出すな』『ラムの大通り』。
⇒遺産（ヴァンチュラ, リノ 1919.7.14–1987.10.22）
スター（ヴァンチュラ, リノ 1919.7.14–1987）

Ventura, Robin Mark
アメリカの大リーグ選手（三塁）。
⇒外12（ベンチュラ, ロビン 1967.7.14–）
外16（ベンチュラ, ロビン 1967.7.14–）
メジャ（ヴェンチュラ, ロビン 1967.7.14–）

Venturi, Adolfo
イタリアの美術史家。ローマ大学美術史教授。
⇒岩世人（ヴェントゥーリ 1856.9.4–1941.6.10）
広辞7（ヴェントゥーリ 1856–1941）
新カト（ヴェントゥーリ 1856.9.4–1941.6.10）

Venturi, Franco
イタリアの歴史家。
⇒岩世人（ヴェントゥーリ 1914.5.16–1994.12.21）

Venturi, Lionello
イタリアの美術史家。専攻はイタリアを中心としたヨーロッパの近世と近代の美術史。主著『セザンヌ』『美術批評史』。
⇒岩世人（ヴェントゥーリ 1885.4.25–1961.8.14）
広辞7（ヴェントゥーリ 1885–1961）
新カト（ヴェントゥーリ 1885.4.25–1961.8.14）

Venturi, Paride
イタリアのテノール歌手。
⇒失声（ヴェントゥーリ, パリデ 1923–2008）
魅惑（Venturi,Paride ?–）

Venturini, Bruno
イタリア出身の歌手。
⇒失声（ヴェントゥリーニ, ブルーノ 1945–）

Venturini, Emilio
イタリアのテノール歌手。プッチーニの『トゥーランドット』世界初演でポンを歌った。
⇒魅惑（Venturini,Emilio　1878–1952）

Venturini, Nino
イタリアのテノール歌手。
⇒魅惑（Venturini,Nino　?–）

Venturini Fendi, Ilaria
イタリアの服飾デザイナー。
⇒外16（ヴェントゥリーニ・フェンディ, イラリア　1966–）

Venu, Gopal
インドの古典芸能家。
⇒外12（ベヌ, ゴーパル　1945–）

Vera, María Teresa
キューバのシンガー・ソングライター, ギター奏者。
⇒岩世人（ベラ　1895.2.6–1965.12.17）

Vera-Ellen
アメリカ生まれの女優。
⇒ク俳（ヴェラ＝エレン（ヴェラ＝エレン・ローエ）　1920–1981）

Veras, Quilvio Alberto
アメリカの大リーグ選手（二塁）。
⇒メジャ（ベラス, キルビオ　1971.4.3–）

Verban, Emil Matthew
アメリカの大リーグ選手（二塁）。
⇒メジャ（ヴァーバン, エミル　1915.8.27–1989.6.8）

Verbeek, Pim
オランダのサッカー監督, サッカー選手。
⇒外12（ファーベーク, ピム　1956.3.12–）
　最世ス（ファーベーク, ピム　1956.3.12–）

Verbeek, Robert
オランダのサッカー監督。
⇒外12（ファーベーク, ロバート　1961.7.26–）

Verbeek, Tonya
カナダのレスリング選手。
⇒最世ス（バービーク, トーニャ　1977.8.14–）

Verbinski, Gore
アメリカの映画監督, CMディレクター。
⇒外12（バービンスキー, ゴア　1964–）
　外16（バービンスキー, ゴア　1964–）

Verbitskaia, Anastasiia A.
ロシアの女性作家。代表作『幸福の鍵』など。
⇒岩世人（ヴェルビーツカヤ　1861.2.11/23–1928.1.16）

Verchenova, Maria
ロシアのプロゴルファー。
⇒外12（ヴェルチェノワ, マリア　1986.3.27–）

Vercors
フランスの小説家。『海の沈黙』（1942）など, 抵抗文学の作品を多数発表。
⇒岩世人（ヴェルコール　1902.2.26–1991.6.10）
　現世文（ヴェルコール　1902.2.26–1991.6.10）
　広辞7（ヴェルコール　1902–1991）
　西文（ヴェルコール　1902–1991）
　フ文小（ヴェルコール　1902–1991）

Verdenik, Zdenk
スロベニアのサッカー監督, サッカー選手。
⇒外12（ベルデニック, ズデンコ　1949.5.2–）
　外16（ベルデニック, ズデンコ　1949.5.2–）

Verdié, Maurice
フランス生まれの画家。
⇒芸13（ヴェルディエ, モーリス　1919–）

Verdier, Auguste
フランスの料理人。
⇒フラ食（ヴェルディエ, オーギュスト）

Verdiére, René
フランスのテノール歌手。
⇒魅惑（Verdiére,René　1899–1981）

Verdross, Alfred
オーストリアの国際法学者, 法哲学者。ウィーン法学派の立場から国際法と国内法との関係を問題にした最初の人といわれる。
⇒岩世人（フェアドロス　1890.2.22–1980.4.27）
　新カト（フェルドロース　1890.2.22–1980.4.27）

Veres, David Scott
アメリカの大リーグ選手（投手）。
⇒メジャ（ヴィアーズ, デイヴ　1966.10.19–）

Veres Péter
ハンガリーの作家。農村問題を扱った小説や評論を発表した。
⇒現世文（ヴェレシュ, ペーテル　1897.1.6–1970.4.16）

Veress, Sándor
ハンガリー出身のスイスの作曲家。1939年にはBBC交響楽団によって嬉遊曲が初演されて, 国際的評価を得る。
⇒ク音3（ヴェレシュ　1907–1992）
　新音中（ヴェレシュ, シャーンドル　1907.2.1–1992.3.4）
　標音2（ヴェレシュ, シャーンドル　1907.2.1–1992.3.4）

Veretti, Antonio
イタリアの作曲家。
⇒オペラ（ヴェレッティ, アントニオ　1900–1978）

Verga, Giovanni
イタリアの小説家, 劇作家。
- ⇒岩世人 (ヴェルガ 1840.8.31–1922.1.27)
- 広辞7 (ヴェルガ 1840–1922)
- 新カト (ヴェルガ 1840.8.31/9.2–1922.1.27)

Verga, Ninni
イタリアの画家。
- ⇒芸13 (ベルガ, ニンニ 1938–)

Vergès, Jacques
フランスの弁護士。
- ⇒外12 (ベルジュ, ジャック 1925.3.5–)

Vergnes, Paul-Henri
フランスのテノール歌手。
- ⇒失声 (ヴェルヌ, ポール・アンリ 1905–1974)
- 魅惑 (Vergnes,Paul-Henri 1905–1974)

Vergoossen, Sef
オランダのサッカー監督。
- ⇒外12 (フェルフォーセン, セフ 1947.5.8–)

Vergott, Franz
オーストリア出身のフランシスコ会司祭。
- ⇒新カト (フェルゴット 1876.8.24–1944.7.25)

Verhaeren, Émile
ベルギーの詩人。『フランドル風物誌』(1883),『触手ある都市』(95) を発表。
- ⇒岩世人 (ヴェラーレン 1855.5.21–1916.11.27)
- 学叢思 (ヴェルハーレン, エミール 1855–1916)
- 広辞7 (ヴェルハーレン 1855–1916)
- 19仏 (ヴェルハーレン, エミール 1855.5.21–1916.11.27)
- ネーム (ヴェルハーレン 1855–1916)
- フ文小 (ヴェルハーレン, エミール 1855–1916)

Verhoeven, Paul
オランダ生まれの映画監督。
- ⇒岩世人 (ヴァーホーヴェン 1938.7.18–)
- 映監 (ヴァーホーヴェン, ポール 1938.7.18–)
- 外12 (バーホーベン, ポール 1938.7.18–)
- 外16 (バーホーベン, ポール 1938.7.18–)

Verhofstadt, Guy
ベルギーの政治家。ベルギー首相, ベルギー自由党 (VLD) 党首。
- ⇒岩世人 (フェルホフスタット 1953.4.11–)
- 外12 (フェルホフスタット, ヒー 1953.4.11–)
- 外16 (フェルホフスタット, ヒー 1953.4.11–)
- 世指導 (フェルホフスタット, ヒー 1953.4.11–)

Verhulst, Dimitri
ベルギーの作家。
- ⇒海文新 (フェルフルスト, ディミトリ 1972–)
- 現世文 (フェルフルスト, ディミトリ 1972–)

Veríssimo, Érico
ブラジルの小説家。1935年『交差した道』でグラッサ・アラーニャ賞,『遠くの音楽』でマシャード・デ・アシス賞を受賞。
- ⇒岩世人 (ヴェリッシモ 1905.12.17–1975.11.28)
- 現世文 (ヴェリッシモ, エリコ 1905.12.17–1975.11.28)

Verkade, Jan (P.Willibrord)
オランダ出身の画家, のちカトリック司祭。
- ⇒新カト (フェルカーデ 1868.9.18–1946.7.19)

Verkerk, Willem
テノール歌手。
- ⇒魅惑 (Verkerk,Willem ?–)

Verlander, Justin
アメリカの大リーグ選手 (タイガース・投手)。
- ⇒外12 (バーランダー, ジャスティン 1983.2.20–)
- 外16 (バーランダー, ジャスティン 1983.2.20–)
- 最世ス (バーランダー, ジャスティン 1983.2.20–)
- メジャ (ヴァーランダー, ジャスティン 1983.2.20–)

Verlinde, Claude
フランス生まれの画家。
- ⇒芸13 (ヴェルランド, クロード 1927–)

Vermeersch, Arthur
ベルギーの倫理神学者, 教会法学者, イエズス会士。
- ⇒新カト (フェルメールシュ 1858.8.26–1936.7.12)

Vermes, Géza
イギリスの歴史学者, クムラン研究者。ハンガリー系ユダヤ人。オックスフォード大学名誉教授。
- ⇒外12 (ヴェルメシ, ゲザ 1924–)

Vermes, Timur
ドイツの作家。
- ⇒海文新 (ヴェルメシュ, ティムール 1967–)
- 現世文 (ヴェルメシュ, ティムール 1967–)

Vernadskii, Vladimir Ivanovich
ソ連の地球化学者, 鉱物学者。
- ⇒岩世人 (ヴェルナツキー 1863.2.28/3.12–1945.1.6)
- 化学 (ヴェルナツキー 1863–1945)

Vernadsky, George
ロシア生まれのアメリカの歴史家。主著 "Lenin" (1931)。
- ⇒岩世人 (ヴェルナツキー 1887.8.20–1973.6.20)

Vernant, Jean-Pierre
フランスの古典学者。
- ⇒岩世人 (ヴェルナン 1914.1.4–2007.1.9)

Vernay, Arthur Stannard
アメリカの探検家。

⇒アア歴（Vernay,Arthur Stannard　ヴァーネイ, アーサー・スタナード　1876?-1960.10.25）

Verner, Tomáš
チェコのフィギュアスケート選手。
⇒外12（ベルネル, トマシュ　1986.6.3-）
　外16（ベルネル, トマシュ　1986.6.3-）
　最世ス（ベルネル, トマシュ　1986.6.3-）

Vernon, James Barton（Mickey）
アメリカの大リーグ選手（一塁）。
⇒メジャ（ヴァーノン, ミッキー　1918.4.22-2008.9.24）

Vernon, Mike
イギリスの音楽プロデューサー。
⇒ロック（Vernon,Mike　ヴァーノン, マイク　1944.11.20-）

Vernon, Raymond
アメリカの経済学者。1959年来ハーバード大ビジネス・スクール教授。著書に『多国籍企業の新展開』(71)『大企業と国家』(74)。
⇒政経改（ヴァーノン　1913-）
　有経5（ヴァーノン　1913-1999）

Vernon-Harcourt, Augustus George
イギリスの化学者。
⇒化学（ヴァーノン・ハーコート　1834-1919）

Verny, François Léone
フランスの海軍技師。幕府に雇用されて来日、横須賀造船所を建設。
⇒岩世人（ヴェルニ　1837.12.2-1908.5.2）
　来日（ヴェルニー, フランソワ・レオンス　1837-1908）

Veron, Juan Sebastian
アルゼンチンのサッカー選手。
⇒異二辞（ベロン［ファン・セバスティアン・～］ 1975-）
　外12（ベロン, フアン・セバスチャン　1975.3.9-）
　外16（ベロン, フアン・セバスチャン　1975.3.9-）
　最世ス（ベロン, フアン・セバスチャン　1975.3.9-）

Veronelli, Ernesto
イタリアのテノール歌手。
⇒失声（ヴェロネッリ, エルネスト　?）
　魅惑（Veronelli,Ernesto　?-）

Veronese, Giuseppe
イタリアの数学者。
⇒世数（ヴェロネーゼ, ジウゼッペ　1854-1917）

Veronesi, Sandro
イタリアの作家、ジャーナリスト。
⇒岩世人（ヴェロネージ　1959-）
　外12（ヴェロネージ, サンドロ　1959.4.1-）
　外16（ヴェロネージ, サンドロ　1959.4.1-）
　現世文（ヴェロネージ, サンドロ　1959.4.1-）

Verplank, Scott
アメリカのプロゴルファー。
⇒外12（バープランク, スコット　1964.7.9-）
　最世ス（バープランク, スコット　1964.7.9-）

Verratti, Marco
イタリアのサッカー選手（パリ・サンジェルマン・MF）。
⇒外16（ヴェラッティ, マルコ　1992.11.5-）

Verreau, Richard
カナダのテノール歌手。
⇒失声（ヴェロー, リチャード　1926-2005）
　魅惑（Verreau,Richard　1926-2005）

Verrecchia, Aldo
テノール歌手。
⇒魅惑（Verrecchia,Aldo　?-）

Verrett, Shirley
アメリカのメゾ・ソプラノ、のちにソプラノ歌手。
⇒新音中（ヴァーレット, シャーリー　1931.5.31-）
　標音2（ヴァーレット, シャーリー　1931.5.31-）

Verroen, Dolf
オランダの作家、翻訳家、エッセイスト。
⇒外12（フェルルーン, ドルフ　1928-）
　現世文（フェルルーン, ドルフ　1928.11.20-）

Verrot, Pascal
フランスの指揮者。
⇒外12（ヴェロ, パスカル　1959.1.9-）
　外16（ヴェロ, パスカル　1959.1.9-）

Versace, Donatella
イタリアの服飾デザイナー。
⇒外12（ヴェルサーチ, ドナテッラ　1959-）
　外16（ヴェルサーチ, ドナテッラ　1959-）

Versace, Gianni
イタリアの服飾デザイナー。
⇒ボブ人（ベルサーチ, ジャンニ　1946-1997）

Versalle, Richard
アメリカのテノール歌手。
⇒失声（ヴァーサル, リチャード　1932-1996）
　失声（ヴァーサル, リチャード　?-1996）
　魅惑（Versalle,Richard　1932-1996）

Versalles, Zoilo Casanova
アメリカの大リーグ選手（遊撃）。
⇒メジャ（ベルサイエス, ソイロ　1939.12.18-1995.6.9）

Versiglia, Luigi
イタリアの聖人、殉教者、サレジオ会員。中国の韶関司教。祝日7月9日。
⇒新カト（ルイジ・ヴェルシリヤ　1873.6.5-1930.2.25）

Vertov, Dziga
ソ連の映画監督。『レーニンのキノプラウダ』(1925)で知られる。
⇒岩世人（ヴェルトフ　1895.12.21/1896.1.2–1954.2.12）
映監（ヴェルトフ, ジガ　1896.1.2–1954）
広辞7（ヴェルトフ　1896–1954）
ユ著人（Vertov,Dziga　ヴェルトフ, ジガ　1897–1954）

Verwaayen, Ben
オランダの実業家。
⇒外12（ヴァヴェン, ベン　1952.2–）
外16（ヴァヴェン, ベン　1952.2–）

Verweij, Koen
オランダのスピードスケート選手。
⇒外16（フェルバイ, コーエン　1990.8.26–）

Verwey, Albert
オランダの詩人, 評論家。主著, 詩『ペルセフォーン』(1883) など。
⇒岩世人（フェルヴェイ　1865.5.15–1937.3.8）

Verwoerd, Hendrik Frensch
南アフリカ共和国の政治家。国民党党首, 首相として人種隔離政策を続けた。
⇒岩世人（フェルヴールト　1901.9.8–1966.9.6）

Verworn, Max
ドイツの生理学者。一般生活現象の認識に細胞の生理学的研究の必要を強調し, 条件観を持つ。
⇒岩生（フェルヴォルン　1863–1921）
岩世人（フェルヴォルン　1863.11.4–1921.11.23）

Véry, Pierre
フランスの推理小説家。代表作に『サンタクロース殺人事件』がある。
⇒現世文（ヴェリー, ピエール　1900.11.17–1960.10.12）

Very, Raymond
アメリカのテノール歌手。
⇒魅惑（Very,Raymond　?–）

Vesaas, Halldis
ノルウェーの詩人。
⇒現世文（ヴェーソース, ハルディス・モーレン　1907.11.18–1995）

Vesaas, Tarjei
ノルウェーの作家。主著『大きなゲーム』(1934),『女たちは家庭を呼ぶ』(35),『闇の中の家』(45), 短篇集『風』(52),『氷の城』(64) など。
⇒岩世人（ヴェーソース　1897.8.20–1970.3.15）
現世文（ヴェーソース, タリエイ　1897.8.20–1970.3.15）

Veselovskii, Aleksandr Nikolaevich
ロシアの文芸学者, 文学史家。社会学的方法を文学現象に初めて適用。
⇒岩世人（ヴェセロフスキー　1838.2.4–1906.10.10）

Veselovskii, Aleksei Nikolaevich
ロシアの文学史家。主著『新ロシア文学における西欧的影響』(1882)。
⇒岩世人（ヴェセロフスキー　1843.6.27/7.9–1918.11.25）

Veselovskii, Nikolai Ivanovich
ロシアの東洋学者, 学士院会員。トルキスタンの歴史および考古学を研究。主著『古代より現代にいたるヒヴァ汗国の歴史的地理的概観』(1877)。
⇒岩世人（ヴェセロフスキー　1848.11.12/24–1918.4.12）

Veselý, Vítezslav
チェコのやり投げ選手。
⇒最世人（ヴェセリー, ヴィテスラフ　1983.2.27–）

Vesnič, Milenko
セルビアの政治家, 外交官。第一次大戦中はアメリカに派遣されて民族自決の原則を強調し, 19年パリ平和会議の代表に。20年, 新興ユーゴスラビアの首相兼外相。
⇒岩世人（ヴェスニッチ　1863.2.13/25–1921.5.15）

Vesnin, Aleksandr Aleksandrovich
ソ連の建築家。ヴェスニン三兄弟の一人。
⇒岩世人（ヴェスニーン　1883–1959）

Vesnin, Leonid Aleksandrovich
ソ連の建築家。ヴェスニン三兄弟の一人。構成主義建築の指導者。
⇒岩世人（ヴェスニーン　1880–1933）

Vesnin, Viktor Aleksandrovich
ソ連の建築家。ヴェスニン三兄弟の一人。ソ連建築アカデミー会長。
⇒岩世人（ヴェスニーン　1882–1950）

Vestdijk, Simon
オランダの作家。小説『フィッセル氏の地獄への転落』(1936) などが代表作。
⇒岩世人（フェストデイク　1898.10.17–1971.3.23）
現世文（フェストデイク, シモン　1898.10.17–1971.3.28）

Vesyolyi Artyom
ソ連の小説家。主著『火の川』(1924),『祖国』(26),『血で洗われたロシア』(32)。ラップ（ロシア・プロレタリア作家連盟）の指導者。
⇒現世文（ヴェショールイ, アルチョム　1899.9.29–1939.12.2）

Vettel, Sebastian
ドイツのF1ドライバー。
⇒岩世人（フェッテル　1987.7.3–）
外12（フェテル, セバスチャン　1987.7.3–）
外16（フェテル, セバスチャン　1987.7.3–）
最世ス（フェテル, セバスチャン　1987.7.3–）

Vetterlein, Kurt
ドイツ人のエンジニア。
⇒スパイ（フェッターライン, クルト）

Vettori, Ernst
オーストリアのスキージャンプ選手。
⇒岩世人（フェットーリ　1964.6.25–）

Veyne, Paul
フランスのローマ史家, 思想家。
⇒岩世人（ヴェーヌ　1930.6.13–）

Veyron-Lacroix, Robert
フランスのチェンバロ奏者, ピアノ奏者。
⇒標音2（ヴェロン＝ラクロア, ロベール　1922.12.13–）

Vezhinov, Pavel
ブルガリアの作家, 脚本作家。
⇒現世文（ヴェージノフ, パーヴェル　1914.11.9–1983.12.20）

Vezzali, Valentina
イタリアのフェンシング選手。
⇒外12（ベッァーリ, バレンティナ　1974.2.14–）
外16（ベッァーリ, バレンティナ　1974.2.14–）
最世ス（ベッァーリ, バレンティナ　1974.2.14–）

Vezzani, César
フランスのテノール歌手。
⇒失声（ヴェッツァーニ, セザール　1888–1951）
魅惑（Vezzani,Cesar　1886–1951）

Vezzosi, Al'essandro
イタリアの美術批評家, 美術史家。
⇒外16（ベッツォージ, アレッサンドロ）

V.I
韓国の歌手。
⇒外12（V.I　ヴィアイ　1990.12.12–）
外16（V.I　ヴィアイ　1990.12.12–）

Viala, Jean-Luc
フランスのテノール歌手。
⇒失声（ヴィアラ, ジャン・リュック　1957–）
魅惑（Viala,Jean-Luc　1957–）

Viallat, Claude
フランス生まれの画家。
⇒岩世人（ヴィアラ　1936.3.18–）
芸13（ヴィアラ, クロード　1936–）

Vian, Antonio
イタリアのナポリターナ作曲家。
⇒標音2（ヴィアン, アントーニオ　1918.6.14–1966.6.22）

Vian, Boris
フランスの小説家, 劇作家, ジャズ演奏家。詩集『死ぬのはいやだ』(1963), 小説『日々の泡』(47)『心臓抜き』(53), 戯曲『帝国の建設者』。

⇒岩世人（ヴィアン　1920.3.10–1959.6.23）
現世文（ヴィアン, ボリス・ポール　1920.5.10–1959.6.25）
広辞7（ヴィアン　1920–1959）
フ文小（ヴィアン, ボリス　1920–1959）

Viana, Hugo
ポルトガルのサッカー選手。
⇒外16（ビアナ, ウーゴ　1983.1.15–）
最世ス（ビアナ, ウーゴ　1983.1.15–）

Viani, Alberto
イタリアの彫刻家。
⇒芸13（ヴィアニ, アルベルト　1906–1975）

Vicaire, Georges
フランスの書誌学者。詩人で美食の年代記も著したガブリエル・ヴィケールのいとこで『美食の図書目録』を刊行した。
⇒フラ食（ヴィケール, ジョルジュ　1853–1921）

Vicens Vives, Jaime
スペインの歴史家。スペインの史学界を刷新し, 社会・経済史に研究の主眼をおき, 統計的方法論によって歴史の実相に迫ろうとした。
⇒岩世人（ビセンス・イ・ビバス　1910.6.6–1960.6.28）

Vicentini, Augusto
テノール歌手。
⇒魅惑（Vicentini,Augusto　?–）

Vich, Bohumir
チェコのテノール歌手。
⇒魅惑（Vich,Bohumir　1911–1998）

Vick, Michael
アメリカのプロフットボール選手（QB）。
⇒外12（ビック, マイケル　1980.6.26–）
外16（ビック, マイケル　1980.6.26–）
最世ス（ビック, マイケル　1980.6.26–）

Vickers, James Cator
アメリカの弁護士, 判事。
⇒アア歴（Vickers,James C (ator)　ヴィッカーズ, ジェイムズ・ケイター　1877.8.5–1945.2）

Vickers, Jon
カナダのテノール歌手。
⇒失声（ヴィッカース, ジョン　1926–）
新音中（ヴィッカーズ, ジョン　1926.10.29–）
標音2（ヴィッカーズ, ジョン　1926.10.29–）
魅惑（Vickers,Jon　1926–）

Vickers, Justin
アメリカのテノール歌手。
⇒魅惑（Vickers,Justin　?–）

Vickers, Roy
イギリスの作家。
⇒現世文（ビッカーズ, ロイ　1888–1965）

Vickrey, William
カナダの経済学者。1996年ノーベル経済学賞。
⇒岩経（ヴィクリー 1914–1996）
　ノベ3（ビクリー,W. 1914.6.21–1996.10.11）
　有経5（ヴィックリー 1914–1996）

Victor, Paul-Emile
フランスの探検家, 人類学者, 軍人。とくにグリーンランドのエスキモー研究で知られる。
⇒絵本（ヴィクトール, ポール・エミール 1907–1995）

Victoria, HRH Crown Princess
スウェーデン王女。
⇒外12（ヴィクトリア王女 1977.7.14–）
　外16（ヴィクトリア王女 1977.7.14–）

Kronprinsessan Victoria av Sverige
カール16世グスタフの娘, スウェーデン王位の王太子（法定推定相続人）。
⇒王妃（ヴィクトリア王太子 1977–）

Victorino, Shane
アメリカの大リーグ選手（レッドソックス・外野手）。
⇒外12（ビクトリノ, シェーン 1980.11.30–）
　外16（ビクトリノ, シェーン 1980.11.30–）
　最世ス（ビクトリノ, シェーン 1980.11.30–）
　メジャ（ヴィクトリノ, シェイン 1980.11.30–）

Vidal, Gore
アメリカの小説家, 劇作家, 評論家。
⇒岩世人（ヴィダル 1925.10.3–）
　現世文（ビダール, ゴア 1925.10.3–2012.7.31）

Vidal, Jean-Pierre
フランスのスキー選手（アルペン）。
⇒外12（ヴィダル, ジャン・ピエール 1977.2.24–）

Vidal, Pedro
スペインの教会法学者。
⇒新カト（ビダル 1867.7.20–1938.10.24）

Vidal de la Blache, Paul
フランスの地理学者。『地理学年報』創刊。
⇒岩世人（ヴィダル・ド・ラ・ブラシュ 1845.1.22–1918.4.5）
　人文地（ビダル・ド・ラ・ブラーシュ 1845–1918）

Vidal-Naquet, Pierre
フランスの歴史家。
⇒岩世人（ヴィダル=ナケ 1930.7.23–2006.7.29）
　ユ著人（Vidal-Naquet,Pierre ヴィダル=ナケ, ピエール 1930–）

Videgaray, Luis
メキシコの政治家, エコノミスト。メキシコ外相。
⇒世指導（ビデガライ, ルイス 1968.8.10–）

Videla, Jorge Rafael
アルゼンチンの政治家, 軍人。アルゼンチン大統領（1976～81）。
⇒岩世人（ビデラ 1925.8.2–2013.5.17）

Videnov, Zhan
ブルガリアの政治家。ブルガリア首相, ブルガリア社会党議長。
⇒世指導（ビデノフ, ジャン 1959.3.22–）

Vidić, Nemanja
セルビアのサッカー選手（マンチェスター・ユナイテッド・DF）。
⇒最世ス（ヴィディッチ, ネマニャ 1981.10.21–）

Vidor, King Wallis
アメリカの映画監督。代表作『白昼の決闘』『摩天楼』『ソロモンとシバの女王』。
⇒岩世人（ヴィダー 1894.2.8–1982.11.1）
　映監（ヴィダー, キング 1894.2.8–1982）

Vidro, Jose
プエルト・リコの大リーグ選手（内野手）。
⇒メジャ（ビドロ, ホセ 1974.8.27–）

Viduka, Mark
オーストラリアのサッカー選手。
⇒外12（ビドゥカ, マーク 1975.9.10–）
　最世ス（ビドゥカ, マーク 1975.9.10–）

Viebig, Clara
ドイツの女性小説家。『女の村』（1900）が知られる。
⇒岩世人（フィービヒ 1860.7.17–1952）

Vieira, João-Bernardo
ギニアビサウの政治家。ギニアビサウ大統領（1980～99,2005～09）。
⇒岩世人（ヴィエイラ 1939.4.27–2009.3.2）
　世指導（ビエイラ, ジョアン・ベルナルド 1939.4.27–2009.3.2）

Vieira, Juremir
ブラジルのテノール歌手。
⇒魅惑（Vieira,Juremir ?–）

Vieira, Meredith
アメリカのテレビジャーナリスト, 司会者。
⇒外12（ビエイラ, メレディス 1953.12.30–）
　外16（ビエイラ, メレディス 1953.12.30–）

Vieira, Patrick
フランスのサッカー選手。
⇒外12（ヴィエラ, パトリック 1976.6.23–）
　最世ス（ヴィエラ, パトリック 1976.6.23–）

Vieira, Valdeir
イランのサッカー指導者。
⇒外12（ビエイラ, バウデイール 1944.7.11–）

Vieira, Vasco Joaquim Rocha
ポルトガルの軍人, 外交官。マカオ総督。
⇒岩世人（ヴィエイラ　1939.8.16–）
世指導（ビエイラ, バスコ・ロッシャ　1939.8.16–）

Vieira da Silva, Maria-Elena
フランスの画家。
⇒岩世人（ヴィエラ・ダ・シルヴァ　1908.6.13–1992.3.6）
芸13（ヴィエイラ・ダ・シルヴァ, マリア・エレーナ　1908–1992）

Viélé-Griffin, Francis
フランスの詩人。
⇒岩世人（ヴィエレ=グリファン　1864.5.26–1937.11.12）
19仏（ヴィエレ=グリファン, フランシス　1864.4.26–1937.12.11）

Vienille, Jean
テノール歌手。
⇒魅惑（Vienille,Jean　?–）

Viénot, John Emmanuel
フランスのプロテスタント神学者。ユグノー研究の権威。
⇒岩世人（ヴィエノ　1859.8.10–1933.12.28）

Viereck, Peter（Robert Edwin）
アメリカの評論家, 詩人, 歴史家。
⇒現世文（ビーレック, ピーター　1916.8.5–2006.5.13）
西га（ヴィーレック, ピーター　1916–2006）

Vierhaus, Rudolf
ドイツの歴史家。
⇒岩世人（フィーアハウス　1922.10.29–2011.11.13）

Vieri, Christian
イタリアのサッカー選手。
⇒異二辞（ヴィエリ［クリスティアン・〜］　1973–）
外12（ヴィエリ, クリスチャン　1973.7.12–）

Vierkandt, Alfred
ドイツ形式社会学の代表者の一人。特殊科学的社会学を構築。
⇒岩世人（フィーアカント　1867.6.4–1953.4.24）
学叢思（フィアカント, アルフレッド　1867–?）
社小増（フィーアカント　1867–1953）

Vierne, Louis-Victor-Jules
フランスのオルガン奏者, 作曲家。
⇒ク biog3（ヴィエルヌ　1870–1937）
新音中（ヴィエルヌ, ルイ　1870.10.8–1937.6.2）
標音2（ヴィエルヌ, ルイ　1870.10.8–1937.6.2）

Vieru, Anatol
ルーマニアの作曲家。室内楽曲『沈黙の歩み』(1966)で注目された。
⇒新音中（ヴィエル, アナトル　1926.6.8–1998.10.9）
標音2（ヴィエル, アナトール　1926.6.8–1998.10.9）

Vietor, Richard H.K.
アメリカの国際政治経済学者。
⇒外12（ビートー, リチャード）
外16（ビートー, リチャード）

Viëtor, Wilhelm
ドイツの英語学者, 音声学者。主著『独英仏語音声学要綱』(1884)。
⇒岩世人（フィーエトル　1850.12.25–1918.9.22）

Viets, Elaine
アメリカの作家。
⇒外16（ビエッツ, エレイン）
現世文（ビエッツ, エレイン　1950–）

Viet Thanh Nguyen
ベトナムの作家。
⇒現世文（ヴィエト・タン・ウェン　1971–）

Vig, Butch
アメリカのドラム奏者, プロデューサー, エンジニア。
⇒外12（ビグ, ブッチ　1957.8.2–）
外16（ビグ, ブッチ　1957.8.2–）

Vigée, Claude
フランスの詩人, エッセイスト。
⇒ユ著人（Vigée,Claude　ヴィジェ, クロード　1921–）

Vigeland, Adolf Gustav
ノルウェーの彫刻家。象徴的自然主義の代表者。ブッゲ, ビョルンソン, イプセン等の胸像を作った。
⇒岩世人（ヴィーゲラン　1869.4.11–1943.3.12）
芸13（ヴィーゲラン, グスターヴ　1869–1943）
広辞7（ヴィーゲラン　1869–1943）

Vigfusson, Erlingur
テノール歌手。
⇒魅惑（Vigfusson,Erlingur　?–）

Vignas, Francesco
スペインのテノール歌手。
⇒失声（ヴィニャス, フランシスコ　1863–1933）
魅惑（Vignas,Francesco　1863–1933）

Vignaux, Paul
フランスの哲学者。フランス・サンディカリズム（労働組合運動）推進者の一人。
⇒メル3（ヴィニョー, ポール　1904–1987）

Vignelli, Massimo
アメリカ・ニューヨークで活躍するグラフィック, 展示, 工業製品のデザイナー。
⇒グラデ（Vignelli,Massimo　ヴィニエリ, マッシ

モ 1931–)

Vignier, Charles
フランスの作家。
⇒**19仏**（ヴィニエ, シャルル　1863.5.8–1934.2.5）

Vigo, Jean
フランスの映画監督。作品に『ニースにて』(1930)『アタラント号』。
⇒**岩世人**（ヴィゴ　1905.4.26–1934.10.5）
　映監（ヴィゴ, ジャン　1905.4.26–1934）

Vigolo, Giorgio
イタリアの詩人, 評論家。
⇒**現世文**（ヴィーゴロ, ジョルジョ　1894.12.3–1983.1.9）

Vigouroux, Fulcran Grégoire
フランスの聖書学者, サン・スルピス司祭会司祭。
⇒**新カト**（ヴィグルー　1837.2.13–1915.2.21）

Vigroux, Francois Paulin
フランスの宣教師。
⇒**岩世人**（ヴィグルー　1842.10.14–1909.2.2）
　新カト（ヴィグルー　1842.10.14–1909.2.2）

Viguers, Ruth Arfarata Hill
アメリカの図書館員。ニューヨーク公共図書館の勤務から『ホーン・ブック』誌の編集長に転じる。児童文学史の評論の執筆で名をなす。
⇒**ア図**（ヴィグアース, ルース　1903–1971）

Vik, Bjarte Engen
ノルウェーのスキー選手（複合）。
⇒**岩世人**（ヴィーク　1971.3.3–）

Vik, Bjørg
ノルウェーの女流小説家, 劇作家。
⇒**岩世人**（ヴィーク　1935.9.11–）

Vīke-Freiberga, Vaira
ラトビアの心理学者, 政治家。ラトビア大統領(1999～2007)。
⇒**外12**（ビケフレイベルガ, ワイラ　1937.12.1–）
　世指導（ビケフレイベルガ, ワイラ　1937.12.1–）

Vikrom Kromadit
タイの実業家。
⇒**外16**（ヴィクロム・クロマディット　1953–）

Vilamajo, Lluis
テノール歌手。
⇒**魅惑**（Vilamajo,Lluis　?–）

Vila-Matas, Enrique
スペインの作家。
⇒**外12**（ビラ・マタス, エンリーケ　1948–）
　外16（ビラ・マタス, エンリーケ　1948–）
　現世文（ビラ・マタス, エンリーケ　1948–）

Vilar, Jean
フランスの俳優, 演出家, 演劇指導者。1951年国立民衆劇場（TNP）の座長に任命され, 以後63年までの12年間, TNPの運営を一新し, 演劇の大衆化に貢献した。
⇒**岩世人**（ヴィラール　1912.3.25–1971.5.28）
　世演（ヴィラール, ジャン　1912.3.25–1971.3.28）

Vilar, Pierre
フランスの歴史学者。
⇒**岩世人**（ヴィラール　1906.5.3–2003.8.7）

Vilaró, Ramón
スペインの作家, ジャーナリスト。
⇒**外16**（ビラロ, ラモン　1945–）
　現世文（ビラロ, ラモン　1945–）

Vilas, Guillermo
アルゼンチンのテニス選手。
⇒**異二辞**（ビラス［ギレルモ・～］　1952–）

Vilatte, Joseph René
フランス出身の聖職者, いわゆる〈Episcopi Vagantes〉(さまよえる司教)のひとり。
⇒**オク教**（ヴィラット　1854–1929）

Vildrac, Charles
フランスの詩人, 劇作家。著作に『愛の書』(1910)など。
⇒**岩世人**（ヴィルドラック　1882.11.22–1971.6.25）
　広辞7（ヴィルドラック　1882–1971）
　図翻（ヴィルドラック　1882.11.22–1971.6.25）
　西文（ヴィルドラック, シャルル　1882–1971）
　世演（ヴィルドラック, シャルル　1882.11.22–1971.6.25）

Viletta, Sandro
スイスのスキー選手（アルペン）。
⇒**外16**（ビレッタ, サンドロ　1986.1.23–）

Viliyams, Vasilii Robertvich
ソ連の土壌学者。主著『土壌の機械的分析部門における実験』(1893),『社会主義国家における社会主義農業の組織』(1924)など。
⇒**岩生**（ヴィリヤムス　1863–1939）
　岩世人（ヴィリヤムス　1863.9.27/10.9–1939.11.11）

Vilkuna, Kustaa Gideon
フィンランドの文化人類学者, 歴史学者。
⇒**岩世人**（ヴィルクナ　1902.10.26–1980.4.6）

Villa, Carlo
イタリアの詩人, 小説家。
⇒**現世文**（ヴィッラ, カルロ　1931–）

Villa, Claudio
イタリアのカンツォーネ歌手。声域の広い美声と, 迫力ある歌い方で「カンツォーネの王さま」の異名を得た。
⇒**岩世人**（ヴィッラ　1926.1.1–1987.2.7）

失声（ヴィッラ, クラウディオ 1926–1987）
新音中（ヴィッラ, クラウディオ 1926.1.1–1987.2.7）
標音2（ヴィッラ, クラウディオ 1926.1.1–1987.2.7）

Villa, Eduardo
アメリカのテノール歌手。
⇒魅惑（Villa,Eduardo 1953–）

Villa, Pancho Francisco
メキシコ革命の農民軍指導者。立憲革命軍指導者と対立、反抗を続けた。
⇒岩世人（ビリャ 1878.6.5–1923.7.20）
広辞7（ビリャ 1878–1923）
世史改（ビリャ 1878–1923）
世人新（ビリャ（パンチョ＝ビリャ） 1878–1923）
世人装（ビリャ（パンチョ＝ビリャ） 1878–1923）
ポプ人（ビリャ, パンチョ 1877–1923）
ラテ新（ビリャ 1877–1923）

Villabella, Miguel
フランスのテノール歌手。
⇒失声（ヴィラベッラ, ミゲール 1892–1954）
魅惑（Villabella,Miguel 1892–1954）

Villain, Raoul
フランスの極右の学生。フランス社会党党首ジャン・レオン・ジョレスを暗殺した。
⇒世暗（ヴィヤン, ラウル 1885–1936）

Villa-Lobos, Heitor
ブラジルの作曲家。現代音楽のなかに民族性を取り入れた、中南米初の国際的作曲家。作品に『ブラジルふうのバッハ』（全7曲）など。
⇒岩世人（ヴィラ＝ロボス 1887.3.5–1959.11.17）
エデ（ヴィラ＝ロボス, エイトル 1887.3.5–1959.11.17）
ク音3（ヴィラ＝ロボス 1887–1959）
広辞7（ヴィラ・ロボス 1887–1959）
新音小（ヴィラ＝ロボス, エイトル 1887–1959）
新音中（ヴィラ＝ロボス, エイトル 1887.3.5–1959.11.17）
ネーム（ヴィラ＝ロボス 1887–1959）
ピ曲改（ヴィラ＝ロボス, エイトル 1887–1959）
標音2（ヴィラ＝ロボス, エイトル 1887.3.5–1959.11.17）
ラテ新（ビラ・ロボス 1887–1959）

Villalobos, Juan Pablo
メキシコの作家。
⇒海文新（ビジャロボス, フアン・パブロ 1973–）
現世文（ビジャロボス, フアン・パブロ 1973–）

Villamuza, Noemi
スペインの児童書作家。
⇒絵本（ビリャムサ, ノエミ 1971–）

Villani, Cédric
フランスの数学者。
⇒外16（ヴィラーニ, セドリック 1973.10.5–）
世数（ヴィラニ, セドリック 1973–）

Villanueva, Carlos Raúl
ベネズエラの建築家、都市計画者。
⇒岩世人（ビリャヌエバ 1900.5.30–1975.8.16）
ラテ新（ビリャヌエバ 1900–1975）

Villar, Manuel
フィリピンの政治家、実業家。
⇒外12（ビリャール, マヌエル 1949.12.13–）
世指導（ビリャール, マヌエル 1949.12.13–）

Villard, Oswald Garrison
ドイツ生まれのアメリカの新聞経営者、著述家。「ニューヨーク・イヴニング・ポスト」紙の編集・経営者。
⇒岩世人（ヴィラード 1872.3.13–1949.10.1）

Villars, Jon
アメリカのテノール歌手。
⇒魅惑（Villars,Jon ?–）

Villas-Boas, Andre
ポルトガルのサッカー指導者。
⇒外12（ビラス・ボアス, アンドレ 1977.10.17–）
外16（ビラス・ボアス, アンドレ 1977.10.17–）
最世ス（ビラス・ボアス, アンドレ 1977.10.17–）

Villatoro, Marcos M.
アメリカの作家。
⇒海文新（ビジャトーロ, マルコス・M.）
現世文（ビジャトーロ, マルコス・M. 1962–）

Villatte, Jacques
フランス生まれの画家。
⇒芸13（ヴィラット, ジャック 1937–）

Villázon, Rolando
メキシコのテノール歌手。
⇒外12（ビリャソン, ロランド 1972–）
失声（ヴィリャソン, ローランド 1972–）
魅惑（Villazon,Rolando 1972–）

Villegas, Camilo
コロンビアのプロゴルファー。
⇒外12（ビジェガス, カミロ 1982.1.7–）
外16（ビジェガス, カミロ 1982.1.7–）
最世ス（ビジェガス, カミロ 1982.1.7–）

Villemot, Bernard
フランスのポスター作家、舞台デザイナー、画家。
⇒グラデ（Villemot,Bernard ヴィルモ, ベルナール 1911–1989）

Villeneuve, Jacques
カナダのF1ドライバー。
⇒外12（ビルヌーブ, ジャック 1971.4.9–）
外16（ビルヌーブ, ジャック 1971.4.9–）
最世ス（ビルヌーブ, ジャック 1971.4.9–）

Villiger, Kaspar
スイスの政治家。スイス大統領。

Villion, Amatus
フランス人宣教師。パリ外国宣教会会員として来日し, 布教に活躍。岩倉具視, 伊藤博文らも教えを受けた。
⇒岩世人（ヴィリオン 1843.9.2–1932.4.1）
広辞7（ヴィリヨン 1843–1932）
新カト（ヴィリオン 1843.9.2–1932.4.1）

Villon, Jacques
フランスの画家。キュビスムの運動に加わる。
⇒岩世人（ヴィヨン 1875.7.31–1963.6.9）
芸13（ヴィヨン, ジャック 1875–1963）

Villone, Ronald Thomas
アメリカの大リーグ選手（投手）。
⇒メジャ（ヴィローン, ロン 1970.1.16–）

Villota y Urroz, Gerardo
スペインの司祭, スペイン外国宣教会創立者。
⇒新カト（ビロタ・イ・ウロス 1839.10.3–1906.11.20）

Viloria, Brian
アメリカのプロボクサー。
⇒最世ス（ビロリア, ブライアン 1980.11.24–）

Vilsack, Tom
アメリカの政治家。
⇒外12（ビルサック, トム 1950.12.13–）
外16（ビルサック, トム 1950.12.13–）
世指導（ビルサック, トム 1950.12.13–）

Vilsmeier, Stefan
ドイツの実業家。
⇒外12（フィルスマイヤー, ステファン）
外16（フィルスマイヤー, ステファン 1967–）

Vina, Fernando
アメリカの大リーグ選手（二塁）。
⇒メジャ（ビーニャ, フェルナンド 1969.4.16–）

Vinatieri, Adam
アメリカのプロフットボール選手。
⇒外16（ビナティエリ, アダム 1972.12.28–）
最世ス（ビナティエリ, アダム 1972.12.28–）

Vinay, Ramón
チリのバリトンとテノールの歌手。
⇒失声（ヴィナイ, ラモン 1912–1996）
魅惑（Vinay,Ramon 1912–1998）

Vincent, Frank
アメリカの旅行家。
⇒アア歴（Vincent,Frank ヴィンセント, フランク 1848.4.2–1916.6.25）

Vincent, Gabrielle
ベルギーのイラストレーター。
⇒絵本（ヴァンサン, ガブリエル 1928–2000）

Vincent, Gene
アメリカの歌手。
⇒ロック（Vincent,Gene ヴィンセント, ジーン 1935.2.11–）

Vincent, George
アメリカのテノール歌手。
⇒魅惑（Vincent,George ?–）

Vincent, George Edgar
アメリカの社会学者。アメリカ社会学教授の開拓に多大の影響を与え, ロックフェラー財団の理事長, 一般教育委員もつとめた。
⇒学叢思（ヴィンセント, ジー・イー 1864–?）
教人（ヴィンセント 1864–1941）

Vincent, Jan-Michael
アメリカ生まれの俳優。
⇒ク俳（ヴィンセント, ジャン=マイクル 1944–）

Vincent, John Carter
アメリカの外交官。
⇒アア歴（Vincent,John Carter ヴィンセント, ジョン・カーター 1900–1972.12）

Vincent, Louis-Hugues
フランスのドミニコ会会員, 考古学者。
⇒新カト（ヴァンサン 1872.8.31–1960.12.30）

Vinchevsky, Morris
リトアニア・ヤノヴォ生まれのイディッシュ語, ヘブライ語作家。社会主義の指導者。
⇒ユ著人（Vinchevsky,Morris ヴィンチェウスキー, モーリス 1856–1932）

Vinci, Roberta
イタリアのテニス選手。
⇒外16（ヴィンチ, ロベルタ 1983.2.18–）
最世ス（ヴィンチ, ロベルタ 1983.2.18–）

Viner, Jacob
カナダ生まれのアメリカの経済学者。〈ニュー・ディール政策〉には概して反対の立場をとった。
⇒岩経（ヴァイナー 1892–1970）
岩世人（ヴァイナー 1892.5.3–1970.9.12）
有経5（ヴァイナー 1892–1970）

Viñes, Ricardo
スペインのピアノ奏者, ピアノ教師。
⇒新音中（ビニェス, リカルド 1875.2.5–1943.4.29）
標音2（ビニェス, リカルド 1875.2.5–1943.4.29）

Vines, Walter Sherard
イギリスの詩人, 批評家。慶応義塾大学英文学教授として来日（1923～28）。
⇒岩世人（ヴァインズ 1890.3.3–1974）

Vinge, Vernor
アメリカのSF作家。
⇒現世文（ビンジ, バーナー 1944.10.2–）

Vining, Elizabeth Gray
アメリカの作家。
⇒アア歴（Vining,Elizabeth（Janet）Gray ヴァイニング,エリザベス・ジャネット・グレイ 1902.10.6–1999.11.27）
岩世人（ヴァイニング 1902.10.6–1999.11.27）
現世文（バイニング,エリザベス・グレイ 1902.10.6–1999.11.27）

Vinke, Stefan
ドイツのテノール歌手。
⇒魅惑（Vinke,Stefan ?–）

Vinnichénko, Volodímir K.
ウクライナ生まれの作家,政治家。
⇒岩世人（ヴィニチェンコ 1880.7.14/26–1951.3.6）

Vinogradoff, *Sir* Paul Gavrilovich
ロシア生まれのイギリスの法律学者,中世史学者。主著『イギリスの農奴制度』(1892)。
⇒岩世人（ヴィノグラドフ 1854.11.18/30–1925.12.19）

Vinogradov, Georgi
ロシアのコンサート歌手。
⇒失声（ヴィノグラドフ,ゲオルギー 1908–1980）
魅惑（Vinogradov,Georgei（Georgi Pavlovich） 1908–1980）

Vinogradov, Ivan Matveevich
ソ連の数学者。ソ連科学アカデミー数学研究所所長（1932〜）。著書『整数論の基礎』(52)。
⇒岩世人（ヴィノグラードフ 1891.9.2/14–1983.3.20）
数小増（ヴィノグラードフ 1891–1983）
世数（ヴィノグラドフ,イワン・マトヴェイヴィッチ 1891–1983）

Vinogradov, Viktor Vladimirovich
ソ連の言語学者。ロシア文語の研究者マルの言語学に批判を加えた。
⇒岩世人（ヴィノグラードフ 1894.12.31/1895.1.12–1969.10.4）

Vinogradskii, Sergei Nikolaevich
ロシア生まれのフランスの微生物学者。土壌微生物学ではバイエリンクと並ぶ始祖であり,無機独立栄養細菌の発見,根瘤菌の研究,嫌気性独立性窒素固定菌の分離などの功績がある。
⇒岩生（ヴィノグラドスキー 1856–1953）
岩世人（ヴィノグラッキー 1856.9.1/13–1953.2.24）
旺生5（ウィノグラドスキー 1856–1953）

Vinokur, Grigory Osipovich
ソ連（ロシア）の言語学者,ロシア語学者。
⇒岩世人（ヴィノクル 1896.11.5/17–1947.5.17）

Vinokurov, Alexandr
カザフスタンの自転車選手（ロードレース）。
⇒外16（ヴィノクロフ,アレクサンドル 1973.9.16–）

最世ス（ヴィノクロフ,アレクサンドル 1973.9.16–）

Vinokurov, Evgeniy Mihaylovich
ロシアの詩人。
⇒現世文（ヴィノクーロフ,エフゲニー 1925.10.22–1993.1.24）

Vinson, Eddie（Cleanhead）
アメリカのジャズ歌手,アルトサックス奏者。
⇒ロック（Vinson,Eddie 'Cleanhead' ヴィンソン,エディ・"クリーンヘッド" 1917.12.18–）

Vinson, Frederick Moore
アメリカの政治家。連邦最高裁判所主席判事(1946)。
⇒岩世人（ヴィンソン 1890.1.22–1953.9.8）

Vinter, Aleksandr Vasilievich
ソ連の工学者。動力工学,電力開発の権威。32年ドニエープル工業ユシビナートを建設。
⇒岩世人（ヴィンテル 1878.9.28/10.10–1958.3.9）

Vinter, Robert D.
アメリカのソーシャルワークの研究者。グループワークの一つのモデルである治療モデルを生み出した。
⇒現社福（ヴィンター 1918–）

Vinterberg, Thomas
デンマークの映画監督。デンマーク映画界のムーブメント「ドグマ95」の共同創設者。
⇒映監（ヴィンターベア,トマス 1969.5.19–）

Vinton, Bobby
アメリカ・ペンシルバニア州生まれの歌手。
⇒ロック（Vinton,Bobby ヴィントン,ボビー 1935.4.16–）

Vinzent, Lawrence
アメリカのテノール歌手。
⇒魅惑（Vinzent,Lawrence ?–）

Viola, Bill
アメリカのビデオアーティスト。
⇒岩世人（ヴィオラ 1951.1.25–）
外12（ビオラ,ビル 1951.1.25–）
外16（ビオラ,ビル 1951.1.25–）
現アテ（Viola,Bill ヴィオラ,ビル 1951–）

Viola, Frank John
アメリカの大リーグ選手（投手）。
⇒外12（バイオーラ,フランク 1960.4.19–）
メジャ（ヴァイオラ,フランク 1960.4.19–）

Violle, Jules
フランスの物理学者。
⇒学叢思（ヴィオール,ジュール 1841–?）

Vionnet, Madeleine
フランスの服飾デザイナー。

⇒岩世人（ヴィオネ 1876.6.22-1975.3.2）
Virdon, William Charles
アメリカの大リーグ選手（外野）。
⇒メジャ（ヴァードン, ビル 1931.6.9-）
Virén, Lasse Artturi
フィンランドの陸上競技選手。
⇒岩世人（ヴィレーン 1949.7.22-）
Virgil, Osvaldo Jose, Jr.
アメリカの大リーグ選手（捕手）。
⇒メジャ（バージル, オジー 1956.12.7-）
Virgilii, John
テノール歌手。
⇒魅惑（Virgilii, John ?-）
Virilio, Paul
フランスの都市計画研究者。
⇒現社（ヴィリリオ 1932-）
国政（ヴィリリオ, ポール 1932-）
ネーム（ヴィリリオ 1932-）
メル別（ヴィリリオ, ポール 1932-）
Virsaladze, Elisso
ジョージアのピアノ奏者。
⇒外12（ヴィルサラーゼ, エリソ 1942-）
外16（ヴィルサラーゼ, エリソ 1942.9.14-）
Virta, Nikolai Evgenievich
ソ連の小説家、劇作家。小説『孤独』(1935)、戯曲『われらが日々の糧』でスターリン賞受賞。
⇒現世文（ヴィルタ, ニコライ・エヴゲニエヴッチ 1906.12.19-1976.1.3）
Virtanen, Artturi Ilmari
フィンランドの生化学者。栄養と食料資源の開発に関する研究で、ノーベル化学賞を受けた(1945)。
⇒岩生（ヴィルタネン 1895-1973）
岩世人（ヴィルタネン 1895.1.15-1973.11.11）
化学（ヴィルタネン 1895-1973）
ノベ3（ビルターネン, A.I. 1895.1.15-1973.11.11）
Virtue, Doreen L.
アメリカの精神治療士。
⇒外12（バーチュー, ドリーン 1958-）
外16（バーチュー, ドリーン 1958-）
Virtue, Tessa
カナダのフィギュアスケート選手（アイスダンス）。
⇒外12（バーチュー, テッサ 1989.5.17-）
外16（バーチュー, テッサ 1989.5.17-）
最世ス（バーチュー, テッサ 1989.5.17-）
Vischer, Robert
ドイツの美術史家。感情移入の美学にもとづき、形式に対する感情の関係を図式化し、芸術作品

の分析手段とした。
⇒岩世人（フィッシャー 1847.2.22-1933.3.25）
学叢思（フィッシャー, ロベルト 1847-?）
Visconti, Luchino
イタリアの映画監督。『揺れる大地』『山猫』(カンヌ金賞)『ベニスに死す』など、奥行きの深い作品世界を作りあげ、戦後イタリア映画界の第1人者として活躍。
⇒岩世人（ヴィスコンティ 1906.11.2-1976.3.17）
映監（ヴィスコンティ, ルキノ 1906.11.2-1976）
オペラ（ヴィスコンティ, ルキーノ 1906-1976）
広辞7（ヴィスコンティ 1906-1976）
新音中（ヴィスコンティ, ルキーノ 1906.11.2-1976.3.17）
ネーム（ヴィスコンティ 1906-1976）
標音2（ヴィスコンティ, ルキノ 1906.11.2-1976.3.17）
Visconti, Piero
イタリアのテノール歌手。
⇒失声（ヴィスコンティ, ピエロ 1948?-）
魅惑（Visconti, Piero 1948-）
Vishnegradsky, Ivan Alexandrovich
ロシア、のちフランスの作曲家。
⇒ク音3（ヴィシネグラツキー 1893-1979）
標音2（ヴィシネグラズキー, イヴァン・アレクサンドロヴィチ 1893.5.16-1979.9.28）
Vishneva, Diana
ロシアのダンサー。
⇒外12（ヴィシニョーワ, ディアナ 1976.7.13-）
外16（ヴィシニョーワ, ディアナ 1976.7.13-）
Vishnevskaya, Galina Pavlovna
ロシア生まれのアメリカのソプラノ歌手。
⇒新音中（ヴィシネフスカヤ, ガリーナ 1926.10.25-）
標音2（ヴィシネフスカヤ, ガリーナ 1926.10.25-）
Vishnevskii, Aleksandr Vasilievich
ソ連の外科医。局部麻酔法を研究し、また〈ノボカイン封鎖〉および〈油脂・バルザム包帯〉による炎症の治療法を見出し、1942年スターリン賞受賞。
⇒岩世人（ヴィシネーフスキー 1874.8.23/9.4-1948.11.13）
Vishnevskii, Vsevolod Vitalievich
ソ連の劇作家。『忘れられぬ1919年』でスターリン賞を受けた(1950)。
⇒現世文（ヴィシネフスキー, フセヴォロド・ヴィタリエヴィチ 1900.12.21-1951.2.28）
Visse, Dominique
フランスのカウンターテナー歌手。
⇒外12（ヴィス, ドミニク 1955-）
外16（ヴィス, ドミニク 1955-）
新音中（ヴィス, ドミニク 1955.8.30-）

Visser, Marinus Willem de
オランダの日本学者。駐東京オランダ公使館通訳官(1904〜09), ライデン大学日本学教授(17〜)。
⇒岩世人（フィッセル　1875.10.23–1930.10.7）

Visser't Hooft, Willem Adolf
オランダのプロテスタント神学者。世界教会会議幹事(1938〜)。
⇒岩世人（フィッセル・ト・ホーフト　1900.9.20–1985.7.4）
　新カト（フィセルト・ホーフト　1900.9.20–1985.7.4）

Vissière, Arnold
フランスの中国学者。主著『中国語初歩』(1904)は今なお声価がある。西洋人中有数の漢字書家。
⇒岩世人（ヴィシエール　1858.8.2–1930.3.28）

Viswanathan, Gauri
インドの英文学・比較文学の研究者。コロンビア大学教授。
⇒外12（ヴィシュワナータン, ゴウリ　1950–）
　外16（ヴィシュワナータン, ゴウリ　1950–）

Vitali, Andrea
イタリアの作家。
⇒外12（ヴィターリ, アンドレア　1956–）
　外16（ヴィターリ, アンドレア　1956–）
　現世文（ヴィターリ, アンドレア　1956.2.12–）

Vitali, Giuseppe
イタリアの数学者。解析学、微分幾何学を研究。
⇒岩世人（ヴィターリ　1875.8.26–1932.2.29）
　数辞（ヴィタリ, ジュゼッペ　1875–1932）
　世数（ヴィタリ, ジュゼッペ　1875–1932）

Vitelli, Girolamo
イタリアの古典学者。
⇒岩世人（ヴィテッリ　1849.7.27–1935.9.2）

Vitez, Antoine
フランスの俳優, 演出家。コンセルバトアール教授。
⇒岩世人（ヴィテーズ　1930.12.20–1990.4.30）

Vithoulkas, George
ギリシャの医学者。
⇒外12（ヴィソルカス, ジョージ　1932–）

Vitor Junior
ブラジルのサッカー選手(MF)。
⇒外12（ヴィトール・ジュニオール　1986.9.15–）

Vitousek, Peter M.
アメリカの生物学者。
⇒外12（ビトーセク, ピーター　1949.1.24–）
　外16（ビトーセク, ピーター　1949.1.24–）

Vitrac, Roger
フランスの劇作家, 詩人, 評論家。詩集『デリール』(1965)など。
⇒岩世人（ヴィトラック　1899.11.17–1952.1.22）
　現世文（ヴィトラック, ロジェ　1899.11.17–1952.1.22）

Vitt, Oscar Joseph
アメリカの大リーグ選手(三塁, 二塁)。
⇒メジャ（ヴィット, オジー　1890.1.4–1963.1.31）

Vitte, Sergei Iulievich
ロシアの政治家。
⇒岩世人（ヴィッテ　1849.6.17–1915.2.28）
　学叢歴（ウィッテ　1849–現存）
　広辞7（ウィッテ　1849–1915）
　国政（ウィッテ　1849–1915）
　世史改（ウィッテ　1849–1915）
　世人新（ヴィッテ(ウィッテ)　1849–1915）
　世人装（ヴィッテ(ウィッテ)　1849–1915）
　ネーム（ウィッテ　1849–1915）
　ボブ人（ウィッテ, セルゲイ　1849–1915）

Vitti, Monica
イタリアの女優。
⇒遺産（ヴィッティ, モニカ　1931.11.3–）
　ク俳（ヴィッティ, モニカ(チェキアレーリ, マリア)　1931–）

Vitting, Eugene Eduardovich
ラトビアのテノール歌手。
⇒魅惑（Vitting,Eugene Eduardovich　1884–1959）

Vittorini, Elio
イタリアの小説家, 評論家。ネオレアリズモ文学の立役者。主著『赤いカーネーション』(1933)。
⇒岩世人（ヴィットリーニ　1908.7.23–1966.2.12）
　現世文（ヴィットリーニ, エーリオ　1908.7.23–1966.2.12）
　広辞7（ヴィットリーニ　1908–1966）

Vittorio, Giuseppe di
イタリアの労働運動家。1949年世界労連WFTU委員長に就任。イタリア共産党中央委員でもあった。
⇒岩世人（ディ・ヴィットーリオ　1892.8.11–1957.11.3）

Vittorio Emanuele III
イタリア国王。在位1900〜46。B.ムッソリーニによるファシスト独裁政権に道を開いた。
⇒岩世人（ヴィットーリオ・エマヌエーレ3世　1869.11.11–1947.12.28）
　皇現（ヴィットーリオ・エマヌエーレ3世　(在位)1900–1946）
　ネーム（ヴィトリオ・エマヌエレ3世　1869–1947）

Vivarelli, Carlo L.
スイスのグラフィック・デザイナー。
⇒グラデ（Vivarelli,Carlo L.　ヴィヴァレリ, カル

Vives, Amadeo
スペインの作曲家。
⇒ク音3（ビベス　1871–1932）
標音2（ビベス, アマデオ　1871.11.18–1932.12.1）

Vivian, Mititaiagimene Young
ニウエの政治家。ニウエ首相, 外相。
⇒外12（ビビアン, ミティタイアギメネ・ヤング　1935–）
外16（ビビアン, ミティタイアギメネ・ヤング　1935–）
世指導（ビビアン, ミティタイアギメネ・ヤング　1935–）

Viviani, Giuseppe
イタリアの画家。
⇒芸13（ヴィヴィアーニ, ジュゼッペ　1899–1968）

Viviani, René Raphael
フランスの政治家。
⇒岩世人（ヴィヴィアニ　1863.11.8–1925.9.6）
学叢思（ヴィヴィアニ, ルネ　1862–?）

Vizcaino, Jose Luis Pimental
ドミニカ共和国の大リーグ選手（内野手）。
⇒メジャ（ビスカイノ, ホセ　1968.3.26–）

Vizcaino, Luis
ドミニカ共和国の大リーグ選手（投手）。
⇒メジャ（ビスカイノ, ルイス　1974.8.6–）

Vize, Vladimir Yulievich
ソ連の海洋学者, 地理学者, 気象学者。「セドフ」号に乗組んで北極沿岸の探検に従いヴィーゼ島を発見（1932）。
⇒岩世人（ヴィーゼ　1886.2.21/3.5–1954.2.19）

Vizenor, Gerald（Robert）
アメリカのネイティヴ系詩人, 小説家。
⇒岩世人（ヴィズナー　1934–）

Vizer, Marius
オーストリアの国際柔道連盟（IJF）会長。
⇒最世ス（ビゼール, マリアス　1958.1.1–）

Vizquel, Omar Enrique
アメリカの大リーグ選手（遊撃）。
⇒外12（ビスケル, オマール　1967.4.24–）
外16（ビスケル, オマール　1967.4.24–）
最世ス（ビスケル, オマール　1967.4.24–）
メジャ（ビスケル, オマル　1967.4.24–）

Vizzini, Ned
アメリカの作家, 脚本家。
⇒現世文（ヴィジーニ, ネッド　1981.4.4–2013.12.19）

Vlachou, Helene
ギリシャの新聞社主。

⇒岩世人（ヴラフ　1911.12.18–1995.10.14）

Vláčil, František
ポーランド生まれのチェコの映画監督, 画家, デザイナー。
⇒映監（ヴラーチル, フランチシェク　1924.2.19–1999）

Vlad, Roman
ルーマニア生まれの作曲家。
⇒新音中（ヴラド, ロマン　1919.12.29–）
標音2（ヴラド, ロマン　1919.12.29–）

Vladar, Stefan
オーストリアのピアノ奏者。
⇒外12（ヴラダー, シュテファン　1965–）
外16（ヴラダー, シュテファン　1965–）

Vladigerov, Pancho
ブルガリアの作曲家, ピアノ奏者。民謡に根ざした技巧的な作品を各分野に残し, 指導的役割を果した。
⇒ク音3（ウラディゲロフ　1899–1978）
新音中（ウラディゲロフ, パンチョ　1899.3.13–1978.9.8）
標音2（ウラディゲロフ, パンチョ　1899.3.13–1978.9.8）

Vladimir
アメリカの聖職者, 日本ハリストス正教会首座主教。
⇒岩世人（ヴラジーミル（ナゴスキー）　1922.3.6–1997.8.2）

Vladimirtsov, Boris Yakovlevich
ソ連の東洋学者。モンゴルの言語と歴史の専門家。
⇒岩世人（ヴラジーミルツォフ　1884.7.8/20–1931.8.17）
広辞6（ウラジミルツォフ　1884–1931）

Vladimov, Georgii Nikolaevich
ソ連の作家。収容所の番犬をテーマとした『忠犬ルスラン』は検閲のため正式に発表することができず, 「幻の名作」といわれている。
⇒現世文（ウラジーモフ, ゲオルギー　1931.2.19–2003.10）

Vlady, Marina
フランス生まれの女優。
⇒ク俳（ブラディ, マリナ（ポリアコフ＝バイダロフ, M.デ）　1937–）

Vlaminck, Maurice de
フランスの画家。フォーブ運動の一員。人けのない寂しい町角や風景を描いた。主作品『セーヌ川』。
⇒岩世人（ヴラマンク　1876.4.4–1958.10.11）
芸13（ヴラマンク, モーリス・ド　1876–1958）
広辞7（ヴラマンク　1876–1958）

Vlašić, Blanka
クロアチアの走り高跳び選手。

⇒外12（ブラシッチ,ブランカ　1983.11.8–）
最世ス（ブラシッチ,ブランカ　1983.11.8–）

Vlasov, Roman
ロシアのレスリング選手（グレコローマン）。
⇒外16（ブラソフ,ロマン　1990.10.6–）
最世ス（ブラソフ,ロマン　1990.10.6–）

Vlassov, Vitali
ロシアのテノール歌手。
⇒魅惑（Vlassov,Vitali　?–）

Vlastos, Gregory
アメリカの古代哲学史家。
⇒岩世人（ヴラストス　1907.7.27–1991.10.12）

Vlcek, Ernst
オーストリアの作家。
⇒現世文（ヴルチェク,エルンスト　1941.1.9–2008.4.22）

Vlerick, Robert
フランスの彫刻家。
⇒芸13（ヴレリック,ロベール　1882–1940）

Vo Chi Cong
ベトナムの政治家。ベトナム国家評議会議長（元首）,ベトナム共産党政治局員。
⇒岩世人（ヴォー・チー・コン　1912.8.7–2011.9.8）

Vodička, Leo Marian
チェコのテノール歌手。
⇒魅惑（Vodička,Leo Marian　?–）

Vodolazkin, Evgenij
ウクライナの作家,文学者。
⇒現世文（ヴォドラスキン,エヴゲーニー　1964.2.21–）

Voegelin, Eric（Herman Wilhelm）
アメリカの歴史家,政治哲学者。
⇒岩世人（フェーゲリン　1901.1.3–1985.1.19）

Voeikov, Aleksandr Ivanovich
ロシアの気候学者。南北アメリカ,インド,ジャヴァを経て来日,日本の気候について論述した。主書『世界の気候』(2巻,1887)。
⇒岩世人（ヴォエーイコフ　1842.5.8–1916.1.28）

Voevoda, Alexey
ロシアのボブスレー選手。
⇒外16（ヴォエヴォダ,アレクセイ　1980.5.9–）

Voevodskiy, Vladimir
アメリカの数学者。プリンストン高等研究所教授。
⇒外12（ヴォエヴォドスキー,ウラジーミル　1966.6.4–）
　外16（ヴォエヴォドスキー,ウラジーミル　1966.6.4–）
　世数（ヴォエヴォドスキー・ウラジーミル・アレ

サンドロヴィッチ　1966–）

Vogel, Ezra F.
アメリカの社会学者。日本・中国社会の研究家。主著『ジャパン・アズ・ナンバーワン』(1979)。
⇒岩世人（ヴォーゲル　1930.7.11–）
　外12（ボーゲル,エズラ　1930.7.11–）
　外16（ボーゲル,エズラ　1930.7.11–）
　現社（ヴォーゲル　1930–）
　社小増（ヴォーゲル　1930–）

Vogel, Friedemann
ドイツのバレエダンサー。
⇒外12（フォーゲル,フリーデマン　1980–）
　外16（フォーゲル,フリーデマン　1980–）

Vogel, Hans-Jochen
ドイツの政治家。ドイツ社会民主党(SPD)党首。
⇒岩世人（フォーゲル　1926.2.3–）

Vogel, Hermann Carl
ドイツの天体物理学開拓者の一人。変光星アルゴルの暗黒伴星を発見(1889)。
⇒岩世人（フォーゲル　1841.4.3–1907.8.13）

Vogel, Martin Christian
ドイツのテノール歌手。
⇒魅惑（Vogel,Martin Christian　1951–）

Vogel, Siegfried
ドイツのバス歌手。
⇒オペラ（フォーゲル,ジークフリート　1937–）
　標音2（フォーゲル,ジークフリート　1937.3.6–）

Vogel, Steven K.
アメリカの政治学者。
⇒外12（ボーゲル,スティーブン　1961–）
　外16（ボーゲル,スティーブン　1961–）

Vogel, Volker
ドイツ,のちスイスのテノール歌手。
⇒魅惑（Vogel,Volker　?–）

Vogel, Walther
ドイツの歴史地理学者。主著 "Kurze Geschichte der deutschen Hanse"(1915),"Politische Geographie"(22)。
⇒岩世人（フォーゲル　1880.12.19–1938.5.29）

Vogel, Wladimir
ロシア生まれのスイスの作曲家,教育者。
⇒新音中（フォーゲル,ヴラディーミル　1896.2.29–1984.6.19）
　標音2（フォーゲル,ヴラディミル　1896.2.29–1984.6.19）

Vogel, Wolfgang
東ドイツの弁護士。冷戦期に数多くのスパイ交換を仲介した。
⇒スパイ（フォーゲル,ヴォルフガング　1925–

2008)
Vogeler, Heinrich
ドイツの画家，版画家，工芸家。
⇒岩世人（フォーゲラー 1872.12.12–1942.6.14）
広辞7（フォーゲラー 1872–1942）

Vogelsong, Ryan Andrew
アメリカの大リーグ選手（ジャイアンツ・投手）。
⇒外16（ボーグルソン，ライアン 1977.7.22–）

Vogelstrom, Fritz
ドイツのテノール歌手。
⇒魅惑（Vogelstrom, Fritz 1882–1963）

Vogler, Sara
イギリスの作家。
⇒海文新（ボーラー，サラ）

Vogt, Carina
ドイツのスキー選手（ジャンプ）。
⇒外16（フォクト，カリナ 1992.2.5–）

Vogt, Johan Hermann Lie
ノルウェーの岩石学者，鉱床学者。火成岩の結晶作用の研究から，岩石学と鉱床学に新たな物理化学的，成因論的見解を導入。
⇒岩世人（フォクト 1858.10.14–1932.1.3）
オク地（フォークト，ヨハン・ハーマン，リー 1858–1932）

Vogt, Joseph
ドイツの古代史家。ローマ史を思想史的側面から追究。
⇒新カト（フォークト 1895.6.23–1986.7.14）

Vogt, Klaus Florian
ドイツのテナー歌手。
⇒外12（フォークト，クラウス・フローリアン 1970–）
外16（フォークト，クラウス・フローリアン 1970–）
失声（フォークト，クラウス・フロリアン 1970–）
魅惑（Vogt, Klaus Florian ?–）

Vogt, Lars
ドイツのピアノ奏者。
⇒外12（フォークト，ラルス 1970–）

Vogt, Walther
ドイツの動物発生学者。
⇒岩生（フォークト 1888–1941）
旺生5（フォークト 1888–1941）
三新生（フォークト 1888–1941）

Vögtle, Anton
ドイツのカトリック新約学者，釈義学者。
⇒新カト（フェクトレ 1910.12.17–1996.3.17）

Vogts, Berti
ドイツのサッカー監督。
⇒外12（フォクツ，ベルティ 1946.12.30–）

外16（フォクツ，ベルティ 1946.12.30–）

Vogüé, Eugène Melchior de
フランスの作家，外交官。ロシア文学の紹介に貢献。主著『ロシアの小説』(1886)。
⇒岩世人（ヴォギュエ 1848.2.25–1910.3.24）

Voight, Jon
アメリカ生まれの男優。
⇒外12（ボイト，ジョン 1938.12.29–）
外16（ボイト，ジョン 1938.12.29–）
ク俳（ヴォイト，ジョン 1938–）
ネーム（ヴォイト 1938–）

Voigt, Cynthia
アメリカの女性作家。
⇒現世文（ボイト，シンシア 1942–）

Voigt, Deborah
アメリカのソプラノ歌手。
⇒外12（ボイト，デボラ 1960–）
外16（ボイト，デボラ 1960–）

Voigt, Woldemar
ドイツの理論物理学者。結晶の物理的性質を究明して結晶物理学の基礎を確立。
⇒岩世人（フォークト 1850.9.2–1919.12.13）

Voinovich, George V.
アメリカの政治家。
⇒外12（ボイノビッチ，ジョージ 1936.7.15–）

Voinovich, Vladimir Nikolaevich
ソ連の作家。反体制的傾向のため，主要作品は国外で発表。作品に『兵士イワン・チョンキンの華麗な冒険』など。
⇒岩世人（ヴォイノーヴィチ 1932.9.26–）
現世文（ヴォイノヴィチ，ウラジーミル 1932.9.26–2018.7.27）

Voiselle, William Symmes
アメリカの大リーグ選手（投手）。
⇒メジャ（ヴォワセル，ビル 1919.1.29–2005.1.31）

Voisin, Gabriel
フランスの飛行機製作者。ブレリオと共に，世界で最初の飛行機製作所を設立（1904）。
⇒岩世人（ヴォワザン 1880.2.5–1973.12.25）

Voit, Karl von
ドイツの生理学者。栄養学の基礎を築いた。
⇒岩世人（フォイト 1831.10.31–1908.1.31）

Voit, Ludwig
第一次大戦中にドイツの通信情報機関を創設した人物。
⇒スパイ（フォイト，ルートヴィヒ）

Voitinskii, Grigoril Naumovich
ソ連の革命家，東洋学者。
⇒岩世人（ヴォイチンスキー 1893.4.5/17–1956.6.

11)
Vojtko, Marian
チェコのテノール歌手。
⇒魅惑（Vojtko,Marian ?–）

Volang, Jean
ベトナムの画家。
⇒芸13（ヴォラン, ジーン 1921–）

Volans, Kevin
南アフリカの作曲家。
⇒ク音3（ヴォランズ 1949–）

Volcker, Paul A.
アメリカのエコノミスト。円切り上げなど国際通貨調整の直接担当者。1975年ニューヨーク連銀総裁, 79年米連邦準備制度理事会（FRB）議長。
⇒アメ経（ボルカー, ポール）
　外12（ボルカー, ポール 1927.9.5–）
　外16（ボルカー, ポール 1927.9.5–）
　世指導（ボルカー, ポール 1927.9.5–）

Volckman, Christian
フランスの映画監督, アニメーション監督。
⇒外12（ヴォルクマン, クリスチャン）

Volga, Fun
アルゼンチンのエッセイスト。
⇒外12（ボルガ, ファン 1959–）

Voli, Albert
フランスのテノール歌手。
⇒魅惑（Voli,Albert 1932–）

Volk, Hermann
ドイツのカトリック神学者, 枢機卿, 教皇庁職員。
⇒岩世人（フォルク 1903.10.27–1988.7.1）
　新カト（フォルク 1903.12.27–1988.7.1）

Volkelt, Johannes
ドイツの哲学者, 美学者。感情移入美学の代表者。主著『美意識論』(1920)。
⇒岩世人（フォルケルト 1848.7.21–1930.5.8）
　学叢思（フォルケルト, ヨハネス 1848–?）
　教人（フォルケルト 1848–1930）
　メル2（フォルケルト, ヨハネス 1848–1930）

Völker, Franz
ドイツのテノール歌手。
⇒失声（フェルカー, フランツ 1899–1965）
　魅惑（Völker,Franz 1899–1965）

Volkov, Alexey
ロシアのバイアスロン選手。
⇒外16（ヴォルコフ, アレクセイ 1988.4.5–）

Volkov, Konstantin
西側に寝返ったNKVDのインテリジェンス・オフィサー。
⇒スパイ（ヴォルコフ, コンスタンチン）

Volkova, Ekaterina
ロシアの陸上選手（障害）。
⇒最世ス（ヴォルコワ, エカテリーナ 1978.2.16–）

Vollard, Ambroise
フランスの画商, 版画出版業者。1895年セザンヌ展, 99年ナビ派展などを開催, 近代美術の推進者。
⇒岩世人（ヴォラール 1866.7.3–1939.7.22）
　ユ著人（Vollard,Ambroise ヴォラール, アンブロワーズ 1868–1939）

Vollebaek, Knut
ノルウェーの政治家, 外交官。ノルウェー外相, 駐米ノルウェー大使。
⇒世指導（ヴォッレベク, クヌート 1946.2.11–）

Vollertsen, Norbert
ドイツの人権活動家, 医師。
⇒外12（フォラツェン, ノルベルト 1958–）

Vollhardt, K.Peter C.
スペイン生まれの化学者。
⇒外12（ボルハルト, K・ペーター）
　外16（ボルハルト, K・ペーター・C. 1946.3.7–）

Vollmar, Georg Heinrich von
ドイツの社会民主党の指導者。1890年代のはじめごろより修正主義の傾向に走り, 94年のフランクフルトの党大会では, 農業問題に関して大農との同盟をふくむ修正主義の綱領を提案した。
⇒学叢思（フォルマール, ゲオルゲ・フォン 1850–?）

Vollmer, August
アメリカの警察官。
⇒アメ州（Vollmer,August ボルマー, オーガスト 1876–1955）

Vollmer, Dana
アメリカの水泳選手（バタフライ）。
⇒外16（ボルマー, ダナ 1987.11.13–）
　最世ス（ボルマー, ダナ 1987.11.13–）

Vollmer, Gerhard
ドイツの哲学者, 物理学者, 科学哲学者。
⇒岩世人（フォルマー 1943.11.17–）

Volman, Mark
アメリカのミュージシャン。
⇒ロック（Flo and Eddie フロウ&エディ 1944.4.19–）

Volmer, Max
ドイツの物理化学者。
⇒岩世人（フォルマー 1885.5.3–1965.6.3）

Volodin, Vyacheslav
ロシアの政治家。ロシア下院議長。
⇒世指導（ヴォロジン, ヴャチェスラフ 1964.2.4–）

Volodine, Antoine
フランスの作家。
⇒外16（ヴォロディーヌ, アントワーヌ　1950-）
　現世文（ヴォロディーヌ, アントワーヌ　1950-）

Volodos, Arcadi
ロシアのピアノ奏者。
⇒外12（ヴォロドス, アルカディ　1972-）
　外16（ヴォロドス, アルカディ　1972-）

Volonté, Dario
アルゼンチンのテノール歌手。
⇒魅惑（Volonté, Dario 1963-）

Volonté, Gian Maria
イタリア生まれの男優。
⇒スター（ヴォロンテ, ジャン・マリア　1933.4.9-1994）

Voloshin, Aleksandr
ロシアの政治家, 実業家。ロシア大統領府長官。
⇒世指導（ヴォロシン, アレクサンドル　1956.3.3-）

Voloshin, Maksimilian Aleksandrovich
ロシアの詩人。象徴主義を基礎とした新写実主義"ネオ・リアリズム"を唱えた。
⇒岩世人（ヴォローシン　1877.5.16/28-1932.8.11）

Volosozhar, Tatiana
ロシアのフィギュアスケート選手（ペア）。
⇒外16（ヴォロソジャル, タチアナ　1986.5.22-）
　最世ス（ヴォロソジャル, タチアナ　1986.5.22-）

Volpe, Gioacchino
イタリアの歴史家。
⇒岩世人（ヴォルペ　1876.2.16-1971.10.1）

Volpi, Cont Giuseppe
イタリアの大資本家。アドリア海沿岸の電力産業を支配, 1934年ファシスト工業家連盟会長。
⇒岩世人（ヴォルピ　1877.11.19-1947.11.16）

Volpi, Guido
イタリアのテノール歌手。
⇒失声（ヴォルピ, グイド　1889-1944）
　魅惑（Volpi, Guido　1889-?）

Volpi, Jorge
メキシコの作家。
⇒海文新（ボルピ, ホルヘ　1968.7.10-）
　現世文（ボルピ, ホルヘ　1968.7.10-）

Volpi, Mike
イタリア生まれの実業家。
⇒外12（ボルピ, マイク）
　外16（ボルピ, マイク）

Volponi, Paolo
イタリアの小説家。主著『覚え書』(1962),『世界機構』(65)。
⇒岩世人（ヴォルポーニ　1924.2.6-1994.8.23）
　現世文（ヴォルポーニ, パオロ　1924.2.6-1994.8.23）

Vol'skii, Arkadii Ivanovich
ロシアの企業家, 政治家, ロシア産業家企業家同盟会長。
⇒世指導（ウォリスキー, アルカジー　1932.5.15-2006.9.9）

Volterra, Vito
イタリアの数学者, 物理学者。積分方程式の理論を説く。
⇒岩生（ヴォルテラ　1860-1940）
　岩世人（ヴォルテラ　1860.5.3-1940.10.11）
　数辞（ヴォルテラ, ヴィト　1860-1940）
　数小増（ヴォルテラ　1860-1940）
　世数（ヴォルテラ, サミュエル・ジウゼッペ・ヴィト　1860-1940）

Volti, Antoniucci
イタリア生まれの彫刻家。
⇒芸13（ヴォルティ, アントニウス　1915-）

Voltolini, Ismaele
イタリアのテノール歌手。
⇒魅惑（Voltolini, Ismaele　1889-1938）

Voltz, William
ドイツのSF作家。
⇒外12（フォルツ, ウィリアム　1937-）
　外16（フォルツ, ウィリアム　1937-）
　現世文（フォルツ, ウィリアム　1937-）

Volynsky, Akim
ロシアの舞踊批評家, 美術史家, バレエ学校校長。
⇒岩世人（ヴォルインスキー　1863.4.21/5.3-1926.7.6）
　ユ著人（Volynski, Akim Levovich　ヴォルインスキー, エーキム・レボーヴィチ　1863-1926）

Vonago, Ronald
ロシア帝国（現ポーランド）生まれの公証人, 裁判官, エスペランティスト。ウラジオストクエスペラント会長。
⇒日エ（ヴォナゴ　?-?）

Vonásek, Rudolf
チェコスロバキアのテノール歌手。
⇒魅惑（Vonásek, Rudolf　1914-1995）

Von der Dunk, Hermann
オランダの歴史家。
⇒岩世人（フォン・デル・ドゥンク　1928.10.9-）

Von der Leyen, Ursula
ドイツの政治家, 産婦人科医。
⇒外16（フォンデアライエン, ウルズラ　1958.10.8-）
　世指導（フォンデアライエン, ウルズラ　1958.10.8-）

Vondrák, Václav
チェコスロバキアのスラヴ語学者。主著 "Vergleichende slavische Grammatik"（2巻，1906～08）。
⇒岩世人（ヴォンドラーク　1859.9.22–1925.8.13）

Vo Nguyen Giap
ベトナム共産党最高指導者の一人。
⇒ア太戦（ヴォー＝グエン＝ザップ　1911–2013）
異二辞（ザップ［ヴォー・グエン・～］　1911–2013）
岩世人（ヴォー・グエン・ザップ　1911.8.25–2013.10.4）
国政（ザップ，ヴォー・グエン　1912–）
世人新（ボー＝グエン＝ザップ　1911–2013）
世人装（ボー＝グエン＝ザップ　1911–2013）
戦思（ザップ，ボー・グエン　1911–）
ネーム（ザップ，ヴォー・グエン　1912–2013）

von Hügel, Friedrich
イギリスの神学者。
⇒岩世人（ヒューゲル　1852.5.5–1925.1.27）
オク教（ヒューゲル　1852–1925）
新カト（ヒューゲル　1852.5.5–1925.1.27）

Vonier, Martin
ベネディクト会の神学者。
⇒オク教（フォニール　1875–1938）
新カト（ヴォニエ　1875.11.11–1938.12.26）

Von Koch, Helge Nils Fabin
スウェーデンの数学者。
⇒岩世人（フォン・コッホ　1870.1.25–1924.3.11）
世数（フォン・コッホ，ニールス・ファビアン・ヘルゲ　1870–1924）

Von Leitner, Gudrun
ドイツ生まれの画家。
⇒芸13（フォン・ライトナー，グドラン　1940–）

Vonn, Lindsey
アメリカのスキー選手（アルペン）。
⇒外12（ボン，リンゼイ　1984.10.18–）
外16（ボン，リンゼイ　1984.10.18–）
最世ス（ボン，リンゼイ　1984.10.18–）

Vonnegut, Kurt
アメリカの小説家。
⇒アメ州（Vonnegut,Kurt,Jr.　ボネガット，カート，ジュニア　1922–）
岩世人（ヴォネガット　1922.11.11–2007.4.11）
現世文（ボネガット，カート（Jr.）　1922.11.11–2007.4.11）
広辞7（ヴォネガット　1922–2007）
ネーム（ヴォネガット，カート　1977–2007）

Vonnegut, Norb
アメリカの作家。
⇒海文新（ヴォネガット，ノーブ　1958–）
現世文（ボネガット，ノーブ　1958–）

von Wright, Georg Henrik
フィンランドの哲学者。
⇒岩世人（フォン・ウリクト　1916.6.14–2003.6.16）

Von Ziegesar, Cecily
アメリカの作家。
⇒海文新（V.Z.，セシリー　1970.6.27–）
現世文（フォン・ジーゲザー，セシリー　1970.6.27–）

Voorhees, Tracy S.
アメリカの法律家。対日問題を含む占領行政を担当。
⇒岩世人（ヴォーヒーズ　1890.6.30–1974.9.25）

Voorman, Klaus
ドイツのベース奏者。
⇒ビト改（VOORMAN,KLAUS　フォアマン，クラウス）

Vorapajev, Anatolij
テノール歌手。
⇒魅惑（Vorapajev,Anatolij　?–）

Voretzsch, Ernst-Arthur
ドイツの外交官，駐日ドイツ大使。
⇒新カト（フォーレッチ　1868.8.13–1965.5.17）

Vories, William Merrell
アメリカの宣教師，建築家。日本に帰化。1910年吉田悦蔵らと近江ミッション創立。20年アメリカの家庭薬メンソレータム東洋専売権を得る。
⇒アア歴（Vories,William Merrell　ヴォーリーズ，ウイリアム・メレル　1880.10.2–1964.5.7）
岩キ（ヴォーリズ　1880–1964）
岩世人（ヴォーリズ　1880.10.28–1964.5.7）
教人（ヴォーリズ　1880–）
広辞7（ヴォーリズ　1880–1964）
ポプ人（ボーリズ，ウィルアム・メレル　1880–1964）

Vorländer, Karl
ドイツの哲学者。カントの方法論とマルクスの社会主義との結合を試みた。
⇒岩世人（フォアレンダー　1860.1.2–1928.12.6）
学叢思（フォルレンデル，カール　1860–?）

Vorobieva, Natalia
ロシアのレスリング選手。
⇒外16（ボロビエワ，ナタリア　1991.5.27–）
最世ス（ボロビエワ，ナタリア　1991.5.27–）

Voronin, Vladimir Nikoraevich
モルドバの政治家。モルドバ大統領（2001～09），モルドバ共産党第1書記。
⇒岩世人（ヴォローニン　1941.5.25–）
外12（ウォロニン，ウラジーミル　1941.5.25–）
外16（ウォロニン，ウラジーミル　1941.5.25–）
世指導（ウォロニン，ウラジーミル　1941.5.25–）

Voronoff, Serge
フランスの外科医。若返り法の実験で、ウィーンのE.シュタイナハと双璧とされる。
⇒岩世人（ヴォロノフ　1866.7.10–1951.9.3）

Voronoi, Georgii Feodosievich
ロシアの数学者。
⇒岩世人（ヴォロノイ　1868.4.16–1908.11.7）
世数（ヴォロノイ、ゲオルギ・フェオドセーヴィッチ　1868–1908）

Voronskii, Aleksandr Konstantinovich
ソ連の文芸評論家、文学理論家、社会評論家。文学団体「峠」を指導（1921～27）。
⇒岩世人（ヴォロンスキー　1884.8.27/9.8–1943.8.13）
学叢思（ウォロンスキー　1884–）

Vorontsov, Vasilii Pavlovich
ロシアの経済学者。ペンネームのV.V.で知られる。1880年代初めから合法誌に多くの経済論文を発表。
⇒岩世人（ヴォロンツォーフ　1847–1918.12）

Vorontsov, Yurii
ロシアの外交官。駐米ロシア大使。
⇒世指導（ウォロンツォフ、ユーリー　1929.10.7–2007.12.12）

Vorontsov-Dashkov, Illarion Ivanovich
ロシアの軍人、政治家。「義勇保安隊」を編成し、「人民の意志」党の鎮圧に努めた。
⇒岩世人（ヴォロンツォーフ＝ダーシコフ　1837.5.27–1916.1.15）

Voropaev, Dmitri
アゼルバイジャンのテノール歌手。
⇒魅惑（Voropaev,Dmitri（Dmitry）　1980–）

Voroshilov, Kliment Efremovich
ソ連の軍人、政治家。パルチザン部隊長、第1騎兵軍革命軍事会議委員などを務めて勇名をはせた。
⇒岩世人（ヴォロシーロフ　1881.1.23/2.4–1969.12.2）
学叢思（ウォロシロフ　1881–）
広辞7（ウォロシーロフ　1881–1969）

Vorster, Balthazar Johannes
南アフリカ共和国の法律家、政治家。首相と国民党党首を務めた。
⇒岩世人（フォルスター　1915.12.13–1983.9.10）

Vos, Frits
オランダの日本文学研究者。ライデン大学講師。
⇒岩世人（フォス　1918–2000.1.19）

Vos, Marianne
オランダの自転車選手。
⇒外12（フォス、マリアンネ　1987.5.13–）
外16（フォス、マリアンネ　1987.5.13–）
最世ス（フォス、マリアンネ　1987.5.13–）

Voskoboinikov, Valirij
ソ連の児童文学者。
⇒現代文（ヴォスコボイニコフ、ワレリー　1939–）

Voskresensky, Mikhail
ロシアのピアノ奏者。
⇒外16（ヴォスクレセンスキー、ミハイル　1935–）

Vosmik, Joseph Franklin
アメリカの大リーグ選手（外野）。
⇒メジャ（ヴォスミック、ジョー　1910.4.4–1962.1.27）

Voss, Aurely Edmund
ドイツの力学者、数学者。
⇒数辞（フォス、アウレル・エドムント　1845–1931）

Voss, Jan
ドイツ生まれの画家。
⇒芸13（フォス、ヤン　1936–）

Vossenkuhl, Wilhelm
ドイツの哲学者。
⇒岩世人（フォッセンクール　1945.12.11–）

Vossler, Karl
ドイツの言語学者、ロマンス語学者。観念論的美学の立場から言語現象を考察した。
⇒岩世人（フォスラー　1872.9.6–1949.5.18）

Votaw, Maurice Eldred
アメリカのジャーナリスト、教育者。
⇒アア歴（Votaw,Maurice E（ldred）　ボトー、モーリス・エルドレッド　1899.4.29–1981.12.19）

Vo Thi Hao
ベトナムの作家、脚本家、ジャーナリスト。
⇒現代文（ヴォ・ティ・ハーオ　1956–）

Votto, Antonino
イタリアの指揮者。
⇒オペラ（ヴォット、アントニーノ　1896–1985）

Votto, Joey
カナダの大リーグ選手（レッズ・内野）。
⇒外12（ボット、ジョーイ　1983.9.10–）
外16（ボット、ジョーイ　1983.9.10–）
最世ス（ボット、ジョーイ　1983.9.10–）
メジャ（ヴォートー、ジョーイ　1983.9.10–）

Vought, Chance Milton
アメリカの航空技術者、飛行機設計者。ルイス・ヴォート飛行機会社を設立（1917）。
⇒岩世人（ヴォート　1888.2.26–1930.7.25）

Voukelitch, Blanko de
ユーゴスラビアのジャーナリスト。
⇒岩世人（ヴーケリッチ　1904.8–1945.1.13）

Voulgaris, Panthelis
ギリシャ生まれの映画監督。
⇒映監（ヴルガリス,パンデリス　1940.10.2-）

Voulgaris, Sotirios
イタリアの銀細工師。
⇒ポプ人（ブルガリ,ソティリオ　1857-1932）

Vo Van Kiet
ベトナムの政治家。ベトナム共産党政治局員、ベトナム首相。
⇒岩世人（ヴォー・ヴァン・キエット　1922.11.23-2008.6.11）
　世指導（ボー・バン・キエト　1922.11.23-2008.6.11）

Vovchanchyn, Igor
ウクライナの格闘家。
⇒異二辞（ボプチャンチン［イゴール・～］　1973-）

Vovchok, Marko
ウクライナの女性作家。
⇒岩世人（ヴォウチョーク　1833.12.10-1907.7.28）

Vovelle, Michel
フランスの思想史家。
⇒岩世人（ヴォヴェル　1933.2.6-）

Voyer, Giovanni
フランスのテノール歌手。
⇒魅惑（Voyer,Giovanni　1901-1976）

Voynet, Dominique
フランスの政治家、医師。フランス環境国土整備相、フランス上院議員。
⇒世指導（ヴォワネ,ドミニク　1958.11.4-）

Voysey, Charles Annesley
イギリスの住宅建築家、家具、テキスタイル、壁紙などのデザイナー。
⇒岩世人（ヴォイジー　1857.5.28-1941）

Voznesenskii, Andrei Andreevich
ロシアの詩人。
⇒岩世人（ヴォズネセンスキー　1933.5.12-2010.6.1）
　現世文（ヴォズネセンスキー,アンドレイ　1933.5.12-2010.6.1）

Voznesenskii, Nikolai Alekseevich
ソ連の経済学者、政治家。"Voennaya ekonomika SSSR v period Otechestvennoy voyny"（1947）が、スターリンから反マルクス的、反科学的とされ、50年銃殺。
⇒岩世人（ヴォズネセンスキー　1903.11.18/12.1-1950.9.30）

Voznitski, Borys
ウクライナの美術史家。リボフ美術ギャラリー館長。
⇒外12（ヴォズニツキ,ボリス　1926-）
　外16（ヴォズニツキ,ボリス　1926-）

Vrachovsky, Verter
テノール歌手。
⇒魅惑（Vrachovsky,Verter　?-）

Vrangel, Pëtr Nikolaevich
ロシアの軍人、男爵。日露戦争、第1次大戦に従軍。
⇒岩世人（ヴランゲリ　1878.8.15/27-1928.4.25）
　ネーム（ウランゲリ　1878-1928）

Vranitzky, Franz
オーストリアの政治家、銀行家。オーストリア首相。
⇒岩世人（ヴラニツキー　1937.10.4-）
　外12（フラニツキ,フランツ　1937.10.4-）
　外16（フラニツキ,フランツ　1937.10.4-）
　世指導（フラニツキ,フランツ　1937.10.4-）

Vrchlický, Jaroslav
チェコの詩人。文芸運動の指導者、代表者。
⇒岩世人（ヴルフリツキー　1853.2.17-1912.9.9）

Vreeland, Diana（Dalziel）
アメリカのファッション・ジャーナリスト。
⇒岩世人（ヴリーランド　1903.7.29-1989.8.22）

Vreeland, Shannon
アメリカの水泳選手（自由形）。
⇒外16（ブリーランド,シャノン　1991.11.15-）
　最世ス（ブリーランド,シャノン　1991.11.15-）

Vrenios, Alexander
アメリカのテノール歌手。
⇒魅惑（Vrenios,Alexander　1936-）

Vrenios, Anastasios
アメリカのテノール歌手。
⇒魅惑（Vrenios,Anastasios　1940-）

Vrielink, Nico
オランダのアーティスト。
⇒芸13（ヴリエリンク,ニコ　1958-）

Vroman, Leo
オランダの作家、生理学者。戦後アメリカで血液学者として働き、『血液』（1968）を発表して一般読者の好評をえた。
⇒岩世人（フローマン　1915.4.10-）

Vroons, Frans
オランダのテノール歌手。
⇒失声（フルーンズ,フランツ　1911-1983）
　魅惑（Vroons,Franz　1911-）

Vruberi, Mikail Alexandrovich
ソ連の画家。
⇒岩世人（ヴルーベリ　1856.3.5-1910.4.1）
　芸13（ヴルーベリ,ミハイル・アレキサンドローヴィッチ　1856-1910）

Vučić, Aleksandar
セルビアの政治家。セルビア大統領（2017～）。
⇒外16（ヴチッチ, アレクサンダル　1970.3.5-）
世指導（ヴチッチ, アレクサンダル　1970.3.5-）

Vuckovich, Peter Dennis
アメリカの大リーグ選手（投手）。
⇒メジャ（ヴコヴィッチ, ピート　1952.10.27-）

Vuillard, Jean Édouard
フランスの画家。アンティミスト風の室内画, 静物画, 肖像画を描いた。
⇒岩世人（ヴュイヤール　1868.11.11-1940.6.21）
芸13（ヴィヤール, エドゥアール　1868-1940）
芸13（ヴュイヤール, エドゥアール　1868-1940）
広辞7（ヴュイヤール　1868-1940）

Vuillemin, Jules
フランスの哲学者。
⇒メル3（ヴュイユマン, ジュール　1920-2001）

Vujacic, Sasha
スロベニアのバスケットボール選手（ネッツ）。
⇒外12（ブヤチッチ, サーシャ　1984.3.8-）
最世ス（ブヤチッチ, サーシャ　1984.3.8-）

Vujanovic, Filip
セルビア・モンテネグロの政治家。モンテネグロ共和国大統領（2003～）, モンテネグロ共和国首相。
⇒外12（ブヤノビッチ, フィリブ　1954.9.1-）
外12（ブヤノヴィッチ, フィリブ　1954.9.1-）
世指導（ブヤノヴィッチ, フィリブ　1954.9.1-）

Vu Khoan
ベトナムの政治家, 外交官。ベトナム副首相。
⇒外12（ブー・コアン）
世指導（ブー・コアン）

Vũ Ngọc Phan
ベトナムの文学研究家, 批評家。
⇒岩世人（ヴー・ゴック・ファン　1907.10.30-1987.6.14）

Vuori, Julia
フィンランドのイラストレーター, 絵本作家。
⇒外12（ヴォリ, ユリア　1968-）
外16（ヴォリ, ユリア　1968-）

Vuori, Pekka
フィンランドのイラストレーター。
⇒外12（ヴォリ, ペッカ　1935-）

Vu Trong Rhung
ベトナムの作家。
⇒岩世人（ヴー・チョン・フン　1912-1939.10.15）

Vvedénskii, Aleksándr Ivánovich
ロシア（ソ連）の詩人, 作家。
⇒岩世人（ヴヴェジェンスキー　1904.11.23/12.6-1941.12.19）

Vycpálek, Ladislav
チェコの作曲家。1950年, 代表作『人類の最後のものへのカンタータ』（20～22）は政治的理由で禁止された。
⇒新音中（ヴィツパーレク, ラディスラフ　1882.2.23-1969.1.9）
標音2（ヴィツパーレク, ラディスラフ　1882.2.23-1969.1.9）

Vygotskii, Lev Semyonovich
ソ連の心理学者。パーヴロフ学説に依拠し, 歴史主義を尊重して唯物論的心理学の確立に貢献。
⇒異二辞（ヴィゴツキー［レフ・～］　1896-1934）
岩世人（ヴィゴツキー　1896.11.5/17-1934.6.11）
教思増（ヴィゴツキー　1896-1934）
教小3（ヴィゴツキー　1896-1934）
教人（ヴィゴトスキー　1896-）
現精（ヴィゴツキー　1896-1934）
現精縮（ヴィゴツキー　1896-1934）
広辞7（ヴィゴツキー　1896-1934）
世界子（ヴィゴツキー, L・S　1896-1934）
哲中（ヴィゴツキー　1896-1934）

Vysheslávtsev, Borís Petróvich
ロシアの哲学者, 宗教思想家。
⇒岩世人（ヴィシェスラーフツェフ　1877.10.30/11.11-1954.10.5）

Vyshinskii, Andrei Yanuar'evich
ソ連の法律家, 外交官。1930年代ソ連法理論をめぐる論争に指導的役割を演じ, 40年代には外交官に。
⇒岩世人（ヴィシンスキー　1883.11.28/12.10-1954.11.22）
ネーム（ヴィシンスキー　1883-1954）

Vyskočil, Ivan
チェコの小説家。作品はSF的色採が強い。
⇒現世文（ヴィスコチル, イヴァン　1929.4.27-）

Vysótskii, Vladímir Semyonovich
ロシア（ソ連）の俳優, 詩人。
⇒岩世人（ヴィソツキー　1938.1.25-1980.7.25）
現世文（ヴィソツキー, ウラジーミル　1938-1980.7.24）
広辞7（ヴィソーツキー　1938-1980）

【 W 】

Waal, Anton Maria de
ドイツのカトリック神学者, 考古学者。主著 "Der Rompilger" (1888)。
⇒岩世人（ヴァール　1837.5.5-1917.2.23）
新カト（ヴァール　1837.5.5-1917.2.23）

Waal, Edmund de
イギリスの陶芸家。
⇒外16（ウォール, エドモンド・デュ　1964–）

Waanit Carungkitanan
タイの作家, 評論家。
⇒タイ（ワーニット・チャルンキットアナン　1948–）

Waberi, Abdourahman A.
ジブチ生まれのフランス語作家。
⇒外16（ワベリ, アブドゥラマン・アリ　1965–）
　現世文（ワベリ, アブドゥラマン・アリ　1965–）

Wach, Adolf
ドイツの法学者。権利保護請求権説の提唱者で,『ドイツ民事訴訟法講義』(1896)を著す。
⇒岩世人（ヴァッハ　1843.9.11–1926.4.4）
　学叢思（ヴァッハ, アドルフ　1843–?）

Wach, Joachim
ドイツの宗教学者, 宗教史家。「Journal of Religion」誌の共同発行者。
⇒岩世人（ヴァッハ　1898.1.25–1955.8.27）
　現宗（ワッハ　1898–1955）
　社小増（ヴァッハ　1898–1955）
　新カト（ヴァッハ　1898.1.25–1955.8.27）

Wachirayanawarorot
タイの法親王。
⇒岩世人（ワチラヤーン　1860.4.12–1921.8.2）
　タイ（ワチラヤーン（親王）　1860–1921）

Wachowski, Andy
アメリカの映画監督, 脚本家。
⇒外12（ウォシャウスキー, アンディ　1967.12.29–）
　外16（ウォシャウスキー, アンディ　1967.12.29–）

Wachowski, Lana
アメリカの映画監督, 脚本家。
⇒外12（ウォシャウスキー, ラリー　1965.6.21–）
　外16（ウォシャウスキー, ラナ　1965.6.21–）

Wachsmuth, Hans-Jürgen
東ドイツのテノール歌手。
⇒魅惑（Wachsmuth,Hans-Jürgen　1940–）

Wächter, Franz
オーストリアのテノール歌手。
⇒魅惑（Wächter,Franz　1955–）

Wackerle, Joseph
ドイツの彫刻家。
⇒芸13（ヴァケルレ, ヨゼフ　1880–1949）

Wackernagel, Jacob
スイスの言語学者。インド＝ヨーロッパ語族の比較研究が専門。
⇒岩世人（ヴァッカーナーゲル　1853.12.11–1938.5.22）

Wackernagel, Mathis
スイスのグローバル・フットプリント・ネットワーク代表。
⇒外16（ワケナゲル, マティス　1962.11.10–）

Waddell, George Edward（Rube）
アメリカの大リーグ選手（投手）。
⇒メジャ（ワッデル, ルーブ　1876.10.13–1914.4.1）

Waddell, Helen
イギリスの女性作家。作品は主に中世に取材している。
⇒岩世人（ウォデル　1889.5.31–1965.3.5）

Waddell, John Alexander Low
カナダの土木工学者。東京帝国大学で土木を教授。著『日本鉄道橋梁論』。
⇒岩世人（ウォデル　1854–1938.3.3）

Waddell, Laurence Austine
イギリスの東洋研究者。ヤングハズバンド遠征隊（1903〜04）に軍医大佐として参加。
⇒岩世人（ウォデル　1854.5.29–1939.11.19）

Waddell, Martin
アイルランドの作家。
⇒現世文（ウォッデル, マーティン　1941–）

Waddington, Conrad Hal
イギリスの動物学者, 遺伝学者。ショウジョウバエを使い, 環境因子による集団の遺伝構成の変化など研究。著書『動物の発生』(1935),『生命の本質』(61)。
⇒岩生（ウォディントン　1905–1975）
　岩世人（ウォディントン　1905.11.8–1975.9.26）

Wade, Abdoulaye
セネガルの政治家, 法律学者, 経済学者。セネガル大統領（2000〜12）。
⇒外12（ワッド, アブドゥラエ　1926.5.29–）
　外16（ワッド, アブドゥラエ　1926.5.29–）
　世指導（ワッド, アブドゥラエ　1926.5.29–）

Wade, Dwyane
アメリカのバスケットボール選手。
⇒外12（ウェイド, ドウェイン　1982.1.17–）
　外16（ウェイド, ドウェイン　1982.1.17–）
　最世ス（ウェイド, ドウェイン　1982.1.17–）

Wade, Henry
イギリスの作家。
⇒現世文（ウェード, ヘンリー　1887–1969）

Wade, Herbert Windsor
アメリカのハンセン病学者。
⇒アア歴（Wade,H（erbert）Windsor　ウエイド, ハーバート・ウィンザー　1886.11.23–1968.6.8）

Wade, Ray M.
アメリカのテノール歌手。

⇒魅惑（Wade, Ray M. 1964-）

Wadhwa, Deepa Gopalan
インドの外交官。
⇒外16（ワドワ, ディーパ・ゴパラン）

Wadswarth, Freda
イギリス生まれの画家。
⇒芸13（ワズワース, フレダ 1918-）

Wadsworth, Alfred Powell
イギリスのジャーナリスト, 歴史家。
⇒岩世人（ウォズワース 1891.5.26-1956.11.4）

Wadsworth, Edward
イギリスの画家。
⇒芸13（ワズワース, エドワード 1889-1949）

Waechter, Eberhard
オーストリアのバリトン歌手。
⇒オペラ（ヴェヒター, エーベルハルト 1929-1992）
　新音中（ヴェヒター, エーバーハルト 1929.7.9-1992.3.29）
　標音2（ヴェヒター, エーベルハルト 1929.7.9-1992.3.29）

Waechter, Philip
ドイツのグラフィックアーティスト, イラストレーター, 絵本作家。
⇒外12（ヴェヒター, フィリップ 1968-）
　外16（ヴェヒター, フィリップ 1968-）

Waelhens, Alphonse de
ベルギーの哲学者, 哲学史家。ルーヴァン大学教授。
⇒メル3（ヴァーレンス〔ヴェーレンス〕, アルフォンス・ド 1911-1981）

Waetzold, Wilhelm
ドイツの美術史学者。ベルリン美術館総長。
⇒岩世人（ヴェツォルト 1880.2.21-1945.1.5）

Wagemann, Ernst
チリ生まれのドイツの経済学者, 統計学者。景気予測の研究が最大の業績。主著『景気変動論』（1928）など。
⇒有経5（ワーゲマン 1884-1956）

Wagenaar, Johan
オランダの作曲家, 教育家。オペラ, 序曲, 交響詩などに鋭い感性を示した。
⇒新音中（ワーヘナール, ヨハン 1862.11.1-1941.6.17）
　標音2（ワーヘナール, ヨハン 1862.11.1-1941.6.17）

Wagenbach, Klaus
ドイツの出版者。
⇒岩世人（ヴァーゲンバッハ 1930.7.11-）

Wagenfeld, Wilhelm
西ドイツの工業デザイナー。ドイツにおける工業デザインの開拓者。
⇒岩世人（ヴァーゲンフェルト 1900.4.15-1990.5.28）

Wagenführer, Roland
ドイツのテノール歌手。
⇒魅惑（Wagenführer, Roland 1964-）

Wagenschein, Martin
ドイツの教育家。
⇒岩世人（ヴァーゲンシャイン 1896.12.3-1988.4.3）

Waggerl, Karl Heinrich
オーストリアの小説家。農民小説である処女作『パン』（1930）が成功。
⇒岩世人（ヴァッガール 1897.12.10-1973.11.4）
　現世文（ヴァッゲルル, カール・ハインリヒ 1897.12.10-1973.11.4）

Wagner, Adolf Heinrich Gotthilf
ドイツの経済学者, 政治家。講壇社会主義右派の代表的な人物。
⇒岩経（ワグナー 1835-1917）
　岩世人（ヴァーグナー 1835.3.25-1917.11.8）
　学叢思（ワグネル, アドルフ・ヘンリ・ゴットヒルフ 1835-1917）
　広辞7（ワグナー 1835-1917）
　新カト（ヴァーグナー 1835.3.25-1917.11.8）
　有経5（ワーグナー 1835-1917）

Wagner, Billy
アメリカの大リーグ選手（投手）。
⇒外12（ワグナー, ビリー 1971.7.25-）
　メジャ（ワグナー, ビリー 1971.7.25-）

Wagner, Christoph
ドイツの林学者。
⇒岩世人（ヴァーグナー 1869.10.1-1936.5.24）

Wagner, Cosima
ウィルヘルム・ヴァーグナーの妻。リストと, フランスの女性文学者アグーの娘。
⇒岩世人（ヴァーグナー 1837.12.24-1930.4.1）
　新音中（ヴァーグナー, コージマ 1837.12.25-1930.4.1）
　標音2（ヴァーグナー, コージマ 1837.12.25-1930.4.1）

Wägner, Elin
スウェーデンの女性作家。主著"Norrtullsligan"（1908）。
⇒岩世人（ヴェーングネル 1882.5.16-1949.1.7）

Wagner, Ernst
ドイツの大量殺人犯。
⇒現精（教頭ワーグナー〔症例〕 1874-1938）
　現精縮（教頭ワーグナー〔症例〕 1874-1938）

Wagner, Hans
ドイツの哲学者。
⇒岩世人（ヴァーグナー　1917.1.10–2000.2.1）

Wagner, Harold Edward
アメリカの大リーグ選手（捕手）。
⇒メジャ（ワグナー, ハル　1915.7.2–1979.8.4）

Wagner, Herbert
ドイツの工学者。飛行機の薄板構造を研究し、初めて薄板で箱形梁「ヴァーグナー梁」を作り、その理論は張力場の理論として発展した。
⇒岩世人（ヴァーグナー　1900.5.22–1982.5.28）

Wagner, James
アメリカのテノール歌手。
⇒魅惑（Wagner,James　1948–2003）

Wagner, John Peter（Honus）
アメリカの大リーグ選手（遊撃, 外野, 一塁, 三塁）。
⇒アメ州（Wagner,John Peter　ワグナー, ジョン・ピーター　1874–1955）
岩世人（ワグナー　1874.2.24–1955.12.6）
メジャ（ワグナー, ホーナス　1874.2.24–1955.12.6）

Wagner, Jorge
ブラジルのサッカー選手（柏レイソル・MF）。
⇒外12（ワグネル, ジョルジ　1978.11.17–）

Wagner, Josef Franz
オーストリアの指揮者, 作曲家。数百におよぶ舞曲, 行進曲を作曲。行進曲の中には『双頭の鷲の旗のもとに』などがある。
⇒ク音3（ワグナー　1856–1908）
標音2（ヴァーグナー, ヨーゼフ・フランツ　1856.3.20–1908.6.5）

Wagner, Karl Edward
アメリカの精神科医。
⇒現世文（ワグナー, カール・エドワード　1945–）

Wagner, Katharina
ドイツのオペラ演出家。
⇒外12（ワーグナー, カタリーナ　1978.5–）
外16（ワーグナー, カタリーナ　1978.5–）

Wagner, Leon Lamar
アメリカの大リーグ選手（外野）。
⇒メジャ（ワグナー, レオン　1934.5.13–2004.1.3）

Wagner, Max Leopold
ドイツの言語学者, ロマンス語学者。
⇒岩世人（ヴァーグナー　1880.9.17–1962.7.9）

Wagner, Otto
オーストリアの建築家。アール・ヌーボーに共鳴し、新しい建築を主張。
⇒岩世人（ヴァーグナー　1841.7.13–1918.4.12）

Wagner, Paul
ドイツの農芸化学者。化学肥料と植物栄養との関係を研究して、施肥量決定に関する研究法を革新し、また家畜の栄養学にも新分野を開拓。
⇒岩世人（ヴァーグナー　1843.3.7–1930.8.25）

Wagner, Peter Joseph
ドイツの音楽学者, グレゴリオ聖歌学者。コラール研究の国際的権威者。
⇒岩世人（ヴァーグナー　1865.8.19–1931.10.17）
新音中（ヴァーグナー, ペーター　1865.8.19–1931.10.17）
新カト（ヴァーグナー　1865.8.19–1931.10.17）
標音2（ヴァーグナー, ペーター　1865.8.19–1931.10.17）

Wagner, Robert
アメリカ生まれの俳優。
⇒外12（ワグナー, ロバート　1930.2.10–）
ク俳（ワグナー, ロバート　1928–）

Wagner, Robert Ferdinand
ドイツ生まれのアメリカの政治家。
⇒アメ経（ワグナー, ロバート　1877.6.8–1953.5.4）
アメ州（Wagner,Robert Ferdinand　ワグナー, ロバート・フェルディナンド　1877–1953）
岩世人（ワグナー　1877.6.8–1953.5.4）
広辞7（ワグナー　1877–1953）

Wagner, Robert-Leon
フランスの言語学者。フランス語学・文献学の領域で広汎な研究活動をしている。
⇒岩世人（ワグネル　1905.5.12–1982.2.26）

Wagner, Roger
アメリカの指揮者。
⇒新音中（ワグナー, ロジェ　1914.1.16–1992.9.17）
標音2（ヴァーグナー, ロジャー　1914.1.16–1992.9.17）

Wagner, Siegfried
ドイツの作曲家, 指揮者。
⇒岩世人（ヴァーグナー　1869.6.6–1930.8.4）
新音中（ヴァーグナー, ジークフリート　1869.6.6–1930.8.4）
標音2（ヴァーグナー, ジークフリート　1869.6.6–1930.8.4）

Wagner, Ulla
スウェーデンの人類学者。スウェーデン国立民族学博物館長。
⇒外16（ヴァグネル, ウッラ）

Wagner, Wieland
ドイツの演出家。弟ヴォルフガングと協力して、バイロイト祝祭劇場における楽劇にアブストラクトな新演出を試み、注目された。
⇒岩世人（ヴァーグナー　1917.1.5–1966.10.17）
新音中（ヴァーグナー, ヴィーラント　1917.1.5–1966.10.17）
標音2（ヴァーグナー, ヴィーラント　1917.1.5–1966.10.17）

Wagner, Wolfgang
ドイツの演出家,舞台装置家,支配人。
⇒**新音中**(ヴァーグナー,ヴォルフガング 1919.8.30–)
標音2(ヴァーグナー,ヴォルフガング 1919.8.30–2010.3.21)

Wagner-Jauregg, Julius von
オーストリアの精神病医。不治とされていた神経梅毒などの治療に効果をあげた。
⇒**岩世人**(ヴァーグナー=ヤウレック 1857.3.7–1949.9.27)
現精(ワグナー・ヤウレッグ 1857–1940)
現精縮(ワグナー・ヤウレッグ 1857–1940)
精医歴(ワグナー・フォン・ヤウレッグ,ユリウス 1857–1940)
ノベ3(ワーグナー・ヤウレック,J. 1857.3.7–1940.9.27)

Wagner-Régeny, Rudolf
ルーマニア生まれのドイツの作曲家。主要作品に『2つのピアノソナタ』(1943)など。
⇒**岩世人**(ヴァーグナー=レーゲニ 1903.8.28–1969.9.18)
ク音3(ワーグナー=レゲーニ 1903–1969)
新音中(ヴァーグナー=レゲーニ,ルードルフ 1903.8.28–1969.9.18)
標音2(ヴァーグナー=レゲニー,ルードルフ 1903.8.28–1969.9.18)

Wagoner, David
アメリカの詩人,作家。
⇒**アメ州**(Wagoner,David Russel ワゴナー,デビッド・ラッセル 1926–)
現世文(ワゴナー,デービッド 1926.6.5–)

Wagoner, G.Richard, Jr.
アメリカの実業家。
⇒**外12**(ワゴナー,リチャード 1953.2.9–)
外16(ワゴナー,リチャード 1953.2.9–)

Waheed Hassan, Mohamed
モルディブの政治家。モルディブ大統領(2012～13)。
⇒**外16**(ワヒード・ハッサン,モハメド 1953.1.3–)
世指導(ワヒード・ハッサン,モハメド 1953.1.3–)

Wahid, Abdurrahman
インドネシアの宗教指導者,政治家。インドネシア大統領(1999～2001),国民覚せい党の創設者。
⇒**イス世**(ワヒド 1940–)
岩イ(アブドゥルラフマン・ワヒッド 1940–)
岩世人(ワヒド,アブドゥルラフマン 1940.8.4–2009.12.30)
現アジ(ワヒド,アブドゥルラフマン 1940.8.4–)
世指導(ワヒド,アブドゥルラフマン 1940.8.4–2009.12.30)
世人新(ワヒド 1940–2009)
世人装(ワヒド 1940–2009)

Wahidin, Sudirohusada
インドネシアの医師,ブディ・ウトモ(美しき善意)の創立者。奨学団体として,1908年ブディ・ウトモを創立した。
⇒**岩世人**(ワヒディン・スディロフソド 1852.1.7–1917.5.26)

Wahl, Adalbert
ドイツの歴史家。主著"Geschichte des europäischen Staatensystems"(1789～1815,1912)。
⇒**岩世人**(ヴァール 1871.11.29–1957.3.5)

Wahl, Jean
フランスの哲学者。実在への超越の形而上学的体験を論じた。主著に『実存主義入門』(1954)など。
⇒**岩世人**(ヴァール 1888.5.15–1974.6.19)
新カト(ヴァール 1888.5.22–1974.6.19)
メル3(ヴァール,ジャン 1888–1974)
ユ著人(Wahl,Jean ヴァール,ジャン 1888–1974)

Wahlberg, Mark
アメリカの俳優。
⇒**外12**(ウォールバーグ,マーク 1971.6.5–)
外16(ウォールバーグ,マーク 1971.6.5–)
ク俳(ワールバーグ,マーク 1971–)

Wahle, Ernst
ドイツの考古学者。バーデン地方の青銅器,鉄器文化を研究。
⇒**岩世人**(ヴァーレ 1889.5.25–1981.1.21)

Wahle, Richard
オーストリアの哲学者。主著"Gehirn und Bewusstsein"(1884)。
⇒**岩世人**(ヴァーレ 1857.1.14–1935.10.21)

Wählte, Edger
東ドイツのテノール歌手。
⇒**魅惑**(Wählte,Edger 1930–)

Wahnschaffe, Felix
ドイツの地質学者。北ドイツ平原の洪積紀の研究があり,また氷河地質学,土壌地学の権威。
⇒**岩世人**(ヴァーンシャッフェ 1851.1.27–1914.1.20)

Wahono
インドネシアの軍人,政治家。
⇒**岩世人**(ワホノ 1925.3.25–2004.11.8)

Waigel, Theodor
ドイツの政治家。
⇒**岩世人**(ヴァイゲル 1939.4.22–)
世指導(ワイゲル,テオドール 1939.4.22–)

Wai Ka-fai
香港の映画監督,脚本家,映画プロデューサー。
⇒**外12**(ワイカーファイ 1962–)
外16(ワイカーファイ 1962–)

Wain, John Barrington
イギリスの小説家,評論家。小説『急いで駆けおりろ』(1953)で有名。
⇒岩世人（ウェイン　1925.3.14–1994.5.24）
　現世文（ウェイン,ジョン　1925.3.14–1994.5.24）

Wain, Louis
イギリスの挿絵画家。
⇒絵本（ウェイン,ルイス　1860–1939）

Wainaina, Eric
ケニアのマラソン選手。
⇒外12（ワイナイナ,エリック　1973.12.19–）

Wainright, Samuel Hayman
アメリカ南部メソジスト監督教会の伝道師。1888年来日。パルモア学院長,関西学院教師,日本アジア協会会長等となる。
⇒岩キ（ウェンライト　1863–1950）
　岩世人（ウェインライト　1863.4.15–1950.12.7）

Wainwright, Adam
アメリカの大リーグ選手（カージナルス・投手）。
⇒最世ス（ウェインライト,アダム　1981.8.30–）
　メジャ（ウェインライト,アダム　1981.8.30–）

Wainwright, Jonathan Mayhew
アメリカの陸軍軍人。第2次世界大戦では,在フィリピン,アメリカ軍司令官。
⇒岩世人（ウェインライト　1883.8.23–1953.9.2）

Wainwright, Rufus
アメリカのシンガー・ソングライター。
⇒外12（ウェインライト,ルーファス　1973.7.22–）
　外16（ウェインライト,ルーファス　1973.7.22–）

Waismann, Friedrich
オーストリアの哲学者。
⇒岩世人（ワイスマン　1896.3.21–1959.11.4）

Waite, Urban
アメリカの作家。
⇒海文新（ウェイト,アーバン　1980–）

Waitkus, Edward Stephen
アメリカの大リーグ選手（一塁）。
⇒メジャ（ウェイトカス,エディー　1919.9.4–1972.9.16）

Waits, Tom
アメリカ生まれの俳優。
⇒外12（ウェイツ,トム）
　外16（ウェイツ,トム）

Waiwaiole, Lono
アメリカの作家。
⇒外16（ウェイウェイオール,ロノ）
　海文新（ウェイウェイオール,ロノ）
　現世文（ウェイウェイオール,ロノ）

Wajda, Andrzej
ポーランドの映画監督,演出家。
⇒岩世人（ワイダ　1926.3.6–）
　映監（ワイダ,アンジェイ　1926.3.6–）
　外12（ワイダ,アンジェイ　1926.3.6–）
　外16（ワイダ,アンジェイ　1926.3.6–）
　広辞7（ワイダ　1926–2016）

Wakamatsu, Don
アメリカの大リーグコーチ（ロイヤルズ）,大リーグ監督。
⇒外12（ワカマツ,ドン　1963.2.22–）
　外16（ワカマツ,ドン　1963.2.22–）

Wakefield, John
イギリスのテノール歌手。
⇒魅惑（Wakefield,John　1936–）

Wakefield, Tim
アメリカの大リーグ選手（投手）。
⇒外12（ウェークフィールド,ティム　1966.8.2–）
　最世ス（ウェークフィールド,ティム　1966.8.2–）
　メジャ（ウェイクフィールド,ティム　1966.8.2–）

Wakefield, Sir William Wavell
イングランドのラグビー選手。
⇒岩世人（ウェイクフィールド　1898.3.10–1983.8.12）

Wakely, Shelagh
イギリス生まれの造形家。
⇒芸13（ワクレー,シラー　1948–）

Wakeman, Rick
イギリスのキーボード奏者,作曲家。
⇒ロック（Wakeman,Rick　ウェイクマン,リック　1949.5.18–）

Wakisaka, Geny
ブラジルの日本文学研究家。
⇒外12（ワキサカ,ジェニ　1926.12.7–）

Wakoski, Diane
アメリカの女性詩人。
⇒現世文（ワコスキ,ダイアン　1937.8.3–）

Waksman, Selman Abraham
ロシア生まれのアメリカの生化学者。1944年にストレプトマイシンを発見,52年ノーベル生理・医学賞を受賞。
⇒岩生（ワクスマン　1888–1973）
　岩世人（ワクスマン　1888.7.22–1973.8.16）
　旺生5（ワクスマン　1888–1973）
　広辞7（ワクスマン　1888–1973）
　三新世（ワクスマン　1888–1973）
　世発（ワクスマン,セルマン・アブラハム　1888–1973）
　ネーム（ワクスマン　1888–1973）
　ノペ3（ワクスマン,S.A.　1888.7.22–1973.8.16）
　ポプ人（ワクスマン,セルマン　1888–1973）
　ユ著人（Waksman,Selman Abraham　ワクス

マン, セルマン・アブラハム 1888–1957)

Walbank, Frank William
イギリスの古代史家。著書に『ローマ帝国衰亡史』(1946)。
⇒岩世人 (ウォールバンク 1909.12.10–2008.10.23)

Walberg, George Elvin (Rube)
アメリカの大リーグ選手 (投手)。
⇒メジャ (ウォルバーグ, ルーブ 1896.7.27–1978.10.27)

Walbrook, Anton
オーストリア生まれの俳優。
⇒ク俳 (ウォルブルック, アントン (ウォールブリュック, アドルフ・A) 1900–1967)

Walby, Sylvia
イギリスのフェミニスト, 社会学者。
⇒社小増 (ウォルビー)

Walch, Charles
フランスの画家。ロマンチックな色彩で, 花や少女を描いた。
⇒芸13 (ワルシュ, シャルル 1898–1948)
芸13 (ヴァルシュ, シャルル 1898–1948)

Walcha, Helmut
ドイツのオルガン奏者, チェンバロ奏者。J.S.バッハの解釈者, 演奏家として知られる。
⇒新音中 (ヴァルヒャ, ヘルムート 1907.10.27–1991.8.11)
標音2 (ヴァルヒャ, ヘルムート 1907.10.27–1991.8.11)

Walcott, Charles Doolittle
アメリカの古生物学者。古生代カンブリア紀の三葉虫化石と地質層序を研究。
⇒岩生 (ウォルコット 1850–1927)
岩世人 (ウォルコット 1850.3.31–1927.2.9)

Walcott, Derek
西インド諸島の詩人, 劇作家。1948年処女詩集『25の詩』を出版。
⇒岩世人 (ウォルコット 1930.1.23–)
外12 (ウォルコット, デレック 1930.1.23–)
外16 (ウォルコット, デレック 1930.1.23–)
現世文 (ウォルコット, デレック 1930.1.23–2017.3.17)
広辞7 (ウォルコット 1930–2017)
ネーム (ウォルコット 1930–)
ノベ3 (ウォルコット,D. 1930.1.23–)
ラテ新 (ウォルコット 1930–)

Walcott, Keshorn
トリニダード・トバゴのやり投げ選手。
⇒外16 (ウォルコット, ケショーン 1993.4.2–)
最世ス (ウォルコット, ケショーン 1993.4.2–)

Walcott, Theo
イギリスのサッカー選手 (アーセナル・FW)。

⇒外12 (ウォルコット, テオ 1989.3.16–)
外16 (ウォルコット, セオ 1989.3.16–)
最世ス (ウォルコット, セオ 1989.3.16–)

Wald, Abraham
ルーマニア生まれのアメリカの数理経済学者, 推計学者。統計的仮説逐次検定法 (1945), 統計的決定函数論 (同) を創始。
⇒岩世人 (ウォールド (ヴァルト) 1902.10.31–1950.12.13)
有経5 (ワルド[A] 1902–1950)

Wald, František
チェコの化学者。
⇒化学 (ワルド 1861–1930)

Wald, George
アメリカの化学者。1967年ノーベル生理・医学賞受賞。
⇒岩生 (ウォールド 1906–1997)
岩世人 (ウォールド 1906.11.18–1997.4.12)
ネーム (ウォールド 1906–1997)
ノベ3 (ウォールド,G. 1906.11.18–1997.4.12)
ユ著人 (Wald,George ウォルド, ジョージ 1906–1997)

Walde, Alois
ドイツの言語学者。
⇒岩世人 (ヴァルデ 1869.11.30–1924.10.3)

Walden, Herwarth
ドイツの芸術評論家。雑誌「嵐」によって表現主義を促進。
⇒岩世人 (ヴァルデン 1879.9.16–1941.10.31)
ユ著人 (Walden,Herwarth ワルデン, ヘルヴァルト 1878–1941)

Walden, Mark
イギリスの作家。
⇒海文新 (ウォールデン, マーク)

Walden, Paul
ドイツの化学者。非水溶液の電気化学の研究を行い, 光学異性体の変化に関する〈ヴァルデン転位〉を説く。
⇒岩世人 (ヴァルデン (慣ワルデン) 1863.7.26–1957.1.22)
化学 (ワルデン 1863–1957)

Waldenfels, Bernhard
ドイツの哲学者。
⇒岩世人 (ヴァルデンフェルス 1934.3.17–)
メル別 (ヴァルデンフェルス, ベルンハルト 1934–)

Walder, Vanessa
ドイツ, オーストリアの作家。
⇒海文新 (レスマン,C.B. 1978–)
現世文 (レスマン,C.B.)

Waldeyer-Hartz, Heinrich Wilhelm

Gottfried von
ドイツの解剖学者。ノイロン説の端緒を開いた。
⇒岩世人（ヴァルダイアー＝ハルツ　1836.10.6–1921.1.23）

Waldheim, Kurt
オーストリアの政治家，外交官。オーストリア大統領（1986～92），国連事務総長。
⇒岩世人（ヴァルトハイム　1918.12.21–2007.6.14）
　広辞7（ワルトハイム　1918–2007）
　世人新（ヴァルトハイム　1918–2007）
　世人装（ヴァルトハイム　1918–2007）
　ネーム（ワルトハイム　1918–2007）

Waldman, Amy
アメリカの作家，ジャーナリスト。
⇒海文新（ウォルドマン, エイミー　1969–）
　現世文（ウォルドマン, エイミー　1969–）

Waldron, Arthur
アメリカの中国およびアジア地域の歴史と政治の専門家。ペンシルベニア大学教授。
⇒外16（ウォルドロン, アーサー）

Waldron, Malcolm Earl（Mal）
アメリカのジャズ・ピアノ奏者。1957～59年ビリー・ホリデイの伴奏者。作曲家として『レフト・アローン』『オール・アローン』など傑作曲を数多く残す。
⇒標音2（ウォールドロン, マル　1926.8.16–2002.12.2）

Waldschmidt, Ernst
ドイツの東洋学者。中央アジア考古学を専攻。
⇒岩世人（ヴァルトシュミット　1897.7.15–1985.2.25）
　新佛3（ヴァルトシュミット　1897–?）

Waldteufel, Emil
フランスの作曲家。
⇒岩世人（ヴァルトトイフェル　1837.12.9–1915.2.12）
　エデ（ワルトトイフェル（レヴィ），エミール　1837.12.9–1915.2.12）
　ク音3（ワルトトイフェル　1837–1915）
　新音小（ヴァルトトイフェル, エミール　1837–1915）
　新音中（ヴァルトトイフェル, エミール　1837.12.9–1915.2.12）
　ネーム（ワルトトイフェル　1837–1915）
　標音2（ヴァルトトイフェル, エミル　1837.12.9–1915.2.12）
　ユ著人（Waldteufel,Emil　ワルトトイフェル, エミール　1837–1915）

Wales, Jimmy
アメリカの実業家。Wikipedia創始者。
⇒外12（ウェールズ, ジミー）
　外16（ウェールズ, ジミー）
　世発（ウェールズ, ジミー・ドナル　1962–）

Wales, Nym
アメリカの女性ジャーナリスト, 著述家。エドガー＝スノーの妻。スノーとともに中国各地を見聞し詳細なレポートを発表, 中国問題研究者としての名を高めた。
⇒岩世人（ウェイルズ　1907.9.21–1997.1.11）

Wałesa, Lech
ポーランドの労働運動家, 政治家。ポーランドの大統領（1990～95）。
⇒岩キ（ワレサ　1943–）
　岩世人（ワレサ（ヴァウェンサ）　1943.9.29–）
　外12（ワレサ, レフ　1943.9.29–）
　外16（ワレサ, レフ　1943.9.29–）
　広辞7（ワレサ　1943–）
　世史改（ワレサ　1943–）
　世指導（ワレサ, レフ　1943.9.29–）
　世人新（ワレサ　1943–）
　世人装（ワレサ　1943–）
　ノベ3（ワレサ,L.　1943.9.29–）
　ポブ人（ワレサ, レフ　1943–）
　もう山（ワレサ　1943–）

Walevska, Christina
アメリカのチェロ奏者。
⇒外12（ワレフスカ, クリスティーヌ　1945–）
　外16（ワレフスカ, クリスティーヌ　1945–）

Waley, Arthur David
イギリスの東洋文学研究者, 詩人。『源氏物語』，『論語』などを英訳。
⇒岩世人（ウェイリー　1889.8.19–1966.6.27）
　広辞7（ウェーリー　1889–1966）
　中文増（ウェイリー　1889–1966）
　比文収（ウェリー（アーサー・デヴィッド）　1889（明治22）–1966（昭和41））

Walferen, Karel G.Van
オランダのジャーナリスト。
⇒外12（ウォルフレン, カレル・ファン　1941–）
　外16（ウォルフレン, カレル・ファン　1941–）

Walford, Lionel Albert
アメリカの水産学者。水産学, 魚類学の研究がある。
⇒岩世人（ウォルフォード　1905.5.9–1979.4.9）

Walgreen, Charles Rudolph
アメリカの薬剤師。C.R.ウォールグリーン社設立者。
⇒アメ経（ウォールグリーン, チャールズ　1873.10.9–1939.12.11）

Waline, Marcel
フランスの公法学者。
⇒岩世人（ワリーヌ　1900.10.1–1982.10.14）

Walinsky, Ossip Joseph
アメリカの労働界のリーダー, ジャーナリスト。
⇒ユ著人（Walinsky,Ossip Joseph　ワリンスキー, オーシップ・ジョセフ　1886–1973）

Walk, Robert Vernon
アメリカの大リーグ選手(投手)。
⇒メジャ (ウォーク, ボブ　1956.11.26–)

Walken, Christopher
アメリカ生まれの俳優。
⇒遺産 (ウォーケン, クリストファー　1943.3.31–)
　外12 (ウォーケン, クリストファー　1943.3.31–)
　外16 (ウォーケン, クリストファー　1943.3.31–)
　ク俳 (ウォーケン, クリストファー (ウォーケン, ロナルド)　1943–)
　スター (ウォーケン, クリストファー　1943.3.31–)

Walker, Aaron Thibaud (T-Born)
アメリカのジャズ・ギター奏者, ボーカリスト。1940年『T・ボーン・ブルース』が大ヒット。
⇒異二辞 (ウォーカー, Tボーン　ウォーカー, ティーボーン　1910–1975)
　岩世人 (ウォーカー　1910.5.28–1975.3.16)
　標音2 (ウォーカー, ティー=ボーン　1910.5.28–1975.5.16)
　ロック (Walker,T-Bone　ウォーカー,T=ボーン　1910–1975.3)

Walker, Alice Malsenior
アメリカの小説家。
⇒アメ新 (ウォーカー　1944–)
　岩女 (ウォーカー, アリス　1944.2.9–)
　岩世人 (ウォーカー　1944.2.9–)
　外12 (ウォーカー, アリス　1944.2.9–)
　外16 (ウォーカー, アリス　1944.2.9–)
　現世文 (ウォーカー, アリス　1944.2.9–)
　広辞7 (ウォーカー　1944–)

Walker, Arthur Geoffrey
イギリスの数学者。
⇒天文大 (ウォーカー　1909–)

Walker, Arthur J.
元アメリカ海軍士官。弟のジョン・A・ウォーカー・ジュニア海軍准尉に勧誘されてスパイとなった。
⇒スパイ (ウォーカー, アーサー・J　1934–2014)

Walker, Brad
アメリカの棒高跳び選手。
⇒最世ス (ウォーカー, ブラッド　1981.6.21–)

Walker, Caroline Burnite
アメリカの図書館員。クリーブランド公共図書館において, おはなしの時間やストーリーテリングなどの児童図書館サービスを定着させる。
⇒ア図 (ウォーカー, カロリン・バーナイト　1875–1936)

Walker, Chuek
アメリカの画家。
⇒芸13 (ウォーカー, チョーク　1952–)

Walker, Clarence William (Tilly)
アメリカの大リーグ選手(外野)。
⇒メジャ (ウォーカー, ティリー　1887.9.4–1959.9.21)

Walker, Clint
アメリカ生まれの俳優。
⇒ク俳 (ウォーカー, クリント (ウォーカー, ノーマン)　1927–)

Walker, Egbert Hamilton
アメリカの植物研究家。
⇒アア歴 (Walker,Egbert H (amilton)　ウォーカー, エグバート・ハミルトン　1899.6.12–)
　岩世人 (ウォーカー　1899.6.12–1991.3.10)

Walker, Emery
イギリスの本のデザイナー, 印刷家。
⇒グラデ (Walker,Emery　ウォーカー, エマリー　1851–1933)

Walker, Fred (Dixie)
アメリカの大リーグ選手(外野)。
⇒メジャ (ウォーカー, ディキシー　1910.9.24–1982.5.17)

Walker, Gabrielle
イギリスのサイエンスライター。
⇒外12 (ウォーカー, ガブリエル)
　外16 (ウォーカー, ガブリエル)

Walker, George Patrick Leonard
イギリスの火山学者。
⇒岩世人 (ウォーカー　1926.3.2–2005.1.17)

Walker, Gerald Holmes (Gee)
アメリカの大リーグ選手(外野)。
⇒メジャ (ウォーカー, ジー　1908.3.19–1981.3.20)

Walker, Sir Gilbert Thomas
イギリスの数学者, 気象学者。インド気象局長官を務めた。
⇒オク気 (ウォーカー, サー・ギルバート・トーマス　1868.6.14–1958.11.4)

Walker, Gregory Lee
アメリカの大リーグ選手(一塁)。
⇒メジャ (ウォーカー, グレッグ　1959.10.6–)

Walker, Harry William
アメリカの大リーグ選手(外野)。
⇒メジャ (ウォーカー, ハリー　1916.10.22–1999.8.8)

Walker, James John
アメリカの政治家。
⇒アメ州 (Walker,James John　ウォーカー, ジェームズ・ジョン　1881–1946)

Walker, Jerry Jeff
アメリカのカントリー系シンガー・ソングラ

イター。
⇒標音2（ウォーカー, ジェリー・ジェフ　1942.3.14–)
　ロック（Walker,Jerry Jeff　ウォーカー, ジェリー・ジェフ　1942.3.16–)

Walker, John A., Jr.
アメリカ海軍下士官。1985年にスパイ容疑で逮捕。
⇒スパイ（ウォーカー, ジョン・A, ジュニア　1937–2014)

Walker, John Edward
アメリカのテノール歌手。
⇒魅惑（Walker,John Edward　1933–)

Walker, John Ernest
イギリスの化学者。1997年ノーベル化学賞。
⇒外12（ウォーカー, ジョン　1941.1.7–)
　外16（ウォーカー, ジョン　1941.1.7–)
　化学（ウォーカー,J.E.　1941–)
　ノベ3（ウォーカー,J.E.　1941.1.7–)

Walker, Junior
アメリカ・アーカンソー州ブライズヴィル生まれの歌手, サックス奏者。
⇒ロック（Junior Walker and the All-Stars　ジュニア・ウォーカー＆ジ・オール＝スターズ　1942–)

Walker, Karen Thompson
アメリカの作家。
⇒海文新（ウォーカー, カレン・トンプソン)

Walker, Kathleen
オーストラリアの原住民アボリジニの詩人, 作家, エッセイスト, 演説家。
⇒現世文（ウォーカー, キャスリーン　1920–1993.9.16)

Walker, Larry Kenneth Robert
アメリカの大リーグ選手（外野)。
⇒メジャ（ウォーカー, ラリー　1966.12.1–)

Walker, Mallory
アメリカのテノール歌手。
⇒魅惑（Walker,Mallory　1935–)

Walker, Mary Willis
アメリカのミステリ作家。
⇒現世文（ウォーカー, メアリー　1944–)

Walker, Melaine
ジャマイカの陸上選手（障害)。
⇒外12（ウォーカー, メレーン　1983.1.1–)
　外16（ウォーカー, メレーン　1983.1.1–)
　最世ス（ウォーカー, メレーン　1983.1.1–)

Walker, Michael
アメリカ海軍の水兵。父親のジョン・A・ウォーカーからソ連のスパイとして勧誘された。
⇒スパイ（ウォーカー, マイケル　1962–)

Walker, Moses Fleetwood
アメリカの大リーグ選手（捕手)。
⇒メジャ（ウォーカー, フリート　1856.10.7–1924.5.11)

Walker, Robert
アメリカの俳優。
⇒ク俳（ウォーカー, ロバート　1914–1951)

Walker, Robert, Junior
アメリカ生まれの俳優。
⇒ク俳（ウォーカー, ロバート, ジュニア　1940–)

Walker, Robert Wayne
アメリカの作家。
⇒外12（ウォーカー, ロバート)
　外16（ウォーカー, ロバート　1948–)
　現世文（ウォーカー, ロバート　1948–)

Walker, Scott Kevin
アメリカの政治家。
⇒外16（ウォーカー, スコット　1967.11.2–)
　世指導（ウォーカー, スコット　1967.11.2–)

Walker, Steven
イギリスの映画監督。
⇒外12（ウォーカー, スティーブン)

Walker, Todd Arthur
アメリカの大リーグ選手（二塁)。
⇒メジャ（ウォーカー, トッド　1973.5.25–)

Walker, William Curtis
アメリカの大リーグ選手（外野)。
⇒メジャ（ウォーカー, カート　1896.7.3–1955.12.9)

Walker, William Henry
アメリカの大リーグ選手（投手)。
⇒メジャ（ウォーカー, ビル　1903.10.7–1966.6.14)

Walker, William Hultz
アメリカの化学工学者。化学工学を体系づけ, マサチューセッツ工科大学に化学工学科を初めて設置した。
⇒化学（ウォーカー,W.H.　1869–1934)

Wall, Jeff
カナダの美術家。
⇒岩世人（ウォール　1946.9.29–)
　現アテ（Wall,Jeff　ウォール, ジェフ　1946–)

Wallace, Ben
アメリカのバスケットボール選手。
⇒外12（ウォーレス, ベン　1974.9.10–)
　最世ス（ウォーレス, ベン　1974.9.10–)

Wallace, Daniel
アメリカの作家, イラストレーター。

⇒海文新（ウォレス，ダニエル　1959-）
現世文（ウォーレス，ダニエル　1959-）

Wallace, David Foster
アメリカの小説家。
⇒現世文（ウォレス，デービッド・フォスター　1962-2008.9.12）

Wallace, Edgar
イギリスの小説家，劇作家。
⇒岩世人（ウォレス　1875.4.1-1932.2.10）

Wallace, George Corley
アメリカの政治家。アラバマ州知事。徹底した人種差別主義者。
⇒アメ州（Wallace,George Corley　ウォーレス，ジョージ・コーリー　1919-）
岩世人（ウォレス　1919.8.25-1998.9.13）
マルX（WALLACE,GEORGE C.　ウォレス，ジョージ・C.　1919-1998）

Wallace, Henry
アメリカの農業改良家。ルーズヴェルトの「Country Life Commission」の委員（1908）。
⇒岩世人（ウォレス　1836.3.19-1916.2.22）

Wallace, Henry Agard
アメリカの政治家。ルーズベルト政権の副大統領。
⇒アメ経（ウォーレス，ヘンリー・アガード　1888.10.7-1965.11.18）
アメ州（Wallace,Henry Agard　ウォーレス，ヘンリー・エイガード　1888-1965）
アメ新（ウォーレス　1888-1965）
岩世人（ウォレス　1888.10.7-1965.11.18）
広辞7（ウォーレス　1888-1965）

Wallace, Henry Cantwell
アメリカの農業改良家。農業雑誌「Creamery Gazette,Farm and Dairy」の共同所有者としてこれを編集。1921～24年農務長官。
⇒アメ経（ウォーレス，ヘンリー・キャントウェル　1866.5.11-1924.10.25）
岩世人（ウォレス　1866.5.11-1924.10.25）

Wallace, Ian
カナダの絵本作家，挿絵画家。
⇒絵本（ウォレス，イアン　1950-）

Wallace, Irving
アメリカの小説家。
⇒現世文（ウォーレス，アービング　1916.3.9-1990.6.29）

Wallace, Jean
アメリカの女優。
⇒ク俳（ウォレス，ジーン（ワラセク,J）　1923-1990）

Wallace, John Findlay
アメリカの土木技術者。ミシシッピ河他の河川改良工事に従い，パナマ運河工事の初代主任技師にも任命された（1904～05）。

⇒岩世人（ウォレス　1852.9.10-1921.7.3）

Wallace, Ken
オーストラリアのカヌー選手。
⇒外12（ウォーレス，ケン　1983.7.26-）
最世ス（ウォーレス，ケン　1983.7.26-）

Wallace, Mike
アメリカのテレビコメンテーター。CBSテレビ局の長寿番組「60分」の上級記者。
⇒マルX（WALLACE,MIKE　ウォレス，マイク　1918-）

Wallace, Rasheed
アメリカのバスケットボール選手。
⇒最世ス（ウォーレス，ラシード　1974.9.17-）

Wallace, Rhoderick John（Bobby）
アメリカの大リーグ選手（遊撃，三塁，投手）。
⇒メジャ（ウォーレス，ボビー　1873.11.4-1960.11.3）

Wallace, Sandra Neil
カナダ生まれの作家。
⇒海文新（ウォレス，サンドラ・ニール）
現世文（ウォレス，サンドラ・ニール）

Wallace, Thomas 13X
マルコムXの友人，女優ルビー・ディーの弟。
⇒マルX（WALLACE,THOMAS 13X　ウォレス，トマス13X）

Wallace, William
イギリスの作曲家。
⇒標音2（ウォーレス，ウィリアム　1860.7.3-1940.12.16）

Wallace, William Lindsey（Bill）
アメリカの医療宣教師。
⇒アア歴（Wallace,William L（indsey）（"Bill"）ウォレス，ウイリアム・リンゼット・[ビル]　1908.1.17-1951.2）

Wallace-Crabbe, Chris（topher）
オーストラリアの詩人。
⇒現世文（ウォレス・クラブ，クリス　1934.5.6-）

Wallach, Eli
アメリカ生まれの俳優。
⇒外12（ウォラック，イーライ　1915.12.7-）
ク俳（ウォラック，イーライ　1915-）
スター（ウォーラック，イーライ　1915.12.7-）

Wallach, Otto
ドイツの有機化学者。精油工業に関するテルペン類の研究をし，1910年ノーベル化学賞受賞。
⇒岩世人（ヴァラッハ　1847.3.27-1931.2.26）
化学（ヴァラッハ　1847-1931）
ノベ3（ワラッハ,O.　1847.3.27-1931.2.26）
ユ著人（Wallach,Otto　ワラッハ，オットー　1847-1931）

Wallach, Timothy Charles
アメリカの大リーグ選手（三塁）。
⇒メジャ（ウォーラック, ティム　1957.9.14–）

Wallant, Edward Lewis
アメリカの小説家。
⇒ユ著人（Wallant,Edward Lewis　ワラント, エドワード・ルイス　1926–1962）

Wallas, Graham
イギリスの政治学者, 社会学者。
⇒岩世人（ウォーラス　1858.5.31–1932.8.9）
　学叢思（ウォーラス, グレーハム　1858–?）
　学叢思（ウォーレース, グラハム　1858–?）
　教人（ウォラス　1858–1932）
　社小増（ウォーラス　1858–1932）

Wallaschek, Richard
オーストリアの美学者。音楽心理学を研究。
⇒岩世人（ヴァラシェク　1860.11.16–1917.4.24）
　標音2（ヴァラシェク, リヒャルト　1860.11.16–1917.4.24）

Wallenberg, Raoul
スウェーデンの実業家, 外交官。
⇒岩世人（ヴァッレンベリ（ワレンバーグ）　1912.8.4–1947.7.17?）
　スパイ（ワレンバーグ, ラウル　1912–1947?）

Wallenstein, Alfred
アメリカの指揮者, チェロ奏者。
⇒ユ著人（Wallenstein,Alfred　ウォーレンシュタイン, アルフレッド　1898–1982）

Waller, Gordon
イギリスの歌手, ギター奏者。
⇒ロック（Peter and Gordon　ピーター&ゴードン　1945.6.4–）

Waller, Littleton Walter Tazewell
アメリカ海兵隊将校。
⇒アア歴（Waller,Littleton Walter Tazewell　ワラー, リトルトン・ウォルター・タズウェル　1856.9.26–1926.6.26）

Waller, Robert James
アメリカの作家。
⇒外12（ウォラー, ロバート・ジェームズ　1939.8.1–）
　外16（ウォラー, ロバート・ジェームズ　1939.8.1–）
　現世文（ウォラー, ロバート・ジェームズ　1939.8.1–2017.3.10）

Waller, Thomas Wright（Fats）
アメリカのジャズ・ピアノ奏者, 歌手, 作曲家。独特のハーレム・スタイルを展開, ボーカルでも天衣無縫な個性をみせた。
⇒エデ（ウォーラー,（トマス・ライト）"ファッツ"　1904.5.21–1943.12.15）
　新音中（ウォーラー,［ファッツ］　1904.5.21–1943.12.15）

標音2（ウォーラー, ファッツ　1904.5.21–1943.12.15）

Waller, Willard
アメリカの社会学者。有名な著書 "Sociology of Teaching"（1932）がある。
⇒教人（ウォーラー　1899–1945）

Wallerstein, Immanuel Maurice
アメリカの社会学者, 歴史学者。
⇒岩世人（ウォーラーステイン　1930.9.28–）
　現社（ウォーラーステイン　1930–）
　広辞7（ウォーラーステイン　1930–）
　国政（ウォーラーステイン, イマニュエル　1930–）
　社小増（ウォーラーステイン　1930–）
　政経改（ウォーラーステイン　1930–）
　哲中（ウォーラーステイン　1930–）
　有経5（ウォーラーステイン　1930–）

Wallgren, Monrad Charles
アメリカの政治家。ワシントン州知事。
⇒アメ経（ウォールグレン, モンラード　1891.4.17–1961.9.18）

Walling, Dennis Martin
アメリカの大リーグ選手（三塁, 外野, 一塁）。
⇒メジャ（ウォーリング, デニー　1954.4.17–）

Walling, William English
アメリカの労働改革者, 社会主義者。
⇒学叢思（ウォーリング, ウィリアム・イングリッシュ　1877–?）

Wallinger, Mark
イギリス生まれの芸術家。
⇒現アテ（Wallinger,Mark　ウォリンジャー, マーク　1959–）

Wallis, Alfred
イギリスの画家。
⇒岩世人（ウォリス　1855.8.8–1942.8.29）
　芸13（ウォリス, アルフレッド　1855–1942）

Wallis, Quvenzhane
アメリカの女優。
⇒外16（ウォレス, クワベンジャネ　2003.8.28–）

Wallnöfer, Adolf
ドイツのテノール歌手, 作曲家。オペラ "Eddystone" のほか, 400曲の歌曲とバラード, 合唱曲, ピアノ曲などを残した。
⇒魅惑（Wallnöfer,Adolf　1854–1946）

Wallon, Henri
フランスの心理学者, 精神医学者。児童心理学の領域に活躍, フランスの教育改革に指導的役割を果した。
⇒岩世人（ワロン　1879.6.15–1962.12.1）
　教思増（ワロン　1879–1962）
　教小3（ワロン　1879–1962）
　教人（ワロン　1879–）

現社（ワロン　1879-1962）
社小増（ワロン　1879-1962）
哲中（ワロン　1879-1962）
ネーム（ワロン　1872-1962）
メル3（ワロン〔ヴァロン〕, アンリ　1879-1962）

Wallot, Paul
ドイツの建築家。
⇒岩世人（ヴァロート　1841.6.26-1912.8.10）

Wallraff, Günter
ドイツのルポルタージュ作家。
⇒岩世人（ヴァルラフ　1942.10.1-）

Walpole, *Sir* Hugh Seymour
イギリスの小説家。『秘密都市』でジェームズ・テイト・ブラック賞を受賞。
⇒岩世人（ウォルポール　1884.3.13-1941.6.1）
現世文（ウォルポール, ヒュー　1884.3.13-1941.6.1）

Walras, Marie Esprit Léon
フランスの経済学者。一般均衡理論を樹立。限界理論創始者の一人。
⇒岩経（ワルラス　1834-1910）
岩世人（ワルラス　1834.12.16-1910.1.4）
学叢思（ワルラ, マリー・エスプリ・レオン　1838-1910）
現社（ワルラス　1834-1910）
広辞7（ワルラス　1834-1910）
新カト（ワルラス　1834.12.16-1910.1.5）
ネーム（ワルラス, レオン　1834-1910）
有経5（ワルラス　1834-1910）

Walser, Martin
ドイツの小説家。現代社会批判の作品を発表。小説『フィリップスブルクの結婚』(1957) など。
⇒岩世人（ヴァルザー　1927.3.24-）
外12（ワルザー, マルティン　1927.3.24-）
外16（ワルザー, マルティン　1927.3.24-）
現世文（ワルザー, マルティン　1927.3.24-）
広辞7（ヴァルザー　1927-）

Walser, Robert
スイスの詩人, 小説家。『タンナー兄妹』(1906) などの小説がある。
⇒岩世人（ヴァルザー　1878.4.15-1956.12.25）
現世文（ヴァルザー, ローベルト　1878.4.15-1956.12.25）

Walsh, *Sir* Alan
イギリスの物理学者。中空陰極放電管を光源に用いる原子吸光分析法の創始者の一人。
⇒岩世人（ウォルシュ　1916.12.19-1998.8.3）

Walsh, Bill
アメリカのプロおよび大学フットボールのヘッド・コーチ。
⇒岩世人（ウォルシュ　1931.11.30-2007.7.30）

Walsh, David Ignatius
アメリカの弁護士, 政治家。マサチューセッツ州知事。
⇒アメ経（ウォルシュ, デービッド　1872.11.11-1947.6.11）

Walsh, Edward Augustine
アメリカの大リーグ選手（投手）。
⇒メジャ（ウォルシュ, エド　1881.5.14-1959.5.26）

Walsh, Evan
アイルランドのミュージシャン。
⇒外16（ウォルシュ, エバン）

Walsh, Gerald Groveland
アメリカのイエズス会士。ダンテ研究家。
⇒新カト（ウォルシュ　1892.11.9-1951.12.17）

Walsh, James Anthony
アメリカのカトリック司教, メリノール会の創立者。
⇒新カト（ウォルシュ　1867.2.24-1936.4.14）

Walsh, James Edward
アメリカの宣教師。
⇒アア歴（Walsh,James Edward　ウォルシュ, ジェイムズ・エドワード　1891.4.30-1981.7.29）
ア太戦（ウォルシュ　1891-1981）
新カト（ウォルシュ　1891.4.30-1981.7.29）

Walsh, Joe
アメリカのギター奏者, 作曲家, ボーカリスト。
⇒ロック（Walsh,Joe　ウォルシュ, ジョウ）

Walsh, Joseph Leonard
アメリカの数学者。
⇒数辞（ウォルシュ, ジョセフ・レオナード　1895-1973）

Walsh, Kay
イギリス生まれの女優。
⇒ク俳（ウォルシュ, ケイ　1914-）

Walsh, Raoul
アメリカの映画監督。代表作は『戦場に駆ける男』(1942),『裸者と死者』(58) など。
⇒映監（ウォルシュ, ラオール　1887.3.11-1980）

Walsh, Ruby
アイルランドの騎手。
⇒外16（ウォルシュ, ルビー　1979.5.14-）

Walsh, Thomas James
アメリカの法律家, 上院議員。ティーポットドーム油田疑獄をあばいた。
⇒アメ州（Walsh,Thomas James　ウォルシュ, トーマス・ジェームズ　1859-1933）

Walsh, Willie
アイルランドの実業家。
⇒外12（ウォルシュ, ウィリー　1961-）
外16（ウォルシュ, ウィリー　1961-）

Walsh Jennings, Kerri
アメリカのビーチバレーボール選手,バレーボール選手。
⇒外12 (ウォルシュ,ケリ 1978.8.15–)
外16 (ウォルシュ・ジェニングス,ケリ 1978.8.15–)
最世ス (ウォルシュ・ジェニングス,ケリ 1978.8.15–)

Waltari, Mika Toimi
フィンランドの小説家。『エジプト人シヌヘ』(1945),『不死のトゥルムス』(55) など古代を舞台とする作品で知られる。
⇒岩世人 (ワルタリ 1908.9.19–1979.8.26)
現世文 (ワルタリ,ミカ 1908.9.19–1979.8.26)

Walter, Bruno
ドイツ生まれのアメリカの指揮者。NBC交響楽団などを指揮。
⇒岩世人 (ワルター 1876.9.15–1962.2.17)
オペラ (ヴァルター,ブルーノ 1876–1962)
広辞7 (ワルター 1876–1962)
新音中 (ヴァルター,ブルーノ 1876.9.15–1962.2.17)
標音2 (ヴァルター,ブルーノ 1876.9.15–1962.2.17)
ユ著人 (Walter,Bruno ワルター,ブルーノ 1876–1962)

Walter, Elisse B.
アメリカ証券取引委員会 (SEC) 委員長。
⇒外16 (ウォルター,エリス)

Walter, Georg
ドイツのテノール歌手。歌曲とオラトリオの歌手として,特にバッハやヘンデルの歌唱で知られた。
⇒魅惑 (Walter,Georg 1875–1952)

Walter, Gustav
チェコのテノール歌手。
⇒魅惑 (Walter,Gustav 1834–1919)

Walter, Jess
アメリカの作家,ジャーナリスト。
⇒外16 (ウォルター,ジェス)
海文新 (ウォルター,ジェス 1965–)
現世文 (ウォルター,ジェス 1965–)

Walter, Jessica
アメリカの女優。
⇒ク俳 (ウォルター,ジェシカ 1940–)

Walter, Shane
イギリスの映像ディレクター。
⇒外12 (ウォルター,シェーン 1967–)

Walters, Alan Arthur
イギリスの経済学者。
⇒有経5 (ウォルターズ 1926–2009)

Walters, Barbara
アメリカTV放送界の花形インタヴュアー,パネラー,ニュース・キャスター。
⇒外12 (ウォルターズ,バーバラ 1929.9.25–)
外16 (ウォルターズ,バーバラ 1929.9.25–)

Walters, David
アメリカの水泳選手(自由形)。
⇒最世ス (ウォルターズ,デービッド 1987.9.27–)

Walters, Julie
イギリス生まれの女優。
⇒ク俳 (ウォルターズ,ジュリー 1950–)

Walters, Minette
イギリスの作家。
⇒外16 (ウォルターズ,ミネット)
現世文 (ウォルターズ,ミネット)

Walters, William Henry (Bucky)
アメリカの大リーグ選手(投手,三塁)。
⇒メジャ (ウォルターズ,バッキー 1909.4.19–1991.4.20)

Walton
アメリカ陸軍及び空軍の下士官。
⇒スパイ (ウォルトン[p])

Walton, Ernest Thomas Sinton
アイルランドの物理学者。1951年ノーベル物理学賞。
⇒岩世人 (ウォルトン 1903.10.6–1995.6.25)
広辞7 (ウォルトン 1903–1995)
三新物 (ワルトン 1903–1995)
ノベ3 (ウォルトン,E.T.S. 1903.10.6–1995.6.25)

Walton, Evangeline
アメリカ生まれのファンタジー作家。
⇒現世文 (ウォルトン,エヴァンジェリン 1907.11.24–1996.3.11)

Walton, Jerome O'Terrell
アメリカの大リーグ選手(外野)。
⇒メジャ (ウォルトン,ジェローム 1965.7.8–)

Walton, Jo
イギリス生まれの作家。
⇒海文新 (ウォルトン,ジョー 1964.12.1–)
現世文 (ウォルトン,ジョー 1964.12.1–)

Walton, Robert L.
アメリカ生まれの画家。
⇒芸13 (ウォルトン,ロバート・L 1934–)

Walton, *Sir* William Turner
イギリスの作曲家。1922年『ファサード』で一躍イギリス芸術界の注目を集めた。ほかに『ヴィオラ協奏曲』(29),オラトリオ『ベルシャザールの饗宴』(31) など。
⇒岩世人 (ウォルトン 1902.3.29–1983.3.8)

エデ（ウォルトン，サー・ウィリアム（ターナー）
1902.3.29–1983.3.8）
ク音3（ウォルトン 1902–1983）
新音小（ウォルトン，ウィリアム 1902–1983）
新音中（ウォルトン，ウィリアム 1902.3.29–
1983.3.8）
標音2（ウォルトン，ウィリアム 1902.3.29–
1983.3.8）

Waltz, Christoph
オーストリアの俳優。
⇒外12（ヴァルツ，クリストフ 1956.10.4–）
外16（ヴァルツ，クリストフ 1956.10.4–）

Waltz, Kenneth Neal
アメリカの国際政治学者。
⇒岩世人（ウォルツ 1924.6.8–2013.5.12）
国政（ウォルツ，ケネス 1924–）
政経改（ウォルツ 1924–）

Waltz, Sasha
ドイツのダンサー，振付師。
⇒外12（ヴァルツ，サシャ）

Walus, Janusz
ポーランド生まれの南アフリカの白人至上主義者。南アフリカ共産党書記長のマーティン・テンビサイル・ハニを射殺した。
⇒世暗（ヴァルス，ヤヌシェ 1953–）

Walzel, Oskar
ドイツの文学史家。ゲーテ以後の近代文学を研究。
⇒岩世人（ヴァルツェル 1864.10.28–1944.12.29）

Walzer, Michael
アメリカ（ユダヤ系）の政治哲学者。
⇒岩世人（ウォルツァー 1935.3.3–）
外12（ウォルツァー，マイケル 1935.3.3–）
外16（ウォルツァー，マイケル 1935.3.3–）
有経5（ウォルツァー 1935–）

Wambach, Abby
アメリカのサッカー選手（FW）。
⇒外16（ワンバック，アビー 1980.6.2–）
最世ス（ワンバック，アビー 1980.6.2–）

Wambaugh, Joseph
アメリカの作家。
⇒外12（ウォンボー，ジョゼフ 1937–）
外16（ウォンボー，ジョゼフ 1937.1.22–）
現世文（ウォンボー，ジョゼフ 1937.1.22–）

Wambsganss, William Adolph
アメリカの大リーグ選手（二塁，遊撃）。
⇒メジャ（ワンズガンス，ビル 1894.3.19–1985.12.8）

Wami, Gete
エチオピアの陸上選手（長距離）。
⇒外12（ワミ，ゲテ 1974.12.11–）

最世ス（ワミ，ゲテ 1974.12.11–）

Wanamaker, John
アメリカの大百貨店主。宗教事業にも尽した。
⇒アメ経（ワナメーカー，ジョン 1838.7.11–1922.12.12）
アメ州（Wanamaker,John ワナメーカー，ジョン 1838–1922）
岩世人（ウォナメイカー 1838.7.11–1922.12.12）

Wanandi, Sofyan
インドネシアの企業家。
⇒外16（ワナンディ，ソフヤン 1941.3.3–）

Wan Azizah Wan Ismail
マレーシアの政治家，改革運動指導者。マレーシア国民正義党（PKR）総裁。
⇒世指導（ワン・アジザ・ワン・イスマイル 1952–）

Wan Chaochen
中国・アニメーションの先駆者といわれる萬兄弟の1人。
⇒アニメ（萬超塵 ワン・チャオチェン 1906–1992）

Wanchope, Paulo
コスタリカのサッカー監督（エレディアノ），サッカー選手。
⇒外12（ワンチョペ，パウロ 1976.7.31–）
最世ス（ワンチョペ，パウロ 1976.7.31–）

Wand, Günter
ドイツの指揮者。
⇒新音中（ヴァント，ギュンター 1912.1.7–）
ネーム（ヴァント 1912–2002）
標音2（ヴァント，ギュンター 1912.1.7–2002.2.14）

Wandee Singwancha
タイのプロボクサー。
⇒外16（ワンディー・シンワンチャー 1980.2.5–）
最世ス（ワンディー・シンワンチャー 1980.2.5–）

Wandruszka, Adam
オーストリアの歴史家。
⇒岩世人（ヴァントルツカ 1914.8.6–1997.7.9）

Waner, Lloyd James
アメリカの大リーグ選手（外野）。
⇒メジャ（ウェイナー，ロイド 1906.3.16–1982.7.22）

Waner, Paul Glee
アメリカの大リーグ選手（外野）。
⇒メジャ（ウェイナー，ポール 1903.4.16–1965.8.29）

Wang, Alexander
アメリカの服飾デザイナー。
⇒外12（ワン，アレキサンダー 1983.12.26–）
外16（ワン，アレキサンダー 1983.12.26–）

Wang, Ed
中国のアメリカンフットボール選手。
⇒異ニ辞（ワン［エド・～］ 1987-）

Wang, Heinrich
台湾の白磁陶芸家。
⇒外12（王俠軍　オウキョウグン　1953-）
　外16（ワン, ハインリック　1953-）

Wang, Jian
中国のチェロ奏者。
⇒外12（ワン, ジャン　1969-）
　外16（ワン, ジャン　1969-）

Wang, Jimmy
香港の俳優,映画監督。漢字名王羽。主な作品に『吼えよ！ドラゴン』。
⇒岩世人（ウォング　1944.3.28-）
　外12（ウォング, ジミー　1943.3.18-）

Wang, Lulu
中国生まれの作家。
⇒海文新（ワン, ルル　1960-）
　現世文（ワン, ルル　1960-）

Wang, Stanley
台湾の俳優。
⇒外12（ワン, スタンレー　1982.10.11-）

Wang, Wayne
香港生まれの映画監督。
⇒外12（ワン, ウェイン　1949-）
　外16（ワン, ウェイン　1949-）

Wang Bit-na
韓国の女優。
⇒韓俳（ワン・ビンナ　1981.4.15-）

Wang Chien-Ming
台湾の大リーグ選手（投手）。
⇒外12（王建民　オウケンミン　1980.3.31-）
　外16（王建民　オウケンミン　1980.3.31-）
　最世ス（ワンチェンミン　1980.3.31-）
　メジャ（ワン・チェンミン（王建民）　1980.3.31-）

Wang Du
中国の芸術家。
⇒シュル（王度　ワンドゥ　1956-）

Wangenheim, Gustav von
ドイツの俳優,演出家,劇作家。
⇒岩世人（ヴァンゲンハイム　1895.2.18-1975.8.5）

Wanger, Walter
アメリカの映画製作者。MGM, コロンビア等の映画会社重役を経て独立製作者。
⇒岩世人（ウェインジャー　1894.7.11-1968.11.18）

Wangerin, Walter
アメリカのファンタジー作家,牧師,神学者。

⇒現世文（ワンジェリン, ウォルター(Jr.)）

Wáng Jiàn
中国, のちアメリカのチェロ奏者。
⇒岩世人（王健　おうけん　1968-）

Wang Ki-Chun
韓国の柔道選手。
⇒最世ス（ワンキチュン　1988.9.13-）

Wang Qi-min
中国のバレリーナ。
⇒外16（ワンチーミン　1981-）

Wang Shuibo
カナダを拠点とする中国のアニメーション作家。
⇒アニメ（王水泊　ワン・シュイボ　1960-）

Wang Su-young
韓国の詩人, 作家。
⇒現世文（ワン・スヨン　王秀英　1937-）

Wan Guchan
中国・アニメーションの先駆者。
⇒アニメ（萬古蟾　ワン・グチャン　1900-1995）

Wang Zhong-yuan, James
台湾のアニメーション制作者。
⇒アニメ（王中元　ワン・チョンユアン, ジェームズ　1936-）

Wanjiru, Samuel
ケニアのマラソン選手。
⇒最世ス（ワンジル, サムエル　1986.11.10-2011.5.15）

Wank, Andreas
ドイツのスキー選手（ジャンプ）。
⇒外16（ワンク, アンドレアス　1988.2.18-）

Wanke, Daouda Mallam
ニジェールの軍人。ニジェール国家和解評議会議長。
⇒世指導（ワンケ, ダオダ・マラム　?-2004.9.15）

Wankel, Felix
西ドイツの技術者。ロータリー・エンジンの発明者。
⇒岩世人（ヴァンケル　1902.8.13-1988.10.9）

Wanklyn, James Alfred
イギリスの有機分析化学者, 公衆衛生分析官。
⇒化学（ワンクリン　1834-1906）

Wan Laiming
中国・南京生まれのアニメーション作家。中国最初の長編『西遊記』を演出し, 中華人民共和国になってから『大あばれ孫悟空』を演出した。
⇒アニメ（萬籟鳴　ワン・ライミン　1900-1997）
　岩世人（万籟鳴　ばんらいめい　1900.1.18（光緒25.12.18）-1997.10.7）

Wanless, William James
アメリカの医療宣教師。
⇒アア歴（Wanless,William James　ウァンレス，ウイリアム・ジェイムズ　1865.5.1–1933.3.3）

Wanner, Martin
ドイツのテノール歌手。
⇒魅惑（Wanner,Martin　?–）

Wäntig, Heinrich
ドイツの教育家。東京帝国大学法科大学で経済学を教えた。
⇒学叢思（ヴェンチッヒ，ハインリヒ　1870–?）

Wapshott, Nicholas
イギリスのジャーナリスト，作家。
⇒外16（ワプショット，ニコラス　1952–）

Warburg, Aby
ドイツの美術史家，文化史家。
⇒岩世人（ヴァールブルク　1866.6.13–1929.10.26）
広辞7（ヴァールブルク　1866–1929）
ユ著人（Warburg,Aby　ヴァールブルク（ワールブルク），アビ　1866–1929）

Warburg, Emil Gabriel
ドイツの物理学者。熱輻射，毛細管電気現象に関する研究，およびオゾン，酸化窒素等の光化学反応エネルギーの研究が著名。
⇒岩世人（ヴァールブルク　1846.3.9–1931.7.28）

Warburg, James Paul
ドイツ生まれのアメリカの銀行家。インターナショナル・マンハッタン社社長，バイデール社社長。ポラロイド社の重役。
⇒アメ経（ウォーバーグ，ジェームズ　1896.8.18–1969.6.3）

Warburg, Otto
ドイツの植物学者。第3代世界シオニスト機構（WZO）会長。
⇒岩世人（ヴァールブルク　1859.7.20–1938）

Warburg, Otto Heinrich
ドイツの生化学者。1931年に呼吸酵素の発見でノーベル生理・医学賞受賞。
⇒岩生（ワールブルク　1883–1970）
岩世人（ヴァールブルク　1883.10.8–1970.8.1）
旺生5（ワールブルク　1883–1970）
現科大（ヴァールブルク，オットー・ハインリッヒ　1883–1970）
広辞7（ヴァールブルク　1883–1970）
三新生（ワールブルク　1883–1970）
ノベ3（ワールブルク，O.H.　1883.10.8–1970.8.1）
ユ著人（Warburg,Otto Heinrich　ワールブルク，オットー・ハインリッヒ　1883–1970）

Warburg, Paul Moritz
アメリカ（ユダヤ系）の銀行家，文筆家。連邦準備制度理事会の理事に任命され，20世紀のアメリカ金融政策に大きな影響を与えた。

⇒アメ経（ウォーバーグ，ポール　1868.8.10–1932.1.24）

Ward, Aaron Lee
アメリカの大リーグ選手（二塁，三塁）。
⇒メジャ（ウォード，アーロン　1896.8.28–1961.1.30）

Ward, Aaron Montgomery
アメリカの商人。1872年モントゴメリー・ウォード会社を創設，同社をアメリカ第2の小売チェーン・ストアに育てた。
⇒アメ経（ウォード，アーロン　1843.2.17–1913.12.7）

Ward, *Sir* Adolphus William
イギリスの歴史家。クルティウスの『ギリシア史』を英訳，『ケンブリッジ近世史』および『ケンブリッジ英文学史』の編集者の一人。
⇒岩世人（ウォード　1837.12.2–1924.6.19）

Ward, Amanda Eyre
アメリカの作家。
⇒海文新（ウォード，アマンダ・エア　1972–）
現世文（ウォード，アマンダ・エア　1972–）

Ward, Andre
アメリカのボクサー。
⇒外16（ワード，アンドレ　1984.2.23–）
最世ス（ワード，アンドレ　1984.2.23–）

Ward, Angus Ivan
アメリカの外交官。奉天総領事（1946），中共の満州占領により強制退去を命ぜられて帰国。
⇒岩世人（ウォード　1893.7.19–1969）

Ward, Bernard
イギリスの司教，教会史家。
⇒新カト（ウォード　1857.2.4–1920.1.21）

Ward, Clifford T.
イギリスのシンガー・ソングライター。
⇒ロック（Ward,Clifford T.　ウォード，クリフォード・T）

Ward, Elizabeth
アメリカの作家。
⇒岩世人（ウォード　1844.8.31–1911.1.28）

Ward, Fred
アメリカ生まれの俳優。
⇒ク俳（ウォード，フレッド　1942–）

Ward, Gary Lamell
アメリカの大リーグ選手（外野）。
⇒メジャ（ウォード，ゲイリー　1953.12.6–）

Ward, Hines
アメリカのプロフットボール選手（WR）。
⇒外12（ウォード，ハインズ　1976.3.8–）
最世ス（ウォード，ハインズ　1976.3.8–）

Ward, James
イギリスの哲学者,心理学者。主著『心理学原理』(1918)。
⇒岩世人（ウォード　1843.1.27–1925.3.4）

Ward, John Montgomery
アメリカの大リーグ選手（遊撃,二塁,投手,外野）。
⇒メジャ（ウォード,ジョン　1860.3.3–1925.3.4）

Ward, Joseph
イギリスのテノール歌手。
⇒魅惑（Ward,Joseph　1942–）

Ward, *Sir* Joseph（George）
ニュージーランドの政治家。首相（1906〜12,28〜30）。
⇒ニュー（ウォード,ジョセフ　1856–1930）

Ward, Josh
イギリスのミュージシャン。
⇒外12（ウォード,ジョシュ）

Ward, Lester Frank
アメリカ社会学の創始者。アメリカ社会学会初代会長（1906〜07）。
⇒岩世人（ウォード　1841.6.18–1913.4.18）
　学叢思（ウォード,レスター・フランク　1841–1913）
　社小増（ウォード　1841–1913）

Ward, Mary Augusta
イギリスの女性作家。『アミエルの日記』の英訳者。
⇒岩世人（ウォード　1851.6.11–1920.3.24）

Ward, Natalie
オーストラリアのソフトボール選手（内野手）。
⇒最世ス（ワード,ナタリー　1975.12.24–）

Ward, Rachel
イギリス生まれの女優。
⇒ク俳（ウォード,レイチェル　1957–）

Ward, Ralph Ansel
アメリカの宣教師。
⇒アア歴（Ward,Ralph Ansel　ウォード,ラルフ・アンセル　1882.6.26–1958.12.10）

Ward, Reginald Somerset
イギリス国教会の司祭,霊的指導者。
⇒オク教（ウォード　1881–1962）

Ward, Robert
アメリカの作曲家。
⇒エデ（ウォード,ロバート　1917.9.13–2013.4.2）

Ward, Roy Duane
アメリカの大リーグ選手（投手）。
⇒メジャ（ウォード,デュアン　1964.5.28–）

Ward, Simon
イギリス生まれの俳優。
⇒ク俳（ウォード,サイモン　1941–）

Ward, Vincent
ニュージーランドの映画監督,脚本家。
⇒映監（ウォード,ヴィンセント　1956.1.1–）
　ニュー（ウォード,ヴィンセント　1956–）

Ward, Wendy
アメリカのプロゴルファー。
⇒外12（ウォード,ウェンディ　1973.5.6–）

Ward, Wilfrid
イギリスの批評家。
⇒オク教（ウォード　1856–1916）

Warde, Beatrice
アメリカ生まれのタイポグラファー,著述家,学者。
⇒グラデ（Warde,Beatrice　ウォード,ビアトリス　1900–1969）

Wardhana, Ali
インドネシアの経済学者。1967年スハルト内閣幹部会議長経済顧問として活躍。68年6月蔵相に任命された。
⇒岩世人（ワルダナ,アリ　1928.5.6–）

Ware, Clifton
アメリカのテノール歌手。
⇒魅惑（Ware,Clifton　1937–）

Ware, DeMarcus
アメリカのプロフットボール選手（カウボーイズ・DE）。
⇒最世ス（ウェアー,デマーカス　1982.7.31–）

Warfield, A.G.
アメリカの土木技術者。
⇒岩世人（ウォーフィールド）

Warhol, Andy（Andrew）
アメリカの画家,映画製作者。ポップアートの代表的な存在。
⇒アメ州（Warhol,Andy　ウォーホール,アンディ　1928–）
　アメ新（ウォーホル　1928–1987）
　岩世人（ウォーホル　1929.8.6–1987.2.22）
　映監（ウォーホル,アンディ　1928.8.6–1987）
　芸13（ウォーホル,アンディ　1928–1987）
　広辞7（ウォーホル　1928–1987）
　ネーム（ウォーホル,アンディ　1928–1987）
　ポプ人（ウォーホル,アンディ　1928–1987）

Wariner, Jeremy
アメリカの陸上選手（短距離）。
⇒外12（ウォリナー,ジェレミー　1984.1.31–）
　最世ス（ウォリナー,ジェレミー　1984.1.31–）

Waring, Fred
アメリカの指揮者,作詞家,作曲家。
⇒標音2(ウェアリング,フレッド 1900.6.9–1984.7.29)

Warith Deen Mohammed
アメリカのネーション・オブ・イスラムの指導者。
⇒岩イ(ワリス・ディーン・モハメド 1933–)

Warlock, Peter
イギリスの作曲家。1920年「サックバット」誌を発刊。
⇒ク音3(ウォーロック(ワーロック) 1894–1930)
　新音中(ウォーロック,ピーター 1894.10.30–1930.12.17)
　標音2(ウォーロック,ピーター 1894.10.30–1930.12.17)

Warming, Johannes Eugenius Bülow
デンマークの植物学者。『植物社会』(1895)を著して植物生態地理学を確立し,植物生態学を創設。
⇒岩生(ワルミング 1841–1924)
　岩世人(ヴァーミング 1841.11.3–1924.4.2)

Warmington, Eric Herbert
イギリスの古典・古代史研究家。東西交渉史,地理学史についての論著が多い。
⇒岩世人(ウォーミントン 1898.3.15–1987)

Warnach, Paul Viktor
ドイツのカトリック神学者。
⇒新カト(ヴァルナハ 1907.7.28–1970.5.16)

Warne, Francis Wesley
アメリカの宣教師。
⇒アア歴(Warne,Francis Wesley ウォーン,フランシス・ウェズリー 1854.12.30–1932.2.29)

Warneke, Lonnie
アメリカの大リーグ選手(投手)。
⇒メジャ(ウォーネキー,ロン 1909.3.28–1976.6.23)

Warner, Alan
スコットランドの小説家。
⇒現世文(ウォーナー,アラン 1964–)

Warner, Albert
アメリカの映画企業家。4兄弟によるウォーナー兄弟会社を設立,1912年より映画製作。
⇒アメ経(ワーナー・ブラザーズ 1884.7.23–1967.11.26)

Warner, David
イギリス生まれの俳優。
⇒ク俳(ウォーナー,デイヴィッド 1941–)

Warner, Edward Pearson
アメリカの航空技術者。「Aviation」誌を編集した(1929～35)。
⇒岩世人(ウォーナー 1894.11.9–1958.7.12)

Warner, Gertrude Chandler
アメリカの児童文学者。
⇒現世文(ウォーナー,ガートルード 1890.4.16–1979.8.30)

Warner, Harry Morris
ロシア生まれのアメリカの映画企業家。3人の弟と共に草創期の映画事業に入りウォーナー兄弟会社を設立,1912年より映画製作。
⇒アメ経(ワーナー・ブラザーズ 1881.12.12–1958.7.25)
　岩世人(ワーナー(ウォーナー) 1881.12.12–1958.7.25)

Warner, Jack L.
アメリカの映画企業家。4兄弟によるウォーナー兄弟会社を設立,1912年より映画製作。
⇒アメ経(ワーナー・ブラザーズ 1892.8.2–1978.9.2)

Warner, John Joseph
アメリカの大リーグ選手(捕手)。
⇒メジャ(ウォーナー,ジョン 1872.8.15–1943.12.21)

Warner, John W.
アメリカの政治家,弁護士。上院議員,海軍長官。
⇒外12(ウォーナー,ジョン 1927.2.18–)
　外16(ウォーナー,ジョン 1927.2.18–)

Warner, Kurt
アメリカのプロフットボール選手(QB)。
⇒外12(ワーナー,カート 1971.6.22–)
　最世ス(ワーナー,カート 1971.6.22–)

Warner, Langdon
アメリカの東洋美術研究家。ボストン美術館に入り,東洋美術部長岡倉天心のもとで研究。『不滅の日本美術』その他を著す。
⇒アア歴(Warner,Langdon ウォーナー,ラングドン 1881.8.1–1955.6.9)
　ア太戦(ウォーナー 1881–1955)
　岩世人(ウォーナー 1881.8.1–1955.6.9)
　教人(ウォーナー 1881–1955)

Warner, Mark R.
アメリカの政治家。
⇒外12(ウォーナー,マーク 1954.12.15–)

Warner, Penny
アメリカの作家。
⇒海文新(ワーナー,ペニー)
　現世文(ウォーナー,ペニー)

Warner, Rex
イギリスの古典学者,小説家。アイスキュロスやオウィディウスなどの英訳の他,小説『教授』(1938)『飛行場』(41)などを著す。
⇒岩世人(ウォーナー 1905.3.9–1986.6.24)

現世文（ウォーナー，レックス　1905.3.9–1986.6.24）

Warner, Samuel
アメリカの映画プロデューサー。ワーナー・ブラザーズ映画会社設立者。
⇒アメ経（ワーナー・ブラザーズ　1887.8.10–1927.10.5）

Warner, Sylvia Townsend
イギリスの女性詩人，小説家。博識多芸の才女。
⇒現世文（ウォーナー，シルビア・タウンゼンド　1893.12.6–1978.5.1）

Warner, William Lloyd
アメリカの社会人類学者。マサチュセッツ州ニューベリーポートの階層研究で注目を浴びた。
⇒岩世人（ウォーナー　1898.10.26–1970.5.20）
　教人（ウォーナー　1898–）
　社小増（ウォーナー　1898–1970）

Warnke, Martin
ドイツの美術史家。
⇒岩世人（ヴァルンケ　1937.10.12–）

Warnock, John E.
アメリカの実業家。アドビシステムズ共同会長。
⇒外12（ワーノック，ジョン）
　外16（ワーノック，ジョン　1940.10.6–）

Warnshuis, Abbe Livingston
アメリカの宣教師。
⇒アア歴（Warnshuis,A（bbe）L（ivingston）ウォーンシュイス，アビー・リヴィングストン　1877.10.22–1958.3.17）

Waronker, Lenny
アメリカのプロデューサー。
⇒ロック（Waronker,Lenny　ウォロンカー，レニー）

Waroquier, Henri de
フランスの画家。主作品はシャイヨー宮の壁画『悲劇』（1937）。
⇒芸13（ワロキエ，アンリ・ド　1881–1948）

Warr, Malcolm
ニュージーランド生まれの画家。
⇒芸13（ワー，マルコム　1939–）

Warren, Austin
アメリカの批評家，作家。
⇒比文増（ウォレン（オースティン）　1899（明治32）–1986（昭和61））

Warren, Charles Preston
アメリカの人類学者。
⇒アア歴（Warren,Charles P（reston）ウォーレ，チャールズ・プレストン　1921.4.7–1987.12.22）

Warren, David
イギリスの外交官。駐日英国大使，ジャパン・ソサエティ議長。
⇒外12（ウォーレン，デービッド　1952–）
　外16（ウォーレン，デービッド　1952.8.11–）
　世指導（ウォーレン，デービッド　1952.8.11–）

Warren, Earl
アメリカの第14代連邦最高裁判所長官。ケネディ大統領暗殺直後にジョンソン大統領の命をうけて暗殺事件調査の委員会（通称ウォーレン委員会）を組織，調査を行った。
⇒アメ州（Warren,Earl　ウォーレン，アール　1891–1974）
　アメ新（ウォーレン　1891–1974）
　岩世人（ウォーレン　1891.3.19–1974.7.9）

Warren, Elizabeth
アメリカの政治家。
⇒外16（ウォーレン，エリザベス　1949–）
　世指導（ウォーレン，エリザベス　1949–）

Warren, Emma
アイルランドのダンサー。
⇒外16（ウォーレン，エマ）

Warren, George Frederick, Jr.
アメリカの農業経済学者。実態調査法にもとづく所得形成要因分析の手法の基礎をつくった。
⇒アメ経（ウォーレン，ジョージ　1874.2.16–1938.5.24）
　岩世人（ウォーレン　1874.2.16–1938.5.24）

Warren, Harry
アメリカのポピュラー・ソング作曲家。
⇒標音2（ウォーレン，ハリー　1893.12.24–1981.12.22）

Warren, John Collins
アメリカの外科医。乳房切除の術式について特異な切開法を考案。
⇒岩世人（ウォーレン　1842.5.4–1927.11.3）

Warren, J.Robin
オーストラリアの病理専門医，病理学者。
⇒外12（ウォーレン，ロビン　1937.6.11–）
　外16（ウォーレン，ロビン　1937.6.11–）
　ノベ3（ウォーレン，J.R.　1937.6.11–）

Warren, Kelly Therese
元アメリカ兵。クライド・リー・コンラッド・スパイ網のメンバー。
⇒スパイ（ウォーレン，ケリー・シアーズ）

Warren, Leonard
アメリカのバリトン歌手。
⇒新音中（ウォーレン，レナード　1911.4.21–1960.3.4）
　標音2（ウォーレン，レナード　1911.4.21–1960.3.4）

Warren, Lesley Ann
アメリカ生まれの女優。
⇒ク俳（ウォーレン，レスリー・アン　1946–）

Warren, Rick
アメリカの牧師, 作家。
⇒外12 (ウォレン, リック 1954.1.28–)
　外16 (ウォレン, リック 1954.1.28–)

Warren, Robert Penn
アメリカの詩人, 小説家, 批評家。小説『すべて王の臣下』(1946), 詩集『約束』(57)でピュリッツァー賞受賞。
⇒アメ州 (Warren,Robert Penn　ウォーレン, ロバート・ペン　1905–)
　岩世人 (ウォレン　1905.4.24–1989.9.15)
　現世文 (ウォーレン, ロバート・ペン　1905.4.24–1989.9.15)
　新カト (ウォレン　1905.4.24–1989.9.15)

Warrer, Jonas
デンマークのヨット選手(49er級)。
⇒外12 (ワーラー, ヨナス　1979.3.22–)
　最世ス (ワーラー, ヨナス　1979.3.22–)

Warrick, Joby
アメリカのジャーナリスト。
⇒外16 (ウォリック, ジョビー)

Warschawski, Michel
イスラエルの平和運動家。
⇒外16 (ワルシャウスキー, ミシェル)

Warsh, Sylvia Maultash
ドイツ生まれの作家。
⇒外12 (ウォルシュ, シルビア・マウルターシュ)
　外16 (ウォルシュ, シルビア・マウルターシュ)
　現世文 (ウォルシュ, シルビア・マウルターシュ)

Warshawski, Mark
ウクライナ・オデッサ生まれのイディッシュ語詩人。
⇒ユ著人 (Warshawski,Mark　ワルシャウスキー, マーク　1848–1907)

Warshel, Arieh
イスラエル出身の生化学者, 生物物理学者。
⇒外16 (ウォーシェル, アリー　1940.11.20–)
　化学 (ウォーシェル　1940–)

Warstler, Harold Burton (Rabbit)
アメリカの大リーグ選手(遊撃, 二塁)。
⇒メジャ (ウォースラー, ラビット　1903.9.13–1964.5.31)

Wartburg, Walther von
スイスの言語学者, ロマン語学者。史的言語学と叙述的言語学の対立を解消して, その上に言語学を確立せんとし, かつフランス語の研究に寄与。
⇒岩世人 (ヴァルトブルク　1888.5.18–1971.8.15)

Warwick, Dionne
アメリカの女性歌手。バート・バカラックの曲を中心にヒット曲多数。
⇒外12 (ワーウィック, ディオンヌ　1941.12.12–)
　外16 (ワーウィック, ディオンヌ　1941.12.12–)
　標音2 (ウォーウィック, ディオンヌ　1940/1941.12.12–)
　ロック (Warwick,Dionne　ウォウィック, ディオンヌ　1941.12.12–)

Wasdin, John Truman
アメリカの大リーグ選手(投手)。
⇒外12 (ワズディン, ジョン　1972.8.5–)

Washburn, George Thomas
アメリカの宣教師。
⇒アア歴 (Washburn,George Thomas　ウォッシュバーン, ジョージ・トマス　1832.9.5–1927.3.20)

Washburn, Jarrod Michael
アメリカの大リーグ選手(投手)。
⇒メジャ (ウォッシュバーン, ジャロッド　1974.8.13–)

Washburn, Livia J.
アメリカの作家。
⇒外12 (ウォッシュバーン, リビア)
　外16 (ウォッシュバーン, リビア)
　現世文 (ウォッシュバーン, リビア)

Washburn, Sherwood (Larned)
アメリカの自然人類学者。
⇒岩世人 (ウォシュバーン　1911.11.26–2000.4.16)

Washburne, Carleton Wolsey
アメリカの教育家。ウィネトカ・システムといわれる教育を実施。
⇒岩世人 (ウォシュバーン　1889.12.2–1968.11.27)
　教人 (ウォシュバーン　1889–)

Washburne, Margaret Floy
アメリカの女性心理学者。著書『動物の心』(1908)は初の実験的動物心理学に関する著作。
⇒岩世人 (ウォシュバーン　1871.7.25–1939.10.29)

Washington
ブラジルのサッカー選手。
⇒外12 (ワシントン　1975.4.1–)

Washington, Booker Taliaferro
アメリカの黒人教育家。アメリカインディアンに対する教育計画などに活躍。
⇒アメ経 (ワシントン, ブッカー・T　1856.4.4–1915.11.14)
　アメ州 (Washington,Booker Taliaferro　ワシントン, ブッカー・タリアフェロ　1856–1915)
　アメ新 (ワシントン　1856–1915)
　岩世人 (ワシントン　1856.4.5–1915.11.14)
　学叢思 (ワシントン, ブーカー　1858–1915)
　教人 (ウォシントン　1858?–1915)
　広辞7 (ワシントン　1856–1915)

Washington, Claudell
アメリカの大リーグ選手(外野)。
⇒メジャ (ワシントン, クローデル　1954.8.31–)

Washington, Denzel
アメリカ生まれの俳優。
⇒遺産（ワシントン, デンゼル　1954.12.28–）
　外12（ワシントン, デンゼル　1954.12.28–）
　外16（ワシントン, デンゼル　1954.12.28–）
　ク俳（ワシントン, デンゼル　1954–）
　スター（ワシントン, デンゼル　1954.12.28–）

Washington, Dinah
アメリカの女性ジャズ歌手。宗教歌できたえたスケールの大きなフシ回しと声量で"ブルースの女王"といわれた。
⇒異二辞（ワシントン, ダイナ　1924–1963）
　新音中（ワシントン, ダイナ　1924.8.29–1963.12.14）
　標音2（ワシントン, ダイナ　1924.8.29–1963.12.14）
　マルX（WASHINGTON,DINAH（Jones,Ruth Lee）　ワシントン, ダイナ（ジョーンズ, ルース・リー）　1924–1963）
　ロック（Washington,Dinah　ワシントン, ダイナ　1924.8.29–）

Washington, Henry Stephens
アメリカの地質学者。ギリシア各地で考古学上の発掘に従事し（1888～94）のち自宅に私設実験所を設けて、火成岩の化学的研究を基礎とした組織的分類を行った。
⇒岩世人（ワシントン　1867.1.15–1934.1.7）

Washington, Herbert Lee
アメリカの大リーグ選手（代走）。
⇒メジャ（ワシントン, ハーブ　1951.11.16–）

Washington, Ronald
アメリカの大リーグ選手（遊撃）, 監督, コーチ。
⇒メジャ（ワシントン, ロン　1952.4.29–）

Wasikowska, Mia
オーストラリアの女優。
⇒外12（ワシコウスカ, ミア　1989–）
　外16（ワシコウスカ, ミア　1989–）

Wasmann, Erich
ドイツの昆虫学者, イエズス会士。アリ, シロアリなど社会性昆虫の心的能力を研究。
⇒岩世人（ヴァスマン　1859.5.29–1931.2.27）
　新カト（ヴァスマン　1859.5.29–1931.2.27）

Wasmosy, Juan Carlos
パラグアイの政治家, 実業家。パラグアイ大統領（1993～98）。
⇒世指導（ワスモシ, フアン・カルロス　1938.12.15–）

Wasser, Thierry
スイスの調香師。
⇒外12（ワッサー, ティエリー）
　外16（ワッサー, ティエリー）

Wasserburg, Gerald Joseph
アメリカの地質学者。
⇒岩世人（ワッサーバーグ　1927.3.25–）

Wasserlof, Rudolf
オーストリアのテノール歌手。
⇒魅惑（Wasserlof,Rudolf　?–）

Wassermann, August von
ドイツの細菌学者。1906年に梅毒の血清診断法, ワッセルマン反応を発表。
⇒岩世人（ヴァッサーマン（ヴァッセルマン）　1866.2.21–1925.3.16）
　広辞7（ワッセルマン　1866–1925）
　世人新（ヴァッセルマン　1866–1925）
　世人装（ヴァッセルマン　1866–1925）
　ユ著人（Wassermann,August Paul von　ワッサーマン, オーガスト・ポール・フォン　1866–1925）

Wassermann, Jakob
ドイツ（ユダヤ系）の小説家。社会小説『クリスチアン・ワーンシャッフェ』（1919）などがある。
⇒岩世人（ヴァッサーマン　1873.3.10–1934.1.1）
　西文（ヴァッサーマン, ヤーコブ　1873–1934）
　ユ著人（Wassermann,Jacob　ワッセルマン, ヤーコブ　1873–1934）

Wasserstein, Wendy
アメリカの女性劇作家。
⇒岩世人（ワッサースタイン　1950.10.18–2006.1.30）
　現世文（ワッサースタイン, ウェンディ　1950.10.18–2006.1.30）

Wasson, Craig
アメリカ生まれの俳優。
⇒ク俳（ワッスン, クレイグ　1952–）

Wasson, James R.
アメリカの土木技師。1872年来日し, 北海道の道路建造に従事し, 全道の測量を行った。のち陸軍省雇（75）, 東京開成学校土木教師となる。
⇒アア歴（Wasson,James R（obert）　ワッスン, ジェイムズ・ロバート　1847.1.11–1923.2.17）
　岩世人（ワッソン）

Wästberg, Per Erik
スウェーデンの小説家, 評論家。
⇒岩世人（ヴェストベリ　1933.11.20–）

Wat, Aleksander
ポーランドの詩人, 小説家。
⇒岩世人（ヴァット　1900.5.1–1967.7.29）

Watanabe, José
ペルーの詩人。
⇒現世文（ワタナベ, ホセ　1945.3.17–2007.4.25）

Watanabe, Yoshiyuki Bill
アメリカのリトル東京サービスセンター所長。
⇒外16（ワタナベ, ヨシユキ・ビル）

Waten, Judah
オーストラリアの作家。
⇒現世文（ワテン, ジュダ　1911.7.29–1985.7.29）
　ユ著人（Waten,Judah　ワテン, ユダ　1911–）

Waterhouse, John William
イギリスの画家。
⇒岩世人（ウォーターハウス　1849.4.6–1917.2.10）
　芸13（ウォーターハウス, ジョン・ウィリアム　1849–1917）

Waters, John
アメリカ生まれの映画監督。
⇒映監（ウォーターズ, ジョン　1946.4.22–）
　外12（ウォーターズ, ジョン　1946.4.22–）
　外16（ウォーターズ, ジョン　1946.4.22–）

Waters, Mark
アメリカの映画監督。
⇒外12（ウォーターズ, マーク　1964–）
　外16（ウォーターズ, マーク　1964–）

Waters, Muddy
アメリカのブルース歌手, ギター奏者。1950年代に独自のブルース・スタイルを築いた。
⇒異二辞（ウォーターズ, マディ　1913–1983）
　岩世人（ウォーターズ　1915.4.4–1983.4.30）
　新音中（ウォーターズ, マディ　1915.4.4–1983.4.30）
　標音2（マディ・ウォーターズ　1915.4.4–1983.4.30）
　ロック（Waters,Muddy　ウォーターズ, マディ　1915.4.4–）

Waters, Roger
イギリスのベース奏者。ロックグループ「ピンク・フロイド」のメンバー。
⇒外12（ウォーターズ, ロジャー　1944.9.6–）
　外16（ウォーターズ, ロジャー　1944.9.6–）

Waters, Sarah
イギリスの作家。
⇒外12（ウォーターズ, サラ　1966–）
　外16（ウォーターズ, サラ　1966–）
　海文新（ウォーターズ, サラ　1966.7.21–）
　現世文（ウォーターズ, サラ　1966.7.21–）

Waterston, Sam
アメリカ生まれの俳優。
⇒ク俳（ウォーターストン, サム　1940–）

Watkins, Anna
イギリスのボート選手。
⇒外16（ワトキンス, アンナ　1983.2.13–）
　最世ス（ワトキンス, アンナ　1983.2.13–）

Watkins, Claire
アメリカの作家。
⇒海文新（ワトキンス, クレア　1984–）
　現世文（ワトキンス, クレア・ベイ　1984–）

Watkins, Franklin C.
アメリカの画家。
⇒芸13（ワトキンス, フランクリン　1894–1963）

Watkins, Peter
イギリスの映画監督。
⇒映監（ワトキンズ, ピーター　1935.10.29–）

Watkins, Vernon Phillips
イギリスの詩人。D.トマスの親友で, 彼の書簡集を編む。
⇒現世文（ウォトキンズ, バーノン　1906.6.27–1967.10.8）

Watkins, William Henry
アメリカの大リーグ選手（三塁）。
⇒メジャ（ワトキンズ, ビル　1858.5.5–1937.6.9）

Watkins-Pitchford, Denys James
イギリスの作家, 挿絵画家。
⇒現世文（ワトキンス・ピッチフォード,D.J.　1905.7.25–1990.9.8）

Watley, Jody
シカゴ生まれの歌手。
⇒外12（ワトリー, ジョディ　1959–）

Watrous, William Russell（Bill）
アメリカのジャズ・トロンボーン奏者, バンドリーダー。
⇒異二辞（ワトラス, ビル　1939–）

Watson, Basil Barrington
ジャマイカ生まれの画家。
⇒芸13（ワトソン, バジル・バリントン　1958–）

Watson, Bubba
アメリカのプロゴルファー。
⇒外16（ワトソン, バッバ　1978.11.5–）
　最世ス（ワトソン, バッバ　1978.11.5–）

Watson, Claire
アメリカのソプラノ歌手。
⇒標音2（ワトソン, クレア　1927.2.3–1986.7.16）

Watson, Colin
イギリスの推理小説家, ジャーナリスト。
⇒現世文（ワトソン, コリン　1920.2.1–1983.1.17）

Watson, Doc
アメリカ・ノースカロライナ州生まれのギター奏者。
⇒新音中（ワトソン, ドク　1923.3.2–）
　標音2（ワトソン, ドック　1923.3.12–）

Watson, Emily
イギリスの女優。
⇒外12（ワトソン, エミリー　1967.1.14–）
　外16（ワトソン, エミリー　1967.1.14–）
　ク俳（ウォトスン, エミリー　1967–）

Watson, Emma
イギリスの女優。
⇒**外12**（ワトソン, エマ　1990.4.15–）
　外16（ワトソン, エマ　1990.4.15–）

Watson, Ian
イギリスのSF作家。
⇒**外12**（ワトソン, イアン　1943–）
　外16（ワトソン, イアン　1943–）
　現世文（ワトソン, イアン　1943–）

Watson, James Dewey
アメリカの遺伝学者, 生化学者。『核酸の分子構造と遺伝情報の伝達に関する研究』で, 1962年ノーベル生理・医学賞受賞。
⇒**岩生**（ワトソン　1928–）
　岩世人（ワトソン　1928.4.6–）
　旺生5（ワトソン　1928–）
　オク生（ワトソン, ジェームズ・デューイ　1928–）
　外12（ワトソン, ジェームズ　1928.4.6–）
　外16（ワトソン, ジェームズ　1928.4.6–）
　化学（ワトソン, J.D.　1928–）
　科史（ワトソン　1928–）
　現科大（クリックとワトソン　1928–）
　広辞7（ワトソン　1928–）
　三新生（ワトソン　1928–）
　世人新（ワトソン　1928–）
　世人装（ワトソン　1928–）
　ノベ3（ワトソン, J.D.　1928.4.6–）
　ポプ人（ワトソン, ジェームズ　1928–）

Watson, John
イギリスの哲学者。ケアドの学徒としてヘーゲル主義の立場からカントを批評。
⇒**岩世人**（ワトソン　1847.2.25–1939.1.27）
　学叢思（ウォトソン, ジョン　1847–?）

Watson, John Broadus
アメリカの心理学者。アメリカの行動心理学の発展に大きな影響を与えた。
⇒**アメ新**（ワトソン　1878–1958）
　岩生（ワトソン　1878–1958）
　岩世人（ワトソン　1878.1.9–1958.9.25）
　教人（ワトソン　1878–）
　現精（ワトソン　1878–1958）
　現精縮（ワトソン　1878–1958）
　広辞7（ワトソン　1878–1958）
　社小増（ワトソン　1878–1958）
　世界子（ワトソン, ジョン・B　1878–1958）

Watson, Johnny 'Guitar'
アメリカ・テキサス州ヒューストン生まれの歌手, ギター奏者, プロデューサー。
⇒**ロック**（Watson, Johnny 'Guitar'　ワトソン, ジョニー・"ギター"　1935.2.3–）

Watson, Jude
アメリカの作家。
⇒**外16**（ワトソン, ジュード）
　海文新（ワトソン, ジュード）

　現世文（ワトソン, ジュード）

Watson, Raymond
ジャマイカ生まれの造形家。
⇒**芸13**（ワトソン, レイモンド　1954–）

Watson, Robert
イギリスの化学者。
⇒**外12**（ワトソン, ロバート　1948–）
　外16（ワトソン, ロバート　1948–）

Watson, Robert Jose
アメリカの大リーグ選手（一塁, 外野）。
⇒**メジャ**（ワトソン, ボブ　1946.4.10–）

Watson, Russell
イギリス出身の歌手。
⇒**外12**（ワトソン, ラッセル　1972–）
　外16（ワトソン, ラッセル　1972–）
　失声（ワトソン, ラッセル　1966–）
　魅惑（Watson, Russell　1966–）

Watson, Sheila
カナダの女性小説家, 評論家。
⇒**現世文**（ワトソン, シーラ　1909.10.24–1998）

Watson, Thomas Edward
アメリカの南部出身の政治家。
⇒**アメ州**（Watson, Thomas Edward　ワトソン, トーマス・エドワード　1856–1922）
　岩世人（ワトソン　1856.9.5–1922.9.26）

Watson, Thomas John
アメリカの実業家。IBM社社長, 会長。十指に余る大学から文学, 経営学, 工学などの博士号を受けた。
⇒**アメ経**（ワトソン, トマス　1874.2.17–1956.6.19）
　岩世人（ワトソン　1874.2.17–1956.6.19）

Watson, Thomas John, Jr.
アメリカの実業家。
⇒**ポプ人**（ワトソン, トーマス・ジュニア　1914–1993）

Watson, Tom
アメリカのプロゴルファー。1971年プロ入り。89年ニクラウスに次いで, 全米ツアー史上2人目の500万ドルプレーヤーとなる。
⇒**岩世人**（ワトソン　1949.9.4–）
　外12（ワトソン, トム　1949.9.4–）
　外16（ワトソン, トム　1949.9.4–）
　最世ス（ワトソン, トム　1949.9.4–）

Watson, William
アメリカのテノール歌手。
⇒**魅惑**（Watson, William　?–）

Watson-Watt, *Sir* Robert Alexander
イギリスの物理学者。イギリスにおけるレーダー（電波探知機）の最初の指導者。
⇒**岩世人**（ワトソン＝ワット　1892.4.13–1973.12.5）

世人新 (ワトソン=ワット (ウォトソン=ウォット) 1892–1973)
世人装 (ワトソン=ワット (ウォトソン=ウォット) 1892–1973)

Watt, *Sir* George
イギリスの応用植物学者。インドに長く滞在、インドの農業に関する権威。
⇒岩世人 (ワット 1851.4.24–1930.4.2)

Watt, J.J.
アメリカのプロフットボール選手 (テキサンズ・DE)。
⇒最世ス (ワット,J.J. 1989.3.22–)

Watt, William Montgomery
イギリスの東洋学者、イスラム学者。主著『メッカにおけるマホメット』。
⇒岩世人 (ワット 1909.3.14–2006.10.24)

Watterson, Henry
アメリカのジャーナリスト。マース・ヘンリーの名で知られる。編集者としての功績に対してピュリツァー賞を受賞 (1917)。
⇒アメ州 (Watterson,Henry ウォタスン,ヘンリー 1840–1921)

Watts, Alan Wilson
アメリカの宗教家。アメリカ最大の禅の普及者。
⇒オク仏 (ワッツ,アラン 1915–1973)

Watts, Andre
アメリカのピアノ奏者。
⇒外12 (ワッツ,アンドレ 1946.6.20–)
外16 (ワッツ,アンドレ 1946.6.20–)
新音中 (ワッツ,アンドレ 1946.6.20–)
標音2 (ワッツ,アンドレ 1946.6.20–)

Watts, Bernadette
イギリスの絵本作家。
⇒外16 (ワッツ,バーナデット 1942–)

Watts, Charlie
イギリスのロック・ミュージシャン。
⇒外12 (ワッツ,チャーリー 1941.6.2–)
外16 (ワッツ,チャーリー 1941.6.2–)

Watts, Daniel
アメリカ・ニューヨークの黒人知識人、建築家。黒人解放運動を支援した。
⇒マルX (WATTS,DANIEL ワッツ,ダニエル)

Watts, Helen
イギリスのアルト歌手。
⇒新音中 (ワッツ,ヘレン 1927.12.7–)
標音2 (ワッツ,ヘレン 1927.12.7–)

Watts, Helen L.Hoke
アメリカの児童文学者。フランクリン・ワッツ出版で多数の児童図書を刊行して知られる。音楽分野のノンフィクション作品も刊行。

⇒ア図 (ワッツ,ヘレン 1903–1990)

Watts, Naomi
イギリスの女優。
⇒外12 (ワッツ,ナオミ 1968.9.28–)
外16 (ワッツ,ナオミ 1968.9.28–)

Watts, Peter
カナダのSF作家。
⇒現世文 (ワッツ,ピーター 1958–)

Watts, *Sir* Philip
イギリスの造船家。在来の船舶設計法を改め、造船に多くの科学的計算法を導入し、軍艦シャノンの建造でその優れた才能を示した。
⇒岩世人 (ワッツ 1846.5.30–1926.3.15)

Watts, Philip Beverley
イギリスの実業家。
⇒外12 (ワッツ,フィル 1945.6.25–)
外16 (ワッツ,フィル 1945.6.25–)

Watts, Robert
アメリカの美術家。
⇒岩世人 (ワッツ 1923.6.14–1988.9.2)

Watts-Dunton, Walter Theodore
イギリスの詩人、評論家、小説家。『恋人の到来』などを執筆。
⇒岩世人 (ワッツ=ダントン 1832.10.12–1914.6.6)

Waugh, Alec (Alexander Raban)
イギリスの小説家。イーブリン・ウォーの兄。第一次大戦の捕虜体験から "The prisoners of Maintz" (1919) を書く。
⇒岩世人 (ウォー 1898.7.8–1981.9.3)
現世文 (ウォー,アレック 1898.7.8–1981.9.3)

Waugh, Evelyn Arthur St.John
イギリスの小説家、評論家。『衰亡記』(1928)『一握りの塵』(34) などの作品がある。
⇒岩世キ (ウォー 1903–1966)
岩世人 (ウォー 1903.10.28–1966.4.10)
現世文 (ウォー,イーブリン 1903.10.28–1966.4.10)
広辞7 (ウォー 1903–1966)
新カト (ウォー 1903.10.28–1966.4.10)

Waugh, Hillary
アメリカの推理作家。
⇒現世文 (ウォー,ヒラリー 1920.6.22–2008.12.8)

Waugh, John Stewart
アメリカの物理化学者。
⇒岩世人 (ウォー 1929.4.25–)

Waugh, Sylvia
イギリスの作家。
⇒現世文 (ウォー,シルビア 1935–)

Wavell, Archibald Percival, 1st Earl

of
イギリス軍人。インド総督,元帥などを務めた。
⇒岩世人（ウェイヴェル　1883.5.5–1950.5.24）
南ア新（ウェーヴェル　1883–1950）

Waverley, John Anderson, 1st Viscount
イギリスの行政官,政治家。
⇒岩世人（ウェイヴァリ　1882.7.8–1958.1.4）

Wawrinka, Stan
スイスのテニス選手。
⇒外12（ワウリンカ,スタニスラス　1985.3.28–）
外16（バブリンカ,スタン　1985.3.28–）
最新ス（ウゥリンカ,スタニスラス　1985.3.28–）

WAX
韓国の歌手。
⇒外12（WAX　ワックス）

Way, Gerard
アメリカのミュージシャン。
⇒外12（ウェイ,ジェラルド　1977.4.9–）

Way, Mikey
アメリカのミュージシャン。
⇒外12（ウェイ,マイキー　1980.9.10–）

Wayne, David
アメリカ生まれの俳優。
⇒ク俳（ウエイン,デイヴィッド（マクミーカン,W・D）　1914–1995）

Wayne, John
アメリカの映画俳優。1969年度アカデミー主演男優賞を受賞。代表作に『駅馬車』『アラモ』など。
⇒アメ州（Wayne,John　ウェイン,ジョン　1907–1979）
アメ新（ウェイン　1907–1976）
遺産（ウェイン,ジョン　1907.5.26–1979.6.11）
岩世人（ウェイン　1907.5.26–1979.6.11）
ク俳（ウエイン,ジョン（モリスン,マリオン）　1907–1979）
広辞7（ウェイン　1907–1979）
スター（ウェイン,ジョン　1907.5.26–1979）
ネーム（ウェイン,ジョン　1907–1979）
ポプ人（ウェイン,ジョン　1907–1979）

Wayne, Reggie
アメリカのプロフットボール選手（コルツ・WR）。
⇒最新ス（ウェイン,レジー　1978.11.17–）

Wayß, Gustav Adolf
ドイツの土木技術者。
⇒岩世人（ヴァイス　1851.10.16–1917.8.19）

al-**Wazīr, Intiṣār**
パレスチナの女性解放運動家。
⇒岩世人（ワズィール,インティサール　1941.12.2–）

W

al-**Wazir, Khalil**
パレスチナ・アル・ファタハ幹部。アル・ファタハの軍事面での組織・訓練が専門。
⇒岩イ（ハリール・ワズィール　1935–1988）
岩世人（ワズィール,ハリール　1935.10.10–1988.4.16）

al-**Wazzānī, Muḥammad Ḥasan**
モロッコ民族運動の指導者。
⇒岩世人（ワッザーニー,ムハンマド　1910.1.17–1978.9.9）

Weah, George
リベリアのサッカー選手。
⇒岩世人（ウェア　1966.10.1–）
外12（ウエア,ジョージ　1966.10.1–）
外16（ウエア,ジョージ　1966.10.1–）
世指導（ウエア,ジョージ　1966.10.1–）

Wearing, Gillian
イギリスの写真家,ビデオ・アーティスト。
⇒岩世人（ウェアリング　1963.12.10–）

Weatherall, James Owen
アメリカの物理学者,数学者,哲学者。
⇒外16（ウェザーオール,ジェームズ・オーウェン）

Weathers, John David
アメリカの大リーグ選手（投手）。
⇒メジャ（ウェザーズ,デイヴ　1969.9.25–）

Weaver, Dennis
アメリカ生まれの俳優。
⇒ク俳（ウィーヴァー,デニス（ウィーヴァー,ビリー・D）　1924–）

Weaver, Earl Sidney
アメリカの大リーグ監督（オリオールズ）。
⇒メジャ（ウィーヴァー,アール　1930.8.14–2013.1.19）

Weaver, George Daniel（Buck）
アメリカの大リーグ選手（遊撃,三塁）。
⇒メジャ（ウィーヴァー,バック　1890.8.18–1956.1.31）

Weaver, Ingrid
カナダのロマンス作家。
⇒外12（ウィーバー,イングリッド）

Weaver, Jacki
オーストラリアの女優。
⇒外16（ウィーバー,ジャッキー　1947.5.25–）

Weaver, James Baird
アメリカの法律家,軍人,政治家。1892年に大統領候補になった。
⇒アメ経（ウィーバー,ジェームズ　1833.6.12–1912）

Weaver, Jeffrey Charles
アメリカの大リーグ選手(投手)。
⇒メジャ(ウィーヴァー, ジェフ 1976.8.22–)

Weaver, Jered
アメリカの大リーグ選手(エンゼルス・投手)。
⇒最世ス(ウィーバー, ジェレッド 1982.10.4–)
メジャ(ウィーヴァー, ジェレッド 1982.10.4–)

Weaver, Marjorie
アメリカの女優。
⇒ク俳(ウィーヴァー, マージョリ 1913–1994)

Weaver, Sigourney
アメリカ生まれの女優。出演作『エイリアン』『ゴーストバスター』など。
⇒外12(ウィーバー, シガーニー 1949.10.8–)
外16(ウィーバー, シガーニー 1949.10.8–)
ク俳(ウィーヴァー, シガニー(ウィーヴァー, スーザン) 1949–)
スター(ウィーヴァー, シガニー 1949.10.8–)
ネーム(ウィーバー, シガニー 1949–)

Weaver, Warren
アメリカの科学行政官,数理物理学者。ウィスコンシン大学教授。主著『コミュニケーションの数学的理論』『幸運夫人・確率論解説』など。
⇒岩世人(ウィーヴァー 1894.7.17–1978.11.24)

Weaving, Jon
オーストラリアのテノール歌手。
⇒魅惑(Weaving, Jon 1936–)

Webb, Beatrice Potter
イギリスのフェビアン主義の代表的理論家。フェビアン協会長。
⇒岩世人(ウェッブ 1858.1.22–1943.4.30)
学叢思(ウェッブ, ビアトリス 1858–?)
現社(ウェッブ夫妻 1858–1943)
現社福(ウェッブ夫妻 1858–1943)
社小増(ウェッブ夫妻 1858–1943)
新力ト(ウェッブ夫妻 ウェッブふさい 1858.1.22–1943.4.30)
世史改(ウェッブ夫妻 1858–1943)
世人新(ウェッブ夫妻 1858–1943)
世人装(ウェッブ夫妻 1858–1943)
哲中(ウェッブ夫妻 1858–1943)
ポブ人(ウェッブ夫妻 1858–1943)
有経5(ウェッブ[B] 1858–1943)

Webb, Brandon
アメリカの大リーグ選手(投手)。
⇒外12(ウェブ, ブランドン 1979.5.9–)
最世ス(ウェブ, ブランドン 1979.5.9–)
メジャ(ウェブ, ブランドン 1979.5.9–)

Webb, Charles Richard
アメリカの作家。
⇒外12(ウェッブ, チャールズ 1941–)
現世文(ウェッブ, チャールズ 1941–)

Webb, Clifton
アメリカ生まれの俳優。
⇒ク俳(ウェッブ, クリフトン(ホレンベック, W) 1889–1966)

Webb, Francis
オーストラリアの詩人。
⇒現世文(ウェッブ, フランシス 1925.2–1973.11.22)

Webb, Jack
アメリカの映画監督, 俳優。
⇒ク俳(ウェッブ, ジャック 1920–1982)

Webb, James Edwin
アメリカの政治家。国務次官(1949)。
⇒岩世人(ウェッブ 1906.10.7–1992.3.27)

Webb, James H.
アメリカの作家, ジャーナリスト, 軍人。上院議員(民主党), 海軍長官。
⇒外12(ウェッブ, ジェームズ 1946.2.9–)
外16(ウェッブ, ジム 1946.2.9–)
世指導(ウェッブ, ジム 1946.2.9–)

Webb, Jimmy
アメリカのシンガー・ソングライター, 編曲家。
⇒ロック(Webb, Jimmy ウェブ, ジミー 1946.8.5–)

Webb, Karrie
オーストラリアのプロゴルファー。
⇒外12(ウェブ, カリー 1974.12.21–)
外16(ウェブ, カリー 1974.12.21–)
最世ス(ウェブ, カリー 1974.12.21–)

Webb, Marc
アメリカの映画監督。
⇒外16(ウェブ, マーク 1974.8.31–)

Webb, Mary Gladys
イギリスの小説家, 詩人。
⇒岩世人(ウェッブ 1881.3.25–1927.10.8)

Webb, Patrick Charles
ニュージーランドの労働運動家。
⇒ニュー(ウェッブ, パトリック 1884–1950)

Webb, Philip Speakman
イギリスの建築家。19世紀末のアカデミーの硬直した様式から離脱するパイオニア的役割を演じた。
⇒岩世人(ウェッブ 1831.1.12–1915.4.17)

Webb, Sarah
イギリスのヨット選手。
⇒外12(ウェブ, サラ 1977.1.13–)
最世ス(ウェブ, サラ 1977.1.13–)

Webb, Sidney James
イギリスのフェビアン主義の指導的理論家。

⇒岩経（ウェッブ 1859–1947）
岩世人（ウェッブ 1859.7.13–1947.10.13）
学叢思（ウェッブ, シドニー 1859–?）
教人（ウェッブ 1859–1947）
現社（ウェッブ夫妻 1859–1947）
現社福（ウェッブ夫妻 1859–1947）
広辞7（ウェッブ 1859–1947）
社小増（ウェッブ夫妻 1859–1947）
新カト（ウェッブ夫妻 ウェッブふさい 1859.7.13–1947.10.13）
世史改（ウェッブ夫妻 1859–1947）
世人新（ウェッブ夫妻 1859–1947）
世人装（ウェッブ夫妻 1859–1947）
哲中（ウェッブ夫妻 1859–1947）
ポプ人（ウェッブ夫妻 1859–1947）
有経5（ウェッブ〔A〕 1859–1947）

Webb, *Sir* William Flood
オーストラリアの法律実務家。極東国際軍事裁判（東京裁判）で裁判長に任ぜられ法廷指揮に当たった。
⇒ア太戦（ウェッブ 1887–1972）
岩世人（ウェッブ 1887.1.21–1972.8.11）
広辞7（ウェッブ 1887–1972）

Webber, Chris
アメリカのバスケットボール選手。
⇒外12（ウェバー, クリス 1973.3.1–）
最世ス（ウェバー, クリス 1973.3.1–）

Webber, Herbert John
アメリカの植物生理学者。オレンジ, ワタ, トウモロコシ, パイナップル等の育種についての研究がある。
⇒岩世人（ウェバー 1865.12.27–1946.1.18）

Webber, Mark
オーストラリアのF1ドライバー。
⇒外12（ウェバー, マーク 1976.8.27–）
外16（ウェバー, マーク 1976.8.27–）
最世ス（ウェバー, マーク 1976.8.27–）

Webber, Mark
アメリカの俳優。
⇒外12（ウェバー, マーク 1980–）

Webber, Peter
イギリスの映画監督。
⇒外12（ウェバー, ピーター）

Weber, Adolf
ドイツの経済学者。主著"Volkswirtschaftslehre"（1933）。
⇒岩世人（ヴェーバー 1876.12.29–1963.1.5）

Weber, Alfred
ドイツの経済地理学者。マックス・ウェーバーの弟。
⇒岩世人（ヴェーバー 1868.7.30–1958.5.2）
現社（ヴェーバー, A. 1868–1958）
社小増（ヴェーバー 1868–1958）

新カト（ヴェーバー 1868.7.30–1958.5.2）
有経5（ウェーバー〔B〕 1868–1958）

Weber, Axel A.
ドイツの金融家, 銀行家, 経済学者。
⇒外12（ウェーバー, アクセル 1957.3.8–）
外16（ウェーバー, アクセル 1957.3.8–）

Weber, Ben
アメリカの作曲家。
⇒標音2（ウェーバー, ベン 1916.7.23–1979.6.16）

Weber, David
アメリカの作家。
⇒外12（ウェバー, デービッド 1952–）
外16（ウェバー, デービッド 1952–）
現世文（ウェバー, デービッド 1952.10.24–）

Weber, Ernst
ドイツの教育家。美学を教育学の基礎科学に加え, 図画は一教科として重要であるのみでなく, 各教科の教授を支持する方法上の原理であるとした。
⇒岩世人（ヴェーバー 1873.7.5–1948.9.3）

Weber, Franziska
ドイツのカヌー選手。
⇒外16（ウェーバー, フランツィスカ 1989.5.24–）
最世ス（ウェーバー, フランツィスカ 1989.5.24–）

Weber, Hans Hermann
ドイツの生理学者。タンパクの電気化学的性質などで先駆的業績をあげた。
⇒岩生（ウェーバー 1896–1974）

Weber, Heinrich
ドイツの数学者。
⇒岩世人（ヴェーバー 1842.3.5–1913.5.17）
世数（ヴェーバー, ハインリヒ・マルティン・ゲオルク・フリードリヒ 1842–1913）

Weber, Heinrich
ドイツの林学哲学者。
⇒岩世人（ヴェーバー 1868–1934）

Weber, Heinrich
テノール歌手。
⇒魅惑（Weber, Heinrich ?–）

Weber, Marianne
ドイツの婦人運動指導者。マックス・ウェーバーの妻。夫の遺稿出版に尽した。
⇒岩世人（ヴェーバー 1870.8.2–1954.3.12）

Weber, Max
ドイツの社会科学者。
⇒岩イ（ウェーバー 1864–1920）
岩キ（ウェーバー 1864–1920）
岩経（ウェーバー 1864–1920）
岩社（ウェーバー 1864–1920）

岩世人（ヴェーバー　1864.4.21–1920.6.14）
覚思（マックス・ウェーバー　1864.4.21–1920.6.14）
覚思ス（マックス・ウェーバー　1864.4.21–1920.6.14）
学叢思（ヴェーベル，マクス　1864–1920）
教思増（ヴェーバー　1864–1920）
教人（ウェーバー　1864–1920）
現社（ヴェーバー，M.　1864–1920）
現社福（ウェーバー　1864–1920）
現宗（ウェーバー　1864–1920）
広辞7（ヴェーバー　1864–1920）
社小増（ウェーバー　1864–1920）
新カト（ヴェーバー　1864.4.21–1920.6.14）
世史改（ヴェーバー，マックス＝　1864–1920）
世人新（マックス＝ウェーバー）1864–1920）
世人装（ヴェーバー（マックス＝ウェーバー）1864–1920）
哲中（ウェーバー　1863–1920）
ネーム（マックス・ウェーバー　1864–1920）
標音2（ヴェーバー，マックス　1864.4.21–1920.6.14）
ベシ経（ウェーバー　1864–1920）
ポプ人（ウェーバー，マックス　1864–1920）
メル3（ウェーバー〔ヴェーバー〕，マックス　1864–1920）
有経5（ウェーバー〔A〕　1864–1920）

Weber, Max
アメリカの画家。アメリカにキュビスムを紹介。
⇒岩世人（ウェーバー　1881.4.18–1961.11.4）
　芸13（ウェバー，マックス　1881–1961）
　ユ教人（Weber, Max　ヴェーバー，マックス　1881–1962）

Weber, Shea
カナダのアイスホッケー選手（プレデターズ・DF）。
⇒最世ス（ウェーバー，シェイ　1985.8.14–）

Weber-Gale, Garrett
アメリカの水泳選手（自由形）。
⇒最世ス（ウェーバーゲール，ギャレット　1985.8.6–）

Webern, Anton von
オーストリアの作曲家。シェーンベルク，ベルクと共に第2次ウィーン楽派を形成。20世紀の最も重要な作曲家の1人。
⇒岩世人（ヴェーベルン　1883.12.3–1945.9.15）
　エデ（ヴェーベルン［ウェーベルン］，アントン（フリードリヒ・ヴィルヘルム・フォン）　1883.12.3–1945.9.15）
　ク音3（ヴェーベルン　1883–1945）
　広辞7（ウェーベルン　1883–1945）
　新音小（ヴェーベルン，アントン　1883–1945）
　新音中（ヴェーベルン，アントン　1883.12.3–1945.9.15）
　新カト（ヴェーベルン　1883.12.3–1945.9.15）
　ネーム（ヴェーベルン　1883–1945）
　ピ曲改（ヴェーベルン，アントン　1883–1945）
　標音2（ヴェーベルン，アントン　1883.12.3–1945.9.15）
　ポプ人（ウェーベルン，アントン　1883–1945）

Webster, Alice Jean
アメリカの女性作家。社会事業の仕事につきながら小説を書く。著書に『足長おじさん』（1912）。
⇒岩世人（ウェブスター　1876.7.24–1916.6.11）
　広辞7（ウェブスター　1876–1916）
　図翻（ウェブスター　1876.7.24–1916.6.11）
　ポプ人（ウェブスター，ジーン　1876–1916）

Webster, Benjamin Francis (Ben)
アメリカのジャズ・テナー・サックス奏者。ホーキンス，チュー・ベリーと並び称されるテナー・サックスの3大巨人の1人。
⇒岩世人（ウェブスター　1909.3.27–1973.9.20）
　新音中（ウェブスター，ベン　1909.3.27–1973.9.20）
　標音2（ウェブスター，ベン　1909.3.27–1973.9.20）

Webster, James Benjamin
アメリカの宣教師。
⇒アア歴（Webster, James B (enjamin)　ウエブスター，ジェイムズ・ベンジャミン　1879.9.29–1929.12.8）

Webster, Margaret
イギリスの演出家。
⇒岩世人（ウェブスター　1905.3.15–1972.11.13）

Webster, Mitchell Dean
アメリカの大リーグ選手（外野）。
⇒メジャ（ウェブスター，ミッチ　1959.5.16–）

Webster, William H.
アメリカの法律家。セント・ルイス高等裁判所判事，中央情報局（CIA）長官。
⇒スパイ（ウェブスター，ウィリアム・H　1924–）

Wechsler, David
アメリカの心理学者。1939年ウェクスラー・ベルビュー・テストを公にした。
⇒岩世人（ウェクスラー　1896.1.12–1981.5.2）
　教人（ウェクスラー　1896–）

Wechsler, James
アメリカのニューヨーク・ポスト紙の編集者。
⇒マルX（WECHSLER, JAMES　ウェクスラー，ジェイムズ　1915–1983）

Wedde, Ian
ニュージーランドの詩人，小説家，批評家，編集者。
⇒ニュー（ウエッド，イアン　1946–）

Wedderburn, Joseph Henry Maclagan
イギリスの数学者。
⇒数辞（ウェダーバーン　1882–1948）
　世数（ウェダーバーン，ジョセフ・ヘンリー・マクラガン　1882–1948）

Wedekind, Frank
ドイツの劇作家, 俳優。主要作品『春のめざめ』(1891),『地霊』(95)。
⇒岩世人（ヴェーデキント　1864.7.24–1918.3.9）
学叢思（ウェデキント, フランク　1864–1918）
広辞7（ヴェーデキント　1864–1918）
図翻（ヴェーデキント　1864.7.24–1918.3.9）
西文（ヴェデキント, フランク　1864–1918）
世演（ヴェデキント, フランク　1864.7.24–1918.3.9）
ネーム（ウェデキント　1864–1918）

Wedel, Georg von
ドイツの外交官。
⇒岩世人（ヴェーデル　1868.4.17–1950）

Wedemeyer, Albert Coady
アメリカの軍人。1947年トルーマン大統領の特使として中国, 朝鮮を訪問。
⇒アア歴（Wedemeyer,Albert C (oady)　ウェデマイアー, アルバート・コウディ　1897.7.9–1989.12.17）
岩世人（ウェデマイアー　1897.7.9–1989.12.17）
ネーム（ウェデマイヤー　1897–1989）

Wedge, Chris
アメリカのアニメーション監督。
⇒外12（ウェッジ, クリス　1957.3.20–）
外16（ウェッジ, クリス　1957.3.20–）

Wedge, Eric
アメリカの大リーグ監督, 大リーグ人（捕手）。
⇒外12（ウェッジ, エリック　1968.1.27–）
外16（ウェッジ, エリック　1968.1.27–）
最世ス（ウェッジ, エリック　1968.1.27–）
メジャ（ウェッジ, エリック　1968.1.27–）

Wedgwood, Dame (Cicely) Veronica
イギリスの歴史家。
⇒岩世人（ウェッジウッド　1910.7.20–1997.3.9）

Weed, Ethel Berenice
アメリカの陸軍士官。
⇒岩女（ウィード, エセル　1906.5.11–1975.6.6）

Weedon, Bert
イギリスのセッション・ギター奏者。
⇒ロック（Weedon,Bert　ウィードン, バート）

Weekley, Boo
アメリカのプロゴルファー。
⇒外12（ウィークリー, ブー　1973.7.23–）
外16（ウィークリー, ブー　1973.7.23–）
最世ス（ウィークリー, ブー　1973.7.23–）

Weekley, Ernest
イギリスの英語学者, フランス語学者。主著『英語語源辞典』(1921)。
⇒岩世人（ウィークリー　1865–1954.5.7）

Weeks, Jeffrey
イギリスのセクシュアリティ研究の第一人者, ゲイ活動家。
⇒現社（ウィークス　1945–）

Weeks, John Elmer
アメリカの眼科医。エジプト眼炎のコッホ・ウィークスの菌が, 急性の伝染性結膜炎を起すことを明かにした。
⇒岩世人（ウィークス　1853.8.9–1949.2.3）

Weeks, Rickie Darnell
アメリカの大リーグ選手（二塁）。
⇒メジャ（ウィークス, リッキー　1982.9.13–）

Weeks, Sarah
アメリカの児童文学作家。
⇒外12（ウィークス, サラ）
外16（ウィークス, サラ）
現世文（ウィークス, サラ）

Wegener, Alfred Lothar
ドイツの地質学者, 気象学者。1912年「大陸移動説」を提唱。
⇒岩世人（ヴェーゲナー　1880.11.1–1930.11.2/3）
オク科（ヴェゲナー（アルフレッド・ロタール）　1880–1930）
オク気（ウェゲナー, アルフレート・ロタール　1880.11.1–1930.11）
オク地（ウェゲナー, アルフレッド　1880–1930）
広辞7（ウェーゲナー　1880–1930）
三新生（ウェーゲナー　1880–1930）
ネーム（ヴェゲナー　1880–1930）
ポプ人（ウェゲナー, アルフレッド　1880–1930）

Wegener, Kurt
ドイツの気象学者, 地球物理学者。グリーンランド探検隊長, ブエノス・アイレスの国立気象学研究所勤務（1947～）。
⇒岩世人（ヴェーゲナー　1878.4.3–1964.2.28）

Wegner, Daniel Merton
アメリカの社会心理学者。
⇒メル別（ウェグナー, ダニエル・マートン　1948–2013）

Wegner, Hans Jørgensen
デンマークの家具デザイナー。
⇒岩世人（ウェグナー（ヴェーエナー）　1914.4.2–2007.1.26）

Wegner, John
ドイツのバリトン歌手。
⇒外12（ヴェグナー, ジョン）

Wehberg, Hans
ドイツの国際法学者。「Friedenswarte」誌の発行者。
⇒岩世人（ヴェーベルク　1885.12.15–1962.5.30）

Wehler, Hans-Ulrich
ドイツの歴史家。

Wehling, Ulrich
ドイツのノルディック複合スキー選手。
⇒岩世人（ヴェーリング 1952.7.8–）

Wehmeier, Herman Ralph
アメリカの大リーグ選手(投手)。
⇒メジャ（ウェアマイアー, ハーム 1927.2.18–1973.5.21）

Wehnelt, Arthur Rudolf Berthold
ドイツの実験物理学者。「ヴェーネルト断続器」、「ヴェーネルト陰極（酸化物陰極）」、「ヴェーネルト円筒（静電レンズ）」など多くを発明, 考案。
⇒岩世人（ヴェーネルト 1871.4.4–1944.2.15）

Wehner, Herbert
フランスの物理学者。1929年量子力学の発展における先駆的な業績によりノーベル物理学賞を受賞。
⇒岩世人（ヴェーナー 1906.7.11–1990.1.19）

Wehofschütz, Kurt
オーストリアのテノール歌手。
⇒魅惑（Wehofschütz, Kurt 1923–）

Wehrling, Yann
フランスの環境保護運動家。
⇒岩世人（ヴェーリング 1971.7.3–）

Wei, David
中国の実業家。
⇒外12（ウェイ, デービッド）
⇒外16（ウェイ, デービッド 1970–）

Weibull, Lauritz Urlik Absalon
スウェーデンの歴史学者。
⇒岩世人（ヴェイブル 1873.4.2–1960.12.2）

Weidenreich, Franz
ドイツの人類学者, 解剖学者。シナントロプス・ペキネンシスの発掘研究を行った。
⇒岩生（ワイデンライヒ 1873–1948）
　岩世人（ヴァイデンライヒ（慣ワイデンライヒ）1873.6.7–1948.7.11）
　ネーム（ワイデンライヒ 1873–1948）

Weidensdorfer, Claus
ドイツ生まれの画家。
⇒芸13（ヴァイデンスドルファー, クロウス 1931–）

Weidman, Jerome
アメリカの脚本家, 小説家。
⇒現世文（ワイドマン, ジェローム 1913.4.4–1998.10.6）

Weidman, John
アメリカのミュージカル脚本家。
⇒外12（ワイドマン, ジョン）

Weidmann, Jens
ドイツのエコノミスト。
⇒外16（バイトマン, イエンス 1968.4.20–）

Weig, Johann
神言修道会の初代日本布教長。
⇒新カト（ヴァイク 1867.9.4–1948.7.13）

Weigel, Gustav
アメリカのカトリック神学者, 司祭。
⇒新カト（ワイゲル 1906.1.15–1964.1.3）

Weigel, Hans
オーストリアの小説家, 評論家。小説『地獄もしくは煉獄』(1954) など。
⇒岩世人（ヴァイゲル 1908.5.29–1991.8.12）
　ユ著人（Weigel, Hans ヴァイゲル, ハンス 1908–1991）

Weigel, Helene
ドイツの女優。劇作家ブレヒトの妻。多くのブレヒト作品に主演。
⇒岩世人（ヴァイゲル 1900.5.12–1971.5.7）

Weight, Carel
イギリスの画家。
⇒芸13（ウェイト, カレル 1908–1997）

Weigle, Sebastian
ドイツの指揮者。
⇒外12（ヴァイグレ, セバスティアン 1961–）
⇒外16（ヴァイグレ, セバスティアン 1961–）

Weikath, Michael
ドイツのロック・ギター奏者。
⇒外12（ヴァイカート, マイケル 1962.8.7–）
⇒外16（ヴァイカート, マイケル 1962.8.7–）

Weikenmeier, Albert
ドイツのテノール歌手。
⇒魅惑（Weikenmeier, Albert 1908–1981）

Weikl, Bernd
オーストリアのバリトン歌手。
⇒新音中（ヴァイクル, ベルント 1942.7.29–）
　標音2（ヴァイクル, ベルント 1942.7.29–）

Weil, Adolf
ドイツの医者。ヴァイル氏病の記載で知られる。
⇒岩世人（ヴァイル（慣ワイル）1848.2.7–1916.7.23）

Weil, André
フランスの数学者。1939年からシュバレーらとともにブルバキ運動をはじめた。思想家シモーヌ・ヴェイユの兄。
⇒岩世人（ヴェイユ 1906.5.6–1998.8.6）
　数小増（ヴェイユ 1906–1998）
　世数（ヴェイユ, アンドレ-アブラーム 1906–1998）
　ユ著人（Weil, André ヴェイユ, アンドレ

1906–1998）

Weil, Bruno
ドイツの指揮者。
⇒外12（ワイル，ブルーノ　1949.11.24–）
　外16（ワイル，ブルーノ　1949.11.24–）

Weil, Eric
ドイツの哲学者。
⇒メル3（ヴェイユ，エリック　1904–1977）
　ユ著人（Weil,Eric　ヴェイユ，エリック　1904–）

Weil, Saly
スイスの料理人。
⇒岩世人（ワイル　1897–1976.6.26）
　フラ食（ワイル，サリー　1897–1975）

Weil, Simone
フランスの社会思想家，神秘家。主著『愛と死のパンセ』(1947)，『労働と人生についての省察』(51)，『手帖』(3巻, 51〜56)。
⇒岩キ（ヴェーユ　1909–1943）
　岩女（ヴェイユ，シモーヌ　1909.2.3–1943.8.24）
　岩世人（ヴェイユ（ヴェーユ）　1909.2.3–1943.8.24）
　オク教（ヴェイユ　1909–1943）
　現社（ヴェイユ　1909–1943）
　広辞7（ヴェイユ　1909–1943）
　社小増（ヴェイユ　1909–1943）
　新カト（ヴェイユ　1909.2.3–1943.8.24）
　世人新（ヴェイユ　1909–1943）
　世人装（ヴェイユ　1909–1943）
　哲中（ヴェイユ　1909–1943）
　フ文小（ヴェイユ，シモーヌ　1909–1943）
　メル別（ヴェイユ，シモーヌ　1909–1943）
　ユ著人（Weil,Simone　ヴェイユ，シモーヌ　1909–1943）

Weil, Uzi
現代ヘブライ語作家。地方紙のコラムニスト，脚本家，ヘブライ語翻訳者。
⇒ユ著人（Weil,Uzi　ヴァイル，ウズィ　1964–）

Weiler, Joseph Flack
アメリカ生まれの写真家。
⇒芸13（ウエイラー，ジョセフ・フラック　1943–）

Weill, Kurt
ドイツ生まれのアメリカの作曲家。『三文オペラ』を作曲。ナチス・ドイツにより追放。
⇒岩世人（ヴァイル　1900.3.2–1950.4.3）
　エデ（ヴァイル，クルト（ユリアン）　1900.3.2–1950.4.3）
　オペラ（ヴァイル，クルト　1900–1950）
　ク音（ワイル　1900–1950）
　広辞7（ワイル　1900–1950）
　新オペ（ヴァイル，クルト　1900–1950）
　新音小（ヴァイル，クルト　1900–1950）
　新音中（ヴァイル，クルト　1900.3.2–1950.4.3）
　ネーム（ワイル，クルト　1900–1950）
　標音2（ヴァイル，クルト　1900.3.2–1950.4.3）
　ユ著人（Weill,Kurt　ワイル，クルト　1900–1950）

Weill, Sanford I.
アメリカの銀行家。
⇒外12（ワイル，サンフォード　1933.3.16–）
　外16（ワイル，サンフォード　1933.3.16–）

Weimann, Dieter
ドイツのテノール歌手。
⇒魅惑（Weimann,Dieter　1941–）

Weimann, Robert
ドイツの文学者，演劇学者。
⇒岩世人（ヴァイマン　1928.11.18–）

Wein, Elizabeth
アメリカの作家。
⇒現世文（ウェイン，エリザベス　1964–）

Weinbach, Lawrence A.
アメリカの実業家。
⇒外12（ワインバック，ローレンス　1940.1.8–）
　外16（ワインバック，ローレンス　1940.1.8–）

Weinberg, Robert A.
アメリカの生化学者。
⇒外16（ワインバーグ，ロバート　1942.11.11–）

Weinberg, Robert E.
アメリカの作家。
⇒現世文（ワインバーグ，ロバート）

Weinberg, Serge
フランスの実業家。
⇒外12（ウェインベルグ，セルジュ　1951.2.10–）
　外16（ウェインベルグ，セルジュ　1951.2.10–）

Weinberg, Steven
アメリカの物理学者。場の量子論から宇宙論まで多産な研究を行なう。素粒子の統一模型を提出し，1979年ノーベル物理学賞受賞。
⇒岩世人（ワインバーグ　1933.5.3–）
　外12（ワインバーグ，スティーブン　1933.5.3–）
　外16（ワインバーグ，スティーブン　1933.5.3–）
　天ラ星（ワインバーグ　1933–）
　ネーム（ワインバーグ　1933–）
　ノベ3（ワインバーグ,S.　1933.5.3–）
　物（ワインバーグ，スティーヴン　1933–）
　ユ著人（Weinberg,Steven　ワインバーグ，スティーブン　1933–）

Weinberg, Wilhelm
ドイツの遺伝学者，医師。
⇒岩世人（ヴァインベルク　1862.12.25–1937.11.27）

Weinberger, Casper Willard
アメリカの政治家，出版人。フォーブス社会長，アメリカ国防長官。
⇒アメ新（ワインバーガー　1917–2006）

Weinberger, Jaromir
チェコの作曲家。歌劇『笛吹きシュヴァンダ』が最もよく知られている。
⇒エデ（ヴァインベルゲル, ヤロミール　1896.1.8–1967.8.8）
ク音3（ワインベルガー（ヴァインベルゲル）1896–1967）
新音中（ヴァインベルゲル, ヤロミール　1896.1.8–1967.8.8）
標音2（ヴァインベルガー, ヤロミール　1896.1.8–1967.8.8）

Weiner, Bernard
アメリカの心理学者。
⇒岩世人（ワイナー　1935.9.28–）
社心小（ワイナー　1935–）

Weiner, Jennifer
アメリカのコラムニスト, 作家。
⇒外12（ウェイナー, ジェニファー　1970–）
外16（ウェイナー, ジェニファー　1970–）
海文新（ウェイナー, ジェニファー　1970.3.28–）
現世文（ウェイナー, ジェニファー　1970.3.28–）

Weiner, Lawrence
アメリカの美術家。
⇒岩世人（ウィーナー　1942.2.10–）
現アテ（Weiner, Lawrence　ウィナー, ローレンス　1942–）

Weiner, Tim
アメリカのジャーナリスト。
⇒外12（ワイナー, ティム　1956–）
外16（ワイナー, ティム　1956–）

Weiner Leó
ハンガリーの指揮者, 作曲家。
⇒ク音3（ヴェイネル　1885–1960）
新音中（ヴェイネル, レオー　1885.4.16–1960.9.13）
標音2（ウェイネル, レオ　1885.4.16–1960.9.13）

Weingart, Wolfgang
ドイツ生まれの独学のグラフィック・デザイナー, タイポグラファー, 教育者。
⇒グラデ（Weingart, Wolfgang　ヴァインガルト, ヴォルフガング　1941–）

Weingarten, Johannes Leonard Gottfried Julius
ドイツの応用数学者, 微分幾何学者。
⇒数辞（ワインガルテン, ヨハネス・レオナルト・ゴットフリート・ユリウス　1836–1910）

Weingartner, Felix Paul von
オーストリアの指揮者, 作曲家。バーゼル音楽院長, ウィーン国立劇場の指揮者を務めた。
⇒岩世人（ヴァインガルトナー　1863.6.2–1942.5.7）
オペラ（ヴァインガルトナー, フェーリックス　1863–1962）
ク音3（ワインガルトナー　1863–1942）
広辞7（ワインガルトナー　1863–1942）
新音中（ヴァインガルトナー, フェーリクス　1863.6.2–1942.5.7）
ネーム（ワインガルトナー　1863–1942）
標音2（ヴァインガルトナー, フェーリクス　1863.6.2–1942.5.7）

Weingartner, Hans
ドイツの映画監督。
⇒外12（ワイングルトナー, ハンス）

Weingartner, Joseph
ドイツの作家, 美術史家。ティロルの美術およびバロック美術に造詣が深い。
⇒岩世人（ヴァインガルトナー　1885.2.10–1957.5.11）
新カト（ヴァインガルトナー　1885.2.10–1957.5.11）

Weinheber, Josef
オーストリアの詩人。詩集『ウィーン, 言葉のままに』などがある。
⇒岩世人（ヴァインヘーバー　1892.3.9–1945.4.8）
現世文（ヴァインヘーバー, ヨーゼフ　1892.3.9–1945.4.8）

Weinmann, Karl
ドイツのカトリック神学者, 音楽学者, 教会音楽の指導者。
⇒新カト（ヴァインマン　1873.12.22–1929.9.26）
標音2（ヴァインマン, カルル　1873.12.22–1929.9.26）

Weinreich, Jacob
デンマークの作家。
⇒海文新（カジンスキー, A.J.　1972–）

Weinreich, Uriel
ポーランド生まれのアメリカの言語学者。コロンビア大教授（1957～67）。特に意味論, 言語接触の分野で貢献した。
⇒岩世人（ワインライク　1926.5.23–1967.3.30）

Weinrich, Harald
ドイツの言語学者, 文学者。
⇒岩世人（ヴァインリヒ　1927.9.24–）

Weinschenk, Hans-Jörg
ドイツのテノール歌手。
⇒魅惑（Weinschenk, Hans-Jörg　1955–）

Weinstein, David E.
アメリカの経済学者。
⇒外12（ワインスタイン, デービッド　1964–）
外16（ワインスタイン, デービッド　1964–）

Weinstock, Arnold, Baron
イギリスの実業家。
⇒岩世人（ウェインストック　1924.7.29–2002.7.23）

Weintraub, Sidney
アメリカのマクロ経済学者。

⇒岩経（ワイントラウプ　1914–1983）
　有経5（ワイントラープ　1914–1983）

Weir, Andy
アメリカの作家。
⇒海文新（ウィアー，アンディ　1972.6.16–）
　現世文（ウィアー，アンディ　1972.6.16–）

Weir, Ernest Tener
アメリカのUSスティール社のマネスン工場総支配人，ナショナル・スティール社経営者。
⇒アメ経（ウィア，アーネスト　1875.8.1–1957.6.26）

Weir, Johnny
アメリカのプロスケーター，フィギュアスケート選手。
⇒異二辞（ウィアー，ジョニー　1984–）
　外12（ウィア，ジョニー　1984.7.2–）
　外16（ウィア，ジョニー　1984.7.2–）
　最世ス（ウィア，ジョニー　1984.7.2–）

Weir, Peter
オーストラリア生まれの映画監督。
⇒岩世人（ウィアー　1944.8.21–）
　映監（ウィアー，ピーター　1944.8.21–）
　外12（ウィア，ピーター　1944.8.21–）
　外16（ウィアー，ピーター　1944.8.21–）

Weir, Scot
アメリカのテノール歌手。
⇒魅惑（Weir,Scot　1956–）

Weis, Eberhard
ドイツの歴史家。
⇒岩世人（ヴァイス　1925.10.31–2013.6.17）

Weisband, William
アメリカ軍保安局の暗号解読者。
⇒スパイ（ワイスバンド，ウィリアム　1908–1967）

Weisberger, Lauren
アメリカのライター。
⇒外16（ワイズバーガー，ローレン　1977.3.28–）
　海文新（ワイズバーガー，ローレン　1977.3.28–）
　現世文（ワイズバーガー，ローレン　1977.3.28–）

Weisbuch, Claude
フランス生まれの画家。
⇒芸13（ワイズバッシュ，クロード　1927–）

Weischedel, Wilhelm
ドイツの哲学者。『カント著作集』(6巻) を編集。
⇒岩世人（ヴァイシェーデル　1905.4.11–1975.8.20）

Weise, Oskar
ドイツの言語学者。主著 "Deutsche Sprach・und Stillehre"（1901）。
⇒岩世人（ヴァイゼ　1851.1.31–1933.5.4）

Weisenborn, Günther
ドイツの小説家，劇作家。レジスタンス運動の記録をまとめた『声なき蜂起』(1953) 他を著わした。
⇒岩世人（ヴァイゼンボルン　1902.7.10–1969.3.26）
　現世文（ヴァイゼンボルン，ギュンター　1902.7.10–1969.3.26）

Weiser, Karl
テノール歌手。
⇒魅惑（Weiser,Karl　?–）

Weisgall, Hugo
チェコ，のちアメリカの作曲家，指揮者。
⇒エデ（ワイズガル，ヒューゴー（デイヴィット）　1912.10.13–1997.3.11）

Weisgerber, Leo
ドイツの言語学者。言語と世界像との関連の研究で知られる。
⇒岩世人（ヴァイスゲルバー　1899.11.25–1985.8.8）

Weisman, Alan
アメリカのエコノミスト。
⇒外16（ワイズマン，アラン　1947–）

Weismann, August Friedrich Leopold
ドイツの動物学者。ハエ，カイ，ミジンコ，ヒドロ虫類の発生を研究。
⇒岩生（ヴァイスマン　1834–1914）
　岩世人（ヴァイスマン　1834.1.17–1914.11.5）
　旺生5（ワイスマン　1834–1914）
　学叢思（ワイスマン，アウグスト　1834–1914）
　広辞7（ワイスマン　1834–1914）
　三新生（ワイスマン　1834–1914）
　ネーム（ワイスマン　1834–1914）

Weismantel, Leo
ドイツの作家，教育改革家。主著 "Die Geschichte des Hauses Herkommer"（1932）。
⇒学叢思（ワイスマンテル，レオ　1888–）
　教人（ヴァイスマンテル　1888–）
　新カト（ヴァイスマンテル　1888.6.10–1964.9.16）

Weiss, Albert Maria
ドイツのカトリック神学者。教父，スコラ哲学者および中世の神秘説等に帰依して現代の諸問題を解決しようとした。
⇒岩世人（ヴァイス　1844.4.22–1925.8.15）
　新カト（ヴァイス　1844.4.22–1925.8.15）

Weiss, Albert Paul
アメリカの行動主義心理学者。"Journal of General Psychology" の協同編集者。
⇒教人（ワイス　1875–）

Weiss, Carl
ドイツの教育社会学者。"Pädagogische Soziologie" (1929) はドイツにおける教育社会学と題した最初の代表的著作。
⇒教人（ヴァイス　1865–）

Weiss, Carl
アメリカの外科医。義父の政敵だったルイジアナ州選出の上院議員ヒューイ・ロングを殺害したとされる。
⇒世暗（ウェイス, カール　1905–1935）

Weiss, David
スイス生まれの芸術家。
⇒外12（ヴァイス, ダヴィッド　1946–）
　現アテ（Fischli,Peter/Weiss,David　フィッシュリ, ペーター/ヴァイス, ダヴィッド　1946–2012）

Weiss, Ernst
オーストリア（ユダヤ系）の小説家。主著, 長篇『きびしい試練』(1923)。
⇒新カト（ヴァイス　1880.5.1–1940.1.4）
　ユ著人（Weiss,Ernst　ヴァイス, エルンスト　1884–1940）

Weiss, George Martin
アメリカの大リーグ, ヤンキースのGM。
⇒メジャ（ワイス, ジョージ　1894.6.23–1972.8.13）

Weiss, Jiři
チェコスロバキアの映画監督。
⇒映監（ヴァイス, イジー　1913.3.29–2004）

Weiss, Johannes
ドイツの神学者。
⇒岩キ（ヴァイス,J.　1863–1914）
　岩キ（ヴァイス　1863.12.13–1914.8.24）
　オク教（ヴァイス　1863–1914）
　新カト（ヴァイス　1863.12.13–1914.8.24）

Weiss, Konrad
ドイツの詩人。主著, 詩集『言葉の心臓』(1929)。
⇒岩キ（ヴァイス,K.　1880–1940）

Weiss, Paul
アメリカの哲学者。
⇒岩世人（ワイス　1901.5.19–2002.6.5）

Weiss, Paul Alfred
オーストリア生まれのアメリカの動物学者。発生における「場」の説は有名である。
⇒岩生（ワイス　1898–1989）
　岩世人（ヴァイス　1898.3.21–1989.9.8）

Weiss, Peter
ドイツの劇作家, 小説家, 画家。戯曲『ジャン・ポール・マラーの迫害と殺害』(1964) など。
⇒岩世人（ヴァイス　1916.11.8–1982.5.10）
　現世文（ワイス, ペーター　1916.11.8–1982.5.10）
　広辞7（ヴァイス　1916–1982）
　世演（ヴァイス, ペーター　1916.11.8–1982.5.10）
　ユ著人（Weiss,Peter　ヴァイス, ペーター　1916–1982）

Weiss, Pierre
フランスの物理学者。常磁性体の磁化率に関するキュリー＝ワイスの法則などがある。
⇒岩世人（ヴァイス　1865.3.25–1940.10.24）
　三新物（ワイス　1865–1940）
　物理（ワイス, ピエール＝アーネスト　1865–1940）

Weiss, Theodore Russell
アメリカの詩人。
⇒現世文（ワイス, シオドア　1916.12.16–2003）

Weiss, Walter William
アメリカの大リーグ選手（遊撃）。
⇒メジャ（ワイス, ウォルト　1963.11.28–）

Weißbach, Franz Heinrich
ドイツのアッシリア学者。
⇒岩世人（ヴァイスバッハ　1865.11.25–1944.2.20）

Weissenberg, Alexis Sigismond
ブルガリア生まれのフランスのピアノ奏者。1947年レーヴェントリット国際コンクールで優勝。
⇒岩世人（ワイセンベルク　1929.7.26–2012.1.8）
　新音中（ワイセンベルク, アレクシス　1929.7.26–）
　標音2（ヴァイセンベルク, アレクシス　1929.7.26–）
　ユ著人（Weissenberg,Alexis　ワイセンベルク, アレキシス　1929–）

Weissenberg, Isaac Meir
ポーランド生まれのイディッシュ語小説家, 劇作家。
⇒ユ著人（Weissenberg,Isaac Meir　ヴァイゼンベルク, アイザック・メイヤー　1881–1938）

Weißflog, Jens
ドイツのスキージャンプ選手。
⇒岩世人（ヴァイスフローク　1964.7.21–）

Weisskopf, Victor Frederick
アメリカの物理学者。原子炉理論などを研究。
⇒岩世人（ヴァイスコップ　1908.9.19–2002.4.22）
　科史（ワイスコップ　1908–2002）
　三新物（ワイスコップ　1908–2002）

Weissman, Dora
イディッシュ劇団出身の女優。
⇒ユ著人（Weissman,Dora　ワイスマン, ドーラ　1898–1974）

Weissman, Myrna
アメリカの精神疫学の研究者。
⇒精医歴（ワイスマン, マーナ　1935–）

Weissmuller, Johnny
アメリカのオリンピック水泳選手。引退後映画俳優となり、ターザン役で人気を呼んだ。
⇒アメ新（ワイズミュラー 1904–1984）
 岩世人（ワイズミュラー 1904.6.2–1984.1.20)
 ク俳（ワイズミュラー, ジョニー（ヴァイスミュラー, ヤノウス) 1904–1984）
 スター（ワイズミュラー, ジョニー 1904.6.2–1984）
 ネーム（ワイズミュラー 1904–1984）

Weisz, Rachel
イギリスの女優。
⇒遺産（ワイズ, レイチェル 1970.3.7–）
 外12（ワイズ, レイチェル 1971.3.7–）
 外16（ワイズ, レイチェル 1971.3.7–）
 ク俳（ワイズ, レイチェル 1970–）

Weitbrecht, Hans Jörg
ドイツの精神医学者。
⇒現精（ヴァイトブレヒト 1909–1975）
 現精縮（ヴァイトブレヒト 1909–1975）

Wei Te-sheng
台湾の映画監督、映画プロデューサー。
⇒外12（ウェイダーション 1968–）
 外16（ウェイダーション 1968–）

Weitz, Chris
アメリカの映画プロデューサー, 映画監督, 脚本家。
⇒外12（ウェイツ, クリス 1970–）
 外16（ワイツ, クリス 1969–）

Weitz, Morris
アメリカの美学者。オハイオ州立大学等を経てブランディース大学教授。
⇒岩世人（ウィーツ 1916.7.24–1981.2.1）

Weitz, Paul
アメリカの映画監督, 脚本家。
⇒外12（ウェイツ, ポール 1966–）
 外16（ワイツ, ポール 1966–）

Weitzman, Stuart
アメリカのシューズデザイナー。
⇒外16（ワイツマン, スチュアート 1942–）

Weitzmann, Kurt
ドイツ生まれのアメリカの美術史家。ビザンチン美術の基本的研究方法を確立。
⇒岩世人（ヴァイツマン 1904.5.7–1993.6.7）

Wei Yun-jye
台湾のプロゴルファー。
⇒外12（ウェイユンジェ 1979.9.13–）

Weizman, Ezer
イスラエルの政治家, 軍人。イスラエル大統領（1993～2000）。
⇒世指導（ワイツマン, エゼル 1924.6.15–2005.4.24）
 ユ著人（Weizman,Ezer ワイツマン, エゼル 1924–）

Weizmann, Chaim
イスラエルの化学者, 政治家。48年イスラエル共和国建国とともに初代大統領に就任（～52）。
⇒岩世人（ヴァイツマン 1874.10.27–1952.11.9）
 化学（ヴァイツマン 1874–1952）
 国政（ヴァイツマン, ハイム 1874–1952）
 政経改（ヴァイツマン 1874–1952）
 ネーム（ヴァイツマン 1874–1952）
 ユ著人（Weizmann,Chaim ワイツマン, ハイム 1874–1952）

Weizsäcker, Carl Friedrich von
ドイツの原子物理学者。原子核の質量公式「ベーテ＝ワイツゼッカーの式」, 太陽系の起源に初めて乱流理論を応用した「ワイツゼッカーの理論」などを発表。
⇒岩世人（ヴァイツゼッカー 1912.6.28–2007.4.28）
 三新物（ワイツゼッカー 1912–2007）
 新カト（ヴァイツゼッカー 1912.6.28–2007.4.28）
 天文辞（ワイツゼッカー 1912–2007）
 天文大（ワイツゼッカー 1912–）

Weizsäcker, Richard von
ドイツの政治家。ドイツ大統領（1984～94）。
⇒岩世人（ヴァイツゼッカー 1920.4.15–）
 外12（ワイツゼッカー, リヒャルト・フォン 1920.4.15–）
 広辞7（ヴァイツゼッカー 1920–2015）
 新カト（ヴァイツゼッカー 1920.4.15–2015.1.31）
 政経改（ヴァイツゼッカー 1920–）
 世史改（ヴァイツゼッカー 1920–2015）
 世指導（ワイツゼッカー, リヒャルト・フォン 1920.4.15–2015.1.31）
 世人新（ヴァイツゼッカー 1920–）
 世人装（ヴァイツゼッカー 1920–）
 ポブ人（ワイツゼッカー, リヒャルト・フォン 1920–2015）

Weizsäcker, Viktor von
ドイツの医者, 生理学者。
⇒現精（ヴァイツゼッカー 1886–1977）
 現精縮（ヴァイツゼッカー 1886–1977）
 メル別（ヴァイツゼッカー, ヴィクトーア・フォン 1886–1957）

Welborn, Tracey
アメリカのテノール歌手。
⇒魅惑（Welborn,Tracey ?–）

Welby, Justin Portal
イギリス国教会の聖職者。カンタベリー大主教（2013～）。
⇒オク伝（ウェルビー 1956–）

Welch, Damien
オーストラリアのバレエダンサー。

⇒外12（ウェルチ, ダミアン）

Welch, Florence
イギリスの歌手。
⇒外16（ウェルチ, フローレンス　1986.8.28–）

Welch, Jack
アメリカの実業家。ゼネラル・エレクトリック（GE）会長兼最高経営責任者（CEO）。
⇒外12（ウェルチ, ジョン（Jr.）　1935.11.19–）
　外16（ウェルチ, ジョンJr.　1935.11.19–）

Welch, James
アメリカ先住民の作家。
⇒岩世人（ウェルチ　1940–2003.8.4）

Welch, Jonathan
オーストラリアのテノール歌手。
⇒魅惑（Welch,Jonathan　?–）

Welch, Lenny
アメリカ・ニューヨーク生まれの歌手。
⇒ロック（Welch,Lenny　ウェルチ, レニー　1940.3.31–）

Welch, Michael Francis
アメリカの大リーグ選手（投手）。
⇒メジャ（ウェルチ, ミッキー　1859.7.4–1941.7.30）

Welch, Raquel
アメリカ生まれの女優。
⇒ク俳（ウェルチ, ラクェル（テハダ,R）　1940–）
　スター（ウェルチ, ラクェル　1940.9.5–）

Welch, Richard S.
アメリカ中央情報局（CIA）職員。
⇒スパイ（ウェルチ, リチャード・S　1929–1975）

Welch, Robert Lynn
アメリカの大リーグ選手（投手）。
⇒メジャ（ウェルチ, ボブ　1956.11.3–）

Welch, William Henry
アメリカの病理学者, 細菌学者。「ウェルチ菌」を発見。
⇒岩世人（ウェルチ　1850.4.8–1934.4.30）

Welcome, John
アイルランド生まれの作家。
⇒外12（ウェルカム, ジョン　1914–）
　現世文（ウェルカム, ジョン　1914.6.22–2010.9.30）

Weld, Tuesday
アメリカ生まれの女優。
⇒ク俳（ウェルド, テューズデイ（ウェルド, スーザン）　1943–）

Weldon, Fay
イギリスの作家, 脚本家。

⇒岩世人（ウェルドン　1931.9.22–）
　現世文（ウェルドン, フェイ　1931.9.22–）

Weldon, William C.
アメリカの実業家。
⇒外12（ウェルドン, ウィリアム　1948.11.26–）
　外16（ウェルドン, ウィリアム　1948.11.26–）

Welk, Lawrence
アメリカの楽団指揮者, アコーディオン奏者。
⇒アメ州（Welk,Lawrence　ウエルク, ローレンス　1903–）
　標音2（ウェルク, ローレンス　1903.3.11–）

Wellek, Albert
ドイツの心理学者。主著 "Das Problem des seelischen Seins"（1941）。
⇒標音2（ヴェレク, アルベルト　1904.10.16–1972.8.27）

Wellek, René
チェコスロバキア生まれの言語学者。エール大学でスラブ語と比較文学の教授となる。主著『イギリスでのカント』など。
⇒比文増（ウエレック（ルネ）　1903（明治36）–1995（平成7））

Weller, Andreas
ドイツのテノール歌手。
⇒魅惑（Weller,Andreas　?–）

Weller, Anthony
アメリカの作家。
⇒外12（ウェラー, アンソニー）

Weller, Friedrich
ドイツのインド学者。インド文献学, 仏教学, 宗教学を専攻。
⇒岩世人（ヴェラー　1889.7.22–1980.11.19）

Weller, Hermann
ドイツのインド学者, アヴェスタ学者。主著 "Duryodhanas Tod"（1933）。
⇒岩世人（ヴェラー　1878.2.4–1956.12.9）

Weller, Paul
イギリス生まれの歌手, 作曲家。
⇒異二辞（ウェラー, ポール　1958–）
　外12（ウェラー, ポール　1958.5.15–）
　外16（ウェラー, ポール　1958.5.25–）

Weller, Peter
アメリカの男優。出演作 "Sticks Bones"『新・明日に向かって撃て』『ロボコップ』など。
⇒ク俳（ウェラー, ピーター　1947–）

Weller, Thomas Huckle
アメリカの医学者。ポリオウイルスの組織培養に成功。1954年ノーベル生理・医学賞受賞。
⇒岩世人（ヴェラー　1915.6.15–2008.8.23）
　ノペ3（ウェラー,T.H.　1915.6.15–2008.8.23）

Weller, Walter
オーストリアの指揮者,ヴァイオリン奏者。同名の父はウィーン・フィルハーモニーの第一ヴァイオリン奏者。
⇒新音中(ヴェラー,ヴァルター 1939.11.30–)
標音2(ヴェラー,ヴァルター 1939.11.30–)

Welles, Orson
アメリカの俳優,演出家,映画監督。1938年放送劇『宇宙戦争』を発表,41年監督主演第1作『市民ケーン』は映画の技術革命をもたらした。ほかに出演作品『オセロ』『審判』『第三の男』など。
⇒アメ州(Wells,Orson ウェルズ,オーソン 1915–1985)
遺産(ウェルズ,オーソン 1915.5.6–1985.10.10)
岩世人(ウェルズ 1915.5.6–1985.10.10)
映監(ウェルズ,オーソン 1915.5.6–1985)
ク俳(ウェルズ,オーセン(ウエルズ,ジョージ・O) 1915–1985)
広辞7(ウェルズ 1915–1985)
スター(ウェルズ,オーソン 1915.5.6–1985)

Welles, Sumner
アメリカの外交官,政治家。
⇒岩世人(ウェルズ 1892.10.14–1961.9.24)

Wellesz, Egon Joseph
オーストリアの音楽学者,作曲家。ウィーン大教授。ナチに追われ渡英(1938),オックスフォード大で教鞭をとる。
⇒岩世人(ヴェレス 1885.10.21–1974.11.9)
新音中(ヴェレス,エーゴン 1885.10.21–1974.11.9)
標音2(ヴェレス,エゴン 1885.10.21–1974.11.9)
ユ著人(Wellesz,Egon Joseph ヴェレス,エゴン・ヨセフ 1885–1974)

Wellhausen, Julius
ドイツのオリエントおよび旧約学者。五書の研究で著名。
⇒岩世人(ヴェルハウゼン 1844.5.17–1918.1.7)
オク教(ヴェルハウゼン 1844–1918)
学叢思(ヴェルハウゼン,ユリウス 1844–1918)
新カト(ヴェルハウゼン 1844.5.17–1918.1.7)

Welling, James
アメリカ生まれの写真家。
⇒現アテ(Welling,James ウェリング,ジェームス 1951–)

Wellinger, Andreas
ドイツのスキー選手(ジャンプ)。
⇒外16(ウェリンガー,アンドレアス 1995.8.28–)

Wellman, Manly Wade
アメリカの小説家,詩人。"Who Fears the Devil?" (1963)。
⇒現世文(ウェルマン,マンリー・ウェイド 1905–1986.4.5)

Wellman, William
アメリカの映画監督。主要作品に『つばさ』『民衆の敵』『人生の乞食』『ロビンフッドの復讐』など。
⇒映監(ウェルマン,ウィリアム・A 1896.2.29–1975)

Wellmer, Albrecht
ドイツの哲学者,社会哲学者。
⇒岩世人(ヴェルマー 1933.7.9–)

Wells, Ada
ニュージーランドの女性解放論者,社会改革者,政治家。
⇒ニュー(ウェルズ,エイダ 1863–1933)

Wells, David Lee
アメリカの大リーグ選手(投手)。
⇒メジャ(ウェルズ,デイヴィッド 1963.5.20–)

Wells, Herbert George
イギリスの小説家,評論家。
⇒岩世人(ウェルズ 1866.9.21–1946.8.13)
学叢思(ウェルズ,ハーバート・ジョージ 1866–?)
教人(ウェルズ 1866–1946)
現世文(ウェルズ,H.G. 1866.9.21–1946.8.13)
広辞7(ウェルズ 1866–1946)
新カト(ウェルズ 1866.9.21–1946.8.13)
西文(ウェルズ,ハーバート 1866–1946)
世人新(ウェルズ 1866–1946)
世人装(ウェルズ 1866–1946)
ネーム(ウェルズ 1866–1946)
ポプ人(ウェルズ,ハーバート・ジョージ 1866–1946)

Wells, Jennifer Foehner
アメリカの作家,編集者。
⇒海文新(ウェルズ,ジェニファー・フェナー)
現世文(ウェルズ,ジェニファー・フェナー)

Wells, Junior
アメリカのジャズ歌手。
⇒ロック(Wells,Junior ウェルズ,ジュニア 1932.12.9–)

Wells, Kitty
アメリカのカントリー=アンド=ウェスタン歌手。1952年「こんな女に誰がした」のヒットを出す。
⇒異二辞(ウェルズ,キティ 1919–2012)
標音2(ウェルズ,キティ 1919.8.30–)

Wells, Mary
アメリカ・ミシガン州生まれの歌手。
⇒ロック(Wells,Mary ウェルズ,メアリ 1943.5.13–)

Wells, Pamela
アメリカの作家。
⇒海文新(ウェルズ,パメラ)

Wells, Rachel
イギリスの作家。

⇒海文新（ウェルズ，レイチェル）

Wells, Vernon
アメリカの大リーグ選手（ヤンキース・外野手）。
⇒最新ス（ウェルズ，バーノン　1978.12.8–）
メジャ（ウェルズ，ヴァーノン　1978.12.8–）

Wells, Willie James
アメリカの大リーグ選手（遊撃）。
⇒メジャ（ウェルズ，ウィリー　1908.8.10–1989.1.22）

Wels, Otto
ドイツの政治家。ドイツ社会民主党（SPD）党首。
⇒岩世人（ヴェルス　1873.9.15–1939.9.16）

Welsch, Wolfgang
ドイツの哲学者，美学者。
⇒岩世人（ヴェルシュ　1946.10.17–）

Welser-Möst, Franz
オーストリアの指揮者。
⇒外12（ヴェルザー・メスト，フランツ　1960.8.16–）
外16（ヴェルザー・メスト，フランツ　1960.8.16–）
新音中（ヴェルザー＝メスト，フランツ　1960.4.22–）

Welsh, Irvine
スコットランドの小説家。
⇒外12（ウェルシュ，アービン　1958–）
外16（ウェルシュ，アービン　1958–）
現世文（ウェルシュ，アービン　1958–）

Welsh, Louise
イギリスのミステリ作家。
⇒現世文（ウェルシュ，ルイーズ）

Welshman, Malcolm D.
イギリスの作家。
⇒海文新（ウェルシュマン，マルカム・D.）

Welskopf, Elisabeth Charlotte
東ドイツの女流歴史家。東ドイツでの古代史研究に指導的役割を果した。
⇒岩世人（ヴェルスコプ　1901.9.15–1979.6.16）

Welsman, Carol
カナダのジャズ歌手，ピアノ奏者。
⇒外12（ウェルスマン，キャロル）
外16（ウェルスマン，キャロル）

Welte, Bernhard
ドイツのカトリック神学者。
⇒岩世人（ヴェルテ　1906.3.31–1983.9.6）
新カト（ヴェルテ　1906.3.31–1983.9.6）

Welte, Miriam
ドイツの自転車選手（スプリント）。
⇒外12（ヴェルテ，ミリアム　1986.12.9–）

Weltsch, Felix
ユダヤ系ドイツ語哲学者。
⇒岩世人（ヴェルチュ　1884.10.6–1964.11.9）

Weltsch, Robert
ユダヤ系ドイツ語ジャーナリスト，シオニスト。
⇒岩世人（ヴェルチュ　1891.6.20–1982.12.22）
ユ著人（Weltsch,Robert　ヴェルチュ，ローベルト　1891–1982）

Welty, Eudora
アメリカの女性作家。主著『追いはぎ花婿』（1942），『ポンダー家の心情』（54）など。
⇒アメ州（Welty,Eudora　ウエルティ，ユードラ　1909–）
岩世人（ウェルティ　1909.4.13–2001.7.23）
現世文（ウェルティ，ユードラ　1909.4.13–2001.7.23）
ネーム（ウェルティ　1909–2001）

Welzel, Hans
ドイツの刑法学者，法哲学者。行為と目的とを分離して評価する伝統的犯罪論体系を批判し，目的的行為論を提唱した。
⇒岩世人（ヴェルツェル　1904.3.25–1977.5.5）

Wenckstern, Adolph von
ドイツの経済学者。日本政府に招聘されて来日（1893）。帝国大学法科大学にて財政学を講じた。
⇒岩世人（ヴェンクシュテルン　1862.10.3–1914）
学叢思（ヴェンクステルン，アー・フォン　1863–?）

Wenckstern, Friedrich von
ドイツの日本研究家。1903年来日して第五高等学校にドイツ語を講じた（～08）。『大日本書史』（2巻，1895,1907）を刊行。
⇒岩世人（ヴェンクシュテルン　1859.7.6–1914）

Wendel, François de
フランスの実業家。
⇒岩世人（ヴァンデル　1874.5.5–1949.1.12）

Wendell, Steven John（Turk）
アメリカの大リーグ選手（投手）。
⇒メジャ（ウェンデル，ターク　1967.5.19–）

Wenders, Donata
ドイツの写真家。
⇒外12（ヴェンダース，ドナータ　1965–）

Wenders, Wim
ドイツの映画監督。
⇒岩世人（ヴェンダース　1945.8.14–）
映監（ヴェンダース，ヴィム　1945.8.14–）
外12（ヴェンダース，ヴィム　1945.8.14–）
外16（ヴェンダース，ヴィム　1945.8.14–）
広辞7（ヴェンダース　1945–）
ネーム（ヴェンダース　1945–）

Wendig, Chuck
アメリカの作家, 脚本家。
⇒海文新（ウェンディグ, チャック）
　現世文（ウェンディグ, チャック）

Wendisch, Trakia
ドイツ生まれの画家。
⇒芸13（ヴェンディッシュ, トラキア　1958–）

Wendler, Anton
オーストリアのテノール歌手, 演出家。
⇒魅惑（Wendler,Anton　1934–）

Wendon, Henry
イギリスのテノール歌手。
⇒魅惑（Wendon,Henry　1900–1964）

Wendt, Albert
サモア（ドイツ系）の作家, 詩人, 学者。
⇒外12（ウェント, アルバート　1939–）
　外16（ウェント, アルバート　1939–）
　現世文（ウェント, アルバート　1939–）

Wendt, Alexander
アメリカに帰化したドイツ人国際政治学者。
⇒国政（ウェント, アレクサンダー　1958–）
　政経改（ウェント　1958–）

Wenger, Arsène
フランスのサッカー監督（アーセナル）, サッカー選手。
⇒外12（ベンゲル, アーセン　1949.10.22–）
　外16（ベンゲル, アーセン　1949.10.22–）
　最世ス（ベンゲル, アーセン　1949.10.22–）
　ネーム（ベンゲル, アーセン　1949–）

Wenger, Leopold
オーストリアの法学者。古代法史の理念を探究するに際し, 法律学的研究と歴史学的および言語学的研究を援用した。
⇒岩世人（ヴェンガー　1874.9.4–1953.9.21）

Weniger, Erich
ドイツの教育学者。ドイツ教育制度委員会委員。
⇒岩世人（ヴェーニガー　1894.9.11–1961.5.2）
　教人（ヴェニガー　1894–）

Wenkoff, Spas
ブルガリアのテノール歌手。
⇒失声（ヴェンコフ, スパース　1928–2013）
　魅惑（Wenkoff,Spas（Spass）　1928–）

Wenley, Archibald Gibson
アメリカの中国学者。フリアー博物館館長（1943）。
⇒岩世人（ウェンリー　1898.5.5–1962.2.17）

Wennberg, Teresa
スウェーデン生まれの女性現代美術作家。
⇒芸13（ベンバーグ・テレサ　?–）

Wennemars, Erben
オランダのスピードスケート選手。
⇒最世ス（ベンネマルス, エルベン　1975.11.1–）

Wennerström, Stig
スウェーデン空軍士官。ソ連のスパイ。
⇒スパイ（ヴィンナーストレム, スティーグ　1906–2006）

Wensell, Ulises
スペインの絵本作家。
⇒絵本（ウェンセル, ウリセス　1945–）

Wen Sheng-hao
台湾の俳優。
⇒外12（ウェンシェンハオ　1978.2.22–）

Wen Sui-pin
台湾の女優, 歌手。
⇒外12（オンスイビン　1971.6.4–）

Went, Frits Warmolt
アメリカの植物生理学者。植物成長ホルモンとその生物検定, 砂漠植物の生態と生理活性物質の研究, 環境制御施設の建設など多方面の活動を行なった。
⇒岩生（ウェント　1903–1990）
　岩世人（ウェント　1903.5.18–1990.5.1）

Wentzel, Gregor
アメリカ（ドイツ系）の物理学者。量子論の研究に寄与。
⇒岩世人（ヴェンツェル　1898.2.17–1978.8.12）

Wenzinger, August
スイスのヴィオラ・ダ・ガンバ奏者, 指揮者。
⇒新音中（ヴェンツィンガー, アウグスト　1905.11.14–1996.12.25）
　標音2（ヴェンツィンガー, アウグスト　1905.11.14–1996.12.25）

Weöres Sándor
ハンガリーの詩人。
⇒岩世人（ヴェレシュ　1913.6.22–1989.1.22）

Werber, Bernard
フランスの作家, 科学ジャーナリスト。
⇒外12（ウエルベル, ベルナール　1962–）
　現世文（ウエルベル, ベルナール　1962–）

Werber, William Murray
アメリカの大リーグ選手（三塁, 遊撃）。
⇒メジャ（ワーバー, ビリー　1908.6.20–2009.1.22）

Werenskiold, Erik Theodor
ノルウェーの画家, 版画家。
⇒芸13（ヴェレンショル, エリク　1855–1938）

Werfel, Franz
ドイツの作家。表現主義戯曲の代表的傑作とされた『鏡人』(1920)などがある。

⇒岩世人（ヴェルフェル 1890.9.10-1945.8.26）
学叢思（ヴェルフェル，フランツ 1890-）
広辞7（ヴェルフェル 1890-1945）
西文（ヴェルフェル，フランツ 1890-1945）
ユ著人（Werfel,Franz ヴェルフェル，フランツ 1890-1945）

Werkman, Hendrik N.
オランダの印刷家，タイポグラファー，画家，版画家。
⇒グラデ（Werkman,Hendrik N. ウェルクマン，ヘンドリック・N. 1882-1945）

Werkmeister, Heinrich
ドイツのチェロ奏者。1907年来日，日本楽壇の育成に貢献。
⇒標音2（ウェルクマイスター，ハインリヒ 1883.3.31-1936.8.16）

Werner, Alfred
アルザス地方生まれの化学者。スイスに帰化。錯塩の構造解明でノーベル化学賞受賞（1913）。
⇒岩世人（ヴェルナー 1866.12.12-1919.11.15）
化学（ヴェルナー 1866-1919）
学叢思（ヴェルネル，アルフレッド）
広辞7（ヴェルナー 1866-1919）
ノベ3（ヴェルナー，A. 1866.12.12-1919.11.15）

Werner, Anton von
ドイツの画家。
⇒岩世人（ヴェルナー 1843.5.9-1915.1.4）

Werner, David
アメリカの生物学者。
⇒外12（ワーナー，デービッド 1934-）
外16（ワーナー，デービッド 1934-）

Werner, Edward Theodore Chalmers
イギリスの外交官。清朝最初の外国人歴史編修官，ついで中国歴史学会長として中国史を研究（1914～43）した。
⇒岩世人（ワーナー 1864.11.12-1954.2.7）

Werner, Eric
オーストリア生まれのアメリカのユダヤ音楽史家。
⇒ユ著人（Werner,Eric ワーナー，エリック 1901-1988）

Werner, Heinz
ドイツ，アメリカの心理学者。発達，知覚心理に貢献。
⇒岩世人（ヴェルナー 1890.2.11-1964.5.14）
教人（ヴェルナー 1890-）

Werner, Joachim
西ドイツの考古学者。ミュンヘン大学教授（1946～75）。
⇒岩世人（ヴェルナー 1909.12.23-1994.1.9）

Werner, Karl Ferdinand
ドイツの歴史家。
⇒岩世人（ヴェルナー 1924.2.21-2008.12.9）

Werner, Oskar
オーストリア生まれの男優。
⇒ク俳（ヴェルナー，オスカー（ブシュリースマイヤー，O） 1922-1984）

Werner, Pierre
ルクセンブルクの政治家。ルクセンブルク首相。
⇒EU（ヴェルナー，ピエール 1913-2002）

Werner, Wendelin
フランスの数学者。
⇒外12（ヴェルナー，ウェンデリン 1968.9-）
世数（ヴェルナー，ウェンデリン 1968-）

Wernicke, Carl
ドイツの精神科医。失語症の研究，半盲症の瞳孔反応（ヴェルニケ現象），急性出血性上部脳灰白質炎（ヴェルニケ病）の発見等により精神医学に寄与。
⇒岩世人（ヴェルニッケ（慣ウェルニッケ） 1848.5.15-1905.6.1）
現精（ウェルニッケ 1848-1905）
現精縮（ウェルニッケ 1848-1905）

Wernigk, William
ドイツのテノール歌手。
⇒魅惑（Wernigk,William 1894-1973）

Wernle, Paul
スイスのプロテスタント神学者。バーゼル大学新約学及び教会史教授。
⇒学叢思（ヴェルンレ，パウル 1872-?）

Wernz, Franz Xaver
ドイツの聖職者。イエズス会総会長となり（1906），同会の教育制度を改革。
⇒岩世人（ヴェルンツ 1842.12.4-1914.8.19）
新カト（ヴェルンツ 1842.12.4-1914.8.19）

Wert, Donald Ralph
アメリカの大リーグ選手（三塁）。
⇒メジャ（ワート，ドン 1938.7.29-）

Werth, Isabell
ドイツの馬術選手。
⇒外12（ウェルト，イザベル 1969.7.21-）
最世ス（ウェルト，イザベル 1969.7.21-）

Werth, Jayson
アメリカの大リーグ選手（ナショナルズ・外野手）。
⇒外12（ワース，ジェイソン 1979.5.20-）
外16（ワース，ジェイソン 1979.5.20-）
最世ス（ワース，ジェイソン 1979.5.20-）
メジャ（ワース，ジェイソン 1979.5.20-）

Wertheimer, Max
ドイツの心理学者。ゲシュタルト心理学の創始者。
⇒岩世人（ヴェルトハイマー　1880.4.15–1943.10.12）
　教人（ヴェルトハイマー　1880–1943）
　広辞7（ヴェルトハイマー　1880–1943）
　メル3（ヴェルトハイマー, マックス　1880–1943）

Werthmann, Lorenz
ドイツの司祭。ドイツ・カリタス協会初代会長。
⇒新カト（ヴェルトマン　1858.10.1–1921.4.10）

Wertmüller, Lina
イタリアの映画監督。
⇒映監（ウェルトミューラー, リナ　1926.8.14–）

Wertz, Victor Woodrow
アメリカの大リーグ選手（外野, 一塁）。
⇒メジャ（ワーツ, ヴィック　1925.2.9–1983.7.7）

Wescott, Seth
アメリカのスノーボード選手（スノーボードクロス）。
⇒外12（ウェスコット, セス　1976.6.28–）
　外16（ウェスコット, セス　1976.6.28–）
　最世ス（ウェスコット, セス　1976.6.28–）

Wesenberg-Lund, Carl
デンマークの生物学者, 湖沼学者。水棲昆虫, 甲殻類, プランクトン, ワムシ類等を研究。
⇒岩世人（ヴェーセンベア＝ロン　1867.12.22–1955.11.12）

Wesker, Arnold
イギリスの劇作家。ユダヤ人一家の生活を舞台化した『大麦入りのチキン・スープ』(1958)で一躍有名になった。
⇒岩世人（ウェスカー　1932.5.24–）
　外12（ウェスカー, アーノルド　1932.5.24–）
　外16（ウェスカー, アーノルド　1932.5.24–）
　現世文（ウェスカー, アーノルド　1932.5.24–2016.4.12）
　広辞7（ウェスカー　1932–2016）
　世演（ウエスカー, アーノルド　1932.5.24–）

Wesley, Mary
イギリスの女性小説家。
⇒現世文（ウェズレー, メアリー　1912.6.24–2002.12.30）

Wesołowski, Włodzimierz
ポーランドの社会学者。
⇒社小増（ヴェソウォフスキ　1929–）

Wessel, David
アメリカのジャーナリスト。
⇒外12（ウェッセル, デービッド）
　外16（ウェッセル, デービッド）

Wesselmann, Tom
アメリカの画家。
⇒岩世人（ウェッセルマン　1931.2.23–2004.12.17）
　芸13（ウェッセルマン, トム　1931–2004）

Wesselovsky, Alessandro
ロシアのテノール歌手。
⇒魅惑（Wesselovsky,Alessandro（Vesselovsky, Alexander）　1885–1964）

Wessely, Carl
ドイツのテノール歌手。
⇒魅惑（Wessely,Carl　1908–1946）

Wessner, Erich
テノール歌手。
⇒魅惑（Wessner,Erich　?–）

Wesson
アメリカ空軍下士官。ソ連のスパイ。
⇒スパイ（ウェッソン[p]）

West, Andrew Fleming
アメリカの言語学者。1901年アメリカ言語学会の会長。主著"A Life of Alcuin" (1902)。
⇒教人（ウェスト　1853–）

West, Anthony
オーストラリア出身のオートバイレーサー。
⇒異二辞（ウェスト [アンソニー・～]　1981–）

West, Bing
アメリカの作家, 軍事アナリスト。国防省次官（国際安全保障担当）。
⇒外12（ウェスト, ビング）
　外16（ウェスト, ビング）
　現世文（ウェスト, ビング）

West, Charles Dickinson
イギリスの機械工学者。工部大学校, 東京帝国大学工科大学で造船学, 機械学を教授。
⇒岩世人（ウェスト　1848–1908）

West, Cornel
アメリカの哲学者, 牧師。
⇒外16（ウェスト, コーネル　1953–）
　メル別（ウェスト, コーネル　1953–）

West, Franz
オーストリア生まれの芸術家。
⇒現アテ（West,Franz　ヴェスト, フランツ　1947–）

West, Jerry（Alan）
アメリカのバスケットボール選手。
⇒異二辞（ウェスト [ジェリー・～]　1938–）
　岩世人（ウェスト　1938.5.28–）

West, Jon Frederic
アメリカのテノール歌手。
⇒失声（ウェスト, ジョン・フレデリック　?）

魅惑（West, Jon Frederick ?–）

West, Kanye
アメリカ出身のヒップホップMC、プロデューサー。
⇒外12（ウェスト、カニエ　1977.6–）
　外16（ウェスト、カニエ　1977.6–）

West, Mae
アメリカの女優、コメディアン。メロドラマ『ダイヤモンド・リル』(1928)を書き主演。
⇒アメ州（West, Mae　ウェスト、メイ　1892–）
　アメ新（ウェスト　1892–1981）
　ク俳（ウェスト、メイ（ウェスト、メアリー・ジェイン）1892–1980）
　スター（ウェスト、メイ　1893.8.17–1980）

West, Martin Litchfield
イギリスの古典学者。
⇒岩世人（ウェスト　1937.9.23–）

West, Morris Langlo
オーストラリアの読物作家。
⇒現世文（ウェスト、モーリス　1916.4.26–1999.10.9）

West, Nathanael
アメリカの作家。『ミス・ロンリーハーツ』(1933)、『大枚百万ドル』(34)などの作品がある。
⇒岩世人（ウェスト　1903.10.17–1940.12.22）
　現世文（ウェスト、ナサニエル　1903.10.17–1940.12.22）

West, Nigel
イギリスの作家、政治家。
⇒スパイ（ウェスト、ナイジェル[p]　1951–）

West, Rebecca
イギリスの女性小説家、評論家。『兵士の帰還』(1918)、『考える葦』(36)などの小説を執筆。
⇒岩世人（ウェスト　1892.12.21–1983.3.15）
　現世文（ウェスト、レベッカ　1892.12.25–1983.3.15）

West, Roscoe
アメリカ生まれの造形家。
⇒芸13（ウエスト、ロスコー　1948–）

West, Samuel Filmore
アメリカの大リーグ選手（外野）。
⇒メジャ（ウェスト、サム　1904.10.5–1985.11.23）

West, Steve
アメリカのミュージシャン。
⇒外12（ウェスト、スティーブ）

Westall, Robert
イギリスの作家。サー・ジョン・ディーン・グラマースクール主任。『機関銃要塞』と『かかし』でカーネギー賞受賞。
⇒岩世人（ウェストール　1929.10.7–1993.4.15）
　現世文（ウェストール、ロバート・アトキンソン　1929.10.7–1993）

Westbroek, Eva-maria
オランダのソプラノ歌手。
⇒外12（ウェストブロック、エヴァ・マリア　1970–）
　外16（ウェストブロック、エヴァ・マリア　1970–）

Westbrook, Jacob Cauthen
アメリカの大リーグ選手（投手）。
⇒メジャ（ウェストブルック、ジェイク　1977.9.29–）

Westbrook, Russell
アメリカのバスケットボール選手（サンダー）。
⇒外12（ウェストブルック、ラッセル　1988.11.12–）
　外16（ウェストブルック、ラッセル　1988.11.12–）
　最世ス（ウェストブルック、ラッセル　1988.11.12–）

Westendorp, Fiep
オランダのイラストレーター。
⇒絵本（ウェステンドルプ、フィープ　1916–2004）

Westengard, Jens Iverson
アメリカの弁護士。
⇒アア歴（Westengard, Jens (Iverson)　ウエステンガード、ジェンズ・アイヴァースン　1871.9.14–1918.9.17）
　タイ（ウェステンガード　1871–1918）

Westerfeld, Scott
アメリカのSF作家。
⇒海文新（ウェスターフェルド、スコット　1963–）
　現世文（ウェスターフェルド、スコット　1963–）

Westerling, Raymond
オランダ植民地軍（KNIL）将校。
⇒岩世人（ウェステルリング　1919.8.31–1987.11.26）

Westermarck, Edward Alexander
フィンランド・ヘルシンキ生まれの社会学者、社会人類学者。
⇒岩世人（ヴェステルマルク　1862.11.20–1939.9.3）
　学叢思（ウェスターマーク、エドワード・アレキサンダー　1862–?）
　広辞7（ウェスターマーク　1862–1939）
　社小増（ウェスターマーク　1862–1939）
　ネーム（ウェスターマーク　1862–1939）

Westerwelle, Guido
ドイツの政治家。ドイツ副首相、外相。
⇒岩世人（ヴェスターヴェレ　1961.12.27–）
　外12（ウェスターウェレ、ギド　1961.12.27–）
　外16（ウェスターウェレ、ギド　1961.12.27–）
　世指導（ウェスターウェレ、ギド　1961.12.27–2016.3.18）

Westheimer, David
アメリカの作家。

⇒現世文（ウェストハイマー, デービッド　?-2005.11.8）

Westheimer, Frank Henry
アメリカの有機化学者, 生化学者。
⇒岩世人（ウェストハイマー　1912.1.15-2007.4.14）

"West Indian" Archie
アメリカ・ハーレムの詐欺師。
⇒マルX（"WEST INDIAN" ARCHIE "ウェスト・インディアン（西インド諸島）"・アーチー）

Westinghouse, George
アメリカの発明家, 事業家。空気ブレーキを発明, 自動式鉄道信号機を考案。
⇒アメ州（Westinghouse, George　ウエスティングハウス, ジョージ　1846-1914）
　岩世人（ウェスティングハウス　1846.10.6-1914.3.12）
　広辞7（ウェスティングハウス　1846-1914）
　ポプ人（ウェスティングハウス, ジョージ　1846-1914）

Westlake, Donald Edwin
アメリカの犯罪小説家。
⇒現世文（ウェストレイク, ドナルド　1933.7.12-2008.12.31）

Westlake, Waldon Thomas
アメリカの大リーグ選手（外野）。
⇒メジャ（ウェストレイク, ウォーリー　1920.11.8-）

Westmoreland, William Childs
アメリカの軍人。ベトナム援助軍司令官。アメリカのベトナム介入エスカレーションの現地における責任者。
⇒岩世人（ウェストモーランド　1914.3.26-2005.7.18）

Weston, Edward
アメリカの電気技術者。ウェストン・カドミウム電池を考案, 国際電気委員会により公式に起電力の標準として採用された（1908）。
⇒岩世人（ウェストン　1850.5.9-1936.8.20）
　学叢思（ウェストン, エドワード　1850-?）

Weston, Edward
アメリカの写真家。写真芸術に新生面を開く。
⇒アメ新（ウェストン　1886-1958）
　岩世人（ウェストン　1886.3.24-1958.1.1）
　芸13（ウェストン, エドワード　1886-1958）

Weston, Frank
イギリス国教会の宣教師, ザンジバル教区（現在の東アフリカ, タンザニア教区）主教。
⇒オク教（ウェストン　1871-1924）

Weston, Kim
アメリカのR&B歌手。
⇒ロック（Weston, Kim　ウェストン, キム　1943-）

Weston, Paul
アメリカのピアノ奏者, 作曲家, 編曲家, 指揮者。
⇒標音2（ウェストン, ポール　1912.3.12-）

Weston, Walter
イギリスの登山家。キリスト教会宣教師として来日。
⇒岩世人（ウェストン　1861.12.25-1940.3.18）
　広辞7（ウェストン　1861-1940）
　ネーム（ウェストン　1861-1940）
　ポプ人（ウェストン, ウォルター　1861-1940）

Westphal, Jürgen
西ドイツ国防省幹部職員。
⇒スパイ（ウェストファル, ユルゲン）

Westropp, Clara E.
アメリカのカトリック宣教事業後援家。
⇒新カト（ウェストロップ　1886.7.7-1965.6.25）

Westrum, Wesley Noreen
アメリカの大リーグ選手（捕手）。
⇒メジャ（ウェストラム, ウェス　1922.11.28-2002.5.28）

Westrup, Sir Jack
イギリスの音楽学者。
⇒新音中（ウェストラップ, ジャック・アラン　1904.7.26-1975.4.21）
　標音2（ウェストラップ, ジャック・アラン　1904.7.26-1975.4.21）

Westwood, Lee
イギリスのプロゴルファー。
⇒外12（ウェストウッド, リー　1973.4.24-）
　外16（ウェストウッド, リー　1973.4.24-）
　最世ス（ウエストウッド, リー　1973.4.24-）

Westwood, Vivienne
イギリスの服飾デザイナー。
⇒岩世人（ウェストウッド　1941.4.8-）
　外12（ウェストウッド, ビビアン　1941.4.8-）
　外16（ウェストウッド, ビビアン　1941.4.8-）

Wettasinghe, Sybil
スリランカの児童文学者。
⇒外16（ウェッタシンハ, シビル　1928-）

Wette, Wolfram
ドイツの作家。
⇒外16（ヴェッテ, ヴォルフラム　1940-）

Wetteland, John Karl
アメリカの大リーグ選手（投手）。
⇒外12（ウェッテランド, ジョン　1966.8.21-）
　メジャ（ウェットランド, ジョン　1966.8.21-）

Wetton, John
イギリスのロック・ベース奏者。
⇒外12（ウェットン, ジョン　1949.6.11-）
　外16（ウェットン, ジョン　1949.6.11-）

Wettstein, Friedrich
オーストリアの植物学者。植物学のあらゆる部門に互り進化の決定的要素を究明。
⇒岩世人（ヴェットシュタイン　1895.6.24-1945.12.4）

Wettstein, Richard
オーストリアの植物学者。植物の環境順応説の代表者。
⇒岩生（ウェットシュタイン　1863-1931）
　岩世人（ヴェットシュタイン　1863.6.30-1931.8.10）

Weulersse, Georges
フランスの地理学者,経済学者。中国および日本に旅行（1900～01）,経済学では重農学派の歴史と学説とを研究。
⇒岩世人（ヴェルス　1874-1950）

Weulersse, Jacques
フランスの人文地理学者。地理学者G.ヴェルスの長男。アラウィト人居住地域の研究をはじめ,農村や植民地の社会地理学的な分析に優れた業績を遺した。
⇒岩世人（ヴェルス　1905.2.11-1946.8.28）

Weyergans, Francois
ベルギーの作家,映画監督。
⇒外12（ベヤールガンス,フランソワ　1941.12.9-）
　外16（ベヤールガンス,フランソワ　1941.12.9-）
　現世文（ベヤールガンス,フランソワ　1941.12.9-）

Weygand, Maxime
フランスの軍人。第1次大戦時はポーランド軍を指揮し,ロシアの赤軍を撃退（1920）。
⇒岩世人（ヴェーガン　1867.1.21-1965.1.28）
　ネーム（ウェーガン　1867-1965）

Weyhing, August
アメリカの大リーグ選手（投手）。
⇒メジャ（ウェイング,ガス　1866.9.29-1955.9.4）

Weyl, Claus Hugo Hermann
ドイツ生まれの数学者。群の表現とその量子力学への応用などに貢献。主著『空間・時間・物質』（1918）。
⇒岩世人（ヴァイル（慣ワイル）　1885.11.9-1955.12.9）
　広辞7（ワイル　1885-1955）
　三新物（ワイル　1885-1955）
　数辞（ワイル,ヘルマン　1885-1955）
　数小増（ワイル　1885-1955）
　世数（ワイル,ヘルマン・クラウス・フーゴ　1885-1955）
　物理（ワイル,ヘルマン　1885-1955）

Weyler, Javier
アルゼンチンのミュージシャン。
⇒外12（ウェイラー,ハヴィエ　1975.7.3-）
　外16（ウェイラー,ハヴィエ　1975.7.3-）

Weyler y Nicolau, Valeriano
スペインの軍人。キューバなど植民地の叛乱を鎮圧。
⇒岩世人（ウェイラー　1838.9.17-1930.10.20）

Weyrauch, Wolfgang
ドイツの詩人,小説家。「47年グループ」の一員。
⇒現世文（ヴァイラオホ,ヴォルフガング　1907.10.15-1980.11.7）

Weyssenhoff, Józef
ポーランドの小説家,詩人。諷刺作家。主著『失われた息子』（1904）。
⇒岩世人（ヴァイセンホフ　1860.4.8-1932.7.6）

Whale, James
アメリカの映画監督。
⇒映監（ホエール,ジェームズ　1889.7.22-1957）

Whalen, Michael
アメリカの男優。
⇒ク俳（ホウェイレン,マイクル（ショウリン,ジョウゼフ）　1902-1974）

Whalen, Philip Glenn
アメリカの詩人,小説家。
⇒現世文（ホエーレン,フィリップ　1923.10.20-2002）

Whalen, William H.
アメリカ陸軍の情報スペシャリスト。
⇒スパイ（ホエーレン,ウィリアム・H）

Whalley, Nigel
イギリスのプロゴルファー。ジョン・レノンの友人。
⇒ビト改（WHALLEY,NIGEL　ホリー,ナイジェル）

Whalley-Kilmer, Joanne
イギリス生まれの女優。
⇒ク俳（ホウェイリー=キルマー,ジョウン（ホェイリー,J）　1964-）

Wharton, Edith Newbold
アメリカの女性作家。
⇒アメ州（Wharton,Edith Newbold　ウォートン,イーデス・ニューボルド　1862-1937）
　岩世人（ウォートン　1862.1.24-1937.8.12）
　現世文（ウォートン,イーディス　1862.1.24-1937.8.11）
　広辞7（ウォートン　1862-1937）
　新カト（ウォートン　1862.1.24-1937.8.11）

Wharton, Greene Lawrence
アメリカの宣教師。
⇒アア歴（Wharton,G(reene) L(awrence)　ウォートン,グリーン・ローレンス　1847.7.17-1906.11.4）

Whatmough, Joshua
イギリス生まれのアメリカの言語学者。ラテン

語を代表とするイタリック語派,ケルト語派の研究などで知られる。
⇒岩世人（ホワットモー　1897.6.30–1964.4.25）

Wheat, Zachary Davis
アメリカの大リーグ選手（外野）。
⇒メジャ（ウィート,ザック　1888.5.23–1972.3.11）

Wheatley, Denis Yates
イギリスのベストセラー作家。ナチやソ連を題材とした国際スパイ小説の大家として知られる。
⇒現世文（ホイートリー,デニス　1897–1977）

Wheatley, Margaret J.
アメリカの講演家。
⇒外12（ウィートリー,マーガレット）
　外16（ウィートリー,マーガレット）

Whee Jine
韓国のテノール歌手。
⇒外12（フィージン　1977–）
　外16（フィージン　1977–）

Wheeldon, Christopher
イギリス生まれのダンサー,振付家。
⇒岩世人（ウィールドン　1973.3.22–）

Wheeler, Bert
アメリカの喜劇俳優。
⇒ク俳（ホウィーラー・アンド・ウールジー　1895–1968）

Wheeler, Bill
アメリカ生まれの造形家。
⇒芸13（フィーラー,ビル　1948–）

Wheeler, Burton Kendall
アメリカの政治家。
⇒アメ経（ホイーラー,バートン　1882.2.27–1975.1.7）
　アメ州（Wheeler,Burton Kendal　ウィーラー,バートン・ケンデル　1882–1975）

Wheeler, Daniel Michael
アメリカの大リーグ選手（投手）。
⇒メジャ（ウィーラー,ダン　1977.12.10–）

Wheeler, David John
イギリスのコンピューター科学者。
⇒岩世人（ホイーラー　1927.2.9–2004.12.13）

Wheeler, Hugh Callingham
イギリス生まれのアメリカの作家。
⇒現世文（クェンティン,パトリック　1912–1987.7.26）

Wheeler, John Archibald
アメリカの物理学者。原子核物理学の研究者で,原子爆弾の発達に寄与した。
⇒岩世人（ホイーラー　1911.7.9–2008.4.14）
　三新物（ホイーラー　1911–2008）
　物理（ホイーラー,ジョン・アーチボールド　1911–2008）

Wheeler, Joseph
アメリカの軍人。
⇒アメ州（Wheeler,Joseph　ホイーラー,ジョセフ　1836–1906）

Wheeler, Raymond Albert
アメリカの陸軍将校。
⇒アア歴（Wheeler,Raymond Albert　ウィーラー,レイモンド・アルバート　1885.7.31–1974.2.8）

Wheeler, *Sir* Robert Eric Mortimer
イギリスの考古学者。インダス文明研究の権威として知られる。
⇒岩世人（ホイーラー　1890.9.10–1976.7.22）
　南ア新（ウィーラー　1890–1976）

Wheeler, Thomas
アメリカの脚本家,作家。
⇒海文新（ウィーラー,トマス）

Wheeler, Tim
イギリスのミュージシャン。
⇒外12（ウィーラー,ティム）
　外16（ウィーラー,ティム）

Wheeler, William
アメリカの土木技師。札幌農学校で土木工学,数学を教授。
⇒アア歴（Wheeler,William　ウィーラー,ウイリアム　1851.12.6–1932.7.1）
　岩世人（ホイーラー　1851.12.6–1932.7.1）

Wheeler, William Morton
アメリカの動物学者。アリなどの社会性昆虫の習性について研究。
⇒岩生（ホイーラー　1865–1937）
　岩世人（ホイーラー　1865.3.19–1937.4.19）

Wheeler, William Reginald
アメリカの宣教教育者。
⇒アア歴（Wheeler,W(illiam) Reginald　ウィーラー,ウイリアム・レジナルド　1889.7.10–1963.8.19）

Wheelwright, John Brooks
アメリカの詩人。
⇒現世文（ホイールライト,ジョン・ブルックス　1897.9.9–1940.9.15）

Wheen, Francis
イギリスのジャーナリスト,コラムニスト。
⇒外12（ウィーン,フランシス　1957–）

Whelan, Arlene
アメリカの女優。
⇒ク俳（ホウィーラン,アーリン　1914–1993）

Whelan, Gloria
アメリカの詩人,作家。
⇒外12（ウィーラン,グロリア　1923–）

外16（ウィーラン, グロリア 1923-）
現世文（ウィーラン, グロリア 1923.11.23-）

Wheldon, Dan
イギリスのレーシングドライバー。
⇒最世ス（ウェルドン, ダン 1978.6.22-2011.10.16）

Wherry, Elwood Morris
アメリカの宣教師。
⇒アア歴（Wherry,Elwood Morris ウェリー, エルウッド・モリス 1843.3.26-1927.10.5）

Wherry, John
アメリカの宣教師。
⇒アア歴（Wherry,John ウェリー, ジョン 1837.5.23-1919.1.2）

Whibley, Deryck
カナダのミュージシャン。
⇒外12（ウィブリー, デリック 1980.3.21-）

Whinfield, John Rex
イギリスの応用化学者。ポリエステル系合成繊維の発明者。
⇒岩世人（ホインフィールド 1901.2.16-1966.7.6）
世発（ウィンフィールド, ジョン・レックス 1901-1966）

Whipple, Fred Lawrence
アメリカの天文学者。1955年からスミソニアン天体物理学観測所長。
⇒岩世人（ホイップル 1906.11.5-2004.8.30）
天文辞（ホイップル 1906-2004）
天文大（ホイップル 1906-2004）

Whipple, George Hoyt
アメリカの病理学者。1934年貧血に対する肝臓療法の研究でノーベル生理・医学賞を受けた。
⇒岩世人（ホイップル 1878.8.28-1976.2.1）
ノベ3（ホイップル,G.H. 1878.8.28-1976.2.1）

Whitacre, Edward E.
アメリカの実業家。
⇒外12（ウィテカー, エドワード 1941.11.4-）
外16（ウィティカー, エドワードJr. 1941.11.4-）

Whitaker, Forest
アメリカ生まれの俳優。
⇒外12（ウィテカー, フォレスト 1961.7.15-）
外16（ウィテカー, フォレスト 1961.7.15-）
スター（ウィテイカー, フォレスト 1961.7.15-）

Whitaker, Louis Rodman
アメリカの大リーグ選手（二塁）。
⇒メジャ（ウィテカー, ルー 1957.5.12-）

Whitaker, Tu-Shonda L.
アメリカの作家。
⇒外12（ウィテカー, トゥーションダ）

Whitcomb, Ian
イギリスのアーティスト。
⇒ロック（Whitcomb,Ian ホィットカム, イーアン 1941-）

White, Alan
イギリス生まれのドラム奏者。"イエス"のメンバー。
⇒ピト改（WHITE,ALAN ホワイト, アラン）

White, Andrew Dickson
アメリカの教育家, 外交官。コーネル大学の創立者で初代学長。1899年ハーグ平和会議の首席全権委員。
⇒岩キ（ホワイト,A.D. 1832-1918）
岩世人（ホワイト 1832.11.7-1918.11.4）
教人（ホワイト 1832-1918）

White, Barry
アメリカ・テキサス州生まれの歌手。
⇒ロック（White,Barry ホワイト, バリー）

White, Betty
アメリカの女優。
⇒外12（ホワイト, ベティ 1922.1.17-）

White, Bill
アメリカの大リーグ選手（一塁, 外野）。黒人初のナ・リーグ会長。
⇒メジャ（ホワイト, ビル 1934.1.28-）

White, Byron Raymond
アメリカの弁護士, 最高裁判事。
⇒アメ州（White,Byron Raymond ホワイト, バイロン・レイモンド 1917-）

White, Carol
イギリス生まれの女優。
⇒ク俳（ホワイト, キャロル 1941-1991）

White, Charlie
アメリカのフィギュアスケート選手（アイスダンス）。
⇒外16（ホワイト, チャーリー 1987.10.24-）
最世ス（ホワイト, チャーリー 1987.10.24-）

White, Chrissie
イギリスの女優。
⇒ク俳（ホワイト, クリシー（ホワイト, アダ）1894-1989）

White, C.S.
アメリカ生まれの画家。
⇒芸13（ホワイト,C・S 1925-）

White, Daniel James
アメリカの元サンフランシスコ市参与。1978年, サンフランシスコ市長ジョージ R.モスコン及び同性愛者の権利を推進する市参与ハーベイ・ミルクを暗殺した。
⇒世暗（ホワイト, ダニエル・ジェームズ 1946-

1985)

White, Devon Markes
アメリカの大リーグ選手（外野）。
⇒メジャ（ホワイト, デヴォン 1962.12.29–）

White, Sir Dick
イギリス保安部(MI5)長官, 秘密情報部(MI6)長官。
⇒スパイ（ホワイト, サー・ディック 1906–1993）

White, Eartha
アメリカの社会活動家。
⇒現世文（ホワイト, エセル・リナ 1876–1944）

White, Edmund
アメリカの小説家, 評論家, 批評家。
⇒現世文（ホワイト, エドマンド 1940–）

White, Edward Douglass
アメリカの法律家。1894年連邦最高裁判所判事,1910年長官。
⇒アメ州（White,Edward Douglas ホワイト, エドワード・ダグラス 1845–1921）

White, Elwyn Brooks
アメリカの作家。作品に『これがニューヨークだ！』、また『シャーロットの巣』(邦訳名『こぶたとクモ』1952)、『小さなスチュワート』などの童話がある。
⇒岩世人（ホワイト 1899.7.11–1985.10.1）
現世文（ホワイト, エルウィン・ブルックス 1899.7.11–1985.10.1）

White, Francis Johnstone
アメリカの教育者。
⇒アア歴（White,Francis Johnstone ホワイト, フランシス・ジョンストン 1870.9.24–1959.7.20）

White, Frank
アメリカの大リーグ選手（二塁, 遊撃）。
⇒メジャ（ホワイト, フランク 1950.9.4–）

White, Frank Russell
アメリカの教育者。
⇒アア歴（White,Frank R(ussell) ホワイト, フランク・ラッセル 1875.6.8–1913.8.17）

White, Gilbert Fowler
アメリカの地理学者。
⇒岩世人（ホワイト 1911.11.26–2006.10.5）

White, Guy Harris (Doc)
アメリカの大リーグ選手（投手）。
⇒メジャ（ホワイト, ドク 1879.4.9–1969.2.19）

White, Hal
アメリカの作家。
⇒海文新（ホワイト, ハル）

White, Harry Dexter
アメリカの財政金融の専門家。アメリカが1943年に発表した連合国国際安定基金案はホワイトの立案によるもの。
⇒アメ新（ホワイト 1892–1948）
岩世人（ホワイト 1892.10.9–1948.8.16）
スパイ（ホワイト, ハリー・デクスター 1892–1948）
有経5（ホワイト 1892–1948）

White, Hayden
アメリカの思想史家。
⇒岩世人（ホワイト 1928.7.12–）

White, Hugh
オーストラリアにおける戦略・安全保障問題の第一人者。オーストラリア国立大学教授, オーストラリア首相上級補佐官。
⇒外16（ホワイト, ヒュー）

White, Islael Charles
アメリカの地質学者。アメリカ地質学協会の創立者。石油および天然ガスは地層の背斜構造の上部に存在すると唱え, 石油地質学の発達および油田・ガス田開発に寄与。
⇒岩世人（ホワイト 1848.11.1–1927.11.24）

White, Jake
南アフリカのラグビー南アフリカ代表監督。
⇒最世ス（ホワイト, ジェイク 1963.3.19–）

White, James Laurie (Deacon)
アメリカの大リーグ選手（三塁, 捕手）。
⇒メジャ（ホワイト, ディーコン 1847.12.7–1939.7.7）

White, Jim
イギリスの作家, コラムニスト, 司会者。
⇒海文新（ホワイト, ジム）
現世文（ホワイト, ジム）

White, John
イギリスの美術史家。
⇒外16（ホワイト, ジョン）

White, John
スコットランド教会の指導者。
⇒オク教（ホワイト 1867–1951）

White, John Roberts
アメリカの陸軍将校。
⇒アア歴（White,John Roberts ホワイト, ジョン・ロバーツ 1879.10.10–1961.12.9）

White, King Solomon
アメリカのニグロリーグの選手（二塁）, 監督。
⇒メジャ（ホワイト, ソル 1868.6.12–1955.8.26）

White, Lenny
アメリカのジャズ・ドラマー。
⇒外16（ホワイト, レニー 1949.12.19–）

W

White, Leonard Dupee
アメリカの行政学者。近代行政学の樹立に大きな役割を果した。主著『行政学入門』(1926)。
⇒岩世人（ホワイト　1891.1.17–1958.2.23）

White, Leslie Alvin
アメリカの文化人類学者。主張は新進化論といわれる。主著『文化の進化』(1959)。
⇒岩世人（ホワイト　1900.1.19–1975.3.31）
　社小増（ホワイト　1900–1975）

White, Lynn, Jr.
アメリカの中世技術史家。
⇒岩キ（ホワイト,L.,Jr.　1907–1987）

White, Mary
オーストラリアの児童文学者。
⇒外16（ホワイト, メアリー）

White, Mary Jo
アメリカの法律家。
⇒外16（ホワイト, メアリー・ジョー　1947.12.27–）

White, Michael
イギリスの科学ジャーナリスト, 作家, ミュージシャン。
⇒外12（ホワイト, マイケル　1959–）
　外16（ホワイト, マイケル　1959–）
　海文新（ホワイト, マイケル　1959–）
　現世文（ホワイト, マイケル　1959–）

White, Morton
アメリカの哲学者。
⇒岩世人（ホワイト　1917.4.29–）

White, Patrick
オーストラリアの小説家。『フォス』(1957)によって国際的名声を博し, 20世紀オーストラリアの最有力作家。73年ノーベル文学賞を受賞。
⇒岩世人　1912.5.28–1990.9.30）
　現世文（ホワイト, パトリック　1912.5.28–1990.9.30）
　広辞7（ホワイト　1912–1990）
　ノベ3（ホワイト,P.　1912.5.28–1990.9.30）

White, Paul Dudley
アメリカの心臓専門医。国立心臓研究所顧問, 国際心臓学協会会長などを歴任。心臓病の世界的権威。
⇒岩世人（ホワイト　1886.6.6–1973.10.31）

White, Pearl
アメリカ生まれの女優。
⇒岩世人（ホワイト　1889.3.4–1938.8.4）
　ク俳（ホワイト, パール　1889–1938）

White, Philip Rodney
アメリカの生理学者。
⇒岩生（ホワイト　1901–1968）

White, Reggie
アメリカのアメリカンフットボール選手。
⇒異二辞（ホワイト［レジー・～］　1961–2004）
　岩世人（ホワイト　1961.12.19–2004.12.26）

White, Richard Allen
アメリカの大リーグ選手(投手)。
⇒メジャ（ホワイト, リック　1968.12.23–）

White, Robert
アメリカのテノール歌手。
⇒失声（ホワイト, ロバート　?）
　魅惑（White,Robert　?–）

White, Rondell Bernard
アメリカの大リーグ選手(外野手)。
⇒メジャ（ホワイト, ロンデル　1972.2.23–）

White, Roy Hilton
アメリカの大リーグ選手(外野)。
⇒メジャ（ホワイト, ロイ　1943.12.27–）

White, Samuel Charles
アメリカの大リーグ選手(捕手)。
⇒メジャ（ホワイト, サミー　1927.7.7–1991.8.4）

White, Shaun
アメリカのスノーボード選手(ハーフパイプ)。
⇒外12（ホワイト, ショーン　1986.9.3–）
　外16（ホワイト, ショーン　1986.9.3–）
　最世ス（ホワイト, ショーン　1986.9.3–）

White, Stewart Edward
アメリカの小説家。
⇒アメ州（White,Stewart Edward　ホワイト, スチュワート・エドワード　1873–1946）

White, Terence Hanbury
イギリスの小説家。『石の中の刀』(1939),『森の魔女』(40)などで知られる。
⇒現世文（ホワイト,T.H.　1906.5.29–1964.1.17）

White, Teri
アメリカのミステリ作家。
⇒外16（ホワイト, テリー　1946.10.30–）
　現世文（ホワイト, テリー　1946.10.30–）

White, Thaddeus C.
アメリカの冒険家。
⇒アア歴（White,Thaddeus C.　ホワイト, サディアス・C.　?–?）

White, Tim D.
アメリカの人類学者。
⇒外12（ホワイト, ティム　1950–）

White, Tony Joe
アメリカのルイジアナ州オークグローブ生まれのカントリー歌手, ソングライター。
⇒ロック（White,Tony Joe　ホワイト, トーニー・ジョウ　1943.7.23–）

White, Tony L.
アメリカの実業家。
⇒外12（ホワイト，トニー　1947–）
　外16（ホワイト，トニー　1947–）

White, Verdine
アメリカのミュージシャン。
⇒外16（ホワイト，バーディン　1951.7.25–）

White, Victor
イギリス出身のドミニコ会司祭。心理学者ユングとのカトリック側からの対話者。
⇒新カト（ホワイト　1902.10.21–1960.5.22）

White, William Allen
アメリカのジャーナリスト，作家。「エンポリア・ガゼット」紙を買取り（1895），その主筆として活躍。ピュリツァー社説賞を受ける（1923）。
⇒アメ州（White,William Allen　ホワイト，ウイリアム・アレン　1868–1944）
　岩世人（ホワイト　1868.2.10–1944.1.29）

White, Sir William Henry
イギリスの造船家。2百隻に余る軍艦を設計，建造し，水管罐，タービンの装備を提案。主著"Manual of naval architecture"（1877）。
⇒岩世人（ホワイト　1845.2.2–1913.2.27）

White, William Henry
アメリカの大リーグ選手（投手）。
⇒メジャ（ホワイト，ウィル　1854.10.11–1911.8.31）

Whitehead, Alfred North
イギリスの哲学者，数学者。
⇒岩キ（ホワイトヘッド　1861–1947）
　岩世人（ホワイトヘッド　1861.2.15–1947.12.30）
　教人（ホワイトヘッド　1861–1947）
　現社（ホワイトヘッド　1861–1947）
　広辞7（ホワイトヘッド　1861–1947）
　社小増（ホワイトヘッド　1861–1947）
　新カト（ホワイトヘッド　1861.2.15–1947.12.30）
　数辞（ホワイトヘッド，アルフレッド・ノース　1861–1947）
　世図（ホワイトヘッド，アルフレッド・ノース　1885–1947）
　哲中（ホワイトヘッド　1861–1947）
　ネーム（ホワイトヘッド　1861–1947）
　メル3（ホワイトヘッド，アルフレッド・ノース　1861–1947）

Whitehead, Burgess Urquhart
アメリカの大リーグ選手（二塁，三塁）。
⇒メジャ（ホワイトヘッド，バージェス　1910.6.29–1993.11.25）

Whitehead, Colson
アメリカの作家。
⇒現世文（ホワイトヘッド，コルソン　1969–）

Whitehead, John Henry Constantin
イギリスの数学者。オックスフォード大学教授。⇒世数（ホワイトヘッド，ジョン・ヘンリー・コンスタンティン　1904–1960）

Whitehill, Earl Oliver
アメリカの大リーグ選手（投手）。
⇒メジャ（ホワイトヒル，アール　1899.2.7–1954.10.22）

Whitehouse, David
イギリスの作家，脚本家，ジャーナリスト。
⇒現世文（ホワイトハウス，デービッド）

Whitelaw, Billie
イギリス生まれの女優。
⇒ク俳（ホワイトロー，ビリー　1932–）

Whitelaw, William Stephan
イギリスの政治家。イギリス枢相兼上院内総務。
⇒岩世人（ホワイトロー　1918.6.28–1999.7.1）

Whiteley, Brett
オーストラリアの芸術家。
⇒岩世人（ホワイトリー　1939.4.7–1992.6.15）

Whiteman, Paul
アメリカのジャズ・バンドリーダー。1924年ガーシュインの『ラプソディ・イン・ブルー』を初演して大成功を収めた。
⇒アメ州（Whiteman,Paul　ホワイトマン，ポール　1890–1967）
　異二辞（ホワイトマン，ポール　1890–1967）
　岩世人（ホワイトマン　1890.3.28–1967.12.29）
　新音中（ホワイトマン，ポール　1890.3.28–1967.12.29）
　標音2（ホワイトマン，ポール　1890.3.28–1967.12.29）
　ユ著人（Whiteman,Paul　ホワイトマン，ポール　1890–1967）

Whiten, Mark Anthony
アメリカの大リーグ選手（外野）。
⇒メジャ（ウィッテン，マーク　1966.11.25–）

Whitenack, Carolyn Irene
アメリカのメディア教育の専門家。学校図書館員の養成に力を尽くした。
⇒ア図（ホワイトナック，カロリン　1916–1984）

Whiteread, Rachel
イギリスの彫刻家。
⇒岩世人（ホワイトリード　1963.4.20–）
　現アテ（Whiteread,Rachel　ホワイトリード，レイチェル　1963–）

Whitesell, Josh
アメリカのプロ野球選手（ヤクルト・内野手），大リーグ選手。
⇒外12（ホワイトセル，ジョシュ　1982.4.14–）

Whitesides, George M.
アメリカの有機化学者。

⇒岩世人（ホワイトサイズ 1939.8.3–）
外12（ホワイトサイズ, ジョージ 1939.8.3–）
外16（ホワイトサイズ, ジョージ 1939.8.3–）

Whitfield, Fred Dwight
アメリカの大リーグ選手（一塁）。
⇒メジャ（ウィットフィールド, フレッド 1938.1.7–）

Whitfield, Norman
アメリカ・ニューヨーク生まれのプロデューサー, ソングライター。
⇒ロック（Whitfield,Norman ホイットフィールド, ノーマン 1943–）

Whitfield, Raoul
アメリカのミステリ作家。
⇒現世文（ホイットフィールド, ラウル 1898–1945）

Whitfield, Simon
カナダのトライアスロン選手。
⇒外12（ホイットフィールド, サイモン 1975.5.16–）
最世ス（ホイットフィールド, サイモン 1975.5.16–）

Whitford, Brad
アメリカのロック・ギター奏者。
⇒外12（ウィットフォード, ブラッド 1952.2.23–）
外16（ウィットフォード, ブラッド 1952.2.23–）

Whitford, Harry Nichols
アメリカの森林監督官。
⇒アア歴（Whitford,Harry Nichols ホイットフォード, ハリー・ニコルズ 1872.3.11–1941.5.17）

Whiting, Allen Suess
アメリカの中国研究者。
⇒岩世人（ホワイティング 1926–）

Whiting, Clifford
ニュージーランドの彫刻家, 画家。
⇒岩世人（ホワイティング 1936.5.6–）

Whiting, John
イギリスの劇作家。代表作『行進歌』(1954),『悪魔』(61) など。
⇒現世文（ホワイティング, ジョン 1917.11.15–1963.6.16）

Whitlam, Edward Gough
オーストラリアの政治家。
⇒岩世人（ホワイトラム 1916.7.11–）

Whitlock, Bobby
アメリカのギター奏者, キーボード奏者。
⇒ヒト改（WHITLOCK,BOBBY ホイットロック, ボビー）

Whitlow, William Vincent
アメリカ・ニューヨーク出身のメリノール宣教会司祭。日本管区長。
⇒新カト（ホイットロー 1904.9.3–1957.12.31）

Whitman, Charles
アメリカの殺人犯。
⇒ネーム（ホイットマン, チャールズ 1941–1966）

Whitman, Charles Otis
アメリカの動物学者。モースの後任として来日, 東京大学で動物学を教授。
⇒アア歴（Whitman,Charles O (tis) ホイットマン, チャールズ・オーティス 1842.12.14–1910.12.6）
アメ新（ホイットマン 1843–1910）
岩生（ホイットマン 1842–1910）
岩世人（ホイットマン 1842.12.12–1910.12.6）

Whitman, Christine Todd
アメリカの政治家。アメリカ環境保護局（EPA）長官, ニュージャージー州知事。
⇒外12（ホイットマン, クリスティーン 1946.9.26–）
外16（ホイットマン, クリスティーン 1946.9.26–）
世指導（ホイットマン, クリスティーン 1946.9.26–）

Whitman, Meg
アメリカの実業家。ヒューレット・パッカード（HP）社長・CEO。
⇒外12（ホイットマン, メグ 1956.8.4–）
外16（ホイットマン, メグ 1956.8.4–）

Whitman, Stuart
アメリカ生まれの俳優。
⇒ク俳（ホウィットマン, ステュアート 1926–）

Whitmarsh, Hubert Phelps
アメリカの冒険家, 実業家。
⇒アア歴（Whitmarsh,Hubert Phelps ホイットマーシュ, ヒュバート・フェルプス 1863.8.10–1935.4.6）

Whitney, Arthur Carter (Pinky)
アメリカの大リーグ選手（三塁）。
⇒メジャ（ウィットニー, ピンキー 1905.1.2–1987.9.1）

Whitney, Courtney
GHQ民政局長。マッカーサーの側近第1号。
⇒アア歴（Whitney,Courtney ホイットニー, コートニー 1897.5.20–1969.3.21）
岩世人（ホイットニー 1897.5.20–1969.3.21）

Whitney, George 28X
マルコムXの私設ボディガード。
⇒マルX（WHITNEY,GEORGE 28X ホイットニー, ジョージ28X）

Whitney, Hassler
アメリカの数学者。
⇒岩世人（ホイットニー　1907.3.23–1989.5.10)
世数（ホイットニー, ハスラー　1907–1989）

Whitney, John
アメリカ生まれの映像作家, コンピューター・アーティスト, アニメーション作家。
⇒異二辞（ホイットニー, ジョン, シニア　1917–1995）

Whitney, Phyllis Ayame
横浜生まれのアメリカの女性作家。
⇒異二辞（ホイットニー［フィリス・A・〜］　1903–2008）
現世文（ホイットニー, フィリス　1903.9.9–2008.2.8）

Whitney, Richard
アメリカの実業家。リチャード・ホイットニー商会社長, ニューヨーク証券取引所会長。
⇒アメ経（ホイットニー, リチャード　1888.8.1–1974.12.5）

Whitney, Willis Norton
アメリカの医師。東京赤坂病院を創立。
⇒岩世人（ホイットニー　1855.10.18–1918.10.26）

Whitson, Eddie Lee
アメリカの大リーグ選手（投手）。
⇒メジャ（ウィットソン, エド　1955.5.19–）

Whitt, Leo Ernest
アメリカの大リーグ選手（捕手）。
⇒メジャ（ウィット, アーニー　1952.6.13–）

Whittaker, Sir Edmund Taylor
イギリスの数理物理学者。
⇒岩世人（ホイッタカー　1873.10.24–1956.3.24）

Whittaker, Robert H (arding)
アメリカの植物学者, 生態学者。1969年に生物界を原核生物（モネラ）・原生生物・植物・真菌・動物の5つに分ける説を提唱。
⇒旺生5（ホイッタカー　1920–1980）

Whitted, George Bostic（Possum)
アメリカの大リーグ選手（外野, 三塁）。
⇒メジャ（ホワイテッド, ポッサム　1890.2.4–1962.10.15）

Whittemore, Norman Clark
アメリカの宣教師。
⇒アア歴（Whittemore, Norman C (lark)　ホイットモア, ノーマン・クラーク　1870.6.7–1952.5.15）

Whitten, Tara
カナダの自転車選手（トラックレース）。
⇒最世ス（ホイッテン, タラ　1980.7.13–）

Whittingham, Charles
アメリカの競走馬調教師。
⇒岩世人（ウィッティンガム　1913.4.13–1999.4.20）

Whittington, Harry
アメリカの作家。
⇒現世文（ウィッティントン, ハリー　1915.2.4–1989.6.11）

Whittington, Harry Blackmore
イギリスの地質学者。
⇒岩生（ウィッティントン　1916–2010）
岩世人（ウィッティントン　1916.3.24–2010.6.20）

Whittle, Sir Frank
イギリスの航空技術者。イギリス空軍のジェット機中隊を誕生させた。
⇒岩世人（ホイットル　1907.6.1–1996.8.8）
世発（ホイットル, フランク　1907–1996）

Whitworth, Jerry
アメリカ海軍の通信スペシャリスト。
⇒スパイ（ホイットワース, ジェリー　1939–）

Whitworth, Kathy
アメリカのプロ・ゴルファー。1965年にチャンピオンズ・トーナメントを含む8つのトーナメントに勝ち, 賞金高は28,658ドルで第1位。
⇒岩世人（ウィットワース　1939.9.27–）

Whitworth, Sandra
カナダのフェミニスト国際政治学者。
⇒国政（ウイットワース, サンドラ　1946–）

Whorf, Benjamin Lee
アメリカ生まれの言語学者。メキシコのアステカ語の研究やマヤ絵文字の解読に努めた。
⇒岩世人（ウォーフ　1897.4.24–1941.7.26）

Whyburn, Gordon Thomas
アメリカの数学者。
⇒数辞（ホイバーン, ゴルドン・トーマス　1904–1949）

Whyman, Matt
イギリスの作家。
⇒海文新（ワイマン, マット）

Whymper, Edward
イギリスの木版画家, 登山家。著書『アルプス登攀記』。
⇒岩世人（ウィンパー　1840.4.27–1911.9.16）
広辞7（ウィンパー　1840–1911）
ネーム（ウィンパー　1840–1911）

Whyte, Alexander
スコットランドの自由教会牧師, 神学者。〈最後のピューリタン〉と呼ばれた。
⇒オク教（ホワイト　1836–1921）

Whyte, Douglas
南アフリカの騎手。
⇒外12（ホワイト, ダグラス　1971.11.15–）
　外16（ホワイト, ダグラス　1971.11.15–）

Whyte, William Foote
アメリカの社会学者。1948年コーネル大学の産業, 労働関係学院教授。主著『レストラン産業における人間関係』(48)。
⇒岩世人（ホワイト　1914.6.27–2000.7.16）
　現社（ホワイト　1914–2000）
　社小増（ホワイト　1914–）

Whyte, William Hollingsworth
アメリカのジャーナリスト。『オーガニゼーション・マン』で, 大衆社会における個人の生き方の問題を正面から論じて世評を集めた。
⇒社小増（ホワイト　1917–）

Wiatr, Jerzy Jerzy
ポーランドのマルクス主義政治社会学者。
⇒社小増（ヴィアトル　1931–）

Wiaux, Mutien-Marie
ベルギーのラ・サール会の信徒修道士, 聖人。祝日1月30日。
⇒新カト（ミュティアン・マリー・ヴィオー　1841.3.20–1917.1.30）

Wiazemsky, Anne
ドイツ・ベルリン生まれの女優, 作家。
⇒外12（ヴィアゼムスキー, アンヌ　1947–）
　外16（ヴィアゼムスキー, アンヌ　1947–）
　現世文（ヴィアゼムスキー, アンヌ　1947.5.14–2017.10.5）

Wichmann, Ottomar
ドイツの哲学者。主著 "Sozialphilosophie"（1923）。
⇒岩世人（ヴィヒマン　1890.5.13–1973.10.23）

Wicitwatthakan
タイの思想家, 政治家。
⇒岩世人（ウィチットワータカーン　1898.8.11–1962.3.31）
　タイ（ウィチットワータカーン, ルアン　1898–1962）

Wick, Walter
アメリカのカメラマン。
⇒外16（ウィック, ウォルター　1953–）

Wickenheiser, Hayley
カナダのアイスホッケー選手, ソフトボール選手。
⇒外16（ウィッケンハイザー, ヘイリー　1978.8.12–）
　最世ス（ウィッケンハイザー, ヘイリー　1978.8.12–）

Wickersham, George Woodward
アメリカの弁護士。司法長官, 国際連盟超党派協会会長。
⇒アメ経（ウィッカーシャム, ジョージ　1858.9.19–1936.1.26）

Wickham, Anna
イギリスの詩人。
⇒現世文（ウィッカム, アンナ　1884–1947）

Wickham, Carl Eric
アメリカの運輸業者。グレイハウンド社経営者。
⇒アメ経（ウィカム, カール　1887.8.7–1954.2.5）

Wickham, Sir Henry
イギリスの探検家, ゴム産業開拓者。マレーにゴムの栽培場を創設。インド直轄領長官, ホンデュラス長官を歴任。
⇒岩世人（ウィッカム　1846.5.29–1928.9.27）

Wickhoff, Franz
オーストリアの美術史家。古代末期のローマ芸術を崩壊期とみなす従来の評価を鋭く批判。
⇒岩世人（ヴィックホフ　1853.5.7–1909.4.6）

Wicki, Joseph
スイスのイエズス会員。
⇒岩世人（ヴィッキ　1904.6.30–1993.2.18）
　新カト（ヴィッキ　1904.6.30–1993.2.18）

Wickman, Robert Joe
アメリカの大リーグ選手（投手）。
⇒メジャ（ウィックマン, ボブ　1969.2.6–）

Wickramasinghe, Martin
スリランカのジャーナリスト, 小説家, 評論家。
⇒現世文（ウィクラマシンハ, マーティン　1890–1976.7.23）

Wickremanayake, Ratnasiri
スリランカの政治家。スリランカ首相。
⇒世指導（ウィクラマナヤケ, ラトナシリ　1933.5.5–2016.12.27）

Wickremasinghe, Ranil
スリランカの政治家。スリランカ首相。
⇒外16（ウィクラマシンハ, ラニル　1949.3.24–）
　世指導（ウィクラマシンハ, ラニル　1949.3.24–）

Wicksell, Johan Gustaf Knut
スウェーデンの経済学者。スウェーデン学派（北欧学派）の始祖。
⇒岩経（ヴィクセル　1851–1926）
　岩世人（ヴィクセル　1851.12.20–1926.5.3）
　広辞7（ヴィクセル　1851–1926）
　有経5（ウィクセル　1851–1926）

Wicksteed, Philip Henry
イギリスの経済学者。限界効用理論でジェボンズ説を深化, 分配論では限界生産力理論を展開。
⇒岩世人（ウィックスティード　1844.10.25–1927.3.18）
　有経5（ウィックスティード　1844–1927）

Wicomb, Zoë
南アフリカの作家。
⇒外16（ウィカム、ゾーイ　1948–）
　現世文（ウィカム、ゾーイ　1948.11.23–）

Widal, Fernand
フランスの医師、免疫学者。
⇒岩世人（ヴィダル　1862.3.9–1929.1.14）
　ユ著人（Widal,Fernand Georges　ヴィダル、フェルナン・ジョルジュ　1862–1929）

Widdoes, Howard W.
アメリカの宣教師。
⇒アア歴（Widdoes,H（oward）W.　ウィドウズ、ハワード・W.　1873–1951.7.25）

Widdop, Walter
イギリスのテノール歌手。
⇒失声（ウィドップ、ウォルター　1892–1949）
　魅惑（Widdop,Walter　1892–1949）

Wideman, John Edgar
アメリカの小説家。
⇒岩世人（ワイドマン　1941.6.14–）
　現世文（ワイドマン、ジョン・エドガー　1941.6.14–）

Widengren, Geo
スウェーデンのイラン学者。ウプサラ大学の宗教史・宗教心理学教授（1940～73）。
⇒岩世人（ヴィーデングレーン　1907.4.24–1996.1.28）

Widianto, Nova
インドネシアのバドミントン選手。
⇒最世ス（ウィディアント、ノヴァ　1977.10.10–）

Widjaja, Eka Tjipta
インドネシアの有力企業グループ、シナル・マス・グループの創業者・所有経営主。
⇒岩世人（ウィジャヤ、エカ・チプタ　1923.10.3–）

Widjojo Nitisastro
インドネシアの経済学者、政治家。東部ジャワ州生まれ。1966年スハルト新体制下で大統領付経済専門家チームの座長に抜擢され、68年発足の第1次内閣で国家開発企画庁長官に就任。
⇒岩世人（ウィジョヨ・ニティサストロ　1927.9.23–2012.3.9）

Widmark, Richard
アメリカ生まれの俳優。
⇒遺産（ウィドマーク、リチャード　1914.12.26–2008.3.24）
　ク俳（ウィドマーク、リチャード　1914–）
　スター（ウィドマーク、リチャード　1914.12.26–）

Widmer, Jean
スイス生まれのグラフィック・デザイナー、タイポグラファー。
⇒グラデ（Widmer,Jean　ウィドマー、ジャン　1929–）

Widmer-schlumpf, Eveline
スイスの政治家。スイス大統領。
⇒外16（ビドマーシュルンプフ、エベリン　1956.3.16–）
　世指導（ビドマーシュルンプフ、エベリン　1956.3.16–）

Widodo
インドネシアの軍人、閣僚。
⇒岩世人（ウィドド　1944.8.1–）

Widor, Charles-Marie Jean Albert
フランスのオルガン奏者、作曲家。
⇒岩世人（ヴィドール　1844.2.21–1937.3.12）
　エデ（ヴィドール、シャルル＝マリー　1844.2.21–1937.3.12）
　ク音3（ヴィドール　1844–1937）
　新音小（ヴィドール、シャルル＝マリー　1844–1937）
　新音中（ヴィドール、シャルル＝マリー　1844.2.21–1937.3.12）
　新カト（ヴィドール　1844.2.21–1937.3.12）
　標音2（ヴィドール、シャルル＝マリ　1844.2.21–1937.3.12）

Wie, Michelle
アメリカのプロゴルファー。
⇒外12（ウィー、ミシェル　1989.10.11–）
　外16（ウィー、ミシェル　1989.10.11–）
　最世ス（ウィー、ミシェル　1989.10.11–）

Wieacker, Franz
ドイツの法学者。現代ドイツにおけるローマ法、私法の代表的学者。
⇒岩世人（ヴィーアッカー　1908.8.5–1994.2.17）

Wiebe, Rudy（Henry）
カナダの小説家。
⇒現世文（ウィーブ、ルーディ　1934.10.4–）

Wiebe, Trina
カナダの作家。
⇒海文新（ウィーブ、トリーナ）

Wieber, Jordyn Marie
アメリカの体操選手。
⇒外16（ウィーバー、ジョーディン　1995.7.12–）
　最世ス（ウィーバー、ジョーディン　1995.7.12–）

Wiechert, Ernst Emil
ドイツの作家。小説『死者の森』（1945）、『イエローミンの子ら』（45～47）、自伝『森と人々』などがある。
⇒岩世人（ヴィーヒェルト　1887.5.18–1950.8.24）
　新カト（ヴィーヒェルト　1887.5.18–1950.8.24）
　西文（ヴィーヒェルト　1887–1950）

Wiechert, Johann Emil
ドイツの地球物理学者、地震学者。
⇒岩世人（ヴィーヒェルト　1861.12.26–1928.3.19）

オク地（ウィーヘルト, エミール　1861-1928）

Wied, Gustav
デンマークの作家。短篇集『影絵』『家系』などが代表作。
⇒岩世人（ヴィーズ　1858.3.6-1914.10.24）

Wied, Wilhelm
アルバニア国王。在位1914.2～9。ヴィルヘルム一世と名のる。
⇒岩世人（ヴィート　1876.3.26-1945.4.18）

Wiedeking, Wendelin
ドイツの実業家。
⇒外12（ヴィーデキング, ヴェンデリン　1952.8.28-）
　外16（ヴィーデキング, ヴェンデリン　1952.8.28-）

Wiedersheim, Robert Ernst Eduard
ドイツの比較解剖学者。魚類, 両棲類, 爬虫類について研究。
⇒岩世人（ヴィーデルスハイム　1848.4.21-1923.7.12）
　学叢思（ヴィーデルスハイム, ロベルト　1848-?）

Wiedman, George Edward (Stump)
アメリカの大リーグ選手（投手）。
⇒メジャ（ウィードマン, スタンプ　1861.2.17-1905.3.3）

Wiegand, Theodor
ドイツの考古学者。
⇒岩世人（ヴィーガント　1864.10.30-1936.12.19）

Wieger, Léon
フランスの宣教師, 中国学者。
⇒岩世人（ヴィジェ　1856.7.9-1933.3.26）
　新カト（ヴィジェ　1856.7.9-1933.3.25）

Wiegner, Georg
ドイツの化学者。膠質化学, 土壌学, 飼料学の領域で基礎的な研究を行った。
⇒岩世人（ヴィーグナー　1883.4.20-1936.4.14）

Wieland, Heinrich Otto
ドイツの化学者。胆汁酸の研究によってノーベル化学賞を受賞（1927）。
⇒岩生（ヴィーラント　1877-1957）
　岩世人（ヴィーラント　1877.6.4-1957.8.5）
　化学（ヴィーラント　1877-1957）
　広辞7（ウィーラント　1877-1957）
　ノベ3（ウィーラント, H.O.　1877.6.4-1957.8.5）

Wieman, Carl
アメリカの物理学者。2001年ノーベル物理学賞。
⇒岩世人（ワイマン　1951.3.26-）
　外12（ワイマン, カール　1951.3.26-）
　外16（ワイマン, カール　1951.3.26-）
　ノベ3（ワイマン, C.　1951.3.26-）

Wien, Max Carl
ドイツの物理学者, 電気学者。高周波電磁波, 高圧における電解質の性能に関する研究のほか, 振動回路を医学に応用して成果を収めた。
⇒岩世人（ヴィーン　1866.12.25-1938.2.24）

Wien, Wilhelm Carl Werner Otto Fritz Franz
ドイツの物理学者。1893年黒体放射について波長と温度の関係（ウィーンの法則）を発見。
⇒岩世人（ヴィーン　1864.1.13-1928.8.30）
　広辞7（ウィーン　1864-1928）
　三新物（ウィーン　1864-1928）
　ノベ3（ウィーン, W.　1864.1.13-1928.8.30）
　物理（ウィーン, ウィルヘルム　1864-1928）

Wiene, Robert
ポーランド生まれの映画監督, 脚本家, 製作者。
⇒岩世人（ヴィーネ　1873.4.24-1938.7.17）
　映監（ヴィーネ, ロベルト　1873.4.24-1938）

Wiener, Alexander Solomon
アメリカの血清学者。血液型のRh因子の発見者。
⇒岩世人（ウィーナー　1907.3.16-1976.11.6）

Wiener, Jean
フランスのピアノ奏者, 作曲家。
⇒標音2（ヴィエネル, ジャン　1896.3.19-1982）

Wiener, Meier
ポーランド・クラクフ生まれの詩人, 文芸評論家, 思想家。
⇒ユ著人（Wiener, Meier　ヴィナー, メイヤー　1893-1941）

Wiener, Norbert
アメリカの数学者。情報を扱う新しい科学「サイバネティックス」の提唱者として知られる。
⇒アメ新（ウィーナー　1894-1964）
　岩世人（ウィーナー　1894.11.26-1964.3.18）
　現社（ウィーナー　1984-1964）
　広辞7（ウィーナー　1894-1964）
　三新物（ウィーナー　1894-1964）
　社小増（ウィーナー　1894-1964）
　数辞（ウィーナー, ノーバート　1894-1964）
　数小増（ウィーナー　1894-1964）
　世数（ウィーナー, ノーバート　1894-1964）
　哲中（ウィーナー　1894-1964）
　ネーム（ウィーナー　1894-1964）
　物理（ウィーナー, ノーバート　1894-1964）
　ポブ人（ウィーナー, ノーバート　1894-1964）
　メル3（ウィーナー, ノーバート　1894-1964）
　ユ著人（Wiener, Norbert　ウイナー, ノバート　1894-1964）

Wieniawski, Józef
ポーランドのピアノ奏者, 作曲家。
⇒ク音3（ヴィエニャフスキ　1837-1912）

Wierzynski, Kazimierz
ポーランドの詩人。オリンピック詩賞を受けた（1928）。
⇒岩世人（ヴィエジンスキ　1894.8.26–1969.2.13）

Wieschaus, Eric F.
アメリカの遺伝学者。1995年ノーベル生理学医学賞。
⇒岩生（ヴィーシャウス　1947–）
　岩世人（ヴィーシャウス　1947.6.7–）
　外12（ウィシャウス, エリック　1947.6.8–）
　外16（ウィシャウス, エリック　1947.6.8–）
　ネーム（ウィシャウス　1947–）
　ノベ3（ウィシャウス, E.F.　1947.6.8–）

Wiese, Benno von
ドイツの文芸学者。
⇒岩世人（ヴィーゼ　1903.9.25–1987.1.31）

Wiese, Marion Bernice
アメリカの図書館員。国際的な立場から学校図書館に関する活動を推進して、アメリカの貢献度を高める。
⇒ア図（ヴィーゼ, マリオン　1905–1977）

Wiesel, Elie
アメリカの作家。1986年ノーベル平和賞。
⇒岩世人（ウィーゼル　1928.9.30–）
　外12（ウィーゼル, エリ　1928.9.30–）
　外16（ウィーゼル, エリ　1928.9.30–）
　現代文（ウィーゼル, エリ　1928.9.30–2016.7.2）
　ネーム（ウィーゼル　1928–）
　ノベ3（ウィーゼル, E.　1928.9.30–）
　ユ著人（Wiesel, Elie　ウィーゼル, エリ　1928–）

Wiesel, Torsten Nils
スウェーデン生まれの大脳生理学者。
⇒岩生（ヴィーゼル　1924–）
　外12（ビーゼル, トールステン　1924.6.3–）
　外16（ビーゼル, トールステン　1924.6.3–）
　広辞7（ウィーゼル　1924–）
　ノベ3（ウィーゼル, T.　1924.6.3–）

Wieselsberger, Carl
ドイツの流体力学者。日本に招かれて数個所にゲッティンゲン式回流風洞を建設し、初期の日本航空界に貢献した。
⇒岩世人（ヴィーゼルスベルガー　1887.11.4–1941.8）

Wieseltier, Meir
ロシア・モスクワ生まれの詩人、翻訳家。
⇒ユ著人（Wieseltier, Meir　ヴィーゼルティール, メイル　1941–）

Wiesenthal, Simon
オーストリア（ユダヤ系）のナチハンター。
⇒世人新（ウィーゼンタール　1908–2005）
　世人装（ウィーゼンタール　1908–2005）

Wieser, Friedrich von
オーストリアの経済学者、社会学者。主著『自然価値論』（1889）。
⇒岩経（ヴィーザー　1851–1926）
　岩世人（ヴィーザー　1851.7.10–1926.7.22）
　学叢思（ウィーゼル, フリードリヒ・フォン　1851–?）
　有経5（ウィーザー　1851–1926）

Wiese und Kaiserswaldau, Leopold von
ドイツの社会学者、経済学者。社会学上における「関係説」の提唱者。
⇒岩世人（ヴィーゼ　1876.12.2–1969.1.11）
　学叢思（ヴィーゼ, レオポルド・フォン　1876–?）
　教人（ヴィーゼ・ウント・カイゼルスヴァルダウ　1876–）
　社小増（ヴィーゼ　1876–1969）
　メル3（ヴィーゼ, レオポルド・フォン　1876–1969）

Wiesheu, Gerhard
ドイツの実業家。
⇒外16（ヴィースホイ, ゲアハルト　1962–）

Wieskoetter, Tim
ドイツのカヌー選手。
⇒外12（ワイスコッター, ティム　1979.3.12–）
　最世ス（ワイスコッター, ティム　1979.3.12–）

Wiesner, David
アメリカの絵本作家。
⇒絵本（ウィーズナー, デイヴィッド　1956–）
　外12（ウィーズナー, デービッド）
　外16（ウィーズナー, デービッド）

Wiesner, Julius
オーストリアの植物学者。植物に対する光の作用を研究。
⇒岩世人（ヴィースナー　1838.1.20–1916.10.9）

Wiest, Dianne
アメリカ生まれの女優。
⇒外12（ウィースト, ダイアン　1948.3.28–）

Wiet, Gaston Louis Marie Joseph
フランスの中近東研究者。
⇒岩世人（ヴィエト　1887.12.18–1971.4.20）

Wieters, Matt
アメリカの大リーグ選手（オリオールズ・捕手）。
⇒最世ス（ウィーターズ, マット　1986.5.21–）
　メジャ（ウィーターズ, マット　1986.5.21–）

Wiggin, Albert Henry
アメリカの銀行家。チェース・マンハッタン銀行頭取、取締役会長。
⇒アメ経（ウィギン, アルバート　1868.2.21–1951.5.21）

Wiggins, Bradley
イギリスの自転車選手。
⇒外12（ウィギンズ，ブラッドリー　1980.4.28–）
外16（ウィギンズ，ブラッドリー　1980.4.28–）
最世ス（ウィギンズ，ブラッドリー　1980.4.28–）

Wigginton, Ty Allen
アメリカの大リーグ選手（三塁）。
⇒メジャ（ウィギントン，タイ　1977.10.11–）

Wigglesworth, Vincent Brian
イギリスの昆虫生理学者。
⇒岩生（ウィグルズワース　1899–1994）

Wightman, Arthur Strong
アメリカの物理学者。場の量子論のワイトマン形式を提出。公理論的な場の理論の開拓者の一人。
⇒岩世人（ワイトマン　1922.3.30–2013.1.13）

Wigman, Mary
ドイツの舞踊家。新興ドイツ舞踊の旗手として活躍。表現主義的作風。
⇒岩世人（ヴィグマン　1886.11.13–1973.9.18）

Wigmore, John Henry
アメリカの代表的な訴訟法学者。『証拠法』（1904～05,23,40）を著す。
⇒岩世人（ウィグモア　1863.3.4–1943.4.20）
広辞7（ウィグモア　1863–1943）

Wigner, Eugene Paul
ハンガリー生まれのアメリカの物理学者。原子爆弾開発の「マンハッタン計画」や、科学者のベトナム戦争協力機関である「ジェイソン計画」に参加。1963年にノーベル物理学賞受賞。
⇒岩世人（ウィグナー　1902.11.17–1995.1.1）
広辞7（ウィグナー　1902–1995）
三新物（ウィグナー　1902–）
ネーム（ウィグナー　1902–1995）
ノベ3（ウィグナー，E.P.　1902.11.17–1995.1.1）
物理（ウィグナー，ユージン・ポール　1902–1995）

Wigzell, Hans
スウェーデンの免疫学者。
⇒外12（ヴィグセル，ハンス　1938.10.28–）
外16（ヴィグセル，ハンス　1938.10.28–）

Wiharja, Yati Maryati
インドネシアの作家。
⇒現世文（ウィハルジャ，ヤティ・マルヤティ　1943.5.31–1985.5.4）

Wijaya, Candra
インドネシアのバドミントン選手。
⇒最世ス（ウィジャヤ，チャンドラ　1975.9.16–）

Wijayanayake, Sujeewa
スリランカのアマチュア野球審判。
⇒外16（ウィジャヤナーヤカ，スジーワ）

Wijdenboshe, Jules A.
スリナムの政治家。スリナム大統領（1996～2000）。
⇒世指導（ウェイデンボス，シュール　1941.5.2–）

Wijetunga, Dingiri Banda
スリランカの政治家。スリランカ大統領（1993～94）。
⇒世指導（ウィジェトゥンガ，ディンギリ・バンダ　1922.2.15–2008.9.21）

Wijk, Nicolaus van
オランダのスラヴ語学者。アクセントとイントネーションに関する研究は名高い。
⇒岩世人（ウェイク　1880.10.4–1941.3.25）

Wikana
インドネシアの共産主義者。1937年人民行動党を結成、48年共産党政治局員。
⇒ア太戦（ウィカナ　1914–?）

Wikén, Emma
スウェーデンのスキー選手（距離）。
⇒外16（ヴィケン，エマ　1989.5.1–）

Wikenhauser, Alfred
ドイツのカトリック新約学者。
⇒新カト（ヴィケンハウザー　1883.2.22–1960.6.21）

Wikland, Ilon
ロシアのイラストレーター。
⇒外16（ヴィークランド，イロン　1930–）

Wikler, Abraham
アメリカの精神科医。
⇒精医歴（ウィクラー，エイブラハム　1910–1981）

Wikström, Emil
フィンランドの彫刻家。代表作はフランス風の大理石彫刻『祈願』（1897）および初期のブロンズ『ガレン・カレラの胸像』（86）。
⇒岩世人（ヴィクストレム　1864.4.13–1942.9.25）

Wilamowitz-Moellendorff, Ulrich von
ドイツの古典文献学者。ギリシャ悲劇の研究、翻訳に業績を残した。
⇒岩世人（ヴィラモヴィッツ＝メレンドルフ　1848.12.22–1931.9.25）
教人（ヴィラモーヴィツ・メレンドルフ　1848–1931）

Wilander, Todd
アメリカのテノール歌手。
⇒魅惑（Wilander,Todd　?–）

Wilbrandt, Robert
ドイツの経済学者。主著 "Einführung in die Volkswirtschaftslehre"（4巻,1924～25）。
⇒岩世人（ヴィルブラント　1875.8.29–1954.2.24）

学叢思（ウィルブラント, ロベルト　1875–?）

Wilbur, Ray Lyman
アメリカの医師。スタンフォード大学学長, 内務長官。
⇒アメ経（ウィルバー, レイ　1875.4.13–1949.6.26）

Wilbur, Richard Purdy
アメリカの詩人。"Things of this world"（1956）, "Seed leaves"（74）等の詩集がある。
⇒岩世人（ウィルバー　1921.3.1–）
　現世文（ウィルバー, リチャード　1921.3.1–2017.10.14）

Wilby, James
ビルマ生まれの俳優。
⇒ク俳（ウィルビー, ジェイムズ　1958–）

Wilce, Ysabeau S.
アメリカの作家。
⇒外12（ウィルス, イザボー）
　外16（ウィルス, イザボー）
　海文新（ウィルス, イザボー・S.）

Wilcox, Milton Edward
アメリカの大リーグ選手（投手）。
⇒メジャ（ウィルコックス, ミルト　1950.4.20–）

Wilcoxon, Henry
英領西インド諸島ドミニカ生まれの俳優。
⇒ク俳（ウィルコクスン, ヘンリー　1905–1984）

Wilczek, Frank
アメリカの物理学者。2004年ノーベル物理学賞受賞。
⇒岩世人（ウィルチェック　1951.5.15–）
　外12（ウィルチェック, フランク　1951.5.15–）
　外16（ウィルチェック, フランク　1951.5.15–）
　ノベ3（ウィルチェック, F.　1951.5.15–）

Wild, John Daniel
アメリカの哲学者。
⇒岩世人（ワイルド　1902.4.10–1972.10.23）

Wild, John Paul
イギリス, オーストラリアの電波天文学者。
⇒天文大（ワイルド　1923–）

Wild, Vic
ロシアのスノーボード選手。
⇒外16（ワイルド, ヴィック　1986.8.23–）

Wilde, Cornel
アメリカの俳優, 映画監督。エロール・フリン的な剣劇スターとして『戦うロビンフッド』（1946）などに主演。6カ国語に通ずるインテリ。
⇒ク俳（ワイルド, コーネル（ワイルド, コーネリアス）　1915–1989）

Wilde, Henry
イギリスの電気技術者。強力な電気投光器を作り, のちイギリス海軍の探照灯に採用された（1875）。
⇒岩世人（ワイルド　1833–1919.3.28）

Wilde, Mark
イギリスのテノール歌手。
⇒魅惑（Wilde,Mark　?–）

Wilde, Marty
イギリスの歌手。
⇒ロック（Wilde,Marty　ワイルド, マーティ　1939–）

Wilde, Percival
アメリカの作家。
⇒現世文（ワイルド, パーシバル　1887–1953）

Wilden, Henri
モーリシャスのテノール歌手。
⇒魅惑（Wilden,Henri　?–）

Wildenbruch, Ernst von
ドイツの劇作家, 詩人。
⇒岩世人（ヴィルデンブルフ　1845.2.3–1909.1.15）
　ネーム（ウィルデンブルフ　1845–1909）

Wildenstein, Daniel Leopold
フランスの画商, 絵画史研究家, 競馬のオーナーブリーダー。
⇒岩世人（ウィルデンシュタイン　1917.9.11–2001.10.23）

Wildenvey, Herman
ノルウェーの詩人。『愛撫』（1916）, 『星の鏡』（35）が代表詩集。
⇒岩世人（ヴィルデンヴェイ　1885.7.20–1959.9.27）

Wilder, Bill
アメリカの実業家。
⇒外12（ワイルダー, ビル　1950–）

Wilder, Billy
アメリカの映画監督。
⇒岩世人（ワイルダー　1906.6.22–2002.3.27）
　映監（ワイルダー, ビリー　1906.6.22–2002）
　広辞7（ワイルダー　1906–2002）
　ネーム（ワイルダー, ビリー　1906–2002）
　ユ著人（Wilder,Billy　ワイルダー, ビリー　1906–）

Wilder, Gene
アメリカ生まれの俳優。
⇒ク俳（ワイルダー, ジーン（シルバーマン, ジェローム）　1934–）
　スター（ワイルダー, ジーン　1933.6.11–）
　ユ著人（Wilder,Gene　ワイルダー, ジーン　1935–）

Wilder, James Austin
アメリカの画家。
⇒アア歴（Wilder,James Austin　ワイルダー, ジェ

イムズ・オースティン 1868.5.27–1934.7.4)

Wilder, Laura Ingalls
アメリカの女性小説家。主著『長い冬』(1932),『大草原の小さな家』。
- ⇒アメ州 (Wilder,Laura Ingalls ワイルダー, ローラ・インガルス 1867–1957)
- 岩世人 (ワイルダー 1867.2.7–1957.2.10)
- 現世文 (ワイルダー, ローラ・インガルス 1867.2.7–1957.2.10)
- 広辞7 (ワイルダー 1867–1957)
- 辞歴 (ワイルダー, ローラ 1867–1957)
- ポプ人 (ワイルダー, ローラ・インガルス 1867–1957)

Wilder, Robert Parmelee
アメリカの宣教師。学生伝道奉仕運動 (SVM) の事実上の創立者。
- ⇒アア歴 (Wilder,Robert P (armelee) ワイルダー, ロバート・パーミリー 1863.8.2–1938.3.28)

Wilder, Thornton Niven
アメリカの小説家, 劇作家。小説『サンルイスレイ橋』(1927), 戯曲『わが町』(38), 喜劇『危機を逃れて』(42) でそれぞれピュリッツァー賞を得た。
- ⇒アメ州 (Wilder,Thornton ワイルダー, ソーントン 1897–1975)
- 岩世人 (ワイルダー 1897.4.17–1975.12.7)
- 現世文 (ワイルダー, ソーントン 1897.4.17–1975.12.7)
- 新カ人 (ワイルダー 1897.4.17–1975.12.7)
- 世演 (ワイルダー, ソートン 1897.4.17–1975.12.7)

Wildes, Harry Emerson
アメリカの作家, 日本研究家。
- ⇒アア歴 (Wildes,Harry E (merson) ワイルズ, ハリー・エマースン 1890.4.3–1982.2.25)

Wildgans, Anton
オーストリアの詩人, 劇作家。主著 "Sonette an Ead" (1913)。
- ⇒岩世人 (ヴィルトガンス 1881.4.17–1932.5.3)
- 學藝思 (ウィルトガンス, アントン 1881–)

Wildgen, Michelle
アメリカの作家。
- ⇒海文新 (ウィルジェン, ミシェル)
- 現世文 (ウィルジェン, ミシェル)

Wildhaber, Helmut
オーストリアのテノール歌手。
- ⇒魅惑 (Wildhaber,Helmut ?–)

Wildhorn, Frank
アメリカの作曲家。
- ⇒外16 (ワイルドホーン, フランク 1959.11.29–)

Wilding, Michael
イギリスの俳優。
- ⇒ク俳 (ワイルディング, マイクル 1912–1979)

Wilding, Michael
オーストラリアの小説家。
- ⇒現世文 (ワイルディング, マイケル 1942.1.5–)

Wildner, Martina
ドイツの作家, イラストレーター。
- ⇒海文新 (ヴィルトナー, マルティナ 1968–)
- 現世文 (ヴィルトナー, マルティナ 1968–)

Wildor, Sarah
イギリスのダンサー。
- ⇒外12 (ウィルドー, サラ 1972.1.29–)

Wildsmith, Brian
イギリスのイラストレーター。
- ⇒絵本 (ワイルドスミス, ブライアン 1930–)

Wilensky, Harold L.
アメリカの産業社会学者。著書『社会福祉と平等』。
- ⇒現社福 (ウィレンスキー 1923–)
- 社小増 (ウィレンスキー 1923–)

Wiles, Andrew John
イギリスの数学者。プリンストン大学教授。
- ⇒数小増 (ワイルズ 1953–)
- 世数 (ワイルズ, アンドリュー 1953–)
- メル別 (ワイルズ, アンドリュー・ジョン 1953–)

Wiles, Deborah
アメリカの作家。
- ⇒海文新 (ワイルズ, デボラ)

Wiley, Harvey Washington
アメリカの食品化学者。
- ⇒化学 (ワイリー 1844–1930)

Wiley, Lee
アメリカの女性ジャズ歌手。
- ⇒標音2 (ワイリー, リー 1915.10.9–1975.12.11)

Wilfley, Lebbeus Redman
アメリカの弁護士, 判事。
- ⇒アア歴 (Wilfley,Lebbeus Redman ウィルフリー, レベウス・レッドマン 1867.3.30–1926.5.26)

Wilfork, Vince
アメリカのプロフットボール選手 (ペイトリオッツ・DT)。
- ⇒最世ス (ウィルフォーク, ビンス 1981.11.04–)

Wilhelm, Friedrich, Viktor August Ernst
ドイツ帝国およびプロイセン王国皇太子。ヴェルダンの攻撃に失敗し王位および帝位に対する一切の権利を放棄してオランダで亡命生活を送った。
- ⇒岩世人 (ヴィルヘルム 1882.5.6–1951.7.20)

Wilhelm, Horst
ドイツのテノール歌手。
⇒魅惑（Wilhelm,Horst　1927–）

Wilhelm, James Hoyt
アメリカの大リーグ選手（投手）。
⇒メジャ（ウィルヘルム, ホイト　1923.7.26–2002.8.23）

Wilhelm, Kate
アメリカの作家。1976年『鳥の歌いまは絶え』でヒューゴー賞を受賞のほか、『クルーイストン実験』『断層線』など。
⇒現世文（ウィルヘルム, ケイト　1928.6.8–2018.3.8）

Wilhelm, Kati
ドイツのバイアスロン選手。
⇒外12（ウィルヘルム, カティ　1976.8.2–）
　外16（ウィルヘルム, カティ　1976.8.2–）
　最世ス（ウィルヘルム, カティ　1976.8.2–）

Wilhelm, Richard
ドイツの宣教師、中国学者。青島で布教し、中国人子弟の教育に尽し、ヨーロッパ人の為に中国古典の翻訳に努めた。
⇒岩世人（ウィルヘルム　1873.5.10–1930.3.2）

Wilhelm II, Friedrich Viktor Albert
ドイツ帝国最後の皇帝。ビスマルクを罷免して親政を行うが、第1次世界大戦の勃発とドイツの敗退を招いた。
⇒岩世人（ヴィルヘルム2世　1859.1.27–1941.6.4）
　学叢歴（ヴィルヘルム2世　1859–現存）
　皇国（ヴィルヘルム2世　（在位）1888–1918）
　広辞7（ウィルヘルム2世　1859–1941）
　世史改（ヴィルヘルム2世　1859–1941）
　世史改（ヴィルヘルム2世　1859–1941）
　世人新（ヴィルヘルム2世　1859–1941）
　世人装（ヴィルヘルム2世　1859–1941）
　世帝（ヴィルヘルム2世　1859–1941）
　ポプ人（ヴィルヘルム2世　1859–1941）
　もう山（ヴィルヘルム2世　1859–1941（在位1888–1918））

Wilhelmina Helena Pauline Maria
オランダの女王。在位1890～1948。
⇒岩世人（ウィルヘルミナ　1880.8.31–1962.11.28）
　皇国（ウィルヘルミナ　（在位）1890–1948）

Wilhelmj, August Daniel Ferdinand Victor
ドイツのヴァイオリン演奏家、作曲家。8歳で演奏家として名声を博した。
⇒岩世人（ヴィルヘルミ　1845.9.21–1908.1.22）
　新音中（ヴィルヘルミ, アウグスト　1845.9.21–1908.1.22）
　標音2（ヴィルヘルミ, アウグスト　1845.9.21–1908.1.22）

Wiliams, Jerry, Jr.
アメリカ・ヴァージニア州ポーツマス生まれの歌手、ソングライター、プロデューサー。
⇒ロック（Wiliams,Jerry,Jr.　ウィリアムズ, ジェリー, ジュニア　1942.7.12–）

Wilke, Günther
ドイツの有機化学者。
⇒岩世人（ヴィルケ　1925.2.23–）

Wilke, Hannah
アメリカのフェミニズム美術の美術家。
⇒岩世人（ウィルキ　1940.3.7–1993.1.28）

Wilke, Manfred
ドイツの歴史家。
⇒外16（ウィルケ, マンフレート　1941–）

Wilkerson, Stephen Bradley
アメリカの大リーグ選手（外野）。
⇒メジャ（ウィルカーソン, ブラッド　1977.6.1–）

Wilkes, Maurice Vincent
イギリスの数学者。
⇒岩世人（ウィルクス　1913.6.26–2010.11.29）

Wilkes, Paget
イギリス国教会宣教会（CMS）の宣教師。
⇒オク教（ウィルクス　1871–1934）

Wilkie, Alan
イギリスのサッカー審判員。
⇒外12（ウィルキー, アラン）

Wilkins, Sir George Hubert
イギリスの探検家。極地調査に飛行機の利用を推進。
⇒岩世人（ウィルキンズ　1888.10.31–1958.12.1）

Wilkins, Maurice Hugh Frederick
イギリスの生物物理学者。1962年核酸の構造決定の業績により、ノーベル生理・医学賞受賞。
⇒岩生（ウィルキンズ　1916–2004）
　岩世人（ウィルキンズ　1916.12.15–2004.10.5）
　化学（ウィルキンズ　1916–2004）
　広辞7（ウィルキンズ　1916–2004）
　ネーム（ウィルキンズ　1916–1996）
　ノベ3（ウィルキンズ,M.H.F.　1916.12.15–2004.10.5）
　ポプ人（ウィルキンズ, モーリス　1916–2004）

Wilkins, Roy
アメリカの黒人運動指導者。1965年全国黒人地位向上協会（NAACP）事務局長に就任。
⇒アメ州（Wilkins,Roy　ウィルキンズ, ロイ　1901–）
　マルX（WILKINS,ROY　ウィルキンズ, ロイ　1901–1981）

Wilkinson, Carole
イギリスの作家。
⇒海文新（ウィルキンソン, キャロル）
　現世文（ウィルキンソン, キャロル）

Wilkinson, Ellen Cicely
イギリスの婦人政治家。アトリー内閣の文相(1945〜47)として教育の民主化に尽した。
⇒岩世人（ウィルキンソン　1891.10.8–1947.2.6）

Wilkinson, *Sir* Geoffrey
イギリスの化学者。有機金属錯体の研究に従事し、遷移元素錯体触媒を有機合成化学へ応用する面で大きな功績を残した。ノーベル化学賞受賞（1973）。
⇒岩世人（ウィルキンソン　1921.7.14–1996.9.26）
　化学（ウィルキンソン　1921–1996）
　広辞7（ウィルキンソン　1921–1996）
　ノペ3（ウィルキンソン,G.　1921.7.14–1996.9.26）

Wilkinson, James Leslie
アメリカのニグロリーグの選手。カンザスシティ・モナークスの創設者。
⇒メジャ（ウィルキンソン,J・L　1878.5.14–1964.8.21）

Wilkinson, Jonny
イギリスのラグビー選手（SO）。
⇒異二辞（ウィルキンソン［ジョニー・〜］　1979–）
　外12（ウィルキンソン, ジョニー　1979.5.25–）
　外16（ウィルキンソン, ジョニー　1979.5.25–）
　最世ス（ウィルキンソン, ジョニー　1979.5.25–）

Wilkinson, Laura
アメリカの飛び込み選手。
⇒最世ス（ウィルキンソン, ローラ　1977.11.17–）

Wilkinson, Richard G.
イギリスの医学者。
⇒外12（ウィルキンソン, リチャード　1943–）
　外16（ウィルキンソン, リチャード　1943–）

Wilkinson, Theodore S.
真珠湾攻撃当時のアメリカ海軍情報部長（DNI）。
⇒スパイ（ウィルキンソン, セオドア・S　1888–1946）

Wilkinson, Tom
イギリスの俳優。
⇒外12（ウィルキンソン, トム　1948.12.12–）

Wilkon, Jozef
ポーランドのイラストレーター。
⇒絵本（ヴィルコン, ユゼフ　1930–）

Will
ブラジルのサッカー選手（FW）。
⇒外12（ウィル　1973.12.15–）

Will, John Baxter
イギリスの航海士。函館ブラキストン・マー商会船長。
⇒来日（ウィル　1840–1920）

Willan, Healey
イギリスの作曲家。
⇒エデ（ウィラン, ヒーリー　1880.10.12–1968.2.16）
　標音2（ウィラン, ヒーリー　1880.10.12–1968.2.16）

Willard, Barbara
イギリスの女性小説家。
⇒現世文（ウィラード, バーバラ　1909.3.12–1994.2.18）

Willard, Fred
アメリカの作家。
⇒現世文（ウィラード, フレッド）

Willard, Nancy Margaret
アメリカの女性作家, 詩人, 挿絵画家。
⇒外16（ウィラード, ナンシー　1936–）
　現世文（ウィラード, ナンシー　1936.6.26–2017.2.19）

Willauer, Whiting
アメリカの弁護士。航空幹部。
⇒アア歴（Willauer,Whiting　ウィラウアー, ホワイティング　1906.11.30–1962.8.6）

Willcox, David
イギリスの指揮者, オルガン奏者。
⇒新音中（ウィルコックス, デイヴィド　1919.12.30–）

Wille, Bruno
ドイツの作家, 自由思想家。「新自由民衆劇団」を興して（1892）, 新劇の興隆に努めた。
⇒岩世人（ヴィレ　1860.2.6–1928.8.31）

Willeford, Charles Ray
アメリカのミステリ作家。
⇒現世文（ウィルフォード, チャールズ　1919–1988）

Willem-Alexander, King
オランダ国王。在位2013〜。
⇒外12（ウィレム・アレクサンダー皇太子　1967.4.27–）
　外16（ウィレム・アレクサンダー国王　1967.4.27–）

Willett, Robert Edgar
アメリカの大リーグ選手（投手）。
⇒メジャ（ウィレット, エド　1884.3.7–1934.5.10）

Willette, Adolphe
フランスのイラストレーター。
⇒19仏（ヴィレット, アドルフ　1857.7.31–1926.2.4）

Willey, Basil
イギリスの学者。著書『17世紀の背景』（1934）など。
⇒岩世人（ウィリー　1897.7.25–1978.9.3）

Willey, Gordon Randolph
アメリカの考古学者。ペルー,パナマ,合衆国東南部の考古学を専攻。主著『アメリカ考古学の方法と理論』(共著)。
⇒岩世人 (ウィリー 1913.3.7–2002.4.28)

will.i.am
アメリカのミュージシャン,音楽プロデューサー。
⇒外12 (ウィル・アイ・アム)
　外16 (ウィル・アイ・アム)

William, Warren
アメリカの男優。
⇒ク俳 (ウィリアム,ウォレン(クレック,W・W) 1895–1948)

William (Prince William)
イギリスの王子。
⇒岩世人 (ウィリアム 1982.6.21–)
　外12 (ウィリアム王子 1982.6.21–)
　外16 (ウィリアム王子 1982.6.21–)

Williams, Alan
イギリスのブルー・エンジェル・クラブの元経営者。
⇒ビト改 (WILLIAMS,ALAN ウィリアムズ,アラン)

Williams, Alberto
アルゼンチンの作曲家。
⇒標音2 (ウィリアムズ,アルベルト 1862.11.23–1952.6.17)

Williams, Amy
イギリスのスケルトン選手。
⇒外12 (ウィリアムズ,エイミー 1982.9.29–)
　外16 (ウィリアムズ,エイミー 1982.9.29–)
　最世ス (ウィリアムズ,エイミー 1982.9.29–)

Williams, Andy
アメリカの歌手。
⇒外12 (ウィリアムズ,アンディ 1930.10.3–)
　標音2 (ウィリアムズ,アンディ 1928.12.3–)
　ロック (Williams,Andy ウィリアムズ,アンディ)

Williams, Anthony (Tony)
アメリカのジャズ・ドラマー。
⇒標音2 (ウィリアムズ,トニー 1945.12.12–1997.2.23)
　ロック (Williams,Tony ウィリアムズ,トニー 1945.12.12–)

Williams, Ben
テノール歌手。
⇒魅惑 (Williams,Ben ?–)

Williams, Bernard
イギリスの哲学者。
⇒岩世人 (ウィリアムズ 1929.9.21–2003.6.10)

Williams, Bernie
プエルト・リコの大リーグ選手(外野)。
⇒外12 (ウィリアムズ,バーニー 1968.9.13–)
　外16 (ウィリアムズ,バーニー 1968.9.13–)
　最世ス (ウィリアムズ,バーニー 1968.9.13–)
　メジャ (ウィリアムズ,バーニー 1968.9.13–)

Williams, Betty
イギリスの女性平和運動家。1976年追贈ノーベル平和賞。
⇒岩世人 (ウィリアムズ 1943.5.22–)
　外12 (ウィリアムズ,エリザベス 1943.5.22–)
　外16 (ウィリアムズ,エリザベス 1943.5.22–)
　ノベ3 (ウィリアムズ,B. 1943.5.22–)

Williams, Bill
アメリカの男優。
⇒ク俳 (ウィリアムズ,ビル(カット,ハーマン) 1914–1992)

Williams, Billy Dee
アメリカ生まれの俳優。
⇒ク俳 (ウィリアムズ,ビリー・ディー(ウィリアムズ,ウィリアム・ディセンバー) 1937–)

Williams, Billy Leo
アメリカの大リーグ選手(外野)。
⇒メジャ (ウィリアムズ,ビリー 1938.6.15–)

Williams, Bradley
アメリカのテノール歌手。
⇒魅惑 (Williams,Bradley ?–)

Williams, Carroll Milton
アメリカの生物学者。
⇒岩生 (ウィリアムズ 1916–1991)

Williams, Charles Mervin (Cootie)
アメリカのジャズ・トランペット奏者。
⇒標音2 (ウィリアムズ,クーティ 1908.7.24–1985.9.14)

Williams, Charles Walter Stansby
イギリスの文学者。詩,小説,評論にわたり多くの著書がある。
⇒岩キ (ウィリアムズ,C.W.S. 1886–1945)
　オク教 (ウィリアムズ 1886–1945)

Williams, Chester
南アフリカのラグビー指導者,ラグビー選手。
⇒外16 (ウィリアムズ,チェスター 1970.8.8–)

Williams, Christopher
イギリスのガラス工芸家。
⇒芸13 (ウイリアムズ,クリストファー ?–)

Williams, Cliff
オーストラリアのロック・ベース奏者。
⇒外12 (ウィリアムズ,クリフ)
　外16 (ウィリアムズ,クリフ)

Williams, Craig
オーストラリアの騎手。
⇒外12（ウィリアムズ, クレイグ　1977.5.23-）
外16（ウィリアムズ, クレイグ　1977.5.23-）

Williams, Daniel Roderick
アメリカの弁護士。
⇒アア歴（Williams, Daniel R (oderick)　ウイリアムズ, ダニエル・ロデリック　1871.5.13-1931）

Williams, Darrent
アメリカのプロフットボール選手。
⇒最世ス（ウィリアムズ, ダレント　1982.9.27-2007.1.1）

Williams, Deron
アメリカのバスケットボール選手（ネッツ）。
⇒最世ス（ウィリアムズ, デロン　1984.6.26-）

Williams, Earl Craig
アメリカの大リーグ選手（捕手, 一塁）。
⇒メジャ（ウィリアムズ, アール　1948.7.14-2013.1.28）

Williams, Edward Thomas
アメリカの宣教師, 外交官。
⇒アア歴（Williams, E (dward) T (homas)　ウイリアムズ, エドワード・トマス　1854.10.17-1944.1.27）

Williams, Elizabeth Owen
アメリカの学校図書館の監督官。ロサンゼルス地域の広範囲なサービス活動を束ねる。アメリカ図書館協会の活動にも積極的に関わる。
⇒ア図（ウィリアムズ, エリザベス　1897-1988）

Williams, Eric Eustace
トリニダード・トバゴの社会学者, 政治家。1962～81年首相。
⇒岩世人（ウィリアムズ　1911.9.25-1981.3.29）
有経5（ウィリアムズ　1911-1981）
ラテ新（ウィリアムズ　1911-1981）

Williams, Esther
アメリカ生まれの女優。
⇒異二辞（ウィリアムズ, エスター　1921-2013）
ク俳（ウィリアムズ, エスター　1922-）

Williams, Evan
アメリカの起業家。
⇒外12（ウィリアムズ, エバン　1972.3.31-）
外16（ウィリアムズ, エバン　1972.3.31-）

Williams, Frank
イギリスのF1オーナー。
⇒異二辞（ウィリアムズ［フランク・～］　1942-）
外12（ウィリアムズ, フランク　1942.4.16-）
外16（ウィリアムズ, フランク　1942.4.16-）

Williams, Fred (Cy)
アメリカの大リーグ選手（外野）。
⇒メジャ（ウィリアムズ, サイ　1887.12.21-1974.4.23）

Williams, Frederick Calland
イギリスの電気技師。
⇒岩世人（ウィリアムズ　1911.6.26-1977.8.11）

Williams, Garth Montgomery
アメリカのイラストレーター。
⇒絵本（ウィリアムズ, ガース　1912-1996）

Williams, George Burchell
アメリカの財務家。日本政府財政顧問。
⇒アア歴（Williams, George Burchell　ウイリアムズ, ジョージ・バーチェル　1842.12.5-1912.3.15）

Williams, (George) Emlyn
イギリスの劇作家, 俳優。
⇒現世文（ウィリアムズ, ジョージ・エムリン　1905.11.26-1987.9.25）

Williams, Gerald Floyd
アメリカの大リーグ選手（外野）。
⇒メジャ（ウィリアムズ, ジェラルド　1966.8.10-）

Williams, Grace (Mary)
イギリス・ウェールズの作曲家。
⇒標音2（ウィリアムズ, グレース　1906.2.19-1977.2.10）

Williams, Gregory Scott (Woody)
アメリカの大リーグ選手（投手）。
⇒メジャ（ウィリアムズ, ウッディ　1966.8.19-）

Williams, Hank
アメリカのウェスタン歌手。『ジャンバライヤ』など作詞作曲も。
⇒アメ州（Williams, Hank　ウィリアムズ, ハンク　1923-1953）
異二辞（ウィリアムズ, ハンク　1923-1953）
岩世人（ウィリアムズ　1923.9.17-1953.1.1）
エデ（ウィリアムズ・シニア, ハンク（ハイラム）　1923.9.17-1953.1.1）
新音中（ウィリアムズ, ハンク　1923.9.17-1953.1.1）
標音2（ウィリアムズ, ハンク　1923.9.17-1953.1.1）
ロック（Williams, Hank　ウィリアムズ, ハンク）

Williams, Hank, Jr.
アメリカのカントリー歌手。
⇒標音2（ウィリアムズ, ハンク, ジュニア　1949.5.26-）

Williams, Harry Evan
アメリカのテノール歌手。当時のアメリカの代表的なオラトリオ歌手として知られた。
⇒魅惑（Williams, Harry Evan　1867-1918）

Williams, Hayley
アメリカのミュージシャン。

⇒外12（ウィリアムズ, ヘイリー-）

Williams, Hermon Porter
アメリカの宣教師。
⇒アア歴（Williams,Hermon P (orter)　ウイリアムズ, ハーモン・ポーター　1872–1958.7.21）

Williams, Howel
アメリカの火山学者。
⇒岩世人（ウィリアムズ　1898.10.12–1980.1.12）

Williams, James Francis
アメリカの大リーグ選手（遊撃）。
⇒メジャ（ウィリアムズ, ジミー　1943.10.4-）

Williams, James Mickel
アメリカの社会学者。主著 "Principles of social psychology"（1922）。
⇒社小増（ウィリアムズ　1876–1973）

Williams, James Thomas
アメリカの大リーグ選手（二塁、三塁）。
⇒メジャ（ウィリアムズ, ジミー　1876.12.20–1965.1.16）

Williams, Jason
アメリカのバスケットボール選手。
⇒外12（ウィリアムズ, ジェイソン　1975.11.18-）
最世ス（ウィリアムズ, ジェイソン　1975.11.18-）

Williams, Jesse
アメリカの走り高跳び選手。
⇒最世ス（ウィリアムズ, ジェシー　1983.12.27-）

Williams, Jobeth
アメリカ生まれの女優。
⇒ク俳（ウィリアムズ, ジョウベス　1951-）

Williams, Jody
アメリカのNGO活動家。1997年ノーベル平和賞。
⇒外12（ウィリアムズ, ジョディ　1950.10.9-）
外16（ウィリアムズ, ジョディ　1950.10.9-）
ノベ3（ウィリアムズ, J.　1950.10.9-）

Williams, John
アメリカの作曲家。
⇒岩世人（ウィリアムズ　1932.2.8-）
エデ（ウィリアムズ, ジョン（タウナー）　1932.2.8-）
新音中（ウィリアムズ, ジョン　1932.2.8-）
標音2（ウィリアムズ, ジョン　1932.2.8-）

Williams, John
オーストラリアのギター奏者。
⇒外12（ウィリアムズ, ジョン　1941.4.24-）
外16（ウィリアムズ, ジョン　1941.4.24-）
新音中（ウィリアムズ, ジョン　1941.4.24-）
標音2（ウィリアムズ, ジョン　1941.4.24-）

Williams, John Elias
アメリカの宣教師, 教育者。
⇒アア歴（Williams,John E (lias)　ウイリアムズ, ジョン・イライアス　1871.6.11–1927.3.24）

Williams, Joseph
アメリカの弁護士。マルコムX暗殺犯ノーマン3X・バトラーの弁護人。
⇒マルX（WILLIAMS,JOSEPH　ウイリアムズ, ジョセフ）

Williams, Joseph
アメリカのロック歌手, 作曲家。
⇒外12（ウィリアムズ, ジョセフ　1960-）

Williams, Joseph（Smokey）
アメリカのニグロリーグの選手（投手）。
⇒メジャ（ウィリアムズ, スモーキー・ジョー　1886.4.6–1946.3.12）

Williams, Justin, Sr.
アメリカの官僚。GHQ民政局で国会を担当, 占領のほぼ全期間を通じて日本の議会の指揮監督にあたった。
⇒アア歴（Williams,Justin,Sr　ウイリアムズ, ジャスティン, シニア　1906.3.2-）

Williams, KaShamba
アメリカの女性作家。
⇒外12（ウィリアムズ, カシャンバ）
外16（ウィリアムズ, カシャンバ）
海文新（ウィリアムズ, カシャンバ）
現世文（ウィリアムズ, カシャンバ）

Williams, Kenneth Roy
アメリカの大リーグ選手（外野）。
⇒メジャ（ウィリアムズ, ケン　1890.6.28–1959.1.22）

Williams, Kevin
アメリカのプロフットボール選手（バイキングス・DT）。
⇒最世ス（ウィリアムズ, ケビン　1980.8.16-）

Williams, Larry
アメリカのミュージシャン。
⇒ロック（Williams,Larry　ウイリアムズ, ラリー　1935-）

Williams, Lauryn
アメリカのボブスレー選手, 陸上選手（短距離）。
⇒外16（ウィリアムズ, ローリン　1983.9.11-）
最世ス（ウィリアムズ, ローリン　1983.9.11-）

Williams, Mabel
アメリカの図書館員。ニューヨーク公共図書館において「若者のための図書館」を開設, この分野の第一人者として知られる。
⇒ア図（ウィリアムス, メイベル　1887–1985）

Williams, Mark
アメリカの宣教師。
⇒アア歴（Williams,Mark　ウイリアムズ,マーク　1834.10.28-1920.8.9）

Williams, Mary Lou
アメリカの黒人ジャズ・ピアノ奏者・作曲家。ベニー・グッドマン,ルイ・アームストロングらのために多くの作品を作・編曲した。
⇒標音2（ウィリアムズ,メリー・ルー　1910.5.8-1981.5.28）

Williams, Matthew Derrick
アメリカの大リーグ選手（三塁）。
⇒メジャ（ウィリアムズ,マット　1965.11.28-）

Williams, Michael Darren
アメリカの大リーグ選手（投手）。
⇒メジャ（ウィリアムズ,マイク　1968.7.29-）

Williams, Michelle
アメリカの歌手。
⇒外12（ウィリアムズ,ミッシェル　1980-）

Williams, Michelle
アメリカの女優。
⇒外16（ウィリアムズ,ミシェル　1980.11.9-）

Williams, Mitchell Steven
アメリカの大リーグ選手（投手）。
⇒メジャ（ウィリアムズ,ミッチ　1964.11.17-）

Williams, *Mr.*
アメリカ・メイスン中学校の歴史教師。
⇒マルX（WILLIAMS,MR　ウイリアムズ先生）

Williams, Nigel
イギリスの小説家,劇作家。
⇒現世文（ウィリアムズ,ナイジェル　1948-）

Williams, Paul
アメリカ生まれの俳優。
⇒ロツク（Williams,Paul　ウィリアムズ,ポール　1940.9.19-）

Williams, Pharrell
アメリカの歌手,音楽プロデューサー。
⇒外12（ウィリアムズ,ファレル　1973.4.5-）
外16（ウィリアムズ,ファレル　1973.4.5-）

Williams, Raymond Henry
イギリスの学者,評論家。『劇―イプセンからエリオットまで』(1952)などの著書がある。
⇒岩世人（ウィリアムズ　1921.8.31-1988.1.26）
現社（ウィリアムズ　1921-1988）
社小増（ウィリアムズ　1921-1988）

Williams, Richard Hirschfeld
アメリカの大リーグ選手（外野,三塁）。
⇒メジャ（ウィリアムズ,ディック　1929.5.7-2011.7.7）

Williams, Robbie
イギリス生まれの歌手。
⇒外16（ウィリアムズ,ロビー　1974.2.13-）

Williams, Robert Franklin
全米有色人種向上協会（NAACP）ノースカロライナ州ユニオン郡支部長。
⇒マルX（WILLIAMS,ROBERT FRANKLIN　ウイリアムズ,ロバート・フランクリン　1925-1996）

Williams, Robin
アメリカ生まれの男優。
⇒遺産（ウィリアムズ,ロビン　1951.7.21-2014.8.11）
外12（ウィリアムズ,ロビン　1951.7.21-）
ク俳（ウィリアムズ,ロビン　1951-）
スター（ウィリアムズ,ロビン　1951.7.21-）

Williams, Robin Murphy, Jr.
アメリカの社会学者。
⇒社小増（ウィリアムズ　1914-）

Williams, Rowan Douglas
イギリスの聖職者,神学者。
⇒オク教（ウィリアムズ　1950-）
外12（ウィリアムズ,ローワン　1950.6.14-）
外16（ウィリアムズ,ローワン　1950.6.14-）

Williams, Samuel Tankersley (Hanging Sam)
アメリカの陸軍将校。
⇒アア歴（Williams,Samuel T (ankersley) ("Hanging Sam")　ウイリアムズ,サミュエル・タンカズリー・[ハンギング・サム]　1897.8.25-）

Williams, Sean
オーストラリアの作家。
⇒現世文（ウィリアムズ,ショーン）

Williams, Serena
アメリカのテニス選手。
⇒岩世人（ウィリアムズ　1981.9.26-）
外12（ウィリアムズ,セリーナ　1981.9.26-）
外16（ウィリアムズ,セリーナ　1981.9.26-）
最世ス（ウィリアムズ,セリーナ　1981.9.26-）

Williams, Shane
イギリスのラグビー選手（三菱重工相模原ダイナボアーズ・WTB）。
⇒最世ス（ウィリアムズ,シェーン　1977.2.26-）

Williams, Sherley Anne
アメリカの批評家,女性詩人,小説家。
⇒岩世人（ウィリアムズ　1944.8.24-1999.7.6）

Williams, Shirley
イギリスの女性政治家。イギリス教育・科学相。
⇒岩世人（ウィリアムズ　1930.7.27-）

Williams, Sonny Bill
ニュージーランドのラグビー選手（チーフス・CTB）。
⇒外12（ウィリアムズ, ソニー・ビル　1985.8.3–）
　外16（ウィリアムズ, ソニー・ビル　1985.8.3–）
　最世ス（ウィリアムズ, ソニー・ビル　1985.8.3–）

Williams, Stanley Wilson
アメリカの大リーグ選手（投手）。
⇒メジャ（ウィリアムズ, スタン　1936.9.14–）

Williams, Steve
アメリカのプロレスラー。
⇒異二辞（ウィリアムズ, スティーブ　1960–2009）

Williams, Tad
アメリカの作家。
⇒外16（ウィリアムズ, タッド　1957–）
　現世文（ウィリアムズ, タッド　1957–）

Williams, Ted
アメリカのアナウンサー。
⇒外12（ウィリアムズ, テッド）

Williams, Ted
アメリカのプロ野球選手。
⇒異二辞（ウィリアムズ［テッド・〜］　1918–2002）
　岩世人（ウィリアムズ　1918.8.30–2002.7.5）
　メジャ（ウィリアムズ, テッド　1918.8.30–2002.7.5）

Williams, Tennessee
アメリカの劇作家。『ガラスの動物園』と『欲望という名の電車』の成功により、戦後のアメリカを代表する劇作家として認められる。
⇒アメ州（Williams,Tennessee　ウイリアムズ, テネシー　1911–1983）
　アメ新（ウィリアムズ　1911–1983）
　岩世人（ウィリアムズ　1911.3.26–1983.2.25）
　現世文（ウィリアムズ, テネシー　1911.3.26–1983.2.25）
　広世7（ウィリアムズ　1911–1983）
　新カト（ウィリアムズ　1911.3.26–1983.2.25）
　世演（ウイリアムズ, テネシー　1911.3.26–1983.2.25）
　世人新（ウィリアムズ　1911–1983）
　世人装（ウィリアムズ　1911–1983）
　ヘミ（ウィリアムズ, テネシー　1911–1983）
　ボブ人（ウィリアムズ, テネシー　1911–1983）

Williams, Thomas Rhys
アメリカの人類学者。
⇒アア歴（Williams,Thomas Rhys　ウイリアムズ, トマス・リース　1928.6.13–）

Williams, Treat
アメリカ生まれの俳優。
⇒ク俳（ウィリアムズ, トリート（ウィリアムズ, リチャード）　1951–）

Williams, Vanessa
アメリカの歌手, 俳優。
⇒外12（ウィリアムズ, バネッサ　1963.3.18–）
　外16（ウィリアムズ, バネッサ　1963.3.18–）
　ク俳（ウィリアムズ, ヴァネッサ・L　1963–）

Williams, Venus
アメリカのテニス選手。
⇒外12（ウィリアムズ, ビーナス　1980.6.17–）
　外16（ウィリアムズ, ビーナス　1980.6.17–）
　最世ス（ウィリアムズ, ビーナス　1980.6.17–）

Williams, Vera B.
アメリカの女性絵本作家, 挿絵画家。
⇒絵本（ウィリアムズ, ベラ・B.　1927–）

Williams, Walter Jon
アメリカの作家。
⇒現世文（ウィリアムズ, ウォルター・ジョン　1953–）

Williams, William Appleman
アメリカの歴史学者。1960年代における「ニュー・レフト史学」の発達に大きな影響を与えた修正主義派の中心的存在。
⇒岩世人（ウィリアムズ　1921.6.12–1990.3.5）

Williams, William Carlos
アメリカの詩人。『すっぱい葡萄』（1921）,『ペイターソン』（5巻,46〜58）などの作品がある。
⇒アメ新（ウィリアムズ　1883–1963）
　岩世人（ウィリアムズ　1883.9.17–1963.3.4）
　現世文（ウィリアムズ, ウィリアム・カーロス　1883.9.17–1963.3.4）
　広世7（ウィリアムズ　1883–1963）
　新カト（ウィリアムズ　1883.9.17–1963.3.4）

Williams, Willie
アメリカの空手家。
⇒異二辞（ウィリアムズ, ウィリー　1951–）

Williams Darling, Tonique
バハマの陸上選手（短距離）。
⇒最世ス（ウィリアムズ・ダーリング, トニク　1976.1.17–）

Williamson, David
オーストラリアの劇作家。
⇒岩世人（ウィリアムソン　1942.2.24–）
　現世文（ウィリアムソン, デービッド　1942.2.24–）

Williamson, Fred
アメリカ生まれの俳優。
⇒ク俳（ウィリアムスン, フレッド　1938–）

Williamson, Henry
イギリスの作家。動物物語『川うそタルカ』（1927）でホーソーンデン賞を受賞。
⇒岩世人（ウィリアムソン　1895.12.1–1977.8.13）
　現世文（ウィリアムスン, ヘンリー　1895.12.1–1977.8.13）

Williamson, Jack
アメリカのSF作家。
⇒現世文(ウィリアムソン, ジャック 1908.4.29–2006.11.10)

Williamson, James Cassius
アメリカの舞台プロデューサー。
⇒岩世人(ウィリアムソン 1844.7.26–1913.7.8)

Williamson, Marianne
アメリカの作家, 慈善家, 説教師。
⇒外12(ウィリアムソン, マリアンヌ)
外16(ウィリアムソン, マリアンヌ)

Williamson, Nicol
スコットランド生まれの俳優。
⇒ク俳(ウィリアムスン, ニコル 1938–)

Williamson, Oliver E.
アメリカ生まれの経済思想家。
⇒岩経(ウィリアムソン 1932–)
岩世人(ウィリアムソン 1932.9.27–)
外12(ウィリアムソン, オリバー 1932–)
外16(ウィリアムソン, オリバー 1932.9.27–)
ノベ3(ウィリアムソン, O. 1932.9.27–)
ペシ経(ウィリアムソン 1932–)
有経5(ウィリアムソン 1932–)

Williamson, Scott Ryan
アメリカの大リーグ選手(投手)。
⇒メジャ(ウィリアムソン, スコット 1976.2.17–)

Williamson, Sonny Boy
アメリカの歌手, ハーモニカ奏者。
⇒新音中(ウィリアムソンII, サニー・ボーイ 1899.12.5–1965.5.25)
ロック(Sonny Boy Williamson サニー・ボーイ・ウィリアムソン 1897–1965.5.25)

Williamson, Sonny Boy
アメリカのブルース歌手, ハーモニカ奏者。
⇒ロック(Sonny Boy Williamson サニー・ボーイ・ウィリアムソン 1914.3.30–1948.6.1)

Willingdon, Freeman Freeman-Thomas, 1st Marquis of
イギリスの政治家。インド国民運動弾圧のため「1935年インド統治法」を成立させた。
⇒岩世人(ウィリンドン 1866.9.12–1941.8.12)

Willingham, Joshua David
アメリカの大リーグ選手(ツインズ・外野)。
⇒最世ス(ウィリンガム, ジョシュ 1979.2.17–)
メジャ(ウィリングハム, ジョシュ 1979.2.17–)

Willis, Bailey
アメリカの構造地質学者。アパラチア山脈の構造発達を解析。
⇒アア歴(Willis,Bailey ウィリス, ベイリー 1857.5.31–1949.2.19)
岩世人(ウィリス 1857.5.31–1949.2.19)

Willis, Bruce
ドイツ生まれの男優, 映画製作者。
⇒外12(ウィリス, ブルース 1955.3.19–)
外16(ウィリス, ブルース 1955.3.19–)
ク俳(ウィリス, ブルース(ウィリス, ウォルター・B) 1955–)
スター(ウィリス, ブルース 1955.3.19–)

Willis, Chuck
アメリカの歌手, ソングライター。
⇒ロック(Willis,Chuck ウィリス, チャック 1928.1.31–1958.4.10)

Willis, Connie
アメリカのSF作家。
⇒外12(ウィリス, コニー 1945–)
外16(ウィリス, コニー 1945–)
現世文(ウィリス, コニー 1945–)

Willis, Dontrelle
アメリカの大リーグ選手(投手)。
⇒最世ス(ウィリス, ドントレル 1982.1.12–)
メジャ(ウィリス, ドントレル 1982.1.12–)

Willis, Jeanne
イギリスの児童文学者。
⇒外16(ウィリス, ジェニー 1959–)

Willis, Patrick
アメリカのプロフットボール選手(49ers・ILB)。
⇒最世ス(ウィリス, パトリック 1985.1.25–)

Willis, Paul E.
イギリスの文化研究者, 社会学者。
⇒岩世人(ウィリス 1945.4.1–)

Willis, Victor Gazaway
アメリカの大リーグ選手(投手)。
⇒メジャ(ウィリス, ヴィック 1876.4.12–1947.8.3)

Williston, Samuel
アメリカの法学者。
⇒岩世人(ウィリストン 1861.9.24–1963.2.18)

Willkie, Wendell Lewis
アメリカの実業家, 政治家。1940年大統領選挙の共和党候補。
⇒アメ州(Willkie,Wendell Lewis ウィルキー, ウェンデル・ルイス 1892–1944)
岩世人(ウィルキー 1892.2.18–1944.10.8)

Willmann, Otto
ドイツの教育学者, 哲学者。ヘルバルトの弟子。
⇒岩世人(ヴィルマン 1839.4.24–1920.7.1)
学叢思(ヴィルマン, オットー 1839–?)
教人(ヴィルマン 1839–1920)
新カト(ヴィルマン 1839.4.24–1920.7.1)

Willoch, Kaare Isaachsen
ノルウェーの政治家。ノルウェー首相。
⇒岩世人（ヴィロック　1928.10.3–）

Willoughby, Charles A.
アメリカの陸軍軍人。GHQの参謀第2部部長。徹底した反共主義者であり，占領の初期に日本の民主改革を進めようとするGS（民政局）と対立抗争した。
⇒アア歴（Willoughby,Charles A（ndrew）　ウィロビー，チャールズ・アンドルー　1892.3.8–1972.10.25）
岩世人（ウィロビー　1892.3.8–1972.10.25）
スパイ（ウィロビー，チャールズ・A　1892–1972）

Willoughby, Westel Woodbury
アメリカの政治学者。国家や政治に関する普遍的実証的研究によりアメリカ政治学に貢献。主著『国家論』（1896）。
⇒アア歴（Willoughby,Westel W（oodbury）　ウィロビー，ウエステル・ウッドベリー　1867–1945.3.26）
岩世人（ウィロビー　1867.7.20–1945.3.26）

Wills, Bob
アメリカ・テキサス生まれのミュージシャン。
⇒アメ州（Wills,Bob　ウィルス，ボブ　1905–1975）
異二辞（ウィルス，ボブ　1905–1975）
新音中（ウィルス，ボブ　1905.3.6–1975.5.13）
標音2（ウィルズ，ボブ　1905.3.6–1975.5.13）

Wills, Maurice Morning
アメリカの大リーグ選手（遊撃，三塁）。
⇒メジャ（ウィルス，モーリー　1932.10.2–）

Willsher, Kathleen
イギリス高等弁務官事務所総務係。イーゴリ・グゼンコによって存在を暴露されたカナダのソ連・スパイ網のメンバー。
⇒スパイ（ウィルシャー，キャスリーン　1905–?）

Wills Moody, Helen
アメリカのテニス選手。
⇒岩世人（ウィルス・ムーディ　1905.10.6–1998.1.1）

Willson, C.Grant
アメリカの化学者。
⇒外16（ウィルソン，グラント　1939.3.30–）

Willson, Gordon
イギリスのテノール歌手。
⇒魅惑（Willson,Gordon　?–）

Willson, Meredith
アメリカの作詞家，作曲家。映画『チャップリンの独裁者』の音楽を担当。また，ミュージカル『ミュージック・マン』でトニー賞，アカデミー賞を獲得。
⇒標音2（ウィルソン，メレディス　1902.5.18–1984.6.15）

Willson, Tim
テノール歌手。
⇒魅惑（Willson,Tim　?–）

Willstätter, Richard
ドイツの有機化学者。クロロフィルの研究でノーベル化学賞受賞（1915）。
⇒岩生（ヴィルシュテッター　1872–1942）
岩世人（ヴィルシュテッター　1872.8.13–1942.8.3）
旺生5（ウィルシュテッター　1872–1942）
化学（ヴィルシュテッター　1872–1942）
広辞7（ウィルシュテッター　1872–1942）
三新生（ウィルシュテッター　1872–1942）
ネーム（ウィルシュテッター　1872–1942）
ノベ3（ウィルシュテッター，R.　1872.8.13–1942.8.3）
ユ著人（Willstätter,Richard　ウイルシュテッター，リヒアルト　1872–1942）

Willumsen, Dorrit Kirsten
デンマークの女性作家。
⇒岩世人（ヴィロムセン　1940.8.31–）

Willumstad, Robert B.
アメリカの実業家。
⇒外12（ウィルムスタッド，ロバート）
外16（ウィルムスタッド，ロバート）

Willy
フランスの作家。
⇒19仏（ヴィリ　1859.8.10–1931.1.12）

Wilmanns, Karl
ドイツの精神医学者。
⇒現精（ウィルマンス　1873–1945）
現精縮（ウィルマンス　1873–1945）

Wilmot, Nathan
オーストラリアのヨット選手（470級）。
⇒外12（ウィルモット，ネーサン　1979.12.13–）
最世ス（ウィルモット，ネーサン　1979.12.13–）

Wilmot, Walter Robert
アメリカの大リーグ選手（外野）。
⇒メジャ（ウィルモット，ウォルト　1863.10.18–1929.2.1）

Wilmots, Marc
ベルギーのサッカー選手。
⇒外16（ウィルモッツ，マルク　1969.2.22–）

Wilmut, *Sir* Ian
イギリスの家畜繁殖生物学者。
⇒岩世人（ウィルマット　1944.7.7–）
外12（ウィルムット，イアン　1944.7.7–）
三新生（ウィルムット　1944–）
世発（ウィルマット，イアン　1944–）

Wilopo, R.
インドネシア・中部ジャワ生まれの政治家，国

民党員。1952~53年国民党最初の首相。
⇒岩世人（ウィロポ 1909.10.21–1981）

Wilp, H.C.
ドイツ生まれのアーティスト。
⇒芸13（ウィルプ,H・C 1956–）

Wilpert, Joseph
ドイツの美術史家,考古学者,典礼学者。カタコンベに関する研究に多くの業績を残す。
⇒岩世人（ヴィルペルト 1857.8.21–1944.2.13）
新カト（ヴィルペルト 1857.8.22–1944.3.10）

Wils, Jan
オランダの建築家。アムステルダムの国際オリンピック大会（1928）の競技場設計者として著名。
⇒岩世人（ウィルス 1891.2.22–1972.2.11）

Wilsey, Sean
アメリカの編集者,作家。
⇒外12（ウィルシー,ショーン 1970–）
外16（ウィルシー,ショーン 1970–）

Wilshere, Jack
イギリスのサッカー選手（アーセナル・MF）。
⇒外12（ウィルシャー,ジャック 1992.1.1–）
外16（ウィルシャー,ジャック 1992.1.1–）
最世ス（ウィルシャー,ジャック 1992.1.1–）

Wilson, Adrian
アメリカのプロフットボール選手（ペイトリオッツ・SS）。
⇒最世ス（ウィルソン,エイドリアン 1979.10.12–）

Wilson, Al
アメリカ・ミシシッピー州生まれの歌手。
⇒岩世人（ウィルソン 1939.1.8–）
ロック（Wilson,Al ウィルソン,アル 1939.6.19–）

Wilson, Al
アメリカのプロフットボール選手（LB）。
⇒最世ス（ウィルソン,アル 1977.6.21–）

Wilson, Andrew Norman
イギリスの小説家,伝記作家。
⇒岩世人（ウィルソン 1950.10.27–）
現世文（ウィルソン,アンドルー・ノーマン 1950.10.27–）

Wilson, Angus Frank Johnstone
イギリスの小説家。奔放な想像力と社会風俗に密着する歴史家的な姿勢を融合させ,イギリス風俗小説の伝統の代表的な継承者の地位を確立した。
⇒岩世人（ウィルソン 1913.8.11–1991.5.31）
現世文（ウィルソン,アンガス 1913.8.11–1991.5.31）
広辞7（ウィルソン 1913–1991）

Wilson, August
アメリカの劇作家。
⇒岩世人（ウィルソン 1945.4.27–2005.10.2）
現世文（ウィルソン,オーガスト 1945–2005.10.2）

Wilson, Brian
アメリカのロック・ミュージシャン。
⇒エデ（ウィルソン,ブライアン（ダグラス） 1942.6.20–）
外12（ウィルソン,ブライアン 1942.6.20–）
外16（ウィルソン,ブライアン 1942.6.20–）

Wilson, Brian Patrick
アメリカの大リーグ選手（投手）。
⇒メジャ（ウィルソン,ブライアン 1982.3.16–）

Wilson, Bryan Ronald
イギリスの代表的な宗教社会学者。オックスフォード大学社会学教授。
⇒現社（ウィルソン 1926–2004）
現宗（ウィルソン 1926–2004）
新カト（ウィルソン 1926.6.26–2004.10.9）

Wilson, Budge
カナダの児童文学作家。
⇒外12（ウィルソン,バッジ）
外16（ウィルソン,バッジ）
現世文（ウィルソン,バッジ）

Wilson, Cassandra
アメリカ生まれのジャズ・ボーカリスト。代表作『ポイント・オブ・ビュー』『ブルー・スカイ』など。
⇒外12（ウィルソン,カサンドラ 1955.12.4–）
外16（ウィルソン,カサンドラ 1955.12.4–）

Wilson, Charles Erwin
アメリカの実業家,政治家。1941年ジェネラル・モーターズ会社社長に就任。53年1月アイゼンハウアーの大統領就任とともに国防長官として入閣。
⇒アメ経（ウィルソン,チャールズ 1890.7.18–1961.9.26）
アメ州（Wilson,Charles Erwin ウィルソン,チャールズ・アーウィン 1890–1961）

Wilson, Charles Thomson Rees
イギリスの物理学者。空中電気の研究などにより1927年ノーベル物理学賞受賞。
⇒岩世人（ウィルソン 1869.2.14–1959.11.15）
オク気（ウィルソン,チャールズ・トムソン・リース 1869.2.14–1959.11.15）
広辞7（ウィルソン 1869–1959）
三新物（ウィルソン 1869–1959）
ノベ3（ウィルソン,C.T.R. 1869.2.14–1959.11.15）
物理（ウィルソン,チャールズ 1869–1959）

Wilson, Christopher John
アメリカの大リーグ選手（投手）。
⇒メジャ（ウィルソン,C・J 1980.11.18–）

Wilson, Colin Henry
イギリスの批評家,小説家。
⇒岩世人（ウィルソン　1931.6.26–2013.12.5）
　現世文（ウィルソン,コリン　1931.6.26–2013.12.5）
　広辞7（ウィルソン　1931–2013）
　ポプ人（ウィルソン,コリン　1931–2013）

Wilson, Daniel
フランスの政治家。
⇒19仏（ウィルソン,ダニエル　1840.3.6–1919.2.13）

Wilson, Daniel Allen
アメリカの大リーグ選手(捕手)。
⇒メジャ（ウィルソン,ダン　1969.3.25–）

Wilson, Daniel H.
アメリカの作家。
⇒海文新（ウィルソン,ダニエル・H.）

Wilson, David
イギリス香港総督。
⇒岩世人（ウィルソン　1935.2.14–）

Wilson, Don
アメリカのギター奏者。
⇒外12（ウィルソン,ドン　1937–）
　外16（ウィルソン,ドン　1937–）

Wilson, Donald Edward
アメリカの大リーグ選手(投手)。
⇒メジャ（ウィルソン,ドン　1945.2.12–1975.1.5）

Wilson, Edgar Bright, Jr.
アメリカの物理化学者。
⇒岩世人（ウィルソン　1908.12.18–1992.6.12）

Wilson, Edmund
アメリカの批評家。『ニューヨーカー』誌を中心に、エッセー、書評、ルポルタージュなどを寄稿し、文壇批評家としての一生を送る。
⇒アメ新（ウィルソン　1895–1972）
　岩世人（ウィルソン　1895.5.8–1972.6.12）
　広辞7（ウィルソン　1895–1972）
　新カト（ウィルソン　1895.5.8–1972.6.12）
　ヘミ（ウィルソン,エドマンド　1895–1972）

Wilson, Edmund Beecher
アメリカの動物学者。実験発生学および細胞学に寄与。
⇒岩生（ウィルソン　1856–1939）
　岩世人（ウィルソン　1856.10.19–1939.3.3）

Wilson, Edward Osborne
アメリカの昆虫学者,生態学者。
⇒岩生（ウィルソン　1929–）
　岩世人（ウィルソン　1929.6.10–）
　外12（ウィルソン,エドワード・オズボーン　1929.6.10–）
　外16（ウィルソン,エドワード・オズボーン　1929.6.10–）
　現科大（ウィルソン,エドワード・オズボーン　1929–）
　広辞7（ウィルソン　1929–）
　メル別（ウィルソン,エドワード・オズボーン　1929–）

Wilson, Edwin P.
アメリカ中央情報局(CIA)元職員。リビアのカダフィ大佐に武器や爆弾を提供した。
⇒スパイ（ウィルソン,エドウィン・P）

Wilson, Ernest Henry
イギリスの植物蒐集家。中国の植物を蒐集して英米に移植。生涯に1千種以上の野生植物の栽培に成功。
⇒アア歴（Wilson,Ernest Henry　ウィルスン,アーネスト・ヘンリー　1876.2.15–1930.10.15）
　岩世人（ウィルソン　1876.2.15–1930.10.15）

Wilson, Ernest Judson
アメリカの大リーグ選手(三塁,一塁)。
⇒メジャ（ウィルソン,ジャド　1896.2.28–1963.6.24）

Wilson, F.Paul
アメリカのミステリ作家。
⇒現世文（ウィルソン,F.ポール　1946–）

Wilson, Gertrude
アメリカの白人リベラル派の新聞ジャーナリスト。
⇒マルX（WILSON,GERTRUDE（Priestley, Justine Tyrell）　ウイルスン,ガートルード（プリーストリー,ジャスティン・ティレル）　1921–2004）

Wilson, Glenn Dwight
アメリカの大リーグ選手(外野)。
⇒メジャ（ウィルソン,グレン　1958.12.22–）

Wilson, Gran
アメリカのテノール歌手。
⇒魅惑（Wilson,Gran　?–）

Wilson, G.Willow
アメリカの作家,ジャーナリスト。
⇒現世文（ウィルソン,G.ウィロー　1982–）

Wilson, Harold Albert
イギリスの物理学者。第二次大戦中原子爆弾の研究に当った(1942～43)。
⇒岩世人（ウィルソン　1874.12.1–1964.10.13）

Wilson, Sir Henry Hughes
イギリスの将軍,政治家。第一次大戦では,連合軍総司令官フォシュと協力して最終の勝利を得た。
⇒岩世人（ウィルソン　1864.5.5–1922.6.22）

Wilson, Horace E.
アメリカの教育家。大学南校,東京開成学校で英語,普通学,数学を教授。

⇒広辞7（ウィルソン 1843–1927）
Wilson, Jack Eugene
アメリカの大リーグ選手（遊撃）。
⇒メジャ（ウィルソン, ジャック 1977.12.29–）
Wilson, Jackie
アメリカのソウル歌手。ボーカル・グループ「ザ・ドミノズ」で活動し,1957年ソロデビュー。
⇒ロック（Wilson,Jackie ウィルソン, ジャッキー 1936.6.9–）
Wilson, Jacqueline
イギリスの女性作家。
⇒外12（ウィルソン, ジャクリーン 1945–）
外16（ウィルソン, ジャクリーン 1945.12.17–）
現世文（ウィルソン, ジャクリーン 1945.12.17–）
Wilson, James
アメリカの政治家。下院議員,農務長官。
⇒アメ経（ウィルソン, ジェームズ 1835–1920）
Wilson, James
アメリカの大リーグ選手（捕手）。
⇒メジャ（ウィルソン, ジミー 1900.7.23–1947.5.31）
Wilson, James Alger
アメリカの大リーグ選手（投手）。
⇒メジャ（ウィルソン, ジム 1922.2.20–1986.9.2）
Wilson, Sir James Harold
イギリスの労働党政治家。首相。経済危機克服のため所得政策や公共支出削減計画を打ち出したが,左派の造反のため下院で否決されたのを機会に,首相を辞任した。
⇒岩世人（ウィルソン 1916.3.11–1995.5.23）
広辞7（ウィルソン 1916–1995）
世史改（ウィルソン, ハロルド= 1916–1995）
世人新（ウィルソン〈ハロルド〉 1916–1995）
世人装（ウィルソン〈ハロルド〉 1916–1995）
ポブ人（ウィルソン, ハロルド 1916–1995）
Wilson, James Harrison
アメリカの陸軍将校,技師。
⇒アア歴（Wilson,James Harrison ウイルスン, ジェイムズ・ハリスン 1837.9.2–1925.2.23）
Wilson, John Dover
イギリスのシェークスピア学者。『新ケンブリッジ大学版シェークスピア全集』双書（1921～66）を編集,刊行。
⇒岩世人（ウィルソン 1881.7.13–1969.1.15）
教人（ウィルソン 1881–）
Wilson, John M.
アメリカの作家。
⇒現世文（ウィルソン, ジョン・モーガン 1945–）
Wilson, John Owen（Chief）
アメリカの大リーグ選手（外野）。
⇒メジャ（ウィルソン, チーフ 1883.8.21–1954.2.22）
Wilson, John Tuzo
カナダの地質学者。1950年代より構造地質学の基本問題に数多くの新説を提出し,海底拡大説,プレート・テクトニクスの樹立に著しい貢献をした。
⇒岩世人（ツゾー・ウィルソン 1908.10.24–1993.4.15）
オク地（ウィルソン, ジョン・ツゾー 1908–1993）
Wilson, Joseph Havelock
イギリスの労働運動指導者。年少で船員となり,海員の組織に従事,1922年自由党選出議員。
⇒岩世人（ウィルソン 1858.8.16–1929.4.16）
Wilson, Kemmons
アメリカのホテル経営者。
⇒岩世人（ウィルソン 1913.1.5–2003.2.12）
Wilson, Kenneth Geddes
アメリカの物理学者。1982年ノーベル物理学賞。
⇒岩世人（ウィルソン 1936.6.8–2013.6.15）
外12（ウィルソン, ケネス 1936.6.8–）
広辞7（ウィルソン 1936–2013）
ノベ3（ウィルソン,K.G. 1936.6.8–）
物理（ウィルソン, ケネス 1936–2013）
Wilson, Kevin
アメリカの作家。
⇒海文新（ウィルソン, ケヴィン 1978–）
現世文（ウィルソン, ケビン 1978–）
Wilson, Lanford
アメリカの劇作家。
⇒岩世人（ウィルソン 1937.4.13–2011.3.24）
現世文（ウィルソン, ランフォード 1937.4.13–2011.3.24）
Wilson, Laura
イギリスのミステリ作家。
⇒外12（ウィルソン, ローラ）
海文新（ウィルソン, ローラ 1964–）
現世文（ウィルソン, ローラ 1964–）
Wilson, Laurence Lee
アメリカの試掘者,民俗学者。
⇒アア歴（Wilson,Laurence Lee ウイルスン, ローレンス・リー 1885.9.16–1961.1.17）
Wilson, Lewis Robert（Hack）
アメリカの大リーグ選手（外野）。
⇒メジャ（ウィルソン, ハック 1900.4.26–1948.11.23）
Wilson, Margaret W（oodrow）
アメリカの歌手。
⇒アア歴（Wilson,Margaret W(oodrow) ウイルスン, マーガレット・ウッドロウ 1886.4.16–1944.2.14）

Wilson, Marie
アメリカの喜劇女優。
⇒ク俳（ウィルスン,マリー（ホワイト,キャサリン）1916–1972）

Wilson, Mark
オーストラリアのミュージシャン。
⇒外12（ウィルソン,マーク）

Wilson, Michael
カナダの政治家,実業家。カナダ財務相・貿易産業相。
⇒世指導（ウィルソン,マイケル　1937.11.4–）

Wilson, Milburn Lincoln
アメリカの農学者,農事指導経済学者。農務次官。
⇒アメ経（ウィルソン,ミルバーン　1885.10.23–1969.11.22）

Wilson, Nancy
アメリカ・オハイオ州生まれの歌手。
⇒標音2（ウィルソン,ナンシー　1937.2.20–）

Wilson, Nathan D.
アメリカの作家。
⇒海文新（ウィルソン,N.D.）
現世文（ウィルソン,N.D.）

Wilson, Neil
アメリカのテノール歌手。
⇒魅惑（Wilson,Neil　1956–2000）

Wilson, Owen
アメリカの俳優,映画プロデューサー。
⇒外12（ウィルソン,オーウェン　1968.11.18–）
外16（ウィルソン,オーウェン　1968.11.18–）

Wilson, Pauline
アメリカの歌手。
⇒外12（ウィルソン,ポーリン）

Wilson, Peter
イギリスの射撃選手（クレー射撃）。
⇒外16（ウィルソン,ピーター　1986.9.15–）
最世ス（ウィルソン,ピーター　1986.9.15–）

Wilson, Pippa
イギリスのヨット選手。
⇒外12（ウィルソン,ピッパ　1986.2.7–）
最世ス（ウィルソン,ピッパ　1986.2.7–）

Wilson, Preston James David
アメリカの大リーグ選手（外野手）。
⇒メジャ（ウィルソン,プレストン　1974.7.19–）

Wilson, Robert
アメリカのデザイナー,劇作家,演出家。
⇒外12（ウィルソン,ロバート　1941.10.4–）
外16（ウィルソン,ロバート　1941.10.4–）

Wilson, Robert
イギリスの作家。
⇒外12（ウィルソン,ロバート　1957–）
現世文（ウィルソン,ロバート　1957–）

Wilson, Robert Anton
アメリカのSF作家,編集者。
⇒現世文（ウィルソン,ロバート・アントン　1932.1.18–2007.1.11）

Wilson, Robert Charles
カナダのSF作家。
⇒外12（ウィルソン,ロバート・チャールズ　1953.12.15–）
外16（ウィルソン,ロバート・チャールズ　1953.12.15–）
現世文（ウィルソン,ロバート・チャールズ　1953.12.15–）

Wilson, Robert Earl
アメリカの大リーグ選手（投手）。
⇒メジャ（ウィルソン,アール　1934.10.2–2005.4.23）

Wilson, Robert Woodrow
アメリカの電波天文学者。1978年ノーベル物理学賞。
⇒岩世人（ウィルソン　1936.1.10–）
広辞7（ウィルソン　1936–）
天文大（ウィルソン　1936–）
ノベ3（ウィルソン,R.W.　1936.1.10–）
物理（ウィルソン,ロバート・ウッドロウ　1936–）

Wilson, Robley
アメリカの詩人,作家。
⇒外12（ウィルソン,ロブリー　1930–）
外16（ウィルソン,ロブリー　1930–）
現世文（ウィルソン,ロブリー　1930–2018.8.7）

Wilson, Russell
アメリカのプロフットボール選手（シーホークス・QB）。
⇒外16（ウィルソン,ラッセル　1988.11.29–）
最世ス（ウィルソン,ラッセル　1988.11.29–）

Wilson, Sloan
アメリカの小説家。
⇒現世文（ウィルソン,スローン　1920.5.8–2003.5.25）

Wilson, Steuart
イギリスのテノール歌手。
⇒魅惑（Wilson,Steuart　1889–1966）

Wilson, Theodore（Teddy）
アメリカのジャズ・ピアノ奏者。モダンからカクテル・ピアノまでのピアニストに影響を与えた偉大なスタイリスト。
⇒異二辞（ウィルソン,テディ　1912–1986）
新音中（ウィルソン,テディ　1912.11.24–1986.7.31）

標音2（ウィルソン,テディ　1912.11.24-1986.7.31）

Wilson, Thomas Woodrow
アメリカの政治家。28代大統領（1913〜21）。第1次世界大戦に対独参戦。
⇒アメ経（ウィルソン,ウッドロー　1856.12.28-1924.2.3）
アメ州（Wilson,Thomas Woodrow　ウィルソン,トーマス・ウッドロウ　1856-1924）
アメ新（ウィルソン　1856-1924）
岩世人（ウィルソン　1856.12.28-1924.2.3）
学叢思（ウィルソン,ウドロー　1856-1924）
教人（ウィルソン　1856-1924）
広辞7（ウィルソン　1856-1924）
国政（ウィルソン,ウッドロー　1856-1924）
政経改（ウィルソン　1856-1924）
世史改（ウッドロー＝ウィルソン　1856-1924）
世史改（ウッドロー＝ウィルソン　1856-1924）
世人新（ウィルソン〈ウッドロー〉　1856-1924）
世人装（ウィルソン〈ウッドロー〉　1856-1924）
ノベ3（ウィルソン,T.W.　1856.12.28-1924.2.3）
ポプ人（ウィルソン,ウッドロー　1856-1924）
もう山（ウィルソン　1856-1924）

Wilson, Valerie Plame
アメリカの作家。
⇒外12（ウィルソン,バレリー・プレイム　1963-）
外16（ウィルソン,バレリー・プレイム　1963-）
現世文（ウィルソン,バレリー・プレイム　1963-）

Wilson, William Bauchop
アメリカの政治家,労働運動の指導者。統一鉱山労働組合（UMW）財務担当書記,労働長官。
⇒アメ経（ウィルソン,ウィリアム　1862.4.2-1934.5.25）

Wilson, William Hayward（Mookie）
アメリカの大リーグ選手（外野）。
⇒メジャ（ウィルソン,ムーキー　1956.2.9-）

Wilson, Willie James
アメリカの大リーグ選手（外野）。
⇒メジャ（ウィルソン,ウィリー　1955.7.9-）

Wiltord, Sylvain
フランスのサッカー選手。
⇒最世ス（ヴィルトール,シルヴァン　1974.5.10-）

Wiltse, George Leroy（Hooks）
アメリカの大リーグ選手（投手）。
⇒メジャ（ウィルツィー,フックス　1879.9.7-1959.1.21）

Wimon Sainimnuan
タイの作家。
⇒タイ（ウィモン・サイニムヌワン　1955-）

Win Aung
ミャンマー（ビルマ）の政治家,外交官。ミャンマー外相。

⇒世指導（ウィン・アウン　1944.2.28-2009.11.4）

Winbergh, Gösta
スウェーデンのテノール歌手。
⇒失声（ウィンベリ,イェスタ　1943-2002）
魅惑（Winbergh,Gösta　1943-2002）

Winch, Donald
イギリス・ロンドン生まれの経済思想家。
⇒岩世人（ウィンチ　1935.4.15-）

Winch, Peter Guy
イギリスの思想家。
⇒社小増（ウィンチ　1926-）
哲中（ウィンチ　1926-1997）

Winchell, Walter
アメリカのジャーナリスト,ラジオ・コメンテイター。
⇒マルX（WINCHELL,WALTER　ウインチェル,ウォルター　1897-1972）
ユ著人（Winchell,Walter　ウィンチェル,ウォルター　1897-1972）

Winchester, Jesse
アメリカのシンガー・ソングライター。
⇒ロック（Winchester,Jesse　ウィンチェスター,ジェシー　1944.5.17-）

Winckler, Hugo
ドイツのアッシリア学者。ベルリン国立博物館のためにアマルナ文書の大部分を蒐集・出版（1889）。
⇒岩世人（ヴィンクラー　1863.7.4-1913.4.19）

Winckler, Josef
ドイツの詩人,小説家。韻文叙事詩『神の迷園』（1922）が有名。
⇒岩世人（ヴィンクラー　1881.7.7-1966.1.29）

Winckler, Martin
アルジェリア生まれの作家,医師。
⇒外12（ヴァンクレー,マルタン　1955-）

Wind, Edgar
ドイツ生まれの美術史家。
⇒岩世人（ウィント　1900.5.14-1971.9.12）

Windaus, Adolf Otto Reinhold
ドイツの有機化学者。強心薬ジギタリスの成分研究などの業績により,ノーベル化学賞受賞（1928）。
⇒岩生（ヴィンダウス　1876-1959）
岩世人（ヴィンダウス　1876.12.25-1959.6.9）
化学（ヴィンダウス　1876-1959）
広辞7（ウィンダウス　1876-1959）
ノベ3（ウィンダウス,A.　1876.12.25-1959.6.9）

Windekens, Albert-Joris van
イギリス生まれのベルギーの言語学者。特にトハラ語を研究。
⇒岩世人（ウィンデケンス　1915.4.13-1989.3.28）

Windelband, Wilhelm
ドイツの哲学者,哲学史家。主著『西洋近世哲学史』(1878～80),『プレルーディエン』。
⇒岩世人(ヴィンデルバント　1848.5.11–1915.10.22)
学叢思(ヴィンデルバンド,ウィルヘルム　1848–1916)
教人(ヴィンデルバント　1848–1915)
広辞7(ヴィンデルバント　1848–1915)
新カト(ヴィンデルバント　1848.5.11–1915.10.22)
哲中(ヴィンデルバント　1848–1915)
ネーム(ウィンデルバント　1848–1915)
メル2(ヴィンデルバント,ヴィルヘルム　1848–1915)

Windgassen, Fritz
ドイツのテノール歌手。
⇒魅惑(Windgassen,Fritz　1883–1963)

Windgassen, Wolfgang
スイスのテノール歌手。ヴァーグナー・オペラのヘルデン・テノールの第一人者。
⇒オペラ(ヴィントガッセン,ヴォルフガング　1914–1974)
失声(ヴィントガッセン,ヴォルフガング　1914–1974)
新音中(ヴィントガッセン,ヴォルフガング　1914.6.26–1974.9.5/8)
標音2(ヴィントガッセン,ヴォルフガング　1914.6.26–1974.9.8)
魅惑(Windgassen,Wolfgang　1914–1974)

Windheim, Mařek
ポーランド,のちアメリカのテノール歌手。
⇒魅惑(Windheim,Mařek　1895–1960)

Windisch, Ernst
ドイツの学者。
⇒岩世人(ヴィンディッシュ　1844.9.4–1918.10.30)
新佛3(ヴィンディッシュ　1844–1918)

Windisch, Hans Ludwig
ドイツのプロテスタント神学者。『コリント後書註釈』(1924)は力作。
⇒岩世人(ヴィンディッシュ　1881.4.25–1935.11.8)

Windle, *Sir* Bertram Coghill Alan
イギリスの医学者。解剖学,考古学,畸形学を専門とし,特に畸形学ではイギリスの最高権威。
⇒岩世人(ウィンドル　1858.5.8–1929)

Windom, Alice
アメリカの社会学者。
⇒マルX(WINDOM,ALICE　ウィンダム,アリス　1936–)

Windsor, Marie
アメリカ生まれの女優。
⇒ク俳(ウィンザー,マリー(バーテルスン,エミリー・M)　1922–)

Wine, Robert Paul, Sr.
アメリカの大リーグ選手(遊撃)。
⇒メジャ(ワイン,ボビー　1938.9.17–)

Wineland, David Jeffrey
アメリカの物理学者。
⇒岩世人(ワインランド　1944.2.24–)
外16(ワインランド,デービッド　1944.2.24–)
ネーム(ワインランド　1944–)
ノベ3(ワインランド,D　1944–)
物理(ワインランド,デイヴィッド　1944–)

Winfield, Dave
アメリカの大リーグ選手(外野)。
⇒メジャ(ウィンフィールド,デイヴ　1951.10.3–)

Winfield, John
イギリスのテノール歌手。
⇒魅惑(Winfield,John　?–)

Winfield, Percy Henry
イギリスの法学者。『私犯法講義』(1937)の校訂者として知られている。
⇒岩世人(ウィンフィールド　1878.9.16–1953.7.7)

Winfrey, Oprah
アメリカの俳優。
⇒アメ新(ウィンフリー　1954–)
岩世人(ウィンフリー　1954.1.29–)
外12(ウィンフリー,オプラ　1954.1.29–)
外16(ウィンフリー,オプラ　1954.1.29–)

Wing, John Kenneth
イギリスの精神医学者。社会精神医学領域における第一人者。
⇒現精(ウィング,J.K.　1923–2010)
現精縮(ウィング,J.K.　1923–2010)
精医歴(ウィング,ジョン　1923–)

Wing, Lorna
イギリスの児童精神科医。
⇒現精(ウィング,L.　1928–)
現精縮(ウィング,L.　1928–)

Winger, Debra
アメリカ生まれの女優。
⇒外12(ウィンガー,デブラ　1955.5.16–)
外16(ウィンガー,デブラ　1955.5.16–)
ク俳(ウィンガー,デブラ(ウィンガー,メアリー・D)　1955–)

Wingfield, Pete
イギリスのミュージシャン。
⇒ロック(Wingfield,Pete　ウィングフィールド,ピート　1948.5.7–)

Wingfield, R.D.
イギリスのミステリ作家。
⇒現精文(ウィングフィールド,R.D.　1928.6.6–2007.7.31)

Wingo, Ivey Brown
アメリカの大リーグ選手(捕手)。
⇒メジャ(ウィンゴ,アイヴィー 1890.7.8–1941.3.1)

Wingti, Paias
パプアニューギニアの政治家。1985〜88年, 1992〜94年同国首相。
⇒世指導(ウィンティ,パイアス 1951.2.2–)

Wink, Chris
アメリカのパフォーマー。
⇒外12(ウィンク,クリス)

Winkelman, Herman
ドイツのテノール歌手。
⇒魅惑(Winkelman,Herman 1849–1912)

Winkler, Alexander Adolfovich
ロシアのピアノ奏者,作曲家。
⇒標音2(ヴィンクレル,アレクサンダー・アドルフォヴィチ 1865.3.3–1935.8.6)

Winkler, Hans
ドイツの植物学者,遺伝学者。接木雑種の研究で数多くの仕事をした。
⇒岩生(ヴィンクラー 1877–1945)

Winkler, Heinrich August
ドイツの歴史家。
⇒岩世人(ヴィンクラー 1938.12.19–)

Winkler, Hermann
西ドイツのテノール歌手。
⇒魅惑(Winkler,Hermann 1924–)

Winkler, Irwin
アメリカの映画プロデューサー。
⇒ユ著人(Winkler,Irwin ウィンクラー,アーヴィン ?–?)

Winkler, Josef
オーストリアの作家。
⇒岩世人(ヴィンクラー 1953.5.3–)

Winkler, Lajos Wilhelm
ハンガリーの化学者。
⇒化学(ウィンクラー,L.W. 1863–1939)

Win Liauwaarin
タイの作家。
⇒岩世人(ウィン・リアオワーリン 1956.3.23–)
　現世文(ウィン・リョウワーリン 1956.3.23–)
　タイ(ウィン・リョウワーリン 1956–)

Winlock, Herbert Eustis
アメリカのエジプト学者。
⇒岩世人(ウィンロック 1884.2.1–1950.1.26)

Winn, Randy
アメリカの大リーグ選手(外野手)。

⇒外12(ウィン,ランディ 1974.6.9–)
　メジャ(ウィン,ランディ 1974.6.9–)

Winnicott, Donald Woods
イギリスの医者,学者。過渡的対象における研究は有名。著書 "The child and the family" "Playing and realty" など。
⇒現精(ウィニコット 1896–1971)
　現精縮(ウィニコット 1896–1971)
　精分岩(ウィニコット,ドナルド・ウッズ 1896–1971)
　精分弘(ウィニコット,ドナルド・ウッズ 1896–1971)
　メル別(ウィニコット,ドナルド・ウッズ 1896–1971)

Winningham, Mare
アメリカ生まれの女優。
⇒ク俳(ウィニンガム,メア(ウィニンガム,メアリー) 1959–)

Winogrand, Garry
アメリカの写真家。
⇒岩世人(ウィノグランド 1928.1.14–1984.3.19)

Winokur, George
アメリカの精神科医。気分障害の遺伝学の研究者。
⇒精医歴(ウィノカー,ジョージ 1925–1996)

Winokurov, A.N.
ソ連の政治家。
⇒学叢思(ウィノクーロフ 1869–?)

Winschermann, Helmut
ドイツのオーボエ奏者,指揮者。
⇒外12(ヴィンシャーマン,ヘルムート 1920.3.22–)
　外16(ヴィンシャーマン,ヘルムート 1920.3.22–)
　新音中(ヴィンシャーマン,ヘルムート 1920.3.22–)
　標音2(ヴィンシャーマン,ヘルムート 1920.3.22–)

Winser, Kim
イギリスの実業家。
⇒外12(ウィンサー,キム 1959–)
　外16(ウィンザー,キム 1959–)

Winshluss
フランスの漫画家,アニメーション監督。
⇒外12(ヴィンシュルス 1970–)
　外16(ヴィンシュルス 1970–)

Winslade, Glenn
オーストラリアのテノール歌手。
⇒魅惑(Winslade,Glenn ?–)

Winslet, Kate
イギリスの女優。
⇒外12(ウィンスレット,ケイト 1975.10.5–)
　外16(ウインスレット,ケイト 1975.10.5–)

ク俳（ウィンスレット, ケイト　1975–）
スター（ウィンスレット, ケイト　1975.10.5–）

Winslow, Don
アメリカのミステリ作家。
⇒外12（ウィンズロウ, ドン　1953.10.31–）
外16（ウィンズロウ, ドン　1953.10.31–）
現世文（ウィンズロウ, ドン　1953.10.31–）

Winslow, Jack
イギリス聖公会のインド宣教師, キリスト教アシュラム運動の推進者。
⇒新カト（ウィンズロー　1882.8.18–1974.3.29）

Winsor, Jacqueline
カナダ生まれの女性芸術家。
⇒芸13（ウィンザー, ジャクリーヌ　1941–）

Winsor, Robert
アメリカの投資銀行家。キダー・ピーボディ社長。
⇒アメ経（ウィンザー, ロバート　1858.5.28–1930.1.7）

Winspear, Jacqueline
イギリス生まれの作家。
⇒外12（ウィンスピア, ジャクリーン　1955–）
外16（ウィンスピア, ジャクリーン　1955–）
現世文（ウィンスピア, ジャクリーン　1955–）

Winstedt, *Sir* Richard Olaf
イギリスの東洋学者。
⇒岩世人（ウィンステッド　1878.8.2–1966.6.2）

Winstein, Saul
アメリカの有機化学者。
⇒岩世人（ウィンシュタイン　1912.10.8–1969.11.23）

Winston, George
アメリカ・ミシガン州生まれのピアノ奏者。
⇒標音2（ウィンストン, ジョージ　1949.2.11–）

Winston, Lolly
アメリカの作家。
⇒海文新（ウィンストン, ローリー）

Winstone, Ray
イギリスの男優。
⇒ク俳（ウィンストン, レイ　1957–）

Winter, Ariel S.
アメリカの作家。
⇒海文新（ウィンター, アリエル・S.）

Winter, Johnny
アメリカのギター奏者, 歌手。
⇒異二辞（ウィンター, ジョニー　1944–2014）
外12（ウィンター, ジョニー　1944.2.23–）
ロック（Winter, Johnny　ウィンター, ジョニー　1944.2.23–）

Winter, Paul
アメリカのジャズ・サックス奏者。
⇒外12（ウィンター, ポール　1939.8.31–）
外16（ウィンター, ポール　1939.8.31–）
標音2（ウィンター, ポール　1939.8.31–）

Winter, Sidney
アメリカの経済学者。
⇒岩世人（ウィンター　1935.4.20–）

Winter, William
アメリカの作家。
⇒アメ州（Winter, William　ウィンター, ウイリアム　1836–1917）

Winterbotham, Frederick William
イギリス空軍（RAF）士官。
⇒スパイ（ウィンターボザム, フレデリック・ウィリアム　1897–1990）

Winterbottom, Michael
イギリスの映画監督。
⇒映監（ウィンターボトム, マイケル　1961.3.29–）
外12（ウィンターボトム, マイケル　1961.3.29–）
外16（ウィンターボトム, マイケル　1961.3.29–）

Winterfeld, Henry
ドイツの児童文学作家。著書に『星からきた少女』（1957）, 『リリパット漂流記』（60）, 『カイウスはばかだ』（などがある。
⇒現世文（ウィンターフェルト, ヘンリー　1901.4.9–1990.1.27）

Winterhalter, Hugo
アメリカの指揮者, 編曲家, 作曲家。
⇒標音2（ウィンターハルター, ヒューゴー　1909.8.15–1973.9.17）

Winterkorn, Martin
ドイツの実業家。
⇒外16（ヴィンターコーン, マルティン　1947.5.24–）

Winternitz, Emanuel
オーストリア生まれのアメリカの音楽学者。
⇒標音2（ヴィンターニツ, エマーヌエル　1898.8.4–1983.8.22）

Winternitz, Moriz
オーストリアのインド学者。
⇒岩世人（ヴィンターニッツ　1863.12.23–1937.1.9）
新佛3（ヴィンテルニッツ　1863–1937）

Winters, Arthur Yvor
アメリカの詩人, 批評家。詩集に『不動の風』（1921）, 批評に『原始主義と退廃』（37）などがある。
⇒岩世人（ウィンターズ　1900.10.17–1968.1.25）
現世文（ウィンターズ, アイバー　1900.10.17–1968.1.25）

Winters, Ben H.
アメリカの作家。
⇒海文新（ウィンターズ，ベン・H.）
現世文（ウィンターズ，ベン・H.）

Winters, Shelley
アメリカ生まれの女優。
⇒ク俳（ウィンターズ，シェリー（シュリフト，シャーリー） 1922–）
スター（ウィンターズ，シェリー 1920.8.18–2006）
ユ著人（Winters,Shelley ウインターズ，シェリー 1922–）

Winterson, Jeanette
イギリスの女性小説家。
⇒外12（ウィンターソン，ジャネット 1959.8.27–）
外16（ウィンターソン，ジャネット 1959.8.27–）
現世文（ウィンターソン，ジャネット 1959.8.27–）

Winthuis, Josef
ドイツ出身の宣教師，民族学者。
⇒新カト（ヴィントゥイス 1876.8.6–1956.9.4）

Win Tin, U
ビルマ（ミャンマー）のジャーナリスト，政治活動家。
⇒岩世人（ウィンティン 1929.3.12–2014.4.21）
世指導（ウィン・ティン 1929.3.12–2014.4.21）

Wintour, Anna
イギリスの編集者。
⇒外12（ウィンター，アナ 1949.11.3–）
外16（ウィンター，アナ 1949.11.3–）

Winwood, Steve
イギリス生まれの歌手，作曲家，キーボード奏者。
⇒外12（ウィンウッド，スティーブ 1948.5.12–）
外16（ウィンウッド，スティーブ 1948.5.12–）
標音2（ウィンウッド，スティーヴ 1948.5.12–）

Wiora, Walter
ドイツの音楽学者。ドイツ音楽会議委員，国際民俗音楽会議委員会委員などを歴任，「音楽時問題」の編集に従事。
⇒新音中（ヴィオーラ，ヴァルター 1907.12.30–1997.2.9）
標音2（ヴィオーラ，ヴァルター 1907.12.30–1997.2.9）

Wirahadikusumah, Umar
インドネシアの軍人，政治家。
⇒岩世人（ウィラハディクスマ，ウマル 1924.10.10–2003.3.21）

Wiranto
インドネシア・スハルト政権下の最後の国軍司令官。
⇒岩世人（ウィラント 1947.4.4–）
世指導（ウィラント 1947–）

Wirathu
ミャンマー（ビルマ）の僧侶。
⇒外16（ウィラトゥ師 1968–）
世指導（ウィラトゥ師 1968–）

Wire, Nicky
イギリスのロック・ベース奏者。
⇒外12（ワイアー，ニッキー 1969.1.20–）
外16（ワイアー，ニッキー 1969.1.20–）

Wirén, Dag
スウェーデンの作曲家。1947〜63年スウェーデン作曲家協会副会長。
⇒ク音3（ヴィレーン 1905–1986）
新音中（ヴィレーン，ダーグ 1905.10.15–1986.4.19）
標音2（ヴィレーン，ダーク 1905.10.15–1986.4.19）

Wirkkala, Tapio Veli Ilmari
フィンランドのプロダクト・デザイナー。
⇒岩世人（ヴィルッカラ 1915.6.2–1985.5.19）

Wirl, Erik
オーストリアのテノール歌手。
⇒魅惑（Wirl,Erik 1885–1954）

Wirsén, Carin
スウェーデンの絵本作家。
⇒外12（ヴィルセン，カーリン）
外16（ヴィルセン，カーリン）
現世文（ヴィルセン，カーリン）

Wirsén, Stina
スウェーデンのアーティスト，イラストレーター。
⇒外12（ヴィルセン，スティーナ）
外16（ヴィルセン，スティーナ）

Wirtanen, Carl Alvar
アメリカの天文学者。
⇒天文大（ワータネン 1910–1990）

Wirth, Karl Joseph
ドイツの政治家。蔵相（20〜21），首相（21〜22）を歴任。55年スターリン平和賞受賞。
⇒岩世人（ヴィルト 1879.9.6–1956.1.3）

Wirth, Louis
ドイツ生まれのアメリカの社会学者。社会学理論を実践活動の領域にまで拡大した。
⇒岩世人（ワース 1897.8.28–1952.5.3）
社小増（ワース 1897–1952）

Wirth, Niklaus Emil
スイスのコンピュータ―科学者，工学者。
⇒岩世人（ヴィルト 1934.2.15–）

Wirth, Timothy
アメリカの政治家。国務次官，上院議員（民主党）。

⇒外12（ワース, ティモシー　1939.9.22–）
外16（ワース, ティモシー　1939.9.22–）
世指導（ワース, ティモシー　1939.9.22–）

Wirth, Wilhelm
ドイツの心理学者。実験器械の考案と精神物理学的方法の発展に貢献。
⇒学叢思（ヴィルト, ウィルヘルム　1876–?）

Wisara, U
英領期ビルマ（ミャンマー）の僧侶。
⇒岩世人（ウィザラ　1895–1930）

Wisasa, Cheewan
インドの絵本作家, 編集者。
⇒絵本（ウィサーサ, チーワン　1964–）

Wisdom,（Arthur）John Terence Dibben
イギリスの思想家。
⇒岩世人（ウィズダム　1904.9.12–1993.12.9）
新カト（ウィズダム　1904.9.12–1993.12.9）

Wisdom, Norman
イギリス・ロンドン生まれの男優。
⇒ク俳（ウィズダム, サー・ノーマン　1915–）

Wise, Bob
アメリカの政治家。
⇒外12（ワイズ, ボブ　1948.1.6–）

Wise, David
アメリカのスキー選手（フリースタイル）。
⇒外16（ワイズ, デービッド　1990.6.30–）
最世人（ワイズ, デービッド　1990.6.30–）

Wise, Richard Charles
アメリカの大リーグ選手（投手）。
⇒メジャ（ワイズ, リック　1945.9.13–）

Wise, Robert
アメリカの映画監督。
⇒映監（ワイズ, ロバート　1914.9.10–2005）

Wise, Samuel Washington
アメリカの大リーグ選手（遊撃, 二塁）。
⇒メジャ（ワイズ, サム　1857.8.18–1910.1.22）

Wise, Stephen Samuel
アメリカの改革派ラビ, シオニスト指導者。
⇒ユ著人（Wise,Stephen Samuel　ワイズ, スティーヴン・サムエル　1874–1949）

Wiseman, Frederick
アメリカ生まれの映画監督。
⇒映監（ワイズマン, フレデリック　1930.1.1–）
外12（ワイズマン, フレデリック　1930.1.1–）
外16（ワイズマン, フレデリック　1930.1.1–）

Wiseman, Richard
イギリスの心理学者, ビジネスコンサルタント。
⇒外12（ワイズマン, リチャード）
外16（ワイズマン, リチャード）

Wiseman, Sir William
第一次世界大戦中, イギリス秘密任務局の代表としてアメリカに駐在した人物。
⇒スパイ（ワイズマン, サー・ウィリアム　1885–1962）

Wiser, William Hendricks
アメリカの宣教師。
⇒アア歴（Wiser,William H（endricks）　ワイザー, ウイリアム・ヘンドリックス　1890–1961.2.21）

Wishard, Luther Deloraine
アメリカの教育者。
⇒岩世人（ウィシャード　1854.4–1925）

Wishman, Doris
アメリカの女性映画監督。性を売り物にしたカルト映画を手がけた女性監督の草分け。
⇒映監（ウィッシュマン, ドリス　1912.6.1–2002）

Wisit Sartsanatieng
タイの映画監督, 脚本家, CMディレクター。
⇒外12（ウィシット・サーサナティヤン　1964–）
外16（ウィシット・サーサナティヤン　1964–）
タイ（ウィシット・サーサナティエン　1964–）

Wisłocki, Stanisław
ポーランドの指揮者。
⇒標音2（ヴィスウォツキ, スタニスワフ　1921.7.7–）

Wisman, Thomas
アメリカのバスケットボール監督（リンク栃木ブレックス）。
⇒外12（ウィスマン, トーマス　1949.3.28–）
外16（ウィスマン, トーマス　1949.3.28–）
最世人（ウィスマン, トーマス　1949.3.28–）

Wisner, Frank G.
アメリカのインテリジェンス・オフィサー。
⇒スパイ（ウィズナー, フランク・G　1909–1965）

Wispelwey, Pieter
オランダのチェロ奏者。
⇒外12（ウィスペルウェイ, ピーテル　1962–）
外16（ウィスペルウェイ, ピーテル　1962–）

Wissler, Clark
アメリカの人類学者。著書『アメリカインディアン』（1917）はアメリカ人類学の古典。
⇒岩世人（ウィスラー　1870.9.18–1947.8.25）
社小増（ウィッスラー　1870–1974）
ネーム（ウィスラー　1870–1947）

Wissmann, Hermann von
ドイツの探検家。
⇒岩世人（ヴィスマン　1853.9.4–1905.6.15）

Wissowa, Georg
ドイツの古典文献学者。ローマ宗教史の権威。
⇒岩世人（ヴィッソーヴァ　1859.6.17–1931.5.11）

Wisut Ponnmit
タイの漫画家，アニメーション作家。
⇒外16（ウィスット・ポンニミット　1976–）

Witasek, Stephan
オーストリアの哲学者，美学者，心理学者。感情表象説の立場をとった。
⇒岩世人（ヴィタゼーク　1870–1915）

Witcher, Moony
イタリアの児童文学作家，ジャーナリスト。
⇒海文新（ウィッチャー，ムーニー　1957–）
　現世文（ウィッチャー，ムーニー　1957–）

Withers, Bill
アメリカ，ウエスト・ヴァージニア州生まれの歌手。
⇒ロック（Withers,Bill　ウィザーズ，ビル　1938.7.4–）

Withers, Hartley
イギリスの経済評論家。「Economist」誌（1916〜21），「Saturday Review」誌経済欄（21〜23）を編集。
⇒岩世人（ウィザーズ　1867.7.15–1950.3.21）

Withers, Jane
アメリカの女優。
⇒ク俳（ウィザーズ，ジェイン　1926–）

Witherspoon, James（Jimmy）
アメリカのブルース歌手。
⇒ロック（Witherspoon,Jimmy　ウィザスプーン，ジミー　1923.8.8–）

Witherspoon, Reese
アメリカの女優。
⇒外12（ウィザースプーン，リーズ　1976.3.22–）
　外16（ウィザースプーン，リーズ　1976.3.22–）
　ク俳（ウィザースプーン，リース（ウィザースプーン，ローラ・R）1976–）
　スター（ウィザースプーン，リース　1976.3.22–）

Witkiewicz, Stanislaw Ignacy
ポーランドの劇作家，小説家，文芸評論家，哲学者，画家。カタストロフィズム，ペシミズムを自己の哲学的・美術的理論の基礎として，芸術における「純粋形式」理論を確立。
⇒岩世人（ヴィトキェーヴィチ　1885.2.24–1939.9.18）
　現世文（ヴィトキェヴィチ，スタニスワフ　1885.2.24–1939.9.18）
　広辞7（ヴィトキェヴィッチ　1885–1939）

Witkop, Bernhard
アメリカの有機化学者。
⇒岩世人（ウィトコップ　1917.5.9–2010.11.22）

Witkowski, Georg
ドイツの文学史家。シェーラー学派に属し，特にゲーテ研究者として知られる。
⇒岩世人（ヴィトコフスキー　1863.9.11–1939.9.21）

Witmer, Lightner
アメリカの心理学者。ヴントの弟子。
⇒岩世人（ウィトマー　1867.6.28–1956.7.19）

Witsaa Kanthap
タイの詩人，小説家。
⇒現世文（ウィッサー・カンタップ　1953.5.17–）

Witt, Bobby
アメリカの大リーグ選手（投手）。
⇒メジャ（ウィット，ボビー　1964.5.11–）

Witt, Ernst
ドイツの数学者，ハンブルク大学教授。
⇒岩世人（ヴィット　1911.6.26–1991.7.3）
　世数（ヴィット，エルンスト　1911–1991）

Witt, Gustav
ドイツの天文学者。一天文単位距離の基準値を1933年に発表した。
⇒天文大（ウィット　1866–1946）

Witt, Josef
オーストリアのテノール歌手。
⇒魅惑（Witt,Josef　1901–1990）

Witt, Katarina
ドイツのフィギュアスケート選手。
⇒岩世人（ヴィット　1965.12.3–）
　外12（ヴィット，カタリーナ　1965.12.3–）

Witt, Lawton Walter（Whitey）
アメリカの大リーグ選手（外野，遊撃）。
⇒メジャ（ウィット，ホワイティ　1895.9.28–1988.7.14）

Witt, Michael Atwater
アメリカの大リーグ選手（投手）。
⇒メジャ（ウィット，マイク　1960.7.20–）

Witte, Charlotte
ドイツ生まれ，江崎悌三の妻。
⇒日エ（えさきしゃるろって　江崎シャルロッテ　1903–1978.6.26）

Witte, Erich
ドイツのテノール歌手。
⇒魅惑（Witte,Erich　1911–?）

Witte, Wolfgang
オーストリアのテノール歌手。
⇒魅惑（Witte,Wolfgang　1945–）

Witten, Edward
アメリカの物理学者。

⇒外16（ウィッテン，エドワード　1951.8.26-）
　数辞（ウィッテン，エドワード　1951-）
　世数（ウィッテン，エドワード　1951-）

Wittfogel, Karl August
ドイツ系の社会科学者。ナチス政権の成立によりアメリカに亡命。「水力社会」と「東洋的専制」の結びつきを明らかにした中国研究で名高い。
⇒アメ新（ウィットフォーゲル　1896-1988）
　岩経（ウィットフォーゲル　1896-1988）
　岩世人（ウィットフォーゲル　1896.9.6-1988.5.25）
　広辞7（ウィットフォーゲル　1896-1988）
　社小増（ウィットフォーゲル　1896-1988）
　世人新（ウィットフォーゲル　1896-1988）
　世人装（ウィットフォーゲル　1896-1988）
　哲中（ウィットフォーゲル　1896-1988）
　ネーム（ウィットフォーゲル　1896-1988）
　有経5（ウィットフォーゲル　1896-1988）

Wittgenstein, Karl
オーストリアの製鉄業者。
⇒異二辞（ヴィトゲンシュタイン［カール・~］　1847-1913）

Wittgenstein, Ludwig Josef Johann
イギリスを中心に活躍したオーストリアの哲学者。哲学は理論でなく「言語批判」の活動であると主張した。
⇒岩世人（ウィトゲンシュタイン　1889.4.26-1951.4.29）
　オク教（ウィトゲンシュタイン　1881-1951）
　オク言（ウィトゲンシュタイン，ルードヴィヒ　1889-1951）
　覚思（ウィトゲンシュタイン　1889.4.26-1951.4.29）
　覚思ス（ウィトゲンシュタイン　1889.4.26-1951.4.29）
　教思増（ウィトゲンシュタイン　1889-1951）
　現社（ウィトゲンシュタイン　1889-1951）
　広辞7（ウィトゲンシュタイン　1889-1951）
　社小増（ウィトゲンシュタイン　1889-1951）
　新カト（ウィトゲンシュタイン　1889.4.26-1951.4.29）
　図哲（ウィトゲンシュタイン，ルートヴィヒ　1889-1951）
　哲中（ウィトゲンシュタイン　1889-1951）
　ネーム（ウィトゲンシュタイン　1889-1951）
　ポプ人（ウィトゲンシュタイン，ルートヴィヒ　1889-1951）
　メル3（ウィトゲンシュタイン，ルートヴィヒ　1889-1951）
　メル別（ウィトゲンシュタイン，ルートヴィヒ・ヨーゼフ・ヨーハン　1889-1951）
　ユ著人（Wittgenstein,Ludwig Joseph Johann ヴィットゲンシュタイン，ルードヴィヒ・ヨセフ・ヨハナン　1889-1951）

Witthayakoon Chiangkuun
タイの詩人，小説家。
⇒岩世人（ウィッタヤーコーン・チエンクーン　1946.11.28-）
　タイ（ウィッタヤコーン・チエンクーン　1946-）

Wittig, Georg
ドイツの有機化学者。カルボニル化合物からアルキリデンホスホランを経るオレフィン合成法のヴィッティヒ反応を発見した。1979年ノーベル化学賞を受賞。
⇒岩世人（ヴィッティヒ（慣ウィッティヒ）　1897.6.16-1987.8.26）
　化学（ヴィッティヒ　1897-1987）
　ノベ3（ウィッティヒ，G.　1897.6.16-1987.8.26）

Wittig, Joseph
ドイツのカトリック作家，神学者。
⇒岩世人（ヴィッティヒ　1879.1.22-1949.8.22）
　新カト（ヴィッティヒ　1879.1.22-1949.8.22）

Wittig, Monique
フランスのフェミニスト小説家。
⇒現世文（ヴィティッグ，モニック　1935.7.13-2003.1.3）

Witting, Amy
オーストラリアの作家。
⇒現世文（ウィッティング，エイミー　1918.1.26-2001.9.18）

Witting, Gerhard
ドイツのテノール歌手。1923~53年ベルリン国立オペラに所属。
⇒魅惑（Witting,Gerhard　1889-1982）

Witting, Werner
ドイツ生まれの画家，版画家。
⇒芸13（ヴィティッヒ，ウェネー　1930-）

Wittkower, Rudolf
ドイツ生まれの美術史家。ロンドン大学ヴァールブルク研究所教授（1949~56），コロンビア大学美術学部長（56~69）など歴任。
⇒岩世人（ウィトコウアー　1901.6.22-1971.10.11）

Wittrisch, Marcel
ドイツのテノール歌手。
⇒失声（ヴィトリッシュ，マルセル　1901-1955）
　魅惑（Wittrisch,Marcel　1903-1955）

Witty, Christine
アメリカのスピードスケート選手。
⇒最世ス（ウィッティ，クリス　1975.6.23-）

Witwicki, Zdzisław
ポーランドの絵本作家。
⇒絵本（ヴィトヴィツキ，ズジスワフ　1921-）

Witzke, Lothar
第一次世界大戦中にアメリカで死刑を宣告された唯一のドイツ人スパイ。
⇒スパイ（ヴィッケ，ロタール　1896-?）

Wivel, Ole
デンマークの詩人。ハンセン，サービらとともに雑誌「異端」を編集。作品『キューベレの神

殿』『墓碑銘』など。
⇒現世文（ヴィーヴェル、オーレ　1921-）

Wiwatthanachai Chaiyan
タイの財政家。
⇒岩世人（ウィワッタナチャイ・チャイヤン　1899.4.29-1960.8.22）

Wlach, Leopold
オーストリアのクラリネット奏者。1942年頃からはウィーン・フィルハーモニー管楽合奏団を主宰して室内楽の分野でも活躍。
⇒新音中（ヴラッハ、レーオポルト　1902.9.9-1956.5.7）
　標音2（ヴラッハ、レーオポルト　1902.9.9-1956.5.7）

Wlodarczyk, Anita
ポーランドのハンマー投げ選手。
⇒最新ス（ヴォダルチク、アニタ　1985.8.8-）

Wlodarczyk, Krzysztof
ポーランドのプロボクサー。
⇒最新ス（ウダルチャク、クリストフ　1981.9.19-）

Wobbermin, Georg
ドイツのプロテスタント神学者、宗教心理学者。宗教研究の「先験的心理学的分析」のち「宗教心理学的循環」と称する方法を提唱。またインド宗教、特に仏教を重視。
⇒岩キ（ヴォッベルミン　1869-1943）
　岩世人（ヴォッバーミン　1869.10.27-1943.10.15）

Wodehouse, Pelham Grenville
イギリスのユーモア作家。
⇒岩世人（ウッドハウス　1881.10.15-1975.2.14）
　現世文（ウッドハウス,P.G.　1881.10.15-1975.2.14）

Wodiczko, Krzysztof
ポーランド出身のアメリカの美術家。
⇒岩世人（ヴォディチコ　1943.4.14-）
　現アテ（Wodiczko,Krzysztof　ウディチコ、クシュシトフ　1943-）

Woermann, Karl
ドイツの美術史学者。絵画史、特に中世細密画に関する研究がある。
⇒岩世人（ヴェールマン　1844.7.4-1933.2.4）

Woertz, Patricia A.
アメリカの実業家。
⇒外12（ウォルツ、パトリシア　1953.3-）
　外16（ウォルツ、パトリシア　1953.3.17-）

Woeser
中国チベット族の詩人、作家。
⇒岩世人（オーセル　1966.7.21-）

Woeste, Charles Frédéric Auguste
ベルギーのカトリック政治家。終生アールスト郡選出の下院議員、熱烈な旧教徒として運動。
⇒岩世人（ウースト　1837.2.26-1922.4.5）

Woestijne, Karel van de
ベルギーの作家。散文『二つの顔のヤヌス』(1908)が代表作。
⇒岩世人（ファン・デ・ヴーステイネ　1878.3.10-1929.8.24）

Wofford, Azile May
アメリカの図書館員。ケンタッキー大学で図書館学関連の科目を教えるとともに、南部諸州の図書館協会の設立に尽力。学校図書館のための図書選択のテキストを刊行する。
⇒ア図（ワフォード、アジール　1896-1977）

Wohbermin, Georg
ドイツの神学者。
⇒学叢思（ヴォーベルミン、ゲオルグ　1869-?）

Wohlers, Mark Edward
アメリカの大リーグ選手（投手）。
⇒メジャ（ウォーラーズ、マーク　1970.1.23-）

Wohlers, Rüdiger
ドイツのテノール歌手。
⇒魅惑（Wohlers,Rüdiger　1943-）

Wohlfahrt, Erwin
ドイツのテノール歌手。
⇒魅惑（Wohlfahrt,Erwin　1931-1968）

Wohlford, James Eugene
アメリカの大リーグ選手（外野）。
⇒メジャ（ウォールフォード、ジム　1951.2.28-）

Wohlwill, Emil
ドイツの電気化学技術者、科学史家。ガリレイの研究 "Galilei und sein Kampf für die copernikanische Lehre"（第1巻,1909、第2巻,1926）で有名。
⇒岩世人（ヴォールヴィル　1835.11.24-1912.2.2）

Wohmann, Gabriele
ドイツの女性作家。
⇒岩世人（ヴォーマン　1932.5.21-）
　現世文（ヴォーマン、ガブリエーレ　1932.5.21-2015.6.23）

Woicke, Peter L.
ドイツの国際金融公社(IFC)専務理事。
⇒外12（ヴォイケ、ピーター）
　外16（ヴォイケ、ピーター）

Woikin, Emma
カナダの外務省職員。カナダのソ連・スパイ網のメンバー。
⇒スパイ（ウォイキン、エマ）

Wojciechowska, Maia
アメリカの児童文学作家。

⇒現世文（ボイチェホフスカ, マヤ　1927–2002.6.13）

Wojciechowski, Pawel
ポーランドの棒高跳び選手。
⇒最世ス（ヴォイチェホフスキ, パウエル　1989.6.6–）

Wojciechowski, Stanisław
ポーランドの政治家、経済学者。内相（1919～20）、大統領（22～26）を歴任。
⇒岩世人（ヴォイチェホフスキ　1869.3.15–1953.4.9）

Wójtowicz, Tomasz Grzegorz
ポーランドの男子バレーボール選手。
⇒岩世人（ヴォイトヴィチ　1953.9.22–）

Wolanski, Napoleon
ポーランドの人類生態学者。
⇒教小3（ヴォランスキー　1929–）

Wold, Hans Palmer
アメリカ海軍下士官。
⇒スパイ（ウォルド, ハンス・パーマー）

Wold, Herman Ole Andreas
スウェーデンの数理統計学者。
⇒有経5（ワルド〔B〕　1908–1992）

Wolf, Abner
アメリカの神経病理学者。
⇒ユ著人（Wolf,Abner　ヴォルフ, アブナー　1902–）

Wolf, Charles, Jr.
アメリカのランド研究所上級経済顧問。
⇒外12（ウルフ, チャールズ（Jr.）　1924–）

Wolf, Christa
ドイツの女性作家。処女長編『引き裂かれた空』（1963）で国家大賞など受賞。
⇒岩世人（ヴォルフ　1929.3.18–2011.12.1）
　現世文（ヴォルフ, クリスタ　1929.3.18–2011.12.1）
　広辞7（ヴォルフ　1929–2011）

Wolf, Dick
アメリカのテレビプロデューサー、脚本家。
⇒外12（ウルフ, ディック　1946.12.20–）
　外16（ウルフ, ディック　1946.12.20–）

Wolf, Ernst
ドイツの組織神学者、教会史家。
⇒岩世人（ヴォルフ　1902.8.2–1971.9.11）
　新カト（ヴォルフ　1902.8.2–1971.9.11）

Wolf, Friedrich
ドイツの劇作家、小説家。ユダヤ人迫害を批判した戯曲『マムロック教授』（1933）などを執筆。
⇒岩世人（ヴォルフ　1888.12.23–1953.10.5）
　ユ著人（Wolf,Friedrich　ヴォルフ, フリードリッヒ　1888–1953）

Wolf, Henry
アメリカの雑誌のアート・ディレクター、広告デザイナー、写真家。
⇒グラデ（Wolf,Henry　ウルフ, ヘンリー　1925–）

Wolf, Johannes
ドイツの音楽学者。特に中世紀音楽の研究者。
⇒新音中（ヴォルフ, ヨハネス　1869.4.17–1947.5.25）
　標音2（ヴォルフ, ヨハネス　1869.4.17–1947.5.25）

Wolf, Julius
ドイツの経済学者。主著 "Sozialismus und kapitalistische Gesellschaftsordnung"（1892）。
⇒岩世人（ヴォルフ　1862.4.20–1935）
　学叢思（ヴォルフ, ユリウス　1862–?）

Wolf, Lucien
イギリスのジャーナリスト、歴史家。ユダヤ史学会初代会長。
⇒ユ著人（Wolf,Lucien　ヴォルフ, ルシアン　1857–1930）

Wolf, Markus
ドイツ（東ドイツ）の作家。
⇒現世文（ヴォルフ, マルクス　1923.1.19–2006.11.9）
　スパイ（ヴォルフ, マルクス　1923–2006）

Wolf, Max Franz Joseph Cornelius
ドイツの天文学者。銀河の構造を実際的に解明。
⇒岩世人（ヴォルフ　1863.6.21–1932.10.3）
　天文大（ヴォルフ　1863–1932）

Wolf, Otto
ドイツのテノール歌手。
⇒魅惑（Wolf,Otto　1871–1946）

Wolf, Randall Christopher
アメリカの大リーグ選手（投手）。
⇒メジャ（ウルフ, ランディ　1976.8.22–）

Wolf, Ronald C.
アメリカの戦闘機操縦者。
⇒スパイ（ウォルフ, ロナルド・C）

Wolfe, Donald McCreery
アメリカの社会学者。
⇒社小増（ウルフ　1930–）

Wolfe, Gene（Rodman）
アメリカのSF小説家、幻想小説家。
⇒外12（ウルフ, ジーン　1931–）
　外16（ウルフ, ジーン　1931–）
　現世文（ウルフ, ジーン　1931.5.7–）

Wolfe, Inger Ash
アメリカ生まれのカナダの作家、詩人、劇作家。

⇒海文新（ウルフ，インガー・アッシュ　1966.6.12-）
現世文（ウルフ，インガー・アッシュ　1966.6.12-）

Wolfe, Thomas Clayton
アメリカの作家。長篇『天使よ故郷を見よ』(1929)の作者。
⇒アメ州（Wolfe,Thomas　ウルフ，トーマス　1900-1938）
アメ新（ウルフ　1900-1938）
岩世人（ウルフ　1900.10.3-1938.9.15）
現世文（ウルフ，トマス　1900.10.3-1938.9.15）
広辞7（ウルフ　1900-1938）
新カト（ウルフ　1900.10.3-1938.9.15）
西文（ウルフ，トマス　1900-1938）
ヘミ（ウルフ，トマス　1900-1938）

Wolfe, Tom（Thomas Kennerly）
アメリカのジャーナリスト，小説家。
⇒岩世人（ウルフ，トム　1931.3.2-）
外12（ウルフ，トム　1931.3.2-）
外16（ウルフ，トム　1931.3.2-）
現世文（ウルフ，トム　1930.3.2-2018.5.14）

Wolfensberger, Wolf
ドイツ生まれの発達障害研究者。シラキューズ大学教授。ノーマライゼーションの思想普及に大きく貢献した。
⇒現社福（ヴォルフェンスベルガー　1934-）

Wolfensohn, James D.
アメリカの銀行家。
⇒外12（ウォルフェンソン，ジェームズ　1933.12.1-）
外16（ウォルフェンソン，ジェームズ　1933.12.1-）

Wolfenstein, Alfred
ドイツの詩人，劇作家，翻訳家。
⇒ユ著人（Wolfenstein,Alfred　ヴォルフェンシュタイン，アルフレート　1888-1945）

Wolfers, Arnold
スイス生まれのアメリカに移住した古典的現実主義者。
⇒政経改（ウォルファーズ　1892-1968）

Wolff, Alan
アメリカの弁護士。
⇒外16（ウルフ，アラン　1942-）

Wolff, Christian
ドイツ生まれの俳優。
⇒岩世人（ウルフ（ウォルフ）　1934.3.8-）
現音キ（ウォルフ，クリスチャン　1934-）
新音中（ウルフ，クリスチャン　1934.3.8-）

Wolff, Étienne
フランスの実験発生学者。
⇒岩生（ウォルフ　1904-1996）
岩世人（ヴォルフ　1904.2.12-1996.11.19）

Wolff, Ferdinand von
ドイツの火山学者，岩石学者，鉱物学者。主著"Der Vulkanismus"（2巻，1913～29）。熱力学の立場から諸火山の爆発時の圧力を計算した。
⇒岩世人（ヴォルフ　1874.9.13-1952.4.7）

Wolff, Fritz
ドイツのテノール歌手。
⇒魅惑（Wolff,Fritz　1894-1957）

Wolff, Hans Walter
ドイツの旧約学者。
⇒新カト（ヴォルフ　1911.12.17-1993.10.22）

Wolff, Henry William
イギリスの産業組合運動の指導者。主著"People's bank"（1893）。
⇒学叢思（ウォルフ，ヘンリー・ウィリアム　1840-?）

Wolff, Jay Clyde
アメリカ海軍下士官。
⇒スパイ（ウォルフ，ジェイ・クライド）

Wolff, Kurt
ドイツの出版者。
⇒岩世人（ヴォルフ　1887.3.3-1963.10.21）

Wolff, Theodor
ベルリン生まれのジャーナリスト。
⇒ユ著人（Wolff,Theodor　ウォルフ，テオドール　1868-1943）

Wolff, Tobias（Jonathan Ansell）
アメリカの小説家。
⇒外12（ウルフ，トビアス　1945.6.19-）
外16（ウルフ，トビアス　1945.6.19-）
現世文（ウルフ，トビアス　1945.6.19-）

Wolff, Virginia Euwer
アメリカの児童文学作家。
⇒外16（ウルフ，バージニア・ユウワー　1937.8.25-）
現世文（ウルフ，バージニア・ユウワー　1937.8.25-）

Wolf-Ferrari, Ermanno
イタリアの作曲家。
⇒岩世人（ヴォルフ＝フェラーリ　1876.1.12-1948.1.21）
オペラ（ヴォルフ＝フェラーリ，エルマンノ　1876-1948）
ク音3（ヴォルフ＝フェッラーリ　1876-1948）
新音小（ヴォルフ＝フェッラーリ，エルマンノ　1876-1948）
新音中（ヴォルフ＝フェッラーリ，エルマンノ　1876.1.12-1948.1.21）
標音2（ヴォルフ＝フェッラーリ，エルマンノ　1876.1.12-1948.1.21）

Wölfflin, Eduard
スイスの古典語学者。ラテン語辞典"Thesaurus linguae latinae"の整理，編集に従事。

⇒岩世人（ヴェルフリン　1831.1.1–1908.11.9）

Wölfflin, Heinrich
スイスの美術史家。ルネサンスからバロックへの様式発展を5つの基本概念で対比させた。
⇒岩世人（ヴェルフリン　1864.6.24–1945.7.19）
　広辞7（ヴェルフリン　1864–1945）
　新カト（ヴェルフリン　1864.6.24–1945.7.19）
　ネーム（ヴェルフリン　1864–1945）

Wolffsohn, David
リトアニア生まれの世界シオニスト機構第2代会長。
⇒ユ著人（Wolffsohn,David　ヴォルフゾーン, ダヴィド　1856–1914）

Wolf Jenny
ドイツのスピードスケート選手。
⇒外12（ウォルフ, ジェニー　1979.1.31–）
　外16（ウォルフ, ジェニー　1979.1.31–）
　最世ス（ウォルフ, ジェニー　1979.1.31–）

Wolf-Man
フロイトの「ある幼児期神経症の病歴より」で報告された症例名。
⇒現精（狼男［症例］）
　現精縮（狼男［症例］）
　精分岩（狼男［症例］　1887.1.6–）
　精分弘（狼男（こと, セルゲイ・コンスタンチノヴィッチ・パンケイエフ））

Wolfowitz, Paul Dundes
アメリカの政治家, 官僚。世界銀行（IBRD）総裁（第10代）, アメリカ国防副長官, ジョンズ・ホプキンズ大学高等国際問題研究所（SAIS）所長。
⇒アメ新（ウォルフォウィッツ　1943–）
　外12（ウォルフォウィッツ, ポール　1943.12.22–）
　外16（ウォルフォウィッツ, ポール　1943.12.22–）
　世指導（ウォルフォウィッツ, ポール　1943.12.22–）

Wolfskehl, Karl
ドイツ（ユダヤ系）の詩人。詩集に『亡命の歌』(1950）など。
⇒岩世人（ヴォルフスケール　1869.9.17–1948.6.30）
　ユ著人（Wolfskehl,Karl　ヴォルフスケール, カルル　1869–1948）

Wolgast, Heinrich
ドイツの文学者, 教育家。『青少年誌―展望』の編集,『わが国青少年文学の貧困』などの著作を通じて青少年読物の改革につとめた。
⇒教人（ヴォルガースト　1860–1920）

Wolin, Sheldon S.
アメリカの政治学者。
⇒岩世人（ウォーリン　1922.8.4–）
　広辞7（ウォーリン　1922–2015）

Wolinski, Kurt
ドイツのテノール歌手。

⇒魅惑（Wolinski,Kurt　1908–1980）

Wolker, Jiří
チェコスロバキアの詩人。1920年代のプロレタリア詩人の代表。代表作『家への客』(21)。
⇒岩世人（ヴォルケル　1900.3.29–1924.1.3）
　現世文（ヴォルケル, イジー　1900.3.29–1924.1.3）

Wolkoff, Anna
ロシアのファシスト。
⇒スパイ（ウォルコフ, アンナ　1902–1969）

Wollaber, Jack
テノール歌手。
⇒魅惑（Wollaber,Jack　?–）

Wollheim, Gert
ドイツ表現主義の画家。
⇒ユ著人（Wollheim,Gert　ヴォルハイム, ゲルト　1894–）

Wollheim, Richard Arthur
イギリスの分析哲学者, 美学者。
⇒メル別（ウォルハイム, リチャード　1923–2003）

Wolman, Abel
アメリカの衛生工学者, 環境問題の先駆者。
⇒ユ著人（Wolman,Abel　ボルマン, アーベル　1892–1989）

Wolpe, Bertholt
ドイツのタイポグラファー, 能筆家, 教育者。
⇒グラデ（Wolpe,Bertholt　ヴォルペ, ベルトルト　1905–1989）

Wolpe, Joseph
南アフリカ共和国生まれの精神科医。テンプル大学教授。
⇒岩世人（ウォルピ　1915.4.20–1997.12.4）
　現社福（ウォルピ　1915–1997）

Wolpe, Stefan
アメリカ（ロシア系）の作曲家。
⇒岩世人（ウォルペ　1902.8.25–1972.4.4）
　新音中（ヴォルペ, シュテファン　1902.8.25–1972.4.4）
　ピ曲改（ヴォルペ, ステファン　1902–1972）

Wols
ドイツ・ベルリン生まれのパリ派の画家。アンフォルメル（非定形）絵画のさきがけとなった。
⇒岩世人（ヴォルス　1913.5.27–1951.9.1）

Wolsley, Garnet Joseph, 1st Viscount
イギリスの陸軍軍人。1882年エジプト民族運動を鎮圧しスエズ運河を占領。
⇒岩世人（ウルズリー　1833.6.4–1913.3.25）

Wolstenholme, Chris
イギリスのミュージシャン。

⇒外12（ウォルステンホルム, クリス）

Woltereck, Richard
ドイツの生物学者。湖沼生物学, 枝角類, 遺伝学等に関する研究がある。
⇒岩世人（ヴォルテレック 1877.4.6–1944.2.23）

Woltmann, Ludwig
ドイツの修正派社会主義者, 人類学者。新カント派の認識論によって, マルクス主義の修正を試みた。
⇒岩世人（ヴォルトマン 1871.2.18–1907.1.30）
学叢思（ヴォルトマン, ルドヴィヒ 1871–1907）

Woltz, Anna
イギリス生まれのオランダの児童文学作家。
⇒現世文（ウォルツ, アンナ 1981.12.29–）

Wolven, Scott
アメリカの作家。
⇒海文新（ウォルヴン, スコット）

Wolzogen, Ernst, Freiherr von
ドイツの作家。音楽をよくし, 諧謔に満ちた軽妙な作風は広く読者に迎えられた。
⇒岩世人（ヴォルツォーゲン 1855.4.23–1934.7.30）

Womack, Bobby
アメリカのギター奏者。
⇒外12（ウーマック, ボビー 1944.3.4–）
ロック（Womack,Bobby ウォマック, ボビー）

Womack, Tony
アメリカの大リーグ選手（内野手）。
⇒メジャ（ウォマック, トニー 1969.9.25–）

Wonbin
韓国の俳優。
⇒外12（ウォンビン 1977.9.29–）
外16（ウォンビン 1977.9.29–）
韓俳（ウォンビン 1977.9.29–）

Wonder, Stevie
アメリカのミュージシャン。
⇒岩世人（ワンダー 1950.5.13–）
エデ（ワンダー, スティーヴィー 1951.5.13–）
ネーム（ワンダー, スティーヴィー 1950–）
標音2（ワンダー, スティーヴィー 1950.5.13–）
ポプ人（ワンダー, スティービー 1950–）
ロック（Wonder,Stevie ワンダー, スティーヴィ）

Wong, Alfonso
香港の漫画家。
⇒岩世人（王家禧 おうかき 1924–）

Wong, Anna May
アメリカの映画女優。
⇒ク俳（ウォン, アナ・メイ（ツォン, ウォン・リウ） 1907–1961）
スター（ウォン, アンナ・メイ 1905.1.3–1961）

Wong, Anthony
香港の俳優。
⇒外12（ウォン, アンソニー 1961.9.2–）
外16（ウォン, アンソニー 1961.9.2–）
スター（ウォン, アンソニー 1961.9.2–）

Wong, Arthur
香港の撮影監督。
⇒外12（ウォン, アーサー 1956.7.2–）
外16（ウォン, アーサー 1956.7.2–）

Wong, Barry
香港の映画監督, 脚本家, プロデューサー。
⇒岩世人（ウォン 1955.5.3–）

Wong, Faye
香港の歌手, 女優。
⇒岩世人（ウォン 1969.8.8–）
外12（ウォン, フェイ 1969.8.8–）
外16（ウォン, フェイ 1969.8.8–）
中日3（王菲 ウォン, フェイ 1969–）

Wong, James
香港の作詞家, 作家。
⇒岩世人（黃霑 こうてん 1941.3.16–2004.11.24）

Wong, Ricky
香港の実業家。
⇒外16（ウォン, リッキー）

Wong Chak
香港の漫画家。
⇒アニメ（王澤 ウォン・チャク 1924–）

Wong Ka wai
香港の映画監督。
⇒岩世人（ウォン・カーウァイ 1958.7.17–）
映監（ウォン・カーウァイ 1958.7.17–）
外12（ウォンカーウァイ 1958.7.17–）
外16（ウォン・カーウァイ 1958.7.17–）
中日3（王家卫 ウォン・カーウァイ 1958–）

Wongkhomthong, Som-Arch
タイの医師。
⇒外12（ウォンコムトン, ソムアッツ 1950–）
外16（ウォンコムトン, ソムアッツ 1950–）

Wong Nai Siong
辛亥革命を支援したシンガポール華僑。
⇒岩世人（ウォン・ナイシオン 1849–1924.9.22）
近中（黄乃裳 こうだいしよう 1849.7–1924.9.22）

Wong Pik-wan
香港の作家。
⇒岩世人（ウォン・ピッワン 1961–）

Wongsanupraphat
タイの官僚。
⇒岩世人（ウォンサーヌプラバット 1863.6.21–

1940.10.21）

Won Ki-Joon
韓国の男優。
⇒韓俳（ウォン・ギジュン　1976.2.12–）

Wonowidjojo, Surya
インドネシアの華人企業家。
⇒岩世人（ウォノウィジョヨ, スルヤ　1923.8.15–1985.8.29）

Woo, Jacky
日本の俳優, 歌手。
⇒外12（ウー, ジャッキー　1960–）
　外16（ウー, ジャッキー　1960–）

Woo, John
香港からハリウッドに進出した映画監督。
⇒岩世人（ウー　1946–）
　映監（ウー, ジョン　1946.9.23–）
　外12（ウー, ジョン　1946.9.23–）
　外16（ウー, ジョン　1946.9.23–）

Wood, Brenton
アメリカ・ルイジアナ州生まれの歌手。
⇒ロック（Wood,Brenton　ウッド, ブレントン　1941.7.26–）

Wood, Charles（Gerald）
イギリスの劇作家。
⇒現世文（ウッド, チャールズ　1933.8.6–）

Wood, Christopher
イギリスの作家, 脚本家。
⇒現世文（ウッド, クリストファー　1935–2015.5.9）

Wood, Elijah
アメリカ生まれの俳優。
⇒外12（ウッド, イライジャ　1981.1.28–）
　外16（ウッド, イライジャ　1981.1.28–）
　ク俳（ウッド, イライジャ　1981–）

Wood, Francis Derwent
イギリスの彫刻家。
⇒芸13（ウッド, フランシス　1871–1926）

Wood, George A.
アメリカの大リーグ選手（外野）。
⇒メジャ（ウッド, ジョージ　1858.11.9–1924.4.4）

Wood, Gordon S.
アメリカの歴史家。
⇒岩世人（ウッド　1933.11.27–）

Wood, Grant
アメリカの画家。独自の筆法でアメリカの農民や労働者を描いた。
⇒アメ州（Wood,Grant　ウッド, グラント　1892–1942）
　岩世人（ウッド　1891.2.13–1942.2.12）
　芸13（ウッド, グラント　1892–1942）

Wood, Haydn
イギリスの作曲家, ヴァイオリン奏者。
⇒標音2（ウッド, ヘイドン　1882.3.25–1959.3.11）

Wood, *Sir* Henry Joseph
イギリスの作曲家, 音楽指揮者。
⇒岩世人（ウッド　1869.3.3–1944.8.19）
　新音中（ウッド, ヘンリー・J.　1869.3.3–1944.8.19）
　標音2（ウッド, ヘンリー　1869.3.3–1944.8.19）

Wood, Horatio C.
アメリカの薬理学者。
⇒化学（ウッド　1841–1920）

Wood, Howard Ellsworth（Smokey Joe）
アメリカの大リーグ選手（投手, 外野）。
⇒異二辞（ウッド［スモーキー・ジョー・～］　1889–1985）
　メジャ（ウッド, スモーキー・ジョー　1889.10.25–1985.7.27）

Wood, James D.
アメリカ空軍特別捜査局に所属した下士官。
⇒スパイ（ウッド, ジェイムズ・D）

Wood, John
アメリカの社会起業家。
⇒外12（ウッド, ジョン）
　外16（ウッド, ジョン）

Wood, Kerry Lee
アメリカの大リーグ選手（投手）。
⇒外12（ウッド, ケリー　1977.6.16–）
　メジャ（ウッド, ケリー　1977.6.16–）

Wood, Leonard
アメリカの軍医。陸軍参謀長などを勤めた。
⇒アア歴（Wood,Leonard　ウッド, レナード　1860.10.9–1927.8.7）
　岩世人（ウッド　1860.10.9–1927.8.7）

Wood, Mary Elizabeth
アメリカの図書館員。
⇒アア歴（Wood,Mary Elizabeth　ウッド, メアリー・エリザベス　1861.8.22–1931.5.1）

Wood, Natalie
アメルカの女優。代表作に『理由なき反抗』（1955）,『ウエスト・サイド物語』（61）。
⇒ク俳（ウッド, ナタリー（ヴィラバエフ, のちにガーディン, ナターシャ）　1938–1981）
　スター（ウッド, ナタリー　1938.7.20–1981）

Wood, Patricia
アメリカの作家。
⇒海文新（ウッド, パトリシア）

Wood, Robert Elkington
アメリカの実業家, 軍人。シアーズ・ローバッ

ク社社長。
⇒アメ経（ウッド, ロバート　1879.6.13–1969.11.6)

Wood, Robert Williams
アメリカの実験物理学者。第一次大戦には秘密信号法を発明、第二次大戦には原子爆弾の発達に寄与。
⇒岩世人（ウッド　1868.5.2–1955.8.11)

Wood, Ron
イギリスのギター奏者。
⇒外12（ウッド, ロン　1947.6.1–)
　外16（ウッド, ロン　1947.6.1–)

Wood, Roy
イギリス生まれのマルチ・プレイヤー、歌手、作曲家、プロデューサー。
⇒ロック（Wood,Roy　ウッド, ロイ　1946.11.8–)

Wood, Sam
アメリカの映画監督。作品に『我等の町』(1940)、『打撃王』(43) など。44年、アメリカ映画連盟を設立し初代会長に就任。
⇒映監（ウッド, サム　1883.7.10–1949)

Wood, Stuart
アメリカの社会経済学者。主著 "The theory of wages" (1889)。
⇒岩世人（ウッド　1853.5.30–1914.3.2)

Wood, Thomas Denison
アメリカの体育学者,健康教育学者。訓練方式を排し児童の興味に基いた児童中心の体育法を提唱。
⇒岩世人（ウッド　1865.8.2–1951.3.19)

Wood, Tom
イギリスの作家。
⇒海文新（ウッド, トム　1978–)
　現世文（ウッド, トム　1978–)

Wood, Wilbur Forrester
アメリカの大リーグ選手（投手）。
⇒メジャ（ウッド, ウィルバー　1941.10.22–)

Woodard, William P.
GHQの宗教調査官。国家神道の解体など国による宗教の政治的利用禁止の履行状況を監視,監督した。
⇒岩世人（ウッダード　1896.9.10–1973.2.20)

Woodbridge, Frederick James Eugene
アメリカの哲学者。
⇒岩世人（ウッドブリッジ　1867.3.26–1940.6.1)

Woodbridge, Samuel Isett
アメリカの宣教師。
⇒アア歴（Woodbridge,Samuel Isett　ウッドブリッジ, サミュエル・アイゼット　1856.10.16–1926.6.23)

Woodcock, Leonard Freel
アメリカの統一自動車労働組合（UAW）会長。
⇒アメ経（ウッドコック, レナード　1911.2.15–)

Woodford, Michael C.
イギリスの実業家。
⇒外12（ウッドフォード, マイケル　1960.6.12–)

Woodforde-Finden, Amy
イギリスの作曲家。
⇒ク音3（ウッドフォード＝フィンデン　1860–1919)

Woodger, Joseph Henry
イギリスの生物学者。生命論および生物学方法論の面でとくに著名。
⇒岩生（ウッジャー　1894–1981)
　岩世人（ウッジャー　1894.5.2–1981.3.8)

Woodhead, Henry George Wandesford
イギリスのジャーナリスト。上海在住イギリス協会および上海の中国協会会長。
⇒岩世人（ウッドヘッド　1883–1959.9.29)

Woodhull, Victoria Claflin
アメリカの女性解放運動家。同国初の女性大統領候補者。
⇒岩世人（ウッドハル　1838.9.23–1927.6.9)

Woodin, William Hartman
アメリカの実業家,財政家。1933年ローズヴェルトのもとで財務長官となり、非常銀行法案の立案などによってニュー・ディール初期の財政危機を巧みに切りぬけた。
⇒アメ経（ウッディン, ウィリアム　1868.5.27–1934.5.3)

Wooding, Eugene Richard
アメリカの大リーグ選手（外野）。
⇒メジャ（ウッドリング, ジーン　1922.8.16–2001.6.2)

Woodiwiss, Kathleen E.
アメリカのロマンス作家。
⇒現世文（ウッディウィス, キャサリーン　1939.6.3–2007.7.6)

Woodlock, Thomas Francis
アメリカのローマ・カトリック教会信徒,経済ジャーナリスト。
⇒新カト（ウッドロック　1866.9.1–1945.8.25)

Woodrell, Daniel
アメリカの作家。
⇒外16（ウッドレル, ダニエル　1953.3.4–)
　現世文（ウッドレル, ダニエル　1953.3.4–)

Woodrow, Alan
カナダのテノール歌手。
⇒魅惑（Woodrow,Alan　1957–)

Woodrow, Patrick
イギリスの作家。
⇒海文新（ウッドロウ，パトリック　1971–）

Woodruff, Charles Edward
アメリカの軍医。
⇒アア歴（Woodruff,Charles Edward　ウッドラフ，チャールズ・エドワード　1860.10.2–1915.6.13）

Woodruff, Francis Eben
アメリカの政府役人。
⇒アア歴（Woodruff,Francis Eben　ウッドラフ，フランシス・エベン　1844.4.24–1914.6.3）

Woodruff, Robert Winship
アメリカの実業家。コカ・コーラ社社長。
⇒アメ経（ウッドラフ，ロバート　1889.12.6–）

Woods, Cheyenne Nicole
アメリカのゴルフ選手。
⇒外12（ウッズ，シャイアン　1990.7.25–）

Woods, Cyrus E.
アメリカの外交官。
⇒アア歴（Woods,Cyrus E.　ウッズ，サイラス・E.　1861.9.3–1938.12.8）

Woods, Donald
カナダ生まれの男優。
⇒ク俳（ウッズ，ドナルド（ジンク，ラルフ）　1904–1998）

Woods, James
アメリカ生まれの男優。
⇒外12（ウッズ，ジェームス　1947.4.18–）
　外16（ウッズ，ジェームズ　1947.4.18–）
　ク俳（ウッズ，ジェイムズ　1947–）
　スター（ウッズ，ジェームズ　1947.4.18–）

Woods, Philip Wells（Phil）
アメリカのジャズ・アルトサックス奏者。
⇒外12（ウッズ，フィル　1931.11.2–）
　標音2（ウッズ，フィル　1931.11.2–）

Woods, Stuart
アメリカのミステリ作家。
⇒現世文（ウッズ，スチュアート　1938–）

Woods, Tiger
アメリカのプロゴルファー。
⇒岩世人（ウッズ　1975.12.30–）
　外12（ウッズ，タイガー　1975.12.30–）
　外16（ウッズ，タイガー　1975.12.30–）
　最世ス（ウッズ，タイガー　1975.12.30–）
　ネーム（タイガー・ウッズ　1975–）
　ボブ人（タイガー・ウッズ　1975–）

Woods, Tyrone
アメリカのプロ野球選手（内野手）。
⇒外12（ウッズ，タイロン　1969.8.19–）

Woodson, Charles
アメリカのプロフットボール選手（レイダース・FS）。
⇒最世ス（ウッドソン，チャールズ　1976.10.7–）

Woodson, Jacqueline
アメリカの女性作家。
⇒外12（ウッドソン，ジャクリーン　1963–）
　外16（ウッドソン，ジャクリーン　1963–）
　現世文（ウッドソン，ジャクリーン　1963–）

Woodward, Bob
アメリカのジャーナリスト。
⇒外12（ウッドワード，ボブ　1943.3.26–）
　外16（ウッドワード，ボブ　1943.3.26–）
　スパイ（ウッドワード，ボブ　1943–）

Woodward, Calvin Milton
アメリカの教育家。1865年ワシントン大学に奉職。セント・ルイス手工業学校を設立した（1880）。
⇒教人（ウッドワード　1837–1914）

Woodward, C(omer) Vann
アメリカの歴史家。
⇒岩世人（ウッドワード　1908.11.13–1999.12.17）

Woodward, Edword
イギリス生まれの俳優。
⇒ク俳（ウッドワード，エドワード　1930–）

Woodward, Ellen Sullivan
アメリカの政治家。
⇒アメ経（ウッドワード，エレン　1887.7.11–1970.9.23）

Woodward, J.
イギリスの産業社会学者。オックスフォード大社会行政学博士。
⇒ベシ経（ウッドワード　1916–1971）

Woodward, Joanne
アメリカ生まれの女優。
⇒ク俳（ウッドワード，ジョウアン　1930–）

Woodward, Robert Burns
アメリカの化学者。立体構造のきわめて複雑な天然物の全合成に成功。1965年ノーベル化学賞受賞。
⇒岩世人（ウッドワード　1917.4.10–1979.7.8）
　化学（ウッドワード　1917–1979）
　現科大（ウッドワード，ロバート　1917–1979）
　広辞7（ウッドワード　1917–1979）
　ネーム（ウッドワード　1917–1979）
　ノベ3（ウッドワード,R.B.　1917.4.10–1979.7.8）

Woodward, Yvonne Little
マルコムXの妹。
⇒マルX（WOODWARD,YVONNE LITTLE　ウッドワード，イヴォンヌ・リトル　1929–）

Woodworth, Mary Lorraine
アメリカの図書館員。ウィスコンシン大学における「学校図書館」ならびに「ヤング・アダルト・サービス」に関する教育・研究で名を知られる。
⇒ア図（ウッドワース, メアリー　1926-1986）

Woodworth, Robert Sessions
アメリカの心理学者。機能主義者, コロンビア学派の代表者。
⇒岩世人（ウッドワース　1869.10.17-1962.7.4）
　教人（ウッドワース　1869-）

Woodworth, Stephen
アメリカの作家。
⇒海文新（ウッドワース, スティーヴン）

Woof, Emily
イギリスの女優, パフォーマンスアーティスト, 空中曲芸師。
⇒ク俳（ウーフ, エミリー　1968-）

Woo Hee-Jin
韓国の女優。
⇒韓俳（ウ・ヒジン　1975.5.24-）

Woolf, Adeline Virginia
イギリスの女性作家。『ダロウエー夫人』(1925), 『燈台へ』(27) などの作品がある。
⇒岩女（ウルフ, ヴァージニア　1882.1.25-1941.3.28）
　岩世人（ウルフ　1882.1.25-1941.3.28）
　現世文（ウルフ, バージニア　1882.1.25-1941.3.28）
　広辞7（ウルフ　1882-1941）
　新カト（ウルフ　1882.1.25-1941.3.28）
　西文（ウルフ, ヴァージニア　1882-1941）
　世人新（ウルフ　1882-1941）
　世人装（ウルフ　1882-1941）
　ヘミ（ウルフ, ヴァージニア　1882-1941）
　ポプ人（ウルフ, バージニア　1882-1941）

Woolfolk, Aaron
アメリカの映画監督, 脚本家。
⇒外12（ウルフォーク, アロン　1969-）

Woollam, Kenneth
イギリスのテノール歌手。
⇒魅惑（Woollam,Kenneth　1937-）

Woollaston, Mountford Tosswill
ニュージーランドの現代風景画家, 著述家。
⇒ニュー（ウーラストン, マウントフォード　1910-1998）

Woolley, *Sir* **Charles Leonard**
イギリスの考古学者。ウル発掘を指揮。
⇒岩世人（ウリー　1880.4.17-1960.2.20）

Woolley, Monty
アメリカの男優。
⇒ク俳（ウーリー, モンティ（ウーリー, エドガー・モンティリオン）　1888-1963）

Woolman, Matt
アメリカのグラフィックデザイナー, デザインコンサルタント。
⇒外12（ウールマン, マット）
　外16（ウールマン, マット）

Woolsey, Robert
アメリカの喜劇俳優。
⇒ク俳（ホウィーラー・アンド・ウールジー　1889-1938）

Woolsey, Robert James
アメリカ中央情報長官（DCI）。在職1993〜95。
⇒スパイ（ウールジー, ロバート・ジェイムズ　1941-）

Woolworth, Frank Winfield
アメリカの実業家。バラエティストアを最初に始めた。
⇒岩世人（ウルワース　1852.4.13-1919.4.8）

Woo Suk-hoon
韓国の経済学者。
⇒外12（ウソックン　禹晳熏）
　外16（ウソックン　禹晳熏　1968-）

Wootton, Baroness Barbara (Frances)
イギリスの社会科学者。
⇒岩世人（ウットン　1897.4.14-1988.7.11）

Wooyoung
韓国の歌手。
⇒外12（ウヨン　1989.4.30-）

Worcester, Dean Conant
アメリカの動物学者, フィリピン植民地政府官吏。
⇒アア歴（Worceter,Dean C (onant)　ウスター, ディーン・コナント　1866.10.1-1924.5.2）
　岩世人（ウースター　1866-1924）

Worcester, Doris Mary
イギリス・ロンドン生まれのエスペランティスト。
⇒日エ（ウースター　?-1989.8.18）

Wordsworth, John
イギリス国教会の聖職者。ソールズベリ教区主教。
⇒オク教（ワーズワース　1843-1911）

Wores, Theodore
アメリカの画家。
⇒アア歴（Wores,Theodore　ウォアーズ, シオドア　1859.8.1-1939.9.1）

Workman, Charles
アメリカのテノール歌手。

⇒魅惑（Workman,Charles ?–）

Workman, Fanny Bullock
アメリカの女性登山家。
⇒アア歴（Workman,Fanny（Bullock） ワークマン，ファニー・ブロック 1859.1.8–1925.1.22）

Workman, William
アメリカのバリトン歌手。
⇒魅惑（Workman,William ?–）

Wörle, Robert
ドイツのテノール歌手。
⇒魅惑（Wörle,Robert ?–）

Wormell, Chris
イギリスの絵本作家。
⇒外16（ウォーメル，クリス 1955–）

Worms, René
フランスの社会学者。国際社会学会を創立（1893）。主著"Philosophie des sciences sociales"（3巻,1903～07）。
⇒学叢思（ウォルムス，ルネ 1869–1927?）
　社小増（ウォルムス 1869–1926）

Woroniecki, Robert
テノール歌手。
⇒魅惑（Woroniecki,Robert ?–）

Worrell, Timothy Howard
アメリカの大リーグ選手（投手）。
⇒メジャ（ウォーレル，ティム 1967.7.5–）

Worrell, Todd Roland
アメリカの大リーグ選手（投手）。
⇒メジャ（ウォーレル，トッド 1959.9.28–）

Worringer, Robert Wilhelm
ドイツの美術史家。『抽象と感情移入』（1908）の著者。
⇒岩世人（ヴォリンガー 1881.1.13–1965.3.29）
　教人（ヴォリンガー 1881–）
　広辞7（ヴォリンガー 1881–1965）
　メル別（ヴォリンガー，ウィルヘルム 1881–1965）

Worsley, Frank Arthur
ニュージーランドの航海者，極地探検家。
⇒ニュー（ワースリー，フランク 1872–1943）

Worsley, Peter
イギリスの社会学者，人類学者。第三世界の宗教，政治運動を人類学・社会学から研究。
⇒現宗（ワースレイ 1924–）

Worthington, Allan Fulton
アメリカの大リーグ選手（投手）。
⇒メジャ（ウォーシントン，アル 1929.2.5–）

Worthington, Sam
オーストラリアの俳優。
⇒外12（ワーシントン，サム 1976.8.2–）
　外16（ワーシントン，サム 1976.8.2–）

Worthy, William
アメリカのフリーダム・ナウのニューヨークの指導者。
⇒マルX（WORTHY,WILLIAM ワージー，ウイリアム 1921–）

Wöss, Kurt
オーストリアの指揮者。1966年からリンツのブルックナー管弦楽団首席指揮者。
⇒標音2（ヴェス，クルト 1914.5.2–1987.12.5）

Wotherspoon, Jeremy Lee
カナダのスピードスケート選手。
⇒岩世人（ウォザースプーン 1976.10.26–）
　外12（ウォザースプーン，ジェレミー 1976.10.26–）
　外16（ウォザースプーン，ジェレミー 1976.10.26–）
　最世ス（ウォザースプーン，ジェレミー 1976.10.26–）

Wotquenne, Alfred
ベルギーの音楽書誌学者。ブリュッセル王立音楽院の司書をつとめ，蔵書の体系的分類と目録作成を行ない，また数々の重要な草稿楽譜，写譜，出版物などの収蔵にあたった。
⇒新音中（ヴォトケンヌ，アルフレッド 1867.1.25–1939.9.25）
　標音2（ヴォトケンヌ，アルフレッド 1867.1.25–1939.9.25）

Wottrich, Endrik
ドイツのテノール歌手。
⇒魅惑（Wottrich,Endrik 1963–）

Wouk, Herman
アメリカの小説家，劇作家。『ケイン号の叛乱』（1951,ピュリッツァー賞受賞）はベストセラー。
⇒岩世人（ウォーク 1915.5.27–）
　現世文（ウォーク，ハーマン 1915.5.27–）
　広辞7（ウォーク 1915–）
　ユ著人（Wouk,Herman ヴォーク（ウォウク），ハーマン 1915–）

Wovoka
アメリカ・インディアン，パイウート（Paiute）民族の予言者，ゴースト・ダンス祭祀の創始者。
⇒アメ州（Wovoka ウォボカ 1856?–1932）

Wowereit, Klaus
ドイツの政治家。
⇒外12（ウォーウェライト，クラウス 1953.10.1–）
　外16（ウォーウェライト，クラウス 1953.10.1–）
　世指導（ウォーウェライト，クラウス 1953.10.1–）

Woyrsch, Felix
ドイツの作曲家。アルトナ（ハンブルク）の指揮者。歌劇『Der Pfarrer von Meudon』, 管絃楽, オラトリオその他を作曲。
⇒岩世人（ヴォイルシュ　1860.10.8–1944.3.20）

Wozencraft, Kim
アメリカの作家。
⇒外12（ウーゼンクラフト, キム）
現世文（ウーゼンクラフト, キム）

Wozniacki, Caroline
デンマークのテニス選手。
⇒外12（ウォズニアッキ, キャロライン　1990.7.11–）
外16（ウォズニアッキ, キャロライン　1990.7.11–）
最世ス（ウォズニアッキ, キャロライン　1990.7.11–）

Wozniak, Steve
アメリカのコンピューター技術者。
⇒岩世人（ウォズニアック　1950.8.11–）
外12（ウォズニアク, スティーブ　1950–）
外16（ウォズニアク, スティーブ　1950.8.11–）
世発（ウォズニアク, スティーヴン（スティーヴ）・ギャリー・"ウォズ"　1950–）

Wray, Fay
カナダ生まれの女優。
⇒ク俳（レイ, フェイ（レイ, ヴィーナ・F）　1907–）
スター（レイ, フェイ　1907.9.15–2004）

Wray, Link
アメリカ・ノースカロライナ州生まれのミュージシャン。
⇒ロック（Wray,Link　レイ, リンク　1930–）

Wray, Peter
イギリス生まれの画家。
⇒芸13（ウレイ, ピーター　1950–）

Wrede, Ferdinand
ドイツのゲルマン語学者。ヴェンカーによる『言語地図』(1881) を継承刊行。
⇒岩世人（ヴレーデ　1863.7.15–1934.2.19）

Wrede, Patricia C.
アメリカのファンタジー作家。
⇒現世文（リーデ, パトリシア　1953–）

Wrede, William
ドイツの福音主義神学者。論文『第一クレメンス書簡の研究』(1891), 小冊子『パウロ』(1904) を著す。
⇒岩世人（ヴレーデ　1859.5.10–1906.11.23）
オク教（ヴレーデ　1859–1906）
新カト（ヴレーデ　1859.5.10–1906.11.23）

Wrentmore, Clarence George
アメリカの灌漑技師。
⇒アア歴（Wrentmore,Clarence George　レントモア, クラレンス・ジョージ　1867.12.15–1934.3.1）

Wright, Sir Almorth Edward
イギリスの病理学者, 細菌学者。腸チフスの予防接種に関する実験的研究を行うほか波状熱の際の凝集反応を改良。オプソニン説の提唱者。
⇒岩世人（ライト　1861.8.10–1947.4.30）

Wright, Betty
アメリカ・マイアミ生まれのミュージシャン。
⇒ロック（Wright,Betty　ライト, ベティ　1953.9.21–）

Wright, Carroll Davidson
アメリカ生まれの経済思想学者。
⇒教人（ライト　1840–1909）

Wright, Charles Robert
アメリカのマスコミ研究者。
⇒社小増（ライト　1927–）

Wright, Clyde
アメリカの大リーグ選手（投手）。
⇒メジャ（ライト, クライド　1941.2.20–）

Wright, Colin
イギリスのテノール歌手。
⇒魅惑（Wright,Colin　?–）

Wright, David
イギリスの外交官。駐日英国大使, 投資庁長官。
⇒外12（ライト, デービッド　1944.6.16–）
外16（ライト, デービッド　1944.6.16–）
世指導（ライト, デービッド　1944.6.16–）

Wright, David
アメリカの大リーグ選手（メッツ・内野手）。
⇒外12（ライト, デービッド　1982.12.20–）
外16（ライト, デービッド　1982.12.20–）
最世ス（ライト, デービッド　1982.12.20–）
メジャ（ライト, デイヴィッド　1982.12.20–）

Wright, Eda Hanna
イギリスの女性社会事業家。1895年に25歳で来日。
⇒広辞7（ライト　1870–1950）

Wright, Edgar
イギリスの映画監督, 脚本家。
⇒外12（ライト, エドガー　1974.4.18–）
外16（ライト, エドガー　1974.4.18–）

Wright, Edward
イギリスの宗教家。1895年来日し東京を中心として布教のため苦闘した, 日本救世軍の開拓者。
⇒岩世人（ライト　1861–1947）

Wright, Edward
イギリスのタイポグラファー, グラフィック・

デザイナー, 教育者, 芸術家。
⇒グラデ（Wright,Edward　ライト, エドワード　1912–1989）

Wright, Edward Maitland
イギリスの数学者。
⇒世数（ライト, エドワード・マイトランド　1906–2005）

Wright, Eric
カナダのミステリ作家。
⇒現世文（ライト, エリック　1929.5.4–2015.10.9）

Wright, Erik Olin
アメリカの社会学者。
⇒社小増（ライト　1947–）

Wright, Finbar
イギリスのテノール歌手。
⇒魅惑（Wright,Finbar　1957–）

Wright, Forest Glenn
アメリカの大リーグ選手（遊撃）。
⇒メジャ（ライト, グレン　1901.2.6–1984.4.6）

Wright, Frank Lloyd
アメリカの建築家。アメリカ近代建築運動の指導的な存在。
⇒アメ州（Wright,Frank Lloyd　ライト, フランク・ロイド　1869–1959）
アメ新（ライト　1867–1959）
岩世人（ライト　1867.6.8–1959.4.9）
教人（ライト　1869–）
広辞7（ライト　1867–1959）
世建（ライト, フランク・ロイド　1867–1959）
ポプ人（ライト, フランク・ロイド　1867–1959）

Wright, Gary
アメリカのシンガー・ソングライター, キーボード奏者。
⇒ビト改（WRIGHT,GARY　ライト, ゲイリー）

Wright, George
アメリカの大リーグ選手（遊撃, 二塁）。
⇒メジャ（ライト, ジョージ　1847.1.28–1937.8.21）

Wright, George Ernest
アメリカの考古学者, 旧約学者, 長老派教会牧師。
⇒新カト（ライト　1909.9.5–1974.8.29）

Wright, Hamilton Kemp
アメリカの科学者。
⇒アア歴（Wright,Hamilton Kemp　ライト, ハミルトン・ケンプ　1867.8.2–1917.1.9）

Wright, James
アメリカの詩人。作品に『緑の壁』(1957),『聖ユダ』(59) など。
⇒現世文（ライト, ジェームズ　1927.12.13–1980.3.25）

Wright, Jamey Alan
アメリカの大リーグ選手（投手）。
⇒メジャ（ライト, ジェイミー　1974.12.24–）

Wright, Joe
イギリスの映画監督。
⇒外12（ライト, ジョー　1972–）
外16（ライト, ジョー　1972.8.25–）

Wright, John
アメリカのテノール歌手。
⇒魅惑（Wright,John　?–）

Wright, John Charles
アメリカの作家。
⇒外12（ライト, ジョン　1961–）

Wright, John Kirtland
アメリカの地理学者。イメージされた空間あるいは知覚された空間に対する彼の関心は, 現象論的地理学の先駆をなす。
⇒岩世人（ライト　1891.11.30–1969.3.24）

Wright, Joseph
イギリスの言語学者。ドイツの新文法派の方法をイギリスに移植。イギリスの文法および方言に通じた。
⇒岩世人（ライト　1855.10.31–1930.2.27）

Wright, Judith
オーストラリアの詩人。出世作の処女詩集『うごくイメージ』(1946) ほか。
⇒現世文（ライト, ジュディス　1915.5.31–2000.6.25）

Wright, L.R.
カナダの作家。
⇒現世文（ライト,L.R.）

Wright, Luke Edward
アメリカの外交官。駐日アメリカ大使。
⇒アア歴（Wright,Luke（Edward）　ライト, ルーク・エドワード　1846.8.29–1922.11.17）

Wright, Mickey
アメリカの女性プロ・ゴルファー。アメリカの女子プロの第一人者で, 特に1961年より64年まで88試合に出て44勝するという驚くべき記録を樹立。
⇒岩世人（ライト　1935.2.14–）

Wright, Orville
アメリカの発明家。航空界のパイオニア。人類初の動力飛行に成功。研究者として航空技術の発展に貢献。
⇒アメ州（Wright,Orville　ライト, オービル　1871–1948）
岩世人（ライト　1871.8.19–1948.1.30）
辞歴（ライト兄弟　1871–1948）
世史改（ライト兄弟　1871–1948）
世史改（ライト兄弟　1871–1948）

世人新（ライト兄弟　1871-1948）
世人装（ライト兄弟　1871-1948）
ボブ人（ライト兄弟　1871-1948）

Wright, O.V.
アメリカのミュージシャン。
⇒ロック（Wright,O.V.　ライト,O・V　1939.10.9-）

Wright, Peter
イギリスの情報局員。
⇒スパイ（ライト, ピーター　1916-1995）

Wright, *Sir* Peter
イギリスのダンサー, 振付家, 監督。
⇒外12（ライト, ピーター　1926.11.25-）
　外16（ライト, ピーター　1926.11.25-）

Wright, Philip Quincy
アメリカの国際法・国際政治学者。平和研究のパイオニアで, 著書に『戦争の研究』(1942) などがある。
⇒岩世人（ライト　1890.12.28-1970.10.17）
　政経改（ライト　1890-1970）

Wright, Richard
アメリカの黒人小説家。『アメリカの息子』(1940) によって, 第一線の黒人作家の地位を確立し, 抗議の文学の旗手と目されるにいたった。
⇒アメ州（Wright,Richard　ライト, リチャード　1908-1960）
　アメ新（ライト　1908-1960）
　岩世人（ライト　1908.9.4-1960.11.28）
　現世文（ライト, リチャード　1908.9.4-1960.11.28）
　広辞7（ライト　1908-1960）
　新カト（ライト　1908.9.4-1960.11.28）
　西人（ライト, リチャード　1908-1960）
　マルX（WRIGHT,RICHARD　ライト, リチャード　1908-1960）

Wright, Robin
アメリカの女優。
⇒外12（ライト, ロビン　1966.4.8-）
　外16（ライト, ロビン　1966.4.8-）
　ク俳（ライト, ロビン　1966-）

Wright, Sewall
アメリカの遺伝学者。R.フィッシャー,J.B.S.ホールデンとともに集団遺伝学の数理的理論を基礎づけた。
⇒岩生（ライト　1889-1988）
　岩世人（ライト　1889.12.21-1988.3.3）

Wright, Simon
イギリスのロック・ドラム奏者。
⇒外12（ライト, サイモン）

Wright, Taft Shedron
アメリカの大リーグ選手（外野）。
⇒メジャ（ライト, タフィ　1911.8.10-1981.10.22）

Wright, Teresa
アメリカ・ニューヨーク生まれの女優。
⇒ク俳（ライト, テレサ（ライト, ミュリエル・T）　1918-）

Wright, Wilbur
アメリカの発明家。航空界のパイオニア。人類初の動力飛行に成功。ライト航空機会社を設立。
⇒岩世人（ライト　1867.4.16-1912.5.30）
　広辞7（ライト　1867-1912）
　辞歴（ライト兄弟　1867-1912）
　世史改（ライト兄弟　1867-1912）
　世史改（ライト兄弟　1867-1912）
　世人新（ライト兄弟　1867-1912）
　世人装（ライト兄弟　1867-1912）
　ボブ人（ライト兄弟　1867-1912）

Wright, Will
アメリカのゲームデザイナー。
⇒外12（ライト, ウィル　1960.1.20-）
　外16（ライト, ウィル　1960.1.20-）

Wright, William Hammond
アメリカの天文学者。星雲に関する研究がある。
⇒岩世人（ライト　1871.11.4-1959.5.16）

Wrightson, Alice Patricia
オーストラリアを代表する女性作家。
⇒岩世人（ライトソン　1921.6.19-2010.3.15）
　現世文（ライトソン, パトリシア　1921.6.19-2010.3.15）

Wrigley, Edward Anthony
イギリスの歴史人口学者。
⇒社小増（リグリー　1931-）

Wrigley, William, Jr.
アメリカのチューインガム製造業者。
⇒アメ経（リグリー, ウィリアム,2世　1861.9.30-1932.1.26）
　アメ州（Wrigley,William　リグレイ, ウイリアム　1861-1932）

Wriston, Walter Bigelow
アメリカの銀行家。シティバンクならびに同行持株会社シティコープ会長。CD（譲渡可能定期預金証書）を他行にさきがけて開発。
⇒岩世人（リストン　1919.8.3-2005.1.19）

Wroblewski, David
アメリカの作家。
⇒海文新（ロブレスキー, デイヴィッド）

Wrong, Dennis Hume
アメリカの社会学者。
⇒社小増（ロング　1923-）

Wu, Chien-shiung
アメリカの物理学者。
⇒科史（ウー（呉健雄）　1912-1997）
　現科史（李政道,呉健雄,楊振寧　1912-1997）

物理（ウー，ジェン・ション　1912–1997）
Wu, Daniel
香港の俳優，映画監督。中国系アメリカ人。
⇒外12（ウー，ダニエル　1974.9.30–）
　外16（ウー，ダニエル　1974.9.30–）
Wu, Fan
中国生まれの作家。
⇒外12（ウー，ファン）
　外16（ウー，ファン）
　海文新（ウー，ファン）
　現世文（ウー，ファン）
Wu, Harry
アメリカの人権問題運動家。
⇒世指導（ウー，ハリー　1937.2.8–2016.4.26）
Wu, Jason
台湾のファッションデザイナー。
⇒外12（ウー，ジェイソン）
　外16（ウー，ジェイソン　1982–）
Wu, Pace
台湾の女優，歌手。
⇒外12（ウー，ペース　1978.10.4–）
Wu, Vanness
アメリカの歌手，俳優。
⇒外12（ウー，ヴァネス　1978.8.7–）
Wu, William
台湾のテノール歌手。漢字名呉文修。中華民国オペラ促進協会理事長。
⇒失声（ウー，ウィリアム　1935–2009）
　魅惑（Wu,William（呉文修）　1935–）
Wucherpfenig, Hermann
ドイツのバス歌手。
⇒標音2（ヴーハープフェニヒ，ヘルマン　1884.6.27–?）
Wuerkaixi
台湾の中国民主化運動指導者。
⇒外12（ウーアルカイシ　1968.2.17–）
　外16（ウーアルカイシ　1968.2.17–）
　世指導（ウーアルカイシ　1968.2.17–）
　中日3（吾尓开希　ウルケシ，ウーアルカイシ　1968–）
Wu Kwong-ching, Peter
香港の実業家。香港最大級の総合企業団である会徳豊（ウィーロック）/九龍倉集団グループ（ザ・ワーフ）の代表。
⇒外16（ウー，ピーター　1946–）
Wulf, Maurice de
ベルギーの哲学史家。ベルギーにおける新スコラ主義の代表者。
⇒岩世人（ウルフ　1867–1947.12.23）
　新カト（ヴルフ　1867.4.6–1947.12.23）

Wulff, Christian
ドイツの政治家，法律家。ドイツ大統領（2010～12）。
⇒岩世人（ウルフ　1959.6.19–）
　外12（ウルフ，クリスティアン　1959.6.19–）
　外16（ウルフ，クリスティアン　1959.6.19–）
　世指導（ウルフ，クリスティアン　1959.6.19–）
Wu Lien Teh
マレーシアの医学者。
⇒岩世人（伍連徳　ごれんとく　1879（光緒5）–1960）
Wüllner, Friedrich Hugo Anton Adolph
ドイツの物理学者。塩溶液の蒸気圧，加圧下におけるガスのスペクトル分析についての研究がある。
⇒岩世人（ヴュルナー　1835.6.13–1908.10.6）
Wulsin, Frederick Roelker
アメリカの人類学者。
⇒アア歴（Wulsin,Frederick Roelker　ワルスィン，フレデリック・レルカー　1891.7.8–1961.2.26）
Wu Ma-li
台湾の女性美術作家。
⇒岩世人（ウー・マーリー　1957.6.14–）
Wu Ming
イタリアの作家。
⇒現世文（ウー・ミン）
Wunder, Ingolf
オーストリア生まれのピアノ奏者。
⇒外12（ヴンダー，インゴルフ）
　外16（ヴンダー，インゴルフ）
Wunderle, Georg
ドイツのカトリック宗教学者。キリスト教的近東の宗教心理学を専攻した。
⇒新カト（ヴンデルレ　1881.9.23–1950.4.7）
Wunderlich, Dieter
西ドイツの言語学者。言語の語用論的側面と発話行為・談話構造の研究で知られる。
⇒岩世人（ヴンダーリヒ　1937.6.14–）
Wunderlich, Fritz
ドイツのテノール歌手。
⇒オペラ（ヴンダーリヒ，フリッツ　1930–1966）
　失声（ヴンダーリヒ，フリッツ　1930–1966）
　失声（ヴンダーリッヒ，フリッツ　?–1966）
　新音中（ヴンダーリヒ，フリッツ　1930.9.26–1966.9.17）
　標音2（ヴンダーリヒ，フリッツ　1930.9.26–1966.9.17）
　魅惑（Wunderlich,Fritz　1930–1966）
Wunderlich, Gert
ドイツの本，書体のデザイナー，教育者。

⇒グラデ（Wunderlich, Gert　ヴンダーリッヒ，ゲルト　1933–）

Wunderlich, Paul
ドイツの版画家。
⇒芸13（ヴンダーリヒ，ポール　1927–）

Wundt, Max
ドイツの哲学者。主著 "Geschichte der griechischen Ethik"（2巻, 1908～11）。
⇒岩世人（ヴント　1879.1.29–1963.10.31）
　新カト（ヴント　1879.1.29–1963.10.31）

Wundt, Wilhelm Max
ドイツの心理学者，哲学者。
⇒異二辞（ヴント［ヴィルヘルム・～］　1832–1920）
　岩世人（ヴント　1832.8.16–1920.8.31）
　学叢思（ヴント，ヴィルヘルム　1832–1920）
　教人（ヴント　1832–1920）
　現社（ヴント　1832–1920）
　現精（ヴント　1832–1920）
　現精縮（ヴント　1832–1920）
　広辞7（ヴント　1832–1920）
　新カト（ヴント　1832.8.16–1920.8.31）
　哲中（ヴント　1832–1920）
　メル3（ヴント，ヴィルヘルム　1832–1920）

Wuorinen, Charles
アメリカの作曲家。
⇒エデ（ウォリネン，チャールズ　1938.6.9–）
　現音キ（ウォーリネン，チャールズ　1938–）
　新音中（ウォーリネン，チャールズ　1938.6.9–）
　ビ曲改（ウーリネン，チャールズ　1938–）
　標音2（ウォーリネン，チャールズ　1938.6.9–）

Wurman, Richard Saul
アメリカのデザイナー。
⇒グラデ（Wurman, Richard Saul　ウァーマン，リチャード・ソール　1936–）

Würtenberg, Gustav
ドイツの教育学者，神学者，哲学者。著作 "Goethe und der Historismus"（1929）。
⇒教人（ヴュルテンベルク　1898–）

Wurz, Alexander
オーストリアのF1ドライバー。
⇒外12（ヴルツ，アレクサンダー　1974.2.15–）
　外16（ヴルツ，アレックス　1974.2.15–）
　最世ス（ヴルツ，アレックス　1974.2.15–）

Wurzbacher, Gerhard
ドイツの社会学者，社会人類学者。
⇒社小増（ヴルツバッハー　1912–）

Wüst, Georg
ドイツの海洋学者。温位，蒸発の実験式，酸素極小層の無流面説等の研究がある。
⇒岩世人（ヴュスト　1890.6.15–1977.11.8）

Wüst, Ireen
オランダのスピードスケート選手。
⇒外12（ブスト，イレイン　1986.4.1–）
　外16（ブスト，イレイン　1986.4.1–）
　最世ス（ブスト，イレイン　1986.4.1–）

Wust, Peter
ドイツの哲学者。不安の形而上学を著わす。
⇒新カト（ヴースト　1884.8.28–1940.4.3）

Wüst, Walther
ドイツのアリアン民族文化および言語学の研究家。主著 "Indogermanisches Bekenntnis"（1942）。
⇒岩世人（ヴュスト　1901.5.7–1993.3.21）

Wüstenberg, Bruno
ドイツ・デュースブルク生まれの大司教。第2代駐日教皇大使（1966～73）。
⇒新カト（ヴュステンベルク　1912.3.10–1984.5.31）

Wüstermann, Karl
ドイツのテノール歌手。
⇒魅惑（Wüstermann, Karl　1929–）

Wüthrich, Kurt
スイスの分子生物学者。2002年ノーベル化学賞。
⇒外12（ヴュートリッヒ，クルト　1938.10.4–）
　外16（ヴュートリッヒ，クルト　1938.10.4–）
　化学（ヴュートリッヒ　1938–）
　ネーム（ヴェートリッヒ　1938–）
　ノベ3（ヴュートリッヒ，K.　1938.10.4–）

Wuttke, Martin
ドイツの俳優，演出家。
⇒外12（ヴトケ，マルティン）

Wuu, Weiwei
中国の二胡奏者。
⇒外12（ウー，ウェイウェイ　1968–）
　外16（ウー，ウェイウェイ　1968–）

Wú Wénguāng
中国，インディーズの記録映画監督。
⇒岩世人（ウー・ウェンガン　1956.10.23–）

Wuyontana
中国の歌手。
⇒外12（ウヨンタナ）
　外16（ウヨンタナ）

Wyatt, Jane
アメリカ生まれの女優。
⇒ク俳（ワイアット，ジェイン　1911–）

Wyatt, John Whitlow
アメリカの大リーグ選手（投手）。
⇒メジャ（ワイアット，ウィット　1907.9.27–1999.7.16）

Wyatt, Robert
イギリスのロック・ミュージシャン。
- ⇒外12（ワイアット, ロバート 1945.1.28–）
- 外16（ワイアット, ロバート 1945.1.28–）
- ロック（Wyatt,Robert ワイアット, ロバート 1945.1.28–）

Wyatt, Rupert
イギリスの映画監督, 脚本家。
- ⇒外12（ワイアット, ルパート 1972–）
- 外16（ワイアット, ルパート 1972–）

Wychgran, Jakob
ドイツの教育家。1880年、雑誌『女子教育』を発刊し, 創始者および主幹として活動した。
- ⇒教人（ヴィヒグラム 1858–1927）

Wyckoff, Charlotte Chandler
アメリカの宣教師。
- ⇒アア歴（Wyckoff,Charlotte Chandler ワイコフ, シャーロット・チャンドラー 1893.4.30–1966.7.22）

Wyckoff, Martin Nevius
アメリカの宣教師。
- ⇒岩世人（ワイコフ 1850.4.10–1911.1.27）

Wyden, Roy
アメリカの政治家。
- ⇒外12（ワイデン, ロイ 1949.5.3–）

Wye, Trevor
イギリスのフルート奏者。
- ⇒外12（ワイ, トレバー）

Wyeth, Andrew Newell
アメリカの画家。代表作『クリスティーナの世界』(1948)など。
- ⇒アメ州（Wyeth,Andrew Nelson ワイエス, アンドリュー・ネルソン 1917–）
- 岩世人（ワイエス 1917.7.12–2009.1.16）
- 芸13（ワイエス, アンドリュー 1917–2009）
- 広辞7（ワイエス 1917–2009）
- ポプ人（ワイエス, アンドリュー 1917–2009）

Wyld, Henry Cecil Kennedy
イギリスの言語学者。英語の韻律の研究が専門。
- ⇒岩世人（ワイルド 1870.3.27–1945.1.26）

Wylenzek, Tomasz
ドイツのカヌー選手。
- ⇒外12（ウィレンツェク, トマシュ 1983.1.9–）
- 最世ス（ウィレンツェク, トマシュ 1983.1.9–）

Wyler, William
アメリカの映画監督。『ローマの休日』(1953)、『ベン・ハー』(59)などの作品があり、アカデミー監督賞を3回受賞。
- ⇒岩世人（ワイラー 1902.7.1–1981.7.27）
- 映監（ワイラー, ウィリアム 1902.7.1–1981）
- 広辞7（ワイラー 1902–1981）
- ネーム（ワイラー, ウィリアム 1902–1981）
- ユ著人（Wyler,William ワイラー, ウィリアム 1902–1981）

Wyman, Jane
アメリカ生まれの女優。
- ⇒ク俳（ワイマン, ジェイン（フォウクス, セアラ・J）1914–）
- スター（ワイマン, ジェーン 1914.1.4–）

Wyman, Lance
アメリカ・ニューヨークを中心に活躍する商標、ロゴタイプ、書体のデザイナー。
- ⇒グラデ（Wyman,Lance ワイマン, ランス 1937–）

Wymore, Patrice
アメリカ生まれの女優。
- ⇒ク俳（ワイモア, パトリス 1926–）

Wyndham, Sir Charles
イギリスの劇団監督, 俳優。
- ⇒岩世人（ウィンダム 1837.3.23–1919.1.12）

Wyndham, George
イギリスの政治家, 文筆家。陸軍政務次官, アイルランド事務相を歴任, アイルランド土地購入法を成立させた。
- ⇒岩世人（ウィンダム 1863.8.29–1913.6.8）

Wyndham, John
イギリスのSF作家。イギリスSF界の代表的存在。『トリフィドの日』(1950)・『海竜めざめる』(53)・『呪われた村』(58)など。
- ⇒現世文（ウィンダム, ジョン 1903.7.10–1969.3.11）

Wynegar, Harold Delano（Butch）
アメリカの大リーグ選手（捕手）。
- ⇒メジャ（ワイネガー, ブッチ 1956.3.14–）

Wyneken, Gustav
ドイツの教育家, 青年運動指導者。自由学校共同体なる学校を開設し(1906)、一切の干渉を排し、自由な教育の実現を試みた。
- ⇒岩世人（ヴィーネケン 1875.3.19–1964.12.8）
- 教思増（ヴィネケン 1875–1964）
- 教人（ヴィーネケン 1875–）

Wynette, Tammy
アメリカのカントリー歌手。
- ⇒異二辞（ウィネット, タミー 1942–1998）
- 標音2（ワイネット, タミー 1942.5.5–1998.4.6）
- ロック（Wynette,Tammy ワイネット, タミー 1942.5.4–）

Wynn, Early
アメリカの大リーグ選手（投手）。
- ⇒メジャ（ウィン, アーリー 1920.1.6–1999.4.4）

Wynn, Ed
アメリカの映画男優。

⇒ユ著人（Wynn,Ed　ウィン，エド　1886–1966）
Wynn, James Sherman
アメリカの大リーグ選手（外野）。
⇒メジャ（ウィン，ジム　1942.3.12–）
Wynn, Keenan
アメリカ生まれの俳優。
⇒ク俳（ウィン，キーナン（ウィン，フランシス・K）1916–1986）
Wynn, Steve
アメリカの実業家，美術品収集家。
⇒外12（ウィン，スティーブ）
　外16（ウィン，スティーブ　1942–）
Wynne, Greville M.
イギリスの実業家。
⇒スパイ（ウィン，グレヴィル・M　1919–1990）
Wynter, Dana
イギリス生まれの女優。
⇒ク俳（ウィンター，ダナ（スペンサー＝マーカス，ダグマー）1927–）
Wyrostek, John Barney
アメリカの大リーグ選手（外野）。
⇒メジャ（ウィロステック，ジョニー　1919.7.12–1986.12.12）
Wyspiański, Stanisław
ポーランドの劇作家，詩人，画家。文学芸術運動「若きポーランド」を代表する一人。
⇒岩世人（ヴィスピャンスキ　1869.1.15–1907.11.28）
Wyszyński, Stefan
ポーランドの宗教家。1948年ルブリン大司教，53年枢機卿の地位に就く。
⇒岩世人（ヴィシンスキ　1901.8.3–1981.5.28）
　新カト（ヴィシンスキ　1901.8.3–1981.5.28）
Wyzewa, Théodore de
フランスの評論家，音楽学者。業績は，ヴァーグナーの音楽のフランスにおける普及と，モーツァルトの幼年時代から青年時代にわたる批判的・様式的研究にある。
⇒新音中（ヴィゼヴァ，テオドール・ド　1862.9.12–1917.4.15）
　標音2（ヴィゼヴァ，テオドール・ド　1862.9.12–1917.4.15）

【 X 】

Xanrof, Léon
フランスのシャンソニエ。
⇒19仏（クサンロフ，レオン　1867.12.9–1953.5.17）

Xavi
スペインのサッカー選手。
⇒外12（シャビ　1980.1.25–）
　外16（シャビ　1980.1.25–）
　最世ス（シャビ　1980.1.25–）
　ネーム（シャビ　1980–）
Xenakis, Iannis
ギリシャ，のちフランスの作曲家，建築家。
⇒岩世人（クセナキス　1922.5.29–2001.2.4）
　エデ（クセナキス，ヤニス　1922.5.29–2001.2.4）
　ク音3（クセナキス　1922–2001）
　現音キ（クセナキス，ヤニス　1922–2001）
　広辞7（クセナキス　1922–2001）
　新音小（クセナキス，ヤニス　1922–2001）
　新音中（クセナキス，ヤニス　1922.5.29?–2001.2.4）
　ネーム（クセナキス　1922–2001）
　ピ曲改（クセナキス，ヤニス　1922–2001）
　標音2（クセナキス，ヤニス　1922.5.29?–2001.2.4）
Xenopol, Alexandru Dimitru
ルーマニアの歴史家。初めて批判的，綜合的なルーマニア史を著した。
⇒岩世人（クセノポル　1847.3.23–1920.1.27）
Xia, Ren
台湾の女優，タレント。
⇒外12（夏宇童　シャーユートン　1988.8.19–）
Xiao, Peter
中国出身の画家。
⇒芸13（クシャオ，ピーター　1956–）
Xiao, Tiana
アメリカの歌手。
⇒外12（シャオ，ティアナ　1990.4.29–）
Xo'jayev, Fayzulla
ブハラの革命家，ソ連期ウズベキスタンの政治家。
⇒岩世人（ホジャエフ　1896–1938.3.15）
Xuan Dieu
ベトナムの詩人。
⇒岩世人（スアン・ジュウ　1916.2.2–1985.12.18）
Xu Ke
中国の二胡奏者。
⇒外12（シュイクー　1960.11.6–）
　外16（シュイクー　1960.11.6–）

【 Y 】

Yaakhoob
タイの小説家。

⇒岩世人（ヤーコーブ　1907.5.15–1956.4.5）
タイ（ヤーコーブ　1907–1956）

Yaakov, Itzhak
イスラエルの退役将校。
⇒スパイ（ヤーコヴ, イツハク　1926–2013）

Ya'alon, Moshe
イスラエルの政治家，軍人。イスラエル国防相，イスラエル軍参謀総長。
⇒外12（ヤアロン, モシェ　1950.6.24–）
外16（ヤアロン, モシェ　1950.6.24–）
世指導（ヤアロン, モシェ　1950.6.24–）

Yablonski, Joseph
アメリカの労働運動の指導者。統一鉱山労働組合会長。
⇒アメ経（ヤブロンスキー, ジョゼフ　1910.3.3–）

Yacine, Kateb
アルジェリアリアの詩人，小説家，劇作家。〈アルジェ・レピュブリカン〉紙特派員。
⇒現世文（ヤシーヌ, カテブ　1929.8.6–1989.10.28）

Yadav, Ram Baran
ネパールの政治家，医師。初代ネパール大統領（2008～15）。
⇒外12（ヤダブ, ラム・バラン　1948.2.4–）
外16（ヤダブ, ラム・バラン　1948.2.4–）
世指導（ヤダブ, ラム・バラン　1948.2.4–）

Yadin, Yigael
イスラエルの軍人，考古学者，政治家。死海文書の研究発表は世界的に有名。1977年10月ベギン連立内閣で副首相。
⇒ネーム（ヤディン　1917–1984）
ユ著人（Yadin,Yigael　ヤディン, イガエル　1917–1987）

Yaffe, James
アメリカのミステリ作家。
⇒現世文（ヤッフェ, ジェームズ　1927–）

Yagoda, Genrikh Grigorevich
ソ連の政治家。
⇒岩世人（ヤゴーダ　1891.11.7/20–1938.3.15）
スパイ（ヤゴーダ, ゲンリフ・グリゴリエヴィチ　1891–1938）

Yahya Abdul-Kareem
1960～70年代に活躍したアメリカ（アフリカ系）のダールル・イスラムの指導者。
⇒岩イ（ヤフヤ・アブドゥル=カリーム）

Yaḥyā b. Muḥammad
イエメンのイマーム（宗教指導者）。在位1904～48。
⇒岩イ（ヤフヤー・イブン・ムハンマド・ハミードゥッディーン　1869–1948）
岩世人（ヤフヤー・イブン・ムハンマド・ハミードゥッディーン　1869–1948.1.16/17）

Yahya Kemal Beyatli
トルコ共和国の詩人。トルコ宮廷文学の技法を駆使した最後の詩人。
⇒岩イ（ヤフヤ・ケマル・ベヤトル　1884–1958）
岩世人（ヤフヤ・ケマル・ベヤトゥル　1884.12.2–1958.11.1）

Yahya Khan, Agha Mohammed
パキスタンの軍人，政治家。1965年インド＝パキスタン戦争では第一線の歩兵師団長として活躍，69年3月第3代大統領に就任した。
⇒岩イ（ヤヒヤー・ハーン　1917–1980）
岩世人（ヤヒヤー・ハーン（ヤヒヤー・カーン）　1917.2.4–1980.8.10）
南ア新（ヤヒヤー・ハーン　1917–1980）

Yairi, Ehud
アメリカの言語病理学者。
⇒外12（ヤイリ, エフド）
外16（ヤイリ, エフド）

Yaiser, Hildebrand
スイス・クロイツリンゲン生まれのベネディクト会司祭, 日本宣教師。
⇒新カト（ヤイザー　1901.11.23–1983.4.15）

Yakovlev, Aleksandr Nikolaevich
ロシアの政治家。ソ連共産党政治局員, ロシア社会民主党党首。
⇒岩世人（ヤーコヴレフ　1923.12.2–2005.10.18）
広辞7（ヤコヴレフ　1923–2005）
世指導（ヤコヴレフ, アレクサンドル　1923.12.2–2005.10.18）

Yakovlev, Anatoli
ソ連の情報機関NKVD（内務人民委員部）所属のインテリジェンス・オフィサー。原爆スパイ網の密使, ハリー・ゴールドのハンドラーを務めた。
⇒スパイ（ヤコヴレフ, アナトリー　1913–1993）

Yakovlev, Vasili Nikolaevitch
ロシアの画家。
⇒芸13（ヤーコヴレフ, ワシーリ・ニコラエーヴィチ　1893–1962）

Yakovlev, Vladimir
ロシアの政治家。ロシア副首相, サンクトペテルブルク市長。
⇒外12（ヤコブレフ, ウラジーミル　1944.11.25–）
世指導（ヤコヴレフ, ウラジーミル　1944.11.25–）

Ya'kub, Tun Datuk Patinggi Abdul Rahman
マレーシア（サラワク）の政治家。
⇒岩世人（ヤクブ, ラーマン　1928.1.3–）

Yakubovskii, Aleksandr Yurievich
ソ連の東洋史学者。考古学の発掘成果と文献資料との両面から中央アジア, 西アジアの社会経済史, 宗教, 美術などを研究。

Yalá, Kumba
ギニアビサウの政治家。ギニアビサウ大統領（2000～03）。
⇒世指導（ヤラ, クンバ　1953.3.15-2014.4.4）

Yale, Caroline Ardelia
アメリカの女性ろうあ教育家。口話法を大成。
⇒教人（イェール　1848-1933）

Yalman, Nur
アメリカの文化人類学者。
⇒外12（ヤルマン, ヌール　1931-）
　外16（ヤルマン, ヌール　1931-）

Yalow, Rosalyn Sussman
アメリカの女性医学物理学者。放射性ヨウ素で標識したインシュリンを用いて、血中の極微量のインシュリン濃度の定量法を開発し,1977年ノーベル生理・医学賞を受賞した。
⇒岩生（ヤロウ　1921-2011）
　岩世人（ヤロー　1921.7.19-2011.5.30）
　ノベ3（ヤロー,R.　1921.7.19-2011.5.30）
　ユ著人（Yalow,Rosalyn Sussman　ヤァロー, ロザリン・スースマン　1921-）

Yamanī, Aḥmad Zakī al-
サウジアラビアの政治家。1962年石油・鉱物資源相に就任以来石油政策を一手に推進、OPECの穏健派リーダーとして国際的に活躍。90年世界エネルギー研究センター理事長。
⇒岩イ（ヤマーニー　1930-）
　岩世人（ヤマーニー, アフマド・ザキー　1930-）
　外16（ヤマニ, アハメド・ザキ　1930.6.30-）

Yamānī, May
サウジアラビア出身の社会人類学者。
⇒岩世人（ヤマーニー, マイ　1956-）

Yamasaki, Minoru
アメリカの建築家。
⇒アメ州（Yamasaki,Minoru　ヤマサキ, ミノル　1912-）
　アメ新（ヤマサキ　1912-1986）

Yamashita, Iris
アメリカの脚本家。
⇒外12（ヤマシタ, アイリス）

Yamashita, Karen Tei
アメリカ（日系）の小説家。
⇒岩世人（ヤマシタ　1951.1.8-）
　外16（ヤマシタ, カレン・テイ　1951-）
　現世文（ヤマシタ, カレン・テイ　1951-）

Yamauchi, Mara
イギリスのマラソン選手。
⇒外12（ヤマウチ, マーラ　1971.8.13-）
　外16（ヤマウチ, マーラ　1971.8.13-）
　最世ス（ヤマウチ, マーラ　1971.8.13-）

Yameen, Abdulla
モルディブの政治家。モルディブ大統領（2013～18）。
⇒外16（ヤミーン, アブドラ　1959.5.21-）
　世指導（ヤミーン, アブドラ　1959.5.21-）

Yamin, Elliott
アメリカの歌手。
⇒外12（ヤミン, エリオット）
　外16（ヤミン, エリオット　1978.7.20-）

Yamin, Mohammad
インドネシアの政治家,歴史家。1951年法相,59～62年国家計画会議議長。
⇒ア太戦（ヤミン　1903-1962）
　岩世人（ヤミン, ムハマッド　1903.8.23-1962.10.17）

Yam Kim-fai
中国生まれの女優。
⇒岩世人（任剣輝　じんけんき　1913.2.4-1989.11.29）

Yan, Jerry
台湾の歌手、俳優。
⇒外12（イェン, ジェリー　1977.1.1-）
　外16（イェン, ジェリー　1977.1.1-）

Yanaev, Gennady Ivanovich
ソ連の政治家。
⇒岩世人（ヤナーエフ　1937.8.26-2010.9.24）

Yancey, Rick
アメリカの作家。
⇒海文新（ヤンシー, リック）
　現世文（ヤンシー, リック）

Yandarbiev, Zelimkhan
ロシアの政治家,作家。チェチェン共和国大統領代行。
⇒世指導（ヤンダルビエフ, ゼリムカン　1952.9.12-2004.2.13）

Yáñez, Agustín
メキシコの小説家，政治家。代表作とみなされる『明日は雨だ』(1947)では、宗教と愛を主軸に特異な風土と密着して生きる革命前のメキシコ人の形象化をなしとげた。
⇒現世文（ヤニェス, アグスティン　1904.5.4-1980.1.17）

Yanez, Luis
アメリカのプロボクサー。
⇒最世ス（ヤネス, ルイス　1988.10.25-）

Yang, Charles J.
日本生まれの実業家。T&Dアセットマネジメント CIO,CFA協会理事会議長。
⇒外16（ヤン, チャールズ　1963.9-）

Yang, Chen-ning
中国系アメリカの物理学者。李と共同で偶奇性非保存に関する研究をして,1957年のノーベル物理学賞を受賞。
⇒岩世人（楊振寧　ようしんねい　1922.10.1-）
　外12（ヤン, チェンニン　1922.9.22-）
　外16（ヤン, チェンニン　1922.10.1-）
　現科大（李政道, 呉健雄, 楊振寧　1922-）
　広辞7（よう・しんねい　楊振寧　1922-）
　三新物（ヤンチェンニン　1922-）
　中日3（杨振宁　ようしんねい、ヤンチェンニン　1922-）
　ノベ3（楊振寧　ヤン, チェンニン　1922.9.22-）
　物理（ヤン, チェン・ニン　1922-）

Yang, Edward
台湾の映画監督。
⇒岩世人（ヤン　1947.11.6-2007.6.29）
　映監（ヤン, エドワード　1947.11.6-）
　中日3（杨德昌　ヤン, エドワード　1948-2007）

Yang, Jerry
アメリカの実業家, コンピューター技術者。インターネット検索サービスの最大手「Yahoo！」の共同創業者の一人。
⇒岩世人（ヤン　1968.11.6-）
　外12（ヤン, ジェリー　1968.11.6-）
　外16（ヤン, ジェリー　1968.11.6-）
　中日3（杨致远　ヤン, ジュリー　1968-）

Yang, Marion
中国の衛生学者, 助産教育家。
⇒岩世人（楊崇瑞　ようすうずい　1891（光緒17）-1983.7.20）

Yang, Tony
台湾の俳優。
⇒外12（ヤン, トニー　1980.8.30-）
　外16（ヤン, トニー　1980.8.30-）

Yang, Y.E.
韓国のプロゴルファー。
⇒外12（ヤン, Y.E.　1972.1.15-）
　外16（ヤン, Y.E.　1972.1.15-）
　最世ス（ヤン, Y.E.　1972.1.15-）

Yang Dong-geun
韓国の男優。
⇒韓俳（ヤン・ドングン　1979.6.1-）

Yang Eun-yong
韓国の女優。
⇒外12（ヤンウニョン　1977.7.15-）

Yang Fu-dong
中国の現代美術家。
⇒岩世人（楊福東　ようふくとう　1971-）
　外12（楊福東　ヨウフクトウ　1971.10-）
　外16（楊福東　ヨウフクトウ　1971.10-）
　現アテ（Yang Fudong　楊福東（ヤン・フードン）　1971-）

Yang Geum-Seok
韓国の女優。
⇒韓俳（ヤン・グムソク　1961.1.22-）

Yang Gwi-ja
韓国の小説家。
⇒韓現文（梁貴子　ヤン・グィジャ　1955.7.17-）
　現世文（ヤン・グィジャ　1955-）

Yang Hak-seon
韓国の体操選手。
⇒異二辞（ヤン・ハクソン　梁鶴善　1992-）
　外16（ヤンハクソン　梁鶴善　1992.12.6-）
　最世ス（ヤンハクソン　1992.12.6-）

Yang Hee-Kyung
韓国のタレント。1986年, テレビドラマ『虎先生』に出演しデビュー。代表作に『今はまだ四十九』『約束』『二人姉妹』等がある。
⇒韓俳（ヤン・ヒギョン　1954.12.3-）

Yang Hyong-sop
北朝鮮の政治家。北朝鮮最高人民会議常任委員会副委員長, 朝鮮労働党政治局員。
⇒岩韓（ヤン・ヒョンソプ　楊亨燮　1925-）
　外12（ヤンヒョンソプ　楊亨燮　1923-）
　外16（ヤンヒョンソプ　楊亨燮　1923-）
　世指導（ヤン・ヒョンソプ　1925.10.1-）

Yang Jin-woo
韓国の俳優。
⇒外12（ヤンジヌ　1979.9.3-）
　韓俳（ヤン・ジヌ　1979.9.3-）

Yang Joon-hyuk
韓国のプロ野球選手。
⇒外12（ヤンジュンヒョク　梁埈赫　1969.5.26-）

Yang Jung-ung
韓国の演出家。
⇒外12（ヤンジョンウン　梁正雄　1968-）
　外16（ヤンジョンウン　梁正雄　1968-）

Yang Li-ping
中国の舞踊家。
⇒外12（ヤンリーピン　1958.11.10-）
　外16（ヤンリーピン　1958.11.10-）
　中日3（杨丽萍　ようれいへい、ヤンリーピン　1947-）

Yang Mi-Kyung
韓国のタレント。1984年『青い教室』でデビュー。代表作に『女の時間』『兄』『二人姉妹』等がある。
⇒韓俳（ヤン・ミギョン　1961.7.25-）

Yang Saing Koma
カンボジアの社会活動家。
⇒外16（ヤン・セン・コマ　1966-）

Yang Sang-moon
韓国のプロ野球選手。
⇒外12（ヤンサンムン　楊相汶　1961.3.24–）

Yang Su-kyong
韓国の歌手。1988年デビュー。代表曲に『見つめられないあなた』『彼は』『今日も昨日のように』等がある。89年東京国際音楽祭で初来日，90年1月には『愛されてセレナーデ』で日本デビュー。
⇒外12（ヤンスギョン　1967.9.23–）

Yang Taek-Jo
韓国の男優，声優。
⇒韓俳（ヤン・テクチョ　1939.3.23–）

Yang Ti-liang
香港の裁判官，政治家。
⇒岩世人（楊鉄樑　ようてつりょう　1929.6.30–）

Yang Yo-seop
韓国の歌手。
⇒外16（ヤンヨソブ　1990.1.5–）

Yang Yun-ho
韓国の映画監督。
⇒外16（ヤンユノ　1966.11.11–）

Yani, Ahmad
インドネシアの軍人，国家英雄。
⇒岩世人（ヤニ，アフマッド　1922.6.19–1965.10.1）

Yan Ik-jun
韓国の映画監督，俳優。
⇒外12（ヤンイクチュン　1975–）
　外16（ヤンイクチュン　1975–）

Yankovskii, Oleg
ロシアの俳優。
⇒岩世人（ヤンコフスキー　1944.2.23–2009.5.20）

Yanukovych, Victor
ウクライナの政治家。ウクライナ大統領（2010〜14）。
⇒岩世人（ヤヌコーヴィチ　1950.7.9–）
　外12（ヤヌコヴィッチ，ヴィクトル　1950.7.9–）
　外16（ヤヌコヴィッチ，ヴィクトル　1950.7.9–）
　世指導（ヤヌコヴィッチ，ヴィクトル　1950.7.9–）
　ネーム（ヤヌコビッチ　1950–）

Yao Wei
中国のバレリーナ。
⇒外12（ヤオウェイ　1984.3.1–）

Yap Thiam Hien, Mr.
インドネシアの法律家，人権派弁護士。
⇒岩世人（ヤップ・ティアンヒン　1913.5.25–1989.4.24）

Yar'Adua, Umaru
ナイジェリアの政治家。ナイジェリア大統領（2007〜10）。
⇒世指導（ヤラドゥア，ウマル　1951.8.16–2010.5.5）

Yardley, Herbert Osborne
アメリカの暗号作成者。
⇒アア歴（Yardley,Herbert O(sborne)　ヤードリー，ハーバート・オズボーン　1889.4.13–1958.8.7）
　スパイ（ヤードレー，ハーバート・O　1889–1958）

Yarnold, Elizabeth
イギリスのスケルトン選手。
⇒外16（ヤーノルド，エリザベス　1988.10.31–）

Yarov, Yurii Fedorovich
ロシアの政治家。ロシア大統領府第1副長官。
⇒世指導（ヤロフ，ユーリー　1942–）

Yarrow, Peter
アメリカのモダン・フォーク・トリオ「ピーター・ポール・アンド・メリー」のメンバー。1961年トリオに参加。
⇒外16（ヤーロウ，ピーター　1938.5.31–）
　新音中（ピーター，ポール・アンド・メアリー　1938–）
　標音2（ピーター，ポール・アンド・メアリー）
　ロック（Peter,Paul and Mary　ピーター，ポール&メアリ　1938.3.31–）

Yārshāter, Ehsan
イランのイラン研究者。
⇒岩世人（ヤールシャーテル　1920.4.3–）

Yashin, Aleksandr Yakovlevich
ソ連の詩人。
⇒岩世人（ヤーシン　1913.3.14/27–1968.7.11）
　現世文（ヤーシン，アレクサンドル　1913.3.27–1968.7.11）

Yashin, Alexei
ロシアのアイスホッケー選手（FW）。
⇒最世ス（ヤシン，アレクセイ　1973.11.5–）

Yashin, Evgenii
ロシアの政治家，経済学者。ロシア経済相。
⇒世指導（ヤーシン，エフゲニー　1934–）

Yashin, Lev
ソ連のサッカー選手。
⇒異二辞（ヤシン［レフ・〜］　1929–1990）
　岩世人（ヤーシン　1929.10.22–1990.3.20）

Yāsīn, 'Abd al-Salām
モロッコのイスラム運動指導者。
⇒岩イ（ヤースィーン　1928–）
　岩世人（ヤースィーン，アブドゥッサラーム　1928.9–2012.12.7）

Yāsīn, Aḥmad
パレスチナの宗教的・政治的指導者。
⇒岩イ（アフマド・ヤースィーン　1936–）

岩世人（ヤースィーン，アフマド　1937.6.28–2004.3.22）

Yaśpāl
インドのヒンディー語小説家，編集者。代表作に大河小説『偽りの真実』（1958〜60）。
⇒岩世人（ヤシュパール　1903.12.3–1976.12.26）
　現世文（ヤシュパール　1903.12.3–1976.12.26）

Yasseen, Ahamed
イスラム原理主義組織「ハマス」の創設者。
⇒世指導（ヤシン，アハメド　1938–2004.3.22）

Yastrzemski, Carl Michael
アメリカの大リーグ選手（外野，一塁，DH）。
⇒メジャ（ヤストレムスキー，カール　1939.8.22–）

Yasukawa, Roger
アメリカのレーシングドライバー。
⇒外12（安川，ロジャー　ヤスカワ，ロジャー　1977.10.10–）

Yates, David
イギリスの映画監督，テレビ演出家。
⇒外12（イェーツ，デービッド　1963–）
　外16（イェーツ，デービッド　1963–）

Yates, Deborah
アメリカのダンサー，女優。
⇒外12（イェーツ，デボラ）

Yates, Elizabeth
ニュージーランドの政治家。大英帝国初の地方自治体の女性首長。
⇒ニュー（イェイツ，エリザベス　1840頃–1918）

Yates, Elizabeth
アメリカの女性作家，著述家。
⇒現世文（イェーツ，エリザベス　1905.12.6–2001）

Yates, Dame Frances Amelia
イギリスの女性歴史学者。新プラトン主義の伝統の役割を，埋れた文献を駆使して論証した。
⇒岩世人（イェイツ　1899.11.28–1981.9.29）

Yates, Frank
イギリスの統計学者。
⇒数辞（イェーツ，フランク　1902–）

Yates, Richard
アメリカの作家。
⇒現世文（イェーツ，リチャード　1926–1992）

Yatsenyuk, Arseniy
ウクライナの政治家。ウクライナ首相。
⇒外16（ヤツェニュク，アルセニー　1974.5.22–）
　世指導（ヤツェニュク，アルセニー　1974.5.22–）

Yau, Herman
香港の映画監督。
⇒外16（ヤウ，ハーマン　1961–）

Yau, Shing-Tung
アメリカの数学者。
⇒数辞（ヤオ，シン・トゥング（丘成桐）　1949–）
　世数（ヤウ，シン-トゥン（丘成桐，きゅうせいとう）　1949–）

Yavlinskii, Grigorii Alekseevich
ロシアの経済学者，政治家。ヤブロコ代表，ロシア共和国副首相。
⇒岩世人（ヤヴリンスキー　1952.4.10–）
　外人（ヤヴリンスキー，グリゴリー　1952.4.10–）
　外16（ヤヴリンスキー，グリゴリー　1952.4.10–）

Ýavorov, Péio
ブルガリアの詩人。本姓クラチョロフ。
⇒岩世人（ヤヴォロフ　1878.1.1–1914.10.29）

Yawar, Ghazi
イラクの政治家。イラク副大統領。
⇒外12（ヤワル，ガジ　1958–）
　外16（ヤワル，ガジ　1958–）
　世指導（ヤワル，ガジ　1958–）

Yawkey, Thomas Austin
アメリカの大リーグ，レッドソックスのオーナー。
⇒メジャ（ヨーキー，トム　1903.2.21–1976.7.9）

Yayan Ruhian
インドネシアの俳優，格闘家。
⇒外16（ヤヤン・ルヒアン　1968.10.19–）

Yayi, Boni
ベナンの政治家。ベナン大統領（2006〜16）。
⇒外12（ボニ，ヤイ　1952–）
　外16（ヤイ，ボニ　1952–）
　世指導（ヤイ，ボニ　1952–）

Yazov, Dmitry Timofeevich
ソ連の政治家。
⇒岩世人（ヤーゾフ　1924.11.8–）
　世指導（ヤゾフ，ドミトリー　1923.11.8–）

Yeager, Stephen Wayne
アメリカの大リーグ選手（捕手）。
⇒メジャ（イェーガー，スティーヴ　1948.11.24–）

Yeats, Jack B(utler)
アイルランドの画家，イラストレーター，小説家，劇作家。
⇒芸13（イェーツ，ジャック・バトラー　1871–1957）

Yeats, William Butler
アイルランドの詩人，劇作家。アイルランド文芸復興に尽力。
⇒岩世人（イェイツ　1865.6.13–1939.1.28）
　学叢思（イェーツ，ウィリアム・バトラー　1865–?）
　現世文（イェーツ，W.B.　1865.6.13–1939.1.28）

広辞7（イェーツ　1865–1939）
新カト（イェーツ　1865.6.13–1939.1.28）
図翻（イェーツ　1865.6.13–1939.1.28）
西文（イェーツ, ウィリアム　1865–1939）
世演（イェーツ, ウイリアム　1865.6.13–1939.1.28）
世人新（イェーツ　1865–1939）
世人装（イェーツ　1865–1939）
ネーム（イェーツ　1865–1939）
ノベ3（イェーツ, W.B.　1865.6.13–1939.1.28）
比文増（イェイツ（ウィリアム・バトラー）　1865（元治2）–1939（昭和14））
ポプ人（イェーツ, ウィリアム・バトラー　1865–1939）

Yeboah, Emmanuel Ofosu
ガーナのトライアスロン選手。
⇒外12（エボワ, エマニュエル・オフォス　1977–）
最世ス（エボワ, エマニュエル・オフォス　1977–）

Yee Tung-sing
香港の映画監督, 映画プロデューサー, 俳優。
⇒外12（イートンシン　1957–）

Yefimova, Yuliya
ロシアの水泳選手（平泳ぎ）。
⇒最世ス（エフィモワ, ユリア　1992.4.3–）

Yego, Alfred Kirwa
ケニアの陸上選手（中距離）。
⇒最世ス（イェゴ, アルフレッド・キーワ　1986.11.28–）

Yehoash
リトアニア・ヴィルツボラヴォ生まれのイディッシュ詩人。聖書翻訳者。
⇒ユ著人（Yehoash　イェホアシュ　1872–1927）

Yehoshua, Abraham B.
イスラエルの作家。ハイファ大学文学部名誉教授。
⇒岩世人（イェホシュア　1936.12.19–）
外12（イェホシュア, アブラハム　1936.12.9–）
外16（イェホシュア, アブラハム　1936.12.9–）
現世文（イェホシュア, アブラハム　1936.12.9–）
ユ著人（Yehoshua, Avraham B.　イェホシュア, アブラハム・B　1936–）

Yeh Shih-tao
台湾の代表的な文芸評論家。
⇒岩世人（葉石濤　ようせきとう　1925.11.1–2008.12.11）
現世文（葉石涛　よう・せきとう　1925–2008.12）
広辞7（よう・せきとう　葉石濤　1925–2008）

Yeivin, Shemuel
イスラエルの考古学者, エジプト学者。
⇒ユ著人（Yeivin, Shemuel　イェイヴィン, シュムエル　1896–）

Ye Ji-Won
韓国の女優。
⇒韓俳（イェ・ジウォン　1976.2.6–）

Ye Jun-jian
中国の作家, 翻訳家, 児童文学作家。
⇒現世文（葉君健　よう・くんけん　1914.12.7–1999.1.5）
日エ（葉君健　ようくんけん　1914–1999.1.5）

Yekhanurov, Yury Ivanovich
ウクライナの政治家。ウクライナ首相。
⇒世指導（エハヌロフ, ユーリー　1948.8.23–）

Yelchin, Anton
アメリカの俳優。
⇒外12（イェルチン, アントン　1989–）
外16（イェルチン, アントン　1989–）

Yellen, Janet
アメリカの経済学者, 経営学者。連邦準備制度理事会（FRB）議長。
⇒外16（イエレン, ジャネット　1946.8.13–）
世指導（イエレン, ジャネット　1946.8.13–）

Yellin, Thelma
イスラエルのチェロ奏者。
⇒ユ著人（Yellin, Thelma　イエリン, テルマ　1895–1959）

Yellow Man
ジャマイカ出身のレゲエ・ミュージシャン。
⇒岩世人（イエローマン　1956.1.15–）

Yelnikov, Yuri
テノール歌手。
⇒魅惑（Yelnikov, Yuri　?–）

Yeltsin, Boris Nikolaevich
ロシアの政治家。ロシア大統領（1991〜99）。
⇒岩世人（エリツィン　1931.2.1–2007.4.23）
広辞7（エリツィン　1931–2007）
国政（エリツィン　1931–）
政経改（エリツィン　1931–）
世史改（エリツィン　1931–2007）
世指導（エリツィン, ボリス　1931.2.1–2007.4.23）
世人新（エリツィン　1931–2007）
世人装（エリツィン　1931–2007）
ネーム（エリツィン　1931–2007）
ポプ人（エリツィン, ボリス　1931–2007）
もう山（エリツィン　1931–2007）

Yemans, H.W.
アメリカの軍医大佐, エスペランティスト。フィリピンで勤務し, フィリピンエスペラント協会を設立。
⇒日エ（イェーマンス　?–1920?）

Yen, Donnie
中国生まれの俳優。
⇒外12（イェン, ドニー　1963.7.27–）
外16（イェン, ドニー　1963.7.27–）

Yen, James Y.C.
アメリカ（中国系）の教育家, 社会教育運動家。

⇒岩世人（晏陽初　あんようしょ　1890/1893.10.30（光緒16.9.17）–1990.1.17）
教人（アンヨーショ　晏陽初　1894–）
近中（晏陽初　あんようしょ　1893.10.26–1990.1.17）
中日3（晏阳初　あんようしょ、イエンヤンチュー　1894–1990）

Yeo, George
シンガポールの政治家。シンガポール通産相、外相。
⇒世指導（ヨー，ジョージ　1954.9.13–）

Yeo, Robert
シンガポールの英語の詩人、劇作家。
⇒現世文（イヨオ，ロバート　1940.1.27–）

Yeoh, Michelle
マレーシア出身の女優。
⇒外12（ヨー，ミシェル　1962.8.6–）
外16（ヨー，ミシェル　1962.8.6–）
スター（ヨー，ミシェル　1962.8.6–）

Yeo Ho-Min
韓国の男優。
⇒韓俳（ヨ・ホミン　1978.5.29–）

Yeo Hyun-soo
韓国の男優。
⇒韓俳（ヨ・ヒョンス　1982.9.21–）

Yeo Jin-Goo
韓国の男優。
⇒韓俳（ヨ・ジング　1997.8.13–）

Yeon Jung-hoon
韓国の男優。
⇒韓俳（ヨン・ジョンフン　1978.11.6–）

Yeo Won-gu
北朝鮮の政治家。北朝鮮祖国統一民主主義戦線議長。
⇒世指導（リョ・ウォング　?–2009.7.30）

Yeo Woon-kay
韓国の女優。
⇒韓俳（ヨ・ウンゲ　1940.2.25–）

Yep, Laurence Michael
アメリカの作家。
⇒現世文（イェップ，ロレンス　1948–）

Yepes, Narciso
スペインのギター奏者、作曲家。映画『禁じられた遊び』の音楽を担当して一躍世界的に有名になった。
⇒岩世人（イェペス　1927.11.14–1997.5.3）
新音中（イェペス，ナルシーソ　1927.11.14–1997.5.3）
標音2（イェペス，ナルシソ　1927.11.14–1997.5.3）

Yerby, Frank
アメリカの小説家。
⇒現世文（ヤービー，フランク　1916.9.5–1991.11.29）

Yergin, Daniel A.
アメリカのノンフィクション作家。
⇒外12（ヤーギン，ダニエル　1947.2–）
外16（ヤーギン，ダニエル　1947.2.6–）

Yerkes, Charles
シカゴの電鉄業者。
⇒天文大（ヤーキス　1837–1905）

Yerkes, Robert Mearns
アメリカの心理学者。下等動物より類人猿にいたる諸種の動物の行動について生理的、心理学的な多くの業績を残し、動物心理学および比較心理学の発展に指導的役割を果した。
⇒岩生（ヤーキーズ　1876–1956）
岩世人（ヤーキズ　1876.5.26–1956.2.3）

Yerlikaya, Hamza
トルコのレスリング選手（グレコローマン）。
⇒最世ス（イェルリカヤ，ハムザ　1976.6.3–）

Yermoshin, Vladimir V.
ベラルーシの政治家。ベラルーシ首相。
⇒世指導（エルモシン，ウラジーミル　1942.10.26–）

Yersin, Alexandre Émile John
フランス（スイス系）の細菌学者。1888年ジフテリアの毒素の存在を証明。ペスト菌を発見。
⇒岩世人（イェルサン　1863.9.22–1943.3.2）

Yesung
韓国の歌手。
⇒外12（イェソン　1984.8.24–）

Yetts, W.Perceval
イギリスの中国学者。中国美術および考古学を講じ、論著が多い。
⇒岩世人（イェッツ　1878.4.25–1957.5.14）

Yeung, Charlie
台湾の女優、歌手。
⇒外12（ヤン，チャーリー　1974.5.23–）
外16（ヤン，チャーリー　1974.5.23–）

Yeung, Johnson
香港生まれの実業家。東海観光社長。
⇒外12（ヤン，ジョンソン　1954.5.14–）

Yeung, Miki
香港のタレント、女優。
⇒外12（ヤン，ミキ）

Yeun Sang-Ho
韓国のアニメーション映画監督。
⇒アニメ（延尚昊　ヨン・サンホ　1977–）

Yezierska, Anzia
アメリカ(ユダヤ系)の女性小説家。
⇒岩世人 (イェジアースカ 1880頃–1970.11.21)
ユ著人 (Yezierska,Anzia　イェズィスカ, アンツィア　1885–1967)

Yi Ho-chol
韓国の小説家。国際ペンクラブ韓国本部理事, 小説家協会共同代表。
⇒岩韓 (イ・ホチョル　李浩哲　1932–)
外12 (イホチョル　李浩哲　1932.3.15–)
外16 (イホチョル　李浩哲　1932.3.15–)
韓現文 (李浩哲　イ・ホチョル　1932.3.15–)
現世文 (イ・ホチョル　李浩哲　1932.3.15–2016.9.18)

Yi Hyeon
韓国の作家。
⇒現世文 (イ・ヒョン　以玄　1970–)

Yildirim, Binali
トルコの政治家。トルコ首相, トルコ公正発展党党首。
⇒世指導 (ユルドゥルム, ビナリ　1955.12.20–)

Yilmaz, Mesut
トルコの政治家。トルコ首相。
⇒世指導 (ユルマズ, メスート　1947.11.6–)

Yim Sung-joon
韓国の外交官。
⇒外12 (イムソンジュン　任晟準　1948.9.19–)
外16 (イムソンジュン　任晟準　1948.9.19–)

Yim Tae-hee
韓国の政治家。韓国大統領室長。
⇒外12 (イムテヒ　任太煕　1956.12.1–)
外16 (イムテヒ　任太煕　1956.12.1–)
世指導 (イム・テヒ　1956.12.1–)

Yin, Yiqing
フランスの服飾デザイナー。
⇒外16 (イン, イーキン)

Yingluck Shinawatra
タイの政治家, 実業家。タイ首相。
⇒岩世人 (インラック・チンナワット　1967.6.21–)
外12 (インラック・シナワット　1967.6.21–)
外16 (インラック・シナワット　1967.6.21–)
世指導 (インラック・シナワット　1967.6.21–)

Yinling of Joytoy
台湾出身のグラビアタレント。
⇒異二辞 (インリン・オブ・ジョイトイ　1976–)

Yip, Daenie
香港の女優, 歌手。
⇒外16 (イップ, ディニー　1947.12.25–)

Ylianttila, Kari
フィンランドのスキー指導者, スキー選手(ジャンプ)。
⇒外12 (ユリアンティラ, カリ　1953.8.28–)

Yoadimnadji, Pascal
チャドの政治家, 法律家。チャド首相。
⇒世指導 (ヨアディムナジ, パスカル　1950–2007.2.23)

Yoakum, Dwight
アメリカのカントリー歌手。
⇒標音2 (ヨーカム, ドワイト　1956.10.23–)

Yoccoz, Jean-christophe
フランスの数学者。
⇒世数 (ヨコス, ジャン-クリストフ　1957–)

Yockteng, Rafael
ペルー生まれのイラストレーター。
⇒外12 (ジョクテング, ラファエル　1976–)
外16 (ジョクテング, ラファエル　1976–)

Yoder, Hatten Schuyler, Jr.
アメリカの岩石学者。
⇒岩世人 (ヨーダー　1921.3.20–2003.8.2)

Yoganson, Boris Vladimirovich
ソ連の画家。社会主義的写実主義の画風を発展させた。主作品は『古いウラルの工場にて』。
⇒芸13 (ヨガンソン, ボリス・ウラディミーロヴィッチ　1893–1962)

Yogi, Maharish Mahesh
インドのヨガの行者。
⇒ビト改 (YOGI,MAHARISHI MAHESH　ヨギ, マハリシ・マヘシ)

Yok Burapha
タイの作家。
⇒タイ (ヨック・ブーラパー　1947–)

Yolbars
中華民国期に活動したウイグル人指導者。
⇒岩世人 (ヨルバルス　1889–1971)

Yolen, Jane Hyatt
アメリカの女性作家, 詩人。
⇒現世文 (ヨーレン, ジェーン　1939–)

Yommarat
タイの官僚。
⇒岩世人 (ヨムマラート　1862.7.15–1938.12.30)

Yom Sang-uk
韓国の彫刻家。
⇒外12 (ヨムサンウク　1974–)
外16 (ヨムサンウク　1974–)

Yonath, Ada
イスラエルの化学者, リボソーム結晶学のパイオニア。ノーベル化学賞受賞。
⇒岩世人 (ヨナス　1939.6.22–)
外12 (ヨナット, アダ　1939–)
外16 (ヨナット, アダ　1939.6.22–)

化学（ヨナス　1939–）
ノベ3（ヨナット,A.　1939.6.23–）

Yoneda, Karl
アメリカ（日系2世）の労働運動家。
⇒日エ（ヨネダ,カール　1906.7.15–1999.5.9）

Yong-guk
韓国の歌手。
⇒外16（ヨングク　1990.3.31–）

Yong Jun-hyung
韓国の歌手。
⇒外12（ヨンジュンヒョン　1989.12.19–）

Yongyuth Yuthavong
タイの遺伝子工学者。
⇒外12（ヨンユット・ユッタウォン　1944–）
　外16（ヨンユット・ユッタウォン　1944–）

Yon Hyong-muk
北朝鮮の政治家。北朝鮮首相、北朝鮮国防委員会副委員長、朝鮮労働党政治局員候補。
⇒岩韓（ヨン・ヒョンムク　延亨黙　1931–）
　岩世人（延亨黙　ヨンヒョンムク　1931.11.3–2005.10.22）
　世指導（ヨン・ヒョンムク　1931.11.3–2005.10.22）

Yoo Chong-ha
韓国の外交官。韓国外相。駐国連代表部大使、駐英大使、駐ベルギー大使、駐EC大使、外務部次官などを歴任。
⇒世指導（ユ・ジョンハ　1936.7.28–）

Yoo Dong-geun
韓国のタレント。1980年、TBCテレビタレント第23期生としてデビュー。代表作に『三国記』『孤独の門』『お宅の旦那はいかがですか』等がある。
⇒韓俳（ユ・ドングン　1956.6.18–）

Yoo Gun
韓国の男優。
⇒韓俳（ユゴン　1983.1.21–）

Yoo Ha Joon
韓国の男優。
⇒韓俳（ユ・ハジュン　1978.1.30–）

Yoo Heung-soo
韓国の国会議員。警察大学教授、釜山市・ソウル市警局長、治安本部長、交通部次官、民正党政策委員会副議長などを歴任。
⇒外12（ユフンス　柳興洙　1937.12.3–）
　外16（ユフンス　柳興洙　1937.12.3–）
　世指導（ユ・フンス　1937.12.3–）

Yoo Ho-Jeong
韓国のタレント。1991年『俯いた男』でデビュー。代表作に『昔時の芝生』『我らの天国』『解氷期の朝』等がある。

⇒韓俳（ユ・ホジョン　1969.1.24–）

Yoo Hye Jung
韓国の女優。
⇒韓俳（ユ・ヘジョン　1973.10.6–）

Yoo Hyung Kwan
韓国の男優。
⇒韓俳（ユ・ヒョングァン　1962.7.1–）

Yoo In-young
韓国の女優。
⇒韓俳（ユ・イニョン　1984.1.5–）

Yoo Jun-Sang
韓国の男優。
⇒韓俳（ユ・ジュンサン　1969.11.28–）

Yoon, Paul
アメリカの作家。
⇒外16（ユーン,ポール　1980–）
　海文新（ユーン,ポール　1980–）
　現世文（ユーン,ポール　1980–）

Yoon, Prabda
タイの作家、脚本家。
⇒岩世人（プラブダー・ユン　1973.8.2–）
　外12（プラープダー・ユン　1973–）
　外16（プラープダー・ユン　1973–）
　現世文（プラープダー・ユン　1973–）
　タイ（ユン,プラープダー　1973–）

Yoon-a
韓国の歌手。
⇒外12（ユナ　1990.5.30–）

Yoon Chan
韓国の男優。
⇒韓俳（ユン・チャン　1972.1.3–）

Yoon Da-Hoon
韓国の男優。
⇒韓俳（ユン・ダフン　1964.12.30–）

Yoon Dong-Hwan
韓国の男優。
⇒韓俳（ユン・ドンファン　1968.2.27–）

Yoon Du-jun
韓国の歌手。
⇒外12（ユンドゥジュン　1989.7.4–）

Yoon Eun-hye
韓国の女優。
⇒外12（ユンウネ　1984.10.3–）
　外16（ユンウネ　1984.10.3–）
　韓俳（ユン・ウネ　1984.10.3–）

Yoon Eun-Kyung
韓国の脚本家。
⇒外12（ユンウンギョン　1974.12.4–）

Yoon Hae Young
韓国の女優。
⇒**韓俳**（ユン・ヘヨン　1972.11.19–）

Yoon-hak
韓国の歌手。
⇒**外12**（ユナク　12.2–）

Yoon Je-kyun
韓国の映画監督, 脚本家, 映画プロデューサー。
⇒**外16**（ユンジェギュン　1969–）

Yoon Jeung-hyun
韓国の政治家。
⇒**外12**（ユンジュンヒョン　尹増鉉　1946–）

Yoon Ji-Min
韓国の女優。
⇒**韓俳**（ユン・ジミン　1979.9.12–）

Yoon Jin-seo
韓国の女優。
⇒**韓俳**（ユン・ジンソ　1983.8.5–）

Yoon Jong-hwan
韓国のサッカー監督（蔚山現代）, サッカー選手。
⇒**外12**（ユンジョンファン　尹晶煥　1973.2.16–）
　外16（ユンジョンファン　尹晶煥　1973.2.16–）

Yoon Jung-hee
韓国の女優。
⇒**韓俳**（ユン・ジョンヒ　1980.12.21–）

Yoon Ju-Sang
韓国の男優。
⇒**韓俳**（ユン・ジュサン　1949.6.25–）

Yoon Kye-sang
韓国の男優, 歌手。
⇒**韓俳**（ユン・ゲサン　1978.12.20–）

Yoon Kyung-shin
韓国のハンドボール選手。
⇒**外12**（ユンキョンシン　尹京信　1973.7.7–）
　外16（ユンキョンシン　尹京信　1973.7.7–）
　最世ス（ユンキョンシン　1973.7.7–）

Yoon Moon-Sik
韓国の男優。
⇒**韓俳**（ユン・ムンシク　1943.1.18–）

Yoon Sang-hyeon
韓国の俳優, 歌手。
⇒**外12**（ユンサンヒョン　1977.9.21–）
　外16（ユンサンヒョン　1973.9.21–）
　韓俳（ユン・サンヒョン　1977.9.21–）

Yoon Se-ah
韓国の女優。
⇒**韓俳**（ユン・セア　1980–）

Yoon Seo-Hyun
韓国の男優。
⇒**韓俳**（ユン・ソヒョン　1970.11.2–）

Yoon Shi-yoon
韓国の俳優。
⇒**外12**（ユンシユン　1986.9.26–）
　外16（ユンシユン　1986.9.26–）

Yoon Sok-ho
韓国のテレビ演出家, プロデューサー。
⇒**外12**（ユンソクホ　1957.6.4–）
　外16（ユンソクホ　1957.6.4–）

Yoon Son-ha
韓国の女優。
⇒**外12**（ユンソナ　1976.11.17–）
　外16（ユンソナ　1976.11.17–）
　韓俳（ユン・ソナ　1975.10.23–）

Yoon So-yi
韓国の女優, モデル。
⇒**韓俳**（ユン・ソイ　1985.1.5–）

Yoon Tae-Young
韓国の男優。
⇒**韓俳**（ユン・テヨン　1974.10.3–）

Yoon Yoo-sun
韓国のタレント。1975年, 映画『君もまた星となり』で子役タレントとしてデビュー。代表作に『瞳』『兄』等がある。
⇒**韓俳**（ユン・ユソン　1969.1.17–）

Yoo Sang-chul
韓国のサッカー選手。
⇒**外12**（ユサンチョル　柳想鉄　1971.10.18–）

Yoo Seung-Ho
韓国の男優。
⇒**韓俳**（ユ・スンホ　1993.8.17–）

Yoo Sun
韓国の女優。
⇒**韓俳**（ユソン　1976.2.11–）

Yoo Yeol
韓国の歌手。1986年, MBC大学歌謡祭で大賞を受賞しデビュー。代表曲に『今そのままの姿で』『華やかな日は去り』『ある日突然』等がある。
⇒**韓俳**（ユ・ヨル　1961.1.21–）

York, Alvin（Cullum）
アメリカの軍人, 国民の英雄。
⇒**アメ州**（York,Alvin Cullum　ヨーク, アルビン・カラム　1887–1964）

York, Michael
イギリス生まれの俳優。
⇒**ク俳**（ヨーク, マイクル（ヨーク＝ジョンスン, M）1942–）

York, Preston Rudolph
アメリカの大リーグ選手(一塁,捕手)。
⇒メジャ(ヨーク,ルディ　1913.8.17–1970.2.5)

York, Susannnah
イギリス生まれの女優。
⇒ク俳(ヨーク,スザンナ(フレッチャー,S)　1939–)

York, Taylor
アメリカのミュージシャン。
⇒外12(ヨーク,テイラー)

Yorke, Dwight
トリニダード・トバゴのサッカー選手。
⇒外12(ヨーク,ドワイト　1971.11.3–)
　最世ス(ヨーク,ドワイト　1971.11.3–)

Yorke, Francis Reginald Stevens
イギリスの建築家。主作品は『ガトウィック空港』(1958)。
⇒岩世人(ヨーク　1906.12.3–1962.6.10)

Yorke, James A.
アメリカの数学者,物理学者。
⇒外12(ヨーク,ジェームズ　1941.8.3–)

Yorke, Thom
イギリスのミュージシャン。
⇒外12(ヨーク,トム　1968.10.7–)
　外16(ヨーク,トム　1968.10.7–)

Yorty, Samuel William
アメリカの政治家。ロサンゼルス市長。
⇒マルX(YORTY,SAMUEL WILLIAM　ヨーティ,サミュエル・ウイリアム　1909–1998)

Yosef, Moni
イスラエルの俳優,劇作家。
⇒外12(ヨセフ,モニ　1957–)
　外16(ヨセフ,モニ　1957–)

Yoshiyama, Jaime
ペルーの政治家。ペルー大統領府長官,新多数運動カンビオ90党首。
⇒世指導(ヨシヤマ,ハイメ　1944.7–)

Yossifov, Alexander
ブルガリアの作曲家。
⇒標音2(ヨシフォフ,アレクサンドル　1940.8.12–)

Yossifov, Iliya
ブルガリアのテノール歌手。
⇒魅惑(Yossifov,Iliya　?–)

Yost, Edgar Frederick
アメリカの大リーグ選手(捕手),監督,コーチ。
⇒メジャ(ヨースト,ネッド　1954.8.19–)

Yost, Edward Frederick Joseph
アメリカの大リーグ選手(三塁)。

⇒メジャ(ヨースト,エディー　1926.10.13–2012.10.16)

Youde, *Sir* Edward
イギリスの外交官。
⇒岩世人(ユード　1924.6.19–1986.12.5)

You Hong-june
韓国の美術史家。
⇒岩韓(ユ・ホンジュン　兪弘濬　1949–)
　外16(ユホンジュン　兪弘濬　1949–)

Youkilis, Kevin
アメリカの大リーグ選手(ヤンキース・内野手)。
⇒最世ス(ユーキリス,ケビン　1979.3.15–)
　メジャ(ユーキリス,ケヴィン　1979.3.15–)

Youmans, Vincent Millie
アメリカの作曲家。ヒット曲『2人でお茶を』。
⇒新音中(ユーマンズ,ヴィンセント　1898.9.27–1946.4.5)
　標音2(ユーマンズ,ヴィンセント　1898.9.27–1946.4.5)

Yóu Mǐn
香港の女優。
⇒岩世人(ユー・ミン　1936.8.19–1996.12.29)

Youn, Samuel
韓国のバリトン歌手。
⇒外16(ユン,サミュエル)

Young, Adam
アメリカのミュージシャン。
⇒外12(ヤング,アダム)

Young, Alexander
イギリスのテノール歌手。
⇒魅惑(Young,Alexander　1920–2000)

Young, Allyn Abbott
アメリカ生まれの経済思想学者。
⇒岩世人(ヤング　1876.9.19–1929.3.7)
　有経5(ヤング　1876–1929)

Young, Andrew Jackson, Jr.
アメリカの政治家,黒人運動指導者,牧師。アトランタ市長,国連大使,アメリカ下院議員(民主党)。
⇒アメ州(Young,Andrew　ヤング,アンドリュー　1932–)
　岩世人(ヤング　1932.3.12–)
　マルX(YOUNG,ANDREW　ヤング,アンドルー　1932–)

Young, Angus
オーストラリアのロック・ギター奏者。
⇒外12(ヤング,アンガス　1959.3.31–)
　外16(ヤング,アンガス　1959.3.31–)

Young, Arthur Nichols
アメリカの経済顧問。

⇒アア歴（Young, Arthur N (ichols) ヤング，アーサー・ニコルズ 1890.11.21–1984.7.19)

Young, Charles Augustus
アメリカの天文学者。
⇒岩世人（ヤング 1834.12.5–1908.1.3)

Young, Christopher Brandon
アメリカの大リーグ選手（外野）。
⇒メジャ（ヤング，クリス 1983.9.5–)

Young, Clara Kimball
アメリカの女優。
⇒スター（ヤング，クララ・キンボール 1890.9.6–1960)

Young, Cy
アメリカの大リーグ選手（投手）。
⇒岩世人（ヤング 1867.3.26–1955.11.4)
広辞7（サイ・ヤング 1867–1955)
ネーム（サイ・ヤング 1867–1955)
メジャ（ヤング，サイ 1867.3.29–1955.11.4)

Young, Dmitri Dell
アメリカの大リーグ選手（外野，一塁）。
⇒メジャ（ヤング，ドゥミトリ 1973.10.11–)

Young, Ed
中国生まれのアメリカの絵本作家，挿絵画家。
⇒絵本（ヤング，エド 1931–)

Young, Eric Orlando
アメリカの大リーグ選手（内野手）。
⇒外12（ヤング，エリック 1967.5.18–)
メジャ（ヤング，エリック 1967.5.18–)

Young, Faron
アメリカのミュージシャン。
⇒ロック（Young, Faron ヤング，ファーロン)

Young, Geoffrey Winthrop
イギリスの詩人。登山家としても知られる。
⇒岩世人（ヤング 1876.10.25–1958.9.6)

Young, Gig
アメリカ生まれの俳優。
⇒ク俳（ヤング，ギグ（バー，バイロン） 1913–1978)

Young, John Zachary
イギリスの動物学者。
⇒岩生（ヤング 1907–1997)
岩世人（ヤング 1907.3.18–1997.4.7)

Young, Karen
アメリカの女優。
⇒ク俳（ヤング，カレン 1958–)

Young, Kathy
アメリカ・カリフォルニア州サンタアナ生まれの歌手。
⇒ロック（Young, Kathy ヤング，キャシー 1945.10.21–)

Young, Kevin Stacey
アメリカの大リーグ選手（一塁）。
⇒メジャ（ヤング，ケヴィン 1969.6.16–)

Young, Kimball
アメリカの社会心理学者。ノースウェスタン（1947〜）大学社会学部長。
⇒岩世人（ヤング 1893.10.26–1972.9.1)

Young, La Monte
アメリカの作曲家。
⇒エデ（ヤング，ラ・モンテ（ソーントン） 1935.10.14–)
現音キ（ヤング，ラ・モンテ 1935–)
新音中（ヤング，ラ・モンテ 1935.11.14–)
標音2（ヤング，ラ・モンテ 1935.10.14–)

Young, Lester Willis（Prez)
アメリカのジャズ・テナーサックス奏者。劇的な間（ま）をとる弾力のある技巧的な演奏で知られる。
⇒岩世人（ヤング 1909.8.27–1959.3.15)
新音中（ヤング，レスター 1909.8.27–1959.3.15)
標音2（ヤング，レスター 1909.8.27–1959.3.15)

Young, Loretta
アメリカの映画女優。
⇒ク俳（ヤング，ロレッタ（ベルザー，グレッチェン） 1913–2000)
スター（ヤング，ロレッタ 1913.1.6–2000)

Young, Malcolm
オーストラリアのロック・ギター奏者。
⇒外12（ヤング，マルコム)
外16（ヤング，マルコム)

Young, Sir Mark Aitchison
イギリスの植民地行政官。
⇒岩世人（ヤング 1886.6.30–1974.5.12)

Young, Michael
アメリカの造形家。
⇒芸13（ヤング，ミッシェル 1952–)

Young, Michael
アメリカの大リーグ選手（内野）。
⇒外12（ヤング，マイケル 1976.10.19–)
外16（ヤング，マイケル 1976.10.19–)
最世ス（ヤング，マイケル 1976.10.19–)
メジャ（ヤング，マイケル 1976.10.19–)

Young, Michael Dunlop
イギリスの社会学者。
⇒社小増（ヤング 1915–)

Young, Moira
カナダの作家。
⇒海文新（ヤング，モイラ)
現世文（ヤング，モイラ)

Young, Neil
カナダ生まれの歌手, 作詞家, 作曲家。
⇒異二辞（ヤング, ニール　1945–）
　岩世人（ヤング　1945.11.12–）
　新音中（クロスビー, スティルズ, ナッシュ・アンド・ヤング　1945–）
　標音2（ヤング, ニール　1945.11.12–）
　標音2（クロズビー, スティルズ, ナッシュ・アンド・ヤング）
　ロック（Young,Neil　ヤング, ニール　1945.11.12–）

Young, Oran R.
アメリカの国際政治学者。
⇒国政（ヤング, オラン　1941–）
　政経改（ヤング　1941–）

Young, Owen D.
アメリカの法律家, 財務家。ドイツ賠償問題の解決と連合国の債務償却とに尽力。
⇒アメ経（ヤング, オーエン　1874.10.27–1962.7.11）
　岩世人（ヤング　1874.10.27–1962.7.11）
　広辞7（ヤング　1874–1962）
　世人新（ヤング　1874–1962）
　世人装（ヤング　1874–1962）

Young, Pauline Vislick
ポーランド生まれのアメリカの社会学者。
⇒社小増（ヤング　1896–）

Young, Philip
アメリカのヘミングウェイ研究者。
⇒ヘミ（ヤング, フィリップ　1918–1991）

Young, Ralph Stuart
アメリカの大リーグ選手（二塁）。
⇒メジャ（ヤング, ラルフ　1889.9.19–1965.1.24）

Young, Robert
イギリスのジャーナリスト。1888年来日, 神戸ジャパン・クロニクル社主。
⇒岩世人（ヤング　1858–1922.11.7）

Young, Robert
アメリカ生まれの俳優。
⇒ク俳（ヤング, ロバート　1907–1998）

Young, Robert F.
アメリカのSF作家。
⇒現世文（ヤング, ロバート・フランクリン　1915–1986.6.22）

Young, Sean
アメリカ生まれの女優。
⇒ク俳（ヤング, ショーン（ヤング, メアリー・S）1959–）

Young, Simone
オーストラリアの指揮者。
⇒外12（ヤング, シモーネ　1961.3.2–）
　外16（ヤング, シモーネ　1961.3.2–）

Young, Stark
アメリカの劇評家。主著は劇評集『不滅の影』(1948)。
⇒アメ州（Young,Stark　ヤング, スターク　1881–）

Young, Terence
イギリスの映画監督。
⇒映監（ヤング, テレンス　1915.6.20–1994）

Young, Thomas W.
アメリカの作家。
⇒海文新（ヤング, トマス・W.　1962–）
　現世文（ヤング, トマス・W.　1962–）

Young, Victor
アメリカのポピュラー音楽作曲家。『静かなる男』(1952),『シェーン』(53)など映画音楽を数多く書き, 56年の遺作『80日間世界一周』でアカデミー音楽賞獲得。
⇒岩世人（ヤング　1900.8.8–1956.11.10）
　ク3（ヤング　1900–1956）
　新音中（ヤング, ヴィクター　1900.8.8–1956.11.10）
　標音2（ヤング, ヴィクター　1900.8.8–1956.11.10）
　ユ著人（Young,Victor　ヤング, ビクター　1900–1956）

Young, Whitney Moore, Jr.
アメリカの公民権運動の黒人指導者。また貧困と搾取を排除するための"国内マーシャル・プラン"を呼び掛けるなど, 黒人の公民権運動に尽くした。
⇒アメ州（Young,Whitney Moore,Jr.　ヤング, ホイットニー・ムーア, ジュニア　1921–1971）
　マルX（YOUNG,WHITNEY M.,JR.　ヤング, ホイットニー・M, ジュニア　1921–1971）

Young, William Henry
イギリスの数学者。
⇒数辞（ヤング, ウィリアム・ヘンリー　1863–1942）
　世数（ヤング, ヘンリ・ウイリアム　1862–1946）

Young, William Paul
カナダ生まれの作家。
⇒海文新（ヤング, ウィリアム・ポール　1955.5.11–）

Youngberg, Gustavus Benson (GUS)
アメリカの宣教師。
⇒アア歴（Youngberg,Gustavus Benson（"GUS"）ヤングバーグ, グスタフ・ベンスン［ガス］1888–1944.7.14）

Youngblood, Joel Randolph
アメリカの大リーグ選手（外野, 三塁, 二塁）。
⇒メジャ（ヤングブラッド, ジョール　1951.8.28–）

Young-Bruehl, Elisabeth
アメリカのサイコセラピスト。
⇒外12（ヤング・ブルーエル, エリザベス　1946–）

Younghusband, *Sir* Francis Edward
インド生まれのイギリスの探検家, 軍人。
⇒岩世人 (ヤングハズバンド　1863.5.31-1942.7.31)
南ア新 (ヤングハズバンド　1863-1942)

Young-jae
韓国の歌手。
⇒外16 (ヨンジェ　1994.1.24-)

Youngs, Ross Middlebrook
アメリカの大リーグ選手 (外野)。
⇒メジャ (ヤングス, ロス　1897.4.10-1927.10.22)

Young-saeng
韓国の歌手。
⇒外12 (ヨンセン　1986.11.3-)

Yount, Robin R.
アメリカの大リーグ選手 (遊撃, 外野)。
⇒メジャ (ヨーント, ロビン　1955.9.16-)

Youn Yuh-jung
韓国の女優。
⇒韓俳 (ユン・ヨジョン　1947.6.19-)

Yourcenar, Marguerite
ベルギー生まれのフランスの女性小説家。『ハドリアヌス帝の回想』(1951) によって声価を確立。
⇒岩世人 (ユルスナール　1903.6.8-1987.12.17)
絵本 (ユルスナール, マルグリット　1903-1987)
現世文 (ユルスナール, マルグリット　1903.6.8-1987.12.17)
広辞7 (ユルスナール　1903-1987)
世人新 (ユルスナール　1903-1987)
世人装 (ユルスナール　1903-1987)
ネーム (ユルスナール　1903-1987)
フ文小 (ユルスナール, マルグリット　1903-1987)

Yourgrau, Barry
アメリカの作家。
⇒外12 (ユアグロー, バリー　1949-)
外16 (ユアグロー, バリー　1949-)
現世文 (ユアグロー, バリー　1949-)

Yousafzai, Malala
パキスタンの人権活動家。
⇒外16 (ユスフザイ, マララ　1997.7.12-)
世指導 (ユスフザイ, マララ　1997.7.12-)
ネーム (ユスフザイ, マララ　1997-)
ポプ人 (ユスフザイ, マララ　1997-)

Youssoufi, Abderrahmane
モロッコの政治家。モロッコ首相。
⇒世指導 (ユースーフィ, アブデルラハマン　1925-)

Youssoupov, Prince Felix
ロシア帝国の貴族。1916年, 怪僧グレゴリー・ラスプーチンを暗殺した。
⇒世暗 (ユスポフ, フェリクス大公　1887-1967)

Ysaÿe, Eugène Auguste
ベルギーのヴァイオリン奏者, 指揮者, 作曲家。
⇒岩世人 (イザイ　1858.7.16-1931.5.12)
ク音3 (イザイ　1858-1931)
広辞7 (イザイ　1858-1931)
新音小 (イザイ, ウジェーヌ　1858-1931)
新音中 (イザイ, ウジェーヌ　1858.7.16-1931.5.12)
標音2 (イザイ, ウジェーヌ　1858.7.16-1931.5.12)

Yttling, Björn
スウェーデンのミュージシャン。
⇒外12 (イットリング, ビョーン)
外16 (イットリング, ビヨーン)

Yu, Charles
アメリカの作家。
⇒外16 (ユウ, チャールズ　1976-)
海文新 (ユウ, チャールズ　1976.1.3-)
現世文 (ユウ, チャールズ　1976.1.3-)

Yu, Ovidia
シンガポールの女性小説家, 劇作家。
⇒現世文 (ユウ, オヴィディア)

Yu, Ronny
アメリカで映画製作に従事する香港出身の映画監督。
⇒外12 (ユー, ロニー　1950-)

Yu, Shisei
中国のテノール歌手。
⇒魅惑 (Yu,Shisei (愈子正)　?-)

Yuan, Lin Jin
中国のテノール歌手。
⇒魅惑 (Yuan,Lin Jin　?-)

Yucheon
韓国の歌手, 俳優。
⇒外12 (ユチョン　1986.6.4-)
外16 (ユチョン　1986.6.4-)

Yu Chi-jin
韓国の劇作家。中央国立劇場長, 演劇学会会長などを歴任。戯曲集『わたしも人間になりたい』,『柳致真劇本集』など。
⇒岩世人 (柳致真　ユチジン　1905 (光武9).11.19-1974.2.10)
韓現文 (柳致真　ユ・チジン　1905.11.19-1974)
現世文 (ユ・チジン　柳致真　1905.11.19-1974.2.10)

Yudenich, Nikolai Nikolaevich
ロシアの陸軍軍人。18年列国の干渉軍と呼応してエストニア方面で反革命の自衛軍を募り,19年5月と10月の2回ペトログラードへ進撃を試みたが,L.トロツキーの率いる赤軍の反撃で失敗。
⇒岩世人 (ユデーニチ　1862.7.18/30-1933.10.5)

Yudenkov, Alexander
ロシアのテノール歌手。
⇒魅惑（Yudenkov, Alexander　1969-）

Yudhistira ANM Massardi
インドネシアの作家,詩人。
⇒岩世人（ユディスティラ・ANM・マサルディ　1954.2.28-）

Yudhoyono, Susilo Bambang
インドネシアの政治家,軍人。インドネシア大統領（2004～09）。
⇒岩世人（ユドヨノ,スシロ・バンバン　1949.9.9-）
　外12（ユドヨノ,スシロ・バンバン　1949.9.9-）
　外16（ユドヨノ,スシロ・バンバン　1949.9.9-）
　現アジ（ユドヨノ　1949.9.9-）
　広辞7（ユドヨノ　1949-）
　国政（スシロ・バンバン・ユドヨノ　1949-）
　世指導（ユドヨノ,スシロ・バンバン　1949.9.9-）
　世人新（ユドヨノ　1949-）
　世人装（ユドヨノ　1949-）

Yudin, Pavel Fyodorovich
ソ連の哲学者,外交官。ソ連科学アカデミー会員（1953～）。第19回党大会（52）以来ソ連共産党中央委員。
⇒岩世人（ユージン　1899.8.26/9.7-1968.4.10）

Yudin, Sergei
ロシアのテノール歌手。モスクワ音楽院教授。
⇒失声（ユーディン,セルゲイ　1889-1963）

Yudin, Sergei Sergeevich
ソ連の外科医。死体血液の利用などに関して研究。
⇒岩世人（ユージン　1891.9.27/10.9-1954.6.12）

Yue, Shawn
香港の俳優,歌手。
⇒外12（ユー,ショーン　1981.11.13-）
　外16（ユー,ショーン　1981.11.13-）

Yuen Biao
香港生まれの俳優。
⇒外12（ユンピョウ　1957.6.27-）
　外16（ユンピョウ　1957.6.27-）

Yuen Kinto, Toe
香港のアニメーション映画監督。
⇒アニメ（袁建滔　ユエン・キントー,トー　1969-）

Yuen Man-ying
香港の実業家。
⇒外12（袁文英　エンブンエイ）
　外16（袁文英　エンブンエイ　1951-）

Yuen Woo-ping
中国生まれの映画監督。
⇒岩世人（ユェン・ウーピン　1945.1.1-）

Yu Ha
韓国の詩人。
⇒外12（ユハ　1963.2.9-）
　外16（ユハ　1963.2.9-）
　韓現文（庾河　ユ・ハ　1963.2.9-）

Yu Hye-jin
韓国の俳優。
⇒外16（ユヘジン　1970.1.4-）
　韓俳（ユ・ヘジン　1969.1.4-）

Yu In-chon
韓国のタレント。1974年,MBCテレビタレント第6期生としてデビュー。代表作に『朝鮮王朝5百年』『都市の凶年』,ミュージカル『ベニスの商人』『ジーザスクライストスーパースター』等がある。
⇒外12（ユインチョン　1951.3.20-）
　外16（ユインチョン　柳仁村　1951.3.20-）

Yu Ji-tae
韓国の俳優。
⇒外12（ユジテ　1976.4.13-）
　外16（ユジテ　1976.4.13-）
　韓俳（ユ・ジテ　1976.4.13-）

Yu-Jose, Lydia N.
フィリピンの政治学者。
⇒外16（ユー・ホセ,リディア・N.）

Yukawa, Diana
イギリスのヴァイオリン奏者。
⇒外12（湯川,ダイアナ　ユカワ,ダイアナ　1985.9.16-）

Yule, George Udny
イギリスの統計学者。1926年にロンドン大学のフェローになり,同年王立統計協会の会長となった。
⇒世数（ユール,ジョージ・ウドゥニー　1871-1951）

Yu Lik-wai
香港の映画監督,撮影監督。
⇒外12（ユーリクウァイ　1966-）
　外16（ユーリクウァイ　1966-）

Yumashev, Valentin
ロシアのジャーナリスト、政治家。ロシア大統領府長官。
⇒外12（ユマシェフ,ワレンチン　1952.12.15-）
　外16（ユマシェフ,ワレンチン　1952.12.15-）
　世指導（ユマシェフ,ワレンチン　1952.12.15-）

Yum Jung-Ah
韓国のタレント。1991年,ミスコリアで2位に選ばれデビュー。代表作に『我らの天国』,映画『ジャズバー・広島』,演劇『ドンキホーテ』等がある。
⇒韓俳（ヨム・ジョンア　1972.7.8-）

Yu Myung-hwan
韓国の外交官。外交通商相（外相）,駐日韓国

大使。
⇒外12（ユミョンファン　柳明桓　1946.4.8–）
　外16（ユミョンファン　柳明桓　1946.4.8–）
　世指導（ユ・ミョンファン　1946.4.8–）

Yun, I-sang
韓国出身のドイツの作曲家。北朝鮮のスパイとして韓国に拉致され，国際的な助命運動により釈放。のち西ドイツ国籍を得た。
⇒岩韓　（ユン・イサン　尹伊桑　1917–1995.11.3）
　岩世人（ユン〔尹伊桑〕　1917.9.17–1995.11.3）
　韓朝新（ユン・イサン　尹伊桑　1917–1995）
　ク音3　（ユン　1917–1995）
　広辞7　（ユン・イサン　尹伊桑　1917–1995）
　新音小（ユン・イサン　1917–1995）
　新音中（ユン・イサン　1917.9.17–1995.11.3）
　朝韓4　（尹伊桑　ユンイサン　1917–1995）
　ビ曲改（ユン，イサン　1917–1995）
　標音2　（ユン，イサン　尹伊桑　1917.9.17–1995.11.3）

Yun Byung-se
韓国の政治家，外交官。韓国外相。
⇒外16　（ユンビョンセ　尹炳世　1953.8.3–）
　世指導（ユン・ビョンセ　1953.8.3–）

Yun Duk-min
韓国の国際政治学者。
⇒外12　（ユンドクミン　尹徳敏　1959–）
　外16　（ユンドクミン　尹徳敏　1959–）

Yung, Dany
香港の演出家，劇作家，舞台美術家。
⇒外16　（ユン，ダニー　1943.10.19–）

Yung Chi-kin, Larry
香港の実業家。
⇒現アジ（榮智健　1942–）

Yun Gi-bok
北朝鮮の中央委員，中央人民委経済政策委員長，党中央委秘書，最高人民会議統一政策審議委長，汎民族連合北韓側本部議長を務める。
⇒岩韓　（ユン・ギボク　尹基福　1926–）
　世指導（ユン・キボク　1926.8–2003.5.8）

Yun Gi-Won
韓国の男優。
⇒韓俳　（ユン・ギウォン　1974.8.3–）

Yungman, Moshe
イスラエルのイディッシュ語詩人。
⇒ユ著人（Yungman,Moshe　ユングマン，モーシェ　1922–1983）

Yunho
韓国の歌手，俳優。
⇒外12　（ユンホ　1986.2.6–）
　外16　（ユンホ　1986.2.6–）

Yun Ho-jin
北朝鮮の外交官。
⇒外16　（ユンホジン　尹浩鎮）

Yun Hung-gil
韓国の作家。1968年韓国日報「新春文芸」に『灰色の冬の季節』が当選して作家デビュー。代表作に『長雨』『黄昏の家』，長編『黙示の海』『純銀の魂』『母（エミ）』などがある。
⇒岩韓　（ユン・フンギル　尹興吉　1942–）
　韓現文（尹興吉　ユン・フンギル　1942.12.14–）
　韓朝新（ユン・フンギル　尹興吉　1942–）
　現世文（ユン・フンギル　尹興吉　1942.12.14–）

Yun Mi Joo
韓国の女優。
⇒韓俳　（ヨン・ミジュ　1982.2.20–）

Yun Seok-jung
韓国の児童文学家。月刊「少年中央」主幹，文協児童文学分科委員長などを歴任。著書に『尹石重全集』『尹石重童謡525曲集』『飛べ鳥たちよ』ほか多数がある。芸術院会員。
⇒岩世人（尹石重　ユンソクチュン　1911.5.25–2003.12.9）
　韓現文（尹石重　ユン・ソクチュン　1911.5.25–2003）
　現世文（ユン・ソクチュン　尹石重　1911.5.25–2003）

Yun Sung-hee
韓国の脚本家，作詞家。
⇒外12　（ユンソンヒ　1971.2.14–）

Yunus, Muhammad
バングラデシュの銀行家，経済学者。
⇒外12　（ユヌス，ムハンマド　1940.6.28–）
　外16　（ユヌス，ムハンマド　1940.6.28–）
　ノベ3　（ユヌス,M.　1940.6.28–）

Yun Yong-Hyun
韓国の男優。
⇒韓俳　（ユン・ヨンヒョン　1969.5.3–）

Yun Young-Jun
韓国の男優。
⇒韓俳　（ユン・ヨンジュン　1974.7.31–）

Yu Oh-sung
韓国の俳優。
⇒外12　（ユオソン　1968.9.11–）
　韓俳　（ユ・オソン　1968.9.11–）

Yuon, Konstantin Fedrovich
ソ連の画家。ロシアの自然，都市，市民生活などを写実的にまた抒情的に描いた。
⇒芸13　（ユオン，コンスタンティン・フェドローヴィッチ　1875–1944）

Yupanqui, Atahualpa
アルゼンチンのギター奏者，歌手。ケチュア族のインディオの血をひく。代表作『トゥクマンの月』『牛車にゆられて』など。
⇒岩世人（アタワルパ・ユパンキ　1908.1.31–1992）

5.23)
　　新音中（ユパンキ, アタウアルパ　1908.1.31–1992.5.23）
　　標音2（ユパンキ, アタウアルパ　1908.1.30–1992.5.23）
　　ラテ新（ユパンキ　1908–1992）

Yurchenko, Vitaly
　KGB職員。アメリカに亡命後, ソ連に再亡命した。
　⇒スパイ（ユルチェンコ, ヴィタリー　1936–）

Yurdakul, Mehmet Emin
　トルコの詩人。
　⇒岩世人（ユルダクル　1869–1944.1.14）

Yurenyov, Konstantin Konstantinovich
　ソ連の外交官。
　⇒岩世人（ユレニョフ　1888–1938.8.11）

Yu-ri
　韓国の歌手。
　⇒外12（ユリ　1989.12.5–）

Yuri Arbachakov
　ロシアのプロボクサー。
　⇒外12（勇利アルバチャコフ　ユウリアルバチャコフ　1966.10.22–）

Yuro, Timi
　シカゴ生まれの歌手。
　⇒ロック（Yuro,Timi　ユーロウ, ティミ　1940.8.4–）

Yu Seung-min
　韓国の卓球選手。
　⇒外16（ユスンミン　柳承敏　1982.8.5–）
　　最世ス（ユスンミン　1982.8.5–）

Yushchenko, Viktor
　ウクライナの政治家, エコノミスト。ウクライナ大統領（2005～10）。
　⇒岩世人（ユシチェンコ　1954.2.23–）
　　外12（ユーシェンコ, ヴィクトル　1954.2.23–）
　　外16（ユーシェンコ, ヴィクトル　1954.2.23–）
　　世指導（ユーシェンコ, ヴィクトル　1954.2.23–）

Yūshīj, Nīmā
　イランの詩人。
　⇒現世文（ユーシージ, ニーマー　1895–1960.1.6）

Yusof, Pengiran
　ブルネイの政治家, 外交官。ブルネイ首相, 駐日ブルネイ大使。
　⇒世指導（ユソフ, ペンギラン　1923.5.2–2016.4.11）

Yusron Ihza Mahendra
　インドネシアの外交官。
　⇒外16（ユスロン・イフザ・マヘンドラ　1958.2.6–）

Yusuf, Abdulahi
　ソマリアの政治家。ソマリア暫定大統領（2004～08）。
　⇒外12（ユスフ, アブドラヒ　1934.12.15–）
　　世指導（ユスフ, アブドラヒ　1934.12.15–2012.3.23）

Yusuf, Andi Mohamad
　インドネシアの軍人, 政治家。
　⇒岩世人（ユスフ, アンディ・モハマッド　1928–2004.9.8）

Yusuf, Shahid
　エコノミスト。世界銀行開発経済リサーチグループ・リサーチマネージャー。
　⇒外12（ユスフ, シャヒッド）

Yūsuf ibn Ismāʻīl al-Nabhānī
　近代アラブの文人, スーフィー, カーディー。
　⇒岩イ（ユースフ・ナブハーニー　1849–1932）

Yūsuf Idrīs
　エジプトの作家。1984年ノーベル文学賞候補となる。
　⇒岩イ（ユースフ・イドリース　1927–1991）
　　岩世人（ユースフ・イドリース　1927–1991.8.1）
　　現世文（ユースフ・イドリース　1927.5.19–1991.8.1）
　　広辞7（ユースフ・イドリース　1927–1991）

Yu Woo-ik
　韓国の地理学者, 外交官。韓国統一相, 駐中国韓国大使。
　⇒外12（ユウイク　柳佑益　1950.1.6–）
　　外16（リュウイク　柳佑益　1950.1.6–）
　　世指導（リュ・ウイク　1950.1.6–）

Yvain, Maurice
　フランスの作曲家。
　⇒ク音3（イヴェン（イヴァン）　1891–1965）
　　標音2（イヴェン, モリス　1891.2.12–1965.7.28）

Yzerman, Steve
　カナダのアイスホッケー選手（FW）。
　⇒外12（アイザーマン, スティーブ　1965.5.9–）

【 Z 】

Za'ba
　マレーシアの国語学者。
　⇒岩世人（ザアバ　1895.9.16–1973.10.23）

Zabaleta, Nicanor
　スペインのハープ奏者。ペダル8個のハープを考案。テクニック, 音の美しさはともに現代最高。
　⇒新音中（サバレータ, ニカノール　1907.1.7–1993.3.31）

標音2 (サバレタ, ニカノル　1907.1.7–1993.3.31)

Zabel, Albert Heinrich
ドイツ生まれのロシアのハープ奏者。
⇒ク音3 (ツァーベル　1835–1910)
　標音2 (ツァーベル, アルベルト・ハインリヒ　1834.2.22–1910.2.16)

Zabolotskii, Nikolai Alekseevich
ソ連の詩人。すぐれた翻訳家、とくにジョージア詩の紹介者として知られる。
⇒岩世人 (ザボロツキー　1903.4.24/5.7–1958.10.14)
　現世文 (ザボロツキー, ニコライ・アレクセーヴィチ　1903.5.7–1958.10.14)

Zabotin, Nikolai
ソビエト軍の情報機関 (GRU) の士官。
⇒スパイ (ザボーチン, ニコライ　?–1946)

Zabransky, Adolf
チェコの広いジャンルのアーティスト。
⇒絵本 (ザーブランスキー, アドルフ　1909–1981)

Zaccheroni, Alberto
イタリアのサッカー指導者。
⇒外12 (ザッケローニ, アルベルト　1953.4.1–)
　外16 (ザッケローニ, アルベルト　1953.4.1–)
　最世久 (ザッケローニ, アルベルト　1953.4.1–)
　ネーム (ザッケローニ　1953–)

Zacchi, Jean-Marie
アルジェリアの画家。
⇒芸13 (ザッキ, ジェーン・マリエ　1944–)

Zach, Cheryl
アメリカの作家。ニコル・バードは、シェリル・ザックとミシェル・プレイス母娘による共同執筆用の筆名。
⇒海文新 (バード, ニコル　1947–)

Zachariadis, Nikos
ギリシア共産党 (KKE) の指導者。
⇒岩世人 (ザハリアズィス　1903.4.27–1973.8.8)

Zacharias, Ellis Mark
アメリカの海軍将校。
⇒アア歴 (Zacharias,Ellis Mark　ザカリアス, エリス・マーク　1890.1.1–1961.6.28)
　スパイ (ザカライアス, エリス・M　1890–1961)

Zacharias, Helmut
ドイツ生まれのヴァイオリン奏者。
⇒標音2 (ツァハリーアス, ヘルムート　1920.1.27–)

Zacharias, Otto
ドイツの湖沼学者、生物学者。プレーン湖に世界最初の臨湖実験所を設立。
⇒岩世人 (ツァハリーアス　1846.1.27–1916.10.2)

Zachariassen, Mathias
スウェーデンのテノール歌手。

⇒魅惑 (Zachariassen,Mathias　1968–)

Zacharski, Marian
ポーランド情報機関のエージェント。スパイ行為によりアメリカで有罪となった。
⇒スパイ (ザカルスキー, マリアン)

Zachary, Jonathan Thompson Walton
アメリカの大リーグ選手 (投手)。
⇒メジャ (ザカリー, トム　1896.5.7–1969.1.24)

Zachert, Herbert
西ドイツの日本研究家。神道の研究、江戸文学の翻訳・研究を多数のこす。松本高校 (旧制) 教師 (1933～41) を務めた。
⇒岩世人 (ツァヘルト　1908.4.28–1979.11.11)

Zachry, Patrick Paul
アメリカの大リーグ選手 (投手)。
⇒メジャ (ザクリー, パット　1952.4.24–)

Zadeh, Lotfi Asker
アメリカのシステム工学者。ファジー理論を提唱。
⇒有経5 (ザデー　1921–)

Zadkine, Ossip
ロシア生まれのフランスで活躍した彫刻家。1950年ベネチア・ビエンナーレ展で受賞。代表作『破壊された都市 (第2次世界大戦記念碑)』(54)。
⇒岩世人 (ザッキン (ザツキン)　1890.7.14/26–1967.11.25)
　芸13 (ザッキン, オシップ　1890–1967)
　広辞7 (ザッキン　1890–1967)
　ユ著人 (Zadkin,Ossip　ザッドキン, オーシップ　1890–1967)

Zador, Eugen
ハンガリー、のちアメリカの作曲家。
⇒ク音3 (ザードル　1894–1977)

Zadornov, Mikhail
ロシアの政治家。ロシア財務相。
⇒世指導 (ザドルノフ, ミハイル　1963.5.4–)

Zadra, Pia
アメリカ生まれの女優。
⇒ク俳 (ザドラ, ピア (スキパニ,P)　1954–)

Zaehner, Robert Charles
イギリスの宗教学者。
⇒岩世人 (ゼイナー　1913.4.8–1974.11.24)

Zaev, Zoran
マケドニアの政治家。マケドニア首相。
⇒世指導 (ザエフ, ゾラン　1974.10.8–)

Zafy, Albert
マダガスカルの政治家, 外科医。マダガスカル大統領 (1993～96)。

⇒世指導（ザフィ，アルベール　1927.5.1–2017.10.13）

Zagallo, Mario
ブラジルのサッカー監督。
⇒岩世人（ザガロ　1931.8.9–）
　外12（ザガロ，マリオ　1931.8.9–）

Zagat, Nina
アメリカの出版人。
⇒外12（ザガット，ニナ　1942.8–）

Zagat, Tim
アメリカの出版人。
⇒外12（ザガット，ティム　1940.5–）

Zager, Denny
アメリカ・アラスカ州ワイモー生まれの歌手。
⇒ロック（Zagar and Evans　ゼイガー&エヴァンズ　1944.2.18–）

Zaghlūl Pasha Saad
エジプトの政治家，民族運動指導者。民族主義政党「ワフド党」を指導して反英独立運動を積極的に展開。
⇒岩イ（ザグルール　1857/1860–1927）
　岩世人（ザグルール，サアド　1858/1857/1859/1860.7–1927.8.24）
　世人新（サード＝ザグルール（ザグルール＝パシャ）　1850/1857–1927）
　世人装（サード＝ザグルール（ザグルール＝パシャ）　1850/1857–1927）

Zagonara, Adelio
イタリアのテノール歌手。
⇒魅惑（Zagonara,Adelio　1905–?）

Zagrosek, Lothar
ドイツの指揮者。
⇒外12（ツァグロセク，ローター　1942.11.13–）
　外16（ツァグロセク，ローター　1942.11.13–）

Zagumny, Paweł
ポーランドのバレーボール選手。
⇒最世ス（ザグムニ，パベウ　1977.8.4–）

Zagunis, Mariel
アメリカのフェンシング選手。
⇒外12（ザグニス，マリエル　1985.3.3–）
　最世ス（ザグニス，マリエル　1985.3.3–）

Zaharia, Constantin
テノール歌手。
⇒魅惑（Zaharia,Constantin　?–）

Zaharias, Christian
ドイツのピアノ奏者。
⇒外12（ツァハリアス，クリスティアン　1950.4.27–）
　外16（ツァハリアス，クリスティアン　1950.4.27–）

Zaharias, Mildred "Babe" Didrikson
アメリカの女子陸上競技選手，プロゴルファー。
⇒岩世人（ザハリアス　1911.6.26–1956.9.27）

Zaharoff, Sir Basil
イギリスの実業家。
⇒岩世人（ザハロフ　1849.10.6–1936.11.27）
　広辞7（ザハロフ　1849–1936）
　スパイ（ザハロフ，サー・バジル　1849–1936）
　ネーム（ザハロフ　1850–1936）

Zahavi, Dan
デンマークの哲学者。
⇒メル別（ザハヴィ，ダン　1967–）

Zahedi, Morteza
イラン・ラシュト生まれの画家。
⇒絵本（ザーヘディ，モルテザー　1978–）

Zahir, Ahmad
アフガニスタンの歌手，ソングライター，アコーディオン奏者。
⇒岩世人（ザーヒル　1946.6.14–1979.6.14）

Zāhir Shāh, Mohammad
アフガニスタンの最後の国王。在位1933〜73。1973年ダウド元首相の起こしたクーデターで王位を追われる。
⇒イス世（ザーヒル・シャー）
　岩イ（ザーヒル・シャー　1914–）
　岩世人（ザーヒル・シャー　1914.10.30–2007.7.23）

Zahle, Carl Theodor
デンマークの政治家。首相（1909〜10，1913〜20）。
⇒岩世人（セーレ　1866.1.19–1946.2.3）

Zahn, Geoffrey Clayton
アメリカの大リーグ選手（投手）。
⇒メジャ（ザーン，ジェフ　1945.12.19–）

Zahn, Theodor von
ドイツの神学者。聖書釈義学における代表的保守主義者。『新約聖書注解』（1903）を著す。
⇒岩世人（ツァーン　1838.10.10–1933.3.15）
　オク教（ツァーン　1838–1933）
　新カト（ツァーン　1838.10.10–1933.3.15）

Zahn, Timothy
アメリカのSF作家。
⇒外12（ザーン，ティモシー）
　現世文（ザーン，ティモシー）

Zahradníček, Jiří
チェコのテノール歌手。
⇒魅惑（Zahradníček,Jiří　1923–2001）

Zaidān, Jirjī
アラブ系の歴史家，ジャーナリスト。
⇒岩イ（ジルジー・ザイダーン　1861–1914）

岩世人（ザイダーン（ズィーダーン）1861.12.14–1914.7.21）

Zaide, Gregorio F.
フィリピンの歴史家。
⇒岩世人（サイデ 1907–1986）

Zaid ibn Shaker
ヨルダンの政治家,軍人。ヨルダン首相。
⇒世指導（ザイド・イブン・シャケル 1934.9.4–2002.8.30）

Zaillian, Steven
アメリカの脚本家,映画監督。
⇒外12（ザイリアン,スティーブン 1953–）

al-Za'īm, Ḥusnī
シリアの軍人,政治家。
⇒岩世人（ザイーム,フスニー 1894–1949）

Zaimis, Alexandros
ギリシアの政治家。共和政のギリシアで首相（1926～28）,大統領（29～35）に就任。
⇒岩世人（ザイミス 1855.10.28/11.9–1936.9.15）

Zainuddin, Tun Daim
マレーシアの実業家,政治家。
⇒岩世人（ザイヌディン,ダイム 1938.4.29–）

Zaitsev, Aleksandr Mikhailovich
ロシアの有機化学者。
⇒岩世人（ザイツェフ（セイチェフ）1841.6.20–1910.8.19）

Zaitsev, Boris Konstantinovich
ロシアの小説家。印象主義的な技法や神秘的な人生観,キリスト教的なヒューマニズムを特徴とする。1921年に亡命し,パリで執筆。
⇒岩世人（ザイツェフ 1881.1.29/2.10–1972.1.28）
学叢思（ザイツェフ,ボリース 1881–）
ネーム（ザイツェフ 1881–1972）

Zaitseva, Olga
ロシアのバイアスロン選手。
⇒外12（ザイツェワ,オリガ 1978.5.16–）
外16（ザイツェワ,オリガ 1978.5.16–）
最世ス（ザイツェワ,オリガ 1978.5.16–）

Zajonc, Robert Bolesław
アメリカの心理学者。
⇒岩世人（ザイアンス（ゼイアンツ）1923.11.23–2008.12.3）
社心小（ザイアンス 1923–）

Zakaria, Fareed
インド生まれのジャーナリスト,コラムニスト。「ニューズウイーク国際版」編集長。
⇒外12（ザカリア,ファリード 1964–）
外16（ザカリア,ファリード 1964.1.20–）

Zakayev, Akhmed
チェチェン独立運動指導者。
⇒外12（ザカエフ,アフメド 1956.4.26–）
外16（ザカエフ,アフメド 1956.4.26–）
世指導（ザカエフ,アフメド 1956.4.26–）

Zakharov, Gennadi F.
ソ連出身の国際連合（UN）職員。1986年にスパイ容疑で逮捕された。
⇒スパイ（ザハロフ,ゲンナジー・F）

Zakharov, Ilya
ロシアの飛び込み選手。
⇒外16（ザハロフ,イリア 1991.5.2–）
最世ス（ザハロフ,イリア 1991.5.2–）

Zakharov, Matvei Vasilievich
ソ連の軍人。第2次世界大戦に参謀として活躍。ソ連軍参謀総長兼第一国防次官。
⇒スパイ（ザハロフ,マトヴェイ・ワシリエヴィチ 1898–1972）

Zakharov, Rostislav
ソ連の振付師。1942年と49年にスターリン賞を受賞。著書に『振付師の芸術』(54)がある。
⇒岩世人（ザハロフ 1907.8.25/28/9.7/10–1984.2/1.15）

Zakharov, Ruslan
ロシアのスピードスケート選手（ショートトラック）。
⇒外16（ザハロフ,ルスラン 1987.3.24–）

Zakharova, Svetlana
ロシアのバレリーナ。
⇒岩世人（ザハロワ 1979.6.10–）
外12（ザハーロワ,スヴェトラーナ 1979.6.10–）
外16（ザハーロワ,スヴェトラーナ 1979.6.10–）

Zakhoder, Boris Vladimirovich
ロシアの詩人,作家。
⇒絵本（ザハジェール,ボリス 1918–2000）

Zakir Husain
インドの政治家。第3代インド大統領（1967～69）。
⇒岩イ（ザーキル・フサイン 1897–1969）

Zakour, John
アメリカの作家。
⇒海文新（ザコーアー,ジョン 1957–）
現世文（ザコーアー,ジョン 1957–）

Zald, Mayer Nathan
アメリカの組織社会学者。
⇒社小増（ゾールド 1931–）

Zaleman, Karl Germanovich
ロシアの東洋学者。ペルシア語に関する著作が多い。
⇒岩世人（ザーレマン 1849.12.28–1916.11.30）

Zaligin, Sergi Pavlovich
ソ連の小説家。作品に『北方短篇集』(1947),

『赤いクローバー』(55),『アルタイの小路』(62),『イルティシにて』(64) など。
⇒現世文（ザルイギン, セルゲイ　1913.11.23–2000.4.19）

Zalm, Gerrit
オランダの政治家。オランダ副首相, 財務相。
⇒外12（ザルム, ヘリット　1952.5.6–）
　外16（ザルム, ヘリット　1952.5.6–）
　世指導（ザルム, ヘリット　1952.5.6–）

Zambon, Amedeo
イタリアのテノール歌手。
⇒失声（ザンボン, アメデオ　1934–2000）
　魅惑（Zambon,Amedeo　1934–2000）

Zambonini, Ferruccio
イタリアの鉱物学者。ヴェスヴィオ火山の鉱物研究を行った。
⇒岩世人（ザンボニーニ　1880.12.17–1932.1.12）

Zambra, Alejandro
チリの作家, 詩人, 批評家。
⇒外16（サンブラ, アレハンドロ　1975–）
　海文新（サンブラ, アレハンドロ　1975–）
　現世文（サンブラ, アレハンドロ　1975–）

Zambrano, Carlos
ベネズエラの大リーグ選手（投手）。
⇒最世ス（ザンブラーノ, カルロス　1981.6.1–）
　メジャ（サンブラノ, カルロス　1981.6.1–）

Zambrotta, Gianluca
イタリアのサッカー選手。
⇒外12（ザンブロッタ, ジャンルカ　1977.2.19–）
　外16（ザンブロッタ, ジャンルカ　1977.2.19–）
　最世ス（ザンブロッタ, ジャンルカ　1977.2.19–）

Zambruno, Primo
イタリアのテノール歌手。
⇒失声（ザンブルーノ, プリモ　1914–1991）
　魅惑（Zambruno,Primo　1914–1991）

Zamenhof, Lazarus Ludwig
ポーランドの眼科医。エスペラントの創始者。国際補助語Esperantoを考案し, 普及に努めた。
⇒岩世人（ザメンホフ　1859.12.15–1917.4.14）
　広辞7（ザメンホフ　1859–1917）
　世人新（ザメンホフ　1859–1917）
　世人装（ザメンホフ　1859–1917）
　日エ（ザメンホフ　1859.12.15（ロシア暦12.3）–1917.4.14）
　ネーム（ザメンホフ　1859–1917）
　ポプ人（ザメンホフ, ラザロ　1859–1917）
　ユ著人（Zamenhof,Lazaro Ludwico　ザメンホフ, ラザロ・ルードヴィコ　1895–1917）

Zameza, José
スペイン出身のカトリック宣教学者, 宣教学におけるスペイン学派の創始者。
⇒新カト（サメサ　1886.1.11–1957.4.1）

Zamir, Zvi
イスラエルの諜報機関モサドの長官。在職1968〜74。
⇒スパイ（ザミール, ズヴィ　1925–）

Zamora, Nicolas
フィリピンの牧師。
⇒岩世人（サモラ　1875.9.10–1914.9.14）

Zamorano, Ivan
チリのサッカー選手。
⇒異二辞（サモラーノ［イバン・〜］　1967–）

Zamorano, Pedro
スペイン生まれの画家。
⇒芸13（ザモラノ, ペドロ　1906–1985）

Zampieri, Gianluca
イタリアのテノール歌手。
⇒魅惑（Zampieri,Gianluca　?–）

Zampieri, Giuseppe
イタリアのオペラ歌手。カラヤンに認められ, ウィーン国立歌劇場を中心に活躍した。
⇒失声（ザンピエーリ, ジュゼッペ　1921–1981）
　魅惑（Zampieri,Giuseppe　1921–1981）

Zampighi, Carlo
イタリアのテノール歌手。
⇒失声（ザンピーギ, カルロ　1927–1997）

Zamyatin, Evgenii Ivanovich
ロシアの小説家。大胆な実験的技法で革命直後の社会の状況を表現した作品を相次いで発表した。反革命の烙印をおされて亡命。
⇒岩世人（ザミャーチン　1884.1.20/2.1–1937.3.10）
　広辞7（ザミャーチン　1884–1937）
　ネーム（ザミャーチン　1884–1937）

Zan, Koethi
アメリカの作家。
⇒海文新（ザン, コーティ）

Zanardi, Alex
イタリアのレーシングドライバー。
⇒外16（ザナルディ, アレックス　1966.10.23–）

Zander, Alvin Frederick
アメリカの心理学者。研究分野は, 個人適応における集団, 役割関係のリーダーシップ論。
⇒社心小（ザンダー　1913–）

Zander, Edward J.
アメリカの実業家。
⇒外12（ザンダー, エドワード　1947.1.12–）
　外16（ザンダー, エドワード　1947.1.12–）

Zander, Joakim
スウェーデンの作家。
⇒海文新（サンデル, ヨアキム　1975–）

現世文（サンデル, ヨアキム　1975-）

Zander, Robin
アメリカのロック歌手。
⇒外12（ザンダー, ロビン）
　外16（ザンダー, ロビン）

Zandonai, Riccardo
イタリアの作曲家。『鎮魂ミサ曲』や管絃楽等の作品がある。
⇒岩世人（ザンドナーイ　1883.5.30-1944.6.5）
　オペラ（ザンドナーイ, リッカルド　1883-1944）
　ク音3（ザンドナーイ　1883-1944）
　新音中（ザンドナーイ, リッカルド　1883.5.30-1944.6.5）
　標音2（ザンドナーイ, リッカルド　1883.5.30-1944.6.5）

Zane, Billy
アメリカ生まれの俳優。
⇒ク俳（ゼイン, ビリー　1966-）

Zanella, Renato
イタリアの振付師, バレエダンサー。
⇒外12（ツァネラ, レナート　1961-）

Zanelli, Renato
チリのテノール歌手。
⇒失声（ザネッリ, レナート　1892-1935）
　魅惑（Zanelli, Renato　1892-1935）

Zanetti, Arthur
ブラジルの体操選手。
⇒外16（ザネッティ, アルトゥル　1990.4.16-）
　最世ス（ザネッティ, アルトゥル　1990.4.16-）

Zanetti, Javier Ademar
アルゼンチンのサッカー選手。
⇒異二辞（サネッティ［ハビエル・～］　1973-）
　外12（サネッティ, ハビエル　1973.8.10-）
　外16（サネッティ, ハビエル　1973.8.10-）
　最世ス（サネッティ, ハビエル　1973.8.10-）

Zanetti, Orfeo
テノール歌手。
⇒魅惑（Zanetti, Orfeo　?-）

Zanfardino, Daniele
イタリアのテノール歌手。
⇒魅惑（Zanfardino, Daniele　1978-）

Zangara, Giuseppe
アメリカ（イタリア系）のレンガ職人。1933年, アメリカ大統領フランクリン・ルーズベルトを射殺しようとして, シカゴ市長アントン・サーマクを誤殺した。
⇒世暗（ザンガラ, ジュゼッペ　1900-1933）

Zangarini, Carlo
イタリアの台本作家。
⇒オペラ（ザンガリーニ, カルロ　1874-1943）

Zangwill, Israel
イギリス系ユダヤ人小説家, ジャーナリスト。ユダヤ文化季刊誌『アリエル』の編集者。
⇒岩世人（ザングウィル　1864.1.24-1926.8.1）
　ユ著他（Zangwill, Israel　ザングウィル, イスラエル　1864-1926）

Zanicchi, Iva
イタリア生まれの歌手。
⇒標音2（ザニッキ, イヴァ　1941.1.18-）

Zanuck, Darryl Francis
アメリカの映画製作者。ギャング問題をとりあげた〈暗黒街映画〉, ニュー・ディール時代のアメリカの社会的矛盾を暴露した問題作を提供。
⇒岩世人（ザナック　1902.9.5-1979.12.22）

Zanuck, Richard Darryl
アメリカ生まれの映画製作者。
⇒外12（ザナック, リチャード・ダリル　1934.12.13-）

Zanussi, Krzysztof
ポーランド生まれの映画監督, 映画脚本家。
⇒外12（ザヌーシ, クシシュトフ　1939.6.17-）
　外16（ザヌーシ, クシシュトフ　1939.6.17-）

Zanzotto, Andrea
イタリアの詩人。
⇒岩世人（ザンゾット　1921.10.10-2011.10.18）
　現世文（ザンゾット, アンドレーア　1921.10.10-2011.10.18）

Zao Wou-ki
中国出身のフランスの抽象画家。
⇒岩世人（ザオ・ウーキー　1921.2.13-2013.4.9）
　外12（ザオウーキー　1921-）
　芸13（趙無極　ざおうぉーきー　1921-）

Zapata, Emiliano
メキシコ革命の農民軍指導者。一時メキシコ・シティーを占領したが, 暗殺された。
⇒岩世人（サパタ　1879.8.8-1919.4.10）
　広辞7（サパタ　1879-1919）
　世史改（サパタ　1879-1919）
　世人新（サパタ　1879-1919）
　世人装（サパタ　1879-1919）
　ポプ人（サパタ, エミリアーノ　1879-1919）
　もう山（サパタ　1879-1919）
　ラテ新（サパタ　1879-1919）

Zapata, Jose Manuel
スペインのテノール歌手。
⇒魅惑（Zapata, Jose Manuel　1978-）

Zapf, Hermann
ドイツの書体デザイナー, 能書家, 本のデザイナー, 教育者。
⇒グラデ（Zapf, Hermann　ツァプフ, ヘルマン　1918-）

Zapolska, Gabrjela
ポーランドの女性作家。初め女優としてパリで活躍（1880〜95）。
⇒岩世人（ザポルスカ　1857.3.30–1921.12.17）

Zápotocký, Antonín
チェコスロバキアの政治家、ジャーナリスト。ゴットワルトのあとを継いで大統領（1953〜57）に就任。主著に『嵐の年』がある。
⇒岩世人（ザーポトツキー　1884.12.19–1957.11.13）

Zappa, Frank
アメリカのロック音楽家。
⇒岩世人（ザッパ　1940.12.21–1993.12.4）
エデ（ザッパ, フランク　1940.12.21–1993.12.4）
新音中（ザッパ, フランク　1940.12.21–1993.12.4）
ビト改（ZAPPA,FRANK　ザッパ, フランク）
標音2（ザッパ, フランク　1940.12.21–1993.12.4）
ロック（Zappa,Frank　ザッパ, フランク　1940.12.21–）

Zarb, Frank Gustav
アメリカの金融家。
⇒外12（ザーブ, フランク　1935.2.17–）
外16（ザーブ, フランク　1935.2.17–）

Zardari, Asif Ali
パキスタンの政治家、実業家。パキスタン大統領、パキスタン人民党（PPP）共同総裁。
⇒外12（ザルダリ, アシフ・アリ　1955.7.26–）
外16（ザルダリ, アシフ・アリ　1955.7.26–）
世指導（ザルダリ, アシフ・アリ　1955.7.26–）

Zare, Richard Neil
アメリカの物理化学者。
⇒岩世人（ゼア　1939.11.19–）

Zaremba, Stanislaw
ポーランドの数学者。
⇒世数（ザレンバ, スラティスワフ　1863–1942）

Zargana
ビルマ（ミャンマー）のコメディアン、俳優、ディレクター。
⇒岩世人（ザーガナ　1961.1.27–）

Zarilla, Allen Lee
アメリカの大リーグ選手（外野）。
⇒メジャ（ザリラ, アル　1919.5.1–1996.8.28）

Zariņš, Kārlis
ラトビアのテノール歌手。
⇒失声（ザリニシュ, カールリス　1930–）

Zaripova, Yuliya
ロシアの陸上選手（障害）。
⇒外16（ザリポワ, ユリア　1986.4.26–）
最世ス（ザリポワ, ユリア　1986.4.26–）

Zariski, Oscar
アメリカの数学者。代数幾何学を厳密に基礎づけ更に発展させた。
⇒岩世人（ザリスキ　1899.4.24–1986.7.4）
世数（ザリスキー　1899–1986）

Zarr, Sara
アメリカの作家。
⇒海文新（ザール, サラ）
現文（ザール, サラ）

Zarrinkelk, Nourroudin
イランのイラストレーター。
⇒アニメ（ザリンケルク, ヌレディン　1937–）
絵本（ザッリーンケルク, ヌーレッディーン　1937–）

Zarubin, Vassili Mikhailovich
ソ連の情報機関NKVD（内務人民委員部）のレジデント。
⇒スパイ（ザルービン, ワシリ・ミハロヴィチ　1894–1974）

Zaslavskaya, Tat'yana Ivanovna
ロシアの社会学者、ペレストロイカ以後の改革的理論家。
⇒岩世人（ザスラフスカヤ　1927.9.9–2013.8.23）

Zasulich, Vera Ivanovna
ロシアの婦人革命家。メンシェビキ指導者の一人。
⇒岩世人（ザスーリチ　1849.9.27/10.8–1919.5.8）
世暗（ザスーリチ, ヴェラ・イワノヴナ　1849–1919）
世人新（ザスーリチ　1849–1919）
世人装（ザスーリチ　1849–1919）

Zatlers, Valdis
ラトビアの政治家、整形外科医。ラトビア大統領（2011〜15）。
⇒外12（ザトレルス, バルディス　1955.3.22–）
外16（ザトレルス, バルディス　1955.3.22–）
世指導（ザトレルス, バルディス　1955.3.22–）

Zátopek, Emil
チェコスロバキアの陸上競技長距離選手。人間機関車と呼ばれ、第14回、第15回オリンピック大会で通算金メダル4個を獲得した。
⇒異二辞（ザトペック［エミール・〜］　1922–2000）
岩世人（ザートペク　1922.9.19–2000.11.22）
広辞7（ザトペック　1922–2000）

Zatulovskaya, Irina
ロシア生まれの造形家。
⇒芸13（ザツロフスカヤ, イリナ　1954–）

Zaun, Gregory Owen
アメリカの大リーグ選手（捕手）。
⇒メジャ（ゾーン, グレッグ　1971.4.14–）

Zavala, Maria Guadalupe Garcia
メキシコの聖マルガリータ・マリアと貧者のしもべ修道会創立者,聖人。祝日6月24日。
⇒新カト (マリア・グアダルーペ・ガルシア・ザバラ 1878.4.27-1963.6.24)

Zavaro, Albert
フランスの画家。
⇒芸13 (ザヴァロ,アルバート 1925-)

Zavattini, Cesare
イタリア・ネオレアリズモの代表的なシナリオライター。作品に『自転車泥棒』など。
⇒岩世人 (ザヴァッティーニ 1902.9.20-1989.10.13)

Zaveryukha, Aleksandr
ロシアの政治家。ロシア副首相。
⇒世指導 (ザヴェリューハ,アレクサンドル 1940.4.30-)

Závodszky, Zoltán
ハンガリーのテノール歌手。
⇒魅惑 (Závodszky,Zoltán 1892-1976)

Zavos, Panos
アメリカの生理学者。
⇒外12 (ザボス,パノス 1944.2.23-)
外16 (ザボス,パノス 1944.2.23-)

Zawahiri, Ayman
エジプトの軍人,外科医。アルカイダ指導者,ジハード団指導者。
⇒外12 (ザワヒリ,アイマン 1951.6.19-)
外16 (ザワヒリ,アイマン 1951.6.19-)
世指導 (ザワヒリ,アイマン 1951.6.19-)

Zawana
ビルマの小説家。本名U Thein。主著『大学の与太者』Kawleit Gyabo (1938),『われら学生』Do Kyaungtha (39) など。
⇒岩世人 (ザワナ 1911.12.10-1983.3.8)

Zaw Gyi
ビルマの詩人,評論家,翻訳家。本名U Thein Ham。主な作品『青竜木の花』(1928),『わが祖国』,『布袋(ほてい)葵の通り』(63)。
⇒岩世人 (ゾージー 1907.4.12-1990.9.26)

Zawinul, Joset (Joe)
オーストリアのキーボード,シンセサイザー奏者。1970年12月に「ウェザー・リポート」を結成,70年代を通じて最大の音楽的成果をあげ,最強力コンボとしてジャズ界をリードしている。
⇒標音2 (ザヴィヌル,ジョー 1932.7.7-)

Zay, Jean Élie Paul
フランスの政治家。
⇒岩世人 (ゼイ 1904.8.6-1944.6.20)

Zayan, Denis
エジプト生まれの画家。
⇒芸13 (ザヤン,デニス 1946-)

Zayas y Alfonso, Alfredo
キューバの政治家。詩人,歴史学者,言語学者としても有名。ゴメスの叛乱に加わり,のち大統領(1921~25)となった。
⇒岩世人 (サヤス 1861.9.21-1934.4.11)

Zayed bin Sultan al-Nahyan
アラブ首長国連邦の政治家。アラブ首長国連邦(UAE)大統領,アブダビ首長。
⇒岩世人 (ザーイド 1918.11.3-2004.11.2)
世指導 (ザイド・ビン・スルタン・アル・ナハヤン 1918-2004.11.2)

Zaynab Fawwāz
近代エジプトで活躍したレバノン系作家。
⇒岩イ (ザイナブ・ファウワーズ 1860-1914)

Zäynulla Räsülev
バシキリアで最も権威のあったイシャーン。
⇒岩イ (ザイヌッラ・ラスーレフ 1833-1917)

ZAZ
フランスの歌手。
⇒外16 (ZAZ ザーズ 1980-)

Zazzo, René
フランスの心理学者。文学・人文科学教授。
⇒岩世人 (ザゾ 1910.10.27-1995.9)

Zbanic, Jasmila
ボスニア・ヘルツェゴビナの映画監督。
⇒外12 (ジュバニッチ,ヤスミラ 1974-)

Zdunikowski, Adam
ポーランドのテノール歌手。
⇒魅惑 (Zdunikowski,Adam ?-)

Zduriencik, Jack
アメリカの大リーグ,マリナーズのGM。
⇒外12 (ズレンシック,ジャック 1951.1.11-)
外16 (ズレンシック,ジャック 1951.1.11-)

Zebrowski, Zeno
ポーランド生まれのカトリック労働修士。1930年日本布教のため長崎にくる。50年から東京で「アリの町」建設に参加,「ゼノ神父」の通称でひろく知られた。
⇒岩キ (ゼノ 1898-1982)
広辞7 (ゼノ 1898-1982)
新カト (ゼノ 1898.9.28-1982.4.24)
ネーム (ゼブロフスキー 1891-1982)

Zecca, Ferdinand
フランス・パリ生まれの映画監督,製作者。
⇒岩世人 (ゼッカ 1864.2.19-1947.3.23)

Zech, Paul
ドイツの詩人, 小説家, 劇作家。表現主義運動に参加。1934年南米に亡命。
⇒岩世人（ツェッヒ　1881.2.19–1946.9.7）

Zedda, Alberto
イタリアの指揮者。
⇒オペラ（ゼッダ, アルベルト　1928–）
外12（ゼッダ, アルベルト　1928.1.2–）
外16（ゼッダ, アルベルト　1928.1.2–）

Zedillo, Ernesto
メキシコの政治家, エコノミスト。メキシコ大統領（1994～2000）。
⇒岩世人（セディージョ　1951.12.27–）
外12（セディジョ, エルネスト　1951.4.27–）
外16（セディジョ, エルネスト　1951.4.27–）
世指導（セディジョ, エルネスト　1951.4.27–）

Zedkaia, Jurelang
マーシャル諸島の政治家。マーシャル諸島大統領（2009～12）。
⇒外12（ゼドケア, チューレラン　1950.7.13–）
外16（ゼドケア, チューレラン　1950.7.13–）
世指導（ゼドケア, チューレラン　1950.7.13–2015.10.7）

Zednik, Heinz
オーストリアのテノール歌手。
⇒失声（ツェドニク, ハインツ　1940–）
魅惑（Zednik,Heinz　1940–）

Zeeman, Pieter
オランダの物理学者。ゼーマン効果の発見者。1902年ローレンツとともにノーベル物理学賞受賞。
⇒岩世人（ゼーマン　1865.5.25–1943.10.9）
三新物（ゼーマン　1865–1943）
ネーム（ゼーマン　1865–1943）
ノベ3（ゼーマン,P.　1865.5.25–1943.10.9）
物理（ゼーマン, ピーター　1865–1943）

Zeevaert, Sigrid
ドイツの児童文学者。
⇒外16（ツェーフェルト, ジーグリット　1960–）
海文新（ツェーフェルト, ジーグリット　1960.1.30–）
現世文（ツェーフェルト, ジーグリット　1960.1.30–）

Zeevi, Rechavam
イスラエルの政治家, 軍人。イスラエル観光相, イスラエル国家統一党党首。
⇒世指導（ゼエビ, レハバム　?–2001.10.17）

Zeffirelli, Franco
イタリアの演出家, 舞台装置家, 映画監督。1960年『ロミオとジュリエット』で、シェークスピア演出に大きな刺激を与えた。
⇒岩世人（ゼッフィレッリ　1923.2.12–）
映監（ゼフィレッリ, フランコ　1923.2.12–）
オペラ（ゼッフィレッリ, フランコ　1923–）
外12（ゼッフィレッリ, フランコ　1923.2.12–）
外16（ゼッフィレッリ, フランコ　1923.2.12–）
新音中（ゼッフィレッリ, フランコ　1923.2.12–）
標音2（ゼッフィレッリ, フランコ　1923.2.12–）

Zeffiri, Mario
ギリシャのテノール歌手。
⇒魅惑（Zeffiri,Mario　?–）

Zegna, Ermenegildo
イタリアの実業家。
⇒外12（ゼニア, エルメネジルド　1955–）
外16（ゼニア, エルメネジルド　1955–）

Zeh, Juli
ドイツの作家。
⇒海文新（ツェー, ユーリ　1974.6.30–）
現世文（ツェー, ユーリ　1974.6.30–）

Zehe, Alfred
東ドイツの物理学教授。アメリカ海軍の活動をスパイしたとして、交換プログラムで訪れていたアメリカで1983年に逮捕された。材料工学の分野で業績がある。
⇒スパイ（ツェーエ, アルフレート）

Zehetmair, Thomas
オーストリアのヴァイオリン奏者。
⇒外12（ツェトマイヤー, トーマス　1961.11.23–）
外16（ツェトマイヤー, トーマス　1961.11.23–）

Zeidan, Ali
リビアの政治家, 外交官。リビア首相。
⇒外16（ゼイダン, アリ　1950–）
世指導（ゼイダン, アリ　1950–）

Zeile, Todd Edward
アメリカの大リーグ選手（三塁, 捕手, 一塁）。
⇒メジャ（ジール, トッド　1965.9.9–）

Zeitlin, Benh
アメリカの映画監督。
⇒外16（ザイトリン, ベン　1982.10.14–）

Zeitlin, Hillel
白ロシア生まれの作家, 思想家, ジャーナリスト。
⇒ユ著人（Zeitlin,Hillel　ツァイトリン, ヒレル　1871–1942）

Zelaya, José Manuel
ホンジュラスの政治家。ホンジュラス大統領（2006～09）。
⇒外12（セラヤ, ホセ・マヌエル　1952.9.20–）
外16（セラヤ, ホセ・マヌエル　1952.9.20–）
世指導（セラヤ, ホセ・マヌエル　1952.9.20–）

Zelaya, José Santos
ニカラグアの独裁者。ニカラグア大統領（1893～1909）。09年叛乱軍に追われた。

⇒岩世人（セラーヤ　1853.10.31–1919.5.17）

Zelazny, Roger（Joseph）
アメリカのSF作家。
⇒現世文（ゼラズニー, ロジャー　1937–1995.6.14）

Zeldovich, Yakov Borisovich
ソ連の物理学者。ベクトル・カレントの保存をファインマンらとは独立に提唱。
⇒岩世人（ゼリドーヴィチ　1914.2.23/3.8–1987.12.2）

Zelenka, Frantisek
チェコの建築家, 舞台装置家。
⇒ユ著人（Zelenka,Frantisek　ゼレンカ, フランチセック　1904–1944）

Zeleński, Tadeusz
ポーランドの評論家。主著 "Molière"（1924）,『ハンスカ夫人』(26)。
⇒岩世人（ジェレンスキ　1874.12.21–1942.7.3/4）

Zelensky, Igor
ロシアのダンサー。
⇒外12（ゼレンスキー, イーゴリ　1969.7.13–）
外16（ゼレンスキー, イーゴリ　1969.7.13–）

Zelezny, Jan
チェコのやり投げ選手。
⇒岩世人（ジェレズニー　1966.6.16–）
外12（ゼレズニー, ヤン　1966.6.16–）
外16（ゼレズニー, ヤン　1966.6.16–）
ネーム（ゼレズニー　1966–）

Zelinskii, Nikolai Dmitrievich
ソ連の化学者。水素添加, 脱水素作用における触媒の基礎的研究を行い, 有機触媒反応の権威となった。
⇒岩世人（ゼリンスキー　1861.1.25/2.6–1953.7.31）
化学（ゼリンスキー　1861–1953）

Zellweger, Renee
アメリカの女優。
⇒外12（ゼルウィガー, レニー　1969.4.25–）
外16（ゼルウィガー, レニー　1969.4.25–）
ク俳（ゼルウィガー, ルネ　1969–）

Zelmanov, Efim
ロシア生まれの数学者。
⇒世数（ゼルマノフ, エフィム・イサーコヴィッチ　1955–）

Zelnick, Strauss
アメリカの実業家。
⇒外12（ゼルニック, ストラウス　1957.6.26–）

Zelo
韓国の歌手。
⇒外16（ゼロ　1996.10.15–）

Zelonka, Michal
テノール歌手。
⇒魅惑（Zelonka,Michal　?–）

Zeman, Karel
チェコ生まれのアニメーション作家。
⇒アニメ（ゼマン, カレル　1910–1989）
映監（ゼーマン, カレル　1910.11.3–1989）

Zeman, Miloš
チェコの政治家。チェコ大統領（2013～）。
⇒岩世人（ゼマン　1944.9.28–）
外16（ゼマン, ミロシュ　1944.9.29–）
世指導（ゼマン, ミロシュ　1944.9.28–）

Zeman, Zdenek
イタリアのサッカー指導者。
⇒外16（ゼーマン, ズデネク　1947.5.12–）
最世ス（ゼーマン, ズデネク　1947.5.12–）

Zemeckis, Robert
アメリカ生まれの映画監督, 映画脚本家。
⇒岩世人（ゼメキス　1952/1951.5.14–）
映監（ゼメキス, ロバート　1952.5.14–）
外12（ゼメキス, ロバート　1951.5.14–）
外16（ゼメキス, ロバート　1951.5.14–）

Zemlinsky, Alexander von
オーストリア（ポーランド系）の作曲家, 指揮者。ベルリン国立歌劇場などの指揮者を務めた。
⇒岩世人（ツェムリンスキー　1871.10.14–1942.3.15）
エデ（ツェムリンスキー, アレクサンダー（フォン）　1871.10.14–1942.3.15）
オペラ（ツェムリンスキー, アレクサンダー　1871–1942）
ク音3（ツェムリンスキー　1871–1942）
新音小（ツェムリンスキー, アレクサンダー　1871–1942）
新音中（ツェムリンスキー, アレクサンダー　1871.10.14–1942.3.15）
標音2（ツェムリンスキー, アレクサンダー　1871.10.14–1942.3.15）
ユ著人（Zemlinsky,Alexander　ツェムリンスキー, アレキサンダー　1871–1942）

Zenatello, Giovanni
イタリアのテノール歌手。プッチーニの「蝶々夫人」世界初演にピンカートンで出演。
⇒失声（ゼナテッロ, ジョヴァンニ　1876–1949）
魅惑（Zenatello,Giovanni　1876–1949）

Zenawi, Asres Meles
エチオピアの政治家。
⇒岩世人（ゼナウィ　1955.5.8–2012.8.20）

Zendel, Gabriel
フランス生まれの画家。
⇒芸13（ザンデル, ガブリエル　1906–）

Zenker, Helmut
オーストリアの作家。

⇒現世文（ツェンカー, ヘルムート　1949–）

Zen'Kovskij, Vasilij Vasil'evič
ロシア正教会の司祭,宗教哲学者。
⇒岩世人（ゼンコフスキー　1881.7.4/17–1962.8.5）

Zennaro, Iorio
イタリアのテノール歌手。
⇒魅惑（Zennaro,Iorio　?–）

Zénobie
カナダ・ケベック州出身の聖母被昇天修道会修道女。
⇒新カト（ゼノビー　1891.3.30–1973.2.3）

Zenon
ポーランドのコンベンツアル聖フランシスコ会修道会員。
⇒岩世人（ゼノ（ゼノン）　1898.11.22–1982.4.24）

Zentner, Simon（Si）
アメリカのジャズ・バンド・リーダー,トロンボーン奏者。
⇒標音2（ゼントナー, サイ　1917.6.13–）

Zeppelin, Ferdinand Graf von
ドイツのツェッペリン飛行船の創始者。
⇒岩世人（ツェッペリン　1838.7.8–1917.3.8）
　学叢思（ツェッペリン, グラーフ・フォン・フェルディナント　1838–1917）
　広辞7（ツェッペリン　1838–1917）
　世人新（ツェッペリン　1838–1917）
　世人装（ツェッペリン　1838–1917）
　ネーム（ツェッペリン　1838–1917）
　ボブ人（ツェッペリン, フェルディナント・フォン　1838–1917）

Zerkaulen, Heinrich
ドイツの作家。
⇒岩世人（ツェアカウレン　1892.3.2–1954.2.13）

Zermelo, Ernst Friedrich Ferdinand
ドイツの数学者。ツェルメロの公理を説く。1908年論文『集合論の基礎に関する研究』を著す。
⇒岩世人（ツェルメロ　1871.7.27–1953.5.21）
　数辞（ツェルメロ, エルンスト・フリードリッヒ・フェルディナント　1871–1953）
　数小増（ツェルメロ　1871–1953）
　世数（ツェルメロ, エルンスト・フリードリヒ・フェルディナント　1871–1953）

Zernial, Gus Edward
アメリカの大リーグ選手（外野）。
⇒メジャ（ザーニアル, ガス　1923.6.27–2011.1.20）

Zernike, Frits
オランダの物理学者。1934年C.ツァイスとともに位相差顕微鏡をつくった。53年ノーベル物理学賞受賞。
⇒岩世人（ゼルニケ　1888.7.16–1966.3.10）
　三新物（ゼルニケ　1888–1966）

　ノベ3（ゼルニケ,F.　1888.7.16–1966.3.10）

Zernov, Nicolas
ロシアの学者、エキュメニカル運動家。
⇒岩世人（ゼルノーフ（ジョールノフ）　1898.9.21/10.9–1980.8.25）
　オク教（ゼルノーフ　1898–1980）

Ze Roberto
ブラジルのサッカー選手。
⇒外12（ゼ・ロベルト　1974.7.6–）
　最世ス（ゼ・ロベルト　1974.7.6–）

Zerola, Nicola
イタリアのテノール歌手。
⇒失声（ゼローラ, ニコラ　1876–1936）
　魅惑（Zerola,Nicola　1876–1936）

Zeromski, Stefan
ポーランドの小説家。代表作『灰』(1904)。
⇒岩世人（ジェロムスキ　1864.10.14–1925.11.20）

Zeroual, Gen.Lamine
アルジェリアの政治家、軍人。アルジェリア大統領(1994〜99)。
⇒世指導（ゼルーアル, ラミン　1941.7.3–）

Zerries, Al
アメリカの作家。夫のアル(Al)と妻ジーン(Jean)のゼリーズ夫妻の合同筆名。
⇒海文新（ゼリーズ,A.J.）
　現世文（ゼリーズ,A.J.）

Zerries, Jean
アメリカの作家。夫のアル(Al)と妻ジーン(Jean)のゼリーズ夫妻の合同筆名。
⇒海文新（ゼリーズ,A.J.）
　現世文（ゼリーズ,A.J.）

Zervas, Napoleon
ギリシア解放運動の指導者。
⇒岩世人（ゼルヴァス　1891.5.17–1957.12.11）

Zeta-Jones, Catherine
イギリスの女優、ダンサー、歌手。
⇒外12（ゼタ・ジョーンズ, キャサリン　1969.9.25–）
　外16（ゼタ・ジョーンズ, キャサリン　1969.9.25–）
　ク俳（ゼタ・ジョウンズ, キャサリン（ジョウンズ, C）　1969–）
　スター（ゼタ=ジョーンズ, キャサリン　1969.9.25–）

Zeti Akhtar Aziz
マレーシアの銀行家、経済学者。
⇒外16（ゼティ・アクタル・アジズ　1948.8.27–）

Zetkin, Clara
ドイツの婦人革命家。1916年スパルタクス団創設に加わる。24年コミンテルン婦人局長。
⇒岩女（ツェトキン, クララ　1857.7.5–1933.6.20）

岩世人（ツェトキン 1857.7.5–1933.6.20）
学叢思（ツェトキン, クララ 1856–?）

Zetsche, Dieter
ドイツの実業家。
⇒外12（ツェッチェ, ディーター 1953.5.5–）
外16（ツェッチェ, ディーター 1953.5.5–）

Zetterberg, Hans Lennart
スウェーデンの社会学者。
⇒社小増（ゼッターバーグ 1927–）

Zetterberg, Henrik
スウェーデンのアイスホッケー選手（レッドウィングス・FW）。
⇒最世ス（セッテルベリ, ヘンリク 1980.10.9–）

Zetterling, Mai
スウェーデンの女優, 映画監督。ミュンヘン五輪映画『時よとまれ君は美しい』（1973）の共同監督の一人。
⇒ク俳（セタリング, マイ 1925–1994）

Zettl, Baldwin
チェコスロバキアの版画家。
⇒芸13（ツェトゥル, バルドウィン 1943–）

Zeumer, Brigitta
ドイツの画家。
⇒芸13（ツェウマー, ブリギイタ 1937–）

Zeuthen, Frederik
デンマークの経済学者。
⇒有経5（ツォイテン 1888–1959）

Zeuthen, Hieronymus Georg
デンマークの数学者, 数学史家。
⇒世数（ツォイテン, ヒエロニミュス・ゲオール 1839–1920）

Zevin, Gabrielle
アメリカの作家。
⇒海文新（ゼヴィン, ガブリエル 1977–）
現世文（ゼビン, ガブリエル 1977–）

Zewail, Ahmed Hassan
エジプト, アメリカの化学者。1999年ノーベル化学賞。
⇒岩世人（ズワイル（ズウェイル） 1946.2.26–）
外12（ズベイル, アーメド 1946.2.26–）
外16（ズベイル, アーメド 1946.2.26–）
化学（ズウェイル 1946–2016）
ノベ3（ズベイル, A.H. 1946.2.26–）

Zeyn al-'Ābedīn Marāghe'ī
ロシアおよびオスマン帝国で著述に従事したイラン人啓蒙作家。
⇒岩イ（ゼイノルアーベディーン・マラーゲイー 1837–1910）

Zhadan, Ivan
ウクライナのテノール歌手。
⇒魅惑（Zhadan, Ivan 1902–1995）

Zhalyazoiski, Igar Mikalaevich
ベラルーシの男子スピード・スケート選手。
⇒岩世人（ゼレゾフスキー（ジェレゾフスキー） 1963.7.1–）

Zhang, Caroline
アメリカのフィギュアスケート選手。
⇒外12（ザン, キャロライン 1993.5.23–）
外16（ジャン, キャロライン 1993.5.20–）
最世ス（ジャン, キャロライン 1993.5.20–）

Zhang, Jianyi
中国, のちアメリカのテノール歌手。
⇒失声（チャン, ジャンイー（張健一） ?）

Zhang, Kitty
香港の女優。
⇒外12（チャン, キティ 1987.8.8–）
外16（チャン, キティ 1987.8.8–）

Zhang, Yitang
中国・北京生まれの数学者。
⇒外16（チャン, イータン）

Zhang, Z.John
ペンシルベニア大学ウォートン校マーケティング学部教授。
⇒外12（チャン, Z.ジョン）
外16（チャン, Z.ジョン）

Zhang Huan
中国生まれの芸術家。
⇒現アテ（Zhang Huan 張洹（ジャンホアン） 1965–）

Zhang Jia-rui
中国の映画監督。
⇒外12（チアンチアルイ）

Zhang Jing-chu
中国の女優。
⇒外12（チャンジンチュー 1980.2.2–）
外16（チャンジンチュー 1980.2.2–）

Zhang Lin
中国の水泳選手（自由形）。
⇒最世ス（張琳 チョウリン 1987.1.6–）

Zhang Xiang-xiang
中国の重量挙げ選手。
⇒外12（張湘祥 チョウショウショウ 1983.7.16–）
最世ス（張湘祥 チョウショウショウ 1983.7.16–）

Zhang Yang
中国の映画監督。
⇒外12（チャンヤン 1967–）

外16（チャンヤン　1967–）

Zhāng Yuán
中国の映画監督。
⇒岩世人（チャン・ユアン　1963.10–）
外12（張元　チョウゲン　1963–）

Zhang Zhuang
中国の俳優。
⇒外12（チャンチュワン　1999.7.5–）

Zhang Ziyi
中国の映画女優。
⇒岩世人（チャン・ツィイー　1979.2.9–）
外12（チャンツィイー　1979.2.9–）
外16（チャンツィイー　1979.2.9–）
スター（チャン・ツィイー　1979.2.9–）
中人小（章子怡　チャンツィイー　1979–）
中日3（章子怡　チャンツィイー　1979–）

Zhao, Vicki
中国の女優, 映画監督。
⇒外12（チャオ, ビッキー　1976.3.12–）
外16（チャオ, ビッキー　1976.3.12–）

Zhao Jing
中国のチェロ奏者。
⇒外12（チョウチン　1978.10.20–）
外16（チョウチン　1978.10.20–）

Zharov, Aleksandr Alekseevich
ソ連の詩人。長詩『アコーデオン』(1926) などが広く読まれている。
⇒現ират文（ジャーロフ, アレクサンドル・アレクセーヴィチ　1904.4.13–1984.9.7）

Zhāxīdáwá
中国, チベット族の作家。
⇒岩世人（扎西達娃　ザシダワ　1959.2–）

Zhdanov, Andrei Aleksandrovich
ソ連の政治家。ソ連共産党政治局員。粛清に活躍。
⇒岩世人（ジダーノフ　1896.2.14/26–1948.8.31）
広辞7（ジダーノフ　1896–1948）

Zhdanov, Ivan Fyodorovich
ロシアの詩人。
⇒岩世人（ジダーノフ　1948.1.16–）

Zhelev, Zhelyu
ブルガリアの政治家。ブルガリア大統領 (1990～97), 民主勢力同盟 (UDF) 党首。
⇒岩世人（ジェレフ　1935.3.3–）
世指導（ジェレフ, ジェリュ　1935.3.3–2015.1.30）

Zhirinovskii, Vladimir Volfovich
ロシアの政治家。ロシア自由民主党党首, ロシア国家会議 (下院) 副議長。
⇒岩世人（ジリノフスキー　1946.4.25–）
外12（ジリノフスキー, ウラジーミル　1946.4.25–）
外16（ジリノフスキー, ウラジーミル　1946.4.25–）
世指導（ジリノフスキー, ウラジーミル　1946.4.25–）

Zhirmunskii, Viktor Maksimovich
ソ連の文献学者。主著に『ドイツ・ロマン派と現代神秘思想』(1914)『ドイツ語方言学』(56) など。
⇒ユ著人（Zhirmunski,Viktor Maksimovich　ジムルンスキー, ビクトル・マキシモヴィチ　1891–1971）

Zhitkov, Boris Styepanovich
ロシアの作家。ソ連児童文学の形成に大きな役割を果たした。
⇒絵本（ジトコフ, ボリス　1882–1938）

Zhitlowsky, Chaim
ロシアのイディッシュ語研究者, 思想家。
⇒岩世人（ジトロフスキー　1865.4.19–1943.5.6）
ユ著人（Zhitlowsky,Chaim　ジトロフスキー, ハイム　1865–1943）

Zhitnitski, Mark
ロシアの画家。
⇒ユ著人（Zhitnitski,Mark　チトニツキー, マーク　1903–）

Zhivanevskaya, Nina
スペインの水泳選手 (背泳ぎ)。
⇒最世ス（ジワネフスカヤ, ニーナ　1977.6.24–）

Zhivopistsev, Vladimir
ベラルーシのテノール歌手。
⇒魅惑（Zhivopistsev,Vladimir　?–）

Zholtovsky, Ivan Vladislavovich
帝政ロシア, ソ連の建築家。
⇒岩世人（ジョルトフスキー　1867.11.15/27–1959.7.16）

Zhordaniya, Noi Nikolaevich
ジョージア出身の社会民主主義者, ジョージア・メンシェヴィキの指導者。
⇒岩世人（ジョルダニア　1868.1.2/1869.3.9/21–1953.1.11）

Zhou Keqin
中国のアニメーション監督。
⇒アニメ（周克勤　チョウ・ケチン　1942–）

Zhukov, Aleksandr
ロシアの政治家。ロシア副首相, 国家院第1副議長。
⇒外12（ジューコフ, アレクサンドル　1956.6.1–）
外16（ジューコフ, アレクサンドル　1956.6.1–）
世指導（ジューコフ, アレクサンドル　1956.6.1–）

Zhukov, Georgii Konstantinovich
ソ連の軍人。第2次世界大戦でのベルリン攻撃総指揮官。戦後は国防大臣, 共産党中央委員な

どを歴任。
⇒岩世人（ジューコフ　1896.11.19/12.1–1974.6.18）
広辞7（ジューコフ　1896–1974）
ネーム（ジューコフ　1896–1974）

Zhukovskii, Nikolai Egorovich
ソ連の物理学者。ソ連中央航空力学研究所の創立者。
⇒岩世人（ジュコフスキー　1847.1.5/17–1921.3.17）
数辞（ジュコフスキー, ニコライ・ジェゴロヴィッチ　1847–1921）
世数（ジューコフスキー, ニコライ・エゴロヴィッチ　1847–1921）

Zhurova, Svetlana
ロシアのスピードスケート選手。
⇒外12（ジュロワ, スベトラーナ　1972.1.7–）
最世ス（ジュロワ, スベトラーナ　1972.1.7–）

Zhvania, Zurab Vissarionovich
ジョージアの政治家。ジョージア首相。
⇒世指導（ジワニア, ズラブ　1963.12.9–2005.2.3）

Zia, Khaleda
バングラデシュの政治家。バングラデシュ首相、バングラデシュ民族主義党（BNP）党首。
⇒岩イ（カレダ・ジア　1945–）
外12（ジア, カレダ　1945.8.15–）
外16（ジア, カレダ　1945.8.15–）
政経改（ジア　1945–）
世指導（ジア, カレダ　1945.8.15–）

Zia-ul-Haq, Mohammad
パキスタンの軍人、政治家。
⇒岩イ（ズィヤーウル・ハック　1924–1988）
南ア新（ジヤールル・ハック　1924–1988）

Zico
ブラジルのサッカー選手。
⇒異二辞（ジーコ　1953–）
岩世人（ジーコ　1953.3.3–）
外12（ジーコ　1953.3.3–）
外16（ジーコ　1953.3.3–）
最世ス（ジーコ　1953.3.3–）
ネーム（ジーコ　1953–）
ポプ人（ジーコ　1953–）

Zidane, Zinedine
フランスのサッカー選手。
⇒異二辞（ジダン［ジネディーヌ・〜］　1972–）
外12（ジダン, ジネディーヌ　1972.6.23–）
外16（ジダン, ジネディーヌ　1972.6.23–）
最世ス（ジダン, ジネディーヌ　1972.6.23–）
ネーム（ジダン　1972–）

Žídek, Ivo
チェコスロバキアのテノール歌手。
⇒魅惑（Žídek, Ivo　1926–2003）

Ziedan, Youssef
エジプトの作家、古文書学者。
⇒現世文（ザイダーン, ユースフ　1958–）

Ziegenfuß, Werner
ドイツの社会学者。
⇒社小増（ツィーゲンフス　1904–1975）

Ziegfeld, Florenz
アメリカの興行師。ジーグフェルド劇場を開設、『ショー・ボート』（1927）などのミュージカルを上演。
⇒アメ新（ジーグフェルド　1867–1932）
岩世人（ジーグフェルド　1869.3.21–1932.7.22）

Ziegler, Archibald
イギリスの画家、彫刻家。
⇒ユ著人（Ziegler, Archibald　ヂーグラー, アーチボルド　1903–1971）

Ziegler, Doris
ドイツの芸術家。
⇒芸13（ツィーグラー, ドリス　1949–）

Ziegler, Heinrich Ernst
ドイツの動物学者。魚類、棘皮動物、蠕形動物の発生史などで有名。
⇒岩世人（ツィーグラー　1858.7.15–1925.6.1）

Ziegler, Jean
スイスの社会学者、政治家。
⇒外12（ジーグラー, ジャン　1934.4.19–）
外16（ジーグラー, ジャン　1934.4.19–）

Ziegler, Joseph
ドイツの旧約学者。
⇒新カト（ツィーグラー　1902.3.15–1988.10.1）

Ziegler, Karl
ドイツの有機化学者。1952年低圧下でエチレンを迅速に重合させることに成功し、63年ノーベル化学賞を受賞。
⇒岩世人（ツィーグラー（慣チーグラー）　1898.11.26–1973.8.12）
化学（ツィーグラー　1898–1973）
広辞7（チーグラー　1898–1973）
ノベ3（ツィーグラー, K.　1898.11.26–1973.8.12）

Ziegler, Kate
アメリカの水泳選手（自由形）。
⇒最世ス（ジーグラー, ケイト　1988.6.27–）

Ziegler, Klara
ドイツの女優。ジャンヌ・ダルクなどの役を得意とした。
⇒岩世人（ツィーグラー　1844.4.27–1909.12.19）

Ziegler, Leopold
ドイツの哲学者。主著『神々の形態の変化』（2巻, 1920）。
⇒新カト（ツィーグラー　1881.4.30–1958.11.25）

Ziegler, Pablo
アルゼンチンのジャズ・ピアノ奏者。
⇒外12（シーグレル、パブロ　1944.9.2-）
　外16（シーグレル、パブロ　1944.9.2-）

Ziegler, Theobald
ドイツの哲学者、教育学者。シュトラースブルク大学教授（1886〜1911）。
⇒岩世人（ツィーグラー　1846.2.9-1918.9.1）
　学叢思（チーグレル、テオバルト　1846-?）
　教人（ツィーグラー　1846-1918）

Ziegler, Titus
ドイツのカトリック宣教師、フランシスコ会司祭。日本ではチーグレルと呼ばれた。
⇒新カト（ツィーグラー　1899.8.7-1959.8.28）

Ziehen, Julius
ドイツの教育思想家、教育実際家、歴史家。ベルリンに招かれ幼年生徒附属高等学校長として軍事教育の改善に尽力した。1916年フランクフルト大学教育学教授。
⇒教人（ツィーエン　1864-1925）

Ziehen, Theodor
ドイツの哲学者、美学者、心理学者、精神医学者。段階認識論を主張、主著『認識論』（1913）、『美学講義』（23〜25）など。
⇒教人（ツィーエン　1862-1950）

Ziehrer, Carl Michael
オーストリアの作曲家、指揮者。1908年オーストリア宮廷舞踏音楽監督の称号をうけ、ヴィーン舞踏音楽の最後の代表者。オペレッタ『放浪者』（1899）などは成功した。
⇒ク音3（ツィーラー　1843-1922）
　新音中（ツィーラー、C.M.　1843.5.2-1922.11.14）
　標音2（ツィーラー、カルル・ミヒャエル　1843.5.2-1922.11.14）

Zieleniec, Josef
チェコの政治家。チェコ副首相・外相。
⇒世位導（ジェレニェツ、ヨセフ　1946-）

Zieliński, Adrian Edward
ポーランドの重量挙げ選手。
⇒外16（ジェリンスキ、アドリアンエドバルト　1989.3.28-）
　最世ス（ジェリンスキ、アドリアン・エドバルト　1989.3.28-）

Zieliński, Tadeusz Stefan
ポーランドの古典学者。
⇒岩世人（ジェリンスキ　1859.9.14-1944.5.8）

Ziemann, Sonja
ドイツの女優。
⇒ク俳（ツィーマン、ソーニャ　1925-）

Ziemer-Chrobatzek, Wolfgang
ドイツの現代芸術家。

⇒芸13（ツィーマー・クロバツェク、ウォルフガング　1949-）

Ziglar, Zig
アメリカの作家、セールスパーソン。ジグ・ジグラー・コーポレーション代表。
⇒外12（ジグラー、ジグ）
　外16（ジグラー、ジグ）

Zijderveld, Anton Cornelis
オランダの社会学者。
⇒岩世人（ゼイデルフェルト　1937.11.24-）

Zilahy Lajos
ハンガリーの小説家、劇作家。代表作は『死にいたる春』（1922）。
⇒岩世人（ジラヒ　1891.3.27-1974.12.1）
　現世文（ジラヒ、ラヨシュ　1891.3.27-1974.12.1）

Zilberstein, Lilya
ロシアのピアノ奏者。
⇒外12（ジルベルシュタイン、リーリャ　1965-）
　外16（ジルベルシュタイン、リーリャ　1965-）

Zilboorg, Gregory
ウクライナ生まれの20世紀前半に活躍した精神科医、精神分析家。
⇒現精（ジルボーグ　1890-1959）
　現精縮（ジルボーグ　1890-1959）
　精分岩（ジルボーグ、グレゴリー　1891-1959）

Zilcher, Hermann
ドイツの作曲家、指揮者、ピアノ演奏家。ヴュルツブルクの国立音楽院長（1920〜）。
⇒標音2（ツィルヒャー、ヘルマン　1881.8.18-1948.1.1）

Ziliani, Alessandro
イタリアのテノール歌手。
⇒失声（ジリアーニ、アレッサンドロ　1906-1977）
　魅惑（Ziliani,Alessandro　1906-1977）

Zille, Heinrich
ドイツの素描家、版画家。銅版画集『ベルリンの昔と今』（1927）などがある。
⇒芸13（ツィルレ、ハインリヒ　1858-1929）
　ユ著人（Zille,Heinrich　ツィレ、ハインリッヒ　1858-1929）

Zilliacus, Konrad
フィンランドの冒険家、アクティヴィスティ（積極的抵抗派）、政治言論家。
⇒岩世人（シリアクス　1885.12.8-1924.6.19）

Zillich, Heinrich
オーストリアの詩人、作家。民謡風の詩や、生地ジーベンビュルゲンの風物をとりいれた小説を書いた。
⇒現世文（ツィリヒ、ハインリッヒ　1898.5.23-?）

Ziloti, Alexander
ロシア出身のアメリカの音楽家。

⇒岩世人（ジローティ　1863.9.27/10.9-1945.12.8）

Zimbalist, Andrew
アメリカの経済学者。スミス大学経済学部教授。
⇒外12（ジンバリスト，アンドルー）

Zimbalist, Efrem
ロシア生まれのアメリカのヴァイオリン奏者。ヨーロッパ各地を演奏旅行し，1911年アメリカに渡り定住。41年カーチス音楽院長に就任。
⇒岩世人（ジンバリスト　1889.4.9/21-1985.2.22）
　新音中（ジンバリスト，エフレム　1890.4.9-1985.2.22）
　ネーム（ジンバリスト　1889-1985）
　標音2（ジンバリスト，エフレム　1890.4.9-1985.2.22）
　ユ著人（Zimbalist,Efrem　ズィンバリスト，エフレム　1889-1985）

Zimbalist, Efrem, Jr.
アメリカの俳優。ヴァイオリン奏者のジンバリストの息子。TVシリーズ『サンセット77』でスターとなる。
⇒ク俳（ジンバリスト，エフレム，ジュニア　1918-）

Zimbardo, Philip George
アメリカの心理学者。
⇒岩世人（ジンバルドー　1933.3.23-）
　社心小（ジンバルドー　1933-）

Zimerman, Krystian
ポーランドのピアノ奏者。1975年ショパン国際ピアノ・コンクールで最年少で優勝。
⇒外12（ツィメルマン，クリスチャン　1956.12.5-）
　外16（ツィメルマン，クリスチャン　1956.12.5-）
　新音中（ツィマーマン，クリスティアン　1956.12.5-）

Zimin, Aleksandr Aleksandrovich
ソ連・ロシア期の歴史家。
⇒岩世人（ジミーン　1920.2.22-1980.2.25）

Zimler, Richard
アメリカ生まれのポルトガルの作家。
⇒海文新（ジムラー，リチャード　1956-）
　現世文（ジムラー，リチャード　1956-）

Zimmer, Bernd
ドイツの画家。
⇒芸13（ジマー，ベルンド　1948-）

Zimmer, Charles Louis（Chief）
アメリカの大リーグ選手（捕手）。
⇒メジャ（ジマー，チーフ　1860.11.23-1949.8.22）

Zimmer, Donald William
アメリカの大リーグ選手（三塁，二塁，遊撃）。
⇒外12（ジマー，ドン　1931.1.17-）
　メジャ（ジマー，ドン　1931.1.17-）

Zimmer, Gabriele
ドイツの政治家。ドイツ民主社会党（PDS）党首。
⇒世指導（ツィマー，ガブリエレ　1955.5.7-）

Zimmerli, Walther
スイスの旧約学者。
⇒新カト（ツィンメルリ　1907.1.20-1983.12.4）

Zimmerman, Carle Clark
アメリカの農村社会学者。農村問題解決のための実践的，政策的研究を科学的な理論に統合することに貢献した。著書『農村社会学の体系的教材』(1930～32) など。
⇒社小増（ジンマーマン　1897-1983）

Zimmerman, Charles A.
アメリカの作曲家。
⇒ク音3（ツィンマーマン（ジンマーマン）　1861-1916）

Zimmerman, Henry
アメリカの大リーグ選手（三塁，二塁）。
⇒メジャ（ジマーマン，ヘイニー　1887.2.9-1969.3.14）

Zimmerman, Ryan
アメリカの大リーグ選手（ナショナルズ・内野手）。
⇒最世ス（ジマーマン，ライアン　1984.9.28-）
　メジャ（ジマーマン，ライアン　1984.9.28-）

Zimmerman, Tabea
ドイツのヴィオラ奏者。
⇒外12（ツィマーマン，タベア　1966-）
　外16（ツィマーマン，タベア　1966-）

Zimmerman, Zoe
アメリカの写真家。
⇒芸13（ジンメルマン，ゾイ）

Zimmermann, Arthur
ドイツの外交官。外相(1916～17)。
⇒岩世人（ツィンマーマン　1864.10.5-1940.6.6）

Zimmermann, Bernd Alois
ドイツの作曲家。彼の音楽は敬けんなカトリシズムと歴史的伝統に深く根ざしている。
⇒岩世人（ツィンマーマン　1918.3.20-1970.8.10）
　オペラ（ツィンマーマン，ベルント・アロイス　1918-1970）
　ク音3（ツィンマーマン　1918-1970）
　新音小（ツィンマーマン，ベルント・アーロイス　1918-1970）
　新音中（ツィンマーマン，ベルント・アーロイス　1918.3.20-1970.8.10）
　標音2（ツィンマーマン，ベルント・アーロイス　1918.3.20-1970.8.10）

Zimmermann, Erich
ドイツのテノール歌手。
⇒魅惑（Zimmermann,Erich　1892-1968）

Zimmermann, Frank Peter
ドイツのヴァイオリン奏者。
⇒外12（ツィマーマン，フランク・ペーター　1965.2.27–）
外16（ツィマーマン，フランク・ペーター　1965.2.27–）
新音中（ツィンマーマン，フランク・ペーター　1965.2.27–）

Zimmermann, Udo
ドイツの作曲家。
⇒ク音3（ツィンマーマン　1943–）

Zimmern, Heinrich
ドイツのアッシリア学者，セム学者。ブレスラウ（1899），ライプチヒ（1900）の各大学教授。
⇒岩世人（ツィンメルン　1862.7.14–1931.2.13）

Zimnik, Reiner
ドイツの絵本作家。
⇒絵本（チムニク，ライナー　1930–）

Zimonjic, Nenad
セルビアのテニス選手。
⇒最世ス（ジモニッチ，ネナド　1976.6.4–）

Zimyanin, Mikhail Vasilievich
ロシアの政治家。ソ連共産党書記。
⇒岩世人（ジミャーニン　1914.11.8/21–1995.5.3）

Zindel, Paul
アメリカの劇作家。
⇒現世文（ジンデル，ポール　1936–）

Zinger
韓国の歌手。
⇒外12（ジンガー　1990.2.2–）

Zinho
ブラジルのサッカー監督（マイアミFC），サッカー選手。
⇒外12（ジーニョ　1967.6.17–）

Zinkernagel, Rolf Martin
スイスの免疫学者。1996年ノーベル生理学医学賞。
⇒外12（ツィンカーナーゲル，ロルフ　1944.1.6–）
外16（ツィンカーナーゲル，ロルフ　1944.1.6–）
ネーム（ツィンカーナーゲル　1944–）
ノベ3（ツィンカーナーゲル，R.M.　1944.1.6–）

Zinman, David
アメリカの指揮者。
⇒外12（ジンマン，デービッド　1936.7.9–）
外16（ジンマン，デービッド　1936.7.9–）
新音中（ジンマン，デイヴィド　1936.7.10–）

Zinn, Howard
アメリカの歴史学者。反専門家的な自由なスタイルで黒人運動を描くことで，アメリカの学問の硬直性を批判した。

⇒岩世人（ジン　1922.8.24–2010.1.27）

Zinnemann, Fred
アメリカの映画監督。『地上より永遠に』（1953），『わが命尽きるとも』（66）で2度アカデミー賞受賞。
⇒岩世人（ジンネマン　1907.4.29–1997.3.14）
映監（ジンネマン，フレッド　1907.4.29–1997）
ユ著人（Zinnemann,Fred　ジンネマン，フレッド　1907–1997）

Zinóviev, Aleksándr Aleksándrovich
ロシア（ソ連）出身の作家，論理学者。モスクワ大学教授。
⇒現世文（ジノヴィエフ，アレクサンドル　1922.9.29–2006.5.10）

Zinoviev, Grigorii Evseevich
ソ連の政治家。ユダヤ人。レーニンの片腕として革命運動に参加，スターリン路線を批判して処刑された。
⇒岩世人（ジノーヴィエフ　1883.9.11/23–1936.8.25）
学叢思（ジノヴィエフ　1883–）
広辞7（ジノーヴィエフ　1883–1936）
世人新（ジノヴィエフ　1883–1936）
世人装（ジノヴィエフ　1883–1936）
ネーム（ジノヴィエフ　1883–1936）
ユ著人（Zino'viev,Grigorij Evseevich　ジノーヴィエフ，グリゴリイ・エゼーヴッチ　1833–1936）

Zion, Gene Eugene
アメリカのグラフィックデザイナー，絵本作家。
⇒絵本（ジオン，ジーン　1913–1975）
現世文（ジオン，ジーン　1913.10.5–1975.12.5）

Zipernowsky Károly
ハンガリーの発明家，電気技術者。
⇒岩世人（ジペルノフスキ　1853.4.4–1942.11.29）

Zippert, Hans
ドイツのジャーナリスト，児童文学作家。
⇒海文新（ツィッパート，ハンス　1957–）
現世文（ツィッパート，ハンス　1957–）

Zips, Kurt
テノール歌手。
⇒魅惑（Zips,Kurt　?–）

Zirkel, Ferdinand
ドイツの岩石学者。顕微鏡岩石学の建設者。
⇒岩世人（ツィルケル　1838.5.20–1912.6.12）

Zirm, Eduard Konrad
オーストリア，モラヴィアの医師。
⇒世発（ツィルム，エドアルト・コンラート　1863–1944）

Zisk, Richard Walter
アメリカの大リーグ選手（外野）。
⇒メジャ（ジスク，リッチー　1949.2.6–）

Zita
オーストリア=ハンガリー帝国最後の皇妃。
⇒王妃（ツィタ　1892-1989）

Zitelmann, Ernst
ドイツの法学者。主著『国際私法』(1897～1912)。
⇒岩世人（ツィーテルマン　1852.8.7-1923.11.28）

Zito, Barry William
アメリカの大リーグ選手（投手）。
⇒外12（ジート,バリー　1978.5.13-）
　メジャ（ジート,バリー　1978.5.13-）

Zitrone, Léon
フランスのジャーナリスト。
⇒岩世人（ジトロン　1914.11.25-1995.11.25）

Zittel, Andrea
アメリカ生まれの芸術家。
⇒現アテ（Zittel,Andrea　ジッテル, アンドレア　1965-）

Živkov, Todor Hristov
ブルガリア共産党の指導者。
⇒岩世人（ジフコフ　1911.9.7-1998.8.5）
　ネーム（ジフコフ　1911-1998）

Zivkovic, Zoran
セルビア・モンテネグロの政治家。セルビア共和国首相。
⇒外12（ジブコヴィッチ,ゾラン　1960.12.22-）
　外16（ジブコヴィッチ,ゾラン　1960.12.22-）
　世指導（ジブコヴィッチ,ゾラン　1960.12.22-）

Ziya Gökalp
トルコの社会学者,思想家。主著『トルコ主義の原理』(1923),『トルコ文化史』(26)。
⇒岩イ（ギョカルプ　1876-1924）
　岩世人（ズィヤ・ギョカルプ　1876.3.23-1924.10.25）
　広辞7（ギョカルプ　1876-1924）

Ziyoyev, Mirzo
タジキスタンの政治家,軍人。タジキスタン非常事態相, タジク統一野党(UTO)司令官。
⇒世指導（ジョエフ,ミルゾ　1960-2009.7.11）

Žižek, Slavoj
スロベニアの精神分析家,哲学者,社会学者。
⇒岩世人（ジジェク　1949.3.21-）
　外12（ジジェク,スラヴォイ　1949.3.21-）
　外16（ジジェク,スラヴォイ　1949.3.21-）
　現社（ジジェク　1949-）
　ネーム（ジジェク,スラヴォイ　1949-）
　メル別（ジジェク,スラヴォイ　1949-）

Žižić, Zoran
ユーゴスラビアの政治家。ユーゴスラビア連邦首相。

⇒世指導（ジジッチ,ゾラン　1951.3.4-2013.1.4）

Zizich, Paolo
テノール歌手。
⇒魅惑（Zizich,Paolo　?-）

Zlatan
スロベニアのサッカー選手（浦和レッズ・FW）。
⇒外16（ズラタン　1983.12.15-）
　最世ス（ズラタン　1983.12.15-）

Zlatarski, Vasil Nikolov
ブルガリアの歴史学者。
⇒岩世人（ズラタルスキ　1866.11.27/12.9-1935.12.15）

Zlateva, Stanka
ブルガリアのレスリング選手。
⇒最世ス（ズラテヴァ,スタンカ　1983.3.1-）

Zlatovratskii, Nikolai Nikolaevich
ロシアのナロードニキ作家。代表作は長篇『礎』(1878～83)。
⇒岩世人（ズラトヴラツキー　1845.12.14-1911.12.10）

Zlenko, Anatolii Maksimovich
ウクライナの外交官。ウクライナ外相。
⇒世指導（ズレンコ,アナトリー　1938.6.2-）

Znaider, Nikolaj
デンマークのヴァイオリン奏者。
⇒外12（ズナイダー,ニコライ　1975-）
　外16（ズナイダー,ニコライ　1975-）

Znaniecki, Florian Witold
アメリカの社会学者。主著 "Cultural reality" (1919)。
⇒アメ新（ズナニエツキ　1882-1958）
　岩世人（ズナニエツキ　1882.1.15-1958.3.23）
　教人（ズナイエッキー　1882-）
　現社（ズナニエツキ　1882-1958）
　社小増（ズナニエツキ　1882-1958）
　ネーム（ズナニエッキ　1882-1958）

Zobel de Ayala, Enrique
フィリピンの企業家。
⇒岩世人（ソベル・デ・アヤラ　1877.10.9-1943.2.17）

Zobell, Claude Ephraim
アメリカの海洋微生物学者。
⇒岩生（ゾベル　1904-1989）

Zobian, Garbis
トルコのテノール歌手。
⇒失声（ソビアン,ガルビス　1915-2002）

Zoderer, Joseph
イタリアの作家。
⇒外12（ツォーデラー,ヨーゼフ　1935-）
　外16（ツォーデラー,ヨーゼフ　1935-）

現世文（ツォーデラー, ヨーゼフ　1935–）

Zoeggeler, Armin
イタリアのリュージュ選手。
⇒外12（ツェゲラー, アルミン　1974.1.4–）
　外16（ツェゲラー, アルミン　1974.1.4–）
　最世ス（ツェゲラー, アルミン　1974.1.4–）

Zoellick, Robert
アメリカの銀行家。米国国務副長官, 世界銀行総裁（第11代）, 米国通商代表部（USTR）代表。
⇒外12（ゼーリック, ロバート　1953.7.25–）
　外16（ゼーリック, ロバート　1953.7.25–）
　世指導（ゼーリック, ロバート　1953.7.25–）

Zoetmulder, Petrus Josephus
オランダの古代ジャワ語・文学研究者。
⇒岩世人（ズットミュルデル　1906.1.29–1995.7.8）

Zoff, Dino
イタリアのサッカー選手, 監督。
⇒異二辞（ゾフ［ディノ・～］　1942–）
　岩世人（ゾフ　1942.2.28–）
　ネーム（ゾフ, ディノ　1942–）

Zogu I
アルバニアの最後の王。在位1928〜39。1928年に王制を宣言, みずから王位についたが, イタリア軍に追われた。
⇒岩世人（ゾグ1世　1895.10.8/20–1961.4.9）
　皇国（ゾグ1世）

Zo In-sung
韓国の俳優。
⇒外12（チョインソン　1981.7.28–）
　外16（チョインソン　1981.7.28–）
　韓俳（チョ・インソン　1981.7.28–）

Zola, Antonio Spruzzola
イタリアのテノール歌手。
⇒失声（ゾラ, アントニオ・スプルッツォーラ　?–）
　魅惑（Spruzzola-Zola,Antonio　?–）

Zola, Gianfranco
イタリアのサッカー選手。
⇒異二辞（ゾラ［ジャンフランコ・～］　1966–）

Zolan, Donald
アメリカ生まれの画家, 版画家。
⇒芸13（ゾラン, ドナルド　1937–）

Zöller, Karlheinz
ドイツのフルート奏者。
⇒標音2（ツェラー, カルルハインツ　1928.8.24–）

Zöllner, Erich
オーストリアの歴史家。
⇒岩世人（ツェルナー　1916.6.25–1996.12.11）

Zöllner, Heinrich
ドイツの作曲家。C.F.ツェルナーの子。

⇒岩世人（ツェルナー　1854.7.4–1941.5.8）

Zöllner, Reinhard
南アフリカ生まれのドイツの歴史家。ボン大学教授。
⇒外12（ツェルナー, ラインハルト　1961–）
　外16（ツェルナー, ラインハルト　1961–）

Žolnir, Urška
スロベニアの柔道選手。
⇒外16（ジョルニル, ウルシカ　1981.10.9–）
　最世ス（ジョルニル, ウルシカ　1981.10.9–）

Zolotow, Charlotte
アメリカの女性絵本作家, 詩人。
⇒ア図（ゾロトウ, シャーロット　1915–2013）
　現世文（ゾロトウ, シャーロット　1915.6.26–2013.11.18）

Zoltan, Südy
ハンガリーの外交官。
⇒外12（ゾルターン, シュディ）

Zomahoun Rufin
ベナンの外交官, タレント。駐日ベナン大使, ベナン大統領特別顧問。
⇒外16（ゾマホン・ルフィン　1964.6.15–）

Zondek, Berhnard
ドイツの産婦人科医。1928年新ホルモン, プロランA, プロシリンBを抽出。またアッシュハイム＝ツォンデック妊娠反応を発見。
⇒ユ著人（Zondek,Bernhard　ツォンデク, ベルンハルト　1891–1966）

Zonderland, Epke
オランダの体操選手。
⇒外16（ゾンダーランド, エプケ　1986.4.16–）
　最世ス（ゾンダーランド, エプケ　1986.4.16–）

Zone, Jacques
オランダのフルート奏者。
⇒外12（ズーン, ジャック　1961–）
　外16（ズーン, ジャック　1961–）

Zorach, William
アメリカの彫刻家。代表作『舞踊の精』（1932）, 『未来の世代』（42〜47）など。
⇒ユ著人（Zorach,William　ゾラッハ, ウイリアム　1887–1967）

Zoradi, Mark
アメリカの実業家。
⇒外12（ゾラディ, マーク）
　外16（ゾラディ, マーク）

Żorawski, Paulin Kazimierz Stefan
ポーランドの数学者。ワルシャワ大学教授。
⇒世数（ゾラフスキ, ポーリン・カジミエルシュ・ステファン　1866–1953）

Zorig, Sanjaasurengiin
モンゴルの政治家。モンゴル社会基盤開発相代行, モンゴル民主連盟議長。
⇒岩世人（ゾリグ　1962-1998.10.2）

Zorina, Vera
ドイツ, アメリカのダンサー, 女優。
⇒岩世人（ゾリーナ　1917.1.2-2003.4.9）

Zorn, Anders Leonard
スウェーデンの画家, 版画家, 彫刻家。代表作, 油絵『岩礁にて, 海のニンフ』(1894) など。
⇒岩世人（ゾーン　1860.2.18-1920.8.22）
　芸13（ソルン, アンデルス　1860-1920）
　芸13（ゾーン, アンデルス　1860-1920）

Zorn, Max A.
ドイツの数学者。
⇒岩世人（ツォルン　1906.6.6-1993.3.9）
　数辞（ツォルン, マックス・アウグスト　1906-）
　世数（ツォルン, マックス・アウグスト　1906-1993）

Zoshchenko, Mikhail Mikhailovich
ソ連の小説家。ソ連社会の官僚主義を鋭く諷刺した。作品『猿の冒険』(1946) など。
⇒岩世人（ゾーシチェンコ　1895/1894.7.29/8.10-1958.7.22）
　現世文（ゾシチェンコ, ミハイル　1895.8.10-1958.7.22）
　広辞7（ゾーシチェンコ　1895-1958）
　ネーム（ゾーシチェンコ　1895-1958）

Zoubi, Mahamoud al
シリアの政治家。シリア首相。
⇒世指導（ゾービ, マハムド・アル　1938-2000.5.21）

Zouroudi, Anne
イギリスの作家。
⇒海文新（ズルーディ, アン　1959-）
　現世文（ズルーディ, アン　1959-）

Zscheile, Edmund
ドイツ・ライプチヒ生まれの詩人, エスペランティスト。
⇒日エ（チャイレ　?-?）

Zschimmer, Eberhard
ドイツの哲学者。ドイツ観念論の立場から技術の哲学を説いた。
⇒岩世人（チンマー　1873.11.4-1940.8.15）

Zschokke, Erwin
スイスの獣医。馬の赤血球計算装置〈チョッケ氏試験管〉で有名。
⇒岩世人（チョッケ　1855.8.3-1929.6.9）

Zsigmondy, Richard Adolf
オーストリアの化学者。限外顕微鏡の発明者。1925年ノーベル化学賞受賞。
⇒岩世人（ジグモンディ　1865.4.1-1929.9.24）
　化学（ジグモンディ　1865-1929）
　広辞7（ジグモンディ　1865-1929）
　ノベ3（ジグモンディ, R.A.　1865.4.1-1929.9.24）

Zsolt, Vadász
ハンガリーのテノール歌手。
⇒魅惑（Zsolt, Vadász　1974-）

Zubak, Krešimir
ボスニア・ヘルツェゴビナの政治家。
⇒外12（ズバク, クレシミール　1947.11.29-）
　外16（ズバク, クレシミール　1947.11.29-）
　世指導（ズバク, クレシミール　1947.11.29-）

Zubaydi, Muhammad Hamza
イラクの政治家。イラク首相。
⇒世指導（ズバイディ, ムハマド・ハムザ　1938-）

Zubayrī, Muḥammad Maḥmūd
北イエメンの革命家, 詩人。
⇒岩世人（ズバイリー　1919-1965.3.31）

al-Zubayr Raḥma Manṣūr
スーダンのジャアリーイーン部族出身の商人。
⇒岩イ（ズバイル・ラフマ・マンスール　1830-1913）

Zubeidi, Zakaria
パレスチナ武装勢力・アルアクサ殉教者旅団幹部。
⇒外16（ズベイディ, ザカリア）

Zubiri, Xavier
スペインの哲学者。実証主義的傾向をもち, 精神の客観的状況を強調する歴史主義の立場に立つ。
⇒岩世人（スビリ　1898.12.4-1983.9.21）
　新カト（スビリ　1898.12.4-1983.9.21）

Zubkov, Alexander
ロシアのボブスレー選手。
⇒外16（ズブコフ, アレクサンドル　1974.8.10-）

Zubkov, Viktor Alekseevich
ロシアの政治家, 実業家。ロシア首相。
⇒岩世人（ズブコーフ　1941.9.15-）
　外12（ズブコフ, ヴィクトル　1941.9.15-）
　外16（ズブコフ, ヴィクトル　1941.9.15-）
　世指導（ズブコフ, ヴィクトル　1941.9.15-）

Züblin, Eduard
スイスの技術者。鉄筋コンクリート建築の促進に努めた。
⇒岩世人（チューブリン　1850.3.11-1916.11.25）

Zucchi, Virginia
イタリアの女性舞踊家。
⇒岩世人（ツッキ　1849.2.10-1930.10.9）

Zucco, George
イギリスの男優。

⇒ク俳（ズッコ, ジョージ　1886–1960）

Zuckerberg, Mark E.
アメリカの実業家, プログラマー。
⇒外12（ザッカーバーグ, マーク　1984.5.14–）
外16（ザッカーバーグ, マーク　1984.5.14–）
ネーム（ザッカーバーグ　1984–）

Zuckerkandl, Emil
オーストリアの解剖学者。解剖学上の諸発見がある。
⇒岩世人（ツッカーカンドル　1849.9.1–1910.5.28）

Zuckerkandl, Emile
オーストリア生まれのアメリカの生物学者。
⇒岩世人（ツッカーカンドル　1922.1.27–）

Zuckmayer, Carl
ドイツの劇作家, 小説家。喜劇『楽しいブドウ山』(1925)でクライスト賞受賞。
⇒岩世人（ツックマイアー　1896.12.27–1977.1.18）
現世文（ツックマイアー, カール　1896.12.27–1977.1.18）
広辞7（ツックマイアー　1896–1977）
世演（ツックマイヤー, カール　1896.12.27–1977.1.18）
ネーム（ツックマイアー　1896–1977）
ユ著人（Zuckmayer,Carl　ツックマイヤー, カール　1896–1977）

Zügel, Heinrich von
ドイツの画家。
⇒芸13（ツィーゲル, ハインリヒ・フォン　1850–1941）

Zukerman, Pinchas
イスラエルのヴァイオリン奏者, ヴィオラ奏者, 指揮者。
⇒外12（ズーカーマン, ピンカス　1948.7.16–）
外16（ズーカーマン, ピンカス　1948.7.16–）
新音中（ズッカーマン, ピンカス　1948.7.16–）
標音2（ズーカーマン, ピンカス　1948.7.16–）
ユ著人（Zuckerman,Pinchas　ズッカーマン, ピンカス　1948–）

Zukofsky, Louis
アメリカのユダヤ系詩人。
⇒岩世人（ズコフスキー　1904.1.23–1978.5.12）
現世文（ズコフスキー, ルイス　1904.1.23–1978.5.12）

Zukofsky, Paul
アメリカのヴァイオリン奏者。
⇒新音中（ズーコフスキー, ポール　1943.10.22–）
標音2（ズコフスキー, ポール　1943.10.22–）
ユ著人（Zukofsky,Paul　ズコフスキー, パウル　1943–）

Zukor, Adolph
アメリカの映画製作者, 企業家。パラマウント映画で勢力をふるった。
⇒岩世人（ズーカー　1873.1.7–1976.6.10）

ユ著人（Zukor,Adolph　ズーカー, アドルフ　1873–1976）

Żukrowski, Wojciech
ポーランドの作家。
⇒現世文（ジュクロフスキ, ヴォイチェフ　1916.4.14–2000.8.26）

Zuleta, Julio
パナマのプロ野球選手（内野）, 大リーグ選手。
⇒外12（ズレータ, フリオ　1975.3.28–）

Zulfikarpasic, Bojan
フランスのジャズ・ピアノ奏者。
⇒外12（ズルフィカルパシッチ, ボヤン　1968–）
外16（ズルフィカルパシッチ, ボヤン　1968–）

Zulian, Renzo
イタリアのテノール歌手。
⇒失声（ズリアン, レンツォ　?）
魅惑（Zulian,Renzo　?–）

Zuloaga, Ignacio
スペインの画家。
⇒岩世人（スロアガ　1870.7.26–1945.10.30）
芸13（スロアガ, イグナシオ　1870–1945）

Zuma, Jacob
南アフリカの政治家。南アフリカ共和国大統領(2009～18)。
⇒岩世人（ズマ　1942.4.12–）
外12（ズマ, ジェイコブ　1942.4.12–）
外16（ズマ, ジェイコブ　1942.4.12–）
世指導（ズマ, ジェイコブ　1942.4.12–）

Zumaya, Joel Martin
アメリカの大リーグ選手（タイガース・投手）。
⇒外12（ズマヤ, ジョエル　1984.11.9–）

Zumbro, William Michael
アメリカの教育者。
⇒アア歴（Zumbro,William Michael　ザンブロ, ウイリアム・マイケル　1865.11.27–1922.10.17）

Zu Ming Ho
中国生まれの画家。
⇒芸13（ズ・ミンホー　1949–）

Zumthor, Peter
スイスの建築家。
⇒外12（ズントー, ピーター　1943.4.26–）
外16（ズントー, ピーター　1943.4.26–）

Zuntz, Günther
ドイツ系ユダヤ人の古典ギリシャ語文献学者。
⇒岩世人（ツンツ　1902.1.28–1992.4.3）

Zunzunegui, Juan Antonio de
スペインの小説家。『船具商』(1940),『あるがままの人生』(54)などが代表作。
⇒現世文（スンスネギ, ファン・アントニオ・デ

1901.12.21-1982.5.31）

Župančič, Oton
スロベニア（ユーゴスラビア）の詩人。スロベニア科学芸術アカデミーの一員。
⇒ネーム（ジュパンチッチ　1878-1949）

Zurabishvili, Salomé
ジョージアの政治家、外交官。
⇒外12（ズラビシュヴィリ, サロメ　1951-）
　外16（ズラビシュヴィリ, サロメ　1951-）
　世指導（ズラビシュヴィリ, サロメ　1951-）

Zurabishvili, Zurab
ジョージアのテノール歌手。
⇒魅惑（Zurabishvili,Zurab　1973-）

Zurbriggen, Pirmin
スイスのスキー選手。
⇒岩世人（ツルブリッゲン　1963.2.4-）

Zurer, Ayelet
イスラエルの女優。
⇒外12（ゾラー, アイェレット　1969-）
　外16（ゾラー, アイェレット　1969-）

Zur Hausen, Harald
ドイツの医学者。
⇒外12（ツアハウゼン, ハラルド　1936-）
　外16（ツア・ハウゼン, ハラルド　1936.3.11-）
　ノベ3（ツアハウゼン,H.　1936.3.11-）

Zur Mühlen, Raimund von
ドイツのテノール歌手。ロンドンでデビューの後イギリスに定住し、歌曲、特にシューベルトの作品をイギリスに紹介することに努めた。
⇒魅惑（Zur Mühlen,Raimund von　1854-1931）

Zusak, Markus
オーストラリアの作家。
⇒外12（ズーサック, マークース　1975-）
　外16（ズーサック, マークース　1975-）
　海文新（ズーサック, マークース　1975.6.23-）
　現世文（ズーサック, マークース　1975.6.23-）

Zuse, Konrad
ドイツのコンピューターエンジニア。
⇒岩世人（ツーゼ　1910.6.22-1995.12.18）

Zutt, Jürg
ドイツの精神医学者。
⇒現精（ツット　1893-1980）
　現精縮（ツット　1893-1980）

Zuyeva, Anastasiya
ロシアの水泳選手（背泳ぎ）。
⇒最世ス（ズエワ, アナスタシア　1990.5.8-）

Zvetanov, Boiko
ブルガリアのテノール歌手。
⇒失声（ズヴェタノフ, ボイコ　?）

魅惑（Zvetanov,Boico　1955-）

Zvonareva, Vera
ロシアのテニス選手。
⇒最世ス（ズヴォナレワ, ベラ　1984.9.7-）

Zvyagintsev, Andrei
ロシアの映画監督、脚本家、俳優。
⇒外12（ズビャギンツェフ, アンドレイ　1964.2.6-）
　外16（ズビャギンツェフ, アンドレイ　1964.2.6-）

Zwart, Piet
オランダのタイポグラファー、写真家、工業デザイナー。
⇒グラデ（Zwart,Piet　ズワルト, ピート　1885-1977）

Zweden, Jaap van
オランダの指揮者。
⇒外12（ズヴェーデン, ヤープ・ヴァン　1960-）
　外16（ズヴェーデン, ヤープ・ヴァン　1960-）

Zweig, Arnold
ドイツのユダヤ人作家。ユダヤ民族統一運動にも参加。大作『白い男たちの大戦争』（1927～57）を著す。
⇒岩世人（ツヴァイク　1887.11.10-1968.11.26）
　現世文（ツヴァイク, アルノルト　1887.11.10-1968.11.26）
　広辞7（ツヴァイク　1887-1968）
　ユ著人（Zweig,Arnord　ツヴァイク, アルノルト　1887-1968）

Zweig, Ferdynand
ポーランド生まれ、イギリスの社会学者。
⇒社小増（ツワイク　1896-1988）

Zweig, Stefan
オーストリアのユダヤ系作家。伝記評論『3人の巨匠』（1920）や、『マリー・アントアネット』（32）など作品多数。
⇒岩世人（ツヴァイク　1881.11.28-1942.2.23）
　現世文（ツヴァイク, シュテファン　1881.11.28-1942.2.23）
　広辞7（ツヴァイク　1881-1942）
　西文（ツヴァイク, シュテファン　1881-1942）
　ネーム（ツワイク　1881-1942）
　標音2（ツヴァイク, シュテファン　1881.11.28-1942.2.22）
　ユ著人（Zweig,Stefan　ツヴァイク, シュテファン　1881-1942）

Zweig, Stefanie
ドイツの作家。
⇒現世文（ツヴァイク, シュテファニー　1932.9.19-2014.4.25）

Zwerenz, Gerhard
ドイツの小説家。主著『現代のカサノバ』（1966）。
⇒現世文（ツヴェレンツ, ゲールハルト　1925.6.3-2015.7.13）

Zwerger, Lisbeth
オーストリアのイラストレーター。
⇒絵本（ツヴェルガー, リスベート　1954–）
　外16（ツヴェルガー, リスベート　1954.5.26–）

Zwick, Edward
アメリカの映画監督, 映画プロデューサー。
⇒外12（ズウィック, エドワード　1952.10.8–）
　外16（ズウィック, エドワード　1952.10.8–）

Zwick, Wilhelm
ドイツの獣医学者。病理細菌学の研究がある。
⇒岩世人（ツヴィック　1871.3.15–1941.5.28）

Zwicky, Fritz
スイスの天体物理学者。主著『形態天文学』(1957),『発見, 発明, 研究』(69) など。
⇒岩世人（ツヴィッキー　1898.2.14–1974.2.8）
　天文辞（ツビッキー　1898–1974）
　天文大（ツビッキー　1898–1974）

Zwilich, Ellen Taaffe
アメリカの作曲家。
⇒エデ（ツウィリッヒ, エレン・ターフィ　1939.4.30–）

Zwilling, Edward Harrison（Dutch）
アメリカの大リーグ選手（外野）。
⇒メジャ（ズウィリング, ダッチ　1888.11.2–1978.3.27）

Zworykin, Vladimir Kosma
ロシア生まれのアメリカの物理学者。1938年実用テレビカメラを初めて作り, 電子顕微鏡も改良して実用に耐えるものに仕上げた。47年RCA副社長。
⇒異二辞（ツヴォルキン［ウラジミール・〜］　1888–1982）
　岩世人（ズウォーリキン　1889.7.18/30–1982.7.29）

Zygmund, Antoni
アメリカの数学者。
⇒世数（ジグムント, アントニ　1900–1992）

Zygmunt Gorazdowski
ウクライナの司祭, 聖人。祝日1月1日。
⇒新カト（ジグムント・ゴラゾウスキ　1845.11.1–1920.1.1）

Zyman, Sergio
アメリカの実業家。
⇒外12（ジーマン, セルジオ）
　外16（ジーマン, セルジオ）

Zysset, Martin
スイスのテノール歌手。
⇒魅惑（Zysset, Martin　?–）

Zyuganov, Gennadii Andreevich
ロシアの政治家。ロシア下院議員, ロシア共産党委員長。
⇒岩世人（ジュガーノフ　1944.6.26–）
　外12（ジュガーノフ, ゲンナジー　1944.6.26–）
　外16（ジュガーノフ, ゲンナジー　1944.6.26–）
　広辞7（ジュガーノフ　1944–）
　世指導（ジュガーノフ, ゲンナジー　1944.6.26–）

外国人物レファレンス事典
20世紀 Ⅲ(2011-2019) 2 欧文名 [L-Z]

2019年12月25日　第1刷発行

発　行　者／大高利夫
編集・発行／日外アソシエーツ株式会社
　　　　　　〒140-0013 東京都品川区南大井6-16-16 鈴中ビル大森アネックス
　　　　　　電話(03)3763-5241（代表）FAX(03)3764-0845
　　　　　　URL http://www.nichigai.co.jp/
発　売　元／株式会社紀伊國屋書店
　　　　　　〒163-8636 東京都新宿区新宿3-17-7
　　　　　　電話(03)3354-0131（代表）
　　　　　　ホールセール部（営業）電話(03)6910-0519

電算漢字処理／日外アソシエーツ株式会社
印刷・製本／株式会社平河工業社

不許複製・禁無断転載　　　〈中性紙三菱クリームエレガ使用〉
〈落丁・乱丁本はお取り替えいたします〉
ISBN978-4-8169-2803-1　　　Printed in Japan, 2019

本書はディジタルデータでご利用いただくことができます。詳細はお問い合わせください。

外国人物レファレンス事典
20世紀 第Ⅱ期（2002-2010）

20世紀に活躍した世界史上に登場する外国人が、どの事典にどんな表記で載っているかを一覧できる総索引。人名事典・歴史事典・専門事典など83種118冊の事典から、57,000人の人名見出しを収録。

1-2 欧文名
A5・2分冊　セット定価（本体74,000円＋税）　2011.12刊

3 漢字名
A5・310頁　定価（本体23,500円＋税）　2012.1刊

4 索引
A5・950頁　定価（本体37,000円＋税）　2012.1刊

外国人物レファレンス事典
古代-19世紀Ⅲ（2010-2018）

古代〜19世紀の外国人が、どの事典にどのような見出しで収録されているかを一覧できる総索引。国内の主要な人名事典、歴史事典、百科事典など56種65冊から、38,000人の人名見出しを収録。

1-2 欧文名
A5・2分冊　セット定価（本体60,000円＋税）　2019.1刊

3 漢字名
A5・500頁　定価（本体25,000円＋税）　2018.12刊

4 索引
A5・780頁　定価（本体35,000円＋税）　2019.2刊

西洋美術作品レファレンス事典　第Ⅱ期
版画・彫刻・工芸・建造物篇

B5・910頁　定価（本体77,500円＋税）　2019.7刊

西洋美術全集に掲載された版画、彫刻、オブジェ、工芸品、建造物などの図版1万点の索引。作家ごとに作品名とその掲載全集名のほか、作品の素材、技法、寸法、制作年代、所蔵先、図版の所在等のデータがわかる。

データベースカンパニー
日外アソシエーツ

〒140-0013　東京都品川区南大井6-16-16
TEL.(03)3763-5241　FAX.(03)3764-0845　http://www.nichigai.co.jp/

収録事典一覧

(前見返しの続き)

略号	書　名	出版社	刊行年月
19仏	カリカチュアでよむ19世紀末フランス人物事典	白水社	2013.6
シュル	シュルレアリスム辞典	創元社	2016.4
書道増	書道辞典 増補版	二玄社	2010.12
辞歴	辞書びきえほん 歴史上の人物	ひかりのくに	2011.3
新オペ	新オペラ鑑賞事典	有楽出版社	2012.10
新音小	新編 音楽小辞典	音楽之友社	2004.2
新音中	新編 音楽中辞典	音楽之友社	2002.3
新カト	新カトリック大事典 1〜4, 別巻	研究社	1996.6〜2010.9
新佛3	新・佛教辞典 第三版	誠信書房	2006.5
人文地	人文地理学辞典 普及版	朝倉書店	2012.7
数辞	数学辞典 普及版	朝倉書店	2011.4
数小増	数学小辞典 第2版増補	共立出版	2017.5
スター	501 映画スター	講談社	2009.4
図哲	図解哲学人物＆用語事典	日本文芸社	2015.9
スパイ	スパイ大事典	論創社	2017.5
図翻	図説 翻訳文学総合事典 2〜4巻 原作者と作品(1)〜(3)	大空社	2009.11
世暗	世界暗殺者事典	原書房	2003.2
精医歴	精神医学歴史事典	みすず書房	2016.7
政経改	国際政治経済辞典 改訂版	東京書籍	2003.5
西文	西洋文学事典	筑摩書房	2012.4
精分岩	精神分析事典	岩崎学術出版社	2002.3
精分弘	新版 精神分析事典	弘文堂	2002.3
世演	世界演劇辞典	東京堂出版	2015.11
世界子	世界子ども学大事典	原書房	2016.12
世建	世界の建築家図鑑	原書房	2012.10
世史改	世界史用語集 改訂版	山川出版社	2018.12
世指導	事典 世界の指導者たち―冷戦後の政治リーダー3000人	日外アソシエーツ	2018.5
世人新	新版 世界史のための人名辞典	山川出版社	2010.6
世人装	新装版 世界史のための人名辞典	山川出版社	2014.4
世数	世界数学者事典	日本評論社	2015.9
世帝	世界帝王事典	新紀元社	2015.11
世発	世界の発明発見歴史百科	原書房	2015.9
戦ア大	戦後 アメリカ大統領事典	大空社	2009.2
戦思	戦略思想家事典	芙蓉書房出版	2003.10
タイ	タイ事典	めこん	2009.9